6/94
£15.40

PRISMAS ENGELSK-SVENSKA ORDBOK

PRISMA'S ENGLISH-SWEDISH DICTIONARY

BOKFÖRLAGET PRISMA STOCKHOLM

PRISMAS ENGELSK-SVENSKA ORDBOK

BOKFÖRLAGET PRISMA STOCKHOLM

© 1988 Bokförlaget Prisma, Stockholm
Första upplagan 1988
Andra tryckningen 1991
Omslag av Jan Bohman

ISBN 91-518-1259-2
Satt hos Gotab, Stockholm
Tryckt och bunden i Norge av Norbok A/S, Oslo/Gjøvik 1991

FÖRORD

Denna helt nya ordbok är utarbetad inom Bokförlaget Prismas lexikonredaktion av Eva Gomer under medverkan av Bengt Ellenberger, Josef Huber, Hans Lindquist och Birgit Örsmark. Den innehåller ca 50 000 uppslagsord och ca 15 000 fraser, talesätt och andra språkliga konstruktioner.

Förlagets strävan har varit att täcka det centrala och nyaste ordförrådet i såväl brittisk som amerikansk engelska. Facktermer inom olika ämnesområden, vardagliga ord och slanguttryck är rikligt representerade. Även åtskilliga brittiska och amerikanska förkortningar, egennamn samt inregistrerade varumärken förekommer. För att ordboken också skall kunna användas vid läsning av äldre litteratur har ett visst antal ålderdomliga och föråldrade ord och uttryck upptagits.

Den grammatiska apparaten är den enklaste möjliga. Överallt där detta har varit möjligt har självförklarande uttryck använts i stället för grammatisk terminologi.

Vid arbetet har alla viktigare tillgängliga lexikon och uppslagsverk använts. Särskilt kan nämnas *Collins Dictionary of the English Language, Collins Cobuild English Language Dictionary, The Concise Oxford Dictionary, The Advanced Learner's Dictionary of Current English, The American Heritage Dictionary*, Svartvik–Sager *Engelsk universitetsgrammatik, Illustrerad svensk ordbok, Svensk ordbok, Svensk Handordbok* samt *Nyord i svenskan från 40-tal till 80-tal*.

BOKFÖRLAGET PRISMA
Lexikonredaktionen

ANVISNINGAR

Allmänt

De engelska uppslagsorden återges i sträng bokstavsordning, alltså t. ex. **pig, pigeon, piggery**. Uppgifter om ordklass o. d. ges endast där tveksamhet kan råda. I de talrika fall där ett ord har flera betydelser har huvudprincipen varit att ange den viktigaste (vanligaste) betydelsen först. Facktermer markeras med biol., med., sport., tekn. etc (se förkortningslistan på s.9)

Använda tecken

Om ett ord har flera betydelser anges olika ordklasser med hjälp av romerska siffror. Klart åtskilda betydelser inom varje ordklass anges med arabiska siffror, mindre betydelseskillnader med semikolon.

Ord med samma stavning men med olika ursprung och betydelse har numrerats med en siffra framför ordet, t. ex. **1 minute** ['minit] minut **2 minute** [mai'nju:t] ytterst liten.

- betecknar det första helt utskrivna uppslagsordet i artikeln eller med | avskild del av ett ord, t. ex. **blame, -less** (= **blame, blameless**), **culmi|nate, -nation** (= **culminate, culmination**).

~ betecknar hela det närmast föregående uppslagsordet, t. ex. **bath**, *have a* ~ (= *have a bath*).

| står efter den del av ett uppslagsord som återkommer i ett eller flera följande uppslagsord.

-- anger att den följande orddelen skall avskiljas med bindestreck. Observera alltså skillnaden mellan **blue|bell, -berry** (= **bluebell, blueberry**) och **by|-election, --product** (= **by-election, by-product**).

( ) används dels för kompletterande förklaringar, t. ex. **ward** (*på sjukhus*) avdelning, dels för alternativa ord och fraser, t. ex. *wait up for s.b.* stanna (sitta) uppe och vänta på ngn.

[ ] används dels kring uttalsbeteckningarna, dels för att ange ord eller del av ord som kan utelämnas, t. ex. *go for a walk* ta [sig] en promenad, **willow** pil[träd].

Stavning

Vid i övrigt lika stavning har ord med stor begynnelsebokstav placerats före ord med liten begynnelsebokstav.

I normala fall är stavningen den brittiska engelskans. I de fall där amerikansk engelska avviker väsentligt från brittisk engelska ges den amerikanska stavningen med hänvisning till den brittiska. De viktigaste skillnaderna mellan brittisk och amerikansk praxis framgår av nedanstående uppställning:

Brittisk engelska	Amerikansk engelska	
travelling, worshipped	traveling, worshiped	I amerikansk engelska bibehålls enkelt l och p efter obetonad vokal.
colour, neighbour	color, neighbor	Ändelsen -our motsvaras i amerikansk engelska av -or.
metre, theatre	meter, theater	-re i ordslut motsvaras i amerikansk engelska oftast av -er.
cheque, plough, catalogue, programme	check, plow, catalog, program	Bokstavsföljder som betecknar ett enda ljud förenklas i amerikansk engelska.
defence	defense	-ce i ordslut motsvaras i amerikansk engelska ibland av -se.

Uttal

Uttalet anges enligt Jones-Gimson EVERYMAN'S ENGLISH PRONOUNCING DICTIONARY, 14:e upplagan, 1977. Följande ljudskrift har använts:

ɑː	i father [ˈfɑːðə]		ŋ	i song [sɔŋ]
æ	i man [mæn]		əʊ	i so [səʊ]
aɪ	i time [taɪm]		ɔː	i sport [spɔːt]
aʊ	i house [haʊs]		ɒ	i not [nɒt]
			ɔɪ	i boy [bɔɪ]
ʌ	i cup [kʌp]		ʃ	i fish [fɪʃ]
e	i bed [bed]		θ	i thing [θɪŋ]
eə	i fear [feə]		ð	i the [ðə]
eɪ	i day [deɪ]		uː	i shoe [ʃuː]
ɜː	i service [ˈsɜːvɪs]		ʊ	i good [gʊd]
ə	i flatter [ˈflætə]		ʊə	i poor [pʊə]
iː	i three [θriː]		w	i way [weɪ]
			x	i Bach (tyskt ach-ljud)
ɪ	i it [ɪt]		z	i zero [ˈzɪərəʊ]
j	i you [juː]		ʒ	i measure [ˈmeʒə]

~ över vokalen betecknar nasalering, t. ex. aide-de-camp [eɪddəˈkãː(ŋ)].
 ̩ under l och n (l̩, n̩) anger att dessa är stavelsebildande
: betecknar lång vokal.
ˈ före stavelse anger huvudaccent, t. ex. father [ˈfɑːðə].
ˌ före stavelse betecknar biaccent, t. ex. imagination [ɪˌmædʒɪˈneɪʃn].
Parentes står kring ljud som kan utelämnas, t. ex. change [tʃeɪn(d)ʒ].

Uttal anges för samtliga icke sammansatta ord. För sammansatta ord anges uttal för det första ordet i varje artikel. För övriga ord i den artikeln anges uttalet av det andra sammansättningsledet endast om detta i fråga om betoning avviker från det första ordet i artikeln. Se t. ex. artikeln weatherbound.

Förkortningar Abbreviations

a adjektiv adjective
abstr. abstrakt abstract
adj. adjektivisk adjectival
adv adverb adverb
AE. amerikansk engelska; [i] USA American English; [in] U.S.
anat. anatomi anatomy
angl. anglikanska kyrkan Anglican Church
a p. någon a person
arkeol. arkeologi archaeology
arkit. arkitektur architecture
art. artikel article
astr. astronomi astronomy
attr. attribut; attributiv[t] attribute; attributive[ly]
Austr. australiensk; [i] Australien Australian; [in] Australia

bank. bankväsen banking
BE. brittisk engelska; [i] England British English; [in] England
best. bestämd definite
bet. betydelse sense
beton. betonad stressed
bibl. bibliskt uttryck biblical term
bildl. bildlig[t] figurative[ly]
biol. biologi biology
bokb. bokbinderi bookbinding
bokför. bokföring bookkeeping
boktr. boktryckeri printing
bot. botanik botany
byggn. byggnadskonst building

ca cirka circa
Cambr. [i] Cambridge [in] Cambridge

data. databehandling data processing
demonstr. demonstrativ demonstrative
determ. determinativ determinative
dial. dialektal[t] dialectal[ly]
dipl. diplomati diplomacy

e. d. eller dylik[t] or suchlike
eg. egentlig[en], i egentlig betydelse literal[ly]
ekol. ekologi ecology

ekon. ekonomi economy
el. eller or
elektr. elektroteknik electricity
elektron. elektronik electronics
eng. engelsk[a, -t] English
etc. etcetera etc.

fack. fackspråk technical term
farm. farmakologi pharmacology
fem. femininum feminine
film. filmkonst film, cinematography

filos. filosofi philosophy
flyg. flygteknik aeronautics
fonet. fonetik phonetics
foto. fotografering photography
fys. fysik physics
fysiol. fysiologi physiology
fören. förenad attributive
förk. förkortning abbreviation
försäkr. försäkringsväsen insurance

gen. genitiv genitive
geogr. geografi geography
geol. geologi geology
geom. geometri geometry
golf. golfterm golf
gruv. gruvdrift mining
gymn. gymnastik gymnastics

hand. handelsterm commerce
her. heraldik heraldry
hist. historia; historisk[t] history; historical[ly]
högt. högtidlig[t] formal[ly]

ibl. ibland sometimes
imperf. imperfektum past tense
indef. indefinit indefinite
inf. infinitiv infinitive
interj interjektion interjection
interr. interrogativ interrogative
Irl. irländsk; [i] Irland Irish; [in] Ireland
iron. ironisk[t] ironical[ly]
i sht i synnerhet especially

jakt. jaktterm hunting
jfr jämför compare
jud. judendom; judisk[t] Judaism; Jewish
jur. juridik law
järnv. järnvägsterm railways

kat. katolsk Catholic
kem. kemi chemistry
kir. kirurgi surgery
kokk. kokkonst cookery
koll. kollektiv[t] collective[ly]
komp. komparativ comparative
konj konjunktion conjunction
konkr. konkret concrete
konst. konstterm art
kortsp. kortspel cards
kyrkl. kyrklig term ecclesiastical term

lantbr. lantbruk agriculture
lat. latin Latin
litt. litteratur; litterär[t] literature; literary

mat. matematik mathematics
med. medicin medicine
meteor. meteorologi meteorology
mil. militärväsen military
miner. mineralogi mineralogy
motsv. motsvarande equivalent to
mus. musik music
myt. mytologi mythology

naturv. naturvetenskap science
neds. nedsättande derogatory
ngn någon somebody
ngt något something

o. och and
obest. obestämd indefinite
obeton. obetonad unstressed
o. d. och dylik[t] and suchlike
opers. opersonlig impersonal
opt. optik optics
oreg. oregelbunden irregular
o.s. sig själv oneself
Oxf. [i] Oxford [in] Oxford

parl. parlamentarisk term parliamentary term
perf. part. perfekt particip, supinum past principle
pers. person; personlig person; personal
pl plutalis plural
poet. poetisk[t] poetical[ly]
polit. politik politics
poss. possessiv possessive
post. postväsen postal services
pred. predikativ predicative
prep preposition preposition
pres. presens present tense
pres. part. presens particip present participle
pron pronomen pronoun
psykol. psykologi psychology

radar. radarteknik radar
radio. radioteknik radio
reg. regelbunden regular
rel. relativ relative
relig. religion religion
rfl reflexiv reflexive
ridk. ridkonst horsemanship
rom. romersk Roman
räkn räkneord numeral

s substantiv noun
s.b. någon somebody
schack. schackterm chess
sg singularis singular

självst. självständig independent
sjö. sjöterm nautical
Sk. skotsk; [i] Skottland Scottish; [in] Scotland
skeppsb. skeppsbyggeri shipbuilding
skol. skolväsen education; school jargon
skämts. skämtsamt jocularly
sl. slang slang
slaktar. slakteriterm butchery
sms. sammansättning[ar] compound[s]
snick. snickeri carpentry
sociol. sociologi sociology
spelt. spelterm games
sport. sportterm sport
spr. språk language
språkv. språkvetenskap linguistics
stat. statistik statistics
s. th. något something
subst. substantiverad used as a noun
superl. superlativ superlative
Sydafr. sydafrikansk; [i] Sydafrika South African; [in] South Africa
särsk. särskil|d, -t special[ly]
sömn. sömnad needlework

t. till to
tandläk. tandläkarterm dentistry
teat. teaterterm theatre
tekn. teknik, teknologi technology
tel. telefonväsen telephony
teol. teologi theology
textil. textilterm textiles
TV. TV-term television
ty. tysk German

ung. ungefär approximate[ly]
univ. universitetsväsen university
urspr. ursprunglig[en] original[ly]
uttr. uttryck; uttryckande expression; expressing

v verb verb
vanl. vanlig[en] usual[ly]
vard. vardaglig stil informal style
versl. verslära metrics
veter. veterinärmedicin veterinary science
vulg. vulgär stil vulgar style
väv. vävterm weaving

zool. zoologi zoology

åld. ålderdomlig (föråldrad) stil archaic style

äv. även also

A

A, a [eɪ] (*bokstav, ton*) A, a; *A flat* (*mus.*) ass; *A sharp* (*mus.*) aiss; *A road* huvudled; *A 1 a*) vard. förstklassig, prima, *b*) första klass fartyg i Lloyd's register; *from A to Z* från a till ö, från början till slut, utan och innan
A 1 ~ *road* huvudväg **2** *BE.*, ~ *film* (*ung.*) barntillåten för barn i vuxens sällskap **3** *förk. för ampere; area; atomic*
a [eɪ, *obeton.* ə], (*framför vokalljud*) **an** [æn, *obeton.* ən, n] en, ett; *a man* en man; *an old woman* en gammal kvinna, en gumma; *a union* en förening; *twice a day* två gånger om dagen; *all of an age* alla i ungefär samma ålder
A. *förk. för* acre[*age*]; America[*n*]; answer **a.** *förk. för* acre[*age*]; alto; amateur; answer **AA** *förk. för* Alcoholics Anonymous; anti-aircraft; Automobile Association **A.A.A.** *förk. för* (*BE.*) Amateur Athletic Association; (*AE.*) Automobile Association of America **AAM** *förk. för* air-to-air missile
aardvark [ˈɑːdvɑːk] jordsvin
Aaron [ˈeər(ə)n] Aron; ~'s *rod* (*bot.*) kungsljus
A.B. *förk. för* able-bodied seaman; (*AE.*) Bachelor of Arts
aback [əˈbæk] *adv, taken* ~ förvånad, förlägen
abacus [ˈæbəkəs] kulram
abaft [əˈbɑːft] *sjö.* **I** *adv* akter ut **II** *prep* akter om; ~ *the beam* akter om tvärs
abalone [ˌæbəˈləʊnɪ] *AE.* haliotissnäcka
aban|don [əˈbændən] **I** *v* **1** överge, lämna (*a ship* ett fartyg) **2** ge upp (*hope* hoppet); frångå (*a habit* en vana) **3** ~ *o.s.* ge sig hän, hänge sig (*to* åt) **II** *s* frigjordhet, lössläppthet, otvungenhet; *with* ~ lössläppt, ohämmat, uppsluppet **-doned** [-dənd] **1** utsvävande, lössläppt **2** övergiven **-donment** [-dənmənt] **1** övergivande **2** övergivenhet **3** frigjordhet, lössläppthet, otvungenhet **4** hängivelse
abase [əˈbeɪs] förnedra, förödmjuka **-ment** [-mənt] förnedring, förödmjukelse
abash [əˈbæʃ] förvirra, göra förlägen (generad)
abate [əˈbeɪt] **1** minska, dämpa **2** *jur.* upphäva **3** sänka (*the price* priset) **4** minska[s], dämpas; avta; mojna **-ment** [-mənt] **1** minskning **2** *jur.* upphävande **3** sänkning
abattoir [ˈæbətwɑː] slakthus
abbé [ˈæbeɪ] abbé **abbess** [ˈæbes] abbedissa **abbey** [ˈæbɪ] kloster; klosterkyrka **abbot** [ˈæbət] abbot
abbrevi|ate [əˈbriːvɪeɪt] förkorta **-ation** [əˌbriːvɪˈeɪʃn] förkortning; kortform
ABC 1 abc, alfabet; *the* ~ *of skiing* skidåkningens grunder **2** *förk. för* American Broadcasting Company; Australian Broadcasting Commission; atomic, biological, and chemical; (*data.*) approach by concept
abdi|cate [ˈæbdɪkeɪt] abdikera, avsäga sig tronen **-cation** [ˌæbdɪˈkeɪʃn] abdikation
abdomen [ˈæbdəmən, *med. vanl.* æbˈdəʊmən] buk, mage, abdomen **abdominal** [æbˈdɒmɪnl] buk-, mag-, abdominal
abduct [æbˈdʌkt] bortföra, enlevera **abduction** [æbˈdʌkʃn] bortförande, enlevering **abductor** [æbˈdʌktə] kidnappare; kvinnorövare
Abe [eɪb] *kortform av* Abraham
abeam [əˈbiːm] *sjö.* tvärs; ~ *to port* tvärs om babord
abecedarian [ˌeɪbiːsiːˈdeərɪən] **I** *a* alfabetisk **II** *s* nybörjare
abed [əˈbed] *åld.* till sängs; sängliggande
Abel [ˈeɪb(ə)l] Abel
abele [əˈbiːl] *bot.* silverpoppel
Aberdeen [ˌæbəˈdiːn] Aberdeen **Aberdonian** [ˌæbəˈdəʊnjən] Aberdeenbo
aber|rant [æˈberənt] anomal, abnorm, avvikande **-ration** [ˌæbəˈreɪʃn] **1** anomali, abnormitet, avvikelse **2** sinnesförvirring **3** *opt.* aberration
abet [əˈbet] understödja, underblåsa (*ngt brottsligt*); *aid and* ~ vara medhjälpare **-ment** [-mənt] medhjälp (*t. brott*) **-tor** [-tə] medhjälpare (*t. brott*)
abeyance [əˈbe(ɪ)əns] *s, be in* ~ vila, ligga nere, få anstå; *fall into* ~ komma ur bruk
abhor [əbˈhɔː] avsky **-rence** [əbˈhɒr(ə)ns] avsky, fasa **-rent** [əbˈhɒr(ə)nt] motbjudande, avskyvärd
abidance [əˈbaɪd(ə)ns] avvaktan; ~ *by* fasthållande vid **abide** [əˈbaɪd] *abode, abide el. reg.* **1** tåla, stå ut med **2** foga sig i (efter) **3** ~ *by a*) stå fast vid, hålla sig till, *b*) foga sig i (efter) **4** dröja; förbli **5** *åld.* vistas; bida **abiding** [-ɪŋ] bestående, varaktig
ability [əˈbɪlətɪ] **1** förmåga, duglighet, skicklighet; ~ *to learn* läraktighet, inlärningsförmåga; *to the best of my* ~ efter bästa förmåga, så gott jag kan **2** begåvning; *abilities* (*pl*) talanger, anlag; *a woman of great* ~ en mycket begåvad kvinna; *musical* ~ musikalisk begåvning
abject [ˈæbdʒekt] **1** eländig, usel **2** undergiven, krypande **abjection** [æbˈdʒekʃn] **1** elände **2** undergivenhet
abjuration [ˌæbdʒʊ(ə)ˈreɪʃn] avsvärjelse **abjure** [əbˈdʒʊə] avsvärja [sig]
ablative [ˈæblətɪv] *språkv.* **I** *s* ablativ **II** *a* ablativablaut** [ˈæblaʊt] *språkv.* avljud
ablaze [əˈbleɪz] **1** i brand, i lågor **2** starkt upplyst, illuminerad **3** *bildl.* eld och lågor; glödande (*with* av)
able [ˈeɪbl] duglig, duktig, skicklig, kunnig; ~ *seaman* matros; *be* ~ *to do s.th.* kunna (vara i stånd att) göra ngt **-bodied** [ˌeɪblˈbɒdɪd] stark; arbetsför; ~ *seaman* matros
ablution [əbˈluːʃn] **1** tvättning; *relig.* tvagning; *perform one's* ~*s* (*skämts.*) tvätta sig **2** *mil. vard.* toalett
ably [ˈeɪblɪ] *adv* dugligt, duktigt, skickligt, kunnigt
ABM *förk. för* antiballistic missile
abne|gate [ˈæbnɪgeɪt] avsäga sig [från] **-gation** [ˌæbnɪˈgeɪʃn] avsägelse; förnekande
abnor|mal [æbˈnɔːml] abnorm, onormal, avvikande **-mality** [ˌæbnɔːˈmælətɪ] abnormitet, avvikelse; missbildning **-mity** [æbˈnɔːmətɪ] *s, the* ~ *of* det monstruösa i
Abo, abo [ˈæbəʊ] *Austr. vard.* urinvånare

aboard [ə'bɔːd] *adv, a, prep* **1** ombord [i, på]; *all ~!* alla passagerare ombord! **2** *sjö., close ~* längs efter, långsides
abode [ə'bəʊd] **I** *s* boning, hem[vist] **II** *v, imperf. o. perf. part. av* abide
abolish [ə'bɒlɪʃ] avskaffa, upphäva
abolition [ˌæbəʊ'lɪʃn] avskaffande; slaveriets upphörande (avskaffande) **-ist** [-'lɪʃənɪst] abolitionist
A-bomb ['eɪbɒm] atombomb
abomi|nable [ə'bɒmɪnəbl] avskyvärd; *vard.* förfärlig, gräslig; *the ~ snowman* snömannen (*i Himalaya*) **-nate** [-neɪt] avsky **-nation** [əˌbɒmɪ'neɪʃn] avsky; styggelse, avskyvärdhet
aborigi|nal [ˌæbə'rɪdʒənl] **I** *a* ursprunglig, ur- **II** *s* urinvånare **-ne** [-nɪ] (*pl ~s* [-niːz]) urinvånare, infödning
abort [ə'bɔːt] **1** få missfall **2** misslyckas; stranda **3** bli rudimentär (förkrympt) **4** göra abort **abortion** [ə'bɔːʃn] **1** missfall; abort; *have an ~* få (göra) abort **2** förkrympning **3** missbildad varelse **4** misslyckande; misslyckad raketstart (*e.d*)
abortionist [ə'bɔːʃnɪst] abortör **abortive** [ə'bɔːtɪv] **1** förkrympt, ofullgången **2** misslyckad, felslagen
abound [ə'baʊnd] **1** finnas i överflöd **2** *~ in (with)* överflöda av, vimla av, ha i överflöd
about [ə'baʊt] **I** *prep* **1** rumsbet. [runt] omkring; omkring i (på); i närheten av; på, med, hos, vid, över [sig]; *the fields ~ the lake* åkrarna kring sjön; *stand ~ the door* stå vid (i närheten av) dörren; *somewhere ~ here* här någonstans; *I have no money ~ me* jag har inga pengar på mig; *she looked ~ her* hon såg sig omkring; *be quick ~ it!* skynda på!; *there is something ~ her* det är någonting hos (med) henne **2** sysselsatt med; *while I'm ~ it* medan jag ändå håller på [med det]; *he's been a long time ~ it* han har hållit på länge [med det] ; *what are you ~?* vad har du för dig? **3** om, angående, i fråga om; *how ~...? a)* hur skulle det vara att (med)...?, *b)* hur är (var) det med...?; *what ~...? a)* hur skulle det vara med...?, *b)* hur är det med...?; *be ~* handla om, gälla; *tell me ~ it!* berätta!; *quarrel ~ money* gräla om pengar **4** tidsbet., måttsbet. omkring, inemot, ungefär; *~ 8 o'clock* omkring klockan 8; *that's ~ my size* det är ungefär min storlek; *it's ~ time you came!* det var (är) på tiden att du kom (kommer)! **II** *adv* **1** [runt] omkring, runt; i omkrets; här och där, hit och dit; i farten, i rörelse; *there was nobody ~* det fanns ingen i närheten; *be [up and] ~ again* vara på benen (i farten) igen; *leave things ~* låta saker och ting ligga framme; *move ~* flytta hit och dit; *~ turn!* helt om! **3** nästan; ungefär; *~ finished* nästan klar; *I've had just ~ enough of that!* jag har fått nog av det! **4** *be ~ to* (+ *inf.*) [just] skola, stå i begrepp att; *he was ~ to leave* han skulle just ge sig i väg
about|-face [əˌbaʊt'feɪs] *AE.*, **--turn** [-'tɜːn] *BE.* **I** *s* helomvändning (*äv. bildl.*) **II** *v* göra helt om, göra en helomvändning (*äv. bildl.*)
above [ə'bʌv] **I** *prep* över, ovanför; mer än; framför, före; *~ all* framför allt; *~ and beyond* förutom, jämte; *~ board* öppen, ärlig; *~ suspicion* höjd över alla misstankar; *it's ~ him* det övergår hans förstånd; *get ~ o.s.* bli uppblåst **II** *adv* **1** ovan, ovanför, där (här) ovan, upptill; *from ~* ovan-, upp|ifrån **2** däröver, mer; *sums of £100 and ~* summor på 100 pund och mer **III** *a* ovannämnda (*paragraph* paragraf) **IV** *s* ovanstående; *the ~* [det] ovanstående, ovannämnda [person, personer]
above|board [əˌbʌv'bɔːd] *adv* öppet, ärligt **--mentioned** ovannämnd
Abp., abp. *förk. för* archbishop **abr.** *förk. för* abridged; abridgment
abracadabra [ˌæbrəkə'dæbrə] abrakadabra
abrade [ə'breɪd] skava (nöta) av
Abraham ['eɪbrəhæm]
abrasion [ə'breɪʒn] **1** avskavning **2** *med.* abrasion, skrapning **abrasive** [ə'breɪsɪv] **I** *s* slipmedel **II** *a* **1** slip-, slipande **2** *bildl.* skrovlig, sträv; irriterande
abreast [ə'brest] i bredd, bredvid varandra, jämsides; *~ of (with) a)* i jämnhöjd med, *b)* insatt i, förtrogen med; *keep ~ of events* hålla sig à jour med vad som händer; *keep ~ with s.b.* hålla jämna steg med ngn
abridge [ə'brɪdʒ] förkorta, avkorta **abridg[e]-ment** [-mənt] **1** förkortning **2** sammandrag
abroad [ə'brɔːd] **1** utomlands, utrikes, i (till) utlandet; *from ~* utifrån, från utlandet; *he was all ~* han var alldeles villrådig **2** i omlopp, i svang; *there is a rumour ~* det går ett rykte **3** ute, utomhus
abro|gate ['æbrə(ʊ)geɪt] *jur.* avskaffa, upphäva **-gation** [ˌæbrə(ʊ)'geɪʃn] *jur.* avskaffande, upphävande
abrupt [ə'brʌpt] **1** tvär, plötslig, abrupt; brysk; korthuggen **2** (*om tal e.d.*) osammanhängande; ryckig **3** tvär, brant
abscess ['æbsɪs] böld, varhärd, abscess
abscis|sa [æb'sɪsə] (*pl -sas el. -sae* [-iː]) *mat.* abskissa
abscond [əb'skɒnd] avvika, rymma, smita
abscence ['æbs(ə)ns] **1** frånvaro; *~ without leave* olovlig frånvaro; *~ of mind* tankspriddhet **2** brist (*of på*); avsaknad (*of av*) **absent I** *a* ['æbs(ə)nt] **1** frånvarande; *~ voter* poströstare **2** obefintlig **3** ouppmärksam, tankspridd, distrá **II** *rfl v* [æb'sent] avlägsna sig; hålla sig borta **absentee** [ˌæbs(ə)n'tiː] *s* frånvarande [person] **absentee ballot** *AE.* poströst **absenteeism** [ˌæbs(ə)n'tiːɪz(ə)m] frånvaro (*utan giltigt förfall*); skolk; frånvarofrekvens **absent-minded** ['æbs(ə)nt'maɪndɪd] tankspridd, distrá
absinth[e] ['æbsɪnθ] **1** absint **2** *bot.* malört
abso|lute ['æbsəluːt] absolut; fullständig; oinskränkt; *~ alcohol* ren alkohol; *an ~ fool* en komplett (fullständig) idiot; *~ majority* absolut majoritet; *~ monarchy* absolut (oinskränkt) monarki; *~ pitch* absolut gehör; *~ ruler* envåldshärskare; *~ temperature* absolut temperatur; *~ zero* absoluta nollpunkten **-lutely** [-'luːtlɪ] *adv* absolut; fullständigt, oinskränkt; *~!* ja absolut!, utan tvivel!, ja visst! **-lution** [ˌæbsə'luːʃn] **1** frikännande **2** *teol.* absolution, avlösning, syndaförlåtelse
absolve [əb'zɒlv] **1** frikänna, lösa, fritaga (*from* från) **2** ge absolution
absorb [əb'sɔːb] absorbera; suga upp; helt uppta[ga]; införliva; *~ed in thought* försjunken i tankar **-ent** [-ənt] **I** *a* absorberande, uppsugande; *~*

cotton (AE.) bomull, vadd **II** *s* absorberande (uppsugande) material **-ing** [-ɪŋ] absorberande; *bildl.* allt uppslukande, fängslande
absorption [əb'sɔːpʃn] absorption, uppsugning; *bildl.* försjunkenhet
abstain [əb'steɪn] avstå, avhålla sig (*from* från) **-er** [-ə] *s* **1** *total* ~ helnykterist **2** röstskolkare
abstemious [æb'stiːmjəs] återhållsam, måttlig
abstention [əb'stenʃn] **1** återhållsamhet, måttlighet **2** röstnedläggelse
absti|nence ['æbstɪnəns] av-, återhållsamhet; nykterhet **-nent** [-nənt] av-, återhållsam; måttlig, nykter
abstract I *a* ['æbstrækt] abstrakt; teoretisk **II** *s* ['æbstrækt] **1** abstrakt begrepp; *in the* ~ i teorin, i princip **2** sammandrag, sammanfattning; utdrag **III** *v* [æb'strækt] **1** abstrahera; avskilja, ta bort **2** göra sammandrag av, sammanfatta; betrakta teoretiskt **3** stjäla, undanhålla **abstracted** [æb'stræktɪd] tankspridd **abstraction** [æb'strækʃn] **1** abstraktion; abstrakt begrepp **2** tankspriddhet **3** avskiljande, borttagande
abstruse [æb'struːs] svårfattlig, dunkel, abstrus
absurd [əb'sɜːd] orimlig, absurd, befängd **-ity** [-ɪtɪ], **-ness** [-nɪs] orimlighet, absurditet
abun|dance [ə'bʌndəns] överflöd; [stor] mängd; rikedom **-dant** [-dənt] överflödande, ymnig, riklig; rik (*in* på)
abuse I *s* [ə'bjuːs] **1** missbruk; missförhållande **2** ovett, smädelser **II** *v* [ə'bjuːz] **1** missbruka **2** skymfa, okväda **abusive** [ə'bjuːsɪv] oförskämd, ovettig; skymflig
abut [ə'bʌt] *v*, ~ *on* gränsa (stöta) intill **-ment** [-mənt] **1** sidostöd **2** *byggn.* stöd; slutstycke; brofäste **3** stödjepunkt **-ter** [-ə] *jur.* ägare till grannfastighet
abysmal [ə'bɪzml] bottenlös; urdålig
abyss [ə'bɪs] avgrund **-al** [-(ə)l] *a* djuphavs-
Abyssin|ia [ˌæbɪ'sɪnjə] Abessinien **-ian** [-jən] **I** *s* abessinier **II** *a* abessinsk
AC *förk. för alternating current* **A.C.** *förk. för Air Corps; Ante Christum* (*lat.*) *before Christ; athletic club* **a/c** *förk. för account; account current*
acacia [ə'keɪʃə] *bot.* akacia
aca|demic [ˌækə'demɪk] **I** *a* akademisk; teoretisk **II** *s* akademiker; teoretiker **-demicals** [-'demɪklz] *pl* universitetsdräkt **-demician** [əˌkædə'mɪʃn] akademiledamot **-demy** [ə'kædəmɪ] **1** akademi, lärt samfund **2** akademi, skola; *military* ~ militärhögskola **3** [privat]skola
acanthus [ə'kænθəs] *bot.* akantus, björnkloört
acc. *förk. för acceptance; accompanied; according; account; accusative*
accede [æk'siːd] *v*, ~ *to a*) tillträda (*ämbete*), komma på (*the throne* tronen), *b*) ansluta sig till, *c*) instämma i, samtycka till
accelerate [ək'seləreɪt] **1** accelerera, öka hastigheten (takten) **2** accelerera, påskynda **acceleration** [əkˌselə'reɪʃn] acceleration; påskyndande **acceleration lane** påfartssträcka **accelerator** [ək'seləreɪtə] gaspedal; *fys., kem.* accelerator
accent I *s* ['æks(ə)nt] **1** accent; tryck; betoning; tonvikt **2** accenttecken **3** accent, brytning; *speak with a French* ~ (*äv.*) bryta på franska **II** *v* [æk'sent] betona, accentuera

accentu|ate [æk'sentjʊeɪt] accentuera, betona **-ation** [ækˌsentjʊ'eɪʃn] accentuering, betoning
accept [ək'sept] **1** anta[ga], acceptera, ta emot; ~ *an invitation* tacka ja till en inbjudan **2** erkänna, inse; godta[ga]; finna sig i; acceptera **3** *hand.* acceptera (*en växel*) **-able** [-əbl] acceptabel, antaglig, godtagbar (*to* för) **-ance** [-əns] **1** antagande, accepterande; gynnsamt mottagande **2** erkännande; godtagande; accepterande **3** *hand.* accept; växelacceptering **-ation** [ˌæksep'teɪʃn] vedertagen betydelse **-ed** [ək'septɪd] accepterad, allmänt vedertagen
access ['ækses] **1** tillträde (*to* till); tillgänglighet; ~ *to one's children* umgängesrätt med sina barn **2** anfall, utbrott; ~ *of rage* vredesutbrott **accessary** [ək'sesərɪ] *se accessory I* **accessible** [ək'sesəbl] tillgänglig, åtkomlig, mottaglig (*to* för) **accession** [ək'seʃn] **1** tillträde; inträdande (*to* i); ~ [*to the throne*] tronbestigning **2** tillskott; tillägg; nyanskaffning **3** godkännande (*to* av); instämmande (*to* i); anslutning (*to* till) **accesso|ry** [ək'sesərɪ] **I** *s* **1** medhjälpare; medbrottsling **2** *-ries* (*pl*) accessoarer, tillbehör **II** *a* åtföljande; medbrottslig, delaktig (*to a crime* i ett brott) **access road** tillfartsväg **access time** *data.* access-, åtkomst|tid
accidence ['æksɪd(ə)ns] *språkv.* formlära
accident ['æksɪd(ə)nt] **1** tillfällighet, slump; *by* ~ av en händelse (slump) **2** olyckshändelse, olycka; *have an* ~ råka ut för en olycka; ~*s will happen* en olycka händer så lätt **accidental** [ˌæksɪ'dentl] **I** *a* **1** tillfällig; oavsiktlig; oväntad **2** oväsentlig **II** *s, mus.* tillfälligt förtecken **accident-prone** ['æksɪd(ə)ntprəʊn] olycksbenägen
acclaim [ə'kleɪm] **I** *v* hylla, tilljubla **II** *s* hyllning, bifall, lovord
acclamation [ˌæklə'meɪʃn] **1** bifallsrop **2** acklamation; *by* ~ med acklamation
accli|mation [ˌæklaɪ'meɪʃn] *AE., se acclimatization* **-mate** [ə'klaɪmət] *AE., se acclimatize* **-matization** (*BE. äv. -matisation*) [əˌklaɪmətaɪ'zeɪʃn] acklimatisering; anpassning **-matize** (*BE. äv. -matise*) [ə'klaɪmətaɪz] acklimatisera [sig]; anpassa [sig]
acclivity [ə'klɪvɪtɪ] uppförsbacke; stigning
accolade ['ækə(ʊ)leɪd] **1** riddarslag, dubbning **2** hyllning, lovord **3** *mus.* ackolad, klammer
accommodate [ə'kɒmədeɪt] **1** anpassa, inställa (*to* efter); ackommodera; jämka **2** tillmötesgå, hjälpa **3** försona **4** härbärgera, inhysa, inkvartera; rymma **accommodating** [-deɪtɪŋ] tillmötesgående, hjälpsam
accommodation [əˌkɒmə'deɪʃn] **1** anpassning, inställning (*to* efter); kompromiss; ackommodation[sförmåga]; jämkning **2** bostad, logi, husrum; plats, utrymme **3** tillmötesgående **4** hjälpmedel; bekvämlighet **5** *hand.* lån **6** överenskommelse **accommodation address** [-əˌdres] tillfällig adress **accommodation ladder** [-ˌlædə] *sjö.* fallreppstrappa **accommodation road** [-rəʊd] privatväg
accompaniment [ə'kʌmpənɪmənt] **1** *mus.* ackompanjemang **2** bihang, komplement, tillbehör **accompanist** [ə'kʌmp(ə)nɪst] ackompanjatör **accompa|ny** [ə'kʌmpənɪ] **1** beledsaga; [åt]följa, följa med; -*nied by s.b.* åtföljd av (i sällskap

accomplice—acquiesce

med;) ngn; -*nied with* (*bildl.*) åtföljd (beledsagad) av **2** *mus.* ackompanjera
accomplice [əˈkʌmplɪs] medbrottsling
accom|plish [əˈkʌmplɪʃ] **1** utföra; uträtta; åstadkomma **2** fullborda, slutföra **-plished** [-plɪʃt] **1** fulländad; *an* ~ *fact* ett fullbordat faktum **2** skicklig, kunnig **-plishment** [-plɪʃmənt] **1** utförande; uträttande **2** fullbordande **3** prestation **4** ~*s* (*pl*) talanger; fint sätt
accord [əˈkɔːd] **I** *v* **1** bevilja; skänka **2** stämma överens; vara ense **II** *s* **1** överensstämmelse; samstämmighet; harmoni; *in* ~ *with* i överensstämmelse med; *with one* ~ enhälligt **2** *of one's own* ~ självmant **3** förlikning, kompromiss; överenskommelse **-ance** [-(ə)ns] **1** *in* ~ *with* i överensstämmelse (enlighet) med **2** beviljande **-ing** [-ɪŋ] **1** ~ *to* enligt, [allt]efter **2** ~ *as* i den mån som, alltefter som **-ingly** [-ɪŋlɪ] **1** i enlighet därmed **2** således, följaktligen
accordion [əˈkɔːdjən] dragspel
accost [əˈkɒst] [gå fram till och] tilltala; antasta
account [əˈkaʊnt] **I** *v* **1** betrakta som, anse [som] **2** uppskatta **3** ~ *for a*) redovisa [för], *b*) förklara, vara en förklaring till; *that* ~*s for it* det förklarar saken **II** *s* **1** redogörelse, berättelse, rapport; redovisning; *by all* ~*s* efter allt vad man har hört; *call* (*bring*) *s.b. to* ~ *a*) ställa ngn till svars, göra ngn ansvarig, *b*) ge ngn en skrapa; *give an* ~ *of* redogöra för; *give a good* ~ *of o.s.* sköta (klara) sig bra; *render* ~ lämna redovisning **2** konto, räkning; ~*s* (*pl, äv.*) räkenskaper; *current* ~ löpande räkning, kontokurant; ~*s payable* (*AE.*) skulder; ~*s receivable* (*AE.*) fordringar; *on* ~ *a*) på kredit, *b*) a conto, i avräkning, som avbetalning (*of* på); *do* (*keep*) ~*s* föra räkenskaper; *open an* ~ *with* öppna konto hos; *pay* (*settle*) *an* ~ betala en räkning; *put down to a p.'s* ~ föra upp på ngns räkning (konto); *settle* (*square*) ~*s with a*) utjämna sitt konto hos, *b*) *bildl.* göra upp räkningen med **3** [be]räkning; uppskattning, värdering; betydelse; fördel; *of little* ~ av ringa (liten) betydelse; *of no* ~ utan betydelse; *take into* ~, *take* ~ *of* ta med i beräkningen, överväga; *turn to* ~ dra nytta (fördel) av **4** orsak, grund; *on* ~ *of* på grund av, med anledning av; *on my* ~ för min skull; *on no* ~ på inga villkor; *on one's own* ~ för egen räkning; *on this* (*that*) ~ för den [sakens] skull
account|able [əˈkaʊntəbl] **1** ansvarig (*for* för; *to* inför) **2** förklarlig **-ancy** [-ənsɪ] bokföring **-ant** [-ənt] räkenskaps-, bok[förare; kamrer; *chartered* (*AE. certified public*) ~ auktoriserad revisor
accoutrement [əˈkuːtəmənt] **1** *mil.* mundering **2** *vanl. pl* ~*s* utrustning, utstyrsel; stass
accredit [əˈkredɪt] **1** ackreditera (*at, to* hos, vid) **2** godkänna, auktorisera **2** tillskriva (*s.b. with s.th.* ngn ngt)
accrete [æˈkriːt] **1** växa till, öka **2** växa ihop **accretion** [-iːʃn] **1** tillväxt, ökning; tillskott **2** hopväxning **3** avlagring, anhopning
accrue [əˈkruː] **1** tillväxa, uppstå (*i sht om ränta*); ~*d interest* upplupen ränta **2** tillkomma, tillfalla (*to s.b.* ngn)
acct. *förk. för* account
accumu|late [əˈkjuːmjʊleɪt] **1** hopa, samla ihop; ackumulera **2** hopa sig, samlas; ackumuleras **-lation** [əˌkjuːmjʊˈleɪʃn] **1** hopande, samlande **2** anhopning, ackumulation **3** kapitalisering **-lator** [əˈkjuːmjʊleɪtə] *fys.* ackumulator; batteri
accu|racy [ˈækjʊrəsɪ] exakthet, precision; noggrannhet **-rate** [-rɪt] exakt, precis; noggrann
accursed [əˈkɜːsɪd] förbannad
accu|sal [əˈkjuːzl], **-sation** [ˌækjuːˈzeɪʃn] anklagelse, beskyllning
accusative [əˈkjuːzətɪv] *språkv.* ackusativ; *the* ~ [*case*] ackusativ
accusa|torial [əˌkjuːzəˈtɔːrɪəl], **-tory** [əˈkjuːzət(ə)rɪ] *a* anklagande
accuse [əˈkjuːz] anklaga, beskylla (*of* för); *the* ~*d* den anklagade
accus|tom [əˈkʌstəm] vänja (*to* vid) **-tomed** [-d] **1** van (*to* vid); *get* ~ *to* bli van vid **2** vanlig, bruklig
AC/DC [ˈeɪsiːˈdiːsiː] **1** *förk. för alternating current/direct current* allström **2** *sl.* bisexuell
ace [eɪs] **1** äss, ess; etta (*på tärning*); (*i tennis*) serveäss **2** överdängare, stjärna **3** *within an* ~ *of* en hårsmån från
acerbity [əˈsɜːbətɪ] surhet, bitterhet; *bildl.* kärvhet
acetate [ˈæsɪteɪt] acetat **acetic** [əˈsiːtɪk] *a*, ~ *acid* ättiksyra **acetone** [ˈæsɪtəʊn] aceton **acetylene** [əˈsetɪliːn] acetylen[gas]
ache [eɪk] **I** *s* värk; ~*s and pains* krämpor **II** *v* **1** värka **2** ~ *for* längta efter
achieve [əˈtʃiːv] **1** utföra; åstadkomma **2** [upp]nå **achievement** [əˈtʃiːvmənt] **1** utförande **2** prestation, bedrift; insats
Achilles [əˈkɪliːz] Akilles; ~' *heel* akilleshäl
acid [ˈæsɪd] **I** *a* sur, bitter (*äv. bildl.*); ~ *drops* syrliga karameller **II** *s* **1** syra **2** *sl.* LSD **acidification** [əˌsɪdɪfɪˈkeɪʃn] försurning **acidity** [əˈsɪdətɪ] **1** aciditet, surhetsgrad **2** syrlighet **acid test** prövosten, eldprov **acidulous** [əˈsɪdjʊləs] syrlig; *bildl. äv.* skarp
ack-ack [ˌækˈæk] *vard.* **I** *s* luftvärnseld **II** *a* luftvärns-
acknowledge [əkˈnɒlɪdʒ] **1** erkänna, tillstå **2** ~ [*receipt of*] bekräfta (erkänna) mottagandet av **3** uttrycka sin erkänsla för, tacka för **acknowledg[e]ment** [-mənt] **1** erkännande **2** kvitto **3** *in* ~ *of* som erkänsla (tack) för
acme [ˈækmɪ] kulmen, höjdpunkt
acne [ˈæknɪ] acne, ungdomsfinnar
acolyte [ˈækəʊlaɪt] **1** *kat.* akolut, korgosse **2** följeslagare
acorn [ˈeɪkɔːn] ekollon **acorn barnacle (shell)** *bot.* havstulpan
acoustic[al] [əˈkuːstɪk(l)] akustisk, ljud- **acoustics** [-s] **1** (*behandlas som sg*) akustik, läran om ljuden **2** (*behandlas som pl*) akustik, ljudförhållanden
acquaint [əˈkweɪnt] **1** ~ *o.s. with* bekanta sig med, göra sig bekant med, sätta sig in i; *be* ~*ed with* vara bekant med, känna [till], vara insatt i; *we're not* ~*ed* vi är inte bekanta (känner inte varandra) **2** ~ *s.b. with* underrätta ngn om **-ance** [-(ə)ns] **1** bekantskap (*with* med); kännedom (*with* om); *make the* ~ *of* göra bekantskap med bekant; bekantskapskrets **-anceship** [-ənsʃɪp] **1** bekantskap **2** bekantskapskrets
acqui|esce [ˌækwɪˈes] samtycka (*in* till); foga sig

-escence [-'esns] samtycke (*in* till) **-escent** [-'esnt] eftergiven, medgörlig
acquire [ə'kwaɪə] förvärva, skaffa [sig]; lägga sig till med; ~ *a taste for* få smak för **-ment** [-mənt] **1** förvärvande **2** ~*s* (*pl*) talanger, färdigheter
acquisi|tion [ˌækwɪ'zɪʃn] **1** förvärvande **2** förvärv **-tive** [ə'kwɪzɪtɪv] förvärvslysten, hagalen; *the* ~ *society* prylsamhället **-tiveness** [ə'kwɪzɪtɪvnɪs] habegär
acquit [ə'kwɪt] **1** fritaga, frikänna (*of* från) **2** återbetala **3** ~ *o.s.* sköta sig (*well* bra) **-tal** [-tl] **1** frikännande **2** fullgörande **3** betalning **-tance** [-t(ə)ns] **1** betalning **2** befrielse (*från skuld*)
acre ['eɪkə] **1** (*ytmått* = *4 047 m2*) acre, *ung.* tunnland **2** *vard.*, ~*s* (*pl*) massor (*of* med) **-age** [-rɪdʒ] (*antal*) acres; areal
acrid ['ækrɪd] **1** skarp, bitande, fräs (*äv. bildl.*) **-ity** [æ'krɪdətɪ], **-ness** ['ækrɪdnɪs] skärpa, fränhet (*äv. bildl.*)
acrimonious [ˌækrɪ'məʊnjəs] *bildl.* bitter, skarp
acrimony ['ækrɪmənɪ] *bildl.* bitterhet, skärpa
acro|bat ['ækrəbæt] akrobat **-batic** [ˌækrə(ʊ)'bætɪk] akrobatisk **-batics** [ˌækrə(ʊ)'bætɪks] *pl* akrobatik
acronym ['ækrə(ʊ)nɪm] akronym, initialförkortning
acrophobia [ˌækrə(ʊ)'fəʊbjə] akrofobi, höjdskräck
across [ə'krɒs] **I** *adv* **1** på tvären; tvärs [över]; på bredden; över; (*i korsord*) vågrätt **2** över, på (till) andra sidan **3** i kors; *with arms* ~ med armarna i kors **II** *prep* **1** tvärs över, över, på, genom; *run* (*come*) ~ stöta (råka) på (*s.b.* ngn; *s.th.* ngt), komma över (*s.th.* ngt) **2** över, på (till) andra sidan [av] **--the-board** [əˌkrɒsðə'bɔːd] generell, allmän
acrylic [ə'krɪlɪk] akryl-; ~ *fibre* akryl[fiber]
act [ækt] **I** *s* **1** handling, gärning; *the A~s* [*of the Apostles*] Apostlagärningarna; ~ *of faith* troshandling; ~ *of God* (*jur.*) force majeure; *catch s.b. in the* ~ ta ngn på bar gärning **2** *parl.* beslut; lag; aktstycke, urkund **3** *teat.* akt; nummer; *a one* ~ *play* enaktare; *put on an* ~ spela teater, låtsas **II** *v* **1** handla; agera; uppträda; ~ *for* (*on behalf of*) *s.b.* företräda (representera) ngn; ~ [*up*] *on* handla på grundval av; ~ *up* (*vard.*) krångla, strula **2** fungera, tjäna, verka (*as* som) **3** göra (ha) verkan, [in]verka ([*up*]*on* på) **4** *teat.* spela [teater] (*äv. bildl.*), uppföra på scenen **5** spela (*a part* en roll); uppföra (*a play* en pjäs) **-ing** ['æktɪŋ] **I** *a* tillförordnad, ställföreträdande **II** *s, teat.* spel[sätt]
action ['ækʃn] **1** handling; aktion; uppträdande; agerande; *a man of* ~ en handlingsmänniska, en handlingens man; *take* ~ vidtaga åtgärder, ingripa **2** [in]verkan **3** strid; *readiness for* ~ stridsberedskap; *go into* ~ inlåta sig i strid **4** funktion, gång; *out of* ~ sönder, ur funktion, (*mil.*) ur stridbart skick; *put into* ~ sätta i gång **5** process; laga åtgärder; *bring an* ~ *against* väcka åtal mot **6** mekanism **7** handling (*i film o.d.*)
acti|vate ['æktɪveɪt] göra aktiv, aktivera; göra radioaktiv; ~*d carbon* aktivt kol **-vation** [ˌæktɪ'veɪʃn] aktivering
active ['æktɪv] **1** aktiv, verksam **2** *språkv.* aktiv (*voice* form) **activism** [-ɪz(ə)m] *polit.* aktivism

activist [-ɪst] *polit.* aktivist **activity** [ˌæk'tɪvətɪ] **1** aktivitet, verksamhet **2** energi
ac|tor ['æktə] skådespelare, aktör **-tress** [-trɪs] skådespelerska, aktris
A.C.T.U. *förk. för Australian Council of Trade Unions*
actual ['æktʃʊəl] **1** faktisk, verklig; *in* ~ *fact* i själva verket; *what were her* ~ *words?* hur föll hennes ord egentligen? **2** aktuell, nuvarande, pågående **-ity** [ˌæktʃʊ'ælətɪ] realitet, verklighet; *-ities* faktiska förhållanden **-ize** (*BE. äv. -ise*) [-aɪz] **1** förverkliga **2** skildra levande **-ly** [-ɪ] *adv* **1** faktiskt, verkligen; i själva verket, egentligen **2** för närvarande
actuary ['æktjʊərɪ] aktuarie
actuate ['æktjʊeɪt] sätta i rörelse; *bildl.* driva, påverka
acuity [ə'kjuːətɪ] skärpa; skarp|sinne, -sinnighet
acumen [ə'kjuːmen] skarp|sinne, -sinnighet; *political* ~ utpräglat sinne för politik
acupuncture ['ækjʊpʌŋktʃə] akupunktur
acute [ə'kjuːt] **1** skarp, spetsig **2** *mat.* spetsig (*angle* vinkel) **2** skarpsinnig **3** akut (*disease* sjukdom); häftig, intensiv (*pain* smärta) **4** *språkv.* akut (*accent* accent)
1 ad [æd] *förk. för advertisement*
2 ad [æd] *förk. för* (*AE. sport.*) *advantage*
A.D. *förk. för Anno Domini* (*lat.*) A.D., e.Kr.
adage ['ædɪdʒ] ordspråk, tänkespråk
adagio [ə'dɑːdʒɪəʊ] *mus.* adagio
Adam ['ædəm] Adam; *I don't know him from* ~ *'s ale* (*wine*) jag har ingen aning om vem han är; ~*'s ale* (*wine*) vanligt vatten
adamant ['ædəmənt] orubblig, obeveklig; hård **-ine** [ˌædə'mæntaɪn] diamant-
adapt [ə'dæpt] **1** av-, an|passa (*to* efter, till); adaptera; ~*ed* (*äv.*) lämpad, lämplig (*to* för) **2** bearbeta, omarbeta **-ability** [əˌdæptə'bɪlətɪ] anpassningsförmåga; användbarhet **-able** [-əbl] anpassningsbar; användbar, lämplig **-ation** [ˌædæp'teɪʃn] **1** anpassning; adaptation **2** bearbetning **-er**, **-or** [ə'dæptə] **1** bearbetare **2** *tekn.* adapter; passbit; mellankoppling
A.D.C. *förk. för aide-de-camp*
add [æd] **1** tillägga; tillsätta; ~*ed to* tillika med, vid sidan av; ~*ed to which* vartill kommer att **2** addera, summera; ~ *up* addera, summera, lägga ihop; ~ *4* (*and* (*to*) *3* lägga ihop 4 och 3 **3** ~ *to* öka, bidraga till, utöka **4** ~ *up* (*om siffror o. bildl.*) stämma; ~ *up to* tillsammans utgöra, belöpa sig till, betyda; *it doesn't* ~ *up to much* det är inte särskilt lysande **added** ['ædɪd] ökad, ytterligare
addend|um [ə'dendəm] (*pl -a* [-ə]) tillägg
adder ['ædə] huggorm
addict I *v* [ə'dɪkt] ~ *o.s. to* ägna (hänge) sig åt; *be* ~*ed to* vara hemfallen åt, missbruka (*narkotika e.d.*) **II** *s* ['ædɪkt] slav (*under narkotika o.d.*); *drug* ~ narkoman; *jazz* ~ jazzfantast **addiction** [ə'dɪkʃn] begivenhet (*to* på), böjelse (*to* för); missbruk (*av narkotika o.d.*)
addition [ə'dɪʃn] **1** tillägg, tillskott; tillökning (*to the family* i familjen); *in* ~ dessutom; *in* ~ *to* förutom, jämte **2** addition **additional** [ə'dɪʃnl] extra, ytterligare; tilläggs-
additive ['ædɪtɪv] tillsats
addle ['ædl] **1** ruttna, bli skämd **2** bli förvirrad

address—Adriatic

(virrig) **3** få att ruttna **4** förvirra, göra virrig
address [ə'dres] **I** *v* **1** adressera, skriva adress på **2** tilltala, vända sig till; hålla tal till; titulera; ~ *o.s. to a*) vända sig till, *b*) ägna sig åt **3** rikta, [fram]ställa; ~ *a request to* framföra en begäran till **4** vända sig mot **II** *s* **1** adress **2** anförande, [offentligt] tal; *debate on the A*~ *(BE. parl., ung.)* remissdebatt **3** skicklighet; takt **4** *pay one's ~es to a woman* ägna en kvinna sin kur **addressee** [,ædre'si:] adressat
adduce [ə'dju:s] anföra, andraga
adenoids ['ædɪnɔɪdz] *pl, med.* adenoida vegetationer, polyper bakom näsan
adept ['ædept] **I** *a* erfaren, skicklig *(at, in* i) **II** *s* expert *(at, in* på), kännare
ade|quacy ['ædɪkwəsɪ] tillräcklighet; lämplighet **-quate** [-kwət] tillräcklig, nöjaktig; tillräckligt med; lämplig; adekvat
adhere [əd'hɪə] *v*, ~ *to a*) klibba (sitta) fast vid, *b*) hålla fast vid, vara trogen **adherence** [-r(ə)ns] *s* **1** vidhängande, fastsittande *(to* vid) **2** fasthållande; tillgivenhet, trohet **adherent** [-r(ə)nt] **I** *s* anhängare *(of* av) **II** *a* fastsittande *(to* vid), förbunden *(to* med)
adhe|sion [əd'hi:ʒn] **1** fastsittande **2** fasthållande *(to* vid) **3** vidhäftning[sförmåga], adhesion **-sive** [-sɪv] **I** *a* vidhängande; vidhäftande; klibbig; självhäftande, häft-; ~ *plaster* häftplåster; ~ *tape* klisterremsa, tejp **II** *s* klister, lim, bindemedel
ad hoc [,æd'hɒk] ad hoc, för detta [särskilda] ändamål, för visst uppdrag
adieu [ə'dju:] *s o. interj, litt.* farväl, adjö
adipose ['ædɪpəʊs] fet; ~ *tissue* fettvävnad
adj. *förk. för adjacent; adjective; adjunct; adjourned; adjustment; adjutant*
adjacent [ə'dʒeɪs(ə)nt] angränsande, intilliggande; ~ *to* [som ligger] intill (bredvid)
adjec|tival [,ædʒek'taɪvl] adjektivisk **-tive** ['ædʒɪktɪv] adjektiv
adjoin [ə'dʒɔɪn] **1** gränsa till, stöta intill **2** gränsa till (stöta intill) varandra; ~*ing countries* angränsande länder
adjourn [ə'dʒɜ:n] **1** ajournera; uppskjuta **2** ajournera sig
adjudge [ə'dʒʌdʒ] **1** tilldöma, tillerkänna; *he was* ~*d the winner* han förklarades för segrare **2** *jur.* döma *(s.b. guilty* ngn vara skyldig); tilldöma
adjudi|cate [ə'dʒu:dɪkeɪt] **1** döma, sitta till doms *(upon* över); vara domare *(in a competition* i en tävling) **2** döma; tilldöma; ~ *s.b. bankrupt* förklara ngn bankrutt **-cation** [ə,dʒu:dɪ'keɪʃn] **1** dom **2** tilldömande
adjunct ['ædʒʌŋkt] **1** tillsats; bihang **2** medhjälpare, underordnad **3** *språkv.* bestämning
adjuration [,ædʒʊə'reɪʃn] **1** besvärjelse **2** bön
adjure [ə'dʒʊə] **1** besvärja **2** bönfalla
adjust [ə'dʒʌst] **1** ordna, rätta till; justera; ställa in; reglera **2** an-, av|passa *(to* efter) **-able** [-əbl] justerbar, reglerbar, inställbar; ~ *spanner* skiftnyckel **-ment** [-mənt] **1** ordnande; justering; inställning; reglering **2** an-, av|passning *(to* efter, till)
adjutant ['ædʒʊt(ə)nt] *mil.* adjutant
ad lib. [,æd'lɪb] *(förk. för lat. ad libitum*) **I** *adv* **1** efter behag **2** *vard.* improviserat, utan manuskript **II** *s* improvisation **ad-lib** [,æd'lɪb] *vard.* improvisera
Adm. *förk. för Admiral*[*ty*]
adman ['ædmæn] *vard.* annons-, reklam|man
admass ['ædmæs] lättpåverkbar publik
admin ['ædmɪn] *vard. förk. för administration*
adminis|ter [əd'mɪnɪstə] **1** administrera, förvalta **2** skipa *(justice* rättvisa) **3** ge; tilldela; utdela *(sacraments* sakrament); ~ *medicine to s.b.* ge ngn medicin **4** förestava *(an oath to s.b.* ngn en ed) **-tration** [əd,mɪnɪ'streɪʃn] **1** handhavande, administrering, förvaltning **2** administration, förvaltning *(av land)*; regering, ministär **3** skipande *(of justice* av rättvisa) **4** utdelning *(av medicin, sakrament)* **5** förestavande *(av ed)* **-trative** [əd'mɪnɪstrətɪv] förvaltande, förvaltnings-, administrations-, administrativ **-trator** [əd'mɪnɪstreɪtə] **1** förvaltare, föreståndare **2** administratör
admirable ['ædm(ə)rəbl] beundransvärd
admiral ['ædm(ə)r(ə)l] amiral **-ty** [-tɪ] **1** amiralsvärdighet **2** *BE., the A~ Board* amiralitetet; *First Lord of the A~* marinminister
admiration [,ædmə'reɪʃn] beundran **admire** [əd'maɪə] beundra **admirer** [əd'maɪrə] beundrare
admissible [əd'mɪsəbl] tillåten, tillåtlig; antagbar **admission** [əd'mɪʃn] **1** tillträde; inträde; intagning ([*in*]*to* i, på]) **2** erkännande, medgivande
admission fee inträdesavgift
admit [əd'mɪt] **1** släppa in ([*in*]*to* i); antaga **2** rymma, ha plats för **3** erkänna, medge **4** ~ *of* tillåta, lämna rum för, ge plats för; ~ *to a*) ge tillträde (gälla) till, *b*) erkänna **admittance** [-(ə)ns] tillträde, inträde; *no* ~ tillträde förbjudet **admittedly** [-ɪdlɪ] *adv* det måste erkännas (medges)
admixture [æd'mɪkstʃə] blandning; tillsats
admonish [əd'mɒnɪʃ] **1** förmana, tillrättavisa **2** varna **admonition** [,ædmə(ʊ)'nɪʃn] **1** förmaning; tillrättavisning **2** varning **admonitory** [əd'mɒnɪt(ə)rɪ] varnande
ado [ə'du:] besvär; väsen, bråk; *much ~ about nothing* mycket väsen för ingenting; *without more (further)* ~ utan vidare [spisning]
adobe [ə'dəʊbɪ] [hus av] soltorkat tegel
adoles|cence [,ædə(ʊ)'lesns] ungdom[sår, -tid], uppväxttid *(mellan pubertetens början o. vuxen ålder)* **-cent** [-nt] **I** *a* ungdoms-, tonårs-; *vard.* omogen, pueril **II** *s* ung människa, tonåring
adopt [ə'dɒpt] **1** adoptera **2** anta[ga], uppta[ga]; införa *(a new technique* en ny teknik); lägga sig till med; godkänna **adoption** [ə'dɒpʃn] **1** adoptering, adoption **2** antagande; upptagande; införande; godkännande
adorable [ə'dɔ:rəbl] förtjusande, bedårande **adoration** [,ædə'reɪʃn] dyrkan, tillbedjan, stor kärlek **adore** [ə'dɔ:] dyrka, tillbedja, avguda; *vard.* älska, vara mycket förtjust i
adorn [ə'dɔ:n] pryda, smycka **-ment** [-mənt] **1** prydnad **2** försköning, prydande
A.D.P. *förk. för automatic data processing*
adrenal [ə'dri:nl] *a*, ~ *gland* binjure **adrenaline** [ə'drenəlɪn] adrenalin
Adriatic [,eɪdrɪ'ætɪk] *a o. s, the A~ [Sea]* Adriatiska havet

adrift [əˈdrɪft] på drift, vind för våg; *bildl.* utan mål, planlös; *go* ~ (*vard.*) gå snett, slå fel
adroit [əˈdrɔɪt] skicklig, händig; snabb
adu|late [ˈædjʊleɪt] smickra grovt **-lation** [ˌædjʊˈleɪʃn] grovt smicker
adult [ˈædʌlt] **I** *a* [full]vuxen; ~ *education* vuxenundervisning **II** *s* vuxen [person]
adul|terate [əˈdʌltəreɪt] förfalska; späda ut **-teration** [əˌdʌltəˈreɪʃn] förfalskning; utspädning **-terer** [əˈdʌltərə] äktenskapsbrytare **-terous** [əˈdʌlt(ə)rəs] innebärande äktenskapsbrott **-tery** [əˈdʌltərɪ] äktenskapsbrott
adulthood [ˈædʌlthʊd] vuxen (mogen) ålder
adumbrate [ˈædʌmbreɪt] **1** antyda; skissera **2** överskugga **3** förebåda
adv. *förk. för adverb*[*ial*]; *advertisement; advocate*
advance [ədˈvɑːns] **I** *v* **1** föra (flytta, sträcka) fram[åt] **2** lägga (föra) fram, framkasta **3** främja, befordra; upphöja **4** förskottera **5** höja (*pris*) **6** avancera, gå framåt, göra framsteg; bli befordrad **7** stiga (*i pris*) **II** *s* **1** frammarsch, framryckning; framflyttning; ~*s* (*pl*) försök till närmande **2** framsteg **3** förskott **4** ökning, höjning (*av pris e.d.*) **5** *in* ~ på förhand, i förväg, i förskott **advance booking** förhandsbeställning **advanced** [-t] **1** [långt] framskriden; långtgående, avancerad; ~ *in years* ålderstigen, gammal; ~ *level, se A level*; ~ *position* (*i sht mil.*) framskjuten ställning; ~ *studies* avancerade studier **advance guard** *mil.* förtrupp **advancement** [-mənt] **1** befordran, avancemang **2** framåtskridande **3** förskott **advance party** *mil.* förtrupp **advance payment** förskottsbetalning **advance publicity** förhandsreklam
advan|tage [ədˈvɑːntɪdʒ] företräde; övertag, överlägsenhet (*of, over* över); fördel (*äv. sport.*), förmån; *to* ~ till sin fördel, fördelaktigt; *have the* ~ *of* ha övertaget över; *have the* ~ *of numbers* vara numerärt överlägsen; *you have the* ~ *of me* [ni känner mig men] jag har inte äran att känna er; *take* ~ *of, turn to* ~ utnyttja **-tageous** [ˌædvənˈteɪdʒəs] fördelaktig, förmånlig
advent [ˈædvənt] **1** *A*~ advent **2** ankomst
adventitious [ˌædvenˈtɪʃəs] tillfällig
adventure [ədˈventʃə] **I** *s* äventyr; vågspel **II** *v* äventyra; riskera **adventure playground** byggleklpats
adventur|er [ədˈventʃ(ə)rə] **1** äventyrare **2** spekulant **-ess** [-ɪs] äventyrerska **-ous** [-əs] äventyrslysten; äventyrlig
adverb [ˈædvɜːb] adverb **adverbial** [ədˈvɜːbjəl] **I** *s* adverbial **II** *a* adverbiell
adversary [ˈædvəs(ə)rɪ] motståndare **adverse** [ˈædvɜːs] fientlig; mot-; ogynnsam, ofördelaktig; skadlig; ~ *wind* motvind **adversity** [ədˈvɜːsətɪ] motgång
1 advert [ədˈvɜːt] *v*, ~ *to a)* ägna uppmärksamhet åt, *b)* göra en antydan om
2 advert [ˈædvɜːt] *BE. vard. förk. för advertisement*
advertise [ˈædvətaɪz] **1** annonsera [ut]; göra reklam för **2** annonsera (*for* efter) **advertisement** [ədˈvɜːtɪsmənt] annons; reklam; annonsering; *put an* ~ *in a paper* sätta in en annons i en tidning **advertiser** [ˈædvətaɪzə] annonsör **advertising** [ˈædvətaɪzɪŋ] **1** annonsering, reklam; publicitet **2** reklambranschen **advertising agency** annons-, reklam|byrå **advertising campaign** annonskampanj
advice [ədˈvaɪs] **1** (*ingen pl*) råd; *a piece of* ~ ett råd; *take medical* ~ konsultera en läkare **2** *hand.* meddelande, avi
advisable [ədˈvaɪzəbl] [till]rådlig; klok, förståndig **advise** [ədˈvaɪz] **1** [till]råda; ~ *against* avråda från **2** underrätta (*of* om); *hand.* meddela, avisera **3** *AE.* rådgöra (*with* med) **advisedly** [-ɪdlɪ] överlagt **advis|er, -or** [-ə] rådgivare **advisory** [-(ə)rɪ] rådgivande
advo|cacy [ˈædvəkəsɪ] försvar (*of* för); befrämjande, tillstyrkan (*of* av) **-cate I** *s* [-kət] **1** förkämpe (*of* för), förespråkare (*of* av) **2** *Sk.* advokat **II** *v* [-keɪt] förespråka, förorda
advt. *förk. för advertisement*
adz *AE.*, **adze** *BE.* [ædz] skarvyxa
A.E.C. *förk. för Atomic Energy Commission*
Aegean [iːˈdʒiːən] *a o. s, the* ~ *[Sea]* Egeiska havet
aegis [ˈiːdʒɪs] egid, skydd
aeon [ˈiːən] eon, tidrymd; evighet
aerate [ˈe(ɪ)əreɪt] **1** lufta **2** tillsätta kolsyra till; ~*d water* kolsyrat vatten
aerial [ˈeərɪəl] **I** *a* luft-; flyg; eterisk, himmelsk; ~ *combat* luftstrid; ~ *cableway* (*railway*) linbana **II** *s, tekn.* antenn
aerie [ˈeərɪ] *AE., se eyrie*
aero|batics [ˌeərə(ʊ)ˈbætɪks] (*behandlas som sg*) konstflygning **-drome** [ˈeərədrəʊm] flygplats; aerodrom **-dynamic** [ˌeərə(ʊ)dæˈnæmɪk] aerodynamisk **-dynamics** [ˌeərə(ʊ)daɪˈnæmɪks] (*behandlas som sg*) aerodynamik **-gram[me]** [ˈeərə(ʊ)græm] **1** aerogram **2** radiotelegram **-naut** [ˈeərənɔːt] aeronaut, flygare **-nautic[al]** [ˌeərəˈnɔːtɪk(l)] aeronautisk, flyg- **-nautics** [ˌeərəˈnɔːtɪks] (*behandlas som sg*) aeronautik, flygkonst **-plane** [ˈeərəpleɪn] flygplan **-sol** [ˈeərə(ʊ)sɒl] **1** aerosol **2** aerosolflaska **-space** [ˈeərə(ʊ)speɪs] jordens atmosfär och yttre rymden **-statics** [ˌeərə(ʊ)ˈstætɪks] (*behandlas som sg*) aerostatik
aes|thete [ˈiːsθiːt] estet **-thetic[al]** [iːsˈθetɪk(l)] estetisk **-thetics** [iːsˈθetɪks] (*behandlas som sg*) estetik
a.f. *förk. för audio frequency*
afar [əˈfɑː] *adv o. s* fjärran; *from* ~ ur fjärran, fjärran ifrån
A.F.C. *förk. för Air Force Cross; Association Football Club; automatic frequency control*
affa|bility [ˌæfəˈbɪlətɪ] vänlighet, älskvärdhet, förbindlighet **-ble** [ˈæfəbl] vänlig, älskvärd, förbindlig
affair [əˈfeə] **1** affär; angelägenhet, sak; *current* ~*s* aktuella frågor; *foreign* ~*s* utrikesärenden; *in the present state of* ~*s* på sakernas nuvarande ståndpunkt, i nuvarande läge; *the Watergate* ~ Watergateaffären; *mind your own* ~*s* sköt dina egna angelägenheter **2** [kärleks]förhållande, -affär, historia; *have an* ~ *with s.b.* ha ett förhållande med ngn **3** *vard.* sak, grej, historia
1 affect [əˈfekt] **I** *v* **1** inverka på, påverka, beröra; (*om sjukdom e.d.*) drabba, angripa **2** göra intryck på, röra **II** *s, psykol.* känsloläge
2 affect [əˈfekt] **1** låtsa[s] **2** låtsas vara (ha), si-

mulera **3** ha förkärlek för
affectation [ˌæfekˈteɪʃn] **1** tillgjordhet, affekterat sätt **2** simulering; ~ *of friendship* låtsad vänskap
1 affected [əˈfektɪd] **1** påverkad; rörd, gripen **2** angripen
2 affected [əˈfektɪd] **1** tillgjord, konstlad, affekterad **2** låtsad, simulerad
affection [əˈfekʃn] **1** tillgivenhet, ömhet; *ofta pl* känslor **2** sjukdom **-ate** [-ət] tillgiven, öm **-ately** [-ətlɪ] *adv* tillgivet; *Yours* ~ Din (Er) tillgivne
affidavit [ˌæfɪˈdeɪvɪt] affidavit, edlig förklaring
affili|ate **I** *v* [əˈfɪlɪeɪt] uppta som medlem; ansluta; ~*d company* dotterbolag **II** *s* [əˈfɪlɪɪt] dotterbolag **-ation** [əˌfɪlɪˈeɪʃn] upptagande som medlem; anslutning
affinity [əˈfɪnɪtɪ] **1** släktskap; frändskap; likhet; släktdrag **2** samhörighet[skänsla]; sympati **3** *kem.* affinitet
affirm [əˈfɜːm] **1** försäkra, bedyra, hävda **2** bekräfta, intyga **affirmation** [ˌæfəˈmeɪʃn] **1** försäkran; påstående **2** bekräftelse **affirmative** [əˈfɜːmətɪv] *a o.* s bekräftande; bejakande; *answer in the* ~ svara jakande
affix I *v* [əˈfɪks] **1** fästa (*to, on* på) **2** tillägga, foga (*to* till, vid); ~ *one's signature to* sätta sin signatur (sitt namn) på **II** *s* [ˈæfɪks] *språkv.* affix
afflatus [əˈfleɪtəs] [gudomlig] ingivelse, inspiration
afflict [əˈflɪkt] plåga, ansätta, hemsöka **afflicted** [-ɪd] **1** bedrövad, olycklig (*at* över) **2** plågad, ansatt, hemsökt **affliction** [əˈflɪkʃn] **1** bedrövelse; lidande **2** hemsökelse; olycka
afflu|ence [ˈæfluəns] överflöd; rikedom, välstånd **-ent** [-ənt] **I** *a* överflödande, rik, förmögen; ~ *society* överflödssamhälle **II** *s* biflod, tillflöde
afflux [ˈæflʌks] till|flöde, -strömning
afford [əˈfɔːd] **1** *I can't* ~ *it* jag har inte råd med det, jag kan inte kosta på mig det; *I can't* ~ *the time* jag har inte tid **2** erbjuda; skänka, bereda (*pleasure* nöje)
afforest [æˈfɒrɪst] plantera med skog **-ation** [əˌfɒrɪˈsteɪʃn] skogsplantering
affranchise [əˈfræntʃaɪz] befria (*från förpliktelse*)
affray [əˈfreɪ] *jur.* slagsmål, tumult (*på allmän plats*)
affricate [ˈæfrɪkət] *fonet.* affrikata
affright [əˈfraɪt] *åld. el. poet.* **I** *v* skrämma **II** *s* skräck
affront [əˈfrʌnt] **I** *v* förolämpa, skymfa **II** *s* förolämpning, skymf
Afghan [ˈæfɡæn] **I** *s* **1** afghan **2** afghanska (*språk*) **3** afghanhund **II** *a* afghansk **Afghanistan** [æfˈɡænɪstæn]
aficionado [əˌfɪsjəˈnɑːdɑ(ʊ)] (*pl* ~*s*) **1** fantast, entusiast **2** tjurfäktningsentusiast
afield [əˈfiːld] bort[a]; *far* ~*a*) långt bort[a], *b*) [bort] från ämnet
afire [əˈfaɪə] i brand; *bildl.* upptänd, eld och lågor
aflame [əˈfleɪm] i lågor; *bildl.* eld och lågor
AFL-CIO *förk. för American Federation of Labor and Congress of Industrial Organizations* LO (*i USA*)
afloat [əˈfləʊt] **1** flytande, flott **2** på sjön; till sjöss **3** översvämmad, under vatten **4** *bildl.* på drift; flytande, utan ekonomiska bekymmer **5** i [full] gång; *a rumour is* ~ det går ett rykte
A.F.M. *förk. för Air Force Medal*
afoot [əˈfʊt] **1** i görningen, på gång; i rörelse **2** till fots
afore|mentioned [əˌfɔːˈmenʃ(ə)nd], **-said** *i sht jur.* förutnämnd, ovannämnd **-thought** [əˈfɔːθɔːt] överlagd, uppsåtlig
afoul [əˈfaʊl] *a, adv, run* ~ *of* kollidera med, komma i konflikt med
afraid [əˈfreɪd] rädd (*of* för; *to, that* att); *I'm* ~ *not* tyvärr inte; *I'm* ~ *I can't* tyvärr kan jag inte
afresh [əˈfreʃ] ånyo, på nytt
Africa [ˈæfrɪkə] Afrika **African** [-n] **I** *s* afrikan **II** *a* afrikansk
Afri|kaans [ˌæfrɪˈkɑːns] afrikaans **-kaner** [-ˈkɑːnə] afrikand (*vit medborgare i Sydafrika som talar afrikaans*)
Afro [ˈæfrəʊ] afrofrisyr **--American** [ˌæfrəʊəˈmerɪkən] **I** *s* afroamerikan **II** *a* afroamerikansk **--Asian** [ˌæfrəʊˈeɪʃn] **I** *s* afroasiat **II** *a* afroasiatisk
aft [ɑːft] *sjö.* **I** *a* akter- **II** *adv* akter ut; i aktern
after [ˈɑːftə] **I** *prep* **1** efter, bakom; ~ *all* när allt kommer omkring, ändå; *what is he* ~? vad är det han vill?; *the police are* ~ *her* polisen är efter henne; ~ *you with the mustard* kan jag få senapen efter dig? **2** enligt; i jämförelse med, efter; ~ *what he has said* med tanke på vad han har sagt; ~ *what has happened* efter allt som har hänt; *a sculpture* ~ *Rodin* en skulptur i Rodins stil **II** *adv* **1** efter, bakom **2** efter[åt], senare **III** *a* **1** efter-, senare **2** aktre, aktra, akter- **IV** *konj* sedan, efter det att
after|birth [ˈɑːftəbɜːθ] efterbörd **-burner** [-ˌbɜːnə] efterbrännkammare **-care** [-keə] eftervård **-dinner** [-ˌdɪnə] *a*, ~ *speech* middagstal **-effect** [-ɪˌfekt] efterverkning **-glow** [-ɡləʊ] aftonrodnad; *bildl.* efterglans **-life** [-laɪf] liv efter detta **-math** [-mæθ] **1** följder, efterverkningar **2** andra skörd **-noon** [ˌɑːftəˈnuːn] eftermiddag; ~*s* (*pl, vard.*) eftermiddagarna
afters [ɑːftəz] (*behandlas som sg el. pl*) BE., *vard.* efterrätt
after|shave lotion [ˈɑːftəʃeɪvˌləʊʃn] rakvatten, aftershave **-taste** [-teɪst] eftersmak **-thought** [-θɔːt] **1** idé (förklaring) i efterhand; efterklokhet **2** tillägg (*t. ngt färdigt*) **-ward[s]** [-wəd(z)] efteråt, sedermera, sedan
A.G. *förk. för Adjutant General; Attorney General*
again [əˈɡen] **1** igen, åter; *as much* ~ lika mycket till; *every now and* ~ då och då; *never* ~ aldrig mer[a]; *over* ~ om igen, en gång till; *time and* ~ gång på gång; *I won't do it* ~ (*äv.*) jag ska inte göra on det **2** vidare, å andra sidan **against** [-st] **1** [e]mot; vid **2** *as* ~ i jämförelse med, mot
agape [əˈɡeɪp] med vidöppen mun
agar-[agar] [ˈeɪɡə(ˈreɪɡə)] *bot.* agar-agar
agaric [ˈæɡərɪk] *bot.* skivling
agate [ˈæɡət] agat
agave [əˈɡeɪvɪ] *bot.* agave
age [eɪdʒ] **I** *s* **1** ålder; *old* ~ ålderdom[en]; *over* ~ överårig; *under* ~ omyndig, minderårig; *be (come) of* ~ vara (bli) myndig; *I'm your* ~ jag är

i din ålder; *they are the same* ~ de är lika gamla (jämnåriga) **2** tid, tidevarv, era; *the computer* ~ dataåldern; *the A*~ *of the Enlightenment* upplysningstiden; *the Middle A~s* medeltiden; *the Stone A*~ stenåldern; *for ~s* (*vard.*) i (på) evigheter **II** *v* **1** åldras **2** komma att åldras **aged 1** [eɪdʒd] i en ålder av; *a boy* ~ *five* en femårig pojke **2** ['eɪdʒɪd] åldrig; *the* ~ de gamla, åldringarna **ageing** ['eɪdʒɪŋ] åldrande **ageless** ['eɪdʒlɪs] tidlös
agency ['eɪdʒ(ə)nsɪ] **1** agentur; byrå **2** förmedling, medverkan **3** inverkan; makt **4** *AE.* [regerings]organ
agenda [ə'dʒendə] dagordning, föredragningslista
agent ['eɪdʒ(ə)nt] **1** agent, ombud **2** [*secret*] ~ [hemlig] agent **3** medel; *chemical* ~ kemiskt medel
agglomer|ate [ə'glɒmərert] **I** *v* **1** gyttra ihop, agglomerera **2** gyttra ihop (hopa) sig **II** *a* hopgyttrad, agglomererad **-ation** [ə‚glɒmə'reɪʃn] hopgyttring; anhopning; agglomerat
agglutinate [ə'gluːtɪneɪt] limma ihop; *fysiol., språkv.* agglutinera
aggran|dize (*BE. äv. -dise*) [ə'grændaɪz] förstora; upphöja; utvidga; överdriva **-dizement** (*BE. äv. -disement*) [-dɪzmənt] förstoring; upphöjning; utvidgande; överdrift
aggra|vate ['ægrəveɪt] **1** försvåra, förvärra **2** *vard.* reta, förarga **-vating** [-veɪtɪŋ] **1** försvårande, förvärrande **2** *vard.* retsam, förarglig **-vation** [‚ægrə'veɪʃn] **1** försvårande, förvärrande **2** *vard.* förtret, förargelse
aggre|gate I *v* ['ægrɪgeɪt] **1** hopa, sammangyttra **2** hopas, hopa sig **II** *s* ['ægrɪgɪt] **1** summa; *in the* ~ totalt **2** samling, hop **III** *a* ['ægrɪgɪt] sammanlagd; kollektiv **-gation** [‚ægrɪ'geɪʃn] hopande, sammangyttring
aggression [ə'greʃn] **1** angrepp, anfall **2** *psykol.* aggression **aggressive** [ə'gresɪv] aggressiv; stridslysten **aggressor** [ə'gresə] angripare
aggrieve [ə'griːv] *v* plåga, smärta; såra, kränka; *jur.* förfördela
aggro ['ægrəʊ] *BE., sl.* ungdomsvåld
aghast [ə'gɑːst] förskräckt, bestört, häpen (*at* över)
agile ['ædʒaɪl] vig, rörlig **agility** [ə'dʒɪlətɪ] vighet, rörlighet
agi|tate ['ædʒɪteɪt] **1** uppröra **2** agitera **-tation** [‚ædʒɪ'teɪʃn] **1** rörelse; oro **2** agitation **-tator** ['ædʒɪteɪtə] agitator, uppviglare
aglow [ə'gləʊ] glödande (*with* av); ~ *with happiness* strålande av lycka
A.G.M. *förk. för annual general meeting*
ago [ə'gəʊ] för...sedan; *ten years* ~ för tio år sedan; *as long* ~ *as 1931* redan 1931; *it was long* ~ det var länge sedan
agog [ə'gɒg] ivrig, förväntansfull
ago|nize (*BE. äv. -nise*) ['ægənaɪz] **1** pina, plåga **2** lida kval **-nizing** (*BE. äv. -nising*) [-naɪzɪŋ] plågsam, upprivande
agony ['ægənɪ] **1** själskval, vånda; plåga; ~ *column* "Personligt" (*annonsavdelning i tidning*) **2** dödskamp
agoraphobia [‚ægərə'fəʊbjə] agorafobi, torgskräck
agrarian [ə'greərɪən] **I** *a* jordbruks-, jordbrukar-, agrar-; ~ *society* jordbrukssamhälle **II** *s* jordreformivrare
agree [ə'griː] **1** samtycka (*to* till [att]); *I'll* ~ *to that* (*äv.*) jag kan hålla med om (gå med på) det **2** komma (vara) överens, bli (vara) ense, enas (*on, about* om; *that* om att); ~*d!* överenskommet!, avgjort! **3** *this food doesn't* ~ *with me* jag tål inte den här maten **-able** [ə'grɪəbl] **1** angenäm, behaglig, trevlig (*to* för) **2** villig [att samtycka]; förenlig (*with* med); *are you* ~ *to that?* går du med på det? **-ment** [ə'griːmənt] **1** överenskommelse; avtal, kontrakt; *make* (*reach, come to*) *an* ~ *with* komma överens (träffa avtal) med **2** överensstämmelse; enighet
agricul|tural [‚ægrɪ'kʌltʃ(ə)r(ə)l] jordbrukande, jordbruks- **-ture** ['ægrɪkʌltʃə] jordbruk
agronomy [ə'grɒnəmɪ] agronomi, lantbruksvetenskap
aground [ə'graʊnd] på grund
agt. *förk. för agent; agreement*
ague ['eɪgjuː] [malaria]frossa
ah [ɑː] *interj* ah!, o!, ack!
aha [ɑː'hɑː] *interj* aha!, ha!
ahead [ə'hed] före; i förväg; framåt; framför; *sjö.* för ut (över); *full speed* ~ (*sjö.*) full fart framåt; *in the years* ~ under kommande år; *straight* ~ rakt fram; ~ *of* framför, före; *be* ~ (*vard.*) ligga före, vinna; *get* ~ avancera, ha framgång; *go* ~*! a*) sätt igång!, *b*) fortsätt!; *the mountains lay* ~ bergen låg framför oss (dem *etc.*); *look* ~ se framåt; *plan* ~ planera för framtiden
ahem [m'mm] *interj* hm!
ahoy [ə'hɔɪ] *interj* ohoj!
A.I. *förk. för artificial insemination* **A.I.C.C.** *förk. för All India Congress Committee*
aid [eɪd] **I** *v* hjälpa, bistå **II** *s* **1** hjälp, bistånd; *in* ~ *of* (*BE. vard.*) till stöd (förmån) för; *what's all this in* ~ *of?* (*BE. vard.*) vad ska allt det här vara bra för? **2** medhjälpare **3** hjälpmedel
aide [eɪd] **1** *mil.* adjutant **2** medhjälpare **aid[e]--de-camp** [‚eɪddə'kɑː(ŋ)] (*pl* aid[e]s-de-camp [‚eɪdzdə'kɑː(ŋ)]) *mil.* adjutant
aigret[te] ['eɪgret] ägrett, fjäderbuske
ail [eɪl] **1** plåga, besvära **2** vara krasslig (dålig)
aileron ['eɪlərɒn] *flyg.* skev[nings]roder
ail|ing ['eɪlɪŋ] sjuklig **-ment** [-mənt] sjukdom, krämpa
aim [eɪm] **I** *v* **1** sikta med, måtta (*at* på), rikta (*at* mot) **2** sträva (*at, for* efter); sikta, syfta (*high* högt); *be* ~*ed at* syfta till **3** ämna, ha för avsikt **II** *s* **1** sikte; *take* ~ ta sikte, sikta (*at* på) **2** mål; målsättning; syfte, avsikt; *achieve one's* ~ nå sitt mål (sina syften); *miss one's* ~ förfela sitt syfte
aimless ['eɪmlɪs] utan mål
ain't [eɪnt] *ovårdat för am* (*are, is*) *not; have* (*has*) *not*
air [eə] **I** *s* **1** luft; *change of* ~ luftombyte; *the open* ~ fria luften; *by* ~ med flyg; *go by* ~ flyga; *be in the* ~ *a*) ligga i luften, *b*) gälla, *c*) inte vara bestämd; *disappear into thin* ~ gå upp i rök, försvinna i tomma intet; *on the* ~ i radio, i TV, i sändning; *go on* (*off*) *the* ~ (*radio., TV.*) börja (sluta) sända; *walk on* ~ sväva som på små moln; *up in the* ~ *a*) oviss, *b*) *vard.* rasande; *clear the* ~ rensa luften; *get some fresh* ~, *take the* ~ hämta frisk luft; *give* ~ *to one's complaint* vädra sitt

missnöje; *give s.b. the ~* (*sl.*) avspisa (snoppa av) ngn, ge ngn sparken **2** fläkt, bris, [luft]drag **3** air; min, uppsyn; prägel; *a military ~* en militärisk prägel; *there was an ~ of mystery about her* det låg en air av mystik över henne **4** *~s* (*pl*) förnäm (viktig) min; *put on* (*give o.s.*) *~s* spela förnäm **5** *mus.* melodi; air **II** *v* **1** vädra, lufta; [luft]torka; *put clothes out to ~* hänga ut kläder på vädring **2** lysa (briljera) med
air base ['eəbeɪs] flygbas **air bed** luftmadrass **airborne** flyg-, luft|buren; *~ troops* (*AE.*) fallskärmstrupper **air brake** [tryck]luftbroms **air bridge** *BE.* luftbro **airburst** luftkrevad **airconditioned** [-kən‚dɪʃnd] luftkonditionerad **air conditioning** [-kən‚dɪʃənɪŋ] luftkonditionering **air-cool** [-kuːl] luftkyla (*motor*) **aircraft** [-krɑːft] flygmaskin[er] **aircraft carrier** hangarfartyg **air cushion** [-‚kʊʃn] **1** uppblåsbar kudde **2** *tekn.* luftkudde **air-cushion vehicle** svävare, svävfarkost **airdrome** [-drəʊm] *AE.* flyg|fält, -plats **airdrop** [-drɒp] luftlandsättning **airdry** [-draɪ] lufttorka
Airedale ['eədeɪl] *a o. s, ~* [*terrier*] airedaleterrier
airfield ['eəfiːld] flygfält **air force 1** flygvapen **2** *AE.* flygstyrka **air gun** luftgevär **air hostess** [-‚həʊstɪs] flygvärdinna
airing ['eərɪŋ] **1** vädring, luftning; [luft]torkning **2** utflykt **airing cupboard** [-‚kʌbəd] torkskåp **air-intake** ['eə‚ɪnteɪk] luftintag **airless** [-lɪs] **1** lufttom **2** kvav **air letter** [-‚letə] *BE.* aerogram **airlift** [-lɪft] luftbro **airline** [-laɪn] **1** flyglinje **2** flygbolag **airliner** [-‚laɪnə] trafik[flyg]plan **airlock** [-lɒk] **1** luftsluss **2** luftficka **air mail** [-meɪl] flyg-, luft|post **airman** [-mən] flygare **air mass** [-mæs] luftmassa **air-minded** [-‚maɪndɪd] flygsinnad **airplane** [-pleɪn] *AE.* flygplan **air pocket** [-‚pɒkɪt] luftgrop **airport** flyg|plats, -fält **air pressure** [-‚preʃə] lufttryck **air pump** [-pʌmp] luftpump **air raid** [-reɪd] flyg|räd, -anfall **air-raid shelter** skyddsrum **air-raid warning** flyglarm **air rifle** [-‚raɪfl] luftgevär **air route** [-ruːt] flygrutt, luftled
airscrew ['eəskruː] *BE.* flygplanspropeller **air shaft** ventilationstrumma **airship** luftskepp **airsick** flygsjuk **airspace** luftrum **airstream** luftström **airstrip** start- och landningsbana **airtight** lufttät; *an ~ argument* ett vattentätt argument **air-to-air** [-tuˈeə] *mil.* luft–luft-; *~ missile* jaktrobot **air-to-surface** [-təˈsɜːfɪs] *mil.* luftmark-; *~ missile* attackrobot **airway** [-weɪ] **1** luftled **2** flygbolag **airworthy** [-‚wɜːðɪ] flygduglig
airy ['eərɪ] **1** luftig; luft-; rymlig **2** *vard.* nonchalant, ogenerad, ledig **3** vag, obestämd **4** ytlig
aisle [aɪl] **1** sidoskepp (*i kyrka*) **2** mittgång
aitch [eɪtʃ] (*bokstav*) h; *drop one's ~es* tappa h-na (*i obildat uttal*)
ajar [əˈdʒɑː] på glänt
AK *fork. för Alaska*
akimbo [əˈkɪmbəʊ] med händerna i sidan
akin [əˈkɪn] besläktad, släkt (*to* med); *~ to* (äv.) liknande
AL, Ala. *fork. för Alabama*
à la [ɑːlɑː] à la, på samma sätt som, lik[t]
Alabama [‚æləˈbæmə]

alabaster [ˈæləbɑːstə] alabaster
à la carte [‚ɑːlɑːˈkɑːt] à la carte
alack[-a-day] [əˈlæk(ədeɪ)] *interj, åld el. poet.* ack!, o ve!
alacrity [əˈlækrətɪ] beredvillighet, iver; livlighet
alarm [əˈlɑːm] **I** *s* **1** alarm; larm[signal]; *state of ~* larmberedskap; *raise* (*give*) *the ~* slå larm **2** bestörtning; oro; *in at state of ~* alarmerad, oroad **3** väckarklocka **II** *v* **1** alarmera; larma **2** oroa; skrämma **alarm clock** väckarklocka **alarmed** [-d] alarmerad, orolig, oroad (*at, by* över) **alarming** [-ɪŋ] alarmerande, oroväckande, oroande
alas [əˈlæs] *interj* ack!, tyvärr!
Alas. *fork. för Alaska*
Alaska [əˈlæskə]
alb [ælb] alba, mässkjorta
Alba|nia [ælˈbeɪnjə] Albanien **-nian** [-njən] **I** *s* **1** alban **2** albanska [språket] **II** *a* albansk
albatross [ˈælbətrɒs] albatross
albeit [ɔːlˈbiːɪt] *poet.* ehuru, även om
albino [ælˈbiːnəʊ] albino
Albion [ˈælbjən] *åld. el. poet.* Albion (*Storbritannien*)
ALBM *fork. för air-launched ballistic missile*
album [ˈælbəm] **1** album **2** LP-skiva, [skiv]album
albu|men, -min [ˈælbjʊmɪn] **1** äggvita **2** äggviteämne **-minous** [ælˈbjuːmɪnəs] äggvitehaltig **-minuria** [‚ælbjuːmɪˈnjʊərɪə] *med.* äggvita
alchemist [ˈælkɪmɪst] alkemist **alchemy** [ˈælkɪmɪ] alkemi
alcohol [ˈælkəhɒl] alkohol, sprit **-ic** [‚ælkəˈhɒlɪk] **I** *a* alkohol-; alkoholhaltig **II** *s* alkoholist **-ism** [ˈælkəhɒlɪz(ə)m] alkoholism
Alcoran [‚ælkɒˈrɑːn] Koranen
alcove [ˈælkəʊv] **1** alkov **2** lövsal, berså
Ald. *fork. för Alderman*
alder [ˈɔːldə] *bot.* al
alderman [ˈɔːldəmən] ålderman (*i kommunfullmäktige*)
Aldm. *fork. för Alderman*
ale [eɪl] öl; *pale ~* ljust öl
Alec [ˈælɪk] kortform av Alexander
alert [əˈlɜːt] **I** *a* **1** vaken, på alerten **2** pigg, livlig **II** *s* **1** [flyg]larm **2** *on the ~* på vakt, vaksam, på utkik **III** *v* larma, försätta i beredskap; varna
A level [ˈeɪ‚levl] *BE.* (*fork. för Advanced level*) [betyg i] avgångsexamen (*från gymnasieutbildning*)
alfalfa [ælˈfælfə] *bot.* blålusern
alga [ˈælgə] (*pl algae* [ˈældʒiː]) alg; tång
algebra [ˈældʒɪbrə] algebra **-ic[al]** [‚ældʒɪˈbreɪɪk(l)] algebraisk
Algeria [ælˈdʒɪərɪə] Algeriet **Algerian** [ælˈdʒɪərɪən] **I** *s* algerier **II** *a* algerisk **Algers** [ælˈdʒɪəz] Alger
algorithm [ˈælgərɪðm] algoritm
alias [ˈeɪlɪæs] **I** *adv* alias, även kallad **II** *s* alias, antaget namn
alibi [ˈælɪbaɪ] alibi; *vard.* ursäkt, bortförklaring
alien [ˈeɪljən] **I** *a* utländsk; främmande (*to* för) **2** oförenlig (*to* med) **II** *s* **1** främling **2** främmande väsen **-ate** [-eɪt] göra främmande; fjärma, alienera **-ation** [‚eɪljəˈneɪʃn] **1** fjärmande; alienation, främlingskap **2** *jur.* överlåtelse, avyttrande **-ist** [ˈeɪljənɪst] *AE.* rättspsykiater

1 alight [ə'laɪt] stiga av (ner, ur); landa; slå sig ner

2 alight [ə'laɪt] **1** brinnande, i lågor; *be* ~ brinna, stå i lågor **2** upplyst

align [ə'laɪn] **1** ställa upp på rät linje; räta upp, rikta [in]; ~ *o.s. with s.b.* ställa sig på ngns sida **2** ställa upp sig på rät linje **-ment** [-mənt] **1** placering i linje; uppställning [på linje]; inriktning; anslutning (*with* till), orientering (*with* mot) **2** rät linje **3** gruppering

alike [ə'laɪk] *a o. adv* lik[a]; på samma sätt; *they are* (*look*) *very much* ~ de är mycket lika varandra, de liknar varandra mycket

alimentary [ˌælɪ'mentərɪ] närings-; ~ *canal* matsmältningskanal

alimony ['ælɪmənɪ] *jur.* underhåll (*i samband m. skilsmässa*)

alive [ə'laɪv] **1** vid liv, i livet; levande; *no man* ~ ingen i hela världen **2** *be* ~ *with* myllra av; *look* ~*!* *a*) skynda på!, *b*) se upp!; ~ *and kicking* pigg och kry **3** *be* ~ *to* vara medveten om **4** strömförande; påkopplad

alka|li ['ælkəlaɪ] (*pl* -[*e*]*s*) alkali **-line** [-laɪn] alkalisk

all [ɔ:l] **I** *s* allt, allting; alla; det hela, helhet **II** *a o. pron* **1** all, allt; alla; hela, hel och hållen; ~ *day* hela dagen; ~ *of us* vi alla; *biggest of* ~ störst av alla; *you of* ~ *people* du av alla människor; *of* ~ *things* framför allt; ~ *but a*) alla (allt) utom, *b*) nästan; *not* ~ *that pretty, not as pretty as* ~ *that* inte så [väldigt] söt; *clothes and* ~ *that* (*vard.*) kläder och sånt; *at* ~ över huvud taget, alls; *not at* ~ inte alls; *not at* ~*!* ingen orsak!, för all del!; *for* ~ *a*) såvitt, *b*) trots; *for* ~ *that* trots allt; *in* ~ inalles, allt som allt; ~ *in* ~ på det hela taget; *when* ~ *is said and done* när allt kommer omkring; *that's* ~ *there is to it* (*vard.*) så enkelt är det **2** hel-; ~ *silk* helsiden **III** *adv* **1** alldeles, helt och hållet; ~ *but* crazy nästan tokig; ~ *the more* ju mycket mera; ~ *the same* ändå, i alla fall; *it's* ~ *the same to me* det gör mig detsamma; ~ *about* runtomkring; ~ *along a*) längs (utmed) hela, *b*) hela tiden; *be* ~ *for* vara helt för; ~ *in* (*sl.*) dödstrött, slut; ~ *out* (*vard.*) [för] fullt, i full fart; ~ *over a*) över hela, *b*) slut; *that's him* ~ *over* det är typiskt (likt) honom; ~ *right!* gärna det!, kör för det!, ja då!; *are you* ~ *right?* mår du bra?, är du oskadd?; *it's* ~ *right a*) det är helt i sin ordning, *b*) för all del, det gör ingenting; *it's* ~ *right with me* gärna för mig; ~ *there* vaken, på alerten **2** *sport.* lika

Allah ['ælə] Allah

allay [ə'leɪ] stilla, lugna; minska, mildra

all clear [ˌɔ:l'klɪə] *s* faran över; *bildl.* klarsignal; *sound the* ~ signalera faran över

allegation [ˌælɪ'geɪʃn] anklagelse; påstående **allege** [ə'ledʒ] **1** påstå; *the* ~*d murderer* den utpekade (föregivna) mördaren **2** andraga, anföra

allegiance [ə'li:dʒ(ə)ns] trohet; tro och lydnad; *hist.* länsplikt

alle|goric[al] [ˌælɪ'gɒrɪkl] allegorisk **-gory** ['ælɪgərɪ] allegori

allegretto [ˌælɪ'gretəʊ] *mus.* allegretto **allegro** [ə'leɪgrəʊ] *mus.* allegro

alleluja [ˌælɪ'lu:jə] halleluja

aller|gic [ə'lɜ:dʒɪk] allergisk (*to* mot) **-gy** ['ælədʒɪ] allergi

allevi|ate [ə'li:vɪeɪt] lätta, lindra **-ation** [əˌli:vɪ'eɪʃn] lättnad, lindring

alley ['ælɪ] **1** gränd; *blind* ~ återvändsgata **2** allé **3** kägel-, bowling|bana **4** *i sht AE.* (*i tennis*) korridor **5** *vard., it's up my* ~ det passar mig precis **-way** gränd; bakgata

All Fools' Day [ˌɔ:l'fu:lzdeɪ] 1 april

alliance [ə'laɪəns] **1** förbund, allians **2** förbindelse; släktskap **allied** [ə'laɪd, *attr.* 'ælaɪd] **1** allierad, förbunden **2** besläktad (*to, with* med)

alligator ['ælɪgeɪtə] alligator **alligator pear** avocado

all-important ['ɔ:lɪmˌpɔ:tnt] ytterst viktig

all-in [ˌɔ:l'ɪn] **1** inklusive-, hel-, total-; ~ *price* allt-i-ett-pris **2** ~ *wrestling* fribrottning

alliteration [əˌlɪtə'reɪʃn] allitteration

allo|cate ['æləʊkeɪt] tilldela; anslå; fördela **-cation** [ˌæləʊ'keɪʃn] tilldelning; anslag; fördelning

allot [ə'lɒt] tilldela, anslå, anvisa **-ment** [-mənt] **1** tilldelning; utdelning **2** anslag **3** *BE.* kolonilott

all-out [ˌɔ:l'aʊt] *a, vard.* fullständig, total

allow [ə'laʊ] **1** tillåta, låta; *be* ~*ed to do s.th.* (*äv.*) få göra ngt; *no dogs* ~*ed* hundar får inte medtagas; ~ *o.s. s.th.* tillåta (unna) sig ngt; ~ *me!* tillåt mig [att hjälpa er]! **2** godkänna; erkänna **3** ge, bevilja; anslå, beräkna **4** *AE.* anse, mena **5** ~ *for* räkna med, ta hänsyn till **6** ~ *of* medge, tillåta **-able** [-əbl] **1** tillåten **2** avdragsgill **-ance** [-əns] **1** underhåll; anslag, bidrag, understöd; *daily* ~ dagtraktamente **2** ranson, tilldelning **3** rabatt; ersättning; avdrag (*äv. skatte-*) **5** *make* ~ [*s*] *for* ta hänsyn till, överse med

alloy I *s* ['ælɔɪ, *bildl.* ə'lɔɪ] **1** legering **2** tillsats; *without* ~ (*bildl.*) oblandad, äkta **II** *v* [ə'lɔɪ] legera

all-round [ˌɔ:l'raʊnd] *a* all-round, mång-, all|sidig **-er** [-ə] allround [idrotts]man

All Saints' Day [ˌɔ:l'seɪntsdeɪ] allhelgonadagen, alla helgons dag (*1 nov.*)

allspice ['ɔ:lspaɪs] kryddpeppar

all-time ['ɔ:l'taɪm] *a, vard., an* ~ *record* ett av tiders rekord; *an* ~ *high* en toppnotering

allude [ə'lu:d] *v,* ~ *to* hänsyfta (anspela, alludera) på

allure [ə'ljʊə] **I** *v* locka; tjusa **II** *s* lockelse; tjusning **allurement** [-mənt] **1** lockelse; tjusning **2** lockbete **alluring** [-rɪŋ] lockande, förförisk

allusion [ə'lu:ʒn] anspelning, hänsyftning

alluvial [ə'lu:vjəl] alluvial, uppslamnad

ally I *v* [ə'laɪ] förena, alliera (*to, with* med) **II** *s* ['ælaɪ] bundsförvant, allierad; *the Allies* de allierade

almanac ['ɔ:lmənæk] almanack, kalender

almighty [ɔ:l'maɪtɪ] **1** allsmäktig **2** *vard.* fantastisk[t], väldig[t]

almond ['ɑ:mənd] mandel

almoner ['ɑ:mənə] **1** *BE.* sjukhuskurator **2** *åld.* allmoseutdelare

almost ['ɔ:lməʊst] nästan; *I* ~ *fell* jag var nära att ramla

alms [ɑ:mz] *pl* allmos|a, -or **--house** ['ɑ:mzhaʊs] *BE.* fattighus

aloe ['æləʊ] *bot.* aloe

aloft [ə'lɒft] högt upp; uppåt

alone [ə'ləʊn] **I** *a* ensam, för sig själv; på egen

hand; *leave (let) them* ~ lämna dem (låt dem vara) ifred; *let* ~ *the cost* för att inte tala om kostnaderna **II** *adv* endast
along [ə'lɒŋ] **I** *prep* längs [efter], utmed, framåt, nedåt; *walk* ~ *the street* gå gatan fram **II** *adv* **1** framåt, i väg **2** *come* ~*!* kom nu!, skynda på! **3** ~ *with* tillsammans med **4** *all* ~ hela tiden -**side** [ə,lɒŋ'saɪd] **I** *adv* långsides; vid sidan; ~ *of* långsides (längs) med **II** *prep* vid sidan av
aloof [ə'luːf] på avstånd, borta; *bildl.* reserverad
aloud [ə'laʊd] med hög röst, högt
alp [ælp] alp, fjäll; *the Alps* Alperna
alpaca [æl'pækə] *zool. o. tyg* alpacka
alpenstock ['ælpɪnstɒk] alpstav
alpha ['ælfə] **1** (*bokstav*) alfa; ~ *and omega* a och o **2** *BE.* högsta betyg
alphabet ['ælfəbɪt] alfabet -**ic[al]** [,ælfə'betɪk (əl)] alfabetisk
alpha[nu]meric [,ælfə(njuː)'merɪk] alfanumerisk **alpha particle** [,ælfə'pɑːtɪkl] alfapartikel **alpha rays** [,ælfə'reɪz] *pl* alfastrålar
alpine ['ælpaɪn] alpin, alp-, fjäll-
already [ɔːl'redɪ] redan
Alsace [æl'sæs] Alsace, Elsass **Alsace-Lorraine** [-lɒ'reɪn] Alsace-Lorraine, Elsass-Lothringen **Alsatian** [æl'seɪʃən] **I** *a* elsassisk **II** *s* **1** elsassare **2** schäfer[hund]
also ['ɔːlsəʊ] också, likaså --**ran** [-ræn] **1** (*i kapplöpning*) oplacerad häst **2** *vard.* nolla, obetydlig person, medelmåtta
alt. *förk. för alternate; altitude; alto* **Alta.** *förk. för Alberta (Canada)*
altar ['ɔːltə] altare **altar boy** korgosse **altarpiece** ['ɔːltəpiːs] altartavla
alter ['ɔːltə] förändra[s], ändra[s] -**ation** [,ɔːltə'reɪʃn] [för]ändring
altercation [,ɔːltə'keɪʃn] gräl, häftig dispyt, ordväxling
alter ego [,æltər'egəʊ] **1** alter ego, andra jag **2** nära vän
alter|nate I *v* ['ɔːltəneɪt] **1** alternera, växla [om], tura[s] om; -*nating current* växelström **2** låta växla om, växla om med, alternera mellan **II** *a* [ɔː'lɜːnɪt] **1** omväxlande, alternerande; *work on* ~ *days* arbeta [alternerande] varannan dag **2** alternativ -**nately** [ɔː'lɜːnətlɪ] *adv* omväxlande, växelvis -**nation** [,ɔːltə'neɪʃn] alternering, omväxling -**native** [ɔːl'tɜːnətɪv] **I** *s* alternativ **II** *a* alternativ, annan -**nator** [ˈɔːltəneɪtə] växelströmsgenerator, omformare
althorn ['ælthɔːn] *mus.* althorn
although [ɔːl'ðəʊ] även om, fastän
alti|meter ['æltɪmiːtə] *flyg.* höjdmätare -**tude** [-tjuːd] höjd (*över havet*); *at this* ~ på den här höjden
alto ['æltəʊ] *mus.* **I** *s* alt[stämma] **II** *a* alt-
altogether [,ɔːltə'geðə] **I** *adv* **1** helt och hållet, alldeles **2** allt som allt, sammanlagt; på det hela taget **II** *s, vard., in the* ~ i bara mässingen
altru|ism ['æltruɪz(ə)m] altruism, oegennytta -**istic** [,æltruː'ɪstɪk] altruistisk
alum ['æləm] alun
alumin|ium [,æljʊ'mɪnjəm] aluminium -**um** [ə'luːmɪnəm] *AE.* aluminium
alum|na [ə'lʌmnə] (*pl -nae* [-iː]) *i sht AE.* alumn. f.d. [kvinnlig] elev -**nus** (*pl -i* [-aɪ]) *i sht AE.*

alumn, f.d. [manlig] elev
always ['ɔːlweɪz] alltid, jämt, ständigt
AM, am *förk. för amplitude modulation*
am [*beton.* æm, *obeton.* əm, m] (*jag*) är
A.M. *förk. för associate member; Albert Medal; (AE.) Master of Arts* **A.M., a.m.** *förk. för (lat.) ante meridiem* f.m., på förmiddagen **A.M.A.** *förk. för American Medical Association*
amalgam [ə'mælgəm] **1** *kem.* amalgam **2** blandning -**ate** [-eɪt] **1** *kem.* amalgamera **2** förena, slå samman, fusionera (*företag e.d.*) **3** (*om företag e.d.*) slås (gå) samman, fusionera -**ation** [ə,mælgə'meɪʃn] **1** *kem.* amalgamering **2** sammanslagning, samgående, fusionering (*av företag e.d.*); blandning, förening
amanuen|sis [ə,mænjʊ'ensɪs] (*pl -ses* [-siːz]) sekreterare; kopist
amass [ə,mæs] hopa, lägga på hög, samla
amateur ['æmətə] **I** *s* **1** amatör **2** älskare (*av ngt*) **II** *a* amatör- -**ish** [,æmə'tɜːrɪʃ] amatörmässig
amatory ['æmətərɪ] kärleks-, erotisk
amaze [ə'meɪz] göra häpen, förvåna, förbluffa **amazement** [-mənt] häpnad, förvåning **amazing** [-ɪŋ] häpnadsväckande, förvånande, förbluffande
amazon ['æməz(ə)n] **1** amason, manhaftig kvinna **2** *the A~* Amazonfloden
ambassador [æm'bæsədə] ambassadör
amber ['æmbə] **I** *s* **1** bärnsten **2** (*i trafiksignal*) gult ljus **II** *a* **1** av bärnsten, bärnstensfärgad **2** (*om trafiksignal*) gul -**gris** [-griːs] ambra
ambidextrous [,æmbɪ'dekstrəs] **1** lika skicklig med båda händerna, ambidexter **2** *vard.* mycket skicklig **3** opålitlig
ambi|ence ['æmbɪəns] atmosfär -**ent** [-ənt] omgivande
ambiguity [,æmbɪ'gjuːɪtɪ] tvetydighet **ambiguous** [æm'bɪgjʊəs] **1** tvetydig **2** svårförståelig, dunkel
ambit ['æmbɪt] **1** område; omfång; **2** gränser
ambi|tion [æm'bɪʃən] **1** ambition[er]; strävan; mål (*för strävan*) **2** ärelystnad -**tious** [-ʃəs] **1** ambitiös, målmedveten, framåt **2** ärelysten
ambiva|lence [,æmbɪ'veɪləns] ambivalens -**lent** [-lənt] ambivalent
amble ['æmbl] **I** *s* **1** passgång **2** lunk **II** *v* **1** gå i passgång **2** spatsera, lunka
ambulance ['æmbjʊləns] ambulans
ambush ['æmbʊʃ] **I** *s* **1** bakhåll; *fall into an* ~ råka i ett bakhåll; *lie* (*wait*) *in* ~ ligga i bakhåll **II** *v* ligga i bakhåll [för], överfalla i bakhåll
ameba [ə'miːbə] *se amoeba*
amelio|rate [ə'miːljəreɪt] **1** förbättra **2** bli bättre -**ration** [ə,miːljə'reɪʃn] förbättring
amen [,ɑː'men, ,eɪ'men] amen; *say* ~ *to* säga ja och amen (samtycka) till
amenable [ə'miːnəbl] **1** tillgänglig, mottaglig (*to* för) **2** ansvarig
amend [ə'mend] **I** *v* **1** rätta, korrigera; ändra; göra tillägg i (till) **2** förbättra **II** *s*, ~*s* (*pl*) gottgörelse; *make a* ~ *to s.b. for s.th.* gottgöra nge (ge ngn upprättelse) för ngt -**ment** [ə'mendmənt] **1** rättelse, korrigering; ändring[ar]; tillägg **2** förbättring
amen|ity [ə'miːnətɪ] **1** behaglighet, behag **2** -*ities* (*pl*) bekvämlighet[er]; faciliteter; service **3** -*ities*

(*pl*) artigheter, älskvärdheter
Ameri|ca [ə'merɪkə] Amerika **-can** [-kən] **I** *s* **1** amerikan; amerikanska **2** amerikansk-engelska, amerikanska **II** *a* amerikansk; ~ *cloth* vaxduk; ~ *Indian* indian; ~ *plan* (*AE.*) helpension **-canism** [-kənɪz(ə)m] amerikanism **-canize** (*BE. äv. -canise*) [-kənaɪz] amerikanisera
amethyst ['æmɪθɪst] ametist
ami|ability [ˌeɪmjə'bɪlətɪ] vänlighet, älskvärdhet **-able** ['eɪmjəbl] vänlig, älskvärd
amica|bility [ˌæmɪkə'bɪlətɪ] vänskaplighet; vänlighet **-ble** [ˌæmɪkəbl] vänskaplig; vänlig
amid [ə'mɪd] *prep* mitt i, mitt ibland; [mitt] under **amidships** [-ʃɪps] mid-, mitt|skepps **amidst** [-st] *se* amid
amino acid [ə'maɪnəʊˌæsɪd] aminosyra
amiss [ə'mɪs] *adv o. a* på tok, fel; *take* ~ ta illa upp
amity ['æmətɪ] vänskapligt förhållande, vänskap
ammeter ['æmɪtə] amperemeter
ammo ['æməʊ] *vard.* ammunition
ammo|nia [ə'məʊnjə] ammoniak **-niac** [ə'məʊnɪæk], **-niacal** [ˌæmə(ʊ)'naɪəkl] ammoniak-
ammunition [ˌæmjʊ'nɪʃn] ammunition **ammunition belt** patronbälte
amnesia [æm'ni:zjə] minnesförlust, amnesi
amnesty ['æmnəstɪ] **I** *s* amnesti, benådning **II** *v* bevilja amnesti
amni|on [ˌæmnɪən] (*pl -ons el. -a* [-ə]) *anat.* inre fosterhinna **-otic** [ˌæmnɪ'ɒtɪk] *a*, ~ *fluid* fostervatten
amoeba [ə'mi:b|ə] (*pl -ae* [-i:], *-as* [-əz]) amöba
amok [ə'mɒk] *se amuck*
among[st] [ə'mʌŋ(st)] [i]bland; mellan; ~ *other things* bland annat; ~ *themselves* sinsemellan
amoral [ˌeɪ'mɒr(ə)l] amoralisk
amorous ['æmərəs] amorös, kärleks-, kärleksfull; älskande; förälskad
amorphous [ə'mɔ:fəs] amorf, formlös
amor|tization (*BE. äv. -tisation*) [əˌmɔ:tɪ'zeɪʃn] amortering **-tize** (*BE. äv. -tise*) [ə'mɔ:taɪz] amortera
amount [ə'maʊnt] **I** *s* belopp, summa; massa, mängd; *quite an* (*any*) ~ *of money* ganska mycket pengar, en ansenlig summa [pengar] **II** *v*, ~ *to a*) uppgå (belöpa sig) till, *b*) innebära, betyda, vara detsamma som; *it* ~s *to the same thing* det går på ett ut
amour [ə'mʊə] [hemlig] kärleksaffär
ampere ['æmpeə] ampere **--hour** amperetimme
ampersand ['æmpəsænd] et-tecken, &
amphetamine [æm'fetəmɪn] amfetamin
amphibi|an [æm'fɪbɪən] **I** *a* amfibisk **II** *s* **1** *zool.* amfibie **2** amfibiefordon **-ous** [-əs] amfibisk
amphitheatre ['æmfɪˌθɪətə] amfiteater
ample ['æmpl] **1** rymlig; vidsträckt, utbredd, omfattande **2** riklig; ymnig; utförlig, fyllig; stor
ampli|fication [ˌæmplɪfɪ'keɪʃn] **1** utvidgning; utläggning; utförlig redogörelse **2** elektr. förstärkning **-fier** ['æmplɪfaɪə] elektr. förstärkare **-fy** ['æmplɪfaɪ] **1** utvidga; närmare utveckla; utföra i detalj **2** elektr. förstärka
amplitude ['æmplɪtju:d] **1** vidd, bredd, omfattning; riklighet; utförlighet; omfång **2** *fys.* amplitud **amplitude modulation** [-ˌmɒdjʊ'leɪʃn] *fys.* amplitudmodulering
amply ['æmplɪ] rikligt, mer än tillräckligt
ampoule ['æmpu:l] ampull
ampu|tate ['æmpjʊteɪt] amputera **-tation** [ˌæmpjʊ'teɪʃn] amputering, amputation
amt. *förk. för amount*
amuck [ə'mʌk] *adv, run* ~ löpa amok
amulet ['æmjʊlɪt] amulett
amuse [ə'mju:z] underhålla, roa; ~ *o.s.* [*by*] *doing s.th.* roa sig med att göra ngt **amusement** [-mənt] nöje, förlustelse, tidsfördriv, förströelse **amusement arcade** *BE.* spelhall **amusement park** nöjesfält, tivoli
an [*beton.* æn, *obeton.* ən, n] (*framför vokalljud, jfr a*) en, ett
anachro|nism [ə'nækrənɪz(ə)m] anakronism **-nistic** [əˌnækrə'nɪstɪk] anakronistisk
anaconda [ˌænə'kɒndə] *zool.* anakonda
anae|mia [ə'ni:mjə] anemi, blodbrist **-mic** [-mɪk] anemisk, blodfattig
anaes|thesia [ˌænɪs'θi:zjə] bedövning **-thetic** [-'θetɪk] **I** *s* bedövningsmedel; narkos; *local* ~ lokalbedövning; *be under* ~ vara bedövad (sövd) **II** *a* bedövande; bedövnings-; narkos- **-thetist** [æ'ni:sθətɪst] *BE.* narkosläkare **-thetize** (*BE. äv. -thetise*) [æ'ni:sθətaɪz] bedöva
anagram [ˌænəgræm] anagram
anal ['eɪnl] anal, anal-; ~ *fin* analfena
anal. *förk. för analogous; analogy; analysis, analytic*
analge|sia [ˌænæl'dʒi:zjə] *med.* analgesi, oförmåga att känna smärta **-sic** [-sɪk] **I** *a* smärtstillande **II** *s* smärtstillande medel
analogic[al] [ˌænə'lɒdʒɪk(l)] analogisk **analogous** [ə'næləgəs] analog, likartad, jämförlig (*to* med) **analogue** ['ænəlɒg] motsvarighet, parallell (*of* till) **analogy** [ə'nælədʒɪ] analogi, motsvarighet, parallell; *on the* ~ *of* i analogi med; *draw an* ~ dra en parallell, göra en jämförelse
analyse ['ænəlaɪz] analysera; undersöka **analy|sis** [ə'næləsɪs] (*pl -ses* [-si:z]) analys; undersökning; *in the last* (*final, ultimate*) ~ när allt kommer omkring **analyst** ['ænəlɪst] **1** analytiker **2** kemist **analytic[al]** [ˌænə'lɪtɪk(l)] analytisk **analyze** ['ænəlaɪz] *AE., se analyse*
anar|chic[al] [æ'nɑ:kɪk(l)] anarkistisk **-chism** ['ænəkɪz(ə)m] anarkism **-chist** ['ænəkɪst] anarkist **-chy** ['ænəkɪ] anarki
anathema [ə'næθəmə] **1** bannlysning, förbannelse **2** styggelse, ohygglighet
anatomical [ˌænə'tɒmɪkl] anatomisk **anatomist** [ə'nætəmɪst] anatom **anato|mize** (*BE. äv. -mise*) [ə'nætəmaɪz] dissekera (*äv. bildl.*) **anatomy** [ə'nætəmɪ] **1** anatomi **2** dissekering **3** *vard.* kropp
ANC *förk. för African National Congress*
ances|tor [ˌænsestə] **1** förfader, stamfader **2** upphovsman **-tral** [æn'sestr(ə)l] fäderne-; fäderneärvd **-try** [ˌænsestrɪ] **1** börd, anor **2** förfäder
anchor ['æŋkə] **I** *s* ankare (*äv. drop, come to*) ~ kasta ankar, ankra; *drag* ~ dragga; *be* (*lie, ride*) *at* ~ ligga för ankar; *weigh* ~ lätta ankar **II** *v* **1** ankra, kasta ankar **2** stadigt fästa (*to* vid); förankra **-age** [-rɪdʒ] **1** ankring **2** ankarplats **3** ankringsavgift **4** fäste
anchorite ['æŋkəraɪt] eremit, anakoret

anchor man—anon

anchor man 1 *sport.* ankare **2** *radio., TV.* programledare
anchovy ['æntʃəvɪ] sardell; ansjovis
ancient ['eɪnʃ(ə)nt] **I** *a* forn, forntida; [ur]gammal; ~ *history* forntidens historia **II** *s, the* ~*s* antikens folk
ancillary [æn'sɪlərɪ] underordnad (*to s.th.* ngt); bi-; hjälp-, stöd-
and [*beton.* ænd, *obeton.* ənd, ən, nd, n] och; ~ *others* med flera; ~ *so on* (*forth*) och så vidare; *try* ~ *come* (*vard.*) försöka och (att) komma
Andalusia [,ændə'lu:zjə] Andalusien
andante [æn'dæntɪ] *mus.* andante
Andes ['ændi:z] *pl, the* ~ Anderna
andiron ['ændaɪən] eldhund (*i öppen spis*)
Andrew ['ændru:] *bibl.* Andreas
anecdote ['ænɪkdəʊt] anekdot
anemia [ə'ni:mjə] *AE.,* se *anaemia*
anemometer [,ænɪ'mɒmɪtə] vindmätare
anemone [ə'nemənɪ] *bot.* anemon; *wood* ~ vitsippa; *sea* ~ (*zool.*) havsanemon
aneroid barometer ['ænərɔɪdbə,rɒmɪtə] aneroidbarometer
anesthe|sia [,ænɪs'θi:sjə] *AE.,* se *anaesthesia* **-siologist** ['ænɪs,θi:sɪ'ɒlədʒɪst] *AE.* narkosläkare
anew [ə'nju:] ånyo, på nytt; om igen
angel ['eɪndʒ(ə)l] ängel **-ic** [æn'dʒelɪk] änglalik; ängla-
anger ['æŋgə] **I** *s* vrede, ilska **II** *v* reta, förarga
angina [æn'dʒaɪnə] *med.* halsfluss, angina **angina pectoris** [-'pektərɪs] *med.* angina pectoris
Angl. *förk. för Anglican*
1 angle ['æŋgl] **I** *s* vinkel; hörn; *bildl.* synvinkel, aspekt; *at an* ~ på sned; *at right* ~*s to* i rät vinkel mot; ~ *of elevation* elevations-, höjd|vinkel; ~ *of incidence* infallsvinkel **II** *v* snedställa; vinkla (*äv. bildl.*)
2 angle ['æŋgl] meta; ~ *for* (*bildl.*) fi[s]ka efter
angle bracket hakparentes, rak parentes **angle iron (bar)** vinkeljärn
angler ['æŋglə] metare, [sport]fiskare **angleworm** metmask
Anglican ['æŋglɪkən] **I** *a* anglikansk **II** *s* medlem i anglikanska kyrkan
Anglicism ['æŋglɪsɪz(ə)m] anglicism **angli|cize** (*BE. äv. -cise*) anglisera
angling ['æŋglɪŋ] mete, metning
Anglo|-American [,æŋgləʊə'merɪkən] **I** *a* engelsk-amerikansk **II** *s* angloamerikan **--French** engelsk-fransk **-phile** ['æŋglə(ʊ)faɪl] anglofil, engelskvänlig person **-phobe** ['æŋglə(ʊ)fəʊb] engelskhatare **-phone** ['æŋglə(ʊ)fəʊn] engelskspråkig person **-Saxon** [,æŋgləʊ'sæks(ə)n] **I** *a* **1** anglosaxisk **2** fornengelsk **II** *s* **1** anglosaxare **2** anglosaxiska [språket]
Ango|la [æŋ'gəʊlə] Angola **-lan** [-lən] **I** *s* angolan **II** *a* angolansk
angora [æn'gɔ:rə] angora[ull, -tyg]
angry ['æŋgrɪ] **1** ond, arg (*at, about s.th.* på, över ngt; *with s.b.* på ngn) **2** (*om moln, himmel*) hotfull, dyster; (*om sår*) elak, inflammerad
anguish ['æŋgwɪʃ] smärta, vånda, kval, ångest **anguished** [-t] plågad, ångestfylld
angular ['æŋgjʊlə] vinkel-; kantig
aniline ['ænɪli:n] anilin **aniline dye** anilinfärg
animad|version [,ænɪmæd'vɜ:ʃn] anmärkning,

kritik **-vert** [-'vɜ:t] *v,* ~ [*up*]*on* anmärka på, kritisera, klandra
animal ['ænɪml] **I** *s* djur **II** *a* **1** djur-, animal[isk]; *the* ~ *kingdom* djurriket; ~ *spirits* livs|andar, -lust, vitalitet **2** djurisk **-cule** [,ænɪ'mælkju:l] mikroskopiskt djur **-ity** [,ænɪ'mælətɪ] **1** animalisk natur **2** djuriskhet
ani|mate I *v* [-'ænɪmeɪt] **1** ge liv åt **2** liva [upp]; animera; ~*d cartoon* animerad film; ~*d discussion* animerad (livlig) diskussion **3** inspirera, uppmuntra **II** *a* ['ænəmət] **1** levande **2** livlig **-mation** [,ænɪ'meɪʃn] **1** liv[lighet] **2** upplivande **3** *film.* animation, animering
animosity [,ænɪ'mɒsətɪ] animositet, hätskhet, ovilja
anise ['ænɪs] *bot.* anis **aniseed** ['ænɪsi:d] anis (*frö*)
ankle ['æŋkl] fotled, ankel, vrist **ankle sock** *BE.* ankelsocka **anklet** [-lət] **1** *AE.* ankelsocka **2** fotring; armband (*kring vristen*)
annalist ['ænəlɪst] krönikeskrivare **annals** ['ænlz] *pl* annaler; års|bok, -skrift
anneal [ə'ni:l] härda (*äv. bildl.*); mjukglödga (*metall*); bränna (*keramik e.d.*)
annex I *v* [ə'neks] **1** tillägga; bifoga (*to* till); förena (*to* med) **2** annektera; införliva (*to* med) **II** *s* ['æneks] *AE.,* se *annexe* **annexation** [,ænek'seɪʃn] **1** tillägg; förening (*to* med) **2** annektering; införlivning (*to* med) **annexe** ['æneks] **1** tillbyggnad; annex **2** tillägg, supplement, bilaga
annihi|late [ə'naɪəleɪt] tillintetgöra, förinta **-lation** [ə,naɪə'leɪʃn] tillintetgörelse, förintelse
anniversary [,ænɪ'vɜ:s(ə)rɪ] årsdag; *wedding* ~ bröllopsdag (*årsdag*)
anno Domini ['ænə(ʊ)'dɒmɪnaɪ] [år]...efter Kristi födelse, i Herrens år
anno|tate ['ænə(ʊ)teɪt] förse med noter (kommentarer), kommentera **-tation** [,ænə(ʊ)'teɪʃn] anteckning; not; kommentar
announce [ə'naʊns] **1** tillkännage, kungöra; meddela **2** anmäla, annonsera **announcement** [-mənt] **1** tillkännagivande, kungörelse; meddelande **2** anmälan; annons (*om födelse e.d.*) **announcer** [-ə] *radio. o. TV.* programannonsör, hallåman, hallåa
annoy [ə'nɔɪ] förarga; besvära, oroa **-ance** [-əns] förargelse, besvär, obehag, irritation **-ing** [-ɪŋ] förarglig, besvärlig, irriterande, retsam
annual ['ænjʊəl] **I** *a* **1** årlig, års- **2** ettårig **II** *s* **1** årsbok **2** ettårig växt **-ly** [-lɪ] *adv* årligen; årsvis
annuity [ə'nju:ɪtɪ] livränta
annul [ə'nʌl] annullera, upphäva, förklara ogiltig; avskaffa
annu|lar ['ænjʊlə] ringformig **-let** [-lɪt] liten ring
annulment [ə'nʌlmənt] *s* annullering, upphävande, ogiltigförklaring; avskaffande
Annunciation [ə,nʌnsɪ'eɪʃn] *s, the* ~ bebådelsen **Annunciation Day** Marie Bebådelsedag (*25 mars*)
anode ['ænəʊd] *fys.* anod
anodyne ['ænəʊdaɪn] smärtstillande medel
anoint [ə'nɔɪnt] smörja, inviga, helga
anom|alous [ə'nɒmələs] oregelbunden, abnorm, anomal **-aly** [-əlɪ] oregelbundenhet, avvikelse, anomali, abnormitet; missförhållande
anon [ə'nɒn] *åld. el. litt.* snart; *ever and* ~ då och

anon. *förk. för anonymous*
anonymity [,ænə'nɪmətɪ] anonymitet **anonimous** [ə'nɒnɪməs] anonym
anorak ['ænəræk] anorak
another [ə'nʌðə] **1** en annan; *that's quite ~ matter* det är en helt annan sak; *she showed me one thing and ~* hon visade mig ett och annat **2** *~ [one]* en till, ännu en; *and ~ thing* och en sak till **3** *one ~* varandra
answer ['ɑ:nsə] **I** *v* **1** besvara, svara på; svara; *~ the door* gå och öppna [dörren]; *~ the telephone* svara i telefonen; *~ me!* svara mig! **2** motsvara, svara mot (*the description* beskrivningen); uppfylla; *~ the needs* fylla behovet **3** [till fullo] betala, täcka (*a debt* en skuld) **4** försvara (rättfärdiga) sig **5** reagera på, lyda (*the helm* roder) **6** svara (*to* på); *~ back* svara (käbbla) emot **6** *~ to a*) reagera på, lyda (*the helm* roder), *b*) motsvara (*the description* beskrivningen); *~ to the name of Bob* lystra till namnet Bob **7** *~ for* [an]svara för (*s.th. to* ngt inför); stå till svars för **II** *s* **1** svar (*to* på); *for an ~* som (till) svar; *in ~ to* som svar på; *get no ~* inte få ngt svar **2** lösning, svar **3** *jur.* svarsskrift **-able** ['ɑ:ns(ə)rəbl] ansvarig (*for s.th. to* för ngt inför)
ant [ænt] myra; *white ~* termit; *have ~s in one's pants* (*sl.*) ha myror i byxorna, vara nervös
antago|nism [æn'tægənɪz(ə)m] motstånd; fiendskap, motsättning, antagonism **-nist** [-nɪst] motståndare, antagonist **-nistic** [ˌæn,tægə'nɪstɪk] motverkande, fientlig, antagonistisk **-nize** (*BE. äv. -nise*) [-naɪz] **1** egga (reta) upp **2** motverka
antarctic [ænt'ɑ:ktɪk] *I a* antarktisk, sydpols-; *the A~ Circle* södra polcirkeln; *the A~ Ocean* Södra ishavet **II** *s, the A~* Antarktis **Antarctica** [-ə] Antarktis, antarktiska fastlandet
ante ['æntɪ] (*i poker*) **I** *s* ante, insats **II** *v* satsa
anteater ['ænt,i:tə] *zool.* myrslok
antebellum [ˌæntɪ'beləm] före (*amerikanska*) inbördeskriget
antecedent [ˌæntɪ'si:d(ə)nt] **I** *a* föregående; tidigare (*to* än) **II** *s* **1** föregångare (*of* till) **2** *~s* (*pl*) anteceden|tia, -tier **3** *~s* (*pl*) förfäder **4** *språkv.* korrelat
antechamber ['æntɪˌtʃeɪmbə] förrum
antedate ['æntɪdeɪt] **1** antedatera **2** föregå
antediluvian [ˌæntɪdɪ'lu:vjən] **1** antediluviansk **2** urmodig, urgammal
antelope ['æntɪləʊp] antilop
ante meridiem ['æntɪməˈrɪdɪəm] (*lat.; förk. a.m.*) på förmiddagen
antenatal [ˌæntɪ'neɪtl] före födelsen, prenatal; *~ clinic* mödravårdscentral
anten|na [æn'ten|ə] **1** (*pl -nae* [-i:]) *zool.* [känsel]spröt, antenn **2** (*pl -nas*) *tekn.* antenn
antepen|dium [ˌæntɪ'pendɪəm] (*pl -dia* [-dɪə]) antependium
ante|penult [ˌæntɪpɪ'nʌlt] antepenultima **-penultimate** [-ɪmət] tredje från slutet
anterior [æn'tɪərɪə] **1** föregående, tidigare; *~ to* äldre (tidigare) än **2** främre
anteroom ['æntɪrʊm] förrum; väntrum
anthem ['ænθəm] hymn; *national ~* nationalsång
anther ['ænθə] *bot.* ståndarknapp
ant hill ['ænthɪl] myrstack

anthology [æn'θɒlədʒɪ] antologi
Anthony ['æntənɪ]
anthracite ['ænθrəsaɪt] antracit
anthrax ['ænθræks] *veter.* mjältbrand
anthropoid ['ænθrə(ʊ)pɔɪd] **I** *a* **1** människoliknande, antropoid **2** apliknande **II** *s* människoliknande apa
anthro|pological [ˌænθrəpə'lɒdʒɪkl] antropologisk **-pologist** [-'pɒlədʒɪst] antropolog **-pology** [-'pɒlədʒɪ] antropologi
anti|-aircraft [ˌæntɪ'eəkrɑft] luftvärns-; *~ gun* luftvärnskanon **-ballistic** [-bə'lɪstɪk] *a*, *~ missile* antirobot[robot] **-biotic** [-baɪ'ɒtɪk] **I** *s* antibiotikum **II** *a* antibiotisk **-body** ['æntɪˌbɒdɪ] antikropp
antici|pate [æn'tɪsɪpeɪt] antecipera; förutse; vänta sig; förekomma, föregripa; föregå; använda (ta ut) på förhand; betala i förskott **-pation** [æn,tɪsɪ'peɪʃn] anteciperning; förväntan; förekommande, föregripande; förskott; *in ~* på förhand, i förväg **-pative** [æn'tɪsɪpeɪtɪv], **-patory** [æn'tɪsɪpeɪt(ə)rɪ] anteciperande; föregripande; förutseende; förväntansfull
anticlimax [ˌæntɪ'klaɪmæks] antiklimax
anticlockwise [ˌæntɪ'klɒkwaɪz] mot|urs, -sols
antics ['æntɪks] *pl* krumsprång, upptåg
anti|dote [ˈæntɪdəʊt] motgift, antidot **-freeze** [-fri:z] kylarvätska **-histamine** [ˌæntɪ'hɪstəmɪn] antihistamin **-logarithm** [ˌæntɪ'lɒgərɪð(ə)m] *mat.* antilogaritm **-matter** ['æntɪmætə] antimateria **-missile** [-'mɪsaɪl] *a*, *~ missile* antirobotrobot
antimony ['æntɪmənɪ] antimon
antipathy [æn'tɪpəθɪ] motvilja, avsky, antipati (*to, against* mot)
anti|personnel [ˌæntɪpɜ:sə'nel] (*om vapen*) avsedd att döda (skada) människor, antipersonell **-perspirant** [-'pɜ:spərənt] *s o. a* antiperspirant **anti|podal** [æn'tɪpədl] antipodisk, rakt motsatt **-podes** [-di:z] *pl* antipoder; rak motsats
antiquarian [ˌæntɪ'kweərɪən] **I** *a* antikvarisk; forntids- **II** *s, se antiquary* **antiquary** ['æntɪkwərɪ] antikvarie, fornforskare; antikvitetssamlare **antiquated** ['æntɪkweɪtɪd] antikverad, föråldrad **antique** [æn'ti:k] **I** *a* **1** antik, forntida **2** *vard.* antik, gammalmodig **II** *s* antikvitet **antiqui|ty** [æn'tɪkwətɪ] **1** åldomlighet **2** forntid **3** *-ties* (*pl*) fornlämningar
antirrhinum [ˌæntɪ'raɪnəm] *bot.* lejongap
anti-Sem|ite [ˌæntɪ'si:maɪt] antisemit **-itic** [ˌæntɪsɪ'mɪtɪk] antisemitisk **-itism** [ˌæntɪ'semɪtɪz(ə)m] antisemitism
anti|septic [ˌæntɪ'septɪk] **I** *a* antiseptisk **II** *s* antiseptiskt medel **-social** **1** osällskaplig **2** asocial; samhällsfientlig **-static** antistatisk **-tank** pansarvärns-; *~ missile* pansarvärnsrobot
antith|esis [æn'tɪθɪsɪs] (*pl -eses* [-ɪsi:z]) antites; motsats, kontrast (*of, to* till)
antitoxin [ˌæntɪ'tɒksɪn] antitoxin, motgift
antler ['æntlə] horn (*på hjortdjur*); tagg (*på hjorthorn*)
antlion ['æntˌlaɪən] *zool.* myrlejon
antonym ['æntə(ʊ)nɪm] *språkv.* antonym, motsatsord
Antwerp ['æntwɜ:p] Antwerpen
anus ['eɪnəs] anus, analöppning
anvil ['ænvɪl] städ

anxiety—appear

anxiety [æŋ'zaɪətɪ] **1** ängslan, oro, bekymmer **2** önskan, iver **3** *psykol.* ångest **anxious** ['æŋkʃəs] **1** ängslig, orolig, bekymrad (*about* för) **2** angelägen (*for* om; *to* om att [få]), ivrig (*to* att [få])
any ['enɪ] **I** *pron* **1** någon, något, några; *not ~ (äv.)* ingen, inget, inga; *do you have ~ stamps?* har ni några frimärken?; *it won't do ~ good* det tjänar ingenting till; *he wasn't having ~ of it* (*vard.*) han ville inte veta av det; *our enemies, if ~* våra eventuella fiender; *for ~ length of time* för någon längre tid **2** vilken (vilket, vilka) som helst, varje; all, alla; *at ~ rate, in ~ case* i alla händelser, i varje fall; *~ one of us* vem som helst av oss; *~ time* när som helst; *~ I have* alla jag har; *take ~ two books* ta vilka två böcker som helst **II** *adv* **1** något; *are you feeling ~ better?* mår du [litet] bättre?; *not ~ colder* inte kallare; *she wasn't ~ too pleased* hon var inte särskilt förtjust **2** *i sht AE.* över huvud taget; *it didn't help me ~* det hjälpte mig inte ett dugg **-body** [-ˌbɒdɪ] **1** någon [alls] **2** vem som helst; *~ who (äv.)* var och en som, den som **-how 1** på något sätt; på vilket sätt som helst **2** hur som helst; i varje fall **3** slarvigt, lite hur som helst **-one** *se anybody* **-place** *AE., se anywhere* **-thing 1** något [alls], någonting **2** vad som helst; allt; *~ but* allt annat än; *not for ~* inte för allt i världen; *as easy as ~* hur lätt som helst **-way** *se anyhow* **-where 1** var[t] som helst, överallt **2** någonstans; *~ else* någon annanstans; *get ~* komma någonvart; *she could be ~ from 20 to 40* hon kan vara vad som helst mellan 20 och 40
Anzac ['ænzæk] (*förk. för Australia and New Zeeland Army Corps*) australiensisk (nyzeeländsk) soldat
A/O, a/o *förk. för account of*
aorta [eɪ'ɔ:tə] aorta
A.P *förk. för Air Police; Associated Press*
apace [ə'peɪs] fort, snabbt
Apache [ə'pætʃɪ] apache[indian]
apart [ə'pɑ:t] **1** åt sidan; *joking ~* skämt åsido; *set (put) ~* lägga åt sidan (undan); *take ~* göra ner, kritisera, straffa **2** för sig [själv]; *~ from* bortsett från, frånsett; *know ~* veta skillnaden mellan **3** isär; *live ~* leva åtskilda; *take s.th. ~* ta isär ngt; *I can't tell them ~* jag kan inte skilja på dem
apartheid [ə'pɑ:theɪt] apartheid
apartment [ə'pɑ:tmənt] **1** rum; *~s* (*pl*) möblerade rum **2** *AE.* våning, lägenhet **apartment house** hyreshus
apa|thetic [ˌæpə'θetɪk] apatisk, likgiltig **-thy** ['æpəθɪ] apati, likgiltighet, slöhet
ape [eɪp] **I** *s* **1** [svanslös] apa **2** imitatör **3** *AE. vard.* drummel **II** *v* apa efter, härma
Apennines ['æpɪnaɪnz] *pl, the ~* Apenninerna
aperient [ə'pɪərɪənt] **I** *a* [milt] avförande (laxerande) **II** *s* [milt] avföringsmedel (laxativ)
apéritif [ɑːˌperɪ'tiːf] aperitif
aperture ['æpəˌtjʊə] öppning; *foto.* bländare
apex ['eɪpeks] (*pl ~es el. apices* ['eɪpɪsiːz]) spets, topp
aphasia [ə'feɪzjə] afasi
aphid ['eɪfɪd], **aphis** ['eɪfɪs] (*pl aphides* ['eɪfɪdiːz]) *zool.* bladlus
aphorism ['æfərɪz(ə)m] aforism
aphrodisiac [ˌæfrə(ʊ)'dɪzɪæk] afrodisiakum
Aphrodite [ˌæfrə(ʊ)'daɪtɪ] Afrodite
apiary ['eɪpjərɪ] bikupa **apiculture** ['eɪpɪkʌltʃə] biodling
apiece [ə'piːs] per styck; per person, var
aplenty [ə'plentɪ] *adv* i mängd
aplomb [ə'plɒm] självsäkerhet, aplomb
apocalypse [ə'pɒkəlɪps] apokalyps; *the A~* (*bibl.*) Uppenbarelseboken, Apokalypsen
Apocrypha [ə'pɒkrɪfə] *s pl, the ~* (*bibl.*) de apokryfiska böckerna **apocryphal** [-l] **1** oäkta, förfalskad; tvivelaktig **2** apokryfisk
apogee ['æpə(ʊ)dʒiː] **1** *fys.* apogeum **2** höjdpunkt
apolitical [ˌeɪpə'lɪtɪkl] icke-politisk
Apollo [ə'pɒləʊ] Apollon
apolo|getic [əˌpɒlə'dʒetɪk] ursäktande **-gize** (*BE. äv. -gise*) [ə'pɒlədʒaɪz] be om ursäkt, ursäkta sig; *~ to s.b. for* be ngn om ursäkt för **-gy** [ə'pɒlədʒɪ] ursäkt; *make an ~* be om ursäkt; *an ~ for a dinner* en usel middag
apo|plectic [ˌæpə(ʊ)'plektɪk] **1** *med.* apoplektisk, slag-; *~ fit* slaganfall **2** *vard.* rasande **-plexy** ['æpə(ʊ)pleksɪ] *med.* apoplexi, slag[anfall]
apos|tasy [ə'pɒstəsɪ] apostasi, avfall (*från ståndpunkt*) **-tate** [-teɪt] apostat, avfälling
apos|tle [ə'pɒsl] apostel; *the Apostles' Creed* den apostoliska trosbekännelsen **-tolic[al]** [ˌæpə'stɒlɪk(l)] **1** apostolisk **2** påvlig; *the A~ See* påvestolen
apostrophe [ə'pɒstrəfɪ] apostrof
apothecar|y [ə'pɒθɪkərɪ] *åld.* apotekare; *-ies' weight* medicinalvikt
apotheos|is [əˌpɒθɪ'əʊsɪs] (*pl -ses* [-siːz]) **1** apoteos, förgudning, förhärligande **2** kanonisering **3** himmelsfärd
app. *förk. för apparatus; appendix* (*i bok*); *appointed; apprentice; approved; approximate*
appal *BE.,* **appall** *AE.* [ə'pɔːl] förskräcka, skrämma **appalling** [-lɪŋ] skrämmande, förskräcklig
Appalachian [ˌæpə'leɪtʃjən] *a o. s, the ~ Mountains, the ~s* Appalacherna
apparatus [ˌæpə'reɪtəs] apparat; apparatur; anordning
apparel [ə'pær(ə)l] dräkt, kläder
apparent [ə'pær(ə)nt] synbar, uppenbar, tydlig; skenbar **-ly** [-lɪ] *adv* synbarligen, uppenbarligen, till synes; skenbart
apparition [ˌæpə'rɪʃn] **1** uppträdande, syn, uppenbarelse **2** spöke
appeal [ə'piːl] **I** *v* **1** vädja (*to s.b. for s.th.* vädja till ngn om ngt) **2** *jur.* vädja; *~ against* överklaga; *~ to the country* utlysa nyval **3** *~ to a)* tilltala, falla i smaken, locka, *b)* åberopa, vädja till **II** *s* **1** vädjan, appell; *make an ~ to s.b. for* vädja till ngn om **2** *jur.* appell, vad, överklagande; *Court of A~* appellationsdomstol; *right of ~* besvärsrätt; *lodge an ~* anföra besvär, överklaga **3** lockelse, attraktion; *this music has a wide ~* den här musiken tilltalar många **-ing** [-ɪŋ] *a* **1** vädjande, bönfallande **2** lockande, attraktiv, tilltalande
appear [ə'pɪə] **1** visa sig, vara (bli) synlig, komma fram; uppträda; framträda; *~ in court* inställa sig inför domstol **2** vara tydlig; framgå (*from* av) **3** synas, tyckas, verka, förefalla; *it ~s to me that* det tycks mig att; *how does it ~ to you?* vad anser du

om det? **4** (*om bok o.d.*) komma ut, publiceras
-ance [-r(ə)ns] **1** framträdande, uppträdande; inställelse; *at first* ~ vid första anblicken; *make one's* ~ visa sig, uppträda; *put in (make) an* ~ visa sig [en stund] **2** (*ofta pl*) utseende; sken; sätt att te sig; *in* ~ till utseendet; *to all* ~*s* så vitt man kan se, av allt att döma; ~*s are deceptive* skenet bedrar; ~*s were against her* hon hade skenet emot sig; *keep up* ~*s* hålla skenet uppe **3** publicering, utgivning
appease [ə'pi:z] lugna, stilla, blidka **-ment** [-mənt] lugnande, stillande, blidkande
appellation [ˌæpə'leɪʃn] benämning
append [ə'pend] fästa (*to* vid); bifoga (*to* till) **-age** [-ɪdʒ] bihang
appen|dectomy [ˌæpen'dektəmɪ] *i sht AE.*, **-dicectomy** [əˌpendɪ'sektəmɪ] *med.* blindtarmsoperation **-dicitis** [əˌpendɪ'saɪtɪs] *med.* appendicit, blindtarmsinflammation **-dix** [ə'pendɪks] (*pl -dixes el. -dices* [-dɪsi:z]) **1** appendix, bihang, bilaga **2** *anat.*, *the vermiform* ~ maskformiga bihanget, appendix, blindtarmen
appertain [ˌæpə'teɪn] *v,* ~ *to* tillhöra, tillkomma
appe|tite ['æpɪtaɪt] matlust, aptit; begär (*for* efter), lust **-tizer** (*BE. äv. -tiser*) [-taɪzə] aptitretare **-tizing** (*BE. äv. -tising*) [-taɪzɪŋ] aptitretande; aptitlig
applaud [ə'plɔ:d] applådera **applause** [ə'plɔ:z] applåd[er]
apple ['æpl] äpple; ~ *of discord* stridsäpple; *she is the* ~ *of his eye* hon är hans ögonsten **-cart** äppelkärra; *upset the* ~ fördärva allt, kullkasta alla planer **-jack** *AE.* äppelbrännvin **-pie** [ˌæpl'paɪ] äppelpaj; *make an* ~ *bed* bädda säck; ~ *order* (*vard.*) perfekt ordning
apple polisher *AE. sl.* smickrare, lismare
apple sauce [ˌæpl'sɔ:s] **1** äppelmos **2** *AE.* struntprat; idioti
appliance [ə'plaɪəns] anordning, hjälpmedel, apparat, redskap
applicability [ˌæplɪkə'bɪlətɪ] användbarhet; tillämplighet **applicable** ['æplɪkəbl] användbar; tillämplig **applicant** ['æplɪkənt] sökande (*for* till) **application** [ˌæplɪ'keɪʃn] **1** anbringande, applicering; användning; *for external* ~ *only* endast för utvärtes bruk **2** tillämpning, tillämplighet (*to* på) **3** ansökan (*for a job om* arbete); anhållan (*for* om); hänvändelse; *make an* ~ *to s.b. for* anhålla hos ngn om; *available on* ~ fås på begäran **4** flit, iver **5** salva **application form** anmälnings-, ansöknings|blankett **applicator** ['æplɪkeɪtə] påstrykare; applikator
applied [ə'plaɪd] tillämpad (*mathematics* matematik), praktisk; ~ *art* konsthantverk
appliqué [æ'pli:keɪ] applikation
apply [ə'plaɪ] **1** använda (*to* till, på); tillämpa, applicera (*to* på); ägna; ~ *the brakes* använda (trampa på) bromsen; ~ *the rules* tillämpa reglerna; ~ *o.s.* göra sitt bästa, anstränga sig; ~ *o.s. to one's studies* ägna sig åt sina studier; ~ *one's attention to s.th.* ägna ngt sin uppmärksamhet **2** anbringa, applicera (*to* på); lägga på (*paint* målarfärg) **3** tillskriva (*an utterance to s.b.* ngn ett yttrande) **4** tillämpas; vara tillämplig (*to* på) **4** ansöka, anhålla (*for* om; *to* hos); [hän]vända sig; ~ *for a job* söka ett arbete

appoint [ə'pɔɪnt] **1** bestämma, fastställa **2** utnämna (*s.b. to s.th.* ngn till ngt), förordna; tillsätta **-ment** [-mənt] **1** [avtalat] möte; *have an* ~ *with* ha stämt möte med; *make (fix) an* ~ *with* stämma (avtala) möte med, beställa tid hos **2** utnämning; *by* ~ *to His Majesty the King* (*Her Majesty the Queen*) kunglig hovleverantör **3** anställning, befattning, tjänst
apportion [ə'pɔ:ʃn] fördela [proportionellt]
apposite ['æpə(ʊ)zɪt] väl vald, riktig, träffande
apposition [ˌæpə(ʊ)'zɪʃn] *språkv.* apposition
appraisal [ə'preɪzl] värdering; uppskattning
appraise [ə'preɪz] värdera; uppskatta
appreci|able [ə'pri:ʃəbl] märkbar, tydlig, avsevärd **-ate** [ə'pri:ʃɪeɪt] **1** uppskatta, sätta värde på, värdera; *I would* ~ *if* jag skulle vara tacksam om **2** inse, vara medveten om (*the problems* problemen) **3** höja [i värde] **4** stiga [i värde] **-ation** [əˌpri:ʃɪ'eɪʃn] **1** uppskattning; erkänsla; uppskattande recension; *in* ~ *of* som tack för **2** förståelse; uppfattning; värdering **3** värdestegring **-ative** [ə'pri:ʃjətɪv] uppskattande
appre|hend [ˌæprɪ'hend] **1** begripa **2** befara, frukta **3** gripa, anhålla **-hensible** [-'hensəbl] begriplig **-hension** [-'henʃn] **1** ond aning, farhåga **2** fattningsförmåga **3** gripande, anhållande **-hensive** [-'hensɪv] ängslig, orolig
apprentice [ə'prentɪs] **I** *s* lärling; lärjunge, elev **II** *v* sätta i lära (*to* hos) **-ship** [ə'prentɪʃɪp] lärlingstid, lärotid; lärlingskap
ap|prise (*BE. äv. -prize*) [ə'praɪz] högt. underrätta, informera (*of* om)
approach [ə'prəʊtʃ] **I** *v* närma sig; nalkas; ~*ing* (*äv.*) annalkande, förestående **II** *s* **1** närmande, annalkande; *make* ~*es to s.b.* försöka närma sig, göra ngn närmanden **2** infart, tillfart[sväg] **3** ~ *to* grepp på, metod att angripa (*a problem* ett problem), syn på **4** inflygning **-able** [-əbl] tillgänglig; vänlig, lättillgänglig
approbation [ˌæprə(ʊ)'beɪʃn] gillande, godkännande; samtycke, bifall
appropri|ate I *v* [ə'prəʊprɪeɪt] **1** tillägna sig **2** anslå, bevilja **II** *a* [ə'prəʊprɪət] ändamålsenlig, lämplig, passande, riktig **-ation** [əˌprəʊprɪ'eɪʃn] **1** beslag[tagande] **2** bevillning; anslag
approval [ə'pru:vl] gillande, godkännande, bifall; *on* ~ till påseende **approve** [ə'pru:v] **1** ~ *of* godkänna, gilla, samtycka till **2** godkänna, bifalla, acceptera; justera (*the minutes* protokollet)
approved [ə'pru:vd] **1** godkänd; beprövad; erkänd **2** ~ *school* ungdomsvårdsskola
approx. *förk. för approximate*[*ly*]
approxi|mate I *a* [ə'prɒksɪmət] **1** ungefärlig, approximativ; *one hour is the* ~ *time needed det* behövs ungefär en timme **2** liknande, likartad **II** *v* [ə'prɒksɪmeɪt] ~ [*to*] komma nära, närma sig, ungefär uppgå till **-mately** [ə'prɒksɪmətlɪ] cirka, ungefär, på ett ungefär, approximativt **-mation** [əˌprɒksɪ'meɪʃn] approximation; uppskattning; närmande
appurtenance [ə'pɜ:tɪnəns] **1** tillhörighet **2** tillbehör
Apr. *förk. för April*
apricot ['eɪprɪkɒt] aprikos
April ['eɪpr(ə)l] april; ~ *fool!* april!, april!; ~ *Fool's Day* första april (*med aprilskämt*)

apron ['eɪpr(ə)n] **1** förkläde **2** teat. avantscen **3** skyddskåpa; vindskydd **4** (på flygplats) platta **apron string** förklädesband; be tied to a p.'s ~s gå i ngns ledband
apropos ['æprəpəʊ] **I** a passande, lämplig **II** adv **1** passande, lämpligt **2** på tal om det **III** prep, ~ of på tal om, apropå
apt [æpt] **1** lämplig, passande **2** benägen, böjd (to [för] att); be ~ to do s.th. ha en benägenhet att; ~ to forget glömsk **3** som har lätt för att fatta; an ~ pupil en begåvad (intelligent) elev **-itude** ['æptɪtjuːd] anlag, fallenhet; begåvning, intelligens; skicklighet
aqua|lung ['ækwəlʌŋ] dyk-, syrgas|apparat (för sportdykare) **-marine** [,ækwəmə'riːn] **I** s akvamarin **II** a akvamarin **-naut** [-nɔːt] akvanaut, djuphavsforskare **-plane I** s surfingbräda (för surfing efter motorbåt) **II** v **1** surfa (efter motorbåt) **2** vattenplana **-planing** [-,pleɪnɪŋ] **1** surfande (efter motorbåt) **2** vattenplaning
aquarelle [,ækwə'rel] akvarell
aqua|rium [ə'kweərɪəm] (pl -riums el. -ria [-rɪə]) akvarium
Aquarius [ə'kweərɪəs] Vattumannen (i Djurkretsen)
aquat|ic [ə'kwætɪk] som lever (växer) i vatten, vatten- **-ics** pl vattensport
aquatint ['ækwətɪnt] akvatint
aqueduct ['ækwɪdʌkt] akvedukt; vattenledning
aqueous ['eɪkwɪəs] vatten-; vattenhaltig
aquiline ['ækwɪlaɪn] örnlik, örn-; ~ nose örnnäsa
AR förk. för Arkansas **A.R.A.** förk. för Associate of the Royal Academy
Arab ['ærəb] **I** s **1** arab **2** (häst) arab **II** a arabisk **Arabia** [ə'reɪbjə] Arabien **Arabian** [ə'reɪbjən] **I** s arab **II** a arabisk; the ~ Nights [Entertainment] Tusen och en natt **Arabic** ['ærəbɪk] **I** a arabisk; ~ gum gummi arabicum; ~ numerals arabiska siffror **II** s arabiska [språket]
arable ['ærəbl] odlingsbar, brukningsbar
Araby ['ærəbɪ] åld. el. poet. Arabien
arbi|ter ['aːbɪtə] [skilje]domare; be the ~ of vara herre över, behärska **-trage** [,aːbɪ'trɑːʒ] ekon. arbitrage **-trary** ['aːbɪtrərɪ] **1** godtycklig **2** egenmäktig **-trate** ['aːbɪtreɪt] **1** avgöra genom skiljedom **2** vara skiljedomare, medla **-tration** [,aːbɪ'treɪʃn] skiljedom[sförfarande]; medling **-trator** ['aːbɪtreɪtə] skiljedomare; medlare
1 arbor ['aːbə] AE., se arbour
2 arbor ['aːbə] hjul-, maskin|axel
arbour ['aːbə] berså, lövsal
arc [aːk] [cirkel]båge
arcade [aː'keɪd] arkad, pelargång
arcane [aː'keɪn] mystisk; hemlig, svårtillgänglig
Arch. förk. för Archbishop **arch.** förk. för archaic; archery; archipelago; architect[ure]
1 arch [aːtʃ] **I** s valv[båge]; valv|port, -gång; båge; ~ [of the foot] fotvalv **II** v **1** välva sig, beskriva en båge **2** kröka; välva; välva sig över; täcka med valv
2 arch [aːtʃ] **1** skälmsk, skälmaktig **2** ärke-
archae|ological [,aːkɪə'lɒdʒɪkl] arkeologisk **-ologist** [,aːkɪ'ɒlədʒɪst] arkeolog **-ology** [,aːkɪ'ɒlədʒɪ] arkeologi
archa|ic [aː'keɪɪk] ålderdomlig, föråldrad; arkaisk **-ism** ['aːkeɪɪz(ə)m] arkaism, föråldrat uttryck (ord)
arch|angel ['aːk,eɪn(d)ʒ(ə)l] ärkeängel; yellow ~ (bot.) gulplister **-bishop** [,aːtʃ'bɪʃəp] ärkebiskop **-bishopric** [,aːtʃ'bɪʃəprɪk] ärke|stift, -biskopsdöme **-deacon** [,aːtʃ'diːk(ə)n] ärke-, arki|-diakon **-diocese** [,aːtʃ'daɪəsɪs] ärkestift **-duke** [,aːtʃ'djuːk] ärkehertig
arched [aːtʃt] valv-; bågformig; välvd
archenemy [,aːtʃ'enɪmɪ] ärkefiende
archeological [,aːkɪə'lɒdʒɪkl] se archaeological
archer ['aːtʃə] bågskytt **archery** ['aːtʃərɪ] bågskytte
archetype ['aːkɪtaɪp] urtyp, förebild, arketyp
Archimedes [,aːkɪ'miːdiːz]
archipelago [,aːkɪ'pelɪgəʊ] arkipelag, skärgård, örikt hav
archit. förk. för architecture
archi|tect ['aːkɪtekt] arkitekt **-tectural** [,aːkɪ'tektʃ(ə)r(ə)l] arkitektonisk **-tecture** ['aːkɪtektʃə] arkitektur; byggnad, struktur
archives ['aːkaɪvz] pl arkiv **archivist** ['aːkɪvɪst] arkivarie
archway ['aːtʃweɪ] valv|port, -gång
A.R.C.M. förk. för Associate of the Royal College of Music **A.R.C.S.** förk. för Associate of the Royal College of Science
arctic ['aːktɪk] **I** a arktisk, nordpols-, nordlig; the A~ Circle norra polcirkeln; the A~ Ocean Norra ishavet **II** s, the A~ Arktis
ardent ['aːd(ə)nt] brinnande; het, häftig; ivrig, nitisk; ~ spirits spirituosa **ardour** ['aːdə] hetta, glöd; iver, nit
arduous ['aːdjʊəs] **1** mödosam, svår **2** brant
1 are [beton. aː, obeton. ə] (du, vi, ni, de) är
2 are [aː] s ar (ytmått)
area ['eərɪə] **1** yta, areal; ytinnehåll; area **2** trakt; område (äv. bildl.); kvarter; distrikt; plats; mountainous ~ bergstrakter; wooded ~ skogsområde; ~ of interest intresseområde **area code** AE. riktnummer **areaway 1** korridor, förbindelsegång, passage **2** gård, plats (mellan trottoar o. hus)
arena [ə'riːnə] arena
aren't [aːnt] = are not; ~ I? (BE. vard.) = am I not?
Argen|tina [,aːdʒ(ə)n'tiːnə] Argentina **-tine** ['aːdʒ(ə)ntaɪn] **I** s **1** the ~ Argentina **2** argentinare **II** a argentinsk **-tinean** [,aːdʒ(ə)n'tɪnjən] **I** s argentinare **II** a argentinsk
argon ['aːgɒn] kem. argon
argot ['aːgəʊ] [yrkes]jargong, -slang
arguable ['aːgjʊəbl] **1** diskutabel **2** försvarbar; plausibel
argue ['aːgjuː] **1** gräla, tvista, strida **2** diskutera, resonera; argumentera, anföra skäl (against mot; for för); there's no ~ing with her det går inte att diskutera med henne **3** påstå, hävda **4** diskutera [igenom] **5** visa, vittna om **6** övertala (s.b. into doing s.th. ngn att göra ngt)
argu|ment ['aːgjʊmənt] **1** gräl, dispyt **2** bevis, bevisföring; resonemang **3** argument **4** huvudinnehåll (i bok e.d.) **-mentation** [,aːgjʊmen'teɪʃn] argumenterande, argumentation; bevisföring **-mentative** [,aːgjʊ'mentətɪv] **1** kontroversiell **2** debatt-, strids|lysten
Argyll[shire] [aː'gaɪl(ʃə)]

aria ['ɑ:rɪə] *mus.* aria
arid ['ærɪd] **1** torr, ofruktbar **2** *bildl.* torr, nykter **-ity** [æ'rɪdətɪ] **1** torrhet, torka, ofruktbarhet **2** *bildl.* torrhet, nykterhet
Aries ['eəri:z] Väduren (*i Djurkretsen*)
aright [ə'raɪt] rätt, riktigt
arise [ə'raɪz] (*arose, arisen*) **1** uppstå, uppkomma **2** härröra (*from* från) **3** *åld.* resa sig upp **arisen** [ə'rɪzn] *perf part av* arise
aristocracy [,ærɪ'stɒkrəsɪ] aristokrati **aristocrat** ['ærɪstəkræt] aristokrat **aristocratic** [,ærɪstə'krætɪk] aristokratisk
Aristotle ['ærɪstɒtl] Aristoteles
arithmetic [ə'rɪθmətɪk] **I** *s* aritmetik, räkning **II** *a* aritmetisk; räkne-; ~ *mean* aritmetiskt medium; ~ *progression* aritmetisk serie **arithmetical** [,ærɪθ'metɪkl] aritmetisk; räkne-
Ari. *förk. för* Arizona
Arizona [,ærɪ'zəʊnə]
Ark. *förk. för* Arkansas
ark [ɑ:k] ark; *Noah's* ~ Noaks ark; *the A*~ *of the Covenant* förbundsarken
Arkansas ['ɑ:kənsɔ:]
1 arm [ɑ:m] **1** arm (*äv. bildl.*); *the long* ~ *of the law* lagens långa arm; *at* ~*'s length* på armlängds avstånd, *bildl.* på avstånd; ~ *in* ~ arm i arm; *with open* ~*s* med öppna armar; *within* ~*'s reach* inom räckhåll; *put one's* ~ *around s.b.* slå armarna om (omfamna) ngn **2** ärm **3** karm, armstöd **4** gren, avdelning; truppslag; *the air* ~ flygvapnet
2 arm [ɑ:m] **I** *s*, *vanl.* ~*s* (*pl*) vapen; *small* ~*s* handeldvapen; *coat of* ~*s* vapen[sköld]; *in* (*under*) ~*s* under vapen, beväpnad; *be up in* ~*s about* (*bildl.*) vara upprörd över; *lay down one's* ~ lägga ner vapnen, kapitulera; *present* ~*s* skyldra gevär; *take* [*up*] ~*s* gripa till vapen; *take up* ~*s against* (*bildl.*) gå till angrepp mot **II** *v* **1** [be]väpna, förse med vapen, [ut]rusta **2** rusta (*for war* för krig)
armada [ɑ:'mɑ:də] armada
armadillo [,ɑ:mə'dɪləʊ] *zool.* bälta
Armageddon [,ɑ:mə'gedn] *bibl.* Harmageddon; *bildl.* världskatastrof, ragnarök
armament ['ɑ:məmənt] **1** krigsmakt **2** [upp]rustning; bestyckning
armature ['ɑ:mə,tjʊə] **1** *tekn.* ankare, rotor **2** *biol.* [skydds]hölje
armband ['ɑ:mbænd] armbindel
armchair [,ɑ:m'tʃeə, *äv.* '--] **I** *s* fåtölj, länstol **II** *a*, ~ *strategist* skrivbordsstrateg
Arme|nia [ɑ:'mi:njə] Armenien **-nian** [-n] **I** *a* armenier **II** *s* **1** armenier **2** armeniska [språket]
armistice ['ɑ:mɪstɪs] [vapen]stillestånd, vapenvila; *A~ Day* Vapenstilleståndsdagen (*11 nov.*)
armlet ['ɑ:mlɪt] armbindel
armorial [ɑ:'mɔ:rɪəl] *a*, ~ *bearings* vapen, sköldemärke **armory** [ɑ:'mərɪ] *AE.*, *se* armoury
armour ['ɑ:mə] **I** *s* rustning; (*djurs*) pansar **2** pansar; armering **3** pansarfordon **II** *v* bepansra, armera; ~*ed car* pansarbil; ~*ed division* pansardivision **armour plate** pansarplåt **armoury** ['ɑ:mərɪ] vapenförråd, arsenal; *AE.* vapenfabrik
arm|pit ['ɑ:mpɪt] armhåla **-rest** armstöd
arms race ['ɑ:mzreɪs] kapprustning
arm-twisting ['ɑ:mtwɪstɪŋ] påtryckningar, [hårdhänt] övertalning

army ['ɑ:mɪ] **1** armé, här **2** stor hop, härskara
aroma [ə'rəʊmə] arom, doft **-tic** [,ærə(ʊ)'mætɪk] aromatisk, väldoftande
arose [ə'rəʊz] *imperf av* arise
around [ə'raʊnd] **I** *prep* runt [om], [runt] omkring; ~ *the clock* dygnet runt **II** *adv* **1** [*all*] ~ runt [om], [runt] omkring; i närheten; *if you need me, I'll be* ~ om du behöver mig finns jag här **2** här och där
arousal [ə'raʊzl] uppväckande; upphetsning
arouse [ə'raʊz] väcka (*äv. bildl.*); hetsa upp
arpeggio [ɑ:'pedʒɪəʊ] *mus.* arpeggio
arr. *förk. för* arranged; arrival; arrived
arraign [ə'reɪn] **1** ställa inför rätta; anklaga **2** klandra, klaga på
arrange [ə'reɪndʒ] **1** ordna; arrangera, anordna; planera **2** bilägga, komma överens om, avgöra **3** bearbeta för radio; *mus.* arrangera, bearbeta **4** ~ *for* ombesörja, ordna, arrangera; ~ *for s.b. to come* ordna så (ombesörja) att ngn kommer **5** göra upp (*with s.b.* med ngn) **-ment** [-mənt] **1** ordnande; arrangemang; [an]ordning; uppställning; planering **2** biläggande; uppgörelse **3** bearbetning för radio; *mus.* arrangemang, bearbetning **4** (*ofta pl*) åtgärd, förberedelse; *make* ~*s for* vidtaga förberedelser för; *make* ~*s for s.th. to be done* se till att ngt blir gjort
arrant ['ær(ə)nt] durkdriven, ärke-, äkta
array [ə'reɪ] **I** *v* **1** ställa upp, ordna (*trupper t. slag*) **2** smycka, pryda **II** *s* **1** imponerande samling, uppbåd **2** slagordning, uppställning **3** *poet.* ståt, prakt, skrud
arrears [ə'rɪəz] *pl* resterande (obetalda) skulder, restantier; *be in* ~[*s*] *with* vara efter (på efterkälken) med
arrest [ə'rest] **I** *v* **1** hejda, stoppa **2** arrestera, anhålla **3** *bildl.* fånga (*a p.'s attention*) ngns uppmärksamhet) **II** *s* **1** arrestering, anhållande; *be under* ~ vara arresterad, sitta i arrest; *put under* ~ sätta i arrest **2** hejdande, stoppande; stopp; *cardiac* ~ hjärtstillestånd **-ing** [-ɪŋ] *a*, *bildl.* fängslande, slående
arrival [ə'raɪvl] ankomst (*at, in* till); *on* ~ vid ankomsten (framkomsten); ~*s* (*pl*) ankommande [fartyg, flyg, tåg *e.d.*]; *time of* ~ ankomsttid **arrive** [ə'raɪv] anlända, [an]komma, komma fram (*at, in* till)
arro|gance ['ærəgəns] arrogans, övermod, inbilskhet **-gant** [-gənt] arrogant, övermodig, inbilsk
arrogate [ærə(ʊ)geɪt] tillvita; ~ *s.th. to o.s.* tillvälla sig ngt
arrow ['ærəʊ] pil **-head** pilspets
arse [ɑ:s] *i sht BE.*, *vulg.* arsle, röv **arse licker** [-,lɪkə] *i sht BE.*, *vulg.* rövslickare
arsenal ['ɑ:sənl] arsenal (*äv. bildl.*)
arsenic ['ɑ:snɪk] arsenik
arson ['ɑ:sn] mordbrand
1 art [ɑ:t] *åld.*, *thou* ~ du är
2 art [ɑ:t] **1** konst; *the fine* ~*s* de sköna konsterna **2** *the* ~*s* humaniora, de humanistiska vetenskaperna; *Faculty of A*~*s* filosofisk (humanistisk) fakultet **2** knep, list **3** färdighet, skicklighet; konst
art. *förk. för* article; artificial; artillery
arterial [ɑ:'tɪərɪəl] arteriell; ~ *road* huvudväg, trafikpulsåder

arteriosclerosis—askew

arteriosclerosis [ɑːˌtɪərɪəʊsklɪəˈrəʊsɪs] *med.* arterioskleros, åderförkalkning **artery** [ˈɑːtərɪ] artär, pulsåder (*äv. bildl.*)
artesian [ɑːˈtiːzjən] *a*, ~ *well* artesisk brunn
artful [ˈɑːtf(ʊ)l] slug, listig
art gallery [ˈɑːtˌɡælərɪ] konstgalleri
arthritis [ɑːˈθraɪtɪs] *med.* artrit, ledinflammation; *rheumatoid* ~ ledgångsreumatism
artichoke [ˈɑːtɪʃəʊk] kronärtskocka; *Jerusalem* ~ jordärtskocka
article [ˈɑːtɪkl] **I** *s* **1** artikel, vara; persedel; sak **2** avsnitt, paragraf (*i kontrakt e.d.*); del (*av ämne*); artikel, uppsats; ~*s of association* bolagsordning; ~ *of faith* trosartikel; *the Thirty-nine* ~*s* de trettionio artiklarna (*anglikanska trosbekännelsen*) **3** *språkv.* artikel; *definite* (*indefinite*) ~ bestämd (obestämd) artikel **II** *v* sätta i lära (*to* hos)
articu|late I *v* [ɑːˈtɪkjʊleɪt] **1** artikulera, uttala tydligt **2** leda; ~*d lorry* långtradare med släp **II** *a* [ɑːˈtɪkjʊlət] tydlig, artikulerad **-lation** [ˌɑːtɪkjʊˈleɪʃn] **1** artikulation; tal **2** led, ledgång
arti|fice [ˈɑːtɪfɪs] **1** påhitt, konstgrepp **2** skicklighet **-ficial** [ˌɑːtɪˈfɪʃl] konstgjord, konst-; konstlad, artificiell; ~ *insemination* konstgjord befruktning; ~ *respiration* konstgjord andning; ~ *silk* konstsiden **-ficiality** [ˌɑːtɪfɪʃɪˈælətɪ] konstgjordhet; förkonstling
artillery [ɑːˈtɪlərɪ] artilleri **artilleryman** [-mən] artillerist
artisan [ˌɑːtɪˈzæn] hantverkare
artist [ˈɑːtɪst] artist, konstnär **artiste** [ɑːˈtiːst] artist (*scenkonstnär*) **artistic** [ɑːˈtɪstɪk] konstnärlig, artistisk **artistry** [ˈɑːtɪstrɪ] konstnärskap, artisteri
artless [ˈɑːtlɪs] **1** okonstlad; naturlig, enkel **2** oskicklig, utan finess **3** okultiverad; ouppfostrad
Art Nouveau [ˈɑː nuːˈvəʊ] *konst.* art nouveau, jugend **arty** [ˈɑːtɪ] *vard.* 'artistisk', 'konstnärlig', bohemisk
arum [ˈeərəm] *a*, ~ *lily* kalla
Aryan [ˈeərɪən] **I** *s* arier **II** *a* arisk
as [*beton.* æz, *obeton.* əz, z] **I** *konj* **1** [*just*] ~ [just] som (när); medan; alltefterson; *he caught me* [just] ~ *I was leaving* han fångade mig just som jag skulle gå **2** som; såsom; liksom; på samma sätt som; i egenskap av; *do* ~ *you like* gör som du vill; *I did it* ~ *she did* jag gjorde det på samma sätt som hon; *she was playing* ~ *only she can* hon spelade som bara hon kan; *work* ~ *a teacher* arbeta som lärare; ~ *his friend* i egenskap av hans vän **3** eftersom, då; ~ *I'm in charge here* eftersom jag har ansvaret här **4** hur...än, fastän; *much* ~ *I admire you* hur mycket jag än beundrar dig; *be that* ~ *it may* hur det än är med det; *try* ~ *she might* fastän hon försökte **5** såsom, till exempel; *capital cities,* ~ *Paris* huvudstäder, såsom Paris **II** *rel. pron* som; såsom; *such* ~ sådan (sådana, de) som; *I arrived on the same day* ~ *he left* jag kom samma dag som han reste **III** *adv* lika, så; ~ *big* ~ lika (så) stor som; ~ *much* ~ lika mycket som; ~ *soon* ~ så snart som; ~ *twice* ~ *big* ~ dubbelt så stor som; ~ *usual* som vanligt; ~ *big* ~ *could be* så stor som möjligt **IV** ~ *against* mot; ~ *for* (*to*) vad beträffar; ~ *from* (*AE. of*) från [och med]; ~ *if* (*though*) som om; ~ *per* enligt; ~ *regards* vad beträffar; ~ *it is* som det [nu] är, redan nu; ~ *was*

tidigare; ~ *it were* liksom, så att säga; ~ *yet* hittills, ännu [så länge]
AS, A.S., *förk. för Anglo-Saxon* **As.** *förk. för Asia*[*n*]; *Asiatic* **A.S.A.** *förk. för American Standards Association*
asbestos [æzˈbestɒs] asbest
ascend [əˈsend] **1** bestiga; gå (klättra, stiga, fara) uppför (upp i, upp på) **2** höja sig; stiga **3** gå tillbaka (*i tid*) **-ancy** [-ənsɪ] övertag, dominans; makt **-ant** [-ənt] **I** *a* **1** uppstigande **2** dominerande **II** *s*, *be in the* ~ vara på uppåtgående **-ency** [-ənsɪ] *se ascendancy* **-ent** [-ənt] *se ascendant*
ascension [əˈsenʃn] uppstigande; *the A*~ Kristi himmelsfärd **Ascension Day** Kristi Himmelsfärdsdag **ascent** [əˈsent] **1** bestigning; uppstigning **2** stigning, backe
ascertain [ˌæsəˈteɪn] förvissa sig om; ta reda på; fastställa **-able** [-əbl] fastställbar, påvisbar
ascetic [əˈsetɪk] **I** *a* asketisk **II** *s* asket **-ism** [əˈsetɪsɪz(ə)m] askes
ascorbic [əˈskɔːbɪk] *a*, ~ *acid* askorbinsyra
ascribable [əˈskraɪbəbl] *a, be* ~ *to s.th.* kunna tillskrivas ngt **ascribe** [əˈskraɪb] tillskriva (*s.th. to s.o.* ngn ngt) **ascription** [əˈskrɪpʃn] tillskrivande, tillräknande
asdic [ˈæzdɪk] ekolod
aseptic [æˈseptɪk] aseptisk, bakteriefri
asexual [əˈseksjʊəl] könlös
1 ash [æʃ] *bot.* ask; *mountain* ~ rönn
2 ash [æʃ] *vanl. pl* ~*es* aska; stoft; *reduce to* ~*es* lägga i aska
ashamed [əˈʃeɪmd] skamsen; *be* ~ skämmas, blygas (*of* över, för; *for* å ngns vägnar)
ash bin (can) *AE.* soptunna
1 ashen [ˈæʃn] ask-, av askträ
2 ashen [ˈæʃn] **1** askliknande, askgrå **2** ask-
ashore [əˈʃɔː] i land, på land; *run* ~ stranda
ashram [ˈæʃræm] **1** eremitkloster **2** hippie|koloni, -kollektiv
ashtray [ˈæʃtreɪ] ask|fat, -kopp **Ash Wednesday** askonsdag
Asia [ˈeɪʃə] Asien; ~ *Minor* Mindre Asien **Asian** [ˈeɪʃn], **Asiatic** [ˌeɪʃɪˈætɪk] **I** *s* asiat **II** *a* asiatisk
aside [əˈsaɪd] **I** *adv* avsides, åt sidan, åsido; ~ *from* (*AE.*) *a*) förutom, *b*) med undantag av; *put* ~ *money* lägga undan pengar **II** *s, teat.* avsidesreplik
asinine [ˈæsɪnaɪn] åsnelik; enfaldig
ask [ɑːsk] **1** fråga (*s.b. about* ngn om); fråga efter; ~ *a question* ställa en fråga; ~ *the way* fråga efter vägen; ~ *one's way* fråga sig fram; *be* ~*ed* vara tillfrågad; ~ *me another* (*vard.*) om jag det visste, det har jag ingen aning om; *I* ~ *you!* (*vard.*) nej, vet du vad!; *if you* ~ *me* om jag får säga min mening **2** *be* (*s.b. for* ngn om); begära, kräva; ~ *too much of* begära (kräva) för mycket av **3** [in]bjuda; ~ *s.b. in* be ngn komma in; ~ *s.b. to lunch* bjuda ngn på lunch **4** fråga, ställa frågor (*about* om); ~ *for* fråga efter; *there's no harm in* ~*ing* frågan är fri **5** be (*for* om); ~ *for trouble* (*vard.*) ställa till det för sig, mucka gräl; *you* ~*ed for it!* (*vard.*) du bad om det!, du kan skylla dig själv!
askance [əˈskæns], **askant** [əˈskænt] *adv, look* ~ *at* snegla misstänksamt på
askew [əˈskjuː] **I** *a* skev, sned **II** *adv* skevt, snett,

på sned
asking price ['ɑ:skɪŋpraɪs] *hand.* begärt pris
aslant [ə'slɑ:nt] **I** *adv* på sned; på snedden **II** *prep* tvärs (snett) över
asleep [ə'sli:p] sovande; *be* ~ sova; *my leg is* ~ mitt ben har domnat; *fall* ~ somna
A.S.M. *förk.* för *air-to-surface missile*
asocial [eɪ'səʊʃl] asocial
asparagus [ə'spærəgəs] sparris
aspect ['æspekt] **1** utseende; uppsyn, min **2** utsikt; läge; sida **3** aspekt; syn|punkt, -vinkel
aspen ['æspən] **I** *s* asp **II** *a* av asp, asp-
asperity [æ'sperətɪ] strävhet; kärvhet; skärpa; stränghet; hemsökelse
asperse [ə'spɜ:s] smäda, förtala **aspersion** [ə'spɜ:ʃn] smädelse; klander; förtal; *cast* ~*s on* förtala, baktala
asphalt ['æsfælt] **I** *s* asfalt **II** *v* asfaltera
asphyxi|a [æs'fɪksɪə] kvävning **-ate** [-eɪt] kväva
aspic ['æspɪk] aladåb; gelé
aspidistra [ˌæspɪ'dɪstrə] *bot.* aspidistra
aspirant [ə'spaɪərənt] **I** *a* som eftersträvar **II** *s* aspirant, kandidat (*to* på, till)
aspirate *fonet.* **I** *v* ['æspəreɪt] aspirera **II** *s* ['æsp(ə)rɪt] *fonet.* aspirata **aspiration** [ˌæspə'reɪʃn] **1** strävan, längtan **2** andning; *fonet.* aspirering
aspire [ə'spaɪə] sträva, längta (*to* efter), aspirera (*to* på)
aspirin ['æsp(ə)rɪn] aspirin
1 ass [æs, *som skällsord* ɑ:s] åsna
2 ass [æs] *AE. vulg.* arsle; *piece of* ~ ligg (*äv. om kvinna*), knull
assail [ə'seɪl] angripa, överfalla; *bildl.* bestorma, överösa **-ant** [-ənt] angripare
assassin [ə'sæsɪn] mördare(*i sht av känd politiker*) **-ate** [-eɪt] mörda (*i sht känd politiker*) **-ation** [əˌsæsɪ'neɪʃn] mord (*i sht på känd politiker*)
assault [ə'sɔ:lt] **I** *v* anfalla, angripa; överfalla **II** *s* **1** [fientligt] anfall, angrepp **2** stormning **3** överfall; ~ *and battery* (*jur.*) övervåld och misshandel
assay [ə'seɪ] **I** *v* pröva, analysera **II** *s* prövning, analys
assemblage [ə'semblɪdʒ] **1** [för]samling **2** hopsättning, montering **assemble** [ə'sembl] **1** [för] samla, sammankalla **2** sätta ihop, montera **3** samlas **assembly** [ə'semblɪ] **1** församling; sällskap; sammankomst **2** hopsättning, montering **assembly hall 1** samlingssal, aula **2** monteringshall **assembly line** löpande band, monteringsband **assembly rooms** *pl* festvåning
assent [ə'sent] **I** *v* samtycka (*to* till); instämma (*to* i) **II** *s* samtycke, bifall; instämmande (*to* i); gillande (*to* av)
assert [ə'sɜ:t] hävda, förfäkta; påstå; ~ *o.s.* hävda sig, göra sig gällande **assertion** [ə'sɜ:ʃn] hävdande, förfäktande; påstående **assertive** [ə'sɜ:tɪv] bestämd, uttrycklig; påstridig
assess [ə'ses] **1** fastställa (*belopp o.d.*) **2** taxera; beskatta **3** uppskatta, värdera **assessable** [-əbl] taxeringsbar **assessment** [-mənt] **1** taxering; beskattning **2** uttaxerat belopp, skatt **3** uppskattning, värdering **assessor** [-ə] **1** taxeringsman **2** värderingsman **3** bisittare
asset ['æset] **1** tillgång, fördel **2** *jur., hand.*, ~*s* (*pl*) tillgångar; ~*s and liabilities* tillgångar och skulder
asseverate [ə'sevəreɪt] bedyra
assidu|ity [ˌæsɪ'dju:ətɪ] flit, trägenhet, ihärdighet; *-ities* (*pl*) *a*) uppmärksamhet, *b*) efterhängsenhet **-ous** [ə'sɪdjʊəs] flitig, trägen, ihärdig
assign [ə'saɪn] **1** tilldela, anvisa (*s.th. to s.b.* ngn ngt); överlåta (*to* på) **2** tillsätta (*an expert to a job* en expert på ett arbete) **3** avsätta, anslå, bestämma (*time for s.th.* tid för ngt) **4** ~ *to* tillskriva, hänföra till **assignation** [ˌæsɪg'neɪʃn] **1** tilldelning, anvisning **2** uppdrag, uppgift **3** hemligt möte, rendezvous **assignment** [ə'saɪnmənt] **1** tilldelning, anvisning **2** uppdrag, uppgift **3** *jur.* överlåtelse **4** utnämning
assimi|late [ə'sɪmɪleɪt] **1** assimilera[s] (*äv. fonet.*); uppta[s] **2** ~ *to* (*with*) göra (bli) lik **-lation** [əˌsɪmɪ'leɪʃn] assimilation (*äv. fonet.*), assimilering
assist [ə'sɪst] **I** *v* **1** assistera, hjälpa, bistå **2** hjälpa till **II** *s* **1** *AE.* assistans, hjälp, bistånd **2** *sport.* målgivande passning **-ance** [-(ə)ns] assistans, hjälp, bistånd **-ant** [-(ə)nt] **I** *a* assisterande, biträdande; hjälp-; ~ *professor* (*AE. ung.*) universitetslektor **II** *s* medhjälpare, assistent; expedit, biträde
assize [ə'saɪz] **1** *AE.* lagstiftande församlings möte **2** *hist.* rättegång; förhör **3** ~*s* (*pl, förr*) domstol[ssession]
assn. *förk.* för *association* **assoc.** *förk.* för *associate*[*d*]; *association*
associate I *v* [ə'səʊʃɪeɪt] **1** förbinda, förknippa, associera (*with* med); ~ *o.s. with* ansluta sig till, associera sig med **2** *be* ~*d with* vara ansluten (knuten) till **3** umgås (*with* med) **4** hänga ihop (*with* till), associera sig (*with* med) **II** *a* [ə'səʊʃɪɪt] förbunden, associerad; ~ *professor* (*AE. ung.*) docent **II** *s* [ə'səʊʃɪɪt] **1** delägare; kollega **2** bundsförvant **association** [əˌsəʊsɪ'eɪʃn] *s* **1** för-en|ande, -ing; sammanslutning **2** association; ~ *of ideas* idéassociation **3** förening, förbund, samfund, sällskap **4** förbindelse; umgänge **association football** (*förk. soccer*) fotboll
assonance ['æsə(ʊ)nəns] assonans; alliteration
assort [ə'sɔ:t] **1** ordna, sortera **2** överensstämma **-ed** [-ɪd] av olika slag, blandad **-ment** [-mənt] **1** sort **2** sortering **3** sortiment, urval; blandning
asst. *förk.* för *assistant*
assuage [ə'sweɪdʒ] lindra, mildra
assume [ə'sju:m] **1** anta[ga]; anlägga (*min etc.*); ~*d name* fingerat (antaget) namn **2** förmoda, anta[ga], förutsätta; ta för givet; *assuming this to be true* förutsatt att detta är sant **3** låtsa[s] **4** åtaga sig; tillträda (*en befattning* o*ch* ämbete); båga upp till med, överta[ga] **assumption** [ə'sʌm(p)ʃn] **1** antagande, förutsättning **2** övertagande; bemäktigande **3** förmätenhet **4** *the A* ~ Marie himmelsfärd
assurance [ə'ʃʊər(ə)ns] **1** försäkring, försäkran **2** säkerhet **3** själv|förtroende, -säkerhet **4** *i sht BE.* livförsäkring **assure** [ə'ʃʊə] **1** försäkra, förvissa (*of* om) **2** trygga **3** *i sht BE.* livförsäkra **-sured** [ə'ʃʊəd] **1** säker, viss, garanterad **2** självsäker **3** säker, förvissad (*of* om) **4** *i sht BE.* livförsäkrad **assuredly** [ə'ʃʊərɪdlɪ] säkert, bestämt
Assyr|ia [ə'sɪrɪə] Assyrien **-ian** [ə'sɪrɪən] **I** *s* **1** assyrier **2** assyriska [språket] **II** *a* assyrisk

A.S.T.—attend

A.S.T. förk. för Atlantic Standard Time
aster ['æstə] bot. aster
asterisk ['æstərɪsk] asterisk, stjärna
astern [ə'stɜ:n] akter ut (över); go ~ backa
asteroid ['æstərɔɪd] **I** s asteroid **II** a stjärnlik
asthma ['æsmə] astma **asthmatic** [æs'mætɪk] **I** a astmatisk **II** s astmatiker
astigmatic [ˌæstɪg'mætɪk] astigmatisk **astigmatism** [æs'tɪgmətɪz(ə)m] astigmatism
astir [ə'stɜ:] i rörelse; på benen
astonish [ə'stɒnɪʃ] förvåna, överraska; ~ed at förvånad över **-ing** [-ɪŋ] förvånande, förvånansvärd **-ment** [-mənt] förvåning; she looked at him in ~ hon såg förvånat på honom
astound [ə'staʊnd] slå med häpnad, högeligen förvåna **-ing** [-ɪŋ] häpnadsväckande, förvånande
astraddle [ə'strædl] **I** adv grensle **II** prep grensle över
astray [ə'streɪ] vilse; på avvägar
astride [ə'straɪd] **I** adv grensle; bredbent **II** prep grensle över
astringent [ə'strɪn(d)ʒ(ə)nt] **I** a **1** adstringerande, sammandragande **2** bildl. sträng, kärv **II** s adstringerande medel
astro|loger [ə'strɒlədʒə] astrolog **-logical** [ˌæstrə'lɒdʒɪkl] astrologisk **-logy** [ə'strɒlədʒɪ] astrologi
astronaut ['æstrənɔ:t] astronaut
astronomer [ə'strɒnəmə] astronom
astronomic[al] [ˌæstrə'nɒmɪk(l)] astronomisk (äv. bildl.) **astronomy** [ə'strɒnəmɪ] astronomi
astrophysics [ˌæstrə(ʊ)'fɪzɪks] (behandlas som sg) astrofysik
astute [ə'stju:t] slug; skarpsinnig
asunder [ə'sʌndə] isär, sönder
asylum [ə'saɪləm] **1** asyl, fristad **2** asyl, vårdanstalt; lunatic ~ (förr) hospital, mentalsjukhus
asymmetric[al] [ˌæsɪ'metrɪk(l)] asymmetrisk
at [beton. æt, obeton. ət] **1** (befintlighet) vid; på; i; till; hos; genom; ~ the table vid bordet; ~ an hotel på ett hotell; ~ Cambridge i Cambridge; arrive ~ the station anlända till stationen; ~ my sister's [hemma] hos min syster; ~ the Greggs' [hemma] hos Greggs (familjen Gregg); he came in ~ the window han kom in genom fönstret **2** (riktning) mot; åt; på; aim ~ sikta mot (på); swear ~ svära åt **3** (tid) på; vid; i; ~ night på kvällen; ~ Easter på (under) påsken, i påsk; ~ the end of vid slutet av; ~ your age vid din ålder; ~ three o'clock klockan tre **4** ~ rest i vila; ~ one's own risk på egen risk; ~ full speed i (för, med) full fart; sell ~ five pounds sälja för (till ett pris av) fem pund; ~ war i krig; ~ work i arbete; ~ that dessutom, till på köpet; angry ~ ond på; good ~ bra på; be ~ s.b. vara på (ligga efter) ngn; the brakes are ~ it again nu är det fel på bromsarna igen; while we are ~ it när vi nu håller på med det; what is she ~? vad håller hon på med?; leave it ~ that låt det vara bra med det; shout ~ skrika åt
atavism ['ætəvɪz(ə)m] atavism
ate [et] imperf av eat
athe|ism ['eɪθɪɪz(ə)m] ateism **-ist** [-ɪst] ateist
Athenian [ə'θi:njən] **I** s atenare **II** a atensk **Athens** ['æθɪnz] Aten
athirst [ə'θɜ:st] **1** åld. törstig **2** ivrig (for på, efter)

ath|lete ['æθli:t] [fri]idrottsman; ~'s foot fotsvamp **-letic** [æθ'letɪk] **1** idrotts-; idrottslig **2** atletisk, muskulös **-letics** [æθ'letɪks] **1** (behandlas som pl) allmän idrott, friidrott; idrottsövningar **2** (behandlas som sg) idrott[ande]
at-home [ət'həʊm] s mottagning i hemmet
athwart [ə'θwɔ:t] **I** prep tvärs över; sjö. tvärs [för] **II** adv tvärs över, tvärs på den ena sidan till den andra **-ships** sjö. tvärskepps
atishoo [ə'tɪʃu:] interj. attji!, attjo!
Atlantic [ət'læntɪk] **I** a atlant-; the ~ Ocean Atlanten, Atlantiska oceanen **II** s, the ~ Atlanten
atlas ['ætləs] **1** atlas, kartbok **2** anat. atlas[kota]
atmos|phere ['ætməˌsfɪə] atmosfär; stämning **-pheric** [ˌætmə'sferɪk] atmosfärisk; ~ pressure lufttryck **-pherics** [ˌætmə'sferɪks] pl atmosfäriska störningar
atoll ['ætɒl] atoll, korallö
atom ['ætəm] **1** atom; smash to ~s slå i spillror (i tusen bitar) **2** smula, dugg **atom bomb** atombomb **atomic** [ə'tɒmɪk] atom-, atomisk; ~ bomb atombomb; ~ pile (reactor) atomreaktor; ~ power atomkraft; ~ weight atomvikt
atom|ize (BE. äv. -ise) ['ætə(ʊ)maɪz] **1** förvandla till atomer **2** smula sönder, finfördela **-izer** (BE. äv. -iser) [-aɪzə] spray[flaska]; rafräschissör
atonal [ə'təʊnl] mus. atonal
atone [ə'təʊn] **1** sona **2** ~ for gottgöra, sona **-ment** [-mənt] gottgörelse; relig. försoning
atop [ə'tɒp] **I** adv överst, i toppen **II** prep på toppen av
atrocious [ə'trəʊʃəs] grym, ohygglig; fasansfull, hemsk; vard. gräslig, ryslig **atrocity** [ə'trɒsətɪ] grymhet, ohygglighet; ogärning, illdåd
atrophy ['ætrəfɪ] **I** v [komma att] förtvina **II** s atrofi, förtvining
attaboy ['ætəbɔɪ] interj, AE. sl. heja!, bravo!
attach [ə'tætʃ] **1** fästa, sätta fast (to på, vid); binda, knyta (to till, vid); be ~ed to a) vara fäst (fästad) vid, b) vara knuten till, c) vara hopbyggd med; ~ importance to s.th. tillmäta ngt betydelse; ~ed please find... (i brev) bifogat finner Ni... **2** ~ o.s. to ansluta sig till **3** ~ to vara förknippad (följa) med; no blame ~es to her ingen skuld faller på henne
attaché [ə'tæʃeɪ] attaché **attaché case** [ə'tæʃɪkeɪs] dokumentportfölj, attachéväska
attachment [ə'tætʃmənt] **1** fastsättning, fästande, vidfästning **2** tillgivenhet **3** tillsats, tillbehör **4** jur. konfiskation; beslagtagande
attack [ə'tæk] **I** v **1** attackera, anfalla, angripa **2** gå till attack, anfalla **II** s attack, anfall, angrepp (on mot, på) **-er** [-ə] angripare; sport. anfallsspelare
attain [ə'teɪn] v, ~ [to] [upp]nå **-able** [-əbl] uppnåelig, åtkomlig **-ment** [-mənt] **1** uppnående **2** vanl. pl ~s färdigheter, insikter, talanger; standard of ~s kunskapsnivå
attar ['ætə] [rosen]olja
attempt [ə'tem(p)t] **I** v försöka; försöka nå; ~ed murder mordförsök **II** s **1** försök; an ~ on Mount Everest ett försök att betvinga Mount Everest **2** attentat; ~ on a p.'s life attentat mot ngn
attend [ə'tend] **1** bevista, besöka, vara närvarande i, deltaga i **2** åtfölja; uppvakta; betjäna;

(*om läkare*) behandla; *a method ~ed by great risks* en metod förenad med stora risker **3** vara närvarande (*at* vid) **4** vara uppmärksam **5** ~ *to* sköta, vårda, se till, vara uppmärksam på, betjäna, lyssna på (till); *are you being ~ed to?* (*i butik*) är det tillsagt?; *that's being ~ed to* det är redan ordnat **6** ~ [*up*]*on a*) passa upp på, betjäna, passa på, *åld.* uppvakta, *b*) vara en följd av, åtfölja **-ance** [-əns] **1** närvaro, deltagande (*at, on* vid, på, i) **2** uppvaktning; betjäning; behandling; vård, tillsyn **3** antal deltagande **-ant** [-ənt] **I** *a* närvarande; beledsagande, åtföljande; uppvaktande (*on* hos) **II** *s* **1** tjänare, följeslagare (*on* hos, till) **2** vaktmästare; tillsyningsman, vakt; skötare **3** besökare, deltagare

atten|tion [ə'tenʃn] **I** *s* **1** uppmärksamhet; kännedom; vård, tillsyn, passning; omsorg; *call a p.'s ~ to* fästa (rikta) ngns uppmärksamhet på; *pay ~ to* ägna uppmärksamhet åt, beakta, vara uppmärksam på, lägga märke till **2** ~ *s* (*pl*) uppvaktning **3** *stand to* (*at*) ~ stå i givakt **II** *interj*, ~! giv akt!; ~, *please!* hallå, hallå!, får jag be om er uppmärksamhet! **-tive** [-tɪv] uppmärksam (*to* på)

attenu|ate [ə'tenjʊeɪt] göra smal; förtunna; försvaga **II** *a* [ə'tenjʊɪt] förtunnad; avsmalnad **-ation** [ə,tenjʊ'eɪʃn] förtunning; försvagning

attest [ə'test] **1** intyga, bevittna; attestera; vittna om **2** gå ed på **3** ~ *to* bevisa, bekräfta, vittna om **-ation** [ˌæte'steɪʃn] bekräftelse; vittnesbörd; intyg

Att[y].Gen. *förk. för Attorney General*

attic ['ætɪk] vind; vinds|rum, -våning

attire [ə'taɪə] **I** *v* klä, styra ut **II** *s* klädsel, dräkt, skrud

attitude ['ætɪtjuːd] **1** attityd, hållning, inställning (*to*[*wards*] gentemot, till) **2** hållning, ställning; (*i ballett*) attityd; *strike an ~* inta en pose

attorney [ə'tɜːnɪ] **1** befullmäktigat ombud **2** *AE.* advokat; *district ~* allmän åklagare **3** *power of ~* fullmakt, bemyndigande **Attorney General** (*pl attorneys general el. attorney generals*) **1** kronjurist, *ung.* justitiekansler, *b*) *AE.* justitieminister, (*i delstat ung.*) statsåklagare

attract [ə'trækt] dra till sig, attrahera; ~ *attention* tilldra sig (väcka) uppmärksamhet; *feel ~ed to* känna sig dragen till **attraction** [ə'trækʃn] attraktion, dragningskraft, lockelse; charm **attractive** [ə'træktɪv] attraktiv, tilldragande, lockande

attrib|utable [ə'trɪbjʊtəbl] *a, be ~ to* kunna tillskrivas, anses bero på **-ute I** *v* [ə'trɪbjuːt] tillskriva (*s.th. to s.b.* ngn ngt) **II** *s* ['ætrɪbjuːt] attribut (*äv. språkv.*); egenskap, kännetecken **-utive** [ə'trɪbjʊtɪv] *språkv.* **I** *a* attributiv **II** *s* attribut

attrition [ə'trɪʃn] **1** nötning, skavning; *war of ~* utmattningskrig **2** *teol.* syndaånger

attune [ə'tjuːn] **1** *mus.* stämma **2** anpassa (*to* till, efter); ställa in (*to* efter) **atty.** *förk. för attorney*

A.T.V. *förk. för Associated Television* **at.wt.** *förk. för atomic weight*

aubergine ['əʊbəʒiːn] *bot.* aubergine, äggplanta **auburn** ['ɔːbən] röd-, kastanje|brun

auction ['ɔːkʃn] **I** *s* auktion **II** *v*, ~ [*off*] auktionera bort **-eer** [ˌɔːkʃə'nɪə] auktionsförrättare

audacious [ɔː'deɪʃəs] **1** djärv, [dum]dristig **2** fräck **audacity** [ɔː'dæsətɪ] **1** djärvhet, [dum]-

dristighet **2** fräckhet

audible ['ɔːdəbl] hörbar

audience ['ɔːdjəns] **1** åhörare, auditorium, publik; [radio]lyssnare; [TV-]tittare; läsekrets **2** audiens

audiovisual [ˌɔːdɪəʊ'vɪzjʊəl] audi[o]visuell; ~ *aids* audi[o]visuella hjälpmedel

audit ['ɔːdɪt] **I** *v* granska, revidera (*räkenskaper*) **II** *s* granskning, revision **audition** [ɔː'dɪʃn] **1** hörande **2** prov (*för artister*), prov|sjungning, -spelning **auditive** ['ɔːdɪtɪv] auditiv, hörsel- **auditor** ['ɔːdɪtə] **1** åhörare **2** revisor **auditori|um** [ˌɔːdɪ'tɔːrɪəm] (*pl -ums el. -a* [-ə]) hörsal; [teater]salong; *AE.* möteslokal **auditory** ['ɔːdɪt(ə)rɪ] hörsel-; ~ *nerve* hörselnerv

Aug. *förk. för August*

auger ['ɔːgə] navare, borr

aught [ɔːt] något [alls]; vad som helst; *for ~ I know* inte annat än (såvitt) jag vet

augment [ɔːg'ment] öka[s]; förstärka[s] **-ation** [ˌɔːgmen'teɪʃn] ökning; förstoring

augur ['ɔːgə] **I** *v* **1** sia om, förutspå **2** [före]båda; *it ~s well* det bådar gott **II** *s* augur, teckentydare **augury** ['ɔːgərɪ] **1** spådom **2** järtecken, omen

August ['ɔːgəst] augusti

august [ɔː'gʌst] upphöjd, majestätisk

auk [ɔːk] *zool.* alka, tordmule

auld [ɔːld] *Sk.* gammal; ~ *lang syne* (= *old long since*) forna dar; *A~ Reekie* [-'riːkɪ] Edinburgh

aunt [ɑːnt] moster, faster; tant **-ie, -y** [-ɪ] *vard. för aunt*

au pair [ˌəʊ'peə] **I** *s* au pair-flicka **II** *a o. adv* au pair

aura ['ɔːrə] (*pl -s el. ae* [-iː]) aura, atmosfär, utstrålning

aural ['ɔːr(ə)l] öron-, hörsel-

aure|ola [ɔː'rɪə(ʊ)lə], **-ole** ['ɔːrɪəʊl] gloria, strålkrans; *astr.* korona

auricular [ɔː'rɪkjʊlə] **1** öron-, hörsel- **2** öronformig

aurist ['ɔːrɪst] öronspecialist

aurochs ['ɔːrɒks] **1** uroxe **2** visent

aurora [ɔː'rɔːrə] **1** *poet.* morgonrodnad **2** ~ *australis* [-ɔː'streɪlɪs] sydsken; ~ *borealis* [-ˌbɔː'reɪlɪs] norrsken

Aus. *förk. för Australia*[*n*]; *Austria*[*n*]

auscultation [ˌɔːsk(ə)l'teɪʃn] auskultation

auspices ['ɔːspɪsɪz] *pl* **1** hägn, beskydd; *under the ~ of* under beskydd av **2** förebud, [gott] omen **auspicious** [ɔː'spɪʃəs] gynnsam, lovande

Aussie ['ɒzɪ] *vard.* australi|er, -ensare

Aust. *förk. för Australia*[*n*]; *Austria*[*n*]

aus|tere [ɒ'stɪə] **1** allvarlig; hård, sträng **2** enkel, tig, spartansk; karg; stram **-terity** [ɒ'sterətɪ] **1** allvar; hårdhet, stränghet **2** torftighet; stramhet; åtstramning

Austral|asia [ˌɒstrəl'eɪʒə] Australasien **-ia** [ɒ'streɪljə] Australien **-ian** [-jən] **I** *s* australi|er, -ensare **II** *a* australi|sk, -ensisk

Austri|a ['ɒstrɪə] Österrike **-an** [-ɪən] **I** *s* österrikare **II** *a* österrikisk

autarchy ['ɔːtɑːkɪ] envälde, despotism **autarky** ['ɔːtɑːkɪ] autarki, självhushållning

auth. *förk. för author*; *authority*; *authorized*

authen|tic [ɔː'θentɪk] autentisk, äkta; pålitlig

-ticate [-tɪkeɪt] bevisa äktheten av **-ticity** [ˌɔːθenˈtɪsətɪ] autenticitet, äkthet
author [ˈɔːθə] **1** författare, författarinna (*of* till) **2** upphovsman **-ess** [-rɪs] författarinna
author|itarian [ɔːˌθɒrɪˈteərɪən] auktoritär; diktatorisk, despotisk; ~ *state* diktatur **-itative** [ɔːˈθɒrɪtətɪv] **1** auktoritativ **2** befallande, myndig **3** officiell
authority [ɔːˈθɒrətɪ] **1** myndighet, [laglig] makt; [makt]befogenhet; *in* ~ makthavande, bestämmande; *be in* ~ ha makten (ansvaret, ledningen); *on one's own* ~ på eget ansvar (bevåg) **2** myndighet, organ, nämnd; *the authorities* (*pl*) myndigheterna, de styrande; *the local* ~ (*authorities*) de kommunala myndigheterna **3** bemyndigande; tillåtelse; rätt; *have the* ~ *to do s.th.* ha bemyndigande (rätt) att göra ngt **4** auktoritet, anseende **5** auktoritet, fackman, expert (*on* i, på); källa; utsago; *have s.th. on good* ~ ha ngt från säker källa
author|ization (*BE. äv. -isation*) [ˌɔːθ(ə)raɪˈzeɪʃn] auktorisation; bemyndigande; tillstånd **-ize** (*BE. äv. -ise*) [ˈɔːθəraɪz] auktorisera, bemyndiga, befullmäktiga; godkänna
authorship [ˈɔːθəʃɪp] författarskap
auto [ˈɔːtəʊ] (*pl -s*) *AE.*, vard. bil
auto|biographical [ˌɔːtə(ʊ)baɪəˈɡræfɪkl] självbiografisk **-biography** [ˌɔːtə(ʊ)baɪˈɒɡrəfɪ] självbiografi
autocracy [ɔːˈtɒkrəsɪ] envälde, autokrati **autocrat** [ˈɔːtə(ʊ)kræt] enväldshärskare, autokrat **autocratic** [ˌɔːtə(ʊ)ˈkrætɪk] enväldig, autokratisk
autocross [ˈɔːtə(ʊ)krɒs] *sport.* rallycross
autodidact [ˈɔːtə(ʊ)daɪdækt] autodidakt, självlärd person
autograph [ˈɔːtəɡrɑːf] **I** *s* **1** autograf, namnteckning **2** (*författares*) originalmanuskript **II** *v* skriva sin autograf (namnteckning) på (i), signera
auto|mat [ˈɔːtə(ʊ)mæt] **1** [varu]automat **2** *AE.* automat[restaurang] **-mate** [-meɪt] automatisera **-matic** [ˌɔːtəˈmætɪk] **I** *a* automatisk (*äv. bildl.*); automat-; ~ *data processing* automatisk databehandling; ~ *machine* automat; *an* ~ *smile* ett mekaniskt leende **II** *s* automatvapen **-matically** [ˌɔːtəˈmætɪk(ə)lɪ] *adv* automatiskt **-mation** [ˌɔːtəˈmeɪʃn] automation, automatisering; automatik
automa|tize (*BE. äv. -tise*) [ɔːˈtɒmətaɪz] automatisera[s] **-tization** (*BE. äv. -atisation*) [ɔːˌtɒmətaɪˈzeɪʃn] automatisering **-ton** [ɔːˈtɒmət(ə)n] (*pl -ta* [-ətə] *el. -tons*) robot
auto|mobile [ˈɔːtəmə(ʊ)biːl] [automo]bil **-motive** [ˌɔːtəˈməʊtɪv] **1** bil- **2** självgående
autono|mous [ɔːˈtɒnəməs] autonom, självstyrande **-my** [-mɪ] autonomi, självständighet, självbestämmande; självstyre[lse]
autopilot [ˈɔːtə(ʊ)ˌpaɪlət] autopilot
autopsy [ˈɔːtəpsɪ] obduktion, autopsi
autumn [ˈɔːtəm] höst; *last* ~ i höstas, förra hösten; *this* ~ [nu] i höst, den här hösten; *in* [*the*] ~ på (om) hösten (höstarna); *in* [*the*] *late* ~ sent på hösten, på senhösten; *in the* ~ *of 1939* på hösten 1939 **autumn leaves** *pl* höstlöv **autumnal** [ɔːˈtʌmnəl] höst-, höstlig; höstlik
auxiliary [ɔːɡˈzɪljərɪ] **I** *s* hjälpare, assistent **2** hjälpverb **3** *auxiliaries* (*pl*) hjälptrupper **II** *a* hjälp-, reserv-; ~ *machinery* hjälpmaskiner; ~ *verb* hjälpverb
A.V. *förk. för Authorized Version* [*of the Bible*]
A-V, AV *förk. för audiovisual* **Av.** *förk. för Avenue* **av.** *förk. för average; avoirdupois*
avail [əˈveɪl] **I** *v* **1** tjäna till; gagna **2** ~ *o.s. of* utnyttja, begagna sig av **II** *s* nytta, gagn; *of* (*to*) *no* ~ till ingen nytta **-ability** [əˌveɪləˈbɪlətɪ] **1** tillgänglighet; användbarhet; anträffbarhet; tillgång **2** (*biljetts*) giltighet[stid] **-able** [-əbl] **1** tillgänglig; användbar; anträffbar **2** (*om biljett*) giltig
avalanche [ˈævəlɑːnʃ] lavin, snöskred
avant-garde [ˌævɑː(ŋ)ˈɡɑːd] **I** *s* avantgarde **II** *a* avantgarde-
avar|ice [ˈævərɪs] girighet, snikenhet **-icious** [ˌævəˈrɪʃəs] girig, sniken
avdp. *förk. för avoirdupois* **Ave., ave.** *förk. för avenue*
avenge [əˈven(d)ʒ] hämnas, ta hämnd för; ~ *o.s. on* hämnas (ta hämnd) på **avenger** [-ə] hämnare
avenue [ˈævənjuː] **1** allé **2** bred gata, aveny, boulevard **3** *bildl.* väg
aver [əˈvɜː] **1** försäkra, bestämt förklara **2** *jur.* bestyrka
average [ˈæv(ə)rɪdʒ] **I** *v* **1** beräkna medeltalet (genomsnittet) av **2** i medeltal (genomsnitt) uppgå till (göra) **3** dela proportionellt **II** *s* **1** medeltal, genomsnitt; *on* [*an, the*] ~ i genomsnitt, i medeltal **2** *sjö.* haveri; *general* ~ gemensamt haveri **III** *a* genom[snittlig, -snitts-; ordinär, typisk
averse [əˈvɜːs] *a* **1** *be* ~ *to* (*from*) vara avog mot, ogilla, tycka illa om **2** (*om löv*) motsatt **aversion** [əˈvɜːʃn] motvilja, avsmak, aversion (*to, for* mot); *it is my pet* ~ det är min fasa (det värsta jag vet)
avert [əˈvɜːt] **1** vända bort; avleda **2** förhindra, avvärja, avstyra
aviary [ˈeɪvjərɪ] voljär, stor fågelbur
avia|tion [ˌeɪvɪˈeɪʃn] flygning, flygteknik **-tor** [ˈeɪvɪeɪtə] *åld.* flygare, pilot
avid [ˈævɪd] **1** ivrig, entusiastisk **2** girig (*for* efter, på) **-ity** [əˈvɪdətɪ] **1** iver, entusiasm **2** girighet; begär
avocado [**pear**] [ˌævəˈkɑːdə(ʊ) (ˈpeə)] avokado
avocation [ˌævə(ʊ)ˈkeɪʃn] *åld.* **1** bisyssla, hobby **2** [levnads]kall
avocet [ˈævə(ʊ)set] *zool.* skärfläcka
avoid [əˈvɔɪd] **1** undvika; undgå; förhindra **2** *jur.* göra ogiltig **-able** som kan undvikas **-ance** [-(ə)ns] *s* undvikande; förhindrande
avoirdupois [ˌævədəˈpɔɪz] *s*, ~ [*weight*] avoirdupois (*handelsviktsystem i engelskspråkiga länder*)
avouch [əˈvaʊtʃ] *åld.* **1** erkänna **2** garantera **3** hävda
avow [əˈvaʊ] **1** öppet tillstå, erkänna **2** försäkra, påstå **-al** [-əl] **1** bekännelse; erkännande **2** försäkran, påstående
avuncular [əˈvʌŋkjʊlə] farbroderlig
await [əˈweɪt] invänta, vänta på; emotse, se fram emot
awake [əˈweɪk] **I** *v* (*awoke, awoke el. awaked, awaked*) **1** vakna (*äv. bildl.*) **2** ~ *to* bli (göra) medveten om **3** väcka (*äv. bildl.*) **II** *a* vaken (*to* för) **awaken** [əˈweɪk(ə)n] *I sht bildl* **1** väcka **2**

vakna **awakening** [ə'weɪknɪŋ] **I** *s* [upp]vaknande (*äv. bildl.*) **II** *a* väckande (*äv. bildl.*); vaknande

award [ə'wɔːd] **I** *v* tillerkänna, tilldela; tilldöma **II** *s* **1** pris, belöning; stipendium **2** *jur.* [skilje]dom; utslag

aware [ə'weə] medveten (*of* om); uppmärksam (*of* på); *politically* ~ politiskt medveten; *not that I am* ~ [*of*] inte såvitt jag vet

awash [ə'wɒʃ] *sjö.* **1** i vattenbrynet **2** överspolad; översvämmad

away [ə'weɪ] **I** *adv* **1** bort, i väg; undan; ~ *with him!* bort (i väg) med honom!; *give* ~ ge bort; *go* ~ gå bort (sin väg); *look* ~ titta bort; *put* ~ lägga undan (åt sidan) **2** bort[a]; *keep* ~ *from* hålla sig borta från; *far* (*out*) *and* ~ ojämförligt, utan jämförelse **3** vidare, på; *talk* ~ prata på; *work* ~ arbeta på (vidare) **4** *right* (*straight*) ~ genast **II** *a* borta; borta-; ~ *match* bortamatch **III** *s* bortamatch

awe [ɔː] **I** *s* respekt, vördnad; fruktan **II** *v* inge respekt (vördnad); inge fruktan **-inspiring** ['ɔːɪnˌspaɪrɪŋ], **-some** ['ɔːsəm] respektingivande, vördnadsbjudande; skräckinjagande; fantastisk; storslagen **-stricken** ['ɔːˌstrɪk(ə)n], **-struck** ['ɔːstrʌk] skräckslagen; vördnadsfylld

awful ['ɔːfʊl] **1** ohygglig, fruktansvärd **2** *vard.* förfärlig, väldig, hemsk **-ly** *adv* **1** ['ɔːfʊlɪ] ohyggligt, fruktansvärt **2** ['ɔːflɪ] *vard.* förfärligt, väldigt, hemskt

awhile [ə'waɪl] en stund

awkward ['ɔːkwəd] **1** tafatt, klumpig **2** förarglig, pinsam; besvärlig, krånglig **3** förlägen, besvärad, bortkommen

awl [ɔːl] syl, pryl

awning ['ɔːnɪŋ] soltält, markis

awoke [ə'wəʊk] *imperf o. perf part av awake*

AWOL, A.W.O.L. *mil., förk. för absent without leave*

awry [ə'raɪ] **I** *a* sned, på sned **II** *adv* **1** snett, på snedden **2** på tok

ax *AE.*, **axe** *BE.* [æks] **I** *s* **1** yxa; *he has an* ~ *to grind a*) han gör det i eget intresse, *b*) han har ett favoritämne, *c*) han har klagomål **2** *vard.* nedskärningar; *get the* ~ få sparken **II** *v* **1** hugga ner med yxa; yxa till **2** *vard.* skära ner; lägga ner; avskeda

axes ['æksɪs] *pl av axis o. axe*

axiom ['æksɪəm] axiom

axis ['æksɪs] (*pl axes* ['æksiːz]) *mat., fys., polit.* axel; *the A~* axelmakterna

axle ['æksl] [hjul]axel

ay [eɪ] *interj, åld., poet.* ack!

1 ay[e] [aɪ] ja[röst]; *the* ~*s have it* frågan är med ja besvarad, jaröstarna är i majoritet; ~ ~, *Sir* (*sjö.*) ska ske, kapten

2 ay[e] [eɪ] *adv, dial., poet.* alltid

AZ *förk. för Arizona*

azalea [ə'zeɪljə] *bot.* azalea

azimuth ['æzɪməθ] *astr.* azimut

Azores [ə'zɔːz] *pl, the* ~ Azorerna

Aztec ['æztek] **I** *s* aztek **II** *a* aztekisk

azure ['æʒə] azur-, himmels|blå

B

B, b [biː] (*bokstav*) B, b; (*ton*) h; *B flat* (*mus.*) b; *B sharp* (*mus.*) hiss

B. *förk. för* (*mus.*) *bass; bay; Bible; book; born; breadth; British* **b.** *förk. för* (*mus.*) *bass; bay; book; born;* (*i kricket*) *bowled; breadth* **B.A.** *förk. för Bachelor of Arts; British Academy* **B.A.A.** *förk. för British Airports Association*

baa [bɑː] **I** *s* bräkande **II** *v* bräka

baas [bɑːs] *Sydafr.* herre

babble ['bæbl] **I** *v* **1** babbla, pladdra; jollra **2** sorla **3** pladdra 'om **II** *s* **1** babbel, pladder; joller **2** sorl **babbler** ['bæblə] pratmakare

babe [beɪb] **1** *poet.* spenabarn; barnunge **2** *sl.* sötnos; tjej, brud; person; grej

babel ['beɪbl] **1** *the Tower of B~* Babels torn **2** förbistring, villervalla, virrvarr

baboon [bə'buːn] babian

baby ['beɪbɪ] **I** *s* **1** [späd]barn, baby; unge; *be left holding the* ~ stå där med allt ansvar; *throw the* ~ *out with the bath water* kasta ut barnet med badvattnet **2** barnslig person, barnunge **3** *sl.* sötnos; tjej, brud; person; grej **II** *a* mini-; ~ *buggy a*) lätt sittvagn, *b*) *AE. vard.* barnvagn; ~ *car* mini-, små|bil; ~ *carriage* (*AE.*) barnvagn; ~ *grand* mignonflygel; ~ *talk* joller, småbarnsspråk **III** *v* behandla ömt (som en baby) **-hood** [-hʊd] spädbarns-, baby|tid

Baby|lon ['bæbɪlən] Babel, Babylon **-Ionia** [ˌbæbɪ'ləʊnjə] Babylonien **-lonian** [ˌbæbɪ'ləʊnjən] **I** *a* babylonisk **II** *s* babylonier

baby-minder ['beɪbɪˌmaɪndə] dagmamma **-sit** [-sɪt] sitta barnvakt **-sitter** [-ˌsɪtə] barnvakt

Bacchus ['bækəs]

baccy ['bækɪ] *BE. vard.* tobak

Bach [bɑːx]

bachelor ['bætʃələ] **1** ungkarl **2** *univ.* kandidat; *B~ of Arts* (*Science*) (*ung.*) filosofie kandidat; *B~ of Divinity* teologie kandidat; *B~ of Law* juris kandidat; *B~ of Medicine* medicine kandidat

bacil|lus [bə'sɪl|əs] (*pl -li* [-aɪ]) bacill

back [bæk] **I** *s* **1** rygg; *break one's* ~ ta knäcken på sig; *get off someone's* ~ (*vard.*) sluta besvära ngn; *have s.th. on one's* ~ vara tyngd av ngt; *put one's* ~ *into s.th.* hugga i med ngt; *put* (*get*) *someone's* ~ *up* reta upp ngn; *see the* ~ *of* bli kvitt, bli av med; *turn one's* ~ *on s.b.* vända ngn ryggen; *with one's* ~ *up to the wall* hårt trängd **2** baksida; bakre del; ryggstöd; ~ *of the head* nacke, bakhuvud; ~ *to front* bak och fram; *at the* ~ *of* bakom; *at the very* ~ *of* längst bak i; *at the* ~ *of beyond* bortom all ära och redlighet; *in the* ~ *of the car* bak i bilen **3** *sport.* back **II** *a* bak-, bakåt-; *AE.* avlägsen; ~ *issue of a newspaper* ett gammalt nummer av en tidning; ~ *rent* obetald hyra **III** *adv* bakåt; tillbaka; *as far* ~ *as 1850* (*äv.*) redan 1850; ~ *and forth* bak och tillbaka; *pay* ~ betala tillbaka (igen) **IV** *prep, AE.,* ~ *of* bakom **V** *v* **1** [under]stödja, backa upp, vara bakgrund till **2** flytta

backache—bairn

(dra) tillbaka; backa **3** *hand.* endossera, skriva på på baksidan **4** hålla (satsa) på **5** röra sig bakåt, backa **6** ~ *down* (*bildl.*) falla till föga, ge med sig; ~ *on*[*to*] ha baksidan mot; ~ *out* backa ut, *bildl.* backa ur **-ache** ['bækeɪk] ryggsmärtor, ont i ryggen **-bencher** [,bæk'bentʃə] *BE., Austr.* parlamentsledamot (*som inte är minister el. tillhör oppositionen*) **-bite** ['bækbaɪt] baktala, tala illa om **-biting** ['bæk,baɪtɪŋ] förtal **-bone** ['bækbəʊn] **1** ryggrad (*äv. bildl.*) **2** mod, beslutsamhet **-breaking** ['bæk,breɪkɪŋ] mycket slitsam **-chat** ['bæktʃæt] *vard.* uppkäftighet **-cloth** ['bækklɒθ] *teat.* [fond]kuliss **-comb** ['bækkəʊm] tupera **-date** [,bæk'deɪt] **1** antedatera **2** göra retroaktiv **back door** [,bæk'dɔ:] **1** bakdörr **2** bak-, smygväg
back|drop ['bækdrɒp] *se backcloth* **-er** [-ə] **1** [under]stödjare **2** vadhållare **-fire** [,bæk'faɪə] **I** *s* baktändning **II** *v* **1** baktända; *bildl.* slå tillbaka **2** (*vid skogsbrand e.d.*) anlägga moteld **-gammon** [bæk'gæmən] brädspel **-ground** ['bækgraʊnd] bakgrund (*äv. bildl.*) **-hand** ['bækhænd] **I** *a* bakåtlutad (*om skrift*) **II** *s, sport.* backhand **-handed** ['bækhændɪd] **1** backhands- **2** tvetydig **-hander** ['bækhændə] **1** backhandsslag **2** *vard.* sidohugg **3** *sl.* muta
backing ['bækɪŋ] stöd, hjälp, uppbackning; *mus.* ackompanjemang (*t. popsångare*)
backlash ['bæklæʃ] motreaktion **back list** förlags tidigare utgivning i lager, backlist **backlog** orderstock; ojjort arbete **backmost** bakerst **back number** [-,nʌmbə] **1** gammalt nummer (*av tidskrift e.d.*) **2** *vard.* gammalmodig person (grej) **back pack** [-pæk] *i sht AE.* ryggsäck **back-pedal** [-,pedl **1** trampa bakåt (*på cykel*) **2** ändra åsikt; backa ut **back rest** [-rest] ryggstöd **back-room** [,bæk'ru:m] *a*, ~ *boy* forskare som arbetar bakom kulisserna
back|-seat [,bæk'si:t] baksätes-; ~ *driver* (*vard.*) baksätesförare (*passagerare i baksätet som ger föraren goda råd*) **-side** baksida; *vard.* bak[del] **--slapping** ['bæk,slæpɪŋ] *a, bildl.* ryggdunkande, hjärtlig **-slide** [,bæk'slaɪd] återfalla; avfalla **-slider** ['bæk,slaɪdə] avfälling **-spin** [,bæk'spɪn] *sport.* underskruv **-stage** [bæk'steɪdʒ] *adv o. a* bakom kulisserna **-stair** [,bæk'steə] *a* hemlig; bakslug **-stairs** [,bæk'steəz] *pl* baktrappa **-stroke** ['bækstrəʊk] ryggsim
back|up ['bækʌp] *i sht AE.* **I** *s* **1** reserv; stöd **2** [bakgrunds]ackompanjemang **3** *data.* back-up, säkerhetskopiering **II** *a*, ~ *light* backljus **-ward** [-wəd] **I** *a* **1** bakåtriktad, bakåtvänd **2** bakåtsträvande **3** försagd **4** efterbliven **II** *adv, se backwards* **-wards** [-wədz] *adv* bakåt, baklänges, tillbaka; ~ *and forwards* fram och tillbaka; *bend* (*lean, fall*) *over* ~ (*vard.*) ta knäcken (kål) på sig; *know s.th.* ~ (*BE. vard.*) kunna ngt utan och innan **-wash** [-wɒʃ] svallvåg; *bildl.* återverkningar, efterdyningar **-water** [-,wɔ:tə] **1** bakvatten, dödvatten (*äv. bildl.*) **2** avkrok **-woods** [-wʊdz] *pl, AE.* avlägsna skogstrakter; obygd[er] **-woodsman** [-wʊdzmən] **1** människa från obygden **2** *AE. vard.* lantis
back yard [,bæk'jɑ:d] bakgård; *in one's own* ~ nära till hands
bacon ['beɪk(ə)n] bacon; *bring home the* ~ (*vard.*) *a*) tjäna ihop till brödfödan, *b*) vara framgångsrik; *save one's* ~ (*BE. vard.*) rädda sitt skinn
bacteri|a [bæk'tɪərɪə] *pl av bacterium* **-al** [-l] bakterie- **-ological** [bæk,tɪərɪə'lɒdʒɪkl] bakteriologisk **-ology** [bæk,tɪərɪ'ɒlədʒɪ] bakteriologi **-um** [bæk'tɪərɪəm] (*pl -a* [-ə]) bakterie
bad [bæd] **I** *a* (*worse, worst*) **1** dålig; svår; *not* [*half*] ~, *not so* ~ inte illa, ganska bra; ~ *cold* svår förkylning; *he is a* ~ *egg* (*lot*) han är oduglig; ~ *luck* otur; *he is in a* ~ *way* det står dåligt till med honom; [*that's*] *too* ~*!* (*vard.*) så tråkigt (synd)!; *go* ~ bli dålig (skämd), ruttna; *things are going from* ~ *to worse* det blir bara värre och värre **2** ond, elak; ~ *language* svordomar, grovt språk; *he's been a* ~ *boy* han har varit elak **3** ogiltig; falsk; ~ *cheque* ogiltig check; ~ *debt* oindrivbar fordran **4** dålig, krasslig; *feel* ~ känna sig dålig **5** skadlig (*for* för) **II** *s, go to the* ~ förfalla, spåra ur; *he is £10 to the* ~ han har en brist på 10 pund
bad|die, -dy ['bædɪ] *vard.* bov, skurk (*i film e.d.*)
bade [bæd] *imperf. av bid*
badge [bædʒ] **1** märke, emblem; [polis]bricka **2** känne|tecken, -märke
badger ['bædʒə] **I** *s* grävling **II** *v* ansätta; tjata på
badinage ['bædɪnɑ:ʒ] raljeri, gyckel
badly ['bædlɪ] *adv* (*worse, worst*) **1** dåligt; illa; svårt; *be* ~ *off* ha det dåligt ställt **2** *want* (*need*) ~, *be* ~ *in need of* vara i stort behov av
badminton ['bædmɪntən] **1** badminton **2** (*slags*) rödvinsbål
bad-tempered [,bæd'tempəd] retlig, på dåligt humör
baffle ['bæfl] **1** förvirra, förbrylla; *it* ~*s me* det är mig en gåta **2** trotsa **baffling** [-ɪŋ] förvirrande, förbryllande
bag [bæg] **I** *s* **1** väska, säck, påse, kasse, bag; ~ *and baggage* (*vard.*) pick och pack; ~ *of bones* benget, magert skrälle; *the whole* ~ *of tricks* (*vard.*) alla upptänkliga knep, allthopa; *in the* ~ (*vard.*) som i en liten ask; *let the cat out of the* ~ [oavsiktligt] avslöja en hemlighet; *a mixed* ~ en brokig samling; *old* ~ kärring; ~*s* (*pl*) *a*) *vard.* massor, *b*) *sl.* brallor **2** fångst **3** *sl.* specialintresse; specialitet **II** *v* **1** lägga i en väska *etc.* **2** fånga **3** *vard.* lägga beslag på, knycka **4** svälla, pösa **5** ~*s I...!* pass för...!
bagatelle [,bægə'tel] **1** bagatell **2** fortunaspel
baggage ['bægɪdʒ] **1** bagage **2** *mil.* tross **baggage car** *AE.* godsfinka
bag|gy ['bægɪ] säckig, påsig **-man 1** *BE. vard.* handelsresande, provryttare **2** *Austr.* luffare **-pipes** *pl* säckpipa **-piper** säckpipblåsare
bah [bɑ:] *interj* äh!
Bahama [bə'hɑ:mə] *a o. s, The* ~ *Islands, The* ~*s* Bahamaöarna
1 bail [beɪl] **I** *s* borgen; *go* (*stand*) ~ *for* gå i borgen för; *let out on* ~ släppa mot borgen **II** *v* **1** ~ [*out*] släppa (få ut) mot borgen **2** *se bale II*
2 bail [beɪl] ~ *out* ösa, länsa **bailer** ['beɪlə] öskar
bailey ['beɪlɪ] ringmur; slottsgård; *Old B*~ Old Bailey (*brottmålsdomstolen i London*)
bailiff ['beɪlɪf] **1** *hist.* fogde **2** (*sheriffs*) exekutionsbetjänt, utmätningsman **3** förvaltare
bairn [beən] *Sk.* barn

bait—bandy

bait [beɪt] **I** *s* agn, bete; *rise to* (*swallow*, *take*) *the ~ nappa på kroken* (*äv. bildl.*) **II** *v* **1** agna, sätta bete på; locka **2** hetsa (*med hundar*) **3** reta
baize [beɪz] boj (*tyg*)
bake [beɪk] **1** ugn|s|baka[s], -steka[s]; baka[s], grädda[s]; *~d beans* vita bönor i tomatsås; *I'm baking* jag håller på att smälta **2** (*om solen*) bränna; *it's baking hot* det är stekande varmt
Bakelite ['beɪkəlaɪt] (*varumärke*) bakelit
bak|er ['beɪkə] bagare; *~'s dozen* tretton **-ery** [-ərɪ] bageri
baking powder ['beɪkɪŋˌpaʊdə] bakpulver
baking soda bikarbonat
baksheesh ['bækʃiːʃ] dricks, allmosa
Balaclava helmet [ˌbæləˈklɑːvəˌhelmɪt] stickad kapuschong
balance ['bæləns] **I** *s* **1** [balans]våg; vågskål; *hold the ~* ha avgörandet i sin hand; *his life hung in the ~* hans liv hängde på en tråd **2** balans, jämvikt (*äv. bildl.*); motvikt; *~ of power* maktbalans; *loose one's ~* tappa (förlora) balansen **3** *hand.* balans; saldo; behållning; återstod, rest; *~ in hand* kassabehållning; *~ of payments* betalningsbalans; *~ of trade* handelsbalans; *~ brought forward* ingående saldo; *~ carried forward* utgående saldo; *~ due* debetsaldo; *on ~* allt som allt, när allt kommer omkring; *strike a ~* kompromissa **II** *v* **1** [av]väga **2** bringa i jämvikt; balansera; *a well ~d person* en sansad (välbalanserad) person **3** utjämna; uppväga **4** *hand.* balansera; *~ the books* göra bokslut **5** vara i jämvikt; jämna ut sig **balance sheet** balansräkning **balance wheel** (*i ur*) oro, balanshjul
balcony ['bælkənɪ] balkong; *teat., the ~* andra raden, *AE.* första raden
bald [bɔːld] **1** skallig; *~ eagle* vithövdad havsörn **2** enkel **3** rakt på sak, ohöljd
balderdash ['bɔːldədæʃ] gallimatias, smörja
baldheaded [ˌbɔːldˈhedɪd] skallig; *go ~ at* (*into*, *for*) *it* (*vard.*) rusa i väg utan att tänka sig för
baldric ['bɔːldrɪk] axelgehäng
bale [beɪl] **I** *s* bal; packe **II** *v*, *~ out a*) hoppa i fallskärm, *b*) *vard.* rädda (klara sig) ur knipan
baleen [bəˈliːn] valfiskben
baleful ['beɪlf(ʊ)l] olycksbringande; ond
baler ['beɪlə] öskar
balk [bɔːk] **I** *s* balk, bjälke **2** oplöjd jordremsa **3** hinder **II** *v* **1** hindra; gäcka **2** (*om häst*) vägra; *bildl.* rygga (*at för*)
Balkan ['bɔːlkən] Balkan-; *the ~ Peninsula* Balkanhalvön **Balkans** [-z] *pl*, *the ~* Balkan
1 ball [bɔːl] **I** *s* boll, klot, kula; nystan; *~s* (*pl, vulg.*) *a*) testiklar, ballar, *b*) skitsnack; *the ~ of the foot* (*hand*) trampdynan (tumvalken); *on the ~* (*vard.*) på alerten, informerad; *have the ~ at one's feet* ha chansen; *keep the ~ rolling* hålla i gång samtalet (verksamheten); *start* (*set*) *the ~ rolling* sätta i gång det hela; *the ~ is in your court* (*bildl.*) bollen ligger hos dig; *~ and socket joint* kulled; *play ~* (*vard. äv.*) samarbeta, spela med i spelet **II** *v*, *AE.*, *~ up*, *se balls up*
2 ball [bɔːl] bal, dans; *have a ~* (*AE.*, *vard.*) ha jätteroligt
ballad ['bæləd] visa; ballad
ballast ['bæləst] **I** *s* barlast **II** *v* barlasta
ball bearing [ˌbɔːlˈbeərɪŋ] kullager **ball boy** ['bɔːlbɔɪ] bollkalle **ball cock** ['bɔːlkɒk] flottörventil
ballerina [ˌbæləˈriːnə] ballerina
ballet ['bæleɪ] balett **ballet dancer** ['bæleɪˌdɑːnsə] balett|dansör, -dansös
ball game ['bɔːlgeɪm] **1** bollspel **2** *AE.* baseballmatch; *a different ~* (*vard.*) en helt annan historia
ballis|tic [bəˈlɪstɪk] ballistisk (*missile* robot) **-tics** [-tɪks] (*behandlas som sg*) ballistik
ballocks ['bæləks] *pl, vulg.* **1** testiklar, ballar **2** skitsnack
balloon [bəˈluːn] **I** *s* **1** ballong; *when the ~ goes up* (*vard.*) när det brakar löst **2** pratbubbla **3** *kem.* glaskolv **4** konjakskupa **II** *v* **1** stiga upp i ballong **2** blåsa upp, komma att svälla **3** *BE.*, *a ball* sparka en boll högt upp i luften
ballot ['bælət] **I** *s* **1** val-, röst|sedel **2** sluten omröstning **3** *parl.* lottdragning **II** *v* **1** rösta [slutet] **2** dra lott **ballot box** valurna **ballot paper** val-, röst|sedel
ballpark ['bɔːlpɑːk] *AE.* baseballstadion **ball pen, ballpoint [pen]** ['bɔːl|pen, -pɔɪnt (pen)] kul[spets]penna
ballroom ['bɔːlrʊm] balsal; dansställe
balls up [ˌbɔːlzˈʌp] *v, sl.* trassla till, fuska ihop
bally ['bælɪ] *BE., sl.* jäkla, sabla
ballyhoo [ˌbælɪˈhuː] *vard.* **1** reklamjippo **2** väsen, ståhej
balm [bɑːm] balsam; lindring **balmy** ['bɑːmɪ] **1** balsamisk; lindrande **2** *AE.* knasig, knäpp
baloney [bəˈləʊnɪ] *vard.* strunt[prat]
balsa ['bɔːlsə] **1** balsaträd; balsa[trä] **2** balsaflotte
balsam ['bɔːlsəm] **1** balsam **2** *bot.* balsamin
Baltic ['bɔːltɪk] **I** *a* östersjö-; baltisk; *the ~ Sea* Östersjön; *the ~ States* de baltiska staterna, Baltikum **II** *s, the ~* Östersjön
balusters ['bæləstəz] *pl* trappräcke **balustrade** [ˌbæləˈstreɪd] balustrad
bamboo [bæmˈbuː] bambu; bamburör
bamboozle [bæmˈbuːzl] *vard.* **1** lura **2** förvirra
ban [bæn] **I** *s* bann[lysning]; förbud; *put a ~ on* bannlysa, förbjuda **II** *v* bannlysa; förbjuda
banal [bəˈnɑːl] banal **-ity** [bəˈnælətɪ] banalitet
banana [bəˈnɑːnə] banan; *hand of ~s* bananklase
1 band [bænd] **I** *s* **1** band; snodd; bindel **2** *tekn.* band; [driv]rem; *radio.* band **II** *v* fästa (märka) med band
2 band [bænd] **I** *s* **1** skara, följe; band **2** musik|kår, -kapell, -band **II** *v*, *~* [*together*] förena sig, samlas
bandage ['bændɪdʒ] **I** *s* bandage, förband; bindel **II** *v* förbinda
bandan[n]a [bænˈdænə] snusnäsduk
bandbox ['bændbɒks] hattask
banderol[e] ['bændərəʊl] banderoll
bandit ['bændɪt] bandit **-ry** [-rɪ] banditväsen
bandmaster ['bæn(d)ˌmɑːstə] kapellmästare
bando|leer, -lier [ˌbændə(ʊ)ˈlɪə] patronbälte (*som bärs över axeln*)
band|stand ['bændstænd] musikestrad **-wagon** [-ˌwægən] orkestervagn; *climb* (*get*, *jump*) *on the ~* (*vard.*) ansluta sig till den vinnande sidan
bandwidth ['bændwɪdθ] *radio.* bandbredd
bandy ['bændɪ] **I** *v* **1** kasta (slå) fram och tillbaka **2** [ut]växla; *~ words* gräla **II** *a* (*om ben*) krokig;

bandy-legged—bark

hjulbent **-legged** [-legd] hjulbent
bane [beɪn] fördärv, undergång
1 bang [bæŋ] **I** v **1** banka, slå, smälla; knalla; dunka; ~ *one's head against a brick wall* (*bildl.*) köra huvudet i väggen; ~ *up* (*AE.*) [total]förstöra **2** *sl.* injicera (*narkotika*) **3** *sl.* knulla **II** s **1** slag, smäll; knall; duns; *with a ~ a*) vard. plötsligt, *b*) framgångsrikt **2** *sl.* sil (*narkotikainjektion*) **3** *sl.* knull **III** *adv* pang; precis, just; rakt, rätt; *go ~* smälla, explodera; ~ *on* (*BE. vard.*) mitt i prick **IV** *a*, *BE. vard.*, ~ *on* jätte|fin, -bra
2 bang [bæŋ] [pann]lugg
banger ['bæŋə] *sl.* **1** korv **2** smällare **3** *vard.* rishög (*bil*)
bangle ['bæŋgl] armring; fotledsring
banish ['bænɪʃ] **1** [lands]förvisa **2** *bildl.* bannlysa, slå ur tankarna **-ment** [-mənt] [lands]förvisning
banisters ['bænɪstəz] *pl* trappräcke
banjo ['bændʒəʊ] (*pl* -[*e*]*s*) banjo
Bank. *förk. för* Banking
1 bank [bæŋk] **I** s **1** strand[sluttning] **2** vall, [dikes]ren; driva; sandbank; molnbank **3** *flyg.* bankning **II** v **1** ~ [*up*] *a*) dämma för, *b*) torna upp **2** *flyg.* banka
2 bank [bæŋk] **I** s **1** bank[inrättning] **2** sparbössa **3** [spel]bank **II** v **1** sätta in [på banken] **2** *spelt.* hålla bank **3** *vard.*, ~ *on* lita på
3 bank [bæŋk] rad, uppsättning (*av likartade föremål*)
bank account ['bæŋkəˌkaʊnt] bankkonto **bank bill** [-bɪll] **1** *BE.* växel (*mellan banker*) **2** *AE.* sedel **bankbook** [-bʊk] bankbok **banker** [-ə] **1** bankir, bankdirektör **2** säker match (*på tips*) **bank holiday** [ˌbæŋk'hɒlədɪ] bankfridag **banking** ['bæŋkɪŋ] bankväsen **bank note** ['bæŋknəʊt] sedel **bank rate** ['bæŋkreɪt] diskonto **bankroll** ['bæŋkrəʊl] *AE.* **1** sedelrulle **2** [ekonomiska] tillgångar
bank|rupt ['bæŋkrʌpt] **I** *a* bankrutt, i konkurs, konkursmässig **II** s bankruttör, konkursmässig (bankrutt) person **-ruptcy** [-rʌp(t)sɪ] bankrutt, konkurs
banner ['bænə] baner, fana, banderoll **banner headline** [-ˌhedlaɪn] jätterubrik
bannisters ['bænɪstəz] *se* banisters
banns [bænz] *pl* lysning (*t. äktenskap*); *ask the ~* ta ut lysning; *publish* (*put up*) *the ~* lysa till äktenskap
banquet ['bæŋkwɪt] bankett; festmåltid
bantam ['bæntəm] **1** dvärghöns **2** bantamviktare **-weight** bantamvikt[are]
banter ['bæntə] **I** s skämt, drift **II** v skämta, retas [med]
Bantu [ˌbæn'tuː] **I** s **1** bantuneger **2** bantuspråk **II** *a* bantu-
B.A.O.R. *förk. för* British Army of the Rhine
Bapt. *förk. för* Baptist **bapt.** *förk. för* baptism; baptized
baptism ['bæptɪz(ə)m] dop; ~ *of fire* elddop (*äv. bildl.*) **baptismal** [bæp'tɪzml] dop-; ~ *register* doplängd **Baptist** ['bæptɪst] **1** baptist **2** *John the ~* Johannes Döparen **bap|tize** (*BE. äv.* -tise) [bæp'taɪz] döpa
bar [baː] **I** s **1** stång; spak; bom; barr, tacka; *a ~ of soap* en tvål; *a ~ of chocolate* en chokladkaka;

a ~ of gold en guldtacka; *behind ~s* bakom galler (lås och bom) **2** *mus.* takt[streck] **3** sand|bank, -rev **4** hinder (*to* för) **5** skrank; domstol; *the B~* advokaterna, *AE. äv.* juristyrket; *be called* (*go*) *to the B~* bli utnämnd till advokat; *the prisoner at the ~* den anklagade **6** bar; [bar]disk; krog[lokal] **II** v bomma för (igen, till); stänga in[ne] (ute); spärra [av] **2** förbjuda; hindra; ~ *s.b. from doing s.th.* hindra ngn från att göra ngt **III** *prep* utom; ~ *none* utan undantag
bar. *förk. för* barometer; barrel; barrister
barb [baːb] **I** s hulling **II** v förse med hullingar; *~ed wire* taggtråd
Barbados [baːˈbeɪdəʊz]
barbarian [baːˈbeərɪən] **I** s barbar **II** *a* barbarisk, barbar- **barbaric** [baːˈbærɪk] barbarisk **barbarism** ['baːbərɪz(ə)m] barbari; barbarisk handling **barbarity** [baːˈbærətɪ] grymhet; barbari **barbarous** ['baːb(ə)rəs] barbarisk
barbecue ['baːbɪkjuː] **1** s **1** utomhusgrill; stekspett **2** grillat kött **3** barbecue, grillfest utomhus **III** v tillaga på utomhusgrill
barber ['baːbə] barberare, [herr]frisör
barberry ['baːbərɪ] *bot.* berberis
barbershop ['baːbəʃɒp] *AE.* frisersalong
barbiturate [baːˈbɪtjʊrət] barbiturat
bar chart [baːˈtʃaːt] stapeldiagram
bare [beə] **I** *a* **1** bar, naken; kal; tom; *with a ~ sword* med blottat (naket) svärd **2** *bildl.* osminkad, enkel; blott[a], ren; knapp (*majority* majoritet); *the ~ facts* nakna fakta; *the ~ idea* blotta tanken **II** v blotta; göra bar; frilägga; ~ *one's teeth* visa tänderna
bare|back ['beəbæk] **I** *adv* barbacka **II** *a* barbacka- **-faced** [-feɪst] *a* ogenerad, oblyg, fräck **-foot** [-fʊt] *a o. adv* barfota **-headed** [ˌbeəˈhedɪd] *a o. adv* barhuvad **-legged** [ˌbeəˈlegd] *a* barbent
bare|ly ['beəlɪ] *adv* **1** nätt och jämnt **2** sparsamt, torftigt **-ness** ['beənɪs] **1** nakenhet; kalhet; tomhet **2** torftighet
bargain ['baːgɪn] **I** s **1** köp, handel, affär; uppgörelse, överenskommelse (*om köp*); *into* (*AE. äv. in*) *the ~ a*) på köpet, *b*) till på köpet; *make* (*strike*) *a ~ about* träffa avtal (göra upp) om; *make the best of a bad ~* göra det bästa av situationen; *that's a ~!* avgjort!, överenskommet! **2** fynd, kap, bra köp; *what a ~!* vilket fynd! **II** v **1** göra upp, förhandla (*for om*) **2** köpslå, ackordera, pruta **3** ~ *away* förhandla bort, byta bort; ~ *for* vänta sig, räkna med; ~ *on* lita på **bargain price** fynd-, special|pris **bargain sale** utförsäljning
barge [baːdʒ] **I** s **1** [kanal]pråm **2** slup **3** *vard.* skorv **II** v **1** *vard.* stöta, törna (*into* mot, på); rusa (*into* in i); ~ *in*[*to*] avbryta, tränga sig på, störa **2** knuffa, tränga (*one's way* sig fram) **3** forsla på pråm[ar] **bargee** [baːˈdʒiː] *BE.,* **bargeman** *AE.* pråmskeppare **bargepole** ['baːdʒpəʊl] *sjö.* stake; *not touch with a ~* (*vard.*) inte vilja ta i med tång
bar graph ['baːɡraːf] stapeldiagram
baritone ['bærɪtə(ʊ)n] *mus.* **I** s baryton **II** *a* baryton-
barium ['beərɪəm] barium
1 bark [baːk] **I** s bark **II** v **1** barka **2** garva **3**

skrapa [skinnet av]
2 bark [bɑːk] **I** s **1** skall; skällande; *his ~ is worse than his bite* han är inte så ilsken som han låter **II** v skälla (*at* på); *~ up the wrong tree* (*vard.*) vara inne på fel spår
3 bark [bɑːk] *i sht AE.* bark (*skepp*)
barker [ˈbɑːkə] *vard.* kundvärvare, utropare
barley [ˈbɑːlɪ] korn (*sädesslag*); *pearl ~* pärlgryn
barleycorn korngryn **barley sugar**[-ˌʃʊgə] bröstsocker **barley wine** [-waɪn] *BE.* starkt öl
bar|maid [ˈbɑːmeɪd] [kvinnlig] bartender **-man** [-mən] bartender
barmy [ˈbɑːmɪ] *sl.* knasig, knäpp, tokig
barn [bɑːn] lada; loge; *AE.* ladugård, stall
barnacle [ˈbɑːnəkl] **1** *zool.* rankfoting **2** *zool.* vitkindad gås **3** *bildl.* igel, kardborre
barn owl [ˈbɑːnaʊl] tornuggla **barnstorm** *i sht AE.* (*om skådespelare, valtalare*) turnera (*i landsorten*) **barnstormer** [-ˌstɔːmə] *i sht AE.* kringresande skådespelare (valtalare) **barn swallow** [-ˌswɒləʊ] *AE.* ladusvala **barnyard** [-jɑːd] loggård, stallplan
barometer [bəˈrɒmɪtə] barometer **barometric[al]** [ˌbærəˈ(ʊ)ˈmetrɪk(l)] barometer-
baron [ˈbær(ə)n] **1** baron **2** magnat **3** *~ of beef* ländstycke av oxe **-ess** [ˈbærənɪs] baronessa **-et** [ˈbærənɪt] baronet **-ial** [bəˈraʊnjəl] baronlig, baron-
baroque [bəˈrɒk] **I** s barock **II** a barock[-]
barque [bɑːk] bark (*skepp*); *poet.* [liten segel]båt
1 barrack [ˈbærək] **I** s, *se* barracks **II** v förlägga i kasern
2 barrack [ˈbærək] *BE. vard.* bua (vissla) åt
barracking [ˈbærəkɪŋ] *BE. vard.* buanden, visslingar
barracks [ˈbærəks] (*behandlas som sg*) kasern; barack; *neds.* hyreskasern **barracks square** kaserngård
barracuda [ˌbærəˈkjuːdə] *zool.* barracuda
barrage [ˈbærɑːʒ] **1** fördämning, damm **2** *mil.* spärreld **3** *bildl.* stört|sjö, -skur **barrage balloon** [-bəˌluːn] spärrballong
barrel [ˈbær(ə)l] **1** fat, tunna; *a ~ of* (*vard.*) en massa; *scrape the ~* (*vard.*) bottenskrapa sina resurser **2** cylinder, trumma **3** gevärspipa, lopp **4** bläckpatron **barrel organ** [-ˌɔːgən] positiv **barrel vault** [-vɔːlt] *arkit.* tunnvalv
barren [ˈbær(ə)n] **1** ofruktsam, steril; ofruktbar, karg **2** andefattig, torftig; *~ of* i total avsaknad av
barricade [ˌbærɪˈkeɪd] **I** s barrikad **II** v barrikadera
barrier [ˈbærɪə] barriär (*äv. bildl.*); bom; skrank; *bildl.* hinder
barring [ˈbɑːrɪŋ] utom, med uteslutande av; bortsett från
barrister[-at-law] [ˌbærɪstə(r)ətˈlɔː] (*i England*) advokat (*berättigad att uppträda vid högre rätt*)
1 barrow [ˈbærəʊ] gravhög, [grav]kummel
2 barrow [ˈbærəʊ] *i sht BE.* hand-, drag|kärra
Bart. *förk. för* Baronet
bartender [ˈbɑːtendə] bartender; uppassare
barter [ˈbɑːtə] **I** v **1** idka byteshandel **2** byta [ut, bort] (*for* mot) **II** s byteshandel
Bartholomew [bɑːˈθɒləmjuː] *bibl.* Bartolomeus

basal [ˈbeɪsl] bas-, grund-
basalt [ˈbæsɔːlt] basalt
1 base [beɪs] **I** s **1** bas (*äv. kem., mat., mil.*); grundval; sockel; stödjepunkt **2** *sport.* start-, mål|linje; (*i baseball*) bas **3** *språkv.* stam, rot **II** v basera, grunda, stödja
2 base [beɪs] låg, simpel; usel; *~ metals* oädla metaller
base|ball [ˈbeɪsbɔːl] baseball **-less** grundlös, o-grundad **-line** (*i tennis e.d.*) baslinje, bakersta linje **-ment** [-mənt] källarvåning
bash [bæʃ] *vard.* **I** v **1** klå upp, slå [våldsamt], drämma till; *~ in* (*down*) slå in (*dörr etc.*) **2** *~ into* kollidera med **II** s **1** våldsamt slag **2** *have a ~ at* försöka sig på **3** party
bashful [ˈbæʃf(ʊ)l] blyg; försagd
basic [ˈbeɪsɪk] **1** grund-; bas-, grundläggande; elementär, enkel; *~ facts* elementära fakta **2** *kem., miner.* basisk **basically** [-(ə)lɪ] i grund och botten, i stort sett, praktiskt taget
basil [ˈbæzl] *bot.* basilika
basilica [bəˈzɪlɪkə] basilika (*kyrka*)
basilisk [ˈbæzɪlɪsk] *myt., zool.* basilisk
basin [ˈbeɪsn] **1** skål; [hand]fat **2** *geol.* bäcken, sänka **3** [hamn]bassäng **4** flodområde
ba|sis [ˈbeɪsɪs] (*pl -ses* [-siːz]) bas[is], grund[val]; förutsättning
bask [bɑːsk] sola sig (*äv. bildl.*), värma sig
basket [ˈbɑːskɪt] korg **-ball** basket[boll]
Basle [bɑːl] Basel
Basque [bæsk] **I** s **1** bask (*folk*) **2** baskiska [språket] **II** a baskisk
1 bass [beɪs] *mus.* **I** s bas **II** a bas-
2 bass [bæs] *zool.* havsabborre
3 bass [bæs] bast
bass clef [ˈbeɪsklef] basklav **bass drum** bastrumma **bass guitar** [-gɪˌtɑː] basgitarr **bassist** [-ɪst] basist
bassinet [ˌbæsɪˈnet] korgvagga (korgbarnvagn) [med suflett]
bassoon [bəˈsuːn] fagott **-ist** [-ɪst] fagottist
bass viol [ˈbeɪsvaɪəl] viola da gamba
bast [bæst] bast
bastard [ˈbɑːstəd] **I** s **1** bastard; utomäktenskapligt barn **2** *vard.* jäkel; knöl **II** a oäkta
1 baste [beɪst] tråckla [ihop]
2 baste [beɪst] späda, ösa (*stek o.d.*)
3 baste [beɪst] piska, slå
bastion [ˈbæstɪən] bastion
1 bat [bæt] fladdermus; *as blind as a ~* stenblind; *have ~s in the belfry* (*vard.*) vara knasig (knäpp)
2 bat [bæt] **1** slagträ; [bordtennis]racket; *off one's own ~* på egen hand, utan hjälp; *right off the ~* (*AE. vard.*) genast, utan tvekan **2** *AE. sl.* spritfest, supkalas **II** v slå med slagträ; (*i kricket o.d.*) vara inne
3 bat [bæt] blinka; *not ~ an eye*[*lid*] (*vard.*) inte röra en min
batch [bætʃ] **1** hop, omgång, parti **2** bak, sats
1 bate [beɪt] **1** dämpa; [för]minska; *with ~d breath* med återhållen andedräkt **2** slå av på
2 bate [beɪt] *BE., vard.* dåligt humör, raseri
bath [bɑːθ] **I** s [*pl* bɑːðz] **1** bad; *have* (*take*) *a ~* bada, ta sig ett bad (*inomhus*) **2** badkar; badrum; *~s* (*pl*) bad, bad|hus, -inrättning, kur|anstalt, -ort **3** bad (*vätska*) **II** v bada

Bath chair—beacon

Bath chair [ˌbɑ:θ'tʃeə] rullstol
bathe [beɪð] **I** v **1** bada **2** badda **II** s bad (*utomhus*) **bather** ['beɪðə] badande [person]; badgäst
bathing ['beɪðɪŋ] badande, bad **bathing beauty** [-ˌbju:tɪ] badflicka **bathing costume** [-ˌkɒstjum] baddräkt **bathing machine** [-məˌʃi:n] badhytt (*på hjul*) **bathing suit** [-su:t] (*gammaldags*) baddräkt **bathing trunks** [-trʌŋks] pl badbyxor
bathos ['beɪθɒs] **1** antiklimax **2** överdrivet patos
bathrobe ['bɑ:θrəʊb] **1** bad|kappa, -rock **2** AE. morgonrock **bathroom** badrum **bath salts** pl badsalt **bathtowel** [-ˌtaʊəl] badhandduk **bathtub** [-tʌb] badkar; badbalja
bathy|scaphe ['bæθɪskæf] batyskop **-sphere** [-ˌsfɪə] batysfär
batik ['bætɪk] batik
batiste [bæ'ti:st] batist
batman ['bætmən] mil. kalfaktor, uppassare
baton ['bæt(ə)n] **1** [kommando]stav **2** batong **3** taktpinne **4** stafett[pinne]
bats [bæts] vard. galen, knäpp
batsman ['bætsmən] sport. slagman
battalion [bə'tæljən] bataljon
1 batten ['bætn] **I** s **1** planka, ribba, list **2** sjö. latta **II** v **1** förse (förstärka) med plank **2** sjö., ~ down skalka (*the hatches* luckorna)
2 batten ['bætn] v, ~ on s.b. sko sig på ngn, leva högt på ngns bekostnad
1 batter ['bætə] **1** slå (*med upprepade slag*); slå in (ut) (*dörr e.d.*); ~ed baby misshandlat barn **2** illa tilltyga; nöta ut; kritisera, attackera **3** bulta, hamra
2 batter ['bætə] smet
3 batter ['bætə] (*i kricket, baseball*) slagman
battering ram ['bæt(ə)rɪŋræm] murbräcka
battery ['bætərɪ] **1** mil. o. fys. batteri **2** batteri, uppsättning **3** jur. misshandel **3** mus. slagverk, batteri
battle ['bætl] **I** s strid, drabbning, slag; do (give, join) ~ leverera batalj, inlåta sig i strid; ~ royal a) häftig dispyt (strid), b) kalabalik **II** v kämpa
battle-axe 1 stridsyxa **2** vard. ragata **battle cruiser** [-ˌkru:zə] slagkryssare **battle cry** [-kraɪ] stridsrop **battle|field, -ground** [-fi:ld, -graʊnd] slagfält **battlement** [-mənt] bröstvärn; tinnar **battleship** [-ʃɪp] slagskepp
batty ['bætɪ] sl. tokig, knäpp, knasig
bauble ['bɔ:bl] grannlåt; struntsak, småsak; leksak
bauxite ['bɔ:ksaɪt] miner. bauxit
Bavar|ia [bə'veərɪə] Bayern **-ian** [-ɪən] **I** s bayrare **II** a bayersk
bawdy ['bɔ:dɪ] **I** a oanständig, fräck **II** s oanständigheter
bawl [bɔ:l] **I** v vråla, skråla, hojta; ~ out (vard.) skälla ut **II** s vrål
1 bay [beɪ] vik, bukt
2 bay [beɪ] **1** nisch **2** avbalkning, bås; utrymme; lastplats; parkeringsplats **3** burspråk **4** sjö. sjukavdelning
3 bay [beɪ] **I** s **1** ståndskall **2** at ~ hårt ansatt, i knipa; *bring to* ~ ställa mot väggen; *keep* (*hold*) *at* ~ hålla stånd mot, hålla i schack (på avstånd) **II** v skälla
4 bay [beɪ] bot. lager[träd]
5 bay [beɪ] **I** s fux **II** a rödbrun
bay|berry ['beɪbərɪ] bot. lagerbär; AE. vaxbuske **-leaf** lager[bärs]blad
bayonet ['beɪ(ə)nɪt] bajonett
bayou ['baɪju:] AE. sumpigt utlopp
bay tree ['beɪtri:] bot. lager[träd]
bay window [ˌbeɪ'wɪndəʊ] burspråk, utbyggt fönster
bazaar [bə'zɑ:] basar
bazooka [bə'zu:kə] bazooka, raketgevär
B.B.C. förk. för *British Broadcasting Corporation*
bbl. förk. för *barrel* **B.C.** förk. för *before Christ; British Columbia* **B.C.L.** förk. för *Bachelor of Civil Law* **B.D.** förk. för *Bachelor of Divinity*
Bde. förk. för *brigade* **B.D.S.** förk. för *Bachelor of Dental Surgery*
be [bi:, obeton. bɪ] (imperf. was, 2 pers. sg samt pl were, imperf. konjunktiv were, perf. part. been, pres. sg am, are, is, pl are) **I** huvudv vara; bli; finnas till, existera; äga rum; må; kosta; gå; ligga, sitta; ~ sensible! var förnuftig!; *there is, there are* det är, det finns; *that is* (äv.) det vill säga; *here you are!* var så god!, här har du!; *four times two is eight* fyra gånger två är åtta; *if I were you* om jag vore du, i ditt ställe; ~ *that as it may* därmed må det vara hur som helst; *when is the wedding?* när äger bröllopet rum?; *he wants to* ~ *a musician* han vill bli musiker; *the bride to* ~ den blivande bruden; *she'll* ~ *five* hon blir fem [år]; *how are you?* hur mår du?; *how much is that?* vad kostar det?; *we were at school together* vi gick i skolan tillsammans; *the book is on the shelf* boken ligger på hyllan; ~ *in jail* sitta i fängelse; *the powers that are* de styrande makterna; *as it were* så att säga; *how is it that...?* hur kommer det sig att...?; *it was a long time before* det dröjde länge innan; *don't* ~ *long!* var (stanna) inte borta länge!; *she is clever, isn't she?* hon är begåvad, eller hur? **II** hjälpv **1** (med. pres. part.) she is always complaining hon klagar alltid; *the room is beeing redecorated* rummet håller på att tapetseras om; *I've been waiting for an hour* jag har väntat en timme; *what are you doing?* vad gör du?, vad håller du på med?; *we are coming tomorrow* vi kommer i morgon; *will we* ~ *seeing each other again?* kommer vi att ses igen? **2** (*med perf. part.*) bli; vara; *the box has been opened* lådan har öppnats; *the dog was run over* hunden blev överkörd; *I was born in 1950* jag är född 1950; *I would* ~ *surprised if* jag skulle bli förvånad om **3** *am* (*are, is*) *to* skall; *was* (*were*) *to* skulle; *they are to* ~ *married* de skall gifta sig; *it is to* ~ *sold* den skall säljas; *she was never to return* hon skulle aldrig återvända; *he was not to* ~ *persuaded* han kunde inte övertalas
B.E. förk. för *bill of exchange;* (*AE.*) *Board of Education; Bachelor of Education* (*Engineering*)
b.e. förk. för *bill of exchange* **B.E.A.** förk. för (*förr*) *British European Airways*
beach [bi:tʃ] **I** s strand **II** v sätta på land; dra upp (*båt*) **beachcomber** ['bi:tʃˌkəʊmə] **1** inrullande havsvåg **2** strandgodssökare **beach ball** ['bi:tʃbɔ:l] badboll **beachhead** ['bi:tʃhed] mil. brohuvud
beacon ['bi:k(ə)n] **I** s **1** fyr, [fyr]båk, fyrtorn **2** se *Belisha beacon* **II** v **1** leda **2** lysa

bead [bi:d] **I** *s* **1** pärla; [*string of*] ~*s* pärlhalsband **2** droppe, pärla (*av svett o.d.*); bubbla **3** radbandskula; ~*s* radband; *tell one's* ~*s* läsa sina böner **4** korn (*på skjutvapen*) **II** *v* dekorera med pärlor **-ing** ['bi:dɪŋ] pärl|stav, -spånt

beadle ['bi:dl] **1** *univ.* pedell **2** (*förr*) kyrkvaktare **-dom** [-d(ə)m] beskäftig formalism

beady ['bi:dɪ] **1** ~ *eyes* små glittrande ögon **2** pärlformad

beak [bi:k] **1** näbb; *sl.* kran (*näsa*) **2** pip **3** *sl.* [polis]domare **4** *sl.* magister **5** *sjö.* ramm

beaker ['bi:kə] bägare, mugg; laboratoriebägare

be-all and end-all ['bi:ɔ:lənd'endɔ:l] *vard.*, *the* ~ slutmålet, huvudsaken, A och O

beam [bi:m] **I** *s* **1** bjälke; balk **2** [däcks]balk; fartygs största bredd; *abaft* (*before*) *the* ~ akter (för) om tvärs **3** [ljus]stråle, ljuskägla; radiosignal; *off* [*the*] ~ på fel spår **4** brett (strålande) leende **II** *v* **1** stråla, skina **2** utstråla, sända [ut] **beam-ends** *pl* balkändar; *ship on her* ~ fartyg med över 90° slagsida; *on one's* ~ *a*) utblottad, *b*) desperat

beamy [-ɪ] **1** strålande **2** *sjö.* bred

bean [bi:n] **1** böna; *full of* ~*s* (*vard.*) *a*) full av energi, i högform, *b*) AE. felaktig; *spill the* ~*s* (*vard.*) avslöja sig (hemligheten) **2** *sl.* korvöre **3** AE. *sl.* skalle, rot, kola

beanfeast ['bi:nfi:st] *BE. vard.* firmafest; kalas, fest **beanie** [-ɪ] *i sht AE.* liten rund hatt **beano** [-əʊ] *BE. sl.* skiva, party

1 bear [beə] **I** *s* **1** björn; *the Great* (*Little*) *B*~ (*astr.*) Stora (Lilla) Björn[en] **2** *ekon.* baissespekulant **II** *v* spekulera i baisse (kursfall)

2 bear [beə] (*bore, borne, äv. born, se detta ord*) **1** bära [upp]; stödja; hålla; ~ *one's head high* hålla huvudet högt; ~ *arms* bära vapen **2** ~ *o.s.* [upp]föra sig, uppträda **3** föda; frambringa, bära; ~ *children* föda barn; ~ *fruit* bära frukt **4** fördra, uthärda, tåla, stå ut med; *I can't* ~ *him* jag tål honom inte **5** hysa, bära [på]; äga, ha; ~ *gossip* springa med skvaller; ~ *in mind* hålla i minnet, komma ihåg; ~ *relation to* ha samband med; ~ *a title* inneha en titel; ~ *witness* (*bildl.*) vittna **6** bära, föra; *this way* ~*s east* den här vägen bär österut **7** ~ *a hand* ge ett handtag, hjälpa till; *bring to* ~ göra gällande, sätta i gång; *he brought his influence to* ~ han använde sitt inflytande **8** ~ *down a*) tynga (pressa) ner, *b*) krysta; ~ *down* [*up*]*on* [hotfullt] närma sig, styra ner mot; ~ *off* (*sjö.*) väja; ~ *on a*) vila på, *b*) hänföra sig till, ha betydelse för; ~ *out* [under]stödja, bekräfta; ~ *up* hålla modet uppe; ~ *with* ha tålamod (fördrag) med **-able** ['beərəbl] uthärdlig, dräglig

bearberry ['beəbərɪ] *bot.* mjölon

beard [bɪəd] **I** *s* skägg **II** *v* trotsa **-ed** ['bɪədɪd] skäggig, med skägg

bearer ['beərə] **1** bärare **2** bud, överbringare **3** innehavare

bear garden ['beəˌɡɑ:dn] **1** *hist.* björngård **2** *bildl.* slagfält

bearing ['beərɪŋ] **1** hållning, uppträdande, uppförande **2** betydelse ([*up*]*on* för); samband **3** *tekn.* lager **4** läge; riktning, orientering; *sjö.* bäring, pejling; *find one's* ~*s* orientera sig; *have lost one's* ~*s* inte veta var man är; *take one's* ~*s* ta ut bäringen, *bildl.* orientera sig

bearskin ['beəskɪn] **1** björnskinn **2** björnskinns- mössa

beast [bi:st] **1** djur; best **2** nöt[kreatur] **3** *bildl.* odjur, kräk, usling **-ly** ['bi:s(t)lɪ] *a* djurisk; *vard.* otäck, gräslig, avskyvärd; ~ *weather* hundväder

beat [bi:t] **I** *v* (*beat, beaten*) **1** slå; aga; slå med; ~ *the bounds* sätta gränser; ~ *one's brains* rådbråka sin hjärna; ~ *the drums* slå på trumma; ~ *a retreat* slå till reträtt; ~ *one's way out of a crowd* bana sig väg genom en folkmassa; ~ *its wings* slå med vingarna; ~ *about the bush* (*vard.*) gå som katten kring het gröt; ~ *out* hamra ut; ~ *up* (*vard.*) *a*) klå upp, *b*) trumma ihop, driva upp; *can you* ~ *it!* (*sl.*) det var som fan! **2** vispa; ~ [*up*] *eggs* vispa ägg **3** slå, besegra; motverka; ~ *a record* slå rekord; ~ *s.o. to it* (*vard.*) slå (komma före) ngn; *it* ~*s me how* (*vard.*) jag fattar inte hur **4** ~ *it* (*sl.*) gå sin väg, sticka **5** *sl.* lura, bedra **6** ~ *down a*) *vard.* pruta ner, *b*) gassa **8** slå, piska (*against, on* mot, på); klappa, bulta; *the heart* ~*s* hjärtat slår **II** *s* **1** slag; trummande, bultande; **2** *mus.* takt; taktslag **3** pass; rond; område **III** *a* slagen; utmattad; *the* ~ *generation* the beat generation (*bohemisk, nihilistisk efterkrigsungdom i USA*); *dead* ~ dödstrött **beaten** ['bi:tn] **1** slagen **2** besegrad; utmattad **3** upp|trampad, -körd; *the* ~ *track* de gamla hjulspåren

beater ['bi:tə] **1** drevkarl **2** visp **3** [matt]piskare; klubba

beatific [ˌbi:ə'tɪfɪk] **1** lycksalig **2** himmelsk **beatification** [bi:ˌætɪfɪ'keɪʃn] beatifikation, saligförklaring **beatify** [bi:'ætɪfaɪ] **1** saligförklara **2** göra lycksalig

beating ['bi:tɪŋ] **1** slående *etc.*, *jfr beat I 2* stryk, smörj; *take some* ~ vara svåröverträffad, sakna sin like

beatitude [bi:'ætɪtju:d] salighet

beatnik ['bi:tnɪk] beatnik

beau [bəʊ] (*pl* ~*x* [-z]) **1** sprätt **2** älskare, beundrare

Beaufort scale ['bəʊfətskeɪl] *s*, *the* ~ beaufortskalan

beau|teous ['bju:tjəs] *poet.* fager **-tician** [bju:'tɪʃn] skönhetsexpert, kosmetolog

beautiful ['bju:təf(ʊ)l] vacker, skön **beautify** [-tɪfaɪ] försköna[s], göra (bli) vacker

beauty ['bju:tɪ] skönhet **beauty contest** [-ˌkɒntest] skönhetstävling **beauty parlour** (**salon**) [-ˌpɑ:lə (-ˌsælɔ̃:ŋ)] skönhetssalong **beauty queen** [-kwi:n] skönhetsdrottning **beauty sleep** [-sli:p] *vard.* skönhetssömn (*före midnatt*) **beauty spot** [-spɒt] **1** musch, skönhetsfläck **2** vacker plats

1 beaver ['bi:və] **I** *s* bäver; bäverskinn **II** *v*, *BE.*, *vard.* ~ [*away*] arbeta hårt, slita

2 beaver ['bi:və] visir

Beaver board ['bi:vəbɔ:d] (*varumärke*) spånplatta

becalm [bɪ'kɑ:m] *v*, *be* ~*ed* (*sjö.*) råka ut för stiltje

became [bɪ'keɪm] *imperf. av become*

because [bɪ'kɒz] **I** *konj* därför att, emedan **II** *adv*, ~ *of* på grund av, för...skull

1 beck [bek] *dial.* bäck

2 beck [bek] nick; vink; *be at a p.'s* ~ *and call* [vara redo att] lyda ngns minsta vink

beckon ['bek(ə)n] **1** göra tecken, vinka (*to* åt) **2**

become—behave

göra tecken (vinka) åt
become [bɪˈkʌm] (*became become*) **1** bli; *what became of her?* vad blev det av henne?; ~ *accustomed to* bli van vid **2** passa, klä **becoming** [-ɪŋ] passande; klädsam
bed [bed] **I** *s* **1** säng, bädd; ~ *and board* kost och logi; ~ *and breakfast* rum med frukost; *twin* ~*s* två likadana sängar; *separation from* ~ *and board* skilsmässa till säng och säte; *be in* ~ *with a cold* ligga sjuk i förkylning; *get out of the* ~ *on the wrong side* (*vard.*) vakna på fel sida; *go to* ~ *a*) gå till sängs, gå och lägga sig, *b*) gå i press; *go to* ~ *with s.b.* (*vard.*) ligga med ngn; *make the* ~[*s*] bädda; *put to* ~ lägga; *take to one's* ~ lägga sig sjuk **2** [trädgårds]säng, rabatt **3** flodbädd; sjöbotten **4** underlag, fundament **II** *v* **1** ~ *down* bädda ner [sig] **2** ~ [*out*] plantera ut
bedaub [bɪˈdɔ:b] kladda ner
bedazzle [bɪˈdæzl] blända
bed|bug [ˈbedbʌg] vägglus **-chamber** [-ˌtʃeɪmbə] *åld.* sovrum **-clothes** [-kləʊðz] *pl* sängkläder
beddable [ˈbedəbl] *vard.* sexig
bedding [ˈbedɪŋ] **1** sängkläder **2** strö; underlag
bedeck [bɪˈdek] smycka, pryda
bedevil [biˈdevl] **1** plåga, pina **2** trassla till, förvirra **3** förhäxa **-ment** [-mənt] **1** förvirring, komplikation **2** besatthet
Bedfordshire [ˈbedfədʃə]
bedlam [ˈbedləm] **1** *åld.* mentalsjukhus **2** tumult, kalabalik
Bedouin [ˈbedʊɪn] beduin
bed|pan [ˈbedpæn] [stick]bäcken **-post** sängstolpe; *between you and me and the* ~ (*vard.*) oss emellan
bedraggle [bɪˈdrægl] smutsa ner
bed|ridden [ˈbedˌrɪdn] sängliggande **-rock** [ˌbedˈrɒk] berggrund; *get down to* ~ (*bildl.*) gå till grunden **-room** [ˈbedrʊm] sovrum, sängkammare
Beds. *förk. för Bedfordshire*
bed|side [ˈbedsaɪd] **I** *s, at the* ~ vid sängkanten **II** *a,* ~ *lamp* sänglampa; ~ *manner* (*läkares*) lugnande sätt mot patienter; ~ *table* nattduksbord, sängbord **-sit, -sitter, -sitting room** [ˌbedˈsɪt, -ˈsɪtə, -ˈsɪtɪŋrʊm] kombinerat sov- och vardagsrum; enrummare; hyresrum **-sore** [ˈbedsɔ:] liggsår **-spread** [ˈbedspred] sängöverkast **-stead** [ˈbedsted] säng[botten och gavlar] **-straw** [ˈbedstrɔ:] *bot.* måra; *lady's* ~ Jungfru Marie sänghalm, gulmåra **-time** [ˈbedtaɪm] lägg-, säng|dags **-time story** godnattsaga **-warmer** [ˈbedˌwɔ:mə] sängvärmare **-wetting** [ˈbedˌwetɪŋ] sängvätning
bee [bi:] *s* **1** bi; *have a* ~ *in one's bonnet* ha en fix idé **2** *AE.* junta; tävling
Beeb [bi:b] *vard., the* ~ B.B.C.
beech [bi:tʃ] *bot.* bok **-mast, -nut** bokollon
beef [bi:f] **I** *s* **1** nöt-, ox|kött **2** (*pl beeves* [bi:vz]) oxe **3** *vard.* muskelkraft **4** *sl.* klagomål **II** *v, sl.* klaga (*about* över) **-burger** [ˈbi:fˌbɜ:gə] hamburgare **-cake** [ˈbi:fkeɪk] *sl.* [halvpornografiska bilder av] muskelknuttar **-eater** [ˈbi:fˌi:tə] vaktare i Towern **-steak** [ˌbi:fˈsteɪk] biff[stek]
beef tea [ˈbi:fti:] buljong **beefy** [-ɪ] **1** som oxkött **2** *vard.* muskulös, kraftig; fet

bee|hive [ˈbi:haɪv] bikupa **-keeper** [-ˌki:pə] biodlare **-line** [-laɪn] *s, make a* ~ *for* ta närmaste vägen till
been [bi:n] *perf. part. av be*
beep [bi:p] **I** *s* tut, pip **II** *v* tuta, pipa
beer [bɪə] **1** öl; *small* ~ *a*) svagdricka, *b*) *sl.* betydelselös, *c*) *sl.* underhuggare **beery** [ˈbɪərɪ] **1** öl-, ölliknande **2** öldrickande
beestings [ˈbi:stɪŋz] (*behandlas som sg*) råmjölk
beeswax [ˈbi:zwæks] bivax; bonvax
beet [bi:t] *bot.* beta
Beethoven [ˈbeɪt(h)əʊvn] (*tonsättare*)
1 beetle [ˈbi:tl] **I** *s* skalbagge; *black* ~ kackerlacka **II** *v, vard.* rusa, kila
2 beetle [ˈbi:tl] **I** *s* träklubba **II** *v* bulta (*med träklubba*)
beetle-browed [ˈbi:tlbraʊd] **1** med buskiga ögonbryn **2** dyster
beetle-head [ˈbi:tlhed] träskalle
beetroot [ˈbi:tru:t] rödbeta **beet sugar** [-ˌʃʊgə] betsocker
B.E.F. *förk. för British Expeditionary Force*
befall [bɪˈfɔ:l] (*befell befallen*) *åld. el. litt.* hända, ske
befit [bɪˈfɪt] passa, anstå
befog [bɪˈfɒg] **1** insvepa i dimma **2** förvirra
before [bɪˈfɔ:] **I** *prep* framför, inför; före; ~ *the beam* (*sjö.*) för om tvärs; ~ *long* inom kort **II** *adv* framför, före; förut, förr **III** *konj* innan, förrän **-hand** på förhand, i förväg; för tidigt
befoul [bɪˈfaʊl] smutsa ner, besmutsa
befriend [bɪˈfrend] gynna, hjälpa
beg [beg] **1** tigga; ~ *money* tigga pengar **2** tigga (be) om; ~ *to* be att få,få be att; *I* ~ *your pardon a*) förlåt, *b*) hur sa?; *I* ~ *to inform you* jag får härmed meddela **3** ~ *the question a*) svara undvikande, *b*) antaga vad som skall bevisas **4** tigga (*for* om); *go* ~*ing a*) gå och tigga, *b*) finnas, vara ledig, *c*) inte vara efterfrågad
began [bɪˈgæn] *imperf. av begin*
beget [bɪˈget] (*begot, begotten*) **1** avla, föda **2** förorsaka; skapa
beggar [ˈbegə] **I** *s* **1** tiggare **2** *skämts.* kanalje, rackare; *you lucky* ~*!* din lyckans ost! **II** *v, his ignorance* ~*s description* hans okunnighet trotsar all beskrivning **beggarly** [-lɪ] *a* utfattig; eländig
beggary [-rɪ] armod, yttersta fattigdom
begging [ˈbegɪŋ] **I** *s* tiggande, tiggeri **II** *a* tiggar-, tiggande
begin [bɪˈgɪn] (*began, begun*) börja [med]; *to* ~ *with a*) till att börja med, först [och främst], *b*) för det första **-ner** [-ə] nybörjare **-ning** [-ɪŋ] **1** början; ursprung; *at the* ~ i början **2** ~*s* (*pl*) begynnelsestadium
begone [bɪˈgɒn] *interj* försvinn!, ge dig i väg!
begonia [bɪˈgəʊnjə] *bot.* begonia
begot [bɪˈgɒt] *imperf. av beget* **begotten** [-n] *perf. part. av beget*
begrudge [bɪˈgrʌdʒ] missunna; avundas
beguile [bɪˈgaɪl] **1** tjusa, fascinera **2** lura, bedra; ~ *s.b.* [*out*] *of s.th.* lura av ngn ngt **3** ~ *the time* fördriva tiden
begun [bɪˈgʌn] *perf. part. av begin*
behalf [bɪˈhɑ:f] *s, on* (*AE. in*) *a p.'s* ~ i ngns ställe, på ngns vägnar; *act on* ~ *of* vara ombud för
behave [bɪˈheɪv] **1** uppföra sig; bete sig; *he* ~*d*

(äv.) han uppförde sig väl **2** ~ *o.s.* uppföra sig väl (ordentligt) **behaviour** [bɪˈheɪvjə] **1** uppförande; beteende; *be on one's best* ~ visa sig från sin allra bästa sida, uppföra sig mycket bra **2** förhållande; sätt att arbeta **behavioural** [bɪˈheɪvjər(ə)l] *a*, ~ *science* beteendevetenskap **behaviourism** [bɪˈheɪvjərɪz(ə)m] behaviorism
behead [bɪˈhed] halshugga
behest [bɪˈhest] *litt.* befallning
beheld [bɪˈheld] *imperf. o. perf. part. av behold*
behind [bɪˈhaɪnd] **I** *prep* bakom; efter; ~ *schedule (time)* försenad; *be* ~ *the times* vara efter sin tid **II** *adv* bakom; bakpå, baktill; bakåt; kvar; *fall (lag)* ~ bli efter; *stay* ~ stanna kvar **III** *s, vard.* bak[del] **-hand** *adv, get* ~ komma på efterkälken (efter)
behold [bɪˈhəʊld] (*beheld, beheld*) *åld. el. litt.* skåda, se **-en** [-(ə)n] *a, be* ~ *to s.b.* vara ngn tack skyldig **-er** [-ə] åskådare
beige [beɪʒ] *s o. a* beige
being [ˈbiːɪŋ] **I** *s* **1** tillvaro, existens; *come into* ~ uppstå, bli till **2** väsen; varelse **II** *a, for the time* ~ för närvarande, tills vidare
belabour [bɪˈleɪbə] **1** klå upp **2** skarpt kritisera
belated [bɪˈleɪtɪd] försenad; senkommen
belay [bɪˈleɪ] *sjö.* göra fast; ~ *there!* stopp och belägg!
belch [beltʃ] **I** *v* **1** rapa **2** välla fram **3** spy ut **II** *s* rap[ning]
beleaguer [bɪˈliːgə] belägra (*äv. bildl.*)
Belfast [ˌbelˈfɑːst]
belfry [ˈbelfrɪ] klock|torn, -stapel
Bel|gian [ˈbeldʒ(ə)n] **I** *s* belgier **II** *a* belgisk **-gium** [-dʒəm] Belgien
Belgrade [ˌbelˈgreɪd] Belgrad
belie [bɪˈlaɪ] vederlägga; motsäga; svika
belief [bɪˈliːf] tro (*in* på); övertygelse; tilltro (*in* till); *beyond* ~ otrolig[t]
believable [bɪˈliːvəbl] trolig; trovärdig **believe** [bɪˈliːv] **1** tro (*in* på) **2** tro; tro på; *make* ~ låtsas
believer [-ə] troende [människa]
Belisha beacon [bɪˈliːʃə bɪːk(ə)n] trafikljus (*vid övergångsställe*)
belittle [bɪˈlɪtl] **1** förringa, nedsätta **2** få att verka liten
bell [bel] **I** *s* (ring)klocka; bjällra; *sjö.* glas (*tid*); *answer the* ~ gå och öppna dörren; *does that ring a* ~? (*vard.*) låter det bekant?, säger det dig något?; *sound as a* ~ kärnfrisk **II** *v* **1** sätta klocka (bjällra) på
belladonna [ˌbeləˈdɒnə] belladonna
bell|-bottoms [ˈbelˌbɒtəmz] *pl* byxor med utställda ben **-boy** [-bɔɪ] *AE.* hotellpojke
belle [bel] skönhet, vacker kvinna; *the* ~ *of the ball* balens drottning
bellhop [ˈbelhɒp] *AE.* hotellpojke
bellicose [ˈbelɪkəʊs] krigisk; stridslysten
belligerent [bɪˈlɪdʒər(ə)nt] **I** *a* krigförande; aggressiv **II** *s* krigförande [makt]
bellow [ˈbeləʊ] **I** *s* böl; vrål **II** *v* böla; vråla; ryta
bellows [ˈbeləʊz] (*behandlas som sg el. pl*) [blås]bälg; *a pair of* ~ en [blås]bälg
bell pull [ˈbelpʊl] klocksträng **bell push** ringledningsknapp
belly [ˈbelɪ] **I** *s* buk, mage **II** *v* bukta sig, svälla **belly ache I** *s* mag|ont, -knip **II** *v, sl.* klaga **bellybutton** [-ˌbʌtn] *vard.* navel **belly dance** [-dɑːns] magdans **belly flop** [-flɒp] *vard.* magplask **bellyful** [-fʊl] så mycket man orkar; *sl.* mer än man tål **belly landing** [-ˌlændɪŋ] *vard.* buklandning
belong [bɪˈlɒŋ] **1** ~ *to* tillhöra; ~ *together* höra ihop **2** höra hemma (*to* i), ha sin plats (*in* i); *where does this* ~? var ska den här vara?, vart hör den här? **3** *vard.* passa in, accepteras; *he does not quite* ~ han hör inte riktigt hit **-ings** [-ɪŋz] *pl* tillhörigheter
Belorussia [ˌbeləʊˈrʌʃə] Vitryssland
beloved [bɪˈlʌvd, *attr. o. som s äv.* -ɪd] **I** *a* älskad **II** *s* (*ngns*) älskade, älskling
below [bɪˈləʊ] *prep o. adv* nedanför, under; *go* ~ gå under däck; ~ *me* under min värdighet; *from* ~ ned-, under|ifrån
Belshazzar [belˈʃæzə] Belsassar
belt [belt] **I** *s* **1** bälte; skärp, livrem; område, zon; *hit below the* ~ vara (ge) ett slag under bältet; *tighten one's* ~ dra åt svångremmen **2** drivrem; *fan* ~ fläktrem **3** *vard.* kraftigt slag, smäll **II** *v* **1** omgjorda, förse med bälte etc. **2** prygla **3** *vard.*, ~ *out* vråla ut (fram) **4** *sl.,* ~ [*away*] sticka iväg, rusa **5** ~ *up!* (*vard.*) *a*) håll käften!, *b*) sätt på säkerhetsbältet! **-line** *AE.* ringlinje
B.E.M. *förk. för British Empire Medal*
bemire [bɪˈmaɪə] söla ner; ~*d* fast i dyn
bemoan [bɪˈməʊn] jämra sig (klaga) över, begråta
bemuse [bɪˈmjuːz] förvirra, omtöckna
Ben [ben] *kortform av Benjamin*
bench [ben(t)ʃ] **1** bänk; säte **2** *the* ~ *a*) rätten, *b*) domarkåren; *the B*~ *and the Bar* domare och advokater; *be raised to the B*~ bli utnämnd till domare; *the Queen's* (*King's*) *B*~ överrätten **3** hyvel-, arbets|bänk
bend [bend] **I** *s* **1** böjning; bukt; kurva; krök; *go round the* ~ (*vard.*) bli tokig **2** *sjö.* knop, stek **II** *v* (*bent, bent, jfr dock exemplet under 1*) **1** böja, kröka, ~ *the rules* (*vard.*) tänja på reglerna; *on* ~*ed knees* på sina bara knän **2** vända, styra; *he is bent* [*up*]*on mastering Spanish* han har föresatt sig att lära sig spanska **3** böja (kröka, luta) sig; böja av, kröka; ~ *over backwards* (*vard.*) ta knäcken (kål) på sig **4** böja sig, ge vika (*to, before* för)
beneath [bɪˈniːθ] *adv o. prep* nedanför, under; nedan; ~ *contempt* under all kritik
benediction [ˌbenɪˈdɪkʃn] [ ] välsignelse; tacksägelse[bön]
benefac|tion [ˌbenɪˈfækʃn] **1** välgärning **2** donation **-tor** [-tə] **1** välgörare **2** donator
benefice [ˈbenɪfɪs] *kyrkl.* prebende **beneficent** [bɪˈnefɪsnt] välgörande **beneficial** [ˌbenɪˈfɪʃl] välgörande, hälsosam (*to* för) **beneficiary** [ˌbenɪˈfɪʃərɪ] **1** *kyrkl.* prebendeinnehavare **2** förmånstagare; arvinge
benefit [ˈbenɪfɪt] **I** *s* **1** fördel, förmån; bidrag; *give s.o. the* ~ *of the doubt* i tveksamt fall hellre fria än fälla ngn **2** ~ [*performance*] recettföreställning **II** *v* **1** ha (dra) nytta (*from, by* av) **2** gagna, göra nytta (gott)
benevo|lence [bɪˈnevələns] välvilja, godhet **-lent** [-lənt] **1** välvillig **2** välgörenhets-
B.Eng. *förk. för Bachelor of Engineering*

Bengal [beŋˈgɔːl] I s Bengalen II a bengalisk
Bengalese [ˌbeŋgəˈliːz] I a bengalisk II s (pl lika) bengalier
benighted [bɪˈnaɪtɪd] **1** åld. överraskad av natten **2** bildl. som lever i mörker, okunnig, oupplyst
benign [bɪˈnaɪn] **1** välvillig **2** gynnsam **3** med. godartad, benign **benignant** [bɪˈnɪgnənt] **1** vänlig, välvillig **2** gynnsam, välgörande **benignity** [bɪˈnɪgnətɪ] **1** välvilja, godhet **2** med. godartad beskaffenhet
1 benny [ˈbenɪ] AE. sl. ytterrock
2 benny [ˈbenɪ] AE. sl. bensedrin-, amfetamin|-tablett
bent [bent] I imperf. av bend II perf. part. o. a av bend **1** böjd, krökt etc., jfr bend II **2** besluten (on att); be ~ on ha föresatt sig att **3** sl. ohederlig; stulen; knäpp; homosexuell III s **1** böjelse; anlag, inriktning **2** to the top of one's ~ så mycket man förmår (kan)
benumb [bɪˈnʌm] göra stel (känslolös); bildl. isa, förlama
Benzedrine [ˈbenzədriːn] (varumärke) bensedrin, amfetamin
benzene [ˈbenziːn] bensen, bensol **benzine** [ˈbenziːn] [ren] bensin **benzol[e]** [ˈbenzɒl] bensol
bequeath [bɪˈkwiːð] testamentera; efterlämna
bequest [bɪˈkwest] testamentering; testamentarisk gåva, legat
Ber. förk. för Bermuda
berate [bɪˈreɪt] läxa upp, skälla ut
bereave [bɪˈriːv] (bereft, bereft el. ~d, ~d) ~ [of] beröva, fråntaga **-ment** [-mənt] smärtsam förlust; dödsfall
bereft [bɪˈreft] imperf. o. perf. part. av bereave
beret [ˈbereɪ] basker[mössa]
Berkeley [ˈbɑːklɪ], AE. [ˈbɜːklɪ]
Berks. förk. för Berkshire
Berkshire [ˈbɑːkʃə]
Berlin [stad bɜːˈlɪn; efternamn ˈbɜːlɪn]
Bermuda [bəˈmjuːdə] s, ~ el. the B~s Bermuda[söarna]
berry [ˈberɪ] I s **1** bär; [coffee] ~ kaffeböna **2** rom, romkorn (av hummer o.d.) II v **1** (om buske) få bär **2** plocka bär
berserk [bəˈsɜːk] I s bärsärk II a, go ~ gå bärsärkagång
berth [bɜːθ] I s **1** sovplats, koj[plats]; hytt **2** ankarplats **3** svängrum (för båt); give a wide ~ to hålla sig på avstånd från, undvika **4** vard. anställning (ombord) II v **1** förtöja; docka **2** skaffa sovplats (-vagn, -hytt)
Bert[ie] [ˈbɜːtɪ] kortform av Albert, Herbert, Bertram
beseech [bɪˈsiːtʃ] (besought, besought) bönfalla, besvärja
beset [bɪˈset] (beset, beset) **1** besätta, belägra **2** ansätta, anfäkta **-ting** [-ɪŋ] a, ~ sin skötesynd
beside [bɪˈsaɪd] bredvid; vid sidan av; intill; ~ o.s. utom sig; this is ~ the point det hör inte hit
besides [-z] I adv dessutom; för resten II prep utom, jämte
besiege [bɪˈsiːdʒ] belägra; bildl. bestorma
besmear [bɪˈsmɪə], **besmirch** [bɪˈsmɜːtʃ] fläcka ner; besudla
besom [ˈbiːz(ə)m] viska, kvast

besotted [bɪˈsɒtɪd] **1** bedårad **2** förvirrad **3** berusad
besought [bɪˈsɔːt] imperf. o. perf. part. av beseech
bespatter [bɪˈspætə] **1** nedstänka **2** besudla
bespeak [bɪˈspiːk] (bespoke, bespoken) **1** beställa, tinga **2** vittna om **bespoke** [bɪˈspəʊk] måttbeställd, skräddarsydd; ~ tailor beställningsskräddare
besprinkle [bɪˈsprɪŋkl] bestänka, bespruta
Bess kortform av Elizabeth
best [best] I a o. adv (superl. av good, well) bäst; ~ man bäst man, brudgums marskalk; the ~ part of största delen av; as ~ one can (may) så gott man kan; you had ~ go now det är bäst att du går nu; put one's ~ foot forward göra sitt allra bästa II s **1** the ~ den (det, de) bästa; all the ~! lycka till!, ha det så bra!; get (have) the ~ of it få (ha) övertaget; look one's ~ vara till sin fördel; make the ~ of göra bästa möjliga av, utnyttja på bästa möjliga sätt; make the ~ of it göra så gott man kan; at ~ i bästa fall; be at one's ~ vara i högform, vara som bäst; do s.th. for the ~ göra ngt i bästa välmening; it is all for the ~ det är bäst som sker; to the ~ of my ability så gott jag kan; he can shoot with the ~ han är en skicklig jägare **2** finkläder, bästa kläder; Sunday ~ söndagskostym **3** vard., six of the ~ sex slag (stryk) II v besegra
bestial [ˈbestjəl] bestialisk **-ity** [ˌbestɪˈælətɪ] **1** bestialitet **2** tidelag
bestir [bɪˈstɜː] v, ~ o.s. a) börja röra på sig, b) rycka upp sig
bestow [bɪˈstəʊ] v, ~ s.th. [up]on s.b. skänka (tilldela) ngn ngt **-al** [-əl] tilldelande; gåva
bestride [bɪˈstraɪd] (bestrode, bestridden) sitta (sätta sig, stå, ställa sig) gränsle över
best seller [ˈbestˌselə] bästsäljare, bestseller
bet [bet] I s vad; vadhållning; make a ~ slå vad; it's a good ~ that det är helt klart (säkert) att II v (bet, bet el. ~ted, ~ted) hålla (slå) vad [om]; ~ on hålla (satsa) på; you ~! (vard.) var lugn för det!, det kan du skriva upp!
bet. förk. för between
beta [ˈbiːtə] **1** (bokstav) beta **2** BE. näst högsta betyg **beta particles** pl betapartiklar
betake [bɪˈteɪk] (betook, betaken) ~ o.s. to bege sig till
betide [bɪˈtaɪd] hända, vederfaras; woe ~ him ve honom!
betimes [bɪˈtaɪmz] åld. tidigt; i god tid
betoken [bɪˈtəʊk(ə)n] **1** vara tecken på **2** varsla om
betray [bɪˈtreɪ] **1** förråda **2** avslöja, röja **3** svika **4** förleda **betrayal** [bɪˈtreɪ(ɪ)əl] **1** förräderi **2** svek **3** avslöjande
betroth [bɪˈtrəʊð] åld. trolova (to med) **-al** [-l] trolovning **-ed** [-d] a o. s trolovad
Betsy [ˈbetsɪ] kortform av Elizabeth
1 better [ˈbetə] I a o. adv (komp. av good, well) bättre; ~ half äkta hälft; the ~ part större delen; all the ~ så mycket bättre; the sooner the ~ ju förr desto bättre; no ~ than inget annat än; be ~ off ha det bättre ställt, klara sig bättre; go one ~ bjuda över; he had ~ leave det är bäst att han ger sig av; think ~ of it tänka närmare på saken II s **1** one's ~s folk som är förmer (högre uppsatta) än

man själv **2** *the* ~ den (det, de) bättre; *all (so much) the* ~ så mycket bättre; *get the* ~ *of* få övertaget över, besegra; *a change for the* ~ en ändring till det bättre; *for* ~ *for worse* i nöd och lust **III** *v* **1** förbättra; överträffa **2** bli bättre **2 better** ['betə] vadhållare
betterment ['betəmənt] förbättring
betting ['betɪŋ] vadhållning **betting shop** vadhållningsbyrå
bettor ['betə] *AE.* vadhållare
Betty ['betɪ] *kortform av Elizabeth*
between [bɪ'twi:n] **I** *prep* mellan; ~ *ourselves (you and me)* oss emellan [sagt]; *few and far* ~ tunnsådd; ~ *whiles* emellanåt; ~ *us (you, them)* (*äv.*) gemensamt, tillsammans **II** *adv* [där]emellan; *in* ~ där-, dess|emellan
betwixt [bɪ'twɪkst] *prep o. adv*, ~ *and between* mitt emellan
bevel ['bevl] **I** *s* **1** snedslipad (avfasad) kant **2** smygvinkel **II** *v* **1** snedslipa, avfasa **2** slutta
beverage ['bevərɪdʒ] dryck
bevy ['bevɪ] flock; hop
bewail [bɪ'weɪl] klaga [över], sörja [över]
beware [bɪ'weə] akta sig (*of* för); ~ *of pickpockets* varning för ficktjuvar
bewilder [bɪ'wɪldə] för|villa, -brylla **-ment** [-mənt] förvirring; virrvarr
bewitch [bɪ'wɪtʃ] förhäxa; förtrolla **-ment** [-mənt] förhäxning, förtrollning
beyond [bɪ'jɒnd] **I** *prep* bortom, på andra sidan om; [ut]över, längre än till **2** (*om tid*) efter, senare än **3** utöver, mer än, utom; ~ *belief* otroligt; *it is* ~ *me* a) det övergår mitt förstånd, b) det är mer än jag orkar; ~ *that* a) för övrigt, b) därutöver **II** *adv* **1** bortom, på andra sidan; längre **2** därutöver **II** *s, the* ~ det okända, livet efter detta; [*at*] *the back of* ~ bortom all ära och redlighet
b.f. *förk. för bold face*; (*BE. vard.*) *bloody fool*
b/f *förk. för brought forward*
bhang [bæŋ] indisk hampa, haschisch
b.h.p. *förk. för brake horse power*
biannual [baɪ'ænjʊəl] inträffande två gånger om året, halvårs-
bias ['baɪəs] **I** *s* **1** sned sida (riktning, bana), avvikning; helsnedd, diagonal (*av tyg*); *cut on the* ~ (*om tyg*) skuren på snedden **2** partiskhet, fördom; förutfattad mening; snedvridning **II** *v* göra partisk; inge förkärlek; påverka **bias[s]ed** [-t] partisk; fördomsfull
biathlon [baɪ'æθlən] *sport.* skidskytte
bib [bɪb] **I** *s* haklapp; bröstlapp (*på förkläde e.d.*); ~ *and brace* snickarbyxor; *best* ~ *and tucker* (*vard.*) finkläder
Bib. *förk. för Bible; biblical*
Bible ['baɪbl] bibel **biblical** ['bɪblɪkl] biblisk; bibel-
biblio|grapher [ˌbɪblɪ'ɒgrəfə] bibliograf **-ography** [-grəfɪ] bibliografi; litteraturförteckning; källförteckning
bibliophile ['bɪblɪə(ʊ)faɪl] bibliofil, bok|älskare, -samlare
bibulous ['bɪbjʊləs] begiven på sprit
bicameral [baɪ'kæm(ə)rəl] tvåkammar-
bicarbonate [baɪ'kɑ:bənɪt] *s*, ~ [*of soda*] bikarbonat
bicentenary [ˌbaɪsen'ti:nərɪ] **I** *s* tvåhundraårs|dag, -jubileum **II** *a* tvåhundraårig
biceps ['baɪseps] (*pl* ~[*es*]) *anat.* biceps
bicker ['bɪkə] **1** gnabbas, munhuggas **2** *poet.* brusa, strömma **3** glimma **-ing** [-rɪŋ] gnabb
bicycle ['baɪsɪkl] **I** *s* cykel **II** *v* cykla **bicycle clip** cykelklämma **bicyclist** [-ɪst] cyklist
bid [bɪd] **I** *v* (*bid, bid, i bet.* 2, 3, 4 *imperf.* bade *el.* bid, *perf.part.* bidden *el.* bid) **1** (*på auktion, i kortspel e.d.*) bjuda (*5 pounds* fem pund) **2** säga; ~ *farewell* säga farväl; ~ *welcome* hälsa välkommen **3** bjuda; befalla; *she bade him sit down* hon bjöd honom att sitta ner; *do as you are bid* gör som du är tillsagd **4** ~ *defiance to* utmana, trotsa **5** (*på auktion*) bjuda (*for* på); ~ *against s.b.* bjuda över ngn; ~ *for* (*äv.*) vara ute efter **6** *it* ~*s fair to* det verkar [troligt] att; **II** *s* **1** (*på auktion, i kortspel*) bud; anbud; *no* ~ (*kortsp.*) pass; *make a* ~ *for* vara ute efter **2** *AE.* försök **-den** ['bɪdn] *perf. part. av* bid **-der** ['bɪdə] (*på auktion, i kortspel*) person som bjuder; anbudsgivare; *the highest* ~ den högstbjudande **-ding** ['bɪdɪŋ] *s* **1** befallning, order; *do a p.'s* ~ lyda ngn **2** (*på auktion, i kortspel e.d.*) bud; anbud; budgivning
bide [baɪd] *v*, ~*one's time* bida sin tid
bidet ['bi:deɪ] bidet
biennial [baɪ'enɪəl] **I** *a* **1** tvåårig, tvåårs- **2** inträffande vartannat år **II** *s* tvåårig växt
bier [bɪə] [lik]bår
biff [bɪf] *sl.* **I** *s* smocka **II** *v* smocka till
bifocal [ˌbaɪ'fəʊkl] bifokal **bifocals** [-z] *pl* dubbelslipade glasögon, bifokalglasögon
bifurcate ['baɪfəkeɪt] dela [sig] i två grenar, klyva [sig]
big [bɪg] **I** *a* **1** stor; storväxt; kraftig; vuxen; viktig; ~ *brother* storebror; ~ *business* storfinansen; ~ *deal!* (*sl. iron.*) toppen!, tjusigt!; ~ *end* (*tekn.*) vevlager; ~ *game* storvilt; ~ *league* (*sport. o. bildl.*) elitserien; ~ *noise* (*shot, cheese, gun*) storpamp, höjdare; *the* ~ *stick* (*bildl.*) storsläggan; *the* ~ *time* (*sl.*) toppskiktet, topparna; ~ *toe* stortå; ~ *top* cirkus[tält]; *grow too* ~ *for one's breeches* bli högfärdig; *what's the* ~ *idea?* vad är meningen med det?; *look* ~ se viktig ut **2** generös, storsint **3** ~ *with child* gravid; ~ *with sadness* vemodsfull **II** *adv, talk* ~ skryta, vara stor i orden
bigamist ['bɪgəmɪst] bigamist **bigamy** ['bɪgəmɪ] bigami, tvegifte
biggish ['bɪgɪʃ] ganska stor
big|head ['bɪghed] **1** *vard.* viktigpetter **2** *AE. vard.* inbilskhet **-headed** [-ˌhedɪd] *AE. vard.* inbilsk **--hearted** [-ˌhɑ:tɪd] generös
bight [baɪt] **1** (*på tågända*) bukt **2** vik, bukt
big|-mouthed ['bɪgˌmaʊðd] *sl.* stor i käften; gapig **-ness** [-nɪs] storlek *etc., jfr* big
bigot ['bɪgət] (*trångt, trångsynt*) person; bigott person **-ed** [-ɪd] intolerant, trångsynt; bigott **-ry** [-rɪ] trångsynthet; bigotteri
bigwig ['bɪgwɪg] *sl.* höjdare, högdjur, pamp
bike [baɪk] *vard.* **I** *s* cykel; motorcykel **II** *v* cykla, åka cykel (motorcykel)
bikini [bɪ'ki:nɪ] bikini
bilabial [ˌbaɪ'leɪbjəl] *a o. s, språkv.* bilabial
bilateral [ˌbaɪ'læt(ə)r(ə)l] bilateral
bilberry ['bɪlb(ə)rɪ] blåbär
bile [baɪl] galla **-stone** gallsten
bilge [bɪldʒ] **1** (*i fartygsskrov*) slag **2** (*på tunna*)

buk **3** *vard.* smörja, nonsens **bilge pump** länspump **bilge water** *sjö.* slagvatten
bilingual [baɪˈlɪŋgw(ə)l] tvåspråkig
bilious [ˈbɪljəs] **1** gall-; gallsjuk **2** *vard.* äcklig **3** *vard.* ilsken
bilk [bɪlk] lura *(s.b. of s.th.* ngn på ngt); smita ifrån
Bill [bɪl] *kortform av William*
1 bill [bɪl] **I** *s* näbb **II** *v,* ~ *and coo a)* (*om duvor*) näbbas, *b*) kyssas och smekas
2 bill [bɪl] **I** *s* **1** räkning, faktura (*for* på); *BE.* nota (*for* på); ~ *of fare* matsedel **2** lista, förteckning; *teat.* program; ~ *of lading* konossement; ~ *of sale* köpebrev, pantförskrivning; *get a clean* ~ *of health* (*vard.*) *a)* bli friskförklarad, *b*) förklaras [ekonomiskt] oförvitlig; *fill the* ~ (*vard.*) vara helt tillfredsställande **3** lagförslag; proposition: motion **4** anslag, affisch; *post* (*stick*) *no* ~s! affischering förbjuden **5** *AE.* sedel **6** ~ [*of exchange*] växel **II** *v* **1** skicka räkning (faktura) till **2** affischera, sätta upp plakat **-board** *AE.* affisch-, annons|tavla
billet [ˈbɪlɪt] **I** *s* **1** inkvartering **2** *vard.* jobb **II** *v* **1** inkvartera (*on, at* hos, i) **2** *vard.* ge ett jobb
billet-doux [ˌbɪleɪˈduː] (*pl billets-doux* [-z]) *åld. el. skämts.* kärleksbrev
bill|fold [ˈbɪlfəʊld] *AE.* plånbok **-hook** trädgårdssax
billiard ball [ˈbɪljədbɔːl] biljardboll **billiard cue** biljardkö **billiards** [-z] (*behandlas som sg*) biljard[spel] **billiard table** [-ˌteɪbl] biljardbord
billion [ˈbɪljən] **1** biljon **2** *AE.* miljard **-aire** [ˌbɪljəˈneə] *AE.* miljardär
billow [ˈbɪləʊ] **I** *s* stor våg; bölja **II** *v* bölja, svalla **billowy** [-ɪ] böljande
bill|poster [ˈbɪlˌpəʊstə], **-sticker** affischör
Billy [ˈbɪlɪ] *kortform av William*
billy [ˈbɪlɪ] *AE.* klubba, batong
billycan campingkastrull **billy goat** getabock
billyo[h] [ˈbɪlɪəʊ] *s, vard., like* ~ som bara den
bimetallic [ˌbaɪmɪˈtælɪk] bimetall-, bimetallisk
bimonthly [ˌbaɪˈmʌnθlɪ] **1** som utkommer (inträffar) varannan månad **2** som utkommer (inträffar) var fjortonde dag
bin [bɪn] **1** lår, låda; brödskrin **2** *BE.* vinställ **3** sop|hink, -tunna
binary [ˈbaɪnərɪ] dubbel-; binär
bind [baɪnd] **I** *v* (*bound, bound; jfr äv. bound III 2*) **1** binda [fast, ihop, in], fästa (*to* vid); binda upp **2** förplikta, ålägga; ~ *over to appear* (*jur.*) ålägga att inställa sig **3** stadfästa, binda med kontrakt **4** ~ [*up*] binda om, förbinda **5** kanta, sko **6** anställa som lärling **7** fastna **8** sitta ihop **9** *sl.* knorra, grumsa **II** *s* **1** ngt som binder; bindning **2** *vard.* knipa **-er** [ˈbaɪndə] **1** bokbindare **2** bindemedel **3** samlingspärm, mapp **-ing** [ˈbaɪndɪŋ] **I** *s* **1** förband, binda **2** bindning; [bok]band **II** *a* bindande **-weed** [ˈbaɪndwiːd] *bot.* åkervinda
bine [baɪn] ranka, reva
binge [bɪndʒ] spritfest, kalas
bingo [ˈbɪŋgəʊ] bingo
binnacle [ˈbɪnəkl] *sjö.* nakterhus
binoculars [bɪˈnɒkjʊləz] *pl* fält-, teater|kikare; *a pair of* ~ en kikare
binomial [baɪˈnəʊmjəl] *mat.* **I** *s* binom **II** *a* binomial-

bio|chemistry [ˌbaɪə(ʊ)ˈkemɪstrɪ] biokemi **-cide** [ˈbaɪə(ʊ)saɪd] biocid **-degradable** [ˌbaɪə(ʊ)dɪˈgreɪdəbl] biologiskt nedbrytbar
biog. *förk. för biographical; biography*
bio|grapher [baɪˈɒgrəfə] biograf, levnadstecknare **-graphic[al]** [ˌbaɪə(ʊ)ˈgræfɪk(l)] biografisk **-graphy** [baɪˈɒgrəfɪ] biografi, levnadsteckning
bio|logic[al] [ˌbaɪə(ʊ)ˈlɒdʒɪk(l)] biologisk **-logist** [baɪˈɒlədʒɪst] biolog **-logy** [baɪˈɒlədʒɪ] biologi
bionic [baɪˈɒnɪk] **1** bionik-, bionisk **2** *vard.* övermänsklig **bionics** [-s] (*behandlas som sg*) bionik; robotteknik
bio|sphere [ˈbaɪə(ʊ)ˌsfɪə] biosfär **-technology** [ˌbaɪəʊtekˈnɒlədʒɪ] *AE.* ergonomi
bipartisan [ˌbaɪˈpɑːtɪzæn] två-, fler|parti **bipartite** [-ˈpɑːtaɪt] tvådelad, tvekluven; bestående av två motsvariga delar; ömsesidig **biped** [ˈbaɪped] **I** *s* tvåfotat djur **II** *a* tvåfotad **biplane** [ˈbaɪpleɪn] biplan, tvådäckare
birch [bɜːtʃ] **I** *s* **1** björk **2** [björk]ris **II** *v* ge ris, piska **-en** [ˈbɜːtʃ(ə)n] björk-, av björk
bird [bɜːd] **1** fågel; ~ *of paradise* paradisfågel; ~ *of passage* flyttfågel; ~ *of prey* rovfågel; *they are* ~*s of a feather* de är av samma skrot och korn; ~*s of a feather flock together* lika barn leka bäst; *a* ~ *in the hand is worth two in the bush* en fågel i handen är bättre än tio i skogen; *the early* ~ *catches the worm* morgonstund har guld i mund; *kill two* ~*s with one stone* slå två flugor i en smäll; *get the* ~ (*vard.*) få sparken **2** *vard.* kurre, typ; karl; *BE. sl.* tjej, flickvän; *a queer* ~ en lustig kurre
bird-brained [ˈbɜːdbreɪnd] *vard.* korkad, dum
birdcage fågelbur **bird cherry** *bot.* hägg **birdfancier** [-ˌfænsɪə] fågelälskare **birdie** [-ɪ] **1** liten fågel, pippi **2** *golf.* birdie (*ett slag under par*)
bird's|-eye [ˈbɜːdzaɪ] **I** *s, bot.* teärenpris **II** *a,* ~ *view of London* London i fågelperspektiv **--nest** fågelbo **--nesting** [-ˌnestɪŋ] boplundring
bird strike [ˈbɜːdstraɪk] *flyg.* krock med fågel **bird-watcher** [-ˌwɒtʃə] fågelskådare
biretta [bɪˈretə] (*katolsk prästs*) barett
Birmingham [ˈbɜːmɪŋəm]
Biro [ˈbaɪrəʊ] (*varumärke*) kul[spets]penna
birth [bɜːθ] **1** födelse; uppkomst; *at* ~ vid födelsen; *give* ~ *to a)* föda, *b*) ge upphov till **2** börd; härkomst; ursprung; *by* ~ till börden
birth certificate [ˈbɜːθsəˌtɪfɪkɪt] dopattest; personbevis **birth control** födelsekontroll
birthday [ˈbɜːθdeɪ] födelsedag; ~ *honours* (*BE.*) utnämningar (*t. knight, peer etc. på drottningens födelsedag*); *happy* ~*!* har den äran [att gratulera] på födelsedagen! **birthmark** födelsemärke **birthplace** födelseort **birth rate** födelsetal **birthright** förstfödslorätt **birthstone** månadssten
Biscay [ˈbɪskeɪ] *s, the Bay of* ~ Biscayabukten
biscuit [ˈbɪskɪt] **I** *s, BE.* kex, skorpa; *AE.* slät bulle; *take the* ~ ta priset **II** *a* ljusbrun
bisect [baɪˈsekt] dela i två [lika] delar, klyva
bisexual [ˌbaɪˈseksjʊəl] bisexuell; tvåkönad
bishop [ˈbɪʃəp] **1** biskop **2** *schack.* löpare **-ric** [-rɪk] biskops|ämbete, -stift
bismuth [ˈbɪsməθ] vismut
bison [ˈbaɪsn] bisonoxe; visent
1 bit [bɪt] **I** *s* **1** hyveljärn; [borr]järn **2** bett (*på*

betsel); *take the* ~ *between one's teeth a*) lägga manken till, *b*) bli istadig (*äv. bildl.*) **II** *v* **1** betsla **2** kuva
2 bit [bɪt] **1** bit; stycke; *a* ~ (*vard.*) en smula, litet, något; *not a* ~ (*vard.*) inte ett dugg (det minsta); *not a* ~ *of it* (*vard.*) inte ett dugg, visst inte; *every* ~ vartenda dugg; *for a* ~ ett [litet] tag; *quite a* ~ en hel del; ~ *by* ~ *a*) bit för bit, *b*) undan för undan; *do one's* ~ dra sitt strå till stacken; *wait a* ~ vänta litet (ett slag, ett tag); ~*s and pieces* småsaker **2** litet mynt; *AE.* 12,5 cent
3 bit [bɪt] *imperf. av bite*
4 bit [bɪt] *data.* bit, binär siffra
bitch [bɪtʃ] **I** *s* **1** hynda, tik; räv-, varg|hona **2** *sl.* slinka; satkärring **3** *sl.* klagomål **4** *sl.* knipa; svår nöt att knäcka **II** *v, sl.* krångla, klaga **bitchy** [ˈbɪtʃɪ] elak, spydig
bite [baɪt] **I** *v* (*bit, bitten, åld. bit*) **1** bita [i, på], bita sig i; bita; ~ *at* bita efter; ~ *one's lip* bita sig i läppen; ~ *off more than one can chew* (*vard.*) ta sig vatten över huvudet; ~ *a p.'s head off* (*vard.*) bita (snäsa) av ngn; ~ *the dust* (*vard.*) bita i gräset; *once bitten, twice shy* (*vard.*) bränt barn skyr elden; *bitten with* biten (besatt) av **2** nappa (*at* på) **3** (*om verktyg*) gripa, ta **4** svida (sticka, bita) på (i); stickas **5** fräta [på] **6** *sl.* irritera; lura **II** *s* **1** bett; stick **2** napp **3** grepp, tag **4** munsbit, tugga **5** *bildl.* sting, snärt **6** *tandläk.* bett **7** frätning
biting [ˈbaɪtɪŋ] bitande; stickande; frätande; skarp, bitter; sarkastisk, hånfull
bitt [bɪt] *sjö.* pollare
bitten [ˈbɪtn] *perf. part. av bite*
bitter [ˈbɪtə] **I** *a* **1** bitter, besk, skarp **2** bitande [kall] **II** *adv* bitande (*cold* kall) **III** *s* (*beskt*) öl; ~*s* (*pl*) bitter (*besk aperitif*) **IV** *v* **1** förbittra **2** bli bitter
bittern [ˈbɪtən] *zool.* rördrom
bitter|ness [ˈbɪtənɪs] bitterhet **-sweet** bitterljuv
bitty [ˈbɪtɪ] osammanhängande; kornig
bitu|men [ˈbɪtjʊmɪn] *miner.* bitumen **-minous** [bɪˈtjuːmɪnəs] bituminös
bivalve [ˈbaɪvælv] *zool.* tvåskalig mussla
bivouac [ˈbɪvʊæk] **I** *s* bivack **II** *v* bivackera
biweekly [ˌbaɪˈwiːklɪ] **1** som utkommer (inträffar) varannan vecka **2** som utkommer (inträffar) två gånger i veckan
biz [bɪz] *vard., kortform av business*
bizarre [bɪˈzɑː] bisarr
bk. *förk. för bank; book* **bkg.** *förk. för banking*
B.L. *förk. för Bachelor of Laws* (*Letters*); *Barrister-at-Law; British Library* **B/L, b.l.** *förk. för bill of lading*
blab [blæb] pladdra; skvallra [om]
black [blæk] **I** *a* **1** svart, mörk; ~ *area* krisdrabbat (olycksdrabbat) område; ~ *art* svartkonst; ~ *bread* grovt rågbröd; ~ *coffee* kaffe utan grädde; ~ *eye* blått öga; *the B~ Forest* Schwarzwald; *B~ Friar* svartbroder, dominikan; *B~ Maria* (*vard.*) Svarta Maja (*polispiket*); *the* ~ *market* svarta börsen; ~ *tie a*) svart fluga (rosett), *b*) smoking; ~ *in the face* blå i ansiktet; *beat* ~ *and blue* slå gul och blå **2** dyster, sorglig **3** *om* **II** *s* **1** svart [färg]; sot; svärta **2** svarta kläder **3** svart, neger **III** *v* svärta; blanka; ~ *out a*) mörklägga, *b*) utplåna
blackamoor [ˈblækəˌmʊə] *åld.* svarting, morian
blackball [-bɔːl] **I** *s* nejröst; veto **II** *v* rösta [med svart kula] mot; utesluta **black beetle** [ˌblækˈbiːtl] kackerlacka **blackberry** [ˈblækb(ə)rɪ] björnbär **blackbird** [ˈblækbɜːd] koltrast **blackboard** [ˈblækbɔːd] svart tavla **black-coated** [ˈblækkəʊtɪd] *a,* ~ *worker* manschettarbetare **blackcurrant** [ˌblækˈkʌr(ə)nt] svart vinbär **blacken** [ˈblæk(ə)n] svärta; *bildl.* svärta ner **blackguard** [ˈblægɑːd] skurk, skojare **blackhead** [ˈblækhed] pormask **blacking** [ˈblækɪŋ] [blank]svärta **blackjack** [ˈblækdʒæk] **1** *AE.* batong **2** sjörövarflagga **3** *kortsp.* tjuguett; spader ess **black lead** [ˌblækˈled] grafit **blackleg** [ˈblækleg] **1** strejkbrytare, svartfot **2** falskspelare **blacklist** [ˈblæklɪst] **I** *s* svart lista **II** *v* svartlista **blackmail** [ˈblækmeɪl] **I** *s* utpressning **II** *v* pressa pengar av, öva utpressning mot **blackmailer** [ˈblækmeɪlə] utpressare **blackout** [ˈblækaʊt] **1** mörkläggning; strömavbrott **2** *med.* blackout **black pudding** [ˌblækˈpʊdɪŋ] blodkorv **blacksmith** [ˈblæksmɪθ] smed **blackthorn** [ˈblækθɔːn] *bot.* slån
bladder [ˈblædə] **1** blåsa; *anat.* urinblåsa **2** skrävlare **-wrack** [ˈblædəræk] *bot.* blåstång
blade [bleɪd] **1** *bot.* blad, grässtrå **2** blad (*på kniv, åra, propeller e.d.*); skena (*på skridsko*) **3** skulderblad
blain [bleɪn] blemma, blåsa
blamable [ˈbleɪməbl] klandervärd
blame [bleɪm] **I** *s* **1** klander **2** skuld; *put* (*lay*) *the* ~ *on* lägga skulden på **II** *v* klandra, förebrå; ~ *s.b. for s.th.* klandra (lägga skulden på) ngn för ngt; *you are to* ~ det är ditt fel **-less** [ˈbleɪmlɪs] oklanderlig; oskyldig **-worthy** [ˈbleɪmˌwɜːðɪ] klandervärd
blanch [blɑːntʃ] **1** bleka **2** blekna **3** *kokk.* blanchera; ~ *almonds* skålla mandel **4** ~*ed celery* blekselleri **5** ~ *over* släta över
bland [blænd] **1** mild; smaklös **2** blid, förbindlig; oberörd
blandish [ˈblændɪʃ] fint smickra **-ments** [-mənts] *pl* smicker; lockelse[r]
blank [blæŋk] **I** *a* **1** ren, blank, tom; ~ *cartridge* lös patron; ~ *window* blindfönster; ~ *rejection* blankt avslag **2** händelse-, innehålls-, uttrycks|-lös; *look* ~ se oförstående ut **3** ~ *verse* blankvers **II** *s* **1** nit[lott]; *draw a* ~ dra en nit **2** tomrum, lucka; *my mind went a complete* ~ jag var alldeles tom i huvudet, det stod helt stilla för mig **3** streck (*för utelämnat ord*) **4** blankett **5** löst skott **III** *v,* ~ *out* stryka ut
blanket [ˈblæŋkɪt] **I** *s* filt; *bildl.* täcke; ~ *of snow* snötäcke; *wet* ~ *a*) kalldusch, *b*) glädjedödare, trist person **II** *v* **1** täcka [med filt] **2** ~ *out* tysta ner, förmörka **III** *a* allmän, övergripande; ~ *insurance* (*ung.*) heltäckande försäkring
blare [bleə] **I** *v* smattra [som en trumpet]; *bildl.* basunera ut **II** *s* [trumpet]smatter
blarney [ˈblɑːnɪ] smicker
blasé [ˈblɑːzeɪ] blasé, blaserad
blaspheme [blæsˈfiːm] häda; smäda **blasphemous** [ˈblæsfəməs] hädisk, blasfemisk **blasphemy** [ˈblæsfəmɪ] hädelse, blasfemi
blast [blɑːst] **I** *s* stark vindstöt (vindpust) **2** explosion; sprängladdning **3** [trumpet]stöt; signal (*från bilhorn e.d.*) **4** bläster **5** *[at] full* ~ i full gång, för fullt **II** *v* **1** förinta, förstöra **2** spränga; ~

blasted—bloodless

off skjuta upp (*raket*) **3** blästra **III** *interj. sl.* tusan (jäklar) [också]!
blasted ['blɑ:stɪd] *sl.* sabla, jäkla **blast furnace** [-,fɜ:nɪs] masugn **blasting** [-ɪŋ] sprängning; ~ *in progress* sprängning pågår **blastoff** [-ɒf] uppskjutning (*av raket*)
blatant ['bleɪt(ə)nt] **1** skränig, skrikig **2** flagrant, påtaglig
1 blaze [bleɪz] **I** *s* **1** stark eld (låga); *what the ~s!* (*vard.*) vad tusan!; *like ~s* (*vard.*) som tusan **2** starkt [ljus]sken **3** våldsamt utbrott **II** *v* **1** flamma, låga; ~ *up a*) flamma upp, *b*) brusa upp **2** vara upplyst; lysa, skina klart
2 blaze [bleɪz] **I** *s* **1** bläckning (*på träd*) **2** bläs **II** *v* bläcka (*träd*); ~ *a* (*the*) *trail* (*bildl.*) bana väg
3 blaze [bleɪz] ~ [*abroad*] basunera ut
blazer ['bleɪzə] [klubb]jacka; sportblazer
blazon ['bleɪzn] **I** *s*, *her.* blasonering, beskrivning av vapen[sköld] **II** *v* **1** *her.* beskriva (måla) [vapen] **2** smycka, ge glans åt ~ [*abroad*] basunera ut
bldg. *förk. för building*
bleach [bli:tʃ] bleka; blekas; blekna **bleachers** [-əz] *pl* åskådarplats utan tak **bleaching powder** ['bli:tʃɪŋ,paʊdə] klorkalk
bleak [bli:k] **1** kal **2** kulen, kylig **3** dyster
bleary ['blɪərɪ] **1** (*om blick*) skymd, skum **2** otydlig **3** uttröttad **blear[y]-eyed** ['blɪər(ɪ)aɪd] sur-, skum|ögd
bleat [bli:t] **I** *v* bräka **II** *s* bräkande
bleb [bleb] liten bubbla; blåsa
bled [bled] *imperf. o. perf. part. av bleed*
bleed [bli:d] (*bled, bled*) **1** blöda; ~ *at the nose* blöda näsblod; ~ *to death* förblöda **2** åderlåta **3** *vard.* pungslå; ~ *white* skinna inpå bara kroppen **4** *tekn.* lufta (*ledning e.d.*) **5** (*om tyg*) fälla **bleeder** ['bli:də] **1** *sl.* jäkel **2** *med.* blödare
bleeding heart ['bli:dɪŋ,hɑ:t] *bot.* löjtnantshjärta
bleep [bli:p] **I** *s* pip (*signal*) **II** *v* pipa
blemish ['blemɪʃ] **I** *v* vanställa; fläcka **II** *s* fläck, fel, brist
1 blench [blen(t)ʃ] rygga tillbaka
2 blench [blentʃ] **1** göra vit (blek) **2** vitna, blekna
blend [blend] **I** *v* **1** blanda **2** blandas, blanda sig; passa ihop **II** *s* **1** blandning **2** *språkv.* teleskopord
bless [bles] välsigna; ~ *o.s. a*) köra korstecken, *b*) prisa sig lycklig; ~ *me* (*my soul*)! heavre mig väl!, du store tid!; ~ *you!* a) Gud välsigne dig!, *b*) prosit!; *~ed with* begåvad med **blessed I** *a* ['blesɪd] **1** välsignad; lycklig; helig **2** *vard.* förbaskad; *every ~ day* varenda eviga dag **II** [blest] *perf. part. av bless* **blessing** ['blesɪŋ] välsignelse; nåd; *ask a ~* be bordsbön; *a ~ in disguise* tur i oturen; *count one's ~s* tacka sin lyckliga stjärna
blether ['bleðə] **I** *s* munväder **II** *v* pladdra
blew [blu:] *imperf. av blow*
blight [blaɪt] **I** *s* **1** *bot.* mjöldagg, rost **2** fördärv, olyckligt inflytande **II** *v* skada, fördärva **blighter** ['blaɪtə] rackare, skojare **Blighty** ['blaɪtɪ] *mil. sl.* England
blimey ['blaɪmɪ] *interj* kors!, jösses!
blimp [blɪmp] **1** styrbar ballong, litet luftskepp **2** *BE.* ärkereaktionär typ
blind [blaɪnd] **I** *a* **1** blind; ~ *alley* återvändsgata; ~ *date* träff med okänd person; ~ *letter* brev med otydlig (ofullständig) adress; ~ *of an eye* blind på ett öga; ~ *to a p.'s faults* blind för ngns fel **2** dold, hemlig **II** *adv*, ~ *drunk* stupfull **III** *s* **1** rullgardin; *Venetian* ~ persienn **2** skygglapp **3** svepskäl **IV** *v* **1** göra blind; blända **2** förblinda **blinders** ['blaɪndəz] *pl, AE.* skygglappar **blindfold** ['blaɪn(d)fəʊld] **I** *v* binda för ögonen på **II** *a* **1** med förbundna ögon **2** förhastad **blind man's buff** [,blaɪn(d)mænz'bʌf] blindbock **blindworm** ['blaɪndwɜ:m] ormslå, kopparorm
blink [blɪŋk] **I** *v* **1** blinka [med]; kisa (*at* mot); ~ *at the facts* blunda för fakta **2** glimta, skimra **II** *s* **1** blink **2** glimt **3** *vard.*, *on the* ~ sönder **blinker** ['blɪŋkə] **1** blinker (*på bil*) **2** *~s* (*pl*) skygglappar **blinking** ['blɪŋkɪŋ] *vard.* förbaskad
blip [blɪp] blip (*på radarskärm*)
bliss [blɪs] lycksalighet, sällhet **-ful** ['blɪsf(ʊ)l] lycksalig, säll, lycklig
blister ['blɪstə] **I** *v* blåsa, blemma **II** *v* få blåsor **-ing** [-rɪŋ] *a*, ~ *criticism* svidande kritik
blithe [blaɪð] **1** munter **2** tanklös
blithering ['blɪðərɪŋ] *vard.* dum, jädrans
B. Lit[t]. *förk. för Bachelor of Letters* (*Literature*)
blitz [blɪts] blixtanfall; *the B~* (*BE.*) blitzen (*under andra världskriget*)
blizzard ['blɪzəd] häftig snöstorm
bloated ['bləʊtɪd] uppsvälld, pussig **bloater** ['bləʊtə] lätt saltad rökt sill
blob [blɒb] droppe; klick
bloc [blɒk] *polit.* block[bildning]
block [blɒk] **I** *s* **1** stock; kloss; byggkloss; [klipp]block **2** stort hus, byggnadskomplex **3** *AE.* [hus]kvarter **4** stupstock **5** hinder, stockning **6** [hiss]block; ~ *and tackle* talja **7** kliché **8** perukstock **9** *psykol. o. sport.* blockering **10** rit-, skriv|block **11** [aktie]post **12** *bildl.* träbock **13** *vard.*, *knock a p.'s* ~ *off* klå upp ngn **II** *v* **1** spärra [av]; blockera (*äv. sport.*); hindra; ~ *a ball* stoppa en boll; ~ *a blow* avvärja ett slag; ~ *up* blockera, stänga av **2** ~ *out* skissera, göra utkast till
blockade [blɒ'keɪd] **I** *s* blockad **II** *v* blockera; stänga för **-runner** [-,rʌnə] blockadbrytare
blockbuster ['blɒkbʌstə] *vard.* **1** kvartersbomb **2** jättesuccé **blockhead** *neds.* träskalle **block letter** stor bokstav
bloke [bləʊk] *BE.*, *vard.* kille, karl
blond [blɒnd] **I** *a* blond **II** *s* blond person **blonde** [blɒnd] **I** *a* (*om flicka*) blond **II** *s* blondin
blood [blʌd] **I** *s* **1** blod; *a prince of the* ~ en prins av blodet; *bad* ~ hat, illvilja; *in cold* ~ med berått mod, kallblodigt; *run in the* ~ ligga i släkten; *his* ~ *is up* det kokar i honom; *it's more than flesh and* ~ *can stand* det är mer än en människa kan stå ut med **2** *åld.* sprätt, snobb **II** *v* **1** *jakt.* ge (*hundar*) smak på blod **2** åderlåta
blood-and-thunder [,blʌdən(d)'θʌndə] *a*, *a* ~ *novel* en bloddrypande roman
blood bank ['blʌdbæŋk] blodbank **blood bath** blodbad **bloodcurdling** [-,kɜ:dlɪŋ] fasaväckande **blooded** [-ɪd] fullblods- **blood donor** [-,dəʊnə] blodgivare
blood feud ['blʌdfju:d] släktfejd **blood group** blodgrupp **blood heat** normal kroppstemperatur **blood-horse** fullblod[shäst] **bloodhound** blodhund **bloodless** [-lɪs] **1** oblodig **2** mycket

blek **blood-letting** [-ˌletɪŋ] **1** åderlåtning **2** skämts. blodsutgjutelse **blood poisoning** [-ˌpɔɪznɪŋ] blodförgiftning **blood pressure** [-ˌpreʃə] blodtryck
blood-shed ['blʌdʃed] blodsutgjutelse **bloodshot** blodsprängd **bloodsucker** [-ˌsʌkə] blodigel; blodsugare (äv. bildl.) **bloodthirsty** [-ˌθɜːstɪ] blodtörstig **blood vessel** [-ˌvesl] blodkärl
bloody ['blʌdɪ] **I** a **1** blodig **2** bloddrypande; mordisk, grym **3** BE. sl. förbannad, jävla **II** v bloda ner **--minded** [-ˈmaɪndɪd] BE., vard. avig, illvillig
bloom [bluːm] **I** s **1** blomma; blom[mor]; blomstring **2** fägring, ungdomlig friskhet **3** tunn hinna (på frukt, blad o.d.) **II** v blomma, blomstra
bloomer ['bluːmə] BE. vard. tabbe, misstag
bloomers ['bluːməz] pl [vida] underbyxor, mamelucker
blooming ['bluːmɪŋ] a o. adv, BE. vard. sabla, jäkla
blossom ['blɒs(ə)m] **I** s blomma; blom[mor]; blomning **II** v blomma, slå ut i blom; ~ into utveckla sig till
blot [blɒt] **I** s plump; fläck **II** v **1** bläcka ner; fläcka **2** torka med läskpapper, läska **3** ~ [out] a) stryka (sudda) ut, b) skymma, fördunkla, c) utplåna, förinta
blotch [blɒtʃ] **I** s fläck, pladaska **II** v fläcka (kladda) ner
blotter ['blɒtə] **1** läskblock **2** AE. polisregister
blotting pad ['blɒtɪŋˌpæd] läskblock; skrivunderlägg **blotting paper** ['blɒtɪŋˌpeɪpə] läskpapper
blotto ['blɒtəʊ] sl. asfull
blouse [blaʊz] **1** blus **2** uniformsjacka
1 blow [bləʊ] **I** v (blew, blown, i bet. 6 perf. part. blowed) **1** blåsa; blåsa i; ~ the bellows a) dra bälgen, b) trampa orgeln; ~ a horse spränga en häst; ~ a kiss kasta en slängkyss; ~ one's nose snyta sig; ~ one's own trumpet slå på trumman för sig själv; ~ abroad basunera ut; ~ in (vard.) komma inrusande, titta in; ~ off släppa ut (gas), BE. sl. prutta; ~ out blåsa ut, släcka, slockna, (om storm) bedarra; ~ over (om oväder) dra förbi, lägga sig; ~ up blåsa upp, förstora (äv. foto.) **2** spränga i luften, komma att explodera; ~ one's top (AE. lid, stack) explodera av ilska; the fuse blew [out] säkringen gick; ~ out one's brains skjuta sig för pannan; ~ up a) spränga i luften, explodera, b) stormskälla, tappa humöret **3** skvallra på, förråda **4** flåsa; (om val) spruta, blåsa; ~n andfådd **5** sl. sticka i väg; strunta i; göra av med (pengar); sumpa (tillfälle), inhalera (narkotika); AE. bjuda **6** vard., I'll be ~ed if förbaske mig om **II** s blåsande, blåsning
2 blow [bləʊ] slag, stöt; at a ~ i ett slag, på en gång; come to ~s råka i slagsmål; without a ~ utan strid **2** slag, olycka
3 blow [bləʊ] **I** v (blew, blown) stå (slå ut) i blom; a full blown rose en fullt utslagen ros **II** s blomning
blowball ['bləʊbɔːl] maskrosboll (maskrosfrö)
blower [-ə] **1** blåsare **2** bläster **3** sl. telefon
blowfly spyfluga **blowlamp** blåslampa
blown [bləʊn] perf. part. av 1 blow I o. 3 blow I

blowout ['bləʊaʊt] **1** [däcks]explosion; (säkrings) smältning **2** sl. kalas, skrovmål **blowpipe** blåsrör **blowtorch** blåslampa **blow-up 1** explosion **2** vard. foto. förstoring **3** vard. [vredes]-utbrott
blowzed ['blaʊzd], **blowzy** [-ɪ] **1** rödbrusig **2** rufsig, osnygg
blub [blʌb] BE. sl. lipa **blubber** ['blʌbə] **I** v snyfta fram; lipa **II** s **1** gråt **2** valspäck, tran **III** a (om läpp) tjock, utstående
bludgeon ['blʌdʒ(ə)n] **I** s [knöl]påk **II** v slå ner, klubba till; ~ into tvinga till
blue [bluː] **I** a **1** blå; ~ cheese ädelost; ~ chip säkert [värde]papper; ~ funk byxångest; ~ jay (zool.) blåskrika; ~ peter (sjö.) avgångsflagg; the ~ ribbon a) AE. blå bandet (nykterhetsmärke), b) Strumpebandsorden[s band]; once in a ~ moon mycket sällan **2** dyster, deppig **3** pornografisk **4** konservativ **II** s **1** blått, blå färg; men in ~ a) poliser, b) sjöman; the B~s Royal Horseguards **2** blåelse **3** [blå] luft; [blått] hav; like a bolt from the ~ som en blixt från klar himmel **4** dark (light) ~s (vid idrottstävlingar) representanter för Oxford (Cambridge) **5** konservativ, blå **III** v **1** göra blå **2** blåna **3** slösa bort (pengar)
Bluebeard ['bluːˌbɪəd] [riddar] Blåskägg
blue|bell ['bluːˌbel] Sk. blåklocka **-berry** [-ˌb(ə)rɪ] AE. blåbär **-bird** [-bɜːd] zool. blåsångare **-bonnet** [-ˌbɒnɪt] **1** AE. blåklint; blålupin (förr) skotsk mössa **-book** [-bʊk] blå bok: a) rapport från regeringen, b) AE. ung. Vem är det? **-bottle** [-ˌbɒtl] **1** spyfluga **2** blåklint **--collar** a, ~ worker industriarbetare **--eyed** blåögd; ~ boy (BE. vard.) gullgosse, favorit **-ing** se bluing **-jacket** [-ˌdʒækɪt] blåjacka, örlogsmatros **--pencil** [ˌbluːˈpensl] redigera; censurera **-print** ['bluːprɪnt] blåkopia; ritning; bildl. plan
blues [bluːz] (behandlas som sg el. pl) **1** the ~ melankoli, nedstämdhet **2** mus. blues
blue|stocking ['bluːˌstɒkɪŋ] blåstrumpa **-throat** [-θrəʊt] zool. blåhake
1 bluff [blʌf] **I** a **1** tvär[brant] **2** burdus, rättfram **II** s brant udde, klippa
2 bluff [blʌf] **I** s bluff; call a p.'s ~ avslöja ngns bluff, syna ngn **II** v bluffa **bluffer** ['blʌfə] bluff, bluffmakare
bluing ['bluːɪŋ] blåelse **bluish** [-ɪʃ] blåaktig
blunder ['blʌndə] **I** s blunder, tabbe **II** v **1** dabba sig, göra en tabbe **2** drulla, drumla; ~ upon (into) av ren tur stöta (ramla) på **-buss** **1** muskedunder **2** klumpig person **-er** [-rə] klåpare; drummel **-head** drummel
blunt [blʌnt] **I** a **1** slö, trubbig **2** burdus, rättfram **II** s **1** kort synål **2** sl. kontanter **III** v göra slö, avtrubba (äv. bildl.)
blur [blɜː] **I** s **1** fläck, plump; skamfläck **2** suddighet, otydliga konturer **II** v **1** bläcka (smeta) ner i sudda ut; befläcka **2** göra suddig
blurb [blɜːb] reklamtext (på bokomslag)
blurry ['blɜːrɪ] suddig
blurt [blɜːt] v, ~ out låta undfalla sig, vräka ur sig
blush [blʌʃ] **I** v rodna; blygas **II** s **1** rodnad **2** rosenskimmer **3** at [the] first ~ vid första påseendet
bluster ['blʌstə] **I** v **1** brusa, storma **2** gorma och svära; skrävla **II** s **1** skrän, larm; skrävel; raseri **2** storm, hård vind **-er** [-rə] skräflare; skrävlare

B.M. *förk. för Bachelor of Medicine; British Museum* **B.M.A.** *förk. för British Medical Association* **BMC** *förk. för British Motor Corporation* **B. Mus.** *förk. för Bachelor of Music* **Bn.** *förk. för Baron; Battalion*
bo [bəʊ] *interj* bu!
B.O. *förk. för* (*vard.*) *body odour; box office*
B.O.A.C. (*förr*) *förk. för British Overseas Airways Corporation*
boa ['bəʊə] **1** boa[orm] **2** (*dams*) boa
boar [bɔː] [far]galt; *wild* ~ vildsvin
board [bɔːd] **I** *s* **1** bräda; *the* ~*s* tiljan, teatern **2** [anslags]tavla **3** kost; ~ *and lodging* kost och logi, mat och husrum; *full* ~ helinackordering **4** styrelse; råd; direktion; nämnd; departement; ~ *of directors* styrelse, direktion; ~ *of education* (*ung.*) skol[över]styrelse; ~ *of trade a*) handelsdepartement, *b*) *AE.* handelskammare **5** [fartygs]bord; *on* ~ ombord; *go by the* ~ gå över bord, *bildl.* gå över styr **6** kartong, papp; *in* ~*s* kartonnerad **7** spånplatta **8** *above* ~ öppet och ärligt **II** *v* **1** brädfodra **2** hålla mat åt, ha inackorderad **3** vara inackorderad **4** gå ombord i (på) **5** lägga till långsides; äntra **-er** ['bɔːdə] **1** inackordering[sgäst], pensionatsgäst **2** internatskoleelev
boarding ['bɔːdɪŋ] **1** bräder; brädfodring **2** påstigning, embarkering **3** inackordering **boarding card** embarkeringskort **boarding house** pensionat **boarding school** internatskola
board room ['bɔːdrʊm] styrelserum **board school** folkskola (*före 1902*) **board walk** *AE.* strandpromenad
boast [bəʊst] **I** *s* **1** skryt **2** stolthet **II** *v* **1** skryta **2** kunna ståta med (uppvisa) **-ful** ['bəʊstf(ʊ)l] skrytsam
boat [bəʊt] **I** *s* båt; *be in the same* ~ vara i samma båt (belägenhet); *take to the* ~*s* gå i livbåtarna **2** såssnipa **II** *v* åka båt
boat drill ['bəʊtdrɪl] livbåtsövning **boater** [-ə] (*platt*) halmhatt **boathook** båtshake **boating** [-ɪŋ] båt-, rodd-, segel|tur **boatman** [-mən] båtkarl; båtuthyrare **boat race** roddtävling **boatswain** ['bəʊsn] båtsman; (*på örlogsfartyg*) sergeant **boat train** ['bəʊttreɪn] tåg med anslutning till båt
Bob [bɒb] *kortform av Robert*
1 bob [bɒb] **I** *s* **1** knyck; knix **2** tyngd **3** bobbat hår **4** bobb **II** *v* **1** hoppa, guppa; dingla; knycka; knixa **2** ~ *up* dyka upp **3** bobba (*hår*) **3** knycka på
2 bob [bɒb] (*pl lika*) *vard.* (*förr*) shilling; (*nu*) pence
bobbery ['bɒbərɪ] *vard.* tumult
bobbin ['bɒbɪn] **1** spole; rulle **2** [knyppel]pinne **bobbin lace** knypplad spets
Bobby ['bɒbɪ] *kortform av Robert*
bobby ['bɒbɪ] *BE. vard.* poliskonstapel **bobby pin** *i sht AE.* hårklämma
bob|cat ['bɒbkæt] *AE.* vildkatt **-sled** *AE.*, **-sleigh** *BE.* bobb, bobsleigh **-tail** stubbsvans
bod [bɒd] *vard.* kille, karl
bode [bəʊd] **1** [före]båda **2** varsla
bodgie ['bɒdʒɪ] *Austr.* teddy boy, *ung.* swingpjatt
bodice ['bɒdɪs] klänningsliv; blusliv
bodi|less ['bɒdɪlɪs] okroppslig **-ly** [-lɪ] **I** *a* kroppslig, fysisk; *in* ~ *fear* livrädd **II** *adv* **1** kroppsligen **2** med hull och hår
bodkin ['bɒdkɪn] **1** trädnål **2** *åld.* lång hårnål
body ['bɒdɪ] **I** *s* **1** kropp; *keep* ~ *and soul together* uppehålla livet **2** bål **3** [*dead*] ~ lik **4** huvuddel, viktigaste del; stomme, kaross[eri]; majoritet **5** samfund, kår; organ; ~ *politic* stat[skropp] **6** skara, grupp, styrka, avdelning; *in a* ~ alla tillsammans **7** kropp; ämne; *foreign* ~ (*med.*) främmande kropp **8** styrka; fyllighet; fasthet **9** [klännings]liv **10** *vard.* person **II** *v*, ~ *forth* utforma, förkroppsliga, symbolisera **body blow 1** kroppsslag **2** *bildl.* hårt slag, svårt bakslag **body building** [-,bɪldɪŋ] bodybuilding, kroppsbygge, styrketräning **bodyguard** [-gɑːd] livvakt **body stocking** [-,stɒkɪŋ] kroppsstrumpa
Boer ['bəʊə] boer
boffin ['bɒfɪn] *sl.* vetenskapare
bog [bɒg] **I** *s* **1** mosse, myr **2** *BE. o. Austr. sl.* dass **I** *v, vard.*, *be* ~*ged down* ha kört fast
bogey ['bəʊgɪ] **1** *golf.* bogey **2** spöke, ond ande **3** *sl.* snut, deckare **-man** buse (*som man skrämmer barn med*)
boggle ['bɒgl] **1** studsa, haja till; *the mind* ~*s at* man häpnar över **2** tveka; krångla
bogie ['bəʊgɪ] **1** boggi **2** tralla
bogtrotter ['bɒgtrɒtə] *neds.* irländare
bogus ['bəʊgəs] fingerad, falsk, skenbar
bogy ['bəʊgɪ] *se bogey*
Bohe|mia [bə(ʊ)'hiːmjə] Böhmen **-mian** [-mjən] **I** *s* **1** böhmare **2** bohem **II** *a* **1** böhmisk **2** bohemisk, bohem-
1 boil [bɔɪl] **I** *s* kokning; kokpunkt; *on the* ~ i kokning; *bring s.th. to the* ~ koka upp ngt **II** *v* koka, sjuda (äv. *bildl.*); ~ *away a*) koka bort; ~ *down a*) koka ihop, *b*) *bildl.* reduceras; ~ *down to a*) gå ut på, *b*) inskränka sig till
2 boil [bɔɪl] [var]böld
boiler ['bɔɪlə] **1** varmvattenstank **2** [ång]panna **3** [byk]gryta **boiler suit** *BE.* [arbets]overall
boiling [-ɪŋ] **I** *s* kokning, sjudning **II** *adv*, ~ *hot* kokhet **boiling point** kokpunkt
boisterous ['bɔɪst(ə)rəs] **1** stormig **2** bullersam, bullrande
bold [bəʊld] **1** djärv, dristig; *make so* ~ *as to* ta sig friheten att **2** framfusig, fräck **3** markerad, starkt framträdande **bold-face** ['bəʊldfeɪs] *a, boktr.* halvfet; ~ *type* halvfet stil **bold face** ['bəʊldfeɪs] *s, boktr.* halvfet stil
bole [bəʊl] trädstam
bolero 1 [bə'leərəʊ] bolero (*spansk dans*) **2** ['bɒlərəʊ] bolero (*kort jacka*)
Boliv|ia [bə'lɪvɪə] Bolivia **-ian** [-ɪən] **I** *s* bolivian **II** *a* boliviansk
boll [bəʊl] frökapsel
bollard ['bɒləd] **1** *sjö.* pollare **2** låg stolpe på refug
bollix ['bɒlɪks] *AE.*, **bollocks** ['bɒləks] *BE., se ballocks*
boloney [bə'ləʊnɪ] **1** (*slags*) korv **2** *AE. sl.* skitsnack; bluff
Bolshe|vik ['bɒlʃɪvɪk] **I** *s* bolsjevik **II** *a* bolsjevikisk **-vism** [-vɪz(ə)m] bolsjevism
bol|shie, -shy ['bɒlʃɪ] *BE. vard.* **I** *s* bolsjevik, vänsteranhängare **II** *a* **1** revolutionär, vänster **2**

besvärlig, vrång
bolster ['bəʊlstə] **I** s **1** lång [under]kudde, pöl; dyna **2** underlag **II** v **1** ~ [up] [under]stödja **2** stoppa, vaddera
bolt [bəʊlt] **I** s **1** bult; nagel; stor skruv **2** regel, låskolv; (på skjutvapen) slutstycke **3** kort trubbig pil **4** åskvigg, blixt; like a ~ from the blue som en blixt från klar himmel **5** rusning; rymning; make a ~ for it sjappa, sticka **6** rulle (tyg, tapet) **7** shoot one's ~ uttömma sina krafter **II** v **1** regla, låsa **2** kasta i sig, sluka (one's food maten) **3** fästa med bult[ar] **4** rusa i väg, skena; smita **5** reglas, låsas **III** adv, ~ upright kapprak
bolus ['bəʊləs] stort piller
bomb [bɒm] **I** s **1** bomb **2** BE. sl. stor summa pengar **3** AE. sl. fiasko, misslyckande **II** v **1** bomba **2** AE. sl. misslyckas, göra fiasko **-ard** [bɒm'bɑːd] bombardera **-ardment** [bɒm'bɑːdmənt] bombard|ering, -emang
bombast ['bɒmbæst] bombasm, svulst[ighet] **-ic** [bɒm'bæstɪk] bombastisk, svulstig
bomber ['bɒmə] **1** bombplan, bombare **2** bombfällare **bombproof** bombsäker; ~ shelter skyddsrum **bombshell 1** granat; fell like a ~ slog ner som en bomb **2** a blonde ~ ett blont bombnedslag **bomb site** sönderbombat område
bona fide [ˌbəʊnə'faɪdɪ] bona fide, i god tro; äkta
bonanza [bə(ʊ)'nænzə] **1** bildl. guldgruva, lyckträff **2** AE. rik malmåder
bonbon ['bɒnbɒn] karamell, godsak
bond [bɒnd] **I** s **1** skuldsedel, revers (for på) **2** obligation **3** förbindelse; överenskommelse **4** band, boja (äv. bildl.) **5** in ~ i tullnederlag **II** v **1** binda ihop **2** hålla ihop **-age** ['bɒndɪdʒ] slaveri, träldom **-ed** ['bɒndɪd] a, ~ warehouse tullnederlag **-holder** ['bɒndˌhəʊldə] obligationsinnehavare **-sman** ['bɒn(d)zmən] livegen, träl; slav
bone [bəʊn] **I** s ben, knota; ~s (pl a) vard. skelett, b) vard. tärningar, c) huvuddrag, d) vard. läkare; ~ of contention tvistefrö; a bag of ~s skinn och ben; as dry as a ~ torr som fnöske; be frozen (chilled) to the ~ vara frusen ända in i märgen; make no ~s about a) inte sticka under stol med, inte dra sig för, b) inte ha några invändningar mot; have a ~ to pick with s.b. ha en gås oplockad med ngn **II** v **1** bena [ur] **2** BE. sl. knycka **3** AE. sl. stormplugga
bone china ['bəʊnˌtʃaɪnə] benporslin **bone-dry** [-draɪ] vard. snustorr **bonehead** [-hed] sl. dumbom **bone idle** [-ˌaɪdl] genomlat **bone meal** [-miːl] benmjöl **boner** [-ə] sl. tabbe **bonesetter** [-ˌsetə] kotknackare
bonfire ['bɒnfaɪə] brasa, bål
bongo ['bɒŋgəʊ] (pl ~[e]s) bongotrumma
bonhomie ['bɒnɒmiː] gemyt, hjärtlighet
bonkers ['bɒŋkəz] BE. sl. galen, tokig
bonnet ['bɒnɪt] **1** hätta, kapotthatt, bahytt; skotsk mössa **2** motorhuv; skyddshuv
bonny ['bɒnɪ] **1** dial. söt, fager **2** glad; god, bra **3** knubbig
bonus ['bəʊnəs] bonus; premie; återbäring (på försäkring); gratifikation
bony ['bəʊnɪ] benig; knotig
boo [buː] **I** v bua [åt] **II** s bu[rop] **III** interj bu!, fy!, pytt!; he would not say ~ to a goose han gör inte en fluga för när

bolster—bootlace

boob [buːb] sl. **I** s **1** idiot; drummel **2** [kvinno]bröst **3** BE. tabbe, blunder **II** v dabba (klanta) sig
boob tube ['buːbtjuːb] AE. sl. dumburk (TV)
booby ['buːbɪ] **1** idiot; drummel **2** BE., the ~ jumbo **3** zool. sula **booby hatch** AE. sl. dårhus **booby prize** jumbo-, tröst|pris **booby trap 1** elakt skämt, fälla **2** [min]försåt
book [bʊk] **I** s **1** bok; häfte; the B~ Böckernas Bok, Bibeln; a closed ~ ngt helt obegripligt; close the ~s göra bokslut; it suits my ~s det passar mina planer; by (according to) the ~ enligt reglerna; he is in the ~ han står i telefonkatalogen; be in someone's good (bad) ~s ligga bra (dåligt) till hos ngn; on the ~s inskriven som medlem; bring to ~ ställa till svars; without ~ a) utantill, b) utan auktoritet **2** libretto, text **3** kortsp. bok **II** v **1** notera, anteckna; boka, bokföra; be ~ed for ignoring a traffic signal bli uppskriven för att ha kört mot rött ljus **2** boka, förhandsbeställa, reservera; köpa i förväg; engagera; ~ed up upptagen
bookbindery ['bʊkˌbaɪndərɪ] bokbinderi **book case** [-keɪs] bokhylla **book club** [-klʌb] bokklubb **book end** [-end] bokstöd **bookie** [-ɪ] se bookmaker **booking** [-ɪŋ] bokning, [förhands]beställning; förköp **booking office** biljett|kontor, -lucka **bookish** [-ɪʃ] 1 begiven på läsning, bokälskande **2** boklärd **3** boklig **book-keeper** [-ˌkiːpə] bok|förare, -hållare **book-keeping** [-ˌkiːpɪŋ] bokföring **book-learning** [-ˌlɜːnɪŋ] bokvett **booklet** [-lɪt] häfte, broschyr **bookmaker** [-ˌmeɪkə] bookmaker, vadhållningsagent **bookmark[er]** [-ˌmɑːk(ə)] bokmärke **bookmobile** [-məˌbiːl] AE. bokbuss **bookplate** [-pleɪt] exlibris **book-seller** [-ˌselə] bokhandlare **book-shop** [-ʃɒp] bokhandel **bookstall** [-stɔːl] bokstånd; tidningskiosk **bookstore** [-stɔː] AE. bokhandel **bookworm** [-wɜːm] bokmal

1 boom [buːm] sjö. bom, spira
2 boom [buːm] **I** s **1** dån, dunder **2** boom, högkonjunktur **II** v **1** dåna, dundra **2** häftigt stiga (om pris); blomstra
boomerang ['buːməræŋ] **I** s bumerang **II** v verka som en bumerang
boom town ['buːmtaʊn] i sht AE. snabbt expanderande stad
1 boon [buːn] s **1** välsignelse **2** åld. förmån
2 boon [buːn] a, ~ companion glad broder
boor [bʊə] luns, tölp **-ish** ['bʊərɪʃ] bondsk, tölpaktig
boost [buːst] **I** v **1** hjälpa upp **2** höja, öka; ~ morale stärka moralen **II** s **1** höjning, ökning **2** puff **-er** ['buːstə] **1** hjälpare, gynnare; reklammare **2** startraket **3** tekn. booster, signalförstärkare
1 boot [buːt] **I** s **1** känga; pjäxa; stövel; get the ~ (vard.) få sparken; the ~ is on the other leg (foot) det är alldeles tvärtom; too big for one's ~s stödig, självgod; bet one's ~s (sl.) slå sig i backen på att **2** bagage|rum, -lucka **II** v sparka; ~ [out] (vard.) kasta ut, ge sparken
2 boot [buːt] s, to ~ [till] på köpet
bootblack ['buːtblæk] skoputsare **bootee** [-iː] låg damkänga **2** barnsocka
booth [buːð] **1** tält, stånd, bod **2** [telefon]hytt; bås
boot|jack ['buːtdʒæk] stövelknekt **-lace** käng-

snöre **-leg I** s **1** smuggelsprit, illegalt tillverkad sprit **2** piratinspelning **II** v **1** smuggla (langa) [sprit], tillverka [sprit] illegalt **2** göra piratinspelning **III** a **1** smuggel-, langar- **2** pirat-, illegal **-legger** [-ˌlegə] **1** sprit|smugglare, -langare **2** illegal tillverkare (försäljare) **-licker** [-ˌlıkə] vard. fjäskare
boots [buːts] (behandlas som sg) BE. skoputsare (på hotell) **boot strap** stövelstropp; by one's own ~s av egen kraft **boot tree** skoblock
booty [ˈbuːtı] byte, rov
booze [buːz] **I** s **1** sprit **2** fylla; supkalas **II** v supa
boozer [ˈbuːzə] **1** vard. suput **2** BE. sl. pub
boozy [ˈbuːzı] vard. supig; berusad
bo-peep [ˌbəʊˈpiːp] s tittut
bor. förk. för borough
boracic [bəˈræsık] a, ~ acid borsyra
borax [ˈbɔːræks] kem. borax
border [ˈbɔːdə] **I** s **1** kant, rand; bård **2** gräns, gräns|land, -område; the B~ gränsområdet mellan England och Skottland **II** v **1** kanta; infatta **2** ~ [on] gränsa till (äv. bildl.)
1 bore [bɔː] **I** v **1** borra [igenom, upp] **2** borra (for efter) **II** s **1** borrhål **2** kaliber; lopp; cylinderdiameter
2 bore [bɔː] **I** v tråka ut **II** s **1** tråkmåns **2** it's a ~ det är långtråkigt (urtråkigt)
3 bore [bɔː] imperf. av 2 bear
bored [bɔːd] uttråkad **boredom** [ˈbɔːdəm] leda; långtråkighet
borer [ˈbɔːrə] borr
boric [ˈbɔːrık] a, ~ acid borsyra
boring [ˈbɔːrıŋ] långtråkig
born [bɔːn] a o. perf. part. av 2 bear **1** född; boren; -född; lowly ~ av låg börd; well ~ av hög börd; she is a ~ physician hon är som skapad till läkare; ~ of rich parents född av rika föräldrar; never in all my ~ days (vard.) aldrig i livet; Swedish-~ svenskfödd **borne** [bɔːn] perf. part. av 2 bear **1** buren, burit etc., se 2 bear **2** född; fött **3** it was ~ in [up]on us vi insåg klart
boron [ˈbɔːrɒn] kem. bor
borough [ˈbʌrə] **1** stad; [administrativt] distrikt (i Storlondon o. New York city) **2** hist. befäst stad (by); rotten ~ rutten stad, korrumperad valkrets **3** stadsvalkrets
borrow [ˈbɒrəʊ] låna (from, of av) **borrower** [-ə] låntagare
borstal [ˈbɔːstl] s, BE., ~ [institution] ungdoms|-vårdsskola, -fängelse
bosh [bɒʃ] vard. strunt[prat]
bo's'n [ˈbəʊsn] se boatswain
Bosnia [ˈbɒznıə] Bosnien
bosom [ˈbʊz(ə)m] **1** bröst, barm; famn; bildl. sköte **bosom friend** hjärtevän
BOSS Sydafr., förk. för The Bureau of State Security
1 boss [bɒs] **I** s **1** bas, förman, boss, chef **2** AE. ledare (för valrörelse), partichef, boss **II** v leda; kommendera
2 boss [bɒs] **I** s knopp; buckla **II** v prägla, ciselera
boss-eyed [ˈbɒsaıd] vard. vindögd
bossy [ˈbɒsı] vard. dominerande, diktatorisk
bosun [ˈbəʊsn] åld., se boatswain
bot [bɒt] zool. häststyngslarv
B.O.T. förk. för Board of Trade

botanic[al] [bəˈtænık(l)] botanisk **botanist** [ˈbɒtənıst] botaniker, botanist **bota|nize** (BE. äv. -nise) [ˈbɒtənaız] botanisera **botany** [ˈbɒtənı] botanik
botch [bɒtʃ] **I** s fuskverk **II** v **1** fuska [bort], förfuska **2** laga illa, lappa **-er** [ˈbɒtʃə] **1** klåpare **2** lappskräddare
botel [bəʊˈtel] **1** hotell för båtägare **2** fartyg ombyggt till hotell
botfly [ˈbɒtflaı] zool. häststyng
both [bəʊθ] **I** pron båda [två], bägge [två]; ~ of them de[m] båda, båda två **II** adv, ~...and både..och, såväl...som
bother [ˈbɒðə] **I** v **1** plåga, besvära, störa; ~! tusan också! **2** I can't be ~ed jag har ingen lust (orkar inte) **3** göra sig besvär (about med); oroa sig (about för); don't ~ to come bry dig inte om att komma **II** s plåga, besvär, bråk **-some** [-səm] besvärlig
Bothnia [ˈbɒθnıə] s, the Gulf of B~ Bottniska viken
bottle [ˈbɒtl] **I** s **1** flaska, butelj; go on the ~ [börja] supa **2** [gas]tub **II** v buteljera; konservera; ~ up one's anger undertrycka sin vrede **-feed** ge (baby) flaska **-neck** [-nek] i sht bildl. flaskhals **--opener** [-ˌəʊpnə] flasköppnare
bottle party knytkalas (där gästerna tar med sig dricka) **bottle-washer** vard. faktotum; underhuggare
bottom [ˈbɒtəm] **I** s **1** botten (äv. av hav, dal o.d. samt bildl.); nedre (undre) del; the ~ of a hill foten av en kulle; at ~ i grund och botten; at the ~ of the page längst ner på sidan; be at the ~ of s.th. stå (ligga) bakom ngt; from the ~ of my heart ur djupet av mitt hjärta; get to the ~ of s.th. gå till botten med ngt; touch ~ a) bottna, nå botten, b) gå på grund, c) bildl. nå botten; ~ up upp och ner; ~s up! botten upp! **2** vard. ända, stjärt **3** [stol]sits; nedre ända; the ~ of the table bordets nedre ända **4** [fartygs]botten; fartyg; skrov **II** a **1** lägsta; sista; nedersta, understa; his ~ dollar (AE. sl.) hans sista öre **2** grund- **III** v **1** sätta botten i **2** stödja **3** bottna, nå botten **4** gå till botten med; nå botten på **bottom drawer** [-ˌdrɔː] brudkista **bot+omless** [-lıs] **1** bottenlös **2** outgrundlig **3** outtömlig **bottommost** [-məʊst] nedersta, lägsta, understa
botulism [ˈbɒtjʊlız(ə)m] med. botulism
bouclé [ˈbuːkleı] bouclé
boudoir [ˈbuːdwɑː] budoar
bough [baʊ] [stor] trädgren
bought [bɔːt] imperf. o. perf. part. av buy
boulder [ˈbəʊldə] [sten]block
boulevard [ˈbuːlvɑː] boulevard
bounce [baʊns] **I** v **1** studsa, hoppa **2** rusa, störta (out of ut ur, upp ur; into in i) **3** sl. (om check) nobbas **4** sl. ge kicken, slänga ut **II** s **1** duns, stöt **2** studs[ning], hopp **bouncer** [ˈbaʊnsə] sl. utkastare **bouncing** [ˈbaʊnsıŋ] a, ~ baby kraftig baby
1 bound [baʊnd] **I** s skutt, språng; studsning, hopp **II** v **1** studsa, skutta, hoppa; sätta av
2 bound [baʊnd] **1** imperf. av bind **2** perf. part. av bind o. a **1** bunden etc., jfr bind; [in]bunden **2** ~ on winning besluten att vinna; be ~ to vara tvungen (skyldig) att; you are ~ to be tired du måste vara trött; you are ~ to win du vinner sä-

kert; ~ *up with* nära förbunden (sammanhängande) med
3 bound [baʊnd] *a* destinerad, på väg (*for* till); *homeward* ~ på hemgående
4 bound [baʊnd] **I** *v* **1** begränsa **2** ~ [*on*] utgöra gräns för **II** *s, vanl.* ~*s* (*pl*) gräns[er]; *out of* ~*s* [på] förbjuden mark
boundary ['baʊnd(ə)rɪ] gräns[linje]
bounden ['baʊndən] *a,* ~ *duty* ovillkorlig skyldighet
boundless ['baʊndlɪs] obegränsad, gränslös
boun|teous ['baʊntɪəs], **-tiful** [-ɪf(ʊ)l] **1** frikostig **2** riklig, ymnig; *Lady Bountiful* välgörarinna
bounty [-ɪ] **1** frikostighet **2** gåva **3** premie; skottpengar
bouquet [bʊ'keɪ] **1** bukett **2** bouquet (*på vin*)
bourbon ['bɜ:bən] bourbon (*amer. whisky*)
bour|geois ['bʊeʒwɑ:] **I** *a* [små]borgerlig, medelklass- **II** *s* [små]borgare, medlem av medelklassen **-geoisie** [ˌbʊeʒwɑ:'zi:] medel-, borgar|klass, bourgeoisie
bourn [bʊən] *dial.* bäck
bout [baʊt] **1** [sup]period **2** dust, kamp **3** anfall, släng (*av sjukdom*)
bovine ['bəʊvaɪn] **1** oxlik, ox-; nötkreaturs- **2** slö, dum
1 bow [bəʊ] **I** *s* **1** rundning; båge **2** [pil]båge **3** stråke; *draw the long* ~ överdriva **4** sadelbom **5** rosett; knut **II** *v* spela med stråke på
2 bow [baʊ] **I** *v* **1** böja; kröka **2** nicka **3** bocka (buga) sig (*to* för); ~ *in* (*out*) under bugningar visa in (följa ut) **II** *s* bugning; *make one's* ~ göra sin entré, dra sig tillbaka; *take a* ~ ta emot applåder
3 bow [baʊ] **1** sjö., vanl. *pl* ~*s* bog, för; *down at the* ~*s* med fören djupt i vattnet **2** (*i roddsport*) bogman, etta
bowdler|ize (*BE. äv. -ise*) ['baʊdləraɪz] censurera (*av sedlighetsskäl*)
bowel ['baʊəl] **1** tarm **2** ~*s* (*pl*) *a*) inälvor, *b*) innandöme, inre **bowel movement** tarmtömning; avföring
1 bower ['baʊə] *sjö.* bogankare
2 bower ['baʊə] **1** lövsal **2** gemak; budoar
bowie knife ['bəʊɪnaɪf] bowiekniv, jaktkniv
1 bowl [bəʊl] **1** skål **2** [pip]huvud; [sked]blad **3** [skålformat] stadion
2 bowl [bəʊl] **I** *s* **1** boll, klot **2** ~*s* (*behandlas som sg*) bowls (*boccialiknande spel*); bowling **II** *v* **1** rulla (*längs marken*) **2** (*i kricket*) kasta; *the news* ~*ed him over* nyheten gjorde honom konfys (mållös) **3** spela bowls (bowling)
bow-legged ['bəʊlegd] hjulbent **bow legs** *pl, have* ~ vara hjulbent
1 bowler ['bəʊlə] **1** bowls-, bowling|spelare **2** (*i kricket*) kastare
2 bowler ['bəʊlə] kubb, plommonstop
bowling ['bəʊlɪŋ] **1** bowling; bowls **2** (*i kricket*) kast **bowling alley** [-ˌælɪ] **1** bowling-, kägel|bana **2** bowlinghall **bowling green** [-gri:n] gräsplan för bowls
1 bowman ['bəʊmən] *åld.* båg|man, -skytt
2 bowman ['baʊmən], **bow oar** (*i roddsport*) bogman, etta
bowser ['baʊzə] tankbil (*för flygplansbränsle*)
bowsprit ['bəʊsprɪt] bogspröt
bowstring ['bəʊstrɪŋ] bågsträng **bow tie** [ˌbəʊ'taɪ] fluga, rosett **bow window** [ˌbəʊ'wɪndəʊ] utbyggt fönster, burspråk
bow-wow I *interj* [ˌbaʊ'waʊ] vov[vov] **II** *s* ['baʊwaʊ] vovve
1 box [bɒks] **I** *s* **1** låda, skrin, dosa, ask, box; *the* ~ (*vard.*) TV **2** loge; avbalkning; [vittnes]bås; spilta; [post]box; [telefon]hytt; [vakt]kur **3** kuskbock **4** *BE.* [jakt]stuga **5** *fotb.* straffområde **6** *sport.* plint **II** *v* **1** stoppa i låda; ~ *up* packa in
2 box [bɒks] **I** *s,* ~ *on the ear* örfil **II** *v* boxa[s]
3 box [bɒks] *bot.* buxbom
boxcar ['bɒkskɑ:] *AE.* godsvagn
boxer ['bɒksə] **1** boxare **2** boxer **boxing** [-ɪŋ] boxning
Boxing Day ['bɒksɪŋdeɪ] annandag jul
boxing glove ['bɒksɪŋglʌv] boxhandske
box junction ['bɒksdʒʌn(k)ʃn] vägkorsning med rutat område **box office** [-ˌɒfɪs] *teat.* biljettkontor **box pleat** [-pli:t] motveck **boxroom** [-rʊm] skrubb **box spanner** [-ˌspænə] hylsnyckel
boy [bɔɪ] **1** pojke; ~*s will be* ~*s* pojkar är pojkar **2** (*infödd*) tjänare, boy
boycott ['bɔɪkɒt] **I** *v* bojkotta **II** *s* bojkott
boyfriend ['bɔɪfrend] pojkvän **boyhood** ['bɔɪhʊd] pojkår **boyish** [-ɪʃ] pojkaktig **boy scout** [pɔɪk]scout
bozo ['bəʊzəʊ] (*pl* ~*s*) *AE. sl.* karl, kille
B.P. *förk. för British Pharmacopoeia* **b.p.** *förk. för boiling point* **bp.** *förk. för baptized; birthplace;* bishop **B.R.** *förk. för British Rail[ways]* **Br.** *förk. för Breton; Britain; British;* (*relig.*) *Brother* **br.** *förk. för branch; bronze;* brother
bra [brɑ:] (*kortform av brassière*) behå, bh
brace [breɪs] **I** *s* **1** spänne; band; krampa **2** stag, sträva; stöd **3** *sjö.* brass **4** (*pl lika*) par; *a* ~ *of partridges* ett par rapphönor **5** tandställning **6** klammer[tecken] **7** borrsväng; ~ *and bit* borrsväng med borr **8** ~*s* (*pl*) hängslen **II** *v* **1** binda om; spänna, stärka **2** stödja **3** *sjö.* brassa **4** *rfl,* ~ *o.s.* [*up*] samla sig, bereda sig på
bracelet ['breɪslɪt] arm|band, -ring
bracing ['breɪsɪŋ] *a,* ~ *air* stärkande luft
bracken ['bræk(ə)n] *bot.* bräken, ormbunke
bracket ['brækɪt] **I** *s* **1** vinkel|järn; stöd; konsol, konsolhylla **2** parentes, klammer; *in* ~*s* inom parentes (klammer) **3** kategori, klass (*i sht av inkomsttagare*) **II** *v* **1** sätta inom parentes (klammer) **2** jämställa, sammanföra **3** stötta med vinkeljärn (konsol *e.d.*)
brackish ['brækɪʃ] bräckt (*om vatten*)
brad [bræd] golvspik; stift
bradawl ['brædɔ:l] syl
brae [breɪ] *Sk.* sluttning; kulle
brag [bræg] **I** *s* skryt, skrävel **II** *v* skryta, skrävla
braggadocio [ˌbrægə'dəʊtʃɪəʊ] **1** skrävel **2** skrävlare **braggart** ['brægət] **I** *s* skrävlare **II** *a* skrytsam, skrävlande
braid [breɪd] **I** *s* **1** [hår]fläta **2** kant-, garnerings|band, snodd; träns **II** *v* **1** fläta **2** kanta **-ing** ['breɪdɪŋ] *koll.* garneringsband
Braille [breɪl] blindskrift
brain [breɪn] **1** *s* hjärna; ~*s* (*pl*) hjärna, begåvning, gott förstånd; *beat one's* ~ bry sin hjärna; *she has got* ~*s* hon är intelligent; *have s.th. on the* ~ vurma för ngt, ha fått ngt i hjärnan; *turn a*

brainchild—break

p.'s ~ förvrida huvudet på ngn **II** *v* slå in skallen på
brainchild ['breɪntʃaɪld] [originell] idé **brain death** hjärndöd **brain drain** begåvningsflykt **brain fever** [-ˌfiːvə] hjärnhinneinflammation **brainpan** [-pæn] *vard.* skalle **brainstorm** [-stɔːm] **1** våldsamt känsloutbrott **2** *AE. vard.* snilleblixt **brainstorming** [-ˌstɔːmɪŋ] brainstorming, idé[kläcknings]möte **brainwash** [-wɒʃ] hjärntvätta **brainwashing** [-ˌwɒʃɪŋ] hjärntvätt **brain wave** [-weɪv] *vard.* snilleblixt
brainy [-ɪ] *vard.* begåvad, intelligent
braise [breɪz] steka, bräsera
1 brake [breɪk] **I** *s* broms; *put the ~s on* (*bildl.*) bromsa, hejda **II** *v* **1** bromsa **2** bråka (*lin*)
2 brake [breɪk] busksnår
3 brake [breɪk] *se* bracken
brake band ['breɪkbænd] bromsband **brake drum** bromstrumma **brake fluid** bromsvätska **brake light** bromsljus **brake shoe** bromsback
brakesman [-smən] bromsare
bramble ['bræmbl] taggig buske; björnbärsbuske
bran [bræn] kli
branch [brɑːntʃ] **I** *s* **1** gren, kvist **2** förgrening; gren; arm **3** filial **II** *v* **1** sända ut (ha) grenar **2** ~ [*off*] [för]grena sig
brand [brænd] **I** *s* **1** [varu]sort, -märke **2** [bränn]märke; stämpel **3** brännjärn **4** *poet.* fackla; svärd **II** *v* **1** bränna in; brännmärka; stämpla; *~ed upon one's memory* outplånligt inristat i ens minne **2** *~ed goods* märkesvaror
brandish ['brændɪʃ] svinga, svänga (*vapen*)
brand-new [ˌbræn(d)'njuː] splitter ny
brandy ['brændɪ] **1** konjak **2** fruktbrännvin
1 brash [bræʃ] stenskärvor; avklippta kvistar
2 brash [bræʃ] sura uppstötningar
3 brash [bræʃ] **1** tanklös; förhastad **2** fräck
brass [brɑːs] **1** mässing; mässingsföremål; *the* ~ mässings-, bleckblås|instrumenten, bleckblåsarna; *the top* ~ (*vard.*) höjdarna, de höga militärerna **2** *dial.* pengar **3** *vard.* fräckhet **4** (*i kyrka, på grav*) minnestavla
brassard ['bræsɑːd] armbindel
brass band [ˌbrɑːsˈbænd] mässingsorkester **brass hat** *BE. vard.* hög officer
brassie ['brɑːsɪ] brassie (*golfklubba för långa slag*)
brassiere ['bræsɪə; *AE.* brəˈzɪə] bysthållare
brass tacks ['brɑːstæks] *pl, vard., get down to ~* komma till saken **brassy** [-ɪ] **1** mässings- **2** *vard.* fräck; vulgär
brat [bræt] [barn]unge
bravado [brəˈvɑːdəʊ] skryt, övermod
brave [breɪv] **I** *a* modig, tapper **II** *s* indiankrigare **III** *v* trotsa, tappert möta **bravery** ['breɪv(ə)rɪ] mod, tapperhet
bravo [ˌbrɑːˈvəʊ] **I** *interj* bravo! **II** *s* **1** bravorop **2** lejd våldsman (*mördare*)
bravura [brəˈvʊərə] **1** bravur **2** bravurnummer
brawl [brɔːl] **I** *s* bråk; gräl **II** *v* bråka; gräla
brawn [brɔːn] **1** starka muskler; muskelstyrka **2** *kokk.* sylta **brawny** ['brɔːnɪ] muskulös
1 bray [breɪ] **I** *v* **1** (*om åsna*) skria **2** (*om trumpet*) smattra **II** *s* **1** skri[ande] **2** skräll, smatter
2 bray [breɪ] krossa (*i mortel*)
1 braze [breɪz] mässingsbeslå

2 braze [breɪz] löda ihop
brazen ['breɪzn] **I** *a* **1** av mässing (malm, koppar) **2** skrällig, metallisk **3** fräck, skamlös **II** *v*, ~ *out* komma med fräcka undanflykter från
1 brazier ['breɪzjə] kopparslagare
2 brazier ['breɪzjə] glödpanna, fyrfat
Brazil [brəˈzɪl] Brasilien **Brazilian** [-jən] **I** *s* brasilian[are] **II** *a* brasiliansk **brazil nut** paranöt
B.R.C.S. *förk. för* British Red Cross Society
breach [briːtʃ] **I** *s* **1** brytande, brytning; brott; ~ *of faith* löftesbrott; ~ *of promise* brutet äktenskapslöfte **2** brottsjö **3** rämna; bräsch **II** *v* slå en bräsch i
bread [bred] **1** bröd; ~ *and butter* (*äv.*) smörgås[ar]; ~ *and milk* brödbitar i varm mjölk; ~ *and water* vatten och bröd; ~ *and wine* nattvard; *know on which side one's ~ is buttered* vara om sig; *his ~ is buttered on both sides* han har det väl förspänt **2** föda, uppehälle; *make* (*earn*) *one's ~* tjäna sitt uppehälle
bread|-and-butter letter [ˌbredən(d)'bʌtələtə] tackbrev **-basket** ['bredˌbɑːskɪt] **1** brödkorg **2** *sl.* kista (*mage*) **-crumb** ['bredkrʌm] inkräm (*i bröd*): *~s* (*pl*) rivebröd, brödsmulor **-line** [-laɪn] **1** kö för gratis mat **2** *vard., on the ~* på svältgränsen
breadth [bredθ] **1** bredd, vidd **2** vidsynthet, liberalitet
breadwinner ['bredˌwɪnə] familjeförsörjare
break [breɪk] **I** *v* (*broke, broken*) **1** bryta [av, loss, sönder]; bräcka, knäcka, slå (ha) sönder; spränga; krossa, ruinera; ~ *a leg* bryta ett ben; ~ *open* bryta upp **2** brytas (gå, slås) sönder; brista, spricka; bräckas, knäckas; spricka ut; (*om röst*) brytas; *the glass broke* glaset gick sönder; *his voice began to* ~ han kom i målbrottet **3** bryta (*avtal o.d.*); bryta mot; ~ *the law* bryta mot lagen; ~ *with s.b.* bryta med ngn **4** avbryta[s], bryta; ~ *the silence* bryta tystnaden; ~ *a strike* avbryta en strejk **5** göra avbrott, bryta; ~ *for lunch* göra avbrott för lunch **6** dressera, tämja; ~ *a horse* rida in en häst **7** vekna, överväldigas **8** bryta fram; ~ [*out*] bryta (brista) ut (*into* i) **9** (*om våg*) bryta, slå **10** ~ [*new*] *ground* bryta ny mark; ~ *the back of a task* göra undan det värsta av en uppgift; ~ *the bank* (*i spel*) spränga banken; ~ *even* uppnå balans, varken vinna eller förlora; ~ *the ice* (*bildl.*) bryta isen; ~ [*out of*] *jail* bryta sig ut ur fängelset; ~ *the news to s.b.* meddela ngn nyheten; ~ *surface* flyta upp; ~ *s.b. of s.th.* få ngn att sluta med ngt, vänja ngn av med ngt; *the weather broke* vädret slog om; *dawn is ~ing* det gryr **11** ~ *away a*) slita sig lös, *b*) utträda, *c*) göra en utbrytning; ~ *down a*) bryta ihop (samman) (*äv. bildl.*), *b*) få ett sammanbrott, *c*) krossa, nedbryta; ~ *free* lösgöra sig; ~ *in a*) bryta sig in, *b*) vänja, tämja, rida in, *c*) gå in (*skor*); ~ *in* [*on*] plötsligt avbryta; ~ *into a*) bryta sig in i, *b*) börja tära på; ~ *into a gallop* falla i galopp; ~ *off a*) bryta[s] av, *b*) avbryta[s], *c*) avbryta sig; ~ *out a*) bryta ut, utbryta, *b*) bryta sig ut; *he broke out with pimples* han fick finnar; ~ *through a*) bryta igenom, *b*) få ett genombrott; ~ *up a*) bryta upp, bryta[s] sönder, *b*) upplösa, bryta (*förbindelse o.d.*), *c*) upplösa[s], skingra[s], *d*) *sl.* [få att] bryta ihop **II** *s* **1** brytning, brytande; brott; *she*

has made a ~ *from her husband* hon har brutit med sin man **2** paus; avbrott; rast; spricka; *without a* ~ utan avbrott, oavbrutet **4** vard. chans; *he never got a* ~ han fick aldrig en chans **5** utbrytning **6** (*i biljard*) serie; (*i kricket*) riktningsändring **7** *at* ~ *of day* i gryningen, vid dagens inbrott

break|able ['breɪkəbl] **I** *a* bräcklig, ömtålig **II** *s*, ~*s* (*pl*) bräckligt gods **-age** [-ɪdʒ] **1** sönderbrytning **2** bräckage, sönderslaget gods **-away** brytning (*from* med); utträdande (*from* ur); *sport.* utbrytning, kontring **-down 1** sammanbrott; misslyckande; *nervous* ~ nervöst sammanbrott **2** motorstopp; maskinskada **3** analys **-down truck (van)** bärgningsbil

breaker ['breɪkə] **1** brottsjö, bränning **2** brytarspets

breakeven [breɪk'iːvn] *a*, *ekon.*, ~ *point* noll-, jämvikts|punkt

breakfast ['brekfəst] **I** *s* frukost **II** *v* äta frukost

break|-in ['breɪkɪn] inbrott **-neck** *a* halsbrytande **--out** utbrytning **-through** inbrytning; genombrott **--up** upplösning; förfall; splittring **-water** [-ˌwɔːtə] vågbrytare

bream [briːm] *zool.* braxen

breast [brest] **I** *s* bröst (*äv. bildl.*); barm; *make a clean* ~ *of it* lätta sitt samvete **II** *v* **1** nå toppen av **2** trotsa, bjuda spetsen **-fed** uppfödd med bröstmjölk **--feed** amma **-pin** kråsnål **-plate** bröstharnesk; bröstplåt **-stroke** bröstsim **-work** bröstvärn

breath [breθ] **1** andedräkt; anda; andning; *below one's* ~ viskande; *out of* ~ andfådd; *hold* (*catch*) *one's* ~ hålla (hämta) andan; *keep your* ~ *to cool your porridge* prata inte strunt; *save one's* ~ låta bli att säga något; *take a p.'s* ~ *away* göra ngn mållös **2** andetag; vindpust; andhämtningspaus; *a* ~ *of air* en nypa luft

Breathalyzer ['breθəlaɪzə] (*varumärke*) alkotestare, ballong **Breathalyzer test** alkotest

breathe [briːð] **1** andas; leva; hämta andan; ~ *again* (*freely, easily*) andas (pusta) ut; ~ *down a p.'s neck* vara hack i häl på ngn, kontrollera ngn (*över axeln*); ~ *fire* spruta eld; ~ *one's last* utandas sin sista suck **2** susa, fläkta **3** viska; *don't* ~ *a word of it* knysta inte om det **4** inge, ingjuta; ~ *confidence into s.b.* inge ngn tillförsikt

breathed [breθt] *språkv.* tonlös **breathing space** ['briːðɪŋspeɪs] andrum

breath|less ['breθlɪs] **1** andfådd **2** livlös **3** utan en fläkt **-taking** andlöst spännande; hisnande, fantastisk

bred [bred] *imperf. o. perf. part. av* breed

breech [briːtʃ] **1** bak[del]; nedre (undre) del **2** (*på kanon e.d.*) bakstycke **breech delivery** ['briːtʃdɪˌlɪvərɪ] *med.* sätesbjudning

breeches ['brɪtʃɪz] *pl* knäbyxor; *riding* ~ ridbyxor

breechloader ['briːtʃˌləʊdə] bakladdare

breed [briːd] **I** *v* (*bred, bred*) **1** [fram]föda **2** föda upp; odla **3** skapa, frambringa, alstra, föda; ~ *bad blood* väcka ont blod **4** [upp]fostra **5** få ungar; föröka sig **6** uppstå **II** *s* **1** ras, släkte, stam **2** slag, sort **breeder** ['briːdə] **1** uppfödare **2** avelsdjur **breeder reactor** *kärnfys.* bridreaktor **breeding** ['briːdɪŋ] **1** uppfödning; uppföd-

ning, avel; förädling **2** fostran **3** fortplantning; häckning **4** god uppfostran **5** härstamning

1 breeze [briːz] **1** bris, lätt vind **2** *AE. vard.* lätt match **3** *BE. vard.* gräl

2 breeze [briːz] kolstybb

breezy ['briːzɪ] **1** blåsig; frisk **2** sorglös; munter

Bren gun ['brenɡʌn] kulsprutegevär

brethren ['breðrən] *pl av* brother, *åld. el. bibl.* bröder

brevet rank ['brevɪtræŋk] titulär grad (*t.ex. major med kaptens lön*)

breviary ['briːvjərɪ] *rom.-kat.* breviarium

brevity ['brevətɪ] korthet

brew [bruː] **I** *v* **1** brygga; tillaga; ~ [*up*] *tea* göra (koka) te **2** bryggas; *the tea is* ~*ing* teet står och drar **2** nalkas; *a storm is* ~*ing* det drar ihop sig till storm **II** *s* brygd **brewer** ['bruːə] bryggare **brewery** ['bruːərɪ] bryggeri

1 briar ['braɪə] briarpipa

2 briar ['braɪə] *se* briar

bribe [braɪb] **I** *s* mut|a, -or; *take a* ~ ta emot mutor **II** *v* muta **bribery** ['braɪbərɪ] bestickning; tagande av muta

bric-a-brac ['brɪkəbræk] kuriosa, gamla [prydnads]saker

brick [brɪk] **I** *s* **1** tegel[sten]; *drop a* ~ (*BE. vard.*) trampa i klaveret; *like a ton of* ~*s* (*vard.*) med förödande kraft **2** stycke, dst **3** byggkloss **4** *vard.* hedersprick **II** *v*, ~ *up* (*in*) mura igen

bricklayer ['brɪkˌleɪ(ɪ)ə] murare **brick-maker** tegel|slagare, -brännare **brick red** [-red] tegel|-röd, -färgad **brickwork** [-wɜːk] murverk **brick|works** [-wɜːks] (*behandlas som sg*), **-yard** [-jɑːd] tegelbruk

bridal ['braɪdl] brud-; bröllops- **bride** [braɪd] brud **bridegroom** ['braɪdɡrʊm] brudgum **bridesmaid** ['braɪdzmeɪd] [brud]tärna

1 bridge [brɪdʒ] **I** *s* **1** bro; brygga (*äv. tandläk.*); *cross a* ~ *when one comes to it* inte oroa sig i förväg **2** kommandobrygga **3** näsrygg **4** fiolstall **II** *v* slå en bro över; *bildl.* överbrygga

2 bridge [brɪdʒ] *kortsp.* bridge

bridge|-head ['brɪdʒhed] brohuvud **-work** tandbrygga

bridle ['braɪdl] **I** *s* betsel; tygel (*äv. bildl.*) **II** *v* **1** betsla; tygla (*äv. bildl.*) **2** ~ *at* fnysa (knycka på nacken) åt **bridle path (road)** ridväg

brief [briːf] **I** *s* **1** påvlig skrivelse **2** dossier; sammandrag, resumé (*äv. jur.*); *take a* ~ (*jur.*) åtaga sig ett mål **II** *a* kort[fattad], kortvarig; *in* ~ kort sagt, i korthet, i sammandrag; *be* ~ fatta sig kort **III** *v* ge en resumé av (*äv. jur.*), göra ett sammandrag av; *jur.* informera

brief|case ['briːfkeɪs] portfölj **-ing** [-ɪŋ] briefing, kort orientering; faktagenomgång; taktiksnack **-less** [-lɪs] *a*, ~ *barrister* advokat utan klienter

briefs [briːfs] *pl* trosor, [små] kalsonger

1 brier ['braɪə] törnbuske; nyponbuske

2 brier ['braɪə] *se 1* briar

brier-rose ['braɪərəʊs] nyponbuske; nyponros

brig [brɪɡ] brigg

Brig. *fork. för* Brigade; Brigadier

brigade [brɪ'ɡeɪd] brigad; · kår **brigadier** [ˌbrɪɡə'dɪə] *BE.* brigadgeneral **brigadier general** *AE.* brigadgeneral

brigand ['brɪɡənd] stråtrövare

bright—bronze

bright [braɪt] **1** klar, ljus; blank **2** glad, lycklig **3** *vard.* skärpt, begåvad **brighten** ['braɪtn] **1** göra ljus[are] (klar[are]); polera **2** muntra upp **3** bli ljus[are] (klar[are]) **4** bli gladare, lysa upp
Brighton ['braɪtn]
brill [brɪl] *zool.* slätvar
bril|liance, -liancy ['brɪljəns(ɪ)] **1** glans **2** briljans, talang[fullhet] **-liant** [-jənt] **I** *a* strålande; briljant, lysande **II** *s* briljant **-liantine** [ˌbrɪljən'ti:n] briljantin
brim [brɪm] **I** *s* **1** brädd, kant, rand **2** brätte **II** *v* vara bräddad; ~ *over* flöda över **-ful** [ˌbrɪm'fʊl] bräddfull, rågad
brimstone ['brɪmstən] **1** *åld.* svavel **2** ~ [*butterfly, moth*] citronfjäril
brindle[d] ['brɪndl(d)] brokig; brungulspräcklig
brine [braɪn] saltlake, saltvatten
bring [brɪŋ] (*brought, brought*) **1** bära (föra, ha) med sig, komma med; ~ *me that book* hämta den där boken åt mig; ~ *your brother* ta med dig din bror **2** medföra; fram|bringa, -kalla; förmå, få, bringa (*to* [till] att); *the blow brought him to his knees* slag fick honom på knä; *I can't* ~ *myself to do it* jag kan inte förmå mig till att göra det; ~ *to mind a*) påminna, *b*) dra sig till minnes; ~ *influence to bear* utöva inflytande; *that* ~*s the bill to 10 pounds* det gör att räkningen uppgår till 10 pund **3** inbringa; *the painting brought 100 pounds* tavlan inbringade 100 pund **4** *jur.* lägga fram; vidta **5** ~ *about a*) åstadkomma, framkalla, förorsaka, *b*) vända, svänga med; ~ *along* ta (ha) med [sig]; ~ *back a*) ta (ha) med sig tillbaka, återföra, *b*) *bildl.* väcka; ~ *s.b. back to life* återuppliva ngn; ~ *down a*) skjuta ner, *b*) sänka (*pris o.d.*); ~ *down the house* väcka stormande applåder; ~ *down upon* dra [ner] över; ~ *forth a*) frambringa, *b*) lägga fram; ~ *forth young* få ungar; ~ *forward a*) föra (lägga) fram, *b*) *bokför.* transportera; ~ *in a*) föra (bära) in, *b*) inbringa, *c*) inkalla; ~ *in a verdict of guilty* fälla utslaget skyldig; ~ *off* [lyckas] klara av; ~ *on* förorsaka, framkalla, medföra; ~ *out a*) publicera, ge ut, *b*) få fram, *c*) framhäva, *d*) föra ut i sällskapslivet; ~ *s.o. out of himself* få ngn att öppna sig; ~ *over* omvända, få att gå över; ~ [*a*]*round a*) få att kvickna till, *b*) få att ändra åsikt; ~ *to* väcka till medvetande; ~ *up a*) uppfostra, föda upp, *b*) kräkas upp, *c*) dra upp, föra på tal, *d*) föra (hämta) upp; ~ *s.th. up against s.b.* anföra ngt mot ngn
brink [brɪŋk] rand, kant, brädd; *be on the* ~ *of* stå på randen av **brinkmanship** ['brɪŋkmənʃɪp] konsten att pressa en motståndare till randen av krig
briny ['braɪnɪ] **I** *a* salt **II** *s*, *vard.*, *the* ~ havet
brisk [brɪsk] **1** livlig, rask **2** uppiggande, frisk
brisket ['brɪskɪt] bringa (*på djur*)
bristle ['brɪsl] **I** *s* [svin]borst; *set up one's* ~*s* resa borst **II** *v* **1** ~ [*up*] stå på ända **2** *bildl.* resa borst, bli ilsken **3** ~ *with* vara tätt besatt (full) med **bristly** ['brɪslɪ] borstig, borstlik; sträv
Brit. *förk.* för *Britain; British*
Britain ['brɪtn] [*Great*] ~ Storbritannien **Britannia** [brɪ'tænjə] Britannien **Britannic** [brɪ'tænɪk] brittisk; *Her* (*His*) ~ *Majesty* Hennes (Hans) Brittiska Majestät **British** ['brɪtɪʃ] **I** *a* brittisk; engelsk **II** *s*, *the* ~ britterna, engelsmännen

Briton ['brɪtn] *hist. o. litt.* britt
Brittany ['brɪtənɪ] Bretagne
brittle ['brɪtl] spröd, bräcklig
bro. *förk.* för *brother*
broach [brəʊtʃ] **I** *s* **1** stekspett **2** tornspira **3** skärborr, brotsch; syl **II** *v* **1** slå upp (*tunna*) **2** framkasta, föra på tal
broad [brɔ:d] **I** *a* **1** bred, vid[sträckt]; ~ *bean* bondböna; ~ *jump* (*A.E.*) längdhopp; *it's as* ~ *as it is long* (*vard.*) det går på ett ut; *in* ~ *daylight* mitt på ljusa dagen **2** klar, tydlig; ~ *hint* tydlig vink **3** allmän, generell; stor, grov; *in* ~ *outline, in a* ~ *sense* i stora drag **4** liberal, tolerant, frisinnad; *B*~ *Church* (*angl.*) bredkyrklig (liberal) riktning **5** rättfram; grov[kornig]; ~ *jest* grovkornigt skämt **6** bred; dialektal **II** *s, A.E. sl.* brud, tjej **III** *adv*, ~ *awake* klarvaken
broadcast ['brɔ:dkɑ:st] **I** *v* (*broadcast, broadcast el.* ~*ed,* ~*ed*) **1** [ut]sända [i radio, TV] **2** så för hand, bredså **3** *bildl.* sprida [ut] **4** uppträda i radio (TV) **II** *s* [radio]utsändning, [TV-]sändning **III** *a* radio-, TV- **broadcasting** [-ɪŋ] radio[utsändning], TV[-sändning]; *the British B*~ *Corporation* BBC (*brittiska radio- och TV-bolaget*)
broadcloth ['brɔ:dklɒθ] fint kläde **broaden** [-n] göra (bli) bred[are]; bredda, vidga **broad-gauge** *a*, *järnv.* bredspårig **broadly** [-lɪ] *adv* brett *etc.*, jfr *broad I*; ~ *speaking* i stort sett
broad-minded [ˌbrɔ:d'maɪndɪd] vidsynt, tolerant **broadside** ['brɔ:dsaɪd] **1** [fartygs]sida **2** sjömil. *o. bildl.* bredsida **3** ~ [*ballad*] skillingtryck **broadsword** ['brɔ:dsɔ:d] huggsabel
brocade [brə(ʊ)'keɪd] brokad
broccoli ['brɒkəlɪ] broccoli
brochure ['brəʊʃə] broschyr
brock [brɒk] *BE.* grävling
1 brogue [brəʊg] broguesko, grov sko, sportsko; *fishing* ~*s* gröjstövlar
2 brogue [brəʊg] bred dialekt (*i sht irl.*)
1 broil [brɔɪl] **I** *s* halstrat kött **II** *v* halstra[s], steka[s]; ~*ing day* stekhet dag
2 broil [brɔɪl] **I** *s* gräl; larm, oväsen **II** *v* gräla; föra oväsen
broiler ['brɔɪlə] **1** halster, grill **2** broiler
broke [brəʊk] **I** *a*, *vard.* pank **II** *v*, *imperf. av break* **broken** ['brəʊk(ə)n] **I** *perf. part av break o. a* **1** bruten, sönder[slagen], trasig, spräckt; ~ *English* bruten engelska; ~ *heart* brustet hjärta; ~ *line* streckad linje; ~ *meat* köttrester; ~ *money* småpengar **2** avbruten **3** ~ [*in*] tämjd, inriden **brokenhearted** [ˌbrəʊk(ə)n'hɑ:tɪd] nedbruten av sorg, med brustet hjärta
broker ['brəʊkə] **1** mäklare **2** utmätningsman **-age** [-rɪdʒ] **1** mäkleri **2** mäklararvode **-ing** [-rɪŋ] mäklaraffärer
brolly ['brɒlɪ] *BE. vard.* paraply
bro|mic ['brəʊmɪk] brom- **-mide** [-maɪd] **1** *kem.* bromid **2** *vard.* plattityd; tråkmåns **-mine** [-mi:n] *kem.* brom
bron|chi ['brɒŋkaɪ], **-chia** [-kɪə] (*pl av bronchus*) bronker **-chial** [-kjəl] bronkial, luftrörs- **-chitis** [brɒŋ'kaɪtɪs] bronkit, luftrörskatarr
bronco ['brɒŋkəʊ] *A.E.* [halv]vild häst
brontosaurus [ˌbrɒntə'sɔ:rəs] brontosaurie
bronze [brɒnz] **I** *s* **1** brons **2** bronsfärg **3** bronsföremål **II** *v* **1** bronsera **2** göra (bli) brun **III** *a*

brons-; bronsfärgad; *the ~ age* bronsåldern
brooch [brəʊtʃ] brosch
brood [bruːd] **I** *s* **1** kull **2** avkomma **II** *v* **1** ligga på ägg, ruva **2** grubbla, ruva (*on, over* på) **broodmare** [ˈbruːdmeə] avelssto **broody** [ˈbruːdɪ] grubblande
1 brook [brʊk] tåla
2 brook [brʊk] bäck **brooklet** [ˈbrʊklɪt] liten bäck
broom [bruːm] **I** *s* **1** *bot.* ginst **2** [sop]kvast; *a new ~ sweeps clean* nya kvastar sopar bäst **II** *v* sopa **-stick** [ˈbrʊmstɪk] kvastskaft
Bros. *förk.* **för Brothers**
broth [brɒθ] [kött]spad, buljong; köttsoppa
brothel [ˈbrɒθl] bordell
brother [ˈbrʌðə] **I** *s* **1** bror, broder **2** *vard.* kompis, polare **II** *interj, sl.* jösses! **-hood** [-hʊd] broderskap; samfund **--in-law** [ˈbrʌð(ə)rɪnlɔː] (*pl brothers-in-law*) svåger **-ly** [ˈbrʌðəlɪ] *a* broderlig
brougham [ˈbruːəm] täckt enspännare, kupé
brought [brɔːt] *imperf. o. perf. part. av* **bring**
brouhaha [ˈbruːhɑːhɑː] ståhej; tumult
brow [braʊ] **1** ögonbryn; *knit one's ~s* rynka pannan **2** panna; min, uppsyn **3** utsprång, krön **-beat** skrämma, spela översittare mot
brown [braʊn] **I** *a* brun; *~ bread* mörkt bröd; *~ paper* omslagspapper; *~ study* grubbel; *~ sugar* farin; *do ~* lura **II** *s* **1** brun färg; brunt **2** brun fjäril **III** *v* bryna[s]
brownie [ˈbraʊnɪ] **1** tomte **2** *B~* [*Guide*] miniorscout **3** (*slags*) nötkaka
Browning [ˈbraʊnɪŋ] browning[pistol]
brown|ish [ˈbraʊnɪʃ] brunaktig **-stone** *AE.* mörkbrun sandsten
browse [braʊz] **I** *s* skummande, bläddrande (*i bok e.d.*) **II** *v* **1** [av]beta **2** skumma, bläddra (*i bok e.d.*)
Bruges [bruːʒ] Brügge
bruise [bruːz] **I** *s* blåmärke **II** *v* **1** slå gul o. blå **2** mala sönder, krossa **3** stöta, skada (*frukt*)
Brum [brʌm] *vard.* Birmingham
brumby [ˈbrʌmbɪ] *Austr.* vildhäst
Brum|magem [ˈbrʌmədʒəm] **I** *s, vard.* Birmingham **II** *a* billig, prålig **-mie** [ˈbrʌmɪ] *vard.* Birminghambo
brunch [brʌntʃ] frukost-lunch
brunette [bruːˈnet] brunett
Brunswick [ˈbrʌnzwɪk] Braunschweig; *the line of ~* huset Hannover
brunt [brʌnt] (*anfalls*) värsta tyngd, våldsamhet; *bear the ~* ta stöten, ta emot det värsta
brush [brʌʃ] **I** *s* **1** borste; kvast; pensel **2** [av]borstning; *give me a ~* borsta [av] mig **2** rävsvans **3** nappatag **4** snår[skog] **II** *v* **1** borsta [av]; sopa; rengöra; *~ aside* slå bort, avvisa; *~ away a tear* stryka bort en tår; *~ off a*) borsta av (bort), *b*) *sl.* nobba, spisa av; *~ up* friska upp **2** *~ against (by, past)* snudda vid
brush|off [ˈbrʌʃɒf] *sl.* avspisning **--up** *BE.* uppsnyggning, uppfräschning; *have a wash and ~* snygga upp sig **-wood** småskog; ris, grenar
brusque [brʊsk] brysk, tvär
Brussels [ˈbrʌslz] Bryssel **Brussels sprouts** brysselkål
brutal [ˈbruːtl] brutal; grov, rå **-ity** [bruːˈtælətɪ] brutalitet **-ize** (*BE. äv. -ise*) [ˈbruːtəlaɪz] förråa, brutalisera
brute [bruːt] **I** *a* **1** (*om djur*) oskälig **2** djurisk, låg, rå; *~ force* rå styrka **II** *s* **1** oskäligt djur **2** brutal (rå) människa **brutish** [ˈbruːtɪʃ] djurisk, rå
B.S. *förk.* **för Bachelor of Surgery b.s.** *förk.* **för balance sheet; bill of sale B/S** *förk.* **för bill of sale**
B.Sc. *förk.* **för Bachelor of Science BSI** *förk.* **för British Standards Institution B.S.T.** *förk.* **för British Summer Time Bt.** *förk.* **för Baronet**
B.Th.U, btu *förk.* **för British thermal unit**
B.T.U. *förk.* **för Board of Trade Unit bu.** *förk.* **för bushel**
bub [bʌb] *AE. vard.* (*i tilltal*) grabben
bubble [ˈbʌbl] **I** *s* **1** bubbla **2** bubblande **3** humbug, svindel **II** *v* bubbla **bubble and squeak** [ˌbʌblənˈskwiːk] *BE.* uppstekt potatis och kål
bubble bath [ˈbʌblbɑːθ] skumbad **bubbly** [ˈbʌblɪ] **I** *a* **1** bubblig **2** livlig **II** *s, vard.* skumpa, champis
bubonic [bjuːˈbɒnɪk] *a, ~ plague* böldpest
buccaneer [ˌbʌkəˈnɪə] sjörövare
Bucharest [ˌbjuːkəˈrest] Bukarest
buck [bʌk] **I** *s* **1** bock; hanne (*av dovhjort, antilop, hare, kanin*); *old ~!* gamle gosse! **2** *vard.* kraftig grabb **3** *AE.* dollar **4** *gymn.* bock **5** *vard., pass the ~ to* flytta över ansvaret på **II** *v* **1** (*om häst*) hoppa med stela ben och krökt rygg **2** *AE. vard., ~* [*against*] spjärna (kämpa) emot **3** *~ up* (*vard.*) *a*) raska på, *b*) pigga (gaska) upp [sig]
bucket [ˈbʌkɪt] *s* **1** pyts, hink, spann; *kick the ~* (*vard.*) dö, kola av **2** mudderskopa **3** pumpkolv
bucket seat skålat säte **bucket shop** *sl.* jobbarbörs, inofficiell börs
Buckinghamshire [ˈbʌkɪŋəmʃə]
buck-jumper [ˈbʌkdʒʌmpə] *Austr.* otämjd häst
buckle [ˈbʌkl] **I** *s* spänne **II** *v* **1** spänna, knäppa (*up* ihop) **2** böja, buckla till **3** *vard., ~ down to a job* hugga i med ett arbete **buckler** [-ə] **1** (*liten rund*) sköld **2** skydd
buckram [ˈbʌkrəm] **1** styv kanfas **2** *åld.* stelt sätt
Bucks. *förk.* **för Buckinghamshire**
buck|shee [ˌbʌkˈʃiː] *BE. sl.* gratis **-shot** grova hagel **-skin** hjortläder; *~s* (*pl, AE.*) hjortskinnsbyxor **-tooth** utstickande tand **-wheat** bovete
bud [bʌd] **I** *s* knopp; *nip in the ~* kväva i sin linda **II** *v* knoppas, slå ut; börja växa
Buddh|a [ˈbʊdə] Buddha **-ism** [-ɪz(ə)m] buddism **-ist** [-ɪst] buddist
budding [ˈbʌdɪŋ] knoppande; *bildl.* gryende, spirande
buddy [ˈbʌdɪ] *AE. vard.* kompis, polare
budge [bʌdʒ] röra sig ur fläcken
budgerigar [ˈbʌdʒərɪɡɑː] undulat
budget [ˈbʌdʒɪt] **I** *s* budget; riksstat **II** *v* göra upp en budget **-ary** [-(ə)rɪ] budget-; budgetär; statsfinansiell
buff [bʌf] **I** *s* **1** mattgul färg **2** buffelläder; sämskskinn **3** *vard.* entusiast **4** *vard., in the ~* spritt naken **II** *a* matt-, brun|gul **III** *v* putsa med sämskskinn
buffalo [ˈbʌfələʊ] (*pl ~es el. lika*) buffel; bisonoxe
1 buffer [ˈbʌfə] buffert
2 buffer [ˈbʌfə] *BE. vard., old ~* gammal stofil
buffer state [ˈbʌfəsteɪt] buffertstat
1 buffet [ˈbʌfɪt] **I** *s* knuff, knytnävsslag **II** *v* **1** slå

buffet—bunk

(knuffa) [till]; brottas med
2 buffet ['bʊfeɪ] **1** byffé (*mål, bord*); serveringsdisk **2** [*äv.* 'bʌfɪt] skänk, sideboard **buffet car** *BE., järnv.* cafévagn
buffoon [bə'fu:n] **I** *s* gycklare, pajas **II** *v* spela pajas **-ery** [-ərɪ] gyckel, pajaseri
bug [bʌg] **I** *s* vägglus **2** *AE.* insekt; skalbagge **3** *vard.* bakterie **3** *vanl. pl* defekt, fabrikationsfel **4** *vard.* fix idé, fluga **5** *vard.* dold mikrofon **6** *sl.*, *big* ~ pamp **II** *v*, *vard.* **1** placera ut dold mikrofon **2** irritera, plåga **-aboo** ['bʌgəbu:], **-bear** buse, spöke
bugger ['bʌgə] **I** *s* **1** sodomit **2** *vulg.* jävel **3** *sl.* karl; unge **4** *sl.*, ~ *all* ingenting **II** *v* **1** bedriva sodomi **2** *BE. sl.* förstöra, klanta till **3** *sl.* trötta ut; ~ *about* (*around*) (*BE. sl.*) *a*) driva omkring. *b*) trassla till det för; ~ *off* (*BE. vulg.*) sticka, dra åt helvete **III** *interj, vulg.* jävlar!, fan! **buggery** [-rɪ] analt samlag; sodomi
bugging ['bʌgɪŋ] utplacering av dold[a] mikrofon[er]
buggy ['bʌgɪ] **1** lätt enspännare **2** *se baby buggy*
bughouse ['bʌghaʊs] *AE. sl.* sinnessjukhus
bugle ['bju:gl] **I** *s* signalhorn; jakthorn **II** *v* blåsa (*i horn*) **bugler** [-ə] hornblåsare
bugloss ['bju:glɒs] *bot.* fårtunga; *viper's* ~ blåeld
build [bɪld] **I** *v* (*built, built*) **I** *v* bygga; uppföra; anlägga (*väg*); skapa, bygga upp; *built on facts* byggd på fakta; ~ *up a*) bygga upp, *b*) öka, stegras **II** *s* [kropps]byggnad; struktur **builder** ['bɪldə] byggmästare; byggare **building** ['bɪldɪŋ] byggande; byggnad **building society** *BE.*, **building and loan association** *AE.* hypotekskassa **build-up** ['bɪldʌp] **1** upp-, ut|byggnad **2** överdriven reklam; överdrivet beröm **3** *mil.* uppladdning
built [bɪlt] *imperf. o. perf. part. av* build **-in** inbyggd **--up 1** tätbebyggd **2** uppbyggd
bulb [bʌlb] **1** [blom]lök **2** kula, boll; [*elektric*] ~ glödlampa **-ous** ['bʌlbəs] **1** lök-; ~ *plants* lökväxter **2** lökformig; svullen
bulbul ['bʊlbʊl] *zool.* persisk näktergal
Bul|garia [bʌl'geərɪə] Bulgarien **-garian** [-'geərɪən] **I** *s* bulgar **II** *a* bulgarisk
bulge [bʌldʒ] **I** *s* **1** utbuktning, rundning **2** uppgång, ökning **II** *v* bukta ut, puta ut
bulk [bʌlk] **I** *s* **1** volym, omfång, storlek, massa; *the* ~ det mesta, största delen; *in* ~ i stora mängder **2** skeppslast; bulklast; *in* ~ i lös last **II** *v*, ~ *large* vara (te sig) stor (betydelsefull) **bulkhead** ['bʌlkhed] *sjö.* skott **bulky** ['bʌlkɪ] skrymmande
1 bull [bʊl] **I** *s* **1** tjur; *like a* ~ *in a china shop* som en elefant i en porslinsaffär, klumpig[t], taktlös[t] **2** hanne (*av elefant, val e.d.*) **3** *börs.* haussespekulant **4** [*Irish*] ~ orimlighet **5** *sl.* trams, skitprat **II** *v, börs.* spekulera i hausse
2 bull [bʊl] [påvlig] bulla
bullace ['bʊlɪs] *bot.* krikon
bull|calf [ˌbʊl'kɑ:f] **1** tjurkalv **2** dumbom **-dog** ['bʊldɒg] **1** bulldogg **2** ihärdig person **3** *vard* pistol; pipa **-doze** ['bʊldəʊz] **1** schakta **2** *vard.* skrämma; tvinga **-dozer** ['bʊldəʊzə] bulldozer, bandtraktor
bullet ['bʊlɪt] [gevärs-, revolver]kula **-headed** [-ˌhedɪd] med runt huvud
bulletin ['bʊlɪtɪn] bulletin **bulletin board** *AE.* anslagstavla
bulletproof ['bʊlɪtpru:f] skottsäker
bull|fight ['bʊlfaɪt] tjurfäktning **-fighter** tjurfäktare **-fighting** [-ˌfaɪtɪŋ] tjurfäktning **-finch** [-fɪntʃ] *zool.* domherre **-frog** [-frɒg] *zool.* oxgroda **-head** [-hed] **1** *zool.* simpa **2** dumhuvud **-headed** [-ˌhedɪd] **1** bredhövdad **2** dum; envis **-horn** [-hɔ:n] *AE.* megafon
bullion ['bʊljən] omyntat guld (silver); guld-, silver|tacka
bullock ['bʊlək] stut, oxe
bull's-eye ['bʊlzaɪ] **1** (*skottavlas*) prick; fullträff (*äv. bildl.*) **2** *sjö.* [fönster]ventil **3** runt fönster; oxöga **bullshit** *vulg.* skitsnack, dumheter
bully ['bʊlɪ] **I** *s* **1** översittare **2** *åld.* lejd bandit **II** *v* tyrannisera; spela översittare mot; mobba **III** *a* fin, bra **IV** *interj* fint, bra **bully beef** konserverat oxkött **bullying** [-ɪŋ] översitteri; mobbning **bullyrag** trakassera
bulrush ['bʊlrʌʃ] *bot.* **1** säv **2** kaveldun
bulwark ['bʊlwək] **1** bålverk (*äv. bildl.*) **2** vågbrytare **3** ~*s* (*pl*) brädgång, reling
bum [bʌm] **I** *s* **1** *BE. sl.* rumpa **2** *AE.* luffare **II** *a*, *AE.* usel **III** *v*, *AE.* **1** luffa omkring **2** parasitera **3** tigga (sig till), bomma
bumble|bee ['bʌmblbi:] humla **-dom** [-dəm] formalism
bum-boat ['bʌmbəʊt] *sjö.* proviantbåt
bumf [bʌmf] *sl.* **1** dasspapper **2** papper, dokument
bummer ['bʌmə] *AE.* **1** luffare **2** *sl.* besvikelse, otrevlig grej
bump [bʌmp] **I** *v* **1** stöta, knuffa; dunsa; ~ *into* *s.b.* stöta på (ihop med) ngn **2** skumpa fram **3** *sl.*, ~ *off* mörda **4** *i sht AE.*, ~ *and grind* rycka och rotera med höfterna (*vid dans*) **II** *s* **1** törn, stöt, duns **2** bula, knöl **3** luftgrop; gupp
bumper ['bʌmpə] **1** stötfångare (*på bil*) **2** breddad bägare **bumper car** radiobil (*på tivoli*)
bumpkin ['bʌmpkɪn] bondlurk
bumptious ['bʌmpʃəs] viktig, dryg; påstridig
bumpy ['bʌmpɪ] ojämn, gropig, skumpig
bun [bʌn] **1** bulle **2** hårknut
bunch [bʌntʃ] **I** *s* **1** klase; bukett, knippa; bunt **2** *vard.* hop, samling, hög **II** *v*, ~ [*up*] bunta ihop **bunchy** ['bʌntʃɪ] **1** knölig **2** klasliknande
buncombe ['bʌŋkəm] *se* bunkum
bundle ['bʌndl] **I** *s* bunt, knyte, bylte, knippe; *a* ~ (*sl.*) massor av stålar; *a* ~ *of nerves* ett nervknippe; *go a* ~ *on* (*sl.*) gilla skarpt **II** *v* **1** ~ [*up*] bunta ihop **2** köra, skicka (*off* i väg, *out* ut); ~ *s.th. into* stuva ner ngt i **3** ~ *off* (*out*) packa sig i väg, sticka **4** ~ *up a*) bunta ihop, *b*) bylta på [sig]
bung [bʌŋ] **I** *s* propp, tapp **II** *v* **1** *vard.*, ~ [*up*] täppa igen **2** *BE. sl.* kasta, hyva
bungalow ['bʌŋgələʊ] **1** bungalow **2** enplansvilla
bunghole ['bʌŋhəʊl] tapphål, sprund
bungle ['bʌŋgl] **I** *v* förfuska, fuska bort **II** *s* fuskverk, klåperi **bungler** [-ə] fuskare, klåpare
bunion ['bʌnjən] öm knöl (*på stortån*)
1 bunk [bʌŋk] **I** *s* koj, brits **II** *v*, ~ [*down*] gå till kojs
2 bunk [bʌŋk] *vard., se* bunkum
3 bunk [bʌŋk] *BE. sl.* **I** *s, do a* ~ smita, sticka **II** *v* smita, sticka

bunk bed våningssäng
bunker ['bʌŋkə] **I** s **1** kolbox; oljetank **2** golf. o. mil. bunker **II** v bunkra, ta in kol (olja)
bunkhouse ['bʌŋkhaʊs] AE. [sov]barack
bunkum ['bʌŋkəm] tomt prat, nonsens
bunny ['bʌnɪ] barnspr. kanin
bunt [bʌnt] buk (på segel) **-ing** ['bʌntɪŋ] flaggväv; koll. flaggor
buoy [bɔɪ] **I** s boj; prick **II** v **1** sjö. pricka ut (med bojar) **2** ~ up a) hålla flott (uppe), b) inge mod, uppmuntra **-ancy** ['bɔɪənsɪ] **1** flytförmåga **2** (sinnets) återhämtningsförmåga; friskt mod; gladlynthet **-ant** ['bɔɪənt] **1** flytande **2** bärande **3** spänstig; livlig
bur [bɜː] kardborre (äv. bildl.)
burble ['bɜːbl] klucka, porla; gurgla; babbla
burbot ['bɜːbət] zool. lake
burden ['bɜːdn] **I** s **1** börda (to för), last; beast of ~ lastdjur **2** pålaga **3** sjö. dräktighet **4** omkväde **5** huvudtema **II** v belasta, betunga **-some** [-səm] betungande
burdock ['bɜːdɒk] bot. kardborre
bureau ['bjʊərəʊ] (p- ~s el ~x [-z]) **1** sekretär, skrivpulpet **2** ämbetsverk; byrå **4** AE. byrå (möbel) **-cracy** [bjʊ(ə)'rɒkrəsɪ] byråkrati **-crat** ['bjʊərə(ʊ)kræt] byråkrat **-cratic** [ˌbjʊərə(ʊ)'krætɪk] byråkratisk
burg [bɜːg] AE. vard. småstad
burgee ['bɜːdʒiː] sjö. liten vimpel
burgeon ['bɜːdʒ(ə)n] **I** s knopp **II** v knoppas; börja växa snabbt
burgess ['bɜːdʒɪs] borgare
burglar ['bɜːglə] inbrottstjuv **burglar alarm** tjuvlarm **burglarize** [-raɪz] AE. göra inbrott [i] **burglarproof** inbrotts-, stöld|säker **burglary** [-rɪ] inbrott **burgle** ['bɜːgl] göra inbrott [i]
Burgundy ['bɜːg(ə)ndɪ] Bourgogne; hist. Burgund **burgundy 1** bourgogne[vin] **2** rödvin
burial ['berɪəl] begravning **burial ground** begravningsplats **burial service** jordfästning
burin ['bjʊərɪn] gravstickel
burke [bɜːk] **1** mörda (genom kvävning) **2** nedtysta
burl [bɜːl] knut; noppa **-ed** [-d] noppig
burlap ['bɜːlæp] grov segelduk; säckväv
burlesque [bɜː'lesk] **I** a burlesk **II** s burlesk pjäs; parodi **III** v parodiera
burly ['bɜːlɪ] stor och kraftig, bastant
burn [bɜːn] **I** v (burnt, burnt, äv. ~ed, ~ed) **1** [för]bränna; bränna ner (upp); bränna vid; ~ one's boats (bridges) bränna sina skepp; ~ the candle at both ends (bildl.) bränna sitt ljus i båda ändar; have money to ~ ha pengar som gräs **2** brinna; brinna upp (ner); lysa, glöda (äv. bildl.); ~ down brinna ner; ~ off brinna ner, svedja; ~ out a) brinna ut (slut), b) bildl. bli (göra) slut (utmattad); ~ up a) brinna upp, b) flamma upp; she was ~ing to tell us hon brann av iver att få berätta för oss **3** brännas; brännas vid; my ears ~ det hettar i mina öron **4** brännmärka **II** s bränn|skada, -sår
burner ['bɜːnə] brännare **burning** [-ɪŋ] **I** a brännande; brinnande; glödande; it's a ~ shame det är en evig skam **II** s bränning **burning glass** brännglas
burnish ['bɜːnɪʃ] **I** v **1** polera **2** bli blank **II** s glans
burnouse [bɜː'nuːz] burnus
burnsides ['bɜːnsaɪdz] pl, AE. polisonger
burnt [bɜːnt] **I** v, imperf. o. perf. part. av burn **II** a bränd; ~ offering brännoffer
burp [bɜːp] vard. **I** v rapa **II** s rapning **burp gun** ['bɜːpgʌn] AE. sl. kulsprutepistol
1 burr [bɜː] **I** s **1** grad, gjutrand **2** brynsten **3** [tandläkar]borr **4** utväxt, knöl (på träd); åldring **5** se bur
2 burr [bɜːr] **I** s skorrning; surr **II** v skorra; surra
burro ['bɜːrəʊ] AE. packåsna
burrow ['bʌrəʊ] **I** s håla, lya **II** v gräva en håla; ~ through gräva sig fram genom
bursar ['bɜːsə] **1** i sht univ. skattmästare **2** Sk. stipendiat
burst [bɜːst] **I** v (burst, burst) **1** brista, spricka; slå ut; ~ into song brista ut i sång; ~ open (om dörr e.d.) flyga upp; be ~ing with envy hålla på att spricka av avund **2** spränga, sprräcka; ~ open spränga; ~ one's sides with laughter hålla på att spricka av skratt **3** störta, komma störtande; ~ in a) komma instörtande, störta in, b) avbryta; he ~ in on us han dök upp hos oss; they ~ into the room de störtade in i rummet; ~ out a) bryta fram, b) störta ut, c) brista ut **II** s **1** bristning **2** explosion, krevad; salva **3** [plötsligt] utbrott, anfall; a ~ of applause en storm av applåder; a ~ of flames ett plötsligt uppflammande; a ~ of laughter en skrattsalva; a ~ of speed en spurt
bury ['berɪ] **1** begrava **2** gräva ner; gömma
bus [bʌs] **I** s **1** buss; miss the ~ a) missa bussen, b) missa chansen **2** sl. kärra (bil, flygplan) **II** v **1** åka buss **2** transportera med buss; AE. skicka (skolbarn) med buss, bussa **bus boy** ['bʌsbɔɪ] smörgåsnisse, diskplockare
busby ['bʌzbɪ] björnskinnsmössa
1 bush [bʊʃ] **1** buske; busksnår; good wine needs no ~ en god sak talar för sig själv; beat about the ~ gå som katten kring het gröt **2** kalufs **3** the ~ a) buschen, b) vard. landet, vischan **4** rävsvans
2 bush [bʊʃ] tekn. hylsa, bussning
bushel ['bʊʃl] bushel (rymdmått, i Engl. = 36,37 l, i USA = 35,24 l); hide one's light under a ~ sätta sitt ljus under en skäppa
bush|man ['bʊʃmən] buschman **bushranger** [-ˌreɪndʒə] **1** Austr. bandit, stråtrövare **2** AE. nybyggare **bushy** [-ɪ] buskrik; buskig, yvig
business ['bɪznɪs] **1** affär[er]; affärsverksamhet; affärslivet; on ~ i affärer; do ~ with göra affärer med; get down to ~ komma till saken; go into ~ bli affärsman; mean ~ mena allvar; know one's ~ kunna sina saker; how's ~? hur går affärerna? **2** affär[sföretag], företag, firma **3** bransch, yrke **4** angelägenhet, sak, uppgift, syssla, ärende; mind one's own ~ sköta sitt; it's none of your ~, it's no ~ of yours det angår dig inte; you have no ~ to ask him du har ingen rätt att fråga honom; send s.b. about his ~ avfärda ngn; fast cars and all that ~ (vard.) snabba bilar och allt sånt; sick of the whole ~ trött på alltihopa **business hours** pl kontors-, affärs-, öppet|tid[er] **businesslike** affärsmässig **businessman** affärsman **businesswoman** affärskvinna
busker ['bʌskə] gatumusikant
bus-lane ['bʌsleɪn] bussfil **busman** [-mən] buss|förare, -chaufför **bus shelter** väntkur

bussing—bypass 60

bussing [-ɪŋ] busstransport; *AE.* bussning (*av skolbarn*) **bus stop** busshållplats
1 bust [bʌst] **1** byst **2** bröst, barm
2 bust [bʌst] **I** *s* **1** [polis]razzia **2** *AE.* slag, smäll **3** *AE.* [ekonomiskt] misslyckande, bankrutt **4** dryckeslag **II** *v* **1** brista, gå sönder **2** göra bankrutt **3** göra razzia; *get ~ed* arresteras **4** *AE. mil.* degradera **5** *AE.* tämja (*häst*) **6** *AE.* slå till **III** *a*, *go ~ a*) gå sönder, *b*) göra bankrutt
bustard ['bʌstəd] *zool.* trapp
buster ['bʌstə] **1** *sl.* (*i sms.*) -bomb; -sprängare **2** *AE.* (*i tilltal*) du grabben, din drummel
1 bustle ['bʌsl] **I** *v* **1** ~ [*about*] gno, flänga **2** jaga, jäkta **II** *s* brådska, fläng
2 bustle ['bʌsl] turnyr
bust-up ['bʌstʌp] *vard.* stormigt gräl
busy ['bɪzɪ] **I** *a* **1** sysselsatt, upptagen; flitig; *he is ~ writing* han håller på att skriva; *be ~* (*äv.*) ha bråttom; *get ~* sätta i gång, börja arbeta; *~ as a bee* flitig som en myra **2** ivrig, beskäftig, rastlös **3** bråd; livlig[t trafikerad] **4** *AE.* (*om telelinje e.d.*) upptagen **5** detaljrik, överlastad **II** *v* sysselsätta (*o.s.* sig) **-body** [-ˌbɒdɪ] beskäftig människa **-ness** [-nɪs] **1** sysselsatthet **2** beskäftighet
but [bʌt, *obeton.* bət] **I** *konj* **1** men, utan; *it never rains ~ it pours* en olycka kommer sällan ensam; *not only...~* inte bara...utan också **2** (*äv. prep*) utom; mer än, annat än; *all ~ me* alla utom jag; *anything ~ simple* allt annat än enkelt; *I can't ~ admire her* jag kan inte annat än beundra henne; *the first ~ one* den andra; *the last ~ one* den näst sista; *the next street ~ one* andra gatan härifrån; *~ for* bortsett från, med undantag av; *~ for you* om inte du vore (hade varit) **3** bara; *I can ~ try* jag kan bara försöka **4** än; *who else ~ she* vem annan än hon **5** *vard., my ~ you are nice!* vad snäll du är!; *~ of course!* ja naturligtvis!. **II** *adv* bara; *she is ~ a child* hon är bara ett barn; *all ~* nästan **III** *s* men; invändning; *ifs and ~s* om och men
butane ['bju:teɪn] butan
butch [bʊtʃ] *sl.* **1** tuff (muskulös) man **2** karlaktig lesbisk kvinna
butcher ['bʊtʃə] **I** *s* slaktare; *the ~'s* köttaffären, slakteriet **II** *v* **1** slakta **2** förstöra; misshandla **butcherbird** *zool.* törnskata **butchery** [-rɪ] blodbad, slaktande
butch haircut snagg
butler ['bʌtlə] förste betjänt, hovmästare
1 butt [bʌt] tunna, fat
2 butt [bʌt] **1** tjockända; handtag; [gevärs]kolv **3** fimp; *AE.* cigarrett **4** *AE. vard.* ända, skinkor
3 butt [bʌt] skottvall; måltavla (*äv. bildl.*)
4 butt [bʌt] stöta; stånga[s]; *~ in*[*to*] blanda (lägga) sig i
butte [bju:t] *AE.* kulle
butter ['bʌtə] **I** *s* **1** smör; *she looks as if ~ would not melt in her mouth* hon ser mjäkig ut; *lay on the ~* smickra, bre på tjockt **2** äckligt smicker **II** *v* bre[da] smör på; *~ up* smickra **butter bean** vaxböna **butter-boat** smörsnipa **butterbur** [-bɜ:] *bot.* pestskråp **buttercup** smörblomma **butterfingers** [-ˌfɪŋɡəz] (*behandlas som sg*) *vard.* släpphänt person **butterfly** fjäril **buttermilk** kärnmjölk **butterscotch** [-ˌskɒtʃ] (*slags*) knäck **butterwort** *bot.* tätört

1 buttery ['bʌtərɪ] smörliknande, smörig
2 buttery ['bʌtərɪ] förrådsrum, handkammare
buttock ['bʌtək] *anat.* skinka; *~s* (*pl, äv.*) bakdel, ända
button ['bʌtn] **I** *s* **1** knapp **2** knopp **II** *v*, *~* [*up*] knäppa ihop (till, igen), gå att (kunna) knäppas **-hole I** *s* **1** knapphål **2** blomma i knapphålet **II** *v* **1** förse med knapphål **2** uppehålla med prat
buttons ['bʌtnz] (*behandlas som sg*) *BE. vard.* pickolo
buttress ['bʌtrɪs] strävpelare, stöd
buxom ['bʌksəm] mullig, trind; frodig
buy [baɪ] **I** *v* (*bought, bought*) **1** köpa; *~ off a*) friköpa, *b*) köpa sig fri från; *~ out* köpa (lösa) ut; *~ over* muta **2** *AE. sl.* "köpa", tro på, acceptera **3** *sl., ~ it* dödas, stupa **II** *s, vard.* köp **buyer** ['baɪə] köpare; inköpare; *~'s market* köparens marknad
buzz [bʌz] **I** *v* **1** surra [med] **2** sorla, mumla **3** *~ about* flyga omkring **4** *vard.* ringa [upp] **5** *BE. vard., ~ off* sticka, dunsta **II** *s* **1** surr **2** sorl; prat, rykte **3** *vard.* påringning, signal
buzzard ['bʌzəd] *zool.* vråk
buzzer ['bʌzə] **1** en som surrar **2** ångvissla **3** summer; ringklocka
buzz saw ['bʌzsɔ:] *AE.* cirkelsåg
B/V *förk. för* (*foto.*) *black and white* **bx** *förk. för box*
by [baɪ, *obeton.* bɪ, bə] **I** *prep* **1** vid, bredvid, nära, hos; *~ oneself* ensam, [för sig] själv, på egen hand; *~ the river* vid floden; *come and sit ~ me* kom och sätt dig hos mig **2** av; *a prelude ~ Chopin* ett preludium av Chopin **3** genom, via; per, med; *enter ~ the back door* komma in genom bakdörren; *~ air* med flyg; *~ post* per post; *~ hiding behind the door* genom att gömma sig bakom dörren **4** förbi, längs med, utefter; *he drove ~ the old house* han körde förbi det gamla huset **5** senast, inte senare än; *I must be home ~ five* jag måste vara hemma senast klockan fem **6** dividerat med; multiplicerat med; *four ~ two equals eight* fyra gånger två är åtta **7** *~ birth* till börden; *~ day* om dagen; *not ~ far* inte på långa vägar; *~ heart* utantill; *~ the hour* i timmen, per timme; *~ name* till namnet; *go ~ the name of* gå under namnet; *~ night* om natten, nattetid; *~ now* vid det här laget; *one ~ one* en och en; *~ my watch* enligt min klocka; *it is colder ~ four degrees* det är fyra grader kallare; *I knew him ~ his voice* jag kände igen honom på rösten; *I swear ~ all gods* jag svär vid alla gudar; *she is younger ~ a year* hon är ett år yngre **II** *adv* **1** intill, bredvid, i närheten **2** undan, i reserv; *put money ~* lägga undan pengar **3** förbi; *he drove ~* han körde förbi; *the years went ~* åren gick **4** *~ and ~* så småningom, senare, en annan gång; *~ and large* i stort sett **III** *s*, *~ the ~*, *~ the way* i förbigående [sagt], förresten, inom parentes [sagt]
bye [baɪ] **1** bisak **2** *sport.* extra|match, -nummer **3** (*i kricket*) poäng **4** *vard., see bye-bye* **5** *by the ~, se by III* **-bye** [ˌbaɪ'baɪ] *interj, BE. vard.* hej då!, hej hej! **-byes** ['baɪbaɪz] *vard.* sömn; *go to ~* gå och sussa
by|-election ['baɪˌlekʃn] fyllnadsval **-gone** [-ɡɒn] **I** *a* förgången **II** *s*, *let ~s be ~s* låt det skedda vara glömt **-law** [-lɔ:] [lokal] förordning; stadga **--line** [-laɪn] (*i tidning*) signatur **-pass**

[-pɑːs] **I** *s* förbifartsled, sidoväg **II** *v* gå (leda) förbi; kringgå **--product** [-ˌprɒdʌkt] biprodukt
byre [ˈbaɪə] *BE.* fähus, ladugård
by|road [ˈbaɪrəʊd] biväg **-stander** [-ˌstændə] åskådare **-street** [-striːt] bakgata
byte [baɪt] *data.* grupp av bits, byte
by|way [ˈbaɪweɪ] **1** biväg; avväg **2** *bildl.* outforskat område **-word 1** ord|språk, -stäv **2** *their name is a ~ for quality* deras namn är en garanti för kvalitet; *his name is a ~ for laziness* han är ökänd för sin lättja
Byzan|tine [bɪˈzæntaɪn] **I** *s* bysantin **II** *a* bysantinsk **-tium** [-tɪəm] Bysans

C

C, c [siː] (*bokstav, ton*) C, c; *C flat* (*mus.*) cess; *C sharp* (*mus.*) ciss
C *förk. för capacitance; Celsius; centigrade; century; cold* (*water*) **C.** *förk. för Cape; Catholic; Celtic; Conservative; Corps* **c.** *förk. för carat; cent; century; chapter; circa; copyright; coulomb*
C 3 [siːˈθriː] **1** i dålig kondition **2** *vard.* värdelös; underlägsen
CA *förk. för California* **C.A.** *förk. för Central America; chartered accountant; chief accountant; consular agent; Consumers' Association*
cab [kæb] **1** taxi; (*förr*) droska **2** förarhytt
cabal [kəˈbæl] **I** *s* intrig; klick; *the C~* kabalen (*under Karl II*) **II** *v* smida ränker, intrigera **-ler** [-ə] ränksmidare
cabaret [ˈkæbəreɪ] kabaré
cabbage [ˈkæbɪdʒ] **1** kål; kålhuvud **2** *vard.* hösäck, stakkalle
cabby [ˈkæbɪ] *vard.*, *se cab driver* **cab driver** [-ˌdraɪvə] taxichaufför; (*förr*) droskkusk
caber [ˈkeɪbə] *Sk.* stör, stång; *toss the ~* störta stång
cabin [ˈkæbɪn] **1** hytt; kajuta **2** *flyg.* kabin **3** stuga, koja **cabin boy** *sjö.* hyttuppassare **cabin class** *sjö.* andra klass **cabin cruiser** ruffad motorbåt
cabinet [ˈkæbɪnɪt] **1** skåp; hölje (*på TV el. radio*) **2** kabinett, ministär **cabinet council** [-ˌkaʊnsl] kabinettssammanträde, konselj **cabinet crisis** [-ˌkraɪsɪs] regeringskris **cabinet-maker** [-ˌmeɪkə] möbel-, fin|snickare
cable [ˈkeɪbl] **I** *s* **1** kabel; wire **2** ankarkätting **3** kabellängd **4** telegram **II** *v* telegrafera **cable car** linbanevagn **cablegram** kabeltelegram **cable railway, cableway** linbana
cabman [ˈkæbmən] taxichaufför; (*förr*) droskkusk
caboodle [kəˈbuːdl] *s, vard., the whole ~* hela klabbet
caboose [kəˈbuːs] **1** *sjö.* kabyss **2** *AE. järnv.* finka
cab-rank [ˈkæbræŋk] *BE.*, **cab stand** *AE.* taxihållplats; rad av taxibilar
ca'canny [kɔːˈkænɪ] *Sk.* maskning, obstruktion
cacao [kəˈkɑːəʊ] kakao[träd, -böna]
cachalot [ˈkæʃəlɒt] *zool.* kaskelottval
cache [kæʃ] **I** *s* gömställe; gömd proviant **II** *v* gömma, gräva ner
cachet [ˈkæʃeɪ] **1** [äkthets]stämpel, prägel **2** *med.* kapsel
cachin|nate [ˈkækɪneɪt] gapskratta **-nation** [ˌkækɪˈneɪʃn] gapskratt
cacique [kæˈsiːk] (*latinamer.*) indianhövding
cackle [ˈkækl] *ı v* kackla; pladdra **II** *s* kackel, kacklande; pladder
cacophony [kæˈkɒfənɪ] kakofoni, missljud
cac|tus [ˈkæktəs] (*pl -ti* [-aɪ] *el. -tuses* [-əsɪz]) kaktus
cad [kæd] *BE. vard.* bracka, knöl, lymmel
cadaver [keˈdeɪvə] kadaver, lik **-ous** [kəˈdæv(ə)rəs] lik-; likblek
caddie [ˈkædɪ] *golf.* caddie
caddish [ˈkædɪʃ] simpel; lymmelaktig
1 caddy [ˈkædɪ] **1** teburk
2 caddy [ˈkædɪ] *golf.* caddie
cad|ence [ˈkeɪd(ə)ns] **1** tonfall **2** *mus.* kadens **3** rytm; takt **-enza** [kəˈdenzə] *mus.* kadens
cadet [kəˈdet] **1** yngre son **2** kadett, aspirant
cadge [kædʒ] tigga (sig till); snylta **cadger** [ˈkædʒə] tiggare; snyltare
cadmium [ˈkædmɪəm] *kem.* kadmium
cadre [ˈkɑːdə] **1** kader **2** *bildl.* kärna, stomme
cae|cum [ˈsiːkəm] (*pl -ca* [-kə]) *anat.* blindtarm
Caesar|ean, -ian [siːˈzeərɪən] kejserlig; *~ birth* (*operation, section*) kejsarsnitt
caesium [ˈsiːzjəm] *kem.* cesium
caesura [sɪˈzjʊərə] *versl.* cesur
C.A.F. *förk. för cost and freight*
café [ˈkæfeɪ] kafé; liten restaurang
cafeteria [ˌkæfɪˈtɪərɪə] cafeteria, självservering
caff [kæf] *sl.* kafé, fik
caffein[e] [ˈkæfiːn] koffein
cage [keɪdʒ] **I** *s* **1** bur **2** *gruv.* uppfordringskorg, hiss **3** *med.* (basket)korg; (mål)bur **II** *v* sätta i bur; spärra in
cagey [ˈkeɪdʒɪ] *vard.* förtegen; försiktig
cahoot [[kəˈhuːt] *s, be in ~[s] with* vara i maskopi med
caiman *se cayman*
Cain [keɪn] Kain; *raise ~* (*sl.*) ställa till bråk
cairn [keən] stenkummel
caisson [kəˈsuːn] **1** kassun, brokista **2** ammunitionsvagn
cajole [kəˈdʒəʊl] lirka med; förmå; locka **cajolery** [-ərɪ] lämpor
cake [keɪk] **I** *s* **1** tårta, [mjuk] kaka; *~s and ale* sötebrödsdagar; *you cannot eat your ~ and have it* man kan inte både äta upp kakan och ha den kvar; *it's a piece of ~* (*vard.*) det är en lätt match; *take the ~* (*vard.*) ta priset; *sell* (*go*) *like hot ~s* (*vard.*) gå åt som smör **2** kakformig sak, bit **3** *Sk.* havrebröd **II** *v* baka ihop [sig]; täcka med hård skorpa **cakewalk** [ˈkeɪkwɔːk] cakewalk (*dans*)
Cal. *förk. för California* **cal.** *förk. för calibre*

calabash—camellia

calorie
calabash ['kæləbæʃ] kalebass[pumpa]
calaboose ['kæləbu:s] *AE. vard.* fängelse
calam|itous [kə'læmɪtəs] katastrofal; **olycks--ity** [-ətɪ] katastrof, olycka
calash [kə'læʃ] **1** kalesch **2** huva, kråka
calcareous [kæl'keərɪəs] kalk-, kalkartad
cal|cification [ˌkælsɪfɪ'keɪʃn] förkalkning **-cify** ['kælsɪfaɪ] förkalka[s] **-cine** ['kælsaɪn] kalcinera[s] **-cium** ['kælsɪəm] *kem.* kalcium
calcu|lable ['kælkjʊləbl] beräknelig, som kan beräknas **-late** [-leɪt] **1** beräkna, kalkylera, räkna ut **2** räkna; ~ [*up*]*on* räkna med **3** *AE.* förmoda; ämna **-lating** [-leɪtɪŋ] beräknande; ~ *machine* räknemaskin **-lation** [ˌkælkjʊ'leɪʃn] beräkning, uträkning, kalkyl; ~ *of ranges* avståndsberäkning **-lator** ['kælkjʊleɪtə] **1** [be]räknare **2** räknetabell **3** räknemaskin, kalkylator
calcu|lous ['kælkjʊləs] *med.* sten-; lidande av sten **-lus** [-ləs] (*pl -li* [-laɪ]) **1** *med.* sten, grus **2** kalkyl; *differential* ~ differentialkalkyl
caldron ['kɔ:ldr(ə)n] *se* cauldron
Caledonia [ˌkælɪ'dəʊnjə] *poet.* Kaledonien (*Skottland*)
calendar ['kælɪndə] **I** *s* **1** kalender; almanacka **2** register, förteckning **II** *v* [in]registrera; ordna och katalogisera
calender ['kælɪndə] **I** *s* mangel **2** satineringsmaskin **II** *v* **1** mangla **2** satinera, glätta
calends ['kælɪndz] *s pl, on the Greek* ~ aldrig
1 calf [kɑ:f] (*pl calves* [kɑ:vz]) **1** kalv **2** unge (*av elefant, val m.fl.*) **3** kalv|läder, -skinn
2 calf [kɑ:f] (*pl calves* [kɑ:vz]) *anat.* vad
calf-bound ['kɑ:fbaʊnd] bunden i kalvskinn
calf love ungdomsförälskelse, svärmeri
cali|brate ['kælɪbreɪt] kalibrera; avväga **-bration** [ˌkælɪ'breɪʃn] kalibrering
calibre ['kælɪbə] kaliber
calico ['kælɪkəʊ] kalikå; kattun
Calif. *förk. för California* **California** [ˌkælɪ'fɔ:njə] Kalifornien
caliph ['kælɪf] kalif
calk [kɔ:k] **1** kalkera **2** *se* caulk
call [kɔ:l] **I** *v* **1** kalla [för], benämna; *be ~ed* kallas, heta; ~ *s.b. names* skälla ut ngn **2** ropa på; kalla på, tillkalla; kalla (ropa) in; sammankalla; ~ *attention to* dra uppmärksamheten till; ~ *into being* skapa; ~ *into play* sätta igång (i rörelse); ~ *into question* sätta i fråga, bestrida; ~ *to account* ställa till ansvar; ~ *to the bar* utnämna till advokat; ~ *to mind* erinra om; ~ *to witness* ta till vittne; ~ *it a day* sluta, lägga av **3** komma på besök, göra visit; ~ *at a*) besöka, titta in hos, *b*) (*om tåg e.d.*) stanna i; ~ *on* hälsa på, besöka **4** ~ [*up*] telefonera [till], ringa [till] **5** ropa; utropa, proklamera; ~ *a halt* kommendera halt; ~ *a strike* utlysa strejk **6** väcka **7** ~ [*out*] ropa (*to* åt); ~ *for a*) kräva, påkalla, erfordra, *b*) komma (gå) och hämta, *c*) efterfråga; ~ [*up*]*on* uppmana, anmoda **8** *kortsp., bildl.* syna; bjuda **9** säga upp (*lån e.d.*) **10** ~ *back a*) ropa tillbaka, *b*) återkalla, *c*) ringa upp igen (senare); ~ *down a*) nedkalla, *b*) *AE.* skälla ut; ~ *forth a*) framkalla, locka fram, *b*) uppbjuda; ~ *in a*) kalla in, *b*) dra in, återkalla, återkräva, *c*) inkalla, tillkalla, *d*) titta in (*on* hos), besöka; ~ *off a*) ställa in, avlysa,

b) ropa tillbaka, *c*) [av]bryta, stoppa; ~ *out a*) ropa (kalla) ut (upp), ropa (kalla) fram, *b*) inkalla, uppbåda, *c*) beordra att strejka, ta ut i strejk, *d*) utropa, skrika till; ~ *up a*) kalla fram (upp), *b*) framkalla, återkalla [i minnet], *c*) *mil.* inkalla, *d*) ringa upp **II** *s* **1** rop **2** lockrop, lockton **3** kallelse; maning, uppfordran; bud; *bildl.* röst; inropning (*av sångare e.d.*); *on* ~ *a*) i beredskap, *b*) på kallelse; *within* ~ inom hörhåll (räckhåll) **4** upprop **5** signal; anrop; påringning; telefonsamtal; *take the* ~ svara i telefon **6** besök, visit **7** *hand.* efterfrågan **8** anledning, orsak; *you had no* ~ *to interfere* du hade ingen anledning att lägga dig i det **9** krav [på återbetalning, på inbetalning]; fordran, anspråk; *on* (*at*) ~ vid anfordran **10** *kortsp.* bud; syn
call box ['kɔ:lbɒks] telefonhytt **callboy** *teat.* sufflörbud **caller** [-ə] **1** besökande, besökare **2** försångare (*i square dance*) **call girl** callgirl (*prostituerad som kontaktas per telefon*)
calligraphy [kə'lɪgrəfɪ] kalligrafi, skönskrift
calling ['kɔ:lɪŋ] yrke; kall **calling card** *AE.* visitkort
callisthenics [ˌkælɪs'θenɪks] (*behandlas som sg el. pl*) (*slags*) gymnastik
call loan ['kɔ:lləʊn] dagslån **call meter** [-ˌmi:tə] samtalsmätare **call note** [-nəʊt] (*fågels*) lockton **call office** [-ˌɒfɪs] telestation
cal|losity [kæ'lɒsətɪ] **1** kallus, valk **2** förhärdelse, känslolöshet **-lous** ['kæləs] **1** valkig **2** förhärdad, okänslig
call-over ['kɔ:ləʊvə] upprop
callow ['kæləʊ] **1** fjäderlös **2** oerfaren, grön
call-up ['kɔ:lʌp] *mil.* inkallelse
callus ['kæləs] kallus, valk
calm [kɑ:m] **I** *a* lugn, stilla **II** *s* lugn, stilla; vindstilla **III** *v* lugna, stilla; ~ *down a*) lugna [ner] sig, *b*) stilla, *c*) lugna
Calor Gas ['kæləgæs] (*varumärke*) gasol
caloric [kə'lɒrɪk] *a* värme- **calorie** ['kælərɪ] kalori **calorific** [ˌkælə'rɪfɪk] värmealstrande
calotte [kə'lɒt] kalott
calque [kælk] *språkv.* översättningslån
calum|niate [kə'lʌmnɪeɪt] förtala **-niation** [kəˌlʌmnɪ'eɪʃn], **-ny** ['kæləmnɪ] förtal
Calvary ['kælvərɪ] Golgata
calve [kɑ:v] kalva **-s** [-z] *pl av 1 o. 2 calf*
calx [kælks] metall-, mineral|aska
calypso [kə'lɪpsəʊ] *mus.* calypso
ca|lyx [ˈkeɪlɪks] (*pl -lyxes el. -lyces* [-lɪsi:z]) *bot.* blomfoder
cam [kæm] *tekn.* [excenter]kam
camber ['kæmbə] **I** *s* välvning, buktning (*av väg*); camber (*på bil*) **II** *v* göra krum; [lätt] svänga [uppåt]
Cambrian ['kæmbrɪən] **I** *a* kambrisk; walesisk **II** *s* walesare
cambric ['keɪmbrɪk] kambrik, batist
Camb. *förk. för Cambridge* **Cambridge** ['keɪmbrɪdʒ] Cambridge **Cambs.** *förk. för Cambridgeshire*
came [keɪm] *imperf. av come*
camel ['kæml] kamel; *Arabian* ~ dromedar **--driver** [-ˌdraɪvə], **-eer** [ˌkæmɪ'lɪə] kameldrivare **-hair** [-heə] kamelhår
camellia [kə'mi:ljə] *bot.* kamelia

camelopard ['kæmɪləpɑːd] *åld.* giraff
camel's hair ['kæmlzheə] kamelhår
cameo ['kæmɪəʊ] **1** kamé **2** (*litterärt*) porträtt
camera ['kæm(ə)rə] **1** kamera **2** domares rum; *in* ~ bakom lyckta dörrar **-man** kameraman, fotograf
camion ['kæmjən] låg lastvagn; lastbil
camisole ['kæmɪsəʊl] blusskyddare
camomile ['kæmə(ʊ)maɪl] *bot.* kamomill
camouflage ['kæmʊflɑːʒ] **I** *s* kamouflage **II** *v* kamouflera, dölja genom kamouflage
1 camp [kæmp] **I** *s* **1** läger (*äv. bildl.*) **2** lägerliv; militärliv **II** *v* **1** slå läger; ligga i läger; ~ [*out*] campa, tälta **2** kampera
2 camp [kæmp] *vard.* **1** camp, bisarr, lustigt gammalmodig **2** femininiserad; homosexuell
campaign [kæm'peɪn] **I** *s* fälttåg; kampanj **II** *v* delta i en kampanj **-er** [-ə] förkämpe; *old* ~ veteran
campanile [ˌkæmpə'niːl] klockstapel, kampanil
camp-bed [ˌkæmp'bed] tält-, turist|säng **camp-chair** fällstol **camper** ['kæmpə] **1** campare **2** camping|bil, -buss, **camp-fever** ['kæmpˌfiːvə] tyfus **camp follower** ['kæmpˌfɒləʊə] marketentare; *bildl.* anhängare
camphor ['kæmfə] kamfer **camphor ball** malkula
camping ['kæmpɪŋ] camping, lägerliv **camping ground (site)** campingplats
camp meeting ['kæmpˌmiːtɪŋ] *AE.* [religiöst] tältmöte (friluftsmöte) **camp site** [-saɪt] campingplats **camp-stool** [-stuːl] fällstol
campus ['kæmpəs] **1** universitet, college **2** *AE.* skol-, college|område; plan, gård
camshaft ['kæmʃɑːft] *tekn.* kamaxel
1 can [kæn] **I** *s* **1** kanna; burk; dunk **2** *sl.* kåk (*fängelse*) **3** *AE. sl.* mugg (*toalett*); rumpa **II** *v* **1** konservera **2** *AE. sl.* avskeda **3** *AE. vard.*, ~ *it!* lägg av!
2 can [kæn] hjälpv (*nekande: cannot, can't*) **1** kan; *you cannot but know it* det måtte du väl veta **2** kan [få], får
Can. *förk. för Canada*
Cana|da ['kænədə] Canada **-dian** [kə'neɪdjən] **I** *s* kanadensare **II** *a* kanadensisk
canal [kə'næl] **I** *s* kanal **II** *v* gräva en kanal igenom **-ize** (*BE. äv. -ise*) ['kænəlaɪz] kanalisera
canard [kæ'nɑːd] [tidnings]anka
canary [kə'neərɪ] **I** *s* **1** kanariefågel **2** *the Canaries* (*pl*) Kanarieöarna **II** *a* ljusgul
canc. *förk. för cancellation; cancelled*
cancel ['kænsl] **1** stryka över, överkorsa **2** annullera, förklara ogiltig; upphäva; återkalla; inställa; avbeställa; lämna återbud till; makulera; stämpla (*frimärke e.d.*); döda (*bankbok*) **3** *mat.* eliminera **4** ~ [*out*] upphäva (ta ut) varandra, motverka **-lation** [ˌkænsə'leɪʃn] **1** över|strykning, -korsande **2** annullering *etc., se cancel 2*
cancer ['kænsə] **1** cancer **2** *bildl.* kräftsvulst **3** *C*~ Kräftan (*i Djurkretsen*); *the Tropic of C*~ Kräftans vändkrets **cancerous** ['kæns(ə)rəs] cancer-, cancerartad **cancer stick** ['kænsəstɪk] *sl.* cancerpinne (*cigarrett*)
cancroid ['kæŋkrɔɪd] **I** *a* **1** krabblik **2** cancerartad **II** *s* (*lindrig*) hudcancer
candelabra [ˌkændɪ'lɑːbrə], **candela|brum** [-brəm] (*pl -bra el. -brums*) kandelaber
candid ['kændɪd] öppen, frispråkig; ~ *camera* dold kamera
candi|dacy ['kændɪdəsɪ] kandidatur **-date** [-dət] kandidat, sökande **-dature** [-dətʃə] *BE.* kandidatur
candied ['kændɪd] kanderad; (*om socker o.d.*) kristalliserad
candle ['kændl] [stearin]ljus; levande ljus; *burn the* ~ *at both ends* (*vard.*) bränna sitt ljus i bägge ändar; *not hold a* ~ *to* (*vard.*) inte kunna mäta sig med; *not worth the* ~ (*vard.*) inte värd krutet (mödan) **--end** [-end] ljusstump **-light 1** levande ljus; eldsljus **2** skymning
Candlemas ['kændlməs] kyndelsmässa
candle|power ['kændlˌpaʊə] normalljus **-stick** [-stɪk] ljusstake
candour ['kændə] **1** uppriktighet, öppenhet **2** opartiskhet
C & W *förk. för country-and-western*
candy ['kændɪ] **I** *s* **1** kandisocker **2** *AE.* karamell[er], godis **II** *v* **1** kandera **2** kristallisera[s] **-floss** sockervadd
cane [keɪn] **I** *s* **1** rör; sockerrör **2** [spatser]käpp **3** spö; rotting **II** *v* prygla, klå upp **cane chair** ['keɪntʃeə] rottingstol **cane sugar** ['keɪnʃʊgə] rörsocker
canine 1 ['keɪnaɪn] hund- **2** ['kænaɪn] ~ [*tooth*] hörn-, ögon|tand
canister ['kænɪstə] **1** kanister; bleck|dosa, -låda **2** (*förr*) kartesch[er] **canister shot** kartesch, kartescher
canker ['kæŋkə] **I** *s* **1** läppcancer **2** rost, brand (*på frukträd*) **3** *bildl.* kräftskada **II** *v* **1** fräta[s] [upp] **2** *bildl.* fräta[s] sönder **cankered** [-d] **1** kräftsjuk; angripen av rost **2** fördärvad **3** förgrämd **cankerous** [-rəs] kräftartad; frätande **cankerworm** skadlig larv
cannabis ['kænəbɪs] cannabis
canned [kænd] **1** konserverad; ~ *food* burkmat; ~ *goods* konserver; ~ *music* (*vard.*) grammofonmusik, 'burkmusik' **2** *sl.* packad (*berusad*)
cannery ['kænərɪ] konservfabrik
canni|bal ['kænɪbl] kannibal **-balism** [-bəlɪz(ə)m] kannibalism **-balize** (*BE. äv. -ise*) [-bəlaɪz] slakta (*bil, maskin e.d.*)
cannikin ['kænɪkɪn] liten kanna
cannon ['kænən] (*pl ~s el. lika*) **1** kanon; automatkanon (*i flygplan*) **2** (*i biljard*) karambol **-ade** [ˌkænə'neɪd] **I** *s* kanonad **II** *v* bombardera, [be]skjuta med kanoner **-ball** kanonkula **-eer** [ˌkænə'nɪə] artillerist
cannon fodder ['kænənˌfɒdə] kanonmat **cannonry** [-rɪ] *koll.* kanoner **2** kanonad **cannon shot** [-ʃɒt] kanonkul|a, -or **2** kanonhåll
cannot ['kænɒt] kan (får) inte
canny ['kænɪ] slug; försiktig i affärer
canoe [kə'nuː] **I** *s* kanot **II** *v* paddla [i kanot]
1 canon ['kænən] **1** kanon, rättesnöre **2** kyrkligt påbud **3** kanoniska böcker **4** *mus.* kanon
2 canon ['kænən] kanik; domkyrkopräst
canon|ess ['kænənɪs] stiftsfröken **-ical** [kə'nɒnɪkl] kanonisk **-icals** [kə'nɒnɪklz] *pl* prästdräkt; *in full* ~ i full ornat **-ization** (*BE. äv. -isation*) [ˌkænənaɪ'zeɪʃn] kanonisering **-ize** (*BE. äv. -ise*) ['kænənaɪz] kanonisera

canon law ['kænən ˌlɔː] kanonisk lag
canoodle [kə'nuːdl] *sl.* kela [med]
can-opener ['kænˌəʊp(ə)nə] konservöppnare
canopy ['kænəpɪ] **I** *s* **1** baldakin; tron-, säng|himmel **2** tak, himlavalv **II** *v* förse med baldakin *etc.*
canst [kænst] *åld.*, *thou* ~ du kan (*se 2 can*)
Cant. *förk. för* Canterbury; Canticles
1 cant [kænt] **I** *s* **1** snedslipad kant **2** sluttning **II** *v* **1** snedslipa **2** ställa på kant **3** stjälpa **III** *a* snedställd, sluttande
2 cant [kænt] **I** *s* **1** skenheligt tal, hyckleri **2** floskler **3** [yrkes]jargong; tjuvspråk **II** *v* använda skenheligt tal *etc.*
can't [kɑːnt] = cannot
Cantab. *förk. för* Cantabrigian *II* **Cantabrigian** [ˌkæntə'brɪdʒɪən] **I** *s* **1** student (lärare) i Cambridge **2** cambridgebo **3** *AE.* student (lärare) vid Harvard **II** *a* cambridge-, från Cambridge
cantaloup[e] ['kæntəluːp] cantaloupmelon
cantankerous [kæn'tæŋk(ə)rəs] grälsjuk
cantata [kæn'tɑːtə] *mus.* kantat
canteen [kæn'tiːn] **1** marketenteri; kantin; lunchrum **2** fältkök; fältflaska; kantin; (*soldats*) matkärl **3** schatull (*för bordssilver*)
1 canter ['kæntə] hycklare, frasmakare
2 canter ['kæntə] **I** *s* samlad (kort) galopp; *win at a* ~ vinna lätt **II** *v* rida (låta gå) i kort galopp
canterbury ['kæntəb(ə)rɪ] not|ställ, -hylla **Canterbury bell** *bot.* blåklocka
canticle ['kæntɪkl] lovsång; *the C~s* (*pl*) Höga visan
cantilever ['kæntɪliːvə] utskjutande stöd, konsol **cantilever bridge** konsolbro
cantle ['kæntl] **1** bit, stycke **2** sadelbom
canto ['kæntəʊ] sång (*del av diktverk*)
canton I *s* ['kæntɒn] kanton, distrikt **II** *v* **1** [kæn'tɒn] indela i distrikt **2** [kæn'tuːn] inkvartera
cantor ['kæntɔː] kantor
Cantuar. *förk. för* Cantuarensis (*lat.*) [*Archbishop*] *of* Canterbury
Canuck [kə'nʌk] *AE. sl.* kanadick, franskspråkig kanadensare
Canute [kə'njuːt] Knut
canvas ['kænvəs] **1** segelduk, tältduk; kanfas; *under* ~ i tält, under segel **2** duk; tavla **3** *koll.* segel **4** *boxn.* ringgolv
canvass ['kænvəs] **I** *v* **1** grundligt dryfta **2** bearbeta (*för att få röster, bidrag e.d.*) **3** agitera; värva röster; ~ *for subscribers* skaffa prenumeranter **II** *s* röstvärvning, agitation **canvasser** [-ə] **1** röstvärvare, valarbetare **2** ackvisitör; försäljare **canvassing** [-ɪŋ] *se canvass II*
canyon ['kænjən] kanjon, djup flodbädd
cap [kæp] **I** *s* **1** mössa; *sport.* lagmössa; ~ *in hand* med mössan i hand, *bildl. äv.* underdånigt; ~ *and bells* narrmössa; ~ *and gown* akademisk dräkt; *the* ~ *fits* anmärkningen är träffande; *set one's* ~ *for* (*at*) (*om kvinna*) lägga sina krokar för **2** hatt (*på svamp*) **3** tänd-, knall|hatt **4** kapsyl, lock, hylsa, hatt, huv **5** krön **II** *v* **1** sätta mössa (kapsyl *etc.*) på; *Sk.* förläna akademisk grad; *be ~ped by England* bli uttagen till engelska landslaget **2** täcka, kröna, ligga ovanpå **3** *vard.* över|glänsa, -träffa, slå; *to* ~ *it all* som kronan på verket, till råga på allt

cap. *förk. för* capacity; capital; capital letter; caput (*lat.*) chapter
capa|bility [ˌkeɪpə'bɪlətɪ] **1** förmåga, duglighet, skicklighet **2** (*i sht pl*) [utvecklings]möjligheter, anlag **-ble** ['keɪpəbl] **1** ~ *of* i stånd till, kapabel till **2** duglig, skicklig; begåvad
capacious [kə'peɪʃəs] rymlig
capac|itate [kə'pæsɪteɪt] *jur.* ge kompetens (befogenhet) (*for* till) **-ity** [-ətɪ] **1** plats, utrymme; volym, mängd; *filled to* ~ fylld till bredden (sista plats); *be at* ~ vara fullt utnyttjad **2** anlag, fallenhet; [fattnings]förmåga **3** egenskap, ställning; *in the* ~ *of* i egenskap av **4** *fys.* kapacitet **5** *jur.* befogenhet, kompetens
cap-à-pie [ˌkæpə'piː] *adv* från topp till tå
caparison [kə'pærɪsn] **I** *s* **1** schabrak, hästmundering **2** utstyrsel **II** *v* **1** förse med schabrak **2** styra ut
1 cape [keɪp] kap, udde; *the C~ a)* Godahoppsudden, *b)* Kapprovinsen; *the C~ of Good Hope* Godahoppsudden; *C~ Coloured* (*Sydafr.*) färgad
2 cape [keɪp] cape, krage
1 caper ['keɪpə] kaprisbuske; ~*s* (*pl*) kapris (*krydda*)
2 caper ['keɪpə] **I** *s* **1** glädjesprång; skoj, upptåg; *cut* ~*s* (*a* ~) göra glädjesprång **2** *AE. sl.* organiserat *an* **II** *v* göra glädjesprång
caper|caillie [ˌkæpə'keɪlɪ], **-calzie** [-'keɪlzɪ] tjäder
Cape Town ['keɪptaʊn] Kapstaden
capias ['keɪpɪæs] *jur.* häktningsorder
capillary [kə'pɪlərɪ] **I** *a* **1** hår-; hårfin **2** hårrörs-, kapillär **II** *s* kapillär, hårrör[skärl]
capital ['kæpɪtl] **I** *a* **1** huvudsaklig, förnämst; ~ *city* huvudstad; ~ *ship* slag|skepp, -kryssare **2** *BE.* utmärkt, ypperlig; ~ *idea* utmärkt (jättebra) idé **3** *jur.* belagd med dödsstraff; döds-; ~ *offence* (*crime*) brott som medför dödsstraff; ~ *punishment* dödsstraff; ~ *sin* dödssynd **4** ödesdiger; ~ *error* ödesdigert misstag **5** stor; ~ *letter* stor bokstav, versal **6** kapital-; ~ *gains* realisationsvinst; ~ *goods* kapitalvaror; ~ *stock* aktiekapital; ~ *transfer tax* gåvoskatt **II** *s* **1** kapital; *make* ~ [*out*] *of* slå mynt av, utnyttja **2** huvudstad **3** stor bokstav, versal; *small* ~ (*boktr.*) kapitäl **4** *byggn.* kapitäl **-ism** ['kæpɪtəlɪz(ə)m] kapitalism **-ist** ['kæpɪtəlɪst] kapitalist **-istic** [ˌkæpɪtə'lɪstɪk] kapitalistisk **-ization** (*BE. äv.* -isation) [ˌkæpɪtəlaɪ'zeɪʃn] kapitalisering, kapitalbildning **-ize** (*BE. äv.* -ise) ['kæpɪtəlaɪz] **1** skriva (trycka) med stor bokstav **2** kapitalisera; förse med kapital **3** dra fördel av, utnyttja
capitation [ˌkæpɪ'teɪʃn] **1** per capita-beräkning **2** [uttagande av] skatt (avgift) per capita
Capitol ['kæpɪtl] *s*, *the* ~ Capitolium (*i Rom, i Washington*)
capitu|late [kə'pɪtjʊleɪt] kapitulera **-lation** [kəˌpɪtjʊ'leɪʃn] kapitulation
capon ['keɪpən] kapun
cap-paper ['kæpeɪpə] brunt omslagspapper
caprice [kə'priːs] nyck, infall **capricious** [kə'prɪʃəs] nyckfull, ombytlig
Capricorn ['kæprɪkɔːn] Stenbocken (*i Djurkretsen*); *the Tropic of* ~ Stenbockens vändkrets
capsicum ['kæpsɪkəm] spansk peppar
cap|sizal [kæp'saɪzl] kapsejsning, kantring **-size**

capstan—cargo steamer

[-'saɪz] kapsejsa, kantra
capstan ['kæpstən] ankarspel, capstan **capstan lathe** *tekn.* supportsvarv
capsule ['kæpsju:l] **1** kapsyl, hylsa **2** kapsel, hölje
Capt. *förk. för* Captain
captain ['kæptɪn] **I** *s* **1** anförare, ledare **2** (*i armén, AE. äv. inom flyget*) kapten; (*i flottan*) kommendör; [sjö]kapten, fartygschef, befälhavare **3** *AE.* hovmästare **4** *AE.* poliskommissarie **II** *v* anföra, leda **-ship** [-ʃɪp] **1** ledarskap, ledning **2** kaptenstjänst
caption ['kæpʃn] **I** *s* överskrift, rubrik; bild-, film|text **II** *v* rubricera, förse med rubrik (bildtext *etc.*)
cap|tious ['kæpʃəs] småaktig, klandersjuk **-tivate** [-tɪveɪt] fängsla, förtrolla, tjusa **-tive** [-tɪv] **I** *a* fången, fängslad **II** *s* fånge **-tivity** [kæp'tɪvətɪ] fångenskap **-tor** ['kæptə] tillfångatagare **-ture** ['kæptʃə] **I** *v* **1** ta till fånga; gripa; erövra, inta; kapa; *bildl.* fånga **2** *schack.* slå **II** *s* **1** tillfångatagande; gripande; erövring; uppbringande; kapande **2** fånge; [krigs]byte
capuchin ['kæpʊʃɪn] **1** damkappa med kapuschong **2** *C~* kapucinmunk **3** ~ [*monkey*] kapucinapa
car [kɑ:] **1** bil **2** spårvagn; järnvägsvagn (*för passagerare*); *AE. äv.* godsfinka gondol, [ballong]korg **4** *poet.* vagn
carafe [kə'ræf] karaff
caramel ['kærəmel] **1** bränt socker **2** kola **3** ljusbrun färg
carapace ['kærəpeɪs] sköldpaddsskal; ryggsköld
carat ['kærət] karat
caravan ['kærəvæn] **I** *s* **1** karavan **2** husvagn **II** *v* bo (åka) i husvagn
caraway ['kærəweɪ] kummin
carbide ['kɑ:baɪd] karbid
carbine ['kɑ:baɪn] karbin
carbohydrate [ˌkɑ:bə(ʊ)'haɪdreɪt] kolhydrat
carbolic [kɑ:'bɒlɪk] *a*, ~ *acid* karbolsyra
carbon ['kɑ:bən] **1** kol **2** *elektr.* kolspets **3** karbonpapper; genomslagskopia **carbonaceous** [ˌkɑ:bə(ʊ)'neɪʃəs] kol-, kolhaltig
carbonate I *v* ['kɑ:bəneɪt] behandla med kolsyra; ~*d* kolsyrad, kolsyrehaltig **II** *s* ['kɑ:bənɪt] karbonat
carbon copy ['kɑ:bənˌkɒpɪ] genomslagskopia
carbon dating kol-14-metoden **carbon dioxide** koldioxid
carbonic [kɑ:'bɒnɪk] *a*, ~ *acid* kolsyra
carboniferous [ˌkɑ:bə'nɪf(ə)rəs] *a*, ~ *age* (*period*) karbon[tiden]
carbon|ize (*BE. äv. -ise*) ['kɑ:bənaɪz] karbonisera; förkola
carbon monoxide ['kɑ:bənmɒˌnɒksaɪd] koloxid
carbon paper karbonpapper
carborundum [ˌkɑ:bə'rʌndəm] karborundum
carboy ['kɑ:bɔɪ] stor korgflaska, damejeanne
carbuncle ['kɑ:bʌŋkl] karbunkel (*böld o. ädelsten*)
carburett|er, -or [ˌkɑ:bju'retə] förgasare, karburator
carc|ase, -ass ['kɑ:kəs] **1** kadaver, as, åtel **2** slaktat djurs kropp **3** *vard.* kroppshydda; *save one's* ~ rädda livhanken **4** tomt skrov, stomme; spillra
carcinogen [kɑ:'sɪnədʒən] carcinogent (cancerframkallande) ämne
1 card [kɑ:d] **I** *s* **1** kort; ~*s* (*äv.*) kortspel; *punch* (*punched*) ~ hålkort; *get one's* ~*s* få sparken; *have a* ~ *up one's sleeve* ha ngt i bakfickan; *it's on* (*AE. in*) *the* ~*s* det är troligt; *speak by the* ~*s* väga varje ord **2** program; lista **3** *vard.* rolig karl; original, [konstig] typ; *a knowing* ~ en spjuver
2 card [kɑ:d] **I** *s* **1** [ull]karda] **II** *v* karda
Card. *förk. för* Cardinal
cardam|om, -um ['kɑ:dəməm] kardemumma
cardan ['kɑ:dn] kardan-, kardansk **cardan joint** kardanknut **cardan shaft** kardanaxel
cardboard ['kɑ:dbɔ:d] papp, kartong **card-carrying** *a*, ~ *member* [in]registrerad medlem
card-game kortspel
cardiac ['kɑ:dɪæk] **I** *a* hjärt-; ~ *arrest* hjärtstillestånd **II** *s* **1** hjärtstimulerande medel **2** hjärtpatient
cardigan ['kɑ:dɪgən] cardigan, stickad kofta
cardinal ['kɑ:dɪnl] **I** *a* **1** huvud-, huvudsaklig, främst; avgörande; ~ *number* (*numeral*) grundtal; *the* ~ *points* de fyra väderstrecken **2** högröd, purpurröd **II** *s* **1** kardinal **2** purpurrött **3** kardinalfågel
card index ['kɑ:dˌɪndeks] kortregister, kartotek
cardi|ogram ['kɑ:dɪə(ʊ)græm] kardiogram **-ologist** [ˌkɑ:dɪ'ɒlədʒɪst] kardiolog, hjärtspecialist
cardsharp[er] ['kɑ:dˌʃɑ:p(ə)] falskspelare **card table** spelbord
care [keə] **I** *s* **1** bekymmer **2** omsorg, omtanke (*for* om); noggrannhet; [*handle*] *with* ~ aktas för stötar, [hanteras] varsamt; *take* ~ *to* vara noga med att; *take* ~ *not to* akta sig för att **3** omvårdnad, vård; *take* ~ *of* sörja för, ta hand (vård) om, sköta [om], vara rädd om, akta; *take* ~! akta dig!, se upp!, sköt om dig!, ha det så bra! **4** ~ *of* (*c/o*) adress **II** *v* **1** bry sig om [det]; ~ *about* bekymra (bry) sig om; ~ *for a*) tycka om, *b*) ta hand om, sörja för, *c*) bry sig om; *would you* ~ *for* skulle du vilja ha; *who* ~*s?* vad vör det mig!; *I don't* ~ det gör mig detsamma; *I couldn't* ~ *less* (*vard.*) det struntar jag i; *I don't* ~ *if I do* gärna för mig **2** ~ *to* ha lust (tycka om) att, [gärna] vilja
careen [kə'ri:n] [komma att] kränga
career [kə'rɪə] **I** *s* **1** levnadslopp, bana; karriär **2** [full] fart **II** *v* ila, rusa **career diplomat** [-ˌdɪpləmæt] yrkesdiplomat **career girl (woman)** [-ˌgɜ:l, -ˌwʊmən] yrkes-, karriär|kvinna **careerist** [-rɪst] karriärist, streber **careers master** [-ˌmɑ:stə] yrkesvalslärare **careers officer** [-ˌɒfɪsə] yrkesvägledare
care|free ['keəfri:] sorglös, bekymmerslös **-ful** [-f(ʊ)l] **1** omsorgsfull; noggrann **2** försiktig; aktsam (*of* om, med); *be* ~ *with* vara rädd om, akta **-less** [-lɪs] **1** sorglös **2** slarvig, vårdslös; oförsiktig **3** likgiltig (*of* för), obekymrad (*of* om) **carelessness** [-lɪsnɪs] sorglöshet, slarv *etc.*, *se* careless
caress [kə'res] **I** *v* smeka **II** *s* smekning
care|taker ['keəˌteɪkə] portvakt, fastighetsskötare; uppsyningsman, vaktmästare **-worn** tärd, förgrämd
cargo ['kɑ:gəʊ] skepps-, flyg|last, last **cargo**

steamer lastångare
carhop ['kɑ:hɒp] *AE. vard.* uppassare på drive-in-restaurang
Caribbean [ˌkærɪ'bi:ən] karibisk
caribou ['kærɪbu:] amerikansk ren
carica|ture ['kærɪkətjʊə] **I** *s* karikatyr **II** *v* karikera **-turist** [-ˌtjʊərɪst] karikatyrtecknare; parodiförfattare
caries ['keərɪi:z] karies; tandröta; benröta
carillon ['kærɪljən] klockspel
carious ['keərɪəs] kariesangripen
Carmelite ['kɑ:mɪlaɪt] karmelit[munk, -nunna]
carmine ['kɑ:maɪn] **I** *a* karminröd **II** *s* karmin
carnage ['kɑ:nɪdʒ] blodbad, slakt
carnal ['kɑ:nl] köttslig, sinnlig; *have ~ knowledge of (jur.)* ha sexuellt umgänge med **-ity** [kɑ:'nælətɪ] sinnlighet
carnation [kɑ:'neɪʃn] **I** *s* **1** nejlika **2** ljusröd (skär) färg; hudfärg **II** *a* ljusröd, skär; hudfärgad
carnelian [kə'ni:ljən] *miner.* karneol
carney ['kɑ:nɪ] *vard.* ställa sig in hos; smickra, fjäska för
carnival ['kɑ:nɪvl] **1** karneval **2** kringresande tivoli **3** bullrande och uppsluppet festande
carni|vore ['kɑ:nɪvɔ:] rovdjur **-vorous** [kɑ:'nɪv(ə)rəs] köttätande
carny *se carney*
carol ['kær(ə)l] **I** *s* [lov]sång; jul|psalm, -sång **II** *v* [lov]sjunga; drilla
carom ['kærəm] *AE.* (*i biljard*) karambolage
carotid [kə'rɒtɪd] *a, ~ [artery]* halspulsåder
carousal [kə'raʊzl] supkalas, dryckesgille **carouse** [kə'raʊz] rumla, festa
carousel [ˌkæru:'zel] *AE.* karusell
1 carp [kɑ:p] (*pl ~s el. lika*) *zool.* karp
2 carp [kɑ:p] gnata; klanka (*at* på)
car park ['kɑ:pɑ:k] parkeringsplats
Carpathian [kɑ:'peɪθjən] *a, the ~ Mountains* Karpaterna
carpen|ter ['kɑ:pəntə] **I** *s* timmerman, byggnadssnickare; *the ~'s son* Jesus **II** *v* timra, snickra **-try** [-trɪ] **1** snickeri[arbete] **2** timmermans-, snickar|yrke
carpet ['kɑ:pɪt] **I** *s* matta; *be on the ~* (*vard.*) *a*). vara under övervägande, *b*) bli åthutad **II** *v* **1** mattbelägga **2** *vard.* ge en skrapa **carpetbag** resväska **carpetbagger** [-ˌbægə] *AE.* politisk lycksökare **carpet knight** [-naɪt] dagdrivare **carpet rod** [-rɒd] mattstång (*för trappmatta*) **carpet slipper** [-ˌslɪpə] filttoffel **carpet-sweeper** [-ˌswi:pə] (*mekanisk*) mattsopare
car|-pool ['kɑ:pu:l] **I** *s* samåkningsgrupp **II** *v* samåka **-port** ['kɑ:pɔ:t] carport, övertäckt bilplats
carrel[l] ['kærəl] (*på bibliotek e.d.*) studiecell
carriage ['kærɪdʒ] **1** vagn, ekipage; *~ and four* fyrspann; *~ and pair* tvåspännare **2** *tekn.* vagn; *järnv.* personvagn **3** lavett **4** transport, frakt **5** fraktkostnad; *~ forward* frakten betalas av mottagaren; *~ free (paid)* fraktfritt **6** hållning, sätt att föra sig **-way** kör|väg, -bana; *dual ~* väg med skilda körbanor
carrier ['kærɪə] **1** bärare, bud; åkare; transportföretag **2** paket-, bagage|hållare; *AE.* takräcke **3** *med.* smittbärare **5** hangarfartyg **6** brevduva **7** *radio.* bärvåg **carrier bag** bärkasse **carrier pigeon** [-ˌpɪdʒɪn] brevduva **carrier wave** *radio.* bärvåg
carrion ['kærɪən] kadaver **carrion crow** [-'krəʊ] *zool.* svartkråka
carrot ['kærət] morot; *~s* (*behandlas som sg, vard.*) rödhårig person **carroty** [-ɪ] **1** morotsröd **2** rödhårig
carrousel [ˌkæru:'zel] *AE.* karusell
carry ['kærɪ] **I** *v* **1** bära; bära på; medföra (*äv. bildl.*), ha med (på) sig; *bildl.* bära upp; forsla, frakta; *~ all before one* slå ner allt motstånd, genomdriva allt; *~ authority* vara inflytelserik; *~ the can* (*vard.*) få ta ansvaret; *~ into effect* utföra; *~ interest* löpa med ränta; *~ it* (*one's point*) få sin vilja igenom; *~ a tune* hålla ton[en]; *~ two* (*mat.*) två i minnet; *~ weight a*) ha inflytande, *b*) väga tungt **2** bära, föra, leda (*äv. bildl.*); *~ the joke too far* driva skämtet för långt **3** innehålla; ha plats för, rymma, ta; (*om tidning äv.*) ha, publicera; *~ing capacity* last|förmåga, -kapacitet **4** bära, hålla, föra; *~ one's head high* bära huvudet högt; *~ o.s.* uppträda, [upp]föra sig **5** intaga, erövra; vinna (*val, pris e.d.*); *~ the day* ta hem (avgå med) segern **6** driva (få) igenom, genomdriva (*lag e.d.*); *the motion was carried* motionen antogs (gick igenom) **7** *bokför.*, *~ [forward]* överföra, transportera **8** (*om projektil e.d.*) gå, nå; (*om ljud*) [kunna] höras **9** *AE.* få majoritet **10** *vard.* palla för, tåla (*sprit*) **11** *~ away a*) bära (föra *etc.*) bort, *b*) hänföra, rycka med sig; *be carried away by* ryckas med av, bli upptänd av; *~ back* föra tillbaka (*äv. i tiden*); *~ forward* (*bokför.*) överföra, transportera; *~ off a*) bära (föra *etc.*) bort, *b*) (*om döden*) rycka bort, *c*) hemföra, vinna, *d*) lyckas med, klara av; *~ on a*) fortsätta, gå (föra) vidare, *b*) föra (*samtal e.d.*), utöva, bedriva, *c*) *vard.* bråka, ställa till bråk; *~ on with* (*vard.*) ha en affär med; *~ out a*) utföra, genomföra, *b*) avsluta, slutföra; *~ over a*) bära (föra *etc.*) över, *b*) uppskjuta, *c*) *bokför.* transportera, överföra; *~ through a*) genomföra, fullfölja, driva igenom, *b*) hjälpa (klara) igenom **II** *s* **1** bärande, förande *etc.* **2** skottvidd, räckvidd
carry|all ['kærɪɔ:l] **1** [lätt] vagn **2** *AE.* rymlig väska **-cot** babylift **-over** [-ˌəʊvə] **1** *bokför.* transport **2** rest, överskott
carsick ['kɑ:sɪk] bil-, åk|sjuk
cart [kɑ:t] **I** *s* (*tvåhjulig*) kärra; *be in the ~* vara i knipa; *leave a p. in the ~* lämna ngn i sticket **II** *v* **1** köra, forsla (*m. kärra*) **2** släpa [på] **-age** ['kɑ:tɪdʒ] **1** transportkostnad, forlön **2** forsling (*m. kärra*)
carte [kɑ:t] matsedel **carte blanche** [ˌkɑ:t-'blɑ̃:(n)ʃ] **1** blankofullmakt **2** carte blanche, full handlingsfrihet
cartel [kɑ:'tel] kartell
carter ['kɑ:tə] åkare, körare
cart|ful ['kɑ:tf(ʊ)l] vagnslass **-horse** arbetshäst
cartilage ['kɑ:tɪlɪdʒ] brosk
cartload ['kɑ:tləʊd] vagnslass; *bildl.* helt lass
carto|grapher [kɑ:'tɒgrəfə] kartograf, kartritare **-graphy** [-grəfɪ] kartografi **-mancy** ['kɑ:tə(ʊ)mænsɪ] spående i kort
carton ['kɑ:tn] kartong, papposk
cartoon [kɑ:'tu:n] **1** skämtteckning; [politisk] karikatyr **2** [tecknad] serie; [*animated*] *~* tecknad (animerad) film **3** *konst.* kartong **-ist** [-ɪst]

skämt-, karikatyr|tecknare
cartridge ['kɑ:trɪdʒ] **1** patron **2** kassett **3** pick-up **cartridge belt** patronbälte **cartridge box** patron|väska, -kök **cartridge case** patronhylsa **cartridge paper** [-ˌpeɪpə] **1** karduspapper **2** kraftigt ritpapper
cart|wheel ['kɑ:twi:l] kärr-, vagns|hjul; *turn ~s* hjula **-wright** vagnmakare
carve [kɑ:v] **1** skära för (upp) (*stek e.d.*) **2** skära, snida; skära ut (in); gravera; skulptera **3** *~ out a*) skära (snida *etc.*) ut, *b*) vard. skapa sig; *~ up a*) skära i bitar, *b*) uppdela **carver** ['kɑ:və] **1** träsnidare; skulptör; gravör **2** förskärar|e, -kniv **carving** ['kɑ:vɪŋ] **1** [trä]snideri **2** utskuret (uthugget) arbete, sniderı **carving knife** förskärar|e, -kniv
cascade [kæ'skeɪd] **I** *s* kaskad **II** *v* falla som en kaskad, falla i kaskader
1 case [keɪs] **I** *s* **1** fall; händelse; ärende, sak, fråga; situation, läge; *in ~* om, ifall; *bring it just in ~* ta med den för alla eventualiteter; *in ~ of* i händelse av, vid; *in the ~ of* i fråga om, när det gäller, för; *in any ~* i vilket fall som helst, i varje fall, i alla händelser; *in no ~* under inga omständigheter; *in that ~* i så fall; *in this ~* i det här fallet; *as the ~ may be* allt efter omständigheterna; *be in good ~* vara i goda omständigheter **2** [rätts]-fall; process, mål; sak; bevis[material]; skäl; *the ~ for the defendant* (*the prosecution*) försvarets (åklagarsidans) sakframställning; *there is a good ~ for* det finns starka skäl för, mycket talar för; *there is a lady in the ~* det är en kvinna med i spelet; *have a strong ~* ha en stark ställning, ha goda skäl; *make out one's ~* bevisa [riktigheten i] sina påståenden **3** [sjukdoms]fall; patient; klient **4** språkv. kasus **5** *vard.* original, egendomlig typ
2 case [keɪs] **I** *s* **1** låda, ask; skrin; etui; lår **2** hölje, fodral; huv; överdrag, kuddvar; boett; [bok]pärm; [glas]monter; fack **3** *boktr.* kast; *lower ~ types* gemena; *upper ~ types* versaler **II** *v* **1** lägga in [i en låda *etc.*] **2** *AE. sl.* spana in (*i sht plats som skall rånas*)
case book ['keɪsbʊk] **1** *med.* [sjuk]journal **2** bok med typfall
case-harden ['keɪsˌhɑ:dn] ythärda (*metall*); *bildl.* härda
case history ['keɪshɪstərɪ] fallbeskrivning; sjukdomshistoria
casein ['keɪsi:ɪn] kasein, ostämne
case knife ['keɪsnaɪf] slidkniv
case law ['keɪslɔ:] prejudikatlag
casemate ['keɪsmeɪt] kasematt, bombfritt valv
casement ['keɪsmənt] fönster (*med gångjärn på sidorna*)
caseous ['keɪsɪəs] ostaktig
case shot ['keɪsʃɒt] kartesch[er]
case study ['keɪsstʌdɪ] case study, fallstudie
casework ['keɪswɜːk] casework, individualinriktat socialarbete
cash [kæʃ] **I** *s* kontanter, reda pengar; kassa; *hard ~* reda pengar; *~ on delivery* [mot] postförskott (efterkrav); *~ down* mot kontant betalning; *in ~* vid kassa; *out of ~* utan kontanter, pank; *pay* [*in*] *~* betala kontant; *be short of ~* ha ont om kontanter **II** *v* lösa in (ut), kvittera ut; förvandla till kontanter; få pengar på; diskontera; *~ in a*) lösa in,

b) *AE. sl.* lämna in (*dö*) ; *~ in on* (*sl.*) dra fördel av, utnyttja; *~ up* (*BE.*) räkna [dags]kassan
cash|-account [ˌkæʃəˈkaʊnt] kassakonto **--book** ['kæʃbʊk] kassabok **--box** ['kæʃbɒks] kassa|skrin, -låda
cash crop ['kæʃkrɒp] avsalugröda **cash desk** kassa (*i varuhus e.d.*) **cash discount** kassarabatt
cashew [kæ'ʃu:] kasju[nöt]
cash flow ['kæʃfləʊ] penningflöde
1 cashier [kæ'ʃɪə] kassör, kassörska
2 cashier [kə'ʃɪə] *mil.* avskeda
cashmere [kæʃ'mɪə] kaschmir
cash-price ['kæʃpraɪs] kontantpris **cash register** [-ˌredʒɪstə] kassaapparat
casing ['keɪsɪŋ] hölje, omslag, fodral
casino [kə'si:nəʊ] kasino
cask [kɑ:sk] fat, tunna
casket ['kɑ:skɪt] **1** skrin, schatull **2** urna *AE.* [lik]kista
Caspian ['kæspɪən] *a, the ~ Sea* Kaspiska havet
cassation [kæ'seɪʃn] *jur.* kassation, upphävande
casserole ['kæsərəʊl] gryta (*form o. maträtt*)
cassette [kə'set] kassett
cassock ['kæsək] prästrock, kaftan
cast [kɑ:st] **I** *v* (*cast, cast*) **1** kasta (*äv. bildl.*); *bildl.* förkasta, förvisa; *~ anchor* kasta ankare; *~ a glance* kasta en blick; *~ lots* dra lott; *~ into prison* kasta i fängelse; *~ a shadow* kasta en skugga; *~ a shoe* (*om häst*) tappa en sko; *~ a spell on* förhäxa; *~ teeth* tappa tänder; *~ a vote* avge en röst **2** gjuta; stöpa; [ut]forma, utarbeta **3** kasta av; fälla (*löv, skinn e.d.*) **4** *teat.* tilldela (*roll*) **5** *~* [*up*] addera; räkna [ut] **6** förutsäga; ställa (*horoskop*); *~ a person's fortune* spå ngn **7** *~ about* se sig om (*for* efter); *~ away a*) kasta bort, *b*) förspilla; *be ~ away* lida skeppsbrott; *~ back* (*bildl.*) återvända; *~ down* slå ner (*blicken*); *be ~ down* vara nedslagen; *~ in one's lot with* göra gemensam sak med; *~ off a*) kasta av, lägga av, förkasta, *b*) kasta loss; *~ up a*) kasta upp, kräkas, *b*) räkna ihop **II** *s* **1** kast[ande] **2** kast (*vid fiske*) **3** [fällt] skinn **4** gjutform; avgjutning **5** roll|fördelning, -besättning; *the ~* personerna, de medverkande **6** räkning, addering **7** utseende; läggning; typ **8** *have a ~ in one's eye* skela
castanets [ˌkæstə'nets] *pl* kastanjetter
castaway ['kɑ:stəweɪ] **1** utstött (förtappad) [människa] **2** skeppsbruten (människa) **3** bortkastad sak
caste [kɑ:st] **1** kast; *lose ~* sjunka på samhällsskalan **2** kastväsen
caster ['kɑ:stə] **1** kastare, gjutare *etc., se cast I* **2** ströare (*för socker e.d.*)
casti|gate ['kæstɪgeɪt] tukta; kritisera **-gation** [ˌkæstɪ'geɪʃn] tuktan; skarp kritik
casting ['kɑ:stɪŋ] gjutning; gjutet arbete **casting-net** fisknot, sänkhåv **casting vote** [ˌkɑ:stɪŋ'vəʊt] utslagsröst
cast iron [ˌkɑ:st'aɪən] **I** *s* gjutjärn **II** *a* **1** gjutjärns- **2** järnhård; oböjlig, orubblig
castle ['kɑ:sl] **I** *s* **1** slott; *~ in the air* (*in Spain*) luftslott, dagdröm **2** *schack.* torn **II** *v, schack.* rockera **--builder** [-ˌbɪldə] person som bygger luftslott
cast-off [ˌkɑ:st'ɒf] kasserad (avlagd) sak; ratad

castor—cattle truck

person
castor ['kɑːstə] **1** hjul, trissa (*på möbel*) **2** ströare (*för socker e.d.*); *a set of ~s* ett bordsställ **castor oil** [ˌkɑːstər'ɔɪl] ricinolja
cas|trate [kæ'streɪt] kastrera **-tration** [-'treɪʃn] kastrering
casual ['kæʒjʊəl] **I** *a* **1** tillfällig; flyktig; planlös; *~ labourer* tillfällighetsarbetare; *~ sportsman* söndagsjägare; *~ poor* tillfälligt behövande [person] **2** nonchalant; ledig; *~ clothes* (*dress*) fritids-, vardags|kläder **II** *s* **1** *~s* (*pl*) fritids|kläder, -skor **2** tillfällighetsarbetare
casualty ['kæʒjʊəltɪ] **1** olycksfall **2** *casualties* (*pl*) olycksoffer, förluster i döda, tillfångatagna och sårade **casualty list** förlustlista **casualty ward** olycksfallsavdelning
cat [kæt] **I** *s* **1** katt; katta (*äv. bildl.*); kattdjur; *be like a ~ on a hot tin roof* (*on hot bricks*) vara orolig, sitta som på nålar; *let the ~ out of the bag* avslöja en hemlighet, skvallra; *look like s.th. the ~ brought in* se ovårdad (smutsig, vissen) ut; *put* (*set*) *the ~ among the pigeons* skapa oro i lägret; *it is raining ~s and dogs* det står som spön i backen; *not have room to swing a ~* ha det mycket trångt; *wait for the ~ to jump, see which way the ~ jumps* [vänta och] se vart vinden blåser (vad andra tycker) **2** *sl.* kille, typ **3** (*kortform för caterpillar*) bandtraktor **II** *v, sl.* spy
C.A.T. *BE., förk. för College of Advanced Technology* **cat.** *förk. för catalogue; catechism*
cataclysm ['kætəklɪz(ə)m] **1** kataklysm, naturkatastrof **2** omstörtning; omvälvning
catacomb ['kætəkuːm] katakomb
catafalque ['kætəfælk] katafalk
catalog *AE.*, **catalogue** *BE.* ['kætəlɒg] **I** *s* katalog **II** *v* katalogisera
cataly|sis [kə'tælɪs|ɪs] (*pl -ses* [-siːz]) katalys **-talyst** ['kætəlɪst] katalysator
catamount ['kætəmaʊnt], **-ain** [ˌkætə'maʊntɪn] vildkatt; puma; lodjur
catapult ['kætəpʌlt] **I** *s* **1** katapult **2** slangbåge **II** *v* **1** skjuta ut med katapult **2** skjuta med slangbåge **3** *bildl.* slungas ut
cataract ['kætərækt] **1** katarakt **2** *med.* grå starr
catarrh [kə'tɑː] katarr
catastrophe [kə'tæstrəfɪ] katastrof **catastrophic** [ˌkætə'strɒfɪk] katastrofal
cat burglar ['kætˌbɜːglə] fasadklättrare **catcall** ['kætkɔːl] **I** *s* **1** visselpipa **2** protestvissling **II** *v* vissla [åt]
catch [kætʃ] **I** *v* (*caught, caught*) **1** fånga (*äv. bildl.*); ta fast; få (fatta) tag i, gripa, ta; fängsla (*äv. bildl.*); *~ a person's attention* (*eye*) fånga ngns uppmärksamhet (blick); *~ one's breath* kippa efter andan; *~ hold of* a) ta tag i, b) ta fast; *~ sight of* få syn på **2** ertappa, komma på; *I caught him sleeping* jag kom på honom med att sova; *~ it* (*vard.*) bli utskälld **3** träffa, slå; *the stone caught me on the nose* stenen träffade mig på näsan **4** hinna (komma) med, hinna [i tid] till; *~ the bus* hinna med bussen **5** få, smittas av; *~* [*a*] *cold* bli förkyld **6** förstå, uppfatta, fatta; *I didn't ~ his meaning* jag förstod inte vad han menade **7** fastna med; haka i; *get caught* fastna **8** fastna; haka (hänga) upp sig **9** (*om eld*) ta sig **10** smitta, vara smittsam **11** *~* [*at*] gripa efter, för-

söka få tag i **12** *~ on* (*vard.*) *a*) bli populär (inne), *b*) fatta [galoppen]; *~ s.b. out* (*BE. vard.*) ertappa (komma på) ngn; *~ up a*) ta igen vad man försummat, *b*) hinna ifatt; *I was caught up in my reading* jag var helt uppslukad av läsningen; *~ up on* ta igen; *~ up with a*) hinna ifatt, *b*) komma ikapp med **II** *s* **1** fångande **2** fångst; kap, fynd **3** lyra; *play ~* kasta boll **4** knep, fälla; *there is a ~ in it* det är ngt skumt med det **5** stockning (*i rösten*) **6** [spärr]hake; knäppe, låsanordning **7** *mus.* (*slags*) kanon
catch|-as-catch-can [ˌkætʃəzˌkætʃ'kæn] fribrottning **-ing** ['kætʃɪŋ] smittsam, smittande
catchment area ['kætʃmənt 'eərɪə] **1** flodområde **2** *bildl.* upptagningsområde **catch|penny** ['kætʃˌpenɪ] **I** *a* säljande, publikdragande **II** *s* lockvara **--phrase** [-freɪz] modeord, inneuttryck **-pole, -poll** [-pəʊl] *hist.* exekutionsbetjänt **-up** [-ʌp] *se ketchup* **-word** [-wɜːd] **1** rubrikord **2** *teat.* (*repliks*) slutord **3** slagord
catchy ['kætʃɪ] **1** [an]slående **2** knepig, svår
catechism ['kætɪkɪz(ə)m] **1** katekes **2** förhör
cathe|chize (*BE. äv. -chise*) ['kætɪkaɪz] **1** undervisa i katekesen **2** förhöra, fråga
categorical [ˌkætɪ'gɒrɪkl] kategorisk, bestämd **catego|rize** (*BE. äv. -rise*) ['kætɪgəraɪz] kategorisera **category** ['kætɪgərɪ] kategori
cater ['keɪtə] leverera mat; *~ for a*) leverera mat till, *b*) sörja för, *c*) tillgodose, *d*) servera **-er** [-rə] leverantör av mat **-ing** [-rɪŋ] catering, tillhandahållande (servering) av mat
caterpillar ['kætəpɪlə] **1** [fjärils]larv; kålmask **2** bandtraktor; tank
caterwaul ['kætəwɔːl] **I** *v* jama; väsnas **II** *s* kattskrik; oväsen
catfish ['kætfɪʃ] *zool.* havskatt
catgut ['kætgʌt] tarmsträng, katgut
Cath. *förk. för Cathedral; Catholic*
cathar|sis [kə'θɑːsɪs] **1** katharsis, rening **2** laxering **-tic** [-tɪk] **I** *a* **1** renande **2** laxerande **II** *s* laxermedel
Cathay [kə'θeɪ] *åld.* Kina
cathedral [kə'θiːdr(ə)l] katedral, domkyrka
catherine wheel ['kæθ(ə)rɪnwiːl] **1** rosfönster **2** (*i fyrverkeri*) sol, hjul **3** *turn ~s* hjula
catheter ['kæθɪtə] *med.* kateter
cathode ['kæθəʊd] *elektr.* katod **cathode screen** *TV.* bildskärm
catholic ['kæθəlɪk] **I** *a* **1** universell **2** liberal, vidsynt **3** *C~* katolsk; *the Roman C~ Church* romersk-katolska kyrkan **II** *s, C~* katolik; *Roman C~* romersk katolik **Catholicism** [kə'θɒlɪsɪz(ə)m] katolicism[en]
cat|-ice ['kætaɪs] tunn is **-kin** [-kɪn] *bot.* hänge **--lap** *vard.* [te]blask **-mint** *bot.* kattmynta **-nap** tupplur **-nip** *bot.* kattmynta **-o'-nine-tails** *sjö.* [ˌkætə'naɪnteɪlz] dagg, niosvansad katt
cat's cradle ['kætsˌkreɪdl] "vagga" (*av snöre mellan fingrarna*)
cat's|-eye ['kætsaɪ] kattöga **-foot** ['kætsfʊt] *bot.* kattfot **-tail** *bot.* kaveldun
catsup ['kætsəp] = *ketchup*
cattle ['kætl] *pl* nötkreatur, boskap **cattle|-grid** *BE.*, **--guard** *AE.* färist **cattleman** boskapsuppfödare **cattle plague** boskapspest **cattle show** kreatursutställning **cattle truck** *järnv.*

catty—cementation

boskapsvagn
cat|ty ['kætɪ] **1** kattlik **2** *vard.* elak, giftig **-walk** smal gångbro
Cauca|sian [kɔː'keɪzjən] **I** *s* kaukasier, vit **II** *a* kaukasisk; vit **-sus** ['kɔːkəsəs] *s, the* ~ Kaukasus
caucus ['kɔːkəs] **1** *AE.* förberedande valmöte; planeringsmöte **2** [lokal] valkommitté; *the* ~ partimaskinen
caudal ['kɔːdl] *a* stjärt-, svans-; ~ *fin* stjärtfena
caudate ['kɔːdeɪt] försedd med stjärt (svans)
caught [kɔːt] *imperf. o. perf. part. av catch*
caul [kɔːl] fosterhinna; *born with a* ~ född med segerhuva
cauldron ['kɔːldr(ə)n] kittel
cauliflower ['kɒlɪflaʊə] blomkål
caulk [kɔːk] dikta, täta, driva (*fartyg*)
causal ['kɔːzl] orsaksmässig; orsaks- **causality** [kɔː'zælətɪ] kausalitet, orsakssammanhang
causation [kɔː'zeɪʃn] **1** förorsakande **2** orsakssammanhang **causative** ['kɔːzətɪv] *språkv.* kausativ
cause [kɔːz] **I** *s* **1** orsak, grund, anledning (*of* till) **2** sak (*äv. jur.*); *make common* ~ *with* göra gemensam sak med; *show* ~ ange sina [rätts]grunder **II** *v* [för]orsaka, åstadkomma; förmå; låta
'cause [kɒz, *obetonat* kəz] *vard.* = *because*
causeless ['kɔːzlɪs] grundlös; utan orsak
causerie ['kəʊzərɪ:] kåseri; pratstund, samtal
causeway ['kɔːzweɪ] **1** broväg **2** upphöjd gångbana
caustic ['kɔːstɪk] **I** *a* **1** brännande, frätande; ~ *soda* kaustik soda **2** bitande, sarkastisk **II** *s* frätmedel
cauter|ize (*BE. äv. -ise*) ['kɔːtəraɪz] bränna (*med brännjärn el. frätmedel*) **cautery** [-ɪ] **1** brännjärn **2** bränning
caution ['kɔːʃn] **I** *s* **1** försiktighet **2** varning; tillrättavisning **3** *vard.* festlig typ **II** *v* varna (*against* för); tillhålla, förmana **cautionary** [-ʃnərɪ] varnande, varnings- **caution money** [-ˌmʌnɪ] *BE.* borgen **cautious** [-ʃəs] försiktig
cav. *förk. för cavalry*
cavalcade [ˌkævl'keɪd] kavalkad; procession
cavalier [ˌkævə'lɪə] **I** *s* **1** kavaljer **2** *hist.* ryttare; riddare **II** *a* **1** kavaljers- **2** nonchalant **3** stolt, övermodig
cavalry ['kævlrɪ] kavalleri
cave [keɪv] **I** *s* **1** håla; grotta; källare **2** *polit.* utbrytning ur parti **II** *v* **1** urholka **2** ~ *in a*) falla ihop, störta in, *b*) ge efter, *c*) *vard.* säcka ihop
caveat ['keɪvɪæt] **1** *jur.* protest **2** varning
cave-in ['keɪvɪn] ras, instörtande
caveman ['keɪvmən] **1** grottmänniska **2** *vard.* grobian
cavendish ['kæv(ə)ndɪʃ] (*slags*) tuggtobak
cavern ['kæv(ə)n] håla, grotta **-ous** [-əs] hålig, full av hålor; (*om ögon*) djupt liggande; (*om röst*) ihålig
caviar[e] ['kævɪɑː] kaviar
cavil ['kævɪl] **I** *v* klanka, hacka (*at* på) **II** *s* småaktig (kitslig) kritik; klankande
cavity ['kævətɪ] hålighet, håla; *med.* kavitet; *oral* ~ munhåla
cavort [kə'vɔːt] hoppa omkring
cavy ['keɪvɪ] marsvin
caw [kɔː] **I** *s* kraxande **II** *v* kraxa

cay [keɪ] rev, bank, grund
cayenne [keɪ'en], **cayenne pepper** ['keɪen ˈpepə] kajennpeppar
cayman ['keɪmən] (*pl* ~*s*) *zool.* kajman
C.B. *förk. för Companion of the* [*Order of the*] *Bath*; *County Borough* **C.B.C.** *förk. för Canadian Broadcasting Corporation* **C.B.D.** *förk. för cash before delivery* **C.B.E.** *förk. för Commander of* [*the Order of*] *the British Empire* **C.B.I.** *förk. för Confederation of British Industry* **CBS** *förk. för Columbia Broadcasting System* **C.C.** *förk. för City* (*County*) *Council*; *Cricket Club* **CD** *förk. för compact disc* **C.D.** *förk. för Civil Defence*; *Corps Diplomatique* **c.d.** *förk. för cash discount* **Cdr.** *förk. för Commander* **Cdre.** *förk. för Commodore* **CDT** *förk. för* (*AE.*) *Central Daylight Time* **C.E.** *förk. för chief* (*civil*) *Engineer*; *Church of England*
cease [siːs] **I** *v* upphöra [med]; sluta [upp]; ~ *fire!* eld upphör **II** *s, without* ~ oupphörligt **--fire** [ˌsiːs'faɪə] vapenvila **-less** ['siːslɪs] oupphörlig, ständig
cedar ['siːdə] ceder[trä]
cede [siːd] avträda, överlåta
cedilla [sɪ'dɪlə] *språkv.* cedilj
ceil [siːl] förse med innertak **-ing** ['siːlɪŋ] **1** innertak **2** (*för flygplan*) maximihöjd **3** pris-, låne|-tak
celandine ['seləndaɪn] *bot.*, *a*) *greater* ~ skelört, *b*) *lesser* ~ svalört
cele|brant ['selɪbr(ə)nt] mässförrättande präst, celebrant **-brate** [-breɪt] **1** fira, celebrera **2** prisa, lovsjunga **-brated** [-breɪtɪd] berömd, ryktbar; celeber **-bration** [ˌselɪ'breɪʃn] **1** firande, celebrerande **2** fest **3** förhärligande **4** nattvardsfirande **-brity** [sɪ'lebrətɪ] berömdhet, celebritet
celeriac [sɪ'lerɪæk] *bot.* rotselleri
celerity [sɪ'lerətɪ] snabbhet; hastighet
celery ['selərɪ] *bot.* [blek]selleri
celestial [sɪ'lestjəl] **I** *a* **1** himmelsk; gudomlig; *the C~ Empire* det Himmelska Riket, Kina **2** himla-; ~ *body* himlakropp; ~ *navigation* astronomisk navigation **II** *s* **1** himlainvånare **2** *C~* (*skämts.*) kines
celi|bacy ['selɪbəsɪ] ogift stånd, celibat **-bate** [-bət] **I** *a* ogift **II** *s, be a* ~ leva i celibat
cell [sel] cell; *elektr. äv.* element
cellar ['selə] **I** *s* källare; vinkällare **II** *v* förvara i [vin]källare **-age** [-rɪdʒ] **1** källarutrymme **2** källarhyra **-et** [ˌselə'ret] vinskåp **-flap** ['seləflæp], **--plate** ['seləpleɪt] källarlucka
cell division ['seldɪˌvɪʒn] celldelning
cellist ['tʃelɪst] *mus.* cellist **cello** [-əʊ] *mus.* cello
cellophane ['seləʊfeɪn] cellofan
cellular ['seljʊlə] cell-; cellformig; cellulär; ~ *shirt* brynja; ~ *tissue* cellvävnad **cellule** [-juːl] liten cell
cellu|loid ['seljʊlɔɪd] celluloid **-lose** [-ləʊs] cellulosa
Celt [kelt] kelt **-ic** ['keltɪk] **I** *a* keltisk **II** *s* keltiska [språket]
cement [sɪ'ment] **I** *s* **1** cement; kitt; bindemedel **2** *bildl.* [förenings]band **II** *v* **1** cementera; kitta **2** fast förena **3** hänga samman **-ation** [ˌsiːmen'teɪʃn] **1** cementering; kittning; sammanfogning **2** cementering (*av järn*)

cemetery—chaffer 70

cemetery ['semɪtrɪ] begravningsplats, kyrkogård (*ej vid kyrka*)
cen. *förk. för central* **C.Eng.** *förk. för chartered engineer*
cenotaph ['senə(ʊ)tɑ:f] kenotaf[ium], minnesgravvård
censer ['sensə] rökelsekar
censor ['sensə] **I** *s* censor **II** *v* censurera
censorious [sen'sɔ:rɪəs] [mycket] kritisk; klandersjuk
censorship ['sensəʃɪp] **1** censur **2** censorskap
censure ['senʃə] **I** *s* klander, hård kritik **II** *v* klandra, kritisera, fördöma
census ['sensəs] folkräkning
cent [sent] **1** cent **2** *per* ~ procent; ~ *per* ~ hundraprocentig
cent. *förk. för centigrade; central; century*
cental ['sentl] centner (*vikt = 100 lb = 45,3 kg*)
centaur ['sentɔ:] centaur, kentaur
cente|narian [,sentɪ'neərɪən] **I** *a* hundraårig **II** *s* hundraåring **-nary** [sen'ti:nərɪ] **I** *a* hundraårig, hundraårs- **II** *s* **1** hundraårs|dag, -jubileum **2** hundraårsperiod
centennial [sen'tenjəl] **I** *a* hundraårig **II** *s* hundraårs|dag, -jubileum
center ['sentə] *AE.*, *se centre*
centesimal [sen'tesɪml] **I** *s* hundradel **II** *a* hundradels
centi|grade ['sentɪgreɪd] hundragradig; celsius- **-gram[me]** centigram **-litre** [-,li:tə] centiliter **-metre** [-,mi:tə] centimeter **-pede** [-pi:d] tusenfoting
CENTO *förk. för Central Treaty Organization*
central ['sentr(ə)l] **I** *a* central; center-; mitt-, mellerst; huvud-; ~ *heating* centralvärme; ~ *reserve* mittremsa (*på väg*) **II** *s* **1** central **2** *AE.* telefonstation **-ity** [sen'trælətɪ] centralt läge; central karaktär **-ization** [,sentrəlaɪ'zeɪʃn] centralisering **-ize** (*BE. äv. -ise*) ['sentrəlaɪz] centralisera
centre ['sentə] **I** *s* centrum, center; mitt, medelpunkt; central; ~ *of gravity* tyngdpunkt **II** *v* **1** centrera **2** koncentrera **3** koncentreras (*on* på, till) **4** (*i fotboll*) göra inlägg mot mitten **centre bit** centrumborr **centreboard** *sjö.* centerbord **centrefold** mittuppslag **centre forward** center[forward] **centrepiece** bordsuppsats **centre spread** mittuppslag
cen|tric[al] ['sentrɪk(l)] central, centrum-; centrisk **-trifugal** [sen'trɪfjʊgl] centrifugal **-trifuge** ['sentrɪfju:dʒ] centrifug **-tripetal** [sen'trɪpɪtl] centripetal
centrist ['sentrɪst] *polit.* anhängare av mittenpolitik
centuple ['sentjʊpl] **I** *a* hundrafaldig **II** *v* hundrafaldiga
centurion [sen'tjʊərɪən] *hist.* centurion
century ['sentʃʊrɪ] **1** sekel, århundrade; *the nineteenth* ~ artonhundratalet **2** (*i kricket*) 100 poäng **3** *hist.* centuria
cep [sep] stensopp, karljohanssvamp
cephalic [keˈfælɪk] huvud-, kranie-
ceramic [sɪˈræmɪk] **I** *a* keramisk **II** *s* **1** keramiskt material **2** keramikföremål **ceramics** [-s] (*behandlas som sg*) keramik (*krukmakeri*)
cereal ['sɪərɪəl] **I** *a* säd[es]- **II** *s* sädesslag; *~s* (*pl äv.*) *a*) spannmål, *b*) flingor, rostat ris (*e.d.*, *som morgonmål*)
cere|bellum [,serɪ'beləm] *s*, [*the*] ~ lilla hjärnan **-bral** ['serɪbr(ə)l] **1** cerebral, hjärn-; ~ *palsy* cerebral pares, cp **2** intellektuell **-brum** ['serɪbrəm] *s*, [*the*] ~ stora hjärnan
cere|monial [,serɪˈməʊnjəl] **I** *a* ceremoniell, högtids- **II** *s* ceremoniel **-monious** [-ˈməʊnjəs] ceremoniös; omständlig **-mony** ['serɪmənɪ] **1** ceremoni; högtidlighet; *Master of Ceremonies a*) ceremonimästare, *b*) konferencier **2** (*utan pl*) ceremonier, formalitet[er]; *stand on* ~ hålla på etiketten, vara formell
cerise [səˈriːz] **I** *s* cerise[rött], körsbärsrött **II** *a* ceris, körsbärsfärgad
cert [sɜːt] *vard.* bombsäker grej; given sak; säker vinnare
cert. *förk. för certificate; certification; certified*
certain ['sɜːtn] **1** säker, viss; *for* ~ säkert; *he is* ~ *to come* han kommer säkert **2** viss, ej närmare bestämd; *a* ~ *number* ett visst antal; *to a* ~ *degree* i viss mån (grad) **certainly** [-lɪ] *adv* utan tvivel; säkerligen; [*yes,*] ~*!* ja visst!; ~ *not!* absolut inte!
certainty [-tɪ] säkerhet, visshet; *for a* ~ med säkerhet
certifi|cate I *s* [səˈtɪfɪkət] **1** intyg, attest, bevis; certifikat **2** betyg, diplom **II** *v* [səˈtɪfɪkeɪt] förse med intyg (attest *etc.*), utfärda intyg (attest *etc.*) åt; *~d* [ut]examinerad, behörig **-cation** [,sɜːtɪfɪˈkeɪʃn] **1** intygande, vitsordande **2** utfärdande av intyg
certi|fy ['sɜːtɪfaɪ] **1** attestera; intyga, betyga; auktorisera; *-fied cheque* bekräftad check; *-fied mail* (*AE. ung.*) rekommenderad försändelse; *this is to* ~ *that* härmed intygas att **2** förklara sinnessjuk
certitude ['sɜːtɪtjuːd] säkerhet, visshet
cerulean [sɪˈruːljən] himmels-, azur|blå
cerumen [sɪˈruːmen] örvax
ceruse ['sɪəruːs] blyvitt
cer|vix ['sɜːvɪks] (*pl -vixes el. -vices* [-vɪsiːz]) *anat.* cervix; livmoderhals
cessation [seˈseɪʃn] upphörande; avbrott **cession** ['seʃn] avträdande, överlåtande
cess|pit ['sespɪt], **-pool** kloak-, avlopps|brunn; *bildl.* dypöl
C.E.T. *förk. för Central European Time*
cetacean [sɪˈteɪʃjən] *zool.* **I** *a* val- **II** *s* val
Ceylon [sɪˈlɒn] Ceylon **-ese** [,seləˈniːz] **I** *s* ceylonnes **II** *a* ceylonesisk
C.F. *förk. för Chaplain to the Forces* **cf.** *förk. för confer* jfr, jämför **c.f.** *förk. för cost and freight*
c/f *förk. för carried forward* trpt, transport
C.F.I. *förk. för cost, freight, and insurance* **C.G.** *förk. för captain general; coastguard; Coldstream Guards; consul general* **cg** *förk. för centigram*
C.G.M. *förk. för Conspicuous Gallantry Medal*
C.G.S. *förk. för Chief of General Staff* **c.h.** *förk. för custom house*
chafe [tʃeɪf] **I** *v* **1** gnida (gnugga) [varm] **2** skava **3** irritera **4** gnida sig **5** bli irriterad **II** *s* skavsår
chafer ['tʃeɪfə] skalbagge
1 chaff [tʃɑːf] **1** agnar **2** hackelse
2 chaff [tʃɑːf] **I** *s* drift, skoj; *not to be caught with* ~ inte så lätt att lura **II** *v* skoja [med], retas [med]
chaffer ['tʃæfə] **I** *v* köpslå, schackra **II** *s* köpslående, schackrande

chaffinch—channel selector

chaffinch ['tʃæfɪn(t)ʃ] bofink
chafing-dish ['tʃeɪfɪŋdɪʃ] värmeplatta (*för varmhållning av mat vid bordet*)
chagrin ['ʃægrɪn] **I** *s* förtret; besvikelse **II** *v* förtreta
chain [tʃeɪn] **I** *s* kedja (*äv. bildl.*); kätting; ~*s* (*pl*) bojor **II** *v*, ~ [*up*] fastkedja (*to* vid) **--armour** [ˌtʃeɪn'ɑːmə] ringbrynja
chain gang ['tʃeɪŋgæŋ] *AE.* grupp av hopkedjade straffångar **chain letter** [-ˌletə] kedjebrev **chain mail** [ˌtʃeɪn'meɪl] ringbrynja **chain reaction** ['tʃeɪnrɪˌækʃn] kedjereaktion **chain saw** ['tʃeɪnsɔː] motorsåg **chain-smoke** ['tʃeɪnsməʊk] kedjeröka **chain-smoker** ['tʃeɪnˌsməʊkə] kedjerökare **chain stitch** ['tʃeɪnstɪtʃ] sömn. kejdestygn **chain store** ['tʃeɪnstɔː] kedjebutik, filial[affär]
chair [tʃeə] **I** *s* **1** stol; *the* ~ (*AE.*) elektriska stolen; *take a* ~ sätta sig **2** ordförandeskap; *be in the* ~ sitta som ordförande; *take the* ~ inta ordförandeplatsen; ~*!* ~*!* till ordningen! **3** lärostol; professur **II** *v* bära i gullstol **2** vara ordförande i; sitta som ordförande vid
chair lift ['tʃeəlɪft] stollift **chairman** [-mən] ordförande **chairmanship** ordförandeskap **chairperson** [-ˌpɜːsn] ordförande **chairwoman** [-ˌwʊmən] [kvinnlig] ordförande
chaise [ʃeɪz] **1** schäs, lätt vagn **2** *AE.* vilstol **chaise longue** [ˌʃeɪz'lɒŋg] (*pl chaise*[*s*] *longues*) schäslong
chalet ['ʃæleɪ] **1** chalet, schweizerhydda **2** stuga
chalice ['tʃælɪs] [nattvards]kalk; *poet.* bägare
chalk [tʃɔːk] **I** *s* **1** krita; *as alike* (*different*) *as* ~ *and cheese* (*vard.*) olika som natt och dag; *not by a long* ~ (*vard.*) inte på långa vägar **2** kritstreck **II** *v* **1** rita (skriva) med krita; ~ *up* (*vard.*) *a*) skriva upp (*köpa på kredit*), *b*) notera, få (*poäng*) **2** krita ner
chalk|pit ['tʃɔːkpɪt] kalkbrott **-stone** giktknöl **--striped** kritstrecksrandig
chalky ['tʃɔːkɪ] krit-, kritig; kritvit
challenge ['tʃælɪn(d)ʒ] **I** *v* **1** (*om vaktpost e.d.*) anropa **2** utmana; trotsa **3** bestrida **4** göra anspråk på, tilldra sig **5** *jur.* anföra jäv mot, jäva **II** *s* **1** anrop (*av vaktpost e.d.*) **2** utmaning **3** bestridande **challenge-cup** vandringspokal **challenger** [-ə] utmanare
chamber ['tʃeɪmbə] **1** *åld. el. poet.* kammare; ~ *of horrors* skräckkabinett **2** ~*s* (*pl*) *a*) juristkontor, *b*) domares ämbetsrum **3** *parl.* kammare **4** *C~ of Commerce* handelskammare **chamberlain** [-lɪn] **1** kammarherre **2** *ung.* [kommunal] kamrer **chambermaid** [hotell]städerska **chamber music** [-ˌmjuːzɪk] kammarmusik **chamber orchestra** [-ˌɔːkɪstrə] kammarorkester **chamber pot** [-pɒt] nattkärl
chameleon [kəˈmiːljən] *zool.* kameleont
chamfer ['tʃæmfə] **I** *s* **1** avfasning **2** räffla, fåra **II** *v* **1** avfasa **2** räffla, fåra
chamois ['ʃæmwɑː] stenget **chamois leather** ['ʃæmɪleðə] sämskskinn
chamomile [ˈkæməʊ(ʊ)maɪl] *se camomile*
1 champ [tʃæmp] *v* bita [i], tugga [på]; ~ *at the bit* (*vard.*) brinna av iver (otålighet)
2 champ [tʃæmp] *vard., se champion I 1*
champagne [ˌʃæm'peɪn] champagne
champion ['tʃæmpjən] **I** *s* **1** champion; mästare **2** förkämpe (*of* för) **II** *v* kämpa för, förfäkta **III** *a* förnämst; mästar-; rekord- **-ship 1** mästerskap (*i idrott e.d.*) **2** försvar (*of* för)
Chanc. *förk. för chancellor; chancery*
chance [tʃɑːns] **I** *s* **1** tillfällighet, slump; *by* ~ händelsevis **2** chans; tillfälle; *have an eye for the main* ~ se på förtjänsten, vara om sig; *the* ~*s are against it* det är föga troligt; *stand a fair* ~ ha goda utsikter; *take one's* ~ våga försöket **II** *a* tillfällig **III** *v* hända sig; råka; ~ [*up*]*on* råka på, råka finna **2** riskera; ~ *one's arm* göra ett försök
chancel ['tʃɑːnsl] kor
chancel|lery ['tʃɑːnsələrɪ] **1** kansli **2** kanslersämbete **3** *AE.* ambassad-, konsulats|kansli **-lor** [-lə] **1** kansler; *Lord* [*High*] *C~* lordkansler (*justitieminister o. talman i överhuset*); *C~ of the Exchequer* (*i England*) finansminister **2** *AE.* [universitets]kansler
chancery ['tʃɑːns(ə)rɪ] **1** *C~ Division* (*i England*) lordkanslerns domstol, kanslersrätt (*nu avdelning av högsta domstolen*) **2** *AE.*, [*court of*] ~ domstol som tillämpar sedvanerätt **3** statsarkiv **4** *in* ~ (*vard.*) i knipa
chandelier [ˌʃændə'lɪə] ljuskrona
chandler ['tʃɑːndlə] **1** handlande, hökare **2** ljus|tillverkare, -försäljare
change [tʃeɪn(d)ʒ] **I** *v* **1** [för]ändra (*into* till), ändra på; ~ *front* (*bildl.*) ändra ståndpunkt, göra en helomvändning; ~ *one's mind* ändra sig, ändra åsikt; ~ *one's tune* ändra inställning **2** byta ([*in*]*to* till; *out of* från); byta ut (*for* mot); skifta; ~*one's clothes* byta kläder, byta [om]; ~ *colour* skifta färg; ~ *one's condition* gifta sig; ~ *feet* (*vard.*) byta på fötterna; ~ *gear* växla (*bil e.d.*); ~ *hands* byta ägare; ~ *places* byta plats; ~ *sides* byta sida (*äv. bildl.*) **3** växla (*pengar*) **4** byta [blöjor] **5** [för]ändras, ändra sig; (*om vind e.d.*) växla, kasta om **6** byta (*tåg e.d.*); byta [om], byta kläder **7** ~ *down* (*up*) växla ner (upp) **II** *s* **1** [för]ändring; växling; skifte; ~ *of address* adress[för]ändring; ~*of heart* sinnes[för]ändring; ~ *of life* klimakterium, övergångsålder; *a* ~ *for the better* en förändring till bättre **2** [om]byte, utbyte; omväxling; ~ *of air* luftombyte; *a* ~ *of clothes* ett ombyte med kläder; *for a* ~ som omväxling, för omväxlings skull, (*iron.*) för en gångs skull **3** [*small*] ~ växel[pengar]; *can you give me* ~ *for a pound?* kan ni växla åt mig ett pund åt mig?; *keep the* ~*!* låt det är jämnt!; *get no* ~ *out of s.o.* (*sl.*) inte komma någon vart hos ngn **4** ~*s* (*pl*) växlingar (*vid klockringning*) **5** *åld., C~* börsen **-ability** [ˌtʃeɪn(d)ʒə'bɪlətɪ] ombytlighet, föränderlighet **-able** ['tʃeɪn(d)ʒəbl] **1** ombytlig, föränderlig **2** som kan bytas (ändras) **-ling** ['tʃeɪn(d)ʒlɪŋ] bortbyting **-over** ['tʃeɪn(d)ʒˌəʊvə] **1** omkoppling **2** omslag; *bildl. sport.* växling, byte **-over switch** omkopplare
changing-room ['tʃeɪn(d)ʒɪŋrʊm] omklädningsrum
channel ['tʃænl] **I** *s* **1** kanal, sund; *the C~* Engelska kanalen **2** flodbädd **3** strömfåra; segelränna **4** *bildl.* medium, [informations]väg, kanal **5** *radio., TV.* kanal **II** *v* **1** göra kanal[er] i **2** kanalisera; leda **channel selector** [-sɪˌlektə] kanalväljare

chant [tʃɑ:nt] **I** s **1** poet. sång, melodi **2** kyrkl. liturgiskt recitativ **3** taktfast ropande **II** v **1** poet. [be]sjunga **2** sjunga liturgiskt, mässa **3** ropa taktfast

chanterelle [ˌtʃæntəˈrel] kantarell

chanticleer [ˌtʃæntɪˈklɪə] tupp

chanty [ˈtʃɑ:ntɪ] se shanty 2

cha|os [ˈkeɪɒs] kaos **-otic** [keɪˈɒtɪk] kaotisk

1 chap [tʃæp] **I** s [hud]spricka **II** v **1** (om hud) bli (göra) narig (sprucken) **2 chap** [tʃæp] vard. karl; old ~ gamle gosse

chap. förk. för chaplain; chapter

chaparejos [ˌtʃæpəˈreɪhəʊs] pl, se chaps

chaparral [ˌtʃæpəˈræl] AE. tätt busksnår

chap-book [ˈtʃæpbʊk] hist. folkbok

chapel [ˈtʃæpl] **1** kapell; kyrka; (frikyrklig) gudstjänstlokal, bönhus; ~ of ease annexkyrka; be ~ vara frikyrklig **2** gudstjänst

chaperon [ˈʃæpərəʊn] **I** s, bildl. förkläde **II** v vara förkläde åt

chapfallen [ˈtʃæpˌfɔ:lən] bildl. lång i ansiktet

chaplain [ˈtʃæplɪn] kaplan; (regements-, sjömans-, fängelse- etc.) pastor, präst

chapman [ˈtʃæpmən] åld. gårdfarihandlare

chaps [tʃæps] pl (cowboys) läderbyxor

chapstick [ˈtʃæpstɪk] AE. cerat

chapter [ˈtʃæptə] **1** kapitel; to the end of the ~ för alltid; a ~ of accidents en rad olyckor; ~ and verse (bildl.) säker källa **2** avdelning (av studentförening e.d.) **3** domkapitel; ordenskapitel

1 char [tʃɑ:] [bäck]röding

2 char [tʃɑ:] vard. **I** s städerska **II** v arbeta som städerska, gå och städa

3 char [tʃɑ:] **1** bränna till kol; komma att förkolna **2** förkolna

4 char [tʃɑ:] sl. te

charabanc [ˈʃærəbæŋ] BE. turistbuss

character [ˈkærəktə] **1** karaktär; egenart; a man of ~ en man med god (fast) karaktär **2** person[lighet]; vard. original, individ; public ~ offentlig person; he is quite a ~ han är ett riktigt original **3** person (i bok e.d.); figur, roll; in ~ rollenligt, i stil **4** [skrift]tecken; bokstav; siffra **5** vitsord, betyg **-istic** [ˌkærəktəˈrɪstɪk] **I** a karakteristisk (of för) **II** s känne|märke, -tecken, utmärkande drag **-ization** (BE. äv. -isation) [ˌkærəktəraɪˈzeɪʃn] karakterisering, karakteristik **-ize** (BE. äv. -ise) [ˈkærəktəraɪz] karakterisera, beteckna; känneteckna

charade [ʃəˈrɑ:d] charad

charcoal [ˈtʃɑ:kəʊl] träkol **--burner** [-ˌbɜ:nə] kolare

charge [tʃɑ:dʒ] **I** v **1** ta [betalt]; belasta (konto), debitera (with med, för); ~ up debitera; ~ s.th. to a p.'s account debitera ngns konto med ngt; I won't ~ you for that jag kommer inte att ta betalt av dig för det **2** anklaga; ~ s.b. with s.th anklaga ngn för ngt **3** ~ s.b. to do s.th. ge ngn i uppdrag att göra ngt; ~ s.b. with s.th. förelägga (anförtro) ngn ngt **4** anfalla; rusa på **5** ladda; fylla [i, på]; ~ up ladda (batteri o.d.) **6** storma (rusa) fram (at mot); rusa [in]; he ~d into the room han rusade in i rummet **II** s **1** pris, avgift; taxa; [fast] utgift; ~s (pl) omkostnader; free of (no) ~ gratis; at my uncle's ~ på min farbrors bekostnad; **2** anklagelse, beskyllning (of för); bring a ~ against s.b. rikta en anklagelse mot ngn, väcka åtal mot ngn; convicted on all five ~s förklarad skyldig på alla fem anklagelsepunkterna; be on a murder ~ vara anklagad för mord; on a ~ of anklagad för; lay s.th. to a p.'s ~ lägga ngn ngt till last **3** befallning, åläggande; uppdrag **4** anfall, angrepp, stormning; sound the ~ blåsa till anfall **5** laddning **6** [fängsligt] förvar; give in ~ låta arrestera; take in ~ arrestera **7** skyddsling; anförtrodd sak **8** ansvar; uppsikt; vård; be in ~ ha ansvaret, vara ansvarig; be in ~ of ha ansvaret för, ha hand om, leda, ha vården om; be in the ~ of handhas av; take ~ ta ledningen (kommandot); take ~ of ha hand om **-able** [ˈtʃɑ:dʒəbl] **1** ansvarig, åtalbar (with för) **2** be ~ to s.b. påföras ngns konto

charge account [ˈtʃɑ:dʒəkaʊnt] AE. konto (i affär e.d.)

chargé d'affaires [ˌʃɑ:ʒeɪdæˈfeə] (pl chargés d'affaires [ˌʃɑ:ʒeɪz-]) chargé d'affaires

charger [ˈtʃɑ:dʒə] **1** stridshäst, officershäst **2** laddningsaggregat

chariness [ˈtʃeərənɪs] **1** försiktighet **2** rädsla **3** snålhet

chariot [ˈtʃærɪət] **1** triumf-, strids|vagn **2** lätt fyrhjulig vagn **-eer** [ˌtʃærɪəˈtɪə] körsven

charisma [kəˈrɪzmə] karisma, utstrålning

charitable [ˈtʃærətəbl] **1** barmhärtig; välgörenhets- **2** mild, överseende

charity [ˈtʃærətɪ] **1** barmhärtighet; välgörenhet; allmosor **2** mildhet, överseende **3** människokärlek, kärlek till nästan **4** välgörenhetsinrättning **charity boy (girl)** hist. barnhemsbarn **charity concert** välgörenhetskonsert **charity school** hist. fattigskola

charivari [ˌʃɑ:rɪˈvɑ:rɪ] larm, oljud

charlady [ˈtʃɑ:leɪdɪ] se charwoman

charlatan [ˈʃɑ:lət(ə)n] charlatan, kvacksalvare

Charlemagne [ˈʃɑ:ləmeɪn] Karl den store

Charles [tʃɑ:lz] Karl; ~'s Wain Karlavagnen

charlock [ˈtʃɑ:lɒk] bot. åkersenap

charlotte [ˈʃɑ:lət] s, [apple] ~ äppelcharlotte

charm [tʃɑ:m] **I** s **1** tjusning, behag, charm; ~s (pl) skönhet, behag **2** förtrollning; trollformel **3** amulett; berlock **II** v **1** tjusa, förtrolla, charmera **2** [för]trolla; ~ away trolla bort; ~ s.th. out of a p. avlocka ngn ngt; bear a ~ed life vara osårbar

charmer [ˈtʃɑ:mə] tjusare, charmör **charming** [-ɪŋ] förtjusande, bedårande, charmig, charmfull

charnel house [ˈtʃɑ:nlhaʊs] bårhus

chart [tʃɑ:t] **I** s **1** sjökort **2** diagram; tabell; karta; weather ~ väderkarta **3** vard., the ~s topplista **II** v kartlägga

charter [ˈtʃɑ:tə] **I** s **1** kungabrev; frihetsbrev; privilegiebrev; the Great C~ Magna Charta **2** oktroj, koncession **3** urkund; kontrakt **4** privilegium, tillerkänd rätt[ighet] **5** charter **6** the C~ of the United Nations Förenta Nationernas stadga **7** sjö. certeparti **II** v **1** bevilja rättigheter (oktroj, koncession, privilegium) **2** chartra, befrakta **3** ~ed accountant auktoriserad revisor **charterer** [-rə] befraktare **charter party** [-ˌpɑ:tɪ] sjö. certeparti

chart|-house [ˈtʃɑ:thaʊs], **--room** navigationshytt

charwoman [ˈtʃɑ:wʊmən] städerska, städhjälp

chary [ˈtʃeərɪ] **1** försiktig **2** rädd (of för) **3** snål,

njugg (of med)
1 chase [tʃeɪs] **I** s **1** jakt; förföljande; in ~ of på jakt efter; give ~ to sätta efter, jaga **2** jaktpark **3** jagat villebråd **II** v **1** jaga; förfölja **2** vard. rusa
2 chase [tʃeɪs] ciselera, driva
1 chaser ['tʃeɪsə] **1** förföljare; jägare **2** jagare **3** hinderloppshäst **4** för-, akter|kanon **5** sl. eftersläckare (att skölja ner annan dryck med)
2 chaser ['tʃeɪsə] ciselör
chasm ['kæz(ə)m] svalg, klyfta
chassis ['ʃæsɪs] chassi, underrede
chaste [tʃeɪst] kysk, ren
chasten ['tʃeɪsn] **1** tukta, straffa **2** dämpa, tygla
chastise [tʃæ'staɪz] aga, tukta **-ment** ['tʃæstɪzmənt] aga, tuktan
chastity ['tʃæstətɪ] kyskhet, renhet
chasuble ['tʃæzʊbl] mässhake
chat [tʃæt] **I** v **1** prata **2** ~ up (sl.) snacka in sig hos, flörta med **II** s **1** [små]prat; pratstund **2** zool. stenskvätta
chateau ['ʃætəʊ] (pl ~x [-z] el. ~s) slott; herrgård (utanför England) **chatelaine** ['ʃætəleɪn] åld. slottsfru, värdinna
chat show ['tʃætʃəʊ] intervjuprogram (i radio el. TV)
chattel ['tʃætl] s, goods and ~s lösegendom, tillhörigheter
chatter ['tʃætə] **I** v **1** sladdra, pladdra **2** smattra, skaka **II** s **1** sladder, pladder, prat **2** skrammel, skakning **chatterbox** prat|makare, -kvarn
chatty [-ɪ] pratsam; pratig
chauffeur ['ʃəʊfə] chaufför
chauvin|ism ['ʃəʊvɪnɪz(ə)m] chauvinism; male ~ manschauvinism **-ist** [-ɪst] chauvinist; male ~ manschauvinist; male ~ pig (vard.) [mullig] mansgris
chaw ['tʃɔ:] dial. **I** v **1** tugga **2** ~ up klå [upp] **II** s tobaksbuss
Ch.B. förk. för Chirurgiae Baccalaureus (lat.) Bachelor of Surgery
cheap [tʃi:p] **I** a **1** billig; ~ and nasty billig och dålig; C~ Jack försäljare, knalle; ~ money policy lågräntepolitik **2** tarvlig, billig, futtig; feel ~ känna sig billig (enkel); hold ~ ringakta **II** adv billigt; sell ~ sälja billigt **III** s, vard., I got it on the ~ jag fick den billigt **cheapen** ['tʃi:p(ə)n] **1** göra billig[are], förbilliga **2** bli billig[are]
cheat [tʃi:t] **I** s **1** bedragare, skojare, falskspelare **2** bedrägeri; fusk **II** v **1** bedra, lura; fuska; spela falskt; ~ s.b. [out] of s.th. lura av ngn ngt; ~ at cards fuska i kort; ~ on (vard.) vara otrogen mot, bedra **2** ~ the time fördriva tiden
check [tʃek] **I** s **1** hejdande, stopp, avbrott; hinder; dämpare; act as a ~ on verka återhållande på **2** band, tvång, tygel; kontroll; AE. avbockning, förprickning; in ~ under kontroll; keep (put) a ~ on, keep in ~ a) hålla i schack, b) kontrollera, ha koll på **3** kontramärke, bricka; AE. polletteringsmärke **4** AE. check; [restaurang]nota **5** rutmönster; rutigt tyg; ruta (i mönster) **6** schack (ställning) **7** spelmark **II** interj schack! **III** v **1** hejda, stoppa, avbryta; bromsa, försinka **2** hålla tillbaka, tygla, hejda **3** tillrättavisa **4** kontrollera, checka; AE. bocka (pricka) av (för) **5** AE. stämma överens **6** AE. inlämna till förvaring (i garderob e.d.) **7** schacka **8** rutmönstra, göra ru-

tig **9** ~ in a) checka (boka) in, boka in sig, b) anmäla sig; ~ out a) checka ut (från hotell), b) stämpla ut (från arbete), c) kontrollera; ~ up checka upp, kontrollera
checkbook ['tʃekbʊk] AE. checkhäfte
checked [-t] rutig **checker** [-ə] **1** AE. = chequer **2** put a ~ on lägga band på **3** ~s (pl, behandlas som sg) dam[spel] **checkerboard** [-əbɔ:d] AE. schack-, dam|bräde
check|mate ['tʃekmeɪt] **I** s schack och matt, schackmatt **II** v göra schackmatt **-point** vägspärr; kontrollstation **-room** AE. resgods-, bagage|inlämning **--till** kontrollkassa (i butik) **--up 1** noggrann undersökning **2** hälsokontroll
cheek [tʃi:k] **I** s **1** kind; ~ by jowl tätt ihop, förtroligt **2** vard. fräckhet; I like your ~! du var mig en fräck en! **3** dörrpost **4** sl., ~s (pl) skinkor **II** v, vard. vara fräck mot **cheekbone** ['tʃi:kbəʊn] kindben **cheekiness** ['tʃi:kɪnɪs] fräckhet **cheeky** ['tʃi:kɪ] fräck
cheep [tʃi:p] **I** v pipa **II** s pip
cheer [tʃɪə] **I** s **1** hurra-, bravo|rop **2** munterhet, glädje **3** vard., what ~? hur mås det? **4** åld., make good ~ äta och må gott, kalasa **5** ~s! skål! **II** v **1** hurra [för], ropa bravo [åt] **2** ~ up a) pigga (muntra) upp, b) bli gladare, gaska upp sig **3** ~ [on] heja på **-ful** ['tʃɪəf(ʊ)l] **1** glad[lynt], munter **2** glädjande; trevlig; a ~ room ett ljust och glatt rum **-fulness** ['tʃɪəf(ʊl)nɪs] glatt lynne, glättighet, gladlynthet **-ing** ['tʃɪərɪŋ] **I** s hurrarop; hejarop **II** a uppmuntrande, glädjande
cheerio ['tʃɪərɪəʊ] BE., vard. **1** hej [då]! **2** skål!
cheer|leader ['tʃɪə,li:də] hejarklacksanförare **-less** [-lɪs] dyster, glädjelös
cheery ['tʃɪərɪ] glad, munter, livlig
1 cheese [tʃi:z] s ost; big ~ (sl.) [stor]pamp, höjdare; hard ~ otur; that's the ~ så skall det vara
2 cheese [tʃi:z] v, ~ it! låt bli!, lägg av!, stick!
cheese|board ['tʃi:zbɔ:d] ostbricka **-burger** [-,bɜ:gə] ostburgare **-cake** [-keɪk] **1** (slags tårta) cheesecake **2** sl. sexig bild av pinuppa **-monger** [-,mʌŋgə] osthandlare **-paring** [-,peərɪŋ] **I** s **1** ~s (pl) struntsaker **2** småsnålhet **II** a småsnål, knusslig **--spread** [-spred] mjukost **--straw** [-strɔ:] kokk. oststång
cheesy ['tʃi:zɪ] **1** ostaktig **2** AE. sl. usel, värdelös; äcklig
cheetah ['tʃi:tə] zool. gepard
chef [ʃef] [mäster]kock; köksmästare
chem. förk. för chemical; chemist; chemistry
chemical ['kemɪkl] **I** a kemisk **II** s, ~s (pl) kemikalier
chemise [ʃə'mi:z] damlinne
chemist ['kemɪst] **1** kemist **2** apotekare; ~'s (ung.) apotek, färghandel **chemistry** [-rɪ] kemi
cheque [tʃek] check; a ~ for £100 en check på 100 pund **-book** ['tʃekbʊk] checkhäfte
chequer ['tʃekə] **I** s, ~s (pl) rutmönster **II** v **1** dela i rutor, inruta **2** ge omväxling åt **chequerboard** damspelsbräde **chequered** [-d] **1** rutig **2** brokig, skiftesrik, växlande
cherish ['tʃerɪʃ] **1** hysa, nära (känslor) **2** vårda, omhulda
cheroot [ʃə'ru:t] cigarill
cherry ['tʃerɪ] **I** s **1** körsbär; körsbärsträd **2** sl. mödomshinna; oskuld **II** a körsbärs-; körsbärsröd

cherry brandy [ˌtʃerɪˈbrændɪ] körsbärslikör **cherry-stone** [ˈtʃerɪstəʊn] körsbärskärna **cherry-tree** [ˈtʃerɪtriː] körsbärsträd
chersonese [ˈkɜːsəniːs] *poet.* halvö
cherub [ˈtʃerəb] (*pl* ~s *el.* ~**im** [-ɪm]) kerub **-ic** [tʃeˈruːbɪk] kerubisk; änglalik
chervil [ˈtʃɜːvɪl] *bot.* körvel; *wild* ~ hundloka
Ches. *förk. för Cheshire* [ˈtʃeʃə]
chess [tʃes] schack[spel] **-board** [ˈtʃesbɔːd] schackbräde **-man** [ˈtʃesmæn] schackpjäs
chest [tʃest] **1** kista, låda; ~ *of drawers* byrå **2** bröstkorg; *get s.th. off one's* ~ (*vard.*) lätta sitt hjärta genom att tala om ngt
chest|-expander [ˈtʃestɪksˌpændə] armstärkare **--note** [-nəʊt] bröstton
chestnut [ˈtʃesnʌt] **I** *s* **1** kastanje; kastanjeträd **2** fux **3** kastanjebrunt **4** *vard.* gammalt skämt **II** *a* kastanjebrun
chevalier [ˌʃəvəˈlɪə] riddare
cheviot [ˈtʃevɪət] cheviot[tyg]
chevron [ˈʃevr(ə)n] **1** *her.* sparre **2** *mil.* ärmvinkel
chew [tʃuː] **I** *v* **1** tugga; ~ *the cud a*) idissla, *b*) fundera; ~ *the fat* (*rag*) (*sl.*) *a*) snacka [länge], *b*) skvallra; ~ *one's nails* bita på naglarna **2** *bildl.* grubbla [på] **II** *s* **1** tuggning **2** tugga; *a* ~ *of tobacco* en tuggbuss **chewing gum** [ˈtʃuːɪŋɡʌm] tuggummi
chiaroscuro [kɪˌɑːrəˈskʊərəʊ] *konst.* klärobskyr
chiasmus [kɪˈæzməs] *språkv.* kiasm
chic [ʃiːk] **I** *s* stil, elegans **II** *a* chic, elegant
chicane [ʃɪˈkeɪn] **I** *v* **1** begagna knep; bruka spetsfundigheter **2** lura (*m. knep*) **II** *s* **1** *kortsp.* chikan **2** *se chicanery* **-ry** [-ərɪ] knep, lagvrängning
chicano [tʃɪˈkɑːnəʊ] *AE.* chicano, mexiko-amerikan
chick [tʃɪk] **1** liten kyckling; fågelunge; *the* ~*s* (*vard.*) ungarna, barnen **2** *sl.* tjej, brud
chicken [ˈtʃɪkɪn] **I** *s* **1** kyckling; höna, höns; *she is no* ~ hon är ingen duvunge; *count one's* ~*s before they're hatched* sälja skinnet innan björnen är skjuten **2** *sl.* fegis **II** *a*, *sl.* feg **chicken feed** *sl.* struntsumma **chicken|-hearted** [-ˌhɑːtɪd], **-livered** [-ˌlɪvəd] feg; lättskrämd **chickenpox** [-pɒks] vattkoppor **chicken wire** [-ˌwaɪə] hönsnät
chick|pea [ˈtʃɪkpiː] *bot.* kikärt **-weed** *bot.* våtarv
chicory [ˈtʃɪkərɪ] *bot.* **1** cikoria **2** endive
chide [tʃaɪd] (*chided el. chid, chided el. chid[den]*) gräla på, banna; klandra
chief [tʃiːf] **I** *a* huvud-, förnämst, viktigast, över-, ledande, förste; *C*~ *Constable* polismästare; ~ *mate* förste styrman **II** *s* **1** ledare, chef; hövding, huvudman; befälhavare **2** *in* ~ framför allt, först och främst, i synnerhet **chiefly** [ˈtʃiːflɪ] **I** *adv* huvudsakligen, först och främst, framför allt **II** *a* ledar-, chef- *etc.*, *se chief II* **chieftain** [ˈtʃiːftən] **1** hövding, huvudman **2** ledare
chiffon [ˈʃɪfɒn] chiffong **-[n]ier** [ˌʃɪfəˈnɪə] skänk, byffé
chilblain [ˈtʃɪlbleɪn] kylskada, frostknöl
child [tʃaɪld] (*pl children* [ˈtʃɪldr(ə)n]) barn (*äv. bildl.*); *from a* ~ från barndomen (barnsben); *with* ~ gravid, med barn; *it's* ~*'s play* (*vard.*) det är en barnlek
childbearing [ˈtʃaɪldˌbeərɪŋ] graviditet; barnafödande **childbed** [-bed] barnsäng **child benefit** [-ˌbenɪfɪt] barnbidrag **childbirth** [-bɜːθ] barnsbörd, förlossning **child care** [-keə] barnavård
childe [tʃaɪld] *åld.* junker
Childermas [ˈtʃɪldəmæs] Menlösa barns dag
childhood [ˈtʃaɪldhʊd] barndom **childish** [-ɪʃ] barnslig **childlike** barnslig, som ett barn **child minder** [-ˌmaɪndə] dagbarnvårdare, dagmamma **childproof** [-pruːf] barnsäker **children** [ˈtʃɪldr(ə)n] *pl av child*
Chile [ˈtʃɪlɪ] Chile **Chilean** [-ən] **I** *s* chilen[are] **II** *a* chilensk
chill [tʃɪl] **I** *s* kyla (*äv bildl.*), köld; frostbrytning; *cast a* ~ *over* nedstämma, lägga sordin på; *catch a* ~ förkyla sig; *take the* ~ *off* ljumma **II** *a* kylig, kall (*äv. bildl.*) **III** *v* **1** kyla [av]; bli kall; *bildl.* kyla av; *be* ~*ed to the bone* vara genomfrusen
chil[l]i [ˈtʃɪlɪ] chili (*rödpeppar*)
chilliness [ˈtʃɪlɪnɪs] kylighet **chilly** [-ɪ] **1** kylig (*äv. bildl.*) **2** frusen, känslig för kyla
Chiltern Hundreds [ˈtʃɪltənˈhʌndrədz] *BE.*, *accept the stewardship of the* ~ avsäga sig sitt mandat i underhuset
chime [tʃaɪm] **I** *s* **1** klockspel; [klockspels]ringning **2** harmoni, samklang **II** *v* **1** ringa; klinga **2** harmoniera, stå i samklang **3** *vard.*, ~ *in a*) inflicka, infalla, *b*) instämma
chimera [kaɪˈmɪərə] hjärnspöke, inbillningsfoster, chimär **chimerical** [kaɪˈmerɪk(ə)l] **1** fantasifull **2** inbillad
chimney [ˈtʃɪmnɪ] **1** skorsten **2** lampglas **3** vulkanöppning **chimney corner** [-ˌkɔːnə] spiselvrå **chimney-jack** [-dʒæk] rökhuv (*på skorsten*) **chimneypiece** [-piːs] spisel|krans, -hylla **chimneypot** [-pɒt], **chimney stack** [-stæk] skorsten (*den del som sticker upp över taket*) **chimney stalk** [-stɔːk] fabriksskorsten **chimney swallow** [-ˌswɒləʊ] ladusvala **chimney sweep[er]** [-swiːp, -ˌswiːpə] sotare
chimpanzee [ˌtʃɪmpənˈziː] schimpans
chin [tʃɪn] haka; *keep one's* ~ *up* (*vard.*) hålla humöret uppe; *take it on the* ~ (*vard.*) ta det med jämnmod
China [ˈtʃaɪnə] Kina
china [ˈtʃaɪnə] porslin **china clay** [ˌtʃaɪnəˈkleɪ] porslinslera, kaolin **china closet** [ˈtʃaɪnəˌklɒzɪt] porslinsskåp
China|man [ˈtʃaɪnəmən] **1** kines; ~*'s chance* (*AE.*) mycket liten chans **2** (*i kricket*) skruvat kast **-town** kineskvarter
chinaware [ˈtʃaɪnəweə] porslin
chinchilla [tʃɪnˈtʃɪlə] *zool.* chinchilla
chin-chin [ˈtʃɪnˈtʃɪn] *interj*, *vard.* a) hej, hej!, *b*) skål!
1 chine [tʃaɪn] **1** ås **2** ryggrad; *kokk.* rygg [stycke]
2 chine [tʃaɪn] ravin
Chinese [ˌtʃaɪˈniːz] **I** *s* (*pl lika*) kines **II** *a* kinesisk; ~ *chequers* kinaschack; ~ *lantern* kulört lykta; ~ *white* zinkvitt
1 chink [tʃɪŋk] spricka, rämna; *a* ~ *in one's armour* (*bildl.*) en svag punkt
2 chink [tʃɪŋk] **I** *v* klirra, klinga **II** *s* klirrande,

klingande

Chinook ['tʃɪnʊk] **1** tjinuk (*indian o. språk*); *the* ~ *State* Washington **2** *c*~ chinook (*het vind i v. USA*)
chintz [tʃɪnts] chintz, kretong
chinwag ['tʃɪnwæg] *BE., vard.* pratstund
chip [tʃɪp] **I** *s* **1** spån, skärva, flisa; bit, stycke; *dry as a* ~ snustorr; *he is a* ~ *off the old block* (*vard.*) han är sin far upp i dagen; *have a* ~ *on one's shoulder* (*vard.*) vara lättstött **2** hack (*i porslin e.d.*) **3** tunn skiva (*potatis e.d.*); ~*s* (*pl*) *a*) pommes frites, *b*) *AE.* [potatis]chips **4** *data.* chips **5** spelmark; *have had one's* ~*s* (*BE. vard.*) ha kolat av; *when the* ~*s are down* (*vard.*) när det kommer till kritan **II** *v* **1** tälja; slå en flisa ur, hugga i småbitar; ~*ped potatoes* pommes frites **2** gå [sönder] i småbitar (flisor); bli kantstött **3** *vard.*, ~ *in a*) göra ett inpass (*i samtal*), *b*) lämna ett [penning]bidrag
chip|board ['tʃɪpbɔːd] (*slags*) tunn spånplatta **-munk** *AE.* jordekorre
chipolata [tʃɪpə'lɑːtə] *BE.* (*slags*) prinskorv
chippy [-ɪ] **1** *sl.* snickare **2** *vard.* fish-and-chips-butik **2** *AE. vard.* fnask
chiro|mancy ['kaɪrə(ʊ)mænsɪ] kiromanti, konsten att spå i händer **-podist** [kɪ'rɒpədɪst] fotvårdsspecialist **-practor** ['kaɪrəʊˌpræktə] kiropraktor
chirp [tʃɜːp] **I** *v* kvittra, pipa; (*om syrsa*) gnissla **II** *s* kvitter, pip; (*syrsas*) gnisslande
chirr [tʃɜː] (*om syrsa*) gnissla
chirrup ['tʃɪrəp] **I** *v* **1** kvittra **2** smacka (*åt häst*) **II** *s* kvitter
chisel [tʃɪzl] **I** *s* mejsel; stämjärn **II** *v* **1** mejsla, hugga ut **2** *sl.* lura; lura åt sig
1 chit [tʃɪt] **1** måltidskupong **2** skriftligt meddelande; rekvisition; kvitto
2 chit [tʃɪt] *neds.* barnunge; jäntunge
chit-chat ['tʃɪttʃæt] **I** *s* småprat **II** *v* småprata
chitterlings [tʃɪtəlɪŋz] (*pl*) (*slags*) blandad inälvsmat
chival|ric ['ʃɪvlrɪk], **-rous** [-rəs] **1** ridderlig **2** chevaleresk, artig **-ry** [-rɪ] **1** ridderskap **2** riddarväsen[de] **3** ridderlighet
chive [tʃaɪv] gräslök
chiv[v]y ['tʃɪvɪ] **1** köra med; gnata på **2** jaga **3** rusa omkring
chlo|rate ['klɔːreɪt] klorat **-ride** [-raɪd] klorid; ~ *of lime* klorkalk **-rinate** [-rɪneɪt] klorera (*vatten*) **-rine** [-riːn] klor[gas] **-roform** ['klɒrəfɔːm] kloroform **-rophyll** ['klɒrəfɪl] klorofyll
Ch.M. *förk. för Chirurgiae Magister* (*lat.*) *Master of Surgery* **chm.** *förk. för chairman; checkmate*
choc [tʃɒk] *BE. vard.* choklad **--ice** ['tʃɒkaɪs] chokladdoppad glass
chock [tʃɒk] **I** *s* kil, kloss **II** *v* **1** kila fast, stötta **2** ~ [*up*] proppa full **III** *adv* tätt [ihop] **--a-block** [ˌtʃɒkə'blɒk] fullpackad; sammanträngd **-full** [tʃɒk'fʊl] proppfull
chocolate ['tʃɒk(ə)lət] **I** *s* choklad **II** *a* choklad|-färgad, -brun
choice [tʃɔɪs] **I** *s* val; alternativ; *make* (*take*) *one's* ~ göra sitt val; *by* ~ helst **2** urval; *the* ~ eliten **II** *a* utsökt, utvald
choir ['kwaɪə] **I** *s* **1** kör **2** kor **II** *v* sjunga i kör **-boy** korgosse (*i gosskör*) **-master** körledare

Chinook—chough

choke [tʃəʊk] **I** *v* **1** strypa; kväva **2** täppa till **3** ~ [*down*] undertrycka, hämma **4** ~ *off* (*vard.*) *a*) avskräcka, täppa till munnen på, *b*) döda genom kvävning; ~ *up* täppa till **5** *tekn.* choka **6** [hålla på att] kvävas; storkna; *sl.* dö **II** *s* **1** kvävning[sanfall] **2** *tekn.* choke
choke coil ['tʃəʊkkɔɪl] *elektr.* drossel, induktansspole **chokedamp** gruvgas
choker ['tʃəʊkə] *vard.* hög krage; kraghalsband
chok[e]y ['tʃəʊkɪ] *sl.* arrest, finka
choler ['kɒlə] **1** *åld.* galla **2** *poet.* vrede **cholera** [-rə] kolera **choleric** [-rɪk] kolerisk
cholesterol [kə'lestərɒl] kolesterol
choo-choo ['tʃuːtʃuː] *BE. vard.* tufftuff[tåg]
choose [tʃuːz] (*chose, chosen*) **1** välja (*from* [*among*] bland); utvälja; *we chose him as* (*to be*) *our leader* vi valde honom till [vår] ledare **2** välja; ~ *well* göra ett bra val; *I cannot* ~ *but* jag kan inte [göra] annat än; *there is nothing* (*little*) *to* ~ *between them* det är inte stor skillnad mellan dem **3** behaga, vilja; ~ *to* finna för gott att **choos[e]y** ['tʃuːzɪ] kinkig, kräsen
1 chop [tʃɒp] **I** *v* **1** hugga; hacka; ~ *down* (*off*) hugga ner (av); ~ *wood* hugga ved; ~ *up* hugga upp (i småbitar), hacka sönder; ~ *a ball* (*sport.*) skära en boll **2** klippa av (*ord*); *BE. vard.* stoppa (*plan e.d.*) **II** *s* **1** hugg; *sport.* skärande slag; *get the* ~ (*sl.*) *a*) få sparken, *b*) dödas **2** avhugget stycke **3** kotlett
2 chop [tʃɒp] plötsligt ändra riktning; ~ *and change a*) ideligen ändra (byta), *b*) vara fram och tillbaka
chophouse ['tʃɒphaʊs] stekhus (*restaurang*)
Chopin ['ʃɒpæ:(ŋ)]
chopper ['tʃɒpə] **1** liten yxa; köttyxa **2** *vard.* helikopter **3** *AE. sl.* maskingevär **4** chopper (*mc m. högt styre*) **chopping-block** [-ɪŋbɒk] huggkubbe
choppy ['tʃɒpɪ] (*om sjö*) krabb; (*om vind*) ombytlig, växlande
chops [tʃɒps] *pl* käft; käkar; *lick one's* ~ (*vard. bildl.*) slicka sig om munnen], se fram emot
chopsticks ['tʃɒpstɪks] *pl* (*kinesiska*) mat-, ät|-pinnar **chop suey** [ˌtʃɒp'suːɪ] chop suey (*kinesisk köttgryta*)
choral ['kɔːr(ə)l] kör-; och kör **choral[e]** [kɒ'rɑːl] koral, psalm **choralist** ['kɔːrəlɪst] körsångare
1 chord [kɔːd] **1** *se cord 2 bildl., strike the right* ~ slå an den rätta strängen **3** *geom.* korda
2 chord [kɔːd] *mus.* ackord; *common* ~ treklang
chore [tʃɔː] **1** rutinsyssla **2** obehagligt jobb
chorea [kɒ'rɪə] *med.* danssjuka
choreo|grapher [ˌkɒrɪ'ɒgrəfə] koreograf **-graphy** [-grəfɪ] koreografi
chorister ['kɒrɪstə] **1** korgosse, korsångare **2** *AE.* körledare
chortle ['tʃɔːtl] **I** *v* skrocka, skratta **II** *s* skrockande (kluckande) skratt
chorus ['kɔːrəs] **I** *s* **1** kör **2** balett; sångare **3** refräng; korus; *in* ~ i korus, unisont **II** *v* sjunga (ropa) i korus (kör) **chorus girl** balettflicka **chorus master** körledare
chose [tʃəʊz] *imperf. av choose* **chosen** [-n] *perf. part. av choose*
chough [tʃʌf] *zool.* alpkråka

chouse—cinnabar

chouse [tʃaʊs] *åld.* lura
chow [tʃaʊ] **1** chow-chow *(hund)* **2** *sl.* käk **--chow** [ˌtʃaʊˈtʃaʊ] **1** chow-chow *(hund)* **2** blandade pickles
chowder [ˈtʃaʊdə] *AE.* fisk-, mussel|soppa, -stuvning
Christ [kraɪst] Kristus; ~*!* *(sl.)* jösses!, herre gud!
christen [ˈkrɪsn] **1** döpa **2** döpa till **Christendom** [-dəm] kristenhet[en] **christening** [ˈkrɪsn̩ɪŋ] dop **Christian** [ˈkrɪstjən] **I** *a* kristen, kristlig; ~ *name* förnamn, dopnamn **II** *s* kristen **Christianity** [ˌkrɪstɪˈænətɪ] kristendom[en] **Christian|ize** *(BE. äv. -ise)* [ˈkrɪstjənaɪz] kristna
Christmas [ˈkrɪsməs] jul[en]; juldagen; *Father* ~ jultomten **Christmas box** julpengar *(t. brevbärare etc.)* **Christmas card** julkort **Christmas carol** [-ˌkær(ə)l] julsång **Christmas Day** [-deɪ] juldag[en] **Christmas Eve** [-ˌiːv] julafton[en] **Christmas present** [-ˌpreznt] julklapp **Christmas pudding** [-ˌpʊdɪŋ] plumpudding **Christmastide** [-taɪd] julen, juldagarna **Christmas tree** [-triː] julgran
chromatic [krə(ʊ)ˈmætɪk] **1** färg- **2** *mus.* kromatisk
chrome [krəʊm] krom; kromgult **chrome steel** [ˈkrəʊmstiːl] kromstål **chromium** [ˈkrəʊmjəm] krom **chromium plated** förkromad
chromosome [ˈkrəʊməsəʊm] kromosom
Chron. *förk. för Chronicles* **chron[ol].** *förk. för chronological; chronology*
chronic [ˈkrɒnɪk] **1** kronisk **2** *vard.* förskräcklig; mycket allvarlig **chronicle** [-l] **I** *s* krönika; *C*~*s (pl, bibl.)* Krönikeböckerna **II** *v* uppteckna, skriva en krönika över **chronicler** [-lə] krönikör, krönikeskrivare
chrono|graph [ˈkrɒnə(ʊ)grɑːf] kronograf **-logic[al]** [ˌkrɒnəˈlɒdʒɪk(l)] kronologisk **-logy** [krəˈnɒlədʒɪ] kronologi **-meter** [krəˈnɒmɪtə] kronometer
chrysal|is [ˈkrɪsəlɪs] *(pl -ises -ɪsɪz) el. -ides* [krɪˈsælɪdiːz] puppa
chrysanthemum [krɪˈsænθ(ə)məm] krysantemum
chubby [ˈtʃʌbɪ] knubbig; rund
1 chuck [tʃʌk] **I** *v* **1** klappa *(under hakan)* **2** *vard.* slänga, kasta; ~ *[in, up]* ge upp, skippa, spola; ~ *out* kasta ut, avvisa; ~ *up (AE.)* kasta upp, kräkas; ~*it!* lägg av!, sluta! **II** *s* **1** klapp *(under hakan)* **2** *vard.* kast; *get the* ~ få sparken, bli spolad
2 chuck [tʃʌk] *(hönas)* skrockande
3 chuck [tʃʌk] *tekn.* chuck
4 chuck [tʃʌk] *sl.* käk; *hard* ~ skeppsskorpa
chucker-out [ˌtʃʌkərˈaʊt] *(pl chuckers-out) vard.* utkastare
chuckle [ˈtʃʌkl] **I** *v* **1** småskratta för sig själv **2** *(om höna)* skrocka **II** *s* **1** dämpat skratt **2** skrockande **-head** *vard.* fårskalle
chuck wagon [ˈtʃʌkˌwægən] *AE.* förrådsvagn
chuffed [tʃʌft] *BE. sl.* jätteglad
chug [tʃʌg] **I** *v (om motor)* puttra, tuffa **II** *(motors)* puttrande, tuffande
chum [tʃʌm] **I** *v*, ~ *up with* bli god vän med **II** *s, vard.* god vän, kompis, kamrat **-my** [ˈtʃʌmɪ] *vard.* kamratlig, vänskaplig

chump [tʃʌmp] **1** träkloss **2** *BE. sl., off one's* ~ helt knäpp **3** *vard.* träskalle
chunk [tʃʌŋk] tjockt stycke, stor bit; stor mängd **chunky** [ˈtʃʌŋkɪ] [kort och] tjock; bylsig
church [tʃɜːtʃ] **I** *s* kyrka; *the C*~ *of England, the English (Anglican) C*~ engelska statskyrkan, anglikanska kyrkan; *go to* ~ gå till kyrkan; *go into (enter) the C*~ bli präst **II** *v* kyrktaga **church|goer** [ˈtʃɜːtʃˌgəʊə] kyrksam person; kyrkobesökare **--rate** [-reɪt] *(frivillig)* kyrkoskatt **--service** [-ˌsɜːvɪs] **1** gudstjänst **2** bönbok **-warden** [ˌtʃɜːtʃˈwɔːdn] **1** kyrkvärd; kyrkofullmäktig **2** lång kritpipa **-yard** [ˌtʃɜːtʃˈjɑːd] kyrkogård *(vid kyrka)*
churl [tʃɜːl] tölp, drummel **-ish** [ˈtʃɜːlɪʃ] ohyfsad, drumlig, rå
churn [tʃɜːn] **I** *v* **1** kärna *(smör)* **2** ~ *[up]* röra (piska) upp **3** ~ *out (bildl.)* spotta fram **II** *s* **1** smörkärna **2** *(stor)* mjölkkanna
chut [tʃt] *interj* asch!
chute [ʃuːt] **1** [fall]ränna *(för timmer e.d.)* **2** rutschbana; kälkbacke **3** vattenfall **4** *vard.* fallskärm
chutney [ˈtʃʌtnɪ] chutney *(slags kryddstark pickles)*
chutzpah [ˈhʊtspə] *AE. vard.* fräckhet
C.I. *förk. för Channel Islands* **C.I.A.** *förk. för Central Intelligence Agency*
ciao [tʃaʊ] *vard.* hej [då]!
cica|da [sɪˈkɑːdə], **-la** [-lə] *zool.* cikada, sångstrit **cica|trix** [ˈsɪkətrɪks] *(pl -trices* [ˌsɪkəˈtraɪsiːz]*)* ärr **-trize** *(BE. äv. -trise)* [-traɪz] läka[s]; ärra sig
cicely [ˈsɪs(ɪ)lɪ] *bot.* körvel
cicerone [ˌtʃɪtʃəˈrəʊnɪ] ciceron
C.I.D. *förk. för Criminal Investigation Department (Scotland Yard)*
cider [ˈsaɪdə] cider, äppelvin
C.I.F., c.i.f. *förk. för cost, insurance, and freight*
cig [sɪg] *vard.* cigg *(cigarett)*
cigar [sɪˈgɑː] cigarr **cigar cutter** [-ˌkʌtə] cigarrsnoppare
cigarette [ˌsɪgəˈret] cigarett **cigarette case** cigarrettetui **cigarette end** cigarrettstump, fimp **cigarette holder** [-ˌhəʊldə] cigarrettmunstycke **cigarette lighter** [-ˌlaɪtə] cigarrettändare **cigarette paper** [-ˌpeɪpə] cigarrettpapper **cigar holder** [sɪˈgɑːˌhəʊldə] cigarrmunstycke **cigar lighter** [-ˌlaɪtə] cigarrtändare *(i sht i bil)*
cili|a [ˈsɪlɪə] *pl* **1** ögonhår **2** flimmerhår **-ated** [-eɪtɪd] försedd med ögonhår (flimmerhår)
C.-in-C. *förk. för Commander-in-Chief*
cinch [sɪntʃ] **I** *s* **1** *AE.* sadelgjord **2** *sl.* ngt säkert; lätt sak **3** *AE. vard.* fast grepp **II** *v* **1** *AE.,* ~ *[up]* fästa *(med sadelgjord)* **2** *AE. vard.* få fast grepp om
cincture [ˈsɪŋktʃə] **I** *s* gördel, bälte **II** *v* omgjorda
cinder [ˈsɪndə] **1** slagg; *the* ~*s* kolstybben **2** ~*s (pl)* aska **Cinderella** [ˌsɪndəˈrelə] Askungen **cinder track** kolstybbsbana
cine camera [ˈsɪnɪˌkæm(ə)rə] *BE.* film-, smalfilms|kamera
cinema [ˈsɪnəmə] bio[graf]; *go to the* ~ gå på bio **-goer** [-ˌgəʊə] biobesökare
cinerary [ˈsɪnərərɪ] ask-; ~ *urn* askurna
cinnabar [ˈsɪnəbɑː] cinnober

cinnamon ['sɪnəmən] kanel
cinq[ue] [sɪŋk] (*på kort o. tärning*) femma; (*på tärning äv.*) sinka **cinquefoil** ['sɪŋkfɔɪl] *bot.* fingerört
C.I.O. *förk. för Congress of Industrial Organisation*
cipher ['saɪfə] **I** *s* **1** siffra; *bildl.* nolla; *he is a mere* ~ han är en riktig nolla **2** chiffer[skrift]; chiffernyckel **3** monogram **II** *v* chiffrera
circle ['sɜ:kl] **I** *s* **1** cirkel; ring, krets; *come full* ~ sluta där man börjat; *square the* ~ *a*) finna cirkelns kvadratur, *b*) försöka det omöjliga **2** kretsgång **3** omgång; period **4** *teat.* rad; *the dress* ~ första raden; *the upper* ~ andra raden **5** *bildl.* krets; *in the family* ~ i familjekretsen; *in business* ~*s* i affärskretsar **II** *v* **1** ringa in, göra en ring runt; omge **2** gå (fara *etc.*) omkring (runt); kretsa runt
circlet ['sɜ:klɪt] **1** liten cirkel **2** diadem
circuit ['sɜ:kɪt] **1** omkrets **2** omlopp, varv; rond; tur, runda, [rund]resa; rutt **3** domstolsdistrikt; (*domares*) tingsresa **4** [ström]krets; *short* ~ kortslutning **5** kedja (*av biografer e.d.*) **6** *BE.* racerbana **7** *sport.* rad tävlingar, turneringar **circuit breaker** [-ˌbreɪkə] relä; strömbrytare **circuitous** [səˈkjuːɪtəs] indirekt, kringgående; ~ *road* omväg
circular ['sɜ:kjʊlə] **I** *a* cirkelrund; cirkel-; rund-; cirkulär; rörande sig i cirkel; ~ *letter* cirkulär; ~ *road* kringfartsled; ~ *saw* cirkelsåg; ~ *ticket* rundresebiljett; ~ *tour* rundresa **II** *s* cirkulär **-ize** (*BE. äv. -ise*) [-raɪz] **1** skicka cirkulär till **2** göra cirkelrund
circul|ate ['sɜ:kjʊleɪt] **1** [låta] cirkulera, sätta i omlopp **2** cirkulera, vara i omlopp **-ating** [-eɪtɪŋ] cirkulerande; ~ *decimal* periodiskt decimalbråk; ~ *library* lånebibliotek; ~ *medium* betalningsmedel **-ation** [ˌsɜ:kjʊˈleɪʃn] **1** cirkulation, omlopp **2** avsättning; spridning (*av tidning*); upplaga (*av tidning*) **-atory** [ˌsɜ:kjʊˈleɪt(ə)rɪ] cirkulations-; *the* ~ *system* blodomloppet
circum|cise ['sɜ:kəmsaɪz] omskära **-cision** [ˌsɜ:kəmˈsɪʒn] omskärelse **-ference** [səˈkʌmf(ə)r(ə)ns] omkrets, periferi **-jacent** [ˌsɜ:kəmˈdʒeɪsnt] kringliggande **-locution** [ˌsɜ:kəmləˈkjuːʃn] omskrivning; omsvep **-locutory** [ˌsɜ:kəmˈlɒkjʊt(ə)rɪ] omskrivande **-navigate** [ˌsɜ:kəmˈnævɪgeɪt] kringsegla **-scribe** ['sɜ:kəmskraɪb] **1** begränsa; kringgärda **2** dra en linje kring; *geom.* omskriva **-scription** [ˌsɜ:kəmˈskrɪpʃn] **1** begränsning; kringgärdande **2** omkrets **3** [avgränsat] område **4** *geom.* omskrivning **-spect** ['sɜ:kəmspekt] försiktig **-stance** ['sɜ:kəmstəns] **1** omständighet; förhållande; *under the* ~*s* under sådana omständigheter; *under (in) no* ~*s* under inga förhållanden **2** ~*s* (*pl*) [ekonomiska] förhållanden **3** krus, omständigheter; ståt **4** detaljer (*i berättelse*) **-stantial** [ˌsɜ:kəmˈstænʃl] **1** omständlig **2** beroende på omständigheterna; ~ *evidence* (*jur.*) indicier **-vent** [ˌsɜ:kəmˈvent] **1** överlista **2** kringgå **3** omringa
circus ['sɜ:kəs] **1** cirkus **2** runt torg, rund öppen plats
cirrus ['sɪrəs] **1** *meteor.* fjädermoln **2** *bot.* klänge
cistern ['sɪstən] cistern

cit. *förk. för citation; cited; citizen*
citadel ['sɪtədel] citadell
citation [saɪˈteɪʃn] **1** *jur.* stämning, kallelse **2** citering; citat; åberopande **3** hedersomnämnande
cite [saɪt] **1** *jur.* instämma, kalla **2** åberopa; citera
cither[n] ['sɪθə(n)] *åld.* cittra
citizen ['sɪtɪzn] **1** medborgare; ~ *of the world* världsmedborgare **2** borgare; stadsbo; invånare **3** *AE.* civilperson **-ship** **1** medborgarskap **2** medborgaranda
citric ['sɪtrɪk] *a*, ~ *acid* citronsyra **citron** ['sɪtr(ə)n] **1** (*slags*) citron[träd] **2** (*liten*) vattenmelon **citr[o]us** ['sɪtrəs] citrus-; ~ *fruit* citrusfrukt
cittern ['sɪtɜ:n] *åld.* cittra
city ['sɪtɪ] [stor] stad; *the C*~ *a*) City (*stadsdel i London*), *b*) affärsvärlden **city desk** [tidnings]redaktion för ekonomi och handel; *AE.* lokalredaktion **city editor** (*tidnings*) redaktör för handel och ekonomi; *AE.* lokalredaktör **city hall** stadshus, rådhus **city man** finans-, affärs|man **city planning** [-ˌplænɪŋ] *AE.* stadsplanering **cityscape** [-skeɪp] stadsbild **city slicker** [-ˌslɪkə] *vard.* sofistikerad stadsbo
civ. *förk. för civil[ian]*
civet ['sɪvɪt] *zool.* civett, sibetkatt
civic ['sɪvɪk] **1** stads- **2** medborgerlig, medborgar-; kommunal; ~ *centre* (*ung.*) kommunalhus, centrum för kommunadministration **civics** [-s] (*behandlas som sg*) samhällskunskap; medborgarkunskap
civil ['sɪvl] **1** medborgerlig, medborgar-; ~ *rights* medborgerliga rättigheter; ~ *war* inbördeskrig; *the C*~ *War* amerikanska inbördeskriget **2** civil; ~ *engineer* (*ung.*) väg- och vattenbyggnadsingenjör; ~ *law* civilrätt; ~ *list* (*parl.*) civillista, hovstat; ~ *marriage* borgerlig vigsel; ~ *servant* statstjänsteman; *the* ~ *service* statsförvaltningen (*utom den lagstiftande, judiciella o. militära*); ~ *state* civilstånd **3** hövlig (*to* mot) **-ian** [sɪˈvɪljən] **I** *s* civilperson **II** *a* civil; *in* ~ *life* i det civila **-ity** [sɪˈvɪlətɪ] hövlighet (*to* mot) **-ization** (*BE. äv. -isation*) [ˌsɪvɪlaɪˈzeɪʃn] **1** civilisation, kultur **2** civiliser|ing, -ande **-ize** (*BE. äv -ise*) ['sɪvɪlaɪz] civilisera; göra kultiverad
civvy ['sɪvɪ] *sl.* **1** *civvies* (*pl*) civila kläder **2** civilperson
C.J. *förk. för Chief Justice* **cl.** *förk. för centilitre; class; classification; clerk; cloth* klotband; *clergyman*
clack [klæk] **I** *s* **1** smällande, skrammel, klapper **2** pladder **II** *v* **1** smälla (skramla) [med] **2** pladdra
clad [klæd] (*imperf. o. perf. part. av clothe*) klädd
claim [kleɪm] **I** *v* **1** göra anspråk på; ~ *to be the owner* påstå sig vara ägaren **2** fordra, kräva; påkalla (*uppmärksamhet e.d.*) **3** göra gällande; hävda **II** *s* **1** anspråk (*to, on, for* på); krav, fordran; rätt; *have a* ~ *on* ha en fordran på; *lay* (*stake a*) ~ *to* göra anspråk på; *put in* (*make*) *a* ~ *for* resa krav på **2** rätt (*to s.th.* till ngt) **3** jordlott; inmutning, gruvlott **-ant** ['kleɪmənt], **-er** ['kleɪmə] [rätts]sökande; fordringsägare; pretendent
clairvoy|ance [kleəˈvɔɪəns] **1** klärvoajans **2** klarsynthet **-ant** [-ənt] **1** klärvoajant **2** klarsynt
clam [klæm] **I** *s* mussla (*äv. bildl.*) **II** *v* **1** *AE.* samla musslor **2** ~ *up* (*vard.*) tiga som muren

clamant—clear

clamant ['kleɪmənt] larmande
clambake ['klæmbeɪk] **1** *AE.* skaldjurspicknick [på stranden] **2** fest, skiva
clamber ['klæmbə] **I** *v* klättra, kravla **II** *s* klättring, kravlande
clammy ['klæmɪ] fuktig, klibbig och kall
clamorous ['klæmərəs] larmande, högljudd, bullersam **clamour** ['klæmə] **I** *s* larm, rop, skrik; högljudda krav på **II** *v* larma, ropa, skrika; [högljutt] kräva
1 clamp [klæmp] **I** *s* skruvtving; krampa; klämma **II** *v* **1** spänna fast; klämma ihop **2** ~ *down on* klämma åt, slå ner på
2 clamp [klæmp] **I** *s* hög (*av kol, rovor e.d.*); stuka **II** *v* lägga upp (*i hög*)
clan [klæn] klan (*äv. bildl.*); stam
clandestine [klæn'destɪn] hemlig[hållen], lönnlig
clang [klæŋ] **I** *v* klinga (ringa, skrälla) [med] **II** *s* klang, skrällande **-o[u]r** ['klæŋgə] larm, skrammel
clank [klæŋk] **I** *s* rassel, skrammel (*med kedjor, svärd e.d.*) **II** *v* rassla (skramla) [med]
1 clap [klæp] **I** *s* **1** knall, skräll, smäll **2** klapp, dunk; handklappning **II** *v* **1** knalla, skrälla, smälla **2** klappa, dunka; klappa [i händerna], applådera **3** ~ *eyes on* (*vard.*) få syn på; ~ *hold of* (*vard.*) plötsligt gripa tag i; ~ *spurs to* sätta sporrarna i; ~ *in prison* sätta i finkan; ~ *on all sail* sätta till alla segel; ~ *on one's coat* kasta på sig kappan; ~ *up* (*together*) smälla upp, smäcka ihop
2 clap [klæp] *s sl.*, [*the*] ~ gonorré
clap|board ['klæpbɔːd] *AE.* fjällpanel **--net** lärk-, fågel|nät **-per** [-ə] [klock]klämp **-perboard** *film.* [synkron]klappa **-ping** [-ɪŋ] [hand]klappning[ar], applåder **-trap I** *s, vard.* tomma fraser; publikfriande klyschor
claque [klæk] klack, trogna anhängare
claret ['klærət] rött bordeauxvin; rödvin
clari|fication [ˌklærɪfɪ'keɪʃn] **1** klar|görande, -läggande **2** klarning, skirning **-fy** ['klærɪfaɪ] **1** klar|göra, -lägga **2** göra klar, skira **3** bli klar, klarna
clarinet [ˌklærɪ'net] *mus.* klarinett **clarinet-[t]ist** [-ɪst] *mus.* klarinettist
clarion ['klærɪən] **I** *a* klar och högljudd **II** *s, åld.* gäll stridstrumpet **clarion call** stridssignal
clarity ['klærətɪ] klarhet
clash [klæʃ] **I** *v* **1** slå ihop med en skräll, skrälla, skramla **2** drabba samman, braka ihop **3** *bildl.* kollidera, stöta ihop; inte stämma; *the colours* ~ färgerna skär sig mot varandra **II** *s* **1** skräll, skrammel **2** *bildl.* konflikt, sammanstötning
clasp [klɑːsp] **I** *s* **1** spänne, knäppe **2** fast grepp; omfamning; handslag **II** *v* **1** omfamna; hålla i ett fast grepp, sluta, krama; ~ *hands* skaka hand; ~ *one's hands* knäppa händerna **2** spänna, knäppa, häkta **clasp knife** ['klɑːspnaɪf] fällkniv
class [klɑːs] **I** *s* **1** klass, grupp, kategori; *in a* ~ *by o.s.* (*of it's own*) i en klass för sig, enastående **2** [samhälls]klass **3** [skol]klass; lektion; kurs; *evening* ~*es* kvällskurs[er]; *in* ~ på lektionen (lektionerna); *she takes* ~*es in cookery* hon går på matlagningskurs **4** kvalitet, klass; *no* ~ underhaltig, usel **II** *v* klassa; klassificera
class. *förk. för classic*[*al*]; *classification; classified*
class-conscious ['klɑːsˌkɒnʃəs] klassmedveten
classic ['klæsɪk] **I** *a* klassisk; tidlös, ren **II** *s* klassiker; *the* ~*s* klassiska språk, klassisk (*grekisk o. romersk*) litteratur **-al** [-l] klassisk; ~ *music* klassisk musik **-ism** ['klæsɪsɪz(ə)m] klassicism
class|ifiable ['klæsɪfaɪəbl] klassificerbar **-ification** [ˌklæsɪfɪ'keɪʃn] klassi|fikation, -ficering **-ified** ['klæsɪfaɪd] **1** klassificerad, kategoriserad; systematiserad; ~ *advertisement* rubrikannons **2** hemligstämplad **-ify** ['klæsɪfaɪ] **1** klassificera, indela i klasser, kategorisera **2** hemligstämpla
classmate ['klɑːsmeɪt] klasskamrat **classroom** klassrum **class struggle (war)** klasskamp
classy [-ɪ] *sl.* stilig, flott
clatter ['klætə] **I** *v* **1** slamra (skramla, klappra) [med] **2** prata **II** *s* **1** slammer, skrammel **2** högljutt prat, oväsen
clause [klɔːz] **1** *språkv.* sats; *main* ~ huvudsats; *subordinate* ~ bisats **2** klausul, paragraf, moment, avsnitt
claustrophobia [ˌklɔːstrə'fəʊbjə] klaustrofobi, cellskräck
clavichord ['klævɪkɔːd] *mus.* klavikord
clavicle ['klævɪkl] *anat.* nyckelben
claw [klɔː] **I** *s* klo **II** *v* **1** klösa, riva **2** gripa [tag i], riva till sig **claw-back** ['klɔːbæk] finansiering (*av social förmån e.d.*) genom ökade skatter
claw hammer ['klɔːˌhæmə] klohammare
clay [kleɪ] **1** lera **2** stoft; *moisten one's* ~ fukta sin aska, dricka **clayey** ['kleɪɪ] lerig, ler- **clay pigeon** ['kleɪˌpɪdʒɪn] **1** lerduva **2** *AE. sl.* lätt byte
clean [kliːn] **I** *a* **1** ren; renlig; rumsren; (*om barn*) torr; *come* ~ erkänna **2** ren, fläckfri; anständig; *a* ~ *record* ett fläckfritt förflutet **3** slät, jämn; välformad, fin; väl utförd **4** fullständig; ~ *sweep* total seger (framgång) **II** *adv* helt och hållet, alldeles, rakt; *I* ~ *forgot about it* jag glömde alldeles bort det **III** *v* **1** rengöra, göra ren; putsa, borsta; städa; tvätta; rensa; ~ *down* borsta (tvätta) av; ~ *out a)* rensa [upp], städa [i], *b) sl.* pungslå, göra pank; ~ *up* rensa upp [i], städa undan [i], snygga till [sig] **2** rengöras, bli ren
clean|-bred [ˌkliːn'bred] fullblods- **--cut** skarpt skuren; ~ *lines* rena linjer **-er** ['kliːnə] städerska, städare, rengörare, tvättare; rengöringsmedel; *send clothes to the* ~*s* skicka kläder på kemtvätt **--handed** [ˌkliːn'hændɪd] oförvitlig, med rena händer **-ing** ['kliːnɪŋ] rengöring; *dry* ~ kemisk tvätt
clean|liness ['klenlɪnɪs] renhet; renlighet **-ly I** *adv* ['klenlɪ] rent *etc.*, *jfr clean* **II** *a* ['klenlɪ] renlig, ren [av sig]
cleanse [klenz] **1** rengöra **2** rensa **cleanser** ['klenzə] rengöringsmedel
clean|-shaven [ˌkliːn'ʃeɪvn] slätrakad **-up 1** [grundlig] rengöring; upprensning **2** *AE.* jättevinst
clear [klɪə] **I** *a* **1** klar, ljus; ren; ~ *complexion* klar hy; ~ *conscience* rent samvete; *on a* ~ *day* vid klart väder **2** klar, tydlig, uppenbar; *a* ~ *advantage* en klar fördel; *a* ~ *case of murder* ett uppenbart mordfall; *a* ~ *majority* en klar majoritet; *as* ~ *as day* solklar; *let's get this* ~, *I am the boss!* en sak skall vi vara på det klara med, det är jag som är chefen!; *make o.s.* ~ uttrycka sig klart, *make*

it ~ *to s.b. that* göra klart för ngn att **3** klar, säker; *be* ~ *on s.th.* vara klar över ngt; *I am quite* ~ *that* jag är helt säker på att **4** fri; tom; klar, öppen; *all* ~*!* faran över!; ~ *for traffic* öppen för trafik; *be* ~ *of* vara fri (befriad) från **5** *hand.* ren, netto; ~ *profit* ren förtjänst, nettoförtjänst **6** hel; *three* ~ *days* tre hela dagar **II** *adv* **1** klart, ljust; *rent* **2** alldeles, fullständigt, totalt **3** *get* ~ *of* komma fri (loss) från, *sjö.* gå fri för; *keep* ~ *of* undvika, hålla sig undan från; *stand* ~ *of* gå ur vägen för, inte stå i vägen för **III** *s, in* ~ i klartext; *in the* ~ *a*) rentvådd, frikänd, *b*) utom fara, klar, *c*) skuldfri **IV** *v* **1** klara, göra klar; ~ *the air* rensa luften; ~ *one's throat* klara strupen, harkla sig **2** rentvå, förklara oskyldig, befria från skuld; ~ *s.b. of suspicion* befria ngn från misstankar **3** rensa, röja, tömma; befria från hinder; ~ *one's conscience* lätta sitt samvete; ~ *the decks [for action]* a) göra klart skepp (till drabbning), *b*) *bildl.* göra allt klart; ~ *a room of people* utrymma ett rum; ~ *the table* duka av; ~ *the way for* bana väg för **4** klara, gå fri från; *the horse* ~*ed the hurdle* hästen klarade hindret **5** *hand.* klara, täcka (*utgifter*); betala, återbetala (*skuld*); sälja ut; cleara; klarera; förtulla **6** klarna, ljusna; bli klar; (*om dimma*) lätta **7** ~ *away a*) röja undan, duka av (ut), *b* (*om dimma*) lätta; ~ *off a*) göra sig av med, klara av, göra sig kvitt, *b*) *vard.* sticka, ge sig av; ~ *out a*) rensa [ut, bort], tömma, utförsälja, *b*) *vard.* sticka, ge sig av; ~ *up a*) klara upp, lösa (*mysterium o.d.*), *b*) ordna, bringa ordning i, *c*) (*om väder*) klarna [upp]
clearance ['klɪər(ə)ns] **1** rensning, sanering; [upp]röjning; tömning; utförsäljning **2** starttillstånd **3** *tekn.* spel, frigående **clearance sale** utförsäljning, realisation
clear|-cut [ˌklɪə'kʌt] **1** skarpt skuren, markerad **2** klar, bestämd **--headed** klartänkt
clearing ['klɪərɪŋ] **1** klarnande; klargörande; fritagande **2** uthuggning, röjt område (*i skog*) **3** *hand.* clearing, avräkning; klarering **clearing house 1** clearingcentral, avräkningsanstalt (*för banker*) **2** central för informationsutbyte
clear|ly ['klɪəlɪ] *adv* **1** klart; tydligt **2** tydligen; säkert, utan tvivel **-ness** [-nɪs] klarhet; tydlighet **--sighted** [ˌklɪə'saɪtɪd] klar-, skarp|synt **-way** ['klɪəweɪ] *BE., ung.* motortrafikled; *urban* ~ genomfartsled
cleat [kli:t] **1** kil, klamp **2** *sjö.* krysshult, knap **3** tå-, klack|järn
cleavage ['kli:vɪdʒ] **1** spricka, rämna **2** klyvning; splittring **3** *vard.* springa mellan kvinnas bröst
1 cleave [kli:v] (*imperf. cleft, cleaved el. clove; perf. part. cleft, cleaved el. cloven*) **1** klyva; *bildl.* splittra; *cleft palate* kluven gom **2** bilda en klyfta mellan **3** tränga sig igenom
2 cleave [kli:v] *v*, ~ *to a*) klibba fast vid, *b*) hålla fast vid, vara trogen
cleav|er ['kli:və] hackkniv, köttyxa **-ers** [-əz] (*behandlas som sg*) *bot.* snärjmåra
clef [klef] *mus.* klav; *C* ~ C-klav
cleft [kleft] **I** *s* klyfta **II** *v, imperf. o. perf. part. av cleave*
cleg [kleg] *zool.* broms, hästfluga
clem|ency ['klemənsɪ] mildhet; förbarmande **-ent** [-ənt] mild; barmhärtig

clearance—clip

clench [klen(t)ʃ] **I** *v* **1** klinka, nita (*spik*) **2** gripa hårt om, omsluta; pressa (bita) samman; ~ *one's fist* knyta näven **3** (*i boxning*) gå i närkamp **II** *s* **1** nitning, klinkning; krampa **2** tag, hårt grepp
clergy ['klɜːdʒɪ] (*behandlas som pl*) prästerskap, präster **-man** [-mən] präst (*i statskyrkan*)
cleric ['klerɪk] präst[man] **-al** [-l] **1** klerikal; prästerlig; ~ *collar* prästkrage **2** kontors-, kontorist-; ~ *error* skrivfel
clerk [klɑːk, *AE.* klɜːk] **1** kontorist, tjänsteman; bokhållare; kanslist; ~ *of the works* byggnadskontrollant **2** ~ [*to the justices*] sekreterare, notarie; *town* ~ (*ung.*) stadsjurist **3** klockare; ~ *in holy orders* präst **4** *AE.* butiksbiträde, expedit; portier
clever ['klevə] **1** begåvad, intelligent **2** skicklig, duktig; fiffig, sinnrik **3** *BE. vard.* listig, slug **-dick** *vard.* slughuvud **-ness** [-nɪs] skicklighet *etc., jfr clever*
clew [klu:] **I** *s* tråd-, garn|nystan **II** *v* nysta
cliché ['kli:ʃeɪ] **1** *typ.* kliché **2** klyscha, kliché
click [klɪk] **I** *v* **1** klicka [till], knäppa [till]; ticka **2** *sl.* tända på varandra, passa ihop **3** *sl.* vara en succé; lyckas, ha tur **4** ~ *one's heels* slå ihop klackarna **II** *s* **1** klickande, knäppande **2** smackande; *fonet.* klickljud **3** spärrhake; dörrklinka
client ['klaɪənt] klient; kund **-ele** [ˌkliːɑ(n)'tel] klientel; kundkrets
cliff [klɪf] brant klippa, stup (*i sht vid havet*) **-hanger** ['klɪfˌhæŋə] *vard.* spännande historia, rysare **-hanging** ['klɪfˌhæŋɪŋ] *vard.* spännande
climacteric [klaɪ'mæktərɪk] **I** *a* **1** kritisk **2** övergångs-, klimakterisk **II** *s* **1** kritisk period **2** övergångsålder, klimakterium
climate ['klaɪmɪt] klimat (*äv. bildl.*) **climatic** [klaɪ'mætɪk] klimat-, klimatisk
climax ['klaɪmæks] klimax, höjdpunkt
climb [klaɪm] **I** *v* **1** klättra; klänga; kliva; ~ *down a*) klättra ned från (nedför), *b*) kliva ned; ~ *up a*) klättra uppför (upp på, upp i), *b*) klättra upp **2** stiga, höja sig **3** klättra (gå, kliva) uppför, bestiga **II** *s* klättring; stigning **--down** ['klaɪmdaʊn] *bildl.* reträtt **-er** ['klaɪmə] **1** bergsbestigare, klättrare **2** klängväxt **3** *BE., [social]* ~ streber **-ing frame** ['klaɪmɪŋfreɪm] klätterställning
clime [klaɪm] *poet.* nejd, trakt; klimat
clinch [klɪn(t)ʃ] (*se äv. clench*) **I** *v* **1** nita, klinka **2** fastslå; avgöra; ~ *the matter* göra slag i saken **3** (*i boxning*) gå i clinch **II** *s* (*i boxning*) clinch; *go into a* ~ (*sl.*) omfamna varandra
cling [klɪŋ] (*clung, clung*) hålla (klänga, klamra) sig fast ([*on*] *to* vid); fastna, sitta fast; *he* ~*s to his faith* han håller fast vid sin lära; ~ *together* hålla ihop
clinic ['klɪnɪk] klinik **-al** [-l] klinisk; ~ *thermometer* febertermometer
1 clink [klɪŋk] **I** *v* klirra (klinga) [med] **II** *s* **1** klirr, klingande
2 clink [klɪŋk] *sl.* kåk, fängelse
clinker ['klɪŋkə] **1** klinker[tegel] **2** slagg **3** *AE. sl.* tabbe **--built** klinkbyggd
1 clip [klɪp] **I** *v* **1** klippa; klippa hål i; ~ *s.o.'s wings* (*bildl.*) vingklippa ngn **2** klippa av, stympa (*ord*) **3** *vard.* klippa till **4** hålla ihop med klämma **5** *sl.* lura **II** *s* **1** klippning **2** avklippt bit **3** *vard.* snyting, slag **4** *vard.* fart, hastighet

clip—cloud

2 clip [klɪp] **I** v klämma (fästa, hålla) ihop **II** s **1** [pappers]klämma, gem; clips; spänne
clipboard ['klɪpbɔːd] skrivplatta (*m. klämma*)
clipper [-ə] **1** klipper[skepp] **2** snabb häst **3** klippare **clippers** [-əz] *pl* **1** nagelklippare; hårklippningsmaskin **2** trädgårdssax **clippie** [-ɪ] *vard.* kvinnlig busskonduktör **clipping** [-ɪŋ] **I** s **1** klippning **2** [tidnings]urklipp **II** *a, vard.* snabb
clique [kliːk] klick, kotteri
clitoris ['klɪtərɪs] *anat.* klitoris
cloa|ca [kləʊ'eɪkə] (*pl -cae* [-kiː]) kloak (*äv. bildl. o. zool.*)
cloak [kləʊk] **I** s mantel, slängkappa **2** *bildl.* täckmantel **II** v **1** svepa in [i mantel] **2** *bildl.* dölja **--and-dagger** [ˌkləʊk(ə)n'dægə] spion-, agent-, bov- **-room** ['kləʊkrʊm] **1** resgodsinlämning **2** garderob, kapprum **3** toalett
1 clobber ['klɒbə] *sl.* **1** slå ner, ge på nöten **2** sabla ner
2 clobber ['klɒbə] *BE. sl.* tillhörigheter, grejor
clock [klɒk] **I** s **1** klocka, ur; *six o'clock* klockan 6; [*a*]*round the* ~ dygnet runt, 12 (24) timmar i sträck **2** *vard.* hastighets-, väg|mätare; taxameter; stoppur **3** *sl.* nia, fejs **II** v **1** ~ *in* (*on*) stämpla in (*på stämpelur*); ~ *out* (*off*) stämpla ut **2** klocka, ta tid (*m. stoppur*) **3** ~ *up* klockas för, registrera
clock|-face ['klɒkfeɪs] urtavla **--radio** [-ˌreɪdɪəʊ] klockradio **--tower** [-ˌtaʊə] klocktorn **-wise** [-waɪz] medurs, medsols **-work** [-wɜːk] urverk; ~ *toys* mekaniska leksaker
clod [klɒd] **I** s **1** jord-, ler|koka, -klump **2** drummel, tölp **3** stoft, materia **II** v **1** kasta jordkokor på **2** klimpa sig **-hopper** ['klɒdˌhɒpə] *vard.* **1** klumpeduns; tölp **2** kraftig arbetssko **-pole, -poll** ['klɒdpəʊl] drummel, tölp; tjockskalle
clog [klɒg] **I** s **1** trä|sko, -toffel **2** black om foten, hämsko **II** v **1** sätta black om foten på; hindra, hämma **2** täppa till **3** stocka sig, gå trögt **--dance** ['klɒgdɑːns] träskodans
cloister ['klɔɪstə] **I** s **1** kloster; *the* ~ (*äv.*) klosterlivet **2** pelar-, kors|gång **II** v sätta i kloster **-ed** [-d] kloster-, klosterlik; instängd
clon[e] [kləʊn] *biol.* **I** s klon **II** v klona
clonk [klɒŋk] **I** v **1** dunsa, dunka **2** *vard.* drämma till **II** s duns, dunk
clop [klɒp] **I** v klappra (*med hästhovar e.d.*) **II** s klapprande
close I *a* [kləʊs] **1** nära; förtrolig, intim; *a* ~ *haircut* kort[klippt] frisyr; ~ *relative* nära släkting; *at* ~ *quarters a*) på nära håll, *b*) i närstrid; *it was a* ~ *call* (*shave*) det var nära ögat **2** tät; hoptträngd; tättsittande **3** mycket jämn; *a* ~ *contest* en mycket jämn tävling **4** nära; ingående, grundlig, noggrann; ~ *attention* spänd (stor) uppmärksamhet; ~ *reasoning* strängt logiskt resonemang; ~ *resemblance* nära (stor) likhet **5** sluten, inte öppen för alla; ~ *corporation* slutet sällskap **6** strängt bevakad (bevarad); *a* ~ *prisoner* strängt bevakad fånge; ~ *secret* strängt bevarad hemlighet **7** kvav, kvalmig, tryckande **8** snål, knusslig **9** dold, gömd; hemlig; hemlighetsfull; *keep* ~ hålla sig gömd **10** *fonet.* (*om vokal*) sluten **11** ~ *season* olaga jakttid (fisketid) **II** *adv* [kləʊs] nära, tätt (*by, to* intill; *upon* efter, inpå); ~ [*together*] tätt ihop (tillsammans); ~ *by* i närheten; *stand* ~ *to*

the fire stå nära brasan; ~ *on 50* inemot (uppemot) 50 **III** v [kləʊz] **1** stänga, [till]sluta; stänga av; slå igen (*bok*); lägga ner (*företag*); ~*d circuit* sluten [ström]krets; ~*d shop* företag öppet endast för fackföreningsanslutna; ~ *one's eyes* (*äv.*) dö; ~ *one's eyes to* (*bildl.*) blunda för; ~ *the ranks* sluta leden; *sorry, we're* ~*d* vi har tyvärr stängt **2** [av]sluta **3** *sjö.* passera tätt intill **4** stängas, [till]slutas (*on om,* efter); sluta sig; *this window doesn't* ~ *properly* det här fönstret går inte att stänga ordentligt **5** avslutas; sluta; (*om pjäs*) läggas ned; *the matter is* ~*d* affären är avslutad **6** närma sig **7** drabba samman **8** ~ *down a*) (*om företag*) stänga[s], lägga[s] ned, slå[s] igen, *b*) (*om radio o.d.*) sluta sändningarna för dagen; ~ *in a*) komma närmare, *b*) (*om dagar*) bli kortare; ~ *in* [*up*]*on* sluta sig omkring, omringa; ~ *up a*) tillsluta, bomma igen, *b*) (*om sår*) dra ihop sig, *c*) *film.* ta närbild[er]; *the ranks* ~*d up* leden slöts **IV** *s* [kləʊz] (*se äv.* V) **1** stängande; slut; avslutning **2** mötesplats **3** *mus.* kadens **V** *s* [kləʊs] (*se äv.* IV) **1** *BE.* inhägnad [plats]; domkyrkoplats; skolgård; lekplats **2** [återvänds]gata
closed-circuit ['kləʊzdˌsɜːkɪt] *a,* ~ *television* intern-TV, kabel-TV **close-down** [-daʊn] **1** nedläggning, stängning (*av fabrik*) **2** *BE. radio., TV.* slut på sändningen **close-fisted** [ˌkləʊs-'fɪstɪd] snål **close-fitting** [ˌkləʊs'fɪtɪŋ] tätt åtsittande **closely** ['kləʊslɪ] *adv* **1** nära; ~ *related* nära besläktad **2** tätt **3** ingående, grundligt
closet ['klɒzɪt] **I** s **1** *åld.* [litet] rum, kabinett **2** skåp **3** toalett **II** v ta i enrum; *be* ~*ed together* överlägga i enrum **III** *a* privat, i enrum **closet drama** *i sht AE.* läsdrama
close-up ['kləʊsʌp] *film.* närbild **closing** ['kləʊzɪŋ] **I** s stängning; nedläggning **II** *a* **1** ~ *time* stängnings|tid, -dags **2** avslutnings-, slut-, sista
closure ['kləʊʒə] **I** s **1** stängning; nedläggelse **2** slut, avslutning; tvångsavslutning (*av debatt*) **II** v tillämpa tvångsavslutning på (mot)
clot [klɒt] **I** s **1** klimp, klump; ~ *of blood* klump av levrat blod, blodpropp **2** *sl.* klantskalle **II** v (*se äv. clotted*) **1** bilda klimpar (klumpar) **2** [låta] koagulera
cloth [klɒθ] **1** tyg; kläde; *the* ~ prästerskapet; *American* ~ vaxduk **2** duk; *lay the* ~ duka **3** trasa (*för disk, putsning etc.*) **4** klot (*i bokband*)
clothe [kləʊð] (*clothed, clothed el. clad, clad*) **1** [be]kläda, hålla med kläder **2** täcka, hölja **3** *tekn.* isolera
clothes [kləʊ(ð)z] *pl* **1** kläder **2** *BE.* sängkläder **clothesbrush** ['kləʊ(ð)zbrʌʃ] klädesborste **clotheshanger** [-ˌhæŋə] klädhängare, galge **clotheshorse** [-hɔːs] torkställning **clothesline** [-laɪn] tvättlina, klädstreck **clothes peg** (*AE.* **pin**) [-peg, -pɪn] klädnypa **clothespress** [-pres] kläd-, linne|skåp
clothier ['kləʊðɪə] klädeshandlare; klädfabrikant **clothing** [-ɪŋ] beklädnad, kläder; *men's* ~ herrkonfektion
clotted ['klɒtɪd] full med klumpar; levrad; ~ *cream* (*BE.*) tjock grädde (*erhållen genom uppvärmning av mjölk*); ~ *nonsense* rent nonsens
cloud [klaʊd] **I** s **1** moln, sky; *in the* ~*s* (*bildl.*) i det blå; *on* ~ *nine* (*vard.*) i sjunde himlen; *under a* ~ *a*) i onåd, *b*) dyster, på dåligt humör; *every* ~

has a silver lining ingenting ont som inte har något gott med sig **2** svärm, skara **3** skugga (*av dysterhet etc.*) **II** *v* **1** täcka med moln **2** *bildl.* fördystra, fördunkla, förmörka; göra oklar **3** ~ [*up*] täckas med moln, mulna **4** ådra, marmorera
cloud|berry ['klaʊdˌberɪ] hjortron **-burst** [-bɜːst] skyfall **--capped** [-kæpt] molnhöljd **--cuckoo-land** [ˌklaʊd'kʊkuːlænd] sagoland, drömvärld **-scape** ['klaʊdskeɪp] molnlandskap
cloudy ['klaʊdɪ] **1** molnig, molntäckt; mulen **2** oklar, dunkel **3** dyster
clout [klaʊt] **I** *s* **1** trasa, lapp **2** slag **II** *v* **1** lappa **2** slå till, klå upp
1 clove [kləʊv] kryddnejlika
2 clove [kləʊv] lökklyfta
3 clove [kləʊv] *imperf. av 1 cleave*
clove hitch ['kləʊvhɪtʃ] *sjö.* dubbelt halvslag
cloven ['kləʊvn] (*perf. part. av 1 cleave*) kluven; *show the* ~ *foot* visa bockfoten; ~ *leaf* klöverblad[skorsning]
clover ['kləʊvə] klöver; *be in* ~ (*vard.*) må som en prins, vara på grön kvist
clown [klaʊn] **I** *s* **1** clown, pajas **2** drummel **II** *v* spela pajas **-ish** ['klaʊnɪʃ] **1** clown-, pajas|aktig **2** ohyfsad, klumpig
cloy [klɔɪ] övermätta
club [klʌb] **I** *s* **1** klubba, påk **2** [golf]klubba **3** klubb **4** *kortsp.* klöverkort; ~*s* (*pl*) klöver **II** *v* **1** klubba [till, ned] **2** använda som klubba **3** slå sig tillsammans [om]
club foot [ˌklʌb'fʊt] klumpfot **club law 1** nävrätt **2** klubbstadga **club moss** *bot.* mattlummer **club sandwich** *AE.* tredubbel smörgås
cluck [klʌk] **I** *v* skrocka **II** *s* skrockande
clue [kluː] ledtråd, spår; *he hasn't a* ~ *a*) han har inte en aning, *b*) han är helt bakom
clump [klʌmp] **I** *s* **1** klunga (*av träd*); buskage **2** klump **3** klamp, tramp **4** ~ [*sole*] dubbel sula **5** *sl.* smocka **II** *v* **1** klampa, trampa **2** klumpa ihop; plantera ihop **3** dubbelbottna (*skor*) **4** *sl.* smocka till
clum|siness ['klʌmzɪnɪs] klumpighet; tafatthet **-sy** [-zɪ] klumpig; tafatt
clung [klʌŋ] *imperf. o. perf. part. av cling*
cluster ['klʌstə] **I** *s* klunga, klase; svärm **II** *v* **1** samla i klunga **2** växa i klunga **3** skocka sig, samlas i klunga
1 clutch [klʌtʃ] **I** *v* **1** gripa [tag i]; fasthålla **2** gripa (*at* efter) **II** *s* **1** grepp, tag **2** klo; *get into a p.'s* ~*es* hamna i ngns klor **2** *tekn.* koppling|spedal]; *double* ~ dubbeltrampning, mellangas (*vid växling av bil*)
2 clutch [klʌtʃ] **1** (*kyckling*)kull **2** äggrede
clutter ['klʌtə] **I** *s* **1** virrvarr, bråte **2** oväsen **II** *v* **1** ~ [*up*] skräpa ner **2** väsnas **3** pladdra
cm[.] *förk. för centimetre* **c.m.** *förk. för court martial* **Cmdr.** *förk. för Commander* **C.M.G.** *förk. för Companion of [the Order of] St. Michael and St. George* **cml.** *förk. för commercial* **c/n** *förk. för credit note* **C.N.A.A.** *BE., förk. för Council for National Academic Awards* **C.N.D.** *förk. för Campaign for Nuclear Disarmament* **C.O.** *förk. för Commanding Officer; conscientious objector* **CO** *förk. för Colorado* **Co., co.** *förk. för Company* **Co.** *förk. för County* **c/o** *förk. för care of; carried over* transport

cloudberry—cobble

coach [kəʊtʃ] **I** *s* **1** [gala]vagn, kaross; diligens; ~ *and four* fyrspann **2** järnvägsvagn **4** [turist]buss **5** *sjö.* akterkajuta **6** tränare, instruktör; privatlärare **II** *v* **1** ~ [*it*] resa med diligens **2** ge (*ngn*) [privat]lektioner; träna (*ngn*) **coach box** ['kəʊtʃbɒks] kuskbock **coachman** ['kəʊtʃmən] kusk, förare **coachwork** ['kəʊtʃwɜːk] karosseri; karosseritillverkning
coagul|ate [kəʊ'ægjʊleɪt] [bringa att] koagulera; ysta sig **-ation** [kəʊˌægjʊ'leɪʃn] koagulering
coal [kəʊl] **I** *s* kol, stenkol; *heap* ~*s of fire on s.b.* samla glödande kol på ngns huvud; *carry* (*take*) ~*s to Newcastle* bjuda bagarbarn på bröd **II** *v* **1** kola, förse med kol **2** kola, bunkra **--bed** ['kəʊlbed] kol|lager, -flöts **--bin** ['kəʊlbɪn], **--box** ['kəʊlbɒks] kollbox
coa|lesce [ˌkəʊə'les] växa (smälta) samman; förena sig **-lescence** [-'lesns] samman|växande, -smältande; förening
coalfield ['kəʊlfiːld] kolfält **coal gas** stadsgas **coal heaver** [-ˌhiːvə] kolbärare
coalition [ˌkəʊə'lɪʃn] **1** koalition **2** sammansmältning
coal measures ['kəʊlˌmeʃəz] *pl, geol.* kolförande bergformation **coalmine** [-maɪn] kolgruva **coalmining** [-maɪnɪŋ] kolbrytning **coal oil** [-ɔɪl] *AE.* petroleum; fotogen **coal-owner** [ˌkəʊl'əʊnə] kolgruveägare **coal-pit** ['kəʊlpɪt] kolgruva **coal scuttle** ['kəʊlˌskʌtl] kol|box, -hink **coal tar** [ˌkəʊl'tɑː] stenkolstjära **coal tit** ['kəʊltɪt] *zool.* svartmes
coarse [kɔːs] grov; *bildl. äv.* rå **coarsen** ['kɔːsn] förgrova[s], förråa[s] **coarseness** ['kɔːsnɪs] grovhet; *bildl. äv.* råhet
coast [kəʊst] **I** *s* kust; *the* ~ *is clear* (*bildl.*) kusten är klar **2** *AE.* kälkbacke; kälkbacksåkning **II** *v* **1** segla längs (*kust*) **2** glida (rulla, åka) utför
coastal ['kəʊstl] kust- **coaster** [-ə] **1** BE. kustfartyg **2** AE. [glas]underlägg **3** cykel med frihjul **4** AE. (*slags*) kälke **coastguard 1** kustbevakning, sjöräddning **2** kustbevakare
coat [kəʊt] **I** *s* **1** rock; kappa; jacka, kavaj; ~ *of arms* vapensköld; ~ *of mail* ringbrynja; *cut one's* ~ *according to one's cloth* rätta mun[nen] efter matsäcken; *wear the King's* ~ bära kronans kläder **2** päls-, hår-, fjäder|beklädnad **3** lager, skikt, hinna, beläggning; skal, hölje **II** *v* [be]kläda; bestryka; täcka
coat armour ['kəʊtˌɑːmə] [familje]vapen
coated [-ɪd] överdragen; belagd **coatee** [-iː] jacka, kofta **coat hanger** [-ˌhæŋə] klädhängare, galge **coating** [-ɪŋ] **1** beläggning, hinna, lager; överdrag **2** rocktyg **coat-tail** [-teɪl] rockskört
coauthor [kəʊ'ɔːθə] medförfattare
coax [kəʊks] lirka [med], använda lämpor [med]; ~ *s.b. into s.th.* med lämpor förmå ngn till ngt
coaxial [ˌkəʊ'æksɪəl] *a,* ~ *cable* koaxialkabel
cob [kɒb] **I** *s* **1** svanhane **2** [kraftig] häst, klippare **3** klump, bit (*av kol*) **4** brödkaka **5** majskolv **II** *v, BE. vard.* ge smisk
cobalt [kə(ʊ)'bɔːlt] kobolt
1 cobble ['kɒbl] **I** *s* **1** kullersten **2** ~*s* (*pl*) små rundade kol **II** *v* **1** belägga med kullersten
2 cobble ['kɒbl] lappa [ihop]

1 cobbler ['kɒblə] skomakare
2 cobbler ['kɒblə] **1** kobbel (*dryck*) **2** *AE.* (*slags*) fruktpaj
cobblestone ['kɒblstəʊn] kullersten
cobby ['kɒbɪ] satt, kort och kraftig
cobnut ['kɒbnʌt] hasselnöt
cobra ['kəʊbrə] kobra, glasögonorm
cobweb ['kɒbweb] spindel|väv, -nät
cocain[e] [kə(ʊ)'keɪn] kokain
cochineal ['kɒtʃɪniːl] koschenill
1 cock [kɒk] **I** *s* **1** tupp; [fågel]han[n]e; ~ *of the walk* högsta hönset, den främste i gruppen; *that* ~ *won't fight* den gubben går inte **2** kran, tapp **3** hane (*på gevär*) **4** *BE. sl.* skitsnack **5** *vulg.* kuk **6** *BE. vard.* kompis, polare **II** *v* **1** sätta (ställa, sticka) rätt upp, resa; ~ *one's ears* spetsa öronen; ~ *an eye* blinka med ena ögat, plira; ~ *one's hat* sätta hatten på sned, vika upp brättet; ~ *one's nose* sätta näsan i vädret **2** spänna hanen på, osäkra **3** ~ [*up*] (*sl.*) röra (trassla) till
2 cock [kɒk] [hö]volm
cock|ade [kɒ'keɪd] kokard **--a-doodle-doo** [ˌkɒkəduːdl'duː] kuckeliku **--a-hoop** [ˌkɒkə'huːp] morsk, stursk, triumferande
Cockaigne [kɒ'keɪn] drömland, schlaraffenland
cock|aloroum [ˌkɒkə'lɔːrəm] **1** viktigpetter **2** skryt **--and-bull-story** [ˌkɒkən(d)'bʊlstɔːrɪ] *vard.* rövarhistoria **-boat** ['kɒkbəʊt] jolle, liten båt **-chafer** ['kɒkˌtʃeɪfə] ollonborre **-crow** ['kɒkkrəʊ] hanegäll, gryning
cocked [kɒkt] *a,* ~ *hat* trekantig hatt; *knock s.b. into a* ~ *hat* (*sl.*) slå ngn sönder och samman
1 cocker ['kɒkə] cockerspaniel
2 cocker ['kɒkə] *BE. vard., old* ~ gammal kompis
cock|erel [kɒk(ə)r(ə)l] ungtupp, tuppkyckling **-eyed** [-aɪd] *vard.* **1** skelögd; vindögd **2** sned; tokig **3** på sniskan **-fight[ing]** tuppfäktning
1 cockle ['kɒkl] **I** *s* **1** *zool.* **2** musselskal **3** liten spis **4** skrynkla, veck (*i glas, papper e.d.*); *warm the ~s of one's heart* värma en in i själen (hjärterötterna) **II** *v* skrynkla [till, ihop]
2 cockle ['kɒkl] *bot.* åkerklätt
cockney ['kɒknɪ] **I** *s* **1** cockney (*londonbo som talar londondialekt*) **2** cockney (*londondialekt*) **II** *a* cockney-
cock|pit ['kɒkpɪt] **1** cockpit, förarkabin (*i flygplan*) **2** slagfält **3** tuppfäktningsarena **-roach** [-rəʊtʃ] kackerlacka
cockscomb ['kɒkskəʊm] **1** tuppkam **2** *vard.* sprätt
cock|shy ['kɒkʃaɪ] *BE.* mål (*att kasta mot*); kast **-sure** [ˌkɒk'ʃʊə] tvärsäker **-sy** ['kɒksɪ] *se cocky*
1 cocktail ['kɒkteɪl] cocktail
2 cocktail ['kɒkteɪl] **1** stubbsvansad häst; halvblod **2** *åld.* uppkomling
cocktail cabinet ['kɒkteɪlˌkæbɪnɪt] barskåp
cockup ['kɒkʌp] *BE. sl.* tabbe **cocky** [-ɪ] mallig, nosig
coco ['kəʊkəʊ] kokospalm
cocoa ['kəʊkəʊ] **1** *se coco* **2** kakao; [drick]choklad **coco[a]nut** kokosnöt **coco[a]nut matting** kokosmatta **coco[a]nut palm** kokospalm **coco[a]nut shy** (*slags*) kastspel (*på tivoli*) **cocoa powder** kakaopulver
cocoon [kə'kuːn] kokong

1 cod [kɒd] torsk
2 cod [kɒd] *BE. sl.* **I** *v* driva med; lura **II** *s* skämt, upptåg
C.O.D. *förk. för cash* (*AE. collect*) *on delivery*
coddle ['kɒdl] **1** sjuda **2** klema bort, pjoska med
code [kəʊd] **I** *s* kod, [telegram]nyckel; chiffer; chiffrerat meddelande **2** kodex; lag[samling]; regler **II** *v* **1** koda, chiffrera **2** kodifiera
codfish ['kɒdfɪʃ] torsk
codger ['kɒdʒə] *s, vard., old* ~ gubbstrutt
codi|fication [ˌkəʊdɪfɪ'keɪʃn] kodifiering, kodifikation **-fy** ['kəʊdɪfaɪ] kodifiera
codlin ['kɒdlɪn] *se 1 codling*
1 codling ['kɒdlɪŋ] (*slags*) matäpple
2 codling ['kɒdlɪŋ] småtorsk
cod-liver oil [ˌkɒdlɪvər'ɔɪl] fiskleverolja
co-driver ['kəʊˌdraɪvə] co-driver, andreförare
codswallop ['kɒdzˌwɒləp] *BE. sl.* skitsnack
co-ed [ˌkəʊ'ed] **1** *AE.* kvinnlig studerande vid samskola (universitet) **2** *BE.* samskola **coeducation** [ˌkəʊedjuː'keɪʃn] samundervisning **co-educational** [ˌkəʊedjuː'keɪʃənl] *a,* ~ *school* samskola
coefficient [ˌkəʊɪ'fɪʃnt] *mat. o. fys.* koefficient
coequal [kəʊ'iːkw(ə)l] **I** *s* jämlike **II** *a* jämlik, jämställd
coerce [kəʊ'ɜːs] tvinga till lydnad (underkastelse) **coercion** [kəʊ'ɜːʃn] tvång, betvingande **coercive** [kəʊ'ɜːsɪv] tvingande, tvångs-
coeval [kəʊ'iːvl] **I** *a* samtidig; jämnårig **II** *s* samtida; jämnårig [person]
coexist [ˌkəʊɪg'zɪst] existera samtidigt (*with* som); leva sida vid sida **-ence** [-(ə)ns] *s* samtidig förekomst; samlevnad; *peaceful* ~ fredlig samexistens **-ent** [-(ə)nt] samexisterande
C. of E. *förk. för Church of England*
coffee ['kɒfɪ] kaffe; *instant* ~ snabbkaffe **coffee bar** kaffebar, cafeteria **coffee-grounds** *pl* [kaffe]sump **coffee house** kaffeservering; *hist.* kaffehus **coffee mill** kaffekvarn **coffee pot** kaffepanna; kaffekanna **coffee-room** frukostrum, matsal (*på hotell*) **coffee shop** kaffeställe; kaffeaffär **coffee table** soffbord **coffee-table book** presentbok, praktverk
coffer ['kɒfə] kista; penning-, kassa|skrin; *~s* (*pl*) skattkammare
coffin ['kɒfɪn] **I** *s* likkista **II** *v* lägga i kista
1 cog [kɒg] kugge
2 cog *v, sl.,* ~ *dice* fuska med tärningar, spela falskt
cogent ['kəʊdʒ(ə)nt] bindande, övertygande, tvingande
cogi|tate ['kɒdʒɪteɪt] **1** tänka, fundera **2** tänka (fundera) ut **-tation** [ˌkɒdʒɪ'teɪʃn] **1** begrundande, tänkande, funderande **2** tanke, reflexion
cognac ['kɒnjæk] konjak
cognate ['kɒgneɪt] besläktad
cogni|zance [kɒgnɪz(ə)ns] **1** kännedom, vetskap **2** *jur.* handläggning; behörighet **3** *AE.* bekännelse **4** *her.* sköldmärke **-zant** [-(ə)nt] **1** ägande vetskap; *be* ~ *of* vara medveten om **2** *jur.* kompetent
cognomen [kɒg'nəʊmen] **1** familjenamn **2** binamn
cog-wheel ['kɒgwiːl] kugghjul
cohabit [kəʊ'hæbɪt] bo (leva) tillsammans, sam

manbo **cohabitation** [ˌkəʊhæbɪˈteɪʃn] samman|levnad, -boende
cohere [kə(ʊ)ˈhɪə] hänga (hålla) ihop; ha sammanhang; stämma överens **coherence** [-r(ə)ns] **1** sammanhang **2** sammanhållning **coherent** [-r(ə)nt] sammanhängande; följdriktig **cohesion** [kə(ʊ)ˈhiːʒn] kohesion; sammanhang **cohesive** [kə(ʊ)ˈhiːsɪv] kohesions-; sammanhängande
cohort [ˈkəʊhɔːt] **1** hist. kohort **2** skara; grupp **3** AE. kollega
C.O.I. förk. för Central Office of Information
coif [kɔɪf] huva; kalott
coiffure [kwɑːˈfjʊə] frisyr
coign [kɔɪn] s, ~ of vantage fördelaktig ställning, utkiksplats
coil [kɔɪl] **I** v **1** lägga i ringlar, ringla (rulla) ihop; ~ up rulla ihop **2** ringla sig; ~ up ringla (rulla) ihop sig **II** s **1** rulle **2** slinga; [hår]lock **3** rörspiral; induktionsrulle, trådspiral, spole **4** spiral (livmoderinlägg)
coin [kɔɪn] **I** s mynt, slant; koll. pengar; pay s.b. back in his own ~ ge ngn igen med samma mynt; the other side of the ~ medaljens baksida **II** v **1** mynta, prägla; ~ it in snabbt tjäna pengar; ~ words skapa nya ord **-age** [ˈkɔɪnɪdʒ] **1** koll. mynt **2** [mynt]prägling **3** (lands) myntsort **4** prägling (av nytt ord e.d.); nybildat ord
coin|cide [ˌkəʊɪnˈsaɪd] **1** sammanfalla **2** stämma överens **-cidence** [kəʊˈɪnsɪd(ə)ns] **1** sammanträffande, slump, tillfällighet **2** överensstämmelse **-cident** [kəʊˈɪnsɪd(ə)nt] a **1** sammanfallande **2** överensstämmande **-cidental** [kəʊˌɪnsɪˈdentl] **1** tillfällig **2** samtidig
coiner [ˈkɔɪnə] **1** myntare **2** falskmyntare
coition [kəʊˈɪʃn], **coitus** [ˈkəʊɪtəs] coitus, samlag
1 coke [kəʊk] **I** s koks **II** v göra till koks
2 coke [kəʊk] sl. kokain
3 coke [kəʊk] vard. coca cola
col [kɒl] bergspass, hålväg
Col. förk. för Colonel; Colorado; Colossians **col.** förk. för colour[ed]; column
colander [ˈkʌləndə] durkslag
cold [kəʊld] **I** a kall; kallsinnig, känslolös; in ~ blood med berått mod; ~ comfort [en] klen tröst; ~ cream cold-cream (slags hudkräm); ~ cuts kallskuret; ~ pig (vard.) skopa kallvatten; ~ snap köldknäpp; ~ steel kallt stål; ~ storage förvaring i kylrum; put s.th. into a cold storage (bildl.) lägga ngt på is; ~ store kylrum; ~ turkey (AE. sl.) se turkey; ~ war kallt krig; I am ~ jag fryser; have (get) ~ feet a) frysa om fötterna, b) vara rädd; give s.b. the ~ shoulder behandla ngn kyligt; leave s.b. ~ (vard.) lämna ngn oberörd; throw ~ water on (vard.) behandla kallsinnigt; knocked ~ slagen medvetslös **II** s **1** köld, kyla; leave out in the ~ försumma, överge, lämna utanför **2** förkylning; catch [a] ~ bli förkyld **--blooded** [ˌkəʊldˈblʌdɪd] kallblodig **--hearted** [ˌkəʊldˈhɑːtɪd] kallhjärtad, kallsinnig **-ness** [ˈkəʊldnɪs] kyla, köld (äv. bildl.)
cole [kəʊl] kål **-slaw** [ˈkəʊlslɔː] kålsallad med majonnäs
colic [ˈkɒlɪk] kolik
coll. förk. för colleague; collection; collector; col-

cohabitation—collocation

lege; collegial; colloquial
collabo|rate [kəˈlæbəreɪt] samarbeta; polit. äv. kollaborera **-ration** [kəˌlæbəˈreɪʃn] samarbete; polit. äv. kollaboration **-rationist** [kəˌlæbəˈreɪʃ(ə)nɪst] polit. kollaboratör, samarbetsman **-rator** [kəˈlæbəreɪtə] medarbetare
collage [ˈkɒlɑːʒ] konst. collage
collapse [kəˈlæps] **I** v **1** falla ihop, störta samman (äv. bildl.) **2** med. kollapsa, bryta samman **3** vara hopfällbar, kunna fällas ihop **II** s **1** hopfallande, sammanstörtande; bildl. sammanbrott **2** med. kollaps, sammanbrott **collapsible** [-əbl] hopfällbar
collar [ˈkɒlə] **I** s **1** krage **2** halsband (för djur) **3** tekn. hylsa, ring, krage **II** v **1** förse med krage **2** ta i kragen; vard. gripa, arrestera **3** vard. knycka **-bone** nyckelben **-et[te]** [ˌkɒləˈret] pälsspets|krage **--stud** [ˈkɒləstʌd] kragknapp
collat. förk. för collateral
collate [kɒˈleɪt] **1** kollationera, jämföra **2** kalla (t. prästtjänst)
collateral [kɒˈlæt(ə)r(ə)l] **I** a **1** belägen sida vid sida, parallell; kollateral **2** indirekt, bidragande, sido- **II** s **1** släkting på sidolinjen **2** säkerhet (för lån)
collation [kɒˈleɪʃn] **1** kollationering **2** kallelse (t. prästtjänst) **3** lätt måltid
colleague [ˈkɒliːg] kollega
collect I s [ˈkɒlekt] kyrkl. kollektbön **II** v [kəˈlekt] **1** samla [in, ihop, upp] **2** [av]hämta; ~ on delivery (AE.) [mot] postförskott (efterkrav) **3** inkassera; indriva; ta upp **4** ~ o.s. (one's wits) ta sig samman, samla sig **5** samlas, samla (hopa) sig **III** a, ~ call ba-samtal, samtal som betalas av adressaten **IV** adv, AE. mot postförskott (efterkrav) **collected** [kəˈlektɪd] **1** samlad; ~ works samlade arbeten **2** samlad, fattad **collection** [kəˈlekʃn] **1** samlande; [hop]samling **2** insamling; tömning (av brevlåda) **3** indrivning, inkassering, uppbörd **4** kyrkl. kollekt **5** samling, kollektion; anhopning **collective** [kəˈlektɪv] **I** a **1** samlad, sammanlagd **2** kollektiv (äv. språkv.); gemensam; ~ bargaining kollektivförhandlingar; ~ farm kollektivjordbruk **II** s kollektivjordbruk; kollektiv **2** språkv. kollektiv[t substantiv] **collector** [kəˈlektə] **1** samlare **2** biljettupptagare **3** uppbördsman, inkasserare **4** elektr. kollektor
college [ˈkɒlɪdʒ] **1** kollegium; sällskap **2** college; internatskola; collegebyggnad; [fack]högskola; institut, skola; ~ of education (BE.) lärarhögskola; ~ of music musikskola; ~ of advanced technology (BE., ung.) teknisk högskola **4** AE. mindre universitet **Collegeman** [-ə] frielev (vid Eton) **collegian** [kəˈliːdʒən] medlem av college, student **collegiate** [kəˈliːdʒɪət] **1** college-, hörande till college **2** kollegie-, kollegial
collet [ˈkɒlɪt] ring; hylsa; infattning (kring juvel)
collide [kəˈlaɪd] kollidera, krocka, stöta ihop
collie [ˈkɒlɪ] collie (hundras)
collier [ˈkɒlɪə] **1** kolgruvearbetare **2** kolfartyg **colliery** [-rɪ] kolgruva
collision [kəˈlɪʒn] kollision, krock, sammanstötning
collo|cate [ˈkɒlə(ʊ)keɪt] ställa samman, ordna **-cation** [ˌkɒlə(ʊ)ˈkeɪʃn] sammanställning (av ord o.d.)

collocutor ['kɒləkjuːtə] samtalspartner
colloid ['kɒlɔɪd] **I** s kolloid[al lösning] **II** a kolloid
collop ['kɒləp] dial. köttskiva
colloq. förk. för colloquial
collo|quial [kə'ləʊkwɪəl] samtals-, talspråklig, vardaglig **-quialism** [-ɪz(ə)m] vardagligt uttryck **-quium** [-kwɪəm] kollokvium, vetenskaplig konferens **-quy** ['kɒləkwɪ] samtal
collu|sion [kə'luːʒn] hemlig överenskommelse, maskopi **-sive** [-sɪv] hemligt avtalad; sveklig
collywobbles ['kɒlɪˌwɒblz] pl, vard. **1** kurrande i magen **2** [nervöst] magknip
Colo. förk. för Colorado
Cologne [kə'ləʊn] Köln
cologne [kə'ləʊn] eau-de-cologne
Colombia [kə'lɒmbɪə] Colombia
1 colon ['kəʊlən] anat. grovtarm, kolon
2 colon ['kəʊlən] kolon (skiljetecken)
colonel ['kɜːnl] överste
colonial [kə'ləʊnjəl] **I** a kolonial[-] **II** s koloniinvånare **-ism** [-jəlɪz(ə)m] kolonialism
colo|nist ['kɒlənɪst] nybyggare, kolonist **-nization** (BE. äv. -nisation) [ˌkɒlənaɪ'zeɪʃn] kolonisering, kolonisation **-nize** (BE. äv. -nise) ['kɒlənaɪz] kolonisera; slå sig ned i **-nizer** (BE. äv. -niser) ['kɒlənaɪzə] kolonisatör
colonnade [ˌkɒlə'neɪd] kolonnad
colony ['kɒlənɪ] **1** koloni; nybyggarsamhälle **2** zool. koloni, samhälle
color ['kʌlə] AE., se colour
Colorado [ˌkɒlə'rɑːdəʊ]
coloration [ˌkʌlə'reɪʃn] färgsättning; färg[lägg]ning; färgteckning
coloratura [ˌkɒlərə'tʊərə] mus. koloratur
colorific [ˌkɒlə'rɪfɪk] färgframkallande, färg|
colossal [kə'lɒsl] kolossal; vard. äv. väldig, fantastisk **Colossians** [kə'lɒʃnz] pl, bibl. **1** kolosser **2** [the Epistle to] the ~ (behandlas som sg) Kolosserbrevet **colos|sus** [kə'lɒsəs] (pl -si [-saɪ] el. -suses) koloss; kolossalstaty
colour ['kʌlə] **I** s **1** färg, kulör; man of ~ färgad [man] **2** [ansikts]färg; get a ~ få färg, bli solbränd; lose ~ bli blek; off ~ a) illamående, dålig, b) smaklös, omdömeslös **3** mus. klangfärg, timbre **4** ~s (pl) a) flagga, fana, b) BE. sport. [lag]färger; under false ~s under falsk flagg; with flying ~s med flaggan i topp, framgångsrikt; join the ~s bli soldat, ta värvning; nail one's ~s to the mast vägra att erkänna sig besegrad, framhärda; show one's ~s bekänna (visa) färg; stick to one's ~s hålla fast vid sin ståndpunkt **5** utseende; sken, förevändning; under ~ of under sken (förevändning) av **6** ton, karaktär, prägel **II** v **1** färga (äv. bildl.); färglägga **2** få färg, ~ [up] rodna
colourable ['kʌl(ə)rəbl] **1** skenbar, plausibel **2** bedräglig
colour bar [ˌkʌləbɑː] rasdiskriminering; rasbarriär **colour-blind** färgblind **coloured** [-d] färgad (äv. bildl.); kulört; ~ people färgade **colourfast** färgäkta **colourful** [-f(ʊ)l] färg|stark, -rik **colouring** [-rɪŋ] **1** färg[lägg]ning **2** färg; färger (på fåglar, i ansikte e.d.) **3** falskt sken **4** färgbehandling, kolorit **colourless** [-lɪs] färglös **colour supplement** [-ˌsʌplɪmənt] BE. (i tidning) färgbilaga
colporteur ['kɒlˌpɔːtə] kolportör (kringresande bokförsäljare)
1 colt [kəʊlt] **1** föl, unghäst **2** ung oerfaren person
2 colt [kəʊlt] (äv. C~) colt (revolver)
colter AE., se coulter
coltish ['kəʊltɪʃ] **1** oerfaren **2** vild, yster **colts-foot** (pl ~s) bot. tussilago, hästhovsört
columbari|um [ˌkɒləm'beərɪəm] (pl -a) **1** duvslag **2** kolumbarium (urngravkammare)
columbine ['kɒləmbaɪn] **I** s, bot. akleja **II** a duvlik
column ['kɒləm] **1** kolonn (byggn. o. mil.); pelare; spinal ~ ryggrad **2** kolumn, spalt **3** rattstång **-ist** [-nɪst] kolumnist, kåsör, krönikör
colza ['kɒlzə] bot. raps
Com. förk. för Commander; committee; Commodore; Communist **com.** förk. för comedy; comic; commerce; commercial; committee
1 coma ['kəʊmə] med. koma
2 coma ['kəʊmə] **1** astr. koma **2** bot. hårpensel; trädkrona
comb [kəʊm] **I** s **1** kam (äv. på fåglar); cut a p.'s ~ förödmjuka ngn **2** karda **3** honungskaka **II** v kamma; rykta; karda; ~ [out] (bildl.) finkamma
combat ['kɒmbæt] **I** s kamp, strid; single ~ envig, tvekamp **II** v **1** bekämpa, strida mot **2** kämpa **combatant** ['kɒmbət(ə)nt] **I** a stridande **II** s kombattant, stridande **combat fatigue** [-fə'tiːg] krigsneuros
combe [kuːm] se coomb
comber ['kəʊmə] **1** kardare, ullkammare **2** brottsjö
combination [ˌkɒmbɪ'neɪʃn] **1** kombination; serie **2** förening (äv. kem.) **3** [motorcycle] ~ motorcykel med sidvagn **4** ~s (pl) combination (underplagg) **combine I** v [kəm'baɪn] **1** förena; kombinera; ställa samman **2** samverka; förena sig **3** ingå kemisk förening **II** s ['kɒmbaɪn] **1** (ekonomisk, politisk) sammanslutning, syndikat **2** ~ [harvester] skördetröska
combo ['kɒmbəʊ] (pl ~s) combo (liten [jazz]orkester)
combustible [kəm'bʌstəbl] **I** a brännbar, lättantändlig **II** s brännbart ämne, bränsle **combustion** [-'bʌstʃ(ə)n] förbränning; spontaneous ~ självantändning **combustion chamber** förbränningskammare **combustion engine** förbränningsmotor
Comdr. förk. för Commander **Comdt.** förk. för Commandant
come [kʌm] (came, come) **1** komma; komma hit (dit); ~ now!, ~ ~! a) så ja!, se så!, b) nej, vet du vad!, sakta i backarna!, c) skynda på!; coming! jag kommer!; the truth came to me sanningen stod klar för mig; ~ Easter till påsk, nästa påsk; not know whether one is coming or going inte veta varken ut eller in; to ~ (äv.) kommande, framtida, blivande; in days to ~ under kommande dagar, i framtiden **2** ske, hända; ~ what may hända vad som hända vill **3** ~ to + inf. a) komma att (realize inse), b) komma för att (see s.b. hälsa på ngn); [when you] ~ to think of it när man tänker rätt på saken, egentligen; ~ to pass äga rum **4** kunna fås, finnas att få; this skirt only ~s in blue den här kjolen finns bara i blått **5** sträcka sig, gå **6** sl. komma (få orgasm) **7** BE. vard. spela, låtsas

vara; komma med; *don't ~ the innocent with me* spela inte oskyldig för mig; *don't ~ that nonsense again* kom inte med de där dumheterna igen **8** *how ~?* (*vard.*) hur kommer det sig?; *~ clean* (*vard.*) bekänna, avslöja; *~ loose* lossna; *~ short* komma till korta, inte räcka till; *~ true* slå in, besannas **9** *~ about* ske, hända [sig], inträffa **10** *~ across* komma över, få tag i, träffa (råka) på **11** *~ again?* (*vard.*) vad var det du sa?, vadå? **12** *~ along a)* komma (följa, gå) med, *b)* arta sig, ta sig, bli bättre; *~ along!* kom nu!, skynda på! **13** *~ apart* gå sönder (i bitar), kunna tas isär **14** *~ at a)* komma åt, *b)* gå lös på, angripa **15** *~ away a)* lossna, *b)* gå sin väg **16** *~ back a)* komma tillbaka, *b*) *AE.* ge svar på tal **17** *~ by a)* komma förbi, *b)* komma över **18** *~ down a)* komma (gå) ned, *b)* landa, *c)* störta samman, (*om hus*) rivas, *d) BE.* sluta vid universitet; *they have ~ down in the world* det har gått utför med dem; *~ down handsomely* vara frikostig; *~ down on* slå ned på, straffa; *~ down to* kunna reduceras till; *~ down with the measles* bli sjuk i mässlingen **19** *~ forth* träda fram **20** *~ forward* träda (stiga, komma) fram, anmäla sig **21** *~ from a)* komma (vara) från, *b)* komma [sig] av **22** *~ in a)* komma in, komma i mål, *b)* komma i bruk, komma på modet, *c)* komma till makten; *~ in useful* (*handy*) komma väl till pass; *where does he ~ in?* var kommer han in i bilden?; *~ in for* få [sin del] av **23** *~ into a)* komma in i, *b)* få ärva (*a fortune* en förmögenhet); *~ into being* (*existence*) komma till; *~ into blossom* gå i blom; *~ into effect* träda i kraft; *~ into one's own* förverkliga sig själv **24** *~ of a)* komma (härstamma) från, *b)* komma sig av, *c)* komma ut av; *nothing came of it* det kom ingenting ut av det; *that's what ~s of disobeying* så går det när man inte lyder; *~ of age* bli myndig **25** *~ off a)* ramla av (ner) [från], *b)* gå ur (av), lossna, gå att ta loss, *c)* avgå från (*pris e.d.*), *d) vard.* äga rum, bli av, *e*) *vard.* lyckas, gå i lås, *f) sl.* få orgasm; *~ off the winner* utgå som segrare; *~ off it!* (*vard.*) lägg av!, försök inte! **26** *~ on a)* komma [efter], fortsätta, närma sig; avancera, *b)* börja; utbryta, *c)* ta sig, utveckla sig, göra framsteg, växa, *d)* göra entré (*på scen*), *e)* komma upp [till behandling]; *~ on!* a) skynda på!, kom nu!, *b)* försök!, ryck upp dig! **27** *~ out a)* komma ut (*äv. publiceras*), *b)* debutera, *c)* (*om fläck o.d.*) gå ur, *d)* bli; komma fram, visa sig, bli synlig, *e)* stämma, gå jämnt ut; *this ~s out at £10* detta uppgår till (blir) 10 pund; *~ out in spots* få utslag; *~ out like* spela, låtsas vara; *~ out [on strike]* gå i strejk; *~ out on top* hävda sig väl, vinna; *~ out with* komma (klämma) fram med **28** *~ over a)* komma (gå) över, *b)* (*om budskap o.d.*) gå fram, *c) vard.* känna sig **29** *~ round a)* komma över, titta in, *b)* hämta sig, kvickna till, *c)* ändra åsikt, komma på andra tankar **30** *~ through a)* klara sig igenom, *b)* (*om meddelande o.d.*) komma in **31** *~ to a)* komma till, nå; gå in på (*ämne o.d.*), *b)* *~ to* [*o.s.*] kvickna till, hämta sig, *c)* uppgå (belöpa sig) till, *d)* gälla, vara fråga[n] om, *e)* drabba, *f)* leda till, *g) sjö.* stanna (*fartyg*); *~ to that* förresten, för den delen; *~ to a fortune* få ärva en förmögenhet; *~ to light* komma i dagen; *I had it coming to me* (*vard.*) jag hade mig själv att skylla; *it ~s to the same thing* det går (kommer) på ett ut; *when it ~s to choosing* när det gäller att välja; *that won't ~ to much* det blir inte mycket av det; *what is the world coming to?* vart är världen på väg?; *if it ~s to that* om det går därhän, vad det beträffar **32** *~ up a)* komma upp; komma fram; (*om solen*) gå upp, *b) BE.*, börja (*vid univ.*); *one pizza coming up!* en pizza klar (kommer)!; *~ up in the world* komma sig upp i världen; *~ up against* råka ut för, kollidera med; *~ up to* nå upp till, uppgå till; *~ up with* komma [fram] med

come|-at-able [ˌkʌm'ætəbl] åtkomlig, tillgänglig
-back ['kʌmbæk] *vard.* **1** comeback, återkomst **2** svar [på tal]
comedian [kə'miːdjən] **1** komiker; komediskådespelare **2** komediförfattare **comedienne** [kəˌmeɪdɪ'en] komedienn
come-down ['kʌmdaʊn] **1** steg tillbaka (*i status o.d.*) **2** *vard.* besvikelse
comedy ['kɒmɪdɪ] komedi, lustspel
comely ['kʌmlɪ] *a* vacker, attraktiv
comestibles [kə'mestɪblz] *pl* matvaror
comet ['kɒmɪt] komet
comeuppance [ˌkʌm'ʌpəns] *sl.* vedergällning, straff man förtjänar
comfit ['kʌmfɪt] bränd mandel
comfort ['kʌmfət] **I** *s* tröst, lättnad; *take ~ a)* låta trösta sig, *b)* fatta mod **2** välbefinnande, komfort; *~s* (*pl*) bekvämligheter **II** *v* **1** trösta; *be ~ed* låta trösta sig **2** vederkvicka, uppliva **comfortable** ['kʌmf(ə)təbl] **1** bekväm, komfortabel; *be ~* ha det skönt (bra), trivas; *make o.s ~* göra det bekvämt för sig **2** väl till mods, obesvärad **3** som har det bra; välbärgad **4** avkopplande, lugn, trygg **comforter** ['kʌmfətə] **1** tröstare **2** yllehalsduk **3** [tröst]napp **comfort station** ['kʌmfətˌsteɪʃn] *AE.* bekvämlighetsinrättning, offentlig toalett **comfy** ['kʌmfɪ] *vard.*, se *comfortable*
comic ['kɒmɪk] komisk; komedi-; *~ opera* operett; *~ [paper]* skämttidning; *~ strip* skämtserie, tecknad serie **comical** [-(ə)l] komisk, skrattretande
coming ['kʌmɪŋ] **I** *a* **1** kommande **2** lovande; *~ man* framtidsman, påläggskalv **II** *s* **1** ankomst; annalkande **2** *~s and goings* (*pl*) folk som kommer och går, spring ut och in
comity ['kɒmɪtɪ] hövlighet; *~ of nations* nationers vänskapliga erkännande av varandras lagar och institutioner
comm. *förk. för commerce; commercial; committee*
comma ['kɒmə] komma[tecken]; *inverted ~s* citations-, anförings|tecken
command [kə'mɑːnd] **I** *v* **1** befalla; kommendera, föra befäl[et över] **2** förfoga över, disponera [över]; *Yours to ~* Er ödmjuke tjänare **3** tillvinna sig, inge **4** inbringa; betinga [sig] (*pris*) **5** *this place ~s a splendid view of* denna plats erbjuder en strålande utsikt över **II** *s* **1** befallning; order, kommando **2** herravälde, makt; befäl; kontroll; *be in ~* föra befäl[et] (*of* över, på, i); *take ~ of* ta befälet över; *great ~ of language* stor språkfärdighet **3** förfogande, disposition; *at ~* till förfogande
comman|dant [ˌkɒmən'dænt] kommendant; be-

commandeer—commonwealth

fälhavare **-deer** [ˌkɒmənˈdɪə] tvångsuttaga, tvinga (*t. krigstjänst*); rekvirera, beslagtaga **commander** [kəˈmɑːndə] **1** befälhavare, chef **2** (*i flottan*) kommendörkapten **3** (*i orden*) kommendör **commander in chief** [kəˈmɑːnd(ə)rɪnˈtʃiːf] överbefälhavare
commanding [kəˈmɑːndɪŋ] **1** befälhavande, kommenderande; ~ *officer* (*mil.*) befälhavare, chef **2** myndig, befallande **3** ~ *position* dominerande läge; *a* ~ *view of* fri utsikt över
commandment [kəˈmɑːn(d)mənt] bud[ord]; *the ten* ~*s* tio Guds bud
commando [kəˈmɑːndəʊ] (*pl* -[*e*]*s*) commando|trupp, -soldat, kustjägare
commemo|rate [kəˈmeməreɪt] fira minnet av, högtidlighålla **-ration** [kəˌmeməˈreɪʃn] firande, åminnelse; minnes|fest, -högtid, -gudstjänst **-rative** [kəˈmemərətɪv] minnes-, jubileums-
commence [kəˈmens] **1** börja, inledas **2** [på]börja, inleda **-ment** [-mənt] **1** början, inledning **2** *AE.* promotion[sfest]
commend [kəˈmend] **1** prisa **2** anbefalla, rekommendera **3** anförtro **4** ~ *me to your wife* hälsa din fru från mig **-able** [-əbl] berömlig, lovvärd
commen|dation [ˌkɒmenˈdeɪʃn] rekommendation, lovord **-atory** [kɒˈmendət(ə)rɪ] berömmande; rekommendations-
commensu|rable [kəˈmenʃ(ə)rəbl] **1** kommensurabel, jämförbar **2** proportionerlig **-rate** [-ət] **1** sammanfallande **2** proportionell
comment [ˈkɒment] **I** *s* kommentar[er] (*on, about* om, till); förklaring; kritik **II** *v*, ~ *on* kommentera, uttala sig om, kritisera **commentary** [-(ə)rɪ] **1** kommentar (*on* till), uttalande (*on* om) **2** [radio]reportage, -referat **commentate** [-eɪt] **1** vara kommentator **2** kommentera; referera **commentator** [-eɪtə] kommentator, [radio]reporter
commerce [ˈkɒmɜːs] handel, varuutbyte **commercial** [kəˈmɜːʃl] **I** *a* kommersiell, handels-; ~ *artist* reklamtecknare; ~ *bank* affärsbank; ~ *traveller* handelsresande; ~ *vehicle* fordon i yrkesmässig trafik **II** *s, radio. o. TV.* reklaminslag, reklamfinansierat program **commercialism** [kəˈmɜːʃəlɪz(ə)m] kommersialism **commercial|ize** (*BE. äv. -ise*) [kəˈmɜːʃəlaɪz] kommersialisera
commie [ˈkɒmɪ] *neds., i sht AE.* kommunist[isk]
commingle [kɒˈmɪŋgl] [hop]blanda[s]
comminute [ˈkɒmɪnjuːt] **1** pulverisera **2** stycka
commiser|ate [kəˈmɪzəreɪt] ~ [*with*] hysa medlidande med, ömka **-ation** [kəˌmɪzəˈreɪʃn] med|lidande, -ömkan
commis|sar [ˌkɒmɪˈsɑː] (*i Sovjet*) kommissarie **-sariat** [ˌkɒmɪˈseərɪət] **1** *mil.* intendentur **2** (*i Sovjet*) kommissariat **-sary** [ˈkɒmɪsərɪ] **1** *AE.* intendenturaffär **2** *AE.* intendent **3** *AE.* restaurang i filmstudio **4** biskops ställföreträdare
commission [kəˈmɪʃn] **I** *s* order, uppdrag; ärende; bemyndigande, förordnande; *in* (*out of*) ~ *a*) (*om fartyg*) i (ur) aktiv tjänst, *b*) *vard.* i (ur) funktion **2** *mil.* [officers]fullmakt; *resign one's* ~ ta avsked [som officer] **3** kommission, kommitté **4** *hand.* provision; kommission; *on* ~ i kommission **5** begående (*av brott e.d.*) **II** *v* **1** bemyndiga,

ge officersfullmakt; ~*ed officer* officer **2** ge beställning på, uppdraga åt; *be* ~*ed to* få i uppdrag att **3** utrusta (*fartyg*), försätta (*fartyg*) i beredskap **commission-agent** [-ˌeɪdʒ(ə)nt] **1** *hand.* kommissionär **2** vadslagningsagent **commissionaire** [kəˌmɪʃəˈneə] [dörr]vaktmästare **commissioner** [kəˈmɪʃnə] **1** kommitterad, delegerad **2** medlem av kommission (styrelse, nämnd) **3** chef för förvaltningsgren; kommissarie; *police* ~ polismästare **4** guvernör; *High C*~ (*ung.*) överkommissarie (*representant för Brittiska samväldet*)
commit [kəˈmɪt] **1** anförtro, överlämna (*to* åt); ~ *to the fire* bränna [upp], kasta på elden; ~ *to memory* lära sig utantill; ~ *to writing* anteckna, skriva ned **2** skicka (*i fängelse*); häkta; ~ *for trial* hänskjuta till högre rätt **3** remittera till utskott (kommitté) **4** begå; föröva **5** ~ *o.s. a*) blottställa sig, försäga sig, *b*) engagera sig, ta ställning, förbinda sig **-ment** [-mənt] **1** anförtroende, överlämnande **2** åtagande, förbindelse, förpliktelse **-ted** [-ɪd] engagerad; som har tagit ställning
committee 1 [kəˈmɪtɪ] kommitté; utskott **2** [ˌkɒmɪˈtiː] (*förr*) förmyndare för sinnessjuk
commode [kəˈməʊd] **1** liten byrå **2** kommod; nattstol
commodious [kəˈməʊdjəs] rymlig
commodity [kəˈmɒdətɪ] [handels]vara, artikel
commodore [ˈkɒmədɔː] **1** *BE.* kommendör av 1. graden; eskaderchef **2** kommendör (*titel för ordförande i segelsällskap*)
common [ˈkɒmən] **I** *a* **1** gemensam; *the C*~ *Market* gemensamma marknaden, EG; ~ *noun* (*språkv.*) appellativ; *make* ~ *cause* göra gemensam sak; ~ *room* samlingsrum, uppehållsrum, lärarrum **2** allmän, offentlig; *it is* ~ *knowledge* det är allmänt känt att; ~ *law* (*ung.*) allmän civilrätt (*grundad på sedvanerätt*); *Book of C*~ *Prayer* anglikanska kyrkans bön- och ritualbok **3** vanlig, allmän; enkel, ordinär; menig; ~ *sense* sunt förnuft; ~ *shares* stamaktier; ~ *or garden* (*vard.*) vanlig enkel, helt vanlig **4** vulgär, tarvlig **5** *mus.*, ~ *time* 4/4-takt **II** *s* **1** allmänning; *right of* ~ nyttjanderätt; ~ *of pasture* betesrätt; ~ *of piscary* fiskerätt **2** *out of the* ~ utöver det vanliga **3** *in* ~ gemensamt
commonalty [ˈkɒmənltɪ] *s, the* ~ folk i allmänhet, gemene man
commoner [ˈkɒmənə] **1** ofrälse (ej adlig) person **2** medlem av underhuset **3** *BE.* icke-stipendiat
common-law [ˈkɒmənlɔː] *a*, ~ *marriage* samvetsäktenskap; ~ *husband* (*wife*) sammanboende (*jämställd m. gift*) **commonly** [-lɪ] *adv* **1** vanligtvis, vanligen **2** *neds.* enkelt, tarvligt
commonplace I *a* alldaglig, banal, vardaglig **II** *s* **1** plattityd, banalitet, truism **2** vardaglighet, vardaglig företeelse
commons [ˈkɒmənz] *pl* **1** ofrälse; folk i allmänhet **2** *be on short* ~ få för små matportioner **3** *the* [*House of*] ~ underhuset
common sense [ˌkɒmənˈsens] **common-sensical** [-ˈsensɪkl] förnuftig
common|weal [ˈkɒmənwiːl] *åld., the* ~ det allmänna bästa **-wealth** [-welθ] samhälle **2** republik **3** *the C*~ [*of Nations*] Brittiska samväldet; *the C*~ *of Australia* australiska statsförbundet

commotion [kə'məʊʃn] **1** oordning, tumult; oväsen **2** orolighet[er], uppror
communal ['kɒmjʊnl] **1** gemensam, kollektiv **2** kommunal, kommun- **commune** I s ['kɒmju:n] **1** kollektiv, storfamilj **2** kommun; *the C~* Pariskommunen II v [kə'mju:n] **1** samtala förtroligt **2** *AE.* gå till nattvarden
communi|cable [kə'mju:nɪkəbl] **1** som kan meddelas **2** smittsam **-cant 1** nattvardsgäst **2** sagesman **-cate** [-keɪt] **1** meddela, vidarebefordra; överföra **2** ~ *with* sätta sig (stå) i förbindelse med, kommunicera med; *communicating rooms* rum med dörr emellan **3** utdela (ta) nattvarden
communication [kə͵mju:nɪ'keɪʃn] **1** meddelande; överförande **2** förbindelse[r]; kommunikation[er]; *means of* ~ kommunikationsmedel **communication cord** *BE.* nödbroms **communications satellite** kommunikations-, tele|satellit
communi|cative [kə'mju:nɪkətɪv] **1** meddelsam **2** kommunikations-, kommunikativ **-cator** [-keɪtə] meddelare
communion [kə'mju:njən] **1** gemenskap; samhörighetskänsla **2** kyrkosamfund **3** *[Holy]* C~ nattvardsgång **--cup** nattvardskalk **--rail** altarring
communiqué [kə'mju:nɪkeɪ] kommuniké
commun|ism ['kɒmjʊnɪz(ə)m] **1** kommunism *(som allmänt ideal)* **2** *C~* kommunism *(som politisk rörelse baserad på Marx)* **-ist** [-ɪst] I s **1** kommunist *(anhängare av kommunismens idé)* **2** *C~* kommunist *(medlem av kommunistparti)* II *a* kommunistisk, kommunist-; *C~ Party* kommunistparti **-istic** [͵kɒmjʊ'nɪstɪk] kommunistisk
community [kə'mju:nətɪ] **1** gemenskap **2** samhälle; samfund; koloni; *the* ~ samhället, det allmänna **3** befolkningsgrupp **community centre** kultur- och fritidscentrum **community chest** *AE.* välgörenhetskassa **community home** *BE.* ungdomsvårdsskola **community singing** allsång
commu|nize *(BE. äv. -nise)* ['kɒmjʊnaɪz] **1** nationalisera, förstatliga **2** göra kommunistisk
commutable [kə'mju:təbl] utbytbar **commutation** [͵kɒmju:'teɪʃn] pendling *(t. arbetet)*
commutation ticket *AE.* säsongbiljett; månadskort **commutator** ['kɒmju:teɪtə] *elektr.* strömomkastare **commute** [kə'mju:t] **1** förvandla, utbyta **2** pendla *(t. arbetet)* **commuter** [kə'mju:tə] pendlare *(t. arbetet)*
comp. *förk. för* companion; comparative; compare; compiled; compiler; complete; composer; composition; compound; comprising
compact I s ['kɒmpækt] **1** pakt, fördrag **2** puderdosa **3** *AE.* kompaktbil II *a* [kəm'pækt] **1** kompakt, tätt packad; ~ *disc* CD-, kompakt|skiva **2** koncis III *v* [kəm'pækt] **1** sammanpressa **2** sammansätta
1 companion [kəm'pænjən] I *s* **1** följeslagare, kamrat **2** sällskapsdam **3** riddare *(i orden)* **4** pendang, motstycke **5** handbok II *v* **1** beledsaga **2** vara pendang till **3** umgås
2 companion [kəm'pænjən] *sjö.* **1** skylight **2** lejdare
companion|able [kəm'pænjənəbl] trevlig, sällskaplig **-ship** kamratskap
companionway [kəm'pænjənweɪ] *sjö.* lejdare *(mellan däck)*
company ['kʌmp(ə)nɪ] **1** sällskap; *bad* ~ *a)* tråkigt sällskap, *b)* dåligt sällskap; *good* ~ trevligt (gott) sällskap; *low* ~ dåligt sällskap; *for* ~ för sällskaps skull; *keep s.b.* ~ hålla (göra) ngn sällskap; *keep* ~ *with* sällskapa (vara tillsammans) med; *part* ~ *with* skiljas från **2** umgänge; gäster; besök; *see little* ~ ha litet umgänge **3** [teater]sällskap, -grupp **4** bolag, firma, företag **5** kompani **6** *ship's* ~ befäl och besättning **company sergeant-major** fanjunkare
comparable ['kɒmp(ə)rəbl] jämförlig, jämförbar *(with, to* med) **comparative** [kəm'pærətɪv] I *a* **1** komparativ *(äv. språkv.)*; jämförande **2** relativ II *s, språkv.* komparativ **comparatively** [kəm'pærətɪvlɪ] jämförelsevis, förhållandevis, relativt
compare [kəm'peə] I *v* **1** jämföra; ~ *to* jämföra med, likna vid; ~ *notes* utbyta erfarenheter (tankar) **2** [kunna] jämföras (jämställas) *(with* med) **3** *språkv.* komparera II *s, beyond (past)* ~ utan jämförelse, makalöst, oförlikneligt **comparison** [-'pærɪsn] **1** jämförelse; *bear (stand)* ~ *with* tåla jämförelse med **2** *språkv.* komparation
compartment [kəm'pɑ:tmənt] **1** avdelning, fack; *glove* ~ handskfack **2** kupé
compass ['kʌmpəs] I *s* **1** kompass **2** omkrets; område; *mus.* omfång **3** ~*es (pl)* passare; *a pair of* ~*es* en passare II *v* **1** omge, innesluta **2** fatta, förstå **3** vinna, uppnå **compass card** kompassros
compassion [kəm'pæʃn] medkänsla, medlidande, förbarmande **-ate** [kəm'pæʃənət] medlidsam, deltagande
compass rose ['kʌmpəsrəʊz] kompassros **compass saw** sticksåg **compass window** [-͵wɪndəʊ] utbyggt fönster, burspråksfönster
compat|ibility [kəm͵pætə'bɪlətɪ] förenlighet; kompatibilitet **-ible** [-'pætəbl] förenlig; kompatibel
compatriot [kəm'pætrɪət] landsman
compeer [kɒm'pɪə] [jäm]like; kamrat
compel [kəm'pel] **1** tvinga **2** framtvinga **-ling** [-ɪŋ] **1** [be]tvingande **2** fängslande **3** övertygande
compendi|um [kəm'pendɪəm] *(pl -ums el. -a* [-ə]) kompendium; sammandrag; *BE.* handbok
compen|sate ['kɒmpenseɪt] **1** kompensera, ersätta, gottgöra *(s.b. for s.th.* ngn för ngt) **2** utjämna **3** ~ *for* kompensera, uppväga **-sation** [͵kɒmpen'seɪʃn] **1** kompensation, ersättning, gottgörelse; skadestånd; lön **2** utjämning
compere ['kɒmpeə] I *s* konferencier II *v* vara konferencier vid
compete [kəm'pi:t] tävla; konkurrera
compe|tence, -tency ['kɒmpɪt(ə)ns, -ɪ] **1** kompetens; behörighet **2** [tillräcklig] inkomst; välstånd **-tent** [-t(ə)nt] **1** kompetent; behörig **2** passande, lämplig
competi|tion [͵kɒmpɪ'tɪʃn] **1** tävlan, konkurrens **2** tävling **-tive** [kəm'petɪtɪv] **1** konkurrenskraftig **2** konkurrensbetonad; tävlingsinriktad **-tor** [kəm'petɪtə] **1** medtävlare, konkurrent **2** tävlande, tävlingsdeltagare
compilation [͵kɒmpɪ'leɪʃn] kompil|ation, -ering **compile** [kəm'paɪl] kompilera; ställa samman

compiler—conc.

compiler [kəm'paɪlə] kompilator
compla|cence, -cency [kəm'pleɪsns, -ɪ] självbelåtenhet **-cent** [-snt] självbelåten
complain [kəm'pleɪn] klaga, beklaga sig (*of*, *about* över; *to* för, hos) **complaint** [-t] **1** klagan, klagomål; *hand.* reklamation **2** ont, åkomma
complai|sance [kəm'pleɪz(ə)ns] tillmötesgående, förbindlighet **-sant** [-s(ə)nt] tillmötesgående, förbindlig
complement I *s* ['kɒmplɪmənt] **1** komplement **2** fullt (behövligt) antal **3** *språkv.* predikativ, predikatsfyllnad **II** *v* ['kɒmplɪment] komplettera **-ary** [ˌkɒmplɪ'ment(ə)rɪ] komplement-, kompletterande
complete [kəm'pli:t] **I** *a* komplett, fullständig, fullkomlig; färdig **II** *v* **1** avsluta, fullborda **2** komplettera, fullständiga **completion** [kəm'pli:ʃn] **1** avslutning, fullbordande **2** komplettering, fullständigande
complex ['kɒmpleks] **I** *s* komplex **II** *a* **1** sammansatt **2** komplicerad, invecklad **3** ~ *fraction* dubbelbråk
complexion [kəm'plekʃn] **1** hy **2** karaktär, prägel; *bildl.* utseende; *put a new* ~ *on* ställa i en helt ny dager
complexity [kəm'pleksətɪ] **1** komplexitet, sammansatthet, mångfald **2** komplikation
compli|ance, -ancy [kəm'plaɪəns, -ɪ] **1** tillmötesgående; samtycke; *in* ~ *with* i enlighet med **2** eftergivenhet **-ant** [-ənt] **1** tillmötesgående **2** eftergiven
complicacy ['kɒmplɪkəsɪ] komplexitet
compli|cate I *a* ['kɒmplɪkət] *se* **complicated II** *v* ['kɒmplɪkeɪt] komplicera, trassla till, inveckla **-cated** ['kɒmplɪkeɪtɪd] komplicerad, invecklad **-cation** [ˌkɒmplɪ'keɪʃn] **1** komplikation **2** krånglighet
complicity [kəm'plɪsətɪ] delaktighet, medbrottslighet
compli|ment I *s* ['kɒmplɪmənt] **1** komplimang, artighet **2** ~*s* (*pl*) hälsning[ar]; ~*s of the season* jul- och nyårsönskningar **II** *v* ['kɒmplɪment] **1** komplimentera (*on* för); gratulera, lyckönska (*on* till) **2** ~ *s.b. with s.th.* förära ngn ngt **-mentary** [ˌkɒmplɪ'ment(ə)rɪ] **1** artighets- **2** fri-, gratis-; ~ *copy* friexemplar; ~ *ticket* fribiljett
comply [kəm'plaɪ] *v*, ~ *with* rätta sig efter, [åt]lyda, efterkomma, iakttaga
component [kəm'pəʊnənt] **I** *a* bestånds- **II** *s* komponent, [beståndsdel
comport [kəm'pɔ:t] *rfl* uppföra sig **2** ~ *with* stå i överensstämmelse med
compose [kəm'pəʊz] **1** komponera; författa; utarbeta; ställa samman **2** utgöra, bilda; ~*d of* bestående av **3** *boktr.* sätta **4** ordna; bilägga, stilla, lugna; ~ *one's thoughts* samla tankarna; ~ *o.s.* lugna (samla) sig **composed** [-d] lugn, samlad **composer** [-ə] kompositör
composite ['kɒmpəzɪt] **I** *a* sammansatt, blandad **II** *s* sammansättning, blandning
composition [ˌkɒmpə'zɪʃn] **1** komposition; litterärt verk (alster); konstverk **2** komponerande; författande; sammanställande **3** sammansättning, bildning **4** uppsatsskrivning **5** *boktr.* sättning **6** läggning, natur **7** förlikning **8** *hand.* ackord **compositor** [kəm'pɒzɪtə] *boktr.*

sättare
compost ['kɒmpɒst] kompost
composure [kəm'pəʊʒə] fattning, sans, lugn
compote ['kɒmpɒt] kompott
1 compound I *v* [kəm'paʊnd] **1** blanda [ihop, till], sätta ihop (samman) **2** förvärra; öka **3** göra upp; bilägga (*tvist e.d.*) **4** göra sig kvitt genom ackord **5** kompromissa, förlikas **6** *jur.* efterskänka, avstå från att utkräva **7** lämna (ta emot) skadeersättning **II** *a* ['kɒmpaʊnd] sammansatt; ~ *fraction* dubbelbråk; ~ *interest* ränta på ränta; ~ *fracture* komplicerad fraktur **III** *s* ['kɒmpaʊnd] **1** sammansättning, blandning, förening **2** *språkv.* sammansatt ord, sammansättning
2 compound ['kɒmpaʊnd] **1** (*i Afrika*) läger, inhägnad; infödingskvarter **2** krigsfångeläger
compre|hend [ˌkɒmprɪ'hend] **1** begripa, fatta **2** inbegripa, omfatta, innefatta **-hensibility** ['kɒmprɪˌhensə'bɪlətɪ] begriplighet, förståelighet **-hensible** [ˌkɒmprɪ'hensəbl] begriplig, förståelig **-hension** [ˌkɒmprɪ'henʃn] **1** förstånd, fattningsförmåga; uppfattning **2** sammanfattning, inbegripande **3** omfattning **-hensive** [ˌkɒmprɪ'hensɪv] **1** omfattande, innehållsrik; mångsidig; enhets-; ~ *school* (*ung.*) högstadium och gymnasieskola **2** ~ *faculty* fattningsförmåga
compress I *v* [kəm'pres] **1** pressa ihop (samman); komprimera; ~*ed air* tryckluft, komprimerad luft **2** *bildl.* sammantränga **II** *s* ['kɒmpres] kompress; vått omslag **-ible** [kəm'presəbl] sammantryckbar
compression [kəm'preʃn] sammantryckning, -trängning; tryck; *tekn.* kompression; koncentration (*i uttryck o.d.*) **compressor** [kəm'presə] *tekn.* kompressor
comprise [kəm'praɪz] omfatta, innefatta; inbegripa, inkludera
compro|mise ['kɒmprəmaɪz] **I** *s* kompromiss; eftergift **II** *v* **1** kompromissa; göra ackord **2** kompromettera **3** äventyra **-mising** [-maɪzɪŋ] komprometterande
comptroller [kən'trəʊlə] *se* **controller**
compul|sion [kəm'pʌlʃn] tvång **-sive** [-sɪv] tvingande; tvångs-, tvångsmässig **-sory** [-s(ə)rɪ] obligatorisk; tvingande, tvångs-: ~ *purchase* expropriation
compunction [kəm'pʌŋ(k)ʃn] samvetsbetänkligheter, skrupler
computable [kəm'pju:təbl] beräknelig **computation** [ˌkɒmpju:'teɪʃn] beräkning, överslag; kostnadsförslag; kalkyl **compute** [kəm'pju:t] beräkna, uträkna **computer** [kəm'pju:tə] dator; ~ *language* dataspråk **computer|ize** (*BE.* *äv. -ise*) [kəm'pju:təraɪz] **1** databehandla **2** datorisera
comrade ['kɒmreɪd] kamrat
comsat ['kɒmsæt] kommunikations-, tele|satellit
1 con [kɒn] *sl.* **I** *v* lura, dupera **II** *s*, ~ *man*, ~ *trick, se* **confidence 3**
2 con [kɒn] *se* **pros and** ~*s*
3 con [kɒn] *sjö.* styra (*fartyg*)
4 con [kɒn] *åld.* studera; ~ *by rote* lära sig utantill
con. *förk. för* concerto; conclusion; connection; consolidated; continued; *contra* **conc.** *förk. för* concentrate[d]; concentration; concerning; concerto

concate|nate [kɒn'kætɪneɪt] *bildl.* hoplänka, sammanbinda **-nation** [kɒn₁kætɪ'neɪʃn] hoplänkning, sammanbindning; serie
concave [kɒn'keɪv] **I** *a* konkav **II** *v* göra konkav
concavity [kɒn'kævətɪ] konkavitet, konkav yta
conceal [kən'siːl] dölja, hemlighålla **-ment** [-mənt] **1** döljande, hemlighållande **2** hemlighet; gömställe
concede [kən'siːd] **1** medge; bevilja; erkänna [riktigheten av] **2** ge upp; ~ *an election* erkänna sig besegrad i ett val; ~ *a game* förlora ett game
conceit [kən'siːt] **1** inbilskhet, egenkärlek, fåfänga **2** *åld.* (*sökt*) kvickhet; tankelek; idé **-ed** [-ɪd] inbilsk, egenkär
conceivable [kən'siːvəbl] tänkbar; möjlig; fattbar **conceive** [kən'siːv] **1** uttänka, hitta på **2** föreställa sig, fatta **3** ~ *a passion for* gripas av lidelse för **4** bli havande [med]; avla
concentrate ['kɒns(ə)ntreɪt] **I** *v* **1** koncentrera; dra samman (*trupper*) **2** koncentreras, koncentrera sig **II** *s* koncentrat **concentration** [₁kɒns(ə)n'treɪʃn] koncentr|ering, -ation **concentration camp** koncentrationsläger
concentric [kɒn'sentrɪk] koncentrisk
concept ['kɒnsept] begrepp **conception** [kən'sepʃn] **1** konception, befruktning **2** föreställning, uppfattning; begrepp **3** tanke, idé **concep|tional** [kən'sepʃ(ə)nl], **-tive** [-tɪv] **1** konceptions-, befruktnings- **2** fruktbar; idérik **conceptual** [kən'septjʊəl] begreppsmässig
concern [kən'sɜːn] **I** *v* **1** angå, röra; *to whom it may* ~ till den det vederbör **2** oroa, bekymra; ~ *o.s. with* (*about*) bekymra (bry) sig om, befatta sig med **II** *s* **1** angelägenhet, sak; *it is no* ~ *of yours* det angår inte dig **2** andel; delaktighet **3** företag, firma, affär, rörelse **4** oro, bekymmer; omsorg; *have no* ~ *for* inte bekymra (bry) sig om **5** befattning; förbindelse, samband; *have no* ~ *with* inte ha ngt att göra med **concerned** [-d] **1** berörd; inblandad, invecklad; *be* ~ *with* ha att göra med; *as far as I am* ~ vad mig beträffar, för min del, gärna för mig **2** orolig, bekymrad (*about, at* över) **concerning** [-ɪŋ] angående, beträffande
concert I *s* ['kɒnsət] **1** konsert **2** samstämmighet; *in* ~ i samförstånd, tillsammans **II** *v* [kən'sɜːt] avtala, göra upp, planera, enas om **concerted** [kən'sɜːtɪd] **1** gemensam **2** *mus.* flerstämmig
concert grand [₁kɒnsət'grænd] konsertflygel
concertina [₁kɒnsə'tiːnə] concertina (*litet dragspel*)
concerto [kən'tʃeətəʊ] konsert (*för soloinstrument o. orkester*)
concession [kən'seʃn] **1** medgivande; beviljande **2** tillmötesgående **2** koncession **concessionaire** [kən₁seʃə'neə] koncessionsinnehavare; generalagent **concessive** [kən'sesɪv] **1** medgivande **2** *språkv.* koncessiv
conch [kɒntʃ] *zool.* jätteöra (*snäcka*)
con|chie, -chy ['kɒn(t)ʃɪ] (*av conscientious objector*) *vard.* vapenvägrare, samvetsöm
conciliate [kən'sɪlɪeɪt] **1** försona, blidka **2** vinna **3** förlika **conciliation** [kən₁sɪlɪ'eɪʃn] **1** försoning; förlikning, medling **2** försonlighet **conciliator** [kən'sɪlɪeɪtə] förlikningsman; medlare **conciliatory** [kən'sɪlɪət(ə)rɪ] försonande, försonlig,

konciliant
concinnity [kɒn'sɪnətɪ] skönhet, elegans (*i litterärt verk e.d.*)
con|cise [kən'saɪs] koncis, kortfattad **-cision** [kən'sɪʒn] koncentration, korthet
conclave ['kɒnkleɪv] konklav; enskild rådplägning
con|clude [kən'kluːd] **1** [av]sluta, slutföra **2** sluta, ingå (*fördrag e.d.*) **3** dra slutsatsen, konkludera **-cluding** [-'kluːdɪŋ] avslutande, slut- **-clusion** [-'kluːʒn] **1** slut, avslutning; *in* ~ till sist, slutligen **2** slutande, ingående (*av fördrag o.d.*) **3** slutledning; slutsats; *jump to* ~*s* dra förhastade slutsatser **4** *try* ~*s with* mäta sig med **-clusive** [-'kluːsɪv] **1** slutlig, slutgiltig **2** avgörande, bindande
concoct [kən'kɒkt] **1** laga till **2** koka ihop, hitta på, uppdikta **concoction** [kən'kɒkʃn] **1** tillagning; hopkok **2** uppdiktande; påhitt
concomitant [kən'kɒmɪt(ə)nt] **I** *a* beledsagande **II** *s* beledsagande omständighet
concord ['kɒŋkɔːd] **1** endräkt **2** avtal, överenskommelse **3** *språkv.* kongruens **4** harmoni **-ance** [kən'kɔːd(ə)ns] **1** överensstämmelse **2** konkordans (*förteckning*) **-ant** [kən'kɔːd(ə)nt] överensstämmande; samstämmig **concordat** [kɒn'kɔːdæt] konkordat; överenskommelse
concourse ['kɒnkɔːs] **1** tillströmning, tillopp **2** folkmassa **3** öppen samlingsplats; centralhall; *AE.* idrottsplan
concrete I *a* ['kɒnkriːt] **1** konkret **2** fast, hård, kompakt **3** betong-, av betong **II** *s* **1** konkret sak (ord) **2** betong **III** *v* **1** bygga i (täcka med) betong **2** [kən'kriːt] ge fast form åt; antaga fast form; konkretisera[s] **concrete mixer** betongblandare **concretion** [kən'kriːʃn] **1** sammansmältning **2** fast massa; konkret sak **3** *med.* sten **concre|tize** (*BE. äv. -tise*) ['kɒnkriːtaɪz] konkretisera
concubine ['kɒŋkjʊbaɪn] konkubin; bihustru
concupiscence [kən'kjuːpɪs(ə)ns] sexuellt begär, åtrå, lystnad
concur [kən'kɜː] **1** sammanfalla **2** samverka, medverka **3** instämma **-rence** [kən'kʌr(ə)ns] **1** sammanträffande **2** samverkan, medverkan **3** instämmande; samstämmighet **-rent** [kən'kʌr(ə)nt] **1** jämlöpande, samtidig **2** samverkande, medverkande **3** instämmande
concussion [kən'kʌʃn] häftig skakning, stöt; ~ [*of the brain*] hjärnskakning
condemn [kən'dem] **1** döma; fördöma; *the* ~*ed cell* dödscellen **2** utdöma **3** förklara förbruten, konfiskera **condemnation** [₁kɒndem'neɪʃn] **1** [fällande] dom; fördömelse **2** konfiskering; expropriation **condemnatory** [kən'demnət(ə)rɪ] dömande; fördömande
condensation [₁kɒnden'seɪʃn] **1** kondensering, förtätning **2** kondens[ation], imma **3** avkortning, nedskärning (*av text e.d.*) **condense** [kən'dens] **1** kondensera[s]; ~*d milk* kondenserad mjölk **2** koncentrera **3** avkorta, skära ner (*text e.d.*) **condenser** [kən'densə] kondensator
conde|scend [₁kɒndɪ'send] nedlåta sig, värdigas **-scending** [-'sendɪŋ] nedlåtande **-scension** [-'senʃn] nedlåtenhet

condign—conformity

condign [kənˈdaɪn] välförtjänt
condiment [ˈkɒndɪmənt] krydda
condition [kənˈdɪʃn] **I** s **1** villkor; ~s (pl, äv.) omständigheter, förhållanden; [up]on ~ that under förutsättning att, på villkor att; on no ~ på inga villkor **2** stånd, [samhälls]ställning **3** tillstånd, skick; kondition, form; a heart ~ en hjärtåkomma; in (out of) ~ i gott (dåligt) skick, i (ur) form **II** v **1** betinga (äv. psykol.); bestämma; vänja, anpassa; ~ed reflex betingad reflex; be ~ed by vara betingad av **2** försätta i god kondition **3** ställa som villkor, betinga sig **4** göra beroende ([up]on av) **conditional** [kənˈdɪʃ(ə)nl] **I** s, språkv. konditionalis; villkorsbisats **II** a **1** villkorlig; beroende **2** språkv. villkors-, konditional
conditioned [kənˈdɪʃnd] **1** psykol. betingad; ~ reflex betingad reflex **2** van (to vid)
condole [kənˈdəʊl] v, ~ with kondolera, uttrycka sitt deltagande med **condolence** [-əns], **condolement** [-mənt] beklagande, deltagande, kondoleans
condom [ˈkɒndəm] kondom
condominium [ˌkɒndəˈmɪnɪəm] **1** kondominium, gemensam överhöghet **2** AE. andels|fastighet, -lägenhet
condone [kənˈdəʊn] förlåta, överse med
condor [ˈkɒndɔː] zool. kondor
conduce [kənˈdjuːs] v, ~ to leda (tjäna) till, främja **conducive** [kənˈdjuːsɪv] a, ~ to bidragande till, främjande
conduct **I** s [ˈkɒndʌkt] **1** ledning; safe ~ fri lejd **2** uppförande **3** skötsel **II** v [kənˈdʌkt] **1** leda, [an]föra; handha, sköta; mus. äv. dirigera; ~ed tour sällskapsresa **2** ~ o.s. uppföra sig **-ance** [kənˈdʌkt(ə)ns] fys. ledningsförmåga
conduc|tion [kənˈdʌkʃn] fys. överförande, ledande, ledning **-tive** [-tɪv] fys. ledande **-tivity** [ˌkɒndʌkˈtɪvətɪ] fys. ledningsförmåga **-tor** [kənˈdʌktə] **1** ledare **2** mus. dirigent **3** buss-, spårvagns|konduktör; AE. äv. järnvägskonduktör **4** fys. ledare, konduktor **5** AE. stuprör **-tress** [kənˈdʌktrɪs] [kvinnlig] konduktör
conduit [ˈkɒndɪt] ledning, rör; kanal
cone [kəʊn] **1** kon, kägla **2** strut **3** kotte
coney [ˈkəʊnɪ] se cony
conf. förk. för conference
confab [ˈkɒnfæb] vard. för confabul|ate, -ation **-ulate** [kənˈfæbjʊleɪt] samtala, småprata **-ulation** [kənˌfæbjʊˈleɪʃn] samtal, småprat
confection [kənˈfekʃn] **I** s **1** tillblandning, tillagning **2** sötsak, konfekt **3** åld. modesak (för damer) **4** vard. bildl. hopkok **II** v tillverka **-er** [-ə] konditor; godsakstillverkare; ~'s a) godisbutik, b) konditori; ~'s sugar (AE.) florsocker **-ery** [kənˈfekʃnərɪ] **1** sötsaker; konditorivaror **2** konditori; godisbutik **3** godsakstillverkning
confeder|acy [kənˈfed(ə)rəsɪ] **1** allians; förbund, konfederation; the C~ sydstaterna (under amer. inbördeskriget) **2** sammansvärjning **-ate I** a [-ət] förbunden, förbunds-, konfedererad **II** s [-ət] **1** förbundsmedlem, konfedererad **2** medbrottsling **III** v [kənˈfedəreɪt] förena; ingå förbund **-ation** [kənˌfedəˈreɪʃn] [stats]förbund, konfederation
confer [kənˈfɜː] **1** förläna, tilldela, skänka (s.th. on s.b. ngn ngt) **2** rådslå, överlägga, konferera **3** åld. för compare, se cf. **-ence** [ˈkɒnf(ə)r(ə)ns] konferens, överläggning **-ment** [-mənt] förlänande, utdelande
confess [kənˈfes] **1** erkänna, bekänna **2** bikta [sig] **3** ~ to erkänna **-ant** [-(ə)nt] biktbarn **-edly** [-ɪdlɪ] adv det måste medges; uppenbarligen
confession [kənˈfeʃn] **1** bekännelse, erkännande **2** synda-, tros|bekännelse; bikt **-al** [kənˈfeʃənl] **I** a **1** konfessionell **2** bekännelse-, bikt- **II** s biktstol
confessor [kənˈfesə] **1** bekännare **2** biktfader
confidant, fem. **-e** [ˌkɒnfɪˈdænt] förtrogen [person]
confide [kənˈfaɪd] **1** ~ in lita (tro) på; ~ in s.b. (äv.) anförtro sig åt ngn anförtro (to åt)
confidence [ˈkɒnfɪd(ə)ns] **1** förtroende (in till); take a p. into one's ~ göra ngn till sin förtrogne **2** tillförsikt; självförtroende **3** förtroligt meddelande **confidence man** bondfångare **confidence trick** bondfångeri, bondfångarknep **confidence trickster** bondfångare **confident** [-(ə)nt] **1** självsäker; trygg **2** tillitsfull, säker (of om, på) **confidential** [ˌkɒnfɪˈdenʃl] förtrolig; konfidentiell; hemlig **confiding** [kənˈfaɪdɪŋ] tillitsfull, förtroendefull
configuration [kənˌfɪɡjʊˈreɪʃn] gestalt, gestaltning, kontur[er], form
confine I v [kənˈfaɪn] **1** begränsa, inskränka **2** hålla fängslad, stänga in; ~d i barnsäng; be ~d to bed vara sängliggande **II** s [ˈkɒnfaɪn] ~s (pl) gräns, gränser; gränstrakter **-ment** [-mənt] **1** fångenskap **2** barnsäng, förlossning **3** inskränkning, begränsning
confirm [kənˈfɜːm] **1** befästa, stärka **2** bekräfta, [be]styrka **3** kyrkl. konfirmera **confirmand** [ˈkɒnfəmənd] konfirmand **confirmation** [ˌkɒnfəˈmeɪʃn] **1** befästande; stärkande **2** bekräftelse, [be]styrkande **3** kyrkl. konfirmation **confirmative** [kənˈfɜːmətɪv], **confirmatory** [kənˈfɜːmət(ə)rɪ] bekräftande, [be]styrkande **confirmed** [kənˈfɜːmd] **1** bekräftad etc., se confirm **2** inbiten, inrotad; oförbätterlig
confis|cate [ˈkɒnfɪskeɪt] konfiskera, beslagta **-cation** [ˌkɒnfɪˈskeɪʃn] konfisk|ering, -ation, beslag
conflagration [ˌkɒnfləˈɡreɪʃn] storbrand
conflate [kənˈfleɪt] sammansmälta, slå ihop
conflict I s [ˈkɒnflɪkt] konflikt, strid, sammanstötning; motsats, motsättning **II** v [kənˈflɪkt] **1** drabba samman, strida **2** komma i konflikt; vara oförenlig, gå isär **-ing** [kənˈflɪktɪŋ] stridande; motsägande, motstridig
con|fluence [ˈkɒnflʊəns] **1** sammanflöde **2** tillopp **-fluent** [-ənt] **I** a hopflytande, sammanlöpande **II** s biflod, flodarm **-flux** [-flʌks] se confluence
conform [kənˈfɔːm] **1** anpassa (to till); foga, lämpa (to efter) **2** rätta (foga, lämpa) sig (to efter); anpassa sig (to till) **3** överensstämma (with med) **conformable** [-əbl] **1** överensstämmande (to med) **2** eftergiven, medgörlig **conformation** [ˌkɒnfɔːˈmeɪʃn] **1** gestalt[ning], form, struktur **2** anpassning **conformist** [kənˈfɔːmɪst] konformist; medlem av engelska statskyrkan **conformity** [kənˈfɔːmətɪ] överensstämmelse, likhet; konformitet; anpassning; in ~

with i enlighet (överensstämmelse) med, enligt
confound [kənˈfaʊnd] **1** förbrylla, förvirra; förvåna **2** förväxla, blanda ihop; bringa i oordning **3** ~ *it!* sjutton också!; ~ *you!* dra åt skogen! **-ed** [-ɪd] *vard.* förbaskad
confraternity [ˌkɒnfrəˈtɜːnɪtɪ] brödraskap
confront [kənˈfrʌnt] **1** konfrontera; ställa ansikte mot ansikte; *be ~ed with* ställas inför **2** stå ansikte mot ansikte med, möta **confrontation** [ˌkɒnfrʌnˈteɪʃn] konfront|ering, -ation
Confucianism [kənˈfjuːʃjənɪz(ə)m] konfucianism
con|fuse [kənˈfjuːz] **1** förvirra, förvilla **2** röra ihop; bringa i oordning **3** förväxla **-fused** [-ˈfjuːzd] **1** förvirrad, förbryllad, konfunderad (*at över*) **2** rörig, oordnad **-fusion** [-ˈfjuːʒn] **1** förvirring, oordning **2** sammanblandning, förväxling; oklarhet; ~ *of tongues* språkförbistring **3** förlägenhet, blygsel
con|futation [ˌkɒnfjuːˈteɪʃn] vederläggning **-fute** [kənˈfjuːt] vederlägga
Cong. *förk.* för Congregational
congeal [kənˈdʒiːl] göra (bli) stel; [få att] koagulera; isa, frysa till is
congener|ic [ˌkɒndʒɪˈnerɪk], **-ous** [kɒnˈdʒenərəs] besläktad, av samma slag
congenial [kənˈdʒiːnjəl] **1** sympatisk, behaglig **2** besläktad; kongenial; samstämd
congenital [kənˈdʒenɪtl] **1** medfödd **2** *vard.* komplett, fullständig
conger [ˈkɒŋgə] *zool.* havsål
congested [kənˈdʒestɪd] **1** *med.* blodöverfylld **2** till trängsel fylld; överbefolkad **congestion** [kənˈdʒestʃ(ə)n] **1** *med.* blodstockning **2** stockning (*i trafik e.d.*); överbefolkning
conglomer|ate I *a* [kənˈglɒmərət] hopgyttrad **II** *s* [kənˈglɒmərət] hopgyttring, gytter; konglomerat **III** *v* [kənˈglɒməreɪt] gyttra ihop [sig]; samlas **-ation** [kənˌglɒməˈreɪʃn] hopgyttring, gytter; konglomerat
Congo [ˈkɒŋgəʊ] *s, the* ~ Kongo **-lese** [ˌkɒŋgə(ʊ)ˈliːz] **I** *a* kongolesisk **II** *s* kongoles
congrat[ter]s [kənˈgræt|s, -əz] *pl, vard.,* ~! grattis!
congratu|late [kənˈgrætjʊleɪt] gratulera, lyckönska (*on* till); ~ *o.s.* (äv.) skatta sig lycklig (*on över*) **-lation** [kənˌgrætjʊˈleɪʃn] gratulation, lyckönsk|an, -ning; ~*s!* (*pl*) [jag, vi] gratulerar!, grattis! **-latory** [kənˈgrætjʊlət(ə)rɪ] gratulations-, lyckönsknings-
congre|gate [ˈkɒŋgrɪgeɪt] **1** hopsamla; församla **2** samlas, församla sig **-gation** [ˌkɒŋgrɪˈgeɪʃn] **1** samling **2** *kyrkl.* kongregation **3** församling, menighet **-gational** [ˌkɒŋgrɪˈgeɪʃənl] församlings-
congress [ˈkɒŋgres] **1** kongress **2** C~ kongressen (*USA:s lagstiftande församling*) **congressional** [kənˈgreʃənl] kongress- **Congress|man, -woman** [ˈkɒŋgres|mən, -wʊmən] kongressledamot (*i sht av kongressens representanthus*)
congru|ence [ˈkɒŋgruəns] **1** *geom. o. språkv.* kongruens **2** överensstämmelse **-ent** [-ənt] **1** kongruent **2** överensstämmande **-ity** [kɒnˈgruːətɪ] **1** kongruens, överensstämmelse **2** lämplighet **3** följdriktighet **-ous** [-əs] **1** kongruent, överensstämmande **2** följdriktig **3** lämplig

confound—connoisseur

conic[al] [ˈkɒnɪk(l)] konisk, kägelformad
conifer [ˈkəʊnɪfə] barrträd **-ous** [kə(ʊ)ˈnɪfərəs] *a* barr-; ~ *forest* barrskog
coniform [ˈkəʊnɪfɔːm] konformad
conj. *förk.* för conjugation; conjunction; conjunctive
conjec|tural [kənˈdʒektʃ(ə)r(ə)l] gissnings-, grundad på gissningar **-ture** [kənˈdʒektʃə] **I** *v* gissa; förmoda **II** *s* gissning[ar]; förmodan
conjoin [kənˈdʒɔɪn] förena [sig], förbinda **conjoint** [ˈkɒndʒɔɪnt] förenad, förbunden
conjugal [ˈkɒn(d)ʒʊgl] äktenskaplig
conju|gate I *v* [ˈkɒn(d)ʒʊgeɪt] *språkv.* konjugera[s], böja[s] **II** *a* [ˈkɒn(d)ʒʊgɪt] **1** förenad i par **2** *språkv.* av samma stam **-gation** [ˌkɒn(d)ʒʊˈgeɪʃn] *språkv.* konjugation, böjning
conjunct [kənˈdʒʌŋ(k)t] förenad; med- **conjunction** [kənˈdʒʌŋ(k)ʃn] **1** förening, förbindelse; *in* ~ *with* i anslutning till, i samverkan med **2** *språkv., astr.* konjunktion; *coordinating* (*subordinating*) ~ samordnande (underordnande) konjunktion **conjunctive** [-tɪv] **1** förbindande; binde- **2** konjunktions- **conjuncture** [kənˈdʒʌŋ(k)tʃə] sammanträffande (*av omständigheter*); kritisk tidpunkt
conjure 1 [kənˈdʒʊə] besvärja, bönfalla **2** [ˈkʌn(d)ʒə] ~ *up a*) trolla fram, *b*) frambesvärja (*andar*) **3** [ˈkʌn(d)ʒə] trolla **conjur|er, -or** [ˈkʌn(d)ʒ(ə)rə] trollkarl **conjuring** [ˈkʌn(d)ʒərɪŋ] trolldom, trolleri
1 conk [kɒŋk] *sl.* **I** *s* **1** kran (*näsa*); skalle **2** slag på näsan (nöten) **3** rakpermanentat hår **II** *v* **1** slå på näsan (nöten) **2** rakpermanenta
2 conk [kɒŋk] *vard., ~ [out] a*) krångla, paja, *b*) tuppa av, kola av (dö)
conker [ˈkɒŋkə] *vard.* [häst]kastanj; ~*s* (*behandlas sg*) (*slags*) lek med kastanjer
Conn. *förk.* för Connecticut
connate [ˈkɒneɪt] **1** medfödd **2** född samtidigt **3** besläktad
connect [kəˈnekt] **1** förena, ansluta, förbinda; förknippa, associera; koppla samman; koppla [till, ihop]; *be ~ed with* ha förbindelse (stå i samband) med, vara knuten till (anställd vid); *I'll ~ you!* påringt! **2** hänga ihop, ha anslutning, stå i förbindelse **-ed** [-ɪd] **1** besläktad; förbunden **2** sammanhängande; *be well* ~ ha inflytelserika släktingar (vänner)
Connecticut [kəˈnetɪkət]
connecting rod [kəˈnektɪŋˌrɒd] *tekn.* vevstake
connection [kəˈnekʃn] **1** förening, anslutning, förbindelse; anknytning, samband, sammanhang; *in this* ~ i samband härmed, i anslutning till detta **2** *tekn.* koppling; ledning; kontakt **3** (*personlig*) förbindelse; ~*s* (*pl äv.*) kundkrets, klientel **5** (*religiöst*) samfund **6** *sl.* knarklangare **connective** [kəˈnektɪv] bindande; ~ *tissue* bindväv
connexion [kəˈnekʃn] *se connection*
conning tower [ˈkɒnɪŋˌtaʊə] *sjö.* kommando-, stridscentral, manöver|torn
conniption [kəˈnɪpʃn] *AE. sl., vanl. pl* ~*s* hysteriskt anfall, raseriutbrott
con|nivance [kəˈnaɪv(ə)ns] efterlåtenhet; tyst medgivande **-nive** [kəˈnaɪv] **1** ~ *at* se genom fingrarna med **2** konspirera (*with* med)
connoisseur [ˌkɒnəˈsɜː] kännare, konnässör

connotation—conspirator

con|notation [ˌkɒnə(ʊ)'teɪʃn] konnotation; bibetydelse **-note** [kɒ'nəʊt] ha bibetydelsen [av], innebära

connubial [kə'njuːbjəl] äktenskaplig

conquer ['kɒŋkə] **1** erövra; övervinna, besegra **2** segra **-or** ['kɒŋk(ə)rə] erövrare; besegrare, segrare; *the C~* Vilhelm Erövraren

conquest ['kɒŋkwest] erövring; *the [Norman] C~* normandernas erövring av England (1066)

Cons., cons. *förk. för Conservative; Constitution; Consul* **cons.** *förk. för consecrated; consigned; consignment; consolidated; consonant; constitutional; construction; consulting*

consanguin|eous [ˌkɒnsæŋ'gwɪnɪəs] besläktad (*genom blodsband*) **-ity** [-ətɪ] blodsband, släktskap

conscience ['kɒnʃ(ə)ns] samvete; *in all ~ a*) sannerligen, *b*) med gott samvete, på heder och samvete **conscience clause** samvetsklausul **conscience-stricken** [-ˌstrɪkn] drabbad av samvetskval **conscientious** [ˌkɒnʃɪ'enʃəs] samvetsgrann; *~ objector* samvetsöm, vapenvägrare

conscious ['kɒnʃəs] **1** medveten (*of* om) **2** vid medvetande **-ness** [-nɪs] medvetenhet; medvetande

conscript I *s* ['kɒnskrɪpt] värnpliktig [soldat], rekryt **II** *v* [kən'skrɪpt] inkalla; uttaga till militärtjänst **conscription** [kən'skrɪpʃn] uttagning till militärtjänst; värnplikt; inkallelse

conse|crate ['kɒnsɪkreɪt] **1** inviga; helga **2** ägna **-cration** [ˌkɒnsɪ'kreɪʃn] **1** invigning; helgande; biskopsinvigning **2** ägnande

consecutive [kən'sekjʊtɪv] **1** på varandra följande, i följd **2** följdriktig

consensus [kən'sensəs] consensus, samstämmighet, enighet; *the ~ of opinion is that* den allmänna meningen är att

consent [kən'sent] **I** *v* samtycka, ge sitt samtycke; *~ to* (*äv.*) gå med på **II** *s* samtycke, medgivande; *age of ~* lägsta tillåtna ålder för samlag (*för flickor*); *by common* (*with one*) *~* enhälligt

conse|quence ['kɒnsɪkwəns] **1** konsekvens, följd; slutsats; *in ~* följaktligen; *in ~ of* till följd av **2** betydelse, vikt; *of no ~* utan betydelse; *a person of ~* en inflytelserik person **-quent** [-kwənt] **I** *a* **1** åtföljande, som följer **2** följdriktig **II** *s* följd; efterled **-quential** [ˌkɒnsɪ'kwenʃl] **1** därav följande; följd- **2** följdriktig **3** viktig, dryg; betydande **-quently** ['kɒnsɪkwəntlɪ] följaktligen; därför

conservancy [kən'sɜːv(ə)nsɪ] flod-, hamn|styrelse

concerva|tion [ˌkɒnsə'veɪʃn] bibehållande, bevarande; konservering; miljö-, natur|vård **-tism** [kən'sɜːvətɪz(ə)m] konservatism; *C~* (*polit.*) konservatismen **-tive** [kən'sɜːvətɪv] **I** *a* **1** konservativ; *C~* (*polit.*) konservativ **2** försiktig **II** *s* konservativ person; *C~* (*polit.*) konservativ **-toire** [kən'sɜːvətwɑː] [musik]konservatorium **-tor** ['kɒnsəveɪtə] upprätthållare, bevarare **2** [kən'sɜːvətə] intendent, konservator **-tory** [kən'sɜːvətrɪ] **1** vinterträdgård; drivhus, orangeri **2** [musik]konservatorium

conserve [kən'sɜːv] **I** *v* **1** bevara; vidmakthålla **2** förvara **3** koka in (*frukt o.d.*) **II** *s* (*äv. ~s*) inlagd frukt, fruktkonserv

consid|er [kən'sɪdə] **1** överväga, tänka (fundera) på, ta i betraktande; betänka **2** ta hänsyn till, tänka på **3** anse, anse (betrakta) som; tro **4** tänka [efter] **-erable** [kən'sɪd(ə)rəbl] betydlig, avsevärd, ansenlig; betydande **-erate** [kən'sɪd(ə)rɪt] omtänksam, hänsynsfull **-eration** [kənˌsɪdə'reɪʃn] **1** övervägande, betraktande; beaktande, hänsynstagande; *in ~ of a*) i betraktande av, med hänsyn till, *b*) [i gengäld] mot; *take into ~* ta under övervägande, ta hänsyn till **2** hänsyn, skäl; *on no ~* på inga villkor **3** ersättning, belöning; *for a ~* mot ersättning **4** hänsyn, omtanke, omtänksamhet **5** aktning; uppskattning **-ered** [kən'sɪdəd] **1** noga övervägd **2** ansedd **-ering** [kən'sɪd(ə)rɪŋ] **I** *prep* i betraktande av, med hänsyn till **II** *adv, vard.* när allt kommer omkring, efter omständigheterna **III** *konj* i betraktande av att, med hänsyn till att

consign [kən'saɪn] **1** överlämna; anförtro **2** [av]sända, översända; konsignera **3** deponera **consignation** [ˌkɒnsaɪ'neɪʃn] **1** avsändande, konsignering **2** utbetalning; deposition **3** *to the ~ of* adresserad till **consignee** [ˌkɒnsaɪ'niː] [varu]mottagare **consignment** [kən'saɪnmənt] **1** ut-, över|lämnande **2** [av]sändning; konsignation; varusändning **consignment-note** fraktsedel **consignor** [kən'saɪnə] avsändare [av varor]

consist [kən'sɪst] **1** bestå (*of* av; *in* i) **2** stämma överens (*with* med) **-ence** [-(ə)ns] *se consistency 1 o. 2* **-ency** [-(ə)nsɪ] **1** konsistens **2** fasthet **3** konsekvens, följdriktighet **-ent** [-(ə)nt] **1** överensstämmande; förenlig **2** konsekvent, följdriktig **3** fast; jämn

consis|torial [ˌkɒnsɪs'tɔːrɪəl] konsistoriell, konsistorie- **-tory** [kən'sɪst(ə)rɪ] **1** konsistorium **2** kardinalskollegium

consola|tion [ˌkɒnsə'leɪʃn] tröst **-tory** [kən'sɒlət(ə)rɪ] tröstande, trösterik

1 console [kən'səʊl] trösta

2 console ['kɒnsəʊl] **1** konsol, stöd **2** stor fristående radioapparat (TV) **3** manöver-, kontroll|-panel

consoli|date [kən'sɒlɪdeɪt] **1** konsolidera, stärka, befästa; *C~d Fund* (*BE.*) statsfond **2** göra tät (fast) **3** sammansla, sammanföra **-dation** [kənˌsɒlɪ'deɪʃn] konsolidering, stärkande *etc., se consolidate*

consols ['kɒnsəlz] *pl, BE.* (*slags*) statsobligationer

conso|nance ['kɒnsənəns] konsonans; samklang; harmoni **-nant** [-ənt] **I** *a* överensstämmande; harmonisk **II** *s* konsonant **-nantal** [ˌkɒnsə'næntl] konsonantisk

consort I *s* ['kɒnsɔːt] **1** make, maka, gemål; *prince ~* prinsgemål **2** eskortfartyg **3** ensemble **II** *v* [kən'sɔːt] **1** umgås, sällskapa (*with* med) **2** passa; harmoniera **3** förena

consortium [kən'sɔːtjəm] konsortium

conspectus [kən'spektəs] översikt (*of* över)

conpicuous [kən'spɪkjʊəs] **1** iögonenfallande; *be ~ by one's absence* lysa med sin frånvaro **2** framstående

conspir|acy [kən'spɪrəsɪ] konspiration, sammansvärjning, komplott **-ator** [-ətə] konspiratör, sammansvuren

conspire [kən'spaɪə] **1** konspirera, sammansvärja sig **2** samverka
constable ['kʌnstəbl] **1** polis[man], [polis]konstapel **2** kommendant, ståthållare (*vid kungligt slott*) **constabulary** [kən'stæbjʊlərɪ] **I** *a* polis- **II** *s* poliskår; gendarmeri
Constance ['kɒnst(ə)ns] Konstanz (*stad*); Lake ~ Bodensjön
con|stancy ['kɒnst(ə)nsɪ] **1** beständighet, varaktighet **2** ståndaktighet; trofasthet **-stant** [-(ə)nt] **I** *a* **1** [be]ständig, konstant **2** ståndaktig; trofast **II** *s* konstant **-stantly** [-(ə)ntlɪ] *adv* [jämt och] ständigt, konstant
constellation [ˌkɒnstə'leɪʃn] konstellation (*äv. bildl.*), stjärnbild
consternation [ˌkɒnstə'neɪʃn] bestörtning
consti|pate ['kɒnstɪpeɪt] göra förstoppad (hård i magen) **-pation** [ˌkɒnstɪ'peɪʃn] förstoppning
constitu|ency [kən'stɪtjuənsɪ] valkrets; valmanskår **-ent** [-ənt] **I** *a* **1** beståndsdels- **2** väljande, val-, valmans- **3** konstituerande **II** *s* **1** beståndsdel **2** uppdragsgivare **3** valman, väljare
consti|tute ['kɒnstɪtjuːt] **1** utnämna (utse, förordna) till **2** konstituera; inrätta; upprätta **3** utgöra, bilda **-tution** [ˌkɒnstɪ'tjuːʃn] **1** utnämnande, utseende, förordnande **2** konstituerande; inrättande; upprättande **3** författning, konstitution; grundlag **4** [kropps]konstitution; temperament, natur **5** struktur, beskaffenhet; sammansättning **-tutional** [ˌkɒnstɪ'tjuːʃənl] **I** *a* **1** konstitutionell; medfödd; naturlig **2** konstitutionell; grundlags-, författnings|enlig **II** *s* [motions]promenad **-tutive** ['kɒnstɪtjuːtɪv] konstitutiv; grundläggande
constr. *förk. för* construction
constrain [kən'streɪn] **1** tvinga **2** lägga band på, hindra; begränsa **constrained** [-d] tvungen, konstlad, onaturlig **constraint** [-t] tvång; tvångsmedel **2** band, tvungenhet, förlägenhet **3** restriktion
constrict [kən'strɪkt] sammandraga **constriction** [kən'strɪkʃn] sammandragning **constrictor** [kən'strɪktə] **1** sammandragande muskel, slutmuskel **2** [*boa*] ~ boaorm
constringent [kən'strɪn(d)ʒ(ə)nt] sammandragande
construct [kən'strʌkt] **I** *v* konstruera; uppföra, bygga **II** *s* [tanke]konstruktion *s språkv.* konstruktion
construction [kən'strʌkʃn] **1** konstruktion, uppförande, byggande, byggnad **2** konstruktion, byggnad **3** *mat. o språkv.* konstruktion **4** tolkning **-al** [-l] **1** konstruktions-, byggnads- **2** hörande till byggnadsstommen (grundplanen) **3** beroende på tolkningen
construc|tive [kən'strʌktɪv] konstruktiv, uppbyggande **-tor** [-tə] konstruktör
construe [kən'struː] **1** *språkv.* analysera, ta ut satsdelar i; konstruera tolka, utlägga
consubstantiation ['kɒnsəbˌstænʃɪ'eɪʃn] *teol.* konsubstantiation (*närvaro av Kristi lekamen i nattvarden*)
consuetude ['kɒnswɪtjuːd] bruk, hävd
consul ['kɒns(ə)l] konsul **consular** ['kɒnsjʊlə] konsuls-, konsulat-, konsulär **consulate** ['kɒnsjʊlət] konsulat **consul general** generalkonsul **consulship** ['kɒns(ə)lʃɪp] konsulsbefattning; konsulat
consult [kən'sʌlt] **1** rådfråga, konsultera; ~ *s.b.* (*äv.*) rådgöra med; ~ *one's pillow* sova på saken **2** ta hänsyn till, tänka på **3** rådslå, överlägga **consultant** [-ənt] **1** rådsökande **2** konsulterande läkare **3** konsult, konsulent **consultation** [ˌkɒns(ə)l'teɪʃn] **1** rådfrågning, konsultation **2** rådplägning, överläggning; samråd **consultative** [-ətɪv] rådgivande, konsultativ **consulting room** [kən'sʌltɪŋruːm] mottagningsrum
consume [kən'sjuːm] **1** konsumera; förbruka; förtära, förinta, förstöra; ~*d with* upptänd (förtärd) av; *the time* ~*d in planning* den tid som gått åt för att planera **2** förtäras; tyna bort **consumedly** [-ɪdlɪ] *åld.* våldsamt **consumer** [-ə] konsument; förbrukare **consumer goods** konsumtionsvaror **consumer resistance** köpmotstånd **consumerism** [-ərɪz(ə)m] **1** *AE.* konsumentupplysning **2** konsumentskydd
consum|mate I *a* [kən'sʌmɪt] fulländad, perfekt **II** *v* ['kɒnsəmeɪt] **1** fullkomna, fullända **2** fullborda **-mation** [ˌkɒnsə'meɪʃn] **1** fullbordande **2** fulländning
consump|tion [kən'sʌm(p)ʃn] **1** konsumtion; förbrukning; förtäring **2** lungsot **-tive** [-tɪv] **I** *a* **1** lungsjuk **2** förtärande, förödande **II** *s* lungsjuk [person]
cont. *förk. för* containing; contents; continent; continental; continued
contact ['kɒntækt] **I** *s* **1** kontakt, beröring, förbindelse; *come into* ~ *with* komma i kontakt med; *make* ~ *with* vara i (få) kontakt med **2** eventuell smittbärare **II** *v* kontakta, komma (stå) i kontakt med **contact breaker** *elektr.* brytkontakt **contact breaker-points** *pl* brytarspetsar (*i bil*) **contact lens** kontaktlins **contact print** kontaktkopia
conta|gion [kən'teɪdʒ(ə)n] **1** smitta **2** smitt[o]sam sjukdom **3** *bildl.* smitta, farsot **-gious** [-dʒəs] smitt[o]sam; smitt[o]förande; *bildl.* smittande
contain [kən'teɪn] **1** innehålla; rymma; *18* ~*s* 6 18 är jämnt delbart med 6 **2** *bildl.* behärska, tygla; ~ *o.s.* behärska sig **3** *mil.* hålla, hindra, binda **container** [kən'teɪnə] behållare; container
contami|nate [kən'tæmɪneɪt] [för]orena, smutsa ner; smitta ner; kontaminera; *bildl.* besmitta, fördärva **-nation** [kənˌtæmɪ'neɪʃn] **1** förorening, nedsmutsning; nedsmittning; kontamination; besmittelse **2** förvanskning **3** *språkv.* kontamination
contemn [kən'tem] förakta
contemp. *förk. för* contemporary
contem|plate ['kɒntempleɪt] **1** betrakta **2** begrunda, fundera på (över) **3** planera, överväga **4** fundera **-plation** [ˌkɒntem'pleɪʃn] **1** betraktande **2** begrundande; kontemplation **-plative 1** ['kɒntempleɪtɪv] begrundande, tankfull **2** [kən'templətɪv] kontemplativ
contempo|raneous [kənˌtempə'reɪnjəs] samtidig, samtida **-rary** [kən'temp(ə)rərɪ] **I** *a* samtidig; samtida, nutida **II** *s* samtida (*of* till)
contempt [kən'tem(p)t] förakt; *hold in* ~ hysa

förakt för, förakta; ~ *of court* ohörsamhet inför rätta, lagtrots **contemptible** [-əbl] föraktlig **contemptuous** [-juəs] föraktfull (*of* mot)
contend [kən'tend] **1** strida, kämpa **2** tävla (*for* om) **3** tvista, strida **4** påstå, hävda
1 content ['kɒntent] **1** innehåll, volym **2** innehåll, innebörd; *jfr* contents
2 content [kən'tent] **I** *a* nöjd, belåten **II** *v* tillfredsställa; ~ *o.s.* with nöja sig med **III** *s* belåtenhet; *to one's heart's* ~ av hjärtans lust **contented** [-ɪd] nöjd; förnöjsam
conten|tion [kən'tenʃn] **1** strid[ighet]; tvist; *bone of* ~ tvistefrö **2** tävlan **3** påstående; argument **-tious** [-ʃəs] **1** stridslysten, grälsjuk **2** omtvistad; ~ *issue* tvistefråga
contentment [kən'tentmənt] belåtenhet; förnöjsamhet
contents ['kɒntents] *pl* innehåll; *table of* ~ innehållsförteckning
con|test I *s* ['kɒntest] **1** kamp, strid **2** tävlan, tävling, match **3** ordstrid **II** *v* [kən'test] **1** bekämpa, bestrida **2** kämpa om; tävla om; ~ *a seat* kandidera i en valkrets **3** kämpa, strida, tävla (*for* om) **-testant** [kən'testənt] **1** stridande **2** tävlande, tävlingsdeltagare; medtävlare **-testation** [ˌkɒntes'teɪʃn] **1** tvist, dispyt **2** påstående **3** bestridande **-tested** [-ɪd] omtvistad
con|text ['kɒntekst] **1** sammanhang; kontext **2** omgivning[ar] **-texture** [kən'tekstʃə] **1** samman|vävning, -fogning **2** struktur, [upp]byggnad; väv[nad]
contigu|ity [ˌkɒntɪ'gju:ətɪ] beröring, omedelbar närhet; nära grannskap **-ous** [kən'tɪgjuəs] angränsande, närliggande, intilliggande
contin|ence ['kɒntɪnəns], **-ency** [-ɪ] återhållsamhet; avhållsamhet; kyskhet
1 continent ['kɒntɪnənt] återhållsam; avhållsam, kysk
2 continent ['kɒntɪnənt] kontinent; världsdel; *the C*~ kontinenten (*Europas fastland*) **continental** [ˌkɒntɪ'nentl] **I** *a* kontinental; fastlands-; ~ *breakfast* kontinental (*lätt*) frukost; *C~ Divide* floddelaren i västra Nordamerika; ~ *drift* kontinentalförskjutning; ~ *shelf* kontinentalsockel **II** *s* fastlandseuropé
contingen|cy [kən'tɪn(d)ʒ(ə)nsɪ] **1** eventualitet, tänkbar möjlighet; *-cies* (*pl*) oförutsedda utgifter **2** tillfällighet; ovisshet **contingency plan** katastrofplan **contingent** [-t] **I** *a* **1** eventuell; oviss; tillfällig **2** villkorlig; betingad (*on* av) **II** *s* kontingent; grupp
continu|al [kən'tɪnjuəl] ständig[t återkommande]; ihållande **-ance** [-əns] fortsättande; varaktighet **-ation** [kənˌtɪnjʊ'eɪʃn] fortsätt|ning, -ande; återupptagande; förlängning
continue [kən'tɪnju:] **1** fortsätta (*to read, reading* att läsa); fortfara med; ~*d a*) fortsatt, *b*) oavbruten; [*to be*] ~*d* fortsättning [följer] **2** [bi]behålla **3** stanna [kvar], kvarstå **continuity** [ˌkɒntɪ'nju:ətɪ] **1** kontinuitet; oavbrutet sammanhang **2** programmanuskript (*för TV o. radio*); *film.* scenario, scenföljd **continuity girl** scripta **continuous** [kən'tɪnjuəs] kontinuerlig; oavbruten; sammanhängande, ständig, ihållande **con-tinu|um** [kən'tɪnjʊ|əm] (*pl -a* [-ə]) sammanhängande enhet; kontinuum

contort [kən'tɔ:t] förvrida **contortion** [kən'tɔ:ʃn] förvridning; grimas **contortionist** [kən'tɔ:ʃnɪst] **1** ormmänniska **2** ordvrängare
contour ['kɒntʊə] **I** *s* kontur **II** *v* dra upp konturerna av **contour line** nivåkurva (*på karta*) **contour map** höjdkarta
contr. *förk. för contraction; contralto*
contraband ['kɒntrəbænd] kontraband; smuggelgods
contrabass [ˌkɒntrə'beɪs] kontrabas, basfiol
contracep|tion [ˌkɒntrə'sepʃn] födelsekontroll **-tive** [-tɪv] **I** *a* preventiv[-] **II** *s* preventivmedel
con|tract I *s* ['kɒntrækt] **1** kontrakt, avtal, överenskommelse **2** entreprenad; ackord; *by* ~ på ackord; *by private* ~ under hand; *place a* ~ for lämna på entreprenad **II** *v* [kən'trækt] **1** dra[s] samman, minska[s]; dra ihop sig **2** avtala, avsluta (*genom kontrakt*); förbinda sig **3** göra upp, avsluta ett kontrakt (*for* om); ~ *out of* (*BE.*) anmäla sitt utträde ur **4** få, ådraga sig; skaffa sig **-tracted** [kən'træktɪd] **1** kontrakterad, avtalad **2** sammandragen **-tractible** [kən'træktəbl] samman-, hop|dragbar **-tractile** [kən'træktaɪl] hopdragbar; hopfällbar **-traction** [kən'trækʃn] **1** samman-, hop|dragning; kontraktion; förkortning, minskning **2** *bildl.* inskränkning **3** ådragande **-tractor** [kən'træktə] entreprenör; leverantör **-tractual** [kən'træktʃuəl] kontraktsenlig, kontrakts-
contra|dict [ˌkɒntrə'dɪkt] bestrida; motsäga; säga emot **-diction** [-'dɪkʃn] motsägelse; inkonsekvens; ~ *in terms* självmotsägelse; *be in* ~ *with* stå i strid med **-dictory** [-'dɪkt(ə)rɪ] **1** motsägande, oförenlig **2** motsägelselysten
contra|distinction [ˌkɒntrədɪ'stɪŋ(k)ʃn] *in* ~ *to* i motsats till, till skillnad från **-distinguish** [-dɪ'stɪŋgwɪʃ] [åt]skilja (*genom motsats*)
contralto [kən'træltəʊ] *mus.* alt[stämma]
contraposition [ˌkɒntrəpə'zɪʃn] motsättning, motställning
contraption [kən'træpʃn] *vard.* apparat, manick, grej
contrapuntal [ˌkɒntrə'pʌntl] *mus.* kontrapunktisk
contrariety [ˌkɒntrə'raɪətɪ] motsats, motsättning; motsägelse **contrariness** ['kɒntrərɪnɪs] **1** oppositionslust **2** envetenhet, motsträvighet **contrariwise** ['kɒntrərɪwaɪz] **1** däremot; tvärtom **2** motsträvigt
contrary ['kɒntrərɪ] **I** *a* **1** motsatt, stridande (*to* mot); ~ *to* (*äv.*) tvärt emot **2** ogynnsam, motig; ~ *winds* motvind **3** [*äv.* kən'treərɪ] enveten, motsträvig, obstinat **II** *adv,* ~ *to* tvärt emot, i strid med **III** *s* motsats (*of* till); *on the* ~ *a*) tvärtom, *b*) däremot; *I know nothing to the* ~ jag vet ingenting som motsäger detta
contrast I *s* ['kɒntra:st] kontrast, motsats, motsättning; *by* (*in*) ~ däremot, å andra sidan; *in* ~ *to* (*with*) i motsats till (mot) **II** *v* [kən'tra:st] **1** kontrastera, bilda motsats (*with* mot, till) **2** jämföra (*with* med), ställa upp som motsats (*with* mot, till)
contra|vene [ˌkɒntrə'vi:n] **1** överträda, kränka **2** bestrida, motsäga **3** komma i strid (konflikt) med **-vention** [-'venʃn] överträdelse, kränkning; *in* ~ *of* i strid med

con|tribute [kən'trɪbju:t] **1** bidraga, medverka **2** bidraga med; lämna som bidrag **3** medverka (*to a paper* i en tidning) **-tribution** [ˌkɒntrɪ'bju:ʃn] bidrag; tillskott; inlägg (*i diskussion e.d.*) **-tributor** [kən'trɪbjʊtə] bidragsgivare; medarbetare (*to a paper* i en tidning) **-tributory** [kən'trɪbjʊt(ə)rɪ] bidragsgivande; bidragande

con|trite ['kɒntraɪt] skamsen, ångerfull **-trition** [kən'trɪʃn] ånger, förkrosselse

con|trivance [kən'traɪvns] **1** uppfinningsförmåga; planläggning **2** knep, påhitt **3** uppfinning; anordning, apparat **-trive** [-'traɪv] **1** uppfinna, uttänka; planlägga **2** finna medel till, lyckas [åstadkomma] **3** klara ekonomin, få det att gå ihop **-trived** [-'traɪvd] **1** uttänkt, planlagd **2** konstlad, utstuderad **-triver** [-'traɪvə] **1** uppfinnare, upphovsman **2** ränksmidare **3** *be a good ~* kunna hushålla

control [kən'trəʊl] **I** *s* **1** kontroll; herravälde, myndighet, makt; reglering; hållhake; *lose ~ of* förlora kontrollen över; *the situation was beyond their ~* de hade inte längre situationen under kontroll; *be in ~ of* ha kontrollen (ledningen) över; *be out of ~ a*) inte gå att hålla ordning på, *b*) inte gå att manövrera **2** (*ofta pl*) kontroll-, styr|anordning[ar]; manöver-, styr|organ, spak, spakar, roder; kontrollinstrument **3** kontrollgrupp **4** kontrollmärke **II** *v* kontrollera, övervaka; behärska, sköta, styra; hålla ordning på; *~ o.s.* behärska sig **control column** *se* **control stick controllable** [-əbl] kontrollerbar **controller** [-ə] kontrollant, övervakare; styresman **control stick** *flyg.* styrspak **control tower** *flyg.* trafiklednings-, kontroll|torn

contro|versial [ˌkɒntrə'vɜ:ʃl] **1** kontroversiell, strids- **2** stridslysten **-versy** ['kɒntrəvə:sɪ] kontrovers, tvist, strid, polemik; *beyond ~* obestridlig[en]

contu|macious [ˌkɒntju:'meɪʃəs] tredsk, genstävig **-macy** ['kɒntjʊməsɪ] tredska, genstävighet

contumely ['kɒntjʊ:mlɪ] skymf, hån, vanära

con|tuse [kən'tju:z] ge blåmärken **-tusion** [-'tju:ʒn] kontusion, blåmärke

conundrum [kə'nʌndrəm] gåta

conurbation [ˌkɒnɜ:'beɪʃn] storstads-, tätorts|region

conva|lesce [ˌkɒnvə'les] tillfriskna **-lescence** [-'lesns] konvalescens, tillfrisknande **-lescent** [-'lesnt] **I** *a* tillfrisknande; konvalescent- **II** *s* konvalescent

con|vene [kən'vi:n] **1** komma samman **2** sammankalla **3** inkalla, instämma **-vener** sammankallande [person]

conveni|ence [kən'vi:njəns] **1** lämplighet; bekvämlighet; *flag of ~* bekvämlighetsflagg; *marriage of ~* konvenansparti; [*public*] ~ bekvämlighetsinrättning, offentlig toalett; *at your ~* när det passar dig; *at your earliest ~* så snart det är möjligt för er **2** förmån **3** *make a ~ of* utnyttja, dra fördel av **-ent** [-ənt] lämplig; bekväm; passande

convent ['kɒnv(ə)nt] [nunne]kloster

convention [kən'venʃn] **1** sammankomst; konvent **2** avtal, överenskommelse, konvention **3** konvenans, etikett; vedertaget bruk **-al** [-'venʃənl] **1** överenskommen, fördragsenlig **2** konventionell; vedertagen; sedvanlig

conventual [kən'ventjʊəl] kloster-

con|verge [kən'vɜ:dʒ] konvergera, sammanstråla, [låta] sammanlöpa **-vergence** [-'vɜ:dʒ(ə)ns], **-vergency** [-'vɜ:dʒ(ə)ns] konvergens **-vergent** [-'vɜ:dʒ(ə)nt] konvergerande, sammanlöpande

conversable [kən'vɜ:səbl] konversabel, språksam **conversant** [-(ə)nt] *~ with* förtrogen med, hemmastadd i **conversation** [ˌkɒnvə'seɪʃn] konversation; samtal; *make ~* kallprata **conversation piece 1** genremålning **2** samtalsämne **conversational** [ˌkɒnvə'seɪʃənl] **1** samtals-; konversations- **2** pratsam

1 converse [kən'vɜ:s] konversera, samtala
2 converse ['kɒnvɜ:s] **I** *a* motsatt; omvänd **II** *s* motsats; omvänt förhållande

conversion [kən'vɜ:ʃn] **1** om-, för|vandling; omläggning, omställning; ombyggnad; aptering **2** omvändelse **3** *mat.* omräkning; *ekon.* konvertering

convert I *v* [kən'vɜ:t] **1** om-, för|vandla; lägga (ställa) om; bygga om; aptera; omforma **2** omvända **3** *mat.* omräkna; *ekon.* konvertera **4** [kunna] förvandlas **5** omvändas, konvertera **II** *s* ['kɒnvɜ:t] omvänd, konvertit **-er** [kən'vɜ:tə] *fys., tekn.* omformare **-ible** [kən'vɜ:təbl] **I** *a* som kan omvandlas (förvandlas *etc., se convert*) **2** med nedfällbart tak **3** konvertibel, utbytbar **II** *s* cabriolet **-or** [kən'vɜ:tə] *se* **converter**

convex ['kɒnveks] konvex **-ity** [kɒn'veksətɪ] konvexitet

convey [kən'veɪ] **1** föra, forsla, befordra; överbringa **2** överföra; förmedla; leda **3** meddela; bi-bringa; uttrycka **4** *jur.* överlåta **conveyance** [kən've(ɪ)əns] **1** befordran, transport **2** överförande; förmedling, ledning **3** fortskaffningsmedel **4** *jur.* överlåtelse[handling] **convey|er, -or** [-ə] transportband **conveyor belt** löpande band

convict I *s* ['kɒnvɪkt] straffånge; brottsling **II** *v* [kən'vɪkt] förklara skyldig (*of* till), fälla (*of* för); överbevisa (*of* om) **conviction** [kən'vɪkʃn] **1** fällande; överbevisande; *have two previous ~s* vara straffad två gånger tidigare; *get a ~* få fällande dom **2** övertygelse; *carry ~* vara övertygande; *a person of strong ~s* en person med mycket bestämda åsikter

convince [kən'vɪns] övertyga, överbevisa (*of* om)

convivial [kən'vɪvɪəl] **1** festlig **2** sällskaplig

convo|cation [ˌkɒnvə(ʊ)'keɪʃn] **1** sammankallande, kallelse **2** församling, möte **3** *BE.* universitetssenat **-voke** [kən'vəʊk] sammankalla, inkalla

convo|luted ['kɒnvəlu:tɪd] hoprullad, spiralformig **2** *bildl.* invecklad **-lution** [ˌkɒnvə'lu:ʃn] **1** hoprullning; buktighet **2** invecklad sak (beskaffenhet) **3** veck

convoy ['kɒnvɔɪ] **I** *s* konvoj, eskort **II** *v* konvojera; eskortera

con|vulse [kən'vʌls] [upp]skaka; sätta i skakning; framkalla kramppryckningar hos; *~ with laughter* (*vard.*) vrida sig av skratt **-vulsion** [-'vʌlʃn] **1** konvulsion[er], kramppryckning[ar], krampanfall **2** omvälvning; häftig skakning **-vulsive** [-'vʌlsɪv] konvulsivisk, krampaktig

cony—cor.

cony ['kəʊnɪ] kanin; kaninskinn
coo [ku:] **I** *v* kuttra **II** *s* kutter **III** *interj, BE., sl.* oj!, åh!, oh!
cook [kʊk] **I** *s* kock; kokerska; köksa; *be a good ~ (äv.)* laga god mat **II** *v* **1** tillaga[s], laga *(mat)*; koka[s], steka[s]; laga mat **2** *sl.* förfalska, fiffla med **3** *sl.* sabba; *~ed* slut[körd]; *~ s.b.'s goose* sabba ngns chanser **4** *~ up a)* vard. koka ihop, hitta på, *b)* laga till, svänga ihop **5** *sl.* hända; *what's ~ing?* vad händer?, är det ngt på gång? **-book** ['kʊkbʊk] *AE.* kokbok
cooker ['kʊkə] **1** spis **2** *BE.* matäpple **cookery** [-ərɪ] kokkonst, matlagning **cookery book** kokbok **cookhouse** kabyss; fältkök
cookie ['kʊkɪ] **1** *Sk.* slät bulle **2** *AE.* småkaka; *(vard.) that's why the ~ crumbles* det är nu en gång så **3** *sl.* sötnos; tjej; kille, grabb
cooking ['kʊkɪŋ] matlagning; tillagning; kokning, stekning; *do the ~* laga maten **cooking apple** matäpple **cooking chocolate** blockchoklad **cooking fat** matfett **cooking oil** matolja **cooking-range** [köks]spis **cookout** *AE.* picknick *(där maten lagas utomhus)*
cooky ['kʊkɪ] *se cookie*
cool [ku:l] **I** *a* **1** kylig, sval; *bildl. äv.* kallsinnig **2** lugn, fattad, kallblodig **3** ogenerad, fräck; *a ~ customer* en fräck typ **4** *vard.*, *a ~ ten thousand* hela (modiga) tiotusen **5** *AE.* vard. toppen, häftig, jättebra **II** *s* **1** svalka **2** *sl.* lugn, fattning; *keep one's ~* behålla fattningen, hålla huvudet kallt **III** *v* **1** avkyla, svalka, göra sval[are]; *bildl. äv.* lugna ner; *~ down* lugna ner [sig]; *~ one's heels* vänta länge **2** *~ [down, off]* svalna, kylas av **3** *sl.*, *~ it!* ta det lugnt! **coolant** ['ku:lənt] kylmedel, kylvätska **cool bag (box)** kylväska **cooler** ['ku:lə] **1** kylare *(för vin o.d.)* **2** *vard.* kall drink **3** *sl.* kåk, finka **cool-headed** [ˌku:l'hedɪd] lugn, kallblodig
coolie ['ku:lɪ] kuli
cool|ish ['ku:lɪʃ] sval, något kylig **-ness** [-nɪs] **1** svalka **2** lugn, fattning; kallsinnighet **3** fräckhet
cooly ['ku:lɪ] kuli
coomb [ku:m] *BE.* trång dal
coon [ku:n] **1** *vard. (kortform för racoon)* tvättbjörn **2** *sl. neds.* neger **3** *AE. sl., a ~'s age* en evighet
coop [ku:p] **I** *s* **1** bur *(för höns e.d.)* **2** *vard.* finka, kurra **II** *v*, *~ [in, up]* sätta i bur, stänga in
coop, co-op ['kəʊʊp] *vard. (kortform för co[-]-operative [society, shop, store])* konsum
cooper ['ku:pə] tunnbindare
cooper|ate, co-oper|ate [kəʊ'ɒpəreɪt] samarbeta; samverka **-ation** [kəʊˌɒpə'reɪʃn] **1** samarbete; samverkan **2** kooperation **-ative** [kəʊ'ɒp(ə)rətɪv] **I** *a* **1** samarbetsvillig; samverkande **2** kooperativ; konsumtions-; *~ shop (store)* konsumbutik; *the C~ Union and Wholesale Society* Kooperativa Förbundet **II** *s* kooperativ förening, kooperativt företag
coopery ['ku:pərɪ] tunnbinderi
co-opt [kəʊ'ɒpt] inväja *(on to* i)
co-ordi|nate *a* [kəʊ'ɔ:dɪnət] samordnad, koordinerad; likställd; *mat.* koordinat- **II** *s* [kəʊ'ɔ:dɪnət] *mat.* koordinat[a] **III** *v* [kəʊ'ɔ:dɪneɪt] samordna, koordinera **-nation** [kəʊˌɔ:dɪ'neɪʃn] samordning, koordin|ation, -ering; likställdhet
coot [ku:t] **1** *zool.* sothöna; *bald as a ~* kal som en biljardboll **2** *old ~* gammal tokstolle
1 cop [kɒp] *sl.* **I** *s* **1** snut, polis **2** *BE.* arrestering; *it's a fair ~ (vard.)* jag *(etc.)* har åkt dit; *not much ~ (BE.)* inte mycket att ha **II** *v* **1** haffa, hugga; *~ it* få på pälsen **2** *AE. sl., ~ out* hoppa av, ge upp, smita **3** stjäla **4** köpa *(knark)*
2 cop [kɒp] garnspole
copartner [ˌkəʊ'pɑ:tnə] kompanjon, delägare, medintressent **-ship** kompanjonskap, delägarskap; bolag
1 cope [kəʊp] klara det, kämpa; *~ with a)* vard. klara [av], palla för, *b)* åld. mäta sig med
2 cope [kəʊp] **1** [kor]kåpa **2** valv; kupol; *~ of heaven* himlavalv
copeck ['kəʊpek] kopek
Copenhagen [ˌkəʊpn'heɪg(ə)n] Köpenhamn
coper ['kəʊpə] hästhandlare
copier ['kɒpɪə] **1** kopieringsmaskin **2** efterapare
copilot ['kəʊˌpaɪlət] *flyg.* andrepilot
coping ['kəʊpɪŋ] *byggn.* krönlist, murkappa **coping saw** lövsåg, bågsåg
copious ['kəʊpjəs] **1** ymnig, riklig, kopiös **2** ordrik; idérik
cop-out ['kɒpaʊt] *vard.* **1** utväg; smitning; avhopp **2** smitare
1 copper ['kɒpə] **I** *s* **1** koppar **2** kopparmynt **3** kopparkittel **II** *a* koppar-, av koppar; kopparröd **III** *v* förkoppra, kopparförhyda
2 copper ['kɒpə] *sl.* polis, snut
copper|-beech ['kɒpəbi:tʃ] *bot.* blodbok **--bottomed** [ˌkɒpə'bɒtəmd] **1** försedd med kopparbotten **2** *bildl.* pålitlig **-head** [-hed] *zool.* mockasinorm **-plate** [-pleɪt] kopparplåt; kopparstick; *~ [writing]* skönskrift **-smith** [-smɪθ] kopparslagare
coppery ['kɒpərɪ] koppar-; kopparhaltig; kopparröd
coppice ['kɒpɪs] skogsdunge **--wood** buskar, buskage
copra ['kɒprə] kopra
copse [kɒps] *se coppice*
copu|late ['kɒpjʊleɪt] kopulera, ha samlag **-tion** [ˌkɒpjʊ'leɪʃn] kopulation, samlag
copy ['kɒpɪ] **I** *s* **1** exemplar, nummer *(av tidning, bok)* **2** kopia; avbild; avskrift; *fair (clean) ~* renskrift; *rough ~* kladd, utkast **3** manuskript *(t. sättning)*; reklam-, annons|text; material, "story"; *it will make good ~* det blir en bra artikel **II** *v* kopiera; ta en kopia av; imitera, ta (apa) efter
copybook I *s* välskrivningsbok **II** *a* **1** banal **2** mönstergill **copycat** *vard.* härmapa **copy desk** redaktionsbord **copy-edit** [-ˌedɪt] granska manus **copy-editor** [-ˌedɪtə] manusgranskare **copyhold** [-həʊld] *hist.* åborätt; frälsehemman **copyreader** [-ˌri:də] *AE.* redaktör, textredigerare **copyright I** *s* copyright, upphovs[manna]rätt **II** *a* copyrightskyddad **III** *v* förvärva (få) copyright på **copywriter** [-ˌraɪtə] copywriter, reklamtextförfattare
coquet [kɒ'ket] **1** kokettera **2** *~ with (bildl.)* leka med **coquetry** ['kɒkɪtrɪ] koketteri **coquette** [kɒ'ket] kokett [kvinna]
Cor [kɔ:] *BE. sl.* herregud!
Cor. *förk. för Corinthians* **cor.** *förk. för corner,*

cornet; coroner
coracle ['kɒrəkl] fiskebåt (*av läderklätt vide*)
coral ['kɒr(ə)l] **I** *s* **1** korall **2** bitring **II** *a* korallröd
cord [kɔ:d] **I** *s* **1** rep, snöre, lina, snodd, sträng **2** *spinal* ~ ryggmärg; *vocal* ~ stämband **3** *AE.* [elektrisk] sladd **4** manchestertyg; korderoj; ~*s* (*pl*) manchesterbyxor **5** cord (*i bildäck*) **6** famn (*vedmått*) **II** *v* binda med rep (snöre *etc.*) **-age** ['kɔ:dɪdʒ] tågvirke
cordate ['kɔ:deɪt] hjärtformig
Cordelier [,kɔ:dɪ'lɪə] franciskanermunk
cordial ['kɔ:djəl] **I** *a* **1** hjärtlig **2** hjärtstärkande **II** *s* **1** hjärtstärkande medel **2** fruktdryck; likör **-ity** [,kɔ:dɪ'ælətɪ] hjärtlighet
cordon ['kɔ:dn] **I** *s* **1** kordong, [avspärrnings]-kedja (*av poliser e.d.*) **2** ordensband; kordong, snöre, snodd **3** *byggn.* murkrans **4** kordong (*slags spaljéträd*) **II** *v*, ~ [*off*] spärra av (*m. poliskedja*)
corduroy ['kɔ:dərɔɪ] manchester[sammet], korderoj; ~*s* (*pl*) manchesterbyxor
core [kɔ:] **I** *s* **1** kärnhus **2** *bildl.* det innersta, kärna; hjärta; *to the* ~ alltigenom, genom- **3** *fys.* [reaktor]härd **II** *v* kärna ur
C.O.R.E. *AE.*, *förk. för Congress of Racial Equality*
co|-religionist [,kəʊrɪ'lɪdʒənɪst] trosfrände **--respondent** [-rɪ'spɒndənt] *jur.* medsvarande (*i skilsmässomål*)
coriander [,kɒrɪ'ændə] *bot.* koriander
Corinthian [kə'rɪnθɪən] **I** *a* korintisk **II** *s* korintier; [*the First and Second Epistles of Paul the Apostle to*] *the C~s* Korint[i]erbrevet
cork [kɔ:k] **I** *s* **1** kork **2** flöte **II** *v* **1** ~ [*up*] korka igen, *bildl.* hålla tillbaka **2** svärta (*m. bränd kork*) **corker** ['kɔ:kə] *sl.* **1** dräpande argument; grov lögn **2** praktexemplar, baddare, panggrej
corking ['kɔ:kɪŋ] *BE. sl.* toppen **corkscrew** ['kɔ:kskru:] **I** *s* korkskruv **II** *v* röra [sig] i spiral, slingra sig **corky** ['kɔ:kɪ] **1** korklik **2** *vard.* bångstyrig, yster
cormorant ['kɔ:m(ə)r(ə)nt] *zool.* skarv
1 corn [kɔ:n] **I** *s* **1** korn (*av vete, havre, peppar etc.*) **2** säd, spannmål **3** vete **4** *Sk.* havre **5** *AE.* majs **6** sentimental (banal) smörja **II** *v* konservera; salta in
2 corn [kɔ:n] liktorn
corn|cob majskolv **-crake** *zool.* kornknarr
cornea ['kɔ:nɪə] *anat.* hornhinna
cornelian [kɔ:'ni:ljən] *miner.* karneol
corneous ['kɔ:nɪəs] hornartad
corner ['kɔ:nə] **I** *s* **1** hörn, hörna; gathörn; *turn the* ~ *a*) vika om hörnet, *b*) passera den kritiska punkten; *a tight* ~ trängt läge, knipa; *cut* ~*s* ta genvägar (*äv. bildl.*); *at* (*on*) *the* ~ i [gat]hörnet; *in a* ~ *a*) i ett hörn, *b*) i hemlighet; *just round the* ~ *a*) alldeles om hörnet, *b*) *bildl.* helt nära, omedelbart förestående; *turn the* ~ *a*) svänga om hörnet, *b*) (*bildl.*) komma över det värsta **2** vinkel; *the* ~ *of the mouth* mungipan **3** *sport.* hörna; *take a* ~ lägga en hörna **4** *börs.* corner; *make a* ~ *in* köpa upp (*i spekulationssyfte*) **II** *v* **1** förse med hörn **2** tränga in i ett hörn; *bildl.* sätta på det hala, göra ställd **3** placera i ett hörn **4** *hand.* behärska (*genom monopol*) **5** ta kurvor[na] **corner-boy** gatpojke **corner-kick** *sport.* hörn-

spark, hörna **corner shop** kvartersbutik **corner-stone** hörnsten; *bildl. äv.* grundval
cornet ['kɔ:nɪt] **1** *mus.* kornett **2** strut; *BE.* glasstrut
corn exchange ['kɔ:nɪks,tʃeɪndʒ] spannmålsbörs **corn factor** spannmålshandlare **cornfield** [-fi:ld] sädesfält; *AE.* majsfält **cornflakes** [-fleɪks] *pl* cornflakes, majsflingor **cornflour** [-flaʊə] **1** majsmjöl, majsena **2** finsiktat mjöl **cornflower** [-,flaʊə] blåklint
cornice ['kɔ:nɪs] kranslist; kornisch
corniche [**road**] ['kɔ:nɪʃ(rəʊd)] bergväg
Cornish ['kɔ:nɪʃ] kornisk; från (i) Cornwall
corn meal [kɔ:'nmi:l] *AE.* majsmjöl, majsena
cornstalk *AE.* majsstjälk **cornstarch** *AE.* majsmjöl, majsena
cornucopia [,kɔ:nju'kəʊpjə] **1** ymnighetshorn **2** överflöd
corny ['kɔ:nɪ] **1** sädesrik **2** *sl.* banal; sentimental; larvig, fånig
corolla [kə'rɒlə] [blom]krona
corollary [kə'rɒlərɪ] **1** följdsats **2** naturlig följd, naturligt resultat
coro|na [kə'rəʊnə] **1** [sol]korona, mångård **2** [tand]krona **-nal** ['kɒrənl] krona, krans **-nary** ['kɒrən(ə)rɪ] kransliknande; ~ [*thrombosis*] hjärtinfarkt; ~ *artery* kransartär **-nation** [,kɒrə'neɪʃn] kröning
coroner ['kɒrənə] coroner, undersökningsdomare (*fastställer dödsorsaken då brott misstänks*); ~'*s inquest* förhör om dödsorsaken (*inför jury*)
coronet ['kɒrənɪt] **1** [adels]krona **2** diadem **-ed** [-ɪd] **1** prydd med krona (diadem) **2** högadlig
corp. *förk. för corporation; corporal*
corpora ['kɔ:pərə] *pl av corpus*
1 corporal ['kɔ:p(ə)r(ə)l] kroppslig, kropps-; lekamlig; ~ *punishment* [kropps]aga
2 corporal ['kɔ:p(ə)r(ə)l] furir (*vid armén o. flyget*); *AE.* korpral (*vid armén*)
corpo|rate ['kɔ:p(ə)rət] **1** samfälld; kollektiv; kår- **2** korporativ; ~ *body* korporation; ~ *town* stadskommun **3** *AE.* företags-, bolags- **-ration** [,kɔ:pə'reɪʃn] **1** korporation, kår; samfund **2** juridisk person **3** *åld.* skrå **4** [statligt] bolag; *AE.* [aktie]bolag **5** styrelse; *municipal* ~ kommunstyrelse **6** *BE. vard.* kalaskula **-rative** ['kɔ:pərətɪv] korporativ
corporeal [kɔ:'pɔ:rɪəl] kroppslig, lekamlig
corps [kɔ:] (*pl corps* [kɔ:z]) kår
corpse [kɔ:ps] lik
corpu|lence ['kɔ:pjʊləns] korpulens, fetma **-lent** [-lənt] korpulent, fet
corpus ['kɔ:pəs] **1** huvud|massa, -del **2** samlad (*skriftlig*) produktion **3** *åld.* kropp, lik **4** kapital **Corpus Christi** ['kɔ:pəs'krɪstɪ] *kat.* Kristi lekamens fest
corpus|cle ['kɔ:pʌsl], **-cule** [kɔ:'pʌskju:l] **1** *anat.* kropp; *blood* ~ blodkropp **2** *fys.* partikel
corpus delicti ['kɔ:pəsdɪ'lɪktaɪ] **1** *jur.* corpus delicti **2** lik
corral [kɔ:'rɑ:l] **I** *s* **1** inhägnad, fålla (*för djur*) **2** vagnborg **II** *v* **1** stänga in i en fålla **2** ordna en vagnborg **3** *vard.* lägga beslag på, fånga
correct [kə'rekt] **I** *a* korrekt; riktig **II** *v* **1** rätta; rätta till, korrigera, ändra **2** tillrättavisa; bestraffa **correction** [kə'rekʃn] **1** rättning, rät-

telse, korrigering, ändring; *I speak under* ~ rätta mig om jag har fel **2** tillrättavisning; bestraffning
corrective [kəˈrektɪv] **I** *a* rättande, korrigerande, förbättrande **II** *s* korrektiv; botemedel
corrector [kəˈrektə] korrekturläsare
cor|relate [ˈkɒrəleɪt] **I** *s* motsvarighet **II** *v* sätta (stå) i växelförhållande, korrelera **-relation** [ˌkɒrɪˈleɪʃn] växelförhållande, korrelation **-relative** [kɒˈrelətɪv] motsvarande, korrelativ
correspond [ˌkɒrɪˈspɒnd] **1** överensstämma; motsvara varandra; ~ *to* (*with*) motsvara **2** korrespondera, brevväxla **correspondence** [-əns] **1** motsvarighet (*to* till); överensstämmelse (*with* med) **2** korrespondens, brevväxling **correspondence column** insändarspalt **correspondence school** korrespondensinstitut, brevskola **correspondent** [-ənt] **1** brevskrivare **2** korrespondent (*vid tidning*); insändarförfattare **3** affärsförbindelse **corresponding** [-ɪŋ] motsvarande
corridor [ˈkɒrɪdɔː] korridor **corridor train** genomgångståg
corrigen|dum [ˌkɒrɪˈdʒendǀəm] (*pl -da* [-də]) fel (*som bör rättas*); rättelsepapp (*i bok e.d.*) **-gible** [ˈkɒrɪdʒəbl] möjlig att rätta; förbätterlig
corrobo|rate [kəˈrɒbəreɪt] bekräfta, bestyrka **-ration** [kəˌrɒbəˈreɪʃn] bekräftelse, bekräftande, bestyrkande **-rative** [kəˈrɒb(ə)rətɪv] *a* bekräftande, bestyrkande
corroboree [kəˈrɒbərɪ] *Austr.* infödingsfest
cor|rode [kəˈrəʊd] fräta[s] bort (sönder), korrodera; fräta på **-rosion** [-ˈrəʊʒn] frätning, korrosion **-rosive** [-ˈrəʊsɪv] **I** *a* frätande, korrosions- **II** *s* frätande ämne, frätmedel
corru|gate [ˈkɒrʊgeɪt] vecka, korrugera; ~*d iron* korrugerad plåt; ~*d paper* wellpapp **-gation** [ˌkɒrʊˈgeɪʃn] veckning; korrugering
corrupt [kəˈrʌpt] **I** *a* **1** fördärvad, skämd **2** fördärvad, depraverad **3** korrumperad, korrupt **4** förvanskad **II** *v* **1** skämma[s], ruttna **2** fördärva, göra depraverad **3** korrumpera, muta **4** förvanska **corruption** [kəˈrʌpʃn] **1** förskämning, förruttnelse **2** sedefördärv **3** korruption, mutning **4** förvanskning
corsage [kɔːˈsɑːʒ] **1** klänningsliv **2** bröstbukett
corsair [ˈkɔːseə] **1** sjörövare, korsar **2** sjörövar-, korsar|fartyg
corselet [ˈkɔːslɪt] **1** bröstharnesk **2** korselett
corset [ˈkɔːsɪt] korsett **corslet** [ˈkɔːslɪt] bröstharnesk
cortège [kɔːˈteɪʒ] kortege; [begravnings]följe
cor|tex [ˈkɔːtǀeks] (*pl -tices* [-tɪsiːz]) *bot. o. anat.* bark **-tical** [-tɪkl] bark-, barkartad
cortisone [ˈkɔːtɪzəʊn] kortison
corundum [kəˈrʌndəm] *miner.* korund
coruscate [ˈkɒrəskeɪt] gnistra, blixtra, skimra
corvette [kɔːˈvet] *sjö.* korvett
cos, ˈcos [kɒz] *vard.* = *because*
Cos., cos. *förk. för Companies; Counties*
cosh [kɒʃ] **I** *s* [gummi]batong **II** *v* slå med batong
cosher [ˈkɒʃə] *Irl.* **1** klema bort **2** leva på andra
cosine [ˈkəʊsaɪn] *mat.* cosinus
cosmetic [kɒzˈmetɪk] **I** *a* kosmetisk; förskönande **II** *s* skönhetsmedel; ~*s* (*pl, äv.*) kosmetika
cosmic [ˈkɒzmɪk] kosmisk
cosmography [kɒzˈmɒgrəfɪ] kosmografi, världsbeskrivning **cosmonaut** [ˈkɒzmənɔːt] kosmonaut **cosmopolitan** [ˌkɒzməˈpɒlɪt(ə)n] **I** *a* kosmopolitisk **II** *s* kosmopolit, världsborgare
cosmos [ˈkɒzmɒs] kosmos, världsallt[et]
COSPAR *förk. för Committee on Space Research*
Cossack [ˈkɒsæk] kosack
cosset [ˈkɒsɪt] klema bort, dalta med
cost [kɒst] **I** *s* **1** kostnad[er], pris (*of* för); bekostnad; ~ *and freight* (*hand.*) fraktfritt; ~, *insurance, and freight* (*hand.*) frakt- och assuransfritt; ~ *of living* levnadskostnader; *at* ~ till inköpspris; *at the* ~ *of* på bekostnad av, till priset av; *at all* ~*s*, *at any* ~ till varje pris; *I know to my* ~ *that* jag vet av bitter erfarenhet att **2** *jur.*, ~*s* (*pl*) rättegångskostnader **II** *v* **1** (*cost, cost*) **1** kosta; *it* ~ *him dear*[*ly*] det stod honom dyrt **2** (~*ed,* ~*ed*) kostnadsberäkna, göra kostnadsberäkningar [för] **cost accounting** [ˈkɒstəˌkaʊntɪŋ] kostnadsberäkning
costal [ˈkɒstl] revbens-
co-star [ˈkəʊstɑː] **I** *s* person som spelar en av huvudrollerna **II** *v* spela en av huvudrollerna
cost|-benefit [ˈkɒstˌbenɪfɪt] lönsamhets- **--effective** [-ɪˌfektɪv] lönsam, kostnadseffektiv
costermonger [ˈkɒstəˌmʌŋgə] frukt- och grönsakshandlare (*på gatan*)
costing [ˈkɒstɪŋ] kostnadsberäkning, kalkylering
costive [ˈkɒstɪv] **1** förstoppad **2** trög **3** knusslig
costly [ˈkɒstlɪ] *a* dyrbar; kostsam
cost-of-living [ˌkɒstəvˈlɪvɪŋ] *a,* ~ *bonus* dyrtidstillägg; ~ *index* levnadskostnadsindex **cost price** [ˈkɒstpraɪs] inköpspris
costume [ˈkɒstjuːm] **I** *s* **1** klädedräkt; national-, folk|dräkt; [promenad]dräkt **2** *teat.* kostym **II** *v* kostymera
cosy [ˈkəʊzɪ] **I** *s* tehuv; äggvärmare **II** *a* varm och skön; mysig; trivsam, [hem]trevlig
cot [kɒt] **1** barn-, spjäl|säng, turistsäng **2** *sjö.* hängkoj
cotangent [ˌkəʊˈtæn(d)ʒənt] *mat.* kotangent
cote [kəʊt] litet hus (*för djur*)
coterie [ˈkəʊtərɪ] kotteri
cottage [ˈkɒtɪdʒ] **1** [litet] hus; stuga, torp[stuga] **2** *sl.* offentlig toalett **cottage cheese** *ung.* keso, kvarg **cottage hospital** sjukstuga **cottage industry** hem-, små|industri **cottage loaf** *BE.* rund limpa med mindre limpa ovanpå **cottage piano** litet piano **cottage pie** *BE., se shepherd's pie* **cottager** [-ə] **1** invånare i stuga, stugägare **2** lantarbetare
cotter [ˈkɒtə] sprint, kil **cotter pin** saxsprint
cotton [ˈkɒtn] **I** *s* bomull; bomulls|tråd, -tyg **II** *v* **1** *vard.,* ~ *on* [*to*] *a*) fatta (galoppen), *b*) använda, utnyttja **2** *AE. vard.,* ~ *to a*) bli god vän med, *b*) gilla **cotton candy** *AE.* spunnet socker **cotton grass** *bot.* ängsull **cotton-mill** bomullsspinneri **cotton-picking I** *s* bomullsplockning **II** *a, AE. sl.* jävla, förbannad **cottontail** amerikansk vildkanin **cotton waste** [bomulls]trassel **cottonwood** *bot.* nordamerikansk poppel **cotton wool** [ˌkɒtnˈwʊl] råbomull; bomull[svadd]
couch [kaʊtʃ] **I** *s* **1** soffa; schäslong; säng|bänk **2** grundlager (*av färg*) **II** *v* **1** avfatta, uttrycka **2** ligga, lägga sig (*för att sova*)
couch grass [ˈkaʊtʃgrɑːs] *bot.* kvickrot
cougar [ˈkuːgə] *zool.* kuguar, puma

cough [kɒf] **I** *s* hosta; hostning **II** *v*, ~ *up a*) hosta upp, *b*) *sl.* hosta upp, klämma fram med, punga ut med **cough drop (lozenge)** [ˈkɒf|drɒp, -lɒzɪn(d)ʒ] halstablett **cough mixture** [ˈkɒfˌmɪkstʃə] hostmedicin
could [kʊd, *obeton.* kəd] (*imperf. av 2 can*) kunde; skulle kunna; kunde (skulle kunna) få; ~ *be!* kanske det!; *he* ~ *well be a spy* han skulle mycket väl kunna vara spion; ~ *you tell me*... kan du säga mig... **couldn't** [ˈkʊdnt] = *could not* **couldst** [-st] *åld.*, *thou* ~ du kunde
coulee [ˈkuːlɪ] **1** lavaström **2** *AE.* ravin
coulisse [kuːˈliːs] kuliss
coulter [ˈkəʊltə] plogjärn
council [ˈkaʊnsl] **1** råd; rådsförsamling; *city (town)* ~ kommun-, stads|fullmäktige; *county* ~ (*ung.*) landsting **2** koncilium, kyrkomöte **council estate** [-ɪˌsteɪt] kommunalt bostadsområde **council flat (house)** [-flæt, -haʊs] kommunal bostad **councillor** [ˈkaʊnsɪlə] rådsmedlem; *city (town)* ~ kommun-, stads|fullmäktig **council school** [ˈkaʊnslskuːl] kommunal skola
1 count [kaʊnt] (*icke-brittisk*) greve
2 count [kaʊnt] **I** *v* **1** räkna; räkna till; räkna ihop (in); räkna upp; ~ *eight* räkna till åtta; ~ *out a*) räkna upp (*pengar*), *b*) (*i boxning*) räkna ut, *c*) *vard.* räkna bort, lämna ur räkningen; ~ *up* räkna (summera) ihop **2** ~ [*in*] räkna med, inberäkna; *not* ~*ing* utom, exklusive; ~ *me in* räkna med mig också **3** räkna (anse) som (för); ~ *o.s. lucky* anse sig [vara] (skatta sig) lycklig **4** räkna (*in tens* i tiotal); ~ *down* räkna ner (*raket inför start e.d.*); ~ *up to 60* räkna [ända] till 60 **5** ~ [*up*]*on* räkna med, lita på **6** räknas; räknas med; *the picture* ~*s as a rarity* tavlan räknas som en raritet; *this will* ~ *against you* detta kommer att ligga dig i fatet (vara en nackdel för dig) **7** ~ [*for*] vara värd, gälla **II** *s* **1** [samman]räkning; *keep* ~ of hålla räkning på; *lose* ~ tappa räkningen; *take* ~ *of* bry sig om, ta hänsyn till **2** slutsumma **3** *jur.* anklagelsepunkt **4** (*i boxning*) räkning; *out for the* ~ nere för räkning; *take the* ~ gå ner för räkning **-able** [ˈkaʊntəbl] som går att räkna **-down** [ˈkaʊntdaʊn] nedräkning (*vid raketstart e.d.*)
countenance [ˈkaʊntənəns] **I** *s* **1** ansiktsuttryck; ansikte **2** lugn, fattning; *keep* (*lose*) *one's* ~ behålla (tappa) fattningen; *put s.b. out of* ~ bringa ngn ur fattningen **3** uppmuntran, stöd **II** *v* **1** uppmuntra, stödja; sanktionera **2** tolerera; tåla
1 counter [ˈkaʊntə] **1** (*i butik e.d.*) disk; *over the* ~ (*på apotek*) utan recept **2** spelmark, jetong, bricka **3** räknare; räkneapparat
2 counter [ˈkaʊntə] **I** *a* mot-; motsatt **II** *adv* i motsatt riktning; ~ *to* tvärt emot; *run* ~ *to* (*bildl.*) strida mot, gå rakt emot **III** *s* **1** motsats **2** (*hästs*) bringa **3** bakkappa (*på sko*) **4** kontraslag, kontring **IV** *v* **1** motsätta sig **2** möta **3** kontra
counter|act [ˌkaʊntəˈrækt] motarbeta, motverka; neutralisera **-action 1** [ˌkaʊntəˈrækʃn] motarbetande, motverkan; neutralisering **2** [ˈkaʊntərˌækʃn] motaktion **-attack** [ˈkaʊnt(ə)rəˌtæk] **I** *s* motanfall **II** *v* göra motanfall [mot] **-balance I** *s* [ˈkaʊntəˌbæləns] motvikt **II** *v* [ˌkaʊntəˈbæləns] mot-, upp|väga **-blast** [ˈkaʊntəblɑːst] *bildl.* motstöt; häftig [mot]reaktion **-charge** [ˈkaʊntətʃɑːdʒ] **1** motbeskyllning **2** *mil.* motangrepp **-clockwise** [ˌkaʊntəˈklɒkwaɪz] mot|urs, -sols **-culture** [ˈkaʊntəˌkʌltʃə] mot-, alternativ|kultur **-espionage** [ˌkaʊntərˈespjənɑːʒ] kontraspionage **-feit** [ˈkaʊntəfɪt] **I** *s* förfalskning **II** *a* förfalskad, oäkta **III** *v* **1** förfalska **2** låtsa, hyckla **-feiter** [ˈkaʊntəfɪtə] förfalskare **-foil** [ˈkaʊntəfɔɪl] *BE.* stam, talong **-intelligence** [ˌkaʊntərɪnˌtelɪdʒəns] **1** kontraspionage **2** säkerhetstjänst **counter jumper** [ˈkaʊntəˌdʒʌmpə] *vard. neds. åld.* bodknodd
counter|mand [ˌkaʊntəˈmɑːnd] **I** *v* kontramandera, avbeställa **II** *s* kontramandering, avbeställning **-mark** [ˈkaʊntəmɑːk] kontrollstämpel (*på guld o. silver*) **-measure** [ˈkaʊntəˌmeʒə] motåtgärd **-move** [ˈkaʊntəmuːv] motdrag **-offensive** [ˈkaʊntərəˌfensɪv] motoffensiv **-pane** [ˈkaʊntəpeɪn] sängöverkast **-part** [ˈkaʊntəpɑːt] **1** motstycke, motsvarighet **2** motpart **3** dublett, kopia **-point** [ˈkaʊntəpɔɪnt] *mus.* kontrapunkt **-poise** [ˈkaʊntəpɔɪz] **I** *s* **1** motvikt **2** jämvikt **II** *v* **1** uppväga **2** bringa i jämvikt **-revolution** [ˈkaʊntəˌrevəˈluːʃn] kontrarevolution **-sign** [ˈkaʊntəsaɪn] **I** *s* **1** *mil.* lösenord **2** kontrasignering **II** *v* kontrasignera **-sink** [ˈkaʊntəsɪŋk] försänka (*skruv*) **-tenor** [ˌkaʊntəˈtenə] *mus.* kontratenor **-vail** [ˈkaʊntəveɪl] uppväga **-weight** [ˈkaʊntəweɪt] motvikt
countess [ˈkaʊntɪs] grevinna
countless [ˈkaʊntlɪs] otalig, oräknelig
country [ˈkʌntrɪ] **1** land, rike; *appeal to the* ~ (*BE.*) utlysa [ny]val **2** land, lands|bygd, -ort; trakt; *in the* ~ på landet; *up* ~ *a*) inåt landet, *b*) ute i landet **country club** sport- och sällskapsklubb **country cousin** släkting (oskuld) från landet **country dance** folkdans **country gentleman** [-ˌdʒentlmən] godsägare **country house** [ˌkʌntrɪˈhaʊs] **1** herrgård, gods **2** landställe **countryman** [-mən] **1** landsman **2** lantman **country seat** [ˌkʌntrɪˈsiːt] herrgård, gods **countryside** [ˈkʌntrɪsaɪd] landsbygd; trakt; landskap; natur **countrywide** [ˈkʌntrɪwaɪd] landsomfattande
county [ˈkaʊntɪ] **1** *BE.* grevskap; *the Home Counties* grevskapen närmast London **2** *AE.*, *ung.* [stor]kommun **county administration** [-ædmɪnɪˈstreɪʃn] *ung.* länsstyrelse **county council** [-ˌkaʊnsl] grevskapsråd (*ung. landsting*) **county court** [-kɔːt] grevskapsrätt (*ung. tingsrätt*) **county family** [-ˌfæm(ə)lɪ] godsägarfamilj **county school** [-skuːl] kommunal skola **county seat** [-siːt] *AE.*, **county town** [-taʊn] *BE.* centralort
coup [kuː] kupp **coup d'état** [ˌkuːdeɪˈtɑː] statskupp
coupe [kuːp] [glass]coupe
coupé [ˈkuːpeɪ] kupé (*bil, vagn*)
coupla [ˈkʌplə] *vard.* = *couple of*
couple [ˈkʌpl] **I** *s* par **II** *v* **1** [hop]koppla **2** förena **3** para [sig] **4** gifta sig
couplet [ˈkʌplɪt] rimmat verspar
coupling [ˈkʌplɪŋ] **1** [hop]koppling **2** *tekn.* koppling[sanordning]
coupon [ˈkuːpɒn] kupong
courage [ˈkʌrɪdʒ] mod, tapperhet; *have the* ~ *of one's convictions* stå för sin övertygelse **coura-**

geous [kəˈreɪdʒəs] modig, tapper
courier [ˈkʊrɪə] **1** kurir **2** reseledare
course [kɔːs] **I** *s* **1** lopp; bana; *the ~ of the river* flodens lopp **2** kurs, riktning; *change one's ~* ändra kurs (riktning) **3** förlopp, gång; *the ~ of nature* naturens gång; *in due ~* i sinom tid, i vederbörlig ordning; *in the ~ of* under (inom) loppet av; *be in ~ of construction* vara under byggnad; *let things run (take) their ~* låta sakerna ha sin gång **4** *of ~* naturligtvis; *as a matter of ~* som en naturlig följd (sak) **5** sport. bana, fält; *golf ~* golfbana **6** [läro]kurs **7** med. kur; *~ of treatment* behandlingskur **8** rätt (*i måltid*); *first ~* för-, entré|rätt; *main ~* huvudrätt **9** [förfarings]sätt, väg; *~ of action* tillvägagångssätt; *the best ~* [*of action*] *would be* det bästa vore **10** serie, rad, följd; *~ of lectures* föreläsningsserie **11** byggn. lager, skikt **12** varv (*i stickning*) **II** *v* **1** jaga, sätta efter **2** rinna; springa
court [kɔːt] **I** *s* **1** [kringbyggd] gård, gårdsplan; borggård; *the ball is in your ~* (*bildl.*) bollen ligger hos dig **2** BE. bostadskvarter; liten [återvänds]gata; gods, slott **3** hov; hovstat; mottagning vid hovet; *at ~* vid hovet; *the C~ of St. James's* brittiska hovet **4** *pay ~ to s.b.* göra ngn sin kur, uppvakta ngn **5** domstol; rättsal; session, rättegångsförhandlingar; *~ of appeal* appellationsdomstol; *~ of justice (law)* domstol; *before the ~* inför rätta; *in ~* i rätten, inför rätta; *in the ~* i rättssalen; *settle s.th. out of ~* avgöra ngt genom förlikning; *laugh s.b. out of ~* (*BE.*) skratta ut ngn totalt; *go to ~* dra saken inför rätta, gå till domstol **6** bana, plan (*för tennis e.d.*); *service ~* serveruta **7** församling, styrelse; *BE.* universitetsstyrelse **II** *v* **1** uppvakta, göra sin kur **2** fjäska för **3** sträva efter **4** utmana (*disaster* ödet)
court card [ˈkɔːtkɑːd] *kortsp.* målare, klätt kort
court dress hovdräkt
courteous [ˈkɜːtjəs] artig; hövisk
courtesan [ˌkɔːtɪˈzæn] kurtisan
courtesy [ˈkɜːtɪsɪ] artighet; tillmötesgående; *by ~ of* med benäget tillstånd av **courtesy call** artighetsvisit **courtesy light** innerbelysning (*i bil*) **courtesy title** hövlighetstitel
courthouse [ˈkɔːthaʊs] domstolsbyggnad **courtier** [-jə] hovman **courting** [-ɪŋ] **I** *s* uppvaktning **II** *a* uppvaktande; *~ couple* älskande par **court-jester** hovnarr **courtly** [-lɪ] *a* **1** hovmannalik, hövisk **2** fjäskande, underdånig **court martial** [ˌkɔːtˈmɑːʃl] **I** *s* (*pl court martials el. courts martial*) krigsrätt **II** *v* ställa inför krigsrätt **courtroom** [ˈkɔːtruːm] rätts-, dom|sal **courtship** [ˈkɔːtʃɪp] **1** uppvaktning **2** parningslek **3** *bildl.* frieri **courtyard** [ˈkɔːtjɑːd] gård, gårdsplan
cousin [ˈkʌzn] *s*, [*first, full*] *~* kusin; *first ~ once removed* kusinbarn; *second ~* syssling; *third ~* brylling; *call ~s with* räkna släkt med **cousin-german** [-ˈdʒɜːmən] kusin
couth [kuːθ] *skämts.* kultiverad, artig
1 cove [kəʊv] **1** liten vik **2** skyddad plats; håla
2 cove [kəʊv] *BE. sl. åld.* jeppe, prisse
covenant [ˈkʌvənənt] **I** *s* **1** avtal, överenskommelse **2** *bibl.* förbund **II** *v* träffa avtal; förbinda sig [till] **-er** [-ə] fördragsslutande part, kontrahent
Coventry [ˈkɒv(ə)ntrɪ] *Coventry; send s.b. to ~* frysa ut ngn

cover [ˈkʌvə] **I** *v* **1** täcka (*äv. bildl.*), täcka över, hölja; översålla; klä [över]; *~ in a)* bygga tak över, *b)* gräva igen; *~ up* täcka (hölja) över, skyla över, tysta ner; *~ up for s.b.* skydda ngn; *~ed wagon* prärievagn **2** dölja; skydda **3** utgöra skydd (betäckning) för **4** täcka (*m. skjutvapen*) **5** sträcka sig över, omfatta; innefatta **6** tillryggalägga, avverka **7** (*i tidning, radio o.d.*) täcka, bevaka; referera **8** (*om hingst e.d.*) betäcka **II** *s* **1** täcke, överdrag, skynke; hölje; omslag; fodral; huv **2** lock **3** pärm[ar], omslag; *from ~ to ~* från pärm till pärm **4** kuvert; *under plain ~* med diskret avsändare **5** skydd; betäckning; täckmantel; *under ~ of night* i skydd av natten; *under* [*the*] *~ of religion* under religionens täckmantel **6** snår; ide, lya **7** [bords]kuvert **8** hand. täckning, säkerhet
coverage [ˈkʌvərɪdʒ] **1** täckning (*äv. hand.*) **2** (*i tidning, radio o.d.*) täckning, bevakning; rapportering **coveralls** [-ɔːlz] *pl* overall **cover girl** omslagsflicka **covering** [-ɪŋ] **I** *s* **1** täcke *etc., se cover II* **2** [be]täck|ning, -ande **II** *a* täckande; *~ fire* eldunderstöd; *~ letter* följebrev, medföljande skrivelse **coverlet** [-lɪt] sängöverkast
covert I *a* [ˈkʌvət] hemlig, förstulen **II** *s* [ˈkʌvə] **1** skydd, gömställe **2** snår; lya, ide **covert coat** kort överrock **coverture** [ˈkʌvəˌtjʊə] betäckning, skydd; förklädnad
covet [ˈkʌvɪt] eftertrakta, åtrå **-ous** [-əs] lysten, girig
covey [ˈkʌvɪ] **1** [rapphöns]kull; flock **2** hop
1 cow [kaʊ] **I** *s* **1** ko; *neds.* kossa **2** hona (*av elefant, val etc.*)
2 cow [kaʊ] skrämma, kuscha
coward [ˈkaʊəd] feg stackare, ynkrygg **-ice** [-ɪs] feghet **-ly** [-lɪ] *a* feg, rädd
cow|bane [ˈkaʊbeɪn] *bot.* sprängört **-bell** koskälla **-berry** lingon **-boy** cowboy **-catcher** [-ˌkætʃə] *AE.* kofångare, plog (*på lokomotiv*)
cower [ˈkaʊə] krypa ihop, huka sig
cow|girl [ˈkaʊgɜːl] cowboyflicka **-hand** cowboy **-hide** kohud; koläder
cowl [kaʊl] **1** munkkåpa **2** huva, kapuschong **3** rök|huv, -hatt
cowlick [ˈkaʊlɪk] *AE.* tjusarlock **cow parsley** *bot.* hund|loka, -käx
co-worker [ˈkəʊˌwɜːkə] medarbetare
cow|pat [ˈkaʊpæt] komocka **-pox** kokoppor **-puncher** [-ˌpʌntʃə] *AE. vard.* cowboy
cow|rie, -ry [ˈkaʊrɪ] kaurisnäcka
cow|shed [ˈkaʊʃed] ladugård **-slip** gullviva
cox [kɒks] **I** *s, se coxswain* **II** *v* styra, vara cox
coxcomb [ˈkɒkskəʊm] sprätt, snobb
coxswain [ˈkɒkswein, ˈkɒksn] *sjö.* styrman (*i kapproddbåt*)
coy [kɔɪ] [tillgjort] blyg; pryd; skälmsk
coyote [ˈkɔɪəʊt] *zool.* prärievarg
coze [kəʊz] **I** *s* pratstund **II** *v* ha en pratstund
cozen [ˈkʌzn] bedra; lura, narra (*into* till) **-age** [-ɪdʒ] bedrägeri
cozy [ˈkəʊzɪ] *AE., se cosy*
C.P. *fork. för Communist Party; Court of Probate*
cp. *förk. för compare* **c.p.** *förk. för candle power*
cpd. *förk. för compound* **Cpl.** *förk. för Corporal* **CPR** *förk. för Canadian Pacific Railway* **Cr.**

förk. för Counsellor **cr.** *förk. för* credit[*or*]
1 crab [kræb] **I** *s* **1** krabba; kräftdjur; *catch a* ~ (*vid rodd*) doppa åran fel; *the C*~ Kräftan (*i Djurkretsen*) **2** kran, spel, vinsch **3** flatlus **II** *v* fånga krabbor
2 crab [kræb] *vard.* **I** *v* **1** klaga, knota **2** *AE.* förstöra **II** *s* kverulant
3 crab [kræb] ~ [*apple*] vild|äpple, -apel
crabbed [ˈkræbɪd] **1** sur, vresig, retlig **2** (*om handstil*) krafsig, oläslig
crack [kræk] **I** *s* **1** spricka, rämna; *the* ~ *of dawn* (*vard.*) gryningen; *the* ~ *of doom* domedagen **2** brak, knall, knakande, smäll **3** *vard.* hårt slag, rapp **4** fel, skavank **5** *vard.*, *have a* ~ *at* försöka [sig på] **6** *sl.*, *se wisecrack* **7** *sl.* baddare, toppkille **II** *a* förstklassig, mäster-, topp-; ~ *shot* mästerskytt **III** *v* **1** spräcka (*äv. röst*); knäcka (*äv. kod*), bräcka; ~ *a bottle* (*vard.*) knäcka en flaska; ~ *a problem* lösa ett problem **2** brista, spricka **3** knaka, braka; smälla [med], klatscha [med] **4** *vard.* misslyckas **5** knäckas, kollapsa **5** slå till **6** spränga (*a safe* ett kassaskåp) **7** *kem.* kracka **8** hitta, fånga **9** (*om röst*) brytas **10** ~ *a joke* berätta en vits, vitsa; ~ *a smile* (*vard.*) brista ut i ett leende; ~ *down on* slå ner på; ~ *up a*) störta samman, krossas, *b*) *vard.* bryta samman, kollapsa, *c*) berömma, prisa
crackbrained [ˈkrækbreɪnd] tokig, förryckt
crack-down stränga åtgärder (restriktioner)
cracked [krækt] **1** spräckt; sprucken (*äv. om röst*), knäckt **2** *sl.* tokig, vrickad **cracker** [ˈkrækə] **1** en som knäcker *etc.*, *se crack III* **2** smällare, smällkaramell **3** cracker, tunt smörgåskex; *Swedish* ~ knäckebröd **4** *BE. sl.* fantastisk person (tjej) **5** ~*s* (*pl*) nötknäppare **crackerbarrel** [ˈkrækəˌbær(ə)l] *AE.* hemmagjord **crackerjack** [ˈkrækədʒæk] *vard.* **I** *a* utmärkt **II** *s* baddare, styv karl **crackers** [ˈkrækəz] *BE. sl.* knäpp, tokig **cracking** [ˈkrækɪŋ] **I** *a*, *vard.* **1** fantastisk **2** *get* ~ sätta igång, sätta fart **3** spänstig, energisk **II** *s*, *kem.* krackning **crackjaw** [ˈkrækdʒɔː] *vard.* tungvrickande
crackle [ˈkrækl] **I** *v* spraka, knastra **II** *s* **1** sprakande, knastrande **2** krackelering **crackling** [-lɪŋ] **1** sprakande, knastrande **2** knaperstekt svål (*på skinka*)
crackpot [ˈkrækpɒt] tokstolle **cracksman** [-smən] *sl.* inbrottstjuv, kassaskåpssprängare **cracky** [-ɪ] **1** sprickig **2** *sl.* tokig, vrickad
cradle [ˈkreɪdl] **I** *s* **1** vagga (*äv. bildl.*) **2** ställning, [rörlig] plattform; stapelstäde **II** *v* lägga i vagga; vagga **cradlesong** vaggvisa
craft [krɑːft] **1** [hantverks]skicklighet **2** hantverk; yrke; konst; slöjd **3** skrå **4** listighet, slughet **5** (*pl lika*) fartyg; farkost **craftsman** [ˈkrɑːftsmən] yrkesman; hantverkare; konstnär **craftsmanship** [ˈkrɑːftsmənˌʃɪp] hantverk; hantverks-, yrkes-, konst|skicklighet **crafty** [ˈkrɑːftɪ] listig, slug
crag [kræg] brant skrovlig klippa; klippspets **crag|ged** [ˈkrægɪd] *AE.*, **-gy** [-gɪ] *BE.* brant och skrovlig; klippig
crake [kreɪk] *zool.* kornknarr; småfläckig sumphöna
cram [kræm] **I** *v* proppa (packa, stoppa) full **2** *vard.* plugga [med]; drilla **3** proppa i [sig] mat

--full [ˌkræmˈfʊl] proppfull **-ming** [ˈkræmɪŋ] examensplugg[ande]
cramp [kræmp] **I** *s* **1** kramp; *writer's* ~ skrivkramp **2** krampa **II** *v* **1** förorsaka kramp **2** hålla ihop med krampa **3** inskränka; hämma, hindra **cramped** [-t] **1** trång, inskränkt, begränsad **2** (*om handstil*) hoptängd, gnetig
crampon [ˈkræmpən] **1** lyftsax **2** issko, brodd **cranberry** [ˈkrænb(ə)rɪ] *bot.* tranbär
crane [kreɪn] **I** *s* **1** trana **2** [lyft]kran; *overhead* [*travelling*] ~ travers **II** *v* **1** lyfta (flytta) med kran **2** sträcka på (*halsen*) **crane fly** [ˈkreɪnflaɪ] *zool.* harkrank **cranesbill** *bot.* geranium, näva
crani|al [ˈkreɪnjəl] kranie-, skall- **-um** [-əm] (*pl -a* [-ə]) kranium
crank [kræŋk] **I** *s* **1** vev; krökt stång (axel *etc.*); startvev (*t. bil*) **2** *vard.* original, excentrisk person; *AE.* surpuppa **II** *v* **1** böja (bryta) rätvinkligt **2** veva; veva igång (*motor*) **crankcase** [ˈkræŋkkeɪs] vevhus **crankshaft** [ˈkræŋkʃɑːft] vevaxel **cranky** [ˈkræŋkɪ] **1** lös, ostadig, skranglig; i olag **2** full av krökar **3** *vard.* excentrisk; *AE.* sur, ilsken
cranny [ˈkrænɪ] *s* springa, skreva; *every nook and* ~ alla vinklar och vrår
crap [kræp] *sl.* **I** *s* **1** *sl.* smörja, dumheter, skitprat **2** *vulg.* skit **II** *v*, *vulg.* skita
crape [kreɪp] kräpp, sorgflor
crappy [ˈkræpɪ] *sl.* kass, värdelös
craps [kræps] (*behandlas som sg*) *AE.* (*slags*) tärningsspel; *shoot* ~ spela tärning
crapu|lent [ˈkræpjʊlənt], **-lous** [-əs] **1** omåttlig; supig **2** fyllsjuk
crash [kræʃ] **I** *v* **1** braka, skrälla **2** slå (gå) sönder (i kras), krossa[s] **3** gå omkull, göra (gå) bankrutt **4** krocka (krascha) [med], kvadda; *flyg.* störta [med], krasch[land]a [med] **5** braka igenom (i väg, fram) **6** *BE. vard.* tränga sig in (*objuden*); planka **II** *s* **1** brak, skräll **2** katastrof, olycka; krock, kollision; *flyg. äv.* störtning, kraschlandning **3** bankrutt, krasch **III** *a* **1** katastrof-; snabb- **2** plötslig; kraftig
crash barrier [ˈkræʃbærɪə] **1** vägräcke **2** utrullningshinder (*på hangarfartyg*) **crash course** *sl.* snabbkurs **crash helmet** störthjälm **crashing** [-ɪŋ] *vard.* fantastisk, fenomenal; *a* ~ *bore* en riktig tråkmåns **crash-land** kraschlanda [med] **crash-landing** kraschlandning **crash pad** *sl.* övernattningsställe; kvart
crass [kræs] grov; krass; dum
crate [kreɪt] **1** spjällåda; packkorg; [öl]back **2** *sl.* (*om bil e.d.*) gammal kärra
crater [ˈkreɪtə] krater
cravat [krəˈvæt] kravatt, halsduk
crave [kreɪv] *v*, *be om* **2** ~ [*for*, *after*] längta efter, åtrå **3** kräva, ha behov av
craven [ˈkreɪv(ə)n] **I** *a* feg **II** *s* feg stackare, ynkrygg; *cry* ~ ge sig på nåd och onåd
craw [krɔː] *s* kräva; [djur]mage **-fish** *se crayfish*
crawl [krɔːl] **I** *v* **1** krypa, kravla, kräla; smyga **2** krypa (släpa sig) fram **3** fjäska, krypa (*to* för) **4** vimla, myllra **5** crawla **II** *s* **1** krypande, kravlande, krälande; smygande **2** crawl **crawler** [ˈkrɔːlə] **1** krypare **2** *sl.* fjäskig typ **3** crawlare ~*s* (*pl*) spark-, kryp|byxor **crawler tractor** [ˈkrɔːləˌtræktə] bandtraktor

crayfish ['kreɪfɪʃ] *zool.* kräfta
crayon ['kreɪ(ɪ)ən] **I** *s* **1** [färg]krita; kolstift **2** kritteckning; pastellmålning **II** *v* teckna med färgkrita (kolstift)
craze [kreɪz] **I** *v* göra förryckt (sinnesrubbad) **II** *s* mani, dille (*for* på); fluga **crazy** ['kreɪzɪ] **1** tokig, galen, rubbad **2** *vard.* tokig (*about, over* i) **3** *sl.* toppen, jättebra **4** ~ **pavement** beläggning med oregelbundet lagda stenplattor
creak [kri:k] **I** *v* knarra, gnissla **II** *s* knarr, gnissel **creaky** ['kri:kɪ] knarrande, gnisslande
cream [kri:m] **I** *s* **1** grädde; *double* ~ tjock grädde, vispgrädde; *single* ~ tunn grädde, kaffegrädde **2** kräm **3** redd soppa; chokladpralin **4** grädda, elit **5** kräm[färg] **II** *v* **1** skumma [grädden av] **2** bilda grädde **3** tillsätta grädde till; tillaga med grädde **4** smörja in [med kräm] **cream cheese** ['kri:mtʃi:z] mjuk gräddost
creamer ['kri:mə] **1** skumslev **2** separator **3** *AE.* gräddkanna **creamery** [-rɪ] mejeri; mejeributik **cream-faced** ['kri:mfeɪst] blek **cream jug** gräddkanna **cream tea** eftermiddagste med sylt, vispgrädde och scones **creamy** [-ɪ] **1** gräddlik, gräddig, grädd-; krämig **2** gräddfärgad
crease [kri:s] **I** *s* **1** [press]veck; rynka; skrynkla **2** (*i kricket*) gränslinje; (*i ishockey*) målområde **II** *v* **1** vecka; rynka; skrynkla **2** vecka (rynka, skrynkla) sig, bli skrynklig **3** (*om gevärskula e.d.*) snudda vid **creaseproof** ['kri:spru:f] skrynkelfri **creasy** ['kri:sɪ] skrynklig
create [kri:'eɪt] **1** skapa; åstadkomma; inrätta; ställa till med **2** utnämna **3** *BE. sl.* ställa till bråk **creation** [-'eɪʃn] **1** skapande *etc., se create*; skapelse **2** utnämning **3** produkt; skapelse; kreation **creative** [-'eɪtɪv] *a* skapande, kreativ; skapar-, konstruktiv **creativity** [,kri:eɪ'tɪvətɪ] skapande förmåga, kreativitet **creator** [kri:'eɪtə] skapare; upphovsman
creature ['kri:tʃə] **1** varelse; människa; *poor* ~ stackars krake **2** skapelse **3** *AE.* nötkreatur **4** *bildl.* marionett, verktyg **creature comforts** *pl* detta livets goda
crèche [kreɪʃ] **1** [barn]daghem; barnkrubba **2** [jul]krubba
credence ['kri:d(ə)ns] **1** [till]tro; *give* ~ *to* sätta tro till **2** *letter of* ~ kreditiv[brev] **-dentials** [krɪ'denʃlz] *pl* **1** referenser, betyg **2** (*sändebuds*) kreditiv
credibility [,kredɪ'bɪlətɪ] trovärdighet **credibility gap** förtroendeklyfta **credible** ['kredəbl] trovärdig; trolig
credit ['kredɪt] **I** *s* **1** ära, förtjänst; heder, beröm, lovord; ~ *where* ~ *is due* äras den som äras bör; *be a*~ *to* vara en heder för; *do s.b.* ~ göra ngn heder, hedra ngn; *give s.b.* ~ *for a*) tro ngn om, *b*) hålla ngn räkning för; *take the* ~ *for* ta åt sig äran för **2** tilltro, tro; *give* ~ *to* sätta tro till; *gain* ~ vinna tilltro **3** anseende, gott rykte; *a man of good* ~ en man med gott anseende **4** *hand.* kredit (*for an amount* på ett belopp; *with* hos); tillgodohavande; kredit[sida]; *letter of* ~ kreditiv; *on* ~ på kredit; *on the* ~ *side* på plussidan; *his* ~ *is good* han är kreditvärdig; *the* ~*s and debits* debet och kredit **5** ~*s* (*pl*), ~ *title* lista över medverkande (*i film*) **6** *AE.* intyg om genomgången kurs; kurspoäng **II** *v* **1** tro [på]; tilltro; ~ *s.b. with s.th. a*) tro ngn om ngt, *b*) tillskriva ngn ngt, ge ngn äran av ngt **2** *hand.* kreditera, gottskriva **creditable** [-əbl] aktnings-, heder|värd **credit account** [-ə,kaʊnt] [kund]konto (*i butik*) **credit card** [-ka:d] kredit-, köp|kort **creditor** [-ə] kreditor, borgenär, fordringsägare **credit squeeze** [-skwi:z] kreditåtstramning
credo ['kri:dəʊ] trosbekännelse
credulity [krɪ'dju:lətɪ] lättrogenhet, godtrogenhet **-lous** ['kredjʊləs] lättrogen, godtrogen
creed [kri:d] troslära; trosbekännelse
creek [kri:k] **1** liten vik (bukt) **2** *AE.* bäck; biflod **3** *sl., up the* ~ *a*) illa ute, *b*) galen
creel [kri:l] **1** flätkorg; fiskkorg **2** hummertina
creep [kri:p] **I** *v* (*crept, crept*) krypa (*äv. bildl.*); kräla; smyga [sig] **II** *s* **1** krypande **2** *sl.* äckel, äckelpotta **3** *it gives me the* ~*s* det kryper i mig **creeper** ['kri:pə] **1** krypare; kryp **2** kryp-, klätter|växt **3** dragg **4** *vard.* gummisko **creepy** ['kri:pɪ] **1** krypande **2** hemsk, kuslig, skräck-
cre|mate [krɪ'meɪt] kremera, bränna **-mation** [-'meɪʃn] kremering, eldbegängelse
crematorium [,kremə'tɔ:rɪ|əm] (*pl -a* [-ə] *el. -ums*), **crematory** ['kremət(ə)rɪ] krematorium
crenellate ['krenəleɪt] krenelera, förse med tinnar (skottgluggar)
Creole ['kri:əʊl] **I** *s* kreol **II** *a* kreolsk
creosote ['krɪəsəʊt] kreosot
crepe [kreɪp] **1** crêpe, kräpp[tyg] **2** crêpe (*tunn pannkaka*) **crepe de Chine** [,kreɪpdə'ʃi:n] crêpe de chine **crepe paper** ['kreɪp,peɪpə] kräppapper **crepe rubber** ['kreɪp,rʌbə] rågummi
crepitate ['krepɪteɪt] spraka, knastra; skramla
crept [krept] *imperf. o. perf. part. av creep*
crepuscular [krɪ'pʌskjʊlə] skymnings-
crescendo [krɪ'ʃendəʊ] *mus. o. bildl.* crescendo
crescent ['kresnt] **I** *s* **1** månskära; halvmåne **2** svängd husrad (gata) **II** *a* **1** halvmånformig **2** *åld. el. poet.* växande
cress [kres] *bot.* krasse
crest [krest] **I** *s* **1** [tupp]kam; tofs (*på djurhuvud*) **2** hjälmbuske **3** *her.* hjälmprydnad, vapen **4** vågkam; bergskam; topp, krön **II** *v* **1** kröna, toppa **2** nå toppen av **3** (*om våg*) häva sig **-fallen** ['krest,fɔ:l(ə)n] nedslagen, modfälld
cretin ['kretɪn] kretin
cretonne ['kretɒn] kretong
crevasse [krɪ'væs] spricka, rämna (*i glaciär*)
crevice ['krevɪs] *s* springa, spricka, skreva
1 crew [kru:] *imperf. av 2 crow II*
2 crew [kru:] **I** *s* (*behandlas ibl. som pl*) **1** besättning **2** *vard.* gäng **II** *v* **1** bemanna **crew cut** snagg[ning]; *have a* ~ vara snaggad
crib [krɪb] **I** *s* **1** barn-, spjäl|säng **2** bås, kätte, fålla; krubba; sädesbinge **3** koja, hydda **4** *vard.* plagiat; ordagrann översättning, lathund **5** *vard.* bordell **II** *v* **1** stänga in (*i bås etc.*) **2** knycka; planka, skriva av; fuska
cribbage ['krɪbɪdʒ] cribbage (*slags kortspel*)
crib-biter ['krɪb,baɪtə] krubbitare
crick [krɪk] *s,* ~ *in the neck* sendrag i nacken, nacksparr; ~ *in the back* ryggont
1 cricket ['krɪkɪt] *zool.* syrsa
2 cricket ['krɪkɪt] **I** *s* kricket[spel]; *it's not* ~ (*vard.*) det är inte rent spel **II** *v* spela kricket **-er**

[-ə] kricketspelare --**ground** kricketplan
crier ['kraɪə] utropare; ropande [person]
crikey ['kraɪkɪ] *interj, sl.* jösses!, du milde!
crim. *förk. för criminal*
crime [kraɪm] brott; förbrytelse; brottslighet, kriminalitet
Crimea [kraɪ'mɪə] *s, the ~* Krim **Crimean** [-n] *a, the ~ War* Krimkriget
crime sheet ['kraɪmʃi:t] *mil.* straffregister
crime writer deckarförfattare
crimi|nal ['krɪmɪnl] **I** *a* **1** brottslig, kriminell; straffbar; förbrytar- **2** brott[s]-; kriminal-; *~ case* brottmål; *~ connexion (conversation)* äktenskapsbrott; *~ court* brottmålsdomstol; *~ law* strafflag; *~ offender* brottsling; *~ record* straffregister; *C~ Investigation Department* kriminalpolis **II** *s* brottsling, förbrytare **-nality** [ˌkrɪmɪ'nælətɪ] brottslighet, kriminalitet **-nologist** [ˌkrɪmɪ'nɒlədʒɪst] kriminolog **-nology** [ˌkrɪmɪ'nɒlədʒɪ] kriminologi
crimp [krɪmp] **I** *s* veck; våg **II** *v* vecka; våga, krusa (*hår*)
crimson ['krɪmzn] **I** *s* karmosin[rött] **II** *a* karmosinröd **III** *v* **1** färga (bli) högröd **2** rodna
cringe [krɪn(d)ʒ] **I** *v* krypa ihop; krypa, svansa (*to* för) **II** *s* kryperi, inställsamhet
crin|kle ['krɪŋkl] **I** *v* **1** vecka, rynka, krusa **2** vecka (rynka, skrynkla) sig **II** *s* veck, skrynkla; våg (*i hår*) **-kly** [-klɪ] *a* veckig, skrynklig, krusig
crinoline ['krɪnəli:n] **1** krinolin **2** torpednät
cripes [kraɪps] *interj, sl.* jösses!
crip|ple ['krɪpl] **I** *s* krympling **II** *v* göra till krympling, lemlästa; *bildl.* lamslå, förlama **-pling** [-ɪŋ] förödande, förlamande
cri|sis ['kraɪsɪs] (*pl -ses* [-si:z]) kris
crisp [krɪsp] **I** *a* **1** frasig, knaprig, mör, spröd **2** (*om luft e.d.*) frisk och sval **3** *bildl.* kort och koncis, rapp **4** krusig, krullig **5** (*om sedel*) ovikt, ny **II** *v* krusa (krulla) [sig] **III** *s, ~s* (*pl*) chips **crispbread** ['krɪspbred] knäckebröd **crispy** ['krɪspɪ] **1** frasig, knaprig **2** krusig, vågig
criss-cross ['krɪskrɒs] **I** *s* **1** korsmönster, nätverk **2** *AE.* luffarschack **II** *a* **1** löpande i kors **III** *adv* kors och tvärs **IV** *v* **1** [genom]korsa **2** korsa, ruta
crit. *förk. för critical; criticism*
criteri|on [kraɪ'tɪərɪən] (*pl -ons ell. -a* [-ə]) kriterium
crit|ic ['krɪtɪk] kritiker, recensent **-ical** [-kl] **1** kritisk (*of* mot) **2** riskfylld
criti|cism [-sɪz(ə)m] kritik (*of* av, över) **-cize** (*BE. äv. -cise*) [-saɪz] kritisera; klandra
critique [krɪ'ti:k] kritik, recension
croak [krəʊk] **I** *v* **1** (*om korp*) kraxa; (*om groda*) kväka **2** *bildl.* kraxa, spå olycka **3** *sl.* kola [av] (*dö*); ta kål på (*döda*) **II** *s* kraxande; kväkande **croaker** ['krəʊkə] **1** olyckskorp **2** person som knorrar **croaky** ['krəʊkɪ] *a* **1** kraxande; kväkande **2** olycksbådande
Croat ['krəʊæt] kroat **Croatia** [krəʊ'eɪʃə] Kroatien **Croatian** [krəʊ'eɪʃjən] kroatisk
crochet ['krəʊʃeɪ] **I** *s* virkning **II** *v* virka **crochet hook** ['krəʊʃɪhʊk] virknål
1 crock [krɒk] **1** ler|kärl, -kruka **2** lerskärva; flisa
2 crock [krɒk] **I** *s* **1** gammal hästkrake **2** *BE. sl.*

skrälle **II** *v, BE. sl.* skada, göra (bli) oduglig
crockery ['krɒkərɪ] porslin[skärl]; lerkärl
crocodile ['krɒkədaɪl] **1** krokodil **2** krokodilskinn **3** *vard.* rad av skolbarn på dubbla led
crocus ['krəʊkəs] *bot.* krokus
Croesus ['kri:səs] Krösus; *bildl.* krösus
croft [krɒft] täppa, jordlott **-er** [-ə] *BE.* torpare
crone [krəʊn] kärring, gammal häxa
crony ['krəʊnɪ] gammal god vän
crook [krʊk] **I** *s* **1** herdestav; kräkla **2** krök, böjning; krok, hake **3** *vard.* ohederlig person, skojare, bedragare, tjuv **4** *sl., on the ~* ohederligt, oärligt **II** *v* **1** kröka, böja **2** kröka (böja) sig **III** *a, Austr. sl.* usel, dålig; kass **-backed** ['krʊkbækt] krokryggig **-ed** ['krʊkɪd] **1** krokig, krökt, böjd; sned **2** ohederlig, oärlig
croon [kru:n] gnola, nynna, sjunga **-er** ['kru:nə] crooner, schlagersångare (*med sentimental repertoar*)
crop [krɒp] **I** *s* **1** skörd; gröda; *bad ~s* dålig skörd; *out of ~* i träda **2** massa, grupp **3** *zool.* kräva **4** kortklippt hår; *wear one's hair in a ~* ha håret kortklippt **5** piskskaft; kort ridpiska **II** *v* **1** (*om djur*) beta av **2** kortklippa; skära av; beskära (*äv. foto.*) **3** bära [skörd], avkasta **4** *vard., ~ up* dyka upp, yppa sig **cropper** ['krɒpə] **1** odlare; skördare **2** *a good ~* växt som ger god avkastning **3** *vard., come a ~ a*) stå på näsan, störta omkull, *b*) misslyckas totalt **crop rotation** ['krɒprəʊ'teɪʃn] växelbruk
croquet ['krəʊkeɪ] krocket[spel]
croquette [krɒ'ket] *kokk.* krokett
crosier ['krəʊʒə] kräkla, biskopsstav
cross [krɒs] **I** *s* **1** kors (*äv. bildl.*); kryss, korstecken; bomärke; *on the ~ a*) diagonalt, *b*) *sl.* ojust **2** korsning, mellanting, blandning **3** *fotb.* crossboll **II** *v* **1** korsa, lägga i kors; *~ one's fingers, keep one's fingers ~ed* hålla tummen (tummarna); *~ one's legs* lägga benen i kors **2** korsa, gå [tvärs] över (*a street* en gata); fara (åka) över (*genom*); *it ~ed my mind* det föll mig in (kom för mig) **3** (*om korsa*) [varandra]; passera (möta) [varandra]; *the two trains ~ed* de båda tågen möttes **4** stryka (*off a list* från en lista); *~ [out, through]* korsa över, stryka över (ut) **5** markera med kryss, korsa för **6** göra korstecken över (på); *~ o.s.* göra korstecknet, korsa sig; *~ my heart!* på hedersord! **7** *biol.* korsa **8** *bildl.* korsa, hindra, gäcka **III** *a* **1** kors-, tvär-; korslagd, korsande **2** mot-; i strid [mot] **3** arg, ond, sur (*with* på); *as ~ as two sticks* sur som ättika
cross|bar ['krɒsbɑ:] tvär|slå, -bom; stång (*på herrcykel*); *fotb.* målribba **-beam** tvärbjälke **--bench** tvärbänk (*för oavhängiga parlamentsledamöter*) **--bencher** oavhängig parlamentsledamot **-bill** *zool.* korsnäbb **-bones** *pl, [skull and] ~* dödskalle med korslagda benknotor **-bow** armborst **-bred** hybrid-; bastard- **-breed** korsning[sprodukt], hybrid, blandras **--buttock** (*i brottning*) höftsvrng **--country** [ˌkrɒs'kʌntrɪ] **I** *a* **1** terräng-; terränggående; *~ lorry* (*mil.*) terränglastbil; *~ truck* (*mil.*) terrängdragbil **2** [som går] över hela landet **II** *adv* genom terrängen **III** *s* terränglöpning (*for saw*) ['krɒskʌtˌsɔ:] kapsåg **--examination** [ˌkrɒsɪgˌzæmɪ'neɪʃn] korsförhör **--examine** [ˌkrɒsɪg'zæmɪn] [kors]förhöra

cross-eyed—crutch

--eyed ['krɒsaɪd] vindögd **--fertilize** [ˌkrɒs'fɜːtɪlaɪz] *bot.* korsbefrukta **-fire** ['krɒsˌfaɪə] korseld (äv. *bildl.*)
cross|-grained ['krɒsgreɪnd] **1** (*om trä*) med tvärgående fibrer **2** tvär, vresig **-head** underrubrik **-ing** [-ɪŋ] **1** över|korsning, -strykning **2** över|resa, -fart **3** korsning; gatu-, väg|korsning; järnvägskorsning; [*zebra, pedestrian*] ~ fotgängarövergång, övergångsställe; *level* ~ plankorsning, järnvägskorsning [i plan] **--legged** [-legd] med benen i kors **-let** [-lət] *her.* litet kors **-ness** [-nɪs] vrede, ilska, dåligt humör **--ply** [-plaɪ] *a,* ~ [*tyre*] diagonaldäck **--purpose** [ˌkrɒs'pɜːpəs] missförstånd; *be at* ~*s* missförstå varandra **--question** [ˌkrɒs'kwestʃ(ə)n] korsförhöra **--questioning** [ˌkrɒs'kwestʃənɪŋ] korsförhör **--reference** [ˌkrɒs'ref(ə)rəns] [kors]hänvisning (*i text*) **-road** ['krɒsrəʊd] korsväg; biväg **-roads** [-z] (*behandlas som sg*) vägkorsning, korsväg, vägskäl
cross section [ˌkrɒs'sekʃn] tvärsnitt (*äv. bildl.*)
cross-stitch ['krɒsstɪtʃ] korsstygn **crosstalk** ['krɒstɔːk] **1** *radio., tel.* överhörning **2** *BE.* kvick konversation **crosstie** ['krɒstaɪ] *AE.* syll, sliper **crossways** *se crosswise* **crosswind** ['krɒswɪnd] sidvind **crosswise** ['krɒswaɪz] i kors; på tvären **crossword puzzle** ['krɒswɜːdˌpʌzl] korsord[sgåta]
crotch [krɒtʃ] **1** klyka **2** skrev; gren **-et** ['krɒtʃɪt] **1** *mus.* fjärdedelsnot **2** liten krok, hake **3** idé, nyck, infall **-ety** ['krɒtʃɪtɪ] *vard.* vresig, sur, irriterad
crouch [kraʊtʃ] huka sig ner; ligga (sitta, gå) hopkrupen
croup [kruːp] *med.* krupp, strypsjuka
croupier ['kruːpɪə] croupier
1 crow [krəʊ] kråka; *as the* ~ *flies* fågelvägen; *eat* ~ (*AE.*) bita i det sura äpplet
2 crow [krəʊ] **I** *v* (*imperf. äv crew*) **1** (*om tupp*) gala **2** (*om småbarn*) utstöta glädjerop **3** stoltsera, briljera **II** *s* **1** galande **2** (*småbarns*) glädjerop
crow|bar ['krəʊbɑː] kofot, bräckjärn **-berry** *bot.* kråkbär
crowd [kraʊd] **I** *s* **1** folk|massa, -samling, -trängsel; *the* ~ den stora massan; *that would pass in a* ~ det skulle ingen lägga märke till **2** mängd **3** gäng, sällskap **II** *v* **1** samlas i stor mängd, hopa sig, trängas **2** pressa in, packa ihop **3** proppa (packa) full, överlasta, fylla till trängsel **4** *sl.* sätta åt, pressa **5** ~ *on sail* sätta alla segel **-ed** [-ɪd] alldeles full, full|proppad, -packad, -satt; full [av folk]; livligt trafikerad
crowfoot ['krəʊfʊt] (*pl* ~*s*) *bot.* ranunkel
crown [kraʊn] **I** *s* **1** krona; *the C*~ kronan, staten **2** krans **3** krona; silvermynt (= *25 p, tidigare 5 sh.*) **4** krön, hjässa, topp; [tand]krona; [träd]krona; *bildl.* höjdpunkt **5** [hatt]kulle **II** *v* kröna; fullända; *to* ~ [*it*] *all* till råga på allt
crown cap ['kraʊnkæp] kapsyl (*på ölflaska o.d.*) **crown colony** [-ˌkɒlənɪ] kronkoloni **crown court** [-kɔːt] *BE., ung.* tingsrätt (*för brottmål*) **crown jewels** [-ˌdʒuːəlz] *pl* kronjuveler **crown land** [ˌkraʊn'lænd] kronojord **crown law** [ˌkraʊn'lɔː] straffrätt **crown prince** [ˌkraʊn'prɪns] kronprins
crow's|-feet ['krəʊzfiːt] åldersrynkor kring ögonen **--nest** *sjö.* mastkorg
crozier ['krəʊʒə] *se crosier*
CRT *förk. för cathode-ray tube*
cru|cial ['kruːʃl] avgörande, central; kritisk; *vard.* mycket viktig; *a* ~ *moment* ett kritiskt ögonblick **-cible** [-sɪbl] **1** smältdegel **2** *bildl.* svårt prov **-cifix** [-sɪfɪks] krucifix **-cifixion** [ˌkruːsɪ'fɪkʃn] korsfästelse **-cify** [-sɪfaɪ] korsfästa; *bildl.* pina, plåga; *sl.* göra ner
crude [kruːd] **1** rå, obearbetad **2** grov, ohyfsad; ~ *facts* nakna fakta **crudeness** ['kruːdnɪs], **crudity** ['kruːdɪtɪ] råhet; omogenhet; *bildl.* grovhet, plumphet
cruel [krʊəl] grym **-ty** ['krʊəltɪ] grymhet
cruet ['kruːɪt] flaska i [bordsställ]
cruise [kruːz] **I** *v* **1** kryssa, vara på kryssning **2** köra med lagom hastighet; *vard.* långsamt glida fram (*i bil e.d.*); ~ *at 60* ha en marschfart av 60 **II** *s* kryssning, sjöresa **cruise missile** ['kruːzˌmɪsaɪl] kryssningsrobot **cruiser** ['kruːzə] **1** kryssare **2** *AE.* polisbil **cruiser weight** ['kruːzəweɪt] (*i boxning*) lätt tungvikt
cruller ['krʌlə] *AE. kokk.* (*slags*) munk
crumb [krʌm] **I** *s* [bröd]smula; inkråm (*i bröd*); *bildl.* gnutta **II** *v* **1** smula sönder **2** panera **crumble** ['krʌmbl] smula[s] sönder; smula sig **crumbly** ['krʌmblɪ] smulig **crumbs** [-z] *interj, sl.* jösses!, himmel!
crummy ['krʌmɪ] *sl.* **1** smutsig, läskig; kass **2** mullig
crump [krʌmp] **I** *v* **1** slå till hårt **2** explodera **II** *s* **1** kraftigt slag **2** granatexplosion
crumpet ['krʌmpɪt] **1** (*slags*) mjuk tekaka **2** *sl., a piece of* ~ en kalasbrud **3** *sl.* boll, skalle
crumple ['krʌmpl] **1** ~ [*up*] krossa[s], skrynkla[s] ihop, knyckla[s] till **2** *bildl.* falla ihop, duka under, svikta
crunch [krʌntʃ] **I** *v* **1** tugga (krasa) sönder, knapra på **2** knastra; knarra **II** *s* **1** knaprande, knastrande **2** avgörande moment, kritisk punkt; *when it comes to the* ~ när det kommer till kritan **crunchy** ['krʌntʃɪ] knaprig; knastrande
crusade [kruː'seɪd] **I** *s* korståg (*äv. bildl.*) **II** *v* **1** starta en kampanj **2** dra ut på korståg **crusader** [-ə] **1** kors|farare, -riddare **2** förkämpe
cruse [kruːz] *åld.* [ler]krus
crush [krʌʃ] **I** *v* **1** krossa[s]; mala[s] (stampa[s], klämma[s]) sönder **2** pressa, trycka **3** skrynkla till; skrynkla sig **4** kuva, tillintetgöra, förtrycka **5** tränga sig fram **II** *s* **1** krossande **2** pressning **3** trängsel, folkmassa **3** stor bjudning **4** fruktdryck **5** *have a* ~ *on s.b.* vara förälskad i ngn
crush bar ['krʌʃbɑː] bar (*på teater*) **crush barrier** [-ˌbærɪə] kravallstaket **crushing** [-ɪŋ] förkrossande; dräpande **crush-room** ['krʌʃrʊm] foajé
crust [krʌst] **I** *s* **1** skorpa (*på bröd, sår, is etc.*); kant (*på bröd*) **2** [jord]skorpa **3** skare **II** *v* täcka med skorpa (skare); täckas av skorpa (skare)
crusta|cean [krʌ'steɪʃən] **I** *s* kräftdjur; skaldjur **II** *a, se crustaceous* **-ceous** [-ʃəs] kräftdjurs-; skaldjurs-
crusted ['krʌstɪd] **1** överdragen med skorpa **2** (*om vin*) med bottensats **3** *bildl.* inrotad **crusty** [-ɪ] **1** skorpartad **2** vresig, knarrig
crutch [krʌtʃ] krycka; stöd

crux [krʌks] krux, stötesten; *the ~ of the matter* kruxet, den springande punkten
cry [kraɪ] **I** *s* rop, skrik; (*djurs*) skri, skall; *a far ~* lång väg; *in full ~* i full fart; *within ~* inom hörhåll **2** gråtattack; *have a good ~* (*vard.*) gråta ut **3** anskri; opinion[sstorm] **4** stridsrop; slagord; *follow the ~* följa med strömmen **5** koppel (*hundar*) **II** *v* **1** ropa, skrika; utropa; (*om djur*) skri[k]a, ge skall **2** gråta **3** *~ down a*) nedsätta, förringa, *b*) överrösta; *~ for a*) ropa på (efter), begära, kräva, *b*) gråta efter, gråta av; *~ for the moon* begära det omöjliga; *~ off* lämna återbud, dra sig ur; *~ out a*) skrika till, ropa högt, *b*) skrika, [ut]ropa; *for ~ing out ~ loud!* (*vard.*) för sjutton!, för Guds skull!; *~ out for* (*vard.*) ropa på, kräva **-baby** ['kraɪˌbeɪbɪ] lipsill **-ing** ['kraɪɪŋ] [himmels]-skriande; flagrant; *a ~ shame* en evig skam
crypt [krɪpt] krypta **-ic** ['krɪptɪk] kryptisk **-ogram** ['krɪptə(ʊ)græm] kryptogram; chiffer, chifferskrift
crystal ['krɪstl] **I** *s* **1** kristall **2** klock-, ur|glas **II** *a* kristall-; kristallklar **crystal ball** kristallkula **crystalline** ['krɪstəlaɪn] kristall-; kristallisk; kristallklar **crystal[l]ization** (*BE. äv. -isation*) [ˌkrɪstəlaɪ'zeɪʃn] kristallisering; *bildl.* utkristallisering **crystal[l]ize** (*BE. äv. -ise*) ['krɪstəlaɪz] **1** kristallisera[s]; *bildl.* utkristallisera sig **2** *~d fruit* kanderad frukt **crystal set** ['krɪstlset] *radio.* kristallmottagare
C.S. *förk. för Capital Stock; chartered surveyor; Christian Science; Christian Scientist; Civil Service* **C.S.C.** *förk. för Civil Service Commission* **CSE** *förk. för Certificate of Secondary Education* **C.S.M.** *förk. för Company Sergeant-Major* **CST** *förk. för Central Standard Time* **CT** *förk. för Connecticut* **C.T.** *förk. för central time* **Ct.** *förk. för Connecticut* **ct.** *förk. för cent; certificate; court* **ctr.** *förk. för centre* **C.U.** *förk. för Cambridge University* **cu.** *förk. för cubic*
cub [kʌb] **I** *s* **1** unge (*av bl.a. björn, lejon, räv. tiger*) **2** pojkvasker, gröngöling **II** *v* föda ungar
Cuba ['kjuːbə]
cubage ['kjuːbɪdʒ] kubikinnehåll
Cuban ['kjuːbən] **I** *s* kuban **II** *a* kubansk
cubature ['kjuːbətjʊə] *se cubage*
cubbish ['kʌbɪʃ] valpig **cubby[hole]** krypin
cube [kjuːb] **I** *s* kub; tärning **II** *v* **1** upphöja i kub (till tre) **2** mäta kubikinnehållet i **3** skära i tärningar **cube root** ['kjuːruːt] kubikrot **cubic** ['kjuːbɪk] kubisk; kubik-; *~ capacity* volym; cylinder-, slag|volym; *~ content* kubikinnehåll; *~ equation* tredjegradsekvation; *~ measure* rymd-, kubik|mått; *~ metre* kubikmeter **cubicle** ['kjuːbɪkl] [sov]hytt, litet rum, bås **cubism** ['kjuːbɪz(ə)m] kubism **cubist** ['kjuːbɪst] **I** *s* kubist **II** *a* kubistisk
cubit ['kjuːbɪt] aln (*ca 50 cm*)
cub scout ['kʌbskaʊt] miniorscout; (*förr*) vargunge
cuckold ['kʌkəʊld] hanrej, bedragen äkta man
cuckoo ['kʊkuː] **I** *s* (*pl ~s*) **1** gök **2** *vard.* idiot **II** *a, vard.* tokig **III** *v* **1** gala, ropa [kuku] **2** upprepa om och om igen **IV** *interj* kuku! **cuckoo clock** gökur **cuckoopint** *bot.* munkhätta **cuckoo spit** orm-, grod|spott
cucumber ['kjuːkʌmbə] gurka; *as cool as a ~* (*vard.*) lugn som en filbunke
cud [kʌd] *s*, *chew the ~ a*) idissla, *b*) fundera, grubbla
cuddle ['kʌdl] **I** *v* **1** omfamna [varandra], krama[s], kela [med] **2** *~ up* krypa ihop, kura ihop sig **II** *s* omfamning, kramning **cuddlesome** [-səm], **cuddly** [-lɪ] *a* kramgod, smeksam
cudgel ['kʌdʒ(ə)l] **I** *s* [knöl]påk; *take up the ~s for* ta parti för, försvara **II** *v* **1** klå, prygla **2** *~ one's brains* bry sin hjärna
1 cue [kjuː] **I** *s* **1** *teat.* stickreplik, slutord (*i replik*); *on ~* i rätt ögonblick **2** vink, antydan, påminnelse **3** (*på bandspelare*) framspolning, framspolningsknapp **II** *v* ge stickreplik (vink)
2 cue [kjuː] [biljard]kö
1 cuff [kʌf] manschett; ärmuppslag; *AE. äv.* byxuppslag; *off the ~* (*vard.*) improviserat, oförberett; *on the ~* på kredit
2 cuff [kʌf] **I** *s* slag (*m. öppen hand*), örfil **II** *v* slå till (*m. öppen hand*), örfila
cuff link ['kʌflɪŋk] manschettknapp
cuirass [kwɪ'ræs] harnesk, kyrass **cuirassier** [ˌkwɪrə'sɪə] kyrassiär
cuisine [kwiː'ziːn] kök, kokkonst
cul-de-sac [ˌkʊldə'sæk] återvändsgata
culinary ['kʌlɪnərɪ] matlagnings-, köks-, kulinarisk
cull [kʌl] **I** *v* plocka; gallra (sortera) ut **II** *s* slaktdjur
culmi|nate ['kʌlmɪneɪt] kulminera, nå höjdpunkten **-nation** [ˌkʌlmɪ'neɪʃn] **1** kulmen, höjdpunkt **2** kulminering
culpa|bility [ˌkʌlpə'bɪlətɪ] brottslighet; skuld **-ble** ['kʌlpəbl] brottslig; skyldig (*of* till)
culprit ['kʌlprɪt] brottsling; anklagad; missdådare; *the ~* (*äv.*) den skyldige
cult [kʌlt] **1** kult, dyrkan **2** sekt
culti|vate ['kʌltɪveɪt] **1** bruka, bearbeta (*jord*); odla (*äv. bildl.*); *~ a p.'s acquaintance* odla ngns bekantskap; *~ one's mind* odla sin själ, bilda sig **2** kultivera, civilisera **-vation** [ˌkʌltɪ'veɪʃn] **1** brukning, bearbetning (*av jord*); odling; kultur **2** odling, utveckling **3** bildning, kultur **-vator** [-veɪtə] **1** odlare **2** *lantbr.* kultivator
cultural ['kʌltʃ(ə)r(ə)l] kulturell, bildnings-, kultur- **culture** ['kʌltʃə] **I** *s* **1** *biol. o. bildl.* kultur, odling; *bildl. äv.* bildning, förfining **II** *v, biol. o. bildl.* odla; *bildl. äv.* bilda, förfina
culvert ['kʌlvət] kulvert
cum [kʌm] med; och; kombinerad med; *my teacher ~ my friend* min lärare och vän
Cumb. *förk. för Cumberland*
cumber ['kʌmbə] **I** *v* hindra **II** *s* hinder; börda **cumbersome** [-səm], **cumbrous** ['kʌmbrəs] hindersam, besvärlig, ohanterlig
cumin ['kʌmɪn] *bot.* kummin
cummerbund ['kʌməbʌnd] brett [siden]skärp
cummin ['kʌmɪn] *se cumin*
cumu|late I *a* ['kjuːmjʊlət] hopad **II** *v* ['kjuːmjʊleɪt] hopa [sig], samla[s] **-lative** ['kjuːmjʊlətɪv] växande, som hopar sig, kumulativ; ackumulerad
cumu|lus ['kjuːmjʊləs] (*pl -li* [-laɪ]) cumulus-, stack|moln
cuneate ['kjuːnɪeɪt] kilformig **cuneiform** ['kjuːnɪfɔːm] kilformig; *~ writing* kilskrift
cunning ['kʌnɪŋ] **I** *a* **1** slug, listig **2** skicklig **3**

AE. näpen, lustig **II** *s* **1** slughet, list **2** skicklighet
cunt [kʌnt] *vulg.* fitta *(äv. neds. om kvinna)*
cup [kʌp] **I** *s* **1** kopp; bägare *(äv. bildl.)*; kalk *(äv. bildl.)*; *he ist not my ~ of tea* han är inte min favorit (typ); *in one's ~s* berusad **2** cup, [pris]pokal **3** [behå]kupa **4** bål *(dryck)* **II** *v* **1** kupa *(one's hand* handen); *~ one's ear* kupa handen bakom örat **2** *med.* koppa **-bearer** [ˈkʌpˌbeərə] munskänk
cupboard [ˈkʌbəd] skåp; skänk **cupboard love** matfrieri
cup|full [ˈkʌpful] *(mått)* kopp **-holder** [-ˌhəuldə] innehavare av vandringspris, cupförsvarare
Cupid [ˈkjuːpɪd] **1** *myt.* Cupido; *~'s bow* amorbåge **2** amorin
cupidity [kjuːˈpɪdətɪ] snikenhet, vinningslystnad
cupola [ˈkjuːpələ] kupol
cuppa, cupper [ˈkʌpə] *vard.*, = *cup of* [*tea*]
cupreous [ˈkjuːprɪəs] koppar-, kopparhaltig; kopparaktig; kopparfärgad **cupric** [ˈkjuːprɪk] koppar-, kopparhaltig
cup tie [ˈkʌptaɪ] *sport.* cupmatch
cur [kɜː] **1** bondhund, byracka **2** usling, ynkrygg
curable [ˈkjuərəbl] botlig
curate [ˈkjuərət] kyrko-, pastors|adjunkt
curative [ˈkjuərətɪv] **I** *a* botande, läkande **II** *s* botemedel, läkemedel
curator [ˌkjuəˈreɪtə] **1** [musei]intendent **2** *Sk.* förmyndare, kurator
curb [kɜːb] **I** *s* **1** kindkedja *(på betsel)* **2** *bildl.* band, tygel, hinder **3** *AE.* trottoarkant **II** *v* lägga band på, tygla, hindra **curb roof** brutet tak
curbstone *AE.* trottoarkant
curcuma [ˈkɜːkjumə] *bot.* gurkmeja
curd [kɜːd] *vanl.* *~s* (*pl*) ostmassa
curdle [ˈkɜːdl] ysta [sig]; stelna; *terror ~d his blood* skräcken kom blodet att isas i hans ådror
cure [kjuə] **I** *s* **1** botande, kurering; kur, bot **2** botemedel *(äv. bildl.)* **3** prästbefattning; *~* [*of souls*] själavård **4** konservering, insaltning, rökning **II** *v* **1** bota, kurera **2** konservera, lägga in, salta in, röka **-all** [ˈkjuərɔːl] universalmedel
curfew [ˈkɜːfjuː] **1** aftonringning **2** [signal för] utegångsförbud
curio [ˈkjuərɪəu] kuriositet *(konstföremål)* **curiosity** [ˌkjuərɪˈɒsətɪ] **1** vetgirighet; nyfikenhet **2** kuriositet, raritet **curiosity shop** antikvitetsaffär **curious** [ˈkjuərɪəs] **1** vetgirig; nyfiken **2** egendomlig, besynnerlig, underlig **3** *åld.* *(lätt)* pornografisk
curl [kɜːl] **I** *v* **1** krusa, locka, lägga i lockar; kröka; *~ one's lip* dra upp läppen *(i förakt)* **2** locka (krusa, ringla) sig **3** *~ up a)* rulla ihop [sig], kröka sig, *b)* krypa ihop, kura ihop sig, *c) vard.* ge upp, vara slagen, *d) BE. vard.* känna (väcka) avsky **4** spela curling **II** *s* **1** lock **2** krusning, krökning **3** väglinje, [års]ring **curler** [ˈkɜːlə] **1** papiljott, spole, rulle **2** curlingspelare
curlew [ˈkɜːljuː] *zool.* [stor]spov
curlicue [ˈkɜːlɪkjuː] krusidull
curling [ˈkɜːlɪŋ] **1** *sport.* curling **2** krusande *etc., se curl I* **curly** [ˈkɜːlɪ] lockig, krullig
curmudgeon [kɜːˈmʌdʒ(ə)n] gnidare, snåljåp; bitvarg
currant [ˈkʌr(ə)nt] **1** vinbär **2** korint
currency [ˈkʌr(ə)nsɪ] **1** valuta; myntslag, sedlar **2** utbredning, spridning **3** livstid, gångbarhet; omlopp[stid], cirkulation **current** [ˈkʌr(ə)nt] **I** *a* **1** allmänt utbredd, gängse; gällande; accepterad; aktuell; *~ affairs* aktuella frågor **2** innevarande, löpande; *the ~ issue of a magazine* senaste numret av en tidskrift **3** *(om mynt o.d.)* gångbar, cirkulerande, som är i omlopp; *(om vara)* kurant **II** *s* **1** ström; ström-, vatten|drag **2** [elektrisk] ström; strömstyrka **3** *bildl.* strömning, strömdrag **currently** [ˈkʌr(ə)ntlɪ] för närvarande
curricu|lum [kəˈrɪkjul|əm] *(pl -la* [-lə] *el. -lums)* lärokurs; undervisningsplan **curriculum vitae** [-ˈviːtaɪ] levnadsbeskrivning, meritförteckning
currish [ˈkɜːrɪʃ] **1** som en byracka **2** grälsjuk; gemen
1 curry [ˈkʌrɪ] **I** *s* curry; curry|rätt, -stuvning **II** *v* krydda med curry
2 curry [ˈkʌrɪ] **1** piska **2** bereda *(läder)* **3** *åld.* rykta **4** *~ favour with* ställa sig in hos **-comb** ryktskrapa
curse [kɜːs] **I** *s* **1** förbannelse; svordom; *the ~* *(vard.)* mens **2** plåga, gissel, förbannelse **3** bann **II** *v* **1** förbanna **2** svära *(at* över) **3** plåga **cursed** [ˈkɜːsɪd, kɜːst] förbannad, fördömd
cursive [ˈkɜːsɪv] **I** *a* kursiv, lutande **II** *s* kursiv (lutande) stil (bokstav)
cursory [ˈkɜːs(ə)rɪ] flyktig, hastig
curt [kɜːt] **1** kort och koncis **2** snäv, tvär barsk
curtail [kɜːˈteɪl] avkorta, förkorta; beskära; minska; *be ~ed of* beskäras på, berövas **curtailment** [-mənt] avkortning; beskärning; minskning **curtail step** nedersta trappsteg
curtain [ˈkɜːtn] **I** *s* **1** gardin; draperi, förhänge; *draw the ~* dra för (undan) gardinen **2** ridå; *drop the ~* låta ridån falla **3** *vard.*, *~s* (*pl*) döden, slutet **II** *v* sätta upp gardiner i, förse med gardin[er] **curtain call** *teat.* inropning **curtain lecture** [-ˌlektʃə] sparlakansläxa, skarp tillrättavisning **curtain-pole** [-pəul] gardinstång **curtain-raiser** [-ˌreɪzə] *teat.* kort förpjäs **curtain-rod** [-rɒd] gardinstång
curts[e]y [ˈkɜːtsɪ] **I** *s* nigning; *drop a ~* niga **II** *v* niga
curvaceous [kɜːˈveɪʃəs] *vard.* *(om kvinna)* kurvig **curvature** [ˈkɜːvətʃə] krökning, buktning
curve [kɜːv] **I** *s* kurva *(äv. mat.)*, krök[ning], böjning, båge, båglinje, böjd linje **II** *v* **1** böja, kröka **2** böja (kröka) sig, svänga
cushion [ˈkuʃn] **I** *s* **1** kudde, dyna; luftkudde **2** *(i biljard)* vall **II** *v* **1** förse med kudde (dynor), stoppa, madrassera **2** mildra, dämpa
cushy [ˈkuʃɪ] *sl.* bekväm, behaglig
cusp [kʌsp] **1** udd **2** *(månens)* horn
cuspidor [ˈkʌspɪdɔː] *AE.* spott|kopp, -låda
cuss [kʌs] *vard.* **1** förbannelse; *I don't give a ~* det skiter jag i **2** typ, individ **-ed** [ˈkʌsɪd] *vard.* **1** fördömd; jäkla **2** envis **-edness** [ˈkʌsɪdnɪs] *vard.* vrånghet; elakhet
custard [ˈkʌstəd] vanilj|kräm, -sås
custo|dial [kʌˈstəudjəl] förmyndar-, skydds- **-dian** [-djən] väktare **2** förmyndare; intendent **-dy** [ˈkʌstədɪ] **1** förmynderskap, vård, vårdnad, uppsikt **2** [fängsligt] förvar; häkte
custom [ˈkʌstəm] **I** *s* **1** sed[vänja], bruk, vana; praxis, kutym **2** kunder, kundkrets; *withdraw one's ~ from a shop* sluta handla i en affär **3** *~s (behandlas som sg el. pl) a)* tull[ar], tullavgifter,

customary—czarina

b) tull[verk], tullväsende, c) tullbehandling **II** a, AE. beställnings**customary** ['kʌstəm(ə)rɪ] [sed]vanlig, bruklig **customer** [-ə] **1** kund **2** vard. typ, individ, figur; a queer ~ en konstig prick; an ugly ~ en ful fisk **custom-made** AE. måttillverkad; skräddarsydd; special|beställd, -tillverkad **customs house** tull|hus, -kammare
cut [kʌt] **I** v (cut, cut) **1** skära (hugga, klippa) [av, sönder, igenom]; kastrera; ~ one's hair klippa håret (sig); ~ a ball (sport.) skära en boll; it ~s both ways a) det är på gott och ont, b) det verkar i båda riktningarna **2** skära [i] (äv. bildl.) **3** skära (minska) ner; sänka; korta av, förkorta **4** vard. ge upp; bryta med; snäsa av; sticka (smita) från; ~ and run sticka **5** kortsp. kupera; dra (ett kort) **6** späda (whisky with water whisky med vatten); lösa upp **7** klippa av, bryta (filmning e.d.); stryka; stänga av, stoppa (motor e.d.); sluta med **8** få (tänder); (om tänder) komma fram **9** skära (hugga, klippa) [till, ut, in, bort]; smida; gräva (hugga) [ut]; ~ a coat skära till en kappa; ~ a tunnel gräva en tunnel **10** ~ corners ta genvägar (äv. bildl.); ~ a dash väcka uppseende; ~ dead (vard.) fullständigt ignorera; ~ a poor figure göra en slät figur; ~ it fine (vard.) klara npt nätt och jämnt; ~ no ice inte ha ngn framgång; ~ loose a) befria, b) slå sig lös, c) sjö. kapa förtöjningarna; ~ a record sätta rekord; ~ teeth få tänder; ~ short avbryta, göra kortare, stoppa **11** ~ across a) bildl. skära [tvärs]igenom, b) ta en genväg genom (över); ~ away skära (hugga) bort (av); ~ back a) skära ner, beskära, b) göra inskränkningar (on i): ~ down a) hugga ner, fälla, b) bildl. skära ner (on på), c) döda; ~ s.b. down to size ta ner ngn på jorden; ~ in a) skära (hugga) in, b) blanda sig i, avbryta (samtal), c) avbryta (dans) och ta ngns partner, c) tränga sig in i bilkön; ~ s.b. in on the profit (vard.) låta ngn få del i vinsten; ~ into a) skära in i, b) blanda sig i, avbryta (samtal); ~ off a) skära (hugga, kapa) av (bort), b) [av]bryta (telefonsamtal), c) stänga (slå) av, d) göra slut på, dra in, e) avspisa, f) göra arvlös, g) bildl. skilja, avstänga, isolera; ~ out a) skära (klippa, hugga) ut, b) stryka, utelämna, hoppa över, c) skära (klippa) till, d) (om motor e.d.) plötsligt stanna, kopplas ur, slå ifrån, e) vard. slå ur brädet, tränga undan, f) vard. sluta med, lägga av med; ~ it out! (vard.) lägg av!; be ~ out for vara som klippt och skuren för; ~ through ta en genväg [genom, över]; ~ up a) skära (klippa, hugga, såga) sönder (i bitar), b) bildl. kränka, såra, c) vard. göra ner, kritisera hårt, d) uppröra; ~ up rough (BE. vard.) ilskna till; ~ up well (vard.) lämna mycket pengar efter sig **II** a, ~ flowers snittblommor, lösa blommor; ~ glass slipat glas; ~ and dried (vard.) fix och färdig, stereotyp, uppgjord på förhand; half ~ (BE. sl.) på örat **III** s **1** skärning, klippning, huggning; slipning; genomskärning **2** hugg, stick, snitt; slag **3** skåra, rispa, skråma; a ~ above (vard.) ett strå vassare än, ett pinnhål högre än **4** [avskuren] skiva; bit, stycke; a ~ of meat en skiva kött; cold ~s kallskuret **5** nedskärning; nedsättning, minskning; [power]~ strömavbrott **6** snitt (av klädesplagg) **7** vard. [an]del **8** [short] ~ genväg **9** sårande anmärkning, gliring **10** kortsp. kupering **11** AE. vard. skolk **12** vard., give s.b. the ~ säga upp bekantskapen med ngn
cut|away ['kʌtəweɪ] **1** jackett **2** genomskuren bild **-back 1** nedskärning **2** AE. tillbakablick (i film e.d.)
cute [kjuːt] **1** söt, rar **2** skarpsinnig, klipsk
cuticle ['kjuːtɪkl] **1** ytterhud **2** nagelband
cutie ['kjuːtɪ] AE. sl. söt tjej, sötnos
cutlass ['kʌtləs] huggare, kort svärd
cutler ['kʌtlə] knivsmed **cutlery** [-rɪ] **1** knivsmide **2** knivar, eggverktyg **3** koll. [mat]bestick
cutlet ['kʌtlɪt] kotlett, köttskiva; hackad biff
cut|out ['kʌtaʊt] **1** utklippsfigur, pappersdocka **2** säkring, propp; [ström]brytare **--price** BE., **--rate** AE., a ~ shop en lågprisaffär
cutter ['kʌtə] **1** skärare, huggare, snidare; tillskärare **2** skärmaskin; fräs **3** sjö. kutter **cut-throat I** s mördare **II** a mordisk; bildl. mördande; ~ competition mördande konkurrens
cutting [-ɪŋ] **I** a **1** skärande, vass **2** bildl. sårande, skarp, bitande **3** (om vind o.d.) bitande **II** s **1** skärande, klippande etc., se cut l **2** avskuret stycke; bit; urklipp; spån, avfall **3** stickling, skott **4** klippning (av film)
cuttle[fish] ['kʌtl[fɪʃ]] bläckfisk
cutty ['kʌtɪ] Sk. **I** a kort[klippt] **II** s **1** pipsnugga **2** lösaktig kvinna
C.V.O. förk. för Commander of the Royal Victorian Order **Cwlth.** förk. för Commonwealth
c.w.o. förk. för cash with order **cwt.** förk. för hundredweight
cyanic [saɪˈænɪk] cyan-; ~ acid cyanvätesyra **cyanide** ['saɪənaɪd] cyanid
cybernetics [ˌsaɪbəˈnetɪks] (behandlas som sg) cybernetik
cyclamen ['sɪkləmən] cyklamen
cycle ['saɪkl] **I** s **1** cykel, kretslopp; omloppstid **2** [dikt]cykel **3** cykel; sl. motorcykel **II** v **1** cykla **2** cirkla, kretsa **cycle path (track, way)** cykel|bana, -väg **cyclic** ['saɪklɪk] cyklisk; cirklande, kretsande **cyclist** ['saɪklɪst] cyklist
cyclone ['saɪkləʊn] cyklon
cyclopaedia [ˌsaɪkləˈpiːdjə] encyklopedi
Cyclops ['saɪklɒps] (pl Cyclopes ['saɪkləʊpiːz] el. ~es) cyklop
cyclotron ['saɪklətrɒn] tekn. cyklotron
cygnet ['sɪgnɪt] ung svan
cyl. förk. för cylinder; cylindrical
cylinder ['sɪlɪndə] **1** cylinder (äv. tekn.), vals **2** lopp (i eldvapen) **cylinder head** tekn. topp-, cylinder|lock **cylindrical** [sɪˈlɪndrɪkl] cylindrisk
cymbal ['sɪmbl] mus. cymbal, bäcken
Cymric ['kɪmrɪk] walesisk
cynic ['sɪnɪk] cyniker **cynical** [-l] cynisk **cynicism** ['sɪnɪsɪz(ə)m] cynism
cynosure ['sɪnəzjʊə] bildl. medelpunkt (för beundran); ledstjärna
cypher ['saɪfə] se cipher
cypress ['saɪprəs] bot. cypress
Cyprian ['sɪprɪən] cyprisk **Cypriot** [-rɪət] **I** a cypriotisk **II** s cypriot **Cyprus** ['saɪprəs] Cypern
cyst [sɪst] med. cysta **-itis** [sɪsˈtaɪtɪs] med. cystit, blåskatarr
czar [zɑː] tsar
czardas ['tʃɑːdæʃ] (pl lika) czardas
czar|evitch ['zɑːrəvɪtʃ] tsarevitj **-ina** [zɑːˈriːnə]

Czech—Danish 108

tsarinna
Czech [tʃek] **I** s tjeck **II** a tjeckisk **-oslovak** ['tʃekə(ʊ)sləʊvæk] **I** s tjeckoslovak **II** a tjeckoslovakisk **-oslovakia** [,tʃekə(ʊ)slə(ʊ)'vækıə] Tjeckoslovakien **-oslovakian** [,tʃekə(ʊ)slə(ʊ)-'vækıən] **I** s tjeckoslovak **II** a tjeckoslovakisk

D

D, d [di:] (bokstav, ton) D, d; D flat (mus.) dess; D sharp (mus.) diss
D. förk. för (AE.) Democratic; Department
d. förk. för date; daughter; day; degree; delete; (eg. lat. denari|us, -i; förr) penny, pennies; diameter; died; dollar[s]; dose
'd = had, would
D.A. förk. för District Attorney
1 dab [dæb] zool. sandskädda
2 dab [dæb] **I** v lätt beröra (trycka på), klappa, badda **II** s lätt slag (tryckning), klapp **-ble** ['dæbl] **1** plaska [med]; väta; stänka ner **2** fuska (in, at, with med, i) **-bler** ['dæblə] dilettant, klåpare
dab hand ['dæbhænd] BE. vard. baddare, överdängare (at i)
dachshund ['dækshʊnd] tax
da capo [dɑ:'kɑ:pəʊ] mus. da capo, dakapo
dactyl ['dæktıl] versl. daktyl
dad[dy] ['dæd(ı)] vard. pappa **daddy-longlegs** [,dædı'lɒŋlegz] (pl lika) BE. vard. harkrank
dado ['deıdəʊ] (pl -[e]s) **1** sockel **2** bröstpanel
daffodil ['dæfədıl] påsklilja, gul narciss
daft [dɑ:ft] BE. vard. tokig, dum
dagger ['dægə] **1** dolk; at ~s drawn på fientlig fot; look ~s se mordisk ut; look ~s at kasta mördande blickar på **2** boktr. kors
dago ['deıgəʊ] (pl -[e]s) neds. dago (sydeuropé)
dahlia ['deıljə] bot. dahlia
daily ['deılı] **I** a daglig, om dagen **II** adv dagligen, om dagen **III** s **1** dagstidning **2** daglig städhjälp
dainty ['deıntı] **I** s läckerhet, godbit **II** a **1** läcker **2** utsökt, förtjusande; nätt, fin **3** kräsen
dairy ['deərı] **1** mejeri **2** mjölkaffär **3** mjölkkammare **--cattle** [-,kætl] pl mjölkkor **-maid** [-meıd] mejerska **-man** [-mən] **1** mejerist **2** mjölkhandlare
dais [deıs] estrad, podium
daisy ['deızı] **1** bot. tusensköna, bellis; ox-eye ~ prästkrage **2** sl. toppengrej, praktexemplar **3** sl., be pushing up the daisies vara död och begraven
Dak. förk. för Dakota [də'kəʊtə]
dale [deıl] dal
Dalecarlia [,dælı'kɑ:ljə] Dalarna
dalesman ['deılzmən] dalbo
dalliance ['dælıəns] **1** söl[ande] **2** åld. flört

dally ['dælı] **1** söla **2** ~ with leka med
Dalma|tia [dæl'meıʃjə] Dalmatien **-tian** [-n] **1** dalmatier **2** dalmatiner[hund]
1 dam [dæm] **I** s **1** damm, fördämning **2** vattenreservoar **II** v, ~ [up] dämma upp (för)
2 dam [dæm] (om djur) moder
damage ['dæmıdʒ] **I** s **1** skada, skadegörelse (to på) **2** ~s (pl, jur.) skadestånd **3** vard., what's the ~? vad kostar kalaset? **II** v skada[s]; a damaging admission ett farligt medgivande
damask ['dæməsk] **I** s **1** damast **2** damaskenerstål **3** ljusrött **II** a **1** damast- **2** damaskerad **3** ljusröd **III** v **1** damaskera **2** väva i damastmönster **3** färga ljusröd
dame [deım] **1** D~ Nature moder Natur; D~ Fortune fru Fortuna **2** Dame (titel för adlad kvinna) **3** AE. sl. tjej, brud
dammit ['dæmıt] interj, vard. tusan också!, jäklar!
damn [dæm] **I** v fördöma; förbanna; döma; it was ~ed from the start det var dömt från början; well, I'll be ~ed! (vard.) det var som tusan!; I'll be ~ed if I'll go there så tusan att jag går dit **II** s, I don't care (give) a ~ det ger jag tusan i **III** a, sl. förbaskad, jäkla; ~ all inte ett dugg **IV** interj, sl., ~ it! tusan (jäklar) också! **damnable** ['dæmnəbl] **1** fördömlig **2** vard. förbaskad **damnation** [dæm'neıʃn] **I** s fördömelse **II** interj tusan (jäklar) också! **damned** [dæmd] **1** fördömd **2** sl. förbaskad **damnedest** ['dæmdıst] vard., do one's ~ göra sitt bästa **damnify** ['dæmnıfaı] jur. tillfoga skada
damp [dæmp] **I** s **1** fukt **2** gruvgas **3** nedslagenhet **II** a fuktig **III** v **1** fukta **2** kväva, dämpa (äv. bildl.) **-en** ['dæmp(ə)n] **1** fukta **2** bildl. kväva, dämpa **-er** ['dæmpə] **1** glädjedödare; sordin; put a ~ on lägga sordin på **2** [stöt]dämpare; mus. dämmare **3** spjäll
damsel ['dæmzl] poet. el. åld. flicka, ungmö
damson ['dæmz(ə)n] bot. krikon
Dan [dæn] **1** kortform av Daniel **2** s, åld. mäster
dance [dɑ:ns] **I** v **1** dansa **2** ~ attendance on fjäska för **II** s **1** dans; lead s.b. a [pretty] ~ ställa till besvär för ngn **2** dans[tillställning], bal
dance|-band ['dɑ:nsbænd] dans|orkester, -band **--floor** dansgolv; dansbana **--hall** dans|ställe, -lokal
dancer ['dɑ:nsə] dansare, dansör, dansös; the ~s (äv.) de dansande **dancing** [-ıŋ] dans **dancing-girl** dansare, dansös, balettflicka
dandelion ['dændılaıən] maskros
dander ['dændə] AE. sl., get one's ~ up bli arg
dandify ['dændıfaı] klä sig snobbigt
dandle ['dændl] **1** gunga (ngn) på knät, vyssja **2** kela med
dandruff ['dændrʌf] mjäll
dandy ['dændı] **I** s dandy, snobb **II** a, vard. förstklassig, finfin
Dane [deın] s **1** dansk **2** Great ~ grand danois
danger ['deın(d)ʒə] fara, risk (of för); out of ~ utom fara **-ous** ['deın(d)ʒrəs] farlig (for, to för)
dangle ['dæŋgl] dingla [med]; ~ after (about, round) hänga efter (s.b. ngn); ~ s.th. before s.b. fresta ngn med ngt
Danish ['deınıʃ] **I** a dansk; ~ pastry wienerbröd **II** s danska [språket]

dank [dæŋk] fuktig
Danube ['dænju:b] s, the ~ Donau
dap [dæp] **1** pimpla (*fiska i vattenytan*) **2** [få att] studsa, hoppa
dapper ['dæpə] **1** prydlig, nätt **2** [liten och] pigg
dapple ['dæpl] **I** v göra (bli) fläckig; ~d spräcklig, brokig **II** a fläckig, spräcklig **--grey** [,dæpl'greɪ] apelkastad, gråspräcklig
darbies ['dɑ:bɪz] *BE. sl.* handklovar
Darby and Joan ['dɑ:bɪ ən 'dʒəʊn] lyckligt äldre par
dare [deə] **1** våga; riskera; *she ~s [to] dress differently* hon vågar klä sig annorlunda **2** *I ~ say he'll be there* det är troligt att han kommer dit, han kommer nog dit; *I ~ say* (*äv.*) kanske det **3** utmana; *I ~ you to jump* hoppa om du törs **-devil** ['deə,devl] **I** s våghals **II** a våghalsig
daren't [deənt] = *dare not* **daresay** [,deə'seɪ, 'deəseɪ] = *dare say*, *se under dare 2*
daring ['deərɪŋ] **I** a **1** djärv, oförskräckt **2** vågad **II** s djärvhet, oförskräckthet
dark [dɑ:k] **I** a **1** mörk **2** *bildl.* mörk, dyster; elak, ond; *the D~ Ages* medeltidens mörkaste århundraden; *~ horse* dark horse, okänd storhet, oskrivet blad; *~ lantern* blindlykta; *a ~ purpose* ont syfte; *~ scowl* mörk (butter) uppsyn **II** s mörker; *after ~* efter mörkrets inbrott; *be in the ~ about* vara okunnig om
darken ['dɑ:k(ə)n] **1** bli mörk[are], mörkna **2** förmörka, skymma; *never ~ my door again!* sätt aldrig din fot här igen! **3** *bildl.* fördystra[s], fördunkla[s] **darkey** [-ɪ] *vard. neds.* svarting, nigger **darkish** [-ɪʃ] ganska mörk; mörklagd **darkling** [-lɪŋ] *poet.* **I** *adv* i mörker **II** *a* nattlig **darkness** [-nɪs] **1** mörker; dunkel **2** okunnighet **3** hemlighet **darkroom** mörkrum **darky** [-ɪ] *se darkey*
darling ['dɑ:lɪŋ] **I** s älskling **II** a **1** vard. söt, gullig **2** älsklings-
1 darn [dɑ:n] **I** v stoppa (*strumpor e.d.*) **II** s stopp; stoppning
2 darn [dɑ:n] *se damn* **darned** [-d] *sl.* **I** a förbaskad **II** *adv* förbaskat
darning egg (mushroom) ['dɑ:nɪŋ,eg ('mʌʃrʊm)] stoppsvamp **darning needle** stoppnål **darning wool** [-wʊl] stoppgarn
dart [dɑ:t] **I** s **1** pil; kastspjut; *~s* (*behandlas som sg*) pilkastning, dart; *play ~s* kasta pil, spela dart **2** språng, snabb rörelse **II** v **1** kasta, slunga **2** rusa, störta **-board** ['dɑ:tbɔ:d] pil-, dart|tavla
dash [dæʃ] **I** v **1** slå, kasta, slänga; *~ one's head against s.th.* stöta (köra) huvudet mot ngt; *~ s.th. to pieces* slå ngt i bitar (i kras) **2** bestänka; *~ed with brandy* med en droppe konjak **3** *bildl.* krossa, gäcka (*a p.'s hopes* ngns förhoppningar); nedslå, göra modfälld **4** störta, rusa **5** *~ down (off)* kasta (rafsa) ner **6** *sl.*, *~ed!*, *~ it!* tusan (förbaskat) också! **II** s **1** rusning, anlopp, framstöt **2** tillsats, stänk, skvätt **3** häftigt slag, häftig stöt **4** stil; bravur; *cut a ~* slå på stort, briljera **5** [tank]streck **6** *sl.* muta **-board** ['dæʃbɔ:d] instrumentbräda (*i bil, båt, flygplan*)
dashiki [dɑ:'ʃi:kɪ] (*färggrann*) utanpåskjorta
dashing ['dæʃɪŋ] **1** käck, livlig **2** elegant, flott, stilig
dastardly ['dæstədlɪ] feg, usel, ömklig

dat. *förk. för dative*
data ['deɪtə] **1** *pl av datum* **2** data. data, information **3** data, fakta och siffror; information **data bank (base)** data|bank, -bas **data processing** [-,prəʊsesɪŋ] databehandling **data processing computor** dator, datamaskin
1 date [deɪt] dadel[palm]
2 date [deɪt] **I** s **1** datum; tidpunkt; *out of ~* föråldrad, gammalmodig, omodern; *to ~* hittills, till dags dato; *up to ~* modern, med sin tid, aktuell, à jour **2** avtalat möte, träff **II** v **1** datera; tidsbestämma **2** *~ from (back to)* härröra från, datera sig från (till) **3** avslöja åldern på; bli omodern **4** *AE. vard.* vara pojkvän (flickvän) till; sällskapa med **dated** ['deɪtɪd] omodern, gammalmodig **date line** ['deɪtlaɪn] datumgräns
date-palm ['deɪtpɑ:m] dadelpalm
date stamp ['deɪtstæmp] datumstämpel
dative ['deɪtɪv] dativ
da|tum ['deɪtəm] (*pl -ta* [-tə]) utgångspunkt; fakta; *se äv. data*
daub [dɔ:b] **I** v **1** bestryka; smeta (söla) ner **2** kludda [ihop] **II** s **1** smet; färgklick; lera **2** kludd[ande] **dauber** ['dɔ:bə] målarkludd **dauby** ['dɔ:bɪ] **1** smetig, klibbig **2** kluddig
daughter ['dɔ:tə] dotter **daughter-in-law** ['dɔ:t(ə)rɪnlɔ:] (*pl daughters-in-law*) svärdotter, sonhustru **daughterly** ['dɔ:təlɪ] a dotterlig
daunt [dɔ:nt] skrämma **-less** ['dɔ:ntlɪs] oförfärad
davenport ['dævnpɔ:t] **1** litet skrivbord, sekretär **2** *AE.* [bädd]soffa
davit ['dævɪt] *sjö.* dävert
Davy ['deɪvɪ] *kortform av David* **Davy Jones** *sjö.* djävulen; *go to ~ ~'s locker* drunkna **Davy lamp** gruvlampa
dawdle ['dɔ:dl] *~ [away]* slå dank, slöa, förspilla tiden **dawdler** [-ə] latmask, dagdrivare, sölkorv
dawn [dɔ:n] **I** v dagas, gry; *it ~ed upon me* (*bildl.*) det gick upp för mig **II** s gryning; *at ~* i gryningen
day [deɪ] **1** dag; *the ~ after tomorrow* i övermorgon; *the ~ before yesterday* i förrgår; *all [the] ~* hela dagen; *any ~* när som helst, vilken dag som helst; *by ~* på (om) dagen; *~ by ~* dag för dag, dagligen; *~ in ~ out* dag ut och dag in; *go to London for the ~* resa till London över en dag; *the other ~* häromdagen; *some ~* en [vacker] dag; *one of these ~s* endera dagen, en vacker dag; *this ~ week (fortnight)* i dag om en vecka (fjorton dagar); *those ~s* nuförtiden; *at the end of the ~* (*bildl.*) när allt kommer omkring, slutligen; *it's one of those ~s* det är en sådan dår dag (*när allt går galet*); *it's all in a ~'s work* (*vard.*) det är man så van vid; *it's early ~s* det är det för tidigt för säga ngt om; *that will be the ~ a)* det ser jag fram emot, *b)* det kommer nog inte att hända; *she's forty if she's a ~* hon är inte en dag yngre än fyrtio; *call it a ~* (*vard.*) *a)* låta det vara nog för i dag, *b)* lägga av, ge upp; *take a ~ off* ta en dag ledigt **2** *~ [and night]* dygn **3** (*ofta pl*) tid; [tids]period; glanstid; *in his ~s* på sin (hans) tid; *in this ~ and age* nuförtiden; *in the good old ~s* på den gamla goda tiden; *those were the ~s!* det var tider det! **4** batalj, slag; *carry (win) the ~* segra, vinna; *lose the ~* förlora

day|boy ['deɪbɔɪ] externatelev (*bor hemma men äter i skolan*) **-break** gryning **-dream I** *s* dagdröm **II** *v* dagdrömma **-dreamer** [-ˌdriːmə] dagdrömmare **-labourer** [-ˌleɪbərə] daglönare, dagsverkare

daylight ['deɪlaɪt] **1** dagsljus; *in broad* ~ mitt på ljusa dagen; *I'm beginning to see* ~ *a*) det börjar klarna för mig, *b*) jag kan se en ljusning (slutet) **2** gryning **daylight robbery** *vard.* rövarpris **daylight-saving time** sommartid

day-nursery ['deɪˌnɜːs(ə)rɪ] daghem **day return** endagsbiljett (*för återresa samma dag*)

day room ['deɪrʊm] dagrum (*på sjukhus o.d.*)

day school [dag]skola **daystar** morgonstjärna **daytime** dag (*i motsats t. natt*); dagtid; *in the* ~ på (om) dagen (dagarna), på dagtid **day-to-day** ['deɪtəˌdeɪ] daglig; ~ *chores* dagliga sysslor **daywork** ['deɪwɜːk] dagsverke

daze [deɪz] **I** *v* **1** bedöva **2** förvirra; blända **II** *s*, *in a* ~ förvirrad, omtumlad

dazzle ['dæzl] **I** *v* blända[s]; förblinda, överväldiga **II** *s* bländande sken; *bildl.* skimmer

dB, db *förk. för* decibel[s] **D.B.E.** *förk. för Dame Commander of the Order of the British Empire* **DC** *förk. för direct current; District of Columbia* **D.C.B.** *förk. för Dame Commander of the Order of Bath* **D.C.L.** *förk. för Doctor of Civil Law* **D.C.M.** *förk. för Distinguished Conduct Medal* **D.D.** *förk. för Doctor of Divinity* **dd.** *förk. för delivered*

D-day ['diːdeɪ] dagen D (*invasionsdagen 6 juni 1944*)

D.D.S. *förk. för Doctor of Dental Surgery* **DE** *förk. för Delaware*

deacon ['diːk(ə)n] diakon; syssloman **-ess** ['diːkənɪs] diakonissa **-ry** ['diːk(ə)nrɪ] diakonat, diakonämbete

dead [ded] **I** *a* **1** död (*äv. bildl.*); livlös; dödsliknande; ~ *and gone* (*vard.*) död och begraven; ~ *centre* (*tekn.*) dödpunkt (*jfr 5*); ~ *end a*) återvändsgata, *b*) slutpunkt; ~ *heat* dött lopp; ~ *language* dött språk; ~ *man's handle* död mans grepp; ~ *march* sorgmarsch; ~ *men* (*marines*) *sl.* lik (*tomflaskor*); *the D~ Sea* Döda havet; ~ *stock* dött kapital, osäljbart lager; ~ *stop* tvärstopp; ~ *time* dödtid; ~ *weight a*) tung börda, belastning, *b*) sjö. dödvikt; ~ *window* blindfönster **2** matt, glanslös (*colour* färg); stillastående (*air* luft) **3** okänslig, oemottaglig (*to* för); utan känsel, stel **4** dov **5** exakt, precis; absolut, fullständig; *hit the* ~ *centre* träffa mitt i prick (*jfr 1*); *be in* ~ *earnest* mena allvar; ~ *level* alldeles jämnt plan; ~ *loss* ren förlust; ~ *shot* mästerskytt; *come to a* ~ *stop* tvärstanna **II** *s* **1** *the* ~ de döda **2** *in the* ~ *of night* mitt i natten **III** *adv* **1** död-, döds **2** alldeles, fullständigt; ~ *against* rakt emot; ~ *slow* ytterst långsam[t]

dead-[and-]alive [ˌded(ənd)ə'laɪv] *BE.* urtråkig, ointressant **deadbeat** [ˌded'biːt] **I** *a* dödstrött **II** *s, AE. vard.* dagdrivare; odåga **deaden** ['dedn] **1** bedöva; döva, dämpa **2** förslöa, göra (bli) okänslig **dead-end** [ˌded'end] *a* **1** ~ *street* återvändsgata **2** ~ *job* arbete som saknar befordringsmöjligheter **deadhead** ['dedhed] *AE. vard.* person med fribiljett **deadline** ['dedlaɪn] deadline, tidsgräns, sista dag (tidpunkt) **deadlock** ['dedlɒk] dödläge, baklås **deadly** ['dedlɪ] **I** *a* **1** dödlig; dödsbringande **2** döds-; ~ *sins* dödssynder **II** *adv* dödligt; döds- **dead-nettle** [ˌded'netl] *bot.* plister **deadpan** [ˌded'pæn] uttryckslös

deaf [def] döv (*to* för); ~ *in one ear* döv på ena örat; *turn a* ~ *ear* slå dövörat till **deaf-aid** ['defeɪd] hörapparat **deaf-and-dumb** [ˌdefən(d)-'dʌm] dövstum **deafen** ['defn] göra döv; bedöva **deafening** ['defnɪŋ] öronbedövande **deaf--mute** [ˌdef'mjuːt] **I** *s* dövstum [person] **II** *a* dövstum

1 deal [diːl] **I** *s* **1** *kortsp.* giv **2** *vard.* affärstransaktion, överenskommelse; *square* (*fair*) ~ rättvis behandling; *it's a* ~*!* överenskommet!, kör till!; *big* ~*!* (*AE., ofta iron.*) fantastiskt! **3** *a* [*great*] ~ en hel mängd; *a good* ~ ganska mycket, en hel del **II** *v* (*dealt, dealt*) **1** handla (*in* med), göra affärer (*in* i) **2** ~ *with a*) ta itu med, gripa sig an, *b*) behandla, handla om, *c*) uppträda mot, *d*) ha att göra med; ~ *in* handla om, behandla **3** ~ [*out*] dela ut, (*i kortspel*) ge; ~ *a blow at* rikta ett slag mot **4** *sl.* dila (*sälja knark*)

2 deal [diːl] **1** furu-, gran|planka **2** (*virke*) gran, furu

dealer ['diːlə] **1** handlande (*in* i, med), -handlare **2** *kortsp.* givare **3** *sl.* dilare (*knarklangare*) **dealings** ['diːlɪŋz] *pl* **1** förbindelse[r]; affärer **2** uppträdande, handlingssätt **dealt** [delt] *imperf. o. perf. part. av* deal

dean [diːn] **1** *univ.* dekan[us] **2** doyen **3** domprost; *rural* ~ kontraktsprost

dear [dɪə] **I** *a* **1** dyr, kostsam **2** dyr, kär; *run for* ~ *life* springa för brinnande livet **II** *s* käraste; raring; *my* ~ kära du; …, *there's a* ~ (*vard.*) …så är du snäll; *she's a* ~ hon är rar (en raring) **III** *adv* dyrt **IV** *interj.* ~ *me!*, ~*,* ~*!, oh* ~*!* kors!, nej men!, kära nån!, oj då! **dearly** ['dɪəlɪ] *adv* **1** innerligt, högt **2** dyrt

dearth [dɜːθ] brist, knapphet

deary ['dɪərɪ] käraste, raring

death [deθ] död; bortgång; dödsfall; *bleed to* ~ förblöda; *be at* ~*'s door* ligga för döden; *do* (*put*) *to* ~ döda; *be in at the* ~ (*bildl.*) vara med i slutskedet; *catch one's* ~ [*of cold*] (*vard.*) få en jätteförkylning

deathbed ['deθbed] dödsbädd **death blow** dödande slag; *bildl.* dödsstöt **death cap** lömsk flugsvamp **death cell** dödscell **death certificate** [sə.tɪfɪkeɪt] dödsattest **death-dealing** [-ˌdiːlɪŋ] dödsbringande

death duty ['deθˌdjuːtɪ] arvsskatt **death knell** själaringning **deathless** [-lɪs] oodödlig **deathly** [-lɪ] **I** *a* dödslik, döds- **II** *adv* dödligt; dödsdeath rate dödlighet death rattle dödsrossling[ar] **death-roll** lista över stupade (döda) **death's-head** dödskalle **death tax** *AE.* arvsskatt **death-throes** *pl* dödsryckningar (*äv. bildl.*) **deathtrap** dödsfälla **death warrant** [-ˌwɒr(ə)nt] dödsdom **deathwatch** [-wɒtʃ] **1** likvaka **2** *zool.* dödsur **death wish** [-wɪʃ] *psykol.* dödsdrift

deb [deb] *vard. för débutante*

deb. *förk. för debenture*

débâcle [deɪ'bɑːkl] **1** *bildl.* sammanbrott, vild flykt, debacle **2** islossning; översvämning

debar [dɪ'bɑ:] **1** utestänga, avstänga, utesluta **2** förhindra

debase [dɪ'beɪs] **1** försämra **2** förnedra **3** förfalska **-ment** [-mənt] **1** försämring **2** förnedring **3** förfalskning

debatable [dɪ'beɪtəbl] omstridd, omtvistlig **debate** [dɪ'beɪt] **I** *v* **1** debattera, dryfta, diskutera **2** fundera [på], överväga **II** *s* diskussion, debatt **debater** [dɪ'beɪtə] debattör

debauch [dɪ'bɔ:tʃ] **I** *v* (*moraliskt*) fördärva **II** *s* utsvävning; orgie **debauchee** [ˌdebɔ:'tʃi:] vällusting **debauchery** [dɪ'bɔ:tʃ(ə)rɪ] utsvävning, utsvävningar, omåttlighet, sedeslöshet

debenture [dɪ'ben(t)ʃə] **1** debenture (*slags obligation*) **2** skuldsedel

debilitate [dɪ'bɪlɪteɪt] försvaga **-itation** [dɪˌbɪlɪ-'teɪʃn] försvagning **-ity** [dɪ'bɪlətɪ] svaghet, kraftlöshet

debit ['debɪt] **I** *s* debet **II** *v* debitera

debonair [ˌdebə'neə] **1** glad[lynt]; sorglös **2** älskvärd

debouch [dɪ'baʊtʃ] **1** marschera ut **2** mynna ut

debris ['deɪbri:] spillror; skräp

debt [det] skuld; *bad* ~*s* osäkra fordringar; *National D~* statsskuld; *be in a p.'s* ~ stå i skuld hos ngn; *run into* ~ sätta sig i skuld; *out of* ~ skuldfri; *pay the* ~ *of nature* skatta åt förgängelsen, dö **debt collector** ['detkəˌlektə] inkasserare **debtor** ['detə] gäldenär

debug [ˌdi:'bʌɡ] *vard.* **1** rätta till **2** avlägsna dolda mikrofoner från

debunk [ˌdi:'bʌŋk] *vard.* avslöja, blotta

début ['deɪbu:] debut **débutante** ['debju:tɑ:nt] debutant (*vid hovet, i sällskapslivet*)

Dec. *förk. för December* **dec.** *förk. för deceased; declaration; declination; decrease*

decade ['dekeɪd] decennium, årtionde; dekad, tiotal

decadence ['dekəd(ə)ns] dekadans, förfall **-dent** [-t] dekadent, förfallen

Decalogue ['dekəlɒɡ] *the* ~ tio Guds bud

decamp [dɪ'kæmp] **1** bryta upp (*ur läger*), avtåga **2** avvika i hemlighet, rymma [fältet] **-ment** [-mənt] uppbrott

decant [dɪ'kænt] dekantera, hälla upp (*vin*) **-er** [-ə] [vin]karaff

decapitate [dɪ'kæpɪteɪt] halshugga

decarbonize (*BE. äv. -ise*) [di:'kɑbənaɪz] sota (*motor*)

decathlon [dɪ'kæθlɒn] *sport.* tiokamp

decay [dɪ'keɪ] **I** *v* **1** förfalla; förstöras; tyna av **2** vissna; multna, murkna, ruttna **II** *s* **1** förfall; avtynande **2** bortvissnande; förmultning, förruttnelse

decease [dɪ'si:s] **I** *v* avlida, dö **II** *s* frånfälle, död **deceased** [-t] **I** *a* avliden **II** *s, the* ~ den avlidne, de avlidna

deceit [dɪ'si:t] **1** bedrägeri, svek **2** bedräglighet **-ful** [-f(ʊ)l] bedräglig, svekfull; vilseledande

deceive [dɪ'si:v] bedra[ga], vilseleda; lura **deceiver** [-ə] bedragare

decelerate [ˌdi:'selareɪt] minska farten (hastigheten) [på], sakta in **-ation** ['di:ˌselə'reɪʃn] fart-, hastighetsminskning

December [dɪ'sembə] december

decency ['di:snsɪ] **1** anständighet; tillbörlighet;

ärbarhet **2** hygglighet

decennary [dɪ'sen(ə)rɪ] *se decennium* **-nial** [-jəl] **I** *a* tioårs-; tioårig **II** *s* tioårsdag **-nium** [-jəm] (*pl -niums el. -nia* [-jə]) decennium, årtionde

decent ['di:snt] **1** anständig; tillbörlig, passande; ärbar **2** *vard.* hygglig, snäll, bussig; skaplig **3** *vard.* anständigt klädd

decentralization (*BE. äv. -isation*) [di:ˌsentrəlaɪ'zeɪʃn] decentralisering **-ize** (*BE. äv. -ise*) [ˌdi:-'sentrəlaɪz] decentralisera

deception [dɪ'sepʃn] **1** bedrägeri, svek **2** villfarelse, illusion **-tive** [-tɪv] bedräglig, svekfull; vilseledande

decibel ['desɪbel] *fys.* decibel

decide [dɪ'saɪd] **1** besluta (bestämma) [sig för]; avgöra; *the weather* ~*d me against going* vädret gjorde att jag bestämde mig för att inte gå **2** döma **decided** [-ɪd] **1** avgjord, bestämd, utpräglad **2** bestämd, resolut

deciduous [dɪ'sɪdjʊəs] **1** *bot.* lövfällande **2** avfallande; ~ *teeth* mjölktänder

decigram[me] ['desɪɡræm] decigram **-litre** [-ˌli:tə] deciliter

decimal ['desɪml] **I** *a* decimal-; ~ *fraction* decimalbråk; ~ *point* decimalkomma; ~ *system* decimalsystem; *go* ~ införa decimalsystemet **II** *s* decimal; decimalbråk

decimate ['desɪmeɪt] decimera

decimetre ['desɪˌmi:tə] decimeter

decipher [dɪ'saɪfə] dechiffrera; uttyda

decision [dɪ'sɪʒn] **1** avgörande; beslut; utslag **2** beslutsamhet **-sive** [dɪ'saɪsɪv] **1** avgörande **2** beslutsam

deck [dek] **I** *s* **1** *sjö.* däck (*äv. i buss e.d.*); durk; *clear the* ~*s* (*vard.*) göra sig klar [till strid]; *hit the* ~ (*vard.*) *a*) falla till marken, *b*) göra sig redo, *c*) stiga ur sängen **2** kortlek **II** *v* **1** ~ [*out*] utsmycka, pryda **2** *sjö.* däcka **deck chair** däck-, fällstol **deck hand** jungman **deckhouse** däckshus, ruff **deck passenger** [-ˌpæsɪn(d)ʒə] däckspassagerare

declaim [dɪ'kleɪm] **1** deklamera **2** orera; ~ *against* protestera mot

declamation [ˌdeklə'meɪʃn] **1** deklamation; [högtidligt] tal **2** häftigt tal, haranger **-tory** [dɪ'klæmət(ə)rɪ] deklamatorisk; högtravande, pompös

declaration [ˌdeklə'reɪʃn] **1** förklaring; *the D~ of Independence* (*AE.*) oavhängighetsförklaringen (*av 4 juli 1776*); *the D~ of Rights* (*BE.*) rättighetsförklaringen (*av 1689*) **2** deklaration, anmälan, uppgift; *customs* ~ tulldeklaration **-tive** [dɪ'klærətɪv], **-tory** [dɪ'klærət(ə)rɪ] förklarande

declare [dɪ'kleə] **1** förklara, tillkännage, deklarera, förkunna **2** deklarera, uppge; *have you anything to* ~? har ni ngt att förtulla **3** ~ [*o.s.*] uttala sig (*for* för; *against* mot) **4** ~ *off a*) inställa, *b*) dra sig ur, *c*) ta tillbaka; *well, I* ~! har man hört på maken!, det må jag då säga! **declared** [-d] förklarad, uttrycklig, öppen

déclassé [deɪ'klɑ:seɪ] deklasserad

declassify [di:'klæsɪfaɪ] släppa fri (*dokument o.d.*), ta bort hemligstämpeln från

declension [dɪ'klenʃn] **1** nedgång, förfall; avvi-

declination—defection

kelse 2 *språkv.* deklination, böjning
declination [ˌdeklɪˈneɪʃn] **1** *astr.* deklination; (*kompassens*) missvisning **2** [formell] vägran
decline [dɪˈklaɪn] **I** *v* **1** avböja, undanbe sig, tacka nej; vägra **2** slutta nedåt; böja nedåt **3** (*om sol e.d.*) sjunka, dala **4** *bildl.* gå utför, avtaga, minska; förfalla; *declining years* ålderdom **5** *språkv.* böja, deklinera **II** *s* **1** avtagande, minskning, tillbakagång, nedgång; *on the ~* på nedåtgående **2** sluttning
declivity [dɪˈklɪvətɪ] sluttning, lutning
declutch [ˌdɪˈklʌtʃ] *tekn.* koppla (trampa) ur
decoct [dɪˈkɒkt] koka av **decoction** [dɪˈkɒkʃn] **1** avkokning **2** dekokt, avkok
decode [ˌdɪˈkəʊd] dechiffrera; avkoda **decoder** [-ə] avkodare
decoke [ˌdiːˈkəʊk] *BE. vard.* sota (*motor*)
décolle|tage [ˌdeɪkɒlˈtɑːʒ] dekolletage, urringning **-té** [deɪˈkɒlteɪ] dekolleterad, urringad
decol|orant [diːˈkʌlərənt] blekningsmedel **-our, -orize** (*BE. äv. -orise*) [diːˈkʌlə(raɪz)] bleka [ur]
decom|pose [ˌdiːkəmˈpəʊz] **1** upplösa, sönderdela, bryta ned **2** upplösas, sönderfalla; vittra, ruttna **-position** [ˌdiːkɒmpəˈzɪʃn] upplösning, sönderfall; förruttnelse
decompression [ˌdiːkəmˈpreʃn] dekompression **decompression sickness (illness)** dykarsjuka
decontami|nate [ˌdiːkənˈtæmɪneɪt] sanera (*från gas, radioaktivitet etc.*); *-nating agent* saneringsmedel **-nation** [ˌdiːkənˌtæmɪˈneɪʃn] sanering
decontroll [ˌdiːkənˈtrəʊl] slopa kontrollen av
décor [ˈdeɪkɔː] **1** inredningsstil **2** [scen]dekor, dekorationer
deco|rate [ˈdekəreɪt] **1** dekorera, pryda, smycka; klä **2** måla och tapetsera **3** dekorera, tilldela utmärkelse **-ration** [ˌdekəˈreɪʃn] **1** dekorering; prydande, [ut]smyckning; *interior ~* heminredning **2** dekoration, prydnad[er] **3** medalj, orden **-rative** [ˈdek(ə)rətɪv] dekorativ, prydande; dekorations-, prydnads- **-rator** [ˈdekəreɪtə] **1** dekoratör **2** *BE.* målare (*hantverkare*); *interior ~* inredningsarkitekt
deco|rous [ˈdekərəs] anständig, korrekt **-rum** [dɪˈkɔːrəm] **1** anständighet, dekorum **2** god ton
decoy I *s* [ˈdiːkɔɪ] lockfågel (*äv. bildl.*); bulvan; lockbete **II** *v* [dɪˈkɔɪ] locka[s] med lockfågel, lura
decrease I *v* [diːˈkriːs] avta, minska[s] **II** *s* [ˈdiːkriːs] minskning, avtagande; *be on the ~* vara i avtagande **decreasingly** [diːˈkriːsɪŋlɪ] allt mindre, mindre och mindre
decree [dɪˈkriː] **I** *s* **1** dekret, påbud; förordning **2** *jur.* dom; *~ absolute* slutgiltig skilsmässa; *~ nisi* [dɪˌkriːˈnaɪsaɪ] (*ung.*) hemskillnad, **II** *v* påbjuda, bestämma, förordna
decrement [ˈdekrɪmənt] avtagande, minskning
decrepit [dɪˈkrepɪt] orkeslös, skröplig; fallfärdig
decry [dɪˈkraɪ] nedvärdera, fördöma
dedi|cate [ˈdedɪkeɪt] **1** ägna (*to* åt) **2** dedicera (*s.th. to s.b.* ngt till ngn), tillägna (*s.th. to s.b.* ngn ngt) **3** inviga, helga **-cated** [-ɪd] hängiven, engagerad **-cation** [ˌdedɪˈkeɪʃn] **1** hängivenhet (*to* för); engagemang **2** dedikation, tillägnan **3** invigning **-catory** [ˈdedɪkət(ə)rɪ] dedikations-
deduce [dɪˈdjuːs] härleda, sluta sig till
deduct [dɪˈdʌkt] dra (räkna, ta) av (ifrån); *be ~ed from* avgå (dras av) från **deductible** [-əbl] avdragsgill **deduction** [dɪˈdʌkʃn] **1** avdrag **2** här-, slut|ledning **deductive** [dɪˈdʌktɪv] deduktiv, slutlednings-
deed [diːd] **I** *s* **1** handling, gärning **2** bragd, bedrift, stordåd **3** *jur.* överlåtelsehandling; kontrakt, dokument, handling **II** *v, AE.* kontraktsenligt överlåta **deed poll** [ˈdiːdpəʊl] *jur.* ensidigt kontrakt (*i sht vid namnbyte*) **deejay** [diːˈdʒeɪ] *sl.* disk-jockey, skivpratare
deem [diːm] anse, mena
deep [diːp] **I** *a* **1** djup; *a ~ breath* ett djupt andetag; *~ insight* djup insikt; *~ kiss* kyss med öppen mun; *~ sea* djuphav; *~ space* yttre rymden; *~ in thought* djupt försjunken i tankar; *~ in debt* djupt skuldsatt; *go off the ~ end* (*vard.*) *a*) bli ursinnig, *b*) bli hysterisk, *c*) *AE.* förhasta sig **2** djup, dunkel, svårfattlig **3** djupsinnig **4** listig; *he's a ~ one a*) han är listig och utstuderad, *b*) han är svår att komma underfund med **II** *adv* djupt (*äv. bildl.*); *~ in the past* för mycket länge sedan; *~ into the night* långt in på natten; *~ down* (*vard.*) innerst inne, i själva verket; *sink ~* sjunka djupt **III** *s* djup; havsdjup; *the ~* (*poet.*) havet, djupet
deepen [ˈdiːpn] fördjupa[s]; göra (bli) djupare
deep|freeze [ˌdiːpˈfriːz] **I** *v* djupfrysa **II** *s* frys, frysbox **--fry** flottyrkoka, fritera **--laid** listigt uttänkt, utstuderad **--rooted** [in]rotad **--sea** djuphavs- **--seated** djupt [in]rotad (liggande) **--set** djupt liggande
deer [dɪə] (*pl lika el. ~s*) hjort; rådjur; *fallow ~* dovhjort, hjort; *red ~* kronhjort
deer|skin [ˈdɪəskɪn] hjortskinn **-stalker** [-ˌstɔːkə] **1** hjort-, gång|skytt **2** jägarhatt (*av Sherlock Holmes-typ*) **-stalking** [-ˌstɔːkɪŋ] gångskytte på hjort
de-esca|late [ˌdiːˈeskəleɪt] trappa ner **-lation** [ˌdiːeskəˈleɪʃn] nedtrappning
def. *förk. för defective; defence; defendant; definite; definition*
deface [dɪˈfeɪs] **1** van|ställa, -pryda **2** utplåna
de facto [diːˈfæktəʊ] **I** *adv* de facto, i själva verket **II** *a* faktisk
defal|cate [ˈdiːfælkeɪt] *jur.* förskingra **-cation** [ˌdiːfælˈkeɪʃn] *jur.* förskingring
defamation [ˌdefəˈmeɪʃn] ärekränkning, förtal **defamatory** [dɪˈfæmət(ə)rɪ] ärekränkande **defame** [dɪˈfeɪm] ärekränka, förtala
default [dɪˈfɔːlt] **I** *s* **1** försummelse; uteblivande; uraktlåtenhet att betala; *make ~* vara försumlig, brista (*i ngt*), utebli; *judgment by ~* tredskodom **2** *in ~ of* i brist på, i frånvaro av **3** *lose* (*win*) *a game by ~* förlora (vinna) en match på walkover **II** *v* inte fullgöra sina skyldigheter, brista i betalning; *jur.* utebli, inte inställa sig inför rätta **-er** [-ə] försumlig person (betalare); förskingrare; *jur.* tredskande part
defeasance [dɪˈfiːzns] upphävande
defeat [dɪˈfiːt] **I** *v* **1** besegra, slå **2** omintetgöra, kullkasta **3** *jur.* annullera, upphäva **II** *s* **1** besegrande; nederlag; tillbakaslående **2** omintetgörande, kullkastande **3** *jur.* annullering, upphävande **-ism** [-ɪz(ə)m] defaitism **-ist** [-ɪst] defaitist
defecate [ˈdefəkeɪt] **1** ha avföring **2** rena
defect I *s* [ˈdiːfekt] brist (*of* på); defekt, fel, ofullkomlighet, lyte **II** *v* [dɪˈfekt] *polit.* hoppa av **de-**

fection [dɪˈfekʃn] avfall; avhopp **defective** [dɪˈfektɪv] **1** bristfällig, defekt, felaktig, ofullständig, **2** efterbliven **defector** [dɪˈfektə] *polit.* avhoppare
defence [dɪˈfens] **1** försvar; skydd, värn; *in ~ of* till försvar för **2** *~s* (*pl*) försvarsverk **3** *jur.* försvarstalan, svaromål; svarandesida **-less** [-lɪs] försvars-, värn|lös
defend [dɪˈfend] försvara; skydda, värna (*from* för); *~ o.s.* (*jur.*) föra sin egen talan **defendant** [-ənt] *jur.* svarande **defender** [-ə] försvarare; *sport.* försvarsspelare **defense** [dɪˈfens] *AE., se defence*
defen|sible [dɪˈfensəbl] försvarbar **-sive** [-sɪv] **I** *a* defensiv; försvars- **II** *s* försvarsställning; *on the ~* på defensiven
1 defer [dɪˈfɜː] uppskjuta
2 defer [dɪˈfɜː] *~ to* böja sig för, ge vika för, foga sig efter **-ence** [ˈdef(ə)r(ə)ns] hänsyn, hänsynsfullhet, aktning **-ential** [ˌdefəˈrenʃl] hänsyns-, aktnings|full
defi|ance [dɪˈfaɪəns] trots; utmaning; *bid ~ to* trotsa, utmana; *in ~ of* trots, i trots av **-ant** [-ənt] trotsig; utmanande
defi|ciency [dɪˈfɪʃnsɪ] **1** brist; bristfällighet, otillräcklighet; *mental ~* efterblivenhet **-cient** [-ʃnt] bristande, otillräcklig; *mentally ~* efterbliven; *be ~ in* sakna
deficit [ˈdefɪsɪt] *hand.* deficit, brist, underskott
defier [dɪˈfaɪə] **1** trotsare **2** utmanare
1 defile I *s* [ˈdiːfaɪl] trång passage, pass **II** *v* [dɪˈfaɪl] defilera
2 defile [dɪˈfaɪl] befläcka, besudla; [för]orena
definable [dɪˈfaɪnəbl] definierbar **define** [dɪˈfaɪn] **1** definiera **2** bestämma [gränserna för], begränsa, avgränsa; fastställa; specificera **definite** [ˈdefɪnɪt] klart avgränsad; fastställd; avgjord; bestämd, definitiv, exakt; *~ article* (*språkv.*) bestämd artikel **definitely** [ˈdefɪnɪtlɪ] *adv* definitivt, absolut, avgjort **definition** [ˌdefɪˈnɪʃn] **1** definition, definiering **2** (*på foto e.d.*) skärpa, tydlighet **definitive** [dɪˈfɪnɪtɪv] definitiv, slutgiltig, avgörande
deflate [dɪˈfleɪt] **1** släppa luften ur, tömma[s] på luft; *bildl.* ta luften ur (*ngn*) **2** *ekon.* åstadkomma deflation av; sänka **deflation** [dɪˈfleɪʃn] *ekon.* deflation **deflationary** [dɪˈfleɪʃ(ə)rɪ] *ekon.* deflations-
deflect [dɪˈflekt] böja [sig] åt sidan, avleda[s], avvika **de|flection, -flexion** [dɪˈflekʃn] böjning [åt sidan, nedåt]; avvikelse
defloration [ˌdiːflɔːˈreɪʃn] deflor|ation, -ering
deflower [ˌdiːˈflaʊə] **1** deflorera **2** beröva (*ngn, ngt*) dess skönhet (oskuld), fördärva, vanhelga
defoli|ate [ˌdiːˈfəʊlɪeɪt] avlöva[s] **-ation** [ˌdiːfəʊlɪˈeɪʃn] avlövning; lövfällning
deforest [ˌdiːˈfɒrɪst] kalhugga **-ation** [ˌdiːˌfɒrɪˈsteɪʃn] kalhuggning
deform [diːˈfɔːm] deformera, vanställa **deformation** [ˌdiːfɔːˈmeɪʃn] deformering, vanställande; deformation; missbildning **deformed** [-d] deformerad, vanställd; missbildad **deformity** [-ətɪ] **1** vanskaplighet **2** deformitet, missbildning, lyte
defraud [dɪˈfrɔːd] bedra[ga], svindla (*of* på) **-er** [-ə] bedragare, svindlare

defray [dɪˈfreɪ] bestrida, bära (*kostnader*) **-al** [-(ə)l], **-ment** [-mənt] bestridande (*av kostnad*)
defrock [ˌdiːˈfrɒk] *se unfrock*
defrost [ˌdiːˈfrɒst] tina upp; avfrosta **-er** [-ə] defroster, avfrostare
deft [deft] flink, händig, skicklig **-ness** [ˈdeftnɪs] flinkhet, händighet, skicklighet
defunct [dɪˈfʌŋ(k)t] **1** avliden, död **2** inte längre förekommande; *~ law* upphävd lag
defuse [ˌdiːˈfjuːz] desarmera
defy [dɪˈfaɪ] **1** utmana **2** trotsa
deg. *förk. för degree*
degauss [ˌdiːˈgaʊs] avmagnetisera; *~ing system* avmagnetiseringsanordning, magnetskydd
degener|acy [dɪˈdʒenrəsɪ] degeneration; förfall **-ate I** *a* [dɪˈdʒen(ə)rət] degenererad, urartad **II** *v* [dɪˈdʒenəreɪt] degenerera[s], urarta **-ation** [dɪˌdʒenəˈreɪʃn] degener|ering, -ation, urartning
degradation [ˌdegrəˈdeɪʃn] **1** degradering **2** förnedring **3** förfall, tillbakagång; urartning **degrade** [dɪˈgreɪd] **1** degradera **2** vanära, förnedra **3** urarta, förfalla
degree [dɪˈgriː] **1** grad (*äv. mat., fys. m.m.*); *difference of ~* gradskillnad; *the third ~* (*jur.*) tredje graden; *by ~s* gradvis, stegvis; *to a ~* något, ganska; *to a high ~* i hög grad; *to some* (*a certain*) *~* i någon (viss) mån **2** rang, ställning **3** *univ.* grad, examen; *take one's ~* avlägga examen
dehydrate [ˌdiːˈhaɪdreɪt] **1** torka **2** *kem.* dehydrera
de-ice [ˌdiːˈaɪs] avisa[s], förhindra isbildning [i]
dei|fication [ˌdiːɪfɪˈkeɪʃn] förgudning **-fy** [ˈdiːɪfaɪ] upphöja till gud; avguda
deign [deɪn] *~ to* värdigas, nedlåta sig att
deism [ˈdiːɪz(ə)m] deism **deity** [ˈdiːɪtɪ] gudom, gudomlighet; *the D~* Gud
deject [dɪˈdʒekt] nedslå, göra nedslagen (nedstämd, modfälld) **dejection** [dɪˈdʒekʃn] nedslagenhet, modfälldhet; förstämning
Del. *förk. för Delaware* **del.** *förk. för delegate*
Delaware [ˈdeləweə]
delay [dɪˈleɪ] **I** *v* **1** fördröja, försena; *~ing tactics* förhalningstaktik **2** dröja med, uppskjuta (*doing s.th.* att göra ngt) **3** dröja (*on vid*) **II** *s* försening, dröjsmål; fördröjning **delayed-action** [-dˌækʃn] *a*, *~ bomb* tidsinställd bomb
delec|table [dɪˈlektəbl] behaglig, ljuvlig, härlig **-tation** [ˌdiːlekˈteɪʃn] förnöjelse, förtjusning, nöje
dele|gacy [ˈdelɪgəsɪ] **1** ombudsmannaskap **2** delegation, deputation **-gate I** *s* [-gət] **1** delegat, ombud, befullmäktigad, representant **2** *AE.* territorialrepresentant **II** *v* [-geɪt] delegera; ge i uppdrag, bemyndiga; anförtro **-gation** [ˌdelɪˈgeɪʃn] **1** delegering; befullmäktigande; överlåtande **2** delegation, deputation
delete [dɪˈliːt] stryka, utplåna
deleterious [ˌdelɪˈtɪərɪəs] skadlig
deletion [dɪˈliːʃn] strykning; utplåning
deliber|ate I *a* [dɪˈlɪb(ə)rət] **1** försiktig; behärskad **2** noga övervägd, överlagd, avsiktlig **II** *v* [dɪˈlɪbəreɪt] **1** överväga; tänka över; betänka sig **2** rådslå, överlägga (*on* om) **-ately** [dɪˈlɪb(ə)rətlɪ] **1** avsiktligt, med flit, medvetet **2** betänksamt **-ation** [dɪˌlɪbəˈreɪʃn] **1** övervägande, betän-

deliberative—demonstrate

kande 2 överläggning **-ative** [dɪ'lɪb(ə)rətɪv] 1 reflekterande, betänksam 2 rådgivande
deli|cacy ['delɪkəsɪ] 1 ömtålighet, spädhet, klenhet 2 finhet (*i utförande e.d.*), utsökthet 3 känslighet 4 finess, förfining 5 finkänslighet, takt 6 delikatess, läckerhet **-cate** [-kət] 1 ömtålig, späd, klen, spröd, skör 2 fin, utsökt, mild 3 delikat, grannlaga, ömtålig 4 känslig, fin 5 finkänslig, taktfull 6 delikat, läcker **-catessen** [ˌdelɪkə-'tesn] 1 färdiglagad mat; delikatesser 2 affär för färdiglagad mat; delikatessaffär
delicious [dɪ'lɪʃəs] 1 delikat, läcker, utsökt 2 härlig
delight [dɪ'laɪt] I *s* glädje, nöje, välbehag; förtjusning II *v* 1 glädja, fröjda 2 finna nöje (*in* i), njuta (*in* av) **-ed** [-ɪd] förtjust, glad; *I shall be ~ed to* det skall bli mig ett nöje att **-ful** [-f(ʊ)l] förtjusande [trevlig], härlig, underbar
delim|it[ate] [di:'lɪmɪt(eɪt)] avgränsa, begränsa **-itation** [dɪˌlɪmɪ'teɪʃn] 1 avgränsning 2 gränsreglering
deline|ate [dɪ'lɪnɪeɪt] 1 teckna [konturerna av]; skissera 2 beskriva **-ation** [dɪˌlɪnɪ'eɪʃn] 1 [kontur]teckning; skiss 2 beskrivning
delin|quency [dɪ'lɪŋkwənsɪ] 1 förseelse, lagöverträdelse 2 pliktförgätenhet, försumlighet 3 brottslighet **-quent** [-kwənt] I *s* delinkvent, brottsling II *a* 1 brottslig 2 försumlig
delir|ious [dɪ'lɪrɪəs] 1 gripen av yrsel, yrande 2 vild, yr (*with joy* av glädje) **-ium** [-ɪəm] 1 yrsel; [feber]hallucinationer; ~ [*tremens*] [-'tri:menz] delirium [tremens] 2 upphetsning, vansinne
deliver [dɪ'lɪvə] 1 lämna av (fram, ut, över); leverera, dela (bära) ut; ~ *the goods a*) leverera varorna, *b*) *vard.* göra det man har lovat 2 befria; ~ *us from evil* fräls oss från ondo 3 förlösa; *be ~ed of a child* nedkomma med ett barn 4 framföra, hålla (*a speech* ett tal); ~ *a cry* utstöta ett skrik 5 ~ [*up, over*] lämna ifrån sig, överlämna, ge upp 6 rikta, utdela (*a blow* ett slag); avlossa (*a shot* ett skott) **deliverance** [dɪ'lɪv(ə)r(ə)ns] 1 befrielse, räddning 2 yttrande, uttalande **delivery** [dɪ'lɪv(ə)rɪ] 1 av-, fram-, ut-, över|lämnande; leverans; utdelning, utbärning, tur; *general* ~ (*AE.*) poste restante; *special* ~ express[utdelning]; *cash* (*AE. collect*) *on* ~ [mot] postförskott (efterkrav) 2 förlossning, nedkomst 3 framställningssätt; framförande 4 överlämnande, uppgivande; utlämnande 5 kast (*av boll*) **delivery man** varubud **delivery note** följesedel **delivery van** skåpbil
dell [del] däld, liten dal
delouse [ˌdi:'laʊs] avlusa
delphinium [del'fɪnɪəm] *bot.* riddarsporre
delta ['deltə] delta
delude [dɪ'lu:d] lura, vilseleda, förleda (*into* till); ~ *o.s.* (*äv.*) inbilla sig
deluge ['delju:dʒ] I *s* syndaflod, översvämning; skyfall; *bildl.* störtflod II *v* översvämma
delu|sion [dɪ'lu:ʒn] självbedrägeri, illusion, villfarelse, inbillning; *~s of grandeur* storhetsvansinne; *be under the* ~ *that* leva i den villfarelsen att **-sive** [-sɪv], **-sory** [-sərɪ] bedräglig, vilseledande, illusorisk
de luxe [də'lʊks] lyx-, luxuös
delve [delv] ~ *in*[*to*] forska (gräva) i

Dem. *AE., förk. för Democrat*[*ic*]
demagnet|ization (*BE. äv. -isation*) ['di:ˌmægnɪtaɪ'zeɪʃn] avmagnetisering **-ize** (*BE. äv. -ise*) [ˌdi:'mægnɪtaɪz] avmagnetisera
dema|gog ['deməgɒg] *AE., se demagogue* **-gogic[al]** [ˌdemə'gɒgɪk(l)] demagogisk **-gogue** ['deməgɒg] demagog, agitator **-goguery** ['deməgɒg(ə)rɪ], **-gogy** ['deməgɒgɪ] demagogi
demand [dɪ'mɑ:nd] I *v* begära, fordra, kräva (*of, from* av); he ~ed my name han krävde att få veta mitt namn II *s* 1 begäran (*for* om), fordran, krav (*for* på); *on* ~ vid anfordran; *make ~s on s.b.* ställa krav på ngn 2 efterfrågan (*for* på); *supply and* ~ tillgång och efterfrågan; *in great* (*much in*) ~ mycket efterfrågad **demanding** [-ɪŋ] fordrande, krävande **demand note** 1 a vista-växel 2 kravbrev
demar|cate ['di:mɑ:keɪt] avgränsa; utstaka (*gräns*) **-cation** [ˌdi:mɑ:'keɪʃn] avgränsning; *line of* ~ demarkationslinje
demean [dɪ'mi:n] *v*, ~ *o.s.* förnedra (nedlåta) sig **-our** [-ə] hållning, uppträdande, sätt
demented [dɪ'mentɪd] sinnesrubbad, tokig **dementia** [dɪ'menʃɪə] demens
demerit [di:'merɪt] 1 fel, brist 2 klandervärt beteende; *AE. skol.* anmärkning
demesne [dɪ'meɪn] domän; [jorda]gods; *hold in* ~ (*jur.*) inneha med oinskränkt äganderätt
demigod ['demɪgɒd] halvgud
demijohn ['demɪdʒɒn] damejeanne
demilitar|ize (*BE. äv. -ise*) [ˌdi:'mɪlɪtəraɪz] demilitarisera
demise [dɪ'maɪz] I *s* 1 frånfälle, död 2 upphörande, slut 3 *jur.* överlåtelse av egendom 4 ~ *of the crown* tronskifte II *v* överlåta
demi-semiquaver ['demɪsemɪˌkweɪvə] *mus.* trettiotvåendelsnot
demist [ˌdi:'mɪst] ta bort imma från **-er** [-ə] defroster, avfrostare
demo ['deməʊ] *vard.* [protest]demonstration
demob [ˌdi:'mɒb] *BE. vard.* I *v, be ~bed* mucka II *s* 1 muck 2 muckande soldat
demobi|lization (*BE. äv. -lisation*) ['di:ˌməʊbɪlaɪ'zeɪʃn] demobilisering; hemförlovning **-lize** (*BE. äv. -lise*) [di:'məʊbɪlaɪz] demobilisera; hemförlova
democracy [dɪ'mɒkrəsɪ] demokrati **democrat** ['deməkræt] demokrat **democratic** [ˌdemə-'krætɪk] demokratisk **democra|tize** (*BE.äv. -tise*) [dɪ'mɒkrətaɪz] demokratisera
demographic [ˌdi:mə'græfɪk] demografisk, befolknings- **demography** [dɪ'mɒgrəfɪ] demografi, befolknings|statistik, -lära
demolish [dɪ'mɒlɪʃ] 1 demolera, rasera 2 *bildl.* förstöra, göra slut på **demolition** [ˌdemə'lɪʃn] 1 demolering, [ned]rivning, rasering 2 *bildl.* förstörelse
demon ['di:mən] 1 demon, ond ande 2 övendängare, fenomen **demoniac** [dɪ'məʊnɪæk], **demoniacal** [ˌdi:mə(ʊ)'naɪəkl] 1 demonisk, djävulsk 2 besatt [av onda andar]; ursinnig, vild, vanvettig **demonic** [di:'mɒnɪk] demonisk, djävulsk
demon|strable ['demənstrəbl] bevislig, bevisbar **-strate** [-eɪt] 1 bevisa, påvisa 2 demonstrera

-stration [ˌdemən'streɪʃn] **1** bevis; bevisande; uppvisande **2** demonstration **-strative** [dɪ'mɒnstrətɪv] **I** *a* **1** demonstrativ (*äv. språkv.*); öppen|hjärtig] **2** bevisande, övertygande **II** *s, språkv.* demonstrativt pronomen **-strator** ['demənstreɪtə] **1** demonstratör **2** demonstrant **demoral|ize** (*BE. äv. -ise*) [dɪ'mɒrəlaɪz] demoralisera
demote [ˌdiː'məʊt] degradera **demotion** [ˌdiː'məʊʃn] degradering
demur [dɪ'mɜː] **I** *v* hysa betänkligheter, göra invändningar (*to, at* mot) **II** *s* invändning[ar]
demure [dɪ'mjʊə] **1** anständig; tillbakadragen **2** tillgjort (låtsat) blyg, pryd
demur|rage [dɪ'mʌrɪdʒ] *hand.* [kostnader för] överliggetid **-rer** [-ə] *jur.* formell invändning
den [den] **1** (*djurs*) kula, håla, lya **2** litet rum, krypin **3** näste, tillhåll, håla
denary ['diːnərɪ] decimal-
denational|ize (*BE. äv. -ise*) [ˌdiː'næʃnəlaɪz] denationalisera; överföra i privat ägo; beröva nationaliteten
denatural|ize (*BE. äv. -ise*) [ˌdiː'nætʃrəlaɪz] **1** göra onaturlig **2** denaturalisera, beröva medborgarskap **3** denaturera
denature [ˌdiː'neɪtʃə] denaturera
denial [dɪ'naɪ(ə)l] **1** förnekande **2** avslag, vägran **3** dementi **4** självförnekelse
denier ['denɪə] *textil.* denier
denigrate ['denɪgreɪt] svärta ner, tala illa om
denim ['denɪm] denim (*grovt bomullstyg*); ~*s* (*pl*) blå|jeans, -byxor
denizen ['denɪzn] **I** *s* **1** invånare **2** *BE.* naturaliserad medborgare **3** naturaliserat djur (*ord etc.*) **II** *v* naturalisera
Denmark ['denmɑːk] Danmark
denomi|nate [dɪ'nɒmɪneɪt] benämna, beteckna **-nation** [dɪˌnɒmɪ'neɪʃn] **1** benämning, beteckning **2** mått-, mynt|enhet, valör **3** kyrkosamfund, religiös sekt **-national** [dɪˌnɒmɪ'neɪʃənl] kyrkosamfunds-, konfessionell **-native** [dɪ'nɒmɪnətɪv] **I** *a* benämnande **II** *s, språkv.* denominativt verb **-nator** [dɪ'nɒmɪneɪtə] *mat.* nämnare; *least* (*lowest*) *common* ~ minsta gemensamma nämnare
denota|tion [ˌdiːnə(ʊ)'teɪʃn] betydelse, beteckning **-tive** [dɪ'nəʊtətɪv] signifikativ; tydlig
denote [dɪ'nəʊt] beteckna, utmärka; ange; tyda på
dénouement [deɪ'nuːmɑː(ŋ)] upplösning (*i pjäs e.d.*); utgång
denounce [dɪ'naʊns] **1** utpeka, stämpla; fördöma, kritisera **2** uppsäga, förklara ogiltig **3** ange, anmäla **-ment** [-mənt] fördömande, förkastelsedom
dense [dens] **1** tät, kompakt **2** dum **density** ['densətɪ] **1** täthet, kompakthet; *fys.* densitet **2** dumhet
dent [dent] **I** *s* märke, buckla **II** *v* **1** göra märke[n] i, buckla till **2** få märken, bli bucklig
dent. *förk. för* dental; dentistry
den|tal ['dentl] **I** *a* **1** tand-; tandläkar-; ~ *floss* tandtråd; ~ *hygienist* tandhygienist; ~ *plaque* (*tandläk.*) plack; ~ *plate* tandprotes; ~ *surgeon* tandläkare **2** *språkv.* dental **II** *s, språkv.* dental **-tate** [-teɪt] *bot.* tandad **-ticle** [-tɪkl] liten tand **-tifrice** [-tɪfrɪs] tand|kräm, -pulver **-tine** [-tiːn] tandben **-tist** [-tɪst] tandläkare **-tistry** [-tɪstrɪ] tandläkaryrket; tandläkekonst **-ure** [-(t)ʃə] löständer; tandprotes
denude [dɪ'njuːd] **1** blotta, avklä[da] **2** beröva (*s.b. of s.th.* ngn ngt)
denuncia|tion [dɪˌnʌnsɪ'eɪʃn] **1** fördömande, brännmärkning **2** *jur. åld.* angivelse **3** uppsägning **-tory** [dɪ'nʌnsɪət(ə)rɪ] **1** hotande **2** anklagande **3** fördömande
deny [dɪ'naɪ] **1** förneka, neka till, bestrida; inte vilja kännas vid **2** vägra, neka; tillbakavisa **3** ~ *o.s.* neka sig, försaka
deodor|ant [diː'əʊdər(ə)nt] deodorant **-ize** (*BE. äv. -ise*) [-aɪz] ta bort [dålig] lukt från, göra luktfri
dep. *förk. för* departs; departure; deponent; deposit; deputy
depart [dɪ'pɑːt] **1** avlägsna sig; avresa; (*om tåg o.d.*) avgå **2** ~ *from* avvika, skilja sig från, frångå; ~ *from one's word* svika sitt ord **3** ~ *this life* skiljas från detta livet, gå bort **-ed** [-ɪd] **I** *a* **1** gången, svunnen **2** bort-, hädan|gången **II** *s, the* ~ den bortgångne (bortgångna), de bortgångna
department [dɪ'pɑːtmənt] **1** avdelning; *univ.* institution; *bildl.* område, gren, fack **2** departement (*äv. franskt län*); *the State D~, the D~ of State* (*i USA*) utrikesdepartementet **departmental** [ˌdiːpɑː'tmentl] avdelnings-; institutions-; departements- **department store** varuhus
departure [dɪ'pɑːtʃə] **1** avresa, avfärd; avgång; ~*s* avgående [tåg, flyg *etc.*]; *point of* ~ utgångspunkt; *a new* ~ ett nytt försök, en ny sak **2** avvikelse, avsteg **3** bortgång, död
depend [dɪ'pend] **1** bero, komma an ([*up*]*on* på); vara beroende ([*up*]*on* av); *that* ~*s* det beror på **2** lita ([*up*]*on* på); *you can* ~ [*up*]*on it!* det kan du lita på! **-able** [-əbl] pålitlig **-ant** [-ənt] underlydande; beroende person **-ence** [-əns] **1** tillit, förtröstan ([*up*]*on* till) **2** beroende, avhängighet ([*up*]*on* av) **-ency** [-ənsɪ] besittning, underlydande område **-ent** [-ənt] **I** *a* beroende ([*up*]*on* av); hänvisad ([*up*]*on* till); underordnad; ~ *clause* bisats **II** *s, se dependant*
depict [dɪ'pɪkt] avbilda, måla (teckna) av; skildra, beskriva **depiction** [dɪ'pɪkʃn] bild; skildring
depilatory [dɪ'pɪlət(ə)rɪ] **I** *a* hårborttagande **II** *s* hårborttagningsmedel
deplane [diː'pleɪn] *AE.* stiga ur (*flygplan*)
deplete [dɪ'pliːt] [ut]tömma; [kraftigt] reducera **depletion** [dɪ'pliːʃn] [ut]tömning; reducering
deplorable [dɪ'plɔːrəbl] **1** beklagansvärd, beklaglig **2** bedrövlig **deplore** [dɪ'plɔː] djupt beklaga
deploy [dɪ'plɔɪ] *mil.* **I** *v* utveckla [sig] på bred front; gruppera [sig] **II** *s, se deployment* **-ment** [-mənt] *mil.* spridning; gruppering
deplume [dɪ'pluːm] plocka (*fågel*)
deponent [dɪ'pəʊnənt] **1** *språkv.* deponens **2** *jur.* [edligt] vittne
depopu|late [ˌdiː'pɒpjʊleɪt] avfolka **-lation** [diːˌpɒpjʊ'leɪʃn] avfolkning
deport [dɪ'pɔːt] **1** deportera, bortföra **2** *rfl* uppföra sig **deportation** [ˌdiːpɔː'teɪʃn] deport|e-

deportee—descent

ring, -ation **deportee** [di:ˌpɔːˈtiː] deporterad [person] **deportment** [dɪˈpɔːtmənt] hållning; uppträdande

deposal [dɪˈpəʊzl] *se* deposition **depose** [dɪˈpəʊz] **1** avsätta *(från ämbete)* **2** *jur.* vittna [om] *(under ed)*

deposit [dɪˈpɒzɪt] **I** *s* **1** insättning, deposition; insatta pengar **2** handpenning; förskott; insats; pant **3** fällning, avlagring; fyndighet; lager **II** *v* **1** sätta (lägga) ner, placera **2** deponera, anförtro; sätta in **3** deponera; lämna i handpenning **4** avlagra; utfälla **deposit account** [-əˌkaʊnt] inlåningsräkning *(med uppsägning)* **depositary** [-(ə)rɪ] depositarie, förvarare **deposition** [ˌdepəˈzɪʃn] **1** *jur.* [skriftligt] vittnesmål, [skriftlig] edlig försäkran **2** deponerande; insättning; inlämning i förvar **3** avsättning *(från ämbete)* **4** [ut]fällning, avlagring **5** nedläggande **6** *the D~* nedtagningen från korset **depositor** [dɪˈpɒzɪtə] insättare **depository** [dɪˈpɒzɪt(ə)rɪ] **1** förvarings|rum, -ställe; magasin **2** *se depositary*

depot [ˈdepəʊ] **1** *mil.* depå; utbildningsplats för rekryter **2** depå, nederlag, förråd **3** *BE.* bussgarage; spårvagnshall **4** [ˈdiːpəʊ] *AE.* järnvägsstation; busstation **depot troops** reservtrupper

depravation [ˌdeprəˈveɪʃn] *se depravity* **deprave** [dɪˈpreɪv] fördärva *(moraliskt)*, demoralisera; ~*d* depraverad **depravity** [dɪˈprævətɪ] depravation, [sede]fördärv

depre|cate [ˈdeprɪkeɪt] **1** ogilla, ta avstånd från **2** nedvärdera, förringa **-cation** [ˌdeprɪˈkeɪʃn] **1** ogillande, avståndstagande **2** nedvärdering **-catory** [ˈdeprɪkət(ə)rɪ] **1** ogillande **2** urskuldande

depreci|ate [dɪˈpriːʃɪeɪt] **1** sänka priset på; nedskriva **2** minska i värde **3** *bildl.* nedsätta, förringa **-ation** [dɪˌpriːʃɪˈeɪʃn] **1** värdeminskning; depreciering; nedskrivning *(av valuta)*; *hand.* avskrivning **2** nedvärdering, förringande **-atory** [dɪˈpriːʃjət(ə)rɪ] nedsättande, förringande

depre|dation [ˌdeprɪˈdeɪʃn] plundring, härjning **-dator** [ˈdeprɪdeɪtə] plundrare

depress [dɪˈpres] **1** trycka ner; sänka **2** nedslå, göra deprimerad **3** hämma, försvaga **depressed** [-t] **1** nedstämd, nere; deprimerad **2** nedsänkt; tillplattad **3** matt; minskad; nedsatt; ~ *area* krisdrabbat område *(med stor arbetslöshet)* **depressing** [-ɪŋ] nedslående, deprimerande **depression** [dɪˈpreʃn] **1** nedtryckning, sänkning **2** depression, nedslagenhet, nedstämdhet **3** depression, lågkonjunktur **4** *meteor.* lågtryck; lågtryckscentrum] **5** sänka, fördjupning **depressive** [dɪˈpresɪv] **1** *psykol.* depressiv **2** deprimerande, nedslående

deprivation [ˌdeprɪˈveɪʃn] förlust; berövande; försakelse **deprive** [dɪˈpraɪv] beröva *(s.b. of s.th.* ngn ngt); undanhålla *(s.b. of s.th.* ngn ngt)

dept. *förk. för department*

depth [depθ] djup *(äv. bildl.)*; djuphet; djupsinne; *the ~[s] of despair* förtvivlans djup; ~ *of field (foto.)* skärpedjup; *in* ~ ingående; *in the ~s of despair* i djupaste förtvivlan; *in the ~s of the forest* i djupaste skogen; *in the ~s of winter* mitt i [kallaste] vintern; *I was out of (beyond) my ~ a)* jag kom ut på djupt vatten, *b)* det övergick min horisont **depth bomb (charge)** sjunkbomb **deputation** [ˌdepjʊˈteɪʃn] **1** befullmäktigande **2** deputation **depute** [dɪˈpjuːt] **1** anförtro, överlåta *(åt representant)* **2** utse *(som representant)* **depu|tize** *(BE. äv. -tise)* [ˈdepjʊtaɪz] **1** vikariera **2** utse till vikarie **deputy** [ˈdepjʊtɪ] **1** fullmäktig, deputerad **2** ställföreträdare, vikarie; *attr.* vice, ställföreträdande, andre

der. *förk. för derivation; derivative*

deracinate [diːˈræsɪneɪt] dra upp med rötterna

derail [dɪˈreɪl] [få att] spåra ur; *the train was ~ed* tåget spårade ur **-ment** urspår[n]ing

derange [dɪˈreɪn(d)ʒ] **1** bringa i oordning, rubba; störa **2** göra sinnesrubbad **-ment** [-mənt] **1** [bringande i] oordning, rubbning; störning **2** sinnesrubbning

deration [ˌdiːˈræʃn] upphäva ransoneringen av

Derby [ˈdɑːbɪ, *dial. o. AE.* ˈdɜːbɪ] **1** Derby *(stad)* **2** *the ~* Derby *(hästkapplöpning)* **3** hästkapplöpning; *[local]* ~ lokalderby **derby [hat]** [ˈdɜːbɪ (hæt)] *AE.* plommonstop **Derbyshire** [-ʃə]

derelict [ˈderɪlɪkt] **I** *a* **1** övergiven, herrelös **2** förfallen **3** pliktförgäten **II** *s* **1** herrelöst gods; övergivet skepp **2** socialt utslagen person **3** pliktförgäten person **dereliction** [ˌderɪˈlɪkʃn] **1** övergivande **2** havets tillbakavikande; torrlagt land **3** ~ *[of duty]* pliktförgätenhet

deride [dɪˈraɪd] håna, förlöjliga **derision** [dɪˈrɪʒn] åtlöje, hån, förlöjligande **deri|sive** [dɪˈraɪsɪv], **-sory** [dɪˈraɪsərɪ] **1** hånfull, gäckande **2** löjlig, futtig

deriv. *förk. för derivation; derivative; derived*

derivation [ˌderɪˈveɪʃn] **1** härled|ande, -ning; ursprung; etymologi **2** avledning **3** derivering **derivative** [dɪˈrɪvətɪv] **I** *a* av-, här|ledd **II** *s* **1** *kem.* derivat **2** *språkv.* avledning **derive** [dɪˈraɪv] **1** av-, här|leda; derivera **2** få, hämta, erhålla, inhösta **3** härstamma, härleda sig

dermatol|ogist [ˌdɜːməˈtɒlədʒɪst] dermatolog, hudläkare **-ogy** [-ədʒɪ] dermatologi, läran om hudsjukdomarna

derogate [ˈderə(ʊ)ɡeɪt] *v*, ~ *from* förringa, kränka **derogation** [ˌderə(ʊ)ˈɡeɪʃn] **1** inskränkning; intrång **2** förringande **3** försämring **derogatory** [dɪˈrɒɡət(ə)rɪ] **1** inkräktande, inskränkande **2** skadlig *(to* för) **3** nedsättande, förringande, förklenande

derrick [ˈderɪk] **1** last|kran, -bom **2** borrtorn *(över oljekälla)*

derring-do [ˌderɪŋˈduː] *åld. el. litt.* oförvägenhet

derringer [ˈderɪn(d)ʒə] *(liten grovkalibrig)* pistol

derv [dɜːv] *BE.* dieselolja

dervish [ˈdɜːvɪʃ] dervisch

desc. *förk. för descendant*

descant I *v* [dɪˈskænt] ~ *[up]on* utbreda sig över **II** *s* [ˈdeskænt] *mus.* **1** diskant; sopran **2** flerstämmig komposition **3** ackompanjemang

descend [dɪˈsend] **1** gå (komma, fara, flytta *etc.*) ner (nerför); sjunka, sänka sig *([up] on* över) **2** slutta [nedåt] **3** sänka (förnedra, nedlåta) sig *(to* till) **4** härstamma; gå i arv **5** ~ *[up]on* överrumpla, överraska, komma på överraskande besök till **-ant** [-ənt] avkomling, ättling *(of* till) **-ent** [-ənt] *a* härstammande

descent [dɪˈsent] **1** nedstigande, nedgång; nedfärd **2** sluttning, nedförsbacke **3** [plötsligt] överfall, invasion **4** *bildl.* sjunkande, fall **5** härstamning **6** övergång genom arv

describe [dɪˈskraɪb] beskriva, framställa, skildra; dra[ga] (rita) upp **description** [dɪˈskrɪpʃn] **1** beskrivning, skildring **2** slag, sort **descriptive** [dɪˈskrɪptɪv] beskrivande, skildrande; deskriptiv
descry [dɪˈskraɪ] varsna, upptäcka
dese|crate [ˈdesɪkreɪt] vanhelga **-cration** [ˌdesɪˈkreɪʃn] vanhelgande
desegre|gate [ˌdiːˈsegrɪgeɪt] upphäva segregationen [i] **-gation** [ˌdiːsegrɪˈgeɪʃn] desegregation
1 desert [ˈdezət] **I** s öken (äv. bildl.); ödemark **II** a öken-; öde, ödslig, obebodd
2 desert [dɪˈzɜːt] **1** överge, svika **2** desertera [från]; rymma; hoppa av
3 desert [dɪˈzɜːt] vanl. ~s (pl) förtjänst; välförtjänt lön
deserter [dɪˈzɜːtə] desertör **desertion** [dɪˈzɜːʃn] **1** övergivande **2** desertering; rymning **3** övergivenhet
deserve [dɪˈzɜːv] förtjäna, vara förtjänt av, vara värd **deservedly** [-ɪdlɪ] adv välförtjänt; med rätta **deserving** [-ɪŋ] förtjänstfull, värdig; be ~ of s.th. förtjäna (vara värd) ngt
desiccate [ˈdesɪkeɪt] torka [ut]
desider|ate [dɪˈzɪdəreɪt] sakna; längta efter **-atum** [dɪˌzɪdəˈreɪtəm] (pl -ata [-eɪtə]) brist; behov; önskemål
design [dɪˈzaɪn] **I** s **1** plan; avsikt, syfte; by ~ avsiktligt; ~s against komplott (anslag) mot; he has ~s on her han lägger an på henne **2** design, formgivning; planläggning, planering; utkast, plan, ritning **3** mönster; modell; konstruktion **II** v **1** ämna, avse **2** planlägga, planera **3** formge; teckna, rita, göra ritning till; konstruera
desig|nate [ˈdezɪgneɪt] **I** v **1** ange, beteckna, utmärka **2** designera, bestämma, avse **II** a designerad, utnämnd **-nation** [ˌdezɪgˈneɪʃn] **1** angivande **2** utnämning **3** beteckning, benämning
designedly [dɪˈzaɪnɪdlɪ] adv avsiktligt **designer** [dɪˈzaɪnə] **1** designer, formgivare; [mönster]ritare; tecknare; dekoratör **2** ränksmidare, intrigmakare **designing** [dɪˈzaɪnɪŋ] **I** a beräknande, slug **II** s formgivning, design
desirable [dɪˈzaɪrəbl] **1** önskvärd **2** åtråvärd
desire [dɪˈzaɪə] **I** s **1** önskan, längtan (for om, efter), åtrå **2** begäran **3** önskemål, önskning **II** v **1** önska [sig], åstunda; leave much to be ~d lämna mycket övrigt att önska **2** begära, be **desirous** [dɪˈzaɪərəs] ivrig, lysten (of efter); be ~ of s.th. önska (vilja ha) ngt
desist [dɪˈzɪst] avstå (from från); upphöra (from med)
desk [desk] **1** skrivbord; skolbänk; pulpet **2** [butiks]kassa; [hotell]reception **3** redaktion (på tidning) **desk clerk** [ˈdeskklɑːk] AE. portier, receptionist
deso|late I a [ˈdesələt] **1** ödslig; obebodd, övergiven **2** ensam, övergiven; tröstlös **II** v [ˈdesəleɪt] **1** avfolka, ödelägga **2** göra bedrövad **-lation** [ˌdesəˈleɪʃn] **1** ödeläggelse; förödelse **2** ödslighet **3** övergivenhet; tröstlöshet
despair [dɪˈspeə] **I** s förtvivlan (at, about över); in ~ förtvivlad **II** v förtvivla, misströsta (of om) **-ing** [-rɪŋ] förtvivlad
desperado [ˌdespəˈrɑːdəʊ] desperado, vettvilling, bandit
desper|ate [ˈdesp(ə)rət] **1** desperat; hänsynslös; förtvivlad; be ~ for vara i trängande behov av; be ~ to get absolut vilja ha **2** huvudlös, riskabel **3** hopplös **4** vard. förskräcklig, fenomenal **-ation** [ˌdespəˈreɪʃn] desperation, förtvivlan
despicable [ˈdespɪkəbl] föraktlig, ömklig
despise [dɪˈspaɪz] förakta
despite [dɪˈspaɪt] prep trots
despoil [dɪˈspɔɪl] [be]röva (s.b. of s.th. ngn ngt), plundra (s.b. of s.th. ngn på ngt)
despond [dɪˈspɒnd] misströsta **-ence** [-əns], **-ency** [-ənsɪ] misströstan, förtvivlan **-ent** [-ənt] modfälld, förtvivlad
despot [ˈdespɒt] despot **-ic** [deˈspɒtɪk] despotisk **-ism** [ˈdespətɪz(ə)m] despotism
dessert [dɪˈzɜːt] dessert, efterrätt; BE. frukt, dadlar, nötter (som dessert) **-spoon** dessertsked
destination [ˌdestɪˈneɪʃn] **1** bestämmelse, ändamål **2** bestämmelseort, destination
destine [ˈdestɪn] [förut]bestämma, ämna (for för, till) **destined** [-d] förutbestämd, ämnad, destinerad (for till) **destiny** [ˈdestɪnɪ] **1** öde, bestämmelse **2** the Destinies ödesgudinnorna, parcerna
desti|tute [ˈdestɪtjuːt] [ut]blottad (of på); utfattig; be ~ of (äv.) vara helt utan, sakna **-tution** [ˌdestɪˈtjuːʃn] armod, nöd, fattigdom; brist
destroy [dɪˈstrɔɪ] förstöra; tillintetgöra, förinta; rasera, riva ner; nedkämpa; göra slut på **destroyer** [-ə] **1** förstörare **2** sjö. jagare
destruct [dɪˈstrʌkt] destruera, avsiktligt förstöra (a missile en raket) **destructible** [-əbl] förstörbar **destruction** [dɪˈstrʌkʃn] **1** förstörelse; tillintetgörelse; förintelse; rasering; destruktion **2** fördärv, undergång **destructive** [dɪˈstrʌktɪv] destruktiv, förstörelse-; nedgörande, skadlig **destructor** [dɪˈstrʌktə] förbränningsugn (för avfall)
desultory [ˈdes(ə)lt(ə)rɪ] planlös, osammanhängande, virrig, slumpmässig
detach [dɪˈtætʃ] **1** lösgöra, ta loss, avskilja **2** mil. detachera **detachable** [-əbl] löstagbar **detached** [-t] **1** fristående, avskild **2** opartisk, objektiv; oengagerad **detachment** [-mənt] **1** lösgörande, avskiljande **2** avskildhet; objektivitet; likgiltighet; opartiskhet **3** mil. detachering; detachement
detail [ˈdiːteɪl] **I** s **1** detalj[er]; enskildhet; matter of ~ bisak, oviktig sak; go into ~ gå in på detaljer[na]; but that's a ~! det är verkligen inget viktigt; send further ~s sänd närmare upplysningar **2** mil. litet detachement; utkommendering **II** v **1** i detalj redogöra för; specificera **2** mil. uttaga, kommendera, detachera, avdela **detailed** [-d] detaljerad, utförlig, detaljrik
detain [dɪˈteɪn] **1** uppehålla, hindra **2** kvarhålla i häkte; internera **3** skol. låta sitta kvar (efter skoldagens slut) **detainee** [dɪːteɪˈniː] häktad (internerad) person; politisk fånge **detainer** [dɪˈteɪnə] jur. order om kvarhållande i häkte **detainment** [dɪˈteɪnmənt] kvarhållande
detect [dɪˈtekt] upptäcka; ertappa, komma på **detection** [dɪˈtekʃn] upptäckt; ertappande **detective** [dɪˈtektɪv] **I** a detektiv-, kriminal-; ~ story detektivhistoria, deckare **II** s detektiv; kriminalpolis; private ~ privatdetektiv **detector** [dɪˈtektə] detektor
détente [deɪˈtɑː(n)t] avspänning (mellan natio-

detention—dewlap

ner)
detention [dɪ'tenʃn] **1** uppehållande; försening **2** kvarhållande [i häkte]; internering **3** *skol.* kvarsittning (*efter skoldagens slut*) **4** undanhållande **detention camp** fångläger **detention centre** *BE. ung.* ungdomsfängelse
deter [dɪ'tɜ:] avskräcka
detergent [dɪ'tɜ:dʒ(ə)nt] **I** *s* (*syntetiskt*) tvättmedel, rengöringsmedel **II** *a* renande
deterio|rate [dɪ'tɪərɪəreɪt] försämra[s]; urarta; sjunka i värde **-ration** [dɪˌtɪərɪə'reɪʃn] försämring; urartande, förfall
deter|minant [dɪ'tɜ:mɪnənt] **1** *mat.* determinant **2** bestämmande faktor **-minate** [-mɪnət] bestämd **-mination** [dɪˌtɜ:mɪ'neɪʃn] **1** bestämdhet, beslutsamhet **2** bestämning, bestämmande; fastställande **3** fast föresats, beslut; *jur.* utslag **-minative** [dɪ'tɜ:mɪnətɪv] *a* bestämmande; *språkv.* determinativ **-mine** [dɪ'tɜ:mɪn] **1** bestämma; fastställa; avgöra **2** besluta (bestämma) [sig för]; få (komma) (*ngn*) att bestämma sig **3** ~ *on s.th.* (*on doing s.th.*) besluta (bestämma) sig för ngt (att göra ngt) **-mined** [dɪ'tɜ:mɪnd] bestämd; beslutsam
deterrent [dɪ'ter(ə)nt] **I** *a* avskräckande **II** *s* avskräckande medel; avskräckningsvapen
detersive [dɪ'tɜ:sɪv] *se* **detergent** *II*
detest [dɪ'test] *v* avsky **detestable** [-əbl] avskyvärd **detestation** [ˌdi:te'steɪʃn] **1** avsky (*of* för); *hold in* ~ hysa avsky för **2** avskydd person (sak)
dethrone [dɪ'θrəʊn] störta från tronen, avsätta; detronisera **-ment** [-mənt] störtande, avsättning; detronisering
deto|nate ['detəneɪt] [bringa att] detonera (explodera); spränga **-nation** [ˌdetə'neɪʃn] detonation, explosion; knall **-nator** [detəneɪtə] detonator; knall-, tänd|hatt; tändrör
detour ['di:ˌtʊə] **I** *s* omväg; avstickare; förbifartsled **II** *v* ta en omväg; göra en avstickare
detract [dɪ'trækt] **1** avleda **2** ~ *from* förringa, minska **detraction** [dɪ'trækʃn] förringande; förtal **detractive** [dɪ'træktɪv] förringande; smädlig **detractor** [dɪ'træktə] förtalare, belackare **detractory** [dɪ'træktərɪ] *se* **detractive**
detri|ment ['detrɪmənt] skada, förfång, men, förlust; *without* ~ *to* utan förfång (men) för **-mental** [-l] skadlig, till förfång, menlig (*to* för)
detruncate [ˌdi:'trʌŋkeɪt] beskära
1 deuce [dju:s] *spelt.* tvåa; (*i tennis*) 40 lika
2 deuce [dju:s] *vard.* **I** *interj* tusan, jäklar **II** *s, what* (*where*) *the* ~... vad (var) tusan...; *the* ~ *of a mess* en jäkla röra **deuced** [-t] *vard.* förbaskad, jäkla
Deut. *förk. för* Deuteronomy **Deuteronomy** [ˌdju:tə'rɒnəmɪ] Femte Mosebok
devaluate [di:'væljʊeɪt] *se* **devalue devaluation** [ˌdi:vælju'eɪʃn] devalvering, nedskrivning (*av valuta*) **devalue** [di:'vælju:] devalvera, skriva ner (*valuta*)
devas|tate ['devəsteɪt] ödelägga **-tating** [-teɪtɪŋ] ödeläggande; förödande **-tation** [ˌdevə'steɪʃn] ödeläggelse
develop [dɪ'veləp] **1** utveckla; utarbeta; *she* ~*ed a cold* hon fick en förkylning **2** arbeta upp; exploatera, bygga ut **3** *foto.* framkalla **4** utvecklas, utveckla sig **-er** [-ə] **1** exploatör **2** *foto.* framkallare, framkallningsvätska **-ment** [-mənt] **1** utveckling; utarbetning; [till]växt **2** exploatering, utbyggnad **3** *foto.* framkallning **4** bostadsområde; industriområde
devi|ant ['di:vjənt] **I** *a* avvikande **II** *s* avvikare **-ate** ['di:vɪeɪt] avvika **-ation** [ˌdi:vɪ'eɪʃn] **1** avvikelse **2** *sjö.* deviation, missvisning
device [dɪ'vaɪs] **1** plan; påhitt; knep **2** anordning, apparat, manick, uppfinning **3** mönster; märke, emblem **4** devis, motto **5** *leave s.b. to his own* ~ *s* låta ngn sköta (klara) sig själv
devil ['devl] **I** *s* **1** djävul, satan, fan; *the* ~*!* fan (tusan) också*!; how* (*what, who*) *the* ~ hur (vad, vem) fan (tusan); *why the* ~ varför i helsike; *a* (*the*) ~ *of a...* en jäkla..., en tusan till...; *poor* ~ stackars sate; ~*'s advocate* advocatus diaboli; ~*'s bones* tärningar, tärningsspel ; ~*'s books* kortlek; *between the* ~ *and the deep blue sea* mellan två eldar; *there will be the* ~ *to pay* det blir ett jäkla liv; *give the* ~ *his due,...* man måste i alla fall erkänna att...; *go to the* ~ gå (dra) åt skogen; *play the* ~ *with* (*vard.*) gå hårt åt, ta kål på, förvärra; *raise the* ~ ställa till bråk, röra upp himmel och jord; *run like the* ~ springa som (av bara) tusan; *the* ~ *take the hindmost* rädde sig den som kan; *talk of the* ~ [*and he will appear*] när man talar om trollen [står de i farstun] **2** jäkel; *vard.* jäkla (svår) sak **3** springpojke, hjälpreda (*åt advokat*); *printer's* ~ boktryckarlärling **II** *v* **1** *vard.* plåga, reta **2** krydda [starkt] **-fish** *zool.* **1** marulk **2** bläckfisk **3** djävulsrocka **-ish** [-ɪʃ] **I** *a* **1** djävulsk, satanisk **2** *vard.* jäkla, förbaskad **II** *adv* jäkla, jäkligt **--may-care** [ˌdevlmeɪ'keə] oförvägen; sorglös **-ment** ['devlmənt] sattyg, jäkelskap **-ry** ['devlrɪ] **1** sattyg, jäkelskap **2** djävulskhet, elakhet **3** svart magi, trolldom
devious ['di:vjəs] **1** slingrande, irrande; ~ *ways* (*paths*) om-, smyg|vägar **2** oärlig, falsk
devise [dɪ'vaɪz] **I** *v* **1** hitta på, uttänka; uppfinna **2** *jur.* borttestamentera **II** *s, jur.* borttestamentering; testamente **deviser** [-ə] upphovsman; uppfinnare
devital|ize (*BE. äv. -ise*) [ˌdi:'vaɪtəlaɪz] försvaga
devoid [dɪ'vɔɪd] *a,* ~ *of* blottad (tom) på, utan
devoir ['devwɑ:] *s, pay one's* ~*s to s.b.* visa ngn aktning (uppmärksamhet)
devolution [ˌdi:və'lu:ʃn] **1** delegerande; överlåtande **2** decentralisering, tilldelande av (*visst*) regionalt självstyre **3** *biol.* degeneration **devolve** [dɪ'vɒlv] **1** överlåta ([*up*]*on* på) **2** *jur.* övergå ([*up*]*on* till) **3** ~ [*up*]*on* bero på, hänföra sig till
Devon. *förk. för* Devonshire **Devonshire** ['devnʃə]
devote [dɪ'vəʊt] ägna **devoted** [-ɪd] **1** helgad, ägnad, bestämd **2** hängiven; tillgiven; trogen **3** dömd, prisgiven **devotee** [ˌdevə(ʊ)'ti:] dyrkare, anhängare; entusiast, fantast **devotion** [dɪ'vəʊʃn] **1** hängivenhet; tillgivenhet (*to* för) **2** fromhet **3** ~*s* (*pl*) andaktsövning **devotional** [dɪ'vəʊʃənl] from; andakts-
devour [dɪ'vaʊə] sluka (*äv. bildl.*); förtära; uppsluka
devout [dɪ'vaʊt] **1** from; andäktig **2** innerlig
dew [dju:] **I** *s* dagg **II** *v, poet.* daggbestänka
dewdrop ['dju:drɒp] daggdroppe **dewlap 1** (*på*

n*ötkreatur*) dröglapp **2** dubbelhaka **dew point** *meteor.* daggpunkt **dewy** [-ɪ] daggig; dagg-; daggfrisk

dexter|ity [dek'sterətɪ] [finger]färdighet, händighet; skicklighet **-ous** ['dekst(ə)rəs] fingerfärdig, händig; skicklig

D.F.C. *förk. för Distinguished Flying Cross*

D.F.M. *förk. för Distinguished Flying Medal* **dg** [.] *förk. för decigram* **D.G.** *förk. för Deo gratias (lat.) thanks be to God; director-general* **DHSS** *BE., förk. för Department of Health and Social Security* **di[a].** *förk. för diameter*

dia|betes [ˌdaɪə'biːtiːz] *med.* diabetes, sockersjuka **-betic** [-'betɪk] **I** *s* diabetiker, sockersjuk person **II** *a* diabetisk, sockersjuk

diabolic[al] [ˌdaɪə'bɒlɪk(l)] diabolisk, djävulsk

diachronic [ˌdaɪə'krɒnɪk] *språkv. m.m.* diakronisk, historisk

diacritic [ˌdaɪə'krɪtɪk] **I** *s* diakritiskt tecken **II** *a* diakritisk; ~ *mark* diakritiskt tecken

diadem ['daɪədem] diadem; krona

diaeresis [daɪ'ɪərɪsɪs] *språkv.* trema

diag|nose ['daɪəgnəʊz] diagnostisera **-nosis** [ˌdaɪəg'nəʊsɪs] (*pl -noses* [-'nəʊsiːz]) diagnos **-nostic** [ˌdaɪəg'nɒstɪk] **I** *a* diagnostisk **II** *s* **1** symtom **2** *~s (behandlas som sg)* diagnostik

diagonal [daɪ'ægənl] *a o. s, mat.* diagonal

diagram ['daɪəgræm] diagram

dial ['daɪ(ə)l] **I** *s* **1** urtavla; visartavla **2** solur **3** *tel.* finger-, nummer|skiva **4** *radio.* stationsskala; *TV.* kanalväljare **5** *sl.* nylle, nia, fejs **II** *v* ringa [upp]; slå [ett telefonnummer]

dial. *förk. för dialect[al]*

dia|lect ['daɪəlekt] dialekt **-lectal** [ˌdaɪə'lektl] dialektal, dialekt- **-lectic[al]** [ˌdaɪə'lektɪk(l)] dialektisk, logisk **-lectics** [ˌdaɪə'lektɪks] (*behandlas som sg*) dialektik

dialling ['daɪəlɪŋ] telefonering, ringande; ~ *area* riktnummerområde; ~ *code* riktnummer; ~ *tone* kopplingston

dialog *AE.,* **dialogue** *BE.* ['daɪəlɒg] dialog, samtal

diam. *förk. för diameter*

diameter [daɪ'æmɪtə] diameter **diametral** [-mɪtr(ə)l], **diametric[al]** [ˌdaɪə'metrɪk(l)] diametrisk; diametral

diamond ['daɪəmənd] **I** *s* **1** diamant; *black ~* stenkol; *rough ~ a)* oslipad (rå) diamant, *b)* fin men ohyfsad människa; ~ *cut ~* möte mellan likar **2** *kortsp.* ruterkort; *~s (pl)* ruter; *ace of ~s* ruteress **3** *geom.* romb **4** (*i baseboll*) innerplan **II** *a* **1** diamant- **2** rombisk **diamond cutter** [-ˌkʌtə] diamantslipare **diamond jubilee** [-ˌdʒuːbɪliː] 60-(75-)årsjubileum **diamond wedding** [-ˌwedɪŋ] diamantbröllop

diaper ['daɪəpə] **I** *s* **1** *AE.* blöja **2** rombiskt mönster **II** *v* dekorera i rombiskt mönster

diaphanous [daɪ'æfənəs] **1** luftig, [nästan] genomskinlig **2** otydlig, vag

diaphragm ['daɪəfræm] **1** diafragma, mellangärde **2** membran; mellanvägg **3** *foto.* bländare **4** *pessar*

diapositiv [ˌdaɪə'pɒzɪtɪv] diapositiv, diabild

diarrhoea [ˌdaɪə'rɪə] diarré

diary ['daɪərɪ] dagbok; almanacka, kalender

diatom ['daɪətəm] *bot.* kiselalg

diatonic [ˌdaɪə'tɒnɪk] *mus.* diatonisk

diatribe ['daɪətraɪb] diatrib; häftig och bitter kritik

dibble ['dɪbl] **I** *s* sättpinne **II** *v* plantera med sättpinne

dibs [dɪbz] *pl, sl.* stålar, kosing

dice [daɪs] **I** *s pl (av 1 die 1)* tärningar; *play ~* spela tärning; *no ~ (AE. sl.)* aldrig i livet, den gubben går (gick) inte **II** *v* **1** spela tärning **2** skära i tärningar

dicey ['daɪsɪ] *BE. sl.* knivig; riskabel

dichotomy [daɪ'kɒtəmɪ] dikotomi, klyvning, delning

Dick [dɪk] kortform av Richard

dick [dɪk] **1** *AE. sl.* detektiv **2** *BE. sl., clever ~* stöddig typ **3** *vulg.* kuk

Dickens ['dɪkɪnz]

dickens ['dɪkɪnz] *s, vard., what the ~* vad tusan

Dickensian [dɪ'kenzɪən] dickensk

1 dick[e]y ['dɪkɪ] **1** *BE. vard.* åsna **2** *se dickeybird* **3** löst skjortbröst **4** utfällbart säte *(i baklucka på bil)*

2 dick[e]y ['dɪkɪ] *BE. sl.* i dålig kondition; skakis

dick[e]y-bird ['dɪkɪbɜːd] *barnspr.* pippi[fågel]

dict. *förk. för dictation; dictator; dictionary*

dictaphone ['dɪktəfəʊn] diktafon, dikteringsmaskin

dic|tate **I** *v* [dɪk'teɪt] diktera; föreskriva **II** *s* ['dɪkteɪt] diktat, befallning, föreskrift; rättesnöre; maning **-tation** [dɪk'teɪʃn] **1** diktamen **2** föreskrift, order

dictator [dɪk'teɪtə] diktator **dictatorial** [ˌdɪktə'tɔːrɪəl] diktatorisk **dictatorship** [dɪk'teɪtəʃɪp] diktatur

diction ['dɪkʃn] uttryckssätt, diktion; [språk]stil

dictionary ['dɪkʃ(ə)nrɪ] lexikon, ordbok

dic|tum ['dɪk|təm] (*pl -tums el. -ta* [-tə]) **1** uttalande, utlåtande **2** maxim

did [dɪd] *imperf. av I do*

didactic [dɪ'dæktɪk] didaktisk, läro-; undervisande, docerande

diddle ['dɪdl] *vard.* lura, svindla; ~ *s.b. out of s.th.* lura av ngn ngt

didn't ['dɪdnt] = *did not*

dido ['daɪdəʊ] (*pl* -[e]s) *vard.* upptåg, spratt

didst *åld., thou ~* du gjorde

1 die [daɪ] **1** (*pl dice*) tärning; *the ~ is cast* tärningen är kastad **2** (*pl ~s*) gjutform; stans, matris; mynt-, pappers|stämpel

2 die [daɪ] (*pres. part. dying*) **1** dö; omkomma, avlida; falla, stupa; [ut]slockna; ~ *away (down)* dö bort, slockna; ~ *out (off)* dö ut (bort); *never say ~!* ge aldrig tappt! **2** längta (*for* efter); *I'm dying to see you* [åh] vad jag längtar efter att få träffa dig

die-cast ['daɪkɑːst] *a* formgjuten; formpressad

die-hard ['daɪhɑːd] **I** *s* reaktionär (stockkonservativ) person **II** *a* reaktionär, stockkonservativ

diere|sis [daɪ'ɪərɪsɪs] (*pl -ses* [-siːz]) *språkv.* trema

diesel ['diːzl] dieselolja; dieselmotor; dieselbil **diesel engine (motor)** [-ˌendʒɪn, -ˌməʊtə] dieselmotor

1 diet ['daɪət] församling, (*icke-engelsk*) riksdag; *the D~ of Worms* riksdagen i Worms

2 diet ['daɪət] **I** *s* diet; kost[håll]; *be on a ~ a*)

dietary—dinette

hålla diet, *b)* banta **II** *v* **1** sätta på diet **2** hålla diet; banta **dietary** [-(ə)rɪ] **I** *a* dietisk, diet- **II** *s* matordning, diet **dietetic** [ˌdaɪə'tetɪk] **I** *a* diet[et]isk **II** *s*, *~s* (*behandlas som sg*) dietlära **dieti|cian, -tian** [ˌdaɪə'tɪʃn] dietist, dietexpert **diff.** *förk. för difference; different*
differ ['dɪfə] **1** vara olik[a]; skilja sig åt; skilja sig, avvika (*from* från); *tastes* ~ smaken är olika **2** vara av olika mening, ha olika uppfattning; ~ *from* (*with*) *s.b* ha en annan uppfattning än ngn **differ|ence** ['dɪfr(ə)ns] **1** olikhet; [åt]skillnad; mellanskillnad, differens; *all the ~ in the world* en oerhörd (avgörande) skillnad; *that makes all the* (*a big*) ~ det gör en väldig (är stor) skillnad; *make a ~ between* göra skillnad mellan, behandla olika; *it makes no ~ to me* det gör mig detsamma; *split the ~ a*) kompromissa, *b*) dela resten lika; *a car with a ~* en bil som är ngt helt annat (speciellt) **2** meningsskiljaktighet; tvist **-ent** ['dɪfr(ə)nt] olik[a], [åt]skild; annorlunda [beskaffad], helt annan (*to, from* än)
differen|tial [ˌdɪfə'renʃl] **I** *a* **1** särskiljande, utmärkande **2** differentiell; differential-; ~ *calculus* differentialkalkyl; ~ *gear* (*tekn.*) differentialväxel **II** *s* **1** *mat.* differential **2** *tekn.* differential, differentialväxel **3** skillnad, differens; *wage ~s* löneskillnader **-tiate** [ˌdɪfə'renʃɪeɪt] **1** skilja [sig]; differentiera[s] **2** [sär]skilja, skilja mellan; ~ *between* göra åtskillnad mellan **-tiation** [ˌdɪfərenʃɪ'eɪʃnl] differentiering
differently ['dɪfr(ə)ntlɪ] *adv* annorlunda, olika
difficult ['dɪfɪk(ə)lt] svår; besvärlig; omedgörlig **difficult|y** [-ɪ] **1** svårighet[er] **2** *ofta pl -ies a*) betänkligheter, invändningar, *b*) [penning]knipa
diffi|dence ['dɪfɪd(ə)ns] brist på självförtroende; blyghet **-dent** [-d(ə)nt] utan självförtroende; blyg
diffract [dɪ'frækt] *fys.* diffraktera[s], böja[s] **diffraction** [dɪ'frækʃn] *fys.* diffraction, böjning
diffuse I *v* [dɪ'fju:z] [ut-, kring]sprida[s]; sprida sig **II** *a* [dɪ'fju:s] *a* diffus; [ut]spridd **2** omständlig; svamlig **diffuseness** [dɪ'fju:snɪs] **1** diffushet **2** omständlighet; svammel **diffusion** [dɪ'fju:ʒn] **1** [ut-, kring]spridning **2** *fys., kem.* diffusion
dig [dɪg] **I** *v* (*dug, dug*) **1** gräva; ~ *potatoes* ta upp potatis; ~ *one's way through the crowd* tränga sig fram genom mängden; ~ *out* gräva fram (upp), *bildl.* gräva (leta) fram (upp); ~ *up* gräva upp (fram) (*äv. bildl.*) **2** köra, stöta, sticka **3** *vard.*, ~ *in* hugga in; ~ *into to the cake* hugga in på kakan **4** *vard.* digga, gilla, kolla in **5** *AE. sl.* jobba hårt, slita **6** *BE. sl.* bo **II** *s* **1** hugg, stöt, stick; knuff; *bildl.* pik **2** grävning; *vard.* arkeologisk utgrävning
digest I *s* ['daɪdʒest] sammandrag **II** *v* [dɪ'dʒest] **1** smälta (*mat, intryck o.d.*); smälta maten **2** göra ett sammandrag av **3** klassificera, systematisera **digestible** [dɪ'dʒestəbl] smältbar **digestion** [dɪ'dʒestʃn] [mat]smältning; digestion **digestive** [dɪ'dʒestɪv] matsmältnings-; ~ *biscuit* digestivekex
dig|ger ['dɪgə] **1** grävare; guldgrävare **2** grävmaskin **-ging** [-ɪŋ] grävning **-gings** [-ɪŋz] **1** (*behandlas som pl*) grävmassor **2** (*behandlas som sg el. pl*) guldfält
digit ['dɪdʒɪt] **1** finger, tå **2** ensiffrigt tal, siffra **digital** [-l] **1** finger- **2** digital, siffer; ~ *computer* digitalmaskin
digitalis [ˌdɪdʒɪ'teɪlɪs] *bot., med.* digitalis
digni|fied ['dɪgnɪfaɪd] värdig, vördnadsbjudande **-fy** [-faɪ] **1** hedra **2** göra värdig; ge värdighet åt; upphöja **-tary** [-t(ə)rɪ] dignitär **-ty** ['dɪgnətɪ] **1** värdighet; *stand on one's* ~ hålla på sin värdighet **2** [hög] rang; dignitet
digress [daɪ'gres] avvika; komma från ämnet **digression** [daɪ'greʃn] avvikelse, utvikning [från ämnet] **digressive** [daɪ'gresɪv] som går ifrån (ligger vid sidan av) ämnet
digs [dɪgz] *BE. vard., pl* lya, hyresrum
1 dike [daɪk] *AE., se dyke*
2 dike [daɪk] *sl.* lesbisk kvinna, lotus
dilapi|dated [dɪ'læpɪdeɪtɪd] förfallen, fallfärdig, vanvårdad **-dation** [dɪˌlæpɪ'deɪʃn] förfall; vanvård
dilate [daɪ'leɪt] **1** [ut]vidga[s]; (*om ögon*) spärra[s] upp **2** *bildl.* breda ut sig ([*up*]*on* över) **dilation** [daɪ'leɪʃn] utvidgning
dilatory ['dɪlət(ə)rɪ] **1** sölig **2** förhalande
dildo ['dɪldəʊ] penisattrapp
dilemma [dɪ'lemə] dilemma; *on the horns of a* ~ i valet och kvalet, i ett dilemma
dilet|tante [ˌdɪlɪ'tæntɪ] (*pl -tantes el. -tanti* [-'tæntɪ:]) **I** *s* **1** dilettant **2** konstälskare **II** *a* dilettantmässig **dilettantism** [-tɪz(ə)m] dilettantism
dili|gence ['dɪlɪdʒ(ə)ns/ɪŋs] flit, arbetsamhet **-gent** [-dʒ(ə)nt] flitig, arbetsam, ivrig
dill [dɪl] *bot.* dill
dilly-dally ['dɪlɪdælɪ] vela, vackla [hit och dit]
dilute [daɪ'lju:t] **I** *v* **1** blanda [ut], späda [ut], förtunna **2** *bildl.* försvaga, urvattna **II** *a* utspädd, vattnig **dilution** [daɪ'lu:ʃn] [ut]spädning, förtunning; urvattning (*äv. bildl.*); *bildl.* försvagning
dim [dɪm] **I** *a* **1** dunkel; matt; skum; *bildl.* oklar, vag; omtöcknad **2** *vard.* korkad **II** *v* **1** fördunkla[s], skymma[s]; dämpa[s] **2** *AE.*, ~ *the* [*head*]*lights* blända av
dim. *förk. för dimension; diminuendo; diminutive*
dime [daɪm] *AE.* tiocentare **dime novel** ['daɪmˌnɒvl] *AE.* billig sensationsroman
dimension [dɪ'menʃn] **I** *s* dimension; *~s* (*pl, äv.*) storlek, omfång, mått **II** *v, AE.* dimensionera **-al** [dɪ'menʃənl] dimensionell
dime store ['daɪmstɔː] *AE.* billighetsaffär
dimin. *förk. för diminuendo; diminutive*
diminish [dɪ'mɪnɪʃ] [för]minska[s]; försvaga[s]; avta; *~ed seventh* (*mus.*) förminskad septima
diminuendo [dɪˌmɪnjʊ'endəʊ] *mus.* diminuendo
diminu|tion [ˌdɪmɪ'nju:ʃn] förminskning; avtagande **-tive** [dɪ'mɪnjʊtɪv] **I** *a* diminutiv, mycket liten **II** *s, språkv.* diminutiv
dimmer [dɪmə] **1** avbländningsanordning, reostat **2** *AE.*, *~s* (*pl a*) halvljus, *b*) parkeringsljus
dimple ['dɪmpl] **I** *s* [smil]grop **II** *v* bilda gropar [i]; krusas
dimwit ['dɪmwɪt] *vard.* dumskalle, knasboll
din [dɪn] **I** *s* dån, larm, buller **II** *v* **1** dåna, bullra, larma **2** ~ *s.th. into s.b.* hamra in ngt i ngn
dine [daɪn] **1** äta middag; ~ *on* (*off*) *chicken* ha (få) kyckling till middag; ~ *out* äta middag ute (borta) **2** bjuda på middag **diner** ['daɪnə] **1** middagsgäst **2** restaurangvagn **3** *AE.* bar[servering], matställe **dinette** [daɪ'net] *AE.* matvrå

dingbat—disabled

dingbat ['dɪŋbæt] *AE. sl.* **1** pryl, grej **2** stålar
ding-dong [ˌdɪŋ'dɒŋ] **I** *s* bingbång **2** slagsmål; storgräl **II** *a* ettrig, vild **III** *adv* med buller och bång
dinghy ['dɪŋgɪ] jolle; gummibåt
diginess ['dɪn(d)ʒɪnɪs] smutsighet
dingle ['dɪŋgl] liten, skogig dal
dingo ['dɪŋgəʊ] *Austr.* vildhund
dingy ['dɪn(d)ʒɪ] **1** smutsig; grådaskig **2** mörk
dining car ['daɪnɪŋkɑː] restaurangvagn **dining room** matsal
dinkum ['dɪŋkəm] *Austr. vard.* sann, äkta
dinky ['dɪŋkɪ] *vard.* **1** *BE.* liten och nätt, prydlig **2** *AE.* obetydlig
dinner ['dɪnə] middag[smål]; bankett; *be at* ~ [sitta och] äta middag; *go out to* ~ gå ut och äta middag; *have fish for* ~ ha fisk till middag; *have people to* ~ ha gäster till middagen **dinner--dance** middag med dans **dinner jacket** [-ˌdʒækɪt] smoking **dinner party** [-ˌpɑːtɪ] middag[sbjudning] **dinner plate** [-pleɪt] [flat] tallrik, mattallrik **dinner service** [-ˌsɜːvɪs] matservis **dinner table** [-ˌteɪbl] mat-, middags|bord **dinner-time** [-taɪm] middags|dags, -tid
dinosaur ['daɪnə(ʊ)sɔː] dinosaurie
dint [dɪnt] **I** *s* **1** åld. märke (*efter slag*), intryck **2** *by* ~ *of* genom, med hjälp av **II** *v* göra märken i
dioc. *förk. för diocesan; diocese*
diocesan [daɪ'ɒsɪsn] **I** *a* stifts- **II** *s* **1** biskop **2** stiftsbo **diocese** ['daɪəsɪs] stift, biskopsdöme
diode ['daɪəʊd] *elektr.* diod; *light emitting* ~ lysdiod
dioxide [daɪ'ɒksaɪd] *kem* dioxid
dip [dɪp] **I** *v* **1** doppa, nedsänka; ~ *candles* stöpa ljus; ~ *a garment* färga [om] ett plagg; ~ *sheep* tvätta får **2** *sjö.*, ~ *the flag* hälsa med flaggan **3** ~ *the* [*head*]*lights* blända av (ner) **4** dyka [ner], doppa sig; ~ *into a book* bläddra i (skumma) en bok; ~ *into one's pocket a*) gräva i fickan, *b*) spendera ur egen ficka **5** (*om solen*) sjunka, dala **6** luta, slutta [nedåt] **II** *s* **1** doppning, nedsänkning **2** kort bad, dopp **3** vätska (*i vilket ngt doppas*); dip[sås] **4** stöpt ljus **5** titt (*i bok e.d.*) **6** lutning, sluttning
Dip.A.D. *förk. för Diploma in Art and Design*
Dip.Ed. *förk. för Diploma in Education*
diphtheria [dɪf'θɪərɪə] difteri
diphthong ['dɪfθɒŋ] diftong **-ize** [-gaɪz] diftongera
diploma [dɪ'pləʊmə] **1** diplom **2** akademisk examen; akademiskt avgångsbetyg
diplo|macy [dɪ'pləʊməsɪ] diplomati **-mat** ['dɪpləmæt] diplomat
diplomate ['dɪpləmeɪt] diplominnehavare
diplomatic [ˌdɪplə'mætɪk] diplomatisk; ~ *bag* [säck för] diplomatpost; *the* ~ *corps* diplomatiska kåren; ~ *service* utrikestjänst (*för diplomat*)
dipper ['dɪpə] **1** *zool.* strömstare **2** öskar; skopa **3** *åld.* baptist **4** *AE.*, *the* [*Big*] *D*~ Karlavagnen **5** (*på bil*) avbländare
dippy ['dɪpɪ] *sl.* knasig, knäpp
dipsoma|nia [ˌdɪpsə(ʊ)'meɪnɪə] dipsomani, periodsuperi **-niac** [-nɪæk] dipsoman, periodsupare
dipstick ['dɪpstɪk] olje[mät]sticka **dip switch** *BE.* (*på bil*) avbländare
dire ['daɪə] **1** förskräcklig, gräslig **2** *in* ~ *need of* i

trängande behov av
direct [dɪ'rekt] **I** *v* **1** rikta; vända (*blick*); styra (*steg*) **2** leda, styra; vara direktör (ledare) för; [väg]leda; dirigera; regissera **3** visa vägen; ~ *a p. to the station* visa ngn vägen till stationen **4** adressera **5** befalla, beordra, bestämma, föreskriva **II** *a* **1** direkt; rak; omedelbar; ~ *action* utomparlamentarisk aktion (*strejk e.d.*); ~ *current* likström; ~ *hit* fullträff; ~ *speech* direkt anföring **2** rättfram; tydlig **III** *adv* direkt; rakt
direction [dɪ'rekʃn] **1** riktning; håll; *in the* ~ *of* [i riktning] mot, åt...till; *in the wrong* ~ åt fel håll; *sense of* ~ lokalsinne **2** ledning; överinseende; styrelse, direktion **3** ~*s* (*pl*) anvisning[ar], föreskrift[er]; direktiv; regi; ~*s for use* bruksanvisning **4** (*på brev e.d.*) adress **direction finder** [-ˌfaɪndə] radiopejl **direction indicator** [-ˌɪndɪˌkeɪtə] körriktningsvisare **direction-post** [-pəʊst] vägvisare
directive [dɪ'rektɪv] **I** *a* ledande; anvisande **II** *s* direktiv
direct|ly [dɪ'rektlɪ] **I** *adv* **1** direkt; rakt; omedelbart **2** rakt på sak **3** [*vard. äv.* 'dreklɪ] genast, strax **II** *konj* [*vard. äv.* 'dreklɪ] så snart som **-ness** [-nɪs] **1** riktning rakt fram **2** rättframhet
director [dɪ'rektə] **1** direktör, chef; ledare; styresman **2** styrelsemedlem; *board of* ~*s* [bolags]styrelse **3** [film]regissör; dirigent **4** handledare
directorate [dɪ'rekt(ə)rɪt] **1** styrelse, direktion **2** direktörsbefattning **director-general** [dɪˌrektə'dʒen(ə)r(ə)l] (*pl directors-general*) generaldirektör **directorial** [ˌdɪˌrek'tɔːrɪəl] ledande, styrande; styrelse-, direktions- **directorship** [dɪ'rektəʃɪp] direktörsbefattning; ledarställning; ledning **directory** [dɪ'rekt(ə)rɪ] **I** *a* [väg]ledande; anvisande **II** *s* adresskalender; *telephone* ~ telefonkatalog **directress** [dɪ'rektrɪs] direktris
dirge [dɜːdʒ] sorgesång
dirigible ['dɪrɪdʒəbl] **I** *a* styrbar **II** *s* [styrbart] luftskepp
dirk [dɜːk] (*Sk. högländares*) dolk
dirt [dɜːt] **1** smuts, lort, smörja; lera; träck; *vard.* skit; *do s.b.* ~ (*sl.*) vara taskig mot ngn; *eat* ~ (*sl.*) svälja förödmjukelsen; *treat s.b. like* ~ inte ha ngn respekt för ngn **2** [lös] jord; *yellow* ~ guld **3** oanständigt tal **dirt-cheap** [ˌdɜːt'tʃiːp] *vard.* jätte-, skit|billigt **dirt farmer** ['dɜːtˌfɑːmə] *AE.* bonde som själv brukar sin jord **dirt road** ['dɜːtrəʊd] *AE.* grusväg **dirt-track** ['dɜːttræk] *sport.* dirt-track **dirt wagon** ['dɜːtˌwægən] *AE.* sop|kärra, -vagn
dirty ['dɜːtɪ] **I** *a* **1** smutsig, oren; ~ *clothes* smuts|kläder, -tvätt; ~ *linen a*) smutskläder, *b*) (*vard.*) intima hemligheter **2** *bildl.* snuskig; lumpen, ojust, gemen; ~ *dog* fähund; ~ *look* ilsken blick; ~ *money a*) svarta pengar. *b*) smutstillägg; ~ *trick* fult spratt (knep); *do the* ~ *on* (*BE. vard.*) bära sig lumpet åt mot **3** (*om väder*) ruskig **II** *v* **1** smutsa ner **2** bli smutsig
dis|ability [ˌdɪsə'bɪlətɪ] **1** oduglighet, oförmåga **2** invaliditet, handikapp **3** inkompetens **4** laga hinder **-able** [dɪs'eɪbl] **1** göra oduglig (oförmögen) **2** göra till invalid, invalidisera **3** diskvalificera, förklara inkompetent **-abled** [dɪs'eɪbld] **1** obrukbar, oduglig **2** handikappad, invalidiserad,

disabuse—discophil

~ *soldier* krigsinvalid **3** (*om fartyg*) redlös
disabuse [,dɪsə'bju:z] ~ *s.b. of an illusion* ta ngn ur en villfarelse
disadvant|age [,dɪsəd'vɑ:ntɪdʒ] **1** nackdel; ogynnsam omständighet; *at a* ~ i ett ogynnsamt (ofördelaktigt) läge; *it would be to my* ~ det skulle vara till min nackdel **2** förlust, skada; *sell to* ~ sälja med förlust **-aged** [-ɪdʒd] socialt (ekonomiskt) missgynnad **-ageous** [,dɪsædvɑ:n-'teɪdʒəs] ofördelaktig, ogynnsam (*to* för)
disaf|fected [,dɪsə'fektɪd] missnöjd, fientligt stämd **-fection** [-'fekʃn] ovilja (*to*[*wards*] mot); [politiskt] missnöje (*to*[*wards*] med)
disagree [,dɪsə'gri:] **1** inte stämma överens, vara olika **2** vara oense, inte komma överens (*about*, *on* om) **3** inte samtycka (*to* till); *I* ~ det håller jag inte med om **4** *chocolate* ~*s with me* jag tål inte choklad **-able** [-əbl] obehaglig; otrevlig; vresig **-ment** [-mənt] **1** bristande överensstämmelse, motsättning **2** oenighet **3** meningsskiljaktighet
disallow [,dɪsə'laʊ] inte godkänna, förklara ogiltig; förkasta, tillbakavisa; bestrida **-ance** [-əns] förkastande; ogillande
disappear [,dɪsə'pɪə] försvinna **-ance** [-r(ə)ns] försvinnande
disappoint [,dɪsə'pɔɪnt] **1** göra besviken; *be* ~*ed* vara (bli) besviken (*in*, *with s.b.* på ngn; *with s.th.* på ngt) **2** svika, gäcka; *be* ~*ed of* gå miste om, bli lurad på **-ing** [-ɪŋ] *how* ~! vilken besvikelse!; *it was* ~ det var en besvikelse **-ment** [-mənt] besvikelse, missräkning
disapprobation [,dɪsæprə(ʊ)'beɪʃn] ogillande
disap|proval [,dɪsə'pru:vl] ogillande **-prove** [-'pru:v] ~ [*of*] ogilla, förkasta
disarm [dɪs'ɑ:m] **1** avväpna (*äv. bildl.*); av-, ned|rusta **2** lägga ner vapnen **-ament** [-əmənt] avväpning; av-, ned|rustning
disarrange [,dɪsə'reɪn(d)ʒ] bringa i oordning; *bildl.* rubba, kullkasta **-ment** [-mənt] oordning, oreda
disarray [,dɪsə'reɪ] **I** *s* oordning, oreda **II** *v* bringa i oordning
disassemble [,dɪsə'sembl] ta isär
disas|ter [dɪ'zɑ:stə] olycka, katastrof **-trous** [-trəs] olycksbringande, katastrofal
disavow [,dɪsə'vaʊ] inte vilja kännas vid; förkasta **-al** [-(ə)l] *s* förnekande; förkastande
disband [dɪs'bænd] **1** upplösa, skingra (*trupp*) **2** (*om trupp*) upplösas, skingras **-ment** [-mənt] upplösning, skingring (*av trupp*)
disbe|lief [,dɪsbɪ'li:f] tvivel; misstro **-lieve** [-'li:v] **1** inte tro på, betvivla **2** ~ *in God* inte tro på Gud **-liever** [-'li:və] tvivlare; otrogen
disburden [dɪs'bɜ:dn] **1** befria från börda **2** lätta (*one's mind* sitt sinne)
disburse [dɪs'bɜ:s] betala ut **-ment** [-mənt] utbetalning
disc [dɪsk] **1** skiva, lamell, platta, bricka; disk; *slipped* ~ diskbråck **2** grammofonskiva
disc. *förk. för* discount; discovered
discard I *v* [dɪ'skɑ:d] **1** kasta [bort]; förkasta; kassera; överge **2** avskeda **3** *kortsp.* saka, kasta **II** *s* ['dɪskɑ:d] **1** kasserad sak; utslagen person **2** sakat kort
disc brake ['dɪskbreɪk] skivbroms
discern [dɪ'sɜ:n] **1** urskilja; skönja; inse **2** särskilja; ~ *right from wrong* skilja mellan ont och gott **-ible** [-əbl] urskiljbar; skönjbar; märkbar **-ing** [-ɪŋ] omdömesgill; skarpsinnig **-ment** [-mənt] urskillning[sförmåga]; omdöme
discharge [dɪs'tʃɑ:dʒ] **I** *v* **1** lasta[s] av, lossa[s] **2** tömma [ut]; *med.* av-, ut|söndra, vara sig **3** avlossa[s], avfyra[s] **4** avskeda **5** släppa ut, låta gå, frige; skriva ut (*från sjukhus*); befria, fritaga (*från plikt e.d.*) **6** betala, avbörda sig; uppfylla; fullgöra **7** *fys.* ladda ur [sig]; ta ström från **8** utmynna (*into* i) **9** avfärga, bleka; färga av sig **II** *s* **1** avlastning, lossning **2** uttömning, utflöde; *med.* av-, ut|söndring **3** avlossande; skott; salva **4** avsked[ande] **5** frigivning; frikännande; ansvarsfrihet; utskrivning (*från sjukhus*) **6** betalning; uppfyllande; fullgörande **7** *fys.* urladdning
disc harrow ['dɪskhærəʊ] tallriksharv
disciple [dɪ'saɪpl] lärjunge, anhängare, discipel
disci|plinarian [,dɪsɪplɪ'neərɪən] disciplinkarl, person som upprätthåller disciplin **-plinary** ['dɪsɪplɪn(ə)rɪ] **1** disciplinär **2** pedagogisk, bildnings- **-pline** ['dɪsɪplɪn] **I** *s* **1** disciplin, [god] ordning **2** tuktan, bestraffning **3** disciplin, vetenskapsgren **II** *v* **1** disciplinera; fostra **2** tukta, bestraffa
disc jockey ['dɪsk,dʒɒkɪ] disk-jockey, skivpratare
disclaim [dɪs'kleɪm] **1** *jur.* avsäga sig rätten till **2** frånsäga sig, förneka **-er** [-ə] förnekande, dementi
disclose [dɪs'kləʊz] avslöja, uppenbara; blotta
disclosure [dɪs'kləʊʒə] avslöjande, uppenbarande; upptäckt
disco ['dɪskəʊ] *vard.* disko[tek]
discol|oration [dɪs,kʌlə'reɪʃn] **1** avfärgning, blekning; missfärgning **2** urblekt ställe, fläck **-our** [dɪs'kʌlə] **1** avfärga, bleka; missfärga; fläcka **2** bli missfärgad (urblekt)
discom|fit [dɪs'kʌmfɪt] bringa ur fattningen; göra modfälld (snopen); gäcka, korsa (*plan*) **-fiture** [-fɪtʃə] **1** missräkning; snopenhet, förvirring **2** nederlag
discomfort [dɪs'kʌmfət] **I** *s* obehag, otrevnad; besvärlighet **II** *v* förorsaka obehag (otrevnad); oroa
discom|pose [,dɪskəm'pəʊz] bringa ur jämvikt (fattningen); uppskaka, oroa **-posure** [-'pəʊʒə] upprördhet; oro
disconcert [,dɪskən'sɜ:t] **1** bringa ur fattningen, förvirra, göra förlägen **2** omintetgöra, kullkasta **-ed** [-ɪd] förlägen, förvirrad, bragt ur fattningen
disconnect [,dɪskə'nekt] skilja; ta loss; koppla av (ur, ifrån), stänga av **-ed** [-ɪd] **1** osammanhängande **2** skild; utan förbindelse (samband)
disconsolate [dɪs'kɒns(ə)lət] **1** otröstlig **2** tröstlös, dyster
discontent [,dɪskən'tent] **I** *s* missnöje **II** *v* göra missnöjd **III** *a* missnöjd **-ed** [-ɪd] missnöjd **-ment** [-mənt] missnöje
discon|tinuance [,dɪskən'tɪnjʊəns] avbrytande; upphörande; avbrott **-tinue** [-'tɪnju:] **1** avbryta, sluta (upphöra) med; dra in; lägga ner **2** sluta, upphöra **-tinuity** [,dɪskɒntɪ'nju:ətɪ] brist på sammanhang; avbrott **-tinuous** [,dɪskən'tɪnjʊəs] osammanhängande, diskontinuerlig; avbruten
disco|phile, **-phil** ['dɪskə(ʊ)faɪl, -fɪl] diskofil

discord—disharmony

discord I s ['dɪskɔ:d] **1** oenighet **2** oförenlighet **3** *mus.* dissonans; disharmoni (*äv. bildl.*) **II** v [dɪ'skɔ:d] **1** vara oense, tvista **2** vara oförenlig **-ance** [dɪ'skɔ:d(ə)ns] *se discord I* **-ant** [dɪ'skɔ:d(ə)nt] **1** oförenlig; motsatt **2** oenig **3** disharmonisk

discotheque ['dɪskə(ʊ)tek] diskotek

discount ['dɪskaʊnt] **I** s **1** diskonto; rabatt, avdrag; [*cash*] ~ kassarabatt; [*trade*] ~ varurabatt; *at a* ~ *a*) under pari, *b*) med rabatt, *c*) impopulär, tillbakasatt **2** diskontering **II** v **1** diskontera **2** reducera; dra av, rabattera, minska **3** antecipera, föregripa

discountenance [dɪ'kaʊntɪnəns] **1** ogilla; avskräcka; vägra sitt stöd **2** bringa ur fattningen; göra modfälld

discount house (shop) ['dɪskaʊnthaʊs (ʃɒp)] *AE.* lågpris|varuhus, -affär

discour|age [dɪ'skʌrɪdʒ] **1** nedslå, göra modfälld **2** söka hindra, avskräcka; motverka **-agement** [-ɪdʒmənt] s **1** modfälldhet **2** hindrande, avskräckande; motverkan **3** svårighet **-aging** [-ɪdʒɪŋ] **1** nedslående; avskräckande **2** hindrande

discourse I s ['dɪskɔ:s] **1** föredrag; tal; avhandling; predikan **2** konversation, samtal **II** v [dɪ'skɔ:s] **1** hålla tal (föredrag) (*on* om) **2** samtala

discour|teous [dɪs'kɜ:tjəs] ohövlig **-tesy** [-tɪsɪ] ohövlighet

discov|er [dɪ'skʌvə] **1** upptäcka; hitta **2** avslöja **-erer** [-(ə)rə] upptäckare **-ery** [-(ə)rɪ] upptäckt

discredit [dɪs'kredɪt] **I** s **1** vanrykte, dåligt anseende; vanheder, skam **2** misstro **II** v **1** bringa i vanrykte; misskreditera **2** misstro, betvivla **-able** [-əbl] vanhedrande, misskrediterande

discreet [dɪ'skri:t] diskret, taktfull

discrep|ancy [dɪ'skrep(ə)nsɪ] skiljaktighet, avvikelse; diskrepans, motsägelse **-ant** [-(ə)nt] skiljaktig, avvikande; motsägande

discrete [dɪ'skri:t] **1** åtskild; separat **2** *mat., språkv. m.m.* diskret

discretion [dɪ'skreʃn] **1** diskretion, takt, [gott] omdöme, urskillning[sförmåga] **2** handlingsfrihet, bestämmanderätt; gottfinnande, godtycke; *at* ~ efter behag; *at one's own* ~ efter eget gottfinnande, efter behag; *use your own* ~ gör som du själv tycker är bäst **3** *age (years) of* ~ mogen (vuxen) ålder **-ary** [dɪ'skreʃn(ə)rɪ] godtycklig

discrimi|nate [dɪ'skrɪmɪneɪt] **1** göra skillnad (*between* på, mellan); göra skillnad mellan, skilja på; ~ [*against*] diskriminiera; ~ [*between*] *right and wrong* skilja på rätt och orätt **-nating** [-neɪtɪŋ] **1** skarpsynt; särskiljande **2** omdömesgill, skarpsinnig; kräsen **3** (*om tull e.d.*) differentierad **-nation** [dɪˌskrɪmɪ'neɪʃn] **1** skiljande; diskriminiering **2** urskillning, omdöme; skarpsinne **-native, -natory** [dɪ'skrɪmɪ|nətɪv, -nət(ə)rɪ] **1** urskiljande; skarp[sinnig] **2** diskriminierande

discursive [dɪ'skɜ:sɪv] **1** planlös, osammanhängande, avvikande från ämnet **2** *filos.* diskursiv

discus ['dɪskəs] diskus

discuss [dɪ'skʌs] diskutera, debattera **discussion** [dɪ'skʌʃn] diskussion, debatt

disdain [dɪs'deɪn] **I** v förakta, ringakta **II** s förakt, ringaktning **-ful** [-f(ʊ)l] föraktfull

disease [dɪ'zi:z] sjukdom[ar]; *bildl.* ont **diseased** [-d] sjuklig

disembark [ˌdɪsɪm'bɑ:k] **1** landsätta **2** debarkera, landstiga **-ation** [ˌdɪsembɑ:'keɪʃn] **1** debarkering, landstigning **2** landsättning

disembarrass [ˌdɪsɪm'bærəs] frigöra, befria **-ment** [-mənt] frigörelse

disembody [ˌdɪsɪm'bɒdɪ] befria från kroppen

disembowel [ˌdɪsɪm'baʊəl] ta inälvorna ur

disenchant [ˌdɪsɪn'tʃɑ:nt] desillusionera, öppna ögonen på **-ment** [-mənt] desillusion, besvikelse

disencumber [ˌdɪsɪn'kʌmbə] lätta, befria, lösgöra (*of* från)

disen|gage [ˌdɪsɪn'geɪdʒ] **1** fri-, lös|göra[s], befria[s], lossa[s]; koppla[s] loss (ifrån) **2** *mil.* dra ur striden **-gaged** [-'geɪdʒd] ledig, ej upptagen; obunden **-gagement** [-'geɪdʒmənt] **1** lös-, fri|görande; befriande **2** otvungenhet, obundenhet **3** brytande av förlovning

disentangle [ˌdɪsɪn'tæŋgl] **1** lösgöra, befria **2** komma lös **3** reda ut [sig] **-ment** [-mənt] s **1** lösgörande, befriande **2** utredande

disestablish [ˌdɪsɪ'stæblɪʃ] v, ~ *the Church* skilja kyrkan från staten

disfavour [dɪs'feɪvə] **I** s **1** ogillande; onåd **2** ovänlig handling **II** v ogilla; klandra; missgynna

disfeature [dɪs'fi:tʃə] vanställa

disfig|uration [dɪsˌfɪgjʊ(ə)'reɪʃn] *se* **disfigurement** **-ure** [dɪs'fɪgə] vanställa, vanpryda **-urement** [dɪs'fɪgəmənt] **1** vanställande **2** vanställdhet, vanprydnad

disforest [dɪs'fɒrɪst] avverka skogen på (i), kalhygga

disfranchise [ˌdɪs'fræn(t)ʃaɪz] beröva rösträtt (medborgerliga rättigheter) **-ment** [dɪs'fræn(t)ʃɪzmənt] berövande (förlust) av rösträtt (medborgerliga rättigheter)

disfrock [dɪs'frɒk] *se* unfrock

disgorge [dɪs'gɔ:dʒ] **1** spy ut (*äv. bildl.*) **2** [motvilligt] lämna ifrån sig

disgrace [dɪs'greɪs] **I** s **1** vanära; skam; skamfläck **2** onåd **II** v **1** vanhedra; skämma ut **2** störta i onåd **-ful** [-f(ʊ)l] vanhedrande; skamlig, skandalös

disgruntled [dɪs'grʌntld] missnöjd, sur

disguise [dɪs'gaɪz] **I** v klä ut, förkläda (*as* till); maskera; kamouflera **2** förställa, förvanska; dölja, skyla över; ~*d voice* förställd röst **II** s **1** förklädnad; mask; kamouflage; *in* ~ förklädd; *in the* ~ *of* förklädd till **2** förställning; maskering; sken **-ment** [-mənt] *se* disguise II

disgust [dɪs'gʌst] **I** v äckla, inge avsmak, väcka avsky hos **II** s äckel (*for* inför, över); avsmak, avsky (*at, with* för) **-ing** [-ɪŋ] äcklig; vidrig; motbjudande

dish [dɪʃ] **I** s **1** fat, skål, karott; assiett; *dirty* ~*es* (odiskad) disk; *do (wash up) the* ~*es* diska **2** [mat]rätt **3** *sl.* pangbrud **4** *vard.* parabolantenn **5** *vard.* favoritgrej **II** v **1** ~ [*up*] lägga upp (*på fat*), servera, sätta fram; ~ *out (vard.)* dela ut; ~ *up* (*bildl.*) duka upp **2** urholka **3** *BE. sl.* sabba **4** *vard.* knäcka, ta kål på

dishabille [ˌdɪsæ'bi:l] *in* [*a state of*] ~ halvklädd, i negligé

disharmo|nious [ˌdɪshɑ:'məʊnjəs] disharmonisk **-ny** [ˌdɪs'hɑ:m(ə)nɪ] disharmoni

dishcloth—dispense 124

dishcloth ['dɪʃklɒθ] disktrasa; kökshandduk
dishearten [dɪs'hɑːtn] göra modfälld (nedslagen) **-ing** [-ɪŋ] nedslående
dishevelled [dɪ'ʃevld] ovårdad; rufsig
dishonest [dɪs'ɒnɪst] oärlig, ohederlig **dishonesty** [-ɪ] oärlighet, ohederlighet
dishonour [dɪs'ɒnə] **I** *s* vanära, skam **II** *v* **1** vanära, vanhedra **2** vägra (underlåta) att betala (*växel o.d.*) **-able** [dɪs'ɒn(ə)rəbl] **1** vanhedrande, skamlig **2** ohederlig
dish|pan ['dɪʃpæn] *AE.* diskbalja **-washer** [-ˌwɒʃə] **1** diskare **2** diskmaskin **-water** [-ˌwɔːtə] **1** diskvatten **2** te-, kaffe|blask
dishy ['dɪʃɪ] *sl.* snygg, tjusig
disillusion [ˌdɪsɪ'luːʒn] **I** *v* desillusionera **II** *s* desillusion[ering]
disincline [ˌdɪsɪn'klaɪn] göra obenägen; *I was ~d to* jag hade ingen lust att
disin|fect [ˌdɪsɪn'fekt] desinficera **-fectant** [-'fektənt] **I** *a* desinficerande **II** *s* desinfektionsmedel **-fection** [-'fekʃn] desinfektion, desinficering
disinflation [ˌdɪsɪn'fleɪʃn] *ekon.* inflationsbekämpande politik **-ary** [-'fleɪʃ(ə)n(ə)rɪ] *a, ekon.* inflationsbekämpande
disingenuous [ˌdɪsɪn'dʒenjʊəs] inte uppriktig, falsk
disinherit [ˌdɪsɪn'herɪt] göra arvlös **-ance** [-(ə)ns] arvlöshet[sförklaring]
disinte|grate [dɪs'ɪntɪgreɪt] desintegrera[s], sönderdela[s]; vittra sönder **-gration** [dɪsˌɪntɪ'greɪʃn] desintegrering, sönderdelning; förvittring
disinter [ˌdɪsɪn'tɜː] gräva upp; ta upp ur graven; *bildl.* gräva fram
disinterested [dɪs'ɪntrəstɪd] **1** osjälvisk; opartisk, objektiv **2** *vard.* ointresserad
disjoin [dɪs'dʒɔɪn] skilja **disjoint** [-t] bryta[s] sönder, sönderdela[s]; åtskilja **disjointed** [-tɪd] **1** isärtagen; sönderdelad **2** *med.* ur led **3** osammanhängande
disjunc|tion [dɪs'dʒʌŋkʃn] [av]söndring, åtskiljande **-tive** [-tɪv] **1** åtskiljande **2** *språkv.* disjunktiv
disk [dɪsk] *i sht AE., se disc*
dislike [dɪs'laɪk] **I** *v* tycka illa om, ogilla **II** *s* **1** motvilja (*of* mot); *take a ~ to* fatta motvilja mot **2** *likes and ~s* ['dɪslaɪks] sympatier och antipatier
dislo|cate ['dɪslə(ʊ)keɪt] **1** förskjuta, rubba; *bildl. äv.* förrycka **2** *med.* vricka, stuka, vrida ur led **-cation** [ˌdɪslə(ʊk)'keɪʃn] **1** förskjutning, rubbning; förvirring, oreda **2** *med.* vrickning, stukning
dislodge [dɪs'lɒdʒ] förflytta, rubba; driva bort, fördriva
disloyal [ˌdɪs'lɔɪ(ə)l] illojal; otrogen **-ty** [-tɪ] illojalitet; otrohet
dismal ['dɪzm(ə)l] **I** *a* dyster, sorglig; hemsk **II** *s pl* , *the ~s* melankoli
dismantle [dɪs'mæntl] **1** ta isär, montera ner, demontera; skrota (*fartyg*) **2** klä av; *~ s.b. of s.th.* beröva (klä av) ngn ngt
dismay [dɪs'meɪ] **I** *s* förskräckelse, förfäran **II** *v* göra förskräckt (bestört)
dismember [dɪs'membə] stycka; slita sönder; sönderdela **-ment** [-mənt] styckning; sönderdelning

dismiss [dɪs'mɪs] **1** skicka bort (i väg); låta gå; entlediga, hemförlova; upplösa (*möte e.d.*) **2** avskeda **3** avfärda, förskjuta, slå bort (ur hågen); avslå; *~ a subject* lämna ett ämne **4** *jur.* avvisa, förklara ogiltig, ogilla; *~ a case* avskriva ett mål **5** *~!* höger och vänster om marsch! **dismissal** [-l] **1** bortskickande; entledigande, hemförlovning; frigivning; upplösning **2** avsked[ande] **3** avvisande, ogillande; avslag
dismount [ˌdɪs'maʊnt] **1** stiga av (ner, ur); sitta av **2** kasta av (ur sadeln) **3** demontera
disobedience [ˌdɪsə'biːdjəns] olydnad (*to* mot)
disobedient [ˌdɪsə'biːdjənt] olydig (*to* mot)
disobey [ˌdɪsə'beɪ] vara olydig [mot], inte lyda; överträda (*lag*)
disoblige [ˌdɪsə'blaɪdʒ] **1** inte tillmötesgå; nonchalera **2** *vard.* besvära **disobliging** [-ɪŋ] inte tillmötesgående, ohjälpsam
disorder [dɪs'ɔːdə] **I** *s* **1** oordning **2** tumult, orolighet **3** opasslighet; krämpa **4** avvikelse **II** *v* bringa i oordning; rubba; göra förvirrad **disorderly** [-lɪ] *a* **1** oordentlig; oordnad **2** bråkig, oregerlig; *~ conduct* förargelseväckande beteende; *~ house a*) spelhåla, *b*) bordell; *charged with being drunk and ~* anklagad för fylleri och förargelseväckande beteende
disorgan|ization (*BE. äv. -isation*) [dɪsˌɔːgənaɪ'zeɪʃn] desorganisation, upplösning[stillstånd]; oreda **-ize** (*BE. äv. -ise*) [dɪs'ɔːgənaɪz] desorganisera, upplösa; ställa till oreda i; *~d* (*äv.*) oordnad, kaotisk, i en enda röra
disorient[ate] [dɪs'ɔːrɪent(eɪt)] desorientera; förvirra, förbrylla
disown [dɪs'əʊn] inte [vilja] kännas vid; förneka, förskjuta, desavouera
disparage [dɪ'spærɪdʒ] tala nedsättande om, nedvärdera; ringakta **-ment** [-mənt] nedvärdering, nedsättande; ringaktning
dispar|ate ['dɪspərət] disparat, olikartad, motsatt **-ity** [dɪ'spærətɪ] olikhet, skillnad; skiljaktighet
dispassionate [dɪ'spæʃnət] lidelsefri; objektiv, opartisk
dispatch [dɪ'spætʃ] **I** *v* **1** [av]sända, skicka, expediera **2** göra undan, klara av, expediera; avsluta **3** mörda, döda, expediera **4** *vard.* kasta i sig **II** *s* **1** avsändande, skickande, expediering; spedition **2** undanstökande, avklarande, expediering **3** hast, skyndsamhet; *with ~* snabbt, i ilfart **4** (*journalists*) rapport **5** depesch **6** mördande, dödande, expediering **dispatch box** dokumentskrin **dispatch case** dokumentportfölj **dispatcher** [-ə] avsändare; speditör **dispatch goods** *pl* ilgods **dispatch rider** [-ˌraɪdə] [motorcykel]ordonnans
dispel [dɪ'spel] förjaga; skingra
dispensable [dɪ'spensəbl] umbärlig **dispensary** [-ərɪ] apotek (*på sjukhus o.d.*) **dispensation** [ˌdɪspen'seɪʃn] **1** utdelning; fördelning **2** *~ of justice* skipande av rättvisa **3** *~ of providence* försynens skickelse **4** *kyrkl.* dispens **5** undantag; befrielse **dispense** [dɪ'spens] **1** utdela; fördela **2** göra i ordning och lämna ut (*medicin*); *dispensing chemist's* apotek **3** skipa (*rättvisa*) **4** befria (*from* från); ge dispens **5** *~ with a*) kunna vara

dispenser—dissimulation

utan, klara sig utan, avvara, *b)* göra onödig (överflödig) **dispenser** [dɪ'spensə] **1** apotekare; receptarie **2** dispenser, automat
dis|persal [dɪ'spɜːsl] skingring, spridning **-perse** [dɪ'spɜːs] skingra[s], sprida[s] **-persion** [dɪ'spɜːʃn] **1** [kring]spridande; [kring]spriddhet; spridning **2** *fys. o. stat.* dispersion, spridning **-persive** [dɪ'spɜːsɪv] *a* spridande, skingrande
dispirit [dɪ'spɪrɪt] göra modfälld (nedslagen)
displace [dɪs'pleɪs] **1** [för]flytta, flytta på, rubba **2** avskeda, avsätta **3** ersätta; tränga undan (ut) **4** *polit.,* ~*d person* tvångsförflyttad **-ment** [-mənt] **1** för-, om|flyttning; rubbning **2** ersättande; undanträngande **3** *sjö.* deplacement **4** *tekn.* cylinder-, slag|volym
display [dɪ'spleɪ] **I** *v* **1** visa [fram], förevisa; skylta med **2** visa [prov på]; röja, ådagalägga **3** breda (veckla) ut **4** demonstrera, visa upp (*military might* militär styrka); ståta med **II** *s* **1** [fram]visande; uppvisning; utställning; skyltning **2** prov (*of* på); uttryck (*of* för) **3** demonstration; ståtande (*of* med); *make a* ~ *of* ståta med, tydligt visa **4** *elektron.* radarskärm; [data]skärm; display, teckenruta **display window** [-ˌwɪndəʊ] skyltfönster
displease [dɪs'pliːz] misshaga; förarga; ~*d* missnöjd, missbelåten **displeasing** [-ɪŋ] misshaglig; förarglig **displeasure** [dɪs'pleʒə] misshag, missnöje
disport [dɪ'spɔːt] *v,* ~ *o.s.* roa sig, leka
disposable [dɪ'spəʊzəbl] **1** disponibel, tillgänglig **2** engångs-, som kan slängas **disposal** [dɪ'spəʊzl] **1** bortskaffande, undanröjande, expediering **2** disposition, [fritt] förfogande, användning; *be at a p.'s* ~ stå till ngns förfogande **3** avyttrande, försäljning; placering **4** anordning, disposition **dispose** [dɪ'spəʊz] **1** ~ *of a)* göra sig av med, avyttra, *b)* bringa ur världen, klara av, avgöra, avfärda, *c)* slänga [bort], göra sig (bli) av med, *d)* [fritt] förfoga över, disponera [över], *e)* sätta i sig; ~*of by will* testamentera bort **2** *man proposes, God* ~*s* människan spår, Gud rår **3** göra benägen (böjd), stämma **4** ordna **5** vänja (*to* vid) **disposed** [-d] **1** böjd, benägen, disponerad (*to, for* för; *to do s.th.* att göra ngt) **2** ~ *of a)* såld, *b)* slut, inte längre tillgänglig **disposition** [ˌdɪspə'zɪʃn] **1** anordning, arrangemang; uppställning **2** förberedelse, disposition; ordnande **3** överlåtelse, avyttrande **4** förfogande[rätt], disposition; *at your* ~ till ert förfogande **5** sinnelag, temperament; läggning, disposition **6** benägenhet, tendens
dispossess [ˌdɪspə'zes] **1** fördriva; vräka **2** ~ *s.b. of s.th* beröva ngn ngt **dispossession** [ˌdɪspə'zeʃn] **1** fråntagande, berövande **2** fördrivande, vräkning
disproof [ˌdɪs'pruːf] motbevis; vederläggning
disproportion [ˌdɪsprə'pɔːʃn] disproportion, brist på proportion **-ate** [-ət] oproportionerlig
disproval [dɪs'pruːvl] vederläggning **disprove** [dɪs'pruːv] vederlägga
disputabel [dɪ'spjuːtəbl] omtvistlig, diskutabel **disputant** [-ənt] **I** *a* tvistande **II** *s* tvistande [part] **disputation** [ˌdɪspju:'teɪʃn] dispyt **disputa|tious** [ˌdɪspju:'teɪʃəs], **-tive** [dɪ'spjuːtətɪv] grälsjuk, stridslysten **dispute** [dɪ'spjuːt] **I** *v* **1** disputera, diskutera, tvista (*about, on* om); tvista om **2** bestrida, ifrågasätta **3** kämpa om **4** motsätta sig, motstå **II** *s* [*äv.* 'dɪspjuːt] dispyt; tvist; konflikt; *matter in* ~ tvistefråga, omtvistad sak; *without* ~ obestridlig[en] **disputed** [dɪ'spjuːtɪd] omstridd
disqual|ification [dɪsˌkwɒlɪfɪ'keɪʃn] diskvalifikation; hinder; inkompetens **-ify** [dɪs'kwɒlɪfaɪ] diskvalificera; förklara oförmögen (inkompetent, obehörig)
disquiet [dɪs'kwaɪət] **I** *v* oroa **II** *s* oro **disquietude** [dɪs'kwaɪətjuːd] oro
disquisition [ˌdɪskwɪ'zɪʃn] avhandling; föredrag
disregard [ˌdɪsrɪ'gɑːd] **I** *v* inte fästa avseende vid, ignorera, åsidosätta **II** *s* ignorerande, åsidosättande; likgiltighet, förakt
disrepair [ˌdɪsrɪ'peə] dåligt skick, förfall
disreputable [dɪs'repjʊtəbl] **1** illa beryktad, ökänd **2** vanhedrande **3** oordnad; sliten **disrepute** [ˌdɪsrɪ'pjuːt] vanrykte, dåligt rykte
disrespect [ˌdɪsrɪ'spekt] respektlöshet, ringaktning, ohövlighet, vanvördnad **-ful** [-f(ʊ)l] respektlös, ohövlig, vanvördig
disrobe [ˌdɪs'rəʊb] klä av [sig]; avlägga ämbetsdräkten
disrupt [dɪs'rʌpt] **1** avbryta, störa; bringa i oordning; *the snow* ~*ed the traffic* snön orsakade kaos i trafiken **2** riva (slita) upp, splittra **disruption** [dɪs'rʌpʃn] **1** avbrott, störning; rubbning **2** upplösning, sönderfall, splittring **disruptive** [dɪs'rʌptɪv] sönderande, splittrande, upplösande
dissatis|faction ['dɪ(s)ˌsætɪs'fækʃn] missnöje, missbelåtenhet, otillfredsställdhet **-factory** [-'fækt(ə)rɪ] otillfredsställande **-fied** [ˌdɪ(s)'sætɪsfaɪd] missnöjd, missbelåten, otillfredsställd **-fy** [ˌdɪ(s)'sætɪsfaɪ] göra missnöjd, missbelåten, otillfredsställd
dissect [dɪ'sekt] **1** *anat. o. bildl.* dissekera; *bildl. äv.* noga studera, analysera **2** skära sönder **dissection** [dɪ'sekʃn] *anat.* dissektion, dissekering; *bildl.* dissekering, ingående granskning, analys
dissemble [dɪ'sembl] **1** dölja **2** förställa sig, låtsa[s], simulera **dissembler** [-ə] hycklare
dissemi|nate [dɪ'semɪneɪt] sprida [ut] **-nation** [dɪˌsemɪ'neɪʃn] [ut-, kring]spridning
dissension [dɪ'senʃn] meningsskiljaktighet; oenighet **dissent** [dɪ'sent] **I** *v* **1** skilja sig i åsikter; ha annan mening (*from* än) **2** avvika från (gå ur) statskyrkan; ~*ing minister* frikyrkopräst **II** *s* meningsskiljaktighet, skillnad i åsikter **dissenter** [dɪ'sentə] **1** oliktänkande person **2** *D*~ (*BE.*) dissenter, frikyrklig **dissentient** [dɪ'senʃɪənt] **I** *a* oliktänkande; avvikande **II** *s, se dissenter*
dissertation [ˌdɪsə'teɪʃn] [doktors]avhandling (*on* om)
disservice [dɪ(s)'sɜːvɪs] otjänst, björntjänst
dissever [dɪ(s)'sevə] **1** avskilja[s] **2** sönderdela
dissi|dence ['dɪsɪd(ə)ns] meningsskiljaktighet **-dent** [-dənt] **I** *a* oenig, oliktänkande **II** *s* oliktänkande [person]
dissimilar [ˌdɪ'sɪmɪlə] olik[a]; ~ *to s.th.* olik ngt **dissimilarity** [ˌdɪsɪmɪ'lærətɪ], **dissimilitude** [ˌdɪsɪ'mɪlɪtjuːd] olikhet (*to* med)
dissimu|late [dɪ'sɪmjʊleɪt] **1** dölja **2** låtsas, simulera **-lation** [dɪˌsɪmjʊ'leɪʃn] förställning, hyckleri

dissi|pate ['dɪsɪpeɪt] **1** skingra, förjaga **2** förslösa **3** leva lättsinnigt (utsvävande, slösaktigt) **-pated** [-ɪd] **1** utsvävande **2** förslösad **-pation** [ˌdɪsɪ'peɪʃn] **1** skingrande **2** förslösande; slöseri **3** sus och dus, utsvävningar

dissoci|ate [dɪ'səʊʃɪeɪt] [åt]skilja, hålla isär; upplösa; ~ o.s. *from* ta avstånd från **-ation** [dɪˌsəʊsɪ'eɪʃn] [åt]skiljande; upplösning

dissoluble [dɪ'sɒljʊbl] upplös|lig, -bar

disso|lute ['dɪsəluːt] **1** tygellös, utsvävande **2** utlevad **-lution** [ˌdɪsə'luːʃn] upplösning

dissolve [dɪ'zɒlv] upplösa[s]; lösa [sig]; smälta[s]; sönderdela[s]; skingra[s]; *~d in tears* upplöst i tårar

disso|nance ['dɪsənəns] dissonans, disharmoni; *bildl. äv.* oenighet **-nant** [-nənt] disharmonisk, missljudande

dissuade [dɪ'sweɪd] avråda **dissuasion** [dɪ'sweɪʒn] avrådan; avstyrkande

dissyl|labic [ˌdɪsɪ'læbɪk] *språkv.* tvåstavig **-lable** [dɪ'sɪləbl] *språkv.* tvåstavigt ord

dist. *förk. för distant; distinguished; district*

distaff ['dɪstɑːf] slända; *on the ~ side* på spinnsidan

dis|tance ['dɪst(ə)ns] **I** *s* distans; avstånd; sträcka; *at a ~* på avstånd; *at this ~ of time* så [här] långt efteråt; *in the ~* i fjärran, på [långt] avstånd; *within ~* inom räckhåll (synhåll, hörhåll); *go the ~ a*) (*i boxning*) gå alla ronder, *b*) hålla ut; *keep one's ~* vara reserverad, hålla distans **II** *v* **1** hålla på avstånd **2** distansera, lämna bakom sig **-tant** [-t(ə)nt] **1** avlägsen; fjärran; *~ look* frånvarande blick; *~ relative* avlägsen släkting **2** reserverad, avmätt

distaste [ˌdɪs'teɪst] avsmak (*for* för); motvilja (*for* mot) **-ful** [dɪs'teɪstf(ʊ)l] osmaklig, motbjudande

1 distemper [dɪ'stempə] valpsjuka

2 distemper [dɪ'stempə] **I** *s* temperafärg; limfärg; temperamålning **II** *v* måla med temperafärg

distend [dɪ'stend] **1** utvidga; blåsa upp **2** utvidgas, svälla **distension** [dɪ'stenʃn] **1** utvidgning, svällande **2** vidd, omfång

distil [dɪ'stɪl] **1** destillera[s]; bränna[s] **2** [låta] droppa, drypa **-late** ['dɪstɪlɪt] destillat **-lation** [ˌdɪstɪ'leɪʃn] **1** destillering **2** destillat

distill|er [dɪ'stɪlə] destillatör, destillatör; spritillverkare **-ery** [dɪ'stɪlərɪ] bränneri, spritfabrik

distinct [dɪ'stɪŋ(k)t] **1** distinkt, klar, tydlig; uttrycklig **2** olik; [åt]skild; *as ~ from* till skillnad från; *keep ~* hålla isär **distinction** [dɪ'stɪŋ(k)ʃn] **1** [åt]skillnad; distinktion; särskiljande; *without ~ of person* utan hänsyn till person **2** kännemärke, särmärke **3** betydelse, anseende; *a man of ~* en framstående man **4** utmärkelse **distinctive** [dɪ'stɪŋ(k)tɪv] åt-, sär|skiljande, utmärkande, typisk, distinktiv; utpräglad **distinctiveness** [dɪ'stɪŋ(k)tɪvnɪs] särprägel, utmärkande drag **distinctly** [dɪ'stɪŋ(k)tlɪ] *adv* tydligt, distinkt; uttryckligen

distinguish [dɪ'stɪŋgwɪʃ] **1** urskilja, se klart **2** särskilja, skilja **3** känneteckna, utmärka; *be ~ed for* utmärka sig för; *~ o.s.* utmärka sig, göra sig bemärkt **4** göra skillnad, skilja (*between*, *among* mellan, på) **distinguishable** [-əbl] **1** som kan skiljas; *they are hardly ~* man kan knappt skilja dem åt **2** märkbar, urskiljbar; tydlig **distinguished** [-t] **1** förnämlig, framstående, celeber **2** distingerad **distinguishing** [-ɪŋ] särskiljande, utmärkande, karakteristisk; igenkännings-; *~ mark* [särskilt] kännetecken

distort [dɪ'stɔːt] förvrida; förvränga (*äv. bildl.*); förvanska **distortion** [dɪ'stɔːʃn] **1** förvridning; förvrängning; förvanskning; vrångbild **2** *tekn.* distorsion **distortionist** [dɪ'stɔːʃnɪst] ormmänniska

distract [dɪ'strækt] **1** avvända, avleda; distrahera **2** förvirra; göra galen **3** förströ, roa **distracted** [-ɪd] **1** förvirrad **2** förryckt, galen **distraction** [dɪ'strækʃn] **1** distraktion, förströddhet; *in a state of ~* disträ, förströdd **2** avkoppling, distraktion, förströelse **3** förvirring, oreda; störning, distraherande faktor **4** förryckthet, galenskap; *to ~* till vanvett

distrain [dɪ'streɪn] *jur.* ta i mät

distraught [dɪ'strɔːt] upprörd, utom sig

distress [dɪ'stres] **I** *s* **1** nöd[läge], betryck, trångmål; *in ~* i [sjö]nöd **2** smärta, sorg **3** *jur.* utmätning **II** *v* plåga, göra olycklig; oroa **distressed** [-t] **1** nödställd; *~ area* krisdrabbat område **2** olycklig, bekymrad (*about*, *at* för, över) **distress sale** exekutiv auktion **distress signal** [-ˌsɪgnl] nödsignal

distribute [dɪ'strɪbjuːt] **1** ut-, för|dela, distribuera **2** sprida; utbreda **3** dela in (*into* i), klassificera **distribution** [ˌdɪstrɪ'bjuːʃn] **1** utdelning; fördelning (*äv. stat.*); distribution **2** spridning; utbredning **3** indelning, klassificering **distributive** [dɪ'strɪbjʊtɪv] **1** ut-, till|delande **2** fördelande, fördelnings-; *språkv.* distributiv **distrib|uter, -utor** [dɪ'strɪbjʊtə] utdelare; fördelare (*äv. tekn.*); distributör

district ['dɪstrɪkt] **1** distrikt; stadsdel; del av grevskap; *D~ of Columbia* Columbia (*USA:s förbundsdistrikt med huvudstaden Washington*) **2** trakt, område, bygd, distrikt **district attorney** [-əˌtɜːnɪ] *AE.* allmän åklagare **district court** [-kɔːt] *AE.* federal domstol i lägsta instans **district heating** [-ˌhiːtɪŋ] fjärrvärme **district nurse** [-nɜːs] distriktssköterska

distrust [dɪ'strʌst] **I** *s* misstro[ende] **II** *v* misstro, inte lita på **-ful** [-f(ʊ)l] miss-, klen|trogen; misstänksam (*of* mot)

disturb [dɪ'stɜːb] **1** störa, avbryta **2** oroa **3** ställa till oreda i **4** besvära **-ance** [(ə)ns] **1** störande, avbrytande **2** oro; störning, rubbning **3** oreda, oordning; tumult, bråk, orolighet **-er** [-ə] orosstiftare

disunion [ˌdɪs'juːnjən] söndring, splittring **disunite** [ˌdɪsjuː'naɪt] skilja[s], upplösa[s], splittra[s] **disuse** [ˌdɪs'juːs] *s, fall into ~* komma ur bruk **disused** [ˌdɪs'juːzd] avlagd, kasserad; nedlagd

disyl|labic *se dissyllabic*, **-lable**

ditch [dɪtʃ] **I** *s* dike, grav; litet vattendrag; *the D~* (*vard.*) Engelska kanalen; *the last ~* sista utvägen (försvarsställningen) **II** *v* **1** dika [ut]; omge med dike **2** *sl.* köra i diket med (*för att undvika krock e.d.*); spola (*överge, göra sig av med*); nödlanda på vatten; *AE.* skaka av sig

dither ['dɪðə] **I** *v* **1** *BE.* tveka **2** *AE.* vara upprörd **3** darra **II** *s* **1** *BE.* tvekan **2** *AE.* upprördhet

ditto ['dɪtəʊ] dito; detsamma; *~ marks* citations-,

ditty ['dɪtɪ] [liten] visa (dikt) **ditty bag** sjösäck **ditty box** sjömanskista
diurnal [ˌdaɪˈɜːnl] dags-; daglig
div. *förk.* för divide[d]; dividend; division; divorced
divan [dɪˈvæn] **1** divan **2** divan (*turkiskt statsråd; österländsk rådskammare*) **3** (*förr*) rökrum
dive [daɪv] **I** *v* (*AE. imperf. äv. dove*) **1** dyka **2** sticka ner handen, rota (*into* i) **II** *s* **1** dykning; [sim]hopp; *make a ~ for a*) dyka ner efter, *b*) kasta sig över; *~ into* dyka in i **2** *vard.* krog, sylta; spelhåla; tillhåll **dive-bomb** [ˈdaɪvbɒm] fälla störtbomber [över, på] **dive bomber** [ˈdaɪvˌbɒmə] störtbomb|plan, -are **diver** [ˈdaɪvə] dykare
diverge [daɪˈvɜːdʒ] divergera, gå isär, skilja sig åt; avvika **diver|gence** [-(ə)ns], **-gency** [-(ə)nsɪ] divergens, skiljaktighet; avvikelse; motsättning **divergent** [-(ə)nt] divergerande; skiljaktig, avvikande, delad
divers [ˈdaɪvɜːz] *åld.* åtskilliga, diverse **diverse** [daɪˈvɜːs] olik[a]; skild; mångfaldig
diversi|fication [daɪˌvɜːsɪfɪˈkeɪʃn] **1** *hand.* diversifiering **2** differentiering **3** omväxling; olikhet **-fied** [daɪˈvɜːsɪfaɪd] **1** *hand.* diversifierad **2** omväxlande **-fy** [daɪˈvɜːsɪfaɪ] **1** *hand.* diversifiera **2** göra omväxlande; göra olik
diversion [daɪˈvɜːʃn] **1** avledande; omläggning (*av trafik*), förbifart; avstickare **2** *mil.* skenmanöver **4** förströelse, avkoppling
diversity [daɪˈvɜːsətɪ] **1** mångfald **2** tvistefråga; *~ of opinion* meningsskiljaktighet
divert [daɪˈvɜːt] **1** avleda; avvända; lägga om (*trafik e.d.*) **2** roa, underhålla
Dives [ˈdaɪviːz] *bibl.* den rike mannen
divest [daɪˈvest] **1** klä av **2** beröva, fråntaga (*s.b. of s.th.* ngn ngt); *~ o.s.* of avstå från, avhända sig
divide [dɪˈvaɪd] **I** *v* **1** dela [upp] (*into* i); avstava, avdela **2** ~ [*up*] fördela, dela (portionera) ut **3** *mat.* dividera, dela; *~ 9 by 3, ~ 3 into 9* dividera 9 med 3 **4** dela [av], [åt]skilja **5** dela in, kategorisera, klassificera **6** *parl.* låta rösta; *~ the House* anordna votering i parlamentet **7** dela, splittra, göra oense; *opinions are ~d on* meningarna är delade om **8** dela [upp] sig (*into* i) **II** *s* **1** *AE.* vattendelare **2** skiljelinje **dividend** [ˈdɪvɪdend] **1** *ekon. o. bildl.* utdelning; återbäring; bonus **2** *mat.* dividend **divider** [dɪˈvaɪdə] **1** delare; avdelare **2** *~s* (*pl*) passare
divination [ˌdɪvɪˈneɪʃn] förutsägelse, spådom; [för]aning **divine** [dɪˈvaɪn] **I** *a* **1** gudomlig; guds-; *~ service* gudstjänst **2** *vard.* gudomlig, underbar, fantastisk **II** *s* teolog, präst **III** *v* **1** spå, förutsäga **2** ana [sig till] **3** gå med slagruta **diviner** [dɪˈvaɪnə] **1** spåman **2** slagruteman
diving [ˈdaɪvɪŋ] dykning (*äv. flyg.*); simhopp, simhoppning **diving bell** dykarklocka **diving board** trampolin **diving dress (suit)** dykardräkt
divining rod [dɪˈvaɪnɪŋrɒd] slagruta
divinity [dɪˈvɪnətɪ] **1** gudom[lighet]; gud[inna]; *the D~* Gud **2** teologi; *skol.* religion, kristendom; *Bachelor (Doctor) of ~* teologie kandidat (doktor)
divisi|bility [dɪˌvɪzɪˈbɪlətɪ] delbarhet **-ble** [dɪˈvɪzəbl] delbar (*by* med; *into* i)
division [dɪˈvɪʒn] **1** [upp-, in-, för]delning (*into* i); *~ of labour* arbetsfördelning; *~ of words* avstavning **2** *mat.* division, delning **3** område, distrikt, [val]krets **4** *mil.*, *sport.* division **5** skilje|linje, -vägg; gräns **6** skiljaktighet, splittring; oenighet **7** *parl.* votering, [om]röstning **divisional** [-l] delnings-, skilje-; divisions-; avdelnings-
divisor [dɪˈvaɪzə] *mat.* divisor
divorce [dɪˈvɔːs] **I** *s* skilsmässa (*äv. bildl.*), äktenskapsskillnad; *get a ~* få skilsmässa **II** *v* **1** [låta] skilja sig från; skilja **2** skilja sig, skiljas **3** skilja [åt] **divorcée** [dɪˌvɔːˈsiː] frånskild kvinna
divulge [daɪˈvʌldʒ] avslöja, röja, yppa
divvy [ˈdɪvɪ] *vard.* **1** *BE.* återbäring **2** *AE.* andel
Dixie [ˈdɪksɪ] *AE. vard.* Dixie, sydstaterna **-land** [-lænd] **1** *AE.* Dixie, sydstaterna **2** *mus.* dixiland
dixie [ˈdɪksɪ] *mil.* kokkärl
D.I.Y., d.i.y. *förk.* för do-it-yourself
dizziness [ˈdɪzɪnɪs] yrsel, svindel **dizzy** [ˈdɪzɪ] **I** *a* **1** yr **2** svindlande **3** virrig, förvirrad **II** *v* **1** göra yr i huvudet **2** förvirra
D.J. *förk.* för dinner jacket; disc jockey **dl** *förk.* för decilitre **D. Lit[t].** *förk.* för Doctor of Letters; Doctor of Literature **dm** *förk.* för decimetre **D. Mus.** *förk.* för Doctor of Music
1 do [duː; *obeton.* du, də, d] **I** *v* (*did, done; 3 pers. sg pres. does*); *se äv. done* **1** göra; framställa; utföra; *~ as you please* gör som du vill; *please, ~!* var så god!, ja gärna!; *it does her credit* det länder henne till heder; *~ s.b. a favour* göra ngn en tjänst; *~ s.b. justice* göra ngn rättvisa; *he does nothing but complain* han gör inte annat än klagar; *he did right to leave her* han gjorde rätt i att lämna henne; *and so we did* och det 'gjorde vi också; *and so did we* och det gjorde 'vi också; *that does it!* nu får det vara nog!; *that did it a*) det tog skruv, *b*) det avgjorde saken; *what can I ~ for you?* vad kan jag göra för dig?, (*i butik*) vad får det lov att vara?; *what ~ you ~ for a living?* vad har du för yrke?, vad sysslar du med?; *~ this letter and two copies* skriv ut det här brevet med två kopior; *~ a book into a play* omarbeta (göra om) en bok till pjäs; *you ~ s.th. to me* du har förtrollat mig; *they ~ you very well at that hotel* man bor och äter mycket bra på det hotellet; *~ o.s. well* ha det bra, smörja kråset; *nothing doing!* det går inte!, inte en chans! **2** göra i ordning, ordna; arrangera; *~ the dishes* diska; *~ one's hair* göra sig snygg i håret; *this room needs doing* det här rummet behöver städas (snyggas upp, målas *e.d.*); *~ the flowers* arrangera blommorna **3** sköta, ha hand om, stå för; utföra; *I'll ~ the talking* låt mig sköta konversationen; *~ sums* räkna **4** studera, läsa; *~ medicine* läsa medicin; *~ a degree* avlägga examen **5** räcka [för], vara lagom [för]; duga till (som); passa; gå an; *that'll ~* det räcker (duger, är bra); *it will ~ for us* det räcker [till] för oss; *that will ~ me nicely* det passar mig utmärkt **6** må; klara (sköta) sig; *how ~ you ~?* (*vid första mötet m. ngn*) goddag; *how are you doing nowadays?* hur går det för dig nuförtiden? **7** spela, uppträda (*roll, pjäs*) **8** göra; avverka; besöka; *this car will ~ 100 mph* den här bilen gör 100 miles i timmen; *we did 8 kilometres on our walk* vi avverkade 8 km på vår promenad; *~ a museum* besöka ett mu-

do—dog

seum **9** lösa (*problem, korsord*); ~ *a jig-saw puzzle* lägga pussel **10** tillhandahålla, stå till tjänst med; föra; *we don't ~ lunches* vi serverar inte lunch; *we don't ~ that make* vi för inte det märket **11** tillaga, anrätta; *~ the cooking* laga maten; *well done* genomstekt **12** lura; *you've been done for £10* du har blivit lurad på 10 pund **13** göra inbrott i **14** avtjäna, sitta inne; *~ one year* avtjäna (sitta inne på) ett år **15** *vulg.* sätta på, dra över (*kvinna*) **16** (*i frågesats; i nekande sats; beton. i jakande sats*) *~ you understand?* förstår du?; *when did he leave?* när for han?; *he doesn't* (*does not*) *like her* han tycker inte om henne; *don't go!* gå inte!; *didn't you* (*did you not*) *know?* visste du inte det?; *not until then did he realize* inte förrän då insåg han; *little did he realize that* föga insåg han att; *~ hurry!* skynda på, för guds skull!; *but I did call* men jag ringde verkligen; *~ I remember him!* om jag kommer ihåg honom! **17** (*som ersättning för annat verb*) *you like it, don't you?* du tycker om den, eller hur?; *you speak better than I ~ du* talar bättre än jag; *he likes her, and so ~ I* han tycker om henne, och det gör jag med; *may I come in? - ~!* får jag komma in? - ja visst! **18** *~ away with a*) göra av med, ta livet av, *b*) avskaffa, slopa; *~ well* (*badly*) *by s.b.* behandla ngn väl (illa); *~ down a*) göra ner, förödmjuka, *b*) lura; *~ for* (*vard.*) *a*) överbevisa, *b*) ta kål på, *c*) hushålla för, *d*) duga som (till); *~ well for o.s.* (*vard.*) lyckas, ha framgång; *~ in* (*sl.*) fixa (*mörda*); *be done in* (*sl. äv.*) vara slut (*färdig*); *~ out* (*vard.*) städa (snygga) upp, tapetsera om; *~ s.b. out of s.th.* (*vard.*) lura av ngn ngt; *~ over a*) *vard.* snygga upp, tapetsera om, *b*) *BE. sl.* slå ner, golva; *~ up a*) slå (packa) in, *b*) ruinera, *c*) snygga (piffa, rusta) upp, *d*) knäppa[s]; *~ with* göra med; *have to ~ with* ha att göra med, hänga ihop med; *what has that got to ~ with it?* vad har det med saken att göra?; *what have you done with your hair?* vad har du gjort med håret?; *she didn't know what to ~ with herself* hon visste inte vad hon skulle ta sig till (sysselsätta sig med); *I can ~ with £1* jag behöver ett pund, jag klarar mig med ett pund; *you could ~ with a shave* du behöver raka dig; *I could do with an ice cream* det skulle smaka bra med en glass; *be done with* vara över (slut, avklarad); *let's have done with it* låt oss få det överstökat (få slut på det); *~ without* klara sig utan, undvara **II** *s* (*pl ~s el. ~'s*) **1** *sl.* svindel, bedrägeri **2** *vard.* fest, party **3** *vard.*, *~'s and don'ts* (*vard.*) regler och förbud, vad man får och inte får
2 do [dəʊ] *mus.* do
do. *förk. för ditto*
D.O.A. *förk. för dead on arrival*
dobbin ['dɒbɪn] arbetshäst; brunte
doc [dɒk] *vard.* doktor
doc. *förk. för document*
docile ['dəʊsaɪl] foglig **docility** [də(ʊ)'sɪlətɪ] foglighet
1 dock [dɒk] **I** *s* **1** (*fartygs*)docka; hamnbassäng; *dry* (*graving*) *~* torrdocka; *floating ~* flytdocka; *in ~* (*BE. vard.*) *a*) på sjukhus, *b*) på verkstad **2** *~s* (*pl*) hamn[anläggning]; kaj; varv; *naval ~s* örlogsvarv **3** *AE.* lastkaj **II** *v* docka
2 dock [dɒk] *jur.* förhörsbås

3 dock [dɒk] **I** *s* stubbsvans **II** *v* stubbsvansa; stubba, kupera
4 dock [dɒk] *bot.* syra, skräppa
dockage ['dɒkɪdʒ] **1** dockningsavgift **2** dockning
docker ['dɒkə] hamn-, dock|arbetare
docket ['dɒkɪt] **I** *s* **1** innehållsförteckning **2** *jur.* förteckning över domslut; *AE.* föredragningslista **3** adresslapp (*på paket*) **4** *BE.* tullbevis **II** *v* **1** förse med innehållsförteckning **2** inregistrera (*domslut*) **3** förse med adresslapp
dock|land ['dɒklænd] hamnkvarter **-yard** skeppsvarv
doctor ['dɒktə] **I** *s* **1** doktor; läkare; *D~ of Philosophy* filosofie doktor; *call a ~* tillkalla läkare; *it's just what the ~ ordered* det är precis det rätta **2** *sl.* skepps-, fält|kock **II** *v* **1** behandla, sköta; ordinera; *vard.* praktisera (*som läkare*) **2** *vard.* kastrera **3** lappa ihop **4** förfalska, fiffla med **-ate** ['dɒkt(ə)rɪt] doktorsgrad
doctrinaire [ˌdɒktrɪ'neə] **I** *s* principryttare **II** *a* doktrinär **doctrinal** [dɒk'traɪnl] läro-, dogmatisk **doctrinarian** [ˌdɒktrɪ'neərɪən] *se doctrinaire* **doctrine** ['dɒktrɪn] doktrin, lära, lärosats, dogm
document I *s* ['dɒkjʊmənt] dokument, handling **II** *v* ['dɒkjʊment] dokumentera **-ary** [ˌdɒkjʊ'ment(ə)rɪ] **I** *a* dokumentär **II** *s* dokumentärfilm **-ation** [ˌdɒkjʊmen'teɪʃn] dokument|ation, -ering
DOD *AE., förk. för Department of Defense*
dodder ['dɒdə] **1** stappla **2** darra, skaka
dodge [dɒdʒ] **I** *v* **1** hoppa (vika) undan [för] **2** göra undanflykter; slingra (krångla) sig ifrån; kringgå **II** *s* **1** hopp åt sidan, sidosprång **2** knep, fint
dodgem ['dɒdʒəm] radiobil (*på nöjesfält*)
dodger ['dɒdʒə] **1** skojare, filur; smitare **2** (*slags*) majsbröd **3** *sl.* sandwich, macka; käk
dodgy ['dɒdʒɪ] *BE. vard.* **1** lurig, listig **2** knepig, krånglig
dodo ['dəʊdəʊ] (*pl ~*[*e*]*s*) **1** *zool.* dront; *as dead as a ~* stendöd, helt borta **2** *vard.* träskalle; trögmåns
doe [dəʊ] **1** hind **2** har-, kanin|hona; *Austr.* känguruhona
D.O.E. *förk. för Department of the Environment*
does [dʌz, *obeton.* d(ə)z] 3 *pers. sg pres. av do*
doeskin ['dəʊskɪn] dovhjortsskinn
doesn't [dʌznt] = *does not*
doff [dɒf] ta av [sig]
dog [dɒg] **I** *s* **1** hund; *the ~s* (*vard.*) hundkapplöpning; *not a ~'s chance* inte skuggan av en chans; *~ in the manger* missunnsam person (*som inte unnar andra det han inte själv har glädje av*); *every ~ has his day* alla får chansen någon gång; *done up like a ~'s dinner* (*vard.*) uppsnofsad, tjusigt klädd; *give a ~ a bad name and hang him* (*ung.*) det är svårt att bli rentvådd när man fått en fläck på sig; *go to the ~s* (*vard.*) gå åt pipan, förfalla; *lead a ~'s life* leva ett hundliv; *let sleeping ~s lie* inte väcka den björn som sover; *put on the ~* (*AE. vard.*) göra sig viktig; *you can't teach an old ~ new tricks* man kan inte lära gamla hundar sitta; *throw to the ~s* kasta bort **2** *vard.* kille, karl; knöl, usling; *dirty ~* fähund; *lazy ~* latmask; *lucky ~* lyckans ost **II** *v* följa i hälarna, jaga

dog biscuit—doomwatcher

dog biscuit ['dɒgˌbɪskɪt] hundkex **dogcart** [-kɑ:t] dogcart (*slags tvåhjulig vagn*) **dog collar** [-ˌkɒlə] **1** hundhalsband **2** *vard.* präst-, rund|krage; tättsittande halsband **dog days** [-deɪz] *pl* rötmånad
dog|-ear ['dɒgˌɪə] **I** *s* hundöra (*i bok*) **II** *v* göra hundöron i **--eat-dog** *a* präglad av hänsynslös konkurrens **--end** [-end] *vard.* [cigarrett]fimp **--fancier** [-ˌfænsɪə] hundälskare; hunduppfödare **--fight** [-faɪt] **1** flygstrid **2** hundslagsmål; vilt slagsmål **--fish** [-fɪʃ] *zool.* små-, pigg|haj **--fox** [-fɒks] rävhanne
dogged ['dɒgɪd] envis, seg, ihärdig
doggerel ['dɒg(ə)r(ə)l] **1** dålig, haltande vers **2** knittel|vers|
doggie ['dɒgɪ] *vard.* vovve
doggo ['dɒgəʊ] *BE. vard., lie* ~ ligga och trycka, hålla sig undan
doggone ['dɒgˌgɒn] *AE. vard.* **I** *interj* förbaskat!, jäklar! **II** *a* jäkla, förbaskad
doggy ['dɒgɪ] **I** *s, vard.* vovve **II** *a* **1** hund- **2** hundälskande **doghouse 1** *AE.* hundkoja **2** *vard., in the* ~ i onåd **dog Latin** [ˌdɒg'lætɪn] kökslatin
dogma ['dɒgmə] (*pl -s el. -ta*) dogm; trossats **-tic** [dɒg'mætɪk] dogmatisk **-tize** (*BE. äv. -ise*) [-taɪz] **1** dogmatisera **2** docera
do-gooder [ˌdu:'gʊdə] *vard. neds.* blåögd välgörare (idealist)
dog paddle ['dɒgˌpædl] hundsim **dog rose** [-rəʊz] nypon-, vild|ros **dogsbody** [-zˌbɒdɪ] *vard.* passopp; arbetsträl **dog's ear** [-zˌɪə] hundöra **dog-sleep** [-sli:p] lätt orolig sömn **Dog Star** [-stɑ:] Sirius, Hundstjärnan **dog tag** [-tæg] *AE. sl.* (*soldats*) identitetsbricka **dog-tired** [ˌdɒg'taɪəd] dödstrött **dogtrot** ['dɒgtrɒt] jämn lunk **dog-watch** ['dɒgwɒtʃ] *sjö.* plattvakt (*kl. 16-18 el. 18-20*) **dogwood** ['dɒgwʊd] *bot.* skogskornell
doily ['dɔɪlɪ] tallriksunderlägg, liten spetsduk
dol. *förk. för dollar*
doldrums ['dɒldrəmz] *pl* stiltjebälten; stiltje; *in the* ~ (*bildl.*) *a*) dyster, nedstämd, *b*) stagnerande, avstannande, livslös
dole [dəʊl] **I** *s* **1** allmosa; allmoseutdelning **2** *BE. vard.* arbetslöshetsunderstöd; *be on the* ~ vara arbetslös, gå och stämpla **II** *v,* ~ *out* dela ut (*i småportioner*) **-ful** [-f(ʊ)l] sorgsen; dyster; sorglig
doll [dɒl] **I** *s* docka; *sl.* brud, tjusig tjej **II** *v, sl.* ~ *up* klä (fiffa) upp [sig], styra ut [sig]
dollar ['dɒlə] dollar
dollop ['dɒləp] *vard.* klick, klump
doll's-house ['dɒlzhaʊs] dockskåp
dolly ['dɒlɪ] **1** *barnspr.* docka **2** *sl.* sötnos, brud **3** *film., TV.* dolly, kameravagn
dolmen ['dɒlmen] *arkeol.* dolmen, dös
Dolomites ['dɒləmaɪts] *pl, the* ~ Dolomiterna
dolorous ['dɒlərəs] smärtsam; sorglig
dolphin ['dɒlfɪn] *zool.* delfin **2** *sjö.* pollare
dolt [dəʊlt] trä-, dum|skalle **-ish** [-ɪʃ] dum, tjockskallig
dom. *förk. för domain; domestic*
domain [də(ʊ)'meɪn] domän; [jord]egendom; *bildl.* domän, område, gebit
dome [dəʊm] **1** dom, kupol **2** *sl.* skalle **domed** [-d] välvd

Domesday Book ['du:mzdeɪˌbʊk] Vilhelm Erövrarens jordebok
domestic [də(ʊ)'mestɪk] **I** *a* **1** hus-, hem-, familje-; hemkär; ~ *animal* husdjur; ~ *art* (*industry*) hemslöjd; ~ *market* hemmamarknad; ~ *science* hemkunskap, hushållslära **2** inhemsk, inrikes; ~ *policy* inrikespolitik **II** *s* tjänare; hemhjälp **domesticate** [-eɪt] **1** göra hemkär (huslig) **2** naturalisera **3** tämja, domesticera (*djur*) **domestication** [də(ʊ)ˌmestɪ'keɪʃn] domesticering, tämjande **domesticity** [ˌdəʊme'stɪsətɪ] **1** hem-, familje|liv; hemkärlek; huslighet **2** tamt tillstånd
domicile ['dɒmɪsaɪl] **I** *s* hemvist, hemort; vistelseort **II** *v* bosätta sig; vara bosatt (bofast)
domi|nance ['dɒmɪnəns] dominans; herravälde; inflytande **-nant** [-nənt] **I** *a* dominerande; [för]härskande; ledande, inflytelserik **II** *s, mus.* dominant **-nate** [-neɪt] **1** dominera, behärska; härska över **2** dominera, härska; vara förhärskande **-nation** [ˌdɒmɪ'neɪʃn] **1** dominering **2** herravälde; styre, kontroll **-neer** [ˌdɒmɪ'nɪə] dominera, härska; ~ [*over*] (*äv.*) tyrannisera **-neering** [ˌdɒmɪ'nɪərɪŋ] dominerande, tyrannisk, despotisk
Dominican [də'mɪnɪkən] **I** *s* dominikan[ermunk] **II** *a* **1** dominikan[er]- **2** *the* ~ *Republic* Dominikanska republiken
dominie ['dɒmɪnɪ] *Sk.* skollärare
dominion [də'mɪnjən] **1** herravälde, makt **2** välde, besittning **3** dominion (*inom Brittiska samväldet*)
domino ['dɒmɪnəʊ] **1** dominobricka; ~*es* (*behandlas som sg*) dominospel **2** (*pl* ~[*e*]*s*) domino (*maskeraddräkt*)
1 don [dɒn] **1** don (*spansk titel*) **2** lärare (*vid univ. o. college*)
2 don [dɒn] ikläda sig, ta på sig
Donald Duck ['dɒnəld 'dʌk] Kalle Anka
donate [də(ʊ)'neɪt] donera; skänka **donation** [də(ʊ)'neɪʃn] donation, gåva; [bort]givande
done [dʌn] *perf. part. av do o. a* **1** gjort, gjord *etc., se 1 do;* ~*!* kör till!, okej!; *well* ~*!* bravo!, det gjorde du bra!; *it can't be* ~ det går inte; *have you* ~*?* är du färdig?, har du slutat?; *that's* ~ *it!* a) det fattades bara det!, *b*) det var det!; *be* (*have*) ~ *with* bryta med; *let's have* ~ *with it* låt oss få saken ur världen; ~ *for* (*vard.*) *a*) nästan död, *b*) i knipa; ~ *in* (*up*) (*vard.*) utmattad, slut **2** *that isn't* ~ det är inte passande, det går inte an **3** [färdig]kokt, -stekt; *well* ~ genomstekt **4** *vard.* lurad
donjon ['dɒn(d)ʒ(ə)n] huvudtorn, slottsskärna
donkey ['dɒŋkɪ] åsna (*äv. bildl.*); [*for*] ~*'s years* (*vard.*) [i, på] många herrans år
donor ['dəʊnə] givare; donator
Don Quixote [ˌdɒn'kwɪksət] Don Quijote
don't [dəʊnt] = *do not*; ~*!* låt bli!; *then* ~*!* slipp då! **don't know** *s* person som svarar 'vet ej' (*på frågeformulär m.m.*)
donut ['dəʊnʌt] *se doughnut*
doodle ['du:dl] **I** *v* **1** klottra **2** *AE.,* ~ *away* söla **II** *s* klotter **-bug** V 1-bomb
doom [du:m] **I** *s* **1** ont öde; undergång; död **2** *åld.* dom[slut] **3** yttersta domen **II** *v* döma [till döden]
doomsday ['du:mzdeɪ] domedag **doomster** ['du:mstə], **doomwatcher** ['du:mwɒtʃə] domedagsprofet

door—doubt

door [dɔː] dörr; port; ingång; *the ~ to success* vägen (nyckeln) till framgång; *out of ~s* utomhus; *within ~s* inomhus; *be at death's ~* ligga för döden; *he's got a foot in the ~* han har fått in en fot; *lay s.th. at a p.'s ~* ge ngn skulden för ngt; *it lies at his own ~* det är hans eget fel, han har sig själv att skylla; *show s.b. the ~* visa ngn på dörren

door|bell ['dɔːbel] dörrklocka **-frame** dörrkarm **-jamb** dörrpost **-keeper** [-ˌkiːpə] dörr-, port|vakt

door|-knob ['dɔːnɒb] dörrknopp (*handtag*) **-man** dörr-, port|vakt **-mat** dörrmatta **-nail** *s*, [*as*] *dead as a ~* stendöd **-plate** dörr-, namn|skylt **-post** dörrpost **-step 1** yttertrappa; *on one's (the) ~* inpå knutarna **2** *sl.* tjock brödskiva **--to--door** [-təˈdɔː] *a*, *~ salesman* dörrknackare **-way** ['dɔːweɪ] dörr[öppning]; port **-yard** ['dɔːˌjɑːd] *AE.* gårdsplan (*framför ytterdörr*)

dope [dəʊp] **I** *s* **1** *sl.* narkotika, knark; dopingmedel **2** *sl.* [hemliga] upplysningar, [förhands]tips **3** (*slags*) fernissa, [impregnerings]lack; tillsatsmedel; smörjmedel **4** *sl.* dumskalle **5** *AE. vard.* framkallningsvätska **II** *v* **1** *sl.* ge knark; dopa; knarka **2** lura, dupera **3** fernissa, impregnera; smörja **dope-fiend** ['dəʊpfiːnd] knarkare **dope|-peddler,** **--pusher** [-ˌpedlə, -ˌpʊʃə] knarklangare **dop[e]y** [-ɪ] *sl.* **1** dum **2** knarkpåverkad

dor [dɔː] *zool.* tordyvel; skalbagge

dorm [dɔːm] *vard. för dormitory*

dor|mancy ['dɔːmənsɪ] dvala **-mant** [-mənt] slumrande, vilande; inaktiv, overksam, passiv

dormer [window] [ˌdɔːməˈwɪndəʊ] vindskupefönster

dormitory ['dɔːmɪtrɪ] **1** sovsal **2** *AE.* studenthem **dormitory suburb** [-ˌsʌbɜːb] sovstad

dormouse ['dɔːmaʊs] *zool.* hasselmus

dorsal ['dɔːsl] rygg-, dorsal; *~ fin* ryggfena

dory ['dɔːrɪ] liten flatbottnad båt

dosage ['dəʊsɪdʒ] *med.* dosering; dos; strålningsdos **dose** [dəʊs] **I** *s* **1** dos[is]; strålningsdos; *like a ~ of salts* jättesnabbt **2** *vard.* släng (*av sjukdom e.d.*) **3** *sl.* könssjukdom **II** *v* **1** ge medicin; dosera **2** uppblanda, tillsätta

doss [dɒs] *BE. sl.* **I** *v ~ [down]* slafa (*på ungkarlshotell*) **II** *s* slaf (*på ungkarlshotell*)

dossal ['dɒsl] altarbonad

dosshouse ['dɒshaʊs] *BE. sl.* ungkarlshotell

dossier ['dɒsɪeɪ] dossié

dost [dʌst] *åld.*, *2 pers. sg pres. av do; thou ~* gör

dot [dɒt] **I** *s* **1** punkt, prick; *on the ~* punktligt, prick, på slaget; *the year ~* (*vard.*) för evigheter sedan **2** smula; stänk **II** *v* **1** pricka; punktera; *~ one's i's and cross one's t's* (*vard.*) vara ytterst noggrann **2** översålla, vara utspridd över (*på*); *she has friends ~ted about all over the country* hon har vänner spridda över (här och där i) hela landet **3** *~ and carry one* ett upp och ett i minnet **4** *sl.*, *~ s.b. one* klippa till ngn

dotage ['dəʊtɪdʒ] **1** senilitet; *be in one's ~* ha blivit barn på nytt **2** dåraktig (blind) kärlek **dotard** [-əd] senil person **dote** [dəʊt] **1** vara senil (barn på nytt) **2** *~ [up]on* avguda, dyrka

doth [dʌθ] *åld.* = *does*

dotted ['dɒtɪd] prickig; prickad; *~line* prickad (streckad) linje; *~ note* (*mus.*) punkterad not

dottle ['dɒtl] orökt rest av tobak i pipa

dotty ['dɒtɪ] **1** prickig **2** *BE. sl.* fnoskig; tokig (*about i*)

double ['dʌbl] **I** *a* **1** dubbel, dubbel-; tvåfaldig; *~ the number* dubbla antalet; *~ pneumonia* dubbelsidig lunginflammation; *an egg with a ~ yolk* ett ägg med två gulor **II** *adv* dubbelt; två och två; *ride ~* rida två på samma häst; *see ~* se dubbelt **III** *s* **1** *the ~* det dubbla, dubbelt så mycket (många); *~ or quits* kvitt eller dubbelt **2** dubbelgångare; exakt kopia; *teat., film. a)* stand-in, ersättare, *b)* aktör som spelar två roller (*i samma pjäs*); *she is the ~ of her sister* hon är sin syster upp i dagen **3** (*i tennis e.d.*) *~s* (*behandlas som sg*) dubbel[spel, -match]; *men's ~* herrdubbel **4** tvärvändning; *bildl.* slingerbult **5** *mil.* språngmarsch; *at (on) the ~ a)* med språng, *b)* fortare än kvickt **IV** *v* **1** fördubbla[s], dubblera[s] **2** vika (lägga) dubbel; *~ [up] one's fist* knyta näven; *~ back on one's tracks* hastigt vända och springa tillbaka; *~ up a)* vika[s] dubbel, vika sig dubbel, *b)* dela rum (säng e.d. m. ngn) **3** göra en exakt kopia av **4** *teat.* spela två roller i samma pjäs; *~ for* ersätta, vara stand-in för **5** göra en tvärvändning **6** *sjö.* dubblera, runda **7** *kortsp.* dubbla **8** förflytta sig med dubbla hastigheten **double-barrelled** [-ˌbær(ə)ld] **1** dubbel-, två|pipig **2** tvetydig **3** *~ name* dubbelnamn

double bass [ˌdʌblˈbeɪs] *mus.* kontrabas **double-breasted** [-ˈbrestɪd] (*om plagg*) dubbelknäppt, tvåradig **double chin** dubbelhaka **double cream** tjock grädde, vispgrädde **double-cross** *vard.* **I** *v* spela dubbelspel med, lura **II** *s* dubbelspel, bedrägeri **double-dealer** person som spelar dubbelspel, bedragare **double-dealing** dubbelspel, falskhet **double-decker** dubbeldäckare; tvåvåningsbuss; tredubbel sandwich **double Dutch** *BE. vard.* rotvälska **double--edged 1** tveeggad (*äv. bildl.*) **2** tvetydig, dubbelbottnad

double entendre [ˌduːblɑː(n)ˈtɑː(n)dr(ə)] tvetydighet

double entry [ˌdʌblˈentrɪ] dubbel bokföring

double exposure dubbelexponering **double--faced** ['dʌblfeɪst] falsk, hycklande **double feature** [ˌdʌblˈfiːtʃə] *a*, *~ programme* föreställning med två långfilmer

double glazing [ˌdʌblˈgleɪzɪŋ] dubbel-, tvåglas|fönster **double-jointed** extremt böjlig i lederna **double-park** dubbelparkera **double-quick I** *a* hastig, snabb **II** *adv* hastigt, snabbt **double sharp** *mus.* dubbelkors **double standard** dubbelmoral

doublet ['dʌblɪt] **1** *hist.* åtsittande [mans]jacka **2** *språkv.* orddubblett **3** *boktr.* bröllop

double-tongued [ˌdʌblˈtʌŋd] tvetungad, falsk, lögnaktig

doubloon [dʌˈbluːn] *hist.* dublon

doubly ['dʌblɪ] *adv* dubbelt; *~ cautious* extra försiktig

doubt [daʊt] **I** *s* tvivel; ovisshet; tvekan; *no ~* utan tvivel, med all sannolikhet, [helt] säkert, nog; *beyond ~* utom tvivel; *without [a] ~* utan tvivel; *I have no ~ that* jag tvivlar inte på att; *I have my ~s* jag har mina misstankar; *I have my ~*

whether they will come jag tvivlar på att de kommer; *give s.b. the benefit of the* ~ i tveksamma fall hellre fria än fälla ngn **II** *v* **1** tvivla (*of* på); vara oviss; tveka **2** betvivla, tvivla på (*whether, that* att) **-ful** ['daʊtf(ʊ)l] **1** tveksam, osäker **2** tvivelaktig, osäker, oviss **-less** ['daʊtlɪs] utan tvivel, otvivelaktigt; förmodligen
douche [du:ʃ] **I** *s* sköljning, dusch **II** *v* skölja, duscha
dough [dəʊ] **1** deg **2** *sl.* stålar **-boy** ['dəʊbɔɪ] *AE. vard.* soldat **-nut** ['dəʊnʌt] (*flottyrkokt*) munk
doughty ['daʊtɪ] morsk, resolut
doughy ['dəʊɪ] degig (*äv. bildl.*)
dour [dʊə] bister; sträng; envis
douse [daʊs] *se dowse*
1 dove [dʌv] duva (*äv. bildl.*)
2 dove [dəʊv] *AE. imperf. av dive*
dove|cot, -cote ['dʌv|kɒt, -kəʊt] duvslag **-tail I** *s, snick.* laxstjärt, sinka **II** *v* **1** *snick.* hoplaxa, hopsinka **2** *bildl.* hoplänka; passa ihop
dowager ['daʊədʒə] änkenåd; välbärgad äldre dam
dowdy ['daʊdɪ] sjaskig; gammalmodig
dowel ['daʊəl] **I** *s, snick.* träplugg, tapp
dower ['daʊə] **I** *s* **1** [änkas] del i boet **2** *åld.* hemgift **3** gåva, talang **II** *v* **1** ge hemgift åt **2** begåva
1 down [daʊn] dun; fjun; ludd
2 down [daʊn] **1** *åld.* sanddyn **2** ~*s* (*pl*) kalt höglänt område
3 down [daʊn] **I** *adv o. pred. a* **1** ner, ned; nedför, nedåt, utför; ~*!* (*t. hund*) ligg!; ~ *with school!* ner med skolan!; *fall* ~ falla ner; *go* ~ *south* resa söderut; *grind* ~ mala ner; *write* ~ skriva ner; ~ *through the ages* sedan urminnes tider; *from the biggest* ~ *to the smallest* från den största [ner] till den minsta **2** nere; ~ *there* där nere; ~ *under* i Australien; *feel* ~ känna sig nere; *live* ~ *south* bo söderut **3** *be* ~ vara nere; *the sun is* ~ solen har gått ner; *I'll be* ~ *in a minute* jag kommer ner om ett ögonblick; *be three goals* ~ ligga under med tre mål; *be £5* ~ ha 5 pund mindre än man räknat med; *meat is* ~ köttet har gått ner (är nedsatt); *the shoes were* ~ skorna var nergångna; *the tyres were* ~ däcken var platta; *be* ~ *for* ha [an]tecknat sig för; *be* ~ *for the count* (*i boxning*) ha gått ner för räkning; *the meeting is* ~ *for tomorrow* mötet är planerat till i morgon; *be* ~ *on s.b.* vilja komma åt ngn, trakassera ngn; *be* ~ *with* [*the*] *flu* ligga i influensa **4** kontant; *pay £1* ~ betala 1 pund i handpenning (kontant) **II** *attr. a* **1** nedåtgående; *the* ~ *traffic* trafiken från stan **2** kontant; ~ *payment a*) kontant betalning, *b*) handpenning **III** *prep* **1** nedför, nedåt, utför; utefter; nere i; ~ *the centuries* genom århundradena; *come* ~ *the hill* komma nedför backen; *she lives* ~ *the street* hon bor nedåt (längre ner på) gatan; *walk* ~ *the street* (*äv.*) gå gatan fram[åt]; *he works* ~ *the garage* han arbetar på verkstaden **IV** *s* **1** nedgång; *ups and* ~*s* med- och motgång **2** *vard.*, *have a* ~ *on* ha ett horn i sidan till **V** *v* **1** slå (dra) ner (omkull) **2** gå (komma) ner **3** *vard.* svepa (*drink e.d.*) **4** *vard.*, ~ *tools* lägga ner arbetet
down|-and-out [,daʊnən'aʊt] utslagen **-beat** ['daʊnbi:t] **I** *s, mus.* nedslag **II** *a, vard.* **1** dyster, nedstämd **2** avslappad **-cast** ['daʊnkɑ:st] nedslagen **down|er** ['daʊnə] *sl.* **1** nedåttjack, lugnande medel **2** trist historia **-fall 1** fall, undergång **2** skyfall **-grade I** *v* degradera; nedvärdera **II** *s, AE.* **1** (*vägs o.d.*) lutning **2** *on the* ~ på nedgång, på tillbakagång **-hearted** [,daʊn'hɑ:tɪd] nedstämd **-hill** [,daʊn'hɪll] **I** *s* sluttning, utförsbacke **II** *a* sluttande; ~ *race* störtlopp; ~ *run* utförsäkring **III** *adv* utför; *go* ~ (*vard.*) förfalla, vara på tillbakagång **--market** ['daʊnmɑ:kɪt] massmarknads- **-pour** ['daʊnpɔ:] störtregn **-right** ['daʊnraɪt] **I** *a* **1** rättfram, uppriktig **2** ren, fullständig, fullkomlig **II** *adv* riktigt; fullkomligt, fullständigt **-stairs** [,daʊn'steəz] nedför trappan, ner; [där] nere, i nedre våningen **-stream** [,daʊn'stri:m] med strömmen **-to-earth** [,daʊntʊ'ɜ:θ] jordnära, realistisk **-town** [,daʊn'taʊn] *AE*. **I** *s* [affärs]centrum **II** *a* city-, central **III** *adv* i (ner mot, in till) centrum **-trodden** ['daʊn,trɒdn] förtrampad, förtryckt **-ward** ['daʊnwəd] **I** *a* nedåtgående, sjunkande; ~ *slope* nedförsbacke **II** *adv*, *se downwards* **-wards** ['daʊnwədz] ned[åt], utför; *from the Tudors* ~ från Tudorerna och framåt
downy ['daʊnɪ] dunig
dowry ['daʊərɪ] **1** hemgift **2** begåvning, gåva
dowse [daʊz] gå (leta) med slagruta **dowser** ['daʊzə] slagruteman **dowsing rod** ['daʊzɪŋrɒd] slagruta
doyen ['dɔɪən] doyen, nestor
doz. *förk. för dozen*
doze [dəʊz] dåsa, slumra; ~ *off* slumra till
dozen ['dʌzn] (*pl lika efter ord som betecknar antal*) dussin; *two* ~ *oranges* två dussin apelsiner; ~*s of times* hundratals (massor av) gånger; *by the* ~ dussinvis; *daily* ~ (*BE.*) daglig motion; *talk nineteen to the* ~ prata som en kvarn **dozenth** [-θ] tolfte; *for the* ~ *time* för femtielfte gången
dozy ['dəʊzɪ] dåsig, sömnig
D.P. *förk. för displaced person* **D.P.H.** *förk. för Diploma in Public Health* **D. Ph[il].** *förk. för Doctor of Philosophy* **D.P.M.** *förk. för Diploma in Psychological Medicine* **dpt.** *förk. för department* **Dr.** *förk. för Doctor; Drive* **dr.** *förk. för debit; debtor; drachma; drawer*
drab [dræb] **1** gulbrun, smutsgul, grågul **2** enformig, tråkig
drabble ['dræbl] söla ner [sig]
draff [dræff] drägg, drav
draft [drɑ:ft] **I** *s* **1** *mil.* detach|ement, -ering, kommendering; *AE.* uttagning (*t. militärtjänst*) **2** *hand.* tratta; växel **3** plan, utkast, koncept; skiss **4** *AE., se draught* **II** *v* **1** *mil.* detachera, kommendera; *AE.* ta ut, inkalla (*t. militärtjänst*) **2** göra utkast till, sätta upp, avfatta; skissera
drag [dræg] **I** *v* **1** släpa, dra; ~ *anchor* (*sjö.*) dragga; ~ *one's feet* (*heels*) (*vard.*) dra benen efter sig, söla; ~ *s.o.'s name in the mud* släpa ngns namn i smutsen; ~ *o.s. away from* slita sig från; ~ *up* uppfostra slarvigt och hårdhänt **2** ~ *on* (*out*) dra ut [på tiden], dra ut på, framsläpa **3** dragga [i] (*for* efter) **4** släpa sig [fram], gå långsamt; sacka efter **5** *sl.* dra ett bloss **6** *AE. sl.* tråka ut **II** *s* **1** släpande, dragande **2** släpighet, tröghet; släpande rörelse **3** hämsko, broms (*äv. bildl.*); hinder **4** tung harv **5** *jakt.* släp **6** dragnät, släpnot **7** *sl.* tråkmåns, torris; dötrist grej **8** *sl.* transvestit-

kläder **9** *vard.* bloss *(på cigarrett)* **10** *AE. sl.* gata **11** *sl.* kärra *(bil)*; drag race *(accelerationstävling för bilar)*
dragée [dræˈʒeɪ] dragé
draggle [ˈdrægl] **1** släpa i smutsen, smutsa ner **2** bli efter, söla
drag|line [ˈdræglaɪn] **1** släplina **2** grävmaskin med släpskopa **-net** dragnät, släpnot
dragon [ˈdræg(ə)n] drake **-fly** *zool.* trollslända
dragoon [drəˈguːn] **I** *s* dragon **II** *v* tvinga *(into* till)
dragrope [ˈdrægrəʊp] släplina
dragster [ˈdrægstə] dragster *(bil för dragracing)*
drain [dreɪn] **I** *v* **1** ~ *[off]* låta rinna av, avleda **2** ~ *[away]* rinna av (bort), filtreras (silas) bort **3** dricka ur, tömma [i botten] **4** *bildl.* [ut]tömma, åderlåta *(of* på); dö bort **5** dränera, torrlägga; avvattna[s] **II** *s* **1** dränerings-, avlopps|rör, kloak, kloakledning, avlopp; *throw one's money down the* ~ *(vard.)* kasta pengarna i sjön; *all our efforts have gone down the* ~ *(vard.)* alla våra ansträngningar har varit förgäves **2** *bildl.* tömning, åderlåtning **3** *med.* dränage **drainage** [ˈdreɪnɪdʒ] **1** dränering, avvattning, torrläggning; avrinning **2** avloppsledningar, kloaksystem **3** avloppsvatten
drainage area (basin) flod-, avrinnings|område **drainer** [-ə], **draining board** [-ɪŋbɔːd] avrinningsbräde *(på diskbänk)* **drainpipe I** *s* avloppsrör, stuprör **II** *a* stuprörs-
drake [dreɪk] ank|bonde, -hanne, anddrake
dram [dræm] **I** *s* **1** dram *(handelsvikt = 1/16 ounce, 1,77 g; amer. medicinalvikt = 1/8 ounce, 3,88 g)* **2** sup, snaps
drama [ˈdrɑːmə] drama, skådespel **drama critic** [-ˌkrɪtɪk] teaterkritiker **dramatic** [drəˈmætɪk] dramatisk; ~ *critic* teaterkritiker
dramatics [drəˈmætɪks] **1** *(behandlas som sg)* dramatik; *amateur* ~ amatörteater **2** *(behandlas som pl)* teatralisk sätt **dramatis personae** [ˌdrɑːmətɪspəˈsəʊnaɪ] **1** personer *(på rollista)* **2** huvudpersoner **dramatist** [ˈdræmətɪst] dramatiker **drama|tization** *(BE. äv. -tisation)* [ˌdræmətaɪˈzeɪʃn] dramatisering **drama|tize** *(BE. äv. -tise)* [ˈdræmətaɪz] dramatisera
drank [dræŋk] *imperf. av* drink
drape [dreɪp] **I** *s* **1** *AE.* draperi, förhänge, gardin **2** drapering, fall **II** *v* **1** drapera, kläda; pryda **2** falla *(i veck)* **3** *vard.* placera, hänga, vräka; *she ~d her arm over the the back of the sofa* hon la sin arm över ryggstödet på soffan
draper [ˈdreɪpə] klädes-, manufaktur|handlare **drapery** [-rɪ] **1** klädes-, manufaktur|varor; tyger **2** klädes-, manufaktur|handel **3** draperi; gardin
drastic [ˈdræstɪk] drastisk
drat [dræt] *interj, vard.,* ~ *[it]!* jäklar! **dratted** [ˈdrætɪd] *vard.* förbaskad, jäkla
draught [drɑːft] **1** [luft]drag; *there is a* ~ *here* det drar [här]; *feel the* ~ ha ont om pengar **2** dragande; *beast of* ~ dragdjur **3** drag; notvarp **4** dos; klunk; [ande]drag; bloss **5** *on* ~ på fat; *beer on* ~ fatöl **6** damspelsbricka; *~s (behandlas som sg)* dam[spel] **7** *(fartygs)* djupgående
draught beer [ˈdrɑːftbɪə] fatöl **draughtboard** damspelsbräde **draught horse** drag-, arbets|häst **draughtsman 1** ritare, tecknare **2** damspelsbricka
draw [drɔː] **I** *v (drew, drawn)* **1** dra[ga]; dra med (på, till, åt) sig; ~ *s.b. away from* dra bort ngn från; ~ *s.th. to a close* avsluta ngt **2** dra för (ned, till, undan, ut, åt); ~ *the curtains* dra för (ifrån) gardinerna; ~ *a tooth* dra ut en tand; ~ *trumps (kortsp.)* dra ut trumfen **3** ~ *[off]* pumpa (dra, hämta, tappa) upp; ~ *a bath* tappa upp badvatten; ~ *wine from a cask* tappa upp vin ur en tunna; ~ *it mild (vard.)* ta det försiktigt **4** dra till sig, attrahera; ~ *s.b.'s attention to* fästa ngns uppmärksamhet på; ~ *a crowd* dra till sig en folkmassa; *feel ~n to s.b.* känna sig dragen till (attraherad av) ngn **5** tappa [av], tömma [ut]; ~ *blood* tappa på blod, åderlåta, förorsaka blodvite **6** rita, teckna; ~ *the line a)* dra linjen, *b) vard. bildl.* sätta en gräns, *c) vard.* vägra **7** göra, dra (ställa) [upp]; hämta; ~ *comparisons* göra (anställa) jämförelser; ~ *conclusions* dra slutsatser; ~ *inspiration from* hämta inspiration från **8** ställa (skriva) ut *(check e.d.)*; sätta upp, upprätta *(dokument)*; ~ *a cheque on s.b.* ställa ut en check på ngn **9** ~ *[in]* dra in, insupa, andas in; ~ *a deep breath* ta (dra) ett djupt andetag **10** förtjäna, ha, uppbära; ta ut, lyfta; ~ *interest* löpa med ränta; ~ *money from a bank* ta ut pengar på en bank; ~ *a big salary* ha en stor lön **11** dra; förrätta dragning i; ~ *[a] blank* dra en nit *(äv. bildl.)*; ~ *lots* dra lott; ~ *the winner a)* få en vinst, *b)* vinna *(på hästkapplöpning)* **12** spänna *(a bow en båge)* **13** ta ur, rensa; ~ *a chicken* ta ur en kyckling **14** locka fram, framkalla; ~ *applause* framkalla applåder; *I could* ~ *no reply from her* jag kunde inte locka ur henne ngt svar; ~ *a smile* locka fram ett leende; *he refuses to be* ~*n a)* han vägrar att yttra sig, *b)* han låter sig inte provoceras **15** ~ *a match* spela oavgjort **16** dra (flytta, röra) sig; ~ *to a close* närma sig sitt slut; ~ *nearer* dra sig närmare, närma sig; ~ *towards the door* dra sig mot dörren **17** dra; *(om te o.d.)* [stå och] dra; *the chimney ~s well* det är bra drag i skorstenen **18** spela oavgjort; *schack.* spela remi **19** ~ *away a)* dra i väg, avlägsna sig, *b)* dra ifrån *(i lopp e.d.), c)* dra sig undan, *d)* dra undan (bort); ~ *back a)* dra sig tillbaka, *b)* dra sig undan; ~ *forth a)* dra fram, *b)* framlocka, framkalla; ~ *in a) (om dagar)* bli kortare, *b) (om tåg)* anlända; ~ *off a)* tappa av (upp), *b)* dra tillbaka *(trupper)*; ~ *on a)* använda, utnyttja, *b)* närma sig, dra närmare, *c)* ta ut, lyfta *(pengar), d)* dra på sig *(kläder), e)* driva på, uppmuntra; ~ *out a)* dra ut på, förlänga, *b)* få att tala (yttra sig), *c)* ta ut, lyfta *(pengar), d) (om dagar)* bli längre, *e) (om tåg)* avgå; ~ *s.th out of s.b.* locka ur ngn ngt; ~ *up a)* [få att] stanna, *b)* avfatta, sätta upp, upprätta *(dokument o.d.), c) mil.* ställa upp; ~ *o.s. up* sträcka (räta) på sig **II** *s* **1** drag[ning]; *be quick on the* ~ vara snabb att dra *(pistol e.d.)* **2** *vard.* dragplåster, attraktion **3** lotteri; lott; [lott]dragning **4** oavgjord match *(tävling); schack.* remi
draw|back [ˈdrɔːbæk] **1** nackdel, olägenhet **2** [tull]restitution **-bridge** vindbrygga
drawee [drɔːˈiː] *hand.* trassat
drawer 1 [ˈdrɔːə] **1** person som drar *etc., jfr draw* **2** ritare, tecknare **3** författare *(t. dokument e.d.)* **4** *hand.* trassent, utställare **5** [drɔː] [byrå-, bords]låda; *chest of ~s* byrå **drawers** [drɔːz] *pl* [under]byxor, kalsonger

drawing ['drɔ:ɪŋ] **I** s **1** dragande, dragning etc., jfr draw **2** ritning, teckning **II** a drag-, dragande **drawing board** ritbräde **drawing card** AE. teat. dragplåster **drawing pin** BE. häftstift **drawing room** sällskaps-, vardags|rum, salong
drawl [drɔ:l] **I** v tala släpigt, släpa på orden **II** s släpigt tal
drawn [drɔ:n] **I** v, perf. part av draw **II** a **1** oavgjord **2** härjad, fårad, tärd
dray [dreɪ] flakvagn **-horse** arbetshäst
dread [dred] **I** v frukta **II** s fruktan, skräck (of för) **III** a, litt. fruktad **-ful** ['dredf(ʊ)l] förskräcklig, hemsk, ryslig **-nought** ['drednɔ:t] **1** dreadnought (typ av slagskepp) **2** sl. tungviktsboxare **3** orädd person
dream [dri:m] **I** s dröm; go like a ~ gå som smort **II** v (dreamt, dreamt el. dreamed, dreamed) drömma; ~ up (vard.) fantisera ihop, hitta på
dreamer ['dri:mə] drömmare; svärmare
dreamlike ['dri:mlaɪk] drömlik **dreamt** [dremt] imperf. o. perf. part. av dream **dreamy** ['dri:mɪ] drömmande, frånvarande, obestämd
dreary ['drɪərɪ] dyster, trist
1 dredge [dredʒ] **I** s **1** släpnät **2** mudderverk **II** v **1** dragga efter **2** muddra [upp]
2 dredge [dredʒ] beströ, pudra över (m. mjöl, socker e.d.)
1 dredger ['dredʒə] bottenskrapa, mudderverk **2 dredger** ['dredʒə] [socker]ströare
dregs [dregz] pl drägg, bottensats; bildl. drägg, avskum
drench [dren(t)ʃ] göra genomvåt, genomdränka
dress [dres] **I** v **1** klä[da]; klä [på] sig; klä om [sig]; ~ o.s. klä sig, klä om [sig]; get ~ed klä sig; ~ up a) klä ut [sig], b) klä upp [sig], klä [sig] fin **2** kamma (snygga) till (hår); rykta; beskära (träd e.d.) **3** bearbeta, bereda; tillreda, tillaga, anrätta; rensa; ordna (varor i skyltfönster e.d.) **4** förbinda, lägga (sköta) om (sår) **5** mil., ~ ranks rätta leden **6** ~ down (vard.) skälla ut, klå upp **II** s dräkt; klädsel, kläder; klänning; full ~ högtidsdräkt, galatoalett **dressage** ['dresɑ:ʒ] [häst]dressyr **dress circle** [,dres'sɜ:kl] teat. första raden **dress coat** [,dres'kəʊt] frack **dresser** ['dresə] **1** köksskåp **2** person som bearbetar etc., jfr dress **3** BE. operationsassistent **4** påklädare, -erska **5** AE. toalettbord **6** he is a fashionable ~ han klär sig modernt
dressing ['dresɪŋ] **1** påklädning; omklädning **2** bearbetning, beredning; tillredning **3** dressing, salladssås; AE. fyllning **4** omslag, förband **5** gödning **dressing-down** [,dresɪŋ'daʊn] vard. utskällning; kok stryk **dressing gown** ['dresɪŋgaʊn] morgonrock **dressing room** ['dresɪŋrʊm] omklädningsrum, toalettrum; klädloge **dressing station** ['dresɪŋˌsteɪʃn] mil. förbandsplats **dressing table** ['dresɪŋteɪbl] toalettbord
dressmaker ['dresmeɪkə] sömmerska, damskräddare **dress rehearsal** [,dresrɪ'hɜ:sl] generalrepetition **dress suit** [,dres'su:t] frack
dressy ['dresɪ] vard. **1** stiligt klädd **2** (om kläder) elegant, stilig
drew [dru:] imperf. av draw
dribble ['drɪbl] **I** v **1** droppa, drypa **2** dregla **3** sport. dribbla **II** s **1** droppande **2** droppe, droppar **3** sport. dribbling **drib[b]let** [-lɪt] smula, skvätt, småsumma
dribs [drɪbz] pl, ~ and drabs (vard.) småportioner, småposter
drier ['draɪə] tork[are], torkmaskin
drift [drɪft] **I** s **1** drivande, drift; strömning; avdrift **2** driva (of snow av snö) **3** tendens, trend; mening **4** drivkraft, impuls **5** avvaktande, overksamhet **II** v **1** driva [fram]; glida **2** driva omkring, ströva **3** hopas i drivor
driftage ['drɪftɪdʒ] **1** sjö. avdrift **2** drivgods **drift ice** drivis **driftwood** [-wʊd] drivved
1 drill [drɪl] **I** s **1** [drill]borr; borrmaskin **2** exercis, drill; träning; vard. rutin **II** v **1** drilla; [genom]borra; borra sig (into in i) **2** exercera, drilla; träna
2 drill [drɪl] zool. drill
3 drill [drɪl] lantbr. radsåningsmaskin
4 drill [drɪl] kyprat bomullstyg, twills
drink [drɪŋk] **I** v (drank, drunk) dricka; supa; bildl. äv. tömma; ~ away one's fortune supa upp sin förmögenhet; ~ in (bildl.) insupa; ~ off dricka ur, tömma; ~ a p.'s health dricka ngns skål; ~ to s.b. dricka ngns skål, skåla med ngn **II** s **1** dryck; food and ~ mat och dryck; the ~ (vard.) drickat, spat, sjön **2** dryckesvaror; spritdryck[er], alkohol; he has a ~ problem han har alkoholproblem **3** dryckenskap **4** drink, glas, sup; klunk; a ~ of water lite (ett glas) vatten **drinkable** ['drɪŋkəbl] drickbar **drinker** ['drɪŋkə] person som dricker; drinkare **drinking** ['drɪŋkɪŋ] **I** s **1** drickande, supande **II** a dryckes-, dricks- **drinking bout 1** supkalas **2** [sup]period **drinking companion** [-kəmˌpænjən] dryckes-, sup|broder **drinking fountain** [-ˌfaʊntɪn] dricksfontän **drinking glass** [-glɑ:s] dricksglas **drinking water** [-ˌwɔ:tə] dricksvatten
drip [drɪp] **I** v droppa; drypa **II** s **1** drypande; [tak]dropp **2** vard. tråkmåns **drip-dry** [ˌdrɪp'draɪ] **I** a som kan dropptorka[s] **II** v dropptorka [s] **dripping** ['drɪpɪŋ] **I** s **1** dropp[ande] **2** stekflott, flottyr; fett (som droppar från stek) **II** a droppande, drypande; ~ wet dyblöt **dripstone** ['drɪpstəʊn] geol. droppsten
drive [draɪv] **I** v (drove, driven) **1** driva; driva på (fram); ~ cattle driva (fösa) boskap; ~ s.b. into a corner tränga in ngn i ett hörn; ~ a ship out of course driva ett fartyg ur kursen **2** köra (bil, häst e.d.); skjutsa; driva (motor o.d.); ~ on the left ha vänstertrafik; driven by electricity eldriven **3** slå, driva, ~ home a) slå i (spik e.d.) ordentligt, b) bildl. inpränta, hamra in; the blow drove a hole in the wall slaget gjorde ett hål i väggen; ~ a nail into a wall slå i en spik i väggen; ~ a tunnel genom en tunnel **4** sport. slå (boll) **5** driva; tvinga; driva på, pressa; ~ s.b. to despair driva ngn till förtvivlan; ~ s.b. mad (crazy) göra ngn galen; you're driving him too hard du pressar honom för hårt; ~ a hard bargain ställa hårda krav **6** driva[s] [fram]; drivas (pressas) på (fram) **7** köra, åka, fara; ~ up outside the house köra upp framför huset **8** slå, driva, piska; the wawes drove against the rocks vågorna slog mot klipporna; ~ ashore driva i land **9** ~ at mena; what are you driving at? (äv.) vart vill du komma? **II** s **1** åktur, färd; körning **2**

körväg, uppfartsväg **3** *sport.* drive **4** energi, kraft, kläm, fart **5** kampanj, 'drive' **6** *tekn.* drift; styrning; *four-wheel* ~ fyrhjulsdrift; *left-hand* ~ vänsterstyrning **7** tendens, riktning **8** *psykol.* drift

drive-in ['draɪvɪn] *AE.* **I** *a* drive-in-; ~ *restaurant* drive-in-restaurang **II** *s* drive-in-|bio, -restaurang *etc.*

drivel ['drɪvl] **I** *v* **1** prata smörja, dilla **2** dregla **3** ~ *away* plottra bort **II** *s* **1** dravel, smörja, tjafs **2** dregel

driven ['drɪvn] *perf. part. av* drive

driver ['draɪvə] **1** chaufför; förare **2** djurfösare **3** *tekn.* drivhjul **4** *golf.* driver **driveway** privat väg; garageinfart

driving ['draɪvɪŋ] **I** *a* drivande *etc.*, *jfr drive*; driv-; ~ *rain* slagregn **II** *s* drivande; körning, åkning *etc.*, *jfr drive* **driving belt** drivrem **driving instructor** [-ɪnˌstrʌktə] körskolelärare, bilinstruktör **driving licence** [-ˌlaɪsns] körkort **driving mirror** [-ˌmɪrə] backspegel **driving school** [-sku:l] kör-, trafik|skola **driving wheel** [-wi:l] drivhjul

drizzle ['drɪzl] **I** *v* dugga, duggregna **II** *s* duggregn

drogue [drəʊg] **1** drivankare; boj **2** *flyg.* vindstrut; bromsfallskärm

droll [drəʊl] [puts]lustig, [tok]rolig, komisk **-ery** ['drəʊləri] putslustighet; komik

dromedary ['drʌməd(ə)rɪ] dromedar

drone [drəʊn] **I** *v* surra, brumma **II** *s* **1** drönare; hanbi **2** *BE.* drönare, slöfock, lätting **3** surr, brummande **4** radiostyrt flygplan

drool [dru:l] **1** *se drivel I* **2** ~ *over* dregla av lystnad inför

droop [dru:p] **I** *v* **1** hänga ner, sloka; sänka sig; sjunka **2** bli kraftlös; bli modlös **II** *s* **1** slokande; sänkning **2** kraftlöshet; modlöshet, nedstämdhet

drop [drɒp] **I** *s* **1** droppe; *a* ~ *in the bucket (ocean)* (*vard.*) en droppe i havet; *he's had a* ~ *too much* han har tittat för djupt i glaset; *acid* ~*s* syrliga karameller **2** prisma (*i ljuskrona*); örhänge **3** fall, fallande, nedgång, sjunkande; *at the* ~ *of a hat* som på en given signal **4** fallucka **5** luftlandsättning **6** *AE.* brevlådeöppning **II** *v* **1** droppa [ner], drypa **2** falla, sjunka; falla (sjunka) ner; stupa; ~ *dead!* (*sl.*) dra (far) åt helvete!; ~ *with fatigue* stupa av trötthet **3** låta falla [bort], släppa, tappa [bort]; utelämna; fälla; släppa ner, luftlandsätta; *bildl.* fälla, låta undfalla sig; ~ *anchor* kasta ankar; ~ *bombs* fälla bomber; ~ *a hem* lägga ner en fåll; ~ *s.b. a hint* ge ngn en vink; ~ *a remark about* fälla en anmärkning om **4** (*om vind*) lägga sig, mojna **5** sätta (släppa, lämna) av (*passagerare, varor*) **6** (*om djur*) [fram]föda **7** *vard.* lämna, överge, upphöra med; bryta (säga upp bekantskapen) med; ~ *it!* sluta!, låt bli!; *let's* ~ *the subject* låt oss lämna det ämnet; ~ *a bad habit* sluta med en ovana **8** *vard.* skicka, sända; ~ *me a line!* skicka en rad [till mig]! **9** *sport.* peta, utesluta; *AE. sl.* sparka (*avskeda*) **10** ~ *away* droppa (troppa) av, falla ifrån; ~ *back* falla tillbaka; ~ *behind* sacka (halka) efter; ~ *by* titta in, komma förbi; ~ *down a)* falla ner, *b)* släppa; ~ *in* titta in (*on s.b.* till, hos ngn; *at the pub* på puben); ~ *off a)* avta, minska, falla bort, *b)* släppa (sätta) av, *c)* slumra (nicka) till, somna; ~ *out a)*

falla ut (*of* ur), *b)* dra sig ur, gå ur, hoppa av, sluta (*of s.th.* ngt); ~ *over* titta över, hälsa 'på; ~ *through* rinna ut i sanden, förfalla

drop curtain ['drɒpˌkɜ:tn] *teat.* ridå **drop forge (hammer)** [-fɔ:dʒ, -ˌhæmə] fallhammare, hejare **drop leaf** [-li:f] [bords]klaff **droplet** [-lɪt] liten droppe **drop-off** [-ɒf] **1** brant sluttning **2** minskning **dropout** [-aʊt] **1** person som hoppat av studier **2** (*socialt*) utslagen **droppings** [-ɪŋz] *pl* [djur]spillning **drop scene** [-si:n] **1** ridå **2** slutakt **drop shot** [-ʃɒt] *sport.* stoppboll

dropsical ['drɒpsɪkl] vattusiktig **dropsy** ['drɒpsɪ] vattusot

droshky ['drɒʃkɪ] (*rysk*) droska

dross [drɒs] **1** slagg **2** avfall; skräp

drought [draʊt] torka, regnbrist **droughty** ['draʊtɪ] torr, regnfattig

drove [drəʊv] **I** *v, imperf. av* drive **II** *s* **1** kreatursjord **2** [folk]massa **drover** ['drəʊvə] boskapsdrivare

drown [draʊn] **1** dränka (*äv. bildl.*); *be* ~*ed* drunkna **2** drunkna **3** översvämma; ~ *out* överrösta

drowse [draʊz] **1** dåsa **2** göra dåsig **II** *s* dåsighet, dåsande **drowsy** ['draʊzɪ] **1** dåsig, sömnig **2** sövande, sömngivande

drub [drʌb] prygla, piska **-bing** ['drʌbɪŋ] kok stryk, smörj

drudge [drʌdʒ] **I** *s* arbetsträl **II** *v* arbeta som en slav, slita **drudgery** ['drʌdʒ(ə)rɪ] slavgöra, hårt rutinarbete

drug [drʌg] **I** *s* drog; läkemedel, medikament; sömn-, bedövnings|medel; ~*s* (*pl*, *äv.*) narkotika; ~ *on the market* svårsåld (osäljbar) vara **II** *v* **1** blanda sömnmedel (gift) i **2** droga; bedöva; förgifta **3** ge läkemedel **drug addict** ['drʌgˌædɪkt] narkotikamissbrukare, narkoman **druggist** ['drʌgɪst] *AE.* apotekare **drugstore** ['drʌgstɔ:] *AE.* drugstore (*apotek o. kemikalieaffär med kiosk o. bar*)

drum [drʌm] **I** *s* **1** trumma; *beat the* ~ slå på trumma; *beat the* ~ *for* (*vard.*) slå på trumman för **2** trummande **3** trumma, cylinder, vals; fat, dunk **4** trumhinna **5** *åld.* trumslagare **II** *v* **1** spela på trumma; trumma; ~ *one's fingers* trumma med fingrarna **2** ~ *up* trumma ihop, samla; ~ *s.th. into a p.'s head* trumfa in ngt i skallen på ngn

drum brake ['drʌmbreɪk] trumbroms **drumfire** *mil.* trumeld **drumhead** trumskinn; ~ *court-martial* ståndrätt **drum major** [ˌdrʌmˈmeɪdʒə] tamburmajor **drum majorette** [ˌdrʌmˌmeɪdʒəˈret] *AE.* [kvinnlig] tamburmajor **drummer** ['drʌmə] **1** trumslagare **2** *AE.* handelsresande **drum roll** ['drʌmrəʊl] trumvirvel **drumstick** ['drʌmstɪk] **1** trum|stock, -pinne **2** *kokk.* kyckling-, fågel|ben (*nedanför låret*)

drunk [drʌŋk] **I** *v, perf. part. av* drink **II** *a* drucken, berusad (*äv. bildl.*), full **III** *s* fyllo, fyllerist; *vard.* supkalas **-ard** ['drʌŋkəd] drinkare, fyllbult **-en** ['drʌŋk(ə)n] **1** drucken, berusad **2** försupen **-enness** ['drʌŋk(ə)nnɪs] **1** fylla **2** dryckenskap, fylleri **-ometer** [drʌŋˈkɒmɪtə] *AE.* alkotestare, ballong

drupe [dru:p] *bot.* stenfrukt

dry [draɪ] **I** *a* (*adv* dryly *el.* drily) **1** torr (*äv. bildl.*); uttorkad; - *goods a)* spannmål, *b)* *AE.*

manufakturvaror; ~ *measure* mått för torra varor; ~ *nurse* barnsköterska; ~ *point* torrnål[sgravyr]; ~ *rot a)* torröta, *b) vard. bildl.* röta; ~ *run* (*vard.*) repetition **2** torr i halsen, törstig; som ger törst **3** (*om bröd*) utan smör (marmelad) **4** sin-, i sin **5** *vard.* torrlagd, utan spritförsäljning **II** *v* torka; torka ut; förtorka, bli torr; ~ *out a)* torka ut, *b) vard.* sitta (sätta) på torken; ~ *up a)* torka ut, sina, *b)* torka (*disk*), *c) vard.* tystna; ; ~ *up!* (*vard.*) håll mun!
dryad ['draɪəd] dryad, skogsnymf
dry cell [ˌdraɪ'sel] *elektr.* torrelement
dry-clean [ˌdraɪ'kliːn] kemtvätta **dry-cleaners** [-əz] (*behandlas som sg*) kemtvätt[inrättning] **dry-cleaning** [-ɪŋ] kemtvätt
dry-cure [ˌdraɪ'kjʊə] torrsalta **drying** ['draɪɪŋ] torkning, torkande **drying room** ['draɪɪŋrʊm] torkrum **dryness** ['draɪnɪs] **1** torka; torrhet **2** tråkighet **dry-salt** ['draɪsɔːlt] torrsalta **dry--salter** ['draɪsɔːltə] *åld.* kemikaliehandlare; diversehandlare **dryshod** ['draɪʃɒd] torrskodd
D. Sc. *förk. för Doctor of Science* **D.S.C.** *förk. för Distinguished Service Cross* **D.S.M.** *förk. för Distinguished Service Medal* **D.S.O.** *förk. för Distinguished Service Order* **D.S.T.** *förk. för daylight-saving time* **D.T.'s** *vard. förk. för delirium tremens* **Du.** *förk. för Duke; Dutch*
dual ['djuːəl] tvåfaldig, dubbel; ~ *carriageway* (*BE.*) väg med skilda körbanor **-ism** [-ɪz(ə)m] dualism
1 dub [dʌb] **I** *v* **1** dubba; ~ *s.b. a knight* dubba ngn till riddare **2** kalla för **3** smörja (*läder*)
2 dub [dʌb] *film.* dubba
3 dub [dʌb] *AE. vard.* klåpare
dubbin[g] ['dʌbɪ|n, -ŋ] läderfett
dubious ['djuːbjəs] **1** tvivelaktig **2** tveksam **dubi|table** ['djuːbɪtəbl] tvivelaktig **-tation** [ˌdjuːbɪ'teɪʃn] tvivel;tvekan
ducal ['djuːkl] hertiglig, hertig-
ducat ['dʌkət] *hist.* dukat
duchess ['dʌtʃɪs] hertiginna **duchy** ['dʌtʃɪ] hertigdöme
1 duck [dʌk] **1** anka; and; *wild* ~ vildand; *like water off a ~'s back* (*vard.*) som vatten på en gås; *she takes to it like a ~ to water* (*vard.*) i det fallet är hon som fisken i vattnet; *play ~s and drakes* kasta smörgås; *play ~s and drakes with* (*vard.*) slösa med, handskas vårdslöst med **2** *BE. vard.* raring, älskling **3** (*i kricket*) noll
2 duck [dʌk] **I** *v* **1** doppa sig, dyka ner (*o. hastigt komma upp igen*) **2** böja sig ner (undan); ducka; bocka sig, nicka **3** *vard.,* ~ [*out*] smita ifrån (undan) **II** *s* **1** (*hastig*) dykning, dopp **2** duckning; bock, nick
3 duck [dʌk] segelduk; *~s* (*pl*) buldansbyxor
4 duck [dʌk] amfibielastbil (*använd under andra världskriget*)
duckbilled platypus ['dʌkbɪld 'plætɪpəs] *zool.* näbbdjur
duckboard ['dʌkbɔːd] spång, gångbräda (*över gyttja e.d.*) **duck hawk 1** *BE.* brun kärrhök **2** *AE.* pilgrimsfalk **duckling** [-lɪŋ] ankunge **duck's arse** ankstjärt (*frisyr*) **duck soup** *AE. sl.* lätt match, enkel sak **duckweed** *bot.* andmat **ducky** [-ɪ] *vard.* **I** *s, BE.* sötnos **II** *a* förtjusande

dryad—dummy cartridge

duct [dʌkt] [rör]ledning, rör; *anat.* kanal, gång
ductile ['dʌktaɪl] **1** tänjbar, formbar; plastisk, böjlig **2** *bildl.* smidig; foglig **ductless** ['dʌktlɪs] *a,* ~ *gland* endokrin körtel
dud [dʌd] **I** *s* **1** blindgångare **2** oduglig sak; oduglig; fiasko **3** falskt mynt, falsk sedel **4** *~s* (*pl*) kläder, tillhörigheter **II** *a* oduglig; falsk
dude [djuːd] *AE. vard.* **1** [kläd]snobb **2** person **3** *ung.* gröna-vågare **dude ranch** *AE.* turistranch
dudgeon ['dʌdʒ(ə)n] *s, in high* ~ mycket förgrymmad
due [djuː] **I** *a* **1** som skall betalas; förfallen till betalning; *the sum which is* ~ *to him* den summa som tillkommer honom; *be* (*become, fall*) ~ förfalla [till betalning] **2** passande, lämplig, behörig, vederbörlig, tillbörlig; *with all* ~ *respect* med all respekt; *in* ~ *course* [*of time*] i vederbörlig ordning, i sinom tid **3** väntad; *I am* ~ *in Paris tomorrow* jag skall vara i Paris i morgon; *when is the train* ~? när beräknas tåget komma in? **4** ~ *to* beroende på, på grund av; *be* ~ *to* bero på **II** *adv* rakt; ~ *north* rätt norrut **III** *s* **1** *a p.'s* ~ vad som tillkommer ngn, ngns rätt; *give a p. his* ~ ge ngn vad som tillkommer honom **2** skuld **3** *~s* (*pl*) *a)* tull, *b)* [medlems]avgift[er]
duel ['djuːəl] **I** *s* duell **II** *v* duellera **dueller** [-ə], **duellist** [-ɪst] duellant
duet[te] [djuː'et] duett; duo
1 duff [dʌf] *sl.* **I** *v* **1** bättra på, göra som ny **2** *Austr.* ändra ägarmärken på, stjäla (*boskap*) **3** *golf.* slå klumpigt **II** *a, BE.* skruttig
2 duff [dʌf] *sl.* rumpa
duffel ['dʌfl] **1** duffel (*tyg*) **2** *AE.* campingutrustning; sportutrustning **duffel bag** persedel|påse, -säck **duffel coat** duffel (*rock*)
duffer ['dʌfə] *vard.* dumhuvud, fårskalle
1 dug [dʌɡ] juver, spene
2 dug [dʌɡ] *imperf. o. perf. part. av* dig
dugout ['dʌɡaʊt] **1** kanot (*urholkad trädstam*) **2** *mil.* underjordisk håla, skyddsrum
duke [djuːk] **1** hertig **2** *sl.,* ~*s* (*pl*) nävar **-dom** ['djuːkdəm] **1** hertigdöme **2** hertigvärdighet
dulcet ['dʌlsɪt] (*om ljud*) smekande, ljuv[lig]
dull [dʌl] **I** *a* **1** trög[tänkt]; långsam, slö, håglös; okänslig **2** trist, tråkig, ointressant **3** matt, glanslös **4** trubbig, slö **5** dov, dämpad; molande; ~ *of hearing* lomhörd **II** *v* göra (bli) trög *etc., jfr I*; matta; dämpa; förslöas **-ard** ['dʌləd] slöfock, trögmåns **-ness** ['dʌlnɪs] tröghet, slöhet; tråkighet; matthet; trubbighet
duly ['djuːlɪ] vederbörligen, som sig bör, i vederbörlig ordning; i rätt tid, punktligt
dumb [dʌm] **1** stum, mållös; ~ *animals* oskäliga djur; ~ *show* pantomim; *strike* ~ göra mållös (stum) **2** *AE. vard.* dum **-bell** ['dʌmbel] **1** hantel **2** *AE. sl.* idiot **-found** [dʌm'faʊnd] göra mållös, förstumma **-waiter** [ˌdʌm'weɪtə] **1** serveringsbord **2** mathiss
dumdum ['dʌmdʌm] *s o. a,* ~ [*bullet*] dumdumkula
dummy ['dʌmɪ] **1** attrapp; skyltdocka; (*buktalares*) docka; [mål]gubbe (*på skjutbana*); dummy; modell, imitation **2** (*i bridge*) träkarl **3** *vard. bildl.* nolla **4** bulvan **5** *sl.* dumskalle, idiot; stum person **6** *BE.* tröstnapp **6** *sport.* fint; *sell a* ~ finta **dummy cartridge** [-ˌkɑːtrɪdʒ] blind-

dummy run—dyed-in-the-wool

patron **dummy run** [-rʌn] provkörning, repetition

dump [dʌmp] **I** *s* **1** [sop]tipp, avstjälpningsplats; avskrädeshög **2** tippning (*av sopor*) **3** *mil.* förrådsplats, depå **4** *vard.* kyffe, håla **5** *data.* innehåll i minne **II** *v* **1** stjälpa av, tippa; släppa (tappa) med en duns; *vard.* göra sig av med, dumpa **2** *hand.* dumpa **3** falla med en duns, dunsa ner **dumper** ['dʌmpə] tippvagn **dumping-cart** ['dʌmpɪŋkɑːt] tippkärra **dumping-ground** ['dʌmpɪŋɡraʊnd] avstjälpningsplats **dumpling** ['dʌmplɪŋ] *kokk.* **1** klimp **2** äppelknyte

dumps [dʌmps] *pl, vard., down in the ~* nere, deppig

dump truck ['dʌmptrʌk] tipplastbil, dumper

dumpy ['dʌmpɪ] kort och tjock

1 dun [dʌn] **I** *a* **1** gråbrun **2** mörk, dunkel **II** *s* **1** gråbrunt **2** gråbrun häst

2 dun [dʌn] **I** *s* **1** indrivare, fordringsägare **2** krav (*på betalning*) **III** *v* kräva

dunce [dʌns] dumhuvud

dunderhead ['dʌndəhed] dumhuvud

dune [djuːn] dyn

dung [dʌŋ] **I** *s* dynga, gödsel **II** *v* gödsla

dungaree [ˌdʌŋɡəˈriː] (*slags*) grovt bomullstyg; *~s* (*pl*) överdragskläder, overall, *AE.* bomullsbyxor

dungeon ['dʌn(d)ʒ(ə)n] fängelsehåla

dunghill ['dʌŋhɪl] gödselstack

dunk [dʌŋk] doppa (*i kaffe e.d.*)

dunno [dəˈnəʊ] *sl.* = [*I*] *don't know*

duo ['djuːəʊ] duo; duett

duodec|imal [ˌdjuːəˈ(ʊ)ˈdesɪml] som har tolv till bas **-imo** [-ɪməʊ] duodes[format]

duode|num [ˌdjuːəˈ(ʊ)ˈdiːnəm] (*pl -na* [-nə] *el. -nums*) *med.* tolvfingertarm

dup. *förk. för* duplicate

dupe [djuːp] **I** *s* lättlurad (lättledd) person **II** *v* dupera, lura **dupery** ['djuːpərɪ] bedrägeri

duple ['djuːpl] *mus., ~ time* tvåtakt

duplex ['djuːpleks] **I** *a* tvåfaldig; *tekn.* duplex- **II** *s, AE., ~* [*apartment*] etagevåning; *~* [*house*] tvåfamiljshus

dupli|cate **I** *a* ['djuːplɪkət] dubbel, tvåfaldig; dubblett-; identisk **II** *s* ['djuːplɪkət] dubblett, duplikat; kopia; *in ~* i två [likalydande] exemplar **III** *v* ['djuːplɪkeɪt] **1** ta kopia av; duplicera **2** fördubbla **-cation** [ˌdjuːpliˈkeɪʃn] **1** duplicering **2** fördubbling **-cator** ['djuːplɪkeɪtə] dupliceringsapparat

duplicity [djuːˈplɪsətɪ] falskhet, dubbelspel

Dur. *förk. för* Durham

dura|bility [ˌdjʊərəˈbɪlətɪ] varaktighet, hållbarhet **-ble** ['djʊərəbl] varaktig, hållbar, slitstark; *~ goods, ~s* (*pl*) varaktiga konsumtionsvaror

duration [djʊ(ə)ˈreɪʃn] varaktighet; *for the ~* till slutet, så länge det varar

duress [djʊ(ə)ˈres] **1** [olaga] tvång **2** fängsligt förvar, fångenskap

during ['djʊərɪŋ] *prep* under [loppet av]

dusk [dʌsk] skymning, dunkel **dusky** ['dʌskɪ] **1** skum, dunkel **2** mörk[färgad], svartaktig

dust [dʌst] **I** *s* **1** damm; stoft; puder, [fint] pulver; *a ~* ett dammoln; *~ and ashes* stor besvikelse; *bite the ~* (*vard.*) bita i gräset; *give s.th. a ~* damma av ngt; *kick up* (*raise*) *a ~* (*vard.*) ställa till bråk; *lick the ~* (*vard.*) kräla i stoftet; *shake the ~ off one's feet* skudda stoftet av fötterna; *throw ~ into a p.'s eyes* slå blå dunster i ögonen på ngn **2** [hushålls]sopor **3** [liten] smula, 'doft' **4** *bildl.* stoft, aska, jord **5** *teol.* (*människans*) kropp; jordiska kvarlevor, stoft **II** *v* **1** ~ [*off*] damma [av], dammtorka; *~ a p.'s jacket for him* (*vard.*) damma på ngn, ge ngn på pälsen; *~ down a*) borsta dammet av, *b*) skälla ut **2** damma [ner]; göra dammig **3** [be]strö, strö över, [be]pudra

dustbin ['dʌs(t)bɪn] soptunna **dust bowl** uttorkat område, nybliven öken **dustcart** sopvagn **dustcloth** *AE.* dammtrasa **dust coat** *BE.* städrock, skyddsrock **dust cover** [-ˌkʌvə] skyddsomslag (*på bok*) **duster** [-ə] **1** *BE.* dammtrasa **2** *AE.* städrock **dusting** [-ɪŋ] **1** damning **2** [be]pudring **2** utskällning **dust jacket** [-ˌdʒækɪt] *se dust cover* **dustman** [-mən] *BE.* renhållningsarbetare, sophämtare **dustpan** [-pæn] sopskyffel **dustproof** [-pruːf] dammtät **dust-up** [-ʌp] *vard.* bråk, gräl, slagsmål **dusty** [-ɪ] **1** dammig; *not so ~* (*vard.*) inte så illa (tokig) **2** (*om färg*) matt, gråaktig **3** tråkig; otillfredsställande

Dutch [dʌtʃ] **I** *a* holländsk, nederländsk; *~ cap a*) holländsk spetsmössa, *b*) pessar; *~ comfort* klen tröst; *~ courage* falskt mod (*genom alkohol*), brännvinskurage; *~ metal* oäkta bladguld; *~ treat* knytkalas; *~ uncle* (*vard.*) person som håller förmaningstal; *go ~* dela på kostnaderna **II** *s* **1** holländska [språket]; *Cape ~* afrikaans, kapholländska; *High ~* högtyska; *Low ~* lågtyska **2** *the ~* holländarna **3** *sl., in ~* i knipa

duteous ['djuːtjəs] högt. el. åld. plikttrogen, lydig **dutiable** ['djuːtjəbl] tullpliktig **dutiful** ['djuːtɪf(ʊ)l] **1** plikttrogen, lydig **2** pliktskyldig

duty ['djuːtɪ] **1** plikt, skyldighet; *in ~ bound* förpliktad **2** åliggande, uppgift; uppdrag; tjänst, tjänstgöring; *off ~* inte i tjänst, ledig; *on ~* i tjänst, tjänstgörande, jour-, vakt|havande; *do ~ for* tjäna som, fungera som **3** skatt, pålaga, avgift, accis; tull **duty-bound** förpliktad **duty-free** [ˌdjuːtɪˈfriː] tullfri **duty officer** ['djuːtɪˌɒfɪsə] dagofficer **duty-paid** ['djuːtɪpeɪd] förtullad, tullfri

D.V. *förk. för Deo Volente* (*lat.*) *God willing*

dwarf [dwɔːf] **I** *s* (*pl ~s el. dwarves*) dvärg **II** *a* dvärg-, dvärglik; *~ tree* dvärgträd **III** *v* **1** förkrympa, hämma i växten **2** få att se mindre ut; *be ~ed by* se liten ut bredvid **-ish** ['dwɔːfɪʃ] dvärg|-lik, -artad

dwarves [dwɔːvz] *pl av* dwarf

dwell [dwel] (*dwelt, dwelt*) **1** *litt.* bo, vistas; dväljas **2** *~* [*up*]*on* dröja vid, uppehålla sig vid

dwelling ['dwelɪŋ] *litt.* bostad **dwelling house** bostads-, bonings|hus **dwelling place** bostad

dwelt [dwelt] *imperf. o. perf. part. av* dwell

dwindle ['dwɪndl] **1** krympa ihop; förminskas **2** få (komma) att krympa ihop

d.w.t. *förk. för deadweight tonnage* **DX** *radio., förk. för distance DX* kortvågsmottagning

dye [daɪ] **I** *v* färga; gå att färga **II** *s* **1** färg; färgämne **2** *bildl.* slag, sort **dyed-in-the-wool** [ˌdaɪdɪnðəˈwʊl] **1** (*om tyg*) av färgat garn **2** *bildl.*

tvättäkta; inbiten, oförbätterlig **dyeing** ['daɪɪŋ]
färgning **dyer** ['daɪə] färgare; ~'s and cleaner's
kemisk tvätt och färgning **dyestuff** ['daɪstʌf]
färgämne **dye-works** ['daɪwɜːks] pl färgeri
dying ['daɪɪŋ] **I** a döende; döds-; ~ wish (words)
sista önskan (ord) **II** s döende[t], död
1 dyke [daɪk] **I** s **1** damm, fördämning **2** dike **II** v
1 dämma för **2** dika
2 dyke [daɪk] sl. lesbisk kvinna
dynamic [daɪˈnæmɪk] dynamisk **dynamics** [-s]
(behandlas vanl. som sg) **1** fys., mus., bildl. dynamik **2** dynamisk kraft **dynamism** ['daɪnəmɪz(ə)m] **1** filos. dynamism **2** dynamisk kraft
dynamite ['daɪnəmaɪt] **I** s dynamit **II** v spränga
med dynamit **dynamiter** [-ə] dynamitard
dynamo ['daɪnəməʊ] [likströms]generator
dynast ['dɪnəst] härskare **dynasty** [-ɪ] dynasti
dysentery ['dɪsntrɪ] dysenteri, rödsot
dyslexia [dɪsˈleksɪə] dyslexi, ordblindhet
dyspep|sia, -sy [dɪsˈpep|sɪə, -sɪ] med. dyspepsi,
dålig matsmältning **-tic** [-tɪk] **I** a **1** som lider av
dålig matsmältning **2** bildl. på dåligt humör, retlig **II** s person som lider av dålig matsmältning
dz. förk. för dozen

E

E, e [iː] (bokstav, ton) E, e; E flat (mus.) ess; E
sharp (mus.) eiss
E förk. för East **E.** förk. för Earl **e.** förk. för engineering **ea.** förk. för each
each [iːtʃ] var, varje; var och en; one apple ~ ett
äpple var[dera], var sitt äpple; they cost 1 pound
~ de kostar 1 pund [per] styck; ~ other varandra;
~ and every girl varenda flicka
eager ['iːɡə] ivrig, angelägen; ~ beaver (vard.)
överambitiös person, arbetsmyra **-ness** [-nɪs]
iver, begär (for efter); otålighet
eagle ['iːɡl] **1** örn **2** (förr) 10-dollarmynt (i guld)
3 golf. eagle (2 slag under par) **eagle-eyed**
skarpögd, med örnblick **eagle owl** zool. uv
eaglet [-ɪt] örnunge
E.&E.O. förk. för errors and omissions excepted
(hand.) med förbehåll för fel och utelämnanden
1 ear [ɪə] öra; mus. äv. gehör; a thick ~ (vard.)
en örfil; wet behind the ~s (vard.) inte torr bakom
öronen; in one ~ and out the other (vard.) i genom det ena örat och ut genom det andra; head
over ~s upp över öronen; up to the ~s (vard.) upp
över öronen; be all ~s (vard.) vara idel öra; be
out on one's ~ (vard.) få sparken; my ~s are
burning a) det hettar i öronen på mig, b) bildl.
man talar [illa] om mig; give (lend an) ~ to lyssna
[välvilligt] till; have an ~ for music ha musiköra;
have the ~ of s.b. (bildl.) ha ngns öra; keep (have)
one's ~ to the ground (vard.) [försöka] hålla sig
informerad om vad som är på gång; make a pig's
~ of (vard.) totalt förstöra; play by ~ a) spela efter gehör, b) vard. handla på känn, improvisera;
set by the ~s tussa ihop, orsaka stridigheter mellan; turn a deaf ~ (vard.) slå dövörat till
2 ear [ɪə] [sädes]ax
ear|ache ['ɪəreɪk] örsprång, ont i öronen **-drop**
(hängande) örhänge **-drum** trumhinna **-flap**
[nerfällbar] öronlapp **-ful** [-fʊl] vard. **1** get an ~
of s.th. lyssna på ngt **2** tillrättavisning, utskällning
earl [ɜːl] (brittisk) greve **-dom** ['ɜːldəm] grevevärdighet
early ['ɜːlɪ] **I** a tidig; för tidig; the E~ Church den
äldsta kyrkan, fornkyrkan; ~ closing eftermiddagsstängt (en dag i veckan); ~ warning förvarning; ~ warning system (mil.) fjärrvarningssystem; at an ~ date inom kort; next week at the earliest tidigast nästa vecka; in the ~ days of the year
under årets första dagar; in ~ summer i början av
sommaren, på försommaren; he was two hours ~
han kom två timmar för tidigt; be an ~ bird (riser)
stiga upp tidigt om morgnarna, vara morgonpigg;
the ~ bird catches the worm morgonstund har
guld i mun; keep ~ hours vara tidigt uppe och tidigt i säng **II** adv tidigt; ~ in the morning tidigt på
morgonen; I cannot come earlier than Friday jag
kan komma tidigast på fredag; as ~ as possible så
tidigt som möjligt
earmark ['ɪəmɑːk] **I** s ägarmärke (i örat på djur);
bildl. kännetecken **II** v **1** märka (djur i örat) **2**
bildl. öronmärka, reservera (för visst ändamål)
earn [ɜːn] [för]tjäna; förvärva; få
1 earnest ['ɜːnɪst] **I** a allvarlig; allvarsam; uppriktig; ivrig; flitig, målmedveten **II** s allvar; in
[dead] ~ på [fullt] allvar; be in ~ mena allvar
2 earnest ['ɜːnɪst] **1** handpenning **2** bevis; försäkran **earnest money** handpenning
earnings ['ɜːnɪŋz] pl förtjänst, inkomst[er],
intäkt[er]
ear|phone ['ɪəfəʊn] hörlur, hörtelefon; öronmussla **-piece** tel. hörlur **-piercing** [-ˌpɪəsɪŋ]
öronbedövande **-plug** [-plʌɡ] öronpropp **-ring**
[-rɪŋ] örhänge **-shot** [-ʃɒt] hörhåll **-splitting**
[-ˌsplɪtɪŋ] öronbedövande
earth [ɜːθ] **I** s **1** jord[klot]; mark; jord, mull,
mylla; the ~ jorden; ~ to ~, [ashes to ashes,] dust
to dust (kyrkl.) av jord är du kommen, jord skall
du åter varda; how (what, why) on ~ hur (vad,
varför) i all (hela) världen; come back (down) to
~ (bildl.) komma ner på jorden igen; cost the ~
(vard.) kosta skjortan (en förmögenhet) **2** lya,
gryt; run to ~ a) tvinga (räv) att gå ner i lya, b)
(om räv) gå ner i lya, c) spåra upp **3** elektr. jord,
jordledning **II** v, elektr. jorda
earth|born ['ɜːθbɔːn] jordisk, dödlig **-bound 1**
jordbunden **2** på väg mot jorden
earthen ['ɜːθn] ler-; jord- **-ware** [-weə] lergods
earthling ['ɜːθlɪŋ] jord|bo, -varelse **earthly** [-lɪ]
a **1** jordisk, världslig **2** vard. tänkbar, möjlig; not
an ~ [chance] inte den minsta chans **earthquake** jord|bävning, -skalv **earthshaking**
[-ˌʃeɪkɪŋ] vard. omskakande, revolutionerande
earthwork [-wɜːk] **1** uppgrävning, schaktning
2 mil. jordvall, skyddsvärn **earthworm** [-wɜːm]
daggmask **earthy** [-ɪ] **1** jord-, av jord **2** jordnära

ear trumpet—ecology

3 grov, plump
ear trumpet ['ɪəˌtrʌmpɪt] hörlur (*för döva*) **ear-wax** [-wæks] öronvax **earwig** [-wɪg] **I** *s* tvestjärt **II** *v*, *åld.* utöva påtryckningar på
ease [i:z] **I** *s* **1** välbefinnande, välbehag; lugn; bekvämlighet; sorglöshet; otvungenhet, ledighet; *a life of* ~ ett bekymmerslöst liv; *at* [*one's*] ~ *a*) ledig, avslappad, obesvärad, ogenerad, *b*) i lugn och ro, bekvämt; [*stand*] *at* ~! (*mil.*) manöver!; *ill at* ~ illa till mods **2** lätthet **3** lättnad, lindring **II** *v* **1** lindra (*pain* smärta) **2** lätta [på]; underlätta; minska; lossa på; ~ *a dress* släppa ut en klänning; ~ *the helm* lätta på rodret; ~ *her!* (*sjö.*) sakta [fart]!; ~ [*down*] *the speed* minska farten; ~ *o.s.* (*nature*) uträtta naturbehov **3** lirka; ~ *out a screw* lirka ut en skruv **4** lätta, släppa, minska, avta **5** ~ *off* (*up*) *a*) lätta, minska, *b*) lätta på, *c*) sakta ner (farten), ta det lugnare, lugna ner sig
easel ['i:zl] staffli
easement ['i:zmənt] **1** *jur.* servitut **2** *åld.* lättnad, lindring
easi|ly ['i:zɪlɪ] *adv* **1** lugnt, behagligt **2** lätt, med lätthet; ledigt; mycket väl; ~ *the best* den absolut bästa; *she may* ~ *come first* hon kan mycket väl komma etta **-ness** [-nɪs] **1** lätthet **2** lugn; ledighet, otvungenhet
east [i:st] **I** *a* östlig, ostlig, östra, öst-; *E~ Berlin* Östberlin; *E~ Germany* Östtyskland; *the E~ Indies* (*pl*) Ostindien; *E~ Indiaman* ostindiefarare; ~ *wind* ostlig vind **II** *adv* mot (åt) öster, österut; ~ *of* öster om; ~ *by south* ost till syd **III** *s* **1** öster, öst, ost; *from the* ~ österifrån; *the wind is in the* ~ vinden är ostlig; *to*[*wards*] *the* ~ mot (åt) öster, österut; *to the* ~ *of* öster om **2** *the E~ a*) Östern, *b*) östra USA, öststaterna, *c*) öst[blocket, -staterna]; *the Far E~* Fjärran Östern; *the Middle E~* Mellanöstern, Mellersta Östern; *the Near E~ a*) Främre Orienten, *b*) Mellanöstern
Easter ['i:stə] påsk[en]; ~ [*Day, Sunday*] påskdag[en]; ~ *Eve* påskafton[en]; ~ *Monday* annandag påsk
easterly ['i:stəlɪ] **I** *a* östlig, ostlig; från (i, mot) öster **II** *adv* östligt, ostligt; från (i, mot) öster, österut **III** *s* östlig vind **eastern** [-n] *äv.* *E~* **1** östlig, ostlig, östra, öst-, ost-; *E~* [*Roman*] *Empire* Östromerska riket **2** österländsk **Easterner** [-nə] **1** österlänning **2** person från de östra delarna av landet **eastward** [-wəd] **I** *a* östlig, ostlig, östra **II** *adv* mot (åt) öster, österut; *sjö.* ostvart **eastwards** [-wədz] *se eastward* II
easy ['i:zɪ] **I** *a* **1** lätt, enkel; ~ *money* lättförtjänta pengar; *it is as* ~ *as anything* det är en barnlek (jätteenkelt); *it's* ~ *for you to say* det är lätt för dig att säga; *come in (be) an* ~ *first* komma in som god etta; ~ *to get on with* lätt att komma överens med **2** bekväm, ledig, behaglig; ~ *manners* ledigt (otvunget) sätt; *at an* ~ *pace* i sakta mak; ~ *on the eye* (*vard.*) snygg att se på, attraktiv **3** bekymmerslös, obekymrad, sorglös; lugn; *feel* ~ *about* känna sig lugn inför; *lead an* ~ *life* leva ett bekymmerslöst liv; *be in E~ Street* (*vard.*) ha det bra ekonomiskt; *a woman of* ~ *virtue* en kvinna som är lätt på foten, en prostituerad **4** mild, lätt; ~ *laws* milda lagar; *on* ~ *terms* på gynnsamma villkor **5** *vard.* medgörlig; lättlurad; ~ *game* (*mark*) lättlurad person **II** *adv* **1** *vard.* lätt, en-

kelt; ~ *come* ~ *go* lätt fånget, lätt förgånget **2** *vard.*, ~ *now!*, ~ *does it!*, [*go*] ~! ta det lugnt!, sakta i backarna!, ta det försiktigt!; *take it* ~! ta det lugnt!; *go* ~ *on* (*with*) spara på, vara rädd om; *go* ~ *on s.b.* inte vara för hård (sträng) mot ngn **3** *mil.*, *stand* ~! lediga!
easy chair [ˌi:zɪˈtʃeə] fåtölj, länstol **easy-going** ['i:zɪˌgəʊɪŋ] **1** sorglös; hygglig **2** bekväm, maklig
eat [i:t] (*ate, eaten*) **1** äta; förtära (*äv. bildl.*); *I'll* ~ *my hat if* (*vard.*) jag ska äta upp min gamla hatt om; ~ *one's words* (*vard.*) få äta upp sina egna ord; ~ *away* fräta (nöta) bort; *what's* ~*ing you?* (*vard.*) vad är det med dig?, vad är du sur för?; ~ *into* fräta (tära) på; ~ *out* äta ute (*på restaurang*); ~ *one's heart out* (*vard.*) grubbla, gräma sig, tråna; ~ *out of s.b.'s hand* äta ur handen på ngn (*äv. bildl.*); ~ *s.b. out of house and home* (*vard.*) äta ngn ur huset; *rats had* ~*en through the floor* råttor hade gnagt sig igenom golvet; ~ *up a*) äta upp, *b*) *vard. bildl.* sluka, suga i sig, förtära **2** *vulg.* ha oralt samlag med
eatable ['i:təbl] **I** *a* ätbar **II** *s*, ~*s* (*pl*) matvaror, livsmedel **eaten** [-n] *perf. part. av eat* **eater** [-ə] **1** person som äter; (*i sms*) -ätare **2** ätäpple **eating** [-ɪŋ] **I** *s* mat **II** *a* ät-; ~ *apples* ätäpplen; ~ *house* matställe **eats** [i:ts] *sl.* käk, krubb
eau de Cologne [ˌəʊdəkəˈləʊn] eau-de-cologne
eaves [i:vz] *pl* tak|fot, -skägg **-drop** ['i:vzdrɒp] tjuvlyssna [på] **-dropper** ['i:vzdrɒpə] tjuvlyssnare
ebb [eb] **I** *s* ebb; *bildl.* nedgång, förfall; ~ *and flow* ebb och flod; *be at a low* ~ (*bildl.*) vara nergången (nere) **II** *v* **1** ebba, dra sig tillbaka **2** *bildl.* ebba ut, sina, avta
ebonite ['ebənaɪt] ebonit
ebony ['ebənɪ] ebenholts
ebul|lience, -liency [ɪˈbʌljəns(ɪ)] känslosvall; hänförelse; stor vitalitet **-lient** [-ljənt] **1** sjudande, kokande **2** översvallande; vital **-lition** [ˌebəˈlɪʃn] **1** sjudning, kokning **2** utströmning; utbrott
EC *fork.* *för East central* (*postdistrikt i London*)
eccen|tric [ɪkˈsentrɪk] **I** *a* excentrisk; *bildl. äv.* originell **II** *s* **1** original, underlig person **2** excentriska **-tricity** [ˌeksenˈtrɪsətɪ] excentricitet; *bildl. äv.* originalitet
eccl[**es**]. *fork. för ecclesiastic*[*al*]
Ecclesiastes [ɪˌkli:zɪˈæstɪ:z] Predikaren
ecclesi|astic [ɪˌkli:zɪˈæstɪk] präst **-astical** [-ˈæstɪk(ə)l] ecklesiastik; kyrko-, kyrklig; andlig
E.C.G. *fork.* *för electrocardio*|*gram, -graph*
echelon ['eʃəlɒn] **1** *mil.* echelong **2** nivå; grad
echin|us [eˈkaɪnəs] (*pl* -*i* [-aɪ]) *zool.* sjöborre
echo ['ekəʊ] **I** *s* (*pl* ~*es*) eko, genljud **II** *v* **1** eka, genljuda, återkastas, ge eko **2** återkasta; upprepa **echo sounder** [-ˌsaʊndə] ekolod
éclair [eɪˈkleə] éclair (*avlång gräddbakelse*)
éclat [eɪˈklɑ:] **1** glans; stor succé **2** anseende
eclectic [eˈklektɪk] **I** *a* eklektisk **II** *s* eklektiker
eclipse [ɪˈklɪps] **I** *s* **1** eklips, förmörkelse; *lunar* ~ månförmörkelse; *solar* ~ solförmörkelse **2** förduklande, tillbakagång **II** *v* förmörka; fördunkla; överskugga **ecliptic** [ɪˈklɪptɪk] **I** *a* ekliptisk, förmörkelse- **II** *s* ekliptika
eclogue ['eklɒg] eklog (*herdedikt*)
ecological [ˌi:kəˈlɒdʒɪkl] ekologisk **ecology**

[iːˈkɒlədʒɪ] ekologi
econ. *förk. för economical; economics; economy*
economic [ˌiːkəˈnɒmɪk] **I** *a* **1** ekonomisk; nationalekonomisk **2** *BE.* lönande **3** *vard.* billig **economical** [-l] **1** ekonomisk, sparsam **2** *se economic 1*, *2* **economics** [-s] **1** (*behandlas som sg*) ekonomi; nationalekonomi **2** *pl* ekonomi, ekonomiska aspekter **economist** [ɪˈkɒnəmɪst] **1** ekonom; nationalekonom **2** hushållare **econo|mize** (*BE. äv. -mise*) [ɪˈkɒnəmaɪz] ~ [*on*] hushålla [med], spara [på] **economy** [ɪˈkɒnəmɪ] **1** ekonomi, sparsamhet; hushållande; besparing, besparingsåtgärd; återhållsamhet **2** ekonomi, ekonomisk förvaltning; ekonomiskt system **3** ordning, organisation, struktur; *the ~ of nature* naturens ordning (hushållning)
ecstacy [ˈekstəsɪ] extas, hänryckning **ecstatic** [ɪkˈstætɪk] extatisk, hänryckt
E.C.T. *förk. för electroconvulsive therapy*
ectoplasm [ˈektə(ʊ)plæz(ə)m] ektoplasma
Ecuador [ˈekwədɔː] Ecuador
ecumenic[al] [ˌiːkjuːˈmenɪk(l)] ekumenisk
eczema [ˈeksɪmə] eksem
Ed *kortform av Edgar, Edward*
ed. *förk. för edited; edition; editor; education*
edacious [ɪˈdeɪʃəs] *skämts.* rovgirig, glupsk
E.D.C. *förk. för European Defence Community*
Eddy [ˈedɪ] *kortform av Edgar, Edward*
eddy [ˈedɪ] **I** *s* [ström]virvel **II** *v* virvla
edelweiss [ˈeɪdlvaɪs] *bot.* edelweiss
Eden [ˈiːdn] *s* Eden, paradiset; *the Garden of ~* Edens lustgård
edge [edʒ] **I** *s* **1** egg; skarp (vass) kant; *bildl.* skärpa; *the ~ of a knife* eggen på en kniv; *give an ~ to, put an ~ on* skärpa, slipa egg på; *take the ~ off a*) göra slö, *b*) *bildl.* ta udden av, *c*) döva; *be on ~* vara nervös (på helspänn); *my nerves are all on ~* jag är förskräckligt nervös; *set s.b.'s teeth on ~* irritera ngn, få ngn att rysa **2** kant; rand, brädd, brant, bryn; *the ~ of the forest* skogsbrynet; *do the outside ~* (*sport.*) åka ytterskär; *be on the ~ of a*) vara på randen av, *b*) vara på vippen att, just stå i begrepp att **3** övertag; fördel; *have the ~ on* (*over*) ha övertaget över, vara ett strå vassare än **4** *dial.* krön, ås **II** *v* **1** kanta, infatta; putsa kanten på (*m. kniv*); *~ a tablecloth with lace* kanta en duk med spets **2** skärpa, slipa, vässa **3** maka [sig], flytta [sig], tränga [sig]; lirka; *~ one's way towards* sakta (försiktigt) maka (flytta) sig mot; *~ one's way through a crowd* bana sig väg genom en folkmassa; *~ away* smyga sig bort; *~ out of a room* smyga sig ut ur ett rum; *~ up to s.b.* sakta närma sig ngn **4** slipa, skärpa, vässa **5** kantställa (*skidor*)
edge tool [ˈedʒtuːl] egg-, skär|verktyg **edge|ways** [-weɪz], **-wise** [-waɪz] med kanten (sidan) före (uppåt); *not get a word in ~* inte få en syl i vädret **edging** [-ɪŋ] kant, bård **edgy** [-ɪ] **1** vass, skarp; kantig **2** lättretlig, otålig
edible [ˈedɪbl] ätlig **edibles** [-z] *pl* matvaror
edict [ˈiːdɪkt] edikt, påbud
edification [ˌedɪfɪˈkeɪʃn] uppbyggelse; upplysning
edi|fice [ˈedɪfɪs] [stor] byggnad **-fy** [-faɪ] uppbygga **-fying** [-faɪɪŋ] uppbygglig
Edinburgh [ˈedɪnb(ə)rə] Edinburgh

edit [ˈedɪt] redigera; vara redaktör för, ge ut; klippa (*film*); *~ out* redigera bort
edit. *förk. för edited; edition; editor*
edition [ɪˈdɪʃn] upplaga, utgåva, edition **editor** [ˈedɪtə] redaktör; utgivare; [film]klippare; [*general*] *~* förlagsredaktör; *managing ~* redaktionschef; *principal* (*supervising*) *~* huvudredaktör **editorial** [ˌedɪˈtɔːrɪəl] **I** *a* redaktörs-, redaktions-, redaktionell; utgivar- **II** *s* [tidnings]ledare
editor in chief [ˌedɪtərɪnˈtʃiːf] chef-, huvud|redaktör **editorship** [ˈedɪtəʃɪp] redaktörskap; redaktion
E.D.P. *förk. för electronic data processing* **E.D.T.** *förk. för* (*AE.*) *Eastern Daylight Time* **educ.** *förk. för educated; educational*
edu|cate [ˈedjuːkeɪt] **1** undervisa, utbilda; [upp]fostra **2** lära, träna **-cation** [ˌedjuːˈkeɪʃn] undervisning, utbildning; [upp]fostran; bildning **-cational** [ˌedjuːˈkeɪʃənl] undervisnings-, utbildnings-; uppfostrings-; bildande; *~ books* läroböcker; *~ experience* lärorik erfarenhet; *~ toys* pedagogiska leksaker **-cationalist**, **-cationist** [ˌedjuːˈkeɪʃnəlɪst, -ˈkeɪʃnɪst] pedagog **-cative** [ˈedjuːkətɪv] bildnings-, fostrande, pedagogisk, lärorik **-cator** [ˈedjuːkeɪtə] uppfostrare; pedagog, lärare
educe [ɪˈdjuːs] dra ut; få fram; härleda
EE *förk. för Early English; electrical engineer*[*ing*]
EEC *förk. för European Economic Community*
EEG *förk. för electroencephalogram*
eel [iːl] ål
e'en [iːn] *poet. sammandragning av 1 even el. evening*
e'er [eə] *poet. sammandragning av ever*
eerie [ˈɪərɪ] kuslig, hemsk; spöklik
eff [ef] (*eufemism för fuck*) *sl.* svära; *~ off!* dra åt helvete!
efface [ɪˈfeɪs] **1** utplåna; sudda ut (bort) **2** ställa i skuggan; *~ o.s.* träda i bakgrunden **-ment** [-mənt] *s* utplånande *etc.*, *jfr efface*
effect [ɪˈfekt] **I** *s* **1** effekt (*äv. fys.*), verkan; resultat, verkning, inverkan, påverkan; *in ~ a*) i själva verket, *b*) praktiskt taget; *with* (*to*) *no ~* utan verkan, verkningslös; *to such good ~ that* så verkningsfull att; *be in ~* vara i kraft (gällande); *bring into ~* sätta i verket; *come into ~* träda i kraft; *have an ~ on* ha effekt på; *put one's knowledge into ~* göra bruk av sina kunskaper; *take ~ a*) göra verkan, ge resultat, *b*) träda i kraft **2** innebörd, innehåll; *my letter was to the ~ that* mitt brev gick ut på att; *or words to that ~* eller liknande ord, eller ngt i den vägen **3** effekt, intryck; *for ~* för effektens skull; *create an ~* göra intryck **4** *~s* (*pl*) effekter, tillhörigheter **II** *v* åstadkomma; genomföra; effektuera, verkställa
effec|tive [ɪˈfektɪv] **1** effektiv; verksam; verkningsfull **2** effektfull **3** verklig, faktisk **4** i kraft, gällande **-tual** [-tʃʊəl] **1** effektiv, verksam **2** bindande, giltig **-tuate** [-tʃʊeɪt] effektuera, verkställa, genomföra, åstadkomma
effemi|nacy [ɪˈfemɪnəsɪ] feminint sätt, omanlighet **-nate** [-nət] feminin, omanlig; förvekligad
effer|vesce [ˌefəˈves] bubbla, skumma, moussera; *bildl.* sprudla **-vescence** [-ˈvesns], **-vescency** [-ˈvesnsɪ] bubblande; mousserande; *bildl.* upprymdhet **-vescent** [-ˈvesnt] bubblande,

effete—elaborate

skummande; mousserande; *bildl.* upprymd, översvallande
effete [ɪˈfiːt] **1** kraftlös, dekadent; utsliten **2** (*om djur o. växter*) steril
effi|cacious [ˌefɪˈkeɪʃəs] effektiv, verksam **-caciousness** [-ˈkeɪʃəsnɪs], **-cacy** [ˈefɪkəsɪ] effektivitet; verkan
efficiency [ɪˈfɪʃ(ə)nsɪ] **1** effektivitet; kompetens, duglighet, prestationsförmåga **2** effektivitet, verkningsgrad **efficiency apartment** [-əˌpɑːtmənt] *AE.* rum med kokskåp **efficient** [-t] **1** effektiv; verksam **2** effektiv, duglig, kompetent
Effie [ˈefɪ] *kortform av* Euphemia
effigy [ˈefɪdʒɪ] avbildning, bild (*på mynt e.d.*); docka, figur
efflo|resce [ˌefləˈres] **1** slå ut i blom **2** *kem.* efflorescera **-rescence** [-ˈresns] **1** blomning **2** *kem.* efflorescering
effluence [ˈefluəns] utflöde, utströmning **effluent** [-t] *I a* utflytande, utströmmande *II s* utsläpp; utflöde, utlopp; avlopp **efflux** [ˈeflʌks] *se effluence*
effort [ˈefət] **1** [kraft]ansträngning; *make an ~ to* anstränga (bemöda) sig för att, göra ett försök att; *make every (a great) ~* göra allt man kan **2** kraftprov; prestation **-less** [-lɪs] lätt och ledig, obesvärad; *~ smile* otvunget leende
effrontery [ɪˈfrʌntərɪ] oförskämdhet
effulgent [ɪˈfʌldʒ(ə)nt] strålande, skimrande
effuse [ɪˈfjuːz] **1** utgjuta **2** utstråla; sprida **3** tala vitt och brett, utgjuta sig **effusion** [ɪˈfjuːʒn] **1** utgjut|ande, -ning **2** öppenhjärtighet, hjärtlighet **3** utgjutelse (*i tal el. skrift*) **effusive** [ɪˈfjuːsɪv] *a* översvallande
EFTA *förk. för* European Free Trade Association
e.g. *förk. för exempli gratia* (*lat.*) *for example*
egad [iːˈgæd] *interj, åld.* vid Gud!; minsann!
egalitarian [ɪˌgælɪˈteərɪən] *I a* jämlikhets- *II s* jämlikhetsförkämpe
1 egg [eg] ägg; *bad ~* (*bildl.*) rötägg; *in the ~* i sin linda; *as sure as ~ is ~s* (*vard.*) så säkert som amen i kyrkan; *have ~ all over one's face* (*vard.*) få stå där med skammen; *lay an egg* (*AE. sl.*) göra fiasko; *put* (*have*) *all one's ~s in one basket* sätta allt på ett kort; *don't teach your grandmother to suck ~s* du ska inte lära mor din göra barn
2 egg [eg] *~* [*on*] driva på, egga [upp]
egg beater [ˈegˌbiːtə] ägg-, gräddeˈvisp **egg cup** [-kʌp] äggkopp **egg flip** [-flɪp] äggtoddy **egghead** [-hed] *vard.* ägghuvud (*intellektuell person*) **eggnog** [-nɒg] äggtoddy **eggplant** [-plɑːnt] *bot.* aubergine, äggplanta **eggshell** [-ʃel] äggskal **egg slice** [-slaɪs] stekspade **egg timer** [-ˌtaɪmə] äggklocka **egg white** [-waɪt] äggvita
ego [ˈegəʊ] **1** *filos.* ego, jag **2** *vard.* fåfänga, inbilskhet; egenkärlek **-centric** [ˌegəʊˈsentrɪk] *I a* egocentrisk *II s* egocentriker **-ism** [ˈegəʊɪz(ə)m] **1** egoism **2** självupptagenhet **-ist** [ˈegəʊɪst] egoist **-istic[al]** [ˌegəʊˈɪstɪk(l)] egoistisk, självisk **-tism** [ˈegəʊtɪz(ə)m] egotism, självförgudning **-tist** [ˈegəʊtɪst] **1** egocentriker **2** egoist **-tistic[al]** [ˌegəʊˈtɪstɪk(l)] **1** egocentrisk, självupptagen **2** egoistisk
ego trip [ˈegəʊtrɪp] *vard.* egotrip, tillfredsställande av självkänslan
egregious [ɪˈgriːdʒəs] oerhörd, enorm
egress [iːˈgres] utgång; utträde **egression** [iːˈgreʃn] utgång
egret [ˈiːgret] **1** ägretthäger, vit häger **2** ägrett (*fjäder*)
Egypt [ˈiːdʒɪpt] Egypten **Egyptian** [ɪˈdʒɪpʃn] *I a* egyptisk *II s* **1** egyptier **2** egyptiska [språket]
eh [eɪ] *interj* **1** va? **2** eller hur?
E.I. *förk. för* East Indian; East Indies
eider [ˈaɪdə] ejder **eider-down 1** ejderdun **2** duntäcke **eider duck** ejder
eight [eɪt] *I räkn* åtta; *a girl of ~* en flicka på åtta år *II s* åtta; åttatal; [*figure of*] *~* åtta (*skridskofigur*); *the ~ of spades* spader åtta, spaderåttan; *by* (*in*) *~s* åtta och åtta, åtta åt gången; *have had one over the ~* (*sl.*) ha tagit sig ett järn för mycket, vara packad **eighteen** [ˌeɪˈtiːn] *I räkn* arton *II s* arton; artontal **eighteenth** [ˌeɪˈtiːnθ] *I räkn* artonde; *the ~ century* sjuttonhundratalet *II s* arton[de]del **eight-figure** [ˈeɪtˌfɪgə] åttasiffrig **eightfold** [ˈeɪtfəʊld] *I a* åtta|dubbel, -faldig *II adv* åtta|dubbelt, -faldigt, åtta gånger så mycket **eighth** [eɪtθ] *I räkn* åttonde; *the ~ century* sjuhundratalet, åttonde århundradet; *~ note* (*AE.*) åttondelsnot; *~ part* åttondel *II adv, the ~ largest city* den åttonde staden i storlek *III s* **1** åttondel **2** [*on*] *the ~ of May* den åttonde maj **3** *mus.* oktav
eighthly [ˈeɪtθlɪ] för det åttonde **eightieth** [ˈeɪtɪɪθ] *I räkn* åttionde *II s* åttio[de]del **eight-ply** [ˈeɪtplaɪ] åttadubbel **eight-room** [ˈeɪtrʊm] *a, ~ flat* åttarummare, åttarumsvåning **eight-sided** [ˈeɪtˌsaɪdɪd] åttasidig, åttkantig **eight|-storeyed** *BE.*, **--storied** *AE.* [ˈeɪtˌstɔːrɪd] *a, ~ house* åttavåningshus **eighty** [ˈeɪtɪ] *I räkn* åttio *II s* åttio; åtti[o]tal; *in the eighties* på åttiotalet; *be in one's eighties* vara mellan 80 och 90 år gammal **eight-year** [ˈeɪtjɜː] åttaårs- **eight-year-old** [ˈeɪtjɜːəʊld] *I a* åttaårig, åtta års *II s* åttaåring **eightyish** [ˈeɪtɪɪʃ] omkring åttio; i åtti[o]årsåldern
Eire [ˈeərə] Eire
eisteddfod [aɪˈsteðvɒd] eisteddfod (*årlig walesisk festival*)
either [ˈaɪðə, *i sht AE.* ˈiːðə] *I pron* **1** endera; vilken[dera]; någon[dera]; *take ~* tag vilken som helst (endera) **2** vardera; båda, bägge *II konj, ~...or a*) antingen...eller, *b*) vare sig...eller; *he is ~ lazy or stupid* han är antingen lat eller dum *III adv* heller; *he sings badly and he can't dance ~* han sjunger dåligt, och inte kan han dansa heller
ejacu|late [ɪˈdʒækjʊleɪt] **1** utropa, utstöta **2** ejakulera, uttömma [sädesvätska] **-lation** [ˌdʒækjʊˈleɪʃn] **1** utrop **2** ejakulation, sädesuttömning
eject [ɪˈdʒekt] kasta (stöta, driva) ut; förvisa; avsätta; vräka **ejection** [ɪˈdʒekʃn] utkastande, utstötande, utdrivande; förvisning; avsättning; vräkning **ejection (ejector) seat** katapultstol
1 eke [iːk] *~ out* få att räcka till, dryga ut; *~ out a living* nödtorftigt dra sig fram
2 eke [iːk] *åld.* också, dessutom
el [el] *vard.* (*av elevated railway*) högbana
elabo|rate *I a* [ɪˈlæb(ə)rət] omsorgsfullt utarbetad, detaljerad; omsorgsfull; utstuderad; komplicerad *II v* [ɪˈlæbəreɪt] **1** genomarbeta, i detalj utarbeta, utveckla **2** komplicera; göra detaljerad

elaboration—eligibility

3 ~ [*up*]*on* breda ut sig över, utveckla, gå in på detaljer om **-ration** [ɪˌlæbəˈreɪʃn] omsorgsfullt utarbetande

élan [eɪˈlɑ̃(ŋ)] élan, hänförelse

elapse [ɪˈlæps] förflyta, förgå

elastic [ɪˈlæstɪk] **I** *a* **1** elastisk; spänstig; tänjbar **2** resår-, gummi- **II** *s* resår, gummi|snodd, -band

elasticity [ˌelæˈstɪsətɪ] elasticitet; spänst[ighet]; tänjbarhet

elate [ɪˈleɪt] göra upprymd (förtjust); fylla med stolthet (optimism) **elation** [ɪˈleɪʃn] upprymdhet, förtjusning, glädje; stolthet

elbow [ˈelbəʊ] **I** *s* **1** armbåge; *at one's* ~ strax bredvid sig; *out at* ~[*s*] trasig på armbågen (armbågarna), luggsliten; *up to the* ~*s with* (*in*) upp över öronen i **2** krök; knä (*på rör e.d.*) **II** *v* **1** knuffa med armbågen **2** ~ *one's way* armbåga sig fram **elbow grease** *vard.* hårt slit **elbow room** armbågs-, sväng|rum

1 elder [ˈeldə] **I** *a* (*komp. av old*) äldre (*om två best. pers. el. syskon*) **II** *s* **1** *my* ~*s* de som är äldre än jag **2** [församlings]äldste

2 elder [ˈeldə] *bot.* fläder **-berry** [-ˌberɪ] fläderbär

elderly [ˈeldəlɪ] äldre, ganska gammal **eldest** [ˈeldɪst] (*superl. av old*) äldst (*om två best. pers. el. syskon*)

elect [ɪˈlekt] **I** *a* [ny]vald (*men inte installerad*); utsedd, korad; *the president* ~ den tillträdande presidenten **II** *s*, *the* ~ (*i sht relig.*) de utvalda **III** *v* **1** välja, utse till (*Mayor* borgmästare) **2** välja, föredra (*to do s.th.* att göra ngt) **election** [ɪˈlekʃn] val (*i sht genom röstning*); *a general* ~ allmänna val **electioneer** [ɪˌlekʃəˈnɪə] **I** *v* agitera, delta i valkampanj **II** *s* agitator, deltagare i valkampanj **elective** [ɪˈlektɪv] **1** val- **2** vald, tillsatt genom val **3** med rätt att välja **4** valfri, tillvals- (*course* kurs) **elector** [ɪˈlektə] **1** väljare; valman; elektor **2** *hist.*, *E*~ kurfurste **electoral** [ɪˈlekt(ə)r(ə)l] **1** valmans-, val-; elektors-; ~ *college* (*i USA*) elektorskollegium (*förrättar presidentval*); ~ *roll* röstlängd **2** *hist.*, *E*~ kurfurstlig **electorate** [ɪˈlekt(ə)rət] **1** valmanskår **2** *hist.* kurfurstendöme

electric [ɪˈlektrɪk] elektrisk, el-; ~ *blue* stålblå; *the* ~ *chair* elektriska stolen; ~ *charge* elektrisk laddning; ~ *eel* (*zool.*) darrål; ~ *eye* fotocell; ~ *field* elektriskt fält; ~ *guitar* elgitarr; ~ *ray* (*zool.*) darrocka; ~ *shock* [elektrisk] stöt; ~ *torch* ficklampa **electrical** [-l] elektrisk, elektricitets-, el-; ~ *engineer* elektroingenjör **electrician** [ˌɪlekˈtrɪʃn] elektriker; elektrotekniker **electricity** [ˌɪlekˈtrɪsətɪ] **1** elektricitet, el, ström **2** el[ektricitets]lära **electricity meter** elmätare **electrification** [ɪˌlektrɪfɪˈkeɪʃn] **1** elektrifiering **2** elektrisering (*äv. bildl.*) **electrify** [ɪˈlektrɪfaɪ] **1** elektrifiera **2** elektrisera; *bildl. äv.* elda, liva

electrocardiogram [ɪˌlektrə(ʊ)ˈkɑːdɪə(ʊ)græm] elektrokardiogram

electro|cute [ɪˈlektrəkjuːt] **1** döda med elektrisk ström **2** avrätta i elektriska stolen **-cution** [ɪˌlektrəˈkjuːʃn] **1** dödande med elektrisk ström **2** avrättning i elektriska stolen

electrode [ɪˈlektrəʊd] elektrod

electroencephalogram [ɪˌlektrə(ʊ)enˈsefələ(ʊ)græm] elektroencefalogram

electro|lysis [ˌɪlekˈtrɒlɪsɪs] elektrolys **-lyte** [ɪˈlektrə(ʊ)laɪt] elektrolyt

electro|magnet [ɪˌlektrə(ʊ)ˈmægnɪt] elektromagnet **-motive** [-ˈməʊtɪv] elektromotorisk

electron [ɪˈlektrɒn] elektron **electronic** [ˌɪlekˈtrɒnɪk] elektronisk; ~ *data processing* elektronisk databehandling; ~ *flash* (*foto.*) elektronblixt; ~ *music* elektronisk musik **electronics** [ˌɪlekˈtrɒnɪks] **1** (*behandlas som sg*) elektronik **2** (*behandlas som pl*) elektroniska komponenter, elektronik **electron microscope** [ɪˈlektrɒnˌmaɪkrəskəʊp] elektronmikroskop

electroplate [ɪˈlektrə(ʊ)pleɪt] **I** *v* galvanisera; försilvra **II** *s* [galvaniserat] nysilver

electroshock treatment [ɪˈlektrə(ʊ)ˌʃɒkˌtriːtmənt] *med.* elchockbehandling

electro|static [ɪˌlektrə(ʊ)ˈstætɪk] elektrostatisk **-technology** elektroteknik **-therapy** *med.* elektroterapi

ele|gance [ˈelɪɡəns] elegans; smak-, stil|fullhet; förfining **-gant** [-ɡənt] elegant; smakfull, stilfull; förfinad

elegiac [ˌelɪˈdʒaɪək] elegisk **elegy** [ˈelɪdʒɪ] elegi

element [ˈelɪmənt] **1** *elektr.*, *mat.*, *språkv.* element; *kem.* grundämne **2** element; *be in one's* ~ vara i sitt rätta element (sitt esse) **3** beståndsdel, ingrediens; element; inslag; moment; *an* ~ *of truth* ett spår av sanning **4** ~*s* (*pl*) första grunderna, elementa **5** *the* ~*s* elementen, elementerna, väder och vind **elemental** [ˌelɪˈmentl] **1** elementernas, elementens **2** elementär; enkel; grundläggande **elementary** [ˌelɪˈment(ə)rɪ] **1** *kem.* grund-, enkel; *fys.* elementar; ~ *particle* elementarpartikel **2** elementär, enkel; grund-; ~ *school a*) BE. (*förr*) låg- och mellanstadium, *b*) AE. *ung.* grundskola (6 el. 8 första klasserna)

elephant [ˈelɪfənt] elefant; *white* ~ *a*) värdelös sak, krimskrams, *b*) felinvestering **elephantiasis** [ˌelɪfənˈtaɪəsɪs] *med.* elefantiasis **elephantine** [ˌelɪˈfæntaɪn] **1** elefant- **2** stor som en elefant, klumpig

ele|vate [ˈelɪveɪt] **1** höja [upp], lyfta upp **2** *bildl.* upphöja, befordra; höja nivån på, lyfta; göra upprymd **-vated** [-veɪtɪd] **1** upphöjd, upplyft; ~ *railway* högbana **2** *bildl.* hög; högstämd; *have an* ~ *opinion of o.s.* ha höga tankar om sig själv; ~ *style* högre stil **3** livad, upprymd; *vard.* lätt berusad **-vation** [ˌelɪˈveɪʃn] **1** [upp]höjande, lyftande; [för]höjning **2** upphöjelse (*to archbishop* till ärkebiskop) **3** höjd (*över havet*, *marken*) **4** upphöjning, höjd, kulle **5** *mil.* elevation[svinkel] **6** högstämdhet; höghet, ädelhet **7** upprymdhet **8** *byggn.* fasadritning **-vator** [ˈelɪveɪtə] **1** elevator; paternosterverk; AE. hiss **2** *i sht* AE. spannmålsmagasin, silo **3** *flyg.* höjdroder

eleven [ɪˈlevn] (*jfr eighteen o. sms.*) **I** *räkn* elva **II** *s* elva (*äv. sport.*) **elevenses** [-sɪz] BE. *vard.* elva-, förmiddags|kaffe, -te **eleventh** [-θ] **I** *räkn* elfte; *at the* ~ *hour* i elfte timmen, i sista minuten **II** *s* elftedel

elf [elf] (*pl elves* [elvz]) alf, älva, hustomte **elfin** [ˈelfɪn], **elfish** [ˈelfɪʃ] **1** alf-, älvlik, älv-, tomte- **2** okynnig, odygdig

elicit [ɪˈlɪsɪt] framlocka, få fram; framkalla

elide [ɪˈlaɪd] *språkv.* elidera[s]

eligi|bility [ˌelɪdʒəˈbɪlətɪ] **1** valbarhet **2** lämplig-

eligible—embrocation

het **-ble** ['elɪdʒəbl] **1** valbar (*for* till) **2** berättigad (*for* till) **3** lämplig, passande, önskvärd

elimi|nate [ɪ'lɪmɪneɪt] **1** eliminera; uteslua, avlägsna **2** *sport.*, ~*d* utslagen **3** *fysiol.* avsöndra **4** *sl.* kallblodigt mörda **-nation** [ɪˌlɪmɪ'neɪʃn] **1** eliminering; uteslutande, avlägsnande **2** *sport.* utslagning **3** *fysiol.* avsöndring **4** *sl.* mord

elision [ɪ'lɪʒn] *språkv.* elision

élite [eɪ'liːt] elit **elitism** [-ɪz(ə)m] elitism, elittänkande

elixir [ɪ'lɪksə] elixir

Eliza|beth [ɪ'lɪzəbəθ] Elizabeth, Elisabet **-bethan** [ɪˌlɪzə'biːθn] **I** *a* elisabetansk **II** *s* elisabetan

elk [elk] älg; *American* ~ kanadahjort, vapiti

ell [el] *hist.* aln

ellipse [ɪ'lɪps] *geom.* ellips **ellip|sis** [-sɪs] (*pl* **-ses** [-siːz]) *språkv.* ellips **elliptic** [-tɪk] *geom.* elliptisk **elliptical** [-tɪkl] *geom. o. språkv.* elliptisk

elm [elm] alm

elocution [ˌelə'kjuːʃn] talarkonst; talteknik **-ary** [-'kjuːʃnərɪ] talar-, tal- **-ist** [-'kjuːʃnɪst] taltekniker, lärare i talteknik

elon|gate ['iːlɒŋɡeɪt] förlänga[s], utdraga[s] **-gation** [ˌiːlɒŋ'ɡeɪʃn] **1** förlängning, utsträckning **2** *astr.* elongation

elope [ɪ'ləʊp] rymma (*för att gifta sig*) **-ment** [-mənt] rymning (*för att gifta sig*)

elo|quence ['eləkw(ə)ns] vältalighet **-quent** [-kw(ə)nt] vältalig; *bildl. äv.* uttrycksfull, talande

else [els] **1** annars; *or* ~ eller också, för annars; *do it, or* ~! gör det, annars så! **2** annan; mer; *anybody* ~ *would have done it* vem som helst annan (alla andra) skulle ha gjort det; *somebody (something)* ~ någon annan (något annat); *nowhere (somewhere)* ~ ingen (någon) annanstans; *who* ~? vem annars (mer)?, vilka andra (fler)?; *where* ~? var annars?; *this is somebody* ~'s *coat* det här är någon annans rock; *do you want anything* ~? vill du ha något mer (annat)? **-where** [ˌels'weə] någon annanstans, på annat (andra) håll

eluci|date [ɪ'luːsɪdeɪt] klargöra, klarlägga, förklara **-dation** [ɪˌluːsɪ'deɪʃn] klargörande, klarläggande, förklaring **-dative, -datory** [ɪ'luːsɪ-deɪtɪv, -deɪt(ə)rɪ] *a* klargörande, klarläggande, förklarande

elude [ɪ'luːd] undkomma, undgå, kringgå, slingra sig undan (ifrån); trotsa, gäcka; *the name* ~*s me* jag kommer inte på namnet **elusive** [ɪ'luːsɪv] undanglidande, gäckande, svårfångad; undvikande; svår att komma ihåg; flyktig

elves [elvz] *pl av* elf

Elysian [ɪ'lɪzɪən] *a*, *the* ~ *fields* de elyseiska fälten

'em [əm] *vard.* = *them*

emaci|ated [ɪ'meɪʃɪeɪtɪd] utmärglad, avtärd **-ation** [ɪˌmeɪʃɪ'eɪʃn] utmärgling, avtärdhet

ema|nate ['eməneɪt] **1** emanera, härröra, utgå (*from* från) **2** emanera, sända ut **-nation** [ˌemə'neɪʃn] emanation, utflöde, utströmning

emanci|pate [ɪ'mænsɪpeɪt] frige (*a slave* en slav); befria; emancipera, frigöra **-pation** [ɪˌmænsɪ'peɪʃn] frigivning; emancipation, frigörelse **-pator** [ɪ'mænsɪpeɪtə] befriare

emascu|late I *v* [ɪ'mæskjʊleɪt] **1** kastrera **2** försvaga, förveklig **II** *a* [ɪ'mæskjʊlɪt] **1** kastrerad **2** försvagad, förveklig **-lation** [ɪˌmæskjʊ'leɪʃn] **1** kastrering **2** försvagning, förveklig

embalm [ɪm'bɑːm] **1** balsamera **2** bevara, hedra (*minnet av*) **3** *poet.* fylla med vällukt **-ment** [-mənt] balsamering

embankment [ɪm'bæŋkmənt] [väg-, järnvägs-]bank; fördämning, jordvall; strandgata (*längs flod*)

embargo [em'bɑːɡəʊ] **I** *s* (*pl* ~*es*) embargo; kvarstad, beslag; handelsförbud; hinder, förbud **II** *v* lägga embargo på; kvarstadbelägga; lägga beslag på; konfiskera

embark [ɪm'bɑːk] **1** inskeppa, ta ombord **2** embarkera, gå ombord **3** ~ [*up*]*on* inlåta sig i (på), ge sig in på **embarkation** [ˌembɑː'keɪʃn] inskeppning; embarkering

embarrass [ɪm'bærəs] **1** göra förlägen; förvirra **2** besvära, hindra **embarrassed** [-t] förlägen, generad (*about* över); besvärad; ~ *by lack of money* i penningknipa **embarrassing** [-ɪŋ] pinsam, genant; besvärande **embarrassment** [-mənt] **1** förlägenhet; förvirring; penningknipa **2** besvär, hinder

embassy ['embəsɪ] ambassad, beskickning

embattled [ɪm'bætld] **1** uppställd i slagordning, rustad till strid **2** *her.* krenelerad

embed [ɪm'bed] **1** bädda in, borra in (*in* i); *bildl.* inpränta, förankra **2** innesluta, omge

embellish [ɪm'belɪʃ] **1** försköna, utsmycka **2** *bildl.* brodera ut **-ment** [-mənt] **1** förskönande, utsmyckande **2** utsmyckning; utbroderande

ember ['embə] glödande kol; ~*s* (*pl*, *äv.*) glöd; *E*~ *days* allmänna böne- och fastedagar

embezzle [ɪm'bezl] försnilla, förskingra **-ment** [-mənt] försnillning, förskingring

embitter [ɪm'bɪtə] **1** göra bitter, förbittra **2** förvärra, förbittra **-ment** [-mənt] bitterhet

emblazon [ɪm'bleɪzn] **1** utbasunera; förhärliga **2** (*praktfullt*) dekorera, utsmycka **3** *her.* pryda med heraldiska figurer

emblem ['embləm] emblem, symbol, tecken **-atic[al]** [ˌemblɪ'mætɪk(l)] symbolisk; *be* ~ *of* symbolisera **-atize** (*BE. äv. -atise*) [em'bleməˌtaɪz] symbolisera

embodiment [ɪm'bɒdɪmənt] **1** förkroppsligande; inkarnation; konkret form **2** införlivande; inneslutning **embody** [ɪm'bɒdɪ] **1** förkroppsliga; inkarnera; ge konkret form åt; vara ett uttryck för **2** införliva, inbegripa, innesluta

embolden [ɪm'bəʊld(ə)n] inge mod, uppmuntra

embolism ['embəlɪz(ə)m] *med.* emboli, blodpropp

embosom [ɪm'bʊzəm] *åld.* **1** omfamna; *bildl.* omhulda **2** inbädda, innesluta

emboss [ɪm'bɒs] utföra i relief, ciselera, prägla; pryda med relief **-ment** [-mənt] relief, drivet arbete

embrace [ɪm'breɪs] **I** *v* **1** omfamna [varandra]; krama[s] **2** anta; ta, gripa (*an opportunity* ett tillfälle); gå över till (*Judaism* judendomen) **3** innefatta, omfatta, inbegripa; spänna över; *physics* ~*s optics* fysik innefattar optik **4** omge, omsluta; *a castle* ~*d by water* ett slott omgivet av vatten **II** *s* omfamning, kram, famntag

embrasure [ɪm'breɪʒə] **1** dörr-, fönster|smyg **2** *mil.* skottglugg

embro|cate ['embrəʊkeɪt] badda, gnida in **-cation** [ˌembrə(ʊ)'keɪʃn] **1** ingnidning, baddning **2**

liniment, salva
embroider [ɪmˈbrɔɪdə] **1** brodera **2** *bildl.* brodera ut **embroidery** [-rɪ] **1** brodering; broderi **2** *bildl.* utbrodering
embroil [ɪmˈbrɔɪl] **1** inveckla, dra in (*i gräl e.d.*) **2** trassla till, komplicera **-ment** [-mənt] **1** förvecklingar **2** oreda, trassel
embryo [ˈembrɪəʊ] embryo; *bildl.* äv. frö; *in* ~ outvecklad, rudimentär, i sin linda **embryonal** [ˈembrɪənl], **embryonic** [ˌembrɪˈɒnɪk] embryonal, foster-
emcee [ˌemˈsiː] *vard.* ceremonimästare; konferencier
emend [iːˈmend] emendera, rätta (*text*) **emendation** [ˌiːmenˈdeɪʃn] emendation, rättelse (*av text*)
emerald [ˈemər(ə)ld] **I** *s* smaragd **II** *a* smaragd-; *an* ~ *dress* en smaragdgrön klänning; *the E*~ *Isle* den gröna ön (*Irland*)
emerge [ɪˈmɜːdʒ] **1** dyka (stiga) upp, höja sig (*from* ur); ~ *from an ordeal* klara sig igenom ett eldprov; ~ *the winner* utgå som segrare **2** *bildl.* uppstå, dyka upp **3** framgå; *it* ~*d that* det framgick att **emergence** [-(ə)ns] uppdykande, uppstigande, framträdande
emergency [ɪˈmɜːdʒ(ə)nsɪ] **1** nödläge, kritisk situation, oförutsedd händelse; *in an* ~, *in case of* ~ i en nödsituation, i ett nödläge; *declare a state of* ~ utlysa undantagstillstånd **2** akutfall **emergency brake** nödbroms **emergency door (exit)** reserv-, nödǀutgång **emergency landing** [-ˌlændɪŋ] nödlandning **emergency ward** [-wɔːd] olycksfallsavdelning
emergent [ɪˈmɜːdʒ(ə)nt] **1** framväxande, frambrytande **2** (*om nation*) nybliven
emeritus [iːˈmerɪtəs] *a* emeritus
emersion [iːˈmɜːʃn] **1** uppdykande, uppstigande; framträdande **2** *astr.* utträdande (*ur förmörkelse*)
emery [ˈemərɪ] smärgel **emery board** sandpapperssfil (*nagelfil*) **emery cloth** smärgelduk
emetic [ɪˈmetɪk] **I** *a* som framkallar kräkning **II** *s* kräkmedel
emf, EMF *förk. för electromotive force*
emiǀgrant [ˈemɪgr(ə)nt] **I** *s* utvandrare, emigrant **II** *a* utvandrar-, emigrant- **-grate** [-greɪt] utvandra, emigrera **-gration** [ˌemɪˈgreɪʃn] utvandring, emigration
émigré [ˈemɪgreɪ] [politisk] emigrant
emiǀnence [ˈemɪnəns] **1** framstående ställning, hög rang, högt anseende **2** *Your* (*His*) *E*~ Ers (Hans) eminens **3** höjd, kulle **-nent** [-nənt] **1** eminent, framstående **2** utmärkt, utomordentlig, enastående
emir [eˈmɪə] emir **-ate** [-rət] emirat
emisǀsary [ˈemɪs(ə)rɪ] emissarie, [hemlig] agent, sändebud **-sion** [ɪˈmɪʃn] **1** utsändande, utstrålning, utströmmande; emission **2** *ekon.* emission
emit [ɪˈmɪt] **1** utsända, utstråla, avge, sprida **2** utstöta, ge ifrån sig (*a scream* ett skrik) **3** *ekon.* emittera
emollient [ɪˈmɒlɪənt] **I** *a* uppmjukande, lenande **II** *s* uppmjukande (lenande) medel
emolument [ɪˈmɒljʊmənt] inkomst, lön, förtjänst, arvode, förmån
emote [ɪˈməʊt] *vard.* vara teatralisk, spela över

embroider—enable

emotion [ɪˈməʊʃn] [sinnes]rörelse, upprördhet; [stark] känsla **-al** [-l] lättrörd, känslosam; känslo-, känslomässig, emotionell **-alist** [-lɪst] känslomänniska **-ality** [ˌɪməʊʃəˈnælətɪ] lättrördhet, emotionell läggning
emotive [ɪˈməʊtɪv] känslomässig, känslo-
Emp. *förk. för Emperor; Empire; Empress*
empanel [ɪmˈpænl] utse panel (jury *e.d.*)
empathy [ˈempəθɪ] inlevelse
emperor [ˈemp(ə)rə] kejsare
emphaǀsis [ˈemfəsɪs] (*pl -ses* [-siːz]) emfas, eftertryck; tonvikt, betoning; *lay* (*put*) ~ *on, give* ~ *to* lägga tonvikten på, betona, ge eftertryck åt **-size** (*BE. äv. -sise*) [-saɪz] [starkt] betona, poängtera, lägga tonvikten på, ge eftertryck åt
emphatic [ɪmˈfætɪk] **1** eftertrycklig, emfatisk; beslutsam, bestämd; *be* ~ *about* insistera på, betona **2** kraftfull, stark (*personality* personlighet) **3** [konturǀ]skarp, tydlig **4** starkt betonad **emphatically** [-(ə)lɪ] *adv* eftertryckligt, med eftertryck
empire [ˈempaɪə] **1** kejsardöme; [kejsar]rike; imperium, [stormakts]välde; *the* [*British*] *E*~ Brittiska imperiet; *the Roman E*~ Romarriket, Romerska riket **2** *E*~ empir[e] **Empire Day** (*förr*) imperiedagen (*24 maj*) **Empire style** empirstil
empiric [emˈpɪrɪk] **I** *a*, *se empirical* **II** *s* **1** empiriker **2** kvacksalvare, charlatan **empirical** [-l] empirisk, erfarenhetsmässig **2** kvacksalvar- **empiricism** [emˈpɪrɪsɪz(ə)m] empiri[sm]
emplane [ɪmˈpleɪn] gå (ta) ombord [på plan]
employ [ɪmˈplɔɪ] **I** *v* **1** sysselsätta, ge arbete åt; anställa; ha i sin tjänst; *be* ~*ed by* (*with*) vara anställd hos; *reading* ~*s a lot of my time* läsning upptar en stor del av min tid **2** använda **II** *s*, *in a p.'s* ~ i ngns tjänst, anställd hos ngn **employee** [ˌemplɔɪˈiː] anställd, arbetstagare **employer** [ɪmˈplɔɪə] arbetsgivare **employment** [ɪmˈplɔɪmənt] **1** sysselsättning, arbete; anställning, plats, tjänst **2** användning **employment agency** *BE.* (*privat*) arbetsförmedling **Employment Service Agency** *BE.* (*statlig*) arbetsförmedling
emporiǀum [emˈpɔːrɪəm] (*pl -ums el. -a* [-ə]) **1** handelscentrum **2** varuhus
empower [ɪmˈpaʊə] **1** bemyndiga **2** göra det möjligt för, tillåta
empress [ˈemprɪs] kejsarinna
emptiness [ˈem(p)tɪnɪs] tomhet
empty [ˈem(p)tɪ] **I** *a* tom (*äv. bildl.*); *vard.* hungrig; *on an* ~ *stomach* på fastande mage; ~ *vessels make most noice* tomma tunnor skramlar mest; ~ *of* tom på, utan **II** *s* tomǀflaska, -fat, -glas, -låda **III** *v* **1** tömma; lasta av; utrymma; hälla (slå, tömma) ut **2** tömmas, bli tom **3** (*om flod*) falla ut, mynna (*into* i) **--handed** [ˌem(p)tɪˈhændɪd] tomhänt **--headed** [ˌem(p)tɪˈhedɪd] enfaldig, dum
emu [ˈiːmjuː] *zool.* emu
emuǀlate [ˈemjʊleɪt] söka efterlikna (överträffa); tävla med **-lation** [ˌemjʊˈleɪʃn] efterliknande; tävlan **-lative, -lous** [ˈemjʊǀlətɪv, -ləs] tävlingslysten; tävlande; tävlings-
emulǀsifier [ɪˈmʌlsɪfaɪə] emulgeringsmedel **-sify** [-sɪfaɪ] emulgera **-sion** [ɪˈmʌlʃn] emulsion
enable [ɪˈneɪbl] ~ *s.b. to* göra det möjligt för ngn

enabling act—endogenous

att, sätta ngn i stånd att **enabling act** [-ɪŋækt] fullmaktslag
enact [ɪ'nækt] **1** anta (*lag*); stadga **2** *teat.* spela, uppföra; *the drama was ~ed in London* dramat utspelades i London **-ment** [-mənt] **1** antagande (*av lag*); stadgande **2** förordning, lag
enamel [ɪ'næml] **I** *s* **1** emalj **2** emalj[arbete, -föremål] **3** nagellack **II** *v* emaljera **-ler** [-ə] emaljör
enamoured [ɪ'næməd] förälskad, betagen (*of* i)
enc. *förk. för enclosed; enclosure*
encage [ɪn'keɪdʒ] sätta i bur
encamp [ɪn'kæmp] förlägga (ligga) i läger; slå läger **-ment** [-mənt] **1** förläggning i läger **2** läger, lägerplats
encapsulate [ɪn'kæpsjʊleɪt] **1** kapsla in [sig] **2** sammanfatta, förkorta
encase [ɪn'keɪs] innesluta, lägga (packa) in; omge; överdraga (*in* med)
encephalitis [ˌenkefə'laɪtɪs] *med.* encefalit, hjärninflammation
enchain [ɪn'tʃeɪn] fängsla, fjättra (*äv. bildl.*) **-ment** [-mənt] *s* fängslande; hopkedjande
enchant [ɪn'tʃɑːnt] **1** förhäxa, förtrolla **2** tjusa **-er** [-ə] **1** trollkarl **2** tjusare, charmör **-ing** [-ɪŋ] förtjusande, bedårande **-ment** [-mənt] **1** trolldom, förtrollning **2** troll-, tjus|kraft **3** förtjusning **-ress** [-rɪs] **1** trollkvinna **2** förtrollerska, tjuserska
encipher [ɪn'saɪfə] chiffrera
encircle [ɪn'sɜːkl] omringa; omge, innesluta **-ment** [-mənt] in-, om|ringning
encl. *förk. för enclosed; enclosure*
enclasp [ɪn'klɑːsp] omsluta
enclave ['enkleɪv] enklav
enclose [ɪn'kləʊz] **1** omge, omsluta, innesluta **2** inhägna; omgärda **3** bifoga, närsluta (*i brev*); *~d please find* härmed bifogas **enclosure** [ɪn'kləʊʒə] **1** inhägnad, inhägnat område; gård **2** inhägnad, stängsel **2** bilaga (*t. brev*)
encode [en'kəʊd] koda
encomi|um [en'kəʊmjəm] (*pl -ums el. -a* [-ə]) högt. lovtal
encompass [ɪn'kʌmpəs] **1** omge, omringa **2** förorsaka **3** omfatta
encore [ɒŋ'kɔː] **I** *interj* dakapo! **II** *s* **1** extranummer **2** dakapo[rop] **III** *v* begära dakapo av; ropa dakapo åt
encounter [ɪn'kaʊntə] **I** *v* möta, träffa [på], stöta på **II** *s* **1** möte, sammanträffande **2** samman|stötning, -drabbning **encounter group** sensitivitetsträningsgrupp
encour|age [ɪn'kʌrɪdʒ] uppmuntra, inge mod; understödja, befrämja **-agement** [-mənt] uppmuntran; understöd, främjande **-aging** [-ɪŋ] uppmuntrande; hoppfull
encroach [ɪn'krəʊtʃ] inkräkta, göra intrång **-ment** [-mənt] intrång, inkräktande, ingrepp, övergrepp
encrust [ɪn'krʌst] **1** täcka med skorpa; bilda skorpa [på] **2** [be]kläda, [be]täcka; *~ed with jewels* juvelbesatt
encum|ber [ɪn'kʌmbə] **1** tynga, betunga, belasta; hindra, besvära **2** belamra **3** *~ed with debts* belastad med skulder, skuldsatt **-brance** [-br(ə)ns] **1** hinder, besvär, belastning, black om foten **2** hypotek, inteckning

ency., encyc., encycl. *förk. för encyclop[a]edia*
encyclop[a]e|dia [enˌsaɪklə(ʊ)'piːdjə] encyklopedi, uppslagsbok **-dic** [-dɪk] encyklopedisk, uppslagsboks-
end [end] **I** *s* **1** slut; ände, ända; avslutning; *the ~* (*sl.*) *a*) botten, *b*) AE. toppen; *the ~ of the road* (*bildl.*) slutet på allt; *that's not the ~ of the world* det är inte hela världen; *that's the ~ of her* (*vard.*) det är slut med henne, hennes saga är all; *that's the ~d of that* och därmed basta; *a sticky ~* (*vard.*) en hemsk död; *go off the deep ~* (*vard.*) tappa humöret; *keep one's ~ up* (*vard.*) stå på sig (*jfr 4*); *make both ~s meet* få det att gå ihop [ekonomiskt]; *put an ~ to* få slut på, sätta stopp för; *~ on a*) med spetsen (fören, kortändan) före, *b*) ände mot ände, för mot för; *all ~s up* totalt, fullständigt; *at the ~ a*) i (på, vid) slutet, *b*) slutligen, till slut; *at the ~ of the day* vid dagens slut; *be at an ~ a*) vara slut (uttröttad), *b*) vara förbi (ute); *I'm at the ~ of my patience* det är slut med mitt tålamod; *in the ~ a*) till slut (sist), *b*) när allt kommer omkring; *no ~ of ...* (*vard.*) en massa..., massor av...; *he's no ~ of a nice fellow* (*vard.*) han är väldigt trevlig; *think no ~ of s.b.* ha höga tankar om ngn; *on ~* (*vard.*) *a*) i sträck, i ett kör, *b*) på högkant (ända); *he talked for hours on ~* han talade timmar i sträck; *bring to an ~* [av]sluta, få (göra) slut på; *come to an ~* ta slut, sluta; *come to a bad ~* sluta illa **2** [sista] bit, ända, stump; *just a few odd ~s left* bara några rester kvar **3** mål, ändamål; avsikt, syfte; *an ~ in itself* ett självändamål; *at a loose ~* (*BE.*), *at loose ~s* (*AE.*) utan mål, utan sysselsättning; *to what ~?* i vilket syfte?; *the ~ justifies the means* ändamålet helgar medlen **4** [an]del; *my ~ of the bargain* min andel i affären; *keep one's ~ up* (*vard.*) göra sitt (*jfr 1*) **5** *sport.* sida; *change ~s* byta sida **II** *v* **1** [av]sluta, göra slut på; *~ it all* (*vard.*) ta livet av sig; *a novel to ~ all novels* en roman som överträffar alla andra **2** sluta, ta slut, upphöra; avlöpa; *all's well that ~s well* slutet gott, allting gott; *in a point* sluta i en spets; *the word ~s in a vowel* ordet slutar på vokal; *~ up a thief* sluta som tjuv; *~ up in prison* sluta (hamna) i fängelse; *~ up doing s.th.* slutligen göra ngt
end-all ['endɔːl] *se be-all*
endanger [ɪn'deɪn(d)ʒə] utsätta för fara, äventyra; riskera
endear [ɪn'dɪə] göra omtyckt (avhållen) **-ing** [-rɪŋ] vinnande, älskvärd, sympatisk **-ment** [-mənt] älskvärdhet; ömhetsbetygelse; *term of ~* smeknamn, smeksamt ord
endeavour [ɪn'devə] **I** *v* bemöda sig (*to* [om] att), sträva (*to* efter att), anstränga sig, försöka **II** *s* bemödande, strävan, ansträngning, försök
endemic [en'demɪk] **I** *a* endemisk, inhemsk **II** *s* endemisk sjukdom
end|game ['endgeɪm] *schack.* slutspel **-ing** [-ɪŋ] **1** slut, avslutning **2** *språkv.* ändelse
endive ['endɪv] chikoré, frisésallad
end|less ['endlɪs] ändlös, oändlig, utan slut **-long** *åld.* på längden; på ända **-most** närmaste änden, längst bort
endocrine ['endə(ʊ)kraɪn] *anat.* **I** *a* endokrin (*gland* körtel) **II** *s* endokrin körtel **endogenous**

[en'dɒdʒɪnəs] *biol.* endogen
endorse [ɪn'dɔːs] **1** endossera, skriva sitt namn på baksidan av (*check*); göra en anteckning på baksidan av; ~ *a* [*driver's*] *licence* (*i sht BE.*) anteckna förseelse på baksidan av ett körkort **2** *bildl.* godkänna, bifalla, stödja, skriva under på **endorsement** [-mənt] **1** endossering; påskrift; anteckning (*på körkort om förseelse*) **2** *bildl.* godkännande, bifall, stöd, bekräftelse
endow [ɪn'daʊ] **1** donera (testamentera) pengar till **2** *bildl.*, ~ *with* begåva med, ge **endowment** [-mənt] **1** donation[smedel] **2** donerande **2** ~*s* (*pl*) begåvning, anlag **endowment insurance** kapitalförsäkring
endpaper ['end,peɪpə] *bokb.* för-, efter|sättsblad
end product slutprodukt
endue [ɪn'djuː] ~ *with* förse med, förläna
endurance [ɪn'djʊər(ə)ns] **1** uthärdande, fördragande; uthållighet **2** vedermöda, prövning, lidande **endure** [ɪn'djʊə] **1** uthärda, [få] utstå, stå ut med; tåla **2** räcka, vara, bestå **enduring** [ɪn'djʊərɪŋ] **1** varaktig, bestående **2** tålig, tålmodig
end|ways *BE.*, **-wise** *AE.* ['end|weɪz, -waɪz] **1** med spetsen (smaländan) före **2** på ända, upprest
ENE *förk. för east-northeast*
enema ['enɪmə] (*pl* ~*s el.* ~*ta* [-tə]) lavemang
enemy ['enəmɪ] **I** *s* fiende; *make an* ~ *of s.b.* få ngn till fiende, bli ovän med ngn **II** *a* fiende-, fiendens, fientlig; ~ *aircraft* fientligt flygplan
energetic [ˌenə'dʒetɪk] energisk, kraftfull **ener|gize** (*BE. äv. -gise*) ['enədʒaɪz] **1** ingjuta kraft i, stimulera **2** ge ström **energy** ['enədʒɪ] energi, kraft; *with* ~ med energi, energiskt, med eftertryck **energy-efficient** ['enədʒɪɪˌfɪʃ(ə)nt] energisnål
ener|vate ['enɜːveɪt] göra kraftlös, försvaga **-vation** [ˌenɜː'veɪʃn]kraftlöshet, försvagning
enfeeble [ɪn'fiːbl] försvaga, göra kraftlös
enfold [ɪn'fəʊld] **1** omsluta, svepa in (om) **2** omfamna **2** vecka
enforce [ɪn'fɔːs] **1** övervaka efterlevnad av; upprätthålla respekten för; genomdriva **2** framtvinga, tilltvinga sig; tvinga; ~ *s..th. upon s.b.* påtvinga ngn ngt **3** ge eftertryck åt, hävda **-ment** [-mənt] **1** upprätthållande; genomdrivande, tillämpning **2** framtvingande
enfran|chise [ɪn'fræn(t)ʃaɪz] **1** ge rösträtt **2** befria, frige **3** ge stadsprivilegier **-chisement** [-(t)ʃɪzmənt] **1** förlänande av rösträtt **2** befriande, frigivning **3** förlänande av stadsrättigheter
eng. *förk. för engine; engineer; engineering; engraver; engraving* **Eng.** *förk. för England; English*
engage [ɪn'geɪdʒ] **1** anställa, engagera **2** reservera, beställa (*tickets* biljetter) **3** engagera, sysselsätta; ta i anspråk, lägga beslag på; fånga (*intresse e.d.*); verka tilldragande på; ~ *s.b. in conversation* inleda samtal med ngn **4** förplikta sig, åtaga sig (*to do s.th.* att göra ngt) **5** ~ *in* engagera sig i, ägna sig åt, deltaga i, inlåta sig på; ~ *in conversation* inleda samtal **6** *mil.* sätta in [i strid]; anfalla; inlåta sig i strid **7** *tekn.* koppla in (ihop); (*om kugghjul*) gripa in i varandra; ~ *the clutch* släppa upp kopplingen; ~ *a gear* lägga i en växel **engaged** [-d] **1** ~ [*to be married*] förlovad (*to* med); *the* ~ *couple* de förlovade; *be* ~ *a*) vara förlovad, *b*) förlova sig; *become* ~ förlova sig (*to* med) **2** upptagen; engagerad; sysselsatt; anställd; *be* ~ *in* deltaga i; *be* ~ *in* (*on, with*) vara sysselsatt (hålla på) med; ~ *tone* (*signal*) (*BE. tel.*) upptagetton **engagement** [-mənt] **1** förbindelse, förpliktelse; åtagande; [avtalat] möte **2** förlovning **3** anställning, engagemang **4** *mil.* strid, sammandrabbning
engender [ɪn'dʒendə] framkalla, skapa, alstra
engin. *förk. för engineering*
engine ['en(d)ʒɪn] **1** maskin; motor; *steam* ~ ångmaskin; *petrol* ~ bensinmotor; *twin-*~*d* tvåmotorig **2** lok[omotiv] **3** instrument, verktyg; ~*s of torture* tortyrinstrument **engine driver** [-ˌdraɪvə] *i sht BE.* lokförare **engineer** [ˌen(d)ʒɪ'nɪə] **I** *s* **1** ingenjör; mekaniker; tekniker; *sjö.* maskinist **2** *AE.* lokförare **3** *mil. vard.* ingenjörssoldat **4** upphovsman **II** *v* **1** anstifta, förorsaka, vara orsak (upphov) till **2** som ingenjör konstruera (bygga, planera) **engineering** [ˌen(d)ʒɪ'nɪərɪŋ] **1** ingenjörs|vetenskap, -konst; [maskin]teknik **2** *vard.* manövrerande, knep **engine room** ['en(d)ʒɪnrʊm] maskinrum **enginery** ['en(d)ʒɪnərɪ] maskineri, maskinuppsättning
England ['ɪŋglənd] England
English ['ɪŋglɪʃ] **I** *a* engelsk; ~ *horn* (*mus.*) engelskt horn **II** *s* **1** engelska [språket]; *the King's* (*Queen's*) ~ riksengelska, korrekt engelska; *Old* ~ fornengelska; *Middle* ~ medelengelska; *in plain* ~ rent ut sagt **2** *the* ~ engelsmännen **III** *v*, *åld.* översätta från engelska **-man** [-mən] engelsman **-woman** [-ˌwʊmən] engelska
engorge [ɪn'gɔːdʒ] **1** *med.*, ~*d* blodöverfylld **2** sluka; *bildl.* mätta
engr. *förk. för engineer; engraved; engraver*
engraft [ɪn'grɑːft] **1** [in]ympa **2** *bildl.* inplanta, införa
engrained [ɪn'greɪnd] *se ingrained*
engrave [ɪn'greɪv] gravera (rista) in; *bildl.* inprägla, inrista **engraver** [-ə] gravör **engraving** [-ɪŋ] **1** [in]gravering **2** gravyr; träsnideri
engross [ɪn'grəʊs] **1** skriva ren, texta **2** ta i anspråk, upptaga, fängsla; ~*ed in* fördjupad i, helt absorberad av **3** *jur.* avfatta, sätta upp (*skrivelse*) **-ment** [-mənt] **1** renskrift, textad skrivelse **2** upptagenhet, försjunkenhet
engulf [ɪn'gʌlf] [upp]sluka; *bildl. äv.* dränka, begrava
enhance [ɪn'hɑːns] intensifiera, öka, höja, stegra
enig|ma [ɪ'nɪgmə] gåta; mysterium **-matic[al]** [ˌenɪg'mætɪk(l)] gåtfull **-matize** (*BE. äv. -matise*) [ɪ'nɪgmətaɪz] göra gåtfull
enjoin [ɪn'dʒɔɪn] ålägga, föreskriva, påbjuda; *jur. äv.* förbjuda
enjoy [ɪn'dʒɔɪ] **1** njuta av; tycka om; ~ *a party* ha roligt på en fest **2** åtnjuta, ha **3** ~ *o.s.* roa sig, ha roligt; ~ *yourself!* mycket nöje!, ha det så trevligt! **-able** [-əbl] njutbar, angenäm, trevlig **-ment** [-mənt] **1** njutning; nöje **2** åtnjutande
enkindle [ɪn'kɪndl] upptända, egga
enl. *förk. för enlarge*[*d*]; *enlisted*
enlace [ɪn'leɪs] omslingra; omsluta
enlarge [ɪn'lɑːdʒ] **1** förstora[s], förstora[s] upp (*äv. foto.*); utvidga[s]; utöka[s] **2** ~ [*up*]*on* breda

enlargement—enthusiast

ut sig över, tala vitt och brett om **enlargement** [-mənt] förstoring (*äv. foto.*); utvidgning; ökning
enlarger [-ə] *foto.* förstoringsapparat
enlighten [ɪnˈlaɪtn] upplysa, lämna upplysningar (information) (*on* om) **-ment** [-mənt] upplysning; *the* [*Age of*] *E~* upplysningen, upplysningstiden
enlist [ɪnˈlɪst] **1** värva; enrollera; *~ed man* (*A.E.*) menig **2** ta värvning, enrollera sig **3** vinna, ta i anspråk, försäkra sig om (*hjälp e.d.*) **-ment** [-mənt] värvning; inskrivning
enliven [ɪnˈlaɪvn] liva [upp], ge liv åt; pigga upp
enmesh [ɪnˈmeʃ] snärja [in], fånga
enmity [ˈenmɪtɪ] fiendskap, antagonism
ennead [ˈenɪæd] grupp (serie) av nio
ennoble [ɪˈnəʊbl] adla; *bildl. äv.* förädla
ennui [ɑːˈnwiː] leda, ledsnad
enor|mity [ɪˈnɔːmətɪ] **1** *the ~ of* det avskyvärda (oerhörda) i **2** ogärning, avskyvärt brott **3** *vard.* enorm storlek (omfattning) **-mous** [-məs] enorm, kolossal, väldig, oerhörd
enough [ɪˈnʌf] *a o. adv* **1** nog; tillräcklig[t]; *~ money* nog [med] pengar, tillräckligt med (mycket) pengar; *just ~* alldeles lagom [med]; *that's ~!, ~ of that!* nu får det vara nog!, nu räcker det!; *trouble ~ and to spare* mer än nog med besvär; *it's not good ~* det duger inte (är inte tillräckligt bra); *~ is as good as a feast* lagom är bäst; *it's ~ to drive one mad* det är så man kan bli galen; *he was kind ~ to* han var vänlig nog att **2** ganska, rätt (nog) [så]; *oddly ~* egendomligt nog; *pleased ~* ganska glad; *sure ~* mycket riktigt!, minsann!; *well ~* ganska bra
enquire, enquiry [ɪnˈkwaɪə, -rɪ] *se inquire, inquiry*
enrage [ɪnˈreɪdʒ] göra rasande, reta upp; *~d* rasande, ursinnig, upprettad
enrapture [ɪnˈræptʃə] hänföra, hänrycka
enrich [ɪnˈrɪtʃ] **1** göra rik; berika **2** pryda, dekorera **3** anrika (*nuclear fuel* kärnbränsle)
enrobe [ɪnˈrəʊb] klä[da]
enrol *BE.*, **enroll** *AE.* [ɪnˈrəʊl] skriva in [sig]; inregistrera [sig]; upptaga[s], intaga[s]; *mil.* värva; ta värvning, enrollera [sig]; *sjö.* mönstra på **enrolment** *BE.*, **enrollment** *AE.* [-mənt] **1** inskrivning; inregistrering; *mil.* värvning, enrollering; *sjö.* påmönstring **2** register, lista
en route [ɑ̃:(n)ˈruːt] på väg
ensconce [ɪnˈskɒns] förskansa; sätta i säkerhet, gömma; *~ o.s.* (*äv.*) slå sig ner
ensemble [ɑ̃:(n)ˈsɑ̃:(m)bl] **1** (*mus. o. plagg*) ensemble; ensemblespel **2** helhet; helhetsintryck
enshrine [ɪnˈʃraɪn] bevara (lägga ner) i ett skrin; bevara, vårda (*som relik*)
enshroud [ɪnˈʃraʊd] insvepa
ensign 1 [ˈensaɪn; *sjö.* ˈensn] [national]flagga, fana; baner, standar; vimpel; *bildl.* symbol, tecken **2** [ˈensaɪn] *AE.* fänrik (*i flottan*) **3** [ˈensaɪn] fanbärare
ensilage [ˈensɪlɪdʒ] ensilering **ensile** [ɪnˈsaɪl] ensilera, lägga i silo
enslave [ɪnˈsleɪv] förslava, göra till slav[ar] (*äv. bildl.*) **-ment** [-mənt] förslavning
ensnare [ɪnˈsneə] snara, fånga i snara; snärja
ensue [ɪnˈsjuː] följa; bli följden, vara en följd (*from, on* av) **ensuing** [-ɪŋ] påföljande

ensure [ɪnˈʃʊə] **1** tillförsäkra; garantera; säkerställa **2** försäkra, skydda
E.N.T. *förk. för ear, nose, and throat*
entail [ɪnˈteɪl] **I** *v* **1** medföra, föra med sig, vara förenad med **2** göra till fideikommiss **II** *s* [upprättande av] fideikommiss
entangle [ɪnˈtæŋgl] **1** trassla (snärja) in; inveckla; *become ~d in* bli inveklad i **2** trassla (krångla) till **-ment** [-mənt] **1** intrasslande; invecklande **2** trassel; komplikation, förveckling **3** hinder
enter [ˈentə] **1** gå (komma, stiga, träda) in i (på) (*a room* ett rum); fara (köra, resa, åka) in i (på) (*a country* ett land); stiga på (upp i, upp på) (*a bus* en buss); tränga igenom (in i); skjuta (sticka) in i; *mil.* rycka (tåga) in i; *the bullet ~ed his arm* kulan trängde in i hans arm; *~ harbour* löpa in i hamn; *it never ~ed my head* (*mind*) det föll mig aldrig in **2** gå med i, bli medlem av (*a party* ett parti); deltaga i; gå in (börja) vid; *~ the Church* bli präst; *~ a race* deltaga i ett lopp; *~ the university* börja läsa vid universitet **3** anteckna, skriva upp (*på lista e.d.*); bokföra; anmäla (*t. skola, tävling e.d.*) **4** framlägga (*a proposal* ett förslag); inge (*t. domstol*); *~ an action against* (*jur.*) inleda en process mot **5** gå (komma, stiga, träda) in (*into* i, på); fara (köra, resa, åka, tränga) in (*into* i, på); *~ into a new career* slå in på en ny bana; *~ into correspondence with* börja korrespondera med; *~ into details* (*an agreement*) gå in på detaljer (en överenskommelse); *~ into a discussion* ge sig in i (inlåta sig i, inleda, [på]börja) en diskussion; *~ into negotiations* ta upp (inleda) förhandlingar; *~ into relations with* träda i förbindelse med; *~ upon a*) slå in på (*a new career* en ny bana), [på]börja, tillträda, *b*) inlåta sig i (på) (*a discussion* en diskussion), gå (komma) in på (*a subject* ett ämne), *c*) inträda i (*a new era* en ny era) **6** *teat.* göra entré; *~ Juliet* (*scenanvisning*) Julia kommer in **7** anmäla sig (*for* till); deltaga
enter|ic [enˈterɪk] inälvs-, tarm-; *~ fever* tyfus, tyfoidfeber **-itis** [ˌentəˈraɪtɪs] *med.* enterit, tarminflammation
enter|prise [ˈentəpraɪz] **1** företagsamhet, driftighet **2** företag, vågstycke **-prising** [-praɪzɪŋ] företagsam, initiativrik
entertain [ˌentəˈteɪn] **1** bjuda (*s.b. to lunch* ngn på lunch) **2** ha gäster, ha bjudning[ar] **3** underhålla, roa **4** överväga **5** hysa, nära (*a hope* ett hopp) **-er** [-ə] entertainer, underhållare **-ing** [-ɪŋ] underhållande, roande
entertainment [ˌentəˈteɪnmənt] **1** underhållning; nöje; *musical ~* musikunderhållning **2** representation **entertainment tax** nöjesskatt **entertainment value** *be good ~ value* ha stort underhållningsvärde
enthral *BE.*, **enthrall** *AE.* [ɪnˈθrɔːl] trollbinda, fängsla **enthralling** [-ɪŋ] fängslande, gripande, spännande
enthrone [ɪnˈθrəʊn] placera på tronen; installera (biskop); *bildl.* hedra, upphöja; *sit ~d* trona, ha främsta platsen **-ment** [-mənt] upphöjande på tronen; biskopsinstallation
enthuse [ɪnˈθjuːz] *vard.* **1** bli entusiastisk **2** entusiasmera **enthusiasm** [-ɪæz(ə)m] entusiasm, hänförelse **enthusiast** [-ɪæst] entusiast, eldsjäl

enthusiastic [ɪnˌθjuːzɪˈæstɪk] entusiastisk, hänförd
entice [ɪnˈtaɪs] locka, förleda **-ment** [-mənt] lockelse; lockmedel
entire [ɪnˈtaɪə] **1** hel, fullständig, oavkortad; total, odelad; intakt **2** ej kastrerad **-ly** [-lɪ] **1** helt [och hållet], fullständigt; totalt **2** enbart; endast **-ty** [-tɪ] helhet; *the ~ (äv.)* det hela
entitle [ɪnˈtaɪtl] **1** berättiga; *be ~d to* vara berättigad till [att] **2** betitla, benämna, kalla; *~d (äv.)* med titeln
entity [ˈentətɪ] **1** självständigt helt, enhet **2** väsen **3** verklighet
entomb [ɪnˈtuːm] **1** begrava, jorda **2** tjäna som grav för **-ment** [-mənt] begravning
entomolo|gist [ˌentə(ʊ)ˈmɒlədʒɪst] entomolog **-gy** [-dʒɪ] entomologi
entourage [ˌɒntʊˈrɑːʒ] **1** omgivning[ar] **2** följe, uppvaktning
entrails [ˈentreɪlz] *pl* **1** inälvor **2** inre, innandöme
entrain [ɪnˈtreɪn] stiga på tåg; lasta in på tåg
1 entrance [ˈentr(ə)ns] **1** ingång, entré; infart; uppgång; *the ~ to (of) a harbour* inloppet till en hamn; *private ~* egen ingång **2** entré, inträde, inträdande; intåg **3** tillträde, inträde
2 entrance [ɪnˈtrɑːns] försätta i trance (extas); hänföra, hänrycka
entrance examination [ˈentr(ə)nsɪɡˌzæmɪˈneɪʃn] inträdesprov **entrance fee** [-fiː] inträdesavgift **entrance ticket** [-ˌtɪkɪt] entrébiljett
entrant [ˈentr(ə)nt] **1** person som inträder, inträdande **2** [anmäld] deltagare, tävlande
entrap [ɪnˈtræp] **1** fånga [i fälla], snara, snärja **2** förleda, lura
entreat [ɪnˈtriːt] bönfalla, enträget be **entreaty** [-ɪ] enträgen bön
entrée [ˈɒntreɪ] **1** tillträde **2** entrérätt; *AE.* huvudrätt
entremets [ˈɒntrəmeɪ] *sg* **1** dessert **2** *(förr)* mellanrätt *(mellan huvudrätt o. dessert)*
entrench [ɪnˈtren(t)ʃ] **1** omge av skyttegrav (skyttevärn) kring **2** befästa; förskansa **3** *~ upon* inkräkta på, överträda **-ment** [-mənt] befästning, förskansning; skyttegrav
entrepreneur [ˌɒntrəprəˈnɜː] **1** entreprenör; företagare **2** mellanhand
entrust [ɪnˈtrʌst] *v*, *~ s.b. with s.th*, *~ s.th. to s.b.* anförtro ngn ngt (ngt åt ngn)
entry [ˈentrɪ] **1** inträde; entré; intåg; inresa; tillträde **2** entré, ingång, dörr **3** införande, notering; post; uppslagsord, artikel *(i lexikon e.d.)* **4** deltagarantal, deltagare, tävlande **5** *jur.* besittningstagande; intrång **entry permit** inresetillstånd
entwine [ɪnˈtwaɪn] **1** fläta ihop (samman); vira om **2** slingra sig samman
enumer|ate [ɪˈnjuːməreɪt] **1** räkna upp **2** räkna **-ation** [ɪˌnjuːməˈreɪʃn] uppräkning
enunci|ate [ɪˈnʌnsɪeɪt] **1** uttala [klart och tydligt]; artikulera **2** utforma, formulera **-ation** [ɪˌnʌnsɪˈeɪʃn] **1** uttal; artikulation **2** utformning, formulering
envelop [ɪnˈveləp] **1** svepa (hölja) in **2** *mil.* innesluta, omringa
envelope [ˈenvələʊp] **1** kuvert; omslag **2** hölje; *bot.* hylle
envelopment [ɪnˈveləpmənt] **1** insvepande, inhöljande **2** *mil.* inneslutning **3** [om]hölje
envi|able [ˈenvɪəbl] avundsvärd **-ous** [-əs] avundsjuk
environ [ɪnˈvaɪər(ə)n] omsluta, omge **environment** [-mənt] **1** omgivning[ar]; omvärld, förhållanden; miljö **2** omgivande **environmental** [ɪnˌvaɪər(ə)nˈmentl] miljö-; *~ control (protection)* miljö|vård, -skydd **environmentalist** [ɪnˌvaɪər(ə)nˈmentəlɪst] miljövårdare **environs** [ɪnˈvaɪər(ə)nz] *pl* omgivningar
envisage [ɪnˈvɪzɪdʒ] **1** föreställa sig; betrakta **2** förutse **3** *åld.* [modigt] möta **envision** [ɪnˈvɪʒn] föreställa sig; förutse
envoy [ˈenvɔɪ] envoyé
envy [ˈenvɪ] **I** *s* avund[sjuka] **II** *v* avundas, missunna
enwrap [ɪnˈræp] hölja (svepa) in; *~ped in thoughts* försjunken i tankar
enzyme [ˈenzaɪm] enzym
eon [ˈiːən] *AE.* eon, evighet
EP [ˈiːˈpiː] EP[-skiva], maxisingel
epaulet[te] [ˌepə(ʊ)ˈlet] epålett
Eph. *förk. för Ephesians*
ephemeral [ɪˈfemər(ə)l] efemär, kortlivad, dagsländelik
epic [ˈepɪk] **I** *a* **1** episk **2** grandios, storslagen **II** *s* epos, episk dikt
epicentre [ˈepɪsentə] epicentrum
epicure [ˈepɪˌkjʊə] **1** läckergom, finsmakare **2** epikuré **epicurean** [ˌepɪkjʊ(ə)ˈriːən] **I** *s* epikuré, njutningsmänniska **II** *a* epikureisk, njutningslysten
epidemic [ˌepɪˈdemɪk] **I** *s* epidemi **II** *a* epidemisk
epidermis [ˌepɪˈdɜːmɪs] epidermis, överhud
epiglot|tis [ˌepɪˈɡlɒtɪs] *(pl -tises el. -tides* [-tɪdiːz]) epiglottis, struplock
epigram [ˈepɪɡræm] epigram **-matic** [ˌepɪɡrəˈmætɪk] epigrammatisk
epigraph [ˈepɪɡrɑːf] **1** inskription **2** motto
epilep|sy [ˈepɪlepsɪ] epilepsi **-tic** [ˌepɪˈleptɪk] **I** *a* epileptisk **II** *s* epileptiker
epilogue [ˈepɪlɒɡ] epilog
Epiphany [ɪˈpɪfənɪ] **1** trettondagen *(6 jan.)* **2** *e~* uppenbarelse
Epis[c]. *förk. för Episcopal[ian]*
episco|pacy [ɪˈpɪskəpəsɪ] **1** episkopalstyrelse **2** *the ~* episkopatet, biskoparna **-pal** [-pl] biskops-, biskoplig; episkopal **-palian** [ɪˌpɪskə(ʊ)ˈpeɪljən] **I** *a* episkopal **II** *s* medlem av episkopalkyrkan **-pate** [ɪˈpɪskə(ʊ)pət] **1** episkopat, biskopsvärdighet **2** *the ~* episkopatet, biskoparna
epi|sode [ˈepɪsəʊd] episod; avsnitt, del **-sodic[al]** [ˌepɪˈsɒdɪk(l)] episodisk; tillfällig, sporadisk
epistemology [eˌpɪstɪˈmɒlədʒɪ] kunskapsteori
epistle [ɪˈpɪsl] epistel; brev; *the E~s of Paul* Pauli brev **epistolary** [ɪˈpɪstələrɪ] brev-; i brevform
epitaph [ˈepɪtɑːf] epitaf[ium], gravskrift
epithalami|um [ˌepɪθəˈleɪmjəm] *(pl -a* [-ə]) bröllopssång
epithet [ˈepɪθet] epitet
epitome [ɪˈpɪtəmɪ] **1** typiskt exempel; personifikation **2** samman|fattning, -drag
epito|mize *(BE. äv. -mise)* [ɪˈpɪtəmaɪz] **1** vara ty-

pisk för; personifiera **2** sammanfatta, göra ett sammandrag av
E.P.N.S. *förk. för electroplated nickel silver*
epoch ['i:pɒk] epok; *mark an* ~ bilda epok **-al** ['epɒkl] **1** som rör en epok **2** epokgörande **--making** ['i:pɒkˌmeɪkɪŋ] epokgörande
epos ['epɒs] epos
eq. *förk. för equal; equation; equivalent*
equa|bility [ˌekwə'bɪlətɪ] **1** jämnhet, likformighet **2** lugn **-ble** ['ekwəbl] **1** jämn, likformig **2** lugn
equal ['i:kw(ə)l] **I** *a* **1** lika; samma; jämställd, jämlik; ~ *pay for* ~ *work* lika lön för lika arbete; ~ *sign* likhetstecken; *of* ~ *length* av samma längd, lika långa; *all men are* ~ *before the law* alla människor är lika inför lagen; *be on* ~ *terms* (*on an* ~ *footing*) *with* stå på jämlik fot med; *now we're* ~ nu är vi kvitt **2** *be* ~ *to* vara lika med; *be* ~ *to the situation* vara situationen vuxen; *be* ~ *to one's work* klara av sitt jobb **II** *s* like; jämlike; *she has no* ~ det finns inte hennes like (make) **III** *v* vara lik; motsvara; vara jämställd (jämlik) med; *three times two* ~*s six* tre gånger två är lika med sex; *not to be* ~*led* oförliknelig, makalös **equality** [i:'kwɒlətɪ] **1** likhet **2** jämlikhet, jämställdhet; likställdhet, likställighet; *on an* ~ på jämställd fot **equal|ization** (*BE. äv. -isation*) [ˌi:kwəlaɪ'zeɪʃn] **1** likställande, utjämning; likställdhet **2** *sport.* utjämning, kvittering **equal|ize** (*BE. äv. -ise*) ['i:kwəlaɪz] **1** göra lika; likställa **2** *sport.* utjämna, kvittera **equalizer** (*BE. äv. -iser*) ['i:kwəlaɪzə] **1** utjämnare **2** *sport.* utjämnings-, kvitterings|mål **3** *AE. sl.* puffra (*pistol*) **equally** ['i:kwəlɪ] *adv* lika; jämnt
equals sign ['i:kwəlzsaɪn] likhetstecken
equanimity [ˌekwə'nɪmətɪ] jämnmod, fattning
equate [ɪ'kweɪt] **1** likställa, jämställa; sätta likhetstecken mellan **2** *mat.* uppställa som ekvation
equation [ɪ'kweɪʃn] **1** ekvation **2** utjämning, jämkning; jämvikt **3** jämställande
equator [ɪ'kweɪtə] ekvator **-ial** [ˌekwə'tɔːrɪəl] ekvatorial-
equestri|an [ɪ'kwestrɪən] **I** *s* rid-; ryttar- **II** *s* ryttare **-enne** [ɪˌkwestrɪ'en] [cirkus]ryttarinna
equi|angular [ˌi:kwɪ'æŋɡjʊlə] likvinklig **-distant** med (på) samma avstånd **-lateral** liksidig **equilibrate** [ˌi:kwɪ'laɪbreɪt] bringa (vara) i jämvikt; väga jämnt [med] **equilibrist** [i:'kwɪlɪbrɪst] ekvilibrist, balanskonstnär, akrobat **equilibri|um** [ˌi:kwɪ'lɪbrɪəm] (*pl -ums el. -a* [-ə]) **1** jämvikt, jämviktsläge **2** avvägande, balanserande
equine ['ekwaɪn] häst-
equi|noctial [ˌi:kwɪ'nɒkʃl] **1** dagjämnings- **2** tropisk, ekvatorial; ~ *gale* tropisk storm **-nox** ['i:kwɪnɒks] dagjämning; *autumnal* ~ höstdagjämning; *vernal* ~ vårdagjämning
equip [ɪ'kwɪp] **1** utrusta; rusta; *you are better* ~*ped than I for the task* du är bättre rustad än jag för uppgiften **2** ekipera **equipage** ['ekwɪpɪdʒ] **1** ekipage **2** *mil.* utrustning **equipment** [ɪ'kwɪpmənt] **1** utrustning (*äv. bildl.*); *kitchen* ~ köksutrustning **2** utrustande **3** ekipering
equipoise ['ekwɪpɔɪz] **I** *s* **1** jämvikt **2** motvikt **II** *v* mot-, upp|väga; hålla i jämvikt; balansera
equitable ['ekwɪtəbl] rättvis; skälig
equitation [ˌekwɪ'teɪʃn] ridkonst
equity ['ekwətɪ] **1** rimlighet, billighet; rättvisa; rättvis fordran **2** sedvanerätt **3** *E~* (*BE.*) skådespelarnas fackförbund **equity stock** *koll.* stamaktier
equiv. *förk. för equivalent*
equiva|lence [ɪ'kwɪvələns] likvärdighet, jämngodhet; *kem.* ekvivalens **-lent** [-lənt] **I** *a* likvärdig, överensstämmande (*to* med); fullt motsvarande (*to s.th.* ngt); *kem.* ekvivalent **II** *s* **1** motsvarighet (*of* till); *kem.* ekvivalent **2** motsvarande värde
equivo|cal [ɪ'kwɪvəkl] **1** tvetydig, dubbeltydig **2** tvivelaktig **-cate** [-keɪt] **1** yttra sig tvetydigt **2** komma med undanflykter, slingra sig **-cation** [ɪˌkwɪvə'keɪʃn] **1** tvetydigt uttryckssätt **2** dubbeltydighet
equi|voke, -voque ['ekwɪvəʊk] **1** ordlek, vits **2** tvetydighet **3** tvetydigt uttryck
E.R. *förk. för Elizabeth Regina; Eduardus Rex*
era ['ɪərə] **1** era, tidevarv **2** tideräkning
eradi|cate [ɪ'rædɪkeɪt] rycka upp med roten, utrota **-cation** [ɪˌrædɪ'keɪʃn] utrotning
erase [ɪ'reɪz] radera [ut]; sudda ut (bort); utplåna **erasement** [-mənt] [ut]radering; utplånande **eraser** [-ə] rader|gummi, -kniv, kautschuk **erasure** [ɪ'reɪʒə] **1** [ut]radering, utstrykning **2** radering, raderat ställe
ere [eə] *poet., se before*
erect [ɪ'rekt] **I** *a* upprätt[stående], rak; *fysiol.* erigerad, styv **II** *v* **1** [upp]resa, ställa upprätt **2** bygga, uppföra **3** bilda, upprätta **4** *bildl.* upphöja, förhärliga **5** *fysiol.* erigera, styvna **erection** [ɪ'rekʃn] **1** [upp]resande **2** byggande, uppförande **3** bildande, inrättande **4** *konkr.* byggnad, konstruktion **5** *fysiol.* erektion **erectness** [ɪ'rektnɪs] upprätt ställning
eremite ['erɪmaɪt] eremit
erg [ɜːɡ] *fys.* erg
ergonomics [ˌɜːɡə(ʊ)'nɒmɪks] (*behandlas som sg*) ergonomi
ergot ['ɜːɡət] *bot.* mjöldryga
eristic [e'rɪstɪk] dispytlysten
ermine ['ɜːmɪn] **1** hermelin[sskinn] **2** domarvärdighet
erne [ɜːn] *zool.* havsörn
Ernie ['ɜːnɪ] *kortform av Ernest*
erode [ɪ'rəʊd] erodera[s], fräta[s] bort; *bildl.* undergräva[s]
erogenous [ɪ'rɒdʒɪnəs] erogen
ero|sion [ɪ'rəʊʒn] erosion; erodering **-sional** [-l], **-sive** [ɪ'rəʊsɪv] erosions-, eroderande
erotic [ɪ'rɒtɪk] erotisk **erotica** [-ə] erotisk litteratur (konst) **eroticism** [ɪ'rɒtɪsɪz(ə)m], **erotism** ['erətɪz(ə)m] **1** erotisk natur (egenskap) **2** erotisk symbol, erotik (*i litteratur e.d.*) **3** sexuell upphetsning
err [ɜː] **1** fela **2** ta fel, misstaga sig **3** *it is better to* ~ *on the side of caution* hellre fria än att fälla (*i tveksamma fall*)
errand ['er(ə)nd] ärende, uppdrag; *go on* (*run*) ~*s for s.b.* gå (springa) ärenden åt ngn **errand boy** [-bɔɪ] springpojke
errant ['er(ə)nt] **I** *a* **1** *åld. el. poet.* kring|vandrande, -strövande **2** vilsegången, felande
errata [e'rɑːtə] *pl av erratum*
erratic [ɪ'rætɪk] **I** *a* **1** underlig, excentrisk, obe-

räknelig **2** oregelbunden, planlös; irrande, kringflackande **3** geol., ~ block flyttblock **II** s, geol. flyttblock
erra|tum [e'rɑːt|əm] (pl -ta [-tə]) tryck-, skriv|fel; -ta (pl) rättelselista (i bok)
erroneous [ɪ'rəʊnjəs] felaktig, oriktig
error ['erə] **1** fel, felaktighet, misstag; be in ~ ha fel, missta sig **2** mat. avvikelse **3** förseelse, synd
ersatz ['eəzæts] surrogat, ersättning
erst [ɜːst] åld. **1** fordom **2** först **-while I** a förutvarande **II** adv, åld. fordom
erudite ['eruːdaɪt] lärd **erudition** [ˌeruːˈdɪʃn] lärdom
erupt [ɪ'rʌpt] **1** få (ha) ett utbrott **2** (om utslag) slå ut; (om tand) spricka fram **eruption** [ɪ-'rʌpʃn] **1** utbrott; eruption **2** [hud]utslag; framsprickande **eruptive** [ɪ'rʌptɪv] **1** ut-, fram|brytande; eruptiv **2** med utslag
escalate ['eskəleɪt] eskalera, trappa[s] upp; öka kraftigt **escalation** [ˌeskəˈleɪʃn] eskalering, upptrappning; kraftig ökning **escalator** ['eskəleɪtə] rulltrappa **escalator clause** indexklausul (i löneavtal)
escalope ['eskələʊp] tunn skiva [kalv]kött
escapade [ˌeskəˈpeɪd] eskapad; upptåg
escape [ɪ'skeɪp] **I** v **1** fly, rymma; undkomma, klara sig undan **2** (om vätska, gas) läcka (rinna, strömma) ut **3** undgå; undslippa; you can't ~ the fact that du kan inte förneka det faktum att; the word ~s me jag kommer inte på ordet **II** s **1** flykt, rymning; have a miraculous ~ undkomma som genom ett under; have a narrow ~ med knapp nöd undkomma; there is no ~ det går inte att undkomma, det finns ingen utväg **2** läcka, utströmning (av vätska, gas) **escape hatch** nödutgång (i form av lucka) **escapement** [-mənt] spärrhake, gång (i urverk) **escape pipe** avloppsrör
escapism [-ɪz(ə)m] eskapism, verklighetsflykt
escapologist [ˌeskeɪˈpɒlədʒɪst] utbrytarkung
escarp [ɪ'skɑːp] mil. eskarp, brant sluttning **-ment** brant sluttning (äv. mil.)
eschalot ['eʃəlɒt] schalottenlök
eschew [ɪs'tʃuː] undvika, avhålla sig från
escort I s ['eskɔːt] eskort, följe, skydds-, heders|vakt; kavaljer, ledsagare **II** v [ɪ'skɔːt] eskortera, ledsaga
escritoire [ˌeskriːˈtwɑː] sekretär
escrow [e'skrəʊ] jur. deposition
escutcheon [ɪ'skʌtʃ(ə)n] **1** vapensköld; a blot on his ~ en fläck på hans ära **2** sjö. namnbräda (på akterspegel) **3** [nyckel]beslag; skyddsplåt; skydd (kring strömbrytare e.d.)
ESE förk. för east-southeast
Eskimo ['eskɪməʊ] eskimå **Eskimo dog** eskimåhund
esopha|gus [iːˈsɒfəɡ|əs] (pl -gi [-ɡaɪ] el. -guses) AE. anat. matstrupe
esoteric [ˌesə(ʊ)ˈterɪk] esoterisk, svårtillgänglig, förbehållen de invigda
E.S.P. förk. för extrasensory perseption **esp.** förk. för especially
espalier [ɪ'spæljə] **1** spaljé **2** spaljéträd
especial [ɪ'speʃl] speciell, särskild **-ly** [-ɪ] speciellt, särskilt, i synnerhet
espial [ɪ'spaɪ(ə)l] åld. urskiljande; upptäckande; spionerande

erratum—estate car

espionage [ˌespɪəˈnɑːʒ] spionage, spioneri
esplanade [ˌespləˈneɪd] **1** [strand]promenad **2** mil. esplanad
espousal [ɪ'spaʊzl] **1** antagande, stödjande; anslutning **2** åld., ~[s] förmälning, vigsel **espouse** [ɪ'spaʊz] **1** ansluta sig till, hylla, omfatta **2** åld. ta till hustru, äkta
esprit ['espriː] espri, kvickhet **esprit de corps** [ˌespriːdəˈkɔː] kår-, kamrat|anda
espy [ɪ'spaɪ] skymta, få syn på, urskilja
Esq. förk. för esquire herr (efter namnet i brevadress)
Esquimau [ˈeskɪməʊ] se Eskimo
esquire [ɪ'skwaɪə] **1** BE. herr (se Esq.) **2** åld. väpnare **3** åld., se squire
ESRO förk. för European Space Research Organization
essay I s ['eseɪ] **1** essä, uppsats (on om, över) **2** försök **II** v [e'seɪ] pröva, försöka sig på **-ist** ['eseɪɪst] essä|ist, -författare
essence ['esns] **1** [innersta] väsen (natur); in ~ i allt väsentligt, i grund och botten; the ~ of a problem det väsentliga i ett problem; she was the ~ of kindness hon var vänlighten själv **2** essens, extrakt
essential [ɪ'senʃl] **I** a **1** väsentlig, absolut nödvändig, oundgänglig; grund-, grundläggande, bas- **2** absolut, fulländad, perfekt **3** essens-; ~ oil eterisk olja **II** s väsentlighet; grund|förutsättning, -villkor, nödvändighet; grund-, huvud|drag **-ity** [ɪˌsenʃɪˈælətɪ] **1** väsentlighet **2** väsen **-ly** ['ɪˌsenʃ(ə)lɪ] väsentligen; i huvudsak; i själva verket, i grund och botten
E.S.T. förk. för Eastern Standard Time (AE.); electroshock treatment **est.** förk. för established; estate; estimate[d]; estuary **estab.** förk. för established
establish [ɪ'stæblɪʃ] **1** grunda, grundlägga, upprätta, bilda **2** skapa; stifta; stadfästa; införa; upprätta, knyta (relations kontakter) **3** engagera, skaffa anställning åt; etablera, installera, inrätta; vinna bifall för; ~ o.s. a) etablera sig, b) skapa sig en ställning **4** fastslå, fastställa; bevisa, påvisa **-ed** [-t] **1** etablerad, säker, grundmurad, stadig **2** accepterad, erkänd, fastställd, fastslagen, bevisad; vedertagen, hävdvunnen, etablerad, bestående; an ~ fact ett känt faktum **3** the E~ Church [of England] engelska statskyrkan **-ment** [-mənt] **1** grundande, grundläggande, upprättande, bildande **2** skapande; stiftande; stadfästande; införande **3** upprättande **3** engagerande; etablerande, installerande; inrättande **4** fastslående, fastställande; bevisning, påvisande **5** institution, anstalt, inrättning; etablissemang, företag **6** hus, hushåll; keep up a large ~ föra stort hus **7** mil., sjö. styrka; besättning; peace ~ fredsstyrka **8** BE., the E~ a) etablissemanget, det etablerade samhället, b) statskyrkan
estate [ɪ'steɪt] **1** [jorda]gods, [lant]egendom; plantage **2** jur. egendom, ägodelar; real ~ fast egendom **3** kvarlåtenskap; [döds]bo; konkursbo **4** stånd; the three ~s [of the realm] de tre stånden (the lords spiritual, the lords temporal, the commons) **5** BE. [industri-, bostads]område **estate agent** [-ˌeɪdʒ(ə)nt] **1** BE. fastighetsmäklare **2** godsförvaltare **estate car** [-kɑː] BE. stations-,

estate duty—evaporation

herrgårds|vagn, kombibil **estate duty** [-ˌdjuːtɪ] arvsskatt

esteem [ɪˈstiːm] **I** v **1** [upp]skatta, [hög]akta **2** högt. anse som **II** s [hög]aktning; *hold s.b. in high ~* högakta ngn

esthete [ˈiːsθiːt] *AE*. estet

esti|mable [ˈestɪməbl] aktningsvärd **-mate I** v [-eɪt] **1** uppskatta, värdera, beräkna (*at* till); lämna kostnadsförslag (*for* på) **2** bedöma **II** s [-mət] **1** uppskattning, värdering, beräkning; kostnadsförslag; budgetförslag; *the E~s* statsbudgeten; *at a rough ~* ungefärligt beräknat, på en höft **2** bedömande **-mation** [ˌestɪˈmeɪʃn] **1** uppskattning, värdering, beräkning; aktning **2** uppfattning, bedömning, mening

Esto|nia [eˈstəʊnjə] Estland **-nian** [-njən] **I** a estnisk, estländsk **II** s est, estländare

estovers [eˈstəʊvəz] *jur.* lagstadgade rättigheter (*t.ex. fri ved*)

estrade [eˈstrɑːd] estrad, plattform

estrange [ɪˈstreɪn(d)ʒ] göra främmande; stöta bort **-ment** [-mənt] fjärmande; främlingskap; kyligt förhållande

estrogen [ˈestrədʒən] *AE.* östrogen

estuary [ˈestjʊərɪ] flodmynning

E.T.A. *fork. för estimated time of arrival et al. förk. för et alii (lat.) and other things; et alibi (lat.) and elsewhere* **etc.** *förk. för et cetera*

et cetera [ɪtˈset(ə)rə] etcetera, och så vidare **etceteras** [-s] *pl* diverse [små]saker

etch [etʃ] etsa **-ing** [-ɪŋ] etsning

eter|nal [iːˈtɜːnl] evig; evinnerlig, ständig **-nity** [-nətɪ] **1** evighet **2** oändlighet

ethanediol [ˈiːθeɪnˌdaɪɒl] glykol **ethanol** [ˈeθənɒl] etanol

ether [ˈiːθə] eter **ethereal** [iːˈθɪərɪəl] **1** eter- **2** eterisk, himmelsk, översinnlig **ethereal|ize** (*BE. äv. -ise*) [iːˈθɪərɪəlaɪz] **1** göra eterisk, förandliga **2** tillsätta eter till **etheric** [iːˈθerɪk] eter- **ether|ize** (*BE. äv. -ise*) [ˈiːθəraɪz] *åld.* söva med eter

ethic [ˈeθɪk] **I** a **1** etik-, moral- **2** etisk, moralisk **II** s etik, moral **ethical** [-l] **I** a, *se ethic I* **II** s receptbelagt läkemedel **ethics** [-s] **1** (*behandlas som sg*) etik, morallära **2** (*behandlas som pl*) etik, moral

Ethio|pia [ˌiːθɪˈəʊpjə] Etiopien **-pian** [-pjən] **I** a etiopisk **II** s etiopier

ethnic [ˈeθnɪk] etnisk, ras-, folk- **-al** [-l] **1** etnisk, ras-, folk- **2** etnologisk **ethnographic[al]** [ˌeθnə(ʊ)ˈɡræfɪk(l)] etnografisk **ethnography** [eθˈnɒɡrəfɪ] etnografi **ethnologic[al]** [ˌeθnə(ʊ)ˈlɒdʒɪk(l)] etnologisk **ethnologist** [eθˈnɒlədʒɪst] etnolog **ethnology** [eθˈnɒlədʒɪ] etnologi

ethology [iːˈθɒlədʒɪ] etologi

ethos [ˈiːθɒs] folkkynne; livssyn

ethyl [ˈeθɪl] etyl **-ene** [-iːn] etylen

etiolate [ˈiːtɪəʊleɪt] göra sjukligt blek

etiquette [ˈetɪket] **1** etikett, umgängesregler **2** oskriven lag, hederskodex

Eton [ˈiːtn] Eton; *~ crop* pojkklippt hår (*på kvinna*)

Etruscan [ɪˈtrʌskən] **I** a etruskisk **II** s etrusk

et seq. *förk. för et sequens (lat.) and the following; et sequentia (lat.) and those that follow*

étude [eɪˈtjuːd] *mus.* etyd

etymologic[al] [ˌetɪməˈlɒdʒɪk(l)] etymologisk **etymology** [ˌetɪˈmɒlədʒɪ] etymologi

eucalyptus [ˌjuːkəˈlɪptəs] *bot.* eucalyptus

Eucharist [ˈjuːkərɪst] *bibl.* nattvard, nattvardens sakrament; *the ~* [den heliga] nattvarden

Euclid [ˈjuːklɪd] Euklides

euchre [ˈjuːkə] *AE. vard.* överlista, lura

eugenic [juːˈdʒenɪk] eugenisk, rashygienisk **eugenics** [-s] (*behandlas som sg*) eugenik, rasförädling, rashygien

eulo|gize (*BE. äv. -gise*) [ˈjuːlədʒaɪz] lovprisa, hålla lovtal över **-gy** [-dʒɪ] **1** lovtal **2** beröm

eunuch [ˈjuːnək] eunuck

euphemism [ˈjuːfɪmɪz(ə)m] eufemism, förmildrande (förskönande) omskrivning

euphonic [juːˈfɒnɪk], **euphonious** [-ˈfəʊnjəs] välljudande, välljuds- **euphony** [ˈjuːfənɪ] välljud

euphoria [juːˈfɔːrɪə] eufori, välbefinnande, lyckorus

Euphrates [juːˈfreɪtiːz] s, *the ~* Eufrat

euphuism [ˈjuːfjuːɪz(ə)m] konstlad (högtravande) stil

Eura|sia [jʊ(ə)ˈreɪʒjə] Eurasien **-sian** [-ʒjən] **I** s eurasier **II** a eurasisk

Euratom *förk. för European Atomic Energy Commission*

eureka [jʊ(ə)ˈriːkə] *interj* heureka!, jag har [funnit] det!

eurhythmics [juːˈrɪðmɪks] (*behandlas som sg*) eurytmi

Euripides [jʊ(ə)ˈrɪpɪdiːz] Euripides

Europe [ˈjʊərəp] Europa **European** [ˌjʊərəˈpiːən] **I** a europeisk **II** s europé

Eurydice [jʊ(ə)ˈrɪdɪsiː] Eurydike

euthanasia [ˌjuːθəˈneɪzjə] **1** eutanasi, dödshjälp **2** smärtfri död

EVA *förk. för extravehicular activity* aktivitet utanför rymdkapseln

evacu|ant [ɪˈvækjʊənt] **I** a avförande, laxerande **II** s avföringsmedel, laxativ **-ate** [-eɪt] **1** evakuera, utrymma **2** tömma **3** ha avföring **-ation** [ɪˌvækjuːˈeɪʃn] **1** evakuering, utrymning **2** [ut]tömning; avföring **-ee** [ɪˌvækjuːˈiː] evakuerad [person]

evade [ɪˈveɪd] **1** undvika, undgå; slingra sig undan (ifrån); kringgå **2** trotsa; undandra sig (*bedömande e.d.*)

evalu|ate [ɪˈvæljʊeɪt] värdera, uppskatta; väga mot varandra **-ation** [ɪˌvæljʊˈeɪʃn] värdering, uppskattning

eva|nesce [ˌiːvəˈnes] försvinna, förblekna **-nescence** [-ˈnesns] **1** försvinnande, förbleknande **2** flyktighet **-nescent** [-ˈnesnt] **1** försvinnande, förbleknande, flyktig **2** förgänglig

evan|gelic[al] [ˌiːvænˈdʒelɪk(l)] evangelisk **-gelicalism** [-ˈdʒelɪkəlɪz(ə)m], **-gelism** [ɪˈvæn(d)ʒəlɪz(ə)m] **1** *ung.* lågkyrklighet **2** förkunnelse **3** missionering **-gelist** [ɪˈvæn(d)ʒəlɪst] **1** evangelist **2** förkunnare **3** missionär **4** förkämpe

evapo|rate [ɪˈvæpəreɪt] **1** dunsta [bort, av]; *bildl.* gå upp i rök **2** torka (*genom avdunstning*); *~d milk* kondenserad mjölk **3** komma (få) att dunsta bort **-ration** [ɪˌvæpəˈreɪʃn] avdunstning; torkning

eva|sion [ɪ'veɪʒn] undvikande; försök att slingra sig undan; svepskäl, undanflykt[er] **-sive** [ɪ'veɪsɪv] *a* undvikande; kringgående; svårfångad, undanglidande

Eve [i:v] Eva

eve [i:v] **1** [helgdags]afton; *New Year's E~* nyårsafton **2** *on the ~ of* kvällen (tiden) före **3** åld., *poet.* afton, kväll

1 even ['i:vn] *poet.* afton

2 even ['i:vn] **I** *a* **1** jämn; plan, slät; *~ division* rättvis delning; *~ game* jämn match; *on an ~ keel* på rätt köl; *~ money* a) jämna pengar, b) dubbla summan mot insatsen (*vid vadhållning*); *~ numbers* jämna tal; *~ surface* jämn (slät, plan) yta; *~ temper* jämnt humör; *~ with* i jämnhöjd med; *of ~ date (jur. el. åld.)* av samma (dagens) datum **2** kvitt; *get ~ with s.b.* a) bli kvitt med ngn, b) vard. ta revansch på ngn, ge ngn igen (*for s.th.* för ngt) **II** *adv* **1** till och med, även; redan; *not ~* inte ens; *~ as a*) medan, samtidigt som, b) just så som; *~ as a girl* redan som flicka; *~ if (though)* även om, om också; *~ now a*) redan nu, b) ändå, likafullt, c) fortfarande; *~ so* icke desto mindre, ändå, trots det; *~ then a*) redan då, b) ändå, likafullt **2** ännu (*worse* värre) **3** åld. just, precis; ända (*unto death* in i döden) **III** *v*, *~ out* jämna[s] ut; *~ up a)* utjämna, b) göra upp (*affärer*)

even-handed ['i:vn‚hændɪd] opartisk, rättvis

evening ['i:vnɪŋ] afton, kväll; *the ~ of life* livets höst; *this ~* i kväll; *in the ~* på kvällen (kvällarna); *of an ~* på kvällarna; *on the ~ of the twenty-sixth* på kvällen den 26 **evening class** aftonskola **evening dress** aftonklänning; frack; högtidsdräkt **evening paper** [-‚peɪpə] kvälls-, afton|tidning **evening school** [-sku:l] aftonskola **evening star** [-stɑː] aftonstjärna

evensong ['i:vnsɒŋ] aftonsång

event [ɪ'vent] **1** händelse, tilldragelse; *at all ~s, in any ~* i varje fall, i alla händelser; *in the ~ of (that)* i händelse av (att); *in the normal course of ~s* i normala fall; *be wise after the ~* vara efterklok **2** *sport.* gren; tävling; nummer **-ful** [-fʊl] händelserik

eventide ['i:vntaɪd] *poet.* afton[stund]

eventu|al [ɪ'ventʃʊəl] **1** slutlig **2** åld. möjlig, eventuell **-ality** [ɪ‚ventʃʊ'ælətɪ] möjlighet, eventualitet **-ally** [ɪ'ventʃʊəlɪ] slutligen, till slut; så småningom **-ate** [ɪ'ventʃʊeɪt] **1** bli följden (*from* av) **2** resultera (*in* i)

ever ['evə] **1** någonsin; *the first ~* den allra första; *the best book ~* den bästa bok som någonsin funnits; *come as fast as ~ you can* kom så fort du någonsin kan; *hardly ~* knappast någonsin, nästan aldrig; *seldom, if ~* sällan eller aldrig; *don't ~ do that again!* gör aldrig så igen! **2** alltid; *~* som alltid (vanligtvis); *for ~ a)* för alltid (evigt), b) jämt och ständigt; *Yours ~* Er (Din) tillgivne; *~ and again (anon)* (åld.) tid efter annan; *they lived happily ~ after* de levde lyckliga i alla sina dagar; *~ since a*) alltsedan [dess], ända sedan, b) så länge (*I have known her* jag har känt henne) **3** vard.,*~ so much (good)* (*BE.*) väldigt (hemskt) mycket (bra); *you may be ~ so rich* du må vara aldrig så rik; *what (where, who, why) ~* vad (var, vem, varför) i all världen **-green** [-gri:n] **I** *a* vintergrön **II** *s* **1** vintergrön växt **2** evergreen (*schlager*) **-lasting** [‚evə'lɑ:stɪŋ] **I** *a* ständig; evinnerlig **II** *s* **1** evighet **2** eternell, evighetsblomster **-more** [‚evə'mɔː] evigt, beständigt; *for ~* för evigt

every ['evrɪ] varje, var, varenda; all; *~ other (second) day, ~ two days* varannan dag; *~ third day, ~ three days* var tredje dag; *~ now and then (again), ~ so often* då och då; *~ time a)* varje gång, jämt, b) vard. alla gångar, absolut, visst; *in ~ way a)* i alla avseenden, b) med alla medel; *~ which way (AE.)* åt alla håll; *~ bit as much* precis lika mycket; *his ~ word* varje ord han sa; *I have ~ reason to believe that* jag har alla skäl att tro att; *~ man for himself* var och en är sig själv närmast **-body** [-‚bɒdɪ] var och en, alla; *~ else* alla andra; *goodbye ~!* hej allesammans! **-day** [-deɪ] daglig; vardags-; vardaglig, alldaglig **-one** [-wʌn] *se everybody* **-thing** [-θɪŋ] allt[sammans] **-where** [-weə] överallt

evict [ɪ'vɪkt] **1** vräka, avhysa **2** åter|få, -ta **eviction** [ɪ'vɪkʃn] vräkning, avhysning

evi|dence ['evɪd(ə)ns] **I** *s* **1** bevis, belägg (*of* på); vittnes|mål, -börd; indicier; tecken; spår; *call s.b. in ~* inkalla ngn som vittne; *give ~* vittna, avlägga vittnesmål; *turn queen's (king's, state's) ~* uppträda som kronvittne; *bear ~ of* visa tecken på, vittna om **2** *be in ~* vara synlig (framträdande, tydlig) **II** *v* bevisa, bestyrka; visa **-dent** [-d(ə)nt] tydlig, uppenbar **-dential** [‚evɪ'denʃl] bevis-, bevisnings- **-dently** ['evɪd(ə)ntlɪ] *adv* tydligen, uppenbarligen

evil ['i:vl] **I** *a* **1** ond, elak; *the E~ One* den onde; *~ days* svåra tider; *an ~ fate* ett ont (olyckligt) öde; *~ reputation* dåligt rykte; *~ smell* dålig lukt **2** skadlig, fördärvlig **II** *s* **1** ont, det onda; ondska **2** *speak ~ of* tala illa om

evince [ɪ'vɪns] visa [prov på]; bevisa

eviscerate [ɪ'vɪsəreɪt] **1** ta inälvorna ur, rensa **2** *bildl.* tömma; *~d* urvattnad, innehållslös

evocation [‚evə'keɪʃn] fram|manande, -kallande, -besvärjelse **evocative** [ɪ'vɒkətɪv] *a* frammanande; som väcker minnen **evoke** [ɪ'vəʊk] framkalla, väcka; frammana

evolu|tion [‚i:və'lu:ʃn] **1** *biol.* evolution, utveckling; *theory of ~* utvecklingslära **2** förlopp, [händelse]utveckling **3** *fys.* utveckling (*of heat* av värme) **4** *mat.* rotutdragning **5** (*i dans o. skridsko*) tur, piruett, figur **6** *mil.* manöver **-tional** [-ʃənl], **-tionary** [-ʃnərɪ] evolutions-, utvecklings- **-tionism** [-ʃənɪz(ə)m] utvecklingslära[n] **-tionist** [-ʃənɪst] anhängare av utvecklingsläran

evolve [ɪ'vɒlv] **1** utveckla, framlägga **2** *fys.* utveckla (*heat* värme) **3** utvecklas, utveckla sig

ewe [ju:] tacka, fårhona; *~ lamb* tacklamm, *bildl.* ögonsten

ewer ['ju:ə] handkanna (*för vatten*)

ex [eks] **I** *s*, *vard.* före detta man (hustru *etc.*) **II** *prep* **1** *hand.* från; *~ works* fritt fabrik **2** *ekon.* utan (*dividend* utdelning)

ex- [eks] före detta, förutvarande, ex-

ex. *förk. för examination*; *examined*; *example*; *except*[*ed*]; *exception*; *exchange*; *excursion*; *executed*; *express*; *extra*

exacer|bate [ek'sæsəbeɪt] **1** förvärra, intensifiera **2** irritera **-bation** [ek‚sæsə'beɪʃn] **1** förvärrande, intensifiering **2** irritation

exact—excommunication

exact [ɪgˈzækt] **I** *a* exakt, precis, noggrann; noga **II** *v* fordra, kräva **exacting** [-ɪŋ] fordrande, krävande **exaction** [ɪgˈzækʃn] **1** utkrävande, indrivning; utpressning **2** krav, fordran **exactitude** [ɪgˈzæktɪtjuːd] noggrannhet, exakthet **exactly** [ɪgˈzæktlɪ] **I** *adv* noga; exakt, just, precis; noggrant; *what ~ is it you want?* vad är det egentligen du vill? **II** *interj* ja, just det!, precis!

exagger|ate [ɪgˈzædʒəreɪt] överdriva; framhäva, förstärka **-ation** [ɪgˌzædʒəˈreɪʃn] överdrift; framhävande, förstärkning **-ative** [ɪgˈzædʒərətɪv] överdriven, böjd för överdrift[er]

exalt [ɪgˈzɔːlt] **1** upphöja **2** förhärliga, höja till skyarna **exaltation** [ˌegzɔːlˈteɪʃn] **1** upphöjelse **2** exaltation, överspändhet, hänförelse **exalted** [ɪgˈzɔːltɪd] **1** hög; högt uppsatt; upphöjd; *~ ideals* höga ideal **2** *vard.* överdrivet hög (*opinion of o.s.* uppfattning om sig själv) **3** exalterad, överspänd, hänförd

exam [ɪgˈzæm] *vard.* examen; tenta **examination** [ɪgˌzæmɪˈneɪʃn] **1** undersökning, prövning; granskning; *on closer ~* vid närmare granskning **2** examen; tentamen; examination; förhör **examination paper** examensskrivning **examine** [ɪgˈzæmɪn] **1** undersöka, pröva; granska **2** examinera; tentera; förhöra **examinee** [ɪgˌzæmɪˈniː] examinand, tentand **examiner** [ɪgˈzæmɪnə] **1** undersökare, granskare **2** examinator, tentator

example [ɪgˈzɑːmpl] **1** exempel; förebild; avskräckande exempel; *for ~* till exempel; *make an ~ of s.b.* statuera exempel på ngn **2** prov[bit]; exemplar

exasper|ate [ɪgˈzæsp(ə)reɪt] reta [upp], göra rasande, förarga **-ating** [-eɪtɪŋ] förarglig, otrevlig, retfull, som kan göra en rasande **-ation** [ɪgˌzæspəˈreɪʃn] förbittring, ursinne

Exc. *förk. för* Excellency **exc.** *förk. för* excellent; except[ed]; exception; excursion

exca|vate [ˈekskəveɪt] gräva; gräva ut; gräva upp **-vation** [ˌekskəˈveɪʃn] grävning; utgrävning; uppgrävning **-vator** [ˈekskəveɪtə] **1** grävare; utgrävare **2** grävmaskin

exceed [ɪkˈsiːd] **1** över|stiga, -gå, -skrida **2** överträffa **-ingly** [-ɪŋlɪ] ytterst, i högsta grad

excel [ɪkˈsel] **1** vara främst (bäst), excellera (*at, in* i) **2** överträffa **-lence** [ˈeks(ə)ləns] **1** förträfflighet, ypperlighet **2** framstående egenskap, överlägsenhet **-lency** [ˈeks(ə)lənsɪ] excellens; *Your E~* Ers excellens **-lent** [ˈeks(ə)lənt] utomordentlig, ypperlig

excelsior [ekˈselsɪɔː] **I** *interj* högre!, uppåt! **II** *s*, *AE.* träull

except [ɪkˈsept] **I** *v* göra undantag för, undanta **II** *prep* utom; *~ for* bortsett från; *~ that* utom att, bortsett från att **III** *konj*, *vard.*, *I would have come earlier, ~ I lost my way* jag skulle ha kommit tidigare om det inte hade varit för det att jag gick vilse **excepting** [-ɪŋ] utom, med undantag för **exception** [ɪkˈsepʃn] **1** undantag; undantagande; *with the ~ of* med undantag av **2** invändning; *take ~ to* göra invändning mot, starkt klandra; *take ~ at a)* ta illa upp av, *b)* klandra **exceptionable** [ɪkˈsepʃnəbl] tvivelaktig; klandervärd **exceptional** [ɪkˈsepʃənl] ovanlig, exceptionell; undantags- **exceptive** [ɪkˈseptɪv] undantags-

excerpt I *v* [ekˈsɜːpt] excerpera **II** *s* [ˈeksɜːpt] utdrag, excerpt

excess [ɪkˈses] **1** överskridande **2** omåttlighet; övermått; överdrift; överskott; *~es* (*pl*, *äv.*) excesser, utsvävningar, övergrepp; *in ~* i övermått, omåttligt; *in ~ of* mera än, över[stigande]; *carry (do) s.th. to ~* överdriva ngt **3** övervikt **excess baggage (luggage)** [-ˌbægɪdʒ, -ˌlʌgɪdʒ] övervikt[sbagage] **excess fare** [-feə] tilläggsavgift (*på biljett*) **excessive** [-ɪv] överdriven; omåttlig; häftig, svår **excess postage** [-ˌpəʊstɪdʒ] tilläggsporto; lösen **excess weight** [-weɪt] övervikt

exch. *förk. för* exchange; exchequer

exchange [ɪksˈtʃeɪn(d)ʒ] **I** *v* [ut]byta, växla (*for* mot); skifta; utväxla **II** *s* **1** [ut]byte, [ut]växling; ordväxling; *lose by the ~* förlora på bytet; *lose (win) the ~* (*schack.*) förlora (vinna) kvaliteten; *in ~* i stället, i utbyte; *in ~ for* i utbyte mot **2** börs; växling (*av pengar*); växel-, valuta|kurs; [*bill of*] *~* växel; *corn ~* spannmålsbörs; *foreign ~ a*) utländsk valuta, *b*) valutahandel; *rate of ~* växelkurs **3** telefon|växel, -station **exchangeability** [ɪksˌtʃeɪn(d)ʒəˈbɪlətɪ] utbytbarhet **exchangeable** [ɪksˈtʃeɪn(d)ʒəbl] som kan utväxlas, utbytbar **exchange rate** växelkurs **exchange student** [-ˌstjuːdnt] utbytesstudent

exchequer [ɪksˈtʃekə] **1** *the E~* (*i England ung.*) riksrevisionsverket; *Chancellor of the E~* (*i England*) finansminister **2** *vard.* finanser, kassa **exchequer bill** (*slags*) statsobligation

1 excise [ekˈsaɪz] **1** skära bort **2** stryka, avlägsna **2 excise** [ˈeksaɪz] accis **-man** [-ˌmæn] *BE.* (*förr*) accis-, uppbörds|man

excit|ability [ɪkˌsaɪtəˈbɪlətɪ] lättretlighet **-able** [ɪkˈsaɪtəbl] lättretlig, hetsig **-ant** [ˈeksɪtənt] **I** *a* upphetsande, stimulerande, retande **II** *s* stimulans, retmedel **-ative, -atory** [ekˈsaɪtətɪv, -ət(ə)rɪ] *a, se excitant I*

excite [ɪkˈsaɪt] **1** [upp]väcka; framkalla **2** upptända, [upp]egga, elda; uppröra **3** *fysiol.* reta, stimulera **excited** [-ɪd] upprörd, upphetsad, uppeggad; begeistrad (*about* över); spänd (*about* på); *don't get ~!* ta det lugnt! **excitement** [-mənt] **1** retning **2** spänning, uppståndelse, iver; upphetsning, upprördhet; begeistring **3** spännande tilldragelse **exciting** [-ɪŋ] spännande, upphetsande

excl. *förk. för* exclamation; excluding; exclusive **exclaim** [ɪkˈskleɪm] utropa; skrika till; *~ against* fara ut mot **exclamation** [ˌekskləˈmeɪʃn] utrop **exclamation mark** (*AE.* **point**) utropstecken **exclamatory** [ekˈsklæmət(ə)rɪ] utrops-

exclude [ɪkˈskluːd] utesluta; undanta **excluding** [-ɪŋ] utom, exklusive

exclusion [ɪkˈskluːʒn] uteslutande, uteslutning; *to the ~ of* med uteslutande av

exclusive [ɪkˈskluːsɪv] **I** *a* **1** exklusiv, förnäm **2** uteslutande, enda; ensam-; särskild, speciell; exklusiv; *~ of* exklusive, med undantag av **II** *s* artikel med ensamrätt **-ly** [-lɪ] enbart, endast, uteslutande **-ness** [-nəs] exklusivitet

excogitate [eksˈkɒdʒɪteɪt] tänka ut, hitta på **excommuni|cate** [ˌekskəˈmjuːnɪkeɪt] bannlysa, exkommunicera **-cation** [ˈekskəˌmjuːnɪˈkeɪʃn] bannlysning, exkommunicering

excrement ['ekskrımənt] exkrement
excres|cence [ık'skresns] [sjuklig] utväxt **-cent** [-snt] **1** utväxande, utväxtartad **2** överflödig **3** (*om språkljud*) inskjuten
excreta [ek'skri:tə] *s, pl, fysiol.* ekkret **excrete** [ek'skri:t] *fysiol.* av-, ut|söndra **excretion** [ek'skri:ʃn] *fysiol.* av-, ut|söndring
excruci|ate [ık'skru:ʃıeıt] pina, plåga **-ating** [-eıtıŋ] **1** olidlig, mycket plågsam, kvalfull **2** mycket stor **3** *vard.* irriterande, påfrestande
excul|pate ['ekskʌlpeıt] frita; rentvå **-patory** [eks'kʌlpət(ə)rı] urskuldande
excur|sion [ık'skɜ:ʃn] utflykt, utfärd, exkursion **-sive** [-sıv] irrande, kringströvande
excuse I *v* [ık'skju:z] **1** ursäkta, förlåta; urskulda; ~ *me* förlåt, ursäkta; ~ *me for laughing* förlåt att (om) jag skrattar; *you are ~d* du får (kan) gå, du behöver inte vara här **2** befria från, låta slippa; *you are ~d making dinner* du slipper laga middag **II** *s* [ık'skju:s] **1** ursäkt; undanflykt; förevändning; *a poor ~ for a dinner* (*vard.*) en jämmerlig middag; *make ~s* komma med undanflykter **2** befrielse **--me** [ık'skju:zmi:] *s, ladie's ~* damernas tjuv (*dans*)
ex-directory [,eksdı'rekt(ə)rı] *BE.* (*om telefonnummer*) hemlig
exe|crable ['eksıkrəbl] avskyvärd **-crate** [-kreıt] förbanna; avsky **-cration** [,eksı'kreıʃn] förbannelse; avsky
executant [ıg'zekjutənt] exekutör, utövare (*av musikstycke*)
execute ['eksıkju:t] **1** utföra, verkställa, sätta i verket; expediera; fullgöra; uträtta **2** *jur.* verkställa; utställa, upprätta (*a will* ett testamente); *~ an estate* överlåta en egendom **3** avrätta **execution** [,eksı'kju:ʃn] **1** utförande, verkställande; fullgörande; uträttande; *put* (*carry*) *into ~* verkställa **2** *mus.* föredrag, teknik **3** avrättning **4** *jur.* verkställande; utställande, upprättande; överlåtelse **executioner** [,eksı'kju:ʃnə] bödel, skarprättare **executive** [ıg'zekjutıv] **I** *a* utövande, verkställande; administrativ **II** *s* **1** verkställande myndighet **2** företagsledare, chef **3** administration; styrelse **executor** [ıg'zekjutə] testamentsexekutor **executrix** [ıg'zekjutrıks] [kvinnlig] testamentsexekutor
exege|sis [,eksı'dʒi:|sıs] (*pl -ses* [-si:z]) exeges **exegete** ['eksıdʒi:t] exeget **exegetic** [,eksı'dʒetık] exegetisk
exem|plar [ıg'zemplə] **1** mönster, ideal, förebild **2** typexempel; exemplar **-plary** [-plərı] **1** exemplarisk, förebildlig **2** avskräckande **-plification** [ıg,zemplıfı'keıʃn] exemplifiering **-plify** [ıg'zemplıfaı] **1** exemplifiera; vara ett exempel på **2** *jur.* göra bestyrkt avskrift av
exempt [ıg'zem(p)t] **I** *a* fritagen, undantagen, befriad **II** *v* frita, undanta, befria **exemption** [ıg'zem(p)ʃn] befrielse, frikallande, dispens
exequies ['eksıkwız] *pl* begravning
exercise ['eksəsaız] **I** *v* **1** använda, begagna, visa; [ut]öva (*influence* inflytande); ~ *tact* visa takt **2** öva [upp], träna [upp]; motionera (*a dog* en hund); *mil.* drilla, exercera **3** öva sig, träna; motionera **4** *be ~d about a decision* vara orolig för (irriterad över) ett beslut **II** *s* **1** utövande (*of one's rights* av sina rättigheter); utövning **2** övning, träning; motion, kroppsövning; *~s* (*pl, mil.*) exercis, drill **3** övningsuppgift, skrivning; *mus.* övningsstycke **4** *AE., vanl. ~s* (*pl*) ceremonier, festligheter; *graduation ~s* skolavslutning **exercise book** skrivbok, övningsbok **exerciser** [-ə] **1** motionsredskap **2** motionär
exert [ıg'zɜ:t] **1** utöva, använda, bruka **2** *~ o.s.* bemöda (anstränga) sig **exertion** [ıg'zɜ:ʃn] **1** utövande, användning; brukande **2** ansträngning; *by one's own ~s* genom egna ansträngningar
exeunt ['eksıʌnt] *teat.* de går ut
exhalation [,eks(h)ə'leıʃn] utandning; utdunst|ande, -ning **exhale** [eks'heıl] **1** andas ut **2** släppa ut (*luft e.d.*)
exhaust [ıg'zɔ:st] **I** *v* [ut]tömma, förbruka; *~ a topic of conversation* uttömma ett samtalsämne **2** pumpa ut, evakuera (*ånga e.d.*) **3** utmatta, trötta ut; ~ *o.s.* bli utmattad **4** strömma ut (*om gas e.d.*) **II** *s* **1** avgas[er] **2** utströmning, utsläpp (*av gas e.d.*) **3** avgasrör **exhausted** [-ıd] **1** utmattad, slut **2** uttömd, förbrukad **exhausting** [-ıŋ] tröttande, ansträngande **exhaustion** [ıg'zɔstʃn] **1** utmattning **2** uttömning, förbrukning **exhaustive** [ıg'zɔstıv] **1** uttömmande, grundlig, fullständig **2** tröttande **exhaust-pipe** avgasrör **exhaust-valve** utlopps-, avgas-, utblåsnings|ventil
exhibit [ıg'zıbıt] **I** *s* **1** utställning; utställningsföremål **2** *jur.* [bevis]föremål (*som företes vid rättegång*) **II** *v* **1** ställa ut, skylta [med]; förevisa **2** [upp]visa, ådagalägga; förete **3** ställa ut, ha utställning **exhibition** [,eksı'bıʃn] **1** utställning; utställande; visning; *make an ~ of o.s.* skämma ut sig, göra sig till ett åtlöje **2** *BE.* stipendium **exhibitioner** [,eksı'bıʃnə] stipendiat **exhibitionism** [,eksı'bıʃnız(ə)m] exhibitionism **exhibitionist** [,eksı'bıʃnıst] exhibitionist; blottare **exhibitor** [ıg'zıbıtə] utställare, förevisare
exhil|arant [ıg'zılər(ə)nt] **I** *a* uppiggande **II** *s* uppiggande medel **-arate** [-əreıt] pigga (muntra) upp; göra upprymd **-aration** [ıg,zılə'reıʃn] **1** uppiggande, upplivande **2** munterhet, upprymdhet
exhort [ıg'zɔ:t] [upp]mana; förmana **exhortation** [,egzɔ:'teıʃn] [upp]maning; förmaning
exhumation [,eks(h)ju:'meıʃn] uppgrävning; framgrävning; gravöppning **exhume** [eks'hju:m] gräva upp; *bildl.* dra (gräva) fram
exi|gence [ıg'zɔ:ıdʒ(ə)ns], **-gency** [-dʒənsı] **1** nödläge, kritiskt läge **2** nödvändighet **-gent** [-dʒ(ə)nt] **1** tvingande, trängande **2** fordrande, krävande
exigu|ity [,eksı'gju:ətı] ringhet, knapphet **-ous** [eg'zıgjuəs] ringa, knapp
exile ['eksaıl] **I** *s* **1** landsflykt, exil **2** lands|flyktig, -förvisad **II** *v* landsförvisa
exist [ıg'zıst] existera, finnas [till]; förekomma **existence** [-(ə)ns] **1** tillvaro, existens; förekomst; liv, bestånd; *in ~* existerande; *come into ~ a*) uppstå, uppkomma, *b*) komma till världen **2** varelse **existent** [-(ə)nt] **1** existerande, befintlig; förefintlig **2** nuvarande **existential** [,egzı'stenʃl] existentiell **existentialism** [,egzı'stenʃəlız(ə)m] existentialism **existing** [ıg'zıstıŋ] **1** existerande **2** nuvarande, dåvarande

exit—exploitation 154

exit ['eksɪt] **I** *s* **1** utgång; avfart **2** *teat. o. bildl.* sorti **3** utgående, utgång, utträde; utresa **4** död **II** *v* gå ut; gå bort; ~ *Julia* Julia går ut **exit permit** [-ˌpɜː'mɪt] utresetillstånd **exit visa** [-ˌviːzə] utresevisum

ex libris [eks'laɪbrɪs] exlibris

Exod. *förk. för* Exodus

exodus ['eksədəs] uttåg, utvandring; *E~* Andra Mosebok; *the E~* uttåget ur Egypten

ex officio [ˌeksə'fɪʃɪəʊ] ex officio, på ämbetets vägnar

exoner|ate [ɪg'zɒnəreɪt] **1** frikänna, frita **2** avbörda, befria **-ation** [ɪgˌzɒnə'reɪʃn] **1** frikännande, fritagande **2** avbördande, befriande

exorbi|tance [ɪg'zɔːbɪt(ə)ns] omåttlighet, övermått; orimlighet, obillighet **-tant** [-t(ə)nt] omåttlig, orimlig, oerhörd, skandalös

exor|cise ['eksɔːsaɪz] besvärja, driva ut (*onda andar*) **-cism** [-sɪz(ə)m] exorcism, djävulsutdrivning, andebesvärjelse **-cist** [-sɪst] exorcist, djävulsbesvärjare, andeutdrivare **-cize** [-saɪz] *se exorcise*

exoteric [ˌeksə(ʊ)'terɪk] **1** exoterisk, populär **2** yttre

exotic [ɪg'zɒtɪk] exotisk; ~ *dancer* stripteasedansös

exp. *förk. för* expenses; experiment[al]; expired; export[ed]; exporter; express

expand [ɪk'spænd] [ut]vidga[s], vidga sig, expandera; utbreda [sig], utveckla[s]; bli meddelsam; ~ *on a subject* breda ut sig över (närmare utveckla) ett ämne **expanse** [ɪk'spæns] **1** vidd, vid yta **2** utbredning, omfång **expansible** [ɪk'spænsəbl] uttänjbar **expansion** [ɪk'spænʃn] **1** utbredande, öppnande **2** utbredning, utvidgning; expansion; ökning **3** *se expanse 1* **expansive** [ɪk'spænsɪv] **1** expansiv, utvidgbar **2** expansions-, utvidgnings- **3** vidsträckt, utbredd **4** *bildl.* öppen[hjärtig], oreserverad; expansiv, extravagant

expatiate [ek'speɪʃɪeɪt] *bildl.* breda ut sig ([up]-on över)

expatriate I *v* [eks'pætrɪeɪt] landsförvisa; ~ *o.s.* gå i exil **II** *s* [eks'pætrɪət] **1** landsförvisad, landsflykti[n]g **2** person som är bosatt utomlands **III** *a* [eks'pætrɪət] **1** landsförvisad; landsflyktig **2** bosatt utomlands, utlands-

expect [ɪk'spekt] **1** vänta [sig]; *what do you ~ me to do?* vad väntar du dig att jag ska göra?; *be ~ing* vänta barn **2** anta, förmoda **expec|tance** [ɪk'spekt(ə)ns], **-tancy** [-t(ə)nsɪ] förväntan; förväntning **expectant** [-ənt] **I** *a* **1** väntande; förväntansfull **2** gravid; ~ *mothers* blivande mödrar **II** *s* väntande [person] **expectation** [ˌekspek'teɪʃn] **1** väntan; förväntan, förhoppning; ~*s* (*pl, äv.*) förväntningar, utsikter; *in ~ of* i väntan (avvaktan) på; *contrary to (beyond) all ~*[*s*] mot (över) [all] förväntan **2** *stat.* sannolikhet; ~ *of life* sannolik livslängd **expecting** [ɪk'spektɪŋ] *vard.* gravid; *be ~* vänta barn

expecto|rant [ek'spektər(ə)nt] **I** *a* slemlösande **II** *s* slemlösande medel **-rate** [-reɪt] hosta upp, spotta ut **-ration** [ekˌspektə'reɪʃn] upphostjande, -ning; slem, spott

expedi|ence [ɪk'spiːdjəns], **-ency** [-ənsɪ] **1** ändamålsenlighet, lämplighet **2** egennytta **-ent** [-ənt] **I** *a* ändamålsenlig, lämplig; fördelaktig, opportun **II** *s* utväg, [hjälp]medel

expe|dite ['ekspɪdaɪt] **1** påskynda befordra **2** expediera, uträtta **-dition** [ˌekspɪ'dɪʃn] **1** expedition (*äv. mil.*); forskningsresa; utflykt **2** skyndsamhet **-ditionary** [ˌekspɪ'dɪʃ(ə)n(ə)rɪ] expeditions- **-ditious** [ˌekspɪ'dɪʃəs] snabb

expel [ɪk'spel] **1** driva (kasta, köra, stöta) ut, fördriva; förvisa; utestänga; relegera

expend [ɪk'spend] förbruka, använda, lägga (ge) ut **-able** [-əbl] förbruknings-, som kan förbrukas (offras); överflödig **-iture** [-ɪtʃə] **1** förbruk|ning, -ande; utgivande; slöseri; ~ *of time* tidsåtgång **2** utgifter

expense [ɪk'spens] utgift; utlägg; kostnad; *at the ~ of* på bekostnad av **expense account** representations-, omkostnads|konto **expensive** [-ɪv] dyr[bar], kostsam

experience [ɪk'spɪərɪəns] **I** *s* **1** erfarenhet; vana; *know by (from)* ~ veta av erfarenhet **2** upplevelse, händelse, erfarenhet **II** *v* erfara, uppleva; röna; få pröva på **experienced** [-t] erfaren, skolad

experi|ment I *s* [ɪk'sperɪmənt] experiment, försök **II** *v* [ɪk'sperɪment] experimentera, göra experiment (försök) **-mental** [ekˌsperɪ'mentl] **1** experiment-, försöks-, experiment|ell, -al; provisorisk **2** erfarenhets-, empirisk **3** experimenterande **-mentation** [ekˌsperɪmen'teɪʃn] experimenterande, försök

expert ['ekspɜːt] **I** *a* **1** kunnig, skicklig, tränad (*at, in* i, på) **2** sakkunnig, expert-, fackmanna- **II** *s* expert, specialist, sakkunnig **expertise** [ˌekspɜː'tiːz] **1** expertutlåtande **2** skicklighet, expertis **expertize** [ˈekspɜːtaɪz] *AE.* vara expert [på]; avge expertutlåtande [om] **expertness** ['ekspɜːtnɪs] expertis, sakkunskap, skicklighet

expi|ate ['ekspɪeɪt] sona, få plikta för **-ation** [ˌekspɪ'eɪʃn] sonande, botgöring **-atory** ['ekspɪətərɪ] sonande, sonings-

expiration [ˌekspɪ'reɪʃn] **1** utandning **2** utlöpande, utgång; upphörande **expiratory** [ɪk'spaɪərət(ə)rɪ] utandnings- **expire** [ɪk'spaɪə] **1** gå till ända, gå ut; upphöra **2** andas ut **3** ge upp andan, dö **expiry** [ɪk'spaɪərɪ] **1** utgång, upphörande, slut **2** död

explain [ɪk'spleɪn] förklara (*to s.b.* för ngn); ~ *away* bortförklara **explanation** [ˌeksplə'neɪʃn] förklaring **explanatory** [ɪk'splænət(ə)rɪ] förklarande, upplysande

expletive [ek'spliːtɪv] **I** *a* [ut]fyllnads-, utfyllande **II** *s* **1** svordom, kraftuttryck **2** fyllnadsord

explicable [ɪk'splɪkəbl] förklarlig **explicate** ['eksplɪkeɪt] *högt.* utveckla, förklara **explication** [ˌeksplɪ'keɪʃn] förklaring, utläggning **explica|tive, -tory** [ek'splɪkə|tɪv, -t(ə)rɪ] förklarande

explicit [ɪk'splɪsɪt] **1** klar, tydlig **2** rättfram, oförbehållsam

explode [ɪk'spləʊd] **1** låta (få att) explodera, spränga [i luften]; ~*d view* sprängskiss **2** kullkasta, vederlägga; ~*d theories* vederlagda (förlegade) teorier **3** explodera (*äv. bildl.*), springa i luften

exploit I *s* ['eksplɔɪt] bedrift, bragd, prestation **II** *v* [ɪk'splɔɪt] exploatera; utnyttja; bearbeta **exploitation** [ˌeksplɔɪ'teɪʃn] exploatering; utnytt-

jande; bearbetning
exploration [ˌeksplə'reɪʃn] **1** utforsk|ning, -ande **2** expedition, forskningsresa **explora|tive**, **-tory** [eks'plɒrə|tɪv, -t(ə)rɪ] utforskande, forsknings- **explore** [ɪk'splɔː] utforska; undersöka **explorer** [ɪk'splɔːrə] forsknings-, upptäckts|resande; utforskare
explo|sion [ɪk'spləʊʒn] explosion (*äv. bildl.*); [våldsamt] utbrott **-sive** [-sɪv] **I** *a* explosiv (*äv. bildl.*), explosions-; *bildl.* häftig, våldsam; ~ *charge* sprängladdning **II** *s* **1** sprängämne **2** språkv. explosiva
exponent [ek'spəʊnənt] **1** *mat.* exponent **2** förespråkare,, talesman (*of* för); tolk, uttolkare, framställare (*of* av)
export I *s* ['ekspɔːt] **1** ~[s] export **2** export|vara, -artikel **II** *v* [ek'spɔːt] exportera **exportation** [ˌekspɔː'teɪʃn] **1** export, utförsel **2** *AE.* export|vara, -artikel **exporter** [ek'spɔːtə] exportör **export licence** ['ekspɔːtˌlaɪs(ə)ns] exportlicens
expose [ɪk'spəʊz] **1** utsätta, exponera (*to* för); blottställa; ~ *a child* sätta ut ett barn (*att förgås*) **2** avslöja; röja, yppa; demaskera **3** exponera, visa, ställa ut; ~ *o.s.* (*om blottare*) blotta sig **4** *foto.* exponera **exposé** [ek'spəʊzeɪ] **1** avslöjande **2** exposé, översikt **exposed** [ɪk'spəʊzd] **1** utsatt; blottställd; oskyddad, utsatt för väder och vind; sårbar **2** synlig, utställd **exposition** [ˌekspə(ʊ)'zɪʃn] **1** utställande; utställning, exposition **2** framställning; redogörelse (*of* för) **3** utläggning, förklaring; *mus. o. litt.* exposition **expositive** [ek'spɒzɪtɪv] förklarande; beskrivande **expositor** [ek'spɒzɪtə] kommentator; tolkare; framställare **expository** [ek'spɒzɪt(ə)rɪ] *a* förklarande
expostu|late [ɪk'spɒstjʊleɪt] protestera; ~ *with s.b. about* (*on*) *s.th.* protestera hos ngn mot ngt, förebrå ngn ngt **-lation** [ɪkˌspɒstjʊ'leɪʃn] protest; förebråelse **-lative, -latory** [ɪk'spɒstjʊ|lətɪv, -lət(ə)rɪ] protest-; förebrående
exposure [ɪk'spəʊʒə] **1** utsättande (*to danger* för fara) **2** utsatthet; utsatt läge; *die of* ~ frysa ihjäl **3** (*byggnads e.d.*) läge; *with a southern* ~ med söderläge, i söder **4** *foto.* exponering; exponeringstid **5** utställande, exponerande (*in shop-windows* i skyltfönster); framträdande, framförande (*inför publik*); *indecent* ~ (*blottares*) blottande **5** frilagd yta (*of granite* av granit) **exposure meter** [ɪk'spəʊʒəˌmiːtə] exponeringsmätare
expound [ɪk'spaʊnd] **1** utveckla (*an idea* en idé) **2** förklara
express [ɪk'spres] **I** *v* **1** uttrycka; uttala **2** pressa ut (fram) (*from* ur) **3** sända express (med expressbud) **II** *a* **1** tydlig, uttrycklig, bestämd, uttalad (*wish* önskan) **2** särskild, speciell; *an* ~ *purpose* ett speciellt ändamål **3** express-, il-, snabb- **III** *adv* express, med ilbud; *send s.th.* ~ sända ngt express **IV** *s* **1** expressbefordran; expressgods; il-bud **2** express-, snabb-, snäll|tåg **3** *AE.* expressbyrå, budcentral **expression** [ɪk'spreʃn] **1** uttryck (*äv. mat.*); uttrycksfullhet; uttryckssätt; *a joyful* ~ ett glatt [ansikts]suttryck; *a dialect* ~ ett dialektalt uttryck **2** yttrande, uttalande **3** [ut]pressande **expressionism** [ɪk'spreʃnɪz(ə)m] expressionism **expressive** [ɪk'spresɪv] **1** expressiv, uttrycksfull **2** ~ *of* uttryckande **expressly**
[ɪk'spreslɪ] *adv* **1** uttryckligen, otvetydigt **2** särskilt, speciellt **expressway** [ɪk'spresweɪ] *AE.* motorväg
expropri|ate [eks'prəʊprɪeɪt] expropriera **-ation** [eksˌprəʊprɪ'eɪʃn] expropri|ation, -ering
expul|sion [ɪk'spʌlʃn] utdriv|ande, -ning; uteslutning; relegering **-sive** [-sɪv] *a* utdrivande
expunge [ek'spʌn(d)ʒ] utstryka; utplåna
expur|gate ['ekspɜːgeɪt] expurgera, avlägsna anstötliga inslag från, [ut]rensa **-gation** [ˌekspɜː-'geɪʃn] expurgation, [ut]rensning **-gatory** [ek'spɜːgət(ə)rɪ] *a*, ~ *index* index librorum prohibitorum (*kat. kyrkans förteckning över förbjudna böcker*)
exquisite ['ekskwɪzɪt] **1** utsökt, utsökt vacker (*fin etc.*) **2** enastående, utomordentlig; intensiv, häftig **3** fin, känslig
ex-serviceman [ˌeks'sɜːvɪsmæn] f.d. soldat
ext. *förk. för* extension; external; extinct; extra; extract
extant [ek'stænt] bevarad, i behåll, kvarvarande
extempo|raneous [ekˌstempə'reɪnjəs], **-rary** [ɪk'stemp(ə)rərɪ] improviserad, oförberedd, extemporerad
extempore [ɪk'stempərɪ] **I** *adv* extempore, oförberett **II** *a, se* extemporaneous
extempo|rization (*BE. äv. -risation*) [ekˌstempəraɪ'zeɪʃn] improvisation, extemporering **-rize** (*BE. äv -rise*) [ɪk'stempəraɪz] improvisera, extemporera
extend [ɪk'stend] **1** sträcka (räcka) ut (fram) **2** bygga ut (till) **3** förlänga; utsträcka; utvidga; vidga, öka; ~*ed family* storfamilj; *in an* ~*ed sense of the word* i ordets vidaste bemärkelse; ~*ed play record* EP-skiva, 45-varvsskiva **4** *bildl.* ge, erbjuda (*help* hjälp); framföra (*greetings* hälsningar) **5** *bokför.* transportera **6** *jur.* värdera mark **7** anstränga, pressa **8** sticka ut (fram) **9** sträckas (dras) ut; utsträckas **10** sträcka sig; räcka, vara (*for many years* i många år) **11** breda ut sig; vara utbredd
exten|sibility [ɪkˌstensə'bɪlətɪ] [ut]tänjbarhet, [ut]sträckbarhet **-sible** [ɪk'stensəbl] [ut]tänjbar, som kan [ut]sträckas **-sile** [ek'stensaɪl] [ut]tänjbar; som kan skjutas fram
extension [ɪk'stenʃn] **1** utsträckande; utvidg|ande, -ning; förlängning **2** sträckare; *med.* sträck **3** till-, ut|byggnad **4** utbredning, utsträckning; omfång **5** *tel.* anslutning[sapparat] **6** *university* ~ *course* extramural universitetskurs **extension cord** skarv-, förlängnings|sladd
extensive [ɪk'stensɪv] omfattande, vidsträckt, utbredd; utförlig; *lantbr.* extensiv; *make* ~ *use of s.th.* flitigt använda ngt
extent [ɪk'stent] **1** utsträckning, omfattning; *to a certain* ~ i viss utsträckning, till en viss grad **2** yta, område, omfång; mängd, volym
extenu|ate [ek'stenjʊeɪt] förringa, minska, överskyla; -*ating circumstances* förmildrande omständigheter **-ation** [ekˌstenjʊ'eɪʃn] förringande, förmildrande; ursäkt
exterior [ek'stɪərɪə] **I** *a* yttre, utvändig, ytter-; utvärtes **II** *s* **1** yttre, exteriör, utsida **2** *film.* utomhusscen
extermi|nate [ɪk'stɜːmɪneɪt] utrota, tillintetgöra **-nation** [ɪkˌstɜːmɪ'neɪʃn] utrot|ande, -ning, för-

external—eye

int|ande, -else
external [ek'stɜːnl] **I** *a* **1** yttre, ytter-; extern; utvändig; utvärtes; utrikes- **II** *s*, ~*s* (*pl*) yttre företeelser, oviktig detalj **-ity** [ˌekstɜːˈnælətɪ] yttre omständighet[er] (drag) **-ize** (*BE. äv. -ise*) [-aɪz] ge yttre form åt
extinct [ɪkˈstɪŋ(k)t] **1** [ut]slocknad (*volcano* vulkan) **2** utdöd **3** avskaffad **extinction** [ɪkˈstɪŋ(k)ʃn] **1** [ut]släckande; tillintetgörande, förintelse **2** utdöende
extinguish [ɪkˈstɪŋgwɪʃ] **1** utsläcka, [för]kväva **2** tillintetgöra, förinta (*äv. bildl.*) **-er** [-ə] eldsläckare
extir|pate [ˈekstɜːpeɪt] **1** utplåna, utrota **2** dra upp med rötterna **-pation** [ˌekstɜːˈpeɪʃn] **1** utplånande, utrotning **2** uppdragande med rötterna
extol [ɪkˈstəʊl] prisa, höja till skyarna
extort [ɪkˈstɔːt] pressa [ut] (*money from s.b.* pengar av ngn), avtvinga (*s.th. from s.b.* ngn ngt), framtvinga **extortion** [ɪkˈstɔːʃn] utpressning; av-, fram|tvingande **extortionate** [ɪkˈstɔːʃnət] utpressnings-; ocker-; orimlig **extortioner** [ɪkˈstɔːʃnə] utpressare; ockrare
extra [ˈekstrə] **I** *a* extra, ytterligare; ~ *time* (*sport.*) förlängning **II** *adv* extra **II** *s* **1** extra person (sak); extra tillbehör **2** extra|avgift, -kostnad **3** extranummer (*av tidning*) **4** *film.* statist
extract I *v* [ɪkˈstrækt] **1** dra ut (*from* ur); ~ *the square root from* (*mat.*) dra roten ur **2** avlocka, framtvinga; locka fram **3** finna, hämta (*inspiration from* inspiration i, ur) **4** extrahera, utvinna; pressa [ut] **5** excerpera, göra utdrag ur (*skrift*) **II** *s* [ˈekstrækt] **1** extrakt **2** excerpt, utdrag (*ur skrift*) **extraction** [ɪkˈstrækʃn] **1** utdragning; extraherande, extraktion **2** utdrag **3** härkomst, extraktion **extractive** [ɪkˈstræktɪv] **1** extraktiv; extrakt- **2** ~ *industry* råvaruindustri (*för utvinnande av kol, malm e.d.*)
extracurricular [ˌekstrəkəˈrɪkjələ] utanför schemat, fritids-
extra|dite [ˈekstrədaɪt] utlämna (*brottsling t. annan stat*); få utlämnad **-dition** [ˌekstrəˈdɪʃn] utlämning (*av brottsling t. annan stat*)
extra|judicial [ˌekstrədʒuːˈdɪʃl] *jur.* utanför rättsordningen; inte hörande till målet **-marital** [ˌekstrəˈmærɪtl] *a*, ~ *relations* utomäktenskapliga förbindelser **-mundane** [ˌekstrəˈmʌndeɪn] utomvärldslig **-mural** [ˌekstrəˈmjʊər(ə)l] utanför murarna (*av stad el. univ.*); ~ *studies* studier på akademisk nivå utanför universitet
extraneous [ekˈstreɪnjəs] **1** yttre; som kommer utifrån; främmande **2** ovidkommande, irrelevant
extra|ordinarily [ɪkˈstrɔːdnrəlɪ] utomordentligt, ovanligt **-ordinary** [-ɔːdnrɪ] **1** utomordentlig, extraordinär, märkvärdig; ovanlig[t stor] **2** extraordinarie, extra, tillfällig, särskild
extrapolate [ekˈstræpə(ʊ)leɪt] **1** *mat.* extrapolera **2** sluta sig till
extra|sensory [ˌekstrəˈsensərɪ] *a*, ~ *perception* extrasensorisk perception, utomsinnlig varseblivning **-terrestrial** [-tɪˈrestrɪəl] utomjordisk **-territorial** [ˈekstrəˌterɪˈtɔːrɪəl] extraterritorial
extrava|gance [ɪkˈstrævəgəns] **1** extravagans, överdåd, slöseri **2** omåttlighet, överdrift **-gant** [-gənt] **1** extravagant, överdådig, slösaktig **2** överdriven; omåttlig, orimlig **-ganza** [ˌekˌstrævəˈgænzə] **1** *litt. o. mus.* fantasi[stycke] **2** utstyrsel|pjäs, -stycke
extreme [ɪkˈstriːm] **I** *a* **1** extrem, ytterlighets-; *an* ~ *case* ett extremfall; *the* ~ *right* (*polit.*) ytterst a högern **2** ytterst; borterst, längst bort; *to the* ~ *left* längst [ut] till vänster; *the* ~ *opposite* raka motsatsen; *the* ~ *unction* sista smörjelsen **3** ytterst stor (sträng), extrem, ytterlig; ~ *old age* utomordentligt hög ålder **II** *s* **1** ytterlighet; *in the* ~ *i* högsta grad, ytterst; *go to* ~*s* gå till ytterligheter; *drive s.b. to* ~*s* driva ngn till det yttersta **2** *mat.* ytterled **extremely** [-lɪ] *adv* ytterst, utomordentligt, högst **extremist** [-ɪst] extremist **extremity** [ɪkˈstremətɪ] **1** yttersta punkt (del, gräns) **2** *anat.* extremitet **3** högsta grad **4** extremt tillstånd (läge); nödläge **5** ytterlighet, ytterlighetsåtgärd; *resort to extremities* gå till ytterligheter, ta till ytterlighetsåtgärder
extri|cate [ˈekstrɪkeɪt] lösgöra, befria **-cation** [ˌekstrɪˈkeɪʃn] *s* lös-, fri|görande, befriande
extrinsic [ekˈstrɪnsɪk] utanförliggande, yttre
extrovert [ˈekstrə(ʊ)vɜːt] **I** *a* extrovert, utåtriktad **II** *s* extrovert (utåtriktad) person
extrude [ekˈstruːd] pressa (trycka) ut **extrusion** [ekˈstruːʒn] *s* utpressande, uttryckande
exuber|ance [ɪgˈzjuːb(ə)r(ə)ns] **1** överflöd, frodighet, ymnighet **2** översvallande; övermått; sprudlande glädje (vitalitet) **-ant** [-(ə)nt] **1** överflödande, frodig, ymnig **2** översvallande; sprudlande, vital
exudation [ˌeksjuːˈdeɪʃn] utsvettning, utsöndring; svett **exude** [ɪgˈzjuːd] ut-, av|söndra[s]; sippra ut; ~ *confidence* utstråla förtroende
exult [ɪgˈzʌlt] jubla, triumfera **exultant** j-(ə)nt] jublande, triumferande **exultation** [ˌegzʌlˈteɪʃn] jubel, triumf
exurb [ekˈsɜːb] bostadsområde utanför förorterna **exurbia** [-ɪə] *koll.* bostadsregion utanför förorterna
eye [aɪ] **I** *s* **1** öga; blick; ~[s] syn[förmåga]; *an* ~ *for an* ~ öga för öga; ~ *to* ~ (*vard.*) öga mot öga; *all* ~*s* (*vard.*) vaksam, uppmärksam; [*all*] *my* ~*s!* (*vard.*) struntprat!, dumheter!; *before* (*under*) *the very* ~ *of s.b. a*) inför ögonen på ngn, *b*) mitt för näsan på ngn; *in the* ~*s of the law* i lagens mening; *one in the* ~ (*vard.*) en smocka [i ögat], en besvikelse; *in one's mind's* ~ för sin inre syn; *to the naked* ~ för blotta ögat; *under the* ~ *of s.b.* under uppsikt (övervakning) av ngn; *with a jealous* ~ avundsjukt; *with* (*having*) *an* ~ *to a*) angående, med avseende på, *b*) i avsikt att; *with one's* ~*s open* med öppna ögon; *with one's* ~*s shut a*) med slutna, med förbundna ögon, *b*) utan att märka (se) ngt; *be all* ~*s* göra stora ögon; *be in the public* ~ vara föremål för allmänhetens intresse; *be up to one's* ~*s in work* ha arbete upp över öronen; *catch a p.'s* ~ fånga ngns blick; *do s.b. in the* ~ (*vard.*) grundlura ngn, dra ngn vid näsan; *give s.b. the* [*glad*] ~ [ögon]flörta med ngn; *have one's* ~*s about one* ha ögonen med sig; *have an* ~ *for antiques* ha blick (sinne) för antikviteter; *have* ~*s for* vara intresserad av; *have one's* ~*s on s.th.* (*vard.*) *a*) ha ngt i kikaren, *b*) ha ett gott öga till ngt; *have an* ~ *to the main chance* vara om sig; *keep an* ~ *on* hålla ett öga på; *keep*

an ~ *open* (*out*) *for* hålla utkik efter; *keep one's* ~*s open* (*vard.*) *peeled, skinned*) ha ögonen med sig; *lay* (*clap, set*) ~*s on* få syn på; *look s.b. in the* ~ se stint på ngn; *make* ~*s at* [ögon]flörta med; *make sheep's* ~*s at* (*åld.*) kasta kärleksfulla blickar på; *run one's* ~[*s*] *over* ögna (titta) igenom; *see* ~ *to* ~ *with* gå med på, samtycka till, se på saken på samma sätt som; *set one's* ~*s in* (*sport.*) träna upp ögat; *set one's* ~*s on* kasta sina blickar på; *shut* (*close*) *one's* ~*s to, turn a blind* ~ *to* blunda för, se genom fingrarna med; *strike a p.'s* ~ falla ngn i ögonen 2 [nåls]öga; *bot.* öga (*på potatis e.d.*); *the* ~ *of the wind* (*sjö.*) vindögat **II** *v* betrakta, mönstra, granska
eye|ball ['aɪbɔːl] ögonglob **-brow** ögonbryn **--catching** [-ˌkætʃɪŋ] som fångar blicken, slående **-ful** [-fʊl] *vard.* **1** titt, blick **2** *she is quite an* ~ hon är något att vila ögonen på **-glass** [-glɑːs] **1** monokel **2** *AE.*, ~*es* (*pl*) glasögon **-hole** [-həʊl] **1** öga (*på rep e.d.*) **2** *vard.* ögonhåla **3** titthål **-lash** [-læʃ] ögonhår; ögonfrans **-let** [-lɪt] **1** litet hål, snörhål; öljett **2** litet öga **-level** [-ˌlevl] ögonhöjd **-lid** [-lɪd] ögonlock **--opener** [-ˌəʊpnə] *vard.* tankeställare **-piece** [-piːs] (*kikares*) okular[lins] **-shade** [-ʃeɪd] skärm (*över ögonen*) **-shadow** [-ˌʃædəʊ] ögonskugga **-shot** [-ʃɒt] *s*, *out of* (*within*) ~ utom (inom) synhåll **-sight** [-saɪt] syn[förmåga] **--socket** [-ˌsɒkɪt] ögonhåla **-sore** [-sɔː] ful (anskrämlig) syn
Eye-tie ['aɪtaɪ] *BE. sl. neds.* italienare
eye|tooth ['aɪtuːθ] hörn-, ögon|tand; *give one's* ~ *for* (*vard.*) ge vad som helst (sin högra arm) för **-wash 1** ögonvatten **2** *vard.* struntprat **-witness** [ˌaɪˈwɪtnɪs] ögonvittne
eyrie ['aɪərɪ] **1** [rovfågels]näste **2** [rovfågels]kull
Ezekiel [ɪˈziːkjəl] Hesekiel

F, f [ef] (*bokstav, ton*) F, f; *F flat* (*mus.*) fess; *F sharp* (*mus.*) fiss
F *förk. för Fahrenheit; Fellow* **F.**, **f.** *förk. för female; feminine; following* [*page*]; *franc*[*s*] **FA** *förk. för field artillery; Football Association*
fa [fɑː] *mus.* fa
fab [fæb] *interj.* *BE. vard.* jättebra!, fantastiskt!
fable ['feɪbl] **1** fabel; legend; myt, saga; fablernas (sagans) värld **2** lögn **fabled** [-d] **1** sago-, fabel- **2** uppdiktad
fabric ['fæbrɪk] **1** tyg, väv, vävnad; (*tygs*) struktur **2** uppbyggnad; stomme, struktur, konstruktion
fabri|cate ['fæbrɪkeɪt] **1** fabricera, tillverka; montera; konstruera **2** dikta ihop, hitta på; förfalska **-cation** [ˌfæbrɪˈkeɪʃn] **1** fabrikation, tillverkning; montering; konstruktion **2** hopdiktande, påhitt; förfalskning
fabu|list ['fæbjʊlɪst] **1** fabeldiktare **2** lögnare **-lous** [-ləs] **1** fabel-, sago-; diktad **2** sagolik, fabulös; *vard.* jättefin, fantastisk
fac. *förk. för facsimile; factor; factory*
façade, facade [fəˈsɑːd] fasad (*äv. bildl.*), framsida
face [feɪs] **I** *s* **1** ansikte, min, uppsyn; *vard.* fräckhet; *a sad* ~ en sorgsen min; *in* [*the*] ~ *of a*) trots, *b*) ställd inför; *fly in the* ~ *of a*) öppet trotsa, *b*) rusa rakt på; *laugh in a p.'s* ~ skratta ngn rätt upp i ansiktet; *look s.b. in the* ~ se ngn rakt i ansiktet; *shut the door in a p.'s* ~ stänga dörren mitt framför näsan på ngn; *fall on one's* ~ falla framstupa; ~ *to* ~ ansikte mot ansikte, inför; *I told him so to his* ~ jag sa honom det rakt upp i ansiktet; *she praised him to his* ~ hon berömde honom i hans närvaro; *have the* ~ *to* (*vard.*) ha fräckheten (mage) att; *lose* (*save*) ~ förlora (rädda) ansiktet (anseendet); *make* (*pull*) *a* ~ göra en grimas; *pull a long* ~ bli lång i ansiktet (synen); *put one's* ~ *on* (*vard.*) göra make-up; *put a bold* (*good*) ~ *on* hålla god min i elakt spel; *put a brave* ~ *on it* bita i det sura äpplet; *set one's* ~ *against* bestämt motsätta sig; *show one's* ~ visa sig, framträda **2** yta; framsida; fasad; rätsida; ur-, visar|tavla; *the* ~ *of the town has changed* stadens utseende har förändrats; *vanish off the* ~ *of the earth* försvinna från jordens yta; *on the* ~ *of it* som det ter sig utåt, av allt att döma, ytligt sett; *a cliff* ~ en klippvägg **3** *boktr.* (*typs*) tryckyta; typsnitt **II** *v* **1** vara vänd mot, se mot; ligga (vetta) mot; ligga (stå) mitt emot; stå ansikte mot ansikte med; ~ *the music* (*vard.*) ta konsekvenserna, stå sitt kast; *facing page* motstående sida; *a room facing the south* ett rum som vetter åt söder; *sit facing the engine* åka framlänges (*på tåg e.d.*) **2** [oförskräckt] möta (*enemy* fiende; *problems* problem), stå inför; räkna med, vara beredd på; ~ *out* stå ut med, uthärda; *be* ~*d with* stå (ställas) inför, konfronteras med; *let's* ~ *it, she is...* man

måste erkänna att hon är...; ~ *the facts* inte blunda för fakta **3** lägga med framsidan (rätsidan) uppåt **4** beklä[da], klä; infodra **5** *mil.* låta göra vändning; *about ~!* helt om! *right ~!* höger om! **6** vara vänd, vända sig (*to*[*wards*] mot); vetta, ligga (*to*[*wards*] mot); *the room ~s to the south* rummet vetter mot söder **7** ~ *up to a*) [modigt] möta, *b*) finna sig i, böja sig för, *c*) ta på sig (*responsibility* ansvar)

face card ['feɪskɑ:d] *AE.*, *kortsp.* målare, klätt kort **face cloth (flannel)** tvättlapp **face-lift** ansiktslyftning (*äv. bildl.*) **face-off** (*i ishockey*) nedsläpp, tekning **face pack** ansiktsmask **face powder** [ansikts]puder **facer** [-ə] *BE.* vard. svårighet, problem **face-saving** som räddar (för att rädda) ansiktet

facet ['fæsɪt] **I** *s* **1** fasett **2** *bildl.* sida, aspekt **II** *v* slipa i fasett

face|tiae [fə'si:ʃɪi:] *pl* **1** kvickheter **2** oanständig litteratur **-tious** [-ʃəs] skämtsam; *be ~* göra sig lustig

face value ['feɪsvælju:] nominellt värde; *take s.th. at* [*its*] ~ ta ngt för gott

facia ['feɪʃə] *se fascia*

facial ['feɪʃl] **I** *a* ansikts- **II** *s* ansiktsbehandling

facile ['fæsaɪl] **1** lätt[vindig], enkel **2** flink, flyhänt **3** ledig, avspänd **facilitate** [fə'sɪlɪteɪt] underlätta; främja **facilit|y** [fə'sɪlətɪ] **1** lätthet **2** flinkhet, flyhänthet **3** *-ies* (*pl*) anordningar, hjälpmedel, faciliteter; tillfällen; möjligheter; *modern -ies* moderna bekvämligheter (hjälpmedel) **4** *-ies* (*pl*) toalett

facing ['feɪsɪŋ] **1** skoning, infodring, kantgarnering; ~*s* (*pl, mil.*) [rock]uppslag (*i annan färg*) **2** *byggn.* yt-, fasad|beklädnad

facsimile [fæk'sɪmɪlɪ] **I** *s* faksimil[e] **II** *v* faksimilera

fact [fækt] **1** faktum, realitet; ~ *and fiction* fantasi och verklighet; ~ *of life* ofrånkomligt (obehagligt) faktum; *teach s.b. the ~s of life* ge ngn sexualupplysning; *a matter of ~* ett faktum; *as a matter of ~*, *in* [*point of*] ~ faktiskt, i verkligheten, i själva verket; *the ~* [*of the matter*] *is that* saken är den att, faktum är att **2** *jur.* sakförhållande, faktum i målet; *after the ~* efter brottet[s begående] **--finding** *a* undersöknings-

faction ['fækʃn] **1** partigruppe, fraktion **2** parti|-käbbel, -strider **factional** ['fækʃənl] parti- **factious** ['fækʃəs] **1** parti-, fraktions- **2** grälsjuk

factitious [fæk'tɪʃəs] konstgjord; konstlad

factor ['fæktə] **1** faktor (*äv. mat.*); ~ *of production* produktionsfaktor **2** agent, kommissionär **3** *Sk.* förvaltare **-age** [-rɪdʒ] kommissionsarvode **-ize** (*BE. äv. -ise*) [-raɪz] *mat.* dela upp i faktorer

factory ['fæktərɪ] fabrik; bruk **Factory Act** arbetarskyddslag **factory farm** industriellt jordbruk, storjordbruk **factory ship** *BE.* flytande valkokeri

factotum [fæk'təʊtəm] faktotum, allt i allo

factual ['fæktʃʊəl] **1** faktisk, verklig **2** saklig

facultative ['fækltətɪv] fakultativ, frivillig, valfri **faculty** ['fækltɪ] **1** förmåga; anlag, fallenhet; skicklighet, duglighet **2** *univ.* fakultet; fakultetsmedlemmar; *AE.* lärarkår

fad [fæd] *vard.* modenyck, fluga, mani, nyck **-dish** ['fædɪʃ] vurmig, nyckfull **-dist** ['fædɪst] vurmare, fantast

fade [feɪd] **1** vissna; förtvina **2** blekna, mattas; förblekna; tona bort; tyna av, vissna bort **3** bleka, komma att blekas **4** *film o.d.*, ~ *away* (*out*) sakta försvinna, dö (tona) bort; ~ *in* tona in (upp); ~ *into* långsamt övergå till **fade-in** ['feɪdɪn] *film. etc.* upptoning **fadeless** ['feɪdlɪs] **1** oförgänglig **2** färgäkta **fade-out** ['feɪdaʊt] **1** *film. etc.* borttoning **2** *bildl.* tillbakagång **fading** ['feɪdɪŋ] **1** vissnande; [för]bleknande **2** *radio.* fading

faecal ['fi:kl] avförings-; *med.* fekal **faeces** ['fi:si:z] *pl* avföring, exkrementer

fae|rie, -ry ['fe(ɪ)ərɪ] *åld. el. poet.* **I** *s* **1** feernas värld **2** förtrollning **II** *a* fe-

Faeroes ['feərəʊz] *the ~*, *the Faeroe Islands* Färöarna **Faeroese** [ˌfeərəʊ'i:z] **I** *s* färöing **II** *a* föröisk

1 fag [fæg] **I** *v* **1** *vard.* slita, knoga **2** *BE. skol.*, ~ [*for*] vara passopp åt (*äldre elev*) **3** tröttköra, låta slita **II** *s* **1** *vard.* slit, knog **2** *BE. skol.* pojke som passar upp på äldre elev

2 fag [fæg] *BE. sl.* cigg, tagg (*cigarrett*)

3 fag [fæg] *AE. sl.* bög, homofil

fag end [ˌfæg'end] **1** [värdelös] tamp, ända **2** *BE. vard.* fimp

1 faggot ['fægət] risknippe; knippa, knippe, bunt

2 faggot ['fægət] *AE. sl.* bög, homofil

fah [fɑ:] *mus.* fa

Fahrenheit ['fær(ə)nhaɪt] Fahrenheit

faience [faɪ'ɑ:(n)s] fajans

fail [feɪl] **I** *v* misslyckas; stranda; göra fiasko; slå fel; vara förgäves; bli underkänd (kuggad); ~ *in doing s.th.* misslyckas med att göra ngt; *the crops ~ed* skörden slog fel **2** klicka, strejka, inte fungera, svika; *his heart ~ed* hans hjärta stannade; *the motor ~ed* motorn strejkade **3** brista; svika; ~ *in one's duty* svika (inte fullgöra) sin plikt; ~ *in its effect* förfela sin verkan **4** vara otillräcklig, ta slut, inte räcka till **5** försvagas, avta; bli sämre (svagare); tona (dö) bort **6** göra bankrutt, gå omkull **7** svika, lämna i sticket; *words ~ me* jag saknar ord **8** ~ *to do s.th.* underlåta (försumma) att göra ngt, inte [lyckas] göra ngt; *I couldn't ~ to notice* jag kunde inte undgå att lägga märke till; *I ~ to see why* jag kan inte inse varför **9** underkänna, kugga (*a candidate* en kanditat); ~ *an exam* bli underkänd i en examen **II** *s*, *without ~* säkert, bestämt

fail|ing ['feɪlɪŋ] **I** *s* brist, fel **II** *prep* i brist på; ~ *this* (*that*) i annat fall **--safe** hel-, idiot|säker **-ure** [-jə] **1** misslyckande; strandning; fiasko; misslyckad person (sak) **2** underlåtenhet (*to attend* att närvara); uteblivande; brist **3** strejkande, svikande; fel; *crop ~* missväxt; *heart ~* hjärtförlamning; *motor ~* motorstopp; *power ~* strömavbrott **4** försvagning; försämring **5** bankrutt, konkurs

fain [feɪn] *åld.* **I** *a*, *be ~ to* vara [så illa] tvungen att **II** *adv*, *I would ~* jag skulle gärna vilja **III** *v*, *se fains* **fains** [-z] ~ *I* (*i lek*) pass för att inte

faint [feɪnt] **I** *a* svag; matt; otydlig; *a ~ noise* ett svagt ljud; *I haven't the ~est* [*idea*] jag har inte den blekaste aning **II** *v* svimma; ~ *away* svimma av **III** *s* svimning **faint-hearted** [ˌfeɪnt'hɑ:tɪd]

fainting-fit—fall

feg, försagd **fainting-fit** ['feɪntɪŋfɪt] svimningsanfall
1 fair [feə] **1** marknad; [välgörenhets]basar; *vanity* ~ fåfängans marknad **2** *hand.* mässa
2 fair [feə] **I** *a* **1** rättvis, just *(to, on* mot); opartisk; ärlig *(fight* strid), hederlig; rimlig, skälig; *vard.* fullkomlig, verklig *(battle* strid); ~ *game* lovligt villebråd; ~ *play* fair play, rent spel; ~ *enough!* kör till!, okej!, bra!; ~ *and square* öppen och ärlig; ~ *is* ~ rätt ska vara rätt; *it's only* ~ det är inte mer än rätt; *all's* ~ *in love and war* i krig och kärlek är alltig tillåtet; *have a* ~ *chance of winning* ha stora chanser att vinna; *that's a* ~ *comment* det stämmer (är riktigt); *by* ~ *means or foul* med rätt eller orätt, med ärliga medel eller oärliga; *get a* ~ *trial a)* få en rättvis rättegång, *b)* få en ärlig chans **2** ganska bra (stor); *a* ~ *amount* *(äv.)* ganska mycket; *in a* ~ *way to success* på god väg att lyckas ~ *wind* förlig vind; ~ *to middling* *(vard.)* någorlunda, skaplig **3** blond, ljus[lagd] **4** vacker *(äv. om väder)*; fager; behaglig; *the* ~ *sex* det täcka könet; ~ *words* vackra ord, fagert tal; *the barometer is set* ~ barometern står på vackert [väder] **5** *bildl.* fläckfri *(name* namn); otadlig **6** tydlig, läslig *(handwriting* handstil); ~ *copy* renskrift, renskrivet exemplar **7** fri, öppen *(passage* passage) **II** *adv* **1** rättvist, just; ärligt, hederligt; rimligt; *play* ~ spela rent spel, vara hederlig **2** rakt, rätt; *fall* ~ falla pladask; ~ *and square* öppet och ärligt; *it hit him* ~ *and square in the face* den träffade honom rakt i ansiktet **3** *copy s.th. out* ~ skriva rent ngt
fairground ['feəɡraʊnd] marknadsplats; mässområde
fair-haired [ˌfeə'heəd] **1** ljushårig **2** *AE.*, ~ *boy* gullgosse, favorit **fairish** ['feərɪʃ] **1** ganska bra, skaplig **2** ganska ljus[lagd] **fairing** ['feərɪŋ] *tekn.* kåpa *(för att minska luftmotstånd);* strömlinjeform **fairly** ['feəlɪ] **1** rättvist; ärligt, hederligt **2** ganska, tämligen, rätt **3** alldeles; fullständigt **4** lämpligen **fair-minded** [ˌfeə'maɪndɪd] rättvis, just **fairness** ['feənɪs] **1** rättvisa, opartiskhet; ärlighet, hederlighet; rimlighet; *in all* ~ i rättvisans namn, rimligtvis **2** blondhet; skönhet
fairway ['feəweɪ] **1** farled **2** *golf.* fairway *(klippt del mellan utslagsplats o. green)* **fair-weather** ['feəˌweðə] *a* **1** vackert-väder- **2** ~ *friends* vänner i medgångens stund
fairy ['feərɪ] **I** *s* **1** fe, älva **2** *sl.* bög, homofil **II** *a* felik, älvlik; fe-, älv-; sago- **fairy cycle** liten barncykel **fairy godmother** god fe **fairyland** **1** älvornas rike **2** fantasivärld **fairylike** älvlik **fairy ring** [ˌfeərɪ'rɪŋ] *bot.* häx-, älv[ring **fairy story** ['feərɪˌstɔ:rɪ], **fairy tale** ['feərɪteɪl] [fe]-saga; osann (påhittad) historia
faith [feɪθ] **1** tro *(in* på); förtroende *(in* för), tillit *(in* till); *the* ~ den sanna tron; *have* ~ *in* tro (lita) på, ha förtroende för **2** tro, troslära, religion; *the Christian* ~ den kristna tron **3** trohet, hederlighet; hedersord; *in* ~ mansan; *in bad* ~ trolöst; *in good* ~ i god tro **-ful** ['feɪθfʊl] **1** trogen *(to* mot), *the* ~ de rättrogna **2** trovärdig, verklighetstrogen **3** trogen, exakt **-fully** ['feɪθfʊlɪ] *adv* troget *etc., jfr faithful; Yours* ~ Högaktningsfullt *(i brev)* **--healer** ['feɪθˌhi:lə] helbrägdagörare **--healing** ['feɪθˌhi:lɪŋ] helbrägdagörelse **-less 1** trolös,

opålitlig *(to* mot) **2** utan tro, klentrogen
fake [feɪk] **I** *v* **1** förfalska; försköna, bättra på; koka ihop, hitta på; ~ *up a)* hitta på, *b)* förfalska **2** simulera, låtsas ha *(a headache* huvudvärk) **3** improvisera **II** *a* falsk, förfalskad; uppdiktad **III** *s* förfalskning; uppdiktad historia; bluffmakare
faker ['feɪkə] förfalskare; bluffmakare
fakir ['feɪˌkɪə] fakir
falcon ['fɔ:lkən] falk **falconer** [-ə] falkenerare
falconry [-rɪ] **1** falkdressyr **2** falkjakt
falderal [ˌfældə'ræl] **1** falleri, fallera **2** struntsak; struntprat
faldstool ['fɔ:ldstu:l] **1** bönpall **2** biskopsstol *(utan ryggstöd)*
fall [fɔ:l] **I** *v (fell, fallen)* **1** falla; falla omkull, ramla; falla ner; sjunka; stupa; infalla; *he fell and hurt his knee* han ramlade och gjorde sig illa i knät; *prices* ~ priserna sjunker; ~ *in battle* falla (stupa) i strid; *night fell* natten föll på; *Easter* ~*s early this year* påsken infaller tidigt i år; ~ *apart (to pieces)* falla isär (i bitar); *her face fell* hon blev lång i ansiktet; *the fortress fell* fortet föll; *her gaze fell* hon sänkte (vände bort) blicken; *the government fell* regeringen föll; *her hair fell to her waist* hennes hår föll (hängde, räckte) ner till midjan; ~ *a victim to* falla offer för; *his voice fell to a whisper* hans röst sänktes (sjönk) till en viskning **2** förfalla [till betalning] **3** slutta **4** *the wind* ~*s* vinden avtar, det mojnar **5** ~ *asleep* somna, falla i sömn; ~ *ill* bli sjuk, insjukna; ~ *in love* bli kär; ~ *flat (bildl.)* falla platt till marken, misslyckas; ~ *foul of a) sjö.* kollidera med, *b)* råka i konflikt med; ~ *short* visa sig otillräcklig; ~ *short of* inte motsvara, inte gå upp mot **6** *(om djurungar)* födas **7** ~ *about laughing* skratta sig förtärvad; ~ *among* råka i bland (i); ~ *away a)* slutta [ner], *b)* bortfalla, lossna, *c) (om oro o.d.)* vika [undan], avta; ~ *back* dra sig tillbaka; ~ *back [up]on (bildl.)* falla tillbaka på; ~ *behind a)* bli (sacka) efter, *b)* ligga efter *(m. arbete e.d.)*; ~ *down a)* ramla ner (omkull), falla ihop; ~ *down on (vard.)* misslyckas med; ~ *for a)* falla för *(ngn), b)* gå 'på, luras av; ~ *from a)* falla [ner] från, *b)* störtas från; *not a word fell from his lips* inte ett ord kom över hans läppar; ~ *in a)* falla (störta) in, falla ihop, *b) mil.* falla in i ledet; ~ *in! (mil.)* uppställning!; ~ *in [up]on* överraska, dimpa ner hos; ~ *in with a)* träffa, ansluta sig till, råka in i, *b)* gå med på, stödja; ~ *into a)* falla [ner] i, *b)* förfalla till *(bad habits* dåliga vanor), *c)* kunna indelas i; ~ *into disrepair* förfalla, bli förfallen; ~ *into a rage* bli rasande; ~ *off a)* falla (ramla) av från *(ngn), b)* minska, avta, gå ner, försämras, *c)* misslyckas; ~ *on (upon) a)* anfalla, kasta sig över, *b)* snubbla på *(a stone* en sten), *c)* till|falla, -komma; *d)* komma (råka) på, hitta; ~ *flat on one's face* falla pladask, *bildl.* misslyckas kapitalt; ~ *on one's feet (bildl.)* komma ner på fötterna, klara sig bra; *suspicions* ~ *on him* misstankarna faller på honom; ~ *out a)* falla (ramla) ut *(of* ur, genom), *b)* utfalla, avlöpa, *c) vard.* råka i gräl, bli osams, *d) mil.* lämna ledet; ~ *out of* lägga bort, upphöra med; ~ *over* falla (ramla) omkull, ta överbalansen; ~ *over o.s. to do s.th.* anstränga sig till det yttersta att göra ngt; ~ *through* slå fel, misslyckas falla igenom; ~ *to a)*

fallacious—fanlight

börja, sätta igång, b) tillkomma, falla på, b) tillfalla; ~ under falla (höra, sortera) under; ~ upon, se fall on; ~ within falla inom (under) **II** s **1** fall (äv. i brottning); fallande, minskning, nedgång, avtagande; the F~ syndafallet; the ~ of night nattens inbrott; ~ in morals moraliskt förfall; ~ of snow snöfall; ~ in temperature temperaturfall; have a ~ falla **2** AE. höst **3** ~[s] [vatten]fall; the Niagara F~s Niagarafallen **4** sluttning **5** sjö. fall **6** (djurs) födelse; [djur]kull
falla|cious [fə'leɪʃəs] bedräglig, vilseledande; felaktig **-cy** ['fæləsɪ] **1** bedräglighet; the ~ of det bedrägliga i **2** felslut **3** misstag
fall-back ['fɔ:lbæk] **1** reträtt **2** nödfallsutväg, reserv
fallen ['fɔ:l(ə)n] perf. part. av fall o. a fallen (äv. bildl.); nerfallen; stupad; störtad (government regering); ~ arch nedsjunket fotvalv, plattfot
fall guy ['fɔ:lgaɪ] AE. vard. **1** lurad person **2** syndabock
falli|bility [ˌfælə'bɪlətɪ] felbarhet **-ble** ['fæləbl] felbar
falling ['fɔ:lɪŋ] fallande; ~ sickness (evil) fallandesjuka; ~ star stjärnfall
Fallopian tube [fə'ləʊpɪən 'tju:b] anat. äggledare
fallout ['fɔ:laʊt] radioaktivt nedfall
1 fallow ['fæləʊ] **I** s träda, trädesåker **II** v ligga (lägga) i träda **III** a trädes-, i träda; lie ~ ligga i träda (äv. bildl.)
2 fallow ['fæləʊ] gulbrun
fallow deer ['fæləʊˌdɪə] dovhjort
false [fɔ:ls] **I** a falsk; osann; bedräglig; otrogen; oäkta; ~ alarm falskt alarm; ~ bottom dubbel botten; ~ colours falsk flagg; ~ note falsk ton; ~ pearls oäkta pärlor; ~ scent villospår; ~ start tjuvstart; ~ step a) oklok handling, b) felsteg (äv. bildl.); ~ teeth löständer **II** adv, play s.b. ~ bedra ngn **-hood** ['fɔ:lshʊd] lögn, osanning; bedrägeri, ljugande; falskhet
falsetto [fɔ:l'setəʊ] falsett
falsies ['fɔ:lsɪz] pl, vard. behå med inlägg, lösbröst
falsi|fication [ˌfɔ:lsɪfɪ'keɪʃn] förfalskning **-fier** ['fɔ:lsɪfaɪə] förfalskare **-fy** ['fɔ:lsɪfaɪ] **1** förfalska **2** svika **3** vederlägga **-ty** ['fɔ:lsətɪ] **1** oriktighet; falskhet **2** lögn
falter ['fɔ:ltə] **1** stappla, ragla **2** stamma **3** vackla, tveka, vara osäker
fame [feɪm] berömmelse, ryktbarhet **famed** [-d] berömd, ryktbar
familial [fə'mɪljəl] familje-
familiar [fə'mɪljə] **I** a **1** bekant; [väl]känd **2** vanlig **3** ~ with förtrogen med **4** informell, familjär, förtrolig; närgången **II** s **1** förtrogen vän **2** tjänande ande **-ity** [fəˌmɪlɪ'ærətɪ] **1** förtrogenhet, nära bekantskap **2** förtrolighet **3** närgångenhet **-ize** (BE. äv. -ise) [fə'mɪljəraɪz] **1** göra bekant (förtrogen) (with med); ~ o.s. with bli bekant (förtrogen) med, sätta sig in i **2** göra allmänt känd (accepterad)
family ['fæm(ə)lɪ] **1** familj; hushåll, hus; he has a ~ of two han har två barn; in the ~ way (vard.) med barn **2** släkt, ätt; it runs in the ~ det ligger i släkten **3** stam; ras **family allowance** [-əˌlaʊəns] (förr) barnbidrag **family circle** [-ˌsɜ:kl] familjekrets **family doctor** [-ˌdɒktə] husläkare **family man** [-mæn] familjefar; hemkär man **family name** [-neɪm] familje-, efter|namn **family planning** [-ˌplænɪŋ] familjeplanering, födelsekontroll **family skeleton** [-ˌskelɪtn] familjehemlighet **family tree** [-tri:] stamträd
famine ['fæmɪn] **1** hungersnöd **2** svält, hunger **3** svår brist (in på)
famish ['fæmɪʃ] v, vard., I'm ~ing (~ed) jag håller på att svälta ihjäl
famous ['feɪməs] **1** berömd, ryktbar **2** vard. utmärkt, jättebra
1 fan [fæn] **I** s **1** fläkt; lantbr. sädesvanna **2** solfjäder **II** v **1** fläkta [på] ; lantbr. fläkta, vanna (säd); bildl. underblåsa **2** ~ [out] breda ut [sig] som en solfjäder
2 fan [fæn] beundrare, entusiast, fantast, fan
fanat|ic [fə'nætɪk] **I** s fanatiker **II** a fanatisk **-ical** [-ɪkl] fanatisk **-icism** [-ɪsɪz(ə)m] fanatism
fan belt ['fænbelt] fläktrem
fancied ['fænsɪd] **1** inbillad; overklig **2** favorit-
fancier [-ə] **1** expert, kännare, vän **2** odlare, uppfödare (av blommor, fåglar e.d.) **fanciful** [-f(ʊ)l] **1** fantasi|full, -rik **2** fantastisk **3** inbillad, fantasi-
fancy ['fænsɪ] **I** s **1** fantasi, inbillningsförmåga; fantasibild; inbillning; that was just his ~ det hade han bara inbillat sig **2** infall, nyck; she had a sudden ~ to go to Paris hon fick ett plötsligt infall att resa till Paris; I have a ~ that jag har en känsla av att **3** förkärlek, tycke; smak, böjelse, lust; have a ~ for s.th. ha lust på (förkärlek för) ngt; take a ~ to a) bli förtjust i, b) få lust att **II** v **1** föreställa sig, tänka sig; just ~!, ~ that! [kan man] tänka sig!; ~ doing that! a) tänk att få göra det!, b) hur kan (kunde) man göra det! **2** förmoda, inbilla sig, tycka; he fancied he heard footsteps han tyckte sig höra fotsteg; I rather ~ he has gone jag tror faktiskt att han har gått **3** ~ o.s. ha höga tankar om sig själv; he fancies himself as an expert han tror att han är (sig vara) expert **4** tycka om, vara förtjust i; gärna vilja ha; vara pigg på; I don't ~ a house in Leeds jag skulle inte vilja ha ett hus i Leeds **5** föda upp (djur) **III** a **1** fantasi-, fantasifull; konstfärdig; ovanlig; extra fin, särskilt utvald; invecklad, komplicerad (dancing steps danssteg) **2** (ofta iron.) fantastisk, fantasi-; nyckfull; överdriven; ~ prices fantasipriser **fancy dress** [ˌfænsɪ'dres] maskeraddräkt **fancy dress ball** ['fænsɪdresˌbɔ:l] maskerad[bal] **fancy-free** [ˌfænsɪ'fri:] obunden, fri **fancy goods** ['fænsɪgʊdz] pl prydnadssaker; presentartiklar **fancy man** ['fænsɪmæn] sl. **1** älskare **2** hallick **fancy woman** ['fænsɪwʊmən] sl. **1** älskarinna **2** prostituerad **fancywork** ['fænsɪwɜ:k] fint handarbete (broderi, virkning etc.)
fandangle [fæn'dæŋgl] vard. **1** prål[ighet] **2** nonsens, tokerier
fandango [fæn'dæŋgəʊ] fandango (dans)
fane [feɪn] åld. el. poet. tempel
fanfare ['fænfeə] fanfar
fang [fæŋ] **1** huggtand, bete; gifttand; ~s (pl, BE. vard.) gaddar (tänder) **2** tandrot **-ed** [-d] försedd med huggtänder etc., jfr fang
fanlight ['fænlaɪt] halvcirkelformat fönster;

över[ljus]fönster
fan mail ['fænmeɪl] beundrarpost
fanner ['fænə] ventilator, fläkt
fanny ['fænɪ] **1** *AE. sl.* rumpa **2** *BE. vulg.* fitta
fanny adams *BE. sl., sweet* ~ inte ett jävla dugg
fanta|size (*BE. äv. -sise*) ['fæntəsaɪz] fantisera
fantast ['fæntæst] fantast **fantastic[al]** [fæn'tæstɪk(l)] **1** fantastisk; absurd, befängd, orimlig; fantasi- **2** nyckfull **fantasy** ['fæntəsɪ] **1** fantasi (*äv. mus.*); fantasifoster, illusion **2** fantastiskt infall, [vilt] påhitt
FAO *förk. för Food and Agriculture Organization*
far [fɑː] (*farther, farthest el. further, furthest*) **I** *a* **1** fjärran, avlägsen; bortre; *the F~ East* Fjärran Östern; *in the ~ distance* i ett avläqset fjärran; *the ~ end of the room* bortre (andra) änden av rummet; *it's a ~ cry from* det är ngt helt annat än **2** lång (*way* väg); *I'm ~ from happy* jag är långt ifrån lycklig **II** *adv* **1** långt (*from here* härifrån); långt bort[a]; *~ and away* med god marginal; *~ and near* när och fjärran; *~ and wide* vida omkring, vitt och brett; *~ different* helt olika; *~ from it* långt därifrån; *~ be it from me to* jag vill absolut inte, det vare mig fjärran att; *~ gone a*) långt framskriden (gången), *b*) vard. stupfull; *~ in the future* långt in i framtiden; *~ off* (*away*) långt bort[a]; *as* (*so*) *~ as a*) ända (så långt som) till, *b*) såvitt; *as ~ back as 1850* redan 1850; *as ~ back as I can remember* så långt tillbaka som jag kan minnas; *so ~ a*) så till vida, *b*) hittills; *so ~, so good* så långt är allt gott och väl; *in so ~* [*as*] i den mån [som]; *have you come ~?* har du kommit långt bortifrån?; *go ~ a*) gå långt (*äv. bildl.*), räcka långt (länge); *how ~?* hur långt (länge)?, i vilken utsträckning? **2** mycket, vida, långt (*better* bättre); *by ~* vida, ojämförligt, betydligt, avsevärt, allra; *~ too heavy* alldeles för tung
farad ['færəd] *fys.* farad
faraway ['fɑːrəweɪ] **1** avlägsen **2** *bildl.* frånvarande, drömmande
farce [fɑːs] fars **farcical** ['fɑːsɪkl] farsartad
fare [feə] **I** *s* **1** [passagerar]avgift, biljettpris, taxa **2** [taxi]passagerare **3** mat, kost, kosthåll; *bill of ~* matsedel **II** *v* **1** klara sig (*well* bra); *~ thee well!* (*åld.*) farväl!, lev väl! **2** *opers., it ~d badly with her* det gick illa för henne **3** *åld.* äta **4** *åld., ~* [*forth*] färdas **fare meter** ['feəmiːtə] taxameter
fare stage ['feəsteɪdʒ] [gräns för] taxezon
fare-thee-well [ˌfeəðiːˈwel] *vard., to a ~* perfekt, på ett fulländat sätt **farewell** [ˌfeəˈwel] **I** *interj* farväl! **II** *s* avsked, farväl **III** *a* avskeds-
far|-fetched [ˌfɑːˈfetʃt] [långt]sökt; otrolig **--flung 1** utspridd **2** fjärran
farina [fəˈraɪnə] **1** mjöl **2** *BE.* [potatis]stärkelse **farinaceous** [ˌfærɪˈneɪʃəs] **1** mjöl-; stärkelsehaltig **2** mjölig **farinose** ['færɪnəʊs] mjöl-, mjölhaltig
farm [fɑːm] **I** *s* **1** bondgård, jord-, lant|bruk; (*i USA e.d.*) farm **2** farm, odling; *fox ~* rävfarm; *fish ~* fiskodling **3** arrende[gård]; arrende[avgift] **II** *v* **1** bruka, odla (*land* jorden); föda upp (*cattle* boskap) **2** driva jordbruk **3** ha fosterbarn **4** *~ out a*) lägga (lämna) ut (*arbete*), *b*) boitackordera (*fosterbarn*), *c*) arrendera ut **farmer** ['fɑːmə] **1** bonde, jord-, lant|brukare; (*i USA e.d.*) farmare **2** uppfödare, farmare, odlare **3** arrendator **4** fosterförälder **farm hand** ['fɑːmhænd] lant-, jordbruks|arbetare **farmhouse** ['fɑːmhaʊs] bondgård, mangårdsbyggnad **farming** ['fɑːmɪŋ] **I** *s* **1** jord-, lant|bruk **2** uppfödning, odling **II** *a* jord-, lant|bruks- **farmstead** ['fɑːmsted] bondgård **farmyard** ['fɑːmjɑːd] gårdsplan (*vid bondgård*)
Faroes ['feərəʊz] *se Faroes*
far|-off ['fɑːrɒf] *se faraway* **--out 1** avlägsen **2** *sl.* excentrisk, bisarr **3** *sl.* toppen, fantastisk
farrago [fəˈrɑːgəʊ] hopkok, röra, blandning
far-reaching [ˌfɑːˈriːtʃɪŋ] vittgående, omfattande
farrier ['færɪə] **1** hovslagare **2** veterinär **3** *mil.* kompaniofficer (*som har hand om hästarna*)
farrow ['færəʊ] **I** *s* griskull **I** *v* grisa
far|-seeing [ˌfɑːˈsiːɪŋ] framsynt **--sighted** [-ˈsaɪtɪd] **1** långsynt **2** framsynt, förutseende
fart [fɑːt] *vulg.* **I** *s* prutt, fjärt **II** *v* prutta, fjärta
far|ther ['fɑːðə] **I** *a* **1** avlägsnare, bortre **2** ytterligare **II** *adv* **1** längre; längre bort **2** ytterligare **-thermost** *a* borterst, längst bort [belägen] **-thest** [-ðɪst] **I** *a* **1** borterst, längst bort [belägen]; *at the ~ a*) längst bort, *b*) på sin höjd **2** längsta **II** *adv* längst bort; längst
farthing ['fɑːðɪŋ] **1** (*förr*) 1/4 penny **2** *not worth a ~* inte värt ett dugg
fartlek ['fɑːtlek] *sport.* intervallträning
F.A.S. *förk. för free alongside ship*
fascia ['feɪʃə] **1** butiksskylt (*ovanför fönster*) **2** *BE.* instrumentbräda
fasci|nate ['fæsɪneɪt] fascinera, fängsla, hänföra; förtrolla **-nating** [-neɪtɪŋ] fascinerande; mycket intressant; förtjusande **-nation** [ˌfæsɪˈneɪʃn] tjusning, förtrollning, lockelse
fascism ['fæʃɪz(ə)m] fascism **fascist** [-ɪst] **I** *s* fascist **II** *a* fascistisk, fascist-
fashion ['fæʃn] **I** *s* **1** mod[e]; *come into* (*go out of*) *~* bli modern (omodern); *it's all the ~* det är högsta mode; *set the ~* diktera modet; *a man of ~* en man av värld **2** sätt, vis; slag, sort; *after* (*in*) *a ~* någotsånär, någorlunda, i viss mån; *after the ~ of* lik[nande], i ett slags **3** [yttre] form, fason **4** bruk, sed; vana **II** *v* forma, gestalta; formge
fashionable [-əbl] **I** *a* **1** modern, mode- **2** fashionabel; förnäm, elegant; *the ~ world* den fina världen **3** modelejon **fashion house** modehus **fashion magazine** mode|journal, -tidning **fashion parade** *se fashion show* **fashion plate** mode|plansch, -teckning **fashion show** mode-, mannekäng|uppvisning
1 fast [fɑːst] **I** *v* fasta **II** *s* fasta; fastetid
2 fast [fɑːst] **I** *a* **1** snabb; hastig; *~ food* snabbmat; *~ lane* omkörnings-, ytter|fil; *~ train* snabb-, snäll|tåg; *the clock is ~* klockan går för fort; *a ~ talker* (*vard.* en välolj ad talare; *he is a ~ worker* han arbetar snabbt, han förspiller ingen tid; *pull a ~ one on s.b.* lura ngn **2** fast[sittande, -satt]; stadig; färgäkta; ljus-, tvätt|äkta (*dye* färg); trofast (*friend* vän); *make ~* göra (sätta, binda) fast **3** utsvävande (*life* liv); vidlyftig, nöjeslysten; *a ~ woman* en lättsinnig kvinna **4** *åld.* djup (*sleep* sömn) **II** *adv* **1** snabbt; hastigt, fort; i snabb följd; *live ~* leva hektiskt, slita på sig (*jfr* 4); *run ~* springa fort; *my watch is running ~* min klocka går för fort **2** *be ~ asleep* sova djupt

fast-day—favouritism

(tungt) **3** fast; stadigt; stramt, hårt, tätt; *follow ~ on (åld.)* följa tätt på; *hold ~ to a)* hålla fast i, *b) bildl.* hålla fast vid; *play ~ and loose with s.b. (vard.)* vara falsk mot (lura) ngn **4** utsvävande; vidlyftig; lättsinnig; *live ~* leva flott, föra ett utsvävande liv *(jfr 1)*
fast-day ['fɑ:stdeɪ] fastedag
fasten ['fɑ:sn] **1** sätta fast, fästa *(to* i, på, vid); binda [fast], göra fast; knäppa; knyta; *~ down* göra (sätta) fast; *~ up* knäppa igen (ihop, till), fästa (knyta) ihop (till); *~ seat belts!* spänn fast säkerhetsbältena! **2** stänga, regla; *~ in (up) a)* inringa, *b)* sätta i fängelse **3** *bildl.* fästa ([*up*]*on* på); *he ~ed his gaze on her* han fäste blicken på henne; *~ the blame on* lägga skulden på **4** fastna; gå att fästa, fästas; gå att stänga, stängas; *the dress ~s at the back* klänningen knäpps bak; *the door won't ~* dörren går inte att stänga; *~ onto s.b. (bildl.)* hänga sig på ngn **5** *~ [up]on a)* påbörda, tillvita, *b)* ta fasta på, *c)* bemäktiga sig **-er** [-ə] *se fastening 2* **-ing** [-ɪŋ] **1** fastsättande, fästande; knytande; knäppande **2** fästanordning; spänne, hake, knäppe, lås; regel
fastidious [fə'stɪdɪəs] nogräknad, noga, kinkig, kräsen *(about* med) **-ness** [-nɪs] noggrannhet; kinkighet
fasting ['fɑ:stɪŋ] fastande, fasta **--day** fastedag
fastness ['fɑ:stnɪs] **1** fäste, fästning **2** fasthet, stadga; *(färgs)* äkthet **3** *åld.* snabbhet
fat [fæt] **I** *a* **1** fet, tjock *(äv. bildl.)*; *~ cat (AE. sl.)* rik knös, inflytelserik person; *a ~ wallet (cheque)* en fet plånbok *(check)* **2** fet, flottig, oljig; *~ pork* fett fläsk **3** fruktbar *(ground mark)* **4** inkomstbringande, givande; *a ~ part (teat.)* en stor (tacksam) roll **5** *sl.* mycket liten, minimal *(chance chans)*; *a ~ lot of good you are!* du är då inte till särskilt stor hjälp!; *a ~ lot he knows!* han vet då inte särskilt mycket! **II** *s* **1** fett; fettämne; fettvävnad; fetaste bit *(av ngt)*; *deep ~* flottyr; *now the ~ is in the fire (vard.)* nu är det klippt (färdigt), nu är det kokta fläsket stekt; *live off the ~ of the land* ha sina bästa dagar, må som en prins **2** *teat.* glansroll **III** *v* **1** göda **2** bli fet
fatal ['feɪtl] **1** dödlig, dödande, döds-; *be (prove) ~* få dödlig utgång; *~ accident* dödsolycka **2** ödesdiger *(to* för), olycksbringande; fatal; *be (prove) ~ to* visa sig ödesdiger för, omintetgöra **3** ödes-; oundviklig; *~ sister* ödesgudinna **-ism** [-ɪz(ə)m] fatalism **-ist** [-ɪst] fatalist **-istic** [ˌfeɪtə-'lɪstɪk] fatalistisk **-ity** [fə'tælətɪ] **1** dödsolycka, dödsoffer **2** dödlighet **3** ödesbestämdhet
fate [feɪt] **1** ödet; *as sure as ~ (vard.)* så säkert som aldrig det **2** öde; undergång, fördärv, död; *meet one's ~* gå sitt öde till mötes **3** *the F~s (pl)* ödesgudinnorna **fated** ['feɪtɪd] ödesbestämd; dömd till undergång **fateful** ['feɪtf(ʊ)l] **1** ödesdiger, avgörande **2** ödesbestämd
fathead ['fæthed] *vard.* tjock-, dum|skalle
father ['fɑ:ðə] **I** *s* **1** fader, far; *F~ Christmas* Jultomten; *the Holy F~* den Helige Fadern *(påven)*; *[Old] F~ Time* Tiden; *Our F~, which art in heaven* Vår fader, du som är i himlen; *the F~s of the Church* Kyrkofäderna; *like ~ like son* äpplet faller inte långt från päronträdet **2** *~s (pl)* [för]-fäder **3** äldste, nestor; *city ~s* stadens äldste; *the F~ of the House* underhusets ålderspresident **II** *v*

1 avla; vara far till; ge upphov till, vara upphovsman till **2** erkänna faderskapet till **3** *~ s.th. on s.b.* lägga ansvaret för ngt på ngn **father confessor** biktfader **fatherhood** faderskap **father-in-law** ['fɑ:ð(ə)rɪnlɔ:] *(pl fathers-in-law)* svärfar **fatherland** fädernesland **fatherlike** faderlig **fatherliness** [-lɪnɪs] faderlighet **fatherly** [-lɪ] *a* faderlig
fathom ['fæðəm] **I** *s* famn *(mått = 6 feet = 1,83 m)* **II** *v* **1** mäta djupet av, loda **2** tränga in i, utforska; komma underfund med, begripa **-less** [-lɪs] omätlig; ofattbar, outgrundlig
fatigue [fə'ti:g] **I** *s* **1** trötthet; utmattning *(äv. tekn.)* **2** strapats, ansträngning **3** *mil.* handräckning[stjänst]; handräckningsmanskap; *~s (pl)* arbetskläder **II** *v* trötta ut **fatigue duty** *mil.* handräckningstjänst **fatigue party** *mil.* handräckningsmanskap
fatling ['fætlɪŋ] göd|djur, -kalv, -lamm *etc.* **fatness** [-nɪs] fetma **fatso** ['fætsəʊ] *sl.* tjockis
fatten ['fætn] **1** göda **2** bli fet **fattening** [-ɪŋ] fettbildande **fatty** ['fætɪ] **I** *a* **1** fetthaltig, fet, fett- **2** fet, oljig **II** *s, vard.* tjockis
fatu|ity [fə'tju:ətɪ] dumhet, enfaldighet **-ous** ['fætjʊəs] dum, enfaldig
faucet ['fɔ:sɪt] *AE.* tapp; [tapp]kran
fault [fɔ:lt] **I** *s* **1** fel, skavank; brist; *to a ~* överdrivet; *with all ~s* i befintligt skick; *find ~ with* hitta fel på (hos), anmärka på **2** fel, skuld; *be at ~ a)* ha fel, bära skulden, *b)* vara förbryllad; *my memory was at ~* jag minds fel, mitt minne svek mig; *you were at ~ in not telling me* du gjorde fel i att inte tala om det för mig **3** *geol.* förkastning **4** *sport.* fel[serve]; *double ~* dubbelfel **II** *v* finna fel på (hos), kritisera, klandra **fault-finder** ['fɔ:ltˌfaɪndə] felfinnare **fault-finding** ['fɔ:ltˌfaɪndɪŋ] **I** *s* småaktig kritik, kverulans **II** *a* klandersjuk, kverulantisk **faultless** ['fɔ:ltlɪs] felfri; oklanderlig **faulty** ['fɔ:ltɪ] bristfällig, oriktig, felaktig
faun [fɔ:n] faun
fauna ['fɔ:nə] fauna, djurvärld
faux pas [ˌfəʊ'pɑ:] *(pl faux pas* [ˌfɔ:'pɑ:z]) tabbe, felsteg
favour ['feɪvə] **I** *s* **1** gillande; gunst, ynnest; *be in ~ with* ligga väl till hos, vara populär hos; *be (fall) out of ~* vara (falla) i onåd, *b)* inte längre vara populär; *find ~ with* gillas av, vinna gillande av, vara populär hos **2** förmån, favör; ynnestbevis; tjänst; *in ~ of a)* till förmån för, *b)* gillande, som gillar, *c) (om check)* utställd på; *all those in ~ raise their hands* alla som röstar för [förslaget] räcker upp handen; *in their ~* till deras förmån, dem till godo; *ask a ~ of s.b.* be ngn om en tjänst; *do me the ~ of closing the door* gör mig den tjänsten att stänga dörren **3** *treat with ~* favorisera **4** [band]rosett; kotiljongsmärke, kokard **II** *v* **1** gilla, vara välvilligt inställd till **2** favorisera, gynna **3** gynna, hjälpa, understödja, uppmuntra, underlätta, förespråka **4** skona *(an injured knee* ett skadat knä) **5** *vard.* likna *(one's father* sin far) **6** *~ s.b. with* förära ngn, hedra ngn med **-able** [-rəbl] **1** gynnsam, fördelaktig **2** vänlig *(to* mot) **-ite** ['feɪv(ə)rɪt] **I** *s* favorit; gunstling; *this tune is my ~* det här är min älsklingsmelodi **II** *a* favorit-, älsklings- **-itism** ['feɪv(ə)rɪtɪz(ə)m] **1** gunstlings-

system, favorisering **2** gunstlingskap
1 fawn [fɔ:n] **I** s **1** dovhjortskalv **2** ljust gråbrun färg **II** a ljust gråbrun **III** v (om dovhjort) kalva
2 fawn [fɔ:n] **1** vifta på svansen; bildl. svansa, krypa ([up]on för) **-ing** [-ɪŋ] a svansande, krypande
fay [feɪ] **I** s fe, älva **II** a, vard. anspråksfull
faze [feɪz] AE. vard. störa
F.B.A. förk. för Fellow of the British Academy
F.B.I. förk. för Federal Bureau of Investigation
F.C. förk. för Football Club **F.C.O.** förk. för Foreign and Commonwealth Office **F.D.** förk. för Fidei Defensor (lat.) Defender of the Faith
fealty ['fi:(ə)ltɪ] trohet[sed]
fear [fɪə] **I** s **1** fruktan, rädsla, ängslan (of för; that, lest [för] att); farhåga; for ~ of av fruktan för; for ~ that så att inte; be (go) in ~ of vara rädd för, frukta för; put the ~ of God into skrämma livet ur ngn **2** risk; no ~! ingen risk!, aldrig i livet!, sällan! **II** v **1** frukta (God Gud); vara rädd för; I ~ the worst jag fruktar det värsta **2** frukta, vara rädd (for för); never ~! var inte rädd! **-ful** ['fɪəf(ʊ)l] **1** rädd (of för, that, lest [för] att); rädd av sig, ängslig **2** fruktansvärd, skrämmande; vard. förskräcklig (cold förkylning) **-less** ['fɪəlɪs] oförskräckt **-some** ['fɪəsəm] **1** skrämmande, ryslig **2** rädd[hågad]
feasi|bility [ˌfi:zə'bɪlətɪ] **1** genomförbarhet, möjlighet **2** sannolikhet, trolighet **-ble** ['fi:zəbl] **1** genomförbar, möjlig **2** sannolik, trolig
feast [fi:st] **I** s **1** kyrklig högtid, helg[dag]; movable (immovable) ~s rörliga (fasta) helgdagar **2** festmåltid; bildl. fest, njutning (for the eyes för ögat) **II** v **1** kalasa, festa ([up]on på) **2** bjuda på festmåltid, förpläga, traktera; ~ one's eyes on njuta av anblicken av
feat [fi:t] bragd, bedrift; prestation; ~ of strength kraftprestation
feather ['feðə] **I** s **1** fjäder; ~s (pl, äv.) fjäderdräkt; show the white ~ visa feghet; they are birds of a ~ de är av samma skrot och korn; birds of a ~ flock together lika barn leka bäst; a ~ in one's cap (bildl.) en fjäder i hatten; in fine ~ a) på gott humör, b) i fin form; in full ~ på gott humör; you could have knocked me down with a ~ jag var helt förbluffad; I don't care a ~ det bryr jag mig inte ett dugg om; in one's best ~s (vard.) i sina bästa kläder, i full stass **2** fack. spont **3** (vid rodd) skevning **II** v **1** klä (förse) med fjädrar; ~ one's nest se om sitt hus, sko sig **2** (vid rodd) skeva [med] **3** fack. hopfoga med spont **4** (om fågel) få fjädrar **-feather-bed I** s [fjäder]bolster **II** v **1** klema bort **2** ge [statligt] stöd till (för att undvika arbetslöshet e.d.) **feather-bedding** (statliga) stödåtgärder **featherbrained** virrig, huvudlös **feathered** [-d] fjäderförsedd; bevingad **featherheaded** virrig, huvudlös **feathering** [-rɪŋ] fjäderdräkt **featherweight 1** mycket lätt person (sak) **2** sport. fjädervikt **feathery** [-rɪ] fjäder-; fjäderklädd
feature ['fi:tʃə] **I** s **1** ansikts|parti, -del; ~s (pl) ansiktsdrag **2** särdrag; kännemärke **3** huvud-, lång|film **4** [återkommande] spalt (i tidning); ~ [story] (i tidning) specialartikel; featureprogram (i radio, TV); huvud|nummer, -attraktion; lockvara **II** v **1** prägla, känneteckna; kännetecknas av

2 framhäva, göra till huvudnummer; presentera (i framträdande roll) **3** skissera (teckna) huvuddragen av **4** AE. vard. föreställa (tänka) sig **5** vard. likna (t. utseendet) **6** sl. ligga med **-less** [-lɪs] utan särdrag, slätstruken
Feb. förk. för February
febrile ['fi:braɪl] feberaktig; febril
February ['februərɪ] februari
fecal ['fi:kl] AE., se faecal **feces** ['fi:sɪz] pl, AE., se faeces
feckless ['feklɪs] hjälplös, svag; otillräcklig, gagnlös
fecund ['fi:kənd] fruktbar; fruktsam; produktiv **fecundate** [-eɪt] göra fruktbar; befrukta **fecundation** [ˌfi:kən'deɪʃn] befruktning **fecundity** [fɪ'kʌndətɪ] fruktbarhet; fruktsamhet; bildl. produktivitet, kreativitet
1 fed [fed] imperf. o. perf. part. av feed; fed up, se feed 1 2
2 fed [fed] AE. sl. FBI-agent
Fed., fed. förk. för federal; federation; federated
feder|al ['fed(ə)r(ə)l] förbunds-, federal; the F~ Bureau of Investigation (i USA) säkerhetspolisen; the F~ Republic of Germany Förbundsrepubliken Tyskland **-alism** [-əlɪz(ə)m] federalism **-alize** (BE. äv. -alise) [-(ə)laɪz] förena till förbund[sstat] **-ate I** v ['fedəreɪt] förena sig till (bilda) förbund[sstat] **II** a ['fedərət] förbunds-, federerad; förenad, förbunden **III** s ['fedərət] förbundsmedlem **-ation** [ˌfedə'reɪʃn] **1** statsförbund, federation **2** förbund, sammanslutning, allians, federation **-ative** ['fedərətɪv] förbunds-, federativ
fedora [fe'dɔ:rə] mjuk filthatt
fee [fi:] **I** s **1** avgift **2** honorar, arvode **3** jur. ärvd jordegendom; land held in ~ simple land som innehas som oinskränkt besittning **4** hist. förläning, län **II** v, Sk. anställa mot arvode, leja
feeble ['fi:bl] svag, kraftlös; matt **--minded** [ˌfi:bl'maɪndɪd] sinnessvag
feed [fi:d] **I** v (fed, fed) **1** mata; föda; utfodra, ge mat åt; ~ the birds on hempseed mata fåglarna med hampfrö; ~ o.s. ta mat själv, (om barn) äta själv; ~ o.s. well äta gott; these supplies will ~ 50 men de här fortråden kan föda 50 man; ~ up göda **2** ge (mat); ~ meat to the dog ge hunden kött [att äta] **3** förse, mata (maskin e.d.); underhålla (eld e.d.); bildl. ge näring åt, underhålla, tillfredsställa; ~ information into the computer mata in information i datorn; ~ s.b. with information, ~ information to s.b. förse ngn med information; ~ one's eyes on njuta av anblicken av **3** vard., fed up utted [på allting], uttråkad; I'm fed up with it jag har fått nog av det, jag är utled på det **4** sport. passa till **5** ~ back (tekn. o. bildl.) återkoppla, leda tillbaka **6** äta; beta; he ~s on bread han lever (livnär sig) på bröd; the sheep are ~ing in the meadow fåren betar på ängen **II** s **1** matande; utfodring; matning **2** mat (t. djur o. spädbarn), foder **3** tekn. matning, tillförsel; sats, omgång, påfyllning, laddning **4** vard. matare **5** vard. mål [mat]; have a good ~ få sig ett skrovmål; be off one's ~ inte ha ngn matlust
feedback ['fi:dbæk] tekn. o. bildl. feedback, återkoppling **feeder** [-ə] **1** matare; utfodrare; ätare **2** tekn. matare, matar|apparat, -ledning **3**

underblåsare 4 tillflöde; tillfartsväg **5** nappflaska; haklapp **6** *AE.* uppfödare av gödboskap **feeder bus** matarbuss

feeding ['fiːdɪŋ] **1** matning; utfodring **2** mat, foder **3** *tekn.* matning **feeding bottle** [-ˌbɒtl] nappflaska

feel [fiːl] **I** *v* (*felt, felt*) **1** känna; känna på (av); ~ *joy* känna glädje; *I don't* ~ *the cold as much as you do* jag känner inte av kylan lika mycket som du; *I felt it move* jag kände hur det rörde på sig; ~ *in one's bones that* känna på sig (ha på känn) att **2** känna sig; känna; ~ *convinced that* känna sig övertygad om att; ~ *tired* känna sig trött; *how do you* ~*?* hur känner du dig?; ~ *for* känna (ömma) för; ~ *like a king* känna sig som en kung; *if you* ~ *like it* om du har lust; ~ *like doing s.th.* ha lust att göra ngt; *I* ~ *like an ice cream* jag är sugen på (det skulle smaka med) en glass; *I felt like screaming* jag kunde ha skrikit, jag hade lust att skrika; ~ *up to a*) känna för, *b*) känna sig kapabel (att man klarar av) att; *I don't* ~ *up to going out* jag känner inte för att gå ut **3** känna [efter]; *I felt in my pocket* jag kände efter i fickan; ~ *for* treva (söka) efter **4** sondera, utforska; ~ *one's way* treva sig fram; ~ *one's way around* känna sig för, sondera terrängen **5** anse, tycka, känna; *what (how) do you* ~ *about it?* vad anser du om det?; *I* ~ *it my duty to* jag anser det vara min plikt att; *it was felt that* man ansåg att; *that's just how I* ~ det är precis vad jag tycker **6** kännas; *it* ~*s warm* den känns varm; *what does it* ~ *like?, how does it* ~*?* hur känns den? **7** ~ [*quite*] *o.s.* känna sig i form, vara sig själv **II** *s* **1** känsel; *it is rough to the* ~ den känns sträv att ta på; *let me have a* ~ *of it* låt mig få känna på den **2** känsla; *have a* ~ *for s.th.* ha känsla för ngt

feel|er ['fiːlə] **1** känselspröt, antenn **2** försöksballong, trevare **-ing** [-ɪŋ] **I** *a* känslig, lättrörd; djupt känd, sympatisk **II** *s* **1** känsel; *I've lost all* ~ *in my left arm* jag har förlorat all känsel i min vänstra arm **2** känsla; medkänsla; *a* ~ *of pain* en smärtförnimmelse; *have a* ~ *for* ha känsla för; *I've a* ~ *she won't come* jag har en känsla av att hon inte kommer; *hurt a p.'s* ~*s* såra ngn; *no hard* ~*s?* du tar väl inte illa upp?; *no hard* ~*s!* jag tar inte illa upp!; *ill* (*bad*) ~ irritation **3** mening, inställning, uppfattning; *there was a general* ~ *that* den allmänna uppfattningen var att

feet [fiːt] *pl av* foot

feign [feɪn] hitta på, låtsa, simulera; hyckla; *a* ~*ed name* falskt (fingerat) namn; *a* ~*ed voice* förställd röst

feint [feɪnt] **I** *s* sken|anfall, -manöver; *sport.* fint; *make a* ~ *at* använda list mot **II** *v* företa skenanfall; *sport.* finta

feldspar ['feldspɑː] fältspat

felic|itate [fəˈlɪsɪteɪt] lyckönska, gratulera (*on* till) **-itation** [fəˌlɪsɪˈteɪʃn] lyckönskan, gratulation **-itous** [fəˈlɪsɪtəs] väl vald, välfunnen, träffande **-ity** [fəˈlɪsəti] **1** stor lycka, sällhet **2** välfunnet uttryck; lyckat grepp; *the* ~ *of* det lyckade i

feline ['fiːlaɪn] **I** *a* kattlik; katt- **II** *s* kattdjur

1 fell [fel] *imperf. av* fall

2 fell [fel] **I** *v* **1** fälla [till marken]; avverka, hugga ner **2** ~ *a seam* sy en fällsöm **II** *s* **1** *AE.* avverkning **2** fällsöm

3 fell [fel] *åld.* grym; hemsk; dödlig

4 fell [fel] fäll, skinn, hud

5 fell [fel] *dial.,* ~[*s*] berg, hed

fellah ['felə] (*pl* ~*s el.* ~*een* [-hiːn]) **1** fellah (*arabisk bonde*) **2** *vard., se* fellow

feller ['felə] **1** timmerhuggare **2** *vard., se* fellow

fellow ['feləʊ] **1** [*äv.* ˈfelə] *vard.* karl, man; grabb, kille; typ, prick; pojkvän; *a* ~ (*äv.*) en annan, man; *a nice* ~ en trevlig karl (prick); *poor little* ~ stackars liten krake; *my dear* ~*!* käre vän!, min gode man! **2** kollega; ~*s* (*äv.*) kamrater **3** medlem, ledamot (*av samfund*) **4** *univ.* styrelseledamot; lärare; *ung.* forskardocent **5** make (*av ett par*) **fellow citizen** [ˌfeləˈ(ʊ)ˈsɪtɪzn], **fellow countryman** [ˌfeləˈ(ʊ)ˈkʌntrɪmən] landsman **fellow creature** [ˌfelə(ʊ)ˈkriːtʃə] medmänniska **fellow feeling** [ˌfelə(ʊ)ˈfiːlɪŋ] medkänsla **fellow ship** ['felə(ʊ)ʃɪp] **1** kamratskap; gemenskap; samhörighet **2** sammanslutning, brödraskap **fellow traveller** [ˌfelə(ʊ)ˈtrævlə] **1** reskamrat, medresenär **2** kommunistsympatisör

felon ['felən] **I** *a, poet. el. åld.* grym **II** *s, jur.* förbrytare **felonious** [fəˈləʊnjəs] *jur.* brottslig, kriminell **felony** ['felənɪ] *jur.* (*förr*) svårare förbrytelse, grövre brott

felspar ['felspɑː] fältspat

1 felt [felt] *imperf. o. perf. part. av* feel

2 felt [felt] **I** *s* filt (*tyg*) **II** *v* **1** klä med filt **2** filta sig **felt hat** filthatt

fem. *förk. för* female; feminine

female ['fiːmeɪl] **I** *a* kvinnlig, kvinno-; honlig, hon-; ~ *bear* björnhona; ~ *dog* tik **II** *s* **1** hona; honblomma **2** *ngt neds.* kvinna, fruntimmer

feme [fiːm] *jur.* kvinna; ~ *covert* gift kvinna; ~ *sole* ogift kvinna, ekonomiskt oberoende hustru

femi|nine ['femɪnɪn] **I** *a* kvinnlig, kvinno-; feminin (*äv.* språkv.) **II** *s,* språkv. femininum; *in the* ~ i femininum **-ninity** [ˌfemɪˈnɪnətɪ] kvinnlighet **-nism** ['femɪnɪz(ə)m] feminism; kvinnosaken **-nist** ['femɪnɪst] feminist; kvinnosakskvinna; *the* ~ *movement* kvinnorörelsen **-nize** (*BE. äv.* -nise) ['femɪnaɪz] förkvinnliga

fe|mur ['fiː|mə] (*pl* -murs *el.* -mora ['femərə] *anat.* lårben

fen [fen] kärr, sankmark, myr, träsk

fence [fens] **I** *s* **1** stängsel, staket, inhägnad; *sit on the* ~ inte ta ställning (parti) **2** hälare **3** hinder (*vid hästkapplöpning*) **II** *v* **1** ~ [*in, off*] inhägna, omgärda, sätta upp stängsel (staket) kring **2** fäkta **3** *bildl.* slingra sig, komma med undanflykter; ripostera **4** *sl.* vara hälare **fencer** ['fensə] fäktare

fencible ['fensəbl] *hist.* soldat vid hemmafronten

fencing ['fensɪŋ] **1** fäktkonst, fäktning **2** stängselmaterial; *koll.* stängsel **3** skicklig (kvick) debatt **4** *sl.* häleri **fencing instructor** fäkt|lärare, -mästare

fend [fend] **1** ~ [*off*] avvärja, parera **2** ~ [*for o.s.*] klara sig själv

fender ['fendə] **1** eldgaller **2** buffert (*på lok*); *AE.* stänkskärm, flygel **3** *sjö.* fender

fennel ['fenl] *bot.* fänkål

fenny ['fenɪ] sank, träskartad

feoff [fef] *se fief* **-ee** [feˈfiː] *hist.* läntagare **-ment** ['fefmənt] förläning **-or** [feˈfɔː] länsherre

feral ['fɪər(ə)l] vild; förvildad

feretory ['ferɪt(ə)rɪ] **1** relikskrin; relikkapell; sarkofag **2** bår

ferine ['fɪəraɪn] *se feral*

ferment I *s* ['fɜːment] **1** jäs[nings]ämne **2** jäsning (*äv. bildl.*) **II** *v* [fɜː'ment] **1** jäsa **2** få att jäsa **3** hetsa [upp] **fermentation** [ˌfɜːmen'teɪʃn] jäsning **fermenting** [fə'mentɪŋ] **I** *a* jäs-; jäsande **II** *s* jäsning

fern [fɜːn] ormbunke

ferocious [fə'rəʊʃəs] rovlysten, grym, vild; våldsam, häftig **ferocity** [fə'rɒsətɪ] rovlystnad; grymhet, vildhet; våldsamhet, häftighet

ferreous ['ferɪəs] järnhaltig; järn-

1 ferret ['ferɪt] **I** *s*, *zool.* frett **II** *v* **1** jaga med frett **2** snoka **3** ~ *out* snoka upp (reda på), spåra upp

2 ferret ['ferɪt] sidenband

ferrety [-ɪ] vesslelik, vessle-

ferriage ['ferɪɪdʒ] **1** färjning, färjtransport **2** färjavgift

ferric ['ferɪk] järn-; ferri-; ~ *oxide* järnoxid **ferriferous** [fe'rɪfərəs] järnhaltig

Ferris wheel ['ferɪswiːl] pariserhjul

ferrite-rod aerial ['feraɪtrɒd 'eərɪəl] ferritantenn

ferroconcrete [ˌferə(ʊ)'kɒnkriːt] armerad betong **ferrous** ['ferəs] järn-, ferro-; ~ *oxide* järnoxid **ferruginous** [fe'ruːdʒɪnəs] **1** järnhaltig **2** rostfärgad

ferrule ['feruːl] doppsko; (*sammanhållande*) metall|ring, -skoning

ferry ['ferɪ] **I** *s* **1** färja **2** färj|trafik, -förbindelse **II** *v* **1** färja; transportera **2** åka färja **-boat** färja **-man** [-mən] färjkarl

fertile ['fɜːtaɪl] **1** fruktsam, fertil (*age* ålder) **2** fruktbar, bördig; rik **3** *bildl.* fruktbar, givande; rik (*in, of* på); produktiv **fertility** [fə'tɪlətɪ] **1** fruktsamhet, fertilitet **2** fruktbarhet, bördighet **ferti|lization** (*BE. äv. -lisation*) **1** befruktning **2** gödning, gödsling **ferti|lize** (*BE. äv. -lise*) **1** befrukta **2** göda, gödsla **3** göra fruktbar **ferti|-lizer** (*BE. äv. -liser*) gödnings|ämne, -medel

ferule ['feruːl] färla

fer|vency ['fɜːv(ə)nsɪ] *se fervour* **-vent** [-v(ə)nt], **-vid** [-vɪd] *bildl.* brinnande, glödande, het, ivrig **-vour** [-və] *bildl.* värme, glöd, hetta, iver

fescue ['feskjuː] *bot.*, ~ [*grass*] svingel

fest [fest] *AE.* fest; möte **festal** ['festl] fest-, festlig

fester ['festə] **I** *v* **1** vara [sig] **2** ruttna **3** bli bitter (irriterad) **4** förbittra, irritera **5** *BE. vard.* slöa, slappa **II** *s* varigt sår, varbildning

festival ['festəvl] **1** (*kyrklig*) högtid, helg, fest **2** [års]fest, högtidlighet **3** festspel, festival **festive** [-ɪv] festlig, fest-; i feststämning, upprymd **festivit|y** [fe'stɪvətɪ] **1** feststämning, festivitas **2** fest; firande **3** *-ies* (*pl*) festligheter, festiviteter, högtidligheter

festoon [fe'stuːn] **I** *s* girland, festong **II** *v* pryda med girlander (festonger)

festschrift ['festʃrɪft] (*pl* ~*en* [-ən] *el.* ~*s*) festskrift

fetal ['fiːtl] foster-

fetch [fetʃ] **I** *v* **1** hämta, gå efter; (*om hund*) apportera; *would you ~ a towel for me* (*me a towel*)? kan du hämta en handduk åt mig? **2** framkalla, locka fram (*a laugh* ett skratt) **3** inbringa (*5 pounds* 5 pund), betinga (*a certain price* ett visst pris) **4** ~ *a groan* ge till ett stön, stöna till; ~ *a sigh* dra en suck, sucka **5** *vard.* utdela, ge (*a blow* ett slag) **6** *sjö.* nå, sätta kurs mot (*the harbour* hamnen) **7** *vard.* fånga, attrahera; göra intryck på, imponera på; göra häpen; *be ~ed by an idea* fångas av en idé **8** ~ *and carry* springa ärenden, vara passopp (*for* åt) **9** ~ *up* a) *sl.* kräkas upp, b) *vard.* hamna, landa (*at a pub* på en pub), c) *sjö.* tvärstoppa **II** *s* **1** avstånd; räckvidd **2** knep, trick **-ing** ['fetʃɪŋ] *vard.* tilltalande, tilldragande; förtjusande

fête, fete [feɪt] **I** *s* **1** [välgörenhets]fest, basar (*i det fria*) **2** (*kyrklig*) högtidsdag **II** *v* fira [med en fest], ge en fest för

fetid ['fetɪd] stinkande

fetish ['fiːtɪʃ] fetisch; *make a ~ of cleanliness* vara överdrivet renlig **-ism** [-ɪz(ə)m] fetischism **-ist** [-ɪst] fetischist

fetlock ['fetlɒk] (*hästs*) hovskägg; kotled

fetor ['fiːtə] stank

fetter ['fetə] **I** *s* [fot]boja; ~*s* (*pl, äv.*) fjättrar **II** *v* **1** fjättra **2** *bildl.* hämma, lägga band på

fettle ['fetl] kondition, skick, form; *in fine ~ a*) i fin (god) form, *b*) på gott humör

fetus ['fiːtəs] foster

feud [fjuːd] **1** [släkt]fejd, vendetta **2** tvist, strid

feudal ['fjuːdl] läns-; feodal[-]; ~ *system* feodalsystem **-ism** ['fjuːdəlɪz(ə)m] feodalväsen, feodalism **-istic** [ˌfjuːdə'lɪstɪk] feodal[istisk] **-ize** (*BE. äv. -ise*) ['fjuːdəlaɪz] feodalisera

feudatory ['fjuːdət(ə)rɪ] **I** *a* läns-; feodal; länspliktig; ~ *state* vasallstat **II** *s* läntagare, vasall

fever ['fiːvə] **I** *s* **1** feber; febersjukdom **2** upphetsning **II** *v* ge feber **-ish** ['fiːv(ə)rɪʃ], **-ous** ['fiːv(ə)rəs] **1** feber-, febrig; feberframkallande; feberliknande **2** *bildl.* feberaktig, febril, upphetsad

few [fjuː] *a o. s* få; *a* ~ några [få], några stycken, litet; *not a* ~, *quite a* ~ (*vard.*) ganska många; *a good* ~ (*vard.*) rätt många, inte så få (litet); *the* ~ fåtalet, minoriteten; *some* ~, *only a* ~ bara några få (litet), inte [så] många; ~ *and far between* sällsynta; *the hotels are* ~ *and far between* det är långt mellan hotellen; *the first* ~ *hours* de allra första timmarna; *every* ~ *days* med några dagars mellanrum **-er** ['fjuːə] (*komp. av few*) färre, mindre; *no* ~*er than* inte mindre än **-est** ['fjuːɪst] (*superl. av few*) fåtaligast, minst **-ness** [-nɪs] ringa antal

fey [feɪ] **1** *Sk.* dödsmärkt **2** klärvoajant **3** vimsig

fez [fez] fez

ff. *förk. för folios*; *and the following pages*

fiancé [fɪ'ɑ̃ːseɪ] fästman **-e** [-seɪ] fästmö

fiasco [fɪ'æskəʊ] fiasko, misslyckande

fiat ['faɪæt] dekret; order sanktion, medgivande

fib [fɪb] **I** *s* **1** liten lögn (osanning); *tell ~s* småljuga, narras **II** *v* **1** småljuga, narras **-ber** ['fɪbə] liten lögnare

fibre ['faɪbə] **1** fiber, tråd, tåga **2** fibermassa **3** rottråd **4** textur; struktur **5** väsen, karaktär; *moral* ~ moralisk styrka **-board** [trä]fiberplatta **-glass** glassfiber

fibril ['faɪbrɪl] fin fiber; *biol.* rothår

fibrin ['faɪbrɪn] fibrin

fibroid ['faɪbrɔɪd], **fibrous** [-əs] fibrös, fibrig

fibster—figure

fibster ['fɪbstə] *se* **fibber**
fibula ['fɪbjʊlə] **1** *anat.* fibula, vadben **2** fibula, bronsåldersspänne
fichu ['fiːʃuː] fischy
fickle ['fɪkl] ombytlig, nyckfull
fictile ['fɪktaɪl] ler-, krukmakar-; ~ *art* keramik
fiction ['fɪkʃn] **1** skönlitteratur **2** påhitt, dikt, diktande; *jur.* fiktion; *fact and* ~ fantasi och verklighet **-al** [-l] **1** skönlitterär **2** [upp]diktad **-ist** [-ɪst] skönlitterär författare
fictitious [fɪk'tɪʃəs] oäkta, fingerad, föregiven, uppdiktad, fiktiv, ej autentisk
fiddle ['fɪdl] **I** *s* **1** fiol, fela; *[as] fit as a* ~ *(vard.)* pigg som en mört, frisk som en nötkärna; *have a face as long as a* ~ vara lång i synen; *play second* ~ *(vard. bildl.)* spela andra fiolen **2** struntsak, bagatell **3** *sjö.* slingerbord **4** *BE. vard.* fuffens, fiffel **II** *v* **1** spela fiol; spela *(ngt)* på fiol **2** mixtra, knåpa, pilla *(with* med, på) **3** *vard., ~ about (around)* fjanta omkring, förspilla *(tid)* **4** *vard.* fiffla **5** *vard.* förfalska; svindla **fiddle-faddle** [-ˌfædl] *interj* strunt[prat]! **fiddler** [-ə] **1** fiolspelare **2** klåpare **3** *vard.* fifflare **fiddlestick** [-stɪk] **1** fiolstråke **2** *~s! (pl)* dumheter!, prat! **fiddling** [-ɪŋ] obetydlig, trivial
fidelity [fɪ'delətɪ] **1** trohet *(to* mot); trofasthet; plikttro[gen]het; noggrannhet, exakthet *(vid återgivning av ngt)*; naturtrogen [ljud]återgivning
fidget ['fɪdʒɪt] **I** *v* skruva nervöst på sig, flytta sig hit och dit, inte kunna sitta stilla; ~ *with* nervöst fingra på; *don't* ~! sitt stilla! **II** *s* **1** ~[s] nervositet, rastlös oro; *he's got the ~s* han kan inte sitta stilla, det kryper i honom **2** nervös (rastlös) person **fidgety** [-ɪ] nervös, rastlös, som inte kan sitta stilla
fiduciary [fɪ'djuːʃjərɪ] *jur.* **I** *a* förtroende-; betrodd; anförtrodd **II** *s* förtroendeman
fie [faɪ] *interj* fy!; ~ *upon you!* fy skäms!
fief [fiːf] förläning, län
field [fiːld] **I** *s* **1** fält; åker; hage; äng; mark; *a* ~ *of rye* ett rågfält; *play the* ~ dela sina intressen (på gracerna) **2** *mil.* fält, slagfält; *hold (keep) the* ~ hålla stånd; *take the* ~ dra i fält; *win the* ~ vinna [fält]slaget **3** *sport.* plan, plats; *(i hästsport e.d.)* [start]fält; *(i kricket)* utelag, fältparti; *bet against the* ~ hålla på en outsider; *leave the* ~ *(vard.)* backa ur; *take the* ~ springa in på plan, komma på plats **4** flygfält **5** *fys.* fält; *magnetic* ~ magnetfält; ~ *[of force]* kraftfält; ~ *of view* synfält **6** *bildl.* fält, område, fack, ämne **7** *her. o.d.* fält, botten **II** *v* **1** *sport.* höra till utelaget, vara uteman **2** *sport.* ställa upp *(lag)* **3** *sport.* fånga och returnera *(boll)* **4** *vard. bildl.* avvärja, tillbakavisa *(a question* en fråga)
field day ['fiːldeɪ] **1** *mil.* manöverdag **2** *vard.* betydelsefull (stor, rolig) dag **3** idrottsdag; friluftsdag **fielder** [-ə] *(i kricket)* fältman, utespelare **field event** friidrottstävling *(kast, hopp e.d., dock ej löpning)* **fieldfare** *zool.* snöskata, björktrast **field glasses** *pl* fältkikare; *a pair of* ~ en fältkikare **field hockey** *AE.* landhockey **field hospital** fältsjukhus **field marshal** [ˌfiːld(ɪ)'mɑːʃl] fältmarskalk **fieldmouse** ['fiːldmaʊs] *zool.* sork **field mustard** ['fiːldmʌstəd] *bot.* åkersenap **field officer** ['fiːldˌɒfɪsə] regementsbefäl **fieldsman** ['fiːldsmən] *se* **fielder**

field sports ['fiːldspɔːts] *pl* friluftssport *(jakt, fiske)* **fieldwork** ['fiːldwɜːk] **1** *mil.* förskansning i fält **2** fältarbete
fiend [fiːnd] **1** ond ande; djävul **2** *vard.* fantast, entusiast, fanatiker; missbrukare; *drug* ~ narkoman, knarkare **-ish** [-ɪʃ] djävulsk, ondskefull
fierce [fɪəs] **1** vild[sint], ilsken **2** våldsam, häftig *(storm* storm); ~ *competition* hård konkurrens **3** *vard.* otrevlig, obehaglig
fiery ['faɪərɪ] **1** brännande, glödande; brännhet; flammande *(cheeks* kinder) **2** eldig *(horse* häst); hetsig
fiesta [fɪ'estə] fiesta, fest
fife [faɪf] **I** *s* liten flöjt, pipa *(i militärorkester)* **II** *v* spela flöjt; spela *(ngt)* på flöjt **fifer** [-ə] flöjtspelare
fif|teen [ˌfɪf'tiːn] *(jfr eighteen o. sms.)* **I** *räkn* femton **II** *s* **1** femton; femtontal **2** femtonmannalag **-teenth** [-θ] *räkn o. s* femtonde; femton[de]del
fifth [fɪfθ] *(jfr eighth)* **I** *räkn* femte; ~ *column* femte kolonn; ~ *columnist* femtekolonnare, förrädare **II** *s* **1** femte; femtedel; *the* ~ *of May* femte maj **2** *mus.* kvint **3** *vard.* [flaska innehållande] 1/5 gallon sprit **-ly** [-lɪ] för det femte
fiftieth ['fɪftɪɪθ] *räkn o. s* femtionde; femtion[de]del **fifty** ['fɪftɪ] *(jfr eighty o. sms.)* **I** *räkn* femti[o] **II** *s* femti[o]; femti[o]tal **fifty-fifty** [ˌfɪftɪ'fɪftɪ] *vard.* fifty-fifty, jämn[t], lika; *go* ~ dela lika
1 fig [fɪg] **1** fikonträd; fikon; *I don't care a* ~ det struntar jag blankt i; *not worth a* ~ inte värd ett ruttet lingon
2 fig [fɪg] *sl.* **I** *s* **1** *in full* ~ i full mundering (stass) **2** *in good* ~ i god form (kondition) **II** *v* **1** ~ *out [up]* styra ut, fiffa upp **2** dopa *(häst)*
fig. *fork. för* figuratively; figure
fight [faɪt] **I** *s* kamp, strid; slagsmål; boxningsmatch; stridsvilja, kamplust; *show* ~ visa kamplust **II** *v (fought, fought)* **1** kämpa, strida, slåss; boxas; ~ *for freedom* kämpa för friheten; ~ *shy of* undvika, dra sig undan **2** bekämpa, kämpa (strida) mot; slåss med *(mot)*; ~ *poverty* bekämpa fattigdomen; ~ *off* kämpa ner, slå tillbaka **3** ~ *a battle* utkämpa en strid; ~ *a case at law* kämpa för (genomdriva) en sak i domstol; ~ *a duel* duellera; ~ *one's way* kämpa (slå) sig fram; ~ *it out* kämpa striden till slut, slåss om det
fighter ['faɪtə] **1** slagskämpe; boxare; fighter, kämpe **2** jakt[flyg]plan **fighter-bomber** [-ˌbɒmə] attack[flyg]plan **fighting** [-ɪŋ] stridande; strids-; stridsberedd; ~ *cock* stridstupp; ~ *spirit* kamp|anda, -lust; *he has a* ~ *chance* han har en chans om han anstränger sig
fig leaf ['fɪgliːf] fikonlöv
figment ['fɪgmənt] påhitt, påfund; *a* ~ *of the imagination* ett fantasifoster
figura|tion [ˌfɪgjʊ'reɪʃn] **1** formgivning; gestaltning **2** *mus.* figuration **-tive** ['fɪgjʊrətɪv] **1** bildlig, figurlig **2** figurativ **-tively** ['fɪgjʊrətɪvlɪ] **1** bildligt, i bildlig betydelse **2** figurativt
figure ['fɪgə, *AE.* 'fɪgjə] **I** *s* **1** tal; siffra; summa, belopp, pris; *he thought of a* ~ *as* ~ *as* vara bra i räkning; *get into double* ~*s* uppgå till ett tvåsiffrigt tal; *sell for a high* ~ sälja för ett högt belopp **2** figur; person, gestalt, skepnad; *a slender* ~ en slank figur; *a shady* ~ en skum figur; *a public* ~ offentlig person; *a* ~ *of fun* en löjlig figur; *the great ~s of his-*

figurehead—find

tory de stora gestalterna i historien; *she's a fine ~ of a woman* hon är en ståtlig (stilig) kvinna; *cut a fine ~* ta sig bra (elegant) ut; *cut a poor ~* göra en slät figur **3** figur; bild; staty; emblem **4** (*i geom., dans, retorik*) figur; *cut ~s* åka figurer (*i konståkning*); *~ of eight* åtta (*i konståkning*); *~ of speech* bildligt uttryck **II** *v* **1** beräkna, kalkylera; *~ out a*) förstå, begripa, *b*) räkna ut, fundera ut; *I can't ~ him out* jag blir inte klok på honom; *~ up* räkna (summera) ihop **2** *AE. vard.* anta, förmoda, tro **3** *AE. vard.*, *~ [up]on* räkna med, lita på, ta hänsyn till **4** *AE. vard.* fungera, stämma; *that ~s* det stämmer **5** figurera, förekomma, framträda (*in* i) **6** illustrera; avbilda; mönstra, dekorera **7** föreställa sig, tänka sig

figurehead ['fɪgəhed] *sjö.* galjons|figur (*äv. bildl.*), -bild **figure skating** [-ˌskeɪtɪŋ] konståkning

fila|ment ['fɪləmənt] **1** glödtråd (*i lampa*) **2** fiber, tråd **3** *bot.* ståndarsträng **-mentary** [ˌfɪlə'ment(ə)rɪ], **-mentous** [ˌfɪlə'mentəs] tråd-; fintrådig; trådlik

filbert ['fɪlbət] *bot.* filbertnöt

filch [fɪltʃ] knycka, snatta **-er** [-ə] småtjuv, snattare

1 file [faɪl] **I** *s* **1** fil (*verktyg*) **II** *v* fila; *~ away* fila bort

2 file [faɪl] **I** *s* **1** [samlings]pärm, mapp, brevpärm, kartotek, arkiv **2** dokument[samling], journal; lägg, årgång (*av tidningar*); *on ~* arkiverad, bland akterna; *on our ~s* i vårt register **3** *data.* fil **4** rad, linje, led; *in single (Indian) ~* i gåsmarsch, i en rad, på ett led **5** *schack.* vertikal rutrad **II** *v* **1** arkivera; inregistrera; sätta in [i pärm] **2** *jur.* inge, lämna in (*skrivelse*) **3** gå i rad (gåsmarsch); *~ in (out)* tåga (marschera) in (ut)

filet ['fɪlɪt] *se fillet*

filial ['fɪljəl] sonlig, dotterlig

filiation [ˌfɪlɪ'eɪʃn] **1** egenskap av son **2** härkomst; släktskap[sförhållande]

filibuster ['fɪlɪbʌstə] **I** *s* **1** fribytare **2** *AE.* filibuster (*tal o. person*) **II** *v* **1** uppträda som fribytare *AE.* filibustra, långprata

filigree ['fɪlɪgriː] filigran[sarbete]

filing ['faɪlɪŋ] insättning [i pärm] **filing clerk** *ung.* registrator

filings ['faɪlɪŋz] *pl* filspån

fill [fɪl] **I** *v* **1** fylla; (*tand äv.*) plombera; stoppa (*pipa*); *~ the bill* (*vard.*) *a*) hålla måttet, *b*) räcka, vara tillräckligt **2** fylla, tillfredsställa (*a need* ett behov) **3** inneha, bekläda (*tjänst e.d.*); tillsätta, besätta (*tjänst e.d.*) **4** fyllas **5** *~ in a*) fylla ut, fylla igen, *b*) fylla i (*blankett e.d.*), *c*) hoppa (rycka) in (*for* för), *d*) *BE. sl.* slå sönder och samman; *~ s.b. in on s.th.* (*vard.*) sätta ngn i in ngt; *~ out a*) göra (bli) fylligare, *b*) *AE.* fylla i (*blankett e.d.*); *~ up a*) fylla [upp], fyllas [upp], fylla[s] helt; fylla [s] i (igen, på), komplettera[s], *b*) fylla i (*blankett e.d.*), *c*) tanka [fullt] **II** *s* **1** fyllning; fyllnadsmaterial; [pip]stopp **2** lystmäte; *eat one's ~* äta sig mätt **filler** ['fɪlə] **1** påfyllare **2** fyllnad[smaterial], utfyllnad **3** spackel[färg] **filler cap** tanklock

fillet ['fɪlɪt] **I** *s* **1** hårband, pannband; bindel **2** remsa; list **3** *kokk.* filé **II** *v* **1** binda (*m. band*); binda upp **2** filea

fill-in ['fɪlɪn] **1** vikarie, avlösare **2** *AE. vard.* kort upplysning

filling ['fɪlɪŋ] **I** *s* **1** fyllnad[smaterial], fyllning; plomb **3** *väv.* inslag **II** *a* **1** fyllande; mättande **2** fyllnads-, fyllnings- **filling station** bensinstation

fillip ['fɪlɪp] **I** *s* **1** knäpp [med fingrarna] **2** stimulans; uppmuntran, sporre **II** *v* **1** knäppa [med fingrarna]; knäppa bort **2** stimulera; uppmuntra, sporra

fill-up ['fɪlʌp] fyllning; tankning

filly ['fɪlɪ] stoföl, ungt sto

film [fɪlm] **I** *s* **1** tunn hinna, film; tunt överdrag; tunn väv, gasväv **2** film; filmrulle **3** dis **II** *v* **1** täcka med hinna *etc.*, *jfr I* **2** filma; filmatisera **film director** ['fɪlmdɪˌrektə] filmregissör **film producer** filmproducent **filmsetting** [-setɪŋ] *boktr.* fotosättning **film star** [-stɑː] filmstjärna **film strip** [-strɪp] bildband **film studio** [-ˌstjuːdɪəʊ] film|ateljé, studio **filmy** [-ɪ] **1** hinnaktig, tunn, transparent

filter ['fɪltə] **I** *s* filter **II** *v* **1** filtrera; sila **2** filtreras; silas; sippra; *~ out (through)* (*bildl.*) läcka ut **filter paper** [-ˌpeɪpə] filterpapper **filter tip** [-tɪp] **1** filter[munstycke] **2** filtercigarrett **filter-tipped** [-tɪpt] med filter, filter-

filth [fɪlθ] **1** orenhet, smuts, lort **2** oanständigheter **filthy** ['fɪlθɪ] **1** oren, smutsig, lortig; *~ lucre* snöd vinning **2** oanständig **3** vidrig, gemen **4** *BE. vard.* ovanligt

fil|trate ['fɪltreɪt] **I** *v* filtrera **II** *s* filtrat **-tration** [fɪl'treɪʃn] filtrering

fin [fɪn] fena; simfot; *flyg.* sidoroder; *sjö.* bärplan

fin. *fork.* för *finance; financial; finish*

final ['faɪnl] **I** *a* **1** slut-, slutlig, sista; slutgiltig, definitiv; *sport.* final- **2** språkv. final, avsiktsklausul (*clause* sats) **II** *s* **1** *end.* pl, *~ [s pl]* finaler **2** *~ [s pl]* slutexamen **3** *vard.* sista upplaga (*av tidning*) **finale** [fɪ'nɑːlɪ] *mus. o. bildl.* final **finalist** ['faɪnəlɪst] finalist **finality** [faɪ'nælətɪ] **1** definitiv karaktär; slutgiltighet **2** avslutande händelse **final|ize** (*BE. äv. -ise*) ['faɪnəlaɪz] **1** avsluta, fullborda, slutligen fastställa **2** avsluta förberedelserna (förhandlingarna); träffa en överenskommelse **finally** ['faɪnəlɪ] *adv* till sist, slutligen, äntligen; definitivt

finance [faɪ'næns] **I** *s* **1** finans; finansväsen; finansvetenskap; *high ~* storfinansen **2** *~s* (*pl*) finanser, ekonomisk ställning; *his ~s aren't sound* (*äv.*) hans ekonomi är inte bra **II** *v* finansiera **finance company (house)** kreditinstitut, finansieringsbolag **financial** [faɪ'nænʃl] finansiell, finans-, ekonomisk; *~ year* räkenskapsår, budgetår **financier** [faɪ'nænsɪə] finansman

finch [fɪn(t)ʃ] *zool.* fink

find [faɪnd] **I** *v* (*found, found*) **1** finna; hitta, påträffa, få tag i; upptäcka; *be found* finnas, hittas, påträffas, förekomma; *~ one's feet a*) (*om barn*) börja kunna stå, *b*) finna sig till rätta, börja få fotfäste; *~ one's tongue* återfå talförmågan; *the bullet found its mark* kulan träffade målet; *where am I going to ~ the money?* var ska jag få (ta) pengarna ifrån?; *I can't ~ time to go* jag hinner inte gå; *go and ~ me a newspaper* gå och skaffa mig en tidning; *you must take us as you ~ us* du får ta oss som vi är; *~ one's way a*) hitta [vägen],

finder—fire

b) hitta en utväg; ~ *out a)* leta reda på, ta reda på, hitta (komma) på, finna (tänka) ut, komma underfund med, *b)* ta reda på det; ~ *s.b. out a)* inte finna ngn hemma, *b)* avslöja (komma på) ngn **2** *jur., the court has found that* domstolen har funnit att; ~ *s.b.* **guilty** [be]finna (förklara) ngn skyldig; ~ *s.b.* **not guilty** *(äv.)* frikänna ngn **3** anse (tycka, finna) *(ngn, ngt)* vara; inse; *I ~ Paris too big* jag tycker att Paris är för stort; *I found myself forced to* jag fann mig [vara] tvingad att **4** *rfl* befinna sig; känna sig; sörja för sig själv; finna sig själv; ~ *o.s. in difficulties* befinna sig i svårigheter **5** *jur.* döma *(for* till förmån för); ~ *for s.b.* *(äv.)* förklara ngn oskyldig **II** *s* fynd, upptäckt
finder ['faɪndə] **1** upphittare, upptäckare; ~s *keepers (vard.)* den som hittar *(ngt)* får behålla *(det)* **2** *foto.* sökare **finding** ['faɪndɪŋ] **1** finnande, upphittande **2** fynd, upptäckt **3** *jur.* dom, utslag **4** ~s *(pl)* hantverkares verktyg
1 fine [faɪn] **I** *s* **1** böter, vite, bötessumma; *a parking* ~ parkeringsböter **2** *in* ~ *a)* kort sagt, *b)* till sist, slutligen **II** *v* **1** bötfälla, döma att böta; *I was ~d £ 50* jag fick böta 50 pund
2 fine [faɪn] **I** *a* **1** fin; bra; härlig; vacker, stilig, elegant; utsökt; förfinad; skicklig; tunn; *[iron.* skön *(mess* röra), snygg *(excuse* ursäkt); *[that's]* ~! bra!, utmärkt!; *the ~ arts* de sköna konsterna; *one ~ day* en vacker dag, en gång; ~ *feelings* finkänslighet; ~ *nuances* fina nyanser; ~ *sand* fin sand; *a ~ taste* utsökt smak; ~ *thread* fin (tunn) tråd; *a ~ time* en härlig tid; *I feel* ~ *(vard.)* jag mår (känner mig) bra; *that's all very* ~, *but* det är nog gott och väl, men **2** *(om metall o.d.)* ren; ~ *silver* rent silver; *gold 18 carats* ~ 18 karats guld **II** *adv* fint *etc., jfr I; that suits me ~ (vard.)* det passar mig bra; *cut it* ~ vara ute i sista sekunden, nätt och jämnt klara det **III** *v* **1** rena, förfina; raffinera **2** ~ *down (away)* minska[s], bli (göra) mindre
fine-drawn ['faɪndrɔːn] *bildl.* hårdragen **fineness** [-nɪs] **1** finhet *etc., jfr 2 fine I 1* **2** *(metallers)* renhet, lödighet, halt **finery** [-ərɪ] prålig elegans, stass
finesse [fɪ'nes] **1** finess; elegans; takt **2** trick, knep, list **3** *kortsp.* mask **II** *v* **1** gå listigt till väga **2** *kortsp.* maska
finger ['fɪŋgə] **I** *s* finger; *first* ~ pekfinger; *middle (second)* ~ långfinger; *ring* ~ ringfinger; *little* ~ lillfinger; *burn one's ~s (bildl.)* bränna fingrarna, bli bränd; *get (pull) one's ~ out (BE. vard.)* lägga på ett kol, få ändan ur vagnen; *have a (one's)* ~ *in the pie a)* ha ett finger med i spelet, *b)* lägga sig i; *not lay a* ~ *on* inte skada (röra); *lay (put) one's* ~ *on (bildl.)* sätta fingret på; *not lift (raise) a* ~ inte lyfta ett finger; *point one's* ~ *at a)* peka på; *point the ~ at (bildl.)* peka finger åt; *put the ~ on (AE. vard.) a)* utpeka, ange *(för polisen); let s.th. slip through one's ~s* låta ngt gå sig ur händerna; *twist (wrap) s.b. around one's ~* kunna linda ngn runt sitt lillfinger **II** *v* **1** fingra på, känna på **2** *AE. vard.* ange, utpeka *(för polisen)* **3** spela på *(instrument)* **4** *mus.* förse med fingersättning **fingerboard** greppbräde; klaviatur **finger bowl** sköljkopp **fingered** [-d] **1** tummad **2** med...fingrar; *five-~* femfingrad **3** *mus.* med fingersättning **fingering** [-rɪŋ] **1** fingrande, tummande **2** *mus.* teknik, anslag; fingersättning **fingermark** märke [efter smutsigt finger] **fingernail** fingernagel **finger post** vägvisare **fingerprint** fingeravtryck **fingerstall** fingertuta **fingertip 1** finger|topp, -spets; *have s.th. at one's ~s* kunna (ha) ngt på sina fem fingrar **2** fingertuta
finick|ing ['fɪnɪkɪŋ], **-y** [-ɪ] pedantisk; petig
finis ['fɪnɪs] slut
finish ['fɪnɪʃ] **I** *v* **1** sluta, avsluta, slutföra; göra (få) färdig, bli färdig med; äta upp, dricka ur (upp); ~ *[off, up] a)* göra slut på, tillintetgöra, *b) vard.* ta död (kål) på; *have ~ed* vara färdig med (ha gjort färdigt) ngt; *let me ~ my coffee* låt mig dricka ur mitt kaffe; *let him ~ reading* låt honom läsa färdigt; *it nearly ~ed me (vard.)* det tog nästan kål på mig **2** ytbehandla, ge en finish; bearbeta **3** ~ *[off, up]* sluta, upphöra, vara (bli) färdig; ~ *with s.b.* säga upp bekantskapen med ngn, vara färdig (göra slut) med ngn; *I haven't ~ed with you yet!* jag är inte färdig med dig ännu! **4** *sport.* fullfölja tävlingen, komma i mål; ~ *second* sluta (komma in) som tvåa **II** *s* **1** slut, avslutning; slutstrid; *be in at the* ~ vara med i slutstriden **2** *sl.* nattlokal **finished** [-t] **1** fulländad, färdig; ~ *goods* helfabrikat, färdigvaror **2** färdig, slut *(as an actor* som skådespelare); *I'm totally* ~ jag är helt slut (alldeles färdig) **finishing** [-ɪŋ] *a* fulländande, slut-; ~ *coat* översta skikt *(vid lackering e.d.);* ~ *line* mållinje; ~ *school* flickpension; ~ *tape* målsnöre; *give s.th. the ~ touch* lägga sista handen vid ngt, ge ngt en sista avslipning
finite ['faɪnaɪt] **1** begränsad, ändlig **2** *språkv.* finit
fink [fɪŋk] *AE. sl.* **I** *s* **1** svartfot, strejkbrytare **2** tjallare, polisspion **3** otrevlig typ, skummis **II** *v* **1** tjalla **2** ge upp; hoppa av
Finland ['fɪnlənd] Finland **-er** [-ə] finländare
Finn [fɪn] Finne, finländare
finnan haddock ['fɪnən,hædək] rökt kolja
finned [fɪnd] med fenor, fen-
finner *zool.* fenval
Finnish ['fɪnɪʃ] **I** *a* finsk, finländsk **II** *s* finska [språket]
Finno|-Ugrian, --Ugric [ˌfɪnə(ʊ)'juːgrɪən] finskugrisk
finny ['fɪnɪ] fen-, fenlik
fiord [fjɔːd] fjord
fir [fɜː] **1** gran; tall, fura **2** *(virke)* gran, furu
fire [faɪə] **I** *s* eld; ~! elden är lös!; *be on ~ a)* brinna, stå i brand, *b)* vara i elden; *catch ~* ta (fatta) eld; *go through ~ and water for* gå genom eld och vatten för; *play with ~* leka med elden; *set ~ to, set on ~* sätta eld på, sticka i brand; *set the world (the Thames) on ~ (vard.)* göra underverk (storverk) **2** brasa, bål; låga; kamin; *electric* ~ elektrisk kamin; *we have an open ~* vi har öppen spis **3** brand, eldsvåda **4** *mil.* eld, skottlossning; ~! eld!, ge fyr!; *open* ~ öppna eld; *between two ~s* mellan två eldar; *a ~ of questions* en skur av frågor; *be in the line of ~* vara under beskjutning, *b)* vara i elden (skottgluggen); *be under ~* vara under beskjutning **5** *bildl.* hetta, glöd, lidelse, eld **II** *v* **1** avskjuta, avlossa *(a gun* ett gevär); avfyra *(äv. bildl.);* ~ *questions at s.b.* bombardera ngn med frågor; ~ *a salute* ge salut **2** *vard.* sparka, ge sparken *(avskeda)* **3** [an]tända,

sätta (tända) eld på, sätta i brand **4** bränna (*porslin e.d.*) **5** elda, förse med bränsle; *oil ~s the heating system* värmesystemet eldas med olja **6** *bildl.* elda [upp], egga **7** skjuta, ge eld (*at* mot, på); *~ away a*) börja skjuta, *b*) *vard.* sätta igång **8** antändas, fatta eld; (*om motor*) tända **fire alarm** ['faɪərəˌlɑːm] brandalarm **firearm** [-ɑːm] eld-, skjut|vapen **fireball** ['faɪəbɔːl] klotblixt **firebomb** brandbomb **firebrand 1** eldfackla **2** orosstiftare **firebreak** brandgata **firebrick** eldfast tegel **fire brigade** [-brɪˌɡeɪd] *BE.* brandkår **firebug** [-bʌɡ] *vard.* pyroman **fire clay** [-kleɪ] eldfast lera **fire control** [-kənˌtrəʊl] *mil.* eldledning **firecracker** [-ˌkrækə] smällare (*fyrverkeripjäs*) **firedamp** [-dæmp] gruvgas **fire department** [-dɪˌpɑːtmənt] *AE.* brandkår **firedog** [-dɒɡ] eldhund (*i öppen spis*) **fire drill** [-drɪl] brandövning **fireeater** ['faɪərˌiːtə] **1** eldslukare **2** hetsporre, stridstupp **fire engine** [-ˌen(d)ʒɪn] brandbil **fire escape** [-ɪˌskeɪp] brandstege; reservutgång **fire-extinguisher** [-ɪkˌstɪŋɡwɪʃə] (*bärbar*) brandsläckare **fire|fighting** ['faɪəˌfaɪtɪŋ] *a* brand|släcknings-, -försvars- **-fly** [-flaɪ] *zool.* eldfluga **-guard** brasskärm, gnistgaller **fire insurance** ['faɪərɪnˌʃʊər(ə)ns] brandförsäkring **firelight** ['faɪəlaɪt] eldsken **firelock** flintlås; flintlåsgevär **fireman** [-mən] **1** brand|man, -soldat **2** eldare **firepan** fyrfat **fireplace** eldstad, öppen spis **firepower** [-ˌpaʊə] *mil.* eldkraft **fireproof** [-pruːf] **I** *a* brandsäker; eldfast **II** *v* göra brandsäker **fire raiser** [-ˌreɪzə] mordbrännare **fireside** [-saɪd] *s, the ~* härden, [öppna] spisen; *by the ~* (*bildl.*) vid hemmets härd, i hemmets lugna vrå **fire station** [-ˌsteɪʃn] brandstation **fire wall** [-wɔːl] brandmur **firewater** [-ˌwɔːtə] eldvatten, sprit (*i sht whisky*) **firewood** [-wʊd] ved **firework** [-wɜːk] fyrverkeripjäs; *~s* (*pl*) *a*) fyrverkeri (*äv. bildl.*), fyrverkeripjäser, *b*) *vard. bildl.* utbrott

firing ['faɪərɪŋ] **1** bränning (*i ugn*); eldning **2** bränsle **3** avskjutande **firing line** *mil.* eldlinje **firing party (squad)** ['faɪərɪŋˌpɑːtɪ, -skwɒd] exekutionspluton

firkin ['fɜːkɪn] fjärding, kagge

1 firm [fɜːm] **I** *a* fast, hård; säker, stadig **II** *adv* fast; *stand ~ over* stå fast vid **III** *v* **1** *~* [*up*] göra (bli) fast, stabiliseras

2 firm [fɜːm] firma

firmament ['fɜːməmənt] firmament, himlavalv

firmness ['fɜːmnɪs] fasthet, hårdhet

firry ['fɜːrɪ] gran-; furu-

first [fɜːst] **I** *a o. räkn* första; förnämst; *~ aid* första hjälpen; *~ cause* källa, orsak; *F~ Cause* (*filos.*) Skaparen, Gud; *~ class* första klass; *at ~ hand* direkt, från källan; *the ~ lady* rikets (landets) första dam; *~ mate* (*officer*) (*sjö.*) förste styrman; *~ name* förnamn; *~ night* premiär[kväll]; *~ offender* förstagångsförbrytare; *in the ~ place* först och främst, för det första; *~ principles* grundprinciper; *~ thing in the morning* genast i morgon bitti; *~ things ~* man måste ta sakerna i tur och ordning; *he doesn't know the ~ thing about her* han vet inte ett dugg om henne; *the ~ three* de tre första; *~ violins* första fiolerna **II** *adv* först; *~ and last* på det hela taget, först som sist; *~ or last* förr eller senare; *~ of all a*) allra först, *b*) först och främst; *~ come, ~ served* den som kommer först till kvarnen får först mala; *I've loved you since I ~ saw you* jag har älskat dig från första gången jag såg dig **III** *s* **1** första; *she was the ~ to leave* hon var den första som gick; *come in ~* komma in som etta, vinna kapplöpningen **2** början; *at ~* först, i början; *from the ~* från första början, ända från början; *from ~ to last* från början till slut **3** *tekn.* ettan[s växel]; *in ~* på ettan **4** *BE. univ.* högsta betyg **5** *~s* (*pl*) varor av prima (högsta) kvalitet

first-aid ['fɜːsteɪd] *a, ~ box* förbandslåda **firstborn** ['fɜːs(t)bɔːn] *a o. s* förstfödd **first-class** [ˌfɜːstˈklɑːs] **I** *a* första klassens, förstaklass-; förstklassig; *~ letter a*) (*i England*) förstaklassbrev (*snabbefordrat brev*), *b*) (*i USA, Canada*) brevpost **II** *adv* [i, med] första klass **first-day cover** ['fɜːstdeɪˌkʌvə] förstadagsbrev **first-hand** [ˌfɜːstˈhænd] **I** *a* förstahands-, i första hand, direkt **II** *adv* i första hand, direkt **firstling** ['fɜːstlɪŋ] förstling **firstly** ['fɜːstlɪ] *adv* först; för det första **first-nighter** ['fɜːstˌnaɪtə] premiär|besökare, -lejon **first-rate** [ˌfɜːstˈreɪt] första klassens, förstklassig, prima

firth [fɜːθ] havsarm, fjord

fiscal ['fɪskl] fiskal; skatte-; finans-; *~ year* räkenskapsår, budgetår

fish [fɪʃ] **I** *s* (*pl ~ el. ~es*) **1** fisk; *~ and chips* friterad fisk med pommes frites; *like a ~ out of water* inte i sitt rätta element; *neither ~, flesh, nor fowl* varken fågel eller fisk; *a fine kettle of ~* en skön röra, en snygg historia; *drink like a ~* dricka som en svamp; *I've other ~ to fry* jag har annat att göra **2** *vard., a poor ~* en stackars sate; *a queer ~* en underlig kurre **II** *v* **1** fiska; *~ for a*) fiska (*salmon* lax), *b*) *bildl.* söka efter, försöka få tag i, fika efter; *~ for compliments* gå med håven **2** fiska, fånga (*salmon* lax); *~ out* fiska upp (*äv. bildl.*); *~ up* fiska upp, *bildl.* fiska fram **3** fiska i (*a lake* en sjö)

fishball ['fɪʃbɔːl] *kokk.* fiskbulle **fishbowl** guldfiskskål **fish cake** *kokk.* fiskfrikadell

fisher ['fɪʃə] **1** fiskare **2** *zool.* fiskmård, pekan **fisherman** [-mən] **1** fiskare **2** fiskebåt **fishery** [-rɪ] **1** fiskeri; fiske **2** fiskevatten **3** *jur.* fiskerätt **fish-eye lens** ['fɪʃaɪˌlenz] *foto.* fisköga **fish finger** fiskpinne **fish hawk** [-hɔːk] *zool.* fiskgjuse **fish-hook** [-hʊk] metkrok

fishing ['fɪʃɪŋ] **1** fiske, fiskande **2** fiskevatten **fishing line** metrev **fishing net** fisknät **fishing rod** metspö **fishing tackle** fiskredskap, fiskeutrustning

fish meal ['fɪʃmiːl] fiskmjöl **fishmonger** [-ˌmʌŋɡə] *BE.* fisk|handlare, -månglare **fishnet** *AE.* fisknät **fish stick** *AE.* fiskpinne **fishwife** fisk|handlerska, -månglerska **fishy** [-ɪ] **1** fisk-, fisk|lik, -aktig; *~ eyes* fiskögon, uttryckslösa ögon **2** *vard.* skum, misstänkt; otrolig **3** slö, livlös

fissile ['fɪsaɪl] *BE.* klyvbar **fission** ['fɪʃn] klyvning (*äv. fys.*); *biol.* delning; *nuclear ~* (*fys.*) kärnklyvning, fission **fissionable** ['fɪʃnəbl] klyvbar **fissure** ['fɪʃə] **I** *s* **1** klyfta, spricka,

fist—flag

rämna **2** klyvning **II** *v* klyva[s]
fist [fɪst] **I** *s* **1** knytnäve **2** *vard.* handstil **II** *v* slå med knytnäven **fistic** ['fɪstɪk] *vard.* knytnävs-, boxnings- **fisticuffs** ['fɪstɪkʌfs] *pl* slagsmål **fistul|a** ['fɪstjʊl|ə] (*pl -as el. -ae* [-iː]) *med.* fistel
1 fit [fɪt] *med. o. bildl.* anfall, attack; utbrott; ~ *of anger* vredesutbrott; ~ *of cough* hostattack; ~ *of laughter* skrattanfall; *by* ~s [*and starts*] ryckvis; *it gave me a* ~ (*vard.*) jag höll på att få slag; *have* (*throw*) *a* ~ (*vard.*) få ett utbrott
2 fit [fɪt] **I** *a* **1** lämplig; passande; *be* ~ *for a job* vara lämplig (passa) för ett arbete; ~ *for habitation* beboelig; *a book* ~ *to be read* en bok som förtjänar att läsas; *think* (*see*) ~ *to* anse det lämpligt att, finna för gott att **2** färdig, redo; *vard.* färdig, nära (*to scream* att skrika); ~ *for fight* klar för strid (*äv. bildl.*), beredd **3** kry; spänstig **II** *v* **1** passa; vara lagom [stor]; passa i (till); passa in på, svara mot; ~ *s.b.'s plans* passa ngns planer; *this skirt* ~*s you better* den här kjolen passar dig bättre (sitter bättre på dig); *the key doesn't* ~ *the lock* nyckeln passar inte i nyckelhålet; *that part won't* ~ *the machine* den delen passar inte till maskinen; *the description* ~*s me* beskrivningen passar in på mig; *the doctor will try and* ~ *you in tomorrow* doktorn ska försöka hitta en tid åt er (klämma in er) i morgon **2** anpassa, avpassa (*to* efter) **3** förse, utrusta (*with warm clothes* med varma kläder); ~ *out* utrusta, ekipera; ~ *up with* utrusta (förse) med **4** prova [in] (*kläder*); ~ *a dress on s.b.* prova en klänning på ngn **5** göra lämplig (passande); kvalificera (*for a job* för ett arbete) **6** anbringa, passa (sätta) in; sätta på; montera; utrusta; ~ *a handle on a door* sätta handtag på en dörr **7** passa; stämma överens; *it all* ~*s* allt stämmer [överens]; ~ *in with* passa in i, passa ihop (stämma) med; *things don't* ~ *together* saker och ting stämmer inte **III** *s* passform; *be a good* ~ sitta bra; *be a tight* ~ sitta åt
fitful ['fɪtf(ʊ)l] ryckig; ojämn, oregelbunden; ~ *weather* ostadigt väder
fit|ment ['fɪtmənt] *BE.* möbel **-ness** [-nɪs] **1** lämplighet **2** kryhet; kondition
fitted ['fɪtɪd] **1** anpassad; inpassad; ~ *carpet* heltäckningsmatta; ~ *kitchen* kök med fast inredning; ~ *suit* skräddarsydd kostym; ~ *cupboard* inbyggt skåp **2** lämpad, lämplig (*for* för); anpassad, avpassad (*to* efter) **fitter** ['fɪtə] **1** [*av*]provare (*av kläder*) **2** montör; installatör; mekaniker
fitting ['fɪtɪŋ] **I** *a* passande, lämplig **II** *s* **1** [in]montering, installation **2** provning (*hos skräddare*) **3** ~*s* (*pl*) inredning; tillbehör; armatur; *electrical* ~*s* elektriska installationer **4** *R.* (*om kläder, skor*) storlek, passform **--out** [ˌfɪtɪŋ'aʊt] utrustning **--room** provrum **--up** [ˌfɪtɪŋ'ʌp] inredning
five [faɪv] (*jfr eight o. sms*) **I** *räkn* fem **II** *s* femma; femtal **five-day** ['faɪvdeɪ] *a*, ~ *week* femdagarsvecka **five-finger** ['faɪvfɪŋɡə] *a*, ~ *exercise* (*mus.*) fingerövning för en hand **five-o'clock shadow** ['faɪvəˌklɒkˈʃædəʊ] skäggstubb (*som börjar synas kl. 5 på e.m.*) **five-o'clock train** ['faɪvəˌklɒk'treɪn] *a, the* ~ femtåget **fiver** ['faɪvə] *vard.* fempund-, femdollar|sedel **fives** (*behandlas som sg*) fives (*slags squashliknande bollspel*) **five-seater** ['faɪvˌsiːtə] femsitsig bil **five-speed** ['faɪvspiːd] femväxlad (*car bil*)

fix [fɪks] **I** *v* **1** fästa, sätta fast, anbringa; installera, montera; ~ *bayonets* sätta på bajonetter; ~ *the mirror to the wall* sätta fast spegeln på väggen **2** ~ [*up*] fastställa, bestämma (*pris, datum e.d.*) **3** fästa, rikta; ~ *the gaze on* rikta blicken mot; ~ *a p.'s attention on* rikta ngns uppmärksamhet på **4** fixera (*äv. foto.*); ge stadga (fasthet) åt; ~ *a custom* befästa en sedvänja; ~ *an idea* förankra en idé **5** placera, sätta [in], ställa, lägga; ~ *the blame on* lägga skulden på; ~ *s.b. up with s.th.* ordna (skaffa) ngt åt ngn; *I can't* ~ *you up* jag kan inte ordna rum åt dig **6** laga, reparera; snygga upp (till) **7** *vard., i sht AE.* fixa (ordna, greja) [till] (*tickets* biljetter; *a meal* en måltid; ordna (klara) upp **8** *vard.* fixa, göra upp [på förhand] (*match e.d.*); fiffla med; muta **9** *sl.* göra upp med, hämnas; fixa (*i sht döda*) **10** *vard.*, ~ *s.b.* ge ngn vad han förtjänar **11** *AE. dial. el. vard.* planera; *I'm* ~*ing to go out* jag tänker gå ut **12** fastna **13** ~ [*up*]*on* fastna (bestämma sig) för **14** *sl.* ta en sil (*narkotika*) **II** *s* **1** *vard.* knipa, dilemma; *be in a bit of a* ~ vara i knipa **2** *sl.* sil (*narkotika*) **3** *vard.* muta **3** *sjö.* positionsbestämning
fixate [fɪk'seɪt] fixera (*äv. psykol.*) **fixation** [fɪk'seɪʃn] **1** fästande; fixering (*äv. psykol.*); fastställande **2** fix idé **fixative** ['fɪksətɪv] **I** *a* fixer- **II** *s* fixermedel, fixativ
fixed [fɪkst] **1** fästad; fast; fixerad; ~ *star* fixstjärna **2** stel, orörlig **3** fast[ställd], bestämd; ~ *price* fast pris; ~ *costs* fasta kostnader **4** fix (*idea* idé); inrotad **-ly** ['fɪksɪdlɪ] *adv* fast; stelt, orörligt; stadigt
fix|er ['fɪksə] **1** *foto.* fixermedel, fixativ **2** *sl.* are **-ings** [-ɪŋz] *pl, i sht AE.* **1** utrustning, apparater **2** *kokk.* tillbehör **-ity** [-ətɪ] beständighet, fasthet, stabilitet **-ture** [-tʃə] **1** fast tillbehör (inventarium); *bildl.* [gammalt] inventarium **2** *BE.* [fastställd dag för] tävling (*match e.d.*)
fizz [fɪz] **I** *v* fräsa, väsa; (*om kolsyrad dryck*) pärla, moussera **II** *s* **1** fräsande, väsande; pärlande, mousserande **2** *vard.* brusande dryck; skumpa, champis; fizz (*drink*) **fizzle** ['fɪzl] **I** *v* **1** fräsa, väsa **2** ~ [*out*] *a*) fräsa till och slockna, *b*) *vard.* misslyckas, sluta snöpligt **II** *s* **1** fräsande, väsande **2** *vard.* fiasko **fizzy** ['fɪzɪ] fräsande, väsande; pärlande, mousserande
fjord [fjɔːd] fjord
fl. *förk. för floor; fluid* **Fl.** *förk. för Flanders; Flemish* **Fla.** *förk. för Florida*
flabbergast ['flæbəɡɑːst] *vard.* göra paff, slå med häpnad
flabby ['flæbɪ] slapp; [fet och] sladdrig, slak
flaccid ['flæksɪd] slapp, sladdrig, slak **-ity** [flæk'sɪdətɪ] slapphet, sladdrighet, slakhet
1 flag [flæɡ] **I** *s* flagga; fana; ~ *of convenience* bekvämlighetsflagg; ~ *of truce* parlamentärflagg; *keep the* ~ *flying* hålla fanan högt; *show the* ~ (*vard.*) markera sin närvaro, visa sig; *strike* (*lower*) *the* ~ stryka flagg **II** *v* **1** pryda (markera) med flaggor (flagga); ~ [*down*] stoppa (*fordon*) genom att vinka med flagga, hejda **2** signalera med flaggor [till]

2 flag [flæɡ] *bot.* svärdslilja

3 flag [flæɡ] **1** hänga ner, sloka **2** slakna, slappna, mattas

4 flag [flæɡ] **I** *s* stenplatta; trottoarsten **II** *v* be-

lägga med stenplattor (trottoarsten)
flag captain [ˌflægˈkæptɪn] kapten på flaggskepp
flag day [ˈflægdeɪ] insamlingsdag *(för välgörande ändamål)* **Flag Day** amerikanska flaggans dag *(14 juni)*
flagellant [ˈflædʒələnt] flagellant **-late** [-leɪt] gissla, piska
flageolet [ˌflædʒəˈlet] *mus.* flageolett[flöjt]
flaggy [ˈflægɪ] slokande; slapp
flagitious [fləˈdʒɪʃəs] skändlig; brottslig
flag-man [ˈflægmən] **1** banvakt **2** *sjö.* flaggsignalist
flagon [ˈflægən] stor [vin]flaska, [vin]krus
flagpole [ˈflægpəʊl] flaggstång
flagrancy [ˈfleɪɡr(ə)nsɪ] skändlighet; *the ~ of det* flagranta i **-grant** [-gr(ə)nt] flagrant, uppenbar
flagship [ˈflægʃɪp] flaggskepp **-staff** flaggstång **-stone** stenplatta; trottoarsten **--waver** [-ˌweɪvə] *vard.* chauvinist **--waving** [-ˌweɪvɪŋ] *vard.* chauvinism
flail [fleɪl] **1** *s* slaga **II** *v* **1** tröska med slaga **2** fäkta med *(armar)*
flair [fleə] **1** väderkorn; näsa, sinne, känsla **2** *vard.* stil, elegans
flak [flæk] **1** luftvärn; luftvärnseld **2** *AE. sl.* hård kritik
flake [fleɪk] **I** *s* flaga; flinga; tunt lager **II** *v* **1** flagna, falla av i flagor **2** flaga, flisa, skära av i flagor **flake white** [ˌfleɪkˈwaɪt] *s* blyvitt **flaky** [ˈfleɪkɪ] flagig, fjällig; flingliknande; *~ pastry* smördeg
flamboyance [flæmˈbɔɪəns] praktfullhet *etc., jfr flamboyant* **-ant** [-ənt] **1** praktfull, [färg]grann, flammande **2** extravagant, överdriven, prålig **3** *arkit.* flamboyant
flame [fleɪm] **I** *s* **1** flamma, låga; *bildl. äv.* eld, glöd; *be in ~s* stå i lågor **2** *vard.* flamma, älskling **II** *v* flamma, låga **III** *a* brandgul
flamenco [fləˈmeŋkəʊ] flamenco
flame-thrower [ˈfleɪmˌθrəʊə] *mil.* eldkastare
flaming [ˈfleɪmɪŋ] **1** flammande, lågande; *bildl. äv.* glödande, lidelsefull, häftig; *~ sun* glödande sol **2** *vard.* förbaskad
flamingo [fləˈmɪŋɡəʊ] *zool.* flamingo
flammable [ˈflæməbl] lättantändlig, brännbar
flamy [ˈfleɪmɪ] flammande; eld-
flan [flæn] flan *(slags frukttårta)*
Flanders [ˈflɑːndəz] Flandern **Flanders poppy** *bot.* kornvallmo
flange [flæn(d)ʒ] *tekn.* **I** *s* fläns **II** *v* förse med fläns
flank [flæŋk] **I** *s* sida; flank *(äv. mil.)* **II** *v* **1** flankera; begränsa **2** *mil.* anfalla i flanken **3** kringgå, undvika
flannel [ˈflænl] **I** *s* **1** [ylle]flanell; *~s* *(pl)* flanell[byxor, -kläder **2** tvättlapp **3** *BE. vard. a)* svammel, *b)* smicker, fjäsk **II** *a* flanell- **III** *v* **1** putsa med flanell; laga med flanell; klä i flanell **2** *BE. vard.* smickra, fjäska för **flannelboard** flanellograf **flannelette** [ˌflænˈlet] bomullsflanell
flannelly [ˈflænlɪ] *a* flanell-, flanelliknande
flap [flæp] **I** *v* **1** slå, smälla, daska, klappa **2** fladdra (flaxa, slå) med; vifta med **3** fladdra; flaxa; *(om segel)* slå **4** *vard.* råka i panik, bli upprörd **II** *s* **1** smäll, dask, klatsch **2** fladdrande; flax-
ande, [ving]slag **3** flik; lock *(på ficka)*; flyg. [ving]klaff **4** *vard.* panik, upprördhet; *get into a ~* få stora skälvan
flapdoodle [ˈflæpˌduːdl] *sl.* skitsnack, struntprat
-jack [-dʒæk] **1** *(slags)* havrekaka **2** *i sht AE.* pannkaka **-per** [-ə] **1** flugsmälla **2** *(på 1920-talet)* modern ung kvinna
flare [fleə] **I** *v* **1** blossa, fladdra; *~ up* flamma upp, *bildl. vard. äv.* brusa upp **2** puta ut; vidga sig **II** *s* **1** fladdrande låga; bloss, lysraket, signalljus **2** utbuktning, utvidgning **3** plötsligt utbrott **flared** [-d] *(om plagg)* utsvängd, utställd **flare-up** [ˌfleərˈʌp] **1** uppflammande, uppblossande **2** *vard.* utbrott, bråk
flash [flæʃ] **I** *v* **1** flamma, blixtra [till]; blinka; blänka [till], lysa fram; *~ back (i film e.d.)* ge en tillbakablick; *~ [out, up]* blossa upp **2** fara (rusa) som en blixt; *she ~ed by (past) on her bike* hon susade förbi på sin cykel **3** *BE. sl.* blotta sig **4** låta blixtra (lysa); blinka (lysa) med; *vard.* snabbt visa; *~ a look at s.b.* ge ngn en strålande blick; *~ a message* snabbt skicka ett meddelande **5** *vard.* lysa (briljera) med; *~ money around* vifta med pengar **6** *BE. sl.* blotta sig **II** *s* **1** plötsligt sken (ljus), blixt *(äv. foto.)*, glimt, stråle; *~ of lightning* blixt; *~ of sunshine* plötslig solglimt; *in a ~* blixtsnabbt, på ett ögonblick; *~ in the pan* [person som gör en] kortlivad succé **2** briljerande, prål **3** *TV., radio.* kort nyhetsinslag, nyhetstelegram **4** *mil.* förbandstecken **III** *a* **1** *vard.* prålig, vräkig, vulgär **2** falsk, oäkta **3** *vard.* förbrytar-, kriminell
flashback [ˈflæʃbæk] *(film e.d.)* tillbaka-, återblick **flashbulb** *foto.* fotoblixt, blixtljuslampa **flashcube** *foto.* blixtkub **flasher** [-ə] **1** blinker, blinkljus **2** *BE. sl.* blottare **flash gun** *foto.* synkronblixt **flashlight 1** ficklampa **2** *foto.* blixtljus **3** *i sht AE.* blinkljus; blinkfyr **flash point 1** flampunkt **2** *bildl.* kritisk punkt **flashy** [-ɪ] **1** vräkig, prålig, billig **2** ytlig
flask [flɑːsk] **1** plunta, fickflaska; bastflaska **2** kolv, retort **3** *åld.* kruthorn
1 flat [flæt] **I** *a* **1** plan, horisontell, platt, flat; slät; *as ~ as a pancake* platt som en pannkaka; *~ plate* flat tallrik; *~ race (i sht BE.)* slätlopp; *~ roof* platt tak; *~ shoes* lågklackade skor; *~ surface* plan yta; *~ tyre* punktering; *fall ~ a)* falla raklång, *b) bildl.* misslyckas, falla platt till marken; *lay ~ a)* slå omkull, *b)* jämna med marken; *stand ~ against the wall* stå tryckt mot väggen **2** platt, banal; *a ~ joke* ett platt skämt **3** monoton, utan nyanser (kontraster, variationer); matt *(paint målarfärg)* **4** smaklös, fadd; avslagen; *feel ~* inte ha lust med någonting **5** *hand.* trög, matt *(market marknad)* **6** fast, enhetlig, enhets-; *~ rate* enhetstaxa; *~ rate of pay* enhetlig lönesättning **7** *mus.* sänkt en halv ton; *(om röst, instrument)* en halv ton för låg; *B ~* b; *the piano is ~* pianot är för lågt stämt **8** direkt; exakt; *~ denial* blankt förnekande; *a ~ five minutes* exakt fem minuter; *and that's ~!* och därmed basta! **II** *adv* **1** plant, platt *etc., jfr I*; *lie ~ out* ligga utsträckt **2** fullständigt; exakt; rakt; rent ut; *~ broke (BE. vard.)* helt pank; *in five seconds ~* på fem sekunder blankt; *she told me ~ that* hon sade mig rent ut att; *~ out (vard.) a)* för fullt, maximalt, *b)* helt slut, alldeles

flat—flicker

utmattad; *go* (*work*) ~ *out* (*vard.*) arbeta för fullt (för högtryck) **3** *mus.* för lågt, falskt **III** *s* **1** platt föremål; plan yta; platta; flata, flatsida **2** låg slätt, flackt land **3** *mus.* b[-förtecken]; sänkt ton **4** *teat.* kuliss **5** punktering **6** *BE.* slätlopp **8** *sjö.* pråm, läktare **IV** *v* **1** platta ut (till), göra plan (platt, flat) **2** *AE. mus.* sänka [ett halvt tonsteg] **2 flat** [flæt] våning, lägenhet

flat|boat ['flætbəʊt] flatbottnad båt, pråm **-fish** *zool.* plattfisk **-foot 1** plattfot **2** *sl.* snut, polis **-footed 1** plattfotad **2** *BE. vard.* klumpig, tafatt; bestämd, obeveklig **3** *vard., catch s.b.* ~ ta ngn på sängen **-iron** (*förr*) strykjärn

flatlet ['flætlɪt] liten våning

flatly ['flætlɪ] *adv* **1** plant *etc.*, *jfr 1 flat I* **2** bestämt, absolut; ~ *deny* (*äv.*) förneka blankt **flatten** ['flætn] **1** ~ [*out*] göra platt (plan), platta ut (till) **2** *vard.* golva, slå ner; *bildl.* klumpa, få luften ur **3** *mus.* sänka [ett halvt tonsteg] **4** ~ *out* (*flyg.*) ta upp planet (*i sht efter dykning*) **5** ~ [*out*] bli platt (plan), plattas ut (till)

1 flatter ['flætə] **1** smickra **2** vara smickrande för **2 flatter** ['flætə] platthammare

flatterer ['flætərə] smickrare **flattering** [-ɪŋ] smickrande **flattery** [-ɪ] smicker

flatu|lence, -ency ['flætjʊləns(ɪ)] **1** väderspänning **2** *bildl.* uppblåsthet **-lent** [-ənt] **1** väderspänd **2** gasbildande **3** *bildl.* uppblåst

flat|ware ['flætweə] *AE.* **1** flata tallrikar **2** bordssilver, bestick **-ways** [-weɪz] *BE.*, **-wise** *AE.* platt, med flatsidan

flaunt [flɔ:nt] **I** *v* **1** briljera (glänsa) [med] **2** vaja **II** *s* briljerande, glänsande **flaunty** [-ɪ] *i sht AE.* skrytsam, vräkig

flautist ['flɔ:tɪst] flöjtist, flöjtspelare

flavorous ['fleɪvərəs] smaklig, välsmakande; doftande **flavour** ['fleɪvə] **I** *s* smak; arom; bismak; krydda; *a film with a ~ of Paris* en film med en doft av Paris (med en parisisk atmosfär) **II** *v* sätta smak på, smaksätta, krydda **flavouring** ['fleɪv(ə)rɪŋ] **1** krydda, smaktillsats **2** smaksättning, kryddning **flavoursome** ['fleɪvəsəm] *se flavorous*

1 flaw [flɔ:] **I** *s* **1** skavank, fel, brist **2** spricka **II** *v* **1** spräcka, fördärva **2** spricka

2 flaw [flɔ:] vindby, kastby

flawless ['flɔ:lɪs] felfri; utan sprickor; *bildl.* fläckfri

flax [flæks] lin **flaxen** ['flæks(ə)n] lin-, av lin; lingul **flaxseed** ['flækssi:d] linfrö **flaxy** ['flæksɪ] *se flaxen*

flay [fleɪ] **1** flå; skala **2** *bildl.* skinna, lura **3** nedgöra (*m. kritik*)

flea [fli:] loppa; *send s.b. off with a ~ in his ear* (*vard.*) snoppa av (stuka till) ngn **fleabite** ['fli:baɪt] **1** loppbett **2** besvärlighet, lätt förtret **fleabitten** ['fli:ˌbɪtn] **1** loppbiten **2** *vard.* maläten, sjaskig **flea market** loppmarknad **fleapit** ['fli:pɪt] *vard.* sjabbig bio (teater)

fleck [flek] **I** *s* **1** fläck; prick **2** korn, partikel; ~ *of dust* dammkorn **II** *v* göra fläckig **-er** ['flekə] göra fläckig

flection ['flekʃn] böjning; krök

fled *imperf. o. perf. part. av flee*

fledge [fledʒ] **1** föda upp (*fågelunge*) **2** förse (pryda, täcka) med (fjädrar) **3** (*om fågel*) få fjäd-

rar **fledged** [-d] flygfärdig; *fully ~, se full--fledged* **fledg[e]ling** ['fledʒlɪŋ] **1** just flygfärdig fågel **2** *bildl.* gröngöling, nybörjare

flee [fli:] (*fled, fled*) **1** fly, ta till flykten **2** fly från; undfly; undvika

fleece [fli:s] **I** *s* **1** (*fårs*) ull, päls, fäll **2** får|fäll, -skinn; *the Golden F~* Gyllene Skinnet **II** *v* **1** klippa (*får*) **2** *bildl.* klå, skinna (*of* på) **fleecy** ['fli:sɪ] ullig

fleer [flɪə] **I** *s* hånleende, flin **II** *v* hånle (flina) [åt]

1 fleet [fli:t] **1** flotta; eskader; *Admiral of the F~* storamiral **2** flotta, vagnpark

2 fleet [fli:t] **1** snabb, hastig **2** *poet.* flyktig, snabb

Fleet Admiral ['fli:tˌædm(ə)r(ə)l] *AE.* storamiral

fleeting ['fli:tɪŋ] flyktig, snabb, hastig

Fleet Street ['fli:tstri:t] Fleet Street (*Londongata*); *bildl.* brittiska pressen (tidningsvärlden), brittiska journalister

Fleming ['flemɪŋ] flamländare **Flemish** [-ɪʃ] **I** *a* flamländsk **II** *s* flamländska [språket]

flesh [fleʃ] **I** *s* kött (*äv. bildl.*) [; frukt]kött; *vard.* hull, fetma; ~ *and fell* med hull och hår; *all ~* människosläktet; *go the way of all ~* gå all världens väg, förgås; *my own ~ and blood* mitt eget kött och blod; *in the ~ a*) i egen hög person, *b*) livslevande; *lose ~* magra; *it made my ~ creep* det fick mig att rysa (*av fasa*); *put on ~* lägga på hullet, bli fet **II** *v* **1** *jakt.* med rått kött stimulera jaktinstinkten hos **2** såra, rispa (*m. vapen*) **3** *åld. el. poet.* vänja vid strid **4** ~ [*out*] fylla ut, sätta kött på benen

flesh-coloured ['fleʃˌkʌləd] hudfärgad **flesher** [-ə] *Sk.* slaktare **flesh fly** [-flaɪ] spyfluga **fleshings** [-ɪŋz] *pl* hudfärgade trikåer **fleshly** [-lɪ] **1** kroppslig, världslig **2** köttslig, sinnlig **3** fet, tjock **fleshpots** [-pɒts] *pl* köttgrytor (*äv. bildl.*) **flesh wound** [-wu:nd] köttsår **fleshy** [-ɪ] **1** köttig **2** fet, tjock

fleur-de-lis [ˌflɜ:də'li:] (*pl fleurs-de-lis*) **1** *bot.* iris, svärdslilja **2** fransk lilja

flew [flu:] *imperf. av 1 fly*

flex [fleks] **I** *v* **1** böja **2** spänna (*muskel*) **3** (*om muskel*) spännas **II** *s* [elektrisk] sladd **-ibility** [ˌfleksə'bɪlətɪ] flexibilitet, smidighet **2** *bildl.* flexibilitet; medgörlighet, foglighet **-ible** ['fleksəbl] **1** böjlig, smidig **2** *bildl.* flexibel; medgörlig, foglig; ~ *working hours* flextid **-ile** ['fleksaɪl] **1** böjlig, smidig **2** medgörlig

flexion ['flekʃn] böjning; krökning; bukt **-al** ['flekʃənl] böjnings-

flexitime ['fleksɪtaɪm] flextid

flex|uose ['fleksjʊəʊs], **-uous** ['flekʃjʊəs] slingrande, serpentin- **-ure** ['flekʃə] böjning, buktning

flibbertigibbet [ˌflɪbətɪ'dʒɪbɪt] pratmakare; slarver, oansvarig person

1 flick [flɪk] **I** *s* **1** lätt slag, snärt; knäpp (*m. fingrarna*) **2** knäpp (*ljud*) **3** fläck; strimma; korn **II** *v* snärta till, ge ett lätt slag **2** knäppa i väg (*a piece of paper*) en papperstuss) **3** slänga (snärta) med (*the tail* svansen); rycka på **4** ~ *through* bläddra igenom

2 flick [flɪk] *sl.* film; *go to the ~s* gå på bio

flicker ['flɪkə] **I** *v* fladdra, flämta; flimra; darra **II**

flick knife—floor manager

s fladdrande, flämtande; flimmer; darrning
flick knife ['flıknaıf] stilettkniv
flier ['flaıə] *se flyer*
1 flight [flaıt] **I** *s* **1** flykt *(äv. bildl.)*; flygning, flygtur; *the ~ of birds* fåglarnas flykt; *the ~ of the arrow* pilens bana (väg); *the ~ of time* tidens flykt; *~s of fancy* fantasier, fantastiska påhitt; *take ~ (om fågel)* flyga upp **2** flock, svärm *(of starlings* starar), [fågel]sträck; *a ~ of insects* en insektssvärm; *a ~ of arrows* en skur av pilar **3** mil. [flyg]grupp **4** [ving-, stjärt]penna; styrfjäder *(på pil)* **5** *~ [of stairs]* trappa, rad av trappsteg; *six ~s up* sex trappor upp; *~ of hurdles (sport.)* häck-, hinder|rad **II** *v* **1** flyga i flock **2** skjuta *(fågel)* i flykten **3** sätta styrfjäder på
2 flight [flaıt] flykt, flyende; *put s.b. to ~* slå ngn på flykten; *take [to] ~* ta till flykten, fly
flight lieutenant ['flaıtlef‚tenənt] kapten *(i flygvapnet)* **flight recorder** färdskrivare *(i flygplan)*, 'svart låda' **flight sergeant** sergeant *(i flygvapnet)*
flighty ['flaıtı] **1** flörtig, kokett **2** flyktig; nyckfull **3** oberäknelig, överspänd
flimflam ['flımflæm] *vard.* **1** strunt[prat] **2** lurendrejeri
flimsy ['flımzı] **I** *a* **1** svag, bräcklig; tunn **2** *bildl.* svag, ohållbar **II** *s* **1** tunt [kopie]papper **2** kopia
flinch [flın(t)ʃ] **1** rygga tillbaka *(from* [in]för), vika **2** rycka till *(av smärta); without ~ing* utan att blinka
fling [flıŋ] **I** *v (flung, flung)* kasta *(äv. i brottning)*, slunga, slänga; *~ an excuse* slänga ur sig en ursäkt; *~ one's arms about s.b.* slå armarna om ngn; *~ o.s. into a chair* kasta sig ner i fåtölj; *~ o.s. into s.th. (bildl.)* kasta sig in i (över) ngt; *~ away* slänga (kasta) bort; *~ one's scruples* kasta sina betänkligheter; *~ back* kasta tillbaka (bakåt); *~ off a)* kasta av sig *(rock e.d.), b) bildl.* skaka av sig, *c)* skaka fram *(dikt e.d.); ~ on* slänga på sig; *the door was flung open* dörren flög (slogs, rycktes) upp; *~ up a)* kasta upp, *b)* ge upp **II** *s* **1** kast **2** släng, häftig rörelse **3** *have a ~* festa om, slå runt **4** försök; *have a ~ at* försöka sig på **5** *(slags)* skotsk dans, reel
flint [flınt] **1** flinta **2** stift *(i tändare)* **flintlock** ['flıntlɒk] **1** flintlås **2** flintlåsgevär **flinty** ['flıntı] flint-; stenhård, hård som flinta *(äv. bildl.)*
flip [flıp] **I** *v* **1** kasta (slänga, knäppa) [i väg]; *he ~ped me a napkin* han slängde till mig en servett; *~ a coin* singla slant **2** *~ through* bläddra igenom **3** knäppa med fingrarna **4** skutta, hoppa **5** *sl., i sht AE.* tappa behärskningen, bli urförbannad; *flipp[r]a ut*, bli alldeles salig; *~ one's lid (top)* bli utom sig, förlora fattningen **II** *s* **1** knäpp, snärt, smäll; ryck **2** kullerbytta, volt **3** *vard.* flygtur, rundflygning **4** flip *(drink m. uppvispat ägg)* **III** *a, AE. vard.* vanvördig
flip-flop ['flıpflɒp] **1** flick-flack, baklängesvolt **2** vippkontakt **3** omsvängning *(i åsikter e.d.)* **4** *(slags)* badsandal
flip|pancy ['flıpənsı] **1** lättvindighet, nonchalans **2** näsvishet **-pant** [-pənt] **1** lättvindig, nonchalant **2** näsvis
flipper ['flıpə] simfot
flipping ['flıpıŋ] *BE. sl.* förbaskad, jäkla
flip side ['flıpsaıd] *(grammofonskivas)* B-sida,

baksida
flirt [flɜ:t] **I** *v* flörta; *~ with (äv.)* leka med, inte ta på allvar **II** *s* flört[ig person] **flirtation** [flɜ:'teıʃn] flört, kurtis **flirtatious** [flɜ:'teıʃəs] flörtig, koketterande
flit [flıt] **I** *v* **1** fladdra, flyga, sväva; rusa, ila **2** *BE. vard.* smita *(från hyra)*; rymma **II** *s* **1** fladdrande, flygande, svävande; rusande, ilande **2** *BE. vard., do a [moonlight] ~* avdunsta (flytta) [under natten] *(för att smita från hyra)* **flitch** [flıtʃ] **1** rökt och rimmat sidfläsk **2** helgeflundrefilé
flivver ['flıvə] **1** gammal bil **2** *AE. sl.* fiasko
float [fləʊt] **I** *v* **1** flyta; driva *(på vattnet); oil ~s on water* olja flyter på vatten **2** sväva; *fog ~ed on the meadow* dimma svävade över ängen **3** starta, sätta i gång, grunda **4** *ekon.* bjuda (släppa) ut på aktiemarknaden; låta *(valuta)* flyta **5** hålla flytande; låta flyta; flotta **6** översvämma, sätta under vatten, bevattna **II** *s* **1** flytande föremål; flotte, flottör; ponton; flöte; simdyna; [liv-, flyt]boj; *zool.* simblåsa **2** *teat., ~s (pl)* ramp **3** hjulskovel **4** liten flakvagn; kortegevagn **5** växel-, hand|kassa **floatation** [fləʊ'teıʃn] *se flotation*
floating ['fləʊtıŋ] **1** flytande, drivande; svävande; lös; *~ anchor* drivankare; *~ dock* flytdocka; *~ kidney* vandrande njure; *~ light* fyrskepp, lysboj **2** rörlig; *~ voter* marginalväljare **3** *ekon.* flytande, rörlig; *~ assets* likvida medel; *~ capital* rörligt kapital; *~ currencies* flytande valutor
1 flock [flɒk] **I** *s* **1** flock, skara, skock; hjord **II** *v* flockas, skocka sig
2 flock [flɒk] tuss, tott; *textil.* flock
floe [fləʊ] isflak
flog [flɒg] **1** piska, prygla, klå; *~ a dead horse* spilla krut på döda hökar; *he was ~ged to death* han var uttjatad **2** *sl.* klå *(besegra)* **3** *BE. sl.* sälja, kursa **-ging** ['flɒgıŋ] prygel, stryk; *jur.* spöstraff
flood [flʌd] **I** *s* **1** flod, högvatten **2** flöde; översvämning; ström, [stört]flod *(äv. bildl.); the F~syndafloden* **II** *v* **1** översvämma *(äv. bildl.)*; bevattna; flöda *(the carburettor* förgasaren); *bildl.* strömma; *be ~ed* översvämmas, vara översvämmad *(äv. bildl.); the room was ~ed with flowers* rummet var översvämmat av blommor; *~ed with light* badande i ljus **2** svämma över, flöda över sina bräddar
flood|gate ['flʌdgeıt] dammlucka, *(nedre)* slussport; *bildl.* sluss **-light** [-laıt] **I** *s* **1** strålkastare **2** strålkastar|belysning, -ljus; fasadbelysning **II** *v* belysa med strålkastare; fasadbelysa
floor [flɔ:] **I** *s* **1** golv; botten; *sjö.* durk; *take the ~* börja dansen **2** våning[splan]; *the first ~* [våningen] en trappa upp, *AE.* bottenvåningen; *on the second ~* på andra våningen, *AE.* på första våningen **3** mark **4** undre gräns, minimigräns; *wage ~* minimilön **5** sammanträdessal; *the ~ [of the House]* sessionssalen; *cross the ~* gå över till annat parti; *get the ~* få ordet; *be given ('have') the ~* ha ordet **II** *v* **1** förse med golv, lägga golv i **2** slå till marken, golva; *be ~ed by a problem (vard.)* gå bet på ett problem
floorcloth ['flɔ:klɒθ] golv-, skur|trasa **flooring** [-rıŋ] golvmaterial; golvbeläggning; golv **floorlamp** golvlampa **floor leader** *AE. parl.* talman **floor manager 1** *TV.* studioman, regissör **2**

floor show—fluorin[e]

avdelningschef (inspektör, värd[inna]) på varuhus **floor show** krogshow **floor-walker** *AE.* varuhusinspektör, avdelningschef

floo|sie, -zie, -zy ['flu:zɪ] *sl.* slinka

flop [flɒp] **I** *v* **1** dunsa, dimpa, plumsa, plaska; sprattla; *the book ~ped onto the floor* boken dunsade i golvet **2** *vard.* misslyckas, göra fiasko, bli en flop **3** *sl.*, *~ [out]* koja, gå och lägga sig **II** *adv* plums, med en duns, pladask **III** *s* **1** duns, plums, plask **2** *vard.* misslyckande, fiasko, flop **3** *AE. sl.* slaf, säng **flophouse** ['flɒphaʊs] *AE. sl.* ungkarlshotell **floppy** ['flɒpɪ] slak, nedhängande; *~ disc* (*data.*) flexskiva

flora ['flɔːrə] flora **floral** ['flɔːr(ə)l] blomster-; blommig

Florence ['flɒr(ə)ns] Florens **Florentine** ['flɒr(ə)ntaɪn] **I** *a* florentinsk **II** *s* florentinare

florescence [flɔːˈresns] blomning[stid]

floricul|ture ['flɔːrɪkʌltʃə] blomsterodling **-turist** [ˌflɔːrɪˈkʌltʃ(ə)rɪst] blomsterodlare

florid ['flɒrɪd] **1** rödlätt, rödblommig (*complexion* hy) **2** överlastad, svulstig (*style* stil)

Florida ['flɒrɪdə]

florid|ity [flɒˈrɪdətɪ], **-ness** ['flɒrɪdnɪs] **1** rödblommighet **2** överlastning, svulstighet

florin ['flɒrɪn] **1** florin, gulden **2** (*förr*) 2-shillingmynt

florist ['flɒrɪst] blomster|odlare, -handlare; *~'s shop* blomster|handel, -affär

floss [flɒs] **1** flock; flocksilke **2** [*dental*] ~ tandtråd **floss silk** [ˌflɒsˈsɪlk] flocksilke **flossy** ['flɒsɪ] **1** dunig **2** *AE. sl.* (*om kläder*) skrikig

flotation [fla(ʊ)ˈteɪʃn] **1** startande, finansierande (*av företag genom aktieutgivning e.d.*); emission **2** flyt|förmåga, -kraft **3** *miner.* flotation

flotilla [flə(ʊ)ˈtɪlə] *sjö.* flottilj

flotsam ['flɒtsəm] vrakgods, strandfynd; *~ and jetsam* diverse bråte (småsaker), *bildl.* spillror, olycksbarn

1 flounce [flaʊns] **I** *v* svassa (*about* runt), rusa **II** *s* svassande; knyck

2 flounce [flaʊns] **I** *s* volang, rysch **II** *v* förse med volang[er] (rysch)

1 flounder ['flaʊndə] *zool.* flundra

2 flounder ['flaʊndə] **I** *v* **1** plumsa, klafsa (*i dy e.d.*) **2** bära sig klumpigt åt, göra misstag **II** *s* plumsande *etc.*, *jfr I*

flour ['flaʊə] **I** *s* [vete]mjöl **II** *v* **1** mjöla, beströ med mjöl **2** mala till mjöl

flourish ['flʌrɪʃ] **I** *v* **1** blomstra; florera; trivas, frodas **2** stoltsera [med], lysa [med] **3** spela (*fanfar e.d.*) **4** pryda med snirklar; utsmycka **II** *s* **1** svänga, svinga **II** *s* **1** svängande, svingande **2** elegant sväng (gest) **3** snirkel, släng (*på bokstav*); floskler, stilblommor **4** fanfar **5** pråI, ståtande

floury ['flaʊərɪ] mjölig, beströdd med mjöl; av mjöl

flout [flaʊt] trotsa; strunta i; håna

flow [fləʊ] **I** *v* **1** flyta, rinna, strömma; flöda; cirkulera; *the river ~s into the sea* floden rinner ut i havet; *money ~ed into the country* pengar strömmade in i landet **2** (*om hår*) svalla, bölja, falla **3** (*om tidvatten*) stiga **4** *vard.* ha mens **5** översvämma **II** *s* **1** flöde, flod, ström; rinnande; utströmning, utflöde; *~ of blood* blodflöde; *~ of information* informationsflöde; *~ of lava* lavaström **2** (*hårs*) svall **3** (*tidvattnets*) stigande, flod; *the tide is on the ~* det är flod **4** *vard.* mens **5** *Sk.* träsk; havsvik **flow chart** ['fləʊtʃɑːt] flödesdiagram

flower ['flaʊə] **I** *s* **1** blomma **2** blom[ning]; *be in ~* stå i blom, blomma **3** *bildl.* blomma, blomning; *in the ~ of her youth* i hennes ungdoms vår; *~ of rhetoric* stilblomma; *the ~ of young men* blomman av unga män **4** *~s of sulphur* (*kem.*) svavelblomma **II** *v* **1** blomma, stå i blom; *bildl.* blomstra **2** pryda med blommor **flowerage** [-rɪdʒ] blomsterprakt **flowerbed** blomsterrabatt **flowered** [-d] [prydd] med blommor; blommig **flowering** [-rɪŋ] **I** *a* blommande **II** *s* blomning[stid] **flowerpot** blomkruka **flowershow** blomsterutställning **flowery** [-rɪ] **1** blomrik **2** blomsterprydd; blommig **3** blomliknande **4** *bildl.* blomsterrik

flowing ['fləʊɪŋ] *a* **1** flytande, rinnande, strömmande; flödande **2** svallande, böljande, fladdrande **3** (*om stil*) flytande, ledig

flown [fləʊn] *perf. part. av fly*

flow sheet ['fləʊʃiːt] flödesdiagram

fl. oz. *förk. för fluid ounce[s]*

flu [fluː] *vard.* influensa, flunsa

fluctu|ate ['flʌktjʊeɪt] **1** fluktuera, variera, växla **2** vara vankelmodig, vackla **-ation** [ˌflʌktjʊˈeɪʃn] **1** fluktuation, variation, växling **2** vankelmod, vacklan

1 flue [fluː] **1** rök|kanal, -gång **2** *se flue pipe*

2 flue [fluː] dun, fjun

3 flue [fluː] (*slags*) fisknät

flu|ency ['fluːənsɪ] ledighet; flytande (ledig) framställning **-ent** [-t] ledig; flytande; *speak ~ Italian* tala flytande italienska **fluently** [-tlɪ] *adv* flytande; *speak Italian ~* tala italienska flytande

flue pipe ['fluːpaɪp] orgel-, labial|pipa

fluff [flʌf] **I** *s* **1** ludd, dun **2** småsak, bagatell **3** *vard.* miss, fällsning, felspelning **4** *vard.*, *a bit of ~* en ung tjej **II** *v* **1** göra luddig, ludda (fluffa) upp **2** *vard.* staka sig; klanta sig **fluffy** ['flʌfɪ] **1** luddig **2** fluffig, luftig

fluid ['fluːɪd] **I** *a* **1** flytande, i flytande form; vätske-; *~ coupling* (*clutch, drive*) vätskekoppling; *~ ounce* (*vätskemått = 28,4 cm3, i USA = 29,6cm3*) **2** (*om stil*) flytande, ledig **3** osäker, obestämd (*situation* situation); instabil, växlande; rörlig **II** *s* vätska **-ity** [fluːˈɪdətɪ] **1** flytande tillstånd, fluiditet **2** ledighet (*i stil*)

1 fluke [fluːk] **I** *s* **1** ankarfly **2** hulling, spets (*på harpun e.d.*) **3** *~s* (*pl*) valstjärt

2 fluke [fluːk] **I** *s* tur, flax; lyckträff **II** *v* ha tur **fluky** ['fluːkɪ] **1** osäker, ostadig **2** tursam

flume [fluːm] **1** flodravin **2** vatten-, flottnings|ränna

flummox ['flʌməks] förvirra, förbrylla

flung [flʌŋ] *imperf. o. perf. part. av fling*

flunk [flʌŋk] *vard., i sht AE.* **1** köra, bli kuggad (underkänd) **2** kugga, köra, underkänna **3** *~ out* bli fockad (*från skola*)

flunk[e]y ['flʌŋkɪ] lakej

fluo|rescence [ˌfluəˈresns] fluorescens **-rescent** [-ˈresnt] fluorescerande; *~ lamp* lysrör

fluor|idate ['flʊərɪdeɪt] fluoridera **-idation** [ˌflʊərɪˈdeɪʃn] fluoridering **-ide** ['flʊəraɪd] **1** fluorid **2** fluorförening **-in[e]** ['flʊəriːn] fluor

flurry—foil

flurry ['flʌrɪ] **I** s **1** [kast]by; regnby **2** förvirring, nervös oro, uppståndelse **II** v **1** förvirra, uppröra **2** bli förvirrad (upprörd)

1 flush [flʌʃ] **I** v **1** rodna, blossa upp, glöda **2** flöda, forsa [fram] **3** få att rodna, göra röd (blossande, glödande) **4** komma att flöda; spola [ren] (*the toilet* toaletten) **5** *be ~ed with* vara upphetsad (upplivad, rusig) av **II** s **1** rodnad **2** ström, fors; [ren]spolning **3** upphetsning, upprymdhet, rus, yra; *in the ~ of victory* i segerryran **4** flor; friskhet; *in the first ~ of youth* i ungdomens vår **2 flush** [flʌʃ] **I** a **1** jämn, slät, plan; angränsande, sammanhängande; *~ against* tätt intill (mot); *~ with* i jämnhöjd med **2** vard. riklig, överflödande; stadd vid kassa, rik **3** bräddfull **4** kraftfull, energisk **5** (*om slag*) rak, direkt **II** *adv* **1** jämnt, slätt *etc.*, *jfr 1* **2** rakt, direkt **III** v jämna, göra slät

3 flush skrämma (jaga) upp (*vilt*)

4 flush [flʌʃ] kortsp. flush

fluster ['flʌstə] **I** v göra nervös, förvirra **2** bli nervös (förvirrad) **II** s förvirring; nervositet

flute [flu:t] **I** s flöjt **II** v **1** spela (blåsa) flöjt **flutist** ['flu:tɪst] flöjtist, flöjtspelare

flutter ['flʌtə] **I** v **1** fladdra (flaxa) med **2** fladdra (flaxa) omkring **3** vara (göra) nervös (orolig) **4** BE. vard. slå vad, spela **II** s **1** fladdrande, flaxande; fladder **2** nervositet, oro; *in a ~* nervös, orolig **3** BE. vard. vadslagning, spel

fluvial ['flu:vjəl] flod-

flux [flʌks] **I** s **1** flöde, flod, ström; *~ and reflux* flod och ebb **2** växling, ständig förändring; *be in a state of ~* vara stadd i omvandling **3** med. flytning **4** fluss; flussmedel **5** fys. strömhastighet **II** v **1** göra (bli) flytande, smälta **2** strömma ut

1 fly [flaɪ] **I** v (*flew, flown*) **1** flyga; *the swallows ~ high* svalorna flyger högt; *~ high* (*vard.*) *a*) ha högtflygande planer, *b*) blomstra, ha framgång; *~ in* anlända med flyg; *~ out a*) avresa med flyg (*of* från) **2** flyga, ila, rusa; *he came ~ing towards me* han kom rusande mot mig; *the door flew open* dörren flög upp; *my money flies* mina pengar försvinner snabbt; *time flies* tiden ilar (rusar i väg); *let ~ a*) kasta (slänga) i väg (ur sig), *b*) fyra av, skjuta i väg; *~ at (upon) s.b.* flyga (rusa) på ngn; *let ~ at (vard.)* tappa tålamodet med; *~ into a rage* bli rasande, få ett raseriutbrott; *~ off the handle (vard.)* tappa humöret **3** fladdra, vaja; *the flag is ~ing in the wind* flaggan fladdrar för vinden **4** fly (*before the enemy* för fienden) **5** flyga [med], köra, föra (*an aircraft* ett flygplan); *~ the Atlantic* flyga över Atlanten **6** hissa, föra (*flagg*); *they flew the flag (äv.)* de flaggade **7** fly från (ur); *he flew the country* han flydde ur landet; *~ the coop* (AE. vard.) sticka [sin väg] **II** s **1** gylf **2** tältdörr; yttertält **3** teat. scenvind

2 fly [flaɪ] fluga; *he wouldn't hurt a ~* han kan inte göra en fluga förnär; *a ~ in the ointment (vard.)* smolk i glädjebägaren; *there are no flies on her (vard.)* han är inte i den dum

3 fly [flaɪ] *sl.*, *i sht* BE. smart, klipsk

fly agaric ['flaɪˌægərɪk] [röd] flugsvamp **flyblow** [-bləʊ] **I** s flugägg **II** v (*om flugor*) smutsa ner **flyblown** [-bləʊn] smutsad av fluglort; bildl. fläckad, besmittad, skämd **fly-by-night** [-baɪnaɪt] vard. **I** a **1** [ekonomiskt] opålitlig **2** kort,

övergående **II** s **1** person som smiter från skulder [på natten] **2** nattmänniska **flycatcher** [-ˌkætʃə] **1** zool. flugsnappare **2** flugfångare

flyer ['flaɪə] **1** flygare **2** flygplan **3** vard. långt hopp **4** AE. flygblad **5** spekulationsköp

flying ['flaɪɪŋ] **I** s flygning **II** a **1** flyg-; flygande; *~ fish* flygfisk; *~ fox* flygande hund; *~ lizard* flygödla; *~ machine* flygmaskin; *~ officer* löjtnant (*vid flyget*); *~ range* (*flygplans*) aktionsradie; *~ saucer* flygande tefat **2** flygande, snabb; *~ squad* rörlig beredskapsstyrka (*av polis el. militär*); *~ start* (*sport.*) flygande start **3** *~ buttress* (*arkit.*) strävbåge

flyleaf ['flaɪli:f] bokb. flygande blad **flyover** [-ˌəʊvə] **1** planskild korsning **2** viadukt, vägbro **3** AE. flygparad **fly-past** [-pɑ:st] flygparad **fly sheet** [-ʃi:t] **1** flygblad, cirkulär **2** tältlucka; yttertält **flyspeck** [-spek] flug|smuts, -lort **flyweight** [-weɪt] flugviktare **flywheel** [-wi:l] svänghjul

FM *förk. för* frequency modulation **fm** *förk. för* fathom; from **F.M.** *förk. för* Field Marshal **F.O.** *förk. för* Field Officer; Flying Officer; Foreign Office **fo.** *förk. för* folio

foal [fəʊl] **I** s föl **II** v föla

foam [fəʊm] **I** s skum, fradga, lödder **II** v skumma, fradga; *~ at the mouth* ha fradga kring munnen **foam rubber** ['fəʊmˌrʌbə] skumgummi **foamy** ['fəʊmɪ] skummig, fradgande, löddrig

1 fob [fɒb] **1** klockkedja **2** klockficka **2 fob** [fɒb] v, *~ s.b. off* avspisa ngn; *~ off s.th. on s.b.* pracka på ngn ngt

F.O.B., f.o.b. *förk. för* free on board

focal ['fəʊkl] brännpunkts-, fokal-; *~ length (distance)* brännvidd; *~ point* (*äv. bildl.*) brännpunkt **fo'c's'le, fo'c'sle** ['fəʊksl] *se* forecastle **fo|cus** ['fəʊkəs] (*pl -cuses el. -ci* [-saɪ]) **I** s **1** fokus, brännpunkt (*äv. bildl.*); brännvidd; *the picture is in (out of) ~* bilden är skarp (oskarp); *bring into ~ a*) ställa in skärpan på, *b*) bildl. ställa i fokus **2** centrum (*för jordbävning o. bildl.*); med. [sjukdoms]härd **II** v **1** samla[s] i en brännpunkt, fokusera[s]; bildl. koncentrera[s] (*on* på); *all eyes were ~ed on her* allas blickar var riktade på henne **2** ställa in (*kamera*)

fodder ['fɒdə] **I** s foder; bildl. näring (*for the imagination* för fantasin) **II** v [ut]fodra

foe [fəʊ] poet. fiende

foe|tal [-'fi:tl] foster- **-tus** [-təs] foster

fog [fɒɡ] **I** s dimma, tjocka; töcken (*äv. bildl.*); *be in a ~ a*) vara omtöcknad, *b*) vara osäker (*about om*) **II** v **1** hölja[s] i dimma; bli (göra) immig; *~ the issue* dölja (skymma) problemet **2** foto. göra suddig **fog bank** ['fɒɡbæŋk] dimbank **fogbound** ['fɒɡbaʊnd] **1** höljd i dimma **2** lamslagen av dimma

fogey ['fəʊɡɪ] *se* fogy

foggy ['fɒɡɪ] dimmig; bildl. *äv.* suddig; vag; *I haven't the foggiest [idea]* jag har inte den blekaste aning **foghorn** mistlur **fog|lamp, -light** dimljus

fogy ['fəʊɡɪ] s, *old ~* gammal stofil

foible ['fɔɪbl] svaghet, svag sida

1 foil [fɔɪl] kullkasta, gäcka, omintetgöra

2 foil [fɔɪl] **I** s **1** folie; foliepapper **2** bildl. kon-

foil—fool

trast; *be a ~ to* tjäna som kontrast till, framhäva
II *v* täcka med folie
3 foil [fɔɪl] florett
foist [fɔɪst] **1** smuggla (*in* in) **2** ~ *s.th.* [*off*] *on s.b.* pracka (lura) på ngn ngt
fol. *förk. för folio; followed; following*
1 fold [fəʊld] **I** *v* vika [ihop] (*a sheet of paper* ett papper); vecka; ~ *up* vika (lägga) ihop (*a newspaper* en tidning) **2** fälla ihop; *the bird ~ed its wings* fågeln fällde ihop vingarna; ~ *one's arms* (*legs*) lägga armarna (benen) i kors; ~ *one's arms round* (*about*) slå (lägga) armarna om; ~ *one's hands* knäppa händerna **3** ~ [*up*] slå (svepa) in; ~ *s.b. in one's arms* sluta ngn i sina armar; ~ *s.th. in paper* slå in ngt i papper **4** vikas (fällas) [ihop]; kunna vikas; vecka sig, bilda veck (*äv. geol.*); *this chair ~s up* den här stolen är hopfällbar; *how does this map ~?* hur viker man ihop den här kartan? **5** ~ [*up*] (*vard.*) *a*) gå omkull, slå igen, sluta, *b*) vika sig dubbel (*av skratt el. smärta*) **II** *s* **1** veck (*äv. geol.*) **2** hopvikt föremål; *a ~ of cloth* ett hopvikt tygstycke **3** bukt, slinga (*of a rope* på ett rep) **4** *tekn.* fals **5** vikning; veckning **6** sänka, bäcken
2 fold [fəʊld] **1** [får]fålla, inhägnad **2** [fåra]hjord (*äv. bildl.*); församling; *return to the ~* (*bildl.*) återvända till fadershuset
fold|able [ˈfəʊldəbl], **-away** [hop]vikbar, [hop]fällbar
folder [-ə] **1** folder, [vikt] trycksak **2** mapp, samlingspärm **3** *bokb.* falsmaskin
folding [ˈfəʊldɪŋ] [hop]vikbar, [hop]fällbar **folding bed** fäll-, tält|säng **folding chair** fällstol **folding door** dubbeldörr; vikdörr **folding money** *AE. vard.* sedlar, papperspengar **folding table** klaff-, fäll|bord
fold-out [ˈfəʊldaʊt] *boktr.* utvikningsblad
foliage [ˈfəʊlɪɪdʒ] löv-, blad|verk, löv **foliar** [-ə] blad- **foliate I** *a* [-ət] bladlik; -bladig **II** *v* [-eɪt] **1** foliera **2** pryda med löv **3** få blad
folio [ˈfəʊlɪəʊ] **1** folio[format]; foliant **2** manusblad **3** pagina (*upptill på sida*); *drop ~* pagina nertill på sida
folk [fəʊk] (*pl ~*[*s*]; *behandlas som pl*) **1** folk, människor; *country ~* lantbor; *little ~*[*s*] småttingar, småbarn; *old ~*[*s*] gamla människor; *hello ~s!* hej alla människor (gott folk)! **2** *vard.* familjemedlemmar; *my ~*[*s*] min familj, mina anhöriga; *my old ~*[*s*] mina föräldrar
folk dance [ˈfəʊkdɑːns] folkdans **folklore** [-lɔː] **1** folklore **2** folklivsforskning **folk music** folkmusik **folk song** folkvisa **folksy** [-sɪ] *vard., i sht AE.* **1** enkel, folklig **2** vänlig **folk story (tale)** folksaga
foll. *förk. för followed; following*
follow [ˈfɒləʊ] **1** följa [efter, på]; följa med, åtfölja; efterträda; *the road ~s the valley* vägen följer dalen; *we're being ~ed* vi är förföljda; *she ~ed me about* hon följde mig överallt; *the earthquake was ~ed by an epidemic* jordbävningen [åt]följdes av en epidemi; ~ *out* genomföra (*ideas* idéer); ~ *through* tänka igenom, genomföra; ~ *up a*) följa upp, fullfölja, vidareutveckla, *b*) undersöka, utforska **2** följa, lyda (*the fashion* modet); ~ *instructions* följa instruktioner; ~ *suit a*) *kortsp.* bekänna färg, *b*) göra likadant, följa exemplet **3** följa (hänga) med, förstå; *do you ~ me?* förstår du vad jag menar? **4** utöva, ägna sig åt (*a profession* ett yrke); ~ *the law* bli jurist; ~ *the plough* (*litt.*) bli bonde; ~ *the sea* (*litt.*) gå till sjöss, bli sjöman **5** följa [med], regelbundet läsa; vara intresserad av (*athletics* friidrott); *what team do you ~?* vilket lag håller du på? **6** följa; komma efter; ~ *in a p.'s footsteps* följa i ngns fotspår; *as ~s* som följer, följande, på följande sätt; *what is there to ~?* vad blir det efter (ovanpå detta, sedan)?; *with dancing to ~* med efterföljande dans; ~ *on* följa (komma) efter, ta vid; ~ *through* (*sport.*) ta ut slaget (rörelsen) helt **7** vara en följd (*from* av); *it ~s from this that* härav följer (framgår) att; *this doesn't ~* inte nödvändigtvis **8** förstå; *I don't ~* jag förstår inte det (hänger inte med)
follower [ˈfɒləʊə] **1** anhängare, efterföljare **2** följeslagare **following** [-ɪŋ] **I** *a* följande; *the ~ day* följande dag; ~ *wind* vind i ryggen (akterifrån) **II** *s* **1** anhängare, supporterskara **2** följande person[er]; [det] följande; *will the ~ raise their hands?* vill följande personer räcka upp handen?; *he said the ~* han sade följande **follow-my-leader** [ˌfɒlə(ʊ)mɪˈliːdə] *BE.*, **follow-the-leader** *AE.* följa John (*lek*) **follow-through** [ˌfɒləʊˈθruː] **1** *sport.* fullföljande [av slaget] **2** uppföljning **follow-up** [ˌfɒləʊˈʌp] uppföljning; efterbehandling
folly [ˈfɒlɪ] **1** dårskap, dåraktighet **2** *byggn.* fåfänga **3** *follies* revy
foment [fə(ʊ)ˈment] **1** *med.* lägga varma omslag på, badda **2** underblåsa; uppmuntra **fomentation** [ˌfəʊmenˈteɪʃn] **1** *med.* varmt omslag; baddning **2** underblåsande; uppmuntran
fond [fɒnd] **1** *be ~ of* tycka om, vara förtjust i **2** öm, kärleksfull, innerlig (*embrace* omfamning) **3** eftergiven, släpphänt (*mother* mor)
fondant [ˈfɒndənt] sockerglasyr
fondle [ˈfɒndl] smeka, kela med
fondness [ˈfɒndnɪs] tillgivenhet, ömhet; förkärlek
fondue [ˈfɒndjuː] *kokk.* fondue
1 font [fɒnt] dopfunt; vigvattenskål **2** *åld. el. poet.* källa **3** oljekammare (*på lampa*)
2 font [fɒnt] *boktr., i sht AE., se 2 fount*
fontanel[**le**] [ˌfɒntəˈnel] *anat.* fontanell
food [fuːd] föda, mat; näring; livsmedel, födoämne; ~ *and drink* mat och dryck; ~ *for thought* tankeställare **food poisoning** [ˈfuːdˌpɔɪznɪŋ] matförgiftning **food rationing** [ˈfuːdˌræʃnɪŋ] matransonering **foodstuff** [ˈfuːdstʌf] matvara, födoämne, livsmedel **food value** [ˈfuːdˌvæljuː] näringsvärde
fool [fuːl] **I** *s* **1** dåre, dumbom; *åld.* idiot; *village ~* (*åld.*) bydåre; *don't be a ~!* var inte dum [nu]!; *he's nobody's ~* han är ingen dumbom; *go on a ~'s errand* göra sig besvär (anstränga sig) förgäves; *live in a ~'s paradise* leva i lycklig okunnighet **2** narr; (*förr*) hovnarr; *~'s cap* narr|mössa, -huva; *All F~s' Day* första april; *act* (*play*) *the ~* bära sig dumt åt, spela pajas; *make a ~ of s.b.* göra narr av ngn, få ngn att verka löjlig, dra ngn vid näsan; *make a ~ of o.s.* göra bort sig, bära sig dumt åt **II** *a, vard.* dum, fånig **III** *v* **1** driva med; lura; *you won't ~ me so easily!* så lätt lurar du mig

foolery—for

inte!; *they ~ed him into believing that* de lurade i honom att **2** ~ *away* slarva (slösa) bort **3** *larva sig, skämta;* ~ *[around, about] with* (*vard.*) leka med, slösa bort sin tid med (på), fåna sig med **4** ~ *along* (*AE.*) släntra fram
foolery ['fu:ləri] dårskap; gyckel **foolhardy** [-,hɑ:di] dumdristig **foolish** [-ɪʃ] dåraktig, dum; löjlig **foolproof** [-pru:f] absolut säker (ofarlig), idiotsäker **foolscap** [-skæp] *i sht BE.* folio (*pappersformat ca 40 x 33 cm*)
foot [fʊt] (*pl feet* [fi:t]) **1** fot; *by* ~ till fots; *on ~ a*) till fots, *b*) i (på) gång; *under* ~ på marken, under fötterna; *my ~!* (*vard.*) sällan!, struntprat!; *be on one's feet a*) stå [upp], *b*) vara på benen, *c*) vara på fötter, klara sig; *be carried off one's feet* överväldigas; *find one's feet, se find I 1; get (have) a ~ in the door* (*bildl.*) få in en fot; *get off on the wrong (right)* ~ (*vard.*) börja illa (bra); *have one ~ in the grave* (*vard.*) stå med ena foten i graven; *have one's ~ on the ground* stå med båda fötterna på jorden, vara praktisk; *jump to one's feet* rusa (hoppa) upp; *knock s.b. off his feet a*) slå omkull ngn, *b*) *bildl.* fullständigt överrumpla ngn; *put s.b.* [*back*] *on his feet* hjälpa ngn på benen (att resa sig); *put one's ~ down* (*vard.*) *a*) säga ifrån bestämt, slå näven i bordet, *b*) trampa på gasen; *put one's best ~ forward* (*vard.*) *a*) lägga manken till, *b*) sätta det långa benet före, skynda sig; *put one's ~ in it* (*vard.*) göra bort sig, trampa i klaveret; *put one's feet up* lägga upp benen, vila, göra det bekvämt för sig; *put a ~ wrong* göra ett misstag; *rise to one's feet* resa sig, ställa sig upp; *I'll never set ~ here again!* jag sätter aldrig min fot här mer!; *set s.b.* (*s.th.*) *on* ~ hjälpa ngn (sätta ngt) på fötter; *tread under* ~ trycka ner **2** fot (*of a hill* av en kulle); *fotända* (*of the bed* av sängen); nederdel, nedre (undre) del (*of a page* av en sida) **3** (*mått*) fot (= *12 inches* = *30,48 cm*) **4** gång; *heavy* ~ tung gång, tunga steg **5** (*behandlas som pl*) *BE.* infanteri; *the 4th* ~ fjärde infanteriregementet; *five thousand* ~ fem tusen fotsoldater **6** ~*s* (*behandlas som sg el. pl*) bottensats, drägg **II** *v* **1** ~ *it a*) dansa, *b*) gå [till fots], traska **2** ~ *the bill* betala räkningen
footage ['fʊtɪdʒ] **1** antal fot, längd i fot **2** antal filmmeter **foot-and-mouth disease** [,fʊtən-'maʊθdɪ,zi:z] mul- och klövsjuka
football ['fʊtbɔ:l] **I** *s* **1** fotboll; *Rugby* ~ rugby **2** föremål som skickas vidare **II** *v* spela fotboll **footballer** [-ə] fotbollsspelare **football ground** fotbollsplan **football jersey** fotbollströja **football shorts** fotbollsbyxor
footboard ['fʊtbɔ:d] **1** fotsteg, -bräde **2** fotgavel (*på säng*) **footboy** tjänstepojke **footbrake** fotbroms **footbridge** gångbro **footed** [-ɪd] med (på) fot; *four-~* fyrfotad; *heavy-~* tungfotad **footer** [-ə] **1** *BE. vard.* fotboll **2** *five-~* fem fot lång person (sak) **footfall** [ljud av] steg **foot fault** (*i tennis*) fotfel **footgear** fotbeklädnad, skodon **foothills** *pl* låga kullar (*vid foten av berg*) **foothold** fotfäste (*äv. bildl.*); *get a* ~ få fotfäste **footing** [-ɪŋ] **1** grund, basis; *the business was on a secure* ~ företaget var solitt **2** förhållande, läge; *on a friendly (an equal)* ~ *with* på vänskaplig (jämställd) fot med; *on a war* ~ på krigsfot **3** fotfäste; *get a* ~ få fotfäste; *loose one's* ~ tappa fotfästet **4** *i sht AE.* nedsummering; [total]summa **footle** ['fu:tl] *vard.* larva sig, vara fånig; ~ *[around, about]* larva omkring **footlights** *pl* ramp[ljus]; *the* ~ (*vard.*) *a*) skådespelaryrket, *b*) scenen **footling** [-lɪŋ] *vard.* futtig, obetydlig, strunt- **footloose 1** obunden, fri **2** rastlös **footman** [-mən] **1** betjänt, lakej **2** (*förr*) infanterist **footmark** fotspår **footnote** fotnot **footpace** gående, skritt **footpath** gångstig; gångbana **foot-pound** *fys.* pundfot **footprint** fotspår, fotavtryck **footrest** fotpall, fotstöd **foot rule** tumstock (*1 fot lång*) **footsie** [-sɪ] *vard.* fotflört **footslog** marschera, trampa **footsore** ömfotad **footstall 1** sockel, plint **2** stigbygel (*t. damsadel*) **footstep 1** [ljudet av] steg, fotsteg **2** fotspår; *follow in a p.'s ~s* gå i ngns fotspår, följa ngn i spåren **footstool** [fot]pall **foot-ton** *fys.* tonfot **footway** gångbana, trottoar **footwear** fotbeklädnad, skodon **footwork** fotarbete **footworn 1** ömfotad **2** nött av fötter

foozle [fu:zl] *i sht golf.* **I** *v* missa, fördärva (*slag*) **II** *s* miss, dåligt slag
fop [fɒp] snobb, sprätt **-pery** ['fɒpərɪ] snobberi, sprätttighet **-pish** ['fɒpɪʃ] snobbig, sprättig
for [fɔ:, *obeton.* fə] **I** *prep* **1** för; *agent* ~ *FIAT* agent för FIAT; *struggle ~ life* kampen för tillvaron; *word ~ word* ord för ord; *those ~ the proposal* de som är för förslaget; *I bought it ~ two pounds* jag köpte den för två pund; *I only did it* ~ *you* jag gjorde det bara för dig; *do it* ~ *money (pleasure)* göra det för pengar (nöjes skull); *what did you do that* ~*?* vad gjorde du det för?; *that's good* ~ *her* det är bra för henne; *what's this good* ~*?* (*vard.*) *a*) vad är det här till?, *b*) vad är det här bra för? **2** till, åt; *a letter* ~ *you* ett brev till dig; *hold it* ~ *me* håll den åt mig **3** [i riktning] mot, till; *the train* ~ *Leeds* tåget till Leeds; *heading* ~ *the border* med kurs mot gränsen **4** efter; om; på; till; för att få; *send* ~ *a doctor* skicka efter en läkare; *ask* ~ *s.th.* be om ngt; *a cheque* ~ *5 pounds* en check på 5 pund; *go* ~ *a walk* gå på en promenad; *vote* ~ *her* rösta på henne; *the meeting is set* ~ *tomorrow* mötet är utsatt till i morgon; *turn to s.b.* ~ *help* vända sig till ngn för att få hjälp **5** på grund av, till följd av, med anledning av, av, för; *weep* ~ *joy* gråta av glädje; ~ *that reason* av den anledningen; *if it weren't* ~ *her* om det inte vore för henne; *go to prison* ~ *theft* gå i fängelse för stöld **6** [så]som, för; till; *we took her* ~ *the owner* vi tog henne för ägaren; *I know that* ~ *a fact* det vet jag bestämt; ~ *example (instance)* till exempel; *I* ~ *one* jag till exempel **7** för [att vara]; *it's cool* ~ *this time of the year* det är svalt för den här tiden på året **8** vad beträffar, i fråga om, för, angående; ~ *my part, as* ~ *me* vad mig beträffar, för min del; *as* ~ *that* vad det här till?, angående det **9** trots; ~ *all our wealth* trots all vår rikedom; *he's a good friend* ~ *all that* han är en god vän trots allt **10** (*om tid o. avstånd*) i, på, sedan, under; *work* ~ *8 hours* arbeta [i] 8 timmar; ~ *several months* på (sedan) flera månader; *I haven't seen you* ~ *a long time* jag har inte sett dig på länge; ~ *kilometres* på (under) flera kilometer; *she ran* ~ *two miles* hon sprang [i] två miles **11** *D* ~ *David* D som i David; ~ *all I know* såvitt (vad) jag vet;

so much ~ that! detta om detta!, nog om detta!; *nothing ~ it* det kan inte hjälpas; *now ~ it!* till verket!; *you're ~ it!* (*vard.*) nu är det din tur!; *you'll be ~ it if he catches you!* (*BE. vard.*) du kommer att få om han får tag i dig!; *do s.th. ~ o.s.* göra ngt ensam; *not be long ~ this world* inte hå långt kvar (*att leva*); *that's ~ her to say* det är hennes sak (*tillkommer henne*) att säga; *oh ~ a cup of coffee!* åh, vad det vore gott med en kopp kaffe! **II** *konj* för, ty; *s.b. was there, ~ I heard a noice* ngn var där, för jag hörde ett ljud
for. *förk. för foreign; forestry* **f.o.r.** *förk. för free on rail*
forage ['fɒrɪdʒ] **I** *s* **1** [kreaturs]foder **2** foderanskaffning **3** *mil.* räd **II** *v* **1** söka efter föda **2** leta, rota (*for* efter) **3** *mil.* göra en räd **forage cap** *mil.* lägermössa
foray ['fɒreɪ] **I** *s* plundringståg, räd **II** *v* göra en räd mot, plundra
forbad[e] [fə'bæd] *imperf. av forbid*
1 forbear [fɔː'beə] (*forbore, forborne*) ~ [*from*] *a*) upphöra med, *b*) avhålla sig från
2 forbear ['fɔːbeə] *se forebear*
forbear|ance [fɔː'beər(ə)ns] överseende, fördrag, tålamod **-ing** [-ɪŋ] överseende, fördragsam, tålmodig
forbid [fə'bɪd] (*forbad[e], forbidden*) **1** förbjuda; *God ~!* [vilket] Gud förbjude! **2** omöjliggöra, hindra **3** utestänga från **-den** [-n] *perf. part. av forbid* **-ding** [-ɪŋ] avskräckande; frånstötande
for|bore [fɔː'bɔː] *imperf. av 1 forbear* **-borne** [-bɔːn] *perf. part. av 1 forbear*
force [fɔːs] **I** *s* **1** kraft, styrka (*äv. bildl.*); makt; [laga] kraft, giltighet; *the ~ of a blow* (*of her arguments*) styrkan i ett slag (i hennes argument); *the ~s of evil* ondskans makter; *the ~ of habit* vanans makt; *from ~ of habit* av gammal vana; *he is a ~ in the company* han är en maktfaktor (inflytelserik person) i firman; *by ~ of* i kraft av; *by ~ of arms* med vapenmakt; *in ~* i stort antal; *be in* (*come into*) *~* vara i (träda i) kraft **2** *fys.* kraft; *electromotive ~* elektromotorisk kraft **3** våld; *by ~* med våld; *resort to ~* använda våld **4** styrka, trupp, kår; *the F~* (*vard.*) polisen; *~s* (*äv.*) stridskrafter; *armed ~s* väpnade styrkor, krigsmakt; *naval ~s* sjöstridskrafter; *work ~* arbetsstyrka; *join* (*combine*) *~s* förena (alliera) sig **II** *v* **1** tvinga, nödga; *he was ~d to resign* han var tvungen att avgå **2** pressa (tvinga) fram, tilltvinga sig (*from, out of* av, från, ur); *she ~d a confession out of* (*from*) *him* hon tvingade fram en bekännelse av honom **3** ~ *s.th.* [*up*]*on s.b.* påtvinga (truga på) ngn ngt; *I don't want to ~ myself on you* jag vill inte tvinga mig på er **4** forcera, bryta upp (*a lock* ett lås), spränga (*a safe* ett kassaskåp); *~ an entry* [med våld] skaffa sig tillträde (tränga sig in) **5** tvinga, pressa, trycka, jaga; *~ the clothes into a bag* pressa ner kläderna i en väska; *~ a nail into a board* tvinga ner en spik i brädan; *~ one's way* (*a passage*) *through* [med våld] bana sig väg genom; *if it won't go in, don't ~ it* om den inte går in så tvinga den inte **6** driva [fram] (*plants* växter) **7** pressa [upp, fram], forcera; *~ the pace* driva upp farten (tempot); *~ a smile* pressa fram ett leende; *~ one's voice* anstränga (pressa) sin röst **8** våldta **9** ~ *back* tränga

(hålla) tillbaka; ~ *down an aircraft* tvinga ner ett flygplan; ~ *down food* tvinga ner (i sig) mat; ~ *out a splinter* trycka (klämma) ut en sticka; ~ *through* tvinga (driva) igenom; ~ *up the prices* driva upp priserna **forced** [-t] **1** tvingad *etc.*, *jfr force II*; tvungen; tvångs-; påtvingad; ~ *landing* nödlandning **2** frampressad, forcerad; ~ *march* (*mil.*) forcerad marsch (ilmarsch) **3** tillkämpad; ansträngd, konstlad; *a ~ smile* ett ansträngt leende
force-feed ['fɔːsfiːd] tvångsmata (*äv. bildl.*) **force feed** trycksmörjning **forceful** [-f(ʊ)l] kraftfull **force-land** [-lænd] nödlanda
force majeure [ˌfɔːs mæˈʒɜː] force majeure
forcemeat ['fɔːsmiːt] *kokk.* fyllning, [kött]färs
for|ceps ['fɔːseps] (*pl lika el. -cipes* [-sɪpɪz]; *behandlas som sg el. pl*) *kir.* [förlossnings]tång **forceps delivery** tångförlossning
forci|ble ['fɔːsəbl] **1** kraftig, stark; eftertrycklig; övertygande, effektiv **2** tvångs-; ~ *feeding* tvångsmatning **-bly** [-blɪ] *adv* **1** med våld **2** eftertryckligt; övertygande
forcing house ['fɔːsɪŋhaʊs] driv-, växt|hus
ford [fɔːd] **I** *s* vad[ställe] **II** *v* vada över
fore [fɔː] **I** *a* fram-, främre **II** *s* främre del; *sjö.* för; *to the ~ a*) framträdande, fullt synlig, *b*) aktuell; *come to the ~* hamna i blickpunkten, bli aktuell, träda i förgrunden **III** *adv, sjö.* förover; ~ *and aft* i för och akter, från för till akter, långskepps **IV** *prep, åld.* inför, vid; ~ *God* inför Gud
1 forearm ['fɔːrɑːm] underarm
2 forearm [fɔːrˈɑːm] beväpna [i förväg], förbereda
fore|bear ['fɔːbeə] förfader **-bode** [fɔːˈbəʊd] **1** förebåda **2** ana **-boding** [fɔːˈbəʊdɪŋ] **1** förebud, varsel **2** föraning, ond aning **-cast** ['fɔːkɑːst] **I** *s* prognos, förutsägelse, [förhands]beräkning; *weather ~* väder|prognos, -rapport **II** *v* (*-cast, -cast el. -casted, -casted*) förutse; förutsäga **-castle** ['fəʊksl] *sjö.* skans; back **-close** [fɔːˈkləʊz] **1** utestänga, hindra **2** göra upp på förhand **3** *jur.*, ~ *a pledge* förklara en pant förfallen **-court** ['fɔːkɔːt] **1** [för]gård, gårdsplan **2** (*del av*) tennisplan (*mellan servlinje o. nät*) **-doom** [fɔːˈduːm] döma [på förhand] **-father** ['fɔːfɑːðə] förfader **-finger** ['fɔːˌfɪŋɡə] pekfinger **-foot** ['fɔːfʊt] **1** framfot **2** *sjö.* förstäv **-front** ['fɔːfrʌnt] främsta del (led) **-gather** [fɔːˈɡæðə] *se forgather* **-go** [fɔːˈɡəʊ] (*forewent, foregone*) **1** *se forgo* **2** föregå **-going** [fɔːˈɡəʊɪŋ] föregående, ovannämnd **-gone** [fɔːˈɡɒn] [för]gången, förliden; *a ~ conclusion a*) en given sak, *b*) en förutfattad mening; *it was a ~ conclusion* (*äv.*) det var givet på förhand **-ground** ['fɔːɡraʊnd] förgrund **-hand** ['fɔːhænd] **I** *s, sport.* forehand **II** *a, sport.* forehand- **-handed** ['fɔːˌhændɪd] *AE.* **1** förutseende **2** välbärgad **-head** ['fɒrɪd] panna
foreign ['fɒrɪn] **1** utländsk; utrikes[-]; främmande; ~ *aid* utlandsbistånd; ~ *correspondent* utrikeskorrespondent; ~ *exchange a*) utrikeshandel, *b*) utländsk valuta; ~ *language* främmande språk; *the F~ Legion* Främlingslegionen; ~ *minister* (*secretary*) utrikesminister; ~ *office* utrikesdepartement; ~ *trade* utrikeshandel, handel med utlandet **2** främmande (*to* för) **foreigner** [-ə] ut-

länning
fore|judge [fɔː'dʒʌdʒ] döma på förhand **-know** (foreknew, foreknown) veta på förhand **-knowledge** [ˌfɔː'nɒlɪdʒ] förhandskännedom **-land** ['fɔːlənd] kap, udde **-leg** ['fɔːleg] framben **-lock** ['fɔːlɒk] lock i pannan; *take time by the ~ a*) gripa tillfället i flykten, *b*) ta tillfället i akt **-man** ['fɔːmən] **1** förman, arbetsledare **2** *jur.* ordförande (*i jury*) **-mast** ['fɔːmɑːst] fockmast **-most** ['fɔːməʊst] *a o. adv* främst, först, förnämst; *first and* ~ först och främst **-name** ['fɔːneɪm] förnamn **-noon** ['fɔːnuːn] förmiddag **forensic** [fə'rensɪk] juridisk, rätts-; *~ medicine* rättsmedicin **fore|ordain** [ˌfɔːrɔː'deɪn] förutbestämma **-peak** ['fɔːpiːk] *sjö.* förpik **-play** ['fɔːpleɪ] förspel (*t. samlag*) **-reach** ['fɔːriːtʃ] *sjö.* **1** stjäla vind **2** segla (gå) om **-run** [fɔː'rʌn] (foreran, forerun) föregå **-sail** ['fɔːseɪl] fock, försegel **-see** [fɔː'siː] (foresaw, foreseen) förutse; veta på förhand **-seeable** [fɔː'siːəbl] förutsebar; *in the ~ future* inom överskådlig framtid **-shadow** [fɔː'ʃædəʊ] antyda, ställa i utsikt; förebåda **-shore** ['fɔːʃɔː] strand[remsa] (*mellan hög- och lågvatten*) **-shorten** [fɔː'ʃɔːtn] [perspektiviskt] förkorta, förminska **-sight** ['fɔːsaɪt] **1** förutseende, framsynthet **2** korn (*på eldvapen*) **-skin** ['fɔːskɪn] *anat.* förhud
forest ['fɒrɪst] **I** *s* skog (*äv. bildl.*) **II** *v* plantera skog
forestall [fɔː'stɔːl] förekomma, föregripa
forest|er ['fɒrɪstə] skogvaktare; jägmästare; skogs|djur, -fågel **-ry** [-rɪ] skogsvård; skogsvetenskap
fore|taste I *s* ['fɔːteɪst] försmak **II** *v* [fɔː'teɪst] få en försmak av **-tell** [fɔː'tel] (foretold, foretold) förutsäga; förebåda **-thought** ['fɔːθɔːt] **1** förutseende; omtänksamhet **2** beräkning **-token I** *s* ['fɔːtəʊk(ə)n] förebud, varsel **II** *v* [fɔː'təʊk(ə)n] förebåda, varsla om
forever [fə'revə] **1** för alltid, evigt; jämt **2** *vard.* i evighet[er] **-more** [fəˌrevə'mɔː] *se forever*
fore|warn [fɔː'wɔːn] förvarna, varsko; *~ed is forearmed* varnad är väpnad **-word** ['fɔːwɜːd] förord, företal **-woman** ['fɔːˌwʊmən] **1** [kvinnlig] förman (arbetsledare) **2** *jur.* [kvinnlig] jury-ordförande
forfeit ['fɔːfɪt] **I** *s* **1** förverkande, förlust **2** böter, bötessumma; pant **3** ~*s* (*behandlas som sg*) pantlek; *play at* ~*s* leka en pantlek **II** *a* förverkad **III** *v* **1** *jur.* förverka, gå förlustig **2** mista, förlora; få plikta med (*one's life* sitt liv) **forfeiture** ['fɔːfɪtʃə] **1** förverkande, förlust **2** böter
forgather [fɔː'gæðə] **1** [för]samlas **2** umgås (*with* med)
1 forge [fɔːdʒ] **I** *s* **1** smedja; smidesverkstad **2** ässja, smidesugn **3** järnverk **II** *v* **1** smida **2** utforma **3** förfalska; efterapa
2 forge [fɔːdʒ] kämpa (arbeta) sig fram; *~ ahead* öka farten, spurta
forger ['fɔːdʒə] förfalskare **forgery** ['fɔːdʒ(ə)rɪ] förfalskning; efterapning; *jur.* urkundsförfalskning
forget [fə'get] (forgot, forgotten) **1** glömma [bort]; inte komma ihåg; *I ~* (*äv.*) jag har glömt!; *never to be forgotten* oförglömlig; *~ it!* glöm det!,

det gör inget! **2** ~ *about* glömma bort **-ful** [-f(ʊ)l] glömsk **-fulness** [-f(ʊ)lnɪs] glömska **--me-not** [-mɪnɒt] *bot.* förgätmigej
for|givable [fə'gɪvəbl] förlåtlig **-give** [-'gɪv] (forgave, forgiven) **1** förlåta (*s.b.* [*for*] *s.th.* ngn ngt) **2** efterskänka (*a debt* en skuld) **-giveness** [-'gɪvnɪs] förlåtelse; överseende **-giving** [-'gɪvɪŋ] förlåtande; överseende
forgo [fɔː'gəʊ] (forwent, forgone) avstå från, försaka
forgot [fə'gɒt] *imperf. av forget* **-ten** [-n] *perf. part. av forget*
fork [fɔːk] **I** *s* **1** gaffel (*äv. schack.*); grep; tjuga **2** förgrening; gren; vägskäl; korsväg **II** *v* **1** lyfta med gaffel (grep) **2** *sl.*, ~ *out* (*over, up*) punga ut [med] **3** förgrena sig; *~ to* [*the*] *right* svänga (vika) av åt höger **forked** [-t] [för]grenad; delad, kluven; *~ lightning* sicksackblixt **fork-lift truck** ['fɔːklɪftˌtrʌk] gaffeltruck
forlorn [fə'lɔːn] **1** övergiven **2** bedrövlig, eländig **3** hopplös; desperat, förtvivlad; *~ attempt* förtvivlat försök **4** *~ of hope* berövad allt hopp
form [fɔːm] **I** *s* **1** form; gestalt; utformning; *~ and content* form och innehåll; *~ of address* tilltal, tilltalsform; *plural ~* pluralform, pluralis; *take ~* ta form (gestalt); *a ~ approached* en gestalt närmade sig; *in ~* i formenlig, till formen; *in the ~ of* i form av; *be in* (*off*) *~* vara i (ur) form, vara i god (dålig) kondition; *be in great ~* vara i högform **2** form, etikett[sak], formalitet; *it's bad ~* det passar sig inte; *it's good ~* det hör till god ton **3** formulär, blankett; *application ~* ansöknings|formulär, -blankett **4** *i sht* BE. [skol]klass **5** lång bänk (*utan ryggstöd*) **6** (*hares*) läger **7** gjutform **8** *have ~* vara straffad tidigare, ha straffregistret **9** AE. [tryck]form **II** *v* **1** bilda; forma, gestalta; grunda, inrätta; *~ a club* bilda en klubb **2** utveckla, skaffa sig; ingå; utforma; bilda sig; *~ a friendship with* bli god vän med; *~ a habit* skaffa sig en vana; *~ an opinion* bilda sig en uppfattning; *~ a plan* göra upp en plan **3** utbilda, fostra (*a child* ett barn); forma (*s.b.'s character* ngns karaktär) **4** utgöra (*a part of* en del av); tjäna som; *the plank will ~ a bridge* plankan får tjäna som bro **5** formas, ta gestalt (form); bildas, bilda sig; *the idea ~ed in my mind* idén tog form i mitt huvud; *scum ~ed on the water* det bildades skum på vattnet **6** *mil.*, *~* [*up*] formera sig
formal ['fɔːml] **I** *a* formell, formenlig (*document* dokument) **2** formell, högtidlig, konventionell; *~ call* artighetsvisit; *~ dress* högtidsdräkt **3** formell, stel; akademisk (*education* utbildning); regelbunden, symmetrisk (*garden* trädgård) **II** *s*, AE. högtidsdräkt
formaldehyde [fɔː'mældɪhaɪd] *kem.* formaldehyd **formalin** [fɔː'məlɪn] *kem.* formalin
formal|ism ['fɔːməlɪz(ə)m] formalism **-ist** [-ɪst] formalist **-ity** [fɔː'mælətɪ] **1** formalitet; formsak **2** formalism, konventionalism **3** formalism, formenlighet, formbundenhet **-ize** (*BE. äv. -ise*) ['fɔːməlaɪz] göra formell, formalisera **-ly** ['fɔːməlɪ] *adv* **1** formellt; i formella sammanhang; högtidligt, officiellt; *be ~ dressed* bära högtidsdräkt **2** till formen (*different* olika)
format ['fɔːmæt] **1** (*boks*) utseende, utstyrsel, format **2** *data.* format

formation—foul

forma|tion [fɔː'meɪʃn] **1** bildande; formande, gestaltning; grundande, inrättande; utformning; danande **2** formering; gruppering **3** bergsformation **-tive** ['fɔːmətɪv] **I** *a* **1** formande, bildande; utvecklings-, utbildnings-; danande **2** ordbildande, avlednings- **II** *s* ordbildningselement

forme [fɔːm] [tryck]form

1 former ['fɔːmə] **I** *a* **1** förre, förra **2** föregående, tidigare; forn **II** *s* den förre (förra)

2 former ['fɔːmə] formare, skapare

formerly ['fɔːməlɪ] *adv* förut; fordom, förr [i världen]

formic ['fɔːmɪk] myr-; ~ *acid* myrsyra

Formica [fɔː'maɪkə] (*slags*) plastlaminat, *ung.* perstorpsplatta

formidable ['fɔːmɪdəbl] **1** fruktansvärd, skräckinjagande; avskräckande **2** väldig, formidabel

formless ['fɔːmlɪs] formlös, oformlig

formu|la ['fɔːmjʊlə] (*pl -las el. -lae* [-liː]) **1** formel (*äv. mat., kem. o. motorsport.*); formulering **2** formulär **3** *AE*. recept **-lary** [-lərɪ] **I** *s* **1** formel|system, -samling; ritual[samling] **2** farmakopé **II** *a* formel-; rituell; dogmatisk **-late** [-leɪt] formulera **-lation** [,fɔːmjʊ'leɪʃn] formulering

forni|cate ['fɔːnɪkeɪt] bedriva otukt **-cation** [,fɔːnɪ'keɪʃn] otukt, hor **-cator** ['fɔːnɪkeɪtə] horkarl

forsake [fə'seɪk] (*forsook, forsaken*) **1** lämna i sticket, överge **2** ge upp

forsooth [fə'suːθ] *åld.* sannerligen, i sanning

forswear [fɔː'sweə] (*forswore, forsworn*) **1** avsvärja [sig] **2** ~ *o.s.* begå mened, svärja falskt

forsythia [fɔː'saɪθjə] *bot.* forsytia

fort [fɔːt] fäste, fort; *hold the* ~ (*vard.*) hålla ställningarna

1 forte ['fɔːteɪ] stark sida; *cooking is not his* ~ matlagning är inte hans starka sida

2 forte ['fɔːtɪ] *mus.* forte

forth [fɔːθ] **1** fram[åt], vidare; *and so* ~ och så vidare; *back and* ~ fram och tillbaka; *from this time* ~ från och med nu, hädanefter **2** bort; ut, fram **-coming** [,fɔːθ'kʌmɪŋ] **1** förestående, stundande; kommande (*books* böcker) **2** tillgänglig, disponibel **3** tillmötesgående; meddelsam **-right** ['fɔːθraɪt] **I** *a* rättfram **II** *adv* rättframt **2** genast **-with** [,fɔːθ'wɪθ] genast, omedelbart

fortieth ['fɔːtɪɪθ] *räkn o. s* fyrtionde; fyrtion[de]del

forti|fication [,fɔːtɪfɪ'keɪʃn] **1** befästande, förstärkande **2** befästning; ~*s* (*mil.*) befästningsverk **-fy** ['fɔːtɪfaɪ] **1** befästa **2** stärka; förstärka; *bildl.* [be]styrka **3** berika (*födoämne*); förskära (*vin*)

fortitude ['fɔːtɪtjuːd] mod, [själs]styrka

fortnight ['fɔːtnaɪt] fjorton dagar, två veckor; *today* ~ i dag om fjorton dagar **-ly** [-,naɪtlɪ] var fjortonde dag

fortress ['fɔːtrɪs] fort, fästning, befäst ort

fortui|tous [fɔː'tjuːɪtəs] tillfällig, slumpartad, oplanerad **-tousness** [-təsnɪs], **-ty** [-tɪ] tillfällighet, slump

fortunate ['fɔːtʃnət] lycklig, lycksam, tursam; *be* ~ ha tur **-ly** ['fɔːtʃnətlɪ] *adv* lyckligtvis

fortune ['fɔːtʃuːn] **1** förmögenhet; *a small* ~ en smärre (hel) förmögenhet; *come into a* ~ ärva en förmögenhet; *make a* ~ tjäna en förmögenhet; *marry a* ~ gifta sig rikt **2** lycka, öde; tur; ~*s* (*pl*) [levnads]öde, lott; *F~* lyckan[s gudinna]; *Dame F~* fru Fortuna; *by good* ~ lyckligtvis; *by sheer good* ~ tillfälligtvis, av en händelse; *have a piece of good* ~ ha tur, ha lyckan med sig; ~ *favours the bold* (*brave*) lyckan står den djärve bi; *seek* (*make*) *one's* ~ söka (göra) sin lycka; *tell* ~*s* spå (*by cards* i kort)

fortune|-hunter ['fɔːtʃ(ə)n,hʌntə] lycksökare **-teller** [-,telə] spå|kvinna, -man **-telling** [-,telɪŋ] spådomskonst

forty ['fɔːtɪ] (*jfr eighty o. sms.*) **I** *räkn* fyrti[o]; *make* ~ *winks* (*vard.*) ta sig en liten tupplur **II** *s* fyrti[o]; fyrti[o]tal **-five** [,fɔːtɪ'faɪv] **1** 45-varvsskiva **2** *AE*. 45-kalibrig pistol **-niner** [,fɔːtɪ'naɪnə] 'fyrtinia' (*guldletare i Kalifornien 1849*)

fo|rum ['fɔːrəm] (*pl -rums el. -ra* [-rə]) forum; domstol

forward ['fɔːwəd] **I** *a* **1** främre, framtill belägen (*seats* sittplatser); *sjö.* för- **2** fram-; framåt-, framåt|riktad, -gående; ~ *gears* växlar framåt; ~ *pass* (*sport.*) passning framåt **3** framfusig, näsvis (*remark* anmärkning) **4** avancerad, radikal (*view* åsikt); progressiv **5** försigkommen **6** framtida (*delivery* leverans) **II** *adv* fram, framåt; framlänges; *sjö.* föröver, förut; *backward and* ~ fram och tillbaka, hit och dit; *from this time* ~ *a*) sedan dess, alltifrån den tiden, *b*) fram och med nu; *bring* ~ bringa i dagen, föra på tal; *come* ~ anmäla sig; *date* ~ postdatera; *go straight* ~ gå rakt fram; *look* ~ *to* se fram emot; *rush* ~ rusa fram; *step* ~ stiga (träda) fram; *take two steps* ~ ta två steg framåt **III** *s, sport.* forward, anfallsspelare **IV** *v* **1** skicka vidare, vidarebefordra, eftersända; *to be* ~*ed* (*på post*) eftersändes **2** [be]främja, hjälpa, befordra **forwarding agent** [-,ɪŋ'eɪdʒ(ə)nt] speditör **forwardness** [-nɪs] **1** framskridet stadium **2** tidighet; brådmogenhet **3** framfusighet; näsvishet **4** beredvillighet, iver **forwards** [-z] framåt, framlänges

fossil ['fɒsl] **I** *s* **1** fossil **2** *vard.* neds. gammal stofil **II** *a* fossil (*insect* insekt) **-ize** (*BE. äv. -ise*) **1** fossilisera[s], förstena[s] **2** *bildl.* bli (göra) föråldrad

foster ['fɒstə] **1** [upp]fostra (*a child* ett barn); *i sht BE.* placera i fosterhem **2** utveckla; stödja, främja, befordra; uppamma; hysa (*hope* hopp) **fosterage** [-rɪdʒ] **1** [upp]fostran; ställning som fosterbarn **2** utveckling, stödjande, främjande, befordran; uppammande **foster brother** fosterbror **foster child** fosterbarn **fosterer** [-rə] **1** fostrare; foster|far, -mor **2** gynnare **foster mother** fostermor **foster parents** *pl* fosterföräldrar **foster sister** fostersyster

fought [fɔːt] *imperf. o. perf. part. av* fight

foul [faʊl] **I** *a* **1** vidrig, motbjudande (*smell* lukt), äcklig (*taste* smak); illaluktande, stinkande **2** (*om mat e.d.*) skämd, rutten **3** smutsig; oren, förorenad (*air* luft); ~ *linen* smutskläder **4** skamlig, gemen; oanständig, snuskig, vulgär; ~ *deed* skamligt dåd; ~ *language* oanständigt språk **5** ojust, regelvidrig, otillåten, förbjuden, ogiltig; *resort to* ~ *means* ta till ojusta medel; ~ *play* ojust (falskt, ohederligt) spel; *the police suspected* ~

play polisen misstänkte våldsam (onaturlig) död **6** ful, dålig, ruskig, regnig (*weather* väder); *have a ~ temper* ha ett dåligt (hemskt) humör; *~ wind* motvind **7** [till]täppt, igentäppt (*drain* avlopp); (*om fartygsbotten*) beväxt **8** tilltrasslad; *fall* (*run*) *~ of a*) komma (råka) i konflikt med (*the law* rättvisan), *b*) kollidera med **9** *vard.* dålig, ointressant (*book* bok) **II** *s* **1** ojust spel, fel, regelbrott, ruff; (*i boxning*) foul **2** trassel (*av metrev e.d.*); påsegling, kollision **3** *through fair and ~* i vått och torrt **III** *v* **1** smutsa[s] ner, bli smutsig, förorena[s] **2** trassla[s] till, trassla sig; fastna i **3** vanhedra, fläcka **4** täppa[s] till (igen); (*om sjögräs o.d.*) växa fast (*på fartygsbotten*) **5** *sport.* spela ojust, ruffa; överträda (*regler*) **6** segla på, kollidera med **7** *vard.*, *~ up a*) sabba, förstöra, *b*) smutsa (skita) ner, *c*) täppa[s] till (igen), trassla[s] till **-ly** ['faʊlɪ] *adv* vidrigt, otäckt; skändligen **-mouthed** [ˌfaʊlmaʊðd] ful i mun, rå; hädisk **-ness** [-nɪs] **1** orenhet, förorening **2** smuts; stank **3** gemenhet, vidrighet; råhet, oanständighet

1 found [faʊnd] **1** *imperf. o. perf. part. av* find **2** utrustad, inredd; *well ~* välutrustad; *all ~* (*BE.*) inklusive allt

2 found [faʊnd] **1** grunda, grundlägga, stifta (*a society* en förening) **2** *bildl.* grunda, basera ([*up*]-*on* på); *well ~ed complaints* välgrundade klagomål

3 found [faʊnd] gjuta, stöpa

foundation [faʊn'deɪʃn] **1** grund, grundval; bas, underlag; fundament; *the ~s of a house* grunden till ett hus **2** grundande, grundläggning, stiftande **3** stiftelse; donation; *be on the ~* vara stipendiat **4** (*inom kosmetiken*) underlag[skräm] **foundation cream** underlagskräm **foundation garment** [-ˌgɑːmənt] korsett; behå **foundation stone** [-stəʊn] grundsten

1 founder ['faʊndə] grundare, grundläggare; stiftare

2 founder ['faʊndə] gjutare

3 founder ['faʊndə] **1** (*om fartyg*) sjunka, gå under, förlisa; (*om mark e.d.*) sjunka, sätta sig; *bildl.* stranda, stupa, misslyckas, gå om intet **2** falla, stupa, kollapsa (*av trötthet*); (*om häst*) snava, bli halt; (*om kreatur*) äta sig sjuk

founding father [ˌfaʊndɪŋ'fɑːðə] grundare, stiftare; *the F~ Fathers* (*AE.*) Fäderna (*medlemmar av konventet 1787*)

foundling ['faʊndlɪŋ] hittebarn

foundry ['faʊndrɪ] **1** gjuteri **2** gjutning **3** gjutgods

1 fount [faʊnt] *poet.* källa (*äv. bildl.*), springbrunn

2 fount [faʊnt] *boktr.* font, [stil]sats

fountain ['faʊntɪn] **1** fontän, vattenkonst **2** källa (*äv. bildl.*) **3** ström, kaskad (*of sparks* av gnistor) **4** behållare, reservoar **fountainhead** [ˌfaʊntɪn'hed] (*flods*) källa; *bildl.* källa, ursprung, upphov **fountain pen** [ˈfaʊntɪnpen] reservoarpenna

four [fɔː] (*jfr eight o. sms.*) **I** *räkn* fyra; *the F~ Hundred* (*AE.*) societeten; *within the ~ seas* i Storbritannien **II** *s* **1** fyra; fyrtal; *on all ~s* på alla fyra; *be on all ~s with* vara helt jämställd med **2** fyra (*båt för 4 roddare*)

four-cylinder [ˌfɔː'sɪlɪndə] fyrcylindrig **four-di-**mensional fyrdimensionell **four-engined** fyrmotorig **four flush** ['fɔːflʌʃ] *AE.* **1** *kortsp.* sprucken flush **2** *sl.* bluff **fourfold** ['fɔːˌfəʊld] **I** *a* fyr|dubbel, -faldig **II** *adv* fyr|dubbelt, -faldigt **four-footed** [ˌfɔː'fʊtɪd] fyrfotad, fyrfota- **four--four** [ˌfɔː'fɔː] *a*, *~ time* (*mus.*) fyrafjärdedelstakt **four-handed** ['fɔːˌhændɪd] **1** för fyra personer **2** *mus.* fyrhändigt **four-in-hand** [ˌfɔːrɪn'hænd] **1** fyrspann **2** smal slips **four|-leaf**, **--leaved** ['fɔː|liːf, -liːvd] *a*, *~ clover* fyrklöver **four-legged** ['fɔːlegd] fyrbent **four-letter** ['fɔːˌletə] *a*, *~ words* runda ord **four-part** ['fɔːpɑːt] fyrstämmig **four-poster** [ˌfɔː'pəʊstə] himmelssäng **fourscore** [ˌfɔː'skɔː] *åld.* åttio **foursome** ['fɔːsəm] *s*, *golf.* foursome, fyrspel **foursquare** [ˌfɔː'skweə] **1** rättfram, öppenhjärtig **2** stadig, bastant **four-stroke** [ˌfɔː'strəʊk] *a*, *~ engine* fyrtaktsmotor

four|teen [ˌfɔː'tiːn] (*jfr eighteen o. sms.*) **I** *räkn* fjorton **II** *s* fjorton; fjortontal **-teenth** [ˌfɔː'tiːnθ] *räkn o. s* fjortonde; fjorton[de]del

fourth [fɔːθ] (*jfr eighth*) **I** *räkn* fjärde; *the F~ of July* fjärde juli (*USA:s nationaldag*) **II** *s* **1** fjärdedel **2** *tekn.* fyran[s växel] **3** *mus.* kvart **4** *kortsp.* fjärde man **fourth-class** ['fɔːθklɑːs] *a*, *~ mail* (*AE., ung.*) ekonomipost (*befordras långsamt*) **four-wheel** ['fɔːwiːl] *a*, *~ drive* fyrhjulsdrift **four-wheeler** [ˌfɔː'wiːlə] fyrhjuling

fowl [faʊl] **I** *s* [höns]fågel **II** *v* jaga (snara) fågel **-er** ['faʊlə] fågel|jägare, -fängare **-ing** ['faʊlɪŋ] fågeljakt

fox [fɒks] **I** *s* **1** räv (*äv. bildl.*) **2** *sl.* toppentjej **II** *v* **1** *vard.* förbrylla **2** lura, bedra; gå listigt tillväga **2** få [mögel]fläckar **foxglove** ['fɒksglʌv] *bot.* fingerborgsblomma **foxhole** *mil.* skyttevärn **foxhound** ['fɒkshaʊnd] rävhund **foxhunt[ing]** rävjakt **fox terrier** [ˌfɒks'terɪə] foxterrier **foxtrot** ['fɒkstrɒt] foxtrot **foxy** ['fɒksɪ] **1** rävlik. räv- **2** rävaktig, slug **3** möglig, fläckig **4** rödbrun **5** (*om öl e.d.*) sur

foyer ['fɔɪeɪ] foajé

F.P.A. *förk.* för *Family Planning Association* **Fr.** *förk.* för *Father*; *France*; *Frater* (*lat.*) *Brother*; *French*; *Friar* **fr.** *förk.* för *fragment*; *franc*[*s*]; *from*

fracas ['frækɑː] uppträde, bråk

fraction ['frækʃn] **1** del; bråkdel, fragment **2** *mat.* bråk; *vulgar ~* allmänt bråk **3** *kem. o. polit.* fraktion **4** *relig.* brytande av brödet (*vid nattvarden*) **-al** ['frækʃənl], **-ary** ['frækʃnrɪ] **1** *mat.* bråk-, bruten **2** obetydlig; *~ currency* skiljemynt **3** *kem.* fraktionerad **-ate** ['frækʃəneɪt] separera, uppdela; *kem.* fraktionera

fractious ['frækʃəs] **1** irriterad, grinig **2** oregerlig, bråkig

fracture ['fræktʃə] **I** *s* **1** brytning **2** fraktur, [ben]brott **II** *v* bryta[s]

fragile ['frædʒaɪl] **1** skör, ömtålig, bräcklig, spröd, fragil; skröplig **2** svag, tunn; lätt, öm **fragility** [frə'dʒɪlətɪ] skörhet *etc.*, *jfr fragile*

fragment **I** *s* ['frægmənt] fragment, brottstycke; bit, stycke, skärva **II** *v* [fræg'ment] gå (bryta) sönder, splittra[s] **fragmentary** ['frægmənt(ə)rɪ] **1** fragmentarisk; lösryckt; ofullständig **fragmentation** [ˌfrægmen'teɪʃn] splittring; *bildl.* sönderfall, upplösning **fragmentation bomb** split-

terbomb
fra|grance, -grancy ['freɪgr(ə)ns, -gr(ə)nsɪ] välluukt, doft **-grant** [-gr(ə)nt] välluktande, doftande
frail [freɪl] **1** skör, bräcklig, spröd, klen **2** svag, lättledd **-ty** ['freɪltɪ] **1** svaghet, bräcklighet; *frailties (pl)* [moraliska] fel (brister)
frame [freɪm] **I** *s* **1** stomme; underrede, chassi, [cykel]ram; stativ; spant **2** ram, infattning; [glasögon]bågar; *bildl.* ram, struktur, organisation; *the ~ of a picture* ramen till en tavla; *~ of government* regim, författning; *~ of mind* sinnesstämning; *~ of reference* referensram **3** kropp; kroppsbyggnad **4** *film. o.d.* bild[ruta]; TV-bild **5** *[cold] ~* drivbänk **II** *v* **1** foga ihop, sätta samman; konstruera **2** rama in, infatta [i ram] **3** utforma, utarbeta, göra upp *(plans* planer); tänka ut, hitta på *(a reply* ett svar); forma, bilda *(words* ord) **4** *sl.* sätta dit (fast); falskeligen beskylla; fixa *(match e.d.);* koka ihop **5** arta sig *(well* bra), utveckla sig, gå framåt
frame aerial ['freɪm,eərɪəl] ramantenn **frame house** [-haʊs] hus med trästomme **framer** [-ə] **1** formare, konstruktör *etc.*, *se frame II* **2** inramare **frame-up** [-ʌp] *sl.* sammansvärjning, komplott; fixning *(av match e.d.)*, fusk **framework** [-wɜːk] **1** [grund]stomme; konstruktion **2** *bildl.* struktur, ram[ar]; stomme; *within the ~ of* inom ramen för **framing** [-ɪŋ] ram[ar]; inramning
franc [fræŋk] franc
France [frɑːns] Frankrike
franchise ['fræn(t)ʃaɪz] **1** rösträtt; privilegium **2** medborgarrätt **3** *hand.* ensamrätt, tillstånd **3** *sjöförsäkr.* franchise, självrisk
Francis ['frɑːnsɪs] *(helgonnamn)* Franciscus; *(kunganamn)* Frans **Franciscan** [fræn'sɪskən] franciskaner[munk]
Franco-German [,fræŋkəʊ'dʒɜːmən] fransktysk
Franco|nia [fræŋ'kəʊnjə] Franken **-nian** [-njən] **I** *a* frankisk **II** *s* frankiska [språket]
Francophile ['fræŋkə(ʊ)faɪl] frankofil, franskvän
Franco-Prussian [,fræŋkəʊ'prʌʃn] *a, the ~ War* fransk-tyska kriget
frangible ['frændʒɪbl] brytbar, spröd, bräcklig, skör
1 Frank [fræŋk] *hist.* frank
2 Frank [fræŋk] *kortform av Francis*
frank [fræŋk] **I** *a* öppen[hjärtig], uppriktig *(with* mot); *to be [perfectly] ~* för att vara helt uppriktig, uppriktigt sagt **II** *v, i sht BE.* frankera
frankfurter ['fræŋkfɜːtə] frankfurterkorv
frankincense ['fræŋkɪn,sens] rökelse
Frankish ['fræŋkɪʃ] frankisk
frankly ['fræŋklɪ] öppet, öppenhjärtigt, uppriktigt [sagt]
frantic ['fræntɪk] **1** utom sig, upphetsad *(av glädje el. vrede);* rasande, hektisk **2** *vard.* hemsk, väldig, förfärlig
frater|nal [frə'tɜːnl] **1** broderlig, broder[s]-; **2** *~ twin* tvååggstvilling **-nity** [-nətɪ] **1** broderskap, broderlighet **2** broderskap, samfund; *AE. (manlig)* studentförening **-nization** *(BE. äv. -nisation)* [,frætənaɪ'zeɪʃn] förbrödring, fraternisering **-nize** *(BE. äv. -nise)* förbrödra sig, fraternisera
fratricide ['freɪtrɪsaɪd] **1** brodermord **2** brodermördare
fraud [frɔːd] **1** bedrägeri, bluff, skoj, lurendrejeri **2** *vard.* bedragare, bluff, lurendrejare **-ulence** ['frɔːdjʊlər,s] bedräglighet, svek **-ulent** ['frɔːdjʊlənt] bedräglig, svekfull
fraught [frɔːt] *~ with* försedd med, full med (av); *~ with peril* farofylld
1 fray [freɪ] strid, bråk, oväsen
2 fray [freɪ] **I** *v* **1** nöta (slita) ut **2** bli nött (sliten) **3** *bildl.* slita på; irritera **4** *bildl.* bli sliten; bli irriterad **5** skrubba, gnida **II** *s* nött (slitet) ställe
frazzle ['fræzl] *vard., worn to a ~* alldeles slut (utmattad); *burnt to a ~* alldeles uppbränd, förkolnad

F.R.C.M. *fork. för Fellow of the Royal College of Music* **F.R.C.P.** *fork. för Fellow of the Royal College of Physicians* **F.R.C.S.** *fork. för Fellow of the Royal College of Surgeons*
freak [friːk] **I** *s* **1** nyck, hugskott, infall **2** *~ [of nature]* egendomlighet, underligt djur, monster, missfoster **3** *sl.* original, originell människa **4** *sl.* knarkare **5** *sl.* -entusiast, -fantast, -fanatiker; *jazz ~* jazzfantast **II** *a* onormal; abnorm **III** *v, vard., ~ [out] a)* tända på, vara påtänd *(av narkotika), b)* bli alldeles konfys, *c)* hoppa av från (ställa sig utanför) knegarsamhället **-ish** ['friːkɪʃ] **1** underlig, ovanlig; abnorm **2** nyckfull *(weather* väder)
freck|le ['frekl] **I** *s* fräkne; fläck **II** *v* göra (bli) fräknig (fläckig) **-led** [-ld], **-ly** [-lɪ] *a* fräknig; fläckig
Fred [fred], **Freddy** ['fredɪ] *kortformer av Frederick* **Frederick** *(kunganamn)* Fredrik
free [friː] **I** *a* **1** fri, obunden; *jur.* skuldfri, ointecknad *(property* egendom); *~ agent* självständig människa; *a ~ country* ett fritt land; *~ house (BE.)* självständig pub; *~ kick* frispark; *~ labour* oorganiserad arbetskraft; *~ speech* det fria ordet; *~ throw* frikast; *~ trade* frihandel; *~ translation* fri översättning; *~ verse* fri (obunden) vers; *~ will* fri vilja; *she is ~ to go* det står henne fritt att gå; *you're ~ to go now!* du kan gå nu! *(om du vill); feel ~!* *(vard.)* ja, var så god!, ja, gärna!; *go ~* gå lös, röra sig fritt; *set ~* frige, försätta på fri fot, släppa lös **2** fri, ledig, inte upptagen; öppen [för alla]; *~ seat* ledig plats; *~ passage* fri passage **3** [kostnads]fri, gratis; *admission ~, ~ entrance* fritt inträde; *~ of charge* kostnadsfri; *~ delivery* fri leverans; *~ pass* frikort; *~ port* frihamn; *~ sample* gratisprov; *for ~ (vard.)* gratis; *~ alongside ship (hand.)* fritt vid fartygs sida; *~ on board (hand.)* fritt ombord; *~ on rail (hand.)* fritt järnväg **4** fri[tagen], befriad *(from, of* från); *~ from (äv.)* utan; *~ from debt* skuldfri; *~ from pain* smärtfri; *a place ~ of tourists* en plats fri från turister; *in one hour we were ~ of the city* på en timme var vi utanför staden **5** frispråkig, frigjord; otvungen, ledig; *~ and easy* ogenerad, otvungen, lätt och ledig **6** frikostig, generös *(with, of* med); *~ with advice* generös med goda råd **II** *adv* **1** fritt **2** *make ~ with* ta sig friheter med **III** *v* frige, befria, släppa fri, fri-, lös[göra *(of, from* från)

free|bie ['friːbɪ] *AE. sl.* gratispryl **-board** *sjö.* fri-

freebooter—Freudian

bord **-booter** [-ˌbuːtə] fribytare
freedman ['friːdmæn] frigiven [slav]
freedom ['friːdəm] **1** frihet, obundenhet; oberoende, självständighet, självbestämmande; ~ *of action* handlingsfrihet; ~ *of the press* tryckfrihet; ~ *of worship* religionsfrihet **2** befrielse *(from taxation* från skatt) **3** frispråkighet; frigjordhet; otvungenhet, ledighet; öppenhet, öppenhjärtighet **4** privilegium; ~ *of the city* hedersborgarskap; *I have the ~ of his kitchen* jag får använda hans kök så mycket jag vill, jag har fritt tillträde till hans kök
free|-for-all ['friːfərˌɔːl] *vard.* allmänt slagsmål (gräl) **-hand** [-hænd] frihands- **--handed** [ˌfriːˈhændɪd] generös, frikostig **--hearted** [ˌfriːˈhɑːtɪd] öppenhjärtig; generös **-hold** ['friːhəʊld] [egendom med] full besittningsrätt; egen mark (tomt) **-holder** ['friːˌhəʊldə] mark-, tomt|ägare; självägande bonde **-lance** ['friːlɑːns] **I** *s* **1** frilans[are] **2** *hist.* legoknekt **II** *v* frilansa, arbeta som frilans[are] **-lancer** ['friːlɑːnsə] frilans[are] **--living** ['friːˌlɪvɪŋ] hemfallen åt frosseri **-loader** ['friːˌləʊdə] *AE. sl.* snyltare **-ly** ['friːlɪ] **1** fritt, obundet; frivilligt, gärna **2** frikostigt; rikligt **3** öppet; ogenerat; ledigt, otvunget **-man** ['friːmən] **1** fri man **2** medborgare; ~ [*of the city*] hedersborgare **-mason** ['friːˌmeɪsn] frimurare **-masonry** ['friːˌmeɪsnrɪ] frimureri **-sheet** ['friːʃiːt] gratis-, annons|tidning
freesia ['friːzjə] *bot.* fresia
free|-spoken [ˌfriːˈspəʊk(ə)n] öppenhjärtig, frispråkig **-style** ['friːstaɪl] *a*, ~ *swimming* fritt simsätt; ~ *wrestling* fribrottning **-thinker** [ˌfriːˈθɪŋkə] fritänkare **-way** ['friːweɪ] *AE.* motorväg **-wheel** ['friːwiːl] **I** *s* frihjul **II** *v* glida fram [på frihjul]
freeze [friːz] **I** *v (froze, frozen)* **1** förvandlas till is; frysa [till]; frysa fast *(to* i, vid); ~ *over (up)* frysa till **2** *bildl.* isas, bli till is, stelna **3** frysa, vara iskall; ~ [*to death*] frysa ihjäl **4** frysa, förvandla till is, isbelägga; [djup]frysa, frysa in (ner) **5** *bildl.* frysa (*löner, TV-bild e.d.*), få att stelna; spärra (*konto*); *-~!* stå still! **6** *vard.* [lokal]bcdöva **7** *vard., i sht AE., ~ onto* klamra sig fast vid; ~ *out* frysa ut, bojkotta **II** *s* **1** frost **2** *bildl.* frysning; *wage[s]* ~ lönestopp **freeze-dry** ['friːzdraɪ] frystorka **freezer** ['friːzə] [djup]frys, frys|box, -skåp
freeze-up ['friːzʌp] *vard.* köldknäpp
freezing ['friːzɪŋ] **I** *a* iskall *(äv. bildl.)* **II** *adv*, ~ *cold* iskall, bitande kall **III** *s* infrysning **freezing mixture** köldblandning **freezing point** fryspunkt
freight [freɪt] **I** *s* **1** frakt[avgift] **2** frakt[gods]; *i sht BE.* [skepps]last **II** *v* **1** lasta **2** frakta **freight-age** ['freɪtɪdʒ] **1** last **2** frakt[avgift] **freighter** ['freɪtə] **1** befraktare, speditör **2** lastbåt; fraktflygplan; godsvagn **freightliner** ['freɪtˌlaɪnə] containertåg **freight train** ['freɪttreɪn] *AE.* godståg
French [fren(t)ʃ] **I** *a* fransk; ~ *bean* brytböna, haricot vert; ~ *bread* baguette; ~ *chalk* skräddarkrita; ~ *doors (AE.) se French windows;* ~ *dressing* vinägrettsås; ~ *fried potatoes (BE.),* ~ *fries (AE.)* pommes frites; ~ *horn* valthorn; *take* ~ *leave (vard.)* smita, sticka; ~ *letter (BE. sl.)* gummi (*kondom*); ~ *polish* shellack; ~ *stick* pain riche; ~ *windows (BE.)* franska fönster (*glasdörrar*) **II** *s* **1** franska [språket]; *excuse my* ~*!* (*skämts.*) ursäkta svordomen (mitt grova språk)! **2** *the* ~ fransmännen **Frenchify** ['fren(t)ʃɪfaɪ] *vard.* förfranska[s] **Frenchman** ['fren(t)ʃmən] fransman **Frenchwoman** ['fren(t)ʃˌwʊmən] fransyska **Frenchy** ['fren(t)ʃɪ] *vard.* **I** *a* fransk **II** *s* fransman
frenetic [frəˈnetɪk] frenetisk, vild, ursinnig
fren|zied ['frenzɪd] vanvettig, vild **-zy** [-zɪ] **I** *s* vanvett; ursinne, raseri; vansinne **II** *v* göra vanvettig *etc., jfr I*
freq. *förk. för* **frequent[ly]**
frequency ['friːkwənsɪ] frekvens *(äv. fys.);* talrikhet, förekomst, antal **frequency modulation** *radio.* frekvensmodulering **frequent I** *a* ['friːkwənt] vanlig, ofta förekommande, frekvent, upprepad **II** *v* [frɪˈkwent] frekventera, ofta besöka **frequentation** [ˌfriːkwenˈteɪʃn] frekventering, regelbundet besökande **frequentative** [frɪˈkwentətɪv] *språkv.* frekventativt verb **frequenter** [frɪˈkwentə] regelbunden (flitig) besökare **frequently** ['friːkwəntlɪ] *adv* ofta
fresh [freʃ] **I** *a* **1** ny; nygjord; nyutkommen (*magazine* tidning); *a* ~ *arrival* en nykomling; *a* ~ *coat of paint* ett nytt lager färg; *make a* ~ *start* börja om på nytt; ~ *supplies* nya förråd; *be* ~ *out of* (*vard., i sht AE.*) just ha slut på **2** färsk (*fruit* frukt); frisk (*water* vatten); fräsch (*flower* blomma); grön, oerfaren; *in the* ~ *air* i friska luften; ~ *colours* fräscha (friska, klara) färger; ~ *paint!* nymålat!; *it's* ~ *in my memory* jag har det i färskt minne **3** ~ *water* färskvatten, sötvatten **4** frisk, sval (*morning* morgon); ~ *breeze* styv bris; ~ *gale* hård kuling **5** fräsch; frisk [och kry], pigg; *as* ~ *as a daisy* fräsch som en nyponblomma, pigg som en mört **6** *vard.* fräck, uppstudsig; påflugen; *don't get* ~ *with me!* var inte fräck mot mig! **II** *adv* ny- **III** *s, in the* ~ *of the morning* i den tidiga morgonstunden **-en** [freʃn] **1** friska upp; fräscha upp; färska upp (*bread* bröd); göra friskare; ~ [*up*] fräscha upp [sig] **2** bli friskare; bli friskande **3** (*om vind*) friska i, öka **-er** ['freʃə] *se freshman* **-et** ['freʃɪt] översvämning *(av flod)* **-ly** ['freʃlɪ] *adv* ny- *etc., se fresh I;* nyligen **-man** ['freʃmən] *univ.* recentior; *AE.* förstaårselev *(vid high school)* **-ness** ['freʃnɪs] nyhet; friskhet *etc., jfr fresh I* **-water** ['freʃˌwɔːtə] **1** söt-, färsk|vattens- **2** (*om sjöman*) oerfaren **3** *AE.* liten och okänd *(school* skola)
1 fret [fret] **I** *v* **1** vara retlig (irriterad); reta (oroa) sig; *don't* ~*!* lugna [ner] dig!; *the boy is* ~*ting for his mother* pojken gnäller (längtar) efter sin mamma **2** oroa, fräta, tära; gnaga **3** *(om vatten)* skvalpa **4** plåga, reta, irritera; oroa **5** nöta (gnida, skava) bort; erodera; gnaga på; tära på **II** *s* **1** irritation, retlighet; *be in a* ~ vara på dåligt humör

2 fret [fret] **I** *s* [bård i] geometriskt mönster; gallermönster **II** *v* pryda med [galler]mönster

3 fret [fret] *mus.* band *(på stränginstrument)*
fretful ['fretful] retlig, grinig, upprörd
fret saw ['fretsɔː] lövsåg **fretwork** ['fretwɜːk] **1** genombrutet mönster, nät-, galler|mönster **2** lövsågsarbete

Freudian ['frɔɪdjən] **I** *a* freudiansk; ~ *slip* freu-

diansk felsägning (felläsning) **II** *s* freudian
F.R.G.S. *förk. för Fellow of the Royal Geographical Society* **Fri.** *förk. för Friday*
fria|bility [ˌfraɪəˈbɪlətɪ] sprödhet, skörhet; smulighet **-ble** [ˈfraɪəbl] spröd, skör; smulig
friar [ˈfraɪə] [tiggar]munk; *Black F~* dominikanermunk; *Grey F~* Franciskanermunk; *White F~* karmelitermunk; *Austin F~* augustinermunk; *~'s lantern* irrbloss **friary** [ˈfraɪərɪ] munkkloster
fribble [ˈfrɪbl] **I** *v* slarva [bort] **II** *s* **1** slarv **2** slarver **III** *a* slarvig
fricassee [ˌfrɪkəsiː] *kokk.* frikassé
fricative [ˈfrɪkətɪv] **I** *a* frikativ **II** *s, språkv.* frikativa
friction [ˈfrɪkʃn] friktion; gnidning; *bildl.* friktion, slitningar, oenighet **-al** [ˈfrɪkʃənl] friktions-
Friday [ˈfraɪdɪ] fredag; *Good ~* långfredag[en]; *last ~* i fredags, förra fredagen; *next ~* nästa fredag; *this ~* [nu] på fredag; *on ~* på fredag; *on ~s* på (om) fredagarna; *on ~ nights* på fredagskvällarna
fridge [frɪdʒ] *vard.* kyl[skåp]
friend [frend] **1** vän, väninna; kamrat; bekant; *be (make) ~s with* vara (bli) [god] vän med; *a ~ in need is a ~ indeed* i nöden prövas vännen; *my honourable ~* (*sagt av parlamentsledamot*) den ärade talaren; *my learned ~* (*sagt av jurist i domstol*) min ärade kollega; *a ~ at court* en inflytelserik vän (bekant) **2** kväkare; *the Society of F~s* Vännernas samfund (*kväkarna*)
friend|less [ˈfrendlɪs] utan vänner **-liness** [lɪnɪs] vänlighet, vänskaplighet **-ly** [-lɪ] **I** *a* vänlig (*to, with* mot), vänskaplig; gynnsam, välvillig; *~ match* vänskapsmatch; *~ society* (*BE.*) [privat] försäkringskassa **II** *s* vänskapsmatch **-ship** [-ʃɪp] vänskap
frier [ˈfraɪə] *se fryer*
frieze [friːz] *arkit.* fris
frig [frɪg] *vulg.* knulla [med]; runka
frigate [ˈfrɪgɪt] fregatt
frigging [ˈfrɪgɪŋ] *vulg.* jävla
fright [fraɪt] **I** *s* **1** skräck, förskräckelse; fruktan; *get* (*have*) *a ~, take ~* bli skrämd; *give s.b. a ~* skrämma ngn **2** *vard.* spöke, fasa; *he looks a ~ in that coat* han ser förskräcklig ut i den där rocken **II** *v, poet., se frighten* **frighten** [ˈfraɪtn] skrämma, göra skrämd; *~ away* (*off*) skrämma bort, jaga i väg; *~ed at* förskräckt över; *~ed of* rädd för; *~ s.b. out of his wits* skrämma ngn från vettet; *~ s.b. to death* skrämma livet ur ngn; *don't be ~ed!* var inte rädd! **-ful** [ˈfraɪtfʊl] förskräcklig, hemsk, förfärlig
frigid [ˈfrɪdʒɪd] **1** *bildl.* kylig, kall[sinnig]; frigid **2** [is]kall, arktisk **-ity** [frɪˈdʒɪdətɪ], **-ness** [ˈfrɪdʒɪdnɪs] **1** *bildl.* kyla, kallsinnighet, frigiditet **2** köld, [arktisk] kyla
frill [frɪl] **I** *s* **1** veckad (rynkad) remsa, rysch **2** *~s* (*pl, vard.*) *a*) krusiduller, choser, *b*) krimskrams; *with all the ~s* med allt som hör till **II** *v* förse med rysch, rynka, vecka **frilly** [ˈfrɪlɪ] försedd med rysch, rynkad, veckad; *bildl.* utsmyckad
fringe [frɪn(d)ʒ] **I** *s* **1** frans[ar]; bård **2** marginal; ytterkant, periferi; *the lunatic ~* (*polit.*) tok|västern, -högern **3** *i sht BE.* lugg **II** *v* förse med fransar; kanta **fringe benefits** [ˈfrɪn(d)ʒˌbenɪfɪts] *pl* extraförmåner (*utöver lön*) **fringe theatre**

BE., ung. fria teatergrupper **fringy** [ˈfrɪn(d)ʒɪ] försedd med fransar, frans-
frippery [ˈfrɪpərɪ] bjäfs, grannlåt; prål, snobberi
Frisco [ˈfrɪskəʊ] *AE. vard.* San Francisco
Frisian [ˈfrɪzɪən] **I** *a* frisisk **II** *s* fris
frisk [frɪsk] **1** hoppa (skutta) omkring **2** *vard.* muddra
1 fritter [ˈfrɪtə] **1** *~* [*away*] slösa bort **2** splittra, bryta i småbitar, strimla
2 fritter [ˈfrɪtə] *kokk., apple ~s* friterade äpplen
frivol [ˈfrɪvl] **1** slarva, vara lättsinnig; tramsa **2** *~ away* slösa bort **frivolity** [frɪˈvɒlətɪ] slarv, lättsinne; tramsighet **frivolous** [ˈfrɪvələs] **1** slarvig, lättsinnig; tramsig, fånig **2** obetydlig, futtig **frivolousness** [ˈfrɪvələsnɪs] *se frivolity*
frizz [frɪz] **I** *v* **1** krusa, krulla (*hair* hår) **2** krusa (krulla) sig **II** *s* krulligt hår
1 frizzle [ˈfrɪzl] **I** *v* **1** krusa, krulla **II** *s* krulligt hår
2 frizzle [ˈfrɪzl] steka, fräsa
frizz[l]y [ˈfrɪz(l)ɪ] krusig, krullig
fro [frəʊ] *adv, to and ~* fram och tillbaka, hit och dit, av och an
frock [frɒk] **I** *s* **1** klänning; arbetsblus **2** munkkåpa **II** *v* beklä med prästvärdighet **frock coat** [ˌfrɒkˈkəʊt] bonjour
1 frog [frɒg] **1** groda; *have a ~ in one's throat* vara hes **2** *F~* (*BE. sl.*) fransman
2 frog [frɒg] galon, snoddgarnering; uniformsknapp
Froggy [ˈfrɒgɪ] *BE. sl.* fransman **frogman** [-mən] grodman **frogmarch** [-mɑːtʃ] bära (*fånge*) i armar och ben med ansiktet nedåt
frolic [ˈfrɒlɪk] **I** *v* springa och leka, skutta; ha upptåg för sig **II** *s* skoj, upptåg **frolicsome** [-səm], **frolicky** [-ɪ] munter, lekfull, sprallig
from [frɒm] **1** från; från och med; *the train ~ London* tåget från London; *~ now on* från och med nu, hädanefter; *~ a child* ända från barndomen; *~ time to time* då och då; *nothing prevents her ~ coming* ingenting hindrar henne från att komma; *~ the age of 12* från och med 12 års ålder; *~ 1932 to* (*until*) *1986* från 1932 till 1986; *where does she come ~?* varifrån kommer hon? **2** efter; *painted ~ nature* målad efter naturen; *~ a painting by Rubens* efter en målning av Rubens **3** [på grund] av; att döma av; *exhausted ~ the swim* utmattad av simturen; *act ~ conviction* handla av övertygelse; *~ experience* av erfarenhet; *~ what I heard* [att döma] av vad jag har hört **4** undan, för; *he fled ~ the enemy* han flydde undan fienden; *escape ~ prison* fly ur fängelset **5** *different ~* olik; *safe ~* säker för **6** *~ above* ovanifrån; *~ across the sea* från andra sidan havet; *~ among* från, [fram] ur; *~ behind* bakifrån; *~ below* (*beneath*) nedifrån; *~ inside* infrån; *~ outside* utifrån; *~ underneath* underifrån
frond [frɒnd] *bot.* ormbunksblad
front [frʌnt] **I** *s* **1** framsida, främre del; fasad, front; *the ~ of the book* bokens början (framsida); *in ~* framtill, före; *in ~ of* framför, utanför, inför; *at* (*in*) *the ~ of* på framsidan av, framför, i spetsen för; *come to the ~* framträda, komma (träda) i förgrunden **2** *meteor., mil. o. bildl.* front; *warm ~* varmfront; *at the ~* vid fronten; *on a broad ~* på bred front; *on the wages ~* på lönefronten **3** strand[promenad] **4** hållning, uppträ-

dande; fräckhet; *put on a bold* ~ hålla god min; *have the* ~ *to do s.th.* ha fräckheten att göra ngt **5** *vard.* täckmantel; fasad **6** *i sht AE.* galjonsfigur **7** skjortbröst **II** *a* främre, främsta; framtill belägen; första; ~ *bench* (*BE. parl.*) främsta bänkraden (*för ministrar och oppositionsledare*); ~ *door* ytterdörr; ~ *garden* trädgård åt gatan; ~ *man* (*vard.*) galjonsfigur, bulvan; ~ *matter* titelsidor (*i bok*); ~ *page* förstasida (*av tidning*), titelsida (*i bok*); ~ *row* (*teat.*) första bänk; ~ *seat* framsäte, plats längst fram (framtill); ~ *vowel* främre vokal; ~ *wheel* framhjul **III** *v* **1** ~ [*on, onto*] vetta (ligga) åt (mot); stå mitt emot; *the door is* ~*ing the street* porten vetter mot gatan; *the house* ~*s* [*onto*] *the street* huset ligger med framsidan (fasaden) ut mot gatan **2** utgöra framsidan av **3** bjuda stången, möta **4** ~ *about* göra helt om

front|age ['frʌntɪdʒ] fasad, framsida **-al** [-l] **I** *s* **1** fasad **2** antependium **II** *a* **1** frontal; front-, fasad- **2** pann- **-bencher** *BE. parl.* innehavare av plats på första bänkraden (*se front II*)

frontier ['frʌn,tɪə] **I** *s* **1** (*stats*) gräns; gränsområde; ~*s* (*bildl.*) gränser **2** *AE.* gräns för nybyggarområde **II** *a*, *AE.* nybyggar- **frontiersman** [-zmən] *AE.* gränsbo, nybyggare

frontispiece ['frʌntɪspi:s] **1** fasad **2** frontespis, titelplansch (*i bok*)

front|let ['frʌntlɪt] **1** (*djurs*) panna **2** altarkläde **-runner** [-,rʌnə] *vard.* ledare, person som ligger i täten (*i tävling*) **-ward[s]** [-wəd(z)] fram[åt] **--wheel drive** ['frʌntwi:l,draɪv] framhjulsdrift

frost [frɒst] **I** *s* frost; isblomma; *degrees of* ~ köldgrader, grader under noll, grader kallt **2** rimfrost **3** *vard. bildl.* kyla **4** *vard.* misslyckande, fiasko **II** *v* **1** frostskada; täcka med rimfrost **2** *i sht AE.* glasera (*bakverk*) **3** mattslipa (*glas e.d.*) **-bite** ['frɒs(t)baɪt] frostskada **-bitten** ['frɒs(t),bɪtn] frost|skadad, -biten **-bound** ['frɒs(t)baʊnd] (*om mark*) hårdfrusen

frost heave ['frɒsthi:v] tjälskott **frosting** [-ɪŋ] **1** glasyr, kristyr (*på bakverk*) **2** matt yta (*på glas e.d.*) **frost line** [gräns för] frostfritt djup **frostwork** rimfrost, isblommor **frosty** [-ɪ] frost-, frostig; [is]kall (*äv. bildl.*)

froth [frɒθ] **I** *s* skum, fradga **2** svammel **II** *v* skumma, fradga [sig] **frothy** ['frɒθɪ] skummande, fradgande

frou-frou ['fru:fru:] frasande

frown [fraʊn] **I** *v* **1** rynka pannan (ögonbrynen), ha en bister uppsyn **2** ~ [*up*]*on* (*at*) se ogillande på, rynka på näsan på, ogilla **3** ~ *down* skrämma till tystnad **II** *s* rynkad panna, ogillande [blick], bister uppsyn

frowst [fraʊst] *BE.*, *vard.* kvav (instängd, unken) luft **frowsty** ['fraʊstɪ] kvav, unken, instängd

froze [frəʊz] *imperf. av freeze* **frozen** [-n] **I** *perf. part. av freeze* **2** (fast)frusen; köldskadad; ihjälfrusen **3** kall, isig; ~ *zones* polartrakter **4** djupfryst **5** *bildl.* (fast)frusen, bunden; fastlåst

F.R.S. *förk. för Fellow of the Royal Society* **frt.** *förk. för freight*

fruc|tiferous [frʌk'tɪfərəs] fruktbärande **-tify** ['frʌktɪfaɪ] **1** göra fruktbärande, befrukta **2** bära frukt **-tose** ['frʌktəʊs] fruktos, fruktsocker **-tuous** ['frʌktjʊəs] fruktbar

frugal ['fru:gl] **1** frugal, enkel **2** sparsam **-ity** [fru:'gælətɪ] **1** frugalitet, enkelhet **2** sparsamhet

fruit [fru:t] **I** *s* frukt (*äv. koll. o. bildl.*); *first* ~*s* (*pl*) första frukter (vinst), förstlingar **II** *v* [få att] bära frukt

fruitage ['fru:tɪdʒ] **1** *koll.* frukt[er] **2** fruktskörd **fruit body** (*svamps*) fruktkropp **fruitcake 1** [engelsk] fruktkaka **2** *sl.*, *i sht BE.* originell person **fruit cocktail** frukt|sallad, -cocktail **fruit drop** syrlig karamell **fruited** [-ɪd] fruktbärande **fruiter** [-ə] **1** fruktodlare **2** fruktträd **fruiterer** [-ərə] *i sht BE.* frukthandlare **fruitful** [-f(ʊ)l] fruktbar, produktiv (*äv. bildl.*)

fruition [fru:'ɪʃn] förverkligande; åtnjutande; *come to* ~ förverkligas

fruitless ['fru:tlɪs] **1** fruktlös, fåfäng **2** ofruktsam

fruit machine [-mə,ʃi:n] *BE.* enarmad bandit militära ordnar och medaljer, lullull **fruit sugar** [-,ʃʊgə] fruktsocker **fruit tree** [-tri:] fruktträd **fruity** [-ɪ] **1** frukt-, fruktliknande **2** (*om röst*) fyllig, klangfull **3** *vard. bildl.* pikant, saftig **4** *sl.* knasig, tokig **5** *sl.*, *i sht AE.* homosexuell

frump [frʌmp] tantig (trist) kvinna **-ish, -y** ['frʌmp|ɪʃ, -ɪ] tantig, trist

frus|trate [frʌ'streɪt] **1** frustrera **2** omintetgöra, gäcka **-tration** [frʌ'streɪʃn] **1** frustrering **2** omintetgörande, gäckande

1 fry [fraɪ] **I** *v* **1** steka, bryna, fräsa (*i panna*); *deep* ~ fritera; ~ *up* steka (värma) upp **2** stekas; *we're* ~*ing in this heat* (*vard.*) vi smälter i den här värmen **3** *sl.*, *i sht AE.* avrättas i elektriska stolen **II** *s* **1** stekt maträtt **2** *AE.* stekparty

2 fry [fraɪ] *pl* yngel; småfisk; *small* ~ *a*) små|ungar, -glin, *b*) obetydliga människor

fryer ['fraɪə] stekkyckling **frying pan** *BE.* stekpanna; *out of the* ~ *into the fire* ur askan i elden **fry-pan** *AE.* stekpanna

ft. *förk. för foot, feet; fort; fortification*

fuchsia ['fju:ʃə] *bot.* fuchsia, Kristi bloddroppe **fuck** [fʌk] *vulg.* **I** *v* knulla [med] **2** ~ *about* (*around*) *a*) driva omkring, slappa, *b*) mixtra, *c*) jävlas med; ~ *off!* dra åt helvete!; ~ *up a*) sabba (förstöra), *b*) göra konfys, förvirra **II** *s* **1** knull; ligg **2** *I don't care a* ~ inte skiter jag i; *who the* ~ *is that?* vem fan är det? **III** *interj*, ~ *you* (*it*)! fan också!, jävlar! **-ing** ['fʌkɪŋ] *vulg.* jävla

fuddle ['fʌdl] **I** *v* **1** supa, dricka **2** supa full; ~*d* full **3** förvirra **II** *s* förvirring

fuddy-duddy ['fʌdɪ,dʌdɪ] *vard.* gammal stofil, underlig kurre

1 fudge [fʌdʒ] fudge (*slags kola*)

2 fudge [fʌdʒ] **I** *s* [plats för] presstoppnyhet (*i tidning*) **II** *v* **1** lappa ihop, fuska till **2** förfalska, förvränga **3** undvika

fuel [fjʊəl] **I** *s* bränsle, drivmedel; *bildl.* näring, stoff; *add* ~ *to the fire* (*flames*) gjuta olja på elden **II** *v* tanka, fylla på [bränsle]

fuel injection ['fjʊəlɪn,dʒekʃn] direktinsprutning **fuelling station** [-ɪŋ,steɪʃn] bunkerstation **fuel oil** [-ɔɪl] brännolja **fuel tank** [-tæŋk] bränsletank

fug [fʌg] *i sht BE.* instängdhet, kvalmighet

fugacious [fju:'geɪʃəs] flyktig; kortlivad

fuggy ['fʌgɪ] instängd, kvalmig

fugitive ['fju:dʒɪtɪv] **I** *a* **1** flyende; förrymd **2**

flyktig, obeständig **II** *s* flykting; rymling
fugleman ['fju:glmæn] ledare; föredöme
fugue [fju:g] *mus.* fuga
fulcrum ['fʌlkrəm] stöd[jepunkt] *(för hävstång e.d.)*
fulfil *BE.*, **fulfill** *AE.* [fʊl'fɪl] uppfylla *(a desire* en önskan), infria *(a promise* ett löfte); fullgöra, utföra *(orders* order); fullborda; ~ *o.s.* förverkliga sig själv **-ment** [-mənt] uppfyllelse, infriande *etc.*, *jfr fulfil*
ful|gent, -gid ['fʌl|dʒ(ə)nt, -dʒɪd] *poet.* strålande
full [fʊl] **I** *a* **1** full, fylld *(of* av, med); ~ *house a) teat.* utsålt [hus], fullt hus, *b) (i poker)* fullt hus, kåk; *play to ~ houses (teat.)* spela för fulla hus; ~ *sails* [för] fulla segel; ~ *up* fullsatt, fylld till sista plats, proppfull, *vard.* [propp]mätt; *we are ~ up (om hotell e.d.)* vi är fullbelagda, vi har fullt **2** hel, full[ständig]; fulltalig; fullvärdig *(member* medlem); riklig; ~ *blood* fullblod; ~ *board* hel|-pension, -inackordering; *a ~ day's work* en hel dags arbete; *a ~ dozen* ett helt dussin; ~ *dress* högtidsdräkt, gala, stor toalett; ~ *moon* fullmåne; ~ *employment* full sysselsättning; ~ *name* fullständigt namn; ~ *particulars* alla detaljer; ~ *sister* helsyster; *at ~ speed* i full fart; *in ~ swing* i full gång (fart); ~ *stop (point)* punkt (*i skrift*); ~ *time (sport.)* full tid **3** *be ~ of* vara upptagen (helt uppfylld) av, vara fullt sysselsatt med **4** *(om figur e.d.)* fyllig, rund; *(om färg)* djup, mättad; *mus.* fyllig, mäktig, djup *(voice* röst) **5** *(om plagg)* vid, rymlig; ~ *skirt* helveckad kjol **II** *adv* **1** fullt, helt, fullständigt; *I know ~ well* jag vet mycket väl **2** drygt, gott och väl; *it is a ~ eight miles from here* det är drygt åtta miles härifrån **3** rakt, rätt, direkt; *hit s.b. ~ in the stomach* träffa ngn rakt i magen **4** *work ~ out* arbeta på högvarv **III** *s, in ~* till fullo, fullständigt, i sin helhet, helt och fullt; *to the ~* till fullo, fullständigt, i högsta grad
full|-blooded [,fʊl'blʌdɪd] fullblods-; varmblodig **--blown** i full blom; fullt utvecklad (utslagen) **--bodied** fyllig, mustig **--bottomed** [-'bɒtəmd] *a, ~ wig* allongeperuk **--cream** helfet **--dress** gala-, parad-; viktig; ~ *rehearsal* generalrepetition
fuller ['fʊlə] valkare
full|-faced [,fʊl'feɪst] **1** med runt ansikte **2** ~ *photo* foto [taget] rakt framifrån **--fledged 1** fullfjädrad, flygfärdig **2** *bildl.* färdig, utbildad, fullfjädrad, mogen *(pianist* pianist) **--grown** utvuxen; fullvuxen **--length** [-'leŋ(k)θ] oavkortad; i full längd; ~ *film* långfilm; ~ *mirror* helfigursspegel; ~ *portrait* porträtt i helfigur **--mouthed** [-'maʊðd] högljudd **-ness** ['fʊlnɪs] **1** fullständighet **2** *(om ton, färg e.d.)* fyllighet, djup, mättnad **3** fullhet; *out of the ~ of my heart* av hela mitt hjärta **--scale** [,fʊl'skeɪl] **1** i naturlig skala (storlek) **2** fullständig, total **--time** [,fʊl'taɪm] heltids- *(job* arbete) **--timer** ['fʊl,taɪmə] heltidsarbetande [person]; studerande på heltid
fully ['fʊlɪ] *adv* **1** fullt, helt, fullständigt, totalt; ~ *fashioned (om strumpor e.d.)* formstickad; ~ *fledged, se full-fledged* **2** drygt, minst *(an hour* en timme) **3** rikligt, tillräckligt
fulmar ['fʊlmə] *zool.* stormfågel
fulmi|nant ['fʌlmɪnənt] **1** explosiv, blixtrande **2** *(om smärta)* häftig, skarp, genomträngande **-nate** [-neɪt] **1** dundra, rasa *(against* mot) **2** explodera **-nating** [-neɪtɪŋ] explosiv, knall-; ~ *powder* knallpulver **-nation** [,fʌlmɪ'neɪʃn] **1** dundrande, fördömande, utfall **2** explosion
fulsome ['fʊlsəm] överdriven *(compliments* komplimanger), grov, falsk
fum|ble ['fʌmbl] **I** *v* **1** famla, treva, söka *(for* efter); ~ *in one's pockets* gräva i fickorna; ~ *for words* söka efter ord **2** fingra *(at, with* på) **3** fumla med, missa *(a ball* en boll) **II** *s* **1** fumlande, trevande, sökande **2** miss **-bler** [-blə] klåpare
fume [fju:m] **I** *s* **1** ~s *(pl)* rök, avgaser, ånga, dunster; *petrol ~s* bensinångor **2** lukt, stank **3** raseri, ilska **II** *v* **1** röka *(trä e.d.)* **2** koka av ilska, vara rasande *(at* över) **3** ryka; ånga
fumi|gate ['fju:mɪgeɪt] röka [ut] *(för att desinficera)* **-gation** [,fju:mɪ'geɪʃn] rökning *(desinfektion)*
fumy ['fju:mɪ] rökig
fun [fʌn] **I** *s* nöje; skämt, skoj; upptåg; ~ *and games (äv. iron.)* jätteroligt, lyckat; *for (in)* ~ på skämt, på skoj; *for the ~ of it* för skojs (nöjes) skull; *like ~!* *(AE. vard.)* ingalunda!, det skulle aldrig falla mig in!; *what ~!* så (vad) roligt!; *have great ~* ha mycket roligt; *make ~ of, poke ~ at* driva med, göra narr av **II** *a* skojig, rolig, trevlig **III** *v, vard.* skämta
function ['fʌŋ(k)ʃn] **I** *s* **1** funktion *(äv. mat.)*, uppgift; verksamhet, syssla; *the ~ of a tool* ett verktygs uppgift; *his ~ as a judge* hans uppgift som domare **2** festlighet, högtidlighet, ceremoni; [officiell] tillställning **II** *v* fungera; tjänstgöra **-al** ['fʌŋ(k)ʃənl] funktionell, funktions-; ämbets-, officiell **-alism** ['fʌŋ(k)ʃnəlɪz(ə)m] funktionalism **-ary** ['fʌŋ(k)ʃnərɪ] **I** *s* funktionär; tjänste-, ämbets|man **II** *a*, *se functional*
fund [fʌnd] **I** *s* **1** fond; *start a ~* inrätta en fond **2** *bildl.* fond, förråd *(of knowledge* av kunskaper), stor tillgång **3** ~*s (pl) a)* tillgångar, medel, pengar, *b) BE.* statsobligationer; *be in ~s* vara stadd vid kassa; *be short of ~s* ha dåligt med pengar **II** *v* **1** fondera **2** placera i statsobligationer
fundamental [,fʌndə'mentl] **I** *a* fundamental, grund-, grundläggande, elementär; ~ *particle* elementarpartikel; *be ~ to s.th.* vara grundläggande för ngt **II** *s* **1** grund[princip]; *let's get down to ~s* låt oss komma till saken **2** *mus. o. fys.* grundton
funeral ['fju:n(ə)r(ə)l] **I** *s* **1** begravning; *that's your ~ (vard.)* det är ditt huvudvärk (sak) **2** begravningståg **II** *a* begravnings-; ~ *director* begravningsentreprenör; ~ *parlor (AE. house)* bårhus, gravkapell; begravningsbyrå; ~ *pile (pyre)* likbål; ~ *procession* begravnings|tåg, -procession; ~ *service* jordfästning **funereal** [fju:'nɪərɪəl] **1** begravnings- **2** dyster, sorglig
funfair ['fʌnfeə] *BE.* nöjesfält, tivoli
fun|gus ['fʌŋgəs] *(pl -gi* [-gaɪ] *el. -guses)* svamp, svampbildning
funicular [fju:'nɪkjʊlə] **I** *s* linbana **II** *a* kabel-; ~ *railway* linbana
1 funk [fʌŋk] *vard., i sht BE.* **I** *s* **1** rädsla; *be in a [blue]* ~ vara skraj (byxis, rädd) **2** fegis **II** *v* [fegt, av rädsla] smita från
2 funk [fʌŋk] *AE. sl.* stank

funk hole ['fʌŋkhəʊl] *vard.* **1** *mil.* skyddsrum **2** arbete som berättigar till befrielse från krigstjänst **funky** ['fʌŋkɪ] *sl., i sht AE.* **1** stinkande **2** skön, bra; inne
funnel ['fʌnl] **I** *s* **1** tratt **2** lufttrumma **3** skorsten (*på fartyg, lok e.d.*) **II** *v* **1** hälla[s] genom en tratt **2** koncentrera[s], fokusera[s]
funnies ['fʌnɪz] *pl, AE. vard.* [tecknade] serier
funny ['fʌnɪ] **I** *a* **1** rolig, skojig, lustig, komisk; ~ *bone* änkestöt, tjuvsena (*i armbågen*) **2** rolig, underlig, konstig; ~ *farm* (*sl.*) dårhus **3** tvivelaktig, skum; ~ *business* skumma affärer (saker) **4** *vard.* dålig, konstig; *I feel* ~ jag känner mig dålig **II** *s, vard.* skämt, vits; *se äv. funnies*
fur [fɜː] **I** *s* **1** päls (*på vissa djur; plagg*); skinn (*av vissa djur*); *make the* ~ *fly* ställa till bråk (en scen) **2** *BE.* pannsten **3** *vard.* beläggning (*på tunga*) **II** *v* **1** pälsfodra, klä med päls **2** ~ *up* a) kalka[s] igen, b) (*om tunga*) bli belagd
fur. *förk. för furlong*
fur coat ['fɜːkəʊt] päls[kappa]
furbelow ['fɜːbɪləʊ] **1** volang; garnering **2** ~*s* (*pl*) grannlåt[er], bjäfs
furbish ['fɜːbɪʃ] **1** polera, putsa **2** ~ *up* piffa (putsa) upp, renovera
fur|cate ['fɜːkeɪt] **I** *a* grenig, kluven **II** *v* grena sig **-cation** [fɜː'keɪʃn] [gaffelformig] förgrening
furious ['fjʊərɪəs] rasande, ursinnig; häftig, våldsam; *fast and* ~ vild, uppsluppen
furl [fɜːl] **1** rulla ihop (*flagga e.d.*), fälla ihop (*paraply e.d.*); beslå (*segel*) **2** rullas ihop, fällas ihop
furlong ['fɜːlɒŋ] 1/8 mile (*201,17 m*)
furlough ['fɜːləʊ] *AE.* **I** *s* permission; permittering **II** *v* ge permission; permittera
furnace ['fɜːnɪs] [smält-, mas]ugn; *this room is like a* ~ (*bildl.*) det här rummet är hett som en bakugn
furnish ['fɜːnɪʃ] **1** utrusta, förse (*with* med) **2** ge, lämna (*information* upplysningar) **3** möblera, inreda **-er** [-ə] **1** leverantör **2** möbelhandlare **-ing** [-ɪŋ] **1** utrustande, utrustning **2** ~*s* (*pl*) möbler, inredning, inventarier **3** *AE.,* ~*s* (*pl*) ekipering, accessoarer
furniture ['fɜːnɪtʃə] (*endast sg*) **1** möbler, bohag, möblemang; *a piece of* ~ en (*enstaka*) möbel; *a suite of* ~ ett möblemang, en möbel; *the* ~ *was sold by auction* möblerna såldes på auktion **2** (*fabriks, fartygs*) utrustning **3** *åld.* seldon **furniture remover** flyttkarl **furniture van** flyttbuss
furor ['fjʊərɔː] *AE.,* **furore** [fjʊ(ə)'rɔːrɪ] *BE.* furor, vild hänförelse, sensation
furred [fɜːd] päls-; pälsklädd; pälsbärande **furrier** ['fʌrɪə] körsnär **furring** ['fɜːrɪŋ] **1** pälsgarnering; pälsverk **2** beläggning (*på tunga*) **3** brädfodring
furrow ['fʌrəʊ] **I** *s* [plog]fåra; *bildl.* fåra, rynka (*i panna e.d.*) **II** *v* plöja, *bildl.* fåra, göra rynkor i
further ['fɜːðə] **I** *adv* (*komp. av far*) **1** längre; längre bort; ~ *back* a) längre bak, b) längre tillbaka, tidigare; ~ *on* längre fram; *nothing is* ~ *from my thoughts* inget är mig mera fjärran; *I can go no* ~ (*bildl.*) jag kan inte sträcka mig längre **2** vidare, ytterligare; dessutom; *and* ~ och vidare (dessutom); ~ *to your letter* beträffande ert brev **II** *a* (*komp. av far*) **1** ytterligare, vidare; *on* ~ *consideration* vid närmare eftertanke; ~ *education* vidareutbildning, fortbildning; *until* ~ *notice* tills vidare; ~ *particulars* närmare upplysningar; *will there be anything* ~? var det ngt mer? **2** avlägsnare, bortre; *the* ~ *end of the corridor* bortre ändan av korridoren **III** *v* [be]främja, gynna; befordra **furtherance** ['fɜːð(ə)r(ə)ns] främjande; hjälp **furtherer** ['fɜːðərə] främjare, gynnare **furthermore** [,fɜːðə'mɔː] dessutom, vidare **furthermost** ['fɜːðəməʊst] *a* borterst, avlägsnast **furthest** (*superl. av far*) **I** *adv* längst; längst bort, ytterst **II** *a* borterst, avlägsnast, ytterst
furtive ['fɜːtɪv] hemlig, förstulen; i smyg
furun|cle ['fjʊərʌŋkl] *med.* furunkel, böld
fury ['fjʊərɪ] **1** raseri, ursinne; raseriutbrott; *in a* ~ rasande, i ursinne; *like* ~ (*vard.*) som galen, i rasande fart **2** (*rasande pers.*) furie **3** *myt.,* F~ furie
furze [fɜːz] *bot.* ärttörne
1 fuse [fjuːz] **I** *s* tändrör; stubin[tråd]; lunta; *have a short* ~ (*vard.*) ha kort stubin, vara lättretlig **II** *v* förse med stubintråd (lunta)
2 fuse [fjuːz] **I** *s* **1** säkring; propp; *a* ~ *has blown* det har gått en säkring **II** *v* **1** sammansmälta (*äv. bildl.*); *bildl. äv.* fusionera, slå[s] samman **2** smälta **3** förse med säkring **4** *BE., the lights* ~*d* det gick en säkring **fuse box** säkringsskåp
fusee [fjuː'ziː] **1** snäcka (*i ur*) **2** stormtändsticka **3** tändrör; stubin[tråd]
fuselage ['fjuːzɪlɑːʒ] [flygplans]kropp
fusible ['fjuːzəbl] smältbar
fusil ['fjuːzl] *åld.* musköt **fusilier** [,fjuːzɪ'lɪə] fysiljär **fusillade** [,fjuːzɪ'leɪd] **I** *s* gevärs|eld, -salva; *bildl.* salva, skur **II** *v* beskjuta (*m. gevärseld*)
fusion ['fjuːʒn] sammansmältning; fusion (*äv. kärnfys.*), sammanslagning (*av företag*) **fusion bomb** vätebomb
fuss [fʌs] **I** *s* **1** väsen, bråk, ståhej, uppståndelse; *a lot of* ~ *about nothing* mycket väsen för ingenting; *make* ~ föra (göra) väsen, ställa till bråk; *make a* ~ *of* (*over, about*) göra väsen av, göra sig till för **II** *v* **1** göra stort väsen; oroa sig i onödan; ~ *over* pyssla om, pjoska med **2** ~ *about* (*around*) fjanta omkring (runt) **3** irritera, störa **fuss-budget** ['fʌs,bʌdʒɪt] *AE. vard.,* **fusspot** ['fʌspɒt] *BE. vard.* omständlig person; gnatmåns **fussy** ['fʌsɪ] **1** beskäftig, fjäskig; tjafsig; petig, kinkig, orolig **2** utstyrd, prålig
fustian ['fʌstɪən] **I** *s* **1** (*slags kraftigt*) bomullstyg **2** bombasm, svulstighet (*i språk*) **II** *a* **1** billig; värdelös **2** bombastisk, svulstig
fustigate ['fʌstɪgeɪt] *åld.* prygla
fusty ['fʌstɪ] **1** unken, mögelluktande, instängd **2** gammalmodig, förlegad
fut. *förk. för future*
futile ['fjuːtaɪl] **1** fåfäng, meningslös, misslyckad **2** futil, futtig, obetydlig **3** fånig, idiotisk **futility** [fjuː'tɪlətɪ] **1** fåfänglighet, meningslöshet **2** futilitet, obetydlighet
future ['fjuːtʃə] **I** *a* framtida, framtids-; kommande, blivande **II** *s* **1** framtid; *in* ~ hädanefter, i fortsättningen; *in the* ~ i framtiden **2** *språkv., the* ~ futurum **3** ~*s* (*pl*) terminsaffärer **futurism** [-rɪz(ə)m] futurism **futuristic** [,fjuːtʃə'rɪstɪk] **1** futuristisk **2** ultramodern **futurity** [fjuː'tjʊərətɪ]

futurologist—gallant 188

framtida händelse
futurolo|gist [ˌfjuːtʃəˈrɒlədʒɪst] futurolog, framtidsforskare **-gy** [-dʒɪ] futurologi, framtidsforskning
fuze [fjuːz] *AE.*, *se 1 fuse*
1 fuzz [fʌz] fjun, ludd; [hår]burr
2 fuzz [fʌz] *sl.* snut (*polis*)
fuzzy [ˈfʌzɪ] **1** fjunig; luddig; (*om hår*) burrig **2** oklar, suddig (*äv. bildl.*)
fwd. *förk. för* forward **f.w.d.** *förk. för* four--wheel-drive; front-wheel-drive
F.Z.S. *förk. för* Fellow of the Zoological Society

G

G, g [dʒiː] (*bokstav*, *ton*) G, g; *G flat* (*mus.*) gess; *G sharp* (*mus.*) giss; *G clef* (*mus.*) g-klav, diskantklav
G *förk. för* grand (*AE. sl.*; *1000 dollar el. pund*)
G., g. *förk. för* gauge; gauss; guilder[s]; guinea [s]; *Gulf* **g** *förk. för* gallon[s]; gram[s] **G.A.** *förk. för* General Assembly; general average **Ga.** *förk. för* Georgia
gab [gæb] *vard.* **I** *v* prata, pladdra, gaffla **II** *s* prat, pladder, gafflande; *have the gift of the* ~ ha en välsmord tunga
gabble [ˈgæbl] **I** *v* **1** pladdra, babbla; (*om gäss*) snattra **2** rabbla **II** *s* pladder, babbel; snatter
gabby [ˈgæbɪ] *vard.* pratsjuk
gaberdine [ˈgæbədiːn] **1** gabardin **2** *hist.* (*judes*) kaftan **3** regnrock (*för barn*)
gable [ˈgeɪbl] gavel **gable roof** gaveltak **gable window** gavelfönster
gaby [ˈgeɪbɪ] *vard.*, *i sht BE.* dumbom
1 gad [gæd] **I** *v*, ~ (*about*, *around*) driva omkring **II** *s*, [*up*]*on the* ~ på äventyr (driven)
2 gad [gæd] *interj.*, *åld.*, *by* ~*!* för tusan!
gadabout [ˈgædəbaʊt] *vard.*, *be a* ~ vara rastlös, vara mycket ute och roa sig (*resa*)
gadfly [ˈgædflaɪ] *zool.* broms
gadget [ˈgædʒɪt] **1** tillbehör, finess; anordning **2** grej, manick
Gael [geɪl] gael **-ic** [ˈgeɪlɪk] **I** *a* gaelisk **II** *s* (*språk*) gaeliska
1 gaff [gæf] **I** *s* **1** huggkrok; ljuster **2** *sjö.* gaffel **II** *v* **1** fånga med huggkrok; ljustra **2** *sl.* lura, bedra
2 gaff [gæf] *sl.* **1** nonsens, dumt prat **2** *BE.*, *blow the* ~ skvallra **3** *i sht AE*, *stand the* ~ bli hånad, ha problem
gaffe [gæf] blunder, tabbe
gaffer [ˈgæfə] **1** *vard.*, *i sht BE.* bas, förman **2** gammal gubbe, gamling
gaff|-rigged [ˈgæfrɪgd] *sjö.* gaffelriggad **-sail** *sjö.* gaffelsegel

1 gag [gæg] **I** *s* munkavle (*äv. bildl. vard.*) **II** *v* **1** sätta munkavle på (*äv. bildl. vard.*) **2** *sl.* hålla på att kvävas; [få att] spy
2 gag [gæg] *sl.* **I** *s* **1** vits, gagg, komiskt inlägg (*i pjäs e.d.*) **2** [handgripligt] skämt, practical joke **II** *v* **1** komma med gaggs **2** *teat.*, ~ [*up*] improvisera (*utanför texten*)
gaga [ˈɡɑːɡɑː] *sl.* **1** senil, gaggig **2** knasig, tokig
1 gage [ɡeɪdʒ] **I** *s* **1** pant **2** stridshandske; utmaning **II** *v*, *åld.* satsa; sätta i pant
2 gage [ɡeɪdʒ] *sl.*, *i sht AE.* marijuana
gaggle [ˈɡæɡl] **I** *v* (*om gäss*) snattra, kackla **II** *s* **1** gåsflock; *vard.* skock **2** snattrande, kacklande
gai|ety [ˈɡeɪ(ɪ)ətɪ] **1** glädje, munterhet **2** festlighet, förlustelse **3** festligt utseende **-ly** [ˈɡeɪlɪ] *adv* glatt, muntert
gain [ɡeɪn] **I** *v* **1** vinna (*confidence* förtroende), skaffa sig (*knowledge* kunskaper), erhålla, få; ~ *ground* vinna terräng, breda ut sig, göra framsteg; ~ *speed* öka (få upp) farten; ~ *time* vinna tid; ~ *weight* öka (gå upp) i vikt; *what do you hope to* ~ *by that?* vad hoppas du vinna med det?; *my watch* ~*s two minutes* min klocka fortar sig två minuter **2** [för]tjäna (*one's living* sitt uppehälle) **3** nå (*port* hamn[en]); [upp]nå (*one's aims* sina syften) **4** öka, gå upp; vinna; tilltaga; ~ *in value* öka i värde; *my watch* ~*s* min klocka fortar sig **5** ~ [*up*]*on a*) vinna på, ta in på (*one's competitors* sina medtävlare), *b*) dra ifrån (*one's pursuers* sina förföljare) **II** *s* **1** vinst; förvärv; förtjänst; fördel; ~*s* (*äv.*) affärsvinster, intäkter; *ill-gotten* ~*s* orättmätig vinst, syndapengar **2** ökning, uppgång (*in value* i värde) **3** *elektron.* förstärkning **-er** [ˈɡeɪnə] vinnare **-ful** [ˈɡeɪnfʊl] vinstgivande, lönande, lukrativ; *be in* ~ *employment* ha förvärvsarbete **-ings** [ˈɡeɪnɪŋz] *pl* vinster, intäkter, förtjänst
gain|say [ˌɡeɪnˈseɪ] (*-said*, *-said*) *åld. el. litt.* förneka, bestrida; motsäga
gait [ɡeɪt] gång, sätt att gå
gaiter [ˈɡeɪtə] damask
gal [ɡæl] *vard.* tjej
gal. *förk. för* gallon[*s*]
gala [ˈɡɑːlə] gala, stor fest
galactic [ɡəˈlæktɪk] *astr.* galaktisk
galanty show [ɡəˈlæntɪˌʃəʊ] skuggspel
Galatians [ɡəˈleɪʃənz] (*behandlas som sg*) [*the Epistle to the*] ~ Galaterbrevet
galaxy [ˈɡæləksɪ] **1** galax, stjärnsystem; *the G*~ Vintergatan **2** lysande samling (*av människor*)
1 gale [ɡeɪl] **1** storm **2** ~*s of laughter* (*vard.*) skrattsalvor
2 gale [ɡeɪl] *bot.* [*sweet*] ~ pors
Galen [ˈɡeɪlən] Galenos
Galilean [ˌɡælɪˈliːən] **I** *s* galilé **II** *a* galileisk **Galilee** Galiléen; *the Sea of* ~ Galileiska sjön
1 gall [ɡɔːl] **I** *s* **1** *bildl.* galla, bitterhet **2** *vard.* fräckhet **3** *åld.* galla; gallblåsa
2 gall [ɡɔːl] **I** *s* **1** skrubbsår, skavsår **2** *bildl.* irritation **II** *v* **1** skava [sönder], skrubba **2** irritera, reta, plåga
3 gall [ɡɔːl] galläpple
gall. *förk. för* gallon[*s*]
gallant [ˈɡælənt] **I** *a* **1** tapper, modig **2** galant, chevaleresk **3** ståtlig, imponerande **II** *s* **1** friare, [uppvaktande] kavaljer **2** sprätt **3** tapper man **III**

gallantry—gannet

v **1** uppvakta, kurtisera **2** eskortera (*dam*) **-ry** [-rɪ] **1** tapperhet, [hjälte]mod **2** galanteri
gall bladder [ˈgɔːlˌblædə] gallblåsa **galleas** [ˈgælɪəs] *sjö.* galeas **galleon** [ˈgælɪən] *sjö.* galeon
gallery [ˈgælərɪ] **1** galleri (*äv. sjö.*); läktare; *teat.* tredje (översta) rad **2** åskådare, [läktar]publik; *play to the ~* spela för galleriet, fria till publiken **3** *i sht AE.* auktionslokal **4** [gruv]gång **5** *shooting ~* skjutbana inomhus
galley [ˈgælɪ] **1** *hist.* galär **2** slup **3** *boktr.* sättskepp **4** skeppskök, byssa; pentry **galley proof (sheet)** *boktr.* spaltkorrektur **galley slave** galärslav
gallfly [ˈgɔːlflaɪ] gallstekel
Gallic [ˈgælɪk] gallisk; fransk **Gallicism** [ˈgælɪsɪz(ə)m] gallicism
galligaskins [ˌgælɪˈgæskɪnz] *pl* **1** *hist.* vidbyxor **2** läderdamasker
gallimaufry [ˌgælɪˈmɔːfrɪ] *i sht AE.* röra, hopkok
gallinaceous [ˌgælɪˈneɪʃəs] *a*, *~ bird* hönsfågel
gallipot [ˈgælɪpɒt] apoteksburk
gallivant [ˌgælɪˈvænt] gå (driva) omkring
gallnut [ˈgɔːlnʌt] galläpple
gallon [ˈgælən] (*i England*) [*imperial*] ~ gallon (= *4,55 l*); (*i USA*) gallon (= *3,79 l*)
galloon [gəˈluːn] galon, träns
gallop [ˈgæləp] **I** *s* galopp; *at a ~* i galopp; *at full ~* i full galopp; *go for a ~* ta en ridtur i galopp **II** *v* **1** [låta] galoppera **2** *vard.* rusa, rasa, jaga
gallows [ˈgæləʊz] (*pl ~*[*es*]; *behandlas vanl. som sg*) galge; *send s.b. to the ~* döma ngn till galgen **gallows bird** *vard.* galgfågel **gallows humour** galghumor **gallow[s] tree** galge
gallstone [ˈgɔːlstəʊn] med. gallsten
Gallup Poll [ˈgæləppəʊl] gallupundersökning
galluses [ˈgæləsɪz] *pl* hängslen
galop [ˈgæləp] galopp (*slags dans*)
galore [gəˈlɔː] *vard.* i massor, massor av
galosh [gəˈlɒʃ] galosch
galumph [gəˈlʌmf] *vard.* klampa, trampa
galvanic [gælˈvænɪk] **1** galvanisk **2** *vard.* krampartad, konvulsivisk **galvanism** [ˈgælvənɪz(ə)m] galvanism **galva|nize** (*BE. äv. -nise*) [ˈgælvənaɪz] **1** galvanisera **2** *bildl.* stimulera, egga, sporra **galvanometer** [ˌgælvəˈnɒmɪtə] galvanometer
gam [gæm] *sl.* [snygg] spira (*ben*)
gam|bade [gæmˈbeɪd], **-bado** [-ˈbeɪdəʊ] hopp, skutt, krumsprång
gambit [ˈgæmbɪt] **1** *schack.* gambit **2** *bildl.* upptakt, schackdrag, utspel
gam|ble [ˈgæmbl] **I** *v* **1** spela [hasard] (*on horses* på hästar); *~ on* (*vard.*) tippa, vara säker på (*its being a fine day* att det blir en fin dag) **2** satsa, sätta på spel; *~ away* spela bort **II** *s* [hasard]spel; *bildl.* lotteri, chansning, vågspel **-bler** [-blə] [hasard]spelare
gambling [ˈgæmblɪŋ] hasardspel **--den** spelhåla **--debts** *pl* spelskulder **--joint** *AE.* spelhåla
gamboge [gæmˈbuːʒ] **1** gummigutta **2** gulockra
gambol [ˈgæmbl] **I** *v* hoppa och skutta, göra glädjesprång **II** *s* **1** glädjesprång **2** upptåg
1 game [geɪm] **I** *s* **1** lek (*äv. bildl.*); spel (*äv. bildl.*); *~s* (*äv.*) idrott, sport; *athletic ~s* idrotter, idrottstävlingar; *the Olympic G~s* [de] olympiska spelen; *the ~ of politics* det politiska spelet; *beat s.b. at his own ~* slå ngn med hans egna vapen; *make* [*a*] *~ of* driva med, förlöjliga; *play ~s* leka lekar, spela spel; *play ~s with s.b.* (*äv.*) leka med ngn; *play s.b.'s ~* spela ngn i händerna; *play the ~* (*vard.*) hålla sig till spelreglerna, spela (uppträda) just; *two can play at that ~* en ann är så god som en ann, det där kan jag med; *be on* (*off*) *one's ~* spela bra (dåligt), vara i (ur) form; *the ~ is up* spelet är förlorat; *give the ~ away* avslöja sina planer **2** match; [spel]omgång, -period; parti (*of chess* schack); vunnet spel; game (*i tennis*); set (*i bordtennis o. badminton*); vinnande poäng; *the ~ is five two* ställningen är fem två **3** spelstil; [sport]utrustning **4** *vard.* bransch, yrke, game; *the publishing ~* förlagsbranschen; *be on the ~* (*sl., i sht BE.*) gå på sporten (*vara prostituerad*) **5** *vard.* knep, trick; *none of your little ~s!* försök inte med mig! **6** vilt, villebråd; *big ~* storvilt; *fair ~* lovligt villebråd **II** *a* **1** modig **2** *vard.* redo, färdig; *be ~* hänga med, ställa upp; *be ~ for anything* gå (vara) med på allting **3** jakt-, vilt- **III** *v* spela [hasard]
2 game [geɪm] *a, a ~ leg* ett ofärdigt (lamt) ben
game-bag [ˈgeɪmbæg] jaktväska **gamecock, game fowl** stridstupp **gamekeeper** [-ˌkiːpə] skogvaktare; jaktvårdare **game laws** [-lɔːz] *pl* jaktlagar **gamely** [-lɪ] *adv* modigt; sportsligt **gamesmanship** [-zmənʃɪp] *vard.* konsten att vinna genom finter (psykning) **gamesome** [-səm] lekfull **games-master** [-zˌmɑːstə] gymnastiklärare **gamester** [-stə] [hasard]spelare **games theory** [-zˌθɪərɪ] spelteori **game warden** [-ˌwɔːdn] viltvårdare; skogvaktare **gaming** [-ɪŋ] [hasard]spel, dobbel **gaming house** spelhall
gamma globulin [ˈgæməˌglɒbjʊlɪn] gammaglobulin **gamma radiation** gammastrålning **gamma rays** [-reɪz] *pl* gammastrålar
1 gammon [ˈgæmən] rimmad (rökt) skinka
2 gammon [ˈgæmən] *BE. vard.* **I** *s* bedrägeri, skoj, humbug **II** *v* bluffa; lura
gammy [ˈgæmɪ] *BE. sl.* halt, justerad
gamp [gæmp] *BE., vard.* paraply
gamut [ˈgæmət] [ton]skala; tonomfång; *bildl.* räckvidd, skala
gamy [ˈgeɪmɪ] **1** med viltsmak **2** *vard.* modig, djärv, käck
gander [ˈgændə] **1** gåskarl **2** *vard.* idiot **3** *vard.* titt
gang [gæŋ] **I** *s* **1** [arbets]lag, -grupp **2** gäng, band, liga **3** [verktygs]uppsättning **II** *v* bilda gäng; *~ up* (*vard.*) gadda ihop sig (*on, against* mot)
gangbang [ˈgæŋbæŋ] *sl.* gäng-, kompani|knull
Ganges [ˈgæn(d)ʒiːz]
gangland [ˈgæŋlænd] *vard.* gangstervärlden
gangling [ˈgæŋlɪŋ] lång och gänglig
gangli|on [ˈgæŋlɪən] (*pl -a* [-ə] *el. -ons*) **1** ganglie, nervknut **2** *bildl.* kraftcentrum
gangplank [ˈgæŋplæŋk] landgång, gångbord
gangrene [ˈgæŋgriːn] **1** kallbrand **2** *bildl.* moraliskt förfall
gangster [ˈgæŋstə] gangster
gangway [ˈgæŋweɪ] **I** *s* **1** *sjö.* landgång **2** *BE.* gång, passage **3** spång **II** *interj* ur vägen!
gannet [ˈgænɪt] *zool.* havssula

gantry—gather

gantry ['gæntrɪ] **1** kranportal; brygga, ställning (*för skyltar över vägar e.d.*); järnv. signalbrygga **2** servicetorn (*för missiler e.d.*)
gaol, -er ['dʒeɪl(ə)] *BE., se* jail, -er
gap [gæp] **1** öppning, hål, gap; bräsch **2** *bildl.* gap, tomrum, lucka; klyfta; stor skillnad; *generation* ~ generationsklyfta **3** *i sht AE.* ravin, trångt pass
gape [geɪp] **I** *v* **1** gapa, stå öppen **2** [stå och] gapa, glo (*at* på) **II** *s* **1** gapande **2** gapande, gloende **3** gap; ~*s* (*pl, vard.*) gäspningsanfall **gaping** ['geɪpɪŋ] *a* gapande
garage ['gæra:dʒ] **I** *s* garage; bilverkstad; servicestation **II** *v* ställa in (ha) i garage **garage mechanic** [-mɪˌkænɪk] bilmekaniker
garb [gɑ:b] **I** *s* **1** [kläde]dräkt, skrud, kostym **2** klädstil **3** *bildl.* yttre sken **II** *v* klä, skruda
garbage ['gɑ:bɪdʒ] **1** skräp, strunt, smörja **2** *i sht AE.* avskräde, avfall, sopor **garbage can** *AE.* soptunna **garbage collector (man)** *AE.* sophämtare **garbage truck** *AE.* sopbil
garble ['gɑ:bl] förvanska, förvränga, stympa
garden ['gɑ:dn] **I** *s, BE.* trädgård; ~*s* (*pl, äv.*) [offentlig] park; *the G~ of Eden* Edens lustgård; *back* (*front*) ~ trädgård bakom (framför) huset; *zoological* ~[*s*] zoo[logisk trädgård], djurpark **II** *v* ägna sig åt trädgårdsskötsel **III** *a* trädgårds-; *common or* ~, *se* common *I 3* **gardener** [-ə] trädgårdsmästare
gardenia [gɑ:'di:njə] *bot.* gardenia
gardening ['gɑ:dnɪŋ] trädgårds|arbete, -skötsel
garden party [-ˌpɑ:tɪ] garden party, trädgårdsfest **garden path** [-pɑ:θ] trädgårdsgång; *lead s.b. up the* ~ (*vard.*) vilseleda (bedra) ngn **garden warbler** *zool.* trädgårdssångare
gargantuan [gɑ:'gæntjʊən] gigantisk, enorm
gargle ['gɑ:gl] **I** *v* gurgla [sig] **II** *s* **1** gurgelvatten **2** gurgling
gargoyle ['gɑ:gɔɪl] **1** *arkit.* droppnäsa (*på takränna*) **2** person med grotesk utseende
garibaldi [ˌgærɪ'bɔ:ldɪ] *BE.* (*slags*) korintkaka
garish ['geərɪʃ] prålig; skrikig, gräll
garland ['gɑ:lənd] **I** *s* **1** [blomster]krans, -girland **2** samling, antologi **II** *v* pryda med krans[ar], bekransa
garlic ['gɑ:lɪk] vitlök **garlicky** [-ɪ] vitlöks-
garment ['gɑ:mənt] [klädes]plagg; ytterplagg; klädnad, dräkt
garner ['gɑ:nə] **I** *v* magasinera, lagra; samla **II** *s* **1** *åld.* spannmålsmagasin **2** magasin, lager
garnet ['gɑ:nɪt] *miner.* granat
garnish ['gɑ:nɪʃ] **I** *v* **1** pryda, smycka, dekorera **2** *jur.* stämma **3** *kok.* pressa på pengar **II** *s* garnering **-niture** [-nɪtʃə] garnering, dekorering
garret ['gærət] vinds|rum, -våning **garrison** ['gærɪsn] **I** *s* garnison **II** *v* förlägga garnison i; förlägga i garnison
garrotte [gə'rɒt] **I** *s* **1** garrottering **2** garrotteringsjärn **II** *v* **1** garrottera **2** strypa, ta struptag på
garru|lity [gæ'ru:lətɪ] pratsjuka **-lous** ['gærələs] pratsjuk
garter ['gɑ:tə] **I** *s* strumpeband (*runt ben*); ärmhållare; *AE.* strumpeband; *the Order of the G~* Strumpebandsorden **II** *v* fästa med strumpeband
gas [gæs] **I** *s* **1** gas; *step on the* ~ (*vard.*) *a*) trampa på gasen, accelerera, *b*) skynda på (sig) **2** *AE.*

bensin **3** *sl.* struntprat, snack; *i sht AE.* toppen|-grej, -kille, -tjej **II** *v* **1** gasförgifta; gasa [ihjäl]; sprida gas [över] **2** *sl., i sht AE.* göra jätteglad **3** *vard.* snacka (*to* med); skrävla (*to* för)
gasbag ['gæsbæg] *sl.* pratkvarn **gas burner** gaslåga; gasbrännare **gas chamber** gaskammare
Gascony ['gæskənɪ] Gascogne
gas cooker ['gæsˌkʊkə] gasspis **gas engine** gasmotor **gaseous** [-jəs] gas-, gasartad, gasformig **gas fire** [-faɪə] gaskamin
gash [gæʃ] **I** *s* jack, djup skåra **II** *v* göra en djup skåra (ett djupt sår) i
gasholder ['gæsˌhəʊldə] gasklocka **gasiform** [-ɪfɔ:m] i gasform **gasify** [-ɪfaɪ] förgasa[s] **gas jet** [-dʒet] gaslåga; gasbrännare
gasket ['gæskɪt] **1** *tekn.* packning; *blow a* ~ (*sl.*) få ett utbrott
gaslamp ['gæslæmp] gas|lampa, -lykta **gaslight** gasbelysning; gasljus **gas lighter** [-ˌlaɪtə] gaständare (*för gas*); cigarrettändare (*med gasfyllning*) **gas main** [-meɪn] [huvud]gasledning **gas mantle** [-ˌmæntl] gasstrumpa **gas mask** [-mɑ:sk] gasmask **gas meter** [-ˌmi:tə] gasmätare **gaso|lene, -line** ['gæsə(ʊ)li:n] *AE.* bensin
gasometer [gæ'sɒmɪtə] gasklocka; gasmätare
gasp [gɑ:sp] **I** *v* **1** dra efter andan, flämta, flåsa; kippa efter andan (luft) **2** längta (*for* efter) **3** ~ [*out*] flåsa (flämta) fram **II** *s* flämtning, häftigt andetag; *at the last* ~ *a*) döende, *b*) i sista ögonblicket **-er** ['gɑ:spə] *BE. sl.* giftpinne, cigg
gasproof ['gæspru:f] gas|tät, -säker **gas range** gasspis **gas ring** gasbrännare (*på gasspis*) **gas station** [-ˌsteɪʃn] *i sht AE.* bensinstation **gas stove** [-stəʊv] gasspis; gaskök **gassy** [-ɪ] **1** full av gas **2** *sl.* pratig, babblig **gas tank** [-tæŋk] *AE.* bensintank **gastight** [-taɪt] gastät
gas|tric ['gæstrɪk] mag-; ~ *juice* magsaft; ~ *ulcer* magsår **-tritis** [gæ'straɪtɪs] gastrit, magkatarr **-tronome** ['gæstrənəʊm], **-tronomist** [gæ'strɒnəmɪst] gastronom **-tronomy** [gæ'strɒnəmɪ] gastronomi
gasworks ['gæswɜ:ks] (*behandlas som sg*) gasverk
gat [gæt] *sl., i sht AE.* puffra
gate [geɪt] **I** *s* **1** port; grind; bom, spärr; lucka; in-, ut|gång; (*på flygplats äv.*) gate; *bildl.* [inkörs]port **2** bergspass (*i sht t. annat land*) **3** (*vid* [*sport*]*evenemang*) publiksiffra; biljettintäkter **II** *v, univ.* ge husarrest
gâteau ['gætəʊ] (*pl* ~*x* [-z]) tårta
gate-crash ['geɪtkræʃ] *vard.* **1** komma objuden till (på), planka in på; tränga sig in på **2** planka [in] **-er** [-ə] objuden gäst, inkräktare; plankare **gate|fold** [ˈgeɪtfəʊld] utvikningsblad **-house** portvaktsbostad; grindstuga **-keeper** port-, grind|vakt **--leg[ged] table** slagbord **-man** [-mən] portvakt
gate money ['geɪtˌmʌnɪ] (*vid* [*sport*]*evenemang*) biljettintäkter **gatepost** [-pəʊst] grindstolpe; *between you, me, and the* ~ oss emellan [sagt] **gateway** port[gång]; [inkörs]port (*äv. bildl.*)
gather ['gæðə] **I** *v* **1** samla (*one's friends* sina vänner); *be* ~*ed to one's fathers* samlas till sina fäder (*dö*) **2** samla [ihop, in] (*wood* ved); plocka (*flowers* blommor); ~ *information* inhämta (skaffa sig) upplysningar; ~ *a shawl about one's shoul-*

gathering—genera

ders svepa en sjal om axlarna; ~ speed skjuta (få) fart; ~ one's wits samla sig (sina tankar); ~ s.b. [in]to one's arms sluta ngn i sina armar; ~ together samla ihop; ~ up samla ihop (upp) **3** förstå, dra den slutsatsen (from av) **4** rynka, dra ihop (a skirt en kjol one's brows ögonbrynen) **5** samlas **6** samla (dra ihop) sig **7** (om böld e.d.) mogna **8** rynkas **II** s rynka **-ing** ['gæð(ə)rɪŋ] **I** s **1** [för]samling; sammankomst, möte **2** [in-, hop]samling, -samlande; plockning **3** sömn. rynkning **4** vard. varsamling **II** a annalkande (storm oväder)

GATT förk. för General Agreement on Tariffs and Trade

gauche [gəʊʃ] klumpig, tafatt; taktlös

gaucho ['gaʊtʃəʊ] gaucho, sydamerikansk cowboy

gaud [gɔ:d] grannlåt, billig prydnadssak

1 gaudy ['gɔ:dɪ] prålig, grann, skrikig

2 gaudy ['gɔ:dɪ] BE. årlig fest[middag] (i skola el. college)

gauge [geɪdʒ] **I** s **1** [standard]mått; dimension, vidd; tjocklek; kapacitet; kaliber; (tråds) grovlek **2** spårvidd; narrow (standard) ~ smal (normal) spårvidd **3** mätare; bildl. äv. måttstock, kriterium; petrol ~ bensinmätare; pressure ~ tryckmätare; take the ~ of beräkna storleken av **4** sjö. (fartygs) läge **II** v **1** mäta (tjocklek e.d.); justera (mått o.d.) **2** beräkna, bedöma, uppskatta

Gaul [gɔ:l] **1** Gallien **2** gallier

gaunt [gɔ:nt] **1** mager, utmärglad **2** (om plats) dyster

1 gauntlet ['gɔ:ntlɪt] **1** järnhandske; take up the ~ ta upp den kastade handsken; throw down the ~ kasta [strids]handsken **2** krag-, sport|handske

2 gauntlet ['gɔ:ntlɪt] gatlopp; run the ~ löpa gatlopp

gauze [gɔ:z] gas, flor **gauze bandage** ['gɔ:z‚bændɪdʒ] gasbinda

gave [geɪv] imperf. av give

gavel ['gævl] ordförande-, auktions|klubba**gavot[te]** [gə'vɒt] gavott

Gawd [gɔ:d] sl. Gud

gawk [gɔ:k] **I** s tölp, drummel **II** v [stå och] gapa

gawky ['gɔ:kɪ] tafatt, klumpig

gawp [gɔ:p] BE. sl. glo, stirra (at på)

gay [geɪ] **I** a **1** glad, munter; a ~ life ett glatt liv **2** färgglad, lysande, bjärt **3** lättsinnig, utsvävande; a ~ dog en glad lax **4** vard. homosexuell **II** s, vard. homosexuell [person]

gaz. förk. för gazette; gazetteer

gaze [geɪz] **I** v stirra, titta (at, [up]on på) **II** s stirrande; [spänd] blick

gazebo [gə'zi:bəʊ] lusthus, inglasad balkong (med utsikt)

gazelle [gə'zel] zool. gasell

gazette [gə'zet] officiell tidning **gazetteer** [‚gæzə'tɪə] ortnamnsförteckning (med ortsbeskrivningar)

G.B. förk. för Great Britain **G.B.E.** förk. för (Knight, Dame) Grand Cross of the British Empire **G.B.S.** förk. för George Bernard Shaw **G.C.** förk. för George Cross **G.C.B.** förk. för (Knight) Grand Cross of the Bath **GCE** förk. för General Certificate of Education **G.C.F., g.c.f.** förk. för greatest common factor **G.C.M., g.c.m.** förk. för greatest common measure **G.C.V.O.** förk. för (Knight, Dame) Grand Cross of the Royal Victorian Order **Gdns.** förk. för Gardens **GDR** förk. för German Democratic Republic (DDR) **gds.** förk. för goods

gear [gɪə] **I** s **1** kugghjul, drev; mekanism; utväxling[smekanism]; växel; a bicycle with five-speed ~ en femväxlad cykel; in ~ inkopplad, med en växel i; out of ~ a) urkopplad, utan växel i, b) i olag; bottom (low) ~ lägsta växel; top (high) ~ högsta växel; change ~ växla; change into the fourth ~ lägga i fyran[s växel]; put a car into ~ lägga i en växel; throw a car out of ~ växla ur **2** redskap, grejor, utrustning **3** landningsställ **4** sl. mode|kläder, -prylar; stöldgods **II** v **1** rätta, anpassa (to efter, till) **2** koppla in (på), förse med utväxling; ~ down växla ner; ~ up a) växla upp, b) förbereda, göra redo **-box** ['gɪəbɒks] växellåda **-ing** ['gɪərɪŋ] utväxling[smekanism], växel **gear lever** ['gɪə‚li:və] BE., **gearshift** ['gɪəʃɪft] AE. växelspak **gearwheel** ['gɪəwi:l] kugghjul, drev

gecko ['gekəʊ] zool. geckoödla

1 gee [dʒi:] **I** s, sl. kuse (häst) **II** interj, ~ [up] hoppla! **III** v, ~ [up] smacka åt (häst)

2 gee [dʒi:] interj, AE. vard., ~ [whiz]! nej men!, jösses!, himmel!, åh!

gee-gee ['dʒi:dʒi:] sl. kuse (häst)

geese [gi:s] pl av goose

gee-up ['dʒi:ʌp] interj hoppla!

geezer ['gi:zə] vard. gammalt original, gammal stofil

Geiger[-Müller] counter ['gaɪgə('mʊlə)-‚kaʊntə] geigermätare

geisha ['geɪʃə] geisha

gel [dʒel] **I** s, kem. gel **II** v **1** bilda gel, stelna **2** bildl. ta form

gelatine [‚dʒelə'ti:n] gelatin **gelatinous** [dʒə'lætɪnəs] gelatin-, gelatinaktig

geld [geld] kastrera, snöpa **-ing** ['geldɪŋ] kastrerad häst, valack

gelid ['dʒelɪd] [is]kall

gelt [gelt] sl., i sht AE. stålar

gem [dʒem] **I** s **1** ädelsten, juvel **2** bildl. pärla, klenod **II** v smycka med ädelsten[ar]

gemi|nate I v ['dʒemɪneɪt] ordna[s] parvis **II** a ['dʒemɪnət] parvis förekommande **-nation** [‚dʒemɪ'neɪʃn] fördubbling

Gemini ['dʒemɪnaɪ] Tvillingarna (i djurkretsen)

gem|ma ['dʒe|mə] (pl -mae [-mi:]) bot. bladknopp **-mation** [dʒe'meɪʃn] biol. knoppning

gen [dʒen] BE., vard. **I** s upplysning, information (on om) **II** v, be ~ned up få fullständig information, få detaljerade upplysningar

Gen. förk. för General; Genesis **gen.** förk. för gender; general; generator; generic; genitive; genus

gendarme ['ʒɑ:(n)dɑ:m] **1** gendarm **2** sl. snut

gender ['dʒendə] **1** språkv. kön, genus **2** vard. kön

gene [dʒi:n] biol. gen

gene|alogical [‚dʒi:nɪə'lɒdʒɪkl] genealogisk; ~ tree släktträd **-alogist** [‚dʒi:nɪ'ælədʒɪst] genealog, släktforskare **-alogy** [‚dʒi:nɪ'ælədʒɪ] **1** genealogi, släktforskning **2** stamtavla

genera ['dʒenərə] pl av genus

general—geometrical

general ['dʒen(ə)r(ə)l] **I** *a* **1** allmän, [allmänt] spridd (utbredd); vanlig; generell; *be* ~ vara allmänt hållen, vara vag (obestämd); ~ *[degree]* lägre akademisk examen; ~ *description* allmän (generell) beskrivning; ~ *editor* allmänredaktör; *a* ~ *election* allmänna val; *get a* ~ *idea of* få en ungefärlig uppfattning om; ~ *knowledge* allmänbildning; ~ *meeting* [bolags]stämma; ~ *office work* allmänna kontorsgöromål; *it is* ~ *practice that* det är brukligt (vanligt) att; ~ *practitioner* allmänpraktiserande läkare; *the* ~ *public* [den stora] allmänheten; *the* ~ *reader* den vanlige läsaren; *as a* ~ *rule* i allmänhet, på det hela taget; ~ *shop* (*store*) diversehandel; *in* ~ *terms* i allmänna ordalag; *in the* ~ *way of things* i allmänhet **2** general-; *the G~ Assembly* Generalförsamlingen (*i FN*); *consul* ~ generalkonsul; ~ *headquarters* högkvarter; *G~ Post Office* (*förr*) *a*) postverk, *b*) huvudpostkontor; ~ *staff* generalstab; ~ *strike* storstrejk **II** *s* **1** general **2** *in* ~i allmänhet, på det hela taget, vanligtvis **-issimo** [,dʒen(ə)rə'lı- sıməʊ] generalissimus **-ity** [,dʒenə'rælətı] **1** allmängiltighet **2** obeständmhet, vaghet; *generalities* (*pl*) allmänna ordalag **3** *åld.* majoritet **-ization** (*BE. äv. -isation*) [,dʒen(ə)rəlaı'zeıʃn] **1** allmän princip (teori) **2** generalisering **-ize** (*BE. äv. -ise*) ['dʒen(ə)rəlaız] **1** generalisera **2** popularisera **-ly** ['dʒen(ə)rəlı] *adv* **1** i allmänhet, för det mesta, i regel **2** allmänt, vanligt **3** i allmänhet; ~ *speaking* i stort sett **--purpose** *a*, ~ *tool* universalverktyg **-ship** [-ʃıp] **1** generals rang; tid som general **2** taktik, skicklig ledning

gener|ate ['dʒenəreıt] alstra, frambringa, framkalla, generera; *generating station* kraftstation **-ation** [,dʒenə'reıʃn] **1** alstring, frambringande, framkallande, genererande **2** generation; släktled; mansålder **3** fortplantning **-ative** ['dʒenərətıv] **1** skapande, frambringande, produktiv **2** fortplantnings- **3** *språkv.* generativ (*grammar* grammatik) **-ator** ['dʒenəreıtə] generator; dynamo; alstrare

generic [dʒı'nerık] generisk; allmän; ~ *name* (*biol.*) släktnamn; ~ *products* märkeslösa varor; ~ *term* överbegrepp

genero|sity [,dʒenə'rɒsətı] **1** storsinthet **2** generositet, frikostighet, givmildhet **-us** ['dʒen(ə)rəs] **1** storsint, ädelmodig **2** generös, frikostig, givmild **3** riklig

genesis ['dʒenısıs] **1** ursprung, uppkomst **2** *G~* Första Mosebok

genetic [dʒı'netık] genetisk; ärftlighets- **geneticist** [dʒı'netısıst] genetiker, ärftlighetsforskare **genetics** [dʒı'netıks] (*behandlas som sg*) genetik, ärftlighetslära

Geneva [dʒı'ni:və] Genève

geneva [dʒı'ni:və] genever

genial ['dʒi:njəl] **1** gynnsam, mild, behaglig, skön **2** vänlig, trevlig, gemytlig **-ity** [,dʒi:- nı'ælətı] **1** mildhet **2** vänlighet, trevlighet, gemytlighet

genie ['dʒi:nı] ande

genii ['dʒi:nıaı] *pl av genius 4*

genital ['dʒenıtl] genital, köns- **genitals** [-z] *pl* könsorgan, genitalier

geni|tival [,dʒenı'taıvl] genitiv-, genitivisk **-tive** ['dʒenıtıv] **I** *a* genitiv- **II** *s*, *the* ~ genitiv[en]

ge|nius ['dʒi:|njəs] (*pl -niuses, i bet. 4 -nii* [-nıaı]) **1** geni, snille; *a man of* ~ ett geni (snille); *have a* ~ *for s.th.* ha en utpräglad begåvning för ngt **2** [tids]anda, skaplynne, natur **3** genius; *his evil* ~ hans onda genius **4** *myt.* ande, genie

genocide ['dʒenə(ʊ)saıd] folkmord

genre ['ʒɑ̃:(ŋ)r(ə)] genre, slag, stil

gent [dʒent] *vard. för gentleman;* ~s (*behandlas som sg*) herrtoalett

genteel [dʒen'ti:l] **1** fin, förnäm, respektabel **2** tillgjord, affekterad

gentian ['dʒenʃıən] *bot.* gentiana

gentile ['dʒentaıl] **1** *språkv.,* ~ *noun* nationalitetsord **2** stam-, folk- **Gentile I** *s* **1** icke-jude; kristen **2** hedning **II** *a* **1** icke-judisk; kristen **2** hednisk

gentility [dʒen'tılətı] **1** finhet, förnämitet, respektabilitet **2** tillgjordhet **3** [folk av] förnäm härkomst, överklass

gentle ['dʒentl] **I** *a* **1** (*om pers. e.d.*)) blid, mild, vänlig, snäll; *a* ~ *horse* en snäll (lugn) häst; *as* ~ *as a lamb* from som ett lamm; *the* ~ *sex* det täcka könet; *be* ~ *with* vara snäll mot (försiktig med) **2** mjuk, mild (*voice* röst); lätt, öm (*kiss* kyss); diskret; lagom, måttlig; svag (*slope* sluttning) **3** *åld.* ädel, förnäm; chevaleresk, artig **II** *s* [met]mask **-folk[s]** *pl* fint folk, herrskapsfolk

gentleman ['dʒentlmən] **1** gentleman; *gentlemen's agreement* överenskommelse gentlemän emellan; *a* ~'s ~ en gentlemans betjänt **2** herre, man; *there is a* ~ *asking for you* det är en herre som frågar efter er; *gentlemen!* mina herrar!; *gentlemen of the jury!* herrar jurymedlemmar! **3** *BE. hist.* herreman, ståndsperson **4** (*förr*) smugglare **--at-arms** [,dʒentlmənət'ɑ:mz] medlem av kunglig livvakt, kunglig livdrabant **--farmer** (*pl gentlemen-farmers*) gods-, jord|ägare (*som inte själv brukar jorden*) **-ly** [-lı] *a* gentlemanna|mässig, -lik

gentle|ness ['dʒentlnıs] blidhet, mildhet, vänlighet *etc., jfr gentle* **-woman** [-,wʊmən] fin[t bildad] dam, förnäm dam

gentry ['dʒentrı] (*behandlas som pl*) **1** aristokrati; societet **2** *BE.* lågadel, övre medelklass **3** *neds.* folk, människor

geo|centric [,dʒi:ə(ʊ)'sentrık] geocentrisk **-desic** [-'desık] geodetisk **-odesy** [dʒi:'ɒdısı] geodesi **-detic** [,dʒi:ə(ʊ)'detık] geodetisk **-detics** [,dʒi:ə(ʊ)'detıks] (*behandlas som sg*) geodesi

Geoffr[e]y ['dʒefrı]

geog. *förk. for geographer; geographic[al]; geography* **geographer** [dʒı'ɒgrəfə] geograf **geographic[al]** [dʒıə'græfık(l)] geografisk **geography** [dʒı'ɒgrəfı] geografi

geol. *förk. för geologic[al]; geologist; geology* **geologic[al]** [,dʒıə(ʊ)'lɒdʒık(l)] geologisk **geologist** [dʒı'ɒlədʒıst] geolog **geology** [dʒı'ɒlədʒı] geologi

geometer [dʒı'ɒmıtə] geometriker **geometric, geometrical** [,dʒıə(ʊ)'metrık(l)] geometrisk

geometrician [ˌdʒɪə(ʊ)məˈtrɪʃn] geometriker
geometry [dʒɪˈɒmətrɪ] geometri
geophys|ical [ˌdʒiːə(ʊ)ˈfɪzɪkl] geofysisk **-icist** [-ˈfɪzɪsɪst] geofysiker **-ics** [-ˈfɪzɪks] (*behandlas som sg*) geofysik
geopolitics [ˌdʒiːə(ʊ)ˈpɒlɪtɪks] (*behandlas som sg*) geopolitik
Geordie [ˈdʒɔːdɪ] *BE.* person från Tyneside
George [dʒɔːdʒ] Georg; *by ~!* (*vard.*) ta mig sjutton!, för tusan!; *St.* ~ Sankt Georg (*Englands skyddshelgon*), Sankt Göran; *St. ~'s Day* Georgsdagen (*Englands nationaldag, 23 april*)
georgette [crepe] [dʒɔːˈdʒet(kreɪp)] georgette
Geor|gia [ˈdʒɔːdʒjə] **1** Georgia **2** Georgien **-gian** [-n] **I** *a* **1** georgiansk (*architecture* arkitektur) **2** georgisk **II** *s* georgier
Ger. *förk. för German; Germany*
geranium [dʒɪˈreɪnjəm] *bot.* pelargon[ia]; geranium
geriat|ric [ˌdʒerɪˈætrɪk] geriatrisk **-rics** [-rɪks] (*behandlas som sg*) geriatri[k]
germ [dʒɜːm] **1** bakterie **2** (*ofta pl*) frö, upphov, upprinnelse; *the ~s of the conflict* fröet (upprinnelsen) till konflikten **3** embryo; grodd
German [ˈdʒɜːmən] **I** *a* tysk; ~ *Democratic Republic* DDR, Östtyskland; ~ *measles* röda hund; ~ *sausage* medvurst; ~ *shepherd* (*AE.*) schäfer; ~ *silver* nysilver **II** *s* **1** tysk **2** tyska [språket]
german [ˈdʒɜːmən] hel-, köttslig; *brother-~* helbror; *cousin ~* kusin
germane [dʒɜːˈmeɪn] nära förbunden (*to* med); relevant
Germanic [dʒɜːˈmænɪk] **I** *a* **1** germansk **II** *s* urgermanska [språket]
Germany [ˈdʒɜːm(ə)nɪ] Tyskland
germicide [ˈdʒɜːmɪsaɪd] **I** *a* bakteriedödande **II** *s* bakteriedödande ämne (medel)
germinal [ˈdʒɜːmɪnl] **1** grodd-; foster- **2** *bildl.* spirande, framväxande; nydanande
germi|nate [ˈdʒɜːmɪneɪt] **1** gro, växa; *bildl.* spira **2** få att gro (växa); *bildl.* ge upphov till **-nation** [ˌdʒɜːmɪˈneɪʃn] groning, uppspirande
germ warfare [ˈdʒɜːmˌwɔːfeə] bakteriologisk krigföring
gerontology [ˌdʒerɒnˈtɒlədʒɪ] gerontologi
gerrymander [ˈdʒerɪmændə] **I** *s* ändring av valkretsindelning (*för att gynna visst parti*) **II** *v* **1** ändra indelning av (*valkretsar för att gynna visst parti*) **2** manipulera med
gerund [ˈdʒer(ə)nd] *språkv.* gerundium; verbalsubstantiv på -ing
gestation [dʒeˈsteɪʃn] **1** dräktighet; havandeskap **2** *bildl.* mognad[sprocess], framväxande
gesticu|late [dʒeˈstɪkjʊleɪt] gestikulera **-lation** [dʒeˌstɪkjʊˈleɪʃn] **1** gestikulerande **2** gest **-latory** [dʒeˈstɪkjʊlət(ə)rɪ] *a* gestikulerande
gesture [ˈdʒestʃə] **I** *s* gest, åtbörd (*äv. bildl.*) **II** *v* gestikulera
get [get] (*got, got; AE. perf. part. gotten*) **1** få; lyckas få; skaffa [sig]; ~ *a job* få (skaffa sig) ett arbete; ~ *lunch* få (äta) lunch; ~ *a present* få en present; ~ *tickets for s.b.* skaffa (hämta) biljetter åt ngn; *can I ~ you a drink?* kan jag hämta ngt att dricka åt dig?; *we'll never ~ the piano upstairs* vi får aldrig upp pianot för trapporna; *what do you ~ from that?* vad får du ut av det?; *where did you ~ that from?* var har du [fått] det ifrån? **2** få, råka ut för, ådraga sig (*a cold* en förkylning); ~ *a shock* få en chock; ~ *it* [*in the neck*] (*vard.*) få en tillrättavisning; *he's got it bad* (*vard.*) han har åkt dit; *you'll ~ it!* du ska få [så du tiger]! **3** få; få tag i, fånga; nå; ~ *s.b. by the arm* gripa ngn i armen; *got you!* nu fick jag allt tag i dig!; *I got her on the phone* jag fick tag i henne på telefon; *the painter got her character* konstnären fångade hennes karaktär **4** få; [få att] bli; ~ *one's hair cut* [låta] klippa sig; ~ *the car to start* få bilen att starta; ~ *o.s. ready* göra sig i ordning; ~ *a window open* få upp ett fönster; ~ *s.b. to do s.th.* få (förmå) ngn att göra ngt; ~ *s.th. done* få ngt gjort, se till att ngt blir gjort; ~ *s.b.* (*s.th.*) *going* (*to go*) få (sätta) i gång ngn (ngt) **5** komma (hinna) med (*the train* tåget); föra, leda; ~ *s.b. to hospital* föra ngn till sjukhus; *where does that ~ us?* (*vard.*) vart kommer vi med det? **6** göra i ordning, laga (*dinner* middag) **7** *radio., TV.* få (ta) in (*Radio Luxemburg* Radio Luxemburg) **8** höra, [upp]-fatta, förstå; *AE. vard.* lära sig; *I didn't ~ your meaning* jag förstod inte vad du menade; ~ *it?* förstår du?; *it ~s me how* jag fattar inte hur; ~ *by heart* (*AE.*) lära sig utantill **9** *vard.* få fast; sätta fast (dit); träffa; knäppa (*skjuta*); *the blow got him on the chin* slaget träffade honom på hakan; *you've got me there!* nu är jag ställd!; *your habits will ~ you in the end* dina vanor kommer att knäcka dig till slut **10** *vard.* påverka, gripa tag i; reta, irritera; *that music really ~s me* den musiken griper mig verkligen; *his shrill voice ~s me* hans gälla röst irriterar mig **11** bli (*wet* våt); ~ *dressed* klä på sig; ~ *even with* (*vard.*) bli kvitt med; ~ *married* gifta sig; *I'm ~ting tired* jag börjar bli trött **12** komma (*home* hem); ~*!* (*vard.*) stick!, ~ *lost!* försvinn!; ~ *there a*) komma (ta sig) dit, *b*) *vard.* klara av det; *we're not ~ting anywhere* vi kommer ingen vart; ~ *with it* (*sl.*) hänga med **13** ~ *going* komma (sätta) i gång; ~ *moving* [börja] röra på sig; ~ *working* börja arbeta; ~ *to work* gå till verket **14** ~ *to* (+ *inf.*) komma att; *how did you ~ to be a doctor?* hur kom det sig att du blev läkare?; *we got to be friends* vi kom att bli vänner; *you'll soon ~ to like it* du kommer snart att [lära dig att] tycka om det; ~ *to know a*) lära känna, *b*) få veta (reda på); *I'm ~ting to understand* jag börjar [att] förstå **15** *have got to* ha, have got to vara (bli) tvungen att; *what have you got to say?* vad har du att säga?; *you've got to go* du måste gå; *he has only got to ask* han behöver bara be **16** ~ *about* (*around a*) fara omkring, komma ut [bland folk], *b*) vara uppe (*efter sjukdom*), *c*) (*om rykte*) spridas, komma ut; ~ *across a*) komma (hjälpa) över (*gata e.d.*), *b*) göra sig (bli) förstådd, *c*) (*om idé e.d.*) gå hem, *d*) *vard.* irritera; ~ *ahead* lyckas, ha framgång; ~ *ahead of* överträffa, gå om; ~ *along a*) klara (reda) sig, *b*) gå framåt, göra framsteg, *c*) komma överens; ~ *along! a*) gå väl!, *b*) *BE. vard.* du pratar!; ~ *at a*) komma åt, nå, *b*) komma på, komma underfund med, *c*) mena, syfta på, *d*) vilja åt, trakassera, kritisera, *e*) påverka (*genom mutor e.d.*); *what are you ~ting at?* vart vill du komma?, vad syftar du på?; ~ *away a*) ge sig av (i väg), komma

bort (i väg), rymma, *b*) starta; ~ *away!* det menar du inte!; *you can't ~ away from the fact that* du kan inte komma ifrån att; ~ *away with* komma undan (smita) med; *he got away with that* han klarade sig helskinnad undan; ~ *back a*) få tillbaka (igen), *b*) återvända, gå (komma) tillbaka; ~ *back at* ta hämnd (hämnas) på; *get one's own back* (*vard.*) ta revansch; ~ *behind* bli (komma) efter; ~ *by a*) komma förbi, passera, *b*) vard. klara sig (*with little money* på litet pengar), *c*) duga, *d*) accepteras av; ~ *down a*) gå (stiga) ner (av), *b*) bära ner (nedför), *c*) skriva ner, anteckna, *d*) göra nedstämd, trycka ner, *e*) få ner, få i sig; ~ *down to business* (*brass tacks*) ta itu med uppgiften, komma till saken; ~ *in a*) stiga in (upp, ner) (*into* i, på), *b*) komma in, komma hem, *c*) hämta (ta, få) in, *d*) skicka efter, tillkalla, *e*) bli invald, *f*) hinna med, få färdig; ~ *in with s.b.* bli god vän med ngn; ~ *into a*) gå (stiga, komma) in i (upp på, ner i), *b*) anlända till, *c*) få på sig, komma i (*one's clothes* kläderna), *d*) råka (komma, försätta sig) i (*difficulties* svårigheter), *e*) komma (välja) in i (*parliament* parlamentet), *f*) *vard.* bli van vid, komma (sätta sig) in i; ~ *s.b. into a school* få in ngn i en skola; *what's got into him?* vad har det flugit i honom?; ~ *off a*) klara sig (slippa) undan, *b*) få (bli) frikänd, *c*) få (skicka) i väg (*the children to school* barnen till skolan), *d*) stiga (gå) av (*buss e.d.*), *e*) gå (komma) bort från, lämna, *f*) ta (få) av (*lock, kläder e.d.*), *g*) ge sig (komma) i väg; ~ *off!* släpp [mig]!; ~ *off to bed* gå och lägga sig; ~ *off to sleep* somna [in]; *tell s.b. where to ~ off* (*vard.*) be ngn dra åt skogen; ~ *off with s.b.* (*BE. vard.*) inleda ett förhållande med; ~ *on a*) gå (stiga) på, *b*) sätta på (*lock e.d.*), få (sätta, ta) på sig (*kläder e.d.*), *c*) [börja] bli gammal, *d*) göra framsteg, klara sig, lyckas, ha framgång, *e*) komma överens, dra jämnt, trivas, *f*) fortsätta, gå vidare, *g*) *sl.* börja knarka; ~ *on!* mig lurar du inte!; *how are you ~ting on?* hur har du det?, hur går det för dig?, hur mår du?; *it's ~ting on* det börjar bli sent, tiden går; *he's ~ting on my nerves* han går mig på nerverna; *he's ~ting on for sixty* han närmar sig de sextio; ~ *on to a*) komma (stiga) upp på (*the roof* taket), *b*) komma i kontakt med, få tag i (*på telefon*), *c*) komma på, upptäcka, *d*) framföra önskemål (krav) till; ~ *out a*) komma (gå, stiga, fara, slippa) ut (*of* ur), komma (gå, stiga) upp (*of* ur); gå (stiga) av (ur) (*tåg e.d.*), lämna, *bildl.* hoppa av, *b*) få (ta) ut (ur) (*sticka, fläck e.d.*), *c*) ge ut, komma ut med (*a book* en bok), *d*) (*med svårighet*) få (pressa) fram (*of* ur), få ut (ur) (*of* ur), *e*) ta (hämta) fram (*a glass of wine* ett glas vin), ta upp (*a coin of one's pocket* ett mynt ur fickan), ta ut (*money of the bank* pengar från banken); ~ *out!* ut!; ~ *out of a*) undvika, smita från, undgå, *b*) bli ovan vid, glömma bort; ~ *over a*) få över (*s.th. over a fence* ngt över ett staket), *b*) komma (ta sig) över, *bildl.* hämta sig från, komma över (*a shock* en chock), övervinna (*shyness* blyghet), *c*) få fram, förmedla (*a message* ett budskap); ~ *s.th over* [*with*] få ngt undanstökat (undangjort); ~ *round a*) kringgå (*a problem* ett problem), *b*) *vard.* lirka med, lyckas övertala; ~ *round to* få tid med, komma till; ~ *through a*) gå igenom, klara sig i (*examen e.d.*), *b*) komma (klara sig) igenom, *c*) komma fram (*äv. i telefon*), *d*) göra slut på (*pengar e.d.*), *e*) få (driva) igenom (*lagförslag e.d.*), *f*) *AE. sl.* skaffa knark; ~ *to a*) komma (anlända) till, *b*) *vard.* reta upp, irritera; *I got to wondering* jag började undra; ~ *together a*) samla [ihop], få (plocka) ihop, *b*) samlas, träffas (*för att umgås*); ~ *it together* (*vard.*) samla sig, klara av det; ~ *up a*) stiga (gå) upp (*late* sent), resa sig [upp], ställa sig upp, *b*) få, skaffa sig (*an appetite* aptit), *c*) komma uppför, *d*) få upp, få att resa sig (stiga upp), *e*) klä (styra) ut, *f*) *vard.* [an]ordna, *g*) *vard.* bättra på, plugga in; ~ *up steam* få upp ångan; ~ *up to* (*vard.*) ställa till med, vara inveklad i

get|-at-able [get'ætəbl] *vard.* tillgänglig, åtkomlig **-away** ['getəweɪ] **1** rymning **2** start **--together** [ˌgetə'geðə] *vard.* sammankomst, träff **--up** ['getʌp] *vard.* utstyrsel
gewgaw ['gju:gɔ:] **I** *s* bjäfs, grannlåt **II** *a* grann, prålig
geyser ['gaɪzə] gejser **2** ['gi:zə] varmvattenberedare
G.G. *förk. för* Girl Guides; Governor-General
Ghana ['gɑ:nə] Ghana **-ian** [gɑ:'ne(ɪ)ən] **I** *a* ghanansk **II** *s* ghanan
ghastly ['gɑ:stlɪ] **1** hemsk, kuslig **2** likblek, spöklik **3** *vard.* förfärlig, gräslig
gherkin ['gɜ:kɪn] liten gurka
ghetto ['getəʊ] getto
ghost [gəʊst] **I** *s* **1** spöke, vålnad, ande **2** *the Holy G~* den Helige Ande **3** *give up the ~* ge upp andan (*dö*) **4** skugga; aning, tillstymmelse; *be a ~ of one's former self* vara en skugga av sitt forna jag; *the ~ of a smile* tillstymmelsen av ett leende **5** skugga, spökbild (*på TV- el. radarskärm*) **II** *v* vara spökskrivare [åt]
ghostlike ['gəʊstlaɪk] spöklik, spök-, andeaktig **ghostly** [-lɪ] *a* spöklik **ghost story** spökhistoria **ghostwriter** [-ˌraɪtə] spökskrivare
ghoul [gu:l] **1** ond ande, ghul **2** gravplundrare **-ish** ['gu:lɪʃ] hemsk, demonisk, makaber
G.H.Q. *förk. för* general headquarters
G.I. *AE. vard.* **I** *s* menig [soldat] **II** *a* militär-, soldat-
giant ['dʒaɪənt] **I** *s* jätte, gigant **II** *a* jättelik, gigantisk **-ess** [-es] jättinna, jättekvinna
Gib *vard. för* Gibraltar
gibber ['dʒɪbə] **I** *v* babbla; sluddra **II** *s* babbel; sludder **-ish** [-rɪʃ] **1** tjatter **2** rappakalja, struntprat
gibbet ['dʒɪbɪt] **I** *s* [enarmad] galge **II** *v* avrätta genom hängning, hänga
gibbon ['gɪbən] *zool.* gibbon[apa]
gibbous ['gɪbəs] **1** (*om månen*) mellan halv och full **2** puckelryggig, kutig
gibe [dʒaɪb] **I** *v* håna, pika **II** *s* hån, gliring
giblets ['dʒɪblɪts] *pl* [fågel]krås
Gibraltar [dʒɪ'brɔ:ltə] Gibraltar; *the Strait of ~* Gibraltar sund
giddap [gɪ'dæp] *interj* hoppla!
gid|diness ['gɪdɪnɪs] yrsel, svindel **-dy** [-dɪ] **1** yr **2** svindlande **3** tanklös; lättsinnig
giddy-up [gɪdɪ'ʌp] *interj* hoppla!
gift [gɪft] **I** *s* **1** gåva, skänk, present; *make s.b. a*

~ ge ngn en gåva **2** gåva, talang, begåvning; *have a ~ for languages* vara språkbegåvad **II** *v* skänka, ge som present

gifted [ˈgɪftɪd] begåvad, talangfull **gift-horse** [ˈgɪfthɔːs] *s*, *never look a ~ in the mouth* man skall inte skåda given häst i munnen **gift token (voucher)** presentkort

1 gig [gɪg] gigg (*vagn o. båt*)

2 gig [gɪg] *vard.* [enstaka] spelning (engagemang)

gigantic [dʒaɪˈgæntɪk] gigantisk, jättelik, väldig

giggle [ˈgɪgl] **I** *v* fnittra, fnissa **II** *s* fnitter, fniss

gigolo [ˈʒɪgələʊ] gigolo

gigot [ˈdʒɪgət] får|stek, -lår

gild [gɪld] (*~ed, ~ed el. gilt*) förgylla (*äv. bildl.*); *~ the lily a)* försöka bättra på det redan vackra, *b)* överdriva

1 gill [gɪl] **I** *s* **1** gäl; *green about the ~s* (*vard.*) grön i ansiktet; *white about the ~s* (*vard.*) blek om nosen **2** *bot.* skiva, lamell (*på svamp*)

2 gill [dʒɪl] gill (*mått för våta varor = 1/4 pint = 0, 142 l*)

gillyflower [ˈdʒɪlɪˌflaʊə] *bot.* **1** lövkoja; lackviol **2** åld. [trädgårds]nejlika

gilt [gɪlt] **I** *a* förgylld **II** *s* förgyllning **--edged** [ˌgɪltˈedʒd] **1** (*om bok*) med guldsnitt **2** *~ securities* guldkantade [värde]papper

gimbals [ˈdʒɪmb(ə)lz] *pl* kardansk upphängning

gimcrack [ˈdʒɪmkræk] **I** *s* grannlåt, billig strunt **II** *a* grannlåts-, strunt-

gimlet [ˈgɪmlɪt] **I** *s* **1** *tekn.* hand-, vrick|borr **2** *AE.* (*slags*) cocktail **II** *a* genomträngande

gimmick [ˈgɪmɪk] *vard.* gimmick, [lustig] grej; jippo; trick, knep **-ry** [-rɪ] *vard.* gimmickar; jippo[n]

gimp [gɪmp] kant-, garnerings|snodd

1 gin [dʒɪn] gin

2 gin [dʒɪn] **I** *s* **1** *tekn.* bomullsrensningsmaskin **2** snara, giller **II** *v* **1** rensa bomull **2** snara, snärja

ginger [ˈdʒɪn(d)ʒə] **I** *s* **1** ingefära **2** rödbrun (gulbrun) färg **3** *vard.* fart, kläm, ruter **II** *v* **1** krydda med ingefära **2** *~ up* liva (elda) upp **ginger ale (beer)** [ˌdʒɪn(d)zərˈeɪl, -ˈbɪə] (*slags*) ingefärsdricka **gingerbread** [ˈdʒɪn(d)ʒəbred] **1** pepparkaka **2** snirklar, krusiduller **gingerly** [ˈdʒɪn(d)ʒəlɪ] **I** *adv* försiktigt, ängsligt; motvilligt **II** *a* försiktig, ängslig; motvillig **ginger nut (snap)** tunn pepparkaka, pepparnöt **gingery** [ˈdʒɪn(d)ʒərɪ] **1** ingefärs- **2** röd-, gul|brun **3** *vard.* klämmig, med full fart

gingham [ˈgɪŋəm] gingham (*slags tvåfärgat bomullstyg*)

gingivitis [ˌdʒɪndʒɪˈvaɪtɪs] *med.* gingivit, inflammation i tandköttet

gink [gɪŋk] *sl.* [konstig] kille (karl)

gippy [ˈdʒɪpɪ] *sl.* **1** egyptier, egyptiska; ngt egyptiskt **2** zigenare **gippy tummy** *sl.* diarré

gipsy [ˈdʒɪpsɪ] **I** *s* zigenare, zigenerska **II** *a* zigenar-

giraffe [dʒɪˈrɑːf] giraff

girandole [ˈdʒɪr(ə)ndəʊl] **1** lampett med spegel **2** örhänge (*m. ring av ädelstenar kring mittsten*)

gird [gɜːd] **I** *v* (*reg. el. girt, girt*) **1** *~ [on]* omgjorda sig med; *~ [up] one's loins* (*bibl. o. bildl.*) omgjorda sina länder **2** innesluta, omringa **3** förläna (*knighthood* riddarvärdighet)

girder [ˈgɜːdə] [tvär]balk

girdle [ˈgɜːdl] **I** *s* gördel; höfthållare; bälte (*äv. bildl.*) **II** *v* omgjorda; omge (*äv. bildl.*)

girl [gɜːl] **1** flicka **2** tjänsteflicka

girlfriend [ˈgɜːlfrend] flickvän; väninna, flickbekant **Girl Guide** flickscout **girlhood** flick|ålder, -tid **girlie** [-ɪ] **I** *s* lillflicka, tös **II** *a*, *~ magazine* tidning med bilder av [halv]nakna flickor **girlish** [-ɪʃ] flickaktig **Girl Scout** *AE.* flickscout

giro [ˈdʒaɪrəʊ] [post-, bank]giro; *pay by ~* betala på postgiro (bankgiro)

girt [gɜːt] *imperf. o. perf.part. av gird*

girth [gɜːθ] **I** *s* **1** omfång, omkrets; *a man of great ~* en omfångsrik man **2** sadelgjord **II** *v* **1** omge **2** *~ [up]* spänna en sadelgjord på

gist [dʒɪst] kärna, huvud-, kärn|punkt

git [gɪt] *BE. sl.* klantskalle; jävel

gittern [ˈgɪtɜːn] cittra

give [gɪv] **I** *v* (*gave, given*) **1** ge; skänka; lämna; framkalla, väcka (*offence* anstöt); vålla, förorsaka (*trouble* besvär); *be ~n* få; *~ me the book* ge mig boken; *~ it to me* ge mig den (den till mig); *~ me some advice* ge mig ett råd; *~ a lecture* hålla en föreläsning; *~ my love to* hälsa så mycket till; *~ place* lämna (ge) plats; *~ a play* (*Hamlet*) ge (framföra) en pjäs (*Hamlet*); *it ~s me great pleasure* det ger mig mycket nöje; *~ one's vote* avge sin röst; *I don't ~ anything for his promises* jag ger inte ett dugg för hans löften; *~ one's life for one's country* ge sitt liv för sitt land; *~ two pounds for a book* ge två pund för en bok **2** ge till, utstöta; *~ a cry* ge till ett skrik, skrika till; *~ a jolt* skaka till **3** ägna; *~ o.s. to music* ägna sig åt musik; *~ one's life to* ägna sitt liv åt **4** skåla för; *I ~ you the Queen* jag föreslår drottningens skål; *~ a toast for* utbringa en skål för **5** *~ and take* ge och ta, kompromissa; *six o'clock, ~ or take a few minutes* ungefär klockan 6; *~ as good as one gets* ge igen, ge svar på tal; *~ me...* (*vard.*) tacka vet jag..., jag gillar...; *~ battle* inlåta sig i strid; *~ s.b. to believe that* få ngn att tro att; *~ birth to a)* föda, *b)* ge upphov till; *~ ground a)* retirera, *b)* dra tillbaka; *~ rise to* ge upphov till; *~ way a)* ge efter, ge vika, ge sig (*to* för), *b)* ge (lämna) företräde, ge plats (*to* åt), *c)* vika [undan], väja (*to* för); *my legs were giving way under me* benen vek sig under mig; *~ s.b. what for* (*vard.*) skälla ut ngn efter noter **6** ge efter, ge vika; *the table will ~ if you sit on it* bordet kommer att ge vika om du sitter på det; *his courage will never ~* hans mod kommer aldrig att svikta **7** *vard.* hända, ske; *what ~s?* vad står på? vad är det som händer? **8** vetta (*onto* mot) **9** *~ away a)* ge (skänka) bort, *b)* överlämna, dela ut (*pris*), *c)* missa (*tillfälle*); *~ away the bride* överlämna bruden åt brudgummen; *~ away the game* (*show*) avslöja (förråda) allt; *~ back* ge (lämna) tillbaka, återlämna; *~ forth a)* utsända, *b)* ge ifrån sig; *~ in a)* ge sig, ge upp, ge vika, ge efter (*to* för), *b)* lämna in (*om composition* till uppsats); *~ in one's name* anmäla sig; *~ off* avge, utdunsta, utsända; *~ out a)* avge, utsända (*värme, gas e.d.*), *b)* tillkännage, meddela, *c)* dela ut (*free samples* gratisprov), *d)* ta slut, tryta, *e)* inte fungera, strejka; *~ over a)* överlämna, *b)* ägna (*to* åt), *c)* *vard.* sluta (*fighting*

slåss); ~ *up a)* ge upp, ge upp hoppet om, *b)* upphöra [med], sluta *(smoking* röka), *c)* avstå från, avträda, lämna *(one's seat* sin plats), *d)* avsloja, förråda, *e)* överlämna, avlämna *(tickets* biljetter); ~ *o.s. up* anmäla sig [för polisen], överlämna sig; ~ *o.s. up to* hänge sig åt, ägna sig helt åt **II** *s* **1** *vard.* elasticitet, spänst; *bildl.* flexibilitet

give|-and-take [ˌgɪv(ə)nˈteɪk] givande och tagande; kompromisser; [tanke]utbyte **-away** [ˈgɪvəweɪ] **1** *(oavsiktligt)* avslöjande **2** *i sht AE.* reklampresent; *radio., TV.* tävlingsprogram *(m. priser)*

given [ˈgɪvn] **1** *perf. part. av* **give 2** bekant, given; ~ *name (i sht AE.)* förnamn **3** ~ *to* begiven på, slav under, hemfallen åt **4** given, bestämd **5** förutsatt **6** *(på officiella dokument)* given, daterad

giver [-ə] givare

gizmo [ˈgɪzməʊ] *AE. sl.* grej, manick

gizzard [ˈgɪzəd] *(fågels)* muskelmage; *vard.* mage **Gk[.]** *förk. för* Greek

glacé [ˈglæseɪ] **1** *(om läder)* glacé-; *(om siden)* glansig **2** *(om frukt)* glaserad, kanderad

glacial [ˈgleɪsjəl] glaciär-, glacial-; is-, istids-; *bildl.* kylig, iskall; ~ *period (epoch)* istid **-ist** [-ɪst] glaciolog

glaci|ated [ˈglæsɪeɪtɪd] istäckt **-ation** [ˌglæsɪˈeɪʃn] nedisning

glacier [ˈglæsjə] glaciär, jökel **glaciologist** [ˌglæsɪˈɒlədʒɪst] glaciolog

glac|is [ˈglæsɪs] *(pl -es* [-iːz] *el. lika)* svag sluttning

glad [glæd] **1** glad *(about, at* åt, över); *we would be ~ of your help* vi vore glada att få er hjälp; *I'm ~ to see you* det var roligt att träffa dig; *she was ~ to help* hon var glad att kunna (få) hjälpa till; *I shall be ~ to come* jag kommer gärna; *I'd be ~ to!* ja gärna! **2** glad, glädjande *(news* nyheter); *give s.b. the ~ eye* [ögon]flörta med ngn; *give s.b. the ~ hand* hälsa översvallande på ngn, välkomna ngn med öppna armar **-den** [ˈglædn] glädja[s]

glade [gleɪd] glänta

glad-hand [ˈglædhænd] hälsa välkommen, välkomna

gladiator [ˈglædɪeɪtə] gladiator

gladio|lus [ˌglædɪˈəʊləs] *(pl lika el. -li* [-laɪ] *el. -luses) bot.* gladiolus

glad|ly [ˈglædlɪ] *adv* med glädje, gladeligen, gärna **-ness** [-nɪs] glädje **-rags** *pl, sl.* stass, högtidsblåsa

Glam. *förk. för Glamorgan[shire]* [gləˈmɔːg(ə)n(ʃə)]

glamor|ize *(BE. äv. -ise)* [ˈglæmərɑɪz] glamorisera, glorifiera, romantisera **glamorous** [-əs] glamorös, förtrollande, tjusig **glamour** [ˈglæmə] glamour, tjuskraft, förtrollning; lockande skönhet **glamour boy** charmgosse, tjusig kille **glamour girl** tjusig (förtrollande) flicka, glamour girl

glance [glɑːns] **I** *v* **1** titta [flyktigt, hastigt], kasta en blick *(at på)*; ögna *(at* i; *over, through* igenom) **2** blänka (glänsa) [till]; *the moon ~d on the water* månen blänkte i vattnet **3** ~ *off* studsa (rikoschettera) mot, reflekteras av, slinta mot **4** snudda vid **II** *s* **1** [flyktig, hastig] blick, titt *(at* på); *at a ~* med en enda blick, omedelbart; *at the first ~* vid första ögonkastet **2** blänk[ande], glimt, skimmer **3** studsande, rikoschettering **4** anspelning, antydan **glancingly** [ˈglɑːnsɪŋlɪ] flyktigt, hastigt

gland [glænd] körtel **glandu|lar, -lous** [ˈglændjʊlə -ləs] körtel-; *-lar fever* körtelfeber

glandule [ˈglændjuːl] liten körtel

glans [glæns] *(pl glandes* [ˈglændiːz]) *anat.* ollon

glare [gleə] **I** *s* **1** skarpt (bländande) sken (ljus); glans **2** ilsken blick **3** prål, skrikighet **II** *v* **1** lysa skarpt; glänsa **2** glo, stirra vilt, blänga ilsket **glaring** [ˈgleərɪŋ] **1** skarp, bländande; glänsande **2** vilt stirrande, ilsket blängande **3** gräll, skrikig; uppenbar, iögonenfallande; grov, [himmels]skriande; bjärt

Glasgow [ˈglɑːsgəʊ]

glass [glɑːs] **I** *s* **1** glas *(ämne); a pane of ~* en glasruta **2** [dricks]glas; spegel; barometer; teleskop, kikare; ~ *and china* glas och porslin; *a ~ of wine* ett glas vin **3** *~es (pl)* glasögon **II** *v* glasa, sätta glas i, förse (täcka) med glas

glass-blower [ˈglɑːsˌbləʊə] glasblåsare **glassblowing** [-ɪŋ] glasblåsning **glass cutter** glasskärare; glasslipare **glass eye** [-aɪ] emaljöga **glass fibre** glasfiber **glasshouse 1** *BE.* växt-, driv|hus **2** *AE.* glasbruk **3** *vard., i sht BE.* militärt fångläger **glassware** glas[varor] **glass wool** glasull **glassworks** *(behandlas som sg)* glasbruk **glassy** [-ɪ] **1** glas-, glasaktig **2** *bildl.* tom, livlös, glasartad *(look* blick)

Glaswegian [glæsˈwiːdʒən] **I** *a* glasgow- **II** *s* glasgowbo

glaucoma [glɔːˈkəʊmə] *med.* glaukom, grön starr

glaucous [ˈglɔːkəs] blågrön

glaze [gleɪz] **I** *v* **1** glasa, sätta glas i **2** polera, glätta **3** glasera **4** *(om blick)* bli glasartad, stelna **II** *s* **1** glasyr **2** glans, glansig yta **glazer** [ˈgleɪzə] **1** polerare **2** polerskiva **glazier** [ˈgleɪzjə] glasmästare **glazing** [ˈgleɪzɪŋ] **1** glasning, insättande av glas[rutor] **2** glasering **3** glasyr **2** *koll.* glas-, fönster|rutor

G.L.C. *förk. för Greater London Council*

gleam [gliːm] **I** *s* glimt; skimmer; stråle *(äv. bildl.); ljussken; a ~ of hope* en strimma hopp **II** *v* glimma, skimra; stråla; glänsa

glean [gliːn] **1** samla [ihop], plocka ihop *(information* upplysningar) **2** plocka [upp] *(ax)* efteråt **3** göra en efterskörd **-ings** [ˈgliːnɪŋz] *pl* efterskörd; *bildl.* småplock

glee [gliː] **1** glädje, munterhet **2** glee *(slags flerstämmig sång)* **-ful** [ˈgliːf(ʊ)l] glad, munter

glen [glen] trång dal[gång] *(i sht i Skottland o. på Irland)*

glengarry [glenˈgærɪ] glengarry *(skotsk båtmössa)*

glib [glɪb] talför, munvig; lättvindig; ledig

glide [glaɪd] **I** *v* **1** glida [fram]; sväva; ~ *past* glida förbi **2** glidflyga **3** låta glida **II** *s* **1** glidande, glidning **2** glidflykt **glider** [ˈglaɪdə] glid-, segel|flygplan **gliding** [ˈglaɪdɪŋ] glidning; segelflygning

glim [glɪm] *sl.* ljus; lampa, lykta **-mer** [ˈglɪmə] **I** *v* lysa svagt, glimma **II** *s* **1** svagt sken, glimrande **2** glimt, skymt; ~ *of hope* svagt hopp

glimpse [glɪm(p)s] **I** *s* glimt, skymt; *bildl.* kort inblick *(of* i); *catch a ~ of* [få] se en skymt av **II** *v* [få] se en skymt av, skymta

glint [glɪnt] **I** *v* glittra, blänka **II** *s* glimt; glitter, blänk
glisten ['glɪsn] glittra, glimma, glänsa
glitter ['glɪtə] **I** *v* glittra, gnistra, glimma, blänka, tindra; *bildl.* lysa, glänsa (*with* av); *all that ~s is not gold* det är inte guld allt som glimmar **II** *s* glitter, glittrande, glimmer; glans, prakt
gloaming ['gləʊmɪŋ] *Sk. el. poet.* skymning
gloat [gləʊt] **I** *v* , *~* [*over*] självbelåtet (skadeglatt) betrakta, gotta sig åt, frossa i **II** *s* triumferande blick, skadeglädje
global ['gləʊbl] **1** global **2** vittomfattande, mångsidig; total
globe [gləʊb] **1** jordglob; *the ~* jordklotet, jorden **2** *astr.* planet, himlakropp **3** klot, kula; glob; glasskål (*för guldfiskar*); *i sht Austr.* glödlampa **4** riksäpple **globetrotter** ['gləʊbˌtrɒtə] globetrotter, jordenruntresenär **globose** ['gləʊbəʊs], **globous** ['gləʊbəs] klotformig **globular** ['glɒbjʊlə] **1** klotformig, sfärisk **2** klot- **globule** ['glɒbju:l] litet klot, liten kula, droppe
glockenspiel ['glɒkənspi:l] *mus.* klockspel
glomeration [ˌglɒməˈreɪʃn] anhopning
gloom [glu:m] **I** *s* **1** mörker, dunkel **2** dysterhet; tryckt (dyster) stämning **II** *v* **1** se dyster ut **2** bli mörk (dyster) **3** förmörka; fördystra **-iness** ['glu:mɪnɪs] **1** mörker, dunkel **2** dysterhet, melankoli **-y** ['glu:mɪ] **1** mörk, dunkel **2** dyster, melankolisk
glori|fication [ˌglɔ:rɪfɪˈkeɪʃn] **1** förhärligande; glorifiering **2** *vard.* skönmålning **3** *BE. vard.* firande **-fy** ['glɔ:rɪfaɪ] **1** förhärliga; glorifiera; lovprisa **2** pryda, försköna **3** dyrka, avguda
gloriole ['glɔ:rɪəʊl] gloria, helgonskimmer
glorious ['glɔ:rɪəs] **1** ärofull, ärorik, lysande; *the G~ Revolution* den ärorika revolutionen **2** strålande, fantastisk, underbar **3** *vard.* härlig; förskräcklig; rejäl, ordentlig; *a ~ mess* en salig röra
glory ['glɔ:rɪ] **I** *s* **1** ära **2** *the crowning ~* kronan på verket, höjdpunkten **3** ära, lov och pris; *~ be to God* ära vare (pris ske) Gud; *~ [be]!* (*vard.*) himmel! **4** glans, prakt, ståt; strålande skönhet; glanstid; esse; *in all its ~* i all sin prakt (glans); *the ~ of the sunset* den praktfulla solnedgången; *Rome at the height of its ~* Rom på höjden av sin makt **5** [himmelsk] salighet; *go to ~* (*litt.*) gå till sin Gud (*dö*) **II** *v*, *~ in* glädja sig åt, jubla över
Glos. *förk. för Gloucestershire* ['glɒstəʃə]
1 gloss [glɒs] **I** *s* glans, glänsande yta; *bildl.* sken **II** *v* **1** göra (bli) glansig (glänsande) **2** *~* [*over*] tysta ner, bagatellisera, släta över
2 gloss [glɒs] **I** *s* **1** glossa, randanmärkning, kommentar **2** vilseledande förklaring (tolkning) **3** *se glossary* **II** *v* **1** glossera; kommentera **2** *~* [*over*] misstolka, bortförklara
glossary ['glɒsərɪ] ordförteckning, ordlista, glossarium
glossy ['glɒsɪ] **I** *a* glänsande, glansig; *~ magazine* elegant tidskrift (*på glättat papper o. med färgbilder*); *~ print* (*foto.*) blank kopia **II** *s*, *se ~ magazine o. ~ print*
glot|tal ['glɒtl] stämbands-; *~ stop* (*fonet.*) glottisstöt, knacklaut **-tis** [-tɪs] *anat.* glottis, röstspringa
glove [glʌv] **I** *s* handske; [sport-, box]handske; *fit like a ~* passa som hand i handske (precis); *be hand in ~ with* (*vard.*) vara mycket god vän med; *handle with kid ~s* (*vard.*) behandla med silkesvantar (mycket försiktigt) **II** *v* behandska **glove compartment** ['glʌvkəmˌpɑ:tmənt] handskfack (*i bil*) **glove puppet** handdocka **glover** [-ə] handskmakare
glow [gləʊ] **I** *s* glöd (*äv. bildl.*); sken; *the ~ of health* hälsans friska rodnad **II** *v* glöda (*äv. bildl.*); lysa, skina; *she ~ed with health* hon strålade av hälsa
glower ['glaʊə] blänga (stirra) ilsket (*at* på) **-ingly** [-rɪŋlɪ] *adv* ilsket, hotfullt
glow|ing ['gləʊɪŋ] glödande (*äv. bildl.*), lysande; blossande (*cheeks* kinder); entusiastisk (*account* skildring), exalterad **--worm** lysmask
gloze [gləʊz] *v*, *åld.*, *~* [*over*] skyla (släta) över
glucose ['glu:kəʊs] glukos
glue [glu:] **I** *s* lim **II** *v* limma, klistra; *~ down* (*on*) klistra (limma) fast; *~ s.th. together* limma (klistra) ihop ngt; *he's ~d to the TV* han sitter klistrad vid TV:n **gluey** ['glu:ɪ] limmig, klibbig
glum [glʌm] dyster; trumpen
glume [glu:m] *bot.* agn
glut [glʌt] **I** *v* **1** mätta, proppa full, överlasta; frossa på; *bildl.* mätta, tillfredsställa **2** översvämma (*the market* marknaden) **3** proppa igen (till) **II** *s* [över]mättnad, överflöd; *there is a ~ in the market* marknaden är övermättad
gluten ['glu:tən] gluten **glutenous** [-əs] glutenhaltig
glutinous ['glu:tɪnəs] glutinös, klibbig, limartad
glutton ['glʌtn] frossare, matvrak; *~ for work* arbetsmyra, -narkoman **-ous** ['glʌtnəs] glupsk, frossande; omättlig **-y** ['glʌtnɪ] frosseri
glycerin[e] ['glɪsərɪːn] *kem.* glycerin
glycol ['glaɪkɒl] *kem.* glykol
G.M. *förk. för general manager; George Medal; Grand Master*
G-man ['dʒi:mæn] *AE. sl.* FBI-agent
GMT *förk. för Greenwich Mean Time*
gnarled [nɑ:ld], **gnarly** ['nɑ:lɪ] **1** knotig, knölig **2** tvär, butter
gnash [næʃ] **I** *v*, *~ one's teeth* skära tänder, gnissla med tänderna **II** *s* tandagnisslan
gnat [næt] **1** [vanlig stick]mygga
gnaw [nɔ:] **1** gnaga (tugga, bita) på; *~ one's fingernails* bita på naglarna; *anxiety was ~ing her* oron tärde på (plågade) henne; *~ a hole* gnaga ett hål; *~ off* gnaga av **2** fräta på **3** gnaga (*at, upon* på); *~ at s.b.* (*bildl.*) tära (gnaga, fräta) på ngn
gneiss [naɪs] *geol.* gnejs
1 gnome [nəʊm] **1** gnom, jordande, dvärg **2** *neds.* gnom, internationell finansman
2 gnome ['nəʊmɪ:] gnom, sentens, levnadsregel **gnomic** ['nəʊmɪk] gnomisk, aforistisk
G.N.P. *förk. för gross national product* BNP, bruttonationalprodukt
go [gəʊ] **I** *v* (*went, gone; 3 pers. sg pres. goes; se äv. going, gone*) **1** resa, åka, fara, köra; ge sig av (i väg); gå; *~ in rags* gå [klädd] i trasor; *~ on holiday* åka på semester; *this bus ~es to Leeds* den här bussen går till Leeds; *here ~es!* (*vard.*) nu börjas det!; *here we ~ again!* (*vard.*) nu är det färdigt igen!; *there he ~es!* där är han ju!; *who ~es there?* vem där?; *we must ~* (*be ~ing*) vi måste gå (ge oss i väg); *~ and get* gå och hämta; *~ shut*

door! (AE.) gå och stäng dörren!; *he's ~ne and lost his new watch (vard.)* han har gått och tappat sin nya klocka; *don't ~ doing (and do) that! (vard.)* gå inte och gör det!; *~ shopping* gå [ut] och handla **2** gå, leda; sträcka sig, nå, räcka; *this road ~es to York* den här vägen går till York; *the garden ~es to the lake* trädgården sträcker sig till sjön **3** gå, fungera; vara (gå, sätta) i gång, starta; *the radio won't ~* radion går (fungerar) inte; *ready, steady, ~!* klara, färdiga, gå! **4** gå till väga, göra; gå, skrida *(into action* till handling); *~ carefully about* gå försiktigt till väga med; *when you serve you ~ like this* när man servar gör man så här **5** gå, säljas *(cheap* billigt); *the bracelet went for two hundred pounds* armbandet gick för tvåhundra pund **6** gå, passa; *the scarf does not ~ with the hat* scarfen går (passar) inte till hatten **7** gå, utfalla, förlöpa; *how is it ~ing?, how ~es it? (vard.)* hur står det till?, hur har du det (går det för dig)?; *everything ~es well* allt går bra; *as things ~* som förhållandena nu är **8** gå för sig, tolereras; gälla; *anything ~es here* allting går för sig här; *what the boss says ~es* vad chefen säger gäller; *that ~es for me too* det gäller mig också, det tycker jag med **9** gå [bort], försvinna; gå över, upphöra; gå åt, ta slut; gå sönder; [av]gå, avskedas; *(om tid)* gå; *it is (has) ~ne* den är försvunnen (borta, slut), den har försvunnit (tagit slut); *my eyesight is ~ing* min syn håller på att försvinna; *there ~es another one!* där går (försvinner) en till!; *the ladder went at the crucial moment* stegen gick sönder i det kritiska ögonblicket; *I don't know where my money ~es* jag vet inte vart mina pengar tar vägen; *two hours to ~ till* två timmar kvar tills; *the minister will have to ~* ministern måste avgå **10** gå, ljuda, låta; säga; *(om ord e.d.)* lyda; *the alarm ~es* larmet går (ljuder); *the gun went bang* geväret sa pang; *as the phrase (saying) ~es* som det heter (man brukar säga); *how does that tune ~?* hur går den där melodin?; *this text ~es to the melody of...* den här texten går (sjungs) till melodin... **11** ha sin plats, skola vara (stå, ligga, hänga); få plats (rum); *where do the forks ~?* var ska gafflarna ligga (vara); *3 into 9 ~es 3* 3 går i 9 tre gånger; *it won't ~ in the box* den får inte plats i lådan **12** bli; *~ bad* bli dålig (skämd); *~ mad* bli tokig; *his face went red* han blev röd i ansiktet **13** *this pie is good as my pies ~* den här pajen är god i jämförelse med mina **14** *AE., food to ~* mat för avhämtning **15** *vard., i sht AE.* väga; *I went fifty kilos yesterday* jag vägde femtio kilo i går **16** *vard.* uppträda, spela; *that group can really ~* den gruppen kan verkligen spela **17** *spelt.* bjuda *(five spades* fem spader); *~ one better* bjuda över **18** *vard., ~ it* köra hårt, gå på, ha ett högt tempo; *~ it!* gå på!, ge inte upp!, sätt i gång!; *~ it alone* agera på egen hand **19** *~ to* (+ *inf.*) *a)* tjäna till att, vara till för att, bidra till att, *b)* gå och *(get* hämta); *this letter ~es to prove that...* det här brevet är till för att bevisa att **20** *~ about a)* resa (åka *etc.*) omkring, *b)* ta itu med, ägna sig åt, *c)* gå, vara i omlopp, *d)* sjö. gå över stag, vända; *~ against a)* strida (gå) emot, *b)* gå olyckligt för, gå emot, *c)* motsätta sig; *~ ahead a)* börja, sätta i gång, fortsätta, *b)* gå (resa *etc.*) före (i förväg), *c)* ta ledningen; *~ ahead with*

s.th. genomföra ngt; *~ along a)* gå [vägen fram], *b)* instämma, samtycka; *as one ~es along a)* under vägen, *b)* efter hand, undan för undan; *~ along with a)* resa (åka *etc.*) tillsammans med, följa med, *b)* hålla med, instämma med, *c)* höra ihop med, höra till; *~ with you! (vard.)* sluta!, ge dig i väg!; *~ [a]round a)* resa (åka *etc.*) omkring, *b)* sälskapa *(with* med), *c)* gå runt, cirkulera, *d)* ägna sig åt, *e)* räcka (gå) runt; *~ at a)* ta itu med, *b)* ge sig på, gå lös på; *~ away a)* resa, ge sig i väg, *b)* försvinna; *~ back a)* resa (åka *etc.*) tillbaka, återvända, *b)* gå tillbaka *(to* till), datera sig *(to* från), *c)* *(om klocka)* ställas tillbaka; *~ back on one's words* ta tillbaka det man har sagt; *~ back on one's promise* svika (bryta) sitt löfte; *~ back on s.b.* lämna ngn i sticket; *~ before a)* resa (åka *etc.*) före, gå före, *b)* träda (komma) inför *(the court* rätta); *~ below (sjö.)* gå ner under däck; *~ beyond* gå utöver, överskrida; *~ by a)* passera [förbi], resa (åka *etc.*) förbi (via, över), *b)* resa (åka *etc.*) med *(boat* båt), *c)* *(om tid)* gå, förflyta, *d)* drivas av, gå på *(petrol* bensin), *e)* ledas (guidas) av, *f)* döma (gå, rätta sig) efter; *~ by air* flyga; *~ by car* bila, åka bil; *~ by the name of* gå under namnet; *~ down a)* gå ner *(äv. om mat e.d.)*, sjunka, gå under, *b)* minska, sjunka, avta, *c)* misslyckas *(i examen e.d.)*. besegras, förlora, *(om boxare)* gå ner för räkning, *d)* slå an, gå hem *(with* på, hos), *e) BE.* bli sjuk, insjukna *(with* i), *f) BE., univ.* sluta vid, lämna, *g) BE. sl.* åka in *(i fängelse)*; *~ down in history* gå till historien *(i* tervärlden); *he has ~ne down in the world* det har gått utför med honom; *~ down on one's knees* falla på knä; *~ for a)* gå (åka) efter (och hämta), hämta, *b)* försöka få *(a job* ett arbete), *c)* gälla [för], *d)* *vard.* gilla, tycka om, *e)* anfalla, attackera, ge sig på; *~ for a swim* gå och bada; *~ for a walk* ta en promenad; *~ in a)* gå in, *b)* gå i, passa i, *c)* *(om solen, månen)* gå i moln, *d)* gå in [i huvudet], fastna; *~ in for a)* delta i, vara (gå) med i *(tävling e.d.)*, *b)* gå in för, satsa på, ägna sig åt, verka (vara) för, *c)* gå upp i *(examen)*; *~ into a)* gå in i (på, vid), *b)* få plats (rymmas) i, *c)* slå sig på *(publishing* bokutgivning), *d)* gå in på, undersöka, ge sig in på, *e)* klä sig i *(mourning* sorgkläder), *f)* köra in i, krocka med, *g)* lägga in sig (bli inlagd) på *(sjukhus)*, *h)* råka i, gripas av *(panics* panik); *~ into hysterics* bli hysterisk; *~ off a)* ge sig av (i väg), fara i väg, *b)* lämna *(stage* scenen), *c)* *(om ljus, vatten e.d.)* slockna, stängas av, inte fungera, *d)* explodera, *(om vapen)* gå av, *(om larm e.d.)* börja ringa, *e)* gå, förlöpa, *f)* mattas, avta, bli sämre, *g)* somna, falla i sömn, *h)* gripas av, brista ut i, *i) BE. vard.* bli skämd (dålig), *j) BE. vard.* sluta tycka om; *she went off (vulg.)* det gick för henne; *~ off one's rocker (head)* bli tokig; *~ on a)* fortsätta, resa (åka *etc.*) vidare, *b)* försiggå, pågå, stå på, hända, *c)* fortgå, pågå, hålla på, *d)* *(om ljus, vatten e.d.)* tändas, sättas (komma) på, *e)* åka (ge sig av) på *(an excursion* en utflykt), *f)* göra entré, komma in *(på scenen)*, *g)* pladdra, prata på, tjata *(about* om), *h)* gå efter, hålla sig till, *i)* *(om kläder)* gå på, *j)* gå på, börja skift; *~ on [with you]! (vard.)* nej, vet du vad!; *~ on, tell me!* seså, berätta nu!; *~ on a diet* hålla diet; *~ on at s.b.* bråka med (tjata på) ngn;

~ on for sixty (BE.) närma sig de sextio; not ~ much on (BE.) inte tycka om, ogilla; ~ out a) gå (resa etc. ut), spelt. gå ut, b) slockna, sluta att fungera, c) bli omodern, d) somna, svimma, slockna, e) radio. gå ut, sändas, f) gå i strejk; ~ all out göra sitt yttersta, satsa allt; out you ~! ut med dig!; ~ out to (bildl.) gå till; ~ out with gå ut (sällskapa) med; ~ over a) gå (resa etc.) över, b) gå över, övergå (t. annat parti e.d.), c) gå igenom, granska, kontrollera, se över, läsa igenom, repetera, d) mottagas (well väl), e) välta, stjälpa, f) sl. puckla på; ~ over s.th. in one's mind tänka igenom ngt; ~ round a) resa (åka etc.) runt (omkring), b) gå runt, c) räcka [till]; ~ round to gå och hälsa på, gå över till; my head is ~ing round jag är yr i huvudet; ~ through a) gå igenom, söka (leta) igenom, granska, repetera, b) genomgå, genomlida, c) slita (nöta) ut, göra slut på; ~ through with genomföra, fullfölja; ~ to a) gå till (bed sängs), b) gå på (the movies bio), c) gå i (school skolan), d) (om pengar) gå till, e) uppgå till, f) bildl. ta på sig (a lot of trouble en massa besvär); ~ to sleep somna; ~ to the country (BE. parl.) utlysa nyval; ~ to blazes (hell) dra åt helvete; ~ to it stå i, sätta fart; ~ together a) resa (åka etc.) tillsammans, b) vard. gå (vara) tillsammans, c) passa (gå) ihop; ~ under a) gå under, sjunka, b) gå under (omkull), c) duka under (to för); ~ under the name of gå (vara känd) under namnet; ~ up a) gå (resa etc.) upp, resa in (to London till London), b) gå (resa, klättra etc.) uppför, klättra upp i (a tree ett träd), c) gå upp, stiga, d) sprängas, e) BE. börja (vid univ. e.d.), f) växa upp ; ~ up in flames brinna ner; ~ with a) gå (resa, följa etc.) med, b) sällskapa (vara ihop) med, c) passa, gå till, d) höra till, följa med, höra ihop med, e) hålla med; ~ without [få] vara utan; that ~es without saying det säger sig självt **II** s (pl ~es) **1** gång, gående; from the word ~ (vard.) från allra första början; no ~ (vard.) omöjlig, värdelös, misslyckad; on the ~ (vard.) i farten, på bettet **2** försök; tur; at (in) one ~ på en gång, i ett drag; have a ~ försöka, göra ett försök; have a ~ at försöka sig (pröva) på; it's her ~ det är hennes tur **3** vard. go, ruter, fart, framåtanda **4** vard. succé; make a ~ of lyckas (ha framgång) med **5** vard. överenskommelse **6** vard. hårt arbete
G.O. förk. för general order
goad [gəud] **I** s pikstav; bildl. sporre **II** v driva på med pikstav; bildl. sporra, driva
go-ahead ['gəuəhed] **I** a framåt[strävande], företagsam **II** s, vard. klar|signal, -tecken
goal [gəul] mål (äv. sport.); keep (play in) ~ stå [i mål]; score a ~ göra mål
goal area ['gəul‚eəriə] (i fotboll) målområde **goalie** [-ɪ] vard., **goal keeper** [-‚ki:pə] sport. målvakt **goal kick** [-kɪk] (i fotboll) inspark **goal line** sport. kortlinje **goalmouth** [-mauθ] sport. målområde **goal post** [-pəust] målstolpe **goal tender** [-‚tendə] AE., sport. målvakt
goat [gəut] **1** get; act the giddy ~ (vard.) fåna sig; get a p.'s ~ (sl.) reta upp ngn, gå ngn på nerverna **2** vard. bock, vällusting **-ee** [-'ti:] pipskägg **-herd** ['gəuthɜ:d] getherde **-skin** ['gəutskɪn] getskinn

1 gob [gɒb] vard. **I** s **1** spottloska **2** ~s (pl) massor **II** v spotta
2 gob [gɒb] sl., i sht BE. käft
1 gobble ['gɒbl] **1** ~ [up, down] sluka, glufsa i sig **2** smacka, smaska
2 gobble ['gɒbl] (om kalkon) klucka
gobble|degook, -dygook ['gɒbldɪ‚gu:k] vard. högtravande språk, fikonspråk
gobbler ['gɒblə] vard. kalkontupp
go-between ['gəubɪ‚twi:n] mellanhand, medlare
goblet ['gɒblɪt] glas på fot; bägare
goblin ['gɒblɪn] elakt troll, svartalf
gob stopper ['gɒb‚stɒpə] BE. stor hård karamell
go-by ['gəubaɪ] sl. avsnoppning; give s.b. the ~ snoppa av ngn, strunta i ngn
G.O.C. förk. för General Officer Commanding
go-cart ['gəukɑ:t] **1** i sht AE. gåstol (för barn); sittvagn **2** se go-kart **3** handkärra
god [gɒd] **1** gud; G~ Gud; G~ knows! det vete gudarna!; for G~'s sake för guds skull; thank G~! gudskelov! **2** the ~s (pl) [publiken på] tredje raden (på teater)
god|-awful ['gɒdɔ:ful] AE. vard. jäklig, hemsk **-child** gud-, fadder|barn **-dam[n], -damned** ['gɒdæm(d)] vard., i sht AE. **I** a förbannad, jäkla **II** interj tusan också! **-daughter** [-‚dɔ:tə] guddotter
god|dess ['gɒdɪs] gudinna **-father** [-‚fɑ:ðə] gudfar **-fearing** [-‚fɪərɪŋ] gudfruktig **-forsaken** [-fə‚seɪk(ə)n] gudsförgäten **-head** [-hed] gudom, gudomlighet **-less** [-lɪs] gudlös **-like** [-laɪk] gudalik, gudomlig **-liness** [-lɪnɪs] gudsfruktan, fromhet **-ly** [-lɪ] a gudfruktig, from **-mother** [-‚mʌðə] gudmor **-parent** [-‚peər(ə)nt] gudfar, gudmor, fadder **-send** [-send] gudagåva, skänk från ovan **-son** [-sʌn] gudson
Godspeed [‚gɒd'spi:d] interj lycka till!
goer ['gəuə] **1** -besökare; film~ biobesökare **2** person som går [fort], gående
go-getter ['gəu‚getə] vard. handlingsmänniska; gåpåare
goggle ['gɒgl] **I** v **1** glo, stirra **2** rulla (med ögonen) **II** s **1** stirrande **2** ~s (pl) skyddsglasögon **-box** BE. sl. dumburk, TV
going ['gəuɪŋ] **I** s **1** gång, gående; avgång **2** väglag, före; underlag; muddy ~ (äv.) lerig väg; it's heavy ~ talking to him det går trögt att tala med honom; while the ~ is good så länge det går; go while the ~ is good gå medan tid är **3** vard. fart; good (fast) ~ bra fart (tempo); good~! inte illa! **II** a **1** framgångsrik, väl inarbetad (concern rörelse); get ~ komma (sätta) i gång; get s.th. ~ sätta i gång (fart på) ngt; keep ~ fortsätta, hålla i gång **2** tillgänglig, som finns [att få], som går att få; the best fellow ~ den bästa karl som går på två ben **3** [nu] gällande (rate taxa), marknads-, dags- (value värde) **4** ~, ~, gone! (vid auktion) första, andra, tredje! **5** be ~ to (+ inf.) skola, ämna, tänka, ha för avsikt, stå i begrepp att, [just] skola; it's ~ to rain det kommer att bli regn; I wasn't ~ to do it jag skulle (tänkte) inte göra det
going-over ['gəuɪŋ'əuvə] (pl goings-over) vard. **1** genomgång, översyn, granskning **2** kok stryk
goings-on ['gəuɪŋz'ɒn] pl, vard. förehavanden; händelser; there are some strange ~ det händer underliga saker
goitre ['gɔɪtə] med. struma

go-kart ['gəʊkɑːt] go-kart, go-cart (*liten tävlingsbil*)
gold [gəʊld] **I** *s* guld **II** *a* guld-, gyllene
gold brick ['gəʊldbrɪk] **1** falsk guldtacka; värdelöst föremål **2** *AE. sl.* maskare, skolkare **gold-digger** [-ˌdɪgə] **1** guldgrävare **2** *vard.* lycksökerska **gold dust** [-dʌst] guldstoft
golden ['gəʊld(ə)n] **1** guld-, av guld; guldgul, gyllene (*hair* hår); ~ *age* guldålder; ~ *disc* (*mus.*) guldskiva; ~ *handshake* (*vard.*) gratifikation, avgångsvederlag; *the* ~ *mean a*) den gyllene medelvägen, *b*) *konst.* gyllene snittet; ~ *rule* gyllene regel; *the* ~ *section* (*konst.*) gyllene snittet; ~ *syrup* (*BE.*) ljus sirap; ~ *wedding* guldbröllop **-rod** *bot.* gullris
goldfinch ['gəʊldfɪn(t)ʃ] *zool.* steglits[a] **goldfish** guldfisk **gold foil** guldfolie **gold leaf** bladguld **gold medal** [-ˌmedl] guldmedalj **gold mine** [-maɪn] guldgruva (*äv. bildl.*) **gold plate** [-pleɪt] förgyllning **gold-plate** [-pleɪt] förgylla **gold reserve** [-rɪˌzɜːv] guldreserv **gold rush** [-rʌʃ] guldrush **goldsmith** [-smɪθ] guldsmed **gold standard** [-ˌstændəd] guldmyntfot
golf [gɒlf] **I** *s* golf **II** *v* spela golf
golf ball ['gɒlfbɔːl] golfboll **golf club 1** golfklubba **2** golfklubb **golf course** golfbana **golfer** [-ə] golfspelare **golf links** *pl* golfbana
Goliath [gə(ʊ)ˈlaɪəθ] Goliat
golliwog[g] ['gɒlɪwɒg] trasdocka med svart ansikte
golly ['gɒlɪ] *interj, vard.* kors [i alla mina dar]!, kära nån!
goluptious [gəˈlʌpʃəs] *skämts.* läcker
gonad ['gəʊnæd] gonad, könskörtel
gondo|la ['gɒndələ] gondol **-lier** [ˌgɒndəˈlɪə] gondoljär
gone [gɒn] **I** *perf. part. av* **go II** *a* **1** borta, försvunnen; slut; *the key is* ~ nyckeln är borta; *my money is* ~ mina pengar är slut (borta); *be* ~! ge dig i väg! **2** *vard.* svag, utmattad, slut **3** [för]gången; förbi, över; *she is four months* ~ (*vard.*) hon är i femte månaden **4** *sl., be* ~ *on s.b.* vara tänd på (förtjust i) ngn **goner** ['gɒnə] *sl., he is* ~ han är dödens, det är ute med honom
gong [gɒŋ] **1** gonggong **2** *BE. mil. sl.* medalj
gonna ['gɒnə] *sl.* = going to
gonorrhoea [ˌgɒnəˈrɪə] *med.* gonorré
goo [guː] *vard.* **1** gegga, kladd **2** sentimentalitet
goober [pea] ['guːbəpiː] jordnöt
good [gʊd] **I** *a* (*better, best*) **1** god, bra; [*that's*] ~! [det är] bra!; *very* ~ [,*sir*]! javisst [,herrn]!; ~ *enough*! det är bra!, det duger!; ~ *afternoon* god middag,, god dag, adjö; ~ *day* god dag, adjö; ~ *evening* god afton, god dag, adjö; ~ *fortune* tur, lycka; ~ *land* fruktbar mark; *have a* ~ *mind to* ha god lust att; ~ *morning* god morgon, god dag, adjö; ~ *music* god (bra, seriös) musik; ~ *nature* godmodighet; ~ *news* goda nyheter; ~ *night* god natt, god afton, adjö; *have the* ~ *sense to* ha den goda smaken att; *a* ~ *temper* ett gott humör; *the* ~ *things in life* det goda i livet; *and a* ~ *thing too* (*vard.*) och tur var [väl] det; *be* ~ *for s.b.* vara bra (hälsosam, nyttig) för ngn; *too* ~ *to be true* för bra för att vara sann; *that's a* ~ *one!* den var bra! **2** färsk (*inte skämd*), frisk, fräsch, fin **3** vänlig, snäll, god (*to* mot); lydig (*dog* hund); ~ *boy*

(*girl*)! bra!, duktig pojke (flicka)!; *the G~ Shepherd* den gode herden; *be a* ~ *boy* vara en snäll pojke; *my* ~ *man* (*åld.*) min gode man; *that's very* ~ *of you* det var (är) mycket snällt av er; *would you be* ~ *enough to tell me* vill du vara snäll och säga mig **4** lämplig, passande (*for a job* för ett arbete); *a* ~ *time for* lämplig tidpunkt för **5** duktig, skicklig, bra (*at* i, på); ~ *at languages* duktig i språk **6** pålitlig, tillförlitlig, bra; aktad (*family* familj); säker, solid, fullgod; *a* ~ *make* ett pålitligt märke; *a* ~ *investment* en säker (bra) investering; ~ *securities* fullgoda säkerheter; *be* ~ *for £10,000* vara god för 10 000 pund **7** stilig, snygg (*figure* figur); fin (*complexion* hy); ~ *looks* fördelaktigt utseende **8** rolig, trevlig, bra; *have a* ~ *time* ha roligt, roa sig; *have a* ~ *time!* mycket nöje! **9** ordentlig, riktig, rejäl (*scolding* utskällning); ganska [stor, lång] (*way* väg); dryg (*hour* timme); *a* ~ *deal of* en hel del; *a* ~ *few people* inte så få (ganska många) människor; *a* ~ *while* en god stund; *a* ~ *5 km* dryga (drygt) 5 km; *have a* ~ *cry* gråta ut [ordentligt]; *take a* ~ *look at* titta noga på **II** *adv* **1** *as* ~ *as* så gott som (*finished* slut) **2** *vard., ~ and proper* ordentligt, rejält; ~ *and strong* mycket starkt **3** *feel* ~ må bra, trivas; *come* ~ (*Austr. vard.*) lyckas, komma igen **III** *s* **1** gott (*and evil* och ont); det goda (*in the world* i världen); nytta, gagn; fördel; *do* ~ göra gott; *for the* ~ *of the workers* för arbetarnas bästa; *he is no* ~ han är ingen bra människa, han duger ingenting till; *I'm no* ~ *at that* jag är inte bra på det; *it is no* ~ *complaining* det är inte lönt (är ingen idé, tjänar ingenting till) att klaga; *what is the* ~ *of that?* vad tjänar det till?, vad ska det vara bra för?; *it would be some* ~ det skulle vara (komma) till nytta; *be up to no* ~ ha ont i sinnet, ha ngt rackartyg i görningen; *we were £10 to the* ~ vi hade 10 pund för mycket; *make* ~ *a*) gottgöra, ersätta, *b*) lyckas, ha framgång, *c*) fullfölja, hålla (*one's promise* sitt löfte), *d*) bevisa riktigheten av, *e*) försäkra sig om, hålla (*a position* en position) **2** goda [människor] **3** *for* ~ [*and all*] för gott (alltid)
good|bye I *s* [ˌgʊdˈbaɪ] adjö, farväl; avsked; *say* ~ säga adjö **II** *interj* [gʊ(d)ˈbaɪ] adjö!, farväl!
--for-nothing ['gʊdfəˌnʌθɪŋ] **I** *a* oduglig, värdelös **II** *s* oduglig, värdelös person **--humoured** [ˌgʊdˈhjuːməd] älskvärd, godmodig, gladlynt
good|ish [-ɪʃ] **1** ganska (rätt) bra (god) **2** avsevärd, rätt stor (lång) **--looking** [ˌgʊdˈlʊkɪŋ] snygg, som ser bra ut **-ly** [-lɪ] *a* **1** ganska stor, ansenlig **2** vacker; fin **--natured** [ˌgʊdˈneɪtʃəd] godmodig, vänlig **-ness** [-nɪs] **1** godhet, dygd **2** godhet, vänlighet **3** ~ *gracious* (*me*)!, [*my*] ~! du milde!, kors!, himmel!; ~ *knows!* det vete gudarna!; *for* ~' *sake* för guds skull; *thank* ~! gudskelov!, tack och lov!; *I wish to* ~ [*that*] jag önskar bara att **--o[h]** *interj, BE. vard.* jättebra!, instämmer!
goods [gʊdz] *pl* **1** gods, varor, artiklar; *BE.* fraktgods (*på järnväg*), frakt; *stolen* ~ stöldgods **2** lös egendom, lösöre, [personliga] tillhörigheter **3** *sl., the* ~ äkta vara, den rätta grejen; *a piece of* ~ en brud, en tjej; *deliver the* ~ (*vard.*) klara av det, göra sitt; *have the* ~ *on s.b.* (*AE.*) ha bindande bevis mot ngn **goods train** ['gʊdztreɪn] godståg

good-tempered [ˌgud'tempəd] godmodig
goodtime ['gudtaɪm] nöjeslysten **goodwife** ['gudwaɪf] *åld.* husmor **good will** [ˌgud'wɪl] **1** hand. goodwill, gott anseende; kundkrets **2** välvilja, god vilja
goody ['gudɪ] **I** *s, vanl. pl goodies* godsaker; *bildl.* godbitar **2** *vard.* hjälte (*i film e.d.*) **II** *interj* mums!, smaskens! **–goody** [-ˌgudɪ] **I** *s, vard.* gudsnådelig (skenhelig) person **II** *a* gudsnådelig, skenhelig
gooey ['gu:ɪ] *vard.* **1** klibbig, kladdig **2** sentimental, sliskig
goof [gu:f] *vard.* **I** *s* **1** tabbe, groda **2** dumbom, klantskalle **II** *v* **1** fuska bort, klanta till **2** ~ *about* (*around*) traska (larva) omkring **goofball** ['gu:fbɔ:l] *AE. sl.* sömntablett **goofy** ['gu:fɪ] **I** *a, vard.* dum **II** *s, G~* Jan Långben
gook [gu:k] *AE.* **1** *sl., neds.* guling, asiat **2** *vard.* kladd, lort
goon [gu:n] **1** dumbom **2** *AE. vard.* bandit, hejduk
goose [gu:s] **1** (*pl geese* [gi:s]) gås; *vard.* gås, dumbom; *cook one's* ~ (*vard.*) försitta sin chans, förstöra för sig **2** (*pl* ~*s*) pressjärn
gooseberry ['guzb(ə)rɪ] **1** krusbär **2** *BE. vard., play* ~ vara femte hjulet under vagnen
goose egg ['gu:seg] *AE. sl.* noll poäng, nolla
goose flesh gåshud **goose|gog, -gob** *dial.* krusbär **goose step** *mil.* noggrann (preussisk) marsch, paradmarsch **goos[e]y** [-ɪ] **1** gås- **2** med gåshud **3** dum som en gås
G.O.P. *förk. för* (*AE.*) *Grand Old Party*
gopher ['gəufə] *zool.* **1** kindpåsråtta **2** jordekorre **3** landsköldpadda
gorblimey [ˌgɔ:'blaɪmɪ] *interj, vard.* kors då!, det var som tusan!
1 gore [gɔ:] **I** *s* **1** levrat blod **2** *vard.* slagsmål
2 gore [gɔ:] stånga [ihjäl]
3 gore [gɔ:] **I** *s* våd; kil **II** *v* sätta kil i
gorge [gɔ:dʒ] **I** *s* **1** hålväg, ravin **2** maginnehåll **3** *my* ~ *rises at it* (*bildl.*) det äcklar mig **4** hinder **5** *åld.* strupe, hals **II** *v* proppa full; ~ *o.s. on* (*with*) frossa på, proppa i sig (sig full med)
gorgeous ['gɔ:dʒəs] **1** praktfull, magnifik **2** *vard.* fantastisk, strålande, underbar, härlig
gorget ['gɔ:dʒɪt] **1** *hist.* halsharnesk **2** (*fågels*) färgteckning på halsen
Gorgon ['gɔ:gən] **1** *myt.* gorgon **2** *g~* (*vard. om kvinna*) skräcködla
gorilla [gə'rɪlə] gorilla
gormand|ize (*BE. äv -ise*) ['gɔ:məndaɪz] frossa **-izer** (*BE. äv. -iser*) [-ə] frossare
gormless ['gɔ:mlɪs] *BE. vard.* dum; trög
gorse [gɔ:s] *bot.* ärttörne
gory ['gɔ:rɪ] **1** blodig **2** blodtörstig
gosh [gɒʃ] *interj* kors!, jösses!
goshawk ['gɒshɔ:k] *zool.* duvhök
gosling ['gɒzlɪŋ] gässling, gåsunge
go-slow [ˌgəu'sləu] *BE.* maskning[saktion]
gospel ['gɒspl] **1** evangelium; *St. John's G~* Johannesevangeliet; *take s.th. as* (*for*) ~ tro blint på ngt **2** *mus.* gospel **gospel truth** dagsens sanning, rena rama sanningen
gossamer ['gɒsəmə] **1** tunn gasväv, flor **2** spindelväv, sommartråd
gossip ['gɒsɪp] **I** *s* **1** skvaller; [små]prat, tomt prat; *have a* ~ *with* ha en pratstund med **2** skvaller|bytta, -kärring **II** *v* skvallra, sladdra; [små]-prata **gossip-monger** [-ˌmʌŋgə] skvaller|-bytta, -kärring **gossipy** [-ɪ] skvallrig; pratig
gossoon [gɒ'su:n] *Irl.* [tjänste]pojke
got [gɒt] **1** *imperf. o. perf. part. av get* **2** *have* ~ ha [fått]; *have* ~ *to* vara tvungen att; *I've* ~ *to go* jag måste gå **3** *vard., have* ~ *it badly* vara blint förälskad
Goth [gɒθ] **1** got **2** rå (ohyfsad) person, barbar
Goth. *förk. för Gothic*
Gotham 1 ['gəutəm] Gotham (*i Nottinghamshire*) **2** ['gɒθəm] *vard.* New York
Gothenburg ['gɒθ(ə)nbɜ:g] Göteborg
Gothic ['gɒθɪk] **I** *a* **1** gotisk (*äv. arkit., konst.*) **2** *åld.* rå, barbarisk **3** ~ *novel* gotisk roman, skräckroman **II** *s* **1** gotiska [språket] **2** gotik **3** *boktr.* (*gammal engelsk*) fraktur; *AE.* grotesk
gotta ['gɒtə] *sl.* = *got to* **gotten** ['gɒtn] *AE., perf. part. av get*
gouge [gaudʒ] **I** *s* **1** hål|järn, -mejsel **2** [mejslad] räffla **3** *AE. vard.* bedrägeri **II** *v* **1** urholka med håljärn **2** ~ [*out*] trycka ut, holka ur **3** *AE. vard.* lura, bedra
gourd [guəd] kalebass, flaskkurbits
gour|mand ['guəmənd] gourmand **-met** [-meɪ] gourmé, finsmakare
gout [gaut] **1** gikt **2** *åld.* [blod]droppe **-y** [-ɪ] giktbruten
Gov., gov. *förk. för government; governor*
govern ['gʌvn] **1** regera [över], styra, härska [över] **2** styra, leda, bestämma; reglera **3** *språkv.* styra **-able** [-əbl] som [lätt] kan behärskas (styras) **-ance** [-əns] ledning, makt, styrelse; behärskning **-ess** [-ɪs] guvernant **-ing** [-ɪŋ] *a* regerande, styrande, härskande; ledande (*principle* princip); ~ *body* styrelse, direktion; ~ *party* regeringsparti **-ment** [-mənt] **1** styrande, styrelse, ledning **2** regering, ministär; *the* ~ (*äv.*) staten, statsmakterna; *the British G~* brittiska regeringen; *form a* ~ bilda regering **3** styrelsesätt, statsskick, regeringsform **4** ~ *issue* (*i sth AE.*) av staten tillhandahållen, statlig; ~ *securities* (*stocks*) statsobligationer **-mental** [ˌgʌvn'mentl] regerings-, regeringens, stats-, statens
governor ['gʌvənə] styresman, ledare, härskare **2** guvernör (*äv. i USA*), ståthållare **3** *BE.* chef, direktör (*för fängelse, bank*); styrelsemedlem; *the* [*board*] *of* ~*s* styrelsen, direktionen **4** *BE. vard., the* ~ *a*) farsgubben, *b*) chefen **5** *tekn.* regulator **governor general** [ˌgʌvənə'dʒen(ə)r(ə)l] (*pl governors general el. governor generals*) generalguvernör
Govt., govt. *förk. för government*
gown [gaun] **1** [elegant] klänning, dräkt; morgonrock **2** talar, ämbets-, domar|dräkt; studentkappa; *cap and* ~ akademisk dräkt
goy [gɔɪ] (*pl* ~*im el.* ~*s*) *sl.* icke-jude
G.P. *förk. för general practitioner; Gallup poll;* (*BE.*) *graduated pension; Grand Prix* **G.P.O.** *förk. för General Post Office* **gr.** *förk. för grade; grain; gram; gross*
grab [græb] **I** *v* **1** gripa [tag i]; rycka till sig, roffa åt sig; rycka undan **2** fånga uppmärksamheten hos **3** ~ *at* gripa [efter] (*the chance* chansen) **4** (*om broms*) hugga **II** *s* **1** grepp, hugg; *make a* ~ *at*

(*for*) gripa efter **2** grip|skopa, -klo **-ber** ['græbə] roffare **-ble** ['græbl] **1** treva (*for* efter) **2** krypa runt, kravla **-by** ['græbɪ] *vard.* girig

grace [greɪs] **I** *s* **1** grace, behag[fullhet], charm, älskvärdhet, elegans; *airs and ~s* tillgjordhet; *social ~s* umgängesformer, sällskapliga former; *he had the ~ to* han hade vänligheten att **2** ynnest, välvilja, gunst, nåd; *be in a p.'s good ~s* vara väl anskriven (ligga väl till) hos ngn **3** anständighet[skänsla], takt; *with* [*a*] *bad ~* motvilligt; *with* [*a*] *good ~* [glatt och] villigt, gärna **4** *teol.* nåd; *God's ~* Guds nåd; *by the ~ of God* med Guds nåde; *in the year of ~ 1985* i nådens år 1985 **5** frist, anstånd; *a day's ~* en dags frist **6** bordsbön; *say ~* be bordsbön **7** *mus.*, *~s* (*pl*) prydnadsnoter, ornament **8** *His* (*Her, Your*) *G~* Hans (Hennes, Ers) nåd **9** *the G~s* (*myt.*) gracerna **II** *v* **1** smycka, pryda **2** hedra (*with one's presence* med sin närvaro) **graceful** ['greɪsf(ʊ)l] graciös, behagfull, charmerande, älskvärd, elegant **graceless** ['greɪslɪs] **1** oförskämd, hänsynslös **2** gudlös **grace note** ['greɪsnəʊt] *mus.* prydnadsnot

gracious ['greɪʃəs] **I** *a* **1** vänlig, älskvärd, förekommande; välvillig **2** behaglig, bekväm; *~ living* behagligt liv **3** barmhärtig, nådig **II** *interj*, *good ~!, ~ me!* du milde!, himmel!, gode Gud!

grad [græd] *vard.* = *graduate II*

gra|date [grə'deɪt] gradera **-dation** [-'deɪʃn] **1** gradering; skala **2** *~s* (*pl*) grader, nyanser, [mellan]stadier, omärkliga övergångar **3** *språkv.* avljud

grade [greɪd] **I** *s* **1** grad; nivå; stadium; rang; lönegrad; *at ~* i (på samma) nivå; *make the ~* lyckas, slå igenom **2** sort, kvalitet, klass, storlek **3** betyg **4** *AE.* [skol]klass **5** *i sht AE.* (*vägs*) lutning, stigning **6** korsad [kreaturs]ras **II** *v* **1** gradera; sortera; klassificera **2** betygsätta, sätta betyg på **3** plana, planera (*mark*)

grade crossing ['greɪdˌkrɒsɪŋ] *AE.* plankorsning **grader** [-ə] väg|skrapa, -hyvel **grade school** [-skuːl] *AE.* grund-, folk|skola

gradient ['greɪdjənt] (*vägs*) stigning, lutning; stignings-, lutnings|grad

gradual ['grædʒʊəl] **I** *a* gradvis, stegvis; långsam, svag (*slope* sluttning) **II** *s* gradualpsalm **-ly** [-ɪ] gradvis, stegvis, successivt; långsamt; så småningom

gradu|ate I *v* ['grædjʊeɪt] **1** avlägga (ta) akademisk examen (*from* vid); *AE. äv.* ta examen, gå ur skolan **2** *AE.* ge akademisk examen **3** gradera; indela i grader **4** sortera **5** så småningom övergå (*to* till) **II** *s* ['grædʒʊət] akademiker, person med akademisk examen; *AE. äv.* elev som gått ut skolan **III** *a* ['grædʒʊət] akademisk, med akademisk examen; *~ profession* yrke som kräver akademisk examen; *~ student* forskarstudent; *~ unemployment* arbetslöshet bland akademiker **-ation** [ˌgrædjʊ'eɪʃn] **1** avläggande av akademisk examen; promovering, promotion; *AE. äv.* avgång (*från skola*), skolavslutning **2** gradering; gradindelning

graffi|to [grə'fiːtəʊ] (*pl -ti* [-tɪ]) **1** *konst.* graffito, vägginskrift **2** *-ti* (*pl*) graffiti, [vägg]klotter

1 graft [grɑːft] **I** *s* **1** ymp[kvist] **2** *med.* transplantationsvävnad, transplantat **3** ympning **4** *med.* transplantation **II** *v* **1** [in]ympa **2** *med.* transplan-

tera

2 graft [grɑːft] **I** *s* **1** *vard.*, *hard ~* knog, kneg **2** *i sht AE.* mygel; mutor, mutpengar **II** *v* **1** *vard.* knega **2** *i sht AE.* mygla

graham ['greɪ(ɪ)əm] graham[s]-; *~ flour* grahamsmjöl

Grail [greɪl] *the Holy ~* den heliga gra[a]l

grain [greɪn] **I** *s* **1** [sädes]korn, frö; *a ~ of wheat* ett vetekorn **2** säd, spannmål **3** korn; *bildl.* uns, gnutta, korn, spår; *a~ of sand* ett sandkorn; *a ~ of truth* ett uns (en gnutta) sanning; *sand of fine ~* fin[kornig] sand; *that's a ~ of comfort* det är åtminstone en smula tröst; *with a ~ of salt* (*bildl.*) med en nypa salt **4** fiber; (*i trä, marmor*) ådring, ådringet, mönstring; (*läders*) narv[sida]; (*tygs*) trådriktning; *foto.*, *miner.* kornighet; *against the ~* mot fibrernas längdriktning; *it goes against the ~ with me* det strider mot min natur **5** (*vikt*) gran (= *0,068 g*) **II** *v* **1** göra kornig, granulera, kristallisera **2** marmorera, ådra **-ing** ['greɪnɪŋ] marmorering, ådring **-y** ['greɪnɪ] **1** kornig **2** ådrad, marmorerad

1 gram [græm] gram

2 gram [græm] *bot.* mungböna

graminaceous [ˌgræmɪ'neɪʃəs], **gramineous** [grə'mɪnɪəs] gräs-, gräsartad

grammar ['græmə] grammatik, språklära (*äv. bok*); språkriktighet; *it is bad ~* det är grammatikaliskt fel (ogrammatikaliskt) **grammarian** [grə'meərɪən] grammatiker **grammar school** ['græməskuːl] *BE.* sekundärskola med teoretiska linjer; *AE.* grundskola (*klass 1-6 el. 1-8*) **grammatical** [grə'mætɪkl] grammatisk; grammatikalisk

gramme [græm] gram

gramophone ['græməfəʊn] grammofon **gramophone record** [-ˌrekəd] grammofonskiva

grampus ['græmpəs] *zool.* späckhuggare

granary ['grænərɪ] kornbod (*äv. bildl.*), spannmålsmagasin

grand [grænd] **I** *a* **1** stor; stor|slagen, -artad, pampig, ståtlig, imponerande; fin, förnäm, distingerad (*old lady* gammal dam); *~ ideas* storslagna idéer; *~ old man* grand old man, nestor; *~ opera* opera (*utan talpartier*); *the G~ Old Party* (*AE.*) republikanska partiet; *~ piano* flygel; *live in ~ style* leva storstilat (flott) **2** *vard.* utmärkt, fantastisk, härlig **3** fullständig, omfattande, total; *~ result* slutresultat; *~ total* totalsumma **4** stor, störst, huvud-; stor-; *the ~ arena* huvudarenan; *~ duchess* stor|hertiginna, -furstinna; *~ duchy* storhertigdöme; *~ duke* stor|hertig, -furste; *G~ Master* stormästare (*i orden*); *the G~ National* Grand National (*årlig steeplechase i Liverpool*); *~ staircase* huvudtrappa; *~ tour a*) (*förr*) rundresa (*som avslutning på eng. adelsmans uppfostran*), *b*) *vard.* rundtur **II** *s* **1** flygel **2** (*pl ~*) *AE. sl.* tusen pund (dollar)

grand|aunt ['grændɑːnt] fars (mors) faster (moster) **-child** ['græntʃaɪld] barnbarn **-dad[dy]** ['grændæd(ɪ)] *vard.* far- mor|far **-daughter** ['grænˌdɔːtə] son-, dotter|dotter

grandee [græn'diː] **1** grand (*spansk adelsman*) **2** storman, storhet

grandeur ['græn(d)ʒə] **1** storhet, värdighet, förnämhet **2** prakt, ståt **3** bombasm, svulstighet

grandfather ['græn(d)ˌfɑ:ðə] far-, mor|far
grandfather clock golvur
grandilo|guence [ˌgræn'dɪləkwəns] högtravande språk, svulstighet **-quent** [-kwənt] högtravande, svulstig
grandiose ['grændɪəʊs] grandios, storslagen
grand|ma ['grænmɑ:], **-mam[m]a** ['grænməˌmɑ:] far-, mor|mor **-master** [-(d)ˌmɑ:stə] schack. stormästare **-mother** ['grænˌmʌðə] far-, mor|mor **-nephew** ['grænˌnevju:] brors (systers) sonson (dotterson) **-niece** ['grænni:s] brors (systers) sondotter (dotterdotter) **-pa** ['grænpɑ:], **-papa** ['grænpəˌpɑ:] vard. far-, morfar **-parent** ['grænˌpeər(ə)nt] far-, mor|far, far-, mor|mor; ~s (pl) far-, mor|-föräldrar
Grand Prix [ˌgrɑ:n'pri:] Grand Prix
grandson ['grænsʌn] son-, dotter|son **-stand** ['græn(d)stænd] **I** s **1** huvud-, åskådar|läktare (vid fotbollsmatch e.d.) **2** publik på huvudläktare (åskådarläktare) **II** a, ~ finish spurt på upploppet; ~ tickets biljetter till huvudläktaren; have a ~ view of ha en utmärkt utsikt över **-uncle** ['grænd.ʌŋkl] fars (mors) farbror (morbror)
grange [greɪn(d)ʒ] **1** i sht BE. lantgård **2** åld. lada
granite ['grænɪt] granit
granny ['grænɪ] vard. far-, mor|mor **granny['s] knot** käringknut
grant [grɑ:nt] **I** v **1** bevilja, tillmötesgå, uppfylla (a wish en önskan) **2** bevilja, ge (an interview en intervju); anslå (means towards medel till); skänka; jur. överlåta; God ~ that Gud give att **3** medge; ~ed (~ing) that förutsatt att, låt oss anta att; it must be ~ed that man måste medge att; take s.th. for ~ed ta ngt för givet, förutsätta ngt **II** s **1** anslag, beviljande (towards till); stipendium; jur. överlåtelse **2** beviljande, anslående **-ee** [grɑ:n'ti:] jur. person som beviljats anslag **-or** [grɑ:n'tɔ:] jur. överlåtare
granular ['grænjʊlə] kornig, grynig **granulate** [-jʊleɪt] göra kornig, korna, granulera; ~d sugar strösocker **granule** [-ju:l] litet korn
grape [greɪp] **1** [vin]druva; vin[ranka]; the ~ (sl.) vin; bunch of ~s druvklase; sour ~s (ung.) surt, sa räven (om rönnbären)
grapefruit ['greɪpfru:t] grapefrukt **grape hyacinth** [-ˌhaɪəs(ɪ)nθ] pärlhyacint **grapeshot** [-ʃɒt] kartesch **grape sugar** [-ˌʃʊgə] druvsocker **grapevine** [-vaɪn] **1** vinranka **2** vard., the ~ djungeltelegrafen
graph [græf] **1** graf[isk framställning], diagram; mat. graf, kurva
graph|ic ['græfɪk] **1** åskådlig, levande, målande (account redogörelse) **2** grafisk, skriv-, skrift- (symbols symboler); ~ arts grafik, grafisk konst **3** grafisk, i diagram[form], diagram- (representation framställning) **-ics** [-s] **1** (behandlas som sg) grafisk framställning, teckning **2** pl grafik, grafisk konst
graphite ['græfaɪt] grafit; blyerts
graph|ologist [græ'fɒlədʒɪst] grafolog **-ology** [græ'fɒlədʒɪ] grafologi
graph paper ['grɑ:fˌpeɪpə] millimeterpapper
grapnel ['græpnl] litet ankare; dragg
grapple ['græpl] **I** s **1** hake, krok **2** livtag; brottning **II** v **1** brottas; råka i handgemäng **2** ~ with (bildl.) brottas med, gripa sig an (ge sig i kast, ta itu) med **3** haka sig fast **grappling hook (iron)** hake, krok; sjö. änterhake
grasp [grɑ:sp] **I** v **1** gripa, fatta tag i; ~ the nettle ta tjuren vid hornen **2** fatta, begripa **3** ~ at gripa efter **II** s **1** grepp, [fast] tag; räckhåll; within her ~ inom räckhåll för henne **2** (ngns) våld, klor; [herra]välde **3** förståelse; it's beyond his ~ det övergår hans fattningsförmåga; have a good ~ of s.th. behärska (ha grepp om) ngt **-ing** ['grɑ:spɪŋ] **1** gripande, grip- **2** girig, sniken
grass [grɑ:s] **I** s **1** gräs; let the ~ grow under one's feet låta gräset gro under sina fötter **2** gräsmatta; bete[smark]; keep off the ~! beträd ej gräsmattan!; put out to ~ a) släppa ut på [grön]bete, b) låta (kapplöpningshäst) sluta tävla, c) vard. pensionera **3** sl. gräs, marijuana **4** BE. sl. tjallare **II** v **1** täcka[s] med gräs **2** utfodra med gräs **3** beta **4** hala i land (fisk) **5** sport., i sht AE. slå omkull **6** sl., ~ [on] tjalla på
grass box ['grɑ:sbɒks] gräsuppsamlare (t. gräsklippare) **grasshopper** [-ˌhɒpə] gräshoppa **grassland** [-lænd] gräslätt, gräsmark **grass roots** [ˌgrɑ:s'ru:ts] pl **1** the ~ (bildl.) gräsrötterna, vanligt folk **2** the ~ grunden, basen **grassroots** ['grɑ:sru:ts] gräsrots-; at ~ level på gräsrotsnivå **grass snake** ['grɑ:ssneɪk] zool. snok **grass widow** [ˌgrɑ:s'wɪdəʊ] **1** gräsänka **2** frånskild kvinna **grass widower** [ˌgrɑ:s'wɪdəʊə] **1** gräsänkling **2** frånskild man **grassy** ['grɑ:sɪ] gräs-; gräsbevuxen

1 grate [greɪt] **I** v **1** riva (carrots morötter) **2** raspa (skrapa) mot; gnissla med **3** raspa, skrapa, gnissla, skorra **4** ~ [up]on irritera, reta **II** s gnissel, skrapande

2 grate [greɪt] **I** s spisgaller, rost; galler **II** v förse med galler, sätta galler i
grateful ['greɪtf(ʊ)l] **1** tacksam (to s.b. for s.th. mot ngn för ngt) **2** angenäm, välgörande (rest vila)
grater ['greɪtə] rivjärn
grati|fication [ˌgrætɪfɪ'keɪʃn] **1** tillfredsställande **2** tillfredsställelse **-fy** ['grætɪfaɪ] tillfredsställa (a whim en nyck) **-fying** ['grætɪfaɪɪŋ] tillfredsställande, angenäm
1 grating ['greɪtɪŋ] galler[verk]
2 grating ['greɪtɪŋ] a raspande, skrapande, gnisslande, skorrande
gratis ['greɪtɪs] gratis
gratitude ['grætɪtju:d] tacksamhet (to s.b. for s.th. mot ngn för ngt)
gratu|itous [grə'tju:ɪtəs] **1** kostnads-, avgifts|fri, gratis **2** ogrundad, omotiverad; oberättigad; opåkallad, onödig **-ity** [-ətɪ] **1** dricks[pengar] **2** gåva **3** gratifikation
1 grave [greɪv] grav; have one foot in the ~ stå med ett ben i graven
2 grave I a [greɪv] **1** allvarsam; allvarlig; viktig **2** (om färg) mörk, dyster **3** [grɑ:v] språkv. grav (accent accent) **II** [grɑ:v] s, språkv. grav accent
3 grave [greɪv] (imperf. ~d, perf. part. ~d el. ~n) åld. snida; gravera
grave clothes ['greɪvkləʊðz] pl svepning **grave digger** [-ˌdɪgə] dödgrävare
gravel ['grævl] **I** s **1** grus, grov sand **2** med. grus

II v **1** grusa, sanda **2** förvirra **3** AE. vard. irritera, störa

gravel|-blind ['grævlblaınd] litt. nästan helt blind **-ly** ['grævlı] a **1** grusig, sandig; grus- **2** (om röst) skrovlig **--pit** grus|tag, -grop

grave-mound ['greıvmaʊnd] grav|hög, -kulle

grav|en ['greıvn] a, åld. snidad; ~ image (bibl.) avgudabild **-er** [-ə] gravstickel

grave|-stone ['greıvstəʊn] gravsten **-yard** kyrkogård; begravningsplats

gravid ['grævıd] gravid

graving dock ['greıvıŋdɒk] torrdocka

gravi|tate ['græviteıt] **1** fys. gravitera, dras (röra sig) mot en medelpunkt **2** bildl., ~ to[wards] dras mot (till) **-tation** [,grævı'teıʃn] **1** fys. gravitation, tyngdkraft **2** bildl. dragning (to[wards] mot, till)

gravity ['grævətı] **1** tyngdkraft, gravitation; the law of ~ gravitations-, tyngd|lagen **2** tyngd; centre of ~ tyngdpunkt; force of ~ tyngdkraft; specific ~ densitet **3** allvar[lighet]; värdighet; högtidlighet **4** allvar, betydelse, vikt

gravy ['greıvı] **1** köttsaft, sky; [kött]sås **2** sl., i sht AE. lättförtjänta pengar **gravy boat** sås|skål, -snipa **gravy train** sl., i sht AE., get on the ~ ha ett lätt jobb med bra betalt

gray [greı] AE. = grey **-ling** [-lıŋ] zool. **1** harr **2** gräsfjäril

1 graze [greız] **1** beta, gå på bete **2** driva på bete, låta beta, valla

2 graze [greız] **I** v **1** ~ [against] a) snudda vid, b) skrapa mot **2** skrubba, skrapa (one's elbow armbågen) **II** s **1** snuddande, skrapande **2** skrubbsår

grazier ['greızjə] boskapsuppfödare, fårfarmare

grease I s [gri:s] **1** [djur]fett, ister, talg **2** smörj|-fett, -medel **II** v [gri:z] smörja [med fett]; rundsmörja; ~ a p.'s palm (hand) (sl.) smörja (muta) ngn; like ~d lightning som en oljad blixt

grease cup ['gri:skʌp] smörjkopp **grease gun** fett-, smörj|spruta **grease monkey** vard. bil-, flyg|mekaniker **greasepaint** ['gri:speınt] [teater]smink **greaseproof** a, ~ paper smör[gås]-papper

greaser ['gri:zə] BE. sl. **1** bilmekaniker **2** långhårig skinnknutte **3** äckelpotta **greasy** [-ı] **1** fet; oljig; hal **2** flottig; smutsig **3** bildl. salvelsefull, oljig

great [greıt] **I** a **1** stor; G~ Britain Storbritannien; the G~ Lakes Stora sjöarna; G~er London Storlondon; a ~ assembly en stor församling; a ~ big house (vard.) ett jättehus, ett stort fint hus **2** stor; framstående, betydande (writer författare); mäktig, imponerande, betydelsefull; skicklig (carpenter snickare); Alexander the G~ Alexander den store; live to a ~ age nå en hög ålder; a ~ decision ett viktigt beslut; a ~ deed en ädel (storsint) handling; the ~ majority det stora flertalet; a ~ many, a ~ number [of] ett stort antal, [väldigt] många; ~ minds stora andar; the G~ Powers stormakterna; the ~ thing is det viktigaste är; the G~ War första världskriget; ~ worry stor oro **3** stor; ivrig, flitig (collector of stamps frimärkssamlare); ~ friends mycket goda vänner; be a ~ walker promenera mycket **4** (om tid) lång (while stund) **5** vard. underbar, fantastisk, utmärkt, storartad, härlig; [that's] ~! fint!, jättebra!; G~ Scot! du store tid!; a dirty ~ smack on the face (BE.) ett jättehårt slag i ansiktet; it would be ~ if det vore väldigt bra om; be ~ at singing (football) vara en fantastisk sångare (fotbollsspelare); be ~ on a) vara hemma på, b) intressera sig för; he's a ~ one for criticizing han är bra på att kritisera **6** åld., ~ with child gravid; ~ with hope hoppfull **II** adv, AE. vard. mycket bra, utmärkt **III** s, the ~ de stora, de mäktiga, stjärnorna

great|aunt [,greıt'ɑ:nt] = grandaunt **-coat** ['greıtkəʊt] (militärs) rock; överrock

great-grand|child [,greıt'græntʃaıld] barnbarnsbarn **-daughter** [-,dɔ:tə] sons (dotters) sondotter (dotterdotter) **-father** [-(d),fɑ:ðə] farfars (morfars, farmors, mormors) far, gammel|-farfar, -morfar **-mother** [-,mʌðə] farfars (morfars, farmors, mormors) mor, gammel|farmor, -mormor **-son** [-sʌn] sons (dotters) sonson (dotterson)

great|-hearted [,greıt'hɑ:tıd] varmhjärtad; storsint **-ly** ['greıtlı] adv mycket, i hög grad **-ness** ['greıtnıs] **1** storlek **2** storhet, höghet **-uncle** [,greıt'ʌŋkl] = granduncle

greaves [gri:vz] hist. benskenor

grebe [gri:b] zool. dopping; great crested ~ skäggdopping

Grecian ['gri:ʃn] (i sht om stil, arkitektur o.d.) grekisk

Greece [gri:s] Grekland

greed [gri:d] begär, lystnad (for efter); glupskhet **greedy** ['gri:dı] **1** lysten; girig **2** glupsk

Greek [gri:k] **I** s **1** grek; grekiska, grekinna **2** grekiska [språket]; it's [all] ~ to me (vard.) det är rena grekiskan för mig **II** a grekisk

green [gri:n] **I** a **1** grön; grönskande; ~ belt grönområden (kring stad); have ~ fingers (AE. a ~ thumb) ha gröna fingrar, ha hand[lag] med växter; ~ light grönt [trafik]ljus; give s.b. the ~ light ge ngn klarsignal; ~ pepper grönpeppar; ~ pound "grönt pund"(beräkningsenhet för Storbritanniens betalningstransaktioner med EG:s jordbruksfond); turn ~ a) litt. bli grön, b) bli grön [i ansiktet], bli illamående, c) bli grön av avund **2** grön, omogen (äv. bildl.); bildl. äv. oerfaren; färsk (ej rimmad el. rökt); (om timmer) nyavverkad **3** färsk (memory minne); spänstig, ungdomlig; a ~ old age en andra ungdom **II** s **1** grönt; grön färg **2** grön äng; gräs|plan, -matta, -bana; golf. green; village ~ byallmänning **3** ~s (pl) grönsaker, grönt **4** sl. stålar **5** sl. gräs, marijuana **6** sl. ligg, knull **7** do you see any ~ in my eye? tror du verkligen att jag är så enfaldig? **III** v göra (bli) grön

green|back ['gri:nbæk] AE. sl. dollarsedel **-ery** [-ərı] grönska; grönt (t. dekoration) **--eyed I** grönögd; the ~ monster svartsjukan, avundsjukan **2** svartsjuk, avundsjuk **-finch** zool. grönfink **-fly** zool. bladlus **-gage** [-geıdʒ] bot. renklo, reine claude **-grocer** [-,grəʊsə] i sht BE. frukt- och grönsakshandlare **-grocery** [-,grəʊs(ə)rı] i sht BE. **1** frukt- och grönsakshandel **2** frukt och grönsaker **-horn** [-hɔ:n] vard. **1** gröngöling **2** nykomling; invandrare **-house** ['gri:naʊs] växthus **-ish** [,gri:nıʃ] grönaktig

Greenland ['gri:nlənd] Grönland **-er** [-ə] grönländare

green|ness ['gri:nnıs] **1** grön färg **2** grönska **3**

oerfarenhet; omogenhet **-room** [-rʊm] (*förr*) artistfoajé **-stuff** grönsaker; grönfoder **-sward** [-swɔ:d] *åld. el. litt.* gräsmatta
Greenwich ['grɪnɪdʒ] Greenwich; ~ [*Mean*] *Time* Greenwichtid
greenwood ['gri:nwʊd] grön skog; skogsbygd
greet [gri:t] **1** hälsa; *be ~ed with cheers* hälsas med hurrarop **2** välkomna, hälsa välkommen **3** möta; *a lovely smell ~ed us* en härlig doft mötte oss; *be ~ed by silence* mötas (hälsas) av tystnad
greeting ['gri:tɪŋ] **1** hälsning; *birday ~s* födelsedagshälsningar **2** välkomnande **greetings card** hälsningskort
gregarious [grɪ'geərɪəs] **1** flock-, som lever i flock **2** sällskaplig
Gregorian [grɪ'gɔ:rɪən] *a, the ~ calendar* [den] gregorianska kalendern
gremlin ['gremlɪn] smådjävul (*som vållade fel i flygplan under andra världskriget*); bråkmakare
grenade [grɪ'neɪd] [hand]granat
grenadier [,grenə'dɪə] grenadjär
grew [gru:] *imperf. av* grow
grey [greɪ] **I** *a* grå; (*om tyg äv.*) naturfärgad, oblekt; ~ *area a*) grå zon, *b*) område med ganska hög arbetslöshet; ~ *eminence* grå eminens; *G~ Friar* gråbrödra-, franciskaner|munk; ~ *matter a*) grå hjärnsubstans, *b*) *vard.* grå celler, intelligens **II** *s* **1** grått; grå färg; grå nyans **2** grålle, grå häst **III** *v* göra (bli) grå, gråna
grey|back ['greɪbæk] *zool.* **1** gråkråka **2** gråval **-beard** [-bɪəd] **1** gammal [vis] man **2** krus (*för spritdrycker format som skäggigt ansikte*) **-hen** *zool.* orrhöna **-hound** vinthund; *G~* Greyhoundbuss (*långfärdsbuss i USA*); ~ *racing* hundkapplöpning **-ish** [-ɪʃ] gråaktig **-lag [goose]** *zool.* grågås
grid [grɪd] **1** *se* gridiron **2** rut|nät, -system (*på karta e.d.*); nät **3** *the ~* ledningsnätet (*för el, gas, vatten e.d.*) **4** [*control*] ~ (*elektron.*) galler, gitter **5** [*starting*] ~ (*i motorsport*) startplats
griddle ['grɪdl] **1** *BE.* pannkakslagg, [scones]järn **2** [spis]häll **-cake** (*slags*) pannkaka
gridiron ['grɪd,aɪən] **1** grill; rost; halster **2** *teat.* kulissmekanism (*ovanför scen*) **3** fotbollsplan (*i amer. fotboll*)
grief [gri:f] sorg; bedrövelse; *bring to ~* leda i olycka; *come to ~* (*vard.*) *a*) misslyckas, *b*) sluta illa, *c*) råka ut för en olycka; *good ~!* (*vard.*) kära nån!, du store tid!
grievance ['gri:vns] anledning till missnöje; klagomål; *have a ~ against s.b.* ha anledning att klaga på ngn **grieve** [gri:v] **1** sörja, känna sorg (*at, about, for , over* över) **2** bedröva; vålla sorg; *it ~s me to see that* det gör mig ont (smärtar mig) att se att **grievous** [-əs] svår, allvarlig (*injury* skada); skadlig; smärtsam, plågsam, smärtfylld
griffin ['grɪfɪn] *myt., her.* grip
griffon ['grɪfn] **1** *myt., her.* grip **2** gåsgam **3** (*slags*) terrier
grift [grɪft] *AE. sl.* **1** oärligt förtjänade pengar **2** skoj, bedrägeri
grig [grɪg] *dial.* **1** ålunge **2** livlig person
grill [grɪl] **I** *s* **1** halster, grill **2** grillad mat (rätt) **3** grill[rum, -restaurang] **II** *v* **1** halstra, grilla; *be ~ed by the sun* bli stekt av solen **2** *vard.* ansätta [i förhör], halstra, grilla **grill[e]** [grɪl] **1** galler;

gallergrind; skyddsgaller **2** [kylar]grill **grillroom** ['grɪlrʊm] grill[rum, -restaurang] **grim** [grɪm] **1** sträng, hård, beslutsam **2** grym, ohygglig (*accident* olycka); *hold on like ~ death* hålla ut in i det sista, inte vika en tum **3** *åld. el. poet.* vildsint (*warrior* krigare) **4** *vard.* otrevlig, obehaglig, hemsk
grimace [grɪ'meɪs] **I** *s* grimas **II** *v* grimasera
grime [graɪm] **I** *s* sot, [ingrodd] smuts, lort **II** *v* sota (smutsa, lorta) ner **grimy** ['graɪmɪ] sotig, smutsig, lortig
grin [grɪn] **I** *v* grina, flina; visa tänderna; ~ *and bear it* (*vard.*) hålla god min i elakt spel **II** *s* grin, flin, hånleende
grind [graɪnd] **I** *v* (*ground, ground*) **1** mala; ~ *corn into flour* mala säd till mjöl; ~ *pepper* (*äv.*) krossa (stöta) peppar (*i mortel*); ~ *one's heel into the ground* borra ner klacken i marken; ~ *s.th. into s.b.* inpränta ngt i ngn; ~ *s.th. to a powder* finmala ngt **2** slipa (*a knife* en kniv; *a gem* en ädelsten); vässa; *ground glass* mattslipat glas **3** skrapa (gnissla, knarra) [med]; ~ *one's teeth* gnissla tänder; ~ *out* väsa fram **4** ~ [*down*] trycka ner, förtrycka, tyrannisera; ~ *the faces of the poor* utarma de fattiga **5** veva [på] (*a barrel organ* ett positiv); ~ *on* fortskrida; ~ *out a*) veva fram (*old tunes* gamla melodier), *b*) klämma fram (*an article* en artikel) **6** *vard.* plugga (*English* engelska); träla med **7** mala; gå att mala; slipas; ~ *away* mala 'på, mala i ett; *will not ~* går ej att mala **8** skrapa, skava, gnissla (*against, on* mot); *the boat was grinding on the rocks* båten låg och skavde mot klipporna **9** *vard.,* ~ *away at Latin* plugga latin **10** *i sht AE:* coarse ~ mala med höfterna (*vid dans*) **II** *s* **1** malning; *coarse ~* grovmalning **2** skrap[ande] **3** *vard.* slit[göra], släp, knog; plugg; *the daily ~* det dagliga slitet **4** *sl.* plugghäst **5** *BE. sl.* knull, ligg **6** *i sht AE.* roterande med höfterna (*vid dans*)
grind|er ['graɪndə] **1** [skär]slipare; malare **2** kvarn; slipmaskin **3** oxel-, kind|tand **-stone** ['graɪn(d)stəʊn] slipsten; *keep (have) one's nose to the ~* ligga i, jobba hårt
gringo ['grɪŋgəʊ] (*pl ~s*) gringo (*öknamn på engelsktalande pers. i Sydamerika*)
grip [grɪp] **I** *s* **1** grepp, tag, fattning (*of* om); handtryckning; *come (get) to ~s with a*) ta itu med, ge sig i kast med, *b*) ge sig på, gå till angrepp mot; *get (have) a ~ on* få (ha) grepp om (på); *get a ~ on o.s.* (*vard.*) ta sig samman, skärpa sig; *have s.b. in one's ~* ha ngn i sitt grepp (sin hand); *lose one's ~* förlora greppet **2** handtag, grepp **3** resbag **4** hårklämma **5** knip, stick (*av smärta*) **II** *v* **1** gripa [om], fatta tag i **2** *bildl.* fånga, fängsla **3** gripa (*at* efter) **4** gripa, få grepp
gripe [graɪp] **I** *v* **1** få (orsaka) knip **2** *vard.* gnata, gnälla **II** *s* **1** ~*s* (*pl*) magknip, kolik **2** *vard.* gnat, gnäll
grippe [grɪp] *åld.* influensa
grip|ping ['grɪpɪŋ] *a* gripande, fängslande **-sack** *AE.* [res]bag
grisly ['grɪzlɪ] gräslig, hemsk
grist [grɪst] **1** mäld; mald säd; *it's all ~ to (for) the (one's) mill* allt går att (kan man) använda
gristle ['grɪsl] brosk (*i sht i kött*)
grit [grɪt] **I** *s* **1** sandkorn; sand, grus; slipkorn **2**

gritty—group captain

grovkornig sandsten **3** ~s (pl) gryn; AE. majsgryn **4** okuvligt mod, kurage, gott gry **II** v **1** gnissla med; ~ one's teeth skära (gnissla) tänder **2** grusa, sanda **-ty** ['grɪtɪ] **1** grynig; grusig, sandig **2** modig, djärv, resolut
1 grizzle ['grɪzl] vard., i sht BE. (mest om barn) gnälla, grina, pipa
2 griz|zle ['grɪzl] gråna, bli grå **-zled** [-zld] grå, gråhårig **-zly** [-zlɪ] **I** a grå[aktig]; gråhårig; ~ bear grissly-, grå|björn **II** s grissly-, grå|björn
gro. förk. för gross
groan [grəʊn] **I** v stöna, jämra sig (with pain av smärta); vard. klaga, knota, knorra; the table ~ed under (beneath) the weight bordet knakade (dignade) under tyngden; they ~ed at his puns de stönade över hans vitsar **II** s **1** stönande, jämmer; knakande **2** vard. [ständig] klagan, knot
groat [grəʊt] **1** hist., eng. silvermynt = 4 pence **2** ~s (pl) [krossade] gryn, gröpe
grocer ['grəʊsə] livsmedels- matvaru-, speceri|handlare; at the ~'s i livsmedelsbutiken **grocer|y** ['grəʊs(ə)rɪ] **1** livsmedels-, matvaru-, speceri|butik **2** -ies (pl) livsmedel, matvaror, specerier
grog [grɒg] [rom]toddy
groggy ['grɒgɪ] vard. **1** ostadig på benen, vacklande **2** svag, yr, omtöcknad
groin [grɔɪn] **1** ljumske; vard. skrev, testiklar **2** arkit. kryssvalv
groom [gru:m] **I** s **1** stalldräng, hästskötare **2** brudgum **II** v **1** sköta, vårda; rykta; göra fin (snygg); badly ~ed ovårdad, vanskött **2** förbereda, träna, trimma (s.b. for a job ngn till ett jobb) **groomsman** ['gru:mzmən] (brudgums) marskalk
groove [gru:v] **1** s **1** skåra, räffla, ränna; fåra; spår (i grammofonskiva e.d.); in the ~ a) mus. så det svänger, b) AE. inne, toppmodern **2** slentrian, gamla hjulspår **II** v **1** räffla, göra fåror (skåror) i **2** sl. vara i toppform **3** mus. spela så det svänger **groovy** ['gru:vɪ] sl. toppen, mysig, helskön
grope [grəʊp] treva, famla, leta, söka (for, after efter)
gross [grəʊs] **I** a **1** [över]fet, mycket tjock **2** brutto-, total-; ~ national product bruttonationalprodukt; ~ profit bruttoförtjänst; ~ ton brutto[register]ton; ~ weight brutto-, total|vikt **3** vulgär, tarvlig **4** grov, uppenbar (inefficiency ineffektivitet); skriande, flagrant; omdömeslös, urskillningslös **5** tät, frodig (vegetation vegetation) **II** s (pl lika) gross (144 st.) **III** v tjäna brutto **-ly** ['grəʊslɪ] adv **1** vulgärt, tarvligt, grovt; eat ~ äta som en gris **2** enormt, oerhört, förskräckligt **-ness** ['grəʊsnɪs] **1** tarvlighet, grovhet **2** fetma **3** the ~ of det oerhörda (enorma) i
grotesque [grə(ʊ)'tesk] **I** a grotesk (äv. konst.), förvriden; befängd **II** s, konst. o. boktr. grotesk
grotto ['grɒtəʊ] grotta
grotty ['grɒtɪ] BE. sl. läskig, ful; kass, usel
grouch [graʊtʃ] vard. **I** v vara sur, sura, gnälla **II** s **1** dåligt humör, surhet; have a ~ against s.b. vara sur på ngn **2** surpuppa **-y** ['graʊtʃɪ] sur, på dåligt humör, vresig
1 ground [graʊnd] imperf. o. perf. part. av grind
2 ground [graʊnd] **I** s **1** mark, jord; above ~ a)

ovan jord, b) i livet; below ~ a) under jord, b) död [och begraven]; be on firm (sure) ~ ha fast mark under fötterna; break new (fresh) ~ bryta ny mark (äv. bildl.); burn to the ~ brinna ner till marken; cut the ~ from under a p.'s feet slå undan marken under ngns fötter; fall (be dashed) to the ~ falla till marken, gå om intet, grusas; get off the ~ a) (om flygplan) lyfta, b) (om projekt e.d.) realiseras, komma i gång ordentligt; it suits me down to the ~ det passar mig precis; touch ~ få fast mark under fötterna **2** ~s (pl) tomt, område (mark) kring byggnad **3** (ibl. pl) område, terräng, mark (äv. bildl.); plats, plan; [flod-, sjö]botten; burial ~s begravningsplats; fishing ~s fiskevatten; football ~ fotbollsplan; high ~ höglänt terräng; hunting ~s jaktmarker; cover a lot of ~ a) avverka en lång sträcka, b) bildl. täcka (spänna över) ett stort område; gain (lose) ~ vinna (förlora) terräng **4** ståndpunkt; hold (stand) one's ~ hävda sin ställning, stå på sig; shift one's ~ byta ståndpunkt, ändra mening **5** (ofta pl) anledning, orsak, grund, skäl; ~s for complaint anledning till klagomål; on health ~s av hälsoskäl; on the ~[s] of (that) på grund av (av att), med anledning av (av att); give ~[s] for ge anledning till; have good ~[s] for suspecting ha goda skäl (all anledning) att misstänka **6** grundfärg; konst. grundning, bakgrund, botten, underlag; on a blue ~ mot blå bakgrund **7** ~s (pl) [kaffe]sump, bottensats **8** AE., elektr. jord[ledning] **II** v **1** placera på marken **2** lära (ngn) grunderna **3** grunda, bygga, basera (on på) **4** flyg. tvinga att landa, ta ner; förbjuda att flyga (starta); ge (pilot) marktjänst, beröva (ngn hans) flygcertifikat **5** AE. elektr. jorda **6** grundstöta (gå på grund) med **7** grunda, grundmåla **8** träffa (nå) marken
ground bait [,graʊn(d)'beɪt] lockmat (vid mete)
ground bass mus. basso ostinato **ground colour** grund-, botten|färg **ground control** flyg. flygledning, -plan, -kontroll **ground floor** botten|våning, -plan, första våning; get in on (start from) the ~ (vard.) a) börja och arbeta från grunden (i företaget), b) vara med från första början (i företag e.d.) **ground hog** zool. skogsmurmeldjur
ground|ing ['graʊndɪŋ] **1** grund|ande, -ning **2** grundkunskaper; grundläggande undervisning **3** flygförbud **4** AE. elektr. jordning, jordledning **-less** [-lɪs] grundlös, ogrundad **-ling** [-lɪŋ] **1** bottenfisk; bottenväxt; krypande växt **2** teat. hist. ståplatsåskådare
groundnut ['graʊn(d)nʌt] bot. jordnöt
ground plan [,graʊn(d)'plæn] plan-, grund|ritning **ground rent** ['graʊndrent] jur. jordränta
groundsel ['graʊnsl] bot. korsört
groundsheet ['graʊn(d)ʃi:t] tältunderlag, markskydd **groundsman** [-zmən] plan-, park|skötare **ground staff** flyg. markpersonal
ground swell ['graʊndswel] kraftig (svår) dyning **ground water** grundvatten **groundwork 1** underarbete **2** konst. underlag, botten, grund
group [gru:p] **I** s **1** grupp **2** koncern **3** mil. [flyg]eskader **II** v gruppera [sig]
group captain ['gru:p,kæptɪn] överste (vid flyg-

vapnet) **group dynamics** *(behandlas som sg) psykol.* gruppdynamik **groupie** [-ɪ] *sl.* groupie, popgruppsfan *(tjej som hänger efter popstjärnor)* **group insurance** [-ɪn‚ʃʊər(ə)ns] *i sht AE.* grupplivförsäkring **group therapy** [-‚θerəpɪ] *psykol.* gruppterapi
1 grouse [graʊs] *(pl lika el.* ~es) *zool.* skogshönsfågel; *black* ~ orre; *red (willow)* ~ dalripa
2 grouse [graʊs] **I** *s* klagan, knot, knorrande **II** *v* klaga, knota, knorra
grout [graʊt] **I** *s* **1** tunt murbruk, puts **2** gröt **II** *v* fogstryka; putsa
grove [grəʊv] skogsdunge, lund
grovel ['grɒvl] krypa, kräla i stoftet *(to, before för)*, ödmjuka sig **-ler** [-lə] lismare, krypande (underdånig) person **-ling** [-lɪŋ] lismande, krypande, underdånig
grow [grəʊ] *(grew, grown)* **1** växa; växa upp; växa till; öka[s], stiga, tillta[ga]; ~ *in popularity* öka i popularitet; ~ *in wisdom* växa till i visdom; *it will* ~ *on you* du kommer att tycka om det så småningom; *the habit grew on her* det blev en vana hos henne; ~ *with weeds* växa igen av ogräs; ~ *away from s.b.* växa ifrån ngn, bli främmande för ngn; ~ *apart* växa isär (ifrån varandra); ~ *downwards a)* växa nedåt, *b)* minska, avta[ga]; ~ *in a)* växa fram (igen), *b) (om nagel)* växa in; ~ *into a)* växa i *(kläder)*, *b)* bli, växa upp till *(a man man), c)* utveckla sig till *(a scandal* en skandal); ~ *out of,* ~ *from a)* växa fram (utvecklas) ur, *b)* växa ur *(kläder), c)* växa ifrån, *d)* upphöra med, lägga av; ~ *together* växa ihop (samman); ~ *up a)* växa upp, bli fullvuxen; *b) bildl.* växa fram, uppstå **2** bli *(cold* kall); *be* ~*ing cold* börja bli kall; ~ *used to* börja bli van vid **3** ~ *to* (+ *inf.*) så småningom (mer och mer) börja [att], komma att; *I grew to like him* jag kom att tycka om honom, jag började tycka om honom mer och mer **4** odla *(tomatoes* tomater); låta växa; ~ *one's hair* låta håret växa; ~ *a beard* lägga sig till med (anlägga) skägg
grower ['grəʊə] **1** odlare **2** *that plant is a fast* ~ den plantan växer snabbt **growing pains** ['grəʊɪŋpeɪnz] *pl* växtvärk *(äv. bildl.)*
growl [graʊl] **I** *v* **1** morra, brumma *(at* åt, mot); *the thunder* ~*ed* lät åskan mullrade **2** brumma (morra) fram *(an apology* en ursäkt) **II** *s* morrande, brummande **-er** ['graʊlə] **1** brumbjörn **2** *AE. sl.* ölsejdel
grown [grəʊn] **I** *perf. part. av* grow **II** *a* [full]vuxen; utvuxen; *fully* ~ fullvuxen, fullt utvuxen **--up I** ['grəʊnʌp] **I** *a* vuxen **II** *s* vuxen [person]; *many* ~*s* många vuxna
growth [grəʊθ] **1** växt; tillväxt; ökning, tilltagande, utvidgning; utveckling; *reach full* ~ bli fullt utvecklad, nå sin fulla storlek **2** växt, växtlighet, vegetation; *thick* ~ *of beard* tät skäggväxt **3** *med.* [ut]växt **4** odling
groyne [grɔɪn] vågbrytare
grub [grʌb] **I** *v* **1** gräva, böka, rota *(for* efter) **2** ~ *[up]* gräva upp, rensa *(ogräs*), röja *(mark);* ~ *[up, out]* gräva upp (fram), dra upp **3** träla, knoga **4** *sl.* käka; mata **5** *sl., i sht AE.* bomma, tigga *(a cigarette* en cigarrett) **II** *s* **1** *zool.* larv **2** *sl.* käk **3** arbetsträl **4** *BE. vard.* smutsgris, smutsig unge **-by** ['grʌbɪ] smutsig, snuskig; sjaskig; eländig
grudge [grʌdʒ] **I** *s* agg; harm; *bear s.b. a* ~, *have a* ~ *against s.b.* hysa agg mot ngn **II** *v* **1** knorra över; ~ *doing s.th.* motvilligt göra ngt; *not* ~ *the money* inte dra sig för kostnaderna **2** missunna, avundas *(s.b. s.th.* ngn ngt) **grudging** ['grʌdʒ- ɪŋ] ovillig, motsträvig, motvillig; missunnsam
gruel [grʊəl] [havre]välling
gruelling ['grʊəlɪŋ] **I** *a* hård, ansträngande; sträng **II** *s, vard.* ansträngning, svår pärs; straff
gruesome ['gru:səm] kuslig, hemsk
gruff [grʌf] butter, barsk, vresig; *(om röst)* sträv, hård
grumble ['grʌmbl] **I** *v* knota, knorra, klaga *(about, at, over* över); mullra **II** *s* **1** knot, knorrande; muller, mullrande
grumpy ['grʌmpɪ] knarrig, butter, vresig; tjurig, grinig
grunt [grʌnt] **I** *v* **1** grymta **2** grymta fram **II** *s* grymtning, grymtande
gruntled ['grʌntld] *vard.* nöjd [och belåten]
gryphon ['grɪfn] *se* griffin
GS *fōrk. för* General Secretary; General Staff **gs.** *fōrk. för* guineas
G-string ['dʒi:strɪŋ] **1** *(minimalt)* höftskynke, fikonlöv *(hos strippa)* **2** *mus.* g-sträng
gt. *fōrk. för* great **G.T.C., g.t.c.** *fōrk. för* good till cancelled *(countermanded)*
guano ['gwɑ:nəʊ] guano
guarantee [‚gær(ə)n'ti:] **I** *s* **1** borgen, garanti, säkerhet **2** borgensman, garant **II** *v* garantera; gå i god för **-or** [-'tɔ:] borgensman **-y** ['gær(ə)ntɪ] **1** = *guarantee I o. II* **2** borgensförbindelse
guard [gɑ:d] **I** *v* **1** skydda, bevara, vakta *(against* mot; *from* för, från); gardera *(äv. schack. o. kortsp.);* ~ *a secret* bevara en hemlighet **2** vakta [över], bevaka, hålla vakt vid; ~ *the entrance* hålla vakt vid (bevaka) ingången; ~ *prisoners* vakta fångar; ~ *one's reputation* slå vakt om sitt rykte; ~ *one's tongue* vakta sin tunga **3** sätta skydd på *(maskin e.d.)* **4** hålla vakt; vara på vakt, akta sig *(against* mot, för); gardera (skydda) sig *(against* mot); *you must* ~ *against catching cold* du måste akta dig så du inte blir förkyld **II** *s* **1** vakt, vaktman, väktare; fångvaktare **2** vakt[hållning], bevakning; *be off one's* ~ inte vara på sin vakt, vara oförberedd; *be on (stand)* ~ hålla (ha) vakt, stå (gå) på vakt: *be on one's* ~ vara på vakt *(against* mot), akta sig *(against* för); *be under* ~ stå under (på) bevakning; *keep* ~ hålla vakt, stå (gå) på vakt; *put a* ~ *on s.b.* sätta ngn under bevakning **3** *mil.* vakt, vakt|styrka, -manskap, -post; bevakning; *G*~*s (pl)* garde[sregemente]; *Life G*~*s* livgarde; ~ *of honour* hedersvakt; *the changing of the* ~*s* vakt|ombytet, -avlösningen; *mount* ~ börja (gå på) vakten; *relieve* ~ avlösa vakten **4** *BE.* [tåg]konduktör; ~*'s van* konduktörskupé **5** skydd, värn **6** skydd; skydds|anordning, -plåt, -galler, -räcke *etc.*; parerplåt; säkerhetskedja *(på halsband e.d.)* **7** *(i fäktning, boxning e.d.)* gard, försvarsställning; *on* ~! en garde!; *drop (lower) one's* ~ sänka garden *(äv. bildl.)*
guarded ['gɑ:dɪd] **1** vaktad, bevakad, skyddad, garderad **2** försiktig, återhållsam, reserverad; *in* ~ *terms* i försiktiga ordalag **guard hair** stickel-

guardhouse—gun

hår (*i djurpäls*) **guardhouse** *mil.* vaktlokal; arrest **guardian** [-jən] I *s* 1 beskyddare; bevakare; väktare; försvarare 2 *jur.* förmyndare; målsman, vårdnadshavare II *a* skydds-, beskyddande; ~ *angel* skyddsängel **guardianship** [-jənʃɪp] 1 *jur.* förmynderskap; *be under* ~ stå under förmyndare 2 [be]skydd, vård, uppsikt **guardrail** 1 [skydds]räcke 2 *järnv.* moträl **guard ring** skyddsring **guardroom** vakt|rum, -lokal; arrest, arrestlokal **guardsman** [ˈgɑːdzmən] 1 (*i England*) gardesofficer, gardist 2 (*i USA*) nationalgardist 3 vakt, väktare

Guatemala [ˌgwætɪˈmɑːlə] Guatemala

gubernatorial [ˌgjuːbənəˈtɔːrɪəl] *AE.* guvernörs-

gudgeon [ˈgʌdʒ(ə)n] I *s* 1 *zool.* sandkrypare 2 agn, bete 3 *sl.* lättlurad person II *v, sl.* lura

guelder-rose [ˌgeldəˈrəʊz] *bot.* skogsolvon

Guernsey [ˈgɜːnzɪ]

guer[r]illa [gəˈrɪlə] I *s* gerillasoldat II *a* guerilla-; ~ *warfare* gerillakrig[föring]

guess [ges] I *v* 1 gissa; gissa sig till; uppskatta (*the weight at two pounds* vikten till två pund); *I ~ed as much* det var det jag trodde 2 *vard., i sht AE.* tro, anta; *I ~ not* antagligen inte; *I ~ so* jag tror (antar) det; *I ~ I'll go now* jag tror jag går nu, jag tänker gå nu 3 gissa (*at, about* [på] ngt); *keep s.b. ~ing* hålla ngn i ovisshet II *s* gissning; *at a ~* gissningsvis; *it's anyone's ~* det är omöjligt att säga; *your ~ is as good as mine* jag vet inte mer än du om det; *have (make) a ~ at* gissa på **guessing game** [ˈgesɪŋgeɪm] gissningslek **guesstimate** *vard.* I *s* [ˈgestɪmɪt] grov uppskattning II *v* [ˈgestɪmeɪt] göra en grov uppskattning av **guesswork** [ˈgeswɜːk] gissningar, spekulationer

guest [gest] gäst; främmande; ~ *of honour* hedersgäst; *paying* ~ inackordering; *be my ~!* (*vard.*) gör som du vill!, fortsätt bara!

guest appearance [ˌgestəˌpɪər(ə)ns] gästuppträdande **guest artist** gästartist **guesthouse** [-haʊs] finare pensionat, gästhem **guest room** [-rʊm] gästrum

guffaw [gʌˈfɔː] I *v* gapskratta II *s* gapskratt

guidance [ˈgaɪdns] ledning; vägledning, rådgivning, orientering; *for your* ~ för er ledning (orientering) **guide** [gaɪd] I *v* 1 [väg]leda, visa vägen, guida; *guiding principle* ledande princip; *guiding star* ledstjärna 2 styra, leda (*a horse* en häst; *a country* ett land); vägleda; ~*d missile* fjärrstyrd projektil, robot II *s* 1 vägvisare, guide, rese-, färd|ledare, ciceron; [väg]ledare 2 guide [bok], resehandbok (*to London* över London); handbok (*to gardening* i trädgårdsskötsel); katalog (*to an exhibition* över en utställning); ledning; ledtråd 3 *tekn.* styr-, led|skena, ledare 4 [*Girl*] ~ flickscout

guidebook [ˈgaɪdbʊk] *se guide II 2* **guide dog** ledarhund **guideline** riktlinje **guidepost** 1 väg|visare, -skylt, -stolpe 2 riktlinje; princip

guild [gɪld] gille, skrå

guilder [ˈgɪldə] (*holländsk*) gulden, florin

guildhall [ˌgɪldˈhɔːl] 1 *BE.* gillessal 2 stadshus

guile [gaɪl] lömskhet, bakslughet, falskhet; [argan] list **-less** [ˈgaɪllɪs] sveklös; ärlig

guillemot [ˈgɪlɪmɒt] *zool.* sillgrissla

guillotine [ˌgɪləˈtiːn] I *s* 1 giljotin; skärmaskin (*för papper, metall*) 2 *parl.* tidsbegränsning, diskussionsspärr (*för debatt*) II *v* 1 giljotinera 2 *parl.* tillämpa tidsbegränsning (diskussionsspärr)

guilt [gɪlt] 1 skuld; skuldkänsla, skuldmedvetenhet 2 *åld.* brottslighet **guiltless** [ˈgɪltlɪs] oskyldig (*of* till) **guilty** [ˈgɪltɪ] 1 skyldig (*of* till); *find s.b.* ~ (*not* ~) förklara ngn skyldig (icke skyldig); *plead* ~ erkänna sig skyldig; *plead not* ~ neka 2 skuldmedveten; *look* ~ se skuldmedveten ut; ~ *conscience* dåligt samvete

Guinea [ˈgɪnɪ]

guinea [ˈgɪnɪ] 1 guinea (= *£1.05, anv. i vissa prisuppgifter; förr = 21 shilling*) 2 *AE. sl.* gips-, spaghetti|gubbe (*italienare*)

guinea fowl (hen) [ˈgɪnɪfaʊl (hen)] *zool.* pärl|höns, -höna **guinea pig** 1 *zool.* marsvin 2 *vard.* försökskanin

guise [gaɪz] 1 sken, mask; *under the* ~ *of* under sken (en mask) av 2 utseende, yttre, gestalt; *in the* ~ *of* [för]klädd som, utklädd till; *in human* ~ i mänsklig gestalt

guitar [gɪˈtɑː] gitarr **-ist** [-rɪst] gitarrist

gulch [gʌlʃ] *AE.* trång ravin (klyfta)

gulden [ˈgʊldən] (*holländsk*) gulden, florin

gulf [gʌlf] I *s* 1 golf, [havs]bukt, [havs]vik; *the G~ Stream* Golfströmmen; *the G~ of Mexico* Mexikanska golfen; *the* [*Persian*] *G~* Persiska viken 2 djup klyfta, avgrund (*äv. bildl.*) 3 malström, virvel II *v* uppsluka

gull [gʌl] *zool., [common]* ~ fiskmås

gullet [ˈgʌlɪt] matstrupe; strupe

gullible [ˈgʌləbl] lättrogen, lättlurad

1 gully [ˈgʌlɪ] I *s* 1 ravin, klyfta 2 rännsten, dike, kanal II *v* dika, gräva ut

2 gully [ˈgʌlɪ] *Sk.* stor kniv

gulp [gʌlp] I *v* 1 ~ [*down*] sluka, slänga (kasta, stjälpa) i sig (*food* mat) 2 ~ [*back*] hålla tillbaka, kväva (*sobs* snyftningar) 3 svälja, nästan storkna 4 klucka II *s* sväljning; klunk; *at a (one)* ~ i ett tag (drag)

1 gum [gʌm] I *s* 1 gummi; kåda; ~ *arabic* gummi arabicum 2 klister; gummilösning 3 tuggummi 4 *i sht BE.* (*slags*) gelékaramell II *v* 1 gummera[s]; klibba fast 2 klistra ihop (fast) 3 avsöndra gummi (kåda) 4 ~ *up a*) täcka med gummi, *b*) *vard.* trassla till; ~ *up the works* förstöra (trassla till) allt

2 gum [gʌm] tandkött

3 gum [gʌm] *s, by ~!* för tusan!

gum|drop [ˈgʌmdrɒp] (*slags*) gelékaramell **-my** [-ɪ] 1 gummi-, gummiartad 2 klibbig 3 som avsöndrar gummi

gumption [ˈgʌm(p)ʃn] *vard.* 1 sunt förnuft, fyndighet, rådighet 2 mod; framåtanda; *he hasn't the* ~ *to try* han vågar inte försöka

gum|shield [ˈgʌmʃiːld] (*i boxning*) tandskydd **-shoe** I *s* 1 galosch; gummisko 2 *sl.* deckare, snut II *v, AE. sl.* smyga, handla i smyg **-tree** gummiträd; eukalyptusträd; *up a* ~ (*sl.*) i klistret, i knipa

gun [gʌn] I *s* 1 kanon; gevär, bössa; pistol, revolver; *fire a 21-*~ *salute* skjuta salut med 21 skott; *carry a* ~ bära vapen, vara beväpnad; *draw a* ~ *on s.b.* rikta en pistol mot ngn 2 skytt, jägare; *AE. sl.* revolverman, gangster, bandit 3 [tryck]spruta, pistol; *grease* ~ fett-, smörj|spruta 4 *big*

~ (*sl.*) stor kanon, [stor]pamp, högdjur (*äv. om militär*); *give it the* ~ (*sl.*) stå på, ge järnet; *go great* ~*s* (*sl.*) vara i högform, jobba för högtryck; *jump* (*beat*) *the* ~ tjuvstarta; *spike a p.'s* ~*s* (*vard.*) hindra (stoppa) ngn; *stick to one's* ~*s* (*vard.*) stå på sig, stå fast, inte ändra sig **II** *v* **1** skjuta [på]; ~ [*down*] skjuta [ner] (*ngn*) **2** ~ *the engine* rusa motorn **3** jaga (*m. skjutvapen*), skjuta med gevär; ~ *for a*) jaga, förfölja, *b*) kämpa för, sträva efter, vara ute efter
gun barrel [ˈgʌnˌbær(ə)l] gevärs|pipa, -lopp, eldrör **gunboat** [-bəʊt] kanonbåt **gun carriage** [-ˌkærɪdʒ] [kanon]lavett **guncotton** [-ˌkɒtn] bomullskrut **gun dog** [-dɒg] jakthund **gunfight** [-faɪt] *AE.* revolverstrid **gunfire** [-ˌfaɪə] kanonsalva; artillerield **gunman** [-mən] gangster, revolverman, bandit **gun moll** [-məʊl] *AE. sl.* [kvinnlig] gangster, gangsterbrud **gunned** [gʌnd] beväpnad med kanon *etc.* **gunnel** [ˈgʌnl] *se gunwale* **gunner** [ˈgʌnə] **1** *mil.* artillerist (*äv. sjö.*); kanonjär; *sjö.* artillerikonstapel **2** skytt, jägare **gunnery** [ˈgʌnərɪ] **1** artillerivetenskap, skjutlära **2** *koll.* kanoner **3** skjutning, kanoneld **gunnery officer** artilleriofficer
gunny [ˈgʌnɪ] *i sht AE.* säckväv; [jute]säck
gunpoint [ˈgʌnpɔɪnt] **1** kanon-, pistol|mynning **2** *at* ~ under pistolhot **gunpowder** [-ˌpaʊdə] krut; *the G*~ *Plot* krutkonspirationen (*5 nov. 1605*) **gun room** [-rʊm] **1** gunrum, officersmäss (*på krigsfartyg*) **2** (*privat*) vapenförråd **gunrunner** [-ˌrʌnə] vapensmugglare **gunrunning** [-ˌrʌnɪŋ] vapensmuggling **gunshot** [-ʃɒt] skott|-vidd, -håll; *within* (*out of*) ~ inom (utom) skotthåll **gun-shy** [-ʃaɪ] skottrādd **gunslinger** [-ˌslɪŋə] *AE. sl.* revolverman, bandit **gunsmith** [-smɪθ] gevärssmed **gunstock** [-stɒk] gevärsstock **gunwale** [-l] *sjö.* reling
guppy [ˈgʌpɪ] *zool.* guppy
gurgle [ˈgɜːgl] **I** *v* **1** porla; klucka **2** gurgla, skrocka **II** *s* **1** porlande; kluckande **2** gurglande [ljud]
guru [ˈgʊruː] guru, vishetslärare
gush [gʌʃ] **I** *s* **1** ström, stråle; framströmmande **2** [känslo]utbrott; ordsvall **II** *v* **1** välla [fram], strömma [ut] **2** vara översvallande (överdriven), utgjuta sig **3** låta strömma fram **gusher** [ˈgʌʃə] **1** översvallande (överdriven) person **2** framsprutande [olje]källa **gushy** [ˈgʌʃɪ] *vard.* översvallande, överdriven
gusset [ˈgʌsɪt] kil (*i klädesplagg*)
gust [gʌst] **1** vindstöt, kastvind, [storm]by **2** rökmoln, rökutsläpp **3** [känslo]utbrott
gusto [ˈgʌstəʊ] smak; förkärlek; njutning; förtjusning, begeistring
gusty [ˈgʌstɪ] **1** stormig, byig **2** häftig, temperamentsfull
gut [gʌt] **I** *s* **1** tarm[kanal]; matsmältningskanal **2** ~*s* (*pl, i sht djurs*) inälvor, innanmäte; *hate a p.'s* ~*s* (*vard.*) hata ngn som pesten; *sweat* (*work*) *one's* ~*s out* (*vard.*) arbeta livet ur sig **3** kattgut, tarmsträng **4** gut (*ill metrev e.d.*) **5** smal kanal (*passage*) **6** ~*s* (*pl, vard.*) mod, kurage; 'mage'; kraft, energi; *she has no* ~*s a*) hon är feg, *b*) det är ingen ruter i henne **7** ~*s* (*pl, vard.*) kärna, kärnpunkt (*of a problem* i ett problem) **II** *v* **1** rensa (*t.ex. fisk*), ta ur inälvorna (innanmätet) ur **2** plundra, rensa **3** ta ut det viktigaste ur **III** *a, vard.* väsentlig; naturlig **gutless** [ˈgʌtlɪs] *vard.* feg; obeslutsam **gutsy** [ˈgʌtsɪ] *sl.* **1** glupsk **2** tuff
gutta-percha [ˌgʌtəˈpɜːtʃə] guttaperka
gutter [ˈgʌtə] **I** *s* **1** tak-, häng|ränna **2** rännsten (*äv. bildl.*); *take s.b. out of the* ~ plocka upp ngn från gatan **II** *v* flyta, strömma **gutter press** skandalpress **guttersnipe** gatunge
guttural [ˈgʌt(ə)r(ə)l] **I** *a* guttural; strupljuds-; strup- **II** *s* guttural[t ljud], strupljud
guv [gʌv], **guv'nor** [ˈgʌvnə] *BE. vard.* farsa, farsgubbe; chef, boss
1 guy [gaɪ] **1** *vard.* karl, kille, grabb **2** Guy Fawkes-docka (*bärs omkring på gatorna o. bränns 5 nov. till minne av krutkonspirationen*) **3** *BE.* löjlig figur; fågelskrämma **II** *v* driva med, förlöjliga
2 guy [gaɪ] *sjö.* gaj, stötta
Guyana [gaɪˈænə]
guzzle [ˈgʌzl] vräka i sig; supa, pimpla **guzzler** [-ə] matvrak; fyllratt
gybe [dʒaɪb] *sjö.* **I** *v* gip[p]a, slå över **II** *s* gip[p]
gym [dʒɪm] kortform för *gymnasium*, *gymnastic*[*s*]
gymkhana [dʒɪmˈkɑːnə] *i sht BE.* [plats för] ryttar|fest, -tävling
gymnasi|um [dʒɪmˈneɪzɪ|əm] (*pl -ums el. -a* [-ə]) **1** gymnastiksal **2** (*utanför England*) gymnasium **gymnast** [ˈdʒɪmnæst] gymnast **gymnastic** [dʒɪmˈnæstɪk] gymnastisk **gymnastics** [dʒɪmˈnæstɪks] (*behandlas som sg*) gymnastik; (*behandlas som pl*) gymnastiska övningar; *mental* ~ tanke|gymnastik, -övningar **gym shoe** [ˈdʒɪmʃuː] gymnastiksko **gym slip** [ˈdʒɪmslɪp] ärmlös skolklänning (*ingår i skoluniformen*)
gynae|cologist [ˌgaɪnɪˈkɒlədʒɪst] gynekolog **-cology** [-ˈkɒlədʒɪ] gynekologi
1 gyp [dʒɪp] *sl.* **I** *v* lura, bedraga, skoja **II** *s* **1** bedrägeri, skoj **2** bedragare, skojare
2 gyp [dʒɪp] *BE. sl.* plåga, pina, ont
gypsum [ˈdʒɪpsəm] *miner.* gips
gypsy [ˈdʒɪpsɪ] = *gipsy*
gyrate [ˌdʒaɪ(ə)ˈreɪt] rotera; virvla; kretsa **gyration** [-ˈreɪʃn] rotation, roterande; virvlande; kretsande **gyratory** [ˈdʒaɪ(ə)rət(ə)rɪ] roterande; virvlande; kretsande
gyre [dʒaɪə] *i sht.* **II** *v* virvla
gyro [ˈdʒaɪərəʊ] **1** gyrokompass **2** gyro[skop] **-compass** [-ˌkʌmpəs] gyrokompass **-plane** [ˈdʒaɪərəpleɪn] autogiro **-scope** [ˈdʒaɪər(ə)skəʊp] gyroskop **-scopic** [ˌdʒaɪərəˈskɒpɪk] gyroskopisk **-stat** [ˈdʒaɪərə(ʊ)stæt] gyroskop
gyve [dʒaɪv] *åld.* **I** *s* (*vanl. pl*) bojor **II** *v* fjättra, fängsla

H, h [eɪtʃ] (*bokstav, ton*) H, h; *jfr* aitch
H *förk. för* hydrogen; hard (*på pennor*); (*sl.*) heroin **H., h.** *förk. för* harbour; hard[ness]; height; high; hour; hundred; husband
ha [hɑː] *interj* ha!; åh!; ~ ~*!* ha, ha!
ha. *förk. för* hectare
habeas corpus [ˌheɪbjəsˈkɔːpəs] *jur.* habeas corpus-akt (*skyddslag mot godtycklig häktning*)
haberdash|er [ˈhæbədæʃə] **1** sybehörshandlare **2** *AE.* innehavare av herrekipering **-ery** [-ərɪ] **1** sybehör **2** sybehörsaffär **3** *AE.* herrekipering[saffär]
habit [ˈhæbɪt] **I** *s* **1** vana; bruk, sed; beroende (*av medicin e.d.*); *a bad* ~ en ovana, en dålig (ful) vana; ~ *of mind* sinnelag, karaktär; *out of* (*by*) [*sheer*] ~, *from* [*force of*] ~ av [gammal] vana; *be in the* ~ *of* ha för vana att; *make a* ~ *of doing s.th.* ha för vana att göra ngt **2** dräkt; munkkåpa; nunnedräkt; [*riding*] ~ (*dams*) riddräkt **II** *v* klä[da]
habitable [ˈhæbɪtəbl] beboelig **habitant 1** [-(ə)nt] *åld.* invånare **2** [-ɔ̃ːŋ] fransk-kanadensare **habitat** [-æt] lokal, naturlig hemvist (växtplats), fyndort **habitation** [ˌhæbɪˈteɪʃn] boning, bostad; bebyggelse; *show signs of* ~ se bebodd ut
habit-forming [ˈhæbɪtˌfɔːmɪŋ] vanebildande **habitual** [həˈbɪtjʊəl] **1** [sed]vanlig; inrotad, invand **2** vane-; vanemässig; ~ *smoker* vanerökare **habitually** [həˈbɪtjʊəlɪ] *adv* ständigt, jämt **habituate** [həˈbɪtjʊeɪt] **1** vänja (*to* vid) **2** *AE. vard.* frekventera, ofta gå på **habitué** [həˈbɪtjʊeɪ] stamgäst, habitué
1 hack [hæk] **I** *v* **1** hacka [i, på]; hacka sönder; röja (*a path* en stig); ~ *to bits* (*bildl.*) smula sönder, allvarligt skada **2** (*i rugby*) sparka på smalbenet; (*i basket*) slå på armen **3** *vard.* hacka, hosta **4** stympa, skära ner (*tidningsartikel e.d.*) **5** *AE.* tolerera, stå ut med **6** hacka (*at* i, på) **II** *s* **1** hack, hugg, skåra **2** hacka, korp **3** *vard.* hackhosta **4** (*i rugby*) [sår efter] spark på smalbenet
2 hack [hæk] **I** *s* **1** ridhäst; uthyrningshäst **2** hästkrake **3** *BE.* ridtur **4** medelmåttig författare (journalist) **5** *AE.* [hyr]droska **6** *AE. vard.* taxiförare; taxi **II** *v* **1** ta en ridtur; hyra ut (*häst*) **2** författa medelmåttiga artiklar **3** *AE. vard.* köra taxi **III** *a* banal, medelmåttig
hackle [ˈhækl] **1** häckla **2** hackelfluga (*slags metfluga*) **3** (*fågels*) nackfjäder **4** ~*s* (*pl*) borst (*på djur*); *get a p.'s* ~*s up* få ngn att resa borst, reta upp ngn; *make one's* ~*s rise* resa borst **II** *v* häckla
hackney [ˈhæknɪ] **I** *s* **1** rid-, vagns-, åkar|häst **2** hästdroska; hyrvagn **II** *a*, ~ *carriage* hästdroska; hyrvagn **III** *v* banalisera; göra [ut]sliten **hackneyed** [-d] banal; [ut]sliten
hacksaw [ˈhæksɔː] bågfil (*metallsåg*)
had [hæd] *imperf. o. perf. part. av* have
haddock [ˈhædək] kolja
Hades [ˈheɪdiːz] Hades, underjorden
hadn't [ˈhædnt] = had not

Hadrian [ˈheɪdrɪən] Hadrianus
hadst [hædst] *åld.*, *thou* ~ du hade
haemoglobin [ˌhiːmə(ʊ)ˈgləʊbɪn] *kem.* hemoglobin **haemophilia** [-ˈfɪlɪə] *med.* hemofili, blödarsjuka **haemorrhage** [ˈhemərɪdʒ] **I** *s*, *med.* blödning **II** *v*, *med.* blöda **haemorroids** [ˈheməˌrɔɪdz] *pl* hemorrojder
haft [hɑːft] **I** *s* handtag, skaft (*på yxa e.d.*) **II** *v* förse med handtag
hag [hæg] häxa; gammal ragata, hagga
haggard [ˈhægəd] **1** härjad, utmärglad, [ut]sliten **2** vild, oregerlig
haggis [ˈhægɪs] (*slags skotsk*) fårpölsa
haggle [ˈhægl] pruta, köpslå (*over* på, om)
hagiography [ˌhægɪˈɒgrəfɪ] hagiografi, helgonbiografi; idealiserade levnadsbeskrivning
hagridden [ˈhægˌrɪdn] **1** riden av maran **2** *neds.* plågad av fruntimmer
Hague [heɪg] *The* ~ Haag
1 hail [heɪl] **I** *s* hagel; hagelskur; *bildl.* skur (*of abuse* av ovett; *of bullets* av kulor) **II** *v* **1** hagla **2** låta hagla; ~ *criticism on s.b.* låta kritiken hagla över ngn
2 hail [heɪl] **I** *v* **1** hälsa, hylla **2** kalla (ropa) på (till sig), anropa, preja **3** ~ *from* vara (komma) från, vara född i **II** *s* **1** hälsning, hyllning **2** anrop, prejning; *within* ~ inom hörhåll **III** *interj*, *poet.* hell!, var hälsad! **--fellow-well-met** [ˈheɪlˌfeləˌ(ʊ)welˈmet] kamratlig, förtrolig (*slap on the back* klapp i ryggen)
hail|stone [ˈheɪlstəʊn] hagel[korn] **-storm** hagel|by, -skur
hair [heə] hår; hårstrå; *a fine head of* ~ [ett] vackert hår; *a* ~ *of the dog* [*that bit you*] en återställare; *to a* ~ på pricken; *do one's* ~ kamma sig; *get in a p.'s* ~ (*vard.*) gå ngn på nerverna; *keep your* ~ *on!* (*BE. vard.*) ta det lugnt!; *let one's* ~ *down a*) släppa ner håret, *b*) slå sig lös, släppa alla hämningar; *split* ~*s* ägna sig åt hårklyverier, hänga upp sig på småsaker; *that made my* ~ *stand on end* det fick håret att resa sig på mitt huvud; *not turn a* ~ inte röra en min, vara fullkomligt oberörd; *win by a* ~ vinna mycket knappt
hair|ball [ˈheəˌbɔːl] hårboll **-brush** hårborste **-clip** hårklämma **-cloth** tageltyg **-cut 1** [hår]klippning; *have* (*get*) *a* ~ klippa sig **2** klippning, frisyr **-curler** [-ˌkɜːlə] hårspole; papiljott **-do** [-duː] (*pl* ~s) *vard.* frisyr **-dresser** [-ˌdresə] [hår]frisör, hårfrisörska; damfrisering, frisersalong **-drier, -dryer** [-ˌdraɪə] hårtork[ningsapparat] **-dye** [-daɪ] hårfärgningsmedel
hair follicle [ˈheəˌfɒlɪkl] hår|follikel, -säck
hair|grip [ˈheəɡrɪp] hårklämma **-line 1** hårfäste **2** mycket tunn linje; *boktr.* hårstreck, tunt streck **-net** hårnät **-piece** postisch; tupé **-pin I** *s* hårnål **II** *a*, ~ *bend* hårnålskurva **--raiser** [-ˌreɪzə] *vard.* rysare **--raising** [-ˌreɪzɪŋ] hårresande; hemsk, rafflande
hair restorer [ˈheəˌrɪstɔːrə] hårväxtmedel
hair's-breadth [-zbredθ] **I** *s* hårs|bredd, -mån; *be within a* ~ *of ruin* stå på ruinens brant; *escape by a* ~ undkomma med knapp nöd **II** *a* hårfin, [mycket] knapp (*difference* skillnad); *it was a* ~ *escape* det var nära ögat (på håret) **hair-shirt** [ˌheəˈʃɜːt] tagelskjorta
hair slide [ˈheəslaɪd] hårspänne **hairsplitting**

hairspring—halve

[-ˌsplɪtɪŋ] **I** *s* hårklyveri[er], spetsfundigheter **II** *a* hårklyveri- **hairspring** [-sprɪŋ] spiralfjäder (*i ur*) **hairstyle** [-staɪl] frisyr **hairy** [-rɪ] **1** hårig, luden **2** *sl.* knepig, knivig; farlig

Haiǀti [ˈheɪtɪ] Haiti **-tian** [-ʃjən] **I** *s* haitier **II** *a* haitisk

hake [heɪk] *zool.* kummel

halberd [ˈhælbɜːd] hillebard

halcyon [ˈhælsɪən] **I** *s* **1** *myt.* isfågel **2** *poet.* kungsfiskare **II** *a* stilla, fridfull; lycklig; ~ *days* sötebrödsdagar, lycklig tid (*eg. 14 dagar kring vintersolståndet*)

1 hale [heɪl] **1** frisk; kraftig; ~ *and hearty* frisk och kry **2** *dial.* hel

2 hale [heɪl] hala, dra, släpa

half [hɑːf] **I** *s* (*pl halves*) **1** halva, hälft; ~ *the kingdom* halva kungariket; ~ *an hour* en halvtimme, en halv timme; *an hour and a* ~ en och en halv timme; *better* ~ (*vard.*) bättre hälft; *she is too audacious by* ~ (*vard.*) hon är lite för fräck; *I do nothing by halves* jag gör ingenting till hälften; *cut in halves* skära mitt itu, dela i två halvor; *go halves with s.b.* dela lika med ngn; *go halves on an apple with s.b.* dela ett äpple med ngn **2** *sport.* planhalva; halvlek; halvback **3** halv biljett **4** halvtimme **5** litet glas (*öl*) **II** *a* halv; *a* ~ *cup* en halv kopp **III** *adv* **1** halvt, till hälften, halv-; ~ *cooked* halvkokt; *that's* ~ *right* det är till hälften riktigt; ~ [*past*] *five* halv sex; *give me* ~ *as much again* ge mig en halv gång till så mycket; *I* ~ *wish* jag önskar nästan **2** *not* ~ (*vard.*) *a*) inte ett dugg, inte alls, ingalunda, *b*) BE. verkligen, riktigt; *not* ~! om!, jättemycket!; *not* ~ *bad* riktigt bra, inte så illa

halfǀ-a-crown [ˌhɑːfəˈkraʊn] *se half-crown* **-adollar** BE. *sl., se half-crown* **--and-half** [-(ə)n(d)ˈhɑːf] **I** *s* lika blandning; hälften av var; en del av varje **II** *a* som består av lika delar (hälften var) **III** *adv* halvt om halvt, hälften var **-back** *sport.* halvback **--baked 1** halvstekt **2** *vard.* dum, knasig **3** *vard.* illa planerad, ogenomtänkt **--binding** [ˈhɑːfˌbaɪndɪŋ] halvfranskt band **--blood** [ˈhɑːfblʌd] **1** halvsyskonskap; halvsyskon **2** (*om husdjur*) halvblod **-board** [ˈhɑːfbɔːd] halvpension **--bound** [ˌhɑːfˈbaʊnd] i halvfranskt band **--breed** [ˈhɑːfbriːd] **1** halvblod[sindian] **2** (*om djur*) korsning, bastard **--brother** [ˈhɑːfˌbrʌðə] halvbror **--caste** [ˈhɑːfkɑːst] halvblod[sindier] **--crown** [ˌhɑːfˈkraʊn] (*före 1970*) 2 1/2 shilling (*nu motsv. 12 1/2 pence*) **--hearted** [ˌhɑːfˈhɑːtɪd] halvhjärtad, likgiltig

half holiday [ˌhɑːfˈhɒlədɪ] halv semesterdag (lovdag, fridag)

halfǀ-hour [ˌhɑːfˈaʊə] halvtimme; *it strikes on the* ~ den slår varje halvtimme **--hourly** [-lɪ] *adv o.* *a* varje halvtimme, halvtimmes- (*service* trafik) **--length I** *a* **1** i halvfigur; ~ *portrait* (*äv.*) bröstbild **2** av halva längden **II** *s* bröstbild **--life** *fys.* halveringstid **--mast I** *s, at* ~ på halv stång **II** *v* hissa på halv stång **--moon** halvmåne **--nelson** (*i brottning*) halvnelson **--note** [ˈhæfnəʊt] AE. *mus.* halvnot **--pay** [ˌhɑːfˈpeɪ] halv lön **-penny** [ˈheɪpnɪ] **1** (*pl -pennies*) halvpenny[mynt] **2** (*pl -pence* -p(ə)ns]) (*värdet av*) en halv penny; *three halfpence* 1 1/2 penny **-pennyworth** [ˈheɪpnɪwɜːθ] en halv pennys värde; *a* ~ *of...* ...för en

halv penny **--pint** [ˈhɑːfpaɪnt] *sl.* liten (obetydlig) kille (typ) **--price** [ˌhɑːfˈpraɪs] *a o. adv* för (till) halva priset

half seas over [ˌhɑːfsiːzˈəʊvə] BE. *vard.* halvfull, på lyran

halfǀ-sister [ˈhɑːfˌsɪstə] halvsyster **--size** [ˌhɑːfˈsaɪz] halvǀnummer, -storlek **--sole** [ˌhɑːfˈsəʊl] *s o. v* halvsula **--step** [ˈhæfstep] AE. *mus.* halvton

half term [ˈhɑːfˌtɜːm] BE. mittterminslov

halfǀ-timber[ed] [ˌhɑːfˈtɪmbə(d)] korsvirkes- **--time** halvtid (*äv. sport.*) **--title** *boktr.* smutstitel; deltitel **-tone** [ˈhɑːftəʊn] *boktr.* autotypi, halvtonskliché **--truth** [ˈhɑːftruːθ] halvsanning **-way** [hɑːfˈweɪ] **I** *a* som ligger halvvägs (på halva vägen); ~ *house a*) värdshus på halva vägen, *b*) mellanǀting, -stadium; *at a* ~ *stage* på ett mellanstadium **II** *adv* halvvägs; *meet* ~ möta[s] på halva vägen **-wit** [ˈhɑːfwɪt] **1** sinnessvag person **2** idiot, dumhuvud **-witted** [ˌhɑːfˈwɪtɪd] **1** sinnessvag **2** [halv]fnoskig, dum **--yearly** [ˌhɑːfˈjɪəlɪ] *a o. adv* halvårs-, [som äger rum] varje halvår

halibut [ˈhælɪbət] *zool.* hälleflundra

halitosis [ˌhælɪˈtəʊsɪs] *med.* dålig andedräkt

hall [hɔːl] **1** [för]hall, vestibul, tambur, farstu, entré **2** [stort] hus; samlingslokal; *concert* ~ konserthus; *city* (*town*) ~ stads-, rådǀhus; *village* ~ (*ung.*) hembygds-, församlingsǀgård **3** sal; *univ.* matsal; AE. korridor; [*assembly*] ~ samlingssal, aula **4** herrgård[sbyggnad], herresäte **5** ~*s* (*pl, vard.*) varieté[teater]

halleluǀiah, -jah [ˌhælɪˈluːjə] *s o. interj* halleluja

halliard [ˈhæljəd] *sjö.* fall

hallmark [ˈhɔːlmɑːk] **I** *s* **1** kontrollstämpel; guld-, silverǀstämpel **2** *bildl.* hallstämpel, känneǀ-märke, -tecken **II** *v* kontrollstämpla

hallo [həˈləʊ] *interj, se hello* **halloa** [həˈləʊ], **halloo** [həˈluː] **I** *s* hallå[rop] (*vid jakt*) **II** *v* ropa [hallå] (*vid jakt*)

hallow [ˈhæləʊ] helga **hallowed** [-d, *kyrkl.* -ɪd] *a* helgad; ~ *be Thy name* helgat varde ditt namn **Hallowǀe'en, -een** [ˌhæləʊˈiːn] Allhelgonaafton (*31 okt.*)

hall stand [ˈhɔːlstænd] BE., **hall tree** (*fristående*) kläd-, rockǀhängare

halluǀcination [həˌluːsɪˈneɪʃn] hallucination, synvilla **-cinatory** [həˈluːsɪnət(ə)rɪ] hallucinatorisk **-cinogen** [həˈluːsɪnədʒen] *s* hallucinogen **-cinogenic** [həˌluːsɪnəˈdʒenɪk] *a* hallucinogen

hallway [ˈhɔːlweɪ] AE. hall, tambur; korridor

halo [ˈheɪləʊ] **I** *s* (*pl* ~[*e*]*s*) **1** [helgon]gloria (*äv. bildl.*); nimbus **2** halo, ring, mån-, solǀgård **II** *v* omge med gloria etc.

halogen [ˈhæləʊdʒen] *kem.* halogen

1 halt [hɔːlt] **I** *s* **1** halt; uppehåll, paus, rast; *call a* ~ *a*) *mil.* kommendera halt, *b*) saga stopp, *c*) sätta stopp (*to* för); *come to a* ~ göra halt (uppehåll) **2** *i sht* BE. anhalt, hållplats **II** *v* **1** [låta] göra halt (stanna)

2 halt [hɔːlt] **I** *v* **1** (*om vers e.d.*) halta; ~*ing French* bruten franska **2** tveka, vackla **II** *a, åld.* halt

halter [ˈhɔːltə] **I** *s* **1** grimma **2** [rep med] snara **3** nackband (*på klänning*) **II** *v* **1** sätta grimma på **2** hänga

halve [hɑːv] **1** halvera; dela mitt itu **2** dela lika

halves—hand

halves [hɑːvz] *pl av* half
halyard ['hæljəd] *sjö.* fall
1 ham [hæm] **1** skinka; lår *(på djur)*; *salted* ~ rimmad skinka **2** *vard.* baksida av lår (knä)
2 ham [hæm] **I** *s, vard.* **1** överdrivet spel (agerande); ~ *[actor]* överdriven skådespelare **2** radioamatör **II** *v, vard.* spela över
hamburger ['hæmbɜːgə] hamburgare
hame [heɪm] bogträ
ham|-fisted [,hæm'fɪstɪd], **--handed** ['hæm,hændɪd] **1** *vard.* fumlig, tafatt **2** med stora händer
hamlet ['hæmlɪt] liten by (*i England utan kyrka*)
hammer ['hæmə] **I** *s* **1** hammare (*äv. i piano o. anat.*); slägga; *the* ~ *and sickle* hammaren och skäran; *drop* ~ fallhammare, hejare; *go at it* ~ *and tongs* (*vard.*) slåss (ta i) för fullt (av alla krafter, så att stickor och strån yr) **2** *sport.* slägga; [*throwing*] *the* ~ släggkastning **3** [auktions]klubba; *go* (*come*) *under the* ~ gå under klubban, säljas på auktion **4** hane (*på gevär*) **II** *v* **1** hamra på (*a board* en planka); hamra (slå) i[n] (*a nail into the wall* en spik i väggen); ~ [*down*] hamra (spika) fast; ~ *home* hamra (slå) i[n] ordentligt (*äv. bildl.*); ~ *in a*) slå (hamra) i[n] (*a nail* en spik), *b*) slå in (*a door* en dörr), *c*) *bildl.* hamra (banka) in; ~ *s.th. into shape* hamra till ngt; ~ *out a*) hamra (slå) ut, hamra till, *b*) *bildl.* utarbeta **2** *vard.* slå, klå, besegra **3** *ekon.* stryka (*ur börsen*); pressa ner (*i pris*) **4** hamra, slå, bulta (*at på*); *my heart was ~ing* mitt hjärta bultade; ~ *away at a*) hamra (slå) på, *b*) arbeta hårt med **-head** *zool.* hammarhaj **-less** [-lɪs] (*om gevär*) med osynlig hane **-lock** (*i brottning*) backhammer **-toe** *med.* hammartå
hammock ['hæmək] hängmatta
hammy ['hæmɪ] *vard.* överdriven
1 hamper ['hæmpə] hindra, vara i vägen för; belamra
2 hamper ['hæmpə] stor korg (*vanl. m. lock*); *AE.* tvättkorg
Hampshire ['hæmpʃə]
hamshackle ['hæm,ʃækl] fjättra (*djur*)
hamster ['hæmstə] *zool.* hamster
hamstring ['hæmstrɪŋ] **I** *s* skära; hassena (*på häst*) **II** *v* **1** skära av hassenan på **2** hindra, stoppa; lamslå
hand [hænd] **I** *s* **1** hand; framtass; *bildl.* hand, handtag, hjälp; *a high* ~ ett dominerande (diktatoriskt) sätt; *my right* ~ min högra hand (*äv. bildl.*); ~ *and foot* till händer och fötter, fullständigt; *~s down* (*bildl.*) med lätthet, utan besvär; *~s off!* (*vard.*) bort med tassarna!; ~ *over fist a*) lätt[vindigt], *b*) i stora mängder, *c*) mycket snabbt; *~s up! a*) upp med händerna!, *b*) räck upp händerna (en hand)!; *ask for a girl's* ~ anhålla om en flickas hand; *be* ~ *in glove with* vara mycket god vän med, stå på förtrolig fot med; *change ~s* övergå i andra händer, byta ägare; *not do a ~'s turn* inte göra ett handtag; *force a p.'s* ~ utöva påtryckningar på ngn, tvinga ngn att bekänna färg; *get the upper* ~ *of* få överhanden (övertaget) över; *give me a* ~ ge mig ett handtag; *he gave me his* ~ *on it* han gav mig sin hand på det; *have one's ~s full* ha händerna fulla, ha fullt upp att göra; *have a* ~ *in s.th.* ha ett finger med (vara inblandad) i ngt; *hold* (*stay*) *one's* ~ hejda sig, avvakta, vänta och se; *hold a p.'s* ~ (*bildl.*) stödja (hjälpa) ngn; *keep one's* ~ *in* fortsätta med, utöva; *keep your ~s off the chocolate* håll fingrarna borta från chokladen; *lay ~s on a*) bära hand på, *b*) lägga beslag på, få tag i, hitta; *set one's* ~ *to a*) sätta sitt namn under, *b*) sätta i gång [med]; *take a* ~ *in s.th.* ta del (deltaga) i ngt; *throw one's* ~ *in* ge upp; *near* (*close*) *at* ~ nära [till hands], nära förestående; *the information at* (*on*) ~ den information som finns (är tillgänglig); *keep s.th. at* ~ ha ngt nära till hands (inom räckhåll); *learn s.th. at first* ~ få veta ngt i första hand; *by* ~ *a*) för hand, *b*) med bud; *brought up by* ~ uppfödd på flaska; *take s.b. by the* ~ ta ngn i hand [en]; *from* ~ *to* ~ ur hand i hand, från man till man; *from* ~ *to mouth a*) ur hand i mun, *b*) oförberett, oplanerat; *in* ~ *a*) i sin hand (ägo), under kontroll, *b*) i reserv, på lager, till förfogande, *c*) kvar[varande], resterande, *d*) för händer, på gång; ~ *in* ~ tillsammans, hand i hand (*äv. bildl.*); *the matter in* ~ saken i fråga; *be in good ~s* vara i goda händer; *put s.th. in* ~ se till att ngt blir gjort; *take in* ~ *a*) ta hand om, *b*) fostra, *c*) kontrollera; *fall into a p.'s ~s* falla (råka) i händerna på ngn; *get s.th. off one's ~s* bli av med (kvitt) ngt; *take s.th. off a p.'s* ~ befria ngn från ngt; *on* ~ *a*) till hands, *b*) på lager, i sin ägo; *on ~s and knees* på alla fyra; *the subject on* ~ det aktuella ämnet; *out of* ~ *a*) ur kontroll, okontrollerad, oreglerig, *b*) utan vidare, genast; *get s.th. out of* ~ tappa kontrollen över ngt; *it got out of* [*my*] ~ det slapp mig ur händerna, jag tappade kontrollen över det; *the party got out of* ~ festen urartade (spårade ur); *to* ~ *a*) till hands, tillgänglig, *b*) *hand.* till handa; *your letter has come to* ~ ert brev har kommit mig (oss) till handa; ~ *to* ~ man mot man; *under his* ~ med hans egenhändiga namnteckning; *with a firm* ~ med fast hand **2** *kortsp.* [kort på]; hand, parti, spel, omgång; [kort]spelare; *a* ~ *of bridge* ett parti bridge; *show one's* ~ visa sina kort (*äv. bildl.*) **3** hand, sida, håll; *at a p.'s ~*[*s*] från ngns håll (sida), från ngn; *on every* ~ (*all ~s*) från (på) alla håll, på alla sidor; *on the right* ~ på höger hand (sida), till höger; *on the one* ~, *on the other* ~ å ena sidan, å andra sidan **4** handstil; *write a good* ~ ha en snygg handstil **5** arbetare; man; besättningsman, sjöman; expert; *all ~s on deck* alle man på däck; *lost with all ~s* borta med man och allt; *be a good* ~ *at s.th.* vara expert på (duktig i, bra på) ngt; *she is an old* ~ *at that* hon är gammal och van vid det; *we've taken on a new* ~ vi har anställt en ny arbetare **6** handlag, skicklighet, duglighet; *have a good* ~ *for* ha ett gott handlag (bra hand) med; *try one's* ~ *at* försöka sig på **7** visare (*på klocka*); *minute* ~ minutvisare **8** applåd[er]; *give s.b. a big* ~ ge ngn en stor applåd **9** [banan]klase **II** *v* **1** räcka, ge, lämna (*s.th. to s.b.* ngt till ngn); ~ *down a*) lämna (låta gå) i arv, efterlämna, *AE. jur* tillkännage, fälla (*dom e.d.*); *be ~ed down to* gå i arv till; ~ *in* lämna in, inge; ~ *on* skicka (låta gå) vidare; ~ *out* dela ut; ~ *over* över|lämna, -låta (*to* till); ~ *round* skicka runt, dela ut **2** leda; hjälpa (*s.b. into a car* ngn in i en bil) **3** ~ *it to s.b.* ge ngn sitt erkännande

hand|bag ['hæn(d)bæg] handväska **-ball** (*slags*) handboll (*där 2 el. 4 spelare m. handen slår en boll mot en vägg*) **-bill** reklamlapp, flygblad **-book** handbok
h. and c. *förk. för hot and cold* [*water*]
hand|cart ['hæn(d)kɑ:t] hand-, drag|kärra **-clasp** *AE.* handslag **-craft** *se* handicraft **-cuff** I *v* sätta handbojor på II *s*, ~*s* (*pl*) handbojor
Handel ['hændl] Händel
handful ['hæn(d)fʊl] **1** handfull **2** *vard.* besvärlig person, besvärligt barn; besvärlig sak **hand glass 1** förstoringsglas **2** nackspegel **hand grenade** [-grəˌneɪd] handgranat **handgun** [-gʌn] *AE.* handeldvapen (*i sht pistol*)
handi|cap ['hændɪkæp] I *s* **1** handikapp; rörelsehinder; svår belastning **2** *sport.* handikapp; handikapptävling II *v* **1** handikappa; belasta; ~*ped* handikappad, rörelsehindrad **2** *sport.* ge handikapp; belasta med handikapp **-craft 1** hantverksskicklighet **2** hantverk; hemslöjd; handarbete **-work** hantverk, händers verk; handarbete
handkerchief ['hæŋkətʃɪf] näsduk
hand-knit[ted] ['hændˌnɪt(ɪd)] handstickad
handle ['hændl] I *s* **1** handtag, skaft; öra; dörr|-handtag, -vred; grepp; vev; *fly off the* ~ (*vard.*) bli rasande, flyga i flinta **2** anledning, förevändning, tillfälle **3** *sl.* titel (*före namn*) II *v* **1** ta i, beröra, vidröra **2** hantera, handha, handskas med; manövrera; behandla **3** ha (ta) hand om, sköta **4** avhandla, diskutera (*a subject* ett ämne) **5** handla (driva handel) med **6** gå att styra; *this car* ~*s well on bends* den här bilen ligger (går) bra i kurvor
handlebar ['hændlbɑ:] I *s* (*vanl. pl* ~*s*) styrstång, [cykel]styre II *a*, ~ *moustache* knävelborrar
handling ['hændlɪŋ] beröring, vidrörande, hantering, handhavande *etc.*, *jfr* handle *II*; *her* ~ *of the matter* hennes sätt att behandla saken
hand|made [ˌhæn(d)'meɪd] handgjord, gjord för hand **-maid[en]** ['hæn(d)meɪd(n)] *bildl. el. åld.* tjänarinna **-me-down** ['hæn(d)mɪdaʊn] *vard.* I *s*, ~*s* (*pl*) ärvda (begagnade) kläder II *a* ärvd, begagnad **-out** ['hændaʊt] **1** gåva, allmosa **2** broschyr, reklamlapp; gratisprov **2** pressmeddelande, kommuniké **-pick** ['hæn(d)pɪk] handplocka (*äv. bildl.*) **-rail** ['hændreɪl] ledstång, räcke **-saw** ['hændsɔ:] handsåg; fogsvans **-set** ['hændset] telefonlur, mikrofon **-shake** hand|-slag, -skakning, -tryckning
handsome ['hænsəm] **1** vacker, stilig, ståtlig, snygg (*man* man) **2** ansenlig, ganska stor, nätt (*sum of money* summa pengar) **3** fin, generös, storslagen (*reward* belöning) **4** *AE.* skicklig, flott (*manœuvre* manöver) **-ly** [-lɪ] *adv* vackert *etc.*, *jfr* handsome; elegant, flott; *they were* ~ *rewarded* de blev rikligt belönade
hand|spike ['hændspaɪk] hävstång, handspak **-spring** handvolt **-stand** *s*, *do a* ~ stå på händerna **--to-hand** [ˌhæn(d)tə'hænd] *a o. adv* man mot man; ~ *fighting* handgemäng, strid[er] man mot man **--to-mouth** [ˌhæn(d)tə'maʊθ] *a o. adv* ur hand i mun; *lead a* ~ *existence* leva ur hand i mun **-writing** ['hændˌraɪtɪŋ] handstil
handy ['hændɪ] **1** till hands, lättillgänglig; *come in* ~ komma väl till pass; *have s.th.* ~ ha ngt till hands **2** händig, skicklig (*at doing s.th.* att göra ngt) **3** praktisk, lätthanterlig, behändig; *a* ~ *tool*

ett praktiskt verktyg **-man** [-æn] allt i allo, hantlangare, hjälp
hang [hæŋ] I *v* (*hung, hung, i bet.* 2 *o.* 5 *vanl.* ~*ed*, ~*ed*) **1** hänga, vara upphängd (*by* i, vid, med; *from* ned från; *on* i, på); (*om tyg e.d.*) falla; *it* ~*s in the air* (*bildl.*) det ligger i luften; ~ *in the balance* (*bildl.*) stå och väga, vara oviss; *the curtain* ~*s well* gardinen har ett vackert fall **2** hängas, bli hängd; *it can go* ~*!* (*sl.*) jag ger tusan i det! **3** gå sakta; *time* ~*s heavily* (*heavy*) tiden sniglar sig fram **4** hänga [upp] (*laundry* tvätt); ~ *s.th. from s.th.* hänga [upp] ngt i ngt; ~ *wallpaper* tapetsera, sätta upp tapeter **5** hänga, avrätta genom hängning; ~ *it* [*all*]*!* (*sl.*) jäklar också!; *I'll be* ~*ed if* (*before*)…(*sl.*) så ta mig tusan om jag…; *I'm* ~*ed if I know!* (*sl.*) jag vet ta mig tusan inte!; ~ *him!* (*sl.*) åt fanders med honom!; ~ *it!* (*sl.*) tusan också! **6** hänga med (*one's head* huvudet) **7** behänga (*a wall with tapestries* en vägg med gobelänger) **8** ~ *fire a*) vänta med att skjuta, *b*) *bildl.* dröja, dra ut på tiden **9** ~ *about* (*around*) stå och hänga, driva omkring; ~ *about with* sällskapa med; ~ *back from* tveka inför, dra sig för; ~ *behind* dröja sig (stanna) kvar; ~ *in* (*AE. sl.*) hålla ut; ~ *on a*) hänga fast, hålla (klamra) sig fast (*to* vid), *b*) hänga (bero) på, *c*) *vard.* vänta, dröja ([*for*] *a minute* ett ögonblick); *he hung on*[*to*] (*upon*) *her every word* han lyssnade uppmärksamt på vartenda ord hon sade; ~ *out a*) hänga ut (fram, upp), *b*) *vard.* hålla till (hus), *c*) *AE. vard.* talaför vi hjärtat; *let it all* ~ *out* (*sl.*) slappna (koppla) av; ~ *together* hänga (hålla) ihop; ~ *up a*) hänga upp, *b*) lägga på luren, ringa av; ~ *up on s.b.* ringa av i örat på ngn; *be hung up on s.b.* (*vard.*) vara fixerad vid ngn II *s* **1** sätt på vilket ngt hänger; (*tygs*) fall **2** *I don't care a* ~ *for what he says* (*sl.*) jag bryr mig inte ett dugg om vad han säger **3** *get the* ~ *of* (*vard.*) komma underfund med, få grepp om, fatta
hangar ['hæŋə] hangar
hang|dog ['hæŋdɒg] I *a* skamsen, slokörad; förstulen, hemlighetsfull II *s* galgfågel
hanger ['hæŋə] hängare; klädhängare, galgc **--on** [ˌhæŋər'ɒn] (*pl* hangers-on) snyltare, påhäng, parasit
hang|-gliding ['hæŋˌglaɪdɪŋ] häng-, drak|flygning **-ing** [-ɪŋ] I *s* **1** [upp]hängning **2** [avrättning genom] hängning **3** *vanl. pl* ~*s* tapeter, gobelänger, draperier, förhängen II *a* **1** hängande; sluttande, lutande; ~ *gardens* hängande trädgårdar **2** oviss, inte beslutad **3** hängnings-, galg-; ~ *matter* brott belagt med dödsstraff (hängningsstraff) **-man** [-mən] bödel **-nail** [-neɪl] nagelrot **-over** [-ˌəʊvə] **1** baksmälla **2** kvarleva **-up** [-ʌp] *vard.* fixering, fix idé; ständigt problem
hank [hæŋk] **1** ögla, bukt, slinga; rulle **2** härva (*garn*)
hanker ['hæŋkə] ~ *for* (*after*) tråna (längta) efter, åtrå **-ing** [-rɪŋ] längtan (*for*, *after* efter), åtrå
hank|ie, -y ['hæŋkɪ] *vard.* näsduk
hanky-panky [ˌhæŋkɪ'pæŋkɪ] *vard.* smussel; dumheter; hemligt förhållande
Hanover ['hænə(ʊ)və] Hannover
Hansard ['hænsɑ:d] Handsard (*det officiella eng. parlamentstrycket*)
hansom [**cab**] ['hænsəm(kæb)] tvåhjulig droska

Hants. *förk.* för *Hampshire*
Hanuk[k]ah ['hɑ:nʊkɑ:] *jud.* chanukkah (*tempelinvigningsfest*)
hap [hæp] *åld.* **I** *s* **1** tur, lycka **2** händelse **II** *v* hända; råka
ha'penny ["heɪpnɪ] = *halfpenny*
haphazard [ˌhæp'hæzəd] **I** *a* slumpmässig, planlös; tillfällig; *in a ~ way* slumpmässigt, planlöst, godtyckligt **II** *adv* på en höft, på måfå, slumpmässigt
hapless ['hæplɪs] olycklig
ha'p'orth ['heɪpəθ] = *halfpennyworth*
happen ['hæp(ə)n] **1** hända (*to s.b.* ngn), ske, inträffa, äga rum; *it ~ed like this* det gick till så här; *the meeting never ~ed* mötet ägde aldrig rum; *it all ~ed so quickly* allt gick (skedde) så snabbt; *these things ~* sådant händer, så kan det gå **2** råka; falla sig; komma sig; *I ~ed to meet him* jag råkade möta honom; *you don't ~ to have a toothpick on you?* du har händelsevis (råkar) inte ha en tandpetare på dig?; *it so ~ed that* det föll sig så att; *as it ~s (~ed)* händelsevis; *as it ~s, I am* jag råkar faktiskt vara **-ing** ['hæpnɪŋ]] **1** händelse, tilldragelse **2** *teat. o.d.* happening **-stance** [-stəns] *AE.* **1** tillfällighet **2** tur
happi|ly ['hæpɪlɪ] *adv* **1** lyckligt **2** lyckligtvis **-ness** [-nɪs] lycka
happy ['hæpɪ] **1** lycklig, glad (*about, at* över); tillfreds, nöjd (*with* med); *H~ Birthday!* har den äran [på födelsedagen]!; *a ~ event* en lycklig tilldragelse; *I shall be ~ to come* det skall bli mig ett nöje att komma, jag kommer mycket gärna **2** gynnsam, lycklig; *~ medium* gyllene medelväg; *be in the ~ position of not having to...* vara i den lyckliga situationen att inte behöva... **3** lyckad, träffande (*turn of phrase* formulering) **4** *vard.* lätt berusad, glad **--go-lucky** [ˌhæpɪgə(ʊ)'lʌkɪ] obekymrad, sorglös, bekymmerslös
Hapsburg ['hæpsbɜ:g] Habsburg
harakiri [ˌhærə'kɪrɪ] harakiri
harangue [hə'ræŋ] **I** *s* harang, tirad, [straff]predikan **II** *v* hålla straffpredikan (predika) för
harass ['hærəs] ansätta, plåga, trakassera, oroa; hetsa, jäkta
harbinger ['hɑ:bɪn(d)ʒə] förebud; förelöpare; budbärare
harbour ['hɑ:bə] **I** *s* hamn (*äv. bildl.*); tillflykt, tillflyktsort, skydd **II** *v* **1** ge skydd åt, härbärgera, hysa; gömma **2** *bildl.* hysa (*a grudge* agg) **3** *gå i hamn* **harbourage** [-rɪdʒ] tillflyktsort; hamn **harbour master** [-ˌmɑ:stə] hamnkapten
hard [hɑ:d] **I** *a* **1** hård; fast; *~ cash* (*money*) kontanter, klingande mynt; *~ cheese* (*BE. sl.*) otur; *~ coal* antracit; *~ core a*) *bildl.* innersta kärna, kärntrupp, *b*) vägunderlag (*av krossad sten e.d.*); *~ currency* hårdvaluta; *~ hat a*) skyddshjälm, *b*) *vard., i sht AE.* byggnadsarbetare, *c*) *sl.* flaggviftare, ärkepatriot, *d*) *AE. vard.* ultrareaktionär [person]; *~ landing* kraschlandning; *~ light* hårt ljus; *~ water* hårt (kalkhaltigt) vatten; *~ wheat* durumvete; *~ vowel* (*språkv.*) hård vokal **2** hård (*task* uppgift; *question* fråga); svåruthärdlig; *~ case* (*BE. vard.*) svårt fall, oförbätterlig människa, stackare; *~ of hearing* hörselskadad, lomhörd; *a ~ nut to crack a*) en svår nöt att knäcka, *b*) en svårövertalad person; *it's ~ for* (*on*) *you* det

är svårt (hårt) för dig; *Chinese is ~ going* det är mycket svårt att lära sig kinesiska; *she had a ~ time of it* hon hade det svårt, det var en hård match för henne; *learn s.th. the ~ way* få slita hårt för att lära sig ngt **3** hård, ansträngande; häftig; sträng; krävande, fordrande; grym, tung, svår; kraftig; ihärdig; *~ and fast a*) fast, *b*) (*om regel e.d.*) bindande, orubblig; *drive a ~ bargain* pressa priset till det yttersta; *~ drinker* storsupare; *~ drugs* tung narkotika; *~ facts* kalla (nakna) fakta; *~ fate* hårt (grymt) öde; *~ frost* sträng kyla; *~ knock* hård (kraftig) knackning; *~ labour* straffarbete; *~ liquor* (*stuff*) starksprit; *~ luck* (*lines*)! vilken otur!; *~ work* hårt arbete; *~ worker* hårt arbetande människa, arbetsmänniska; *don't be ~ on him* var inte för hård (sträng) mot honom **4** *mil.* starkt befäst; (*om kärnvapen*) under|jordisk, -jords- **5** *Austr. sl., put the ~ word on s.b.* klämma åt ngn **II** *adv* **1** hårt, fast; kraftigt; häftigt; starkt; fort; *~ a port* (*sjö.*) hårt babord; *be ~ at it* (*vard.*) ligga i, slita, knoga; *he's ~ done by having to* det är hårt för honom att han måste; *be ~ put* [*to it*] knappast klara av det, ha det svårt; *breathe ~* andas tungt; *freeze ~* vara sträng kyla; *hit ~* slå (träffa) hårt; *listen ~* lyssna noga; *look ~ at* se noga på, titta skarpt på; *rain ~* regna häftigt (kraftigt); *think ~* tänka skarpt, tänka efter noga; *try ~* försöka ordentligt, anstränga sig hårt; *turn ~ right* svänga hårt till höger; *work ~* arbeta hårt (*at* med [att]) **2** med svårighet; svårt; illa; *die ~* (*bildl.*) vara seglivad; *take it ~* ta det hårt **3** *~ by* nära tätt intill; *be ~ up* (*vard.*) vara i knipa (pank), ha ont om pengar; *be ~ up for* vara i stort behov av, sakna; *it'll go ~ with him* han kommer att få svårigheter, det kommer att stå honom dyrt
hard|-and-fast ['hɑ:d(ə)n'fɑ:st] *se hard I 3* **-back** [-bæk] [in]bunden bok **-bake** [-beɪk] mandelknäck **--bitten** [ˌhɑ:d'bɪtn] hänsynslös, tuff **-board** [-bɔ:d] hardboard (*hårdpressad träfiberplatta*) **--boiled** [ˌhɑ:d'bɔɪld] **1** hårdkokt (*egg* ägg) **2** *vard.* hårdkokt, kallhamrad **--core** ['hɑ:dkɔ:] **1** *~ pornography* hårdporr **2** orubblig, övertygad (*Communist* kommunist) **--earned** [ˌhɑ:d'ɜ:nd] surt förvärvad
harden ['hɑ:dn] **1** göra hård[are]; [för]stärka; härda (*steel* stål; *the body* kroppen); vänja; förhärda; *~ed* [för]härdad, garvad, inkrökt; *~ o.s. to a*) härda sig mot, vänja sig vid, *b*) förhärda sig mot; *this ~ed her attitude* detta skärpte hennes hållning; *~ off a plant* härda en växt **2** bli hård [are], hårdna; stelna; härdas; förhärdas; *~ off* (*om växt*) härdas **3** (*om pris*) *a*) bli fast[are], stabiliseras, *b*) stiga **-ing** ['hɑ:dnɪŋ] härdning; hårdhet, skärpning; förhårdning; *~ of the arteries* åderförkalkning
hard|-featured [ˌhɑ:d'fi:tʃəd] med hårda (grova) ansiktsdrag **--fought** förbittrad, hård, häftig (*battle* strid) **--headed** saklig, nykter; förslagen, beräknande **-hearted** hårdhjärtad **--hit** hårt drabbad
hardi|hood ['hɑ:dɪhʊd], **-ness** [-nɪs] djärvhet, dristighet, mod; fräckhet
hardly ['hɑ:dlɪ] *adv* **1** knappast, knappt; nätt och jämnt; *~ anybody* knappast någon, knappast ingen; *~ ever* nästan aldrig; *we ~ knew them* vi kände dem knappast **2** med möda (svårighet)

hard|-mouthed [ˌhɑːdˈmaʊðd] omedgörlig, envis **-ness** [ˈhɑːdnɪs] hårdhet; stränghet; svårighet **--nosed** [ˌhɑːdˈnəʊzd] *AE. sl.* tuff, hård, omedgörlig **--pressed** [ˌhɑːdˈprest] i knipa, hårt ansatt, illa däran; ~ *for money* i penningknipa
hard|ship [ˈhɑːdʃɪp] umbäranden, vedermöda, prövning, strapats; *the ~s of war* krigets vedermödor; *suffer great* ~ lida stor nöd, slita mycket ont **-tack** skeppsskorpa **-top** hardtop (*bil o. båt*) **-ware 1** järn-, metall|varor **2** data. hård-, maskin|vara **3** *mil.* tung utrustning **4** *vard.* vapen (*sg el. pl*) **--wearing** [ˌhɑːdˈweərɪŋ] slitstark; motståndskraftig **--wood** [ˈhɑːdwʊd] hårt träslag (*t.ex. ek, lönn*) **--working** [ˌhɑːdˈwɜːkɪŋ] arbetsam, hårt arbetande
hardy [ˈhɑːdɪ] **1** härdig, härdad, motståndskraftig **2** djärv, dristig
hare [heə] I *s* hare; ~ *and hounds* snitseljakt (*lek*); *run with the* ~ *and hunt with the hounds* hålla sig väl med båda sidor (alla); *start a* ~ ta upp ett ämne till diskussion II *v, BE. vard.* rusa, springa (*off* i väg; *about* omkring)
hare|bell [ˈheəbel] blåklocka **-brained** [-breɪnd] tanklös, huvudlös **-lip** [ˌheəˈlɪp] har|läpp, -mynthet
harem [ˈhɑːriːm] harem
hare's-foot [ˈheəzfʊt] *bot.* harklöver
haricot [ˈhærɪkəʊ] *s,* ~ [*bean*] trädgårdsböna, brytböna, haricot vert
hark [hɑːk] **1** lyssna (*to* till, på), höra (*to* på) **2** ~ *back* gå tillbaka (*to* till)
harlequin [ˈhɑːlɪkwɪn] **1** *teat.* Harlekin **2** narr, clown
harlot [ˈhɑːlət] sköka, hora, prostituerad
harm [hɑːm] I *s* skada, ont; *out of* ~*'s way* i säkerhet, utom fara; *keep* (*stay*) *out of* ~*'s way* undvika faran, hålla sig undan; *there is no* ~ *in asking* det skadar inte att fråga; *there is no* ~ *done* det är ingen skada skedd; *you will come to no* ~ det kommer inte att hända dig ngt; *do* ~ *to s.b.* tillfoga (vålla) ngn skada, göra ngn illa; *it will do more* ~ *than good* det kommer att göra mer skada än nytta; *she meant no* ~ hon menade inget illa, det var inte illa ment II *v* skada, göra illa (ont) **-ful** [-f(ʊ)l] skadlig, farlig **-less** [-lɪs] oskadlig, ofarlig; oskyldig (*question* fråga); *make* (*render*) ~ oskadliggöra
har|monic [hɑːˈmɒnɪk] I *a* harmonisk (*äv. mus.*); ~ *progression* harmoniföljd; ~ *theory* harmonilära II *s, mus.* **1** [harmonisk] överton **2** ~ *s* (*behandlas som sg*) harmonik **-monica** [-ˈmɒnɪkə] munspel **-monious** [-ˈməʊnjəs] **1** *mus.* harmonisk, välljudande, samstämmande **2** *bildl.* harmonisk, samstämmig **-monium** [-ˈməʊnjəm] [orgel]harmonium, kammarorgel **-monize** (*BE. äv. -monise*) [ˈhɑːmənaɪz] **1** harmoniera, stämma överens **2** sjunga flerstämmigt **3** *mus.* harmonisera, sätta harmonier till; *bildl.* göra harmonisk, bringa i samklang **-mony** [ˈhɑːmənɪ] **1** *bildl.* harmoni, samstämmighet; samförstånd **2** *mus.* harmoni, samklang; välljud; harmonilära
harness [ˈhɑːnɪs] I *s* **1** sele; seldon; *in* ~ i arbete[t] **2** *väv.* harnesk II *v* **1** sela [på]; spänna för; ~ *a horse to a carriage* spänna en häst för en vagn **2** tämja (*the atom* atomen); exploatera, bygga ut, utnyttja (*vattenfall e.d.*)

harp [hɑːp] I *s* harpa; *vard.* munspel II *v* **1** spela [på] harpa **2** ~ [*up*]*on* mala (jämt tjata) om; ~ *on the same string* mala (jämt tjata) om samma sak **-er** [ˈhɑːpə], **-ist** [ˈhɑːpɪst] harpist, harpspelare
harpoon [hɑːˈpuːn] I *s* harpun II *v* harpunera
harpsichord [ˈhɑːpsɪkɔːd] *mus.* cembalo
harpy [ˈhɑːpɪ] **1** *myt., H*~ harpya **2** rovgirig person, blodsugare
harridan [ˈhærɪd(ə)n] gammal häxa (ragata)
harrier [ˈhærɪə] **1** plundrare **2** harrier, engelsk harhund **3** *zool.* kärrhök **4** terränglöpare
Harrovian [həˈrəʊvjən] I *s* harrowelev II *a* harrow- **Harrow** [ˈhærəʊ] Harrow (*berömd eng. public school*)
harrow [ˈhærəʊ] I *s* harv; *be under the* ~ vara i trångmål II *v* **1** harva **2** *bildl.* plåga, pina; oroa, irritera **-ing** [-ɪŋ] hemsk
harry [ˈhærɪ] **1** plåga, oroa **2** plundra, härja
harsh [hɑːʃ] **1** hård, sträv **2** sträng, hård **3** hård; skärande; skorrande **-ness** [-nɪs] hårdhet, strävhet *etc., jrf harsh*
hart [hɑːt] [kron]hjort (*hanne*)
harum-scarum [ˌheərəmˈskeərəm] I *a* tanklös, obetänksam II *s* virrpanna, tanklös person
harvest [ˈhɑːvɪst] I *s* **1** skörd; skördetid **2** skörd (*äv. bildl.*), gröda; *the* ~ *of our efforts* frukterna av våra ansträngningar II *v* skörda (*äv. bildl.*) **harvester** [-ə] **1** skördare, skörde|man, -arbetare, slåtterkarl **2** skördemaskin; självbindare **harvest home** skördefest **harvestman 1** skörde|man, -arbetare, slåtterkarl **2** *zool.* lockespindel **harvest moon** skördemåne (*fullmåne vid höstdagjämningen*) **harvest mouse** *zool.* dvärgmus
Harwich [ˈhærɪdʒ]
has [hæz, *obeton.* həz, əz] *3 pers. sg pres. av have* **--been** [ˈhæzbɪn] *vard.* fördetting
1 hash [hæʃ] I *v* **1** finhacka, hacka sönder **2** fördärva, förstöra II *s* **1** kokk. hachis, ragu **2** röra, virrvarr; *make a* ~ *of* (*vard.*) röra till, göra pannkaka av; *settle* (*fix*) *a p.'s* ~ (*AE. vard.*) *a*) kuva (tysta) ngn, *b*) bli kvitt med ngn **3** återanvändning
2 hash [hæʃ] *sl.* hasch
hash house *AE. sl.* sylta, fik
hashish [ˈhæʃiːʃ] haschisch
hasn't [ˈhæznt] = *has not*
hasp [hɑːsp] I *s* hasp, klinka II *v* stänga med hasp (klinka)
hassle [ˈhæsl] *vard.* I *s* kiv, gräl; krångel, trubbel II *v* gräla (kivas) med
hassock [ˈhæsək] **1** knäkudde **2** grästuva
hast [hæst] *åld., 2 pers. sg pres. av have*
haste [heɪst] I *s* hast, skyndsamhet; brådska; *make* ~ skynda sig, raska på, rusa: *more* ~, *less speed* skynda långsamt II *v, poet.* skynda [sig]
hasten [ˈheɪsn] **1** skynda [sig] **2** skynda (driva, jäkta) på **hastiness** [ˈheɪstɪnɪs] brådska, hast **hasty** [ˈheɪstɪ] **1** hastig, snabb, skyndsam; brådskande **2** förhastad, överilad; ~ *words* förhastade ord **3** hetsig, häftig
hat [hæt] hatt; *bad* ~ (*vard., i sht BE.*) rötägg, slyngel, ful fisk; *my* ~! (*BE. vard.*) himmel!, du store tid!, försök inte!; *old* ~ ngt omodernt (förlegat); *red* ~ kardinalshatt; *out of a* ~ *a*) som genom trolleri, *b*) på måfå, på en höft; ~ *in hand*

hatband—have

ödmjukt, underdånigt; *at the drop of a* ~ genast; *I'll eat my* ~ *if (sl.)* jag ska äta upp min gamla hatt om; *keep s.th. under one's* ~ hålla tyst om ngt, inte föra ngt vidare; *pass (send) the* ~ *round* göra en insamling, skicka runt hatten; *take off one's* ~ *to (bildl.)* ta av sig hatten för, beundra, gratulera; *talk through one's* ~ *(vard.) a)* prata i nattmössan, prata strunt, *b)* bluffa **-band** ['hætbænd] hattband **-box** ['hætbɒks] hattask
1 hatch [hætʃ] **I** *s* **1** kläckning **2** kull **II** *v* kläcka, kläckas *(äv. bildl.)*
2 hatch [hætʃ] **1** [last]lucka; lucköppning; serveringslucka; dammlucka; underdörr; *under ~es a)* under däck, *b)* utom synhåll, *c)* förödmjukad, *d)* död **2** *sl., down the ~!* botten upp!
3 hatch [hætʃ] *konst.* skugga
hatchback ['hætʃbæk] kombi[bil]
hatchery ['hætʃərɪ] äggkläckningsanstalt
hatchet ['hætʃɪt] [hand]yxa; tomahawk; *bury the* ~ gräva ner stridsyxan, sluta fred **hatchet face** smalt, skarpskuret ansikte **hatchet job** *vard., i sht AE.* illvilligt angrepp **hatchet man** *vard.* **1** hejduk, hantlangare **2** *AE.* lejd mördare **3** *AE.* elak kritiker
hatching ['hætʃɪŋ] *konst.* skuggning
hatchway ['hætʃweɪ] **1** *sjö.* lucköppning **2** lucka, öppning
hate [heɪt] **I** *v* hata, avsky, tycka illa om **II** *s* hat, avsky **-ful** ['heɪtf(ʊ)l] förhatlig, avskyvärd
hath [hæθ] *åld., 3 pers. sg pres. av* have
hat|pin ['hætpɪn] hattnål **-rack** hatthylla
hatred ['heɪtrɪd] hat *(for* mot), avsky *(of* för)
hat stand ['hætstænd] *(fristående)* hatt-, kläd|hängare **hatter** [-ə] hattmakare; ~*'s* hatt|affär, -makeri; *as mad as a* ~ spritt språngande galen
hat tree *AE., se* hat stand **hat trick** [-(t)rɪk] *sport.* hat trick *(tre mål i följd av samma spelare)*
hauberk ['hɔːbɜːk] brynja
haughty ['hɔːtɪ] högdragen, högmodig, högfärdig, överlägsen, arrogant
haul [hɔːl] **I** *v* **1** hala, dra, släpa; bogsera; ~ *s.b. up (vard.) a)* ställa ngn till svars, *b)* ge ngn en uppsträckning; ~ *s.b. up before the magistrate (vard.)* dra ngn inför rätta, ställa ngn till svars **2** frakta, transportera **3** *sjö.,* ~ *[up] a)* dra (hala) upp *(fartyg på land), b)* hala ombord **4** *sjö.,* ~ *[off] a vessel* gira med ett fartyg **5** *sjö. (om vind)* dra sig föröver; ~ *[round]* gira, ändra kurs **6** ändra sig **II** *s* **1** halning, drag; bogsering **2** notvarp, fångst *(av fisk)*; byte, kap **3** sträcka *(om ngt dras)*, transportsträcka; *in (over) the long* ~ *a)* i framtiden, *b)* [över] en längre tid **haulage** ['hɔːlɪdʒ] **1** halande, dragande *etc., jfr haul I* **2** transport[kostnader], speditionsavgift **haulage contractor 1** åkeri, speditionsfirma, transportföretag **2** åkare, speditör **haul[i]er** ['hɔːl(j)ə] åkeriägare, åkare, speditör
haulm [hɔːm] **1** blast **2** stjälk
haunch [hɔːn(t)ʃ] **1** höft; länd *(på häst e.d.)*; *go down on one's ~es a)* sätta sig på huk, *b) (om hund)* sätta sig på bakbenen **2** *kokk.* lår[stycke]
haunt [hɔːnt] **I** *v* **1** spöka hos (i, på); *bildl. äv.* hemsöka, plåga, förfölja; *she was ~ed by fear* hon hemsöktes (plågades) av fruktan; *the idea ~s me* tanken förföljer mig **2** ofta besöka, hålla till hos (i, på) **II** *s* tillhåll; vistelseort **-ed** ['hɔːntɪd] **1** spök-; ~ *house* spökhus; *this place is* ~ det spökar här **2** plågad, hemsökt; orolig, rastlös; besatt **-ing** ['hɔːntɪŋ] **1** efterhängsen *(tune* melodi); gripande, oförglömlig *(memory* minne)
hauteur [əʊˈtɜː] *litt.* högmod, stolthet
have [hæv] **I** *v (had, had; 3 pers. sg pres. has)* **A** *hjälpv* ha; ~ *been* ha varit; ~ *had* ha haft; *I* ~ *found it* jag har hittat den; ~ *you got a pencil? (BE.)* har du en penna?; *I* ~ *lived (I've lived, I* ~ *been living) here for five years* jag har bott här i fem år; *he should* ~ *gone* han skulle (borde) ha gått; *I* ~ *not (I've not, I* ~*n't) seen him* jag har inte sett honom; *you* ~ *(you've) seen him,* ~*n't you?* du har sett honom, eller hur? **B** *huvudv* **1** ha; äga; hysa; *I* ~ *no car* jag har ingen bil; *they* ~ *two children* de har två barn; ~ *a cold (äv.)* vara förkyld; ~ *a conversation* ha (föra) en konversation; ~ *fear* vara rädd, känna (hysa) fruktan; ~ *guests* ha gäster; ~ *mercy on* vara barmhärtig mot; ~ *an operation* genomgå en operation, opereras; ~ *a party* ha en fest; *do you* ~ *a pencil?* har du en penna?; *she has red hair* hon har rött hår; *I* ~ *it! (vard.)* jag har det!, jag vet!; *what time do you* ~*? (AE.)* hur mycket är klockan? **2** få *(a gift* en present)*; äta *(breakfast* frukost), dricka *(tea* te), ha, ta; ~ *another one* ta en till; *she is having a baby* hon väntar barn; ~ *an idea* få (ha) en idé; ~ *a good meal* äta en god måltid; ~ *news from s.b.* få höra från ngn; ~ *a shock* få en chock; *I must* ~ *more time* jag måste få mera tid [på mig]; *we had many visitors* vi fick (hade) många besök; *let me* ~ *it* låt mig få den; *what will you* ~*?* vad vill du ha (äta)?; *there are no cigarettes to be had* det går inte att få [tag i] några cigaretter **3** kunna, förstå; *he has no French* han kan ingen (inte ett ord) franska **4** ha *(ngn)* fast; *vard.* lura; *she had him by the hair* hon höll fast honom i håret; *I'll* ~ *you!* jag ska nog få fast dig!; *I* ~ *him where I want him* jag har fått honom dit jag vill; *you* ~ *me there!* nu blev jag ställd!, det vet jag inte!; *he was had by the salesman* han blev lurad av försäljaren; *ever been had?* nu blev du allt lurad! **5** tillåta, finna sig i, vilja; *I won't* ~ *it!* jag tänker inte finna mig (finner mig inte) i det!; *I'm not having any of that!* jag vill inte veta av (går inte med på) det! **6** ~ *to (+ inf.)* vara (bli) tvungen att, få lov att, behöva; *I had to run to catch the train* jag måste springa för att hinna med tåget; *that will* ~ *to do* det får duga; *she doesn't* ~ *to work* hon behöver inte (är inte tvungen att) arbeta; *we shall* ~ *to leave tomorrow* vi måste resa i morgon; ~ *to do with* ha att göra med; *it has nothing to do with me* det har ingenting med mig att göra **7** ~ *s.th. done* få ngt gjort, låta göra ngt, se till att ngt blir gjort; ~ *one's hair cut* [låta] klippa sig (håret); ~ *one's shoes repaired* få sina skor lagade; ~ *s.b. do s.th.* låta ngn (få ngn att) göra ngt; *he had his leg broken* han har (hade) brutit benet; *she had her car stolen* hon fick så bli stulen; *she was having her room redecorated* hon höll på och tapetsera om sitt rum; *I won't* ~ *you jumping on the sofa* jag vill inte att ni hoppar i soffan; *what would you* ~ *me say?* vad vill du jag ska säga om det? **8** ~ *it a)* påstå, hävda, *b)* vinna [en seger]; ~ *had it (vard.) a)* vara slut (ur leken, död), *b)* bli omodern, *c)* ha missat chansen, ligga illa till; *you've had it!*

havelock—head

ligger du illa till!, nu är det klippt!; *rumour has it that* ryktet säger (går) att; ~ *it your own way!* [*gör*] som du vill!; *let them* ~ *it!* (*sl.*) på dem bara!, ge dem vad de tål!; *she will* ~ *it that* hon vill ha det till att; *I won't* ~ *it that* jag vill inte veta av (höra talas om) att; *as fate would* ~ *it* ödet ville att; *as Shakespeare has it* som Shakespeare säger, som det står hos Shakespeare; ~ *it away* (*off*) (*BE. vulg.*) knulla; ~ *it coming* (*vard.*) vänta sig en utskällning; *I didn't know she had it in her* det hade jag inte trott att hon skulle klara av; ~ *it in for* (*vard.*) vilja komma åt, ha ett horn i sidan till; ~ *it out with s.b.* tala ut (göra upp) med ngn **9** ta [sig], få sig, göra; ~ *a look* se, titta, ta sig en titt; ~ *a smoke* röka; ~ *a try* försöka **10** *you had better* (*best*) *go* det är bäst att du går; *I had rather* (*sooner*) *you left now* jag skulle föredra att du går nu **11** ~ *at* (*åld.*) gå lös på; ~ *in a*) inbjuda, *b*) ta hem (*a plumber* en rörmokare), *c*) sätta in (*a new engine* en ny motor); ~ *on a*) ha på sig (*kläder*), *b*) ha för sig, ha planerat, *c*) lura, driva med; *the police has nothing on me* polisen kan inte anklaga mig för någonting; ~ *a tooth out* [låta] dra ut en tand; *be had up* bli stämd [inför rätta], åka fast **II** *s, the* ~*s and the* ~*-nots* [de] rika och [de] fattiga
havelock ['hævlɒk] havelock (*solskydd för hals o. nacke*)
haven ['heɪvn] hamn; tillflyktsort
have-not ['hævnɒt] *se have II*
haven't ['hævnt] = *have not*
haver ['heɪvə] *BE.* vackla, tveka
haversack ['hævəsæk] ränsel, tornister; ryggsäck
havoc ['hævək] förstörelse, ödeläggelse; *vard.* kaos; *cry* ~ (*åld.*) ge signal till plundring (förstörelse); *play* ~ *with* gå illa (hårt) åt; *wreak* ~ *on* anställa förödelse (skada) på
1 haw [hɔː] *bot.* hagtornsbär; hagtorn
2 haw [hɔː] **I** *interj* hm **II** *v* humma, säga hm; *jfr 2 hem II*
Hawai|i [hə'waɪiː] Hawaii **-ian** [-ɪən] **I** *a* hawaii[an]sk, hawaii- **II** *s* hawaii|an, -ier
1 hawk [hɔːk] hök (*äv. polit.*); *AE.* falk; *bildl.* hänsynslös person **II** *v* **1** jaga med falk **2** (*om hök, falk*) jaga; ~ *at* anfalla, slå ner på
2 hawk [hɔːk] **1** sälja (ropa ut) på gatan **2** ~ [*about*] sprida (*skvaller e.d.*)
3 hawk [hɔːk] harkla sig
1 hawker ['hɔːkə] falkenerare
2 hawker ['hɔːkə] gatuförsäljare; gårdfarihandlare
hawk-eyed ['hɔːkaɪd] falkögd; vaksam, observant **hawking** [-ɪŋ] falkjakt **hawk moth** *zool.* svärmare
hawsehole ['hɔːzhəʊl] *sjö.* klys[gatt] **hawsepipe** *sjö.* ankarklys **hawser** [-ə] *sjö.* tross, tåg, kabel
hawthorn ['hɔːθɔːn] *bot.* hagtorn
hay [heɪ] **I** *s* hö; *hit the* ~ (*sl.*) gå och kvarta (knyta sig), krypa till kojs; *make* ~ bärga hö; *make* ~ *of* röra till, vända upp och ner på; *make* ~ *while the sun shines* (*vard.*) smida medan järnet är varmt **II** *v* **1** ge (utfodra med) hö **2** göra hö av, torka
haycock ['heɪkɒk] hövolm **hay fever** [-ˌfiːvə] hösnuva **hayfork** [-fɔːk] högaffel, hötjuga **haymaker** [-ˌmeɪkə] **1** slåtterkarl **2** *sl.* sving, hårt slag (*i boxning*) **haymow** [-məʊ] **1** höskulle **2**

mängd (*bärgat*) hö **hayrick** [-rɪk] höstack **hayseed** [-siːd] *AE.* bondlurk, tölp **haystack** [-stæk] höstack **haywire** [-ˌwaɪə] *vard.* **1** *go* ~ paja, gå sönder **2** oberäknelig, knasig
hazard ['hæzəd] **I** *s* **1** fara, risk; riskfylldhet; *at* ~ på spel, i fara; *at all* ~*s* till varje pris; *the* ~*s of war* krigets faror **2** *golf.* hinder **3** slump, lyckträff; *by* ~ av en slump (händelse) **4** (*slags*) tärningsspel **II** *v* **1** riskera, sätta på spel **2** våga [sig på] (*a guess* en gissning) **hazardous** [-əs] riskfylld, farlig; vågad; osäker **hazard warning device** (**light**) varningsblinkers (*på bil*)
1 haze [heɪz] **I** *s* dis[ighet]; töcken (*äv. bildl.*) **II** *v,* ~ [*over*] göra (bli) disig
2 haze [heɪz] **1** *i sht AE.* skända (*student*) **2** *sjö.* straffa, förödmjuka
hazel ['heɪzl] **I** *s* **1** *bot.* hassel; hasselnöt **2** nötbrun (ljusbrun) färg **II** *a* nöt-, ljus|brun **-nut** hasselnöt
hazy ['heɪzɪ] disig, dimmig; *bildl.* dimmig, suddig, oklar
HB *fork. för hard-black* medium (*om blyertspenna*) **H.B.M.** *fork. för Her* (*His*) *Britannic Majesty*
H-bomb ['eɪtʃbɒm] h-bomb, vätebomb
H.C. *fork. för Holy Communion; House of Commons* **H.C.F., h.c.f.** *fork. för highest common factor* **hd.** *fork. för hand; head* **hdqrs.** *fork. för headquarters* **HE, H.E.** *fork. för high explosive; His Eminence; His* (*Her*) *Excellency*
he [hiː, *obeton.* hɪ, ɪ] **I** *pron* **1** *pers.* han; (*om djur äv.*) den, det; *Harry Gregg, who's* ~? Harry Gregg, vem är det?; *if I were* ~ om jag vore han; ~*'s a fine stallion* det är en fin hingst **2** *determ.* den; ~ *who lives will see* den som lever kan se; *everybody can do as* ~ *likes* var och en kan göra som den vill **II** *s* **1** han; han[n]e **2** (*i sms.*) han-; *it's a* ~*-dog* det är en hanhund
head [hed] **I** *s* **1** huvud; *vard.* huvudvärk; ~ *of hair* hår[växt]; ~ *of lettuce* salladshuvud; ~ *of a nail* spikhuvud; *be* ~ *and shoulders above* vara mer än huvudet högre än, *bildl. äv.* vara vida överlägsen, stå skyhögt över; *count* ~*s* räkna antalet närvarande (röstande *etc.*); *give a horse* (*s.b.*) *his* ~ ge en häst (ngn) fria tyglar; *keep one's* ~ hålla huvudet kallt, behålla fattningen; *lose one's* ~ (*bildl.*) tappa huvudet, förlora fattningen; *it turned his* ~ det steg honom åt huvudet; *keep one's* ~ *above water* (*bildl.*) hålla sig flytande (huvudet ovanför vattenytan); ~ *first* (*foremost*) huvudstupa; *have a good* ~ *for figures* vara duktig i (ha sinne för) siffror; *have a good* ~ *for heights* inte få svindel; ~ *on* med huvudet först; *have a good* ~ *on one's shoulders* ha huvudet på skaft, vara ett ljushuvud; ~ *over heels* huvudstupa, handlöst; ~ *over heals in love* (*debt*) upp över öronen förälskad (skuldsatt); *turn* (*go*) ~ *over heals* göra (slå) en kullerbytta; *beat a p.'s* ~ *off* fullkomligt besegra ngn; *cry one's* ~ *off* (*sl.*) gallskrika, skrika som en galning; *talk a p.'s* ~ *off* prata ihjäl ngn; *we put our* ~*s together* (*vard.*) vi slog våra kloka huvuden ihop; *above* (*over*) *a p.'s* ~ över huvudet på ngn; *taller than s.b. by a* ~ huvudet högre än ngn; *from* ~ *to foot* från topp till tå; *off* (*out of*) *one's* ~ (*sl.*) knasig, galen; *off the top of one's* ~ obetänksamt, oförberett; *on*

one's [ˈəʊn] ~ på egen risk, på eget ansvar; *over a p.'s* ~ över ngns huvud, över ngns horisont; *over* ~ *and ears* upp över öronen; *be promoted over the* ~ *of s.b.* else gå förbi ngn vid befordran; *get s.th. into one's* ~ få in ngt i sin skalle; *get s.th. out of one's* ~ få ngt ur sitt huvud (sina tankar); *go to a p.'s* ~ stiga ngn åt huvudet (*äv. bildl.*); *hold up one's* ~ (*bildl.*) hålla huvudet högt; *put s.th. into a p.'s* ~ inbilla (intala) ngn ngt; *what put that into his* ~? hur kom han på den tanken (idén)?; *take it into one's* ~ *to do s.th.* få för sig (i sitt huvud) att man ska göra ngt; *win by a* ~ *a*) (*om häst*) vinna med en huvudlängd, *b*) vinna ytterst knappt **2** chef, direktör; föreståndare; ledare; överhuvud, huvudman; *vard.* rektor; ~ *of department a*) avdelningschef, *b*) *univ.* institutionschef; ~ *of state* stats|chef, -överhuvud; *the* ~ *of the family* familjens överhuvud **3** ledning; spets; tät; ledarställning; *be at the* ~ *of* stå i spetsen (vara i ledningen) för; *make* ~ göra framsteg; *make* ~ *against s.b.* bjuda ngn spetsen **4** topp; översta del, övre ände; spets; huvudända (*of a bed* på en säng); knopp (*of a cane* på en käpp); *arkit.* kapitäl, [kolonn]huvud; (*mynts*) framsida; (*flods*) källa, tillflöde, övre lopp; (*vägs*) änd-, slut|punkt; [hög] udde; *at the* ~ *of the page* överst på sidan; ~*s or tails?* krona eller klave?; *I cannot make* ~ *nor tail of it* (*vard.*) jag blir inte klok på det **5** skum, fradga (*på öl*) **6** (*pl lika*) person, individ; antal, stycke; *five pound a* (*per*) ~ fem pund per person (per man, vardera); *five hundred* ~ *of cattle* fem hundra nötkreatur; *large* ~ *of game* stort viltbestånd **7** huvudpunkt; moment; kapitel; kategori; huvudord; [huvud]rubrik, överskrift; *under the* ~ *of...* under rubriken...; *the* ~ *and front of* huvudpunkten (själva kärnan) i **8** höjdpunkt; kritisk punkt, kris; *bring matters to a* ~ driva saken till sin spets **9** *sjö.* förstäv, bog; ~*s* (*pl, sl.*) mugg (*toalett*) **10** *tekn.* [vatten]tryck, ångtryck; [ton]huvud **11** *sl.* knarkare **II** *v* **1** ligga vid övre änden av; stå överst på (*a list* en lista); ~ [*up*] anföra, leda, stå (gå) i spetsen för **2** styra, köra (*towards, for* [i riktning] mot) **3** förse med överskrift (rubrik, titel); ~*ed writing paper* skrivpapper med brevhuvud **4** (*i fotboll*) nicka **5** ~ *off a*) hejda, stoppa, *b*) avvärja (*a quarrel* ett gräl), avböja (*questions* frågor) **6** ~ [*for*] gå, vara på väg; *where are you* ~*ing* (~*ed*) [*for*]? vart är du på väg (ska du ta vägen)?; *are you* ~*ing my way?* ska du samma väg som jag?; ~ *back* gå (vara på väg) tillbaka); *be* ~*ing back* vara på tillbakaväg; ~ *for* gå (vara på väg, styra sina steg) [i riktning] mot, styra (sätta kurs) mot; *you are* ~*ing for trouble* du kommer att få obehag **7** (*om flod e.d.*) rinna upp; *bildl.* ha sin upprinnelse (sitt ursprung) i

head|ache [ˈhedeɪk] huvudvärk; *that's your* ~ (*vard.*) det är din huvudvärk (ditt problem) **-band 1** pannband **2** *boktr.* kapitälband **-dress** huvudprydnad; huvudbonad

-headed [ˈhedɪd] med...huvud, -huvad; *bare*~ barhuvad; *curly*~ lockig; *two*~ tvåhövdad

head|er [ˈhedə] **1** *vard.* dykning, huvudhopp **2** (*i fotboll*) nick[ning] **-fast** *sjö.* förtöjningslina **-gear** huvudbonad **--hunter** [-ˌhʌntə] **1** huvudjägare **2** head-hunter (*pers. som letar upp kandidater t. chefsposter*) **-ing** [-ɪŋ] **1** överskrift, rubrik, titel **2** avsnitt, avdelning, stycke **3** (*i fotboll*) nick[ning] **4** *gruv.* ort; tunnel **5** riktning, kurs **-lamp** [-læmp] strålkastare (*på bil*) **-land** [-lənd] udde **-less** [lɪs] huvudlös (*äv. bildl.*) **-light** [-laɪt] strålkastare (*på bil*) **-line** [-laɪn] rubrik; *hit the* ~*s* bli förstasidesstoff **-long** med huvudet före, huvudstupa; hals över huvud **-man 1** [ˌhedˈmæn] förman **2** [ˈhedmæn] hövding **-master** [ˌhedˈmɑːstə] rektor **-mistress** [ˌhedˈmɪstrɪs] [kvinnlig] rektor **--on** [ˌhedˈɒn] *a o. adv* **1** med huvudet före; ~ *collision* frontalkrock **2** rakt på sak, rättfram[t] **-phones** [ˈhedfəʊnz] *pl* hörlurar **-quarters** [ˌhedˈkwɔːtəz] *pl* högkvarter; högsta militärledning; stab, stabsplats; huvudkontor

head|rest [ˈhedrest] huvud-, nack|stöd **-room** fri höjd (*under viadukt e.d.*) **-scarf** sjalett **-set** huvudmikrofon **-shrinker** [-ˌʃrɪŋkə] *sl.* hjärnskrynklare (*psykiater*)

headsman [ˈhedzmən] bödel, skarprättare

head|stone [ˈhedstəʊn] gravsten (*vid huvudändan*) **-strong** halsstarrig, egensinnig

head waiter [ˌhedˌweɪtə] hovmästare **headwaters** *pl* källfloder, källor, källa **headway** [-weɪ] **1** fart [framåt]; framsteg; *make* ~ komma vidare, göra framsteg **2** fri höjd (*under viadukt e.d.*) **3** turtäthet **headwind** [-wɪnd] motvind **headword** [-wɜːd] uppslagsord, stickord **headwork** [-wɜːk] tankearbete, intellektuellt arbete **heady** [-ɪ] **1** [be]rusande, [alkohol]stark **2** häftig, upprörande **3** förhastad; otålig

heal [hiːl] **1** bota; läka; *bibl.* hela; *time* ~*s all wounds* tiden läker alla sår **2** återställa; bilägga, överbrygga (*differences* meningsskiljaktigheter) **3** läka[s]; ~ [*over, up*] läka[s] igen (ihop) **--all** [ˈhiːlɔːl] universalmedel **-er** [ˈhiːlə] person som botar; botemedel

health [helθ] **1** hälsa, sundhet; hälsotillstånd; *bad* (*ill*) ~ svag hälsa, sjuklighet; *in poor* ~ sjuk, sjuklig, inte frisk **2** skål; *your* (*good*) ~! skål!; *drink* [*to*] *a p.'s* ~ dricka ngns skål, skåla med ngn **health centre** [ˌhelθˌsentə] läkarcentral **health certificate** friskintyg **health food** [-fuːd] hälsokost **health food shop** hälsokostbutik **healthiness** [-ɪnɪs] hälsa, sundhet **health insurance** [-ɪnˌʃʊər(ə)ns] sjukförsäkring **health resort** [-rɪˌzɔːt] kurort **health service** [-ˌsɜːvɪs] [allmän] hälsovård **healthy** [-ɪ] **1** frisk; sund (*äv. bildl.*) **2** hälsosam

heap [hiːp] **I** *s* hop, hög; *be struck all of a* ~ (*vard.*) stå som fallen från skyarna, bli alldeles paff **2** *vard.*, *a* ~ *of* en massa; ~*s of* massor (massvis) med, en massa **3** *vard.* [skrot]hög; *the car was a* ~ bilen var en skrothög **II** *v* **1** ~ [*up, together*] hopa, lägga i en hög, stapla, trava; lägga på hög; ~ *insults on s.b.* överösa ngn med förolämpningar **2** fylla (*with* med); råga; *a* ~*ed spoonful* en rågad sked **heaps** *adv* [väldigt] mycket; *she was feeling* ~ *better* hon kände sig mycket bättre

hear [hɪə] (*heard, heard*) **1** höra, lyssna på (till); åhöra; ~ *s.b. out* höra ngn tala till slut; *you're not going, do you* ~ *me!* du går inte, hör du det! **2** få höra (veta) **3** *jur.* behandla (*a case* ett fall); [för]höra **4** bravo!, instämmer!; *he doesn't* ~ *very well* han hör inte så bra **5** få höra; ~ *from*

s.b. höra av (ifrån) ngn; *you'll be ~ing from me!* jag kommer att ställa dig till svars för det här!; *~ of (about)* höra talas om; *she wouldn't ~ of it* hon ville inte höra talas om (veta av) det; *~ tell of (dial.)* höra talas om **heard** [hɜːd] *imperf. o. perf. part.* av hear **hearer** ['hɪərə] åhörare **hearing** ['hɪərɪŋ] **1** hörsel; *good ~* god hörsel; *be hard of ~* vara lomhörd **2** hörhåll; *out of (within) ~* utom (inom) hörhåll; *he said it in my ~* han sade det i min närvaro (när jag hörde på) **3** lyssnande, åhörande; hearing, utfrågning; *jur.* förhör, hörande, behandling; *preliminary ~* förundersökning; *gain a ~* skaffa sig (vinna) gehör; *get a fair ~ a)* få en chans att försvara sig, *b)* jur. få en opartisk rättegång; *give s.b. a ~* lyssna (på, till) ngn **hearing aid** ['hɪərɪŋeɪd] hörapparat **hearken** ['hɑːk(ə)n] *åld.* lyssna (*to* till) **hearsay** ['hɪəseɪ] hörsägen, rykte; *have s.th. by (from, on) ~* veta ngt genom hörsägen, ha hört talas om ngt
hearse [hɜːs] lik|vagn, -bil
heart [hɑːt] **1** *anat.* hjärta **2** *bildl.* hjärta; sinne[lag]; mod; själ; *my dearest ~!* du mitt hjärta!; *happy ~* glad sinnesstämning; *~ and soul* absolut, helt och fullt, med liv och lust; *change of ~* sinnes[för]ändring; *break a p.'s ~* krossa ngns hjärta; *I thought my ~ would break* jag trodde mitt hjärta skulle brista; *it breaks my ~ to see* det skär mig i hjärtat att se; *break one's ~ over s.th.* gräma ihjäl sig över ngt; *cross my ~ [and hope to die]!* jag lovar!; *cry one's ~ out* gråta förtvivlat; *eat one's ~ out* sörja ihjäl sig; *find it in one's ~ to say* ha hjärta (kunna förmå sig) att säga; *have a ~!* var lite hygglig nu!; *she has no ~* hon har inget hjärta [i kroppen]; *not have one's ~ in it* inte lägga ner sin själ i det; *have one's ~ in one's boots* vara nere i skorna (missmodig); *have one's ~ in one's mouth (throat)* ha hjärtat i halsgropen; *have one's ~ in the right place* ha hjärtat på rätta stället; *I didn't have the ~ to tell him* jag hade inte hjärta att säga honom det; *lose ~* tappa modet; *I lost my ~ to London* jag har förlorat mitt hjärta till London; *put one's ~ into one's work* lägga ner hela sin själ i arbetet; *my ~ sank* mitt mod sjönk; *set one's ~ on s.th.* fästa sig vid (eftertrakta, gärna vilja ha) ngt; *take ~* fatta mod; *wear one's ~ on one's sleeve* öppet visa sina känslor; *a novel after my own ~* en roman efter mitt sinne; *at ~* i själ och hjärta, i grund och botten; *light at ~* lätt om hjärtat (till sinnes); *we have it at ~* det ligger oss varmt om hjärtat; *by ~* utantill, ur minnet; *from [the bottom of] my ~* av allt mitt hjärta; *in my ~ of ~s* i djupet av mitt hjärta, innerst inne; *~ to ~* öppenhjärtigt, förtroligt; *to one's ~'s content* av hjärtans lust, så mycket man vill; *it is near (close) to my ~* det ligger mig varmt om hjärtat, det är en hjärtesak för mig; *hold s.b. to one's ~* trycka ngn till sitt hjärta (bröst); *take s.th. to ~* ta illa vid sig av ngt, ta ngt hårt; *with all my (my whole) ~* av hela mitt hjärta **3** hjärta, inre, kärna, centrum, medelpunkt; *the ~ of the city* stadens kärna (centrum); *the ~ of the matter* kärnpunkten (det väsentliga) [i saken]; *~ of oak* karlakarl, kärnkarl **4** *kortsp.* hjärterkort; *~s (pl)* hjärter; *queen of ~s* hjärterdam
heartache ['hɑːteɪk] [hjärte]sorg **heart attack** [-əˌtæk] hjärtattack **heartbeat** [-biːt] hjärt-, puls|slag **heartbreak** [-breɪk] [hjärte]sorg **heartbreaking** [-ˌbreɪkɪŋ] hjärt|slitande, -skärande, sorglig **heartbroken** [-ˌbrəʊk(ə)n] med brustet hjärta, otröstlig, förtvivlad **heartburn** [-bɜːn] halsbränna **hearten** [-n] **1** uppmuntra **2** repa mod **heart failure** [-ˌfeɪljə] hjärtkollaps **heartfelt** [-felt] innerlig, djupt känd, hjärtlig **hearth** [hɑːθ] härd (*äv. tekn.*); hemmets härd; *~ and home* hus och hem **hearthrug** ['hɑːθrʌg] spismatta **hearthstone** ['hɑːθstəʊn] **1** spiselhäll **2** skursten
heartily ['hɑːtɪlɪ] *adv* **1** ordentligt, duktigt, tappert; *eat ~* äta duktigt **2** hjärtligt, innerligt, varmt **heartiness** [-ɪnɪs] hjärtlighet *etc., jfr* hearty **heartless** [-lɪs] hjärtlös, hård[hjärtad] **heart--lung machine** [-ˈlʌŋməˌʃiːn] hjärt-lungmaskin **heart-rending** [-ˌrendɪŋ] hjärtslitande, sorglig **heart-searching** [-ˌsɜːtʃɪŋ] självrannsakan **heartsease, heart's-ease** [-siːz] **1** *bot.* styvmorsviol **2** sinnes|frid, -ro **heartsick** [-sɪk] betryckt, nedstämd **heartstrings** [-strɪŋz] *pl* innersta (djupaste) känslor **heart-to-heart** [ˌhɑːttəˈhɑːt] **I** *a* öppen[hjärtig], förtrolig **II** *s* öppenhjärtigt (förtroligt) samtal **heartwarming** ['hɑːtwɔːmɪŋ] glädjande, värmande **hearty** ['hɑːtɪ] **I** *a* **1** hjärtlig; varm; upprikig; *~ manners* hjärtligt sätt; *~ dislike* uppriktig motvilja **2** kraftig, rejäl; robust, spänstig **3** närande, bastant (*meal* måltid) **II** *s, vard.* kompis
heat [hiːt] **I** *s* **1** hetta, värme; *the ~ of summer* sommarens hetta; *by low ~* på svag värme **2** *bildl.* hetta; iver; *the ~ of the battle* stridens hetta; *in the ~ of the moment* i ögonblickets upphetsning **3** *(hondjurs)* parnings-, löp|tid; *be in ~ (om tik)* löpa **4** *sport.* heat, [uttagnings]lopp; *; final ~* finalomgång; *preliminary ~* försöksheat **5** *vard.* tryck, påtryckning; *sl.* polispådrag; *the ~ is off* faran är över; *the ~ is on* det är polispådrag; *put the ~ on s.b.* sätta åt ngn; *turn on the ~* öka trycket, dra åt tumskruvarna **II** *v* **1** *~ [up]* värma [upp], upphetta **2** *~ [up]* bli het (varm), *bildl.* bli upphetsad **-ed** ['hiːtɪd] [upp]värmd *etc., jfr heat II;* hetsig, upphetsad **-er** ['hiːtə] **1** värmare; värme|apparat, -element; kamin **2** *AE. sl.* puffra
heath [hiːθ] *BE.* hed **heathberry** ['hiːθb(ə)rɪ] blåbär; kråkbär **heath cock** ['hiːθkɒk] orrtupp **heathen** ['hiːðn] **I** *s* **1** hedning; *the ~ (koll., behandlas som pl)* hedningarna **2** barbar, ociviliserad människa **II** *a* hednisk, hedna- **-dom** [-dəm] hedendom[en]; hednavärld[en] **-ism** ['hiːðənɪz(ə)m] hedendom[en]
heather ['heðə] *bot.* ljung
heath hen ['hiːθhen] orrhöna
heating ['hiːtɪŋ] upphettning, uppvärmning, eldning **heating element** [-ˌelɪmənt] [elektriskt] element **heat pump** [-pʌmp] värmepump **heat rash** [-ræʃ] värmeutslag **heat resistant** [-rɪˌzɪst(ə)nt] värmebeständig **heat shield** [-ʃiːld] värmesköld **heatstroke** [-strəʊk] värmeslag **heat wave** [-weɪv] **1** värmebölja **2** värmevåg
heave [hiːv] **I** *v* (*~d, ~d el.* sjö. *hove, hove*) **1** *~ [up]* häva, lyfta, hiva **2** kasta, slunga; *~ up (vard.)* kräkas upp **3** utstöta, upphäva, dra (*a sigh* en suck) **4** *sjö.* hiva, hyva, vinda upp; *~ an-*

heave-ho—heir

chor lätta ankar; ~ *to* stoppa (*fartyg*) **5** hävas, höjas och sänkas; svalla, bölja **6** *sjö.* röra sig, komma; stampa; rulla; ~ *in sight* komma i sikte; ~ *to* lägga bi **7** försöka (vilja) kräkas; ~ *up* (*vard.*) kräkas **II** *s* **1** hävning, lyftning **2** kast, slungande **3** höjning; svallning; sjöhävning **4** *sjö.* hivande **5** *sl., the* ~*s* kväljningar **--ho** [͵hiːvˈhəʊ] **I** *interj* å hej!, hugg i och dra! **II** *s, vard., the* ~ sparken (*avsked*)
heaven [ˈhevn] *relig. o. vard.* himmel[en], himmelrike[t]; ~*s* (*pl*) himmel, himlavalv; *she is in her seventh* ~ hon är i sjunde himlen; *it was* ~ det var himmelskt; *move* ~ *and earth* röra upp himmel och jord; *go to* ~ komma till himlen; *for* ~*'s sake* för guds skull; ~*s above!* du store tid!; *good H*~*s!* du milde!, himmel!, kors i all sin dar!; [*good*] ~*s no!* nej för Guds skull!; ~ *forbid!* Gud förbjude!; ~ *knows* det vete gudarna; *thank H*~*!* Gud vare tack och lov! **-ly** [-lɪ] **1** himmels-, himla-; ~ *body* himlakropp **2** *vard.* himmelsk, gudomlig, ljuvlig **3** gudomlig, himmelsk **--sent** gudasänd, lyckosam, perfekt **-ward[s]** [-wəd(z)] mot himlen
heavily [ˈhevɪlɪ] *adv* tungt (*loaded* lastat); hårt (*committed* engagerad; *taxed* beskattad); högt (*insured* försäkrad); kraftigt (*built* byggd); ~ *populated* tättbefolkad; *breathe* ~ andas tungt; *move* ~ röra sig långsamt (trögt); *rain* ~ regna häftigt; *time hangs* ~ *on my hands* tiden sniglar sig fram [för mig] **heaviness** [-nɪs] tyngd, grovhet *etc.*, *jfr heavy* **heavy** [ˈhevɪ] **I** *a* **1** tung (*stone* sten);~ *hydrogen* tungt väte; ~ *industry* tung industri; ~ *skies* regntunga skyar; ~ *soil* tung (lerig) jord; ~ *traffic* tung trafik (*jfr 2*) **2** grov (*sea* sjö, sjögång); stor; svår (*cold* kyla); häftig, våldsam, stark; ~ *blow* hårt (svårt) slag; ~ *demand* stor (livlig) efterfrågan; ~ *eater* storätare; ~ *emphasis* stort eftertryck; ~ *going* tungt (besvärligt) väglag; *the conversation was* ~ *going* konversationen gick trögt; ~ *rain* häftigt regn; ~ *silence* tryckande tystnad; ~ *smell* genomträngande lukt; ~ *thud* dov duns; ~ *taxes* höga (dryga) skatter; ~ *traffic* tät (livlig, stark) trafik (*jfr 1*); ~ *work* hårt (ansträngande) arbete; *be* ~ *on petrol* dra mycket (sluka) bensin **3** dyster, nedstämd, betryckt; ~ *at heart* dyster till sinnes; *with a* ~ *heart* med tungt hjärta **4** grov, kraftig (*line* linje); ~ *features* grova drag; ~ *meal* tung (bastant) måltid **5** *mil.* tung[t beväpnad]; ~ *artillery* tungt artilleri **6** tung, tråkig (*style* stil); dramatisk, storslagen (*music* musik) **7** *sl.* urtråkig; urdålig; toppen **8** tyngd, [be]lastad; ~ *with child* [hög]gravid; ~ *with incense* tung (fylld) av rökelse; ~ *with pollen* pollenbemängd; ~ *with sleep* mycket sömnig, sömntung **II** *adv* tungt; *the guilt lies* ~ *on me* skulden vilar tungt på mig; *time hangs* ~ *on my hands* tiden sniglar sig fram [för mig] **III** *s* **1** *teat.* skurk, skurkroll **2** *mil.* tung artilleripjäs; hangarfartyg; slagskepp **3** *vard.* tungviktsboxare **4** *Sk.* starköl
heavy|**-duty** [͵hevɪˈdjuːtɪ] **1** [slit]stark, tålig **2** med höga tullar **--handed** [-ˈhændɪd] **1** klumpig, tafatt **2** hårdhänt, sträng **-hearted** [-ˈhɑːtɪd] tungsint, melankolisk, svårmodig **-weight** [ˈhevɪweɪt] **I** *s* tungvikt; tungviktare; *vard.* storhet, höjdare **II** *a* tungvikts- (*champion* mästare)
Hebr. *förk. för Hebrew*[*s*]

Hebraic [hiːˈbreɪɪk] hebreisk **Hebrew** [ˈhiːbruː] **I** *s* **1** hebré, jude **2** hebreiska [språket] **II** *a* hebreisk
Hebrides [ˈhebrɪdiːz] *pl, the* ~ Hebriderna
heck [hek] *interj, what the* ~*!* vad i helsike!, vad tusan!
heck|**le** [ˈhekl] **1** häckla, avbryta [med irriterande frågor] **2** häckla (*lin*) **-ler** [-lə] häcklare
hectare [ˈhektɑː] hektar
hectic [ˈhektɪk] hektisk
hecto|**gram**[**me**] [ˈhektə(ʊ)græm] hekto[gram] **-litre** [-͵liːtə] hektoliter
hector [ˈhektə] **I** *s* översittare **II** *v* tyrannisera, hunsa, spela översittare mot
he'd [hiːd] = *he had; he would*
hedge [hedʒ] **I** *s* **1** häck **2** *bildl.* skydd, hinder, spärr **3** försiktigt (undanglidande) yttrande **II** *v* **1** inhägna (avgränsa) [med häck] **2** hindra, inskränka, begränsa **3** (*vid vadslagning*) helgardera **4** slingra sig, komma med undanflykter
hedgehog [ˈhedʒ(h)ɒg] igelkott **hedgehop** flyga lågt **hedgerow** busk-, träd|häck **hedge sparrow** [-͵spærəʊ] *zool.* järnsparv
heed [hiːd] **I** *v* bry sig om, beakta **II** *s* beaktande; *give* (*pay*) ~ *to* bry sig om, beakta, ta hänsyn till; *take* ~ ta sig i akt, akta sig **-ful** [ˈhiːdf(ʊ)l] uppmärksam **-less** [ˈhiːdlɪs] **1** ~ *of* obekymrad om **2** tanklös, sorglös
heehaw [͵hiːˈhɔː] **I** *s* **1** [åsne]skri **2** gapskratt **II** *v* **1** skria **2** gapskratta
1 heel [hiːl] **I** *s* **1** häl; klack; **2** ände, slut; klack; *cool* (*kick*) *one's* ~*s* [få] stå och vänta; *show s.b. a clean pair of* ~*s* springa ifrån ngn; *turn on one's* ~ vända på klacken; *be at* (*on*) *a p.'s* ~*s* vara hack i häl (ligga i hälarna) på ngn; *down at* ~ *a*) sjabbig, sliten, *b*) slarvig, hafsig, *c*) ner|kippad, -gängen; *rock back on one's* ~*s* (*vard.*) slå (bli slagen) med häpnad; *take to one's* ~*s* lägga benen på ryggen; *bring to* ~ få att (låta) gå fot, *bildl.* hålla i strama tyglar **2** kant (*of a loaf* på en limpa), sista bit **3** *sjö.* [mast]fot; [köl]häl **4** *sl.* kräk, knöl **II** *v* **1** klacka **2** följa i hälarna på
2 heel [hiːl] *sjö.* **I** *v,* ~ [*over*] kränga, få slagsida **II** *s* slagsida
heft [heft] **I** *s* **1** vikt, tyngd **2** *AE.* huvuddelen **II** *v, vard.* lyfta; väga (*i handen*) **hefty** [ˈheftɪ] *vard.* stor och stark, kraftig; skrymmande; tung; ~ *blow* kraftigt slag
hegemony [hɪˈgemənɪ] hegemoni, herravälde; ledning
he-goat [ˈhiːgəʊt] [geta]bock
heifer [ˈhefə] kviga
heigh-ho [͵heɪˈhəʊ] *interj* håhåjaja!
height [haɪt] **1** höjd (*äv. astr.*); (*persons*) längd; ~ *above sea-level* höjd över havet; *what* ~ *are you?* hur lång är du? **2** höjd; topp; *mountain* ~*s* bergstoppar; *fear of* ~*s* höjdskräck **3** höjd[punkt]; *the* ~ *of fashion* högsta mode[t]; *the* ~ *of rudeness* höjden av ohövlighet; *at the* ~ *of one's power* höjden av sin makt; *at the* ~ *of the storm* när stormen rasade som värst; *at the* ~ *of summer* på högsommaren; *be at its* ~ ha nått sin höjdpunkt, vara på toppen **-en** [ˈhaɪtn] **1** göra (bli) hög[re] **2** öka[s]; förstärka[s]
heinous [ˈheɪnəs] avskyvärd
heir [eə] arvinge, arvtagare; ~ *apparent* (*pl* ~*s ap-*

parent) bröstarvinge, laglig arvinge; ~ *to the throne* tronarvinge **-ess** [ˈeərɪs] arvtagerska **-loom** [ˈeərluːm] släktklenod; arvegods

heist [haɪst] *sl.*, *i sht AE.* **I** *s* stöt, rån **II** *v* råna, göra en stöt mot

held [held] *imperf. o. perf. part. av hold*

Helen [ˈhelɪn] Helena; ~ *of Troy* Sköna Helena

helicopter [ˈhelɪkɒptə] helikopter

Heligoland [ˈhelɪɡə(ʊ)lænd] Helgoland

helio|centric [ˌhiːlɪə(ʊ)ˈsentrɪk] *astr.* heliocentrisk **-trope** [ˈheljətrəʊp] (*växt. ädelsten, apparat*) heliotrop

heliport [ˈhelɪpɔːt] heliport (*landningsplats för helikopter*)

helium [ˈhiːljəm] helium

helix [ˈhiːlɪks] helix, spiral

hell [hel] **1** helvete[t]; ~*'s bells (teeth)!* milda makter!, tusan också!; ~ *for leather* allt vad tygen håller, som en galning; *a* ~ *of a lot* (*vard.*) en jäkla massa; *a* ~ *of a noise* (*vard.*) ett jäkla oväsen; *tired as* ~ förbi av trötthet; *for the* ~ *of it* (*vard.*) för skojs skull; *like* ~*!* (*vard.*) *a*) jäklar!, tusan också!, *b*) så tusan heller!; *work like* ~ arbeta som bara den; *to* ~ *with it!* åt helvete med den!, förbannat också!; *go to* ~*!* dra åt helvete!; *what the* ~... vad tusan...; *who the* ~... vem tusan...; *come* ~ *or high water* (*vard.*) vad som än må hända; *give s.b.* ~ (*vard.*) skälla ut ngn, sätta åt ngn, låta ngn få veta att han lever; *play* ~ *with a*) vända upp och ner på, *b*) jäklas med; *raise* ~ (*vard.*) röra upp himmel och jord, föra ett helvetes liv **2** (*skräddares*) lapplåda

he'll [hiːl] = *he will*; *he shall*

hellbent [ˈhelbent] *vard.* fast besluten (*on doing* att göra), helt inställd (*on* på)

Hellene [ˈheliːn] hellen **Hellenic** [heˈliːnɪk] hellensk **Hellenism** [ˈhelɪnɪz(ə)m] hellenism

hellish [ˈhelɪʃ] helvetisk, infernalisk; djävulsk[t elak]

hello [həˈləʊ] *s o. interj* hallå; hej; vad nu då!, jaså!

helluva [ˈheləvə] *sl.* = *hell of a, se hell 1*

helm [helm] **I** *s* roder (*äv. bildl.*); *at the* ~ vid rodret **II** *v* styra (*äv. bildl.*)

helmet [ˈhelmɪt] hjälm

helmsman [ˈhelmzmən] rorsman, rorgängare

helot [ˈhelət] **1** *H*~ (*hist.*) helot **2** slav, träl

help [help] **I** *v* **1** hjälpa, bistå; ~ *s.b.* [*to*] *do s.th.* hjälpa ngn att göra ngt; *so* ~ *me a*) på min ära, *b*) vad som än händer; *so* ~ *me God!* så sant mig Gud hjälpe!; ~ *s.b. off with his coat* hjälpa ngn av med rocken; ~ *s.b. out a*) hjälpa ngn ut, *b*) hjälpa ngn [ur knipan]; *will £10* ~ *you out?* är du hjälpt med 10 pund? **2** hjälpa, låta bli; *I can't* ~ *it* jag kan inte hjälpa det (inte låta bli); *I can't* ~ *it if it rains* jag kan inte hjälpa att det regnar; *it can't be* ~*ed* det kan inte hjälpas; *I couldn't* ~ *laughing* jag kunde inte låta bli att skratta; *I couldn't* ~ *seeing it* jag kunde inte undgå att se det; *if I can* ~ *a*) om jag slipper (kan slippa), *b*) om jag får råda, om det går som jag vill; *don't be longer than you can* ~ stanna inte längre än du behöver **3** ~ *s.b. to s.th* servera ngn ngt; ~ *o.s. to s.th. a*) ta för sig av ngt, *b*) lägga sig till med ngt; ~ *yourself!* varsågod [och ta]!; *she's been* ~*ing herself to money from my purse* hon har försett sig med pengar ur min portmonnä **4** hjälpa [till]; *crying won't* ~ det hjälper inte att gråta; ~ *out* hjälpa till **II** *s* **1** hjälp; *be of* ~ *to s.b.* vara ngn till hjälp; *can I be of any* ~ *to you?* kan jag hjälpa dig med något?; *she's a great* ~ hon är till stor hjälp; *there's no* ~ *for it* det är ingenting att göra åt, det kan inte hjälpas

help|er [ˈhelpə] [med]hjälpare **-ful** [-f(ʊ)l] hjälpsam, tjänstvillig; nyttig **-ing** [-ɪŋ] **I** *s* portion (*mat*) **II** *a* hjälpande (*hand* hand) **-less** [-lɪs] hjälplös **-mate** [med]hjälpare; hjälp (*i sht om maka*)

Helsinki [ˈhelsɪŋkɪ] Helsingfors

helter-skelter [ˌheltəˈskeltə] **I** *a* brådstörtad; slumpmässig, virrig **II** *adv* brådstörtat, hals över huvud; huller om buller

helve [helv] skaft, handtag (*på yxa*)

1 hem [hem] **I** *s* **1** fåll; nederkant (*på kjol*) **II** *v* **1** fålla; lägga upp (*kjol*) **2** ~ *in* (*around*, *about*) fålla, ringa, stänga inne

2 hem [hem] *v* humma, säga hm; tveka; ~ *and haw* tveka, humma och hacka, stamma **II** *interj* [hm, mm] hm!

he-man [ˈhiːmæn] *vard.* he-man, viril man

hemi|demisemiquaver [ˈhemɪˌdemɪˈsemɪˌkweɪvə] *mus.* sextiofjärdedelsnot **-sphere** [-ˌsfɪə] **1** halvklot, hemisfär; *in the northern* ~ på norra halvklotet **2** *anat.* hjärnhalva

hemline [ˈhemlaɪn] [kjol]fåll; *the* ~*s are lower this year* kjolarna är längre i år

hemlock [ˈhemlɒk] **1** odört **2** odörtsgift **3** *bot.*, ~ [*spruce*] hemlockgran

hemp [hemp] *bot.* hampa **-en** [ˈhempən] hamp-, av hampa

hemstitch [ˈhemstɪtʃ] **I** *s* hålsöm **II** *v* sy hålsöm på

hen [hen] **1** höna; *mother* ~ ligg-, kyckling|höna **2** [fågel]hona, höna **2** hona (*av hummer*)

henbane [ˈhenbeɪn] *bot.* bolmört

hence [hens] **1** därför, följaktligen **2** härefter; *a year* ~ (*äv.*) om ett år **3** *åld.* bort, härifrån; [*get thee*] ~*!* vik hädan! **-forth**, **-forward** [ˌhensˈfɔːθ, -ˈfɔːwəd] hädanefter, framdeles

henchman [ˈhen(t)ʃmən] kumpan, medhjälpare

hen|coop [ˈhenkuːp] hönsbur **-house** hönshus

henna [ˈhenə] **I** *s* henna[färg] **II** *v* färga med henna

hen party [ˈhenˌpɑːtɪ] *vard.* fruntimmersbjudning, tjejmöte **henpecked** [-pekt] *vard.* hunsad; *be* ~ stå under toffeln; ~ *husband* toffelhjälte **hen run** [-rʌn] hönsgård

hepatic [hɪˈpætɪk] lever-

hepatica [hɪˈpætɪkə] *bot.* blåsippa

hepatitis [ˌhepəˈtaɪtɪs] *med.* hepatit, inflammation i levern

hep|tagon [ˈheptəɡən] *geom.* heptagon, sjuhörning **-tarchy** [ˈheptɑːkɪ] heptarki (*i det anglosaxiska Englands indelning i sju kungariken*)

her [hɜː] **I** *pers. pron* (*objektsform av she*) **1** henne; (*om fartyg, nation m.m. äv.*) den, det; *I know* ~ jag känner henne **2** hon; *it's* ~ det är hon **3** sig; *she had no money about* ~ hon hade inga pengar på sig **II** *poss. pron* hennes; dess; sin; ~ *car* hennes bil; *she lost* ~ *glove* hon tappade sin handske

her. *förk. för heraldic; heraldry*

herald—hiatus

herald ['her(ə)ld] **I** s **1** hist. härold **2** litt. förebud, budbärare, härold; *the ~ of spring* vårens budbärare **3** heraldiker **II** v **1** tillkännage, förkunna **2** förebåda **heraldic** [he'rældɪk] heraldisk **heraldry** ['her(ə)ldrɪ] heraldik

herb [hɜ:b] ört, växt; kryddväxt **herbaceous** [hɜ:'beɪʃəs] örtartad, ört-; ~ *border* perenn rabatt **herbage** ['hɜ:bɪdʒ] **1** *koll.* örter **2** bete, betesmark **herbal** ['hɜ:bl] **I** *a* ört- **II** *s* örtbok **herbalist** ['hɜ:bəlɪst] medicinalväxt|odlare, -handlare, -specialist **herbari|um** [hɜ:'beərɪ|əm] (*pl -ums el. -a* [-ə]) herbarium **herbicide** ['hɜ:bɪsaɪd] ogräsmedel **herbivorous** [hɜ:'bɪvərəs] växt-, gräs|ätande

herculean [ˌhɜ:kju'li:ən] herkulisk; Herkules-; *a ~ task* ett herkulesarbete **Hercules** ['hɜ:kjʊli:z] Herkules

herd [hɜ:d] **I** s **1** hjord, flock **2** *neds.* hop, skock, massa; *the ~* den stora (gråa) massan **3** *åld. el. dial.* herde **II** v **1** driva[s] samman i en hjord **2** vakta, valla (*boskap*) **herd instinct** ['hɜ:dˌɪnstɪŋ(k)t] flockinstinkt **herder** ['hɜ:də] *AE.*, **herdsman** ['hɜ:dzmən] *BE.* boskapsuppfödare; [boskaps]herde

here [hɪə] här; hit; ~ *I am* här är jag; ~ *and now* här och nu, genast; ~ *and there a*) här och där, *b*) hit och dit; ~, *there, and everywhere a*) överallt, *b*) åt alla håll och kanter; *that's neither ~ nor there* det har inte med saken att göra, det spelar ingen roll; ~'s *to you!* skål!; ~ *you are a*) var så god!, *b*) där är du ju!; ~ *we are!* nu är vi framme!; ~ *comes trouble!* nu är det färdigt!, nu blir det elände!; ~ *goes!* nu sätter vi i gång!, nu börjas det!; ~ *we go again! a*) nu är det så dags igen!, *b*) nu (då) sätter vi i gång; ; ~, *let me try!* seså, låt mig få försöka!

here|about[s] [ˌhɪərəˈbaʊt(s)] häromkring, här i trakten, här i närheten **-after** [ˌhɪərˈɑ:ftə] **I** *adv* **1** högt. *el. jur.* [här] nedan **2** i framtiden **3** i ett annat liv, i livet efter detta **II** *s, the ~ a*) livet efter detta, *b*) framtiden **-by** [ˌhɪəˈbaɪ] högt. härmed; härigenom

hered|itary [hɪˈredɪt(ə)rɪ] ärftlig (*disease* sjukdom), ärftlighets-; arv- (*enemy* fiende), arvs- **-ity** [-ətɪ] ärftlighet; arv

Herefordshire ['herɪfədʃə]

herein [ˌhɪərˈɪn] högt. *el. jur.* häri **-after** [ˌhɪərɪnˈɑ:ftə] [här] nedan

heresy ['herəsɪ] kätteri; irrlära **heretic** [-tɪk] kättare **heretical** [hɪˈretɪkl] kättersk

here|to [ˌhɪəˈtu:] högt. *el. jur.* härtill **-tofore** [-tʊˈfɔ:] högt. *el. jur.* hittills; förut, tidigare **-upon** [ˌhɪərəˈpɒn] **1** härpå **2** högt. *el. jur.* i följd härav **-with** [-ˈwɪð] högt. härmed; *we send you ~* härmed sänder vi er

herit|able ['herɪtəbl] **1** ärftlig **2** *jur.* arvsberättigad **-age** [-ɪdʒ] arv; arvedel; arvegods

hermaphrodite [hɜ:ˈmæfrədaɪt] **I** s hermafrodit **II** *a* hermafroditisk

hermetic [hɜ:ˈmetɪk] hermetisk (*seal* tillslutning) **hermit** ['hɜ:mɪt] eremit; enstöring **hermitage** [-ɪdʒ] eremithydda **hermit crab** *zool.* eremitkräfta

herni|a ['hɜ:njə] (*pl -as el. -ae* ['hɜ:nii:]) *med.* bråck

hero ['hɪərəʊ] (*pl -es*) **1** hjälte (*äv. i bok e.d.*); *the ~ of the day* dagens hjälte **2** *myt.* hero, halvgud **Herod** ['herəd] Herodes

heroic [hɪˈrəʊɪk] **I** *a* heroisk; hjälte-; hjältemodig; ~ *couplet* parrimmad femfotad jambisk vers; ~ *tenor* hjältetenor **II** *s*, ~*s* (*pl*) högtravande språk, överdrivet patos, hjältelater **-al** [-l] *se heroic I*

heroin ['herəʊɪn] heroin

hero|ine ['herəʊɪn] hjältinna **-ism** [-ɪz(ə)m] heroism, hjältemod

heron ['her(ə)n] *zool.* häger

herpes ['hɜ:pi:z] *med.* herpes; revorm

herring ['herɪŋ] sill **-bone I** s **1** fiskbensmönster **2** (*vid skidåkning*) saxning **II** *a*, ~ *pattern* fiskbensmönster

hers [hɜ:z] *självst. poss. pron* hennes; sin; *that car is ~* den bilen är hennes; *she has got ~* hon har fått sin; *jfr 1 mine*

herself [hɜ:ˈself] *rfl o. pers. pron* sig [själv]; [hon] själv; *she washed ~* hon tvättade sig; *she talked to ~* hon talade för sig själv; *all but ~* alla utom hon själv; *the queen ~* drottningen själv

Herts. [hɑ:ts] *förk. för Hertfordshire* ['hɑ:fədʃə]

hertz [hɜ:ts] *fys.* hertz

he's [hi:z] = *he is; he has*

hesi|tancy ['hezɪt(ə)nsɪ] *se hesitation* **-tant** [-t(ə)nt] tvekande, tveksam **-tate** [-teɪt] **1** tveka, vara tveksam (*about* om; *at, over* inför), vara villrådig; *he who ~s is lost* (*ung.*) friskt vågat hälften vunnet; *she ~s at nothing* hon drar sig inte för någonting; ~ *to do s.th.* tveka (dra sig för) att göra ngt **2** hacka, stamma **-tation** [ˌhezɪˈteɪʃn] tvekan, tveksamhet, villrådighet; *without the slightest ~* utan minsta tvekan; *I have no ~ in saying* jag tvekar inte att säga

Hesse ['hesɪ], **Hessen** ['hesn] Hessen **Hessian** ['hesɪən] **I** *a* hessisk; ~ *boots* (*slags*) höga stövlar **II** *s* **1** hessare **2** *textil.* hessians, juteväv

heterodox ['het(ə)rə(ʊ)dɒks] heterodox, irrlärig **hetero|geneity** [ˌhetərə(ʊ)dʒɪˈni:ətɪ] heterogenitet, olikhet **-geneous** [-ˈdʒi:njəs] heterogen, olikartad **-sexual** [ˈ-ˈseksjʊəl] heterosexuell

het up [ˌhetˈʌp] *vard.* upphetsad, upprörd (*about* över)

hew [hju:] (~*ed*, ~*ed el.* ~*n*) **1** hugga; ~ *down* hugga ner, fälla; ~ *off* hugga av; ~ *out a*) hugga (skära) ut, *b*) *bildl.* utforma, yxa till; ~ *up* hugga upp (i bitar) **2** *AE.*, ~ *to* hålla sig till **hewer** ['hju:ə] **1** ~ *of wood* vedhuggare; *the ~s of wood and drawers of water* det trälande människosläktet **2** gruvarbetare, kolbrytare **hewn** [hju:n] *perf. part. av hew*

hexagon ['heksəgən] *geom.* hexagon, sexhörning **hexagonal** [hekˈsægənl] *geom.* hexagonal **hexameter** [hekˈsæmɪtə] *versl.* hexameter

hey [heɪ] *interj* åh!, nej men!, vad!; (*för att påkalla uppmärksamhet*) hallå [där]!; ~ *presto!* hokuspokus!, vips!; ~ *you!* hallå där! **-day** ['heɪdeɪ] höjdpunkt; glans|tid, -dagar; *in his ~* i sin glans dagar

HF, H.F., hf, h.f. *förk. för high frequency* **hf.** *förk. för half* **HG, H.G.** *förk. för High German*; *His (Her) Grace*; *Home Guard* **H.H.** *förk. för His (Her) Highness; His Holiness* **hhd[.]** *förk. för hogshead*

hi [haɪ] *AE. vard.* hej[san]!, hallå [där]!

H.I. *förk. för Hawaiian Islands*

hiatus [haɪˈeɪtəs] **1** lucka (*i text*) **2** avbrott, uppe-

håll **3** *språkv.* hiatus, vokalmöte
hiber|nate ['haɪbɜːneɪt] övervintra; ligga i ide (*äv. bildl.*) **-nation** [ˌhaɪbəˈneɪʃn] övervintring; vinter|dvala, -sömn
Hibernia [haɪˈbɜːnjə] *poet.* Irland
hibiscus [hɪˈbɪskəs] *bot.* hibiskus
hic|cough, -cup ['hɪkʌp] **I** *s* **1** hicka; hickning; *have the ~s* ha hicka **2** *vard.* litet problem **II** *v* hicka
hick [hɪk] *vard., i sht AE.* **I** *s* bondlurk; lantis **II** *a* lantlig, bondsk
hickory ['hɪkərɪ] hickory[träd]; hickhoryträ
hid [hɪd] *imperf. av 1 hide* **-den** ['hɪdn] **I** *perf. part. av 1 hide* **II** *a* [för]dold, hemlig; undangömd
1 hide [haɪd] **I** *v* (*hid, hidden el. hid*) **1** gömma, dölja (*from* för); hålla gömd; hemlighålla; *I have nothing to ~* jag har inget att dölja **2** gömma sig **II** *s, BE.* gömställe (*för naturfilmare e.d.*)
2 hide [haɪd] **1** [djur]hud; skinn **2** *vard.* skinn; *save one's own ~* rädda sitt eget skinn; *I haven't seen ~ nor hair of them* jag har inte sett röken av dem
hide|-and-seek [ˌhaɪdən(d)ˈsiːk] kurragömma **-away** ['haɪdəˌweɪ] gömställe; tillflyktsort **-bound** ['haɪdbaʊnd] *bildl.* inskränkt
hideous ['hɪdɪəs] ohygglig, otäck, motbjudande, förskräcklig, avskyvärd; fasaväckande
hide-out ['haɪdaʊt] gömställe
1 hiding ['haɪdɪŋ] *s, be in ~* hålla sig gömd; *come out of ~* komma fram ur sitt gömställed; *go into ~* gömma sig
2 hiding ['haɪdɪŋ] *vard.* kok stryk, smörj; *give s.b. a good ~* ge ngn ett rejält kok stryk
hiding place ['haɪdɪŋpleɪs] gömställe
hie [haɪ] *åld. el. poet.* skynda, hasta
hierar|chic[al] [ˌhaɪəˈrɑːkɪk(l)] hierarkisk **-chy** ['haɪərəˌkɪ] hierarki
hieroglyph ['haɪərə(ʊ)glɪf] hieroglyf; hemligt tecken **-ic** [ˌhaɪərə(ʊ)ˈglɪfɪk] **I** *a* **1** hieroglyfisk **2** sinnebildlig, symbolisk **II** *s* **1** hieroglyf; hemligt tecken; *~s* (*pl*) hieroglyfer, hieroglyfskrift
hi-fi [ˌhaɪˈfaɪ] *vard.* **I** *s* hi-fi **2** hi-fi-anläggning **II** *a* hi-fi- (*equipment* anläggning)
higgledy-piggledy [ˌhɪgldɪˈpɪgldɪ] *vard.* **I** *a* rörig **II** *adv* huller om buller **II** *s* röra
high [haɪ] **I** *a* **1** hög (*building* byggnad); högt belägen; *~ collar* hög krage; *~ dive* dykning från hög höjd; *H~ German* högtyska; *~ hat* hög hatt; *~ jump a*) höjdhopp, *b*) *BE. vard.* tillrättavisning; *~ places* (*äv.*) högre ort; *~ plateau* högplatå; *~ relief* haut-, hög|relief; *~ tide a*) högvatten, flod, *b*) höjdpunkt; *b*) hjälplös, *c*) barskrapad; *leave s.b. ~ and dry* lämna ngn i sticket; *knee-~* knähög; *a ninefoot-~ wall* en nio fot hög mur **2** hög, betydande, stor; *a person of ~ character* en karaktärsfast person; *H~ Church* högkyrka[n]; *~ days and holidays* högtider och helgdagar; *~ fashion* haute couture; *~ fever* hög feber; *~ fidelity* (*fys.*) high fidelity, trogen ljudåtergivning; *~ finance* storfinans[en]; *H~ Mass* högmässa; *~ opinion* hög uppfattning; *~ point* höjdpunkt; *~ prices* höga priser; *H~ Renaissance* högrenässans; *the ~ seas* öppna havet (*utanför territorialgränserna*); *~ sound* högt ljud; *~ speed* hög fart; *~ tea* kvällsmåltid med te (*vanl. vid 18-tiden*); *~ tension*
(*elektr.*) högspänning; *~ wind* hård (stark) vind **3** hög; förnäm, fin; över-; överste-; *~ altar* högaltare; *be on one's ~ horse* sätta sig på sina höga hästar; *~ office* högt ämbete; *~ priest* överstepräst; *~ street* huvud-, stor|gata; *the H~ Street* (*BE.*) Storgatan; *~ table* honnörsbord (*i skola, college e.d.*) **4** högtravande (*drama* drama); högdragen; föraktfull, nedsättande; upprymd, glad; *vard.* berusad, på snusen; *sl.* hög, påtänd (*av narkotika*); *~ and mighty* (*vard.*) överlägsen, högdragen; *it was ~ drama* det var högdramatiskt; *in ~ spirits* på gott humör, uppsluppen; *have a ~ old time* (*vard.*) roa sig ordentligt; *~ words* föraktfulla ord **5** lyxig, flott; *~ life a*) high life, livet i den förnäma världen, *b*) festligt, roligt **6** (*om tid o.d.*) hög; *at ~ noon* klockan 12 på dagen, när solen står (stod) som högst; *~ season* högsäsong; *~ summer* högsommar; *it's ~ time you went home* det är hög tid (på tiden) att du går hem **7** (*om kött*) ankommen, skämd; (*om vilt*) vålhängd **8** *tekn.* med hög utväxling **9** *~ school a*) *BE., se grammar school, b*) *AE.* high school (*årskurserna 7-12*); *junior ~ school* (*AE. ung.*) grundskolans högstadium; *senior ~ school* (*AE. ung.*) gymnasieskola **II** *adv* **1** högt; *~ up* högt upp; *as ~ as* så högt som; *one floor ~er* en trappa högre (upp); *jump ~* hoppa högt; *the sea is running ~* sjön går hög; *feelings are running ~* känslorna svallar; *search ~ and low* leta överallt **III** *s* **1** höjd; högt belägen plats; *bildl.* höjdpunkt, topp, rekord [siffra]; *reach a new ~* nå [upp till] nya rekordsiffror (höjder) **2** *vard., have got one's ~* vara hög **3** *high school; the H~* (*i Oxford*) High Street **4** *on ~* i höjden (himmelen); *from on ~* från ovan, ovanifrån
high|ball ['haɪbɔːl] *AE.* grogg **-binder** [-ˌbaɪndə] *AE. vard.* **1** gangster **2** korrumperad politiker **-born** [-bɔːn] av hög börd **-boy** [-bɔɪ] *AE.* hög byrå **-brow** [-braʊ] (*ofta neds.*) **I** *s* intellektuell; intelligenssnobb **II** *a* intellektuell, kulturell; snobbig **-chair** [-tʃeə] [hög] barnstol
High-Church [ˌhaɪˈtʃɜːtʃ] *a* högkyrklig **-man** [-mən] anhängare av högkyrkan
high|-class [ˌhaɪˈklɑːs] **1** högklassig, av hög klass; kvalitets- **2** överklass-, förnäm **-er-up** [-ərˈʌp] hö.dare **-explosive** högexplosiv; *~ shell* spränggranat **-falutin, -faluting** [-fəˈluːtɪn, -ŋ] *vard.* pompös, högtravande, svulstig; uppblåst **-fidelity** *a* high-fidelity-, hi-fi- (*amplifier* förstärkare) **--flier** fantast, person med höga ambitioner; streber; *he's a ~* (*äv.*) han har gjort kometkarriär **--flown** ['haɪfləʊn] *bildl.* högtravande; högtflygande **--flyer** ['haɪˈflaɪə] *se --flier* **-flying** [ˌhaɪˈflaɪɪŋ] högtflygande; högtsträvande **--frequency** [ˌhaɪˈfriːkwənsɪ] *a* högfrekvens- **--grade** ['haɪgreɪd] förstklassig, av hög kvalitet **--handed** [ˌhaɪˈhændɪd] egenmäktig; överlägsen, nedlåtande **--hat** [ˌhaɪˈhæt] *vard., i sht AE.* **I** *a* snobbig, högfärdig, mallig **II** *v* vara snobbig (högfärdig, mallig) mot **III** *s* snobb, högfärdsblåsa, mallgroda **--heeled** [-ˈhaɪhiːld] högklackad **-jack** *se hijack* **-land** [ˈhaɪlənd] **I** *s* högland; *the H~s* Skotska högländerna **II** *a* höglands- **-lander** ['haɪləndə] bergsbo; *H~* [skotsk] höglandare **--level** 'haɪˌlevl] på hög nivå **-light** ['haɪlaɪt] **I** *s* **1** *konst.* glansdager **2** glansnummer,

highly—hire

huvudattraktion; höjdpunkt **3** ~s (*pl*) [hår]slinga **II** *v* skarpt belysa, framhäva (*äv. bildl.*)
highly ['haɪlɪ] *adv* **1** högt (*placed* placerad); ~ *paid* högt betald **2** högeligen, mycket, högst, i hög grad; ~ *disappointed* mycket besviken; ~ *spiced* starkt kryddad; ~ *strung* [över]spänd, nervös **3** uppskattande, berömmande; *speak ~ of* tala berömmande (väl) om; *think ~ of* ha höga tankar om
high|-minded [ˌhaɪˈmaɪndɪd] **1** storsint, ädel, ädelmodig **2** *åld.* högdragen **--muck-a-muck** ['haɪˌmʌkəmʌk] inbilsk (högdragen) person
highness ['haɪnɪs] **1** höjd, upphöjdhet; storlek; ~ *of ideals* höga ideal **2** *His* (*Her, Your*) *H~* Hans (Hennes, Ers) Höghet
high|-octane [ˌhaɪˈɒkteɪn] högoktanig **--pitched 1** hög (*i volym el. tonläge*); gäll **2** *bildl.* upphöjd; intensiv, livlig (*argument* dispyt) **3** (*om tak*) brant [sluttande] **--powered 1** starkt förstorande (*telescope* teleskop); stark, kraftig (*engine* motor) **2** dynamisk, energisk; högeffektiv **--pressure 1** högtrycks- **2** *vard.* påträngande (*salesman* försäljare); aggressiv (*selling* försäljning) **--rise** ['haɪraɪz] höghus-, flervånings-; ~ *block* hög-, flervånings|hus **-road** ['haɪrəʊd] allmän landsväg; *the ~ to fame* (*bildl.*) vägen till berömmelse **--sounding** ['haɪˌsaʊndɪŋ] *bildl.* klingande; högtravande **--speed** ['haɪspiːd] snabb-; ~ *film* snabb film; ~ *steel* snabbstål **-spirited** [ˌhaɪˈspɪrɪtɪd] modig, djärv; livlig **--strung** [ˌhaɪˈstrʌŋ] *AE.* [över]spänd, nervös **--tension** [ˌhaɪˈtenʃn] högspännings- (*wire* ledning) **--up** ['haɪʌp] *vard.* höjdare, högdjur **--water** [ˌhaɪˈwɔːtə] högvattens-; ~ *mark a*) högvattensmärke, *b*) *bildl.* höjdpunkt, kulmen **-way** ['haɪweɪ] **1** *i sht AE. el. jur.* allmän landsväg; *H~ Code* (*BE.*) vägtrafikförordning; ~*s and byways* vägar och stigar; ~ *robbery* (*bildl.*) röveri **2** [transport]led, -väg, huvudstråk; *the ~ to success* (*bildl.*) vägen till framgång **-wayman** ['haɪweɪmən] stråtrövare
H.I.H. *förk. för His* (*Her*) *Imperial Highness*
hijack ['haɪdʒæk] **I** *v* kapa (*flygplan e.d.*); råna, överfalla (*under transport*) **II** *s* kapning (*av flygplan e.d.*); rån, överfall **-er** [-ə] [flygplans]kapare; rånare
hike [haɪk] **I** *s* **1** [fot]vandring **2** *AE.* höjning, ökning (*av priser, skatter e.d.*) **II** *v* **1** [fot]vandra; promenera **2** ~ *up* dra[s] (hissa[s]) upp, åka upp **hiker** ['haɪkə] [fot]vandrare
hilari|ous [hɪˈleərɪəs] **1** rolig, [ur]komisk, festlig **2** munter, glad, uppsluppen **-ty** [-ˈlærətɪ] munterhet, uppsluppenhet
hill [hɪl] **1** kulle, höjd, berg; backe, sluttning; *up ~ and down dale* backe upp och backe ner; *as old as the ~* (*sl.*) *a*) så sett sina bästa år, *b*) *mil.* ha rymt (deserterat) **2** hög (*av jord e.d.*); stack **hillbilly** ['hɪlˌbɪlɪ] **1** *AE., neds.* lantis, bergsbo (*i sydöstra USA*) **2** *mus.* hillbilly-musik, country and western **hillock** ['hɪlək] liten kulle; hög **hillside** ['hɪlsaɪd] backe, [bergs]sluttning **hilly** ['hɪlɪ] bergig, kullig, backig, kuperad
hilt [hɪlt] fäste, handtag (*på svärd, dolk e.d.*); *up to the ~* helt och hållet
him [hɪm] *pers. pron* (*objektsform av he*) **1** honom; *I baked ~ a cake* jag bakade en kaka åt honom (honom en kaka) **2** han; *it's ~* det är han **3** sig; *he had no money about ~* han hade inga pengar på sig
H.I.M. *förk. för His* (*Her*) *Imperial Majesty*
Himalayas [ˌhɪməˈleɪəz] *s, the ~* (*pl*) Himalaya
himself [hɪmˈself] *rfl o. pers. pron* sig [själv]; [han] själv; *he washed ~* han tvättade sig; *he talked to ~* han talade för sig själv; *all but ~* alla utom han själv; *the king ~* kungen själv
1 hind [haɪnd] bakre, bak-; ~ *leg* bakben; *get up on one's ~ legs* (*vard.*) resa sig [och tala]; *he could talk the ~ legs off a donkey* (*vard.*) han pratar som en kvarn
2 hind [haɪnd] *zool.* hind
1 hinder ['hɪndə] **1** hindra (*s.b. from doing s.th.* ngn från att göra ngt); förhindra
2 hinder ['hɪndə] bakre **-most** bakerst; borterst
Hindi ['hɪndɪ] hindi
hind|most ['haɪn(d)məʊst] bakerst; borterst **-quarter** [ˌhaɪndˈkwɔːtə] *s,* ~*s* (*pl*) bakdel, länder (*av djur*)
hindrance ['hɪndr(ə)ns] **1** hinder (*to* för); *it is more of a ~ than a help* den är mera till besvär än till nytta (hjälp) **2** [för]hindrande
hindsight ['haɪndsaɪt] efterklokhet
Hindu [ˌhɪnˈduː] **I** *s* hindu **II** *a* hinduisk **-ism** ['hɪndʊɪz(ə)m] hinduism **-stan** [ˌhɪndʊˈstɑːn] Hindustan **-stani** [ˌhɪndʊˈstɑːnɪ] **I** *s* hindustani **II** *a* hindustansk
hinge [hɪn(d)ʒ] **I** *s* **1** gångjärn **2** *bildl.* kärnpunkt, springande punkt **3** [*stamp*] ~ [frimärks]fastsättare **II** *v* **1** förse (fästa) med gångjärn **2** gå (röra sig) på gångjärn **3** ~ [*up*]*on* hänga (bero) på
hinny ['hɪnɪ] *zool.* mulåsna
hint [hɪnt] **I** *s* **1** vink, antydan; anspelning; ~*s* (*pl, äv.*) råd, tips; *give* (*drop*) *s.b. a ~* ge ngn en vink (antydan); *take a ~* förstå vinken **2** gnutta, aning, spår; *a ~ of garlic* (*irony*) en gnutta vitlök (ironi) **II** *v* **1** antyda (*to* för); *what are you ~ing?* vad menar du (vill du antyda) med det? **2** ~ *at* anspela (syfta) på, antyda
hinterland ['hɪntəlænd] upp-, in|land
1 hip [hɪp] höft; bäcken; höftled
2 hip [hɪp] nypon
3 hip [hɪp] *interj,* ~, ~, *hurrah!* hipp, hipp, hurra!
4 hip [hɪp] *sl.* **1** hip, inne **2** *be ~ to s.th.* fatta ngt
hip bath ['hɪpbɑːθ] sittbaddar **hipbone** höftben **hip flask** fickpluta **hip joint** höftled
hipped [hɪpt] *AE. sl.,* ~ *on* tänd på
hippie ['hɪpɪ] hippie
hippo ['hɪpəʊ] *vard.* flodhäst
hip pocket ['hɪpˌpɒkɪt] bakficka (*på byxor*)
hippodrome ['hɪpədrəʊm] **1** music hall; varieté; cirkus **2** *hist.* hippodrom, rännarbana
hippopota|mus [ˌhɪpəˈpɒtəməs] (*pl* -*muses el.* -*mi* [-maɪ]) *zool.* flodhäst
hippy ['hɪpɪ] hippie
hipster ['hɪpstə] **I** *s, sl.* hipster (*person som håller reda på vad som är inne*) **II** *a,* ~ *trousers* byxor som sitter på höften
hire ['haɪə] **I** *s* **1** hyrande, förhyrning; hyra, hyresavgift; *for* (*on*) ~ att hyra, till uthyrning, (*på taxi*) ledig; *let s.th. out on* ~ hyra ut ngt **2** lön; (*sjömans*) hyra **II** *a* hyr-, hyres-; ~ *car* hyrbil; ~

charge hyresavgift **III** *v* **1** [för]hyra; leja; *~d bus* abonnerad (hyrd) buss; *~d car* hyrbil; *~d murderer* lejd mördare **2** *~ out* hyra (leja) ut **3** *AE.* anställa **4** *AE.*, *~ out* ta anställning **-ling** ['haɪəlɪŋ] person som bara arbetar för pengarnas skull
hire-purchase [ˌhaɪə'pɜːtʃəs] *BE.* **I** *s* avbetalningsköp; *on ~* på avbetalning **II** *a* avbetalnings-; *~ agreement* avbetalningskontrakt
hirsute ['hɜːsjuːt] **1** hårig, lurvig; luden **2** *vard.* långhårig
his [hɪz, *obeton.* ɪz] *poss. pron* hans; sin; *~ own fault* hans eget fel; *he lost ~ wallet* han tappade sin plånbok; *that car is ~* den bilen är hans
hiss [hɪs] **I** *v* **1** väsa, fräsa, vissla (*at* åt) **2** vissla åt, vissla ut **II** *s* **1** väsning, fräsande, vissling **2** [ut]vissling
hist [sːt] *interj* pst!; hysch!
histamine ['hɪstəmiːn] histamin
histogram ['hɪstəˌɡræm] stapeldiagram
histology [hɪ'stɒlədʒɪ] histologi
historian [hɪ'stɔːrɪən] historiker **historic** [-'stɒrɪk] historisk, märklig; *~ moment* historiskt ögonblick **historical** [hɪ'stɒrɪkl] historisk (*som avser historien*); historie-; *~ methods* historiska metoder; *~ novel* historisk roman; *~ writing* historieskrivning **history** ['hɪst(ə)rɪ] **1** historia; historien; *make ~* göra historia **2** historia, berättelse; historiskt drama **history book** ['hɪst(ə)rɪˌbʊk] historiebok
histrionic [ˌhɪstrɪ'ɒnɪk] **I** *a* **1** teater-, skådespelar- **2** teatralisk **II** *s*, *~s* (*pl*) teatraliskt uppträdande, 'teater'
hit [hɪt] **I** *v* (*hit, hit*) **1** slå [till]; träffa; *~ a ball* slå till (träffa) en boll; *~ s.b. a blow over the head* slå [till] ngn i huvudet; *~ a child* slå ett barn; *~ the mark* träffa prick, slå huvudet på spiken, lyckas; *~ one's way out of s.th.* slå sig fri från ngt; *it ~s you* [*in the eye*] det faller i ögonen, det är påfallande; *~ off* träffa exakt (väl) **2** köra emot (på); stöta emot, träffa, ta i; *the car ~ a tree* bilen körde på (emot) ett träd; *the ball ~ the post* bollen tog i stolpen **3** slå, stöta (*against*, *on* mot, i, på); *I ~ my head against the shelf* jag slog huvudet i hyllan **4** drabba, träffa; *be hard ~ by* drabbas hårt av; *the tax will ~ everybody* skatten träffar (drabbar) alla **5** [upp]nå, komma upp till; träffa, komma' på, hitta; *~ the answer* komma på lösningen; *~ the bottle* (*vard.*, *i sht AE.*) supa till, ta till flaskan; *it ~'s my fancy* det tilltalar min fantasi; *~ a new high* nå nya rekordsiffror; *~ the papers* komma i tidningen; *~ a problem* få problem; *~ the road* (*vard.*) *a*) ge sig i väg, *b*) ge sig ut på luffen (och hitta); *~ the sack* (hay) (*sl.*) krypa till kojs; *she will ~ the town tomorrow* (*vard.*) hon kommer att drabba stan i morgon; *~ it* (*mus. sl.*) börja lira, köra igång; *he ~ me for a dollar* (*vard.*, *i sht AE.*) han klämde mig på en dollar **6** *vard.*, *~ it off with s.b.* komma bra överens med ngn **7** *AE. sl.* mörda (*på uppdrag*) **8** slå; *~ back* slå tillbaka (*at* mot); *he ~ back at his critics* han gav sina kritiker svar på tal; *~ hard* slå hårt; *~ out* slå omkring sig; *~ out at* (*against*) *s.b.* slå efter ngn, *bildl.* gå till attack mot (angripa) ngn **9** slå, stöta (*against* emot); *he ~s hard* han slår hårt; *~ and run* smita från olycksplatsen (*efter kollision*); *~ or miss, se ~-or-miss*; *~* [*up*]*on* komma på, träffa

på, råka, hitta **II** *s* **1** slag, stöt; träff; *direct* (*bildl. real*) *~* fullträff **2** dräpande svar, kvick anmärkning, pik **3** *vard.* succé, framgång; schlager, hit; *be* (*make*) *a ~* göra succé **4** *vard.* lyckokast, lyckträff **5** *AE. sl.* mord (*på uppdrag*)
hit-and|-miss [ˌhɪtən(d)'mɪs] slumpartad **-run** *a* **1** *~ accident* smitningsolycka; *~ case* [fall av] smitning (*vid trafikolycka*); *~ driver* bilförare som smiter (smitit) **2** *mil.*, *~ raid* blixtanfall; *~ tactics* överraskningstaktik
hitch [hɪtʃ] **I** *v* **1** fästa, göra (binda, haka) fast, koppla (*s.th.* till (till) ngt); *~* [*up*] spänna för, sela på **2** *~* [*up*] dra (hala) upp (*one's trousers* byxorna) **3** *vard.*, *get ~ed* gifta (gänga) sig **4** *vard.*, *~ a lift* lifta (*from* med) **5** fastna, haka [sig] fast; fästas, bindas fast **6** *i sht AE.* vackla, linka, halta (*along* fram) **7** *vard.* lifta **II** *s* **1** hake, hinder, mankemang; avbrott; *without a ~* (*äv.*) utan problem; *technical ~* tekniskt missöde; *there is a ~ in the proceedings* förhandlingarna har hakat upp sig **2** ryck, knyck; *give* [*s.th.*] *a ~* rycka till [i ngt] **3** stek (*slags knut*) **4** *i sht AE.* linkande, haltning; *walk with a ~* linka, halta **5** hake, krok **6** *vard.* lift
hitch|hike ['hɪtʃhaɪk] lifta **-hiker** [-ə] liftare
hither ['hɪðə] hit; *~ and thither* hit och dit **-to** [ˌhɪðə'tuː] hittills **-ward[s]** ['hɪðəwəd(z)] åld. hit
hit man ['hɪtmæn] *i sht AE.* lejd mördare **hit-or- -miss** [ˌhɪtɔː'mɪs] slumpartad **hit parade** ['hɪtpəˌreɪd] schlagerparad **hit song** ['hɪtsɒŋ] schlager **hitter** ['hɪtə] **1** *vard.* slugger **2** person som slår *etc.*, *jfr hit I*
hive [haɪv] **I** *s* **1** bikupa (*äv. bildl.*); bisvärm; *be a ~ of activity* sjuda av aktivitet **2** myller, svärm **II** *v* **1** fånga, stocka (*bin*) **2** (*om bin*) samla (*i kupan*) **3** *~* [*away, up*] spara, lägga undan, härbärgera **4** *~ off a*) överflytta[s], *b*) överföra i privat ägo **5** (*om bin*) samlas, flyga in (*i kupan*)
hives [haɪvz] *pl, med.* nässelfeber
hl *fork. för* hectolitre **H.L.** *fork. för House of Lords* **H.M.** *fork. för Her* (*His*) *Majesty*; *headmaster, headmistress*
h'm [hm, mm] *interj* hm!
H.M.S. *fork. för Her* (*His*) *Majesty's Service* (*Ship*) **H.M.S.O.** *fork. för Her* (*His*) *Majesty's Stationery Office* **HMV** *fork. för His Master's Voice* Husbondens röst (*skivmärke*) **HO, H.O.** *fork. för head office; Home Office* **Ho.** *fork. för House*
hoard [hɔːd] **I** *s* **1** förråd, lager **2** gömställe (*för skatter e.d.*) **II** *v*, *~* [*up*] samla, lägga på hög, samla på kistbotten; hamstra; *~ up in one's heart* gömma i sitt hjärta **-er** ['hɔːdə] samlare; hamstrare
1 hoarding ['hɔːdɪŋ] samlande, [upp]lagring; hamstring
2 hoarding ['hɔːdɪŋ] **1** plank **2** annonstavla
hoarfrost [ˌhɔː'frɒst] rimfrost
hoarse [hɔːs] hes **-n** ['hɔːsn] göra (bli) hes
hoary ['hɔːrɪ] **1** grå[nad], vit[hårig] **2** gråvit **3** urgammal; ärevördig
hoax [həʊks] **I** *s* spratt, upptåg; knep **II** *v* lura, narra (*into paying* att betala); spela (*ngn*) ett spratt
hob [hɒb] kokplatta (*vid sidan av eldhärd*)
hobble ['hɒbl] **I** *v* linka, halta; stappla fram;

hanka sig fram **II** *s* **1** linkande, haltande; stapplande **2** *dial.* knipa **-dehoy** [ˌhɒbldɪˈhɔɪ] *åld. el. dial.* drummel, slyngel
1 hobby [ˈhɒbɪ] hobby
2 hobby [ˈhɒbɪ] *zool.* lärkfalk
hobbyhorse [ˈhɒbɪhɔːs] käpphäst (*äv. bildl.*); gunghäst; *be on one's* ~ (*bildl.*) vara inne på sitt älsklingsämne
hobgoblin [ˈhɒbgɒblɪn] [elak] tomte, [elakt] troll, svartalf; spöke
hobnail [ˈhɒbneɪl] **I** *s* spik, stift (*under sko*) **II** *a*, ~[*ed*] *boots* spikbeslagna skor
hobnob [ˈhɒbnɒb] umgås förtroligt (*with* med)
hobo [ˈhəʊbəʊ] (*pl* -[*e*]*s*) *i sht AE.* **1** luffare **2** kringvandrande arbetare
Hobson [ˈhɒbsn] *s, it's a case of* ~*'s choice* det finns inget val
1 hock [hɒk] has (*på djur*)
2 hock [hɒk] rhenvin; torrt vitvin
3 hock [hɒk] *vard., i sht AE.* **I** *v* pantsätta **II** *s, in* ~ *a*) pantsatt, på stampen, *b*) i fängelse, *c*) i skuld
hockey [ˈhɒkɪ] [land]hockey **hockey stick** hockeyklubba
hocus-pocus [ˌhəʊkəsˈpəʊkəs] **I** *s* hokuspokus; trollkonster, fiffel **II** *v* lura
hod [hɒd] [murbruks]tråg
hodden [ˈhɒdn] *Sk.* grå vadmal
hodge-podge [ˈhɒdʒpɒdʒ] *i sht AE., se hotchpotch*
hoe [həʊ] **I** *s* hacka **II** *v* hacka
hog [hɒg] **I** *s* **1** [göd]svin, -galt **2** *se hogg* **3** *vard.* svin, kräk; matvrak **4** *sl.*, *go the whole* ~ löpa linan ut, ta steget fullt ut **II** *v* **1** skjuta rygg **2** kortklippa (*hästman*) **3** *sl.* hugga för sig, roffa åt sig
hogg[et] [ˈhɒgɪt] *BE. dial.* ungfår **hoggish** [ˈhɒgɪʃ] svinaktig; glupsk
Hogmanay [ˈhɒgməneɪ] *Sk.* nyårsafton
hogshead [ˈhɒgzhed] **1** oxhuvud (*mått, för öl* = *54 gallons* = *245 l, för vin* = *52,5 gallons* = *238,5 l*) **2** fat (*för transport av vin e.d.*)
hog|tie [ˈhɒgtaɪ] *i sht AE.* **1** binda till händer och fötter **2** hindra, handlingsförlama **-wash 1** nonsens, struntprat **2** svinmat, skulor
hoi[c]k [hɔɪk] **1** få (*flygplan*) att lyfta **2** (*om flygplan*) stiga brant
hoi polloi [ˌhɔɪˈpɒlɔɪ] *s, the* ~ massorna, slöddret, pöbeln
hoist [hɔɪst] **I** *v* hissa (*a flag* en flagga); hissa (lyfta) upp; ~ *with one's own petard* gå i sin egen fälla **II** *s* **1** hissning; lyft **2** hiss; lyftanordning
hoity-toity [ˌhɔɪtɪˈtɔɪtɪ] *a, vard.* mallig, stöddig, översittaraktig
hokey-pokey [ˌhəʊkɪˈpəʊkɪ] *se hocus-pocus*
hokum [ˈhəʊkəm] *AE. sl.* **1** klyschor, tomma fraser **2** sentimentalt skräp (*i film e.d.*)
1 hold [həʊld] **I** *v* (*held, held*) **1** hålla; hålla i (fast, kvar); hålla (bära) upp; ~ *s.th. firm* hålla fast ngt; ~ *hands* hålla varandra i handen (händerna); ~ *one's head high* hålla huvudet högt; ~ *the ladder for s.b.* hålla i stegen åt ngn; *they held the man* de höll fast mannen; ~ *s.th. in place* hålla ngt på plats; ~ *one's sides with laughter* hålla sig för magen av skratt; ~ *s.b. tight* hålla ngn hårt; *the shelf is held by two angle irons* hyllan bärs upp av två vinkeljärn **2** behålla, hålla kvar, lägga undan; *bildl.* fängsla, hålla fången; *her singing held the audience* hennes sång fängslade åhörarna; ~ *one's course* hålla kursen; ~ *a fort* hålla ett fort; ~ *it!* stopp ett tag!, vänta!, håll stilla!; ~ *a note* hålla ut en ton; ~ *one's own* (*ground*) hålla stånd, stå på sig, [kunna] hävda sig; ~ *s.th. ready* hålla ngt redo (i beredskap); *the car* ~*s the road well* bilen ligger bra på vägen; *they will* ~ *our tickets until tomorrow* de håller våra biljetter till i morgon; *it* ~*s its value* den behåller sitt värde; ~ *s.b. to* (*by*) *his promise* få ngn att stå (hålla fast) vid sitt löfte **3** [av]hålla, anordna (*a meeting* ett möte); ~ *a conversation* konversera **4** [inne]ha; äga; sköta, upprätthålla; ~ *a law degree* ha en juridisk examen; ~ *an office* inneha (sköta) ett ämbete; ~ *the third place* ligga på tredje plats; ~ *a record* [inne]ha ett rekord; ~ *shares* ha aktier **5** innehålla; rymma, ha plats för; *this case* ~*s old photographs* den här lådan innehåller gamla fotografier; *the box will* ~ *three books* kassetten rymmer tre böcker; *what does the future* ~? vad bär framtiden i sitt sköte? **6** tåla, hålla för; ~ *water* vara vattentät, *bildl. äv.* vara hållbar, hålla; *he can't* ~ *his liquor* han tål inte sprit (ingenting) **7** anse, hävda, vidhålla; hysa, ha (*affection for* tillgivenhet för); hålla (*s.b. dear* ngn kär); ~ *a theory* ha (omfatta) en teori; *she* ~*s that it is correct* hon anser att det är riktigt; ~ *s.th. to be true* anse ngt vara (att ngt är) sant **8** hejda, hålla; ~ *one's breath* hålla andan; ~ *one's peace* (*tongue*) hålla tyst; *there's no* ~*ing her* det går inte att hejda henne **9** hålla, inte brista; ~ *firm* hålla, inte gå sönder; *that cable won't* ~ den vajern kommer inte att hålla **10** hålla (stå) sig, hålla i sig; *will the weather* ~ *fine*? kommer det vackra vädret att hålla i sig? **11** ~ [*good*] stå sig, gälla, vara giltig, stå fast; *the old theories don't* ~ *today* de gamla teorierna håller inte streck i dag; *this rule* ~*s* [*good for everybody* den här regeln gäller [för] alla **12** ~ *to* (*by*) hålla (stå) fast vid (*one's views* sina åsikter) **13** ~ *s.th. against s.b.* lägga ngn ngt till last; ~ *back a*) hålla tillbaka, hejda, hålla inne [med], *b*) tveka, dra sig undan, dröja, lägga band på sig; ~ *s.th. back from s.b.* undanhålla ngn ngt, dölja ngt för ngn; ~ *down a*) hålla ner (nere, fast), *b*) undertrycka, trycka ner, *c*) *vard.* behålla, ha kvar (*a job* ett jobb); ~ *forth a*) orera, breda ut sig (*on* om, över), *b*) erbjuda, utlova; ~ *in a*) hålla in (*one's stomach* magen), *b*) tygla, hålla i styr, behärska, lägga band på; ~ *o.s. in a*) hålla in magen, *b*) behärska (lägga band på) sig; ~ *off* hålla [sig] på avstånd (borta); ~ *off* [*from*] vänta med, skjuta upp; *I hope the rain* ~*s off* jag hoppas att det blir uppehållsväder (inte blir regn); ~ *on* (*vard.*) a) påhålla sig [fast (*to* i, vid), *b*) hålla ut; ~ *on*! stopp (vänta) ett tag!, (*i telefon*) ett ögonblick!; ~ *on one's way* fortsätta; ~ *out a*) sträcka (räcka) fram (ut), *b*) erbjuda (*opportunities* tillfällen), *c*) *AE.* hålla inne, *d*) hålla ut, hålla stånd; ~ *out hope* inge hopp; ~ *out for* (*vard.*) avvakta, stå fast vid sitt krav på; ~ *out on s.b.* (*vard.*) undanhålla ngn något, hemlighålla något för ngn; ~ *over* uppskjuta; ~ *s.th. over s.b.* låta ngt hänga över ngn som ett hot; ~ *to* hålla fast vid; ~ *together* hålla ihop (samman); ~ *up a*) hålla uppe, stödja, *b*) hålla (räcka, sträcka) upp, *c*) hålla (visa) fram, *d*) stoppa,

hold—home

hejda, hindra, försena, uppehålla, *e)* råna, överfalla, *f)* hålla sig uppe, *g)* hålla (stå) sig; ~ *up one's head* hålla huvudet högt; ~ *up to ridicule* förlöjliga; ~ *with* hålla med om, gilla **II** *s* **1** tag, grepp, fattning; fäste; *bildl.* grepp *(on, over* om), hållhake *(on, over* på), inflytande, herravälde *(over* över); *catch (grab, seize, take)* ~ *of* gripa (ta, fatta) tag i, få grepp om; *get* ~ *of* få tag (fatt) i; *get* [*a*] ~ *of yourself!* ta dig samman!, ryck upp dig!; *keep* ~ *of* hålla fast i; *lose one's* ~ tappa taget (fästet); *have a* ~ *on s.b.* ha en hållhake på ngn (*i brottning*) grepp; *no* ~*s barred* alla grepp är tillåtna **3** handtag **4** kort uppehåll **5** fängelse; cell **6** behållare **7** *mus.* fermat
2 hold [hǝʊld] *sjö., flyg.* lastrum
hold|all [ˈhǝʊldɔːl] *BE.* stor bag (korg) **-back** hinder **-er** [-ǝ] **1** hållare **2** innehavare; ägare **-fast 1** fasthållande **2** grepp; fasthållare; klämma, tving
holding [ˈhǝʊldɪŋ] **1** arrende[gård]; lantegendom **2** innehav[ande]; arrendering **3** ~*s (pl)* innehav, andelar **4** (*i boxning*) fasthållande
holding company [-ˌkʌmp(ǝ)nɪ] holdingbolag
hold-up [ˈhǝʊldʌp] **1** rån|kupp, -överfall **2** stopp, stockning; försening; avbrott, uppehåll
hole [hǝʊl] **I** *s* **1** hål; grop; *bildl.* lucka (*in a p.'s arguments* i ngns argument); *a* ~ *in the wall* ett litet sjabbigt ställe; *make* ~ *in one* (*golf.*) göra hole in one (*gå i hål med ett slag*); *make a* ~ *in one's savings* göra ett djupt hål i sina besparingar **2** (*djurs*) håla **3** *vard.* håla; finka, kurra **4** *sl.* knipa; *in the* ~ i [penning]knipa **II** *v* **1** göra hål i **2** *golf.* slå (*bollen*) i hål; ~ *in one* göra hole in one (*gå i hål med ett slag*) **3** (*om strumpor*) få hål, gå sönder **4** ~ *up* (*i sht AE.*) *a*) (*om djur*) gå ner i sin håla, *b*) gömma [sig], *c*) *golf.* göra hole in one **-and-corner** [ˌhǝʊlǝn(d)ˈkɔːnǝ] *vard.* hemlig; förstulen
holiday [ˈhɒlǝdɪ] **1** ledig dag, fridag, lovdag; helgdag **2** *i sth BE., ofta pl* ledighet, semester; ferier, lov; *Christmas* ~*s* jullov; *on* ~ på semester; *go on* ~ åka på semester; *take* ~ ta semester, ta sig ledigt **holiday camp** *BE.* semester|by, -anläggning (*i sht vid kusten*) **holiday-maker** [-ˌmeɪkǝ] semesterfirare
holier-than-thou [ˌhǝʊlɪǝ(ǝ)nˈðǝʊ] självgod
holiness [ˈhǝʊlɪnɪs] helighet; *His H*~ hans helighet (*påven*)
holism [ˈhɒlɪz(ǝ)m] holism **holistic** [hǝˈlɪstɪk] holistisk
holla [ˈhɒlǝ] *se hollo*
Holland [ˈhɒlǝnd] Holland **Hollands** [-z] holländsk genever
holler [ˈhɒlǝ] *vard.* **I** *v* skrika, ropa **II** *s* skrik, rop
hollo [ˈhɒlǝʊ] *interj* hallå!, hör hit!
hollow [ˈhɒlǝʊ] **I** *a* **1** ihålig (*äv. bildl.*); ~ *sound* ihåligt ljud; *have a* ~ *leg* kunna äta hur mycket som helst utan att bli fet **2** innehållslös, tom; värdelös; intetsägande; falsk, opålitlig **3** hungrig, tom i magen **II** *adv, BE. vard., beat a p.* ~ besegra ngn fullständigt **III** *s* **1** [i]hålighet **2** sänka, dal **IV** *v,* ~ [*out*] urholka, göra ihålig **-eyed** hålögd
holly [ˈhɒlɪ] *bot.* järnek **-hock** [-hɒk] *bot.* stockros
holm [oak] [ˈhǝʊmǝʊk] *bot.* stenek

holocaust [ˈhɒlǝkɔːst] stor förödelse (*genom brand*); förödande brand; förintelse; *H*~ holokaust, förintelse (*av judar under andra världskriget*)
holo|gram [ˈhɒlǝʊɡræm] hologram **-graph** [-ɡrɑːf] handskrivet dokument; originalmanuskript
hols [hɒls] *BE. skolsl.* = *holidays*
holster [ˈhǝʊlstǝ] pistolhölster
holy [ˈhǝʊlɪ] helig; from, gudlig; *the* ~ *of holies* det allra heligaste; *the H*~ *Bible* Bibeln; *the H*~ *Communion* [den heliga] nattvarden; ~ *day* helgdag; *the H*~ *Father* den Helige Fadern (påven); *the H*~ *Ghost* (*Spirit*) den Helige Ande; *H*~ *Innocents' Day* Menlösa barns dag; ~ *Joe* (*vard.*) *a*) präst, *b*) gudaktig (gudsnådelig) person; *the H*~ *Land* det Heliga Landet; *the H*~ *Office* inkvisitionen; ~ *orders a*) prästvigning, *b*) det andliga ståndet; *the H*~ *Roman Empire* det heliga romerska riket; *H*~ *Saturday* påskafton[en]; *the H*~ *Scripture* (*Writ*) den Heliga Skrift, Bibeln; *the H*~ *See* påvestolen; ~ *smoke* (*cow, Moses*)! (*vard.*) milda makter!, jösses!; *he is a* ~ *terror* han är en skräck (plåga); *H*~ *Thursday* skärtorsdag[en]; ~ *water* vigvatten; *the H*~ *Week* stilla veckan, påskveckan
holystone [ˈhǝʊlɪstǝʊn] skursten
homage [ˈhɒmɪdʒ] *s, pay (do)* ~ *to* betyga sin vördnad, bringa sin hyllning
homburg [ˈhɒmbɜːɡ] homburg[hatt] (*slags filthatt*)
home [hǝʊm] **I** *s* **1** hem; bostad, hus; hem|bygd, -land, -ort; hemvist; *it's a* ~ *from* ~ det är som hemma (som ett andra hem); *away from* ~ borta hemifrån; ~ *sweet* ~ hem, ljuva hem; *there is no place like* ~ borta bra men hemma bäst; *be* ~ *and dry* (*BE. sl.*) vara på den säkra sidan, ha sitt på det torra; *at* ~ hemma, i hemmet; *be at* ~ *in* (*on, with*) vara hemma[stadd] i (på, med), vara förtrogen med; *be at* ~ *to s.b.* ta emot (ha mottagning för) ngn; *feel at* ~ känna sig som hemma, finna sig till rätta; *make yourself at* ~ känn dig som hemma **2** hem, institution, anstalt **3** *sport.* hemma[plan]; mål; *at* ~ hemma, på hemmaplan **II** *a* **1** hem-, hemma-; hemgjord, hemlagad; huslig, hushålls-; inhemsk; ~ *address* hemadress; ~ *cooking* husmanskost; *H*~ *Counties* Home Counties (*grevskapen runt London*); ~ *country* hem-, fädernes|land; ~ *economics* (*ung.*) hemkunskap, huslig ekonomi; *H*~ *Guard* hemvärn; *the H*~ *Office* (*BE., ung.*) inrikesdepartementet; ~ *market* hemmamarknad; ~ *rule* självstyre, självbestämmande[rätt]; *H*~ *Rule* (*BE*) home rule (*irländsk självstyrelse*); *the H*~ *Secretary, the Secretary of State for the H*~ *Department* (*BE.*) inrikesministern **2** effektiv; dödlig; ~ *thrust* välriktad stöt, träff **3** ~ *truth* obehaglig (besk) sanning **4** *sport.* hemma-; ~ *ground* hemmaplan; ~ *plate* (*i baseboll*) innemål, slagbas; ~ *run* (*i baseboll*) lopp (*runt hela planen*); ~ *stretch* (*vid hästkapplöpning o. bildl.*) upplopp **5** *AE.* central-, huvud; ~ *office* huvudkontor **III** *adv* **1** hem, hemåt; hemma; *on the way* ~ på vägen hem, på hemvägen; *go* (*come*) ~ gå (komma) hem; *the book was nothing to write* ~ *about* boken var inte särskilt märkvärdig **2** eftertryckligt, grundligt; i (in)

ordentligt, i botten; *hammer a nail* ~ slå i en spik ordentligt; *bring s.th.* ~ *to s.b. a*) klargöra ngt för ngn, *b*) lägga skulden för ngt på ngn; *it came* ~ *to me* jag fick det klart för mig, jag började inse det; *go* (*strike*) ~ träffa [mitt i] prick; *the thrust went* ~ stöten visste var den tog **3** *sjö.* i läge; *come* ~ (*om ankare*) inte ta, släppa **IV** *v* **1** (*om fågel e.d.*) återvända hem; ~ *on*[*to*] anflyga mot **2** ~ *in* [*on*] riktas mot **3** härbärgera, ge ett hem; ha ett hem **4** skicka (gå) hem
home|-brew ['həʊmbru:] hembryggt öl **-coming** [-,kʌmɪŋ] hemkomst **-felt** [-felt] innerlig **--grown** [,həʊm'grəʊn] av egen (inhemsk) skörd, hemodlad **-land** ['həʊmlænd] hemland **-less** ['həʊmlɪs] hemlös; husvill **-ly** ['həʊmlɪ] **1** enkel; anspråkslös; vardaglig **2** *BE.* huslig; hemtrevlig, hemlik **3** *AE.* alldaglig, intetsägande; ganska ful **--made** [,həʊm'meɪd] hemgjord; hem|bakad, -lagad **-maker** ['həʊm,meɪkə] **1** husmor **2** hemhjälp (*socialarbetare*)
home|opath ['həʊmjə(ʊ)pæθ] homeopat **-opathic** [,həʊmjə(ʊ)'pæθɪk] homeopatisk **-opathy** [,həʊmɪ'ɒpəθɪ] homeopati
Homer ['həʊmə] Homeros
homer ['həʊmə] brevduva
home|room ['həʊmrʊm] *AE.* hemrum (*klassrum*) **-sick** hemsjuk, som har hemlängtan; *be* ~ ha hemlängtan, längta hem **-sickness** hemlängtan **-spun** **I** *a* **1** enkel, naturlig **2** hemvävd; hemspunnen **II** *s* hemvävt tyg; homespun (*tygsort*) **-stead** [bond]gård; *AE.* [nybyggar]hemman **-ward** [-wəd] **I** *a* hem-; hemåtgående; *journey* hemresa **II** *adv* hemåt; ~ *bound* på väg hem **-wards** [-wədz] *se homeward II* **-work** [hem]läxor, hemuppgifter; förberedande studier; *what have we got for* ~? vad har vi i läxa?; *she hadn't done her* ~ (*vard.*) hon hade inte satt sig in i saken (läst på)
homey ['həʊmɪ] *i sht AE., se homy*
homi|cidal [,hɒmɪ'saɪdl] **1** dråp-, mord- **2** mordisk **-cide** ['hɒmɪsaɪd] **1** dråp, mord; *culpable* ~ överlagt mord; ~ [*squad*] mordkommission **2** dråpare, mördare
homily ['hɒmɪlɪ] [moral]predikan
homing ['həʊmɪŋ] **1** hemvändande; ~ *pigeon* brevduva **2** målsökande; ~ *guidance* styrorgan (*i raket*)
hominy ['hɒmɪnɪ] *i sht AE.* majs[gryns]gröt
homo ['həʊməʊ] (*pl* ~*s*) *vard.* homofil
homoeopath ['həʊmjə(ʊ)pæθ] *se homeopath*
homo|geneity [,hɒmə(ʊ)dʒe'ni:ətɪ] homogenitet **-geneous** [-'dʒi:njəs] homogen **-genize** [hɒ'mɒdʒənaɪz] homogenisera
homo|graph ['hɒmə(ʊ)grɑ:f] *språkv.* homograf **-nym** [-nɪm] *språkv.* homonym **-phone** [-fəʊn] *språkv.* homofon **-sexual** [,həʊmə(ʊ)'seksjʊəl] **I** *s* homosexuell [person] **II** *a* homosexuell **-sexuality** [,həʊmə(ʊ)seksjʊ'ælətɪ] homosexualitet
homy ['həʊmɪ] hemlik, hemtrevlig
Hon[.] *förk. för* Honourable **hon[.]** *förk. för honorary; honorable*
Honduras [hɒn'djʊərəs]
hone [həʊn] **I** *s* slip-, bryn|sten (*i sht för rakkniv*) **II** *v* slipa, bryna
honest ['ɒnɪst] **1** ärlig, hederlig, rättskaffens; uppriktig; ~ *broker* medlare, förlikningsman (*i internationella tvister*); ~ *wages* skäliga löner; ~ *to God* (*goodness*) *a*) autentisk, äkta, *b*) *interj* det är helt säkert!, är det verkligen sant? **2** äkta, genuin **3** *åld.* ärbar; *make an* ~ *woman of* gifta sig med (*i sht gravid kvinna*) **honestly** [-lɪ] **I** *adv* ärligt, hederligt, rättskaffens; uppriktigt sagt, ärligt talat; ~ *speaking* ärligt talat **II** *interj* nej, vet du väl!, fy! **honesty** [-ɪ] **1** ärlighet, hederlighet, rättskaffenhet; uppriktighet; ~ *is the best policy* ärlighet varar längst **2** *bot.* judaspenningar
honey ['hʌnɪ] **1** honung **2** sötma **3** *i sht AE.* raring, älskling, sötnos; *vard.* urtjusig sak **honeybee** [honungs]bi **honey buzzard** [-,bʌzəd] *zool.* bivråk **honeycomb** [-kəʊm] **I** *s* vaxkaka; vaxkakemönster **II** *v* göra cellformig (hålig), genombborra; *bildl.* underminera, infiltrera, genomsyra **honeydew** [-dju:] honungsdagg **honeydew melon** honungsmelon **honeyed** [-d] *poet.* **1** honungs-, honungsfylld **2** *bildl.* honungslen (*voice* röst) **honeymoon** [-mu:n] **I** *s* smekmånad (*AE. äv. bildl.*), bröllopsresa **II** *v* fira smekmånad, vara på bröllopsresa **honeysuckle** [-,sʌkl] *bot.* kaprifol[ium]
honk [hɒŋk] **I** *s* snatter, skrik (*av gäss*); (*bils*) tutande **II** *v* **1** (*om gäss*) snattra, skrika; (*om bil*) tuta **2** *BE. sl.* spy
honky ['hɒŋkɪ] *sl., i sht AE.* viting (*vit man*) **--tonk** [-tɒŋk] **1** *AE. sl.* sylta, billig nattklubb (bar) **2** *mus.* honky-tonk (*slags ragtime*)
honor ['ɒnə] *AE., se honour* **honorary** ['(ə)rərɪ] heders-, honorär-, titulär- ; ~ *consul* honorärkonsul; ~ *doctor* hedersdoktor; ~ *post* förtroendeuppdrag; ~ *secretary* (*oavvoderad*) sekreterare **honorific** [,ɒnə'rɪfɪk] **I** *a* heders-, artighets- **II** *s* artighetsuttryck; hederstitel
honour ['ɒnə] **I** *s* **1** ära, heder; *guard of* ~ hedersvakt; *it's an* ~ *to me* det är en ära för mig; ~ *where* ~ *is due* åra[s] den som åras bör; *may I have the* ~ [*of the next dance*]? får jag lov?; *do* ~ *to a*) betyga sin vördnad, *b*) vara en heder för; *in a p.'s* ~ till ngns ära; *in* ~ *of* för att hedra [minnet av]; *in* ~ *of the occasion* dagen till ära **2** ~*s* (*pl*) hedersbetygelser, utmärkelser; *with military* ~*s* under militära hedersbetygelser; *do the* ~*s* vara värd (värdinna), utöva värdskapet **3** heder; hederskänsla; *man of* ~ hedersman; *make it a point of* ~ göra det till en hederssak; *sense of* ~ hederskänsla; *word of* ~ hedersord; ~ *bright!* (*BE. skolsl.*) på hedersord!, absolut!; *in* ~ *bound* moraliskt förpliktad; [*up*]*on my* ~ på hedersord, på min ära; *he put me on my* ~ *not to tell* jag gav honom mitt hedersord på att jag inte skulle säga ngt **4** *kortsp.*, ~*s* (*pl*) honnörer **5** ~*s* (*pl*) högsta betyg; ~*s* [*degree*] (*univ.*) 'honours' (*betyg i akademisk specialkurs*); *first-class* ~*s* [*degree*] högsta betyg (*i akademisk specialkurs*) **6** *Your H*~ (*t. vissa domare*) Ers Höghet (Nåd) **II** *v* **1** hedra, ära; ge utmärkelse **2** honorera, inlösa (*check, växel e.d.*)
honourable ['ɒn(ə)rəbl] **1** heder-, aktnings|värd, värd att hedras (äras) **2** ärofull; hedrande; hedersam; ~ *mention* hedersomnämnande **3** rättskaffens **4** *parl.*, *the H*~ äräde; *the H*~ *member is wrong* den ärade ledamoten (min ärade kollega) har fel **5** *the H*~ (*i titel till barn till viscount och baron och yngre söner till earl*) välborn|e, -a;

honours list—horned

the Right H~ (*i titel till earl, viscount, baron*) högvälborne **honours list** [ˈɒnəzlɪst] *BE.* förteckning över utmärkelser (ordensutnämningar *m.m.*)
Hon. Sec. *förk.* för Honorary Secretary
hooch [huːtʃ] *AE. sl.* sprit
1 hood [hʊd] **I** *s* **1** huva, hätta; kapuschong **2** huv, skydd; rökhuv; kåpa; sufflett; *AE.* motorhuv **II** *v* sätta huva (huv *etc.*) på; övertäcka; *~ed crow* grå kråka
2 hood [hʊd] *AE. sl.*, se hoodlum **hoodlum** [ˈhuːdləm] *i sht AE.* ligist, gatpojke
hoodoo [ˈhuːduː] **I** *s* (*pl ~s*) *vard.* **1** olycksbringare **2** otur, olycka **II** *v* bringa otur (olycka)
hoodwink [ˈhʊdwɪŋk] dupera, lura, vilseleda
hooey [ˈhuːɪ] *interj, sl.* skitsnack!
hoof [huːf] **I** *s* (*pl ~s el. hooves*) **1** hov; klöv; *on the ~* (*om boskap*) levande **2** *neds.* (*människas*) fot, klöv; *shake a ~* svänga sina lurviga ben **II** *v* **1** sparka (*med hovarna*) **2** *sl.*, *~ it*) gå till fots, *b*) dansa **hoofed** [-t] hov-, -hovad, klöv-, -klövad
hook [hʊk] **I** *s* **1** krok; hake; hängare; [met]krok; släng (*på bokstav*); flagga (*på not*); *~ and eye* hyska och hake; *~, line and sinker* (*vard.*) helt och hållet, fullständigt, med hull och hår; *by ~ or by crook* på ett eller annat sätt; *off the ~* (*vard.*) *a*) ur knipan, *b*) (*om telefonlur*) av, inte pålagd; *on the ~* (*vard.*) *a*) på kroken, *b*) i knipa; *on one's own ~* (*vard., i sht AE.*) på eget initiativ, på egen hand; *get the ~* (*AE. sl.*) få sparken; *sling one's ~* (*BE. sl.*) sticka, dra **2** snara **3** [flod]krök; udde **4** (*i boxning*) hook, krok **5** skära **II** *v* **1** ~ [*up*] haka (häkta, koppla) fast (ihop, igen), kroka fast; *~ me up, please* var snäll och häkta ihop (knäpp) klänningen (*e.d.*) åt mig; *~ up with* (*sl.*) gänga sig med **2** fånga med krok **3** *~ on* haka (kroka) fast (*to* vid, i) **4** kröka [på] (*one's arm* armen) **5** knyta (*ryamatta e.d.*) **6** *~* [*down*] slå, meja [ner] (*med skära*) **7** (*i boxning*) ge ett krokslag; (*i ishockey*) haka [upp] **8** *vard.* lura; *sl.* sno, knycka **9** *sl., ~ it* sticka, smita **10** hakas (häktas, kopplas) ihop (igen) **11** kröka [sig] **12** *~ on* haka sig (hakas) fast (*to* vid, i)
hookah [ˈhʊkə] vattenpipa
hooked [hʊkt] **1** krökt, böjd, krokig **2** krokförsedd **3** fångad, snarad **4** *sl.* gängad (*gift*) **5** *sl., be ~* vara knarkare; *be* (*get*) *~ on s.th.* gilla (digga) ngt, vara slav under (tokig i) ngt **hooker** [ˈhʊkə] **1** *AE. sl.* klunk (*sprit*) **2** *AE. sl.* fnask **hookey** [ˈhʊkɪ] *se* hooky **hooknosed** [ˈhʊknəʊzd] kroknäst, med örnnäsa **hook-up** [ˈhʊkʌp] **1** radio-, TV. samsändning; sammankoppling **2** [ohelig] allians **hookworm** [ˈhʊkwɜːm] hakmask (*slags inälvsparasit*) **hooky** [ˈhʊkɪ] *vard., i sht AE.* skolk; *play ~* skolka
hooligan [ˈhuːlɪɡən] *sl.* ligist, bråkmakare, buse **-ism** [-ɪz(ə)m] *sl.* ligistfasoner, busliv
hoop [huːp] **I** *s* **1** tunnband, (*leksak äv.*) rullband; band, ring; sybåge; *go through the ~*[*s*] (*bildl.*) gå igenom en svår prövning **2** krocketbåge **3** krinolinband **II** *v* förse med tunnband *etc.*
hoopla [ˈhuːplɑː] **1** *BE.* ringkastning (*på nöjesfält*) **2** *AE. sl.* liv, ståhej; bluff
hoorah, hooray [hʊˈreɪ] *interj* hurra!
hoos[e]gow [ˈhuːsɡaʊ] *AE. sl.* finka
hoot [huːt] **I** *v* **1** bua, skräna (*at* åt) **2** tuta; (*om tågvissla e.d.*) tjuta; *BE.* blåsa i horn; *~ with lauhter* tjuta av skratt **3** (*om uggla*) hoa, ropa **4** bua åt; bua ut **II** *s* **1** (*ugglas*) hoande, rop **2** tut; (*ångvisslas*) tjut; *~s of laughter* tjut av skratt **3** buande, skrän **4** *I don't give a ~* det gör mig alldeles detsamma, det bryr jag mig inte ett dugg om *-er* [ˈhuːtə] *i sht BE.* **1** tuta, signalhorn; vissla **2** *sl.* kran (*näsa*)
Hoover [ˈhuːvə] (*varumärke*) dammsugare **hoover** dammsuga
hooves [huːvz] *pl av* hoof
1 hop [hɒp] **I** *v* **1** hoppa, skutta; hoppa på ett ben; *~ on a bus* (*into a taxi*) (*vard.*) hoppa på en buss (in i en taxi); *~ off* (*vard.*) hoppa av **2** *AE. vard.* sätta igång **3** *BE. sl., ~ it* (*off*) sticka, försvinna, smita **4** hoppa över (*a hedge* en häck); *vard.* flyga (ta skuttet) över **5** *AE. vard.* åka med (*a train* ett tåg) **6** *AE.* låta studsa; *~ a flat stone* kasta smörgås **II** *s* **1** hopp, skutt; hoppande (*på ett ben*); *vard.* skutt, flygtur; *on the ~* (*vard.*) *a*) på alerten, *b*) *BE.* på sängen, oförberedd; *~, step, and jump* (*åld.*) tresteg; *a ~, step* (*skip*), *and jump from the church* ett stenkast från kyrkan **2** *vard.* skutt (*danstillställning*) **3** *AE.* studs[ning]
2 hop [hɒp] **1** humle[planta]; *~s* (*pl*) humle[kottar] **2** *sl.* opium; knark
hope [həʊp] **I** *s* (*ibl. pl*) hopp, förhoppning (*of, for* om); *not a ~!, some ~*[*s*]! och det trodde du!; *beyond ~* utan hopp, hopplös; *live in ~*[*s*] *of* hoppas på [att], ha hopp om [att]; *place one's ~ in* sätta sitt hopp till **II** *v* **1** hoppas [på]; *I ~* [*that*] *you can come* jag hoppas att du kan komma; *we ~ to go to England* vi hoppas kunna resa till England; *~ against hope* trots allt hoppas [på] att **2** hoppas (*for* på); *~ for the best* hoppas på det bästa **hope chest** *AE.* brudkista **hopeful** [ˈhəʊpf(ʊ)l] **I** *a* hoppfull; förhoppningsfull, lovande **II** *s, young ~* ung och lovande person **hopefully** [ˈhəʊpfʊlɪ] *adv* **1** hoppfullt, förhoppningsfullt **2** *vard.* förhoppningsvis **hopeless** [ˈhəʊplɪs] hopplös; omöjlig; *vard. äv.* oförbätterlig
hop garden [ˈhɒpˌɡɑːdn] humlegård
hop-o'-my-thumb [ˌhɒpəmɪˈθʌm] tummeliten
hopper [ˈhɒpə] **1** hoppare **2** gräshoppa **3** humleplockare **4** mudderpråm **5** matartratt **hopping** [-ɪŋ] **I** *a* hoppande **II** *adv*, *~ mad* rosenrasande, ursinnig **hopscotch** hoppa hage (*lek*)
Horace [ˈhɒrəs] Horatius
horde [hɔːd] hord, flock; svärm
horizon [həˈraɪzn] horisont **-tal** [ˌhɒrɪˈzɒntl] **I** *a* horisontal, horisontell, vågrät; *~ bar* (*gymn.*) räck **II** *s* horisontal|linje, -läge, -plan
hormone [ˈhɔːməʊn] hormon
horn [hɔːn] **I** *s* **1** horn (*äv. mus. o. ämne*); signalhorn; mistlur; *jazzsl.* blåsinstrument; *the H~* Kap Horn; *French ~* (*mus.*) valthorn; *~ of plenty* ymnighetshorn; *on the ~s of a dilemma* mellan två hötappar; *blow one's ~* (*AE.*) göra reklam (slå på trumman) för sig själv; *draw* (*pull*) *in one's ~s a*) lägga band på sig, *b*) dra åt svångremmen, spara, *c*) ta tillbaka, backa **2** spets (*på månskära*) **3** *vulg.* ståkuk **II** *v* **1** förse med horn **2** stånga **3** *~ in on* avbryta, tränga sig in i (på)
hornbeam [ˈhɔːnbiːm] *bot.* avenbok **hornbill** [ˈhɔːnbɪl] *zool.* hornfågel **horned** [hɔːnd] horn|-

försedd, -prydd; ~ *owl* (*zool.*) hornuggla
hornet ['hɔ:nɪt] *zool.* bålgeting; *stir up a ~'s nest* (*bildl.*) sticka handen i ett getingbo
horn|less ['hɔ:nlɪs] hornlös, kullig (*cattle boskap*) **-pipe** hornpipe (*slags sjömansdans*) **--rimmed** [-rɪmd] hornbågad
horny ['hɔ:nɪ] **1** horn|artad, -aktig, hornlik **2** behornad **3** *sl.* kåt
horology [hɒˈrɒlədʒɪ] **1** urmakarkonst **2** tidmätning
horoscope ['hɒrəskəʊp] horoskop
horrendous [hɒˈrendəs] förskräcklig, avskyvärd
hor|rible ['hɒrəbl] **1** fasansfull, ohygglig; *vard.* hemsk, gräslig, förskräcklig, förfärlig, ryslig **-rid** [-rɪd] otäck, avskyvärd, vidrig; *vard.* hemsk, gräslig **-rific** [hɒˈrɪfɪk] fasaväckande, hårresande, ryslig, hemsk **-rify** ['hɒrɪfaɪ] fylla med fasa (skräck), skrämma, göra skräckslagen; göra förfärad **-rifying** ['hɒrɪfaɪɪŋ] fasaväckande, skräckinjagande; förfärlig
horror ['hɒrə] **1** fasa, skräck (*of* för); avsky (*of* för) **2** (*ofta pl*) fasa, ohygglighet, grymhet; *the ~s of war* krigets fasor **3** ~*s* (*pl*) *a*) *sl.* deppighet, *b*) *vard.* dille, delirium; *it gives me the ~s* det ger mig stora skälvan **horror film** skräckfilm **horror|-stricken** [-ˌstrɪk(ə)n], **--struck** [-strʌk] skräckslagen
hors de combat [ˌ(h)ɔ:dəˈkɔ̃:(m)bɑ:] *a* försatt ur stridbart skick, stridsoduglig **hors d'oeuvre** [ɔ:ˈdɜ:vr(ə)] (*pl lika el.* ~*s*) hors d'oeuvre, smårätter (*före huvudrätten*), smörgåsbord
horse [hɔ:s] **I** *s* **1** häst (*äv. gymn.*); hingst; hästdjur; *a ~ of another* (*a different*) *colour* en helt annan sak; *back the wrong ~* hålla (satsa) på fel häst; *wild ~s would not drag me there* vilda hästar kunde inte få mig dit; *flog* (*beat*) *a dead ~* spilla krut på döda hökar; *have s.th.* [*straight*] *from the ~'s mouth* ha ngt från säker källa; *hold one's ~s* ge sig till tåls, inte vara så het på gröten; *work like a ~* arbeta (slita) som ett djur **2** (*behandlas som pl*) kavalleri, ryttare; kavallerister **3** sågbock; [trä]bock; [tork]ställning **4** *sl.* horse (*heroin*) **5** *vard.* häst[kraft] **II** *v* **1** förse med häst[ar] **2** bära (låta rida) på ryggen **3** *vard., ~ around* (*about*) spexa, skoja, busa
horseback ['hɔ:sbæk] *s, on ~* till häst, ridande; *set off on ~* rida i väg **horsebox** *BE.* hästtransportvagn **horse chestnut** [ˌhɔ:sˈtʃesnʌt] *bot.* hästkastanj
horse-cloth ['hɔ:sklɒθ] hästtäcke **horseflesh 1** hästkött **2** *koll.* hästar **horsefly** *zool.* hästfluga, broms **Horse Guards** hästgarde **horsehair** hästhår, [häst]tagel **horse laugh** hästgnägg, gapskratt **horseman** [-mən] ryttare **horsemanship** [-mənʃɪp] ridkonst; ridskicklighet **horse marine** [-məˌri:n] *skämts.* sjöman till häst; misslyckad person; *tell that to the ~s* det kan du försöka inbilla andra **horse meat** [-mi:t] hästkött **horse opera** [-ɒp(ə)rə] *vard.* västern-, cowboy|film **horseplay** [-pleɪ] våldsam lek, spex **horsepower** [-ˌpaʊə] (*pl lika*) hästkraft **horserace** [-reɪs] [häst]kapplöpning **horse--racing** [-ˌreɪsɪŋ] kapplöpningssport; hästkapplöpningar **horseradish** [-ˌrædɪʃ] *bot.* pepparrot **horse sense** [-sens] sunt förnuft, vanligt bondförstånd **horseshoe** [-ʃu:] hästsko **horse trad-**

ing [-ˌtreɪdɪŋ] *bildl.* kohandel **horsewhip** [-wɪp] **I** *s* rid|piska, -spö **II** *v* piska [upp] **horsewoman** [-ˌwʊmən] ryttarinna **hors[e]y** [-ɪ] **1** häst-; hästlik **2** hästintresserad
horta|tive ['hɔ:tətɪv], **-tory** [-t(ə)rɪ] [för]manande; uppmuntrande
horticul|tural [ˌhɔ:tɪˈkʌltʃ(ə)r(ə)l] trädgårds, trädgårdsodlings; ~ *show* trädgårdsutställning **-ture** ['hɔ:tɪkʌltʃə] trädgårds|skötsel, -konst, hortikultur **-turist** [ˌhɔ:tɪˈkʌltʃ(ə)rɪst] trädgårdsodlare
hosanna [hə(ʊ)ˈzænə] *interj* hosianna!
1 hose [həʊz] **I** *s* slang **II** *v* vattna (*med slang*), spruta [på]
2 hose [həʊz] (*pl lika el.* ~*n*) **1** *koll.* strumpor, sockor **2** *hist.* hosor **hosier** ['həʊzɪə] trikåvaruhandlare **hosiery** ['həʊzɪərɪ] *koll.* strumpor, trikåvaror
hospice ['hɒspɪs] härbärge
hospitable ['hɒspɪtəbl] **1** gäst|fri, -vänlig **2** mottaglig (*to new ideas* för nya idéer)
hospital ['hɒspɪtl] sjukhus **hospitality** [ˌhɒspɪˈtælətɪ] gästfrihet **hospital|ization** (*BE. äv. -isation*) [ˌhɒspɪt(ə)laɪˈzeɪʃn] **1** inläggning på sjukhus **2** sjukhusvistelse **hospital|ize** (*BE. äv. -ise*) ['hɒspɪtəlaɪz] lägga (ta) in på sjukhus **hospitaller** ['hɒspɪtlə] medlem av religiös barmhärtighetsorden
1 host [həʊst] **I** *s* **1** värd **2** *biol.* värdväxt; värddjur **3** värdshusvärd **II** *v* vara värd för **2** *AE. vard.* smita från [restaurang]notan
2 host [həʊst] stor mängd, massa
Host [həʊst] *kat.* hostia
hostage ['hɒstɪdʒ] gisslan; pant
hostel ['hɒstl] härbärge; gästhem; *youth ~* vandrarhem **-ler** ['hɒstələ] gäst på vandrarhem **-ry** ['hɒstlrɪ] *åld.* värdshus
hostess ['həʊstɪs] värdinna
hos|tile ['hɒstaɪl, *AE.* 'hɒstl] fientlig[t inställd] (*to* mot); fiende- **-tility** [hɒˈstɪlətɪ] fientlighet, fientlig inställning; fiendskap
hostler ['ɒslə] *i sht BE., se ostler*
hot [hɒt] **I** *a* **1** het, varm; ~ *air* (*vard.*) tomt skryt; ~ *dog* varm korv [med bröd]; *the ~ line* heta linjen; *a ~ meal* varm (lagad) mat; ~ *pants* hot pants (*mycket korta åtsittande shorts*); ~ *pepper* chillipeppar; ~ *potato* (*vard. bildl.*) het potatis; ~ *rod* hot rod (*äldre bil m. upptrimmad motor*); ~ *seat* (*vard.*) knipa, besvärligt läge; *be ~ and bothered*, *be ~ under the collar* (*vard.*) vara upphetsad; *get into ~ water* (*vard.*) få besvär, få det hett om öronen (*i sht med makthavare*); *you're getting ~!* (*i lek*) det bränns!; *it's getting too ~ for me here* (*vard.*) marken börjar brännas under mina fötter; *give it s.b. ~* (*vard.*) ge ngn på pälsen; *I went ~ and cold all over* (*vard.*) jag blev ömsom varm och ömsom kall; *make it ~ for s.b.* (*vard.*) göra livet surt för ngn **2** (*om krydda, smak*) stark, skarp; (*om färg*) skarp, intensiv; ~ *mustard* stark senap; ~ *red* intensiv röd färg **3** häftig, hetsig, het; ~ *argument* häftig dispyt; ~ *temper* hetsigt (häftigt) humör **4** färsk, aktuell, het; jättepopulär: ~ *favourite* storfavorit; ~ *news* senaste nytt, rykande aktuella nyheter; ~ *tip* hett tips; ~ *from the press* direkt från pressarna, nyutkommen **5** *sl.* het, farlig; stulen; efterspanad (*av polisen*); ~

hotbed—how

goods stöldgods **6** nära; ~ *on the scent* hack i häl **7** *vard.* [mycket] radioaktiv; spänningsförande **8** *sl.* skarp, toppen; sexig; ~ *stuff a*) skarp brud (sak), *b*) porr|bok, -film *etc.* **II** *adv* hett *etc., jfr I a* **III** *v* **1** *vard.* bli livligare (hetsigare), skärpas; *the pace is* ~*ting up* tempot blir snabbare

hot|bed ['hɒtbed] **1** drivbänk **2** *bildl.* grogrund; härd **--blooded** [ˌhɒt'blʌdɪd] **1** hetlevrad, hetsig **2** (*om häst*) varmblodig

hotchpotch ['hɒtʃpɒtʃ] **1** röra, salig blandning **2** (*slags*) kött- och grönsakssoppa

hotel [hə(ʊ)'tel, əʊ'tel] **1** hotell **2** *Austr.* pub, ölkrog **-ier** [-ɪeɪ], **--keeper** [-ˌkiːpə] hotell|ägare, -direktör

hot|foot ['hɒtfʊt] **I** *a* mycket snabb **II** *v* ila, skynda **-head** brushuvud **--headed** [ˌhɒt'hedɪd] hetsig, häftig, hetlevrad

hot|house ['hɒthaʊs] driv-, växt|hus **-plate** [elektrisk] kokplatta; värmeplatta **-pot** *BE.* kött-, fisk|gryta (*med potatis*) **-spur** hetsporre, brushuvud **--tempered** [-ˌtempəd] hetlevrad **--water bottle** [ˌhɒt'wɔːtəˌbɒtl] varmvattenflaska, sängvärmare

hound [haʊnd] **I** *s* **1** [jakt]hund; *ride to* (*follow the*) ~*s* delta i rävjakt (*med hundar*) **2** usling **3** *sl., i sht AE.* fantast; *autograph* ~ autografjägare **II** *v* **1** förfölja, jaga, hetsa; driva på; ~ *down* nedlägga, fälla (*byte*)

hour ['aʊə] timme; tid[punkt]; stund; ~*s* (*pl, äv.*) arbets-, kontors-, butiks|tid; *half an* (*a half*) ~ en halvtimme; *a quarter of an* ~ en kvart[s timme]; *the woman of the* ~ dagens kvinna; *lunch* ~ lunch, lunch|timme, -tid; *the small* ~*s* småtimmarna; *30 miles an* ~ 30 miles i timmen; *the problems of the* ~ de aktuella problemen; *after* ~*s* efter arbetstid (stängningsdags); *at all* ~*s* [*of the day and night*] vid alla tider på dygnet; *at an early* ~ tidigt; *at a late* ~ sent; *at this* ~ så här dags; *by the* ~ *a*) per timme, *b*) timvis, i timmar; *for* ~*s* [*and* ~*s*] i timmar, timtals, timme efter timme; *on the* ~ *a*) varje hel timme, *b*) på slaget; *his* ~ *has come* hans stund är inne; *keep early* ~*s* lägga sig tidigt, ha tidiga vanor

hourglass ['aʊəglɑːs] timglas **hour hand** timvisare **hourly** [-lɪ] **I** *a* **1** tim-; som inträffar (går) varje timme; ~ *wages* timlön **2** ständig **II** *adv* **1** varje timme, i timmen **2** vilken timme som helst; ständigt

house I *s* [haʊs, *pl* ~*s* 'haʊzɪz] **1** hus; hem; ~ *and home* hus och hem; *open* ~ öppet hus; *as safe as* ~*s* (*BE.*) säkert som aldrig det, bombsäkert; *like a* ~ *on fire* (*vard.*) i (med) rasande fart, blixtsnabbt; *at my* ~ i mitt hus (hem), hemma hos mig; *to my* ~ hem till mig; *invite s.b. to one's* ~ bjuda hem ngn; *put one's* ~ *in order* beställa om sitt hus, ordna upp sina affärer **2** släkt, ätt, hus; *an ancient* ~ en gammal släkt; *the H~ of Bourbon* huset (ätten) Bourbon **3** hushåll; *set up* ~ sätta bo, flytta till egen bostad **4** firma, [handels]hus; restaurang, pub *e.d.*; *publishing* ~ bokförlag; *drinks are on the* ~ det är huset (barägaren *etc.*) som bjuder på drinkarna **5** elevhem, hus (*på internatskola*) **6** *parl.* hus; *the H~ a*) underhuset, *b*) *AE. vard.* börsen; *the H~s of Parliament a*) parlamentshuset (*i London*), *b*) parlamentet; *the H~ of Commons* (*BE.*) underhuset; *the H~ of Lords* (*BE.*) överhuset; *the H~ of Representatives a*) *AE.* representanthuset (*i kongressen*), *b*) *Austr.* underhuset; *the Lower H~ a*) underhuset, *b*) andra kammaren; *the Upper H~ a*) överhuset, *b*) första kammaren **7** publik, salong (*på teater, bio*); *full* ~ fullt hus, fullsatt, utsålt; *bring down the* ~ riva ner stormande applåder **8** *vard.* bordell **9** *kortsp.* hand; *full* ~ full hand **II** *v* [haʊz] **1** skaffa bostad åt; härbärgera, hysa [in] **2** *sjö.* surra [fast]; stuva; hala (ta, hämta) in **3** bo, vistas; uppehålla sig

house agent ['haʊsˌeɪdʒ(ə)nt] *BE.* fastighets-, hus|mäklare **house arrest** husarrest

house|boat ['haʊsbəʊt] husbåt **-breaker** [-ˌbreɪkə] inbrottstjuv **-breaking** [-ˌbreɪkɪŋ] inbrott **-coat** [-kəʊt] morgonrock (*för damer*) **--craft** [-krɑːft] hushållsgöromål **-father** [-ˌfɑːðə] husfar (*på institution*) **--flag** [-flæg] *sjö.* rederiflagga **-fly** [-flaɪ] *zool.* husfluga **-hold** [-(h)əʊld] **I** *s* hushåll, hus **II** *a* hushålls-, hus-, hem-; ~ *duties* hushållsgöromål, husliga plikter; ~ *gods* husgudar (*äv. bildl.*); ~ *name* kändis, [väl]känd person; ~ *troops* livgarden; ~ *word* allmänt bekant ord, gängse uttryck **-holder** [-(h)əʊldə] husägare, lägenhetsinnehavare, person med egen bostad **-keeper** [-ˌkiːpə] hus|hållerska, -föreståndarinna **-keeping** [-ˌkiːpɪŋ] **1** hushållning, skötsel av hushåll **2** hushållspengar **-maid** [-meɪd] husa, husjungfru; ~'*s knee* skur[gums]knä **-man** [-mən] assistentläkare (*på sjukhus*) **-master** [-ˌmɑːstə] husfar, elevhemsföreståndare (*vid internatskola*) **-mistress** [-ˌmɪstrɪs] husmor, elevhemsföreståndarinna (*vid internatskola*)

house mouse ['haʊsmaʊs] *zool.* husmus **house party** [-ˌpɑːtɪ] **1** weekendbjudning (*i sommarstuga*) **2** weekendgäster **house physician** [-fɪˌzɪʃn] läkare (*som bor på sjukhuset el. institutionen där han arbetar*)

house|-proud ['haʊspraʊd] [överdrivet] stolt över sitt hem **-room** husrum, plats; *I wouldn't give that bowl* ~ den där skålen vill jag inte ha i mitt hus **--to-house** [ˌhaʊstə'haʊs] *a,* ~ *selling* direkt-, hem|försäljning, dörrknackning

house|top ['haʊstɒp] hustak; *proclaim from the* ~*s* ropa ut från taken, basunera ut **--train** göra (*hund e.d.*) rumsren; ~*ed* rumsren **--warming** [-ˌwɔːmɪŋ] **I** *s* inflyttningsfest **II** *a,* ~ *party* inflyttningsfest **-wife 1** ['haʊswaɪf] hemmafru **2** ['hʌzɪf] *i sht BE.* syetui **-wifely** [-ˌwaɪflɪ] *a* som anstår en husmor, husmoderlig **-wifery** [-wɪf(ə)rɪ] hushållsgöromål; en husmors arbete **-work** [-wɜːk] hushålls|arbete, -göromål

housing ['haʊzɪŋ] **I** *s* **1** bostäder; hus, byggnader **2** härbärgering, [in]hysande **3** bostadsbyggande **4** täckning, skydd; *tekn.* hus, kåpa, skydd; *wheel* ~ hjulhus **II** *a* bostads-; ~ *estate* bostadsområde (*med centrumbebyggelse*); ~ *problem* bostadsproblem; ~ *scheme* bostadsbyggnads|plan, -projekt; ~ *shortage* bostadsbrist

hove [həʊv] *imperf. o. perf. part. av heave*
hovel ['hɒvl] **1** ruckel, kyffe **2** [öppet] skjul
hover ['hɒvə] **1** sväva; kretsa, cirkla **2** stryka omkring **3** *bildl.* vackla, sväva, pendla, tveka **-craft** (*pl lika*) svävare, svävfarkost

how [haʊ] **1** hur; ~ *are you?* hur mår du?, hur står

howdy—humbug

det till [med dig]?; ~ *do you do?* (*vid presentation*) god dag!; ~ *about...?* vad sägs om...?, hur skulle det vara med...?; ~ *about asking them?* (*äv.*) ska vi fråga dem?; ~*'s that?* vad tycker du om det?; ~*'s that for size?* hur är den i storlek?; ~*'s that for endurance?* vilken uthållighet!; *that's* ~ *it is* så är det, så ligger det till; *that's* ~ *she did it* det var så hon gjorde det; ~ *come?* (*vard.*) hur kommer det sig?; ~ *ever?* hur i all världen?; *and* ~*!* det kan du lita på!, ja visst! **2** så, vad; ~ *awful!* så förskräckligt! **3** att; *she told me* ~ *she had met them there* hon berättade att hon hade träffat dem där

howdy ['haʊdɪ] *interj, i sth AE. vard.* mors!, hej!

however [haʊ'evə] **I** *konj* emellertid, likväl, dock **II** *adv* **1** hur...än; ~ *long it takes* hur lång tid det än tar, det må ta aldrig så lång tid **2** hur i all världen

howitzer ['haʊɪtsə] *mil.* haubits

howl [haʊl] **I** *v* **1** tjuta; vråla; vina; yla; *vard.* skrika, vråla (*with laughter* av skratt) **2** ~ *down* tysta ner, överrösta (*talare e.d.*) **II** *s* **1** tjut; vrål; vinande; ylande; vrålskratt **2** *sl.* urrolig person (grej) **-er** ['haʊlə] **1** *zool.* vrålapa **2** *vard.* tabbe, groda **3** person (sak) som tjuter *etc.*, *jfr howl I* **-ing** ['haʊlɪŋ] **1** tjutande *etc.*, *se howl I* **2** *vard.* jätte-, enorm, dunder-

1 hoy [hɔɪ] pråm

2 hoy [hɔɪ] *interj* hallå!, ohoj!

hoyden ['hɔɪdn] vildkatta, yrhätta

H.P. *fork. för* (*BE.*) *Houses of Parliament* **H.P., h.p.** *fork. för high pressure*; *hire purchase* (*BE.*); *horse power* **H.Q.** *fork. för headquarters* **H.R.** *fork. för Home Rule* (*BE.*); *House of Representatives* (*AE.*) **hr[.]** *fork. för hour* **H.R.H.** *fork. för Her* (*His*) *Royal Highness* **H.S.** *fork. för Home Secretary* **H.S.H.** *fork. för His* (*Her*) *Serene Highness* **HT** *fork. för high tension* **ht.** *fork. för height* **Hts.** *fork. för Heights*

hub [hʌb] **1** nav **2** centrum, medelpunkt

hubbub ['hʌbʌb] oväsen, bråk; tumult

hubby ['hʌbɪ] *vard.* äkta man, gubbe

hubcap ['hʌbkæp] navkapsel

hubris ['hjuːbrɪs] hybris, övermod

huckaback ['hʌkəbæk] handduksväv

huckleberry ['hʌklb(ə)rɪ] *bot.* amerikanskt blåbär

huckster ['hʌkstə] **1** *s* **1** påträngande försäljare **2** *åld.* gatuförsäljare, månglare **3** *AE.* reklamskrivare (*för radio o. TV*) **II** *v* **1** gå omkring och sälja **2** sälja (annonsera) med påträngande (skumma) metoder **3** pruta, köpslå

huddle ['hʌdl] **I** *v* **1** ~ [*together*] skocka sig, tränga ihop sig; ~ [*up*] krypa ihop, kura ihop sig; *be* ~*d* [*up*] sitta (ligga) hopkrupen **2** *vard.* träffas privat **3** ~ [*together*] samla (gyttra) ihop **4** *i sht BE.* göra slarvigt, slarva med **II** *s* **1** massa, hög; hop, skock, samling **2** *vard.* privat (improviserat) möte; *go into a* ~ slå sina kloka huvuden ihop, ha en hemlig överläggning

hue [hjuː] **1** färgton, nyans, schattering **2** prägel, karaktär; aspekt

hue and cry [ˌhjuːənˈkraɪ] **1** (*förr*) skallgång, klappjakt **2** *raise* (*set up*) *a* ~ *and cry* upphäva ett ramaskri, skrika som om det gällde livet

huff [hʌf] **I** *v* **1** förarga, förnärma **2** bli förargad (förnärmad) **3** pusta, flåsa; ~ *and puff* flåsa och stöna **4** (*i damspel*) blåsa **II** *s* vredesutbrott, uppbrusande; *in a* ~ stött, förnärmad **huffy** ['hʌfɪ] förolämpad, stött; snarstucken

hug [hʌg] **I** *v* **1** krama, omfamna **2** hålla sig tätt intill (nära) **3** *bildl.* hålla fast vid (*belief* övertygelse), hysa **4** *rfl* lyckönska (gratulera) sig (*on, for* till) **II** *s* omfamning, kram, famntag

huge [hjuːdʒ] väldig, jätte|lik, -stor, enorm **-ly** ['hjuːdʒlɪ] väldigt, jättemycket, enormt **-ness** ['hjuːdʒnɪs] jätteformat, ofantlighet, enorm storlek

huggermugger ['hʌgəˌmʌgə] **1** röra, virrvarr **2** hemlighet

hug-me-tight ['hʌgmɪtaɪt] damkofta

hula[-hula] ['huːlə('huːlə)] hula-hula[-dans]

hulk [hʌlk] **1** holk (*övergivet fartygsskrov*); ~*s* (*pl*) holk (*fartygsskrov använt som magasin, fängelse e.d.*) **2** *neds.* åbäke **hulk|ing, -y** ['hʌlkɪ(ŋ)] stor och klumpig, åbäkig

1 hull [hʌl] **I** *s* **1** [fartygs-, flygbåts-, stridsvagns] skrov; [raket]hylsa **2** snopp, bärstjälk; balja, skida **II** *v* **1** snoppa, rensa (*jordgubbar etc.*); sprita (*ärter*) **2** skjuta igenom skrovet på

hullabal[l]oo [ˌhʌləbəˈluː] bråk, oväsen, rabalder, spektakel

hullo [həˈləʊ] *interj, se hello*

hum [hʌm] **I** *v* **1** brumma; surra; (*om trafik*) brusa **2** humma, säga hm, mumla **3** *sl.* stinka **4** *sl.* vara i farten; *make things* ~ sätta fart på saker och ting **5** gnola [på], nynna [på] **II** *s* brum, brummande; surr[ande]; sorl, brus **III** *interj* hm!

human ['hjuːmən] **I** *a* mänsklig; människo-; *a* ~ *being* en mänsklig varelse, en människa; *the* ~ *nature* den mänskliga naturen; *the* ~ *race* människosläktet; ~ *rights* mänskliga rättigheter; *he's only* ~ han är inte mer än människa **II** *s* människa **humane** [hjuːˈmeɪn] human, mänsklig, människovänlig **humanism** ['hjuːmənɪz(ə)m] **1** humanism; *H*~ humanismen (*kulturströmning under renässansen*) **2** humanitet, mänsklighet **humanist** ['hjuːmənɪst] humanist **humanitarian** [hjuːˌmænɪˈteərɪən] **I** *s* människovän, filantrop **II** *a* människovänlig, filantropisk, humanitär, humanitets- **humanity** [hjuːˈmænətɪ] **1** mänskligheten, människosläktet **2** humanitet, människonatur[en], den mänskliga naturen **3** humanitet, människokärlek; *treat s.b. with* ~ behandla ngn humant **4** *the humanities* (*pl*) humaniora, klassisk filologi **human|ize** (*BE. äv. -ise*) ['hjuːmənaɪz] **1** göra (bli) mänsklig, förmänskliga **2** humanisera, göra mer human (mänskligare) **humanly** ['hjuːmənlɪ] *adv* på mänskligt sätt, mänskligt; *do all that is* ~ *possible* göra allt som står i mänsklig makt

humble ['hʌmbl] **I** *a* **1** ödmjuk; underdånig; *your* ~ *servant* Er ödmjuke tjänare, (*i brevunderskrift*) Vördsammast; *eat* ~ *pie* [få] svälja förödmjukelsen **2** anspråkslös, enkel, blygsam, ringa, låg; *of* ~ *birth* av låg börd; *a* ~ *cottage* en anspråkslös stuga; *in my* ~ *opinion* enligt min enkla åsikt **3** hänsynsfull; servil **II** *v* **1** förödmjuka; ~ *o.s.* [för]ödmjuka sig **2** bli förödmjukad

humblebee ['hʌmblbiː] humla

humbug ['hʌmbʌg] **I** *s* **1** humbug, bedrägeri, svindel **2** humbug, bluff[makare], skojare **3** struntprat, nonsens **4** *BE.* (*slags*) pepparmynts-

karamell **II** *v* lura, bedra; bluffa **-gery** [-ərɪ] humbug, bedrägeri, svindel
humdinger ['hʌmdɪŋə] *sl.* baddare; toppengrej
humdrum ['hʌmdrʌm] **I** *a* alldaglig; tråkig, enformig **II** *s* **1** långtråkighet; långtråkig uppgift **2** tråkmåns
humer|us ['hju:mərəs] (*pl -i* [-aɪ]) *anat.* överarmsben
humid ['hju:mɪd] fuktig
humid|ifier [hju:'mɪdɪfaɪə] luftfuktare **-ify** [-ɪfaɪ] göra (*luft e.d.*) fuktig **-ity** [-ətɪ] fukt[ighet], fuktighetsgrad; luftfuktighet
humil|iate [hju:'mɪlɪeɪt] förödmjuka, förnedra **-iation** [hju:ˌmɪlɪ'eɪʃn] förödmjuk|else, -ande, förnedring **-ity** [hju:'mɪlɪtɪ] ödmjukhet
hummingbird ['hʌmɪŋbɜ:d] *zool.* kolibri
hummock ['hʌmək] liten höjd (kulle)
humor ['hju:mə] *AE.*, *se* humour **humorist** ['hju:mərɪst] humorist **humorous** ['hju:m(ə)rəs] humoristisk; lustig, skämtsam **humour** ['hju:mə] **I** *s* **1** humor; skämtsamhet; *sense of* ~ [sinne för] humor; *I don't see the* ~ *in that* jag kan inte se det roliga i det **2** humör, lynne, sinnesstämning; temperament, sinnelag; *in a good (bad)* ~ på gott (dåligt) humör; *out of* ~ på dåligt humör **3** nyck, infall **4** [kropps]vätska **II** *v* ge efter för; anpassa sig efter; ~ *s.b.* (*äv.*) låta ngn få sin vilja fram **humoursome** ['hju:məs(ə)m] nyckfull
hump [hʌmp] **I** *s* **1** puckel, knöl; kulle; *it gives me the* ~ (*BE. vard.*) det går mig på nerverna; *she's got the* ~ (*BE. vard.*) hon deppar; *be over the* ~ vara över det värsta **II** *v* **1** kuta med (*one's back* ryggen) **2** *BE. sl.* bära, lyfta **3** *vulg.* knulla [med]
humpback ['hʌmpbæk] puckelrygg (*rygg o. pers.*) **humpback whale** *zool.* knölval **humpbacked** [-t] puckelryggig
humph [mm] *interj* hm!
humpty dumpty [ˌhʌm(p)tɪ'dʌm(p)tɪ] *i sht BE.* tjockis
humpy ['hʌmpɪ] **1** bucklig, kullig **2** *BE. vard.* ilsken; dyster
humus ['hju:məs] humus, mylla, matjord
Hun [hʌn] **1** *hist.* hunn[er] **2** *vard. neds.* tysk **3** *vard.* vandal
hunch [hʌn(t)ʃ] **I** *s* **1** föraning; *have a* ~ *that* ha på känn att **2** puckel, knöl **3** stort stycke, klump **II** *v*, ~ [*up*] kröka (*one's back* ryggen); skjuta (dra) upp (*one's shoulders* axlarna); ~ *up* (*äv.*) sitta hopkrupen
hunch|back ['hʌn(t)ʃbæk] puckelrygg (*rygg o. pers.*) **-backed** [-bækt] puckelryggig
hundred ['hʌndrəd] *räkn o. s* hundra; hundratal, hundrade; *a (one)* ~ [ett] hundra; *a (one)* ~ *and one a)* [ett] hundra ett, *b)* hundratals, femtielva; *a (one)* ~ *percent* hundraprocentig[t], fullständig [t]; *never in a* ~ *years!* aldrig i livet!; *one in a* ~ en på hundra; *ninety out of a* ~ nittio av hundra; *two* ~ *years* två hundra år; *the ~s a)* mellan 100 och 110, *b)* mellan 100 och 200, *c)* mellan 100 och 1 000; *in the nineteen ~s* på nittonhundratalet; *they came in ~s (by the ~)* de kom i hundratal; *H~ Years' War* hundraårskriget; *~s and thousands* (*pl*) strössel **hundredfold** *a o. adv* hundra|faldig[t], -falt; *increase a* ~ öka hundrafalt **hundredpercenter** [-pəˌsentə] *AE.* flåspatriot, flagg-

humbuggery—hurried

viftare **hundredth** [-θ] **I** *räkn* hundrade; ~ *part* dra[de]del **II** *s* hundra[de]del; *a* ~ *of a degree* en hundradels grad **hundredweight** [-weɪt] centner; [*long*] ~ (*BE.*) centner (= *112 pounds* = *50,802 kg*); [*short*] ~ (*AE.*) centner (= *100 pounds* = *45,359 kg*); [*metric*] ~ centner (= 50 kg)
hung [hʌŋ] *imperf. o. perf. part. av* hang
Hun|garian [hʌŋ'geərɪən] **I** *s* **1** ungrare **2** ungerska [språket] **II** *a* ungersk **-gary** ['hʌŋgərɪ] Ungern
hunger ['hʌŋgə] **I** *s* hunger; *bildl.* hunger, längtan, törst (*for* efter) **II** *v* vara hungrig; hungra, svälta; *bildl.* hungra, längta, törsta (*after, for* efter) **hunger march** hunger|marsch, -demonstration **hunger strike** hungerstrejk
hungry ['hʌŋgrɪ] **1** hungrig; *bildl.* hungrande, längtande, törstande (*for* efter); *go* ~ hungra **2** mager, karg (*soil* jord)
hung-up [hʌŋ'ʌp] *vard., be* ~ *a)* vara ur gängorna, *b)* ha en skruv lös, *c)* ha komplex (*about* för); *be* ~ *on* (*sl.*) *a)* digga, gilla, *b)* vara fast i (*drugs* knarket)
hunk [hʌŋk] **1** stort stycke **2** *sl., i sht AE.* sexig kille
hunky-dory [ˌhʌŋkɪ'dɔ:rɪ] *vard., i sht AE.* toppen, prima, bra
hunt [hʌnt] **I** *v* **1** jaga (*wild animals* vilda djur) **2** jaga (leta) efter, vara på jakt efter (*a book* en bok); ~ *the slipper* (*thimble*) (*ung.*) gömma nyckeln (ringen) (*lek*); ~ *down* övermanna, gripa, infånga; ~ *out* spåra upp; ~ *up* spåra upp, leta fram **3** jaga med (*hounds* hundar) **4** jaga; *go ~ing* gå på jakt **5** jaga, leta, vara på jakt (*for a book* efter en bok); ~ *about* (*around*) *for* jaga runt efter **II** *s* **1** jakt; hets-, räv|jakt; *bildl.* jakt, letande; *be on the* ~ *for a)* jaga (*tigers* tigrar), *b)* vara på jakt (leta) efter **2** jaktmark **3** jaktsällskap; jaktklubb **-er** [-ə] **1** jägare (*äv. bildl.*) **2** hunter (*jakthäst, jakthund*) **3** jaktur (*med lock el. boett av metall*)
hunting ['hʌntɪŋ] jakt **hunting box** jakthydda **hunting ground** jaktmark; *the happy ~s* de sälla jaktmarkerna; *happy* ~ (*bildl.*) fyndgruva **hunting horn** jakthorn **hunting lodge** jakt|hydda, -stuga **hunting pink** röd jaktrock **huntress** ['hʌntrɪs] [kvinnlig] jägare
Hunts. *förk. för Huntingdonshire* ['hʌntɪŋdənʃə]
huntsman ['hʌntsmən] jägare
hurdle ['hɜ:dl] **I** *s* **1** *sport.* hinder (*äv. bildl.*), häck; *~s* (*behandlas som sg*) häck[löpning] **2** (*tillfälligt*) grindstängsel **II** *v* **1** *sport.* hoppa över, ta (*hinder, häck*) **2** omge med grindstängsel **3** övervinna (*hinder e.d.*) **hurdler** [-ə] *sport.* häcklöpare **hurdle race** *sport.* häcklöpning; hinderlöpning
hurdy-gurdy ['hɜ:dɪˌgɜ:dɪ] *mus.* positiv
hurl [hɜ:l] **I** *v* kasta, slunga; ~ *insults at s.b.* utslunga förolämpningar mot ngn **II** *s* kast, slungning
hurly-burly ['hɜ:lɪˌbɜ:lɪ] **I** *s* oväsen, larm, tumult **II** *a* våldsam
hur|rah [hʊ'rɑ:], **-ray** [-'reɪ] **I** *interj* hurra! **II** *s* hurra **III** *v* hurra, ropa hurra
hurricane ['hʌrɪkən] orkan **hurricane lamp** stormlykta
hurried ['hʌrɪd] skyndsam, brådskande, snabb,

hastig
hurry [ˈhʌrɪ] **I** *s* brådska, jäkt, hast, skyndsamhet; *in a* ~ *(vard.)* i första taget, lätt, gärna; *be in a* ~ ha bråttom *(to* [med] att); *what's the* ~*?* varför har du (han *etc.*) så bråttom?; *there's no* ~ det är ingen brådska **II** *v* **1** ~ [*up*] skynda [sig], skynda på, jäkta, rusa, ila, brådska; ~ *along* skynda i väg, skynda sig; ~ *on!* skynda på (dig, er)! **2** påskynda; skynda på, jäkta [på]; snabbt föra (transportera); *troops were hurried to the front* trupper transporterades snabbt till fronten; ; ~ *s.b. along* (*on, up*) skynda på ngn, jäkta [på] ngn; ~ *s.b. away* (*off*) snabbt föra bort ngn **-scurry** [ˌhʌrɪˈskʌrɪ] **I** *v* flänga (rusa) omkring **II** *s* vimmel, oreda
hurt [hɜːt] **I** *v* (*hurt, hurt*) **1** skada, göra illa; skada sig i, göra sig illa i (*one's finger* fingret); ~ *o.s.* göra sig illa, slå sig; *my finger* ~*s me* jag har ont i fingret, det gör ont i mitt finger **2** *bildl.* skada; såra, stöta; *it won't* ~ *her to wait* det skadar henne inte (hon tar ingen skada av) att vänta; *feel* ~ känna sig sårad (stött) **3** göra ont, värka; *it* ~*s* det gör ont **4** *bildl.* skada; *it won't* ~ det skadar inte (gör ingenting) **II** *s* **1** skada, sår **2** *bildl.* skada, men, oförrätt **-ful** [ˈhɜːtf(ʊ)l] sårande
hurtle [ˈhɜːtl] **1** slunga, kasta, stöta, slå (*against* mot) **2** störta, rusa
husband [ˈhʌzbənd] **I** *s* [äkta] man, make **II** *v* hushålla (vara sparsam) med **-ry** [-rɪ] **1** lant-, jord|bruk **2** hushållning; sparsamhet
hush I *v* [hʌʃ] **1** tysta [ner]; hyssja åt; ~ *up* tysta ner, hemlighålla **2** lugna, tysta; ~ *a baby* vyssja en baby **3** tysna **II** *s* [hʌʃ] tystnad, stillhet **III** *interj* [ʃ:] tyst!, sch!, hyssj! **hushaby** [ˈhʌʃəbaɪ] **I** *interj* vyss[anlull]! **II** *s* vaggsång **hushed** [ˈhʌʃt] dämpad, tyst; *in a* ~ *tone* (*voice*) i dämpad ton, med dämpad röst **hush-hush** [ˌhʌʃˈhʌʃ] *vard.* [topp]hemlig; konfidentiell **hush money** [ˈhʌʃˌmʌnɪ] *sl.* mutor (pengar) för att hålla tyst
husk [hʌsk] **I** *s* skal (*äv. bildl.*), skida, hylsa, agn **II** *v* skala **-iness** [-ɪnɪs] heshet, skrovlighet
1 husky [ˈhʌskɪ] **1** hes, skrovlig **2** skalliknande **3** *vard.* stor och stark, välbyggd
2 husky [ˈhʌskɪ] eskimåhund
hussar [hʊˈzɑː] husar
hussy [ˈhʌsɪ] **1** slyna, slampa **2** jäntunge **3** *dial.* syskrin
hustings [ˈhʌstɪŋz] (*behandlas som pl el. sg*) **1** *BE., hist.* talar|stol, -tribun (*för valtalare*) **2** parlamentsval **2** val|rörelse, -kampanj
hustle [ˈhʌsl] **I** *v* **1** knuffa [till], stöta [till]; tränga [ihop]; fösa (*s.b. into a room* in ngn i ett rum); ~ *one's way through a crowd* tränga sig fram genom en folkmassa **2** påskynda, forcera; pressa, tvinga (*s.b. into a decision* ngn till ett avgörande); ~ *up* (*vard., i sht AE.*) svänga ihop, snabbt göra i ordning **3** skynda sig, ila; tränga sig fram (*through a crowd* genom en folkmassa); trängas **4** *AE. vard.* sno på, lägga manken till **5** *sl.* sno (*stjäla*) **6** *AE. sl.* (*om prostituerad*) gå på gatan, ragga kunder **II** *s* **1** knuffande, skuffande; trängande; jäkt, hets; *the* ~ *and bustle of the city* stadens liv och rörelse **2** fiffel, båg **hustler** [ˈhʌslə] **1** *sl.* fnask **2** *AE. vard.* arbetssträl
hut [hʌt] **I** *s* hydda, koja; *mil.* barack **II** *v* förlägga i barack

hutch [hʌtʃ] **1** bur (*för kanin e.d.*) **2** *vard. neds.* litet hus **3** baktråg
H.V., h.v. *förk. för high voltage* **H.W., h.w.** *förk. för high water* **H.W.M.** *förk. för high-water mark*
hyacinth [ˈhaɪəs(ɪ)nθ] *bot. o. miner.* hyacint
hyaena [haɪˈiːnə] *se hyena*
hybrid [ˈhaɪbrɪd] **I** *s* hybrid, korsning; *bildl.* blandform **II** *a* hybrid; bland- **-ize** (*BE. äv. -ise*) [-aɪz] korsa, hybridisera; *bildl.* blanda
hydra [ˈhaɪdrə] *myt. o. zool.* hydra
hydrangea [haɪˈdreɪn(d)ʒə] *bot.* hortensia
hy|drant [ˈhaɪdr(ə)nt] vatten-, brand|post **-drate** [-dreɪt] *kem.* **I** *s* hydrat **II** *v* hydratisera **-draulic** [haɪˈdrɔːlɪk] hydraulisk (*brake* broms) **-draulics** [haɪˈdrɔːlɪks] (*behandlas som sg*) hydraulik **-dride** [ˈhaɪdraɪd] *kem.* hydrid
hydro [ˈhaɪdrə(ʊ)] **I** *s* **1** (*pl* ~*s*) *BE.* vattenkuranstalt **2** (*i Canada*) elektricitet **II** *a, se hydroelectric*
hydro|carbon [ˌhaɪdrə(ʊ)ˈkɑːbən] *kem.* kolväte **-chloric** klorväte-; ~ *acid* klorväte-, salt|syra **-cyanic** [-ˈsaɪənɪk] cyanväte-; ~ *acid* vätecyanid, blåsyra **-electric** hydroelektrisk, vattenkraft[s]-; ~ *plant* vattenkraftstation; ~ *power* vattenkraft
hydro|foil [ˈhaɪdrə(ʊ)fɔɪl] **1** bärplan **2** bärplans-, hydrofoil|båt **-gen** [ˈhaɪdrədʒ(ə)n] *kem.* väte; ~ *bomb* vätebomb; ~ *peroxide* väte|peroxid, -superoxid
hydrology [haɪˈdrɒlədʒɪ] hydrologi **hydrolysis** [-ɪsɪs] *kem.* hydrolys
hydro|pathic [ˌhaɪdrə(ʊ)ˈpæθɪk] *a,* ~ *establishment* vattenkuranstalt **-phobia** hydrofobi, vattuskräck, rabies **-plane** [ˈhaɪdrə(ʊ)pleɪn] **1** planande racerbåt **2** *AE.* sjöflygplan, hydroplan **3** sjö. horisontalroder (*på ubåt*) **-therapy** [ˌhaɪdrə(ʊ)ˈθerəpɪ] *med.* hydroterapi, vattenkur
hydroxide [haɪˈdrɒksaɪd] *kem.* hydroxid
hyena [ha(ɪ)ˈiːnə] hyena
hygiene [ˈhaɪdʒiːn] hygien, hälsovård, hälsovårdslära; renlighet **hygienic** [haɪˈdʒiːnɪk] hygienisk, hälsovårds-; hälsosam
hygrometer [haɪˈgrɒmɪtə] hygrometer, fuktighetsmätare
hying [ˈhaɪɪŋ] *pres. part. av hie*
hymen [ˈhaɪmen] *anat.* hymen, mödomshinna
hymn [hɪm] **I** *s* hymn, lovsång; psalm **II** *v* lovsjunga **hymnal** [ˈhɪmn(ə)l] **I** *a* hymn-; psalm- **II** *s* psalmbok **hymn book** [ˈhɪmbʊk] psalmbok **hymnody** [ˈhɪmnə(ʊ)dɪ] **1** psalmsång **2** psalmdiktning **3** *koll.* hymner, psalmer
hyped up [haɪptˈʌp] *sl.* hög, påtänd (*av narkotika*)
hyper|active [ˌhaɪpərˈæktɪv] hyperaktiv **-aesthesia** [-ɪsˈθiːzjə] överkänslighet **-bola** [haɪˈpɜːbələ] (*pl -bolas el. -bolae* [-bəlɪ]) *mat.* hyperbel **-bole** [haɪˈpɜːbəlɪ] hyperbol, [retorisk] överdrift **-market** [ˈhaɪpəˌmɑːkɪt] stormarknad **-sensitive** [ˌhaɪpəˈsensətɪv] överkänslig **-sonic** [ˌhaɪpəˈsɒnɪk] hypersonisk (*minst fem gånger ljudhastigheten*) **-tension** [ˌhaɪpəˈtenʃn] *fysiol.* hypertoni, för högt blodtryck
hyphen [ˈhaɪfn] **I** *s* bindestreck **II** *v, se hyphenate* **-ate** [ˈhaɪfəneɪt] sätta bindestreck mellan, förena (skriva) med bindestreck; ~*d name* dubbelnamn
hypno|sis [hɪpˈnəʊsɪs] (*pl -ses* [-siːz]) hypnos

hypnotic [-'nɒtɪk] **I** *a* **1** hypnotisk **2** mottaglig för hypnos **3** sömngivande **II** *s* sömnmedel **hypnotism** ['hɪpnətɪz(ə)m] **1** hypnotism **2** hypnos **hypnotist** ['hɪpnətɪst] hypnotisör **hypno|tize** (*BE. äv. -tise*) ['hɪpnətaɪz] hypnotisera **hypo** ['haɪpəʊ] **1** *foto.* fixersalt **2** *vard. för hypodermic syringe*
hypo|chondria [ˌhaɪpə(ʊ)'kɒndrɪə] hypokondri, inbillningssjuka **-chondriac** [-'kɒndrɪæk] **I** *s* hypokonder, svårmodig (inbillningssjuk) människa **II** *a* hypokondrisk, svårmodig, inbillningssjuk
hypocrisy [hɪ'pɒkrəsɪ] hyckleri, förställning, skenhelighet, hypokri[si] **hypocrite** ['hɪpəkrɪt] hycklare, skenhelig person, hypokrit **hypocritical** [ˌhɪpə(ʊ)'krɪtɪkl] hycklande, skenhelig, hypokritisk
hypodermic [ˌhaɪpə(ʊ)'dɜːmɪk] **I** *a* införd (liggande) under huden; subkutan; ~ *syringe* (*needle*) injektions|spruta, -nål **II** *s* injektions|spruta, -nål; injektion (*under huden*)
hypotension [ˌhaɪpə(ʊ)'tenʃn] *fysiol.* hypotension, för lågt blodtryck
hypotenuse [haɪ'pɒtənjuːz] *geom.* hypotenusa
hypoth|ecate [haɪ'pɒθɪkeɪt] *jur.* hypotisera, pantsätta, belåna, lämna som hypotek **-ecation** [haɪˌpɒθɪ'keɪʃn] *jur.* hypotisering, pantsättning
hypoth|esis [haɪ'pɒθɪsɪs] (*pl -eses* [-ɪsiːz]) hypotes, antagande; *working ~* arbetshypotes **-esize** (*BE. äv. -esise*) [-ɪsaɪz] anta, uppställa som hypotes **-etical** [ˌhaɪpə(ʊ)'θetɪkl] hypotetisk
hyssop ['hɪsəp] *bot.* isop
hysteria [hɪ'stɪərɪə] hysteri **hysteric** [hɪ'sterɪk] **I** *s* hysterisk person, hysteriker **II** *a, se hysterical* **hysterical** [hɪ'sterɪkl] **1** hysterisk **2** *vard.* vansinnigt rolig, urkomisk **hysterics** [hɪ'sterɪks] *pl* **1** hysteri; hysteriskt anfall; *go into ~* bli hysterisk, få ett hysteriskt anfall **2** *vard.* hysteriskt skratt; *just looking at him could give you ~* bara man tittade på honom kunde man skratta sig fördärvad
Hz *förk. för hertz*

I, i [aɪ] (*bokstav*) I, i
I [aɪ] *pers. pron* jag
I. *förk. för Independence; Independent; Institute; International; Island, Isle* **i.** *förk. för intransitive;* (*ekon.*) *interest* **Ia.** *förk. för Iowa* **IAEA** *förk. för International Atomic Energy Agency*
iamb ['aɪæm(b)] jamb **iambic** [aɪ'æmbɪk] **I** *a* jambisk **II** *s* jamb; jambisk vers **iam|bus** [aɪ'æmbəs] (*pl -bi* [-baɪ] *el. -buses*) jamb
Ian [ɪən]

IATA *förk. för International Air Transport Association* **I.B.A.** *förk. för Independent Broadcasting Authority*
Iberi|a [aɪ'bɪərɪə] Pyreneiska (Iberiska) halvön **-an** [-ən] **I** *s* iber **II** *a* iberisk; *the ~ Peninsula* Pyreneiska (Iberiska) halvön
ibex ['aɪbeks] (*pl ~[es]* *el. ibices* ['ɪbɪsiːz]) *zool.* stenbock
ibid. *förk. för ibidem* [ɪ'baɪdem] (*lat.*) ibidem, på samma ställe
ibis ['aɪbɪs] *zool.* ibis[fågel]
I.B.R.D. *förk. för International Bank for Reconstruction and Development* Världsbanken **i/c** *förk. för in charge* [*of*] **IC** *förk. för integrated circuit* **I.C.A.** *förk. för International Cooperation Administration;* (*BE.*) *Institute of Contemporary Arts* **I.C.A.O.** *förk. för International Civil Aviation Organization* **ICBM** *förk. för intercontinental ballistic missile* interkontinental robot
ice [aɪs] **I** *s* **1** is; *as cold as ~* iskall; *break the ~* (*bildl.*) bryta isen; *cut no ~ with* (*vard.*) inte imponera (göra något intryck) på; *put s.th. on ~* (*bildl.*) lägga ngt på is; *be* (*be treading, be skating*) *on thin ~* vara ute på hal is **2** isbeläggning **3** glass **4** *AE. sl.* glitter, diamanter **II** *v* **1** ~ [*up, over*] frysa, isbelägga, täcka med is **2** lägga is i, iskyla, isa (*drink e.d.*); lägga på is; *~d water* isvatten **3** glasera (*tårta e.d.*) **4** ~ [*up, over*] *a*) frysa till, *b*) bli nedisad, nedisas
ice age ['aɪseɪdʒ] istid **ice bag** isblåsa **iceberg 1** isberg; *the tip of the ~* (*bildl.*) toppen av isberget **2** *AE., vard.* iskall typ, isbit **iceberg lettuce** isbergssallad **iceboat 1** isbrytare **2** isjakt **icebound** (*om fartyg*) in-, fast|frusen; (*om hamn*) tillfrusen **icebox** frysfack (*i kylskåp*); isskåp; *AE. äv.* kylskåp **icebreaker** [-ˌbreɪkə] isbrytare **ice bucket** [-ˌbʌkɪt] ishink **icecap** iskalott, isbälte (*kring polerna*) **ice cream** [ˌaɪs'kriːm] glass **ice-cream cone** (**cornet**) glasstrut **ice cube** is|bit, -tärning, -kub **ice ferns** *pl* isblommor (*på fönster*) **ice floe** isflak **ice hockey** [-ˌhɒkɪ] ishockey **ice house** iskällare **Iceland** ['aɪslənd] Island **-er** [-ə] islänning **-ic** [aɪs'lændɪk] **I** *a* isländsk **II** *s* isländska [språket]
ice lolly ['aɪslɒlɪ] *BE. vard.* isglass[pinne] **iceman** ['aɪsmæn] *AE.* iskarl, isutkörare **ice pack** ['aɪspæk] **1** packis **2** isblåsa **ice pick** ishacka **ice rink** skridskobana, isrink **ice skate** skridsko **ice-skate** åka skridskor **ice-skating** [-ˌskeɪtɪŋ] skridskoåkning **ice tray** islåda (*i kylskåp*) **ice water** [-ˌwɔːtə] **1** smältvatten **2** *AE.* isvatten **ice yacht** isjakt
ichnography [ɪk'nɒɡrəfɪ] *arkit.* grundplan, planritning
ichthyology [ˌɪkθɪ'ɒlədʒɪ] iktyologi, vetenskapen om fiskar
icicle ['aɪsɪkl] istapp **icily** [-ɪlɪ] iskallt (*äv. bildl.*), isande **iciness** [-ɪnɪs] iskyla, isande kyla (*äv. bildl.*) **icing** [-ɪŋ] **1** glasyr (*på tårta e.d.*) **2** nedisning (*av fartyg e.d.*), isbildning **3** (*i ishockey*) icing **icing sugar** flor-, puder|socker
I.C.J. *förk. för International Court of Justice*
icon ['aɪkɒn] ikon, helgonbild
icono|clasm [aɪ'kɒnə(ʊ)klæz(ə)m] ikonoklasm, bildstorm[eri] **-clast** [-klæst] ikonoklast, bildstormare

iconolatry—ignore

iconolatry [ˌaɪkɒˈnɒlətrɪ] bilddyrkan
I.C.S. *förk. för Indian Civil Service*
icy [ˈaɪsɪ] **1** is-; isig, istäckt **2** iskall (*äv. bildl.*), bitande kall
ID *förk. för Idaho; identification; identity* **Id.** *förk. för Idaho* **id.** *förk. för idem* (*lat.*) densamme **I.D.** *förk. för inside diameter; Intelligence Department*
I'd [aɪd] = *I had*; *I would*, *I should*
I.D.A. *förk. för International Development Association* **Ida.** *förk. för Idaho* [ˈaɪdəhəʊ]
idea [aɪˈdɪə] idé, infall; föreställning, begrepp; åsikt, mening, uppfattning; plan, förslag; avsikt, syfte; aning; *history of ~s* idéhistoria; *the very ~ of* blotta tanken på; *the very ~!* det är ju befängt!, är det möjligt?; *that's the ~!* just det!, precis!; *that's not my ~ of* det är inte vad jag menar med; *what's the ~ of that?* vad är meningen med det?; *what's the big ~?* (*vard.*) vad ska det tjäna till (vara bra för)? *don't get ~s!* inbilla dig ingenting!; *you're getting the ~* du börjar fatta [vad det handlar om]; *he has no ~ of right and wrong* han har inget begrepp om vad som är rätt och orätt; *you've no ~ how worried I was* du har ingen aning om hur orolig jag var; *I haven't the slightest (faintest) ~* jag har inte den ringaste aning; *put ~s into a p.'s head* sätta griller i huvudet på ngn
ideal [aɪˈdɪəl] **I** *a* **1** idealisk, fulländad; ideal- **2** inbillad, tänkt; utopisk **II** *s* ideal **-ism** [-ɪz(ə)m] idealism **-ist** [-ɪst] idealist **-istic** [ˌaɪdɪəˈlɪstɪk] idealistisk; ideell **-ity** [ˌaɪdɪˈælɪtɪ] idealitet; *the ~ of* det idealiska med (i) **-ize** (*BE. äv. -ise*) [aɪˈdɪəlaɪz] idealisera; framställa som idealisk
identi|cal [aɪˈdentɪk(l)] identisk; en och samma; likaludande; *two ~ copies* två likalydande exemplar; *is this the ~ man you saw?* är det samma man som du såg?; *~ twins* enäggstvillingar; *we have ~ views* vi har precis samma åsikt
identification [aɪˌdentɪfɪˈkeɪʃn] identi|fiering, -fikation; legitimation; igenkänningstecken
identification card identitetskort **identification mark** igenkänningstecken **identification papers** legitimations-, identitets|papper
identification parade konfrontering (*för identifiering av misstänkt*) **identify** [aɪˈdentɪfaɪ] **1** identifiera; fastställa identiteten av; känna igen; artbestämma (*växt, djur*); *~ o.s.* legitimera sig; *~ o.s. with* identifiera sig med, helt gå upp i, leva sig in i **2** identifiera sig (*with* med) **identikit** [aɪˈdentɪkɪt] konstruerad (tecknad) bild (*av efterspanad*) **identity** [aɪˈdentətɪ] identitet; likhet, överensstämmelse **identity card** identitets-, legitimations|kort **identity disc** *mil.* identitets-, döds|bricka **identity papers** identitets-, legitimations|papper
ideological [ˌaɪdɪəˈlɒdʒɪkl] ideologisk **ideology** [ˌaɪdɪˈɒlədʒɪ] ideologi
ides [aɪdz] (*behandlas som sg*) idus; *the ~ of March* den 15 mars
id est [ɪd est] *lat.* det vill säga
idiocy [ˈɪdɪəsɪ] idioti
idiolect [ˈɪdɪə(ʊ)lekt] *språkv.* idiolekt
idiom [ˈɪdɪəm] **1** idiomatiskt uttryck; språkegenhet **2** idiom, språk, dialekt **idiomatic[al]** [ˌɪdɪəˈmætɪk(l)] idiomatisk
idiosyncrasy [ˌɪdɪəˈsɪŋkrəsɪ] **1** egenhet, egenart **2** idiosynkrasi, överkänslighet

idiot [ˈɪdɪət] idiot; dumbom **-ic** [ˌɪdɪˈɒtɪk] idiotisk; dum, dåraktig
idle [ˈaɪdl] **I** *a* **1** sysslolös, overksam, inaktiv; arbetslös; oanvänd; *~ pleasures* tidsfördriv; *money lying ~* dött kapital; *they were made ~ through the strike* de blev arbetslösa genom strejken **2** (*om maskin e.d.*) stilla[stående], inte i gång, ur drift; på tomgång; *the machine stood ~* maskinen stod stilla **3** lätt, lättjefull; trög; *~ life* lättjefullt liv **4** grundlös, utan grund; gagnlös, fåfäng; *~ talk* tomt prat; *~ threat* tomt hot; *~ wish* önskedröm; *it would be ~ to go on* det vore lönlöst att fortsätta **II** *v* **1** *~ [away]* slösa bort (*one's time* sin tid) **2** [gå omkring och] lata sig, slöa **3** (*om motor*) gå på tomgång **idleness** [-nɪs] sysslolöshet, overksamhet *etc.*, *jfr idle I* **idler** [-ə] lätting, dagdrivare **idly** [-ɪ] sysslolöst *etc.*, *jfr idle I*
idol [ˈaɪdl] **1** avgudabild; avgud **2** *bildl.* idol, avgud[ad människa] **-ater, -atress** [aɪˈdɒl|ətə, -ətrɪs] avgudadyrkare **-atrous** [aɪˈdɒlətrəs] **1** avgudadyrkande **2** *bildl.* dyrkande, beundrande **-atry** [aɪˈdɒlətrɪ] **1** avgudadyrkan **2** *bildl.* dyrkan, omåttlig beundran **-ization** (*BE. äv. -isation*) [ˌaɪdəlaɪˈzeɪʃn] avgudadyrkan; dyrkan **-ize** (*BE. äv. -ise*) [ˈaɪdəlaɪz] avguda, dyrka (*äv. bildl.*)
idyll [ˈɪdɪl] idyll **idyllic** [aɪˈdɪlɪk] idyllisk
i.e. *förk. för id ist* (lat.) = *that is* dvs.
if [ɪf] **I** *konj* **1** om, ifall [att]; även om, om också, om...så; *as ~* som om; *as ~ to* [lik]som för att; *~ anything* snarare, om något; *~ not* om inte, annars; *come home at once, ~ not I'll...* kom genast hem, annars ska jag...; *~ only* om bara; *I'll do it, ~ only to please you* jag ska göra det, om inte annat så för att göra dig glad; *~ so* i så fall; *~ I know John* om jag känner John rätt; *~ it hadn't been for you* om inte du hade varit; *it's a good film ~ rather long* det är en bra film även om den är ganska lång; *it will be done ~ I'll do it myself* det ska bli gjort, om jag så ska göra det själv; *it weighs one pound ~ that* den väger ett pund om ens det; *well, ~ it isn't Peter!* nej men är det inte Peter! **2** om, huruvida, ifall; *I don't know ~ she'll come* jag vet inte om hon kommer **II** *s* om; *it's a big ~* det är den stora frågan, det är osäkert; *~s and buts* om och men
iffy [ˈɪfɪ] *AE. vard.* osäker, tvivelaktig
I.F.S. *förk. för Irish Free State*
igloo, iglu [ˈɪgluː] (*pl ~s*) iglo[o] (*snöhydda*)
igneous [ˈɪgnɪəs] **1** vulkanisk (*rock* bergart) **2** eld-
ignite [ɪgˈnaɪt] **1** sätta eld på, [an]tända **2** fatta eld, antändas **ignition** [ɪgˈnɪʃn] antändning, tändning; *the ~* tändningen (*i bil*) **ignition coil** tändspole **ignition key** tändnings-, start|nyckel
ignoble [ɪgˈnəʊbl] gemen, skamlig, tarvlig, föraktlig; dålig, usel
igno|minious [ˌɪgnə(ʊ)ˈmɪnɪəs] vanhedrande, skamlig **ignominy** [ˈɪgnəmɪnɪ] vanära, skam; skamlig handling
ignoramus [ˌɪgnəˈreɪməs] okunnig person, dumhuvud **ignorance** [ˈɪgn(ə)r(ə)ns] okunnighet, ovetenhet (*of* om); brist på bildning **ignorant** [ˈɪgn(ə)r(ə)nt] okunnig, ovetande (*of* om); obildad **ignore** [ɪgˈnɔː] ignorera, inte bry sig om, inte ta hänsyn till (notis om)

iguana [ɪˈgwɑːnə] *zool.* leguan
ikon [ˈaɪkɒn] *se* icon
ILEA *förk. för Inner London Education Authority*
ileus [ˈɪlɪəs] *med.* ileus, tarmstopp
ilex [ˈaɪleks] *bot.* järnek, kristtorn
Iliad [ˈɪlɪəd] *the* ~ Iliaden
ilk [ɪlk] **1** *Sk.*, *of that* ~ från godset med samma namn (*efter familjenamn*) **2** *people of that* ~ den sortens folk
ill [ɪl] **I** *a* (*worse, worst*) **1** (*vanl. pred.*) sjuk, dålig, krasslig; *be* ~ vara sjuk; *fall* (*be taken*) ~ bli sjuk, insjukna (*with* i); ~ *with anxiety* sjuk av oro **2** dålig; elak, illvillig, ond; ~ *deeds* illgärningar; ~ *effects* olyckliga verkningar; ~ *fortune* (*luck*) otur, olycka; ~ *humour* dåligt humör, vresighet; ~ *omen* dåligt omen; ~ *repute* dåligt rykte, vanrykte; ~ *will* illvilja, agg; ~ *at ease* illa till mods; *it is an* ~ *wind that blows nobody any good* inget ont som inte har något gott med sig **II** *adv* (*worse, worst*) **1** illa; *speak* (*think*) ~ *of* tala (tänka) illa om; *take s.th.* ~ ta illa upp för ngt **2** knappast, med svårighet; *she can* ~ *afford it* hon har knappast råd med det **III** *s* **1** skada; ont; *wish s.b.* ~ önska ngn illa **2** krämpa **3** ~*s* (*pl*) missöden, motgångar; missförhållanden
Ill. *förk. för Illinois* **ill.** *förk. för illustrated; illustration*
I'll [aɪl] = *I will, I shall*
ill-advised [ˌɪləd'vaɪzd] oklok, oförnuftig; illa genomtänkt **--affected** illasinnad (*towards* mot) **--assorted** som inte passar varandra, omaka **--behaved** ohyfsad; ouppfostrad **--bred** illa uppfostrad, ouppfostrad **--breeding** dålig uppfostran **--considered** illa genomtänkt; obetänksam **--disposed** illvillig, ogynnsamt stämd (*towards* mot)
illegal [ɪˈliːgl] olaglig, lagstridig, illegal **-ity** [ˌɪliːˈgælətɪ] olaglighet, lagstridighet, illegalitet **-ize** (*BE. äv. -ise*) [ɪˈliːgəlaɪz] göra olaglig
illegibility [ɪˌledʒɪˈbɪlətɪ] oläslighet **-ible** [ɪˈledʒəbl] oläs|lig, -bar
illegitimacy [ˌɪlɪˈdʒɪtɪməsɪ] utomäktenskaplig börd *etc.*, *jfr illegitimate I* **-mate** [-mət] **I** *a* **1** utomäktenskaplig **2** illegitim, olaglig; orättmätig **3** ologisk, inkonsekvent **II** *s* utomäktenskapligt barn
ill-fated [ˌɪlˈfeɪtɪd] olycklig, olycksalig; olycksförföljd **ill feeling** agg, avoghet **ill-founded** ogrundad, grundlös **ill-gotten** orättmätigt erhållen; ~ *gains* orättfånget gods **ill-humoured** vresig; på dåligt humör
illiberal [ɪˈlɪb(ə)r(ə)l] **1** trångsynt, inskränkt **2** knusslig, snål **3** okultiverad **illicit** [ɪˈlɪsɪt] olaglig, illegal; otillåten, smyg-, lönn-; ~ *spirits* hembränt; ~ *trade* svartabörshandel
illimitable [ɪˈlɪmɪtəbl] gränslös, obegränsad; oändlig
Illinois [ˌɪlɪˈnɔɪ]
illiteracy [ɪˈlɪt(ə)rəsɪ] **1** oförmåga att läsa och skriva, analfabetism **2** språkfel **3** obildning **-ate** [ɪˈlɪt(ə)rət] **I** *a* **1** inte läs- och skrivkunnig **2** inte språkriktig **3** illitterat, obildad, olärd **II** *s* **1** analfabet **2** illitterat (obildad) person
ill-judged [ˌɪlˈdʒʌdʒd] oklok, oförnuftig **--mannered** ohyfsad; oartig **--matched** som inte passar ihop, omaka **--natured** ondskefull,

elak, hätsk
illness [ˈɪlnɪs] sjukdom
illogical [ɪˈlɒdʒɪkl] ologisk
ill-omened [ˌɪlˈəʊmend] olycksförföljd, olycksalig **--tempered** på dåligt humör, irriterad, retlig **--timed** oläglig, olämplig; illa planerad **--treat** misshandla; behandla illa **--treatment** misshandel; dålig behandling
illumi|nate [ɪˈljuːmɪneɪt] **1** upplysa, belysa; illuminera; ~*d sign* ljusreklamskylt **2** *bildl.* belysa, förklara, klargöra **3** illuminera (*handskrift*) **-nation** [ɪˌljuːmɪˈneɪʃn] **1** illumination, belysning; ~*s* (*pl, i sht BE.*) illuminering[ar], illumination[er] **2** ljuskälla **3** *bildl.* upplysning **4** illuminering (*av handskrift*) **-nator** [ɪˈljuːmɪneɪtə] **1** illuminator (*av handskrift*) **2** belysningsanordning
ill-use [ˌɪlˈjuːz] behandla illa; misshandla
illusion [ɪˈluːʒn] **1** illusion; villfarelse, falsk föreställning, dröm; *it gives an* ~ *of space* den ger en illusion av rymd; *be under the* ~ *that* inbilla sig att **2** tunn tyll (gasväv) **-ist** [ɪˈluːʒənɪst] **1** visionär; drömmare **2** illusionist, trollkonstnär **3** trollkarl
illu|sive [ɪˈluːsɪv], **-sory** [-s(ə)rɪ] illusorisk, bedräglig, overklig
illust. *förk. för illustrated; illustration*
illus|trate [ˈɪləstreɪt] illustrera; belysa, förtydliga (*med exempel*); ~*d* [*magazine*] vecko-, bild|tidning **-tration** [ˌɪləˈstreɪʃn] **1** illustration; belysning, förtydligande (*genom exempel*) **-trative** [ˈɪləstrətɪv] illustrativ; belysande (*of* för) **-trator** [ˈɪləstreɪtə] illustratör **-trious** [ɪˈlʌstrɪəs] illuster, lysande, mycket berömd; ärofull
I.L.O. *förk. för International Labour Organization* **ILS** *förk. för instrument landing system*
I'm [aɪm] = *I am*
image [ˈɪmɪdʒ] **1** bildstod, figur **2** *opt.* [spegel]bild **3** avbild; personifikation; *God created man in his own* ~ Gud skapade människan till sin avbild; *she is the* ~ *of health* hon är hälsan personifierad; *he is the living* (*spitting*) ~ *of his father* han är sin far upp i dagen **4** bild, föreställning; (*språklig*) bild, liknelse, metafor **5** image, profil **-ry** [-(ə)rɪ] **1** bildspråk **2** *koll.* bilder
imaginable [ɪˈmædʒ(ɪ)nəbl] tänkbar, som tänkas kan **imaginary** [ɪˈmædʒɪn(ə)rɪ] inbillad, inbillnings-; imaginär (*äv. mat.*); *an* ~ *case* ett tänkt (konstruerat) fall; ~ *number* imaginärt tal **imagination** [ɪˌmædʒɪˈneɪʃn] **1** fantasi; uppfinningsförmåga **2** inbillning, föreställning; *it's only* [*your*] ~*!* det är bara inbillning (som du inbillar dig)! **imaginative** [ɪˈmædʒ(ɪ)nətɪv] fantasi|rik, -full; fantasi- **imaginativeness** [ɪˈmædʒ(ɪ)nətɪvnɪs] fantasi|rikedom, -fullhet, idérikedom **imagine** [ɪˈmædʒɪn] **1** föreställa sig, tänka sig; ~ *yourself rich* tänk dig om du vore rik; *you can't* ~ *how...* du kan inte föreställa dig hur... **2** tro, gissa, misstänka; *I would never have* ~*d that* det skulle jag aldrig ha trott **3** inbilla sig; *you're just imagining things* du bara inbillar dig [saker och ting]
imbalance [ˌɪmˈbæləns] obalans, bristande balans
imbe|cile [ˈɪmbɪsiːl] **I** *a* imbecill; *vard.* idiotisk, dum **II** *s* imbecill [person]; *vard.* idiot, dumskalle **-cility** [ˌɪmbɪˈsɪlətɪ] imbecillitet; *vard.* idioti, dumhet

imbibe—impartiality

imbibe [ɪmˈbaɪb] **1** dricka (*i sht alkohol*) **2** *litt.* insupa, tillägna sig (*kunskaper, idéer etc.*) **3** suga in, inandas (*fresh air* frisk luft); suga upp, suga åt sig, absorbera (*moisture* fuktighet)

imbroglio [ɪmˈbrəʊliəʊ] (*pl* -s) förvirring, förvirrad situation

imbue [ɪmˈbju:] genomsyra, uppfylla, besjäla; ~ *s.b. with fresh courage* ingjuta nytt mod i ngn

IMF *förk. för* International Monetary Fund **imit.** *förk. för* imitation; imitative

imi|tate [ˈɪmɪteɪt] imitera, efter|likna, -apa, härma **-tation** [ˌɪmɪˈteɪʃn] **I** *s* imitation (*äv. konkr.*), efter|bildning, -apning, härmning **II** *a* imiterad, konstgjord, oäkta, falsk; ~ *jewellery* oäkta smycken; ~ *leather* läderimitation; ~ *pearls* imiterade pärlor **-tative** [ˈɪmɪtətɪv] efterliknande, imitativ, härmande; *the* ~ *arts* bildkonsten, de bildande konsterna; *a style* ~ *of Rubens* en stil som imiterar Rubens **-tator** [ˈɪmɪteɪtə] imitatör, efter|bildare, -apare, härmare

immaculate [ɪˈmækjʊlət] **1** obefläckad, ren, fläckfri; felfri, oklanderlig; ~ *clothes* oklanderlig klädsel; *the I*~ *Conception* den obefläckade avlelsen **2** *biol.* inte fläckig

imma|nence [ˈɪmənəns] **-nency** [-nənsɪ] immanens **-nent** [-nənt] immanent, inneboende

immaterial [ˌɪməˈtɪərɪəl] **1** oväsentlig, oviktig; *it is quite* ~ *to me* det är helt oviktigt för mig **2** immateriell, okroppslig

imma|ture [ˌɪməˈtjʊə] omogen (*äv. bildl.*); barnslig **-turity** [-ˈtjʊərətɪ] omogenhet

immeasurable [ɪˈmeʒ(ə)rəbl] omätlig; oändlig, gränslös

immedi|acy [ɪˈmi:djəsɪ] **1** omedelbarhet, direkthet **2** angelägenhet, brådskande natur, aktualitet **-ate** [-ət] **1** omedelbar, omgående; direkt (*influence* inflytande); *for* ~ *delivery* för omgående leverans **2** närmaste; *the* ~ *future* den närmaste framtiden; *our* ~ *neighbour* vår närmaste granne **-ately** [-ətlɪ] **I** *adv* **1** omedelbart, omgående, genast **2** närmast; direkt; *she is somewhere* ~ *in the area* hon är någonstans i den närmaste omgivningen; *it* ~ *concerns me* det angår mig direkt **II** *konj, i sht BE.* så snart [som]; på samma gång som

immemorial [ˌɪmɪˈmɔ:rɪəl] urgammal; *from time* ~ från urminnes tid

immense [ɪˈmens] **1** enorm, kolossal, ofantlig, väldig **2** *vard.* utmärkt, jättebra **immensity** [-ətɪ] **1** enorm (ofantlig) storlek, stor omfattning, stort omfång, väldighet; oändlighet; *the* ~ *of space* rymdens oändlighet **2** *vard.* enorm (väldig) mängd

immerse [ɪˈmɜ:s] **1** sänka ner, doppa, döpa (*genom nedsänkning i vatten*); *be* ~*d in water* stå under vatten **2** *bildl.* fördjupa; ~ *o.s.* in fördjupa sig i; *be* ~ *in* vara fördjupad (försjunken) i **immersion** [ɪˈmɜ:ʃn] **1** nedsänkning, neddoppning; dop (*genom nedsänkning i vatten*) **2** *bildl.* fördjupande, försjunkenhet **immersion heater** doppvärmare

immi|grant [ˈɪmɪgr(ə)nt] **I** *s* immigrant, invandrare **II** *a* invandrar-; ~ *worker* utländsk arbetare, gästarbetare **-grate** [ˈɪmɪgreɪt] immigrera, invandra (*to* till) **-ation** [ˌɪmɪˈgreɪʃn] immigration, invandring

immi|nence [ˈɪmɪnəns] omedelbar närhet; *the* ~ *of the danger* den överhängande faran **-nent** [-nənt] överhängande, nära förestående, hotande

immo|bile [ɪˈməʊbaɪl] orörlig **-bility** [ˌɪmə(ʊ)ˈbɪlɪtɪ] orörlighet **-bilize** (*BE. äv.* -bilise) [ɪˈməʊbɪlaɪz] **1** göra orörlig; lamslå; immobilisera (*trupper*) **2** binda, låsa (*kapital*)

immoderate [ɪˈmɒd(ə)rət] omåttlig, måttlös; överdriven, extrem

immod|est [ɪˈmɒdɪst] **1** oförskämd, oblyg **2** oanständig **-esty** [-ɪstɪ] **1** oförskämdhet, oblyghet **2** oanständighet

immo|late [ˈɪmə(ʊ)leɪt] **1** slakta till offer, offra **2** *litt. bildl.* offra **-lation** [ˌɪmə(ʊ)ˈleɪʃn] offrande, offer (*äv. litt. bildl.*)

immoral [ɪˈmɒr(ə)l] **1** omoralisk **2** osedlig, sedeslös, promiskuös **-ity** [ˌɪməˈrælətɪ] **1** omoral, omoraliskhet **2** osedlighet, sedeslöshet, promiskuitet

immortal [ɪˈmɔ:tl] **I** *a* odödlig, som har evigt liv **II** *s* odödlig [person *e.d.*] **-ity** [ˌɪmɔ:ˈtælətɪ] odödlighet **-ize** (*BE. äv.* -ise) [ɪˈmɔ:təlaɪz] göra odödlig, föreviga

immortelle [ˌɪmɔ:ˈtel] eternell, evighetsblomma

immov[e]|ability [ɪˌmu:və'bɪlətɪ] orörlighet, orubblighet **-able** [ɪˈmu:vəbl] **1** orörlig, orubblig; obeveklig; oföränderlig; ~ *feasts* (*kyrkl.*) fasta helgdagar **2** *jur.* fast (*property* egendom)

immune [ɪˈmju:n] **1** immun (*from, against, to* mot); oemottaglig, okänslig (*to* för) ; skyddad (*against, from* mot) **2** befriad (*från straff e.d.*) **immunity** [-ətɪ] **1** immunitet (*from, against, to* mot); oemottaglighet, okänslighet (*to* för) **2** befrielse **immuni|zation** (*BE. äv.* -sation) [ˌɪmju:naɪˈzeɪʃn] immunisering **immu|nize** (*BE. äv.* -nise) [ˈɪmju:naɪz] immunisera, göra immun **immunoreaction** [ˌɪmju:nəʊrɪˈækʃn] immunreaktion

immure [ɪˈmjʊə] **1** *åld. el. litt.* inspärra **2** ~ *o.s.* isolera sig, stänga sig inne

immuta|bility [ɪˌmju:təˈbɪlətɪ] oföränderlighet, tidlöshet **-ble** [ɪˈmju:təbl] oföränderlig; tidlös

imp [ɪmp] **1** smådjävul **2** rackarunge, busfrö

Imp. *förk. för* Imperator (*lat.*) Emperor; Imperial

imp. *förk. för* imperative; imperfect; imperial; impersonal; import; important; importer

impact I *s* [ˈɪmpækt] **1** stöt; sammanstötning, kollision; nedslag (*av projektil e.d.*); kraft, styrka; *the* ~ *of the blow* kraften i slaget **2** inflytande, in-, på|verkan; effekt; intryck; *the* ~ *of the Renaissance on* renässansens inflytande på; *his speech had a great* ~ *on us* hans tal gjorde stort intryck på oss **II** *v* [ɪmˈpækt] **1** stöta **2** stöta samman, kollidera

impair [ɪmˈpeə] skada, försämra, försvaga; *her hearing was* ~*ed by the accident* hennes hörsel blev försämrad av olyckan **-ment** [-mənt] försämring, försvagning

impale [ɪmˈpeɪl] spetsa, fastnagla ([*up*]*on* på)

impalpable [ɪmˈpælpəbl] som inte kan kännas; *bildl.* vag, ogripbar

impanel [ɪmˈpænl] *i sht AE., se* empanel

impart [ɪmˈpɑ:t] **1** meddela, vidarebefordra **2** förläna, skänka (*wisdom* visdom)

impartial [ɪmˈpɑ:ʃl] opartisk **-ity** [ˈɪm-

[ˌpɑːʃɪˈælətɪ], **-ness** [ɪmˈpɑːʃlnɪs] opartiskhet
impass|ability [ˈɪmˌpɑːsəˈbɪlətɪ] oframkomlighet **-able** [ɪmˈpɑːsəbl] ofarbar, oframkomlig; oöverstiglig
impasse [æmˈpɑːs] *bildl.* återvändsgränd, fastlåst position, dödläge
impassioned [ɪmˈpæʃnd] passionerad, lidelsefull
impas|sive [ɪmˈpæsɪv] **1** känslolös, okänslig; uttryckslös **2** lugn; orubblig **-sivity** [ˌɪmpæˈsɪvətɪ] **1** känslolöshet, okänslighet; uttryckslöshet **2** [orubbligt] lugn
impa|tience [ɪmˈpeɪʃns] otålighet **-tient** [-nt] otålig (*at* över); ofördragsam (*of* mot); ~ *for* otålig efter; *be* ~ *to do s.th.* vara ivrig att få göra ngt
impeach [ɪmˈpiːtʃ] **1** *jur.* anklaga; åtala; *BE. äv.* anklaga för brott mot staten; *i sht AE.* åtala för tjänstefel, väcka riksrättsåtal mot; ~ *s.b. for* (*with*) anklaga ngn för **2** ifrågasätta (*a p.'s honesty* ngns heder) **-ment** [-mənt] **1** (*i USA*) riksrätts|åtal, -process **2** *jur.* anklagelse; åtal
impeccable [ɪmˈpekəbl] oklanderlig, fläckfri
impecunious [ˌɪmpɪˈkjuːnjəs] medellös, obemedlad
impedance [ɪmˈpiːd(ə)ns] *elektr.* impedans
impede [ɪmˈpiːd] hindra, hejda, hämma, försena
impediment [ɪmˈpedɪmənt] **1** hinder; ~ *in one's speech* talfel **2** (*pl, ~s el. ~a* [ɪmˌpedɪˈmentə]) *jur.* [äktenskaps]hinder **impedimenta** [ɪmˌpedɪˈmentə] *pl* **1** *mil.* tross **2** hindrande bagage; hinder
impel [ɪmˈpel] **1** driva, egga, sporra, förmå, tvinga **2** [fram]driva **-ler** [-ə] **1** *tekn.* kompressorhjul; fläkthjul; impeller
impend [ɪmˈpend] vara nära förestående, hota **-ing** [-ɪŋ] överhängande, nära förestående, hotande
impenetrable [ɪmˈpenɪtrəbl] **1** ogenomtränglig (*forest* skog) **2** *bildl.* ogenomtränglig; outgrundlig; obegriplig
impeni|tence [ɪmˈpenɪt(ə)ns] obotfärdighet, förhärdelse **-tent** [-t(ə)nt] obotfärdig, förhärdad
imperative [ɪmˈperətɪv] **I** *a* **1** tvingande, absolut nödvändig (erforderlig) **2** befallande, myndig (*tone of voice* röst) **3** imperativ[isk]; *the* ~ *mood* (*språkv.*) imperativ[en] **II** *s* **1** tvingande nödvändighet **2** befallning, order **3** *språkv.* imperativ; *in the* ~ i imperativ
imperceptible [ˌɪmpəˈseptəbl] omärklig, ej förnimbar, ej iakttagbar, ohörbar, osynlig
imperfect [ɪmˈpɜːfɪkt] **I** *a* **1** ofullkomlig, bristfällig **2** ofullständig **3** *språkv., the* ~ *tense* progressiv form (*i sht i imperfektum*) **II** *s, språkv.* progressiv form (*i sht i imperfektum*) **imperfection** [ˌɪmpəˈfekʃn] **1** ofullkomlighet, bristfällighet; fel, brist, defekt **2** ofullständighet
imperial [ɪmˈpɪərɪəl] **I** *a* **1** kejserlig; kejsar-; inom (som gäller) [brittiska] imperiet, imperie-; ~ *Rome* kejsartidens Rom; *His I~ Highness* Hans Kejserliga Majestät; ~ *trade* handel[n] inom [brittiska] imperiet **2** *bildl.* majestätisk, myndig, befallande **3** (*om varor o.d.*) utmärkt, av bästa kvalitet **4** (*om vikt o. mått*) brittisk standard-; ~ *gallon, se gallon* **II** *s* **1** pipskägg **2** imperialformat **3** *AE.* bagagetak (*på diligens*); kappsäck (*för diligenstak*) **-ism** [-ɪz(ə)m] imperialism **-ist** impe-

rialist **-istic** [ɪmˌpɪərɪəˈlɪstɪk] imperialistisk
imperil [ɪmˈper(ə)l] äventyra, sätta på spel, riskera
imperious [ɪmˈpɪərɪəs] befallande, myndig; arrogant, högdragen, övermodig
imperishable [ɪmˈperɪʃəbl] oförgänglig, oförstörbar; ~ *truths* eviga sanningar
imperma|nence [ɪmˈpɜːm(ə)nəns] obeständighet, ovaraktighet **-nent** [-nənt] obeständig, ovaraktig
impermeable [ɪmˈpɜːmjəbl] ogenom|tränglig, -släpplig; ~ *to air* lufttät; ~ *to water* vattentät
impermissible [ˌɪmpəˈmɪsəbl] otillåtlig
impersonal [ɪmˈpɜːsnl] opersonlig (*äv. språkv.*); (*om pron äv.*) obestämd **-ity** [ɪmˌpɜːsəˈnælətɪ] opersonlighet
imperson|ate [ɪmˈpɜːsəneɪt] **1** personifiera; utge sig för att vara (*annan pers.*) **2** imitera, efterapa **-ation** [ɪmˌpɜːsəˈneɪʃn] **1** personifiering **2** imitation **-ator** [ɪmˌpɜːsəneɪtə] imitatör
imperti|nence [ɪmˈpɜːtɪnəns], **-nency** [-nənsɪ] näsvishet; oförskämdhet **-nent** [-nənt] **1** näsvis; påträngande **2** irrelevant, ovidkommande
imperturb|ability [ˈɪmpəˌtɜːbəˈbɪlətɪ] orubblighet; oberördhet, [orubbligt] lugn **-able** [ˌɪmpəˈtɜːbəbl] orubblig; oberörd, [orubbligt] lugn
impervi|able, -ous [ɪmˈpɜːvj|əbl, -əs] **1** ogenom|tränglig, -släpplig; ~ *to water* vattentät **2** *bildl.* oemottaglig (*to reason* för skäl)
impetu|osity [ɪmˌpetjʊˈɒsətɪ] häftighet; impulsivitet; överrgad (impulsiv) handling **-ous** [ɪmˈpetjʊəs] häftig; impulsiv
impetus [ˈɪmpɪtəs] **1** impuls; *give an* ~ *to* ge en impuls till **2** *fys.* rörelseenergi, fart; [levande] kraft
impiety [ɪmˈpaɪətɪ] gudlöshet; ogudaktighet; pietets-, respekt|löshet
impinge [ɪmˈpɪn(d)ʒ] **1** inkräkta, göra intrång ([*up*]*on* på, i); påverka **2** slå, stöta, kollidera (*against*, [*up*]*on* mot, med) **-ment** [-mənt] **1** slag, stöt **2** intrång; påverkan
impious [ˈɪmpɪəs] gudlös, ogudaktig, pietets-, respekt|lös
impish [ˈɪmpɪʃ] okynnig, rackar-
implacable [ɪmˈplækəbl] oförsonlig, obeveklig
implant [ɪmˈplɑːnt] **1** inplant[er]a; inprägla, inpränta, inskärpa **2** *med.* implantera
implausible [ɪmˈplɔːzəbl] osannolik
imple|ment I *s* [ˈɪmplɪmənt] tillbehör; verktyg, redskap (*äv. bildl.*); *gardening ~s* trädgårdsredskap **II** *v* [ˈɪmplɪment] utföra; genomföra, realisera, förverkliga, fullfölja **-mentation** [ˌɪmplɪmenˈteɪʃn] utförande *etc., jfr implement II*
impli|cate [ˈɪmplɪkeɪt] **1** blanda (dra) in (*s.b. in s.th.* ngn i ngt), implicera **2** innebära, medföra **-cation** [ˌɪmplɪˈkeɪʃn] **1** inblandning (*in a crime* i ett brott) **2** innebörd, slutsats; följd; *by* ~ underförstått, implicit
implicit [ɪmˈplɪsɪt] **1** underförstådd, implicit, indirekt **2** obetingad, absolut; ~ *faith* blind tro
implied [ɪmˈplaɪd] underförstådd, indirekt
implode [ɪmˈpləʊd] implodera
implore [ɪmˈplɔː] bönfalla, enträget be (*s.b. to do s.th.* ngn att göra ngt); enträget be om (*forgiveness* förlåtelse); ~ *a p.'s mercy* bönfalla ngn

om nåd
implosion [ɪmˈpləʊʒn] implosion
imply [ɪmˈplaɪ] **1** antyda; *are you ~ing that* vill du antyda (ha sagt) att **2** innebära, medföra; betyda
impolite [ˌɪmpəˈlaɪt] oartig, ohövlig
impolitic [ɪmˈpɒlətɪk] oförståndig, oklok, mindre välbetänkt
imponderable [ɪmˈpɒnd(ə)rəbl] **I** *a* ovägbar; *bildl.* som inte kan uppskattas **II** *s* obestämbart faktum, ovägbart ämne; *~s (pl, äv.)* imponderabilia
import I *s* [ˈɪmpɔːt] **1** import, införsel; *~s (pl)* import|varor, -artiklar; *visible ~s* importvaror; *invisible ~s* importerade tjänster **2** innebörd, mening, betydelse **3** vikt, betydelse; *a man of great ~* en man av stor betydelse **II** *v* [ɪmˈpɔːt] **1** importera, föra in **2** innebära, betyda
importance [ɪmˈpɔːtns] vikt, betydelse; *a man of ~ (äv.)* en betydande man; *attach the greatest ~ to* lägga (fästa) den största vikt vid **important** [-t] viktig, betydelsefull, betydande; *that's not ~* det är inte viktigt; *it's not ~* det gör ingenting (spelar ingen roll) **importantly** [-tlɪ] *adv* **1** vanl. neds. [strunt]viktigt **2** huvudsakligen, helt; *it is ~ different* det är helt annorlunda
importation [ˌɪmpɔːˈteɪʃn] import[erande], införsel; import|vara, -artikel **import duty** [ˈɪmpɔːtˌdjuːtɪ] importtull **importer** [ɪmˈpɔːtə] importör **import licence** [ˈɪmpɔːtˌlaɪs(ə)ns] importlicens
impor|tunate [ɪmˈpɔːtjʊnət] påträngande, enträgen, efterhängsen **-tune** [-tjuːn] **1** besvära, ansätta *(s.b. with requests* ngn med böner om); tigga och be, enträget be *(s.b. for s.th.* ngn om ngt) **-tunity** [ˌɪmpɔːˈtjuːnətɪ] enträgenhet, efterhängsenhet
impose [ɪmˈpəʊz] **1** lägga på, påbörda; påtvinga; *~ a tax on s.th.* lägga skatt på (beskatta) ngt **2** tvinga; *~ o.s. (one's presence) on s.b.* tvinga sig på ngn **3** lura, pracka *(s.th. on s.b.* på ngn ngt) **4** *boktr.* skjuta ut **5** *~ [up]on* utnyttja, dra fördel av, missbruka *(a p.'s kindness* ngns vänlighet); *I don't wish to ~* jag vill inte tränga mig på (vara till besvär) **imposing** [-ɪŋ] imponerande **imposition** [ˌɪmpəˈzɪʃn] **1** påläggande *(of taxes* av skatter); påbud **2** pålaga, skatt **3** belastning, börda; *BE.* straffläxa; *I'd love to stay if it isn't too much of an ~* jag skulle gärna vilja stanna om det inte är för mycket besvär **4** *boktr.* utskjutning
impossi|bility [ɪmˌpɒsəˈbɪlətɪ] omöjlighet **-ble** [ɪmˈpɒsəbl] **I** *a* omöjlig; *vard. äv.* outhärdlig, odräglig **II** *s, ask for the ~* begära det omöjliga
impost [ˈɪmpəʊst] tull; skatt
imposter, impostor [ɪmˈpɒstə] bedragare, skojare **imposture** [-tʃə] bedrägeri, skoj
impo|tence [ˈɪmpət(ə)ns] **-tency** [-sɪ] **1** makt-, kraft|löshet; vanmakt; oförmåga **2** *fysiol.* impotens **-tent** [-t] **1** makt-, kraft|lös; vanmäktig; oförmögen **2** *fysiol.* impotent
impound [ɪmˈpaʊnd] **1** instänga *(i inhägnad e.d.)* **2** konfiskera, beslagta; lägga beslag på
impoverish [ɪmˈpɒv(ə)rɪʃ] **1** utarma, göra fattig[are]; *~ed* utarmad, utfattig; *~ the soil* utarma (suga ut) jorden **-ment** [-mənt] utarmning, utarmande; utsugning *(av jord)*
impractica|bility [ɪmˌpræktɪkəˈbɪlətɪ] outför-

barhet *etc.*, *jfr impracticable* **-ble** [ɪmˈpræktɪkəbl] **1** outförbar, ogörlig, ogenomförbar; praktiskt omöjlig **2** oframkomlig *(road* väg)
impractical [ɪmˈpræktɪkl] opraktisk **-ity** [ˌɪmpræktɪˈkælətɪ] opraktiskhet
impre|cate [ˈɪmprɪkeɪt] **1** svära, förbanna; häda **2** nedkalla *(curses [up]on* förbannelser över); förbanna **-cation** [ˌɪmprɪˈkeɪʃn] **1** förbannelse; svordom **2** nedkallande av förbannelse
impregnable [ɪmˈpregnəbl] **1** ointaglig **2** oövervinnelig, orubblig; obestridlig
impreg|nate I *v* [ˈɪmpregneɪt] **1** genomdränka, mätta; impregnera **2** befrukta; göra fruktbar **II** *a* [ɪmˈpregnɪt] befruktad; gravid **-nation** [ˌɪmpregˈneɪʃn] **1** genomdränkning; impregnering **2** befruktning
impresario [ˌɪmprɪˈsɑːrɪəʊ] *(pl -s)* impressario
1 impress I *v* [ɪmˈpres] **1** göra intryck på, imponera på; *I'm ~ed by* jag är imponerad av **2** trycka in (på); prägla, stämpla; *~ a pattern onto (into) s.th.* trycka (prägla) ett mönster på ngt; *~ a seal in wax (wax with a seal)* göra ett sigillavtryck i vax **3** *bildl.* inskärpa; inpränta, inprägla; *~ a thought on s.b.* inskärpa en tanke hos ngn **II** *s* [ˈɪmpres] **1** prägling, stämpling **2** stämpel, prägel *(äv. bildl.);* avtryck
2 impress [ɪmˈpres] **I** *v* tvångsutskriva; tvångsvärva **II** *s* tvångsutskrivning; tvångsvärvning
impression [ɪmˈpreʃn] **1** intryck; verkan; känsla; *make an ~ on s.b.* göra intryck på ngn; *I had (was under) the ~ that* jag hade ett intryck av att; *first ~s are usually right* det första intrycket är oftast det riktiga **2** avtryck, spår, märke *(of a foot* av en fot) **3** *boktr.* tryckning; omtryckning; tryckt upplaga; *a first ~ of 2.000 copies* en första upplaga av 2 000 exemplar **4** imitation; *make a funny ~ of s.b.* göra en rolig imitation av ngn **-able** [ɪmˈpreʃnəbl] mottaglig för intryck
impression|ism [ɪmˈpreʃnɪz(ə)m] impressionism **-ist** [-ɪst] impressionist **-istic** [ɪmˌpreʃəˈnɪstɪk] impressionistisk
impressive [ɪmˈpresɪv] imponerande
imprint I *v* [ɪmˈprɪnt] **1** trycka på, trycka in, prägla; stämpla, märka **2** *bildl.* inprägla, inpränta *(on the memory* i minnet; *on s.b.* hos ngn) **II** *s* [ˈɪmprɪnt] **1** avtryck, märke, intryck *(of a finger* av ett finger); prägel **2** *boktr.*, *[printer's, publisher's] ~* tryckeriets (förläggarens) namn, tryckort och tryckår
imprison [ɪmˈprɪzn] sätta i fängelse, fängsla **-ment** [-mənt] fängslande; fångenskap; fängelse, fängelsestraff; *sentence s.b. to life ~* döma ngn till livstids fängelse
improb|ability [ɪmˌprɒbəˈbɪlətɪ] osannolikhet **-able** [ɪmˈprɒbəbl] osannolik, otrolig
improbity [ɪmˈprəʊbətɪ] ohederlighet, oärlighet
impromptu [ɪmˈprɒm(p)tjuː] **I** *a* oförberedd; improviserad **II** *adv* oförberett; *speak ~* tala oförberett **III** *s* improvisation; *mus.* impromptu
improper [ɪmˈprɒpə] **1** oriktig, felaktig, oegentlig; *~ use of a tool* felaktig användning av ett verktyg; *~ fraction (mat.)* oegentligt bråk **2** oanständig; opassande, olämplig; *it's ~ to do that* det passar sig inte att göra det **impropriety** [ˌɪmprəˈpraɪətɪ] **1** oanständighet; olämplighet **2**

oriktighet, felaktighet; oegentlighet
improve [ɪmˈpruːv] **1** förbättra, göra bättre; bättra på, höja; ~ *one's mind* vidareutbilda sig; *that doesn't ~ matters* det gör inte saken bättre **2** förbättras, gå framåt; bli bättre; *she has ~d in maths* hon har blivit bättre i matte; *the invalid is improving* sjuklingen mår bättre (repar sig) **3** ~ [*up*]*on* förbättra, bättra på, överträffa (*last year's results* förra årets resultat) **-ment** [-mənt] förbättring *etc.*, jfr *improve*; ~ *in pay* löneförbättring; ~ *of one's mind* vidareutbildning; *an* ~ *on the previous year* en förbättring i jämförelse med föregående år
improvi|dence [ɪmˈprɒvɪd(ə)ns] brist på förutseende; tanklöshet, oförsiktighet; slösaktighet **-dent** [-d(ə)nt] oförutseende; tanklös, oförsiktig; slösaktig; förhastad
improving [ɪmˈpruːvɪŋ] informativ, lärorik; uppbygglig
improvisation [ˌɪmprəvaɪˈzeɪʃn] improvisation
improvise [ˈɪmprəvaɪz] improvisera **improviser** [ˈɪmprəvaɪzə] improvisatör
impru|dence [ɪmˈpruːd(ə)ns] oklokhet **-dent** [-d(ə)nt] oklok
impu|dence [ˈɪmpjʊd(ə)ns] fräckhet, oförskämdhet, näsvishet **-dent** [-d(ə)nt] fräck, oförskämd, näsvis
impugn [ɪmˈpjuːn] bestrida; motsäga; angripa; [skarpt] kritisera
impuis|sance [ɪmˈpjuːɪsns] makt-, kraft|löshet, svaghet **-sant** [-snt] makt-, kraft|lös, svag
impulse [ˈɪmpʌls] **1** impuls, stöt **2** *bildl.* impuls, ingivelse, lust; *on* ~ av en ingivelse, impulsivt **3** tendens, strömning, trend **impulse buying** impulsköp
impulsion [ɪmˈpʌlʃn] **1** fram-, på|drivning **2** drivkraft; drift, tvång
impulsive [ɪmˈpʌlsɪv] **1** impulsiv **2** fram-, på|drivande
impunity [ɪmˈpjuːnətɪ] straffrihet; *with* ~ ostraffat
impure [ɪmˈpjʊə] oren **impurity** [ɪmˈpjʊərətɪ] orenhet, förorening
imputation [ˌɪmpjuːˈteɪʃn] tillvitelse, beskyllning, anklagelse **impute** [ɪmˈpjuːt] tillskriva, tillvita (*s.th. to s.b.* ngn ngt); ~ *s.th. to* (*äv.*) lägga skulden för ngt på
in [ɪn] **I** *prep* **1** *rumsbet.* i; på; ~ *the car* i bilen; ~ *here* här inne, hit in; ~ [*the*] *church* i kyrkan; ~ *the street* på gatan; *fall* ~ *the water* falla i vattnet; *I have it* ~ *me* jag har det i mig, det ligger i min natur **2** *tidsbet.* i, inom, om, under, på; ~ *May* i maj; ~ *the beginning* i början; ~ *my presence* i min närvaro; *I'll be back* ~ *a week* jag är tillbaka [in]om en vecka; ~ *a moment* om ett ögonblick; ~ *1990* [år] 1990; ~ *my absence* under (i) min frånvaro; ~ *the reign of Elizabeth I* under Elisabet I:s regering; ~ *the morning* på morgonen, om morgnarna; ~ *the nineties* på åttiotalet; ~ *those days* på den tiden; *I did it* ~ *one hour* jag gjorde det på en timme **3** (*annan bet.*) ~ *my opinion* enligt min åsikt; *you find it* ~ *Byron* det står hos Byron; *rare* ~ *a child of that age* sällsynt hos ett barn i den åldern; ~ *the army* i armén; *dressed* ~ *blue* klädd i blått; *pay* ~ *cash* betala kontant; *they died* ~ *hundreds* de dog i hundratal; ~ *journalism* i,

(inom) journalistiken; *paint* ~ *oils* måla i olja; ~ *marble* i marmor; ~ *small quantities* i små mängder; ~ *the shade* i skuggan; *there's no harm* ~ *that* det är inget ont i det; *tear s.th.* ~ *two* riva itu ngt; ~ *a loud voice* med hög röst; ~ *a word* med ett ord [sagt]; ~ *the bank* på banken; *deaf* ~ *one ear* döv på ena örat; ~ *English* på engelska; *twelve inches* ~ *a foot* tolv tum på en fot; ~ *quest of* på jakt efter; *one person* ~ *ten* en person på (av) tio; ~ *this way* på det här sättet; ~ *reply to* som svar på; ~ *the honour of s.b.* till ngns ära; *ten* ~ *number* tio till antalet; ~ *silence* under tystnad; ~ *good health* vid god hälsa, frisk; *there's nothing* ~ *it* det är sak sammma (hugget som stucket); ~ *that* (*so far as*) eftersom, så tillvida som **4** (*före ing-form*) ~ *crossing the street*, *he was run over* när han gick över gatan blev han överkörd; ~ *doing so, she could* i och med att hon gjorde så kunde hon; ~ *trying to escape* (*äv.*) vid flyktförsöket **II** *adv* **1** in; inne, hemma; framme, anländ; *come* ~ kom in; *bring him* ~ för in honom; *she wasn't* ~ *when I came* hon var inte inne (hemma) när jag kom; *the train is* ~ tåget är inne; *our team is* ~ vårt lag är inne; *we were asked* ~ vi blev ombedda att komma in **2** vid makten; *the Conservatives got* ~ de konservativa kom till makten **3** *BE.* (*om eld*) tänd **4** ~ *between* dess-, där|emellan; *be* ~ *for a*) kunna (få) räkna med (*trouble* svårigheter), kunna vänta sig (*rain* regn), *b*) delta i, ha anmält sig till (*a race* ett lopp), *c*) söka (*the post of manager* chefsposten); *you're* ~ *for it* du är illa ute; *have* [*got*] *it* ~ *for s.b.* vilja komma åt ngn, ha ett horn i sidan till ngn; *be* ~ *on a*) vara med om (i), ha del i, *b*) känna till, ha reda på, *c*) lägga (blanda) sig i; *be* ~ *with s.b.* komma [bra] överens (ha tumme) med ngn **III** *a* inne, modern; *the* ~ *thing* innegrejen; *be* ~ vara inne (modern); *miniskirts are* ~ det är inne med kortkort **IV** *s* **1** *know the ~s and outs of* känna till alla detaljer om, känna ngt utan och innan **2** *AE.* mäktig (inflytelserik) person; *vard.* makt, inflytande
in. *förk. för inch*[*es*]
inability [ˌɪnəˈbɪlətɪ] oförmåga; oduglighet
inaccessi|bility [ˈɪnækˌsesəˈbɪlətɪ] otillgänglighet, oåtkomlighet **-ble** [ˌɪnækˈsesəbl] otillgänglig, oåtkomlig
inaccu|racy [ɪnˈækjʊrəsɪ] bristande noggrannhet, inexakthet; fel[aktighet], oriktighet **-rate** [-rət] inte noggrann, inexakt; felaktig, oriktig
inaction [ɪnˈækʃn] overksamhet; tröghet
inac|tive [ɪnˈæktɪv] overksam, inaktiv **-tivity** [ˌɪnækˈtɪvətɪ] overksamhet, inaktivitet
inad|equacy [ɪnˈædɪkwəsɪ] otillräcklighet, bristfällighet; olämplighet **-equate** [-ɪkwət] otillräcklig, bristfällig; inadekvat; inte avpassad; olämplig
inadmissible [ˌɪnədˈmɪsəbl] otillåtlig; oacceptabel
inadvert|ence [ˌɪnədˈvɜːt(ə)ns], **-ency** [-(ə)nsɪ] **1** ouppmärksamhet; ovarsamhet **2** förbiseende **-ent** [-(ə)nt] **1** ouppmärksam; ovarsam **2** oavsiktlig
inadvisable [ˌɪnədˈvaɪzəbl] inte tillrådlig, oklok
inalienable [ɪnˈeɪljənəbl] omistlig, oförytterlig
inane [ɪˈneɪn] **I** *a* tom, meningslös, innehållslös, dum, idiotisk **II** *s*, *åld., the* ~ tomma rymden

inanimate—incision 242

inanimate [ɪnˈænɪmət] **1** livlös, inte levande; ~ *objects* livlösa föremål **2** utan vitalitet, trög
inani|tion [ˌɪnəˈnɪʃn] **1** utmattning, kraftlöshet **2** tomhet **-ty** [ɪˈnænəti] dumhet, fantasilöshet, andefattighet; meningslöshet
inapplicable [ɪnˈæplɪkəbl] inte tillämplig (passande); irrelevant
inapposite [ɪnˈæpəzɪt] inte lämplig (passande, tillämplig)
inappre|ciable [ˌɪnəˈpriːʃəbl] **1** som inte kan uppskattas **2** omärklig; oväsentlig; obetydlig, minimal **-ciation** [ˈɪnəˌpriːʃɪˈeɪʃn] låg uppskattning **-ciative** [ˌɪnəˈpriːʃjətɪv] inte uppskattande; oförstående
inapprehensive [ɪnˌæprɪˈhensɪv] likgiltig (*of danger* för faran), omedveten (*of* för)
inappropriate [ˌɪnəˈprəʊprɪət] olämplig, opassande
inapt [ɪnˈæpt] **1** olämplig, opassande **2** oskicklig; oduglig **inaptitude** [-ɪtjuːd] **1** olämplighet **2** oskicklighet; oduglighet
inarticulate [ˌɪnɑːˈtɪkjʊlət] **1** oartikulerad, otydlig; osammanhängande **2** stum, mållös **3** outtalad, vag **4** *biol.* oledad
inartistic [ˌɪnɑːˈtɪstɪk] okonstnärlig, oartistisk
inasmuch [ˌɪnəzˈmʌtʃ] *adv*, ~ *as a*) eftersom, emedan *b*) såtillvida som
inatten|tion [ˌɪnəˈtenʃn] ouppmärksamhet; tanklöshet; vårdslöshet, slarv **-tive** [-tɪv] ouppmärksam; tanklös; vårdslös, slarvig
inaudi|bility [ɪnˌɔːdəˈbɪləti] ohörbarhet **-ble** [ɪnˈɔːdəbl] ohörbar
inaugu|ral [ɪˈnɔːgjʊrəl] **I** *a* **1** invignings-, öppnings- **2** installations- **II** *s*, *AE*. installationsanförande (*i sht av president*) **-rate** [-reɪt] **1** inviga, öppna (*a new factory* en ny fabrik) **2** installera (*i ämbete*) **3** inleda, initiera, sätta i gång **-ration** [ɪˌnɔːgjʊˈreɪʃn] **1** invigning, öppnande **2** installation (*i ämbete*); *I~ Day* (*AE*.) installationsdagen (*för nyvald president, 20 jan.*)
inauspicious [ˌɪnɔːˈspɪʃəs] **1** olycksbådande **2** ogynnsam
inboard [ˈɪnbɔːd] *sjö.* **I** *a* inombords- **II** *adv* inombords
inborn [ˌɪnˈbɔːn] medfödd; inneboende, naturlig
inbred [ˌɪnˈbred] **1** som uppkommit genom inavel, inavlad **2** medfödd; inrotad **inbreeding** [-ˈbriːdɪŋ] inavel
Inc. *förk.* för *Incorporated* **inc.** *förk.* för *included; including; inclusive; income; incomplete; incorporated; increase*
Inca [ˈɪŋkə] (*pl* ~[*s*]) *hist.* Inka
incalculable [ɪnˈkælkjʊləbl] **1** oräknelig, otalig, oändlig **2** oberäknelig, oförutsebar
in camera [ˌɪnˈkæmərə] *jur.* inom lyckta dörrar
incandes|cense [ˌɪnkænˈdesns] glödning; glödhetta **-cent** [-snt] glödande; ~ *lamp* glödlampa
incantation [ˌɪnkænˈteɪʃn] besvärjelse; trollformel
incapa|bility [ɪnˌkeɪpəˈbɪləti] oförmåga **-ble** [ɪnˈkeɪpəbl] **1** oduglig, inkompetent; ~ *of* oförmögen (ur stånd) till; *a problem ~ of solution* ett problem som inte går att lösa **2** hjälplös, maktlös; *drunk and ~* redlöst berusad
inca|pacitate [ˌɪnkəˈpæsɪteɪt] **1** göra oförmögen (oduglig); *physically ~d* rörelsehindrad **2** *jur.*

diskvalificera; omyndigförklara **-pacity** [-ˈpæsəti] **1** oförmåga, inkompetens **2** *jur.* obehörighet
incarcer|ate [ɪnˈkɑːsəreɪt] spärra in, fängsla **-ation** [ɪnˌkɑːsəˈreɪʃn] inspärrning, fängslande
incar|nate I *a* [ɪnˈkɑːneɪt] **1** förkroppsligad, personifierad; *a devil ~* en djävul i människohamn; *stupidity ~* dumheten personifierad **2** *bot.* rosa, skär **II** *v* [ˈɪnkɑːneɪt] förkroppsliga; levandegöra **-nation** [ˌɪnkɑːˈneɪʃn] inkarnation, förkroppsligande
incautious [ɪnˈkɔːʃəs] oförsiktig, ovarsam
incendi|arism [ɪnˈsendjərɪz(ə)m] **1** mordbrand **2** (*förr*) uppvigling, agitation **-ary** [-əri] **I** *a* **1** mordbrands-; brand- **2** uppviglande, upphetsande **3** lättantändlig, brännbar **II** *s* **1** pyroman, mordbrännare **2** (*förr*) uppviglare, agitator **3** brandbomb **4** brännbart ämne
1 incense [ˈɪnsens] **I** *s* rökelse; doft **II** *v* tända rökelse för; fylla med väldoft
2 incense [ɪnˈsens] reta upp, göra rasande
incentive [ɪnˈsentɪv] **I** *s* drivfjäder, sporre, incitament, uppmuntran; stimulansåtgärd **II** *a* sporrande, eggande, stimulerande; ~ *pay* prestationslön
incept [ɪnˈsept] **1** *BE.* (*förr*) promoveras **2** (*om organism*) ta upp (*näring*) **inception** [ɪnˈsepʃn] början, start, påbörjande; *from* (*at*) *its ~* från [första] början
incertitude [ɪnˈsɜːtɪtjuːd] osäkerhet, ovisshet
incessant [ɪnˈsesnt] oavbruten, oupphörlig, ständig, ihållande
incest [ˈɪnsest] incest, blodskam **incestuous** [ɪnˈsestjʊəs] incestuös; skyldig till incest
1 inch [ɪn(t)ʃ] **I** *s* tum (*2,54 cm*); ~ *by* ~ så småningom, gradvis, sakta men säkert; *by ~es* på ett hår när; *within an ~ of* mycket nära, nästan; *she came within an ~ of winning* hon var mycket nära att vinna; *she is every ~ a lady* hon är en lady i varje tum (ut i fingerspetsarna); *gain a few ~es* växa ett par centimeter; *give him an ~ and he'll take a mile* om man räcker honom ett finger tar han hela handen **II** *v* röra sig (flytta) mycket långsamt (*forward* framåt)
2 inch [ɪntʃ] *Sk. o. Irl.* holme, liten ö
inchmeal [ˈɪntʃmiːl] tum för tum, i små steg
inchoate [ˈɪnkəʊeɪt] **I** *a* **1** begynnande **2** outvecklad **II** *v* påbörja
inci|dence [ˈɪnsɪd(ə)ns] **1** omfattning, utbredning, frekvens; mängd; *a high ~ of crime* hög brottslighet; *the ~ of death from cancer* antalet dödsfall i cancer **2** fördelning, verkan **3** *fys.*, [*angle of*] *~* infallsvinkel **-dent** [-(ə)nt] **I** *s* händelse, tilldragelse; incident, episod, intermezzo; bråk (*in a pub* på en pub) **II** *a* **1** ~ *to* relaterad till, förbunden med, beroende av **2** *fys.* infallande **-dental** [ˌɪnsɪˈdentl] sido-, bi-, oväsentlig, tillfällig **2** ~ *to* förbunden med, som brukar följa med; ~ *upon* orsakad av **-dentally** [ˌɪnsɪˈdentli] **1** tillfälligtvis, i förbigående **2** apropå det, förresten
inciner|ate [ɪnˈsɪnəreɪt] **1** [för]bränna, bränna till aska **2** brinna upp **-tion** [ɪnˌsɪnəˈreɪʃn] [för]bränning **-ator** [-ə] förbränningsugn
incipi|ence [ɪnˈsɪpɪəns], **-ency** [-ənsi] början **-ent** [-ənt] begynnande, begynnelse-
incise [ɪnˈsaɪz] skära (rista, gravera) in **incision**

[ɪn'sɪʒn] inskärning, skåra, snitt; *med.* insnitt **incisive** [ɪn'saɪsɪv] **1** [in]skärande; vass **2** *bildl.* vass, skarp, bitande **incisor** [ɪn'saɪzə] framtand, skärtand
incite [ɪn'saɪt] sporra, egga **-ment** [-mənt] **1** upphetsning, uppvigling **2** incitament, eggelse, retmedel, drivfjäder
incivility [ˌɪnsɪ'vɪlətɪ] ohövlighet
incl. *förk.* för including; inclusive
inclem|ency [ɪn'klemənsɪ] (*vädrets*) stränghet, bisterhet **-ent** [-ənt] **1** (*om väder*) sträng, bister, hård **2** *bildl.* hård, sträng, oförsonlig, obeveklig
inclinable [ɪn'klaɪnəbl] **1** benägen, böjd (*to* [för] att) **2** som kan lutas (böjas) **inclination** [ˌɪnklɪ-'neɪʃn] **1** böjelse, benägenhet, lust, håg (*for*, [*to*]-*wards* för; *to* + *inf.* [för] att); tendens; *an* ~ *to stoutness* anlag för fetma **2** *fys. o. astr.* inklination, lutningsvinkel **3** lutning (*of a slope* på en sluttning); böjning (*of the head* på huvudet); lutande, böjande **incline** [ɪn'klaɪn] **I** *v* **1** luta; böja; ~ *one's head* böja på huvudet, buga sig; *if you would* ~ *your ear* om ni ville låna mig ert öra **2** göra böjd (benägen) (*to* för) **3** luta, slutta (*to*, *towards* mot, åt) **4** vara böjd (benägen) (*to* för), luta (*to* åt) **II** *s* lutning, sluttning **inclined** [ɪn-'klaɪnd] **1** benägen, böjd (*to* för); *feel* ~ *to do s.th.* (*äv.*) ha lust att göra ngt; *they are* ~ *to be late* de har en benägenhet att komma för sent **2** lutande, sluttande (*plane* plan)
include [ɪn'kluːd] omfatta, innefatta, inbegripa, inkludera; innehålla, bestå av; *all* ~*d* [-ɪd] inklusive allt, allt inberäknat; *service not* ~*d* exklusive dricks; *does that* ~ *me?* gäller det mig också?; *your name is not* ~*d on the list* ditt namn är inte upptaget (står inte) på listan **including** [-ɪŋ] omfattande; inklusive; *up to and* ~ *May 11* till och med 11 maj **inclusion** [ɪn'kluːʒn] inbegripande; medräknande; *with the* ~ *of Peter* inklusive (med) Peter **inclusive** [ɪn'kluːsɪv] **1** ~ *of* inklusive, inberäknat, med, medräknat; *capital* ~ *of profit* kapital inklusive avkastning; *be* ~ *of* inkludera **2** inberäknad, till och med; *Friday to Monday* ~ fredag t.o.m. måndag **3** med allt inberäknat (inkluderat); ~ *sum* klumpsumma; ~ *terms* pris som inkluderar allt, allt-i-ett-pris **4** [vitt]omfattande, innehållsrik
incognito [ɪn'kɒɡnɪtəʊ] **I** *a o. adv* inkognito, under antaget namn **II** *s* (*pl* ~*s*) **1** person som uppträder inkognito **2** inkognito
incoher|ence [ˌɪnkə(ʊ)'hɪər(ə)ns], **-ency** [-(ə)nsɪ] brist på sammanhang **-ent** [-(ə)nt] **1** osammanhängande; oordnad **2** oklar, som har svårt att uttrycka sig tydligt
incombustible [ˌɪnkəm'bʌstəbl] inte brännbar; eldfast
income ['ɪŋkʌm] inkomst[er]; avkastning; intäkter; *have a large* ~ ha en hög inkomst, ha höga inkomster; *live beyond one's* ~ leva över sina tillgångar **income group** inkomstgrupp **income tax** inkomstskatt **income tax return** självdeklaration
incoming ['ɪnˌkʌmɪŋ] **I** *a* **1** inkommande; inträdande; ankomsten (*train* tåg) **2** tillträdande (*president* president) **II** *s* **1** inträde; ankomst **2** *vanl. pl*, ~*s* inkomster
incommen|surable [ˌɪnkə'menʃ(ə)rəbl] inkommensurabel (*äv. mat.*), ojämförbar **-surate** [-ʃ(ə)rət] **1** inte proportionell (*with* med); otillräcklig (*to* för); *be* ~ *with* inte stå i proportion till **2** = *incommensurable*
incom|mode [ˌɪnkə'məʊd] vålla besvär, besvära **-modious** [-'məʊdjəs] **1** trång, obekväm **2** besvärlig
incommuni|cado [ˌɪnkəmjuːnɪ'kɑːdəʊ] isolerad, avskild från yttervärlden **-ative** [-'mjuːnɪkətɪv] tystlåten, inte meddelsam
incommutable [ˌɪnkə'mjuːtəbl] oföränderlig
incomparable [ɪn'kɒmp(ə)rəbl] ojämförlig; makalös, enastående
incompat|ibility [ˌɪnkəmˌpætə'bɪlətɪ] oförenlighet; inkompatibilitet **-ible** [ˌɪnkəm'pætəbl] oförenlig; inkompatibel
incompe|tence [ɪn'kɒmpɪt(ə)ns], **-tency** [-t(ə)nsɪ] **1** inkompetens, oförmåga **2** *jur.* obehörighet, jävighet **-tent** [-t(ə)nt] **1** inkompetent, oduglig **2** *jur.* obehörig, jävig
incomplete [ˌɪnkəm'pliːt] ofullständig; inte avslutad, ofullbordad
incomprehen|sibility [ˌɪnˌkɒmprɪhensə'bɪlətɪ] obegriplighet **-sible** [-'hensəbl] obegriplig **-sion** [ˌɪnkɒmprɪ'henʃn] oförmåga att förstå
inconceiv|ability ['ɪnkənˌsiːvə'bɪlətɪ] ofattbarhet **-able** [ˌɪnkən'siːvəbl] ofattbar, obegriplig
inconclusive [ˌɪnkən'kluːsɪv] inte avgörande; inte övertygande; inte slutgiltig,; resultatlös; ~ *evidence* inte bindande bevis
incon|gruity [ˌɪnkɒŋ'gruːətɪ] **1** bristande överensstämmelse, inkongruens; oförenlighet; olämplighet **2** orimlighet, absurditet, motsägelse **-gruous** [ɪn'kɒŋgruəs] **1** oförenlig, inkongruent (*with*, *to* med); som inte går i stil, omaka; olämplig **2** orimlig, absurd, motsägelsefull
incon|sequence [ɪn'kɒnsɪkwəns] inkonsekvens, bristande följdriktighet; ologiskhet; brist på sammanhang **-ent** [-ənt], **-ential** [ˌɪnkɒnsɪ'kwenʃl] **1** inkonsekvent, inte följdriktig, ologisk; osammanhängande **2** betydelselös, oviktig, obetydlig
inconsider|able [ˌɪnkən'sɪd(ə)rəbl] obetydlig, oansenlig **-ate** [-ət] hänsynslös; tanklös
inconsist|ency [ˌɪnkən'sɪst(ə)nsɪ] **1** oförenlighet, bristande överensstämmelse **2** inkonsekvens; motsägelse **3** ombytlighet **-ent** [-(ə)nt] **1** oförenlig, motstridig **2** inkonsekvent; ologisk; motsägande **3** ombytlig
inconsolable [ˌɪnkən'səʊləbl] otröstlig
inconsonant [ɪn'kɒnsənənt] oförenlig, i disharmoni (*with* med)
inconspicuous [ˌɪnkən'spɪkjuəs] inte iögonenfallande, oansenlig
incon|stancy [ɪn'kɒnst(ə)nsɪ] vankelmod, föränderlighet; ombytlighet **-stant** [-st(ə)nt] inte konstant, föränderlig; ombytlig
incontestable [ˌɪnkən'testəbl] obestridlig, oomtvistlig, oemotsäglig
inconti|nence [ɪn'kɒntɪnəns] **1** liderlighet **2** hämningslöshet, brist på kontroll **3** *med.* inkontinens **-nent** [-nənt] **1** liderlig **2** hämningslös, okontrollerad **3** *med.* inkontinent
incontrovertible [ˌɪnkɒntrə'vɜːtəbl] obestridlig, otvivelaktig
inconven|ience [ˌɪnkən'viːnjəns] **I** *s* olägenhet; obekvämlighet; besvär, obehag **II** *v* förorsaka be-

svär, besvära; *don't ~ yourself!* gör dig inget besvär! **-ient** [-jənt] olämplig, oläglig; obekväm, opraktisk, besvärlig
inconvertible [ˌɪnkənˈvɜːtəbl] **1** inte utbytbar **2** inkonvertibel, inte konvertibel (inlösbar); (*om sedel*) inte växlingsbar (*mot guld el. silver*)
incorpo|rate I *v* [ɪnˈkɔːpəreɪt] **1** införliva[s], inkorpora[s], inlemma[s], integrera[s] (*in*[*to*]) i, med; *with* med) **2** slå[s] (smälta) ihop (samman) **3** göra till en korporation; *~ a company* bilda ett bolag; *~d company* (*i sht AE.*) aktiebolag **II** *a* [ɪnˈkɔːp(ə)rət] **1** införlivad, inkorporerad, inlemmad, integrerad **2** som bildar en korporation **-ration** [ɪnˌkɔːpəˈreɪʃn] **1** införlivande, inkorporering, inlemmande, integrering **2** erkännande som korporation **3** korporation, kår **-rator** [ɪnˈkɔːpəreɪtə] *AE.* medlem i korporation
incorporeal [ˌɪnkɔːˈpɔːrɪəl] okroppslig
incorrect [ˌɪnkəˈrekt] felaktig, oriktig, inkorrekt; olämplig
incorrigible [ɪnˈkɒrɪdʒəbl] oförbätterlig
incorruptible [ˌɪnkəˈrʌptəbl] **1** omutlig, obesticklig, hederlig **2** oförstörbar
increase I *v* [ɪnˈkriːs] **1** öka, tillta[ga], stiga, växa, höjas, bli starkare (större); *~ in weight* öka (gå upp) i vikt **2** öka, höja; förstärka, utvidga; *~ one's efforts* öka sina ansträngningar **II** *s* [ˈɪnkriːs] ökning, tilltagande, tillväxt, [för]höjning; *be on the ~* vara i tilltagande **increasing** [ɪnˈkriːsɪŋ] ökande, tilltagande; *an ~ number of people* ett allt större antal (fler och fler) människor **increasingly** [ɪnˈkriːsɪŋlɪ] *adv* alltmer, mer och mer; *he became ~ angry* han blev argare och argare
incredible [ɪnˈkredəbl] otrolig; *vard. äv.* fantastisk
incredu|lity [ˌɪnkrɪˈdjuːlətɪ] klentrogenhet, skepsis **-lous** [ɪnˈkredjʊləs] klentrogen, skeptisk
increment [ˈɪnkrɪmənt] ökning, tillväxt, tillägg; [löne]påslag
incrimi|nate [ɪnˈkrɪmɪneɪt] rikta misstankar mot; anklaga (*för brott*) **-nating** [-neɪtɪŋ] anklagelse-, anklagande **-nation** [ɪnˌkrɪmɪˈneɪʃn] anklagelse **-natory** [ɪnˈkrɪmɪnət(ə)rɪ] anklagelse-, anklagande
incubate [ˈɪnkjʊbeɪt] **1** ruva [på]; kläcka (*i sht i maskin*); odla (*bakterier*); utveckla (*idéer e.d.*) **2** kläckas (*i sht i maskin*); (*om bakterier*) odlas; (*om idéer e.d.*) utvecklas **incubation** [ˌɪnkjʊˈbeɪʃn] **1** kläckning; ruvande; odling; utveckling **2** *med.* inkubation **incubation period** *med.* inkubationstid **incubator** [ˈɪnkjuːbeɪtə] kuvös; kläckningsmaskin; apparat för odling av bakterier
incu|bus [ˈɪnkjʊbəs] (*pl* **-bi** [-baɪ] *el.* **-buses**) mara, mardröm (*äv. bildl.*)
incul|cate [ˈɪnkʌlkeɪt] inpränta, inprägla, inskärpa (*in* i, hos) **-cation** [ˌɪnkʌlˈkeɪʃn] inpräntande, inpräglande, inskärpande
incul|pate [ˈɪnkʌlpeɪt] anklaga, beskylla **-pation** [ˌɪnkʌlˈpeɪʃn] anklagelse, beskyllning
incum|bency [ɪnˈkʌmbənsɪ] **1** innehav av kyrkligt ämbete; pastorat **-bent** [-bənt] **I** *a* **1** *högt.*, *be ~* [*up*]*on s.b.* åligga (vila på) ngn, vara ngns plikt **II** *s* innehavare av kyrkligt ämbete, pastorsinnehavare

incunabu|lum [ˌɪnkjuːˈnæbjʊləm] (*pl* **-la** [-lə]) inkunabel
incur [ɪnˈkɜː] ådraga sig, utsätta sig för, åsamka sig
incurable [ɪnˈkjʊərəbl] obotlig
incurious [ɪnˈkjʊərɪəs] inte nyfiken; likgiltig; ointresserad
incursion [ɪnˈkɜːʃn] fientligt anfall, räd; *bildl.* intrång; *the ~ of darkness* mörkrets inbrott
incuse [ɪnˈkjuːz] **I** *s* prägel (*på mynt*) **II** *v* prägla (*mynt*) **III** *a* präglad (*på mynt*)
Ind. *förk. för Independent; India*[*n*]; *Indiana*; *Indies* **ind.** *förk. för independence; independent; index; indicative; indirect; industrial; industry*
indebted [ɪnˈdetɪd] **1** skuldsatt; *be ~ to s.b. a*) vara skyldig ngn pengar, *b*) vara ngn tack skyldig; *be ~ to s.b. for s.th.* stå i tacksamhetsskuld till ngn för ngt **-ness** [-nɪs] **1** skuld; tacksamhetsskuld **2** (*ngns samtliga*) skulder
inde|cency [ɪnˈdiːsnsɪ] oanständighet **-cent** [-snt] **1** oanständig; *~ assault* våldtäktsförsök; *~ exposure* blottande, exhibitionism **2** opassande (*haste* brådska)
indecipherable [ˌɪndɪˈsaɪf(ə)rəbl] omöjlig att tolka, oläslig
indeci|sion [ˌɪndɪˈsɪʒn] obeslutsamhet **-sive** [-ˈsaɪsɪv] **1** obeslutsam **2** inte avgörande (bindande); obestämd
indeclinable [ˌɪndɪˈklaɪnəbl] *språkv.* oböjlig
indeco|rous [ɪnˈdekərəs] opassande, otillbörlig, otillständig **-rum** [ˌɪndɪˈkɔːrəm] opassande beteende, otillbörlighet, otillständighet
indeed [ɪnˈdiːd] **I** *adv* **1** verkligen, minsann, faktiskt; rent av; [yes], *~!* ja (jo) visst!, ja verkligen!; *~ I am tired* jag är verkligen trött; *it was nice, ~ delicious* den var god, ja rent av delikat; *thank you very much ~* tack så väldigt mycket **2** visserligen **II** *interj* verkligen!
indef. *förk. för indefinite*
indefatigable [ˌɪndɪˈfætɪgəbl] outtröttlig, oförtröttlig
indefeasible [ˌɪndɪˈfiːzəbl] *jur*, oåterkallelig; omistlig, oförgriplig
indefensible [ˌɪndɪˈfensəbl] omöjlig att försvara (hålla); oförsvarlig
indefinable [ˌɪndɪˈfaɪnəbl] odefinierbar, obestämbar
indefinite [ɪnˈdefɪnət] obestämd; vag, oklar; obegränsad; inte närmare bestämd; *språkv.* indefinit, obestämd (*pronoun* pronomen); *~ article* obestämd artikel **-ly** [-lɪ] *adv* obestämt; vagt, oklart; obegränsat; oändligt [länge]; *postpone s.th. ~* uppskjuta ngt på obestämd tid; *we can't go on like this ~* vi kan inte fortsätta så här i all oändlighet
indelible [ɪnˈdeləbl] outplånlig; *~ pencil* anilinpenna
indeli|cacy [ɪnˈdelɪkəsɪ] taktlöshet, ogrannlagenhet; plumphet, smaklöshet **-cate** [-kət] taktlös, ogrannlaga; plump, smaklös
indem|nification [ɪnˌdemnɪfɪˈkeɪʃn] gottgörelse, skadeersättning **-nify** [ɪnˈdemnɪfaɪ] **1** gottgöra, ersätta, hålla skadeslös **2** säkra, trygga (*s.b. from el. against* ngn mot); försäkra **-nity** [ɪnˈdemnətɪ] **1** gottgörelse, ersättning, skadestånd **2** skydd, försäkring[sskydd] **3** skadeslös-

het; strafflöshet
indent I v [ın'dent] v **1** dra in, göra indrag i (*text vid nytt stycke e.d.*) **2** tanda (*kant av ngt*); göra snitt (hack, jack) i; göra märken i, buckla till **3** upprätta två likalydande exemplar av (*kontrakt e.d.*) **4** *i sht BE.* beställa, rekvirera **5** anställa (*med lärlingskontrakt*) **6** *i sht BE.* beställa, rekvirera ([*up*]*on s.b. for s.th.* ngt från ngn) **II** *s* ['ındent] **1** *i sht BE.* [statlig] rekvisition (beställning); exportorder **2** *se* **indenture 3** indrag (*i text*) **4** märke, buckla **indentation** [ˌınden'teıʃn] **1** tandning; inskärning; hack, jack, fördjupning **2** märke, buckla, intryck; inbuktning **3** indrag (*i text*) **indention** [ın'denʃn] indrag (*i text*) **indenture** [ın'dentʃə] **I** *s* kontrakt, avtal; *vanl. pl* ~*s* lärlingskontrakt **II** *v* **1** ingå avtal **2** kontraktsanställa

independ|ence [ˌındı'pendəns] oberoende, självständighet, oavhängighet; *I~ Day* (*AE.*) självständighetsdagen (*4 juli*) **-ency** [-ənsı] **1** självständigt stat, självständigt territorium **2** *se* *independence* **-ent** [-ənt] **I** *a* **1** oberoende, självständig, oavhängig; independent; ~ *church* frikyrka; ~ *clause* (*språkv.*) överordnad sats, huvudsats; *a very* ~ *girl* en mycket självständig flicka; ~ *suspension* separat hjulupphängning; *two* ~ *systems* två av varandra oberoende system **2** [ekonomiskt] oberoende; självförsörjande; ~ *income* egen inkomst; ~ *means* egen förmögenhet, egna pengar **II** *s* independent; partilös [person]
indescribable [ˌındı'skraıbəbl] obeskrivlig
indestruct|ibility [ˈındıˌstrʌktə'bılətı] oförstörbarhet **-ible** [ˌındı'strʌktəbl] oförstörbar
indetermi|nable [ˌındı'tɜ:mınəbl] **1** obestämbar **2** omöjlig att avgöra **-nate** [-nət] obestämd; obestämbar; oviss; vag, svävande **-nation** ['ındıˌtɜ:-mı'neıʃn] **1** obestämdhet; obestämbarhet **2** villrådighet
in|dex ['ın|deks] **I** *s* (*pl* -*dexes el.* -*dices* [-dısi:z]) **1** register, index (*i bok*); [biblioteks]katalog; kartotek; *åld.* innehållsförteckning; *the I~* index (*förteckning över av påven förbjudna böcker*) **2** indicium, bevis, tecken **3** visare, pil (*på instrument e.d.*) **4** *mat. o.d.* tecken; exponent **5** [pris]-index **II** *v* **1** förse med register; införa i register **2** utpeka, peka på **index finger** pekfinger **index number** *stat.* indextal
India ['ındjə] Indien **India ink** *AE.* tusch **Indiaman** [-mən] ostindiefarare **Indian** [-n] **I** *a* indisk; indiansk; ~ *club* (*kägelliknande*) klubba (*använd av jonglörer e.d.*); ~ *corn* majs; *in* ~ *file* i gåsmarsch; ~ *ink* tusch; ~ *meal* majsmjöl; *the* ~ *Ocean* Indiska oceanen; ~ *summer* brittsommar; ~ *wrestling* armbrytning **II** *s* **1** indier **2** [*Red, American*] ~ indian **3** indianskt språk
Indiana [ˌındı'ænə]
India paper ['ındjəˌpeıpə] **1** japanpapper, [kinesiskt] rispapper **2** bibelpapper **India rubber** kautschuk, gummi; radergummi
indi|cate ['ındıkeıt] ange, indikera, antyda, visa; visa (peka) på; tyda på; *be* ~*d* rekommenderas, vara tillrådligt; ~ *a place on the map* peka på en ort på kartan **-cation** [ˌındı'keıʃn] **1** tecken, antydan, anvisning, indikation; symtom; markering, utmärkning; *there is no* ~ *that* ingenting ty-

der (pekar) på att; *could you give me a rough* ~ *of* kan du ge mig en ungefärlig idé om; *the* ~ *of rivers on the map* markeringen av floder på kartan **2** utslag (*på instrument*) **3** angivande, antydande, anvisande **-cative** [ın'dıkətıv] **I** *a* **1** ~ *of* angivande, antydande, utvisande; *be* ~ *of* tyda på **2** språkv., ~ *mood* indikativ **II** *s*, språkv. indikativ; indikativform; *in the* ~ i indikativ **-cator** ['ındıkeıtə] **1** *tekn. o. kem.* indikator; *bildl. äv.* tecken (*of* på) **2** blinker, körriktningsvisare; nål, visare (*på instrument*)
indices ['ındısi:z] *pl av* **index**
indict [ın'daıt] väcka åtal mot, åtala **-able** [-əbl] åtalbar **-ment** [-mənt] åtal; *bring an* ~ *against* väcka åtal mot
Indies ['ındız] *the* ~ Ostindien
indiffer|ence [ın'dıfr(ə)ns] **1** likgiltighet (*to* [in]för) **2** betydelselöshet **3** medelmåttighet **-ent** [-(ə)nt] **1** likgiltig, okänslig, kallsinnig (*to* [in]för) **2** oväsentlig, oviktig, utan betydelse **3** medelmåttig; dålig
indigence ['ındıdʒ(ə)ns] fattigdom
indigenous [ın'dıdʒınəs] **1** inhemsk (*to* i); infödd **2** naturlig (*to* för), medfödd
indigent ['ındıdʒ(ə)nt] [ut]fattig
indi|gestible [ˌındı'dʒestəbl] osmältbar; svårsmält (*äv. bildl.*) **-gestion** [-'dʒestʃ(ə)n] dålig matsmältning, matsmältningsbesvär **-gestive** [-'dʒestıv] som lider av (ger) dålig matsmältning
indig|nant [ın'dıgnənt] indignerad, harmsen, uppbragt **-nation** [ˌındıg'neıʃn] indignation, harm, förtrytelse **-nity** [ın'dıgnətı] förödmjukelse, skymf
indigo ['ındıgəʊ] **I** *s* (*pl* ~[*e*]*s*) indigo[blått] **II** *a*, ~ [*blue*] indigoblå
indirect [ˌındı'rekt] indirekt (*lighting* belysning); förtäckt (*threat* hot); *by* ~ *means* på omvägar; ~ *object* indirekt objekt, dativobjekt; ~ *route* omväg; ~ *speech* (*AE. discourse*) indirekt tal (anföring); ~ *taxes* indirekta skatter
indiscernible [ˌındı'sɜ:nəbl] omärk|bar, -lig
indiscipline [ın'dısıplın] brist på disciplin
indiscreet [ˌındı'skri:t] **1** indiskret, taktlös **2** obetänksam, oförsiktig, tanklös **indiscretion** [-'skreʃn] **1** indiskretion, taktlöshet **2** obetänksamhet, oförsiktighet, tanklöshet; *youthful* ~ ungdomligt övermod
indiscrimi|nate [ˌındı'skrımınət] **1** okritisk; godtycklig, slumpartad, urskillningslös; inte utpräglad **2** rörig, virrig **-nating** [-neıtıŋ] okritisk, kritiklös
indispensable [ˌındı'spensəbl] oumbärlig, oundgänglig, absolut nödvändig
indis|posed [ˌındı'spəʊzd] indisponerad, opasslig, inte riktigt bra (frisk); ohågad; *be* ~ *to do s.th.* inte vara upplagd för att göra ngt **-position** [ˌındıspə'zıʃn] indisposition, opasslighet; obenägenhet
indisputable [ˌındı'spju:təbl] obestridlig, oomtvistlig, odiskutabel
indissoluble [ˌındı'sɒljʊbl] **1** oupplöslig, fast, permanent **2** *kem.* olöslig
indistinct [ˌındı'stıŋ(k)t] otydlig, oklar, oskarp, inte distinkt
indistinguishable [ˌındı'stıŋgwıʃəbl] **1** omöjlig

individual—inexact

att [sär]skilja; *the twins are ~ from one another* man kan inte se skillnad på tvillingarna **2** som inte kan urskiljas, omärklig
individual [ˌɪndɪˈvɪdjʊəl] **I** *a* individuell; säregen, personlig, särskild, speciell; individual- (*psychology* psykologi); egenartad; *~ portions* portioner för en person **II** *s* individ **-ism** [-ɪz(ə)m] individualism **-ist** individualist **-istic** [ˌɪndɪˌvɪdjʊəˈlɪstɪk] individualistisk **-ity** [ˌɪndɪˌvɪdjʊˈælətɪ] individualitet, egenart, särprägel **-ize** (*BE. äv. -ise*) [ˌɪndɪˈvɪdjʊəlaɪz] individualisera, särprägla; ge en personlig prägel åt **-ly** [ˌɪndɪˈvɪdjʊəlɪ] *adv* individuellt, var och en särskilt; personligt, särpräglat
individuate [ˌɪndɪˈvɪdjʊeɪt] ge individualitet åt; individualisera
indivis|ibility [ˈɪndɪˌvɪzɪˈbɪlətɪ] odelbarhet **-ible** [ˌɪndɪˈvɪzəbl] odelbar
Indo-China, Indochina [ˌɪndəʊˈtʃaɪnə] Indokina
indocile [ɪnˈdəʊsaɪl] oläraktig; motspänstig
indoctri|nate [ɪnˈdɒktrɪneɪt] indoktrinera **-nation** [ɪnˌdɒktrɪˈneɪʃn] indoktrinering
Indo-European [ˈɪndə(ʊ)ˌjʊərəˈpiːən] indoeuropeisk
indol|ence [ˈɪndələns] indolens, slöhet, lojhet **-ent** [-ənt] indolent, slö, loj
indomitable [ɪnˈdɒmɪtəbl] obetvinglig, oövervinnelig, okuvlig
Indonesi|a [ˌɪndə(ʊ)ˈniːzjə] Indonesien **-an** [-ən] **I** *a* indonesisk **II** *s* **1** indones **2** indonesiska [språket]
indoor [ˈɪndɔː] inomhus-; *~ games* inomhusidrott
indoors [ˌɪnˈdɔːz] *adv* inomhus
indraught [ˈɪndrɑːft] ström inåt; luftintag
indubitable [ɪnˈdjuːbɪtəbl] otvivelaktig
induce [ɪnˈdjuːs] **1** förmå, föranleda **2** [för]orsaka, framkalla, få till stånd, medföra **3** *elektr., filos.* inducera **-ment** [-mənt] bevekelsegrund; lockbete, drivfjäder, sporre
induct [ɪnˈdʌkt] **1** insätta, installera ([*in*]*to an office* i ett ämbete) **2** sätta in, inviga ([*in*]*to a subject* i ett ämne) **3** *AE. mil.* inkalla **inductee** [ˌɪndʌkˈtiː] *s, AE. mil.* inkallad **induction** [ɪnˈdʌkʃn] **1** installation, insättande (*i ämbete*) **2** *AE. mil.* inkallelse **3** framkallande (*of sleep av sömn*) **4** *elektr., filos., mat.* induktion **induction coil** induktionsspole **induction motor** induktions-, asynkron|motor **inductive** [ɪnˈdʌktɪv] **1** *elektr., filos., mat.* induktiv **2** föranledande; induktiv
indulge [ɪnˈdʌldʒ] **1** ge efter för, tillfredsställa (*a whim* en nyck); skämma bort (*a child*); ~ *o.s. in a*) hänge sig åt, *b*) unna sig, frossa i **2** *hand.* ge [betalnings]anstånd (uppskov) **3** ~ *in a*) ge efter för, tillfredsställa (*a desire* en önskan), *b*) hänge sig åt, unna sig, festa på **4** *vard.* ta sig ett glas [för mycket] **indulgence** [-(ə)ns] **1** eftergivenhet, släpphänthet; tillfredsställande (*of* av); överdrift (*in* i); nöje[n], njutning[ar], lyx **2** överseende **3** privilegium, ynnest; *kyrkl.* avlat **4** *hand.* anstånd, uppskov (*med betalning*) **indulgent** [-(ə)nt] **1** eftergiven, släpphänt **2** överseende
industrial [ɪnˈdʌstrɪəl] **I** *a* industriell, industri-; ~ *action* (*BE.*) strejkaktion, stridsåtgärder; ~ *alcohol* denaturerad sprit; ~ *design* industriell formgivning; ~ *dispute* arbetskonflikt; ~ *relations* förhållandena mellan arbetare och arbetsgivare i ett industriföretag; *the I~ Revolution* den industriella revolutionen; ~ *talks* överläggningar mellan arbetsmarknadens parter **II** *s*, ~*s* (*pl*) industri|aktier, -papper **-ism** [-ɪz(ə)m] industrialism **-ist** [-ɪst] industri|man, -idkare **-ization** (*BE. äv. -isation*) [ɪnˌdʌstrɪəlaɪˈzeɪʃn] industrialisering **-ize** (*BE. äv. -ise*) [ɪnˈdʌstrɪəlaɪz] industrialisera
indus|trious [ɪnˈdʌstrɪəs] flitig, arbetsam, trägen **-try** [ˈɪndəstrɪ] **1** industri; närings-, industri|gren, näring **2** flit, arbetsamhet
inebri|ant [ɪˈniːbrɪənt] [be]rusande **-ate I** *s* [ɪˈniːbrɪət] alkoholist, drinkare **II** *a* berusad **III** *v* [ɪˈniːbrɪeɪt] berusa **-ated** [ɪˈniːbrɪeɪtɪd] berusad **-ation** [ɪˌniːbrɪˈeɪʃn], **-ety** [ˌɪniːˈbraɪətɪ] berusning
inedible [ɪnˈedɪbl] oätlig, oätbar
inedited [ɪnˈedɪtɪd] **1** opublicerad **2** oredigerad
ineducable [ɪnˈedjʊkəbl] obildbar
ineffable [ɪnˈefəbl] outsäglig, obeskrivlig
ineffaceable [ˌɪnɪˈfeɪsəbl] outplånlig
ineffec|tive [ˌɪnɪˈfektɪv] **1** ineffektiv; resultatlös, verkningslös **2** oduglig, inkompetent **-tual** [-tʃʊəl] **1** verkningslös, utan verkan (effekt), resultatlös **2** (*om pers.*) kraftlös, maktlös
ineffica|cious [ˌɪnefɪˈkeɪʃəs] verkningslös; gagnlös **-cy** [ɪnˈefɪkəsɪ] ineffektivitet; fruktlöshet, resultatlöshet
ineffi|ciency [ˌɪnɪˈfɪʃnsɪ] ineffektivitet; inkompetens, oduglighet **-cient** [-ʃnt] ineffektiv; inkompetent, oduglig
inelastic [ˌɪnɪˈlæstɪk] oelastisk; osmidig **-ity** [-læsˈtɪsətɪ] brist på elasticitet; osmidighet
ineleg|ance [ɪnˈelɪɡəns] brist på elegans; klumpighet **-ant** [-ənt] utan elegans; grov, klumpig
ineligi|bility [ɪnˌelɪdʒəˈbɪlətɪ] olämplighet, brist på kvalifikationer (*for* för); ovalbarhet (*for* till) **-ble** [ɪnˈelɪdʒəbl] olämplig, inte kvalificerad (*for* till); inte valbar (*for* till)
ineluctable [ˌɪnɪˈlʌktəbl] oundviklig, ofrånkomlig
inept [ɪˈnept] **1** olämplig, opassande, malplacerad **2** klumpig, tafatt; inkompetent **-itude** [-ɪtjuːd] **1** olämplighet **2** klumpighet, tafatthet; inkompetens
inequable [ɪnˈekwəbl] ojämn
inequality [ˌɪnɪˈkwɒlətɪ] olikhet, skillnad; bristande social (ekonomisk) jämlikhet
inequi|table [ɪnˈekwɪtəbl] orättvis, orättfärdig **-ty** [-ˈekwətɪ] orättvisa, orättfärdighet
ineradicable [ˌɪnɪˈrædɪkəbl] outrotlig; outplånlig
inert [ɪˈnɜːt] **1** trög; slö, långsam; **2** *kem.* inert; ~ *gas* inert gas, ädelgas **inertia** [ɪˈnɜːʃə] tröghet, tröghetskraft; slöhet, långsamhet; inaktivitet
inertial [-jəl] tröghets-; ~ *guidance* (*navigation*) tröghetsnavigering **inertia-reel seat-belt** rullbälte (*i bil*)
inescapable [ˌɪnɪˈskeɪpəbl] ofrånkomlig, oundviklig
inestimable [ɪnˈestɪməbl] oskattbar, ovärderlig
inevita|bility [ɪnˌevɪtəˈbɪlətɪ] oundviklighet, ofrånkomlighet **-ble** [ɪnˈevɪtəbl] **I** *a* oundviklig, ofrånkomlig; *a tourist with his ~ camera* en turist med den obligatoriska (eviga) kameran **II** *s, the ~* det oundvikliga (ofrånkomliga)
inexact [ˌɪnɪɡˈzækt] inexakt, otillförlitlig, oriktig

-itude [-ɪtjuːd], **-ness** [-nɪs] brist på noggrannhet, otillförlitlighet, oriktighet
inexcusable [ˌɪnɪkˈskjuːzəbl] oförlåtlig, oursäktlig
inexhaustible [ˌɪnɪgˈzɔːstəbl] **1** outtömlig; oändlig (*patience* tålamod) **2** outtröttlig
inexorable [ɪnˈeks(ə)rəbl] obeveklig, orubblig, obönhörlig
inexpedi|ency [ˌɪnɪkˈspiːdjənsɪ] olämplighet **-ent** [-ənt] olämplig; inte tillrådlig; oklok
inexpensive [ˌɪnɪkˈspensɪv] billig, inte dyr
inexperi|ence [ˌɪnɪkˈspɪərɪəns] oerfarenhet, brist på (bristande) erfarenhet **-enced** [-ənst] oerfaren
inexpert [ɪnˈekspɜːt] oerfaren, okunnig, outbildad, ovan
inexpiable [ɪnˈekspɪəbl] som inte kan sonas (gottgöras)
inexplic|ability [ɪnˌeksplɪkəˈbɪlətɪ] oförklarlighet **-able** [ˌɪnɪkˈsplɪkəbl] oförklarlig
inex|pressible [ˌɪnɪkˈspresəbl] outsäglig; obeskrivlig **-pressive** [-ɪv] uttryckslös
inextinguishable [ˌɪnɪkˈstɪŋgwɪʃəbl] osläckbar; outsläcklig; oförstörbar
inextricable [ɪnˈekstrɪkəbl] **1** ofrånkomlig, oundviklig (*question* fråga) **2** olöslig (*knot* knut) **3** tilltrasslad
inf. *förk.* för *infantry; inferior; infinitive; influence; information; infra* **Inf.** *förk.* för *infantry*
infalli|bility [ɪnˌfæləˈbɪlətɪ] ofelbarhet **-ble** [ɪnˈfæləbl] ofelbar; osviklig
infam|ize (*BE. äv. -ise*) [ˈɪnfəmaɪz] göra ökänd (illa beryktad) **infamous** [-əs] **1** ökänd, illa beryktad, notorisk **2** gemen, skändlig, skamlig; chockerande **infamy** [-ɪ] **1** vanära, skam **2** skändlighet; nidingsdåd
infancy [ˈɪnfənsɪ] **1** spädbarnsålder; tidig barndom; *bildl.* barndom **2** *jur.* minderårighet **infant** [-t] **I** *s* spädbarn, baby; *BE.* skolbarn (*under 7 år*); *bildl.* barn, nybörjare **2** minderårig **II** *a* **1** spädbarns-, småbarns-, barn[a]-; ~ *mortality* barna-, spädbarns|dödlighet; ~ *prodigy* underbarn; ~ *school* (*BE. ung.*) förskola (*5—7 år*) **2** ny, nyetablerad **3** *jur.* minderårig **infanticide** [ɪnˈfæntɪsaɪd] barnamord **infantile** [ˈɪnfəntaɪl] **1** infantil, barnslig **2** spädbarns-; barn[a]-; ~ *paralysis* (*åld.*) barnförlamning **3** i vardande, under utveckling
infantry [ˈɪnf(ə)ntrɪ] infanteri **-man** [-mən] infanterist
infarct [ɪnˈfɑːkt] *med.* infarkt; ~ *of the heart* hjärtinfarkt **infarction** [ɪnˈfɑːkʃn] *med.* infarkt; *heart* ~ hjärtinfarkt
infatu|ate [ɪnˈfætjʊeɪt] förtrolla, bedåra, förblinda **-ated** [-eɪtɪd] förtrollad, bedårad, förblindad, blint förälskad (*with* av, i); *become* ~ *with s.b.* förälska sig blint i ngn; *be* ~ *with one's own importance* vara uppfylld av sin egen betydelse **infatuation** [ɪnˌfætjʊˈeɪʃn] förblindelse; blind förälskelse, passion
infect [ɪnˈfekt] infektera, smitta **infection** [-kʃn] infektion, smitta; infektionssjukdom, smittsam sjukdom; smittämne **infectious** [-kʃəs] smitt[o]sam; *med. äv.* infektiös; *bildl. äv.* smittande (*mirth* munterhet) **infective** [-tɪv] smitt[o]sam

infelic|itous [ˌɪnfɪˈlɪsɪtəs] olycklig[t vald], olämplig (*remark* anmärkning) **-ity** [-ɪtɪ] **1** olycka **2** olyckligt valt (olämpligt) uttryck (ord)
infer [ɪnˈfɜː] **1** sluta sig till; *nothing can be* ~*red from this* av detta kan man inte dra några slutsatser **2** beteckna, innebära **3** antyda **-ence** [ˈɪnf(ə)r(ə)ns] slut|ledning, -sats; *by* ~ *from what he said I could* av vad han sade kunde jag dra slutsatsen att **-ential** [ˌɪnfəˈrenʃl] som går att sluta sig till
inferior [ɪnˈfɪərɪə] **I** *a* lägre (*to* än); underlägsen, underordnad (*to s.b.* ngn; *to s.th.* ngt); medelmåttig, sämre, dålig (*quality* kvalitet) **II** *s* underordnad; *his* ~*s* hans underordnade **inferiority** [ɪnˌfɪərɪˈɒrətɪ] underlägsenhet; mindervärdighet **inferiority complex** mindervärdeskomplex
infer|nal [ɪnˈfɜːnl] **1** underjordisk, som hör till underjorden **2** infernalisk, djävulsk **3** *vard.* förbannad, helvetisk **-no** [-nəʊ] inferno, helvete
infer|tile [ɪnˈfɜːtaɪl] ofruktbar; ofruktsam; steril; infertil **-tility** [ˌɪnfɜːˈtɪlətɪ] ofruktbarhet; ofruktsamhet; sterilitet; infertilitet
infest [ɪnˈfest] hemsöka (översvämma, angripen) av råttor **-ation** [ˌɪnfeˈsteɪʃn] hemsökelse, härjning
infidel [ˈɪnfɪd(ə)l] **I** *s* otrogen (*icke-kristen, icke-muhammedan*); hedning; agnostiker **II** *a* otrogen; hednisk; agnostisk **-ity** [ˌɪnfɪˈdelətɪ] **1** otrohet; trolöshet **2** *relig.* otro
infield [ˈɪnfiːld] **1** (*i kricket*) område närmast grinden; (*i baseball*) inner|plan, -fält **2** inäga; uppodlad mark
infighting [ˈɪnˌfaɪtɪŋ] **1** närkamp (*i boxning*) **2** intern maktkamp
infil|trate [ˈɪnfɪltreɪt] **1** infiltrera; nästla sig in i; tränga in i; genomdränka **2** nästla sig in; tränga in **-tration** [ˌɪnfɪlˈtreɪʃn] infiltr|ation, -ering; innästling; inträngande **-trator** [ˈɪnfɪltreɪtə] infiltratör
infinite [ˈɪnfɪnət] **I** *a* oändlig, ändlös, gränslös; *språkv.* infinit **II** *s, the* ~ oändligheten; *the I*~ den Oändlige (*Gud*)
infinitesimal [ˌɪnfɪnɪˈtesɪml] **1** oändligt liten **2** *mat.* infinitesimal; ~ *calculus* infinitesimalkalkyl
infinitive [ɪnˈfɪnɪtɪv] *språkv.* infinitiv; *in the* ~ i infinitiv **infinitive marker** *språkv.* infinitivmärke
infinitude [ɪnˈfɪnɪtjuːd] **1** oändlig mängd ändlöshet **infinity** [ɪnˈfɪnətɪ] **1** oändlighet, ändlöshet, gränslöshet; *to* ~ i det oändliga, i oändlighet **2** oändlighet **3** oändlig mängd (massa)
infirm [ɪnˈfɜːm] **1** klen, skröplig, bräcklig, [ålderdoms]svag **2** obeslutsam **infirmary** [-ərɪ] sjukhus; sjuk|rum, -avdelning **infirmity** [-ətɪ] klenhet, skröplighet, bräcklighet, [ålderdoms]svaghet; *infirmities of old age* ålderskrämpor
inflame [ɪnˈfleɪm] **1** [upp]tända, hetsa upp; uppröra (*feelings* känslor); ~*d with rage* upptänd av raseri **2** förvärra, öka, intensifiera **3** inflammera; ~*d eyes* inflammerade ögon **4** antända, sätta eld på **5** bli upptänd (upphetsad) **6** antändas, fatta eld
inflam|mability [ɪnˌflæməˈbɪlətɪ] lättantändlighet (*äv. bildl.*), eldfarlighet **-mable** [ɪnˈflæməbl] **I** *a* lättantändlig (*äv. bildl.*), eldfarlig; *highly* ~ mycket eldfarlig **II** *s* lättantändligt (eldfarligt)

inflammation—inhabitable

ämne **-mation** [ˌɪnfləˈmeɪʃn] **1** inflammation **2** upphetsning, glöd **3** antändning **-matory** [ɪnˈflæmət(ə)rɪ] **1** inflammatorisk, inflammations- **2** upphetsande, hets-, uppviglande
inflatable [ɪnˈfleɪtəbl] uppblåsbar **inflate** [ɪnˈfleɪt] **1** blåsa (pumpa) upp; *bildl.* blåsa upp, öka; ~*d with pride* svällande av stolthet **2** driva upp, höja (*priser*); verka inflationsdrivande på **3** liva, göra upprymd **4** blåsas (pumpas) upp **inflated** [-ɪd] **1** uppblåst (*äv. bildl.*), uppumpad; *have an* ~*d opinion of o.s.* ha en överdriven uppfattning om sig själv **2** svulstig (*style* stil) **3** inflations-, inflatorisk; inflationistisk **inflation** [ɪnˈfleɪʃn] **1** uppblåsning, uppumpning; *bildl.* uppblåsthet **2** inflation; *vard.* prisökning **3** svulstighet **inflationary** [ɪnˈfleɪʃnərɪ] inflationsdrivande; inflationistisk; inflatorisk; ~ *wage claims* inflationsdrivande lönekrav
inflect [ɪnˈflekt] **1** *språkv.* böja, deklinera, konjugera **2** *mus.* modulera (*the voice* rösten) **3** böja, kröka **inflection** [-kʃn] **1** *mus.* modulation, -ering (*av rösten*) **2** *språkv.* böjning; böjningsform; böjningsändelse **3** böjning, krök
inflexibility [ɪnˌfleksəˈbɪlətɪ] oböjlighet **inflexible** [ɪnˈfleksəbl] oböjlig; obeveklig, orubblig, envis; oföränderlig **inflexion** [ɪnˈflekʃn] *se inflection*
inflict [ɪnˈflɪkt] **1** ålägga, pålägga (*a penalty* [*up*]*on s.b.* ngn ett straff); vålla, tillfoga (*suffering* [*up*]*on s.b.* ngn lidande); ~ *o.s.* (*one's company*) [*up*]*on s.b.* tvinga sig på ngn **2** tilldela (*a blow* [*up*]*on s.b.* ngn ett slag) **infliction** [-kʃn] **1** åläggande *etc.*, *jfr inflict* **2** straff, lidande, plåga, hemsökelse
inflorescence [ˌɪnfləˈresns] **1** blomställning **2** blomning
inflow [ˈɪnfləʊ] tillströmning; tillflöde; inflöde
influ|ence [ˈɪnfluəns] **I** *s* inflytande ([*up*]*on, over* på, över; *with* hos); in-, på|verkan; *a man of* ~ en inflytelserik person (man); *be under the* ~ *of* stå under inflytande av, vara påverkad av; *under the* ~ (*vard.*) [sprit]påverkad **II** *v* inverka på, påverka, influera; ha inflytande på **-ent** [-ənt] **I** *a* inströmmande **II** *s* biflod **-ential** [ˌɪnfluˈenʃl] inflytelserik
influenza [ˌɪnfluˈenzə] influensa
influx [ˈɪnflʌks] **1** tillströmning (*of people* av folk) **2** inflöde, inströmning **3** [flod]mynning
info [ˈɪnfəʊ] *vard.*, kortform för information
inform [ɪnˈfɔːm] **1** meddela, underrätta, informera, upplysa (*s.b. of el. about* ngn om); ~ *the police* underrätta polisen; ~ *o.s. of* ta reda på, göra sig underrättad om; *keep o.s.* ~*ed of* hålla sig underrättad om **2** besjäla, liva upp, inspirera **3** informera, ge information (*of, about* om) **4** ~ *against* (*on*) *s.b.* ange ngn, göra anmälan mot ngn
informal [ɪnˈfɔːml] informell; inofficiell; o-tvungen; ~ *dress* (*på bjudningskort*) kavaj **-ity** [ˌɪnfɔːˈmælətɪ] informell (inofficiell) karaktär; o-tvungenhet; *the* ~ *of her behaviour* hennes o-tvungna uppträdande
informant [ɪnˈfɔːmənt] sagesman, källa **information** [ˌɪnfəˈmeɪʃn] **1** information[er], upplysning[ar], uppgift[er], meddelande[n], underrättelse[r] (*about, on* om); *an important piece of* ~ en viktig upplysning; *for your* ~ för kännedom, för din (er) information **2** informations-, informationsställe **3** *jur.* angivelse **information bureau** informations|kontor, -byrå **information theory** informationsteori **informa|tive** [ɪnˈfɔːmətɪv], **-tory** [-t(ə)rɪ] upplysande, informativ; lärorik **informed** [ɪnˈfɔːmd] **1** [väl]informerad, [väl]underrättad **2** kultiverad; bildad, skolad **informer** [ɪnˈfɔːmə] angivare
infra [ˈɪnfrə] (*i text*) nedan; ~ *dig* (*vard.*) under ens värdighet
infract [ɪnˈfrækt] överträda, bryta (*a law* en lag) **infraction** [-kʃn] överträdelse, kränkning
infrangible [ɪnˈfræn(d)ʒɪbl] **1** som inte kan brytas **2** okränkbar
infra|red [ˌɪnfrəˈred] **I** *s* infrarött **II** *a* infraröd (*radiation* strålning) **-structure** [ˈɪnfrəˌstrʌktʃə] infrastruktur
infre|quency [ɪnˈfriːkwənsɪ] ovanlighet, sällsynthet **-quent** [-kwənt] ovanlig, sällsynt; *his mistakes are so* ~ (*äv.*) han gör så sällan fel **-quently** [-kwəntlɪ] *adv* sällan
infringe [ɪnˈfrɪn(d)ʒ] **1** överträda, kränka (*a law* en lag) **2** ~ [*up*]*on* inkräkta på, göra intrång i (på) **-ment** [-mənt] överträdelse, kränkning; intrång
infuri|ate [ɪnˈfjʊərɪeɪt] göra rasande; *be* (*get*) ~*d* bli rasande **-ating** [-eɪtɪŋ] som kan göra en rasande, ytterst irriterande
infuse [ɪnˈfjuːz] **1** inge, ingjuta; ~ *courage into s.b.* ingjuta mod i ngn; *they were* ~*d with new hope* de var fyllda av (hade fattat) nytt mod **2** låta [stå och] dra; ~ *the tea* låta teet stå och dra **3** (*om te o.d.*) [stå och] dra **infuser** [-ə] tekula **infusion** [ɪnˈfjuːʒn] **1** ingivande, ingjutande **2** infusion (*äv. med.*); avkok, dekokt
ingenious [ɪnˈdʒiːnjəs] fyndig, påhittig, sinnrik, fiffig; genialisk; skicklig **ingénue** [ˈæ(n)ʒeɪnjuː] ingeny
ingenuity [ˌɪnd(ʒ)ɪˈnjuːətɪ] fyndighet, påhittighet; sinnrikhet, fiffighet; genialitet; skicklighet
ingenuous [ɪnˈdʒenjʊəs] **1** naiv, okonstlad **2** frimodig, öppen[hjärtig]; uppriktig **-ness** [-nɪs] **1** naivitet, okonstlat sätt **2** frimodighet, öppen-[hjärtig]het; uppriktighet
ingest [ɪnˈdʒest] **1** *biol.* intaga, upptaga (*föda o.d.*) **2** (*om jetmotor*) suga in smuts
inglenook [ˈɪŋɡlnʊk] BE. spiselvrå
inglorious [ɪnˈɡlɔːrɪəs] **1** inte ärofull; vanhedrande, skamlig **2** okänd, obemärkt
ingoing [ˈɪnˌɡəʊɪŋ] **I** *a* ingående, inkommande (*mail post*) **II** *s*, BE. *jur.*, vanl. pl summa att betala av ny hyresgäst, överlåtelsesumma (*för inredning e.d.*)
ingot [ˈɪŋɡət] [metall]tacka, -stång, göt, barr
ingrained [ˌɪnˈɡreɪnd] **1** genomfärgad **2** ingrodd (*dirt* smuts); inrotad (*habit* vana); orubblig (*belief* tro); *an* ~ *fool* en oomvändelig idiot
ingrati|ate [ɪnˈɡreɪʃɪeɪt] *v*, ~ *o.s. with s.b.* ställa sig in hos ngn **-ating** [-eɪtɪŋ] inställsam, insmickrande; *an* ~ *smile* ett inställsamt leende
ingratitude [ɪnˈɡrætɪtjuːd] otacksamhet
ingredient [ɪnˈdriːdjənt] ingrediens, beståndsdel
ingress [ˈɪŋɡres] inträde; tillträde
ingrowing [ˈɪnɡrəʊɪŋ] (*om tånagel*) som växer inåt
inhabit [ɪnˈhæbɪt] bebo, leva i **-able** [-əbl] bebo-

inhabitant—innocent

elig **-ant** [-(ə)nt] invånare
inhalation [ˌɪn(h)ə'leɪʃn] inandning, inhalation
inhalator ['ɪn(h)əleɪtə] inhalator **inhale** [ɪn-'heɪl] **1** inandas, andas in (*smoke* rök); inhalera **2** andas in; (*vid rökning*) dra halsbloss **inhaler** [ɪn'heɪlə] inhalator
inhere [ɪn'hɪə] *v*, ~ [*in*] tillhöra, utgöra viktig del av **inherent** [-r(ə)nt] inneboende; medfödd
inherit [ɪn'herɪt] ärva (*äv. bildl.*) **inheritable** [-əbl] ärftlig; arvsberättigad **inheritance** [-(ə)ns] arv **inheritance tax** *AE.* arvsskatt **inheritor** [-ə] arvtagare, arvinge **inheri|tress, -trix** [-rɪs, -rɪks] arvtagerska
inhibit [ɪn'hɪbɪt] **1** undertrycka (*an impulse* en impuls), hämma; hindra (*s.b. from doing s.th.* ngn från att göra ngt), hejda; *be ~ed* vara hämmad, ha hämningar **2** förbjuda **inhibition** [ˌɪn-(h)ɪ'bɪʃn] undertryckande, hämmande; *psykol.* hämning; *she has no ~s* hon har inga hämningar **inhibi|tive, -ory** [ɪn'hɪbɪ|tɪv, -tərɪ] hämmande; hindrande
inhospi|table [ɪn'hɒspɪtəbl] ogästvänlig **-ality** [ˌɪnˌhɒspɪ'tælətɪ] ogästvänlighet
inhu|man [ɪn'hju:mən] **1** inhuman, omänsklig **2** inte mänsklig **-mane** [ˌɪnhju:'meɪn] inhuman, omänsklig **-manity** [ˌɪnhju:'mænətɪ] omänsklighet
inhume [ɪn'hju:m] jorda, begrava
inimical [ɪ'nɪmɪk(ə)l] **1** fientlig (*to* mot) **2** skadlig (*to* för)
inimitable [ɪ'nɪmɪtəbl] oefterhärmlig
iniqui|tous [ɪ'nɪkwɪtəs] orättvis, orättfärdig; upprörande **-ty** [-tɪ] **1** orättvisa, orättfärdighet **2** ogärning; synd
initial [ɪ'nɪʃl] **I** *a* **1** begynnelse- (*stage* stadium), första (*reaction* reaktion), inledande, initial-; ~ *letter* initial, begynnelsebokstav; ~ *velocity* utgångshastighet **II** *s* initial (*äv. boktr.*); begynnelsebokstav **III** *v* underteckna med sina initialer **-ly** [ɪ'nɪʃəlɪ] *adv* i början; *språkv.* initialt
initiate I *v* [ɪ'nɪʃɪeɪt] **1** [på]börja, inleda; initiera, sätta i gång [med] **2** uppta [som medlem] (*into a society* i en förening) **3** inviga (*s.b. into s.th.* ngn i ngt), lära (*ngn*) grunderna (*into* i) **II** *s* [ɪ'nɪʃɪət] **1** [nyligen] invigd person **2** nybörjare, novis **III** *a* [ɪ'nɪʃɪət] invigd **initiation** [ɪˌnɪʃɪ'eɪʃn] **1** påbörjande, inledning; initiering **2** upptagande [som medlem] **3** invigning, införande **initiation ceremony** invignings-, intagnings|ceremoni **initiative** [ɪ'nɪʃɪətɪv] **I** *s* initiativ; initiativkraft; *on one's own* ~ på eget initiativ; *take the* ~ ta initiativet **II** *a* begynnelse-, inledande, första **initiator** [ɪ'nɪʃɪeɪtə] initiativtagare
inject [ɪn'dʒekt] **1** spruta in, injicera (*into* i) **2** *bildl.* införa, lägga in (*humour into a scene* humor i en scen); ingjuta (*new life into* nytt liv i) **injection** [-kʃn] injektion, insprutning; spruta **injector** [-ktə] *tekn.* injektor
injudicious [ˌɪndʒu:'dɪʃəs] oförståndig, omdömeslös
Injun ['ɪndʒən] **I** *s*, *AE. dial.* indian **II** *interj, sl., honest ~!* verkligen!
injunction [ɪn'dʒʌŋ(k)ʃn] föreskrift, förordning; förhållningsorder, åläggande, uppmaning
injure ['ɪn(d)ʒə] **1** skada (*äv. bildl.*), såra, kränka; ~ *one's leg* skada sig i benet; ~ *a p.'s re-*

putation skada ngns rykte; *~d pride* sårad (kränkt) stolthet **2** göra (*ngn*) orätt, förorätta; *~d party* (*jur.*) målsägare **injurious** [ɪn'dʒʊərɪəs] **1** skadlig (*to the health* för hälsan) **2** ovettig, ärekränkande, smädlig **injury** ['ɪn(d)ʒ(ə)rɪ] **1** skada, men (*äv. bildl.*); kränkning; *leg* ~ benskada; *do s.b. an* ~ skada ngn, tillfoga ngn skada **2** *jur.* oförrätt **injury benefit** *BE.* ersättning från arbetsskadeförsäkring **injury time** *fotb.* förlängning (*på grund av skada*)
injustice [ɪn'dʒʌstɪs] orättvisa, orättfärdighet (*to* mot)
ink [ɪŋk] **I** *s* **1** bläck; tusch; *sketch in* ~ tuschteckning **2** tryck|svärta, -färg **II** *v* **1** bläcka ner; ~ *in* (*over*) rita i (fylla i, märka) med bläck **2** färga in med trycksvärta **-eraser** ['ɪŋkɪˌreɪzə] bläckkautschuk **-horn** ['ɪŋkhɔːn] bläckhorn
inkling ['ɪŋklɪŋ] aning, hum (*of* om); antydan (*of* om)
inkpad ['ɪŋkpæd] stämpeldyna **inkpot** bläckhorn **inkstand** skrivställ (*m. bläckhorn o.d.*) **inkwell** bläckhorn **inky** [-ɪ] bläckig; bläcksvart
inlaid [ˌɪn'leɪd] **I** *imperf. o. perf. part. av* inlay **II** *a* inlagd; ~ *table* bord med inläggning; ~ *work* inlagt arbete, inläggning
inland I *a* ['ɪnlənd] **1** inlands-, belägen inne i landet; ~ *sea* innanhav **2** *i sht BE.* inrikes, inländsk; ~ *postage* inrikesporto; ~ *revenue* (*statens*) skatteintäkter; *the I~ Revenue* skatteverket **II** *s* ['ɪnlənd] inland[et] **III** *adv* [ɪn'lænd] inne i landet; inåt (*in*) i landet
in-law [ɪn'lɔː] ingift [släkting]
inlay I *v* [ˌɪn'leɪ] (*inlaid, inlaid*) lägga in (*trä, mosaik e.d.*) **II** *s* ['ɪnleɪ] **1** inlagt arbete, inläggning, intarsia **2** [tand]fyllning
inlet ['ɪnlet] **1** [smal] vik, havsarm **2** ingång, öppning; inlopp; intag, insläpp **inlet valve** inloppsventil; insugningsventil
inlying ['ɪnˌlaɪɪŋ] belägen inuti (inne i)
inmate ['ɪnmeɪt] intern, intagen (*på institution*)
in memoriam [ɪnmɪ'mɔːrɪəm] in memoriam, till minne av
inmost ['ɪnməʊst] innerst
inn [ɪn] **1** värdshus; gästgivargård **2** *the I~s of Court* (*de fyra*) juristkollegierna (*i London*)
innards ['ɪnədz] *s pl, vard.* **1** inälvor **2** innanmäte
innate [ˌɪ'neɪt] medfödd, naturlig
inner ['ɪnə] **I** *a* inre, inner-; invändig; ~ *ear* innerörat; *the ~ man* (*woman*) *a*) själen, *b*) skämts. magen, aptiten; ~ *tube* innerslang **II** *s* (*vid bågskytte*) inre ring; skott inom detta område **-most** [-məʊst] innerst
innings ['ɪnɪŋz] *pl* **1** (*behandlas som sg*) (*i kricket*) inneomgång, tur att vara inne; poäng (*under inneomgång*) **2** (*behandlas ibland som sg*) aktiv (framgångsrik) period; *have a long* ~ (*äv.*) leva länge **3** (*behandlas som pl*) land som erövrats från havet
innkeeper ['ɪnˌkiːpə] värdshusvärd; gästgivare
inno|cence ['ɪnəs(ə)ns] **1** oskuld, oskuldsfullhet; *in all* ~ i all oskuld (oskyldighet) **2** oskadlighet **3** naivitet, lättrogenhet, enfald **-cent** [-snt] **I** *a* oskyldig (*of* till); oskuldsfull **2** ~ *of* i avsaknad av (*knowledge* kunskaper) **3** oskadlig, harmlös, oskyldig; *an* ~ *game* en oskyldig lek **4** naiv, lättrogen, enfaldig **II** *s* **1** oskyldig (oskuldsfull)

innocuous—insider

person, oskyldigt barn; [*Holy*] *I~s' Day* Menlösa barns dag (*28 dec.*) **2** enfaldig person, dumbom
innocuous [ɪˈnɒkjʊəs] oskadlig, ofarlig, harmlös
inno|vate [ˈɪnə(ʊ)veɪt] innovera, förnya **-vation** [ˌɪnə(ʊ)ˈveɪʃn] **1** innovation, nyhet **2** innovering, införande av nyhet, förnyelse **-vator** [ˈɪnə(ʊ)veɪtə] innovatör, nyskapare, förnyare
innoxious [ɪˈnɒkʃəs] ofarlig, harmlös
innuendo [ˌɪnjuːˈendəʊ] (*pl ~[e]s*) antydan, insinuation; pik, gliring
Innuit [ˈɪnjuːɪt] (*grönländsk el. nordamer.*) inuit, eskimå
innumerable [ɪˈnjuːm(ə)rəbl] otalig, oräknelig
inocu|late [ɪˈnɒkjʊleɪt] **1** inympa, inokulera, vaccinera; *get ~d* bli vaccinerad, [låta] vaccinera sig **2** inplanta (*s.b. with s.th.* ngt hos ngn) **-lation** [ɪˌnɒkjʊˈleɪʃn] inympning, inokulation, vaccination
inoffensive [ˌɪnəˈfensɪv] oförarglig, harmlös
inoperative [ɪnˈɒp(ə)rətɪv] **1** som inte är i funktion **2** utan verkan, verkningslös, ineffektiv
inopportune [ɪnˈɒpətjuːn] oläglig, olämplig, inopportun
inordinate [ɪˈnɔːdɪnət] överdriven, omåttlig
inorganic [ˌɪnɔːˈgænɪk] oorganisk (*chemistry* kemi)
inpatient [ˈɪnˌpeɪʃnt] sjukhuspatient, [inlagd] patient
input [ˈɪnpʊt] **1** insats, inmatning **2** input, insats (*av arbete, varor, kapital*) **3** *data.* indata; inmatning; *elektr.* ineffekt, tillförd energi
inquest [ˈɪnkwest] **1** [rättslig] undersökning; förhör (*om dödsorsak*) **2** *vard.* efterforskning, undersökning
inquietude [ɪnˈkwaɪətjuːd] oro, rastlöshet
inquire [ɪnˈkwaɪə] **1** fråga, göra sig underrättad, höra sig för (*about, after* om; hänvända sig (*at* till); *~ about* (*after*) *s.th.* of *s.b.* fråga om ngt hos ngn (ngn om ngt); *~ after s.b.* höra sig för hur det står till med ngn **2** *~ into* undersöka, efterforska **3** fråga om, fråga efter (*the way* vägen); *~ s.th. of s.b.* fråga efter ngt hos ngn, höra sig för (höra efter) hos ngn om ngt **inquiry** [-rɪ] **1** förfrågan, förfrågning (*about, after, for* om); *make inquiries* a) inhämta upplysningar (informationer), göra förfrågningar, b) (*om polisen*) göra efterforskningar **2** undersökning, efterforskning (*into* om); utredning; förhör; *court of ~* undersökningsdomstol; *hold an ~ into* göra undersökningar (hålla förhör) om
inquisi|tion [ˌɪnkwɪˈzɪʃn] *jur.* undersökning; *the I~* inkvisitionen **-tive** [ɪnˈkwɪzətɪv] nyfiken, frågvis **-tor** [ɪnˈkwɪzɪtə] ledare för undersökning, inkvisitor **-torial** [ɪnˌkwɪzɪˈtɔːrɪəl] inkvisitorisk, strängt rannsakande
inroad [ˈɪnrəʊd] **1** fientligt infall, attack, raid **2** intrång, inkräktande; *make ~s* [*up*]*on* (*into*) göra intrång på (i), inkräkta på, tära på
inrush [ˈɪnrʌʃ] [plötslig] tillströmning
ins. *förk. för* inches; inspector; insulated; insulation; insurance
insalubrious [ˌɪnsəˈluːbrɪəs] ohälsosam, skadlig, osund
insane [ɪnˈseɪn] sinnes-, mental|sjuk; vansinnig; vanvettig, tokig, idiotisk (*idea* idé); *~ asylum* (*AE.*) mentalsjukhus

insanitary [ɪnˈsænɪt(ə)rɪ] ohälsosam; ohygienisk
insanity [ɪnˈsænətɪ] sinnes-, mental|sjukdom; vansinne; vanvett, galenskap
insa|tiability [ɪnˌseɪʃjəˈbɪlətɪ] omättlighet **-tiable** [-ˈseɪʃjəbl], **-tiate** [-ˈseɪʃɪət] omättlig
inscribe [ɪnˈskraɪb] **1** [in]rista, [in]gravera, skriva [in] **2** skriva upp (in); *~ one's name on a list* skriva (sätta) upp sitt namn på en lista **3** dedicera (*bok*) **4** *geom.* inskriva **inscription** [ɪnˈskrɪpʃn] **1** inskrift, inskription, påskrift **2** dedikation **3** *geom.* inskrivande
inscru|tability [ɪnˌskruːtəˈbɪlətɪ] outgrundlighet, hemlighetsfullhet, mystik **-table** [-ˈskruːtəbl] outgrundlig; hemlighetsfull, mystisk
insect [ˈɪnsekt] insekt; *bildl.* kryp **insecticide** [ɪnˈsektɪsaɪd] insekticid, insektsmedel **isectivore** [ɪnˈsektɪvɔː] *zool.* insektsätare
inse|cure [ˌɪnsɪˈkjʊə] osäker, otrygg **-curity** [-ˈkjʊərətɪ] osäkerhet, otrygghet
insemi|nate [ɪnˈsemɪneɪt] **1** inseminera **2** *bildl.* inympa, inplanta (*ideas into s.b.* idéer hos ngn) **-nation** [ɪnˌsemɪˈneɪʃn] insemination
insensate [ɪnˈsenseɪt] **1** livlös, död (*matter* materia) **2** känslolös; okänslig **3** dum, huvudlös
insen|sibilty [ɪnˌsensəˈbɪlətɪ] **1** okänslighet, likgiltighet (*to* för); omedvetenhet (*of* om) **2** medvetslöshet **2** tanklöshet, obetänksamhet **-sible** [ɪnˈsensəbl] **1** medvetslös; utan känsel **2** okänslig, likgiltig (*to* för); omedveten (*of* om) **3** tanklös, obetänksam **-sitive** [ɪnˈsensətɪv] okänslig (*to* för)
insepa|rability [ɪnˌsep(ə)rəˈbɪlətɪ] oskiljaktighet; oskiljbarhet **-rable** [ɪnˈsep(ə)rəbl] oskiljaktig; oskiljbar
insert I *v* [ɪnˈsɜːt] sätta (föra, skjuta, sticka, stoppa) in, infoga, införa **II** *s* [ˈɪnsɜːt] **1** inlägg, tillägg **2** (*i bok*) inlaga, insticks|blad, -ark; (*i tidning*) [annons]bilaga **insertion** [ɪnˈsɜːʃn] **1** insättande, införande *etc.*, *jfr insert I* **2** inlägg, insats; tillägg (*i text*) **3** isättning (*i plagg*) **4** *anat.* [muskel]fäste; *bot.* fäste
inset I *v* [ɪnˈset] insätta, införa **II** *s* [ˈɪnset] **1** *se insert 2*; infälld bild, infällt diagram; *~* [*map*] infälld karta **2** isättning (*i plagg*)
inshore [ˌɪnˈʃɔː] *a o. adv* nära land; in mot land; *~ fishing* kustfiske
inside [ˌɪnˈsaɪd] **I** *s* **1** insida; innersida, inre [del]; *~ out a*) med avigsidan (insidan) ut, *b*) ut och in; *know s.th. ~ out* kunna (känna till) ngt utan och innan; *turn s.th. ~* out vända ut och in på ngt; *keep on the ~ of the road* hålla sig vid vägkanten; *locked from (on) the ~* låst från insidan **2** *vard.*, *~s*] mage, tarmar **3** inre kets; *s.b. on the ~* ngn i den inre kretsen **II** *a* inre, inner-, invändig; intern; invärtes; *~ information* intern information, upplysning i förtroende; *~ job* (*vard.*) internt jobb (*brott som begås m. hjälp av ngn inifrån*); *~ lane a*) innerbana, *b*) innerfil; *~ left* (*right*) vänsterinner (högerinner); *~ pocket* innerficka; *~ seat* plats vid fönstret (väggen) **III** *adv* **1** inuti, invändigt; inåt; in; *~ of a week* inom (på) mindre än en vecka; *come ~!* kom in!; *~, she's a nice girl* innerst inne är hon en trevlig flicka **2** *sl.* inne, in (*i fängelse*) **IV** *prep* inne i, inuti, inom, innanför; in i **insider** [-ə] insider, initierad, invigd

insidious [ɪnˈsɪdɪəs] förrädisk, lömsk, smygande
insight [ˈɪnsaɪt] **1** skarpsinne **2** insikt, inblick (*into* i); insyn; *gain an* ~ *into s.th.* få en inblick i ngt
insignia [ɪnˈsɪgnɪə] (*pl* ~[*s*]) insignier, utmärkelsetecken, tecken på värdighet (rang)
insignifi|cance [ˌɪnsɪgˈnɪfɪkəns], **-cancy** [-ɪ] **1** obetydlighet; betydelselöshet; meningslöshet **-cant** [-kənt] obetydlig, oansenlig; betydelselös; meningslös
insin|cere [ˌɪnsɪnˈsɪə] inte uppriktig, falsk, hycklande **-cerity** [-ˈserətɪ] brist på uppriktighet, falskhet, hyckleri
insinu|ate [ɪnˈsɪnjʊeɪt] **1** insinuera, antyda, låta påskina **2** omärkligt föra (smyga) in; ~ *o.s.* smyga sig (tränga) in (*into* i), nästla (ställa) sig in (*with s.b.* hos ngn) **-ation** [ɪnˌsɪnjʊˈeɪʃn] **1** insinuation, antydan **2** insmygande, inträngande
insipid [ɪnˈsɪpɪd] **1** smaklös, fadd **2** tråkig, ointressant, intetsägande **-ity** [ˌɪnsɪˈpɪdətɪ] **1** smaklöshet, faddhet **2** tråkighet
insist [ɪnˈsɪst] insistera; ~ [*up*]*on a*) insistera på, [envist] yrka på, *b*) hävda [bestämt], vidhålla, stå fast vid; *I* ~ *that you come* (*on your coming*) jag insisterar på att du kommer; *he* ~*s on his innocence* (*that he is innocent*) han vidhåller (hävdar bestämt) att han är oskyldig; *she* ~*s on punctuality* hon håller på punktlighet **-ence** [-(ə)ns] insisterande, yrkande, krav, enträgen begäran; hävdande (*on* av), fasthållande (*on* vid) **-ent** [-(ə)nt] enträgen, envis; påträngande; ihållande
insobriety [ˌɪnsə(ʊ)ˈbraɪətɪ] onykterhet
insofar [ˌɪnsə(ʊ)ˈfɑː] *AE.*, ~ *as* (*that*) i den mån (utsträckning) som
insolation [ˌɪnsə(ʊ)ˈleɪʃn] **1** solbestrålning **2** solsting
insole [ˈɪnsəʊl] innersula; iläggssula
inso|lence [ˈɪnsələns] oförskämdhet, fräckhet **-lent** [-ənt] oförskämd, fräck
insol|ubility [ɪnˌsɒljʊˈbɪlətɪ] olöslighet **-uble** [ɪnˈsɒljʊbl] olöslig (*äv. bildl.*)
insol|vency [ɪnˈsɒlv(ə)nsɪ] insolvens, obestånd **-vent** [-(ə)nt] **I** *a* insolvent, oförmögen att betala **II** *s* insolvent person
insom|nia [ɪnˈsɒmnɪə] sömnlöshet **-niac** [-nɪæk] sömnlös person
insomuch [ˌɪnsə(ʊ)ˈmʌtʃ] *adv*, ~ *that* till den grad att; ~ *as* eftersom
insouci|ance [ɪnˈsuːsjəns] likgiltighet, sorglöshet **-ant** [-ənt] likgiltig, sorglös
inspect [ɪnˈspekt] syna, granska, undersöka; inspektera, besiktiga **inspection** [-kʃn] synande, granskning, undersökning; inspektion, besiktning, [av]syn[ing]; *for your* ~ till påseende; *on closer* ~ vid närmare granskning **inspector** [-ktə] inspektör; inspektor; granskare; uppsyningsman; ~ *general* (*pl* ~*s general*) (*ung.*) överinspektör **2** förste polisassistent **inspectorate** [-kt(ə)rət] **1** inspektorat, inspektörs-, inspektors|befattning **2** inspektörskår
inspiration [ˌɪnspəˈreɪʃn] **1** inspiration, ingivelse **2** inandning **inspire** [ɪnˈspaɪə] inspirera; inge (*respect* respekt); [upp]väcka (*a p.'s love* ngns kärlek); fylla (*s.b. with hope* ngn med hopp) **2** andas in **inspired** [ɪnˈspaɪəd] inspirerad; genialisk **inspiring** [ɪnˈspaɪərɪŋ] inspirerande

inspirit [ɪnˈspɪrɪt] liva upp; inspirera
Inst. *förk. för Institute*; *Institution* **inst.** *förk. för instant* ds, dennes, innevarande månad; *instantaneous; instrumental*
instability [ˌɪnstəˈbɪlətɪ] instabilitet; ostadighet; obeständighet
instal[l] [ɪnˈstɔːl] **1** installera (*pers., utrustning etc.*); dra (lägga) in, montera [in], sätta upp **2** ~ *o.s. in an armchair* slå sig ner (installera sig) i en fåtölj **installation** [ˌɪnstəˈleɪʃn] **1** installation, installering (*av pers., utrustning etc.*); insättning (*i ämbete*); uppsättning, [in]montering **2** *military* ~ militär anläggning
installment [ɪnˈstɔːlmənt] *AE.*, *se instalment*
installment plan *AE.* avbetalningsplan; *buy on the* ~ köpa på avbetalning **instalment** [ɪnˈstɔːlmənt] *BE.* **1** avbetalning, amortering; *pay by* (*in*) ~*s* betala av, göra avbetalningar **2** del, avsnitt (*av TV-serie e.d.*)
instance [ˈɪnstəns] **I** *s* **1** exempel (*of* på); fall; *for* ~ till exempel; *in many* ~*s* i många fall; *in the first* ~ först och främst **2** *at the* ~ *of s.b.* på ngns anmodan (begäran) **3** *jur.* instans; *in the first* ~ i första instans **II** *v* ge (anföra) som exempel
instant [ˈɪnstənt] **I** *s* ögonblick; *at the same* ~ i samma ögonblick; *on the* ~ ögonblickligen; *this* [*very*] ~ nu genast **II** *a* **1** omedelbar, ögonblicklig **2** trängande (*need of assistance* behov av hjälp) **3** ~ *coffee* snabb-, pulver|kaffe **4** *se inst.* **instantaneous** [ˌɪnst(ə)nˈteɪnjəs] ögonblicklig; momentan **instantly** [ˈɪnstəntlɪ] *adv* omedelbart, ögonblickligen
instead [ɪnˈsted] i stället; ~ *of* i stället för
instep [ˈɪnstep] [fot]vrist
insti|gate [ˈɪnstɪgeɪt] **1** anstifta (*rebellion* uppror) **2** egga, driva på; uppvigla till **-gation** [ˌɪnstɪˈgeɪʃn] anstiftan; tillskyndan; *at the* ~ *of* på tillskyndan (anstiftan) (*av*) **-gator** [ˈɪnstɪgeɪtə] anstiftare; upphovsman
instil[l] [ɪnˈstɪl] [gradvis] införa (introducera); ingjuta (*s.th. into s.b.* ngt hos ngn), inge, bibringa (*s.th. into s.b.* ngn ngt)
instinct I *s* [ˈɪnstɪŋ(k)t] instinkt; instinktiv känsla, intuitiv förmåga; *by* (*from*) ~ instinktivt **II** *a* [ɪnˈstɪŋ(k)t] ~ *with* [upp]fylld av **instinctive** [ɪnˈstɪŋ(k)tɪv] instinktiv; instinktmässig (*behaviour* beteende)
insti|tute [ˈɪnstɪtjuːt] **I** *s* **1** institut; institution; stiftelse; inrättning **2** *AE.* intensivkurs, seminarium **3** grund|sats, -regel **II** *v* **1** inrätta, upprätta; instifta; arrangera **2** installera, insätta (*in*[*to*] *an office* i ett ämbete) **3** inleda, initiera, ta initiativ till; *jur.* anhängiggöra **-tution** [ˌɪnstɪˈtjuːʃn] **1** inrättande *etc.*, *jfr institute II* **2** institution; institut; stiftelse; inrättning **3** bruk, sed, inrättning **4** *vard.* institution (*äv. om pers.*), vana, vanlig företeelse **-tutional** [ˌɪnstɪˈtjuːʃənl] **1** institutionell, institutions-; anstalts-; ~ *care* anstaltsvård **2** hävdvunnen, stadgad **3** slentrianmässig, enahanda **-tutionalize** (*BE. äv. -tutionalise*) [ˌɪnstɪˈtjuːʃ(ə)nəlaɪz] **1** institutionalisera **2** placera på institution **3** göra till (bli) en institution
instr. *förk. för instructor; instrument*[*al*]
instruct [ɪnˈstrʌkt] **1** beordra, befalla, ge instruktioner **2** instruera, undervisa, ge anvisning[ar], visa **3** informera, underrätta **instruc-**

tion [-kʃn] **1** *vanl. pl* ~s instruktioner, anvisning[ar], föreskrift[er] ~*s for use* bruksanvisning **2** undervisning, instruktion **instructional** [-kʃənl] **1** undervisnings-, instruktions- **2** upplysande **instructive** [-ktɪv] instruktiv, lärorik, upplysande **instruc|tor**, *fem*. **-tress** [-ktə, -ktrɪs] instruktör, lärare; *AE*. universitetslärare (*under lektor*)

instrument [ˈɪnstrʊmənt] **I** *s* **1** instrument (*äv. mus.*); verktyg, redskap (*äv. bildl.*) **2** [bidragande] orsak; *my evidence was an ~ in his arrest* mitt vittnesmål var en bidragande orsak till hans anhållande **3** *jur*. [rättsligt] dokument **II** *v* **1** *mus*. instrumentera, orkestrera **2** förse med instrument *etc*. **instrumental** [ˌɪnstrʊˈmentl] **I** *a* **1** bidragande; behjälplig **2** instrument-, instrumentell **3** *mus*. instrumental **II** *s*, *mus*. instrumentalstycke **instrumentalist** [ˌɪnstrʊˈmentəlɪst] *mus*. instrumentalist **instrumentality** [ˌɪnstrʊmenˈtælətɪ] medverkan, förmedling **instrumentation** [ˌɪnstrʊmenˈteɪʃn] **1** *mus*. instrumentation, orkestrering **2** medel; medverkan **instrument flying** instrumentflygning

insubordi|nate [ˌɪnsəˈbɔːdnət] olydig (*mot överordnad*), upprorisk, uppstudsig **-nation** [ˈɪnsəˌbɔːdɪˈneɪʃn] insubordination, olydnad (*mot överordnad*), upproriskhet

insubstantial [ˌɪnsəbˈstænʃl] **1** overklig, inbillad, okroppslig **2** svag, ohållbar; ringa, torftig

insufferable [ɪnˈsʌf(ə)rəbl] outhärdlig, olidlig, odräglig

insuffi|ciency [ˌɪnsəˈfɪʃnsɪ] otillräcklighet, bristfällighet; *med*. insufficiens **-cient** [-ʃnt] otillräcklig, bristfällig; *med*. insufficient

insular [ˈɪnsjʊlə] **1** ö-; insulär **2** reserverad, otillgänglig; inskränkt, trångsynt **3** isolerad, avskild **-ism** [-rɪz(ə)m] inskränkthet, småaktighet **-ity** [ˌɪnsjʊˈlærətɪ] **1** = *insularism* **2** karaktär av ö

insu|late [ˈɪnsjʊleɪt] *fys., tekn., bildl*. isolera; *-lating tape* isoler[ings]band **-lation** [ˌɪnsjʊˈleɪʃn] *fys., tekn., bildl*. isolering, isolation **-lator** [-ə] *fys., tekn*. isolator

insulin [ˈɪnsjʊlɪn] *med*. insulin

insult I *s* [ˈɪnsʌlt] **1** förolämpning, skymf (*to* mot); *add ~ to injury* göra ont värre **2** *med*. skada; chock **II** *v* [ɪnˈsʌlt] förolämpa, skymfa

insuperable [ɪnˈsjuːp(ə)rəbl] oöverstiglig, oövervinn[e]lig

insupportable [ˌɪnsəˈpɔːtəbl] outhärdlig

insurable [ɪnˈʃʊərəbl] som går att försäkra **insurance** [-(ə)ns] försäkring, assurans; försäkringssumma; försäkringspremie **insurance agent** försäkringsagent **insurance company** försäkringsbolag **insurance policy** försäkrings|brev, -premie **insure** [ɪnˈʃʊə] försäkra, assurera (*against* mot); försäkra sig **insured** [ɪnˈʃʊəd] **I** *a* försäkrad, assurerad; *~ letter* assurerat brev **II** *s*, *the ~* försäkringstagaren, den försäkrade **insurer** [ɪnˈʃʊərə] försäkringsgivare, assuradör

insurgent [ɪnˈsɜːdʒ(ə)nt] **I** *a* upprorisk, upprors- **II** *s* upprorsman; insurgent

insurmountable [ˌɪnsəˈmaʊntəbl] oöverstiglig, oövervinn[e]lig

insurrection [ˌɪnsəˈrekʃn] resning, uppror **-al** [-ʃnl] upprorisk **-ary** [-ʃnərɪ] **I** *a* upprorisk **II** *s* upprorsmakare **-ist** [-ʃnɪst] upprorsman

insusceptible [ˌɪnsəˈseptəbl] okänslig, oemottaglig (*to* för)

int. *förk. för* interest; interior; internal; international; interpreter

intact [ɪnˈtækt] orörd, oskadad, hel, obruten, intakt

intake [ˈɪnteɪk] **1** intagning (*of students* av studerande) **2** intag, inlopp (*för vätska, luft*); insugning, inmatning; *air ~* luft|intag, -tillförsel **3** intagning (*in a garment* i ett plagg) **intake valve** insugningsventil

intan|gibility [ɪnˌtæn(d)ʒəˈbɪlətɪ] ogripbarhet; ofattlighet; obestämbarhet **-gible** [ɪnˈtæn(d)ʒəbl] som man inte kan ta på; ogripbar; ofattbar; obestämd, vag; *~ assets* immateriella tillgångar

integer [ˈɪntɪdʒə] **1** *mat*. heltal, helt tal **2** enhet, helhet

inte|gral [ˈɪntɪɡr(ə)l] **I** *a* **1** väsentlig, integrerande (*part* del) **2** orörd, intakt, hel; odelad **3** *mat*. integral-; *~ calculus* integralkalkyl **II** *s*, *mat*. integral **-grate I** *v* [-ɡreɪt] **1** integrera (*äv. mat., elektr.*); *~ s.th. into s.th.* integrera ngt i ngt; *~d circuit* (*elektr*.) integrerad krets **2** *AE*. (*om skola*) bli integrerad **3** integreras (*into* i) **II** *a* [-ɡrət] integrerad **-gration** [ˌɪntɪˈɡreɪʃn] integration (*äv. mat.*), integrering; sammansmältning till en helhet

integrity [ɪnˈteɡrətɪ] **1** hederlighet, redbarhet **2** integritet, okränkbarhet **3** helhet, fullständighet, obrutenhet

integument [ɪnˈteɡjʊmənt] hud, hinna, hölje, skal

intellect [ˈɪntəlekt] **1** intellekt, förstånd; *her powers of ~* hennes intellektuella förmåga **2** *vard*. begåvad person, begåvning **3** intelligens, intelligent[s]ia **intellection** [ˌɪntəˈlekʃn] tankeverksamhet **intellectual** [ˌɪntəˈlektjʊəl] **I** *a* intellektuell, förståndsmässig, andlig **II** *s* intellektuell [person]

intelligence [ɪnˈtelɪdʒ(ə)ns] **1** intelligens, förstånd **2** (*militär[a]*) underrättelse[r], upplysning[ar] **3** (*ngt åld*.) nyheter, upplysningar, information[er] **4** underrättelse|tjänst, -väsen **5** förnuftigt väsen, ande **intelligence quotient** intelligenskvot **intelligence service** underrättelsetjänst **intelligence test** intelligenstest **intelligent** [-(ə)nt] intelligent **intelligentsia** [ɪnˌtelɪˈdʒentsɪə] *the ~* intelligent[s]ian, de intellektuella

intelligi|bility [ɪnˌtelɪdʒəˈbɪlətɪ] begriplighet, förståelighet **-ble** [ɪnˈtelɪdʒəbl] begriplig, förståelig

intemper|ance [ɪnˈtemp(ə)r(ə)ns] omåttlighet, överdrift (*i fråga om mat o. dryck*); dryckenskap **-ate** [-ət] **1** omåttlig (*i fråga om alkohol*), begiven på sprit **2** obehärskad, okontrollerad, våldsam; *~ rage* våldsamt raseri **3** (*om klimat*) icke-tempererad, sträng, hård

intend [ɪnˈtend] **1** ämna, avse, tänka, planera; mena, vilja; *what do you ~ to do?* vad tänker (ämnar) du göra?; *she ~s well* hon menar väl **2** *~ for* avse för; *this park is ~ed for the general public* den här parken är avsedd för allmänheten; *this picture is ~ed for my son* det är meningen att min son skall ha den här tavlan **3** innebära, ge uttryck åt; *what do his words ~?* vad innebär hans ord? **-ed** [-ɪd] **I** *a* avsedd, planerad, tilltänkt; framtida, blivande **II** *s*, vard. tillkommande, fästman, fästmö

intense [ɪn'tens] intensiv; stark, kraftig, häftig, våldsam; livlig **intensification** [ɪnˌtensɪfɪ-'keɪʃn] intensifiering **intensifier** [ɪn'tensɪfaɪə] språkv. förstärkande ord (partikel) **intensify** [ɪn'tensɪfaɪ] intensifiera[s], göra (bli) intensivare, förstärka[s], öka[s], stegra[s] **intensity** [ɪn-'tensətɪ] **1** intensitet, styrka, kraft, häftighet, våldsamhet; livlighet **2** *fys*. styrka; *current ~* strömstyrka **3** *foto*. svärta **intensive** [ɪn'tensɪv] **I** *a* intensiv, koncentrerad; *~ care* intensivvård; *~ care unit* intensivvårdsavdelning; *~ study* koncentrerade studier; *capital-~* kapitalintensiv; **II** *s*, språkv. förstärkande ord (partikel, pronomen) **intent** [ɪn'tent] **I** *s* avsikt, syfte; *jur. äv.* uppsåt; *with ~ to* (*i sht jur.*) i avsikt att; *to all ~s and purposes* praktiskt taget, i själva verket **II** *a* spänt uppmärksam, koncentrerad; *an ~ look* (*äv.*) en forskande blick; *~ [up]on* helt inriktad på, koncentrerad på **intention** [-nʃn] **1** avsikt, syfte, uppsåt; mening; intention; *with the ~ of doing s.th.* i avsikt att göra ngt; *with the best of ~s* i bästa avsikt (välmening); *with good ~s* med goda föresatser; *I have no ~ of doing it* jag har inte för avsikt att göra det; *honourable ~s* hederliga avsikter (*att gifta sig med ngn*) **2** *med*. läkning, läkningsprocess **intentional** [-nʃənl] avsiktlig **intentionally** [-nʃn̩lɪ] *adv* avsiktligt **intently** [-ntlɪ] *adv* med spänd uppmärksamhet, spänt **inter** [ɪn'tɜ:] begrava

inter|act [ˌɪntər'ækt] påverka varandra **-action** [ˌɪntər'ækʃn] växelverkan, interaktion

inter alia [ˌɪntər'eɪlɪə] inter alia, bland annat **interbreed** [ˌɪntə'bri:d] (*interbred, interbred*) **1** korsa (*raser*) **2** korsas [med varandra]

intercede [ˌɪntə'si:d] **1** medla (*in a strike* i en strejk) **2** lägga sig ut (*with s.b. for s.b.* hos ngn för ngn)

intercept ['ɪntəsept] **1** snappa upp; fånga upp **2** genskjuta, hejda, stoppa; skära av [vägen för]; avleda **3** *mat*. skära av **interception** [ˌɪntə-'sepʃn] **1** uppsnappande; uppfångande **2** genskjutande, hejdande, stoppande; avskärande, avledning **3** *mat*. skärning; *point of ~* skärningspunkt **interceptor** [ˌɪntə'septə] jakt[flyg]plan **intercession** [ˌɪntə'seʃn] **1** medling **2** förord, rekommendation **3** förbön

interchange [ˌɪntə'tʃeɪn(d)ʒ] **I** *v* **1** [ut]växla; utbyta (*thoughts* tankar); byta ut [mot varandra]; byta plats, alternera **2** låta omväxla **II** *s* **1** utväxling; utbyte (*of thoughts* av tankar); alternering **2** [motorvägs]korsning, trafikplats (*i flera plan*) **-able** [-əbl] utbytbar, som kan bytas ut (*with* mot) **-ably** [-əblɪ] *adv* omväxlande (*with* med) **intercollegiate** [ˌɪntəkə'li:dʒɪət] [som försiggår] mellan olika college

intercom ['ɪntəkɒm] *vard*. lokal-, snabb|telefon **-municate** [ˌɪntəkə'mju:nɪkeɪt] kommunicera [med varandra]; (*om rum e.d.*) stå i förbindelse med varandra **-munication** ['ɪntəkəˌmju:nɪ-'keɪʃn] inbördes förbindelse, förbindelse med varandra, kommunikation [med varandra]

interconnect [ˌɪntəkə'nekt] förbinda (förena, koppla ihop) med varandra

intercontinental ['ɪntəˌkɒntɪ'nentl] interkontinental; *~ ballistic missile* interkontinental robot **intercourse** [-kɔ:s] **1** umgänge; förbindelse **2** [*sexual*] *~* samlag, sexuellt umgänge

interdenominational ['ɪntədɪˌnɒmɪ'neɪʃənl] samkyrklig

interdepend|ence, -ency [ˌɪntədɪ'pendəns(ɪ)] ömsesidigt beroende **-ent** [-ənt] beroende av varandra

inter|dict I *s* ['ɪntədɪkt] **1** *kyrkl*. interdikt, [påvligt] förbud **2** *jur*. förbud **II** *v* [ˌɪntə'dɪkt] *kyrkl. o. jur*. förbjuda **-diction** [ˌɪntə'dɪkʃn] *se interdict I* **interdisciplinary** ['ɪntəˌdɪsɪ'plɪnərɪ] tvärvetenskaplig

interest ['ɪntrɪst] **I** *s* **1** intresse (*in* för); *questions of public ~* frågor av allmänt intresse; *it has no ~ for me* det har inget intresse för mig; *take* (*have*) *an ~ in* intressera sig (ha intresse) för **2** intresse, [egen] fördel, [eget] bästa; *the public ~* allmänhetens bästa, det allmänna bästa; *be in one's own ~* ligga i eget intresse **3** (*ofta pl*) intresse; anspråk, rätt; andel; *French ~s in Africa* franska intressen i Afrika; *controlling ~* aktiemajoritet; *trading ~s* handelsintressen; *have an ~ in a firm* ha andel i en firma **4** (*ofta pl*) intressenter, intressen, intressegrupper; *the landed ~[s]* godsägarna; *the moneyed ~* kapitalintresset; *the shipping ~[s]* rederierna, redarkretsarna **5** ränta (*on* på); *rate of ~* räntesats; *compound ~* ränta på ränta; *ten percent ~* tio procents ränta; *bear ~* ge ränta, löpa med ränta, förränta sig; *lend at* (*on*) *~* låna ut mot ränta **II** *v* intressera, göra intresserad; *~ s.b. in doing s.th.* intressera ngn för att göra ngt; *~ o.s. in* intressera sig för **interested** [-ɪd] **1** intresserad; *be ~ed in* vara intresserad av, intressera sig för **2** partisk; inblandad, involverad; *the ~ parties* berörda parter, vederbörande; *he is an ~ party* han är partisk **interesting** [-ɪŋ] intressant (*to s.b.* för ngn)

interface ['ɪntəfeɪs] **1** gräns|yta, -skikt; gemensam gräns **2** samverkan, samspel **3** *elektr*. interface, kabel (*t.ex. mellan dator o. skrivare*)

inter|fere [ˌɪntə'fɪə] **1** ingripa (*in* i; *with* mot); lägga sig i; komma [hindrande] emellan; *~ with a*) lägga sig i, *b*) hindra, störa, *c*) mixtra med, fingra på; *~ with a p.'s plans* korsa ngns planer; *don't ~!* lägg dig inte i det där (här)!; *don't ~ with the machine!* mixtra inte med maskinen! **2** *fys*. interferera **-ference** [-'fɪər(ə)ns] **1** ingripande (*from* av); inblandning (*in, with* i); hinder, störning **2** *fys*. interferens; störning (*i radio, TV*) **-fering** [-'fɪərɪŋ] som lägger (blandar) sig i; störande; *I don't like his ~ ways* jag tycker inte om att han alltid lägger sig i [allting]

interim ['ɪntərɪm] **I** *a* interims-, provisorisk, tillfällig **II** *s* mellantid; *in the ~* under tiden

interior [ɪn'tɪərɪə] **I** *a* **1** inre; invändig; *~ angle* inre vinkel; *~ decoration* heminredning; *~ decorator* [hem]inredningsarkitekt; *~ monologue* inre monolog **2** inrikes, inhemsk **II** *s* **1** inre; insida; interiör **2** interiör-, inomhus|bild; film tagen inomhus; inomhusscen (*av film*) **3** *AE., Department of the I~* inrikesdepartementet

interj. *förk. för* interjection

inter|ject [ˌɪntəˈdʒekt] kasta (slunga) in (*kommentar e.d.*) **-jection** [-ˈdʒekʃn] **1** inlägg, inpass (*i diskussion e.d.*) **2** språkv. interjektion

interlace [ɪntəˈleɪs] **1** fläta samman; fläta (blanda) in; ~ *a speech with puns* krydda ett tal med ordlekar **2** vara sammanflätad **-ment** [-mənt] sammanflätning; flätmönster

interlard [ˌɪntəˈlɑːd] *bildl.* späcka, blanda upp; *a speech ~ed with jokes* ett tal späckat av skämt

interleave [ˌɪntəˈliːv] interfoliera (*bok e.d.*)

interline [ˌɪntəˈlaɪn] skriva (infoga) mellan raderna

interlinear [ˌɪntəˈlɪnɪə] [skriven, infogad] mellan raderna

interlink [ˌɪntəˈlɪŋk] **1** länka samman; sammanfoga **2** hänga ihop

interlock [ˌɪntəˈlɒk] **1** gripa (haka) in i varandra; hänga ihop; vara sammankopplad **2** fästa (haka) ihop; koppla samman

interlocu|tion [ˌɪntələ(ʊ)ˈkjuːʃn] samtal **-tor** [ˌɪntəˈlɒkjʊtə] samtalspartner, interlokutör; *my ~* den person jag talat med, min sagesman

inter|lope [ˌɪntəˈləʊp] tränga sig in (på), lägga sig i **-loper** [ˈɪntələʊpə] inkräktare

interlude [ˈɪntəluːd] **1** mellanspel; paus; period **2** *mus.* interludium, mellanspel

inter|marriage [ˌɪntəˈmærɪdʒ] giftermål (*mellan pers. av olika familj, ras e.d.*), blandäktenskap **-marry** [-ˈmærɪ] gifta sig (*med pers. av annan familj, ras e.d.*); gifta sig med varandra; ingå blandäktenskap

intermedi|ary [ˌɪntəˈmiːdjərɪ] **I** *a* **1** förmedlande, som uppträder som mellanhand **2** mellanliggande **II** *s* **1** förmedlare; mellanhand **2** mellanled; mellanstadium **-ate** [-ət] **I** *a* mellanliggande; mellan-; ~ *range ballistic missile* medeldistansrobot; ~ *stage* mellanstadium, övergångsstadium **II** *s* mellanliggande led, mellanform

interment [ɪnˈtɜːmənt] begravning

intermez|zo [ˌɪntəˈmetsəʊ] (*pl -zos el. -zi* [-siː]) *mus. o. bildl.* intermezzo, mellanspel

intermi|nable [ɪnˈtɜːm(ɪ)nəbl] oändlig, ändlös **-nably** [-nəblɪ] *adv* oändligt, ändlöst; i det oändliga

intermingle [ˌɪntəˈmɪŋgl] **1** blanda [in] **2** blanda sig (*with* med)

inter|mission [ˌɪntəˈmɪʃn] uppehåll, paus, avbrott **-mit** [-ˈmɪt] [tillfälligt] avbryta, göra ett uppehåll (en paus) i **2** [tillfälligt] avstanna **-mittent** [-ˈmɪt(ə)nt] intermittent; avbruten, oregelbundet återkommande, oregelbunden; periodisk; ~ *fever* växelfeber

inter|mix [ˌɪntəˈmɪks] **1** blanda **2** blanda sig (*with* med) **-mixture** [-ˈmɪkstʃə] blandning

intern I *v* [ɪnˈtɜːn] internera **II** *s* [ˈɪntɜːn] *AE.* assistentläkare (*på sjukhus*) **internal** [ɪnˈtɜːnl] **I** *a* inre, inner-, invändig; invärtes, för invärtes bruk; inhemsk, inrikes-; intern; ~ *combustion engine* förbränningsmotor; ~ *ear* inneröra; ~ *medicine* invärtes medicin; ~ *rhyme* (*versl.*) inrim; ~ *secretion* inre sekretion; ~ *telephone* lokal-, snabb|telefon **II** *s* gynekologisk undersökning **internally** [-lɪ] *adv* i det inre, invärtes; inom sig; *he is bleeding ~* han har inre blödningar; *not to be taken ~* ej för invärtes bruk

international [ˌɪntəˈnæʃənl] **I** *a* internationell, världsomfattande; ~ *law* folkrätt, internationell rätt **II** *s, sport.* **1** landskamp **2** landslagsspelare **3** *the* [*First etc.*] *I~* [första *etc.*] Internationalen **Internationale** [ˌɪntənæʃəˈnɑːl] *s, the ~* Internationalen (*sång*)

international|ization (*BE. äv.* *-isation*) [ˈɪntəˌnæʃnəlaɪˈzeɪʃn] internationalisering **-ize** (*BE. äv. -ise*) [ˌɪntəˈnæʃnəlaɪz] internationalisera

internecine [ˌɪntəˈniːsaɪn] **1** för alla parter förödande (*war* krig) **2** blodig (*slaughter* slakt) **3** inbördes (*conflict* konflikt)

intern|ee [ˌɪntɜːˈniː] internerad [person] **-ment** [ɪnˈtɜːnmənt] internering

interpel|lant [ˌɪntəˈpelənt] *parl.* interpellant **-late** [ɪnˈtɜːpeleɪt] *parl.* interpellera **-lation** [ɪnˌtɜːpeˈleɪʃn] *parl.* interpellation **-lator** [ˌɪntəpeˈleɪtə] *parl.* interpellant

interphone [ˈɪntəfəʊn] lokal-, snabb|telefon

interplanetary [ˌɪntəˈplænɪt(ə)rɪ] interplanetarisk

interplay [ˌɪntəˈpleɪ] samspel, växelverkan

Interpol [ˈɪntəpɒl] (*förk. för International Criminal Police Organization*) Interpol

interpo|late [ɪnˈtɜːpə(ʊ)leɪt] interpolera (*äv. mat.*); inflicka, inskjuta (*ord e.d.*); förfalska genom tillägg (ändring) **-lation** [ɪnˌtɜːpə(ʊ)ˈleɪʃn] interpolering, interpolation (*äv. mat.*); tillägg; textförfalskning

interpose [ˌɪntəˈpəʊz] **1** placera (sätta) emellan (bland); ~ *s.th. between two things* placera ngt mellan två saker **2** inskjuta, inflicka (*a remark* ett yttrande); komma med (*an objection* en invändning) **3** ingripa; gå (träda) emellan

inter|pret [ɪnˈtɜːprɪt] **1** förklara; tolka, [ut]tyda **2** vara tolk, tolka (*for* åt) **-pretation** [ɪnˌtɜːprɪˈteɪʃn] förklaring; uttolkning, [ut]tydning **-preter** [ɪnˈtɜːprɪtə] tolk; uttolkare

interracial [ˌɪntəˈreɪʃəl] *a* mellan [personer av] olika raser

interreg|num [ˌɪntəˈregnəm] (*pl -nums el. -na* [-nə]) interregnum

interre|late [ˌɪntərɪˈleɪt] ställa (stå) i relation till varandra; *be ~d* stå i relation till varandra, hänga ihop; *~d facts* sammanhängande fakta **-lation, -lationsship** [-ˈleɪʃn(ʃɪp)] inbördes (ömsesidigt) förhållande

inter|rogate [ɪnˈterə(ʊ)geɪt] fråga ut, förhöra **-rogation** [ɪnˌterə(ʊ)ˈgeɪʃn] **1** utfrågning, förhör **2** fråga **-rogative** [ˌɪntəˈrɒgətɪv] **I** *a* frågande; språkv. äv. interrogativ, fråge- **II** *s* **1** språkv. frågeord **2** frågetecken **-rogator** [ɪnˈterə(ʊ)geɪtə] utfrågare, förhörsledare **-rogatory** [ˌɪntəˈrɒgət(ə)rɪ] **I** *a* frågande **II** *s* fråga; *-rogatories* (*pl, jur.*) skriftliga frågor (*som besvaras skriftligt under ed*)

inter|rupt [ˌɪntəˈrʌpt] avbryta, störa **-rupter** [-ˈrʌptə] strömbrytare **-ruption** [-ˈrʌpʃn] avbrott; avbrytande **-ruptor** [-ˈrʌptə] strömbrytare

inter|sect [ˌɪntəˈsekt] **1** skära igenom; *geom.* skära **2** (*i sht om vägar*) skära (korsa) varandra, korsas; *geom.* skära varandra **-section** [-ˈsekʃn] **1** skärningspunkt (*äv. geom.*); väg-, gatu|korsning **2** skärning; genomskärning

intersperse [ˌɪntəˈspɜːs] blanda (strö) in; *a speech ~d with quotations* ett tal späckat med citat

interstate ['ıntəsteıt] mellan stater, mellanstatlig
interstellar [ˌıntə'stelə] interstellär
inter|stice [ın'tɜ:stıs] mellanrum, öppning, springa **-stitial** [ˌıntə'stıʃl] mellan-, mellanrums-; *anat.* interstitial
inter|twine [ˌıntə'twaın], **-twist** [-'twıst] fläta[s] ihop (samman)
interurban [ˌıntər'ɜ:bən] interurban; mellan (som förbinder) två städer
interval ['ıntəvl] intervall *(äv. mus.)*; avstånd, mellanrum; paus, uppehåll; *at ~s a)* emellanåt, då och då, *b)* med mellanrum
inter|vene [ˌıntə'vi:n] **1** komma (ligga) emellan; inträffa (infalla) emellan; *if nothing ~s* om inget kommer emellan; *six years ~ between these events* sex år har gått mellan dessa händelser **2** ingripa, intervenera **-vention** [-'venʃn] intervention; ingripande; mellankomst
interview ['ıntəvju:] **I** *s* intervju; samtal **II** *v* intervjua **-ee** [ˌıntəvju:'i:] *s*, *the ~* den intervjuade, intervjuobjektet **-er** ['ıntəvju:ə] intervjuare
interweave [ˌıntə'wi:v] väva[s] (fläta[s]) samman; blanda in
intestate [ın'testeıt] **I** *a* **1** *die ~* dö utan att ha efterlämnat testamente **2** borttestamenterad **II** *s* avliden som inte efterlämnat testamente
intes|tinal [ın'testınl] tarm-; inälvs-; *~ flora* tarmflora **-tine** [-tın] *vanl. pl ~s* tarmar, inälvor; *large ~* tjocktarm; *small ~* tunntarm
inti|macy ['ıntıməsı] **1** förtrolighet, intimitet; förtroligt förhållande; förtrolig atmosfär **2** intimt förhållande, kärleksförhållande **-mate I** *a* [-mət] **1** förtrolig, intim, nära *(friend* vän); *an ~ restaurant* en intim restaurang; *be on ~ terms with* stå på förtrolig fot med **2** ingående, djup; *~ knowledge* ingående kunskaper **3** innersta *(thoughts* tankar) **II** *s* [-mət] förtrogen [vän] **III** *v* [-meıt] antyda, låta förstå **-mation** [ˌıntı'meıʃn] antydan, vink
intimi|date [ın'tımıdeıt] skrämma *(s.b. into doing s.th.* ngn [till] att göra ngt); avskräcka; terrorisera **-dation** [ın,tımı'deıʃn] skrämsel
into ['ıntʊ, *framför konsonant* 'ıntə] **1** in i; ut i; in på; i; *go ~ a room* gå in i ett rum; *drive ~ a wall* köra in i en mur; *he went ~ the garden* han gick ut i trädgården; *work far ~ the night* arbeta till långt in på natten; *I'm not ~ the job yet (vard.)* jag har inte kommit in i jobbet ännu; *jump ~ the water* hoppa i vattnet; *4 ~ 8 is 2* 4 går i 8 två gånger; *divide s.th. ~ two parts* dela ngt i två delar; *get ~ trouble* råka i svårigheter; *take ~ account* ta med i beräkningen **2** till; *change ~ a ghost* förvandlas till ett spöke; *develop ~* utveckla sig till; *translate ~ Swedish* översätta till svenska **3** *vard.* intresserad av, för; *she's ~ jazz* hon är intresserad av jazz
intoler|able [ın'tɒl(ə)rəbl] outhärdlig, odräglig **-ance** [-lər(ə)ns] intolerans **-ant** [-lər(ə)nt] intolerant
intonation [ˌıntə(ʊ)'neıʃn] *mus., språkv.* intonation **intone** [ın'təʊn] **1** sjunga entonigt, mässa **2** *mus., språkv.* intonera
intoxi|cant [ın'tɒksıkənt] **I** *a* [be]rusande **II** *s* berusningsmedel, rusdryck **-cate** [-keıt] berusa *(äv. bildl.)* **-cated** [-keıtıd] berusad *(äv. bildl.)*; *~ by drugs* narkotikapåverkad; *~ with success* berusad av framgång **-cating** [-keıtıŋ] berusande *(äv. bildl.)* **-cation** [ınˌtɒksı'keıʃn] **1** berusning *(äv. bildl.)*; rus **2** *med.* förgiftning, intoxikation
intr. *förk. för intransitive*
intractable [ın'træktəbl] motspänstig; omedgörlig; svårlöslig; svårbehandlad
intramural [ˌıntrə'mjʊər(ə)l] **1** *AE.* innanför universitetets murar, inom universitetet **2** *med.* intramural
intransigent [ın'trænsıdʒ(ə)nt] **I** *a* oförsonlig, omedgörlig **II** *s* ytterlighetsman
intransitive [ın'trænsıtıv] *språkv.* intransitiv
intra|uterine [ˌıntrə'ju:təraın] *med.* inne i livmodern, livmoder-; *~ device* livmoderinlägg **-venous** [-'vi:nəs] *med.* intravenös
in-tray ['ıntreı] låda (korg) för inkommande post
intrepid [ın'trepıd] oförskräckt, djärv **-ity** [ˌıntrı'pıdətı] oförskräckthet, djärvhet
intri|cacy ['ıntrıkəsı] krånglighet, invecklad beskaffenhet; trasslighet **-cate** [-kət] krånglig, invecklad; till-, hop|trasslad
intrigue [ın'tri:g] **I** *v* **1** väcka intresse hos, göra nyfiken; förbrylla; fängsla; *I would be ~d to know why* det skulle intressera mig att veta varför **2** intrigera, smida ränker **3** ha ett hemligt förhållande *(with* med) **II** *s* **1** intrig[erande]; ränksmideri, anslag **2** hemligt förhållande, kärleksaffär **intriguer** [-ə] intrigmakare, ränksmidare **intriguing** [-ıŋ] **1** intressant; förbryllande; fängslande **2** intrigant
intrinsic [ın'trınsık] inre, inneboende; egentlig, verklig; väsentlig **-ally** [-(ə)lı] *adv* i sig [själv]; egentligen, verkligen, väsentligen
intro[d]. *förk. för introduction; introductory*
intro|duce [ˌıntrə'dju:s] **1** presentera, föreställa *(s.b. to* ngn för); göra bekant, låta göra bekantskap *(to* med), låta pröva *(to* på); *~ o.s.* presentera sig; *he was ~d to drink at an early age* han fick stifta bekantskap med sprit i unga år **2** framlägga, väcka; *~ a bill* framlägga en proposition, väcka en motion **3** introducera, införa *(decimal system into a country* decimalsystem i ett land) **4** anmäla, presentera *(TV-program e.d.)*; inleda, börja *(one's speech with* sitt tal med) **5** föra (sticka) in *(s.th. into* ngt i) **-duction** [-'dʌkʃn] **1** presentation, introduktion *(to* för); *letter of ~* introduktionsbrev **2** introduktion *(äv. mus.)*; inledning *(to* till); handledning **3** framläggande, väckande *(av lagförslag e.d.)* **4** introduktion, införande *(of a new fashion* av ett nytt mode) **5** anmälan, presentation *(av TV-program e.d.)*; inledning *(av tal, till bok e.d.)* **6** införande, instickande *(into* i) **-ductory** [-'dʌkt(ə)rı] inledande, inlednings-, introduktions-
introspec|tion [ˌıntrə(ʊ)'spekʃn] introspektion, självbetraktelse **-tive** [-tıv] introspektiv, inåtblickande, självbetraktande
intro|version [ˌıntrə(ʊ)'vɜ:ʃn] introversion, inåtvändhet **-vert** ['ıntrə(ʊ)vɜ:t] **I** *s* introvert (inåtvänd) person **II** *a (äv. ~ed)* introvert, inåtvänd
intrude [ın'tru:d] tränga sig på, inkräkta, komma olägligt; *am I intruding?* kommer jag olägligt?, stör jag?; *~ on a p.'s affairs* blanda sig i ngns angelägenheter **intruder** [-ə] inkräktare, objuden gäst **intrusion** [-'tru:ʒn] intrång, inkräk-

intrusive—involuted

tande ([*up*]*on, into* i, på); inträngande (*into* i); inblandning (*into* i); *forgive the ~, I just wanted to* förlåt att jag tränger mig på, jag ville bara **intrusive** [-'truːsɪv] inkräktande; påträngande

intuit [ɪn'tjuːɪt] veta (inse) intuitivt **intuition** [ˌɪntjuː'ɪʃn] intuition; ingivelse **intuitive** [ɪn'tjuːɪtɪv] intuitiv

inun|date ['ɪnʌndeɪt] översvämma (*äv. bildl.*) *bildl. äv.* överhopa **-dation** [ˌɪnʌn'deɪʃn] översvämning; *bildl. äv.* ström, störtflod

inure [ɪ'njʊə] **1** härda (*to* mot), vänja (*to* vid); *be ~d to* vara härdad mot, vara van vid **2** (*om lag o.d.*) träda i kraft

inv. *förk. för* invented; invention; inventor; invoice

invade [ɪn'veɪd] **1** invadera, marschera (tränga) in i, ockupera; inkräkta på, göra intrång i; *bildl.* invadera, översvämma; (*om sjukdom*) angripa **invader** [-ə] invaderande fiende, angripare, inkräktare

1 invalid I *s* ['ɪnvəlɪd] [kroniskt] sjuk, sjukling; invalid **II** *a* ['ɪnvəlɪd] sjuk-, sjuklig; invalid-; *~ chair* rullstol **III** *v* ['ɪnvəliːd] göra (bli) sjuk; invalidisera[s]; *~ out* (*BE.*) skicka hem som sårad (sjuk, invalid)

2 invalid [ɪn'vælɪd] ogiltig; utan laga kraft; som saknar grund (inte duger) **invalidate** [-eɪt] göra ogiltig; ogiltigförklara; upphäva, annullera

1 invalidity [ˌɪnvə'lɪdətɪ] sjuklighet; invaliditet
2 invalidity [ˌɪnvə'lɪdətɪ] ogiltighet

invaluable [ɪn'væljʊəbl] ovärderlig

invari|ability [ɪnˌveərɪə'bɪlətɪ] oföränderlighet; beständighet **-able** [ɪn'veərɪəbl] **I** *a* **1** oföränderlig; ständig **2** *mat.* konstant **II** *s, mat.* konstant **-ably** [ɪn'veərɪəblɪ] *adv* oföränderligt; ständigt, undantagslöst

inva|sion [ɪn'veɪʒn] invasion (*äv. bildl.*), inmarsch, intrång **-sive** [-sɪv] invasions-

invective [ɪn'vektɪv] invektiv, skymford

inveigh [ɪn'veɪ] *v, ~ against* fara ut (vara ovettig) mot, okväda

inveigle [ɪn'veɪgl] locka, förleda, lura (*s.b. into s.th.* till ngt; *into doing s.th.* att göra ngt)

invent [ɪn'vent] uppfinna; hitta på **invention** [-nʃn] **1** uppfinnande; uppfinning; uppfinningsförmåga; *the ~ of the radio* uppfinnandet av radion; *necessity is the mother of ~* nöden är uppfinningarnas moder **2** påhitt, lögn **3** *mus.* invention **inventive** [-ɪv] uppfinnar-; uppfinningsrik, påhittig **inventiveness** [-ɪvnɪs] uppfinningsförmåga, påhittighet **inventor** [-ə] uppfinnare

inventory ['ɪnventrɪ] **I** *s* **1** inventarium, inventarielista, lagerförteckning **2** *i sht AE. ofta pl* inventarier; lager, förråd **II** *v* göra en förteckning över; inventera

inverse [ˌɪn'vɜːs] omvänd, omkastad; *be in ~ ratio* (*proportion*) *to a*) stå i omvänt förhållande till, *b*) *mat.* vara omvänt proportionell mot **inversion** [ɪn'vɜːʃn] **1** inversion; omkastning; omvändning; *språkv.* inversion, omvänd ordföljd **2** homosexualitet **invert I** *v* [ɪn'vɜːt] vända upp och ner (ut och in) [på]; kasta (flytta) om; invertera; *~ed commas* citationstecken **II** *s* ['ɪnvɜːt] homosexuell [person] **invert sugar** ['ɪnvɜːtˌʃʊgə] invertsocker

invertebrate [ɪn'vɜːtɪbrət] *zool.* **I** *s* invertebrat, ryggradslöst djur **II** *a* ryggradslös

invest [ɪn'vest] **1** investera, placera (*money in* pengar i) **2** installera (*s.b. in an office* ngn i ett ämbete) **3** förse, utrusta (*s.b. with s.th.* ngn med ngt); *~ new rights in the monarchy* tilldela monarkin nya rättigheter; *she was ~ed with an air of mystery* det låg en air av mystik omkring henne **4** investera (*in shares* i aktier); *~ in a new toothbrush* (*vard.*) köpa en ny tandborste

investi|gate [ɪn'vestɪgeɪt] utforska, undersöka; utreda (*a case* ett fall) **-gation** [ɪnˌvestɪ'geɪʃn] undersökning; [ut]forskning; utredning **-gative** [ɪn'vestɪgeɪtɪv] [ut]forskande, undersökande (*journalism* journalistik), undersöknings-; utrednings- **-gator** [ɪn'vestɪgeɪtə] undersökare; utredare; forskare **-gatory** [-ərɪ] *se investigative*

investiture [ɪn'vestɪtʃə] investitur, insättande (installerande) i ämbete

investment [ɪn'ves(t)mənt] investering; kapitalplacering **investor** [ɪn'vestə] investerare, kapitalplacerare; aktieägare

inveterate [ɪn'vet(ə)rət] inrotad, ingrodd; djupt rotad (*dislike* motvilja); oförsonlig (*enemy* fiende); inbiten (*smoker* rökare)

invidious [ɪn'vɪdɪəs] anstötlig, stötande; impopulär (*task* uppgift); hätsk, orättvis (*comparison* jämförelse)

invigi|late [ɪn'vɪdʒɪleɪt] *BE.* vakta (*vid examensskrivning*) **-lation** [ɪnˌvɪdʒɪ'leɪʃn] *BE.* vakt[hållning] (*vid examensskrivning*) **-lator** [ɪn'vɪdʒɪleɪtə] *BE.* skrivvakt

invigor|ate [ɪn'vɪgəreɪt] stärka, styrka, liva [upp]; stimulera **-ating** [-ɪŋ] uppfriskande (*shower* dusch); stärkande (*climate* klimat)

invin|cibility [ɪnˌvɪnsɪ'bɪlətɪ] oövervinn[e]lighet **-cible** [ɪn'vɪnsəbl] oövervinn[e]lig

invio|lability [ɪnˌvaɪələ'bɪlətɪ] okränkbarhet **-lable** [ɪn'vaɪələbl] okränkbar, oantastlig; helig (*oath* ed) **-lacy** [ɪn'vaɪələsɪ] okränkthet **-late** [ɪn'vaɪələt] okränkt, oantastad (*honour* heder); orörd (*virgin* jungfru)

invis|ibility [ɪnˌvɪzə'bɪlətɪ] osynlighet **-ible** [ɪn'vɪzəbl] osynlig (*to* för); *~ mending* konststoppning

invitation [ˌɪnvɪ'teɪʃn] **1** inbjudan, invitation **2** lockelse, invit **3** anmodan, uppfordran **invitation card** inbjudningskort **invite** [ɪn'vaɪt] **I** *v* **1** [in]bjuda, invitera (*s.b. to dinner* ngn på (till) middag); *~ s.b. in for coffee* bjuda in ngn på kaffe; *~ s.b. out for dinner* bjuda ut ngn på middag **2** anmoda, uppmana, uppfordra, inbjuda; be om (*applications* ansökningar); dra till sig, framkalla, ådraga sig; *~ criticism* inbjuda till (ådraga sig) kritik **II** *s, vard.* inbjudan **inviting** [ɪn'vaɪtɪŋ] inbjudande; lockande, frestande, attraktiv

invocation [ˌɪnvə(ʊ)'keɪʃn] anropande; åkallan, invokation

invoice ['ɪnvɔɪs] **I** *s* faktura (*for an amount* på ett belopp; *of goods* på varor); *as per ~* enligt faktura **II** *v* fakturera; *as ~d* enligt faktura

invoke [ɪn'vəʊk] **1** åkalla, anropa (*God* Gud); bönfalla om (*help* hjälp) **2** åberopa [sig på] **3** frambesvärja (*a spirit* en ande)

involuntary [ɪn'vɒlənt(ə)rɪ] ofrivillig; oavsiktlig **invo|lute, -luted** ['ɪnvəluːt(ɪd)] **1** invecklad **2**

(*om snäcka e.d.*) rullad i spiral; *bot.* inrullad i kanten **-lution** [ˌɪnvəˈluːʃn] **1** inveckling; trasslighet **2** *biol.* inrullning **3** *med.* involution, återgång **4** *mat.*

involve [ɪnˈvɒlv] **1** medföra, innefatta, involvera; *the job ~s many problems* arbetet medför många problem **2** blanda in, dra in, inveckla; engagera; *many people were ~d in the crime* många personer var inblandade i brottet; *people ~d* inblandade (berörda) personer; *be ~d with a*) ha att göra med, *b*) vara i maskopi (lag) med, *c*) ha ett förhållande med; *the book doesn't ~ the reader* boken fängslar inte läsaren **-ment** [-mənt] inveckling, inblandning; engagemang

invulner|ability [ɪnˌvʌln(ə)rəˈbɪlətɪ] osårbarhet **-able** [ɪnˈvʌln(ə)rəbl] osårbar; oangripbar; ointaglig (*fortress* fästning)

inward [ˈɪnwəd] **I** *a* **1** inåt|gående, -riktad; inkommande (*mail* post) **2** inre; invändig; invärtes **II** *s* **1** inre; insida **2** *~s* (*pl*) inälvor **III** *adv* inåt **inwardly** [-lɪ] invärtes; i sitt inre; [tyst] för sig själv

inwards [-z] *adv* inåt

inwrought [ˌɪnˈrɔːt] invävd; sammanvävd (*äv. bildl.*)

iodic [aɪˈɒdɪk] jod-, jodhaltig **iodine** [ˈaɪə(ʊ)diːn] jod

I.O.M. *förk. för Isle of Man*

ion [ˈaɪən] jon

Ionian [aɪˈəʊnjən] **I** *s* jonier **II** *a* jonisk; *the ~ Sea* Joniska havet **Ionic** [aɪˈɒnɪk] jonisk (*order* kolonnordning)

ion|ization (*BE. äv. -isation*) [ˌaɪənaɪˈzeɪʃn] jonisering **-ize** (*BE. äv. -ise*) [ˈaɪənaɪz] jonisera

ionosphere [aɪˈɒnəˌsfɪə] jonosfär

iota [aɪˈəʊtə] (*grekisk bokstav*) iota; *bildl.* jota; *not a* (*one*) *~* inte ett jota (dugg)

IOU [ˌaɪəʊˈjuː] (= *I owe you*) skuldförbindelse, revers

I.O.W. *förk. för Isle of Wight*

Iowa [ˈaɪəʊə]

IPA *förk. för International Phonetic Alphabet*

ipso facto [ˌɪpsəʊˈfæktəʊ] (*lat.*) ipso facto, genom (i och med själva) handlingen

I.Q. *förk. för intelligence quotient* IQ **I.R.** *förk. för* (*BE.*) *Inland Revenue* **I.R.A.** *förk. för Irish Republican Army* IRA

Iran [ɪˈrɑːn] Iran **Iranian** [ɪˈreɪnjən] **I** *a* iransk **II** *s* iranier

Iraq [ɪˈrɑːk] Irak **Iraqi** [-ɪ] **I** *a* irakisk **II** *s* irakier

iras|cibility [ɪˌræsəˈbɪlətɪ] lättretlighet, hetsighet **-cible** [ɪˈræsəbl] lättretlig, hetlevrad, häftig

irate [aɪˈreɪt] rasande, ilsken, vred

IRBM *förk. för intermediate range ballistic missile* medeldistansrobot

ire [ˈaɪə] *litt.* vrede, raseri **-ful** [-f(ʊ)l] *litt.* vred, rasande

Ireland [ˈaɪələnd] Irland

irides|cence [ˌɪrɪˈdesns] regnbågsskimmer **-cent** [-snt] skiftande (skimrande) i regnbågens färger

iridium [aɪˈrɪdɪəm] iridium

iris [ˈaɪərɪs] (*pl ~es el. irides* [ˈaɪərɪdiːz]) **1** *anat.* iris, regnbågshinna **2** *bot.* iris, svärdslilja **iris diaphragm** *foto.* irisbländare

Irish [ˈaɪ(ə)rɪʃ] **I** *a* irländsk, irisk; *~ bull* (*bildl.*) groda, paradox; *~ coffee* Irish coffee (*kaffe med whisky o. vispgrädde*); *the ~ Free State* (*förr*) Irländska fristaten; *the ~ Sea* Irländska sjön; *the ~ Republican Army* Irländska republikanska armén; *~ stew* irländsk fårstuvning (gryta) **II** *s* **1** irländska [språket] **2** *the ~* irländarna **-man** [-mən] irländare **-woman** [-ˌwʊmən] irländska

irk [ɜːk] irritera, reta, förarga **-some** [ˈɜːksəm] irriterande, störande; tråkig; tröttsam

I.R.O. *förk. för* (*BE.*) *Inland Revenue Office; International Refugee Organization*

iron [ˈaɪən] **I** *s* **1** järn (*äv. bildl.*); *med.* järn[preparat]; *a will of ~* en järnvilja; *have many ~s in the fire* ha många järn i elden; *rule with a rod of ~* styra med järnhand; *strike while the ~ is hot* smida medan järnet är varmt **2** stryk-, press|järn **3** *~s* (*pl*) järn, bojor; *put s.b. in ~s* slå ngn i järn (bojor) **4** *golf.* iron, järnklubba **5** *vard.* harpun **6** *AE. sl.* [skjut]järn, revolver **II** *a* järn-, av järn; järnhård; *the I~ Age* järnåldern; *~ constitution* järn|fysik, -hälsa; *the I~ Curtain* järnridån; *~ gray* järn-, stål|grå; *~ grip* järngrepp; *rule with an ~ hand* styra med järnhand; *~ lung* järnlunga; *~ mine* järngruva; *~ ore* järnmalm; *~ rations* (*pl, mil.*) reservproviant **III** *v* **1** stryka, pressa; *~ out a*) stryka (pressa) ut (*veck e.d.*), *b*) *bildl.* utjämna, undanröja (*problems* problem) **2** förse (klä) med järn

iron|bound [ˈaɪənbaʊnd] **1** järnbeslagen **2** (*om kust*) klippig **3** hård, obeveklig **-clad** [-klæd] **I** *s, hist.* pansarskepp **II** *a* **1** bepansrad **2** *bildl.* järnhård, orubblig **3** oantastlig, oangripbar

ironic[al] [aɪˈrɒnɪk(l)] ironisk

ironing [ˈaɪənɪŋ] **1** strykning, pressning; *do the ~* stryka **2** stryktvätt **ironing board** strykbräde

iro|nize (*BE. äv. -nise*) [ˈaɪərənaɪz] ironisera [över]

iron|monger [ˈaɪənˌmʌŋgə] järnhandlare; *~'s* [*shop*] järn|affär, -handel **-mongery** [-ˌmʌŋg(ə)rɪ] *BE.* **1** järnvaror **2** järn|affär, -handel

Ironsides [ˈaɪənsaɪdz] *pl, the ~* järnsidorna (*Cromwells kavalleriregemente el. armé*)

iron|ware [ˈaɪənweə] järnvaror **-work** järn|-smide, -gods, -arbete **-works** (*behandlas som sg el. pl*) järn|verk, -bruk

1 irony [ˈaɪərənɪ] ironi

Iroquois [ˈɪrəkwɔɪ, *pl* -z] **I** *s* irokes **II** *a* irokesisk

irradi|ant [ɪˈreɪdjənt] strålande **-ate** [-dɪeɪt] bestråla; *bildl.* belysa, kasta ljus över

irrational [ɪˈræʃənl] **1** irrationell (*äv. mat.*), oberäknelig; orimlig **2** oskälig; *~ animals* oskäliga djur

irreconcilable [ɪˈrekənsaɪləbl] **I** *a* **1** oförsonlig (*enemy* fiende) **2** oförenlig (*to, with* med); *~ opinions* oförenliga åsikter **II** *s* oförsonlig motståndare (inställning)

irrecoverable [ˌɪrɪˈkʌv(ə)rəbl] oersättlig; ohjälpligt förlorad; som inte kan gottgöras; oindrivbar (*debt* skuld)

irredeemable [ˌɪrɪˈdiːməbl] **1** oinlös|lig, -bar (*bond* obligation), som inte kan inlösas (återköpas) **2** ohjälplig, oförbätterlig (*sinner* syndare) **3** oersättlig

irreducible [ˌɪrɪˈdjuːsəbl] oreducerbar (*äv. mat.*); *mat. äv.* som inte går att förenkla; *an ~ minimum* ett absolut minimum

irrefutable—it 258

irrefutable [ɪ'refjʊtəbl] obestridlig, ovedersäglig
irregular [ɪ'regjʊlə] **I** *a* **1** oregelbunden (*pulse* puls); ojämn (*surface* yta); inte enhetlig; (*om blomblad e.d.*) osymmetrisk; ~ *teeth* (*verbs*) oregelbundna tänder (verb) **2** (*om trupper*) irreguljär **3** inkorrekt, mot alla regler, avvikande, okonventionell; ~ *behaviour* otillbörligt uppträdande **4** *AE*. (*om varor*) defekt, felaktig **II** *s*, ~*s* (*pl*) irreguljära trupper **-ity** [ˌɪˌregjʊ'lærətɪ] **1** oregelbundenhet, ojämnhet **2** oriktighet, avvikelse **3** oegentlighet
irrele|vance [ɪ'reləvəns] irrelevans, betydelselöshet, brist på samband, ovidkommande yttrande (faktum *e.d.*) **-vant** [-vənt] irrelevant, som inte hör till saken, betydelselös, ovidkommande
irreligious [ˌɪrɪ'lɪdʒəs] irreligiös, gudlös
irremediable [ˌɪrɪ'miːdjəbl] obotlig, ohjälplig
irremissible [ˌɪrɪ'mɪsəbl] **1** oförlåtlig **2** oeftergivlig
irreparable [ɪ'rep(ə)rəbl] irreparabel; ohjälplig, obotlig; oersättlig
irreplaceable [ˌɪrɪ'pleɪsəbl] oersättlig
irrepressible [ˌɪrɪ'presəbl] okuvlig, obändig; uppsluppen
irreproachable [ˌɪrɪ'prəʊtʃəbl] oförvitlig, oklanderlig
irresist|ibility ['ɪrɪˌzɪstə'bɪlətɪ] oemotståndlighet **-ible** [ˌɪrɪ'zɪstəbl] oemotståndlig
irreso|lute [ɪ'rezəluːt] obeslutsam, villrådig **-lution** ['ɪˌrezə'luːʃn] obeslutsamhet, villrådighet
irrespective [ˌɪrɪ'spektɪv] *a*, ~ *of* oavsett, utan hänsyn till
irrespon|sibility ['ɪrɪˌspɒnsə'bɪlətɪ] oansvarighet; ansvarslöshet **-ible** [ˌɪrɪ'spɒnsəbl] oansvarig; ansvarslös
irretriev|able [ˌɪrɪ'triːvəbl] oersättlig; ohjälplig **-ably** [-əblɪ] *adv* ohjälpligt, räddningslöst (*lost* förlorad)
irrever|ence [ɪ'rev(ə)r(ə)ns] vanvördnad **-ent** [-(ə)nt] vanvördig
irreversible [ˌɪrɪ'vɜːsəbl] **1** oåterkallelig; bestående **2** irreversibel, som bara går i en riktning
irrevocable [ɪ'revəkəbl] oåterkallelig
irri|gate [ˈɪrɪgeɪt] **1** [konst]bevattna **2** *med*. spola, skölja **-gation** [ˌɪrɪ'geɪʃn] **1** [konst]bevattning **2** *med*. spolning, sköljning, irrigation **-gator** ['ɪrɪgeɪtə] sköljkanna
irri|tability [ˌɪrɪtə'bɪlətɪ] [lätt]retlighet, irritabilitet **-table** ['ɪrɪtəbl] [lätt]retlig, irritabel **-tant** ['ɪrɪt(ə)nt] **I** *a* irriterande, som förorsakar irritation, retande **II** *s* irritament, retmedel **-tate** ['ɪrɪteɪt] *bildl.* irritera, reta (*äv. fysiol.*), förarga, oroa **-tating** [-teɪtɪŋ] *bildl.* irriterande, retande (*äv. fysiol.*); retsam; förarglig; ~ *cough* rethosta **-tation** [ˌɪrɪ'teɪʃn] *bildl.* irritation, retning (*äv. fysiol.*)
irrupt [ɪ'rʌpt] **1** tränga in **2** [plötsligt] öka i antal, [plötsligt] tillväxa **irruption** [ɪ'rʌpʃn] **1** infall; inträngande **2** [plötslig] ökning, [plötslig] tillväxt
is [ɪz, obeton. z, s] *3 pers. sg pres. av* be
Is. *förk. för Island*[s]; *Isle*[s]
Isaiah [aɪ'zaɪə] Jesaja
ISBN *förk. för International Standard Book Number* ISBN
isinglass ['aɪzɪŋɡlɑːs] husbloss (*slags gelatin*)
Isl. *förk. för Island; Isle*

Islam ['ɪzlɑːm] islam **-ic** [ɪz'læmɪk] islam[it]isk
island ['aɪlənd] **1** ö (*äv. bildl.*) **2** [*traffic*] ~ *refuge* **-er** [-ə] öbo
isle [aɪl] *poet. o. i ortnamn* ö; *the I*~ *of Man* ön Man **islet** ['aɪlɪt] holme, liten ö
ism ['ɪz(ə)m] *vard., ofta neds.* ism
isn't ['ɪznt] = *is not*
ISO *förk. för International Standards Organization* **I.S.O.** *förk. för Imperial Service Order*
isobar ['aɪsə(ʊ)bɑː] isobar
isolate ['aɪsəleɪt] isolera **isolated** [-ɪd] isolerad; enstaka **isolation** [ˌaɪsə'leɪʃn] isolering **isolation hospital** epidemisjukhus **isolation ward** isolering[savdelning] (*på sjukhus*) **isolationism** [ˌaɪsə'leɪʃnɪz(ə)m] isolationism **isolationist** [ˌaɪsə'leɪʃnɪst] **I** *s* isolationist, anhängare av isolationismen **II** *a* isolationistisk
isomer ['aɪsə(ʊ)mə] *s, kem., fys.* isomer **-ic** [ˌaɪsə(ʊ)'merɪk] *a, kem., fys.* isomer
isometrics [ˌaɪsə(ʊ)'metrɪks] (*behandlas som sg*) isometrisk träning
isomor|phic, -phous [ˌaɪsə(ʊ)'mɔːfɪk, -fəs] isomorf **isosceles** [aɪ'sɒsɪliːz] *geom.* likbent (*triangle* triangel)
isotherm ['aɪsə(ʊ)θɜːm] *s, meteor.* isoterm
isotope ['aɪsə(ʊ)təʊp] *kem.* isotop
Israel ['ɪzreɪ(ə)l] Israel **Israeli** [ɪz'reɪlɪ] **I** *s* (*pl* ~, ~[*s*]) israel **II** *a* israelisk **Israelite** ['ɪzˌrɪəlaɪt] **I** *s* israelit **II** *a* israelitisk
issue ['ɪʃuː] **I** *s* **1** utsändande; utdelning, utgiv|ande, -ning (*of new stamps* av nya frimärken); utsläppande; utfärdande; avgivande; emission; *date of* ~ utgivnings|dag, -datum; *the* ~ *of shares* utgivningen av aktier, aktieemissionen **2** utströmmande, utflöde; utsläpp; (*flods*) utlopp **3** upplaga, utgåva (*of a book* av en bok); publikation; nummer (*of a magazine* av en tidskrift) **4** resultat, utgång, följd; utfall; *the* ~ *of the fight* resultatet (utgången) av striden; *that decided the* ~ det avgjorde saken; *force the* ~ tvinga fram ett avgörande **5** avkastning (*av jordegendom e.d.*) **6** avkomma, ättlingar, barn **7** *mil.* tilldelning, ranson; utrustning; *a gun of the latest* ~ en kanon av senaste modell **8** [viktig] fråga, [viktigt] ämne, problem; *jur.* tvistemål, sak; *be at* ~ *a*) vara under debatt (omstridd), *b*) vara oense (*with s.b. on s.th.* med ngn om ngt); *point at* ~ tvistefråga; *evade the* ~ kringgå frågan; *join* (*take*) ~ *with s.b. over* (*on*) *s.th.* vara oense (inlåta sig i diskussion) med ngn om ngt **II** *v* **1** komma [ut], strömma (välla, rinna) ut; utgå; sändas (släppas) ut **2** [här]stamma, härröra (*from* från) **3** ~ *in* resultera (sluta) i **4** sända ut; utfärda (*a driving licence* ett körkort; *orders* order), utställa; sälja (*tickets* biljetter); *the issuing authorities* utfärdande myndighet; ~ *s.b. with a visa* (*a visa to s.b.*) utfärda visum åt ngn **5** (*om bibliotek*) låna ut **6** publicera (*books*), ge ut (*new stamps* nya frimärken); emittera (*shares* aktier) **7** dela ut (*utrustning o.d.*); förse, utrusta (*with* med); ~ *s.b. with s.th.* (*to s.b.*) utrusta (förse) ngn med ngt
isthmus ['ɪsməs] näs
it [ɪt] **I** *pers. pron* **1** den, det; sig; *who is* ~? vem är det?: ~'*s me* (*I*)! det är jag!; ~ *is raining* det regnar; *that's* ~! *a*) det är riktigt (rätt, sant)!, så är det!, *b*) det fattades bara det!; *that's* ~ *then!* det

där, ja!, det var det!; *that's not* ~ det är inte det som är problemet (saken gäller); *this is* ~*!* nu börjar det!; ~ *is generally believed that* man tror allmänt att **2** *vard.*, *when the brakes didn't work I thought that was* ~ när bromsarna inte tog trodde jag det var ute med mig; *bus* ~ åka buss, ta bussen; *that steak was really* ~ den biffen var verkligen fantastisk (toppen); *have a hard time of* ~ ha det svårt (en svår tid) **II** *s* **1** (*i lekar*) *you're* ~*!* du har den! **2** *vard.* 'det', sex appeal; samlag
It. *förk. för* Italian; Italy **i.t.a.**, **I.T.A.** *förk. för initial teaching alphabet* **ital.** *förk. för italic* **Ital.** *förk. för* Italian; Italy
Italian [ɪ'tæljən] **I** *a* italiensk; ~ *handwriting* lutande handstil **II** *s* **1** italienare; italienska **2** italienska [språket] **-ate** [-eɪt] italianiserad **-ism** [-ɪz(ə)m] italiensk språkegenhet **-ize** (*BE. äv. -ise*) [-aɪz] italianisera
italic [ɪ'tælɪk] **I** *a* **1** lutande (*handwriting* handstil); kursiv (*type* stil) **II** *s*, ~*s* (*pl*) kursivering, kursiv [stil], kursiverad stil; *in* ~*s* med (i) kursiv; *print in* ~*s* kursivera; *the* ~*s are mine* kursiverat av mig **itali|cize** (*BE. äv. -cise*) [ɪ'tælɪsaɪz] kursivera
Italy [ɪ'tælɪ] Italien
itch [ɪtʃ] **I** *s* **1** klåda **2** starkt begär, lystnad (*for* efter) **II** *v* **1** klia; ha klåda; *my back* ~*es* det kliar på ryggen på mig **2** känna begär (lystnad, lust, längtan) (*to do s.th.* [efter] att göra ngt; *for s.th.* efter ngt); *my fingers* ~ *to...* det kliar i fingrarna på mig att... **itching** [ɪtʃɪŋ] **I** *s* klåda **II** *a* **1** kliande; ~ *powder* klipulver **2** lysten, hungrig, nyfiken; *have an* ~ *palm* vara girig **itchy** [ɪtʃɪ] kliande; ~ *cloth* tyg som kliar
item [aɪtəm] **I** *s* **1** punkt, nummer (*on the programme*) på programmet; *on the agenda* på dagordningen) **2** [bokförings]post **3** artikel, sak (*in a catalogue* i en katalog) **4** [*news*] ~ notis, nyhet (*i tidning, TV e.d.*) **II** *adv* likaledes, vidare **-ize** (*BE. äv. -ise*) [-aɪz] specificera, ange i detalj
iter|ate [ɪtəreɪt] upprepa **-ation** [ˌɪtə'reɪʃn] upprepning **-ative** [ɪtərətɪv] *språkv.* iterativ
itiner|ant [ɪ'tɪn(ə)r(ə)nt] [kring]resande, kringvandrande; ~ *theatre group* resande teatersällskap **-ary** [aɪ'tɪn(ə)rərɪ] **I** *s* **1** resväg, rutt; resplan **2** resebeskrivning; resehandbok **II** *a* rese- **-ate** [ɪ'tɪnəreɪt] resa omkring
I.T.O. *förk. för* International Trade Organization
its [ɪts] *poss. pron* dess; sin
it's [ɪts] = *it is; it has*
itself [ɪt'self] *rfl pron* sig, sig själv, själv; *the child dressed* ~ barnet klädde sig [självt]; *and now I get to the problem* ~ och nu kommer jag till själva problemet; *the frame* ~ *is worth £1,000* bara ramen är värd 1 000 pund; *by* ~ för (av) sig själv; *in* ~ i sig själv; *of* ~ av sig själv
itsy-bitsy [ˌɪtsɪ'bɪtsɪ], **itty-bitty** [ɪtɪ'bɪtɪ] *AE. vard.* ynkligt liten
ITV *förk. för* Independent Television **I.U.** *förk. för international unit* **IU[C]D** *förk. för intra-uterine* [*contraceptive*] *device*
I've [aɪv] = *I have*
ivo|ry [aɪv(ə)rɪ] **I** *s* **1** elfenben **2** elfenbensbete **3** elfenbens|färg, -vitt **4** *-ries* (*pl, sl.*) *a*) [piano]tangenter, elfenben, *b*) gaddar (*tänder*), *c*) tärningar, biljardbollar **II** *a* **1** elfenbens-; *the I*~

Coast Elfenbenskusten; ~ *tower* (*bildl.*) elfenbenstorn, avskildhet, isolering
ivy [aɪvɪ] *bot.* murgröna **Ivy League** *AE.*, *the* ~ toppuniversiteten (*grupp av 8 universitet i ö. USA*)
I.W.W. *förk. för* Industrial Workers of the World

J, j [dʒeɪ] (*bokstav*) J, j
J. *förk. för* Journal; Judge; Justice **Ja.** *förk. för* January
jab [dʒæb] **I** *v* **1** sticka; stöta; ~*bing pain* stickande smärta; *he* ~*bed his elbow into my side* han stötte armbågen i sidan på mig **2** stöta (slå) till (*at s.b. with s.th.* mot ngn med ngt); (*i boxning*) jabba (*at* mot) **II** *s* **1** stöt, stick; slag **2** *vard.* stick, spruta
jabber [dʒæbə] **I** *v* pladdra, babbla, snattra **II** *s* pladder, babblande, snatter
jacaranda [ˌdʒækə'rændə] jakaranda
jacinth [dʒæsɪnθ] *miner.* hyacint
Jack [dʒæk] *vard. för* John; ~ *Frost* Kung Bore; ~ *Ketch* (*BE. åld.*) bödeln; ~ *the Ripper* (*hist.*) Jack uppskäraren; *before you could say* ~ *Robinson* innan man visste ordet av, i en handvändning; ~ *Tar* (*litt.*) beckbyxa, sjöbuss
jack [dʒæk] **I** *s* **1** karl; *every man* ~ [*of them*] (*vard.*) varenda kotte (en); ~ *of all trades* mångsysslare, tusenkonstnär **2** sjöman, matros **3** *kortsp.* knekt **4** domkraft; vinsch **5** [åsne]hane **6** målklot (*i bowls*) **7** *elektr.* grenuttag; *tel.* jack **8** *AE. sl.* pengar **9** stövelknekt **10** *sjö.* gös (*liten flagga*) **II** *v* **1** ~ [*up*] lyfta (hissa) [upp] (*med domkraft, vinsch e.d.*) **2** *AE.* jaga (fiska) med lampor **3** *vard.*, ~ *up* höja (*prices* priserna) **4** ~ *in* lämna, överge
jackal [dʒækɔːl] **1** sjakal **2** underhuggare **3** skurk, svindlare
jack|anapes [dʒækəneɪps] slyngel; rackarunge; sprätt, snobb **-ass 1** [-æs] *zool.* åsnehingst; skrattfagel **2** [-ɑːs] *bildl.* åsna, dumskalle **-boot 1** militärstövel; kragstövel **2** totalitärt styre **-daw** [-dɔː] *zool.* kaja
jackeroo [ˌdʒækə'ruː] *Austr. vard.* ung boskapsskötare
jacket [dʒækɪt] **1** jacka; kavaj, blazer; *dust a p.'s* ~ (*vard.*) ge ngn på pälsen **2** *tekn.* mantel, kåpa, hölje, beklädnad **3** [skydds]omslag (*på bok*); *AE.* [skiv]omslag; *i sht AE.* mapp **4** skal (*på potatis o.d.*); *potatoes baked in their* ~*s* ugnsbakad potatis
jack|fish [dʒækfɪʃ] *vard.* (liten) gädda **--in-office** [-ˌɪnˌɒfɪs] (*pl jacks-in-office*) struntviktig lägre tjänsteman **--in-the-box** [-ɪnðəbɒks] (*pl*

jacks-in-the-box el. jack-in-the-boxes) gubben i lådan **-knife** [-naɪf] stor fällkniv **-o'-lantern** [-ə(ʊ),læntən] **1** irrbloss **2** lyktgubbe (*ansikte utskuret ur pumpa*) **-pot** [-pɒt] *spelt.* pott; jackpott; *hit the ~* (*sl.*) *a*) få jackpott, vinna högsta vinsten, *b*) ha en fantastisk tur
jacks [dʒæks] (*slags*) spel med stenar (benbitar)
jack|screw ['dʒækskruː] domkraft **-straws** *pl, AE.* skrapnos, plockepinn
Jacob ['dʒeɪkəb] Jakob; *~'s ladder a*) himlastege, *b*) *sjö.* lejdare, repstege; *~'s staff (sjö.*) Jakobsstav
Jacobean [,dʒækə(ʊ)'biːən] *BE. hist.* från (tillhörande) Jakob I:s tid (1603-25)
Jacobin ['dʒækə(ʊ)bɪn] *hist.* **I** *s* jakobin **II** *a* jakobinsk, jakobiner-
Jacobite ['dʒækə(ʊ)baɪt] *BE. hist.* jakobit
1 jade [dʒeɪd] *miner.* jade
2 jade [dʒeɪd] **I** *s* **1** hästkrake **2** *neds.* hagga; slyna **II** *v* trötta ut **jaded** ['dʒeɪdɪd] **1** utsliten, tröttkörd; matt **2** nedsatt (*appetite* aptit)
1 jag [dʒæg] **I** *s* **1** spets, tagg, udd; utsprång **2** jack, hack **II** *v* tanda, göra taggig; göra jack (hack) i
2 jag [dʒæg] *sl.* **1** rus, fylla **2** spritfest, supkalas
jagged ['dʒægɪd] tandad, naggad, ojämn
jaguar ['dʒægjʊə] *zool.* jaguar
jail [dʒeɪl] **I** *s* fängelse **II** *v* sätta i fängelse
jailbird ['dʒeɪlbɜːd] fängelsekund; fånge **jailbreak** rymning [från fängelse] **jailer** [-ə] fångvaktare **jailhouse** *AE.* fängelse **jailor** [-ə] fångvaktare
jalop[p]y [dʒə'lɒpɪ] *vard.* bilskrälle, rishög
jalousie ['ʒæluːziː] jalusi, persienn
1 jam [dʒæm] **I** *s* **1** trängsel; anhopning, stockning; blockering; stopp; *traffic ~* trafikstockning; *there's a ~ in the pipe* det är stopp i röret **2** *vard.* knipa, klämma; *get into a ~* råka i knipa **3** *se jam session* **II** *v* **1** stoppa, pressa, klämma (*into* in (ner) i); *be ~med together* vara hopträngda (hopklämda); *~ all facts into one page* klämma in alla fakta på en sida **2** fylla, trängas på; *the street was ~med with cars* gatan var fylld av bilar **3** stoppa, sätta ur funktion, blockera; *~ up* stoppa (bromsa) upp; *don't ~ the lock* ha inte sönder låset **4** klämma, krama, pressa, trycka hårt [på]; *~ on the brakes* ställa sig på bromsen, tvärbromsa **5** *radio.* störa **6** fastna, sitta fast, blockeras, låsa sig; *the window has ~med* fönstret har fastnat **7** *jazzsl.* jamma
2 jam [dʒæm] sylt; marmelad
Jam. *förk. för Jamaica*; (*bibl.*) *James*
Jamai|ca [dʒə'meɪkə] Jamaica **-can** [-kən] **I** *s* jamaican **II** *a* jamaicansk
jamb[e] [dʒæm] sido|post, -karm (*på dörr el. fönster*)
jamboree [,dʒæmbə'riː] **1** jamboree, internationellt scoutläger **2** skiva, hippa
James [dʒeɪmz] Jakob; *~ [the Great]* (*apostelen*) Jakob; *the Epistle of ~* Jakobs brev; *the Court of Saint James* (*officiell benämning på*) brittiska hovet
jamming ['dʒæmɪŋ] *radio.* störning **jamming station** störningssändare
jam-packed ['dʒæmpækt] proppfull
jam session *sl.* jam session (*sammankomst med improviserat jazzspel*)
Jan. *förk. för January*
jane [dʒeɪn] *AE. sl.* tjej, brud
jangle ['dʒæŋgl] **1** skrälla, låta illa; skramla, klirra, rassla, gnissla **2** skramla (klirra, rassla) med; *it ~d my nerves* det gick mig på nerverna
janissary ['dʒænɪsərɪ] *hist.* janitsjar
jani|tor, -tress *fem.* ['dʒænɪ|tə, -trɪs] **1** *Sk.* [skol]vaktmästare **2** *i sht AE.* fastighetsskötare, portvakt
janizary ['dʒænɪzərɪ] *se janissary*
January ['dʒænjʊərɪ] januari
Janus-faced ['dʒeɪnəsfeɪst] med janusansikte; *bildl.* hycklande, falsk
Jap [dʒæp] *a o. s, vard. för Japanese* **Japan** [dʒə'pæn] Japan **japan** [dʒə'pæn] **I** *s* **1** japanlack **2** japanskt lackarbete **II** *v* lackera [med japanlack] **Japanese** [,dʒæpə'niːz] **I** *a* japansk **II** *s* **1** (*pl lika*) japan **2** japanska [språket]
jape [dʒeɪp] **I** *s* skoj, skämt **II** *v* skoja, skämta
japonica [dʒə'pɒnɪkə] *bot.* **1** japansk kvitten **2** kamelia
1 jar [dʒɑː] **I** *s* **1** burk, kruka **2** *BE. vard.* glas; *have a ~ with s.b.* ta ett glas med ngn
2 jar [dʒɑː] **I** *s* **1** skakning; stöt; skallrande, skrammel **2** gnissel, skorrande (skärande) ljud; disharmoni **3** *bildl.* chock **4** *bildl.* konflikt, oenighet **II** *v* **1** skaka, vibrera, skallra **2** gnissla, skorra, skära (*against, on* mot, i); låta illa (falskt), inte harmoniera; *his voice ~s on my ears* hans röst skär i mina öron **3** *bildl.* irritera, plåga; *it ~s on my nerves* det går mig på nerverna **4** strida, skära sig (*with* mot), inte gå ihop (*with* med)
3 jar [dʒɑː] *s, on a* (*the*) *~* på glänt
jargon ['dʒɑːgən] **I** *s* **1** jargong, fackspråk; fikonspråk **2** struntprat, dravel; rotvälska **II** *v* använda jargong *etc.*
jarring ['dʒɑːrɪŋ] **1** vibrerande **2** skärande, gäll; disharmonisk
Jas. [dʒeɪmz] *förk. för* (*bibl.*) *James*
jasmine ['dʒæsmɪn] *bot.* jasmin
jasper ['dʒæspə] *miner.* jaspis
jaun|dice ['dʒɔːndɪs] **1** gulsot **2** *bildl.* avundsjuka, missunnsamhet, bitterhet **-diced** [-dɪst] avundsjuk, missunnsam, bitter; *take a ~ view of s.th.* betrakta ngt med avund (bitterhet)
jaunt [dʒɔːnt] **I** *v* göra en utflykt **II** *s* utflykt, utfärd, tur
jaunty ['dʒɔːntɪ] **1** lätt och ledig, obesvärad; pigg, rask **2** piffig, käck (*hat* hatt)
Java ['dʒɑːvə] Java **Javan** [-(ə)n], **Javanese** [,dʒævə'niːz] **I** *a* javanesisk **II** *s* javanes
javelin ['dʒævlɪn] [kast]spjut; *the ~, ~ throwing* the *~, ~ throwing* spjutkastning
jaw [dʒɔː] **I** *s* **1** käke; haka; *lower ~* underkäke; *upper ~* överkäke **2** käft[ar] (*på verktyg o.d.*) **3** *~s* (*pl, bildl.*) käftar, gap; *the ~s of death* dödens käftar **4** *~s* (*pl*) trång mynning, trångt pass **5** *sl.* käftande; snack; moralpredikan **II** *v* **1** *sl.* snacka, babbla; hålla moralpredikan
jaw|bone ['dʒɔːbəʊn] käkben; underkäke **-breaker** [-,breɪkə] *vard.* tungvrickande ord
jay [dʒeɪ] **1** *zool.* nötskrika **2** dumskalle; lättlurad person **-walker** [-,wɔːkə] oförsiktig fotgängare, laura

jazz [dʒæz] **I** *s* jazz **2** *vard.* fart, kläm **3** *sl.* svammel, snack; grejer; *and all that* ~ och allt det där **II** *v* **1** spela (dansa) jazz **2** *vard.*, ~ *up a*) jazza upp, *b*) pigga upp, sätta fart (sprutt) på **jazzy** [ˈdʒæzɪ] *vard.* **1** jazzig **2** gräll, skrikig; häftig
J.C. *förk. för Jesus Christ; Julius Caesar* **J.C.D.** *förk. för Doctor of Canon Law* (*lat. Juris Canonici Doctor*); *Doctor of Civil Law* (*lat. Juris Civilis Doctor*) **J.C.R.** *förk. för junior common room* (rum för yngre studenter i Cambridge) **jct[n].** *förk. för junction* **J.D.** *förk. för Doctor of Laws* (*lat. Jurum Doctor*); *juvenile delinquent*
jealous [ˈdʒeləs] **1** svartsjuk; avundsjuk (*of* på); missunnsam (*of* mot) **2** mån, rädd (*of* om); ängsligt vaksam (*of* på); *keep a* ~ *eye on* (*watch over*) misstroget bevaka **3** *bibl.* nitälskande (*God* Gud)
jealousy [-ɪ] **1** svartsjuka; avundsjuka; misstänksamhet **2** ängslig vaksamhet **3** nitälskan
Jean [dʒiːn]
jean [dʒeɪn] denim, jeanstyg **jeans** [dʒiːnz] *pl* jeans[byxor]
jeep [dʒiːp] jeep
jeepers [**creepers**] [ˈdʒiːpəz (ˈkriːpəz)] *interj*, *AE. sl.* jösses!
jeer [dʒɪə] **I** *v* hånskratta (*at* åt); driva, skoja (*at* med) **II** *s* glåpord, gliring **-ing** [ˈdʒɪərɪŋ] **I** *a* hånfull, spydig **II** *s* hånfullhet, spydighet
Jehovah [dʒɪˈhəʊvə] Jehova, Jahve; ~'*s Witnesses* Jehovas vittnen
jejune [dʒɪˈdʒuːn] **1** enkel, okonstlad **2** torr, tråkig **3** torftig, ofruktbar
Jekyll and Hyde [ˈdʒekɪlənˈhaɪd] doktor Jekyll och mister Hyde; ~*-and-Hyde personality* dubbelnatur
jell [dʒel] **I** *v* **1** bli [till] gelé; stelna **2** *bildl.* ta [fast] form **II** *s*, *AE. vard.* gelé
jelly [ˈdʒelɪ] **I** *s* **1** gelé **2** aladåb; *beat s.b. to a* ~ (*vard.*) göra slarvsylta (mos) av ngn **II** *v* göra gelé av; koka in i gelé; *jellied eel* ål i gelé **jelly babies** *BE.* sega gubbar (*godis i form av en baby*) **jellybean** gelékaramell **jellyfish** *zool.* manet
jemmy [ˈdʒemɪ] **I** *s* **1** kofot (*verktyg*) **II** *v* bryta upp med kofot
jenny [ˈdʒenɪ] hona; ~ *ass* (*donkey*) åsninna; ~ *wren* gärdsmygshona
jeop|ardize (*BE. äv. -ardise*) [ˈdʒepədaɪz] riskera, äventyra, sätta på spel **-ardy** [-ədɪ] fara; *in* ~ *i* fara; *be in* ~ *of one's life* sväva i livsfara
jeremiad [ˌdʒerɪˈmaɪəd] jeremiad, klagovisa
Jeremiah [ˌdʒerɪˈmaɪə] Jeremia
Jericho [ˈdʒerɪkəʊ] Jeriko; *go to* ~! (*vard.*) dra åt skogen!
jerk [dʒɜːk] **I** *s* **1** ryck, knyck; kast, släng; stöt; [kramp]ryckning; *physical* ~*s* (*BE. vard.*) gymnastik; *give a* ~ rycka till **2** *AE. sl.* fåntratt, stolle **II** *v* **1** rycka, knycka; kasta (slänga) [i väg]; stöta till; vrida till; ~ *out* kasta ur sig, spotta fram (*words* ord) **2** rycka till **3** *AE. vulg.* runka (*onanera*)
jerkin [ˈdʒɜːkɪn] väst; *hist.* ärmlös läderjacka
jerkwater [ˈdʒɜːkˌwɔːtə] *AE. vard.* provinsiell; betydelselös; ~ *town* gudsförgäten stad
jerky [ˈdʒɜːkɪ] ryckig, knyckig; stötig; krampaktig
jerrican [ˈdʒerɪkæn] vattendunk; bensindunk; jeepdunk

Jerry [ˈdʒerɪ] *s*, *BE. sl.* tysk; tyskarna
jerry [ˈdʒerɪ] *BE. vard.* potta
jerry|-build [ˈdʒerɪbɪld] bygga dåliga hus, göra ett fuskbygge **-builder** [-ˌbɪldə] byggmästare som bygger dåliga hus **-building** [-ˌbɪldɪŋ] fuskbygge
jerry can [ˈdʒerɪkæn] bensin-, jeep|dunk
jersey [ˈdʒɜːzɪ] **1** tröja, pullover **2** jersey (*tyg*) **jersey wool** yllejersey
Jerusalem [dʒəˈruːs(ə)ləm] Jerusalem; ~ *artichoke* jordärtskocka
jessamine [ˈdʒesəmɪn] *bot.* jasmin
jest [dʒest] **I** *s* skämt, skoj; gyckel, drift; *in* ~ på skämt (skoj) **II** *v* skämta, skoja (*about* om); gyckla, driva **-er** [ˈdʒestə] **1** *hist.* narr, gycklare **2** skämtare **-ing** [ˈdʒestɪŋ] **I** *a* skämtsam; *it's no* ~ *matter* det är ingenting att skämta om **II** *s* skämt, skoj; gyckel, drift
Jesuit [ˈdʒezjʊɪt] jesuit
Jesus [ˈdʒiːzəs] Jesus; ~ *Christ* Jesus Kristus; *the Society of* ~ jesuitorden, Jesu sällskap
1 jet [dʒet] **I** *s* **1** stråle; ström; *thin* ~ *of water* fin vattenstråle; ~ *of gas* utströmmande gas **2** *tekn.* munstycke **3** jet[flyg]plan **II** *v* **1** spruta (strömma) ut **2** spruta på **3** flyga med jet[flyg]plan
2 jet [dʒet] *miner.* jet, gagat
jetblack [ˌdʒetˈblæk] kolsvart
jet engine [ˈdʒetˌendʒɪn] jetmotor **jet lag** [-læg] rubbad dygnsrytm (*efter längre resa med jetplan*) **jet plane** [-pleɪn] jetplan **jet-propelled** [-prəˈpeld] jetdriven **jet propulsion** [-prəˌpʌlʃn] jetdrift
jetsam [ˈdʒetsəm] gods som kastats över bord (*i sjönöd*); vrakgods, strandfynd; *jfr flotsam*
jet set [ˈdʒetset] jet set (*överklass som rör sig mellan världens nöjescentra*)
jetsom [ˈdʒetsəm] *se jetsam*
jettison [ˈdʒetɪsn] **I** *v* **1** kasta bort, göra sig av med (*old clothes* gamla kläder); överge, förkasta (*plan* plan) **2** kasta över bord **II** *s* gods som kastats över bord
jetty [ˈdʒetɪ] vågbrytare, pir; [utskjutande] brygga
Jew [dʒuː] **I** *s* jude **II** *a*, *neds.* judisk **--baiting** [ˈdʒuːˌbeɪtɪŋ] judeförföljelse
jewel [ˈdʒuːəl] **I** *s* **1** juvel, ädelsten; smycke; *bildl.* klenod, pärla, skatt **2** sten (*i ur*) **II** *v* **1** pryda med juveler **2** förse (*ur*) med stenar **jewel box** (**case**) juvel-, smycke|skrin **jeweler** *AE.*, **jeweller** *BE.* [-ə] juvelerare, guldsmed; *at the* ~'*s* i guldsmedsaffären, hos guldsmeden **jewellery** *BE.*, **jewelry** *AE.* [-rɪ] **1** juveler; smycken; *a piece of* ~ ett smycke **2** juvelerar-, guldsmeds|yrket
Jewess [ˈdʒuːɪs] judinna **Jewish** [-ɪʃ] judisk **Jewry** [ˈdʒʊərɪ] **1** *koll.* judarna; judendomen **2** judekvarter **jew's harp** [ˌdʒuːzˈhɑːp] mungiga
1 jib [dʒɪb] **1** *sjö.* klyvare **2** *the cut of a p's* ~ ngns uppträdande (sätt, uppsyn)
2 jib [dʒɪb] *i sht BE.* **1** rygga, dra sig (*at* för); ~ *at* (*äv.*) streta emot, skyggas för **2** (*om häst*) vägra, skygga (*at* inför)
3 jib [dʒɪb] kranarm
4 jib [dʒɪb] *dial.* grimas
jib boom [ˌdʒɪ(b)ˈbuːm] *sjö.* klyvarbom

jiff[y]—johnny cake 262

jiff[y] ['dʒɪf(ɪ)] *vard.* ögonblick; *in a ~ på ögonblicket*, genast
jig [dʒɪg] **I** *s* **1** jigg (*slags dans*); jiggmelodi **2** *tekn.* jigg **3** (*vid fiske*) pilk, pimpel **II** *v* **1** dansa jigg, jigga **2** skutta (hoppa) [upp och ner] **3** pilka, pimpla **4** låta hoppa (gunga) upp och ner
jigger ['dʒɪgə] **I** *s* **1** jiggdansör **2** litet [whisky]glas **3** *AE. vard.* grej, manick
jiggered ['dʒɪgəd] **1** *vard.*, *I'm ~ if I'll do it* så tusan heller att jag gör det **2** *dial.* uttröttad
jiggery-pokery [ˌdʒɪgərɪ'pəʊkərɪ] *vard.*, *i sht BE.* fiffel, skoj[eri], bluff; knep
jiggle ['dʒɪgl] vicka; ruska på; rycka i (*the door handle* dörrhandtaget)
jigsaw ['dʒɪgsɔː] löv-, kontur|såg; ~ [*puzzle*] pussel
jilt [dʒɪlt] överge, ge på båten
jim crow ['dʒɪm 'krəʊ] *s, AE.* **1** diskriminering av negrer **2** *neds.* nigger **jim-crow** *a, AE.* rasdiskriminerande; neger-; [gällande] endast för negrer
jim-dandy [dʒɪm'dændɪ] *AE. vard.* toppen, jättebra
jimjams ['dʒɪmdʒæmz] **1** *sl.* dille (*delirium*) **2** nervositet, oro; *it gives me the ~* det gör mig nervös (skakis)
Jimmy ['dʒɪːɪ] *vard.* **1** James **2** skotte
jimmy ['dʒɪmɪ] *AE., se jemmy*
jingle ['dʒɪŋgl] **I** *v* **1** (*om klockor*) klinga, pingla; (*om mynt, nycklar*) skramla, klirra **2** klinga (pingla) med; skramla (klirra) med **II** *s* **1** (*klockors*) klingande, pinglande; (*mynts, nycklars*) skramlande, klirr[ande] **2** rytmisk (slående) vers, ramsa; *advertising ~* reklamsnutt
jingo ['dʒɪŋgəʊ] **I** *s* **1** (*pl ~es*) chauvinist, 'jingo' **2** *by ~!* för tusan! **II** *a* chauvinistisk **-ism** [-ɪz(ə)m] chauvinism **-istic** [ˌdʒɪŋgəʊ'ɪstɪk] chauvinistisk
jinks [dʒɪŋks] *pl, high ~s* skoj, upptåg
jinn [dʒɪn] djinn, demon, ande
jin|rikisha, -ri[c]ksha, -rickshaw [ˌdʒɪn-'rɪkʃə] [jin]riksha
jinx [dʒɪŋks] olycksbringare (*pers. o. sak*); *be* (*put*) *a ~ on* dra olycka över
jitter ['dʒɪtə] *vard.* **I** *v* vara nervös (orolig) **II** *s, get the ~s* få stora darren, bli skakis **jitterbug I** *s* **1** jitterbug **2** jitterbuggare; *bildl.* nervknippe, nervös person **II** *v* dansa jitterbug **jittery** [-rɪ] *vard.* skakis, nervis
jive [dʒaɪv] **I** *s* **1** jive (*dans*) **2** ~ [*talk*] jive (*sl. bland svarta jazzmusiker*) **II** *v* dansa jive
J.J. *förk. för Judges; Justices* **jnr.** *förk. för junior*
Joan [dʒəʊn] Joan; [*Saint*] ~ *of Arc* Jeanne d'Arc
Job [dʒəʊb] Job; *the Book of ~* Jobs bok; *~'s comforter* dålig tröstare (*som gör saken värre*); *the patience of ~* en ängels tålamod
job [dʒɒb] **I** *s* **1** arbete; [arbets]uppgift; *vard.* jobb (*anställning*); *it's your ~ to make coffee* det är din uppgift (ditt jobb) att göra kaffe; *be on the ~ a*) vara mitt uppe i sitt arbete, *b*) *BE. vulg.* knulla; *bring new ~s to a region* skaffa nya arbetstillfällen till en region; *I have a ~ to do* jag har ett arbete att utföra; *know one's ~* kunna sitt arbete; *make a good* (*bad*) *~ of s.th.* göra ngt bra (dåligt) **2** arbete, produkt; *the cabinet is a lovely ~* skåpet är ett underbart arbete **3** *vard.* jobb, hårt arbete,

slit, knog, svår uppgift; *I had a ~ doing it* (*to do it*) det var jobbigt (ett slit) att göra det; *it's quite a ~* det är en svår uppgift **4** *vard.* sak, grej; affär; fall; *just the ~!* just precis (vad som behövdes)!, vilken bra grej (idé)!; *it's a good ~!* vilken tur!; *and a good ~ too!* och gudskelov för det!; *that's not my ~* det är inte min sak; *that should do the ~* det borde göra susen; *give s.b.* (*s.th.*) *up as a bad ~* anse ngn (ngt) vara ett hopplöst fall **5** *vard.* stöt, inbrott **6** *barnspr.*, *do a big* (*little*) *~* bajsa (kissa) **7** jobberi **II** *v* **1** arbeta på ackord; ha tillfälliga arbeten **2** jobba, spekulera (*in* i, med); mygla, fiffla **3** (*som mellanhand*) göra affärer (*in* i); *BE.* arbeta som börsmäklare **4** ~ [*out*] lägga ut (*work among contractors* arbete på entreprenörer)
jobber ['dʒɒbə] **1** ackordsarbetare; tillfällighetsarbetare **2** mellanhand, grossist; *BE.* börsmäklare **3** jobbare, svartabörshaj **jobbery** [-rɪ] korruption, mygel; jobberi **jobbing** [-ɪŋ] *a*, ~ *printer* accidenstryckare **jobless** [-lɪs] arbetslös **job lot** *hand.* [blandat] varuparti
Jock [dʒɒk] *sl.* skotte
jockey ['dʒɒkɪ] **I** *s* **1** jockej, jockey **2** *AE. sl.* förare **II** *v* **1** rida på (*a horse in a race* en häst i en kapplöpning) **2** lura (*s.b. into doing s.th.* ngn att göra ngt); manövrera (*s.b. out of a job* bort (ut) ngn från ett arbete) **3** ~ *for position* (*i kapplöpning o. bildl.*) manövrera sig till en bra position
jockstrap ['dʒɒkstræp] suspensoar
jocose [dʒə(ʊ)'kəʊs] skämtsam; munter **jocosity** [-'kɒsətɪ] skämtsamhet; munterhet
jocular ['dʒɒkjʊlə] skämtsam, lustig, humoristisk **-ity** [ˌdʒɒkjʊ'lærətɪ] skämtsamhet, lustighet, humor
jocund ['dʒɒkənd] glad, livad, munter
jodhpurs ['dʒɒdpəz] *pl* **1** jodhpurs (*slags ridbyxor*) **2** (*äv. jodhpur boots*) jodhpurs (*slags ridkängor*)
Joe [dʒəʊ] **1** *kortform för Joseph* **2** *AE. sl.* karl, kille; menig [soldat], värnpliktig; ~ *Blow* (*äv. Austr.*) genomsnitts|amerikan, -australiensare
joey ['dʒəʊɪ] *Austr. vard.* **1** känguruunge **2** ungdjur; unge
jog [dʒɒg] **I** *v* **1** jogga; ~ *on* (*along*) lunka (skumpa, trava) [fram]; *we must be ~ging* vi måste knalla **2** knuffa (stöta, puffa) till; låta gunga (guppa), komma att skumpa **3** ~ *a p.'s memory* friska upp ngns minne, ge ngn en påstötning **II** *s* **1** knuff, stöt **2** skaka] lunk
joggle ['dʒɒgl] **I** *v* **1** skaka (ruska) [på] **2** hopfoga med tapp **II** *s* **1** skakande, skumpande; skakning **2** tappfog; klack
jog trot ['dʒɒgtrɒt] **I** *s* jämn (sakta) lunk; *bildl.* äv. slentrian, rutin **jog-trot I** *a* lugn och maklig, slentrian-, rutin|mässig **II** *v* lunka på; gå i den gamla vanliga lunken
John [dʒɒn] John; (*som kunganamn*) Johan; *bibl.* Johannes; ~ *the Baptist* Johannes Döparen; ~ *Bull* John Bull (*personifikation av England o. eng. folket*), typisk engelsman; ~ *Doe* (*jur.*, *förr*) N.N. (*fingerad kärande i vräkningsmål*); ~ *Hancock* (*AE. vard.*) namnteckning, signatur **john** *AE. sl.*, *the ~* muggen (*toan*)
johnny ['dʒɒnɪ] *BE.* **1** *vard.* kille, grabb, gosse **2** *sl.* kondom **johnny cake** *AE. o. Austr.* (*slags*)

joie de vivre [ʒwɑːdəˈviːvr] livs|glädje, -lust
join [dʒɔɪn] **I** v **1** förena, förbinda (to med); foga (knyta, slå) samman; ~ battle drabba samman, kämpa; ~ hands a) knäppa händerna, b) räcka varandra händerna, c) förena sina krafter, samverka; ~ two things together förena (förbinda) två saker [med varandra]; ~ed in marriage förenade i äktenskap, [samman]vigda **2** gå in i (vid); bli medlem av (i); ansluta sig till; förena sig (slå sig samman) med; ~ a university börja [läsa] vid universitet; will you ~ us? vill du göra oss sällskap (följa med oss)?, kommer du med [oss]?; the river ~s the sea at floden mynnar i havet vid **3** vard. gränsa till **4** ~ [together] förenas, vara förenad, förena sig (in i; with med); (om floder) flyta samman (ihop); (om vägar) mötas; ~ together in doing s.th. göra ngt gemensamt (tillsammans); ~ in a) delta[ga] i (a demonstration en demonstration), blanda (lägga) sig i (the conversation samtalet), stämma in i (the chorus refrängen), b) bli medlem i; won't you ~ in? vill du inte komma (vara) med?; ~ up a) bli soldat, ta värvning, b) (om vägar e.d.) mötas, c) förena sina krafter **5** gränsa till varandra **II** s skarv, fog
join|er [ˈdʒɔɪnə] i sht BE. [möbel]snickare **-ery** [-rɪ] snickeri[arbete]
joint [dʒɔɪnt] **I** s **1** sammanfogning; fog, skarv; skarvställe, skarvstycke **2** anat., biol., bildl. led; out of ~ ur led, ur gängorna, i olag **3** slaktar. [styckad] bit; stek; ~ of veal kalvstek **4** sl. sylta, dåligt ställe, sämre bar (nattklubb); håla, kvart **5** sl. joint (marijuanacigarett) **II** a förenad, förbunden; gemensam, samfälld (estate egendom), delad; med-; ~ account gemensamt [bank]konto, gemensam räkning; ~ heir medarvinge; ~ ownership gemensamt ägandenrätt; ~ resolution (AE.) gemensamt beslut (av båda lagstiftande församlingarna); ~ stock aktiekapital **III** v **1** hop-, samman|foga, förbinda **2** slaktar. stycka
jointed [ˈdʒɔɪntɪd] ledad, försedd med leder
jointly [-lɪ] adv gemensamt, samfällt **joint-stock** [-stɒk] a, ~ company aktiebolag **jointure** [-ʃə] jur. änkesäte; änkas arvslott
joist [dʒɔɪst] [bärande] bjälke (balk)
joke [dʒəʊk] **I** s **1** skämt; kvickhet, vits, rolig historia; spratt, upptåg; for a ~ på skoj (skämt); crack (make) ~s vitsa, skämta; ~ of s.b. skämta (driva) med ngn; it's no ~ det är inget skämt (att skämta om); the ~ was on me det var mig skämtet gick ut över; it's getting beyond ~ det börjar gå för långt, det är inte roligt längre; play a ~ on s.b. spela ngn ett spratt; I don't see the ~ jag kan inte se det roliga i det; take a ~ tåla skämt **2** föremål för skämt, person man driver med **II** v **1** skämta, skoja (about om); göra sig lustig (on över) **2** driva med, göra narr av
joker [ˈdʒəʊkə] **1** skämtare **2** sl. kille, grabb **3** kortsp. joker **jokey** [-ɪ] skämtsam **joking** [-ɪŋ] **I** a skämtsam; I'm not in a ~ mood jag är inte på skämthumör **II** s skämt, skoj; ~ apart skämt åsido
jokingly [-ɪŋlɪ] adv på skämt, skämtsamt **joky** [-ɪ] skämtsam
jolli|fication [ˌdʒɒlɪfɪˈkeɪʃn] festlighet; muntration **-ty** [ˈdʒɒlətɪ] munterhet, glädje, uppsluppenhet; -ties (BE., pl) fest, party

jolly [ˈdʒɒlɪ] **I** a glad, munter, uppsluppen; gemytlig, trevlig; vard. glad, på snusen; J~ Roger sjörövarflagga[n] (med dödskalle o. korsade benknotor) **II** adv, BE. vard. mycket, väldigt (nice trevlig); ~ good fantastisk, jättefin, riktigt bra; a ~ good fellow en väldigt bra karl, en hedersknyffel **III** v, vard. **1** ~ s.b. [up, along] muntra (pigga) upp ngn
jolly boat [ˈdʒɒlɪbəʊt] jolle
jolt [dʒəʊlt] **I** v **1** stöta till **2** bildl. skaka om, rycka upp, chocka **3** skaka, skumpa **II** s **1** skakning, stöt **2** chock
Jon. förk. för (bibl.) Jonah
Jonah [ˈdʒəʊnə], **Jonas** [ˈdʒəʊnəs] **1** bibl. Jona **2** olycksbringare **Jonathan** [ˈdʒɒnəθ(ə)n] bibl. Jonatan
jonquil [ˈdʒɒŋkwɪl] bot. jonkvill (slags narciss)
Jor|dan [ˈdʒɔːdn] **1** the ~ Jordan[floden] **2** Jordanien **-danian** [dʒɔːˈdeɪnjən] **I** a jordansk **II** s jordanier
Joseph [ˈdʒəʊzɪf] bibl. Josef
josh [dʒɒʃ] AE. vard. **I** s skoj, gyckel, drift **II** v skoja (gyckla, driva) med **Joshua** [ˈdʒɒʃwə] bibl. Josua
joss [dʒɒs] kinesisk avgudabild **joss house** [ˈdʒɒshaʊs] kinesiskt tempel **joss stick** [ˈdʒɒsstɪk] rökelsepinne
jostle [ˈdʒɒsl] **I** v **1** knuffa [till], stöta till; knuffa undan **2** trängas, knuffas; tränga sig fram **II** s knuff, stöt; knuffande, trängsel; kollision
jot [dʒɒt] **I** s jota, dugg; I don't care (give) a ~ jag bryr mig inte ett dugg om det **II** v ~ [down] kasta (krafsa) ner, anteckna **-ter** [ˈdʒɒtə] liten anteckningsbok **-ting** [ˈdʒɒtɪŋ] anteckning
joule [dʒuːl] fys. joule
jounce [dʒaʊns] **I** v skaka **II** s skakning
journal [ˈdʒɜːnl] **1** tidning; tidskrift, journal **2** journal; dagbok (äv. bokför.); liggare; skeppsdagbok, loggbok; domstolsprotokoll; keep a ~ föra dagbok **2** tekn. axeltapp **-ese** [ˌdʒɜːnəˈliːz] neds. tidningsjargong **-ism** [ˈdʒɜːnəlɪz(ə)m] journalistik **-ist** [ˈdʒɜːnəlɪst] journalist, tidningsman **-istic** [ˌdʒɜːnəˈlɪstɪk] journalistisk **-ize** (BE. äv. -ise) [ˈdʒɜːnəlaɪz] föra in i journal (dagbok)
journey [ˈdʒɜːnɪ] **I** s resa; make a ~ göra en resa; go (set out) on a ~ åka på en resa, resa bort; reach one's ~'s end (litt.) nå sitt mål, nå slutet **II** v resa **-man** [-mən] **1** gesäll **2** duglig arbetare
joust [dʒaʊst] **I** s tornering **II** v tornera
Jove [dʒəʊv] Jupiter; by ~! ta mig tusan!, för tusan!
jovi|al [ˈdʒəʊvjəl] jovial[isk], fryntlig, gladlynt **-ality** [ˌdʒəʊvɪˈælətɪ] jovialitet, fryntlighet, gladlynthet
jowl [dʒaʊl] **1** [under]käke, haka **2** vanl. pl kind, kindben
joy [dʒɔɪ] **I** s **1** glädje, fröjd; nöje; källa till glädje; wish s.b. ~ lyckönska ngn **2** BE. vard. framgång; I didn't get much ~ jag hade inte ngn vidare framgång **II** v glädjas, fröjdas
joyful [ˈdʒɔɪf(ʊ)l] glad, upprymd; glädjande **joyfulness** [-nɪs] glädje, glad stämning, upprymdhet, munterhet **joyless** [-lɪs] glädjelös **joyous** [-əs] glad; glädjande **joy ride** vard. nöjestripp (i sht i stulen bil) **joy stick** vard. styrspak (i flygplan o. dataspel)

J.P. *förk. för Justice of the Peace* **Jr., jr.** *förk. för junior* **J.S.D.** *förk. för Doctor of Juristic Science* **jt.** *förk. för joint*

jubi|lant ['dʒuːbɪlənt] jublande, överlycklig **-late** [-leɪt] **1** jubla **2** jubilera **-lation** [‚dʒuːbɪ-'leɪʃn] **1** jubel **2** jubileumsfest **-lee** ['dʒuːbɪliː] **1** *bildl.* fröjdetid **2** jubileum (*i sht* 25- *el.* 50-*årsjubileum*) **3** *rom.-kat.* jubelår

J.U.D. *förk. för Doctor of Canon and Civil Law* (*lat. Juris Utriusque Doctor*)

Judaea [dʒuːˈdiːə] Judéen

Judah ['dʒuːdə] *bibl.* Juda

judaic[al] [dʒuːˈdeɪk(l)] judisk, judaistisk **Judaism** ['dʒuːdeɪɪz(ə)m] judendom, judaism

Judas ['dʒuːdəs] *bibl.* Judas; *bildl.* judas, förrädare **judas [hole, window]** titthål (*i dörr*)

judder ['dʒʌdə] *vard.*, *i sht BE.* **I** *v* skaka, vibrera **II** *s* skakning, vibration; ryck

Judea [dʒuːˈdiːə] Judéen

judge [dʒʌdʒ] **I** *s* domare; kännare, bedömare; [*the Book of*] *J~s* (*bibl.*) Domareboken; *J~ Advocate General* (*pl J~ Advocates General el. J~ Advocate Generals*) chefsjurist (*vid krigsrätt*); *be a good ~ of antiquities* vara antikvitetskännare, förstå sig på antikviteter; *be no ~ of s.th.* inte kunna bedöma ngt; *I'll be the ~ of that* det måste jag få avgöra själv **II** *v* **1** döma, fälla dom över **2** [be]döma; bestämma, avgöra; *you can ~ for yourself which is best* du kan bedöma (bestämma, avgöra) själv vilket som är bäst; *as far as I can ~ såvitt jag kan bedöma*; *you shouldn't ~ people by appearance* man skall inte döma människor efter utseendet **3** anse [för]; *that was ~d to be the best* det ansågs vara de bästa **4** sitta (tjänstgöra) som domare **5** fälla omdöme, döma (*of* om, över); *judging from* (*by*) att döma av

judg[e]ment ['dʒʌdʒmənt] **1** dom, domslut, utslag; *give* (*deliver, pass, pronounce*) *~* fälla (avkunna) dom, fälla utslag (*on* över); *sit in ~ on a*) sitta som domare i (*a case* ett mål), *b*) sitta (sätta sig) till doms över **2** [straff]dom, straff **3** dom, kritik **4** bedöm|ning, -ande; omdöme[sförmåga]; *error of ~* felbedömning; *good ~ of distance* god förmåga att bedöma avstånd; *in my ~* enligt mitt bedömande (min mening); *against one's better ~* mot bättre vetande; *give one's ~ on* ge sitt omdöme om; *show ~* visa omdöme[sförmåga] **Judgment** ['dʒʌdʒmənt] *s*, *the Last* (*General*) *~* yttersta domen; *~ Day, the Day of ~* domedagen, yttersta dagen

judicature ['dʒuːdɪkətʃə] **1** rätt[s]skipning, jurisdiktion, domsrätt **2** domarkår **3** domstol; *the ~* (*äv.*) domstolarna

judi|cial [dʒuːˈdɪʃl] **1** rättslig, juridisk, rätts-; domstols-, judiciell; dömande, domar-; *~ murder* justitiemord; *take* (*bring*) *~ proceedings against* vidtaga laga (rättsliga) åtgärder mot **-ciary** [-ʃərɪ] **I** *s*, *the ~ a*) rättsväsendet, *b*) domstol, domstolsmyndighet, *c*) domarkåren **II** *a*, se *judicial* **-cious** [-ʃəs] omdömesgill, förståndig, klok

Judith ['dʒuːdɪθ] *bibl.* Judit

judo ['dʒuːdəʊ] judo

Judy ['dʒuːdɪ] **1** Judy (*Punchs maka*, *jfr Punch*) **2** *BE. sl.* tjej

jug [dʒʌg] **I** *s* **1** tillbringare, kanna **2** *BE. vard.* glas [öl] **3** *sl.* kåk (*fängelse*) **II** *v* **1** steka (*i gryta*) **2** *sl.* bura in, sätta på kåken

juggernaut ['dʒʌgənɔːt] **1** nedbrytande (våldsam) kraft; överväldigande makt; vidunder **2** *BE.* långtradare **3** *J~* Jaggernaut, Jagannath (*hinduisk gud*)

juggins ['dʒʌgɪnz] *BE. vard.* dummerjöns

jug|gle ['dʒʌgl] **I** *v* **1** jonglera **2** manipulera med (*siffror e.d.*); ha (*flera saker*) på gång samtidigt **II** *s* jonglerande **-gler** [-ə] **1** jonglör **2** skojare, bedragare **-glery** [-ərɪ] **1** jonglerande **2** fuffens, skoj, bedrägeri, manipulerande

Jugo|slav [‚juːgə(ʊ)ˈslɑːv] *se Yugoslav* **-slavia** [-ˈslɑːvjə] *se Yugoslavia* **-slavian** [-ˈslɑːvjən] *se Yugoslavian*

jugular ['dʒʌgjʊlə] **I** *a* strup-, hals-; *~ vein* halsven, -blodåder **II** *s* hals|ven, -blodåder

juice [dʒuːs] **1** saft; juice; *digestive ~[s]* matsmältningsvätska; *gastric ~[s]* magsaft **2** *vard.* soppa (*bensin*); ledsaft; *bildl.* form **3** energi, vitalitet **II** *v*, *~ up* (*AE. sl.*) *a*) sätta sprätt på (*a party* en fest); *get ~d up* bli packad (*berusad*) **juicy** ['dʒuːsɪ] **1** saftig **2** pikant, saftig (*gossip skvaller*) **3** *sl.* läcker, sexig **4** *i sht AE.* lönsam, fördelaktig

jujitsu [dʒuːˈdʒɪtsuː] jujutsu, jiujitsu

juju ['dʒuːdʒuː] amulett; fetisch

jujube ['dʒuːdʒuːb] **1** *bot.* bröstbärsträd, jujub **2** (*slags*) [bröst]karamell

jukebox ['dʒuːkbɒks] jukebox

Jul. *förk. för* July

julep ['dʒuːlep] **1** (*slags*) söt dryck; sirap (*i medicin*) **2** *i sht AE.* (*slags*) whiskydrink

Juliet ['dʒuːljət] (*hos Shakespeare*) Julia

July ['dʒuːlaɪ] juli

jumble ['dʒʌmbl] **I** *v* blanda ihop, röra till (*äv. bildl.*) **II** *s* virrvarr, röra; sammelsurium **jumble sale** loppmarknad (*på välgörenhetsbasar*) **jumbly** [-ɪ] *a* rörig, kaotisk; virrig

jumbo ['dʒʌmbəʊ] **I** *s* (*pl ~s*) **1** *vard.* koloss, jätte **2** jumbojet[plan] **II** *a*, *vard.* kolossal, jätte- **jumbo jet** *vard.* jumbojet

jumbuck ['dʒʌmbʌk] *Austr. vard.* får

jump [dʒʌmp] **I** *s* **1** hopp; skutt, språng; *high ~* höjdhopp; *long* (*AE. broad*) *~* längdhopp; *one ~ ahead* ett steg (steget) före; *on the ~* (*vard.*, *i sht AE.*) *a*) på språng, *b*) på alerten **2** stegring, plötslig uppgång (*i priser e.d.*) **3** ryckning, sprittning; *give s.b. a ~* få (komma) ngn att rycka till, skrämma ngn; *he gave a ~* han ryckte till; *it gave me the ~s* (*sl.*) det gav mig stora skälvan **4** *BE. sl.* ligg, knull **II** *v* **1** hoppa; skutta; *~ at* hoppa mot, *bildl.* nappa (nappa) på (*an offer* ett erbjudande), välkomna, gripa (*the chance*); *~ down a p.'s throat* (*vard.*) skälla ut (vara ovettig mot) ngn; *~ for joy* hoppa högt av glädje; *~ into a taxi* hoppa in i en taxi; *~ on s.b.* (*bildl. vard.*) slå ner på ngn; *~ to conclusions* dra förhastade slutsatser; *~ to one's feet* hoppa (rusa) upp; *~ to it* (*vard.*) sätta i gång, sätta fart **2** hoppa (rycka) till, hoppa högt, hoppa upp; *you made me ~* du fick mig att hoppa högt, du skrämde mig ordentligt **3** (*om priser e.d.*) stiga snabbt (plötsligt), rusa i höjden **4** hoppa över (*äv. bildl.*); *~ a fence* (*a few pages*) hoppa över ett staket (några sidor); *~ the rails* spåra ur **5** *vard.*, *~ bail* (*jur.*) inte infinna sig i rätten, avvika (*under frigivning mot*

borgen); ~ *the lights* köra mot rött; ~ *the queue* gå (smita) före [i kön]; ~ *s.b.* hoppa på (överfalla) ngn; ~ *ship* (*om sjöman*) avvika från fartyg; ~ *a train* tjuvåka med ett tåg **6** få att (låta) hoppa över; ~ *a horse over a hurdle* få en häst att hoppa över ett hinder **7** få att hoppa (rusa) upp **8** ~ *a car* starta en bil med startkablar **9** *BE. sl.* (*om man*) sätta på, knulla
jumped-up ['dʒʌmptʌp] *vard.*, ~ *people* uppkomlingar **jumper** [-ə] **1** hoppare; *long* ~ längdhoppare **2** *i sht BE.* jumper; *AE.* förklädesklänning **3** stenborr **jumper cables** [-əkeɪblz] *pl, AE.* startkablar **jumping jack** [-ɪŋ͵dʒæk] sprattelgubbe **jumping-off place (point)** [-ɪŋ͵ɒfpleɪs (pɔɪnt)] **1** start-, utgångs|punkt **2** slutstadium; yttersta gräns **3** *AE.* avlägsen plats **jump leads** [-liːdz] *pl* startkablar **jump suit** overall **jump-start** rulla i gång (*bil*) **jumpy** [-ɪ] **1** nervös, darrig **2** hoppig, ryckig
Jun. *förk. för June*; *junior* **jun.** *förk. för junior*
junc. *förk. för junction*
junction ['dʒʌŋ(k)ʃn] **1** knut[punkt]; [väg]korsning; *railway* ~ järnvägsknut **2** förenande; förening[spunkt]; förbindelse **3** *elektron.* koppling; kontaktställe **junction box** fördelardosa; kabelbox **juncture** [-tʃə] *s, at this* ~ vid denna [avgörande] tidpunkt, i detta [kritiska] ögonblick
June [dʒuːn] juni
jungle ['dʒʌŋgl] **1** djungel (*äv. bildl.*); *the law of the* ~ djungelns lag **jungle fever** djungelfeber, malaria
junior ['dʒuːnjə] I *a* **1** yngre (*to* än); junior, den yngre; junior-; *Parker, J~* Parker junior (den yngre); *the* ~ *miss* unga fröken (damen); ~ *school* (*BE. ung.*) lågstadium (*7-11 år*); ~ *high school, se high I 9*; ~ *team* juniorlag **2** lägre (*i rang*), underordnad II *s* **1** yngre person; yngre medlem (medarbetare); *she is my* ~ *by five years* (*five years my* ~) hon är fem år yngre än jag; *I'll give it to* ~ jag ska ge den åt min son **2** underordnad [medarbetare] **3** *BE.* lågstadieelev; *AE.* tredjeårs-, junior|student (*vid college*) **4** *sport.* junior
juniper ['dʒuːnɪpə] **1** *bot.* en[buske] **2** ene[trä]
1 junk [dʒʌŋk] I *s* **1** skräp, lump, skrot, smörja **2** *bildl. vard.* smörja, skräp **3** *sl.* knark (*i sht heroin*) II *v, vard. i sht AE.* kassera, skrota
2 junk [dʒʌŋk] djonk (*båt*)
junket ['dʒʌŋkɪt] I *s* **1** (*slags*) keso **2** fest, kalas **3** *AE.* utflykt II *v* **1** festa, kalasa **2** *AE.* göra en utflykt
junk food ['dʒʌŋkfuːd] *vard.* skräpmat (*chips e.d.*) **junkie** [-ɪ] *vard.* knarkare **junkman** [-mən] lump|handlare, -samlare **junk shop** skrot-, lump|affär **junkyard** skrotupplag **junky** [-ɪ] *se junkie*
Junr., junr. *förk. för junior*
junta ['dʒʌntə] junta
Jupiter [dʒuːpɪtə] Jupiter
jural ['dʒʊər(ə)l] rättslig, rätts-
juridical [͵dʒʊəˈrɪdɪkl] juridisk, rättslig
juris|diction [͵dʒʊərɪsˈdɪkʃn] **1** jurisdiktion; domsrätt; rätt[s]skipning; domvärjo; domsrätt **-dictional** [-ˈdɪkʃənl] jurisdiktions- **-prudence** [-ˈpruːd(ə)ns] juridik, rättsvetenskap; *medical* ~ rättsmedicin **-prudent** [-ˈpruːd(ə)nt] *a o. s* rätts-

lärd
jurist ['dʒʊərɪst] **1** jurist, rättslärd **2** juridisk författare **3** juris studerande, jurist **juristic[al]** [dʒʊəˈrɪstɪk(l)] juridisk, rättslig
juror ['dʒʊərə] jurymedlem; [pris]domare
jury ['dʒʊərɪ] **1** jury; *grand* ~ (*i sth AE.*) åtalsjury (*12-23 ledamöter*); *sit* (*serve*) *on the* ~ sitta i juryn **2** [tävlings]jury **jury box** jury|skrank, -bänk **juryman** [-mən] juryman
jury-rigged *sjö.* nödriggad
just [dʒʌst] I *a* **1** rättvis, opartisk; hederlig, rättskaffens **2** riktig, korrekt (*account* redogörelse), just; skälig; *as* [*it*] *is only* ~ vilket inte är mer än rätt **3** välförtjänt (*reward* belöning); rättmätig, berättigad, befogad (*criticism* kritik) **4** lagenlig, laglig II *adv* **1** just, nyss, nyligen; *they have* ~ *come* de har just (nyss) kommit; *she left* ~ *before I came* hon for just innan jag kom **2** just, strax; alldeles; ~ *after lunch* strax efter lunch; *he's* ~ *leaving* han ska just gå; *I'm* ~ *going to...* jag ska just...; ~ *round the corner* just (alldeles) runt hörnet; *it's* ~ *on five o'clock* klockan är strax fem **3** just, precis, exakt; nätt och jämnt; ~ *now a*) just nu, *b*) alldeles nyss; ~ *so!* just [precis]!, alldeles riktigt!; *not* ~ *yet* inte riktigt ännu; *it's* ~ *as well!* det är (var) lika bra!; *it's* ~ *five o'clock* klockan är exakt fem; *it's* ~ *possible* det är ju (nog) möjligt; *that's* ~ *like you!* det är just likt dig!; *that's* ~ *what I mean* det är just det jag menar; *he was* ~ *in time* han hann precis; *he* ~ *excaped being run over* han undgick med knapp nöd att bli överkörd; *I only* ~ *caught the train* jag hann nätt och jämnt med tåget; ~ *what does it mean?* vad exakt betyder det?; *I'm* ~ *about to leave* jag ska just gå **4** bara, endast, blott; ~ *you and me* bara du och jag; ~ *a minute* (*moment, second*)! ett ögonblick [bara]!; ~ *call me Eva!* säg Eva!; *this is* ~ *to confirm* härmed bekräftas; ~ *you dare!* du skulle bara våga!; ~ *imagine!* tänk bara!; ~ *listen!* hör på! **5** verkligen, alldeles, helt enkelt; *it's* ~ *wonderful* det är verkligen underbart; *that's* ~ *about the limit!* det är verkligen höjden!
justice ['dʒʌstɪs] **1** rättvisa, rätt; rättskaffenhet; *court of* ~ domstol; *High Court of J~* (*ung.*) hovrätt; *law and* ~ lag och rätt; *administer* ~ skipa rättvisa (rätt, lag); *bring to* ~ dra inför rätta; *do* ~ *to a*) göra rättvisa åt, *b*) göra heder åt, *c*) behandla (bedöma) rättvist; *do o.s.* ~ göra sig själv rättvisa **2** riktighet, rätt; berättigande; *the* ~ *of* riktigheten (det berättigade) i; *with* ~ med rätta **3** domare (*i Supreme Court of Judicature*); ~ [*of the peace*] fredsdomare; *Lord J~* domare (*i appellationsdomstol*); *Lord Chief J~* president i högsta domstolen **-ship** domar|ämbete, -värdighet
justiciary [dʒʌˈstɪʃɪərɪ] I *s* domare, lagskipare II *a* lagskipnings-, rätts-
justifiable ['dʒʌstɪfaɪəbl] rättmätig, försvarlig, befogad, berättigad **justification** [͵dʒʌstɪfɪˈkeɪʃn] berättigande; rättfärdigande, försvar **justify** ['dʒʌstɪfaɪ] **1** rättfärdiga; försvara; ursäkta, urskulda; *the end justifies the means* ändamålet helgar medlen; *he was justified in taking the money* han var berättigad (gjorde rätt i) att ta pengarna **2** [be]styrka, bevisa
just|ly ['dʒʌstlɪ] *adv* rättvist; riktigt; med rätta

justness—keep

-**ness** [-nɪs] rättvisa; rättmätighet
jut [dʒʌt] **I** s utskjutande del **II** v, ~ [out, forth] sticka (skjuta) ut (fram)
jute [dʒuːt] bot. o. textil. jute
Jutland ['dʒʌtlənd] Jylland
juve|nescence [ˌdʒuːvə'nesns] **1** ungdom[stid] **2** föryngring -**nescent** [-'nesnt] ung; ungdomlig -**nile** ['dʒuːvənaɪl] **I** a **1** ungdomlig, barnslig, omogen, juvenil; ung **2** ungdoms-; ~ court ungdomsdomstol; ~ delinquency ungdomsbrottslighet; ~ delinquent ungdomsbrottsling **II** s **1** ungdom, ung person; minderårig; ungt djur; ung växt **2** ungdomsbok
juxta|pose [ˌdʒʌkstə'pəʊz] placera intill varandra (sida vid sida) -**position** [-pə'zɪʃn] läge (plats) intill varandra

K

K, k [keɪ] (bokstav) K, k
k förk. för kilo[s] **K.** förk. för king; knight **k.** förk. för karat; king; knight
Kaf[f]ir ['kæfə] **1** åld. kaffer; neds. svarting, neger **2** neds. otrogen (icke-muslim)
kaftan ['kæftæn] kaftan
kail, kale [keɪl] **1** grön-, krus|kål **2** Sk. kål **3** AE. sl. stålar
kaleido|scope [kə'laɪdəskəʊp] kalejdoskop -**scopic** [kəˌlaɪdə'skɒpɪk] kalejdoskopisk, mångskiftande, brokig
kaleyard ['keɪljɑːd] Sk. köksträdgård
kangaroo [ˌkæŋgə'ruː] zool. känguru **kangaroo court** inofficiell domstol, skendomstol
Kans. förk. för Kansas **Kansas** ['kænzəs]
kaolin ['keɪ(ə)lɪn] kaolin (porslinslera)
kapok ['keɪpɒk] kapock, glansull
kaput [kə'pʊt] vard. kaputt; bankrutt; trasig
karat ['kærət] AE. karat
karate [kə'rɑːtɪ] karate, japansk kampsport **karate chop** karateslag
Karelia [kə'riːlɪə] Karelen
karma ['kɑːmə] relig,. filos. karma
Kashmir [ˌkæʃ'mɪə]
Kate [keɪt], **Katie** ['keɪtɪ] kortform av Catharine, Katharine, Catherine, Katherine ['kæθ(ə)rɪn]
katydid ['keɪtɪdɪd] zool. (slags amer.) vårtbitare
kayak ['kaɪæk] kajak
K.B. förk. för King's Bench; Knight Bachelor
K.B.E. förk. för Knight [Commander of the Order] of the British Empire **kc** förk. för kilocycle
K.C. förk. för King's Counsel **K.C.B.** förk. för Knight Commander [of the Order] of the Bath
K.C.M.G. förk. för Knight Commander [of the Order] of St. Michael and St. George **K.C.V.O.**

266

förk. för Knight Commander of the Victorian Order **K.D.**, **k.d.** förk. för (hand.) knocked down (om möbler o.d.) ej hopmonterade
kebab [kɪ'bæb] kebab, grillspett
keck [kek] i sht AE. **1** ha kväljningar, vilja kräkas **2** känna avsky
kedge [kedʒ] sjö. **I** s varpankare **II** v förhala
kedgeree [ˌkedʒə'riː] i sth BE. (slags) fiskrisotto
keek [kiːk] Sk. kika
keel [kiːl] **I** s **1** köl; poet. skepp; on an even ~ a) på rätt köl, b) bildl. på rätt köl, i balans **II** v, ~ [over] a) kantra, kapsejsa, b) vard. klappa ihop -**haul** ['kiːlhɔːl] kölhala -**son** ['kelsn] kölsvin
1 keen [kiːn] **1** ivrig, angelägen; entusiastisk; ~ on förtjust i, entusiastisk för, pigg på; she's ~ on getting the job finished hon är ivrig (angelägen om) att bli färdig med arbetet **2** vass, skarp (knife kniv) **3** skarp, genomträngande, bitande (wind vind); ~ satire bitande satir **4** intensiv, djup, stark, häftig (desire önskan; pain smärta); skarp, fin (hearing hörsel); frisk, stor (appetite aptit); hård, skarp (competition konkurrens) **7** i sht BE. (om pris) konkurrenskraftig **8** sl., i sht AE. toppen
2 keen [kiːn] **I** v begråta (en död) **II** s klagosång (över en död)
keenness ['kiːnnɪs] iver; skärpa (äv. bildl.); intensitet etc., jfr 1 keen
keep [kiːp] **I** v (kept, kept) **1** hålla; behålla, hålla (ha) kvar; förvara; uppehålla; ~ a place for s.b. hålla en plats åt ngn; ~ one's bed (i sth AE.) stanna i sängen; ~ one's ground hålla stånd; ~ your seats! behåll era platser!, sitt kvar!; ~ it as a souvenir! behåll den som ett minne!; ~ in mind hålla i minnet, komma ihåg, tänka på; ~ s.b. in prison hålla ngn fängslad; where do they ~ their money? var förvarar de sina pengar?; you mustn't ~ her du får inte uppehålla henne; what kept you? varför kommer du så sent?; what's ~ing them? var håller de hus?, varför dröjer de? **2** hålla; ha; ~ the beat hålla takten; ~ bad company vara i dåligt sällskap; ~ one's course (AE.) hålla kursen; well kept garden välskött trädgård; ~ the path (AE.) följa stigen; ~ one's hands in one's pockets ha händerna i fickorna; ~ late hours lägga sig sent; ~ a note of anteckna, skriva upp; ~ the dog quiet hålla tyst på hunden; ~ s.b. at work hålla ngn i arbete; ~ s.b. waiting låta ngn vänta **3** hålla (one's promise sitt löfte); följa, iakttta[ga], rätta sig efter (rules regler); uppfylla (one's obligations sina förpliktelser); bevara (a secret en hemlighet) **4** ha (a shop en affär); hålla sig med; ha hand om; ~ bees ha bin; ~ a car hålla sig med bil; who ~s your cat while you are away? vem ser efter (tar hand om) din katt när du är bortrest?; ~ house for s.b. hushålla för ngn **5** underhålla, försörja; have a large family to ~ ha en stor familj att försörja; ~ a mistress ha en älskarinna; kept woman älskarinna **6** [be]hålla, hålla inne med, inte avslöja; ~ this to yourself behåll det för dig själv; can you ~ this from your brother? kan du hemlighålla det för din bror? **7** vakta, sköta; skydda; ~ goal stå i mål; ~ sheep vakta får; God ~ you! (åld.) Gud vare med dig! **8** föra (accounts räkenskaper; a diary dagbok) **9** i sht BE. föra, ha [till försäljning]; we don't ~ handbags vi för inte

keeper—kick

handväskor **10** fira (*Christmas* jul) **11** hålla, köra, gå ([*to the*] *right* till höger); fortsätta (*straight on* rakt fram) **12** fortsätta (*doing s.th.* att göra ngt); *she ~s changing her plans* hon ändrar hela tiden sina planer; *~ going* fortsätta, hålla på, hålla sig i gång; *~ moving!* rör på er!; *~ smiling!* se glad ut!, upp med humöret!; *I ~ thinking...* jag tror fortfarande...; *~ walking* gå vidare **13** förbli; hålla sig; *~ calm* hålla sig lugn; *~ fit* hålla sig i form; *~ quiet!* håll (var) tyst!; *how are you ~ing?* hur står det till [med dig]? **14** (*om mat o.d.*) hålla (stå) sig; *these apples will ~ all winter* de här äpplena håller sig hela vintern; *the meat won't ~* köttet håller sig inte **15** vänta; *that business can ~* den saken kan vänta; *will it ~?* kan det vänta? **16** *~ at a*) framhärda i, fortsätta med, *b*) driva på, hålla i strama tyglar; *~ away* hålla [sig] borta (på avstånd); *~ back a*) hålla inne med, *b*) hejda, hindra; *~ down a*) undertrycka, hålla tillbaka, hålla nere, *b*) ligga lågt; *~ from* skydda (bevara) från; *~ s.b. from doing s.th.* hindra (avhålla) ngn från att göra ngt; *~ in a*) hålla sig inne, *b*) hålla in (*one's stomach* magen), *c*) hålla inne med, lägga band på, tygla, *d*) låta (*elev*) sitta kvar, *e*) hålla liv i (*eld*); *~ s.b. in clothes* hålla ngn med kläder; *~ in with* hålla sig väl med; *~ off a*) hålla på avstånd (borta), *b*) hålla sig ifrån, undvika (*mat el. dryck*); *~ off the grass!* beträd ej gräsmattan!; *if the rain ~s off* om det inte blir regn; *~ on a*) fortsätta [med] (*doing s.th.* att göra ngt), *b*) behålla på, inte ta av sig (*one's coat* kappan), *c*) behålla (*personal*); *~ on about* tjata om; *~ on at* tjata på; *~ out a*) hålla (stänga) ute, *b*) hålla sig ute; *~ out of* hålla sig borta från, hålla sig ifrån; *~ out of a p.'s way* hålla sig (gå) ur vägen för ngn; *~ to* hålla sig till (*the subject* ämnet), hålla fast vid (*one's plans* sina planer), stå fast vid (*one's promise* sitt löfte); *~* [*o.s.*] *to o.s.* hålla sig för sig själv; *~ s.th. to o.s.* [be]hålla ngt för sig själv, tiga om ngt; *~ to the right* hålla (gå, köra) till höger!; *~ together* hålla ihop (tillsammans); *~ under a*) hålla nere, *b*) undertrycka, tygla, kuva; *~ the fire under* hålla elden under kontroll; *~ up a*) hålla uppe, uppehålla (*äv. bildl.*), *b*) hålla i stånd, vidmakthålla, upprätthålla (*traditions* traditioner), bibehålla, *c*) hålla sig uppe (*äv. bildl.*), *d*) hålla i sig; *the child kept me up all night* barnet höll mig uppe hela natten; *~ one's chin up* hålla modet uppe; *~ it up!* fortsätt med det!, ge inte upp!; *~ up with a*) hålla jämna steg med, hinna med, *b*) hålla sig à jour med (informerad om), *c*) hålla brevkontakt (korrespondera) med, *d*) vard. kunna tävla med, inte vara sämre än; *~ up with the times* följa med sin tid **II** *s* **1** uppehälle, levebröd **2** huvudtorn (*i medeltidsfästning*) **3** *vard., for ~s* för alltid, för gott

keep|er ['ki:pə] **1** [djur]skötare **2** [musei]intendent **3** vakt[are], vårdare, skötare **4** hållare **5** [magnet]ankare **-ing** [-ɪŋ] **1** förvar, vård **2** *be in ~ with* överensstämma (harmoniera) med; *be out of ~ with* inte gå (passa) ihop med, svära mot **-sake** minne, minnes|sak, -gåva, souvenir

keg [keg] kagge; ölfat; öl (*från fat*)

Keith [ki:θ]

kelp [kelp] **1** *bot.* brunalg, tång **2** kelp, tångaska

kelson ['kelsn] *sjö.* kölsvin

kelter ['keltə] *s, in good ~* i god ordning; *out of ~* i oordning

kempt [kem(p)t] kammad

Ken. *förk. för* Kentucky

ken [ken] **I** *s, that is beyond my ~* det övergår mitt förstånd **II** *v, dial.* veta, känna till; förstå; märka

kennel ['kenl] **I** *s* **1** hundkoja; *vanl. pl ~s* kennel, hundgård **2** lya, kula, håla **3** kyffe **4** koppel [hundar] **II** *v* bo (stänga in) i hundkoja (kennel)

Kentucky [ken'tʌkɪ]

Kenya ['kenjə, 'ki:njə]

kept [kept] *imperf. o. perf. part. av* keep

kerb [kɜ:b] trottoarkant **-stone** ['kɜ:bstəʊn] kantsten (*på trottoar*) **-weight** ['kɜ:bweɪt] (*bils*) tjänstevikt

kerchief ['kɜ:tʃɪf] sjalett, halsduk

kerfuffle [kə'fʌfl] *vard., i sht BE.* ståhej, uppståndelse

kernel ['kɜ:nl] **1** kärna (*äv. bildl.*) **2** [sädes]korn, vetekorn

kerosene ['kerəsi:n] fotogen

kestrel ['kestr(ə)l] *zool.* tornfalk

ketch [ketʃ] *sjö.* ketch

ketchup ['ketʃəp] ketchup

kettle ['ketl] [te-, kaffe]panna; kittel; *the ~ is boiling* tevattnet (kaffevattnet) kokar; *a pretty (fine) ~ of fish* en snälg röra **-drum** puka **-holder** [-,həʊldə] grytlapp

key [ki:] **I** *s* nyckel (*äv. bildl.*); lösning **2** tangent (*på piano, skrivmaskin m.m.*); klaff (*på klarinett e.d.*) **3** facit, nyckel; teckenförklaring (*på karta e.d.*) **4** *mus.* tonart; *bildl.* ton[läge], röst[läge]; *in the ~ of G* i G; *sing off ~* sjunga falskt; *speak in a low ~* tala med låg röst; *a poem in a melancholy ~* en dikt med melankolisk stämning **5** färgton, nyans **6** *bot.* vingfrukt **7** *the House of K~s* folkrepresentationen (*på ön Man*) **II** *a* viktig, nyckel- **III** *v* **1** anpassa (*to* efter) **2** *mus.* stämma **3** *bildl., ~ up* skruva (jaga) upp, stimulera

keyboard ['ki:bɔ:d] klaviatur; manual (*på orgel*); tangentbord **keyboard instrument** klaverinstrument **keyhole** nyckelhål **key money** handpenning (*på lägenhet*) **keynote** *mus. o. bildl.* grundton; *bildl. äv.* grund|tanke, -princip **keyring** nyckelring **key signature** *mus.* [fasta] förtecken, tonartsbeteckning **-stone** *byggn.* slutsten (*i valv*); *bildl.* hörnsten, grundpelare, kärna **key word** nyckelord

K.G. *förk. för* Knight [*of the Order*] *of the Garter*

kg[.] *förk. för* kilogram

khaki ['kɑ:kɪ] **I** *s* kaki (*tyg, färg*) **II** *a* kaki-; kakifärgad

kHz *förk. för* kilohertz

kibbutz [kɪ'bu:ts] (*pl ~im* [,kɪ'bu:tsɪm]) kibbutz

kibe [kaɪb] frostknöl (*på hälen*)

kibitzer ['kɪbɪtsə] *AE. vard.* lägga sig i, komma med goda råd (*i sht som åskådare vid kortspel*)

kibosh ['kaɪbɒʃ] *s, sl., put the ~ on* sätta stopp för, sabba

kick [kɪk] **I** *s* **1** spark; *~ in the pants* (*sl., bildl.*) spark i ändan, bakslag, motgång; *~ in the teeth* (*sl.*) avspisning, avslag **2** rekyl (*från skjutvapen*) **3** *vard.* spänning; stimulans; kick (*av knark, alkohol*); *for ~s* för nöjes skull; *get a ~ out of s.th.* tycka jättemycket om ngt, tycka ngt är helkul **4** *vard.* kraft, sting (*i drink*) **5** *vard.* styrka, kraft **II**

kickback—kindred

v **1** sparka [till]; ~ *the bucket* (*sl.*) kola [av] (*dö*); ~ *one's heels* stå och vänta, vara sysslolös **2** sparka[s]; ~ *against the pricks* a) handla mot sitt samvete, *b*) spjärna mot udden **3** (*om skjutvapen*) rekylera **4** *vard.* protestera (*against* mot); klaga; göra motstånd (*against* mot) **5** *vard.* växla (*i sht i sportbil*) **6** *vard.* lägga av med (*heroin* heroin); lägga av (*a habit* en vana) **7** ~ *about* (*around*) *vard.* a) köra med (*ngn*), *b*) diskutera fram och tillbaka, *c*) vandra (driva) omkring (runt), *d*) ligga och skräpa; ~ *off a*) *sport.* göra avspark, *b*) *vard.* sparka i gång, börja, *c*) sparka av sig (*skor*); ~ *out* sparka (kasta) ut; ~ *over the traces* hoppa över skaklarna; ~ *up* riva (virvla) upp (*dust* damm); ~ *up a row* (*din, shindy*) ställa till bråk; ~ *up one's heels* (*vard.*) slå klackarna i taket; *he was* ~*ed upstairs* (*vard.*) han blev sparkad snett uppåt
kickback ['kıkbæk] **1** häftig reaktion; återverkan **2** *AE.* provision på inkomst (*betalas olagligen t. ngn med inflytande över inkomstens storlek*) **kickdown** nedväxling, kickdown (*i automatväxlad bil*) **kicker** [-ə] **1** en som sparkar **2** *AE.* krånglig passus (*i kontrakt e.d.*); fallgrop **3** *vard.* liten utombordsmotor, 'gräddvisp' **kickoff** [,kık'ɒf] *sport. o. bildl.* avspark; *bildl. äv.* igångsättande; *for a* ~ till att börja med **kick pleat** ['kıkpli:t] gångveck (*på kjol*)
kickshaw[s] ['kıkʃɔ:(z)] struntsak, värdelös småsak
kick-starter ['kık,sta:tə] kickstart (*på motorcykel*)
1 kid [kıd] **I** *s* **1** killing, kid **2** chevreau, get-, killing|skinn **3** *vard.* barn, unge; *listen,* ~*!* hör på, grabben!; *it's* ~*'s stuff a*) det är för barn, *b*) det är en barnlek **II** *v* få killingar
2 kid [kıd] *vard.* **1** lura, narra; retas med **2** skämta, skoja; retas; *you're* ~*ding!* du skämtar!; *no* ~*ding!* helt säkert!, bergis!
kid brother ['kıd,brʌðə] lillebror **kid|die, -dy** [-ı] *vard.* litet barn, pyre **kid glove** [-glʌv] *s* glacéhandske; *handle s.b. with kid gloves* (*bildl.*) behandla ngn med silkesvantar **kidglove** [-glʌv] *a* **1** överförfinad **2** diplomatisk, taktfull, hänsynsfull
kidnap ['kıdnæp] kidnappa, röva bort **-per** [-ə] kidnappare **-ping** [-ıŋ] kidnapp[n]ing, bortrövande; barnarov
kidney ['kıdnı] **1** njure **2** slag, sort; *of the same* ~ av samma slag (sort) **kidney bean** *bot.* bryt-, skär|böna; rosenböna **kidney machine** konstgjord njure **kidney stone** njursten
ki[e]f [ki:f] marijuana
kike [kaık] *AE. sl.* jude
kill [kıl] **I** *v* **1** döda, slå ihjäl (*äv. bildl.*), mörda; slakta; utrota; *be* ~*ed* (*äv.*) omkomma, dö; *be* ~*ed in action* stupa (falla) i strid; ~ *o.s.* ta livet av sig, begå självmord; ~ *two birds with one stone* slå två flugor i en smäll; ~ *time* fördriva (slå ihjäl) tiden; *this colour* ~*s the other ones* den här färgen slår ihjäl de andra; ~ *off* döda, slå ihjäl, slakta, utrota **2** *vard.* ta död (kål, knäcken) på, ta livet av; *the effort* ~*ed her* ansträngningen tog nästan död på henne; *my feet are* ~*ing me* jag har så ont i fötterna att jag kan dö; *don't* ~ *yourself!* förta (överansträng) dig inte!; *he was* ~*ing himself*

[*laughing*] han höll på att skratta ihjäl sig **3** *sport.* döda, dämpa, stoppa (*boll*) **4** *vard.* stänga av (*motor*); bryta (*ström*) **5** *vard.* stryka (*three lines* tre rader); förkasta (*a bill* ett lagförslag) **6** *sl.* knäcka, tömma (*a bottle of whisky* en flaska whisky) **7** döda; *cigarettes can* ~ cigaretter kan döda; *dressed* (*got up*) *to* ~ uppklädd till tusen **II** *s* **1** dödande (*vid jakt, tjurfäktning*); *be in at the* ~ (*bildl.*) vara närvarande vid slutet **2** [jakt]byte
kill|er ['kılə] **1** mördare, dråpare; slaktare **2** ngt dödande; utrotningsmedel; *this disease is a* ~ den här sjukdomen är dödlig **-ing** [-ıŋ] **I** *a* **1** dödande, dödlig **2** *bildl. vard.* mördande (*pace* tempo) **3** vansinnigt rolig, festlig, urkomisk **II** *s* **1** dödande *etc.*, *jfr kill I*; mord **2** klipp, kap; *make a* ~ göra ett klipp **-joy** glädjedödare **-time** tidsfördriv
kiln [kıln] **I** *s* brännugn (*för porslin, tegel e.d.*); torkugn **II** *v* bränna (torka) i brännugn (torkugn)
kilo ['ki:ləʊ] *förk. för kilogram; kilometre*
kilo|cycle ['kıləʊ,saıkl] kilocykel **-gram[me]** [-græm] kilogram **-hertz** [-hɜ:ts] kilohertz **-meter** *AE.*, **-metre** *BE.* [-,mi:tə] kilometer **-watt** [-wɒt] kilowatt
kilt [kılt] kilt **-ed** ['kıltıd] **1** (*om kjol*) veckad **2** klädd i kilt
kimono [kı'məʊnəʊ] kimono
kin [kın] **I** *s* släkt[ingar]; familj; släktskap; *of* ~ släkt, besläktad; *next of* ~ närmaste släkting[ar] **II** *a* släkt, besläktad (*to* med)
1 kind [kaınd] **1** sort, slag, art, natur; *a* ~ *of* ett (något) slags, en sorts; *I know your* ~ jag känner din typ; *he's my* ~ *of man* han är min typ; *a different* ~ *of* ett annat slags; *several* ~*s of tea* flera sorters te; *these* ~ *of people, people of this* ~ den sortens människor; *these* ~ *of trees* den här sortens träd; *these* ~*s of trees* dessa slags träd; *what* ~ *of* [*a*] *teacher is she?* vad för slags (hurdan) lärare är hon?; *they differ in* ~ de är av olika slag; *they are all of a* ~ de är av [ett och] samma slag; *heating of a* ~ uppvärmning av ngt slag; *nothing of the* ~ *a*) inget i den stilen, *b*) inte alls, visst inte; *something of the* ~ ngt i den stilen **2** *vard.*, ~ *of* ganska, på sätt och vis, nästan; *I* ~ *of thought that...* jag trodde nästan (nog, halvt om halvt) att... **3** *in* ~ in natura; *return in* ~ betala igen med samma mynt
2 kind [kaınd] *a* vänlig, god, snäll, älskvärd (*to* mot); (*om klimat*) behaglig, mild; ~ *deeds* goda gärningar; ~ *regards* hjärtliga (vänliga) hälsningar; *would you be* ~ *enough* (*so* ~ *as*) *to* vill du vara snäll (vänlig) och
kindergarten ['kındə,ga:tn] lekskola, kindergarten
kind-hearted [,kaınd'ha:tıd] godhjärtad, snäll
kindle ['kındl] **1** antända, tända; lysa upp; *bildl.* [upp]tända, väcka **2** antändas, fatta eld; lysa[s] upp; *bildl.* flamma upp, väckas
kindliness ['kaındlınıs] vänlighet, godhet
kindling ['kındlıŋ] tänd-, torr|ved, tändmaterial
kind|ly ['kaındlı] **I** *a* vänlig, välvillig, god[hjärtad]; (*om klimat*) mild, behaglig **II** *adv* vänligt, snällt, älskvärt; ~ *shut the door* var snäll och stäng dörren; *take* ~ *to* gilla, finna sig i **-ness** [-nıs] vänlighet, godhet, snällhet, älskvärdhet, välvilja (*to* mot)
kindred ['kındrıd] **I** *s* **1** släktskap (*genom blods-*

band); *bildl.* likhet **2** *koll.* släkt[ingar] **II** *a* besläktad; liknande; ~ *spirit* själsfrände
kinesics [kɪ'niːsɪks] (*behandlas som sg*) studiet av kroppsspråket
kinet|ic [kaɪ'netɪk] *fys.* kinetisk, rörelse- **-ics** [-ɪks] (*behandlas som sg*) *fys.* kinetik
king [kɪŋ] **I** *s* **1** kung, konung (*äv. bildl.*); *K~s* (*bibl.*) Konungaböckerna; *oil* ~ oljemagnat; ~ *of the castle a*) (*lek*) herre på täppan, *b*) *bildl.* högsta hönset; *the K~ in Council* kungen och hans rådsherrar; *K~'s speech* trontal **2** *kortsp.*, *schack.* kung; (*i damspel*) dam; ~ *of diamonds* ruter kung **II** *v* **1** göra till kung **2** ~ *it* spela kung, vara överlägsen
kingbird ['kɪŋbɜːd] *zool.* tyrannfågel **king cobra** [ˌkəʊbrə] *zool.* kungskobra **kingcup** [-kʌp] smörblomma; kabbleka **kingdom** [-dəm] **1** kunga|rike, -döme; *the ~ of Sweden* kungariket Sverige **2** *naturv. o. bildl.* rike; *the animal (plant, mineral)* ~ djurriket (växtriket, mineralriket); *the ~ of heaven* himmelriket; *thy ~ come* (*bibl.*) tillkomme ditt rike; *till ~ come* (*vard.*) i all evighet; *send s.b. to ~ come* (*vard.*) förpassa ngn till sällare jaktmarker **kingfisher** [-ˌfɪʃə] *zool.* kungsfiskare **kinglet** [-lɪt] **1** *neds.* småkung **2** *zool.* kungsfågel **kingly** [-lɪ] *a* kunglig, konungslig **kingmaker** [-ˌmeɪkə] kungamakare **kingpin** [-pɪn] **1** *tekn.* spindelbult **2** (*i bowling*) mittenkägla; (*i kägelspel*) kung **3** *vard.* ledare, stöttepelare; viktig punkt, huvudpunkt **kingship** [-ʃɪp] kungavärdighet; kungamakt **king-size[d]** [-saɪz(d)] extra stor, jättestor, kingsize, extra lång, jättelång
kink [kɪŋk] **I** *s* **1** kink, ögla, knut (*på tågvirke e.d.*) **2** sendrag **3** aber, hake; egenhet, fix idé **4** *BE. vard.* sexuell avvikelse **5** *AE.* ljus idé **kinky** ['kɪŋkɪ] **1** *sl.* knäpp; sexuellt avvikande, pervers **2** full med knutar **3** krullig
kinsfolk ['kɪnzfəʊk] (*behandlas som pl*) släktingar, anförvanter **kinship** ['kɪnʃɪp] släktskap (*äv. bildl.*); blodsband; *bildl.* likhet, frändskap **kinsman** ['kɪnzmən] [manlig] släkting, anförvant **kinswoman** ['kɪnzˌwʊmən] [kvinnlig] släkting, anförvant
kiosk ['kiːɒsk] kiosk
kip [kɪp] *BE. sl.* **I** *s* **1** sömn **2** *sl.* slaf (*säng*) **II** *v*, *sl.* slafa, kvarta; ~ *down* gå och kvarta
kipper ['kɪpə] **I** *s* **1** 'kipper' (*slags rökt och saltad sill*) **2** laxhona (*under parningstiden*) **II** *v* röka och salta sill
kirk [kɜːk] *Sk.* kyrka
kismet ['kɪsmet] (*inom islam*) kismet, öde
kiss [kɪs] **I** *s* **1** kyss; puss; ~ *of death* (*bildl.*) dödsstöt; *give s.b. the ~ of life* (*vard.*) behandla ngn med mun mot mun-metoden; *blow a* ~ kasta en slängkyss **2** lätt beröring **II** *v* **1** kyssa; pussa; ~ *the dust* bita i gräset; ~ *the ground* krypa i stoftet **2** lätt beröra [varandra] **3** kyssas; pussas; ~*ing cousin* kär släkting, förtrolig vän; ~ *off* (*AE. vard.*) göra sig av med, avfärda; ~ *and make up* försonas med en kyss
kissable ['kɪsəbl] kysstäck **kiss curl** *BE.* tjusarlock **kisser** [-ə] **1** en som kysser **2** *sl.* trut (*mun*); nylle, face (*ansikte*) **kissproof** kyssäkta
kit [kɪt] **I** *s* **1** utrustning; grejor; ställ, uppsättning; kläder, mundering; *first-aid* ~ förbandslåda; *gym* ~ gymnastikkläder; *repair* ~ reparations|verktyg, -grejor; *safari* ~ safarimundering **2** *vard.*, *the whole* ~ [*and caboodle*] hela bunten (rasket) **II** *v*, ~ *out* (*up*) (*i sht BE.*) utrusta, förse **-bag** ['kɪtbæg] (*hantverkares*) verktygsväska
kitchen ['kɪtʃɪn] kök **kitchenet[te]** [ˌkɪtʃɪ'net] kokvrå; kokskåp **kitchen garden** ['kɪtʃɪnˌgɑːdn] köksträdgård **kitchen maid** [-meɪd] kökspiga **kitchen midden** [-ˌmɪdn] *arkeol.* kökkenmödding **kitchen sink** [-sɪŋk] diskbänk; diskho; *everything except the* ~ allt upptänkligt, precis allt **kitchen sink drama** *teat.* vardagsdrama **kitchenware** [-ˌweə] köks|utrustning, -redskap
kite [kaɪt] **I** *s* **1** [leksaks]drake; *BE. sl.* kärra (*flygplan*); *fly a* ~ *a*) flyga med en drake, *b*) *bildl.* skicka ut en trevare, *c*) skaffa pengar på en växel; *K~ mark* (*BE.*) triangelmärke (*officiellt kvalitetsmärke*) **2** *zool.* glada **3** *sjö.* lätt [topp]segel **II** *v* flyga med drake; sväva **--flying** [-ˌflaɪɪŋ] drakflygning; *bildl.* opinionspejling
kith [kɪθ] *s*, ~ *and kin* släkt[ingar] och vänner
kitsch [kɪtʃ] kitsch, skräp, smörja, krimskrams
kitten ['kɪtn] **I** *s* kattunge; *have* ~*s* (*BE. vard.*) få spader, få fjärilar i magen **II** *v* få [katt]ungar **-ish** [-ɪʃ] **1** lekfull [som en kattunge], livlig **2** (*om kvinna*) flörtig, kelen
kittiwake ['kɪtɪweɪk] *zool.* tretåig mås
kittle ['kɪtl] *Sk.* **I** *a* vansklig, knepig **II** *v* **1** förvirra **2** kittla
1 kitty ['kɪtɪ] kissemiss, kattunge
2 kitty ['kɪtɪ] **1** *spel.* pott, insats **2** gemensam kassa
kiwi ['kiːwiː] **1** kivi[fågel]; kiwi[frukt] **2** *sl.*, *K~* nyzeeländare
K.K.K. *förk. för Ku Klux Klan* **kl.** *förk. för kilolitre*
klaxon ['klæksn] (*förr*) bilhorn (*m. kraftigt ljud*)
Kleenex ['kliːneks] (*varumärke*) pappersnäsduk; ansiktsservett
kleptoma|nia [ˌkleptə(ʊ)'meɪnjə] kleptomani **-niac** [-nɪæk] kleptoman
km[.] *förk. för kilometre* **kn.** *förk. för knot*
knack [næk] knep, trick; talang, skicklighet; *there's a ~ to* (*in*) *it* det finns ett knep med det; *get the ~ of s.th.* få kläm på ngt; *he's got a ~ of saying the wrong thing* han har en förmåga att säga fel saker
knacker ['nækə] *BE.* **1** hästslaktare **2** uppköpare av rivningshus **3** *sl.*, *vanl. pl* ballar (*testiklar*)
knag [næg] **1** kvist (*i trä*) **2** trä|plugg, -pinne
knapsack ['næpsæk] ryggsäck, ränsel
knapweed ['næpwiːd] *bot.* klint
knave [neɪv] **1** *åld.* bovare, kanalje **2** *kortsp.* knekt **knavery** ['neɪvərɪ] skurkstreck, bedrägeri **knavish** ['neɪvɪʃ] skurkaktig
knead [niːd] **1** knåda **2** massera
knee [niː] **I** *s* knä (*äv. tekn.*); *be on one's ~s* ligga på knä; *bend (bow) the* ~ böja knä, knäböja (*to* för); *bring s.b. to his ~s* tvinga ngn på knä; *go [down]* (*fall down*) *on one's ~s* falla på knä (*to* för); *on one's bended ~s* få sina bara knän **II** *v* stöta till med knät
knee breeches ['niːˌbrɪtʃɪz] *pl* knäbyxor **kneecap** [-kæp] **1** *anat.* knäskål **2** knäskydd **knee-deep** [ˌniː'diːp] (*om vatten*) som går ända [upp] till knäna,

knee-high—knotty

[nedsjunken] till knäna; *bildl.* upp över öronen
knee-high [,niː'haɪ] knähög; [som går] ända [upp] till knäna **knee jerk** ['niːdʒɜːk] *fysiol.* patellar-, knä|reflex **knee joint** ['niːdʒɔɪnt] knäled
kneel [niːl] **I** *v* (*knelt, knelt el. ~ed, ~ed*) knäböja, falla (ligga) på knä (*to, before* [in]för); *~ down* falla på knä **II** *s* knäböj|ning, -ande
knee-|length [,niː'leŋθ] som når till knäna; knäkort (*skirt* kjol) **-pad** ['niːpæd] knäskydd **-pan** ['niːpæn] *anat.* knäskål
knell [nel] **I** *s* **1** själaringning **2** varsel, förebud (*om olycka*) **II** *v* ringa själaringning
knelt [nelt] *imperf. o. perf. part. av* kneel
knew [njuː] *imperf. av* know
knickerbockers ['nɪkəbɒkəz] *pl* knickerbockers, knäbyxor, (*slags*) golfbyxor **knickers** [-z] *pl* **1** [dam]underbyxor **2** *se* knickerbockers
knickknack ['nɪknæk] billig prydnadssak; småsak; krimskrams
knife [naɪf] **I** *s* (*pl knives*) kniv; *have one's ~ into s.b.* ha ett horn i sidan till ngn; *be under the ~* opereras **II** *v* knivhugga, sticka ner (*m. kniv*); sticka kniven i
knife edge ['naɪfedʒ] **1** knivsegg **2** egg (*på våg*) **3** kritisk (avgörande) punkt **knife grinder** [-,graɪndə] skärslipare **knife-point** [-pɔɪnt] knivspets; *at ~* under knivhot
knight [naɪt] **I** *s* **1** *hist. o. bildl.* riddare; [ordens]-riddare; *~ of the road* (*BE. vard. el. neds.*) landsvägsriddare **2** knight (*lägre, ej ärftlig adelstitel*) **3** *schack.* springare, häst **II** *v* dubba till riddare; adla **knight errant** [,naɪt'er(ə)nt] (*pl knights errant*) vandrande riddare **knighthood** ['naɪthʊd] **1** riddarvärdighet; knightvärdighet; *receive a ~* bli dubbad till riddare, förlänas riddarvärdighet, få en knighttitel **2** ridderlighet **3** *koll.* ridderskap
knightly ['naɪtlɪ] *a* ridderlig
knit [nɪt] (*~ted, ~ted el. knit, knit*) **1** sticka (*socks* strumpor); *a ~ted cardigan* en stickad kofta **2** *~* [*together, up*] fast förena, binda (knyta, foga) samman **3** rynka, dra ihop (*one's eyebrows* pannan, ögonbrynen) **4** *~* [*up*] förenas, sammanfogas, (*om ben*) växa ihop **5** rynkas, dras ihop; *her eyebrows ~* hennes panna (ögonbryn) rynkas (rynkades)
knitting ['nɪtɪŋ] stickning; stickat plagg **knitting machine** [-mə,ʃiːn] stickmaskin **knitting needle** [-,niːdl] sticka **knitwear** [-weə] stickade plagg, stickat
knives [naɪvz] *pl av* knife
knob [nɒb] **I** *s* knopp, knapp; ratt (*på radio e.d.*); (*runt*) dörr|handtag, -vred; *and the same to you with* [*brass*] *~s on* (*BE. vard.*) likaledes och med råge **2** utväxt; knöl (*på trädstam*) **3** [rund] kulle **II** *v* **1** förse med knopp *etc.* **2** bukta ut **-by** ['nɒbɪ] knölig; knotig **-kerrie** ['nɒb,kerɪ], **-stick** ['nɒbstɪk] *Sydafr.* knölklubba
knock [nɒk] **I** *s* **1** slag; stöt; knackning; *he gave the box a ~* han slog till lådan; *her knee got a ~* hon slog i knät; *there was a ~ at the door* det knackade på dörren **2** knackning (*i motor*) **3** *sl.* kritik; smäll; *take the (a) ~* (*sl.*) bli knäckt (ruinerad) **II** *v* **1** slå [till]; stöta [till]; bulta, knacka; *~ one's elbow* stöta till (i) armbågen; *~ a hole in the wall* slå upp (göra) ett hål i väggen; *~ holes in an argument* slå hål på ett argument; *~ s.b unconscious* slå ngn medvetslös **2** *vard.* racka ner på, sabla ner, kritisera **3** *BE. sl.* knulla [med] **4** knacka, bulta (*at the door* på dörren) **5** kollidera (*against, into* med) **6** (*om motor*) knacka **7** *~ about* (*around*) *a*) misshandla, *b*) diskutera, prata igenom, *c*) vandra (driva, fara) omkring [i], *d*) hålla ihop (*with a gang* med ett gäng); *~ back* (*vard.*) svepa, hälla (stjälpa) i sig; *how much did it ~ you back?* hur mycket gick du back på den?; *~ down a*) slå ner (*till marken*), *b*) slå bort, klubba (*på auktion*), *c*) riva, demolera, montera ner, demontera, *d*) *vard.* pressa [ner], slå av på (*pris*); *~ in* slå in (i); *~ s.b. into the middle of next week* ge ngn en rejäl snyting; *~ off a*) *vard.* sluta [jobbet], lägga av (*one hour early* en timme tidigare), *b*) *vard.* svänga (smälla) ihop (*an article* en artikel), *c*) pruta (slå av) på (*pris*), *d*) *sl.* knäppa (döda), *e*) *sl.* råna, snor, *f*) *sl.* lägga av med, *g*) *sl.* sätta på (*kvinna*); *~ it off!* (*sl.*) lägg av!; *~ on* slå på (mot, i); *~ s.b. on the head* slå ngn i huvudet; *that ~ed her plans on the head* det saboterade (kullkastade) alla hennes planer; *~ out a*) slå ut (*a tooth* en tand), slå (knacka) ur (*one's pipe* pipan), *b*) slå knockout på, knocka, slå ut, slå medvetslös, *c*) slå, besegra, *d*) *vard.* överväldiga, chocka; *~ the bottom out of* (*vard.*) slå av botten ur, *b*) *bildl.* slå hål på, kullkasta; *~ over* stjälpa, slå (stöta) omkull; *~ together* (*vard.*) smälla (svänga) ihop, snabbt sätta ihop; *~ up a*) smälla upp (*a shed* ett skjul), snabbt sätta upp, *b*) svänga ihop (*a meal* en måltid), *c*) *BE. vard.* väcka [upp] , *d*) *sl.* göra på smällen, *e*) *BE. vard.* ta knäcken på, trötta ut, *f*) (*i kricket*) göra (poäng), *g*) (*i tennis o.d.*) slå några bollar (*för att värma upp*); *~ up against* (*vard.*) stöta ihop med
knockabout ['nɒkəbaʊt] **I** *s* liten enmastad båt **II** *a* **1** bullrig, bullersam **2** (*om kläder*) slit- **knockdown** [,nɒk'daʊn] **I** *a*, överväldigande; *~ blow* dråpslag **2** *i sht BE.*, *~ price* minimi-, vrak-, fynd|pris **3** isärtagbar, monteringsbar **II** *s*, *AE. o. Austr. vard.* presentation, introduktion **knocker** ['nɒkə] **1** portklapp **2** *sl. pl ~s* pattar (*bröst*) **3** *Austr. vard.*, *on the ~* på stubben, genast **knocking-shop** ['nɒkɪŋʃɒp] *BE. sl.* bordell **knock-kneed** [,nɒk'niːd] kobent **knockout** ['nɒkaʊt] **I** *s* **1** knockout[slag] **2** utslagstävling **3** *vard.* toppen|kille, -tjej, pangbrud; pang|grunka, -grej **II** *a* **1** knockout-; *~ blow* knockoutslag, dråpslag; *~ drops* knockoutdroppar **2** *~ contest* utslagstävling **knock-up** [nɒk'ʌp] träning, bollning, inslagning (*före tennismatch e.d.*)
knoll [nəʊl] liten rund kulle
knot [nɒt] **I** *s* **1** knut; knop; *bildl.* band, bojor; *the marriage ~* äktenskapets band **2** rosett **3** *bildl.* knut, svårighet, svårt problem; *tie o.s. in ~s* trassla in sig, bli helt förvirrad **4** klunga, grupp **5** knota, knöl (*på träd*) **6** *anat.* utväxt, knöl; [muskel]knuta **7** *sjö.* knop (*hastighet*); *at a rate of ~s* mycket snabbt **II** *v* **1** knyta, fästa (*m. knut*) **2** trassla ihop (*till*) **3** knuta sig
knot|grass ['nɒtɡrɑːs] *bot.* trampört **-hole** kvisthål **-ted** [-ɪd] **1** knutig; knotig, knölig **2** *sl., get ~!* dra åt helvete! **-ty** [-ɪ] **1** knutig, knotig, knölig **2** *bildl.* kvistig, knepig

knout—label

knout [naʊt] knutpiska
know [nəʊ] **I** *v* (*knew, known*) **1** veta; känna till, veta av; *for all* (*as far as*) *I ~* såvitt (vad) jag vet; *I ~ what* jag har en idé (vet vad vi kan göra); *you never ~ man* vet aldrig (kan aldrig veta); *he's so curious, you ~* (*vard.*) han är så nyfiken, vet (förstår) du; *she is ~n to have been here* man vet att hon har varit här; *I wouldn't ~* (*vard.*) det har jag ingen aning om; *she ~s a thing or two* (*what's what*) (*vard.*) hon har väl reda på sig; *let me ~ when you've finished* säg till [mig] (låt mig veta) när du är färdig; *I ~ better than to go* jag är inte så dum att jag går; *~ one's own mind* veta vad man vill; *before you ~ where you are* innan man vet ordet av; *~ about* veta besked om, veta om, känna till; *what do you ~, I've just met him!* kan du tänka dig, jag har just träffat honom!; *I didn't ~* [*about*] *that* det visste jag inte (kände jag inte till); *~ how to a*) veta att, *b*) kunna, förstå sig på att; *~ how to sing* kunna sjunga; *~ of* veta, känna till; *not that I ~ of* inte såvitt (vad) jag vet; **2** känna, vara bekant med; *I don't ~ you* jag känner inte dig; *get to ~* lära känna, bli bekant med; *if I ~ you* om jag känner dig rätt **3** kunna, ha lärt sig (*French* franska); *I ~ nothing about poetry* jag förstår mig inte på poesi; *he ~s all about cooking* han kan allt om matlagning **4** känna igen; [kunna] skilja; *~ s.b. by his voice* känna igen ngn på rösten; *I ~ a fraud when I see one* jag känner igen en bedragare när jag ser en; *~ the difference between right and wrong, ~ right from wrong* kunna skilja mellan rätt och orätt; *you wouldn't ~ him from his brother* man kan inte se skillnad på honom och hans bror; *she wouldn't ~ the difference* hon ser ingen skillnad **5** [få] uppleva, vara med om; *~ poverty* uppleva fattigdom; *I've never ~n her to smile* jag har aldrig sett henne le; *you have never ~n me to tell a lie* du har aldrig hört mig ljuga (varit med om att jag ljugit); *they have ~n better days* de har sett bättre dagar **II** *s, vard., in the ~* informerad, underrättad, initierad
know|-all [ˈnəʊɔːl] *vard.* besserwisser, allvetare **--how** *vard.* know-how, kunnande, sakkunskap **-ing** [-ɪŋ] **I** *a* **1** kunnig, skicklig, insiktsfull **2** slug, slipad; menande **3** avsiktlig, medveten **II** *s, there is no ~ing* man kan aldrig [så noga] veta **-ingly** [-ɪŋlɪ] *adv* **1** kunnigt, med sakkunskap **2** medvetet, med avsikt **3** menande
knowledge [ˈnɒlɪdʒ] (*endast sg*) **1** kunskap[er], insikt[er] (*of* i, om); kännedom, vetskap (*of* om); vetande, lärdom; *his ~ of French is poor* hans kunskaper i franska är dåliga; *to* [*the best of*] *my ~* såvitt jag vet (kan förstå); *it has come to my ~* det har kommit till min kännedom **2** *jur., carnal ~* könsumgänge **knowledg[e]able** [-əbl] kunnig, insiktsfull
known [nəʊn] **I** *a o. perf. part. av know* känd, bekant (*to s.b.* för ngn); *it is a ~ fact that* det är ett känt faktum att; *~ quantity* (*mat.*) bekant storhet; *make ~* tillkännage, offentliggöra, göra bekant, meddela; *make o.s. ~ a*) göra sig känd, *b*) ge sig tillkänna (*to s.b.* för ngn) **II** *s* känt faktum
Knt. *fork. för knight*
knuckle [ˈnʌkl] **I** *s* **1** knoge; led; *rap s.b. over the ~s* slå ngn på fingrarna **2** *kokk.* lägg **3** *vard., near the ~* på gränsen till det oanständiga **II** *v, vard., ~ down* (*under*) foga (böja) sig; *~ down to* ta itu med **knuckle-duster** [-ˌdʌstə] knogjärn **knucklehead** [-hed] *vard.* dumskalle **knuckle joint** [-dʒɔɪnt] fingerled
knurl [nɜːl] *s o. v.* räffla
KO, K.O. [ˈkeɪˈəʊ] *sl.* **I** *s* knockout **II** *v* slå knockout på
koala [bear] [kəʊˈɑːlə (beə)] *zool.* koala, pungbjörn
kohlrabi [ˌkəʊlˈrɑːbɪ] *bot.* kålrabbi
kol|khos, -khoz [kɒlˈhɔːz] kolchos
kook [kuːk] *AE. vard.* knasig typ, knäppgök
kookaburra [ˈkʊkəˌbʌrə] *zool.* skrattfågel
kook|ie, -y [ˈkʊkɪ] *AE. vard.* knasig, knäpp, stollig
Koran [kɒˈrɑːn] *the ~* Koranen
Kore|a [kəˈrɪə] Korea **-an** [-n] **I** *s* **1** korean **2** koreanska [språket] **II** *a* koreansk
kosher [ˈkəʊʃə] **1** *jud.* (*om mat o.d.*) koscher, ritualenlig **2** *vard.* genuin, äkta; riktig
kowtow [ˌkaʊˈtaʊ] **I** *v* **1** buga sig (*m. pannan mot marken*) **2** krypa (*to* för) **II** *s* djup bugning (*förr kinesisk vördnadsbetygelse*)
k.p.h. *fork. för kilometres per hour*
kraal [krɑːl] kral, sydafrikansk infödingsby
Kremlin [ˈkremlɪn] *the ~* Kreml
kro|na [ˈkrəʊnə] (*pl -nor* [-nə]) krona (*myntenhet*)
krypton [ˈkrɪptɒn] *kem.* krypton
Kt. *fork. för knight* **kt.** *fork. för karat;* (*sjö.*) *knot*
kudos [ˈkjuːdɒs] ära, beröm[melse], heder
Ku Klux Klan [ˌkjuːklʌksˈklæn] Ku Klux Klan
Kurd [kɜːd] kurd **-ish** [ˈkɜːdɪʃ] kurdisk
Kuwait [kʊˈweɪt]
kW, kw *fork. för kilowatt* **kWh, kwh, kw-h** *fork. för kilowatt-hour*
Ky. *fork. för Kentucky*

L

L, l [el] (*bokstav*) L, l
L (*på motorfordon*) *fork. för learner driver* övnings|bil, -körning **L., l.** *fork. för lake; latitude; law; leaf; league; left; length; line; litre*[*s*]; *low* **L.** *fork. för Liberal; Licentiate* **£** [paʊnd(z)] *fork. för libra* (*lat.*) *pound*[*s*] [*sterling*] **L.A.** *fork. för Legislative Assembly; Los Angeles* **La.** *fork. för Louisiana*
la [lɑː] *mus.* la
lab [læb] *vard.* (*kortform av laboratory*) labb
Lab. *fork. för Labour; Labrador*
label [ˈleɪbl] **I** *s* **1** etikett; adresslapp; märke; påskrift **2** *bildl.* etikett, stämpel; *apply a ~ to* sätta

etikett (en stämpel) på **3** skivmärke, grammofonbolag **II** *v* **1** etikettera, förse med etiketter (adresslapp); märka **2** *bildl.* stämpla (beteckna) som (*a liar* lögnare)
labial ['leɪbjəl] **I** *a* läpp-, labial **II** *s,* språkv. labial **-ize** (*BE. äv. -ise*) ['leɪbɪəlaɪz] labialisera
labi|um ['leɪbj|əm] (*pl -a* [-ə]) *anat., biol.* läpp; *- a majora* (*minora*) yttre (inre) blygdläppar[na]
labor ['leɪbə] *AE., se* labour
laboratory [lə'bɒrət(ə)rɪ, *AE.* 'læbrə,tɔːrɪ] laboratorium **laboratory equipment** laboratorieutrusning
Labor Day ['leɪbədeɪ] *AE., ung.* arbetarnas dag (*första måndagen i september*)
laborious [lə'bɔːrɪəs] **1** mödosam; (*om stil e.d.*) tung **2** arbetsam
labor union ['leɪbə,juːnjən] *AE.* fackförening
labour ['leɪbə] **I** *s* **1** arbete, [veder]möda, ansträngning; *hard* ~ straffarbete; ~ *of love* kärt besvär; *the* ~ *of Hercules* Herkules storverk **2** *ekon.* arbete (*i sht i motsats t. kapital*); arbetskraft, arbetare; *organized* ~ organiserad arbetskraft **3** *polit., L~* labour[partiet] (*BE.*), arbetarpartiet **4** förlossningsarbete; värkar; *be in* (*go into*) ~ ha (börja få) värkar **II** *v* **1** arbeta [hårt], slita **2** sträva (*for* efter; *to* efter att), anstränga (bemöda) sig **3** ~ *under a*) lida av, tyngas av, *b*) ha att kämpa (dras) med; ~ *under a delusion* göra sig falska förhoppningar **4** arbeta (kämpa) sig [fram], bana sig väg; *the engine is ~ing* motorn går tungt (låter ansträngd) **5** ha [födslo]värkar **6** (*om fartyg*) slingra, rulla, stampa **7** *bildl.* breda ut sig över, behandla [alltför] ingående; utarbeta i detalj
laboured ['leɪbəd] **1** (*om andning*) mödosam, tung **2** överarbetad, ansträngd **labourer** [-rə] [grov]arbetare; *farm* ~ lant-, jordbruks|arbetare
labour exhange [-ɪks,tʃeɪn(d)ʒ] (*förr*) arbetsförmedling **labour force** [-fɔːs] arbetsstyrka
Labour Government [-,gʌvnmənt] arbetarregering; *BE.* labourregering **Labourite** [-raɪt] Labourmedlem **Labour Leader** [-,liːdə] *a*) labourledare (*BE.*), ledare för arbetarpartiet, *b*) fackföreningsledare **labour market** [-,mɑːkɪt] arbetsmarknad **labour movement** [-,muːvmənt] arbetarrörelse **labour pains** [-peɪnz] *pl* födslo|våndor, -smärtor **Labour Party** [-,pɑːtɪ] labour, labourparti (*BE.*), arbetarparti **labour-saving** [-,seɪvɪŋ] arbetsbesparande
Labrador ['læbrədɔː] **1** Labrador **2** [~] *retriever* labrador[hund]
laburnum [lə'bɜːnəm] *bot.* gullregn
labyrinth ['læbərɪnθ] labyrint (*äv. bildl.*) **labyrin|thian, -thine, -thic** [-θɪən, -θaɪn, -θɪk] *se* labyrintisk **födslo|våndor, -smärtor**
L.A.C. *förk. för BE. leading aircraftman*
lace [leɪs] **I** *s* **1** spets[ar] **2** snodd, snöre; galon[er] **3** spets (*sprittillsats i dryck*) **II** *v* **1** ~ [*up*] snöra (*one's shoes* skorna); trä (*a cord through* ett snöre genom); ~ *together* (*up*) snöra till (ihop, åt); ~ *one's fingers* fläta samman fingrarna **2** *bildl., be* ~*d with red* vara rödstrimmig **3** spetsa (*dryck m. sprit*) **4** *vard.,* ~ [*into*] *s.b.* angripa ngn (*m. ord el. fysiskt*), klå upp ngn **5** ~ [*up*] snöras; *shoes that* ~ snörskor **5** snöra sig (*i snörliv*)
lacer|ate ['læsəreɪt] **1** sarga, riva (skära) sönder

2 *bildl.* såra djupt **-ation** [,læsə'reɪʃn] **1** [kött]sår, riv-, skär|sår **2** sårande yttrande
lace-up ['leɪsʌp] **I** *a,* ~ *boot, se II* **II** *s* snör|sko, -känga
lachrymose ['lækrɪməʊs] **1** tårfylld; gråtmild **2** sorglig
lacing ['leɪsɪŋ] **1** snöre, snodd; galon[er] **2** spets (*sprittillsats i dryck*) **3** *vard., give s.b. a* ~ ge ngn [ett kok] stryk
lack [læk] **I** *s* brist (*of* på); avsaknad (*of* av); *for* (*through*) ~ *of i* (av) brist på **II** *v* **1** sakna (*confidence* självförtroende) **2** *be* ~*ing* sakna, fattas **3** *be* ~*ing in* sakna (*confidence* självförtroende), lida brist på **4** ~ *for* sakna; *she* ~*ed for nothing* hon saknade ingenting
lackadaisical [,lækə'deɪzɪkl] likgiltig, ointresserad, nonchalant, slapp
lackey ['lækɪ] lakej (*äv. bildl.*)
lacklustre ['læk,lʌstə] glanslös, matt
laconic[al] [lə'kɒnɪk(l)] lakonisk, kortfattad
lacquer ['lækə] **I** *s* **1** lack **2** hårspray **3** lackarbete **II** *v* lackera
lacrimal ['lækrɪml] tår-; ~ *duct* tårkanal; ~ *gland* tårkörtel
lacrosse [lə'krɒs] lacrosse (*landhockeyliknande bollspel*)
lac|tate ['læktɛɪt] laktera, avsöndra mjölk **-tation** [læk'teɪʃn] laktation, mjölkavsöndring **-tic** ['læktɪk] *kem.* mjölk-; ~ *acid* mjölksyra **-tose** ['læktəʊs] laktos, mjölksocker
lacun|a [lə'kjuː|nə] (*pl -nae* [-niː] *el. -nas*) **1** lucka, lakun **2** *biol.* hålighet
lacustrine [lə'kʌstraɪn] [in]sjö-
lacy ['leɪsɪ] spets-, spetsliknande
lad [læd] **I** *s* **1** pojke, gosse, grabb **2** *vard.* karl, man, 'gosse'; *my* ~*!* min vän!, snälla du!; *he's a bit of a* ~ han är en glad fyr; *he's a bit of a* ~ *with the girls* han är en riktig fruntimmerskarl **3** *BE.* stallpojke; hästkarl
ladder ['lædə] **I** *s* **1** stege; *sjö.* lejdare; *the social* ~ den sociala rangskalan **2** *i sht BE.* [löp]maska (*på strumpa e.d.*) **II** *v, i sht BE.* riva upp en maska på (*strumpa*) **--proof** (*om strumpa*) masksäker
laddie ['lædɪ] *i sht Sk.* [liten] pojke (grabb)
lade [leɪd] (*laded, laden el. laded*) **1** lasta (*gods på fartyg*); ta ombord (*gods*) **2** ösa, sleva **laden** ['leɪdn] *a o. perf. part. av lade* **1** lastad **2** nedtyngd, dignande (*with* av) **3** *bildl.* betungad, tyngd
la-di-da[h] [,lɑːdɪ'dɑː] **I** *a, vard.* tillgjord, affekterad **II** *s* tillgjord (affekterad) person
lading ['leɪdɪŋ] **1** lastning, lastande **2** [skepps]last; *bill of* ~ konossement
ladle ['leɪdl] **I** *s* slev **II** *v* ösa (*m. slev*), sleva; ~ *out a*) ösa upp, servera, *b*) *vard.* ösa ut (*money* pengar)
lady ['leɪdɪ] **1** dam, kvinna; *ladies* (*behandlas som sg*), *ladies' room* (*vard.*) dam|toalett, -rum; *ladies and gentlemen* mina damer och herrar; ~*'s bedstraw* (*bot.*) gulmåra, jungfru Marie sänghalm; *ladies' fingers* (*bot.*) getväppling; *ladies' hairdresser* hår-, dam|frisör[e]; *ladies' invitation* (*excuse-me*) [*dance*] damernas [dans]; ~*'s maid* kammarjungfru; ~*'s* (*ladies'*) *man* kvinnokarl; ~*'s mantle* (*bot.*) daggkåpa; *the* ~ *of the house* husets härskarinna, frun i huset, värdinnan; ~ *bountiful*

(*ung.*) god fé; *L~ Luck* Fru Fortuna; *your good ~* (*vard.*) din kära hustru; *the old ~* (*vard.*) morsan; *my dear young ~* min bästa fröken; *his young ~* hans flicka (flickvän) **2** *L~* Lady (*adelstitel*); *My L~* [mɪˈleɪdɪ] (*i tilltal*) Ers (Hennes) nåd, grevinnan *etc.* **3** *Our L~* Vår Fru, Jungfru Maria
lady author [ˈleɪdɪˌɔːθə] författarinna, kvinnlig författare **lady|bird** [-bɜːd] *BE.*, **-bug** [-bʌg] *AE.*, *zool.* [Maria] nyckelpiga **Lady Day** [-deɪ] Marie bebådelsedag **lady doctor** [-ˌdɒktə] [kvinnlig] läkare **lady friend** [-frend] väninna, kvinnlig vän **lady-in-waiting** [ˌleɪdɪɪnˈweɪtɪŋ] (*pl ladies-in-waiting*) [uppvaktande] hovdam **lady-killer** [ˈleɪdɪˌkɪlə] *vard.* kvinnotjusare **ladylike** [-laɪk] **1** ladylike, som anstår en dam, elegant, förnäm **2** *neds.* (*om man*) feminin **lady mayoress** [-ˌmeərɪs] *BE.* lordmayors hustru **Ladyship** [-ʃɪp] *s*, *Your* (*Her*) *~* Ers (Hennes) nåd **ladysnow** [-snəʊ] *sl.* kokain **lady's-slipper** [-ˌslɪpə] *bot.* guckusko
1 lag [læg] **I** *v* **1** *~* [*behind*] bli (gå, komma, släpa) efter, sacka, komma på efterkälken **II** *s* **1** eftersläpning; förhalning, fördröjning; retardation **2** tids|intervall, -skillnad
2 lag [læg] *sl.* **I** *s* fånge; *old ~* kåkfarare **II** *v* haffa, sy in
3 lag [læg] värmeisolera
lager [ˈlɑːgə] [ljust] öl, pilsner
laggard [ˈlægəd] sölkorv; eftersläntrare
lagging [ˈlægɪŋ] **1** värmeisolering **2** isolering, isoleringsmaterial
la|goon, -gune [ləˈguːn] lagun
laic[al] [ˈleɪɪk(l)] lekmanna-; världslig
laid [leɪd] *imperf. o. perf. part. av 4 lay*; *~ paper* papper med vattenstämpel
lain [leɪn] *perf. part. av 2 lie*
lair [leə] **1** (*djurs*) lya, kula, håla, läger **2** *vard.* lya, tillhåll
laird [leəd] *Sk.* godsägare
laisser (laissez) faire [ˌleɪseɪˈfeə] **1** laissez faire (*statlig passivitet gentemot privata företagare*) **2** efterlåtenhet, låt-gå-mentalitet
laity [ˈleɪ(ɪ)ətɪ] *s, the ~* lekmännen
1 lake [leɪk] [in]sjö; *the Great L~s* Stora sjöarna (*mellan Canada o. USA*)
2 lake [leɪk] rödaktigt färgämne
Lake District [ˈleɪkˌdɪstrɪkt] *the ~* Sjödistriktet (*i nordvästra England*) **lake dwelling** arkeol. pålbyggnad **Lakeland** [-lənd] *se* Lake District **Lake Poets** [-pəʊɪts] *pl* Sjöskolan (*Wordsworth, Coleridge m.fl. diktare*)
1 lam [læm] *sl.* **1** klå upp, damma på **2** *~ into s.b.* ge ngn så han tiger, trycka ner ngn i skorna
2 lam [læm] *AE. sl.* **I** *s* smitning; *on the ~* på flykt; *take it on the ~* sticka, smita (*från polisen*) **II** *v* smita, sticka
lama [ˈlɑːmə] lama (*tibetansk munk*) **Lamaism** [-ɪz(ə)m] lamaism
lamb [læm] **I** *s* **1** lamm (*äv. bildl.*); *like a ~ a*) from som ett lamm, *b*) oskyldig som ett lamm **2** lamm[kött] **II** *v* lamma
lambaste [læmˈbeɪst] *vard.* klå upp; skälla ut
lamb chop [ˈlæmtʃɒp] lammkotlett
lambent [ˈlæmbənt] **1** fladdrande (*flame* låga); milt lysande **2** lysande (*wit* intellekt)

lambkin [ˈlæmkɪn] litet lamm, lammunge **lambskin** [ˈlæmskɪn] lammskinn **lambswool** [ˈlæmzwʊl] lammull
lame [leɪm] **I** *a* **1** halt, lytt, ofärdig; *be ~ in one leg* halta på ena benet **2** ond, värkande (*back* rygg); svag **3** *bildl.* lam, tam, svag; *a ~ excuse* en lam ursäkt; *a ~ try* ett tamt försök; *~ duck* (*vard.*) *a*) ineffektiv person, odugling, nolla, *b*) *ekon.* insolvent börsspekulant, *c*) *polit.* 'lam anka' (*politiker som inte valts om men som sitter kvar tills efterträdaren tillträder*) **II** *v* göra halt (ofärdig)
lamé [ˈlɑːmeɪ] lamé (*tyg*)
lamel|la [ləˈmel|ə] (*pl -lae* [-iː]) *naturv.* lamell
lameness [ˈleɪmnɪs] **1** hälta, ofärdighet **2** *bildl.* lamhet
lament [ləˈment] **I** *s* **1** klagan **2** klago|sång, -visa **II** *v* **1** klaga, jämra sig, gråta (*for, over* över) **2** beklaga; begråta, sörja [över]; *~ed* sörjd, saknad; *our late ~ed mother* vår bortgångna (hädangångna) mor **lamentable** [ˈlæməntəbl] **1** bedrövlig, jämmerlig, eländig **2** *åld.* sorglig, beklaglig **lamentation** [ˌlæmenˈteɪʃn] [ve]klagan, jämmer; klago|sång, -visa; *L~s* (*bibl.*) Klagovisorna
lami|na [ˈlæmɪ|nə] (*pl -nae* [-niː] *el. -nas*) lamell, tunn platta (skiva)
lami|nate [ˈlæmɪneɪt] **1** klyva i tunna skivor **2** utvalsa (uthamra) till tunna skivor **3** laminera; *~d glass* laminerat glas, lamellglas **-nation** [ˌlæmɪˈneɪʃn] **1** laminering **2** lamell; [tunt] skikt
lamp [læmp] lampa; lykta
lampblack [ˈlæmpblæk] kimrök **lamp chimney** [-ˌtʃɪmnɪ] lampglas (*t. fotogenlampa*) **lampion** [-ɪən] [kulört] fotogenlykta (*för utomhusbruk*) **lamplight** [-laɪt] lamp|sken, -ljus **lamplighter** [ˈlæmplaɪtə] lykttändare
lampoon [læmˈpuːn] **I** *s* pamflett, nid-, smäde|-skrift **II** *v* skriva pamflett mot, smäda (*i pamflett*)
lamppost [ˈlæmppəʊst] lyktstolpe
lamprey [ˈlæmprɪ] *zool.* nejonöga
lampshade [ˈlæmpʃeɪd] lampskärm
Lancashire [ˈlæŋkəʃə] Lancashire **Lancaster** [ˈlæŋkəstə] Lancaster **Lancastrian** [læŋˈkæstrɪən] **1** Lancashire-, Lancaster|bo **2** *hist.* anhängare av huset Lancaster (*i rosornas krig*)
lance [lɑːns] **I** *s* **1** lans; *break a ~ with* bryta en lans (ta en dust) med **2** spjut (*för jakt, fiske e.d.*) **3** *kir.* lansett **II** *v, kir.* öppna med lansett, skära upp **lance corporal** [ˌlɑːnsˈkɔːp(ə)r(ə)l] *BE.* korpral (*i armén*)
lancelet [ˈlɑːnslɪt] *zool.* lansettfisk
lancer [ˈlɑːnsə] *mil.* lansiär
lancet [ˈlɑːnsɪt] lansett **lancet arch** *arkit.* lansettbåge **lancet window** *arkit.* lansettfönster
lancinate [ˈlɑːnsɪneɪt] stingande, häftig (*pain* smärta)
Lancs. *förk. för* Lancashire
land [lænd] **I** *s* **1** land (*i motsats till hav*); *by ~ and by sea* till lands och till sjöss; *on ~* på torra land; *the lay* (*lie*) *of the ~ a*) terrängens beskaffenhet, *b*) *bildl.* läget; *see how the ~ lies* se hur läget är, sondera terrängen **2** [jordbruks]mark, jord; *the drift from the ~* flykten från landsbygden; *return to the ~* återvända till torvan (jorden) **3** (*egen-*

land agent—lapis lazuli 274

dom) mark, jord; ~*s* (*pl*) ägor, marker, jordegendomar **4** *litt. o. bildl.* land, rike; *the Holy L*~ det heliga landet; *the* ~ *of dreams* drömmarnas land (rike); *the L*~ *of the Midnight Sun* Midnattssolens land; *a* ~ *of milk and honey* ett land som flyter av mjölk och honung **5** oräffad del (*av gevärspipa e.d.*) **II** *v* **1** föra i land, lossa (*a cargo* en last), sätta i land (*passengers* passagerare), landsätta (*troops* trupper); dra upp (*a boat* en båt) **2** landa, hala in (*fisk*); *vard. bildl.* få tag i (*a job* ett arbete); fånga (*a husband* en man); ro i land, kamma hem (*a contract* ett kontrakt) **3** landa (gå ned) med (*flygplan e.d*) **4** *vard.* ge (*slag*); *he* ~*ed him one* (*a punch*) *on the jaw* han gav honom ett slag på hakan **5** *vard., that will* ~ *you in trouble* det kommer att ge dig bekymmer; *I've* ~*ed myself in a mess* jag har råkat i knipa; ~ *s.b. with extra work* lassa på ngn extra arbete; *be* (*get*) ~*ed with s.b.* få ngn på halsen **6** gå (stiga) i land, landstiga; landa, lägga till **7** (*om flygplan e.d.*) landa, gå ned **8** landa, slå ned, hamna; *the bomb* ~*ed on the roof* bomben slog ned på taket; ~ *on one's feet* landa (komma ner) på fötterna (*äv. bildl.*); ~ *up* slutligen hamna; *she* ~*ed up being fired* till slut blev hon avskedad; *you will* ~ *up in trouble* du kommer att råka i svårigheter; ~ *up with* (*vard.*) sitta där med (*a bore* en tråkmåns)
land agent [ˈlændˌeɪdʒ(ə)nt] **1** [gods]förvaltare **2** egendomsmäklare
landau [ˈlændɔː] landå
landed [ˈlændɪd] **1** jordägande; ~ *gentry* godsägararistokrati, lantadel **2** jord-; ~ *estate* (*property*) jordegendom; ~ *proprietor* godsägare
landfall [-fɔːl] **1** landkänning **2** siktat land **land forces** [-ˌfɔːsɪz] *pl* landstridskrafter **landholder** [-ˌhəʊldə] *i sth AE.* jordägare
landing [ˈlændɪŋ] **1** landning; landstigning; landsättning; *forced* ~ nödlandning **2** landningsplats **3** trappavsats **landing craft** *mil.* landstigningsbåt **landing field** landnings-, flyg|fält **landing gear** *AE.* landningsställ **landing stage** [landnings]-, båt|brygga **landing strip** start- och landningsbana
landlady [ˈlænˌleɪdɪ] **1** hyresvärd[inna], värdinna; [kvinnlig] husägare **2** värdshusvärdinna **3** *BE. åld.* godsägarinna **landlocked** [ˈlændlɒkt] helt omgiven av land **landlord** [ˈlænlɔːd] **1** [hyres]värd; husägare **2** värdshusvärd **3** *BE. åld.* jord-, gods|ägare **landlubber** [ˈlændˌlʌbə] *sjö.* landkrabba **landmark** [ˈlæn(d)mɑːk] **1** landmärke **2** *bildl.* milstolpe; hållpunkt **3** gräns-, rå|märke, röse **land mine** [ˈlæn(d)maɪn] *mil.* landmina **landowner** [ˈlændˌəʊnə] jordägare **landscape** [ˈlænskeɪp] **I** *s* **1** landskap, natur; ~ *gardening* (*architecture*) trädgårds|konst, -arkitektur; ~ *gardener* trädgårdsarkitekt **2** *konst.* landskap; landskapsmåleri **II** *v* **1** förbättra genom trädgårdsanläggningar; anlägga **2** arbeta som trädgårdsarkitekt **landscapist** [ˈlænˌskeɪpɪst] landskapsmålare **landslide** [ˈlæn(d)slaɪd] **1** jordskred, ras **2** *polit.* jordskred; jordskredsseger **landslide victory** jordskredsseger **landslip** [ˈlæn(d)slɪp] jordskred, ras **landsman** [ˈlæn(d)zmən] **1** landkrabba **2** obefaren sjöman **land tax** [ˈlændtæks] (*förr*) jordräntta **landward** [ˈlændwəd] **I** *a* land-; som ligger (rör sig) mot land **II** *adv*, ~[*s*] mot land **landwash** bränning

lane [leɪn] **1** smal väg (*mellan byggnader*, häckar *e.d.*), stig; trång gata, gränd; *it is a long* ~ *that has no turning* allting har en ända **2** [kör]fil, -fält **3** farled, rutt, segelled; *flyg.* luft|led, -korridor **4** *sport.* bana
lang syne [ˌlæŋˈsaɪn] *Sk.* **I** *adv* för länge sedan **I** *s* gångna tider, den gamla goda tiden
language [ˈlæŋgwɪdʒ] språk; tungomål; *bad* ~ ohyfsat (rått) språk; *strong* ~ *a*) kraftuttryck, *b*) starka ord; *putting it into plain* ~ *a*) enkelt uttryckt, *b*) för att gå rakt på sak; *speak the same* ~ tala samma språk, vara på samma våglängd
languid [ˈlæŋgwɪd] **1** slapp, slö, matt, trött; likgiltig **2** trög, långsam
languish [ˈlæŋgwɪʃ] **1** tyna av, [av]mattas **2** tyna bort, försmäkta (*in prison* i fängelse) **3** längta, trängta, tråna (*for* efter; *to* efter att) **4** se trånande ut -**ing** [-ɪŋ] **1** trånande, smäktande **2** tynande (*existence* tillvaro) -**ment** [-mənt] trånad, trängtan
languor [ˈlæŋgə] **1** tröghet, slöhet; matthet, slapphet **2** vemod **3** tryckande tystnad; tryckande luft -**ous** [-rəs] **1** smäktande (*music* musik) **2** trög, slö; sömnig; släpig (*voice* röst)
lank [læŋk] **1** lång och gänglig, mager, utmärglad **2** (*om hår*) rak och stripig **lanky** [ˈlæŋkɪ] lång och gänglig
lanolin[e] [ˈlænə(ʊ)liːn] lanolin
lantern [ˈlæntən] **1** lykta; lanterna **2** [*magic*] ~ laterna magica, skioptikon **3** *byggn.* lanternin **lantern jaws** *pl* magra, infallna kinder
lanyard [ˈlænjəd] **1** snodd (*t. kniv, visselpipa e.d.*) **2** *mil.* fyrsnöre **3** *sjö.* talj[e]rep
Laos [ˈlɑːɒs] Laos **Laotian** [ˈlaʊʃɪən] **I** *s* laotier **II** *a* laotisk
1 lap [læp] **1** sköte (*äv. bildl.*), knä; *it's in the* ~ *of the gods* det ligger i gudarnas knän; *live in the* ~ *of luxury* föra en skyddad lyxtillvaro; *drop a problem in a p.'s* ~ vältra över ett problem på ngn
2 lap [læp] **I** *s* **1** etapp, sträcka; *sport.* varv; ~ *of honour* ärevarv **2** överlappning; överlappande del **3** poler-, slip|skiva **4** *tekn.* fals, fog **5** lager, skikt (*av bomull e.d.*) **II** *v* **1** linda, svepa (*a bandage round* ett bandage om); linda (svepa) in (*s.th.* in ngt); *bildl.* bädda (svepa) in; ~*ped in luxury* insvept (omgiven) av lyx **2** överlappa **3** *sport.* varva **4** slipa, polera **5** gå (nå, skjuta) ut (*over* över) **6** avverka (göra) ett varv (*in 12 minutes* på 12 minuter)
3 lap [læp] **I** *v* **1** ~ [*up*] lapa, slicka i sig (upp); ~ *up* (*vard.*) slicka (smeta, hälla) i sig **2** (*om vågor*) klucka (plaska, skvalpa) mot **3** (*om vågor*) klucka, plaska, skvalpa (*against* mot) **II** *s* **1** kluckande, plaskande; vågskvalp **2** lapande, slickande
lap dog [ˈlæpdɒg] knähund
lapel [ləˈpel] slag (*på kavaj e.d.*)
lapidary [ˈlæpɪdərɪ] **I** *a* **1** sten-; ädelstens-; lapidarisk; ~ *inscription* inskrift inhuggen i sten; ~ *style* lapidarstil, stenstil **II** *s* stenslipare **lapidate** [-eɪt] *litt.* kasta sten på; stena **lapidify** [læˈpɪdɪfaɪ] förstena
lapis lazuli [ˌlæpɪsˈlæzjʊlaɪ] **1** lapis lazuli, lasursten **2** lasurblått

Lapland—last

Lapland ['læplænd] Lappland **Laplander** [-ə] same, lapp **Lapp** [læp] **I** *s* same, lapp **II** *a* samisk, lapsk **Lappish** ['læpɪʃ] **I** *s* (*språk*) samiska, lapska **II** *a* samisk, lapsk

lapse [læps] **I** *s* **1** lapsus, förbiseende, misstag; fel, felsteg, försyndelse; förseelse; ~ *of justice* felaktigt domslut; ~ *of memory* minnesfel; *suffer from* ~*s of memory* ha minnesluckor **2** fall, nedgång, minskning; ~ *in confidence* minskat förtroende; ~ *in standards* standardsänkning **3** avbrott, upphörande; *there was a* ~ *in the conversation* det blev en paus i samtalet **4** *jur.* upphörande, utgång, förfallande (*av rättighet*) **5** förlopp; tid, tidrymd; *after a* ~ *of 6 weeks* efter [en tid av] 6 veckor **II** *v* **1** förfalla, sjunka ner, minska **2** återgå, förfalla, försjunka (*into* till, i); ~ *into silence* försjunka i tystnad; ~ *into one's old ways* återgå till sina gamla vanor **3** komma ur bruk, upphöra **4** avfalla, göra avsteg (*from* från); ~ *from duty* försumma sin plikt **5** *jur.* förfalla, gå (löpa) ut **6** (*om tid*) förflyta, gå **lapsed** [-t] **1** avfällig (*från tro*); *a* ~ *Catholic* en katolik som avfallit från sin tro **2** *jur.* förfallen, utgången

lapstrake ['læpstreɪk] *sjö.* **I** *a* klinkbyggd **II** *s* klinkbyggd båt

lapstrap ['læpstræp] säkerhetsbälte (*i flygplan*)

lap|streak ['læpstriːk] *se* lapstrake **-wing** *zool.* tofsvipa

larboard ['lɑːbəd] *sjö. åld.* babord

larceny ['lɑːsənɪ] *jur.* stöld; *petty* ~ snatteri; *grand* ~ (*AE. o. åld. BE.*) grov stöld

larch [lɑːtʃ] **1** *bot.* lärkträd **2** lärkträ **larch tree** *bot.* lärkträd

lard [lɑːd] **I** *s* ister[flott]; *vard.* fetma **II** *v* späcka (*äv. bildl.*)

larder ['lɑːdə] skafferi

large [lɑːdʒ] **I** *a* **1** stor; vid[sträckt], omfattande, omfångsrik; *a* ~ *heart* ett stort och varmt hjärta; ~ *effect* stor (omfattande) verkan; *as* ~ *as life a*) i naturlig storlek, *b*) i levande livet; ~ *of limb* grovlemmad **2** *sjö.* förlig (*wind* vind) **3** frikostig, generös; tolerant, vidsynt **II** *adv* **1** *sjö.* för förlig vind **2** *by and* ~ i regel, vanligtvis **3** *loom* ~ vara betydande, spela en stor roll **III** *s, at* ~ *a*) på fri fot, fri, *b*) utförligt, i detalj, *c*) i stort, i allmänhet; *the public at* ~ den stora allmänheten; *be at* ~ ströva fritt omkring; *in* [*the*] ~ i stor skala, som helhet

large|-handed [ˌlɑːdʒˈhændɪd] generös **--hearted** [-ˈhɑːtɪd] varmhjärtad; storsint **-ly** ['lɑːdʒlɪ] *adv* **1** till stor del; i hög grad **2** i stor skala **--minded** [ˌlɑːdʒˈmaɪndɪd] storsint, tolerant **-ness** ['lɑːdʒnɪs] **1** storlek, omfattning **2** betydelse **3** storsinthet, frikostighet **--scale** ['lɑːdʒskeɪl] i stor skala, storskalig; stor, omfattande **--sized** ['lɑːdʒsaɪzd] stor; i stort nummer, i stor storlek

largess[e] [lɑːˈdʒes] **1** frikostighet, generositet **2** frikostig gåva

largish ['lɑːdʒɪʃ] ganska stor

largo ['lɑːɡəʊ] *s o. adv, mus.* largo

lariat ['lærɪət] *AE.* **1** lasso **2** tjuder

1 lark [lɑːk] *zool.* lärka; *up with the* ~ uppe med tuppen; *as happy as a* ~ glad som en lärka

2 lark [lɑːk] **I** *s* skoj, upptåg; skämt; *what a* ~*!* så skojigt!, va kul!; *have a* ~ *with s.b.* ha roligt med ngn **II** *v* **1** ~ [*about*] ha skoj, ha upptåg för sig **2** skoja, leka (*with* med)

larkspur ['lɑːkspɜː] *bot.* riddarsporre

lar|va ['lɑːvə] (*pl -vae* [-viː]) *zool.* larv **laryn|gal** [ləˈrɪŋɡl], **-geal** [ˌlærɪnˈdʒiːəl] **1** *anat.* laryngal, struphuvud- **2** *fonet.* strup- **laryngitis** [ˌlærɪnˈdʒaɪtɪs] *med.* laryngit, strupkatarr **laryngoscope** [ləˈrɪŋɡəskəʊp] laryngoskop **larynx** ['lærɪŋks] (*pl -ynxes el. -ynges* [ləˈrɪndʒiːz]) *anat.* larynx, struphuvud

lascivious [ləˈsɪvɪəs] lättfärdig, slipprig, liderlig, lasciv

laser ['leɪzə] *fys.* laser

1 lash [læʃ] **I** *v* **1** piska (*äv. bildl.*), prygla; (*om regn, vågor e.d.*) piska mot; ~ *o.s. into a fury* arbeta upp sig till raseri; *he* ~*ed the crowd into a fury* han jagade (hetsade) upp folkmassan till raseri **2** *bildl.* gissla, kritisera **3** piska (snärta) med; *the lion* ~*ed its tail* lejonet piskade med svansen **4** ~ *against* piska mot; *the rain was* ~*ing down* regnet öste ner; ~ *out a*) slå vilt omkring sig, *b*) (*om häst*) slå bakut, *c*) *vard.* slå på stort; ~ *out against* (*at*) fara ut mot, skälla ut **II** *s* **1** [pisk]rapp, snärt (*äv. bildl.*); *a* ~ *of wind* en häftig vindstöt, en piskande vind **2** snärt (*på piska*) **3** ögon|frans, -hår

2 lash [læʃ] surra (*to* vid); ~ *down* surra fast; ~ *together* binda ihop

1 lashing ['læʃɪŋ] **1** pisk|ande, -ning, prygel **2** ~*s of* (*BE. vard.*) massor (mängder) av

2 lashing ['læʃɪŋ] rep (*att surra med*) **lash-up** [-ˌʌp] provisorium

lass [læs] flicka, tös **lassie** ['læsɪ] *vard.* liten flicka (tös, stumpa)

lassitude ['læsɪtjuːd] **1** trötthet, matthet **2** slöhet, tröghet

lasso [læˈsuː] **I** *s* (*pl -[e]s*) lasso **II** *v* fånga med lasso

1 last [lɑːst] **I** *a* **1** sist; ytterst; slutlig; *the L~ Judgment* yttersta domen; ~ *name* (*AE.*) efternamn; ~ *but not least* sist men inte minst; *the* ~ *house but one, the second* ~ *house* näst sista huset; *the third* ~ *door* tredje dörren från slutet; *the* ~ *thing in* det allra senaste inom; *that was the* ~ *thing I expected* det var det sista jag hade väntat mig **2** senast, sist, förra; ~ *night* i går kväll; ~ *Saturday* förra lördagen, i lördags; ~ *year* förra året, i fjol; *the* ~ *few days* de senaste dagarna **3** ytterst, högst, störst; *to the* ~ *degree* i högsta grad; *of the* ~ *importance* av allra största vikt **II** *adv* **1** sist; *he came* ~ han kom sist **2** senast, sist, sista (senaste) gången; *when I* ~ *saw him* när jag såg honom sist (senast) **3** till sist, slutligen **III** *s* **1** sista; *the* ~ *a*) den (det) sista, *b*) den (det) sistnämnda; *that was the* ~ *I heard from her* det var sista gången jag hörde av henne; *that's the* ~ *I want to hear about it* jag vill inte höra ett ord till om det; *you will never see the* ~ *of her* henne blir du aldrig av med; *my* ~ mitt senaste brev **2** *breathe one's* ~ dra sitt sista andetag, utandas sin sista suck **3** *at* ~ till slut, slutligen, äntligen; *at long* ~ äntligen; *to the* ~ [ända] till slutet

2 last [lɑːst] **1** vara, räcka, hålla på (*for many years* i många år) **2** hålla (stå) sig, hålla; *these flowers won't* ~ *another day* de här blommorna håller sig inte en dag till; *their marriage will* ~ deras äktenskap kommer att hålla **3** ~ [*out*] hålla

last—launch

(stå) ut, klara sig **4** ~ *out* räcka [till], vara tillräcklig; *will our supplies* ~ *one week?* kommer våra förråd att räcka en vecka? **5** räcka [till] för; *it will* ~ *you a lifetime* den kommer att räcka hela livet för dig
3 last [lɑ:st] **I** *s (skomakares)* läst; *cobbler, stick to your* ~*!* skomakare bliv vid din läst! **II** *v* lästa ut *(sko)*
lasting ['lɑ:stɪŋ] **I** *a* beständig, varaktig, ihållande **lastly** [-lɪ] *adv* slutligen, till slut **last--minute** [-ˌmɪnɪt] i sista minuten
Las Vegas [ˌlæsˈveɪgəs]
Lat. *förk. för* Latin **lat.** *förk. för* latitude
latch [lætʃ] **I** *s* **1** regel, [dörr]klinka; *drop the* ~ regla dörren; *leave the door on the* ~ ställa upp dörren på låset **2** säkerhetslås **II** *v* **1** regla, stänga med dörrklinka **2** gå i lås **3** ~ *on to a)* ansluta sig till, omfatta *(new ideas* nya idéer), *b)* fatta, förstå, *c) AE.* få tag i (på) **latchkey** ['lætʃki:] portnyckel **latchkey child** nyckelbarn
late [leɪt] **I** *a (komp. later el. latter, superl. latest el. last)* **1** sen; för sen, försenad; ~ *arrival* för sen ankomst; *in the* ~ *autumn* på senhösten, sent på hösten; *in the* ~ *evening* sent på kvällen; *in the* ~ *twenties* i slutet av tjugotalet; *she's in her* ~ *twenties* hon är närmare trettio; *keep* ~ *hours* ha sena vanor; *be* ~ vara sen (försenad), komma för sent; *be* ~ *for work* komma för sent till arbetet; *don't be* ~*!* kom inte för sent!, kom inte hem [för] sent!; *make s.b.* ~ uppehålla (försena) ngn **2** förra, förutvarande, tidigare, före detta, f.d.; avliden, framliden; *the* ~ *prime minister* förre (förutvarande, den [nyligen] avlidne) premiärministern; *my* ~ *husband* min avlidne (salig) man **3** nyligen gjord (inträffad); senaste; *in the* ~ *war* under den senaste kriget; *of* ~ *a)* nyligen, *b)* på senare tid, på sista tiden; *of* ~ *years* på (under) senare år **II** *adv (komp. later, superl. latest el. last)* för sent; sent; *arrive* ~ komma för sent; *marry* ~ gifta sig sent; *better* ~ *than never* bättre sent än aldrig; *sit (stay) up* ~ sitta (stanna, vara) uppe sent [på kvällarna]; ~ *at night* sent på kvällen (natten); ~ *in the day a)* sent (långt fram) på dagen, *b)* i senaste laget; ~ *into the night* till långt in på natten; *as* ~ *as last week* ännu (så sent som) i förra veckan; *it was as* ~ *as 1865 before slavery was abolished* det var så sent som 1865 som slaveriet avskaffades
latecomer ['leɪtˌkʌmə] person som kommer [för] sent, eftersläntrare **lately** [-lɪ] *adv* på senare tid, på sista tiden
lateen sail [ləˈti:nseɪl] *sjö.* latinsegel
latency ['leɪt(ə)nsɪ] latens, fördoldhet
lateness ['leɪtnɪs] senhet; försening; *he could not account for the* ~ *of his arrival* han kunde inte ge ngn förklaring till sin sena ankomst
latent ['leɪt(ə)nt] latent, dold; ~ *period* latenstid
later ['leɪtə] **I** *a* senare; *in his* ~ *years* under hans senare år **II** *adv* senare; efteråt, sedan; *sooner or* ~ förr eller senare, så småningom; ~ *on* längre fram, senare; *not* ~ *than 1990* senast (inte senare än) 1990; *see you* ~*! (vard.)* hej så länge!, vi ses!
lateral [ˈlæt(ə)r(ə)l] **I** *a* **1** sido-; sidoställd **2** *språkv.* lateral **II** *s, språkv.* lateral **-ly** [-lɪ] i sidled
latest ['leɪtɪst] **I** *a* sist, senast; *the* ~ *news* de senaste nyheterna **II** *s* **1** *at the* ~ senast; *tomorrow at the* ~ senast i morgon **2** *vard., the* ~ det senaste; *have you heard the* ~*?* har du hört det senaste?
latex ['leɪteks] latex, mjölksaft
lath [lɑ:θ] **I** *s* ribba, spjäla, list, läkt; latta **II** *v* sätta ribbor *(etc.)* på
lathe [leɪð] **I** *s* svarv **II** *v* svarva
lather ['lɑ:ðə] **I** *s* **1** lödder **2** *vard.* upphetsad sinnesstämning; *get into a* ~ *about* hetsa upp sig (bli uppretad) över **II** *v* **1** tvåla in; täcka med lödder **2** tvåla in sig; löddra sig **3** *vard.* klå upp, spöa **lathery** [-rɪ] löddrig
lathy ['lɑ:θɪ] lång och smal, smal som en sticka
Latin ['lætɪn] **I** *a* latinsk; romersk; *the* ~ *Church* romersk-katolska kyrkan; *the* ~ *peoples* de romanska folken; *the* ~ *Quarter* Quartier Latin *(i Paris)* **II** *s* **1** latin **2** latiner *(invånare i Latium)* **Latin America** [ˌlætɪnəˈmerɪkə] Latinamerika **Latinize** *(BE. äv.* -ise) ['lætɪnaɪz] latinisera
latish ['leɪtɪʃ] ganska sen
latitude ['lætɪtju:d] **1** latitud; breddgrad **2** handlings-, rörelse|frihet, spelrum **-tudinal** [ˌlætɪˈtju:dɪnl] latitud-
latrine [ləˈtri:n] avträde, latrin
latter ['lætə] **1** *the* ~ *a)* den senare (sistnämnde), *b)* denne; *the former...the* ~ den förre...den senare **2** senare, sista; *the* ~ *part* den senare (sista) delen **--day** modern; *the L*~ *Saints* de sista dagarnas heliga, mormonerna **-ly** [-lɪ] *adv* nyligen; på sista tiden, på senare tid
lattice ['lætɪs] **I** *s* spjälverk; galler[verk] **II** *v* förse med spjälverk (galler[verk]) **latticed** [-t] gallerförsedd **latticework** spjälverk; galler[verk]
Latvia ['lætvɪə] Lettland **-an** [-ən] **I** *a* lettisk **II** *s* **1** lett **2** lettiska [språket]
laud [lɔ:d] *litt.* **I** *s* lov[sång] **II** *v* lova, prisa **-able** ['lɔ:dəbl] lov-, berömlvärd **-ative, -atory** ['lɔ:dˌətɪv, -ət(ə)rɪ] [lov]prisande, berömmande
laugh [lɑ:f] **I** *v* **1** skratta *(at* åt); *he who* ~*s last* ~*s best* skrattar bäst som skrattar sist; ~ *like a drain* skratta bullrande; *be* ~*ing (vard.)* ha det bra [förspänt]; *don't make me* ~*! (vard.)* det är ju skrattretande!, det kan jag aldrig tro!; ~ *at s.b* skratta åt (göra narr av) ngn; ~ *over s.th.* skratta åt (göra sig löjlig) över ngt; ~ *in a p.'s face* skratta ngn rätt upp i ansiktet; ~ *on the other side of one's face* skratta så lagom; ~ *up one's sleeve* skratta (le) i mjugg **2** skratta; ~ *o.s. sick* skratta sig fördärvad; ~ *s.th. away (off)* slå bort ngt med ett skratt; ~ *s.b. down (out of court)* skratta ut ngn **II** *s* skratt; *the* ~ *was on me* det var mig de skrattade åt; *have the last* ~ vara den som skrattar sist
laughable ['lɑ:fəbl] skrattretande, löjlig **laughing** [-ɪŋ] **I** *a* skrattande; *no* ~ *matter* ingenting att skratta åt **II** *s* skratt; skrattande **laughing gas** lustgas **laughing stock** person man skrattar åt, åtlöje, driftkucku **laughter** [-tə] skratt; skrattsalva
1 launch [lɔ:n(t)ʃ] **I** *v* **1** sätta i sjön; sjösätta **2** kasta, slunga *(a spear* ett spjut); skjuta i väg, avfyra *(a torpedo* en torped), utslunga; skjuta (sända) upp *(a rocket* en raket); ~ *o.s. into work* kasta sig in i sitt arbete **3** starta, sätta i gång *(a company* en firma); lansera *(a new product* en ny produkt), föra fram; ~ *s.b. on his way* ge ngn en bra start, hjälpa fram ngn **4** ~ *into* kasta sig in i

(på); ~ *into expense* dra på sig utgifter; ~ *out a)* ge sig ut, ge sig in (*into* i, på), *b)* sätta i gång (*into, on* med), *c) vard.* slösa, ge ut mycket pengar, *d)* ta till orda, *e)* diversifiera; ~ *out (forth) into a new carrier* ge sig in på en ny bana **II** *s, se* **launching**
2 launch [lɔ:n(t)ʃ] **1** motorbåt (*i sht för transporter)* **2** barkass, storbåt
launching [ˈlɔ:n(t)ʃɪŋ] **1** stapelavlöpning; sjösättning; isättning (*av båt*); avfyrning (*av torped e.d.*); uppskjutning (*av raket e.d.*) **2** start, igångsättning (*av firma e.d.*); lansering (*av produkt e.d.*) **launch[ing] pad** avfyrningsramp, startplatta **launch[ing] site** område kring avfyrningsramp (startplatta)
launder [ˈlɔ:ndə] tvätta [och stryka]; *bildl.* tvätta (*svarta pengar*) **launderette** [ˌlɔ:ndəˈret] självtvätt, tvättomat **laundress** [ˈlɔ:ndrɪs] tvätterska **laundry** [ˈlɔ:ndrɪ] **1** tvättinrättning; tvättstuga **2** tvätt[kläder] **3** tvätt [och strykning]
laureate [ˈlɔ:rɪət] **I** *a* **1** *litt.* lager|krönt, -kransad **2** *åld.* lager- **II** *s* [*poet*] ~ hov|poet, -skald
laurel [ˈlɒr(ə)l] **1** *bot.* lager[träd] **2** ~*s (pl) a)* lagerkrans, *b) bildl.* lagrar; *look to one's ~s* [vara tvungen att] göra sig gällande (hävda sig); *rest on one's ~s* vila på sina lagrar; *win ~s* skörda lagrar **Laurel and Hardy** [ˈlɔ:r(ə)lənˈhɑ:dɪ] Laurel och Hardy, Helan och Halvan
lav [læv] *BE. vard.* (*kortform av lavatory*) toa
lava [ˈlɑ:və] lava
lavabo [ləˈveɪbəʊ] (*pl ~[e]s*) **1** *rom.-kat.* handtvagning (*vid mässa*) **2** tvättfat **lavage** [ˈlævɪdʒ] *med.* sköljning, spolning
lavatory [ˈlævət(ə)rɪ] toalett[rum], WC **lavatory paper** [-ˌpeɪpə] *BE.* toalettpapper **lavatory seat** [-si:t] *BE.* toalettsits, fjöl
lavender [ˈlævəndə] **I** *s* **1** lavendel **2** lavendelblått **II** *a* lavendel-
laver [ˈleɪvə] (*slags ätlig*) alg
lavish [ˈlævɪʃ] **I** *a* **1** ymnig, riklig, överflödande **2** generös, frikostig **3** slösaktig, överdådig, extravagant **II** *v* slösa [med], vara frikostig med **-ness** [-nɪs] ymnighet *etc.*, *jfr lavish I*
law [lɔ:] **1** lag; regel; ~ *of etiquette* etikettsregel; ~*s of football* fotbollsregler; ~*s of harmony* harmonilära; ~ *of nature* naturlag; ~ *and order* lag och ordning; *by ~ a)* enligt lag[en], *b)* i lag; *in ~* inför lagen; *be a ~ unto o.s.* skriva sina egna lagar, göra som man själv vill; *be above (outside) the ~ a)* stå över (utanför) lagen; *become ~ a)* vinna laga kraft, *b)* bli lag; *keep within the ~* hålla sig inom lagens råmärken; *lay down the ~* uttala sig auktoritativt (dogmatiskt); *take the ~ into one's own hands* ta lagen i egna händer; *take s.b. to ~, go to ~ with (against) s.b.* dra ngn inför rätta, börja processa med ngn **2** *jur.* rätt, lag; *commercial ~* handelsrätt; *Roman ~* romersk rätt; *international ~, ~ of nations* internationell rätt **3** juridik; rättsvetenskap; lagfarenhet; *court of ~* domstol, rätt; *faculty of ~* juridisk fakultet; *Doctor of L~*[*s*] juris doktor; *read ~* läsa juridik **4** *the ~ a)* jurist|yrket, -banan, *b)* polisen **law-abiding** [ˈlɔ:əˌbaɪdɪŋ] laglydig **lawbreaker** lagbrytare **law-court** [-ˌkɔ:t] domstol, rätt **lawful** [-f(ʊ)l] **1** laglig, lagenlig, laga **2** laglig, rättmätig (*heir* arvinge); ~ [*wedded*] *wife* lagvigd hustru **lawgiver**

[-ˌgɪvə] lagstiftare **lawless** [-lɪs] **1** laglös **2** lagstridig **3** otyglad (*rage* vrede) **lawlessness** [-lɪsnɪs] **1** laglöshet **2** lagstridighet **Law Lords** [-lɔ:dz] *pl* 'laglorder' (*överhusmedlemmar som sitter i högsta domstolen*) **lawman** [-mən] *AE.* lagens företrädare
1 lawn [lɔ:n] gräs|matta, -plan
2 lawn [lɔ:n] batist
lawn mower [ˈlɔ:nˌməʊə] gräsklippare; *power lawn mower* motorgräsklippare **lawn tennis** [lawn]tennis (*på gräsplan*)
law stationer [ˈlɔ:ˌsteɪʃnə] *BE.* kopist (*av lagtexter*) **law student** [-ˌstju:dnt] juris studerande **lawsuit** [-su:t] rättegång, process; mål **lawyer** [-jə] jurist; advokat
lax [læks] slapp; lös[lig]
laxative [ˈlæksətɪv] **I** *s* laxativ, laxermedel **II** *a* laxer-, lösande, avförande
lax|ity [ˈlæksətɪ], **-ness** [-nɪs] slapphet; löshet; löslighet
1 lay [leɪ] **1** lekmanna-; ~ *brother* lekmannabroder, tjänande broder; ~ *preacher (reader)* lekmannapredikant
2 lay [leɪ] *s* ballad, visa; sång, melodi
3 lay [leɪ] *imperf. av* lie
4 lay [leɪ] **I** *v* (*laid, laid*) **1** lägga; ~ *bricks* mura; ~ *a cloth on the table* lägga en duk på bordet; ~ *eggs* lägga ägg, värpa; ~ *hold of* gripa, ta (fatta) tag i **2** anlägga (*a road* en väg); lägga [ner] (*a cable* en kabel; *pipes* rör); dra (*mains* ledningar) **3** göra i ordning; ~ *the table* duka [bordet]; ~ *a fire* lägga in (göra i ordning) en brasa; ~ *a trap for s.b.* gillra en fälla åt ngn **4** lägga på (*a carpet* en matta); ~ *a coat of paint* lägga på ett lager färg; ~ *a floor with carpets* täcka ett golv med mattor **5** få att lägga sig; *bildl. äv.* dämpa, tysta ner; ~ *the dust* få dammet att lägga sig **6** ålägga; lägga [på]; ~ *the blame on s.b. for s.th.* lägga skulden på ngn för ngt; ~ *a burden on s.b.* lägga en börda på ngn; *the crime was laid to their charge* de anklagades för brottet; ~ *an embargo on* lägga embargo på; ~ *a fine on s.b.* böta ngn **7** förlägga (*the scene to* scenen till) **8** lägga fram (*one's problems before* sina problem för) **9** slå (*a rope* ett rep) **10** sätta, hålla (*five to one* fem mot ett); ~ *a bet* slå (hålla) vad **11** *vulg.*, ~ *a woman* sätta på en kvinna **12** ~ *bare* blottlägga, avslöja; ~ *open* blottställa, blotta (*to* för), öppna **13** *dial. el. ovårdat* ligga **14** värpa, lägga ägg **15** *sjö.* gå upp, lägga sig (*close to the wind* högt i vind) **16** ~ *about (åld.)* slå vilt omkring sig; ~ *aside a)* lägga ifrån sig (bort, åt sidan), *b)* spara kronor lägga undan; ~ *by a)* spara, lägga undan, *b) sjö.* lägga bi; ~ *down a)* lägga ner (*the hammer* hammaren; *one's arms* vapnen), nedlägga (*one's office* sitt ämbete, *b)* offra (*one's life* sitt liv), ge upp, *c)* uppställa (*conditions* villkor), fast|slå, -ställa (*rules* regler), *d)* [börja] bygga, konstruera, anlägga (*a railway* en järnväg), *e)* ned-, upp|teckna (*plans* planer), *f)* deponera, *g)* lagra (*wine* vin), *h)* förvandla till betesmark, *i) vard.* slå vad om, satsa; ~ *down the law* (*vard.*) lägga ut texten, ge förhållningsorder; ~ *o.s. down to sleep* lägga sig och sova; ~ *in* lägga upp [ett lager av]; ~ *into s.b.* gå lös på (angripa) ngn; ~ *off a)* fristälIa, permittera, *b)* märka ut, *c) vard.* låta vara i fred, låta bli (*med*); ~

on a) arrangera, ordna, *b)* lägga på (*a coat of paint* ett lager färg; *taxes* skatter), *c) BE.* lägga (dra, leda) in (*electricity* elektricitet); ~ *it on* (*sl.*) *a)* bre på tjockt, överdriva grovt, *b)* ta hutlöst betalt, *c)* slå hårt; ~ *out a)* lägga ut (fram), breda ut, *b)* göra layout[en] till, *c)* svepa (*lik*), *d)* planera, anlägga (*a garden* en trädgård), tänka ut, göra upp (*plans* planer), *e)* vard. slösa (göra av) med, lägga ut (*money* pengar), *f)* vard. slå ner (ut, sanslös), *g)* försätta ur stridbart skick; ~ *o.s. out* (*vard.*) bemöda sig, göra sitt yttersta (*to* [för] att), staka ut; ~ *over* (*AE.*) *a)* uppskjuta, *b)* göra uppehåll (*i resa*); ~ *to* (*sjö.*) *a)* lägga till, *b)* lägga bi; ~ *up a)* lägga upp, lagra, spara, *b) sjö.* lägga upp (*fartyg*); *be laid up with* (*vard.*) ligga till sängs (sjuk) i **II** *s* **1** läge; tillstånd; *know the* ~ *of the land* veta hur landet ligger **2** *vulg.* ligg (*samlag; samlagspartner*)
layabout ['leɪ(ɪ)ə,baʊt] latmask; dagdrivare **lay--by** [-baɪ] **1** *BE.* rast-, parkerings|plats (*vid väg*) **2** sidospår **lay days** [-deɪz] *pl, sjö.* liggedagar
layer ['leɪ(ɪ)ə] **I** *s* **1** lager, skikt **2** *bot.* avläggare **3** värphöna **II** *v* föröka [sig] genom avläggare
layette [leɪ'et] babyutstyrsel
lay figure [,leɪ'fɪgə] **1** led-, modell|docka **2** *bildl.* nolla; marionett **laying** ['leɪɪŋ] *s*, ~ *on of hands* handpåläggning
layman ['leɪmən] lekman
lay|-off ['leɪɒf] **1** friställande **2** arbetslöshetsperiod **-out 1** utläggning **2** planering; arrangemang **3** layout, skiss; plan **4** *vard., i sht AE.* anläggning, institution **-over** [-,əʊvə] *AE.* kort uppehåll (*i resa*)
laze [leɪz] **I** *v* lata sig, slöa; ~ *about* (*around*) slå dank, slöa **2** ~ *away one's time* slöa bort tiden, förslösa sin tid **II** *s* latstund, slötid; *have a* ~ *in bed* ligga och dra sig i sängen **laziness** ['leɪzɪnɪs] lättja, slöhet **lazy** ['leɪzɪ] lat, lättjefull, slö **lazybones** ['leɪzɪ,bəʊnz] (*behandlas som sg*) *vard.* lätting, latmask, slöfock
lb[.] [paʊnd] *förk. för libra* (*lat.*) *pound* (*vikt*) **lbs** [.] *förk. för librae* (*lat.*) *pounds* (*vikt*) **l.b.w.** (*i kricket*) *förk. för leg before wicket*
l.c. *förk. för left centre* (*på scen e.d.*); *loco citato* (*lat.*) på det anförda stället; *lower case* **L/C, l/c, l.c.** *förk. för letter of credit* **L[.]C[.]D[.], l[.]c[.]d[.]** *förk. för lowest common denominator* **L.C.J.** *förk. för Lord Chief Justice* **L.C.M., l.c.m.** *förk. för lowest common multiple* **Ld.** *förk. för Lord* **L.E.A.** *förk. för Local Education Authority*
lea [li:] *poet.* äng
leach [li:tʃ] urlaka; filtrera
1 lead [led] **I** *s* bly; *red* ~ blymönja; *white* ~ blyvitt **2** bly|kula, -hagel **3** *sjö.* [sänk]lod **4** grafit, blyerts; blyertsstift **5** blysträng (*t. blyinfattning*); blyplatta (*t. blytak*) **II** *a* bly-, av bly
2 lead [li:d] **I** *v* (*led, led*) **1** leda, föra (*s.b. to* ngn till); anföra, leda, stå i spetsen för, vara ledare för; ~ *one's class in history* vara bäst i klassen i historia; ~ *a discussion* leda en diskussion; ~ *water into* dra in vatten i; ~ *the way* gå före [och visa vägen], vara ledande (föregångare); ~ *a witness* ställa ledande frågor till ett vittne; *be easily led* vara lättledd; ~ *s.b. by the nose* (*vard.*) få ngn dit man vill; ~ *s.b. up the gar-* *den path* dra ngn vid näsan, lura ngn **2** få, komma, föranleda (*to* att); *that led me to change my mind* det fick mig att ändra mig **3** föra, leva (*a quiet life* ett stillsamt liv); ~ *s.b. a dog's* (*a wretched*) *life* göra livet surt för ngn **4** *kortsp.* spela ut, öppna med (*a king* en kung) **5** (*om väg e.d.; bildl.*) leda, föra, gå; *this road* ~*s to Leeds* den här vägen går till Leeds; *this will* ~ *to trouble* det här kommer att leda till bråk **6** leda; gå i spetsen; vara före (först); ligga i täten, ha ledningen; (*i dans*) föra; *BE. mus.* spela första fiolen; *she led them by 10 seconds* hon ledde med 10 sekunder före dem; *The Times led with the accident* Times hade olyckan på ledande plats **7** *kortsp.* ta ut, öppna, ha förhand **8** ~ *astray* vilse-, miss|leda; ~ *away a)* föra (leda) bort (*the prisoner* fången), *b)* leda bort (*from the subject* från ämnet); ~ *off a)* föra bort (*s.b.* ngn), *b)* börja, inleda; ~ *on* locka, förleda, föra bakom ljuset; ~ *up to a)* leda (föra) [fram, upp] till, *b)* (sakta, försiktigt) närma sig **II** *s* **1** ledande plats (ställning); ledning; försprång; *follow a p.'s* ~ följa ngns exempel; *have a* ~ *of 10 seconds* leda med 10 sekunder; *take the* ~ *a)* ta (gå upp i) ledningen, *b)* föregå med gott exempel **2** ledning, ledtråd **3** ledande roll, huvudroll; huvudrollsinnehavare; *mus.* ledstämma, ledinstrument **4** ledande nyhet (*i tidning e.d.*); inledande avsnitt **5** *elektr.* ledning, kabel **6** [hund]koppel, rem; *on a* ~ i koppel **7** *kortsp.* utspel; förhand; *it's your* ~ det är du som börjar
leaded ['ledɪd] blyinfattad **leaden** ['ledn] **1** bly-, av bly **2** blygrå **3** tung [som bly]
leader ['li:də] **1** ledare; chef; anförare **2** *mus.* ledare; konsertmästare; *AE.* dirigent **3** *i sht BE.* ledare, ledarartikel **4** *i sht AE.* lockvara **leadership 1** ledarskap, ledning; *under the* ~ *of s.b.* under ngns ledning **2** ledarförmåga **lead-in** [,li:d'ɪn] **1** introduktion **2** antennledning **leading** ['li:dɪŋ] ledande, ledar-; huvud-, viktigast, förnämst, främst; ~ *aircraftman* (*BE. ung.*) vicekorpral (*i flyget*); ~ *article* (*AE.*) ledare, ledarartikel; ~ *lady* huvudrollsinnehavare, primadonna; ~ *light* (*vard., bildl.*) betydande (framstående) person, ledande kraft; ~ *man* huvudrollsinnehavare; ~ *part* huvudroll; ~ *question* ledande fråga; ~ *reins* (*AE. strings*) *pl* gåsele (*för barn*); *bildl.* ledband; ~ *tone* (*mus.*) septima
lead pencil [,led'pensl] blyertspenna
leaf [li:f] **I** *s* (*pl leaves* [li:vz]) **1** löv, blad; *be in* ~ (*om träd o.d.*) vara fullt utslagen; *come into* ~ lövas, spricka ut **2** blad (*i bok e.d.*); *take a* ~ *out of a p.'s book* ta exempel av ngn; *turn over a new* ~ börja på nytt, ändra sitt uppträdande **3** folie; *gold* ~ bladguld **4** utdrags-, iläggs|skiva, klaff (*t. bord*) **5** *sl.* marijuana **II** *v*, ~ [*through*] bläddra igenom
leaf bud ['li:fbʌd] *bot.* bladknopp **leafless** [-lɪs] avlövad, utan blad **leaflet** [-lɪt] **1** folder, broschyr, prospekt; flygblad, reklamlapp **2** litet löv **leaf mould** lövjord **leaf spring** *tekn.* bladfjäder **leafy** [-ɪ] lövad, lummig, lövklädd, grön
1 league [li:g] (*gammalt längdmått*) 3 miles (*ca 4,83 km*)
2 league [li:g] **1** förbund; *the L*~ *of Nations* Nationernas förbund; *be in* ~ *with a)* vara i förbund med, *b)* göra gemensam sak med **2** *sport.* serie;

league leader—leave

liga **3** klass, kategori; *not in the same* ~ inte i (av) samma klass **league leader** ['li:g‚li:də] *sport.* serieledare **leaguer** ['li:gə] förbundsmedlem **leak** [li:k] **I** *s* läcka (*äv. bildl.*); otäthet; läckage; ~ *of information* informationsläcka; *have a* ~ *a*) läcka, vara otät, *b*) *sl.* pissa; *spring a* ~ springa läck **II** *v* **1** läcka, vara läck (otät); ~ [*out*] läcka (sippra) ut (*äv. bildl.*); *the bucket* ~*s* hinken läcker; *water is* ~*ing through the wall* vatten läcker in (ut) genom väggen **2** *sl.* pissa **3** låta läcka ut; släppa igenom; *bildl.* läcka (*information to s.b.* information till ngn) **leakage** ['li:kɪdʒ] läckande; läcka (*äv. bildl.*); läckage **leaky** ['li:kɪ] läckande, otät, läck
leal [li:l] *åld. el. Sk.* lojal, trogen
1 lean [li:n] **I** *a* mager; tunn **II** *s* magert kött
2 lean [li:n] **I** *v* (*leaned, leaned* [lent, lent] *el. leant, leant* [lent, lent]) **1** luta sig (*back* bakåt, tillbaka; *forward* framåt; *against* mot, på); stödja sig (*against*, [*up*]*on* mot, på); ~ *on s.b.* förlita (stödja) sig på ngn; ~ *over backwards* (*vard.*) göra mer än ngn kan begära; ~ *to*[*wards*] luta (tendera) åt, vara böjd att **2** luta, stå snett; *the L~ing Tower of Pisa* lutande tornet i Pisa **3** luta, stödja; ~ *one's head on a p.'s shoulder* luta huvudet mot ngns axel **II** *s* lutning; *be on the* ~ luta **leaning** ['li:nɪŋ] böjelse, dragning, sympati (*towards* för), fallenhet; *have artistic* ~*s* ha konstnärliga intressen **leant** [lent] *imperf. o. perf. part. av 2 lean*
lean-to ['li:ntu:] skjul, utbyggnad (*intill vägg o. med sluttande tak*)
leap [li:p] **I** *v* (*leapt, leapt* [lept, lept] *el.* ~*ed*, ~*ed* [lept, lept]) **1** hoppa; ~ *at an offer* hoppa på (kasta sig över) ett erbjudande; *the idea leapt into my mind* idén dök plötsligt upp i mitt huvud **2** hoppa över (*a ditch* ett dike); *she leapt the horse over the fence* hon lät hästen hoppa över hindret **II** *s* hopp, språng; *a* ~ *in the dark* ett språng ut i det okända; *by* ~*s and bounds* som en oljad blixt, med stormsteg **leapfrog** ['li:pfrɒg] **I** *s* bockhoppning; *play* ~ hoppa bock **II** *v* **1** hoppa bock; hoppa (skutta) framåt **2** hoppa bock över **leapt** [lept] *imperf. o. perf. part. av leap* **leap year** ['li:pjə:] skottår
learn [lɜ:n] (*learnt, learnt* [lɜ:nt, lɜ:nt] *el. learned, learned* [lɜ:nt, lɜ:nt]) **1** lära sig (*English* engelska; [*how*] *to cook* laga mat); lära (läsa) in **2** erfara, få veta, [få] höra (*from* av) **3** (*i ovårdat tal*) undervisa, lära **4** [få] höra (*of, about* om) **5** lära [sig] (*from experience* av erfarenheten); *they will never* ~ de lär sig aldrig **learned I** [lɜ:nt] *imperf. o. perf. part av learn* **II** ['lɜ:nɪd] *a* lärd; vetenskaplig; *my* ~ *friend* (om advokat) min ärade kollega; *a* ~ *man* en lärd man **learner** ['lɜ:nə] elev, lärjunge; nybörjare; trafikskoleelev **learning** ['lɜ:nɪŋ] **1** lärdom, vetande, bildning; *man of* ~ lärd man; *seat of* ~ lärdomssäte **2** inlärning, studium **learnt** [lɜ:nt] *imperf. o. perf. part. av learn*
lease [li:s] **I** *s* arrende, uthyrning; arrende-, hyres|kontrakt; arrende-, hyres|tid; *have* (*take*) *on* ~ arrendera; *let out on* ~ arrendera ut; *get* (*take*) *a new* ~ *of life* få nytt liv, leva upp igen **II** *v* **1** arrendera, hyra **2** ~ [*out*] arrendera (hyra) ut; leasa **-hold** ['li:s(h)əʊld] **I** *s* arrende **II** *a* arrende-; arrenderad **-holder** ['li:s(h)əʊldə] arrendator

leash [li:ʃ] **I** *s* [hund]koppel, rem; *on a* (*the*) ~ i koppel; *give full* ~ *to* (*bildl.*) ge fria tyglar åt; *keep a tight* ~ *on* (*bildl.*) hålla i strama tyglar; *be straining at the* ~ *a*) dra i kopplet, *b*) vänta otåligt på att få sätta igång **II** *v* ha i koppel (kopplad)
least [li:st] **I** *a o. adv* (*superl. av little*) minst; ~ *common denominator* (*multiple*) minsta gemensamma nämnare (dividend); *I have the* ~ *money of all* jag har minst pengar av alla; *the* ~ *important question* den minst viktiga frågan **II** *s, the* ~ det minsta; ~ *said, soonest mended* ju mindre man säger, desto bättre är det; *to say the* ~ [*of it*] minst sagt; *at* ~ åtminstone; *at the* ~ allra minst; *not in the* ~ inte det minsta, inte alls **-ways** ['li:stweɪz] *BE. vard.*, **-wise** ['li:stwaɪz] *AE., vard.* åtminstone, i varje fall
leather ['leðə] **I** *s* **1** läder, skinn **2** läder|rem, -jacka, -stövel; läder[kula] (*fotboll*) **II** *a* läder-, skinn- **leatherneck** *AE. sl.* marinsoldat **leathery** [-rɪ] läderaktig; (*om kött*) seg
1 leave [li:v] **I** *s* **1** tillåtelse, lov, tillstånd; *by* (*with*) *your* ~ med din tillåtelse; *ask a p.'s* ~ *to do s.th.* be ngn om lov (tillstånd) att få göra ngt **2** permission, ledighet, lov; ~ *of absence* permission, tjänstledighet; *be on* ~ vara på (ha) permission, vara [tjänst]ledig; *absent without* ~ frånvarande utan giltigt förfall **3** avsked; *take* ~ säga adjö (farväl) (*of* till); *take* ~ *of one's senses* bli tokig (galen); *take one's* ~ ta avsked, säga adjö (farväl)
2 leave [li:v] (*left, left*) **1** lämna; lämna kvar; glömma [kvar]; efterlämna, lämna efter sig; testamentera; ~ *alone* låta bli, låta vara [i fred]; ~ *well alone* hålla fingrarna borta från; ~ *be* (*vard.*) låta bli (vara); ~ *one page blank* lämna en sida blank (tom); ~ *go* (*hold*) *of* (*vard.*) släppa [taget om]; ~ *s.b. penniless* göra ngn utfattig; ~ *s.b. speechless* göra ngn mållös; ~ *s.th. undone* låta ngt vara ogjort, låta bli att göra ngt; *be left* återstå, vara (bli, finnas, lämnas) kvar; *nothing was left for them but to* det återstod inget annat för dem än att; *that's all we have left* det är allt vi har kvar; ~ *it at that* (*vard.*) låta det vara [bra så], låta det bero [vid det]; ~ *s.b. to himself* låta ngn sköta sig själv (vara i fred); ~ *the key with them* lämna nyckeln hos dem; *this* ~*s me with a problem* detta ställer mig inför ett problem; *it* ~*s much to be desired* det lämnar mycket övrigt att önska; *15 from 20* ~*s 5* 15 från 20 blir (är) 5; *she left a husband and three children* hon efterlämnade make och tre barn; *my uncle left me a necklace* min farbror testamenterade ett halsband till mig **2** lämna, [av]resa från, [av]gå från; ~ *home* resa (flytta) hemifrån; ~ *school* sluta skolan; ~ *the table* resa sig från bordet; *we left New York yesterday* vi lämnade (reste från) New York i går **3** över|- lämna, -låta, lämna (*to* åt); låta; ~ *it to me* låt mig ta hand om (sköta) det; ~ *it to me to* överlåt åt mig att; *I* ~ *it to you to decide* jag överlåter åt dig att avgöra det; ~ *s.th. to chance* lämna ngt åt slumpen **4** [av]gå, [av]resa; ge sig av (i väg); sluta (*anställning*); *I* ~ *for Rome today* jag reser till Rom i dag **5** *he* ~*s his clothes about* han låter sina kläder ligga kringströdda (framme); ~ *aside* åsidosätta, inte bry sig om, lämna åsido; ~ *behind* glömma [kvar], lämna [kvar], efterlämna, lämna

leave—legend

bakom sig; ~ *off a*) upphöra (sluta upp) med, sluta [med], avbryta (*work* arbetet), *b*) lägga av (*one's winter coat* vinterkappan), *c*) sluta (*at page 26* på sidan 26); ~ *off!* (*vard.*) lägg av!, sluta!; ~ *off smoking* sluta röka; ~ *out a*) lämna ute (framme), *b*) ute|lämna, -sluta, förbigå, lämna utanför
3 leave [li:v] lövas
leaved [li:vd] med blad; *three-~* trebladig
leaven ['levn] **I** *s* 1 jäsmedel, jäst, bakpulver; surdeg 2 *bildl.* inslag (*of humour* av humor) **II** *v* 1 få att jäsa 2 *bildl.* luckra (lätta) upp; genomsyra **-ing** ['levn̩ɪŋ] *se leaven I*
leaves [li:vz] *pl av leaf*
leave-taking ['li:v͵teɪkɪŋ] avresa; avsked; avskedstagande
leaving ['li:vɪŋ] 1 avsked; avresa 2 *~s* (*pl*) [mat]rester, lämningar; avfall **leaving certificate** avgångsbetyg **leaving party** avskeds|fest, -party
Lebanese [͵lebə'ni:z] **I** *s* (*pl lika*) libanes **II** *a* libanesisk **Lebanon** ['lebənən] Libanon
lecher ['letʃə] liderlig (vällustig) man (sälle) **lecherous** ['letʃ(ə)rəs] liderlig, vällustig **lechery** ['letʃərɪ] liderlighet, lusta
lecithin ['lesɪθɪn] *kem.* lecitin
lectern ['lektɜ:n] [läs-, kor]pulpet
lecture ['lektʃə] **I** *s* 1 föreläsning, föredrag (*on* om); *give a ~* hålla föredrag (en föreläsning) 2 skrapa, tillrättavisning **II** *v* 1 föreläsa, hålla föreläsning (*on* om) 2 ge en skrapa, tillrättavisa **lecturer** ['lektʃ(ə)rə] föreläsare, föredragshållare; *ung.* docent, universitetslektor **lecture room** föreläsningssal **lectureship** *ung.* docentur, universitetslektorat
LED *förk. för light emitting diode* lysdiod
led [led] *imperf. o. perf. part. av lead*
ledge [ledʒ] 1 list, kant; hylla; [fönster]bräde; gesims 2 klippavsats 3 malmförande lager; malmåder 4 undervattensrev
ledger ['ledʒə] *bokför.* huvudbok, liggare **ledger line** *mus.* hjälplinje
lee [li:] **I** *s* lä[sida]; *under the ~ of a*) i lä om, på läsidan av, *b*) *bildl.* i skydd av **II** *a* lä-
leech [li:tʃ] *zool.* blodigel; *bildl. a*) blodsugare, *b*) igel; *cling like a ~* vara som en blodigel
leek [li:k] *bot.* purjolök
leer [lɪə] **I** *s* sneglande (hånfull, menande, tvetydig) blick **II** *v* snegla, kasta hånfulla (menande) blickar (*at* på) **leery** ['lɪərɪ] 1 *dial.* slug, förslagen 2 *sl.* misstänksam (*of* mot)
lees [li:z] *pl* drägg, bottensats
lee|ward ['li:wəd; *sjö.* 'lu:əd] **I** *a* lä-, i lä **II** *adv* lävart; i lä **III** *s* lä[sida]; *to ~* åt läsidan **-way** 1 *sjö.* avdrift 2 spelrum; frist; *make up ~* ta igen en tidsförlust
1 left [left] *imperf. o. perf. part. av leave*
2 left [left] **I** *a* vänster (*hand* hand), vänster-; ~ *turn* vänstersväng **II** *adv* till vänster (*of* om), åt vänster; *keep ~* hålla till vänster; *turn ~* svänga till (ta av åt) vänster; ~ *turn!* (*mil.*) vänster om!
III *s* vänster hand (sida); (*i boxning*) vänster; *the L~* (*polit.*) vänstern; *on my ~* på min vänstra sida, till vänster om mig
left|-footer ['left͵fʊtə] *s, vard.* romersk-katolik (*i sht på Irland*) **-hand** [-hænd] *a* vänster-, vänster-; ~ *drive* vänsterstyrning; ~ *side* vänster sida **-handed** [͵left'hændɪd] 1 vänsterhänt 2 vänsterhands-, med (för) vänster hand 3 klumpig, tafatt; tvetydig, tvivelaktig (*compliment* komplimang) 4 *jur.* morganatisk **-hander** ['left͵hændə] 1 vänsterhänt person 2 vänsterslag **-ist** ['leftɪst] **I** *s* vänsteranhängare **II** *a* vänster|orienterad, -vriden, vänster-
left-luggage office [͵left'lʌgɪdʒ͵ɒfɪs] *BE.* resgodsinlämning, effektförvaring **left-over** ['left͵əʊvə] **I** *a* överbliven, kvarvarande **II** *s,* ~*s* (*pl*) [mat]rester
leftward ['leftwəd] **I** *a* vänster, vänster- **II** *adv, se leftwards* **leftwards** [-z] till (åt) vänster **left--wing** *a, polit.* vänster|orienterad, -vriden, vänster-, radikal **left wing** *s* 1 *polit.* vänsterfalang 2 *sport.* vänsterkant; vänsterytter 3 *mil.* vänsterflygel **left-winger** [-͵wɪŋə] 1 *polit.* vänsteranhängare, radikal 2 *sport.* vänsterytter **lefty** [-ɪ] *vard.* 1 vänstervriden person 2 *i sht AE.* vänsterhänt person
leg [leg] **I** *s* 1 ben (*äv. byx-, möbel- etc.*); skaft (*på stövel e.d.*); fot (*på möbel*); *be on one's last ~s a*) vara alldeles slut (utmattad), *b*) sjunga på sista versen; *break one's ~* bryta benet; *give s.b. a ~ up* hjälpa ngn upp (uppför); *not have a ~ to stand on* (*vard.*) inte ha ngt stöd för sina åsikter (påståenden), inte ha ngn ursäkt; *pull a p.'s ~* (*vard.*) skoja (driva) med ngn; *shake a ~* (*sl.*) sno på, sätta fart; *show a ~* (*vard.*) stiga upp (*ur sängen*); *stretch one's ~s* sträcka på benen, röra på sig; *walk a p.'s ~s off a*) gå för fort för ngn, gå ifrån ngn, *b*) skrämma bort ngn 2 *kokk.* lägg, lår, lårstycke, kyl; ~ *of lamb* lamm|stek, -lår, -kyl 3 etapp (*av resa, stafett e.d.*) 4 sida, katet (*i rätvinklig triangel*) 5 *sport.* omgång (*av tävling, matcher e.d.*); (*i kricket*) 'leg'-sida (*plandel t. vänster o. bakom slagmannen*); *be out ~ before wicket* utvisad på grund av ben framför grind 6 *sjö.* slag **II** *v, vard.,* ~ *it* gå, springa, skynda sig
leg. *förk. för legal; legate; legato; legislation; legislative; legislature*
legacy ['legəsɪ] legat, testamentsgåva; *bildl.* arv
legal ['li:gl] lag-, laglig, laga, lagenlig; rätts-, rättslig, juridisk; *take ~ action against* vidtaga rättsliga åtgärder mot; *take ~ advice* rådfråga en advokat; ~ *adviser* advokat, juridisk rådgivare; ~ *aid* rättshjälp; ~ *holiday* (*AE.*) bankfridag; ~ *medicine* rättsmedicin; ~ *offence* straffbar handling, lagbrott; *the ~ profession a*) advokatkåren, juristerna, *b*) juristyrket; ~ *separation* (*i sth AE.*) hemskillnad; ~ *status* rättslig ställning; ~ *tender* lagligt betalningsmedel **-ism** ['li:gəlɪz(ə)m] överdriven laglydnad, formalism **-istic** [͵li:gə'lɪstɪk] överdrivet laglydig, formalistisk **-ity** [li:'gælətɪ] laglighet, legalitet, lagenlighet; rättmätighet **-ization** (*BE. äv. -isation*) [͵li:gəlaɪ'zeɪʃn] legalisering **-ize** (*BE. äv. -ise*) ['li:gəlaɪz] legalisera, göra laglig
legate ['legɪt] legat
legatee [͵legə'ti:] arvinge, legat-, testaments|tagare
legation [lɪ'geɪʃn] legation, beskickning
legato [lə'gɑ:təʊ] *mus.* legato
legator [lɪ'geɪtə] testator
legend ['ledʒ(ə)nd] 1 legend (*äv. bildl.*); sägen,

saga 2 inskrift, inskription (*på mynt, vapensköld e.d.*) **3** [tecken]förklaring, text (*t. karta, tabell e.d.*) **-ary** [-(ə)rɪ] legend-; sagoomspunnen; legendarisk

legerdemain [ˌledʒədə'meɪn] taskspeleri, trolleri, jonglerande, trick

-legged [legd] -bent, med...ben; *four-~* fyrbent, med fyra ben; *long-~* långbent **leggings** ['legɪŋz] *pl* benläder; damasker **leggy** ['legɪ] långbent; *vard.* med långa, snygga ben

Leghorn [ˌleg'hɔ:n] Livorno

leg|ibility [ˌledʒɪ'bɪlətɪ] läslighet, läsbarhet; tydlighet **-ible** ['ledʒəbl] läs|lig, -bar; tydlig

legion ['li:dʒ(ə)n] legion; *the Foreign L~* Främlingslegionen; *the L~ of Honour* Hederslegionen; *~s of people* massor med (horder av) människor; *they are ~* de är oräkneliga (legio) **-ary** ['li:dʒənərɪ] **I** *s* legionär **II** *a* legions- **-naire** [ˌli:dʒə'neə] legionär

legis|late ['ledʒɪsleɪt] lagstifta **-lation** [ˌledʒɪs'leɪʃn] lagstiftning **-lative** ['ledʒɪslətɪv] legislativ, lagstiftande, lagstiftnings-; *~ assembly* lagstiftande församling **-lator** ['ledʒɪsleɪtə] lagstiftare **-lature** ['ledʒɪsleɪtʃə] legislatur, lagstiftande församling

legist ['li:dʒɪst] rättslärd

legit [lɪ'dʒɪt] *sl. för legitimate*

legiti|macy [lɪ'dʒɪtɪməsɪ] legitimitet, laglighet, laglig rätt; äkta börd; rättmätighet **-mate I** *a* [-mət] **1** legitim; laglig, rättmätig; född inom äktenskapet; *~ child* barn [fött] inom äktenskapet; *~ heir* legitim (rättmätig, laglig) arvinge **2** standard-, normal, reguljär **3** legitim, berättigad (*question* fråga); befogad, välgrundad **4** *~ theatre* seriös (allvarligt syftande) teater (*i motsats t. varieté o.d.*) **II** *v* [-meɪt] **1** legitimera; göra laglig; legalisera; ge äktenskapligt barns rättsställning **2** berättiga; rättfärdiga **-mation** [lɪˌdʒɪtɪ'meɪʃn] legitimering; legalisering **-matize** (*BE. äv. -matise*) [lɪ'dʒɪtɪmətaɪz], **-mize** (*BE. äv. -mise*) [lɪ'dʒɪtɪmaɪz] legitimera

leg|-pull ['legpʊl] *BE. vard.* drift, skoj **-room** plats (svängrum) för benen **-show** *vard.* revy (varieté) med bensprattel

legume ['legju:m] **1** baljfrukt; balja **2** legym, grönsak **leguminous** [le'gju:mɪnəs] *a*, *~ plant* balj-, ärt|växt

leg warmer ['legˌwɔ:mə] benvärmare **legwork** [-wɜ:k] *vard.* spring, rännande

Leics. *förk. för Leicestershire* ['lestəʃə]

leisure ['leʒə; *AE. vanl.* 'li:ʒə] fritid, ledighet; *at ~ a)* fri, ledig, inte upptagen, *b)* i lugn och ro, utan brådska; *at your ~* när du får tid, när det passar dig **leisure activities** *pl* fritids|sysselsättning, -aktiviteter **leisure clothes** *pl* fritidskläder **leisured** [-d] **1** ledig, med mycket fritid; *the ~ classes* de rika, överklassen **leisure hours** *pl* fritid, ledig tid **leisurely** [-lɪ] **I** *a* maklig, avspänd, lugn **II** *adv* makligt, avspänt, lugnt, utan brådska **leisure time** fritid, ledig tid **leisure wear** fritidskläder

leit|motif, -motiv ['laɪtmə(ʊ)ti:f] ledmotiv

lemma ['lemə] (*pl -s el. -ta* [-tə]) lemma, hjälpsats; tema; motto; uppslagsord

lemming ['lemɪŋ] *zool.* fjällämmel

lemon ['lemən] **I** *s* **1** citron; citronträd; citron|-gult, -färg **2** *sl.* nolla; dumhuvud; omöjlig grej **II** *a* citron-; citron|gul, -färgad **lemonade** [ˌlemə'neɪd] lemonad, läskedryck

lemon cheese (curd) ['lemən|tʃi:z, -kɜ:d] citronkräm **lemon drop** (*slags*) syrlig karamell **lemon juice** citronsaft **lemon squash** [ˌlemən'skwɒʃ] *BE.* citrondricka (*citron, socker, vatten*) **lemon squeezer** ['lemənˌskwi:zə] citronpress **lemony** ['lemənɪ] som smakar citron, med citronsmak

lemur ['li:mə] *zool.* lemur, maki

lend [lend] (*lent, lent*) **1** låna [ut]; *~ money at interest* låna ut pengar mot ränta **2** ge, skänka, förläna (*lustre to* glans åt); *~ s.b. an ear* lyssna (höra) på ngn, låna ngn sitt öra; *~ s.b. a hand* ge ngn ett handtag; *~ one's name to s.th.* låna sitt namn till ngt **3** *~ o.s.* (*itself*) *to* lämpa sig (vara lämplig för) **lender** ['lendə] långivare **lending library** ['lendɪŋˌlaɪbrərɪ] lånebibliotek

length [leŋθ] **1** längd; varaktighet, långvarighet; utsträckning; sträcka; *a certain ~ of time* en viss tid; *a ~ of tubing* ett rörstycke; *a ~ of wallpaper* en tapetvåd; *at arm's ~ a)* på armslängds avstånd, *b) bildl.* på avstånd; *[at] full ~* rakläng; *win by 2 ~s* (*sport.*) vinna med 2 längder; *2 miles in ~* 2 miles lång; *the book was 400 pages in ~* boken var 400 sidor tjock; *an illness of some ~* en längre tids (ganska lång) sjukdom; *go any ~*[*s*] *to* inte sky några medel (gå hur långt som helst) för att; *go to great ~s* (*bildl.*) gå mycket långt **2** *at ~ a)* slutligen, till slut, *b)* ingående, utförligt, på djupet, i detalj

lengthen ['leŋθ(ə)n] **1** förlänga, göra längre; *~ a dress* lägga ner en klänning; *a ~ed stay* en längre (förlängd) vistelse **2** förlängas, bli längre **lengthening** ['leŋθənɪŋ] förlängning **length|iness** [-ɪnɪs] långrandighet **length|ways** [-weɪz] *BE.*, **-wise** [-waɪz] *AE.* **I** *adv* på längden **II** *a* längsgående, på längden; *~ cut* längdsnitt, snitt på längden **lengthy** [-ɪ] långvarig, tämligen lång; långdragen, långrandig, [mycket] utförlig

leni|ence ['li:njəns], **-ency** [-ənsɪ] eftergivenhet, mildhet, fördragsamhet, överseende **-ent** [-ənt] eftergiven, mild, fördragsam, överseende (*to, towards* mot)

Leninism ['lenɪnɪz(ə)m] leninism

lenit|ive ['lenɪtɪv] **I** *a* smärtstillande, lugnande **II** *s* smärtstillande (lugnande) medel

lens [lenz] *anat., fys.* lins; *foto. äv.* objektiv

Lent [lent] fasta[n], fastlag[en] (*från askonsdagen till påskafton*); *the ~s* (*i Cambridge*) roddtävlingarna på vårterminen

lent [lent] *imperf. o. perf. part. av lend*

Lenten ['lentən] **I** fasta-, fastlags-

len|ticular [ˌlen'tɪkjʊlə], **-tiform** ['lentɪfɔ:m] linsformad, lins-

lentil ['lentɪl] *bot.* [åker]lins

lentoid ['lentɔɪd] linsformad, lins-

Leo ['li:əʊ] Lejonet (*stjärnbild*)

Leonard ['lenəd]

leonine ['li:ə(ʊ)naɪn] lejon-; lejonliknande

leopard ['lepəd] leopard, panter

leotard[s] ['li:ə(ʊ)tɑ:d(z)] (*åtsittande*) gymnastikdräkt, trikåer

leper ['lepə] leprasjuk (spetälsk) [person]

leprechaun ['leprəkɔ:n] *Irl.* [hus]tomte

leprosy—Lettish

lep|rosy ['leprəsɪ] lepra, spetälska **-rous** [-rəs] leprös, spetälsk
lesbian ['lezbɪən] **I** s lesbisk kvinna **II** a lesbisk
lese-majesty [ˌliːzˈmædʒɪstɪ] majestätsbrott
lesion ['liːʒn] sjuklig förändring; skada, sår
less [les] **I** a o. adv (komp. av little) mindre; of ~ importance av mindre betydelse; ~ quickly mindre snabbt; ~ and ~ mindre och mindre, allt mindre; ~ of that! bär dig inte åt på det där viset!; the ~ you think about it the better ju mindre du tänker på det desto bättre [är det]; I see ~ of them nowadays jag ser allt mindre av dem nuförtiden; think ~ of inte ha några höga tankar om; I hope you won't think [any the] ~ of me jag hoppas att du inte tänker illa om mig; much (still, even) ~ än [nu] mindre; I don't want it, still ~ need it jag vill inte ha det, ännu mindre behöver jag det; no ~ a person than the queen ingen mindre än drottningen; he says he's won the first prize, no ~ (vard.) kan du tänka dig, han påstår att han har vunnit högsta vinsten; I expected no ~ det var precis vad jag väntade mig; none the ~ icke desto mindre; it's nothing (no) ~ than a catastrophe det är ingenting mindre än en katastrof **II** prep minus; a month ~ three days en månad så när som på tre dagar; 6 ~ 2 6 minus 2
lessee [leˈsiː] arrendator; hyresgäst
less|en ['lesn] **1** [för]minska, göra mindre **2** förringa, nedvärdera **3** minska[s], bli mindre, avta **-er** [-ə] mindre; to a ~ extent i mindre utsträckning
lesson ['lesn] **1** lektion; lektionstimme; French ~, ~ in French lektion i franska, fransk lektion; give ~s in English ge lektioner (undervisa) i engelska **2** läxa; bildl. äv. tillrättavisning, uppsträckning; do one's ~s läsa sina läxor; he has learnt his ~ (bildl.) han har fått [sig] en läxa; teach s.b. a ~ (bildl.) ge ngn en läxa **3** bibeltext
lessor [leˈsɔː] utarrenderare; hyresvärd
lest [lest] åld. **1** för att inte, av fruktan att, ifall; they tiptoed ~ the guard should discover them de gick på tå för att inte vakten skulle upptäcka dem **2** (efter och för fruktan e.d.) [för] att; he was frightened ~ he should fall han var rädd att han skulle falla
1 let [let] **I** v (let, let) **1** låta (s.b. do s.th. ngn göra ngt), tillåta (s.b. do s.th. att ngn gör ngt); I want to go, but dad won't ~ me jag vill åka, men jag får inte för pappa (pappa tillåter det inte); ~ x equal y antag att x är lika med y; ~'s go swimming! ska vi [inte] gå och bada?; ~ me help you! kan jag hjälpa dig?; ~ me know when you're ready säg till (tala om för mig) när du är färdig; ~ it be known, that... låt alla få veta (må det bli känt) att...; ~ them pass låt dem passera, släpp förbi dem **2** hyra[s] ut; arrendera[s] ut; to ~ att hyra **3** ~ alone a) låta bli, lämna (låta vara) i fred, inte bry sig om, b) än[nu] mindre, för att inte tala om; we'd better ~ well alone det är bäst att vi låter det vara som det är; ~ be låta bli, lämna (låta vara) i fred; ~ down a) släppa (dra, fira, hala, hissa, sänka) ner, b) sömn. lägga (släppa) ner, c) göra besviken, svika, lämna in sticket; ~ o.s. down blamera sig; ~ one's hair down, se hair; ~ down a tyre släppa ut luften ur ett däck; ~ fall a) låta falla, släppa, tappa, b) låta undfalla sig; ~ go släppa,

låta falla, låta gå (fara), släppa ifrån sig, släppa lös; ~ o.s. go a) släppa (slå) sig lös, släppa alla hämningar, låta sig ryckas med, b) slarva med sitt yttre; ~ go of släppa [taget om]; ~ it go at that! låt det stanna (bero) vid det; ~ in a) släppa in (the cat katten), b) sömn. fälla in; ~ o.s. in öppna (låsa upp) och gå in; ~ in water släppa igenom vatten, läcka, vara otät; ~ o.s. in for ge sig in på, inveckla sig i; ~ o.s. in for a lot of extra work få en massa extraarbete på halsen; ~ s.b. in for s.th. blanda (dra) in ngn i ngt, förorsaka ngn ngt; ~ s.b. in on s.th. inviga ngn i ngt; ~ into a) släppa in i, b) inviga i (a secret en hemlighet); ~ a pipe into the wall lägga (sätta) in ett rör i väggen; ~ loose släppa, släppa fri (lös); ~ off a) avskjuta, fyra av, skjuta i väg, b) släppa av, c) ge ledigt, d) låta slippa undan, låta komma lindrigt undan, e) släppa ut (air luft), f) hyra ut, g) släppa sig; ~ s.b. off at the station släppa av ngn vid stationen; ~ off steam (vard.) lätta på trycket, avreagera sig; ~ s.b. off with a warning låta ngn slippa undan med en varning; ~ on a) avslöja, tillstå, låta komma ut, b) låtsas, låtsas om, c) skvallra (that om att); ~ out a) släppa ut, släppa lös, b) utstöta (a howl ett tjut), c) avslöja (a secret en hemlighet), d) hyra ut, arrendera ut, e) sömn. lägga (släppa) ut; I ~ myself out jag hittar ut själv; ~ slip a) försitta (a chance en chans), b) låta undfalla sig; ~ through släppa fram (igenom); ~ up minska, försvagas, avta, sluta; ~ up on (vard.) vara mildare (mindre hård) mot
2 let [let] **1** jur., without ~ or hindrance utan minsta hinder **2** (i tennis e.d.) nätboll
letdown ['letdaun] **1** besvikelse **2** minskning, nedgång **3** inflygning
lethal ['liːθl] dödlig, dödande
lethar|gic [leˈθɑːdʒɪk] letargisk, sömnsjuk; slö **-gy** ['leθədʒɪ] letargi; slöhet, håglöshet, försoffning
let's [lets] = let us
Lett [let] **1** lett **2** lettiska [språket]
letter ['letə] **I** s **1** bokstav; the ~ of the law lagens bokstav; small (capital) ~ liten (stor) bokstav; to the ~ a) bokstavligt, b) till punkt och pricka **2** brev; skrivelse; by ~ skriftligen, brevledes, per brev; ~ of advice avi; ~ of attorney (authority) fullmakt; ~[s] of credence (dipl.) kreditiv[brev]; ~ of credit (bank.) kreditiv; ~ to the editor insändare; ~s patent a) patent[brev], b) privilegiebrev **3** ~s (pl) litterär bildning; vitterhet; litteratur; man of ~s a) lärd (boksynt) man, b) skönlitterär författare, skriftställare **II** v förse med bokstäver; märka, klassificera **letter bomb** brevbomb **letter box** brev-, post|låda **letter card** postbrev **letter carrier** [-ˌkærɪə] AE. brevbärare **lettered** [-d] **1** litterärt bildad, boksynt; lärd, kultiverad **2** försedd med bokstäver; ~ in gold med guldskrift **letterhead** [-hed] **1** brevhuvud **2** firmabrevpapper **lettering** [-rɪŋ] **1** textning **2** inskrift, text **letter-perfect** [ˌletəˈpɜːfɪkt] i sht AE., be ~ in s.th. kunna ngt perfekt **letterpress** ['letəpres] boktr. **1** text[innehåll] (i motsats t. illustrationer) **2** boktryck, högtryck **letter telegram** ['letəˌtelɪɡræm] brevtelegram
letting ['letɪŋ] uthyrning; utarrendering
Lettish ['letɪʃ] **I** a lettisk, lettländsk **II** s lettiska

[språket]
lettuce ['letɪs] sallad, sallat; salladshuvud
let-up ['letʌp] *vard.* minskning, avtagande; paus, avbrott
leucocyte ['ljuːkə(ʊ)saɪt] *med.* vit blodkropp
leukaemia [ljuːˈkiːmɪə] *BE.*, **leukemia** [luː-ˈkiːmɪə] *AE.*, *med.* leukemi
Levant [lɪˈvænt] *the* ~ Levanten
levant [lɪˈvænt] *BE.* smita *(från skuld)*
Levantine ['levəntaɪn] **I** *s* levantin **II** *a* levantisk
1 levee ['levɪ] **1** *hist.* levé *(furstes morgonmottagning)* **2** eftermiddagsmottagning *(för män vid brittiska hovet)*
2 levee ['levɪ] **1** flodfördämning; kaj *(vid flod)* **2** skyddsvall
level ['levl] **I** *s* **1** plan, nivå *(äv. bildl.)*; *it is above my* ~ det går över min horisont, det ligger över min nivå; *above the* ~ *of the sea* över havet[s yta]; *at eye* ~ i ögonhöjd; *at the highest* ~ på högsta nivå; *on a* ~ *with* i nivå (höjd) med, på samma nivå som; *on the* ~ *(vard.) a)* ärligt, uppriktigt [talat], *b)* just, renhårig; *find one's* ~ finna sin plats [här i livet] **2** vattenpass **II** *a* **1** horisontell, vågrät **2** jämn, plan; jämnhög, i jämnhöjd; jämställd, likställd; likformig; jämngod; ~ *crossing (BE.)* plankorsning, järnvägskorsning; ~ *spoonful* struken sked; ~ *with the ground a)* i jämnhöjd med marken, i marknivå, *b)* parallell med marken; *the runners are* ~ löparna ligger lika; *do one's* ~ *best* göra sitt allra bästa; *draw* ~ komma i jämnhöjd med varandra; *draw* ~ *with* hinna upp (i kapp); *he played* ~ *with her* han spelade mot henne utan handikapp **3** *have a* ~ *head* ha ett klart intellekt; *keep a* ~ *head* hålla huvudet kallt **III** *v* **1** ~ *[off]* jämna [till], planera **2** göra jämn, jämna ut; nivellera; göra vågrät *(med hjälp av vattenpass)*; göra lika, göra likställd; bringa i jämnhöjd; ~ *[with the ground]* jämna med marken; ~ *down* sänka [till en lägre nivå], utjämna; ~ *up* höja [till en högre nivå], utjämna, räta upp; ~ *with s.b. (vard.)* vara uppriktig mot ngn **3** rikta; ~ *a blow (weapon, charge) at (against)* rikta ett slag (ett vapen, en anklagelse) mot **4** slå ned, fälla **5** ~ *off (out) a) (om mark, flygplan)* plana ut, *b) bildl.* jämna ut sig **-headed** [ˌlevlˈhedɪd] [väl]balanserad, stadig, sansad
leveller ['levlə] utjämnare; förkämpe för jämställdhet
lever ['liːvə] **I** *s* **1** hävstång; spak **2** *bildl.* hävstång; [påtrycknings]medel **II** *v* lyfta med hävstång, bända, baxa **-age** ['liːv(ə)rɪdʒ] **1** hävstångsverkan; hävstångskraft **2** inflytande, påtryckning
leveret ['lev(ə)rɪt] unghare
leviathan [lɪˈvaɪəθn] **1** *bibl.* leviatan *(havsvidunder)* **2** *bildl.* koloss, monster
Levis ['liːvaɪs] *pl (varumärke)* Levis[jeans]
levitate ['levɪteɪt] *(inom spiritismen)* [få att] sväva
Levite ['liːvaɪt] *bibl.* levit
Leviticus [lɪˈvɪtɪkəs] Tredje Mosebok
levity ['levətɪ] lättsinne, lättsinnighet, lättfärdighet; ombytlighet
levy ['levɪ] **I** *s* **1** uttaxering; uppbörd **2** *mil.* utskrivning, uppbåd; ~ *en masse* [ɑ̃(ŋ)ˈmæs] massuppbåd **II** *v* **1** uttaxera; ta upp, lägga på *(skatt,*

avgift); ~ *a fine on s.b.* påföra ngn böter; ~ *a tax on beer* lägga skatt på öl **2** ta ut till militärtjänst, kalla in **3** beslagta, utmäta **4** ~ *war* föra krig
lewd [luːd] liderlig; obscen, oanständig
lexi|cal ['leksɪkl] lexikalisk **-cographer** [ˌleksɪ-ˈkɒɡrəfə] lexikograf, ordboksförfattare **-cographic[al]** [ˌleksɪkə(ʊ)ˈɡræfɪk(l)] lexikografisk **-cography** [ˌleksɪˈkɒɡrəfɪ] lexikografi **-con** ['leksɪkən] **1** lexikon *(vanl. grekiskt el. latinskt)* **2** ordlista; vokabulär
L.F. *förk. för low frequency* **lg[e].** *förk. för large*
lgth. *förk. för length* **L.H.**, **l.h.** *förk. för left hand* **l.h.d.** *förk. för left-hand drive* **L.I.** *förk. för Light Infantry; Long Island*
lia|bility [ˌlaɪəˈbɪlətɪ] **1** ansvar; skyldighet, plikt; *limited* ~ *company* [aktie]bolag med begränsad ansvarighet; *tax* ~ skatteplikt; ~ *for jury service* skyldighet att sitta i jury; ~ *to pay damages* skadeståndsskyldighet **2** mottaglighet, utsatthet; benägenhet **3** -*bilities (pl, hand.)* skulder; förpliktelser **4** börda; belastning **-ble** [ˈlaɪəbl] **1** ansvarig *(for* för); *(juridiskt)* skyldig, förpliktad *(to* att); ~ *to* underkastad; ~ *to duty* tullpliktig; ~ *to penalty* straffbar; ~ *for tax* skattepliktig **2** mottaglig, utsatt, disponerad *(to pneumonia* för lunginflammation) **3** trolig, möjlig; benägen *(to do s.th.* [för] att göra ngt); *be* ~ *to (äv.)* riskera att; *she is* ~ *to tell the police* det är troligt att hon underrättar polisen; *an accident is* ~ *to happen soon* det kommer snart att hända en olycka; *she's* ~ *to loose her temper* hon kommer säkert att bli rasande; *this paint is* ~ *to come off* den här färgen flagar lätt
liaise [lɪˈeɪz] upprätthålla förbindelse **liaison** [-ɔ̃ː(ŋ); *mil.* -(ə)n] **I** *s* **1** förbindelse; *mil. äv.* samband **2** förhållande, [kärleks]förbindelse **3** *fonet.* bindning **4** *kokk.* [av]redning *(äggula, grädde)* **liaison officer** sambandsofficer
liana [lɪˈɑːnə], **liane** [lɪˈɑːn] *bot.* lian
liar ['laɪə] lögnare, lögnhals
lib [lɪb] *vard. för liberation (t.ex. women's lib)*
Lib. *förk. för Liberal* **lib.** *förk. för liber (lat., book), librarian; library*
libation [laɪˈbeɪʃn] **1** libation, dryckesoffer **2** *skämts.* alkoholhaltig dryck
libber ['lɪbə] *vard., women's* ~ kvinnosaks|-kvinna, -kämpe
libel ['laɪbl] **I** *s* **1** *jur.* ärekränkning; förtal; smädeskrift **2** skymf, förolämpning **II** *v* **1** *jur.* ärekränka; förtala; smäda **2** skymfa, förolämpa **-ler**, **-list** ['laɪbl|ə, -ɪst] person som ärekränker; smädeskrivare **-lous** ['laɪbləs] ärekränkande; smädlig
liberal ['lɪb(ə)r(ə)l] **I** *a* **1** liberal; frisinnad **2** *L*~ *(polit.)* liberal **3** frikostig, generös; fördragsam, överseende; riklig *(helping of food* matportion); fri *(translation* översättning); *the* ~ *arts* humaniora, humanistiska ämnen **II** *s*, *L*~ *(polit.)* liberal **-ism** ['lɪb(ə)rəlɪz(ə)m] liberalism **-ity** [ˌlɪbəˈrælətɪ] **1** frikostighet, generositet **2** liberalitet, fördomsfrihet **-ization** *(BE. äv. -isation)* [ˌlɪb(ə)rəlaɪˈzeɪʃn] liberalisering **-ize** *(BE. äv. -ise)* ['lɪb(ə)rəlaɪz] liberalisera
liber|ate ['lɪbəreɪt] **1** befria; frige **2** *kem. o. bildl.* frigöra **-ation** [ˌlɪbəˈreɪʃn] **1** befrielse; frigivning **2** *kem. o. bildl.* frigörande **-ator** ['lɪbəreɪtə] bef-

Liberia—life

riare
Liberi|a [laɪˈbɪərɪə] Liberia **-an** [-ən] **I** *a* liberi[an]sk **II** *s* liberi|an, -er
libertine [ˈlɪbəti:n] libertin, vällusting
liber|ty [ˈlɪbətɪ] frihet; ~ *of the press* tryckfrihet; *basic* -*ties* grundrättigheter; *what a* ~*!* vilken fräckhet!; *be at* ~ *a)* vara på fri fot (i frihet, fri), *b)* ha tid, vara ledig, inte vara upptagen, *c)* vara fri (oförhindrad); *be at* ~ *to do s.th.* ha lov (ha tillåtelse, få) göra ngt; *you are at* ~ *to* (*äv.*) det står dig fritt att; *restore s.b. to* ~ återge ngn friheten; *take the* ~ *of doing* (*to do*) *s.th.* ta sig friheten att göra ngt; *take* -*ties with a*) ta sig friheter med, *b*) vara närgången mot **liberty hall** *vard.*, *this is* ~ här (nu) får man göra vad man vill
libidinous [lɪˈbɪdɪnəs] **1** vällustig, liderlig **2** *psykol.* libidinös **libido** [lɪˈbiːdəʊ] *psykol.* libido
Libra [ˈlaɪbrə] Vågen (*stjärnbild*)
li|bra [ˈlaɪbrə] (*pl* -*brae* [-bri:]) pund (*gammal romersk vikt*)
librarian [laɪˈbreərɪən] bibliotekarie **library** [ˈlaɪbrərɪ] bibliotek; boksamling; [skiv]samling; [film]arkiv; *public* ~ [offentligt] bibliotek
libret|tist [lɪˈbretɪst] librettoförfattare, librettist **-to** [-əʊ] libretto
Liby|a [ˈlɪbɪə] Libyen **-an** [-ən] **I** *a* libysk **II** *s* libyer
lice [laɪs] *pl av* louse *1*
licence [ˈlaɪs(ə)ns] **1** licens; [formellt] tillstånd; certifikat; utskänkningstillstånd, [sprit]rättigheter; *dog* ~ hundskatt[emärke]; *driving* ~ körkort; *hunting* ~ jaktlicens; *marriage* ~ vigselbevis; *radio* ~ radiolicens **2** [handlings]frihet; *poetic* ~ poetisk frihet, licentia poetica **3** tygellöshet; lättsinne
license [ˈlaɪs(ə)ns] **I** *v* bevilja (ge) licens (tillstånd, utskänkningstillstånd, [sprit]rättigheter); tilldela certifikat; *be* ~*d to do s.th.* ha tillstånd att göra ngt; ~*d house* (*premises*) krog (ställe) med [sprit]rättigheter; *fully* ~*d* med fullständiga [sprit]rättigheter **II** *s*, *AE.*, *se* licence **licensee** [ˌlaɪs(ə)nˈsiː] licensinnehavare; innehavare av [sprit]rättigheter **license plate** *AE.* registreringsskylt, nummerplåt
licentiate [laɪˈsenʃɪət] **1** auktoriserad utövare (*av yrke*) **2** licentiat
licentious [laɪˈsenʃəs] utsvävande, lastbar
lichen [ˈlaɪkən] *bot.* lav
lich gate [ˈlɪtʃgeɪt] övertäckt portvalv (*t. kyrkogård*)
lick [lɪk] **I** *v* **1** slicka (*äv. om flammor o. vågor*); slicka på (*a lollipop* en klubba); ~ *a p.'s boots* krypa för (krusa för, smickra) ngn; ~ *one's lips* slicka sig om munnen; ~ *one's wounds* slicka sina sår; ~ *into shape* få ordning (stil, fason) på **2** *vard.* klå, slå; besegra; övertrumfa; *this* ~*s everything* det här slår allt (är ändå höjden) **II** *s* **1** slick[ning]; *give s.th. a* ~ slicka på ngt **2** slick, slurk, liten klick; *give o.s. a* ~ *and a promise* tvätta sig nödtorftigt, ta en snabbvask **3** sleke, slicksten (*för husdjur*) **4** *vard.* slag, smäll **5** *vard.* fart, speed, fräs; *at a* ~ i full fräs
lickety-split [ˌlɪkətɪˈsplɪt] *AE. vard.* jättesnabbt, i rasande fart
licking [ˈlɪkɪŋ] **1** slickande **2** *vard.* stryk, smörj; nederlag
licorice [ˈlɪkərɪs] *AE.* lakrits

lid [lɪd] **1** lock; *saucepan* ~ kastrullock; *flip one's* ~ (*sl.*) *a)* explodera [av ilska], *b*) bli tokig; *put the* ~ *on* (*vard.*) *a)* göra slut på, sätta stopp för, *b*) hålla i styr, hindra; *take the* ~ *off* (*vard.*) avslöja **2** ögonlock **3** *sl.* kanna (*hatt*)
lido [ˈliːdəʊ] *BE.* friluftsbad
1 lie [laɪ] **I** *s* lögn, osanning; *give the* ~ *to* motbevisa, vederlägga; *give the* ~ *to s.b.* beskylla ngn för att ljuga; *tell* ~*s* (*a* ~) tala osanning, ljuga **II** *v* ljuga, tala osanning (*to* för)
2 lie [laɪ] **I** *v* (*lay*, *lain*) **1** ligga; ~ *asleep* (*resting*) ligga och sova (vila); ~ *awake* ligga vaken; ~ *low a*) hålla sig undan (gömd), *b*) ligga lågt (*äv. bildl.*), bida sin tid; *where does the problem* ~*?* var ligger problemet?; *how do things* ~*?* hur ligger det till med saker och ting?; *know how the land* ~*s* (*bildl.*) veta hur landet ligger (läget är, situationen är) **2** ligga begraven, vila **3** ligga, vara belägen, utbreda sig; *the lake lay before us* sjön utbredde sig (låg) framför oss **4** ~ *about* (*around*) ligga framme [och skräpa], ligga kringspridda; ~ *back* luta sig tillbaka; ~ *down* lägga sig [ner], lägga sig och vila; ~ *down!* (*t. hund*) ligg!; ~ *down under s.th.*, *take s.th. lying down* finna sig i ngt; ~ *in a*) ligga kvar i sängen, *b*) ligga (bestå) i, *c*) ligga i barnsäng; ~ *on a*) ligga (vila) på, *b*) åligga, ankomma på; *it* ~*s heavy* [*up*] *on my conscience* det tynger (vilar tungt på) mitt samvete; ~ *to* (*sjö.*) *a*) ligga för ankar, *b*) dreja bi; ~ *under a*) ligga under, *b*) tyngas av; ~ *up a*) [gå och] lägga sig, ligga till sängs, *b*) vara ur funktion, inte användas, (*om bil*) vara uppallad, (*om fartyg*) vara upplagd; ~ *with* ligga på (hos); *the decision* ~*s with her* avgörandet ligger hos henne; *it* ~*s with me to decide* det är min sak att avgöra **II** *s* **1** läge, position; *the* ~ *of the land* landets topografi; *know the* ~ *of the land* (*bildl.*) veta hur landet ligger (läget är, situationen är) **2** (*djurs*) läger, lya, håla
lie-abed [ˈlaɪəbed] sjusovare
Liechtenstein [ˈlɪktənstaɪn]
lie detector [ˈlaɪdɪˌtektə] lögndetektor
lie-down [ˈlaɪdaʊn] vila
lief [liːf] *åld.* **1** snar, ivrig; glad **2** kär, dyr
liege [liːdʒ] **I** *a* **1** ~ *lord* länsherre **2** länspliktig, vasall-; trogen, lojal **II** *s* **1** länsherre **2** vasall; trogen undersåte **-man** [ˈliːdʒmən] **1** vasall **2** trogen anhängare
lie-in [ˈlaɪɪn] *s*, *have a* ~ ligga kvar (och dra sig) i sängen
lieu [ljuː] *s*, *in* ~ i stället [*of* för]
Lieut. *förk. för* Lieutenant
lieutenant [lefˈtenənt; *AE.* luːˈtenənt] **1** (*BE. i armén*) löjtnant; (*BE. i flottan*) kapten; *first* ~ (*AE.*, *i armén*) löjtnant; *second* ~ fänrik; ~ *junior grade* (*AE. i flottan*) löjtnant **2** *AE.* biträdande poliskommissarie, närmaste man **3** ställföreträdare, närmaste man **lieutenant colonel** överstelöjtnant **lieutenant commander** örlogskapten **lieutenant general** generallöjtnant **lieutenant governor** viceguvernör
life [laɪf] (*pl* lives) **1** liv; levnad; livs|tid, -längd; *country* ~ livet på landet, lantlivet; *plant* ~ växtlivet; *the good* ~ det ljuva livet; *a* ~ *for a* ~ öga för öga, tand för tand; *the* ~ *of a bulb* en glödlampas livslängd; *as large as* ~ *a*) i naturlig storlek, *b*)

life-and-death—light

vard. livs levande, i egen hög person; *larger than ~ a*) i övernaturlig storlek, *b*) överdriven; *true to ~* verklighetstrogen; *at his time of ~* i hans ålder; *for ~* på livstid, för [hela] livet; *for dear ~* (*vard.*) för brinnande livet, allt vad tygen håller; *not for the ~ of me* inte med bästa vilja i världen, aldrig i livet; *from (after) ~* efter levande modell, efter naturen; *in early (early in) ~* tidigt i livet, i ungdomen; *never in my ~!* aldrig i livet!; *not on your ~!* (*vard.*) aldrig i livet!; *be the ~ and soul of a party* vara medelpunkten på en fest; *it is a matter of ~ and death* det gäller livet, det är en fråga om liv eller död; *bring to ~* göra levande; *bring s.b. back to ~* återkalla ngn till livet, återuppliva ngn; *come to ~ a*) få liv, bli levande, *b*) leva upp, kvickna till [igen]; *frighten the ~ out of s.b.* skrämma livet ur ngn; *get a ~ sentence* bli dömd till livstids fängelse; *have the time of one's ~* roa sig kungligt, ha jätteroligt; *lead a quiet ~* föra (leva) ett lugnt liv; *lead the ~ of Riley* (*vard.*) må som en prins; *lose one's ~* omkomma, mista livet, [få] sätta livet till; *how many lives were lost?* hur många människor omkom?; *resemble s.th. to the ~* vara en exakt kopia (avbild) av ngt; *save a p.'s ~* rädda livet på ngn; *I can't sing to save my ~* jag kan inte sjunga för allt i världen; *take a p.'s ~* ta livet av ngn; *take one's [own] ~* ta livet av sig, ta sitt liv; *take one's ~ in one's hands* våga (riskera) livet **2** levnadsteckning, biografi
life-and-death [ˌlaɪfən(d)'deθ] *a*, *a ~ struggle* en kamp på liv och död
life assurance ['laɪfəˌʃʊər(ə)ns] livförsäkring **life belt** [-belt] livbälte **lifeblood** [-blʌd] *bildl.* livsnerv, hjärteblod **lifeboat** [-bəʊt] livbåt; räddningsbåt **life bouy** [-bɔɪ] liv[räddnings]boj, frälsarkrans **life cycle** [-saɪkl] livscykel **life expectancy** [-ɪkˌspekt(ə)nsɪ] [sannolik] livslängd **lifeguard** [-gɑːd] livräddare, strandvakt **Life Guards** [-gɑːdz] livgarde **life history** [-ˌhɪst(ə)rɪ] **1** *biol.* utveckling (*från befruktning t. död*) **2** levnadshistoria **life insurance** [-ɪnˌʃʊər(ə)ns] livförsäkring **life jacket** [-ˌdʒækɪt] flytväst **lifeless** [-lɪs] **1** livlös, utan liv **2** trög, utan vitalitet **lifelike** [-laɪk] verklighets-, natur|trogen, levande **lifeline** [-laɪn] **1** livlina **2** livsviktig förbindelse; andningshål; räddningsplanka **lifelong** [-lɒŋ] livslång **life preserver** [-prɪˌzɜːvə] **1** *BE*. knölpåk **2** *AE*. livbälte; flytväst **lifer** [-ə] *vard.* livstidsfånge **life raft** [-rɑːft] räddningsflotte **life-saver** [-ˌseɪvə] **1** livräddare **2** *vard.* räddare i nöden **life-saving** [-ˌseɪvɪŋ] **I** *a* livräddnings- **II** *s* livräddning **life-size[d]** [ˌlaɪf'saɪz(d)] i naturlig storlek, i kroppsstorlek **life span** ['laɪfspæn] livslängd **lifetime** ['laɪftaɪm] livstid; liv; *it's the chance of a ~* det är mitt (ditt *etc.*) livs chans; *once in a ~* en gång i livet; *during (in) her ~* under hennes liv (levnad), på hennes tid
lift [lɪft] **I** *v* **1** lyfta; lyfta upp; lyfta på; höja; *~ down (up)* lyfta ner (upp); *~ off* lyfta av (bort); *~ one's eyes* höja blicken; *have one's face ~ed* göra en ansiktslyftning, lyfta sig; *not ~ a finger* inte lyfta (röra) ett finger; *~ one's hand to s.b.* (*bildl.*) lyfta sin hand mot ngn; *~ [up] one's head* lyfta på huvudet; *~ up a window* skjuta upp ett fönster; *~ one's voice in song* brista ut i sång **2** avskaffa, [upp]häva (*restrictions* restriktioner) **3** ta upp (*potatis, morötter e.d.*) **4** skjutsa, ge lift, transportera **5** *vard.* snatta, sno, knycka; plagiera **6** *AE*. betala av **7** (*om flygplan e.d.*) lyfta, gå upp; *~ off* (*om rymdfarkost*) lyfta, starta **8** lätta, lyfta; *the fog ~ed* dimman lättade **II** *s* **1** lyft; lyftning, höjande (*of the eyebrows* på ögonbrynen); *bildl.* upplyftning; *give s.b. a ~* uppmuntra (pigga upp) ngn; *give me a ~ with this bag* hjälp mig med den här väskan **2** *fys.* lyftkraft; upptryck **3** *BE*. hiss; lift **4** skjuts, lift; *give s.b. a ~* ge ngn skjuts (lift) **-boy** ['lɪftbɔɪ] hisspojke **-man** ['lɪftmən] hisskonduktör **-off** ['lɪftɒf] (*rymdfarkosts*) start; startögonblick
ligament ['lɪgəmənt] *anat.* ligament, ledband
ligature ['lɪgəˌtʃʊə] *med. o. boktr.* ligatur
1 light [laɪt] **I** *s* **1** ljus; sken; dager; dagsljus, gryning; *konst.* ljust parti; *ultraviolet ~* ultraviolett ljus (strålning); *~ and shade* skuggor och dagrar; *in [the] ~ of* i ljuset av, i betraktande av, med hänsyn till; *bring (come) to ~* bringa (komma) i dagen; *see the ~ [of day] a*) se dagens ljus, komma till världen, *b*) offentliggöras, *c*) komma till insikt; *finally I saw the ~* äntligen gick det upp ett ljus för mig; *see s.th. in a new ~* betrakta ngt med nya ögon; *shed (throw, cast) ~ on* sprida (kasta) ljus över, bringa klarhet i; *this showed him in a bad ~* detta fick honom att framstå i en dålig dager; *stand in a p.'s ~ a*) skymma (stå i ljuset för) ngn, *b*) *bildl.* stå i vägen för ngn, ställa ngn i skuggan **2** ljus; lyse, belysning; lampa; lanterna; fyr; trafikljus; *go out like a ~* slockna direkt (*somna, bli medvetslös*); *have the ~s on* ha ljuset på (*i bil e.d.*); *hide one's ~ under a bushel* (*bibl.*) sätta sitt ljus under en skäppa; *leave a ~ burning in the hall* låta en lampa brinna i hallen; *put on (out) the ~[s]* tända (släcka) [lyset] **3** ljus|intag, -öppning, [tak]fönster; *leaded ~s* blyinfattade rutor **4** eld; *do you have a ~?* har du lite eld (en tändsticka)?; *set (put a) ~ to* sätta eld på **5** *~s* (*pl*) förstånd; *according to his ~s* efter bästa förstånd, så gott han kan **6** framstående person, förgrundsfigur; *one of the leading ~s of the theatre* en av de ledande personligheterna inom teatern **II** *a* ljus; upplyst, belyst; *~ blue* ljusblå **III** *v* (*lit, lit el. lighted, lighted*) **1** tända (*a candle* ett ljus) **2** *~ [up]* lysa upp (*äv. bildl.*), belysa; *a smile lit [up] his face* hans ansikte lystes upp av ett leende; *be lit up* (*vard.*) vara på sniskan **3** lysa ([*the way for*] *s.b.* ngn (på väg)); *~ the way for s.b.* vara vägledande för ngt **4** tändas; ta eld **5** *bildl.* lysa upp; *her face lit with delight* hennes ansikte lyste upp av förtjusning **6** *~ up a*) tända cigaretten (pipan *etc.*), *b*) lysa upp (*äv. bildl.*)
2 light [laɪt] **I** *a* **1** lätt, inte tung; obetydlig, oviktig, lindrig; *~ burden* lätt börda; *~ comedy* lustspel, fars; *be a ~ eater* vara liten i maten; *with a ~ hand* med lätt hand; *with a ~ heart* med lätt hjärta; *~ horse* lätt kavalleri; *~ infantry* lätt infanteri; *~ lorry* lätt lastbil; *no ~ matter* ingen bagatell (oviktig sak); *~ meal* lätt måltid; *~ metal* lättmetall; *~ opera* operett; *~ punishment* lätt (lindrig, mild) bestraffning; *~ rain* lätt regn; *~ reading* lättare lektyr, underhållningslektyr; *~ soil* lätt (porös) jord; *~ vowel* (*fonet.*) kort (obetonad) vokal; *~ wine* lättvin; *~ work* lätt arbete;

light bulb—liking

make ~ *work of* lätt klara av; *make* ~ *of a*) ta lätt på, bagatellisera, *b*) ringakta, förringa **2** tanklös, lättsinnig; lättfärdig **3** yr, vimmelkantig; ~ *in the head a*) inte riktigt klok, *b*) yr i huvudet, *c*) upprymd (*av starka drycker*) **II** *adv* lätt; *sleep* ~ sova lätt; *travel* ~ resa med lätt packning **III** *v* (*lighted, lighted el. lit, lit*) **1** (*om fågel*) sätta sig, slå ner **2** stiga av (ur) **3** ~ [*up*]*on a*) stöta (råka) på **4** ~ *on* (*bildl.*) falla på, drabba; ~ *into* (*vard.*) angripa, attackera **5** ~ *out* (*vard.*) sticka, smita

light bulb ['laɪtbʌlb] glödlampa

1 lighten ['laɪtn] **1** belysa, lysa upp; göra ljus[are] **2** ljusna **3** lysa, skina; blixtra

2 lighten ['laɪtn] **1** göra lättare; lätta (*fartyg på last*); *bildl. äv.* lindra, mildra **2** pigga (muntra) upp **3** lätta **4** bli piggare (gladare)

1 lighter ['laɪtə] tändare

2 lighter ['laɪtə] läktare, lastpråm

light-fast ['laɪtfɑːst] ljusäkta

light|-fingered ['laɪt,fɪŋgəd] **1** lång|fingrad, -fingrig, tjuvaktig **2** fingerfärdig **--footed** lättfotad, lätt på foten **--headed** [,laɪt'hedɪd] **1** lättsinnig, tanklös **2** yr, vimmelkantig **--hearted** [,laɪt-'hɑːtɪd] lätt om hjärtat, obekymrad, sorglös

lighthouse ['laɪthaʊs] fyr[torn] **lighthouse keeper** fyrvaktare

lighting ['laɪtɪŋ] upplysning; belysning, lyse

lighting-up [,laɪtɪŋ'ʌp] *a*, ~ *time* tändningsdags (*för gatubelysning, billyse*)

lightly ['laɪtlɪ] *adv* lätt; ~ *clad* lätt-, tunn|klädd; ~ *taxed* lågt beskattad (taxerad); ~ *wounded* lätt (lindrigt) sårad; *get off* ~ komma lindrigt undan; *sleep* ~ sova lätt; *speak* ~ *of* tala nedsättande om, förringa, bagatellisera; *take s.th.* ~ ta lätt på ngt; *touch* ~ *on* (*bildl.*) lätt (flyktigt) beröra; *treat s.th.* ~ behandla ngt lättvindigt

light meter ['laɪt,miːtə] *foto.* exponeringsmätare

1 lightness ['laɪtnɪs] ljus, klarhet; ljusstyrka, lyskraft

2 lightness ['laɪtnɪs] **1** lätthet *etc., jfr 2 light I 1*; *the* ~ *of the breeze* den lätta brisen; *a feeling of* ~ en känsla av lättnad **2** tanklöshet, lättsinne

lightning ['laɪtnɪŋ] **I** *s* blixt; blixtrande, blixtar; *a flash of* ~ en blixt, ett blixtnedslag; *like* (*as quick as*) ~ blixtsnabbt, som en blixt; *like greased* ~ som en oljad blixt; *struck by* ~ träffad av blixten **II** *a* blixt-; blixtsnabb; ~ *raid* blixt|räd, -anfall; *at* ~ *speed* med blixtens hastighet **lightning conductor (rod)** [-kən,dʌktə, -rɒd] åskledare

lights [laɪts] *pl* lungor (*av slaktat djur*)

lightship ['laɪtʃɪp] fyrskepp

lightweight ['laɪtweɪt] **I** *a* lättvikts- **II** *s* **1** lättvikt **2** lättviktare

light year ['laɪtjə] *astr.* ljusår

lig|neous ['lɪgnɪəs] trä-; träartad **-nin** [-nɪn] lignin **-nite** [-naɪt] lignit, brunkol

likable ['laɪkəbl] sympatisk, tilltalande, behaglig

1 like [laɪk] **I** *a* **1** lik; *be* ~ vara lik, likna; *what's she* ~? *a*) hur[dan] är hon?, *b*) hur ser hon ut?; *they are* ~ *one another* de liknar varandra; *they are as* ~ *as two pears* de är lika som bär; *do you have a plate* ~ *this?* har ni en likadan tallrik?; *you don't know what poverty is* ~ du vet inte vad fattigdom vill säga **2** liknande; samma; *on this and* ~ *occasions* vid detta och liknande tillfällen; *in* ~ *manner* på samma sätt **II** *prep* **1** som, såsom, liksom, likt; ~ *anything* (*vard.*) som bara den, som en galning, så gärna som aldrig det; ~ *father,* ~ *son* äpplet faller inte långt från trädet; ~ *master* ~ *man* sådan herre sådan dräng; *run* ~ *a fool* springa som en dåre; *work* ~ *hell* arbeta som bara tusan; ~ *hell you will!* i helvete heller [ska du]!; *do something,* ~ *taking a walk* göra ngt, som t.ex. att ta en promenad; *a man* ~ *that* en sådan [där] man; *just* ~ *that* så där utan vidare; *they are* ~ *that* de är sådana; *don't talk* ~ *that* säg inte så; ~ *this* så här; *if the weather is anything* ~ *fine tomorrow* om det blir någorlunda vackert väder i morgon; *she's not anything* ~ *her mother* hon är inte ett dugg lik sin mamma; *there's nothing* ~ *skating* ingenting går upp mot skridskoåkning; *that dress is nothing* ~ *as nice as the red one* den klänningen är inte alls (inte på långa vägar) så snygg som den röda; *something* ~ *this* (*that*) ngt i den stilen (vägen), ngt sådant (liknande); *something* ~ £10 ungefär (omkring) 10 pund; *that's something* ~ *a party* det kan man kalla en fest **2** likt, typiskt [för]; *that's just* ~ *her* det är typiskt (just likt) henne; *it's not* ~ *you to* det är inte likt dig att **III** *adv* **1** *vard.* liksom, så att säga; *it's my money,* ~ det är mina pengar, liksom; ~ *let's get going* nu går vi **2** *as* ~ *as not,* ~ *enough* troligtvis, högst sannolikt **IV** *konj* **1** såsom, [på samma sätt] som; *he doesn't play it* ~ *you do* han spelar den inte på samma sätt som du **2** *vard.* som om; *it looks* ~ *we'll be in time* det ser ut som om vi skulle hinna **V** *s, the* ~ ngt liknande (sådant); *and the* ~, *and such* ~ och liknande (dylikt), med flera; *I've never seen the* ~ (*vard.*) jag har aldrig sett på maken; *the* ~[*s*] *of* sådana som, maken till

2 like [laɪk] **I** *v* tycka om, gilla; vilja ha, föredra; [gärna] vilja; *I* ~ *her* (*music*) jag tycker om henne (musik); *do what you* ~ gör vad du vill; *I should* ~ *to know why* jag skulle gärna vilja veta varför; *I would* ~ *her to come* jag skulle vilja att hon kom; *how do you* ~ *your tea?* *a*) hur vill du ha ditt te?, *b*) vad tycker du om teet?; *I* ~ *that!* (*iron.*) det må jag då säga!, det var inte dåligt!; *what would you* ~...? *a*) vad vill du ha?, *b*) (*i affär*) vad får det lov att vara?; *if you* ~ om du vill **II** *s*, ~*s and dislikes* sympatier och antipatier

likeable ['laɪkəbl] *se likable*

likeli|hood ['laɪklɪhʊd], **-ness** [-nɪs] sannolikhet; *in all* ~ med all sannolikhet; *there is no* ~ *of that* det är inte sannolikt **likely** [-lɪ] **I** *a* **1** trolig, sannolik; *not* ~! (*vard.*) knappast!; *a* ~ *story* (*iron.*) och det vill du jag ska tro!, visst, visst!; *it is* ~ *to rain* det blir troligen regn; *he is* ~ *to be late* han kommer nog för sent; *she is not* ~ *to come* det är inte troligt att hon kommer **2** lämplig, passande; tänkbar; *a* ~ *place for a swim* en lämplig plats för ett bad; *he called at every* ~ *place* han besökte varje tänkbar plats **II** *adv, as* ~ *as not, very* ~ högst sannolikt, med all sannolikhet, troligtvis

like-minded [,laɪk'maɪndɪd] likasinnad **liken** ['laɪk(ə)n] likna (*to* vid) **likeness** ['laɪknɪs] **1** likhet (*to* med) **2** skepnad, gestalt, form; *appear in the* ~ *of* uppträda i skepnad av **3** porträtt; avbild

likewise ['laɪkwaɪz] **1** på samma sätt, likaledes **2** dessutom, också

liking ['laɪkɪŋ] förkärlek, böjelse, tycke, sympati;

lilac—line

be to a p.'s ~ vara i ngns smak; **have a** ~ **for s.b.** ha förkärlek (vara svag) för ngn; **take a** ~ **to** fatta tycke för, börja tycka om
lilac ['laɪlək] **I** s **1** syren **2** lila [färg], gredelint **II** a lila, gredelin
Lilliputian [ˌlɪlɪ'pju:ʃjən] **I** s lilleputt; pyssling **II** a lilleputt-; miniatyr-
Lilo ['laɪləʊ] (*varumärke*) gummi-, luft|madrass
lilt [lɪlt] **I** s **1** glad röst, vackert tonfall **2** lätt gång; lätta rörelser **3** glad (munter) visa **II** v **1** (*om visa*) ha en glad (munter) melodi **2** tala (sjunga, spela) glatt (melodiskt) **3** röra sig lätt
lily ['lɪlɪ] lilja **lily-livered** [-ˌlɪvəd] feg **lily of the valley** [ˌlɪlɪəvðə'vælɪ] liljekonvalj **lily-white** ['lɪlɪwaɪt] liljevit
limb [lɪm] **1** lem; *life and* ~ liv och lem; *lower* ~*s* ben, nedre extremiteter; *tear s.b.* ~ *from* ~ slita ngn i stycken **2** [träd]gren; *be out on a* ~ vara illa ute, vara ute på hal is
limber ['lɪmbə] **I** a smidig, böjlig; [lätt]rörlig **II** v, ~ *up* mjuka upp [sig]
1 limbo ['lɪmbəʊ] **1** teol. limbo **2** övergångs-, mellan|stadium **3** fängelse
2 limbo ['lɪmbəʊ] (*dans*) limbo
1 lime [laɪm] bot. lemon
2 lime [laɪm] bot. lind
3 lime [laɪm] **I** s **1** kalk; *slaked* ~ släckt kalk **2** fågellim **II** v **1** kalka **2** bestryka med fågellim **3** fånga med fågellim
lime green ['laɪmgri:n] **I** s lindblomsgrönt **II** a lindblomsgrön
lime juice ['laɪmdʒu:s] limejuice, lemonsaft
limekiln ['laɪmkɪln] kalkugn
limelight['laɪmlaɪt] *bildl.* rampljus; *be in the* ~ stå i rampljuset
limerick ['lɪmərɪk] limerick
limestone ['laɪmstəʊn] kalksten
limit ['lɪmɪt] **I** s **1** gräns; *the city* ~*s* stadens gränser; *within* ~*s* inom vissa gränser; *that's the* [*very*] ~*!* det är [ändå] höjden!; *there's a* ~*!* det finns gränser!; *go the* ~ gå till ytterligheter; *go to the* ~*s* to *help* göra sitt yttersta för att hjälpa; *put a* ~ *on, set a* ~ *to* (*on*) (*bildl.*) sätta en gräns för, begränsa **2** mat. limes, gränsvärde **II** v begränsa; inskränka **limitation** [ˌlɪmɪ'teɪʃn] **1** begränsning; inskränkning **2** jur. preskription[stid] **limited** ['lɪmɪtɪd] begränsad; inskränkt; ~ [*liability*] *company* (*BE.*) aktiebolag [med begränsad ansvarighet]; ~ *monarchy* konstitutionell monarki
limnology [lɪm'nɒlədʒɪ] limnologi, sötvattensbiologi
limousine ['lɪmu:zi:n] limousine
1 limp [lɪmp] **I** v halta, linka; mödosamt ta sig fram **II** s haltande (linkande) [gång]; *walk with a* ~ halta, linka
2 limp [lɪmp] **I** a böjlig, mjuk; sladdrig **2** kraftlös, slapp
limpet ['lɪmpɪt] **1** zool. skålsnäcka **2** mil. fästmina
limpid ['lɪmpɪd] klar (*äv. bildl.*), genomskinlig
limy ['laɪmɪ] **1** klibbig **2** kalk-
linage ['laɪnɪdʒ] **1** antal rader, radantal **2** honorar per rad
linchpin ['lɪn(t)ʃpɪn] **1** hjul- axel|sprint **2** *bildl.* stöttepelare, stöd
Lincoln green ['lɪŋkəngri:n] gul-, brun|grönt;

(*slags*) gulgrönt (brungrönt) ylletyg
Lincs. *förk.* för Lincolnshire ["lɪŋkənʃə]
linden ['lɪndən] *bot.* lind
1 line [laɪn] **I** s **1** linje; streck; rynka, fåra; kontur[linje]; gräns[linje]; *konst.* linjer, stil; *dividing* ~ skiljelinje; ~ *of life* livslinje (*i handflata*); *state* ~ stats-, riks|gräns; *as straight as a* ~ snörrät; *the* ~ *between right and wrong* gränsen mellan rätt och orätt; *the beautiful* ~*s of the ship* fartygets vackra linjer; *cross the* ~ (*äv.*) passera ekvatorn; *draw a* ~ dra ett streck; *draw the* ~ sätta en gräns, säga stopp, dra gränsen (*at* vid); *toe the* ~ lyda order, hålla sig på mattan **2** lina, streck; *elektr., tel.* linje, ledning, kabel; *fishing* ~ metrev; *washing* ~ tvätt|lina, -streck; *be on the* ~ vara i telefon (på tråden); *be on the* ~ *to s.b.* ha ngn på tråden; *hold the* ~*, please!* (*i telefon*) var god och dröj! **3** (*skriven*) rad; vers[rad]; [kort] upplysning, vink; ~*s* (*pl*) *a*) teat. replik, roll, *b*) *skol.* rader (*att skriva som bestraffning*); *the bottom* (*top*) ~ *of a page* nedersta (översta) raden på en sida; *marriage* ~ (*vard., i sht BE.*) vigselattest; *musical* ~ melodislinga; *drop s.b. a* ~ skriva en rad till ngn; *give s.b. a* ~ *on* ge ngn en upplysning (vink) om; *read between the* ~*s* läsa mellan raderna; *shoot a* ~ skryta **4** släkt[gren], gren, led, linje; *in a direct* ~ i direkt nedstigande led; *in the male* ~ på mans|sidan, -linjen; *the last of one's* ~ den sista av sin ätt **5** [varu]slag, sortiment, uppsättning; kollektion; ~ *of goods* varuslag; *a new* ~ *of shirts* en ny kollektion (uppsättning) skjortor; *the best in its* ~ den bästa i sitt slag **6** rad, räcka, led; fil; *i sth AE.* kö; *mil.* linje; *in* [*a*] ~ i rad; ~ *of attack* anfallslinje; ~ *of battle* slaglinje; *front* ~ frontlinje; *single* ~ *of traffic* enkelt körfält; *all along the* ~ *a*) över hela linjen, *b*) till alla delar; *be in* ~ *for* stå i tur för; *be in* ~ *with* vara i linje (överensstämmelse) med; *bring s.th. into* ~ *with* (*bildl.*) bringa ngt i överensstämmelse med; *fall* (*get*) *into* ~ falla in i ledet, ställa upp sig på rad; *fall into* ~ *with* inordna sig, acceptera; *hold the* ~ hålla stånd; *keep a party in* ~ hålla ihop ett parti; *stand in* ~ (*AE.*) stå i kö, köa; *step out of* ~ gå sin egen väg, göra ngt olämpligt **7** rutt, linje, [kommunikations]led; [trafik]företag, -bolag (*projektils*) bana; *järnv., i sht BE.* linje, bana, spår, sträcka; *bus* ~ busslinje; *the end of the* ~ (*bildl.*) slutet; *the train stopped on the* ~ tåget stannade ute på linjen; *the missile follows a curved* ~ projektilen går i en krökt bana **8** bransch, fack, område, gebit; ~ *of business* bransch, affärsgren; *what* ~ *is she in?* vilken bransch är hon i?; *that's not in my* ~ *a*) det är inte mitt gebit (område), *b*) det ligger inte för mig; *something in that* ~ ngt i den vägen (stilen) **9** riktning, kurs; linje, inriktning; ~ *of action* handlingslinje; ~ *of argument* argumentationslinje; ~ *of conduct* förfaringssätt; ~ *of thought* tanke|bana, -gång; ~ *of least resistance* minsta motståndets väg; *take a firm* (*strong*) ~ *with* inta en fast hållning (uppträda bestämt) mot; *try another* ~ *of approach to a problem* pröva att angripa problemet från ett annat håll **10** *lay* (*put*) *on the* ~ *a*) betala kontant, *b*) lägga korten på bordet, ge klara besked, *c*) sätta på spel **II** v **1** linjera, dra en linje (linjer) på **2** kanta **3** ~ [*up*] rada upp, ordna i rad (linje) **4** rynka, fåra **5** bilda

(ställa sig i) linje; ~ [*up*] ställa upp sig, ställa sig i kö, ställa sig
2 line [laɪn] **1** fodra, klä [invändigt] **2** fylla, proppa full, späcka; ~ *one's pockets* sko sig
lineage [ˈlɪnɪɪdʒ] **1** härstamning, härkomst **2** ättlingar **lineal** [-əl] *a* i rätt nedstigande led, direkt
lineament [-əmənt] (*ofta pl*) **1** [anlets]drag **2** huvuddrag **linear** [-ə] **1** linje-, linjär **2** längd-; ~ *measure* längdmått **3** endimensionell; ~ *equation* förstagradsekvation, linjär ekvation **4** *bot.* långsmal
1 lined [laɪnd] **1** randig; ~ *paper* linjerat papper **2** rynkig, fårad
2 lined [laɪnd] **1** fodrad, klädd [invändigt] **2** fylld, späckad
line drawing [ˈlaɪnˌdrɔːɪŋ] streckteckning **lineman** [-mən] **1** banvakt **2** *AE.* linjearbetare, kabelläggare **3** *sport.* forward (*i amer. fotboll*)
linen [ˈlɪnɪn] **I** *s* **1** linne[vävnad] **2** *koll.* linne[förråd]; underkläder; *dirty* ~ [smuts]tvätt, -kläder **II** *a* linne- **linen cupboard** linneskåp
liner [ˈlaɪnə] linje-, passagerar|fartyg; trafikflygplan
linesman [ˈlaɪnzmən] **1** *sport.* linje|domare, -man **2** linjearbetare, kabelläggare
line|-up [ˈlaɪnʌp] **1** uppställning (*äv sport.*) **2** gruppering **3** uppradade personer (*för identifiering av misstänkt*); konfrontering **4** *AE.* kö
1 ling [lɪŋ] (*pl* ~[*s*]) *zool.* långa; lake
2 ling [lɪŋ] *bot.* ljung
linger [ˈlɪŋgə] **1** dröja [sig] kvar, stanna [kvar]; ~ *on* (*over*) (*bildl.*) dröja (uppehålla sig) vid **2** släntra [i väg] **3** *bildl.*, ~ [*on*] leva kvar (vidare), fortleva **4** dröja, söla
lingerie [ˈlæː(n)ʒərɪ] damunderkläder
lingering [ˈlɪŋg(ə)rɪŋ] långvarig (*illness*); långsam (*death* död); dröjande (*look* blick); kvardröjande (*doubt* tvivel)
lingo [ˈlɪŋgəʊ] (*pl* ~*es*) *vard.* [konstigt] språk, rotvälska; jargong
linguist [ˈlɪŋgwɪst] **1** språkkunnig person; *she is a good* ~ hon är mycket språkbegåvad **2** lingvist, språkforskare **linguistic** [lɪŋˈgwɪstɪk] **1** språk- **2** lingvistisk, språkvetenskaplig **linguistics** [lɪŋˈgwɪstɪks] (*behandlas som sg*) lingvistik, språkvetenskap
liniment [ˈlɪnɪmənt] liniment
lining [ˈlaɪnɪŋ] foder (*äv. tekn.*), [invändig] beklädnad; *brake* ~ bromsbelägg; *every cloud has a silver* ~ inget ont som inte har något gott med sig
link [lɪŋk] **I** *s* **1** länk (*i kedja*); radiolänk; förbindelse; *bildl.* förbindelse[länk], band, led; *the missing* ~ den felande länken; *a new rail* ~ en ny järnvägsförbindelse; *break all* ~*s with* bryta alla förbindelser med **2** manschettknapp **3** *längdmått* = *7,92 tum* = *20,12 cm* **II** (*i eg. bet. äv.* ~ *up*) *v* **1** länka ihop, koppla ihop (samman), förena (*to, with* med); ~ *arms a*) gå arm i arm, *b*) bilda kedja **2** ~ [*together*] länkas ihop, kopplas ihop (samman), förena sig **-age** [ˈlɪŋkɪdʒ] samman|koppling, -länkning; länksystem
links [lɪŋks] *pl* **1** golfbana **2** *Sk.* strandhed
link-up [ˈlɪŋkʌp] *se linkage*
linn [lɪn] *i sht Sk.* **1** [damm nedanför] vattenfall **2** ravin, hålväg
linnet [ˈlɪnɪt] *zool.* hämpling

lino [ˈlaɪnəʊ] *vard.* linoleum **-cut** [ˈlaɪnə(ʊ)kʌt] linoleumsnitt **-leum** [lɪˈnəʊljəm] linoleum; korkmatta
Linotype [ˈlaɪnə(ʊ)taɪp] (*varumärke*) *boktr.* linotype (*radgjutningsmaskin*)
linseed [ˈlɪnsiːd] linfrö **linseed oil** linolja
lint [lɪnt] moll, förbandsgas, linneskav
lintel [ˈlɪntl] *byggn.* överstycke (*på dörr el. fönster*)
lion [ˈlaɪən] **1** lejon; *the* ~*'s share* lejonparten; *beard the* ~ *in his den* (*bildl.*) uppsöka lejonet i dess kula **2** modig man, lejon; berömdhet, celebritet; *social* ~ societetslejon **-ess** [-es] lejoninna **-hearted** [-ˌhɑːtɪd] orädd, modig som ett lejon **-ize** (*BE. äv. -ise*) [-aɪz] fira, behandla som en celebritet
lip [lɪp] **1** läpp; ~*s* (*äv.*) mun; *lower* ~ underläpp; *upper* ~ överläpp; *bite one's* ~ *a*) bita sig i läppen, *b*) vara irriterad; *button one's* ~ (*sl.*, *i sht AE.*) knipa (hålla) käft; *keep a stiff upper* ~ bita ihop tänderna, bevara fattningen; *smack one's* ~*s* gotta sig, slicka sig om munnen **2** rand, kant, brädd; pip **3** *sl.* fräckheter, oförskämdheter; *none of your* ~! var inte så fräck (uppkäftig)! **lipgloss** [ˈlɪpglɒs] läppglans **lippy** [ˈlɪpɪ] *AE. sl.* uppkäftig, fräck **lip-read** [ˈlɪpriːd] (*lip-read, lip-read*) läsa på läpparna **lip-reading** [ˈlɪpˌriːdɪŋ] läppavläsning **lip service** [ˈlɪpˌsɜːvɪs] tomma ord, läpparnas bekännelse, munväder **lipstick** [ˈlɪpstɪk] läppstift
lique|faction [ˌlɪkwɪˈfækʃn] smältning; kondensering **-fy** [ˈlɪkwɪfaɪ] smälta; kondensera; *-fied petroleum gas* gasol
liqui|faction, -fy *se lique|faction, -fy*
liqueur [lɪˈkjʊə] likör
liquid [ˈlɪkwɪd] **I** *a* **1** flytande, i vätskeform; ~ *air* flytande luft; ~ *crystals* flytande kristaller; ~ *food* flytande föda; ~ *glass* vattenglas; ~ *measure* mått för våta varor **2** klar, genomskinlig; *bildl.* flytande, jämn; ~ *eyes* blanka (glänsande) ögon; ~ *notes* pärlande toner **3** *ekon.* disponibel, likvid; ~ *assets* likvida tillgångar **II** *s* **1** vätska **2** *fonet.* likvida
liquidate [ˈlɪkwɪdeɪt] **1** likvidera, erlägga likvid för, betala **2** likvidera, avveckla (*företag e.d.*) **3** likvidera, röja ur vägen, avrätta **liquidation** [ˌlɪkwɪˈdeɪʃn] **1** likvidering, betalning **2** likvidation, avveckling (*av affärsrörelse*); *go into* ~ träda i likvidation **3** likvidering, avrättning **liquidator** [ˈlɪkwɪdeɪtə] *ekon.* likvidator **liquidity** [lɪˈkwɪdətɪ] **1** *ekon.* likviditet **2** flytande tillstånd **liquid|ize** (*BE. äv. -ise*) [-aɪz] **1** göra flytande; mosa, pressa **2** bli flytande **liquid|izer** (*BE. äv. -iser*) [ˈlɪkwɪdaɪzə] mixer
liquor [ˈlɪkə] **1** spritdryck[er], stark[a] (alkoholhaltig[a]) dryck[er], sprit, alkohol; *hard* ~ starksprit; *in* ~ berusad **2** vätska, spad, vatten, sky; lösning, emulsion; *potato* ~ potatisvatten
liquorice [ˈlɪkərɪs] lakrits
Lisbon [ˈlɪzbən] Lissabon
lisle [laɪl] (*slags*) bomulls|tråd, -tyg, -väv
lisp [lɪsp] **I** *v* läspa **II** *s* läspning; *have* (*speak with*) *a* ~ läspa
lissom[e] [ˈlɪs(ə)m] smidig, böjlig; vig
1 list [lɪst] **I** *s* **1** lista, förteckning (*of* över); (*bokförlags*) utgivnings|program, -lista; *shopping* ~

inköps-, handlings|lista; ~ *of names* namnlista, (*i bok*) namnregister **II** *v* **1** göra upp en lista (förteckning) över, lista, föra (ta) upp **2** föra (skriva, ta) upp på listan (en lista); ~*ed building* kulturminnesmärke
2 list [lɪst] **1** kant[remsa, -band], bård (*på tyg*) **2** träspån
3 list [lɪst] *sjö.* **I** *s* slagsida; ~ *to port* babords slagsida **II** *v* få (ha) slagsida
listen ['lɪsn] lyssna (*to* på); höra 'på; ~ *for* lyssna efter; ~ *in on* (*to*) tjuvlyssna på, avlyssna (*a telephone conversation* ett telefonsamtal); ~ *in to* lyssna (höra) på (*i radio*); *I've told him, but he won't* ~ jag har sagt åt honom, men han hör inte på; ~, *let's do s.th. else!* hör på, ska vi inte göra ngt annat!; ~ *to me!* lyssna (hör på) mig!; ~ *to the radio* lyssna på radio **listener** ['lɪsnə] lyssnare; åhörare **listening** ['lɪsnɪŋ] *s* lyssnande **listening post** *mil.* lyssnarpost
listing ['lɪstɪŋ] **1** lista **2** listning, upptagande på lista
listless ['lɪstlɪs] håglös, apatisk
list price ['lɪstpraɪs] list-, katalog|pris
lit [lɪt] **I** *imperf. o. perf. part. av light* **II** *a, sl.,* ~ [*up*] berusad
lit. förk. för literal[ly]; literary; literature
litany ['lɪtəni] *kyrkl. o. bildl.* litania
liter ['liːtə] *AE.* liter
literacy ['lɪt(ə)rəsɪ] läs- o. skrivkunnighet
literal ['lɪt(ə)r(ə)l] **I** *a* **1** bokstavlig, egentlig; bokstavs-; ~ *error* bokstavs-, tryck|fel **2** ordagrann (*translation* översättning) **3** nykter, saklig; faktisk, verklig **II** *s* bokstavs-, tryck|fel **-ly** [-ɪ] *adv* **1** bokstav|ligt, -ligen; i egentlig betydelse; *vard.* bokstavligt talat, verkligen **2** ordagrant
literary ['lɪt(ə)rərɪ] litterär; litteratur-; ~ *agent* litterär agent **literate** ['lɪtərət] **1** läs- och skrivkunnig **2** litterat, bildad **literati** [ˌlɪtə'rɑːtiː] *pl* litteratur (bildade) människor **literature** ['lɪt(ə)rət∫ə] litteratur
lithe ['laɪð] smidig, böjlig, vig
lithium ['lɪθɪəm] *kem.* litium
lithograph ['lɪθə(ʊ)grɑːf] **I** *s* litografi, litografiskt blad **II** *v* litografera **lithographer** [lɪ'θɒgrəfə] litograf **lithography** [lɪ'θɒgrəfɪ] litografi (*tryckmetod*)
Lithua|nia [ˌlɪθju:'eɪnjə] Litauen **-nian I** *a* litauisk **II** *s* **1** litauer **2** litauiska språket
liti|gant ['lɪtɪgənt] **I** *s* part (*i mål*) **II** *a* processande, tvistande **-gate** [-geɪt] processa (tvista) [om] **-gation** [ˌlɪtɪ'geɪʃn] process, rättstvist; processande
litmus ['lɪtməs] lackmus **litmus paper** lackmuspapper
litre ['liːtə] liter
Lit[t].D. *förk. för Litterarum Doctor* (*lat.*) *Doctor of Letters* (*Literature*)
litter ['lɪtə] **I** *s* **1** skräp, avfall; *everything was in a* ~ allt låg huller om buller **2** [djur]kull **3** strö, halm **4** [sjuk]bår; bärstol **5** förna **II** *v* **1** skräpa ner i (på); stöka till i (på) **2** få, föda ([en kull] *ungar*) **3** lägga strö (halm) under; täcka med strö (halm) **4** skräpa ner **5** få (föda) en kull ungar **litter bag** skräppåse **litter basket** (**bin**) skräpkorg **litterbug** *AE. vard.*, **litter lout** *BE., vard.* person som skräpar ner

little ['lɪtl] **I** *a* (*less el. lesser, least*) **1** liten; föga, ringa, obetydlig; *a* ~ *girl* en liten flicka; ~ *brother* lillebror; ~ *sister* lillasyster; ~ *finger* lillfinger; ~ *toe* lilltå; *the* ~ *one* lillen, lillan; *the* ~ *ones* de små, småbarnen, småttingarna; *the L~ Bear* (*AE. Dipper*) (*astr.*) Lilla Björn[en]; *a* ~ *butter* [ngt] litet smör; *not a* ~ *butter* inte så litet (ganska mycket) smör; *with a* ~ *effort* med litet (en smula) ansträngning; *there is* ~ *hope* det finns föga (litet) hopp; *of* ~ *importance* av ringa betydelse; *the* ~ *man* (*äv.*) den vanliga människan; *have a* ~ *mind* vara småsint; *the* ~ *people* (*folk*) småfolket, pysslingarna, tomtarna; *a nice* ~ *profit* en liten nätt vinst; *you* ~ *rascal!* din lilla rackare!; *a* ~ *reflection* en smula (litet) eftertanke; ~ *things* småsaker; ~ *things please* ~ *minds* (*ung.*) litet roar småbarn; *it takes no* ~ *time* det tar inte [så] litet tid; *in a* ~ *while* om en liten (kort) stund **II** *adv* (*less el. lesser, least*) litet; föga; *a* ~ *better* något (litet) bättre; ~ *better than* föga bättre än; *there is* ~ *else but rubbish left* det är nästan bara (inte mycket annat än) skräp kvar; *earn* ~ *enough money* tjäna ganska (nog så) litet pengar; ~ *short of* nästan, närapå, inte långt från; *a* ~ *strange* litet (något, en aning) underlig; *not a* ~ *worried* inte så litet (ganska) orolig; *as* ~ *as possible* så litet som möjligt; ~ *did he know that* föga anade han att; **III** *s* litet; *a* ~ litet, en smula; *after a* ~ efter en liten stund; *sit down for a* ~ sitta ner ett litet tag; *not a* ~ så litet, ganska mycket; *only a* ~ bara [helt] litet; *quite a* ~ en hel del, ganska mycket; *give me a* ~ ge mig litet; *a* ~ *after five* litet över fem; *the* ~ *of this book I have read* det lilla jag har läst av den här boken; ~ *by* ~ litet i taget, bit för bit, så småningom; ~ *or nothing* knappast någonting, föga eller intet; *every* ~ *helps* alla bidrag mottages med tacksamhet, många bäckar små gör en stor å; *make* ~ *of* bagatellisera, förringa; *think* ~ *of* inte ha höga tankar om; *I see* ~ *of her nowadays* jag ser inte mycket av henne nuförtiden; *he did what* ~ *he could* han gjorde det lilla han kunde
littoral ['lɪtər(ə)l] **I** *a* strand-, kust-, litoral **II** *s* kustområde
litur|gic[al] [lɪ'tɜːdʒɪk(l)] liturgisk **-gy** ['lɪtədʒɪ] liturgi
livable ['lɪvəbl] **1** beboelig **2** dräglig, uthärdlig **3** ~ *with* trevlig att bo ihop med
1 live [laɪv] **I** *a* **1** levande; livs levande; *a* ~ *seal* en levande säl; *a real* ~ *count* en livs levande (tvättäkta) greve **2** aktuell (*question* fråga) **3** glödande (*coal* kol; *colour* färg); verksam, aktiv (*volcano* vulkan); inte avbränd, oanvänd (*match* tändsticka); inte detonerad (*bomb* bomb); [skarp]laddad (*cartridge* patron), skarp (*ammunition* ammunition); *sport.* (*om boll*) i spel; strömförande (*wire* ledning); *she's a real* ~ *wire* (*vard.*) hon är ett riktigt energiknippe **4** TV, radio. direktsänd, direkt-, live **II** *adv* direkt, live
2 live [lɪv] **1** leva; leva kvar, fortleva; ~ *and let* ~ leva och låta [andra] leva; *long* ~ *the Queen!* leve drottningen!; ~ *from hand to mouth* leva ur hand i mun; ~ *frugally* leva enkelt; ~ *well a*) leva gott, *b*) föra ett hederligt liv; *no man living* ingen enda; *we* ~ *and learn* man lär så länge man lever; *will she* ~? kommer hon att överleva?; *her name will*

liveable—loan shark

~ hennes namn kommer att leva [kvar]; *he'll ~ to regret that* det kommer han att få ångra en dag; *if I ~ to see the day* om jag får uppleva den dagen; *not many ~ to be a hundred* inte många lever tills de blir hundra år; ~ *by (off)* leva av, leva på; ~ *on a)* leva vidare (kvar), *b)* leva på (av); ~ *through* genomleva, uppleva (*a long war* ett långt krig); *he was not expected to ~ through the night* man trodde inte att han skulle överleva natten; ~ *up to a)* leva upp till, motsvara (*expectations* förväntningar), *b)* leva i enlighet med (*principles* principer), *c)* kunna mäta sig med, *d)* uppfylla (*obligations* förpliktelser); ~ *with* leva med **2** bo; ~ *in London (High Street)* bo i London (på High Street); ~ *at 14 Park Lane* bo på Park Lane 14; ~ *with one's parents* bo hos sina föräldrar; ~ *in* bo på skolan (sin arbetsplats *e.d.*); *a house not fit to ~ in* ett obeboeligt hus; ~*d in* bebodd; ~ *out* inte bo på skolan (sin arbetsplats *e.d.*), ha egen bostad; ~ *together* bo (leva) ihop, sammanbo **3** leva (*one's own life* sitt eget liv); ~ *a lie* leva på en lögn; ~ *a part* leva sig in i en roll; ~ *religion* leva i enlighet med sin religion; ~ *down* få folk att glömma (*a scandal* en skandal); *he won't ~ it down* man kommer aldrig att förlåta honom för vad han gjort; ~ *out one's life in a foreign country* sluta sina dagar i främmande land

liveable ['lɪvəbl] *se livable*

liveli|hood ['laɪvlɪhʊd] uppehälle, levebröd; *earn (make) a ~* förtjäna sitt uppehälle **-ness** [-nɪs] livlighet *etc.*, *jfr lively*

livelong ['lɪvlɒŋ] *a, poet.*, *the ~ day* hela långa dagen

lively ['laɪvlɪ] *a* **1** livlig, livfull, vital; pigg, vaken; *things are getting ~* det börjar gå livligt till; *he's having a ~ time* han har händerna fulla [med arbete] **2** frisk, uppfriskande (*breeze* bris) **3** (*om båt*) lättmanövrerad

liven ['laɪvn] **1** ~ [*up*] pigga (liva) upp **2** ~ [*up*] piggas (livas) upp

1 liver ['lɪvə] *anat. o. kokk.* lever

2 liver ['lɪvə] *s*, *a fast ~* en rucklare; *a high ~* person som för ett högt liv

liveried ['lɪvərɪd] livréklädd, i livré

liverish ['lɪvərɪʃ] **1** *vard.* leversjuk **2** lättretlig

Liverpudlian [ˌlɪvə'pʌdlɪən] **I** *a* Liverpool- **II** *s* Liverpoolbo

liver sausage ['lɪvəˌsɒsɪdʒ] *BE.*, **liver wurst** [-wɜːst] *AE.* leverkorv **liverwort** [-wɜːt] *bot.* levermossa

1 livery ['lɪvərɪ] **1** lever- **2** *se liverish*

2 livery ['lɪvərɪ] **1** livré; *bildl.* dräkt, skrud **2** hyr[kusk]verk; *keep horses at ~* hyra ut hästar **livery company** [-ˌkʌmp(ə)nɪ] *BE.* gille [i Londons City] **livery man** [-mən] **1** *BE.* medlem av gille [i Londons City] **2** hyrkusk **livery stable** [-ˌsteɪbl] hyr[kusk]verk

lives [laɪvz] *pl av* life

livestock ['laɪvstɒk] (*behandlas som sg el. pl*) boskap, husdjur; kreatursbesättning

livid ['lɪvɪd] **1** blygrå, blåsvart; blek; likblek, askgrå **2** *vard.* rasande, ilsken

living ['lɪvɪŋ] **I** *a* levande (*creature* varelse); ~ *death* eländigt tillstånd; *she is the ~ image of her mother* hon är en levande avbild av sin mor, hon är sin mor upp i dagen; ~ *language* levande språk; [*with*]*in ~ memory* i mannaminne; *not a ~ soul* inte en levande själ **II** *s* **1** *the ~* (*pl*) de levande **2** liv; *cost of ~* levnadskostnader; *standard of ~* levnadsstandard; *good ~* god mat och dryck; ~ *in Paris is expensive* det är dyrt att leva (bo) i Paris **3** uppehälle, levebröd; *earn (make) a ~* förtjäna sitt uppehälle, försörja sig; *what does he do for a ~?* vad försörjer han sig på? **4** *BE. kyrkl.* pastorat **living conditions** [-kənˌdɪʃnz] *pl* levnads-, livs|villkor **living room** [-rʊm] vardagsrum **living wage** [-weɪdʒ] lön som man kan leva på

Livy ['lɪvɪ] Livius

Liz [lɪz] *kortform av Elizabeth*

lizard ['lɪzəd] *zool.* ödla

L.J. *förk. för Lord Justice* **L.L.** *förk. för Lord Lieutenant* **ll.** *förk. för lines*

llama ['lɑːmə] *zool.* lama

LL.B. *förk. för Legum Baccalaureus (lat.) Bachelor of Laws* **LL.D.** *förk. för Legum Doctor (lat.) Doctor of Laws* **LL.M.** *förk. för Legum Magister (lat.) Master of Laws*

lo [ləʊ] *interj a) åld.* se!, si!, *b)* ~ *and behold* ser man på!

load [ləʊd] **I** *s* **1** last; lass; börda (*äv. bildl.*); belastning (*äv. bildl.*); *a ~ of firewood* ett lass (fång) ved; *the ship was carrying a ~ of* fartyget hade en last av; *that was a ~ off my mind* en sten föll från mitt bröst; *put a ~ on* belasta; *have a ~ on (AE. sl.)* vara på tricket (*berusad*) **2** laddning (*i skjutvapen*) **3** *elektr.* effekt; spänning **4** *vard.*, ~*s a*) massor, *b*) mycket; ~*s (a ~) of* en massa, massor med **5** *vard.*, *get a ~ of this!* lyssna (titta) på det här! **II** *v* **1** lasta (*a ship* ett fartyg); lassa; belasta, tynga [ner]; *bildl.* överhopa; ~ *deals onto a lorry* lasta plank på en lastbil; ~ *down a)* lasta ner (för tungt), *b)* överlasta; ~ *up a)* lasta (lassa) på, *b)* lasta full, fylla; ~ *the washing machine* lägga in tvätten i (fylla) tvättmaskinen; *be ~ed with debts* vara överhopad av skulder **2** ladda (*vapen, kamera etc.*) **3** *data.* lagra [ner] **4** förfalska, preparera (*tärningar etc.*); ~ *the dice against s.b.* överlista (lura) ngn; ~ *a question* formulera en försåtlig fråga **5** *försäkr.* höja premie **6** lasta, ta ombord **7** ladda

loaded [ləʊdɪd] **1** lastad *etc.*, *jfr load II* **2** förfalskad; ~ *dice* falska tärningar; ~ *question* försåtlig fråga **3** *sl.*, *i sht AE.* packad, på tricket (*berusad*); påtänd (*av narkotika*) **4** *sl.* tät (*rik*) **loader** [-ə] lastare **loading** [-ɪŋ] **1** last; börda **2** laddning **3** *försäkr.* extrapremie **load line** *sjö.* lastmärke **load|star** ['ləʊdstɑː] *se lodestar* **-stone** *se lodestone*

1 loaf [ləʊf] (*pl loaves*) **1** limpa, bröd (*äv. ~ of bread*); *meat ~* köttfärslimpa; ~ *of sugar* sockertopp; *sugar ~* toppsocker; *loaves and fishes* brödfödan; *half a ~ is better than no bread* små smulor är också bröd **2** *sl.* skalle, rot

2 loaf [ləʊf] ~ [*about, around*] slå dank, gå och dra, stå och hänga; ~ *away* slösa bort, fördriva; ~ *away one's time* förslösa sin tid **-er** [-ə] **1** dagdrivare **2** *i sht AE.* loafer (*sko utan snörning*)

loam [ləʊm] lerjord **loamy** ['ləʊmɪ] lerartad, lerig

loan [ləʊn] **I** *s* lån; utlåning; lånord; *on ~* utlånad, till låns **II** *v* låna [ut] **loan shark** ['ləʊnʃɑːk]

loan word—logarithmic[al]

vard., *i sht AE.* kredithaj **loan word** [ˈləʊnwɜːd] lånord

loath [ləʊθ] ovillig, obenägen

loathe [ləʊð] *v* avsky (*doing s.th.* att göra ngt) **loathing** [ˈləʊðɪŋ] avsky; vämjelse **loathsome** [ˈləʊðsəm] avskyvärd, vämjelig, frånstötande, vidrig

loaves [ləʊvz] *pl av loaf*

lob [lɒb] **I** *v* **1** *sport.* lobba **2** *vard.* kasta **II** *s, sport.* lobb

lobby [ˈlɒbɪ] **I** *s* **1** lobby, [hotell]vestibul, hall; [teater]foajé; korridor **2** *i sht BE.* lobby, förhall, korridor (*i parlamentet*); *division* ~ omröstningskorridor **3** påtryckningsgrupp, lobby **II** *v* **1** öva påtryckningar på (*lagstiftare*); ~ *a bill through parliament* genom påtryckningar driva igenom ett lagförslag i parlamentet **2** bedriva korridorpolitik **-ist** [-ɪst] *i sht AE.* lobbyist, korridorpolitiker

lobe [ləʊb] *anat., bot.* lob; flik; ~ *of the ear* örsnibb

lobelia [ləˈ(ʊ)ˈbiːljə] *bot.* lobelia

lobster [ˈlɒbstə] hummer **lobster pot (trap)** hummertina

lobworm [ˈlɒbwɜːm] metmask

local [ˈləʊkl] **I** *a* lokal, lokal- (*äv. med.*), orts-; ~ *anaesthetic* lokalbedövning; ~ *authorities* (*BE.*) lokala (kommunala) myndigheter; ~ *call* lokalsamtal; ~ *colour* lokalfärg; ~ *government a*) *BE.* kommunal självstyrelse, *b*) *AE.* lokala (kommunala) myndigheter; *a* ~ *man* en man från orten; ~ *option* (*AE., Sk.*) lokalt veto; ~ *paper* ortstidning; ~ *time* lokal tid; ~ *train* lokaltåg **II** *s* **1** ortsbo **2** lokaltåg **3** *BE. vard.* kvarterspub **4** lokalbedövning **5** *AE.* lokal nyhet; lokalkontor

locale [ləˈ(ʊ)ˈkɑːl] plats (*för en händelse*)

local|ity [ləˈ(ʊ)ˈkælətɪ] **1** lokalitet, plats, ställe **2** scen, plats; *the* ~ *of the crime* brottsplatsen **3** belägenhet, läge **-ize** (*BE. äv. -ise*) [ˈləʊkəlaɪz] **1** ge lokal karaktär **2** begränsa, lokalisera **3** anta lokal karaktär

locate [ləˈ(ʊ)ˈkeɪt] **1** lokalisera, ange platsen för; spåra (*the source of error* felkällan) **2** förlägga; stationera; ~*d* (*äv.*) belägen **location** [-ˈkeɪʃn] **1** läge, plats, position **2** lokalisering, spårande; upptäckt **3** *film.* inspelningsplats (*utanför studio*); *shot on* ~ filmad på platsen **4** anläggande (*av väg e.d.*) **5** (*i Sydafrika*) svart stadsdel, lokation

loc. cit. *förk. för loco citato* (*lat.*) l. c., på anfört ställe

loch [lɒk] *Sk.* sjö; havsvik

loci [ˈləʊsaɪ] *pl av locus*

1 lock [lɒk] **I** *s* **1** lås; låsanordning, spärr; *steering* ~ rattlås; *under* ~ *and key* inom lås och bom; *put s.th. under* ~ *and key* låsa in ngt, låsa om ngt **2** (*på eldvapen*) säkring, (*förr*) lås; ~, *stock and barrel* rubb och stubb **3** sluss; *air* ~ luftsluss **4** (*bils*) framhjulsutslag; vändradie **5** (*i brottning*) lås **II** *v* **1** låsa [igen, till]; stänga [igen, till], spärra; ~ *the stable door after the horse has bolted* (*been stolen*) (*ung.*) vara för sent ute, vara efterklok; ~ *away* låsa undan; ~ *in* låsa in; ~ *out a*) låsa (stänga) ute, *b*) lockouta; ~ *up a*) låsa (stänga) igen (till), *b*) låsa in (undan), spärra in, fängsla, *c*) låsa, binda (*kapital*) **2** innesluta; inveckla (*in combat* i strid); ~ *horns* drabba samman; *the lovers were* ~*ed in an embrace* de älskande var tätt omslingrade **3** förse med sluss[ar]; slussa (*a vessel* ett fartyg) **4** (*om hjul e.d.*) låsa sig **5** låsas, gå att låsa; gå i lås **6** slussa

2 lock [lɒk] **1** [hår]lock, hår|test, -tofs **2** ulltott; bomullstuss

lock|able [ˈlɒkəbl] låsbar **-age** [-ɪdʒ] **1** slussning; slussavgift **2** slussanläggning **-er** [-ə] förvarings|fack, -box, [låsbart] skåp (fack), [låsbar] låda **-et** [-ɪt] medaljong **-gate** [ˌlɒkˈɡeɪt] slussport

lock|jaw [ˈlɒkdʒɔː] *med.* munläsa; *vard.* stelkramp **-nut** stoppmutter **-out** lockout **-smith** låssmed **-up I** *s* **1** stängning[stid] **2** *BE.* garage, förråd (*ej i direkt anslutning t. bostaden*) **3** arrest, finka **II** *a* låsbar, som går att låsa

1 loco [ˈləʊkəʊ] lokomotiv

2 loco [ˈləʊkəʊ] *sl., i sht AE.* galen

locomo|tion [ˌləʊkəˈməʊʃn] förflyttning; rörelseförmåga **-tive** [ˈləʊkəˌməʊtɪv] **I** *s* lok[omotiv] **II** *a* rörlig; rörelse-; ~ *engine* lok[omotiv]

locum tenens [ˌləʊkəmˈtiːnenz] (*pl locum tenentes* [təˈnentiːz]) *i sht BE.* vikarie (*för läkare el. präst*)

lo|cus [ˈləʊkəs] (*pl -ci* [-saɪ]) plats, ställe

locust [ˈləʊkəst] **1** *zool.* gräshoppa **2** *bot.*, ~ [*tree*] falsk akacia

locution [ləˈ(ʊ)ˈkjuːʃn] **1** talesätt, uttryck, vändning **2** uttrycksätt

lode [ləʊd] malmåder **-star** polstjärna; *bildl.* ledstjärna **-stone** magnetit; *bildl.* magnet

lodge [lɒdʒ] **I** *s* **1** grindstuga; trädgårdsmästarbostad **2** stuga, hydda (*för jakt, i fjällen e.d.*); wigwam, [indian]tält; *L*~ (*i namn*) Residens, Hotell **3** [ordens]loge **4** (*på univ., college*) portvaktsrum; (*i Cambridge*) [college]rektorsbostad **5** [bäver]hydda **II** *v* **1** härbärgera, inkvartera, logera **2** deponera, lämna i förvar **3** an-, fram|föra (*complaints* klagomål); ~ *a charge against* väcka åtal mot; ~ *a protest* inlägga protest **4** placera, lägga (*the power with s.b.* makten hos ngn) **5** sticka (stöta, driva) in (*dolk e.d.*); *a bullet was* ~*d in the wall* en kula hade fastnat i väggen **6** hyra, bo (*with* hos) **7** fastna, bli sittande

lodger [ˈlɒdʒə] hyresgäst, inneboende **lodging** [-ɪŋ] **1** logi, husrum, tak över huvudet **2** ~*s* (*pl*) hyresrum, möblerat (möblerade) rum **3** ~[*s*] [hyres]lägenhet **lodging house** pension[at], inackorderingsställe

loess [ˈləʊɪs] lössjord

loft [lɒft] **I** *s* **1** loft, vind; höskulle; *in the* ~ på loftet (vinden) **2** duvslag **3** [kör-, orgel]läktare **II** *v* **1** *sport.*, ~ *a ball* slå en hög boll, lyfta en boll **2** förvara på loft (vind) **lofter** [ˈlɒftə] *golf.* loftad klubba **lofty** [ˈlɒftɪ] **1** hög, imponerande **2** *bildl.* ädel, upphöjd, hög **3** högdragen, överlägsen

1 log [lɒɡ] **I** *s* **1** [timmer]stock, [träd]stam; kloss, kubb; vedträ; *sleep like a* ~ sova som en stock **2** *sjö.* logg; loggbok; *make* (*keep*) *a* ~ föra loggbok (*of* över) **II** *v* **1** avverka; kapa i stockar **2** föra in i loggboken; logga

2 log [lɒɡ] *förk. för logarithm*

loganberry [ˈləʊɡənb(ə)rɪ] *bot.* loganbär

loga|rithm [ˈlɒɡərɪð(ə)m] *mat.* logaritm **-rithmic[al]** [ˌlɒɡəˈrɪðmɪk(l)] logaritmisk

log|book ['lɒgbʊk] loggbok; journal, dagbok **--cabin** [-ˌkæbɪn] timmer|stuga, -hydda
loge [ləʊʒ] [teater]loge; (*på teater, biograf*) balkong, rad
log-fire ['lɒgfaɪə] stockeld, stockvedsbrasa **logger** [-ə] **1** skogs|huggare, -arbetare **2** timmerlastare **loggerheads** *pl*, *be at* ~ ligga i luven på varandra
loggia ['lɒʊdʒə] loggia
logging ['lɒgɪŋ] skogsavverkning **log|-house, --hut** timmer|stuga, -koja
logic ['lɒdʒɪk] logik **logical** [-l] logisk; följdriktig (*conclusion* slutsats) **logicality** [ˌlɒdʒɪ-'kælətɪ] logiskhet, följdriktighet **logician** [lə(ʊ)'dʒɪʃn] logiker
logistics [lə(ʊ)'dʒɪstɪks] (*behandlas som sg el. pl*) *mil.* underhållstjänst
log jam ['lɒgdʒæm] *i sht AE.* timmerbröt
logo ['ləʊgəʊ] *fӧrk. fӧr logotype* **-paedics** *BE.*, **-pedics** *AE.* [ˌlɒgə(ʊ)'piːdɪks] (*behandlas som sg*) logopedi **-type** ['ləʊgə(ʊ)taɪp] logotyp
logroll ['lɒgrəʊl] *polit.*, *i sht AE.* **1** kohandla, bedriva kohandel **2** kohandla igenom (*lagfӧrslag*) **-ing** [-ɪŋ] **1** *AE. polit.* kohandel **2** timmertransport (*på vattenled*)
loin [lɔɪn] **1** *kokk.* fransyska, ländstycke, njurstek **2** ~*s* (*pl*) länder **-cloth** ['lɔɪnklɒθ] höft|-kläde, -skynke
loiter ['lɔɪtə] **1** söla; slöa; driva omkring, stå och hänga; ~ *about* (*around*) slå dank, driva (stryka) omkring **2** ~ *away the time* slösa bort tiden **loiterer** [-rə] dagdrivare; person som driver omkring (står och hänger)
loll [lɒl] **1** vräka sig, ligga utsträckt, sitta (stå) och hänga, luta sig lättjefullt **2** hänga och slänga; ~ *out* hänga ut [ur munnen]
lollapalooza [ˌlɒləpə'luːzə] *AE. sl.* toppengrej
lollipop ['lɒlɪpɒp] klubba, slickepinne
lollop ['lɒləp] *i sht BE.* lunka, skumpa
lolly ['lɒlɪ] **1** *vard.*, *se lollipop* **2** *BE. sl.* stålar (*pengar*) **lolly water** [-ˌwɔːtə] *Austr. vard.* läsk, läskedryck
Lombard ['lɒmbəd] **I** *s* **1** invånare i Lombardiet **2** *hist.* langobard **II** *a* **1** lombardisk; ~ *Street* (*bildl.*) finans-, bank|världen **2** *hist.* langobardisk **Lombardy** [-ɪ] Lombardiet
London ['lʌndən] London **Londonderry** [ˌlʌndən'derɪ] Londonderry **Londoner** ['lʌndənə] londonbo
lone [ləʊn] ensam; enslig; *play a* ~ *hand* agera på egen hand; *a* ~ *wolf* (*bildl.*) en ensamvarg **loneliness** ['ləʊnlɪnɪs] ensamhet, enslighet **lonely** ['ləʊnlɪ] *a* ensam [och övergiven]; enslig; ödslig; ~ *heart* ensamstående person; *feel* ~ känna sig ensam [och övergiven] **loner** ['ləʊnə] enstöring **lonesome** ['ləʊns(ə)m] **I** *a*, *i sht AE.*, *se lonely* **II** *s*, *AE. vard.*, *by one's* ~ på egen hand, för sig själv
1 long [lɒŋ] **I** *a* **1** lång; långsträckt; långvarig; längd-; *the* ~ *arm of the law* lagens långa arm; *make a* ~ *arm for* sträcka sig efter; ~ *chance* mycket liten (minimal) chans; ~ *drink* [lång] drink, grogg; *pull a* ~ *face* bli lång i ansiktet; ~ *glass* högt (stort) glas; ~ *green* (*sl.*) sedlar, papperspengar; *be* ~ *on good ideas* (*vard.*) ha massor med bra idéer; ~ *johns* (*vard.*) långkalsingar; ~ *jump* längdhopp; *take a* ~ *look at* ta en ordentlig titt på; ~ *measure* längdmått; *a* ~ *memory* [ett] bra minne; ~ *odds* höga odds; ~ *purse* (*vard.*) rikedomar; *in the* ~ *run* i långa loppet; [*for*] *a* ~ *time* länge, på länge; *it's a* ~ *time since I saw you* det var länge sedan jag såg dig; ~ *time no see!* (*vard.*) det var länge sedan!; *be* ~ *in the tooth* (*vard.*) inte höra till de yngre, vara lite för gammal; ~ *wave* (*fys.*) långvåg; *it's a* ~ *way* det är lång väg (långt); *be* ~ *about s.th.* dröja (ta lång tid på sig) med; *be* ~ *in doing s.th.* dröja (ta lång tid på sig) med att göra ngt; *don't be* ~*!* skynda dig!; *I shan't be* ~ jag är snart färdig (tillbaka) **II** *adv* **1** länge; långt; ~ *ago* för länge sedan; *not* ~ *ago* [för] inte [så] länge sedan; ~ *before* långt innan (före); *not* ~ *before* kort (strax) innan (före); ~ *into next month* långt in i nästa månad; ~ *since* för länge sedan; *as* (*so*) ~ *as a*) så länge [som], *b*) förutsatt att, om...bara, *c*) eftersom; *as* ~ *as five years ago* redan för fem år sedan; *at the* ~*est* högst, på sin höjd, längst; *no* (*not any*) ~*er* inte längre (mer); *so* ~*!* (*vard.*) hej då (så länge)! **2** hel; *all day* ~ hela [långa] dagen; *a week* ~ en vecka lång, en hel vecka **III** *s* **1** lång tid; *before* ~ inom kort, snart; *for* ~ länge, på länge; *I shan't stay for* ~ jag skall inte stanna länge; *take* ~ ta lång tid; *it takes twice as* ~ det tar dubbelt så lång tid; *the* ~ *and the short of it* kontentan [av det hela], kort sagt **2** lång [signal *e.d.*]; *fonet.* lång vokal (stavelse) **3** *ekon.* haussespekulant **4** ~*s* (*pl*) långbyxor
2 long [lɒŋ] längta (*for* efter)
long. *fӧrk. fӧr longitude*
long|boat ['lɒŋbəʊt] **1** barkass **2** vikingaskepp **-bow** pilbåge **-case clock** golvur **--distance** [ˌlɒŋ'dɪst(ə)ns] långdistans-; fjärr-; ~ *call* rikssamtal; ~ *driver* långtradarchaufför; ~ *lorry* långtradare; ~ *runner* långdistanslöpare; ~ *train* fjärrtåg **-drawn-out** [ˌlɒŋdrɔː'naʊt] långt utdragen **-er** ['lɒŋə], **-est** ['lɒŋŋgɪst] *se long I, II*
longevity [lɒn'dʒevətɪ] **1** långt liv **2** längd
long|hand ['lɒŋhænd] vanlig skrift (*i motsats t. stenografi*) **--headed** [ˌlɒŋ'hedɪd] skarpsinnig, klok
longing ['lɒŋɪŋ] **I** *s* längtan **II** *a* längtande, längtansfull
longish ['lɒŋɪʃ] ganska (tämligen) lång, längre
longi|tude ['lɒn(d)ʒɪtjuːd] longitud, längd[grad] **-tudinal** [ˌlɒn(d)ʒɪ'tjuːdɪnl] **1** longitud- **2** längsgående, längd-, på längden
long|-legged ['lɒŋlegd] långbent **--lived** [ˌlɒŋ'lɪvd] långlivad; långvarig **--lost** ['lɒŋlɒst] förlorad sedan länge **--playing** ['lɒŋˌpleɪɪŋ] *a*, ~ *record* LP-skiva, långspelande [grammofon]-skiva **--range** [ˌlɒŋ'reɪn(d)ʒ] **1** långskjutande (*gun* kanon), långdistans-; ~ *ballistic missile* långdistansrobot **2** långsiktig (*plan* plan); ~ *weather forecast* långtidsprognos **-ship** ['lɒŋʃɪp] vikingaskepp **-shoreman** ['lɒŋʃɔː-mən] *AE.* hamn-, stuveri|arbetare **--sighted** [ˌlɒŋ'saɪtɪd] **1** långsynt; översynt **2** framsynt, förutseende **--standing** [ˌlɒŋ'stændɪŋ] långvarig; gammal **--suffering** [ˌlɒŋ'sʌf(ə)rɪŋ] **I** *a* tålmodig, tålig **II** *s* tålmodighet, tålamod **--term** ['lɒŋtɜːm] långfristig; på lång sikt, långsiktig **-time** ['lɒŋtaɪm] av gammalt datum; gammal

(*friend* vän) **-ways** ['lɒŋweɪz] *BE.*, **-wise** ['lɒŋwaɪz] *AE.* på längden, längs efter **-winded** [ˌlɒŋ'wɪndɪd] **1** lång|randig, -tråkig **2** uthållig, med bra kondition

loo [lu:] *BE. vard.* toa; *in the* ~ på toa

looby ['lu:bɪ] dumbom

loofa[h] ['lu:fə] luffasvamp (*slags tvättsvamp*)

look [lʊk] **I** *v* **1** titta, se; ~ *and see* titta (se) efter; *just* ~*!* [nej, men] titta!; ~, *I know you're busy, but...* jag vet ju att du har mycket att göra, men...; ~ *before you leap* tänk först, handla sedan; ~ [*here*]*! a*) se här!, titta hit!, *b*) hör du (nu)!, hör på!, vet du!, stopp ett tag! **2** leta, söka, titta **3** se ut, förefalla, tyckas [vara], verka [vara]; ~ *alive* (*lively, sharp, smart*)! skynda (raska) på!, rör på benen!; *it* ~*s all right to me* jag tycker att det verkar [vara] riktigt (i sin ordning); *how does it* ~ *to you?* hur tycker du det verkar [vara]?; *it* ~*s well on him* den ser snygg ut på honom; *the house* ~*s about 30 years old* huset ser ut att (verkar) vara omkring 30 år gammalt; ~ *like* se ut som, likna; *what does she* ~ *like?* hur ser hon ut?; *it* ~*s like* (*as if it will*) *rain* det ser ut att (verkar) bli regn **4** ligga, vetta (*to, towards* mot); *the window* ~ *west* fönstret vetter mot (åt) väster **5** *she* ~*s herself* (*her old self*) *again* hon är sig lik igen; *he* ~*s his age* han ser så gammal ut som han är, det syns hur gammal han är: ~ *one's best* vara till sin fördel, ta sig bra ut, klä (*in blue* i blått); *he* ~*s it* han ser sådan ut **6** ~ *about* se sig om[kring] (*for* efter); ~ *after a*) se till (efter), passa, sköta [om], ha hand om, *b*) följa med blicken, se efter, *c*) tillvarata (*one's interests* sina intressen); ~ *after o.s.* sköta (klara) sig själv; ~ *after yourself!* sköt om dig!; ~ *ahead* se framåt; ~ *around* se sig om (omkring); ~ *at* titta (se) på, betrakta, överväga; *to* ~ *at him you wouldn't think to* av hans utseende att döma (när man ser honom) skulle man inte tro det; *it is not much to* ~ *at* det ser inte mycket ut för världen; ~ *away* titta (se) bort; ~ *back a*) se sig om, *b*) se tillbaka ([*up*]*on* på); *never* ~ *back* (äv.) gå stadigt framåt; ~ *down a*) titta (se) ner (*the hole* i hålet); ~ *down* [*up*]*on* se ner på (äv. *bildl.*), ha utsikt över; ~ *for a*) leta (söka, titta) efter, *b*) hoppas på, vänta sig; ~ *forward* titta (se) framåt; ~ *forward to* se fram emot, längta efter; ~ *in* titta in (*on s.b.* till ngn), hälsa på (*on s.b.* hos); ~ *into a matter* undersöka en sak; ~ *on a*) vara åskådare, titta (se) på, *b*) se ~ *upon*; ~ *out a*) titta (se) ut (*of the window* genom fönstret), *b*) se sig för, se upp, akta sig, *c*) vetta (*on, over* mot, åt), *d*) se (söka, leta) ut; ~ *out for a*) hålla utkik (titta) efter, se upp för, *b*) ge akt på; ~ *over a*) se över, *b*) se (gå) igenom (över), undersöka; ~ *round* se sig om[kring] (*for* efter); ~ *through* titta (se) igenom; ~ *through the binoculars* titta i kikaren; ~ *straight through s.b.* se rätt igenom (inte låtsas se) ngn; ~ *to a*) vända blickarna mot (*the future* framtiden), *b*) sörja för, sköta om, *c*) vänta [sig] att, hoppas [på] att (*hear from s.b.* få höra ifrån ngn), *d*) förlita sig på; ~ *to it that...* se till att...; ~ *to s.b. for help* vänta sig hjälp av ngn; ~ *up a*) titta (se) upp, *b*) bli bättre, *c*) (*om priser*) stiga, *d*) slå upp (*i lexikon e.d.*), *e*) söka upp, hälsa på, ta kontakt med; *things are* ~*ing up* det ljusnar (blir bättre och bättre); ~ *up*

to s.b. se upp till (respektera) ngn; ~ *s.b. up and down* mönstra ngn uppifrån och ner (från topp till tå); ~ *upon* titta (se) på, betrakta; ~ *upon as* betrakta (anse) som **II** *s* **1** blick; titt; *a kind* ~ en vänlig blick; *have* (*take*) *a* ~ *at* ta [sig] en titt på, titta på; *can I have a* ~*?* får jag (kan jag få) se (titta)?; *take a good* ~ titta noga **2** (*ofta pl*) utseende; uttryck, min; *a* ~ *of disdain* ett föraktfullt uttryck; *good* ~*s* fördelaktigt utseende; *I don't like the* ~ *of this* jag tycker det här är oroväckande, jag tycker inte om det här; *by the* ~ *of it* av utseendet att döma

look-alike ['lʊkəlaɪk] dubbelgångare **looker** [-ə] *vard.* **1** tittare **2** *i sht AE.* snygging, toppentjej **looker-on** [ˌlʊkər'ɒn] (*pl lookers-on* [ˌlʊkəz'ɒn]) åskådare **look-in** ['lʊkɪn] *vard.* **1** påhälsning; *give s.b. a* ~ titta in till (hälsa på hos) ngn **2** chans **looking glass** ['lʊkɪŋglɑ:s] spegel **lookout** ['lʊkaʊt] **1** utkik; utkikspost; utkiks|-plats, -torn; *be on the* ~ *for* hålla utkik efter **2** *i sht BE.* utsikt[er], chans **3** *vard.* problem; *that's my* ~ det är mitt problem (min huvudvärk) **looksee** [lʊk'si:] *AE. sl.* snabb titt

1 loom [lu:m] **1** vävstol **2** [år]lom

2 loom [lu:m] **1** dyka upp (fram); skymta; torna upp sig, vara hotande nära **2** resa sig [högt] (*over* över)

1 loon [lu:n] *AE. zool.* lom

2 loon [lu:n] *vard.* galning, dumbom **loon[e]y** ['lu:nɪ] *sl.* **I** *a* galen, tokig **II** *s* galning, dåre, tokstolle **loony bin** ['lu:nɪbɪn] *sl.* dårkista (*mentalsjukhus*)

loop [lu:p] **I** *s* **1** ögla; slinga; snara; stropp; krök, krökning **2** *med.* spiral (*livmoderinlägg*) **3** *flyg.* lo[o]ping **4** *data.* slinga **II** *v* **1** göra en ögla på **2** fästa med ögla; slå en ögla runt **3** *flyg.*, ~ *the* ~ göra en lo[o]ping **4** bilda en ögla; gå i bukter (krökar), slingra sig **loop aerial** ramantenn **looper** ['lu:pə] *zool.* mätarlarv **loophole** ['lu:phəʊl] **1** skottglugg, titthål **2** *bildl.* kryphål; *a* ~ *in the law* en lucka i lagen **loopy** ['lu:pɪ] *vard.* knasig, stollig

loose [lu:s] **I** *a o. adv* **1** lös; ~ *button* lös knapp; ~ *change* små-, växel|pengar; ~ *clothing* löst sittande kläder; ~ *connection a*) lös förbindelse, *b*) *elektr.* glappkontakt; ~ *cover* löst [möbel]överdrag; ~ *dye* färg som fäller; ~ *ends* (*bildl.*) ouppklarade saker, olösta frågor; ~ *limbs* ledlösa (rörliga) lemmar; ~ *rope* slak lina; ~ *tooth* lös tand; *be at a* ~ *end* (*vard.*) inte veta vad man skall ta sig till (hur man skall bära sig åt); *come* ~ lossna; *get* ~ *a*) komma lös, slita sig, *b*) lossna; *have* ~ *bowels* vara lös i magen; *let* (*set, turn*) ~ släppa lös (loss); *run* ~ springa lös **2** fri (*translation* översättning); lös, inexakt, vag; ~ *talk* löst prat **3** omoralisk, ansvarslös; lösaktig, lättfärdig (*woman* kvinna); *lead a* ~ *life* föra ett utsvävande liv **4** *vard.*, *i sht AE.* avspänd, avslappad **II** *s*, *be on the* ~ *a*) vara på fri fot, *b*) vara lös och ledig, *c*) vara ute och festa **III** *v* **1** lösa, lossa; släppa lös (loss) **2** skjuta i väg (*pil e.d.*) **3** ~ *off* öppna eld (*at* mot)

loose|-fitting ['lu:sˌfɪtɪŋ] löst sittande, vid **--jointed 1** ledlös **2** lös i fogarna **--leaf** [-li:f] lösblads-, med lösa blad **--limbed** [-lɪmd] ledlös **loosely** ['lu:slɪ] *adv* **1** löst (*connected* förenad) **2**

loosen—lot 294

fritt (*translated* översatt) **3** omoraliskt; lösaktigt; *live* ~ föra ett utsvävande liv **loosen** [-n] **1** lösa upp; lossa [på]; knyta upp **2** ~ [*up*] *a*) luckra upp, *b*) mjuka upp, *c*) *bildl.* lätta upp (på), mildra **3** släppa lös (loss) **4** lossna; (*om knut*) gå upp **5** bli lösare; lösas upp; mildras **6** *vard.*, ~ *up* tina upp, bli mera pratsam
loosestrife ['lu:sstraɪf] *s, bot., purple* ~ fackelblomster; *yellow* ~ videört
loose-tongued ['lu:stʌŋd] lösmynt, pratig
loot [lu:t] **I** *s* **1** rov, byte **2** plundring **3** *sl.* stålar (*pengar*) **II** *v* plundra; röva **-er** ['lu:tə] plundrare
1 lop [lɒp] **I** *s* avhuggna (kapade) grenar **II** *v* hugga av, kapa
2 lop [lɒp] **1** hänga slak, sloka **2** stå och hänga, gå och driva
lope [ləʊp] **I** *v* gå (springa) med långa kliv; (*om fyrbenta djur*) skutta **II** *s* långt kliv (språng, skutt)
lop|-eared ['lɒp‚ɪəd] med hängande öron **-sided** [‚lɒp'saɪdɪd] som lutar åt ena sidan; skev, sned; *bildl.* ensidig
loquacious [lə(ʊ)'kweɪʃəs] pratsam, pratig, talträngd **loquaciousness** [-nɪs], **loquacity** [-'kwæsətɪ] pratsamhet, pratighet, talträngdhet
lor [lɔ:] *interj, vard.* jösses!
lord [lɔ:d] **I** *s* **1** härskare, herre (*of* över); magnat; *the* ~ *of the manor* godsägaren, -herren **2** *poet., åld.* gemål; *my* ~ *and master* (*skämts.*) min herre och man **3** *i sht BE.* lord; *the* [*House of*] *L~s* överhuset; *L~ Lieutenant a*) *BE.* lordlöjtnant, *ung.* landshövding, *b*) *hist.* vicekonung (*i Irland*); *L~ Mayor* Lord Mayor (*borgmästare i bl.a. London*); *L~s Spiritual* (*Temporal*) andliga (världsliga) lorder (*i överhuset*); *my* ~ [mɪ'lɔ:d, *t. domare äv.* mɪ'lʌd] (*i tilltal*) *a*) (*t. domare*) herr domare, Ers nåd, *b*) (*t. biskop*) biskopen, Ers nåd, *c*) (*t. adelsman*) greven, baron, Ers nåd; *as drunk as a* ~ full som en alika, kanonfull; *live like a* ~ leva furstligt; *swear like a* ~ svära som en borstbindare **4** *teol., the L~* Herren, Gud; *Our L~* Vår Herre och Frälsare, Kristus; *the L~'s Day* söndagen; *the L~'s Prayer* Herrens bön, Fader Vår; *the L~'s Supper* Herrens heliga nattvard; [*good* (*oh*)] *L~!* herregud!, jösses!, milda makter!; *L~ help you!* Gud nåde dig!; *L~ knows* (*vard.*) Gud (vem) vet **II** *v*, ~ *it over* spela herre över **-ly** ['lɔ:dlɪ] *a* **1** högdragen, arrogant **2** som en lord; ståtlig, förnäm **-ship** ['lɔ:dʃɪp] **1** herravälde, makt (*of, over* över) **2** (*i tilltal*) *Your L~* Ers nåd
lore [lɔ:] kunskap, vetande; *plant* ~ läran om växterna
lorgnette [lɔ:'njet] lorgnette; teaterkikare (*med handtag*)
lorn [lɔ:n] *poet.* ensam, övergiven
lorry ['lɒrɪ] **1** *BE.* lastbil **2** öppen godsvagn; flakvagn
lory ['lɔ:rɪ] *zool.* loripapegoja
lose [lu:z] (*lost, lost; se äv. lost*) **1** förlora; mista; tappa [bort]; ~ *one's cold* bli av med sin förkylning; ~ *one's English* glömma bort sin engelska; ~ *ground* förlora mark; ~ *one's head* tappa huvudet (fattningen); ~ *heart* tappa modet; ~ *interest* tappa intresset; ~ *one's labour* anstränga sig förgäves; ~ *one's life* mista (förlora) livet; ~ *one's purse* tappa portmonnän; ~ *a pursuer* skaka av sig en förföljare; ~ *one's temper* tappa humöret; ~ *way* (*om fartyg*) sakta farten; ~ *one's way* gå (köra *etc.*) vilse; ~ *weight* gå ner i vikt; ~ *o.s. a*) gå vilse, förirra sig, tappa bort sig, *b*) *bildl.* förlora sig, försjunka (*in memories* i minnen); *she* ~ *herself in her work* hon gick helt upp i sitt arbete **2** förlora (*a match* en match) **3** försitta (*an opportunity* ett tillfälle), förspilla (*time* tiden); missa, komma för sent till (*the plane* planet); ~ *the point of a story* missa poängen i en historia **4** (*om klocka*) sakta sig, gå efter (*two minutes a day* två minuter per dag) **5** förlora; misslyckas; *you can't* ~ du kan inte misslyckas; ~ *by the change* förlora på bytet; *this poem will* ~ *in translation* den här dikten kommer att förlora vid översättning **6** (*om klocka*) sakta sig, dra sig efter **7** *vard.*, ~ *out* klara sig dåligt, dra det kortaste strået
los|er ['lu:zə] förlorare; *be a good* (*bad*) ~ vara en god (dålig) förlorare **-ing** [-'ɪŋ] **I** *a* förlorande (*team* lag); förlustbringande (*concern* företag); *they play a* ~ *game* det är givet att de förlorar, de kämpar förgäves **II** *s,* ~*s* (*pl*) [spel]förluster
loss [lɒs] **1** förlust; skada; mistande; ~ *of appetite* aptitlöshet; ~ *of memory* minnesförlust; ~ *of time* tids|förlust, -spillan; *it's a great* ~ *to me* det är en stor förlust för mig; *be a dead* ~ (*sl.*) vara ett hopplöst fall (helt värdelös); *he's no* ~ ingen kommer att sakna honom; *sell at a* ~ sälja med förlust; *sustain heavy* ~*es* lida svåra förluster **2** *be at a* ~ vara villrådig, inte veta varken ut eller in; *be at a* ~ *for words* ha svårt att finna ord; *he's never at a* ~ *for an excuse* han har alltid en ursäkt till hands
lost [lɒst] **I** *imperf. av lose* **II** *a o. perf. part. av lose* **1** förlorad; borttappad; försvunnen; *a* ~ *art* en bortglömd konst; *a* ~ *cause* ett hopplöst fall; ~ *property office* hittegodsmagasin, expedition för tillvaratagna effekter; ~ *in the crowd* försvunnen i folkmängden; ~ *in thought* försjunken i tankar; ~ *to the world* förlorad för världen; *be* ~ *a*) vara försvunnen (borta), ha försvunnit, *b*) *bildl.* vara (gå) förlorad, *c*) *bildl.* ha tappat tråden, *d*) *se lost II 2*; *the ship was* ~ *with all hands* fartyget gick under med man och allt; *the motion was* ~ motionen förkastades; *be* ~ *to shame* inte ha nån skam i kroppen; *get* ~ försvinna, komma bort; *get* ~*!* stick!, försvinn! **2** vilse|gången, -kommen; *bildl.* bortkommen, vilsen; *be* ~ ha gått vilse; *I'm* ~ jag har gått (kommit) vilse; *without my glasses I'm* ~ utan mina glasögon är jag förlorad **3** *bildl.* bortkastad, förspilld (*on* på); *poetry is* ~ *on him* poesi är bortkastad på honom **4** förtappad, fördömd (*soul* själ); fallen (*woman* kvinna)
lot [lɒt] **I** *s* **1** lott; öde; [an]del; *it falls to my* ~ *to* det faller på min lott att **2** lott[sedel]; *by* ~ genom lottning (lottdragning); *cast* (*draw*) ~*s* dra lott (*for s.th.* om ngt); *cast* (*throw*) *in one's* ~ *with* slå sig ihop med, göra gemensam sak med; *we drew* ~*s to see who would start* vi drog lott om vem som skulle börja **3** [varu]parti, post; nummer (*på auktion*) **4** *i sht AE.* tomt, plats, område; *building* ~ byggnadsplats; *parking* ~ parkeringsplats **5** *AE.* filmstudio **6** samling (*personer el. saker*); sällskap; uppsättning; *vard.* gäng, anhang, typer; *a nice* ~ *of people* en samling trevliga människor;

he's a bad ~ han är en odåga; *they are a bad* ~ de är ett riktigt pack **7** *the* ~ allt[ihop]; *that's the* ~ det är allt; *the whole* ~ *of them* allihopa, hela bunten **8** massa, mängd; *a* ~ mycket (*better* bättre); *a* ~ *of* mycket, en massa (*trouble* besvär); *quite a* ~ en hel del, ganska mycket; ~*s* [*of*] (*vard.*) massor; ~*s of friends* (*vard.*) massor av vänner; *I have* ~*s* (*a* ~) *to do* jag har massor att göra; *a* ~ *of people were there* en massa människor var där; *he made* ~*s and* ~*s of mistakes* han gjorde massvis med fel; *we see a* ~ *of her nowadays* vi ser en hel del av henne nuförtiden; *a* ~ *you care!* det bryr väl inte du dig om! **II** *v* **1** stycka (*mark*) i lotter **2** dra lott om **3** tilldela; fördela

loth [ləʊθ] *se loath*

lotion ['ləʊʃn] lotion, vätska, lösning; *hair* ~ hårvatten; *skin* ~ ansiktsvatten, lotion; *suntan* ~ sololja

lottery ['lɒtərɪ] lotteri (*äv. bildl.*) **lottery ticket** lottsedel

lotus ['ləʊtəs] *bot.* **1** lotus[blomma] **2** käringtand **lotus position** (*i yoga*) lotusställning

loud [laʊd] **I** *a* **1** hög, stark (*voice* röst); högljudd; ~ *and clear* hög och tydlig **2** skrikig, gräll, bjärt (*colour* färg); *vard.* stökig, vulgär **II** *adv* högt; *speak* ~ tala högt; *say it out* ~ (*vard.*) säg det högt **louden** ['laʊdn] göra (bli) högre **loud-hailer** [-ˌheɪlə] *BE.* elektrisk megafon **loudly** [-lɪ] *adv* **1** högt *etc.*, *jfr loud I 1* **2** skrikigt *etc.*, *jfr loud I 2* **loudmouth** [-maʊθ] *vard.* skrävlare; gaphals **loudmouthed** [-maʊθt] *vard.* skrävlande; gapig, skrikig **loudness** [-nɪs] **1** högljuddhet, styrka; *the* ~ *of his voice* styrkan i hans röst, hans högljudda röst **2** skrikighet *etc.*, *jfr loud I 2* **loudspeaker** [ˌlaʊd'spiːkə] högtalare

lough [lɒk] *Irl.* sjö; havsvik

Louisiana [luːˌiːzɪ'ænə]

lounge [laʊn(d)ʒ] **I** *v* **1** ~ [*about, around*] ströva omkring, flanera, ligga och dra sig, stå (sitta) och hänga **2** ~ *away one's time* slösa bort sin tid, slöa **II** *s* **1** vestibul, foajé; sällskapsrum, salong; (*på flygplats*) väntrum; *BE.* vardagsrum; ~ [*bar*] (*BE.*) 'finare avdelning' (*i pub*); [*cocktail*] ~ cocktailbar **2** divan **3** flanerande; hängande, slöande

lounge lizard ['laʊn(d)ʒˌlɪzəd] *vard.* salongslejon **lounger** [-ə] dagdrivare, lätting **lounge suit** [-suːt] [kavaj]kostym

loupe [luːp] lupp

lour ['laʊə] *se 2 lower*

louse I *s* [laʊs] **1** (*pl lice* [laɪs]) lus **2** (*pl* ~*s*) *sl.* äckel, skurk **II** *v* [laʊz] **1** avlusa **2** *sl.*, ~ *s.th. up* sabba ngt **lousy** ['laʊzɪ] **1** lusig, nedlusad, full med löss; ~ *with money* (*sl.*) nedlusad med pengar **2** *vard.* urusel, urdålig (*film* film); nedrig, jäkla; *that was a* ~ *thing to do* det var nedrigt att göra så; *a* ~ *5 dollars* futtiga 5 dollar

lout [laʊt] drummel, knöl, lymmel **-ish** ['laʊtɪʃ] drumlig, knöl-, lymmel|aktig

lou|ver, -vre ['luːvə] luftintag, ventilationsgaller **lovable** ['lʌvəbl] sympatisk, älsklig, intagande **love** [lʌv] **I** *s* **1** kärlek (*for el. of s.b.* till ngn; *of s.th.* till ngt); förkärlek (*for* i); lust (*of* för); förtjusning (*of* i); *there's no* ~ *lost between them* de tål inte varandra; *make* ~ älska, ligga med varandra; *make* ~ *to* ligga (älska) med; *for* ~ *a*) av kärlek, för kärleks skull, *b*) gratis; *for the* ~ *of God* för Guds skull; *I wouldn't do it for* ~ *or money* jag skulle inte göra det för allt i världen; *study mathematics for the* ~ *of it* läsa matematik för ro skull; *in* ~ kär, förälskad (*with* i); *fall in* ~ bli kär (förälskad), förälska sig (*with* i) **2** älskling. raring, lilla vän; *yes,* [*my*] ~*!* javisst, [min] älskling!; *here your are* [, ~]*!* var så god [, raring, lilla du (vän)]! **3** hälsning[ar]; ~ (*i brevslut*) hjärtliga hälsningar; *give my* ~ *to your mother* hälsa din mamma så hjärtligt [från mig]; *send s.b.* ~ skicka hälsningar (hälsa) till ngn **4** (*i tennis e.d.*) noll; *30* ~ 30 noll; ~ *all* noll noll **II** *v* älska; tycka [mycket] om, vara förtjust i; *she* ~*s reading* (*to read*) hon älskar att läsa; *yes, I should* ~ *to* ja, mycket gärna; *I'd* ~ *a cup of coffee* jag skulle gärna vilja ha en kopp kaffe; *I* ~ *that!* fantastiskt!, jättebra

loveable ['lʌvəbl] *se lovable* **love affair** [-əˌfeə] kärlekshistoria, förhållande **lovebird** [-bɜːd] **1** *zool.* dvärgpapegoja **2** *vard.*, ~*s* (*pl*) turturduvor **love child** [-tʃaɪld] kärleksbarn (*utomäktenskapligt barn*) **love game** [-ɡeɪm] (*i tennis*) blankt game **love-hate** [-heɪt] hatkärleks- **loveless** [-lɪs] kärlekslös, utan kärlek **love letter** [-ˌletə] kärleksbrev **loveliness** [-lɪnɪs] ljuvlighet, skönhet, älsklighet **lovelock** [-lɒk] tjusarlock **lovelorn** [-lɔːn] försmådd [av sin älskade]; trånande, hopplöst förälskad **lovely** [-lɪ] **I** *a* **1** förtjusande, ljuvlig, älsklig, vacker, söt **2** underbar, fantastisk, härlig **II** *s, vard.* skönhet, vacker flicka **lovemaking** [-ˌmeɪkɪŋ] **1** kel, smek, erotiska lekar; samlag **2** *åld.* uppvaktning **love match** [-mætʃ] giftermål av kärlek **love nest** [-nest] kärleksnäste **love potion** [-ˌpəʊʃn] kärleksdryck

lover ['lʌvə] **1** älskare; *the* ~*s* de älskande; *the two* ~*s* det förälskade paret; *they are* ~*s* de har ett förhållande **2** älskare, beundrare, vän; ~ *of music, music* ~ musik|älskare, -vän; *be a* ~ *of good food* vara en vän av (älska) god mat **-boy** *vard.* **1** pojkvän **2** vän; *listen,* ~*!* hör på, min vän!

love seat ['lʌvsiːt] liten tvåmanssoffa **lovesick** kärlekskrank, trånande, smäktande **love song** kärleks|visa, -sång **love story** [-ˌstɔːrɪ] kärlekshistoria

lovey ['lʌvɪ] *BE. vard.* raring, min vän **--dovey** [-ˌdʌvɪ] *a* kärlekskrank, kuttrande

loving ['lʌvɪŋ] älskade, kärleksfull, öm; tillgiven; *the* ~ *couple* det älskande paret; ~ *cup* pokal; *your* ~ *son* din tillgivne son **-ly** *adv* [-lɪ] kärleksfullt *etc.*, *jfr loving* **-ness** [-nɪs] kärleksfullhet, ömhet; tillgivenhet

1 low [ləʊ] **I** *a* (*jfr äv. 1. lower I o. lowest*) **1** låg; djup (*bow* bugning); urringad (*dress* klänning); *L~ Church* (*BE.*) lågkyrkan; ~ *cost* låg kostnad; *the L~ Countries* Belgien, Nederländerna, Luxemburg; ~ *frequency* låga frekvenser; ~ *gear* låg växel; *L~ German* lågtyska, plattyska; *L~ Latin* vulgär-, medeltids|latin; ~ *light* dämpat (svagt) ljus; ~ *notes* låga toner; ~ *point* botten, lägsta punkt; ~ *relief* basrelief, låg relief; *the river is* ~ det är lågt vattenstånd i floden; *L~ Sunday* första söndagen efter påsk; ~ *tension* lågspänning; ~ *tide a*) ebb, *b*) lägsta punkt; *in a* ~ *voice* med låg röst; ~ *water* lågvatten, lågt vattenstånd; ~ *whis-*

per låg viskning **2** låg, obetydlig, ringa; knapp; ~ *birth* låg börd; ~ *forms of life* lägre (lågt stående) former av liv; ~ *life* de lägre samhällsskikten[s liv]; *L*~ *Mass* stilla mässa; ~ *supplies* knappa förråd; *be* ~ *in funds* ha ebb i kassan **3** låg, vulgär, simpel; gemen, usel; ~ *comedy* fars, slapstick; ~ *cunning* durkdrivenhet; ~ *joke* rått skämt; ~ *trick* gement spratt **4** svag, klen; nedstämd, deprimerad, nere; *be* ~ *in health* ha svag hälsa; *in* ~ *spirits* nedstämd **II** *adv* (*jfr äv. 1 lower II o. lowest*) lågt; djupt; svagt; knappt; *bow* ~ buga sig djupt; *bring* ~ *a*) ruinera, *b*) förödmjuka, *c*) försvaga; *buy* ~ *and sell high* köpa billigt och sälja dyrt; *fall* ~ falla (sjunka) djupt (*moraliskt*); *fly* ~ flyga lågt; *get* (*run*) ~ *on s.th.* börja få slut på ngt; *lay* ~ *a*) fälla till marken, *b*) (*om sjukdom*) drabba, angripa; *play* ~ (*kortsp.*) spela med låg insats; *speak* ~ tala tyst; *turn the lights down* ~ dämpa belysningen **III** *s* **1** låg nivå, botten|nivå, -läge **2** *meteor.* lågtrycksområde; lågtryck
2 low [ləʊ] **I** *v* råma, böla **II** *s* råmande, bölande
low|born [ˌləʊˈbɔːn] *av* låg härkomst **-boy** [ˈləʊbɔɪ] *AE.* låg byrå **-bred** [ləʊˈbred] ohyfsad, ouppfostrad **-brow** [ˈləʊbraʊ] *vard.* **I** *s* ointellektuell (okultiverad, obildad) person **II** *a* ointellektuell, okultiverad, obildad **-browed** [ˈləʊbraʊd] *se lowbrow II* **-cut** [ˈləʊkʌt] urringad **-down** [ˈləʊdaʊn] *s, vard.* information, upplysning; *get* (*give s.b.*) *the* ~ *on* få (ge ngn) upplysningar om, bli tipsad (tipsa ngn) om **--down** [ˈləʊdaʊn] *a, vard.* tarvlig, gemen; lömsk; föraktlig
1 lower [ˈləʊə] **I** *a* lägre *etc, jfr 1 low I*; undre, under-; nedre; ~ *arm* underarm; *L*~ *Austria* Niederösterreich; *the* ~ *class* underklassen, de lägre klasserna; ~ *deck* (*sjö.*) *a*) trossdäck, *b*) *vard.* underofficerare och manskap; ~ *house* underhus; *the* ~ *regions* helvetet, de undre regionerna; *L*~ *Saxony* Niedersachsen; *the* ~ *world a*) jorden, världen, *b*) helvetet, underjorden **II** *adv* lägre *etc., jfr 1 low II*; ~ *down the list* längre ner på listan **III** *v* **1** sänka; släppa (fira, flytta, dra) ner, hala; sätta ner (*äv. bildl.*); minska (*the pressure* trycket); ~ *the radio* skruva ner (sänka) radion; ~ *the resistance* försvaga (sätta ner) motståndskraften; ~ *o.s. a*) sjunka ner (*into* i), *b*) sänka sig ner, *b*) nedlåta sig (*to* till att); *that* ~*ed him in my opinion* det fick honom att sjunka i min aktning **2** sjunka; bli lägre, minska[s], avta
2 lower [ˈlaʊə] **1** (*om himlen*) mulna, mörkna **2** se bister ut; blänga (*at* på)
lowercase [ˈləʊəkeɪs] *a*, ~ *letter* gemen, liten bokstav **lowermost** *a* lägst; underst; nederst **lowest** [ˈləʊɪst] *a o. adv* lägst *etc., jfr 1 low I o. II*
low-grade [ˈləʊgreɪd] lågkvalitet-, av låg kvalitet **low-key[ed]** [-] dämpad, återhållen **lowland** [-lənd] **I** *s* lågland; *the L*~*s* Skotska lågländerna **II** *a* låglands- **Lowlander** [-ləndə] [skotsk] låglänning **lowly** [-lɪ] **I** *a* blygsam, anspråkslös; obetydlig, alldaglig **II** *adv* anspråkslöst **low-minded** [ˌləʊˈmaɪndɪd] gemen, lågsinnad; vulgär **low-necked** [ˌləʊˈnekt] urringad **lowness** [ˈləʊnɪs] låghet; ringhet; gemenhet *etc., jfr 1 low I o. II* **low-paid** [ˌləʊˈpeɪd] lågavlönad **low-pitched** [ˌləʊˈpɪtʃt] låg, i lågt tonläge, med låg tonhöjd **low-pressure** [ˌləʊˈpreʃə] **1** lågtrycks- **2** avspänd, lugn **low-rise** [ˈləʊraɪz] **I** *a* låghus- **II** *s* låghus **low-tension** [ˌləʊˈtenʃn] lågspännings- **low-water** [ˌləʊˈwɔːtə] *a* lågvatten[s]-; ~ *mark a*) lågvattenmärke, *b*) lägsta punkt
1 lox [lɒks] (*slags*) rökt lax
2 lox [lɒks] (*av liquid oxygen*) flytande syre
loyal [ˈlɔɪəl] lojal, plikttrogen, trofast (*to* mot) **Loyalist** [ˈlɔɪəlɪst] regeringstrogen person **loyalty** [ˈlɔɪ(ə)ltɪ] lojalitet, plikttro[gen]het, trofasthet
lozenge [ˈlɒzɪn(d)ʒ] **1** *geom.* romb; *her.* ruta **2** *med.* tablett, pastill
LP *fork. för long player el. long-playing record* LP, LP-skiva **L.P., l.p.** *fork. för low pressure* **LPG, LP gas** *fork. för liquefied petroleum gas* **L.P.S.** *BE., fork. för Lord Privy Seal* **LRBM** *fork. för longe-range ballistic missile* **l.s.** *fork. för locus sigilli* (*lat.*) *the place of the seal* **LSD** *fork. för lysergic acid diethylamide* **L.S.D., £.s.d., l.s.d.** *fork. för librae, solidi, denarii* (*lat.*) *pounds, shillings, pence* **L.S.E.** *fork. för London School of Economics* **LT** *fork. för low-tension; letter telegram* **Lt.** *fork. för Lieutenant* **l.t.** *fork. för long ton;* (*i sht AE.*) *local time* **Lt.Col.** *fork. för lieutenant colonel* **Lt.Comdr.** *fork. för lieutenant commander* **Ltd., ltd.** *fork. för limited* **Lt.Gen.** *fork. för lieutenant general* **Lt.Gov.** *fork. för lieutenant governor*
lubber [ˈlʌbə] **1** landkrabba **2** luns; drummel **lubber line** *sjö.* styrstreck
lubra [ˈluːbrə] *Austr.* infödingskvinna
lubricant [ˈluːbrɪkənt] **I** *s* smörjmedel **II** *a* smörjande **lubricate** [-keɪt] **1** smörja, olja (*äv. bildl.*); smörja (olja, fetta) in **lubricating** [-keɪtɪŋ] smörjande, smörj-; ~ *oil* smörjolja **lubrication** [ˌluːbrɪˈkeɪʃn] smörjning, oljning, infettning **lubricator** [-keɪtə] smörjare; smörjmedel; smörjkopp **lubricity** [luːˈbrɪsətɪ] **1** liderlighet, slipprighet **2** smörjförmåga
Lucerne [luːˈsɜːn] Luzern; *the Lake of* ~ Vierwaldstättersjön
lucerne [luːˈsɜːn] *bot.* lusern, lucern
lucid [ˈluːsɪd] **1** klar, ljus, lysande **2** redig, klar; överskådlig; ~ *intervals* ljusa (klara) stunder **-ity** [luːˈsɪdətɪ] redighet, klarhet; överskådlighet
luck [lʌk] **I** *s* lycka, tur; framgång; *bad* ~ otur, olycka; *bad* ~*!* vilken otur!, det var synd!; *better* ~ *next time!* bättre lycka nästa gång!; *good* ~ tur, lycka; *good* ~ [*to you*]*!, the best of* ~*!* lycka till!; *hard* ~ (*vard.*) otur (*on s.b.* för ngn); *worse* ~ tyvärr, vad värre var; *just my* ~*!* [det är] min vanliga otur!; *by* ~ av en slump; *no such* ~ tyvärr inte; *be down on one's* ~ vara förföljd av otur (i knipa); *be in* (*out of*) ~ ha tur (otur); *it's the* ~ *of the draw* man får ta det som det kommer; *they do it for* ~ de gör det för att få tur; *as* ~ *would have it, I was…* det slumpade sig så att jag var…; *try one's* ~ pröva lyckan **II** *v, AE. vard.*, ~ *out* lyckas (*in finding s.th.* hitta ngt)
luckily [ˈlʌkɪlɪ] *adv* lyckligtvis, som tur var **luckless** [-lɪs] otursförföljd, olycklig; oturlig
lucky [-ɪ] tursam, tur-, med tur, som har tur, lycklig, lyckosam, lyck[o]-; ~ *charm* lyckobringare, amulett; ~ *day* lyckodag; *you* ~ *dog* (*devil, thing*)*!* din lycksost!; ~ *guess* bra gissning; ~

man man med tur; ~ *number* lyckotal; ~ *shot* lyckträff; *be* ~ ha tur (*at cards* i kortspel); *it's* ~ *for you* det är tur för dig; *a four-leaf clover is* ~ en fyrklöver bringar lycka (har tur med sig, betyder tur); *I was* ~ *enough to* jag hade turen att; *third time* ~*!* tredje gången gillt!
lucrative ['luːkrətɪv] lukrativ, lönande, inbringande
lucre ['luːkə] *s, neds., filthy* ~ snöd vinning
lucubration [ˌluːkjuːˈbreɪʃn] **1** [nattliga] studier **2** (*ofta pl*) lärda mödor (skriverier)
lud [lʌd] *BE., my* ~*, m'*~ herr domare, Ers nåd
ludicrous ['luːdɪkrəs] löjlig, skrattretande, orimlig
ludo ['luːdəʊ] *BE.* ludo, *ung.* fia[spel]
luff [lʌf] *sjö.* **1** snedsegels mastlik (staglik) **2** bredaste del av fartygsbog **II** *v* lova, gå upp i vind
lug [lʌg] **I** *v* släpa [på], kånka [på]; dra, rycka; ~ *s.th. about with one* släpa med sig ngt **II** *s* **1** släpande, kånkande; dragande, ryck **2** *BE. vard., Sk.* öra **3** grepe, öra, handtag; kant, fläns **4** *sl.* dumskalle; klump[eduns] **5** *sl., put the* ~ *on s.b.* pressa ngn på pengar
luggage ['lʌgɪdʒ] bagage **luggage rack** bagage|hylla, -nät **luggage van** resgodsvagn
lugger ['lʌgə] *sjö.* loggert **lugsail** [-seɪl] *sjö.* loggertsegel
lugubrious [luːˈguːbrɪəs] dyster, sorglig
Luke [luːk] Lukas
lukewarm ['luːkwɔːm] ljum[men]; *bildl. äv.* sval
lull [lʌl] **I** *v* **1** vyssja, lulla (*to sleep* till sömns); *bildl.* stilla, lugna (*a p's fears* ngns oro); undanröja (*suspicions* misstankar) **2** lugna sig, stillna **II** *s* avbrott, paus, lugn period; *bildl. äv.* stiltje **lullaby** ['lʌləbaɪ] **I** *s* vagg|visa, -sång **II** *v* sjunga till sömns
lulu ['luːluː] *sl., i sht AE.* unik person (grej)
lumbago [lʌmˈbeɪgəʊ] *med.* ryggskott **lumbar** ['lʌmbə] *med.* lumbal, länd-; *the* ~ *region* korsryggen
1 lumber ['lʌmbə] **I** *s* **1** skräp, bråte **2** *i sht AE.* timmer, virke **II** *v* **1** ~ [*up*] fylla med skräp (bråte), belamra **2** *BE. vard.,* ~ *s.b. with s.th.* lassa på ngn ngt, belasta ngn med ngt **3** *i sht AE.* fälla, göra timmer av
2 lumber ['lʌmbə] lufsa, klampa
lumber|er ['lʌmbərə] *i sht AE.* timmer-, skogs|-huggare; skogsarbetare **-jack 1** *se lumberer* **2** *AE.* lumberjacka **-jacket** [-ˌdʒækɪt] lumberjacka **-man** [-mən] *se lumberjack* **--room** [-rum] skräpkammare **-yard** [-jɑːd] *AE.* brädgård
lumi|nary ['luːmɪnərɪ] **1** *bildl.* ljus, ledande personlighet; berömd person **2** *litt.* ljuskälla, lysande himlakropp **-nosity** [ˌluːmɪˈnɒsətɪ] **1** lys|-förmåga, -kraft; *astr.* luminositet, ljusstyrka **-nous** ['luːmɪnəs] **1** lysande, strålande; självlysande (*paint* färg); ljus[-] **2** *bildl.* klar, tydlig; upplysande
lumme ['lʌmɪ] *interj, BE.* åh, du milde!, kors!
lummox ['lʌməks] *vard.* tölp, drummel
lummy ['lʌmɪ] *se lumme*
1 lump [lʌmp] **I** *s* **1** klump, klimp; stycke, bit; *a* ~ *of sugar* en sockerbit; *the* ~ (*BE.*) de oorganiserade byggnadsarbetarna; *in the* ~ i klump, som en helhet; *a* ~ *in one's throat* en klump i halsen **2** *med.* knöl, knuta, bula **3** samling, massa **4** *vard.*

klumpeduns; dumskalle **II** *v* **1** ~ [*together*] *a*) klumpa (bunta, slå) ihop, *b*) *bildl.* skära över en kam, behandla i klump **2** klumpa (klimpa) sig **3** ~ *along* släntra i väg
2 lump [lʌmp] *vard.,* ~ *it* stå ut med (finna sig i) det
lumpenproletariat [ˌlʌmpənprəʊlɪˈteərɪət] trasproletariat
lumper ['lʌmpə] *AE.* stuveri-, hamn|arbetare
lumpish ['lʌmpɪʃ] **1** klumpig, tung **2** dum, trög; klumpig **lump sugar** [-ˌʃʊgə] bitsocker **lump sum** klumpsumma **lumpy** [-ɪ] **1** full av klumpar, klimpig **2** (*om sjö*) gropig **3** (*om pers.*) tung och klumpig
lunacy ['luːnəsɪ] van|sinne, -vett
lunar ['luːnə] **1** mån-; ~ *module* månlandare; ~ *month* synodisk månad, månmånad, månvarv; ~ *probe* månsond; ~ *year* månår **2** silver-
lunatic ['luːnətɪk] **I** *a, åld. el. vard.* van|sinnig, -vettig; dåraktig; ~ *asylum* (*vanl. neds.*) sinnessjukhus; ~ *fringe, se fringe* **II** *s* åld. sinnessjuk person; *vard.* dåre, galning
lunation [luːˈneɪʃn] *astr.* synodisk månad, månmånad
lunch [lʌn(t)ʃ] **I** *s* lunch; *have* (*take*) ~ äta lunch; *how long do you get for* ~? hur lång lunch[paus] har du?; *out to* ~ (*AE. vard.*) orealistisk, tokig **II** *v* **1** luncha, äta lunch; *I* ~*ed on a salad* jag åt en sallad till lunch **2** bjuda på lunch **lunch break** ['lʌn(t)ʃbreɪk] lunchrast **luncheon** ['lʌn(t)ʃ(ə)n] lunch (*i sht formell*) **luncheonette** [ˌlʌn(t)ʃəˈnet] *AE.* lunch|bar, -restaurang **luncheon voucher** ['lʌn(t)ʃ(ə)nˌvaʊtʃə] lunchkupong **lunch hour** ['lʌn(t)ʃˌaʊə] lunch|rast, -timme **lunch room** ['lʌn(t)ʃrʊm] **1** lunchrum **2** lunch|bar, -restaurang **lunch time** ['lʌn(t)ʃtaɪm] lunch|tid, -dags
lung [lʌŋ] lunga; *at the top of one's* ~*s* av sina lungors fulla kraft **lung cancer** ['lʌŋˌkænsə] lungcancer
1 lunge [lʌndʒ] **I** *s* **1** (*i fäktning o. bildl.*) utfall **2** häftig rörelse **II** *v* **1** (*i fäktning o. bildl.*) göra [ett] utfall (*at* mot) **2** störta [sig], rusa, göra en häftig rörelse
2 lunge [lʌndʒ] **I** *s* longe, språnglina (*för hästdressyr*) **II** *v* **1** longera, låta löpa i lina
lunkhead ['lʌŋkhed] *AE. sl.* dumhuvud
lupin *BE.,* **lupine** *AE.* ['luːpɪn] *bot.* lupin
lupine ['luːpaɪn] varglik
1 lurch [lɜːtʃ] **I** *s* **1** krängning, plötslig överhalning **2** raglande, vinglande **II** *v* **1** göra en överhalning, kränga **2** ragla, vingla
2 lurch [lɜːtʃ] *s, leave in the* ~ lämna i sticket
lure [ljʊə] **I** *s* **1** [lock]bete; (*vid falkjakt*) lockfågel, vette; (*slags*) [fiske]drag; *bildl.* lockelse, frestelse **II** *v* locka, lura (*into* in i)
lurid ['ljʊərɪd] **1** hemsk, kuslig, makaber, bloddrypande, rafflande kuslig; ~ *tale* skräckhistoria **2** gräll, skrikig; glödande, eldröd **3** likblek, gråmig
lurk [lɜːk] dölja sig, smyga, stå på lur (och lura); ~*ing doubts* smygande (gnagande) tvivel
luscious ['lʌʃəs] härlig, ljuvlig; läcker
1 lush [lʌʃ] **I** *a* **1** (*om växtlighet*) frodig, yppig; **2** (*om frukt*) saftig **2** luxuös, extravagant, överdådig

2 lush [lʌʃ] *AE. sl.* **I** *s* **1** alkoholist, fyllo **2** sprit **II** *v* supa

lust [lʌst] **I** *s* lusta; åtrå, begär (*for* efter); ~ *for power* maktlystnad **II** *v*, ~ *after* (*for*) åtrå, begära, trängta efter **lustful** ['lʌstf(ʊ)l] vällustig **lustily** ['lʌstɪlɪ] av alla krafter, kraftfullt, energiskt **lustiness** ['lʌstɪnɪs] vigör, [livs]kraft, styrka

lustre ['lʌstə] **I** *s* **1** glans (*äv. bildl.*), lyster, skimmer **2** [bords]lyster **3** polish **II** *v* **1** glänsa, skimra **2** göra glänsande **lustreless** [-lɪs] glanslös, matt **lustrous** [-rəs] glänsande, skimrande

lusty ['lʌstɪ] **1** livskraftig, kraftfull **2** kraftig, stark; ~ *apetite* enorm aptit; ~ *laugh* bullrande (hjärtligt) skratt

lutanist ['luːtənɪst] lutspelare

1 lute [luːt] *mus.* luta

2 lute [luːt] **I** *s* **1** kitt **2** tätningsring **II** *v* kitta **lutenist** ['luːtənɪst] lutspelare **lutist** [-ɪst] *AE.* lutspelare

Luther ['luːθə] Luther **Lutheran** ['luːθ(ə)r(ə)n] **I** *a* lut[h]ersk **II** *s* lut[h]eran

Luxemburg ['lʌks(ə)mbɜːg]

luxuriance [lʌgˈzjʊərɪəns] frodighet, yppighet; rikedom, överflöd **luxuriant** [-ənt] frodig, yppig; riklig, överflödande; överlastad (*style* stil); produktiv **luxuriate** [-eɪt] **1** frossa; leva gott **2** frodas **luxurious** [-əs] lyx-, luxuös, lyxig, överdådig; lyxälskande **luxury** ['lʌkʃ(ə)rɪ] **I** *s* **1** lyx, överflöd **2** lyx|artikel, -vara; njutning[smedel]

L.V. *förk. för* luncheon voucher **L.W.** *förk. för long wave; low water*

lych gate ['lɪtʃgeɪt] *se* lich gate

lychnis ['lɪknɪs] *bot.* gökblomster

lye [laɪ] lut

1 lying ['laɪɪŋ] **I** *pres. part. av 1 lie* **II** **II** *a* lögnaktig **III** *s* lögnaktighet; *that would be* ~ det vore att ljuga

2 lying ['laɪɪŋ] *pres. part. av 2 lie* **I** **--in** [ˌlaɪɪŋˈɪn] (*pl* lyings-in) barnsäng; ~ *hospital* barnbördshus

lyme grass ['laɪmgrɑːs] *bot.* strandråg

lymph [lɪmf] *fysiol.* lymfa **lymphatic** [lɪmˈfætɪk] *fysiol.* **I** *a* lymf-, lymfatisk; ~ *system* lymfsystem; ~ *vessel* lymfkärl **II** *s* lymfkärl **lymph node** ['lɪmfnəʊd] *fysiol.* lymf|knuta, -körtel **lymphocyte** ['lɪmfəʊsaɪt] *fysiol.* lymfocyt

lynch [lɪn(t)ʃ] lyncha **lynching** ['lɪn(t)ʃɪŋ] lynchning **lynch law** ['lɪn(t)ʃlɔː] lynchlag

lynx [lɪŋks] (*pl* ~[*es*]) *zool.* lo[djur] **--eyed** ['lɪŋksaɪd] skarpögd, med falkögon

lyrate ['laɪərɪt] lyrformad **lyre** ['laɪə] *mus.* lyra

lyric ['lɪrɪk] **I** *a* lyrisk; ~ *poet* lyriker **II** *s* lyrisk dikt; lyriker; ~*s* (*pl*) *a*) text, ord (*t. sång*), *b*) lyrik, dikter **lyrical** ['lɪrɪkl] lyrisk; *wax* ~ *about* bli lyrisk över **lyricism** [-sɪz(ə)m] lyrism, lyrisk stil; lyriskhet **lyricist** [-sɪst] **1** textförfattare **2** lyriker **lyrist 1** ['laɪərɪst] lyrspelare **2** ['lɪrɪst] lyriker, lyrisk diktare

M, m [em] (*bokstav*) M, m
M *förk. för mark*[*s*]; Monsieur; *motorway* **m** *förk. för metre*[*s*]; *mile*[*s*]; milli-; *minute*[*s*] **M.** *förk. för* Majesty; marquis; Master; Medieval; Member; Middle; million; Monday; Monsieur **m.** *förk. för* male; mare; married; masculine; medicine; medium; meridian; month
'm = *am* (*I'm*)
ma [mɑː] *vard.* mamma
M.A. *förk. för* Master of Arts; Military Academy
ma'am (*i tilltal*) **1** [mæm] frun **2** [mɑːm] *M*~ Ers kunglig höghet
Mac [mæk] *vard., i sht AE.* (*i tilltal*) grabben, kompis
mac [mæk] *vard. för* mackintosh
Mac- [mæk] (*i namn* = son *till*)
macabre [məˈkɑːbr(ə)] makaber, ohygglig, kuslig
macadam [məˈkædəm] makadam
macaroni [ˌmækəˈrəʊnɪ] **1** *pl* makaroner **2** (*pl* ~[*e*]*s*) *hist.* snobb, sprätt
macaroon [ˌmækəˈruːn] makron, (*slags*) mandelkaka
macaw [məˈkɔː] *zool.* ara
1 mace [meɪs] **I** *s* **1** *hist.* spikklubba **2** spira, [ämbets]stav
2 mace [meɪs] muskotblomma (*krydda*)
Macedo|nia [ˌmæsɪˈdəʊnjə] Makedonien **-nian** [-n] **I** *a* makedonisk **II** *s* makedonier
macerat|e [ˈmæsəreɪt] **1** laka[s] ur; blöta[s] upp **2** utmärgla[s], späka[s]
Mach [mɑːk] *fys.*, ~ [*number*] machtal
machete [məˈtʃetɪ] machete (*djungelkniv*)
Machiavellian [ˌmækɪəˈvelɪən] machiavellisk
machi|nate [ˈmækɪneɪt] intrigera, smida ränker **-nation** [ˌmækɪˈneɪʃn] **1** ränksmideri, stämpling **2** intriger, ränker **-nator** [ˈmækɪneɪtə] intrigmakare, ränksmidare
machine [məˈʃiːn] **I** *s* **1** maskin; apparat; automat; bil; flygplan; (*om pers.* maskin, robot; *vending* ~ varuautomat **2** [parti]apparat; [regerings]-maskineri; *the war* ~ krigsmaskineriet **II** *v* framställa maskinellt, maskintillverka; sy på maskin **machine gun** kulsprута; *light* ~ kulsprutegevär **machine-gun** beskjuta med kulsprута **machine gunner** [-ˌgʌnə] kulsprutskytt **machine language** [-ˌlæŋgwɪdʒ] *data.* maskinspråk **machine-made** [-meɪd] maskin|tillverkad, -gjord **machine readable** [-ˌriːdəbl] som kan läsas av dator **machinery** [məˈʃiːnərɪ] **1** maskiner, maskinell utrustning, maskinpark; maskindelar **2** maskineri, apparat (*äv. bildl.*); mekanism **3** litterära knep **machine tool** [-tuːl] verktygsmaskin **machinist** [-ɪst] **1** maskin|arbetare, -skötare; fackarbetare (*på mekanisk verkstad*) **2** maskinkonstruktör; maskinreparatör
machismo [məˈtʃɪzməʊ] manschauvinism, machismo, manlighet **macho** [ˈmɑːtʃəʊ] **I** *a* mans-

chauvinistisk, manlig **II** *s* **1** manschauvinist **2** manschauvinism
1 mack [mæk] *BE. vard., se mackintosh*
2 mack [mæk] *sl.* hallick
mackerel ['mækr(ə)l] (*pl* ~[s]) *zool.* makrill **mackerel breeze** kraftig bris **mackerel sky** himmel med makrillmoln
mackinaw ['mækɪnɔː] *AE.* kort, rutig jacka
mackintosh ['mækɪntɒʃ] regn|kappa, -rock
macro|biotic [ˌmækrə(ʊ)baɪ'ɒtɪk] makrobiotisk **-cosm** ['mækrə(ʊ)kɒz(ə)m] makrokosmos, universum
macu|la ['mækjʊlə] (*pl -lae* [-liː]) macula, fläck, punkt
mad [mæd] **I** *a* **1** vansinnig; tokig, galen; ~ *about (on)* galen (tokig) i; ~ *with joy* utom sig av glädje; *a* ~ *idea* en vansinnig (tokig) idé; *a* ~ *rush* en vansinnig brådska; *as* ~ *as a hatter* (*March hare*) spritt språngande galen, helgalen; *like* ~ (*vard.*) som en galning, som besatt; *you must be* ~! du är inte riktigt klok!; *drive s.b. mad* göra ngn vansinnig (galen); *it's enough to drive you* ~ det är så man kan bli galen; *go* ~ bli vansinnig (*etc.*); *have a* ~ *on* (*AE. sl.*) vara sur **2** *vard.* arg, ond, ilsken, rasande; *be* ~ *about* (*at*) vara rasande (sur) på; *don't get* ~ *with him* bli inte ond på honom **3** (*om djur*) [folk]ilsken, galen **II** *v, AE. el. åld.* göra (bli) galen
Madagascar [ˌmædə'gæskə] Madagaskar
madam ['mædəm] **1** (*i artigt tilltal*) min fru, frun, fröken, damen; *yes*, ~ javisst; *Dear M~*, (*i brev*) Bästa Fru X! **2** frun [i huset]; ~ *is not at home* frun är inte hemma **3** bordellmamma **4** *BE. vard.* lillgammal flicka **madame** ['mædəm] (*pl mesdames* ['meɪdæm]) madame, fru
madcap ['mædkæp] **I** *s* galenpanna, vildhjärna, yrhätta **II** *a* vild, galen, tokig
madden ['mædn] göra (bli) galen (vansinnig) **-ing** ['mædnɪŋ] som kan göra en galen; *vard.* outhärdlig, irriterande, retfull
madder ['mædə] **1** *bot.* krapp[rot] **2** krapp[rött]
made [meɪd] **I** *imperf. av make* **II** *a o. perf. part. av make* **1** gjord, tillverkad (*in Sweden* i Sverige); ~ *of money* gjord av pengar, mycket rik; *they are* ~ *for each other* de är som skapta för varandra; *show what you're* ~ *of* visa vad du duger till (går för) **2** konstgjord; konstruerad, påhittad **3** sammansatt (*dish* rätt) **4** välbärgad, förmögen; framgångsrik; *you're* ~ *for life* din lycka är gjord; *you've got* (*had*) *it* ~ (*vard.*) du har ditt på det torra, din lycka är gjord
Madeira [mə'dɪərə] **1** Madeira **2** madeira[vin] **Madeira cake** *kokk.* sandkaka
mademoiselle [ˌmædəm(w)ə'zel] (*pl mesdemoiselles* [ˌmeɪdəm(w)ə'zel]) mademoiselle, fröken
made|-to-measure [ˌmeɪdtə'meʒə] måttbeställd *AE.* special|beställd, -tillverkad; måttbeställd **-to-order** [ˌmeɪd.tə'ɔːdə] *AE. a o. perf. part.* beställd, måttbeställd **-up** [ˌmeɪd.ʌp] **1** påhittad, uppdiktad (*story* historia), konstruerad **2** sminkad, målad **3** samman-, hop|satt **4** asfalterad, med betongbeläggning
mad|house ['mædhaʊs] *vard.* dårhus (*äv. bildl.*) **-ly** [-lɪ] vansinnigt *etc.*, jfr *mad I*; som en galning; *be* ~ *in love with* (*vard.*) vara vansinnigt (upp över öronen) förälskad i **-man** [-mən] sinnessjuk man, dåre, galning **-ness** [-nɪs] **1** vansinne, galenskap; *that's sheer* ~ det är rena vansinnet **2** ursinne, raseri
Madonna [mə'dɒnə] madonna; madonna|bild, -figur
madras [mə'drɑːs] madras (*indiskt bomullstyg*)
Madrid [mə'drɪd]
madrigal ['mædrɪgl] madrigal
madwoman ['mædˌwʊmən] sinnessjuk kvinna, dåre, galning
maelstrom ['meɪlstrɒm] malström (*äv. bildl.*)
maestro [mɑː'estrəʊ] maestro, mästare
mae west [ˌmeɪ'west] *sl.* (*uppblåsbar*) flytväst
Maffia ['mæfɪə] maffia
maffick ['mæfɪk] *BE. åld.* jubla (*i segeryra*)
Mafia ['mæfɪə] maffia
mag [mæg] *vard., se magazine*
mag. *förk. för magazine; magnetic; magnitude*
magazine [ˌmægə'ziːn] **1** tidskrift, veckotidning, magasin **2** [patron]magasin **3** ammunitionsförråd, kruthus; proviantförråd
magenta [mə'dʒentə] magenta, rosanilin
Maggie ['mægɪ] kortform av Margaret
maggot ['mægət] [flug]larv; mask (*i mat*) **maggoty** [-ɪ] full av mask
Magi ['meɪdʒaɪ] (*pl av Magus* ['meɪgəs]) *bibl., the three* ~ de tre vise männen
magic ['mædʒɪk] **I** *s* **1** magi[k], trolldom; trolleri, trollkonster; förtrollning; *black* ~ svart magi, svartkonst; *I can't work* ~ jag kan inte trolla; *like (as if by* ~) som genom ett trollslag **II** *a* magisk, trolldoms-, troll-; förtrollad; förtrollande (*beauty* skönhet); *the* ~ *carpet* den flygande mattan; ~ *eye* fotocell; *the M~ Flute* Trollflöjten; ~ *lantern* laterna magica; ~ *wand* troll|spö, -stav; **magical** [-l] *se magic* **II magician** [mə'dʒɪʃn] trollkarl; magiker; illusionist
magis|terial [ˌmædʒɪ'stɪərɪəl] **1** magistral, myndig, befallande, auktoritativ; dominerande, diktatorisk **2** magister-, lärar- **-tracy** ['mædʒɪstrəsɪ] **1** fredsdomares (skiljedomares) ämbete **2** *the* ~ freds-, skilje|domarkåren **-trate** ['mædʒɪstreɪt] fredsdomare; polisdomare; skiljeman; ~*s' court* (*ung.*) freds-, skilje|domstol **-trature** ['mædʒɪstrəˌtjʊə] *se magistracy*
Magna C[h]arta [ˌmægnə'kɑːtə] Magna Charta
magnanimity [ˌmægnə'nɪmətɪ] storsinthet, ädelmod, generositet **magnanimous** [mæg'nænɪməs] storsint, ädel[modig], generös
magnate ['mægneɪt] magnat
magne|sia [mæg'niːʃə] *kem.* magnesia **-sium** [-zjəm] *kem.* magnesium
magnet ['mægnɪt] magnet (*äv. bildl.*) **-ic** [mæg'netɪk] **1** magnetisk, magnet-; ~ *field* magnetfält; ~ *mine* magnetmina; ~ *needle* magnetnål; ~ *pole* magnetpol; ~ *tape* magnetband **2** *bildl.* magnetisk; tilldragande, oemotståndlig **-ics** [mæg'netɪks] (*behandlas som sg*) läran om magnetismen **-ism** ['mægnɪtɪz(ə)m] **1** magnetism **2** *bildl.* dragningskraft **-ize** (*BE. äv. -ise*) ['mægnɪtaɪz] **1** magnetisera, göra magnetisk **2** *bildl.* attrahera; trollbinda
magneto [mæg'niːtəʊ] *tekn.* magnetapparat, tändmagnet
magni|fication [ˌmægnɪfɪ'keɪʃn] förstoring **-ficence** [mæg'nɪfɪsns] prakt, storslagenhet **-ficent** [mæg'nɪfɪsnt] praktfull, storslagen, magni-

mangifico—make

fik; *vard.* fantastisk, underbar **-fico** [mæg'nɪfɪkəʊ] (*pl ~es*) **1** (*venetiansk*) adelsman **2** storman, magnat **-fier** ['mægnɪfaɪə] förstorings|apparat, -glas **-fy** ['mægnɪfaɪ] **1** förstora **2** *bildl.* förstora upp, överdriva (*problems* problem) **-fying glass** ['mægnɪfaɪɪŋˌglɑːs] förstoringsglas
magnilo|quence [mæg'nɪlə(ʊ)kwəns] högtravande språk **-quent** [-kwənt] högtravande
magnitude ['mægnɪtjuːd] **1** storlek, storleksklass, omfattning, betydelse **2** *astr.* magnitud, storleksklass; *mat.* storhet
magnolia [mæg'nəʊljə] *bot.* magnolia
magnum ['mægnəm] magnum[butelj] **magnum bonum** [ˌmægnəm'bəʊnəm] **1** (*slags*) plommon **2** magnum bonum (*potatissort*)
magpie ['mægpaɪ] **1** skata **2** pratkvarn **3** näst yttersta ring (*på måltavla*)
Magyar ['mægjɑː] **I** *s* **1** magyar (*ungrare*) **2** magyariska [språket] (*ungerska*) **II** *a* magyarisk (*ungersk*)
maharaja[h] [ˌmɑː(h)ə'rɑːdʒə] maharadja
mahogany [mə'hɒgənɪ] **1** mahogny[trä] **2** mahognyträd **3** mahogny[färg]
Mahomet [mə'hɒmɪt] Muhammed
maid [meɪd] **1** tjänsteflicka, hembiträde **2** *åld. el. litt.* mö, jungfru; ~ *of Orléans* Jungfrun av Orléans (*Jeanne d'Arc*) **3** ungmö; *old* ~ gammal ungmö (nucka) **4** ~ *of honour a*) hovfröken, *b*) *AE.* brudtärna
maiden [meɪdn] **I** *s* **1** *åld. el. litt.* mö, jungfru **2** häst som aldrig har vunnit i kapplöpning **II** *a* **1** *åld. el. litt.* ungmö-, jungfru- **2** ogift; jungfrulig (*äv. bildl.*); ~ *aunt* ogift tant; ~ *name* flicknamn (*namn som ogift*) **3** jungfru-, allra första; ~ *speech* jungfrutal; ~ *voyage* jungfruresa **-head 1** jungfrudom, mödom **2** mödomshinna **-hood** jungfrudom, mödom; jungfrulighet **-like** flickaktig **-ly** [-lɪ] *a* jungfrulig
maidservant [ˈmeɪdˌsɜːv(ə)nt] tjänsteflicka, hembiträde
1 mail [meɪl] **I** *s* **1** *i sht AE.* post; postförsändelse; *send by* ~ skicka med post (på posten); *is there any ~ for me?* är det ngn post till mig? **2** post, postverk **3** post|båt, -flyg, -tåg **II** *v, i sht AE.* skicka (sända) med post (på posten); posta
2 mail [meɪl] **I** *s* **1** ringbrynja **2** (*djurs*) pansar **II** *v* bepansra
mailbag ['meɪlbæg] post|säck, -väska **mailbox** *i sht AE.* brevlåda **mail|car** *AE.*, **-coach** *BE.*, järnv. postvagn **mail drop** *i sht AE.* brevinkast; brevlåda **mailing** [-ɪŋ] postande **mailing list** adressregister **mailman** *i sht AE.* brevbärare **mail order** [-ˌɔːdə] postorder **mail-order firm** postorderfirma **mailsack** [-sæk] postsäck
maim [meɪm] lemlästa, stympa
main [meɪn] **I** *a* huvud-; huvudsaklig; *have an eye to the ~ chance* se till sina egna intressen; ~ *clause* (*språkv.*) huvudsats; ~ *course* huvudrätt; ~ *deck* (*sjö.*) huvuddäck; ~ *entrance* huvud|ingång, -entré; *the ~ idea of the book* huvudtanken i boken; ~ *line a*) järnv. stambana, huvudlinje, *b*) *AE.* huvudväg, *c*) *sl.* lättåtkomlig ven (*för narkotikainjektion*); ~ *road* huvudväg, stor landsväg; ~ *store* (*data.*) minne; ~ *street* huvudgata **2** *by* ~ *force a*) handgripligen, *b*) av alla krafter **II** *s* **1** huvudledning (*för el, gas, vatten*); ~*s* (*pl*) el-,

gas-, vattenlednings|nät **2** *in* (*for*) *the* ~*s* på det hela taget, i stort sett **3** *litt.*, *the* ~ öppna havet
mainbrace *sjö.* storbrass
Maine [meɪn]
mainland ['meɪnlənd] fastland **mainline** *sl.* pumpa, injicera (*narkotika*) **mainly** [-lɪ] *adv* huvudsakligen, i högsta grad, till största delen, framför allt **mainmast** *sjö.* stormast **mainsail** *sjö.* storsegel **mainsheet** *sjö.* storskot **mainspring** *bildl.* drivfjäder **mainstay 1** *sjö.* storstag **2** *bildl.* stöttepelare, stöd **mainstream 1** huvud|fåra, -ström **2** *bildl.* huvudströmning
main|tain [meɪn'teɪn] **1** upprätthålla, uppehålla; vidmakthålla, bibehålla, bevara (*law and order* lag och ordning) **2** underhålla (*a road* en väg); försörja, livnära (*one's children* sina barn) **3** vidhålla, stå fast vid; påstå, hävda **4** försvara, företräda (*a p.'s interests* ngns intressen) **-tenance** ['meɪntənəns] **1** upprätthållande, uppehållande; vidmakthållande, bibehållande, bevarande **2** underhållande, underhåll, skötsel, översyn; underhållskostnader; försörjning **3** vidhållande; hävdande **4** försvar[ande], uppehållande; företrädande
maintop ['meɪntɒp] *sjö.* stormärs **main yard** ['meɪnjɑːd] *sjö.* storrå
maître d'hôtel [ˌmetrə'dəʊtel] (*pl maîtres d'hôtel*) **1** hovmästare **2** hotellvärd
maize [meɪz] majs **-na** [meɪ'ziːnə] majsena
Maj. *förk. för Major*
majestic [mə'dʒestɪk] majestätisk **majestically** [-(ə)lɪ] *adv* majestätiskt **majesty** ['mædʒəstɪ] majestät; *bildl. äv.* storslagenhet; *Her* (*His*, *Your*) *M*~ Hennes (Hans, Ers) Majestät; *the* ~ *of the sea* havets mäktighet
Maj. Gen. *förk. för Major General*
majolica [mə'jɒlɪkə] majolika (*slags fajans*)
major ['meɪdʒə] **I** *a* **1** större, mycket stor; huvud-, [mera] betydande, viktigare; allvarlig (*illness* sjukdom); *a* ~ *author* en betydande författare; ~ *axis* huvudaxel (*i ellips*); *of* ~ *importance* av mycket stor (största) betydelse; *the* ~ *part* större delen, huvuddelen, majoriteten; ~ *road ahead* korsande huvudled; *a* ~ *scientific discovery* en viktig vetenskaplig upptäckt **2** *mus.* dur-; *C* ~ C-dur; ~ *key* durtonart; ~ *third* stor ters **3** *jur.* myndig **4** *BE. skol.*, *Smith M*~ den äldre [av bröderna] Smith **5** *i sht AE. univ.*, ~ *field of study* huvudämne **II** *s* **1** *mil.* major **2** *mus.* [*the*] ~ dur; *in* [*the*] ~ i dur **3** *jur.* myndig person; *become a* ~ bli myndig **4** *AE. univ.* huvudämne **III** *v, AE. univ.*, ~ *in philosophy* ha (välja) filosofi som huvudämne
Majorca [mə'dʒɔːkə] Mallorca
major-domo [ˌmeɪdʒə'dəʊməʊ] major domus; hovmästare **major general** *mil.* generalmajor **majority** [mə'dʒɒrətɪ] **I** *s* **1** majoriteten; flertal; *the* ~ *of* majoriteten (största delen) av, flertalet; *by a small* ~ med knapp majoritet; *in the* ~ i majoritet; *have a* ~ ha majoritet; *join* (*pass over to*) *the* ~ ingå i evigheten, dö **2** myndighet[sålder], myndig ålder; *attain one's* ~ bli myndig, uppnå myndig ålder **3** *mil.* majors rang (grad) **II** *a* myndighetets-; ~ *decision* majoritetsbeslut
majuscule ['mædʒəskjuːl] stor bokstav, majuskel
make [meɪk] **I** *v* (*made*, *made*) **1** göra; tillverka,

framställa; åstadkomma (*a change* en förändring); ingå, sluta (*an agreement* ett avtal); stifta (*laws* lagar); ~ *the bed* bädda [sängen]; ~ *book* ordna vadhållning; ~ *bread* baka [bröd]; ~ *breakfast* laga (göra i ordning) frukost; ~ *the cards* blanda korten; ~ *cars* tillverka bilar; ~ *a circuit* (*elektron.*) sluta en krets; ~ *coffee* (*tea*) koka (göra) kaffe (te); ~ *conditions* ställa villkor; ~ *a day of it* ta hela dagen på sig [till det]; *we'll* ~ *a night of it* vi skall festa hela natten; ~ *a dress* sy en klänning; *that material will* ~ *a dress* det tyget passar till en klänning; ~ *a guess* gissa; ~ *a gesture* göra en gest; ~ *a house* bygga ett hus; ~ *a journey* göra en resa; ~ *s.b. a present of s.th.* (*högt.*) förära ngn ngt, ge ngn ngt som gåva; ~ *a promise* avge ett löfte, lova; ~ *a speech* hålla tal; *one swallow doesn't* ~ *a summer* en svala gör ingen sommar; ~ *a trick* (*kortsp.*) ta [hem] ett stick; ~ *war* börja (föra) krig, kriga; ~ *love not war!* älska, kriga inte!; ~ *water a*) kasta vatten, kissa, *b*) *sjö.* ta in vatten, vara läck; ~ *s.b. sad* göra ngn ledsen; *we could not* ~ *ourselves understood* vi kunde inte göra oss förstådda; *she is as clever as they could* ~ *them* (*vard.*) hon är så duktig som någon kan vara; ~ *do with* få klara sig med; ~ *into* göra till, göra om (förvandla) till; ~ *it a*) *vard.* lyckas, klara det, *b*) *sl.* sila, ta en sil; ~ *it with* (*vulg.*) knulla med; ~ *it five! a*) tag fem!, *b*) vi säger väl fem! **2** göra till; utse (utnämna) till; ~ *s.b. a chairman* utse ngn till ordförande; *he made her his wife* han gjorde henne till sin hustru; *they made it a rule to* de gjorde det till en regel att **3** få (komma) att; förmå att, låta; tvinga [att]; ~ *s.b. do s.th.* förmå (få) ngn att göra ngt; *she made me cry* hon fick mig att gråta; *I'll* ~ *him pay in time* jag ska få honom att betala i tid; *what ~s you say that?* varför säger du det?; ~ *one's voice heard* göra sin röst hörd; *what made the engine stop?* vad var det som gjorde att motorn stannade?; *she ~s her hero die* hon låter sin hjälte dö; *that ~s the room look larger* det får rummet att se större ut; *you can't* ~ *me* du kan inte tvinga mig; ~ *believe* låtsas **4** göra, bli, vara; utgöra; uppgå till; *5 times 4* ~[*s*] *20* 5 gånger 4 är (blir, gör) 20; *60 seconds* ~ *a minute* det går 60 sekunder på en minut; *this* ~*s the third time* det här blir tredje gången; *how much does it* ~ *altogether?* hur mycket blir det allt som allt?; *she will make an excellent doctor* hon kommer att bli en utmärkt läkare; *he* ~*s one of the party* han tillhör sällskapet **5** [för]tjäna (*money* pengar); få [sig], skaffa [sig]; skapa [sig], göra [sig]; ~ *a fortune* skapa [sig] en förmögenhet; ~ *friends* skaffa sig (få) vänner; *they made friends* de blev vänner; ~ *a name* skapa sig ett namn; ~ *high points* få höga poäng **6** avverka, tillryggalägga (*8 kilometres in one hour* 8 kilometer på en timme); ~ *good time* göra bra fart, komma fort fram; *the water was making a foot an hour* vattnet steg en fot i timmen **7** fastställa (bestämma) till; uppskatta till; ~ *the price 92 pounds* fastställa priset till 92 pund; *let's* ~ *it next week!* ska vi säga (bestämma) nästa vecka?; *what time do you* ~ *it?, what do you* ~ *the time?* hur mycket är din klocka?; *I* ~ *it 12.30* min klocka är 12.30; *I* ~ *it 3 miles* jag uppskattar det till 3 miles **8** hinna med, hinna i tid (fram) till; komma fram till, nå (*land* land; *the summit* toppen); *she didn't* ~ *the plane* hon hann inte med planet; ~ *port* komma i hamn; *they just made it* de hann precis **9** *vard.*, komma med i (in på); hamna i (på); *she made the front page* hon hamnade på förstasidan; ~ *the team* komma med i laget; ~ *university* komma in på universitet **10** göra berömd; *that film made her* den filmen gjorde henne berömd; *that* ~*s my day! a*) dagen är räddad!, *b*) *iron.* det fattades bara det!; *they can* ~ *or break him* de har hans öde i sin hand **11** ~ *as if* (*as though*) låtsas som (*one doesn't hear* man inte hör), göra min av (*to leave* att vilja gå); ~ *to* göra en ansats att, visa tecken till att; ~ *like* (*AE. sl.*) *a*) imitera, *b*) låtsas som om **12** ~ *after* rusa efter; ~ *away* ge sig i väg; ~ *away with a*) röja ur vägen, göra sig av med, *b*) försnilla, försvinna med; ~ *away with o.s.* begå självmord; ~ *for a*) rusa (skynda) mot (till), hålla [kurs] på, styra (fara) mot, *b*) främja, verka för, ge anledning till, bidra till; *where are you making for?* vart är du på väg?; ~ *of* anse om; *what do you* ~ *of that?* vad anser du om det?; ~ *much of* ha höga tankar om; ~ *off* ge sig i väg, smita; ~ *out a*) skriva (ställa) ut (*a cheque* en check), göra upp (*a list* en lista), fylla i (*a form* en blankett), *b*) urskilja, skönja, *c*) förstå, lista ut, *d*) bevisa, förklara, argumentera (tala) för, *e*) påstå, låtsas, *f*) klara sig, komma till rätta (*with* med), *g*) *sl.*, *i sht AE.* hångla; ~ *over a*) överlåta, skriva över, *b*) ändra, göra om; ~ *up a*) utgöra, bilda, *b*) göra upp, sammanställa (*a list* en förteckning), *c*) göra upp, bilägga (*a quarrel* en tvist), *d*) hitta på, dikta ihop, konstruera, *e*) komplettera, göra komplett, fylla ut, *f*) ordna [till], göra (ställa) i ordning, packa (slå) in, *g*) sminka [sig], göra make-up, *h*) belägga (*m. asfalt, betong*); ~ *up* [*for*] kompensera, gottgöra, ta igen, hämta in; ~ *up for lost time* ta igen förlorad tid; ~ *it up to s.b. for s.th.* kompensera (gottgöra) ngn för ngt; ~ *up to* (*vard.*) flörta med, stöta på; *be made up of* bestå (utgöras) av; ~ *up one's mind* bestämma sig (*to* för att); ~ *it up* bli sams, enas **II s 1** fabrikat; märke; tillverkning, produktion **2** utförande, utseende; skärning **3** *vard.*, *on the* ~ *a*) vinningslysten, karriärhungrig, på hugget, *b*) på jakt (*efter sexpartner*)

make-believe [ˈmeɪkbɪˌliːv] **I** *s* fantasi, [falskt] sken, overklighet; låtsaslek **II** *a* låtsad, låtsas- sken- **maker** [-ə] **1** tillverkare, fabrikant **2** skapare; *the M~* Skaparen (*Gud*) **makeshift** [-ʃɪft] **I** *s* provisorium, surrogat **II** *a* provisorisk, nödtillfällig **make-up** [-ʌp] **1** sammansättning, karaktär, natur, beskaffenhet **2** make-up; sminkning; smink, kosmetika **3** *boktr.* ombrytning **makeweight** [-weɪt] fyllnadsgods

making [ˈmeɪkɪŋ] **1** framställning, tillverkning; tillredning, tillagning; *in the* ~ i vardande, blivande; *be the* ~ *of* skapa framgång för **2** ~*s* (*pl*) *a*) inkomster, förtjänst[er], *b*) goda förutsättningar, anlag (*of* för), *c*) *AE. sl.* tobak och papper (*för cigarrettrullning*); *he has the* ~*s of a lawyer* han är ett bra advokatämne, han har goda förutsättningar att bli advokat

malacca [**cane**] [məˈlækəkeɪn] rottingkäpp; spanskrör

maladjust|ed [ˌmæləˈdʒʌstɪd] **1** missanpassad **2**

maladjustment—man

dåligt justerad **-ment** [-'dʒʌs(t)mənt] **1** missanpassning **2** feljustering
maladministration [ˈmælədmɪnɪˈstreɪʃn] vanstyre, dålig förvaltning
maladroit [ˌmæləˈdrɔɪt] fumlig, tafatt
malady [ˈmælədɪ] sjukdom; sjuka, ont; *social* ~ samhälleligt ont
malaise [mæˈleɪz] obehag, olustkänslor; nedstämdhet; illamående
malapropism [ˈmæləprɒpɪz(ə)m] felaktig användning av ord, [skrattretande] felsägning
malaria [məˈleərɪə] *med.* malaria
Malay [məˈleɪ] **I** *s* **1** malaj **2** malajiska [språket] **II** *a, the* ~ *Peninsula* Malackahalvön **Malaya** [məˈleɪ(ɪ)ə] *s, the States of* ~ Västmalaysia; *the Federation of* ~ Malaysia **Malayan** [məˈleɪ(ɪ)ən] **I** *a* [väst]malaysisk **II** *s* [väst]malaysier **Malaysia** [məˈleɪzɪə] Malaysia **Malaysian** [məˈleɪzɪən] **I** *a* malaysisk **II** *s* malaysier
malcontent [ˈmælkənˌtent] **I** *a* missnöjd **II** *s* missnöjd person
male [meɪl] **I** *a* manlig, mans-, av manligt kön, maskulin; han-, av hankön; ~ *chauvinist pig* (*vard.*) manschauvinist, mullig mansgris; ~ *child* gossebarn; ~ *choir* manskör; ~ *plug* stickkontakt; ~ *screw* skruv; ~ *tiger* tigerhane **II** *s* man, manlig individ; han[n]e
malediction [ˌmælɪˈdɪkʃn] **1** förbannelse **2** elakt förtal **-tive** [-tɪv], **-tory** [-t(ə)rɪ] förbannelse
malefactor [ˈmælɪfæktə] missdådare, ogärningsman; brottsling
malevolence [məˈlevələns] elakhet, illvilja **-lent** [-lənt] elak, illvillig
malfeasance [mælˈfiːzns] *jur.* förbrytelse; ämbetsbrott **-formation** [ˌmælfɔːˈmeɪʃn] missbildning **-formed** [mælˈfɔːmd] missbildad, vanskapt **-function** [ˌmælˈfʌŋ(k)ʃn] **I** *s* bristande funktionsförmåga; funktionsstörning **II** *v* fungera dåligt, krångla
malice [ˈmælɪs] **1** illvilja, ondska, elakhet; skadeglädje; ond avsikt; *bear s.b.* ~ hysa agg mot ngn **2** *jur.* brottslig avsikt; *with* ~ *aforethought* med berått mod, i ont uppsåt, överlagt **malicious** [məˈlɪʃəs] **1** illvillig, ondskefull, elak; skadeglad, maliciös **2** *jur.* uppsåtlig
malign [məˈlaɪn] **I** *a* skadlig, fördärvlig **II** *v* förtala, baktala **malignancy** [məˈlɪgnənsɪ] **1** elakhet, ondskefullhet, ondska **2** *med.* malign beskaffenhet **malignant** [məˈlɪgnənt] **1** elak, ondskefull **2** *med.* malign, elakartad
malinger [məˈlɪŋgə] simulera (*låtsas vara sjuk*) **-er** [-rə] simulant
mall [mɔːl] esplanad; *AE., Austr. äv.* gågata, köpcenter; *The M*~ [mæl] The Mall (*londongata*)
mallard [ˈmæləːd] *zool.* gräsand
malleability [ˌmælɪəˈbɪlətɪ] **1** smidbarhet **2** *bildl.* smidighet, formbarhet, foglighet **-able** [ˈmælɪəbl] **1** smidbar **2** *bildl.* smidig, formbar; foglig
mallet [ˈmælɪt] **1** [trä]klubba **2** klubba (*för krocket el. polo*)
mallow [ˈmæləʊ] *bot.* malva
malm [mɑːm] lös kalksten; kalkjord
malmsey [ˈmɑːmzɪ] malv[o]asir (*vinsort*)
malnutrition [ˌmælnjuːˈtrɪʃn] undernäring

malodorous [mælˈəʊdərəs] illaluktande
malpractice [ˌmælˈpræktɪs] **1** försummelse, förseelse (*av ämbetsman*), tjänstefel; felbehandling (*av patient*) **2** försyndelse
malt [mɔːlt] **I** *s* malt **II** *v* **1** mälta **2** tillsätta malt till
Malta [ˈmɔːltə] Malta **-tese** [ˌmɔːlˈtiːz] **I** *s* **1** (*pl lika*) maltesare **2** maltesiska [språket] **II** *a* maltesisk; ~ *cross* malteserkors
malt liquor [ˈmɔːltˌlɪkə] maltdryck
maltreat [ˌmælˈtriːt] misshandla; behandla illa **-ment** [-mənt] misshandel; dålig behandling
mama 1 [məˈmɑː] *åld. vard.* mamma **2** [ˈmɑːmə] *AE.* mamma; *sl. a)* brud, tjej, *b)* tant (*fru*)
mamba [ˈmæmbə] *zool.* mamba
mamilla [məˈmɪlə] (*pl -lae* [-liː]) bröstvårta
1 mamma *i sht AE.* **1** [məˈmɑː] mamma **2** [ˈmɑːmə] *se mama 2*
2 mamma [ˈmæmə] (*pl -mae* [-miː]) [kvinno]bröst; juver
mammal [ˈmæml] däggdjur **mammalian** [mæˈmeɪlɪən] **I** *a* däggdjurs- **II** *s* däggdjur
mammary [ˈmæmərɪ] bröst-; ~ *gland* bröstkörtel
mammilla [məˈmɪlə] *AE., se mamilla*
mammon [ˈmæmən] mammon; rikedom
mammoth [ˈmæməθ] **I** *s, zool.* mammut **II** *a* mammut-, jättelik
mammy [ˈmæmɪ] **1** *vard.* mamma **2** *AE. neds.* svart barnsköterska (*för vita barn*)
Man [mæn] *s, the Isle of* ~ ön Man
man [mæn] **I** *s* (*pl men* [men]) **1** man; mannen; herre; ~ *and boy* ända från barndomen (pojktiden); ~ *and wife* man och hustru; *a* ~ *about town* en [storstads]elegant, ett cityejon; *a* ~ *of property* en förmögen man; *a* ~ *of the world* en man av värld, en världsman; *the M*~ *a)* negersl.) den vite mannen, *b) sl.* snuten; *the* ~ *in the moon* gubben i månen, mångubben; *the* ~ *in* (*AE. on*) *the street* mannen på gatan, gemene man; *that* ~ *Smith* den där Smith; *men's clothes* herrkläder; *best* ~ best man (*brudgums marskalk*); *medical* ~ medicinare; *old* ~ gammal man, [gammal] gubbe; *the old* ~ (*vard.*) *a)* farsgubben, *b)* chefen; *my old* ~ (*vard.*) *a)* min gubbe (*make*), *b)* min farsa; *hello, old* ~! (*vard.*) tjänare, gamle gosse!; *the right* ~ rätt[e] man[nen]; *as one* ~ som en man, enhälligt, enade; ~ *to* ~ *a)* man mot man, *b)* sig emellan, helt öppet; *to a* ~ *a)* enhälligt, *b)* till siste man, mangrant; *be a* ~! var som en man!; *be one's own* ~ vara sin egen [herre]; *he's a Cambridge* ~ han har studerat i Cambridge; *he's not a* ~ *to* han är inte den (en sådan) som; *he's your* ~ han är rätte mannen (*för uppgiften e.d.*); *I'm your* ~! (*vard.*) okej!, det går jag med på!; *that's just like a* ~! det är typiskt karlar!; *make a* ~ [*out*] *of s.b.* göra karl av ngn; *what can a* ~ *do* (*vard.*) vad kan man göra; *sort out* (*separate*) *the men from the boys* skilja de erfarna från de oerfarna **2** människa; person; (*ibl. M*~) människan, människosläktet; ~ *of God* gudsman, präst; *the evolution of* ~ människans utveckling; *M*~ *proposes, God disposes* människan spår och Gud rår; *any* ~ var en och en, vem som helst; *no* ~ ingen [människa] **3** *vanl. pl men a)* arbetare (*i motsats t. företagsledning*), *b) mil.* meniga, soldater, *c) sjö.* manskap; *officers and*

men officerare och meniga; *50 men* 50 man **4** tjänare, anställd; betjänt; dräng **5** pjäs (*i schack*), bricka (*i brädspel e.d.*) **6** *hist.* vasall **II** *interj, vard.* himmel!, kors!; (*i tilltal*) hörru!, du grabben! **III** *v* bemanna (*a ship* ett fartyg); besätta (*a fortress* ett fort)
manacle ['mænəkl] **I** *s, vanl.* ~*s* (*pl*) handbojor **II** *v* sätta handbojor på
manage ['mænɪdʒ] **1** hantera (*a weapon* ett vapen), handskas med; sköta (*one's affairs* sina affärer), handha, ha hand om; leda (*a company* ett företag); ~ *the election* vara valförrättare **2** klara av, få bukt med; *I can* ~ *him* jag kan klara av honom **3** klara, orka med; ha tid med; lyckas [med]; *can you* ~ *the bags?* klarar du väskorna själv?; *can you* ~ *lunch tomorrow?* har du tid att (kan du) äta lunch med mig i morgon?; *I can* ~ *10 pounds* jag kan betala (har råd med) 10 pund; ~ *to do s.th.* lyckas göra ngt; *I hope she'll* ~ *to come* jag hoppas att hon kan komma; *how did you* ~ *to miss that?* hur kunde du missa det? **4** klara (reda) sig; ~ *without* klara sig utan, kunna undvara; *I can* ~ *by myself* jag klarar mig själv; *can you* ~*?* klarar du dig? **manageable** [-əbl] [lätt]hanterlig; lättskött; medgörlig, foglig **management** [-mənt] **1** skötsel, ledning, förvaltning **2** [företags]ledning, styrelse, direktion; administration; *under new* ~ ny regim, ny ägare **3** handhavande, hantering; behandling **manager** [-ə] **1** direktör, [företags]ledare, chef; föreståndare **2** manager, impressario **3** *sport.* lagledare, förbundskapten **4** *jur. ung.* konkursförvaltare **manageress** [,mænɪdʒə'res] direktris; föreståndarinna **managerial** [,mænə'dʒɪərɪəl] direktörs-; styrelse-, lednings- **managership** ['mænɪdʒəʃɪp] **1** direktör-, chef|skap **2** *sport.* lagledning **managing** ['mænɪdʒɪŋ] ledande, styrande, administrativ; ~ *director* verkställande direktör
man-at-arms [mænət'ɑ:mz] (*pl man-at-arms*) *hist.* ryttare [i full rustning]
manatee [,mænə'ti:] *zool.* sjöko, siren
man child ['mæntʃaɪld] gossebarn
Manchu|ria [mæn'tʃʊərɪə] Manchuriet **-rian** [-n] **I** *s* manchu **II** *a* manchurisk
Mancunian [mæn'kju:nɪən] **I** *a* manchester-, från Manchester **II** *s* manchesterbo
mandamus [mæn'deɪməs] *jur.* åläggande (*från högre domstol*)
mandarin ['mændərɪn] **1** mandarin (*kinesisk ämbetsman*) **2** hög ämbetsman; pamp; hög funktionär **3** *bot.* mandarin[träd] **mandarine** [,mændə-'ri:n] *se mandarin 3*
man|datary ['mændət(ə)rɪ] *se mandatory* **-date** [-deɪt] **I** *s* **1** mandat, uppdrag; bemyndigande **2** *polit.* mandat; förvaltarskap; mandatområde **II** *v*, ~ *a territory to s.b.* ställa ett område under ngns mandat; ~*d territory* mandat[område] **-datory** [-dət(ə)rɪ] **I** *a* **1** mandat-, mandatär- **2** obligatorisk; tvångs- **II** *s* **1** mandatärmakt **2** befullmäktigat ombud
mandible ['mændɪbl] underkäke; (*hos insekt*) mandibel; (*hos fågel*) näbbhalva
mando|lin ['mændəlɪn], **-line** [,mændə'li:n] mandolin
man|dragora [mæn'drægərə], **-drake** ['mændreɪk] *bot.* alruna

man|drel, -dril ['mændrəl] spindel (*på svarv*)
mandrill ['mændrɪl] *zool.* mandrill
mane [meɪn] man (*på häst, lejon; äv. om tjockt hår*)
man|-eater ['mæn,i:tə] **1** människoätare **2** människoätande tiger (haj) **3** *vard.* manslukerska **-eating** [-'i:tɪŋ] människoätande (*shark* haj)
manes ['mɑ:neɪz] *pl* maner (*avlidnas andar*)
maneuvre [mə'nu:və] *AE.*, *se manœuvre*
manful ['mænf(ʊ)l] manlig
manganese ['mæŋgəni:z] mangan
mange [meɪn(d)ʒ] skabb (*hos husdjur*)
mangel[wurzel] ['mæŋgl,wɜ:zl] *bot.* foderbeta
manger ['meɪn(d)ʒə] krubba
1 mangle ['mæŋgl] **I** *s* **1** mangel **2** *i sht BE.* vridmaskin **II** *v* **1** mangla **2** vrida
2 mangle ['mæŋgl] **1** hacka (skära, slita) sönder, illa tilltyga **2** förstöra, fördärva
mango ['mæŋgəʊ] (*pl* ~-[*e*]*s*) *bot.* mango[frukt]; mangoträd
mangold[wurzel] ['mæŋg(ə)ld,wɜ:zl] *se mangel[wurzel]*
mangonel ['mæŋgənəl] *hist.* katapult, kastmaskin
mangrove ['mæŋgrəʊv] *bot.* mangrove[träd]
mangy ['meɪn(d)ʒɪ] **1** skabbig **2** sjabbig, sjaskig
manhandle ['mæn,hændl] **1** flytta [med handkraft] **2** behandla omilt (hårdhänt), skuffa
Manhattan [mæn'hætn]
man|hole ['mænhəʊl] manhål **-hood** [-ʊd] **1** manlighet **2** mannaålder; manbarhet; *boys grow to* ~ pojkar växer upp [till män] **3** [alla] män **-hour** [-,aʊə] mantimme (*arbetstimme*) **-hunt** förbrytarjakt; jakt på rymling
mania ['meɪnɪə] mani; vurm **maniac** [-nɪæk] **I** *s* **1** *vard.* galning, dåre; fantast; *sports* ~ sport|-dåre, -fantast **2** *psykol. åld.* maniker **II** *a*, *se maniacal* **maniacal** [mə'naɪəkl] **1** manisk **2** vansinnig **manic** ['mænɪk] **1** *s* maniker **II** *a* manisk **manic-depressive** [,mænɪkdɪ'presɪv] *psykol.* **I** *a* manodepressiv **II** *s* manodepressiv [person]
mani|cure ['mænɪ,kjʊə] **I** *s* **1** manikyr **2** manikyrist **II** *v* manikyrera **-curist** [-,kjʊərɪst] manikyrist
mani|fest ['mænɪfest] **I** *a* påtaglig, uppenbar, tydlig, klart framträdande, manifest; entydig **II** *v* **1** manifestera; ge uttryck åt, visa, ådagalägga **2** bevisa **3** yttra (visa) sig; (*om ande*) uppenbara (visa) sig **III** *s, sjö.* manifest **-festation** [,mænɪfe'steɪʃn] **1** manifestation, uppenbarande, åläggande; tecken **2** manifestation, demonstration **-festly** ['mænɪfestlɪ] *adv* påtagligt, uppenbart, tydligt, klart; entydigt; tydligen, uppenbarligen **-festo** [,mænɪ'festəʊ] (*pl* ~-[*e*]*s*) manifest
manifold ['mænɪfəʊld] **I** *a* mångfaldig, mångahanda **II** *v* mångfaldiga, duplicera **III** *s* **1** duplikat, kopia **2** *tekn.* gren-, förgrenings|rör
manikin ['mænɪkɪn] **1** liten man; dvärg **2** *se mannequin* **3** *med.* modell|docka
Manila [mə'nɪlə] Manilla **Manil[l]a hemp** manillahampa
manioc ['mænɪɒk] *bot.* maniok, kassava
manipu|late [mə'nɪpjʊleɪt] **1** hantera, manövrera, sköta **2** manipulera (fiffla) med (*accounts* räkenskaper), frisera (*figures* siffror) **3** manipulera, påverka, styra **-lation** [mə,nɪpjʊ'leɪʃn] **1**

hanterande, manövrering, skötsel; handgrepp **2** manipulation, fiffel, frisering **3** manipulation, påverkan, styrning

mankind 1 [mæn'kaınd] människosläktet, människorna **2** ['mænkaınd] det manliga släktet (könet), män[nen]

man|like ['mænlaık] lik en man; manlig **-ly** [-lı] *a* manlig, karlaktig, maskulin **--made** ['mænmeıd] gjord (tillverkad) av människohänder; konstgjord, syntetisk

manna ['mænə] manna

manned [mænd] bemannad

mannequin ['mænıkın] **1** mannekäng **2** skyltdocka; provdocka

manner ['mænə] **1** sätt, vis; *in like (this)* ~ på samma (detta) sätt; *in a ~ of speaking* så att säga, på sätt och vis; *it was just a ~ of speaking* det är bara som man säger; *she is to the ~ born* det faller sig helt naturligt för henne, det är medfött hos henne **2** sätt [att vara], uppträdande; *a kind ~* ett vänligt sätt **3** *~s (pl)* belevat sätt, maner; *~s!* uppför dig ordentligt!; *good ~s* fint sätt, god ton; *road ~s* vägvett; *she has no ~s* hon kan inte uppföra sig; *that's bad ~s* det passar sig inte (är opassande); *teach s.b. ~s* lära ngn hur man uppför sig **4** *~s (pl)* seder [och bruk]; *a novel of ~s* en sederoman **5** maner, stil; *in the ~ of Renoir* i Renoirs stil **6** slag, sort; *all ~ of animals* alla slags djur; *what ~ of man is he?* vad för slags karl är han?; *by all ~ of means* visst, naturligtvis; *by no ~ of means* på intet vis, under inga förhållanden

mannered [-d] manier[er]ad, konstlad, tillgjord **mannerism** [-riz(ə)m] [typiskt] maner; förkonstling; *konst.* manierism **mannerless** [-lıs] ouppfostrad **mannerly** [-lı] *a* väluppfostrad, artig, belevad

mannish ['mænıʃ] **1** manhaftig (*woman* kvinna) **2** manlig

manœu|vrability [mə,nu:vrə'bılətı] manöverduglighet, manövreringsförmåga **-vrable** [mə'nu:vrəbl] manöverduglig, manövrerbar; *easily ~* lättmanövrerad **-vre** [mə'nu:və] **I** *s* manöver (*äv. bildl.*); *~s (pl, mil.)* manöver, stridsövningar **II** *v* **1** manövrera; styra, hantera; *bildl. äv.* manipulera; *~ for leadership* manövrera sig till ledarskapet **2** hålla (vara på) manöver

man-of-war [,mænə(v)'wɔ:] *(pl men-of-war)* **1** krigs-, örlogs|fartyg **2** *zool.*, *[Portuguese] ~* portugisisk örlogsman

manometer [mə'nɒmıtə] manometer

manor ['mænə] **1** gods, lantegendom, herrgård; *lord (lady) of the ~* godsägare (godsägarinna) **2** *BE. vard.* polisdistrikt **manor house (seat)** herrgård[sbyggnad], slott

manpower ['mæn,pauə] **1** mannakraft; arbetskraft **2** *mil.* styrka

manqué ['mɑ̃:(ŋ)keı] ofullbordad; potentiell, slumrande; *an artist ~* a) en misslyckad konstnär, b) en blivande konstnär

manrope ['mænrəup] *sjö.* mantåg

mansard ['mænsɑ:d] **1** ~ *[roof]* mansardtak, brutet tak **2** vindsrum under brutet tak

manservant ['mæn,sɜ:v(ə)nt] *(pl menservants)* betjänt, [manlig] tjänare

mansion ['mænʃn] **1** stor och ståtlig byggnad, palats **2** *~s (pl)* hyreshus

man|-sized ['mænsaızd] i mansstorlek; *vard.* stor, jättelik **-slaughter** [-,slɔ:tə] *jur.* dråp

mantel[piece] ['mæntl(pi:s)] spisel|krans, -hylla **mantel shelf** spiselhylla

mantilla [mæn'tılə] mantilj

man|tis ['mæntıs] *(pl -tises el. -tes [-i:z])* *zool.* bönsyrsa

mantissa [mæn'tısə] *mat.* mantissa

mantle ['mæntl] **I** *s* **1** *bildl.* täcke (*of snow* av snö), hölje **2** glödstrumpa **3** *geol., zool.* mantel **4** *åld.* mantel, cape **II** *v* täcka, hölja, svepa in

man-to-man [,mæntə'mæn] *a* man-mot-man-; oförbehållsam, öppen (*discussion* diskussion)

mantrap ['mæntræp] *ung.* rävsax (*mot inbrottstjuv e.d.*)

manual ['mænjuəl] **I** *a* manuell, hand-; *~ controls* handreglage; *~ gear-change (i bil)* manuell växel; *~ labour* fysiskt arbete, kroppsarbete **II** *s* **1** handbok, instruktionsbok **2** *mus.* manual **-ly** [-ı] *adv* för hand, manuellt

manufac|ture [,mænju'fæktʃə] **I** *s* **1** tillverkning, framställning, fabrikation, produktion **2** produkt, alster, [fabriks]vara **3** fabrikat, tillverkning **II** *v* **1** tillverka, framställa, fabricera, producera **2** *bildl.* hitta på (*excuses* undanflykter) **-turer** [-tʃ(ə)rə] fabrikant, tillverkare, producent **-turing** [-tʃ(ə)rıŋ] **I** *a* fabriks-, produktions-, tillverknings- **II** *s* tillverkning, framställning, fabricering, fabrikation, produktion

manumit [,mænju'mıt] frige (*slav*)

manure [mə'njuə] **I** *s* gödsel; *artificial ~* konstgödning **II** *v* gödsla, göda

manuscript ['mænjuskrıpt] **I** *s* **1** handskrift **2** manuskript, manus (*of* till) **II** *a* **1** handskriven **2** i manuskript

Manx [mæŋks] **I** *a* från ön Man **II** *s* manx (*språk*) **Manx cat** manxkatt **Manxman** [-mən] invånare på ön Man

many ['menı] **I** *a* många; *~ a man* mången [man]; *~ people* mycket folk, många människor; *~ thanks* tack så mycket, stort tack; *~ thousand people* många (flera) tusen människor; *~ a time [and oft]*, *~ and ~ a time* mången gång, många gånger; *as ~ again* lika många till; *as ~ as five* så många som fem, hela fem; *I haven't seen him for ~ a day* jag har inte sett honom på mången god dag; *there is one chair too ~* det är en stol för mycket; *she's one too ~ for us* hon är för klipsk för oss, henne rår vi inte på; *she said it in so ~ words* hon sa det rent ut; *~'s the time I've done so* det är många gånger som jag har gjort det **II** *s*, *the ~* den stora massan, de många; *a great (good) ~* en hel del, ganska många (mycket)

many|-coloured [,menı'kʌləd] mångfärgad, brokig **--sided** mångsidig

map [mæp] **I** *s* **1** karta (*of* över); sjökort (*of* över); *put a town on the ~* göra en stad berömd; *wipe a town off the ~* utradera en stad, få en stad att falla i glömska; *it's off the ~ a)* det är inte aktuellt, *b)* den ligger avsides **2** *sl.* fejs, nia (*ansikte*) **II** *v* kartlägga; *~ out a)* staka ut (*a road* en väg), planera, *b)* kartlägga

maple ['meıpl] *bot.* lönn **maple leaf** lönn|blad, -löv **maple syrup** [-,sırəp] lönnsirap

mapping ['mæpıŋ] kartläggning

mar [mɑ:] fördärva; störa; grumla; *make or ~*

hjälpa eller stjälpa
Mar. *förk. för* March **mar.** *förk. för maritime; married*
marabou ['mærəbu:] *zool.* marabu[stork]
maraca [mə'rækə] *mus.* maraca
marathon ['mærəθn] **I** *s* maraton[lopp] **II** *a* maraton-
maraud [mə'rɔ:d] marodera, plundra, röva **-er** [-ə] marodör
marble ['mɑ:bl] **I** *s* **1** marmor **2** marmorblock; marmor|staty, -skulptur **3** kula (*t. spel*) **4** *vard.*, *lose one's* ~*s* bli tokig **II** *a* marmor-; marmorvit **III** *v* marmorera **marble cake** marmorerad tekaka, tigerkaka **marbled** [-d] marmorerad **marbletop[ped]** [-tɒp(t)] (*om bord*) med marmorskiva **marbling** [-ɪŋ] marmorering **marbly** [-ɪ] *a* marmoraktig; kall som marmor
March [mɑ:tʃ] mars
1 march [mɑ:tʃ] **I** *s* **1** marsch; [fot]vandring; *the* ~ *of time* tidens gång; *be on the* ~ vara på [fram]marsch **2** *mus.* marsch; *funeral* ~ sorg-, begravnings|marsch; *wedding* ~ bröllopsmarsch **3** dags|marsch, -etapp; *steal a* ~ *on* skaffa sig försprång framför **II** *v* **1** marschera, tåga (*on, against* mot); [fot]vandra; *forward* ~*!* framåt marsch!; ~ *off* marschera (tåga) i väg; *time* ~*es on* tiden går; ~ *past* marschera förbi, defilera [förbi]; ~ *up* marschera (rycka) fram **2** låta marschera; ~ *s.b. off* föra bort ngn
2 march [mɑ:tʃ] gräns[land, -område]
March. *förk. för* Marchioness
marcher ['mɑ:tʃə] demonstrant, marschdeltagare **marching** [-ɪŋ] marscherande **marching orders** [-ɪŋ,ɔ:dəz] *pl* **1** marschorder **2** *vard.* sparken; respass; klartecken (*att fortsätta med ngt*); *she gave him his* ~ hon gjorde slut med honom
marchioness ['mɑ:ʃ(ə)nɪs] markisinna
marchpane ['mɑ:tʃpeɪn] *åld.* marsipan
Mardi gras [,mɑ:dɪ'grɑ:] *AE.* fettisdagen
mare [meə] sto, märr **mare's nest** ['meəznest] **1** värdelös upptäckt; chimär **mare's-tail** ['meəzteɪl] **1** *bot.* hästsvans **2** långsträckta cirrusmoln
Margaret ['mɑ:g(ə)rɪt]
margarine [,mɑ:dʒə'ri:n] margarin
marge [mɑ:dʒ] *BE. vard. för* margarine
margin ['mɑ:dʒɪn] **I** *s* **1** rand, kant; gräns; *the* ~ *of the lake* sjöstranden **2** marginal; *a note in the* ~ en marginalanteckning **3** *hand.* marginal, överskott; *ekon.* täckning; *bildl.* marginal, spelrum; *profit* ~, ~ *of profit* vinstmarginal; *safety* ~ säkerhetsmarginal; ~ *of error* felmarginal; *by a large (narrow)* ~ med bred (knapp) marginal **II** *v* **1** förse med kant (marginal) **2** anteckna i marginalen **marginal** [-l] **1** rand-, kant-; gräns-; ~ *to Norway* gränsande till Norge **2** marginal-; ~ *note* marginalanteckning, randanmärkning **3** marginal-, marginell, underordnad; ~ *cost* marginalkostnad; *that is a* ~ *constituency for Labour* Labour har endast en knapp majoritet i den valkretsen **marginalia** [,mɑ:dʒɪ'neɪljə] *pl* marginalanteckningar, randanmärkningar **marginally** ['mɑ:dʒɪnəlɪ] *adv* i kanten; i marginalen; marginellt **margin release** ['mɑ:dʒɪnrɪ,li:s] (*på skrivmaskin*) marginalfrigörare **margin stop** ['mɑ:dʒɪnstɒp] (*på skrivmaskin*) marginalinställare
marguerite [,mɑ:gə'ri:t] *bot.* prästkrage
Maria [mə'raɪə, mə'rɪə] Maria **Marie** ['mɑ:rɪ] Marie
marigold ['mærɪgəʊld] *bot.* [*pot*] ~ ringblomma; *African (French)* ~ tagetes; *marsh* ~ kabbleka
mari|huana, -juana [,mærɪ'hwɑ:nə] marijuana
marimba [mə'rɪmbə] *mus.* marimba
marina [mə'ri:nə] småbåtshamn, marina
mari|nade [,mærɪ'neɪd] **I** *s* **1** marinad **2** marinerad fisk, marinerat kött **II** *v* marinera **-nate** [-'neɪt] marinera
marine [mə'ri:n] **I** *a* marin[-], havs-, sjö-; sjöfarts-; flott-; ~ *biology* marinbiologi; ~ *corps* marinsoldatkår; ~ *insurance* sjö|försäkring, -assurans; ~ *motor* marin-, båt|motor **II** *s* **1** sjöväsen **2** marin, flotta; *merchant* ~ handelsflotta **3** marinsoldat; *The Royal M*~*s* brittiska marinsoldatkåren; *tell it to the* ~*s* (*vard.*) det kan du inbilla andra **4** marinmålning **mariner** ['mærɪnə] *litt.* sjöman, sjöfarare
marionette [,mærɪə'net] marionett
marital ['mærɪtl] äktenskaplig, äktenskaps-; ~ *status* civilstånd
maritime ['mærɪtaɪm] maritim, sjö-, havs-; sjöfarts-; ~ *climate* kustklimat; ~ *law* sjölag, sjörätt; ~ *region* kustregion
marjoram ['mɑ:dʒ(ə)rəm] *bot.* mejram
Mark [mɑ:k] *bibl.* Markus
1 mark [mɑ:k] mark (*mynt*)
2 mark [mɑ:k] **I** *s* **1** märke; fläck; repa; spår; *dirty* ~*s* smutsfläckar, smutsiga märken; *leave one's* ~ lämna (sätta) sina spår; *make one's* ~ göra sig ett namn, lyckas **2** märke, tecken; symbol, bomärke; känne|märke, -tecken (*of på*); uttryck (*of* för); *punctuation* ~ skilje-, interpunktions|tecken; *question* ~ frågetecken; *bear the* ~ *of genius* bära geniets kännetecken, ha geniala drag **3** markör; visare; *sjö.* märke (*på lodlina*) **4** betyg, betygspoäng; *high (good)* ~*s* höga (bra) betyg **5** mål[tavla], märke, prick; *sport.* markering, startlinje; *beside the* ~ (*bildl.*) irrelevant, ovidkommande; *on your* ~[*s*]*, get set, go!* på era platser, färdiga, gå!; *hit the* ~ träffa [mitt i] prick, *bildl.* äv. träffa rätt, slå (träffa) huvudet på spiken; *miss the* ~ missa [målet], bomma; *be quick (slow) off the* ~ (*sport. o. bildl.*) vara snabb (långsam, trög) i starten **6** nivå, höjd; vikt, betydelse; *of* ~ av vikt (betydelse); *of little* ~ av ringa betydelse; *a man of* ~ en betydande man; *be above the* ~ hålla måttet, räcka mer än väl; *the temperature has reached the* ~ *of 20 degrees* temperaturen har nått upp till 20 gradersstrecket; *be up to the* ~ vara tillfredsställande, hålla måttet; *not feel quite up to the* ~ inte känna sig riktigt kry **7** typ, modell; *this car is a SAAB* ~ (*M*~) *GLE* det här är en SAAB GLE **8** *the* ~ (*i boxning*) maggropen **9** *sl.* lätt (lämpligt) offer **II** *v* **1** göra märken på, sätta fläckar på, fläcka ner; skada; repa; *the American boxer was not* ~*ed at all* den amerikanske boxaren fick inte en skråma **2** märka, sätta märke på, markera; sätta prislapp på, prismärka; *bildl.* utmärka, känneteckna, beteckna, märka; ~ *books* prismärka böcker; ~ *time a)* göra på stället marsch, *b)* stå och stampa på samma

ställe, *c)* försöka klara sig, vänta; *an animal ~ed with black* ett djur med svarta fläckar; *the sofa is ~ed at £100* soffan har en prislapp med 100 pund; *her face was ~ed by sorrow* hennes ansikte var märkt av sorg; *the experience ~ed them* upplevelsen satte sina spår hos dem; *~ s.b. as a criminal* beteckna ngn som brottsling; *that event ~ed the end of an era* den händelsen markerade slutet på en epok; *~ s.th. with an asterisk* markera ngt med en asterisk; *it's not ~ed on the map* det är inte utsatt på kartan; *~ down a)* anteckna, skriva ner, *b)* sätta ner [priset på]; *~ up a)* notera, skriva upp, *b)* höja [priset på] **3** märka (pricka) ut; *~ off a)* markera, avgränsa, avspärra, *b)* skilja; *~ out a)* staka ut, *b)* utse, bestämma *(for* till) **4** märka, lägga märke till; *~ my words* sanna mina ord; *~ you, I didn't promise anything* kom bara ihåg att jag inte har lovat något **5** bedöma; betygsätta; rätta *(a paper* en skrivning) **6** *sport., spelt.* markera **7** få märken, bli repig (smutsig), skadas
markdown ['mɑ:kdaʊn] [pris]nedsättning
marked [mɑ:kt] **1** märkt *etc., jfr 2 mark II* **2** markerad, tydlig, uppenbar, påfallande, markant, märkbar **3** *a ~ man* en märkt (på förhand dömd) man **marker** ['mɑ:kə] **1** märkare; betyg [s]sättare; [skrivnings]rättare **2** bokmärke **3** markör **4** [spel]mark
market ['mɑ:kɪt] *I s* **1** [salu]torg; marknad[splats];*go to ~* gå till torget, åka på marknad **2** *hand.* marknad; *buyer's ~* köparens marknad; *the black ~* svarta börsen; *the foreign ~* utlands-, export|marknaden; *the home ~* hemmamarknaden, den inhemska marknaden; *the world ~* världsmarknaden; *at ~* till dagspris (gällande pris); *in (on) the ~* i handeln, på marknaden, till salu; *be in the ~ for* vara intresserad av [att köpa], önska köpa; *there is no ~ for* det är ingen efterfrågan på; *come in (on[to]) the ~* komma ut på marknaden; *find (meet with) a ready ~ for* finna god avsättning för; *play the ~* spekulera på börsen; *put on the ~* släppa ut på marknaden **II** *v* **1** sälja (köpa) på torget (marknaden) **2** utbjuda [till försäljning], saluföra, avyttra; marknadsföra **marketable** [-əbl] **1** säljbar; avyttringsbar; gångbar **2** marknads-, handels-; *~ value* marknadsvärde **market day** marknads-, torg|dag **market garden** [-ˌgɑ:dn] *i sht BE.* handelsträdgård **marketing** [-ɪŋ] marknadsföring, marketing **marketplace** [-pleɪs] **1** [salu]torg; marknadsplats **2** affärsvärld; *bildl.* marknad **market price** [-praɪs] marknads|pris, -värde **market research** [-rɪˌsɜ:tʃ] marknadsundersökning **market town** [-taʊn] *i sht BE.* stad med [jordbruks]- marknad **market value** [-ˌvælju:] marknadsvärde
marking ['mɑ:kɪŋ] **1** markering *(äv. sport);* märkning, stämpling **2** teckning *(på djur)* **marking ink** märkbläck
marksman ['mɑ:ksmən] skicklig skytt, skarpskytt **-ship** skjutskicklighet; träffsäkerhet
mark-up ['mɑ:kʌp] **1** *hand.* pålägg, påslag; vinstmarginal **2** prishöjning
Marlborough ['mɔ:lb(ə)rə, *AE.* 'mɑ:l-]
mar|lin[e] ['mɑ:lɪn], **-ling** [-lɪŋ] *sjö.* märling **marlin[e]-, marling|spike** *sjö.* märlspik
marmalade ['mɑ:məleɪd] [apelsin-, citrus]marmelad
marmo|real, -rean [mɑ:'mɔ:|rɪəl, -rɪən] marmor-; marmorlik
marmoset ['mɑ:mə(ʊ)zet] *zool.* silkesapa
marmot ['mɑ:mət] *zool.* murmeldjur
1 maroon [mə'ru:n] *I a* kastanje-, röd|brun **II** *s* **1** kastanjebrun (rödbrun) färg **2** signalljus, lysprojektil
2 maroon [mə'ru:n] *I v* landsätta och överge *(på obebodd kust)* **2** *bildl.* isolera; strandsätta
Marq. *förk. för Marquis*
marque [mɑ:k] [bil]typ, -modell
marquee [mɑ:'ki:] **1** stort [fest]tält **2** *AE.* markis, baldakin *(över entré)*
marquess ['mɑ:kwɪs] *i sht BE.* markis *(adelsman)*
marquetry ['mɑ:kɪtrɪ] inläggning, inlagt arbete
mar|quis ['mɑ:kwɪs] *(pl ~[es])* markis *(adelsman)* **-quise** [mɑ:'ki:z] *(ej brittisk)* markisinna
marriage ['mærɪdʒ] **1** giftermål, äktenskap; *bildl.* nära släktskap (samband); *civil ~* borgerligt äktenskap; *offer of ~* giftermålsanbud; *~ of convenience* konvenans-, resonemangs|parti; *by ~* genom gifte[rmål]; *give s.b. in ~ to s.b.* gifta bort ngn med ngn **2** vigsel, bröllop; *civil ~* borgerlig vigsel; *religious ~* kyrklig vigsel **marriageable** [-əbl] giftasvuxen **marriage ceremony** [-ˌserɪmənɪ] vigsel|akt, -ceremoni **marriage certificate** [-səˌtɪfɪkət] vigselattest **marriage guidance** [-ˌgaɪdns] äktenskapsrådgivning; *~ counsellor* äktenskapsrådgivare **marriage licence** [ˌlaɪs(ə)ns] äktenskapslicens **marriage lines** [-laɪnz] *pl, vard.* vigselattest **marriage service** [-ˌsɜ:vɪs] vigsel[akt] **marriage settlement** [-ˌsetlmənt] äktenskapsförord
married ['mærɪd] *I a* gift *(to* med); äktenskaplig; *~ couple* gift par, äkta makar; *~ life* äktenskap, äktenskapligt samliv; *he is a ~ man* han är [en] gift [man]; *be ~ a)* vara gift, *b)* gifta sig, *c)* bli gift; *get ~* gifta sig **II** *s, young ~s* unga gifta människor
marrow ['mærəʊ] **1** märg; *bildl.* kärna; *spinal ~* ryggmärg; *be chilled to the ~* frysa ända in i märgen, vara genomfrusen; *it pierced the very ~ of my bones* det gick (skar) genom märg och ben på mig **2** *bot. [vegetable] ~* pumpa, kurbits **marrowbone** märg|ben, -pipa **marrowfat, marrow pea** *bot.* märgärt **marrow squash** *AE. bot.* pumpa, kurbits
marry ['mærɪ] **1** gifta sig med; *~ money* gifta sig rikt (till pengar) **2** *~ [off]* gifta bort **3** viga **4** gifta sig; *bildl.* förenas; *~ into money* gifta sig rikt (till pengar); *she is not the ~ing kind* hon är inte den typen som gifter sig
Mars [mɑ:z] *astr., myt.* Mars
Mar|seillaise [ˌmɑ:seɪ'jeɪz] *the M~* marseljäsen **-seilles** [mɑ:'seɪlz] Marseille
marsh [mɑ:ʃ] moras, sumpmark, träskområde, kärr
marshal ['mɑ:ʃl] *I s* **1** *mil.* marskalk **2** marskalk, ceremonimästare **3** *(domares)* sekreterare **4** *AE. ung.* sheriff, polismästare; brandchef **5** ordningsvakt *(vid idrottsplats)* **II** *v* **1** ordna *(facts* fakta); rangordna **2** ställa upp *(troops* trupper); anföra, leda **marshalling yard** [-ˌɪŋjɑ:d] rangerbangård
marsh gas ['mɑ:ʃgæs] gruv-, sump|gas **marsh**

hawk *AE. zool.* kärrhök **marshland** sump|-mark, -område; marskland **marsh mallow** [-ˌmæləʊ] *bot.* altea **marshmallow** [-ˌmæləʊ] marshmallow *(slags mjuk o. seg konfekt)*
marshy [ˈmɑːʃɪ] sumpig, träskartad
marsupial [mɑːˈsjuːpjəl] **I** *a* pung[djurs]- **II** *s* pungdjur
mart [mɑːt] marknad[splats], handelscentrum
marten [ˈmɑːtɪn] *zool.* mård
martial [ˈmɑːʃl] krigs-, krigisk, militär-; ~ *law* krigslagar
Martian [ˈmɑːʃjən] **I** *a* mars-, från Mars **II** *s* marsian, marsinvånare
martin [ˈmɑːtɪn] *zool.* svala; *house* ~ hussvala; *sand* ~ backsvala
martinet [ˌmɑːtɪˈnet] disciplinryttare, tyrann
martingale [ˈmɑːtɪŋɡeɪl] **1** *ridk.* martingal, språngrem **2** *spelt.* [spel med] fördubbling av insatsen
Martinmas [ˈmɑːtɪnməs] mårtensmässa *(11 november)*
martlet [ˈmɑːtlət] *åld.*, *se martin*
martyr [ˈmɑːtə] **I** *s* martyr *(äv. bildl.);* *be a ~ to illness* plågas av sjukdom **II** *v* låta lida martyrdöden; göra till martyr **-dom** [-dəm] martyrium, martyrskap *(äv. bildl.);* martyrdöd
marvel [ˈmɑːvl] **I** *s* under[verk] **II** *v* förundra sig *(at, about* över; *that* över att) **-lous** *BE.,* **-ous** *AE.* [ˈmɑːv(ə)ləs] underbar, fantastisk; otrolig
Marx [mɑːks] Marx **-ian** [ˈmɑːksjən] marxistisk **-ism** [ˈmɑːksɪz(ə)m] marxism[en] **-ist** [ˈmɑːksɪst] **I** *a* marxistisk **II** *s* marxist
Mary [ˈmeərɪ] *bibl. o. som drottningnamn* Maria; *the Virgin* ~ Jungfru Maria; ~ *Queen of Scots* Maria Stuart **Mary Jane** *AE. sl.* marijuana
Maryland [ˈmeərɪlænd, *AE.* ˈmerɪlənd]
marzipan [ˌmɑːzɪˈpæn] marsipan
masc. *förk. för masculine*
mascara [mæˈskɑːrə] mascara
mascot [ˈmæskət] maskot
mascu|line [ˈmæskjʊlɪn] **I** *a* **1** maskulin, manlig; manhaftig *(woman* kvinna); ~ *appearance* maskulint utseende; ~ *rhyme (versl.)* manligt rim **2** *språkv.* maskulin; *the ~ gender* maskulinum, maskulint genus **II** *s, the ~* maskulinum **-linity** [ˌmæskjʊˈlɪnɪtɪ] manlighet; manhaftighet
maser [ˈmeɪzə] *fys.* maser
mash [mæʃ] **I** *s* **1** mäsk **2** gröt, sörja **3** *(slags)* djurfoder **4** *BE.* potatismos **II** *v* **1** göra gröt av, mosa; blanda (röra) ihop; *~ed potatoes* potatismos **2** mäska, bereda till mäsk **-er** [ˈmæʃə] potatis|stöt, -press
mashie [ˈmæʃɪ] *golf.* järnklubba nr 5
mask [mɑːsk] **I** *s* **1** *(ansikts-, gas-)* mask *(äv. biol., foto., teat.);* *bildl. äv.* förställning, täckmantel; munskydd; *death* ~ dödsmask **2** maskerad **II** *v* maskera; *bildl. äv.* dölja, camouflera; *~ed ball* maskeradbal
maso|chism [ˈmæzə(ʊ)kɪz(ə)m] masochism **-chist** masochist
mason [ˈmeɪsn] **1** stenhuggare; [sten]murare **2** frimurare **-ic** [məˈsɒnɪk] frimurar-; ~ *lodge* frimurarloge **-ry** [ˈmeɪsnrɪ] **1** murning **2** murverk **3** frimureri
masque [mɑːsk] *hist.* maskspel
masquerade [ˌmæskəˈreɪd] **I** *s* **1** maskerad **2** maskeraddräkt **3** *bildl.* teater; förklädnad **II** *v* **1** delta in maskerad **2** vara maskerad (utklädd); ~ *as (äv.)* utge sig för att vara
1 mass [mæs] *kyrkl., mus. (ofta M~)* mässa; *High M~* högmässa; *Low M~* stilla mässa; *go to* ~ gå i mässan; *say* ~ läsa mässan
2 mass [mæs] **I** *s* massa *(äv. fys.);* mängd, [stor] hop; *a ~ of snow* en massa snö; *the ~es* massorna, de breda lagren; *the [great]* ~ *of* majoriteten (större delen, det stora flertalet) av; *~es of (vard., i sht BE.)* massor med *(books* böcker); *in the ~ a)* i huvudsak, *b)* som helhet; *people, in the ~, prefer* folk i allmänhet föredrar **II** *v* **1** samla i mängd, hopa; *mil.* dra samman, koncentrera *(troops* trupper) **2** samlas i mängd, hopas; *mil.* dras samman, koncentreras
Mass. *förk. för Massachusetts* **Massachusetts** [ˌmæsəˈtʃuːsɪts]
massacre [ˈmæsəkə] **I** *s* massaker; blodbad, massmord *(of* på); *vard.* jätteförlust, nederlag **II** *v* massakrera, anställa blodbad på; *vard.* göra ner, orsaka jätteförlust
mas|sage [ˈmæsɑːʒ] **I** *s* massage **II** *v* massera **-seur** [mæˈsɜː] massör **-seuse** [mæˈsɜːz] massös
massif [ˈmæsiːf] [berg]massiv
massive [ˈmæsɪv] massiv; tung, stadig; kraftig *(forehead* panna); omfattande, stor; ~ *support* massivt stöd; *on a ~ scale* i stor skala
mass media [ˈmæsˌmiːdjə] *pl* massmedia **mass meeting** [ˌmæsˈmiːtɪŋ] massmöte **mass number** [ˌmæsˈnʌmbə] *fys.* masstal **mass observation** [ˌmæsɒbzəˈveɪʃn] *i sht BE.* massobservation **mass-produce** [ˈmæsprəˌdjuːs] massproducera **mass production** [ˌmæsprəˈdʌkʃn] massproduktion
mast [mɑːst] **I** *s* mast; *at half* ~ på halv stång; *before the* ~ *(sjö.)* om masten *(som manskap)* **II** *v* förse med mast[er]; *three-~ed* tremastad
master [ˈmɑːstə] **I** *s* **1** herre, härskare *(of* över); husbonde; husse; arbetsgivare, chef; *the ~ of the house* husets herre, herrn i huset, husbonden, husfadern; *be one's own* ~ vara sin egen; *be ~ of* vara herre över, behärska; *be ~ of one's own fate* ha sitt öde i sina egna händer; *be ~ of the situation* vara situationens herre **2** mästare; mäster; *the M~* Mästaren *(Kristus);* ~ *of chess* schackmästare; ~ *of the piano* mästare på piano; *the old ~s* de gamla mästarna, ~ *of ceremonies a)* ceremonimästare, *b)* konferencier, *c)* (i radio, TV) programvärd; ~ *of foxhounds* master vid rävjakt; *M~ of the Horse* överhovstallmästare; *M~ of the Queen's (King's) Music* förste hovkapellmästare; *M~ of the Rolls* domare i appellationsdomstol och riksarkivarie **3** läro|mästare, -fader; *(vid vissa college)* rektor; *univ.* magister; *i sht BE.* lärare; *M~ of Arts* filosofie magister *(i humanistiska ämnen);* ~ *of Science* filosofie magister *(i naturvetenskapliga ämnen);* *he is a French* ~ han är fransklärare (lärare i franska) **4** kapten, befälhavare *(på handelsfartyg);* *~'s certificate* skepparbrev **5** *M~ Peter (i tilltal)* unge herr Peter **6** original *(t. kopia);* matris **7** *Sk.* bröstarvinge *(t. viscount el. baron)* **II** *a* **1** huvud-, över-; förnämst, främst; ~ *copy* original, huvudexemplar, matris; ~ *key* huvudnyckel; ~ *race* herrefolk; ~ *sergeant (AE.)* fanjunkare; ~ *switch* huvud-

strömbrytare 2 mäster-, mästar-; ~ *carpenter* snickarmästare; ~ *cook* mästerkock **III** *v* **1** behärska (*French* franska); bemästra (*the situation* situationen); övervinna (*one's shyness* sin blyghet); ~ *one's temper* behärska sig **2** härska över, göra sig till herre över

master|-at-arms [ˌmɑːstə(r)ətˈɑːmz] (*pl masters-at-arms*) sjömil. väbel **-ful** [ˈmɑːstəf(ʊ)l] **1** översittaraktig, befallande, dominerande **2** mästerlig **-ly** [ˈmɑːstəlɪ] *a* mästerlig, mycket skicklig **-mind** [ˈmɑːstəmaɪnd] **I** *v* planlägga, vara hjärnan bakom **II** *s* (*om pers.*) ledande hjärna (förmåga) **-piece** [ˈmɑːstəpiːs] mästerverk **-stroke** [ˈmɑːstəstrəʊk] genidrag, mästerstycke, mästerligt drag

mastery [ˈmɑːst(ə)rɪ] **1** herravälde, kontroll (*of, over* över), överlägsenhet; *gain the* ~ *of the seas* få herraväldet till sjöss **2** stor skicklighet, mästerskap; behärskande, kunnande, sakkunskap

masthead [ˈmɑːsthed] masttopp

masti|cate [ˈmæstɪkeɪt] tugga; mala sönder, krossa **-cation** [ˌmæstɪˈkeɪʃn] tuggande; söndermalning, krossande

mastiff [ˈmæstɪf] mastiff (*slags dogg*)

mastodon [ˈmæstədɒn] mastodont (*äv. bildl.*)

mastur|bate [ˈmæstəbeɪt] onanera **-bation** [ˌmæstəˈbeɪʃn] onani

1 mat [mæt] **1** dörrmatta; matta (*för gymnastik e.d.; bildl.*); *a* ~ *of weed* en matta av ogräs **2** underlägg, tablett

2 mat [mæt] **I** *s* **1** passepartout **2** matt yta **II** *a* matt, glanslös (*finish* yta)

matador [ˈmætədɔː] matador

1 match [mætʃ] tändsticka; *strike a* ~ tända en tändsticka

2 match [mætʃ] **I** *s* **1** like, jämlike; *be a* ~ *for* kunna mäta sig med; *meet one's* ~ finna (möta) sin överman **2** make, pendang, motstycke; *be a good* ~ passa bra ihop (*for* med); *this vase is a* ~ *for that one* den här vasen är en pendang till den där **3** match, [idrotts]tävling; *football* ~ fotbollsmatch; *I'll give him a* ~ (*bildl.*) jag skall ge honom en match **4** giftermål, äktenskap; parti; *make a good* ~ göra ett bra parti; *he's a good* ~ han är ett bra parti **II** *v* **1** para ihop; passa ihop, foga samman; avpassa (*to* efter); finna en pendang (ett motstycke, maken) till, matcha; ~ *the tongue and groove of boards* sammanfoga spåntade bräder; *they are well* ~*ed a, b*) de passar bra ihop, *b*) de är jämställda; ~ *s.th. with* passa ihop (matcha) ngt med **2** matcha, gå bra ihop med, passa till; anpassa (*to* efter) **3** finna en jämbördig motståndare till; *sport.* matcha, lansera; ~ *a boxer with* (*against*) låta en boxare gå en match mot **4** kunna mäta sig (tävla) med; motsvara; *be* ~*ed against s.b.* ställa upp mot ngn; ~ *one's powers against s.b.* mäta sina krafter med ngn; *it didn't* ~ *our hopes* det motsvarade inte våra förväntningar **5** gifta bort **6** passa (gå bra) ihop; passa (*with* till); matcha [varandra]; *they don't* ~ de passar inte ihop; *that colour is hard to* ~ det är svårt att hitta ngt som passar till den färgen **7** ~ *up to the situation* vara situationen vuxen

matchboard [ˈmætʃbɔːd] spontad bräda

matchbox [ˈmætʃbɒks] tändsticksask

matchless [ˈmætʃlɪs] makalös

matchmaker [ˈmætʃˌmeɪkə] **1** äktenskapsmäklare **2** promotor; arrangör (*av match, tävling*)

match point [ˈmætʃpɔɪnt] match|boll, -poäng

matchwood [ˈmætʃwʊd] tändstickstä; *make* ~ *of* göra kaffeved av

1 mate [meɪt] **I** *s* **1** make (*äv. om sak*), maka; *where is the* ~ *to this glove?* var är maken till den här handsken? **2** *vard.* [arbets]kamrat, kompis; *listen,* ~*!* hörru du! **3** hantlangare, lärling **4** *sjö.* styrman; *first* ~ förstestyrman **II** *v* **1** para (*djur*) **2** (*om djur*) para sig

2 mate [meɪt] *se* checkmate

mater [ˈmeɪtə] *skolsl.* morsa[n] **-familias** [ˌmeɪtəfəˈmɪlɪæs] husmor (*i familj*)

material [məˈtɪərɪəl] *a* **1** materiell; kroppslig, lekamlig; konkret (*proof* bevis); ~ *damage* materiella skador **2** väsentlig, viktig (*to* för) **II** *s* material, stoff; ämne (*äv. om pers.*); tyg; ~*s* (*pl, äv.*) materiel (*äv. om pers.*); tyg; ~*s* (*pl, äv.*) materiel; (*äv. om pers.*); råvara, råmaterial; *writing* ~ skrivmateri|al,-el; *she is good editorial* ~ hon är ett bra redaktörsämne **-ism** [-ɪz(ə)m] materialism **-ist** [-ɪst] materialist **-istic** [məˌtɪərɪəˈlɪstɪk] materialistisk **-ize** (*BE. äv. -ise*) [məˈtɪərɪəlaɪz] **1** förverkligas, ta fast form; ta form; komma till stånd **2** (*om ande, spöke*) uppenbara (visa) sig, dyka upp **3** materialisera, förkroppsliga **-ly** [məˈtɪərɪəlɪ] *adv* **1** i väsentlig grad, väsentligt **2** materiellt

materiel, matériel [məˌtɪərɪˈel] *mil.* materiel

maternal [məˈtɜːnl] **1** moderlig; moders-; ~ *affection* moderskärlek **2** på mödernet; ~ *uncle* morbror **-ly** [-l] *adv* **1** moderligt **2** på mödernet; ~ *related* släkt på mödernet

maternity [məˈtɜːnətɪ] **1** moderskap **2** moderlighet **maternity allowance** moderskapspenning **maternity benefit** moderskapshjälp **maternity dress** mammaklänning **maternity home** (**hospital**) BB, förlossningsanstalt **maternity ward** BB-, förlossnings|avdelning

matey [ˈmeɪtɪ] *BE. vard.* **I** *a* kamratlig; vänsklig, förtrolig **II** *s* kompis, kamrat

math [mæθ] *AE. vard. för mathematics* matte

mathematic[al] [ˌmæθ(ə)ˈmætɪk(l)] matematisk, matematik- **mathematician** [ˌmæθ(ə)məˈtɪʃn] matematiker **mathematics** [ˌmæθ(ə)ˈmætɪks] **1** (*behandlas som sg*) matematik **2** (*behandlas som pl el. sg*) [kunskaper i] matematik; matematiska beräkningar; *the* ~ *of this are* (*is*) *complicated* det här är svåra matematiska beräkningar; *her* ~ *are better now* hon är bättre i matematik nu **maths** [mæθs] *BE. vard. för mathematics* matte

matinée [ˈmætɪneɪ] matiné, eftermiddagsföreställning

mating [ˈmeɪtɪŋ] parning **mating call** parningsläte, lockrop **mating season** parningstid; brunsttid

matins [ˈmætɪnz] (*behandlas som sg el. pl*) **1** morgonbön; morgon|andakt, -gudstjänst; ottesång **2** *litt.* fåglars morgonkvitter

matri|arch [ˈmeɪtrɪɑːk] matriark **-archal** [ˌmeɪtrɪˈɑːkl] matriarkalisk **-archy** [ˈmeɪtrɪɑːkɪ] matriarkat

matric [məˈtrɪk] *BE. vard. för matriculation*

matrices [ˈmeɪtrɪsiːz] *pl av matrix*

matricide [ˈmeɪtrɪsaɪd] **1** modermord **2** moder-

mördare
matricu|late [mə'trɪkjʊleɪt] skriva in [sig] (*vid univ. el. college*) **-lation** [məˌtrɪkjʊ'leɪʃn] **1** inskrivning (*vid univ. el. college*) **2** (*för*) inträdesexamen (*vid univ. el. college*)
matri|monial [ˌmætrɪ'məʊnjəl] äktenskaps-, äktenskaplig; ~ *problems* äktenskapliga problem **-mony** ['mætrɪm(ə)nɪ] **1** äktenskap; *enter into holy* ~ inträda i det äkta ståndet **2** giftermål, bröllop **3** mariage (*kortspel*)
ma|trix ['meɪ|trɪks] (*pl* **-trices** [-trɪsiːz] *el.* **-trixes** [-trɪksɪz]) **1** livmoder; *bildl.* ursprung, vagga **2** *anat.* nagelbädd **3** matris; gjutform
matron ['meɪtr(ə)n] **1** äldre gift kvinna, matrona **2** föreståndarinna, husmor (*vid institution, skola e.d.*); *AE.* kvinnlig fångvaktare **-ly** [-lɪ] *a* matron|lik, -aktig
matt[e] [mæt] *se* **mat**
Matt. *bibl., förk. för Matthew*
matter ['mætə] **I** *s* **1** materia; substans, stoff, material; ämne; *mind and* ~ ande och materia; *advertising* ~ reklam; *colouring* ~ färgämne; *inorganic* ~ oorganiskt ämne; *postal* ~ postförsändelse[r]; *printed* ~ trycksak[er]; *solid and liquid* ~*s* fasta och flytande ämnen **2** *abstr.* ämne; innehåll; *the* ~ *of the lecture* ämnet för föreläsningen **3** sak, angelägenhet, ärende, fråga; ~*s* (*pl*) förhållanden[a]; *business* ~*s* affärsangelägenheter; *money* ~*s* penning|frågor, -affärer; *it's no great* ~ det är inte så viktigt, det gör ingenting; *that's not the* ~ *in hand* det är inte det det är frågan om; *a* ~ *of course* en självklarhet, en självklar sak; *as* a ~ *of course* [som ngt] självklart; *a* ~ *of fact* ett faktum; *as a* ~ *of fact* i själva verket, faktiskt; *a* ~ *of habit* en vanesak; *it's a* ~ *of life and death* det gäller livet, det är en fråga om liv eller död; *a* ~ *of time* en tidsfråga; *for that* ~ vad det beträffar, för den delen; *in a* ~ *of minutes* inom (på) några [få] minuter; *in the* ~ *of* vad beträffar, i fråga om; *it is a* ~ *of* det handlar (rör sig, är en fråga) om, det gäller; *it's a* ~ *of £20* det rör sig om [ungefär] 20 pund; *as* ~*s stand* som det är (ligger till) **4** anledning, orsak; föremål (*of interest* för intresse); *a* ~ *of* (*for*) *complaint* en anledning till klagomål **5** *no* ~ det gör ingenting (detsamma), det spelar ingen roll; *no* ~ *how you do it* hur du än gör det; *no* ~ *how hot it was* till och med i den värsta hettan; *no* ~ *who it is* vem det än må vara **6** *what's the* ~? vad står på?, vad är det?, vad är det för fel?, vad har hänt?; *what's the* ~ *with smoking?* vad är det för fel med att röka?; *what's the* ~ *with you?* vad är det med dig?; *something's the* ~ *with the car* det är ngt fel på bilen? **7** *med.* var, sekret **8** *boktr.* manuskript; text; sats **II** *v* vara av betydelse, betyda; *it doesn't* ~ det gör ingenting (detsamma), det spelar ingen roll; *what does it* ~? vad gör det?, vad spelar det för roll?; *why should it* ~ *to me?* vad angår det mig?
matter-of|-course [ˌmæt(ə)rə(v)'kɔːs] självklar, naturlig **-fact** prosaisk, nykter, saklig
Matthew ['mæθjuː] *bibl.* Matteus
matting ['mætɪŋ] [grova] mattor; mattväv; matttillverkning
mattins ['mætɪnz] *se* **matins**
mattock ['mætək] bred hacka

mattress ['mætrɪs] madrass
maturation [ˌmætjʊ'reɪʃn] mognande, mognad
mature [mə'tjʊə] **I** *a* **1** mogen (*äv. bildl.*); vuxen; fullt utvecklad (*cell cell*); ~ *fruit* (*cheese*) mogen frukt (ost); *after* ~ *consideration* efter moget övervägande; *of* ~ *years* i mogen (vuxen) ålder **2** förfallen [till betalning] **II** *v* **1** mogna; utvecklas **2** förfalla [till betalning] **3** komma (få) att mogna
maturity [mə'tjʊərətɪ] **1** mognad, mogenhet; mogen ålder; *reach* ~ nå mogen ålder, bli myndig, (*om djur*) bli fullvuxen **2** förfallodag; *at* ~ på förfallodagen
matutinal [ˌmætjuː'taɪnl] morgon-, tidig
matzo ['mɒtsə] (*pl* ~*s el.* ~*th*) *jud.* osyrat [påsk]-bröd
maudlin ['mɔːdlɪn] gråtmild, sentimental
Maugham [mɔːm]
maul [mɔːl] **I** *s* tvåhandshammare, slägga **II** *v* mörbulta, illa tilltyga; *bildl.* göra ner, starkt kritisera
maunder ['mɔːndə] **1** släntra [omkring] **2** dilla
maundy ['mɔːndɪ] fottvagning; *M*~ *money* allmosor (*som delas ut på skärtorsdagen*); *M*~ *Thursday* skärtorsdagen
Maureen ['mɔːriːn] **Maurice** ['mɒrɪs] **Mauritius** [mə'rɪʃəs]
mausoleum [ˌmɔːsə'lɪəm] mausoleum
mauve [məʊv] **I** *s* malvafärg, [ljus]lila **II** *a* malvafärgad, [ljus]lila
maverick ['mæv(ə)rɪk] **1** *AE.* omärkt kalv **2** frifräsare; ensamvarg; *polit.* vilde
mavis ['meɪvɪs] *poet.* taltrast
maw [mɔː] **1** (*djurs*) mage; löpmage; (*fågels*) kräva **2** *vard.* gap, käft
mawkish ['mɔːkɪʃ] **1** överdrivet sentimental; mjäkig **2** äcklig, kväljande
max. *förk. för maximum*
maxim ['mæksɪm] maxim, grundsats **maximal** [-l] maximal **maxim|ize** (*BE. äv. -ise*) [-aɪz] maximera; *mat.* finna maximum för **maxi|mum** [-məm] **I** *s* (*pl -ma* [-mə] *el. -mums*]) maximum, höjdpunkt, största omfattning; *be at its* ~ vara som högst (störst), vara på höjdpunkten **II** *a* maximi-; högst, störst; maximal; *score* ~ *points* få maximipoäng; *a* ~ *speed of* en högsta hastighet av
May [meɪ] maj
may [meɪ] (*imperf. might, se detta ord*) hjälpv, *pres.* **1** kan [kanske, eventuellt]; *it* ~ *be that* det kan hända att; *who* ~ *you be?* och vem är du?, vem är du egentligen?; *she* ~ *not be hungry* hon är kanske inte hungrig; *she* ~ *come tomorrow* hon kanske kommer (kan komma) i morgon; *I* ~ *have said so* jag har kanske (det är möjligt att jag har) sagt så; *yes, I* ~! ja, det kan (kan hända att) jag kan **2** kan [få], får [lov att]; *she* ~ *come tomorrow* hon får (kan få) komma i morgon; ~ *I go now?* kan jag [få] gå nu?; *yes, you* ~ ja, det får du (kan du få) **3** må, måtte; *however it* ~ *end* hur det må (kommer att) sluta; ~ *you never regret it!* måtte du aldrig [få] ångra det!; *I hope he* ~ *succeed* jag hoppas att han [skall] lyckas; *be that as it* ~ därmed må det vara hur som helst; *that's as* ~ *be, but* det må så vara, men; *come what* ~ hända vad som hända vill
Maya ['maɪə] maya (*indianfolk*)
maybe ['meɪbiː] kanske, kanhända

May beetle (bug)—meant

May beetle (bug) ['meɪˌbiːtl (bʌg)] *zool.* ollonborre **Mayday** [-deɪ] mayday (*nödsignal*) **May Day** första maj
mayest ['meɪəst] *se mayst*
mayflower ['meɪˌflaʊə] vårblomma; *BE.* gullviva, hagtorn, kabbleka **mayfly** [-flaɪ] *zool.* dagslända
mayhem ['meɪhem] **1** *jur.* (*förr*) lemlästning, stympning **2** förödelse, förstörelse
mayn't [meɪnt] = *may not*
mayonnaise [ˌmeɪ(ɪ)ə'neɪz] majonnäs
mayor [meə] borgmästare, mayor **-ess** ['meərɪs] **1** kvinnlig borgmästare (mayor) **2** borgmästarinna, mayors hustru
maypole ['meɪpəʊl] majstång **May Queen** majdrottning
mayst [meɪst] *åld. el. dial.*, *2 pers. sg pres. av may*
may tree ['meɪtriː] *BE.*, *bot.* hagtorn
maze [meɪz] **1** labyrint; virrvarr (*of streets* av gator) **2** förvirring
mazuma [mə'zuːmə] *sl.*, *i sht AE.* stålar (*pengar*)
mazurka [mə'zɜːkə] mazurka, masurka
mazy ['meɪzɪ] labyrintisk; förvirrande; förvirrad
M.B. *förk. för Medicinae Baccalaureus* (*lat.*) *Bachelor of Medicine* **M.B.A.** *förk. för Master of Business Administration* **M.B.E.** *förk. för Member of* [*the Order of*] *the British Empire* **M.C.** *förk. för Master of Ceremonies*; *Member of Congress* (*AE.*); *Military Cross* (*BE.*) **mc.** *förk. för megacycle*[*s*]
McCarthy [mə'kɑːθɪ]
McCoy [mə'kɔɪ] *s*, *sl.*, *the real* ~ *a*) äkta vara, *b*) en pålitlig snubbe
M.Ch. *förk. för Magister Chirurgiae* (*lat.*) *Master of Surgery* (*ung.*) med. lic. i kirurgi **M.D.** *förk. för Medicinae Doctor* (*lat.*) *Doctor of Medicine*; *Medical Department*; *mentally deficient*; *Managing Director* **MD, Md.** *förk. för Maryland* **M.D.S.** *förk. för Master of Dental Surgery* **ME** *förk. för Middle English* **ME, Me.** *förk. för Maine*
me [miː, *obeton.* mɪ] **I** *pers. pron* **1** mig; *give it to* ~ ge mig den, ge den till mig **2** *vard.* jag; *it's* ~ det är jag **3** jag, mig; *dear* ~! kära nån!; *poor* ~! stackars mig!; *she's older than* ~ hon är äldre än jag; *who,* ~! vem, jag? **4** *vard.* (*framför -ing-form*) *she disapproved of* ~ *coming* hon ogillade att jag kom **5** *i sht AE. dial. för myself*; *I got* ~ *a new hat* jag skaffade mig en ny hatt **II** *poss. pron* (*vard., dial. för my*) *that's* ~ *sister* det där är min syster **III** *s*, *vard.* jag; *the real* ~ mitt verkliga (rätta) jag
1 mead [miːd] mjöd
2 mead [miːd] *åld., poet.* äng
meadow ['medəʊ] äng **-sweet** älg|gräs, -ört
meagre ['miːgə] mager (*äv. bildl.*); knapp, torftig
1 meal [miːl] måltid, mål [mat]; mat; *a hot* ~ varm mat; *make a* ~ *of* (*vard.*) överdriva; *she really made a* ~ *of it* (*vard.*) hon gick inte att hejda
2 meal [miːl] grovt mjöl, gröpe; *Sk.* havremjöl; *AE.* majsmjöl **meal-beetle** ['miːlˌbiːtl] *zool.* mjölbagge **mealie** ['miːlɪ] *Sydafr.* majskolv
meal ticket ['miːlˌtɪkɪt] **1** *AE.* måltids-, lunch|-kupong **2** *sl.* födkrok **meal time** [-taɪm] matdags
mealworm ['miːlwɜːm] *zool.* mjölmask **mealy** [-ɪ] **1** mjölig, mjölaktig; mjöl- **2** (*om häst*) fläckig **3** (*om hy*) blek **mealy-mouthed** [-maʊðd] försiktig [i sitt tal], inte rättfram, undanglidande
1 mean [miːn] (*meant, meant*) **1** betyda, innebära; mena, avse, syfta på; *the name* ~s *nothing to me* namnet säger mig [absolut] ingenting; *I know what it* ~s *to be poor* jag vet vad det innebär (vill säga) att vara fattig; *ten pounds* ~ *a lot to her* tio pund är mycket pengar för henne; *you don't* ~ *it!* det menar du inte!; *what do you* ~ *by that?* vad menar du med det **2** ha för avsikt, tänka, ämna, vilja; mena; [till]ämna, avse; *be meant for s.b.* vara ämnad åt (avsedd för) ngn; *this book was meant for you* (*äv.*) det var meningen att du skulle få (ha) den här boken; *he* ~s *no harm* han menar ingenting illa; *he* ~s *you no harm* han vill dig inget illa; *he* ~s *no offence* han vill inte såra ngn; *I didn't* ~ *you to* det var inte min mening att du skulle; *what's that meant to be?* vad ska det där föreställa?; *it did break, but I meant it to* den gick sönder, men det var meningen; *what do you* ~ *to do?* vad skall (tänker) du göra?; ~ *s.b. to do s.th.* vilja att ngn gör ngt; *I* ~ *to have it* jag är fast besluten att få den; *I only meant to help you* jag ville ju bara hjälpa dig; *it is meant to be used* den är till för att användas; **3 mena** (*well* väl)
2 mean [miːn] **I** *s* **1** medelväg; *the golden* (*happy*) ~ den gyllene medelvägen **2** *mat.* medel|tal, -värde; genomsnitt; *geometric* ~ geometriskt medium (medelvärde) **II** *a* medel-; genomsnitts-; ~ *proportional* medelproportional; ~ *temperature* medeltemperatur
3 mean [miːn] **1** *i sht BE.* snål, gnidig, närig **2** gemen, tarvlig, nedrig, hemsk; ~ *motives* låga motiv; *that's a* ~ *thing to do* det var nedrigt (tarvligt) gjort **3** obetydlig, oansenlig; *no* ~ *performance* ingen dålig prestation **4** usel, torftig, eländig (*shack* koja) **5** *vard.*, *i sht AE.* elak; sur **6** *vard.* skamsen; krasslig; *feel* ~ skämmas **7** *sl,* schysst, bra; fantastisk
meander [mɪ'ændə] **I** *s* **1** meander|slinga, -ornament **2** *vanl. pl* ~s (*flods*) slingrande lopp, meandrar; *bildl.* krokvägar, avvikelser **II** *v* **1** slingra sig [fram] **2** ströva omkring, irra runt **-ing** [-ɪŋ] *a* slingrande
meaning ['miːnɪŋ] **I** *s* betydelse, mening; innebörd; *explain the* ~ *of* förklara innebörden av; *what's the* ~ *of...?* vad betyder (är meningen med)...?; *do you get my* ~? förstår du vad jag menar? **II** *a* talande, menande (*look* blick) **-ful** [-fʊl] menings|full, -fylld, betydelsefull **-less** [-lɪs] meningslös; betydelselös
means [miːnz] **1** (*behandlas som sg el. pl*) medel, hjälpmedel, sätt, möjlighet[er], utväg[ar]; *by* ~ *of s.th.* med hjälp av] ngt, genom ngt; *by all* ~! för all del!, självklart!, naturligtvis!; *by no* ~!, *not by any* ~! inte alls!, absolut inte!, ingalunda!; *by some* ~ *or other* på ett eller annat sätt, på något sätt; *by this* ~s på detta sätt; *there is no* ~ *of doing it* det är omöjligt att göra det **2** *pl* medel, resurser, tillgångar, inkomster; ~ *of production* produktionsmedel; *man of* ~s förmögen man; *that is beyond my* ~ det räcker inte min inkomst räcker inte till; *live beyond one's* ~s leva över sina tillgångar **means test** ['miːnztest] inkomst-, behovs|prövning
meant [ment] *imperf. o. perf. part. av 1 mean*

mean|time [ˌmiːnˈtaɪm], **-while I** s mellantid; *in the ~* under [mellan]tiden, så länge **II** *adv* under [mellan]tiden, så länge
meas. *förk. för measure*
mea|sles [ˈmiːzlz] (*behandlas som sg*) mässling **-sly** [-zlɪ] *a*, *vard.* ynklig, futtig
measure [ˈmeʒə] **I** s **1** mått (*äv. bildl.*); mått|enhet, -system, -redskap; måttstock (*äv. bildl.*); dimension[er]; gräns[er]; *~ of length* längdmått; *full (short) ~* fullt (knappt) mått; *give full (short) ~* mäta väl (knappt); *greatest common ~* (*mat.*) största gemensamma divisor; *beyond ~* omåttlig[t], övermåttan; *his joy was beyond ~* hans glädje kände inga gränser; *for good ~ a)* som påbröd, *b)* för säkerhets skull; *within ~* inom rimliga gränser, med måtta; *get the ~ of s.b.* bedöma ngn [rätt]; *it gave me some ~ of the difficulty* det gav mig en uppfattning om svårigheten; *made to ~* måttbeställd; *take a p.'s ~* ta mått på ngn (*for a garment* till ett plagg) **2** grad, mån; *in (to a) large ~* i hög grad; *in some (a) ~* på sätt och vis, i viss mån **3** åtgärd, steg; *take ~s* vidta åtgärder (mått och steg) **4** lagförslag; *bring in a ~* framlägga ett lagförslag **5** versmått, meter **6** *mus.* takt, rytm; *poet.* visa, melodi; *åld.* dans **II** *v* **1** mäta (*äv. bildl.*); ta mått på (*s.b. for a garment* ngn till ett plagg); *bildl. äv.* bedöma; *~ one's length* falla raklång (framstupa); *~ one's strength against* mäta sina krafter med; *~ off (out)* mäta upp; *~ out punishments* utmäta straff; *~ up a)* mäta [upp], ta mått på, *b)* bedöma **2** an-, av|passa, lämpa (*by*, *to* efter) **3** mäta; ta mått; gå att mäta, kunna mätas; *it ~s ten feet* den mäter tio fot (är tio fot lång); *she didn't ~ up* hon höll inte måttet (var en besvikelse); *~ up to s.th.* kunna mäta sig med ngn, motsvara ngt **measured** [-d] **1** uppmätt; avpassad **2** välöverlagd, genomtänkt **3** avmätt, avpassad, regelbunden, jämn; *with ~ steps* med avmätta steg **measureless** [-lɪs] måttlös, gräns|lös, oändlig **measurement** [-mənt] **1** mätning **2** mått; dimension; *the metric system of ~* metersystemet; *take a p.'s ~s* ta mått på ngn **measuring tape** [ˈmeʒ(ə)rɪŋteɪp] måttband **measuring worm** [ˈmeʒ(ə)rɪŋwɜːm] *zool.* mätarlarv
meat [miːt] **1** kött (*av däggdjur*); köttig del, ätligt innanmäte; *crab ~* krabba, krabbkött **2** mat; *~ and drink* mat och dryck; *one man's ~ is another man's poison* smaken är olika **3** *bildl.* väsentligt innehåll, kärna **meatball** [ˈmiːtbɔːl] **1** köttbulle **2** *AE. sl.* dumskalle **meatloaf** [ˈmiːtləʊf] köttfärslimpa **meatpie** [ˌmiːtˈpaɪ] kött|paj, -pastej **meaty** [ˈmiːtɪ] **1** köttig; kött- **2** kraftig, muskulös **3** givande, intressant
Mecca [ˈmekə] Mecka; *bildl.* mecka, vallfartsort
mech. *förk. för mechanical; mechanics; mechanism*
mechanic [mɪˈkænɪk] mekaniker; verkstadsarbetare **mechanical** [-l] mekanisk (*äv. bildl.*); maskinell; *bildl. äv.* automatisk, vanemässig; *~ device* mekanism; *~ engineer* maskiningenjör **mechanics** [-s] **1** (*behandlas som sg*) mekanik; maskinlära **2** *pl*, *bildl.* mekanism; teknik; *the ~ of piano-playing* tekniken i pianospelning **mechanism** [ˈmekənɪz(ə)m] **1** mekanism (*äv. bildl.*); *defence ~* (*psykol.*) försvarsmekanism **2** *bildl.* mekanik; teknik; *the ~ of learning* inlärningsteknik **mecha|nization** (*BE. äv. -nisation*) [ˌmekənaɪˈzeɪʃn] mekanisering; motorisering **mecha|nize** (*BE. äv. -nise*) [ˈmekənaɪz] mekanisera; motorisera; *~d forces* (*mil.*) motoriserade förband
M.Econ. *förk. för Master of Economics*
Med [med] *vard.* medelhavsområdet
M.Ed. *förk. för Master of Education* **med.** *förk. för medical; medicine; medieval; medium*
medal [ˈmedl] medalj **medalled** [-d] medaljerad **medallion** [mɪˈdæljən] medaljong **medallist** [ˈmedlɪst] **1** medaljör, medaljgjutare, medaljgravör **2** *i sht sport.* medaljör, medaljvinnare; *gold ~* guldmedaljör
meddle [ˈmedl] lägga (blanda) sig i (*in s.th.* ngt); *~ in a p.'s affair* lägga sig i ngns angelägenheter; *~ with a)* befatta sig med, *b)* blanda (lägga) sig i; *she's always meddling* hon lägger sig alltid i allting **meddler** [-ə] person som lägger sig i allting **meddlesome** [-səm], **meddling** [-ɪŋ] påträngande, beskäftig
media [ˈmiːdjə] *pl av medium*
mediaeval [ˌmedɪˈiːvl] *se medieval*
medial [ˈmiːdjəl] medial; mitt-, mellan- **median** [-n] **I** *a* **1** median-, mitt-, mellan-; *~ strip* (*AE.*) mittremsa (*på väg*) **II** *s* median
medi|ate I *v* [ˈmiːdɪeɪt] **1** medla (*between* mellan; *in* i) **2** medla, mäkla (*peace* fred); åstadkomma (*a settlement* en uppgörelse) **II** *a* [ˈmiːdɪət] indirekt **-ation** [ˌmiːdɪˈeɪʃn] medlande; medling; förlikning **-ator** [ˈmiːdɪeɪtə] medlare; mellanhand, förmedlare; förlikningsman
medic [ˈmedɪk] *vard.* läkare; sjukvårdare; medicinare (*studerande*) **Medicaid**, **medicaid** [-eɪd] *AE.*, statlig sjukförsäkring för låginkomsttagare **medical** [-l] **I** *a* medicinsk, medicin-; läkar-; *~ care (attendance)* läkarvård; *~ certificate* läkar-, frisk|intyg; *~ examination* läkarundersökning; *~ examiner a) i sht AE.* rättsläkare, *b)* läkare som utfärdar [frisk]intyg; *~ jurisprudence* rättsmedicin; *~ man* läkare; *~ orderly* (*mil.*) sjukvårdare; *~ school* medicinska fakultet (högskola); *~ student* medicinare, medicine studerande **II** s, *vard.* läkarundersökning **medicament** [meˈdɪkəmənt] medikament, läkemedel **Medicare**, **medicare** [ˈmedɪkeə] *AE.*, federal sjukförsäkring för pensionärer **medicate** [ˈmedɪkeɪt] **1** läkarbehandla; behandla (*sår*) **2** tillsätta läkemedel till; *~d shampoo* medicinskt schampo **medication** [ˌmedɪˈkeɪʃn] **1** medicinsk behandling **2** medikament, läkemedel **medicinal** [meˈdɪsɪnl] **I** *a* medicinsk; medicinal; *~ herb* medicinalväxt; *for ~ purposes* för medicinska ändamål **2** läkande, botande **medicine** [ˈmeds(ɪ)n] **1** medicin (*äv. i motsats t. kirurgi*), läkekonst, läkarvetenskap; *practise ~* utöva s.b. a *taste (dose) of his own ~* låta ngn få smaka sin egen medicin; *take one's ~* (*bildl.*) ta konsekvenserna, bita i det sura äpplet **medicine chest** [ˈmeds(ɪ)ntʃest] förbandslåda, husapotek **medicine man** medicinman **medico** [ˈmedɪkəʊ] *vard.* läkare; medicinare (*studerande*)
medieval [ˌmedɪˈiːvl] medeltids-, medeltida; *vard.* urgammal, primitiv

mediocre—memorandum

medi|ocre [ˌmiːdɪˈəʊkə] medelmåttig **-ocrity** [-ˈɒkrətɪ] **1** medelmåttighet **2** (*person*) medelmåtta

medi|tate [ˈmedɪteɪt] **1** grubbla på (över) **2** meditera, fundera, tänka ([*up*]*on* över, på) **-tation** [ˌmedɪˈteɪʃn] meditation, begrundan[de], funderande (*on* över, på); (*religiös*) betraktelse **-tative** [ˈmedɪtətɪv] meditativ, begrundande, eftertänksam, tankfull

Mediterranean [ˌmedɪtəˈreɪnjən] **I** *s*, *the* ~ Medelhavet **II** *a* medelhavs-, mediterran; *the* ~ *Sea* Medelhavet

medi|um [ˈmiːdjǀəm] **I** *s* (*pl* -*a* [-ə], -*ums* [-əmz]) **1** medelväg; medelvärde; *the happy* ~ den gyllene medelvägen **2** medium; hjälpmedel; förmedlande länk; uttrycksmedel; *the media* (*vard.*) massmedia; ~ *of exchange* betalningsmedel; *through the* ~ *of* genom förmedling av **3** (*spiritistiskt*) medium **II** *a* medel|stor, -god; medel-, mellan-; ~ *rare* lättstekt; *of* ~ *size* mellanstor, i mellanstorlek; ~ *wave* (*radio.*) mellanvåg **medium--range** medeldistans-; ~ *missile* medeldistansrobot **medium-size[d]** medel-, mellan|stor

medlar [ˈmedlə] *bot.* mispel

medley [ˈmedlɪ] **I** *s* **1** blandning **2** *mus.* potpurri **2** (*i simning*) medley; ~ *relay* medley i lag **II** *a* blandad, brokig

medulla [meˈdʌlə] *anat. o. bot.* märg **medulla oblongata** [-ˌɒblɒŋˈɡɑːtə] *anat.* förlängda märgen

medu|sa [mɪˈdjuːzə] (*pl* -*sas el.* -*sae* [-ziː]) *zool.* medusa, manet

meek [miːk] **1** tålig, tålmodig, undergiven; ödmjuk **2** mesig

1 meet [miːt] **I** *v* (*met*, *met*) **1** möta; träffa; lära känna, göra bekantskap med; (*om vattendrag*) förena sig (flyta samman) med; ~ *one's death* finna sin död, dö, omkomma; ~ *Mr. A.!* får jag presentera (föreställa) herr A?; *pleased to* ~ *you!* *a*) roligt att träffas!, *b*) goddag!; *arrange to* ~ *s.b.* stämma möte med ngn; *I could not* ~ *her eye* jag kunde inte möta hennes blick; *there's more to it than* ~*s the eye* det ligger ngt bakom, där ligger en hund begraven; *I'll* ~ *your train* jag möter dig vid tåget (stationen) **2** [be]möta; bekämpa; besvara **3** tillfredsställa, tillmötesgå (*demands* krav); motsvara, uppfylla (*expectations* förväntningar); betala, bestrida (*debts* skulder); täcka (*a deficit* ett underskott); ~ *a p.'s wishes* efterkomma ngns önskningar **4** mötas; träffas; ses; sammanträda; (*om vattendrag*) förena sig, gå (flyta) ihop; ~ *halfway* mötas på halva vägen, kompromissa; *the skirt wouldn't* ~ kjolen gick inte igen **5** ~ *up with* träffa, stöta på; ~ *with a*) råka ut för, stöta (träffa) på, uppleva, *b*) möta, *c*) hitta, komma över; ~ *with an accident* råka ut för en olycka; ~ *with difficulties* stöta på svårigheter; ~ *with praise* få beröm; ~ *with a warm welcome* få (röna) ett hjärtligt mottagande **II** *s* **1** *jakt.* möte, mötesplats; jaktsällskap **2** *sport.* tävling, möte

2 meet [miːt] *åld.* lämplig, passande

meeting [ˈmiːtɪŋ] möte; samman|träffande, -komst, -träde; (*vattendrags*) sammanflöde; *sport.* tävling, möte **meeting house** (*kväkares*) böne-, församlings|hus

Meg [meɡ] *kortform av Margaret*

mega|cycle [ˈmeɡəˌsaɪkl] megacykel **-hertz** [-həːts] megahertz **-lithic** [ˌmeɡəˈlɪθɪk] *arkeol.* megalitisk

megaloma|nia [ˌmeɡələ(ʊ)ˈmeɪnjə] storhetsvansinne, megalomani **-niac** [-nɪæk] person som lider av storhetsvansinne

mega|phone [ˈmeɡəfəʊn] megafon, ropare **-ton** megaton (*1 miljon ton*) **-watt** megawatt

melan|cholia [ˌmelənˈkəʊljə] melankoli, svårmod, tungsinne **-choliac** [-ˈkəʊlɪæk] melankoliker **-cholic** [-ˈkɒlɪk] melankolisk **-choly** [ˈmelənkəlɪ] **I** *s* melankoli, svårmod, tungsinne **II** *a* melankolisk, tungsint, dyster, deprimerad

Melba toast [ˈmelbətəʊst] tunt, hårdrostat bröd

Melbourne [ˈmelbən]

mêlée [ˈmeleɪ] handgemäng; strid; livlig debatt

meliorate [ˈmiːljəreɪt] förbättra

mellif|erous [meˈlɪfərəs] honungsalstrande **-luous** [-luəs] honungs|söt, -len, -ljuv

mellow [ˈmeləʊ] **I** *a* **1** mogen, söt (*fruit* frukt); mogen (*cheese* ost); (*om vin*) fyllig **2** (*om färg, klang*) fyllig, mättad, rik **3** (*om person*) mogen, varmhjärtad; jovialisk; lätt berusad **4** lucker (*soil* jord) **II** *v* **1** göra mogen *etc.*, *jfr I,* komma att mogna; mildra, dämpa **2** luckra **3** mogna; bli fyllig; mildras, dämpas **4** bli berusad **5** bli lucker

melodic [mɪˈlɒdɪk] melodisk, melodi- **melodious** [-ˈləʊdjəs] melodisk, melodiös **melodist** [ˈmelədɪst] **1** sångare **2** låtskrivare

melo|drama [ˈmelə(ʊ)ˌdrɑːmə] melodram[a] **-dramatic** [ˌmelə(ʊ)drəˈmætɪk] melodramatisk; teatralisk

melody [ˈmelədɪ] melodi; *bildl.* melodi, välljud (*of poetry* i poesi)

melon [ˈmelən] **1** melon *AE. sl.* extra utdelning (*t. aktieägare*)

melt [melt] **I** *v* **1** smälta (*äv. bildl.*); lösa upp; ~ *down* smälta ner **2** smälta (*äv. bildl.*); lösas upp; ~ *into tears* röras (bevekas) till tårar, smälta i tårar; *it* ~*s in the mouth* den smälter i munnen **II** *s* **1** smältande **2** *tekn.* smälta **melt-down** [ˈmeltdaʊn] härdsmälta (*i kärnreaktor*) **melting point** [ˈmeltɪŋpɔɪnt] smältpunkt **melting pot** [ˈmeltɪŋpɒt] smältdegel (*äv. bildl.*); *be in the* ~ (*äv.*) vara oviss

mem. *förk. för* memoir; memorandum; memorial

member [ˈmembə] **1** medlem, ledamot; ~ *for a constituency* representant för en valkrets; *a* ~ *of the family* en familjemedlem; *M*~ *of Parliament* parlamentsledamot, riksdagsman; ~*s only* endast för medlemmar **2** [djur]lem; [växt]del **3** penis **4** *mat., språkv.* del; led **-ship 1** medlemskap, ledamotskap **2** medlemsantal

membrane [ˈmembreɪn] membran, tunn hinna (skiljevägg)

memento [mɪˈmentəʊ] (*pl* ~[*e*]*s*) minne, minnessak

memo [ˈmeməʊ] *förk. för* memorandum PM

memoir [ˈmemwɑː] biografi; monografi; ~*s* (*pl*) *a*) memoarer, självbiografi, *b*) (*lärt sällskaps*) handlingar

memorable [ˈmem(ə)rəbl] minnesvärd

memoran|dum [ˌmeməˈrænǀdəm] (*pl* -*da* [-də] *el.* -*dums* [-dəmz]) **1** [minnes]anteckning, notering; promemoria **2** (*kort skriftligt*) meddelande

memorial—meridional

3 *dipl.* memorandum **4** *jur.* resumé
memorial [mɪˈmɔːrɪəl] **I** *s* **1** minne; minnesmärke (*to* över) **2** betänkande, inlaga, memorial **3** krönika **II** *a* minnes-; *M~ Day* (*AE.*) minnesdagen (*vanl.* 30 *maj*)
memo|rize (*BE. äv. -rise*) [ˈmeməraɪz] memorera, lära sig utantill **memory** [-ɪ] **1** minne (*äv.* data.), minnesförmåga; *short ~* kort (dåligt) minne; *from ~* ur minnet; *commit s.th. to ~* lägga ngt på minnet; *have a good ~ for names* ha bra minne för namn; *if my ~ serves me right* om jag minns rätt **2** minne, hågkomst; åminnelse; *in* (*to the*) *~ of* till minne av; *honour the ~ of* hedra minnet av; *walk* (*take a trip*) *down ~ lane* hänge sig åt gamla minnen **memory bank** databank
men [men] *pl av man*
menace [ˈmenəs] **I** *s* **1** *litt.* hot (*to* mot); hotande **2** [hotande] fara **3** *vard.* plåga, pest; *she's a ~* hon är en plåga **II** *v* hota; hota med **menacing** [-ɪŋ] *a* hotande **menacingly** [-ɪŋlɪ] *adv* hotfullt, hotande
ménage [meˈnɑːʒ] [personer i ett] hushåll
menagerie [mɪˈnædʒərɪ] menageri
mend [mend] **I** *v* **1** reparera, laga; lappa; stoppa (*socks* strumpor) **2** förbättra; *~ one's ways* (*manners*) bättra sig; *~ matters* klara upp en sak; *that won't ~ matters* det gör inte saken bättre **3** tillfriskna, återhämta sig; bli bättre, förbättras **II** *s* **1** lagat ställe, lagning, lapp, stopp **2** *be on the ~* vara på bättringsvägen
mendacious [menˈdeɪʃəs] lögnaktig **mendacity** [-ˈdæsətɪ] **1** lögnaktighet **2** osanning
mendi|cancy [ˈmendɪkənsɪ] tiggeri **-cant** [-ənt] **I** *a* tiggar-, tiggande; *~ friar* tiggarmunk **II** *s* tiggarmunk
mending [ˈmendɪŋ] kläder som skall lagas, lagning, stoppning
menfolk [ˈmenfəʊk] (*behandlas som pl*) manfolk, karlar
menhir [ˈmenˌhɪə] *arkeol.* menhir
menial [ˈmiːnjəl] **I** *a* **1** enkel, låg, simpel; tjänar- **2** servil **II** *s* **1** tjänare **2** servil person
meningitis [ˌmenɪnˈdʒaɪtɪs] *med.* meningit, hjärnhinneinflammation
menopause [ˈmenə(ʊ)pɔːz] *med.* menopaus; klimakterium
menses [ˈmensiːz] (*behandlas som sg el. pl*) mens, menstruation
menstru|al [ˈmenstrʊəl] menstruations- **-ate** [-eɪt] menstruera, ha menstruation **-ation** [ˌmenstrʊˈeɪʃn] menstruation
mensuration [ˌmensjʊəˈreɪʃn] mätning
menswear [ˈmenzweə] herrkläder
mental [ˈmentl] **1** mental, själslig, psykisk; intellektuell; *~ age* intelligensålder; *~ arithmetic* (*calculations*) huvudräkning; *~ cruelty* själslig grymhet; *~ deficiency* förståndshandikapp; *~ faculties* själsförmögenheter; *~ health* mental (psykisk, själslig) hälsa; *~ hospital* (*institution*) mentalsjukhus; *~ patient* mentalsjuk patient; *~ reservation* tyst förbehåll; *~ work* intellektuellt arbete; *make a ~ note of s.th.* lägga ngt på minnet **2** *vard.* knäpp, knasig, stollig **mentality** [menˈtælətɪ] **1** mentalitet, sinnesförfattning, läggning **2** intelligens, förstånd **mentally** [ˈmentəlɪ] *adv* **1** mentalt, själsligt, psykiskt; *~ deficient* förståndshan-

dikappad; *~ ill* mentalsjuk, psykiskt sjuk **2** i tankarna; i huvudet
menthol [ˈmenθɒl] mentol **mentholated** [ˈmenθəleɪtɪd] med mentol, mentol-
mention [ˈmenʃn] **I** *v* nämna, tala om (*to* för); omnämna; *she was ~ed in the book* hon omnämndes i boken; *don't ~ it!* för all del!, ingen orsak!; *not to ~* för att inte tala om; *it hardly needs ~ing that* det behöver knappast sägas att **II** *s* omnämnande; *honourable ~* hedersomnämnande; *get* (*receive*) *a ~* (*äv.*) bli omnämnd, nämnas
mentor [ˈmentɔː] rådgivare, handledare, mentor
menu [ˈmenjuː] meny, matsedel
meow [mɪˈaʊ] *se* miaow
Mephistopheles [ˌmefɪˈstɒfɪliːz] Mefistofeles
mercan|tile [ˈmɜːk(ə)ntaɪl] handels-, köpmans-, merkantil; *~ marine* handelsflotta; *~ agency* kreditupplysningsbyrå; *the ~ system* merkantilismen **-tilism** [ˈmɜːkəntɪlɪz(ə)m] merkantilism
mercenary [ˈmɜːsɪn(ə)rɪ] **I** *a* vinningslysten, sniken; egennyttig **2** lego-, lejd; *~ troops* legotrupper **II** *s* legosoldat; *mercenaries* (*äv.*) legotrupper
mercer [ˈmɜːsə] *BE.* manufakturhandlare (*i sht i finare tyger*)
mercer|ize (*BE. äv. -ise*) [ˈmɜːsəraɪz] mercerisera
merchandise [ˈmɜːtʃ(ə)ndaɪz] [handels]varor
merchant [ˈmɜːtʃ(ə)nt] **I** *s* **1** köpman, [gross]- handlare, affärsman; *i sht AE.* detaljhandlare **2** *neds.* typ, påre; *gossip ~* skvallrig typ; *speed ~* fartdåre **II** *a* handels-; *~ bank* affärsbank (*i sht för utlandsaffärer*); *~ navy* (*marine*) handelsflotta; *~ prince* affärsmagnat; *~ sailor* matros i handelsflottan; *~ ship* handelsfartyg **-man** handelsfartyg
merci|ful [ˈmɜːsɪf(ʊ)l] barmhärtig **-less** [-lɪs] obarmhärtig
mercurial [mɜːˈkjʊərɪəl] **1** kvicksilver- **2** livlig; ombytlig **mercurialism** [mɜːˈkjʊərɪəlɪz(ə)m] kvicksilverförgiftning **mercury** [ˈmɜːkjʊrɪ] kvicksilver **Mercury** [ˈmɜːkjʊrɪ] Merkurius
mercy [ˈmɜːsɪ] **1** nåd, barmhärtighet; *ask* (*beg*) *for ~* be (tigga) om nåd; *be at the ~ of* vara utlämnad på nåd och onåd åt; *have ~* [*up*]*on s.b.* förbarma sig över (ha förbarmande med) ngn, vara ngn nådig **2** lycka; välsignelse, välgärning; *it's a ~ nobody was hurt* det var tur att ingen blev skadad; *her death was a ~ after all her suffering* hennes död var en välsignelse efter allt hennes lidande
1 mere [mɪə] a blott, ren; *by a ~ chance* av en ren händelse; *the ~ thought of it* blotta tanken på det; *he's a ~ child* han är bara ett barn
2 mere [mɪə] *poet.* sjö, tjärn
merely [ˈmɪəlɪ] endast, bara, blott
meretricious [ˌmerɪˈtrɪʃəs] **1** uppseendeväckande, prålig **2** falsk, förkonstlad
merge [mɜːdʒ] **1** gå ihop (samman) (*into* i); smälta ihop (samman); flyta ihop; (*om företag*) fusioneras, gå ihop **2** slå ihop (samman) (*into* till); fusionera; *be ~d with* (*in*) slås ihop (införlivas) med, gå upp i **merger** [ˈmɜːdʒə] samgående; sammanslagning; *hand.* sammanslagning, fusion
meridian [məˈrɪdɪən] **I** *s* **1** meridian **2** *bildl.* topp, höjdpunkt **II** *a* **1** meridian-, middags- **2** topp-, höjd- **meridional** [-l] **I** *a* **1** meridian- **2** sydeuro-

meringue—meter

peisk, *i sht* sydfransk **II** *s* sydeuropé, *i sht* person från Sydfrankrike
meringue [məˈræŋ] maräng
merino [məˈriːnəʊ] merinofår; merino|ull, -garn
merit [ˈmerɪt] **I** *s* förtjänst, merit; fördel, värde; *women of* ~ förtjänta kvinnor; *the* ~*s and demerits of* fördelarna och nackdelarna (felen och förtjänsterna) med; *a book of great literary* ~*s* en bok med stora litterära förtjänster; *judge s.b. on his* ~*s* bedöma ngn utifrån hans egna förutsättningar (rent objektivt) **II** *v* vara värd (förtjänt av), förtjäna **-ed** [-ɪd] välförtjänt
meri|tocracy [ˌmerɪˈtɒkrəsɪ] meritokrati **-torious** [-ˈtɔːrɪəs] förtjänstfull; berömvärd
mer|maid [ˈmɜːmeɪd] sjöjungfru **-man** [ˈmɜːmæn] vattenande, näck
merriment [ˈmerɪmənt] munterhet, glädje, uppsluppenhet
merry [ˈmerɪ] **1** munter, glad, uppsluppen; [*A*] *M*~ *Christmas!* God Jul!; *the M*~ *Widow* Glada änkan; *make* ~ roa sig, vara glad och uppsluppen; *make* ~ *over* göra sig lustig över; *play* ~ *hell with s.b.* (*vard.*) bråka med ngn **2** angenäm, skön, härlig **3** *BE. vard.* lätt berusad **-andrew** [ˌmerɪˈændruː] clown, pajas **-go-round** [ˈmerɪɡə(ʊ)ˌraʊnd] karusell (*äv. bildl.*) **-makers** [ˈmerɪmeɪkəz] glada (upprymda) människor, festprissar **-making** [ˈmerɪˌmeɪkɪŋ] festande, förlustelser, muntration
mesa [ˈmeɪsə] *AE.* mesa (*slags taffelberg*)
mesca|lin, -line [ˈmeskəˌlɪn, -liːn] meskalin
mesdames [ˈmeɪdæm] *pl av* madame
mesh [meʃ] **I** *s* **1** nät[verk] **2** maska; maskstorlek; ~*es* (*pl*) nät[verk], *bildl. äv.* garn, snaror; *fine* ~ *stockings* finmaskiga strumpor **3** *tekn.* ingrepp; *be in* ~ (*om kuggar*) gripa in i varandra **II** *v* **1** fånga i nät (garn), snara **2** *tekn.* koppla in (*kugghjul*) **3** samordna **4** fastna i nät (garn), snärja in sig **5** (*om kuggar*) gripa in i varandra **6** *bildl.* sam|verka, -arbeta
mesmer|ism [ˈmezmərɪz(ə)m] mesmerism, animal magnetism, (*slags*) hypnos **-ize** (*BE. äv. -ise*) [-aɪz] **1** hypnotisera; *bildl.* trollbinda, fascinera
meson [ˈmiːzɒn] *fys.* meson
Mesopotamia [ˌmesəpəˈteɪmjə] Mesopotamien
mess [mes] **I** *s* **1** oreda, röra, oordning, villervalla; klämma, knipa, problem; skräp, smörja; smuts; *her marriage was a* ~ hennes äktenskap var trassligt (en enda röra); *get into a* ~ komma i knipa, få problem, råka illa ut; *look a* ~ se hemsk (slarvig, smutsig) ut, vara stökig (en salig röra); *make a* ~ skräpa (smutsa) ner, stöka till; *the cat has made a* ~ *on the carpet* katten har bajsat på mattan; *make a* ~ *of* skräpa (smutsa) ner, stöka (röra, ställa, trassla) till, fördärva, förstöra; *she's in a fine* ~ nu har hon ställt till det för sig **2** *vard.* smutsig (ovårdad) typ, lortgris **3** *mil., sjö.* mäss; mat|lag, -sällskap **4** *åld.* [mat]rätt; portion; ~ *of pottage* materiellt fördel (*för vilken högre värden offras*), *bibl.* grynvälling **II** *v* **1** ~ [*up*] skräpa (smutsa) ner, stöka till, röra ihop, trassla till, fördärva, förstöra **2** *mil.* utspisa **3** ~ *about a*) greja, pilla, knåpa, syssla, hålla på, *b*) larva omkring, larva sig; ~ *about (around) with s.b. a*) ge sig i lag med ngn, befatta (beblanda) sig med ngn, *b*) ha ihop det med ngn; ~ *about (around) with s.th.* blanda (lägga) sig i ngt **4** *mil.* äta (*i mässen*)
message [ˈmesɪdʒ] **I** *s* **1** meddelande, underrättelse; budskap; *get the* ~ (*vard.*) förstå [vad som menas], fatta, begripa; *can I take a* ~? (*i telefon*) kan jag lämna ngt meddelande (framföra ngt)? **2** *Sk.* ärende, inköp
messenger [ˈmesɪndʒə] **1** bud; budbärare, sändebud **2** springpojke, [express]bud **3** kurir **4** *sjö.* kabellarium **messenger boy** springpojke. [express[bud
Messiah [mɪˈsaɪə] Messias
messieurs [meɪˈsjɜː] *pl av* monsieur
mess jacket [ˈmesˌdʒækɪt] (*midjekort*) mässjacka **mess kit** [-kɪt] *mil.* **1** högtidsdräkt (*för officerare*) **2** kokkärl **messmate** [-meɪt] mässkamrat
Messrs. [ˈmesəz] (*eg. förk. för messieurs, används som pl av Mr. i sht i firmanamn*) Herrar, Firma
messuage [ˈmeswɪdʒ] *jur.* gård med uthus och tillhörande mark
mess-up [ˈmesʌp] oreda, trassel, virrvarr **messy** [-ɪ] rörig, virrig, oordnad; smutsig, snuskig
mestizo [mesˈtiːzəʊ] (*pl* ~[*e*]*s*) mestis
1 Met [met] *s, the* ~ (*vard. för the Metropolitan Opera House*) Metropolitan (*opera i New York*)
2 Met [met] *s, the* ~ *Office* = *the Meteorological Office*
met [met] *imperf. o. perf. part. av* meet
met. *förk. för* metaphor; metaphysics; meteorological; meteorology; metropolitan
metabolic [ˌmetəˈbɒlɪk] metabolisk, ämnesomsättnings- **metabolism** [meˈtæbəlɪz(ə)m] metabolism, ämnesomsättning
metage [ˈmiːtɪdʒ] **1** officiell mätning **2** mätavgift
metal [ˈmetl] **I** *s* **1** metall; legering **2** glasmassa **3** makadam **4** ~*s* (*pl*) räls, spår, skenor; *leave* (*run off*) *the* ~*s* spåra ur **5** (*persons*) innersta väsen **II** *a* metall- **III** *v* **1** täcka (belägga) med metall **2** belägga med makadam, makadamisera **-lic** [mɪˈtælɪk] metallisk; metall- **-lurgic[al]** [ˌmetəˈlɜːdʒɪk(l)] metallurgisk **-lurgist** [meˈtælədʒɪst] metallurg **-lurgy** [meˈtælədʒɪ] metallurgi
metamor|phose [ˌmetəˈmɔːfəʊz] **1** förvandla (*into* till) **2** genomgå en metamorfos **-phosis** [ˌmetəˈmɔːfəsɪs] (*pl -phoses* [-fəsiːz]) metamorfos, förvandling
metaphor [ˈmetəfə] metafor, bild, bildligt uttryck **-ic[al]** [ˌmetəˈfɒrɪk(l)] metaforisk, bildlig
metaphys|ical [ˌmetəˈfɪzɪkl] metafysisk, översinnlig **-ics** [-ɪks] (*behandlas som sg*) metafysik
metasta|sis [mɪˈtæstəsɪs] (*pl -ses* [-siːz]) *med.* metastas
metathe|sis [meˈtæθəsɪs] (*pl -ses* [-siːz]) *språkv.* metates
mete [miːt] *litt.,* ~ [*out*] *a*) tilldela, *b*) utmäta
meteor [ˈmiːtjə] meteor **-ic** [ˌmiːtiˈɒrɪk] meteor-; *bildl.* meteorlik, komet- **-ite** [ˈmiːtjəraɪt] meteorit
meteor|ologic[al] [ˌmiːtjərəˈlɒdʒɪk(l)] meteorologisk; ~ *office* meteorologiskt institut, väder[leks]tjänst **-ologist** [ˌmiːtjəˈrɒlədʒɪst] meteorolog **-ology** [ˌmiːtjəˈrɒlədʒɪ] meteorologi
1 meter [ˈmiːtə] *AE., se* metre

2 meter ['miːtə] mätare; parkeringsmätare **meter maid** BE. vard. lapplisa
Meth. förk. för Methodist
metha|don, -done ['meθə|dɒn, -dəʊn] kem. metadon
methane ['miːθeɪn] kem. metan, sump-, gruv|gas
methanol ['meθənɒl] kem. metanol
methinks [mɪ'θɪŋks] (methought, methought) åld. jag tycker
method ['meθəd] metod; system, ordning; there is ~ in his (her etc.) madness det är metod i galenskapen **-ic[al]** [mɪ'θɒdɪk(l)] metodisk, systematisk
Method|ism ['meθədɪz(ə)m] kyrkl. metodism **-ist** [-ɪst] kyrkl. metodist
method|ize (BE. äv. **-ise**) ['meθədaɪz] ordna metodiskt, systematisera **-ology** [ˌmeθə'dɒlədʒɪ] metodik, metodologi, metodlära
meths [meθs] BE. vard. för methylated spirits
methyl ['meθɪl, kem. 'miːθaɪl] kem. metyl **methyl alcohol** ['miːθaɪlˌælkəhɒl] kem. metylalkohol **methylate** ['meθɪleɪt] blanda med metanol (metylalkohol); ~d spirits denaturerad sprit
meticulous [mɪ'tɪkjʊləs] ytterst noggrann, petig, pedantisk
metonymy [mɪ'tɒnɪmɪ] metonymi
metre ['miːtə] **1** meter **2** versl. meter; versmått
metric ['metrɪk] meter-; ~ system metersystem; ~ ton ton (1 000 kg); go ~ gå över till metersystemet **metrical** [-l] **1** mått[s]- **2** versl. metrisk, vers- **metricate** [-eɪt] gå över till metersystemet **metrication** [ˌmetrɪ'keɪʃn] övergång till metersystemet **metrics** [-s] (behandlas som sg) metrik, verslära
metronome ['metrənəʊm] metronom
metropolis [mɪ'trɒpəlɪs] **1** metropol, huvudstad, storstad; bildl. centrum, högborg **2** ärkebiskops-, metropolit|säte **metropolitan** [ˌmetrə'pɒlɪt(ə)n] **I** a **1** huvudstads- storstads-, metropolitan- **2** ärkebiskops-, metropolitansk **II** s **1** storstads-, huvudstads|bo **2** ärkebiskop, metropolit
mettle ['metl] **1** mod, kurage; eld[ighet]; be on one's ~ vara på alerten, göra sitt yttersta; put s.b. on his ~ sätta ngn på prov; se vad ngn duger till; show one's ~ visa vad man kan (duger till) **2** natur, väsen, temperament **mettled** [-d], **mettlesome** [-səm] modig; eldig; (om häst) eldig, yster
1 mew [mjuː] **I** v jama **II** s jamande
2 mew [mjuː] zool. [fisk]mås
mewl [mjuːl] **I** v (om baby) gnälla, gråta **II** s (babys) gnäll, gråt
mews [mjuːz] (behandlas som sg el. pl) i sht BE. huslänga, fashionabla bostäder (urspr. stallängor som byggts om)
Mexican ['meksɪk(ə)n] **I** a mexikansk **II** s mexikan[are] **Mexico** [-əʊ] Mexico
mezzanine ['metsəniːn] **1** mezzanin, halv-, mellan|våning **2** AE. teat. första raden
mezzo|-soprano [ˌmedzəʊsə'prɑːnəʊ] mus. mezzosopran **-tint** ['medzəʊtɪnt] konst. mezzotint[gravyr]
MF förk. för medium frequency **mfd.** förk. för manufactured **mfg.** förk. för manufacturing **mfr.** förk. för manufacture[r] **MG** förk. för machine gun **mg[.]** förk. för milligram **Mgr.** förk. för manager; Monseigneur; Monsignor **M.H.R.** förk. för (AE. o. Austr.) Member of the House of Representatives **MHz** förk. för megahertz **MI** förk. för Michigan; Military intelligence
mi [miː] mus. mi
mi. förk. för mile
Miami [maɪ'æmɪ]
miaou, miaow [miː'aʊ] s jamande; mjau **II** v jama
miaul [mɪ'ɔːl] jama
mica ['maɪkə] miner. glimmer
mice [maɪs] pl av mouse
Mich. förk. för Michelmas; Michigan
Michael ['maɪkl] Mikael **Michaelmas** ['mɪklməs] mickelsmässa (29 sept.) **Michaelmas daisy** bot. höstaster **Michaelmas term** univ. hösttermin
Michaelangelo [ˌmaɪkəl'ændʒələʊ]
Michigan ['mɪʃɪɡən]
Mick[ey] ['mɪk(ɪ)] (äv. m~) neds. irländare; katolik **mickey** ['mɪkɪ] s, vard., take the ~ out of driva (retas) med, behandla respektlöst **Mickey Finn** sl. [drink med] knockoutdroppar **Mickey Mouse** Musse Pigg
mickle ['mɪkl] **I** a, åld. el. dial. stor; riklig **II** s, many a little makes a ~ många bäckar små gör en stor å
microbe ['maɪkrəʊb] mikrob
micro|biology [ˌmaɪkrə(ʊ)baɪ'ɒlədʒɪ] mikrobiologi **-cosm** ['maɪkrə(ʊ)kɒz(ə)m] mikrokosmos **-cosmic[al]** [ˌmaɪkrə(ʊ)'kɒzmɪk(l)] mikrokosmisk **-fiche** ['maɪkrə(ʊ)fiːʃ] mikro|fiche, -kort **-film** ['maɪkrə(ʊ)fɪlm] **I** s mikrofilm **II** v mikrofilma **-groove** ['maɪkrə(ʊ)ɡruːv] mikrospår (på grammofonskiva) **-meter** [maɪ'krɒmɪtə] mikrometer
micron ['maɪkrɒn] mikron, mikrometer
micro|organism [ˌmaɪkrəʊ'ɔːɡənɪz(ə)m] mikroorganism **-phone** ['maɪkrəfəʊn] mikrofon **-scope** ['maɪkrəskəʊp] mikroskop **-scopic** [ˌmaɪkrə'skɒpɪk] mikroskopisk **-wave** ['maɪkrə(ʊ)weɪv] mikrovåg **-wave oven** mikrovågsugn
micturate ['mɪktjʊ(ə)reɪt] urinera
mid [mɪd] **I** a **1** språkv. mellanhög (vowel vokal) **2** mitt-, mellan; in ~ May i mitten av maj **II** s, åld., se middle
mid|air [ˌmɪd'eə] **I** s, in ~ i luften; float in ~ sväva fritt (mellan himmel och jord **II** a i luften; a ~ collision en kollision i luften **-day** ['mɪdeɪ] **I** s middag[stid] **II** a middags-; mitt på dagen; ~ meal middag[smål]
midden ['mɪdn] **1** gödselhög; avskrädeshög **2** arkeol. kökkenmödding
middle ['mɪdl] **I** a mellersta, mellan-, medel-; genomsnittlig; a woman of ~ age en medelålders kvinna; the M~ Ages medeltiden; M~ America Mellanamerika; ~ C (mus.) ettstrukna C; the ~ class medelklassen; ~ distance (konst.) mellanplan; the ~ ear mellanörat; the M~ East Mellersta Östern; M~ English medelengelska; ~ finger långfinger; ~ game (schack.) mittspel; M~ High German medelhögtyska; M~ Kingdom (hist.) a) Mellersta riket (i Egypten), b) Mittens rike (Kina); ~ term (i logiken) medelterm; ~ watch (sjö.) hundvakt (kl. 24-04); the M~ West Mellan-

västern (*i USA*) **II** *s* **1** mitt; *in the ~ of* mitt i (på, under), [i] mitten av (på); *in the ~ of May* i mitten av maj; *in the ~ of nowhere* (*vard.*) vid världens ände **2** midja **III** *v* **1** placera i mitten **2** (*i fotboll*) passa mot mittfältet **-aged** [ˌmɪdlˈeɪdʒd] medelålders **-brow** [ˈmɪdlbraʊ] *neds.* **I** *s* genomsnittsmänniska, person utan större kulturella intressen **II** *a* alldaglig, konventionell **-class** [ˌmɪdlˈklɑːs] medelklass-, borgerlig **-distance** [ˌmɪdlˈdɪst(ə)ns] *sport.* medeldistans- **-man** [ˈmɪdlmæn] mellanhand **-of-the-road** [ˈmɪdləvðəˈrəʊd] moderat, mitten-
Middlesex [ˈmɪdlseks]
middle|-sized [ˈmɪdlsaɪzd] av medellängd; mellanstor **-weight** *sport.* **1** mellanvikt **2** mellanviktare
middling [ˈmɪdlɪŋ] **I** *a* medelmåttig; medelgod; medelstor **II** *adv* någorlunda, ganska (*well* bra) **middlings** [-z] *pl* **1** mellankvalitet **2** sammalet vetemjöl
Middx. *förk. för Middlesex*
midfield [ˈmɪdfiːld] *sport.* **I** *s* mittfält **II** *a*, *~ player* mittfältare
midge [mɪdʒ] *zool., bildl.* mygga **midget** [ˈmɪdʒɪt] **I** *s* dvärg; lilleputt **II** *a* mini-, miniatyr-, lilleputt-
mid|land [ˈmɪdlənd] **I** *s* inland, inre (*av ett land*); *the M~s* Midlands (*grevskapen i mellersta England*) **II** *a* inlands-
mid|most [ˈmɪdməʊst] **I** *a* mittersta, mellersta **II** *adv* i mitten **-night I** *s* midnatt; *at ~* vid midnatt **II** *a* midnatts-; *~ blue* midnattsblå[tt]; *the ~ sun* midnattssolen; *burn the ~ oil* arbeta (läsa) till långt in på natten **-point** *s* mittpunkt; medelpunkt **-rib** huvudnerv (*på blad*) **-riff** mellangärde, diafragma; mage **-ship I** *s* midskeppsdel **II** *a* midskepps- **-shipman** *sjö.* kadett **-ships** *adv* midskepps
midst [mɪdst] **I** *s*, *in the ~ of* mitt i (ibland, under); *in our ~* [mitt] ibland oss **II** *prep*, *poet.*, *se amid*
mid|stream [ˈmɪdstriːm] mitten av strömfåra; *the ~ of life* livets mitt **-summer** [-ˌsʌmə] midsommar; *M~['s] Day* midsommardagen; *M~ Eve* midsommarafton **-way** [ˌmɪdˈweɪ] halvvägs
Midwest [ˈmɪdˈwest] *s, the M~* Mellanvästern (*i USA*)
mid|wife [ˈmɪdwaɪf] barnmorska **-wifery** [-wɪf(ə)rɪ] förlossningshjälp; förlossningskonst
midwinter [ˌmɪdˈwɪntə] midvinter
mien [miːn] *litt.* hållning, uppträdande; uppsyn
miff [mɪf] *vard.* **I** *s* **1** bråk, gruff **2** dåligt humör **II** *v* ta illa upp, bli stött (*at* över) **2** förarga
1 might [maɪt] (*imperf. av may*) **1** kunde [kanske, eventuellt], skulle kunna; *they ~ [well] come* de kunde kanske komma; *they ~ be sisters* de skulle kunna vara systrar; *you ~ show some gratitude* du kunde ju visa lite tacksamhet **2** kunde [få], fick [lov att]; *~ I express my opinion?* kunde jag få säga min mening?; *I asked if I ~ go* jag frågade om jag fick (kunde få) gå **3** måtte, skulle [komma att]; *I hoped they ~ succeed* jag hoppades att de skulle lyckas
2 might [maɪt] makt; styrka, kraft; *with ~ and main* med all makt, av alla krafter
mightily [ˈmaɪtɪlɪ] *adv* **1** i stor utsträckning, i hög grad, väldigt **2** mäktigt; med all styrka (makt), kraftigt **mighty** [-ɪ] **I** *a* **1** mäktig, väldig; stark; *the ~* de mäktiga, de som har makten **2** mycket stor, vidsträckt **3** *vard.* kolossal, väldig **II** *adv*, *vard.*, *i sht AE.* väldigt, kolossalt, mycket; *~ easy* väldigt enkelt
mignonette [ˌmɪnjəˈnet] *bot.* reseda
migraine [ˈmiːɡreɪn] migrän
mi|grant [ˈmaɪɡr(ə)nt] **I** *a* flyttande, flytt-; vandrande, vandrar-; *~ bird* flyttfågel **II** *s* **1** flyttfågel; vandringsdjur **2** säsongarbetare (*inom lantbruket*) **-grate** [-ɡreɪt] flytta; vandra; utvandra **-gration** [maɪˈɡreɪʃn] **1** flyttning; vandring; utvandring; folkvandring; migration **2** [fågel]sträck; svärm; stim **-gratory** [ˈmaɪɡrət(ə)rɪ] flyttande, flytt-; vandrande; utvandrande; migratorisk
Mike [maɪk] kortform av *Michael*; *for the love of ~!* för Guds skull!
1 mike [maɪk] *vard.* mick (*mikrofon*)
2 mike [maɪk] *sl.* **I** *v* slå dank, maska **II** *s* maskning; *do a ~* maska, smita från jobbet
mil. *förk. för military; militia*
milady [mɪˈleɪdɪ] (*tilltal för eng. adelsdam*) milady
milage [ˈmaɪlɪdʒ] *se mileage*
Milan [mɪˈlæn] Milano
milch [mɪltʃ] mjölk-, mjölkproducerande; *~ cow* mjölkko (*äv. bildl.*)
mild [maɪld] mild (*taste* smak); svag (*medicine* medicin); lätt, lindrig (*rebuke* tillrättavisning)
mil|dew [ˈmɪldjuː] mjöldagg, rost; mögel **-dewy** [-djʊɪ] angripen av mjöldagg; möglig
mild|ly [ˈmaɪldlɪ] *adv* milt; svagt; lindrigt; *to put it ~* milt uttryckt **-ness** [ˈmaɪldnɪs] mildhet; lätthet, lindrighet
mile [maɪl] **1** [*statute*] *~ mile*, engelsk mil (= *1 760 yards* = *1 609 m*); *nautical ~* nautisk mil, distansminut (= *1 852 m*); *Swedish ~* [svensk] mil (*10 km*); *~s and ~s* miltals; *for ~s* milsvitt, på många mil; *for ~s and ~s* mil efter mil; *they live ~s away* de bor miltals härifrån (därifrån); *she's ~s better at tennis than I am* (*vard.*) hon är hundra gånger (ofantligt mycket) bättre i tennis än jag **2** millopp (*på 1 eng. mil*) **-age** [ˈmaɪlɪdʒ] **1** antal miles (mil); *what's the ~ from* hur många mil är det från **2** antal tillryggalagda miles (mil) **3** ersättning per mile, milersättning **4** antal körda miles per gallon (mil per liter) **5** *vard.*, *i sht AE.* nytta, användbarhet **-ometer** [maɪˈlɒmɪtə] mätare **-post** [ˈmaɪlpəʊst] *AE.* vägskylt **-stone** [ˈmaɪlstəʊn] milstolpe (*äv. bildl.*), milsten
milieu [ˈmiːljɜː] miljö, omgivning
mili|tancy [ˈmɪlɪt(ə)nsɪ] stridbarhet **-tant I** *a* **1** militant, stridbar **2** kämpande, stridande **II** *s* militant (stridbar) person
milita|rism [ˈmɪlɪtərɪz(ə)m] militarism **-rist** [-rɪst] militarist; militär expert **-rize** (*BE. äv. -rise*) [-raɪz] militarisera
military [ˈmɪlɪt(ə)rɪ] **I** *a* militär-, krigs-, militärisk; *~ academy* militär-, krigshögskola; *~ band* militärorkester, -musikkår; *~ honours* militära hedersbetygelser; *~ police* militärpolis; *~ service* militärtjänst **II** *s*, *the ~* militären
militate [ˈmɪlɪteɪt] *v*, *~ against* tala (strida) mot, vara oförenlig med; *~ for* tala för

militia [mɪˈlɪʃə] milis, lantvärn, reservtrupper **-man** [-mən] milissoldat
milk [mɪlk] **I** *s* mjölk; *bot.* mjölksaft; suspension, mjölk; *a land of (flowing with) ~ and honey* ett land som flyter av mjölk och honung; *~ of human kindness* vänlighet, medmänsklighet; *it's no use crying over spilt ~* det är inte värt att gråta över spilld mjölk **II** *v* **1** mjölka (*äv. bildl.*); *bildl. äv.* åderlåta **2** mjölka, ge mjölk
milk-and-water [ˌmɪlkənˈwɔːtə] svag; tam, intetsägande, urvattnad
milk bar [ˈmɪlkbaː] *ung.* glassbar (*där äv. bl.a. mjölkdrinkar serveras*) **milk chocolate** [-ˌtʃɒk(ə)lət] mjölkchoklad **milk float** [-fləʊt] *BE.* [liten] mjölkbil (*för leverans t. hushållen*) **milking** [-ɪŋ] mjölkning **milking machine** [-ɪŋməˌʃiːn] mjölk[nings]maskin **milkmaid** [-meɪd] mjölkerska; mejerska **milkman** mjölk|bud, -utkörare **milk run** [-rʌn] *vard.* rutinflygning **milk shake** [-ʃeɪk] milk shake (*dryck av mjölk, saft o. glass*) **milksop** [-sɒp] mes, mähä **milk tooth** [-tuːθ] mjölktand **milky** [-ɪ] **1** mjölkaktig, mjölkig; mjölk-; *the M~ Way* Vintergatan **2** mesig, kraftlös
1 mill [mɪl] **I** *s* **1** kvarn; *go through the ~* slita ont, gå igenom ekluten; *put s.b. through the ~* sätta ngn på hårt prov **2** fabrik; spinneri, väveri; verk **II** *v* **1** mala, krossa **2** valsa (*järn e.d.*); fräsa **3** räffla (*mynt*) **4** *~ about (around)* springa omkring, gå runt
2 mill [mɪl] en tusendels dollar
mill|board [ˈmɪlbɔːd] [styv] papp **-dam** kvarndamm
millen|nial|nium [mɪˈlenɪəl] tusenårig **-nium** [-ɪəm] (*pl -niums el. -nia* [-ɪə]) **1** årtusende **2** tusenårsjubileum **3** *relig., the ~* det tusenåriga riket
milleped[e] [ˈmɪlɪpiːd] *se milliped[e]*
miller [ˈmɪlə] mjölnare
millesimal [mɪˈlesɪml] **I** *a* tusende; tusendels **II** *s* tusendel
millet [ˈmɪlɪt] *bot.* hirs
mill-hand [ˈmɪlhænd] **1** mjölnardräng **2** fabriksarbetare
milliard [ˈmɪljɑːd] miljard
milli|bar [ˈmɪlɪbɑː] *meteor.* millibar **-gram[me]** [-ˌɡræm] milligram **-litre** [-ˌliːtə] milliliter **-metre** [-ˌmiːtə] millimeter
milli|ner [ˈmɪlɪnə] modist; *at the ~'s* hos modisten, i hattaffären **-nery** [-n(ə)rɪ] **1** modevaror (*som säljs av modist*) **2** modistyrket **3** hattaffär, modist
million [ˈmɪljən] miljon; *~s of times* miljoner (miljontals) gånger; *feel like a ~ dollars* (*vard.*) må som en prins **millionaire** [ˌmɪljəˈneə] miljonär **millionairess** [ˌmɪljəˈneərɪs] miljonärska **millionth** [ˈmɪljənθ] **I** *s* miljondel **II** *räkn* miljonte; *~ part* miljondel
milliped[e] [ˈmɪlɪpiːd] *zool.* tusenfoting **mill|pond** [ˈmɪlpɒnd] kvarndamm; *the ~* (*skämts.*) pölen (*Atlanten*); *the sea was as smooth as a ~* havet var blankt som en spegel **-race** kvarnränna; kvarnvatten **-stone** kvarnsten (*äv. bildl.*); *it's a ~ round her neck* det är som en kvarnsten om hennes hals
milord [mɪˈlɔːd] = *my lord, se lord I 3*

milt [mɪlt] **I** *s* mjölke (*hos fisk*) **II** *v* befrukta (*fiskrom*)
mime [maɪm] **I** *s* **1** mim; pantomim **2** mim[are], mimartist; pantomimiker **II** *v* **1** mima; spela pantomim
mimeograph [ˈmɪmɪəʊɡrɑːf] (*varumärke*) mimeograf, duplikator **II** *v* mimeografera, duplicera
mimic [ˈmɪmɪk] **I** *a* **1** härmande, mimisk **2** låtsad, imiterad **II** *s* imitatör; härmare **III** *v* imitera, härma; efterlikna **mimicry** [-rɪ] **1** *zool.* mimicry, skyddande likhet **2** imitation, härmande
mimosa [mɪˈməʊzə] *bot.* mimosa
Min. *förk. för* Minister; Ministry **min.** *förk. för* mineralogy; minimum; mining; minute[s]
minacious [mɪˈneɪʃəs] *litt.* hotande, hotfull **minacity** [-ˈnæsətɪ] *litt.* hot[fullhet]
minaret [ˈmɪnərət] minaret
minatory [ˈmɪnət(ə)rɪ] *litt.* hotande
mince [mɪns] **I** *v* **1** finhacka, hacka sönder, mala, finfördela; *~d meat* köttfärs **2** mildra; *~ your words!* välj dina ord!; *not ~ matters (one's words)* inte skräda orden **3** tala (gå) tillgjort **II** *s*, *i sht BE.* köttfärs **mincemeat** [ˈmɪnsmiːt] **1** pajfyllning (*av mandel, russin, äpplen m.m.*) **2** köttfärs; *make ~ of* (*bildl.*) göra slarvsylta av **mince pie** [ˌmɪnsˈpaɪ] (*slags*) paj (*fylld med mincemeat*) **mincer** [ˈmɪnsə] köttkvarn **mincing** [ˈmɪnsɪŋ] tillgjord, affekterad
mind [maɪnd] **I** *s* **1** sinne; själ; ande; förstånd, intellekt; tankar; tankesätt, inställning; sinnelag, mentalitet; medvetande; lust, böjelse; *frame of ~* sinnesstämning; *presence of ~* sinnesnärvaro; *state of ~* sinnestillstånd; *follow one's own ~* följa sitt eget huvud; *have a dirty ~* ha snuskig fantasi; *have a good ~* ha gott huvud, vara intelligent; *have a great ~ to* ha god lust att; *have a literary ~* ha en litterär läggning, vara en litterär begåvning; *have a ~ of one's own* ha egna idéer, veta vad man vill; *we have no ~ to go* vi har ingen lust att gå; *he can't keep his ~ off chess* han har bara schack i huvudet, han tänker bara på schack; *keep one's ~ on s.th.* koncentrera sig på ngt; *lose one's ~* tappa förståndet, bli galen; *make up one's ~ to* bestämma (besluta) sig för att; *put (give) one's ~ to s.th. a)* gå in för ngt, *b)* koncentrera sig på ngt; *take a p.'s ~ off things* få ngn på andra tankar (att glömma); *his ~ is wandering* han har en skruv lös; *in one's ~'s eye* för sitt inre öga, i fantasin; *in one's right ~* vid sina sinnens fulla bruk; *it's all in the ~* det är bara inbillning; *be clear in one's ~ about s.th.* vara på det klara med ngt; *have s.b. (s.th.) in ~* tänka på ngn (ngt); *have in ~ to do s.th.* ha för avsikt att göra ngt; *get s.th. off one's ~* få ngt ur tankarna; *be of ~ to do s.th.* vara hågad (benägen) att göra ngt; *have s.th. on one's ~* gå och tänka på ngt, ha ngt på hjärtat; *be out of one's ~* vara galen, inte vara riktigt klok; *you can put that idea out of your ~!* det kan du slå ur hågen (glömma)! **2** minne; *bear (have, keep) s.th. in ~* ha (hålla) ngt i minnet, lägga ngt på minnet, komma ihåg ngt; *bring (call) s.th. to ~* påminna om ngt, återkalla i minnet; *it puts me in ~ of* det påminner mig om **3** uppfattning, åsikt, mening, tanke; *to my ~* enligt min mening (uppfattning), i mitt tycke; *be in two ~s about*

mind-bending—minor

s.th. inte vara på det klara med ngt, vara villrådig i fråga om ngt; *be of one (the same)* ~ ha samma uppfattning (åsikt), vara överens (ense); *change one's* ~ ändra åsikt (uppfattning), ändra sig, komma på andra tankar; *I have given him a piece of my* ~ jag har sagt honom mitt hjärtas mening; *read a p.'s* ~ läsa ngns tankar **4** ande, personlighet; *great* ~*s* stora andar; *small* ~*s* små själar **II** *v* **1** ge akt på, lägga märke till; tänka på, komma ihåg; se till; ägna sig åt; akta; akta sig (se upp) för; ~ *your own business!* sköt dina egna affärer (dig själv)!, lägg dig inte i det här!; ~ *the dog!* varning för hunden!; ~ *your eye!* akta dig!, se upp!; ~ *the step!* se upp för trappsteget!; ~ *you do it!* se till att du gör det!; ~ *what you are doing!* tänk på vad du gör!; ~ *what I say! a*) kom ihåg det!, *b*) gör som jag säger! **2** sköta, passa, se efter (*children* barn) **3** bry sig om, tänka på; ha något emot; *never* ~ *her!* bry dig inte om henne!; *never* ~ *the expense!* det gör detsamma (spelar ingen roll) vad det kostar!; *do you* ~ *my smoking?* har du ngt emot att jag röker?; *don't* ~ *me!* bry dig inte om mig!; *I don't* ~ *what she does* (*äv.*) det kvittar mig vad hon gör; *he doesn't* ~ *it* han bryr sig inte om det, han har inget emot det; *would you* ~ *opening the door?* vill du vara snäll och öppna dörren?; *I wouldn't* ~ *a cup of tea* jag skulle gärna vilja ha en kopp te **4** ~*!* se upp!, akta dig! **5** ~ [*you*]*!* förstår du!, märk väl!, kom ihåg!; ~ *you, he did try* han försökte i alla fall; *she's quite good,* ~ *you* egentligen är hon ganska bra **6** ~ *about* bry sig om; *do you* ~ *if I open the window*? har du ngt emot att jag öppnar fönstret?; *I don't* ~*!* gärna för mig!, det har jag ingenting emot!; *I don't* ~ *if I do* inte mig emot, gärna det; *never* ~*! a*) det gör ingenting!, det spelar ingen roll!, strunt i det!, *b*) bry dig inte om det!; *never you* ~*!* bry dig inte om det!, det har du inte med att göra!

mind|-bending ['maɪndˌbendɪŋ] **1** hallucinogen **2** överväldigande **--blowing** *sl.* **1** hallucinogen **2** upphetsande, chockartad **--boggling** [-ˌbɒglɪŋ] *vard.* ofattbar

minded ['maɪndɪd] **1** sinnad, lagd, hågad; *politically* ~ politiskt sinnad; *romantically* ~ romantiskt lagd **2** -minded, -sinnad, intresserad av; *opera-* ~ opera-minded, intresserad av opera **minder** [-ə] vakt, skötare **mindful** ['maɪn(d)f(ʊ)l] uppmärksam (*of* på), medveten (*of* om); *be* ~ *of* (*äv.*) tänka på **mindless** [-lɪs] **1** huvudlös, tanklös **2** själlös; meningslös **mind-reader** [-ˌriːdə] tankeläsare

1 mine [maɪn] *pron* **1** självst. min; *a friend of* ~ en vän till mig, en av mina vänner; *her friends and* ~ hennes och mina vänner; *that car is* ~ den där bilen är min; ~ *is best* min är bäst; *it's a habit of* ~ det är en vana som jag har **2** *fören., åld.* min; ~ *eyes* mina ögon

2 mine [maɪn] **I** *s* **1** gruva; [malm]fyndighet; *bildl.* guldgruva, källa; *a* ~ *of information* en outtömlig informationskälla **2** *mil.* mina **II** *v* **1** bryta, utvinna (*ore* malm); gräva i **2** gräva (*a tunnel* en tunnel) **3** *mil.* minera, lägga ut minor i; minspränga **4** gräva (*for copper* efter koppar) **5** underminera (*äv. bildl.*) **6** arbeta i gruva

mine detector ['maɪndɪˌtektə] min|detektor, -sökare **minefield** [-fiːld] *mil.* minfält **mine-layer** [-ˌleɪ(ɪ)ə] minfartyg **miner** [-ə] gruvarbetare; ~*'s lamp* gruvlampa

mineral ['mɪn(ə)r(ə)l] **I** *s* **1** mineral **2** ~*s* (*pl, i sht BE.*) mineralvatten; läskedrycker **II** *a* mineral-; mineralisk; mineralhaltig; *the* ~ *kingdom* mineralriket; ~ *oil a*) *BE.* petroleum, mineralolja, *b*) *AE.* paraffinolja; ~ *pitch* asfalt; ~ *water* mineralvatten; ~ *wool* mineralull

mineralogist [ˌmɪnəˈrælədʒɪst] mineralog **mineralogy** [-ədʒɪ] mineralogi

minestrone [ˌmɪnɪˈstrəʊnɪ] *kokk.* minestrone (*slags grönsakssoppa*)

minesweeper ['maɪnˌswiːpə] minsvepare

mingle ['mɪŋgl] **1** blanda **2** blandas, blanda sig; beblanda sig; förena sig

mingy ['mɪndʒɪ] *vard.* snål, knusslig

minia|ture ['mɪnətʃə] **I** *s* miniatyr; *in* ~ i miniatyr, i liten skala **II** *a* miniatyr-, i miniatyr, i liten skala; ~ *camera* småbildskamera; ~ *golf* mini-, miniatyr|golf **-turist** [-ˌtjʊərɪst] miniatyrmålare **-turize** (*BE. äv. -turise*) [-tʃəraɪz] tillverka (utföra) i miniatyr[format], miniatyrisera

mini|bus ['mɪnɪbʌs] minibus **-cab** minitaxi **-computer** [-kəmˈpjuːtə] minidator

minim ['mɪnɪm] **1** *mus.* halvnot **2** liten sak (person) **3** *ung.* droppe (*apoteksvikt för våtvaror = 0,0616 ml*)

mini|mal ['mɪnɪml] minimal **-mize** (*BE. äv. -mise*) [-maɪz] **1** minska till ett minimum, minimera **2** förringa, bagatellisera **-mum** [-məm] **I** *s* (*pl -mums el. -ma* [-mə]) minimum; *with a* ~ *of* med ett minimum av, med minsta möjliga **II** *a* mini-nimi-; minimal; minsta möjliga, ytterst liten; ~ *wage* minimilön **-mus** [-məs] *BE. skol., Smith* ~ den yngste [av bröderna] Smith

mining ['maɪnɪŋ] **1** gruvdrift; [malm]brytning; gruvarbete **2** *mil.* minering **mining engineer** gruvingenjör; bergsingenjör

minion ['mɪnjən] **I** *s* **1** gunstling, favorit **2** hantlangare, hejduk **II** *a* liten och söt

miniskirt ['mɪnɪskɜːt] kortkort kjol, minikjol

minis|ter ['mɪnɪstə] **I** *s* **1** minister; statsråd; ~ *of state a*) minister, *b*) *BE.* ställföreträdande departementschef **2** [protestantisk] präst; frikyrkopastor **3** föresprâkare **II** *v* **1** hjälpa; ~ *to* sörja för, sköta, ta hand om; ~*ing angel* skyddsängel, hjälpande ängel **2** *kyrkl.* officiera till **-terial** [ˌmɪnɪˈstɪərɪəl] **1** minister-, ministeriell; ~ *post* ministerpost **2** präst-, prästerlig **-terialist** [ˌmɪnɪˈstɪərɪəlɪst] regeringsanhängare

ministration [ˌmɪnɪˈstreɪʃn] **1** hjälp; vård; hjälpande **2** (*prästs*) tjänsteförrättning **ministry** ['mɪnɪstrɪ] **1** ministerium, departement; ~ *of defence* försvarsdepartement **2** ministär, regering **3** ministertid; (*ministers*) ämbetstid **4** regeringsbyggnader **5** prästämbete **6** (*prästerlig*) tjänstgöring; (*prästs*) ämbetstid **7** prästerskap

minium ['mɪnɪəm] [bly]mönja

mink [mɪŋk] **1** *zool.* mink, amerikansk flodiller **2** (*skinn*) mink, nerts; minkpäls

Minn. *förk.* för Minnesota

Minneapolis [ˌmɪnɪˈæpəlɪs] **Minnesota** [ˌmɪnɪˈsəʊtə]

minnow ['mɪnəʊ] *zool.* elritsa, kvidd

minor ['maɪnə] **I** *a* **1** mindre, smärre, obetydlig, oviktig, små-; lindrig[are]; ~ *amendments* smärre

ändringar; ~ *illness* lindrig[are] sjukdom; *of* ~ *importance* av mindre betydelse; *the* ~ *planets* småplaneterna; ~ *poet* obetydlig diktare; *a* ~ *role* en mindre (underordnad) roll, en biroll; *Asia M*~ Mindre Asien **2** *jur.* minderårig, omyndig **3** *mus.* moll-; *D* ~ d-moll; ~ *third* liten ters; ~ *key* molltonart **4** *BE. skol., Smith* ~ den yngre [av bröderna] Smith **II** *s* **1** *jur.* minderårig (omyndig) person; obetydlig (oviktig) person (sak) **2** *mus.* moll[tonart, -ackord, -skala] **3** *AE. skol.* biämne **4** (*i logiken*) undersats
Minorite ['maɪnəraɪt] minorit, franciskan[ermunk]
minority [maɪ'nɒrətɪ] **1** minoritet; *be in a* ~ vara i minoritet **2** *jur.* minderårighet, omyndig ålder **minority government** minoritetsregering
minster ['mɪnstə] *BE.* klosterkyrka; katedral
minstrel ['mɪnstr(ə)l] **1** *hist.* ménestrel, kringvandrande spelman **2** (*negersminkad*) sångare, artist **minstrel show** varieté (*m. negersminkade artister*)
1 mint [mɪnt] **1** *bot.* mynta **2** mint|karamell, -konfekt
2 mint [mɪnt] **I** *s* **1** mynt[verk]; *a* ~ [*of money*] en massa pengar **II** *a* obegagnad, ny, perfekt; *in* ~ *condition* i oklanderligt (perfekt) skick **II** *v* mynta, prägla (*äv. bildl.*) **mintage** ['mɪntɪdʒ] **1** myntning **2** myntstämpel **mint sauce** [ˌmɪnt'sɔːs] myntasås
minuend ['mɪnjuənd] *mat.* minuend
minuet [ˌmɪnjuˈet] menuett
minus ['maɪnəs] **I** *prep* **1** minus **2** *vard.* utan **II** *a* minus- (*äv. bildl.*); negativ; ~ *number* negativt tal; ~ *sign* minustecken; ~ *value* minusvärde **III** *s* **1** minus (*äv. bildl.*), minustecken **2** negativ mängd (storhet)
minuscule ['mɪnəskjuːl] **I** *a* mycket liten, diminutiv **II** *s* liten bokstav, gemen, minuskel
1 minute ['mɪnɪt] **I** *s* **1** minut (*äv. del av grad*); [liten] stund, ögonblick; *ten* ~*s past* (*to*) *two* tio minuter över (i) två; *just a* ~*!* ett ögonblick [bara]!; *in a* ~ *a*) strax, genast, med detsamma, *b*) på en minut (ett ögonblick); *I shan't be a* ~ jag kommer strax, det dröjer inte länge; *have you got a* ~*?* har du tid en liten stund?; *wait a* ~*! a*) vänta ett ögonblick!, *b*) låt mig se!; *at the last* ~ i sista ögonblicket; *at 8 o'clock to the* ~ på slaget (precis klockan) 8; *up to the* ~ toppmodern, helt aktuell; *any* ~ når (vilket ögonblick) som helst; *this* ~ genast, på ögonblicket; *at this very* ~ i detta ögonblick, just nu **2** memorandum; utkast; anteckning; ~*s* (*pl*) protokoll (*of* över, från); *take the* ~*s* föra protokoll **II** *v* **1** protokollföra, ta till protokollet; föra protokoll över; anteckna, notera **2** ta tid på
2 minute [maɪ'njuːt] **1** ytterst liten, minimal, obetydlig **2** mycket noggrann, minutiös
minute hand ['mɪnɪthænd] minutvisare
1 minutely [maɪ'njuːtlɪ] *adv* **1** minimalt; obetydligt **2** mycket noggrant, minutiöst
2 minutely ['mɪnɪtlɪ] *a o. adv* varje minut
minuteness [maɪ'njuːtnɪs] **1** yttersta noggrannhet **2** obetydlighet
minutiae [maɪ'njuːʃɪː] *pl* **1** detaljer **2** obetydligheter
minx [mɪŋks] (*om kvinna*) markatta, odjur
miracle ['mɪrəkl] **1** mirakel, under[verk]; *by a* ~ som genom ett under; *work* (*do, perform*) ~*s* göra (uträtta) underverk; **2** ~ [*play*] mirakelspel
miraculous [mɪ'rækjuləs] mirakulös, under-, mirakel-; underbar; undergörande
mirage ['mɪrɑːʒ] hägring; *bildl. äv.* villa, illusion
mire ['maɪə] **I** *s* träsk (*äv. bildl.*) myr; dy (*äv. bildl.*); *drag s.b. through the* ~ (*bildl.*) smutskasta ngn **II** *v* **1** smutsa ner **2** *bildl.* sätta i klistret, förorsaka svårigheter för
mirror ['mɪrə] **I** *s* **1** spegel (*äv. bildl.*) **II** *v* [av]spegla **mirror image** spegelbild **mirror writing** spegelskrift
mirth [mɜːθ] munterhet, uppsluppenhet **-ful** ['mɜːθf(ʊ)l] munter, uppsluppen **-less** ['mɜːθlɪs] glädjelös
MIRV *förk. för multiple independently targeted reentry vehicle* (*missil med flera kärnstridsspetsar*)
miry ['maɪərɪ] träskartad, sank; dyig
misadventure [ˌmɪsəd'ventʃə] missöde, olyckshändelse; *kill s.b. by* ~ (*jur.*) döda ngn av våda
misalliance [ˌmɪsə'laɪəns] mesallians
misan|thrope ['mɪz(ə)nθrəup] misantrop, människohatare **-thropic[al]** [ˌmɪz(ə)n'θrɒpɪk(l)] misantropisk, människofientlig **-thropist** [mɪ'zænθrəpɪst] *se* **misanthrope** **-thropy** [mɪ'zænθrəpɪ] misantropi, människoförakt
misapply [ˌmɪsə'plaɪ] **1** använda felaktigt; missbruka **2** förskingra
misappre|hend [ˌmɪsˌæprɪ'hend] miss|förstå, -uppfatta **-hension** [-'henʃn] miss|förstånd, -uppfattning; *be under a* ~ misstaga sig
misappro|priate [ˌmɪsə'prəʊprɪeɪt] förskingra, försnilla; tillskansa sig **-priation** [ˌmɪsəˌprəʊprɪ'eɪʃn] förskingring, försnillande
misbegotten ['mɪsbɪˌɡɒtn] **1** illa planerad, ogenomtänkt **2** orättmätigt förvärvad, orättfången; ~ *gains* orättfånget gods **3** *litt., dial.* illegitim, oäkta
misbe|have [ˌmɪsbɪ'heɪv] uppföra sig illa, bära sig illa åt **-haviour** [-'heɪvjə] dåligt uppförande
misbelief [ˌmɪsbɪ'liːf] felaktig uppfattning; vantro
misc. *förk. för miscellaneous; miscellany*
miscalcu|late [ˌmɪs'kælkjuleɪt] **1** räkna fel på, felberäkna; misstaga sig på **2** räkna fel; misstaga sig **-lation** ['mɪsˌkælkjuˈleɪʃn] felräkning; felberäkning
miscall [ˌmɪs'kɔːl] felaktigt kalla
mis|carriage [ˌmɪs'kærɪdʒ] **1** missfall **2** misslyckande; misskötsel; ~ *of justice* justitiemord **3** *BE.* felexpediering (*av försändelse*) **-carry** [-'kærɪ] **1** misslyckas; slå fel **2** få missfall **3** *BE.* förkomma (*om försändelse*)
miscast [ˌmɪs'kɑːst] (*miscast, miscast*) **1** ge (*skådespelare*) fel roll; *she was* ~ *as Ofelia* hon passade inte i rollen som Ofelia **2** felbesätta rollerna i (*Romeo and Juliet* Romeo och Julia)
miscegenation [ˌmɪsɪdʒɪ'neɪʃn] rasblandning
miscel|lanea [ˌmɪsə'leɪnɪə] *pl* diverse litteratur **-laneous** [-'leɪnjəs] **1** blandad, varierad, brokig **2** varjehanda **3** mångsidig **-lany** [mɪ'seləni] **1** [brokig] blandning, mångfald **2** blandade skrifter; antologi
mischance [ˌmɪs'tʃɑːns] otur; *by* ~ olyckligtvis, av en olycklig slump
mischief ['mɪstʃɪf] **1** rackartyg, bus; ofog;

mischievous—missal 320

skälmskhet; *full of* ~ full av rackartyg; *out of* ~ på okynne; *be up to* ~ ha ngt rackartyg för sig; *his eyes are full of* ~ hans ögon lyser av okynne (skälmskhet); *do* ~ göra rackartyg; *get into* ~ hitta på rackartyg; *keep out of* ~ *a*) låta bli att göra rackartyg, *b*) hålla (*ngn*) borta från rackartyg **2** skada, åverkan; förtret; *do* ~ *to s.b.* tillfoga ngn skada, göra ngn förtret **3** rackarunge **mischievous** ['mɪstʃɪvəs] **1** okynnig, busig, rackar- **2** spjuveraktig, skälmsk **3** skadlig
miscible ['mɪsəbl] blandbar, som går att blanda
miscon|ceive [ˌmɪskən'siːv] miss|förstå, -uppfatta **-ception** [-'sepʃn] miss|förstånd, -uppfattning
misconduct I *s* [ˌmɪs'kɒndʌkt] **1** dåligt uppförande **2** ämbetsbrott **3** äktenskapsbrott **4** misskötsel, vanskötsel II *v* [ˌmɪskən'dʌkt] **1** ~ *o.s.* uppföra sig illa, missköta sig **2** ~ *o.s.* begå äktenskapsbrott **3** missköta, vansköta
miscon|struction [ˌmɪskən'strʌkʃn] **1** fel-, miss|tolkning **2** *i sht språkv.* felaktig konstruktion **-strue** [-'struː] **1** fel-, miss|tolka **2** *i sht språkv.* felkonstruera
miscount [ˌmɪs'kaʊnt] I *s* felräkning II *v* räkna fel
miscreant ['mɪskrɪənt] I *s* **1** skurk **2** *åld.* kättare II *a* **1** skurkaktig **2** *åld.* kättersk
misdate [ˌmɪs'deɪt] feldatera
misdeal [ˌmɪs'diːl] *kortsp.* I *v* (*misdealt, misdealt*) ge fel II *s* felgivning
misdeed [ˌmɪs'diːd] miss|dåd, -gärning
misdemeanour [ˌmɪsdɪ'miːnə] **1** förseelse **2** *jur.* förseelse, mindre lagöverträdelse
misdi|rect [ˌmɪsdɪ'rekt] **1** miss-, vilse|leda **2** felrikta **3** fel|sända, -adressera **-rection** [-'rekʃn] **1** miss-, vilse|ledande **2** felriktning **3** feladressering
misdoing [ˌmɪs'duːɪŋ] missgärning; försyndelse
miser ['maɪzə] **1** girigbuk **2** egoist
miserable ['mɪz(ə)r(ə)bl] **1** olycklig, eländig **2** miserabel, bedrövlig; trist; usel
miser|liness ['maɪzəlɪnɪs] girighet, gnidighet **-ly** [-lɪ] *a* girig, gnidig
misery ['mɪzərɪ] **1** olycka, elände, förtvivlan; *put an animal out of its* ~ göra slut på ett djurs lidande; *put s.b. out of his* ~ (*bildl.*) inte längre hålla ngn på sträckbänken **2** misär, nöd, elände **3** *BE. vard.* gnällmåns, kverulant
misfire [ˌmɪs'faɪə] **1** (*om skjutvapen*) klicka; (*om motor*) misstända **2** *bildl.* slå slint, klicka, misslyckas
misfit I *s* ['mɪsfɪt] **1** ngt som inte passar **2** missanpassad [person], misslyckad individ II *v* [mɪs'fɪt] inte passa
misfortune [mɪs'fɔːtʃuːn] olycka, otur; motgång
mis|give [mɪs'gɪv] (*misgave, misgiven*) inge farhågor, göra misstänksam; *my mind misgave me* jag hade onda aningar **-giving** [-ɪŋ] farhåga, ond [för]aning; betänklighet
misgovern [ˌmɪs'gʌvən] regera (styra) dåligt **-ment** [-mənt] vanstyre
mis|guide [ˌmɪs'gaɪd] vilse-, miss|leda **-guided** [-'gaɪdɪd] vilseledd; missriktad; omdömeslös; olämplig
mishandle [ˌmɪs'hændl] missköta; felbehandla, behandla illa
mishap ['mɪshæp] missöde, olyckshändelse
mishear [ˌmɪs'hɪə] (*misheard, misheard*) höra fel
mishit *sport.* I *s* ['mɪshɪt] miss II *v* [ˌmɪs'hɪt] (*mishit, mishit*) missa
mishmash ['mɪʃmæʃ] mischmasch, röra
misin|form [ˌmɪsɪn'fɔːm] felunderrätta, vilseleda **-formation** [-fə'meɪʃn] felaktig[a] (vilseledande) upplysning[ar]
misinterpret [ˌmɪsɪn'tɜːprɪt] miss-, fel|tolka; miss|tyda, -uppfatta **-ation** [ˌmɪsɪnˌtɜːprɪ'teɪʃn] miss-, fel|tolkning; missuppfattning
misjudge [ˌmɪs'dʒʌdʒ] felbedöma, misstaga sig på; underskatta **-ment** [-mənt] felbedömning; underskattning
mislay [ˌmɪs'leɪ] (*mislaid, mislaid*) förlägga, slarva bort
mislead [ˌmɪs'liːd] (*misled, misled*) föra (leda) vilse; *bildl.* vilseleda
mismanage [ˌmɪs'mænɪdʒ] missköta, vansköta **-ment** [-mənt] misskötsel, vanskötsel
misname [ˌmɪs'neɪm] felaktigt kalla, oriktigt benämna
misnomer [ˌmɪs'nəʊmə] felaktig beteckning, oriktig benämning
misogynist [mɪ'sɒdʒɪnɪst] kvinnohatare
misplace [ˌmɪs'pleɪs] felplacera; förlägga ~*d* (*äv.*) malplacerad, illa anbragt
misprint I *s* ['mɪsprɪnt] tryckfel II *v* [ˌmɪs'prɪnt] trycka fel
mis|prize (*BE. äv. -prise*) [ˌmɪs'praɪz] **1** ringakta **2** underskatta
mispro|nounce [ˌmɪsprə'naʊns] uttala fel **-nunciation** [ˌmɪsprəˌnʌnsɪ'eɪʃn] felaktigt uttal
misquote [ˌmɪs'kwəʊt] felcitera
misread [ˌmɪs'riːd] (*misread, misread*) läsa fel på; miss|tolka, -uppfatta
misrepre|sent ['mɪsˌreprɪ'zent] ge en felaktig framställning (bild) av; förvränga **-sentation** [-zen'teɪʃn] felaktig framställning; förvrängning
misrule [ˌmɪs'ruːl] I *s* vanstyre II *v* regera dåligt, vanstyra

1 miss [mɪs] I *s* bom, miss; *give s.th. a* ~ (*vard.*) strunta i (hoppa över, låta bli, undvika) ngt; *a* ~ *is as good as a mile* nära skjuter ingen hare II *v* **1** missa; bomma, inte träffa; komma för sent till; inte få tag i; ~ *the boat* (*bus*) *a*) missa (inte hinna med, komma för sent till) båten (bussen), *b*) *bildl.* missa chancen; *they* ~*ed each other in the crowd* de tappade bort (hittade inte) varandra i folkmassan (trängseln); *you can't* ~ *it!* du kan inte ta (gå) fel!, du kan inte undgå den! **2** gå miste om; missa; inte uppfatta; förbise; försumma; undgå; *you haven't* ~*ed much* du har inte gått miste om mycket; *we narrowly* ~*ed having an accident* vi undgick precis en olycka, det var ytterst nära att vi hade råkat ut för en olycka **3** ~ [*out*] utelämna, hoppa över, glömma, missa **4** sakna, längta (känna saknad) efter **5** missa, bomma; misslyckas; (*om motor*) krångla, misstända; *you can't* ~! (*äv.*) det går nog bra! **6** ~ *out on a*) avstå från, *b*) utebli från, *c*) gå miste om, missa

2 miss [mɪs] **1** *M*~ *a*) fröken (*Smith* Smith), *b*) miss (*Sweden* Sverige) **2** *vard. el. hand.* [skol]flicka, ung flicka, tonåring
Miss. *förk. för Mississippi*
missal ['mɪsl] missale, (katolsk) mässhandbok

misshapen [ˌmɪsˈʃeɪp(ə)n] missbildad, vanskapt
missile [ˈmɪsaɪl, AE. ˈmɪsəl] I s 1 kastvapen; projektil 2 raket, robot[vapen], missil; *ballistic* ~ [ballistisk] robot; *guided* ~ fjärrstyrd robot; *medium range ballistic* ~ [ballistisk] medeldistansrobot II a 1 kast- 2 raket-, robot-
missing [ˈmɪsɪŋ] felande; saknad, försvunnen; *be* ~ saknas, fattas, vara borta (försvunnen); *the* ~ *link* felande länken
mission [ˈmɪʃn] 1 mission; uppdrag (äv. *mil.*); uppgift; kall[else]; ~ *in life* livsuppgift, kall 2 delegation 3 *dipl.* beskickning; *AE.* legation 4 *relig.* mission; missionsstation **-ary** [-ərɪ] I s missionär II a missionärs-; missions-
missis [ˈmɪsɪz] frun (*använt av tjänstefolk*); *the* ~ (*vard.*) frugan
Mississippi [ˌmɪsɪˈsɪpɪ]
missive [ˈmɪsɪv] officiell skrivelse; högt. brev, försändelse
Missouri [mɪˈzʊərɪ]
misspell [ˌmɪsˈspel] (*misspelt, misspelt*) stava fel [på] **-ing** [-ɪŋ] felstavning; stavfel
misspend [ˌmɪsˈspend] (*misspent, misspent*) förslösa, slösa bort
misstate [ˌmɪsˈsteɪt] oriktigt påstå (hävda) **-ment** [-mənt] oriktig uppgift
missus [ˈmɪsɪz] *se missis*
missy [ˈmɪsɪ] *vard.* liten fröken
mist [mɪst] I s dis, dimma, mist; imma; *through a* ~ *of tears* genom ett töcken av tårar II v 1 hölja i dimma, imma ner 2 bli dimmig, bli immig
mistake [mɪˈsteɪk] I s misstag, fel; miss|uppfattning, -förstånd; *by* ~ av misstag; *my* ~ det är (var) mitt fel; *make a* ~ *a*) misstaga sig, göra ett misstag, *b*) (*vid räkning e.d.*) göra (räkna, skriva) fel; *there's no* ~ *about it* det råder inget tvivel om det; *make no* ~, *and no* ~ det är inte tu tal om den saken, det kan du skriva upp II v (*mistook, mistaken*) 1 miss|förstå, -tolka, -uppfatta (*the situation* situationen) 2 ta fel (miste) på, misstaga sig på; *there's no mistaking...* det går inte att ta miste på... 3 ~ *s.b.* (*s.th.*) *for* förväxla ngn (ngt) med; *I mistook you for John* jag tog dig för (trodde att du var) John **-taken** [-(ə)n] I *perf. part. av mistake; be* ~ ta (ha) fel, misstaga sig (*about* [i fråga] om, på); *if I'm not* ~ om jag inte misstar mig (tar fel); *he cannot be* ~ *for anybody else* han kan inte förväxlas med ngn annan II *a* felaktig (*idea* uppfattning), falsk; missriktad (*love* kärlek); *a case of* ~ *identity* en förväxling **-takenly** [-(ə)nlɪ] *adv* av misstag; med orätt
mister [ˈmɪstə] I s herr[n]; ~ *chairman* herr ordförande II *v, vard.* tilltala med *mister*
mistime [ˌmɪsˈtaɪm] välja fel (olämplig) tidpunkt för; ~*d* olägligt
mistletoe [ˈmɪsltəʊ] *bot.* mistel
mistrans|late [ˌmɪstrænsˈleɪt] översätta fel, felöversätta **-lation** [-ˈleɪʃn] felöversättning
mistreat [ˌmɪsˈtriːt] behandla illa; misshandla
mistress [ˈmɪstrɪs] 1 älskarinna 2 hus|mor, -fru; matmor; föreståndarinna (*hunds*) matte; *the* ~ *of the house* frun i huset 3 *i sht BE.* lärarinna, lärare 4 härskarinna, härskare (*of* över); ägarinna, ägare (*of* till); *M*~ *of the Robes* (*BE.*) överhovmästarinna
mistrial [ˌmɪsˈtraɪ(ə)l] ogiltig[förklarad] rättegång
mistrust [ˌmɪsˈtrʌst] I s misstro (*of* mot, till) II *v* misstro **-ful** [-f(ʊ)l] misstrogen
misty [ˈmɪstɪ] dimmig, disig (*äv. bildl.*), immig; oklar, suddig (*äv. bildl.*)
misunderstand [ˌmɪsʌndəˈstænd] miss|förstå, -uppfatta **-ing** [-ɪŋ] miss|förstånd, -uppfattning; misshällighet, meningsskiljaktighet
misuse I s [ˌmɪsˈjuːs] missbruk; felaktig användning II *v* [ˌmɪsˈjuːz] 1 missbruka; använda felaktigt 2 misshandla
MIT *fork. för Massachusetts Institute of Technology*
1 mite [maɪt] I s 1 *bibl.*, *bildl.* skärv; *the widow's* ~ änkans skärv 2 parvel, pyre; *poor little* ~*!* stackars liten! II *adv, vard., a* ~ en smula, en aning; *not a* ~ inte ett dugg
2 mite [maɪt] *zool.* kvalster
miti|gable [ˈmɪtɪɡəbl] som kan blidkas (lindras, mildras) **-gate** [-geɪt] lindra, mildra; *-gating circumstances* förmildrande omständigheter **-gation** [ˌmɪtɪˈgeɪʃn] lindrande, mildrande
mitre [ˈmaɪtə] 1 *kyrkl.* mitra 2 *tekn.* gering; *sömn.* snett hörn **mitre box** *tekn.* geringslåda **mitre joint** *tekn.* geringsfog
mitt [mɪt] 1 halv|vante, -handske; [tum]vante 2 [baseboll]handske 3 *sl.* labb, karda, näve 4 *sl.* boxhandske **mitten** [ˈmɪtn] 1 [tum]vante 2 *sl.* boxhandske
mittimus [ˈmɪtɪməs] *jur.* häktningsorder
mix [mɪks] I *v* 1 blanda; mixa (*äv. film., tekn.*); röra ihop; ~ *s.th. in*[*to*] *s.th.* blanda i (röra ner) ngt i ngt; ~ *study and pleasure* förena studier med nöjen; *he tried to* ~ *it for Jane* (*vard.*) han försökte ställa till det för Jane; ~ *up a*) blanda [ihop] (*ingredients* ingredienser), *b*) förväxla; *be* (*get*) ~*ed up in* vara (bli) inblandad i; *she got* ~*ed up with bad company* hon råkade i dåligt sällskap; ~ *it up* (*AE. sl.*) råka i slagsmål, fajtas 2 korsa (*djur, växter*) 3 blanda sig, blandas 4 passa (gå) ihop; *study and pleasure don't* ~ studier och nöjen går inte ihop 5 umgås; blanda sig; ~ *well* vara sällskaplig av sig; *she has started to* ~ *in high society* hon har börjat umgås i societeten II *s* 1 mix, [färdig] blandning 2 *vard.* förvirring **mixed** [-t] blandad; sammansatt; bland-; ~ *bag* (*vard.*) skön blandning, blandad kompott; ~ *bathing* gemensamhetsbad; *it's a* ~ *blessing* det är på gott och ont; ~ *doubles* (*sport.*) mixed double; ~ *farming* jordbruk och boskapsskötsel; ~ *feelings* blandade känslor; ~ *grill* (*kokk.*) mixed grill; ~ *language* blandspråk; ~ *marriage* blandäktenskap; ~ *school* samskola **mixed-up** [mɪkstˈʌp] förvirrad
mixer [ˈmɪksə] 1 blandare; mixer; matberednings-, hushålls|maskin 2 ljudtekniker; mixerbord 3 *vard., he is a good* ~ han har lätt för att umgås med folk, han har många kontakter 4 groggvirke; läsk, juice (*e.d. som används t. drinkar*) **mixture** [ˈmɪkstʃə] 1 blandning; ~ *of teas* teblandning 2 *farm., mus.* mixtur **mix-up** [ˈmɪksʌp] 1 röra; förvirring, oklarhet 2 *vard.* slagsmål
miz[z]en [ˈmɪzn] *sjö.* mesan[segel] **-mast** *sjö.* mesanmast
Mk. *fork. för mark* märke **mk.** *fork. för mark* (*valuta*) **mkt.** *fork. för market* **ml** *fork. för mile;*

millilitre **MLA** *förk. för (AE.) Modern Language Association* **M.Litt.** *förk. för Magister Litterarum (lat.)* **Master of Letters M.M.** *förk. för Military Medal* **mm** *förk. för millimetre* **M.mus.** *förk. för Master of Music* **M.N.** *förk. för (BE.) Merchant Navy* **MN** *förk. för Minnesota*
mnemon|ic [niːˈmɒnɪk] **I** *a* mnemoteknisk, som underlättar erinringen **II** *s* stöd för minnet, minnesregel **-ics** [-ɪks] *(behandlas vanl. som sg)* mnemo[tek]nik, minnesteknik
MO *förk. för Missouri*
mo [məʊ] *vard., i sht BE. (kortform av moment) half a* ~ en halv sekund, ett ögonblick
Mo. *förk. för Missouri* **mo.** *förk. för month*[s]
M.O. *förk. för Medical Officer; mail order; money order* **m.o.** *förk. för mail order; money order*
moan [məʊn] **I** *v* **1** jämra sig, stöna **2** *vard.*, ~ *and groan* gnöla och gnälla, knota **3** jämra sig över **II** *s* **1** jämmer, stönande **2** *vard.* knot, gnöl, gnäll **-ing** [ˈməʊnɪŋ] jämmer, stönande; klagan
moat [məʊt] **I** *s* vallgrav **II** *v* omge med vallgrav
mob [mɒb] **I** *s* **1** [larmande] folkhop, folkmassa; mobb, pöbel; *the* ~ *(neds.)* massorna **2** *neds.* grupp, gäng **3** *sl.* [förbrytar]gäng, liga **II** *v* **1** attackera, anfalla **2** skocka sig (samlas) omkring
mobcap [ˈmɒbkæp] *hist.* spetsmössa
mobile [ˈməʊbaɪl] **I** *a* rörlig, mobil; ~ *home* husvagn *(som används som permanentbostad)*; ~ *library* bokbuss; *are you* ~ *tonight?* *(vard.)* har du [tillgång till] bil i kväll? **II** *s* mobil **mobility** [mə(ʊ)ˈbɪlətɪ] rörlighet
mobi|lization *(BE. äv. -lisation)* [ˌməʊbɪlaɪˈzeɪʃn] mobilisering **-lize** *(BE. äv. -lise)* [-laɪz] mobilisera *(äv. bildl.)*; uppbåda; göra rörlig
mob law [ˈmɒblɔː] pöbelvälde **mob orator** [-ˌɒrətə] folktalare **mob rule** [-ruːl] pöbelvälde
mobster [ˈmɒbstə] *AE. sl.* gangster, ligamedlem
moccasin [ˈmɒkəsɪn] **1** mockasin **2** *zool.*, [*water*] ~ mockasinorm
mocha [ˈmɒkə] **1** mocka[kaffe] **2** mocka[skinn]
mock [mɒk] **I** *v* **1** för|håna, -löjliga, göra sig lustig över, driva med **2** imitera, härma **3** gäcka; trotsa; omintetgöra *(a p.'s plans* ngns planer) **4** ~ *at* göra sig lustig över, driva med **II** *s* **1** *make a* ~ *of s.b.* göra narr av ngn, göra ngn till åtlöje **2** imitation, efterapning **III** *a* oäkta, falsk, imiterad; låtsad, spelad; sken-, fingerad; ~ *combat* sken-, spegel|fäktning; ~ *orange (bot.)* [lukt]schersmin; ~ *sun* bi-, väder|sol; ~ *turtle soup* falsk sköldpaddssoppa **mocker** [ˈmɒkə] **1** hånare, bespottare **2** *vard.*, *put the* ~*s on s.th.* fördärva (sabba) ngt **mockery** [ˈmɒkərɪ] **1** hån; förlöjligande, drift, gyckel *(of av, med)*; [föremål för] åtlöje; parodi; *a* ~ *of a trial* en farsartad (en parodi på en) rättegång; *that is a* ~ *of justice* det är ett hån mot all rättvisa; *make a* ~ *of s.b.* göra ngn till åtlöje; *make a* ~ *of s.th.* förhåna ngt **2** imitation, efterapning **mock-heroic** [ˌmɒkhɪˈrəʊɪk] **I** *a* komiskt (parodiskt) heroisk (hjältelik) **II** *s* parodisk hjältedikt **mocking** [ˈmɒkɪŋ] hånfull; gäckande **mocking-bird** [ˈmɒkɪŋbɜːd] *zool.* härm|trast, -fågel **mock-up** [ˈmɒkʌp] modell *(i full skala)*
M.O.D. *förk. för Ministry of Defence* **mod.** *förk. för moderate; modern*
modal [ˈməʊdl] modal; ~ *auxiliary verb* modalt hjälpverb

mod. cons. *vard. förk. för modern conveniences*
mode [məʊd] **1** sätt; form; ~ *of expression* uttrycks|sätt, -form; ~ *of life* levnadssätt **2** mode; *be the* ~ vara på modet **3** *mus.* tonart; *major* ~ durtonart **4** *filos.* modus; (*i logiken*) modalitet
model [ˈmɒdl] **I** *s* **1** modell; *bildl. äv.* mönster, förebild; *on the* ~ *of* efter [mönstret av]; *it is made on the* ~ *of (äv.)* det är en efterbildning av **2** [foto]modell; mannekäng; prov-, skylt|docka **II** *a* **1** modell-; ~ *railway* modelljärnväg **2** mönster-, exemplarisk, mönstergill; *a* ~ *husband* en exemplarisk (idealisk) äkta man **III** *v* **1** [ut]forma; rita, göra [modellen till]; ~ *A [up]on (after) B* göra ([ut]forma, bilda) A med B som förebild; ~ *o.s. on s.b.* ta efter ngn, ta ngn som förebild **2** modellera; [ut]forma; *her delicately* ~*led features* hennes fint tecknade (utmejslade) [ansikts]drag **3** *(som mannekäng)* visa (kläder) **4** modellera **5** arbeta som (vara) [foto]modell (mannekäng); ~ *for s.b. a)* stå modell för ngn, *b)* vara mannekäng hos ngn **modelling** [-ɪŋ] **1** modellering, utformning, formande **2** arbete som [foto]modell (mannekäng); *do some* ~ arbeta som fotomodell (mannekäng)
modem [ˈməʊdem] *data.* modem
moderate I *a* [ˈmɒd(ə)rət] moderat *(äv. polit.)*, måttfull, måttlig; rimlig, sansad; ~ *breeze* måttlig vind, god bris; ~ *demands* måttliga (rimliga) krav; ~ *gale* hård vind, styv kuling **II** *s* [ˈmɒd(ə)rət] moderat [politiker] **III** *v* [ˈmɒdəreɪt] **1** moderera; mildra **2** lugna sig; mildras; avta, minska **3** presidera, sitta som ordförande *(over a meeting* vid ett möte) **moderately** [-lɪ] *adv* **1** någorlunda **2** måttligt, lagom **moderation** [ˌmɒdəˈreɪʃn] **1** moderation, måtta, måttfullhet, måttlighet; *in* ~ med måtta, måttligt, lagom **2** moderering **moderator** [ˈmɒdəreɪtə] **1** ordförande; förhandlingsledare; programledare **2** medlare **3** *kärnfys.* moderator **4** *Cambr., Oxf.* examinator
modern [ˈmɒd(ə)n] **I** *a* modern; nymodig; nutida; ~ *conveniences* moderna bekvämligheter; *M*~ *English* nyengelska *(från ca 1450)*; ~ *languages* moderna språk; ~ *times a)* nutiden, *b)* moderna tider **II** *s* modern människa, nutidsmänniska **modernism** [ˈmɒdənɪz(ə)m] modernism; modern företeelse (uppfattning) **modernist** [ˈmɒdənɪst] **I** *s* modernist **II** *a* modernistisk **modernity** [mɒˈdɜːnətɪ] modernitet, nymodighet **moderni|zation** [ˌmɒdənaɪˈzeɪʃn] *(BE. äv. -sation)* modernisering **modern|ize** *(BE. äv. -ise)* [ˈmɒdənaɪz] **1** modernisera **2** vara (bli) modern
modest [ˈmɒdɪst] **1** blygsam, anspråkslös, försynt, modest; måttlig, ringa **2** anständig, ärbar **modesty** [-ɪ] **1** blygsamhet; anspråkslöshet **2** anständighet, ärbarhet
modicum [ˈmɒdɪkəm] [liten] smula, minimum
modi|fiable [ˈmɒdɪfaɪəbl] modifierbar **-fication** [ˌmɒdɪfɪˈkeɪʃn] ändring, jämkning; modifikation, modifiering **-fier** [ˈmɒdɪfaɪə] *språkv.* bestämning[sord] **-fy** [-faɪ] **1** [för]ändra, jämka på; modifiera **2** *språkv.* bestämma
modish [ˈməʊdɪʃ] modebetonad, fashionable; på modet, modern
modiste [məʊˈdiːst] tillverkare (försäljare) av eleganta damkläder; modist

modular ['mɒdjʊlə] modul- **modu|late** ['mɒdjʊleɪt] modulera (*äv. mus.*); anpassa (*to* efter) **-lation** [,mɒdjʊ'leɪʃn] modulation, modulering (*äv. mus.*)
module ['mɒdjuːl] modul; enhetsmått; *lunar* ~ mån|modul, -landare
Mogul ['məʊgʌl] **1** mogul; mongol; *the Great* ~ Stormogul, Stora Mogul **2** *m*~ magnat, [stor] pamp
M.O.H. *förk. för Medical Officer of Health*
mohair ['məʊheə] mohair
Mohammed [mə(ʊ)'hæməd] Muhammed **-an** [-'hæmɪd(ə)n] **I** *s* muhammedan **II** *a* muhammedansk
M.O.I. *förk. för Ministry of Information*
moiety ['mɔɪətɪ] hälft; halva
moire [mwɑː] moaré **moiré** ['mwɑːreɪ] **I** *a* vattrad, moaré- **II** *s* **1** vattring **2** moaré
moist [mɔɪst] fuktig **moisten** ['mɔɪsn] **1** fukta **2** bli fuktig **moisture** ['mɔɪstʃə] fukt, fuktighet **moistur|izer** (*BE. äv. -iser*) ['mɔɪstʃəraɪzə] fuktighetsbevarande crème
moke [məʊk] *BE. sl.* åsna
molar ['məʊlə] **I** *a* molar-, kind-; ~ *tooth, se molar II* **II** *s* molar, kind-, oxel|tand
molasses [mə(ʊ)'læsɪz] (*behandlas som sg*) melass; *AE.* sirap
mold [məʊld] *AE., se mould*
Moldavia [mɒl'deɪvjə] **1** Moldavien, Moldaviska Sovjetrepubliken **2** (*flod*) Moldau, Vltava
1 mole [məʊl] födelsemärke, leverfläck
2 mole [məʊl] *zool.* mullvad
3 mole [məʊl] pir, vågbrytare
molecular [mə(ʊ)'lekjʊlə] molekyl-, molekylär, molekular; ~ *weight* molekylmassa **molecule** ['mɒlɪkjuːl] *fys., kem.* molekyl
mole|hill ['məʊlhɪl] mullvadshög; *make a mountain out of a* ~ göra en höna av en fjäder **-skin 1** mullvadsskinn **2** mollskinn; ~*s* (*pl*) mollskinnsbyxor
molest [mə(ʊ)'lest] störa, ofreda, genera; antasta **molestation** [,məʊle'steɪʃn] ofredande
moll [mɒl] *sl.* **1** gangsterbrud **2** fnask
mollify ['mɒlɪfaɪ] **1** lugna **2** mildra, dämpa, lindra
mollusc *BE.*, **mollusk** *AE.* ['mɒləsk] *zool.* molusk, blötdjur
mollycoddle ['mɒlɪˌkɒdl] **I** *s* vekling, bortklemad person **II** *v* klema bort, klema med
Molotov cocktail ['mɒlətɒfˌkɒkteɪl] molotovcocktail (*hemmagjord bensinbomb*)
molt [məʊlt] *AE., se moult*
molten ['məʊlt(ə)n] **I** *a* smält; flytande **II** *åld., perf. part. av melt*
Moluccas [mə'lʌkəs] *pl, the* ~ Moluckerna
molybdenum [mɒ'lɪbdɪnəm] *kem.* molybden
mom [mɒm] *vard., i sht AE.* mamma
moment ['məʊmənt] **1** ögonblick, [liten] stund; tidpunkt; *the* ~ *of truth* sanningens ögonblick; *the* ~ *it happened* [i] samma ögonblick som det hände, med detsamma det hände; *the man of the* ~ mannen för dagen; *I shan't be a* ~! jag är strax tillbaka (färdig)!; *one* ~!, *half* (*just, wait*) *a* ~! ett ögonblick!, vänta lite (ett slag)!; *this* ~ *a*) genast, med detsamma, *b*) alldeles nyss; *any* ~ [*now*], *at any* ~ när (vilket ögonblick) som helst, varje ögonblick; *at a* ~*'s notice* med detsamma, när som helst; *at the* ~ just nu (då), för ögonblicket, för tillfället; *at the last* ~ i sista stund (ögonblicket); *not for a* ~ aldrig, inte för en sekund; *I didn't hesitate for a* ~ jag tvekade inte en sekund; *in a* ~ *a*) genast, strax, om ett ögonblick, *b*) på ett ögonblick; *in a* ~ *of madness* i ett anfall av galenskap **2** betydelse, vikt; *of little* ~ oviktig, betydelselös **3** *fys.* moment
momen|tarily *a* ['məʊmənt(ə)rɪlɪ] för ett ögonblick, tillfälligt; för varje ögonblick **-tary** [-t(ə)rɪ] ögonblicklig, tillfällig, momentan **-tous** [mə(ʊ)'mentəs] betydelsefull, viktig **-tum** [mə(ʊ)'mentəm] **1** *fys.* rörelsemängd; impuls **2** drivkraft; styrka; fart; *gain* (*gather*) ~ få (ta) fart, *bildl.* bli slagkraftig, vinna mark
Mon. *förk. för Monday* **mon.** *förk. för monetary*
Monaco ['mɒnəkəʊ] Monaco
monad ['mɒnæd] *filos., biol., kem.* monad
monarch ['mɒnək] monark, kung; härskare **monar|chial, -chic[al]** [mɒ'nɑːˌkɪəl, -kɪk(l)] monarkisk, konungslig; monarkistisk **monarchist** ['mɒnəkɪst] **I** *s* monarkist **II** *a* monarkistisk **monarchistic** [,mɒnə'kɪstɪk] monarkistisk **monarchy** ['mɒnəkɪ] monarki
monas|tery ['mɒnəst(ə)rɪ] [munk]kloster **-tic** [mə'næstɪk] kloster-, munk- **-ticism** [mə'næstɪsɪz(ə)m] **1** kloster-, munk|väsen **2** klosterliv
monaural [ˌmɒn'ɔːr(ə)l] **1** [avsedd] för ett öra **2** mono[-], enkanalig
Monday ['mʌndɪ] (*jfr Friday*) måndag
mondial ['mɒndɪəl] världs-, universell
Monegasque [ˌmɒnɪ'gæsk] **I** *s* monegask **II** *a* monegasisk
monet|ary ['mʌnɪt(ə)rɪ] penning-, mynt-, monetär; valuta-; ~ *unit* valuta-, mynt|enhet; *the International M*~ *Fund* Internationella valutafonden
money ['mʌnɪ] **1** (*saknar pl*) pengar; *hard-earned* ~ surt förvärvade slantar; *your* ~ *or your life!* pengar eller livet!; *cheap at the* ~ billig för det priset; *be in the* ~ (*vard.*) ha (tjäna) pengar som gräs; *be out of* ~ vara pank; *there is* ~ *in it* där finns pengar att tjäna; *for my* ~ (*äv.*) enligt min åsikt; *that's the one for my* ~! jag satsar på honom (henne, den)!; *get one's* ~*'s worth* få valuta för pengarna (sina pengar); *keep s.b. in* ~ stödja ngn ekonomiskt; *make* ~ *a*) tjäna [mycket] pengar, *b*) vara lönsam; *put* ~ *into* investera pengar i; *put* ~ *on* satsa pengar på; *that's throwing good* ~ *after bad* (*vard.*) det är att kasta goda pengar efter dåliga; ~ *talks* (*vard.*) allt går att få för pengar **2** (*pl* ~ *el. monies*) mynt|slag, -sort
moneybag 1 penningpung **2** *sl.*, ~*s* (*behandlas som sg*) rik knös **money-box** sparbössa **moneyed** [-d] **1** förmögen, penningstark **2** penning- **money-grubber** [-ˌgrʌbə] roffare; girigbuk **money-grubbing** [-ˌgrʌbɪŋ] **I** *a* girig, sniken **II** *s* rofferi; snikenhet **moneylender** [-ˌlendə] penningutlånare **moneymaker** [-ˌmeɪkə] person som tjänar mycket pengar; lönande företag, guldgruva **moneymaking** [-ˌmeɪkɪŋ] **1** lönande, inbringande **2** som tjänar [mycket] pengar **money market** [-ˌmɑːkɪt] penningmarknad **money order** [-ˌɔːdə] *i sth AE.* postanvisning **money-spinner** [-ˌspɪnə]

vard. bildl. guldgruva, lönande sak **money wages** [-ˌweɪdʒɪs] nominella löner **moneywort** [-wɜːt] *bot.* penningblad
Mongol [ˈmɒŋɡɒl] **I** *s* **1** mongol **2** *med.*, *m~* mongol[o]id [person] **II** *a* **1** mongolisk **2** *med.* mongol[o]id **Mongolia** [mɒŋˈɡəʊljə] Mongoliet **Mongolian** [mɒŋˈɡəʊljən] **I** *a* mongolisk **II** *s* **1** mongol **2** mongoliska [språket] **mongolism** [ˈmɒŋɡə(ʊ)lɪz(ə)m] *med.* mongolism **Mongoloid** [ˈmɒŋɡələɪd] **I** *a* **1** mongol-, mongol[o]id **2** *med.*, *m~* mongol[o]id **II** *s* **1** mongol **2** *med.*, *m~* mongol[o]id [person]
mongoose [ˈmɒŋɡuːs] *zool.* mungo
mongrel [ˈmʌŋɡr(ə)l] **I** *s* **1** korsning, bland|ras, -art, bastard; halvblod **2** bondhund, byracka **II** *a* bastard-, korsnings-, av blandras
monies [ˈmʌnɪz] *pl av money, se money 2*
monition [mə(ʊ)ˈnɪʃn] varning; tillrättavisning, förmaning
monitor [ˈmɒnɪtə] **I** *s* **1** kontroll|apparat, -anordning; övervakare, kontrollör **2** *skol.* ordningsman **3** *tekn.* strålningsmätare; *TV. e.d.* monitor, kontrollmottagare **4** *zool.* varan **II** *v* kontrollera, övervaka; lyssna på, avlyssna
monk [mʌŋk] munk
monkey [ˈmʌŋkɪ] **I** *s* **1** *zool.* apa; *make a ~ of s.b.* (*vard.*) göra narr av (driva med) ngn; *get the ~ off [one's back]* (*AE. sl.*) lägga av med knark **2** rackarunge, rackare **3** *sl.* (*i vadhållning*) £500; *AE.* $500 **II** *v*, *vard.*, *~ about* pillra, mixtra; *~ with* pillra (mixtra) med **monkey bread tree** [-ˌbredˌtriː] apbrödsträd, baobab **monkey business** [-ˌbɪznɪs] *sl.* rackartyg; skumma affärer **monkey jacket** [-ˌdʒækɪt] kort åtsittande jacka **monkey nut** [-nʌt] *BE.* jordnöt **monkey suit** *AE. sl.* frack; smoking; uniform **monkey tricks** [-trɪks] *pl, vard.* rackartyg, ofog **monkey wrench** [-ren(t)ʃ] skiftnyckel
monkish [ˈmʌŋkɪʃ] munk-, munkaktig, munklik
monkshood [-shʊd] *bot.* stormhatt
Monmouthshire [ˈmɒnməθʃə]
mono [ˈmɒnəʊ] mono[-], enkanalig **-chromatic** [ˌmɒnə(ʊ)krə(ʊ)ˈmætɪk] monokrom[atisk] **-chrome** [ˈmɒnəkrəʊm] **I** *s* monokrom [målning] **II** *a* monokrom; svartvit (*television* TV)
monocle [ˈmɒnəkl] monokel
monoga|mous [məˈnɒɡəməs] monogam **-my** [-mɪ] monogami, engifte
monogram [ˈmɒnəɡræm] monogram, namnchiffer
monograph [ˈmɒnəɡrɑːf] monografi
monolith [ˈmɒnə(ʊ)lɪθ] monolit **-ic** [ˌmɒnə(ʊ)ˈlɪθɪk] **1** monolitisk **2** gigantisk, jättelik; omedgörlig; oåtkomlig
monologue [ˈmɒnəlɒɡ] monolog
monoma|nia [ˌmɒnə(ʊ)ˈmeɪnjə] monomani, fix idé, vurm **-niac** [-nɪæk] monoman
monophonic [ˌmɒnə(ʊ)ˈfɒnɪk] monofonisk; mono[-], enkanalig
monophthong [ˈmɒnəfθɒŋ] *språkv.* monoftong
monoplane [ˈmɒnə(ʊ)pleɪn] *flyg.* monoplan
monopo|lize (*BE. äv. -lise*) [məˈnɒpəlaɪz] monopolisera, lägga under monopol; ha monopol på; *bildl. äv.* lägga beslag på **-ly** [-ɪ] monopol (*of, on* på)
monorail [ˈmɒnə(ʊ)reɪl] enskenig järnväg

monosyl|labic [ˌmɒnə(ʊ)sɪˈlæbɪk] enstavig, monosyllabisk **-lable** [ˈmɒnəˌsɪləbl] enstavigt ord
monotheism [ˈmɒnə(ʊ)θiːˌɪz(ə)m] monoteism
mono|tone [ˈmɒnətəʊn] **I** *s* entonighet; monoton klang; monoton röst **II** *a* monoton, entonig **-tonous** [məˈnɒtnəs] monoton; entonig; enformig **-tony** [məˈnɒtnɪ] monotoni; entonighet; enformighet
monovalent [ˈmɒnə(ʊ)ˌveɪlənt] *kem.* monovalent, envärd
monoxide [mɒˈnɒksaɪd] monoxid; *carbon ~* koloxid
Monroe [mənˈrəʊ]
monsieur [məˈsjɜː] (*pl messieurs* [ˈmesəz]) herr[e], monsieur
monsoon [mɒnˈsuːn] monsun
monster [ˈmɒnstə] **I** *s* monster, vidunder, odjur; missfoster **II** *a* ofantlig, kolossal, enorm
monstrance [ˈmɒnstr(ə)ns] *kyrkl.* monstrans
mon|strosity [mɒnˈstrɒsətɪ] **1** monster, vidunder, odjur; missfoster **2** monstrositet, abnormitet **-strous** [ˈmɒnstrəs] **1** monstruös, vidunderlig, oformlig; monströs, missbildad **2** ofantlig, kolossal, enorm **3** avskyvärd, ohygglig, chockerande
Mont. *förk. för Montana*
montage [mɒnˈtɑːʒ] montage
Montagu[e] [ˈmɒntəɡjuː]
Montana [mɒnˈtænə]
month [mʌnθ] månad; *the ~ of April* april månad, månaden april; *six ~s* (*äv.*) ett halvår; *this ~* den här månaden, i denna månad; *for ~s* i (på) månader; *a ~ of Sundays* (*vard.*) oändligt länge, en evighet; *never in a ~ of Sundays* (*vard.*) aldrig i livet **-ly** [ˈmʌnθlɪ] **I** *a* månads-, månatlig **II** *adv* månatligen, varje månad; *twice ~* två gånger i månaden **III** *s* **1** månads|tidskrift, -tidning, månatligen utkommande skrift **2** *vard.*, *-lies* (*pl*) mens
monu|ment [ˈmɒnjʊmənt] monument, minnesmärke (*äv. bildl.*); grav[vård] **-mental** [ˌmɒnjʊˈmentl] **1** monumental, storslagen, imponerande **2** monument-, minnes- **3** *vard.* kolossal, enorm, monumental (*ignorance* okunnighet)
moo [muː] **I** *v* säga mu, råma, böla **II** *s* råmande, bölande **III** *interj* mu!
mooch [muːtʃ] *sl.* **1** *~ [about, around]* slå dank, gå och drälla **2** smyga sig **3** *i sht AE.* snylta, tigga; sno, knycka
1 mood [muːd] **1** humör, sinnesstämning; *in the ~* på humör; *be in the ~ for s.th.* ha lust med ngt, vara pigg på ngt; *be in no ~* inte ha lust **2** nedstämdhet; *I'm in a ~* jag känner mig nedstämd (dyster)
2 mood [muːd] *språkv.* modus; *the indicative ~* indikativ; *the subjunctive ~* konjunktiv
moody [ˈmuːdɪ] lynnig; på dåligt humör, sur
moon [muːn] **I** *s* **1** måne; månsken; *full ~* fullmåne; *new ~* nymåne; *the man in the ~* gubben i ~ det är månsken; *be over the ~* vara i sjunde himlen; *cry for the ~* begära det orimliga; *promise s.b. the ~* lova ngn guld och gröna skogar; *reach for the ~* försöka ta ner månen **II** *v* **1** *~ away* drömma bort (*one's time* sin tid) **2** *~ [around]* gå omkring och drömma, dagdrömma

moonbeam—morning

moon|beam ['mu:nbi:m] månstråle **-calf** idiot **-light I** s mån|ljus, -sken **II** a månskens-; ~ *walk* månskenspromenad **III** v, vard. extraknäcka, jobba extra (*i sht på kvällen*) **-lit** mån|belyst, -ljus **-scape** månlandskap **-shine 1** månsken **2** nonsens **3** *AE.* hembränd whisky, smuggelsprit **-shiner** [-ˌʃaɪnə] *AE. sl.* hembrännare, spritsmugglare **-stone** [-stəʊn] *miner.* månsten **-struck** vansinnig

moony ['mu:nɪ] **1** mån- **2** *vard.* drömmande, drömsk **3** *BE. sl.* tokig

Moor [mʊə] mor; morian
1 moor [mʊə] hed
2 moor [mʊə] *sjö.* förtöja **-age** ['mʊərɪdʒ] *sjö.* förtöjning; förtöjningsplats; hamnavgift **moor|cock** ['mʊəkɒk] *zool.* [tupp av] moripa **-hen** *zool.* **1** rörhöna **2** [höna av] moripa

mooring ['mʊərɪŋ] *sjö.* **1** förtöjningsplats **2** förtöjningsboj **3** ~s (*pl*) *a*) förtöjningar, *b*) *bildl.* fast punkt, stöd **mooring cable** förtöjnings-, ankar|tross

Moorish ['mʊərɪʃ] morisk
moorland ['mʊələnd] hed[land]
moose [mu:s] (*pl lika*) [nordamerikansk] älg
moot [mu:t] **I** a diskutabel, omtvistad, öppen (*point* fråga) **II** v föra på tal, ta upp till diskussion **III** s, *hist.* folkmöte

mop [mɒp] **I** s **1** mopp, svabb **2** kalufs **II** v **1** moppa av, svabba; ~ *up a*) torka upp, *b*) *vard.* klara av, slutföra, *c*) *mil.* rensa [från fiender]

mope [məʊp] **I** v vara nerstämd (nere); tjura **II** s **1** dyster (tjurig) person **2** *the* ~s (*pl*) nedstämdhet

moped ['məʊped] moped
mop-up ['mɒpʌp] **1** upptorkning **2** *mil.* rensning
moraine [mɒ'reɪn] *geol.* morän
moral ['mɒr(ə)l] **I** a **1** moralisk, moral-; sedlig, sedlighets-; andlig; ~ *courage* moraliskt mod; ~ *law* sedelag; ~ *lecture* moralpredikan; ~ *sense a*) moralbegrepp, anständighetskänsla, *b*) andemening; ~ *support* moraliskt stöd; ~ *victory* moralisk seger; *it is a* ~ *certainty that* man kan med säkerhet säga att **II** s **1** [moralisk] lärdom, sensmoral; *draw a* ~ *from* dra lärdom av **2** ~s (*pl*) moral (*i sht sexualmoral*), seder, moraliska principer **morale** [mɒ'rɑ:l] [strids]moral, kampanda **moralist** ['mɒrəlɪst] moralist **morality** [mə'rælətɪ] **1** moral; moralitet, sedlighet; moral-, sede|lära **2** ~ [*play*] moralitet (*medeltida allegoriskt skådespel*) **moral|ize** (*BE. äv.* -ise) ['mɒrəlaɪz] **1** moralisera (*about*, [*up*]*on* över), predika moral **2** dra moralen ur **3** förbättra moralen **moral|izer** (*BE. äv.* -iser) ['mɒrəlaɪzə] moralpredikant

morass [mə'ræs] moras, träsk (*äv. bildl.*), sumpmark; *bildl. äv.* virrvarr
moratorium [ˌmɒrə'tɔ:rɪəm] moratorium; betalningsanstånd; anstånd, uppskov
Moravia [mə'reɪvjə] Morava, Mähren
morbid ['mɔ:bɪd] sjuklig, morbid; sjukligt dyster; onaturlig; makaber, ohygglig; ~ *anatomy* patologisk anatomi **-ity** [mɔ:'bɪdətɪ] sjuklighet, morbiditet; dysterhet; onaturlighet; ohygglighet

mor|dacious [mɔ:'deɪʃəs] sarkastisk, bitande, vass **-dant** ['mɔ:d(ə)nt] **I** a sarkastisk, bitande, vass **II** s betningsmedel; etssyra; fixermedel
mordent ['mɔ:d(ə)nt] *mus.* mordent

more [mɔ:] (*komp. av much o. many*) mer, mera; fler, flera; ytterligare, till; vidare; ~ *beautiful* vackrare; ~ *than happy* överlycklig; ~ *lazy than stupid* snarare lat än dum; ~ *thrilling* mera spännande; ~ *friends* fler[a] vänner; ~ *and* ~ mer och mer, fler och fler, alltmer[a]; ~ *or less a*) mer eller mindre, *b*) cirka, ungefär; *neither* ~ *nor less varken mer eller mindre; the* ~ *the merrier* ju fler [a] desto trevligare; *the* ~ *is the pity* desto mera synd, så mycket värre; *he is the* ~ *intelligent of the two* han är den intelligentare (intelligentaste) av de två; *the* ~ *you give them, the* ~ *they want* ju mer du ger dem, desto mer vill de ha; *the* ~ *fool you for giving them the money* hur kunde du vara så dum och ge dem pengarna; *once* ~ en gång till, om igen; *three* ~ tre till, ytterligare tre; *all the* ~ så mycket (desto) mer[a]; *all the* ~ *so because* så mycket mer[a] som; *there's* ~ *to it* [*than that*] det är inte så enkelt, det ligger ngt bakom; *and what's* ~ till råga på allt, och inte nog med det; *that's* ~ *like it!* (*vard.*) nu börjar det likna ngt!, det var annat det!; *are there any* ~ *of them?* finns det fler[a] ?; *is there any* ~ *wine in the bottle?* finns det [ngt] vin kvar i flaskan?; *never* ~ aldrig mer; *not any* ~ *a*) inte mer[a], inte fler[a], *b*) aldrig mer[a], *c*) inte längre; *no* ~ *a*) inte mer[a], inte (inga) fler[a], *b*) aldrig (inte) mer, *c*) inte längre, *d*) inte heller, *e*) lika litet; *no* ~ *than a*) bara, inte mer än, *b*) lika litet som; *no* ~ *of that!* nu får det vara nog!; *no* ~ *singing!* sluta sjunga!, nu får det vara slut med sjungandet!; *be no* ~ inte längre leva (existera); *she is no* ~ *an expert than I am* hon är inte mer expert än vad jag är; *that's no* ~ *than I expected* det var just det jag hade väntat mig; *no* ~ *do I* [det gör] inte jag heller; *I saw no* ~ *of him* jag såg aldrig mer till honom; *some* ~ litet mer (till); *some* ~, *please!* kan jag få litet till?; *do you want some* ~ *tea?* vill du ha litet te till (mera te)?

moreish ['mɔ:rɪʃ] *vard.*, *be* ~ ha mersmak
morel [mɒ'rel] *bot.* [topp]murkla
morello [mə'reləʊ] *bot.* morell
moreover [mɔ:'rəʊvə] dessutom
mores ['mɔ:ri:z] *pl* sedvänjor, seder och bruk
Moresque [mɒ'resk] morisk
morganatic [ˌmɔ:gə'nætɪk] morganatisk
morgue [mɔ:g] **1** bårhus **2** *vard.* (*tidnings*) klipparkiv
moribund ['mɒrɪbʌnd] döende; utdöende (*species* art); *bildl.* dödsdömd, dödfödd (*plan* plan)
morish ['mɔ:rɪʃ] *se moreish*
Mormon ['mɔ:mən] **I** s mormon **II** a mormonsk; *the* ~ *State* Mormonstaten (*Utah*)
morn [mɔ:n] *poet.* morgon
morning ['mɔ:nɪŋ] **I** s morgon; förmiddag; *bildl.* gryning, morgon, början; *the* ~ *of life* livets morgon; *good* ~! godmorgon, goddag, adjö; *tomorrow* ~ i morgon bitti; *the* ~ *dawned* det (morgonen) grydde; *in the* ~ på morgonen (förmiddagen), på (om) mornarna (förmiddagarna); *early in the* ~ tidigt på morgonen; ~s (*pl, vard.*) på mornarna; *on the* ~ *of April 29* på morgonen den 29 april; *have got the* ~ *after* [*the night before*] ha baksmälla **II** a morgon-, förmiddags-; ~ *coat* jackett; ~ *sickness* (*vard.*) illamående på morgnarna (*vid graviditet*); ~ *star* morgonstjärna (*t.ex. Ve-*

nus) **morning-glory** [ˌmɔːnɪŋˈglɔːrɪ] *bot.* Ipomoea **morning-room** [ˈmɔːnɪŋrʊm] *ung.* vardagsrum

Moroc|can [məˈrɒkən] **I** *s* marockan **II** *a* marockansk **-co** [-əʊ] **1** Marocko **2** *m~* marokäng

moron [ˈmɔːrɒn] **1** idiot, fårskalle **2** *med.* debil [person]

morose [məˈrəʊs] på dåligt humör, sur; dyster

morpheme [ˈmɔːfiːm] *språkv.* morfem

mor|phia [ˈmɔːfjə], **-phine** [-fiːn] morfin **-phinism** [ˈmɔːfɪnɪz(ə)m] morfinism

morphology [mɔːˈfɒlədʒɪ] *biol., språkv.* morfologi

Morris chair [ˈmɒrɪstʃeə] länstol (*med ställbar rygg*) **morris dance** morrisdans (*slags folkdans utförd av män*)

morrow [ˈmɒrəʊ] *åld. el. poet.*, *the* ~ följande dag, morgondagen; *on the* ~ *of* tiden närmast efter, omedelbart efter

Morse code [ˈmɔːskəʊd] *s*, [*the*] ~ morsealfabetet

morsel [ˈmɔːsl] munsbit, smula, liten bit

mortal [ˈmɔːtl] **I** *a* **1** dödlig; jordisk; döds-; dödande, dödsbringande; ~ *agony* dödsångest; ~ *blow* dödande slag; ~ *enemy* dödsfiende; ~ *illness* dödlig sjukdom; *our* ~ *life* vårt jordiska liv; ~ *sin* dödssynd; ~ *weapon* dödsbringande vapen **2** fruktansvärd, förskräcklig; intensiv **3** möjlig, upptänklig; *no* ~ *use* ingen upptänklig (som helst) nytta; *not a* ~ *thing* inte ett enda dugg **4** *sl.* dötrist **II** *s* **1** dödlig [människa] **2** *vard.* människa, typ, själ **-ity** [mɔːˈtælətɪ] **1** dödlighet **2** dödlighet; dödssiffra **3** människosläktet **-ly** [ˈmɔːtəlɪ] *adv* dödligt; *vard.* väldigt

mortar [ˈmɔːtə] **I** *s* **1** mortel **2** granatkastare; mörsare **3** murbruk **II** *v* **1** mura **2** skjuta med granatkastare (mörsare) **-board 1** murbruksbräda **2** (*fyrkantig tofsprydd*) akademikerhatt

mort|gage [ˈmɔːgɪdʒ] **I** *s* hypotek, inteckning; hypoteks-, inteckningshandling **II** *v* **1** inteckna, belåna **2** *vard.* sätta i pant **-gagee** [ˌmɔːgəˈdʒiː] hypotekinnehavare **-gager** [ˈmɔːgɪdʒə], **-gagor** [ˌmɔːgəˈdʒɔː] hypoteks-, inteckningsgäldenär

mortice [ˈmɔːtɪs] *se* mortise

mortician [mɔːˈtɪʃn] *AE.* begravningsentreprenör

morti|fication [ˌmɔːtɪfɪˈkeɪʃn] **1** förödmjukelse; grämelse, harm **2** späkning **3** *med.* kallbrand **-fy** [ˈmɔːtɪfaɪ] **1** förödmjuka; gräma, förarga **2** späka **3** *med.* få kallbrand **4** *med.* förorsaka kallbrand

mortise [ˈmɔːtɪs] *snick.* **I** *s* tapphål **II** *v* [hop]tappa

mortmain [ˈmɔːtmeɪn] *jur.* besittning för evärdlig tid

mortuary [ˈmɔːtjʊərɪ] **I** *s* bårhus **II** *a* döds-; begravnings-

mos. *förk. för months*

Mosaic [mə(ʊ)ˈzeɪɪk] mosaisk

mosaic [mə(ʊ)ˈzeɪɪk] **I** *s* mosaik; mosaikläggning, -arbete **II** *a* mosaik-; ~ *gold* musivguld

Moscow [ˈmɒskəʊ] Moskva

Moselle [mə(ʊ)ˈzel] **1** *the* ~ Mosel **2** mosel[vin]

Moses [ˈməʊzɪz] Mose[s]

mosey [ˈməʊzɪ] *AE. sl.* **1** dunsta, pysa **2** ~ *along*

(*on*) släntra i väg

Moslem [ˈmɒzlem] *se* Muslim

mosque [mɒsk] moské

mosquito [məˈskiːtəʊ] (*pl* ~[*e*]*s*) stickmygga, moskit **mosquito boat** motortorpedbåt **mosquito net[ting]** moskit-, mygg|nät

moss [mɒs] **I** *s* **1** mossa **2** *i sht Sk.* [torv]mosse **moss-grown** [ˈmɒsgrəʊn] mossbeväxt **moss stitch** [ˈmɒsstɪtʃ] mosstickning **mosstrooper** [ˈmɒsˌtruːpə] *hist.* gränsrövare (*vid Sk. gränsen på 1600-talet*) **mossy** [ˈmɒsɪ] moss-; mossbeväxt; mosslik

most [məʊst] (*superl. av much o. many*) **I** *a o. s* mest, den (det) mesta; flest, de flesta; ~ *men* (*people*) de flesta [människor]; *at* [*the*] ~ högst, på sin höjd, i bästa fall; *for the* ~ *part* till största delen, i stort sett, mest[adels], för det mesta; *make the* ~ *of s.th.* göra det bästa (mesta möjliga) av ngt, utnyttja ngt till fullo, ta vara på ngt, verkligen njuta av ngt; *it's the* ~*!* (*sl.*) det är toppen! **II** *adv* **1** mest; *the* ~ *difficult* det svåraste; ~ *easily* lättast; ~ *famous* mest berömd; ~ *of all* allra mest, mest av allt; ~ *of all because* framför allt eftersom (därför att) **2** högst, mycket, ytterst, synnerligen; ~ *certainly* absolut, helt säkert; ~ *likely* högst sannolikt, med all sannolikhet **3** *dial. el. AE. vard.* nästan **mostly** [ˈməʊs(t)lɪ] *adv* **1** huvudsakligen, mest[adels] **2** för det mesta, vanligen

M.O.T. *förk. för Ministry of Transport*; ~ [*test*] (*årlig*) bilprovning

mote [məʊt] smolk, grand; *see the* ~ *in one's neighbour's eye and not the beam in one's own* se grandet i sin broders öga men icke bjälken i sitt eget

motel [məʊˈtel] motell

motet [məʊˈtet] *mus.* motett

moth [mɒθ] *zool.* **1** nattfjäril **2** mal **-ball** [ˈmɒθbɔːl] mal|kula, -medel; *put in* ~*s* (*bildl.*) lägga i malpåse **--eaten** [ˈmɒθˌiːtn] maläten (*äv. bildl.*)

mother [ˈmʌðə] **I** *s* **1** moder (*äv. bildl.*); mor, mamma; ~ *earth* moder jord, *vard.* marken; *M~ Goose* Gåsmor; *Mother's Day* Mors dag (*2:a söndagen i maj*); *the* ~ *of two sons* mor till två söner; *the M~ of Parliaments* parlamentens moder (*brittiska parlamentet*); *queen* ~ änkedrottning, kungamoder; *be* ~ (*vard.*) servera te; *be* [*like*] *a* ~ *to s.b.* vara som en mor för ngn; *become a* ~ bli mor; *I had the* ~ *and father of a headache* (*vard.*) jag hade världens huvudvärk **2** moder, föreståndarinna, husmor; ~ *superior* abedissa **3** *AE. sl., se motherfucker* **II** *v* **1** skänka liv till världen, föda; *bildl.* frambringa, vara upphov till **2** [upp]fostra **3** vara en mor för; sköta om **mother country** [-ˌkʌntrɪ] foster-, fädernes|land; hemland **motherfucker** [-ˌfʌkə] *vulg., i sht AE.* jävla idiot, skitstövel **mother hen** [-hen] kycklinghöna **motherhood** [-hʊd] moderskap **Mothering Sunday** [-rɪŋˌsʌndɪ] *BE.* midfastosöndagen; mors dag **mother-in-law** [ˈmʌð(ə)rɪnlɔː] (*pl mothers-in-law*) svärmor **motherland** [ˈmʌðəlænd] fädernes-, foster|land **motherless** [ˈmʌðəlɪs] moderlös **motherly** [ˈmʌðəlɪ] *a* moderlig, moders-; ~ *love* moderskärlek **mother-of-pearl** [ˌmʌð(ə)rəvˈpɜːl] pärlemo[r]

mother ship ['mʌðəʃɪp] moderfartyg **mother tongue** ['mʌðətʌŋ] modersmål **mother wit** ['mʌðəwɪt] sunt förnuft, bondförstånd
mothproof ['mɒθpruːf] **I** *a* malsäker **II** *v* malsäkra
motif [məʊ'tiːf] motiv; tema
motion ['məʊʃn] **I** *s* **1** rörelse; gest, tecken; sätt att röra sig, rörelsemönster; impuls; *slow ~ (film.)* slow motion; *be in ~* vara i rörelse (i gång), röra sig; *put (set) in ~* sätta i rörelse (i gång); *go through the ~s* göra ngt för formens skull, låtsas att man gör ngt, göra ngt helt mekaniskt; *make a ~ to s.b. to come* göra tecken åt ngn att komma **2** förslag, motion, yrkande **3** *~[s]* avföring **4** mekanism; rörlig maskindel **II** *v* **1** vinka, göra tecken **2** vinka, göra tecken åt (till); *~ s.b. to a chair* anvisa ngn en stol, göra tecken åt ngn att sätta sig **motionless** [-lɪs] orörlig, helt stilla **motion picture** [-ˌpɪktʃə] *AE.* film **motion sickness** [-ˌsɪknɪs] åksjuka
motivate ['məʊtɪveɪt] motivera **motivation** [ˌməʊtɪ'veɪʃn] motivering; motivation (*äv. psykol.*) **motive** ['məʊtɪv] **I** *s* motiv, bevekelsegrund **II** *a* rörelse-; *~ power* drivkraft (*äv. bildl.*) **2** motivations- **III** *v* motivera **motiveless** ['məʊtɪvlɪs] omotiverad **motivity** [məʊ'tɪvətɪ] drivkraft
motley ['mɒtlɪ] **I** *a* brokig (*äv. bildl.*), blandad **II** *s* **1** brokig skara, brokig blandning **2** narrdräkt
motor ['məʊtə] **I** *s* motor; *i sht BE.* bil, motorfordon **II** *a* motor-; *fysiol.* motorisk **III** *v* **1** bila, åka bil **2** *BE.* köra (transportera) i bil **-assisted** [-rəˌsɪstɪd] med hjälpmotor **-bicycle** [-ˌbaɪsɪkl] motorcykel; moped **-bike** *vard.* motorcykel **-boat** [-bəʊt] motorbåt **-bus** busstaxi **-cade** [-keɪd] bilkortege **-car** [-kɑː] bil **-coach** [-kəʊtʃ] [turist]buss **-cycle** [-ˌsaɪkl] **I** *s* motorcykel; *~ combination* motorcykel med sidvagn **II** *v* köra (åka) motorcykel **-cyclist** [-ˌsaɪklɪst] motorcyklist, -cykelförare **-ing** [-rɪŋ] **I** *s* **1** bil|körning, -åkning, bilande; *school of ~* trafik-, kör|skola **2** motorsport **II** *a* bil-; motor-; trafik-; *~ accident* bil-, trafik|olycka; *~ skills (pl)* körskicklighet **-ism** [-rɪz(ə)m] bilism, motorism **-ist** [-rɪst] bilist, bilförare **-ization** (*BE. äv. -isation*) [ˌməʊtəraɪ'zeɪʃn] motorisering **-ize** (*BE. äv. -ise*) ['məʊtəraɪz] motorisera
motorman ['məʊtəmən] **1** lokförare (*av ellok*); spårvagnsförare **2** maskinskötare, mekaniker **motor-mechanic** [-mɪˌkænɪk] montör, mekaniker **motor-race** [-reɪs] bil-, motor|tävling **motor-racing** [-ˌreɪsɪŋ] tävlingskörning **motor scooter** [-ˌskuːtə] skoter **motor ship** [-ʃɪp] motorfartyg **motor vehicle** [-ˌviːɪkl] motorfordon **motor vessel** [-ˌvesl] motorfartyg **motorway** [-weɪ] motorväg
mottle ['mɒtl] **I** *v* göra fläckig, marmorera; *~d* fläckig, spräcklig, marmorerad **II** *s* fläck; spräcklighet, marmorering
motto ['mɒtəʊ] motto, devis, valspråk
1 mould [məʊld] **I** *s* mögel; mögelsvamp **II** *v* mögla
2 mould [məʊld] mylla, matjord; *poet.* mull, jord
3 mould [məʊld] **I** *s* **1** [gjut]form; schablon, mall; *boktr.* matris; *kokk., bildl.* form; *the ~ of his face* formen på hans ansikte; *be cast in the same ~* vara stöpt i samma form; *be cast in heroic ~* vara hjältemodig **2** *bildl.* typ, karaktär; *people of a different ~* folk av en annan typ **3** *kokk.* pudding **II** *v* gjuta; stöpa; forma (*out of* av; *into* till; *on* efter); *bildl.* forma, gestalta, bilda
mouldboard ['məʊldbɔːd] vändskiva (*på plog*)
moulder ['məʊldə] *v*, *~ [away]* vittra, falla sönder, multna **-ing** [-rɪŋ] vittrande, sönderfall; multnande
moulding board ['məʊldɪŋbɔːd] bak|bord, -bräda
mouldy ['məʊldɪ] **I** *a* **1** möglig **2** *bildl.* föråldrad **3** *sl.* dötrist
moult [məʊlt] **I** *v* rugga, fälla hår; ömsa skinn (skal) **II** *s* ruggning, hårfällning; skalömsning
mound [maʊnd] **I** *s* hög; kulle; [försvars]mur, vall, bank **II** *v* **1** *~ [up]* kasta upp i en hög **2** omge med vall
1 mount [maʊnt] **I** *s* **1** [rid]häst; riddjur **2** montering; infattning; ram; inramning; passepartout **3** frimärksfastsättare **4** (*i mikroskop*) objektglas **5** underlag; ställning; stativ **II** *v* **1** gå (springa) uppför; gå (klättra) upp på (i); bestiga; *~ a horse* sitta upp [på en häst] **2** placera; montera; spänna (sätta) upp; infatta; rama in; förse med passepartout; klistra upp (in); preparera; *~ specimens* göra i ordning preparat (*för mikroskopering*) **3** förbereda, organisera; sätta upp, iscensätta; sätta i gång; *~ guard a*) gå 'på vakten, ställa sig på vakt, b) stå på (hålla, gå på) vakt ; *~ a guard* sätta ut vakt **4** hjälpa upp i sadeln; förse med häst[ar] **5** (*om djur*) bestiga, betäcka **6** sitta upp, stiga till häst **7** stiga; stiga (gå, klättra) upp; gå uppför **8** stiga, öka, växa
2 mount [maʊnt] (*litt. o. i namn*) berg; *M~ Etna* Etna; *M~ Everest* Mount Everest
mountain ['maʊntɪn] berg (*äv. bildl.*), fjäll; *a ~ of washing* ett berg av tvätt **mountain ash** [ˌmaʊntɪn'æʃ] *bot.* rönn **mountain chain** ['maʊntɪnˌtʃeɪn] bergskedja **mountain dew** [ˌmaʊntɪn'djuː] hembränd whisky **mountaineer** [ˌmaʊntɪ'nɪə] **I** *s* **1** bergsbo **2** berg[s]bestigare **II** *v* klättra i berg, göra berg[s]bestigningar **mountaineering** [ˌmaʊntɪ'nɪərɪŋ] berg[s]bestigning, bergsklättring, alpinism **mountain goat** [ˌmaʊntɪn'gəʊt] *zool.* snöget; bergsget **mountain lion** *zool.* puma, kuguar **mountainous** ['maʊntɪnəs] bergs-; bergig; *bildl.* enorm, skyhög **mountain range** [ˌmaʊntɪn'reɪn(d)ʒ] bergskedja **mountain sheep** [ˌmaʊntɪn'ʃiːp] *zool.* [amerikanskt] bergfår **mountain side** bergs|sluttning, -sida
mountebank ['maʊntɪbæŋk] kvacksalvare; charlatan
mounted ['maʊntɪd] **1** beriden, ridande (*police* polis); motoriserad, fordonsburen **2** monterad; uppklistrad; infattad; inramad; iordningställd; med beslag
Mountie ['maʊntɪ] *vard.* (*kanadensisk*) ridande polis
mounting ['maʊntɪŋ] montering, montage; uppklistring; infattning; inramning; beslag (*t. ex. på byrå*); lavett
Mounty ['maʊntɪ] *vard., se Mountie*
mourn [mɔːn] **1** sörja, begråta; sörja över **2**

sörja (*for, over* över); ~ *for s.b.* sörja ngn **3** vara sorgklädd **-er** ['mɔ:nə] sörjande [person]; gråterska **-ful** ['mɔ:nf(ʊ)l] **1** sorglig, dyster **2** sorgsen, sörjande; klagande **-ing** ['mɔ:nɪŋ] I *a* sörjande; sorg[e]-; ~ *band* sorgband; ~ *paper* brevpapper med sorgkant II *s* sorg; sorgdräkt; sorgetid; *be in* ~ *a*) ha sorg, *b*) vara sorgklädd

mouse I *s* [maʊs] (*pl* mice [maɪs]) **1** mus (*äv. bildl.*) **2** *sl.* blåtira II *v* [maʊz] **1** fånga möss **2** snoka omkring **mouse-coloured** ['maʊs͵kʌləd] råttfärgad, musgrå **mouse-ear** ['maʊs͵ɪə] *bot.* arv **mouser** ['maʊzə] (*katt e.d.*) råttfångare **mouse-trap** ['maʊstræp] råttfälla

mousse [mu:s] *kokk.* mousse

moustache [mə'stɑ:ʃ] mustasch[er]

mousy ['maʊsɪ] **1** musgrå **2** blyg, som en mus **3** full av möss

mouth I *s* [maʊθ, *pl* ~s [maʊðz] **1** mun; (*djurs*) käft; *by word of* ~ muntligen; *be down in the* ~ (*vard.*) vara deppig (nere); *give* ~ skälla, ge hals; *give* ~ *to* ge uttryck åt; *have five* ~*s to feed* ha fem munnar att mätta; *have a big* ~ (*vard.*) prata för mycket (högt), prata utan att tänka sig för; *have a foul* ~ vara ful i mun[nen]; *have a hard* ~ (*om häst*) vara hårdmynt; *keep one's* [*big*] ~ *shut* (*vard.*) hålla klaffen (käften); *put words into a p.'s* ~ *a*) tala om för ngn vad han skall säga, lägga orden i ngns mun, *b*) tillskriva ngn ett yttrande; *shut your* ~*!* håll klaffen (käften)!; *take the words out of a p.'s* ~ ta ordet ur mun[nen] på ngn **2** grimas; *make* ~*s at* göra grimaser åt **3** öppning; hål; in-, ut|gång; in-, ut|lopp; mynning II *v* [maʊð] **1** uttala övertydligt (tillgjort) **2** forma med läpparna (*utan att ngt ljud hörs*) **3** vänja vid betsel **4** ta (stoppa) i munnen, tugga på **5** grimasera **mouthful** ['maʊθfʊl] **1** munfull; munsbit; smula **2** tungvrickare **3** *vard., i sth AE., say a* ~ komma med en bra anmärkning **mouth organ** [-͵ɔ:gən] munspel **mouthpiece** [-pi:s] **1** munstycke **2** mikrofon (*på telefon*) **3** *bildl.* språkrör; talesman **mouth-to-mouth** [͵maʊθtə'maʊθ] *a, the* ~ *method* munmotmunmetoden **mouthwash** ['maʊθwɒʃ] munvatten **mouthwatering** ['maʊθ͵wɔ:tərɪŋ] som får det att vattnas i munnen, aptitretande **mouthy** ['maʊðɪ] bombastisk; taltrångd

mov|ability [͵mu:və'bɪlətɪ] rörlighet, flyttbarhet **-able** ['mu:vəbl] I *a* **1** rörlig, flyttbar; *Easter is a* ~ *feast* påsk är en rörlig helg **2** *jur.* lös (*property* egendom) II *s, ofta* ~*s* (*pl*) lös|egendom, -öre, möbler

move [mu:v] I *s* (*i spel el. bildl.*) drag; åtgärd, steg; rörelse; flyttning; *it's my* ~ det är mitt drag (min tur); *be on the* ~ *a*) vara i rörelse, röra sig (*äv. bildl.*), *b*) vara under utveckling, förändras, gå framåt, *c*) vara i farten; *he's up to every* ~ [*in the game*] honom kan man inte lura, han kan knepen; *get a* ~ *on!* skynda på!, kom igen!; *make a* ~ *a*) göra ett drag (*äv. bildl.*), göra något, vidtaga åtgärder, *b*) bryta upp sig; *it's time we made a* ~ det är dags (på tiden) att vi går (bryter upp, rör på oss); *make a* ~ *to do s.th.* göra en ansats att göra ngt; *watch a p.'s every* ~ ständigt ha ögonen på (kolla) ngn II *v* **1** röra [på]; sätta i rörelse (i gång); driva; hålla i gång **2** flytta [på], flytta om; transportera, förflytta; rulla; ta bort, avlägsna; ~ *the bowels* tömma tarmen; ~ *house* flytta **3** påverka, förmå, få, driva; beveka, göra intryck på; röra, göra rörd, gripa; *be* ~*d* bli rörd, röras (*to tears* till tårar), bli skakad; ~ *s.b. from an opinion* få ngn att ändra uppfattning **4** föreslå, framlägga förslag om, yrka [på]; ansöka om; hemställa hos (*for om*) **5** avyttra, sälja; ~ *stock* tömma (sälja ut) lagret **6** röra [på] sig; göra en rörelse; sätta sig (vara) i rörelse; sätta[s] i gång; flytta [på] sig, maka [på] sig; förflytta sig, tåga; flytta[s]; bryta upp, gå; utveckla (förändra) sig; ~*!* på fortsätt!, cirkulera!, *b*) försvinn!; *white* ~*s* (*to* ~) (*schack.*) vit är vid draget; ~ *in high society* röra sig (umgås) i societeten; ~ *to Stockholm* flytta till Stockholm; ~ *with the times* följa med sin tid; *that's moving!* (*vard.*) vilken fart!; *which way are events moving?* i vilken riktning utvecklar sig saker och ting?; *things are beginning to* ~ det börjar hända saker och ting; *it's time we were moving* det är dags (på tiden) att vi ger oss i väg (rör på oss); ~ *away* gå undan (bort), flytta [på] sig, avlägsna sig, avtåga; ~ *down the bus, please!* fortsätt framåt (bakåt) i bussen!; ~ *off* ge sig av, avlägsna sig, gå; ~ *on* gå (fara) vidare, fortsätta, cirkulera; ~ *out a*) flytta [ut], *b*) ge sig av, avtåga; ~ *up a*) gå (stiga) fram, *b*) stiga, öka, *c*) flyttas upp, avancera **7** företaga sig (göra) ngt, vidtaga åtgärder **8** väcka förslag, hemställa (*for* om), yrka (*for* om) **9** *hand.* få avsättning, sälja (gå) [bra]

move|able [se *movable* **-ment** [-mənt] **1** rörelse; *mil. äv.* förflyttning; *a sudden* ~ en plötslig rörelse; *political* ~ politisk rörelse; *there was a* ~ *towards the door* man (folk) drog sig mot utgången **2** tendens, utveckling; *hand.* pris-, kurs|utveckling **3** [ur]verk, mekanism **4** *mus.* sats; tempo; *litt.* rytm; *konst.* rörelse, flykt; *the third* ~ *of a symphony* tredje satsen i en symfoni **5** avföring **6** *ofta* ~*s* (*pl*) förehavanden

mover ['mu:və] **1** upphovsman; drivande kraft **2** förslagsställare **3** *AE*. flyttfirma; flyttkarl

movie ['mu:vɪ] *AE. vard.* film; bio[graf]; *the* ~*s* (*pl*) *a*) filmindustrin, *b*) filmförevisning; *go to the* ~*s* gå på bio **moviegoer** [-͵gəʊə] *AE.* biobesökare **movie house** [-haʊs] *AE.* biograf **moviemaker** [-͵meɪkə] *AE.* filmskapare **movie star** [-stɑ:] *AE.* filmstjärna **movie theater** [-'θi:ətə] *AE.* biograf

moving ['mu:vɪŋ] **1** rörande, gripande **2** rörlig; rörelse-; drivande; ~ *force* drivkraft; ~ *picture* (*AE.*) film; ~ *van* (*AE.*) flyttbil

1 mow [məʊ] **1** höskulle, loge **2** hö

2 mow [məʊ] (~*ed, ~ed el.* ~*n*) meja, slå; klippa (*the lawn* gräsmattan); ~ *down* (*bildl.*) meja ner

mower ['məʊə] slåttermaskin; gräsklippare; slåtterkarl **mown** [məʊn] *perf. part. av* 2 *mow*

moxie ['mɒksɪ] *AE. sl.* energi; mod; fräckhet

Mozambique [͵məʊzəm'bi:k] Moçambique

Mozart ['məʊtsɑ:t]

M.P. *fork. för* (*BE.*) *Member of Parliament;* (*BE.*) *Metropolitan Police; Military Police; Mounted Police* **m.p.** *fork. för* *melting point* **m.p.g.** *fork. för* *miles per gallon* **m.p.h.** *fork. för miles per hour* **M.Ph[il].** *fork. för Master of Philosophy* **M.P.S.** *fork. för Member of the Pharmaceutical* (*Philological, Physical*) *Society* **M.R.** *fork. för* (*BE.*) *Master of the Rolls* **Mr.**

['mɪstə] (pl Messrs. ['mesəz]) förk. för mister hr, herr **MRA** förk. för Moral Rearmament **M.R.C.** förk. för (BE.) Medical Research Council **Mrs.** ['mɪsɪz] (pl Mrs. ['mɪsɪz] el. Mesdames ['meɪdæm]) förk. för missis fru **MS.**, **ms.** [ˌem'es] (pl MSS. el. mss. [ˌemes'es]) förk. för manuscript **MS** förk. för Mississippi; multiple sclerosis **M/S** förk. för motor ship **M.S.** förk. för Master of Surgery **Ms.** [mɪz, məz] förk. använd när man inte vill ange Miss el. Mrs. **M.Sc.** förk. för Master of Science **M.S.L.**, **m.s.l.** förk. för mean sea level **MSS.**, **mss.** se Ms., ms. **M/T** förk. för motor tanker **MT** förk. för Montana **Mt.**, **mt.** förk. för mount, mountain **MTB** förk. för motor torpedo boat **M.Tech.** förk. för Master of Technology **mtg.** förk. för meeting; mortgage **mtn.** förk. för mountain **Mt. Rev.** förk. för Most Reverend **much** [mʌtʃ] **I** a (more, most) o. s mycket, mycken; as ~ again lika mycket till; as ~ as lika (så) mycket som; four times as ~ fyra gånger så mycket; I thought as ~ det var just det jag trodde; how ~? hur mycket?; how ~ is it? hur mycket (vad) kostar den?; not ~! (vard.) sällan!, visst inte!; nothing ~ (vard.) inget vidare, nästan ingenting; so ~ så mycket; so ~ the better så mycket (desto) bättre; so ~ for that så var det med den saken (det); this (that) ~ så mycket; too ~ a) för mycket, b) för dyr, c) vard. löjlig, komisk, d) sl. otrolig, fantastisk, toppen; too ~ advice för många råd; without ~ difficulty utan större svårighet; he is not ~ of a cook han är inte mycket till (ingen vidare) kock; it is as ~ as to say that det är detsamma som att säga att; he is not up to ~ (vard.) han är inte mycket att hurra för, det är inte mycket bevänt med honom; make ~ of göra stor affär av; I couldn't make ~ of that book jag fick inte ut mycket av den boken; we don't see ~ of each other vi träffas inte så ofta; I don't think ~ of jag har inga höga tankar om, jag ger inte mycket för **II** adv (more, most) **1** mycket; [very] ~ afraid mycket rädd; ~ better mycket bättre; ~ too high alldeles (alltför) hög; you are very ~ mistaken du misstar dig grundligt; ~ more pleasant mycket trevligare; very ~ older betydligt äldre; ~ as I like her hur mycket jag än tycker om henne; ~ as I should like to hur gärna jag än skulle vilja; ~ to my astonishment till min stora förvåning; it hurt me [very] ~ det sårade mig mycket; I like it very ~ jag tycker mycket om den; I don't like him too ~ jag tycker inte särskilt mycket om honom; thank you very ~! tack så mycket!; however ~ he tries hur mycket han än försöker **2** absolut, mycket, vida, långt; ~ the biggest absolut (utan tvekan) den största; I would ~ prefer to stay jag skulle absolut föredra att (mycket hellre vilja, helst av allt vilja) stanna **3** nästan, ungefär; they are ~ the same size de är ungefär lika stora **muchness** ['mʌtʃnɪs] **1** åld. el. vard. storlek, mängd; that's much of a ~ (BE.) det är hugget som stucket

muck [mʌk] **I** s **1** dynga, gödsel **2** lort, smuts; sl., i sht BE. smörja; make a ~ of (sl., i sht BE.) sabba, göra pannkaka av **II** v **1** gödsla **2** ~ [out] mocka [i] (the cowshed ladugården) **3** smutsa (lorta) ner **4** BE. sl., ~ about a) drälla (larva) omkring, b) tjafsa [med]; ~ in slå sig ihop; ~ [up]

a) sabba, göra pannkaka av, b) svina ner **mucker** ['mʌkə] BE. sl. polare; djävel, knöl **muckrake** ['mʌkreɪk] **I** s dynggrep **II** v idka sensationsskriverier, rota fram skandaler **muckraker** ['mʌkˌreɪkə] sensationsmakare; skandalreporter **muckraking** ['mʌkˌreɪkɪŋ] sensationsskriverier; undersökande journalistik **muck-up** ['mʌkʌp] vard. röra; fiasko **mucky** ['mʌkɪ] lortig, smutsig, skitig
mucous ['mjuːkəs] slemmig; slem-; ~ membrane slemhinna **mucus** ['mjuːkəs] slem
mud [mʌd] **I** s dy, gyttja, lera; smuts; it's as clear as ~ det är inte alls klart; here's ~ in your eye! (vard.) skål!; his name is ~ (vard.) man vill inte ha med honom att göra; drag a p.'s name in the ~ släpa ngns namn i smutsen; sling (throw) ~ at (bildl.) smutskasta **II** v smutsa ner **mud bath** ['mʌdbɑːθ] gyttjebad
muddle ['mʌdl] **I** s oreda, röra, virrvarr, villervalla; make a ~ of trassla till, blanda (röra) ihop; everything was in a ~ allt var i en enda röra (låg huller om buller) **II** v **1** ~ [up] blanda (röra) ihop, förväxla **2** förvirra, göra konfys **3** grumla **4** AE. blanda, mixa (drinkar) **5** ~ along trassla sig fram; ~ through (i sht BE.) trassla sig igenom, klara sig **muddled** [-d] förvirrad, virrig, rörig **muddleheaded** [-ˌhedɪd] virrig, förvirrad
muddy ['mʌdɪ] **I** a **1** gyttjig, lerig, dyig; smutsig **2** oren (complexion hy); grumlig (liquid vätska); murrig (colour färg) **3** rörig, virrig (style stil) **II** v **1** smutsa (stänka) ner **2** bli smutsig (nerstänkt) **3** röra (virra) till
mud flap ['mʌdflæp] stänkskydd **mud flat** gyttjig strandremsa (som lämnas bar vid ebb) **mudguard** stänkskärm **mudpack** (kosmetisk) ansiktsmask **mud pie** sandkaka **mudslinging** [-ˌslɪŋɪŋ] bildl. smutskastning
muesli ['mjuːzlɪ] müsli
muezzin [muːˈezɪn] muezzin, böneutropare
1 muff [mʌf] muff
2 muff [mʌf] **I** s **1** miss; tabbe; make a ~ of trassla till, röra ihop, missa **2** klåpare, fuskare **II** v **1** missa **2** fördärva, förstöra; fuska bort
muffin ['mʌfɪn] **1** BE., ung. tekaka **2** AE. (slags skålformad sötad) plätt
muffle ['mʌfl] **I** s, tekn. muffel **II** v **1** ~ [up] linda (svepa) in, linda om, pälsa på **2** linda om (för att dämpa), dämpa, madrassera; ~d dämpad, kvävd, dov; ~d drums förstämda trummor **muffler** [-ə] **1** tjock (varm) halsduk **2** AE. ljuddämpare
mufti ['mʌftɪ] civil klädsel; in ~ civilklädd
1 mug [mʌg] mugg, sejdel
2 mug [mʌg] **I** s **1** sl. fejs, tryne; trut **2** sl. grimas **3** sl. lättlurad typ **4** that's a ~'s game det är helt meningslöst (idiotiskt) **5** AE. skurk, gangster **6** AE. fotografi (för polisens register) **II** v **1** vard. överfalla, råna **2** AE. fotografera (för polisens register)
3 mug [mʌg] v, BE. sl., ~ [up] plugga [i sig]
1 mugger ['mʌgə] vard. rånare, ligist
2 mugger ['mʌgə] zool. nilkrokodil
mugging ['mʌgɪŋ] sl. överfall, rån
muggins ['mʌgɪnz] (behandlas som sg) **1** sl. dumskalle **2** (slags) kortspel; domino[variant]
muggy ['mʌgɪ] tryckande, kvav

mugwort ['mʌgwɜ:t] *bot.* gråbo
mugwump ['mʌgwʌmp] oavhängig person; politisk vilde
mulatto [mju:'lætəʊ] (*pl* ~[*e*]*s*) mulatt
mulberry ['mʌlb(ə)rɪ] *bot.* mullbär[sträd]
mulch [mʌl(t)ʃ] **I** *s* gödselhalm (*för växter*); kompost **II** *v* täcka med gödselhalm (kompost)
mulct [mʌlkt] **I** *s* böter **II** *v* **1** bötfälla **2** lura, bedraga; ~ *of* lura av
1 mule [mju:l] **1** mulåsna; mula **2** *AE. vard.* tjurskalle, envis person
2 mule [mju:l] toffel (*utan bakkappa*); slipper
muleteer [ˌmju:lɪ'tɪə] mulåsnedrivare **mulish** ['mju:lɪʃ] envis som en åsna, trilsk
1 mull [mʌl] fundera, grubbla (*over* på, över)
2 mull [mʌl] glödga [och krydda] (*wine* vin); ~*ed wine* (*slags*) glögg
mulle[i]n ['mʌlɪn] *bot.* kungsljus
mullet ['mʌlɪt] *zool.* multe
mulligan stew ['mʌlɪgənstju:] [kött]gryta
mulligatawny [ˌmʌlɪgə'tɔ:nɪ] (*indisk*) currykryddad soppa
mullion ['mʌlɪən] lodrät fönsterpost; ~*ed window* lodrätt avdelat fönster
mult[i]angular [mʌltɪ'æŋgjʊlə] månghörnig
multi|coloured ['mʌltɪˌkʌləd] mång-, fler|färgad **-faceted** [ˌmʌltɪ'fæsɪtɪd] mångfasetterad (*äv. bildl.*) **-farious** [ˌmʌltɪ'feərɪəs] mångahanda, mång|faldig, -skiftande **-form** ['mʌltɪfɔ:m] mångformig **-lateral** [ˌmʌltɪ'læt(ə)r(ə)l] **1** mångsidig **2** multilateral **-lingual** [ˌmʌltɪ'lɪŋgw(ə)l] flerspråkig **-millionaire** [ˌmʌltɪmɪljə'neə] mångmiljonär **-national** [ˌmʌltɪ'næʃənl] multinationell **-parous** [mʌl'tɪpərəs] **1** som föder flera ungar på en gång **2** som har fött flera barn **-partite** [ˌmʌltɪ'pɑ:taɪt] flerdelad **-phase** ['mʌltɪfeɪz] *elektr.* flerfasig, flerfas-
multiple ['mʌltɪpl] **I** *a* mång-, fler|faldig, mångahanda, mång-, fler|dubbel; multipel; ~ *sclerosis* multipel skleros; ~ *store* (*shop*) (*i sht BE.*) kedjebutik, filialaffär **II** *s, mat.* multipel, mångfald; *lowest* (*least*) *common* ~ minsta gemensamma dividend **--choice** [ˌmʌltɪpl'tʃɔɪs] flervals-
multiplex ['mʌltɪpleks] mång-, fler|faldig
multipliable ['mʌltɪˌplaɪəbl], **multiplicable** [-ˌplɪkəbl] *mat.* multiplicerbar (*by* med) **multiplicand** [ˌmʌltɪplɪ'kænd] *mat.* multiplikand
multiplication [ˌmʌltɪplɪ'keɪʃn] **1** *mat.* multiplikation **2** mångfaldigande **3** fortplantning, förökning **multiplication sign** multiplikationstecken **multiplication table** multiplikationstabell **multiplicity** [ˌmʌltɪ'plɪsətɪ] **1** mångfald **2** mångskiftande karaktär **multiplier** ['mʌltɪplaɪə] *mat.* multiplikator **multiply** ['mʌltɪplaɪ] **1** *mat.* multiplicera (*by* med) **2** mångfaldiga, öka **3** mångfaldigas, flerdubblas, öka[s] **4** föröka sig
multipurpose [ˌmʌltɪ'pɜ:pəs] universal-, som kan användas till mycket
multi|racial [ˌmʌltɪ'reɪʃl] omfattande flera raser **-stage** [ˌmʌltɪsteɪdʒ] flerstegs- **-storey** *BE.*, **-story** *AE.* [ˌmʌltɪ'stɔ:rɪ] **I** *a* flervånings-; ~ *car park* parkeringshus **II** *s* parkeringshus
multi|tude ['mʌltɪtju:d] **1** mängd, massa, stort antal **2** folkmassa; *the* ~ den stora massan **3** mångfald, talrikhet **-tudinous** [ˌmʌltɪ'tju:dɪnəs] **1** talrik **2** myllrande, full[satt]

1 mum [mʌm] *vard., i sht BE.* mamma
2 mum [mʌm] **I** *a* tyst **II** *s*, ~'*s the word!* var alldeles tyst!, säg inte ett knyst om det!
mumble ['mʌmbl] **I** *v* mumla, muttra; ~ *into one's beard* mumla i skägget **II** *s* mummel, muttrande
mumbo jumbo [ˌmʌmbəʊ'dʒʌmbəʊ] (*pl mumbo jumbos*) **1** fetisch, magiskt föremål **2** meningslöst ritual, tom ceremoni **3** rappakalja, struntprat; fikonspråk
mummer ['mʌmə] **1** mimartist **2** *neds., skämts.* skådis **mummery** [-rɪ] **1** pantomimspel **2** *bildl.* komedi, gyckelspel
mummi|fication [ˌmʌmɪfɪ'keɪʃn] mumifiering **-fy** ['mʌmɪfaɪ] mumifiera[s]
1 mummy ['mʌmɪ] mumie
2 mummy ['mʌmɪ] *i sht BE., barnspr.* mamma
mumps [mʌmps] (*behandlas som sg*) påssjuka
mun. *förk. för municipal*
munch [mʌn(t)ʃ] **1** mumsa **2** mumsa (snaska) på
mundane [ˌmʌn'deɪn] **1** världslig **2** banal, alldaglig, vardaglig
Munich ['mju:nɪk] München
municipal [mju:'nɪsɪpl] kommunal, municipal; kommun-, stads-; ~ *council* kommunfullmäktige; ~ *elections* kommunalval; ~ *library* stads-, kommun|bibliotek **-ity** [mju:ˌnɪsɪ'pælətɪ] **1** kommun **2** kommunstyrelse **-ize** (*BE. äv. -ise*) [mju:-'nɪsɪpəlaɪz] kommunalisera
munifi|cence [mju:'nɪfɪsns] frikostighet, generositet; storslagenhet **-cent** [-snt] frikostig, generös; storslagen
muniments ['mju:nɪmənts] *pl, jur.* urkunder, privilegiebrev
munition [mju:'nɪʃn] **I** *v, mil.* utrusta, förse med krigsmateriel **II** *s*, ~*s* (*pl*) krigs|materiel, -förnödenheter, ammunition
mural ['mjʊər(ə)l] **I** *a* mur-, vägg- **II** *s* mural-, vägg|målning
murder ['mɜ:də] **I** *s* mord (*of* på); *attempted* ~ mordförsök; ~ *will out* ett brott kommer alltid fram; *cry blue* ~ (*vard.*) skrika som om kniven satt i en; *get away with* ~ (*vard.*) ostraffat göra som man vill, tillåta sig vad som helst; *it's* ~ (*vard.*) det är livsfarligt (rena självmordet); *it was* ~ (*vard.*) det var mördande tråkigt (ursvårt, jätteobekvämt *etc.*) **II** *v* **1** mörda **2** *vard.* fördärva, sabba; rådbråka; totalt utklassa **murderer** [-rə] mördare **murderess** [-rɪs] mörderska
murderous ['mɜ:d(ə)rəs] **1** mordisk, mordlysten, blodtörstig; mord-; mördande (*äv. bildl.*) **2** *vard.* livsfarlig; mördande tråkig; väldigt obehaglig; ursvår
mu|rex ['mjʊəreks] (*pl -rices* [-rɪsi:z]) *zool.* purpursnäcka
murk [mɜ:k] mörker **murky** ['mɜ:kɪ] **1** mörk, dunkel **2** mulen; tät (*fog* dimma)
murmur ['mɜ:mə:] **I** *v* **1** sorla, porla; susa, brusa; surra **2** mumla, muttra; knota, knorra **II** *s* **1** sorl, porlande; sus, brus; surr; ~ *of traffic* trafikbrus **2** mummel, muttrande; knot[ande], knorrande; *a* ~ *of disagreement* ett ogillande mummel
mus. *förk. för museum; music; musical*
muscat ['mʌskət] **1** muskatdruva **2** muskatell[vin] **muscatel** [ˌmʌskə'tel] **1** muskatell[vin] **2** muskatellrussin; muskatdruva

muscle [mʌsl] **I** s muskel; muskelvävnad; [muskel]styrka; *she didn't move a ~* hon rörde inte en fena; *you need ~ for this* det krävs muskelstyrka för det här; *pull (stretch) a ~* få en muskelsträckning, sträcka en muskel **II** v, *vard.*, *~ in* tränga sig in *(on* hos, i, på) **muscle-bound** ['mʌslbaʊnd] stel i musklerna; *bildl.* stelbent **muscle fibre** ['mʌsl‚faɪbə] muskeltråd **muscleman** ['mʌslmæn] **1** muskulös man; muskelknutte **2** *(gangsters)* gorilla

Muscovite ['mʌskə(ʊ)vaɪt] **I** s moskvabo **II** a, *åld.* moskovitisk, rysk

muscu|lar ['mʌskjʊlə] **1** muskel- **2** muskulös **-larity** [‚mʌskjʊ'lærətɪ] muskelstyrka **-lature** ['mʌskjʊlətʃə] muskulatur

Mus. D[oc]. *förk. för lat. musicae doctor* = *Doctor of Music*

1 muse [mju:z] musa, sång|mö, -gudinna; *the [nine] M~s (mytol.)* [de nio] muserna

2 muse [mju:z] grubbla, fundera *(on, about* på, över); titta tankfullt, sitta och drömma

museum [mju:'zɪəm] museum **museum piece** museiföremål

1 mush [mʌʃ] **1** mos, gröt, sörja; *AE.* majsgröt **2** *vard.* överdriven sentimentalitet **3** *AE. sl.* paraply

2 mush [mʌʃ] färd med hundsläde

3 mush [mʌʃ] *BE. sl.* fejs, nia *(ansikte)*

mushroom ['mʌʃrʊm] **I** s svamp; champinjon; *grow like ~s* växa upp som svampar [ur marken] **II** a **1** svamp-; champinjon-; *~ cloud* svamp[moln] *(vid atomexplosion)*; *~ soup* svamp-, champinjon|soppa **2** plötslig; hastigt uppvuxen, snabbt framväxande **III** v **1** växa [fram] (utveckla sig) snabbt, växa upp som svampar ur marken **2** plocka svamp; *go ~ing* gå ut och plocka svamp

mushy ['mʌʃɪ] **1** mosig, grötig, sörjig **2** överdrivet sentimental, sliskig

music ['mju:zɪk] **1** musik; *~ of the spheres* sfärernas musik; *that's ~ to my ears* det är som musik för mina öron; *put (set) s.th. to ~* tonsätta ngt **2** noter, nothäften; *turn the ~* vända notblad **3** *vard., face the ~* ta konsekvenserna **musical** [-l] **I** a **1** musik-; *~ box* speldosa; *~ chairs (lek)* hela havet stormar; *~ comedy* musikal; *~ evening* musikalisk soaré; *~ instrument* musikinstrument **2** musikalisk; melodisk; *~ laughter* melodiskt skratt; *have a ~ ear* ha musiköra **II** s musikal **musicale** [‚mju:zɪ'kæl] *AE.* musikalisk soaré **musical|ity** [‚mju:zɪ'kælətɪ], **-ness** ['mju:zɪklnɪs] musikalitet **music book** ['mju:zɪkbʊk] not|bok, -häfte **music box** ['mju:zɪkbɒks] speldosa **music centre** ['mju:zɪk‚sentə] kompaktanläggning **music hall** ['mju:zɪkhɔ:l] **1** *i sht BE.* varieté[teater] **2** *AE.* konsertsal **musician** [mju:'zɪʃn] musiker; musikant; tonsättare **musicianship** [mju:'zɪʃnʃɪp] musikaliskt kunnande **musicologist** [‚mju:zɪ'kɒlədʒɪst] musikforskare **musicology** [‚mju:zɪ'kɒlədʒɪ] musikvetenskap **music paper** ['mju:zɪk‚peɪpə] notpapper **music stand** ['mju:zɪkstænd] notställ **music stool** ['mju:zɪkstu:l] pianostol

musk [mʌsk] **I** s mysk **II** a mysk-; *~ deer (zool.)* myskhjort

muskellunge ['mʌskəlʌndʒ] *(pl ~[s])* *zool.* nordamerikansk storgädda

musket ['mʌskɪt] *hist.* musköt **-eer** [‚mʌskɪ'tɪə] *hist.* musketerare; musketör **-ry** ['mʌskɪtrɪ] **1** skjutning med gevär **2** *koll., hist.* musketerare; musketörer

muskmelon ['mʌsk‚melən] *bot.* melon **musk ox** [-ɒks] *zool.* myskoxe **muskrat** [-ræt] *zool.* bisamråtta **musky** [-ɪ] myskartad; myskdoftande

Muslim ['mʊslɪm] **I** s muslim, muselman **II** a muslimsk, muselmansk

muslin ['mʌzlɪn] muslin

musquash ['mʌskwɒʃ] *zool.* bisamråtta

muss [mʌs] *AE.* **I** v, *~ [up]* röra till, trassla ihop **II** s röra, oreda

mussel [mʌsl] *zool.* mussla; *sea ~* blåmussla **mussel bed** musselbank

1 must [mʌst] **I** *hjälpv* **1** måste, är (var) tvungen att, får (fick) [lov att]; *you ~ go at once* du måste gå genast; *she said that she ~ go* hon sade att hon måste (var tvungen att) gå; *you ~ not (~n't)* du får (skall, fick, skulle) inte; *I ~n't forget that* jag får inte glömma det **2** måste, måtte; *you ~ have lost it* du måste (måtte) ha tappat den, du har nog (säkert) tappat den **3** *he ~ come just now!* det är typiskt att han skulle (han ska förstås) komma just nu! **II** s, *a ~* ett måste; *this play is a ~* den här pjäsen måste man se (ha sett)

2 must [mʌst] [druv]must

3 must [mʌst] unkenhet; mögel

mustache ['mʌstæʃ] *AE., se* moustache **mustachio** [məˈstɑ:ʃɪəʊ] *skämts., ofta ~s (pl)* yvig[a] mustasch[er]

mustang ['mʌstæŋ] mustang *(nordamer. präriehäst)*

mustard ['mʌstəd] **1** senap *(äv. bot.); be as keen as ~ (vard.)* vara eld och lågor **2** senapsgult **mustard gas** senapsgas

muster ['mʌstə] **I** s **1** mönstring, inspektion *(i sht mil.); pass ~ (bild.)* hålla måttet, bli godkänd, duga **2** uppbåd; samling; samlande; sammandrivning *(of cattle* av boskap) **II** v **1** samla [ihop], uppbåda, sammankalla; *mil.* ställa upp **2** *bildl., ~ [up]* samla *(courage* mod); uppbåda *(strength* styrka) **3** *AE. mil., ~ in* inkalla, värva; *~ out* avföra ur rullorna **4** samlas; ställa upp sig **muster roll** *mil.* rulla; *sjö.* bemanningslista

mustn't ['mʌsnt] = *must not*

musty ['mʌstɪ] möglig; unken; gammal

mutability [‚mju:tə'bɪlətɪ] föränderlighet; mutabilitet **mutable** ['mju:təbl] föränderlig; mutabel **mutant** ['mju:tənt] *biol.* mutant **mutate** [mju:'teɪt] *biol.* mutera **mutation** [mju:'teɪʃn] **1** förändring; ändring **2** *biol.* mutation **3** *språkv.* omljud

mute [mju:t] **I** a mållös, tyst; stum; *~ dislike* outtalad motvilja; *~ swan* knölsvan **II** s **1** stum person **2** statist **3** *mus.* sordin; dämmare **4** *språkv.* klusil, explosiva **III** v dämpa; *mus. äv.* dämma, sätta sordin på

muti|late ['mju:tɪleɪt] stympa *(äv. bildl.)*, lemlästa; *bildl.* förvanska, vanställa **-lation** [‚mju:tɪ'leɪʃn] stympning, lemlästning; *bildl.* förvanskning, vanställande **-lator** ['mju:tɪleɪtə] stympare; förvanskare

mutineer [‚mju:tɪ'nɪə] myterist **mutinous** ['mju:tɪnəs] upprorisk **mutiny** ['mju:tɪnɪ] **I** s,

mutism—nail 332

sjö., bildl. myteri; uppror **II** *v* göra myteri (uppror)
mutism ['mju:tɪz(ə)m] *psykol.* mutism, stumhet
mutt [mʌt] *sl.* **1** klantskalle, idiot **2** hundracka
mutter ['mʌtə] **I** *v* **1** muttra, mumla; knota, knorra (*at, about* över) **2** muttra (mumla) [fram] **II** *s* muttrande, mummel; knot, knorrande
mutton ['mʌtn] får[kött]; ~ *dressed as lamb* äldre person som försöker verka ung, äldre sak som verkar ny **mutton chop** fårkotlett **mutton-chops** *pl* yviga polisonger **muttonhead** *sl.* fårskalle
mutual ['mju:tʃʊəl] **1** ömsesidig (*respect* respekt), inbördes; ~ *admiration society* sällskap för inbördes beundran; ~ *insurance company* ömsesidigt försäkringsbolag **2** gemensam (*friend* vän) **-ity** [‚mju:tjʊ'ælətɪ] ömsesidighet **-ly** ['mju:tʃʊəlɪ] *adv* ömsesidigt; *a person ~ known to us* en person som vi båda känner
Muzak ['mju:zæk] (*varumärke*) muzak, bakgrundsmusik, skval
muzzle ['mʌzl] **I** *s* **1** nos; mule; tryne **2** mynning (*på skjutvapen*) **2** munkorg; nosgrimma **II** *v* **1** sätta munkorg på **2** tysta [ner] **3** bärga (*segel*)
muzzle-loader [-‚ləʊdə] mynningsladdare
muzzle velocity [-vɪ‚lɒsətɪ] (*projektils*) utgångshastighet
muzzy ['mʌzɪ] **1** otydlig, oklar, suddig **2** virrig, förvirrad, omtöcknad
MV *förk. för megavolt* **M.V.** *förk. för motor vessel; muzzle velocity* **M.V.O.** *förk. för Member of the Royal Victorian Order* **M.V.Sc.** *förk. för Master of Veterinary Science* **MW** *förk. för megawatt; medium wave*
my [maɪ; *obeton.* mɪ] **I** *poss. pron* min; ~ *wallet* min plånbok; ~ *own brother* min egen bror; ~ *dear Jane* kära Jane; ~ *goodness!* du milde!, kors i all sin dar!; *never in ~ life* aldrig i livet; *I hurt ~ head* jag slog mig i huvudet; *please forgive ~ butting in* förlåt att jag lägger mig i; *if you don't mind ~ saying so* om du inte tar illa upp **II** *interj* o!, åh!; *oh, ~!* oj då!, oj oj!, nej men!
myalgia [maɪ'ældʒɪə] myalgi, muskel|smärta, -värk
mycelium [maɪ'si:lɪəm] *bot.* mycelium
Mycenae [maɪ'si:ni:] Mykene **-an** [‚maɪsə'ni:ən] mykensk
mycolo|gist [maɪ'kɒlədʒɪst] mykolog, svampkännare **-gy** [-dʒɪ] mykologi, läran om svamparna
myocarditis [‚maɪəʊkɑ:'daɪtɪs] *med.* myokardit, hjärtmuskelinflammation **myope** ['maɪəʊp] *med.* närsynt person **myopia** [maɪ'əʊpjə] *med.* myopi, närsynthet **myopic** [maɪ'ɒpɪk] *med.* myopisk, närsynt
myriad ['mɪrɪəd] **I** *s* myriad, otalig mängd, oräknelig skara **II** *a* oräknelig
myrmidon ['mɜ:mɪdən] hantlangare, hejduk
myrrh [mɜ:] **1** myrra **2** *bot.* körvel
myrtle ['mɜ:tl] *bot.* myrten; *bog ~* pors
myself [maɪ'self] *rfl o. pers. pron* mig [själv]; [jag] själv, jag; *I have washed ~* jag har tvättat mig; *I never talk to ~* jag pratar aldrig för mig själv; *all but ~* alla utom jag själv; [*all*] *by ~* [alldeles] ensam (själv); *my husband and ~* min man och jag

mysterious [mɪ'stɪərɪəs] mystisk, gåtfull, hemlighetsfull, besynnerlig **-ness** [-nɪs] mystik, gåtfullhet, hemlighetsfullhet, besynnerlighet
mystery ['mɪst(ə)rɪ] **1** mysterium, gåta; gåtfullhet, hemlighetsfullhet, mystik; *it's a ~ to me* det är mig en gåta; *there's no ~ about that* det är inget mystiskt med det; *make a ~ of* göra en hemlighet av **2** detektiv|roman, -film, -pjäs **3** *teol.* mysterium **4** (*medeltida*) mysteriespel **mystery play** (*medeltida*) mysteriespel **mystery tour** resa med hemligt mål
mystic ['mɪstɪk] **I** *a* mystisk **II** *s* mystiker **mysticism** ['mɪstɪsɪz(ə)m] mysticism; mystik
mysti|fication [‚mɪstɪfɪ'keɪʃn] **1** mystifikation, bedrägeri **2** gåta, mysterium; huvudbry **-fy** ['mɪstɪfaɪ] **1** mystifiera, förbrylla **2** omge med mystik
mystique [mɪ'sti:k] mystik; mytbildning
myth [mɪθ] myt; saga, sägen **-ical** ['mɪθɪk(l)] **1** mytisk **2** fiktiv, uppdiktad
mythological [‚mɪθə'lɒdʒɪkl] mytologisk **mythology** [mɪ'θɒlədʒɪ] mytologi
myxomatosis [‚mɪksə(ʊ)mə'təʊsɪs] myxomatos (*kaninpest*)

N

N, n [en] (*bokstaven*) N, n
N *förk. för newton*[*s*]; *North; noun* **N.** *förk. för National*[*ist*]; *Navy; New* **n.** *förk. för natus* (*lat.*) *born; neuter; new; nominative; noun; note; noun; number* **N.A.** *förk. för North America* **N.A.A.C.P.** *förk. för* (*AE.*) *National Association for the Advancement of Colored People*
NAAFI ['næfɪ] *förk. för Navy, Army, and Air Force Institutes* (*ung. marketenteri- o. förströelsedetaljen*)
nab [næb] *vard.* haffa; hugga tag i, gripa, rycka till sig; sno åt sig
nacelle [næ'sel] **1** flygplanskropp **2** (*på luftskepp*) gondol
nacre ['neɪkə] pärlemor
nadir ['neɪ‚dɪə] *astr.* nadir; *bildl.* bottenläge, lägsta punkt
nae|vus ['ni:vəs] (*pl -vi* [-vaɪ]) födelsemärke, leverfläck
1 nag [næg] **1** hästkrake **2** liten ridhäst
2 nag [næg] **I** *v* **1** tjata (gnata) på **2** tjata, gnata (*at* på); ~ *at* (*äv.*) plåga, tära på **II** *s* tjatig (gnatig) person **-ger** ['nægə] *se 2 nag* **II** **-ging** ['nægɪŋ] **I** *a* tjatig, gnatig; ~ *pain* molande (gnagande) smärta **II** *s* gnat, tjat
naiad ['naɪæd] (*pl -s el. -es* [-i:z]) najad, vattennymf
nail [neɪl] **I** *s* **1** nagel; klo **2** spik; stift; nagel; *as*

nail-biting—nasalization

hard as ~ *s a*) i utmärkt form, *b*) *bildl.* stenhård, obeveklig; *hit the* ~ *on the head* (*bildl.*) slå (träffa) huvudet på spiken; *pay on the* ~ (*vard.*) betala genast (på stubben) **II** *v* **1** spika [fast]; ~ *down* spika igen (till), spika fast (*a lid* ett lock); ~ *up* spika igen (till), spika upp; *be* ~*ed to the spot* (*bildl.*) stå som fastnaglad; *I* ~*ed her down to coming in time* jag tvingade henne att komma i tid **2** *vard.* haffa, sätta fast; *get* ~*ed* bli haffad, åka fast **3** *vard.* avslöja (*a lie* en lögn; *a liar* en lögnare)

nail-biting [ˈneɪlˌbaɪtɪŋ] **I** *s* **1** nagelbitning **2** nervositet **II** *a* nervpirrande **nailbrush** [-brʌʃ] nagelborste **nailfile** [-faɪl] nagelfil **nail polish** [-ˌpɒlɪʃ] nagellack **nail scissors** [ˌsɪzəz] *pl* nagelsax **nail varnish** [-ˌvɑːnɪʃ] nagellack

naïve, naive [nɑːˈiːv] naiv **-té** [-teɪ], **naivety** [-tɪ] naivitet

naked [ˈneɪkɪd] **1** naken; bar; blottad; kal (*branch* gren); öppen (*flame* låga); *the* ~ *eye* blotta ögat; ~ *facts* nakna fakta; ~ *sword* naket (blottat) svärd; *the* ~ *truth* nakna (oförfalskade) sanningen; ~ *of* blottad på, utan **3** oskyddad, värnlös **-ness** [-nɪs] nakenhet

NALGO *förk. för National and Local Government Officers' Association*

namby-pamby [ˌnæmbɪˈpæmbɪ] **I** *a* **1** sentimental **2** klemig; mjäkig **II** *s* mjäkig (klemig) person

name [neɪm] **I** *s* **1** namn, benämning (*of* på); *a man, Hobson by* ~ en man vid namn (som heter) Hobson; *in* ~ *only* endast till namnet; *in the* ~ *of justice* (*the law*) i rättvisans (lagens) namn; *what's your* ~? vad heter du?; *my* ~ *is Josef* jag heter (mitt namn är) Josef; *that's the* ~ *of the game* (*i sht AE.*) det är det det handlar om (går ut på); *what's in a* ~? vad betyder väl ett namn?; *go by* (*under*) *the* ~ *of* gå (vara känd) under namnet; *not have a penny to one's* ~ vara helt pank, inte ha ett [rött] öre; *I know her only by* ~ jag känner henne bara till namnet; *he knows all his pupils by* ~ han vet (kan) namnet på alla sina elever; *put one's* ~ *down a*) skriva sitt namn, anteckna sig (*on a list* på en lista), *b*) anmäla sig (*for* till, för); *put one's* ~ *to* sätta sitt namn under; *what* ~ *shall I say?* (*i telefon*) hur var namnet?, vem får jag hälsa ifrån? **2** skällsord; *call s.b.* ~*s* skälla ut ngn **3** rykte, namn; *have a good* (*bad*) ~ ha [ett] gott (dåligt) rykte (namn om sig); *have a* ~ *for s.th.* vara känd för ngt; *make one's* ~ (*o.s. a* ~) göra (skapa) sig ett namn, bli berömd **II** *v* **1** kalla [för]; ge namn [åt]; döpa [till]; [be]nämna; uppkalla (*after, AE. for* efter); namnge, nämna vid namn; säga namnet på; *a woman* ~*d Sheila* en kvinna som heter (vid namn) Sheila; *the child is* ~*d Victor* barnet heter (kallas [för]) Victor; *you* ~ *it* (*vard.*) vad som helst, allt man kan tänka sig **2** utnämna, utse; bestämma, ange, säga, nämna; ~ *s.b. as* (*for, to*) *leader* utnämna (utse) ngn till ledare; ~ *the day* (*vard.*) bestämma bröllopsdag[en] **3** nämna, skätta namn på

name-calling [ˈneɪmˌkɔːlɪŋ] skäll, utskällning **name day** [-deɪ] *rom.-kat.* namnsdag **name--dropping** [-ˌdrɒpɪŋ] *vard.* skryt över att vara bekant med kändisar **nameless** [-lɪs] **1** namnlös, anonym **2** obeskrivlig; outsäglig

namely [ˈneɪmlɪ] nämligen

name part [ˈneɪmpɑːt] titelroll **nameplate** namnˌskylt, -plåt **namesake** namne

Namibia [nəˈmɪbɪə] Namibia

nancy [boy] [ˈnænsɪ(bɔɪ)] feminin karl; homofil

nankeen [næŋˈkiːn] nankin, grovt gult bomullstyg

nanny [ˈnænɪ] **1** barnˌsköterska, -flicka **2** *barnspr.* farmor, mormor **nanny goat** get (*hona*)

1 nap [næp] **I** *s* tupplur; *have* (*take*) *a* ~ ta sig en [tupp]lur **II** *v* ta sig en tupplur; *catch s.b.* ~*ping* (*bildl.*) överrumpla ngn, ta ngn på sängen

2 nap [næp] lugg, ludd (*på tyg*)

3 nap [næp] **1** stall-, vinnarˌtips **2** *go* ~ riskera allt **II** *v* tippa (*häst*) som vinnare

napalm [ˈneɪpɑːm] napalm

nape [neɪp] *s,* ~ [*of the neck*] nacke

naphtha [ˈnæfθə] *kem.* nafta **-lene, -line** [-liːn] *kem.* naftalen, naftalin

napkin [ˈnæpkɪn] **1** [*table*] ~ servett **2** liten handduk **3** blöja **4** *AE., [sanitary]* ~ dambinda

Naples [ˈneɪplz] Neapel

Napoleon [nəˈpəʊljən]

nappa [ˈnæpə] nappaˌskinn]

1 nappy [ˈnæpɪ] *BE.* blöja

2 nappy [ˈnæpɪ] **I** *a* **1** luddig, luggig **2** (*om öl*) skummande; stark **II** *s* starkt öl

narcissism [nɑːˈsɪsɪz(ə)m] *psykol.* narcissism

narcissus [-əs] *bot.* narciss, pingstlilja; påsklilja

narcosis [nɑːˈkəʊsɪs] narkos **narcotic** [-ˈkɒtɪk] **I** *a* **1** narkotisk; narkotika-; narkoman- **2** narkos-; bedövande **II** *s* narkotiskt medel, narkotikum; ~*s* (*pl*) narkotika **narcotism** [ˈnɑːkətɪz(ə)m] narkomani

nark [nɑːk] *BE. sl.* **I** *s* angivare, tjallare **II** *v* **1** tjalla på **2** reta, förarga

narrate [nəˈreɪt] berätta, skildra **narration** [nəˈreɪʃn] **1** berättande **2** berättelse, skildring **narrative** [ˈnærətɪv] **I** *s* berättelse, skildring **II** *a* berättande; berättar- **narrator** [nəˈreɪtə] berättare

narrow [ˈnærəʊ] **I** *a* **1** trång, smal; ~ *gauge* smalspår; ~ *passage* trång passage **2** knapp (*victory* seger), snäv; inskränkt (*sense* betydelse); begränsad; *within* ~ *bounds* inom snäva gränser; ~ *circumstances* knappa (små) omständigheter; *have a* ~ *escape* komma undan med knapp nöd; *that was a* ~ *escape* (*squeak*) det var nära ögat; *have a* ~ *mind* vara inskränkt (trångsynt) **3** noggrann (*scrutiny* undersökning) **4** *fonet.* sluten (*vowel* vokal) **II** *s,* ~*s* (*behandlas sg el. pl*) trång passage, trångt sund **III** *v.* **1** smalna, bli trång; minskas, begränsas **2** göra trängre (smalare); ~ [*down*] inskränka, begränsa **-ly** [-lɪ] *adv* **1** trångt, smalt **2** knappt *etc., jfr narrow I 2; he* ~ *escaped being run over* han undgick med knapp nöd att bli överkörd **3** noggrant, noga; *he looks too* ~*ly into things* han är alltför noga (petig) med saker och ting **--minded** [ˌnærəʊˈmaɪndɪd] inskränkt, trångsynt

narw[h]al [ˈnɑːw(ə)l] *zool.* narval

NASA *förk. för National Aeronautics and Space Administration* amerikanska rymdflygstyrelsen

nasal [ˈneɪzl] **I** *a* **1** näs-; ~ *cavity* (*anat.*) näshåla **2** *fonet.* nasal **II** *s* nasalˌljud] **-ization** (*BE. äv.*

-isation [ˌneɪzəlaɪˈzeɪʃn] nasalisering **-ize** (*BE. äv. -ise*) [ˈneɪzəlaɪz] nasalera; tala nasalt; förvandla till nasal

nascency [ˈnæsnsɪ] ursprung, uppkomst; födsel

nascent [-t] blivande, vardande; uppkommande

nasturtium [nəˈstɜːʃ(ə)m] *bot.* [indian]krasse

nasty [ˈnɑːstɪ] **1** snuskig, [från]stötande, oanständig; *have a ~ mind* ha snuskig fantasi **2** obehaglig, otrevlig, otäck, hemsk, vidrig, äcklig; elak, stygg, nedrig (*to* mot); *you ~ little boy!* din elaka (stygga, otäcka) lilla unge!; *a ~ smell* en otäck (vidrig, elak) lukt; *that was a ~ thing to say* det var elakt sagt

nat. *förk. för national; native; natural*

natal [ˈneɪtl] födelse- **-ity** [neˈtælətɪ] *i sht AE.* nativitet, födelsetal

natch [nætʃ] *vard. för naturally*

nates [ˈneɪtiːz] *pl* bakdel, säte

nation [ˈneɪʃn] nation; folk[slag]

national [ˈnæʃənl] **I** *a* nationell; national-; folk-; stats-; inhemsk; landsomfattande, riks-; *~ anthem* nationalsång; *the N~ Assembly* [franska] nationalförsamlingen; *~ bank a*) riks-, central|bank, *b*) *AE.* nationalbank; *N~ Convention* nationalkonvent; *~ debt* statsskuld; *~ dress* nationaldräkt; *the N~ Health Service* (*BE.*) hälso- och sjukvården; *~ income* nationalinkomst; *~ insurance* socialförsäkring; *~ park* nationalpark; *~ service* (*i sht BE.*) allmän värnplikt; *N~ Socialism* nationalsocialism, nazism **II** *s* medborgare, undersåte **-ism** [ˈnæʃnəlɪz(ə)m] nationalism **-ist** [ˈnæʃnəlɪst] **I** *s* nationalist **II** *a* nationalistisk; *N~ China* Nationalistkina, Taiwan **-istic** [ˌnæʃnəˈlɪstɪk] nationalistisk **-ity** [ˌnæʃ(ə)ˈnælətɪ] **1** nationalitet **2** national|karaktär, -egenskap **-ization** (*BE. äv. -isation*) [ˌnæʃnəlaɪˈzeɪʃn] nationalisera, förstatliga **-ize** (*BE. äv. -ise*) [ˈnæʃnəlaɪz] nationalisera, förstatliga

nationwide [ˈneɪʃnwaɪd] landsomfattande

native [ˈneɪtɪv] **I** *a* **1** födelse-; *~ country* fädernes-, foster|land; *~ language* modersmål; *~ town* hem-, födelse|stad **2** infödd (*Irishman* irländare); inhemsk (*plant* växt); *an animal ~ to Canada* ett djur hemmahörande (som är inhemskt) i Canada **3** infödings-; *~ quarters* infödingskvarter; *go ~* börja leva som infödingarna **4** medfödd (*talent* begåvning) **5** (*om metall*) gedigen, ren **II** *s* **1** inföding; infödd **2** inhemsk växt; inhemskt djur **--born** infödd

nativity [nəˈtɪvətɪ] födelse, börd; *the N~* Jesu födelse **nativity play** julspel (*om Jesu födelse*)

natl. *förk. för national*

NATO [ˈneɪtəʊ] *förk. för North Atlantic Treaty Organization*

natron [ˈneɪtrən] kristallsoda

natter [ˈnætə] *vard., i sht BE.* **I** *v* snattra, tjattra, skvallra **II** *s* pratstund, snack

natty [ˈnætɪ] *vard.* nätt, prydlig

natural [ˈnætʃr(ə)l] **I** *a* **1** natur-; naturlig; okonstlad; vildväxande (*flowers* blommor); *~ childbirth* naturlig förlossning (*utan bedövningsmedel*); *~ gas* naturgas; *~ history* naturhistoria, biologi; *~ manner* naturligt (okonstlat) sätt; *~ resources* naturtillgångar; *~ science* naturvetenskap; *~ selection* naturligt urval; *in its ~ state* i naturtillståndet

2 naturlig, medfödd (*ability* förmåga); *she is a ~ artist* hon är född till (en boren) konstnär; *it comes ~ to me* det faller sig naturligt för mig **3** naturlig, självklar (*leader* ledare) **4** utomäktenskaplig; köttslig, biologisk; *~ child* utomäktenskapligt barn; *~ brother* köttslig bror; *~ parents* biologiska föräldrar **5** *mus.* utan förtecken; utan ventiler (*klaffar*); *~ scale* diatonisk skala **II** *s* **1** *mus.* återställningstecken **2** *vard.* naturbegåvning **3** *åld.* idiot **--born** infödd

natural|ism [ˈnætʃrəlɪz(ə)m] naturalism **-ist** [-ɪst] **1** naturforskare; biolog **2** naturalist **-istic** [ˌnætʃrəˈlɪstɪk] **1** naturalistisk **2** naturhistorisk **-ization** (*BE. äv. -isation*) [ˌnætʃrəlaɪˈzeɪʃn] naturalisering; naturalisation **-ize** (*BE. äv. -ise*) [ˈnætʃrəlaɪz] **1** naturalisera; ge medborgarskap [åt]; inplantera (*djur, växt*); införliva (*ord, seder etc.*) **2** göra naturlig **3** (*om djur, växt*) naturaliseras; (*om ord, seder etc.*) införlivas **-ly** [ˈnætʃrəlɪ] *adv* **1** naturligtvis **2** naturligt; okonstlat; otvunget; *behave ~* uppträda naturligt **3** av naturen; av sig själv; *she is ~ lazy* hon är lat av naturen; *it comes ~ to me* det faller sig naturligt för mig; *my hair curls ~* jag är självlockig

nature [ˈneɪtʃə] natur[en]; väsen, läggning; sort, slag; beskaffenhet; *human ~* människonaturen; *call of ~* (*vard.*) trängande [natur]behov; *child of ~* naturbarn; *laws of ~* naturlagar; *against ~* mot naturen; *by ~* till sin natur, av naturen; *draw from ~* teckna efter naturen; *s.th. in* (*of*) *the ~ of* ngt i stil med, ngt slags; *it's in the ~ of things* det ligger i sakens natur; *in a state of ~* i naturligt tillstånd; *things of that ~* sådant, dylikt **nature conservation** [-ˌkɒnsəˌveɪʃn] naturvård **nature reserve** [-rɪˌsɜːv] naturreservat **nature study** [-ˌstʌdɪ] *skol.* naturkunnighet **naturist** [ˈneɪtʃərɪst] naturist, nudist

naught [nɔːt] **I** *s* **1** *åld. el. litt.* intet, inget; misslyckande **2** *set at ~* ringakta, förakta **3** *i sht AE.*, *se* nought *I* **II** *a*, *åld.* värdelös **III** *adv*, *åld. el. litt.* inte alls

naughtiness [ˈnɔːtɪnɪs] **1** elakhet; olydnad **2** lättsinne, oanständighet **naughty** [-ɪ] **1** stygg, elak; olydig **2** lättsinnig, oanständig

nau|sea [ˈnɔːsjə] **1** kväljningar; illamående **2** äckel, avsmak **-seate** [-sɪeɪt] **1** kvälja, göra illamående **2** äckla **-3** ha kväljningar, må illa **-seating** [-sɪeɪtɪŋ], **-seous** [-sjəs] **1** kväljande **2** äcklig, vämjelig

naut. *förk. för nautical*

nautical [ˈnɔːtɪkl] nautisk, sjö-; navigations-; *~ chart* sjökort; *~ mile* nautisk mil, sjömil, distansminut

nautilus [ˈnɔːtɪləs] *zool.* pärlbåtsnäcka

nav. *förk. för naval; navigable; navigation; navigator*

naval [ˈneɪvl] flott-, örlogs-, marin-; sjömilitär; sjö-; *~ academy* sjökrigshögskola; *~ architecture* skeppsbyggnadskonst; *~ base* flott-, örlogs|bas; *~ cadet* sjökadett; *~ college* sjökrigsskola; *~ dockyard* örlogsvarv; *~ forces* (*pl*) sjöstridskrafter; *~ officer* sjöofficer; *~ power* sjömakt

1 nave [neɪv] mittskepp (*i kyrka*)

2 nave [neɪv] [hjul]nav

navel [ˈneɪvl] **1** navel **2** centrum, mittpunkt **3** *~ [orange]* navelapelsin

navicert ['nævɪsɜ:t] *sjö.* lejdebrev *(till neutralt fartyg i krigstid)*
navig. *förk. för navigation*
navi|gable ['nævɪgəbl] **1** segelbar **2** manöverduglig; styrbar **-gate** [-geit] **1** navigera **2** navigera på (över); segla på (över); flyga över **3** *vard.* lotsa; ~ *one's way to* lotsa sig fram till, styra sina steg mot **-gation** [,nævɪ'geɪʃn] **1** sjö|fart, -trafik, seglation **2** navigation, navigering **-gator** ['nævɪgeɪtə] **1** navigatör **2** sjöfarare **3** *flyg.* navigator, navigationsinstrument
navvy ['nævɪ] *BE. vard.* byggnads-, väg-, järnvägs|arbetare
navy ['neɪvɪ] **I** *s* [örlogs]flotta, marin; *the Royal N~* engelska (brittiska) flottan **2** marinblått **II** *a* flott-, marin; ~ *blue* marinblå; ~ *cut* finskuren tobak; ~ *yard* (*AE.*) örlogsvarv
nay [neɪ] **I** *s* nejröst; person som röstar nej **II** *adv, åld. el. dial.* ja, till och med; *åld.* nej
Nazareth ['næzərəθ] Nasaret
Na|zi ['nɑ:tsɪ] **I** *s* nazist **II** *a* nazistisk **-zism** [-tsɪz(ə)m] nazism
NB, N.B. *förk. för New Brunswick* **N.B., n.b.** *förk. för nota bene* **NBC** *förk. för National Broadcasting Company* **N.B.G., nbg** *vard., förk. för no bloody good* **NC, N.C.** *förk. för North Carolina* **N.C.B.** *förk. för National Coal Board* **N.C.O.** *förk. för noncommissioned officer* **ND, N.D.** *förk. för North Dakota* **n.d.** *förk. för no date* **N.Dak.** *förk. för North Dakota* **NE** *förk. för Nebraska; northeast[ern]* **N.E.** *förk. för New England* **N.E.A.** *förk. för* (*AE.*) *National Education Association*
Neanderthal man [nɪ'ændətɑ:lmæn] neandertalmänniska
neap [ni:p] *s,* ~ [*tide*] nipflod
Neapolitan [nɪə'polɪt(ə)n] **I** *s* neapolitan[are] **II** *a* neapolitansk
near [nɪə] **I** *a o. adv* nära; när|belägen, -liggande; nära förestående; närstående; nära nog, nästan; *the N~ East* Mellanöstern; *in the ~ future* inom en nära (snar) framtid; *be ~ at hand a*) vara nära till hands (i närheten), *b*) vara nära förestående; *it was a ~ accident* det var nära att en olycka hade skett; *that was a ~ guess* det var nästan rätt gissat; *it was a ~ miss* det träffade alldeles nära målet; *that was a ~ thing!* (*vard.*) det var nära ögat!; ~ *translation* noggrann (ordagrann) översättning; ~ *by* i närheten; *those ~est and dearest to me* mina närmaste; *not anywhere* (*nowhere*) ~ inte på långa vägar; *not ~ so bad* inte alls (på långa vägar) lika dåligt; *I was ~ doing it* det var nära att jag gjorde det; *come* (*draw, get*) ~ närma sig; *come ~er!* kom närmare!; *live* ~ leva sparsamt; *she lives quite* ~ hon bor alldeles i närheten; *as* ~ *as makes no difference* så gott som **II** *a* imiterad, konst-; ~ *beer* (*AE. ung.*) svagdricka; ~ *leather* konstläder, läderimitation; ~ *silk* konstsiden **III** *prep* nära; i närheten av **IV** *v* närma sig
nearby I *a* [nɪə‚baɪ] närbelägen **II** *adv* [‚nɪə'baɪ]] i närheten, alldeles bredvid (intill) **nearly** ['nɪəlɪ] *adv* **1** nästan, närapå; *not* ~ inte på långa vägar, långt ifrån **2** nära; *it concerns us* ~ det angår (berör) oss nära **nearness** ['nɪənɪs] närhet **near-side** ['nɪəsaɪd] *i sht BE.* **I** *s* sida närmast vägkanten (trottoarkanten) **II** *a* närmaste vägkanten (trottoarkanten) **near-sighted** [‚nɪə'saɪtɪd] närsynt
neat [ni:t] **1** ordentlig, noggrann, noga; prydlig, välvårdad, oklanderlig **2** skicklig[t gjord]; elegant (*solution* lösning) **3** snygg, nätt (*figure* figur) **4** (*om dryck*) outspädd, ren **5** *sl., i sht AE.* toppen, jättebra **6** *AE.* netto-; ~ *profit* nettovinst **-en** [ni:tn] snygga upp (till) **-ness** ['ni:tnɪs] ordentlighet, noggrannhet; prydlighet
N.E.B. *förk. för New English Bible* **Nebr.** *förk. för Nebraska*
Nebraska [nɪ'bræskə]
nebu|la ['nebjʊlə] (*pl -lae* [-i:] *el. -las*) *astr.* nebulosa **-lar** [-lə] nebular-, nebulosa-; ~ *hypothesis* nebularhypotes **-lous** [-ləs] **1** *bildl.* oklar, dunkel **2** nebulosa-, nebular
neces|sarily ['nesəs(ə)rəlɪ] *adv* nödvändigtvis; ovillkorligen **-sary** [-s(ə)rɪ] **I** *a* nödvändig; erforderlig; oundviklig; *a* ~ *evil* ett nödvändigt ont; *if* ~ om så erfordras (behövs, är nödvändigt) **II** *s, vanl. pl, the -saries a*) det nödvändiga, *b*) *jur.* livets nödtorft
neces|sitate [nɪ'sesɪteɪt] göra nödvändig; *we were ~ to stay at home* vi tvingades att stanna hemma **-sitous** [-sɪtəs] nödlidande, fattig, utblottad **-sity** [-sətɪ] **1** nödvändighet (*for, of* av); [nöd]tvång; *from* (*out of*) ~ av nödtvång; *of* ~ nödvändigtvis, oundvikligen; *in case of* ~ i nödfall, vid behov; ~ *is the mother of invention* nöden är uppfinningarnas moder; *it is a matter of absolute* ~ det är absolut nödvändigt; *there is no* ~ *for him to come* det är inte nödvändigt att han kommer; ~ *knows no law* nöden har ingen lag **2** nöd, fattigdom, armod; *in time of* ~ i svåra tider, i nödtider; *live in* ~ leva i fattigdom; **3** nödvändig sak; *the -sities of life* livets nödtorft
neck [nek] **I** *s* **1** hals (*äv. bildl.*); *back of the* ~ nacke; *the* ~ *of a bottle* halsen på en flaska; *it's* ~ *or nothing* kosta vad det kosta vill, det må bära eller brista; *be up to one's* ~ *in work* ha arbete upp över öronen; *break one's* ~ *a*) bryta nacken (halsen) av sig, *b*) *vard.* göra allt (sitt yttersta) (*to* för att); *get it in the* ~ (*vard.*) få obehag, få stryk; *have a stiff* ~ vara stel i nacken; *have s.b. round one's* ~ (*vard.*) ha fått ngn på halsen; *keep* ~ *and* ~ hålla jämna steg med; *risk one's* ~ våga halsen (sin hals); *save one's* ~ rädda sitt eget skinn, klara sig ur knipan; *stick one's* ~ *out* (*vard. bildl.*) sticka ut huvudet; *take s.b. by the* ~ ta ngn i kragen; *win by a* ~ vinna med en halslängd (nos-längd) **2** [hals]ringning **3** näs; sund; ~ *of land* landtunga **4** *vard., in this* ~ *of the woods* i de här trakterna **II** *v* **1** *vard.* [grov]hångla **2** *AE.* nacka (*a fowl en* höna)
neck|band ['nekbænd] halslinning **-cloth** (*förr*) kravatt
neckerchief ['nekətʃɪf] [fyrkantig] halsduk
necking ['nekɪŋ] *vard.* [grov]hångel
neck|lace ['neklɪs] hals|band, -kedja **-line** [hals]ringning **-tie** *AE.* slips, kravatt, halsduk **-wear** [-weə] *koll.* kragar o. halsdukar
necrology [ne'krɒlədʒɪ] dödslista
necroman|cer ['nekrə(ʊ)mænsə] svartkonstnär; andebesvärjare **-cy** [-sɪ] svartkonst; nekromanti[k]
necrophilia [‚nekrə(ʊ)'fɪlɪə] nekrofili

necrosis—nephritis

necrosis [neˈkrəʊsɪs] *med.* nekros, vävnadsdöd
nectar [ˈnektə] nektar
nectarine [ˈnekt(ə)rɪn] *bot.* nektarin
N.E.D.C. *förk.* **för** *National Economic Development Council*
neddy [ˈnedɪ] *barnspr.* åsna
née, nee [neɪ] (*om gift kvinna*) född; *Mrs. Brown,* ~ *Gregg* fru Brown, född Gregg
need [niːd] **I** *s* **1** behov (*of, for* av); *if* ~ *be* om så (det) behövs; *be in* ~ *of* behöva, vara i behov av; *there is a* ~ *for a*) det behövs, det finns behov av, *b*) det krävs; *there is no* ~ *for him to do it* han behöver inte göra det; *there is no* ~ *for hurry* det brådskar inte; *have* ~ *of* behöva, ha behov av; *you have no* ~ *to do it* du behöver inte göra det; *my* ~*s are few* jag har små behov (behöver inte mycket) **2** nöd; *in time of* ~ i nödens stund; *be in* ~ vara i (lida) nöd; *a friend in* ~ *is a friend indeed* i nöden prövas vännen **II** *v* **1** behöva[s], fordra[s], kräva[s]; *be* ~*ed* behövas, fordras, krävas; *just what she* ~*s* precis vad hon behöver; *it* ~*s doing* (*to be done*) det behöver göras; *it* ~*s a lot of work* det kräver (krävs) mycket arbete **2** behöva, vara tvungen att; ~ *she* (*does she* ~ *to*) *hurry?* behöver hon skynda sig?; *she* ~*s to hurry* hon måste skynda sig
need|ful [ˈniːdf(ʊ)l] **I** *a* behövlig, nödvändig (*for, to* för) **II** *s, the* ~ *a*) det nödvändiga, *b*) de pengar som krävs **-iness** [-ɪnɪs] nöd; armod
needle [ˈniːdl] **I** *s* **1** [sy]nål; visare (*på instrument*); [grammofon]stift; virknål; [knitting] ~ [strump]sticka; *an eye of a* ~ ett nålsöga; *magnetic* ~ magnetnål; *look for a* ~ *in a haystack* leta efter en nål i en höstack **2** *med.* sprutspets, injektionsnål; *vard.* spruta **3** barr (*på barrträd*) **4** *BE. sl., have* (*get*) *the* ~ bli sur (irriterad, nervös), reta sig **II** *v* **1** *vard.* pika, reta **2** sy, brodera **3** *AE.* spetsa (*drink*)
needle|craft [ˈniːdlkrɑːft] handarbete, sömnad **-point** stramaljbroderi
needless [ˈniːdlɪs] onödig; överflödig; ~ *to say, he forgot it* naturligtvis (självfallet) glömde han det
needle valve [ˈniːdlvælv] *tekn.* nålventil **needlewoman** [ˈniːdlˌwʊmən] sömmerska **needlework** [-wɜːk] handarbete; sömnad; broderi
needn't [ˈniːdnt] = *need not* **needs** [niːdz] nödvändigtvis, ovillkorligen; *he* ~ *must* (*must* ~) *do it* han måste ovillkorligen göra det **needy** [ˈniːdɪ] [hjälp]behövande, nödlidande
ne'er [neə] *poet.* = *never* **-do-well** [ˈneəduːˌwel] **I** *s* odåga; slarver; latmask **II** *a* oduglig; värdelös
nefarious [nɪˈfeərɪəs] skändlig, nedrig
neg. *förk. för negative*[*ly*]
negate [nɪˈgeɪt] **1** förneka; motsäga **2** ogiltigförklara; upphäva **negation** [nɪˈgeɪʃ(ə)n] **1** förnekande, förkastande (*of* av) **2** *språkv.* negation
nega|tive [ˈnegətɪv] **I** *a* negativ; nekande; ~ *answer* nekande (negativt) svar; ~ *sign* minustecken, negativt förtecken **II** *s* **1** nekande; nekande svar; *answer in the* ~ svara nekande **2** *mat.* negativ storhet; *elektr.* negativ pol **3** *foto.* negativ **4** *språkv.* negation; nekande ord (uttryck) **III** *v* **1** förneka **2** avslå, förkasta **-tivism** [-tɪvɪz(ə)m] negativism **-tivity** [ˌnegəˈtɪvətɪ] negativitet
neglect [nɪˈglekt] **I** *v* försumma, strunta i, missköta, inte ta hänsyn till, negligera **II** *s* försummelse, misskötsel, vanskötsel, underlåtenhet; ~ *of duties* pliktförgätenhet; *be in a state of* ~ vara vanvårdad (vanskött) **-ful** [-f(ʊ)l] försumlig, ovarsam; likgiltig; *be* ~ *of a*) försumma, vara ovarsam med, *b*) vara likgiltig för
négligé [ˈneɡlɪːʒeɪ] negligé
negli|gence [ˈneɡlɪdʒ(ə)ns] försumlighet, oaktsamhet, vårdslöshet **-gent** [-dʒ(ə)nt] försumlig, oaktsam, vårdslös (*of* med, i); nonchalant, likgiltig ; *be* ~ *of* (*äv.*) försumma **-gible** [-dʒəbl] försumbar, obetydlig, betydelselös, negligeabel, negligerbar
nego|tiable [nɪˈgəʊʃjəbl] **1** *hand.* överlåtbar, säljbar **2** (*om väg*) framkomlig, farbar **3** förhandlingsbar **-tiate** [nɪˈgəʊʃɪeɪt] **1** underhandla om, förhandla om **2** *ekon.* negociera, avyttra; förmedla (*a loan* ett lån) **3** komma över (igenom, förbi), passera; klara [av] **-tiation** [nɪˌgəʊʃɪˈeɪʃn] **1** underhandling, förhandling **2** *ekon.* negociering, avyttring; förmedling (*of a loan* av ett lån) **3** passage, passerande; övervinnande **-tiator** [nɪˈɡəʊʃɪeɪtə] **1** underhandlare, förhandlare **2** förmedlare (*of a loan* av ett lån)
Negress, negress [ˈniːɡrɪs] negerkvinna, negress **negritude** [ˈniːɡrɪtjuːd] framhävande av att man är neger; hävdande av negerkulturen
Negro, negro [ˈniːɡrəʊ] **I** *s* neger **II** *a* neger-
Negroid, negroid [ˈniːɡrɔɪd] negroid
neigh [neɪ] **I** *v* gnägga **II** *s* gnäggning
neighbor [ˈneɪbə] *AE.*, *se neighbour*
neighbour *BE.* [ˈneɪbə] **I** *s* **1** granne **2** *bibl.* nästa **II** *a* grann-; ~ *country* grannland **III** *v*, ~ [*on*] gränsa till **-hood** [-hʊd] **1** grannskap, närhet; omgivning[ar]; trakt, område; kvarter; *in the* ~ *of* i närheten (trakten) av (*äv. bildl.*) **2** *koll.* grannar **3** grannsämja **-ing** [ˈneɪb(ə)rɪŋ] grann-; angränsande; närbelägen **-liness** [ˈneɪbəlɪnɪs] grannsämja **-ly** [ˈneɪbəlɪ] *a* som anstår en god granne (goda grannar) **-ship** [ˈneɪbəʃɪp] grannsämja
neither [ˈnaɪðə; *AE.* ˈniːðə] **I** *pron* ingen[dera] (*av två*); *in* ~ *case* i ingetdera fallet; ~ *of them was there* ingen av dem var där **II** *konj o. adv* **1** ~…*nor* varken…eller; ~ *she nor he was there* varken hon eller han var där **2** inte heller; *if I don't go,* ~ *does he* om inte jag går gör inte han det heller
nelly [ˈnelɪ] *BE. sl., not on your* ~! aldrig i livet!
nelson [ˈnelsn] (*i brottning*) nelson
nem. con. *förk. för nemine contradicente* (*lat.*) *no one contradicting* ingen däremot, enhälligt
nemesis [ˈnemɪsɪs] nemesis, vedergällning
neo|classicism [ˌniːəʊˈklæsɪsɪz(ə)m] nyklassicism **-colonialism** nykolonialism
Neolithic [ˌniːəʊˈlɪθɪk] neolitisk; *the* ~ *Age* neolitikum, yngre stenåldern
neologism [niːˈɒlədʒɪz(ə)m] neologism, språklig nybildning
neon [ˈniːən] *kem.* neon
neophyte [ˈniːəʊfaɪt] **1** nyomvänd [person] **2** novis
Nepal [nɪˈpɔːl]
nepenthe [neˈpenθɪ] *poet.* glömskedryck
nephew [ˈnevjuː] brorson, systerson
nephritis [neˈfraɪtɪs] *med.* nefrit, njurinflamma-

tion
nepotism ['nepətɪz(ə)m] nepotism, svågerpolitik
Neptune ['neptju:n] Neptunus
N.E.R.C. *förk. för National Environment Research Council*
Nereid ['nɪərɪɪd] *myt.* nereid, havsnymf
Nero ['nɪərəʊ]
nervate ['nɜ:veɪt] *bot.* nervig
nerve [nɜ:v] **I** *s* **1** *anat.* nerv; *bot.* [blad]nerv; *be all (a bundle of)* ~s vara ett nervknippe; *get on a p.'s* ~s gå ngn på nerverna; *have a fit of* ~s råka i panik, få ett nervöst sammanbrott; *have* ~s *of steel* ha nerver av stål; *strain every* ~ anstränga sig till det yttersta, uppbjuda all sin kraft **2** mod, tapperhet; orubblighet; *lose one's* ~ bli rädd, tappa nerverna **3** *vard.* fräckhet; *you've got a* ~! du är inte lite fräck! **II** *v* ge styrka åt, inge mod; ~ *o.s.* stålsätta sig
nerve cell ['nɜ:vsel] nervcell **nerve centre** [-,sentə] nervcentrum; *bildl.* centrum, hjärta
nerve fibre [-,faɪbə] nervtråd **nerve gas** [-gæs] nervgas **nerveless** [-lɪs] **1** lugn, samlad **2** kraftlös; håglös **nerve-racking, --wracking** [-,rækɪŋ] nervpåfrestande, enerverande **nervine** ['nɜ:vi:n] **I** *a* nervlugnande **II** *s* nervlugnande medel
nervous ['nɜ:vəs] **1** nerv-; ~ *breakdown* nervsammanbrott; ~ *system* nervsystem **2** orolig, ängslig, nervös *(about, of* för) **-ness** [-nɪs] oro, ängslan, nervositet
nervy ['nɜ:vɪ] *vard.* **1** *BE.* nervös, spänd, skärrad **2** *AE.* fräck, oförskämd
nest [nest] **I** *s* **1** bo, rede, näste; *leave the* ~ lämna boet **2** näste, tillhåll **3** sats, uppsättning; ~ *of tables* satsbord **II** *v* **1** bygga bo **2** leta efter (plundra) fågelbon **nest egg** ['nesteg] **1** boägg **2** sparslant
nest|le ['nesl] **1** ~ *[up, down]* krypa tätt ihop (tillsammans), kura ihop sig **2** ligga inbäddad **3** skydda, ordna skydd åt **-ling** [-lɪŋ] **1** *(ej flygfärdig)* fågelunge **2** barn; unge
1 net [net] **I** *s* **1** nät, garn *(äv. bildl.)*; håv; snara *(äv. bildl.)*. **2** tyll **3** *sport.* nätboll; kasse, mål *(i fotboll e.d.)* **II** *v* **1** fånga med (i) nät; snara **2** omge med nät **3** *sport.* slå bollen i nät **4** knyta nät
2 net [net] **I** *a* **1** netto[-]; ~ *price* nettopris; ~ *profit* netto|förtjänst, -vinst; ~ *ton* nettoregisterton; ~ *weight* nettovikt **2** *bildl.* slutlig, slut-; *the* ~ *result* slutresultatet **II** *s* netto|inkomst, -vikt *etc.* **III** *v* **1** förtjäna [i] netto **2** inbringa [i] netto
netball ['netbɔ:l] *(slags)* korgboll
Neth. *förk. för Netherlands*
nether ['neðə] nedre, undre, neder-, under-; ~ *lip* underläpp; *the* ~ *regions* underjorden, helvetet
Nether|lander ['neðələndə] nederländare **-lands** [-ləndz] **I** *s, the* ~ *(pl)* Nederländerna **II** *a* nederländsk
netting ['netɪŋ] nät[verk]
nettle ['netl] **I** *s, bot.* nässla; *stinging* ~ brännnässla; *grasp the* ~ ta tjuren vid hornen **II** *v* **1** irritera, reta, förarga **2** brännas *(som en nässla)*
nettle rash [-ræʃ] nässel|feber, -utslag
network ['netwɜ:k] **1** nät *(äv. bildl.)*, nätverk **2** *radio., TV.* sändarnät; radio-, TV-|bolag

neural ['njʊər(ə)l] nerv- **-gia** [,njʊə'rældʒə] *med.* neuralgi, nervvärk
neuras|thenia [,njʊərəs'θi:njə] *med.* neurasteni, nervklenhet **-thenic** [-'θenɪk] *med.* **I** *a* neurastenisk, nervklen **II** *s* neurasteniker
neuritis [,njʊə'raɪtɪs] *med.* neurit, nervinflammation
neurolo|gist [,njʊə'rɒlədʒɪst] neurolog, nervläkare **-gy** [-dʒɪ] neurologi
neuro|sis [,njʊə'rəʊ|sɪs] *(pl -ses* [-si:z]*)* neuros **neurotic** [-'rɒtɪk] **I** *a* neurotisk **II** *s* neurotiker
neuter ['nju:tə] **I** *s* **1** *språkv.* neutrum **2** *biol.* könlös individ; kastrerat djur **II** *a* **1** neutral; *in the* ~ *gender* i neutrum; ~ *word* neutralt ord, neutrum **2** *biol.* könlös **III** *v* kastrera *(djur)*
neutral ['nju:tr(ə)l] **I** *a* neutral; opartisk; obestämd; ~ *colour* neutral färg; ~ *country* neutralt land; ~ *gear (i motor)* fri-, neutral|läge; ~ *solution (kem.)* neutral lösning **II** *s* **1** neutral stat (person *etc.*) **2** *(i motor)* fri-, neutral|läge **-ity** [nju:'trælətɪ] neutralitet; opartiskhet **-ization** *(BE. äv. -isation)* [,nju:trəlaɪ'zeɪʃn] neutralisering; *kem.* neutralisation **-ize** *(BE. äv. -ise)* ['nju:trəlaɪz] **1** neutralisera; uppväga; förklara neutral **2** *mil.* oskadliggöra
neutron ['nju:trɒn] *fys.* neutron
Nev. *förk. för Nevada*
Nevada [ne'vɑ:də]
never ['nevə] aldrig; inte alls; ~ *again* aldrig mer; ~ *before* aldrig tidigare; ~ *ever a)* absolut inte, *b)* aldrig någonsin; ~ *yet* ännu inte; ~ *in all my life* aldrig i hela mitt liv, aldrig någonsin; *well, I* ~! jag har då aldrig hört (sett) på maken!; *that will* ~ *do!* det duger absolut inte! **--ending** [-,endɪŋ] evig, oupphörlig, ständig **--failing** [-,feɪlɪŋ] osviklig; outsinlig **-more** [,nevə'mɔ:] *litt.* aldrig mer **--never** [,nevə'nevə] *vard.* **I** *s* avbetalning; *on the* ~ på avbetalning **II** *a* fantasi-, idyllisk; ~ *land* drömland, utopi **-theless** [,nevəðə'les] icke desto mindre, ändå, i alla fall
new [nju:] **1** ny[-]; nymodig, modern; *the* ~ *bride* den nyblivna bruden; ~ *ideas* nya idéer; *the N*~ *Look* new look, nya looken; ~ *maths* den nya matematiken; ~ *moon* nymåne; *the N*~ *Style* den nya stilen (tideräkningen); *the N*~ *Testament* Nya testamentet; *the* ~ *woman* den moderna kvinnan; *the N*~ *World* Nya världen *(Amerika); this is* ~ *to me* det är (var) nytt för mig; *I'm* ~ *to this job* jag är ny på den här platsen; *turn over a* ~ *leaf* börja om på nytt **2** färsk *(potatoes* potatis); ~ *bread* färskt (nybakat) bröd
new|born ['nju:bɔ:n] **1** nyfödd **2** pånyttfödd **-comer** [-,kʌmə] nykomling
New England [,nju:'ɪŋglənd] New England, Nya England
Newf. *förk. för Newfoundland*
new|fangled ['nju:,fæŋgld] nymodig, [extremt] modern **--fashioned** [,nju:'fæʃnd] nymodig, modern
Newfoundland 1 ['nju:fən(d)lənd, *lokalt uttal* ,nju:f(ə)nd'lænd] Newfoundland **2** [nju:-'faʊndlənd] ~ *[dog]* newfoundlandshund
New Guinea [,nju:'gɪnɪ] Nya Guinea
New Hampshire [,nju:'hæmpʃə]
newish ['nju:ɪʃ] ganska (tämligen) ny
New Jersey [,nju:'dʒɜ:zɪ]

newlaid ['nju:leɪd] nyvärpt, färsk; ~ *eggs* nyvärpta (färska) ägg

newly ['nju:lɪ] *adv* **1** nyligen; ny-; *a* ~ *built house* ett nybyggt hus **2** på ett nytt sätt; ~ *arranged* arrangerad på ett nytt sätt **-weds** [-wedz] *pl, the* ~ de nygifta

New Mexico [ˌnju:'meksɪkəʊ]

new-mown ['nju:məʊn] nyklippt (*lawn* gräsmatta); nyslagen; ~ *hay* nyslaget hö

newness ['nju:nɪs] **1** nyhet; nymodighet; *the* ~ *of* det nya med **2** färskhet

New Orleans [ˌnju:'ɔ:lɪənz]

news [nju:z] (*behandlas som sg*) nyhet[er], underrättelse[r] (*about* om, angående) ; *an important piece of* ~ en viktig nyhet; *no* ~ *is good* ~ inga nyheter är goda nyheter; *this is* ~ *to me* det är en nyhet (nytt) för mig; *that's good* ~ det var roligt att höra (goda nyheter); *I have no* ~ *of them* jag har inte hört av dem; *I have* ~ *for you* (*iron.*) jag har en överraskning åt dig; *listen to the* ~ lyssna på [radio]nyheterna **news agency** ['nju:zˌeɪdʒ(ə)nsɪ] nyhets-, telegram|byrå **news|agent** ['nju:zˌeɪdʒ(ə)nt] *BE.* tobakshandlare, innehavare av tidningskiosk **-boy** [-bɔɪ] tidningspojke; tidningsbud **-cast** [-kɑ:st] nyhetssändning (*i radio, TV*) **-caster** [-ˌkɑ:stə] nyhetsuppläsare (*i radio, TV*) **-dealer** [-ˌdi:lə] *AE.*, *se newsagent* **-flash** [-flæʃ] nyhetstelegram (*i radio, TV*) **-hawk, -hound** [-hɔ:k, -haʊnd] *AE. vard.* tidningsreporter **-item** [-ˌaɪtəm] [tidnings]notis **-letter** [-ˌletə] nyhets-, informations|blad, cirkulär **-man** [-mən] *AE.* journalist, reporter **-monger** [-ˌmʌŋgə] *åld.* skvallerbytta **-paper** [-ˌpeɪpə] tidning **-paperman** [-ˌpeɪpəmæn] **1** journalist, reporter **2** tidningsägare

news|speak ['nju:spi:k] byråkrat-, politiker|jargong

news|print ['nju:zprɪnt] tidningspapper **-reader** [-ˌri:də] nyhetsuppläsare **-reel** [-ri:l] journalfilm **--room** [-rʊm] nyhetsredaktion **--sheet** [-ʃi:t] *se newsletter* **-stand** tidningskiosk

news vendor ['nju:zˌvendə] tidningsförsäljare

newsy ['nju:zɪ] *vard.* full av nyheter, skvallrig

newt [nju:t] *zool.* (liten) vattenödla

newton ['nju:tn] *fys.* newton

New Year [ˌnju:'jɪə] nyår; ~*'s Day* nyårsdagen; ~*'s Eve* nyårsafton; *Happy* ~*!* Gott Nytt År!; ~ *resolution* nyårslöfte

New York [ˌnju:'jɔ:k] New York **New Yorker** [-ə] newyorkbo

New Zealand [ˌnju:'zi:lənd] **I** *s* Nya Zeeland **II** *a* nyzeeländsk **New Zealander** [-ə] nyzeeländare

next [nekst] **I** *a o. s* nästa, [närmast] följande; närmast; ~ *Monday* nästa måndag, [nu] på måndag; *the* ~ *three days* de tre närmaste dagarna; *they live* ~ *door to us* de bor i huset (våningen *etc.*) intill, de bor grannar med oss; ~ *door to* (*bildl.*) nästan, så gott som; *the* ~ *man I see* förste bäste jag möter; *the* ~ *in size* närmaste storlek; *the week after* ~ nästnästa vecka; ~ *please!* [varsågod,] nästa!; *who's* ~? vems tur är det nu?; *you are* ~ du är [närmast] i tur **II** *adv* [nu] närmast, härnäst, sedan, därefter; näst; *when shall we meet* ~? när ska vi träffas nästa gång (härnäst)?; ~ *after seeing her* direkt efter det jag hade träffat henne; ~ *oldest* näst äldst; *the* ~ *best thing* det näst bästa; ~ *to a*) [alldeles] bredvid (intill), närmast (direkt) efter, *b*) näst [efter], *c*) nästan, så gott som, i det närmaste; ~ *to impossible* i det närmaste omöjligt; *the* ~ *to last row* näst sista raden; *it is* ~ *to murder* det är nära nog mord; ~ *to nothing* nästan ingenting **III** *prep, åld.* bredvid; närmast; näst **next-door** [ˌneks(t)'dɔ:] *a* närmast, grann-; *we are* ~ *neighbours* vi är närmaste grannar; *the* ~ *house* grannhuset **next of kin** [ˌnekstəv'kɪn] närmaste anhörig[a]

nexus ['neksəs] (*pl lika*) samband, förbindelse, band (*of* mellan)

NF[.] *förk. för Newfoundland* **N.F., N/F** *förk. för no funds* **Nfld.** *förk. för Newfoundland* **NG, N.G.** *förk. för National Guard* **N.G.** *förk. för Nya Guinea* **N.G, ng** *förk. för no good* **NH, N.H.** *förk. för New Hampshire* **N.Heb.** *förk. för New Hebrides* **NHL** *förk. för National Hockey League* (*Canada*) **N.H.S.** *förk. för National Health Service* **N.I.** *förk. för National Insurance; Northern Ireland*

Niagara [naɪ'ægərə]

nib [nɪb] **I** *s* **1** spets, udd; näbb **2** [stål]penna; udd, spets (*på reservoarpenna*) **3** ~*s* (*pl*) krossade kakaobönor

nibble ['nɪbl] **I** *v* **1** knapra på; nafsa efter **2** knapra (*at* på); nafsa (*at* på) **3** *bildl.*, ~ *at* nosa på, pröva på, testa **II** *s* **1** knaprande, nafsande **2** [liten] munsbit; *have a* ~ (*bildl.*) få napp

niblick ['nɪblɪk] *golf.* järnklubba (8-10)

nibs [nɪbz] *pl, sl. skämts., his* ~ hans högvördighet (nåd)

Nicaragua [ˌnɪkə'ræ|gjʊə, *AE.* -gwə]

nice [naɪs] **1** trevlig; rar, hygglig, snäll, sympatisk; fin, snygg, skön (*äv. iron.*); söt, vacker; ~ *and clean* ren och fin; *take it* ~ *and easy* ta det lugnt (vackert); ~ *and warm* varm och skön; *that's a* ~ *mess!* det var en skön röra!; *that's a* ~ *one!* (*vard.*) det är toppen! **2** god, läcker, bra **3** noggrann; anspråksfull, nogräknad, kritisk, kräsen **4** ömtålig, känslig, kinkig, knepig **5** subtil, [hår]fin (*distinction* skillnad)

nice-looking ['naɪsˌlʊkɪŋ] med trevligt (*etc., jfr nice*) utseende, som ser trevlig ut **nicely** [-lɪ] *adv* trevligt *etc., jfr nice; go* ~ gå som smort; *that will do* ~ det räcker mer än väl **nicety** [-(ə)tɪ] **1** skärpa; precision, noggrannhet; *to a* ~ ytterst noga, med precision, precis lagom **2** finess; *niceties* (*pl, äv.*) spetsfundigheter, hårklyveri[er] **3** *the niceties of* det behagliga (angenäma) i (med)

niche [nɪtʃ] nisch (*äv. bildl.*)

Nicholas ['nɪkələs] Nikolaus

Nick [nɪk] **1** *kortform av Nicholas* **2** *Old* ~ djävulen, hin håle

nick [nɪk] **I** *s* **1** hack, jack; skåra, inskärning **2** *BE. sl.* kåk (*fängelse*); finka **3** *in the* ~ *of time* i grevens tid **4** *BE. vard., in good* ~ i fin form, i bra skick **II** *v* **1** göra ett hack (ett jack, en skåra) i **2** *sl., i sht BE.* sno, knycka; sy in, haffa **3** gissa (träffa) rätt

nickel ['nɪkl] **I** *s* **1** nickel **2** *AE.* femcentare **II** *v* förnickla **nickelodeon** [ˌnɪkə'ləʊdɪən] *AE.* jukebox **nickel-plated** ['nɪklˌpleɪtɪd] förnicklad **nickel silver** ['nɪklˌsɪlvə] alpacka

nicker ['nɪkə] *BE. sl.* pund

nicknack ['nɪknæk] *se knickknack*

nickname ['nɪkneɪm] **I** *s* öknamn; smeknamn **II** *v* ge (*ngn*) öknamnet (smeknamnet)
nico|tine ['nɪkəti:n] nikotin **-tinism** [-ti:nɪz(ə)m] nikotinism, nikotinförgiftning
niece [ni:s] brors-, syster|dotter**niff** [nɪf] *BE. sl.* odör, stank
nifty ['nɪftɪ] *vard.* snygg, tjusig
Nigeri|a [naɪ'dʒɪərɪə] Nigeria **-an** [-ən] **I** *a* nigeriansk **II** *s* nigerian
niggard ['nɪgəd] snåljåp, girigbuk **-ly** [-lɪ] **I** *a* **1** knusslig, gnidig, småsnål **2** knapp **II** *adv* knussligt, gnidigt, småsnålt
nigger ['nɪgə] *neds.* nigger; svarting; *there is a ~ in the woodpile* det är en hake med det
nig|gle ['nɪgl] **1** klanka, gnata **2** vara petig **3** irritera; oroa **-gling** [-glɪŋ] **1** gnatig **2** petig **3** pillrig, irriterande
nigh [naɪ] *åld., poet., dial.* = *near*
night [naɪt] natt (*äv. bildl.*); kväll, afton; mörker; *~s* (*pl, vard.*) på nätterna (natten); *work ~s* (*vard.*) arbeta natt (på natten), ha nattskift; *first ~* (*teat.*) premiär[kväll]; *good ~!* godnatt!; *last ~ a)* i går kväll, *b)* i natt; *this ~* i kväll, i natt; *at ~* på kvällen (natten), på (om) kvällarna (nätterna), nattetid; *by ~* på (om) natten (nätterna), nattetid; *on the ~ of April 29* på kvällen den 29 april; [*on*] *the ~ before yesterday* i förrgår kväll, natten till i går; *get* (*have*) *a late ~* komma sent i säng; *have a good* (*bad*) *~* sova bra (dåligt); *have a ~ out a*) ha ledig kväll, *b)* vara ute och roa sig på kvällen; *make a ~ of it* (*vard.*) festa hela kvällen (natten) igenom, göra sig en helkväll; *stay the ~* övernatta, stanna över natten (*at* hos, i, på)
night-bird ['naɪtbɜ:d] nattfågel; *bildl.* nattuggla
night blindness [-ˌblaɪndnɪs] nattblindhet
night|cap ['naɪtkæp] **1** nattmössa **2** sängfösare **-club** [-klʌb] nattklubb **-dress** [-dres] *BE.* nattlinne; nattkläder **-fall** [-fɔ:l] nattens (mörkrets) inbrott; *at ~* vid mörkrets inbrott, i kvällningen **-gown** [-gaʊn] nattlinne; nattskjorta **-hawk** [-hɔ:k] *se nightjar*
nightie ['naɪtɪ] *vard.* nattlinne; nattskjorta
nightingale ['naɪtɪŋgeɪl] *zool.* näktergal
night|jar ['naɪtdʒɑ:] *zool.* nattskärra; *bildl.* nattuggla **--light** nattljus, nattlampa (*för barn e.d.*) **-long** *a o. adv* [som varar] hela natten **-ly** [-lɪ] **I** *a* nattlig, natt-, kvälls- **II** *adv* på (om) natten (kvällen), varje natt (kväll) **-mare** [-meə] mardröm (*äv. bildl.*)
night owl ['naɪtaʊl] *vard. bildl.* nattuggla **night porter** [-ˌpɔ:tə] nattportier **night school** [-sku:l] aftonskola
night|-services ['naɪtˌsɜ:vɪsɪz] *pl* nattrafik **-shade** [-ʃeɪd] *s, bot., black ~* nattskatta; *deadly ~* belladonna; *woody ~* besksöta **-shift** [-ʃɪft] nattskift **-shirt** [-ʃɜ:t] nattskjorta **-spot** [-spɒt] *vard.* nattklubb
night stick ['naɪtstɪk] *AE.* batong **night-time** *s, in the ~* på (om) natten (nätterna), nattetid **night watch** [ˌnaɪt'wɒtʃ] nattvakt (*tjänstgöring o. pers.*) **night watchman** [-mən] nattvakt (*pers.*) **nightwear** ['naɪtweə] nattdräkt **nighty** ['naɪtɪ] *vard., se nightie*
nihil|ism ['naɪɪlɪz(ə)m] nihilism **-ist** [-ɪst] nihilist **-istic** [ˌnaɪɪ'lɪstɪk] nihilistisk
nil [nɪl] ingenting, noll; *the score is five ~* det står fem noll
Nile [naɪl] *the ~* Nilen
nimble ['nɪmbl] **1** snabb, flink, kvick **2** *bildl.* rörlig, vaken, livlig; *a ~ intellect* ett rörligt intellekt **--fingered** [-ˌfɪŋgəd] fingerfärdig; *bildl.* långfingrad **--footed** [-ˌfʊtɪd] snabbfotad **-witted** [-ˌwɪtɪd] fyndig, kvicktänkt
nim|bus ['nɪmbəs] (*pl -bi* [-baɪ] *el. -buses* [-bəsɪz]) **1** nimbus, gloria; *bildl. äv.* skimmer **2** *meteor.* nimbus, låga regnmoln
niminy-piminy [ˌnɪmɪnɪ'pɪmɪnɪ] sipp, pryd; själapig
nincompoop ['nɪnkəmpu:p] dumhuvud
nine [naɪn] (*jfr eight o. sms.*) **I** *räkn* nio; *a ~ day's wonder* (*bildl.*) dagslända, kortvarig företeelse **II** *s* nia; *the N~ a)* de nio muserna, *b)* de nio [medlemsstaterna i EG]; *dressed up to the ~s* (*vard.*) elegent (flott) klädd **-fold** ['naɪnfəʊld] **I** *a* nio|dubbel, -faldig **II** *adv* nio|dubbelt, -faldigt **-pin** ['naɪnpɪn] kägla; *~s* (*behandlas som sg*) kägelspel, käglor; *go down like ~s* (*bildl.*) falla som käglor **-teen** [ˌnaɪn'ti:n] (*jfr eighteen o. sms.*) **I** *räkn* nitton **II** *s* nitton; nittontal; *talk ~ to the dozen* tala oavbrutet **-teenth** [ˌnaɪn'ti:nθ] *räkn o. s* nittonde; nitton[de]del; *the ~ hole* (*golfsl.*) baren (*i klubblokalen*) **-tieth** [-tɪɪθ] *räkn o. s* nittionde; nittion[de]del **--to-five** [ˌnaɪntə'faɪv] *a, ~ man* kontorsanställd **-ty** [-tɪ] (*jfr eighty o. sms.*) **I** *räkn* nitti[o] **II** *s* nitti[o]; nitti[o]tal; *the -ties* nittiotalet
ninny ['nɪnɪ] dumbom, trögtänkt person
ninth [naɪnθ] (*jfr eighth*) **I** *räkn* nionde **II** nion[de]del
1 nip [nɪp] **I** *v* **1** nypa, knipa, klämma; *~ o.s.* klämma sig; *~ off* nypa (knipsa, klippa) av **2** (*om kyla, frost*) bita i; *the cold ~ped our cheeks* kylan bet i våra kinder; *the frost ~ped the plants* frosten tog växterna; *~ in the bud* (*bildl.*) kväva i sin linda **3** *sl.* sno, knycka **4** *at* nafsa efter **5** *BE. vard.* kila, slinka (*along, off* i väg; *in* in) **II** *s* **1** nyp, nypning, knipning, klämning **2** kyla; frost [angrepp]; *there's a ~ in the air* det är skärpa i luften **3** nypa (*of fresh air* frisk luft)
2 nip [nɪp] droppe, tår; hutt
nipper ['nɪpə] **1** knipsare; *~s* (*pl*) avbitartång, avbitare, kniptång **2** gripklo (*på krabba e.d.*) **3** *vard., i sht BE.* knatte; stumpa
nipple ['nɪpl] **1** bröstvårta, spene **2** *AE.* napp **3** *tekn., [grease] ~* nippel, smörjkopp
nippy ['nɪpɪ] **1** bitande, kylig, skarp **2** *BE. vard.* snabb, flink, rask
Nirvana [ˌnɪə'vɑ:nə]
Nisei ['ni:seɪ] *AE.* japansk-amerikan
1 nit [nɪt] gnet, lusägg
2 nit [nɪt] *vard., i sht BE., se nitwit*
niter ['naɪtə] *AE., se nitre*
nit-picking ['nɪtˌpɪkɪŋ] *vard.* **I** *a* petig **II** *s* petighet
nitrate ['naɪtreɪt] *kem.* nitrat **nitre** [-tə] *kem.* salpeter **nitric** [-trɪk] *kem.* salpeter-; *~ acid* salpetersyra **nitrogen** [-trədʒən] *kem.* kväve **nitrogenous** [naɪ'trɒdʒɪnəs] *kem.* kvävehaltig, kväve- **nitroglycerine** [ˌnaɪtrəʊ(ʊ)'glɪsəri:n] nitroglycerin **nitrous** ['naɪtrəs] *kem.* nitrös, salpeterhaltig, salpeter-; *~ acid* salpetersyra; *~ oxide* lustgas
nitty-gritty [ˌnɪtɪ'grɪtɪ] *sl.* kärnpunkt, springande

nitwit—nonalcoholic

punkt; *get down to the* ~ komma till sakens kärna
nitwit ['nɪtwɪt] dumhuvud, fårskalle
nix [nɪks] *AE. sl.* **I** *s* ingenting **II** *interj* nix!, nej!
NJ, N.J. *förk. för New Jersey* **n.l.** *förk. för (boktr.) new line* **N.L.C.** *förk. för National Liberal Club* **N.L.F.** *förk. för National Liberation Front* **n.m.** *förk. för nautical mile* **NM, N. M[ex].** *förk. för New Mexico* **NMR** *förk. för nuclear magnetic resonance* **NNE, N.N.E.** *förk. för north-northeast* **NNW, N.N.W.** *förk. för north-northwest*
1 no [nəʊ] *a* ingen, inte någon; ~ *one* ingen, inte någon; ~ *one man can lift that* ingen människa kan lyfta det ensam; *on ~ condition* på inga villkor; *there's ~ denying that...* det kan inte förnekas att...; *he's ~ genius* han är inte något snille precis; *it's of ~ importance* det är utan betydelse (betydelselöst); *there was ~ mistaking* det gick inte att ta miste (fel) på; ~ *parking* parkering förbjuden; *there's ~ saying what* man kan inte (aldrig) veta vad; *in ~ time* på nolltid; ~ *two paintings are identical* det finns inte två tavlor som är lika **2 no** [nəʊ] **I** *adv* **1** nej; ~*?* jaså inte [det]?; *oh* ~*!* å nej!, nej då!; *answer* ~ svara nej **2** inte; *do you know wheather she comes or* ~ vet du om hon kommer eller inte; *it's* ~ *better than before* det är inget (ingalunda) bättre än förut; *it's* ~ *different from* det skiljer sig inte från; ~ *later than Tuesday* senast på tisdag; ~ *less a person than the president* ingen mindre än presidenten; *I'm* ~ *less tired than you are* jag är inte mindre trött än du; *I could do* ~ *less* det var det minsta jag kunde göra; *I can stay* ~ *longer* jag kan inte stanna längre; ~ *sooner...than* knappt...förrän **II** *s (pl ~es)* nej; nejröst; *I won't take* ~ *for an answer* jag accepterar inte ett nej som svar; *the ~es have it* nejrösterna är i majoritet
No. *förk. för north[ern]*; *number* **no.** *förk. för number*
no-account ['nəʊəˌkaʊnt] *AE.* värdelös, oduglig
Noah ['nəʊə] Noa[k]
nob [nɒb] *sl., i sht BE.* pamp, höjdare
nobble ['nɒbl] *BE. sl.* **1** fixa, dopa *(häst för att hindra den att vinna)* **2** besegra *(med ojusta medel)* **3** knycka, sno **4** få tag i; kidnappa
nobby ['nɒbɪ] *sl., i sht BE.* flott, pampig
Nobel [nəʊ'bel] Nobel **Nobel prize** ['nəʊbelpraɪz] Nobelpris
nobility [nə(ʊ)'bɪlətɪ] **1** [hög]adel; adelsstånd, adligt stånd **2** adelskap; adlig börd **3** *bildl.* ädelhet; ~ *of mind* ädelt (upphöjt) sinne
noble ['nəʊbl] **I** *a* **1** [hög]adlig **2** ädel, högsint; nobel, förnäm, fin; *the ~ art of self-defence* boxningssporten **3** ståtlig, pampig **4** ~ *gas* ädelgas; ~ *metal* ädelmetall **II** *s* adelsman, ädling **nobleman** [-mən] adelsman **noble-minded** [ˌnəʊbl'maɪndɪd] ädel, högsint
noblesse [nə(ʊ)'bles] *litt.* nobless; ~ *oblige* [əʊ'bli:ʒ] *(ofta iron.)* noblesse oblige, adelskap förpliktar
noblewoman ['nəʊblˌwʊmən] adelsdam
nobody ['nəʊb(ə)dɪ] **I** *pron* ingen, inte någon; ~ *else could have done it* ingen annan kunde ha gjort det **II** *s* nolla, obetydlig (oduglig) person
nock [nɒk] skåra *(på pil, pilbåge)*
noc|turnal [nɒk'tɜ:nl] nattlig; natt-; ~ *animal*

nattdjur **-turne** ['nɒktɜ:n] **1** *mus.* nocturne **2** *konst.* nattstycke
nod [nɒd] **I** *v* **1** nicka *(to* åt, till*)*; ~ *in agreement* nicka instämmande; *have a ~ding acquaintance with s.b.* känna ngn helt flyktigt **2** nicka (slumra) till; *bildl.* slumra; ~ *off (vard.)* nicka (slumra) till; ~ *over a book* nicka till över en bok; *even Homer ~s* även Homeros slumrar ibland **3** nicka med *(one's head* huvudet*)* **4** nicka *(approval* bifall*)*; *he ~ded me to go* han nickade åt mig att gå **II** *s* **1** nick[ning]; *a ~ of the head* en nick med (på) huvudet **2** kort slummer; *the land of N~* Jon Blunds (sömnens) rike
noddle ['nɒdl] *s, vard., i sht BE.* huvud, skalle
noddy ['nɒdɪ] dum|huvud, -skalle
node [nəʊd] **1** knut[a], knöl; [finger]led; *lymph ~* lymfknut **2** *astr., fys.* nod **nodule** ['nɒdju:l] liten knut[a] (knöl)
Noel, Noël [nəʊ'el] jul[en]
noggin ['nɒgɪn] **1** liten mugg (bägare) **2** noggin *(mått för alkohol, ca 1,4 dl)* **3** *vard.* skalle
no-go area [ˌnəʊgəʊ'eərɪə] förbjudet (barrikaderat) område
noise [nɔɪz] **I** *s* buller, [störande] ljud, oväsen; bråk, stoj; *(i radio e.d.)* störning[ar], brus; *the ~ of the traffic* trafikbullret; *make a ~* föra oväsen, bråka; *make a lot of ~ about* göra ett stort väsen av; *big ~ (BE. sl.)* storpamp, höjdare **II** *v*, ~ *[abroad, about]* basunera ut, förkunna vitt och brett, sprida ut **noiseless** ['nɔɪzlɪs] ljudlös, tyst **noisiness** ['nɔɪzɪnɪs] stoj, oväsen, högljuddhet; bullrigt sätt
noisome ['nɔɪsəm] **1** stinkande, vidrig **2** skadlig, ohälsosam
noisy ['nɔɪzɪ] bullrig, bullrande, bullersam, högljudd
nom. *förk. för nominal; nominative*
nomad ['nəʊmæd] nomad **-ic** [nə(ʊ)'mædɪk] nomad-, nomadiserande, nomadisk
no-man's-land ['nəʊmænzlænd] öde (herrelöst, omtvistat) område; ingenmansland
nom de plume [ˌnɔ̃:(m)də'plu:m] nom de plume, författarnamn, pseudonym
nomenclature [nə(ʊ)'menklətʃə, *AE.* 'nəʊmenkleɪtʃə] nomenklatur; terminologi
nominal ['nɒmɪnl] **1** nominell; [endast] till namnet; ~ *value* nominellt värde **2** obetydlig, symbolisk *(fee* avgift*)* **3** nominal-, namn-; *språkv.* substantivisk
nomi|nate ['nɒmɪneɪt] **1** utnämna, utse **2** nominera, föreslå [som kandidat] *(for* till*)* **-nation** [ˌnɒmɪ'neɪʃn] **1** utnämning **2** nominering
nominative ['nɒm(ɪ)nətɪv] *språkv.* **I** *s* nominativ; *in the ~* i nominativ **II** *a* nominativ-; *in the ~ case* i nominativ
nominee [ˌnɒmɪ'ni:] kandidat
non- [nɒn] icke-; non-; o-
non-acceptance [ˌnɒnək'sept(ə)ns] vägran att godkänna
nonage ['nəʊnɪdʒ] *jur.* minderårighet, omyndighet; *bildl.* omognad
nonagenarian [ˌnəʊnədʒɪ'neərɪən] **I** *s* nittioåring, person mellan 90 och 100 år **II** *a* nittioårig, som är mellan 90 och 100 år
non|aggression [ˌnɒnə'greʃn] *a,* ~ *pact* nonaggressions-, ickeangrepps|pakt **-alcoholic**

[-ælkə'hɒlɪk] alkoholfri **-aligned** [-ə'laɪnd] alliansfri **-alignment** [-ə'laɪnmənt] alliansfrihet; *policy of* ~ alliansfri politik, neutralitetspolitik **-appearance** [-ə'pɪər(ə)ns] uteblivande från domstol **-belligerent** [-bə'lɪdʒər(ə)nt] **I** *a* icke-krigförande **II** *s* icke-krigförande makt
nonce [nɒns] *s, for the* ~ för tillfället **nonce word** tillfällig [ord]bildning
noncha|lance ['nɒnʃ(ə)ləns] nonchalans; vårdslöshet; likgiltighet **-lant** [-lənt] nonchalant; vårdslös; likgiltig
non-com ['nɒn‚kɒm] *förk. för noncommissioned officer*
non|commissioned [‚nɒnkə'mɪʃnd] *a*, ~ *officer* underofficer, -befäl **-committal** [-kə'mɪtl] till intet förpliktande (*answer* svar), oförbindlig; avvaktande, reserverad
non compos mentis ['nɒn‚kɒmpɒs'mentɪs] *lat.* otillräknelig
non|conformist [‚nɒnkən'fɔ:mɪst] nonkonformist; *N*~ (*kyrkl*) nonkonformist, frikyrklig, dissenter **-conformity** [-kən'fɔ:mətɪ] **1** brist på överensstämmelse **2** nonkonformism **-denominational** [-dɪnɒmɪ'neɪʃənl] konfessionslös; ekumenisk **-descript** ['nɒndɪskrɪpt] **1** *a* obestämbar, svårbestämbar **II** *s* obestämbar (svårbestämbar) person (sak)
none [nʌn] **I** *pron* ingen, inget, inga, inte någon (något, några), ingenting; ~ *but he* ingen (inga) utom han, bara han; ~ *other than* ingen mindre än; ~ *of the boys has* (*have*) *come* ingen av pojkarna har kommit; *that's* ~ *of your business!* det angår dig inte!; *he would have* ~ *of it* han ville inte veta av det; ~ *of that!* nu räcker det!, sluta upp med det där! **II** *adv* inte, ingalunda; ~ *the less* icke desto mindre; ~ *the soon* inte ett ögonblick för tidigt, i sista stund; *we were* ~ *the wiser for that* vi blev inte klokare av det; *he'll be* ~ *the worse for it* han kommer inte att må (fara) illa av det; ~ *too easy* inte särskilt (långt ifrån) lätt
noneffective [‚nɒnɪ'fektɪv] *i sht AE.* **1** ineffektiv **2** (*om soldat*) inte stridsduglig
nonentity [nɒ'nentətɪ] nolla, obetydlig person; struntsak
non|essential [‚nɒnɪ'senʃl] **I** *a* oväsentlig, icke nödvändig; *biol.* icke essentiell (*amino acid* aminosyra) **II** *s* oväsentlighet **-event** [-ɪ'vent] pseudohändelse **-existent** [-ɪg'zɪst(ə)nt] icke existerande; obefintlig **-ferrous** [-'ferəs] icke järnhaltig (*alloy* legering) **-fiction** [-'fɪkʃn] facklitteratur **-flammable** [-'flæməbl] icke eldfängd, brandsäker
non|interference ['nɒn‚ɪntə'fɪər(ə)ns] icke-inblandning **-intervention** nonintervention
non|-iron [‚nɒn'aɪən] strykfri **-leaded** [-'ledɪd] blyfri (*petrol* bensin) **-pareil** ['nɒnp(ə)rəl] **I** *a* makalös, oförliknelig **II** *s* **1** makalös (oförliknelig) person, unik sak **2** *boktr.* nonpareil[le] **3** *AE.* strössel
non|party [‚nɒn'pɑ:tɪ] partipolitiskt obunden, partilös **-payment** [-'peɪmənt] utebliven betalning **-perishable** [-'perɪʃəbl] oförstörbar; hållbar **-plus** [-'plʌs] **I** *s* rådlöshet; svarslöshet **II** *v* göra svarslös (förbluffad) **-poisonous** [-'pɔɪz(ə)nəs] icke giftig; giftfri **-profit** [-'prɒfɪt] *AE.*, **-profitmaking** [-'prɒfɪtmeɪkɪŋ] *BE.* ideell (*or-*ganization organisation) **-proliferation** [-prə(ʊ)lɪfə'reɪʃn] icke-spridning, begränsning (*of nuclear weapons* av kärnvapen) **-proliferation treaty** icke-spridningsavtal **-recurrent** [-rɪ'kʌr(ə)nt] *a*, ~ *charge* engångsavgift **-resident** [-'rezɪd(ə)nt] **I** *a* utsocknes, som inte bor på orten; som inte bor på hotellet **II** *s* person som inte bor på orten (hotellet) **-returnable** [-rɪ'tɜ:nəbl] *a*, ~ *bottle* engångsflaska **-run** [-'rʌn] masksäker (*stocking* strumpa) **-scheduled** [-'ʃedju:ld] **1** oplanerad **2** (*om flyg*) utanför tidtabellen, extra
nonsense ['nɒns(ə)ns] nonsens, strunt[prat], dumheter; *a woman with no* ~ *about her* en rejäl (rättfram) kvinna; *no more of your* ~! nu får det vara nog med dumheter! **nonsensical** [nɒn'sensɪkl] dum, meningslös
non|skid [‚nɒn'skɪd], **-slip** [-'slɪp] halksäker; ~ *tyres* (*ung.*) vinterdäck **-smoker** [-'sməʊkə] **1** icke-rökare **2** kupé för icke rökare **-smoking** [-'sməʊkɪŋ] *a*, ~ *compartment* kupé för icke-rökare **-standard** [-'stændəd] som inte är standard; special-; (*om språkbruk*) inte korrekt **-starter** [-'stɑ:tə] **1** häst som inte ställer upp (startar) **2** *bildl.* nolla, odugling **-stop** [-'stɒp] *a. adv* nonstop, utan uppehåll (mellanlandning), utan att stanna; ~ *flight* nonstop-flygning; *fly* ~ flyga nonstop **-suit** [-'su:t] **I** *s, jur.* nedläggande (avskrivande) av mål **II** *v, jur.* nedlägga talan mot
non|-U [‚nɒn'ju:] *BE. vard.*, (*förk. för non-Upper Class*) (*om språk*) som inte används av överklassen, inte förnäm **-union** [-'ju:njən] inte fackföreningsansluten (*worker* arbetare) **-violence** [-'vaɪələns] icke-våld **-violent** [-'vaɪələnt] ickevålds-, fredlig

1 noodle ['nu:dl] nudel
2 noodle ['nu:dl] **1** dumhuvud **2** *AE. sl.* skalle
nook [nʊk] vinkel, hörn, vrå; *in every* ~ *and cranny* i alla vinklar och vrår
noon [nu:n] **1** middag[stid], klockan tolv på dagen; *at* ~ vid middagstid, klockan tolv [på dagen] **2** *poet.* höjdpunkt, kulmen **-day**, **-time** ['nu:n|deɪ, -taɪm] *se noon 1*
noose [nu:s] **I** *s* snara, löpknut, ögla; *bildl.* snara, band **II** *v* **1** fånga med in snara **2** göra en snara (ögla) på
nope [nəʊp] *vard.* nej, nix
nor [nɔ:] och inte [heller]; *he doesn't like dogs,* ~ *do I* han tycker inte om hundar och det gör inte jag heller; *neither*…~ varken…eller; *neither he* ~ *she* varken han eller hon; ~ *must we forget to* inte heller får vi glömma bort att
Nor. *förk. för Norman; North; Norway; Norwegian*
Nordic ['nɔ:dɪk] nordisk; nordeuropeisk; *the* ~ *Council* Nordiska rådet
Norfolk ['nɔ:fək]
norm [nɔ:m] **1** norm, rättesnöre **2** normalt bruk (beteende)
Norm. *förk. för Norman* **norm.** *förk. för normal*
normal ['nɔ:ml] **I** *a* **1** normal; ~ *curve* (*stat.*) normalfördelningskurva; ~ *school* (*AE.*) [lärar]seminarium; *it's quite a* ~ *thing* det är helt normalt **2** *geom.* vinkelrät **II** *s* **1** det normala **2** *geom.* normal **-cy** [-sɪ] *i sht AE.*, **-ity** [nɔ:'mælətɪ] normaltillstånd; *return to* ~ återgå till det normala, nor-

normalization—note 342

maliseras **-ization** (*BE. äv. -isation*) [ˌnɔːməlaɪ-ˈzeɪʃn] normalisering **-ize** (*BE. äv. -ise*) [ˈnɔːməlaɪz] normalisera
Norman [ˈnɔːmən] **I** *s* normand **II** *a* normandisk; ~ *arch* normandisk rundbåge
Normandy [ˈnɔːməndɪ] Normandie
normative [ˈnɔːmətɪv] normativ
Norn [nɔːn] *myt.* norna
Norse [nɔːs] **I** *a* **1** [forn]nordisk **2** [gammal]norsk **II** *s* **1** *Old* ~ fornnordiska (*språk*) **2** *the* ~ (*behandlas som pl*) *a*) nordmännen, vikingarna, *b*) norrmännen **-man** [ˈnɔːsmən] nordman, viking
north [nɔːθ] **I** *a* nordlig, nord-, norra; *N*~ *Africa* Nordafrika; *N*~ *America* Nordamerika; *the N*~ *Atlantic Drift* (*Current*) Golfströmmen; *the N*~ *Atlantic Treaty Organization* Atlantpakten; *the N*~ *Pole* nordpolen; *the N*~ *Sea* Nordsjön; *the N*~ *Star* Polstjärnan; ~ *wind* nordlig vind, nordanvind **II** *adv* mot (åt, från) norr, norrut; ~ *of* norr om; ~ *by west* nord till väst **III** *s* norr, nord; *the* ~ (*N*~) norra delen, nordliga länder (områden); *the N*~ *a*) norra England, *b*) nordstaterna (*i USA*), *c*) *poet.* nordan[vinden]; *from the* ~ norrifrån; *the wind is in the* ~ vinden är nordlig; *to*[*wards*] *the* ~ mot (åt) norr, norrut; *to the* ~ *of* norr om
Northamptonshire [nɔːˈθæm(p)tənʃə]
Northants. *förk. för Northamptonshire*
northbound [ˈnɔːθbaʊnd] norrgående, destinerad norrut
northeast [ˌnɔːθˈiːst, *sjö.* nɔːˈriːst] **I** *a* nord|östlig, -ostlig, -östra **II** *adv* i (mot) nordöst (nordost); ~ *of* nordöst (nordost) om **III** *s* nord|öst, -ost **-er** [-ə] nordost[lig vind] **-erly** [-əlɪ], **-ern** [-ən] *se northeast I*
northerly [ˈnɔːðəlɪ] **I** *a o. adv* nordlig; från (i, mot) norr **II** *s* nordlig vind
northern [ˈnɔːðən] **1** nordlig, nord-, norr-, norra; ~ *lights* (*pl*) norrsken **2** nordisk **-er** [ˈnɔːð(ə)nə] *äv. N*~ nordbo; person från de norra delarna av landet **-most** [ˈnɔːðənməʊst] nordligast
Northman [ˈnɔːθmən] nordman, viking
northpolar [ˌnɔːθˈpəʊlə] arktisk
Northumb. *förk. för Northumberland* [nɔːˈθʌmbələnd]
Northumbria [nɔːˈθʌmbrɪə]
north|ward [ˈnɔːθwəd] **I** *a* nordlig, norra **II** *adv* mot (åt) norr, norrut; *sjö.* nordvart **-wards** [-wədz] *adv, se northward II*
northwest [ˌnɔːθˈwest] **I** *a* nord|västlig, -västra **II** *adv* i (mot) nordväst; ~ *of* nordväst om **III** *s* nordväst **-er** [-ə] nordväst[lig vind] **-erly** [-əlɪ], **-ern** [-ən] *se northwest I*
Nor|way [ˈnɔːweɪ] Norge **-wegian** [nɔːˈwiːdʒ(ə)n] **I** *a* norsk **II** *s* **1** norrman **2** norska [språket]
Norwich [ˈnɒrɪdʒ; *i England* ˈnɒrɪdʒ; *i USA* ˈnɔːwɪtʃ]
Nos., nos. *förk. för numbers*
nose [nəʊz] **I** *s* **1** näsa (*äv. bildl.*); luktsinne; *as plain as the* ~ *in* (*on*) *your face* (*vard.*) klart som korvspad, solklart; *on the* ~ (*sl.*) *a*) *hästsport.* [på, som] vinnare, *b*) *i sht AE.* precis, på pricken; *under my* ~ *a*) mitt framför näsan på mig, *b*) mig ovetande; *with one's* ~ *in the air* med näsan i vädret, högdraget; *bite* (*snap*) *a p.'s* ~ *off* snäsa av ngn; *bleed at the* ~ blöda näsblod; *blow one's* ~ snyta sig; *follow your* ~! gå dit näsan pekar!, fortsätt rakt fram!; *have a* ~ *for s.th.* ha näsa för ngt; *keep one's* ~ *clean* (*vard.*) inte lägga näsan i blöt, uppföra sig ordentligt; *lead s.b. by the* ~ dominera (behärska) ngn; *look down one's* ~ *at* (*vard.*) se ner på; *pay through the* ~ (*vard.*) betala överpris; *poke* (*stick*) *one's* ~ *into s.th.* blanda (lägga) sig i ngt; *see no further than* [*the end of*] *one's* ~ (*vard.*) *a*) vara närsynt, *b*) inte se längre än näsan räcker; *speak through one's* ~ tala i näsan; *turn up one's* ~ *at* (*vard.*) vara överlägsen mot; *win by a* ~ vinna med knapp marginal **2** nos; bog, för; spets, pip **II** *v* **1** nosa; ~ [*about, around*] snoka [runt] (*after, for* efter); ~ *into a p.'s affairs* lägga sig i ngns angelägenheter; ~ [*out*] *a*) nosa sig till, nosa (spåra) upp, *b*) utspionera, *c*) *vard.* bli utslagen med knapp marginal **2** ~ *one's way* treva (leta, sakta röra) sig fram
nosebag [ˈnəʊzbæg] tornister, foderpåse **nosebleed** näsblödning **nosecone** (*på raket*) noskon **nose dive** *flyg., bildl.* störtdykning **nosegay** [liten] blomsterbukett **nose rag** *sl.* snorfana (*näsduk*) **nose ring** nosring **nosey** [-ɪ] *se nosy*
nosh [nɒʃ] *sl.* **I** *s* käk; måltid **II** *v* käka **--up** [ˈnɒʃ-ʌp] *BE. sl.* skrovmål; kalas
nosing [ˈnəʊzɪŋ] trappnos; utskjutande kant
nostal|gia [nɒˈstældʒɪə] nostalgi; hemlängtan **-gic** [-dʒɪk] nostalgisk; hemsjuk
nostril [ˈnɒstr(ə)l] näsborre
nostrum [ˈnɒstrəm] patentmedicin; *bildl.* patentlösning
nosy [ˈnəʊzɪ] *vard.* nyfiken, snokande
not [nɒt] inte, icke, ej; *do* ~ (*don't*) *go* gå inte; *I cannot* (*can't*) *jag kan inte; .., doesn't* (*hasn't, isn't*) *it* (*he, she*)? .., eller hur?; *is he coming?* - *I hope* ~ kommer han? - det hoppas jag att han inte gör; ~ *at all a*) inte alls, *b*) i för all del!, ingen orsak!; ~ *until then* först (inte förrän) då; ~ *that I care* inte för att jag bryr mig om det; ~ *that I know of* inte såvitt jag vet; ; ~ *a few* inte så få; ~ *a thing* ingenting alls; ~ *only ... but* inte bara... utan
nota bene [ˌnəʊtəˈbiːnɪ] *lat.* märk väl, observera, nota bene
nota|bility [ˌnəʊtəˈbɪlətɪ] **1** märkvärdighet, betydelse **2** notabilitet, framstående person **-ble** [ˈnəʊtəbl] **I** *a* **1** märklig, anmärkningsvärd **2** framstående **II** *s* notabilitet, framstående person **-bly** [ˈnəʊtəblɪ] *adv* **1** märkligt; påfallande **2** i synnerhet, särskilt
notary [ˈnəʊtərɪ] ~ [*public*] notarius publicus
notation [nə(ʊ)ˈteɪʃn] notation, beteckning, beteckningssätt; *mus.* notskrift, notbeteckning
notch [nɒtʃ] **I** *s* **1** jack, hack, skåra; *a* ~ *above* (*vard.*) ett pinnhål högre **2** *AE.* trångt bergspass **II** *v* **1** göra ett jack (ett hack, en skåra) i **2** sätta ett märke vid **3** *vard.,* ~ [*up*] notera (*a high score* höga poäng)
note [nəʊt] **I** *s* **1** anteckning, notering; not (*äv. dipl.*), anmärkning; kort brev; ~*s* (*pl, äv.* -*s*) *a*) manuskript, koncept, *b*) referat, *c*) kommentar[er]; *exchange of* ~*s* (*dipl.*) notväxling; *compare* ~*s* jämföra sina erfarenheter, utbyta åsikter; *make* (*take*) ~ *of* göra anteckningar; *make* (*take*) *a* ~ *of* anteckna, göra en notering om; *send s.b. a* ~ skriva några rader (skicka ett litet brev)

till ngn; *speak without* ~s tala utan manuskript **2** *worthy of* ~ beaktansvärd; *take* ~ *of* lägga märke till, ta notis om; *take no* ~ *of what she says!* bry dig inte om vad hon säger! **3** sedel; ~ [*of hand*], *promissory* ~ skuldsedel, revers (*for* på) **4** [skilje]tecken; ~ *of exclamation* utropstecken; ~ *of interrogation* frågetecken **5** vikt, betydelse; *a man of* ~ en betydande (framstående) man; *nothing of* ~ ingenting av vikt (betydelse) **6** [fågel]sång; *mus.*, *i sht BE.* a) ton, not, b) tangent; *bildl.* [under]-ton, stämning; *a false* ~ en falsk ton; *a* ~ *of desperation* en ton (stämning) av desperation; *sound* (*strike*) *a* ~ *of warning* höja en varnande röst; *strike a false* (*wrong*) ~ (*bildl.*) klinga falskt; *strike the right* ~ (*bildl.*) anslå den rätta tonen **II** *v* **1** lägga märke till, märka, observera, uppmärksamma, beakta **2** ~ [*down*] anteckna, notera, skriva upp **3** nämna, påpeka **notebook** ['nəʊtbʊk] anteckningsbok **noted** [-ɪd] **1** berömd, känd (*for* för) **2** märkbar, betydande (*increase* ökning) **notepaper** [-,peɪpə] brev-, skriv|papper **noteworthy** [-,wɜːðɪ] anmärkningsvärd

nothing ['nʌθɪŋ] **I** *pron* ingenting, inget, inte något (någonting); ~ *but*, ~ *else than* (*but*) inget annat än, bara, endast; ~ *doing!* det går inte!, aldrig i livet!; *there was* ~ *doing at the party* (*vard.*) det var inget drag på festen; ~ *much* inte särskilt mycket; *for* ~ *a*) gratis, *b*) utan orsak, *c*) förgäves; *not for* ~ inte för inte; *with* ~ *on* utan någonting på sig; £100 ~! (*vard.*) 100 pund, menar du allvar?; *six miles* ~ jämnt sex miles; *it's* ~! det var ingenting [att tala om]!; *there's* ~ *for it but to go* det är inget annat att göra än att gå; *he is* ~ *if not courageous* om det är något han är så är det modig; *there was* ~ *in it for me* jag fick inte ut ngt av det, jag tjänade ingenting på det; *there is* ~ *in the rumour* det ligger ingen sanning i ryktet; *there's* ~ *like dancing* ingenting går upp mot att dansa; *there's* ~ *to it!* (*vard.*) det är hur lätt som helst!; *that's* ~ *to me a*) det rör (angår) mig inte, det har jag inte med att göra, *b*) det är ingen match (en bagatell) för mig; *that is* ~ *to what we have seen* det är ingenting mot vad vi har sett; *feel like* ~ *on earth* känna sig vissen (eländig); *have* ~ *to do with* inte ha något att göra med; *it has* ~ *to do with her* det har ingenting med henne att göra; *make* ~ *of a*) ta lätt på, *b*) inte få ut ngt av; *she thinks* ~ *of doing that* hon tycker inte att det är så märkvärdigt att göra det **II** *adv* inte alls, ingalunda; ~ *like* inte på långt när (på långa vägar) **III** *s* **1** intighet **2** bagatell; *no* ~ inte ett dugg, ingenting alls; *wisper soft* ~*s to s.b.* viska små ljuva ord till ngn **3** noll; nolla

nothingness ['nʌθɪŋnɪs] **1** intighet **2** betydelselöshet

notice ['nəʊtɪs] **I** *s* **1** meddelande, notis; tillkännagivande, kungörelse; varsel, meddelande i förväg; uppsägning; anslag; affisch, plakat; annons; anmälan, recension, kritik; *birth* ~ födelseannons; ~ [*to quit*] uppsägning; *a month's* ~ en månads uppsägning; *at short* ~ med kort varsel; *until further* ~ tills vidare; *without* ~ utan förvarning; *be under* (*have got one's*) ~ vara (ha blivit) uppsagd; *give* ~ [*to quit*] säga upp sig; *give s.b.* ~ säga upp ngn; *give* ~ *of* underrätta (varsko, varsla) om; *give* ~ *of appeal* (*jur.*) överklaga, anmäla vad; *give* ~ *of a strike* varsla om strejk; ~ *is hereby given that* härmed tillkännages att; *post* (*put up*) *a* ~ sätta upp ett anslag (meddelande) **2** beaktande, uppmärksamhet; kännedom; *attract* ~ väcka (tilldra sig) uppmärksamhet; *bring s.th. to a p.'s* ~ fästa ngns uppmärksamhet (visa ngn) på ngt; *it came to her* ~ *that* det kom till hennes kännedom att; *that has escaped her* ~ det har undgått henne, det har hon inte lagt märke till; *take* ~ *of* ta notis om, lägga märke till, bry sig om **II** *v* märka, lägga märke till, konstatera, uppmärksamma

noticeable ['nəʊtɪsəbl] **1** påfallande **2** märkbar, synlig, synbar **notice board** *BE.* anslagstavla **noti|fiable** ['nəʊtɪfaɪəbl] (*om smittosam sjukdom*) anmälningspliktig **-fication** [,nəʊtɪfɪ'keɪʃn] **1** kungörelse, tillkännagivande **2** underrättelse, meddelande, anmälan **-fy** [nəʊtɪfaɪ] **1** kungöra, tillkännage **2** underrätta; meddela, anmäla (*change of address* adressförändring); ~ *s.b. of s.th.* underrätta ngn om ngt, meddela ngn ngt

notion ['nəʊʃn] **1** begrepp, föreställning; intryck **2** idé; åsikt; infall, nyck; *not the slightest* ~ *of* inte den ringaste aning om **3** *AE.*, ~*s* (*pl*) sybehör, småsaker **-al** [-ʃənl] **1** spekulativ; abstrakt; tänkt, hypotetisk, fiktiv **2** *språkv.* semantisk

noto|riety [,nəʊtə'raɪətɪ] **1** ökändhet **2** ökänd person **-rious** [nə(ʊ)'tɔːrɪəs] ökänd, beryktad

Nottinghamshire ['nɒtɪŋəmʃə]

Notts. *förk. för* Nottinghamshire

notwithstanding [,nɒtwɪθ'stændɪŋ] **I** *prep* trots, oaktat **II** *adv* inte desto mindre, trots det[ta] **III** *konj* trots att

nougat ['nuːgɑː] fransk nougat

nought [nɔːt] **I** *s* noll; nolla; ~*s and crosses* luffarschack **II** *a o. adv*, *se* naught

noun [naʊn] *språkv.* substantiv **noun phrase** *språkv.* nominalfras

nourish ['nʌrɪʃ] **1** nära, ge näring åt, uppföda **2** *bildl.* hysa, nära (*hope* hopp) **-ing** [-ɪŋ] *a* närande **-ment** [-mənt] näring; föda

Nov. *förk. för* November

Nova Scotia [,nəʊvə'skəʊʃə]

1 novel ['nɒvl] roman

2 novel ['nɒvl] ny, nymodig; ovanlig

novel|ette [,nɒvə'let] **1** lång novell, kortroman **2** trivialroman **-ettish** [-etɪʃ] banal, trivial, sentimental **-ist** [nɒvəlɪst] romanförfattare **-istic** [,nɒvə'lɪstɪk] roman-

novelty ['nɒvltɪ] **I** *s* **1** nyhet, nymodighet; ovanlighet **2** *novelties* (*pl*) skämtartiklar, billiga småsaker, krimskrams **II** *a* nyhets-

November [nə(ʊ)'vembə] november

novice ['nɒvɪs] novis (*äv. kyrkl.*), nybörjare (*at* i)

novi|ciate, -tiate [nə(ʊ)'vɪʃɪət] *kyrkl.* novitiat; *bildl.* läro-, prövo|tid

now [naʊ] **I** *adv* **1** nu; ~...~ än...än; [*every*] ~ *and then* (*again*) då och då, ibland; *before* ~ förut, tidigare; *by* ~ nu, vid det här laget; *for* ~ för tillfället, tills vidare; *from* ~ *on* från och med nu, hädanefter; *up to* ~, *till* ~ (*until*) ~ tills nu (då) **2** ~, ~! *a*) (*lugnande*) seså!, såja!, *b*) aj, aj!; ~ *really!* nu får det verkligen vara nog!; ~ *then a*) nå?, *b*) seså!, såja!, *c*) aj, aj!; *come* ~! såja!, lugna dig!,

nej, hör du!; *how* ~? nå?, vad nu?, vad är det fråga[n] om?; ~, *why didn't I think of that?* men varför har jag inte tänkt på det?; ~, *I don't know* nej, jag vet inte **II** *konj,* ~ [*that*] nu då **III** *s* nu[et]
nowadays ['naʊədeɪz] nu för tiden
noway[s] ['nəʊweɪ(z)] *i sht AE.* ingalunda, på inget vis
nowhere ['nəʊweə] ingenstans; ingenvart; ~ *else* ingen annanstans; ~ *near* långt ifrån, inte på långt när; ~ *special* ingen särskild stans; *the middle of* ~ världens ände; *appear from* (*out of*) ~ dyka upp från ingenstans; *be* (*come in*) ~ (*sport.*) bli klart distanserad, hamna utanför prislistan, *bildl.* inte komma med i räkningen; *we're getting* ~ (*vard.*) vi kommer ingenvart; *violence will get you* ~ du kommer ingenvart med våld
nowise ['nəʊwaɪz] *se* noway[s]
noxious ['nɒkʃəs] skadlig, ohälsosam (*to* för); [moraliskt] fördärvlig
nozzle ['nɒzl] pip, munstycke; *tekn. äv.* dys[a]
NP *förk. för new penny* (*pence*); *noun phrase*
N.P. *förk. för Notary Public* **n.p.** *förk. för* (*boktr.*) *new paragraph* **nr[.]** *förk. för near* **NS** *förk. för not sufficient* (*satisfactory*); *nuclear ship*
N.S. *förk. för New Style; Nova Scotia* **n.s.** *förk. för new series; not specified* **N.S.P.C.C.** *förk. för National Society for the Prevention of Cruelty to Children* **N.S.W.** *förk. för New South Wales*
N.T. *förk. för National Trust; New Testament; Northern Territory*
nth [enθ] *mat.* n-te (*power* potens); *vard.* femtielfte, hundrade; *to the* ~ *degree* i allra högsta grad; *for the* ~ *time* för femtielfte gången
Nth. *förk. för North* **NTP, N.T.P.** *förk. för normal temperature and pressure* **nt[.]wt[.]** *förk. för net weight*
nuance [nju:'ɑː(n)s] nyans
nub [nʌb] **1** bit, stycke; klump **2** noppa, knut **3** kärnpunkt, poäng (*of a story* i en historia)
nubile ['nju:baɪl] **1** giftasvuxen **2** sexuellt tilldragande
nuclear ['nju:klɪə] kärn-, atom-, nukleär; kärnvapen-, atomvapen-; ~ *attack* kärnvapenanfall; ~ *bomb* atombomb; ~ *energy* atomenergi; ~ *family* kärnfamilj; ~ *fission* fission, kärnklyvning; ~ *fuel* kärnbränsle; ~ *fusion* fusion; ~ *physics* kärnfysik; ~ *power* kärnkraft; ~ *power station* kärnkraftverk; ~ *reactor* kärnreaktor; ~ *test* kärnvapenprov; ~ *weapon* kärnvapen **--powered** [-,paʊəd] kärnenergidriven, atomdriven; ~ *submarine* atomubåt
nuclei ['nju:klaɪ] *pl av* nucleus **nucleic** [-klɪɪk] *a,* ~ *acid* nukleinsyra **nucle|us** [-klɪ|əs] (*pl -i* [-aɪ] *el. -uses*) *astron., biol., fys., bildl.* kärna
nude [nju:d] **I** *a* **1** naken; bar **2** (*om kontrakt e.d.*) ogiltig **II** *s* naken figur; *konst.* akt, nakenstudie; *in the* ~ naken
nudge [nʌdʒ] **I** *v* puffa (knuffa) till [med armbågen]; snudda vid **II** *s* puff, lätt knuff
nudism ['nju:dɪz(ə)m] nudism **nudist** [-ɪst] nudist **nudity** [-ətɪ] nakenhet
nugatory ['nju:gət(ə)rɪ] **1** obetydlig, värdelös **2** ogiltig
nugget ['nʌgɪt] [guld]klimp
N.U.G.M.W. *förk. för National Union of General and Municipal Workers*

nuisance ['nju:sns] obehag, besvär; plåga, otyg; olägenhet; *what a* ~! så förargligt (tråkigt)!; *he is a* ~ han är en plåga; *it's a* ~ det är förargligt (besvärligt); *make a* ~ *of o.s.* vara besvärlig (störande, bråkig); *public* ~ olägenhet för allmänheten, förargelseväckande uppträdande
N.U.J. *förk. för National Union of Journalists*
nuke [nu:k] *AE. sl.* **1** kärnvapen **2** kärnkraftverk
null [nʌl] ogiltig; värdelös; ~ *and void* av noll och intet värde, ogiltig
nulli|fication [,nʌlɪfɪ'keɪʃn] annullering, upphävande, ogiltigförklaring **-fy** ['nʌlɪfaɪ] annullera, upphäva, förklara ogiltig **-ty** ['nʌlətɪ] **1** intighet, betydelselöshet **2** ogiltighet
N.U.M. *förk. för National Union of Mineworkers*
Num. *förk. för* (*bibl.*) *Numbers* **num.** *förk. för number; numeral*
numb [nʌm] **I** *a* stel, känslolös, domnad; paralyserad, förlamad; ~ *with cold* stel av köld, stelfrusen **II** *v* göra stel; förlama; döva
number ['nʌmbə] **I** *s* **1** antal, mängd; *a* ~ *of* ett antal, många, mycket; ~*s of people* ett stort antal (massor av) människor; *five in* ~ fem till antalet; *many* (*few*) *in* ~[*s*] många (få) till antalet; *superior in* ~[*s*] numerärt överlägsen; *one of our* ~*s* en av oss (de våra); *on a* ~ *of occasions* vid ett flertal tillfällen, flera gånger; *times without* (*beyond*) ~ oräkneliga (otaliga) gånger; *win by force of* ~*s* vinna på grund av numerär överlägsenhet **2** nummer, tal; ~*s* (*pl*) *a*) räkning, aritmetik, *b*) versmått, verser; *cardinal* ~ grundtal; *ordinal* ~ ordningstal; *imaginary* ~ imaginärt tal; ~ *one* (*vard.*) man själv, en annan; *look after* (*take care of*) ~ *one* (*vard.*) vara om sig och kring sig; *N*~ *Ten* 10 Downing Street (*eng. premiärministerns bostad*); *dial a wrong* ~ slå fel [telefonnummer]; *do a* ~ *one* (*barnspr.*) kissa (bajsa); *do a* ~ *two* (*barnspr.*) bajsa; *do a* ~ *on* (*AE. sl.*) *a*) utnyttja, *b*) driva med; *his* ~ *is up* (*vard.*) det är ute med honom; *he is my* ~ *two* (*vard.*) han är min ställföreträdare; *get a p.'s* ~ (*AE. vard.*) veta vad pen går för, genomskåda ngn **3** nummer (*av tidskrift e.d.*) **4** nummer (*programpunkt*); (*jazz-, pop-*) låt **5** *sl., a nice little* ~ en pangbrud **6** [*the Book of*] *Numbers* Fjärde moseboken **7** *språkv.* numerus **II** *v* **1** numrera **2** räkna; omfatta, uppgå till; *his days are* ~*ed* hans dagar är räknade; *be* ~*ed among* (*with*) räknas till (bland); *the group* ~*ed 10* gruppen bestod av 10 personer **3** räkna **-less** [-lɪs] oräknelig, otalig
numbskull ['nʌmskʌl] *se* numskull
numeral ['nju:mər(ə)l] **I** *s* siffra; tal; räkneord; *Arabic* (*Roman*) ~*s* arabiska (romerska) siffror **II** *a* siffer-; tal-
numerator ['nju:məreɪtə] *mat.* täljare
numeric[al] [nju:'merɪk(l)] **1** siffer-, tal-, numerisk; ~ *value* numeriskt värde, siffervärde **2** nummer-; ~ *order* nummerordning
numerous ['nju:m(ə)rəs] talrik; omfattande
numis|matics [,nju:mɪz'mætɪks] (*behandlas som sg*) numismatik **-matist** ['nju:mɪzmətɪst] numismatiker, mynt|kännare, -samlare
numskull ['nʌmskʌl] dumhuvud, träskalle
nun [nʌn] nunna
nuncio ['nʌnʃɪəʊ] nuntie, påvligt sändebud
nunnery ['nʌnərɪ] nunnekloster

NUPE *förk. för National Union of Public Employees*
nuptial ['nʌpʃl] **I** *a* bröllops-, vigsel-; äktenskaplig **II** *s, vanl* ~*s* (*pl*) bröllop, vigsel
N.U.R. *förk. för National Union of Railwaymen*
Nuremberg ['njʊərəmbɜ:g] Nürnberg
nurse [nɜ:s] **I** *s* **1** [sjuk]sköterska, -syster; barnsköterska; *male* ~ manlig sjuksköterska, sjukskötare **2** [*wet*] ~ amma **II** *v* **1** sköta, vårda (*sjuka; barn*); ~ *a baby in one's arms* vagga (hålla) en baby i sina armar **2** amma **3** sköta om; ~ *a cold* sköta om (kurera) sin förkylning; ~ *the fire* se till brasan **4** *bildl.* hysa, nära (*a hope* ett hopp); ~ *a grudge against* hysa agg mot **5** (*om baby*) dia **-maid** ['nɜ:smeɪd] barnflicka
nursery ['nɜ:s(ə)rɪ] **1** barnkammare **2** plantskola (*äv. bildl.*)
nurseryman ['nɜ:srɪmən] trädgårdsmästare **nursery rhyme** barnkammarrim; barnvisa **nursery school** lekskola; förskola **nursery slopes** *pl* nybörjarbacke (*i skidskola*) **nursery tale** [barn]saga
nursing ['nɜ:sɪŋ] **1** vård, skötsel **2** amning **nursing bottle** [-ˌbɒtl] *i sht AE.* nappflaska **nursing home** [-həʊm] **1** privat|klinik, -sjukhus **2** *BE.* (*privat*) mödrahem **nursing mother** [-ˌmʌðə] **1** fostermor **2** ammande mamma
nursling ['nɜ:slɪŋ] dibarn; fosterbarn; skyddsling; *bildl.* skötebarn
nurture ['nɜ:tʃə] **I** *s* **1** [upp]fostran **2** näring, föda **II** *v* **1** [upp]fostra **2** nära, föda upp
N.U.S. *förk. för National Union of Seamen* (*Students*)
nut [nʌt] **I** *s* **1** nöt, [nöt]kärna; *it's a hard* (*tough*) ~ *to crack* det är en hård nöt att knäcka; *he's a tough* ~ (*vard.*) han är en hårding **2** mutter; *the* ~*s and bolts of s.th.* (*vard.*) det grundläggande (det elementära, de praktiska detaljerna) i ngt **3** *mus.* sadel; frosch **4** *BE.*, ~*s* (*pl*) småkol **5** *sl.* knasboll; rot, kola (*huvud*); *AE.* fantast, entusiast; *off one's* ~ knasig, knäpp; *do one's* ~ vara (bli) fly förbannad **6** *vulg.*, ~*s* (*pl*) ballar (*testiklar*) **II** *v* plocka nötter
N.U.T. *förk. för National Union of Teachers*
nut|brown ['nʌtbraʊn] nötbrun **-cracker** [-ˌkrækə] *vanl. pl* ~*s* nötknäppare **-hatch** [-hætʃ] *zool.* nötväcka **-house** *sl.* dårhus **-meg** *bot.* muskottträd; muskot[nöt]
nutri|ment ['nju:trɪmənt] näring, föda **-tion** [nju:'trɪʃn] **1** närings|process, -upptagning **2** näringstillförsel **3** näringslära **-tious** [nju:'trɪʃəs] närande, näringsrik **-tive** ['nju:trətɪv] **I** *a* närande; närings- **II** *s* näringsmedel
nuts [nʌts] **I** *s, pl, se nut* **II** *a, sl.* knasig, knäpp; ~ *about* tokig i, heltänd på **III** *interj, sl.* skitsnack!
nut|shell ['nʌt-ʃel] nötskal; *in a* ~ (*bildl.*) i ett nötskal, i korthet, kort sagt **-ter** [-ə] *BE. sl.* knasjocke, knäpphäck **-ty** [-ɪ] **1** nötrik **2** nöt-, med nötsmak; nötliknande **3** *sl.* knasig, knäpp; ~ *about* (*over*) tokig i, heltänd på
nuzzle ['nʌzl] **1** gnida nosen (mulen, trynet) mot **2** böka fram (upp) **3** ~ [*up*] *against* trycka sig intill
NV *förk. för Nevada* **N.W.** *förk. för northwest*[*ern*] **N.W.T.** *förk. för Northwest Territories* (*Canada*) **NY, N.Y.** *förk. för New York* **N.Y.C.**

förk. för New York City
nylon ['naɪlɒn] **I** *s* nylon; ~*s* (*pl*) nylonstrumpor **II** *a* nylon-; ~ *shirt* nylonskjorta
nymph [nɪmf] **1** *myt., biol.* nymf **2** *poet.* fager mö, skön flicka
nympho ['nɪmfəʊ] *vard.* nymfoman **-mania** [ˌnɪmfə(ʊ)'meɪnɪə] nymfomani **-maniac** [ˌnɪmfəʊ'meɪnɪæk] *a o. s* nymfoman
N.Z. *förk. för New Zealand*

O

O, o [əʊ] **I** *s* **1** (*bokstav*) O, o **2** (*i telefonnummer e.d.*) noll[a]
O [əʊ] *interj* o!, åh!; ack!; ~ *for...* ack, den som hade...
O. *förk. för Ocean; octavo; Ohio; old* **o.** *förk. för octavo; old; only; order*
o' [ə] *förk. för of* (*t.ex. i o'clock*)
oaf [əʊf] drummel, slyngel; dummer[jöns] **-ish** ['əʊfɪʃ] drumlig, slyngelaktig; dum, fånig
oak [əʊk] **I** *s* **1** *bot.* ek **2** ek[trä, -virke] **3** eklövskrans **4** *univ., sport one's* ~ stänga sig inne **II** *a* ek-, av ek **oak apple (gall)** ['əʊkˌæpl (-ˌgɔ:l)] galläpple **oaken** ['əʊk(ə)n] ek-, av ek
oakum ['əʊkəm] drev (*för tätning*)
O.A.P. *förk. för old age pension*[*er*]
oar [ɔ:] **I** *s* **1** åra; *put one's* ~ *in* lägga (blanda) sig i, avbryta; *rest on one's* ~*s a*) vila på årorna, *b*) *bildl.* vila på lagrarna **2** roddare **II** *v* ro **oarlock** ['ɔ:lɒk] *AE.* årtull **oarsman** ['ɔ:zmən] roddare
O.A.S. *förk. för Organization of American States*
oa|sis [əʊ'eɪsɪs] (*pl -ses* [-si:z]) oas
oast [əʊst] *i sht BE.* kölna (*torkugn för humle*)
oat [əʊt] **1** havre (*växt*); ~*s* (*pl*) havre (*föda, foder*); *rolled* ~*s* havregryn; *feel one's* ~*s* (*AE. vard.*) känna sig märkvärdig (övermodig); *sow one's* [*wild*] ~*s* (*bildl.*) så sin vildhavre **-en** ['əʊtn] havre-, av havre
oath [əʊθ, *pl* ~*s* əʊðz] **1** ed; *take* (*make, swear*) *an* ~ gå (avlägga) ed; [*up*]*on* (*under*) ~ *a*) under ed, *b*) edsvuren **2** svordom
oatmeal ['əʊtmi:l] havremjöl; ~ *porridge* havregrynsgröt
O.A.U. *förk. för Organization of African Unity*
O.B. *BE. förk. för Old Boy; outside broadcast*
ob. *förk. för obiit* (*lat.*) *died* **obdt.** *förk. för obedient*
obdu|racy ['ɒbdjʊrəsɪ] förhärdelse, förstockelse; obeveklighet, hårdhet **-rate** [-rət] förhärdad, förstockad; obeveklig, hård[hjärtad]
O.B.E. *förk. för Officer of the Order of the British Empire*
obedi|ence [ə'bi:djəns] lydnad (*to* mot); åtlyd-

obedient—obstinate 346

nad; *in* ~ *to your wishes* enligt era önskemål **-ent** [-ənt] lydig (*to* mot)
obeisance [ə(ʊ)'beɪs(ə)ns] **1** vördnad, aktning **2** djup bugning, vördnadsfull hälsning
obelisk ['ɒbəlɪsk] obelisk
obese [ə(ʊ)'biːs] överfet, mycket fet **obesity** [-ətɪ] obesitas, stark fetma
obey [ə'beɪ] lyda
obfuscate ['ɒbfʌskeɪt] **1** förmörka, fördunkla **2** göra förvirrad
obiter dictum ['ɒbɪtə 'dɪktəm] **1** *jur.* obiter dictum **2** påpekande (observation) i förbigående
obituary [ə'bɪtjʊərɪ] dödsruna, nekrolog
obj. *förk.* för *object; objection; objective*
object I *s* ['ɒbdʒɪkt] **1** föremål, sak, objekt **2** *språkv.* objekt; *direct* ~ direkt objekt, ackusativobjekt; *indirect* ~ indirekt objekt, dativobjekt **3** avsikt, syfte, [ända]mål; *with this* ~ *in view* med det målet för ögonen **4** *vard.* ömklig syn (figur) **5** hinder; *money is no* ~ (*äv.*) det får kosta vad det vill **II** *v* [əb'dʒekt] **1** invända (*that* att) **2** göra invändningar, protestera (*to* mot); ~ *to* (*äv.*) ogilla; *if you don't* ~ om du inte har ngt emot det
object glass ['ɒbdʒɪk(t)glɑːs] *opt.* objektiv
objection [əb'dʒekʃn] invändning (*to* mot); motvilja; *are there any* ~*s?* några invändningar?; *I have no* ~ [*to that*] det har jag ingenting emot; *he has a strong* ~ *to cats* han har stark motvilja mot katter; *make* (*raise*) ~*s* göra invändningar **-able** [-əbl] obehaglig, motbjudande; stötande, anstötlig
objective [əb'dʒektɪv] **I** *a* **1** objektiv, saklig **2** mål- **II** *s* **1** *opt.* objektiv **2** *språkv.* objektskasus **3** *bildl.* mål; *mil.* [anfalls]mål **-tivity** [,ɒbdʒek'tɪvətɪ] objektivitet; saklighet
object lesson ['ɒbdʒɪkt,lesn] åskådningslektion, praktisk demonstration
objector [əb'dʒektə] person som gör invändningar; motståndare; opponent
objet d'art [,ɒbʒeɪ'dɑː] (*pl objets d'art* [*uttal lika*]) konstföremål
objur|gate ['ɒbdʒɜ:geɪt] tillrättavisa; banna **-gation** [,ɒbdʒɜ:'geɪʃn] tillrättavisning; bannor
oblate ['ɒbleɪt] *geom.* avplattad vid polerna
obli|gate ['ɒblɪgeɪt] förplikta **-gation** [,ɒblɪ'geɪʃn] förpliktelse, plikt; skyldighet, åliggande; *without* (*with no*) ~ *to buy* utan köptvång; *be under an* ~ *to do s.th.* vara förpliktad att göra ngt **2** tacksamhetsskuld; *be under an* ~ *to s.b.* stå i tacksamhetsskuld till ngn **-gatory** [ə'blɪgət(ə)rɪ] obligatorisk
oblige [ə'blaɪdʒ] **1** förplikta, tvinga; *be* (*feel*) ~*d to* vara (känna sig) förpliktad (tvungen) att; *we are* ~*d to go* (*äv.*) vi måste gå **2** tillmötesgå; göra (*ngn*) en tjänst; *much* ~*d!* tack så mycket!; *I am much* ~*d to you* jag är mycket tacksam mot dig; *a prompt answer would* ~ vi är tacksamma för ett omgående svar; *could you* ~ *me with a light?* kan jag få [låna] en tändsticka?; *would you* ~ *us with a song?* skulle du vilja sjunga ngt för oss? **obliging** [-ɪŋ] tillmötesgående, förekommande, tjänstvillig
oblique [ə'bliːk] **I** *a* **1** sned, skev; ~ *angle* sned vinkel **2** *språkv.* indirekt; ~ *case* obliskt kasus; ~ *narration* (*speech*) indirekt tal **3** *bildl.* indirekt, förtäckt, undvikande; ~ *threat* förtäckt hot **II** *s* snedstreck
oblit|erate [ə'blɪtəreɪt] utplåna, stryka ut **-eration** [ə,blɪtə'reɪʃn] *s* utplånande
oblivi|on [ə'blɪvɪən] glömska; *fall* (*sink*) *into* ~ falla i glömska **-ous** [-əs] glömsk (*of* av); *be* ~ *of* vara [helt] glömsk av (omedveten om)
oblong ['ɒblɒŋ] **I** *a* avlång; rektangulär **II** *s* avlång figur; rektangel
obloquy ['ɒbləkwɪ] smädelser, förtal; vanrykte, vanära
obnoxious [əb'nɒkʃəs] avskyvärd, vidrig, vedervärdig, outhärdlig
oboe ['əʊbəʊ] *mus.* oboe **oboist** [-ɪst] *mus.* oboist
obs. *förk.* för *obscure; observation; obsolete*
obscene [əb'siːn] **1** obscen, oanständig, slipprig **2** vidrig, avskyvärd **obscenity** [-'senətɪ] **1** obscenitet, oanständighet, slipprighet **2** vidrighet
obscure [əb'skjʊə] **I** *a* **1** mörk, dunkel, obskyr **2** otydlig, oklar; dunkel, vag, obestämd **3** obemärkt, obekant; oansenlig; *of* ~ *birth* av ringa börd **II** *v* förmörka, fördunkla (*äv. bildl.*); skymma **obscurity** [əb'skjʊərətɪ] **1** dunkel, mörker **2** otydlighet, oklarhet; vaghet, obestämdhet **3** obemärkthet; oansenlighet
obsequies ['ɒbsɪkwɪz] *pl* begravning[sakt]
obsequious [əb'siːkwɪəs] krypande, inställsam
observable [əb'zɜ:vəbl] märkbar, som kan iakttagas **observance** [-vns] **1** iakttagande, efterlevnad (*av regler e.d.*) **2** sedvänja, bruk; ceremoni **3** *observation;* uppmärksamhet **observant** [-vnt] **1** iakttagande, uppmärksam, observant **2** *be* ~ *of* [strängt] efterleva, noga iaktta **observation** [,ɒbzə'veɪʃn] **1** observation; iakttag|else, -ande; *powers of* ~ iakttagelseförmåga; *keep s.b. under* ~ ha ngn under observation **2** yttrande, anmärkning **3** efterlevnad (*av bestämmelse*) **observation post** *mil.* observationspost **observatory** [əb'zɜ:vətrɪ] observatorium **observe** [əb'zɜ:v] **1** observera; iakttta; märka, lägga märke till **2** iakttaga (*silence* tystnad); efterleva, följa (*rules* regler); fira (*the anniversary of* årsdagen av) **3** yttra, anmärka **4** yttra sig **observer** [əb'zɜ:və] iakttagare; observatör
obsess [əb'ses] hemsöka, anfäkta; *be* ~*ed by* (*with*) vara [som] besatt av
obsession [əb'seʃn] anfäktelse, besatthet, fix idé, monomani; tvångs|föreställning, -tanke **-al** [-l] tvångs-, tvångsmässig
obsessive [əb'sesɪv] tvångs-, tvångsmässig; ~ *neurosis* tvångsneuros; *become* ~ bli till ett tvång, bli en mani (fix idé)
obso|lescence [,ɒbsə(ʊ)'lesns] åldrande; ålderdomlig (föråldrad) karaktär **-lescent** [-'lesnt] ålderdomlig, föråldrad; på väg att försvinna ur bruk
obsolete ['ɒbsəliːt] **1** föråldrad, ej längre bruklig, gammalmodig, obsolet **2** *biol.* rudimentär
obstacle ['ɒbstəkl] hinder (*to* för) **obstacle race** hindertävling
obstetric[al] [ɒb'stetrɪk(l)] obstetrisk, förlossnings-; ~ *ward* förlossningsavdelning **obstetrician** [,ɒbste'trɪʃn] obstetriker, förlossningsläkare **obstetrics** [ɒb'stetrɪks] (*behandlas som sg*) obstetrik, förlossningskonst
obsti|nacy ['ɒbstɪnəsɪ] envishet **-nate**

obstreperous [əb'strep(ə)rəs] larmande, bullrande; oregerlig
obstruct [əb'strʌkt] **1** blockera, spärra av (*a road* en väg) **2** hindra, vara i vägen för (*the traffic* trafiken); hämma **3** skymma (*the view* [ut]sikten)
obstruction [-kʃən] **1** blockering, avspärrning **2** hinder **3** *polit., sport.* obstruktion **obstructive** [-ktɪv] **1** blockerande, spärrande **2** hindrande, hämmande; *be ~* (*om pers.*) sätta sig på tvären
obtain [əb'teɪn] **1** [lyckas] få, erhålla; få tag i; [upp]nå (*result* resultat); vinna, förvärva (*knowledge* kunskap); *where can that be ~ed?* var kan man få tag i (på) det? **2** gälla, råda, vara i bruk **-able** [-əbl] *a, be ~* finnas att få, gå att få tag i, kunna köpas
obtrude [əb'tru:d] **1** påtvinga; *~ s.th.* [*up*]*on s.b.* tvinga på ngn ngt **2** sträcka (skjuta) fram (ut) **3** tränga sig på **obtrusion** [-'tru:ʒn] **1** påtvingande; påflugenhet **2** framsträckande; fram-, ut|-skjutande **obtrusive** [-'tru:sɪv] **1** påflugen, påträngande **2** iögonenfallande (*building* byggnad)
obtuse [əb'tju:s] **1** slö, trög[tänkt] **2** *mat.* trubbig (*angle* vinkel) **3** trubbig, slö **4** vag, dov (*pain* smärta)
obverse ['ɒbvɜ:s] **I** *a* **1** med framsidan vänd mot betraktaren **2** motsatt **II** *s* **1** motsats, motstycke; komplement **2** (*mynts*) a[d]vers, fram-, bild|sida
obviate ['ɒbvɪeɪt] förebygga; kringgå; undanröja
obvious ['ɒbvɪəs] **1** tydlig, uppenbar, iögonenfallande **2** naiv, enkel **-ness** [-nɪs] tydlighet
O.C. *förk. för* Officer Commanding **Oc.** *förk. för* Ocean **o/c** *förk. för* overcharge
ocarina [ˌɒkə'ri:nə] *mus.* okarina
occasion [ə'keɪʒn] **I** *s* **1** tillfälle (*tidpunkt*); högtidligt tillfälle, speciell händelse (tilldragelse); *on ~* då och då, allt som oftast; *on festive ~s* vid festliga (högtidliga) tillfällen; *on several ~s* vid flera tillfällen; *on that ~* vid det tillfället; *on the ~ of* med anledning av; *rise to the ~* vara situationen vuxen; *take ~ to* begagna tillfället att **2** anledning, orsak; *no ~ to* ingen anledning att; *give ~ to* ge anledning (upphov) till **II** *v* föranleda, ge anledning till, förorsaka **-al** [-ʒənl] **1** tillfällig; enstaka; *~ cause* sekundär orsak; *~ poem* tillfällighetsdikt; *~ table* litet extrabord; *she likes an ~ glass of wine* hon tycker om ett glas vin någon [enstaka] gång **-ally** [-ʒnəlɪ] *adv* då och då, emellanåt; *very ~* mycket sällan, någon [enstaka] gång
Occident ['ɒksɪd(ə)nt] *s, the* Västerlandet, Occidenten **Occidental, occidental** [ˌɒksɪ'dentl] **I** *a* västerländsk **II** *s* västerlänning
occiput ['ɒksɪpʌt] bakhuvud
occlude [ɒ'klu:d] **1** blockera, täppa till; hindra **2** *kem.* absorbera **occlusion** [-ʒn] **1** tilltäppning **2** *kem., med., meteor.* ocklusion
occult [ɒ'kʌlt] **I** *a* ockult, övernaturlig; hemlig; dold **II** *v* dölja; förmörka; *~ing light* intermittent sken (*från fyr*) **III** *s, the ~* ockulta ting, det ockulta **-ism** ['ɒk(ə)ltɪz(ə)m] ockultism
occupancy ['ɒkjupənsɪ] besittningstagande; besittningsrätt; innehavande **occupant** [-pənt] innehavare; invånare (*of a house* i ett hus); *the ~s of the car* de som befinner (befann) sig i bilen **occupation** [ˌɒkju'peɪʃn] **1** *mil.* ockupation **2** besittningstagande; inflyttning; *ready for ~* inflyttningsklar **3** yrke; verksamhet, sysselsättning; *favourite ~* favoritsysselsättning; *she is a teacher by ~* hon är lärare till yrket **occupational** [ˌɒkju:-'peɪʃənl] yrkes-; sysselsättnings-; *~ disease* yrkessjukdom; *~ hazard* (*risk*) risker i arbetet; *~ therapy* sysselsättnings-, arbets|terapi **occupier** ['ɒkjupaɪə] **1** innehavare; *the ~s of the flat* innehavarna av (de som bor i) lägenheten **2** *mil.* ockupant **occupy** ['ɒkjupaɪ] **1** ockupera (*a country* ett land; *a house* ett hus), inta, ta i besittning **2** bebo, bo i (*a house* ett hus) **3** inneha, inta (*a position* en position) **4** uppta (*a p.'s time* ngns tid); ta i anspråk; *is this seat occupied?* är den här platsen upptagen? **5** sysselsätta, uppta; *be occupied with* vara sysselsatt (upptagen) med; *keep s.b. occupied* hålla ngn sysselsatt
occur [ə'kɜ:] **1** hända, ske, inträffa **2** förekomma, finnas **3** *~ to s.b.* falla ngn in; *it never ~red to me* det föll mig aldrig in **ocurrence** [ə'kʌr(ə)ns] händelse, tilldragelse; förekomst; *be an everyday ~* förekomma dagligen
ocean ['əʊʃn] **1** ocean, [världs]hav; *the O~ of Storms* Stormarnas ocean (*på månen*) **2** *bildl.* hav; *an ~ of flowers* ett hav av blommor; *~s of* massor av **--going** [-ˌɡəʊɪŋ] oceangående
Oceania [ˌəʊʃɪ'eɪnjə] Oceanien (*Söderhavsöarna*)
oceanic [ˌəʊʃɪ'ænɪk] **1** oceanisk, ocean-, havs- **2** väldig, omätlig **ocean liner** ['əʊʃnˌlaɪnə] oceanångare **oceanography** [ˌəʊʃjə'nɒɡrəfɪ] oceanografi, havsforskning
ocelot ['əʊsɪlɒt] *zool.* ozelot, panterkatt
ochre ['əʊkə] ockra; *yellow ~* gulockra
o'clock [ə'klɒk] *adv, at five ~* klockan fem; *it's five ~* klockan är fem
OCR *förk. för* optical character reader (*recognition*) **Oct.** *förk. för* October **oct.** *förk. för* octavo
octagon ['ɒktəɡən] *geom.* oktogon, åttahörning **-al** [ɒk'tæɡənl] *geom.* oktogonal, åttkantig
octahedron [ˌɒktə'hedr(ə)n] *geom.* oktaeder
octane ['ɒkteɪn] *kem.* oktan
octant ['ɒktənt] *geom., astr., sjö.* oktant
octave ['ɒktɪv] **1** *mus.* oktav **2** *versl.* åttaradig strof, *vanl.* ottave rime
octavo [ɒk'teɪvəʊ] oktav, [bok i] oktavformat
octet[te] [ɒk'tet] *mus.* oktett
October [ɒk'təʊbə] oktober
octogenarian [ˌɒktəʊdʒɪ'neərɪən] *s* åttioåring, person mellan 80 och 90 år **II** *a* åttioårig, mellan 80 och 90 år gammal
octopus ['ɒktəpəs] *zool.* [åttaarmad] bläckfisk
octosyllabic [ˌɒktəʊsɪ'læbɪk] åttastavig
ocular ['ɒkjʊlə] **I** *a* okulär, ögon-; *~ demonstration* (*proof*) synligt bevis **II** *s* okular
O.D. *förk. för* Officer of the Day; (*bank.*) on demand; ordnance datum; outside diameter; overdraft; overdrawn
oda|lisk, -lisque ['əʊdəlɪsk] odalisk
odd [ɒd] **1** konstig, underlig, egen[domlig], besynnerlig; *~ fish* (*BE. vard.*) konstig prick; *an ~ person* (*äv.*) en person en i särling; *the ~ thing about* det underliga med **2** udda; ojämn; omaka, enstaka; extra; övertalig; överskjutande; *an ~ glove* en omaka (udda) handske; *~ lot* udda [varu]parti; *~ pair* udda par, restpar; *~ volumes*

oddball—off

enstaka (udda) volymer; ~ *and even* udda och jämnt; *30 pounds* ~ 30 pund och litet till, drygt 30 pund; *he is [the]* ~ *man out a*) han är den som blir över, *b*) han är femte hjulet under vagnen **3** tillfällig, sporadisk, extra; ~ *job* tillfälligt arbete, ströjobb; *at* ~ *moments (times)* då och då, vid enstaka tillfällen

oddball ['ɒdbɔ:l] *AE. vard.* konstig prick, knasboll **oddity** [-ɪtɪ] **1** egendomlighet, underlighet **2** egendomlig person, original **odd|-jobber, --jobman** [-ˌdʒɒbə, -ˌdʒɒbmæn] diversearbetare, 'hustomte' **oddment** ['ɒdmənt] *vanl.* ~*s* (*pl*) småsaker; restposter

odds [ɒdz] *pl* **1** odds (*äv. spelt.*); chanser, utsikter; *long (short)* ~ höga (låga) odds; *it's long* ~ (*vard.*) vi har små chanser; *by all* ~ (*AE.*) otvivelaktigt, ojämförligt; *over the* ~ (*BE.*) mer än väntat (nödvändigt); *the* ~ *are 4 to 1* oddsen är 4 mot 1; *the* ~ *are 3 to 1 against* oddsen är 3 mot 1 mot, chansen är 1 på 4 för; *the* ~ *are against us* vi har oddsen (alla odds) emot oss; *the* ~ *are in his favour* han har goda chanser; *the* ~ *are that he* sannolikt kommer han att; *give (lay)* ~ *of 4 to 1* sätta (hålla) 4 mot 1 **2** *BE.* skillnad; *it makes no* ~ det spelar ingen roll (gör ingen skillnad); *what's the* ~? (*vard.*) vad spelar det för roll? **3** *be at* ~ vara oense (på kant med varandra) **4** ~ *and ends* småsaker, grejer, pick och pack; ~ *and sods* (*BE.*) diverse saker (människor) **odds-on** ['ɒdzɒn] *a, be an* ~ *favourite* vara en klar favorit, ha goda (de största) utsikterna

ode [əʊd] ode (*on* över)
odious ['əʊdjəs] avskyvärd, motbjudande; förhatlig **odium** [-jəm] hat, ovilja
odometer [əʊ'dɒmɪtə] *AE.* vägmätare
odontol|ogist [ˌɒdɒn'tɒlədʒɪst] odontolog **-ogy** [-ədʒɪ] odontologi
odor|iferous [ˌəʊdə'rɪfərəs], **-ous** ['əʊdərəs] *poet.* välluktande, doftande
odour ['əʊdə] **1** lukt; odör; doft **2** anstrykning, drag; *with an* ~ *of dishonesty* med en anstrykning av ohederlighet; *an* ~ *of sanctity* ett drag av skenhelighet **3** *in bad (good)* ~ illa (väl) anskriven (*with* hos) **-less** doftlös, luktfri

Odysseus [ə'dɪsju:s] Odysseus **Odyssey** ['ɒdɪsɪ] **1** *the* ~ Odysséen **2** *o*~ (*bildl.*) odyssé
OE, O[.]E. *förk. för* Old English **oe.** *förk. för* omissions excepted **O.E.C.D.** *förk. för* Organization for Economic Cooperation and Development
oedema [i:'di:mə] (*pl* ~*ta* [-tə]) *med.* ödem, vattensvullnad
O.E.E.C. *förk. för* Organization for European Economic Cooperation
o'er ['əʊə] *poet.* = *over*
oestrogen ['i:strə(ʊ)dʒ(ə)n] östrogen
of [*betonat* ɒv, *obetonat* əv] **1** (*i uttr. för ägande, tillhörighet, härkomst, plats, läge e.d.*) av; efter; från; i; om; på; till; vid; över; *the Battle* ~ *Waterloo* slaget vid Waterloo; *a map* ~ *York* en karta över York; *north* ~ *Paris* norr om Paris; *possession* ~ innehav av; *professor* ~ *German* professor i tyska; *professor G.* ~ *Oxford* professor G. från Oxford; *the Queen* ~ *Denmark* drottningen av Danmark; *son* ~ son till; *the university* ~ *Stockholm* Stockholms universitet; *wide* ~ *the truth*

långt ifrån sanningen; *widow* ~ *a teacher* änka efter en lärare; *the works* ~ *Byron* Byrons verk **2** (*i uttr. m. subjektiv gen.*) från; *the love* ~ *God* Guds kärlek **3** (*i uttr. m. objektiv gen.*) av; för; i; om; på; till; *audience* ~ *the king* audiens hos kungen; *fear* ~ rädsla (fruktan) för; *fear* ~ *God* gudsfruktan; *knowledge* ~ kunskap om; *his love* ~ *his mother* hans kärlek till sin mor; *the murder* ~ *Lincoln* mordet på Lincoln **4** (*i uttr. m. partitiv gen.*) av; bland; till; *many* ~ *them* många av (bland) dem; *the whole* ~ *the house* hela huset; *he is the best* ~ *players* han är den [allra] bäste spelaren (den bäste spelaren av alla); *there were five* ~ *us* vi var fem [stycken, till antalet]; *he asked the five* ~ *us to lunch* han bjöd oss alla fem på lunch; *a friend* ~ *Mary's* en vän till Mary, en av Marys vänner; *a fugue* ~ *Bach's* en fuga av Bach **5** (*i uttr. m. egenskapsgen.*) av; i; med; på; till; ~ *no importance* oviktig, inte av ngn betydelse; *a girl* ~ *six* en flicka på sex år; *a man* ~ *great courage* en man med stort mod, en mycket modig man; *that idiot* ~ *a doctor* den där idioten till läkare **6** (*uttr. material, upphovsman e.d.*) av; i; på; *beloved* ~ *all* älskad av alla; *how very kind* ~ *you!* så vänligt av dig!; *made* ~ *steel* gjord av stål; *a dress [made]* ~ *wool* en ylleklänning **7** (*uttr. anledning, orsak e.d.*) av; för; i; på; över; *be ashamed* ~ skämmas för (över); *die* ~ *cancer* dö i cancer; *die* ~ *starvation* dö av svält; *smell* ~ *garlic* lukta vitlök **8** (*uttr. avlägsnande, frånskiljande e.d.*) från; för; på; *cheat s.b. out* ~ *s.th.* lura av ngn ngt; *cure* ~ bota från (för); *rid* ~ rensa från; *rob* ~ bestjäla på **9** (*i uttr. betecknande [samtals]ämne, innehåll e.d.*) från; för; om; på; *hear* ~ *s.th.* höra från ngn; *have a sense* ~ *humour* ha sinne för humor; *speak* ~ *s.th.* tala om ngt; *think* ~ *s.th.* tänka på (komma på) ngt; *warn* ~ *s.th.* varna för ngt; *nimble* ~ *foot* lätt på foten **10** (*utan motsvarighet i svenskan*) *two meters* ~ *snow* två meter snö; *on the first* ~ *April* den första april; *a glass* ~ *wine* ett glas vin; *the month* ~ *April* månaden april; *by the name* ~ *Jonas* vid namn (som heter) Jonas; *a number* ~ *people* ett antal människor; *a piece* ~ *paper* ett papper; *the town* ~ *A.* staden A. **11** (*uttr. tid*) av; i; om; på; *a quarter* ~ *six* (*AE.*) [en] kvart i sex; *your letter* ~ *April 3* Ert brev av den 3 april; ~ *late years* på senare år; ~ *mornings* (*åld.*) om (på) morgonen (mornarna)

ofay ['əʊfeɪ] *AE. negersl.* vit person
off [ɒf] **I** *prep* **1** från; bort[a] från; ner från; ur; av; *she fell* ~ *the roof* hon föll ner från taket; *keep your fingers* ~ *the pie* håll fingrarna borta från pajen; *the shirt has three buttons* ~ *it* det saknas tre knappar i skjortan **2** nära, vid; ~ *the coast* utanför kusten; *a road* ~ *Piccadilly* en tvärgata till Piccadilly; *just* ~ alldeles intill (i närheten av) **3** på; *dine* ~ *chicken* äta och kyckling till middag; *5 % discount* ~ *the price* 5 % rabatt på priset; *she got £5* ~ *the table* hon fick bordet 5 pund billigare **4** *vard., be* ~ *s.th.* inte [längre] vara intresserad av (sugen på) ngt **II** *adv o. pred. a* **1** *be* ~ *a*) vara dålig (förstörd, sur, skämd *e.d.*), *b*) vara ledig, ha ledigt, *c*) vara av[stängd], vara avtagen, *d*) vara ur, ha lossnat, ha gått av, *e*) vara avbruten, *f*) vara inställd (avblåst), *g*) vara slut, *h*) ge (ha gett) sig i väg, *i*) ha fel; *he is* ~ *to X.* han har gått (givit

sig i väg) till X.; [be] ~ with you! i väg med dig!, försvinn!; be well ~ ha det bra [ställt]; their engagement is ~ deras förlovning är uppslagen; you're ~ there där misstar du dig (har du fel) **2** av; bort[a]; från; i väg; ur; *3 % ~ for cash* 3 % rabatt vid kontant betalning; *April isn't very far ~* det är inte långt kvar till april; *drink ~* dricka ur; *~ we go!* nu går vi!; *take one's coat ~* ta av sig rocken **3** ledigt; *time ~* ledighet; *take a day ~* ta sig ledigt en dag **III** *attr. a* **1** dålig; liten, svag; *~ chance* liten chans; *~ day* dålig dag; *~ season* lågsäsong **2** ledig; *~ day* ledig dag **3** bortre **4** *~ position* avstängt läge

off. *förk. för offer; office; officer; official*

offal ['ɒfl] **1** (*djurs*) inälvor **2** avfall; avskräde; *bildl.* drägg **3** ruttnande ämne; as

offbeat ['ɒfbi:t] **I** *s, mus.* oaccentuerad taktdel **II** *a, vard.* ovanlig, okonventionell **off chance** liten möjlighet; *on the ~* i förhoppning (*of meeting* om att få träffa) **off-colour** [-ˌkʌlə] **1** *i sht BE.* krasslig **2** opassande; taktlös

offence [əˈfens] **1** [lag]överträdelse, förseelse, [mindre] brott; *bildl.* försyndelse; *an ~ against* ett brott (en förseelse) mot; *it is an ~ to* det är straffbart att; *commit an ~* överträda lagen **2** förolämpning, kränkning, skymf; anstöt; *give ~ to* väcka anstöt hos; *take ~* ta illa upp; *take ~ at* ta anstöt av; *no ~ [meant]!* det var inte illa menat!, ta inte illa upp! **3** anfall, angrepp

offend [əˈfend] **1** förolämpa, förnärma, såra; stöta, väcka anstöt hos; *be ~ed by* bli förnärmad (stött) på (över); *don't be ~ed!* ta inte illa upp!; *the smell ~ed her* hon tyckte lukten var obehaglig **2** *~ against* bryta mot, överträda (*a law* en lag) **-er** [-ə] lag|brytare, -överträdare; *juvenile ~* ungdomsbrottsling

offense [əˈfens] *AE.* = *offence* **offensive** [-ɪv] **I** *a* **1** offensiv, anfalls-, anfallande **2** anstötlig, stötande **3** förolämpande, kränkande **4** obehaglig, motbjudande, vidrig (*smell* lukt) **II** *s* offensiv, anfall; *on the ~* på offensiven; *take the ~* ta till offensiven

offer ['ɒfə] **I** *s* anbud, bud; erbjudande (*of* om); *hand.* offert (*of, for* på); *~ of marriage* giftermålsanbud, frieri; *on ~* till specialpris; *make an ~* lämna [ett] anbud ([en] offert) **II** *v* **1** bjuda; erbjuda; *hand.* offerera, bjuda ut; *~ for sale* bjuda ut till försäljning; *~ to do s.th.* erbjuda sig att göra ngt; *~ s.b. a cigarette* bjuda ngn på en cigarrett; *~ one's services* erbjuda sina tjänster **2** utlova, utfästa (*a reward* en belöning) **3** framföra, framlägga, anföra, komma med, yttra; *~ an excuse* ursäkta sig; *~ an explanation* komma med en förklaring; *~ an opinion* lägga fram en åsikt; *~ [up] prayers to God* uppsända böner till Gud **4** *~ [up]* offra (*to* åt) **5** erbjuda, förete; *the mountain ~ed a fine view* det var en fin utsikt från berget **6** *~ resistance* göra (bjuda) motstånd **7** erbjuda sig; *if an opportunity ~s* om tillfälle yppar (erbjuder) sig **offering** ['ɒf(ə)rɪŋ] **1** offer[gåva] **2** erbjudande, anbud **offertory** ['ɒfət(ə)rɪ] *kyrkl.* **1** offertorium **2** kollekt **3** kollektbön

offhand [ˌɒfˈhænd] **I** *adv* **1** på rak arm, utan vidare **2** nonchalant, slarvigt **II** *a* **1** oförberedd **2** nonchalant, slarvig **-ed** [-ɪd] *se offhand II*

office ['ɒfɪs] **1** kontor; byrå, kansli; expedition, tjänsterum, mottagning[srum]; *~s (pl)* kontor; *at the ~* på kontoret *etc.* **2** [ämbets]verk, departement; *the Home O~* inrikesdepartementet **3** ämbete, tjänst, befattning; *the Government in ~* den sittande regeringen; *be in (hold) ~ a)* inneha sitt ämbete (sin tjänst), *b)* sitta (vara) vid makten; *take ~ a)* tillträda sitt ämbete (sin tjänst), *b)* komma till makten **4** uppgift, plikt **5** tjänst; förmedling; *good ~s* bona officia, förmedling; *through the ~s of* genom förmedling av; *do s.b. a good ~* göra ngn en stor tjänst **6** gudstjänst **7** *~s (pl)* ekonomi|byggnader, -utrymmen **8** *vard.* tips, vink **9** *vard.* toa **office bearer** [-ˌbeərə] ämbets-, tjänste|man **office block** [-blɒk] kontorsbyggnad **office boy** [-bɔɪ] kontors-, spring|pojke **office holder** [-ˌhəʊldə] *AE.* ämbets-, tjänste|man **office hours** [-ˌaʊəz] *pl* affärs-, expeditions-, kontors|tid

officer ['ɒfɪsə] **1** officer; *~ of the day* dagofficer **2** [*police*] *~* polis[man] **3** tjänste-, -ämbets|man; funktionär, styrelseledamot

official [əˈfɪʃl] **I** *a* officiell; tjänste-, ämbets[manna]-; *~ duties* ämbetsplikter; *~ statement* officiellt uttalande **II** *s* **1** ämbets-, tjänste|man **2** *sport.* funktionär **-dom** [-dəm] byråkrati, ämbets-, tjänstemanna|välde **-ese** [əˌfɪʃəˈliːz] kansli|språk, -stil **-ly** [əˈfɪʃəlɪ] *adv* på ämbetets (tjänstens) vägnar; officiellt

officiate [əˈfɪʃɪeɪt] **1** officiera, förrätta gudstjänst **2** fungera, tjänstgöra (*as* som)

officious [əˈfɪʃəs] **1** beskäftig; nitisk **2** officiös, halvofficiell

offing ['ɒfɪŋ] **I** *s* **1** öppen sjö **2** *bildl., in the ~* nära förestående, under uppsegling

offish ['ɒfɪʃ] *vard.* tillbakadragen, reserverad

off|-key ['ɒfkiː] **1** *mus.* falsk **2** motsatt; oenig **--licence** [-ˌlaɪsns] *BE.* **1** tillstånd att sälja vin och sprit **2** spritbutik **--line** [-laɪn] *data.* off-line, fristående, ej direktansluten **--peak** [-piːk] låg-; *~ electricity* nattström; *at ~ hours* vid lågtrafik, vid låg belastning **-print** [-prɪnt] särtryck **--putting** [-ˌpʊtɪŋ] *BE. vard.* osympatisk; frånstötande **--season** [-ˌsiːzn] lågsäsong **-set** [-set] **I** *s* **1** *bot., geol.* utlöpare **2** motvikt, kompensation **3** offset[tryck] **II** *v* uppväga, kompensera, neutralisera **-shoot** [-ʃuːt] **1** *bot.* sidoskott, sidogren **2** *bildl.* sidogren, utlöpare **-shore** [ˌɒfˈʃɔː] *a o. adv* utanför kusten; kust-; havs-; havsteknisk; *~ wind* frånlandsvind **-side** [ˌɒfˈsaɪd] **I** *a o. adv, sport.* offside **II** *s* **1** *sport.* offside **2** *i sht BE.* (*på bil*) sida närmast vägens mitt **-spring** ['ɒfsprɪŋ] **1** avkomma, ättling **2** *bildl.* resultat **-stage** [ˌɒfˈsteɪdʒ] utanför scenen; i kulisserna **--the--cuff** [ˌɒfðəˈkʌf] oförberedd, spontan **--the-record** [ˌɒfðəˈrekɔːd] inofficiell, utom protokollet **--white** ['ɒfwaɪt] off-white, naturvit, benfärgad

O.F.S. *förk. för Orange Free State*

oft [ɒft] *åld., poet.* ofta

often ['ɒfn] ofta; *as ~ as* så ofta som; *as ~ as not* ganska ofta, inte så sällan; *every so ~* allt som oftast, med jämna mellanrum; *more ~ than not* oftast, vanligen

ogive [ˈəʊdʒaɪv] *arkit.* spetsbåge

ogle [ˈəʊgl] **1** kasta ögon efter; ögonflirta med **2** stirra på, begapa; snegla på

ogre [ˈəʊgə] [människoätande] jätte, troll; *bildl.*

monster, odjur **ogress** ['əʊgrɪs] jättinna, trollgumma
OH *förk. för Ohio*
oh [əʊ] *interj* o!, å[h]!, oj!, aj!, jaså!, verkligen!; ~ *no!* nej då, visst inte!, ånej!; ~ *yes!* jo[då]!, ja (jo) visst!, jadå!; ~ *well!* nåja!
Ohio [ə(ʊ)'haɪəʊ]
ohm [əʊm] *fys.* ohm
O.H.M.S. *förk. för On Her (His) Majesty's Service*
oho [ə(ʊ)'həʊ] *interj* åhå!, åh!, jo jo!
oil [ɔɪl] **I** *s* **1** olja; *burn the midnight* ~ arbeta sent på natten; *pour* ~ *on troubled waters (bildl.)* gjuta olja på vågorna; *strike* ~ *a)* träffa på olja, *b) vard.* bli rik, ha framgång **2** ~*s (pl) a)* oljefärger, *b)* oljemålningar; *paint in* ~*s* måla i olja **II** *v* olja [in], smörja; ~ *a p.'s palm (bildl.)* smörja (muta) ngn; ~ *one's tongue (vard.)* använda smicker; ~ *the wheels (bildl.)* olja maskineriet, få det hela att löpa; *well* ~*ed (vard.)* berusad
oil cake ['ɔɪlkeɪk] oljekaka **oilcan** oljekanna **oilcloth** vaxduk; oljeduk **oil colour** [-,kʌlə] oljefärg **oiler** [-ə] **1** smörjare **2** oljekanna **3** oljetanker **4** oljekälla **oilfield** [-fi:ld] oljefält **oil painting** [,ɔɪl'peɪntɪŋ] oljemålning; *she's no* ~ *(vard.)* hon är inte direkt ngn skönhet **oil rig** ['ɔɪlrɪg] oljerigg, oljeborrplattform **oilskin** ['ɔɪlskɪn] **1** vaxduk; oljeduk **2** ~*s (pl)* olje|kläder, -ställ **oil slick** ['ɔɪlslɪk] oljefläck *(på vatten)* **oil well** ['ɔɪlwel] oljekälla **oily** ['ɔɪlɪ] *a* **1** oljig, full av olja; fet; oljeliknande **2** *bildl.* oljig, lismande, inställsam
ointment ['ɔɪntmənt] salva; smörjelse
OK *förk. för Oklahoma*
O.K. [,əʊ'keɪ] *vard.* **I** *a o. adv* OK, o.k., okay, bra, rätt, i sin ordning; *it's* ~ *with (by) me* det är okay för min del **II** *v* godkänna **III** *s* okay, gillande
okapi [əʊ'kɑ:pɪ] *zool.* okapi
okay [,əʊ'keɪ] *vard.*, **okey**|**-doke**, **--dokey** ['əʊkɪ|'dəʊk, -'dəʊkɪ] *AE. sl., se O.K.*
Okla. *förk. för Oklahoma*
Oklahoma [,əʊklə'həʊmə]
old [əʊld] **I** *a (older, oldest; ibl. elder, eldest)* **1** gammal; *the* ~ de gamla, gamlingarna; ~ *age* ålderdom[en]; ~ *age pension* ålderspension; ~ *bird (skämts.)* gammal räv; ~ *boy a)* gammal (tidigare, f.d.) elev; *b)* gammal farbror, *c) sport.* oldboy; ~ *boy (chap, fellow, man, thing)! (vard.)* gamle gosse (vän)!; *the good* ~ *days* den gamla goda tiden; ~ *girl a)* gammal (tidigare, f.d.) elev, *b)* gammal tant; ~ *girl! (vard.)* lilla gumman!; *he's an* ~ *hand* han är gammal och erfaren; *any* ~ *how (vard.) a)* hur som helst, *b)* på måfå; *my* ~ *lady (vard.) a)* frugan, *b)* min mamma; *the* ~ *one (gentleman) (vard.)* hin håle; *the O*~ *Testament* Gamla testamentet; *any* ~ *thing (vard.)* vad [sjutton] som helst; *have a fine* ~ *time (vard.)* ha det jätteroligt; *the O*~ *World* Gamla världen; *as* ~ *as the hills* urgammal; *good* ~ *Annie (vard.)* gamla bussiga (kära gamla) Annie; *grow* ~ bli gammal, åldras **2** forn-; *O*~ *English* fornengelska; *O*~ *High German* fornhögtyska **II** *s, of* ~ sedan gammalt; *a friend of* ~ en urgammal vän; *in days (times) of* ~ i gamla tider, förr i världen
olden ['əʊld(ə)n] *åld., poet.* gammal, forn; *in* ~ *days (times)* i gamla tider

old|**-established** [,əʊldɪ'stæblɪʃt] gammal *(firm* firma); hävdvunnen **--fashioned** gammalmodig, omodern; gammaldags **old**|**ish** ['əʊldɪʃ] äldre, rätt (ganska) gammal **--line** *AE.* konservativ; reaktionär; traditionell **--time** gammaldags, gångna tiders **--timer** [-,taɪmə] **1** veteran, person som är gammal i gården **2** *AE. vard.* gamling, gammal man **--world** [,əʊld'wɜ:ld] **1** gammaldags sirlig **2** *O*~*-World* Gamla världens
oleaginous [,əʊlɪ'ædʒɪnəs] olje-, oljig; oljehaltig
O level ['əʊ,levl] *BE. (förk. för Ordinary level)* [betyg i] avgångsexamen *(från grundskola)*
olfac|**tion** [ɒl'fækʃn] lukt[sinne] **-tory** [-t(ə)rɪ] *a* lukt-
olid ['ɒlɪd] illaluktande
oligarchy ['ɒlɪgɑ:kɪ] oligarki
oligopoly [,ɒlɪ'gɒpəlɪ] *ekon.* oligopol
olio ['əʊlɪəʊ] **1** *kokk.* gryta **2** *bildl.* blandning; potpurri
olive ['ɒlɪv] **I** *s* **1** oliv *(träd, frukt)*; *the Mount of O*~*s* Oljeberget **2** olivgrönt **II** *a* olivgrön **olive branch** oliv|gren, -kvist; fredsinvit; *hold out the* ~ räcka ut handen till försoning **olive green I** *s* olivgrönt **II** *a* olivgrön **olive oil** olivolja
Olivier [ə'lɪvɪeɪ]
ology ['ɒlədʒɪ] *vard.* vetenskap
Olym|**piad** [ə(ʊ)'lɪmpɪæd] *hist., sport.* olympiad **-pian** [-pɪən] **I** *a* olympisk; majestätisk, storslagen **II** *s, hist.* olympier **-pic** [-pɪk] *hist., sport.* olympisk; *the* ~ *Games, the* ~*s (behandlas som sg el. pl)* olympiska spelen
O.M. *förk. för Order of Merit*
ombudsman ['ɒmbʊdzmən] **1** justitieombudsman **2** ombudsman
omelet[te] ['ɒmlɪt] omelett
omen ['əʊmən] **I** *s* omen, varsel, förebud **II** *v* förebåda, varsla [om]
ominous ['ɒmɪnəs] olycksbådande, ödesdiger, ominös
omission [ə'mɪʃn] **1** utelämnande **2** underlåtenhet, försummelse; *sin of* ~ underlåtenhetssynd
omit [ə'mɪt] **1** utelämna **2** underlåta, försumma
omnibus ['ɒmnɪbəs] **I** *s* **1** omnibus **2** samlings|verk, -volym **II** *a* samlings-; allmän; ~ *volume* samlings|verk, -volym
omnipo|**tence** [ɒm'nɪpət(ə)ns] allmakt **-tent** [-t(ə)nt] allsmäktig
omnipres|**ence** [,ɒmnɪ'prezns] allestädesnärvaro **-ent** [-nt] allestädes närvarande
omni|**science** [ɒm'nɪsɪəns] allvetenhet **-scient** [-sɪənt] allvetande
omnivorous [ɒm'nɪv(ə)rəs] allätande; *an* ~ *reader* allätare i fråga om lektyr
on [ɒn] **I** *prep* **A** rumsbet. **1** i; på; vid; ~ *board* ombord; *she is* ~ *the board* hon sitter i styrelsen; *a house* ~ *the coast* ett hus på (vid) kusten; *he is* ~ *drugs* han går på (använder) narkotika; ~ *duty* i tjänst; *sit* ~ *the grass* sitta i gräset; *he is* ~ *the staff* han tillhör personalen; ~ *the table* på bordet; ~ *TV* på (i) TV; *I have no money* ~ *me* jag har inga pengar på mig; *she is* ~ *"The Observer"* hon är (arbetar) på (vid) "The Observer" **2** mot; *make an attack* ~ göra en attack mot; *fair* ~ rättvis mot; *march* ~ *Paris* marschera mot Paris; *war* ~ *world hunger* krig mot världssvälten **3** till; ~

land and sea till lands och till sjöss; ~ *the left* till vänster **B** *tidsbet.* **1** på, om; ~ *Sunday* på (om) söndag; ~ *the minute* på minuten; ~ *the evening of April 2* på kvällen den andra april; ~ *November the first* den första november **2** vid, [genast] efter; ~ *my arrival in London* vid (efter) min ankomst till London; ~ *being asked he admitted that* när han blev tillfrågad erkände han att; ~ *[receiving] my letter* efter att ha fått mitt brev **C** (*annan bet.*) **1** om, över, i; på, med; *away* ~ *an errand* ute i ett ärende; *expert* ~ expert på; *a lecture* ~ en föreläsning om (över); *speak* ~ tala om; *work* ~ *a new project* arbeta (hålla på) med ett nytt projekt **2** av, på, med; *live* ~ *potatoes* leva på potatis; *it works* ~ *oil* den går på (drivs med) olja **3** till; med; ~ *foot* till fots; *I went* ~ *the train* jag tog (åkte med) tåget **4** i jämförelse (jämfört) med; *wages are up* ~ *last year*[*'s*] lönerna har gått upp jämfört med i fjol **5** enligt, efter; ~ *his theory* enligt hans teori **6** med anledning av, på grund av; ~ *his authority* på grund av hans auktoritet **7** mot; ~ *payment of* mot betalning av **8** på, efter; *she made mistake* ~ *mistake* hon gjorde misstag på misstag **9** *this round is* ~ *me* den här omgången bjuder jag på (gången bjuder jag); *it's* ~ *the house* det är värden på stället (restaurangen *etc.*) som bjuder **II** *adv o. pred. a* **1** *be* ~ *a*) vara på, *b*) vara i gång, pågå, *c*) spelas, visas, uppföras, ges, gå, *d*) uppträda, *e*) vara (följa) med, *f*) gälla; *you're* ~*!* överenskommet!, kör till!; *are you* ~*?* är (hänger) du med?; *what's he* ~ *about?* vad är det han pratar (bråkar) om?; *she's always* ~ *at me* hon är jämt på (efter) mig; *there's never anything* ~ *in this town* det händer aldrig ngt (inte mycket) i den här staden **2** på; på sig; *put the kettle* ~ sätta på tevatten; *what did she have* ~*?* vad hade hon på sig? **3** fram[åt]; vidare; på; kvar; *and so* ~ och så vidare; *from that day* ~ från och med den dagen; *sit* ~ sitta kvar; *well* ~ *in the night* långt fram på natten; *work* ~ arbeta på, fortsätta att arbeta **4** ~ *and* ~ i ett, hela tiden, utan uppehåll; ~ *and off a*) då och då, *b*) från och till **III** *attr. a, the* ~ *switch* påsättningsknappen; *it wasn't one of his* ~ *days* (*vard.*) det var inte ngn av hans bättre dagar

once [wʌns] **I** *adv* **1** en gång; ~ *a day* en gång om dagen; ~ *again* (*more*) en gång till, ännu en gång; ~ *and again* gång på gång; ~ *and away a*) en gång för alla, *b*) då och då, *c*) *and for all* en gång för alla; ~ *in a while* då och då, ibland; ~ *or twice* ett par gånger; *never* ~ inte en enda gång, aldrig någonsin **2** en gång [i tiden], förr [i tiden], tidigare; ~ *upon a time there was* det var en gång; *I* ~ *lived in Denmark* förut (förr) bodde jag i Danmark **II** *s, at* ~ *a*) genast, meddetsamma, *b*) på en (samma) gång, samtidigt; *all at* ~ *a*) plötsligt, *b*) på en (samma) gång, samtidigt; *for* [*this*] ~ [bara] för den här gången, för en gångs skull **III** *konj* när...väl; ~ *she understands* när hon så småningom förstår **--over** [ˈwʌnsˌəʊvə] *vard.* **1** hastig blick; snabb kontroll **2** kok stryk, omgång
oncoming [ˈɒnˌkʌmɪŋ] **I** *a* annalkande, hotande (*danger* fara); mötande (*traffic* trafik) **II** *s* annalkande, ankomst; *the* ~ *of summer* sommarens ankomst, den annalkande sommaren
one [wʌn] **I** *räkn o. a* **1** en, ett; [den, det] ena; ~ *and a half hours* en och en halv timme; ~ *and all* varenda en; ~ *at a time* en i taget, en och en; ~ *by* ~ en och en, en i taget, den ena efter den andra; ~ *day* en [vacker] dag; ~ *half of* hälften av, ena halvan av; ~ *hundred* [ett] hundra; ~ *Mr. Ross* en viss [Mr.] Ross; ~ *of these days* endera dagen; ~ *or other* den ena eller den andra; ~ *or two* ett par, några; [*the*] ~...*the other* den ena...den andra; *the last but* ~ den näst sista; *I for* ~ jag för min del; *for* ~ *thing,... for another* för det första,...för det andra; *this book for* ~ ta den här boken till exempel; *all in* ~ allt i ett; *not* ~ inte en enda [en]; *it's all* ~ det går på ett ut, det gör detsamma; *are they* ~ *with us?* är de överens med oss? **2** enda; *my* ~ [*and only*] *hope* mitt enda hopp; *the* ~ *man* den ende [mannen]; *the* ~ *way to do it* den enda möjligheten att göra det; *the* ~ *and only Miles Davis* den makalöse (oförliknelige) Miles Davis **II** *pron* **1** (*ersättningsord, ofta oöversatt*) en; någon; något; *the Evil O~* den onde, hin håle; *my* ~ (*vard.*) min, mitt; *my dear* ~*s* mina kära; *the little* ~*s* de små, småttingarna, ungarna; *the young* ~*s* ungarna; ~ *for the road* (*vard.*) en färdknäpp; *a red pencil and a blue* ~ en röd penna och en blå; *which pencil is yours?* - *the blue* ~ vilken penna är din? - den blå; *is there a cinema here?* - *no, there isn't* ~ finns det någon biograf här? - nej, det finns det inte (finns inte någon); *he is a teacher, and his brother wants to be* ~ *too* han är lärare och hans bror vill också bli det; *I'm not* ~ *to...* jag är inte den som... **2** *the* ~ *who* den (det, han, hon) som; *I was the* ~ *who* det var jag som; *this* (*that*) ~ den här (där); *which* ~ vilken **3** man, en; sig; ~*'s* ens, sin, sitt, sina; ~ *must not forget that* man får inte glömma att; *break* ~*'s leg* bryta benet [av sig] **4** ~ *another* varandra **III** *s* **1** etta; *they came by* ~*s and twos* de kom en och en och två och två; *be* ~ *up* (*sport.*) leda med ett mål **2** *be a* ~ *for s.th.* (*vard.*) vara förtjust (tokig) i ngt

one|-armed [ˌwʌnˈɑ:md] enarmad; ~ *bandit* (*vard.*) enarmad bandit (*spelautomat*) **--eyed** enögd **--handed I** *a* enhänt **II** *adv* med ena handen **--horse 1** enspänd **2** *vard.* liten, obetydlig (*town* håla)
O'Neill [ə(ʊ)ˈni:l]
oneirocritic [əʊˌnaɪərə(ʊ)ˈkrɪtɪk] drömtydare
one|-legged [ˌwʌnˈlegd] enbent **--man** enmans-; ~ *show* enmans|teater, -show
one|ness [ˈwʌnnɪs] **1** enhet **2** ensamhet **3** enighet **4** överensstämmelse **--night** *a,* ~ *stand a*) engångs|föreställning, -uppträdande, *b*) *vard.* engångsligg **--off** *BE.* enstaka **--piece** *a,* ~ *bathing costume* hel baddräkt
oner [ˈwʌnə] *BE. vard.* **1** överdängare, proffs **2** hårt slag
onerous [ˈɒnərəs] **1** betungande, tung **2** *jur.* tyngd av pålagor
oneself [wʌnˈself] *rfl o. pers. pron* sig [själv]; *wash* ~ tvätta sig; *talk to* ~ tala för sig själv; *by* ~ ensam, själv **--sided** [ˌwʌnˈsaɪdɪd] ensidig (*äv. bildl.*) **--step** [ˈwʌnstep] onestep (*dans*) **--storied, --storeyed** [ˈwʌnˌstɔ:rɪd] envånings-, enplans- **--time** [ˈwʌntaɪm] *a* tidigare, f.d., förutvarande **--track** [ˈwʌntræk] **1** enkelspårig **2** *vard. bildl.* enkelspårig; *have a* ~ *mind* vara en-

kelspårig (enkelriktad) **-up** [ˈwʌnʌp] *vard.* **I** *a*, *be ~ leda,* vara värst **II** *v, AE.* ha övertaget (leda) över **-upmanship** [wʌnˈʌpmənʃɪp] konsten att [alltid] få övertaget (vara värst) **-way** [ˈwʌnweɪ] **1** enkelriktad *(traffic* trafik) **2** *AE., ~ ticket* enkel biljett **3** ensidig *(agreement* överenskommelse)
ongoing [ˈɒnˌɡəʊɪŋ] pågående *(project* projekt); löpande
onion [ˈʌnjən] [röd]lök; *know one's ~s (BE. vard.)* kunna sin sak **onion dome** lökkupol
onlooker [ˈɒnˌlʊkə] åskådare
only [ˈəʊnlɪ] **I** *a* enda; *the ~ one (person)* den enda; *the ~ thing* det enda; *the ~ thing is* [*that*] *it's too late* det är bara det att det är för sent; *I am an ~ child* jag är enda barnet; *~ begotten (åld.)* enfödd **II** *adv* bara, endast, blott; *~ just* just nu, alldeles nyss; *we ~ just caught the bus* vi hann precis med bussen; *~ now* först (inte förrän) nu; *~ too a)* bara alltför, *b)* väldigt; *~ yesterday a)* senast (så sent som) i går, *b)* först (inte förrän) i går; *if ~ to* om så bara för att; *if ~ I knew* om jag bara visste; *not ~...but* [*also*] inte bara...utan även **III** *konj* men, det är bara det att; *~ that* utom [det] att; *he always says he will do it, ~ he never does it* han säger alltid att han skall göra det men det är bara det att han aldrig gör det
o.n.o. *förk. för or near offer*
onomastic [ˌɒnə(ʊ)ˈmæstɪk] namn-
onomato|poeic, -poetic [ˌɒnə(ʊ)mætə(ʊ)-ˈpiːɪk, -pəʊˈetɪk] onomatopoetisk, ljudhärmande
onrush [ˈɒnrʌʃ] anstormning; fram|rusande, -vällande **onset 1** angrepp, anfall **2** ansats, början, inbrott **onshore** *a o. adv* **1** pålands-; mot land; *~ wind* pålandsvind **2** i land **onslaught** [ˈɒnslɔːt] häftigt anfall, våldsam attack
Ont. *förk. för* Ontario
Ontario [ɒnˈteərɪəʊ]
onto [ˈɒntʊ] *= on to* upp (ut) på
onus [ˈəʊnəs] börda; skyldighet; ansvar; *the ~ of the proof rests with them* bevisbördan ligger hos dem
onward [ˈɒnwəd] *a* framåtriktad; *the ~ march of time* tidens gång **onwards** *adv* framåt, vidare; *from today ~* från och med i dag
onyx [ˈɒnɪks] onyx
oodles [ˈuːdlz] *pl, vard.* massor, mängder; *~ of money* massor av pengar
oof [uːf] *sl.* stålar, kosing
ooh [uː] *interj* oj!, åh!, aj!
oomph [ʊmf] *vard.* **1** entusiasm; schwung **2** sex appeal
oops [ʊps] *interj* hoppsan!, oj då!
ooze [uːz] **I** *s* **1** stilla flöde, [fram]sipprande **2** slam, dy, gyttja **II** *v* **1** sippra fram (ut); droppa; vätska sig; *~ out* sippra fram (ut) **2** *~* [*away*] dunsta bort, sakta försvinna **3** ut-, av|söndra **4** *bildl.* flöda (svalla) över av *(gratitude* tacksamhet) **oozy** [ˈuːzɪ] slammig, dyig, gyttjig
op. *förk. för opera; operation; operator; opposite; optical; opus* **o.p.** *förk. för out of print*
opacity [ə(ʊ)ˈpæsətɪ] ogenomskinlighet, opacitet
opal [ˈəʊpl] *miner.* opal **opalescence** [ˌəʊpəˈlesns] opalescens, opalskimmer **opalescent** [ˌəʊpəˈlesnt] opaliserande, opalskimrande
opaque [ə(ʊ)ˈpeɪk] **1** ogenomskinlig, opak **2** oklar, dunkel **3** dum, obegåvad
op. cit. *förk. för opere citato* (*lat.*) *in the work cited*
OPEC *förk. för Organization of Petroleum-Exporting Countries*
open [ˈəʊp(ə)n] **I** *a* **1** öppen (*äv. bildl.*); öppenhjärtig, uppriktig; fri, obegränsad; tillgänglig; offentlig; oviss, oavgjord; *~ championship (sport.)* öppet mästerskap; *~ day (AE. house)* (*institutions, skolas etc.*) öppet hus; *~ harbour* öppen (isfri) hamn; *keep ~ house* hålla öppet hus; *~ letter* öppet brev; *the ~ market* den öppna (fria) marknaden; *~ sandwich* smörgås med pålägg; *~ scholarship* stipendium som kan sökas av alla; *~ season* lovlig tid *(för fiske o. jakt);* *~ secret* offentlig hemlighet; *~ shop* företag med såväl organiserade som oorganiserade anställda; *the O~ University (BE.)* det öppna universitetet (*med distansundervisning, föreläsningar i radio, TV etc.*); *~ water* öppet vatten; *~ wound* öppet sår; *wide ~* vidöppen; *in the ~ air* i det fria, i fria luften; *with ~ arms* med öppna armar; *with an ~ hand* generöst, frikostigt; *the shop is ~* affären är öppen (har öppet); *be ~ for traffic* vara öppen för trafik; *be ~ to a)* vara öppen (tillgänglig, tillåten) för, *b)* vara öppen (mottaglig) för; *two possibilities were ~ to her* två möjligheter stod öppna för henne; *my house is always ~ to you* mitt hus står alltid öppet för dig; *be ~ to persuasion* gärna låta sig övertalas; *be ~ to the public* vara öppen för allmänheten; *be ~ to question* vara diskutabel, kunna ifrågasättas; *be ~ with s.b.* vara öppen[hjärtig] (uppriktig) mot ngn; *fling (throw) ~* slänga (kasta) upp dörren **2** ledig (*evening* kväll; *post* plats) **3** *fonet.* öppen (*vowel* vokal) **II** *s* **1** *in the ~ a)* i det fria, *b) bildl.* öppet, offentligt; *it's all out in the ~ (bildl.)* allt har kommit (varit på tal); *come out into the ~ a)* komma ut (fram), *b)* (*om pers.*) förklara sig, tala öppet (ut) **2** *sport.* open (*tävling för amatörer o. proffs*) **III** *v* **1** öppna; börja, sätta i gång; inleda; inviga; göra tillgänglig; yppa, avslöja; *~* [*up*] *a)* öppna, *b)* bryta, röja, exploatera, *c)* göra [större], utvidga; *~ out a)* ta fram, veckla upp, öppna, *b)* göra större, utvidga, *c)* utveckla, *d)* yppa; *~ an account* öppna [ett] konto (*with* hos); *~ a book* öppna (slå upp) en bok; *~ fire* öppna eld (*on* mot); *~ one's heart to* öppna sitt hjärta för; *~ the mind* vidga horisonten (sina vyer) **2** öppna[s]; öppna sig; börja; breda ut (vidga) sig; uttala sig; vetta; leda; *it won't ~* den går inte upp (att öppna); *I couldn't get the bottle to ~* jag fick inte upp flaskan; *the play ~s next week* pjäsen har premiär nästa vecka; *~ on* [*to*] *(into)* vetta mot (åt), leda (ut) till, öppnas mot; *~* [*out*] *a)* öppna sig, [ut]vidga sig, *b)* bli meddelsam, öppna sig; *~ up a)* öppna, *b)* öppna (yppa) sig, *c)* öppna sig, tala öppet, *d)* öppna eld, *e) vard.* dra på, trampa gasen i botten; *~ up!* öppna [dörren]!
open|-air [ˌəʊpnˈeə] friluftshalle -; *~ theatre* friluftsteater **-and-shut** [-ən(d)ˈʃʌt] självklar; enkel **-cast** [ˈəʊpənkɑːst] *a* i dagbrott; *~ mine* dagbrott; *~ mining* dagbrytning **-ended** [ˌəʊpn̩-ˈendɪd] (*om kontrakt e.d.*) inte tidsbegränsad
opener [ˈəʊpnə] **1** öppnare; *bottle ~* flasköppnare **2** inledare **3** *AE.* öppningsnummer (*på vari-*

open|-eyed [ˌəʊpn̩ˈaɪd] **1** med öppna ögon **2** vaksam; på alerten **--faced** öppen, frimodig **--handed** generös, frikostig **--hearted** [ˌəʊp(ə)nˈhɑːtɪd] **1** öppenhjärtig, uppriktig **2** varmhjärtad

opening [ˈəʊpnɪŋ] **I** *a* inledande, inlednings-, öppnings-; ~ *night* premiär; ~ *speech* inledningsanförande; ~ *time* (*BE.*, *för pub*) öppnings|tid, -dags **II** *s* **1** öppning; hål, glugg, lucka, springa **2** öppnande; början, inledning; *the* ~ *of Parliament* parlamentets öppnande; *the* ~ *of the debate* början (inledningen) av debatten **3** chans, tillfälle **4** *i sht AE.* glänta

openly [ˈəʊpn̩lɪ] öppet; frimodigt; offentligt

open|-minded [ˌəʊpnˈmaɪndɪd] öppen för nya idéer, fördomsfri **--mouthed** [-ˈmaʊðd] **1** gapande **2** glupsk **3** bullrande **--plan** *a* med öppen planlösning; ~ *office* kontorslandskap **-work** [ˈəʊpnwɜːk] genombrutet arbete

opera [ˈɒp(ə)rə] opera; *go to the* ~ gå på operan

operable [ˈɒp(ə)rəbl] **1** manövrerbar; praktiskt genomförbar **2** *med.* opererbar

opera glasses [ˈɒp(ə)rəˌɡlɑːsɪz] *pl* teaterkikare **opera hat** [-hæt] chapeau-claque **opera house** [-haʊs] operahus

operate [ˈɒpəreɪt] **1** fungera, vara i funktion (gång, drift) **2** göra verkan, verka ([*up*]*on* på); ~ [*up*]*on* (*äv.*) inverka på, påverka **3** *mil.* operera **4** *med.* operera (*on s.b. for s.th.* ngn för ngt); *be* ~*d on* bli opererad **5** spekulera, operera (*på börs*) **6** få att fungera, sätta i gång; sköta, manövrera; leda, driva (*an enterprise* ett företag)

operatic [ˌɒpəˈrætɪk] **1** opera- **2** *bildl.* teatralisk

operating [ˈɒpəreɪtɪŋ] **1** *hand., tekn.* drift[s]-, arbets-; ~ *costs* driftskostnader **2** *med.* operations-; ~ *table* operationsbord; ~ *theatre* operationssal

opera|tion [ˌɒpəˈreɪʃn] **1** funktion, gång, drift; verksamhet; verkan; inverkan, användning, bruk; *be in* ~ vara i gång (funktion, drift); *come into* ~ *a*) komma till gång, träda i funktion, *b*) träda i kraft, *c*) komma till utförande, utföras **2** drift, skötsel, hantering **3** operation (*äv. mat., med., mil.*); företag; arbete; arbets-, förfarings|sätt; moment; process; *building* ~*s* byggnadsarbete[n]; *business* ~*s* affärer; ~*s room* (*mil.*) ledningscentral; ~ *for appendicitis* blindtarmsoperation; *have an* ~ *for* bli opererad för **-tional** [-ʃənl] **1** drifts-, funktions|duglig; operativ; stridsberedd **2** *hand.* drift[s]-; ~ *costs* driftskostnader **-tive** [ˈɒp(ə)rətɪv] **I** *a* **1** i gång (funktion, drift); effektiv, verksam; *become* ~ träda i kraft, börja gälla **2** *med.* operations- **3** viktig, betydelsefull, avgörande; *the* ~ *word* det avgörande ordet **II** *s* **1** [industri]arbetare **2** *AE.* hemlig agent; privatdetektiv **-tor** [ˈɒpəreɪtə] **1** maskinskötare; [data]operatör; [växel]telefonist; *radio* ~ radiotelegrafist **2** företagsledare; driftschef **3** [börs] spekulant **4** *vard.* skojare, fifflare

operetta [ˌɒpəˈretə] operett

ophthal|mia [ɒfˈθælmɪə] oftalmi, ögoninflammation **-mic** [-mɪk] *a* ögon- **-ologist** [ˌɒfθælˈmɒlədʒɪst] oftalmolog, ögonläkare

opiate [ˈəʊpɪət] **I** *s* opiat; narkotiskt medel **II** *a* rogivande; innehållande opium

opine [ə(ʊ)ˈpaɪn] mena, anse

opinion [əˈpɪnjən] **1** mening, åsikt, uppfattning (*about, of, on* om); *public* ~ allmänna opinionen, den allmänna meningen; *a matter of* ~ en fråga om tycke och smak; *in my* ~ enligt min mening (åsikt); *be of the* ~ *that* vara av den åsikten att; *express* (*put forward*) *one's* ~ säga sin mening, yttra sig; *have an* ~ *about* (*on*) *a matter* ha en åsikt i en fråga; *have a high* ~ *of s.b.* ha höga tankar om ngn **2** utlåtande, yttrande (*on* om, i, över); *medical* ~ medicinskt utlåtande **opinionated** [-eɪtɪd] egensinnig; dogmatisk **opinion poll** opinionsundersökning

opium [ˈəʊpjəm] opium **opium den** opiumhåla **opium poppy** *bot.* opiumvallmo

opossum [əˈpɒsəm] *zool.* opossum

opp. *förk. för opposed; opposite*

opponent [əˈpəʊnənt] **I** *a* motsatt **II** *s* motståndare (*of* till); opponent

oppor|tune [ˈɒpətjuːn] lämplig, passande; opportun, läglig **-tunism** [-tjuːnɪz(ə)m] opportunism **-tunist** [-tjuːnɪst] **I** *s* opportunist **II** *a* opportunistisk **-tunistic** [ˌɒpətjuːˈnɪstɪk] opportunistisk **-tunity** [ˌɒpəˈtjuːnətɪ] tillfälle, möjlighet, chans (*to do s.th., of* (*for*) *doing s.th.* att göra ngt); *opportunities for promotion* avancemangsmöjligheter; *at the first* (*earliest*) ~ vid första bästa tillfälle; *take* (*seize*) *the* ~ *to do* (*of doing*) *s.th.* ta tillfället i akt (gripa tillfället) att göra ngt; ~ *makes the thief* tillfället gör tjuven

oppose [əˈpəʊz] **1** opponera sig mot, sätta sig emot, vara motståndare till (mot); motarbeta, bekämpa **2** ställa som motsats **opposed** [-d] **1** motsatt; *as* ~ *to* i motsats till; *be* ~ *to a*) motsätta sig, vara emot, *b*) stå i motsats till; ~ *to all reason* mot allt förnuft **II** *a* motsatt, motstående **opposing** [-ɪŋ] motståndar-; motsatt

opposite [ˈɒpəzɪt] **I** *a* **1** [belägen] mitt emot, motsatt; ~ *leaves* (*bot.*) motsatta blad; *on the* ~ *page* på motstående (motsatt) sida; ~ *side of a triangle* motsatt sida i en triangel; *on* ~ *sides of the street* motsatta sidor av gatan; ~ *to* mitt emot **2** *bildl.* motsatt (*from, to* mot); ~ *number* motsvarighet, kollega; *the* ~ *sex* det motsatta könet **II** *prep* **1** mitt emot; *she lives* ~ *me* hon bor mitt emot mig **2** mot; *play* ~ *s.b.* spela mot ngn, vara ngns motspelare **III** *adv* mitt emot; *they live* ~ de bor mitt emot [mig, varandra *etc.*] **IV** *s* motsats; *quite the* ~*!* tvärtom!; *she's quite the* ~ *of him* hon är raka motsatsen till honom

opposition [ˌɒpəˈzɪʃn] motsättning, motsats, kontrast; opposition (*äv. astr., polit.*), motstånd; *Her Majesty's Loyal O*~ (*BE. parl.*) oppositionen; *leader of the O*~ oppositionsledare; *act in* ~ *to* handla i strid mot; *be in* ~ (*polit.*) vara i opposition[sställning]; *be in* ~ *to* stå i motsats till

oppress [əˈpres] **1** förtrycka, underkuva **2** tynga, tynga (trycka) ner; göra beklämd; ~*ed by the heat* besvärad (plågad) av hettan **oppression** [əˈpreʃn] **1** förtryck, underkuvande **2** betrycket, beklämdhet **3** tryck, tyngd; press **oppressive** [əˈpresɪv] **1** förtryckande, tyrannisk **2** tyngande, betungande, besvärande; tryckande, tung, pressande; ~ *heat* tryckande värme **oppressor** [əˈpresə] förtryckare, tyrann

oppro|brious [əˈprəʊbrɪəs] förtalfull, smädlig,

skymflig **-brium** [-brɪəm] **1** skam, vanära **2** förebråelse; smädelse
oppugn [ɒˈpjuːn] bestrida, ifrågasätta
opt [ɒpt] välja; ~ *for* välja, uttala sig för; ~ *out* hoppa av (*of s.th.* ngt), inte vilja vara med
opt. *förk. för optative; optical; optician; optics; optimum; optional*
optative [ˈɒptətɪv] **I** *a* optativ (*äv. språkv.*) **II** *s, språkv.* optativ
optic [ˈɒptɪk] **I** *a* optisk, syn-; ~ *nerve* synnerv **II** *s, vard.* öga **optical** [-l] optisk; ~ *illusion* optisk villa, synvilla; ~ *character reader (recognition) (data.)* optisk läsare (läsning) **optician** [ɒpˈtɪʃn] optiker **optics** [ˈɒptɪks] (*behandlas som sg*) optik
optimal [ˈɒptɪml] optimal
opti|mism [ˈɒptɪmɪz(ə)m] optimism **-mist** [-mɪst] optimist **-mistic[al]** [ˌɒptɪˈmɪstɪk(l)] optimistisk
opti|mize (*BE. äv. -mise*) [ˈɒptɪmaɪz] **1** optimera; använda optimalt; dra största möjliga fördel av **2** vara optimistisk **-mum** [ˈɒptɪməm] **I** *s* (*pl -ma* [-mə] *el. -mums*) optimum **II** *a* optimal
option [ˈɒpʃn] **1** val; valfrihet; alternativ; valmöjlighet; *I have no* ~ *but to go* jag har inget annat val än att gå; *keep (leave) one's* ~s *open* inte binda sig (ta ställning) **2** *hand.* option; *have an* ~ *on* ha option på **optional** [ˈɒpʃənl] valfri, frivillig; ~ *subject* valfritt ämne, tillvalsämne
opu|lence [ˈɒpjʊləns] rikedom, välstånd; överflöd **-lent** [-lənt] rik, välmående; överflödande
opus [ˈəʊpəs] (*pl* ~*es el. opera* [ˈɒp(ə)rə]) opus; (*musikaliskt*) verk
OR *förk. för Oregon*
or [ɔː, *obeton.* ə] eller; ~ [*else*] eller också, annars; *two* ~ *three minutes* ett par minuter; *you'd better go* ~ [*else*] *you'll miss the bus* det är bäst att du går, annars missar du bussen
O.R. *förk. för operational research;* (*mil.*) *other ranks* **o.r.** *förk. för owner's risk*
oracle [ˈɒrəkl] **1** orakel; *the Delphic* ~ oraklet i Delfi **2** orakelsvar **oracular** [ɒˈrækjʊlə] orakel-; orakelmässig; gåtfull
oral [ˈɔːr(ə)l] **I** *a* **1** muntlig (*agreement* överenskommelse; *examination* tentamen) **2** mun-; oral; ~ *cavity* munhåla; ~ *contraceptive* preventivmedel som tas genom munnen **3** *fonet., psykol.* oral **II** *s* muntlig tentamen **-ly** [-lɪ] *adv* **1** muntligt, muntligen **2** oralt
Orange [ˈɒrɪndʒ] *hist.* Oranien; ~ *Free State* Oranjefristaten
orange [ˈɒrɪn(d)ʒ] **I** *s* **1** apelsin; apelsinträd **2** orange (*färg*) **II** *a* orange[färgad], brandgul **orangeade** [ˌɒrɪn(d)ʒˈeɪd] apelsin|läskedryck, -lemonad **orange blossom** [ˈɒrɪn(d)ʒˌblɒsəm] orangeblomma (*i bl.a. brudkrona*)
Orangeman [ˈɒrɪn(d)ʒmən] orangist, medlem av Orangeorden
orange peel [ˈɒrɪn(d)ʒpiːl] apelsinskal **orange-tip** [ˈɒrɪn(d)ʒtɪp] *zool.* aurorafjäril
orang|-utan, -outang [ɔːˌræŋuːˈtæn, -ˈtæŋ] *zool.* orangutang
orate [ɔːˈreɪt] **1** hålla tal **2** orera **oration** [ɔːˈreɪʃn] högtidligt tal, oration **orator** [ˈɒrətə] [väl]talare, orator **oratoric[al]** [ˌɒrəˈtɒrɪk(l)] oratorisk, vältalig

oratorio [ˌɒrəˈtɔːrɪəʊ] *mus.* oratorium
1 oratory [ˈɒrət(ə)rɪ] vältalighet, retorik
2 oratory [ˈɒrət(ə)rɪ] oratorium, bönsal, kapell
orb [ɔːb] **I** *s* **1** klot, sfär, glob **2** *poet.* öga **3** riksäpple **4** *poet.* himlakropp **II** *v* göra (bli) klotrund (sfärisk)
orbit [ˈɔːbɪt] **I** *s* **1** *astron.* omloppsbana; kretslopp; *be in (go into)* ~ vara i (komma in i) sin [omlopps]bana; *send into* ~ skicka upp i en bana **2** intressesfär, krets **3** ögonhåla **II** *v* **1** skicka upp i en bana **2** kretsa (röra sig i en [omlopps]bana) [om]kring **3** kretsa, röra sig i en [omlopps]bana **-al** [-l] omlopps-
orc [ɔːk] **1** *zool.* späckhuggare **2** vidunder
Orcadian [ɔːˈkeɪdjən] **I** *a* från Orkneyöarna **II** *s* invånare på Orkneyöarna
orchard [ˈɔːtʃəd] fruktträdgård
orchestra [ˈɔːkɪstrə] **1** orkester **2** orkesterdike **3** *AE., teat.* främre parkett **orchestral** [ɔːˈkestr(ə)l] orkester-; orkestral **orchestra pit** [ˈɔːkɪstrəpɪt] orkesterdike **orchestrate** [ˈɔːkɪstreɪt] orkestrera, instrumentera **orchestration** [ˌɔːkesˈtreɪʃn] orkestrering, instrumentering
orchid [ˈɔːkɪd] orkidé
ord. *förk. för order; ordinal; ordinance; ordinary; ordnance*
ordain [ɔːˈdeɪn] **1** prästviga **2** föreskriva, påbjuda
ordeal [ɔːˈdiːl] svår prövning; *hist., bildl.* eldprov
order [ˈɔːdə] **I** *s* **1** ordning; ordningsföljd; system; ordentlighet, reda; disciplin; skick; ~ *of precedence* rangordning; *word* ~ ordföljd; *keep* ~ hålla ordning, upprätthålla ordningen; *in* ~ *a*) i ordning, *b*) på sin plats, *c*) i gott skick, *d*) i sin ordning; *in alphabetical* ~ i alfabetisk ordning, i bokstavsordning; *be in good* ~ *a*) vara i ordning, *b*) fungera bra, *c*) vara i gott skick; *be in the right* ~ vara (ligga, stå) i rätt ordning (ordningsföljd); *keep s.b. in* ~ hålla ordning på ngn; *put in* ~ ställa i ordning, ordna [upp]; *out of* ~ *a*) i oordning, *b*) i dåligt skick, i olag, trasig, ur funktion; *get out of* ~ komma (råka) i oordning, hamna fel **2** [arbets]ordning, reglemente, ordningsstadga, regel, föreskrift[er], stadga[r]; ~ *of the day* dagordning; *it's the* ~ *of the day* (*vard.*) det hör till ordningen för dagen; *point of* ~ procedurfråga; *in* ~ *a*) reglementsenlig, i enlighet med reglerna (stadgarna), *b*) i sin ordning, okej; *out of* ~ *a*) mot reglementet (reglerna, stadgarna), *b*) opassande; *call s.b. to* ~ kalla ngn till ordningen **3** order, befallning, tillsägelse; beslut, utslag; åläggande; ~ *of the Court* domstolsutslag; ~ *of the day* (*mil.*) dagorder; *doctor's* ~ läkares ordination (föreskrifter); ~*s are* ~*s* [en] order är [en] order; *by* ~ enligt order (uppdrag), på befallning; *be under* ~*s to do s.th.* ha order att göra ngt **4** *hand.* order, beställning, rekvisition (*for* på); uppdrag; *be on* ~ vara beställd; *made to* ~ tillverkad på beställning; *place an* ~ *for s.th. with s.b.* placera (lägga) en order på ngt hos ngn **5** *ekon.* [betalnings]uppdrag, [utbetalnings]order, anvisning **6** stånd, klass; *the higher (lower)* ~*s* de högre (lägre) stånden (klasserna) **7** orden; ordenssällskap; *the Benedictine O*~ benediktinerorden; *the Masonic O*~ Frimurareorden; *the O*~ *of the Garter* Strumpebandsorden; ~ *of knighthood* riddarorden **8**

order-book—ornamental

[*holy*] ~*s a*) det andliga ståndet, *b*) prästvigning; *be in* [*holy*] ~*s* tillhöra det andliga ståndet, vara prästvigd; *take* [*holy*] ~*s* låta prästviga sig **9** *arkit., biol.* ordning **10** *mil.* ordning, formering, uppställning **11** *mat.* ordning, grad; *equation of the first* ~ förstagradsekvation **12** storleksordning; slag, sort; *s.th. in the* ~ *of* någonting i storleksordningen; *of quite another* ~ av ett helt annat slag **13** *in* ~ *to* (+ *inf.*) för att, i syfte (avsikt) att; *in* ~ *that* för (så) att **II** *v* **1** beordra, befalla, ge order om; (*om läkare*) ordinera, föreskriva; *jur.* ålägga; ~ *s.b. about* (*around*) kommendera (köra med) ngn; *he was* ~*ed home* han blev hemsänd; *he was* ~*ed to be quiet* han blev tillsagd att vara tyst **2** ordna [upp] **3** beställa, rekvirera

order|-book [ˈɔːdəbʊk] *hand.* orderbok **-form** *hand.* order-, beställnings|sedel, -formulär

orderly [ˈɔːdəlɪ] **I** *a* **1** [väl]ordnad; metodisk; ordentlig, ordningssam **2** lugn, fredlig (*demonstration* demonstration) **3** *mil.* order-; ~ *book* orderbok **II** *adv* systematiskt; regelmässigt **III** *s* **1** *mil.* ordonnans; *medical* ~ sjukvårdare **2** [manligt] sjukvårdsbiträde **orderly officer** [-ˌɒfɪsə] dagofficer **orderly room** [-rʊm] *mil. ung.* [kompani]expedition

order paper [ˈɔːdəˌpeɪpə] *i sht parl.* föredragningslista, dagordning

ordinal [ˈɔːdɪnl] **I** *a* ordnings-; ~ *number* (*språkv.*) ordningstal **II** *s, språkv.* ordningstal

ordinance [ˈɔːdɪnəns] förordning, stadga

ordinarily [ˈɔːdnrəlɪ] *adv* **1** vanligen, vanligtvis **2** vanligt; ordinärt; *more than* ~ *stupid* mer än vanligt dum

ordinary [ˈɔːdnrɪ] **I** *a* vanlig, bruklig; alldaglig, vardaglig, ordinär; ordinarie; *my* ~ *doctor* min vanliga (ordinarie) läkare; *O*~ *level, se O level*; *in the* ~ *life* i det dagliga livet, i vardagslivet; ~ *seaman* jungman, lättmatros; ~ *share* stamaktie; *in the* ~ *way I would* i normala (vanliga) fall skulle jag; ~ *use* normal användning **II** *s* **1** *the* ~ det vanliga; *nothing out of the* ~ ingenting speciellt (utöver det vanliga) **2** *physician in* ~ *to the queen* drottningens livmedikus **3** *kyrkl., O*~ *a*) ordinarius (*biskop m. viss jurisdiktion*), *b*) *rom.-kat.* gudstjänstordning, *c*) *rom.-kat.* mässhandbok

ordination [ˌɔːdɪˈneɪʃn] **1** anordning, inrättning, arrangemang **2** prästvigning

ordnance [ˈɔːdnəns] **1** artilleri **2** krigsmateriel; *the* ~ intendenturkåren **ordnance datum** [-ˌdeɪtəm] medelvattenstånd **ordnance map** [-mæp] generalstabskarta **Ordnance Survey** [-səˌveɪ] *s, the* ~ (*ung.*) Rikets allmänna kartverk (*i Storbritannien o. Irland*)

ordure [ˈɔːdjʊə] dynga, träck; *bildl.* smuts

ore [ɔː] malm; mineral

Ore[g]. *förk. för Oregon*

oregano [ˌɒrɪˈgɑːnəʊ] *bot.* oregano, kungsmynta

Oregon [ˈɒrɪgən]

organ [ˈɔːgən] **1** orgel; *electric* ~ elorgel **2** *biol.* organ; manslem **3** *bildl.* organ (*verktyg, röst, tidskrift etc.*)

organ|die *BE.,* **-dy** *AE.* [ˈɔːgəndɪ] organdi

organ-grinder [ˈɔːgənˌgraɪndə] positiv|spelare, -halare

organic [ɔːˈgænɪk] **1** organisk (*chemistry* kemi; *disease* sjukdom) **2** fundamental; strukturell **3** organiserad **4** biodynamisk

organ|ism [ˈɔːgənɪz(ə)m] organism **-ist** [-ɪst] organist

organ|ization (*BE. äv. -isation*) [ˌɔːgənaɪˈzeɪʃn] organisation; organisering **-ize** (*BE. äv. -ise*) [ˈɔːgənaɪz] **1** organisera; [an]ordna, arrangera; ~*d crime* organiserad brottslighet; ~*d labour* organiserad arbetskraft **2** organisera sig, gå in i en fackförening **3** *vard.* rycka upp sig, skärpa sig **-izer** (*BE. äv. -iser*) [ˈɔːgənaɪzə] organisatör; arrangör

organ loft [ˈɔːgənlɒft] orgelläktare **organ pipe** orgelpipa **organ stop** orgel|register, -stämma

organza [ɔːˈgænzə] organza

orgasm [ˈɔːgæz(ə)m] orgasm, sexuell utlösning

orgiastic [ˌɔːdʒɪˈæstɪk] orgiastisk **orgy** [ˈɔːdʒɪ] orgie; *an* ~ *of colours* en orgie i färger

oriel [ˈɔːrɪəl] burspråk

orient [ˈɔːrɪənt] **I** *s* **1** *poet.* öster; *the O*~ *a*) Orienten, Östern, Österlandet, *b*) östra halvklotet **2** pärlas lyster **II** *a, poet.* östlig **III** *v, se orientate* **Oriental** [ˌɔːrɪˈentl] **I** *a* **1** orientalisk, österländsk **2** *o*~ östlig **II** *s* oriental, österlänning **Orientalist** [ˌɔːrɪˈentəlɪst] orientalist

orien|tate [ˈɔːrɪənteɪt] **1** anpassa, avpassa (*to* efter); orientera **2** orientera sig, anpassa sig (*to* efter) **-tation** [ˌɔːrɪənˈteɪʃn] orientering; anpassning; inriktning **-teering** [ˌɔːrɪənˈtɪərɪŋ] *sport.* orientering

orifice [ˈɒrɪfɪs] *i sht tekn.* öppning, mynning

orig. *förk. för origin; original*[*ly*]

origin [ˈɒrɪdʒɪn] ursprung, uppkomst, tillkomst, [första] början, upprinnelse, källa; härkomst; *the* ~ *of species* arternas uppkomst; *country of* ~ ursprungsland; *have its* ~ *in a*) ha sitt ursprung i, härstamma från, *b*) (*om flod*) ha sin källa i, rinna upp i

original [əˈrɪdʒənl] **I** *a* **1** ursprunglig, original-, första; ~ *edition* originalutgåva; ~ *sin* (*teol.*) arvsynd **2** originell, nyskapande **II** *s* **1** original; förebild; förlaga **2** nyskapare, föregångsman **3** original, särling **-ity** [əˌrɪdʒəˈnælətɪ] originalitet **-ly** [əˈrɪdʒənəlɪ] *adv* **1** ursprungligen **2** originellt

origi|nate [əˈrɪdʒəneɪt] **1** härröra, [här]stamma från **2** ge (vara) upphov till, frambringa, få till stånd **3** uppstå, uppkomma; [här]stamma, härröra (*from, in* från) **4** *AE.* (*om buss e.d.*) starta, utgå (*in* från) **-nator** [-neɪtə] upphovsman, skapare; initiativtagare

oriole [ˈɔːrɪə(ʊ)l] *zool.* gylling

Orion [əˈraɪən] *astr.* Orion

orison [ˈɒrɪz(ə)n] *litt.* bön

Orkney [ˈɔːknɪ] *s, the* ~*s* Orkneyöarna **Orkney Islands** [-ˌaɪləndz] *pl, the* ~ Orkneyöarna

Orlon [ˈɔːlɒn] (*varumärke*) orlon

ormer [ˈɔːmə] *zool.* haliotis, havsöra

ormolu [ˈɔːmə(ʊ)luː] guldbrons; musivguld

orna|ment I *s* [ˈɔːnəmənt] **1** ornament (*äv. mus.*); prydnad, utsmyckning, utsirning, dekoration; prydnadsföremål **2** *koll.* utsmyckning, ornament; *the castle was rich in* ~ slottet var rikt utsmyckat (rikt på ornament) **II** *v* [ˈɔːnəment] ornamentera; dekorera, pryda, [ut]smycka **-mental** [ˌɔːnəˈmentl] ornamental; dekorativ; ~ *painter* dekorationsmålare; ~ *plants* prydnadsväxter

-mentation [ˌɔːnəmen'teɪʃn] **1** ornamentering; dekorering, utsmyckning **2** ornament; dekor, utsmyckning

ornate [ɔː'neɪt] **1** dekorerad, utsmyckad, utsirad **2** överdekorerad, överlastad

ornithol|ogist [ˌɔːnɪ'θɒlədʒɪst] ornitolog, fågelkännare **-ogy** [-ədʒɪ] ornitologi, läran om fåglarna

orotund ['ɒrə(ʊ)tʌnd] **1** (*om röst*) fyllig **2** bombastisk, pompös

orphan ['ɔːfn] **I** *s* föräldralöst barn, föräldralös **II** *a* föräldralös **III** *v* göra föräldralös **-age** ['ɔːfənɪdʒ] hem för föräldralösa barn

Orpheus ['ɔːfjuːs] Orfeus

orpin ['ɔːpɪn], **orpine** ['ɔːpaɪn] *bot.* kärleksört, fetblad

orris ['ɒrɪs] *bot.* (*slags*) iris **-root** *bot.* violrot

ortho|dox ['ɔːθədɒks] **1** ortodox, renlärig **2** (*rörande ortodoxa kyrkan*) O~ ortodox; *the O~ Church* grekisk-ortodoxa (grekisk-katolska) kyrkan **-doxy** [-ɪ] ortodoxi, rättrogenhet

orthographic [ˌɔːθə(ʊ)'græfɪk] ortografisk, rättstavnings- **orthography** [ɔː'θɒgrəfɪ] ortografi, rätt|skrivning, -stavning

ortho|p[a]ed|ic [ˌɔːθə(ʊ)'piːdɪk] *med.* ortopedisk **-p[a]edics** [-ɪks] (*behandlas som sg*) *med.* ortopedi

ortolan [bunting] ['ɔːtələn(ˌbʌntɪŋ)] *zool.* ortolansparv

O.S. *förk. för Old Saxon; Old School; Old Style* (*enl. julianska kalendern*); *Ordinary Seaman; Ordnance Survey; outsize* **o.s.** *förk. för old series; only son; out of stock* **O.S.A.** *förk. för Order of Saint Augustine* **O.S.B.** *förk. för Order of Saint Benedict*

Oscar ['ɒskə]

oscil|late ['ɒsɪleɪt] **1** oscillera, pendla, svänga **2** *bildl.* pendla, svänga; vackla **-lation** [ˌɒsɪ'leɪʃn] **1** oscillation, pendling, svängning; pendelrörelse **2** *bildl.* pendling, svängning, vacklande **-lator** ['ɒsɪleɪtə] *fys.* oscillator **-lograph** [ə'sɪlə(ʊ)grɑːf] *fys.* oscillograf **-loscope** [ə'sɪlə(ʊ)skəʊp] *fys.* oscilloskop

O.S.D. *förk. för Order of Saint Dominic* **O.S.F.** *förk. för Order of St. Francis*

osier ['əʊʒə] *bot.* [korg]vide

Oslo ['ɒzləʊ]

osmium ['ɒzmɪəm] *kem.* osmium

osmosis [ɒz'məʊsɪs] osmos

osprey ['ɒsprɪ] **1** *zool.* fiskgjuse **2** espri, ägrett

osseous ['ɒsɪəs] ben-, av ben **ossicle** [-ɪkl] litet ben

ossi|fication [ˌɒsɪfɪ'keɪʃn] förbening, benbildning, ossifikation **-fy** ['ɒsɪfaɪ] **1** ossifieras, omvandlas till ben, förbenas **2** *bildl.* stelna, bli förstockad

O.S.T. *förk. för Office of Science and Technology*

ostensible [ɒ'stensəbl] föregiven, påstådd, skenbar

osten|tation [ˌɒsten'teɪʃn] skryt[samt uppträdande], vräkighet, ostentation **-tatious** [-'teɪʃəs] skrytsam, utmanande, uppseendeväckande, ostentativ

ostler ['ɒslə] *åld.* stalldräng (*vid värdshus*)

ostra|cism ['ɒstrəsɪz(ə)m] **1** *hist.* ostracism, landsförvisning **2** utfrysning, uteslutning **-cize** (*BE. äv. -cise*) [-saɪz] **1** *hist.* straffa med ostracism **2** frysa ut, utesluta

ostrich ['ɒstrɪtʃ] struts

Ostrogoth ['ɒstrə(ʊ)gɒθ] *hist.* östgot

O.T. *förk. för occupational therapy; Old Testament; overtime* **O.T.C.** *förk. för Officers' Training Corps;* (*bank.*) *over the counter*

other ['ʌðə] **I** *pron* (*självst.: pl ~s*) annan, annat, andra; ytterligare; *the ~ two, the two ~s* de båda (två) andra; *some...~s* en del...andra; *the ~ day* häromdagen; *every ~ day* varannan dag; *every ~ man was tired* alla andra var trötta; *among ~s* bland andra; *among ~ things* bland annat; *~ things being equal* under i övrigt lika förhållanden; *I have ~ things to do* jag har annat att göra; *one ~ person* ytterligare en [person], en [person] till; *do you have any ~ questions?* har du några fler (andra) frågor?; *no person ~ than yourself* ingen utom du själv; *no*[*ne*] *~ than the president* ingen mindre än presidenten; *some day or ~* någon dag [förr eller senare]; *somehow or ~* på något (ett eller annat) sätt; *someone or ~* någon **II** *adv, ~ than* annorlunda (annat) än

other|guess ['ʌðəges] *vard.* annan, av annat slag **-wise** [-waɪz] annorlunda, på annat sätt, annat; *he knew ~* han visste bättre; *you seem to think ~* du tycks vara av en annan mening; *except where ~ stated* utom där annat anges **2** i annat fall, annars, under andra förhållanden; *go, ~ you'll be late* gå nu, annars kommer du för sent **3** i andra avseenden, för (i) övrigt **4** även kallad **-worldly** [-ˌwɜːldlɪ] *a* **1** andlig, inte av denna världen **2** verklighets-, världs|främmande

otiose ['əʊʃɪəʊs] ofruktbar, gagnlös, överflödig, onödig

otitis [ə(ʊ)'taɪtɪs] *med.* otit, öroninflammation

otter ['ɒtə] *zool.* utter

Ottoman ['ɒtə(ʊ)mən] **I** *s* **1** (*pl ~s*) ottoman, turk **2** *o~* *a*) ottoman, *b*) stoppad fotpall **II** *a* ottomansk, turkisk

O.U. *förk. för the Open University; Oxford University*

ouch [aʊtʃ] *interj* aj!, oj!

ought [ɔːt] *hjälpv* **1** bör, borde, skall, skulle; *I ~ to do it* jag bör (borde) göra det; *I ~ to know* det måtte väl jag veta; *you ~ to see that film* du borde (skulle) se den filmen **2** (*uttr. sannolikhet*) bör, torde; *she ~ to win the race* hon bör (torde) vinna loppet

ouija[-board] ['wiːdʒɑː(bɔːd)] psykograf

1 ounce [aʊns] **1** uns (*1/16 pound = 28,35 gram*) **2** gnutta, uns

2 ounce [aʊns] *zool.* snöleopard, irbis

O.U.P. *förk. för Oxford University Press*

our ['aʊə] *poss. pron, fören.* vår; *O~ Father* Fadervår; *O~ Lady* Vår fru (*jungfru Maria*) **ours** [-z] *poss. pron, självst.* vår; *these books are ~* de här böckerna är våra **ourselves** [ˌaʊə'selvz] oss [själva]; [vi] själva; *we amused ~* vi roade oss; *we have made it ~* vi har gjort den själva

oust [aʊst] fördriva, köra bort, kasta ut, avlägsna

out [aʊt] **I** *adv o. pred. a* **1** ut, bort; fram; *~ with him!, ~ he goes!* ut med honom!; *~ with it!* fram med det!; ut med språket!; *go ~* gå ut; *take ~* ta fram **2** ute, utanför; borta, inte hemma; framme; *~ here* härute, *~ there* därute; *the best car ~* den bästa bilen som finns [ute på marknaden]; *my arm is* ~ min arm är ur led; *the book is* ~ *a*) boken har kommit ut, *b*) boken är utlånad; *the chickens are* ~ kycklingarna har kommit ut (kläckts); *the flowers are* ~ blommorna har slagit ut; *the results are* ~ resultaten har kommit; *the Socialists are* ~ socialisterna sitter inte längre vid makten (i regeringen); *the sun is* ~ solen är framme; *the tide is* ~ det är ebb; *be* ~ *and about a*) vara uppe (på benen), *b*) vara ute; *be* ~ *shopping* vara ute och handla; *be* ~ *for a walk* vara ute och gå (på promenad); *when I was* ~ *in India* när jag var [borta] i Indien; *be* ~ *on business* vara bortrest (ute) i affärer **3** omodern, ute **4** av[stängd], släckt; *the fire is* ~ brasan har slocknat **5** slut; *the potatoes are* ~ potatisen är slut; *school is* ~ skolan är slut; *before the day is* ~ innan dagen är slut; *hear me* ~ låt mig få tala färdigt (till punkt) **6** ledig; *a day* ~ en ledig dag **7** i strejk; *the workers are* ~ arbetarna strejkar **8** *sport.* ute **9** *bildl.* borta; medvetslös; berusad; *be* ~ (*äv.*) ha somnat **10** fel; *not far* ~ nästan [riktigt], inte långt därifrån; *you're far* ~*!* [du har] helt fel!; *my clock is 10 minutes* ~ min klocka går 10 minuter fel; *I was £10* ~ jag hade räknat fel på 10 pund; *he was* ~ *in his calculations* han hade räknat fel **11** högre, högt; *please speak* ~*!* var snäll och tala högre! **12** ~ *and away* utan jämförelse, framför alla andra **13** *be* ~ *after* vara ute efter; *be* ~ *for s.th.* vara ute efter (vilja ha) ngt; *be* ~ *with s.b.* vara osams med ngn **14** ~ *of a*) ut från (genom, ur), [borta] från, upp (ute) ur, ur, utanför, utom, *b*) utan, *c*) [ut]av; ~ *of curiosity* av nyfikenhet; ~ *of doors* utanför dörren, utomhus; ~ *of sight* utom synhåll; *in nine cases* ~ *of ten* i nio fall av tio; *you're well* ~ *of it* det är bättre för dig; *be* ~ *of money* vara utan (sakna) pengar; *be* ~ *of training* vara otränad; *drink* ~ *of a cup* dricka ur en kopp; *feel* ~ *of it* (*vard.*) känna sig utanför; *get* ~ *of here!* ut [härifrån]!; *look* ~ *of the window* titta ut genom fönstret; *made* ~ *of gold* gjord av guld **II** *attr. a* yttre; ytter-; ute-; utgående; avsides [belägen]; *an* ~ *match* en match på bortaplan; ~ *size* extra stor [storlek] **III** *prep* ut ur (genom) **IV** *s* **1** *se in* II 1 2 *sport.* boll som är ute **3** *boktr.* lik **4** *AE. vard.* utväg **5** *polit., the* ~*s* oppositionen **V** *v* **1** *vard.* kasta ut **2** *sl.* knocka **3** komma fram (ut)

out|-and-out [ˌaʊtndˈaʊt] fullständig; tvättäkta, komplett, riktig; total, grundlig **--and-outer** [-ə] *sl.* **1** överdängare **2** ytterst grundlig person

out|back [ˈaʊtbæk] *Austr.* vildmark, obygd **-balance** [ˌaʊtˈbæləns] uppväga; väga mer än **-bid** [ˌaʊtˈbɪd] bjuda över; *bildl.* överˌbjuda, -trumfa **-board** [ˈaʊtbɔːd] **I** *a* utombords-; ~ *motor* utombordsmotor **II** *adv* utombords **III** *s* **1** utombordsmotor **2** utombordare (båt) **-bound** [ˈaʊtbaʊnd] utgående; på väg ut, på utresa **-brave** [ˌaʊtˈbreɪv] **1** vara modigare (tapprare) än **2** trotsigt möta **-break** [ˈaʊtbreɪk] utbrott; ~ *of fire* eldsvåda; *an* ~ *of influenza* en influensaepidemi; *there has been an* ~ *of strike* strejk har brutit ut **-building** [ˈaʊtˌbɪldɪŋ] uthus **-burst** [ˈaʊtbɜːst] utbrott; anfall

out|cast [ˈaʊtkɑːst] **I** *s* utstött varelse; utslagen [människa] **II** *a* utstött; utslagen **-caste** [-kɑːst] **I** *s* kastlös; paria **II** *a* kastlös **III** *v* utstöta ur kast

-class [ˌaʊtˈklɑːs] **1** vida överträffa, distansera **2** *sport.* utklassa **-come** [ˈaʊtkʌm] resultat **-crop** **I** *s* [ˈaʊtkrɒp] **1** berg, klippa (*i dagen*) **2** yttring, uppträdande **II** *v* [ˌaʊtˈkrɒp] komma i dagen **-cry** [ˈaʊtkraɪ] skri[k], rop; oväsen; häftigt protest; *raise an* ~ *against* häftigt protestera mot

out|date [ˌaʊtˈdeɪt] göra omodern (föråldrad) **-dated** omodern, föråldrad, gammalmodig **-distance** distansera, lämna bakom sig **-do** (*outdid, outdone*) överˌträffa, -glänsa **-door** [ˈaʊtdɔː] *a* utomhus-; ytter-; ~ *activities* utomhusaktiviteter; ~ *clothes* ytterkläder; ~ *life* friluftsliv **-doors** [ˌaʊtˈdɔːz] *adv* utomhus, ute, i det fria, i fria luften

outer [ˈaʊtə] yttre, utvändig, ytter-; ~ *garments* ytterkläder; *O*~ *Mongolia* Yttre Mongoliet; ~ *space* yttre rymden **-most** ytterst

out|face [ˌaʊtˈfeɪs] **1** bringa ur fattningen **2** trotsa **-fall** [ˈaʊtfɔːl] utlopp, mynning **-field** [ˈaʊtfiːld] **1** (*i kricket*) bortersta del av plan **2** (*i baseboll*) ytterfält **3** *lantbr.* utäga, utmark **-fit** [ˈaʊtfɪt] **I** *s* **1** utrustning; utstyrsel, kläder **2** *vard.* företag; [arbets]lag; militär enhet (avdelning, styrka) **II** *v* utrusta **-fitter** [ˈaʊtfɪtə] *s, i sht BE. [gentlemen's]* ~ herrekipering[saffär] **-flank** [ˌaʊtˈflæŋk] **1** *mil.* överflygla **2** få övertaget över; överlista **-flow** [ˈaʊtfləʊ] utflöde; utströmning **-fox** [ˌaʊtˈfɒks] överlista

out|go I *s* [ˈaʊtgəʊ] **1** utgifter, kostnader **2** utlopp, mynning **II** *v* [ˌaʊtˈgəʊ] (*outwent, outgone*) överträffa **-going** [ˈaʊtˌgəʊɪŋ] **I** *a* **1** utgående (*mail post*); avgående (*train tåg*) **2** avgående (*chairman* ordförande); avflyttande (*tenant* hyresgäst) **3** sällskaplig, social **II** *s* **1** avgång; utflöde **2** ~*s* (*pl*) utgifter, kostnader **-grow** [ˌaʊtˈgrəʊ] (*outgrew, outgrown*) växa om; växa ur; växa ifrån **-growth** [ˈaʊtgrəʊθ] **1** utväxt **2** följd, resultat

outhouse [ˈaʊthaʊs] **1** uthus **2** *AE.* utedass

outing [ˈaʊtɪŋ] utflykt, tur, tripp

outjockey [ˌaʊtˈdʒɒkɪ] överlista, lura

out|lander [ˈaʊtˌlændə] främling, utlänning **-landish** [ˌaʊtˈlændɪʃ] **1** åld. utländsk **2** egendomlig, bisarr **-last** [ˌaʊtˈlɑːst] överleva; räcka (vara) längre än **-law** [ˈaʊtlɔː] **I** *s* fredlös (fågelfri) [person]; person som står utanför lagen **II** *v* **1** förklara fredlös (fågelfri); ställa utanför lagen **2** kriminalisera **3** bannlysa **-lawry** [-lɔːrɪ] **1** laglöshet **2** lagtrots **-lay I** *s* [ˈaʊtleɪ] utlägg, utgifter **II** *v* [aʊtˈleɪ] (*outlaid, outlaid*) lägga ut **-let** [ˈaʊtlet] **1** utlopp (*äv. bildl.*); flodmynning; avlopp **2** marknad, avsättning **3** *elektr.* uttag **-line** [ˈaʊtlaɪn] **I** *s* **1** kontur, kontur-, ytter|linje; konturteckning; *draw in* ~ teckna (dra upp) konturerna av **2** utkast, skiss (*for* till); översikt (*of* över); *in broad* ~ i grova (stora) drag **3** ~*s* (*pl*) huvud-, grund|drag **II** *a* kontur-; ~ *map* konturkarta **III** *v* **1** teckna (dra upp) konturerna av, skissera **2** ange huvuddragen av, skissera **-live** [ˌaʊtˈlɪv] överleva **-look** [ˈaʊtlʊk] **1** utsikt ; utblick **2** [framtids]utsikter; *weather* ~ väderleksutsikter **3** inställning ([*up*]*on* till), syn ([*up*]*on* på); *narrow* ~ inskränkthet; ~ *on life* livsinställning, -åskådning **4** utkik **-lying** [ˈaʊtˌlaɪɪŋ] avlägsen, avsides liggande

out|maneuver *AE.*, **-manoeuvre** *BE.* [ˌaʊtməˈnuːvə] utmanövrera **-match** överträffa

-moded omodern, föråldrad **-most** ['aʊtməʊst] ytterst **-number** [ˌaʊt'nʌmbə] vara fler än, överträffa i antal

out-of|-date [ˌaʊtəv'deɪt] föråldrad, gammalmodig, omodern **--door[s]** se outdoor[s] **--pocket 1** kontant; ~ expenses kontanta (direkta) utlägg **2** utan pengar; I am £5 ~ jag har 5 pund för litet **--print** (om bok e.d.) utgången (slut) på förlaget **--the-way 1** avlägsen, avsides belägen **2** ovanlig

out|patient ['aʊtˌpeɪʃnt] poliklinikpatient; ~s' clinic poliklinik **-play** [ˌaʊt'pleɪ] sport. spela bättre än; spela ut; we were ~ed by them vi blev utspelade av dem **-point** [ˌaʊt'pɔɪnt] besegra på poäng, poängbesegra **-post** ['aʊtpəʊst] utpost **-pouring** ['aʊtˌpɔːrɪŋ] s **1** utströmmande **2** ~s (pl) utgjutelser **-put** ['aʊtpʊt] **1** produktion, tillverkning **2** utgående effekt, uteffekt **3** data. output, utmatning

out|rage ['aʊtreɪdʒ] **I** s **1** kränkning, skymf, hån **2** våldshandling, nidings-, ill|dåd; skandal **II** v **1** kränka, skymfa; våldföra sig på **2** uppröra, stöta, chockera **-rageous** [aʊt'reɪdʒəs] **1** kränkande, skymflig; skandalös, upprörande **2** omåttlig, överdriven

out|rank [ˌaʊt'ræŋk] **1** ha högre rang än **2** överträffa **-ride** (outrode, outridden) **1** rida om; rida fortare än **2** (om fartyg) rida ut (a storm en storm) **-rider** ['aʊtˌraɪdə] **1** förridare; spanare **2** [motorcykel]eskort **-rigger** ['aʊtˌrɪgə] sjö. utriggare **-right I** a ['aʊtraɪt] **1** fullständig, total; obegränsad; obetingad; ren (lie lögn); ~ sale försäljning i fast räkning **2** rättfram; öppenhjärtig; direkt **II** adv [aʊt'raɪt] **1** rent ut, utan vidare **2** på en gång, på fläcken, ögonblickligen; helt och hållet **-run** [-'rʌn] (outran, outrun) **1** springa om (förbi); springa fortare än **2** und|fly, -gå, -komma **3** överskrida, övergå

out|set ['aʊtset] början; at (from) the ~ i (från) början **-shine** [ˌaʊt'ʃaɪn] överglänsa, ställa i skuggan

out|side [ˌaʊt'saɪd] **I** s **1** ut-, ytter|sida; yttre; yta; from the ~ utifrån, från utsidan **2** at the [very] ~ på sin höjd, högst **II** a **1** yttre, utvändig; ytter-, ute-; utomhus-; ~ aerial utomhusantenn; ~ broadcast (radio., TV.) OB-sändning; ~ help hjälp utifrån; ~ lane ytter-, omkörnings|fil; ~ left (sport.) vänsterytter; ~ right (sport.) högerytter; the ~ world yttervärlden **2** yttersta, högst; at an ~ estimate maximalt, högt räknat, i extrema fall **3** an ~ chance en minimal (ytterst liten) chans **III** adv ut; ute; utanför; utanpå; utvändigt; go ~ gå ut; ~ of a) utanför, b) [för]utom **IV** prep utanför; utanpå; utom **-sider** ['-saɪdə] **1** utomstående, outsider; främling **2** sport. outsider, okänd (oprövad) tävlingsdeltagare

out|size ['aʊtsaɪz] **I** a extra stor **II** s extra stor storlek; extra stort plagg **-skirts** pl utkant[er], ytterområde[n] **-smart** [ˌaʊt'smɑːt] vard. överlista **-spoken** [ˌaʊt'spəʊk(ə)n] öppenhjärtig, rättfram; frispråkig **-spread** [ˌaʊt'spred] **I** a utbredd; utspridd **II** v (outspread, outspread) breda ut; sprida ut **-standing 1** [ˌaʊt'stændɪŋ] enastående, utomordentlig; framstående, framträdande **2** [ˌaʊt'stændɪŋ] obetald (debt skuld), utestående (claims fordringar); olöst (problem problem); ~ work ogjort arbete **3** ['aʊtˌstændɪŋ] utstående, utskjutande **-station** ['aʊtˌsteɪʃn] utpost **-stay** [ˌaʊt'steɪ] stanna längre än; stanna för länge; ~ one's welcome stanna kvar för länge **-stretch** [ˌaʊt'stretʃ] sträcka ut; räcka ut **-strip** [ˌaʊt'strɪp] distansera, lämna bakom sig; överträffa

out tray ['aʊtreɪ] korg för utgående post

outvote [ˌaʊt'vəʊt] rösta omkull (ner), besegra i omröstning

out|ward ['aʊtwəd] **I** a **1** utåtriktad; utgående; the ~ flow of traffic trafikströmmen ut från staden **2** yttre, utvändig; utvärtes; the ~ man a) teol. kroppen (i motsats t. själen), b) skämts. klädseln **II** adv ut[åt]; ~ bound (om fartyg) på utgående, på väg ut, på utresa **-wardly** [-wədlɪ] adv **1** till det yttre **2** utvändigt, utanpå; utåt **-wards** [-wədz] ut[åt]

out|wear [ˌaʊt'weə] **1** räcka (vara) längre än **2** nöta (slita) ut, förslita **-weigh 1** uppväga; få övertag över; vara mer betydelsefull än **2** väga mer än **-wit** överlista

ouzel ['uːzl] zool. ringtrast

ova ['əʊvə] pl av ovum

oval ['əʊvl] s o. a oval

ovary ['əʊvərɪ] **1** anat. äggstock **2** bot. fruktämne

ovate ['əʊveɪt] äggformad

ovation [ə(ʊ)'veɪʃn] ovation, bifallsstorm, jubel; get a standing ~ bli föremål för stående ovationer

oven ['ʌvn] ugn **--ready** [-ˌredɪ] klar att sättas i ugnen **-ware** [-weə] ugns|eldfasta formar

over ['əʊvə] **I** prep **1** över; på, ovanpå, utanpå; ovanför; i; vid; all ~ the world över (i) hela världen; hit s.b. ~ the head slå ngn i huvudet; he spilt wine ~ it han spillde vin på den; they discussed it ~ a beer de diskuterade det över en öl; she went asleep ~ her work hon somnade över sitt arbete **2** över [till andra sidan av]; på andra sidan av; tvärs över; from ~ the wall från andra sidan muren; the house ~ the way huset tvärs över vägen (mitt emot); it's ~ the page det är (står) på nästa sida **3** över, mer än; ~ and above the expenses förutom (utöver) utgifterna **4** i, på; ~ the radio i (på) radio[n] **5** över, om, angående; på grund av; worry ~ vara orolig över (för) **6** runt; I'll show you ~ the house jag skall visa dig runt i huset **7** igenom; he went ~ his notes han gick igenom sina anteckningar **8** under, i, genom, över; ~ the years under årens lopp, genom (med) åren; can't you stay ~ the weekend? kan du inte stanna över weekenden? **9** what is 11 ~ 4? hur mycket blir 11 delat med 4? **II** adv **1** över [på (till) andra sidan]; ~ there där borta, dit bort; ~ to America [över] till Amerika; ~ to you! nu är det din tur!; boil ~ koka över; come ~ tonight! kom över till (titta in hos) mig (oss) i kväll! **2** över; all ~ överallt, helt och hållet, över (i) hela kroppen; he is wet all ~ han är genomblöt; that's G. all ~ det är typiskt [för] G.; famous the world ~ berömd över (i) hela världen; run ~ köra över **3** över, slut, förbi; it's all ~ with him det är ute med honom; get it ~ [with] få det gjort (undanstökat) **4** om, en gång till; ~ and ~ [again] om och om igen, gång på gång; ~ again en gång till, om igen, från början; five times ~ fem gånger om (efter varandra) **5** alltför, särskilt, över-; he is not ~ particular han är inte överdrivet noga **6** över, kvar; mer, till;

overabundance—overlay

children of 9 and ~ barn över 9 år; *5 metres and a little* ~ fem meter och litet till; *6 into 19 goes 3 and 1* ~ 6 i 19 går 3 gånger och 1 över (i rest) **7** igenom, över; *read s.th.* ~ läsa igenom ngt; *search the house* ~ leta igenom [hela] huset; *think* ~ tänka igenom (över) **8** *(vid telekommunikation)* ~*! kom!;* ~ *and out!* klart slut! **III** *s (i kricket)* over *(serie om 6 kast)*
over|abundance [,əʊv(ə)rə'bʌndəns] över|flöd, -mått **-abundant** överflödande, [alltför] riklig **-act** [,əʊvər'ækt] spela över; överdriva **-age** [,əʊvər'eɪdʒ] överårig **-all I** *s* ['əʊvərɔ:l] **1** *BE.* [skydds]rock **2** ~*s (pl)* överdrags-, skydds|kläder, overall, snickarbyxor, blåställ; *a pair of* ~*s* en overall, ett blåställ **II** *a* ['əʊvərɔ:l] **1** total; samlad, helhets- **2** allmän, generell **III** *adv* [,əʊvər'ɔ:] **1** överallt **2** på det hela taget **-anxious** [,əʊvər'æŋ(k)ʃəs] **1** alltför ängslig **2** alltför ivrig **-arm** ['əʊvərɑ:m] *a, sport.* överarms-; *an* ~ *throw* ett överarmskast **-awe** [,əʊvər'ɔ:] imponera på; skrämma
over|balance [,əʊvə'bæləns] **I** *s* över|vikt, -skott **II** *v* **1** tappa balansen, förlora jämvikten **2** få att tappa balansen; välta **-bearing** myndig, högdragen, arrogant; dominerande **-bid I** *v* [,əʊvə'bɪd] bjuda över **II** *s* ['əʊvəbɪd] överbud **-bite** ['əʊvəbaɪt] *tandläk.* överbett **-blown** [,əʊvə'bləʊn] **1** överdriven **2** bombastisk, svulstig **3** ut-, över|blommad **-board** ['əʊvəbɔ:d] *adv* överbord; *fall* ~ falla överbord; *go* ~ *(vard.)* vara mycket entusiastisk *(about* över), skjuta över målet; *throw* ~ förkasta, överge **-burden** [,əʊvə'bɜ:dn] över[be]lasta; tynga ner
over|call kortsp. **I** *v* [,əʊvə'kɔ:l] bjuda över **II** *s* ['əʊvəkɔ:l] överbud **-cast I** *a* [,əʊvəkɑ:st] molntäckt, mulen *(sky* himmel) **II** *v* [,əʊvə'kɑ:st] *(overcast, overcast)* **1** mulna, mörkna **2** förmörka, täcka med moln **-cautious** [,əʊvə'kɔ:ʃəs] överdrivet försiktig **-charge** [,əʊvə'tʃɑ:dʒ] **I** *v* **1** över[be]lasta **2** ta för högt pris (överpris) [av], debitera för mycket; *be* ~*d* få betala för mycket **II** *s* **1** överbelastning **2** för högt pris, överpris **-cloud** [,əʊvə'klaʊd] täcka[s] med moln **-coat** ['əʊvəkəʊt] över-, ytter|rock **-come** [,əʊvə'kʌm] *(overcame, overcome)* **1** övervinna, besegra; övermanna; betvinga; *be* ~ *(äv.)* överväldigas **2** segra, vinna **-confident** [,əʊvə'kɒnfɪd(ə)nt] överdrivet självsäker (självmedveten); alltför säker **-cook** [,əʊvə'kʊk] koka för länge **-crop** [-'krɒp] suga ut *(jord)* **-crowd** [-'kraʊd] överbefolka[s], fylla[s] med för mycket folk; ~*ed a)* överbefolkad, *b)* överfull
over|develop [,əʊvədɪ'veləp] överutveckla[s]; *foto.* överframkalla **-do** *(overdid, overdone)* **1** överdriva; drivа för långt, göra för mycket av **2** koka (steka) för länge **3** ~ *it (things)* överdriva, överanstränga (förta) sig **-done 1** kokt (stekt) för länge **2** överdriven **-dose I** *s* ['əʊvədəʊs] överdos, för stor dos **II** *v* [,əʊvə'dəʊs] överdosera **-draft** ['əʊvədrɑ:ft] *bank.* [konto]överdrag; över|dragning, -trassering **-draw** [,əʊvə'drɔ:] *(overdrew, overdrawn)* **1** *bank.* överskrida, dra över på *(konto)* **2** spänna *(båge e.d.)* för hårt **3** överdriva **-dress** [,əʊvə'dres] klä [sig] för fint (elegant) **-drive I** *v* [,əʊvə'draɪv] *(overdrove, overdriven)* driva för hårt (långt); överanstränga **II** *s* ['əʊvədraɪv] överväxel *(på bil)* **-due** [,əʊvə'dju:] **1** försenad; *the train is long* ~ tåget är mycket försenat; *this reform is* ~ den här reformen skulle ha införts för länge sedan **2** *hand.* förfallen [till betalning]
over|eat [,əʊvər'i:t] *(overate, overeaten)* äta för mycket **-emphasize** *(BE. äv.* -*emphasise)* överbetona **-estimate I** *s* [,əʊvər'estɪmət] över|skattning, -värdering **II** *v* [,əʊvər'estɪmeɪt] beräkna för högt; över|skatta, -värdera **-excited** [,əʊv(ə)rɪk-'saɪtɪd] överspänd; överretad; uppskruvad **-expose** [,əʊv(ə)rɪk'spəʊz] **1** exponera (utsätta) för länge (för mycket) **2** *foto.* överexponera **-exposure** [,əʊv(ə)rɪks'pəʊʒə] *foto.* överexponering
overfeed [,əʊvə'fi:d] *(overfed, overfed)* ge för mycket mat, övergöda **overflow I** *v* [,əʊvə'fləʊ] **1** flöda (rinna, svämma) över *(its banks* sina bräddar); översvämma **2** flöda (rinna, svämma) över [sina bräddar]; *bildl.* flöda (svalla) över *(with love* av kärlek) **II** *s* ['əʊvəfləʊ] **1** översvämning **2** [brädd]avlopp; över|lopp, -flöde **3** överskott *(of people* av folk); ~ *of population* befolkningsöverskott **overflow pipe** skvallerrör **overfly** [,əʊvə'flaɪ] *(overflewn, overflown)* flyga (göra en överflygning) över **overfond** [,əʊvə'fɒnd] överförtjust *(of* i) **overfull** [,əʊvə'fʊl] överfull *(with* av)
over|ground ['əʊvəgraʊnd] *a* ovan jord **-grown** [,əʊvə'grəʊn] **1** över-, igen|vuxen **2** förvuxen, för stor
over|hang [,əʊvə'hæŋ] *(overhung, overhung)* **1** hänga [ut] över, skjuta (sticka) fram (ut) över; *bildl.* hänga (sväva) över, hota **2** skjuta (sticka) fram (ut) **-hanging 1** fram-, ut|skjutande **2** överhängande, hotande **-hasty** förhastad, överilad **-haul I** *v* [,əʊvə'hɔ:l] **1** undersöka, gå igenom, se över; reparera, justera; *sjö.* överhala **2** hinna upp; köra om (förbi) **II** *s* ['əʊvəhɔ:l] undersökning, översyn; reparation; *sjö.* överhalning **-head I** *a* ['əʊvəhed] **1** [som befinner sig] över huvudet (uppe i luften, ovanpå); ~ *cable* luftledning; ~ *camshaft* överliggande kamaxel; ~ *projector* arbets-, overhead|projektor; ~ *valve* toppventil **2** *hand.* total-, inklusive-; ~ *costs (charges, expenses), se overheads;* ~ *price* inklusivepris **II** *adv* [,əʊvə'hed] över huvudet, uppe i luften **-heads** ['əʊvəhedz] *pl, hand.* overhead-, sam|kostnader, allmänna omkostnader **-hear** [,əʊvə'hɪə] *(overheard, overheard)* [råka] få höra (lyssna till) **-heat** [,əʊvə'hi:t] **1** överhetta; värma upp för mycket **2** bli överhettad, gå varm
overin|dulge [,əʊv(ə)rɪn'dʌldʒ] **1** vara för eftergiven (släpphänt) mot **2** lämna fritt spelrum åt **3** hänge sig för mycket *(in* åt), frossa *(in* i) **-dulgent** [-'dʌldʒ(ə)nt] alltför eftergiven (släpphänt)
overjoyed [,əʊvə'dʒɔɪd] över|förtjust, -lycklig *(at* över)
overkill ['əʊvəkɪl] *mil.* overkill, totalförstöringskapacitet *(m. kärnvapen)*
over|land *a* ['əʊvəlænd] *o. adv* [,əʊvə'lænd] på land; till lands, landvägen **-lap I** *v* [,əʊvə'læp] delvis sammanfalla [med], delvis täcka [varandra], överlappa [varandra]; skjuta ut över [varandra] **II** *s* ['əʊvəlæp] överlappning **-lay I** *v* [,əʊvə'leɪ] *(overlaid, overlaid)* täcka över; belägga, över-

overleaf—overweight

dra[ga], bekläda **II** *s* ['əʊvələɪ] **1** överdrag **2** *boktr.* överlägg, lapp, lappning **-leaf** [,əʊvə'liːf] *adv* på nästa sida **-load I** *v* [,əʊvə'ləʊd] över[be]lasta **II** *s* ['əʊvələʊd] överbelastning, för stor belastning **-look** [,əʊvə'lʊk] **I** *v* **1** se (titta) över; se (titta) ut över; *a room ~ing the town* ett rum med utsikt över staden; *the castle ~s the river* från slottet har man utsikt över floden; *our garden is ~ed by the station* från stationen har man insyn i vår trädgård **2** förbise, inte märka (se) **3** se genom fingrarna med, överse med **4** se efter (till) **5** granska **6** förhäxa **II** *s*, *AE.* utsiktsplats **-lord** ['əʊvələːd] magnat; *hist.* överherre **-ly** ['əʊvəlɪ] *adv* alltför [mycket]

over|man I *v* [,əʊvə'mæn] överbemanna **II** *s* ['əʊvəmæn] **1** övermänniska **2** förman **-master** [,əʊvə'mɑːstə] övermanna **-much** [,əʊvə'mʌtʃ] [alltför] mycket

over|nice [,əʊvə'naɪs] alltför petig **-night** [,əʊvə'naɪt] **I** *adv* **1** under natten; *we drove* ~ vi körde under natten **2** över natten; *stop* ~ stanna över natten, övernatta **3** över en natt, plötsligt; *the situation changed* ~ situationen ändrades över en natt (plötsligt) **II** *a* **1** som varar en natt, natt-; övernattnings-; ~ *bag* weekendväska; ~ *guests* nattgäster; ~ *stop* uppehåll på en natt, övernattning **2** som sker över en natt, plötslig; ~ *change* plötslig förändring

over|pass ['əʊvəpɑːs] viadukt, vägbro **-pay** [,əʊvə'peɪ] betala för mycket; överbetala **-play** [,əʊvə'pleɪ] **1** överbetona **2** spela över **3** ~ *one's hand* spela ett för högt spel **-plus** ['əʊvəplʌs] överskott **-populate** [,əʊvə'pɒpjʊleɪt] överbefolka **-population** [,əʊvə,pɒpjʊ'leɪʃn] överbefolkning **-power** [,əʊvə'paʊə] övermanna; överväldiga **-powering** [,əʊvə'paʊərɪŋ] överväldigande; oemotståndlig, oöyervinnerlig, obetvinglig; genomträngande (*smell* lukt) **-print I** [,əʊvə'prɪnt] *boktr.* trycka över (på) **II** *s* ['əʊvəprɪnt] *boktr.* övertryck **-protect** [,əʊvəprə'tekt] överbeskydda

over|rate [,əʊvə'reɪt] över|skatta, -värdera **-reach 1** sträcka sig [ut] över **2** skjuta över målet **3** lura **4** ~ *o.s.* förta sig, åta[ga] sig för mycket **-react** överreagera, reagera för kraftigt **-ride** (*overrode, overridden*) **1** åsidosätta, sätta sig över; överskrida (*one's powers* sina befogenheter) **2** upphäva **3** dominera; överskugga **4** överlappa **5** rida över **-riding** *a* främst, viktigast, huvudsaklig **-ripe** övermogen **-rule 1** av-, tillbaka|visa (*a claim* ett krav); förkasta; upphäva, gå emot (*a decision* ett beslut); *objection ~d!* (*jur.*) protesten ogillas! **2** behärska, dominera; styra över **-run** (*overran, overrun*) **1** invadera; översvämma; sprida sig över; växa över, täcka **2** överskrida (*limits* gränser); *the programme overran its time* programmet drog över tiden **3** köra över (förbi) **4** dra över [på tiden]; *the programme overran by 10 minutes* programmet drog över 10 minuter

over|seas [,əʊvə'siːz] **I** *adv* på (från, till) andra sidan havet; utomlands **II** *a* belägen på (som kommer från) andra sidan havet; transocean; utländsk, utlands-, utrikes-; ~ *telegramme* [kabel]telegram **-see** övervaka, ha uppsikt över **-seer** ['əʊvə,sɪə] förman, arbetsledare; verkmästare;

upp-, till|syningsman **-sell** [,əʊvə'sel] (*oversold, oversold*) **1** sälja mer än vad man kan leverera **2** hårdsälja **-sensitive** [,əʊvə'sensɪtɪv] överkänslig **-sexed** [,əʊvə'sekst] övererotisk **-shadow** [,əʊvə'ʃædəʊ] överskugga (*äv. bildl.*); *bildl. äv.* ställa i skuggan **-shoe** ['əʊvəʃuː] galosch; pampusch **-shoot** [,əʊvə'ʃuːt] (*overshot, overshot*) **1** skjuta över, missa (*the target* målet); ~ *the mark* skjuta över målet, *bildl. äv.* gå för långt **2** *flyg.* taxa (köra) för långt på, flyga för långt för att kunna landa på (*the runway* landningsbanan) **-sight** ['əʊvəsaɪt] **1** förbiseende, misstag; *by* (*through an*) ~ av misstag, genom ett förbiseende **2** tillsyn, uppsikt **-simplify** [,əʊvə'sɪmplɪfaɪ] grovt förenkla **-size[d]** [,əʊvə'saɪz(d)] alltför stor, överdimensionerad **-sleep** [,əʊvə'sliːp] (*overslept, overslept*) försova sig **-spend** [,əʊvə'spend] (*overspent, overspent*) överskrida sina tillgångar **-spill I** *s* ['əʊvəspɪl] **1** spill **2** befolkningsöverskott **II** *v* [,əʊvə'spɪl] flöda (svämma) över **-staff** [,əʊvə'stɑːf] anställa för mycket personal, överbemanna **-state** [,əʊvə'steɪt] ange för högt; över|driva, -betona **-statement** [,əʊvə'steɪtmənt] överdrift **-stay** [,əʊvə'steɪ] stanna längre än; ~ *one's welcome* stanna för länge **-step** [,əʊvə'step] överskrida; ~ *the mark* gå för långt **-strain** [,əʊvə'streɪn] överanstränga **-strung 1** [,əʊvə'strʌŋ] överspänd **2** ['əʊvəstrʌŋ] (*om piano*) korssträngad **-subscribe** [,əʊvəsəb'skraɪb] överteckna; *the excursion was* ~*d* utflykten var övertecknad

overt ['əʊvəːt] offentlig; öppen, uppenbar

over|take [,əʊvə'teɪk] (*overtook, overtaken*) **1** *i sht BE.* köra (gå, åka) om (förbi) **2** hinna upp (ifatt) **3** över|raska, -rumpla **4** köra om, göra en omkörning **-tax 1** beskatta (taxera) för högt **2** överbelasta; kräva för mycket av; ~ *one's strength* förta sig, överanstränga sig **-the-counter 1** *bank.* onoterad; ~ *securities* OTC-papper **2** receptfri **-throw I** *v* [,əʊvə'θrəʊ] (*overthrew, overthrown*) **1** störta, fälla (*a government* en regering); omstörta **2** kasta omkull, välta; *bildl.* kullkasta (*plans* planer) **II** *s* ['əʊvəθrəʊ] **1** störtande, fällande; omstörtning **2** kullkastande **3** nederlag, fall **-time** [,əʊvətaɪm] **I** *s* övertidsarbete; övertidsersättning; övertid; *do* (*be on*) ~ arbeta [på] övertid, arbeta över **II** *a* övertids-; ~ *ban* övertidsblockad; ~ *pay* övertidsersättning; ~ *work* övertidsarbete **III** *adv* på övertid; *work* ~ arbeta [på] övertid, arbeta över **-tone** ['əʊvətəʊn] *mus., bildl.* överton **-top** [,əʊvə'tɒp] **1** vara högre än **2** överträffa **-trump** ['əʊvətrʌmp] övertrumfa

overture ['əʊvə,tjʊə] **1** *mus.* uvertyr **2** *ofta pl*, ~*s* närmanden, trevare, första förslag; *peace* ~*s* fredstrevare; *make* ~*s to s.b.* söka närma sig ngn, göra närmanden till ngn

overturn I *v* [,əʊvə'tɜːn] **1** välta [omkull], stjälpa; *the boat was* ~*ed* båten slog runt; *bildl.* störta (*a regime* en regim) **2** välta, stjälpa; kantra **II** *s* ['əʊvətɜːn] **1** stjälpning; kantring **2** omstörtning **over|value** [,əʊvə'væljuː] övervärdera; överskatta **-view** ['əʊvəvjuː] *i sht AE.* översikt

over|weening [,əʊvə'wiːnɪŋ] **1** överlägsen, arrogant **2** omåttlig **-weight I** *s* ['əʊvəweɪt] övervikt **II** *a* [,əʊvə'weɪt] överviktig; övervikts- **III** *v*

[ˌəʊvəˈweɪt] **1** över[be]lasta **2** överbetona **-whelm** [ˌəʊvəˈwelm] **1** överväldiga; tynga [ner] **2** övermanna; besegra **3** begrava, täcka; översvämma; *bildl.* översa (*with praise* med beröm); överhopa **-whelming** [ˌəʊvəˈwelmɪŋ] överväldigande **-work I** *s* **1** [ˈəʊvəwɜːk] för mycket (hårt) arbete; överansträngning **II** *v* [ˌəʊvəˈwɜːk] **1** överanstränga **2** överanstränga sig, arbeta för mycket (hårt) **-wrought** [-ˈrɔːt] **1** överspänd, hypernervös **2** över|arbetad, -lastad (*style* stil); utstyrd
Ovid [ˈɒvɪd] Ovidius
ovi|duct [ˈəʊvɪdʌkt] *biol.* äggledare **-form** äggformad
ovine [ˈəʊvaɪn] *a* får-
oviparous [əʊˈvɪpərəs] *biol.* äggläggande
ovoid [ˈəʊvɔɪd] äggformig **ovulation** [ˌɒvjʊˈleɪʃn] *biol.* ägglossning, ovulation **ovule** [ˈəʊvjuːl] *biol.* **1** fröämne **2** obefruktat ägg
ovum [ˈəʊvəm] (*pl ova* [ˈəʊvə]) *biol.* ägg, ovum
ow [aʊ] *interj* aj!
owe [əʊ] *v* vara skyldig (*s.b. money* ngn pengar); ha att tacka för; *we ~ them a great deal a*) vi är skyldiga dem mycket, *b*) vi har dem att tacka för mycket; *I still ~ for the house* jag är fortfarande skyldig på huset; *we ~ it to them that* vi har dem att tacka för att; *you ~ it to yourself to* du är skyldig dig själv att; *~ s.b. a grudge* hysa agg mot ngn **owing** [ˈəʊɪŋ] **I** *a* **1** som skall betalas; *the amount ~ on the house* skuldbeloppet på huset **II** *prep*, *~ to* på grund av, till följd av, med anledning av, tack vare; *be ~ to* bero på
owl [aʊl] *zool.*, *bildl.* uggla **-et** [ˈaʊlɪt] liten uggla **-ish** [ˈaʊlɪʃ] ugglelik
own [əʊn] **I** *a* egen; *a house of one's ~* ett eget hus; *my* (*John's*) *~ car* min (Johns) egen bil; *with my ~ eyes* med [mina] egna ögon; *on one's ~ a*) själv, på egen hand, *b*) på eget initiativ, *c*) på eget ansvar, *d*) ensam, för sig själv, *e*) i särklass; *my ~ is bigger* min är större; *my time is my ~* jag disponerar [över] min tid; *those are my ~* de äro mina, de tillhör mig; *be one's ~ man* vara sin egen herre, vara oberoende; *do one's ~ cooking* laga sin mat själv; *can I have it for my ~?* får jag ha den alldeles för mig själv?; *it has a value all* (*of*) *its ~* den har ett eget värde (ett värde i sig) **II** *v* **1** äga **2** erkänna, tillstå; *~ o.s. defeated* erkänna sig besegrad **3** *~* [*up*] *to s.th.*
owner [ˈəʊnə] ägare **-driver** [-ˌdraɪvə] privatbilist **-less** [-lɪs] herrelös **--occupied** [-ˌɒkjʊpaɪd] *a*, *~ house* egnahem, hus som bebos av ägaren **-ship** [-ʃɪp] äganderätt; *under new ~* under ny ledning, i ny regim; *pass into private ~* övergå i privat ägo
ox [ɒks] (*pl ~en* [-(ə)n]) oxe
oxalic [ɒkˈsælɪk] *a*, *~ acid* oxalsyra
oxblood [red] [ˈɒksblʌd(ˌred)] *a* oxblodsfärgad
Oxbridge [ˈɒksbrɪdʒ] gemensam benämning på Oxford *o.* Cambridge
oxen [ˈɒks(ə)n] *pl av ox* **oxeye** [-aɪ] **1** oxöga **2** *bot.* gul prästkrage **oxeye daisy** *bot.* prästkrage
Oxf. *förk. för* Oxford
Oxford [ˈɒksfəd] **I** *s* Oxford **II** *a* oxford-; *~ accent* oxfordaccent; *~ blue* mörkblått; *~ English* oxfordengelska; *~ grey* mörkgrått **-shire** [-ʃə]
oxhide [ˈɒkshaɪd] oxhud

overwhelm—pace

oxidant [ˈɒksɪdnt] oxidationsmedel **oxidate** [-eɪt] oxidera **oxidation** [ˌɒksɪˈdeɪʃn] oxidering **oxide** [ˈɒksaɪd] *kem.* oxid **oxi|dization** (*BE. äv. -disation*) [ˌɒksɪdaɪˈzeɪʃn] oxidering **oxi|dize** (*BE. äv. -dise*) [ˈɒksɪdaɪz] oxidera **oxi|dizer** (*BE. äv. -diser*) [ˈɒksɪdaɪzə] oxidationsmedel
oxlip [ˈɒkslɪp] *bot.* lundviva
Oxon. *förk. för* Oxoniensis (*lat.*) *of Oxford* från universitetet i Oxford; *Oxonia* (*lat.*) Oxfordshire **Oxonian** [ɒkˈsəʊnjən] **I** *a* från [universitetet i] Oxford **II** *s* **1** Oxfordstudent **2** Oxfordbo
oxtail [ˈɒksteɪl] oxsvans **oxtail soup** oxsvanssoppa **oxtongue 1** oxtunga **2** *bot.* bitterfibbla **oxyacetylene** [ˌɒksɪəˈsetɪliːn] *a*, *~ burner* (*torch*) acetylengasbrännare; *~ welding* acetylensvetsning
oxygen [ˈɒksɪdʒ(ə)n] syre, oxygen **oxygen mask** syrgasmask **oxygen tent** syrgastält **oxygen|ate** [ˈɒksɪdʒəneɪt], **-ize** (*BE. äv. -ise*) [ˈɒksɪdʒənaɪz] syrsätta[s]; tillföra syre till **oxygenous** [ɒkˈsɪdʒenəs] syrehaltig
oyes, oyez [əʊˈjes] *interj* tystnad!, lystring!
oyster [ˈɔɪstə] ostron **oyster bank (bed, park)** ostronbank **oystercatcher** [-ˌkætʃə] *zool.* strandskata
oz[.] *förk. för* ounce
ozone [ˈəʊzəʊn] **1** *kem.* ozon **2** *vard.* frisk luft **ozone layer** [-ˌle(ɪ)ə], **ozonosphere** [əʊˈzəʊnəˌsfɪə] ozonskikt
ozs[.] *förk. för* ounces

P

P, p [piː] (*bokstav*) P, p; *mind one's ~'s and q's* tänka på vad man säger
P *förk. för* parking; (*schack.*) pawn **p** *förk. för* penny, pence; (*mus.*) piano **P.** *förk. för* Pastor; President; Priest; Prince **p.** *förk. för* page; part; participle; past; per; peseta; peso; pint; pipe; population **PA** *förk. för* Pennsylvania
pa [pɑː] *vard.* pappa
P.A. *förk. för* personal assistant; power of attorney; press agent; Press Association; private account; public-address system; publicity agent; Publishers Association; personal appearance **Pa.** *förk. för* Pennsylvania **p.a.** *förk. för* per annum
Pac. *förk. för* Pacific
1 pace [peɪs] **I** *s* **1** steg; gång; (*hästs*) gångart; passgång; *put a horse through its ~s* låta en häst gå i alla gångarter; *put s.th. through its ~s* (*bildl.*) ingående testa ngt, se vad ngt duger till (går för) **2** hastighet, tempo, fart, takt; *change of ~* tempoväxling; *at a slow ~* [i] långsamt [tempo]; *keep*

pace—pagination

~ *with* hålla jämna steg (takten) med, hänga med; *make* (*set*) *the* ~ bestämma farten (takten), dra; *I can't stand the* ~ *any more* (*vard.*) jag hänger inte med längre **II** *v* **1** ~ [*off, out*] stega (mäta) upp **2** gå fram och tillbaka (av och an) i (på) **3** bestämma farten (vara farthållare) åt **4** [låta] gå i passgång **5** skrida
2 pace ['peɪsɪ] *prep* med all aktning för
pacemaker ['peɪsˌmeɪkə] **1** *sport., bildl.* pacemaker, farthållare **2** *med.,* [*artificial*] ~ pacemaker **pacer** [-ə], **pacesetter** [-ˌsetə] *se pacemaker 1*
pachyderm ['pækɪdɜːm] *zool.* tjockhuding
pacific [pəˈsɪfɪk] **I** *a* **1** fredlig; fridfull **2** stillahavs-; *the P~ Ocean* Stilla havet **II** *s, the P~* Stilla havet
pacification [ˌpæsɪfɪˈkeɪʃn] pacificering, återställande av fredliga förhållanden **pacifier** ['pæsɪfaɪə] **1** fredsstiftare **2** *AE.* tröstnapp **pacifism** ['pæsɪfɪz(ə)m] pacifism **pacifist** ['pæsɪfɪst] pacifist, fredsvän **pacify** ['pæsɪfaɪ] **1** pacificera, återställa fredliga förhållanden i (på), göra fredlig **2** lugna [ner] (*an angry man* en ilsken man), stilla
pack [pæk] **I** *s* **1** packe; bylte, knyte, bal; last, packning; *Austr.* ryggsäck **2** förpackning; paket, ask; *a ~ of cigarettes* ett paket cigarretter; *a ~ of matches* en ask tändstickor **3** koppel; flock, skock, svärm; grupp, samling; band, gäng, hop; *a ~ of dogs* ett koppel hundar; *a ~ of wolves* en flock vargar; *a ~ of thieves* en tjuvliga; *a ~ of lies* en massa lögner **4** [kort]lek; *a ~ of cards* en kortlek **5** packis **6** *med.* inpackning; tampong **7** [*face*] ~ ansiktsmask **8** (*i rugby*) [forwards]kedja **II** *v* **1** packa; packa in, emballera, förpacka; packa ner; fylla, packa full; packa (tränga) ihop; klämma (pressa) in; ~ *away* packa (plocka, flytta) undan; *he can really* ~ *it away* (*vard.*) han kan sätta i sig en hel del; ~ *in a*) packa in (ner), *b*) klämma (stuva) in, *c*) vard. lägga av [med]; *it's time to* ~ *it in* (*vard.*) det är dags att lägga av (packa ihop); ~ *off* skicka (köra) i väg; *be ~ed out* vara proppfull; ~ *up a*) packa ihop (in, ner), *b*) *vard.* lägga av [med]; *be ~ed with* vara fullpackad med **2** täta, fylla igen **3** ~ *a* [*heavy*] *punch* (*vard.*) slå jättehårt **4** *AE. vard.* bära, ha (*pistol e.d.*) **5** utse eget folk till (*a jury* en jury), sammansätta partiskt **6** pressa ihop **7** packa; kunna packas; packa (tränga) ihop sig; samla (skocka) sig; packa (ge) sig i väg; *I must start ~ing* jag måste börja packa; *send s.b. ~ing* (*vard.*) köra i väg (kasta ut) ngn; *that won't all ~ into the car* allt det går inte in i bilen; ~ *in a*) pressa in sig, *b*) *vard.* gå sönder, paja, *c*) *vard.* lägga av, sluta; ~ *up a*) packa ihop sina saker, *b*) *vard.* gå sönder, paja, *c*) *vard.* lägga av, sluta
package ['pækɪdʒ] **I** *s* **1** (*större*) paket (*äv. bildl.*), kolli; bunt, knippe **2** emballage, förpackning **3** förpackande, emballerande, [in]packande **4** *AE.* [*mindre*] paket; *a ~ of biscuits* ett kexpaket **II** *v* förpacka, emballera, packa [in]
package deal paketavtal **package holiday** (**tour**) paketresa **packager** [-ə] packager (*bolag som producerar stora illustrerade böcker*) **package store** *AE.* spritbutik **packaging** [-ɪŋ] förpackning, emballage

pack drill ['pækdrɪl] *mil.* straffexercis med full packning
packer ['pækə] packare; förpackningsmaskin
packet ['pækɪt] **I** *s* **1** paket, ask; *a ~ of biscuits* ett kexpaket **2** paketbåt **3** *sl.* massa stålar; *cost a ~* vara svindyr **4** *BE. sl., catch* (*get*) *a* ~ gå på en bakstöt **II** *v* packa in, slå in i paket **packet boat** paketbåt
packhorse ['pækhɔːs] packhäst **pack ice** packis
packing [-ɪŋ] **1** pack|ning, -ande; förpack|ning, -ande **2** emballage, förpackning **3** *tekn.* packning, tätning
pack|sack ['pæksæk] *AE.* ryggsäck **-saddle** [-ˌsædl] packsadel **-thread** [-θred] segelgarn, [paket]snöre
pact [pækt] pakt, fördrag, avtal
1 pad [pæd] **I** *s* **1** dyna, kudde; stoppning, vaddering, inlägg; *sport.* [ben]skydd; *stamp ~* stämpeldyna **2** [skriv]block; skrivunderlägg **3** zool. trampdyna; tass **4** startplatta, avskjutningsramp (*för raket*) **5** *sl.* kvart (*bostad*) **6** *AE. sl.* slaf, kvart **7** *Austr.* stig **II** *v* **1** stoppa, vaddera, madrassera **2** ~ *out* fylla ut, blåsa upp (*a story* en historia)
2 pad [pæd] *v,* ~ *along* traska (lunka) fram
padding ['pædɪŋ] **1** stoppning, vaddering, madrassering **2** *bildl.* utfyllnad, fyllnadsgods
1 paddle ['pædl] **I** *s* **1** paddel; skovel (*på turbin e.d.*) **2** paddeltur, paddling **3** bordtennisracket **II** *v* **1** paddla; ~ *one's own canoe a*) reda sig själv, *b*) sköta sitt (sina egna affärer) **2** simma hundsim
2 paddle ['pædl] plaska; vada [omkring]
paddle steamer ['pædlˌstiːmə] hjulångare **paddle wheel** [-wiːl] skovelhjul **paddlingpool** [-ɪŋpuːl] plaskdamm
paddock ['pædək] **1** *hästsport.* paddock; *motorsport.* bandepå **2** inhägnad, hage
1 paddy ['pædɪ] **1** risfält **2** (*växande*) ris
2 paddy ['pædɪ] **1** *BE. vard.* raseriutbrott **2** *vard., P~* irländare
paddy wagon ['pædɪˌwægən] *AE. sl.* polispiket
paddywh[h]ack [-wæk] *vard.* **1** *BE.* irländare **2** smäll, klatsch
padlock ['pædlɒk] **I** *s* hänglås **II** *v* sätta hänglås för (på)
padre ['pɑːdrɪ] *vard.* fältpräst; präst, pastor
paean ['piːən] lovsång
paedi|atrician [ˌpiːdɪəˈtrɪʃn] pediatriker, barnläkare **-atric** [-ˈætrɪk] pediatrisk **-atrics** [-ˈætrɪks] (*behandlas som sg*) pediatri[k]
pagan ['peɪɡən] **I** *s* hedning **II** *a* hednisk **-ism** [-ɪz(ə)m] hedendom
1 page [peɪdʒ] **I** *s* sida; *bildl. äv.* blad, period, episod **II** *v* paginera, numrera sidorna (*i bok*)
2 page [peɪdʒ] **I** *s* **1** *hist.* page, hovsven **2** pickolo, hotellpojke **II** *v* **1** kalla på, söka (*i högtalare*) **2** vara page (hovsven) hos
pageant ['pædʒ(ə)nt] praktfullt skådespel, historiespel; festtåg, parad **-ry** [-rɪ] pomp[a], prakt, [tom] ståt
pageboy ['peɪdʒbɔɪ] pagefrisyr
page head ['peɪdʒhed] *boktr.* kolumntitel **page proof** *boktr.* ombrutet korrektur
pagi|nal ['pædʒɪnl] *a* sida-för-sida **-nate** [-neɪt] paginera, numrera sidorna (*i bok*) **-nation** [ˌpædʒɪˈneɪʃn] paginering, sidnumrering

pagoda [pəˈgəʊdə] pagod
pah [pɑː] *interj* bah!, asch!, äsch!
paid [peɪd] *imperf. o. perf. part.* av pay
pail [peɪl] hink, ämbar, spann
paillette [pælˈjet] paljett
pain [peɪn] **I** *s* **1** smärta, värk; pina, plåga; *a look of ~* en plågad blick; *be a ~ in the neck* (*vard.*) vara en plåga; *be in ~* ha värk (ont, smärtor); *it gives me ~* det gör mig ont; *have a ~ in* ha ont i; *put s.b. out of his ~* befria ngn från hans plågor; *scream in ~* skrika av smärta **2** *~s* (*pl*) möda, besvär; *take* (*be at*) *~s to* (*about, over*) göra sig besvär (möda) med att (med) **3** *on* (*under*) *~ of a fine* vid vite **II** *v* smärta, plåga; *vard.* irritera; *look ~ed* se plågad ut **-ful** [ˈpeɪnf(ʊ)l] plågsam, smärtsam; smärtande, värkande, ond (*arm* arm); *vard.* pinsam **-killer** [ˈpeɪnˌkɪlə] smärtstillande medel **-less** [ˈpeɪnlɪs] smärtfri
painstaking [ˈpeɪnzˌteɪkɪŋ] noggrann, omsorgsfull
paint [peɪnt] **I** *s* **1** [målar]färg; *wet ~!* nymålat! **2** smink **II** *v* **1** måla; bestryka; *~ the town red* (*vard.*) vara ute och slå runt (svira); *~ out* måla över **2** sminka **-box** [ˈpeɪntbɒks] färglåda **-brush** [ˈpeɪntbrʌʃ] målarpensel
1 painter [ˈpeɪntə] målare
2 painter [ˈpeɪntə] *sjö.* fånglina
painting [ˈpeɪntɪŋ] **1** målning, tavla **2** måleri, målning; målarkonst **-work** *s, the ~ a*) målningen, strykningen, det målade, *b*) (*på bil*) lackeringen
pair [peə] **I** *s* par; *a ~ of horses* ett par hästar, ett hästspann; *a carriage and ~* en tvåspännare; *a ~ of scissors* (*tongs*) en sax (tång); *a ~ of socks* ett par strumpor; *a ~ of trousers* ett par byxor; *these gloves are not a ~* de här handskarna är omaka; *in ~s* parvis, par om par **II** *v* **1** para ihop (samman) **2** *~* [*off*] ordna parvis **3** gifta sig; para sig; *~* [*off*] ordna sig parvis **-ing** [ˈpeərɪŋ] parning **pair-skating** [ˈpeəˌskeɪtɪŋ] *sport.* paråkning
pajamas [pəˈdʒɑːməz] *pl, AE.* pyjamas
Paki|stan [ˌpɑːkɪˈstɑːn] Pakistan **-stani** [-ɪ] **I** *a* pakistansk **II** *s* pakistanare
pal [pæl] *vard.* **I** *s* kompis, kamrat, god vän **II** *v*, *~ up with* bli god vän (kompis) med
palace [ˈpælɪs] palats; *royal ~* kungligt slott
palae|ography [ˌpælɪˈɒɡrəfɪ] paleografi **-olithic** [-ə(ʊ)ˈlɪθɪk] paleolitisk, från äldre stenåldern **-ontology** [-ɒnˈtɒlədʒɪ] paleontologi
palatable [ˈpælətəbl] smaklig, välsmakande; *bildl.* angenäm, tilltalande
palatal [ˈpælətl] **I** *a, anat.* gom-; *fonet.* palatal **II** *s, fonet.* palatal[t ljud] **palatal|ization** (*BE. äv. -isation*) *fonet.* palatalisering **palate** [ˈpælət] gom; *the hard* (*soft*) *~* hårda (mjuka) gommen; *have no ~ for* (*bildl.*) inte ha ngt sinne för
palatial [pəˈleɪʃl] palatsliknande
1 palatine [ˈpælətaɪn] *hist.* **I** *s* pfalzgreve **II** *a* pfalzgrevlig
2 palatine [ˈpælətaɪn] gom-
palaver [pəˈlɑːvə] **I** *s* **1** palaver, långvarig överläggning **2** snack, prat; *skämts.* konferens **II** *v* **1** *skämts.* ha konferens **2** snacka, prata
1 pale [peɪl] **I** *a* blek (*äv. bildl.*); *~ complexion* blek hy; *~ stars* bleka stjärnor; *a ~ imitation of* en blek efterapning av **II** *v* blekna, bli blek; *bildl.*

[för]blekna; *~ into insignificance* fullständigt förblekna
2 pale [peɪl] **1** staket|stolpe, -spjäla **2** spjälstaket **3** inhägnad **4** område, sfär; *be beyond the ~* ha passerat gränsen [för det anständiga] **II** *v* inhägna
pale|-face [ˈpeɪlfeɪs] *neds.* blekansikte **-faced** [-feɪst] blek|lagd] **-ness** [-nɪs] blekhet
Pales|tine [ˈpæləstaɪn] Palestina **-tinian** [ˌpæləˈstɪnɪən] **I** *a* palestinsk **II** *s* palestinier
palette [ˈpælət] palett
palfrey [ˈpɔːlfrɪ] *åld.* ridhäst (*i sht för damer*)
palimpsest [ˈpælɪmpsest] palimpsest
palindrome [ˈpælɪndrəʊm] palindrom
paling [ˈpeɪlɪŋ] spjälstaket; staket|stolpe, -spjäla
palisade [ˌpælɪˈseɪd] **I** *s* **1** palissad, pålverk **2** *AE.*, *~s* (*pl*) [rad av] höga klippor **II** *v* förse med palissad (pålverk)
palish [ˈpeɪlɪʃ] en smula blek
1 pall [pɔːl] **I** *s* **1** bårtäcke **2** bår **3** *bildl.* slöja, ridå; *a ~ of smoke* en slöja av rök, en rökridå **4** förstämning **5** *rom.-kat.* pallium
2 pall [pɔːl] **1** bli tröttsam (tråkig, enformig); *~ on s.b.* tråka ut ngn, få ngn att tappa intresset **2** tröttna
palladium [pəˈleɪdjəm] *kem.* palladium
pallbearer [ˈpɔːlˌbeərə] kistbärare (*vid begravning*)
1 pallet [ˈpælɪt] halmmadrass
2 pallet [ˈpælɪt] [last]pall
3 pallet [ˈpælət] palett
palliasse [ˈpælɪæs] halmmadrass
palli|ate [ˈpælɪeɪt] **1** skyla över; förmildra **2** lindra, mildra **-ative** [-ətɪv] **I** *a* **1** överskylande; förmildrande (*circumstances* omständigheter) **2** lindrande, mildrande **II** *s* palliativ, hjälpmedel
pallid [ˈpælɪd] blek
Pall Mall [ˌpælˈmæl]
pallor [ˈpælə] blekhet
pally [ˈpælɪ] *vard.* bussig, kamratlig, vänlig
1 palm [pɑːm] **I** *s* handflata; *have s.th. in the ~ of one's hand* ha ngt i sin hand; *grease a p.'s ~* (*vard.*) smörja (muta) ngn **II** *v* **1** dölja i handen **2** stryka (beröra) med handflatan **3** *~ off s.th. on s.b.* pracka (lura) på ngn ngt **4** *~ off* prångla ut
2 palm [pɑːm] palm; palm|kvist, -blad; *bear* (*carry off*) *the ~* hemföra segern
palmistry [ˈpɑːmɪstrɪ] kiromanti, konsten att spå i händer
palmitic [pælˈmɪtɪk] *a*, *~ acid* palmitinsyra
Palm Sunday [ˌpɑːmˈsʌndɪ] palmsöndag[en]
palmy [ˈpɑːmɪ] **1** palmbevuxen **2** *bildl.* blomstrande, framgångsrik
palomino [ˌpæləˈmiːnəʊ] ljusbrun (gulvit) häst
palp [pælp] känselspröt, antenn
pal|pable [ˈpælpəbl] **1** som man kan känna [på] **2** uppenbar (*lie* lögn), påtaglig **-pate** [-peɪt] *med.* palpera
palpi|tate [ˈpælpɪteɪt] **1** (*om hjärtat*) klappa, slå häftigt **2** darra, skälva **-tation** [ˌpælpɪˈteɪʃn] **1** hjärtklappning **2** darrning, skälvning
palsy [ˈpɔːlzɪ] **1** *s* förlamning **II** *v* förlama
paltry [ˈpɔːltrɪ] usel, futtig; ynklig, torftig
pampas [ˈpæmpəs] *pl* pampas[slätter]
pamper [ˈpæmpə] klema (skämma) bort
pamphlet [ˈpæmflɪt] broschyr; flygblad; stridsskrift **-eer** [ˌpæmfləˈtɪə] **I** *s* stridsskrifts-, flyg-

Pan—paperhanging

blads|författare **II** *v* skriva (sprida) stridsskrifter (flygblad)
Pan [pæn]
1 pan [pæn] **I** *s* **1** panna; [kok]kärl **2** (*guldletares*) vaskpanna **3** vågskål **4** *BE.* toalettskål **5** grop, bäcken (*i mark*) **6** *sl.* fejs (*ansikte*); *dead ~ pokerfejs* **II** *v* **1** ~ [*off, out*] vaska (*gold* guld) **2** *vard.* göra (sabla) ner **3** ~ *out* ge guld **4** *vard.*, ~ *out* utfalla, avlöpa, utveckla sig
2 pan [pæn] *film.* **I** *v* panorera **II** *s* panorering
Pan. *förk. för Panama*
panacea [ˌpænəˈsɪə] universalmedel
panache [pəˈnæʃ] **1** panasch, fjäder-, hjälm|-buske **2** bravur; stil
Pana|ma [ˌpænəˈmɑː] Panama; *the ~ Canal* Panamakanalen; ~ (*p~*) *hat* panamahatt **-manian** [-ˈmeɪnjən] **I** *s* panaman **II** *a* panamansk
Pan-American [ˌpænəˈmerɪkən] panamerikansk
pancake [ˈpænkeɪk] **I** *s* **1** pannkaka **2** buklandning **II** *v, flyg.* buklanda **Pancake Day** fettisdag[en] **pancake ice** tallriksis **pancake landing** [-ˌlændɪŋ] *flyg.* buklandning
panchromatic [ˌpænkrə(ʊ)ˈmætɪk] *foto.* pankromatisk
pancre|as [ˈpæŋkrɪəs] *anat.* bukspottkörtel, pankreas **-atic** [ˌpæŋkrɪˈætɪk] *a*, ~ *juice* bukspott
panda [ˈpændə] *zool.* **1** (*lesser, red*) ~ panda, röd kattbjörn **2** (*giant*) ~ jättepanda, bambubjörn
panda car *BE.* (*blå o. vit*) polisbil
pandemonium [ˌpændɪˈməʊnjəm] pandemonium; fullständig förvirring, tumult; helvetes-larm
pander [ˈpændə] **I** *v* **1** ~ *to* tillfredsställa, underblåsa, ge efter för **2** vara kopplare (*for* åt) **II** *s* kopplare
P. & L. *förk. för profit and loss* **P. & O.** *förk. för Peninsular and Oriental* [*Steamship Company*] **p. & p.** *förk. för postage and packing*
pane [peɪn] [glas]ruta; fält, spegel (*i dörr e.d.*)
panegyr|ic [ˌpænɪˈdʒɪrɪk] panegyrik, (*överdrivet*) lovprisande **-ical** [-ɪkl] panegyrisk, (*överdrivet*) prisande
panel [ˈpænl] **I** *s* **1** fält, spegel (*i dörr e.d.*); panel **2** *konst.* pannå **3** karosseridel; *sömn.* infällning, isättning **4** [instrument]panel, -bräda; kontrollbord **5** [diskussions]panel, expertgrupp; paneldiskussion **6** jury|lista, -förteckning; jury **7** *BE.* (*förr*) förteckning över patienter (läkare) tillhörande försäkringskassan; *be on the* ~ (*vard.*) få betalt från försäkringskassan **II** *v* indela i fält; panela **panel beater** [-ˌbiːtə] karosseriarbetare **panelling** [-ɪŋ] *koll.* panel **panel truck** [-trʌk] *AE.* skåp|bil, -vagn
pang [pæŋ] häftig smärta, styng, sting; *feel a ~ of conscience* ha samvetskval; ~*s of hunger* hungerns kval
1 panhandle [ˈpænˌhændl] *AE.* **1** smal landremsa, korridor **2** stekpanneskaft
2 panhan|dle [ˈpænˌhændl] *AE. vard.* tigga på gatorna **-dler** [-ə] *AE. vard.* tiggare
pan|ic [ˈpænɪk] **I** *a* panisk **II** *s* panik **III** *v* gripas av panik; *don't ~!* ingen panik!, ta det lugnt! **-icky** [-ɪkɪ] *vard.* panikslagen
panicle [ˈpænɪkl] *bot.* vippa
panic|monger [ˈpænɪkˌmʌŋgə] anstiftare av panik **--stricken** [-ˌstrɪk(ə)n], **-struck** panikslagen

pannier [ˈpænɪə] **1** [klövje]korg **2** cykel-, pack|-väska
pannikin [ˈpænɪkɪn] *i sht BE.* liten bleckmugg
panoply [ˈpænəplɪ] **1** (*krigares*) rustning **2** *bildl.* imponerande uppbåd (samling), ståt
pano|rama [ˌpænəˈrɑːmə] panorama (*äv. bildl.*), vidsträckt utsikt **-ramic** [-ˈræmɪk] panorama-
panpipes [ˈpænpaɪps] *pl* panflöjt
pansy [ˈpænzɪ] **1** *bot.* pensé; *wild* ~ styvmorsviol **2** *sl.* bög, homofil
pant [pænt] **I** *v* **1** flämta, flåsa; ~ *for breath* kippa efter andan, snappa efter luft **2** längta (*for* efter) **3** flämta fram **II** *s* flämtande, flåsande
pantalet[te]s [ˌpæntəˈlets] *pl* mameluker
pantaloons [ˌpæntəˈluːnz] *pl* (*förr*) [åtsittande] långbyxor; *vard.* [säckiga] byxor
pantechnicon [pænˈteknɪkən] *BE.* **1** möbelmagasin **2** möbelvagn, flyttbil
panthe|ism [ˈpænθiːˌɪz(ə)m] panteism **-istic[al]** [ˌpænθiːˈɪstɪk(l)] panteistisk **-on** [ˈpænθɪən] panteon
panther [ˈpænθə] *zool.* panter; *American ~* puma
panties [ˈpæntɪz] *pl* trosor; barnbyxor
pantile [ˈpæntaɪl] takpanna
panto [ˈpæntəʊ] *BE. vard.* = *pantomime* **pantograph** [ˈpæntə(ʊ)grɑːf] **1** pantograf **2** (*på ellok e.d.*) strömavtagare
pantomime [ˈpæntəmaɪm] **1** pantomim **2** (*slags*) jul|spel, -underhållning
pantry [ˈpæntrɪ] **1** skafferi **2** serveringsrum
pants [pænts] *vard.* **1** underbyxor, trosor, kalsonger **2** *AE.* [lång]byxor **3** *vard., caught with one's ~ down* överraskad i en pinsam situation, överrumplad; *scare the ~ off s.b.* skrämma livet ur ngn, göra ngn byxis; *wear the ~* vara den som bestämmer i huset
pantsuit [ˈpæntsuːt] *AE.* byxdress
panty girdle [ˈpæntɪˌgɜːdl] byxgördel **pantywaist** [-weɪst] *AE. vard.* fegis; barnslig man; vekling
pap [pæp] [skorp]välling; *bildl.* dravel, smörja
papa [pəˈpɑː], *AE.* ˈpɑːpə] *åld. vard.* pappa
papacy [ˈpeɪpəsɪ] påvedöme; påvevärdighet **papal** [ˈpeɪpl] påvlig; *the P~ States* Kyrkostaten
papaw [pəˈpɔː] **1** papawbuske; papaw[frukt] **2** papaya
papaya [pəˈpaɪə] papayaträd; papaya[frukt]
paper [ˈpeɪpə] **I** *s* **1** papper; *a sheet of ~* ett pappersark; *can I get it down on ~?* kan jag få skriftligt på det?; *it looks good on ~* det ser bra ut på papperet; *commit s.th. to ~, get* (*put*) *s.th. down on ~* fästa ngt på papper **2** tidning **3** värdepapper; sedlar **4** [examens]skrivning **5** dokument, handling, papper; *~s* (*äv.*) [identitets]papper **6** föredrag; avhandling; uppsats **7** tapet[er] **8** *teat. sl.* fribiljett **II** *a* pappers-; papperstunn; *få pappe-ret*; skriftlig **III** *v* **1** tapetsera; ~ *over* tapetsera över, *bildl.* skyla över **2** *teat. sl.* fylla en teater genom utdelning av fribiljetter **-back** häftad bok, paperback, pocketbok **-boy** tidningspojke
paper chase [ˈpeɪpətʃeɪs] snitseljakt
paper|clip [ˈpeɪpəklɪp] gem, pappersklämma **--cutter** [-ˌkʌtə] skärmaskin **-hanger** [-ˌhæŋə] person som tapetserar **-hanging** [-ˌhæŋɪŋ]

tapetsering **-knife** [-naɪf] papperskniv **--mill** [-mɪl] pappersbruk **-weight** [-weɪt] brevpress **-work** [-wɜːk] pappers-, skrivbords|arbete
papier mâché [ˌpæpjeɪˈmæʃeɪ] papjemaché, papier-mâché
papil|la [pəˈpɪlə] (pl -lae [-iː]) papill, liten vårta
papist [ˈpeɪpɪst] neds. papist, katolik
papoose [peˈpuːs] indian|baby, -barn**pappy** [ˈpæpɪ] AE. vard. pappsen
paprika [ˈpæprɪkə] paprika; paprikapulver
papy|rus [pəˈpaɪərəs] (pl -ri [-raɪ]) **1** bot. papyrus **2** papyrus[rulle]
par [pɑː] **1** medeltal; nivå; hand. pari; nominal ~ nominellt värde; above (below) ~ a) över (under) pari, b) över (under) det normala (vanliga); at ~ till pari; I'm not feeling quite up to ~ jag känner mig inte riktigt i form; it's not up to ~ det är inte tillfyllest **2** on a ~ a) i genomsnitt, b) likställd (with med) **3** golf. par
par. förk. för paragraph; parallel; parenthesis; parish
para [ˈpærə] vard. **1** se parachutist **2** se paragraph
parable [ˈpærəbl] parabel, liknelse
parabola [pəˈræbələ] mat. parabel **parabolic** [ˌpærəˈbɒlɪk] parabolisk, parabol-; ~ aerial parabolantenn
para|chute [ˈpærəʃuːt] **I** s fallskärm **II** a fallskärms-; ~ flare fallskärmsljus; ~ troops fallskärmstrupper **III** v **1** kasta ner (landsätta); med fallskärm **2** hoppa i fallskärm **-chutist** [-ʃuːtɪst] fallskärmshoppare; fallskärmssoldat
parade [pəˈreɪd] **I** s **1** parad; uppställning; upp-, före|visning; be on ~ visas upp, visa upp sig **2** mil. paradplats; uppställningsplats **3** promenad[plats], ström **II** v **1** paradera; tåga **2** flanera, promenera fram och tillbaka **3** låta paradera (marschera förbi) **4** tåga fram och tillbaka på **5** tåga igenom **6** briljera (stoltsera) med **parade ground** uppställningsplats, exercisplats
paradigm [ˈpærədaɪm] paradigm; språkv. äv. böjningsmönster
para|dise [ˈpærədaɪs] paradis **-disiac** [ˌpærəˈdɪsɪæk], **-disiacal** [ˌpærədɪˈsaɪəkl], **-disaical** [ˌpærədɪˈseɪkl] paradisisk, paradis-
paradox [ˈpærədɒks] paradox **-ical** [ˌpærəˈdɒksɪkl] paradoxal
paradrop [ˈpærədrɒp] luftlandsättning
paraffin [ˈpærəfɪn] **1** ~ [oil] fotogen **2** ~ [wax] paraffin; liquid ~ paraffinolja
paragon [ˈpærəɡən] mönster, förebild; ~ of virtue dygdemönster
paragraph [ˈpærəɡrɑːf] **1** [text]avsnitt, -stycke, nytt stycke **2** [tidnings]notis
Paraguay [ˈpærəɡwaɪ] Paraguay **-an** [ˌpærəˈɡwaɪən] **I** s paraguayare **II** a paraguaysk
parakeet [ˈpærəkiːt] zool. parakit
parallax [ˈpærəlæks] parallax
parallel [ˈpærəlel] **I** a parallell (to med); bildl. äv. motsvarande; ~ bars (gymn.) barr **II** s **1** parallell; bildl. äv. motsvarighet, motstycke; without [a] ~ utan motstycke **2** ~ [of latitude] latitud[sparallell], breddgrad **3** elektr., connected in ~ parallellkopplad **III** v **1** jämställa **2** vara en motsvarighet till **3** vara (löpa) parallell(t) med **parallelepiped** [ˌpærəleˈlepɪped] geom. parallellepiped **parallelogram** [ˌpærəˈleləʊɡræm] geom. parallellogram
paralyse [ˈpærəlaɪz] paralysera; förlama; lamslå **paraly|sis** [pəˈrælɪsɪs] (pl -ses [-siːz]) förlamning (äv. bildl.); infantile ~ barnförlamning **paralytic** [ˌpærəˈlɪtɪk] **I** a **1** paralytisk; förlamad **2** BE. vard. berusad **II** s paralytiker **paralyze** [ˈpærəlaɪz] AE., se paralyse
parameter [pəˈræmɪtə] parameter
paramilitary [ˌpærəˈmɪlɪt(ə)rɪ] halvmilitär; militärliknande
paramount [ˈpærəmaʊnt] högst, störst; viktigast av allt; of ~ importance av ytterste vikt; a ~ concern ett allt överskuggande intresse
paramour [ˈpærəˌmʊə] neds. älskare, älskarinna; åld. älskad person, älskling
para|noia [ˌpærəˈnɔɪə] med. paranoia **-noiac** [-ˈnɔɪæk] **I** s paranoiker **II** a paranoid **-noid** [ˈpærənɔɪd] paranoid
parapet [ˈpærəpɪt] **1** bröst-, skytte|värn **2** parapet, räcke, balustrad
paraphernalia [ˌpærəfəˈneɪlɪə] pl (behandlas ibl. som sg) **1** grejor, attiraljer, pinaler; tillbehör **2** [omständlig] procedur
paraphrase [ˈpærəfreɪz] **I** s parafras, förtydligande omskrivning **II** v parafrasera, skriva om
paraplegia [ˌpærəˈpliːdʒə] med. paraplegi, dubbelsidig förlamning av underkroppen
parapsychology [ˌpærəsaɪˈkɒlədʒɪ] parapsykologi
para|site [ˈpærəsaɪt] **1** parasit **2** snyltgäst **-sitic[al]** [ˌpærəˈsɪtɪk(l)] parasit-, parasitisk, parasiterande; snyltande, snylt-
parasol [ˈpærəsɒl] parasoll
para|trooper [ˈpærətruːpə] fallskärmsjägare; ~s (pl, äv) fallskärmstrupper **-troops** pl fallskärmstrupper
paratyphoid [ˌpærəˈtaɪfɔɪd] med. paratyfus
parboil [ˈpɑːbɔɪl] **1** förvälla **2** överhetta
parcel [ˈpɑːsl] **I** s **1** paket; kolli; packe, bunt **2** [varu]parti **3** ~ [of land] jord|område, -lott **4** part and ~ väsentlig del **II** v **1** ~ [out] dela ut **2** ~ [up] paketera **parcel post** paketpost
parch [pɑːtʃ] **1** rosta [lätt] **2** torka upp (ut), förtorka; I'm ~ed jag är alldeles torr i halsen (håller på att törsta ihjäl)
parchment [ˈpɑːtʃmənt] **1** pergament **2** pergamentmanuskript
pardon [ˈpɑːdn] **I** s **1** förlåtelse; I beg your ~!, (vard.) ~! a) förlåt!, ursäkta!, b) hur sa? **2** jur. benådning; general ~ amnesti **3** kyrkl. avlat **II** v **1** förlåta, ursäkta; ~ me! a) förlåt (ursäkta) [mig]!, b) hur sa?; ~ my mentioning it, men förlåt att jag säger det, men **2** benåda **-able** [-əbl] förlåtlig, ursäktlig **-er** [-ə] avlatskrämare
pare [peə] beskära; klippa, trimma; skala (frukt); bildl. skära ner [på]
paren. förk. för parenthesis
parent [ˈpeər(ə)nt] förälder; målsman; bildl. rot, upphov (of till) **parentage** [-ɪdʒ] **1** här|komst, -stamning **2** förfäder **parental** [pəˈrentl] föräldra-; faderlig, moderlig **parent company** moderbolag
parenthe|sis [pəˈrenθɪsɪs] (pl -ses [-siːz]) parentes (äv. bildl.); parentestecken; inskjuten sats; in ~ inom parentes **-tic[al]** [ˌpær(ə)nˈθetɪk(l)] parentetisk, inom parentes

parenthood—partiality

parenthood ['peər(ə)nthʊd], **parenting** [-ɪŋ] föräldraskap **parent ship** moderfartyg **parents-in-law** pl svärföräldrar
parfait [pɑː'feɪ] parfait (*slags glass*)
pariah ['pærɪə] paria (*äv. bildl.*), utstött
parietal [pə'raɪɪtl] **1** *anat.*, *biol.* parietal; vägg-; hjäss-; ~ *bones* hjässben **2** *AE.* college-**Paris** ['pærɪs]
parish ['pærɪʃ] församling, socken **parish clerk** klockare, församlingstjänsteman **parish council** sockenstämma; kommunalnämnd **parishioner** [pə'rɪʃənə] församlingsbo **parish register** kyrkbok
Parisian [pə'rɪzjən] **I** *s* parisare, parisiska **II** *a* parisisk, paris[er]-
parity ['pærətɪ] paritet; likhet, jämgodhet
park [pɑːk] **I** *s* **1** park; [*national*] ~ nationalpark, naturskyddsområde **2** *AE.* idrotts|plats, -anläggning **II** *v* parkera; *vard. äv.* placera, sätta; ~ *yourself on the sofa (vard.)* slå dig ner i soffan
parka ['pɑːkə] parkas
parking ['pɑːkɪŋ] parkering; *no* ~ parkering förbjuden **parking light** parkeringsljus; positionsljus **parking lot** *AE.* parkeringsplats, bilparkering **parking meter** parkeringsautomat **parking place** parkeringsplats **parking ticket** [fel]parkeringslapp
Parkinson's disease ['pɑːkɪnsns dɪ'ziːz] *med.* Parkinsons sjukdom
parkway ['pɑːkweɪ] *AE.* boulevard, aveny, allé
parky ['pɑːkɪ] *BE. vard.* kylig, kall
Parl. *förk. för Parliament* **parl.** *förk. för parliamentary*
parlance ['pɑːləns] språkbruk; språk, idiom; *legal* ~ juristspråk; *in common* ~ i dagligt tal
parley ['pɑːlɪ] **I** *s*, *i sht mil.* förhandling, underhandling **II** *v* **1** *i sht mil.* förhandla, underhandla **2** tala (*a foreign language* ett främmande språk)
parlia|ment ['pɑːləmənt] parlament; riksdag; *the Houses of P*~ parlamentshuset (*i London*) **-mentarian** [ˌpɑːləmən'teərɪən] parlamentariker **-mentarianism** [ˌpɑːləmən'teərɪənɪz(ə)m], **-mentarism** [ˌpɑːlə'mentərɪz(ə)m] parlamentarism **-mentary** [ˌpɑːlə'ment(ə)rɪ] parlaments-; ~ *private secretary* parlamentsledamot (riksdagsman) som biträder en minister
parlor ['pɑːlə] *AE.* **1** vardagsrum **2** (*på värdshus e.d.*) [litet] sällskapsrum **3** salong; *beauty* ~ skönhetssalong **parlor car** *AE.* salongsvagn
parlour ['pɑːlə] **1** *åld.* vardagsrum **2** (*på värdshus e.d.*) [litet] sällskapsrum **3** (*i kloster e.d.*) samtalsrum **parlour game** sällskapsspel **parlour maid** husa
parlous ['pɑːləs] *åld.* **1** farlig **2** förslagen, slug
Parmesan cheese ['pɑːmɪzænˌtʃiːz] parmesanost
Parnassus [pɑː'næsəs] **1** Parnassos **2** *bildl.* parnassen
parochial [pə'rəʊkjəl] **1** församlings-, socken- **2** inskränkt, trångsynt **-ism** [-ɪz(ə)m] inskränkthet, trångsynthet
parodic[al] [pə'rɒdɪk(l)] parodisk **parody** ['pærədɪ] **I** *s* parodi **II** *v* parodiera
parole [pə'rəʊl] **I** *s* **1** villkorlig frigivning; *be on* ~ vara villkorligt frigiven **2** *AE. mil.* lösen[ord] **3** *AE.* hedersord **II** *v* villkorligt frige

parotitis [ˌpærə'taɪtɪs] *med.* parotit, påssjuka
paroxysm ['pærəksɪz(ə)m] paroxysm, häftigt anfall
parquet [pɑː'keɪ] **I** *s* **1** parkett; ~ [*floor*] parkettgolv **2** *AE. teat.* parkett **II** *v* parkettera, lägga in parkettgolv i **parquet circle** *AE.* bortre parkett
parricide ['pærɪsaɪd] **1** fader-, moder|mord **2** fader-, moder|mördare
parrot ['pærət] **I** *s* papegoja (*äv. bildl.*) **II** *v* upprepa mekaniskt
parry ['pærɪ] **I** *v* parera, avvärja **II** *s* parering, avvärjning, parad
parse [pɑːz] *språkv.* analysera (*ord*), ta ut satsdelarna (ordklasserna) i
parsimo|nious [ˌpɑːsɪ'məʊnjəs] gnidig, knusslig, njugg **-ny** ['pɑːsɪmənɪ] gnidighet, knussel, njugghet
parsley ['pɑːslɪ] persilja
parsnip ['pɑːsnɪp] palsternacka
parson ['pɑːsn] kyrkoherde; *vard.* präst; ~'*s nose (kokk.)* fågelgump **-age** [-ɪdʒ] prästgård
part [pɑːt] **I** *s* **1** del; stycke; avdelning, avsnitt; bråkdel; beståndsdel; ~ *of speech (språkv.)* ordklass; *principal* ~*s of a verb (språkv.)* temaformer av ett verb; *spare* ~*s* reservdelar; *it's three* ~*s gone* tre fjärdedelar är redan borta; *the most* ~ största delen, det mesta, de flesta, majoriteten; *for the most* ~ till största delen, för det mesta; *in* ~ delvis; *be published in* ~*s* utkomma häftesvis, utges i delar; *take in bad (good)* ~ ta illa (väl) upp **2** kroppsdel, parti; ~*s (pl)* begåvning, talang; *private* ~*s* könsdelar **3** [an]del, lott; uppgift, skyldighet, sak; *do one's* ~ göra sitt (sin skyldighet); *have a* ~ *in a s.th.* ha del i ngt; *have neither* ~ *nor lot in a s.th.* inte ha det minsta att göra med ngt; *take* ~ *in* delta[ga] (medverka) i **4** del; sida, parti, part; håll; kant; *for my* ~ för min del; *on her* ~ från hennes sida; *take a p.'s* ~ ta ngns parti **5** ~*s (pl)* trakt[er], del[ar]; *from all* ~*s* från alla håll; *he is not from these* ~ han är inte härifrån [trakten] **6** *teat.*, *bildl.* roll; *mus.* stämma; *play a* ~ *a) teat.* spela (göra) en roll, *b) bildl.* spela teater **7** *AE.* bena **II** *adv* dels, delvis, till en del **III** *v* **1** dela; skilja [åt]; bena (*håret*); ~ *company* skiljas; ~ *the curtains* dra ifrån gardinerna; *till death do us* ~ tills döden skiljer oss åt **2** dela (öppna) sig **3** skiljas (*from s.b.* från ngn; *with s.th.* från ngt); skiljas åt, gå åt olika håll; *we* ~*ed friends* vi skildes som vänner; ~ *with a s.th.* skiljas (avstå) från ngt, göra sig av med ngt; ~ *with money a)* göra av med pengar, *b)* släppa till (punga ut med) pengar **4** brista, gå av; slitas
part. *förk. för participle; particular*
partake [pɑː'teɪk] (*partook*, *partaken*) **1** delta[ga] (*in* i) **2** ~ *of* inta[ga], förtära **3** ~ *of* vara lik, likna
parterre [pɑː'teə] **1** parterr, blomsterterrass **2** *i sht AE.* bortre parkett, parterr
part exchange ['pɑːtɪksˌtʃeɪndʒ] dellikvid; *take s.th. in* ~ ta ngt som dellikvid
parthenogenesis [ˌpɑːθɪnə(ʊ)'dʒenɪsɪs] partenogenes, jungfrufödsel
partial ['pɑːʃl] **1** partisk **2** partiell, del-, ofullständig **3** *be* ~ *to* vara svag för, ha en viss förkärlek för **-ity** [ˌpɑːʃɪ'ælətɪ] **1** partiskhet **2** svaghet,

förkärlek **-ly** ['pɑːʃəlɪ] *adv* delvis, partiellt
partici|pant [pɑː'tɪsɪpənt] **I** *s* deltagare **II** *a* deltagande **-pate** [-peɪt] delta[ga], ha del i **-pation** [pɑːˌtɪsɪ'peɪʃn] **1** deltagande, delaktighet **2** medbestämmanderätt; ~ *in the profits* vinstdelning **-pator** [pɑː'tɪsɪpeɪtə] deltagare
participle ['pɑːtɪsɪpl] *språkv.* particip; *the past* ~ *a*) perfekt particip, *b*) supinum; *the present* ~ presens particip
particle ['pɑːtɪkl] partikel (*äv. språkv.*); ~ *of sand* sandkorn
particoloured ['pɑːtɪˌkʌləd] mångfärgad, brokig
particular [pə'tɪkjʊlə] **I** *a* **1** särskild, speciell; *for no* ~ *reason* utan ngn särskild (speciell) anledning **2** utförlig, detaljerad; noggrann; omständlig **3** kräsen, nogräknad, noggrann, noga, kinkig (*about* i fråga om, med) **II** *s* **1** detalj; ~*s* (*pl*) *a*) närmare detaljer (omständigheter, upplysningar, uppgifter), *b*) detaljerad beskrivning, *c*) personalier; *go into* ~*s* gå in på detaljer **2** *in* ~ speciellt, särskilt, i synnerhet, framförallt; *nothing in* ~ ingenting särskilt **-ity** [pəˌtɪkjʊ'lærətɪ] **1** egenhet, speciell omständighet **2** noggrannhet **3** kinkighet, kräsenhet **-ize** (*BE. äv. -ise*) [pə'tɪkjʊləraɪz] **1** specificera **2** i detalj ange, beskriva i detalj **-ly** [pə'tɪkjʊləlɪ] i synnerhet, speciellt, särskilt
parting ['pɑːtɪŋ] **I** *s* **1** avsked, skilsmässa **2** delning; ~ *of the ways* vägskäl, skiljeväg **3** *BE.* bena **II** *a* **1** avskeds-; ~ *present* avskedsgåva; ~ *shot* avskeds-, slut|replik **2** skilje-
partisan [ˌpɑːtɪ'zæn] **I** *s* **1** partianhängare **2** partisan **II** *a* **1** parti-; ensidig; ~ *politics* partipolitik **2** partisan- **-ship** partianda
partition [pɑː'tɪʃn] **I** *s* **1** delning; uppdelning **2** del, avdelning **3** skiljevägg, skiljemur **II** *v* dela; ~ *off* avbalka, avdela, avskilja; ~ *a room off with a screen* avdela ett rum med en skärm
partitive ['pɑːtɪtɪv] *språkv.* **I** *a* partitiv (*genitive* genitiv) **II** *s* partitivattribut
partly ['pɑːtlɪ] delvis, till en del; dels
partner ['pɑːtnə] **I** *s* **1** partner; kompanjon, delägare; medbrottsling; *sleeping* ~ passiv delägare **2** partner; medspelare; kavaljer, dam; make, maka **II** *v* vara (bli) partner (kompanjon *etc.*) till **-ship** **1** kompanjonskap; *enter into a* ~ *with* ingå kompanjonskap med; *take s.b. into* ~ göra ngn till kompanjon **2** enkelt bolag
part|-owner ['pɑːtˌəʊnə] delägare **--payment** [-ˌpeɪmənt] avbetalning
partridge ['pɑːtrɪdʒ] *zool.* rapphöna
part song ['pɑːtsɒŋ] flerstämmig sång
part|-time ['pɑːttaɪm] **I** *a* deltids-, halvtids-; *a* ~ *worker* en deltidsanställd **II** *adv* på deltid, på halvtid; *work* ~ arbeta deltid **--timer** [-ˌtaɪmə] deltids|anställd, -arbetande
parturition [ˌpɑːtjʊ(ə)'rɪʃn] *med.* barnsbörd, nedkomst
party ['pɑːtɪ] **1** (*politiskt*) parti; *political* ~ politiskt parti **2** part; kontrahent; delägare; deltagare; inbladad; *be a* ~ *to an agreement* vara med om en överenskommelse; *be a* ~ *to a crime* vara delaktig (inblandad) i ett brott; *I will not be a* ~ *to that* jag vill inte vara med om (ha att göra med) det **3** *vard.* typ, person **4** grupp, lag, sällskap; *mil.* patrull; *a* ~ *of tourists* en turistgrupp; *make one of the* ~ komma (hänga) med **5** fest, skiva, kalas, party, bjudning; *at the* ~ på festen; *give* (*have, throw*) *a* ~ ha (ordna) en fest
party line ['pɑːtɪlaɪn] **1** gemensam telefonledning **2** *polit.* partilinje **party man** [-mæn] trogen partianhängare **party politics** [-ˌpɒlɪtɪks] partipolitik **party wall** [-wɔːl] *jur., ung.* brandmur, rågång
parvenu ['pɑːvənjuː] parveny, uppkomling
pascal ['pæskəl] *fys.* pascal
paschal lamb ['pɑːsk(ə)llæm] *bibl.* påskalamm
pasha ['pɑːʃə] pascha
pasqueflower ['pæskˌflaʊə] *bot.* backsippa
pass [pɑːs] **I** *s* **1** passer|kort, -sedel, legitimation; *mil. a*) permissionssedel, *b*) permission; [*free*] ~ fribiljett **2** *BE.* (*i examen*) godkännande; *get a* ~ få godkänt, bli godkänd; *I need a* ~ *in Latin* jag måste bli godkänd (ta examen) i latin **3** (*trollkarls etc.*) [hand]rörelse, gest; [be]strykning (*m. färg e.d.*) **4** *sport.* passning; (*i fäktning*) utfall, stöt **5** *vard.* närmande; *make a* ~ *at* vara närgången mot **6** [kritisk] situation, [kritiskt] läge; *a pretty* ~ en snygg historia; *things have come to a pretty* ~ *when* det har gått så långt att **7** [bergs]pass; [trång] passage, väg, led, genom|fart, -gång; *hold the* ~ (*bildl.*) hålla ställningarna **8** passerande *etc.*, *jfr pass II*; (*för*)flygning **9** *kortsp.* pass[ande] **II** *v* (*jfr äv. III*) **1** passera [förbi, genom], gå (fara, komma, köra, resa, åka) förbi (genom, över); köra om; gå om (*äv. bildl.*); *I* ~*ed him in the street* jag gick förbi honom på gatan; *we* ~*ed the border* vi passerade gränsen; ~ *a p.'s lips* komma över ngns läppar **2** gå igenom, passera; godkännas (bli antagen) av; bli godkänd; klara, ta, avlägga (*one's examination*) sin examen) **3** godkänna; anta; släppa igenom, låta gå (komma) igenom, låta passera; *the bill was* ~*ed* lagförslaget antogs; *the censors* ~*ed the film* censorerna godkände (släppte igenom) filmen **4** låta defilera (passera, dra) förbi **5** *kokk.* passera; sila **6** föra, dra, låta gå; ~ *one's hand over s.th.* föra (stryka med) handen över ngt **7** hoppa över; ignorera; nonchalera **8** över|stiga, -träffa, -gå, gå utöver; *it* ~*es belief* det är obegripligt (alldeles otroligt) **9** fördriva (*the time* tiden); tillbringa (*a week in London* en vecka i London) **10** räcka, skicka; skicka (föra) vidare; *sport.* passa; ~ *me the bread, please!* vill du vara snäll och skicka (räcka) mig brödet! **11** släppa (prångla) ut (*forged bank notes* falska sedlar) **12** ~ *water* kasta vatten **13** yttra, uttala; avge, fälla; rikta (*criticism upon* kritik mot); *jur.* avkunna, fälla (*sentence upon s.b.* [en] dom över ngn); ~ *a remark* fälla ett yttrande; ~ *the time of day with* byta några ord med **14** passera [förbi], gå (fara, komma, köra, resa, åka) förbi (igenom, vidare); köra om; *they* ~*ed in the corridor* de gick förbi varandra (möttes) i korridoren; *the street is too narrow for cars to* ~ gatan är för trång för att bilar skall kunna mötas **15** gå igenom, passera; godkännas, bli antagen; [kunna] antas (godtas); bli godkänd, klara sig, klara examen; [få] passera, gälla; gå; *let it* ~*!* (*äv.*) glöm det!; *the bill* ~*ed* lagförslaget gick igenom; ~ *for* anses som, tas för; *he could easily* ~ *for 30* man skulle kunna tro att han [bara] var trettio; ~ *into* komma in på (i) **16**

pass.—pastoral

gå över (bort), försvinna, upphöra; (om tid) gå, förflyta, lida; *it'll* ~! det går över! **17** cirkulera; skickas [vidare, runt]; *sport., kortsp.* passa **18** övergå, gå över; *the colours* ~ *from blue to green* färgerna övergår från blått till grönt **19** yttras; utbytas, utväxlas; *jur. a)* avkunnas, *b)* döma, fälla dom **20** hända, tilldra sig; *bring to* ~ (*åld.*) förorsaka, åstadkomma; *come to* ~ (*åld.*) hända, inträffa **III** (*med adv o. prep*) ~ *along a)* gå (tåga) fram, *b)* skicka vidare; ~ *along!* fortsätt!, passera!; ~ *away a)* fördriva, tillbringa (*the time tiden*), *b)* gå bort, försvinna, *c)* gå bort, dö, *d)* förflyta, försvinna, gå över, ta slut; ~ *by a)* hoppa över, förbi|gå, -se, ignorera, *b)* passera [förbi], gå (fara *e.d.*) förbi, köra om, *c)* förflyta, gå [förbi]; ~ *down a)* föra vidare, tradera, *b)* sprida; ~ *off a)* gå [över], försvinna, *b)* äga rum, *c)* avlöpa, förlöpa; ~ *s.b. off as s.th.* [falskeligen] utge ngn för [att vara] ngt; *he could easily* ~ *off as a German* han skulle lätt kunna tas för en tysk; ~ *on a)* vidarebefordra, föra (låta gå) vidare, sprida, *b)* gå bort, dö, *c)* övergå, byta ägare, *d)* gå över (vidare), fortsätta; ~ *out a)* dela ut, *b)* vard. svimma, tuppa av, *c) mil.* gå ut, gå igenom en kurs; ~ *out of sight* försvinna ur sikte; ~ *over a)* hoppa över, förbigå (*in silence* med tystnad), överse med, ignorera, *b)* skicka (låta gå) vidare, räcka, *c)* gå (fara *e.d.*) över [till andra sidan], *d)* gå över, *e)* gå bort (*dö*), *f)* övergå (*into the hands of s.b.* i ngns ägo, i ngns händer; *to* till); ~ *round* skicka runt (omkring); ~ *through* gå (passera) igenom, *bildl.* genomgå, passera; ~ *up a)* vard. tacka nej till, avstå från, *b)* ignorera, inte bry sig om

pass. *förk. för passage; passenger; passive*

passable ['pɑ:səbl] **1** skaplig, hjälplig, passabel **2** framkomlig, farbar **3** (*om mynt*) gångbar

passage ['pæsɪdʒ] **1** passage; passerande; färd, resa, över|fart, -resa (*med båt*); genomresa; *bird of* ~ flyttfågel **2** passage; kanal, öppning; genomgång; gång **3** passage (*äv. mus.*); [text]avsnitt, ställe **4** antagande, behandling (*av lagförslag e.d.*) **5** gång; *the* ~ *of time* tidens gång; *in* (*with*) *the* ~ *of time* med tiden **6** ~ *at arms* vapenskifte **-way** passage, gång, korridor

passbook ['pɑ:sbʊk] **1** bankbok, motbok **2** *hand.* kontrabok, bok över kreditinköp

passé ['pɑ:seɪ] passé, förgången, föråldrad

passenger ['pæsɪn(d)ʒə] **1** passagerare, resenär, resande **2** *i sht BE.* trög lagmedlem, börda **passenger train** persontåg

passe-partout ['pæspɑ:tu:] **1** passepartout **2** huvudnyckel

passer-by [,pɑ:sə'baɪ] (*pl passers-by*) förbipasserande

passerine ['pæsəraɪn] *zool.* tätting

passing ['pɑ:sɪŋ] **I** *a* **1** förbipasserande, som går förbi; *the* ~ *years* åren som går, de förbiilande åren; *a* ~ *remark* ett yttrande i förbigående **2** övergående; tillfällig; flyktig **II** *s* **1** förbipasserande; förbifart; omkörning; *the* ~ *of time* tidens gång; *mention in* ~ nämna i förbigående **2** antagande, godkännande (*av lag e.d.*) **3** bortgång, död **passing bell** själaringning

passion ['pæʃn] **I** *s* **1** passion, lidelse; begär, åtrå; häftigt kärlek; *have a* ~ *for s.th.* vara lidelsefullt intresserad av ngt **2** häftig vrede; häftigt utbrott; *burst into a* ~ *of sobs* börja snyfta våldsamt; *fly into a* ~ bli rasande, få ett vredesutbrott **3** *the P*~ passionshistorien; *the St. Matthew P*~ Matteuspassionen

passionate ['pæʃənət] **1** passionerad, lidelsefull **2** häftig, hetlevrad **3** driftig

passionflower ['pæʃn,flaʊə] *bot.* passionskristikors|blomma **passion fruit** [-fru:t] passionsfrukt **passionless** [-lɪs] lidelsefri **Passion Sunday** [-,sʌndɪ] femte söndagen i fastan

passive ['pæsɪv] **I** *a* passiv (*äv. språkv.*); overksam, oföretagsam; ~ *obedience* blind lydnad; ~ *resistance* passivt motstånd; *the* ~ *voice* passiv form, passiv[um] **II** *s, språkv., the* ~ passiv[um] [förbi]; ~ *down a)* föra vidare, tradera, *b)* sprida; **passivity** [pæ'sɪvətɪ] passivitet, overksamhet

passkey ['pɑ:ski:] **1** portnyckel **2** huvudnyckel; dyrk **pass law** *Sydafr.* passlag

Passover ['pɑ:s,əʊvə] (*judisk*) påsk[högtid]

pass|port ['pɑ:spɔ:t] **1** [res]pass **2** *bildl.* inkörsport, nyckel **-word** lösen[ord]

past [pɑ:st] **I** *a* **1** förfluten, [för]gången; förbi, över; ~ *president* f.d. (tidigare) president; *the* ~ *two weeks* de två senaste veckorna; *for some time* ~ sedan ngn tid tillbaka **2** *språkv., the* ~ *participle a)* perfekt particip, *b)* supinum; *the* ~ *perfect* pluskvamperfekt[um]; *the* ~ *tense* imperfekt[um] **II** *adv* förbi; *walk* ~ gå förbi **III** *s* **1** *språkv., the* ~ imperfekt[um] **2** *the* ~ det förflutna (förgångna); *in the* ~ (*äv.*) tidigare; *a woman with a* ~ en kvinna med ett förflutet; *be a thing of the* ~ tillhöra det förflutna **IV** *prep* **1** förbi; bortom; utanför, utom; ~ *belief* otrolig[t]; ~ *cure* obotlig; *be* ~ *s.th.* vara för gammal för ngt; *I'm* ~ *caring* det bryr jag mig inte om längre; *he is* ~ *saving* det går inte att rädda honom; *my radio is getting* ~ *it* (*vard.*) min radio håller på att paja; *I would not put it* ~ *him* (*vard.*) det kan jag gott tro om honom **2** förbi, efter; *half* ~ *three* halv fyra; *a quarter* ~ *three* en kvart över tre; *it's* ~ *three* klockan är över tre

pasta ['pæstə] pasta (*spaghetti, nudlar etc.*)

1 paste [peɪst] **I** *s* **1** [kak]deg; massa; *almond* ~ mandelmassa **2** pasta; kräm **3** (*smörgåspålägg e.d.*) pastej **4** [foto]klister **5** strass **II** *v* klistra (*s.th. on*[*to*] ngt på); ~ *up* klistra upp

2 paste [peɪst] *sl.* klå upp

pasteboard ['peɪstbɔ:d] papp, kartong

pastel [pæ'stel] **1** pastell|färg, -krita; pastellfärg (*färgton*) **2** pastell[målning]

pastern ['pæstɜ:n] (*på häst*) karled

paste-up ['peɪstʌp] **1** *boktr.* klistring; montering **2** collage

pasteur|ization (*BE. äv. -isation*) [,pæstəraɪ-'zeɪʃn] pastörisering **-ize** (*BE. äv. -ise*) ['pæstəraɪz] pastörisera

pastiche [pæ'sti:ʃ] **1** pastisch **2** potpurri

pastil|le ['pæst(ə)l] pastill, tablett

pastime ['pɑ:staɪm] tidsfördriv

pasting ['peɪstɪŋ] *vard.* stryk; *give s.b. a* ~ ge ngn stryk, klå upp ngn

past master [,pɑ:st'mɑ:stə] *bildl.* mästare (*at, of* i)

pastor ['pɑ:stə] präst, pastor; andlig ledare **pastoral** ['pɑ:st(ə)r(ə)l] **I** *a* **1** pastoral, idyllisk, lantlig; ~ *poem* herdedikt **2** präst-, prästerlig **II** *s*

pastorale—patter

pastoral; herdedikt **2** herdabrev **pastorale** [ˌpæstəˈrɑːlɪ] *mus.* pastoral
pastry [ˈpeɪstrɪ] **1** smördeg **2** bakverk; bakelse[r] **pastrycook** konditor **pastry cream** vaniljkräm (*t. bakverk*)
pasturage [ˈpɑːstjʊrɪdʒ] **1** betesrätt **2** *se pasture I*
pasture [ˈpɑːstʃə] **I** *s* **1** bete **2** betesmark **II** *v* **1** släppa på bete; låta beta **2** beta
1 pasty [ˈpæstɪ] kött[pirog]
2 pasty [ˈpeɪstɪ] **1** degig, degliknande **2** glåmig, blek (*complexion* hy)
Pat [pæt] **1** kortform av *Patricia, Patrick* **2** *vard.* irländare
1 pat [pæt] **I** *s* **1** klapp, lätt slag; *a ~ on the back* (*vard.*) en [uppmuntrande] klapp på axeln **2** klick; *a ~ of butter* en smörklick **3** tassande, trippande, ljud av lätta fotsteg **II** *v* **1** klappa; ge ett lätt slag, slå till lätt (*i sht med handflatan*); *~ s.b. on the back* (*vard.*) ge ngn en [uppmuntrande] klapp på axeln; *he is always ~ting himself on the back* han är alltid nöjd med sig själv **2** tassa, trippa
2 pat [pæt] *a o. adv* **1** [*off*] *~ som ett rinnande vatten, som smort, utan och innan* **2** fix och färdig; redo, parat; passande; *have s.th. down ~* kunna ngt som ett rinnande vatten; *he had his answer ~* han hade genast ett svar till hands; *stand ~* (*i sht AE.*) stå fast, vara orubblig
pat. *förk. för patent*[*ed*]
patch [pætʃ] **I** *s* **1** lapp; svart lapp (*för öga*); musch; skönhetsmärke; plåster **2** jord|lapp, -bit, täppa, [trädgårds]land; *cabbage ~* kålland **3** litet ställe, fläck, stycke, bit; *a ~ of cloud* en molntapp; *a ~ of blue sky* en bit blå himmel; *in ~es* fläckvis **4** *he is not a ~ on you* han går inte upp emot dig; *hit* (*strike*) *a bad ~* ha en nedgångsperiod, ha en besvärlig tid **II** *v* lappa, sätta en lapp (lappar) på; foga samman; *~ up a*) lappa ihop (*äv. bildl.*), laga provisoriskt, fuska ihop, *b*) bilägga, ordna upp (*a quarrel* en tvist) **patch pocket** [ˈpætʃˌpɒkɪt] påsydd ficka **patchwork** [ˈpætʃwɜːk] **1** lapptäckesteknik **2** *bildl.* lappverk, fuskverk **patchwork quilt** lapptäcke **patchy** [ˈpætʃɪ] **1** lappad; hoplappad **2** *bildl.* ojämn, växlande; blandad
patd. *förk. för patented*
pate [peɪt] *vard.* skalle
paté [ˈpæteɪ] paté, pastej
patella [pəˈtelə] *anat.* patella, knäskål
paten [ˈpæt(ə)n] paten, oblattallrik
patent [ˈpeɪt(ə)nt] **I** *a* **1** patent-, patenterad; privilegierad; *~ leather* blank-, lack|skinn; *~ medicine* patentmedicin; *P~ Office* patentverk; *~ right* patenträtt[igheter] **2** öppen; *bot.* utbredd **3** uppenbar, klar, tydlig **II** *s* patent (*äv. bildl.*); patentbrev; patenträtt; *~*[*s*] *pending* patentsökt; *take out a ~* ta patent (*on* på) **III** *v* patentera, ta (få) patent på **patentee** [ˌpeɪt(ə)nˈtiː] patentinnehavare
pater [ˈpeɪtə] *BE. skolsl.* pappa **-familias** [ˌpeɪtəfəˈmɪliæs] familje|far, -överhuvud
paternal [pəˈtɜːnl] **1** faderlig, faders- **2** på fädernet; *~ aunt* faster; *~ grandmother* farmor **-ism** [-ɪz(ə)m] förmyndarmentalitet, förmynderi
paternity [pəˈtɜːnətɪ] faderskap; *bildl.* ursprung

paternoster **1** [ˌpætəˈnɒstə] *P~* Fader vår **2** [ˈpætəˌnɒstə] paternosterkula; radband **3** [ˈpætəˌnɒstə] *~* [*lift*] paternosterhiss
path [pɑːθ, *pl* pɑːðz] **1** [gång]stig; *garden ~* trädgårdsgång **2** *bildl.* bana; väg; *the ~ of virtue* dygdens väg
pathetic [pəˈθetɪk] **1** patetisk; högtravande; gripande; löjeväckande; *the ~ fallacy* (*litt.*) förmänskligandet av naturen **2** *BE. sl.* värdelös, oduglig
path|finder [ˈpɑːθˌfaɪndə] **1** stigfinnare; vägvisare, föregångare **2** radarsikte **-less** [-lɪs] obanad, stiglös
patholo|gist [pəˈθɒlədʒɪst] patolog **-gy** [-dʒɪ] patologi
pathos [ˈpeɪθɒs] **1** patos **2** medlidande
pathway [ˈpɑːθweɪ] *se path*
patience [ˈpeɪʃns] **1** tålamod; fördragsamhet; uthållighet; *have ~ with* ha tålamod med; *loose* [*one's*] *~ with* förlora (tappa) tålamodet med **2** *BE.* patiens (*kortspel*) **patient** [-t] **I** *a* tålmodig, tålig; fördragsam; uthållig; *be ~ with s.b.* ha tålamod med ngn **II** *s* patient, sjukling
patina [ˈpætɪnə] ärg; patina; lager
patio [ˈpætɪəʊ] **1** patio, kringbyggd gård **2** uteplats (*vid villa e.d.*)
patisserie [pəˈtiːs(ə)rɪ] **1** konditori **2** bakelser
Pat. Off. *förk. för Patent Office* **pat. pend.** *förk. för patent pending*
patri|arch [ˈpeɪtrɪɑːk] patriark **-archal** [ˌpeɪtrɪˈɑːkl] patriarkalisk **-archy** [ˈpeɪtrɪɑːkɪ] patriarkat
patrician [pəˈtrɪʃn] **I** *s* patricier; aristokrat **II** *a* patricisk; aristokratisk
patricide [ˈpætrɪsaɪd] **1** fadermord **2** fadermördare
patrimony [ˈpætrɪmənɪ] **1** fädernearv, arvegods **2** kyrkogods
patriot [ˈpætrɪət] patriot **-ic** [ˌpætrɪˈɒtɪk] patriotisk **-ically** [ˌpætrɪˈɒtɪk(ə)lɪ] *adv* patriotiskt **-ism** [ˈpætrɪətɪz(ə)m] patriotism
patrol [pəˈtrəʊl] **I** *s* **1** patrull **2** patrullering; *be on ~* patrullera **II** *v* patrullera **patrol car** polis-, radio|bil **patrolman** *AE.* patrullerande poliskonstapel **patrol wagon** [-ˌwægən] *AE.* piketbil
patron [ˈpeɪtr(ə)n] **1** beskyddare, gynnare; skyddshelgon **2** stamkund; stamgäst **patronage** [ˈpætrənɪdʒ] **1** beskydd; stöd; beskyddarskap **2** nedlåtande sätt, nedlåtenhet **3** (*kunders*) förtroende, välvilja; kundkrets, kunder; klientel; *we enjoy the ~ of...* bland våra kunder har vi...
patron|ize (*BE- äv. -ise*) [ˈpætrənaɪz] **1** beskydda, gynna; stödja **2** behandla nedlåtande **3** vara kund (stamgäst) hos, gynna; *a well ~d shop* en mycket omtyckt affär **-izing** (*BE. äv. -ising*) [-aɪzɪŋ] *a* nedlåtande (*of* [*towards*] mot)
patron saint [ˈpeɪtr(ə)nseɪnt] skyddshelgon
patronymic [ˌpætrəˈnɪmɪk] patronymikon (*namn bildat på faderns namn*)
patsy [ˈpætsɪ] *AE. sl.* lättlurad person; driftkucku; syndabock
patten [ˈpætn] träsko
1 patter [ˈpætə] **I** *v* **1** tassa, trippa **2** (*om regn e.d.*) smattra, trumma **II** *s* **1** trippande [ljud] **2** smatter, smattrande (trummande) [ljud]

2 patter ['pætə] **I** *v* **1** pladdra, snacka, snattra **2** rabbla (*bön e.d.*) **II** *s* **1** pladder; prat, snack **2** jargong

pattern ['pætən] **I** *s* **1** mönster; modell; mall; schablon; *paper* ~ pappers-, sy|mönster; ~ *for a skirt* mönster till en kjol; *various* ~*s of cups* olika modeller av koppar; *make a* ~ bilda ett mönster **2** *bildl.* mönster, förebild, exempel; typexempel (*of* på); mall; schema; struktur; *on the* ~ *of* efter förebild av (från); *set a* ~ *for* vara förebild för **3** *mil.* träffbild **II** *v* **1** forma, efterbilda (*after, on* efter) **2** mönstra, göra mönster på

patty ['pætɪ] **1** liten pastej; krustad **2** färsbiff

P.A.U. *förk.* för *Pan American Union*

paucity ['pɔːsətɪ] **1** brist, knapphet (*of* på) **2** fåtalighet

Paul [pɔːl] Paul, Paulus; *Saint* ~, ~ *the Apostle* aposteln Paulus

paunch [pɔːn(t)ʃ] buk; [stor] mage; *zool.* våm

pauper ['pɔːpə] fattighjon **-ism** [-rɪz(ə)m] fattigdom **-ize** (*BE. äv. -ise*) [-raɪz] utarma

pause [pɔːz] **I** *s* **1** paus; uppehåll, avbrott **2** *give* ~ *ge* anledning till eftertanke **3** *mus.* fermat **II** *v* göra en paus; stanna upp, tveka

pave [peɪv] stenlägga, belägga [med sten]; ~ *the way for* (*bildl.*) bana väg för **-ment** [-mənt] **1** [väg-, gatu]beläggning **2** trottoar, gångbana

pavilion [pə'vɪljən] **1** (*spetsigt*) [prakt]tält **2** paviljong **3** *BE. sport.* omklädningslokaler; klubbhus

paving ['peɪvɪŋ] [väg-, gatu-]beläggning **paving stone** gatsten

paviour ['peɪvjə] **1** stenläggare **2** jungfru (*för stenläggning*) **3** gatsten

paw [pɔː] **I** *s* **1** tass; *vard.* tass, labb (*hand*); ~*s off!* (*vard.*) bort med tassarna! **II** *v* **1** beröra med tassen; skrapa med hoven på (i) **2** *vard.* tafsa (kladda, fingra) på **3** röra med tassen (*at* på); skrapa med hoven (*at* på, i) **4** *vard.* tafsa, kladda, fingra

pawl [pɔːl] spärrhake

1 pawn [pɔːn] **1** *schack.* bonde **2** *bildl.* redskap, verktyg; bricka, schackpjäs

2 pawn [pɔːn] **I** *s* **1** pant; *be in* ~ vara pantsatt; *put in* ~ pantsätta **2** pantsättning **II** *v* pantsätta; *bildl.* sätta i pant **pawnbroker** ['pɔːn‚brəʊkə] pantlånare **pawnshop** ['pɔːnʃɒp] pant|lånekontor, -bank **pawn ticket** ['pɔːn‚tɪkɪt] pant|sedel, -kvitto

pay [peɪ] **I** *s* betalning; lön, avlöning; *mil.* sold; *sjö.* hyra; *be in a p.'s* ~ vara i ngns tjänst (sold), arbeta åt ngn **II** *v* (*paid, paid*) **1** betala [ut]; erlägga; svara (stå) för; [be]löna, återgälda; vedergälla; löna sig för; *when do we get paid?* när får vi betalt?; *it* ~*s you to be honest* det lönar sig att vara ärlig; *the shares* ~ *10%* aktierna ger 10 procent i utdelning; ~ *one's way a)* vara lönande (självbärande), löna sig, *b)* betala för sig [själv]; ~ *back a)* betala tillbaka (igen), *b) bildl.* ge igen; ~ *down a)* betala kontant, *b)* betala i handpenning; ~ *for a)* betala för, *b)* ge igen för; ~ *in* betala (sätta in); ~ *off a)* betala, avlöna, *b)* avskeda, mönstra av, *c)* betala av (färdigt), *d) bildl.* ge igen; ~ *out a)* betala ut, *b)* ge ut, *c) bildl.* ge igen; ~ *over* betala ut, överlämna; ~ *up* betala [med detsamma, till fullo] **2** visa, ägna, betyga, göra; ~ *attention to* ägna uppmärksamhet åt, lägga märke till; ~ *s.b. a compliment* ge ngn en komplimang; ~ *one's respects to s.b.* betyga ngn sin aktning; ~ *a visit to* göra ett besök hos **3** betala; ~ *on account* betala a conto; *how much did you* ~ *for that?* vad betalade du för det? **4** ~ [*off*] löna sig, vara lönande, bära sig; *crime doesn't* ~ brott lönar sig inte **5** ~ *for s.th a)* betala [för] ngt, bekosta ngt, *b) bildl.* [få] betala (sota) för ngt; *I'll make you* ~ *for this!* det här ska du få igen (betala)! **6** ~ *up* betala

payable ['peɪ(ə)bl] betalbar (*to bearer* till innehavaren); förfallen till betalning **pay-as-you--earn** [‚peɪəzjuː'ɜːn] *s o. a*, ~ [*tax*] källskatt; ~ [*tax*] *system* beskattning vid källan **payday** avlöningsdag **pay-desk** kassa[disk]

P.A.Y.E. *förk.* för *pay as you earn*

payee [peɪ(ɪ)'iː] betalningsmottagare **paying** ['peɪɪŋ] lönande, lönsam; betalande; ~ *guest* betalande gäst **payload** ['peɪləʊd] nyttolast **paymaster** ['peɪ‚mɑːstə] kassachef; kassör **payment** ['peɪmənt] betalning; likvid; in-, ut|betalning; *as* (*in*) ~ *of our invoice* (*for goods*) som betalning för vår faktura (för varor); *make a* ~ betala; *stop* ~*s* inställa betalningarna **payoff** ['peɪɒf] **1** slutbetalning; utbetalning; utbetalningsdag **2** vedergällning **3** *vard.* muta **4** *vard.* höjdpunkt, klimax **payroll** ['peɪrəʊl] avlöningslista **pay station** ['peɪ‚steɪʃn] *AE.* telefonautomat

payt. *förk.* för *payment*

pay television ['peɪ‚telɪvɪʒn], **pay-TV** ['peɪtiː‚viː] betal-TV

P.B. *förk.* för *British Pharmacopoeia*; *Prayer Book* **P.C.** *förk.* för *Parish Council*[*lor*]; *Police Constable*; *Post Commander*; *Prince Consort*; *Privy Council*[*lor*] **p.c.** *förk.* för *per cent*; *post card* **P/C, p/c** *förk.* för *petty cash*; *prices current* **pct.** *förk.* för (*AE.*) *per cent* **P.D.** *förk.* för (*AE.*) *Police Department* **pd.** *förk.* för *paid* **P.D.T.** *förk.* för (*AE.*) *Pacific Daylight Time* **P.E.** *förk.* för *physical education*; *potential energy*; *Presiding Elder*; *printer's error*; *Protestant Episcopal*

pea [piː] ärt[a]; *they are as like as two* ~*s* de är lika som två bär

peace [piːs] fred; frid, ro, lugn; ~ *and quiet* lugn och ro; ~ *of mind* sinnes|ro, -frid; *the Queen's* (*King's*) ~ den allmänna ordningen; *breach of the* ~ störande av (brott mot) allmänna ordningen; *a man of* ~ en fridens man; *be at* ~ leva i fred (frid); *get some* ~ få litet lugn och ro; *hold one's* ~ hålla tyst; *leave in* ~ lämna (låta vara) i fred; *make* ~ *between* stifta fred mellan; *make* [*one's*] ~ *with a*) sluta fred med, *b*) försona sig med

peaceable ['piːsəbl] fredlig, fridsam **peaceful** [-f(ʊ)l] fridfull, stilla; fredlig **peace-loving** [-‚lʌvɪŋ] fredsälskande **peacemaker** [-‚meɪkə] fredsstiftare **peace offering** [-‚ɒf(ə)rɪŋ] försoningsgåva **peace pipe** [-paɪp] fredspipa **peacetime** [-taɪm] fredstid

1 peach [piːtʃ] **1** persika **2** persikoträd **3** *vard.* jättefin sak, toppengrej; *a* ~ *of a girl* en jättesöt tjej

2 peach [piːtʃ] *sl.* skvallra, tjalla (*against s.b.* på ngn)

peacock ['pi:kɒk] påfågelstupp
pea-green ['pi:gri:n] ärt-, gul|grön
peahen [ˌpi:'hen] påfågelshöna
peak [pi:k] **I** s **1** topp, spets; bergs|topp, -spets; *bildl.* topp, höjd[punkt] **2** skärm, mösskärm **3** *sjö.* pik **II** v nå en topp (höjdpunkt) **peaked** ['pi:kt] *a,* ~ *cap* skärmmössa
peakish ['pi:kɪʃ] avtärd, blek, glåmig
peak load ['pi:kləʊd] toppbelastning (*på elnät*)
peaky ['pi:kɪ] *se peakish*
peal [pi:l] **I** s **1** skräll[ande], dån; ~ *of bells* klock|klang, -ringning; ~ *of laughter* rungande skratt, skrattsalva; ~ *of thunder* åsk|dunder, -knall **2** klockringning; klockspel; uppsättning klockor **II** v **1** skrälla, dåna; brusa **2** ringa
peanut ['pi:nʌt] **1** jordnöt **2** ~s (*pl, sl.*) småpotatis, struntsumma
pear [peə] **1** päron **2** päronträd
pearl [pɜ:l] **I** s **1** pärla; *bildl. äv.* juvel; *cast* ~s *before swine* kasta pärlor för svin **2** pärlemor **II** *a* **1** pärl-; ~ *necklace* pärlhalsband **2** pärlemo[r]-; ~ *button* pärlemo[r]knapp **II** v **1** pryda med pärlor **2** fiska pärlor **pearl barley** [ˌpɜ:l'bɑ:lɪ] pärlgryn **pearl-diver** ['pɜ:lˌdaɪvə], **pearler** ['pɜ:lə], **pearl-fisher** ['pɜ:lˌfɪʃə] pärlfiskare **pearl-fishing** ['pɜ:lˌfɪʃɪŋ] pärlfiske **pearl-grey** ['pɜ:lgreɪ] pärlgrå **pearl oyster** ['pɜ:lˌɔɪstə] pärlmussla **pearl-rope** ['pɜ:lrəʊp] pärlband **pearly** ['pɜ:lɪ] **I** *a* **1** pärlskimrande; pärlbesatt; *the P~ Gates* (*vard.*) pärleporten, himlens portar **2** pärlemo[r] skimrande; ~ *king* (*queen*) frukt- och grönsaksmånglare (*jfr pearly II*) **II** s *BE.* **1** frukt- och grönsaksmånglare (*i London, bär dräkt med pärlemorknappar vid högtidliga tillfällen*)
pear-shaped ['peəʃeɪpt] päronform|ad, -ig
peasant ['peznt] **I** s **1** [små]bonde; småbrukare **2** *vard.* lantis; bondtölp **II** *a* bond-; ~ *woman* bondkvinna **-ry** [-rɪ] **1** allmoge, bondeklass; bönder **2** bondaktighet
pease pudding ['pi:zˌpʊdɪŋ] *i sht BE., ung.* ärtpuré
pea|shooter ['pi:ˌʃu:tə] ärt|bössa, -rör **-soup** [ˌpi:'su:p] ärtsoppa **-souper** ['pi:ˌsu:pə] *BE. vard.* tät gul londondimma
peat [pi:t] torv **peat bog (moss)** torvmosse
pebble ['pebl] **1** kiselsten, småsten; *she is not the only* ~ *on the beach* (*vard.*) hon är inte den enda människan i världen **2** bergkristall **pebble dash** byggn. väggputs med småsten **pebbly** ['peblɪ] *a* full av kiselstenar (småsten), stenig
pecan [pɪ'kæn] *bot.* **1** pekannöt **2** pekan-, hickory|träd
peccable ['pekəbl] syndfull
peccadillo [ˌpekə'dɪləʊ] (*pl* ~[*e*]*s*) liten försyndelse
peccary ['pekərɪ] *zool.* navelsvin, pekari
1 peck [pek] **1** (*mått för torra varor*) 8 quarts, 1/4 bushel **2** mängd, massa
2 peck [pek] **I** s pickande, hackande (*med näbb*) **2** hack, märke **3** *vard.* flyktig kyss **II** v **1** picka, hacka; ~ *at a*) picka (hacka) i (på), *b*) peta i (*one's food* i maten), *c*) hacka (tjata) på **2** picka (hacka) i (på) **3** picka upp, hacka fram; ~ *out a hole* hacka ett hål **4** *vard.* kyssa flyktigt **-er** ['pekə] **1** *vard.* hackspett **2** *BE. sl., keep one's* ~ *up* inte tappa modet **3** *AE. vulg.* kuk **peckish** ['pekɪʃ] *i sht BE. vard.* sugen, hungrig
pectin ['pektɪn] *kem.* pektin
pectoral ['pektər(ə)l] bröst-; ~ *fin* bröstfena
peculate ['pekjʊleɪt] förskingra
peculiar [pɪ'kju:ljə] **1** egendomlig, underlig, besynnerlig, ovanlig **2** speciell, särskild **3** karakteristisk, typisk (*to* för) **-ity** [pɪˌkju:lɪ'ærətɪ] egenhet; egendomlighet; säregenhet **-ly** [pɪ'kju:ljəlɪ] *adv* **1** särskilt, speciellt **2** i synnerhet; synnerligen **3** besynnerligt, ovanligt
pecuniary [pɪ'kju:njərɪ] pekuniär-, penning-; ~ *penalty* böter
peda|gogic[al] [ˌpedə'gɒdʒɪk(l)] pedagogisk **-gogics** (*behandlas som sg*) pedagogik **-gogue** ['pedəgɒg] pedagog; skolmästare, pedant **-gogy** ['pedəgɒdʒɪ] pedagogik
pedal ['pedl] **I** s pedal; trampa; *loud* ~ (*på piano*) [höger]pedal; *soft* ~ (*på piano*) dämmare, vänsterpedal **II** *a* pedal-; tramp-; ~ *cycle* trampcykel **III** v trampa; använda pedal (pedaler)
pedant ['ped(ə)nt] pedant **pedantic** [pɪ'dæntɪk] pedantisk **pedantry** ['ped(ə)ntrɪ] pedanteri
peddle ['pedl] **1** gå omkring och sälja; idka gårdfarihandel **2** ~ *narcotics* sälja (langa) narkotika **3** ivrigt förespråka **peddler** [-ə] **1** [knark]langare **2** *AE., se pedlar*
pederast ['pedəræst] pederast
pedestal ['pedɪstl] piedestal; sockel
pedestrian [pɪ'destrɪən] **I** *a* **1** som går till fots; fotgängar-; ~ *crossing* övergångsställe, fotgängarövergång; ~ *precinct* gågata, område med gågator **2** prosaisk, vardaglig, trivial **II** s fotgängare
pediatrician [ˌpi:dɪə'trɪʃn] *se paediatrician*
pedicab ['pedɪkæb] cykelriksha
pedicure ['pedɪˌkjʊə] pedikyr, fotvård
pedigree ['pedɪgri:] **1** släkttavla, stamtavla; härkomst **pedigree cattle** stambokförd boskap **pedigreed** [-d] stambokförd **pedigree dog** rashund
pedlar ['pedlə] gatuförsäljare; dörrknackare; gårdfarihandlare
pedometer [pɪ'dɒmɪtə] stegräknare
pee [pi:] *sl.* **I** s kiss; *have a* ~ kissa **II** v kissa
peek [pi:k] **I** v titta, kika (*at* på) **II** s titt, kik (*at* på) **-aboo** [ˌpi:kə'bu:] **I** s tittut (*lek*) **II** *interj* tittut!
peel [pi:l] **I** s [frukt]skal **II** v **1** skala (*frukt, ägg*); barka (*träd*); ~ *off a*) skala av, *b*) *sl.* ta av sig (*kläder*) **2** flagna [av]; fjälla; släppa skalet; släppa färgen **3** *sl.,* ~ *off* ta av sig kläderna **-er** ['pi:lə] skalare **-ings** ['pi:lɪŋz] *pl* (*avskalade*) skal
1 peep [pi:p] **I** v pipa **II** s pip[ande]
2 peep [pi:p] **I** v **1** kika, titta (*at* på); *P~ing Tom* tittare, voyeur **2** kika (titta, skymta) fram **II** s **1** titt, förstulen blick **2** första skymt; *at the* ~ *of day* i den första gryningen
peep|-bo ['pi:pbəʊ] tittut **-er** [-ə] **1** tittare **2** *sl., ofta pl,* ~s korpgluggar **-hole** titthål **-show** tittskåp; (*slags*) porrfilmvisning
peep sight ['pi:psaɪt] (*på vapen*) siktskåra
1 peer [pɪə] **1** [jäm]like **2** pär; adelsman; ~ *of the realm* ärftlig pär (*adelsman med säte i överhuset*); *life* ~ pär på livstid (*ej ärftlig titel*)
2 peer [pɪə] **1** kika, kisa **2** kika fram, visa sig
peerage ['pɪərɪdʒ] **1** *the* ~ pärerna, aristokratin **2** pärsvärdighet; adelskap **3** pärsförteckning,

peeress—Penn[a].

adelskalender **peeress** [-rɪs] **1** pärs maka **2** adelsdam (*med pärsvärdighet*)
peer group ['pɪəgrəʊp] kamratgrupp, åldersgrupp **peerless** [-lɪs] makalös, oförlknelig
peeve [pi:v] *vard.* **I** *v* irritera, förarga; ~*d at* irriterad (förargad) på (över) **II** *s* irritationskälla
peevish ['pi:vɪʃ] retlig, vresig
peewit ['pi:wɪt] *zool.* [tofs]vipa
peg [peg] **I** *s* **1** pinne; bult, stift, sprint; plugg, tapp; tältpinne; *mus.* [stäm]skruv; *be a square ~ in a round hole* inte passa in, vara malplacerad; *come down a ~* [*or two*] (*bildl.*) stämma ner tonen; *take* (*bring*) *s.b. down a ~* [*or two*] dämpa ner ngn **2** klädnypa; [kläd]hängare; *bildl.* utgångspunkt, ämne, uppslag; *off the ~* (*i sht BE.*) konfektion[ssydd], färdigsydd **3** *BE.* liten grogg, [grogg]pinne **4** *vard.,* ~ [*leg*] träben **II** *v* **1** fästa [med pinnar *e.d.*]; märka ut [med pinnar], staka ut; ~ *down* (*bildl.*) binda; ~ *out a*) hänga upp [med klädnypor], *b*) märka ut [med pinnar], staka ut; ~ *out one's claim* (*bildl.*) hävda sina anspråk; ~ *up* hänga upp [med klädnypor] **2** fastställa, fixera, låsa **3** *vard.* kasta, slänga **4** ~ *away* (*along*) (*vard.*) jobba på (*at* med) **5** ~ *out* (*sl.*) kola [av] (*dö*)
Pegasus ['pegəsəs] **1** Pegasus **2** pegas
Peggy ['pegɪ] *kortform av Margaret*
peg hole ['peghəʊl] pinnhål **peg leg** *vard.* [man med] träben **peg top** snurra, topp (*med metallspets*) **peg-top** *a* (*om byxor, kjol*) vid upptill och avsmalnande nedåt
pejorative ['pi:dʒ(ə)rətɪv] språkv. **I** *a* pejorativ, nedsättande **II** *s* pejorativt (nedsättande) ord
peke [pi:k] *vard.* pekingeser (*hund*)
Pekinese [,pi:kɪ'ni:z] **I** *a* Peking- **II** *s* pekingeser (*hund*) **Peking** [,pi:'kɪŋ] Peking, Beijing **Pekingese** [,pi:kɪŋ'i:z] *se Pekinese*
pelagic [pe'lædʒɪk] pelagisk, [djup]havs-
pelf [pelf] *neds.* pengar, rikedom
pelican ['pelɪkən] *zool.* pelikan **pelican crossing** [-,krɒsɪŋ] övergångsställe (*med ljussignaler som regleras av fotgängare*)
pellet ['pelɪt] **I** *s* **1** liten kula; piller; [bly]hagel **2** spyboll **II** *v* **1** skjuta med hagel **2** pelletera
pell-mell [,pel'mel] **I** *adv* **1** huller om buller **2** huvudstupa, brådstörtat **II** *a* oordnad, tumultartad **III** *s* tumult
pellucid [pe'lju:sɪd] genomskinlig; *bildl.* klar, tydlig
pelmet ['pelmɪt] gardinkappa; kornisch
1 pelt [pelt] [djur]päls, fäll; (*oberett*) skinn, hud
2 pelt [pelt] **I** *s* **1** slag **2** *at full ~* i full fart **II** *v* **1** kasta (*s.th. at s.b.* ngt på ngn); bombardera (*s.b. with* ngn med); utslunga (*threats at* hotelser mot) **2** ~ [*down*] (*om regn*) piska, ösa ner **3** ~ [*along*] kuta (rusa) i väg
pelvic ['pelvɪk] *anat.* bäcken-; ~ *arch* (*girdle*) bäckenben **pel|vis** (*pl -vises el. -ves* [-vi:z]) *anat.* bäcken
Pembrokeshire ['pembrʊkʃə] Pembrokeshire **Pembroke table** fäll-, klaff|bord
pemmican ['pemɪkən] pemmikan (*slags konserverat kött*)
1 pen [pen] **I** *s* penna; pennspets, udd; *the ~* (*äv.*) författaryrket, skrivandet **II** *v* skriva; författa
2 pen [pen] **I** *s* **1** kätte, fålla, box; [höns]bur **2** ubåtsbunker **II** *v* stänga in
3 pen [pen] *AE. sl.* (*kortform av penitentiary*) *the* ~ kåken
4 pen [pen] svanhona
Pen. *förk. för Peninsula* **P.E.N.** *förk. för International Association of Poets, Playwrights, Editors, Essayists, and Novelists*
penal ['pi:nl] straff-; ~ *code* strafflag; ~ *colony* straffångekoloni; ~ *servitude* straffarbete **-ize** (*BE. äv. -ise*) ['pi:nəlaɪz] **1** belägga med straff; straffa **2** *sport.* straffa, belasta med handikapp
penalty ['penltɪ] **1** straff; bötesstraff, vite; böter; *on ~ of death* vid dödsstraff; *on ~ of £10* vid vite av 10 pund **2** *sport.* straff[spark]; handicap; (*i ishockey*) utvisning; *kortsp.* straff **penalty area** [-,eərɪə] *sport.* straffområde
penance ['penəns] botgöring, penitens; *do ~* göra bot
pence [pens] *pl av penny*
penchant ['pɑ̃:(ŋ)ʃɑ̃:(ŋ)] förkärlek, stark böjelse
pencil ['pensl] **I** *s* **1** [blyerts]penna; stift **2** ~ *of rays* strålknippe **II** *v* rita (skriva) [med blyerts]; ~*led eybrows* målade ögonbryn **pencil box** pennskrin **pencil sharpener** penn|vässare, -formerare
pen|dant ['pendənt] **I** *s* **1** hängsmycke; örhänge; kläpp, prisma (*i kristallkrona*) **2** pendang **II** *a se pendent I* **-dent** [-ənt] **I** *a* hängande, dinglande **II** *s se pendant I*
pending ['pendɪŋ] **I** *a* **1** oavgjord; *leave a number of matters ~* lämna efter sig en hel del oupkklarade affärer **2** [nära] förestående, överhängande **II** *prep* under [loppet av]; i avvaktan på (*her arrival* hennes ankomst); ~ *the investigation* (*äv.*) medan utredningen pågår
pendu|lous ['pendjʊləs] nedhängande; häng-; pendlande **-lum** [-ləm] pendel; *bildl.* svängningar; *the ~ of public opinion* svängningar i allmänna opinionen
penetra|bility [,penɪtrə'bɪlətɪ] genomtränglighet **-ble** ['penɪtrəbl] genomtränglig
pene|trate ['penɪtreɪt] **1** tränga igenom (in i); *mil.* bryta igenom **2** penetrera, tränga in i, sätta sig in i **3** tränga igenom, tränga fram (*to* till); slå igenom, vinna gehör **-trating** [-treɪtɪŋ] **1** genomträngande, vass, skarp **2** inträngande, skarpsinnig **-tration** [,penɪ'treɪʃn] **1** genomträngande, inträngande; penetration; infiltration **2** insikt; skarpsinne **3** *mil.* genombrott
pen friend ['penfrend] brevvän
penguin ['peŋgwɪn] *zool.* pingvin
penholder ['pen,həʊldə] pennskaft
penicillin [,penɪ'sɪlɪn] penicillin
peninsu|la [pə'nɪnsjʊlə] halvö; *the P~* Pyreneiska halvön **-lar** [-lə] halvöliknande
pe|nis ['pi:nɪs] (*pl -nes* [-ni:z] *el. -nises*) penis **penis envy** *psykol.* penisavund
peni|tence ['penɪt(ə)ns] botfärdighet, ånger **-tent** [-t(ə)nt] **I** *a* botfärdig, ångerfull **II** *s* botfärdig syndare; botgörare **-tential** [,penɪ'tenʃl] bot- **-tentiary** [,penɪ'tenʃərɪ] **I** *s* **1** *AE.* fängelse, straffanstalt **II** *a, AE.* fängelse-, kriminalvårds-
pen|knife [penaɪf] pennkniv **-manship** [-mənʃɪp] skrivkonst; kalligrafi, skönskrift
Penn[a]. *förk. för Pennsylvania*

pen name ['penneɪm] pseudonym, antaget författarnamn
pennant ['penənt] **1** sjö. standert, vimpel **2** AE. o. Austr. sport. vimpel (som mästerskapstecken)
penniless ['penɪlɪs] utfattig, utan ett öre
Pennine ['penaɪn] a o. s, the ~s, the ~ Chain Penninska bergen
pennon ['penən] vimpel
Pennsylvania [,pensɪl'veɪnjə]
penny ['penɪ] (pl pence [pens] för värdet, pennies ['penɪz] för myntet) penny (1/100 pund, före 1971 1/12 shilling); AE. vard. encentsslant; bildl. öre; bildl. summa, pengar; a bad ~ (vard. i sht BE.) en obehaglig person (grej); new ~ (efter 1971) [ny] penny; a pretty ~ (vard.) en vacker slant, en nätt summa; not worth a ~ inte värd ett öre; in for a ~, in for a pound har man sagt A får man säga B; a ~ for your thoughts! vad är det du tänker på?; I'm not a ~ the wiser jag är inte ett dugg klokare för det; the ~ dropped nu gick det upp ett ljus, nu föll slanten ner; spend a ~ (BE. vard.) gå någonstans, gå på toa
penny|cress bot. penningört **--dreadful** [,penɪ'dredfʊl] BE. vard. billig sensationsroman **--farthing** [,penɪ'fɑ:ðɪŋ] BE. höghjuling (med stort framhjul o. litet bakhjul) **--pinching** ['penɪ,pɪn(t)ʃɪŋ] snål, närig **--wise** ['penɪwaɪz] småsnål; be ~ and pound-foolish vara sparsam i smått och slösaktig i stort **-worth** ['penəθ] s, buy a ~ of... köpa för en penny...; not a ~ inte ett dugg (uns)
penology [pi:'nɒlədʒɪ] kriminal|politik, -vård
pen pal ['penpæl] brevvän **penpusher** [-,pʊʃə] ung. kontorsslav
pension I s **1** ['penʃn] pension; old age ~ ålderspension **2** ['pɑ̃:(ŋ)sɪɔ̃:(ŋ)] pensionat; helinackordering **II** v ['penʃn] pensionera; ~ off pensionera (äv. bildl.), ge pension **-able** ['penʃnəbl] pensionsberättigad; pensions- **-er** ['penʃənə] pensionär
pensive ['pensɪv] grubblande, tankfull
pentagon ['pentəgən] geom. femhörning, pentagon; the P~ Pentagon (amer. försvarshögkvarterets byggnad i Washington) **pentagonal** [pen'tægənl] fem|hörnig, -sidig **pentameter** [pen'tæmɪtə] versl. pentameter
Pentateuch ['pentətju:k] s, the ~ de fem moseböckerna
pentathlon [pen'tæθlɒn] sport. femkamp
Pente|cost ['pentɪkɒst] **1** pingst **2** jud. vecko|högtiden, -festen **-costal** [,pentɪ'kɒstl] pingst-
penthouse ['penthaʊs] **1** skjul med snedtak; takskjul **2** lyxig takvåning
pent-up ['pentʌp] undertryckt, återhållen
penultimate [pe'nʌltɪmət] **I** a näst sista **II** s penultima (näst sista stavelsen)
penumbra [pɪ'nʌmbrə] konst. halvskugga
penurious [pɪ'njʊərɪəs] **1** snål, närig, gnidig **2** torftig, knapp **penury** ['penjʊrɪ] **1** armod, fattigdom **2** torftighet, knapphet
penwiper ['pen,waɪpə] penntorkare
1 peon ['pi:ən] peon (latinamer. daglönare)
2 peon [pjuːn] (i Indien) [kontors]bud; polis; soldat
peony ['pɪənɪ] bot. pion
people ['pi:pl] **I** s **1** pl människor[na], personer; folk; menighet; the ~ (äv.) den stora massan, de breda lagren; ~'s democracy folkdemokrati; the P~'s Republic of China Folkrepubliken Kina; country ~ lantbor[na], folk från landet; English ~ engelsmän[nen]; there were few ~ here det var litet folk här; a great many ~ många människor, mycket folk; he of all ~ han av alla människor, just han; ~ who folk (alla, den, var och en) som; Tokyo has 8 million ~ Tokyo har 8 miljoner människor; what do you ~ think? vad tycker ni [gott folk]?; the P~ versus Jones (AE. jur.) staten mot Jones **2** folk[slag]; nation; the Swedish ~ svenska folket; the Germanic ~s de germanska folken **3** pl, vard. närmaste, anhöriga, familj, släkt, släktingar; a P~ man, folk; ~ say man (folk) säger, det sägs **II** v befolka, bebo
pep [pep] **I** s fart, kläm, schwung **II** v, ~ [up] pigga (muntra) upp, peppa upp
P.E.P. förk. för Political and Economic Planning
pepper ['pepə] **I** s **1** peppar **2** paprika **II** v **1** peppra; bildl. äv. översålla **2** peppra på, bombardera **pepper-and-salt** [,pepərən'sɔ:lt] a (om tyg) peppar och salt-; (om hår) gråsprängd **peppercorn** ['pepəkɔ:n] pepparkorn **pepper mill** ['pepəmɪl] pepparkvarn **peppermint** ['pepəmɪnt] **1** bot. pepparmynta **2** peppar|mint, -mynt; peppparmyntskaramell **pepper pot** ['pepəpɒt] pepparströare **peppery** ['pepərɪ] **1** peppar-, pepprad, pepparstark **2** hetsig, hetlevrad **3** bitsk
pep pill ['peppɪl] vard. uppiggande tablett
peppy ['pepɪ] vard. klämmig, pigg; snärtig
pepsin[e] ['pepsɪn] pepsin
pep talk ['peptɔ:k] vard. peptalk, uppmuntrande tal
peptic ['peptɪk] peptisk; matsmältnings-; mag-; ~ ulcer magsår
per [pɜ:, obeton. pə] **1** per (per person); 60 miles ~ hour 60 miles i timmen **2** as ~ enligt; as ~ usual (vard.) som vanligt
per. förk. för period; person
peradventure [p(ə)rəd'ventʃə] adv, åld. måhända, kanske
perambu|late [pə'ræmbjʊleɪt] vandra omkring [i] **-lation** [pə,ræmbjʊ'leɪʃn] vandring, strövtåg **-lator** [pə'ræmbjʊleɪtə] barnvagn
per annum [pər'ænəm] per år, om året, årligen
per capita [pə'kæpɪtə] per capita, per person, efter antalet personer
per|ceivable [pə'si:vəbl] förnimbar, urskiljbar, märkbar **-ceive** ['si:v] **1** uppfatta, förnimma, märka **2** inse, fatta, förstå
per cent, percent [pə'sent] procent; a 5 ~ discount 5 procents rabatt **percentage** [-ɪdʒ] procent; procenttal; procentsats
per|ceptible [pə'septəbl] förnimbar, märkbar **-ception** [-'sepʃn] **1** förnimmelse **2** iakttagelseförmåga, uppfattning **3** perception, varseblivning **-ceptive** [-'septɪv] insiktsfull, skarpsinnig; observant, uppmärksam; iakttagelse-
1 perch [pɜ:tʃ] (pl lika el. ~es) abborre
2 perch [pɜ:tʃ] **I** [sitt]pinne (för höns e.d.); bildl. upphöjd plats **2** perch (längdmått = 5,5 yards = 5,029 m; ytmått = 30,25 squareyards = 25,29 m2) **II** v **1** flyga upp och sätta sig, slå sig ner, sätta sig (on på) **2** sätta, placera (på pinne e.d.); the bird

perchance—permanence

was ~ed on a branch fågeln satt uppflugen på en gren; *the town was ~ed on a hill* staden låg högt uppe på ett berg
perchance [pəˈtʃɑːns] *åld. el. poet.* måhända; till äventyrs
percipient [pəˈsɪpɪənt] insiktsfull
perco|late [ˈpɜːkəleɪt] **1** filtrera, sila; brygga (*coffee* kaffe) **2** tränga igenom, sippra genom **3** filtreras, silas; bryggas **4** *AE. vard.* upplivas, bli pigg **-lation** [ˌpɜːkəˈleɪʃn] filtrering; silande; bryggning **-lator** [ˈpɜːkəleɪtə] kaffebryggare
percussion [pəˈkʌʃn] **1** slag, stöt **2** *mus.* slaginstrument; *the ~* slag|instrumenten, -verket, batteriet **3** *med.* perkussion **percussion cap** tändhatt, knallhatt **percussion instrument** slaginstrument **percussionist** [-ɪst] slagverkare; batterist **percussive** [-ˈkʌsɪv] *med.* perkussions-
per diem [ˌpɜːˈdaɪem] per dag, om dagen; dagligen
perdition [pəˈdɪʃn] **1** evig fördömelse; helvete **2** *åld.* fördärv
peregrinate [ˈperɪɡrɪneɪt] **1** vandra (resa) omkring **2** vandra (färdas) genom **peregrination** [ˌperɪɡrɪˈneɪʃn] vandring, resa, färd **peregrine falcon** [ˈperɪɡrɪnˌfɔːlkən] *zool.* pilgrimsfalk
peremptory [pəˈrem(p)t(ə)rɪ] **1** bestämd; myndig; diktatorisk; dogmatisk **2** *jur.* avgörande, slutlig
perennial [pəˈrenjəl] **I** *a* **1** ständig, evig **2** *bot.* perenn, flerårig **II** *s* perenn, flerårig växt
perf. *förk. för perfect; perforated; perforation*
per|fect I *a* [ˈpɜːfɪkt] **1** perfekt, fullkomlig, fulländad, utmärkt **2** absolut, total, ren; fullständig, fullkomlig; *~ stranger* fullkomlig främling, vilt främmande människa; *he's a ~ bore* han är en äkta tråkmåns; *it's a ~ disgrace* det är stor skam **3** *språkv.*, *~ participle a*) perfekt particip, *b*) supinum; *the ~ tense* perfekt[um] **II** *s* [ˈpɜːfɪkt] språkv. perfekt[um]; *the past ~* pluskvamperfekt[um] **III** *v* [pəˈfekt] fullända, fullkomna; göra perfekt **-fectible** [pəˈfektəbl] förbättringsbar, som går att göra perfekt **-fection** [pəˈfekʃn] **1** perfektion, fulländning, fullkomlighet; *do s.th. to ~* göra ngt helt perfekt **-fectionist** [pəˈfekʃnɪst] perfektionist
per|fidious [pəˈfɪdɪəs] trolös, svekfull, förrädisk **-fidy** [ˈpɜːfɪdɪ] trolöshet, svek, förräderi
per|forate [ˈpɜːfəreɪt] perforera; genomborra; tanda **-foration** [ˌpɜːfəˈreɪʃn] perforering; *(på frimärke)* tandning; *med.* perforation
perforce [pəˈfɔːs] *adv* nödvändigtvis, oundvikligen
perform [pəˈfɔːm] **1** utföra, uträtta; fullgöra; förrätta (*ceremoni e.d.*) **2** framföra, spela, ge (*a play* en pjäs) **3** uppträda; *~ as Hamlet* spela (uppträda som) Hamlet; *~ in the role of Hamlet* uppträda i rollen som Hamlet **4** prestera; fungera **performable** [-əbl] **1** görlig **2** spelbar **performance** [-əns] **1** utförande; fullgörande **2** uppförande (*av pjäs e.d.*); uppträdande; föreställning **3** prestanda; prestation **4** *vard.* uppträde, scen **performer** [-ə] skådespelare, aktör, artist, uppträdande; spelande **performing** [-ɪŋ] (*om cirkusdjur e.d.*) dresserad, uppträdande; *~ arts* bild- och teaterkonst (*balett, skådespeleri etc.*); *~ rights* uppföranderätt
per|fume I *s* [ˈpɜːfjuːm] **1** doft, vällukt **2** parfym **II** *v* [pəˈfjuːm] parfymera **-fumer** [pəˈfjuːmə] parfymtillverkare; parfymhandlare **-fumery** [pəˈfjuːm(ə)rɪ] **1** parfymeri **2** parfymtillverkning **3** parfymer
perfunctory [pəˈfʌŋ(k)t(ə)rɪ] **1** rutin-, slentrian|mässig, vårdslös **2** slö, likgiltig
perfuse [pəˈfjuːz] övergjuta, begjuta
pergola [ˈpɜːɡələ] pergola
perhaps [pəˈhæps, præps] kanske; *~ so* kanske det
peri|gee [ˈperɪdʒiː] *astr.* perigeum **-helion** [ˌperɪˈhiːljən] *astr.* perihelium
peril [ˈper(ə)l] fara; risk; *at one's own ~* på egen risk, på eget ansvar; *be in ~ of one's life* sväva i livsfara **perilous** [ˈperələs] farlig; riskabel
perimeter [pəˈrɪmɪtə] *mat.* perimeter, omkrets
perineum [ˌperɪˈniːəm] *anat.* bäckenbotten
period [ˈpɪərɪəd] **1** period; tid[speriod], epok, tidevarv, tidsskede **2** mens[truation] **3** *astr.* period, omloppstid **4** [fullständig] mening; *i sht AE.* punkt **5** *AE.* slut; paus **6** lektion[stimme]; *double ~* dubbeltimme; *free ~* håltimme **period costume** kostym (dräkt) från tiden **period furniture** stilmöbel, antik möbel **periodic** [ˌpɪərɪˈɒdɪk] periodisk; *the ~ system* periodiska systemet **periodical** [ˌpɪərɪˈɒdɪkl] **I** *a* periodisk **II** *s* tidskrift, periodisk skrift **periodicity** [ˌpɪərɪəˈdɪsətɪ] periodisk växling, periodicitet
peripatetic [ˌperɪpəˈtetɪk] kringvandrande, ambulerande; som upprätthåller flera tjänster samtidigt
periph|eral [pəˈrɪfər(ə)l] perifer[isk], yttre **-ery** [-ərɪ] periferi, omkrets; utkant, ytterområde[n]
periphra|sis [pəˈrɪfrəsɪs] (*pl* **-ses** [-siːz]) perifras, omskrivning **periphrastic** [ˌperɪˈfræstɪk] perifrastisk, omskrivande
periscope [ˈperɪskəʊp] periskop
perish [ˈperɪʃ] **1** omkomma, förgås; *they ~ed with cold* de omkom av köld **2** fördärvas, förstöras **perishable** [-əbl] **I** *a* förgänglig **II** *~s* (*pl*) ömtåliga varor (*i sht mat*) **perished** [-t] *vard.* genom|kall, -frusen **perishing** [-ɪŋ] **1** *vard.* iskall **2** *sl.* förbaskad, jäkla
peritonitis [ˌperɪtə(ʊ)ˈnaɪtɪs] *med.* peritonit, bukhinneinflammation
periwig [ˈperɪwɪɡ] peruk
periwinkle [ˈperɪˌwɪŋkl] **1** *bot.* vintergröna **2** *zool.* (*slags ätbar*) strandsnäcka
per|jure [ˈpɜːdʒə] *v*, *~ o.s.* begå mened **-jurer** [-dʒ(ə)rə] menedare **perjury** [-dʒ(ə)rɪ] mened; *commit ~* begå mened
1 perk [pɜːk] **1** *~ up* piggna till **2** *~ up a*) pigga upp, *b*) piffa upp **3** *~ up* höja, lyfta; *the dog ~ed up it's ears* hunden spetsade öronen
2 perk [pɜːk] *vard.* = *percolate*
3 perk [pɜːk] pigg, rask; livlig
4 perk [pɜːk] *BE. vard.* = *perquisite*
perky [ˈpɜːkɪ] **1** pigg, rask **2** säker, kavat
1 perm [pɜːm] *vard.* **I** *v* permanenta; *~ one's hair* permanenta sig (håret) **II** *s* (*förk. av permanent wave*) permanent[ning]
2 perm [pɜːm] *vard.* (*förk. av permutation*) system[tips]
perma|nence [ˈpɜːm(ə)nəns] permanens, be-

ständighet **-nency** [-nənsɪ] **1** permanent tillstånd; varaktigt tillstånd **2** *se permanence* **-nent** permanent, beständig, varaktig, stadigvarande; ~ *wave* permanent[ning] **-nently** *adv* [-nəntlɪ] permanent, varaktigt; ständigt
permanganate [pɜːˈmæŋɡəneɪt] *kem.* permanganat
perme|ability [ˌpɜːmjəˈbɪlətɪ] genomtränglighet, permeabilitet **-able** [ˈpɜːmjəbl] genomtränglig, permeabel **-ate** [ˈpɜːmɪeɪt] **1** tränga igenom (*in* i, *ner* i) **2** tränga igenom (in) **-ation** [ˌpɜːmɪˈeɪʃn] genomträng|ning, -ande
per mil[l] [pɜːˈmɪl] promille
per|missible [pəˈmɪsəbl] tillåtlig, tillåten **-mission** [-ˈmɪʃn] lov, tillstånd, tillåtelse; *by* ~ *of* med tillstånd av; *with your* ~ med er tillåtelse, om ni tillåter **-missive** [-ˈmɪsɪv] tolerant, eftergiven; frigjord; *the* ~ *society* det normlösa samhället, "låt gå-samhället"
permit I *v* [pəˈmɪt] **1** tillåta, medge; ge tillåtelse (tillstånd) (*to* att); *weather* ~*ting* om vädret tillåter; *be* ~*ted to* ha [fått] tillåtelse att **2** ~ *of* tillåta, medge **II** *s* [ˈpɜːmɪt] tillstånd, tillåtelse; skriftligt tillstånd; tillstånd[sbevis]; licens
per|mutation [ˌpɜːmjuːˈteɪʃn] **1** *mat.* permutation **2** systemtips **-mute** [pəˈmjuːt] **1** flytta (byta, kasta) om **2** *mat.* permutera
pernicious [pəˈnɪʃəs] **1** illvillig, elak, skadlig **2** *med.* perniciös, elakartad
pernickety [pəˈnɪkətɪ] *vard.* petnoga; petig
pero|rate [ˈperəreɪt] **1** orera, hålla tal **2** avsluta ett tal **-ration** [ˌperəˈreɪʃn] **1** avslutning (*av ett tal*) **2** längre anförande
peroxide [pəˈrɒksaɪd] *kem.* peroxid: [*hydrogen*] ~ väte[su]peroxid
perpendicular [ˌpɜːpənˈdɪkjʊlə] **I** *a* **1** lodrät, vertikal; vinkelrät (*to* mot) **2** *arkit.*, ~ *style* engelsk sengotik, perpendikularstil **II** *s* **1** *geom.* normal, perpendikel **2** sänklod **3** lodrätt plan; *be out of the* ~ inte vara lodrät
perpe|trate [ˈpɜːpɪtreɪt] föröva, begå **-tration** [ˌpɜːpɪˈtreɪʃn] förövande, begående **-trator** [ˈpɜːpɪtreɪtə] förövare; missdådare
perpetu|al [pəˈpetʃʊəl] evig, ständig, oavbruten; ~ *motion* perpetuum mobile; ~ *motion machine* evighetsmaskin **-ate** [-eɪt] föreviga; bevara för all framtid **-ation** [pəˌpetʃʊˈeɪʃn] förevigande; bevarande för all framtid **-ity** [ˌpɜːpɪˈtjuːətɪ] beständighet; evighet; evärdlig tid; *in* ~ för evärdlig tid, för all framtid
per|plex [pəˈpleks] **1** förvirra, förbrylla **2** trassla till, komplicera **-plexed** [-ˈplekst] perplex, häpen **-plexity** [-ˈpleksətɪ] **1** förvirring **2** trasslighet
perquisite [ˈpɜːkwɪzɪt] extra förmån; biinkomster
perron [ˈperɒn] yttertrappa (*i sht t. huvudingång*)
perry [ˈperɪ] päronvin
pers. *fork. för* person[*al*]
per se [ˌpɜːˈseɪ] per se, i och för sig
persecute [ˈpɜːsɪkjuːt] **1** förfölja **2** ansätta, plåga **persecution** [ˌpɜːsɪˈkjuːʃn] förföljelse **persecution complex** förföljelsemani **persecutor** [ˈpɜːsɪkjuːtə] förföljare
per|severance [ˌpɜːsɪˈvɪər(ə)ns] uthållighet, ihärdighet, ståndaktighet **-severe** [-sɪˈvɪə] framhärda, hålla ut (*in* i, med), hålla fast (*in* vid) **-severing** [-sɪˈvɪərɪŋ] uthållig, ihärdig, ståndaktig
Per|sia [ˈpɜːʃə] Persien, Iran **-sian** [-ʃən] **I** *a* persisk; ~ *blinds* (*utvändiga*) persienner; ~ *cat* perserkatt; ~ *lamb* persian[skinn] **II** *s* **1** perser **2** persiska [språket]
persiennes [ˌpɜːsɪˈenz] *pl* (*utvändiga*) persienner
persiflage [ˌpɜːsɪˈflɑːʒ] gyckel, drift; persiflage
persimmon [pɜːˈsɪmən] *bot.* persimon[träd]
per|sist [pəˈsɪst] **1** framhärda (*in* i), envisas (*in* med); ~ *in* (*äv.*) hålla fast vid **2** fortsätta, hålla 'på **-sistence** [-ˈsɪst(ə)ns], **-sistency** [-ˈsɪst(ə)nsɪ] **1** framhärdande, envishet **2** fort|varo, -bestånd; *the* ~ *of the high fever* den ihållande höga febern **-sistent** [-ˈsɪst(ə)nt] envis, ihärdig; ihållande, konstant, ständig
person [ˈpɜːsn] person; människa; *a young* ~ en ung människa (ung dam); *in* ~ personligen; *without respect of* ~ utan anseende till person; *have a gun on one's* ~ ha en pistol på sig **-able** [-əbl] behaglig, trevlig **-age** [-ɪdʒ] [framstående] personlighet; person
personal [ˈpɜːsnl] **I** *a* personlig; privat; ~ *call* personligt besök (samtal); ~ *column* (*i tidning*) personligt; ~ *matter* privatsak, personlig angelägenhet; ~ *name* personnamn; ~ *pronoun* personligt pronomen; ~ *property* (*jur.*) personlig lösegendom; *don't be* ~*!* gå inte in på personligheter! **II** *s, jur.* personlig lösegendom
personality [ˌpɜːsəˈnælətɪ] **1** personlighet **2** (*ofta pl*) personlig anmärkning; *descend to* -*ities* gå in på personligheter **personality disorder** personlighetsstörning **personally** [ˈpɜːsnəlɪ] *adv* **1** personligen; personligt **2** som person (människa)
personalty [ˈpɜːsnltɪ] *jur.* personlig lösegendom
personate [ˈpɜːsəneɪt] **1** [falskeligen] utge sig för att vara **2** spela rollen av, porträttera (*på scen*)
personi|fication [pɜːˌsɒnɪfɪˈkeɪʃn] personifikation; förkroppsligande **-fy** [pɜːˈsɒnɪfaɪ] personifiera; förkroppsliga; *he was politeness* -*fied* han var artigheten själv
personnel [ˌpɜːsəˈnel] **I** *s* **1** personal; manskap **2** personalavdelning **II** *a* personal-; ~ *carrier* (*mil.*) transportfordon; ~ *manager* personalchef
perspective [pəˈspektɪv] perspektiv; *in* ~ perspektiviskt, i perspektiv; *get s.th. out of* ~ *a*) se ngt ur felaktigt perspektiv, *b*) förvränga perspektivet på ngt **2** perspektivritning; perspektivlära
Perspex [ˈpɜːspeks] (*varumärke*) plexiglas
per|spicacious [ˌpɜːspɪˈkeɪʃəs] klarsynt; skarpsinnig **-spicacity** [-spɪˈkæsətɪ] klarsynthet; skarpsinne **-spicuity** [-spɪˈkjuːətɪ] klarhet, åskådlighet **-spicuous** [pəˈspɪkjʊəs] klar, åskådlig
per|spiration [ˌpɜːspəˈreɪʃn] **1** transpiration, svettning **2** svett **-spire** [pəˈspaɪə] transpirera, svettas
per|suade [pəˈsweɪd] **1** övertala **2** övertyga **-suader** [-ˈsweɪdə] övertalare **-suasion** [-ˈsweɪʒn] **1** övertalning **2** övertalningsförmåga **3** övertygelse **-suasive** [-ˈsweɪsɪv] övertalande; övertygande **-suasiveness** [-ˈsweɪsɪvnɪs] övertalningsförmåga
pert [pɜːt] **1** fräck, näsvis **2** pigg
pert. *fork. för pertain*

pertain [pɜ:'teɪn] *v*, ~ *to a*) angå, gälla, hänföra sig till, *b*) tillhöra

perti|nacious [ˌpɜ:tɪ'neɪʃəs] envi, hårdnackad; obeveklig, orubblig **-nacity** [-'næsətɪ] halsstarrighet; obeveklighet

perti|nence ['pɜ:tɪnəns] relevans **-nent** [-nənt] relevant, hörande till saken

per|turb [pə'tɜ:b] bringa i oordning; oroa, störa **-turbation** [ˌpɜ:tə'beɪʃn] oro, störning; orosmoment

Peru [pə'ru:]

peruke [pe'ru:k] peruk

perusal [pə'ru:zl] [genom]läsning **peruse** [pə'ru:z] läsa igenom [noggrant]

Peruvian [pə'ru:vjən] **I** *a* peruansk **II** *s* peruan

pervade [pə'veɪd] tränga igenom; genomströmma; genomsyra, [upp]fylla **pervasion** [pə'veɪʒn] *s* genomträngande **pervasive** [pə'veɪsɪv] *a* genomträngande

per|verse [pə'vɜ:s] **1** avvikande; bakvänd; onaturlig **2** motsträvig, vrång, egensinnig **-version** [-'vɜ:ʒn] **1** förvrängning, förvanskning **2** perversitet; perversion **-versity** [-'vɜ:sətɪ] **1** avvikelse; onaturlighet **2** motstrāvighet, egensinne **-vert I** *v* [pə'vɜ:t] **1** förvränga, förvanska **2** fördärva, vilseleda **II** *s* ['pɜ:vɜ:t] pervers person **-verted** [-'vɜ:tɪd] **1** förvrängd, förvanskad; feltolkad **2** pervers, abnorm

pervious ['pɜ:vjəs] **1** genomtränglig **2** mottaglig (*to* för)

peseta [pə'seɪtə] (*mynt*) peseta **peso** ['peɪsəʊ] (*mynt*) peso

pessary ['pesərɪ] *med*. **1** pessar **2** vagitorium

pessi|mism ['pesɪmɪz(ə)m] pessimism **-mist** [-mɪst] pessimist **-mistic** [ˌpesɪ'mɪstɪk] pessimistisk

pest [pest] **1** plågoris, plågoande, plåga **2** skade|djur, -insekt; skadlig växt **pester** ['pestə] plåga, besvära **pesticide** ['pestɪsaɪd] pesticid **pestiferous** [pe'stɪf(ə)rəs] **1** förpestad **2** skadlig **3** *vard*. irriterande **pestilence** ['pestɪləns] farsot, pest **pestilent** ['pestɪlənt] **1** irriterande **2** fördärvlig; skadlig; dödsbringande, förpestad **pestilential** [ˌpestɪ'lenʃl] **1** pest-, pestartad **2** fördärvlig **3** irriterande

pestle ['pesl] mortelstöt

1 pet [pet] **I** *s* **1** sällskapsdjur **2** kelgris, favorit, älskling **II** *a* **1** ~ *dog* sällskapshund; ~ *shop* djuraffär, zoologisk affär **2** favorit-, älsklings-; ~ *name* smeknamn; *snakes are my* ~ *hate* ormar är det värsta jag vet **III** *v* **1** pjåska med, skämma bort **2** kela med, smeka; *vard*. hångla med

2 pet [pet] retligt humör, retlighet; *be in a* ~ vara retlig

Pet. *förk. för* (*bibl.*) *Peter*

petal ['petl] *bot*. kronblad

petard [pe'tɑ:d] **1** *hoist with one's own* ~ fångad i sin egen fälla **2** svärmare (*slags fyrverkeripjäs*)

Pete [pi:t] *kortform av Peter; for* ~'*s sake* (*vard*.) för Guds skull

Peter ['pi:tə] Peter; *bibl*. Petrus; *St.* ~ *a*) aposteln Petrus, *b*) Sankte Per; ~['*s*] *pence* peterspenning; *rob* ~ *to pay Paul* låna från en för att betala en annan

1 peter ['pi:tə] *v*, ~ *out* (*away*) ebba ut, ta slut, sina

2 peter ['pi:tə] *sl*. **1** kassaskåp **2** fängelsecell **3** vittnesbås

peterman ['pi:təmən] *sl*. kassaskåpssprängare

Peter Pan [ˌpi:tə'pæn] **1** Peter Pan **2** ungdomlig (omogen) man

petersham ['pi:təʃ(ə)m] **1** [rock av] tjockt kläde **2** sidenripsband

petit bourgeois [ˌpetɪ'bʊəʒwɑ:] (*pl petits bourgeois* [-z]) småborgare

petite [pə'ti:t] (*om kvinna*) liten och nätt

petition [pɪ'tɪʃn] **I** *s* petition, böneskrift; anhållan, bön; ansökan; *jur*. hemställan, inlaga, skriftlig framställning; ~ *for divorce* skilsmässoansökan; ~ *for mercy* nådeansökan **II** *v* **1** inlämna en petition till (*an authority for* en myndighet om) **2** ~ *for* ansöka (anhålla) om **petitioner** [pɪ'tɪʃnə] **1** petitionär **2** kärande i skilsmässoprocess

Petrarch ['petrɑ:k] Petrarca

petrel ['petr(ə)l] *zool*. stormfågel

petri|faction [ˌpetrɪ'fækʃn] förstening **-fy** ['petrɪfaɪ] förstena; *bildl. äv*. lamslå

petrochemical [ˌpetrə(ʊ)'kemɪkl] petrokemisk **petrol** ['petr(ə)l] *i sht BE*. bensin **petrolatum** [ˌpetrə'leɪtəm] vaselin **petrol can** ['petr(ə)lkæn] bensindunk **petroleum** [pɪ'trəʊljəm] petroleum, berg-, råolja **petroleum jelly** vaselin **petrol station** ['petr(ə)lˌsteɪʃn] *BE*. bensinstation **petrol tank** ['petr(ə)ltæŋk] bensintank

petticoat ['petɪkəʊt] under|kjol, -klänning; *vard*. kvinna **petticoat government** [-,gʌvnmənt] kjolregemente

pettifog|ger ['petɪfɒgə] **1** lagvrängare, brännvinsadvokat **2** krångelmakare **-gery** [-ərɪ] **1** lagvrängning, advokatyr **2** krångel **-ging** [-ɪŋ] *a* **1** obetydlig, trivial **2** spetsfundig; småaktig

petting ['petɪŋ] *AE*. *vard*. petting, erotiska smekningar

pettish ['petɪʃ] grinig, retlig, gnällig

pettitoes ['petɪtəʊz] *kokk*. grisfötter

petty ['petɪ] **I** *a* **1** obetydlig, liten, oväsentlig; ~ *cash* hand-, frimärks|kassa; ~ *sessions*, *se magistrates' court*; ~ *larceny* (*jur*.) snatteri **2** små|sint, -aktig **3** underordnad, av lägre rang; ~ *officer* (*i flottan*) överfurir, *AE. äv*. furir, korpral

petu|lance ['petjʊləns], **-lancy** [-lənsɪ] retlighet, kinkighet, grinighet **-lant** [-lənt] retlig, kinkig, grinig

petunia [pɪ'tju:njə] *bot*. petunia

pew [pju:] kyrkbänk; *take a* ~! (*BE. vard*.) slå dig ner!

pewit ['pi:wɪt] *zool*. tofsvipa

pewter ['pju:tə] **I** *s* **1** tenn[legering] **2** tenn|kärl, -föremål **3** blyerts-, blå|grått **II** *a* **1** tenn- **2** blyerts-, blå|grå **-er** [-rə] tenngjutare

pf. *förk. för perfect; preferred* **P.G.** *förk. för paying guest* **pg.** *förk. för page*

pH [ˌpi:'eɪtʃ] pH; ~ *value* pH-värde

phalanx ['fælæŋks] (*pl -es el. phalanges* [fæ'lændʒi:z]) **1** falang; slaglinje; slutna led, kompakt massa **2** finger-, tå|led

phal|lic ['fælɪk] fallos-, fallisk **-lus** [-əs] fallos

phantasm ['fæntæz(ə)m] fantasma, hjärnspöke, fantasibild **phantasmagoria** [ˌfæntæzmə'gɒrɪə] fantasmagori; bländverk, gyckelspel

phantom ['fæntəm] **1** spöke, vålnad **2** inbillnings-, fantasi|foster, drömbild

Phar. *se Pharm.*
Pharaoh ['feərəʊ] farao
Pharisaic[al] [ˌfærɪ'seɪɪk(l)] fariseisk, självgod, skenhelig **Pharisee** ['færɪsi:] **1** farisé **2** *p~* självgod (skenhelig) person
Pharm. *förk. för pharmaceutical; pharmacist; pharmacopoeia; pharmacy*
pharmaceutic[al] [ˌfɑ:mə'sju:tɪk(l)] farmaceutisk **pharmaceutics** [-s] (*behandlas som sg*) farmaci
pharmacist ['fɑ:məsɪst] farmaceut, apotekare
pharma|cologist [ˌfɑ:mə'kɒlədʒɪst] farmakolog **-cology** [-'kɒlədʒɪ] farmakologi **-copoeia** [-kə'pi:ə] farmakopé
pharmacy ['fɑ:məsɪ] **1** farmaci **2** apotek
pharyn|gal [fə'rɪŋgl], **-geal** [ˌfærɪn'dʒi:əl] faryngal, svalg- **-gitis** [ˌfærɪn'dʒaɪtɪs] *med.* faryngit, halskatarr
pharynx ['færɪŋks] (*pl* **farynges** [fæ'rɪndʒi:z] *el.* *~es*) *anat.* svalg, farynx
phase [feɪz] **I** *s* fas; stadium; skede; *the ~s of the moon* månens faser; *in ~* (*elektr.*) i fas; *out of ~* (*elektr.*) fasförskjuten; *in* (*out of*) *~ with* (*bildl.*) i (inte i) samklang med **II** *v* **1** planera; *~* [*in*] genomföra (införa) gradvis; *~ out* låta upphöra gradvis, avveckla (dra tillbaka) i etapper **2** synkronisera, fasa; anpassa (*with* till) **-out** ['feɪzaʊt] *i sht AE.* nedskärning (avveckling) i etapper
Ph.D. *förk. för philosophiae doctor* (*lat.*) *Doctor of Philosophy*
pheasant ['feznt] *zool.* fasan
phenix ['fi:nɪks] *AE. myt.* fågel Fenix
phenobarbi|tal, **-tone** [ˌfi:nə(ʊ)'bɑ:bɪ|təl, -təʊn] *farm.* fenemal
phenol ['fi:nɒl] *kem.* fenol
phenom|enal [fə'nɒmɪnl] **1** fenomenal **2** *filos.* fenomenell, förnimbar **-enon** [-ɪnən] (*pl -ena* [-ɪnə] *el. -enons*) **1** fenomen, underverk **2** företeelse
phew [fju:] *interj* äsch!, ah!, usch!, puh!; åh!
phial ['faɪ(ə)l] liten [medicin]flaska
Phil. *förk. för Philadelphia* **phil.** *förk. för philosophy; philharmonic*
Philadelphia [ˌfɪlə'delfjə]
philander [fɪ'lændə] flörta (*with a woman* med en kvinna) **-er** [-rə] flört[ig man]
philan|thropic[al] [ˌfɪlən'θrɒpɪk(l)] filantropisk; välgörenhets- **-thropist** [fɪ'lænθrəpɪst] filantrop, människovän **-thropy** [fɪ'lænθrəpɪ] filantropi; människokärlek; välgörenhet
philatelic [ˌfɪlə'telɪk] filatelistisk **philatelist** [fɪ'lætəlɪst] filatelist, frimärkssamlare **philately** [fɪ'lætəlɪ] filateli
philharmonic [ˌfɪlɑ:'mɒnɪk] **I** *a* filharmonisk, musikälskande **II** *s*, *P~* filharmonisk orkester (kör), filharmoniker
Philip ['fɪlɪp] (*som kunganamn*) Filip
Philippians [fɪ'lɪpɪənz] (*behandlas som sg*) Paulus brev till filipperna, Filipperbreven
philippic [fɪ'lɪpɪk] strafftal
Philippines ['fɪlɪpi:nz] *s pl, the ~* Filippinerna
Philistine ['fɪlɪstaɪn] **I** *s* **1** *bibl.* filisté **2** kälkborgare, okultiverad person **II** *a* **1** filisteisk **2** *äv. philistine* kälkborgerlig, som saknar kultur
philologic[al] [ˌfɪlə'lɒdʒɪk(l)] filologisk, språkvetenskaplig **philologist** [fɪ'lɒlədʒɪst] filolog **philology** [fɪ'lɒlədʒɪ] filologi, språkvetenskap
philosopher [fɪ'lɒsəfə] filosof; *~s' stone* de vises sten **philosophic[al]** [ˌfɪlə'sɒfɪk(l)] filosofisk **philoso|phize** (*BE. äv -phise*) [fɪ'lɒsəfaɪz] filosofera **philosophy** [fɪ'lɒsəfɪ] filosofi
philtre ['fɪltə] kärleksdryck
phlebitis [flɪ'baɪtɪs] *med.* flebit, åderinflammation
phlegm [flem] **1** slem **2** flegma, sävlighet
phlegmatic[al] [fleg'mætɪk(l)] flegmatisk, sävlig
phlox [flɒks] *bot.* flox
phobia ['fəʊbjə] fobi, skräck
Phoeni|cia [fɪ'nɪʃɪə] Fenicien **-cian I** *a* fenicisk **II** *s* fenicier
phoenix ['fi:nɪks] *myt.* fågel Fenix
phon [fɒn] (*enhet för ljudstyrka*) phon
1 phone [fəʊn] *språkv.* fon
2 phone [fəʊn] *vard. för telephone* **I** *s* telefon **II** *v* ringa [till, upp], telefonera [till] **phone-in** [fəʊn'ɪn] *radio.* telefonväktarprogram, program som lyssnarna kan ringa till
phoneme ['fəʊni:m] *språkv.* fonem **phonemic** [fə(ʊ)'ni:mɪk] *språkv.* fonematisk
pho|netic [fə(ʊ)'netɪk] fonetisk; *~ transcription* fonetisk transkription (skrift) **-netician** [ˌfəʊnɪ-'tɪʃn] fonetiker **-netics** [fə(ʊ)'netɪks] (*behandlas som sg*) fonetik, ljudlära
phoney ['fəʊnɪ] *sl.* **I** *a* falsk, oäkta, förfalskad; skum **II** *s* bluff; bluffmakare; förfalskning
phonograph ['fəʊnəgrɑ:f] fonograf; *AE.* grammofon
phonology [fə(ʊ)'nɒlədʒɪ] *språkv.* fonologi
phony ['fəʊnɪ] *se phoney*
phosphate ['fɒsfeɪt] fosfat
phosphores|cence [ˌfɒsfə'resns] fosforescens **-cent** [-snt] fosforescerande
phosphoric [fɒs'fɒrɪk], **phosphorous** ['fɒsf(ə)rəs] fosfor- **phosphorus** ['fɒsf(ə)rəs] fosfor
photo ['fəʊtəʊ] *vard.* foto, kort
photo|cell ['fəʊtə(ʊ)sel] fotocell **-composition** [-kɒmpə'zɪʃn] *AE.* fotosättning **-copy** [-ˌkɒpɪ] **I** *s* fotokopia **II** *v* fotokopiera **-electric** [-ɪ'lektrɪk] *a* fotoelektrisk; *~ cell* fotocell
photo finish ['fəʊtə(ʊ)ˌfɪnɪʃ] målfoto, fotofinish
photogenic [ˌfəʊtə(ʊ)'dʒenɪk] **1** fotogenisk **2** *biol.* ljusgivande
photograph ['fəʊtəgrɑ:f] *s* fotografi; *have one's ~ taken* [låta] fotografera sig **II** *v* fotografera **photographer** [fə'tɒgrəfə] fotograf **photographic** [ˌfəʊtə'græfɪk] fotografisk **photography** [fə'tɒgrəfɪ] fotografering[skonst], fotografi
photogravure [ˌfəʊtəgrə'vjʊə] fotogravyr **photometer** [fəʊ'tɒmɪtə] fotometer, exponeringsmätare
photon ['fəʊtɒn] *fys.* foton
photoplay ['fəʊtə(ʊ)pleɪ] *AE.* filmatiserad pjäs
Photostat [-stæt] (*varumärke*) **I** *s* **1** fotostat[apparat] **2** fotostatkopia **II** *v* fotostatkopiera **photosynthesis** [ˌfəʊtə(ʊ)'sɪnθəsɪs] *bot.* fotosyntes
phototypesetting [ˌfəʊtə(ʊ)'taɪpˌsetɪŋ] *AE.* fotosättning
phrasal ['freɪzl] fras-; *~ verb* frasverb (*verb + adv el. prep*) **phrase** [freɪz] **I** *s* **1** fras (*äv. mus.*), uttryck, vändning; *noun ~* nominalfras; *preposi-*

tional ~ prepositionsuttryck; *verb* ~ verbalfras; [*set*] ~ stående (idiomatiskt) uttryck, talesätt **2** uttryckssätt, stil, språk **II** *v* **1** uttrycka, formulera **2** *mus.* frasera **phrase-book** parlör **phrasemaker** [-ˌmeɪkə] frasmakare
phraseology [ˌfreɪzɪˈɒlədʒɪ] fraseologi
phrasing [ˈfreɪzɪŋ] **1** formulering, uttryckssätt **2** *mus.* frasering
phrenol|ogist [frɪˈnɒlədʒɪst] frenolog **-ogy** [-ədʒɪ] frenologi
Phrygi|a [ˈfrɪdʒɪə] Frygien **-an** [-n] **I** *s* frygier **II** *a* frygisk
P.H.S. *förk.* för Public Health Service
phut [fʌt] *vard.* **I** *s* duns **II** *adv*, go ~ gå sönder, paja, spricka
phys. *förk. för* physical; physician; physics; physiological; physiology
physical [ˈfɪzɪkl] **I** *a* **1** fysisk, kroppslig, kropps-; ~ *education* fysisk fostran, kroppsövningar, sport; ~ *examination* läkarundersökning; ~ *exercise* kroppsövning; ~ *jerks* (*sl.*) jympa; ~ *therapy, se physiotherapy;* ~ *training* gymnastik **2** fysisk, materiell; ~ *geography* fysisk geografi; ~ *violence* fysiskt (yttre) våld **3** fysikalisk (*chemistry* kemi); ~ *science* fysik **II** *s* läkarundersökning
physician [fɪˈzɪʃn] läkare **physicist** [ˈfɪzɪsɪst] fysiker **physics** [ˈfɪzɪks] (*behandlas som sg*) fysik (*läran om materien o. energin*)
physiognomy [ˌfɪzɪˈɒnəmɪ] fysionomi
physiological [ˌfɪzɪəˈlɒdʒɪkl] fysiologisk **physiologist** [ˌfɪzɪˈɒlədʒɪst] fysiolog **physiology** [ˌfɪzɪˈɒlədʒɪ] fysiologi
physiothera|pist [ˌfɪzɪə(ʊ)ˈθerəpɪst] fysioterapeut; sjukgymnast **-py** [-pɪ] fysioterapi; sjukgymnastik
physique [fɪˈziːk] fysik, konstitution, kroppsbyggnad
pi [paɪ] (*grek. bokstav o. mat.*) pi
pianissimo [pjæˈnɪsɪməʊ] *mus.* pianissimo **pianist** [ˈpɪənɪst] pianist **piano I** *s* **1** [pɪˈænəʊ] piano; *grand* ~ flygel; *upright* ~ piano; *play the* ~ spela piano; *who was that at* (*on*) *the* ~? vem var det som spelade piano? **II** *adv* [ˈpjɑːnəʊ] *mus.* piano, svagt, dämpat **piano accordion** [pɪˈænəʊəˌkɔːdjən] pianodragspel **pianoforte** [ˌpjænə(ʊ)ˈfɔːtɪ] piano[forte] **Pianola** [pɪəˈnəʊlə] (*varumärke*) pianola **piano player** [pɪˈænəʊˌple(ɪ)ə] **1** pianist **2** pianola **piano stool** [pɪˈænəʊstuːl] piano|pall, -stol **piano-tuner** [pɪˈænəʊˌtjuːnə] pianostämmare
piazza [pɪˈætsə] **1** piazza, torg (*i Italien*) **2** arkad, galleri **3** *AE.* veranda
picador [ˈpɪkədɔː] (*i tjurfäktning*) picador
Picardy [ˈpɪkədɪ] Picardie
picaresque [ˌpɪkəˈresk] pikaresk-, skälm-; ~ *novel* skälmroman
picayune [ˌpɪkəˈjuːn] *AE.* **I** *s* [5 cent]mynt **II** *a, vard.* **1** betydelselös, ringa **2** småsint, småaktig
piccalilli [ˈpɪkəlɪlɪ] pickels i senapssås
piccaninny [ˈpɪkənɪnɪ] **I** *s* [neger]barn **II** *a* liten
piccolo [ˈpɪkələʊ] pickolaflöjt
1 pick [pɪk] **I** *v* **1** plocka [upp]; picka [upp]; plocka i sig; samla; ~ *flowers* plocka blommor **2** välja [ut], plocka ut; ~ *and choose* välja och vraka, vara kräsen; ~ *a quarrel with* mucka gräl med; ~ *one's time* välja rätt tidpunkt; ~ *one's words* välja sina ord **3** rensa, plocka; ~ *a chicken* plocka en kyckling **4** peta [i, på], pilla [i, på]; gnaga [av]; ~ *one's food* peta i maten; ~ *one's nose* peta [sig i] näsan; ~ *one's teeth* peta tänderna; ~ *a bone* gnaga på (av) ett ben; *have a bone to* ~ *with s.b.* ha en gås oplockad med ngn **5** hacka [upp], hugga [upp]; ~ *holes in s.th. a*) hacka hål i ngt, *b*) kritisera (anmärka) på ngt, hitta fel hos ngt; *he's always* ~*ing holes* han anmärker alltid på allting **6** dyrka (bryta) upp (*a lock* ett lås) **7** stjäla ur; ~ *pockets* (*äv.*) vara ficktjuv **8** plocka sönder, riva [sönder]; ~ *to pieces* kritisera (smula) sönder, göra ner **9** *AE.* knäppa (spela) på **10** ~ *at one's food* peta i maten; ~ *at s.b.* hacka (anmärka) på ngn; ~ *off a*) plocka (ta) bort (av), *b*) skjuta ner [den ene efter den andre]; ~ *on a*) välja [ut], *b*) hacka (anmärka) på; ~ *out a*) välja [ut], plocka ut, *b*) ta bort, *c*) [kunna] urskilja, *d*) peka [ut], *e*) framhäva, *f*) *mus.* ta ut; ~ *over* gå igenom; ~ *up a*) hacka upp, *b*) plocka (ta) upp, lyfta [på], *bildl.* ta upp [igen], fortsätta [med], *c*) hämta, plocka upp, ta (låta åka) med, bärga, *d*) lägga sig till med, skaffa sig, få [tag i], få tag på, hitta, komma över, *e*) lära (tillägna) sig, *f*) snappa (fånga) upp, [upp]fatta, urskilja, *g*) få (ta) in, *h*) haffa, ta fast, *i*) åter|få, -vinna, *j*) krya på sig, hämta sig, komma på fötter, tillfriskna, *k*) öka [farten]; *this will* ~ *you up* det här kommer att pigga upp dig; ~ *up with s.b.* bli bekant med ngn; ~ *up speed* öka farten **II** *s* val; elit; *the* ~ det bästa, eliten; *the* ~ *of the bunch* den bästa av allihop; *take your* ~*!* välj ut någon (något)!
2 pick [pɪk] korp; hacka
pickaback [ˈpɪkəbæk] *se* piggyback
pick|ax *AE.*, **-axe** *BE.* [ˈpɪkæks] **I** *s* hacka; korp **II** *v* hacka [med hacka, korp]
picked [pɪkt] utvald, handplockad **picker** [ˈpɪkə] **1** plockare, plockerska
picket [ˈpɪkɪt] **I** *s* **1** stake, [spetsig] påle, stolpe **2** *mil.* förpost, postering, vakt, piket **3** strejkvakt[er]; demonstrant[er] **II** *v* **1** inhägna (befästa) med pålar (stolpar) **2** tjudra **3** *mil.* sätta ut postering vid; vakta **4** placera ut strejkvakter vid; gå strejkvakt vid; demonstrera vid **5** gå strejkvakt; demonstrera **picket fence** spjälstaket
picket line strejkvakt[er]
picking [ˈpɪkɪŋ] **1** plock|ande, -ning **2** *vanl. pl* ~*s a*) rester, överblivna saker, *b*) (*mer el. mindre hederliga*) extraförtjänster
pickle [ˈpɪkl] **I** *s* **1** [salt]lake, [ättiks]lag (*för inläggning*); inläggning **2** *vanl. pl* ~*s* pickels **3** *vard.* knipa, klämma; *be in a* ~ vara i knipa **4** *BE. vard.* rackarunge **II** *v* lägga in [i lag], marinera; salta in (ner), rimma **pickled** [-d] **1** inlagd, marinerad; saltad, rimmad; ~ *herring* inlagd sill; ~ *onions* syltlök **2** *AE. sl.* asberusad
pick|lock [ˈpɪklɒk] **1** inbrottstjuv **2** dyrk **-meup** [-miːʌp] *vard.* uppiggande dryck, styrketår **-pocket** [-ˌpɒkɪt] ficktjuv **-up** [-ʌp] **1** (*på grammofon*) nålmikrofon; tonarm **2** pickup, liten lastbil **3** *vard.* acceleration, ax **4** *vard.* tillfällig bekantskap, uppraggad person **5** *vard.* upphämtning, upplockning (*av pers. el. varor*) **6** *vard.* uppgång **7** *sl.* lift
picky [ˈpɪkɪ] *vard.* kinkig, kräsen; besvärlig

picnic ['pɪknɪk] **I** s **1** picknick; utflykt; *go for a* ~ ha (göra) en picknick **2** *vard.* enkel (lätt) sak **II** v ha (göra) en picknick, göra en utflykt **picnicker** [-ə] picknickdeltagare
picric ['pɪkrɪk] *a*, ~ *acid* pikrinsyra
Pict [pɪkt] (*folkslag*) pikt
pictorial [pɪk'tɔ:rɪəl] **I** *a* **1** illustrerad **2** bild-, tavel-; måleri-, målnings- **3** målerisk, målande **II** s illustrerad [vecko]tidning, bildtidning
picture ['pɪktʃə] **I** s **1** bild; målning, tavla; teckning; illustration; foto, kort; porträtt; *bildl.* a) bild, föreställning, b) situation, läge, c) avbild; *the child is the* ~ *of his father* barnet är sin far upp i dagen; *she is a perfect* ~ hon är bildskön; *be in the* ~ vara insatt [i det hela]; *be out of the* ~ (*bildl.*) vara ute ur bilden; *come into the* ~ komma in i bilden, bli aktuell; *form a* ~ *of s.th.* skapa sig en bild av ngt; *I get the* ~! jag förstår (har fattat)!; *he looked* (*was*) *the* ~ *of health* han såg ut som hälsan själv; *put s.b. in the* ~ förklara situationen för ngn, sätta in ngn i saken, informera ngn om läget **2** skildring, beskrivning **3** film; *TV.* bild[skärm]; *the* ~s (*i sht BE.*) bio; *go to the* ~s gå på bio **II** v **1** framställa; måla; avbilda; skildra, beskriva **2** föreställa sig; ~ *s.th. to o.s.* föreställa sig ngt
picture book ['pɪktʃəbʊk] bilderbok **picture card** [-kɑ:d] *kortsp.* klätt kort, målare **picture gallery** [-ˌgælərɪ] tavelgalleri **picturegoer** [-ˌgəʊə] *BE.* (*föråldrat*) biobesökare **picture hat** [-hæt] schäferhatt, bredbrättad stråhatt **picture palace** [-ˌpælɪs] *BE.* (*föråldrat*) biograf, biopalats **picture postcard** [-ˌpəʊs(t)kɑ:d] vykort
picturesque [ˌpɪktʃə'resk] pittoresk, målerisk; livfull, levande (*description* skildring)
picture tube ['pɪktʃətju:b] *TV.* bildrör **picture window** [-ˌwɪndəʊ] panorama-, perspektiv|-fönster **picture writing** [-ˌraɪtɪŋ] bildskrift
piddle ['pɪdl] **1** *vard.* pinka **2** ~ [*away*] slösa bort (*one's time* tiden) **piddling** [-ɪŋ] *vard.* obetydlig, futtig
pidgin ['pɪdʒɪn] blandspråk **pidgin English** [-ˌɪŋglɪʃ] pidginengelska
pie [paɪ] paj; pastej; ~ *in the sky* (*vard.*) fåfängt hopp, falsk optimism; *as easy as* ~ (*vard.*) lätt som en plätt, en enkel match; *have a finger in the* ~ ha ett finger med i spelet
piebald ['paɪbɔ:ld] (*om häst*) fläckig, skäckig
piece [pi:s] **I** s **1** stycke, bit, del; *hand.* [hel] längd, [helt] stycke; *a* ~ *of advice* ett råd; *a* ~ *of furniture* en möbel (*enstaka föremål*); ~*s of furniture* möbler; *a* ~ *of information* en upplysning; *a* ~ *of paper* ett papper, en papperslapp; *a nice* ~ *of work* ett gott arbete; *a ten-*~ *band* ett tiomannaband; *a twenty-*~ *coffee set* en kaffeservis i tjugo delar; *a (per, the)* ~ per styck, stycket; *by the* ~ styck[e]vis, per styck; *in* ~s i stycken (bitar, delar), isärplockad, trasig; *they are all of a* ~ a) de är gjorda i ett stycke, de är likadana helt igenom, b) de är av samma slag; *break to* ~s slå sönder (i bitar); *fall to* ~s falla i bitar (stycken); *give s.b. a* ~ *of one's mind* säga ngn sitt hjärtas mening; *go to* ~s a) falla i bitar, gå sönder, spricka, b) *vard.* bli alldeles förstörd, klappa igenom, bli knäckt; *take to* ~s plocka isär **2** stycke, verk; artikel; ~ *of music* musikstycke **3** [artilleri]pjäs; eldhandvapen; gevär **4** mynt; *a 50p* ~ ett femtiopencemynt **5** (*i schackspel*) pjäs; (*i brädspel*) bricka **6** ackord; *be paid by the* ~ ha ackordslön; *work by the* ~ arbeta på ackord **7** *sl.* goding **II** v **1** laga, lappa; sy ihop; sätta samman; ~ *together* sätta (lägga, foga, skarva, lappa, sy) ihop; ~ *up* laga, lappa **2** ~ *out* komplettera, utöka
piece goods ['pi:sgʊdz] *pl* metervara **peacemeal** [-mi:l] **I** *adv* **1** styckevis, bit för bit **2** i bitar, i stycken **II** *a* gradvis; ofullständig; osystematisk
piece rate ackord[ssats] **piecework** ackordsarbete; *do* (*be on*) ~ arbeta på ackord
pie chart ['paɪtʃɑ:t] cirkeldiagram **piecrust** pajskal
pied [paɪd] (*om häst*) fläckig, skäckig; *the P*~ *Piper of Hamelin* Råttfångaren i Hameln
Piedmont ['pi:dmənt] Piemonte
pier [pɪə] **1** pir, vågbrytare **2** bropelare
pierce [pɪəs] sticka hål i (på), genomborra; tränga in i; tränga igenom; *have one's ears* ~d [låta] göra hål i öronen **piercing** ['pɪəsɪŋ] genomträngande; gäll; bitande
Pie|tism ['paɪətɪz(ə)m] pietism **-tist** [-tɪst] pietist
piety ['paɪətɪ] **1** fromhet; from handling **2** pietet
piezoelectric [paɪˌi:zəʊɪ'lektrɪk] piezoelektrisk
piffle ['pɪfl] *vard.* **I** s strunt[prat], smörja **II** v prata strunt (smörja)
pig [pɪg] **I** s **1** gris, svin; *buy a* ~ *in a poke* köpa grisen i säcken; ~s *might fly* de egendomligaste saker kan hända; *make a* ~*'s ear of* förfuska **2** *vard.* [lort]gris; matvrak; drummel; *make a* ~ *of o.s.* vräka i sig [mat], äta så man storknar **3** fläskkött **4** [metall]tacka **5** *sl.* snut (*polis*) **6** *BE. vard.* knepig sak **II** v **1** grisa **2** *vard.* leva som en gris; vräka i sig [mat]
pigeon ['pɪdʒɪn] **1** *zool.* duva **2** *BE. vard., that's her* ~ det är hennes problem (huvudvärk) **--hearted** [-ˌhɑ:tɪd] feg, lättskrämd **-hole** [-həʊl] **I** s **1** öppning till duvslag **2** fack (*i hylla, skrivbord e.d.*) **3** *vard.* kategori, fack **II** v **1** *bildl.* lägga på hyllan, skjuta upp **2** placera in i rätt fack; inordna, kategorisera **--toed** [-təʊd] med inåtvända tår; *walk* ~ gå inåt med tårna
pig|gery ['pɪgərɪ] **1** svinstia, grishus **2** frosseri **-gish** [-ɪʃ] **1** grisig **2** glupsk **3** *BE. vard.* tjurskallig **4** *BE. vard.* snål
piggy ['pɪgɪ] **I** s **1** *barnspr.* nasse, liten gris **2** *barnspr.* tå **II** *a* grisig; glupsk **piggyback I** *adv* på ryggen **II** s, *give a child a* ~ låta ett barn rida på ryggen **piggy bank** spargris
pig-headed [ˌpɪg'hedɪd] tjurskallig, envis **pig iron** ['pɪgˌaɪən] tackjärn **piglet** ['pɪglɪt] spädgris
pigment ['pɪgmənt] pigment, färgämne **pigmentation** [ˌpɪgmen'teɪʃn] pigmentering; pigment
Pigmy ['pɪgmɪ] *se* Pygmy
pig|pen ['pɪgpen] svinstia, grishus **-skin 1** svinläder **2** *AE. vard.* fotboll **-sticking** [-ˌstɪkɪŋ] vildsvinsjakt **-sty** [-staɪ] svinstia (*BE. äv. bildl.*), grishus **-tail** [-teɪl] **1** hårtofs, hårpiska **2** råttsvans (*fläta*)
1 pike [paɪk] (*pl* ~[s]) *zool.* gädda
2 pike [paɪk] **I** s **1** *hist.* (*vapen*) pik, spjut **2** *dial.* bergspets **II** v genomborra med pik (spjut)
3 pike [paɪk] *se* turnpike *1*
pikeman ['paɪkmən] *hist.* pikenerare

pikeperch ['paɪkpɜ:tʃ] *zool.* gös
pikestaff ['paɪksta:f] pikstav, spjutskaft; *as plain as a ~* klart som dagen (korvspad)
pilaf[f] ['pɪlæf], **pilao** [pɪ'laʊ] *kokk.* pilaff
pilaster [pɪ'læstə] pilaster, väggpelare
Pilate ['paɪlət] Pilatus
pilau [pɪ'laʊ], **pilaw** [pɪ'lɔ:] *kokk.* pilaff
pilchard ['pɪltʃəd] *zool.* sardin
1 pile [paɪl] **I** *s* **1** hög, trave, stapel **2** *vard.* massa; *a ~ of work* en massa arbete; *make a (one's) ~* tjäna en massa pengar (en förmögenhet) **3** stor byggnad, byggnadskomplex **4** bål; *funeral ~* likbål **5** reaktor; *atomic ~* kärnreaktor **6** batteri; element; stapel **II** *v* **1** stapla [upp], trava [upp], lägga i hög; samla; lägga på; stapla full, belamra, överlasta; *he's piling work on (to) them* han överhopar dem med arbete; *~ it on (vard.)*, *~ on (up) the agony (vard.)* bre på, överdriva; *~ up a)* stapla [upp], trava [upp], lägga i hög, samla, *b) vard.* kvadda **2** *~ [up]* samla (hopa) sig, hopas **3** *~ up* krocka, kollidera **4** välla; *~ in* välla (tränga sig, pressa sig) in
2 pile [paɪl] *(på tyg)* lugg
pile|-driver ['paɪl‚draɪvə] **1** pålkran **2** *vard.* kraftigt slag, propp
piles [paɪlz] *pl* hemorrojder
pilfer ['pɪlfə] snatta **-age** [-rɪdʒ] snatteri **-er** [-rə] snattare **-ing** [-rɪŋ] snatteri
pilgrim ['pɪlgrɪm] pilgrim; *the P~ Fathers, the P~s* pilgrimsfäderna **-age** [-ɪdʒ] **I** *s* pilgrimsfärd, vall|fart, -färd **II** *v* vallfärda, göra en pilgrimsfärd
piling ['paɪlɪŋ] pålverk
pill [pɪl] **1** piller; *the ~ (vard.)* p-piller; *be (go) on the ~* ta p-piller; *it's a bitter ~ to swallow (bildl.)* det är en besk medicin **2** *sl.* kula, boll
pillage ['pɪlɪdʒ] **I** *s* **1** plundring **2** byte **II** *v* plundra
pillar ['pɪlə] pelare; stolpe; *bildl.* stöttepelare; *the P~s of Hercules* Herkules stoder; *a ~ of smoke* en rökpelare; *be driven from ~ to post* jagas från en plats till en annan (hit och dit) **pillar box** *BE.* [pelarformad] brevlåda
pillbox ['pɪlbɒks] **1** piller|ask, dosa; pillerburk *(äv. damhatt)* **2** *mil.* betongvärn
pillion ['pɪljən] **1** *hist.* damsadel *(bakom huvudsadeln)* **2** *(på motorcykel e.d.)* bönpall, baksits
pillory ['pɪlərɪ] **I** *s* skampåle **II** *v* ställa vid skampålen; *bildl.* låta schavottera
pillow ['pɪləʊ] **I** *s* **1** [huvud]kudde **2** dyna **II** *v* **1** lägga (låta vila) på en kudde **2** tjäna som kudde åt **pillowcase** ['pɪlə(ʊ)keɪs] örngott **pillow fight** ['pɪləʊfaɪt] kuddkrig **pillowslip** ['pɪləʊslɪp] örngott
pilot ['paɪlət] **I** *s* **1** lots **2** pilot, flygare **3** ledare, anförare, vägvisare **II** *v* **1** vara pilot på **2** lotsa, [väg]leda *(äv. bildl.)* **pilot beacon** [-‚biːkn] ledfyr **pilot boat** [-bəʊt] lotsbåt **pilot fish** [-fɪʃ] lotsfisk **pilot lamp** [-læmp] kontrollampa **pilot officer** [-‚ɒfɪsə] *(i flygvapnet)* fänrik **pilot project** [-‚prɒdʒekt] pilotprojekt
pimento [pɪ'mentəʊ] **1** kryddpeppar **2** *se pimiento* **pimiento** [pɪmɪ'entəʊ] paprika; pimiento, spansk peppar
pimp [pɪmp] **I** *s* hallick, sutenör **II** *v* vara hallick *(for* åt)
pimpernel ['pɪmpənəl] *s, bot., [scarlet] ~* rödmire, skogslysing; *the Scarlet P~* Röda nejlikan

pim|ple ['pɪmpl] finne, blemma **-pled** [-pld], **-ply** [-plɪ] finnig
pin [pɪn] **I** *s* **1** [knapp]nål; märke; brosch; *like a new ~* splitterny, blänkande ren; *neat as a [new] ~* mycket prydlig; *~s and needles (vid domning)* stickningar, myrkrypningar; *be (sit) on ~s and needles* sitta som på nålar; *he doesn't care a ~ (vard.)* han bryr sig inte ett skvatt om det **2** bult, tapp, sprint, stift, spik, dubb, pinne **3** *sport.* kägla **4** *mus.* [stäm]skruv **5** *vard.* *~s (pl)* påkar, ben **II** *v* fästa [med knappnål *etc.*], sätta (nåla) fast *(to* på, vid); klämma fast; pressa, trycka; *~ down a)* fästa [med knappnål *etc.*], *b)* klämma fast, *c)* trycka ner, *d) bildl.* binda [fast], låsa, tvinga, *e) bildl.* placera, lokalisera, definiera, precisera; *he ~ned me down to my promise* han tvingade mig att stå fast vid mitt löfte; *~ one's faith on s.b.* lita (tro) [blint] på ngn; *~ s.th. on s.b. (vard.)* beskylla ngn för ngt; *~ everything on one chance* sätta allt på ett kort; *~ up* sätta upp; *get ~ned (AE. vard.)* förlova sig
pinafore ['pɪnəfɔ:] *i sht BE.* [skydds]förkläde *(med bröstlapp)*
pinball ['pɪnbɔ:l] flipper **pinball machine** flipperspel
pince-nez ['pæ̃:(n)sneɪ] pincené
pincer movement ['pɪnsə‚mu:vmənt] *mil.* kniptångsmanöver
pincers ['pɪnsəz] *pl* **1** kniptång; *large (heavy) ~* hovtång; *a pair of ~* en kniptång **2** klo *(på kräftdjur)*
pinch [pɪn(t)ʃ] **I** *v* **1** nypa; knipa [ihop]; klämma; *~ off* nypa av; *~ a p.'s bottom* nypa ngn i baken; *~ one's finger* klämma fingret **2** inskränka [på]; *be ~ed* ha det knappt; *be ~ed for room* vara trångbodd; *be ~ed for time (money)* ha ont om tid (pengar) **3** hårt ansätta, pina, plåga; *~ed face* magert (tärt) ansikte; *be ~ed with hunger* vara utsvulten **4** *vard.* sno, knycka, stjäla **5** *vard.* haffa, ta fast **6** klämma *(äv. bildl.)*; *he knows where the shoe ~es* han vet var skon klämmer **7** snåla; *~ and scrape* vända på slantarna, snåla och spara **II** *s* **1** nyp[ning], knipning, klämning; *give s.b. a ~ on the arm* nypa ngn i armen **2** knipa, klämma, trångmål, nöd[läge], kris; *at a ~* om det kniper, i nödfall **3** nypa; pris; *with a ~ of salt (bildl.)* med en nypa salt; *a ~ of snuff* en pris snus **4** *vard.* [polis]razzia; arrestering
pincushion ['pɪn‚kʊʃn] nåldyna
Pindar ['pɪndə] Pindaros
1 pine [paɪn] **I** *s* **1** fura, tall; pinje; barrträd **2** furu, furuträ
2 pine [paɪn] **1** tyna bort (av) **2** tråna, trängta *(for s.th.* efter ngt; *to do s.th.* efter att göra ngt)
pineal ['paɪnɪəl] [tall]kottformig; *~ gland (body)* tallkottkörtel
pineapple ['paɪn‚æpl] **1** ananas **2** *mil. sl.* handgranat
pine cone ['paɪnkəʊn] tallkotte
pinery ['paɪnərɪ] **1** ananasplantering **2** tallskog
pinetree fura, tall, pinje; barrträd
ping [pɪŋ] **I** *s (gevärskulas)* klingande, smällande *(mot metall)* **II** *v (om kula)* klinga, smälla
ping pong ['pɪŋpɒŋ] pingpong, bordtennis
pinhead ['pɪnhed] **1** knappnålshuvud **2** *sl.* dumskalle

pinion—pitch

1 pinion ['pɪnjən] **I** s, poet. vinge; vingspets **II** v **1** vingklippa **2** bakbinda; hålla fast [i armarna] **3** fjättra, binda fast (to vid)
2 pinion ['pɪnjən] pinjong, litet kugghjul, drev
1 pink [pɪŋk] **I** s **1** rosa, skärt, skär färg **2** nejlika **3** [räv]jägares röda rock; rävjägare **4** be in the ~ [of health] vara vid bästa hälsa (i god form) **II** a **1** rosa, skär; see ~ elephants (vid berusning) se vita möss **2** BE. polit. vard. vänster- **III** v (om motor) knacka
2 pink [pɪŋk] perforera, skära ut små hål i (läder, tyg)
pinkeye ['pɪŋkaɪ] bindhinneinflammation
pink|ie, -y [-ɪ] AE. o. Sk., vard. lillfinger
pin money ['pɪnˌmʌnɪ] nålpengar
pinnace ['pɪnɪs] sjö. pinass, slup
pinnacle ['pɪnəkl] **1** tornspira, tinne; bildl. höjdpunkt, topp **2** spetsig [bergs]topp
pinnate ['pɪnɪt] bot. parbladig
pinny ['pɪnɪ] barnspr. = pinafore
pin|point ['pɪnpɔɪnt] **I** s **1** knappnålsspets, nålspets **2** bagatell, struntsak **II** v precisera, noga bestämma (definiera) **-prick I** s nål|stick, -sting (äv. bildl.); bildl. äv. lätt irritation **II** v sticka med nål; irritera **-stripe I** s, textil. kritstrecksrand **II** a kritstrecksrandig
pint [paɪnt] pint (= 1/8 gallon, i Storbritannien = 0,57 l, i USA = 0,47 l); have a ~ ta en öl
pinto ['pɪntəʊ] AE. **I** a [vit]fläckig, skäckig **II** s skäckig häst
pint-size[d] ['paɪntsaɪz(d)] vard. minimal, pytteliten
pin-up ['pɪnʌp] **I** s, vard. [bild av] pinuppa **II** a **1** pinup- **2** AE. vägg-; ~ lamp vägglampa
piny ['paɪnɪ] tall, furu-
pioneer [ˌpaɪəˈnɪə] **I** s **1** pionjär; nyodlare; banbrytare, föregångare **2** mil. ingenjörssoldat, pionjär **II** v **1** vara pionjär, bana väg **2** initiera, sätta i gång, bana väg för
pious ['paɪəs] from, gudfruktig
1 pip [pɪp] (i apelsin, äpple, päron) kärna
2 pip [pɪp] **1** (i tidssignal e.d.) pip; (på radarskärm) blip **2** (på tärning, spelkort) prick **3** vard. mil. stjärna (på axelklaff) **II** v pipa; skrika till
3 pip [pɪp] **I** s **1** (hönssjukdom) pips **2** BE. vard. dåligt humör, deppighet; give s.b. the ~ göra ngn galen **II** v, BE. vard. **1** deppa; vara sur **2** göra ngn galen
4 pip [pɪp] BE. vard. **1** träffa, döda (med gevär) **2** besegra; ~ s.b. at the post slå ngn på mållinjen
pipe [paɪp] **I** s **1** rör[ledning], ledningsrör, ledning **2** [tobaks]pipa; [pip]stopp; put that in your ~ and smoke it! (vard.) det får du försöka finna dig i!
3 mus. [orgel]pipa; the ~s (äv.) a) säckpipa, b) andningsorganen **4** (fågels) pip[ande] **5** AE. sl. (i sht om collegekurs) urenkel grej **II** v **1** spela på pipa **2** pipa, skrika gällt; ~ down (sl.) stämma ner tonen, hålla käften; ~ up a) börja spela, spela (stämma) upp **3** leda i rör; lägga in rör i, förse med rör
pipeclay ['paɪpkleɪ] piplera **pipe cleaner** [-ˌkliːnə] piprensare **pipe dream** [-driːm] önskedröm **pipeline** [-laɪn] **I** s pipeline, rör-, olje-, naturgas|ledning; bildl. kanal; in the ~ i stöpsleven, under utarbetande **II** v leda genom pipeline (rörledning) **pipe major** [-ˌmeɪdʒə] förste säckpipblåsare
piper ['paɪpə] pipblåsare; säckpip[s]blåsare; he who pays the ~ calls the tune den som betalar kalaset får också bestämma
pipe rack ['paɪpræk] pipställ
pipette [pɪˈpet] pipett
piping ['paɪpɪŋ] **I** s **1** pipspel, säckpipsspel **2** pip, pipande, visslande **3** rörledningssystem **II** a pipig **III** adv, ~ hot rykande varm, kokhet
pipit ['pɪpɪt] zool. piplärka
pipsqueak ['pɪpskwiːk] vard. liten stackare; struntsak
piquancy ['piːkənsɪ] **1** pikant (skarp) smak **2** bildl. pikanteri; skärpa **piquant** [-kənt] eg. o. bildl. pikant; skarp
pique [piːk] **I** s förtrytelse, sårad stolthet **II** v **1** såra, kränka; reta **2** ~ o.s. on s.th. stoltsera (skryta) med
piracy ['paɪərəsɪ] **1** BE. sjöröveri; piratdåd **2** pirat|tryck, -utgåva
piranha [pɪˈrɑːnjə] zool. piraya
pirate ['paɪərət] **I** s **1** pirat, sjörövare **2** sjörövarfartyg **3** piratförläggare; radio. piratsändare **II** a pirat-; sjörövar- **III** v göra en piratutgåva (piratupplaga) av **piratic[al]** [paɪˈrætɪk(l)] pirat-; sjörövar-
pirouette [ˌpɪrʊˈet] **I** s piruett **II** v piruettera
piscary ['pɪskərɪ] **1** fiskerätt **2** fiskevatten
Pisces ['pɪsiːz] (stjärnbild) Fiskarna
pisciculture ['pɪsɪkʌltʃə] fiskodling
piste [piːst] pist; skidbacke; bana för fäkttävling
pistil ['pɪstɪl] bot. pistill
pistol ['pɪstl] pistol
piston ['pɪstən] mek., mus. pistong **piston ring** kolvring **piston rod** vevstake, kolvstång
1 pit [pɪt] **I** s **1** grop, hål; bildl. fallgrop; the ~ (äv.) helvetet; the ~ of the stomach maggropen **2** [kol]gruva; gruvschakt **3** teat. bortre parkett; [orchestra] ~ orkesterdike **4** (på bilverkstad) smörjgrop; (på racerbana) [service]depå **5** BE. sl. slaf (säng) **6** [kopp]ärr **II** v **1** hetsa, egga upp (s.b. against ngn mot) **2** lägga i grop **3** ~ted gropig; ~ted with smallpox scars koppärrig
2 pit [pɪt] AE. **I** s plommon-, körsbärs|kärna **II** v kärna ur
pitapat [ˌpɪtəˈpæt] **I** adv, go ~ trippa, (om hjärta) klappa, dunka **II** v trippa; klappa **III** s trippande, klappande; (regns) smattrande
1 pitch [pɪtʃ] **I** s **1** kast; queer a p.'s ~ (BE. vard.) korsa ngns planer **2** [fotbolls]plan **3** i sht BE. torg-, salu|plats **4** sl. försäljnings|snack, -taktik **5** fonet., mus. ton|höjd, -läge, -fall; concert ~ konsertstämning; standard ~ normalton; have perfect ~ ha absolut gehör **6** lutning; stigning; sluttning; (propellers) stigning **7** grad, nivå; höjd[punkt], topp **8** (fartygs) stamp|ande, -ning **II** v **1** kasta, slänga; golf. pitcha; ~ hay lassa hö på lasset **2** slå, sätta upp, resa; ~ a camp slå läger **3** sl., ~ a yarn dra en historia **4** stämma (instrument); stämma upp (sång); ge (stämton); sätta (i viss tonart); bildl. a) anpassa, b) anslå; ~ one's hopes too high ha för högt ställda förväntningar; that's ~ing it

pitch—plain 382

too high det är en aning överdrivet **5** sten|lägga, -sätta **6** falla, ramla [omkull], störta **7** ~*ed battle* fältslag, regelrätt batalj **8** slå läger **9** (*om fartyg*) stampa; (*om flygplan*) kränga, tippa **10** slutta **11** ~ *in* (*vard.*) hoppa (hugga) in, vara med, hjälpa till; ~ *into* (*vard.*) kasta sig över; ~ *on* (*vard.*) plocka (välja) ut
2 pitch [pɪtʃ] **1** beck; *as black as* ~ kol-, beck|-svart **2** kåda
pitchblack [ˌpɪtʃˈblæk] kol-, beck|svart **pitchblende** [ˈpɪtʃblend] *kem.* pechblände **pitchdark** [ˌpɪtʃˈdɑːk] kol-, beck|svart
1 pitcher [ˈpɪtʃə] handkanna
2 pitcher [ˈpɪtʃə] (*i baseball*) kastare
pitch|fork [ˈpɪtʃfɔːk] **I** *s* högaffel **II** *v* **1** lyfta (lassa) med högaffel **2** *bildl.* kasta in **-man** [-mən] *AE.* gatuförsäljare
pitch pine [ˈpɪtʃpaɪn] *bot.* pitchpine **pitchy** [-ɪ] beckig; kol-, beck|svart
piteous [ˈpɪtɪəs] ömklig, ynklig
pitfall [ˈpɪtfɔːl] fallgrop; *bildl. äv.* fälla
pith [pɪθ] **1** *biol.* märg; ryggmärg; *the* ~ *of a grapefruit* det vita på ett grapefruktskal **2** *bildl.* kärna, märg; styrka, kraft, kärnfullhet
pithead [ˈpɪthed] gruvöppning (*o. tillhörande byggnader*)
pith helmet [ˈpɪθˌhelmɪt] tropik-, sol|hjälm
pithy [ˈpɪθɪ] **1** märgfull **2** *bildl.* kärn-, kraft|full
piti|able [ˈpɪtɪəbl] **1** ömklig, beklagans-, ömkans|värd **2** usel, ynklig **-ful** [-f(ʊ)l] **1** ömklig, beklagansvärd **2** ynklig, föraktlig **-less** [-lɪs] obarmhärtig, skoningslös
piton [ˈpiːtɔ̃(ŋ)] (*inom bergsbestigning*) ringbult
pit prop [ˈpɪtprɔp] gruvstötta
pittance [ˈpɪt(ə)ns] torftig (knapp) lön, svältlön; liten summa [pengar]
pitter-patter [ˌpɪtəˈpætə] **I** *s* trippande, tassande; (*regnets*) smattrande **II** *v* trippa, tassa; (*om regn*) smattra **III** *adv*, *go* ~ trippa, tassa; *fall* ~ (*om regn*) smattra; *his heart went* ~ hans hjärta bultade och slog
pituitary [gland] [pɪˈtjuːɪt(ə)rɪ] *s o. a, anat.* hypofys
pity [ˈpɪtɪ] **I** *s* **1** medlidande; *for* ~*'s sake* för Guds skull; *feel* ~ *for*, *have* (*take*) ~ *on* ha (hysa) medlidande med **2** synd, skada; *what a* ~*!* så (vad) synd!; *more's the* ~*!* tyvärr!, så mycket värre!; *it is a thousand pities that* det är ett elände att; *the* ~ *of it was that* det tråkiga var bara att **II** *v* ha (hysa) medlidande med, tycka synd om, beklaga
pivot [ˈpɪvət] **I** *s* pivå, svängtapp; *bildl.* mitt-, medel|punkt **II** *v* **1** anbringa på pivå **2** svänga (*on* kring); *bildl.* röra sig (*on* kring) **-al** [-l] *bildl.* central, huvudsaklig, huvud-, nyckel-
pix|ie, -y [ˈpɪksɪ] tomtenisse, alf
pixil[l]ated [ˈpɪksɪleɪtɪd] **1** snurrig, vimsig, yr; excentrisk **2** *sl.* full, asberusad
pizza [ˈpiːtsə] pizza **pizzeria** [ˌpiːtsəˈriːə] pizzeria
pizzicato [ˌpɪtsɪˈkɑːtəʊ] *mus.* pizzicato
pk. *förk. för pack; park; peak* **pkg.** *förk. för package* **pkt.** *förk. för packet* **pl.** *förk. för place; plate; plural* **P.L.A.** *förk. för Port of London Authority*
placard [ˈplækɑːd] **I** *s* plakat, affisch, anslag **II** *v* **1** sätta upp plakat (*etc.*) på **2** göra reklam [genom affischering]
placate [pləˈkeɪt] försona, blidka **placatory** [-(ə)rɪ] försonande, blidkande
place [pleɪs] **I** *s* **1** plats; ort, trakt; lokal, byggnad; ~ *of amusement* nöjes|lokal, -fält, -plats; ~ *of birth* födelseort; *of this* ~ härifrån; *go* ~*s* (*vard.*) *a*) gå ut [och roa sig], *b*) resa (se sig) omkring; *he's going* ~*s* (*vard.*) han kommer att gå långt **2** hus, hem, bostad, ställe; *at Tina's* ~ hemma hos Tina; *where's your* ~? var bor du?; *come round to my* ~ kom hem till mig **3** ställe, plats; utrymme; *any* (*some*) ~ någonstans; *in* ~*s* här och var; *in* ~ *of* i stället för; *in another* ~ någon annanstans; *in the first* ~ för det första, först och främst, i första rummet; *be in* ~ *a*) ligga (vara) på sin plats, *b*) vara lämplig (passande); *hold in* ~ hålla kvar (fast, på plats); *put yourself in my* ~ sätt dig in i min situation; *be out of* ~ *a*) inte ligga (vara) på sin plats, *b*) vara olämplig (opassande, malplacerad), inte passa [in]; *all over the* ~ överallt; *a man with no* ~ *to go* en man som inte har någonstans att ta vägen; *four* ~*s were laid* det var dukat för fyra; *lose one's* ~ (*i bok*) tappa bort var man är; *take* ~ äga rum, hända, inträffa; *take one's* ~ inta sin plats, ta plats; *take the* ~ *of s.b.* [in]ta ngns plats, ersätta ngn, träda i ngns ställe **4** plats, position, rang, ställning; anställning; uppgift; *it's not my* ~ *to* det är inte min sak att; *keep* (*put*) *s.b. in his* ~ sätta ngn på plats; *know one's* ~ veta sin plats (vad som tillkommer en); *take a* ~ *as* ta plats som; *win first* ~ komma på första plats **5** *mat.*, *calculated to 5 decimal* ~*s* beräknad med 5 decimalers noggrannhet **II** *v* **1** placera (*äv. hand.*), sätta, ställa, lägga; *be* ~*d* (*äv.*) ligga [till]; *how are you* ~*d for money?* hur ligger du till ekonomiskt?; ~ *an order with* placera en order hos **2** placera, komma ihåg, identifiera, lokalisera **3** placera; skaffa plats (arbete) åt; få in; utnämna **4** *sport.* placera; *be* ~*d a*) bli placerad [bland de tre bästa], *b*) *AE.* bli tvåa; *he was* ~*d third* han placerade sig som trea
placebo [pləˈsiːbəʊ] *med.* placebo, blindtablett
place card [ˈpleɪskɑːd] placeringskort **place mat** [bords]tablett **placement** [-mənt] placering **place name** ortnamn
placen|ta [pləˈsentə] (*pl -tas el. -tae* [-tiː]) *anat.* placenta, moderkaka
place setting [ˈpleɪsˌsetɪŋ] [bords]kuvert
placid [ˈplæsɪd] lugn, mild; fridfull **-ity** [plæˈsɪdətɪ] lugn, mildhet; fridfullhet
placket [ˈplækɪt] sprund
plagia|rism [ˈpleɪdʒjərɪz(ə)m] **1** plagiering **2** plagiat **-rist** [-rɪst] plagiator **-rize** (*BE. äv. -rise*) [-raɪz] plagiera
plague [pleɪg] **I** *s* **1** farsot; pest; *bubonic* ~ böldpest **2** hemsökelse, [lands]plåga; *vard.* plåga, otyg **II** *v* plåga, hemsöka; *vard.* plåga, pina
plagu[e]y [ˈpleɪgɪ] *vard.* **I** *a* besvärlig, irriterande **II** *adv* besvärligt, irriterande; förfärligt, förbaskat
plaice [pleɪs] (*pl* ~[*s*]) *zool.* röd|spotta, -spätta
plaid [plæd] **1** [skotskrutig] sjal (*buren t. skotsk dräkt*) **2** skotskrutigt tyg
plain [pleɪn] **I** *a* **1** enkel, vanlig, okonstlad, o-smyckad; alldaglig, slätstruken, oansenlig; ful; ~ *clothes* civila kläder; ~ *cooking* vardagsmat[lagning], husmanskost; ~ *sewing* slätsöm; ~ *water*

plain-clothes—plausible

vanligt vatten; *she's a real ~ Jane* hon är inte någon skönhet precis; *it was ~ sailing* det var enkelt (lätt, ingen match) **2** enfärgad; omönstrad; *in a ~ colour* enfärgad **3** klar, lättfattlig, enkel, tydlig; uppenbar, ren, riktig; *in ~ language* i klartext, rent ut; *the ~ truth* den enkla (nakna) sanningen; *it's as ~ as the nose on your face (vard.)* det är klart som korvspad **4** öppen, ärlig, uppriktig; *~ dealing* rent spel, uppriktighet; *be ~ with s.b.* vara öppen (uppriktig) mot ngn **5** platt, plan, flack, slät, jämn **II** *adv* **1** klart, tydligt **2** rent ut sagt **III** *s* slätt[land]
plain-clothes ['pleɪnkləʊðz] *a*, *~ man* civilklädd polis, detektiv
plainness ['pleɪnnɪs] **1** enkelhet; alldaglighet; fulhet **2** klarhet, tydlighet **3** öppenhet, uppriktighet **plainsman** [-zmən] slättbo **plainsong** [-sɒŋ] unison kyrkosång **plain-spoken** [ˌpleɪn'spəʊk(ə)n] öppen, uppriktig
plaintiff ['pleɪntɪf] *jur.* kärande, målsägare
plaintive [-tɪv] klagande; sorglig
plait [plæt] *s o. v* fläta
plan [plæn] **I** *s* plan; [plan]ritning; skiss, utkast *(for till)*; *~ of action* aktionsprogram; *~ of campaign* strategi, krigsplan; *according to ~* enligt planerna, planenligt; *make ~s for* planera, göra upp planer för **II** *v* **1** planera, planlägga, göra upp en plan för; rita en plan för; *~ned economy* planhushållning; *~ned parenthood* familjeplanering **2** planera, ha för avsikt
1 plane [pleɪn] *bot.* platan
2 plane [pleɪn] **I** *s* **1** plan, plan yta; *bildl.* plan, nivå **2** [flyg]plan **3** bärplan, vinge **II** *a* plan, slät, jämn; *~ geometry* plangeometri **III** *v* **1** glidflyga, glida **2** (*om båt*) plana
3 plane [pleɪn] **I** *s* hyvel **II** *v* hyvla
planet ['plænɪt] planet **planetar|ium** [ˌplænɪ'teərɪəm] *(pl -iums el. -ia* [-ɪə]*)* planetarium **planetary** ['plænɪt(ə)rɪ] **1** planetarisk, planet- **2** jordisk **planetoid** ['plænɪtɔɪd] småplanet, planetoid, asteroid
plane tree ['pleɪntri:] *bot.* platan
plangent ['plændʒ(ə)nt] **1** dånande **2** klagande
plank [plæŋk] **I** *s* **1** planka, bräda; *walk the ~* gå över plankan *(tvingas över bord av sjörövare)* **2** *AE.* punkt [på politiskt program] **3** bas; stöd **II** *v* **1** klä med plankor **2** bulta *(kött)*
plankton ['plæŋtən] *biol.* plankton
planner ['plænə] planerare **planning** [-ɪŋ] planering
plant [plɑ:nt] **I** *s* **1** planta; växt; ört **2** anläggning; fabrik; verk; [maskinell] utrustning **3** *vard.* [polis]spion, tjallare **4** *AE.* falska indicier, fälla; komplott **II** *v* **1** plantera, sätta, så; *bildl.* inplant[er]a; *~ out* plantera ut **2** plantera (ställa, sätta) [stadigt], fästa, anbringa **3** grunda, anlägga **4** *sl.* plantera, dela ut *(a blow* ett slag*)* **5** *sl.* gömma
plantain ['plæntɪn] *bot.* **1** banan[växt], pisang **2** groblad
plantation [plæn'teɪʃn] **1** plantage **2** plantering **3** koloni; kolonisering **planter** ['plɑ:ntə] **1** plantageägare **2** odlare **3** planterings-, sånings|maskin **4** nybyggare **5** ytterkruka **plant kingdom** ['plɑ:ntˌkɪŋdəm] *s, the ~* växtriket **plant louse** ['plɑ:ntlaʊs] bladlus
plaque [plɑ:k] **1** platta, minnestavla **2** *tandläk.,*

[dental] *~* plack
plashy ['plæʃɪ] **1** våt, sank **2** plaskande, stänkande
plasm ['plæz(ə)m], **plasma** ['plæzmə] *fysiol., fys.* plasma
plaster ['plɑ:stə] **I** *s* **1** murbruk, puts **2** *BE.* plåster **3** *~* *[of Paris]* gips **II** *v* **1** rappa, putsa **2** plåstra om; sätta på plåster **3** gipsa **4** smeta på; klistra full; *~ a wall with posters* klistra en vägg full med affischer; *her hair was ~ed down* hennes hår låg slickat **plasterboard** fiberplatta **plaster cast 1** gipsförband **2** gipsavgjutning **plastered** [-d] *AE. sl.* full, berusad **plasterer** [-t(ə)rə] stuckatör, gipsarbetare
plastic ['plæstɪk] **I** *a* **1** plast-, av plast; *bildl.* plast-, syntetisk *(food* mat*)* **2** plastisk, formbar **3** *med.* plastisk; *~ surgery* plastikkirurgi **4** skapande *(force* kraft*)* **5** plastisk; bildskapande; modellerande; *~ arts* plastik, bildhuggarkonst, modellering **II** *s* plast **Plasticine** [-ɪsi:n] *(varumärke)* plastellina, *(slags)* modellera **plasticity** [plæ'stɪsətɪ] plasticitet, formbarhet, smidighet **plastics** *pl* plast[er]
plat [plæt] *AE.* jordbit, täppa
plate [pleɪt] **I** *s* **1** platta; plåt *(äv. foto.)*; skylt; namnplåt; tryckplåt; kliché; avtryck; plansch, illustration; [koppar]stick; pläter; elektrodplatta, anod; *[dental]* *~* *(vard.)* lös|gom, -tänder; *etched ~* radering, etsning; *it is only ~* det är bara pläter (förgyllt) **2** tallrik, fat, assiett; kollektallrik; *AE.* [bords]kuvert; *koll.* guld-, silver|servis, -bestick, -saker; *a cold ~* *(äv.)* en kall rätt; *have a lot on one's ~* *(vard.)* ha mycket att stå i, ha fullt upp; *have s.th. handed to one on a ~* *(vard. bildl.)* få ngt serverat på en bricka (ett fat) **3** lamell **4** pris, pokal, cup; priskapplöpning **5** *(i baseball) home ~* innemål **II** *v* **1** klä med plåt[ar]; bepansra **2** plätera; för|silvra, -gylla
plateau ['plætəʊ] *(pl ~s el. ~x* [-z]*)* **1** hög|slätt, -platå **2** *prices have reached a ~* priserna har stabiliserat sig
plate glass [ˌpleɪt'glɑ:s] planglas, fönsterglas
platelayer ['pleɪtˌle(ɪ)ə] rälsläggare
platen ['plæt(ə)n] **1** *boktr.* digel **2** skrivmaskinsvals
plate rack ['pleɪtræk] tallrikshylla; diskställ
platform ['plætfɔ:m] **1** plattform, perrong **2** estrad, podium **3** politiskt [parti]program **4** platå **5** platåsula
plating ['pleɪtɪŋ] **1** plätering; för|silvring, -gyllning **2** plåtbeläggning; pansar
platinum ['plætɪnəm] platina **platinum blonde I** *a, fem.* platinablond **II** *s* platinablondin
plati|tude ['plætɪtju:d] plattityd, platthet, banalitet **-tudinous** [ˌplætɪ'tju:dɪnəs] platt, banal
Plato ['pleɪtəʊ] Platon **Platonic** [plə'tɒnɪk] platon[i]sk
platoon [plə'tu:n] pluton
platter ['plætə] **1** serverings-, uppläggnings|fat **2** *AE. sl.* platta, [grammofon]skiva
platypus ['plætɪpəs] *zool.* näbbdjur
plaudit ['plɔ:dɪt] *s, vanl. ~s (pl)* gillande, beröm; applåd[er], bifallsyttring[ar]
plau|sibility [ˌplɔ:zə'bɪlətɪ] **1** antaglighet, rimlighet **2** övertygande (förtroendeingivande) sätt **-sible** ['plɔ:zəbl] **1** rimlig, antaglig, plausibel **2**

play—pleasure

övertygande; förtroendeingivande
play [pleɪ] **I** s **1** lek; spel; tur, drag; ~ *on words* lek med ord; *in* ~ *a*) på skämt (skoj), *b*) (*om boll*) i spel; *out of* ~ (*om boll*) ur spel, ute; *be at* ~ [hålla på och] leka; *it's your* ~ det är din tur (ditt drag) **2** pjäs, [teater]stycke, skådespel; föreställning; *go to the* ~ gå på teater[n]; *make a* ~ *for s.b.* lägga sig ut för (lägga an på) ngn; *make great* ~ *of s.th.* göra stor affär (stort väsen) av ngt **3** spel, spelande, rörelse, verksamhet, gång; ~ *of colours* färgspel; *be at* ~ vara i gång; *bring* (*call*) *into* ~ sätta in (i gång), uppbåda, mobilisera; *come into* ~ *a*) komma i gång, *b*) göra sig gällande, spela in **4** glapp, spel[rum]; *tekn. äv.* tolerans; *bildl. äv.* utrymme, rörelsefrihet; *allow* (*give*) *full* (*free*) ~ *to* ge fritt spelrum (lopp) åt **II** *v* **1** leka; spela (*äv. bildl.*); framföra; spela mot; *sport.* låta spela, sätta in, ställa upp i; *Austria ~ed Sweden* Österrike spelade mot Sverige; ~ *a joke on s.b.* spela ngn ett spratt; ~ *the market* (*vard.*) spekulera; ~ *a part* spela en roll; ~ *the piano* spela piano; ~ *shop* leka affär; ~ *s.b. at chess* spela schack mot ngn **2** låta svepa, låta spela (*on* över), rikta (*on* mot); ~ *a jet of water on* rikta en vattenstråle mot **3** leka (*äv. bildl.*); spela (*äv. bildl.*); roa sig; musicera (*to* för); uppträda; ~ *safe* gardera sig, ta det säkra för det osäkra; *the pitch ~s well* det går bra att spela på planen; ~ *at mothers and fathers* leka mamma, pappa, barn; *he was ~ing at being angry* han låtsades vara arg; *Faust is now ~ing at...* Faust spelas just nu på...; ~ *for money* spela om pengar; ~ *for time* försöka vinna tid, maska; ~ *into a p.'s hands* spela ngn i händerna; *the music ~ed* [*up*] *on my nerves* musiken gick mig på nerverna; ~ [*up*] *on words* leka med ord; *we don't have much time to* ~ *with* vi har inte mycket tid att vinka på **4** spela, svepa, sväva (*on* över); fladdra, skimra; vara i gång; *the hoses ~ed on the flames* slangarna var riktade mot lågorna; *a smile ~ed on her lips* ett leende lekte på hennes läppar **5** ~ *about* (*around*) *with* (*bildl.*) leka med; ~ *away* spela bort; ~ *back* spela [av, upp], köra (*a tape* ett band); ~ *down* bagatellisera, tona ner; ~ *off* delta i slutspel; ~ *A off against B* spela ut A mot B; ~ *out a*) spela till slut (färdigt), *b*) utnyttja, göra slut på, *c*) släppa på (ut) (*a rope* ett rep); *be ~ed out* (*äv.*) *a*) bli utspelad, *b*) *vard.* vara slut (slutkörd); *~ed out joke* (*vard.*) utslitet skämt; ~ *out* [*the*] *time a*) få tiden att gå, *b*) försöka vinna tid, maska; ~ *up a*) spela högre, *b*) framhäva, *c*) *vard.* göra sitt bästa, ligga i, komma loss, *d*) *BE. vard.* vara irriterad (*against* på), ställa till besvär (*against* för), trassla; ~ *up!* heja!; ~ *s.b. up* (*vard.*) ställa till trassel för ngn; ~ *up to s.b.* (*vard.*) ställa sig in hos ngn, fjäska för ngn
playable ['ple(ɪ)əbl] spelbar; som det går att spela på (med)
play|-act ['pleɪækt] **1** låtsas **2** spela teater (*äv. bildl.*); spela över, vara teatralisk **--actor** [-,æktə] komediant, skådespelare (*äv. bildl.*) **-back** [-bæk] playback, eftersynkronisering; av-, upp|spelning **-bill** [-bɪl] teateraffisch **-boy** [-bɔɪ] playboy, goddagspilt
player ['pleɪə] **1** spelare, spelande; proffsspelare **2** musikant; -spelare **3** skådespelare **player pi-**

ano [-pɪˌænəʊ] pianola, självspelande piano
play|fellow ['pleɪˌfeləʊ] lekkamrat **-ful** [-f(ʊ)l] lekfull, skämtsam **-goer** [-ˌgəʊə] teaterbesökare **-ground** [-graʊnd] lekplats; rekreationsområde; *bildl.* tummelplats; favoritsysselsättning **-house** [-haʊs] teater
playing card ['pleɪɪŋkɑːd] [spel]kort **playing field** idrotts|plan, -plats
play|mate ['pleɪmeɪt] lekkamrat **--off** *sport.* **1** extra avgörande match **2** *i sht AE.* slutspel **-pen** [lek]hage **-school** lekskola **-suit** lekdräkt **-thing** leksak (*äv. bildl.*) **-time** lekstund, [lång] rast **-wright** skådespelsförfattare, dramatiker
plaza ['plɑːzə] **1** torg, öppen plats **2** *i sht AE.* affärs-, shopping|centrum
plea [pliː] **1** *jur.* svaromål; påstående; svar, försvar; ~ *of guilty* erkännande; ~ *of not guilty* nekande; *enter a* ~ *of guilty* erkänna **2** vädjan, bön (*for* om); *make a* ~ *for* vädja om **3** ursäkt; *give the* ~ *of illness* ursäkta sig med att man är sjuk **--bargain** ['pliːˌbɑːgɪn] *AE. jur.* köpslå om brottsrubricering
plead [pliːd] (*~ed, ~ed el. Sk. o. AE.* pled, pled) **1** plädera, föra talan inför rätta; ~ *for* plädera (ivrigt tala) för, förorda, be för; ~ *with s.b.* vädja till (bönfalla) ngn; ~ *guilty* erkänna sig skyldig; ~ *not guilty* neka [till anklagelsen] **2** tala (*for* för) **3** ursäkta sig med, skylla på, hänvisa till **4** försvara, företräda (*a p.'s cause* ngn) **-ing** ['pliːdɪŋ] **I** *a* bönfallande, vädjande **II** *s, jur.* **1** plädering; försvar; talan; yrkande **2** *~s* (*pl*) rättegångshandlingar
pleasant ['pleznt] angenäm, behaglig, trevlig; vänlig **-ry** [-rɪ] vänlighet, vänligt yttrande; lustighet, skämt
please [pliːz] **1** tilltala, behaga; tillfredsställa, vara (göra) till lags; glädja, göra glad; ~ *o.s.* göra det man vill, göra som det passar en; ~ *yourself!* [gör] som du vill!; *just to* ~ *you* bara för din skull **2** behaga; vilja; finna lämpligt; ~ *God* om Gud vill; *as you* ~ som du vill (behagar); *if you* ~ *a*) om jag får be, *b*) om du tillåter, *c*) om du vill, var så god, *d*) kan du tänka dig det **3** [*yes,*] ~*!* ja tack!, ja varsågod!; ~ *Claire!* snälla Claire!; *come in,* ~*!* [var så god och] stig (kom) in!; *may I come in,* ~*?* får jag komma in?; *may I?* - ~ *do!* får jag? - varsågod!, javisst!, naturligtvis!; *will you* ~ *keep quiet!* var snäll och var tyst!; *pass the sugar,* ~*!* kan du ge mig sockret[, är du snäll]!, kan jag få sockret[, tack]!; ~ *don't tell them!* tala inte om det för dem [är du snäll]! **pleased** [-d] **1** glad (*about, at* åt, över); nöjd, belåten, tillfreds (*with* med); *I shall be* ~ *to come* jag kommer mycket gärna; *I'm* ~ *to hear that* det gläder mig att höra att; ~ *to meet you* roligt att träffas!, angenämt!
pleasing ['pliːzɪŋ] angenäm, behaglig
pleasurable ['pleʒ(ə)rəbl] angenäm, behaglig, glädjande
pleasure ['pleʒə] **1** nöje, glädje, välbehag, njutning, [väl]lust; *a man of* ~ en njutningsmänniska, [*my*] ~*!* ingen orsak!, för all del!; *with* ~ [mycket] gärna, med nöje; *she is a* ~ *to teach* det är ett rent nöje att undervisa henne; *give* ~ *to s.b.* bereda ngn nöje (glädje); *if it gives you* ~ om det roar dig; *I have much* ~ *in informing you* jag har det stora nöjet att meddela er; *may I have the* ~*?* får

jag lov?; *take* ~ *in* finna nöje i, tycka om [att] **2** behag, gottfinnande, vilja, önskan; *at* ~ efter behag; *during His (Her) Majesty's* ~ på obestämd tid **pleasure boat** fritids-, nöjes|båt **pleasure ground** nöjesfält **pleasure-loving** [-,lʌvɪŋ] nöjeslysten; lättsinnig **pleasure-seeking** [-,siːkɪŋ] nöjeslysten **pleasure trip** nöjesresa, lusttur
pleat [pliːt] **I** *s* veck **II** *v* vecka; plissera
pleb [pleb] **1** *kortform för plebeian* **2** *BE. sl.* underklassare, vulgär typ **plebeian** [plɪˈbiːən] **I** *a* plebejisk **II** *s* plebej
plebiscite [ˈplebɪsɪt] folkomröstning
plebs [plebz] (*behandlas som pl*) plebs, folket, massan
plec|trum [ˈplektrəm] (*pl -trums el. -tra* [-trə]), **plec|tron** (*pl -trons el. -tra* [-trə]) plektrum, plektron
pled [pled] *Sk. o. AE., imperf. o. perf. part. av plead*
pledge [pledʒ] **I** *s* **1** pant, underpant; bevis; *in* ~ *of a*) som pant (säkerhet) för, *b*) som bevis på; *hold in* ~ ha som pant (säkerhet); *put in* ~ lämna i pant, pantsätta; *take out of* ~ lösa ut (in) **2** [högtidligt, heligt] löfte, utfästelse (*of* om); *under* [*the*] ~ *of secrecy* under tysthetslöfte; *sign* (*take*) *the* ~ avlägga nykterhetslöfte **3** skål; *drink a* ~ *to s.b.* dricka ngns skål (en skål för ngn) **II** *v* **1** pantsätta, sätta i pant, lämna som säkerhet; ~ *one's word* ge sitt hedersord [på] **2** förplikta, förbinda; *he* ~*d me to secrecy* han avkrävde mig tysthetslöfte **3** [högtidligt] lova, utlova **4** utbringa en skål för, dricka till
Pleiades [ˈplaɪədiːz] *pl, the* ~ Plejaderna
plenary [ˈpliːnərɪ] fulltalig, fullständig; ~ *meeting* plenum, plenarsammanträde; ~ *powers* oinskränkt fullmakt
plenipotentiary [,plenɪpə(ʊ)ˈtenʃ(ə)rɪ] **I** *a* befullmäktigad; oinskränkt, absolut **II** *s* befullmäktigat sändebud, plénipotentiaire
plenitude [ˈplenɪtjuːd] **1** fullhet **2** överflöd, ymnighet, rikedom
plen|teous [ˈplentjəs] riklig, ymnig **-tiful** [-tɪf(ʊ)l] riklig, ymnig; överflödande, givande
plenty [ˈplentɪ] **I** *s* **1** rikedom, välstånd **2** överflöd, stor mängd; ~ *of* massor av (med); *there's* ~ *of time* är gott om tid; *food in* ~ massor av (gott om) mat; *that's* ~, *thank you* tack, det räcker mer än väl; *three will be* ~ tre är mer än nog **II** *adv, AE. vard.* mycket, väldigt
ple|num [ˈpliːnəm] (*pl -nums el. -na* [-nə]) **1** plenum, plenarsammanträde **2** gas under övertryck **3** fullhet
pleo|nasm [ˈpliə(ʊ)næz(ə)m] språkv. pleonasm **-nastic** [plɪə(ʊ)ˈnæstɪk] språkv. pleonastisk
plethora [ˈpleθərə] övermättnad; över|flöd, -mått
pleurisy [ˈplʊərəsɪ] *med.* lungsäcksinflammation, pleurit
Plexiglass [ˈpleksɪglɑːs] (*varumärke*) plexiglas
plexus [ˈpleksəs] **1** *anat.* kärl-, nerv|nät **2** nätverk
pli|ability [,plaɪəˈbɪlətɪ] **1** smidighet, böjlighet **2** eftergivenhet **-able** [ˈplaɪəbl] **1** smidig, böjlig **2** lättpåverkad, eftergiven
pliant [ˈplaɪənt] **1** böjlig, mjuk, smidig **2** flexibel; eftergiven

pliers [ˈplaɪəz] *pl* plattång, kniptång, flacktång; *a pair of* ~ en plattång *etc.*
1 plight [plaɪt] uselt tillstånd, utsatt belägenhet (läge)
2 plight [plaɪt] ge (*one's word to*) sitt [heders]ord på att); högtidligt lova; ~ *one's troth a*) ge äktenskapslöfte, *b*) ge sitt hedersord på
plim|sole, -soll [ˈplɪms(ə)l] gymnastiksko **Plimsoll line** *sjö.* plimsoll-, last|märke
plinth [plɪnθ] sockel, fot, bas; plint
plod [plɒd] **I** *v* lunka, trava; knoga, streta; ~ *away at s.th.* knoga på (slita) med ngt **II** *s* lunkande, travande; knog, slit **-der** [ˈplɒdə] arbets|myra, -träl **-ding** [ˈplɒdɪŋ] knogande, trägen, strävsam; mödosam, slitsam
1 plonk [plɒŋk] **I** *s* duns[ande], plums[ande] **II** *v* **1** dunsa (plumsa) ner, falla med en duns (ett plums) **2** ~ [*down*] låta dunsa ner, släppa med en duns; ~ *o.s. down in a chair* dunsa ner i en fåtölj **III** *adv* [med en] duns, [med ett] plums
2 plonk [plɒŋk] *BE. o. Austr. vard.* vinblask, billigt vin
plop [plɒp] **I** *s* plopp, plums **II** *v* ploppa, plumsa **III** *adv* [med ett] plopp (plums)
plosive [ˈpləʊsɪv] *fonet.* klusil, explosiva
1 plot [plɒt] **I** *s* jordlott, täppa; land; tomt **II** *v* dela upp i jordlotter (tomter)
2 plot [plɒt] **I** *s* **1** sammansvärjning, komplott **2** (*i roman e.d.*) intrig, handling **3** *mil.* lägeskarta **4** *i sht AE.* plankarta **II** *v* **1** planera, anstifta **2** konspirera, sammansvärja sig **3** *sjö.* plotta, göra positionsbestämning **4** kartlägga; göra en plan över; pricka in (*på karta*)
plot|ter [ˈplɒtə] plottingbord **-ting** [-ɪŋ] plottning
plough [plaʊ] **I** *s* **1** plog; *put one's hand to the* ~ (*bildl.*) ta itu med saken, lägga sig i selen **2** plöjt land **3** not-, quont|hyvel **4** *astr.*, *the P*~ Karlavagnen, Stora Björn **II** *v* **1** plöja; *bildl.* fåra; ~ *back profits* plöja ner (återinvestera) vinsten; ~ *one's way* bana sig väg **2** plöja; ~ *through* (*bildl.*) plöja igenom **3** *BE. sl.* köra (*på tenta e.d.*)
plough|boy [ˈplaʊbɔɪ] **1** plogpojke (*leder djuren som drar plogen*) **2** bondpojke **-man** [-mən] plöjare; lantarbetare; ~ *s* [*lunch*] (*ung.*) lunchtallrik med bröd, ost och pickles **-share** plogbill
plover [ˈplʌvə] *zool.* brockfågel; *golden* ~ ljungpipare; *ringed* ~ strandpipare
plow [plaʊ] *AE. s o. v, se plough*
ploy [plɔɪ] **1** list, fint, knep; *i sht BE.* ploj, påhitt **2** intresse, hobby
pluck [plʌk] **I** *s* **1** ryck[ning] **2** mod, kurage **3** hjärtslag (*av slaktdjur*) **II** *v* **1** plocka (blomma, frukt, fågel, ögonbryn); ~ *up* rycka (dra) upp (*med rötterna*); ~ *up courage* repa mod, ta mod till sig **2** dra, rycka [i] **3** knäppa på (*stränginstrument*) **4** *sl.* plocka på pengar, skinna **5** dra, rycka (*at* i) **plucky** [ˈplʌkɪ] modig, tapper; djärv
plug [plʌg] **I** *s* **1** [trä]plugg, propp, tapp; stift **2** *elektr.* stick|propp, -kontakt, plugg **3** tuggbuss **4** *vard.* reklaminslag, plugg **5** *sl.*, *take a* ~ *at* puckla på **II** *v* **1** plugga (proppa, stoppa) igen (till), stoppa; ~ *in* (*elektr.*) koppla in, ansluta **2** *vard.* göra reklam för, hamra in **3** *sl.* skjuta, sätta en kula i **4** *sl.* puckla på **5** *vard.*, ~ *along* (*away*)

plug-ugly—pocket

knoga på (*at* med) **–ugly** ['plʌg,ʌglɪ] **I** *a, vard.* ful som stryk **II** *s, AE. sl.* ligist, råskinn
plum [plʌm] **1** plommon; russin (*t. bakning e.d.*) **2** plommonträd **3** plommonfärg, mörklila **4** *bildl.* godbit, läckerhet
plumage ['pluːmɪdʒ] fjäderdräkt, fjädrar **plumate** ['pluːmeɪt] fjäder-; fjäderlik
plumb [plʌm] **I** *s* [bly]lod, sänke; *out of (off)* ~ ej lodrätt **II** *a* **1** lodrät, vertikal **2** *i sth AE.* komplett, fullständig **III** *adv* **1** lodrätt **2** *i sht AE.* komplett, fullständigt **3** *vard.,* rakt, rätt, precis **IV** *v* **1** loda, pejla djupet av; ~ *a mystery* gå till botten med ett mysterium; ~ *the depths of despair* uppleva den djupaste förtvivlan **2** ~ [*up*] göra lodrät
plumbago [plʌmˈbeɪgəʊ] **1** blyerts, grafit **2** *bot.* blyblomma
plumb|er ['plʌmə] rör|montör, -mokare **-ery** [-ərɪ] rörfirma; rörmokeri **-ing** [-ɪŋ] **1** rörmokeri **2** rörsystem
plumb line ['plʌmlaɪn] lodlina
plum|-cake ['plʌmkeɪk] russinkaka **–duff** [-dʌf] (*slags*) ångkokt russinpudding
plume [pluːm] **I** *s* plym, stor fjäder; ~ *of smoke* rökmoln; *borrowed* ~ lånta fjädrar **II** *v* **1** pryda med fjädrar **2** (*om fågel*) putsa sig (fjädrarna) **3** *bildl.* fjädra sig (*on* över), stoltsera (*on* med)
plummet ['plʌmɪt] **I** *s* [sänk]lod; sänke **II** *v* dyka [ner]; *bildl.* sjunka, falla
plummy ['plʌmɪ] **1** plommon-; plommonlik **2** *BE. vard.* läcker, toppen[fin]; (*om röst*) sonor, en aning släpig
1 plump [plʌmp] **I** *a* **1** knubbig, fyllig, rund, trind; välgödd (*turkey* kalkon); [över]full **2** generös, riklig **II** *v* **1** ~ [*up, out*] svälla, bli rundare (fyllig) **2** ~ [*up, out*] skaka upp (*a pillow* en kudde)
2 plump [plʌmp] **I** *v* **1** dunsa, dimpa, falla (*down* ner; *into* ner i; *on* ner på) **2** ~ *for* fastna (bestämma) sig för, satsa på, stödja **3** ~ *in* (*out*) rusa in (ut) **4** låta dimpa ner, släppa, kasta, slänga **II** *s* duns **III** *adv* plötsligt; burdust; rakt, rätt **IV** *a* burdus, tvär
plum pudding [,plʌmˈpʊdɪŋ] *BE.* plumpudding
plumy ['pluːmɪ] **1** fjäderlik **2** fjäderprydd, täckt av fjädrar
plunder ['plʌndə] **I** *v* plundra, röva, skövla **II** *s* **1** plundring, skövling **2** byte, rov, stöldgods **-er** ['plʌnd(ə)rə] rövare, plundrare
plunge [plʌn(d)ʒ] **I** *v* **1** hoppa, störta sig, dyka (*into* [ner] i); ~ *into* (*bildl.*) ge (kasta) sig in i (på); *a plunging neckline* en mycket djup urringning **2** (*om fartyg*) stampa **3** *vard.* spela högt, spekulera **4** kasta, störta (*o.s.* sig ner i, sig in i); stöta, sticka (*a knife into* en kniv i); ~ *one's hand into the pocket* stoppa handen [djupt ner] i fickan; ~ *the country into war* störta landet i krig; *the house was* ~*d into darkness* huset var försänkt i mörker **II** *s* **1** hopp, språng, dykning; störtande; *vard. a)* dopp, simtur, *b)* bad, simbassäng **2** rusning (*for the exit* mot utgången) **3** (*fartygs*) stampande
plunge bath ['plʌn(d)ʒbɑːθ] djup simbassäng, hoppbassäng **plunger** [-ə] **1** sug|klocka, -anordning (*för rensning av avlopp e.d.*) **2** kolv, pistong **3** *vard.* hasardspelare

plunk [plʌŋk] **I** *v* **1** knäppa (*på stränginstrument*) **2** ~ [*down*] dunsa ner **3** ~ [*down*] släppa ner **II** *s* **1** knäppande (*på stränginstrument*) **2** *vard.* hårt slag, smocka **III** *adv* exakt, precis
pluperfect [,pluːˈpɜːfɪkt] *språkv.,* *the* ~ pluskvamperfekt[um]
plural ['plʊər(ə)l] **I** *a* **1** *språkv.* plural; *in the* ~ *number* i plural[is] **2** sammansatt, blandad **II** *s, språkv.* plural[is], pluralform; *in the* ~ i plural[is] **-ism** ['plʊərəlɪz(ə)m] **1** pluralism **2** innehav av flera (*i sht kyrkliga*) ämbeten samtidigt **-ity** [,plʊəˈrælətɪ] **1** pluralitet, flertal; majoritet **2** stor mängd, mångfald **3** *AE.* relativ majoritet
plus [plʌs] **I** *prep* plus **II** *a, mat., elektr., bildl.* plus-; ~ *quantity* positiv mängd, positivt tal; ~ *sign* plustecken; ~ *terminal* pluspol; *on the* ~ *side* på plussidan **III** *s* **1** plustecken **2** positiv mängd; *vard.* plus, fördel **plus fours** [,plʌsˈfɔːz] plusfours, golfbyxor
plush [plʌʃ] **I** *s* plysch **II** *a* **1** plysch- *vard.* flott, tjusig, lyxig, dyrbar
Plutarch ['pluːtɑːk] Plutarchos
plutocracy [pluːˈtɒkrəsɪ] plutokrati, penningvälde **plutocrat** ['pluːtə(ʊ)kræt] plutokrat, penningmagnat **plutocratic** [,pluːtə(ʊ)ˈkrætɪk] plutokratisk
plutonium [pluːˈtəʊnjəm] plutonium
pluvi|al ['pluːvjəl] regn-; regnig **-ometer** [,pluːˈvɪɒmɪtə] regnmätare **-ous** [-əs] regn-; regnig
1 ply [plaɪ] **I** *s* **1** lager, skikt; tjocklek; *four-~ wool* fyrtrådigt ullgarn; *two-~ wood* tvåskiktat trä **2** *fack.* kardel
2 ply [plaɪ] **1** bedriva, utöva (*a trade* ett yrke) **2** hantera, använda (*a tool* ett verktyg) **3** ~ *with* rikligt förse (traktera) med (*food* mat), överhopa (ansätta) med (*questions* frågor); ~ *s.b. with drink* truga i ngn sprit **4** (*om fartyg*) trafikera **5** arbeta flitigt (träget) **6** (*om fartyg*) gå [i trafik] **-wood** ['plaɪwʊd] plywood, kryssfaner
P.M. *förk. för Past Master; Paymaster; Postmaster; Prime Minister; Provost Marshal* **P.M., p.m.** *förk. för post meridiem* (*lat.*) *in the afternoon; post-mortem* (*lat.*) *after the death* **pm.** *förk. för premium* **P.M.G.** *förk. för Paymaster General; Postmaster General: Provost Marshal General*
P/N, p.n. *förk. för promissory note*
pneumatic [njuːˈmætɪk] **I** *a* **1** pneumatisk, luft-, trycklufts-; ~ *tyre* innerslang (*på cykel e.d.*) **2** *teol.* andlig **II** *s* **1** innerslang (*på cykel e.d.*) **2** ~*s* (*behandlas som sg*) pneumatik
pneumonia [njuːˈməʊnjə] *med.* lunginflammation
po [pəʊ] *BE. vard.* potta
P.O. *förk. för Personnel Officer; petty officer; Pilot Officer; postal order; Post Office* **p.o.** *förk. för postal order*
1 poach [pəʊtʃ] förlora, pochera (*eggs* ägg)
2 poach [pəʊtʃ] tjuv|jaga, -skjuta, -fiska, bedriva tjuvskytte (tjuvfiske) [på]; ~ [*for*] *salmon* tjuvfiska lax
poach|er ['pəʊtʃə] tjuv|skytt, -fiskare **-ing** [-ɪŋ] tjuv|skytte, -fiske
pock [pɒk] **1** koppa **2** kopparr
pocket ['pɒkɪt] **I** *s* **1** ficka; fack, fodral; påse, pung; *be 4 dollars in* ~ ha [tjänat, vunnit] 4 dollar; *be 4 dollars out of* ~ ha förlorat (lagt ut) 4

dollar; *have s.b. in one's* ~ ha ngn helt i sin hand; *have s.th. in one's* ~ ha ngt som i en liten ask; *line one's* ~*s* vara om sig och kring sig, mygla; *put one's hand in one's* ~ *a*) stoppa handen i fickan, *b*) punga ut [med en massa pengar] **2** fördjupning; hål (*äv. i biljard*); *flyg.* luftgrop **3** [begränsat, isolerat] område, ö; *mil.* ficka; ~ *of resistance* motståndsficka **II** *v* **1** stoppa i fickan, stoppa på sig; *bildl.* tjäna, håva in, stoppa i egen ficka **2** *bildl.* finna sig i, svälja, undertrycka, dölja **3** *AE.* stoppa, inlägga sitt veto mot **4** innesluta, inringa **pocket battleship** [,pɒkɪt'bætlʃɪp] fickslagskepp **pocketbook** ['pɒkɪtbʊk] *AE.* **1** plånbok **2** handväska **3** pocketbok **pocket edition** ['pɒkɪtɪˌdɪʃn] pocket|upplaga, -utgåva **pocketful** ['pɒkɪtfʊl] *s, a* ~ *of a*) en ficka (fickan) full med, *b*) en massa **pocket-handkerchief** [,pɒkɪt'hæŋkətʃɪf] näsduk **pocketknife** ['pɒkɪtnaɪf] fick-, penn|kniv **pocket money** ['pɒkɪtˌmʌnɪ] *BE.* fick-, vecko|pengar **pocket-size[d]** ['pɒkɪtsaɪz(d)] *i* fickformat
pock|mark ['pɒkmɑːk] koppärr **-marked** [-mɑːkt] koppärrig
pod [pɒd] **I** *s* balja, [frö]skida; kapsel **II** *v* sprita, skala
P.O.D. *förk. för pay on delivery*
podgy ['pɒdʒɪ] knubbig, rund
podi|um ['pəʊdɪəm] (*pl -ums el. -a* [-ə]) podium
poem ['pəʊɪm] dikt, poem, vers **poesy** [-zɪ] *åld.* poesi, lyrik
poet ['pəʊɪt] diktare, skald; poet **poetaster** [,pəʊɪ'tæstə] rimsmidare, versmakare **poetess** ['pəʊɪtɪs] [kvinnlig] diktare, skald[inna]; [kvinnlig] poet **poetic[al]** [pəʊ'etɪk(l)] poetisk; diktar-, skalde-; versifierad, i versform; *poetic justice* poetisk rättvisa; *poetic licence* poetisk frihet **poetics** [pəʊ'etɪks] (*behandlas som sg*) poetik **poetry** ['pəʊɪtrɪ] poesi; diktning, skaldekonst
pogrom ['pɒgrəm] pogrom, massmord; judeförföljelser
poign|ancy ['pɔɪnənsɪ] **1** bitterhet **2** skärpa, intensitet **-ant** [-ənt] **1** bitter **2** skarp; intensiv; gripande
poinsettia [pɔɪn'setɪə] *bot.* julstjärna
point [pɔɪnt] **I** *s* **1** punkt (*äv. boktr., geom., bildl.*), prick; *bildl. äv.* sak, moment; tecken; komma; grad (*äv. bildl.*); streck (*äv. på kompass*), enhet; ~ *of departure* utgångspunkt; ~ *of view* synpunkt; *decimal* ~ [decimal]komma; *nought* ~ *six* noll komma sex; *at this* ~ här, på den här punkten (det här stället); *be at the* ~ *of death* ligga för döden; *from all* ~*s* [*of the compass*] från alla väderstreck (håll); *policeman on* ~ trafikpolis; *on many* ~*s* på (i) många punkter; *up to a* ~ till en viss grad; *reach the* ~ *of no return* komma dithän där det inte finns någon återvändo; *it had come to such a* ~ *that* det hade gått så långt att **2** ställe; [tid]punkt, ögonblick; *at this* ~ nu, i detta ögonblick; *be on the* ~ *of doing s.th.* stå i begrepp att göra ngt; *she was on the* ~ *of telling me* hon skulle just berätta [det] för mig; *when it comes to the* ~ när det kommer till kritan **3** [huvud]sak, [kärn]punkt, poäng, ämne; mål, syfte; nytta, mening; åsikt; ~ *of order* (*på sammanträde*) ordningsfråga; *beside the* ~ ovidkommande; *a case in* ~ ett [typ]exempel; *the case in* ~ föreliggande fall; *in* ~ *of fact* i själva verket, faktiskt; *the* ~ *is that* saken är den att; *my* ~ *was* det jag ville säga (menade) var; *that's not the* ~ det är inte det saken gäller; *there's no* ~ *in doing that* det är ingen mening med (idé) att göra det, det tjänar ingenting till att göra det; *it is off the* ~ det hör inte hit (till saken); *he was very much to the* ~ han uttryckte sig mycket koncist (tydligt); *the letter was brief and to the* ~ brevet var kort och koncist; *carry* (*gain*) *one's* ~ hävda sig, få (driva) sin vilja igenom; *come to the* ~ komma till saken; *get the* ~ fatta galoppen; *you have a* ~ *there* det ligger någonting i det (vad du säger); *make one's* ~ förklara vad man menar; *you've made your* ~*!* det vet vi redan!, det har du redan sagt!; *make a* ~ *of s.th.* hålla på (fästa stor vikt vid) ngt; *miss the* ~ missa poängen, inte förstå; *I don't see the* ~ jag förstår inte vad det skall tjäna till; *do you see the* ~ *of what I'm saying* förstår du vad jag vill säga (vart jag vill komma); *take a p.'s* ~ förstå vad ngn vill ha sagt (menar) **4** sida, egenskap; *good* (*bad*) ~*s* goda (dåliga) sidor; *he has his* ~*s* han har sina goda sidor **5** poäng; *set* ~ setboll; ~*s win* poängseger; *win by five* ~*s* vinna med fem poäng; *win on* ~*s* vinna på poäng **6** spets, udd; bergspets; udde, [land]tunga; *tekn.* brytarspets; *the* ~ *of the chin* hakspetsen; *at the* ~ *of a gun a*) under pistolhot, *b*) med pistolen i hand, med dragen pistol; *not to put too fine a* ~ *on it* ärligt talat, rent ut sagt **7** *järnv., vanl. pl* ~*s* växel **8** *elektr.* vägguttag **II** *v* **1** rikta, sikta med, peka med (*at, to* mot, på); ~ *out* visa, peka på (ut), *bildl. äv.* påpeka, betona, framhålla; ~ [*up*] understryka, betona, framhäva **2** vässa, formera **3** *byggn.* fogstryka **4** peka; vara riktad (vänd); vetta; ~ *to a*) peka på (mot), vara riktad (vänd) mot, vetta mot, *b*) visa på, *c*) peka (tyda) på
point-blank [,pɔɪnt'blæŋk] **I** *a* **1** [riktad, avfyrad] rakt mot målet; [avfyrad] på nära håll; ~ *fire* eld på nära håll **2** rättfram, rakt på sak, burdus; ~ *refusal* blankt avslag **II** *adv* **1** rakt, direkt **2** rakt på sak, rent ut, burdust; *refuse* ~ neka blankt
point duty ['pɔɪntˌdjuːtɪ] tjänstgöring som trafikpolis; *be on* ~ tjänstgöra som trafikpolis
pointe [pɔɪnt] tåspets; *on* ~*s* på tåspetsarna
pointed ['pɔɪntɪd] **1** spetsig **2** *bildl.* bitande, vass, skarp (*criticism* kritik) **3** tydlig, avsiktlig, eftertrycklig; exakt **pointer** ['pɔɪntə] **1** pekpinne **2** visare **3** pointer (*fågelhund*) **4** *vard.* fingervisning, vink, tips **pointillism** ['pwæ(n)tiːjɪz(ə)m] *konst.* pointillism **pointing** ['pɔɪntɪŋ] *byggn.* fogstrykning **point lace** [,pɔɪnt'leɪs] sydd[a] spets[ar] **pointless** ['pɔɪntlɪs] **1** utan spets (udd), uddlös **2** meningslös **3** *sport.* poänglös, utan poäng **pointsman** ['pɔɪntsmən] *järnv.* växlare **point system** poängsystem
poise [pɔɪz] **I** *v* **1** balansera, bringa (hålla) i jämvikt **2** hålla redo (i beredskap) **3** balansera, hålla jämvikten; sväva **II** *s* **1** jämvikt, balans **2** sätt att föra sig, hållning; lugn, värdighet **3** obisslutet; obeslutsamhet **poised** [-d] **1** *bildl.* balanserad, samlad, lugn, värdig **2** balanserande; beredd, redo
poison ['pɔɪzn] **I** *s* gift (*äv. bildl.*); *slow* ~ långsamt verkande gift; *hate like* ~ avsky som pesten; *what's your* ~*?* (*vard.*) vad vill du ha att dricka?

poisoner—pollute 388

II *v* förgifta (*äv. bildl.*); ~ *a p.'s mind against s.b.* göra ngn fientligt inställd mot ngn **poisoner** [-ə] gift|blandare, -mördare **poison gas** giftgas **poisoning** [-ɪŋ] förgiftning **poison oak** *bot.* gift|ek, -sumak **poisonous** [-əs] giftig (*äv. bildl.*), gift- **poison-pen** *a,* ~ *letter* hotfullt anonymt brev
1 poke [pəʊk] **I** *v* **1** stöta (knuffa, slå) [till]; peta [på]; sticka; stoppa; ~ *the fire* röra om [i] elden; ~ *fun at s.b.* göra sig lustig över (driva med) ngn; ~ *one's head out of the window* sticka ut huvudet genom fönstret; ~ *one's nose into s.th.* sticka näsan i ngt **2** peta; rota; snoka; ~ [*out*] sticka ut (fram); ~ *about* (*around*) *a*) rota, snoka, *b*) gå (treva) omkring, gå och stöka; ~ *at a*) peta i, rota bland, *b*) peta på, *c*) vard. knuffa (slå) till, *d*) kolla **II** *s* stöt, knuff; *vard.* [knytnävs]slag
2 poke [pəʊk] *s, buy a pig in a* ~ köpa grisen i säcken
poke bonnet ['pəʊk‚bɒnɪt] bahytt
1 poker ['pəʊkə] **1** eldgaffel **2** glödritningsstift
2 poker ['pəʊkə] *kortsp.* poker
poker face ['pəʊkəfeɪs] *vard.* pokeransikte
poker-work ['pəʊkəwɜːk] glödritning
pok[e]y ['pəʊkɪ] **I** *a* **1** trång, kyffig **2** *vard.* långsam, trög **3** *AE.* sjabbig
pol. *förk.* **pol.** *förk. för political; politics*
Poland ['pəʊlənd] Polen
polar ['pəʊlə] pol-, polar, polär; ~ *bear* isbjörn; ~ *circle* polcirkel **-ity** [pə(ʊ)'lærətɪ] polaritet **-ization** (*BE. äv. -isation*) [‚pəʊləraɪ'zeɪʃn] *fys., bildl.* polarisation, polarisering **-ize** (*BE. äv. -ise*) ['pəʊləraɪz] *fys., bildl.* polarisera
Pole [pəʊl] polack
1 pole [pəʊl] **I** *s* **1** påle, stolpe, stång, stake; mast; vagnsstång; *sport.* stav; *up the* ~ (*BE. o. Austr. vard.*) *a*) stollig, knasig, *b*) på fel spår **II** *v* staka (*båt*)
2 pole [pəʊl] *astr., fys.* pol; *they are* ~*s apart* de är himmelsvitt skilda
poleaxe ['pəʊlæks] **I** *s* **1** *hist.* stridsyxa **2** slaktyxa **II** *v* hugga (slå) ner med yxa, klubba [ner]
polecat ['pəʊlkæt] *zool.* iller; *AE. äv.* skunk
polem|ic [pə(ʊ)'lemɪk] **I** *s* **1** polemik **2** polemiker **II** *a* polemisk **-ics** [-s] (*behandlas som sg*) polemik **-ical** [-ɪkl] polemisk
polenta [pɒ'lentə] polenta, majsgröt
pole star ['pəʊlstɑː] **1** *the P~* Polstjärnan, Polaris **2** *bildl.* ledstjärna **pole vault** stavhopp
pole-vault hoppa stavhopp
police [pə'liːs] **I** *s* (*behandlas som pl*) polis (*myndighet*), poliser; *four* ~ fyra poliser; *the* ~ *have caught the thief* polisen har tagit fast tjuven **II** *v* hålla ordning i, kontrollera, bevaka, övervaka
police car polisbil **police constable** [-‚kʌnstəbl] polis|konstapel, -man] **police court** [-kɔːt] polisdomstol **police dog** [-dɒg] polishund **police force** [-fɔːs] polis|kår, -styrka **policeman** [-mən], **police officer** [-‚ɒfɪsə] polis, polisman **police state** [-steɪt] polisstat **police station** [-‚steɪʃn] polisstation **-woman** [-‚wuːmən] kvinnlig polis
1 policy ['pɒləsɪ] **1** politik; policy; förfaringssätt, taktik; *foreign* ~ utrikespolitik; *social* ~ socialpolitik; *a matter of* ~ en policyfråga; *honesty is the best* ~ ärlighet varar längst; *it was good* ~ det var taktiskt klokt **2** *Sk.* [slotts]park
2 policy ['pɒləsɪ] försäkringsbrev
policy statement ['pɒləsɪ‚steɪtmənt] policyförklaring
polio ['pəʊlɪəʊ] kortform av *poliomyelitis* **poliomyelitis** [‚pəʊlɪə(ʊ)maɪə'laɪtɪs] *med.* polio, poliomyelit
Polish ['pəʊlɪʃ] **I** *a* polsk **II** *s* polska [språket]
polish ['pɒlɪʃ] **I** *v* polera; putsa, borsta (*shoes* skor); bona (*floors* golv); *bildl.* polera, putsa, slipa av, finslipa, förfina; ~ *silver* putsa silver; ~ *off vard. a*) avsluta, klara av, *b*) göra sig av med, ta kål på, *c*) sätta i sig (*food* mat), svepa (*a glass of wine* ett glas vin); ~ *up* polera (putsa) upp; ~ *up* [*on*] bättra på, friska upp (*one's French* sin franska) **II** *s* **1** polityr, glans (*äv. bildl.*); *bildl. äv.* förfining, belevenhet **2** polering; putsning, borstning; boning **3** puts-, poler|medel, polish, polityr; *floor* ~ bonvax, golvpolish **polished** [-t] polerad *etc., jfr polish I; bildl.* förfinad, belevad, fulländad, oklanderlig
polit. *förk. för political; politics*
politburo ['pɒlɪt‚bjʊərəʊ] politbyrå
polite [pə'laɪt] **1** artig, hövlig, belevad (*to*[*wards*] mot) **2** förfinad, kultiverad **-ness** [-nɪs] **1** artighet, hövlighet, belevenhet **2** förfining, kultiverat sätt
politic ['pɒlɪtɪk] **1** klok; välbetänkt **2** slug, listig **3** *the body* ~ staten **political** [pə'lɪtɪkl] politisk; stats-; ~ *asylum* politisk asyl; ~ *economy* (*förr*) nationalekonomi; ~ *science* statsvetenskap **politician** [‚pɒlɪ'tɪʃn] **1** politiker **2** statsman **politi**|**cize** (*BE. äv. -cise*) [pə'lɪtɪsaɪz] politisera **politicking** [pə'lɪtɪkɪŋ] politisk verksamhet; röstfiske **politico** [pə'lɪtɪkəʊ] *i sht AE. vard.* politiker **politics** ['pɒlɪtɪks] (*behandlas som sg el. pl*) politik; statskonst; politiska åsikter (idéer, angelägenheter), politisk aktivitet; *talk* ~ prata politik **polity** ['pɒlətɪ] **1** stats|form, -skick, styrelseskick **2** statsbildning, stat, samhälle; statsförvaltning
polka ['pɒlkə] **I** *s* polka **II** *v* dansa polka **polka dot** storprickigt mönster
poll [pəʊl] **I** *s* **1** [om]röstning, val[förrättning]; röstsammanräkning; röstsiffror, röstetal, valresultat; röstlängd; vallokal; *poor* ~ dåligt (svagt) valdeltagande; *there was a 70%* ~ valdeltagandet var 70%; *go to the* ~*s* gå till val[urnorna] **2** undersökning; [*opinion*] ~ opinionsundersökning **3** djurnacke **II** *v* **1** registrera, räkna (*röster*); få (*röster*); avge (*röst*) **2** tillfråga, intervjua; göra en opinionsundersökning bland **3** toppa, kapa; skära av grenar på; klippa, stubba; avhorna **4** rösta, avge sin röst
pollard ['pɒləd] **I** *s* **1** hornlös boskap **2** beskuret träd **II** *v* beskära (*träd*)
pollen ['pɒlən] *bot.* pollen, frömjöl **pollen count** pollenrapport (*i radio e.d.*)
polli|**nate** ['pɒləneɪt] *bot.* pollinera **-nation** [‚pɒlɪ'neɪʃn] *bot.* pollinering
polling ['pəʊlɪŋ] röstning, val **polling booth** valbås **polling card** röstkort **polling day** valdag **polling station** [-‚steɪʃn] vallokal
pollster ['pəʊlstə] ledare för opinionsundersökning, opinionsundersökare
pollutant [pə'luːt(ə)nt] miljöfarligt ämne **pol-**

pollution—poor

lute [pə'lu:t] **1** förorena, smutsa ner **2** *bildl.* besudla, [be]fläcka **pollution** [pə'lu:ʃn] **1** förorening, nedsmutsning, miljöförstöring **2** *bildl.* besudlande
polo ['pəʊləʊ] **1** *sport.* polo[spel] **2** polo[krage]; polo[tröja]
polonaise [ˌpɒlə'neɪz] polonäs
polo neck ['pəʊləʊnek] polokrage; polotröja
polony [pə'ləʊnɪ] *BE.* (*slags*) rökt korv
poltergeist ['pɒltəɡaɪst] poltergeist
poltroon [pɒl'tru:n] pultron, kruka
poly ['pɒlɪ] *vard.* för polytechnic
polyandry ['pɒlɪændrɪ] polyandri (*äv. bot.*)
polyanthus [ˌpɒlɪ'ænθəs] *bot.* trädgårdsviva; tazett
poly|chromatic [ˌpɒlɪkrəʊ'mætɪk], **-chrome** ['pɒlɪkrəʊm] polykrom, mångfärgad
polyclinic [ˌpɒlɪ'klɪnɪk] allmänt sjukhus
poly|ester [ˌpɒlɪ'estə] polyester **-ether** [-'i:θə] polyeter
polyga|mist [pə'lɪɡəmɪst] polygamist **-mous** [-məs] polygam **-my** [-mɪ] polygami, månggifte
polyglot ['pɒlɪɡlɒt] **I** *a* polyglott, flerspråkig **II** *s* polyglott, flerspråkig person (bok)
polygon [['pɒlɪɡən] *geom.* polygon, månghörning **polygonal** [pɒ'lɪɡənl] *geom.* månghörnig
polygyny [pɒ'lɪdʒɪnɪ] polygyni (*äv. bot.*)
polyhedron [ˌpɒlɪ'hedr(ə)n] *geom.* polyeder, mångsiding
poly|histor [ˌpɒlɪ'hɪstə], **-math** ['pɒlɪmæθ] polyhistor, månglärd person
poly|mer ['pɒlɪmə] *s, kem.* polymer **-meric** [ˌpɒlɪ'merɪk] *a* polymer
polymor|phic [ˌpɒlɪ'mɔ:fɪk], **-phous** [-əs] *a* polymorf
Polyne|sia [ˌpɒlɪ'ni:zjə] Polynesien **-sian** [-zjən] **I** *a* polynesisk **II** *s* polynesier
polynomial [ˌpɒlɪ'nəʊmj(ə)l] *mat.* polynom
polyp ['pɒlɪp] *zool., anat.* polyp
poly|phonic [ˌpɒlɪ'fɒnɪk], **-phonous** [pə'lɪfənəs] *mus., språkv.* polyfon; *mus. äv.* flerstämmig **-phony** [pə'lɪfənɪ] *mus., språkv.* polyfoni; *mus. äv.* flerstämmighet
polypus ['pɒlɪpəs] *anat.* polyp
polystyrene [ˌpɒlɪ'staɪri:n] polystyren, styrenplast; *expanded* ~ [styren]cellplast, frigolit
poly|syllabic [ˌpɒlɪsɪ'læbɪk] fler-, mång|stavig **-syllable** ['pɒlɪˌsɪləbl] flerstavigt ord
polytechnic [ˌpɒlɪ'teknɪk] **I** *a* polyteknisk **II** *s, BE.* polyteknisk [hög]skola, teknisk högskola
polytheism ['pɒlɪθi:ɪz(ə)m] polyteism, månggudderi
polythene ['pɒlɪθi:n] polyeten, etenplast
polyunsaturated [ˌpɒlɪʌn'sætʃʊreɪtɪd] fleromättad; ~ *fats* fleromättade fettsyror
polyvinyl [ˌpɒlɪ'vaɪnɪl] *a,* ~ *chloride* polyvinylklorid, vinylkloridplast, PVC-plast
pomade [pə'mɑ:d] **I** *s* pomada **II** *v* pomadera
pomegranate ['pɒmɪˌɡrænɪt] granatäppelträd; granatäpple
Pomera|nia [ˌpɒmə'reɪnjə] Pommern **-nian** [-njən] **I** *a* pommersk **II** *s* **1** pomrare **2** dvärgspets
pomiculture ['pɒmɪˌkʌltʃə] fruktodling
pommel ['pʌml] **1** sadelknapp **2** svärdsknapp
pommy ['pɒmɪ] *Austr. sl.* engelsman
pomp [pɒmp] prakt, pomp, ståt; ~ *and circumstance* pomp och ståt
Pom|peian [pɒm'pi:ən] pompejansk **-peii** [-'peɪi:] Pompeji
Pompey ['pɒmpɪ] *vard.* Portsmouth
pom-pom ['pɒmpɒm] snabbskjutande luftvärnskanon, automatkanon
pompon ['pɔ̃:(m)pɔ̃:(ŋ)] pompong, garn|boll, -tofs
pomposity [pɒm'pɒsətɪ] uppblåsthet, pösighet, viktighet; (*stils*) svulstighet **pompous** ['pɒmpəs] uppblåst, pösig, viktig, pompös; (*om stil*) svulstig, pompös
ponce [pɒns] *i sht BE. sl.* hallick, sutenör
poncho ['pɒntʃəʊ] poncho
pond [pɒnd] damm, göl, tjärn
ponder ['pɒndə] **1** fundera, grubbla (*on, over* på, över) **2** överväga, tänka över; fundera på, grubbla över
ponderous ['pɒnd(ə)rəs] tung; otymplig, klumpig; *bildl.* trög, tung
pondweed ['pɒndwi:d] *bot.* nate
pone [pəʊn] *AE.,* ~ [*bread*] majsbröd
pong [pɒŋ] **I** *s* stank **II** *v* stinka
poniard ['pɒnjəd] [kort] dolk
pontiff ['pɒntɪf] påve
pontifi|cal [pɒn'tɪfɪkl] **I** *a* **1** påvlig, påve-; biskoplig, biskops- **2** pompös; docerande **II** *s* **1** (*biskops*) ritualbok, pontificale **2** ~*s* (*pl*) biskopsskrud **-cate I** *s* [-kɪt] pontifikat; påvevärdighet; (*påves*) regeringstid **II** *v* [-keɪt] **1** fungera (officiera) som påve **2** docera; uppträda pompöst
1 pontoon [pɒn'tu:n] ponton
2 pontoon [pɒn'tu:n] *kortsp.* tjugoett
pontoon bridge [pɒn'tu:nbrɪdʒ] pontonbro
pony ['pəʊnɪ] **1** ponny **2** *BE. sl.* 25 pund **3** likörglas, litet glas **4** *AE. sl.* lathund, moja **-tail** hästsvans[frisyr]
pooch [pu:tʃ] *AE. sl.* jycke (*hund*)
poodle ['pu:dl] pudel
poof [pu:f] *BE. sl.* bög
pooh [pu:] *interj* bah!, äh!, asch!
pooh-pooh [ˌpu:'pu:] föraktfullt avvisa, rynka på näsan åt, avfärda, förringa
1 pool [pu:l] **I** *s* **1** göl, damm; pöl; pool, simbassäng
2 pool [pu:l] **I** *s* **1** pool (*äv. hand.*); uppsättning, förråd; *car* ~ samåkningsgrupp; *typing* ~ skrivbyrå; ~ *of labour* arbetskraftsreserv **2** *spelt.* pott, insatser **3** *BE.,* [*football*] ~*s* (*ung.*) tipstjänst; *do the* ~*s* tippa; *win on the* ~*s* vinna på tips[et] **4** (*slags*) biljard **II** *v* **1** slå samman (*insatser e.d.*); förena (*one's efforts* sina ansträngningar) **-room** ['pu:lrʊm] *AE.* biljardhall; vadhållningslokal
1 poop [pu:p] *sjö.* poop; poopdäck
2 poop [pu:p] *AE. sl.* **1** trötta (matta) ut; ~*ed* (*äv.*) dödstrött, slut **2** ~ *out* ge upp; ~ *out of a race* bryta ett lopp
3 poop [pu:p] *AE. sl.* fakta, upplysningar
poop deck ['pu:pdek] *sjö.* poopdäck
poor [pʊə] **1** fattig; *the* ~ de fattiga; ~ *Whites* (*neds.*) fattiga vita (*amer. sydstatsbor el. sydafrikaner*); ~ *in natural resources* fattig på naturtillgångar; *be a* ~ *relation of* (*äv. bildl.*) vara en fattig släkting till, vara underlägsen **2** stackars, arm; ~ *you!* stackars dig (du)!; ~ *thing* stackars krake **3** dålig (*health* hälsa), knapp, mager (*salary* lön);

poor box—portico

usel *(play* pjäs); ringa, klen *(consolation* tröst); *he's ~ in languages* han är dålig i språk; *in my ~ opinion* enligt min enkla mening; *he made a very ~ show* han gjorde en slät figur
poor box ['puəbɒks] fattigbössa **poorhouse** *(förr)* fattighus **poorly** [-lɪ] **I** *adv* fattigt, klent *etc., jfr poor;* illa; *be ~ off* ha det dåligt ställt **II** *a, vard.* krasslig, dålig **poorness** [-nɪs] fattigdom, torftighet, brist; magerhet; otillräcklighet, svaghet
1 pop [pɒp] **I** *v* **1** [låta] smälla, smälla (fyra) av, skjuta; *~ corn* göra popcorn, poppa majs **2** stoppa, sticka, lägga; slänga, kasta; [plötsligt] kasta fram *(fråga*); *vard.* ta *(tabletter)*; *~ a hat on* slänga på sig en hatt; *~ a letter into the postbox* lägga ett brev på lådan; *~ the question (vard.)* fria; *~ down* kasta (skriva) ner **3** *vard.* stampa på *(pantsätta)* **4** smälla, knalla, puffa, poppa; spricka [upp], öppna sig [med en smäll *e.d.*] **5** *vard.* skjuta *(at* på, efter) **6** *~ out* titta fram (ut); *his eyes were ~ping out of his head* ögonen höll på att ramla ur huvudet på honom, hans ögon stod på skaft **7** kila, sticka, rusa, springa; *~ in* titta in; *~ off (vard.) a)* sticka, kila i väg, *b)* slumra till, *c)* kola [av]; *~ up* dyka upp, komma **II** *interj, adv* pang, paff; vips; *go ~* smälla [av], säga pang **III** *s* **1** knall, smäll, puff **2** *vard.* skott; *have* (*take*) *a ~ at* skjuta på (efter) **3** *vard.* [kolsyrad] läsk[edryck]; skumpa **4** *vard., in ~* i pant, på stampen *(pantsatt)*
2 pop [pɒp] **I** *s* pop[musik] **II** *a* **1** *vard.*, kortform av *popular* populär- **2** pop-; *~ art* popkonst; *~ group* popgrupp; *~ music* popmusik
3 pop [pɒp] *vard.* pappa
pop. *förk. för popular*[*ly*]; *population*
popcorn *AE.* popcorn, rostad majs
pope [pəʊp] påve **popedom** ['pəʊpdəm] **1** påvevärdighet **2** påvedöme **popery** ['pəʊpərɪ] *neds.* papism
Popeye ['pɒpaɪ] Karl Alfred *(seriefigur)* **popeyed** [-d] med utstående ögon; *bildl.* storögd, förvånad
popgun ['pɒpɡʌn] kork|pistol, -bössa *(leksak)*
popinjay ['pɒpɪndʒeɪ] sprätt; egenkär person; pratkvarn
popish ['pəʊpɪʃ] *neds.* papistisk
poplar ['pɒplə] *bot.* poppel; *trembling ~* asp; *white ~* silverpoppel
poplin ['pɒplɪn] poplin[tyg]
poppa ['pɑːpə] *AE.* pappa
popper ['pɒpə] *BE. vard.* tryckknapp
poppet ['pɒpɪt] "docka", älskling, sötnos
poppy ['pɒpɪ] *bot.* vallmo **Poppy Day** *vard., se Remembrance Day*
poppycock ['pɒpɪkɒk] *vard.* struntprat, nonsens
popsy ['pɒpsɪ] *BE. åld. sl.* sötnos
populace ['pɒpjʊləs] **1** befolkning, invånare **2** *the ~* den breda massan, populasen, pöbeln
popular ['pɒpjʊlə] **1** populär, folkkär, omtyckt; lättfattlig; *I'm not very ~ with him* jag är inte särskilt populär hos honom **2** folk-; allmän; *~ discontent* allmänt missnöje; *~ etymology* folketymologi; *~ front* folkfront; *~ music* populärmusik **-ity** [ˌpɒpjʊ'lærətɪ] popularitet *(BE. äv. -isation)* [ˌpɒpjʊləraɪ'zeɪʃn] popularisering **-ize** *(BE. äv. -ise)* [ˌpɒpjʊləraɪz] popularisera **-ly**

['pɒpjʊləlɪ] *adv* **1** populärt **2** i allmänhet, allmänt; *he is ~ known as* han är allmänt känd som
popu|late ['pɒpjʊleɪt] befolka, bebo **-lation** [ˌpɒpjʊ'leɪʃn] **1** befolkning; folkmängd; *ekol., stat.* population **2** befolkande, kolonisering
populous ['pɒpjʊləs] tättbefolkad, folkrik
porcelain ['pɔːls(ə)lɪn] porslin
porch [pɔːtʃ] **1** överbyggd entré, farstukvist **2** *AE.* veranda
porcupine ['pɔːkjʊpaɪn] *zool.* piggsvin
1 pore [pɔː] por
2 pore [pɔː] **1** *~ over* hänga över *(bok e.d.)*, noga studera **2** *~ over* (*[up]on*) fundera (grubbla) över
pork [pɔːk] griskött, fläsk
pork barrel [ˈpɔːkˌbær(ə)l] *AE. sl. polit. ung.* valfläsk *(regeringsstöd till enskilda stater el. städer för att öka kongress- el. senatsmedlemmens popularitet)* **pork chop** [-tʃɒp] fläskkotlett **porker** [-ə] gödsvin, spädgris **pork pie** [-paɪ] fläskpastej **porkpie hat** låg, rundkullig herrhatt **porky** [-ɪ] **1** gris-, fläsk- **2** *vard.* fläskig, fet
porn[o] ['pɔːn(əʊ)] *sl.* porr **pornographic** [ˌpɔːnə(ʊ)'ɡræfɪk] pornografisk **pornography** [pɔː'nɒɡrəfɪ] pornografi
porosity [pɔː'rɒsətɪ] porositet **porous** ['pɔːrəs] porös; porig
porphyry ['pɔːfɪrɪ] *miner.* porfyr
porpoise ['pɔːpəs] *zool.* tumlare
porridge ['pɒrɪdʒ] [havre]gröt
porringer ['pɒrɪn(d)ʒə] gröt-, sopp|skål
1 port [pɔːt] **1** hamn *(äv. bildl.)*; hamnstad; *free ~* frihamn; *naval ~* örlogshamn; *any ~ in a storm* i ett nödläge får vad som helst duga; *come into ~* löpa in i hamn
2 port [pɔːt] *sjö.* **I** *s* babord **II** *v, ~ the helm* lägga rodret babord
3 port [pɔːt] portvin
portable ['pɔːtəbl] portabel, flyttbar, bärbar
portage ['pɔːtɪdʒ] **I** *s* **1** transport **2** transportkostnader **3** transport *(av båtar, förråd)* mellan två vattenvägar **II** *v* transportera *(båtar, förråd)* mellan två vattenvägar
portal ['pɔːtl] **I** *s* portal, port; entré **II** *a, anat., ~ vein* portåder
portative ['pɔːtətɪv] portativ, flyttbar, bärbar
portcullis [ˌpɔːt'kʌlɪs] fällgaller
portend [pɔː'tend] förebåda, varsla om
portent ['pɔːtent] **1** järtecken, *(illavarslande)* förebud, *(farligt)* omen **2** stor betydelse **3** underverk **portentous** [pɔː'tentəs] **1** olycksbådande, illavarslande **2** vidunderlig; fantastisk **3** pompös, självgod
1 porter ['pɔːtə] **1** bärare, stadsbud **2** *AE.* sovvagnskonduktör
2 porter ['pɔːtə] **1** *i sht BE.* port-, dörr|vakt **2** vaktmästare; [hotell]portier
3 porter ['pɔːtə] *BE.* porter
porterage ['pɔːtərɪdʒ] bärarlön
porterhouse [steak] ['pɔːtəhaʊsˌsteɪk] *(tjock skiva)* rostbiff
portfolio [ˌpɔːt'fəʊljəʊ] portfölj; aktieportfölj; *minister without ~* minister utan portfölj, konsultativt statsråd
porthole [ˈpɔːthəʊl] **1** *sjö.* [hytt]ventil **2** skottglugg; kanonport
portico ['pɔːtɪkəʊ] portik; arkad

portion ['pɔ:ʃn] **I** s **1** del, stycke **2** andel; *bildl.* lott, öde; *jur.* arvslott, arvedel; *jur.* hemgift **3** portion **II** v **1** ~ [*out*] dela, fördela, dela (portionera) ut **2** *jur.* ge hemgift (arv) åt **3** ~ *off* avskärma
portly ['pɔ:tlɪ] *a* korpulent, bastant
portmanteau [,pɔ:t'mæntəʊ] (*pl* -*s el.* -x [-z]) **I** s koffert, stor kappsäck **II** *a,* ~ *word* teleskopord (*t.ex. brunch av breakfast + lunch*)
portrait ['pɔ:trɪt] porträtt (*äv. bildl.*); *bildl. äv.* bild, skildring, avbild **portraitist** [-ɪst] porträttmålare, porträttör **portraiture** [-ʃə] **1** porträttmålning **2** *se portrait*
portray [pɔ:'treɪ] **1** porträttera (*äv. bildl.*), avbilda, måla av; *bildl. äv.* skildra -**al** [-əl] porträttering; framställning, skildring -**er** [-ə] porträttmålare, porträttör
portress ['pɔ:trɪs] portvakt[erska]
Portu|**gal** ['pɔ:tʃʊgl] Portugal -**guese** [,pɔ:tʃʊ'gi:z] *a* portugisisk **II** s **1** (*pl lika*) portugis **2** portugisiska [språket]
pos. *förk. för position; positive*
pose [pəʊz] **I** v **1** posera; göra sig till; inta en attityd; ~ *as* ge sig ut för [att vara] **2** placera i pose **3** framställa (*a question* en fråga), lägga fram (*a problem*), utgöra (*a threat* ett hot) **II** s pose, konstlad ställning; attityd
1 poser ['pəʊzə] person som poserar
2 poser ['pəʊzə] olöslig fråga
poseur [pəʊ'zɜ:] posör, tillgjord person
posh [pɒʃ] **I** *a, i sht BE. vard.* flott, elegant; förnäm, överklass- **II** *adv* förnämt
posit ['pɒzɪt] **1** postulera, förutsätta **2** placera
position [pə'zɪʃn] **I** s **1** position; ställning (*äv. mil.*); plats; läge; *bildl.* inställning, ståndpunkt; *sitting* ~ sittande ställning; *in* ~ i läge, på [sin] plats; *be in a* ~ *to* vara i stånd (tillfälle) att, ha möjlighet att **2** position, samhällsställning, social ställning **3** plats, anställning **II** v placera [ut]
positive ['pɒzətɪv] **I** *a* **1** positiv; ~ *film* positiv film; ~ *number* positivt tal; ~ *pole* positiv pol, pluspol; ~ *test* uttryckt prov **2** positiv, jakande; ~ *answer* jakande (positivt) svar; ~ *person* positiv person **3** bestämd, uttrycklig; entydig; odelad, absolut; ~ *proof* uttryckligt (entydigt) bevis **4** *vard.* riktig, verklig, ren; *a* ~ *delight* ett rent nöje; ~ *genius* ett verkligt geni; *a* ~ *nuisance* en riktig plåga **5** säker (*of, about* på), övertygad (*of, about* om), säker på sin sak **6** *språkv., the* ~ *degree* positiv [form] **II** s **1** *mat.* positiv storhet, positivt tal **2** *språkv.* positiv **3** *foto.* positiv bild **positively** [-lɪ] *adv* **1** positivt **2** bestämt, avgjort, uttryckligen, definitivt **3** verkligen, faktiskt, i själva verket **4** absolut, otvivelaktigt, [helt] säkert **positivism** ['pɒzɪtɪvɪz(ə)m] *filos.* positivism
positron ['pɒzɪtrɒn] *fys.* positron
posse ['pɒsɪ] *AE.* uppbåd (*under sheriffs befäl*); spaningsstyrka
possess [pə'zes] **1** äga, besitta, [inne]ha; behärska, kunna (*foreign languages* främmande språk) **2** (*om känslor e.d.*) behärska, regera över, fylla; *the rage that* ~*ed me* den vrede som fyllde mig; *what* ~*ed him to do that?* vad fick honom att göra det?, vad tog det åt honom? **possessed** [-t] **1** *be* ~ *of* äga, ha, förfoga över; *she is* ~ *of the necessary information* hon sitter inne med de nödvändiga upplysningarna **2** besatt, behärskad, uppfylld (*by an idea* av en idé); *like one* ~*ed* som en besatt; *be* ~*ed by* (*with*) *rage* vara fylld av vrede **possession** [pə'zeʃn] **1** besitt|-ning, -ande, innehav; *with immediate* ~ med omedelbart tillträde; *be in* ~ *of* vara i besittning av, förfoga över; *get* (*have*) ~ *of the ball* (*sport.*) ha bollen; *take* ~ *of a*) ta i besittning, *mil. äv.* besätta, *b*) bemäktiga sig **2** egendom; ~*s* (*pl, äv.*) ägodelar **3** besittning, territorium **4** besatthet **possessive** [pə'zesɪv] **I** *a* **1** ägar- **2** hagalen; härsklysten; dominerande **3** *språkv.* possessiv; *the* ~ *case* genitiv; ~ *pronoun* possessivt pronomen **II** s, *språkv., the* ~ genitiv **2** possessivt pronomen **possessiveness** [pə'zesɪvnɪs] habegär; härsklystnad; dominans **possessor** [pə'zesə] ägare, innehavare
possibility [,pɒsə'bɪlətɪ] möjlighet (*of* till, av); *a job with great possibilities* ett arbete med stora möjligheter **possible** ['pɒsəbl] **I** *a* möjlig; *the best* ~ bästa möjliga; *as soon as* ~ så snart som möjligt; *by all means* ~ med alla möjliga medel; *if* ~ om möjligt; *it's no* ~ *excuse* det är absolut ingen ursäkt; *it's just* ~ *that she will come* hon kommer eventuellt **II** s tänkbar (möjlig) kandidat (deltagare) **possibly** ['pɒsəblɪ] *adv* **1** möjligt; möjligen; eventuellt; *how could you* ~ *do this?* hur i all världen kunde du göra detta?; *not* ~ omöjligt, omöjligen **2** kanske
possum ['pɒsəm] *vard. för opossum* opossum; *play* ~ simulera, låtsas vara sjuk (död *e.d*), förställa sig
1 post [pəʊst] **I** s **1** stöd, stolpe, stötta; [dörr]post **2** (*vid kapplöpning*) *starting* ~ start[linje]; *winning* ~ mål[linje] **II** v **1** ~ [*up*] anslå, sätta upp; ~ *no bills!* affischering förbjuden! **2** (*genom anslag*) offentliggöra, tillkännage, förkunna **3** stämpla, brännmärka
2 post [pəʊst] **I** s **1** post, plats, tjänst, befattning; *take up a* ~ tillträda en befattning (tjänst) **2** *mil.* post[ställe]; postering; garnison; *at one's* ~ på sin post **3** *BE. mil.* tapto **4** handelsstation **II** v postera, placera; *i sht BE.* förflytta, omplacera
3 post [pəʊst] **I** s, *i sht BE.* post; post|befordran, -gång; postkontor; postverk; brevlåda; (*förr*) posthåll; *by* ~ med (per) post; *it's in the* ~ det ligger på posten **II** v **1** *i sth BE.* posta, skicka med (på) posten **2** *bokför.* bokföra, föra in (*en post*) **3** informera, underrätta; *keep me* ~*ed* [*up*] håll mig underrättad
postage ['pəʊstɪdʒ] porto, postbefordringsavgift
postage meter [-,mi:tə] *AE.* frankeringsmaskin **postage stamp** [-stæmp] frimärke
postal ['pəʊst(ə)l] post-; ~ *card* (*AE.*) brevkort; ~ *order* postanvisning
post|**bag** ['pəʊstbæg] *i sht BE.* postväska; (*i radio e.d.*) brevlåda -**boy** postiljon -**card** [-'pəʊs(t)kɑ:d] brevkort; [*picture*] ~ vykort
post chaise ['pəʊstʃeɪz] *hist.* postdiligens
post|**code** ['pəʊstkəʊd] *BE.* postnummer -**date** [,pəʊst'deɪt] post-, efter|datera
poster ['pəʊstə] **1** affisch, anslag, plakat; poster **2** affischör **poster colour** [-,kʌlə] plakatfärg
poste restante [,pəʊst'resta:(n)t] poste restante
posterior [pɒ'stɪərɪə] **I** *a* **1** senare (*to* än); efterföljande **2** bak-, bakre **II** s bakdel, ända

posterity [pɒˈsterətɪ] efterkommande, kommande släkten (generationer); eftervärlden
postern [ˈpəʊstɜːn] bakdörr
post exchange [ˈpəʊstɪksˌtʃeɪn(d)ʒ] *AE. ung.* butik *(för militär personal)*, marketenteri **post-free** [ˌpəʊstˈfriː] *a o. adv* **1** *BE.* med betalt porto **2** portofri; franko
post|glacial [ˌpəʊs(t)ˈgleɪsjəl] postglacial **-graduate** [-ˈgrædjʊət] **I** *s* universitetsstuderande som avlagt första examen, doktorand **II** *a,* ~ *studies* doktorandstudier
posthaste [ˌpəʊstˈheɪst] i flygande fart, i ilfart
posthumous [ˈpɒstjʊməs] postum
postiche [pɒˈstiːʃ] **I** *s* **1** postisch, löshår **2** imitation, efterapning **II** *a* falsk, oäkta
postil[l]ion [pəˈstɪljən] *(i hästspann)* ryttare på vänsterhäst
postlude [ˈpəʊstluːd] *mus.* postludium
post|man [ˈpəʊs(t)mən] brevbärare, postiljon; ~'*s knock* (*lek, ung.*) ryska posten **-mark** poststämpel **-marked** post-, av|stämplad **-master** [-ˌmɑːstə] post|mästare, -föreståndare; ~ *general* generalpostdirektör
postmeridian [ˌpəʊs(t)məˈrɪdɪən] eftermiddags- **post meridiem** [-əm] [på] eftermiddagen
postmistress [ˈpəʊs(t)ˌmɪstrɪs] [kvinnlig] post|-mästare, -föreståndare
post|mortem [ˌpəʊs(t)ˈmɔːtem] **I** *a* efter döden; ~ *examination* obduktion, autopsi **II** *s* **1** obduktion **2** *vard.* analys, efterföljande genomgång *(on a game of chess* av ett schackparti) **-natal** [ˌpəʊstˈneɪtl] efter födelsen
post office [ˈpəʊstˌɒfɪs] post|kontor, -anstalt]; *the Post Office* postverket, posten, poststyrelsen
post office box [post]box, postfack **post paid** [-peɪd] *a o. adv* med betalt porto; portofri; franko
postpone [ˌpəʊs(t)ˈpəʊn] **1** uppskjuta, senarelägga, bordlägga **2** sätta i andra rummet, efterställa, underordna **-ment** [-mənt] uppskjutande, uppskov, senareläggning, bordläggning
post|position [ˌpəʊstpəˈzɪʃn] språkv. efterställande; efterställt ord *o.d.* **-prandial** [-ˈprændɪəl] *skämts.* efter middagen **-script** [ˈpəʊsskrɪpt] postskriptum, efterskrift
postulate I *s* [ˈpɒstjʊlət] postulat, självklar sak; [nödvändig] förutsättning **II** *v* [ˈpɒstjʊleɪt] **1** begära, kräva, göra anspråk på **2** postulera, anta, förutsätta
posture [ˈpɒstʃə] **I** *s* **1** kroppsställning; hållning **2** inställning, attityd **3** läge, skick; tillstånd **II** *v* inta en onaturlig ställning; posera
postwar [ˌpəʊstˈwɔː] efterkrigs-
posy [ˈpəʊzɪ] [liten] blomsterbukett
1 pot [pɒt] **I** *s* **1** gryta, kastrull; kanna; mugg, stop; burk; kruka; potta, nattkärl; ~*s and pans* grytor och pannor (kastruller); *big* ~ (*vard.*) pamp, högdjur; *a* ~ *of* (*vard.*) en [hel] massa; *go to* ~ (*vard.*) gå åt pipan (helvete); *keep the* ~ *boiling* (*bildl.*) hålla det hela i gång, hålla grytan kokande **2** *sportsl.* buckla (*pokal*) **3** *kortsp.* pott **4** *vard.* isterbuk **5** *se pot shot* **II** *v* **1** sätta (plantera) i kruka (krukor); ~*ted plant* krukväxt **2** lägga i kruka (*e.d.*); lägga (koka, salta) in, konservera **3** *vard.* knäppa, skjuta **4** *vard.* lägga vantarna på, komma över, ta **5** *vard.* sätta på pottan **6** *vard.,* ~ *at* skjuta på (efter)
2 pot [pɒt] *sl.* gräs *(marijuana)*; brass *(hasch)*
potash [ˈpɒtæʃ] pottaska, kaliumkarbonat
potassium [pəˈtæsjəm] *kem.* kalium **potassium cyanide** [-ˌsaɪənaɪd] cyankalium, kaliumcyanid **potassium hydroxide** [-haɪˌdrɒksaɪd] kaliumhydroxid **potassium nitrate** [-ˌnaɪtreɪt] kaliumnitrat, salpeter
potato [pəˈteɪtəʊ] (*pl* ~*es*) potatis; *chipped* ~*es* pommes frites; *hot* ~ (*sl. bildl.*) het potatis, ömtålig fråga (sak) **potato chips** *AE. pl,* **potato crisps** *BE. pl* chips
pot|bellied [ˈpɒtˌbelɪd] tjockmagad, med kalaskula **-belly** kalaskula; isterbuk (*äv. om person*) **-boiler** [-ˌbɔɪlə] *vard.* (*om litterärt el. konstnärligt verk*) rent kommersiell produkt **-boy** [-bɔɪ], **man** [-mən] *i sht BE.* kypare (*på pub*)
poteen [pɒˈtiːn] *Irl.* hembränd sprit, hembränt
pot|ence [ˈpəʊt(ə)ns], **-ency** [-(ə)nsɪ] **1** makt; styrka, kraft **2** *fysiol.* potens **-ent** [-(ə)nt] **1** mäktig; stark; kraftigt verkande **2** *fysiol.* potent
potentate [ˈpəʊt(ə)nteɪt] potentat, mäktig person
potential [pəˈ(ʊ)tenʃl] **I** *a* potentiell (*äv. elektr.*), möjlig; ~ *difference* potentialskillnad, [elektrisk] spänning **II** *s* **1** potential (*äv. elektr.*); möjlighet[er], resurs[er] **-ity** [pəˈ(ʊ)tenʃɪˈælətɪ] potentialitet, möjlighet
pot-head [ˈpɒthed] *sl.* brassrökare
pother [ˈpɒðə] **1** stickande (kvävande) rök **2** tumult, ståhej, oväsen
pot|herb [ˈpɒthɜːb] köksväxt **-hole 1** väggrop **2** *geol.* jättegryta **-holing** [-ˌhəʊlɪŋ] *BE.* grottforskning
potion [ˈpəʊʃn] (*magisk, läkande, förgiftad*) dryck
potluck [ˌpɒtˈlʌk] *s, take* ~ hålla till godo med vad huset förmår **pot plant** [ˈpɒtplɑːnt] krukväxt
potpourri [ˌpəʊˈpʊrɪ] potpurri
pot roast [ˈpɒtrəʊst] grytstek **potsherd** [-ʃɜːd] krukskärva **pot shot 1** krypskytts skott **2** slängskott, skott på måfå
potted [ˈpɒtɪd] **1** inlagd, konserverad **2** *vard.* förkortad, sammandragen (*version of a novel* version av en roman) **3** ~ *flower* krukväxt **4** *AE. sl.* full
1 potter [ˈpɒtə] krukmakare, keramiker; ~'*s field* (*AE.*) fattigkyrkogård; ~'*s wheel* drejskiva
2 potter [ˈpɒtə] *i sht BE.* **1** ~ [*about, around*] knåpa, pyssla (*at* med) **2** ~ [*along*] strosa [fram]; ~ [*about*] gå och skrota i, strosa runt i **3** ~ [*away*] slösa (plottra) bort, förspilla
pottery [ˈpɒtərɪ] **1** lergods, keramik **2** krukmakeri, keramikfabrik **3** krukmakeri, keramiktillverkning
potting shed [ˈpɒtɪŋʃed] trädgårdsskjul
1 potty [ˈpɒtɪ] **I** *a* **1** *BE. vard.* futtig, pluttig, obetydlig **2** knasig, knäpp
2 potty [ˈpɒtɪ] *barnspr.* potta, pea
pouch [paʊtʃ] **1** pung, liten påse; ~*es under the eyes* påsar under ögonen **2** *biol.* pung; påse, ficka **3** *Sk.* ficka
pouf[e] [puːf] puff (*sittmöbel*)
poulterer [ˈpəʊlt(ə)rə] *BE.* fågelhandlare
poultice [ˈpəʊltɪs] *med.* grötomslag

poultry ['pəʊltrɪ] fjäderfän, höns **-farm** hönsfarm, hönseri **-man** [-mən] **1** höns|uppfödare, -farmare **2** fågelhandlare

pounce [paʊns] **I** s **1** rovfågelsklo **2** (*rovfågels*) nedslag; anfall, plötsligt språng; *make a ~ [up]on* (*äv. bildl.*) slå ner på, kasta sig över **II** v, *~ [up]on* (*äv. bildl.*) slå ner på, kasta sig över

1 pound [paʊnd] **I** s **1** (*vikt*) [skål]pund (= *16 ounces = 454 g*); 'troy' (= *12 ounces = 373 g*); *have one's ~ of flesh* kräva sitt skålpund kött (det som tillkommer en) **2** (*mynt*) pund [sterling] (= *100 pence, före 1971 = 20 shilling*)

2 pound [paʊnd] **1** fålla, inhägnad **2** uppsamlingsplats (*för herrelösa djur*); uppställningsplats (*för bortforslade fordon*)

3 pound [paʊnd] **1** hamra (banka, bulta, dunka, slå) på (mot); bulta (*meat* kött); *~ sense into a p.'s head* (*bildl.*) hamra in förnuft i skallen på ngn **2** stöta (*s.th. in a mortar* ngt i en mortel); pulv[e]risera, krossa **3** gå fram och tillbaka på, nöta (*the pavement* trottoaren) **4** hamra, banka, bulta, dunka, slå (*at, on* på, mot); *his heart was ~ing* hans hjärta bultade (bankade) **5** klampa, stampa, gå tungt

pour [pɔː] **I** v **1** hälla, slå, ösa; gjuta; *bildl.* sända (ösa, spotta, vräka) ut; *~ s.th. for s.b.* hälla (slå) upp (i) ngt åt ngn, servera ngn ngt; *~ money into s.th.* pumpa (ösa) in pengar i ngt; *~ in* (*bildl.*) pumpa in; *~ out a*) hälla (slå) ut, *b*) hälla (slå) upp (i), servera, *c*) ösa (spotta, vräka) ut; *~ out one's heart to s.b.* utgjuta (öppna) sitt hjärta för ngn **2** strömma, flöda, rinna; välla; ös-, häll|-regna; *~ing rain* ös-, häll|regn; *it is ~ing* [*down, with rain*] det öser ner (ösregnar); *~ in* strömma in; *the sweat ~ed off him* svetten rann om honom **II** s ös-, häll|regn

1 pout [paʊt] **I** v **1** truta (pluta, puta) med läpparna **2** puta ut, pösa **3** sura, tjura **II** s **1** trutande, plutande, putande **2** surande, tjurande

2 pout [paʊt] *zool.* tånglake

poverty ['pɒvətɪ] **1** fattigdom, armod **2** brist (*of* på), avsaknad (*of* av) **--stricken** [-ˌstrɪk(ə)n] utfattig, utarmad

P.O.W. [ˌpiːəʊˈdʌbljuː] *förk. för prisoner of war*

powder ['paʊdə] **I** s **1** pulver; damm, stoft **2** puder; pudersnö **3** krut **4** *AE. sl.,* take *a ~* dunsta, sticka **II** v **1** pulv[e]risera[s], smula[s] sönder; *~ed milk* torrmjölk **2** pudra; bepudra, beströ; *~ one's nose a*) pudra sig, *b*) smita, försvinna **powder blue** duvblå **powder compact** [-ˌkɒmpækt] puderdosa **powder horn** [-hɔːn] kruthorn **powder keg** [-keg] **1** kruttunna **2** *i sht AE.* krutdurk **powder puff** [-pʌf] pudervippa **powder room** [-rʊm] dam|rum, -toalett

powdery ['paʊdərɪ] **1** pudrad, pudrig **2** pulver-, puder|fin, pulv[e]riserad

power ['paʊə] **I** s **1** kraft, styrka; kapacitet, prestanda, effekt; energi; *the ~ of a blow* kraften (styrkan) i ett slag; *under its own ~* för egen kraft; *cut off the ~* stänga av strömmen; *more ~ to your elbow!* hugg i!, jobba på! **2** förmåga; *~s* (*pl*) *a*) förmåga, *b*) talang[er]; *~s of persuasion* övertalningsförmåga; *~[s] of resistance* motståndskraft; *it is beyond* (*not within*) *my ~ to* det står inte i min makt att, jag är inte i stånd att; *he did all in his ~ to help her* han gjorde allt som stod i hans makt för att hjälpa henne **3** [makt]befogenhet; *~ of attorney* fullmakt, bemyndigande **4** makt (*of, over* över); maktfaktor; *naval ~* sjömakt; *the ~s of darkness* mörkrets makter; *the ~s that be* makthavarna, de som har makten; *be in ~* vara (sitta) vid makten, ha makten; *be in a p.'s ~* vara i ngns våld; *come into ~* komma till makten **5** *vard., a ~ of* mycket, väldigt, en massa **6** *mat.* dignitet, potens; *raised to the ~ [of] 2* upphöjt till 2 **II** v driva

power-assisted [ˈpaʊərəˌsɪstɪd] servo-; *~ steering* servostyrning **power boat** [-bəʊt] motorbåt **power brake** [-breɪk] servobroms **power cut** [-kʌt] ström-, el|avbrott; avstängning av strömmen **power drill** [-drɪl] elektrisk borrmaskin **power-driven** [-ˌdrɪvn] motor-, el|driven **powerful** [-f(ʊ)l] mäktig; stark, kraftig; kraftigt verkande **powerhouse** [-haʊs] **1** kraft|verk, -station **2** *sl. bildl.* drivande kraft, motor **powerless** [-lɪs] kraftlös; maktlös **powermower** [-ˌməʊə] motorgräsklippare **power plant** [-plɑːnt] **1** kraft|station, -verk **2** elaggregat **power politics** [-ˌpɒlɪtɪks] *pl* maktpolitik **power sharing** [-ˌʃeərɪŋ] medbestämmande **power station** [-ˌsteɪʃn] kraftstation **power steering** [-ˌstɪərɪŋ] servostyrning

powwow ['paʊwaʊ] **1** (*mellan el. med indianer*) rådslag **2** konferens, möte

Powys ['pəʊɪs, 'paʊɪs]

pox [pɒks] hudutslag; *the ~* (*vard.*) syffe (*syfilis*)

pp. *förk. för pages* **p.p.** *förk. för parcel post; past participle; post paid; prepaid* **ppd.** *förk. för post paid; prepaid* **ppr.** *förk. för present participle* **P.P.S.** *förk. för Parliamentary Private Secretary; post postscriptum* **P.Q.** *förk. för Province of Quebec* **Pr.** *förk. för Priest; Prince* **pr.** *förk. för pair; paper; price; pronoun; power* **P.R.** *förk. för proportional representation; public relations; Puerto Rico*

practi|cability [ˌpræktɪkəˈbɪlətɪ] **1** genomförbarhet, görlighet, utförbarhet; möjlighet; användbarhet **2** farbarhet, framkomlighet **-cable** ['præktɪkəbl] **1** genomförbar, görlig, utförbar; möjlig; användbar **2** farbar, framkomlig

practi|cal ['præktɪkl] **1** praktisk (*person* person); ändamålsenlig; praktiskt användbar (*genomförbar*); *~ application* praktisk tillämpning; *~ joke* practical joke, handgripligt skämt, spratt **2** verklig, faktisk **-cality** [ˌpræktɪˈkælətɪ] **1** praktiskhet, praktisk möjlighet **2** praktisk detalj (*fråga*) **-cally** *adv* **1** ['præktɪkəlɪ] praktiskt, i praktiken **2** ['præktɪklɪ] praktiskt taget, så gott som, nästan

practice ['præktɪs] **I** s **1** praktik; *in ~* i praktiken; *put into ~* omsätta (genomföra) i praktiken, realisera **2** utöv|ning, -ande; (*läkares, advokats*) praktik; *be in ~* praktisera **3** övning, träning; *~ makes perfect* övning ger färdighet; *be in ~* vara vältränad (i form); *be out of ~* sakna övning, ha legat av sig, vara otränad **4** sed, bruk, vana, kutym, praxis; *~*[*s*] knep, trick[s], [skumma] metoder, manipulationer; *that's common ~* det är praxis (brukligt); *make a ~ of doing s.th.* göra det till en (ta för) vana att göra ngt **II** v, *AE., se practise*

practise ['præktɪs] **1** praktisera, tillämpa [i praktiken], använda; *~ what one preaches* leva som

practised—precision instrument

man lär **2** [ut]öva; idka; iaktta[ga], visa; ~ *medicine (law)* vara verksam som (vara praktiserande) läkare (jurist) **3** öva [sig i]; ~ *the trumpet* öva [på] trumpet **4** öva, träna; öva sig *(in i)*; ~ *on the trumpet* öva [på] trumpet **5** praktisera, ha praktik *(som läkare, advokat)* **6** ~ [*up*]*on* utnyttja

prac|tised ['præktɪst] **1** skicklig, rutinerad, driven, van **2** inövad **-tising** [-tɪsɪŋ] praktiserande, utövande; aktiv *(socialist* socialist*)*

practitioner [præk'tɪʃnə] praktiker, praktiserande läkare (jurist); *general* ~ allmänpraktiserande läkare; *medical* ~ praktiserande (legitimerad) läkare

prag|matic [præg'mætɪk] pragmatisk **-matist** ['prægmətɪst] pragmatiker

Prague [prɑːg] Prag

prairie ['preərɪ] prärie **prairie dog** präriehund **prairie schooner** [-ˌskuːnə] *AE.* täckt prärievagn **prairie wolf** [-wʊlf] prärievarg

praise [preɪz] **I** *v* berömma, lovorda; prisa **II** *s* beröm, lovord; pris; *beyond all* ~ över allt beröm; *a poem in* ~ *of* en lovsång till; *speak in* ~ *of* tala berömmande om; *sing a p.'s* ~s sjunga ngns lov, lovsjunga ngn **-worthy** [-ˌwɜːðɪ] beröm-, lov|-värd

praline ['prɑːliːn] bränd mandel

pram [præm] *BE.* barnvagn

prance [prɑːns] **I** *v* **1** dansa (hoppa, skutta) fram **2** stoltsera, kråma sig **II** *s* dansande, hoppande, skuttande; krumsprång

1 prank [præŋk] upptåg, spratt, tilltag, busstreck

2 prank [præŋk] prunka, pråla

prankster ['præŋkstə] upptågsmakare

prat [præt] fåne, slöfock

prate [preɪt] **I** *v* prata, babbla, pladdra **II** *s* prat, babbel, pladder

pratie ['preɪtɪ] *Irl.* potatis

prattle ['prætl] **I** *v* babbla, pladdra; jollra **II** *s* babbel, pladder; joller **prattler** [-ə] pratmakare; jollrande barn

prawn [prɔːn] räka

praxis ['præksɪs] **1** praktik **2** praxis

pray [preɪ] **1** be, bönfalla *(for* om*)*; ~ *to God for s.b.* be till Gud för ngn **2** be, bönfalla *(s.b.* ngn*)*; *come back, I* ~ *you* jag ber er, kom tillbaka

prayer [preə] **1** bön; *morning* ~[*s*] morgon|bön, -andakt; *the Lord's P*~ Herrens bön, Fader vår; *the Book of Common P*~*s* Ritualboken *(engelska kyrkans ritualbok)*; *say* (*read*) *one's* ~*s, be at* ~*s* be, läsa sina böner **2** *AE., not have a* ~ *of winning* inte ha en chans att vinna **3** ['preɪə] bedjande [person]

prayer book ['preəbʊk] bön-, andakts|bok **prayer mat** bönematta **prayer meeting** [-ˌmiːtɪŋ] bönemöte **prayer rug** [-rʌg] bönematta **prayer wheel** [-wiːl] bönekvarn

preach [priːtʃ] **1** predika, hålla predikan *(on* om, över*); to* för*)* **2** predika, förkunna *(the gospel* evangelium*)*; ~ *a sermon (äv. bildl.)* predika, hålla [moral]predikan **-er** ['priːtʃə] predikant, predikare **-ify** ['priːtʃɪfaɪ] *vard.* predika, hålla moralpredikan

preamble [priːˈæmbl] inledning, företal, förord

preamplifier [ˌpriːˈæmplɪfaɪə] *elektr.* förförstärkare

prearrange [ˌpriːəˈreɪn(d)ʒ] ordna (avtala, komma överens om) på förhand

preb|end ['prebənd] *kyrkl.* prebende **-endary** [-(ə)nd(ə)rɪ] prebendeinnehavare

prec. *förk. för preceding*

precarious [prɪˈkeərɪəs] prekär; osäker; farlig, riskabel

precaution [prɪˈkɔːʃn] **I** *s* **1** försiktighets|åtgärd, -mått; *take* ~*s* vidtaga försiktighetsåtgärder **2** försiktighet, varsamhet **II** *v* vidta försiktighetsmått **-ary** [-ˈkɔːʃṇərɪ] försiktighets-; säkerhets, förebyggande

precede [ˌpriːˈsiːd] **1** föregå; gå framför (före); *(i rang)* stå över **2** låta föregå; inleda *(with* med*)*

precedence [-(ə)ns] företräde; företrädesrätt *(over* framför*)*; [*order of*] ~ rangordning; *take (have)* ~ *of* ha företräde framför, gå före **precedent I** *a* [prɪˈsiːd(ə)nt] föregående **II** *s* ['presɪd(ə)nt] precedensfall, föregående likartat [rätts]-fall; *jur. äv.* prejudikat; *without* ~ utan motstycke (motsvarighet); *establish (create, set) a* ~ skapa prejudikat, vara prejudicerande **preceding** [ˌpriːˈsiːdɪŋ] föregående; *the* ~ *page* föregående sida

precentor [ˌpriːˈsentə] kantor

precept ['priːsept] föreskrift; regel, rättesnöre; maxim

precinct ['priːsɪŋ(k)t] **1** inhägnat område; zon; gräns, inhägnad; *pedestrian* ~ gågata, område med gågator; *shopping* ~ affärskvarter **2** *AE.* valdistrikt; polisdistrikt; polisstation **3** ~*s (pl)* omgivningar

precious ['preʃəs] **I** *a* **1** värdefull, dyrbar *(äv. bildl.)*; kär, älskad; ~ *metal* ädelmetall; ~ *stone* ädelsten **2** pretiös, affekterad, tillgjord **3** *vard. iron.* snygg, skön; *they are a* ~ *lot* de är just några snygga figurer; *he has made a* ~ *mess of it* han har gjort en skön röra av det **II** *adv* väldigt, fasligt **III** *s, my* ~ min älskling (skatt)

precipice ['presɪpɪs] avgrund *(äv. bildl.)*, bråddjup; stup, brant

precipi|tance [prɪˈsɪpɪt(ə)ns], **-tancy** [-(ə)nsɪ] **1** brådska **2** överilning **-tant** [-(ə)nt] **I** *a, se precipitate II* **II** *s, kem.* utfällningsmedel **-tate I** *v* [prɪˈsɪpɪteɪt] **1** störta (kasta) ner *(s.th. into* ngt i*)*; *bildl.* (*one's country into war* sitt land i krig) **2** påskynda **3** *kem.* fälla ut; *fys.* kondensera **4** *kem.* fällas ut; *fys.* kondenseras; *meteor.* falla ut *(as snow* som snö*)* **II 1** *a* [prɪˈsɪpɪtət] brådstörtad; överilad, förhastad, plötslig **III** *s* [prɪˈsɪpɪtət] *kem.* [ut]fällning **-tation** [prɪˌsɪpɪˈteɪʃn] **1** nedstörtande, nedfall; *meteor.* nederbörd **2** överilning **3** brådska **4** påskyndande **-tous** [-təs] **1** tvärbrant, brant stupande; bråddjup **2** snabb, plötslig; förhastad

précis, precis ['preɪsiː] **I** *s (pl lika* [-z]*)* samman|-drag, -fattning, resumé **II** *v* sammanfatta, resumera, göra sammandrag av

precise [prɪˈsaɪs] **1** exakt, precis; *at that* ~ *moment* just i det ögonblicket **2** överdrivet noggrann, petig, pedantisk **-ly** [-lɪ] *adv* exakt, precis; noggrant; just; ~*!* [just] precis!, alldeles riktigt!; *what* ~ *do you mean?* vad menar du egentligen?; *that's* ~ *why I...* det är just därför som jag...

precision [prɪˈsɪʒn] precision, noggrannhet **precision instrument** [-ˌɪnstrʊmənt] precisions-

instrument
pre|clude [prɪˈkluːd] utesluta; förhindra, förebygga **-clusion** [-ˈkluːʒn] uteslutande; förhindrande, förebyggande
pre|cocious [prɪˈkəʊʃəs] brådmogen; lillgammal **-cocity** [-ˈkɒsətɪ] brådmogenhet
precon|ceive [ˌpriːkənˈsiːv] föreställa sig (bilda sig en uppfattning om) på förhand; ~*d opinion* (*idea*) förutfattad mening **-ception** [-ˈsepʃn] förutfattad mening; fördom
precondition [ˌpriːkənˈdɪʃn] förhandsvillkor
precur|sor [ˌpriːˈkɜːsə] föregångare, föregångare; företrädare; förebud **-sory** [-sərɪ] förebådande; inledande, preliminär
pred. *förk. för* predicate
predacious [prɪˈdeɪʃəs] rov-; rovdjurs-; rovgirig
predate [ˌpriːˈdeɪt] fördatera, antedatera
preda|tor [ˈpredətə] rovdjur **-tory** [-t(ə)rɪ] **1** plundrings-; rövar- **2** rov-, rovdjurs-; rovgirig; ~ *animal* rovdjur
predecessor [ˈpriːdɪsesə] föregångare, företrädare
predecease [ˌpriːdɪˈsiːs] v, ~ *s.b.* dö före ngn
predes|tinate I v [ˌpriːˈdestɪneɪt] förutbestämma, predestinera **II** *a* [ˌpriːˈdestɪnət] förutbestämd, predestinerad **-tination** [priːˌdestɪˈneɪʃn] förutbestämmelse, predestination **-tine** [ˌpriːˈdestɪn] förutbestämma, predestinera
predeter|mination [ˈpriːdɪˌtɜːmɪˈneɪʃn] förutbestämmande **-mine** [ˌpriːdɪˈtɜːmɪn] förutbestämma; bestämma (fastställa) i förväg; göra partiskt inställd
predicament [prɪˈdɪkəmənt] obehaglig situation, kinkig belägenhet, predikament
predicate I *s* [ˈpredɪkət] *språkv.* predikat **II** *v* [ˈpredɪkeɪt] **1** påstå, säga **2** grunda (*s.th.* [*up*]*on* ngt på) **predicative** [prɪˈdɪkətɪv] *a, språkv.* predikativ, predikats-
predict [prɪˈdɪkt] förutsäga, förespå **predictable** [-əbl] förutsägbar **prediction** [-ˈdɪkʃn] förutsägelse, profetia
predilection [ˌpriːdɪˈlekʃn] förkärlek
predis|pose [ˌpriːdɪˈspəʊz] predisponera, göra mottaglig (*to*[*wards*] för); *be* ~*d to* vara benägen att **-position** [ˈpriːˌdɪspəˈzɪʃn] anlag, mottaglighet, predisposition (*to* för)
predomi|nance [prɪˈdɒmɪnəns] övermakt; övervikt **-nant** [-ənt] förhärskande, dominerande **-nate** [-neɪt] vara förhärskande (rådande); dominera
pre-emi|nence [ˌpriːˈemɪnəns] överlägsenhet; mycket stor betydelse **-nent** [-nənt] mycket framstående, enastående; överlägsen **-nently** [-nəntlɪ] *adv* i allra högsta grad
pre|-empt [ˌpriːˈem(p)t] förvärva genom förköpsrätt (med ensamrätt); i förväg lägga beslag på **--emption** [-ˈem(p)ʃn] förköpsrätt **--emptive** [-ˈem(p)tɪv] **1** *mil.* föregripande, avskräckande (*strike* räd) **2** förköps-, med förköpsrätt **3** (*i bridge*) ~ *bid* spärr-, stopp|bud
preen [priːn] **1** (*om fågel*) putsa (*its feathers* fjädrarna) **2** ~ *o.s.* göra sig fin, snygga upp sig **3** ~ *o.s. on* yvas över, berömma sig av
preexist [ˌpriːɪgˈzɪst] preexistera, finnas till förut **-ence** [-(ə)ns] preexistens
pref. *förk. för* preface; prefatory; preference; preferred; prefix

prefab [ˈpriːfæb] **I** *s, se II* **II** *a,* ~ *house* monteringsfärdigt hus, elementhus
prefabricate [ˌpriːˈfæbrɪkeɪt] prefabricera, förtillverka, tillverka i förväg; ~*d house,* se *prefab II*
preface [ˈprefɪs] **I** *s* förord, inledning **II** *v* förse med förord; inleda
prefa|torial [ˌprefəˈtɔːrɪəl], **-tory** [ˈprefət(ə)rɪ] inledande
prefect [ˈpriːfekt] **1** prefekt **2** *BE.* (*i skola*) ordningsman **prefecture** [-ˌtjʊə] prefektur
prefer [prɪˈfɜː] **1** föredra (*s.th. to* ngt framför), hellre vilja ha (göra); ~*red stock* (*AE.*) preferensaktier **2** *jur.* framlägga, framföra; ~ *a charge against* komma med en anklagelse mot, yrka ansvar på, göra polisanmälan mot **3** befordra **-able** [ˈpref(ə)rəbl] som är att föredra (*to* framför) **-ably** [ˈpref(ə)rəblɪ] *adv* företrädesvis; helst **preference** [ˈpref(ə)r(ə)ns] **1** preferens; förkärlek; företräde; *in* ~ *to a*) hellre än, *b*) framför; *in* ~ *to doing* hellre än att göra; *what's your* ~*?* vad föredrar du?; *give the* ~ *to* ge företräde åt; *have a* ~ *for* ha en förkärlek för, föredra; företräde **2** *jur.* förmånsrätt **preference shares** *BE.,pl* preferensaktier
preferential [ˌprefəˈrenʃl] företrädes-, förmåns-, med förmånsrätt, prioriterad
preferment [prɪˈfɜːmənt] befordran
prefigure [ˌpriːˈfɪɡə] **1** föreställa sig på förhand, utmåla för sig **2** förebåda
prefix I *s* [ˈpriːfɪks] **1** *språkv.* prefix, för|led, -stavelse **2** titel **II** *v* [ˌpriːˈfɪks] **1** *språkv.* förse med prefix **2** sätta (ställa) framför
pregnable [ˈpreɡnəbl] intagbar
preg|nancy [ˈpreɡnənsɪ] **1** graviditet; dräktighet **2** menings-, betydelse|fullhet; pregnans **-nant 1** gravid; dräktig **2** menings-, betydelse|full; pregnant, innehållsdiger **3** fantasifull, uppfinningsrik
preheat [ˌpriːˈhiːt] förvärma
prehensile [prɪˈhensaɪl] grip-; ~ *tail* gripsvans
pre|historic[al] [ˌpriː(h)ɪˈstɒrɪk(l)] förhistorisk, urtids- **-history** [-ˈhɪst(ə)rɪ] förhistorisk tid, förhistoria
pre-ignition [ˌpriːɪɡˈnɪʃn] *tekn.* förtändning, för tidig tändning
prejudge [ˌpriːˈdʒʌdʒ] döma på förhand
preju|dice [ˈpredʒʊdɪs] **I** *s* **1** förutfattad mening, fördom[ar]; fördomsfullhet **2** förfång, men; *in* (*to*) *the* ~ *of* till men (förfång) för; *without* ~ utan förbindelse; *without* ~ *to* utan men (förfång) för **II** *v* göra partiskt inställd, inge fördomar; påverka **2** skada, inverka menligt på **-diced** [-dɪst] partisk, fördomsfull **-dicial** [ˌpredʒʊˈdɪʃl] menlig, skadlig, till men (skada) (*to* för)
prelate [ˈprelɪt] prelat
prelim. *förk. för* preliminary
preliminary [prɪˈlɪm(ɪ)nərɪ] **I** *a* preliminär; förberedande, inledande, inlednings-; förhands-; för- **II** *s* **1** förberedande åtgärd[er]; förberedelse; inledning **2** *sport.* försöksomgång, uttagningstävling[ar], kvalmatch[er]
prelims [ˈpriːlɪmz] *pl* **1** *univ. ung.* förberedande examen **2** *boktr.* titelsidor
prelude [ˈpreljuːd] **I** *s* preludium (*äv. mus.*), förspel **II** *v* vara inled-

ning till, utgöra förspelet till; *mus.* preludiera
premarital [prɪˈmærɪtl] föräktenskaplig
premature [ˌpremǝˈtjʊǝ] **1** för tidig; förtida **2** förhastad **-ly** [-lɪ] *adv* **1** för tidigt, i förtid **2** förhastat
premedi|tate [ˌpriːˈmedɪteɪt] tänka ut (beräkna) på förhand **-tated** [-teɪtɪd] överlagd, uppsåtlig, avsiktlig; ~ *murder* överlagt mord **-tation** [ˌpriː-ˌmedɪˈteɪʃn] uppsåt, avsikt; berått mod
premier [ˈpremjǝ] **I** *a* förnämst, främsta; första, tidigaste **II** *s* premiärminister
première [ˈpremɪeǝ] premiär
premiership [ˈpremɪǝʃɪp] premiärministerpost
premise [ˈpremɪs] **1** premiss; förutsättning, antagande; (*i logiken*) försats, premiss **2** ~*s* (*pl*) fastighet[er], egendom, byggnad[er], område; *on the* ~*s* inom fastigheten, i lokalen
premiss [ˈpremɪs] *se premise 1*
premium [ˈpriːmjǝm] **1** [försäkrings]premie **2** premie, bonus; lönetillägg; påslag; belöning, premium; *be at a* ~ *a*) stå över pari, *b*) *bildl.* stå högt i kurs; *put a* ~ *on s.th.* sätta stort värde på (premiera) ngt **premium bonds** *pl* premieobligationer
premoni|tion [ˌpriːmǝˈnɪʃn] **1** förvarning **2** föraning **-tory** [prɪˈmɒnɪt(ǝ)rɪ] varnande
prenatal [ˌpriːˈneɪtl] prenatal, före födelsen; ~ *clinic* mödravårdscentral (*för gravida kvinnor*)
preoccu|pation [priːˌɒkjʊˈpeɪʃn] **1** främsta intresse, huvudintresse, huvudsaklig sysselsättning **2** upptagenhet **-pied** [ˌpriːˈɒkjʊpaɪd] försjunken i (upptagen av sina) tankar; upptagen; *be* ~ *with* vara helt upptagen av (koncentrerad på) **-py** [ˌpriːˈɒkjʊpaɪ] helt uppta[ga] (sysselsätta) (*a p.'s thoughts* ngns tankar)
preordain [ˌpriːɔːˈdeɪn] bestämma på förhand (i förväg)
prep [prep] *vard.* **1** *förk. för preparation* hemarbete, läxplugg **2** *förk., i sht AE. för preparatory school, se preparatory 1*
prep. *förk. för preparation; preparatory; preposition*
prepacked [ˌpriːˈpækt] färdigförpackad
prepaid [ˌpriːˈpeɪd] *se prepay*
preparation [ˌprepǝˈreɪʃn] **1** förberedelse; tillredning, tillagning; framställning; iordningställande; *be in* ~ vara under utarbetande, framställas; *make* ~*s for* vidtaga förberedelser för **2** preparat **3** (*vid internatskola*) [tid för] läxläsning
preparatory [prɪˈpærǝt(ǝ)rɪ] **I** förberedande; inledande; för-; ~ *school a*) (*i England*) förberedande skola (*för inträde i public school*), *b*) (*i USA*) [privat] sekundärskola (*för inträde på college*) **2** ~ *to* före, innan, som en förberedelse till (inför)
prepare [prɪˈpeǝ] **1** förbereda; tillreda, tillaga; framställa; iordningställa; göra i ordning; preparera (*äv. tekn.*); ~ *o.s.* för bereda sig på, göra sig beredd på; ~ *one's homework* läsa sina läxor **2** göra sig i ordning, förbereda sig (*for* på); bereda sig, göra sig beredd (*for* på; *to do s.th.* på att göra ngt) **prepared** [-d] **1** förberedd *etc.*, *jfr prepare 1* **2** förberedd (*for* på); beredd (*for* på); redo; färdig; villig; *I am not* ~ *to pay* jag är inte villig (beredd) att betala **preparedness** [-dnɪs] *i sht mil.* beredskap

prepay [ˌpriːˈpeɪ] (*prepaid*, *prepaid*) betala i förskott (förväg); frankera; *reply prepaid* [telegram] svar betalt **-ment** [-mǝnt] förskottsbetalning
preponder|ance [prɪˈpɒnd(ǝ)r(ǝ)ns] övervägande del (antal); övervikt, överlägsenhet **-ant** [-(ǝ)nt] övervägande; överlägsen **-ate** [-dǝreɪt] **1** överväga (*over* över); dominera, vara förhärskande **2** väga mer (*over* än)
preposition [ˌprepǝˈzɪʃn] preposition **-al** [-ʃǝnl] prepositions- **prepossess** [ˌpriːpǝˈzes] **1** ~ *s.b. for* (*against*) göra ngn välvilligt (fientligt) inställd mot **2** ~*ed with* upptagen (uppslukad) av **-ing** [-ɪŋ] vinnande, intagande, attraktiv
preposterous [prɪˈpɒst(ǝ)rǝs] orimlig, omöjlig, befängd
prepuce [ˈpriːpjuːs] *anat.* förhud
Pre-Raphaelite [ˌpriːˈræfǝlaɪt] **I** *s* prerafaelit **II** *a* prerafaelitisk
prerecorded [ˌpriːrɪˈkɔːdɪd] inspelad i förväg; färdiginspelad
prerequisite [ˌpriːˈrekwɪzɪt] **I** *a* nödvändig **II** *s* nödvändig förutsättning, [grund]förutsättning (*of* för)
prerogative [prɪˈrɒgǝtɪv] prerogativ, företrädes-, förmåns|rätt, privilegium
Pres. *förk. för President* **pres.** *förk. för present; presumptive*
presage [ˈpresɪdʒ] **I** *s* **1** järtecken, varsel, förebud **2** aning, förkänsla **II** *v* **1** förebåda, varsla om **2** ana, ha en förkänsla av **3** förutsäga, spå
Presbyterian [ˌprezbɪˈtɪǝrɪǝn] **I** *a* presbyteriansk **II** *s* presbyterian
presbytery [ˈprezbɪt(ǝ)rɪ] **1** presbyterium **2** kyrko-, församlings|råd **3** *rom. kat.* prästgård
preschool [ˈpriːskuːl] *AE.* **I** *s* förskola **II** *a* förskole-
presci|ence [ˈpresɪǝns] vetskap på förhand, förhandskännedom **-ent** [-nt] som vet på förhand
prescribe [prɪˈskraɪb] **1** föreskriva, fastställa; ålägga **2** *med.* ordinera **3** *jur.* preskribera **4** *jur.* preskriberas; på grund av hävd göra anspråk (*for* på)
prescrip|tion [prɪˈskrɪpʃn] **1** åläggande, föreskrift **2** *med.* recept; ordination; medicin; *make up* (*AE. fill*) *a* ~ expediera ett recept **3** *jur.* preskription **-tive** [-tɪv] **1** åläggande, föreskrivande **2** normativ; hävdvunnen
presence [ˈprezns] **1** närvaro; närhet; ~ *of mind* sinnesnärvaro; *in the* ~ *of* i närvaro av; *in the* ~ *of danger* inför faran **2** [ståtlig] hållning, uppträdande **3** imponerande (förnäm, vördnadsbjudande) person (gestalt) **presence chamber** audiensrum

1 present [ˈpreznt] **I** *a* **1** närvarande; *those* ~ de närvarande; *be* ~ *at* vara närvarande vid, delta[ga] i, övervara **2** nuvarande, innevarande, [nu] rådande (gällande, levande, pågående), aktuell; *the* ~ *day* nutiden; *in the* ~ *case* i föreliggande (detta) fall, i det aktuella fallet **3** *språkv.* presens-; *the* ~ *tense* presens **II** *s* **1** *språkv., the* ~ presens; *continuous* ~ progressiv presensform **2** *the* ~ nuet, närvarande tid; *at* ~ för närvarande (tillfället, ögonblicket), [just] nu; *for the* ~ för närvarande, tills vidare, så länge; *up to the* ~ hit[in]tills, tills nu

2 present I *s* [ˈpreznt] present, gåva; *make s.b. a*

~ of s.th. ge ngn ngt i present; *I got (was given) it as a* ~ jag har fått den i present **II** *v* [prɪ'zent] **1** över|lämna, -räcka, räcka fram; skänka; ~ *s.b. with s.th.,* ~ *s.th. to s.b. a*) överlämna ngt till ngn, *b*) skänka ngn ngt, ge ngn ngt i present **2** presentera, komma med, lägga (lämna) fram, lämna in, överlämna; framställa; yttra, framföra; anföra; föreslå **3** presentera, föreställa, introducera (*to för*) **4** erbjuda, förete, uppvisa; *it* ~*ed us with a problem* det ställde oss inför ett problem; *she* ~*ed the appearance of normality* hon verkade vara helt normal **5** presentera, uppföra, visa, framföra (*a play* en pjäs) **6** ~ *arms* skyldra gevär; ~ *at* rikta mot **7** *rfl* erbjuda sig, dyka (komma) upp; infinna (inställa) sig; presentera sig **-able** [prɪ'zentəbl] presentabel

presentation [ˌprez(ə)n'teɪʃn] **1** över|lämnande, -räckande **2** presentation, framläggande, överlämnande; framställning, skildring **3** presentation, föreställning (*to för*) **4** företeende, uppvisande (*of identity card* av legitimation); *on* ~ vid anfordran (uppvisande) **5** presentation, fram-, upp|förande (*of a play* av en pjäs) **6** inställelse **presentation copy** friexemplar

present-day ['prezntdeɪ] dagens, nutidens, nutids-

presentiment [prɪ'zentɪmənt] föraning, förkänsla

presently ['prezntlɪ] *adv* **1** inom kort, snart **2** *i sht AE.* för närvarande, nu

preservation [ˌprezə'veɪʃn] **1** bevarande; skydd, skyddande; vård; ~ *of game* viltvård; *be in a good state of* ~ vara i gott skick, vara välbevarad **2** konservering **preservative** [prɪ'zɜ:vətɪv] **I** *a* **1** bevarande, skyddande **2** konserverande **II** *s* konserveringsmedel; preservativ, skyddsmedel **preserve** [prɪ'zɜ:v] **I** *v* **1** bevara, skydda (*from* från); vårda (*vilt etc.*); upprätthålla; bibehålla; *well* ~*d* välbevarad **2** konservera, lägga in; sylta **II** *s* **1** ~*s* (*pl*) sylt, marmelad, konserverad frukt **2** jaktmark[er]; *bildl.* domän[er], reservat **preserver** [prɪ'zɜ:və] **1** räddare, bevarare, vårdare **2** konserveringsmedel

pre-set [ˌpri:'set] förinställa

preshrunk [ˌpri:'ʃrʌŋk] krympfri

preside [prɪ'zaɪd] **1** sitta som (vara) ordförande, presidera **2** sitta (*at the piano* vid pianot)

presidency ['prezɪd(ə)nsɪ] **1** ordförandeskap **2** president|skap, -ämbete, -tid; ordförande|skap, -post, -tid **3** *AE.* befattning (tid) som verkställande direktör **4** rektorat

presi|dent ['prezɪd(ə)nt] **1** president **2** ordförande **3** *AE.* verkställande direktör **4** (*vid högre skola*) rektor **-dential** [ˌprezɪ'denʃl] **1** president- **2** ordförande-

presidium [prɪ'sɪdɪəm] presidium

1 press [pres] **I** *v* **1** pressa (*äv. sport.*); trycka [på, ner]; klämma, krama; ~ *the button* trycka på knappen **2** tränga, tränga (pressa) in **3** driva (skynda, jäkta) på, forcera; truga; ansätta, pressa, [försöka] övertala (tvinga); ~ *the point* insistera [på det]; ~ *s.b. for an answer* [envist] kräva ett svar av ngn; *be* ~*ed for* ha ont om; ~ *s.th.* [*up*]*on s.b.* truga (tvinga) på ngn ngt **4** pressa, trycka; ~ *down on s.b.* vila [tungt] på ngn **5** trängas; tränga sig fram; ~ *forward* (*on*) *a*) tränga sig fram, pressa på, *b*) ihärdigt fortsätta **6** brådska, hasta; *time* ~*es* det är bråttom, tiden är knapp **7** ~ *for s.th.* yrka (insistera) på ngt, [eftertryckligt] kräva ngt **II** *s* **1** press; pressande, pressning; tryckning; [tryck-, tidnings-, frukt]-press; tryckeri; förlag; *the* ~ pressen, tidningarna; *ready for* [*the*] ~ tryckfärdig; *be in* [*the*] ~ vara under tryckning; *go to* ~ gå i press; *send to* ~ skicka till tryckning; *get a good* (*bad*) ~ få bra (dålig) press; *give s.th. a* ~ *a*) trycka [på] ngt, *b*) pressa (stryka) ngt **2** trängsel, tryck **3** press, jäkt, brådska, tryck **4** [kläd]skåp **5** *sport.* press

2 press [pres] **1** *mil.* tvångs|värva, -rekrytera **2** ~ *into service* ta i bruk, tvinga

press agency ['presˌeɪdʒ(ə)nsɪ] nyhets-, telegram|byrå **press agent** presschef **press box** [-bɒks] pressbås **press clipping** [-ˌklɪpɪŋ] pressklipp **press conference** [-ˌkɒnf(ə)r(ə)ns] presskonferens **press cutting** [-ˌkʌtɪŋ] pressklipp **press gallery** [-ˌgælərɪ] pressläktare

pressing ['presɪŋ] **I** *a* **1** trängande; brådskande, angelägen **2** tryckande **II** *s* upplaga, pressning (*av grammofonskiva*) **pressman** [-mæn] **1** tidningsman **2** tryckare **press photographer** [-fəˌtɒgrəfə] pressfotograf **press release** [-rɪ'li:s] pressrelease (*meddelande för publicering i pressen*) **press stud** [-stʌd] tryckknapp **press-up** [-ʌp] armhävning

pressure ['preʃə] **1** tryck (*äv. bildl.*); tryckande, tryckning; *atmospheric* ~ atmosfäriskt tryck; *parental* ~ föräldratryck; *social* ~ socialt tryck **2** påtryckning[ar], tryck, press; *be under* ~ *to do s.th.* ha tryck på sig att göra ngt; *bring* ~ *to bear* (*put* ~) *on* utöva påtryckningar (sätta press) på **3** jäkt[ande], press, stress; *work under* ~ arbeta under press, jäkta, stressa **pressure cabin** [-ˌkæbɪn] tryckkabin **pressure cooker** [-ˌkʊkə] tryckkokare **pressure gauge** [-geɪdʒ] tryckmätare, manometer **pressure group** påtryckningsgrupp

pressur|ize (*BE. äv. -ise*) ['preʃəraɪz] utöva påtryckningar på, sätta press på, förmå **-ized** (*BE. äv. -ised*) [-d] *a* tryck-; komprimerad; ~*d cabin* tryckkabin

prestidigitation ['prestɪˌdɪdʒɪ'teɪʃn] fingerfärdighet

pres|tige [pre'sti:ʒ] prestige, anseende, inflytande **-tigious** [pre'stɪdʒəs] prestige|betonad, -fylld, ansedd, inflytelserik

presto ['prestəʊ] **I** *adv* **1** snabbt, plötsligt; *hey* ~*!* hokuspokus! **2** *mus.* presto **II** *s, mus.* presto

prestressed [ˌpri:'strest] armerad (*concrete* betong)

presum|able [prɪ'zju:məbl] antaglig, trolig **-ably** [-əblɪ] *adv* antagligen, troligtvis, förmodligen

presume [prɪ'zju:m] **1** anta, förmoda; förutsätta **2** ta sig friheten (friheter), våga [sig på] **3** förlita sig ([*up*]*on* på)

presump|tion [prɪ'zʌm(p)ʃn] **1** antagande, förmodan; förutsättning **2** övermod, förmodad; självsäkerhet **-tive** [-tɪv] presumtiv, förmodad; sannolik; *heir* ~ presumtiv arvinge **-tuous** [-tjʊəs] övermodig, arrogant; självsäker

presup|pose [ˌpri:sə'pəʊz] förutsätta **-position** [ˌpri:sʌpə'zɪʃn] förutsättning

pret. *förk. för preterite*

pre-tax ['pri:tæks] *a* före skatt, brutto-

pretence [prɪ'tens] **1** förevändning; föregivande, svepskäl, ursäkt, sken; *false* ~s falska förespeglingar; *on the slightest* ~ vid minsta förevändning; *on (under) the* ~ *of doing s.th.* under förevändning att göra ngt; *it was just* ~ det var bara på låtsas; *make a* ~ *that* ge sken av att **2** anspråk (*to* på); *make no* ~ *to being* inte göra anspråk på att vara

pretend [prɪ'tend] **1** låtsas, hyckla, föregiva; simulera **2** göra anspråk på **3** ~ *to* göra anspråk (pretendera) på **-er** [-ə] **1** [tron]pretendent **2** hycklare; simulant **3** person som gör anspråk på

pretense [prɪ'tens] *AE., se pretence*

preten|sion [prɪ'tenʃn] **1** anspråk, yrkande, krav (*to* på); pretention **2** anspråksfullhet **-tious** [-ʃəs] pretentiös, anspråksfull

preterit[e] ['pret(ə)rɪt] *s o. a, språkv.*, *the* ~ [*tense*] preteritum, imperfekt[um]

preternatural [,pri:tə'nætʃrəl] **1** onaturlig **2** övernaturlig

pretext ['pri:tekst] förevändning, förebärande, svepskäl, pretext

pretti|fy ['prɪtɪfaɪ] försköna **-ness** [-nɪs] skönhet; näpenhet; charm

pretty ['prɪtɪ] **I** *a* **1** söt; näpen, nätt; vacker (*music* musik); *a* ~ *penny* (*vard.*) en nätt summa; *as* ~ *as a picture* vacker som en tavla **2** *iron.* snygg, skön, fin; *a* ~ *mess* en skön röra **II** *adv, vard.* ganska, rätt så; ~ *much* nästan precis, i stort sett, så gott som; ~ *well a*) ganska bra, *b*) i stort sett; *be sitting* ~ ha det bra, ha sitt på det torra **III** *v,* ~ *up* snygga till (upp) **--pretty** [-,prɪtɪ] *vard.* tvål-, snut|fager

pretzel ['pretsl] salt kringla (pinne)

prevail [prɪ'veɪl] **1** ta överhanden, segra (*over, against* över) **2** råda, vara förhärskande (rådande), vara utbredd **3** ~ [*up*]*on* övertala, förmå; *be* ~*ed* [*up*]*on* låta övertala sig **-ing** [-ɪŋ] rådande, förhärskande

preva|lence ['prevələns] allmänt bruk, allmän förekomst, utbredning **-lent** [-lənt] i allmänt bruk, allmänt förekommande, utbredd, gängse

prevari|cate [prɪ'værɪkeɪt] slingra sig, komma med undanflykter **-cation** [-,værɪ'keɪʃn] undanflykt[er] **-cator** [prɪ'værɪkeɪtə] person som slingrar sig (kommer med undanflykter)

prevent [prɪ'vent] [för]hindra; förebygga; ~ *s.b. from doing s.th.* hindra ngn från att göra ngt **-able** [-əbl] som kan förebyggas (förhindras) **-ative** [-ətɪv] *se preventive*

prevention [prɪ'venʃn] förhindrande; förebyggande; *crime* ~ brottsförebyggande åtgärder; *the* ~ *of cruelty to animals* (*ung.*) djurskydd; ~ *is better than cure* bättre förekomma än förekommas

preventive [prɪ'ventɪv] **I** *a* **1** preventiv, förebyggande; *med.* profylaktisk **2** *BE.* kustbevaknings- **II** *s* preventiv, förebyggande medel, skyddsmedel (*of* mot)

preview ['pri:vju:] **I** *s* förhandsvisning **II** *v* förhandsvisa

previous ['pri:vjəs] **1** föregående, tidigare **2** *vard.* förhastad, överilad **3** ~ *to a*) före, *b*) innan (*doing s.th.* man gör ngt) **-ly** [-lɪ] *adv* förut, tidigare; på förhand, i förväg

pre-war [,pri:'wɔ:] förkrigs-

prey [preɪ] **I** *s* byte, rov, villebråd (*äv. bildl.*); *bird of* ~ rovfågel; *beast of* ~ rovdjur; *be* (*fall*) ~ *to* vara ett (falla) offer för **II** *v,* ~ [*up*]*on a*) jaga, leva på (*insects* insekter), *b*) tära (fräta) på (*one's mind* sinnet)

price [praɪs] **I** *s* **1** pris, *bildl. äv.* värde, *hand. äv.* kurs; *the* ~ *of* priset på; *at a* ~ om man betalar tillräckligt mycket (vad det kostar); *at a low* ~ till ett lågt pris; *at any* ~ till varje pris, absolut; *not at any* ~ inte för allt i världen, absolut inte; *beyond* (*without*) ~ oskattbar, som inte värderas i pengar; *what is the* ~ *of that?* vad kostar det?; *every man has his* ~ varje människa har sitt pris (kan köpas, kan mutas); *set a* ~ *on a p.'s head* sätta ett pris på ngns huvud **2** odds; *what* ~...? (*vard.*) hur är (blir) det med...?, hur ser chanserna ut för...? **II** *v* **1** fastställa priset på, prissätta; prismärka **2** värdera, uppskatta **3** ~ *o.s. out of the market* slås ut från marknaden genom för hög prissättning

price control ['praɪs,kəntrəʊl] priskontroll

price cutting prisnedsättning (*i konkurrenssyfte*) **price freeze** [-fri:z] prisstopp **priceless** [-lɪs] **1** oskattbar, ovärderlig **2** *vard.* obetalbar

price list [-lɪst] prislista **price range** [-reɪn(d)ʒ] prisklass **price ring** [-rɪŋ] priskartell **price war** [-wɔ:] priskrig **pricey** [-ɪ] *vard.* dyr[bar]

prick [prɪk] **I** *s* **1** stick, styng, sting; ~*s of conscience* samvetskval **2** *vulg.* kuk; (*om pers.*) arsle, skitstövel **II** *v* **1** sticka; sticka hål på (i); ~ *a balloon* sticka hål på en ballong; ~ *holes in* sticka hål på; *get* ~*ed* bli stucken; *be* ~*ed by conscience* plågas av samvetet; ~*ing pain* stickande smärta, sveda **2** ~ *up one's ears* (*äv. bildl.*) spetsa öronen **3** pricka (*an outline* en kontur) **4** ~ *out* (*off*) omskola (*seedlings* plantor)

prickle ['prɪkl] **I** *s* **1** tagg; törne **2** stickande [känsla], klåda, sveda **II** *v* sticka[s]; klia, svida

prickly [-ɪ] *a* **1** taggig **2** stickande, kliande, svidande **3** irriterad; knivig, kinkig; ~ *heat* värmeutslag, miliaria; ~ *pear* fikonkaktus

pricy ['praɪsɪ] *vard.* dyr[bar]

pride [praɪd] **I** *s* **1** stolthet (*in* över); högmod, övermod; ~ *goes* (*comes*) *before a fall* högmod går före fall; *have* (*take*) [*a*] ~ *in* känna stolthet (glädje) över; *nurse one's* ~ försöka återvinna sitt självförtroende (*efter nederlag*) **2** glans, prakt; blomma; *in the* ~ *of manhood* i blomman av sin ålder, i sin krafts dagar **3** *take* ~ *of place* inta hedersplatsen (första platsen) **4** flock (*of lions* lejon) **II** *v,* ~ *o.s.* [*up*]*on* vara stolt över, berömma sig av

prie-dieu ['pri:djə:] bönepulpet

priest [pri:st] präst **-ess** ['pri:stɪs] prästinna **-hood** ['pri:sthʊd] **1** prästerskap **2** prästerlig värdighet; prästämbete **-ly** ['pri:stlɪ] *a* prästerlig

prig [prɪg] pedant, petimäter; självgod person **-gish** ['prɪgɪʃ] pedantisk, petig; självgod

prim [prɪm] **I** *a* prudentlig, prydlig; pryd, sedesam

prim. *förk. för primary; primitive*

prima ballerina [,pri:məbælə'ri:nə] prima ballerina

primacy ['praɪməsɪ] **1** överlägsenhet, företräde **2** *kyrkl.* primat, överhöghet

prima donna [,pri:mə'dɒnə] primadonna

primaeval se *primeval*
prima facie [ˌpraɪməˈfeɪʃi:] vid första påseendet (anblicken)
primal [ˈpraɪml] **1** primär; ursprunglig; grundläggande **2** huvud-, viktigast, förnämst
primarily [ˈpraɪm(ə)rəlɪ, praɪˈmerəlɪ] *adv* **1** först och främst, huvudsakligen **2** primärt, först, ursprungligen **primary** [ˈpraɪmərɪ] **I** *a* **1** primär; grundläggande; ursprunglig; ~ *colours* grundfärger; ~ *election* primärval; ~ *school* primärskola, grundskola, låg- och mellanstadieskola (*i England de 6 första klasserna; i USA de 3 el. 4 första klasserna, ibl. äv. förskola*) **2** huvudsaklig, huvud-; förnämst, störst, först; ~ *accent* (*stress*) (*språkv.*) huvud|accent, -tonvikt; *our* ~ *concern is* vårt huvudproblem är; *of* ~ *importance* av största betydelse **II** *s* **1** *AE.* primärval; förberedande valmöte **2** grundfärg
primate 1 [ˈpraɪmət] *kyrkl.* primas, ärkebiskop; *P~ of England* ärkebiskopen av York; *P~ of All England* ärkebiskopen av Canterbury **2** [ˈpraɪmeɪt] *zool.* primat
prime [praɪm] **I** *a* **1** viktigaste, främsta, huvud-; *of* ~ *importance* av största betydelse (vikt) **2** prima, förstklassig, bästa; ~ *rate* prime rate (*bästa ränta*) **3** primär, första, ursprunglig; ~ *meridian* nollmeridian; ~ *costs* (*ekon.*) rörliga kostnader **II** *s* **1** början **2** *bildl.*, *the* ~ blomman, det bästa, de bästa åren (dagarna), den bästa tiden; *in one's* ~, *in the* ~ *of life* i den bästa åldern, i sina bästa år, i sin krafts dagar; *in the* ~ *of youth* i ungdomens vår **3** *kyrkl.*, *mus.* prim **4** *mat.* primtal **III** *v* **1** *tekn.* flöda (*a carburettor* en förgasare); slå vatten i (*a pump* en pump); *mil.* förse med tändhatt, lägga krut i **2** grund[er]a, grundmåla **3** instruera, preparera, förbereda
prime minister [ˈpraɪmˌmɪnɪstə] premiärminister; statsminister **prime mover** drivkraft (*äv. bildl.*); *bildl. äv.* drivande kraft; kraftkälla
prime number *mat.* primtal
1 primer [ˈpraɪmə] nybörjarbok
2 primer [ˈpraɪmə] **1** primer, grundfärg **2** tänd-, knall|hatt, tändrör
prime time [ˈpraɪmtaɪm] *TV.* bästa sändningstid
primeval [praɪˈmi:vl] urtids-, ur-; *bildl.* primitiv, ursprunglig; ~ *forest* urskog
primitive [ˈprɪmɪtɪv] **I** *a* **1** primitiv, ursprunglig **2** primitiv, enkel **II** *s* **1** målare före renässansen; primitivist, naivist **2** primitiv person; primitiv sak
primogeniture [ˌpraɪməʊˈdʒenɪtʃə] förstfödslorätt
primordial [praɪˈmɔ:djəl] urtids-, ur-, primitiv, ursprunglig
primp [prɪmp] snygga (fiffa) upp [sig]
primrose [ˈprɪmrəʊz] *bot.* vild primula, [jord]viva; *the* ~ *path* (*bildl.*) den breda vägen
Primus [ˈpraɪməs] (*varumärke*) ~ [*stove*] primuskök
prince [prɪns] prins; furste; *P~ Charming* sago-, dröm|prins[en]; ~ *consort* prinsgemål; *the P~ of Darkness* mörkrets furste; *the P~ of Wales* prinsen av Wales (*titel för brittiske tronföljaren*); *the* ~ *royal* monarkens äldste son
princedom [ˈprɪnsdəm] **1** prinsvärdighet **2** furstendöme **princely** [-lɪ] *a* furstlig (*äv. bildl.*), furste- **princess** [prɪnˈses] prinsessa; furstinna; *the* ~ *royal* monarkens äldsta dotter
principal [ˈprɪnsəpl] **I** *a* huvudsaklig, förnämsta, främsta, första, viktigast, huvud-; ~ *actor* huvudrollsinnehavare; ~ *clause* (*språkv.*) huvudsats; ~ *parts* (*språkv.*) tema[former]; ~ *teacher* rektor; ~ *trumpet* första trumpet[are] **II** *s* **1** huvudperson; solist **2** rektor; föreståndare; chef; principal **3** duellant **4** *hand.*, *jur.* uppdragsgivare, huvudman; *jur.* gärningsman **5** huvudgäldenär **6** kapital
principality [ˌprɪnsɪˈpælətɪ] furstendöme; *the P~* Wales
principally [ˈprɪnsəplɪ] *adv* huvudsakligen
principle [ˈprɪnsəpl] **1** princip; grund|sats, -regel; grund; *Archimedes'* ~ Arkimedes princip; *a man of* ~ en man med principer, en principfast man; *a matter of* ~ en principsak; *in* ~ i princip, principiellt; *on* ~ av princip **2** [huvud]beståndsdel **principled** [-d] med principer, principfast
prink [prɪŋk] fiffa (snygga) upp [sig]
print [prɪnt] **I** *v* **1** trycka, låta trycka, ge ut i tryck; publicera; trycka på (in); märka; *foto.* kopiera; ~*ed circuits* (*elektr.*) tryckta kretsar; ~*ed matter* trycksak[er]; *the* ~*ed word* det tryckta ordet; ~ *off* trycka, kopiera; ~ *out* (*data.*) printa, skriva ut (*på skrivare*); *it is* ~*ed on my memory* det är inpräntat i mitt minne **2** texta, skriva med tryckbokstäver **II** *s* **1** avtryck, märke, spår; *take a p.'s* ~*s* ta ngns fingeravtryck **2** tryck; stil; *small* ~ liten [tryck]stil; *in cold* ~ (*bildl.*) svart på vitt; *out of* ~ slut på förlaget, utsåld; *be in* ~ a) föreligga i tryck, *b*) finnas [i bokhandeln]; *get into* ~ gå i tryck **3** *AE.* publikation, tidning **4** [av]tryck, gravyr, stick, litografi, reproduktion; *foto.* kopia **5** tryckt tyg; *cotton* ~ tryckt bomullstyg, kattun **6** stämpel, form
printable [ˈprɪntəbl] tryckbar
printer [ˈprɪntə] **1** tryckare; ~*'s devil* tryckarlärling, springpojke på tryckeri; ~*'s error* tryckfel; ~*'s ink* trycksvärta **2** tryckpress; *data.* printer, skrivare
printing [ˈprɪntɪŋ] **1** tryckning, tryck **2** boktryckarkonst **printing ink** trycksvärta **printing press** tryckpress **printing works** tryckeri
print-out [ˈprɪntaʊt] *data.* utskrift (*från skrivare*)
print shop tryckeri
prior [ˈpraɪə] **I** *s*, *kyrkl.* prior **II** *a* **1** tidigare (*to* än); föregående; *be* ~ *to* (*äv.*) föregå **III** *adv*, ~ *to* före, innan **-ess** [-rɪs] priorinna
priority [praɪˈɒrətɪ] prioritet; förtur[srätt], förmån[srätt], företräde; *give* ~ *to* prioritera, ge företräde (förtur) åt; *take* (*have*) ~ *over* gå före; *get one's priorities right* göra klart för sig vad som är viktigast
priory [ˈpraɪərɪ] priors-, priorinne|kloster
prise [praɪz] **1** ~ [*up, open*] bända upp **2** ~ *a secret out of s.b.* locka (klämma) ur ngn en hemlighet
prism [ˈprɪz(ə)m] prisma **prismatic** [prɪzˈmætɪk] prismatisk
prison [ˈprɪzn] fängelse; fångvårdsanstalt; *be in* ~ sitta i fängelse; *go to* ~ åka i fängelse **prison camp** fångläger **prisoner** [-ə] fånge; ~ *of war* krigsfånge; *the* ~ *at the bar* den anklagade; *take s.b.* ~ ta ngn till fånga **prison warder** [-ˌwɔ:də] fångvaktare

prissy ['prɪsɪ] *vard.* pryd, sipp; prudentlig
pristine ['prɪstaɪn] **1** forntida, ursprunglig, primitiv **2** ofördärvad, ren
priv. *förk. för private*
privacy ['prɪvəsɪ] avskildhet; privatliv
private ['praɪvɪt] **I** *a* **1** privat, privat-, personlig; enskild; ~ *affair* privatsak, privat angelägenhet; ~ *enterprise a)* privat företagsamhet, *b)* kapitalism; ~ *eye (i sht AE. vard.)* privatdetektiv; ~ *hotel* pensionat; ~ *individual* enskild person; ~ *means* privatförmögenhet; ~ *member* [parlaments]ledamot *(som ej är minister)*; ~ *secretary* privatsekreterare; ~ *soldier* menig [soldat]; *act in a* ~ *capacity* agera som privatperson; *sell by* ~ *contract* sälja under hand; *with* ~ *entrance* med egen ingång **2** avskild; undangömd; ensam; privat, hemlig, sluten; dold; ~ *parts* könsdelar; *this is for your* ~ *ear!* det här får stanna oss emellan!; *they wanted to be* ~ de ville vara ensamma (för sig själva); *keep s.th.* ~ hemlighålla ngt **II** *s* **1** *mil.* menig **2** ~*s (pl)* könsdelar **privateer** [,praɪvə'tɪə] **1** kapare, kaparfartyg **2** kapare, kaparkapten
privately ['praɪvɪtlɪ] *adv* privat; enskilt; personligt; ~ *owned* privatägd
privation [praɪ'veɪʃn] umbärande[n], försakelse
privet ['prɪvɪt] *bot.* liguster
privilege ['prɪvɪlɪdʒ] **I** *s* **1** privilegium; företrädesrätt; förmån; ensamrätt **2** *parl.* immunitet **II** *v* **1** privilegiera **2** undanta
privy ['prɪvɪ] **I** *a* **1** ~ *to* invigd (delaktig) i **2** *P~ Council (ung.)* kungens (drottningens) stora råd, riksrådet; *P~ Councillor (ung.)* medlem av kungens (drottningens) stora råd, geheimeråd; ~ *purse* civillista; *Lord P~ Seal* lordsigillbevarare *(minister utan portfölj)* **II** *s* **1** *jur.* intresserad part **2** [ute]dass
1 prize [praɪz] **I** *s* **1** pris; belöning; premium; premie; *no* ~*s for guessing it (vard.)* det är jättelätt att gissa det **2** [lotteri]vinst **3** eftersträvat mål **4** pris, uppbringat fartyg **II** *a* pris-; prisbelönt *(essay* essä); ~ *idiot* jubelidiot; ~ *money* pris|pengar, -summa; ~ *trophy* segertrofé
2 prize [praɪz] värdera högt, uppskatta
3 prize [praɪz] *se prise*
prize-fight ['praɪzfaɪt] proffsboxningsmatch **prize-fighter** [-,faɪtə] proffsboxare **prize-giving** [-,gɪvɪŋ] *skol.* premieutdelning **prize list** [-lɪst] vinstlista **prize ring** [-rɪŋ] proffsboxnings|arena, -ring **prize winner** [-,wɪnə] pristagare
1 pro [prəʊ] **I** *adv o. prep* för, pro **II** *s* **1** *the* ~*s and cons* skälen för och emot **2** ~*s (pl)* personer som röstar för
2 pro [prəʊ] *vard. (förk. för professional)* proffs
P.R.O. *förk. för Public Record Office; public relations officer*
pro- [prəʊ] pro-; ~*-American* pro-amerikansk
prob|ability [,prɒbə'bɪlətɪ] sannolikhet *(äv. mat.)*; probabilitet; möjlighet; *the* ~ *of* sannolikheten för, *in all* ~ med all sannolikhet **-able** ['prɒbəbl] **I** *a* sannolik, trolig; probabel **II** *s* sannolik deltagare (kandidat, vinnare *etc.*) **-ably** ['prɒbəblɪ] *adv* sannolikt, troligen, troligtvis, antagligen, förmodligen
probate ['prəʊbeɪt] **I** *s, jur.* **1** testamentsbevakning; styrkt testamente **II** *v, AE.* styrka *(a will* ett testamente)
probation [prə'beɪʃn] **1** *jur.* skyddstillsyn; övervakning; *be out on* ~ vara villkorligt frigiven; *be put on* ~ bli dömd till skyddstillsyn, få villkorlig dom **2** prov|tid, -tjänstgöring **3** prövning **probationary** [-(ə)rɪ] prov-, prövo- **probationer** [-ə] **1** [sjuksköterske]elev **2** *jur.* villkorligt frigiven [person] **probation officer** *jur.* övervakare
probe [prəʊb] **I** *s* **1** *med., tekn.* sond; *space* ~ rymdsond **2** [offentlig] undersökning *(into* av) **II** *v* **1** sondera *(äv. bildl.)*; bildl. *äv.* utforska, noga undersöka; tränga in **2** sondera terrängen, göra undersökningar; ~ *into* forska (gräva) i, tränga in i
probity ['prəʊbətɪ] redlighet, redbarhet, rättskaffenhet
problem ['prɒbləm] problem; *have a weight* ~ ha problem med vikten **problematic[al]** [,prɒblə'mætɪk(l)] problematisk, tvivelaktig
proboscis [prə(ʊ)'bɒsɪs] snabel
proc. *förk. för procedure; proceedings; process*
procedural [prə'siːdʒər(ə)l] procedur-, procedurmässig **procedure** [prə'siːdʒə] procedur *(äv. jur.)*, förfarande, tillvägagångssätt
proceed [prə'siːd] **1** fortsätta; gå (fara, köra) vidare, gå framåt; ~ *with one's work* fortsätta [med] sitt arbete **2** fortgå, fortskrida, pågå **3** utgå, härröra, komma *(from* från) **4** *jur.*, ~ *against* vidtaga lagliga åtgärder mot **5** förfara, gå till väga **proceeding** [-ɪŋ] **1** förfarande, tillvägagångssätt, handlingssätt; procedur **2** ~*s (pl)* förhandlingar; *[legal]* ~*s* domstols-, rättegångs|-förhandlingar; *institute (start, take) legal* ~*s against* vidtaga lagliga åtgärder mot **3** ~*s (pl)* [mötes]protokoll **proceeds** ['prəʊsiːdz] *pl* avkastning, intäkter
process ['prəʊses] **I** *s* **1** process; *tekn. äv.* metod; förlopp, fortgång; procedur; *in the* ~ samtidigt, på samma gång; *in* ~ *of construction* under byggnad; *in* ~ *of time* med tiden; *be in the* ~ *of doing s.th.* hålla på att göra ngt **2** *jur.* process, rättegång; stämning **II** *v* **1** *tekn.* bearbeta, förädla; behandla *(äv. data.)*; preparera; ~*ed cheese* smältost **2** *jur.* stämma, väcka åtal mot **-ing** [-ɪŋ] *tekn., data.* behandling
procession [prə'seʃn] procession, [fest]tåg **-al** [-'seʃənl] processions-
processor ['prəʊsesə] *data.* centralenhet; dator
proclaim [prə'kleɪm] **1** tillkännage, proklamera, kungöra; [låta] utropa **2** avslöja, vittna om **proclamation** [,prɒklə'meɪʃn] tillkännagivande, proklamation, kungörelse
proclivity [prə'klɪvətɪ] benägenhet, böjelse *(for* för*)*
procrasti|nate [prə(ʊ)'kræstɪneɪt] förhala, fördröja **-nation** [-,kræstɪ'neɪʃn] förhalning **-nator** [-'kræstɪneɪtə] förhalare
procre|ate ['prəʊkrɪeɪt] alstra, avla **-ation** [,prəʊkrɪ'eɪʃn] alster; avlande
proctor ['prɒktə] *univ.* examensvakt; ordningsvakt
procuration [,prɒkjʊ(ə)'reɪʃn] **1** anskaffande **2** *jur.* fullmakt, prokura; *by (per)* ~ per prokura **3** koppleri **procurator** ['prɒkjʊ(ə)reɪtə] *hist.* prokurator **procurator fiscal** *Sk.* allmän åklagare
procure [prə'kjʊə] **1** [an]skaffa, skaffa fram,

förvärva **2** bedriva koppleri **procurer** [prə'kjʊərə] **1** anskaffare **2** kopplare **prod** [prɒd] **I** v **1** sticka [till], stöta (knuffa) till; *bildl.* sporra, driva på **II** s **1** stöt, knuff; *bildl.* påstötning **2** spets
prod. *förk. för produce*[d]; *product*
prodigal ['prɒdɪgl] **I** a slösaktig (*of* med); frikostig (*of* med); *the ~ son* (*bibl.*) den förlorade sonen **II** s slösare **-ity** [ˌprɒdɪ'gælətɪ] slösaktighet, frikostighet
prodigious [prə'dɪdʒəs] **1** ofantlig, oerhörd, enorm; fantastisk, häpnadsväckande **-gy** ['prɒdɪdʒɪ] under[verk]; vidunder; [*infant*] ~ underbarn
produce I s ['prɒdjuːs] **1** produkt[er] **2** produktion; avkastning, behållning; resultat **II** v [prə'djuːs] **1** producera, tillverka, framställa; göra, skapa; alstra, frambringa, åstadkomma, framkalla; leda till; ge, avkasta, bära **2** ta (dra, få, lägga, skaffa, trolla) fram, komma med, visa upp (fram) **3** *film.* producera, spela in; *teat.* regissera, sätta upp, uppföra **4** *geom.* förlänga **producer** [prə'djuːsə] **1** producent, tillverkare, fabrikant **2** *teat., BE.* regissör; *AE.* teaterchef; *film., radio., TV.* producent **producer gas** gengas **producer goods** *pl* produktions-, kapital|varor
product ['prɒdʌkt] produkt (*äv. mat.*), alster, vara **production** [prə'dʌkʃn] **1** produktion, tillverkning, framställning, frambringande **2** framställda varor, produkt, alster; (*författares, konstnärs*) produktion, samlade verk **3** *teat., BE.* regi, iscensättning, uppsättning; *film.* inspelning, produktion; *make a ~ of* (*vard.*) göra stort väsen av, ställa till en scen om **4** fram-, upp|visande; framläggande; *on* ~ *of* mot uppvisande av **productive** [prə'dʌktɪv] **1** produktiv; fruktbar, givande, lönande; *be ~ of* frambringa, alstra **2** produktions- **productivity** [ˌprɒdʌk'tɪvətɪ] produktivitet; fruktbarhet; produktionsförmåga
proem ['prəʊem] företal, inledning
prof [prɒf] *vard.* profet (*professor*)
Prof. *förk. för Professor*
profanation [ˌprɒfə'neɪʃn] profanering, profanation, vanhelgande **profane** [prə'feɪn] **I** a **1** profan, världslig **2** hädisk, vanvördig; *use* ~ *language* häda, använda svordomar **II** v vanhelga, profanera **profanity** [prə'fænətɪ] **1** hädelse[r]; svordomar **2** världslighet
profess [prə'fes] **1** förklara; uttrycka; tillkännage; påstå (förklara) sig ha; ge sig ut för (*to be a good driver* att vara en bra bilförare), låtsas, förege; ~ *o.s. satisfied* förklara sig nöjd **2** bekänna sig till (*a faith* en tro) **professed** [-t] **1** erkänd, deklarerad **2** föregiven, låtsad, påstådd **3** *be a ~ Christian* bekänna sig till den kristna tron **-edly** [-ɪdlɪ] *adv* **1** enligt uppgift, som det påstås **2** det måste erkännas
profession [prə'feʃn] **1** yrke (*i sht inom undervisning, medicin el. juridik*); *the medical* ~ läkaryrket; *by* ~ till yrket **2** bedyrande, högtidlig försäkring, förklaring; ~ *of faith* trosbekännelse; ~ *of love* kärleksförklaring **-al** [prə'feʃənl] **I** a yrkes-, yrkesmässig; yrkesverksam; fackmässig; professionell; högutbildad; välsituerad; ~ *job*

fackmässigt (professionellt) arbete; ~ *life* yrkesliv; *take* ~ *advice* ta råd från en fackman; *turn* (*go*) ~ bli professionell (proffs) **II** s **1** yrkesman, fackman; proffs, professionell **-alism** [prə'feʃnəlɪz(ə)m] yrkesmässighet; professionalism **-ally** [prə'feʃnəlɪ] *adv* till yrket; yrkesmässigt; professionellt
professor [prə'fesə] **1** professor (*of* i); *AE. äv.* [universitets]lärare **2** bekännare **professorial** [ˌprɒfɪ'sɔːrɪəl] professors- **professorship** [prə'fesəʃɪp] professur
proffer ['prɒfə] **I** v, *litt.* erbjuda, framräcka **II** s erbjudande, framräckande
proficiency [prə'fɪʃnsɪ] skicklighet, kunnighet, färdighet (*in, at* i) **-cient** skicklig, kunnig (*in, at* i)
profile ['prəʊfaɪl] **I** s **1** profil (*äv. bildl.*); kontur, siluett; *keep a low* ~ ligga lågt, hålla en låg profil **2** kort levnadsteckning, porträtt **II** v **1** avbilda i profil; profilera **2** porträttera
profit ['prɒfɪt] **I** a **1** vinst, förtjänst; avkastning; profit; *at a* ~ med förtjänst; ~ *and loss account* vinst- och förlustkonto; *make a* ~ *of 10%* göra en vinst (förtjänst) på 10%; *yield a* ~ ge vinst (avkastning) **2** fördel, nytta, profit; *derive* ~ *from* dra fördel (nytta) av **II** v **1** ~ *from* (*by*) dra (ha) nytta (fördel) av, utnyttja, begagna sig av, profitera på **profitable** [-əbl] **1** lönande, lönsam, vinstgivande **2** nyttig; fruktbar **profiteer** [ˌprɒfɪ'tɪə] **I** s profitör, profitjägare **II** v skaffa sig oskälig vinst **profiteering** [ˌprɒfɪ'tɪərɪŋ] profiterande; ocker **profit-making** ['prɒfɪtˌmeɪkɪŋ] *a o. s* vinstskapande **profit-sharing** ['prɒfɪtˌʃeərɪŋ] vinstandelssystem
profligacy ['prɒflɪgəsɪ] **1** slöseri **2** utsvävande liv, lastbarhet **-gate** [-gət] **I** a **1** slösaktig (*of* med), hänsynslös **2** utsvävande, lastbar **II** s **1** slösare **2** utsvävande människa
profound [prə'faʊnd] djup; djupsinnig, djupgående, genomgripande, grundlig **-fundity** [-'fʌndətɪ] djup; djup|sinnighet, -sinne; grundlighet
profuse [prə'fjuːs] **1** överflödande, ymnig, riklig **2** översvallande **-fusion** [-'fjuːʒn] **1** överflöd, stor mängd, ymnighet, rikedom **2** slöseri
prog. *förk. för programme; progress; progressive*
progenitor [prə(ʊ)'dʒenɪtə] stamfader; *bildl.* föregångare **progeny** ['prɒdʒənɪ] avkomma; *bildl.* resultat
prognosis [prɒg'nəʊsɪs] (*pl -ses* [-siːz]) prognos **prognostic** [-'nɒstɪk] prognostisk **prognosticate** [-'nɒstɪkeɪt] **1** förutsäga, prognos[tis]era, ställa prognos **2** förebåda **prognostication** [-ˌnɒstɪ'keɪʃn] **1** förutsägelse, prognos **2** förebud, varsel
program ['prəʊgræm] **I** s *data.* program **2** *AE.*, *se programme* **I**; dagordning **II** v **1** *data.* programmera **2** *AE.*, *se programme* **II**
programme ['prəʊgræm] **I** s **1** program **2** kurs-, studie|plan **II** v göra upp ett program för, programmera **programme music** [-ˌmjuːzɪk] programmusik **programmer** [-ə] programmerare **programming language** [-ɪŋˌlæŋgwɪdʒ] *data.* program[merings]språk
progress I s ['prəʊgres] **1** framsteg, framåtskridande; utveckling; *be in* ~ pågå, hålla på, vara i

progression—proof

(på) gång, vara under arbete; *make* ~ göra framsteg **2** färd, gång, framfart **II** *v* [prə(ʊ)'gres] **1** röra sig framåt; gå framåt, avancera; göra framsteg **2** gå vidare, övergå (*to* till) **progression** [prə(ʊ)'greʃn] **1** framfart, fortgång, framåtskridande; övergång **2** *an endless* ~ *of* en oändlig rad av **3** *mat.* progression, talföljd **progressive** [prə(ʊ)'gresɪv] **I** *a* **1** progressiv, framstegsvänlig (*policy* politik) **2** progressiv, gradvis stigande (tilltagande), jämnt [till]växande, fortskridande; ~ *tax system* progressivt skattesystem **3** framåt|-gående, -skridande **4** *språkv.*, *in the* ~ *form* (*tense*) i progressiv (pågående) form **II** *s* **1** framstegsman, reformivrare **2** *språkv.*, *in the* ~ i progressiv (pågående) form
prohibit [prə'hɪbɪt] **1** förbjuda (*s.b. from doing s.th.* ngn att göra ngt) **2** förhindra; hindra (*s.b. from doing s.th.* ngn [från] att göra ngt) **prohibition** [ˌprəʊɪ'bɪʃn] förbud (*on* mot); *P*~ förbudstiden (*i USA*) **prohibitionist** [ˌprəʊɪ'bɪʃnɪst] förbuds|anhängare, -ivrare **prohibi|tive, -tory** [prə'hɪbɪ|tɪv, -t(ə)rɪ] prohibitiv; hindrande; förbuds-; ~ *price* avskräckande (oöverkomligt) pris
project I *v* [prə'dʒekt] **1** planlägga; planera; projektera **2** projicera (*äv. mat.*); rikta (*a beam* en stråle); ~ *a film onto a wall* projicera en film på en vägg; ~ *o.s. into a different time* förflytta sig till en annan tid **3** kasta, slunga; kasta (slunga) ut; skjuta ut, avskjuta **4** låta framträda, framställa **5** beräkna **6** ~ *one's voice* låta rösten bära **7** skjuta (sticka) ut **II** *s* ['prɒdʒekt] **1** plan, förslag, projekt **2** *skol.* arbetsuppgift, specialarbete
projectile [prə(ʊ)'dʒektaɪl; *AE.* prə'dʒektəl] **I** *a* kast-, driv-, framdrivande; ~ *force* drivkraft **II** *s* projektil
projec|tion [prə'dʒekʃn] **1** planläggning; planering; projektering **2** projektion (*äv. mat.*); projicering; filmbild **3** utskjutande, utkastande, utslungande **4** beräkning, uppskattning **5** utsprång, framskjutande (utskjutande) del **-tor** [-tə] **1** [*film, cine*] ~ projektor, projektionsapparat **2** planläggare
prolapse ['prəʊlæps] *med.* framfall
prole [prəʊl] *sl., i sht BE.* proletär
proletarian [ˌprəʊlɪ'teərɪən] **I** *a* proletär[-] **II** *s* proletär **proletariat** [-t] proletariat
pro|liferate [prə(ʊ)'lɪfəreɪt] växa (föröka sig, sprida sig) snabbt **-liferation** [-ˌlɪfə'reɪʃn] förökning; spridning
prolific [prə(ʊ)'lɪfɪk] fruktsam; produktiv
prolix ['prəʊlɪks] lång|tråkig, -dragen, -randig; mångordig **-ity** [prə(ʊ)'lɪksətɪ] lång|tråkighet, -randighet; mångordighet
prolog *AE*, **prologue** *BE*. ['prəʊlɒg] **I** *s* prolog; inledning **II** *v* inleda med prolog
pro|long [prə(ʊ)'lɒŋ] förlänga, prolongera **-longation** [ˌprəʊlɒŋ'geɪʃn] förlängning, prolongation
prom [prɒm] *vard.* **1** *BE.* promenadkoncert **2** *AE.* skol-, student|bal
prom. *förk. för promontory*
promenade [ˌprɒmə'nɑːd] **I** *s* **1** promenad **2** *i sht BE.* promenad|plats, -sträk **3** bal **II** *v* **1** promenera **2** promenera på **promenade concert** [-ˌkɒnsət] promenadkonsert **promenader** [-ə] promenerande [person], flanör

promi|nence ['prɒmɪnəns] **1** bemärkthet; framskjuten ställning (plats); *come into* ~ träda i förgrunden **2** utskjutande del, utsprång **-nent** [-nənt] **1** fram-, ut|skjutande, utstående **2** iögonenfallande, framträdande **3** framstående, prominent; berömd
promiscu|ity [ˌprɒmɪ'skjuːətɪ] **1** promiskuitet **2** röra, blandning **-ous** [prə'mɪskjʊəs] **1** promiskuös **2** oordnad, rörig; blandad **3** planlös
promise ['prɒmɪs] **I** *s* löfte (*of* om); *a man of* ~ en lovande man; *under a* ~ *of* med löfte om; *hold* ~ *of* inge löfte om; *make a* ~ ge ett löfte; *show* ~ se lovande ut, vara lovande **II** *v* **1** lova; utlova; *as* ~*d* som utlovat[s]; ~ *well* se lovande ut; *the P*~*d Land* (*bibl., bildl.*) det förlovade landet; *be* ~*d s.th.* vara lovad (ha fått löfte om) ngt **2** lova, ge löfte om, förebåda **promising** [-ɪŋ] lovande; löftesrik
promissory ['prɒmɪsərɪ] löftes-; ~ *note* skuld|sedel, -förbindelse, revers
promontory ['prɒməntrɪ] hög udde
pro|mote [prə'məʊt] **1** befordra, upphöja; *skol., sport.* flytta upp **2** främja, gynna, befordra; marknadsföra, göra reklam för **3** vara promotor för **-moter** [-'məʊtə] **1** främjare, gynnare, [under]stödjare **2** promotor **-motion** [-'məʊʃn] **1** befordran, upphöjelse, avancemang; *skol., sport.* uppflyttning **2** främjande, gynnande, befordran; marknadsföring; reklamkampanj **-motional** [-'məʊʃənl] marknadsförings-, reklam-
prompt [prɒm(p)t] **I** *a* **1** omgående, omedelbar, snabb; prompt **2** punktlig **II** *adv* på slaget, precis, exakt **III** *s* **1** betalningstid; betalningspåminnelse **2** sufflering, sufflörviskning **IV** *v* **1** framkalla; föranleda, förmå; väcka **2** sufflera **3** driva på, mana
prompt-box ['prɒm(p)tbɒks] sufflörlucka **prompter** [-ə] **1** sufflör, sufflös **2** anstiftare, tillskyndare **prompting** [-ɪŋ] **1** övertalning, påstötning[ar] **2** sufflering; *the* ~ *of conscience* samvetets röst **promptitude** [-ɪtjuːd] snabbhet, skyndsamhet
promul|gate ['prɒmlgeɪt] **1** kungöra; utfärda; promulgera **2** förkunna; sprida **-gation** [ˌprɒml'geɪʃn] **1** kungörande; utfärdande; promulgation **2** förkunnande; spridning
pron. *förk. för pronoun*
prone [prəʊn] **1** benägen, fallen (*to* för); *be* ~ *to* (*äv.*) ha en benägenhet att (tendens till) **2** framstupa, raklång; utsträckt **3** sluttande, lutande
prong [prɒŋ] **I** *s* (*på gaffel e.d.*) klo, spets; udd, tand; (*på kratta*) pinne **II** *v* spetsa på gaffel
pronominal [prə(ʊ)'nɒmɪnl] pronominell **pronoun** ['prəʊnaʊn] pronomen
pro|nounce [prə'naʊns] **1** uttala **2** [högtidligt] förklara, deklarera; *I now* ~ *you man and wife* härmed förklarar jag er för äkta makar **3** avkunna, fälla (*a verdict* en dom) **4** uttala sig (*on* om) **-nounced** [-'naʊnst] **1** uttalad **2** tydlig, markerad, uttalad **-nouncement** [-'naʊnsmənt] [högtidligt] förklaring, uttalande, deklaration
pronto ['prɒntəʊ] *AE. vard.* på stubinen, på momangen
pronunciation [prəˌnʌnsɪ'eɪʃn] uttal
proof [pruːf] **I** *s* **1** bevis; bevis|medel, -föring; *as (in)* ~ *of* som (till) bevis på (för); *this is* ~ *that*

detta är beviset på att; *give (show)* ~ *of s.th.* bevisa ngt, leda ngt i bevis **2** prov; *put to the* ~ pröva, sätta på prov; *the* ~ *of the pudding is in the eating (ung.)* man kan inte bedöma det förrän man har prövat det **3** *boktr.* korrektur; prov|-tryck, -avdrag **4** *(alkohols)* normalstyrka *(ca 50 volymprocent alkohol)* **II** *a* **1** motståndskraftig; ogenomtränglig; oemottaglig; ~ *against bullets* skottsäker; ~ *against heat* värmebeständig; ~ *against water* vattentät; *be* ~ *against s.th. (bildl.)* vara immun mot (inte låta sig påverkas av) ngt **2** *(om alkohol)* av normalstyrka **III** *v* **1** impregnera **2** göra ett [korrektur]avdrag av, dra korrektur på **3** korrekturläsa
-proof [pru:f] *i sms.* -tät, -beständig, -tålig, -säker
proof|read ['pru:fri:d] korrekturläsa, läsa korrektur [på] **-reader** [-,ri:də] korrekturläsare
1 prop [prɒp] **I** *s* stöd, stötta *(äv. bildl.)* **II** *v* **1** stötta, stödja *(on* mot, i); luta, stödja *(against* mot); ~ *up a)* palla upp (under), sätta stöttor under, *b)* bildl. [under]stödja, stötta
2 prop [prɒp] *vard.* propeller
3 prop [prɒp] *teat.* rekvisita
prop. *förk. för proper[ly]; property; proposition; proprietor*
propaedeutic [,prəʊpi:'dju:tɪk] **I** *a* propedeutisk **II** *s*, ~*s (pl)* propedeutik
propagan|da [,prɒpə'gændə] propaganda **-dist** [-dɪst] propagandist **-dize** *(BE. äv. -dise)* bedriva propaganda [för], propagera [för]
propa|gate ['prɒpəgeɪt] **1** sprida, propagera [för] **2** föröka *(plants* växter) **3** fortplanta (föröka, sprida) sig **-gation** [,prɒpə'geɪʃn] fortplantning, förökning, spridning **-gator** ['prɒpəgeɪtə] propagandist; spridare
propel [prə'pel] framdriva, driva [fram]; ~*ling force* drivkraft; ~*ling pencil* stift-, skruv|penna
propellant [-ənt] *se propellent II* **propellent** [-ənt] **I** *a* [fram]drivande, driv- **II** *s* drivkraft; drivmedel; drivladdning; *(i aerosol)* drivgas **propeller** [-ə] propeller **propeller shaft** kardanaxel; propelleraxel
propensity [prə'pensətɪ] benägenhet; böjelse
proper ['prɒpə] **1** verklig, riktig; egentlig; ~ *fraction* egentligt bråk; *he is not a* ~ *teacher* han är ingen riktig lärare; *in the* ~ *sense of the word* i ordets egentliga betydelse; *the deed* ~ själva dådet; *Stockholm* ~ det egentliga Stockholm **2** rätt, riktig; lämplig, passande; anständig; korrekt *(behaviour* uppträdande); *the* ~ *thing to do* det rätta (lämpligaste) att göra; *in the* ~ *way* på rätt sätt, riktigt; *it's not* ~ *for her to* det passar sig inte för henne att **3** *vard.* riktig *(fool* idiot), ordentlig; *we got a* ~ *beating* vi fick ordentligt med stryk **4** ~ *to* typisk för **5** *språkv.*, ~ *noun (name)* egennamn **-ly** [-lɪ] *adv* **1** egentligen, i egentlig mening **2** rätt, riktigt; lämpligt, passande; anständigt, ordentligt; korrekt; *behave* ~ uppföra sig ordentligt **3** *vard.* verkligen, riktigt, ordentligt *(fed up with* trött på)
propertied ['prɒpətɪd] besutten; *the* ~ *classes* de besuttna klasserna
proper|ty ['prɒpətɪ] **1** egendom; tillhörigheter, ägodelar; förmögenhet; *personal* ~ lösöre; *real* ~ fast egendom **2** fastighet, egendom **3** egenskap **4** *jur.* ägande[rätt] **5** *teat.*, *-ties (pl)* rekvisita **pro-**

-proof—prosaic

-perty man *teat.* rekvisitör **property tax** förmögenhetsskatt **property owner** [-,əʊnə] fastighetsägare
proph|ecy ['prɒfɪsɪ] profetia; förutsägelse **-esy** [-ɪsaɪ] profetera; förutsäga
prophet ['prɒfɪt] **1** profet; siare, spåman **2** förkämpe, talesman **-ess** [-ɪs] profetissa; sierska, spåkvinna **-ic** [prə'fetɪk] profetisk
prophy|lactic [,prɒfɪ'læktɪk] **I** *a*, *med.* profylaktisk, förebyggande, skyddande **II** *s* **1** profylaktiskt medel **2** *i sht AE.* kondom **-laxis** [-'læksɪs] profylax
propinquity [prə'pɪŋkwətɪ] **1** närhet **2** nära släktskap
propi|tiate [prə'pɪʃɪeɪt] blidka; försona **-tiation** [-,pɪʃɪ'eɪʃn] blidkande; försoning **-tiatory** [-'pɪʃɪət(ə)rɪ] blidkande; försonande
propitious [prə'pɪʃəs] **1** fördelaktig, gynnsam **2** välvillig, nådig
propjet ['prɒpdʒet] turboprop
proponent [prə(ʊ)'pəʊnənt] [under]stödjare *(av förslag)*
propor|tion [prə'pɔ:ʃn] **I** *s* **1** proportion, förhållande; ~*s (pl, äv.)* dimensioner, mått; *sense of* ~ känsla för proportioner; *in* ~ *as* i samma mån som; *in* ~ *to (with)* i proportion (förhållande) till; *be out of [all]* ~ inte stå i [rimlig] proportion till **2** [an]del; *the* ~ *of women* hur andelen kvinnor som; *a large* ~ *of* en stor del av **3** *mat.* reguladetri **II** *v* avpassa, proportionera *(to* efter) **-tional** [-ʃənl] proportionell; ~ *representation* proportionellt valsätt, proportionalism **-tionally** [-ʃnlɪ] *adv* proportionellt; förhållandevis; i proportion, i motsvarande grad **-tionate** [-ʃnət] proportionell *(to* mot); proportionerlig, väl avpassad
proposal [prə'pəʊzl] **1** förslag *(for* till, *om)* **2** ~ *[of marriage]* frieri, giftermålsanbud **propose** [-'pəʊz] **1** föreslå; ~ *a toast to s.b.* föreslå en skål för **2** lägga fram, framställa **3** ämna, avse, tänka **4** fria **5** *man* ~*s, God disposes* människan spår, men Gud rår **proposer** [-'pəʊzə] förslagsställare **proposition** [,prɒpə'zɪʃn] **I** *s* **1** påstående **2** förslag **3** *mat.* sats, proposition; *filos.* sats **4** *vard.* affär, sak, grej; person, typ; *a tough* ~ en besvärlig grej **II** *v* komma med skamliga förslag till
propound [prə'paʊnd] föreslå, lägga fram
propr. *förk. för proprietor*
proprietary [prə'praɪət(ə)rɪ] **I** *a* **1** ägande-, ägar-; privatägd **2** *med.* patentskyddad, patent- **II** *s* **1** patentskyddad medicin **2** ägare **3** äganderätt; egendom **proprietor** [-tə] ägare, innehavare **proprietress** [-trɪs] ägarinna, innehavarinna **propriety** [-tɪ] **1** anständighet, konvenans; skick; *the -eties (pl)* anständighet, dekorum; *sense of* ~ anständighetskänsla **2** korrekthet; riktighet, lämplighet
propul|sion [prə'pʌlʃn] framdrivande, drivkraft; *jet* ~ jetdrift **-sive** [-sɪv] framdrivande, driv-
pro rata [,prəʊ'rɑ:tə] pro rata, proportionsvis, efter sin del
prorate [prəʊ'reɪt] *AE.* fördela proportionellt
pro|rogation [,prəʊrə'geɪʃn] ajournering **-rogue** [prə'rəʊg] ajournera [sig]
prosaic [prə(ʊ)'zeɪɪk] **1** prosaisk, vardaglig **2**

prosaisk, prosa-
proscenium [prə(ʊ)'siːnjəm] *teat.* proscenium
pro|scribe [prə(ʊ)'skraɪb] **1** förbjuda; fördöma **2** proskribera, landsförvisa **-scription** [-'skrɪpʃn] **1** förbud; fördömande **2** proskription, landsförvisning
prose [prəʊz] **1** prosa **2** *i sht BE. skol.* översättning *(t. främmande språk)*
prosecute ['prɒsɪkjuːt] **1** väcka åtal **2** åtala; *trespassers will be ~d* överträdelse beivras **3** bedriva, utöva; fortsätta med; fullfölja **prosecution** [ˌprɒsɪ'kjuːʃn] **1** åtal; *the ~* åklagarsidan, kärandesidan; *witness for the ~* åklagarvittne **2** bedrivande, utövande; fullföljande **prosecution witness** [-ˌwɪtnɪs] åklagarvittne **prosecutor** ['prɒsɪkjuːtə] kärande; åklagare; *public ~* allmän åklagare
proselyte ['prɒsɪlaɪt] proselyt
prosody ['prɒsədɪ] **1** verslära **2** prosodi
prospect I *s* ['prɒspekt] **1** utsikt[er], chans *(of* till), förespegling *(of* om); *~s (pl, äv.)* framtidsutsikter, möjligheter **2** utsikt, vy; sceneri **3** eventuell kund (köpare); projekt (förslag) att satsa på **4** prospekteringsställe; [malm]fyndighet **II** *v* [prə'spekt] **1** prospektera **2** *~ for* prospektera (leta) efter *(oil* olja)
prospective [prə'spektɪv] blivande; framtida, kommande; antaglig, sannolik; *~ buyer* spekulant, intresserad (eventuell) köpare **prospector** [prə'spektə] prospekterare, malm-, olje|letare, guldgrävare
prospectus [prə'spektəs] prospekt, broschyr
prosper ['prɒspə] blomstra, gå bra, ha framgång, lyckas **-ity** [prɒ'sperətɪ] framgång, medgång; blomstring; välstånd **-ous** ['prɒsp(ə)rəs] blomstrande; framgångsrik, välmående
prostate [gland] ['prɒsteɪt(glænd)] *anat.* prostata, blåshalskörtel
prosti|tute ['prɒstɪtjuːt] **I** *s* prostituerad **II** *v* prostituera *(o.s.* sig) **-tution** [ˌprɒstɪ'tjuːʃn] prostitution
pros|trate I *a* ['prɒstreɪt] **1** framstupa, liggande på magen **2** *bildl.* slagen, nedbruten; slut, utmattad; hjälplös **II** *v* [prɒ'streɪt] **1** slå till marken; *lie ~d* ligga utsträckt (framstupa) **2** *~ o.s.* kasta sig till marken, falla [ner] på knä *(before s.b.* för ngn) **3** göra hjälplös; utmatta; *be ~d* vara utmattad (helt slut, nedbruten) **-tration** [prɒ'streɪʃn] **1** nedfallande [på knä] **2** *bildl.* förnedring, förödmjukande **3** utmattning; nedbrutenhet
prosy ['prəʊzɪ] [lång]tråkig, trögläst
Prot. *förk. för Protectorate; Protestant*
protagonist [prə(ʊ)'tægənɪst] **1** huvudperson **2** förkämpe
protean [prəʊ'tiːən] skiftande; mångsidig
pro|tect [prə'tekt] skydda *(against, from* för, mot), beskydda **-tection** [-'tekʃn] **1** skydd *(against, from* för, mot); beskydd; protektion **2** tullskydd; protektionism **3** *vard.*, *~ [money]* beskyddarpengar *(t. gangsterorganisation)* **-tective** [-'tektɪv] **1** skyddande, skydds-; *~ clothing* skyddskläder; *~ coloration (biol.)* skyddsfärg **2** beskyddande *(towards* mot), beskyddar- **-tector** [-'tektə] **1** beskyddare **2** *hist.* protektor, riksföreståndare, regent [under kungs minderårighet] **-tectorate** [-'tekt(ə)rət] protektorat **-tectress** [-'tektrɪs] beskyddarinna
proté|gé, *fem.* **-gée** ['prəʊteʒeɪ] skyddsling, protegé
protein ['prəʊtiːn] *kem.* protein
pro tem[pore] [ˌprəʊ'tem(pərɪ)] *lat.* **I** *adv* för tillfället, tills vidare **II** *a* tillförordnad
protest I *s* ['prəʊtest] protest; *in ~ at* i protest mot; *make (enter, lodge) a ~ against* avge (lägga in) [en] protest mot **II** *a* protest-; *~ march* protestmarsch **III** *v* [prə'test] **1** protestera *(about, against* mot) **2** bedyra, försäkra **3** *AE.* protestera mot
Protestant ['prɒtɪst(ə)nt] **I** *s* protestant **II** *a* protestantisk **-ism** [-ɪz(ə)m] protestantism[en]
protestation [ˌprəʊte'steɪʃn] **1** försäkran, bedyrande **2** protest
protocol ['prəʊtəkɒl] protokoll, etikettsregler
proton ['prəʊtɒn] *fys.* proton
protoplasm ['prəʊtə(ʊ)plæz(ə)m] *biol.* protoplasma
prototype ['prəʊtə(ʊ)taɪp] prototyp, urtyp, urbild *(of* för) **protozoan** [ˌprəʊtə(ʊ)'zəʊən] *zool.* protozo, urdjur
protract [prə'trækt] förhala, dra ut på; utsträcka, förlänga **protracted** [-kɪd] utdragen, förlängd **protraction** [-kʃn] förhalning; utsträckning, förlängning **protractor** [-ktə] gradskiva
pro|trude [prə'truːd] **1** skjuta (sticka) fram (ut) **2** stå ut, sticka fram **-truding** [-'truːdɪŋ] ut-, fram|skjutande, utstående **-trusion** [-'truːʒn] **1** fram-, ut|skjutande del, utsprång **2** fram|skjutande, -stickande **-trusive** [-'truːsɪv] *se protruding*
protuber|ance [prə'tjuːb(ə)r(ə)ns] utbuktning; bula, knöl, utväxt **-ant** [-(ə)nt] fram-, ut|skjutande, utbuktande, utstående
proud [praʊd] **I** *a* **1** stolt *(of* över); högfärdig, högmodig; *it was a ~ day for him* det var en stor dag för honom **2** ståtlig **3** *~ flesh* död-, svall|kött **II** *adv*, *do s.b. ~ a)* bjuda ngn storstilat, bulla upp för ngn, *b)* hedra ngn
prov. *förk. för province; provincial; provisional*
prove [pruːv] *(perf. part ~d el. ~n)* **1** bevisa; visa; *he has ~d himself reliable* han har visat sig vara pålitlig; *~ o.s.* visa vad man kan **2** *jur.* bevaka *(a will* ett testamente) **3** *~ [to be]* visa sig vara; *it ~d [to be] true* det visade sig vara sant **proven** [-n] **I** *v* **1** *perf. part. av prove* **2** *Sk. jur., not ~* icke bevisat **II** *a* beprövad *(method* metod); prövad
provenance ['prɒvənəns] ursprung[sort]; fyndplats
provender ['prɒvɪndə] **1** foder *(för husdjur)* **2** mat, foder
provenience [prə'vɪːnjəns] = *provenance*
proverb ['prɒvɜːb] **1** ordspråk; *[the Book of] P~s (bibl.)* Ordspråksboken **2** typexempel; *he is a ~ for ignorance* hans okunnighet är legendarisk **-ial** [prə'vɜːbjəl] **1** ordspråks|artad, -liknande, ordspråks- **2** legandarisk
provide [prə'vaɪd] **1** förse, utrusta, hålla; leverera [till]; [an]skaffa, ställa till förfogande, förmedla, ordna med, sörja (stå) för; ge, lämna; *~ s.b. with s.th.*, *~ s.th. for s.b.* förse (utrusta, hålla) ngn med ngt, skaffa (ge) ngn ngt, leverera ngt till ngn; *~ o.s. with* förse sig med, skaffa sig; *they must ~ their own cups* de måste ta med sig

koppar själva **2** föreskriva, stadga **3** ~ *against a)* vidta[ga] åtgärder mot, skydda sig mot, *b)* förhindra, skydda mot, *c)* förbjuda; ~ *for a)* vidta[ga] åtgärder för, förbereda sig på, *b)* sörja (svara) för, försörja, *c)* tillgodose **provided** [-ɪd] *konj,* ~ *[that]* förutsatt att, [om] bara, såvida
provi|dence ['prɒvɪd(ə)ns] försyn **-dent** [-d(ə)nt] **1** förutseende, förtänksam **2** sparsam **3** ~ *fund* understödskassa **-dential** [‚prɒvɪ'denʃl] lyckosam, turlig, skickad av försynen
providing [prə'vaɪdɪŋ] *konj,* ~ *[that]* förutsatt att, [om] bara, såvida
province ['prɒvɪns] **1** provins; landskap **2** *the* ~*s (pl)* lands|orten, -bygden **3** [verksamhets-, kompetens]område
provincial [prə'vɪnʃl] **I** *a* **1** provins-; provinsiell, landskaps-, landsorts- **2** provinsiell, landsortsmässig, lantlig **II** *s* landsortsbo **-ism** [prə'vɪnʃəlɪz(ə)m] **1** provinsialism **2** lantlighet, småstadsaktighet
provision [prə'vɪʒn] **I** *s* **1** tillhandahållande, anskaffande *(of* av); försörjning **2** förberedelse, [förberedande] åtgärd; *make* ~ *for* vidtaga åtgärder för **3** ~*s (pl)* livsmedel[sförråd], livsförnödenheter, proviant **4** villkor; bestämmelse, stadgande **II** *v* proviantera; *we were* ~*d with food* vi hade provianterat (försett oss med mat)
provisional [prə'vɪʒənl] provisorisk, tillfällig, övergångs-
provi|so [prə'vaɪzəʊ] förbehåll, reservation **-sory** [-z(ə)rɪ] **1** villkorlig **2** provisorisk
provocation [‚prɒvə'keɪʃn] **1** provokation, utmaning; *at the least* ~ vid minsta anledning **2** framkallande, [upp]väckande **provocative** [prə'vɒkətɪv] provokativ, provocerande, utmanande
pro|voke [prə'vəʊk] **1** provocera, utmana, reta **2** framkalla, [upp]väcka **-voking** [-'vəʊkɪŋ] provocerande; förarglig, retsam
provost ['prɒvəst] **1** *BE. univ.* rektor **2** *Sk.* borgmästare **provost marshal** [prə‚vəʊ'mɑː:ʃl] militärpolischef
prow [praʊ] *sjö.* [för]stäv, för, förskepp
prowess ['praʊɪs] **1** skicklighet **2** tapperhet, mannamod, bravur
prowl [praʊl] **I** *v* stryka omkring, vara ute på rov *(through the forest* i skogen); ~ *about (around)* vandra runt in, ströva omkring i **II** *s, be on the* ~ vara ute på jakt, stryka omkring *(for* efter)
prowl car ['praʊlkɑː:] *AE.* polis-, radio|bil
prowler ['praʊlə] kringstrykande man, tittare
prox. förk. för lat. proximo
proximity [prɒk'sɪmətɪ] närhet; *[with]in close* ~ i omedelbar närhet **proximo** ['prɒksɪməʊ] [i] nästkommande (nästa) månad
proxy ['prɒksɪ] ombud, representant, företrädare; ställföreträdare; fullmakt; *by* ~ genom ombud (fullmakt)
prs. förk. för pairs
prude [pruːd] pryd (sipp) person
pru|dence ['pruːdns] klokhet, välbetänkthet, försiktighet, förtänksamhet **-dent** [-dnt] klok, välbetänkt, försiktig, förtänksam
prud|ery ['pruːdərɪ] pryderi, prydhet **-ish** [-ɪʃ] pryd, sipp **-ishness** [-ɪʃnɪs] pryderi, prydhet
1 prune [pruːn] **1** sviskon; katrinplommon **2** *i sht*

BE. sl. tråkmåns; dumskalle
2 prune [pruːn] **1** beskära *(träd e.d.)* **2** *bildl.* skära ner; rensa *(of* från)
pruning ['pruːnɪŋ] beskärning **pruning hook** ['pruːnɪŋhʊk] sekatör, trädgårdssax
prurilence ['prʊərɪəns] liderlighet, lystenhet, lystnad **-ent** [-ənt] liderlig, lysten
Prussia ['prʌʃə] Preussen **Prussian** [-n] **I** *a* preussisk; ~ *blue* berlinerblått **II** *s* preussare
prussic ['prʌsɪk] *a,* ~ *acid* blåsyra
1 pry [praɪ] snoka *(into a p.'s affairs* i ngns affärer); ~ *about* snoka omkring (runt)
2 pry [praɪ] **1** bända *(open* upp; *loose* loss) **2** ~ *s.th. out of s.b.* lirka (locka) ur ngn ngt
prying ['praɪɪŋ] snokande, nyfiken
ps. förk. för pieces **P.S.** *förk. för Passenger Steamer; Police Sergeant; postscript; private secretary* **Ps.** *förk. för (bibl.) Psalm*
psalm [sɑː:m] **1** psalm *(i Psaltaren);* [*the Book of*] *P*~*s* Psaltaren **2** hymn, andlig sång
Psalter ['sɔːltə] *s, the* ~ Psaltaren **psaltery** [-rɪ] *mus.* psaltare
psephology [(p)se'fɒlədʒɪ] *polit.* [vetenskaplig] valanalys
pseud [(p)sjuːd] *vard.* skrytmåns, snobb, bluff, bluffmakare
pseudo ['(p)sjuːdəʊ] *a, vard.* låtsad, inte äkta
pseudo- pseudo-, kvasi-, oäkta, falsk, sken-
pseudo-event [‚(p)sjuːdəʊɪ'vent] pseudohändelse **pseudonym** ['(p)sjuːdənɪm] pseudonym **pseudonymous** [(p)sjuː'dɒnɪməs] pseudonym[-]; ~ *name* pseudonym
pseudo-scientific [‚(p)sjuːdəʊsaɪən'tɪfɪk] pseudo-, kvasi|vetenskaplig
pshaw [pʃɔː] *interj* äsch, ä
psittacosis [‚psɪtə'kəʊsɪs] *med.* psittakos, papegojsjuka
psoriasis [(p)sɒ'raɪəsɪs] *med.* psoriasis
P.S.T. *förk. för (AE.) Pacific Standard Time*
psych [saɪk] *vard.* **1** psykoanalysera **2** ~ *out* psyka **3** ~ *up* peppa upp
psyche ['saɪkɪ] **I** *s* psyke, själ, själsliv **II** *v* **1** *vard., se psych*
psychedelic [‚saɪkɪ'delɪk] psykedelisk
psychiatric[al] [‚saɪkɪ'ætrɪk(l)] psykiatrisk **psychiatrist** [saɪ'kaɪətrɪst] psykiater **psychiatry** [saɪ'kaɪətrɪ] psykiatri
psychic ['saɪkɪk] **I** *a* **1** psykisk, själslig **2** parapsykisk, övernaturlig; spiritistisk; *be* ~ ha ockult förmåga **II** *s* person med ockult förmåga
psycho ['saɪkəʊ] *sl.* **I** *s* psykopat **II** *a* psykopatisk
psycho|analyse [‚saɪkəʊ'ænəlaɪz] psykoanalysera **-analysis** [-ə'næləsɪs] psykoanalys **-analyst** [-'ænəlɪst] psykoanalytiker **-analytic[al]** ['saɪkəʊ‚ænə'lɪtɪk(l)] psykoanalytisk **-analyse** *BE.,* **-analyze** *AE.* [‚saɪkəʊ'ænəlaɪz] psykoanalysera
psycholinguistics [‚saɪkə(ʊ)lɪŋ'gwɪstɪks] *(behandlas som sg)* psykolingvistik, språkpsykologi
psychological [‚saɪkə'lɒdʒɪkl] psykologisk **psychologist** [saɪ'kɒlədʒɪst] psykolog **psychology** [saɪ'kɒlədʒɪ] psykologi; ~ *of perception* perceptions-, varseblivnings|psykologi
psychopath ['saɪkə(ʊ)pæθ] psykopat **psychopathic** [‚saɪkə(ʊ)'pæθɪk] psykopatisk
psycho|sis [saɪ'kəʊsɪs] *(pl -ses* [-siːz]*)* psykos

psychosomatic—pull

psychosomatic [ˌsaɪkə(ʊ)sə(ʊ)'mætɪk] psykosomatisk
psychotic [saɪ'kɒtɪk] psykotisk, mentalt störd
pt. *förk.* för part; patient; payment; pint; point; port; preterite **P.T.** *förk.* för physical therapy (training); postal telegraph; (förr) purchase tax
p.t. *förk.* för past tense; pro tem[pore] **P.T.A.** *förk.* för Parent-Teacher Association
ptarmigan ['tɑːmɪgən] *zool.* [fjäll]ripa
Pte. *förk.* för (mil.) private
pterodactyl [ˌ(p)terə(ʊ)'dæktɪl] *zool.* flygödla
ptisan [tɪ'zæn] örtte
P.T.O., p.t.o. *förk.* för please turn over vänd!
ptomaine poisoning [ˌtəʊmeɪn'pɔɪznɪŋ] matförgiftning
pub [pʌb] **I** *s* **1** *vard.* pub **2** *Austr.* hotell **II** *v, go ~bing* gå pubrond
pub. *förk.* för public; publication; published; publisher; publishing
pub-crawl ['pʌbkrɔːl] *sl., i sht BE.* **I** *s* pubrond **II** *v* göra en (gå) pubrond
puberty ['pjuːbətɪ] pubertet
pubes ['pjuːbiːz] (*pl lika*) **1** blygd **2** blygdhår
pubescent [pjuː'besnt] **1** pubertets-, puberterande **2** fjuntäckt
pubic ['pjuːbɪk] **1** blygd- **2** blygdbens- **pu|bis** [-bɪs] (*pl -bes* [-biːz]) blygdben
public ['pʌblɪk] **I** *a* **1** offentlig, allmän; statlig, stats-; folk; nationell; ~ *address system* högtalaranläggning (*för meddelanden t. en större publik*); ~ *assistance* socialhjälp; ~ *bar* (*på pub*) enklare avdelning; ~ *convenience* offentlig toalett, bekvämlighetsinrättning; ~ *debt* statsskuld; ~ *enemy* samhällsfiende; ~ *enterprise* statligt företag; *the* ~ *eye* i offentlighetens ljus; ~ *figure* offentlig person; ~ *health* folkhälsa; ~ *house a*) BE. pub, värdshus, krog, *b*) AE. värdshus, litet hotell; *be* ~ *knowledge* vara allmänt bekant; ~ *library* [offentligt] bibliotek; *cause a* ~ *nuisance* (*jur.*) uppträda störande på allmän plats, störa den allmänna ordningen; ~ *opinion* allmänna opinionen; ~ *opinion poll* opinionsundersökning; *under* ~ *ownership* i allmän ägo; ~ *places* offentliga platser; ~ *relations* public relations, PR; ~ *relations officer* PR-man; ~ *school* public school (*i England högre privat internatskola, i USA o. Austr. grundskola*); *the* ~ *sector* den offentliga sektorn; ~ *servant* ämbetsman, [stats]tjänsteman; ~ *spirit* samhällsanda; *make* ~ tillkännage, offentliggöra, göra allmänt bekant [] börsnoterad; ~ *company* börsnoterat företag; *go* ~ introduceras på börsen, bli börsnoterad **II** *s* allmänhet, publik; *the general* ~ den stora allmänheten; *in* ~ offentligt; *open to the* ~ öppen för allmänheten
publican ['pʌblɪkən] **1** *hist.* publikan **2** pubägare; värdshus-, krog|värd
publication [-'keɪʃn] **1** offentliggörande; kungörande **2** publicering, utgiv|ning, -ande; *year of* ~ utgivningsår, tryckår **3** publikation, skrift
publicist ['pʌblɪsɪst] publicist
publicity [pʌb'lɪsətɪ] **I** *s* publicitet; reklam **II** *a* publicitets-, reklam-; ~ *agent* PR-man **publi|-cize** (*BE. äv. -cise*) ['pʌblɪsaɪz] ge offentlighet åt, offentliggöra; göra reklam för
publicly ['pʌblɪklɪ] *adv* offentligt **public-spir-**

ited [ˌpʌblɪk'spɪrɪtɪd] som har (känner) samhällsansvar
publish ['pʌblɪʃ] **1** offentliggöra; kungöra; ~ *the banns* kungöra lysning **2** publicera, ge ut [i tryck]
publisher [-ə] [bok]förläggare; *AE.* [tidnings]utgivare; ~*s* (*pl, äv.*) bokförlag **publishing** [-ɪŋ] bokutgivning, förlagsverksamhet; förlagsbranschen **publishing company** bokförlag
puce [pjuːs] **I** *s* rödbrunt **II** *a* rödbrun
1 puck [pʌk] tomte[nisse]
2 puck [pʌk] (*i ishockey*) puck
pucker ['pʌkə] **I** *v* **1** rynka, vecka; dra (snörpa) ihop **2** rynka (vecka) sig; dra ihop sig **II** *s* veck, rynka; rynkning
puckish ['pʌkɪʃ] odygdig, skälmsk
pud [pʊd] *vard.*, *se pudding*
pudding ['pʊdɪŋ] pudding; efterrätt; *black* ~ blodpudding
puddle ['pʌdl] pöl, [vatten]puss
pudenda [pjuː'dendə] *pl* yttre könsorgan (*i sht kvinnliga*)
pudgy ['pʌdʒɪ] *se podgy*
puer|ile ['pjʊəraɪl] barnslig **-ility** [pjʊə'rɪlətɪ] barnslighet
Puerto Rico [ˌpwɜːtəʊ'riːkəʊ]
puff [pʌf] **I** *v* **1** blåsa; pusta (stöta) ut; ~ *out a*) blåsa ut, *b*) blåsa upp, *c*) burra upp, *d*) stöta fram (ut), *e*) trycka ut, *f*) *vard.* göra andfådd; ~ *up a*) blåsa upp, *b*) göra uppblåst, *c*) burra upp; ~*ed up* uppblåst, svällande; *be* (*get*) ~*ed up* bröstasig, vara uppblåst; ~*ed sleeve* puffärm **2** bolma **3** röka **3** pudra **4** göra [överdriven] reklam för, puffa för; ~ *up* driva (blåsa) upp (*pris*) **5** flåsa, flämta, pusta; tuffa, ånga; blåsa [i stötar] **6** bolma; ~ [*away*] *at* bolma på, röka **7** ~ [*up*] svälla [upp], svullna **II** *s* **1** pust; puff; drag, bloss; [rök]moln; andetag; flåsande (*etc., jfr I 5*); [svag] knall, puff; ~ *of wind* vind|pust, -stöt; *vanish in a* ~ *of smoke* gå upp i rök; *be out of* ~ (*vard.*) vara andfådd **2** [puder]vippa **3** (*på kläder*) puff **4** [överdriven] reklam **5** *kokk.*, [*cream*] ~ petitchou; ~ *pastry* smördeg **6** *sl.* bög
puff adder ['pʌfˌædə] *zool.* pufform **puffball** [-bɔːl] *bot.* röksvamp
puffin ['pʌfɪn] *zool.* lunnefågel
puff-puff [ˌpʌf'pʌf] *barnspr.* tuff-tuff-tåg
puffy ['pʌfɪ] **1** uppsvälld, svullen, pösig; korpulent; *bildl.* uppblåst, pompös **2** (*om vind*) byig **3** andfådd
pug [pʌg] mops; *sl.* boxer
pugi|lism ['pjuːdʒɪlɪz(ə)m] pugilism, boxning **-list** [-lɪst] pugilist, boxare
pugnacious [pʌg'neɪʃəs] stridslysten **pugnacity** [pʌg'næsətɪ] stridslystnad
pug-nosed ['pʌgnəʊzd] trubbnäst
puis|sance ['pjuːɪsns] *åld., poet.* makt **-sant** [-nt] *åld., poet.* mäktig
puke [pjuːk] *vard.* **I** *v* spy, kräkas **II** *s* **1** kräkning **2** spya
pukka ['pʌkə] (*i sht i Indien*) perfekt, förstklassig, prima; ~ *sahib* gentleman
pulchritude ['pʌlkrɪtjuːd] *litt.* skönhet
pule [pjuːl] gnälla, lipa
pull [pʊl] **I** *v* **1** dra, rycka, slita, dra (rycka, slita) i; hala; ~ *a curtain* dra för (ifrån) i en gardin; ~ *a p.'s ear*, ~ *s.b. by the ear* dra ngn i örat; ~ *faces*

göra grimaser; ~ *a p.'s leg* (*vard.*) driva med ngn; ~ *a muscle* sträcka en muskel; ~ *to pieces a*) rycka sönder, slita i stycken, *b*) *bildl.* göra ner; ~ *the strings* (*wires*) hålla (dra) i trådarna; ~ *the trigger* trycka av **2** dra ut (upp); plocka; ~ *a tooth* dra ut en tand **3** ro **4** tygla; hålla in, pulla (*tävlingshäst*); ~ *one's punches a*) hålla igen [på slagen], *b*) lägga band på sig, hejda sig **5** *vard.* greja, fixa, klara; göra, ordna, ställa till med; ~ *a fast one on s.b.* lura ngn **6** *vard.* haffa, ta; göra razzia i **7** *boktr.* göra avdrag av **8** dra; hala; ~ *at a*) dra (rycka, slita) i, *b*) blossa på, *c*) ta en klunk av; ~ *for* (*AE.*) hålla på; ~ *to the right* dra åt höger **9** köra **10** ro, styra; kunna ros **11** *vard.* dra [kunder] **12** ~ *apart a*) dra isär, plocka (rycka, slita) isär (sönder), *b*) *bildl.* göra ner; ~ *away a*) dra (rycka, ta) bort (undan), *b*) köra i väg; ~ *down a*) dra (rycka, slita) ner, *bildl.* störta, *b*) driva ner, sänka (*prices* priserna), *c*) trycka ner, förödmjuka, *d*) ta hårt på, göra matt, *e*) riva (*a house* ett hus), *f*) *AE. vard.* göra, tjäna, dra in; ~ *in a*) dra in (åt), hålla in (*a horse* en häst)), *bildl.* hejda, *b*) dra (*publik*), *c*) *vard.* kamma in, tjäna, *d*) köra (svänga) in, *e*) stanna, bromsa in; ~ *off a*) dra (riva, ta) bort (av), dra (ta) av sig, *b*) *vard.* göra, greja, fixa, klara, *c*) köra i väg; ~ *on* dra (ta) på [sig]; ~ *out a*) dra ut (upp), ta ur (fram, loss), *b*) dra sig bort (tillbaka), *c*) köra (ge sig) i väg, köra (svänga) ut; ~ *round* komma till medvetande; ~ *through a*) dra igenom, *b*) [lyckas] klara (rädda), *c*) klara sig, gå igenom; ~ *together a*) förena, svetsa ihop, *b*) samarbeta; ~ *o.s. together* ta sig samman (i kragen); ~ *up a*) dra (rycka) upp, *b*) rätta, tillrättavisa, *c*) stoppa, hejda, *d*) dra fram (*a chair* en stol), *e*) stanna, hejda sig, *f*) avancera; ~ *up to* (*with*) *s.b.* hinna ifatt ngn **II** *s* **1** tag; drag, dragning, ryck[ning]; dragningskraft (*äv. bildl.*); sim-, år|tag; rodd[tur]; *long* ~ stor ansträngning (strapats), lång och besvärlig väg; *give s.th. a* ~ dra (rycka, slita) i ngt **2** handtag **3** bloss, drag; klunk **4** *vard.* fördel; inflytande; *have* ~ *with s.th.* ha inflytande över ngt **5** *vard.* förbindelser, försänkningar **6** *boktr.* avdrag
pullback ['pʊlbæk] tillbakadragande
pullet ['pʊlɪt] unghöna, unghöns
pulley ['pʊlɪ] block; talja; remskiva
pull-in ['pʊlɪn] *BE.* [långtradar]kafé, rastställe
Pullman [car] ['pʊlmənkɑː] *järnv.* pullmanvagn
pull-out ['pʊlaʊt] utvikningsblad; löstagbar bilaga (*i tidskrift*) **pullover** [-,əʊvə] pullover
pulmonary ['pʌlmənərɪ] *med.* lung-
pulp [pʌlp] **I** *s* **1** [frukt]kött; märg (*i växt*) **2** mos, gröt; massa; [*wood*] ~ pappersmassa; *beat s.b. to a* ~ (*bildl.*) göra mos av ngn; *squash into a* ~ göra mos av, mosa **3** *anat.* pulpa **4** (*om böcker e.d.*) [billigt] skräp, smörja **II** *a* (*om böcker e.d.*) billig, skräp-, slask- **III** *v* **1** mosa **2** bli till mos
pulpit ['pʊlpɪt] predikstol
pulpwood ['pʌlpwʊd] massaved **pulpy** [-ɪ] lös, mjuk; köttig
pulsar ['pʌlsə] *astr.* pulsar
pul|sate [pʌl'seɪt] pulsera; slå, klappa; vibrera **-sation** [-'seɪʃn] **1** pulserande; (*hjärtas*) klappande **2** pulsslag
1 pulse [pʌls] **I** *s* **1** puls (*äv. elektr., mus., o. bildl.*); pulsslag; *take a p.'s* ~ ta pulsen på ngn; *have* (*keep*) *one's finger on the* ~ veta vad som är på gång **2** vibration[er], dunk[ande] **II** *v* pulsera (*äv. bildl.*); slå; vibrera
2 pulse [pʌls] baljfrukter (*bönor, ärter etc.*)
pulver|ization (*BE. -isation*) [,pʌlv(ə)raɪ'zeɪʃn] pulverisering **-ize** (*BE. äv. -ise*) ['pʌlvəraɪz] pulverisera; krossa, smula sönder (*äv. bildl.*)
puma ['pjuːmə] *zool.* puma
pumice ['pʌmɪs] **I** *s* pim(p)sten **II** *v* gnida med pim(p)sten **pumice stone** pim(p)sten
pummel ['pʌml] puckla på
1 pump [pʌmp] **I** *s* pump **II** *v* **1** pumpa (*äv. bildl.*); ~ [*up*] *a tyre* pumpa [upp] ett däck; ~ *a p.'s stomach* [*out*] magpumpa ngn; ~ *money into* pumpa in pengar i; ~ *s.b. full of bullets* pumpa ngn full med kulor; *be* ~*ed out* vara utpumpad (helt slut) **2** fråga ut, pumpa
2 pump [pʌmp] **1** gymnastiksko; balettsko **2** pumps
pumpernickel ['pʊmpənɪkl] pumpernickel
pumpkin ['pʌm(p)kɪn] *bot.* pumpa
pun [pʌn] **I** *s* ordlek, vits **II** *v* göra ordlekar, vitsa
Punch [pʌn(t)ʃ] *teat.* Kasper; ~ *and Judy* [*show*] kasperteater
1 punch [pʌn(t)ʃ] **I** *s* **1** puns, stans, stamp; hålslag; biljettång **2** stämpel **II** *v* **1** stansa (*holes in* hål i); slå hål i; klippa (*tickets* biljetter) **2** *data.* trycka på; ~ [*out*] knappa in
2 punch [pʌn(t)ʃ] **I** *s* **1** knytnävsslag; (*i boxning äv.*) punch; *pull* ~*es a*) hålla igen på slagen, *b*) lägga band på sig; *not pull* ~*es* inte lägga fingrarna emellan **2** *vard.* sting, snärt, kraft **II** *v* slå till, puckla på; ~ *s.b. on the nose* klippa till ngn
3 punch [pʌn(t)ʃ] (*slags*) toddy, (*varm*) bål
punch|bag (*i boxning*) sandsäck **-ball** (*i boxning*) boxboll
punchbowl ['pʌn(t)ʃbəʊl] bål (*skål*)
punch card ['pʌn(t)ʃkɑːd] hålkort
punch-drunk [,pʌntʃ'drʌŋk] **1** (*om boxare*) punch-drunk, omtöcknad **2** vimmelkantig
punched card [,pʌn(t)ʃt'kɑːd] hålkort
punched tape hålremsa
punching bag ['pʌn(t)ʃɪŋbæg] (*i boxning*) sandsäck
punch line ['pʌn(t)ʃlaɪn] slutkläm, poäng
punch-up ['pʌn(t)ʃʌp] *BE. vard.* råkurr, slagsmål **punchy** [-ɪ] *vard.* skarp, klar [och koncis]
punc|tilio [pʌŋ(k)'tɪlɪəʊ] **1** etikettssak **2** formalism, pedanteri **-tilious** [-'tɪlɪəs] etikettsbunden; formalistisk; pedantisk
punctual ['pʌŋ(k)tjʊəl] punktlig **-ity** [,pʌŋ(k)-tjʊ'ælətɪ] punktlighet
punctuate ['pʌŋ(k)tjʊeɪt] **1** interpunktera, sätta skiljetecken i **2** ideligen avbryta **punctuation** [,pʌŋ(k)tjʊ'eɪʃn] interpunktion **punctuation mark** skilje-, interpunktions|tecken
puncture ['pʌŋktʃə] **I** *s* punktering; stick; *med. äv.* punktion **II** *v* **1** punktera, sticka hål i (på) **2** få punktering på **3** *bildl.* knäcka, stuka, punktera; *be* ~*d* (*äv.*) ha fått ett knäck **4** få punktering
pundit ['pʌndɪt] *vard.* expert
pun|gency ['pʌndʒ(ə)nsɪ] **1** stickande lukt, skarp smak **2** *bildl.* skärpa **-gent** [-dʒ(ə)nt] **1** (*om lukt, smak*) skarp, stickande **2** skarp, bitande

Punic ['pju:nɪk] *a, the* ~ *Wars* puniska krigen
punish ['pʌnɪʃ] **1** straffa, bestraffa **2** *vard.* gå hårt åt, illa tilltyga **-able** [-əbl] straffbar **-ing** [-ɪŋ] allvarlig, förödande, förlamande, hård **-ment** [-mənt] **1** straff, bestraffning **2** *vard.* stryk; *take a lot of* ~ ta stryk, bli illa tilltygad
puni|tive ['pju:nətɪv], **-tory** [-t(ə)rɪ] straff-; ~ *expedition* straffexpedition
punk [pʌŋk] **I** *s* **1** strunt, skräp; värdelös person **2** punkare **3** ~ [*rock*] punk[rock] **4** smågangster, skurk **II** *a* **1** *vard.* värdelös **2** punk- **punk rocker** ['pʌŋk,rɒkə] punkare
punnet ['pʌnɪt] *i sht BE.* bärkorg; bärkartong
punster ['pʌnstə] vitsmakare
1 punt [pʌnt] **I** *s* punt (*båt som stakas fram*) **II** *v* staka sig fram (*in a punt* i en punt)
2 punt [pʌnt] *kortsp., i sht BE.* **I** *s* spel (*mot banken*); insats **II** *v* spela [hasard]; satsa
punter ['pʌntə] *BE. vard.* **1** [totalisator]spelare, vadhållare (*på hästkapplöpning*) **2** *the* ~*s* (*ung.*) uppdragsgivarna
puny ['pju:nɪ] liten, ynklig
pup [pʌp] **I** *s* **1** [hund]valp; (*djurs*) unge **2** *i sht BE. vard., young* ~ [snor]valp, ung spoling **3** *vard.* dåligt köp; *be sold a* ~ göra ett dåligt köp **II** *v* valpa; få ungar
pupa ['pju:pə] (*pl pupae* [-i:]) *zool.* puppa
1 pupil ['pju:pl] elev, lärjunge (*of* i, till)
2 pupil ['pju:pl] *anat.* pupill
puppet ['pʌpɪt] marionett, docka (*äv. bildl.*) **--show** marionetteater-, dockteater|föreställning
puppy ['pʌpɪ] **1** [hund]valp **2** *vard.* [snor]valp, spoling **puppy fat** tonårsfetma **puppy love** tonårsförälskelse
purblind ['pɜ:blaɪnd] **1** halvblind, skumögd **2** trög[tänkt]
purchasable ['pɜ:tʃəsəbl] **1** *be* ~ kunna köpas **2** mutbar **purchase** ['pɜ:tʃəs] **I** *s* **1** köp; inköp, uppköp; *jur.* förvärv **2** fäste, tag, grepp; *get* (*gain*) ~ *on s.th.* få tag (fäste) i *ngt* **3** inflytande; makt **II** *v* **1** köpa; köpa in (upp); *jur.* förvärva **2** tillkämpa sig **purchaser** [-ə] köpare; in-, upp|köpare **purchase tax** *BE.* omsättningsskatt
purchasing power [-ɪŋ,paʊə] köpkraft
pure [pjʊə] **1** ren; oblandad; äkta; renhjärtad, oskuldsfull; ~ *tone* ren ton; ~ *silk* helsiden; ~ *water* rent vatten **2** teoretisk (*biology* biologi); ~ *science* (*ung.*) grundforskning **3** ren, idel, total; *by* ~ *chance* av en ren tillfällighet; *it's* ~ *envy* det är rena avundsjukan; *it's a matter of malice,* ~ *and simple* det är en fråga om illvilja helt enkelt **-bred** ['pjʊəbred] **I** *a* (*om djur*) renrasig **II** *s* renrasigt djur
purée ['pjʊəreɪ] puré
pure|ly ['pjʊəlɪ] *adv* rent, helt och hållet, enbart **-ness** [-nɪs] renhet
purga|tive ['pɜ:gətɪv] *med.* **I** *a* laxerande **II** *s* laxativ, laxermedel **-torial** [,pɜ:gə'tɔ:rɪəl] skärselds- **-tory** ['pɜ:gət(ə)rɪ] skärseld (*äv. bildl.*)
purge [pɜ:dʒ] **I** *v* **1** rena (*of från*) **2** rensa ut (*extremists from a party* extremister ur ett parti) **3** laxera; ~ *the bowels* rensa magen, tömma tarmen **4** rentvå (*of från*); sona **II** *s* **1** rening **2** utrensning (*from a party* ur ett parti) **3** laxer-, avförings|medel

puri|fication [,pjʊərɪfɪ'keɪʃn] rening, renande; *the P~ of the Virgin Mary* kyndelsmässa **-fy** ['pjʊərɪfaɪ] **1** rena **2** renas
purist ['pjʊərɪst] purist
puritan ['pjʊərɪt(ə)n] (*relig. P~*) **I** *a* puritansk **II** *s* puritan **-ic[al]** [,pjʊərɪ'tænɪk(l)] puritansk
purity ['pjʊərətɪ] renhet
1 purl [pɜ:l] **I** *s* avig [maska] **II** *v* **1** knit one, ~ one sticka en rät och en avig **2** sticka avigt
2 purl [pɜ:l] **I** *v* sorla, porla **II** *s* sorl[ande], porlande
purler ['pɜ:lə] *vard.* kullerbytta; *come a* ~ slå en kullerbytta, stå på öronen
purlieus ['pɜ:lju:z] utkanter, yttre delar
purloin [pɜ:'lɔɪn] stjäla, knycka, snatta
purple ['pɜ:pl] **I** *s* **1** purpur[färg] **2** purpur|mantel, -dräkt; *the* ~ *a*) adeln, *b*) kardinalerna, biskoparna **II** *a* purpur-, purpurfärgad; blod-, ill|röd; *The P~ Heart* (*AE.*) purpurhjärtat (*medalj till dem som sårats i strid*); ~ *hearts* (*i sht BE., slags*) amfetamintabletter; ~ *passage* (*patch*) (*i bok e.d.*) svulstigt (högtravande) avsnitt; *turn* ~ *in the face* bli illröd (blodröd) i ansiktet **purplish** ['pɜ:plɪʃ] purpur-, röd|aktig
purport I *s* ['pɜ:pɔ:t] **1** innebörd, [ande]mening, innehåll **2** mening, avsikt **II** *v* [pə'pɔ:t] ge sig ut för, avse (*to be* att vara), påstå sig (*to be* vara)
purpose ['pɜ:pəs] **I** *s* ändamål; syfte, avsikt, mening (*of* med); föresats; mål; målmedvetenhet; *a woman of* ~ en målmedveten kvinna; *have a sense of* ~ vara målmedveten; *strength of* ~ beslutsamhet, viljestyrka; *on* ~ med avsikt (flit); *for* (*with*) *the* ~ *of killing* i avsikt (syfte) att döda, för att döda; *for all practical* ~*s* i praktiken; *to the* ~ hörande till saken, relevant, ändamålsenlig, det rätta; *to no* ~ till ingen nytta, förgäves, utan resultat; *to good* ~ med gott resultat; *to little* ~ till föga nytta; *novel with a* ~ tendensroman; *answer* (*serve*) *a p.'s* ~ tjäna (passa) ngns syfte[n]; *what was your* ~ *in doing this?* vad var ditt syfte (ville du) med det här? **II** *v* ha för avsikt, tänka, ämna **--built** specialbyggd **-ful** [-f(ʊ)l] målmedveten **-less** [-lɪs] meningslös **-ly** [-lɪ] *adv* avsiktligt, med avsikt (flit)
purposive ['pɜ:pəsɪv] **1** målmedveten **2** meningsfull, ändamålsenlig
purr [pɜ:] **I** *v* (*om katt, motor e.d.*) spinna; (*om pers. äv.*) mumla **II** *s* (*katts, motors*) spinnande
purse [pɜ:s] **I** *s* **1** portmonnä, börs; [penning]-pung; tillgångar, resurser **2** *AE.* handväska **3** prissumma, [penning]pris **II** *v*, ~ [*up*] snörpa på, pluta med
purser ['pɜ:sə] *sjö., flyg.* purser
purse strings ['pɜ:sstrɪŋz] *pl, hold* (*control*) *the* ~ ha hand om kassan; *loosen the* ~ lätta på pungen
pursuance [pə'sjʊəns] fullföljande; utövande; *in* ~ *of a*) under fullföljande (utövande) av, *b*) i enlighet med **pursuant** [-t] *a, i sht jur.,* ~ *to* i enlighet med **pursue** [pə'sju:] **1** fullfölja; ägna sig åt, bedriva, utöva; fortsätta [med] **2** sträva efter, försöka uppnå, eftertrakta **3** förfölja, jaga **4** följa (*a plan* en plan) **5** gå in på (*a subject* ett ämne) **pursuer** [pə'sju:ə] förföljare **pursuit** [pə'sju:t] **1** förföljande, förföljelse (*of* av), jakt (*of* på); strävan (*of* efter); *in* ~ *of* på jakt efter **2** utö-

vande, bedrivande **3** sysselsättning; verksamhet
pursy ['pɜ:sɪ] **1** andfådd **2** *åld.* tjock, fet
puru|lence ['pjʊərʊləns], **-lency** [-lənsɪ] var
-lent [-lənt] varig, var-
purvey [pə'veɪ] leverera; framföra, överbringa
-or [-'ve(ɪ)ə] leverantör; ~ *to Her (His) Majesty
the Queen (King)* [kunglig] hovleverantör
purview ['pɜ:vju:] **1** räckvidd; [verknings]område **2** synvidd
pus [pʌs] var
push [pʊʃ] **I** *v* **1** skjuta; knuffa, stöta, knuffa
(stöta) till, puffa; driva, fösa, köra, tränga;
knuffa (skjuta) på, leda, dra; trycka på (*a button*
en knapp); ~ *a pram* dra en barnvagn; ~ *sprouts*
skjuta skott; ~ *one's way* tränga (knuffa) sig
fram; ~ *s.b. around* (*vard.*) köra med ngn; ~
aside a) skjuta (knuffa) bort (undan), *b*) tränga
undan, avfärda; ~ *over a*) skjuta över, *b*) knuffa
(slå) omkull; ~ *s.b. through an exam* hjälpa ngn
genom en examen **2** [försöka] driva (få) igenom;
arbeta (kämpa, göra reklam, puffa) för; framhärda i; ~ *s.th. through* driva igenom ngt **3** driva
(köra) på, driva, pressa, tvinga; ~ [*on*] driva på,
påskynda, forcera; ~ *s.th. on s.b.* tvinga (truga)
på ngn ngt; ~ *along* föra framåt, påskynda; *be
~ed for money* vara i penningknipa, ha ont om
pengar; *I'm a bit ~ed just now* (*vard.*) jag har lite
ont om pengar (tid) just nu; *that's ~ing it a bit!*
det är en aning överdrivet! **4** *vard.* närma sig; *he
must be ~ing 60* han måste närma sig de (vara
närmare) 60 **5** *vard.* langa; prångla ut **6** skjuta
(trycka) på; tränga sig [fram]; slå sig fram; knuffas; ~ *along* (*vard.*) sticka, kila i väg; ~ *for* arbeta
för, kräva, yrka på; ~ *forward* tränga [sig] fram;
~ *off a*) lägga ut, *b*) *vard.* sticka, kila i väg; ~ *on*
fortsätta, köra (gå) vidare; ~ *through* tränga sig
fram **II** *s* **1** knuff, stöt, puff; *give s.th. a* ~ *a*)
knuffa (stöta) till ngt, *b*) skjuta på ngt, ge ngt en
knuff; *give s.b. the* ~ (*vard.*) *a*) ge ngn sparken,
b) ge ngn på båten **2** ansträngning, krafttag;
kampanj **3** *mil.* framstöt, offensiv **4** *vard.* knipa,
kris; *at a* ~ om det kniper, i nödfall; *matters came
to a* ~ det blev kritiskt; *when it comes to the* ~ när
det verkligen gäller **5** *vard.* fart, energi, framåtanda **6** *vard.* försänkningar, kontakter **7** *sl.* gäng
push-bike ['pʊʃbaɪk] *BE. vard.* cykel, hoj **push
button** [-ˌbʌtn] *elektr.* tryckknapp **pushcart**
[-kɑ:t] *i sht AE.* [hand]kärra **pushchair** [-ˌtʃeə]
BE. sittvagn, sulky **pusher** [-ə] **1** *vard.* [knark]langare **2** *vard.* streber, gåpåare **3** (*barns*) påpetare **pushing** [-ɪŋ] **1** energisk, företagsam **2** påflugen, påträngande **pushover** [-ˌəʊvə] *vard.* **1**
lätt (enkel) sak (match) **2** lätt motståndare
push-up *AE.* armhävning **pushy** [-ɪ] *se pushing*
pusillanimity [ˌpju:sɪlə'nɪmətɪ] räddhåga, försagdhet **pusillanimous** [ˌpju:sɪ'lænɪməs] rädd,
räddhågad, försagd
1 puss [pʊs] **1** *vard.* kisse[katt, -miss]; *P~ in
Boots* Mästerkatten i stövlar **2** *vard.* jösse [hare]
3 *sl.* brud
2 puss [pʊs] *sl.* nia, fejs
1 pussy ['pʊsɪ] *vard.* kisse[katt, -miss]; *bot.*
[sälg]kisse
2 pussy ['pʊsɪ] *vulg.* mus, fitta
pussycat ['pʊsɪkæt] *vard.* kisse[katt, -miss]
pussyfoot *vard.* gå som katten kring het gröt

pussy willow [-ˌwɪləʊ] *bot.* sälg
pustule ['pʌstju:l] *med.* varblåsa, blemma
put [pʊt] **I** *v* **1** sätta, ställa, lägga, hänga ([*in*]*to* i;
on på), fästa (*on* på); placera; stoppa, sticka;
kasta, slänga, skjuta; köra, sticka, stöta, jaga;
hälla, slå; ta; föra; [över]lämna; ~ *s.b. to do s.th.*
låta ngn göra ngt; *where do you want it* ~? var vill
du ha den någonstans?; ~ *stay* ~ stanna på plats
(där man *etc.* är), sitta (ligga *etc.*) [kvar]; ~ *land
into* (*under*) beså land med, sätta, plantera; ~
s.th. in a p.'s hands lämna ngt i ngns händer; ~
s.th. on s.b. lägga skulden för ngt på ngn; ~ *s.b.
through s.th.* låta ngn gå igenom ngt; ~ *o.s. to*
ägna sig åt, dra på (skaffa) sig; *be hard* ~ *to it* ha
det svårt; ~ *s.th. to a good use* använda ngt väl **2**
lägga ner; placera; hålla, satsa, sätta; ~ *money
into s.th.* sätta in (placera) pengar i ngt; ~ *money
on s.th.* satsa (sätta) pengar på ngt; ~ *a lot of time
into s.th.* lägga ner mycket tid på ngt **3** göra; försätta; förorsaka; ~ *s.b. in a good mood* få ngn på
gott humör, göra ngn glad; ~ *s.b. into a rage* göra
ngn rasande, försätta ngn i raseri; ~ *s.b. to great
expense* förorsaka (vålla) ngn stora utgifter **4**
skriva; sätta [ut]; rita; ~ *one's signature to* skriva
(sätta) sitt namn under, skriva under **5** översätta
(*into German* till tyska); ~ *into verse* sätta på vers
6 säga, uttrycka, formulera; [fram]ställa; rikta; ~
s.th. before (*to*) *s.b.* lägga fram ngt för ngn; ~ *a
question to s.b.* ställa en fråga till ngn; *as he
would* ~ *it* som han skulle säga (uttrycka) det **7**
uppskatta; [be]räkna; ~ *a value of...to s.th.* beräkna ngts värde till...; ~ *s.b. amongst s.th.* räkna
ngn bland (till) ngt; *I* ~ *A above B* jag uppskattar
A mer än B **8** *sport.* stöta **9** *sjö.* gå, löpa, styra;
~ *to sea* sticka till sjöss **10** mynna, rinna ut **11** ~
about a) sprida [ut], *b*) oroa, besvära, reta, *c*) *sjö.*
vända [med]; ~ *across a*) sätta (forsla, köra)
över, *b*) *vard.* greja, klara [av], *c*) *vard.* få (föra)
fram, förmedla, *d*) *vard.* väcka intresse för; ~ *it
(one) across s.b.* (*vard.*) lura ngn; ~ *aside a*) lägga
undan (*äv. bildl.*), lägga åt sidan (bort), *b*) slå
bort, ge upp, glömma; ~ *away a*) lägga undan
(*äv. bildl.*), plocka (städa, skaffa) bort (undan),
ställa (lägga) in, *b*) *vard.* sätta i sig, *c*) *vard.* låsa
in (spärra) in, *d*) ge upp, sluta med, *e*) undanröja,
avliva, *f*) pantsätta; ~ *back a*) lägga tillbaka,
ställa, vrida, flytta) tillbaka, *b*) hålla tillbaka, *c*)
försena, *d*) skjuta upp, *e*) *sjö.* gå tillbaka; ~ *by
a*) lägga undan (*äv. bildl.*), *b*) undvika, kringgå,
förbigå; ~ *down a*) lägga (ställa) ner (ifrån sig),
släppa, *b*) fälla (falla) ihop (ner), stänga, *c*) släppa
av, *d*) landa [med], *e*) förödmjuka, få tyst på,
sätta stopp för, slå ner, undertrycka, *f*) betala
av med, förinta, avliva, *g*) skriva (föra, sätta)
upp, anteckna, anmäla, framlägga, *h*) lägga upp,
lagra, *i*) minska, *j*) anse, betrakta, uppskatta; ~
down to skylla på (tillskrivas); ~ *forth a*) skjuta
[knopp], *b*) uppbjuda, *c*) framställa, påstå,
d) publicera; ~ *forward a*) lägga fram, komma
med, presentera, nominera, föreslå, *b*) vrida
(ställa, flytta) fram; ~ *in a*) lägga (sätta, ställa,
lämna, stoppa, packa, ta) in, *b*) bygga in, installera, *c*) lägga [ner], *d*) avverka, fördriva, tillbringa, hinna med, *e*) lämna [in], ge in, komma
[in] med, *f*) skjuta in, tillägga, *g*) *sjö.* gå (löpa)
in; ~ *in for* ansöka (lägga in) om, yrka på, söka,

putative—Q.M.G.

anmäla sig till; ~ *inside* (*vard.*) bura (spärra) in; ~ *off a*) lägga bort (av), *b*) ta av [sig], *c*) släppa av, kasta ut, *d*) stänga av, *e*) säga (skicka) återbud till, *f*) skjuta upp, *g*) avfärda, avspisa, *h*) avråda, hindra, *i*) förvirra, distrahera, *j*) stöta, få att tappa lusten, *k*) *sjö.* lägga ut; ~ *on a*) lägga (sätta) på, *b*) ta på [sig], *c*) anta[ga], anlägga, *d*) låtsa[s], spela, hyckla, *e*) ordna, ge, spela, visa, iscensätta, *f*) ställa (vrida) fram, *g*) sätta på (i gång), *h*) lägga på, öka, sätta upp, *i*) sätta in, *j*) dra åt, *k*) driva med; ~ *it on* (*vard.*) göra sig till, spela, överdriva, skryta; ~ *on weight* gå upp i vikt, lägga på hullet; *will you ~ me on to number...* var snäll och koppla mig till (kan jag få) [nummer]...; ~ *s.b.* on to *s.th.* tipsa ngn om ngt; ~ *out a*) lägga (ställa, sätta, räcka, sträcka, hänga, sticka, sända) ut (fram), sätta upp, *b*) kasta (slänga, tränga, slå) ut, *c*) skjuta (*knopp*), *d*) släppa ut, sprida, tillkännage, *e*) visa, ge, *f*) producera, ge [ut], *g*) släcka, stänga av, *h*) bedöva, knocka, *i*) förvirra, göra konfys, störa, *j*) stöta, förarga, reta, *k*) vara besvärlig för, vålla besvär, *l*) vrida ur led, *m*) förfalska, *n*) ta till, uppbjuda, *o*) placera, investera, *p*) låna ut, *q*) *sjö.* sticka ut (till sjöss); ~ *s.b.* out *of the way* röja ngn ur vägen; *be ~ out* vara förargad (indignerad, stött); ~ *over a*) *se put across,* *b*) *AE.* skjuta upp; ~ *through a*) få igenom, genomföra, klara av, *b*) låta gå igenom, *c*) hjälpa igenom, *d*) *tel.* koppla [in]; ~ *together a*) lägga (sätta, ställa, foga) ihop (samman), montera, *b*) samla ihop; ~ *up a*) sätta (ställa, lägga, hänga) upp, *b*) räcka (sträcka) upp, lyfta, skjuta uppåt, *c*) fälla (slå) upp, *d*) hissa, *e*) uppföra, resa, slå (ställa) upp, bygga, *f*) sända (skjuta) upp, *g*) höja, öka, driva upp, *h*) lägga fram, framföra, föreslå, uppställa, nominera, *i*) utbjuda, saluföra, *j*) göra, prestera, bjuda på, *k*) hitta på, planera, koka ihop, *l*) ta emot, inkvartera, inhysa, *m*) skaffa fram, satsa, betala, *n*) lägga (ställa) undan, förvara, *o*) lägga (koka) in, konservera, *p*) slå (packa) in, *q*) jaga (skrämma) upp, *r*) ta in (*at a hotel* på hotell), bo, övernatta (*with s.b.* hos ngn), *s*) ställa upp, kandidera; ~ *s.b.* up *to s.th. a*) tala om ngt för ngn, sätta ngn in i (lära ngn) ngt, *b*) förleda ngn till ngt; ~ *up with* finna sig i, acceptera, stå ut med; ~*'em up!* (*vard.*) upp med händerna!; ~ *upon* utnyttja; *I won't be ~ upon by him* jag låter honom inte sätta sig på (utnyttja, lura) mig **II** *s*, *sport.* stöt, kast
putative ['pju:tətɪv] förmodad, förment
put|-down ['pʊtdaʊn] *vard.* avsnäsning, avsnoppning **-off** *i sht AE.* förevändning; undanflykt
putre|faction [,pju:trɪ'fækʃn] förruttnelse; röta **-fy** ['pju:trɪfaɪ] ruttna
putres|cence [pju:'tresns] förruttnelse **-cent** [-nt] ruttnande; rutten
putrid ['pju:trɪd] **1** rutten (*äv. bildl.*), skämd **2** äcklig, vidrig **3** *vard.* urusel
putsch [pʊtʃ] [stats]kupp
putt [pʌt] *golf.* **I** *v* putta **II** *s* putt
puttee ['pʌtɪ] benlinda
putter ['pʌtə] *golf.* putter **putting green** [-ɪŋgri:n] *golf.* putting green, inslagsplats
putty ['pʌtɪ] **I** *s* kitt; spackel; *he's ~ in her hands* han är som vax i hennes händer **II** *v* kitta; spackla
put-up ['pʊtʌp] *a, it was a ~ job* det var fixat (avgjort) i förväg
puzzle ['pʌzl] **I** *s* **1** gåta; problem, huvudbry **2** förvirring, bryderi, förlägenhet **3** pussel **II** *v* **1** förbrylla; *look ~d* se förbryllad (frågande) ut; ~ *one's head about* bry sin hjärna med **2** ~ *out* fundera (lura) ut **3** grubbla, fundera (*about, over* över, på), bry sin hjärna (*about, over* med)
puzzlement [-mənt] förvirring, bryderi **puzzling** [-ɪŋ] förbryllande, gåtfull
PVC *förk. för polyvinyl chloride* **Pvt.** *mil. förk. för private* **pw** *förk. för per week* **P.W.D.** *förk. för Public Works Department* **pwt[.]** *förk. för pennyweight* **P.X.** *mil. förk. för Post Exchange*
pygmy ['pɪɡmɪ] **1** *P~* (*folk*) pygmé **2** pygmé, dvärg; nolla
pyja|ma [pə'dʒɑ:mə] *a* pyjamas-; ~ *trousers* pyjamasbyxor **-mas** [-məz] *pl* pyjamas; *a pair of ~* en pyjamas
pylon ['paɪlən] **1** [radio]mast, kraftledningsstolpe **2** *arkit.* pylon
pyorrhoea [,paɪə'rɪə] *med.* varflytning
pyramid ['pɪrəmɪd] pyramid **pyramidal** [pɪ'ræmɪdl] pyramid-; pyramidliknande
pyre ['paɪə] [lik]bål
Pyre|nean [,pɪrə'ni:ən] pyreneisk **-nees** [-'ni:z] *pl, the ~* Pyreneerna
pyrite ['paɪraɪt], **pyrites** [paɪ'raɪti:z] *kem.* pyrit, svavelkis
pyroma|nia [,paɪərəʊ'meɪnɪə] pyromani **-niac** [-nɪək] pyroman
pyrotech|nic[al] [,paɪərə(ʊ)'teknɪk(l)] pyroteknisk; ~ *display* fyrverkeri **-nics** [-nɪks] (*behandlas som sg el. pl*) **1** pyroteknik, fyrverkerikonst **2** fyrverkeri (*äv. bildl.*)
Pyrrhic ['pɪrɪk] pyrrhisk; ~ *victory* pyrrusseger
Pythagoras [paɪ'θæɡəræs]
python ['paɪθn] *zool.* pytonorm
pyx [pɪks] *kyrkl.* oblatskrin

Q, q [kju:] (*bokstav*) Q, q
Q. *förk. för quartermaster; quarto; Quebec; Queen; question* **q.** *förk. för quart; quarter[ly]; query; question; quire* **Q.B.** *förk. för Queen's Bench* **Q.C.** *förk. för Queen's Counsel* **q.e.** *förk. för quod est* (*lat.*) *which is* dvs. **Q.E.D.** *förk. för quod erat demonstrandum* (*lat.*) *which was to be shown* (*proved*) v.s.b., vilket skulle bevisas **Q.F.** *förk. för quick-firing* [*rifle*] **Qld.** *förk. för Queensland* **Q.M.** *förk. för Quartermaster* **Q.M.G.** *förk. för Quartermaster General*

Q.M.S. *förk. för* Quartermaster Sergeant **qr.** *förk. för quarter*[*ly*]; *quire* **Q.S.** *förk. för Quarter Sessions* **qt.** *förk. för quart* **q.t.** *vard. förk. för quiet; on the q.t.* i hemlighet **qto.** *förk. för quarto* **qty.** *förk. för quantity* **qu.** *förk. för queen; query; question*
qua [kweɪ] *prep* såsom, i egenskap av
1 quack [kwæk] **I** *s* kvacksalvare; charlatan **II** *v* kvacksalva [med]
2 quack [kwæk] **I** *v* (*om anka o. bildl.*) snattra **II** *s* snatter
quackery ['kwækərɪ] kvacksalveri
quad [kwɒd] *vard. för quadrangle 2; quadruplet*
quad. *förk. för quadrangle; quadrant; quadrilateral*
Quadragesima [ˌkwɒdrəˈdʒesɪmə] *s*, ~ [*Sunday*] första söndagen i fastan
quadran|gle ['kwɒdræŋgl] **1** *geom.* fyrhörning; fyrkant **2** fyrkantig (kringbyggd) gård **-gular** [kwɒˈdræŋgjʊlə] fyrkantig
quadrant ['kwɒdr(ə)nt] *geom., sjö.* kvadrant
quadratic [kwɒˈdrætɪk] kvadratisk (*equation* ekvation)
quadrilateral [ˌkwɒdrɪˈlæt(ə)r(ə)l] **I** *s* fyrkant **II** *a* fyrkantig
quadrille [kwəˈdrɪl] kadrilj
quadrillion [kwɒˈdrɪljən] *mat.* kvadriljon (10^{24}); (*i USA o. Frankrike*) 1 000 biljoner (10^{15})
quadroon [kwɒˈdruːn] kvarteron (*barn till mulatt o. vit*)
quadruped ['kwɒdrʊped] **I** *s* fyrfotadjur, fyrfoting **II** *a* fyrfotad
quadruplet ['kwɒdrʊplɪt] fyrling
quaff [kwɒf] *åld.* klunka i sig, dricka i stora klunkar
quagmire ['kwægmaɪə] gungfly (*äv. bildl.*), moras
1 quail [kweɪl] *zool.* vaktel
2 quail [kweɪl] rygga tillbaka, tappa modet
quaint [kweɪnt] pittoresk, målerisk; [gammaldags] charmig; egendomlig, säregen
quake [kweɪk] **I** *v* skälva, skaka, darra **II** *s* **1** skälvning, skakning, darrning **2** skalv
Quaker ['kweɪkə] kväkare
quaking grass ['kweɪkɪŋɡrɑːs] *bot.* darrgräs
quali|fication [ˌkwɒlɪfɪˈkeɪʃn] **1** kvalifikation; kompetens, behörighet, lämplighet; egenskap, nödvändig förutsättning; examen, utbildning **2** förbehåll, inskränkning, modifiering **-fied** ['kwɒlɪfaɪd] **1** kvalificerad; kompetent, behörig, lämplig; utexaminerad, utbildad **2** förbehållsam, reserverad; *in a ~ sense* med reservation **-fier** ['kwɒlɪfaɪə] *språkv.* bestämning **-fy** ['kwɒlɪfaɪ] **1** kvalificera, göra behörig (kvalificerad), berättiga (*for till*) **2** modifiera, inskränka **3** *språkv.* bestämma, vara en bestämning till **4** beteckna, karakterisera, klassificera **5** kvalificera sig (*äv. sport.*); avlägga (ta) examen; *~ for* kvalificera sig för, vara berättigad till; *~ as a doctor* avlägga läkarexamen
qualitative ['kwɒlɪtətɪv] kvalitativ
quality ['kwɒlətɪ] **1** kvalitet; slag, art; beskaffenhet; *improvements in ~* kvalitetsförbättringar; *~ of life* livskvalitet **2** egenskap **3** kvalitets|tidning, -tidskrift **II** *a* kvalitets-; förstklassig
qualm [kwɑːm] **1** kväljningar, plötsligt illamående **2** betänklighet, skrupel; farhåga
quandary ['kwɒndərɪ] bryderi, dilemma
quanta ['kwɒntə] *pl av quantum*
quantify ['kwɒntɪfaɪ] kvantifiera
quantitative ['kwɒntɪtətɪv] kvantitativ, kvantitets- **quantity** [-ɪ] **1** kvantitet, mängd; kvantum; stor mängd **2** *mat., fys., bildl.* storhet; *an unknown ~ a*) *mat.* en obekant, *b*) *bildl.* ett oskrivet blad **3** *fonet., versl.* kvantitet **quantity surveyor** byggnads|ingenjör, -kalkylator
quan|tum ['kwɒntəm] (*pl -ta* [-tə]) **1** kvantum, [liten] mängd **2** *fys.* kvant **quantum theory** [-ˌθiːərɪ] *fys.* kvantteori
quar. *förk. för quarter*[*ly*]
quarantine ['kwɒr(ə)ntiːn] **I** *s* karantän **II** *v* hålla (förlägga) i karantän
quarrel ['kwɒr(ə)l] **I** *s* **1** gräl, träta; tvist; *pick a ~ with* söka (mucka) gräl med **2** invändning (*with* mot); *have no ~ with s.b.* (*äv.*) inte ha något otalt med ngn **II** *v* **1** gräla, träta; tvista **2** anmärka, klaga (*with* på) **-some** [-səm] grälsjuk
1 quarry ['kwɒrɪ] **I** *s* **1** stenbrott **2** *bildl.* informationskälla, guldgruva **II** *v* **1** bryta (*i stenbrott*) **2** bryta sten **3** *bildl.* forska, gräva
2 quarry ['kwɒrɪ] villebråd
quart [kwɔːt] quart (*mått för våta varor = 1/4 gallon, i England 1,136 l, i USA 0,946 l*)
quart. *förk. för quarter*[*ly*]
quarter ['kwɔːtə] **I** *s* **1** fjärdedel; *a ~ of a...* en fjärdedels (kvarts)...; *~* [*of an hour*] kvart[s timme]; *~* [*of a year*] kvartal; *a ~ to* (*AE.: of*) *four* [en] kvart i fyra; *a ~ past* (*AE.: after*) *four* en kvart över fyra; *by the ~* kvartalsvis; *not a ~ as good* inte på långt när lika bra; *divide s.th. into ~s* dela ngt i fyra delar **2** quarter (*rymdmått = 8 bushels = 290,95 l; viktmått = 1/4 cwt. = 28* (*i USA 25*) *pounds = 12,7* (*i USA 11,3*) *kg; viktmått = 1/4 pound = 113,4 g*) **3** *AE.* 25 cent **4** väderstreck; sida, håll; del, trakt; *from all ~s* från alla håll; *from a good ~* från säker källa; *in high ~s* på högre ort **5** kvarter, område; *slum ~* slumområde **6** *~s* (*pl*) logi, bostad; *i sht mil.* kvarter, förläggning **7** *sjö.* post; *general ~s!* klart skepp!; *take up one's ~s* ställa sig på sin post **8** *sjö.* akterskepp; *on the port* (*starboard*) *~* på babords (styrbords) låring **9** *mil.* pardon, nåd, förskoning **10** [mån]kvarter **11** *her.* kvarter **II** *v* **1** fyrdela, dela i fyra delar **2** *mil.* inkvartera, förlägga **3** (*om jakthund*) genomleta
quarter|deck ['kwɔːtədek] *sjö.* akter-, halv|däck **-final** [-ˌfaɪnl] *sport.* kvartsfinal **-ly** [-lɪ] **I** *a* kvartals-; fjärdedels- **II** *adv* kvartalsvis, en gång i kvartalet **III** *s* kvartalstidskrift
quartermaster ['kwɔːtəˌmɑːstə] **1** *mil.* kvartermästare; intendent **2** *sjö.* [roder]styrman **quartermaster general** *mil.* generalintendent **quartermaster sergeant** *mil.* furir
quarter note ['kwɔːtənəʊt] *AE., mus.* fjärdedelsnot
quartet[te] [kwɔːˈtet] kvartett
quartile ['kwɔːtaɪl] *stat.* kvartil
quarto ['kwɔːtəʊ] *boktr.* [bok] i fyra kvartsformat
quartz [kwɔːts] *miner.* kvarts **quartz watch** kvarts|ur, -klocka
quasar ['kweɪzɑː] *astr.* kvasar
quash [kwɒʃ] **1** *jur.* ogiltigförklara, upphäva **2**

undertrycka

quasi- ['kweɪzaɪ] kvasi-, sken- **-stellar** [-ˌstelə] *a*, ~ *object* kvasistellärt objekt

quatrain ['kwɒtreɪn] *versl.* fyrradig strof

quaver ['kweɪvə] **I** *v* **1** darra, skälva **2** *mus.* tremulera **II** *s* **1** darrning, skälvning **2** *mus.* tremulering **3** *mus.* åttondelsnot

quay [kiː] kaj **-age** ['kiːɪdʒ] kajavgift **-side** ['kiːsaɪd] kajkant

Que. *förk. för Quebec*

queasy ['kwiːzɪ] **1** illamående; kväljande **2** obehaglig, oroande

Quebec [kwɪ'bek]

queen [kwiːn] **I** *s* **1** drottning (*äv. bildl.*); schack. *äv.* dam; *kortsp.* dam; *beauty* ~ skönhetsdrottning; ~ *of spades* spaderdam; ~*'s English* standardengelska **2** *vard.* bög, homofil **II** *v* **1** *schack.*, ~ *a pawn* förvandla en bonde till drottning **2** *vard.*, ~ *it* spela översittare (*over* mot) **queen bee** ['kwiːnbiː] bidrottning, vise **queen consort** kungs gemål **queen dowager** änkedrottning **queenlike** drottninglik **queenly** [-lɪ] *a* **1** drottninglik **2** drottning- **queen mother** drottningmoder

Queensland ['kwiːnzlənd]

queer [kwɪə] **I** *a* **1** underlig, egendomlig, konstig; *vard.* knasig, knäpp, konstig; *in* ~ *street* (*vard.*) i knipa **2** skum, mystisk **3** *vard.* homosexuell **II** *s*, *vard.* homofil, fikus **III** *v*, *vard.* fördärva; ~ *a p.'s pitch* korsa ngns planer

quell [kwel] under|kuva, -trycka, slå ner; *bildl.* dämpa, mildra, stilla

quench [kwen(t)ʃ] **1** släcka (*a fire* en eld), stilla (*one's thirst* törsten); *bildl. äv.* dämpa **2** under|-trycka, -kuva, slå ner **3** kyla av **-less** ['kwen(t)ʃlɪs] outsläcklig

quern [kwɜːn] handkvarn

querulous ['kwerʊləs] gnällig, kverulantisk

query ['kwɪərɪ] **I** *s* **1** fråga; förfrågan; *raise a* ~ väcka en fråga **2** frågetecken **II** *v* **1** fråga, ställa en fråga till **2** betvivla, ifrågasätta

quest [kwest] **I** *s* **1** *åld.*, *litt.* sökande (*for* efter); *in* ~ *of* på jakt efter, för att söka efter **2** mål [för sökande] **II** *v*, ~ *for* söka efter

question ['kwestʃ(ə)n] **I** *s* **1** fråga; ämne, sak, angelägenhet; tvistefråga; problem, spörsmål; *parl.* interpellation; ~*!* (*parl.*) till saken (ämnet)!; *the person in* ~ personen i fråga; *beyond* [*all*] ~, *without* ~ utom allt tvivel, obestridligt, utan tvekan; *there is no* ~ *but that* det råder inget tvivel om att; *it is not in* ~ *a*) det är inte aktuellt, *b*) det har inte ifrågasatts; *that's not the* ~ det är inte det frågan (saken) gäller; *that is out of* ~ det kommer inte i fråga (på frågan); *call in*[*to*] ~ ifrågasätta; *come into* ~ komma på tal, bli viktig (aktuell); *pop the* ~ fria **II** *v* **1** fråga [ut]; förhöra **2** betvivla, ifrågasätta; *I* ~ *whether* (*äv.*) jag undrar om

questionable ['kwestʃənəbl] tvivelaktig, diskutabel

questioner ['kwestʃ(ə)nə] frågare, frågeställare; *parl.* interpellant **questioning** [-ɪŋ] förhör, utfrågning **question mark** frågetecken **question master** [-ˌmɑːstə] **1** *BE.* frågeledare, utfrågare (*i radio el. TV*)

questionnaire [ˌkwestʃəˈneə] frågeformulär

queue [kjuː] *i sht BE.* **I** *s* kö; *form a* ~ bilda kö;

join the ~ ställa sig i kön; *stand in a* ~ stå i kö, köa **II** *v*, ~ [*up*] köa, bilda kö

quib|ble ['kwɪbl] **I** *s* spetsfundighet; undanflykt **II** *v* käbbla (*about, over* om) **-bler** [-lə] kverulant, petimäter **-bling** [-lɪŋ] **I** *a* spetsfundig; småaktig **II** *s* spetsfundigheter, hårklyveri; kverulans

quick [kwɪk] **I** *a* **1** snabb, rask, hastig; kort, flyktig; kvick, flink, rapp; pigg, vaken, rörlig; *a* ~ *one* (*vard.*) ett glas i all hast, en snabbis, en kort fråga; *be* ~*!* skynda dig [på]!; *be* ~ *to do s.th.* vara snar (ha lätt för) att göra ngt; *be* ~ *at figures* vara snabb i räkning **2** skarp; fin; tvär **3** hetsig, häftig, lättretad **4** *åld.* levande; *the* ~ *and the dead* levande och döda **II** *adv*, *vard.* snabbt, fort, kvickt **III** *s* ömt ställe, öm punkt; *the* ~ (*i sår e.d.*) [det levande, det ömma] köttet; *a Socialist to the* ~ en socialist ända in i märgen; *cut to the* ~ såra djupt (ända in i själen)

quick-change ['kwɪktʃeɪn(d)ʒ] *a*, ~ *artist* förvandlingskonstnär

quicken ['kwɪk(ə)n] **I** *v* **1** påskynda, öka (*one's pace* takten) **2** egga, stimulera, öka (*the interest* intresset) **3** öka, påskyndas **4** eggas, stimuleras, ökas **5** (*om foster*) börja sparka

quick fire ['kwɪkˌfaɪə] snabbeld **quick-firing** *a* snabbskjutande (*gun* kanon) **quick-freeze** [-friːz] snabb-, djup|frysa **quickie** [-ɪ] *vard.* snabbis; snabb fråga; drink i all hast **quicklime** [-laɪm] osläckt kalk, kalciumoxid **quickly** [-lɪ] *adv* snabbt, raskt, hastigt, fort, kvickt **quickness** [-nɪs] snabbhet **quicksand** [-sænd] kvicksand, flygsand **quickset** [-set] *koll.* häckplantor (*i sht hagtorn*) **quicksilver** [-ˌsɪlvə] kvicksilver **quickstep** [-step] (*slags sällskapsdans*) quickstep **quick-tempered** [ˌkwɪk'tempəd] häftig, hetlevrad **quick-witted** [ˌkwɪk'wɪtɪd] kvicktänkt, fyndig

1 quid [kwɪd] tuggbuss

2 quid [kwɪd] (*pl lika*) *BE. sl.* pund[sedel]

quid pro quo [ˌkwɪdprəʊ'kwəʊ] (*pl quid pro quos*) motprestation; vederlag

quiescent [kwaɪ'esnt] rofylld, stilla; overksam, passiv

quiet ['kwaɪət] **I** *a* **1** tyst; lugn, stilla; *be* ~*!* var tyst!; *keep* ~ *about s.th.*, *keep s.th.* ~ hålla tyst med ngt **2** hemlig; enskild; *I'll have a* ~ *word with him* jag skall prata i enrum med honom **3** tystlåten, lågmäld, fridsam, stillsam **4** (*om färg e.d.*) diskret, dämpad, lugn **II** *s* **1** tystnad; lugn, stillhet; *peace and* ~ lugn och ro; *on the* ~ i smyg, i hemlighet **III** *v*, *AE.*, *se quieten* **quieten** [-n] **1** ~ [*down*] tysta, få tyst på, lugna **2** ~ [*down*] tystna, lugna sig **quietness** [-nɪs], **quietude** ['kwaɪətjuːd] tystnad, stillhet; lugn, ro

quietus [kwaɪ'iːtəs] **1** döds-, nåda|stöt **2** död

quiff [kwɪf] *BE.* pannlock

quill [kwɪl] **1** *s* **1** vingpenna **2** gåspenna **3** (*piggsvins*) pigg; (*igelkotts*) tagg **4** *väv.* spole, bobbin

quill pen ['kwɪlpen] gåspenna

quilt [kwɪlt] **I** *s* [säng]täcke; [säng]överkast **II** *v* kvilta, täck-, vadd|sticka; matelassera **-ing** ['kwɪltɪŋ] kviltning, täck-, vadd|stickning; matelassering

quince [kwɪns] *bot.* kvitten

quinine [kwɪ'niːn, *AE.*'kwaɪnaɪn] *kem.* kinin

Quinquagesima [ˌkwɪŋkwə'dʒesɪmə] *s*, ~ [*Sun-*

quinsy—race

day] fastlagssöndagen
quinsy ['kwɪnzɪ] *med.* halsböld
quint [kwɪnt] *mus.* kvint
quintessence [kwɪn'tesns] kvintessens; *the ~ (äv.)* kärnan, det väsentliga; *she is the ~ of sweetness* hon är älskvärdheten själv
quintet[te] [kwɪn'tet] kvintett
quintu|ple ['kwɪntjʊpl] **I** *v* femfaldiga **II** *a* femfaldig; femdelad **-plet** [-plɪt] femling
quip [kwɪp] **I** *s* **1** kvickhet, vits **2** spydighet **II** *v* **1** säga en kvickhet, vitsa **2** vara spydig
quire ['kwaɪə] *boktr.* bok (*24 ark*)
quirk [kwɜ:k] **1** egendomlighet, excentricitet; nyck; *by a ~ of fate* genom en ödets nyck **2** släng, snirkel (*i skrift*)
quisling ['kwɪzlɪŋ] quisling, landsförrädare
quit [kwɪt] **I** *v* (*~ted, ~ted el. quit, quit*) **1** lämna; flytta från; sluta [på]; sluta [upp med], lägga av [med], ge upp, släppa; *~ one's job* sluta sitt arbete; *~ smoking* sluta röka **2** betala, avbörda sig **3** ge sig i väg; flytta; sluta, lägga av, ge upp; *give s.b. notice to ~* säga upp ngn **II** *a, be ~ of* vara fri (befriad) från, vara kvitt; *we are ~ of her* vi har blivit av med henne
quite [kwaɪt] ganska, rätt; riktigt, helt, alldeles, precis, absolut, mycket; egentligen, faktiskt, verkligen; *~ [so]!* just det (precis)!, alldeles (helt) riktigt!; *~ a few* ganska många; *~ a gentleman* en riktig (verkligen en) gentleman; *~ a good flutist* en ganska (riktigt) bra flöjtist; *~ a little* inte så litet; *~ a problem* ett verkligt (ganska stort) problem; *~ a shock* en ordentlig (ganska stor) chock; *~ another* en helt annan; *~ the best* den (det) allra bästa; *~ the contrary* raka motsatsen; *they were ~ a hundred* de var minst hundra; *I ~ like it* jag tycker ganska bra om det; *that was ~ something!* (*vard.*) det var inte [så] illa!, det var ganska fantastiskt!
quits [kwɪts] *a, vard.* kvitt; *we are ~ now* nu är vi kvitt; *take this and call it ~* tag det här så säger vi att vi är kvitt (så låter vi udda vara jämnt)
quittance ['kwɪt(ə)ns] **1** kvittens, kvitto; kvittering **2** befrielse (*från skuld e.d.*)
quitter ['kwɪtə] smitare, person som ger upp (drar sig ur)
1 quiver ['kwɪvə] **I** *v* darra, skälva (*with av*) **II** *s* darrning, skälvning
2 quiver ['kwɪvə] [pil]koger
qui vive [ˌki:'vi:v] *s, on the ~* på sin vakt
quixotic [kwɪk'sɒtɪk] donquijotisk, överspänd, idealistisk, svärmisk
quiz [kwɪz] **I** *s* **1** fråge|sport, -lek **2** *AE. skol.* förhör, prov **II** *v* **1** fråga ut, förhöra **2** *AE. skol.* förhöra **quizmaster** ['kwɪzˌmɑ:stə] frågesportsledare **quizzical** ['kwɪzɪkl] **1** menande (*glance* blick); retsam
quod [kwɒd] *i sht BE. sl.* kåk (*fängelse*); *be in ~* sitta på kåken
quoin [kɔɪn] **1** *byggn.* hörn; hörnsten **2** kil
quoit [kɔɪt] **1** [kast]ring **2** *~s* (*behandlas som sg*) kastringsspel
quondam ['kwɒndæm] före detta, förutvarande
quorum ['kwɔ:rəm] quorum, beslutsmässigt antal [närvarande]
quot. *förk. för quotation*
quota ['kwəʊtə] kvot; andel; tilldelning

quotable ['kwəʊtəbl] lämplig att citera **quotation** [kwə(ʊ)'teɪʃn] **1** citat; citering **2** *hand.* [pris]notering; kurs; kostnadsförslag, offert, anbud (*for på*)
quotation mark [kwə(ʊ)'teɪʃnmɑ:k] anförings-, citations|tecken
quote [kwəʊt] **I** *v* **1** citera (*äv. sätta citationstecken kring*); *~...unquote* citat...slut på citat **2** åberopa, hänvisa till **3** *hand.* notera; offerera, lämna (*a price* ett pris) **4** lämna kostnadsförslag (anbud) (*for på*) **II** *s, vard.* citat; citationstecken
quoth [kwəʊθ] *åld.* (*endast i 1 o. 3 pers. sg*) sade
quotidian [kwɒ'tɪdɪən] daglig
quotient ['kwəʊʃnt] *mat.* kvot; *intelligence ~ (I.Q.)* intelligenskvot
q.v. *förk. för quod vide* (*lat.*) *which see* s.d.o., se detta ord **qy.** *förk. för query*

R

R, r [ɑ:] (*bokstav*) R, r; *the three R's = reading, (w)riting, and (a)rithmetic* läsning, skrivning och räkning (*de tre grundläggande skolämnena*)
R. *förk. för rabbi; rector; Regiment; Regina; Republican; Rex; River; Royal* **R., r.** *förk. för radius; railway; registered; right; river; road; rouble*
r. *förk. för rare; recipe; ruled* **R.A.** *förk. för rear admiral;* (*AE.*) *Regular Army; Royal Academician* (*Academy*); *Royal Artillery*
rabbi ['ræbaɪ] **1** (*titel*) *R~* Rabbi **2** rabbin
rabbit ['ræbɪt] **I** *s, zool.* kanin; *AE. äv.* hare **II** *v* **1** *go ~ting* jaga kaniner **2** *vard., ~ on* babbla (mala) på **rabbit hutch** kaninbur **rabbit punch** nackslag **rabbitry** [-rɪ], **rabbit warren** [-ˌwɒrən] kaningård; vildkaniners hålor och gångar; vildkaninkoloni
rabble ['ræbl] larmande [folk]hop; slödder, pack **--rouser** [-ˌraʊzə] uppviglare, demagog
rabid ['ræbɪd] rabiat, fanatisk, ursinnig
rabies ['reɪbi:z] *med.* rabies, vattuskräck, hundgalenskap
R.A.C. *förk. för Royal Armoured Corps; Royal Automobile Club*
raccoon [rə'ku:n] *zool.* tvättbjörn, sjubb
1 race [reɪs] **1** ras, släkt **2** släkte; *the human ~* människosläktet; *of noble ~* av ädel börd
2 race [reɪs] **I** *s* **1** kapp|löpning, -körning, -segling *etc.*; lopp, tävling; *the ~s* kapplöpningarna; *100 metres ~* hundrametterslopp; *~ against time* kapplöpning med tiden; *run a ~* springa (löpa) i kapp **2** [stark] ström **3** flodbädd; kanal; kvarnränna **II** *v* **1** springa (löpa, köra, segla *etc.*) i kapp med **2** rusa (*motor*); *he ~d me off to the airport* han körde mig till flygplatsen i rasande fart **3**

tävla med; låta tävla **4** springa (löpa, köra, segla *etc.*) i kapp; kapp|köra, -segla, tävlingslöpa **5** rusa, jaga; springa (löpa, köra *etc.*) [fort] **6** delta[ga] i kapplöpningar
racecard ['reɪskɑːd] kapplöpningsprogram
racecourse kapplöpningsbana **racegoer** [-ˌgəʊə] kapplöpnings|habitué, -besökare **racehorse** [-hɔːs] kapplöpningshäst **race meeting** [-ˌmiːtɪŋ] kapplöpning
racer ['reɪsə] **1** kapplöpningshäst; racer[bil, -cykel, -båt) **2** *zool.* (*slags*) snok
racetrack ['reɪstræk] *i sht AE.* kapplöpningsbana; racerbana
Rachel ['reɪtʃ(ə)l]
racial ['reɪʃl] ras-
racial|ism ['reɪʃəlɪz(ə)m] rasism **-ist** [-ɪst] rasist
raciness ['reɪsɪnɪs] schwung, livfullhet, snabbt tempo; mustighet
racing ['reɪsɪŋ] **I** *s* [häst]kapplöpning; racing **II** *a* kapplöpnings-; racer-
rac|ism ['reɪsɪz(ə)m] rasism **-ist** [-ɪst] rasist
1 rack [ræk] **I** *s* **1** ställ[ning], hylla; [hatt-, kläd]-hängare; bagagehylla **2** foderhäck **3** sträckbänk; *be on the ~* ligga (*bildl.* hållas) på sträckbänken; *put s.b. on the ~* (*bildl.*) hålla ngn på sträckbänken **4** kuggstång **II** *v* tortera, lägga på sträckbänken; *bildl.* pina, plåga; *~ one's brains* bry (rådbråka) sin hjärna; *~ing headache* brinnande huvudvärk
2 rack [ræk] *s, go to ~ and ruin* gå åt skogen, förfalla
rack-and-pinion [ˌrækən'pɪnjən] kugghjulsdrev
1 racket ['rækɪt] **I** *s* **1** oväsen, larm, buller; ståhej; *set up a ~* föra oväsen **2** skumraskaffär; utpressning; bedrägeri, bluff, trick **3** sus och dus, hektiskt liv **4** *skämts.* yrke; sväng; handel
2 racket ['rækɪt] racket
racketeer [ˌrækə'tɪə] skurk, gangster, skojare, bedragare **-ing** [-rɪŋ] bedrägeri, svindleri; utpressning
rack railway ['rækˌreɪlweɪ] kuggbana
rack-rent ['rækrent] **I** *s* oskäligt hög hyra **II** *v* ta ut oskäligt hög hyra för
raconteur [ˌrækɒnˈtɜː] skicklig historieberättare
racoon [rəˈkuːn] *se* raccoon
racquet ['rækɪt] *se* 2 racket
racy ['reɪsɪ] **1** livfull, livlig, schwungfull **2** pikant, mustig; vågad
rad [ræd] *fys.* rad
rad. *förk. för* radian; radical; radius, radix
RADA *förk. för* Royal Academy of Dramatic Art
radar ['reɪdɑː] radar **radar beacon** [-ˌbiːkn] radarfyr **radar trap** [-træp] radarkontroll (*för trafikövervakning*)
raddle ['rædl] **I** *s* röd ockra **II** *v* rödmåla (*sheep får*); [röd]sminka
radial ['reɪdjəl] **I** *a* radiell, radial[-]; *~ tyre* radialdäck **II** *s* radialdäck
radi|ance ['reɪdjəns] strålglans; strålknippe **-ant** [-ənt] **I** *a* strålande; *bildl.* strålande **2** strålnings-; *~ heat* strålningsvärme
radiate I *v* ['reɪdɪeɪt] **1** utstråla, radiera; *bildl.* [ut]stråla **2** stråla (ut) (*äv. bildl.*) **II** *a* ['reɪdɪət] utstrålande, strålformig **radiation** [ˌreɪdɪˈeɪʃn] **1** utstrålande, [ut]strålning **2** radioaktiv strålning, radioaktivitet **radiation sickness** strålningssjuka **radiator** ['reɪdɪeɪtə] **1** värmeledningselement, radiator **2** kylare (*på bil*)
radical ['rædɪkl] **I** *a* **1** radikal; genomgripande, grundlig **2** fundamental, grundläggande **3** *mat., språkv.* rot- **4** *bot.* jord- **II** *s* **1** *kem., polit.* radikal **2** *mat., språkv.* rot **-ism** ['rædɪkəlɪz(ə)m] radikalism **-ly** ['rædɪk(ə)lɪ] *adv* radikalt; från grunden
radices ['reɪdɪsiːz] *pl av* radix
radicle ['rædɪkl] *bot.* rotämne; liten rot
radii ['reɪdɪaɪ] *pl av* radius
radio ['reɪdɪəʊ] **I** *s* radio; radioapparat; *on the ~* i radio **II** *v* **1** [ut]sända i radio, radiera; radiotelegrafera till **2** radiotelegrafera
radio|active [ˌreɪdɪəʊˈæktɪv] radioaktiv **-activity** [-ækˈtɪvətɪ] radioaktivitet
radio beacon [ˈreɪdɪə(ʊ)ˌbiːk(ə)n] radiofyr
radiogram [ˈreɪdɪə(ʊ)græm] **1** radiotelegram **2** röntgenbild **3** *BE.* radiogrammofon
radio|graph [ˈreɪdɪə(ʊ)grɑːf] *åld., tekn.* röntgenbild **-grapher** [ˌreɪdɪˈɒgrəfə] röntgenolog, röntgenläkare **-graphy** [ˌreɪdɪˈɒgrəfɪ] röntgenologi
radioisotope [ˌreɪdɪəʊˈaɪsə(ʊ)təʊp] radioisotop
radi|ologist [ˌreɪdɪˈɒlədʒɪst] radiolog **-ology** [-ˈɒlədʒɪ] radiologi
radiosonde [ˈreɪdɪəʊsɒnd] *meteor.* radiosond
radio station [ˈreɪdɪə(ʊ)ˌsteɪʃn] radiostation
radio|telegram [ˌreɪdɪəʊˈtelɪgræm] radiotelegram **-telegraph** radiotelegraf **-telephone** radiotelefon **-therapy** radioterapi
radio wave [ˈreɪdɪəʊweɪv] radiovåg
radish ['rædɪʃ] rädisa; *black ~* rättika
radium ['reɪdjəm] *fys.* radium
ra|dius ['reɪdjəs] (*pl -dii* [-dɪaɪ]) **1** radie **2** *anat.* strålben, radius
ra|dix ['reɪdɪks] (*pl -dices* [-dɪsiːz]) *mat.* bas
radon ['reɪdɒn] *kem.* radon
R.A.F. *förk. för Royal Air Force*
raffia ['ræfɪə] *bot.* [rafia]bast
raffish ['ræfɪʃ] **1** raffig, elegant **2** vräkig, skrikig, prålig
raffle ['ræfl] **I** *s* tombola **II** *a* tombola-; *~ ticket* tombolalott **III** *v* lotta ut
raft [rɑːft] **I** *s* **1** flotte **2** *AE. vard., a ~ of* en massa **II** *v* flotta
rafter ['rɑːftə] taksparre
1 rag [ræg] **1** trasa; *vard.* [kläd]trasa, näsduk; *~s* (*pl, äv.*) lump; *glad ~s* (*vard.*) finkläder; *from ~s to riches* (*vard.*) från ytterst fattigdom till största rikedom; *be a red ~ to a bull* vara som ett rött skynke **2** *vard.* [tidnings]blaska **3** *vard.* [student]-karneval
2 rag [ræg] **I** *v* **1** reta, pika **2** *BE.* skämta hårdhänt med, skända **II** *s* upptåg; hårdhänt skämt; skändning
3 rag [ræg] rag[timemelodi]
ragamuffin [ˈrægəˌmʌfɪn] rännstensunge, trashank
rag-and-bone man [ˌrægənˈbəʊnmæn] *BE.* lumphandlare
ragbag [ˈrægbæg] **1** lumpsäck **2** *vard.* virrvarr
rag doll trasdocka
rage [reɪdʒ] **I** *s* **1** raseri, ursinne, vrede; *be in* (*fly*

ragged—ramble

into) *a* ~ vara (bli) rasande; *have a* ~ *for* vara lidelsefullt intresserad av **2** *vard.* [mode]fluga; *be all the* ~*s* vara sista skriket (på modet, inne) **II** *v* **1** rasa, vara rasande *(about, at* över) **2** *(om väder)* rasa; *(om epidemi)* grassera
ragged ['rægɪd] **1** trasig; lumpig, ovårdad; fransig; *she ran herself* ~ *(vard.)* hon blev alldeles slut **2** ojämn *(äv. bildl.)*, skrovlig
raglan ['ræglən] **I** *s* raglan[rock] **II** *a* raglan-
ragman ['rægmən] *BE.* lumphandlare
ragout ['ræguː] ragu
ragpicker ['ræg‚pɪkə] lumpsamlare **ragtag** [-tæg] *s, the* ~ *and bobtail* packet och byket, kreti och pleti **ragtime** ragtime[musik] **rag trade** *vard., the* ~ modebranschen
raid [reɪd] **I** *s* räd, plötsligt anfall *(on* mot); [polis]razzia *(on* mot); kupp *(on* mot) **II** *v* **1** göra en räd (razzia, kupp) mot; göra inbrott i, plundra **2** göra (deltaga i) en räd; plundra **-er** ['reɪdə] **1** deltagare i räd (razzia), angripare; inbrottstjuv, kuppmakare **2** commandosoldat
1 rail [reɪl] **I** *s* **1** ledstång, räcke; *(vågrät)* stång; sjö. reling **2** [järnvägs]skena, räl[s]; järnväg; *by* ~ med (på) järnväg; *go off the* ~*s (bildl.)* spåra ur **II** *v* förse med räcke; ~ *in (off)* inhägna, sätta upp räcke kring
2 rail [reɪl] *v,* ~ *at (against)* rasa (vara ovettig) mot, smäda
3 rail [reɪl] *zool.* vattenrall
rail|car ['reɪlkɑː] *järnv.* motorvagn **-head** ändstation
railing ['reɪlɪŋ] **1** räcke; skrank, staket **2** [järnvägs]räls
raillery ['eɪlərɪ] raljeri, skämt, gyckel
railroad ['reɪlrəʊd] **I** *s, AE., se railway* **II** *v, vard.* [snabbt] driva (trumfa) igenom; jäkta på *(s.b. into doing s.th.* ngn att göra ngt)
railway ['reɪlweɪ] *BE.* **I** *s* järnväg; järnvägsbolag; *by* ~ med (på) järnväg **II** *s* järnvägs-; ~ *engine* lokomotiv; ~ *line* järnvägslinje **-man** järnvägstjänsteman
raiment ['reɪmənt] *åld., poet.* skrud, dräkt
rain [reɪn] **I** *s* regn *(äv. bildl.)*; regnväder; *the* ~*s* *(pl, äv.)* regntiden; *come* ~ *or shine* i ur och skur, oavsett väder; *as right as* ~ *(vard.)* pigg och kry [igen], helt återställd **II** *v* **1** *opers.* regna; *it is* ~*ing cats and dogs (vard.)* regnet står som spön i backen; *it never* ~*s but it pours* en olycka kommer sällan ensam **2** *be* ~*ed off* inställas (vara inställd) på grund av regn **3** låta [det] regna, ösa; ~ *abuse on s.b.* överösa ngn med ovett; ~ *blows on s.b.* låta slagen hagla över ngn
rainbow ['reɪnbəʊ] regnbåge; *at the end of the* ~ ouppnåelig **raincheck** *s, i sht AE. vard., take a* ~ fundera (skjuta) på saken **raincoat** regn|kappa, -rock **raindrop** regndroppe **rainfall 1** regnskur **2** regnmängd, nederbörd **rainforest** [-‚fɒrɪst] regnskog **rain gauge** [-geɪdʒ] regnmätare **rainout** [-aʊt] radioaktivt regn **rainproof** [-pruːf] regn-, vatten|tät **rainstorm** [-stɔːm] hällregn **raintight** [-taɪt] *se rainproof* **rainwater** regnvatten **rainy** [-ɪ] regnig, regn-; *save s.th. for a* ~ *day* spara ngt för sämre tider
raise [reɪz] **I** *v* **1** lyfta [upp], resa [upp], dra (hissa, röra, ställa, ta) upp, höja [på], lyfta på; ~ *bread* låta bröd jäsa upp; ~ *one's eyebrows* höja på ögonbrynen; ~ *one's glass to s.b.* dricka ngn till, skåla med ngn; ~ *one's hand* räcka upp handen; ~ *one's hat to s.b.* lyfta på hatten för ngn; ~ *the roof a)* få taket att lyfta sig, *b)* bua våldsamt, föra oväsen, *c)* få ett vredesutbrott **2** resa, uppföra, bygga **3** dra (föda) upp; odla; producera; uppfostra *(children* barn) **4** öka, höja, stegra, driva upp; förbättra; ~ *the prices* höja priserna; ~ *one's voice* höja rösten **5** befordra, upphöja; ~ *s.b. to the peerage* upphöja ngn till pär, adla ngn **6** [upp]väcka; frammana; framkalla, [för]orsaka, ställa till [med]; egga upp, uppvigla; ~ *a blister* orsaka en blåsa; ~ *hell (vard.)* föra ett helvetes liv, röra upp himmel och jord; ~ *a p.'s hopes* väcka ngns förhoppningar; ~ *a laugh* framkalla skratt; ~ *a p.'s spirits* liva (pigga) upp ngn; ~ *s.b. from the dead* uppväcka ngn från de döda **7** väcka, ta upp, lägga fram, framställa; göra; ~ *objections* resa (komma med) invändningar; ~ *a protest* lägga in protest, protestera **8** [lyckas] få tag i, [lyckas] skaffa, samla (skrapa) ihop, samla; ställa upp **9** ta *(a loan* ett lån); ta upp *(taxes* skatter) **10** [upp]häva **11** *mat.* upphöja *(to the power of two* i kvadrat) **II** *s, i sht AE.* löne|förhöjning, -lyft
raisin ['reɪzn] russin
raison d'être [‚reɪzɔ̃ː(n)'deɪtr(ə)] raison d'être, existensberättigande
raj [rɑːdʒ] *(i Indien)* överhöghet, välde **raja[h]** ['rɑːdʒə] raja
1 rake [reɪk] **I** *s* kratta, räfsa; raka, skrapa **II** *v* **1** kratta, räfsa; raka, skrapa; leta i (igenom); ~ *in* håva in; ~ *out a)* raka ut, *b)* ta reda på, leta fram; ~ *up (together) a)* kratta (räfsa) ihop, *b)* skrapa ihop, få tag i, *c)* gräva i, riva upp **2** granska, betrakta **3** *mil.* bestryka **4** gräva, rota, riva, söka
2 rake [reɪk] rumlare, rucklare, vivör
3 rake [reɪk] **I** *s* lutning *(of a mast* på en mast) **II** *v* luta [bakåt]
rake-off ['reɪkɒf] *vard.* vinstandel (provision) under bordet
1 rakish ['reɪkɪʃ] utsvävande, rumlande
2 rakish ['reɪkɪʃ] klämmig, snitsig; *wear one's hat at a* ~ *angle* ha hatten på svaj
Raleigh ['rɔːlɪ]
1 rally ['rælɪ] **I** *v* **1** [åter] samla, [åter] samla ihop; ~ *one's strength* samla sina krafter **2** [åter] samlas, samla sig; ~*ing point* samlingsplats; ~ *to the support of s.b.* [tillsammans] komma till ngns undsättning, ställa upp för ngn **3** hämta (repa) sig **4** köra rally **5** *(i tennis e.d.)* ha en lång slagväxling **II** *s* **1** [åter]samling; [mass]möte **2** återhämtning, tillfrisknande; uppgång **3** *(i tennis e.d.)* lång slagväxling **4** rally
2 rally ['rælɪ] raljera (skämta) med
Ralph [reɪf, rælf]
ram [ræm] **I** *s* **1** bagge, gumse; *the R*~ *(astr.)* Väduren **2** *tekn.* hejare, fallhammare; pålkran; piston, kolv; murbräcka **3** *sjö.* ramm **II** *v* **1** ramma **2** slå, hamra, bulta, pressa, trycka, tvinga; ~ *a post into the ground* slå ner en påle i marken; ~ *s.th. home* klargöra ngt, göra ngt helt klart; ~ *s.th. down a p.'s throat* tjata om ngt **3** stoppa, pressa, proppa
R.A.M. *fork. för Royal Academy of Music*
ram|ble ['ræmbl] **I** *v* **1** vandra, ströva omkring;

flanera; släntra; (*om tankar*) **irra 2** ~ [*on*] **pladdra på 3** växa (breda ut sig) åt alla håll **II** *s* **strövtåg, vandring -bler** [-blə] **1** vandrare **2** kläng-, klätter|ros **-bling** [-blɪŋ] **1** kring|irrande, -strövande; (*om tankar etc.*) virrig, osammanhängande **2** (*om växt*) kläng-, klätter- **3** oregelbundet byggd
rambunctious [ræm'bʌŋkʃəs] *vard.* uppsluppen, ostyrig
R.A.M.C. *förk. för Royal Army Medical Corps*
rami|fication [ˌræmɪfɪ'keɪʃn] förgrening (*äv.. bildl.*); utlöpare **-fy** ['ræmɪfaɪ] förgrena [sig]
ramjet [engine] ['ræmdʒet(ˌendʒɪn)] (*slags jetmotor*) rammotor
ramp [ræmp] **I** *s* **1** ramp, sluttande uppfart[sväg]; (*motorvägs*) av-, på|fart **2** (*i gata*) farthinder, gupp **3** *BE. sl.* svindel **II** *v* **1** (*om djur*) ~ *around* (*about*) rusa runt (omkring) **2** ~ *and rage* föra ett förfärligt liv, rasa
rampage [ræm'peɪdʒ] **I** *s, be* (*go*) *on the* ~ fara fram som en galning, leva rövare **II** *v* rusa fram (runt), rasa
rampant ['ræmpənt] **1** vild, våldsam, häftig, otyglad; *be* ~ grassera, härja, frodas, gripa omkring sig **2** (*om växt*) vildvuxen **3** *her.* stående på bakbenen
rampart ['ræmpɑ:t] fästningsvall; *bildl.* bålverk, värn
rampion ['ræmpjən] *bot.* rapunkelklocka
ramrod ['ræmrod] laddstake; *as stiff* (*straight*) *as a* ~ stel som en pinne
ramshackle ['ræmˌʃækl] fallfärdig, skranglig
ramsons ['ræmzəns] (*behandlas som sg*) *bot.* ramslök
ran [ræn] *imperf av run*
ranch [rɑ:n(t)ʃ] **1** (*nordamer.*) ranch, [större] boskapsfarm **2** farm; *chicken* ~ kycklingfarm; *mink* ~ minkfarm **-er** ['ræntʃə] ranchägare
rancid ['rænsɪd] härsken
ran|corous ['ræŋkərəs] hätsk, hatisk **-cour** [-kə] hätskhet, hat
rand [rænd] (*sydafrikansk myntenhet*) rand
R & B *förk. för Rhythm and Blues* **R & D** *förk. för Research and Development*
random ['rændəm] **I** *s, at* ~ på måfå **II** *a* godtyckligt; slump|artad, -mässig; gjord på måfå, slumpvis **random access** [-ˌækses] *data.* direkt ingång
randy ['rændɪ] *vard.* kåt
rang [ræŋ] *imperf av ring*
range [reɪn(d)ʒ] **I** *s* **1** aktionsradie, [verknings]-område, räckvidd, utsträckning, omfång; avstånd, distans; skottvidd, skjutavstånd; *at long* (*short*) ~ på långt (nära) håll; *out of* ~ utom räckhåll (synhåll, hörhåll, skotthåll); *within* [*firing*] ~ inom skotthåll (för); ~ *of responsibility* ansvarsområde; ~ *of voice* röstomfång, register; *her* ~ *of knowledge is very limited* hennes kunskaper är mycket begränsade **2** skjutbana **3** rad, räcka; klass, skala; sortiment, urval; ~ *of mountains* bergskedja; *a wide* ~ *of* en lång rad, många olika, ett stort (brett) urval (en bred skala) av; *in this price* ~ i den här prisklassen **4** [köks]spis **5** *AE.* [vidsträckt] betesmark, öppet landskap **II** *v* **1** ställa upp [i rad]; placera, [in]ordna, klassificera; ~ *o.s. on a p.'s side* sluta upp på ngns sida **2** genomströva, vandra genom (i), fara längs (omkring på) **3** *AE.* låta beta **4** sträcka sig, gå, ligga; [kunna] placeras ([in]ordnas); variera; ~ *over a*) sträcka sig över, *b*) vara utbredd över, *c*) ha en räckvidd av **5** ströva [omkring], vandra [omkring]
rangefinder ['reɪndʒˌfaɪndə] avståndsmätare
ranger [-ə] **1** skogvaktare, kronojägare; uppsyningsman **2** vandrare **3** *AE.* ridande polis; ~*s* (*pl, mil.*) jägartrupp
rangy ['reɪndʒɪ] *AE.* långbent, skranglig
1 rank [ræŋk] **I** *s* **1** rad, räcka; *a* ~ *of taxis* (*äv.*) en taxistation **2** [samhälls]klass, skikt, stånd; rang; *mil. o. bildl.* led; *mil.* grad; *the* ~*s, the* ~ *and file a*) de meniga, manskapet, *b*) gemene man, den stora (breda) massan, gräsrötterna; *the* ~ *and fashion* den förnäma världen, eliten, societeten; *break* ~[*s*] falla ur ledet; *close the* ~*s* sluta leden; *pull* ~ utnyttja sin ställning; *reduce s.b. to the* ~*s* degradera ngn till menig; *rise from the* ~*s* (*bildl.*) arbeta sig upp; *take* ~ *of* ha högre rang än **II** *v* **1** ställa upp i (på) led; placera, sätta, [in]ordna, inrangera; klassificera; räkna; ranka **2** ha en plats, stå, ligga; ha rang; anses vara; räknas; rankas; ~ *above* (*below*) ha högre (lägre) rang (grad) än
2 rank [ræŋk] **1** frodig, tät; vildvuxen **2** illa|luktande, -smakande, stinkande **3** grov, vulgär **4** fullständig, absolut, total; komplett
ranking ['ræŋkɪŋ] *AE.* framstående; ledande; ~ *officer* högste (högre) officer **ranking list** rankinglista, rangordningslista
rankle ['ræŋkl] *bildl.* [ligga och] gnaga (*with s.b.* i ngn)
ransack ['rænsæk] **1** leta igenom, rannsaka, undersöka grundligt **2** plundra
ransom ['ræns(ə)m] **I** *s* **1** lösesumma, lösen; *hold s.b. to* ~ hålla ngn som gisslan [tills lösesumma betalats]; *king's* ~ furstlig summa **II** *v* **1** betala lösen för, friköpa **2** frige mot lösen
rant [rænt] **I** *v* **1** gorma, tala högljutt; ~ *on,* ~ *and rave* gorma och stå i **2** tala högtravande (bombastiskt) **-ing 1** gormande, högljudd **2** högtravande
ranuncu|lus [rə'nʌŋkjʊləs] (*pl -luses el. -li* [-laɪ]) *bot.* ranunkel
R.A.O.C. *förk. för Royal Army Ordnance Corps*
1 rap [ræp] **I** *s* **1** knackning; lätt slag, rapp; ~ *on* (*over*) *the knuckles* (*bildl.*) tillrättavisning, reprimand; *take the* ~ (*vard.*) få bära hundhuvudet **2** *AE. sl.* snack **3** *AE. sl., beat the* ~ slippa straff, gå fri **II** *v* **1** knacka; slå, smälla; ~ *on* knacka i (på) **2** *AE. vard.* snacka, babbla
2 rap [ræp] *s, I don't care a* ~ jag bryr mig inte ett dugg om det
rapacious [rə'peɪʃəs] **1** girig; rovgirig **2** rov-; ~ *bird* rovfågel **rapacity** [rə'pæsətɪ] girighet; rovgirighet
1 rape [reɪp] **I** *s* **1** våldta **2** förstöra **3** *åld.* bortröva **II** *s* **1** våldtäkt **2** våldförande, förstörelse **3** *åld.* bortrövande
2 rape [reɪp] *bot.* raps
rape[seed] oil ['reɪp(si:d)ɔɪl] rapsolja
Raphael (*ängel, konstnären* 'ræfe(ɪ)əl; *efternamn* 'reɪfl, 'ræfeɪl]
rapid ['ræpɪd] **I** *a* snabb, hastig **II** *s*, ~*s* (*pl*) fors **rapid-fire** snabbskjutande; *bildl.* mycket snabb

rapidity [rə'pɪdətɪ] snabbhet, hastighet
rapier ['reɪpjə] s värja
rapine ['ræpaɪn] *litt.* bortrövande, plundring
rapist ['reɪpɪst] våldtäktsman
rapport [ræ'pɔ:] samförstånd, förbindelse, relation
rapprochement [ræ'prɒʃmɑ:(ŋ)] närmande, återupptagande av vänskapliga förbindelser
rapscallion [ræp'skæljən] skurk, bedragare; rackare, skälm
rapt [ræpt] **1** hänförd **2** uppslukad; försjunken
rapture ['ræptʃə] hänförelse, begeistring, extas; *go into* ~*s about* vara hänförd (begeistrad) över
rapturous ['ræptʃ(ə)rəs] hänförd, begeistrad, extatisk
1 rare [reə] **1** sällsynt, ovanlig; *bot.* rar; ~ *gas* ädelgas; *with very* ~ *exceptions* med mycket få undantag **2** tunn (*air* luft), förtunnad **3** enastående
2 rare [reə] (*om kött*) lätt stekt, blodig
rarebit ['reəbɪt] *se Welsh rabbit*
rare|fied ['reərɪfaɪd] **1** exklusiv, esoterisk **2** tunn (*air* luft) **-fy** [-faɪ] förtunna[s]
rarely ['reəlɪ] *adv* **1** sällan **2** sällsynt, ovanligt **3** enastående
raring ['reərɪŋ] ivrig; *be* ~ *to go* (*vard.*) knappt kunna vänta
rarity ['reərətɪ] **1** sällsynthet; raritet **2** tunnhet
rascal ['rɑ:sk(ə)l] **1** lymmel, kanalje **2** (*om barn*) rackare, rackarunge **-ity** [rɑ:'skælətɪ] lymmelaktighet **-ly** ['rɑ:skəlɪ] *a* lymmel-, skurk|aktig
1 rash [ræʃ] överilad, förhastad, obetänksam
2 rash [ræʃ] **1** *med.* [hud]utslag **2** *bildl.* ström, serie
rasher ['ræʃə] tunn baconskiva (skinkskiva)
rasp [rɑ:sp] **I** *s* **1** rasp, grov fil **2** raspande **II** *v* **1** raspa, fila **2** *bildl.* raspa, skorra, skära i; ~*ing sound* skärande (skorrande, gnisslande) ljud; ~ *voice* sträv (skrovlig) röst
raspberry ['rɑ:zb(ə)rɪ] **1** hallon; hallonbuske **2** hånfullt ljud med tungan; *blow a* ~ (*ung.*) fnysa föraktfullt, göra en föraktfull gest **raspberry bush** hallonbuske
rat [ræt] **I** *s* **1** råtta; *sl.* avskum, skit[stövel]; *oh* ~*s!* (*vard.*) jäklar också!; *look like a drowned* ~ se ut som en våt katt; *smell a* ~ (*vard.*) ana oråd **2** *vard.* överlöpare, förrädare; *AE. sl.* tjallare **3** *vard.* strejkbrytare, svartfot **II** *v* **1** jaga råttor **2** *vard.*, ~ *on s.b.* svika ngn, lämna ngn i sticket; ~ *on a deal* bryta ett avtal
ratable ['reɪtəbl] *BE.* taxerbar, beskattningsbar; skattepliktig; ~ *value* taxeringsvärde
ratafia [,rætə'fɪə] **1** mandellikör **2** mandelessens **3** mandelbiskvi
ratatat[-tat] [,rætə'tæt(tæt)] knack knack, knackning
ratchet ['rætʃɪt] spärr|anordning, -hake; ~ *wheel* spärrhjul
1 rate [reɪt] **I** *s* **1** hastighet, fart, takt; frekvens, [an]tal; grad; *birth* ~ födelsetal; *growth* ~ tillväxttakt; *at the* (*a*) ~ *of* med en hastighet av; *at a certain* ~ i viss grad (mån); *at the* ~ *you're going* (*bildl.*) som du håller på, om du fortsätter så här; *at any* ~ (*bildl.*) i alla (varje) fall, under alla förhållanden; *at that* ~ (*bildl.*) om det förhåller sig så, i så fall **2** kurs; sats; taxa, tariff; pris; värde; ~

[*of interest*] ränta, ränte|sats, -fot; ~ *of exchange* växelkurs; *at the* ~ *of* till (för) ett pris av **3** ~*s* (*pl*) skatt till kommunal myndighet, kommunala skatter (avgifter) **4** klass, rang **II** *v* **1** uppskatta, beräkna, värdera, taxera (*at* till), bedöma; klassificera; räkna; gilla; ~ *s.b. among* räkna ngn bland (till); *how do you* ~ *these results?* hur bedömer du (vad anser du om) de här resultaten? **2** beskatta (*kommunalt*), taxera **3** förtjäna; vara värd; vara berättigad till **4** räknas, anses, betraktas (*as* som)
2 rate [reɪt] skälla ut
rateable ['reɪtəbl] *se ratable* **ratepayer** [-,peɪ(ɪ)ə] [kommunal]skattebetalare
rather ['rɑ:ðə] **1** ganska, rätt, tämligen; *I'm in* ~ *a hurry* jag har faktiskt ganska bråttom; *I* ~ *think that is the case* jag tycker faktiskt att det är så **2** hellre, helst, snarare; *I would* ~ *not say* jag vill helst inte säga det; *I'd* ~ *be sailing* jag skulle hellre vilja vara ute och segla; *or* ~ eller rättare sagt; ~ *you* (*him etc.*) *than me!* jag är glad det inte är jag! **3** (*som svar*) ja (jo) visst, absolut
rati|fication [,rætɪfɪ'keɪʃn] ratificering, stadfästelse, bekräftelse **-fy** [-faɪ] ratificera, stadfästa, bekräfta
rating ['reɪtɪŋ] **1** värdering; uppskattning; ~*s* (*pl, TV., radio.*) tittar-, lyssnar|siffror **2** [kommunal] taxering; kommunalskatt **3** klassificering; *sjö.* klass **4** [tjänste]grad **5** *sjömil.* menig, matros; ~*s* (*pl*) manskap, meniga **6** *tekn.* data; *octane* ~ oktantal
ratio ['reɪʃɪəʊ] förhållande, proportion
ratioci|nate [,rætɪ'ɒsɪneɪt] tänka (resonera) logiskt **-nation** [,rætɪɒsɪ'neɪʃn] logiskt tänkande (resonemang)
ration ['ræʃn] **I** *s* ranson, tilldelning; dos, [an]del; ~*s* (*pl, äv.*) mat[ransoner]; *iron* ~ nöd-, reserv|proviant **II** *v* **1** ransonera **2** *i sht mil.*, ~ [*out*] dela ut [ransoner] **3** ~ *s.b. to s.th.* ge ngn en ranson av ngt
rational ['ræʃənl] rationell; förståndsmässig; förnuftig, praktiskt ändamålsenlig **rationale** [,ræʃə'nɑ:l] logisk grund
rational|ism ['ræʃnəlɪz(ə)m] rationalism **-ist** [-ɪst] rationalist **-istic** [,ræʃnə'lɪstɪk] rationalistisk
ration|alization (*BE. äv. -alisation*) [,ræʃnəlaɪ'zeɪʃn] rationalisering **-alize** (*BE. äv. -alise*) ['ræʃnəlaɪz] rationalisera
ration book ['ræʃnbʊk] ransonerings|häfte, -kuponger
Ratisbon ['rætɪzbɒn] Regensburg
rat race ['rætreɪs] karriär|jakt, -lopp, hård konkurrens **ratsbane** [-sbeɪn] råttgift
rat-tat ['ræt,tæt] knack knack, knackning
rattle ['rætl] **I** *v* **1** skallra, skramla; rassla; knattra; klirra **2** ~ [*on, along*] pladdra (prata) på **3** skramla (skallra, rassla, klirra) med; skaka på **4** *vard.* göra nervös, irritera, störa **5** ~ *off* (*out*) *a*) rabbla upp, *b*) spotta fram; ~ *through* skynda sig (dra) igenom **II** *s* **1** skallra, skramla; *red* ~ (*bot.*) kärrspira **2** skallrande, skrammel; rassel; knatter; klirr **3** pladder **-snake** *zool.* skallerorm
rattling ['rætlɪŋ] **1** skallrande *etc.*, *jfr rattle I* **2** *vard.* hejdundrande; ~ [*good*] finfin, jättebra
rattrap ['ræt,træp] råttfälla
ratty ['rætɪ] *vard.* **1** *BE.* knarrig, vresig, irriterad

2 (*om hår*) ovårdad, stripig **3** *AE.* sjabbig, vanvårdad
raucous ['rɔːkəs] hes, skrovlig
ravage ['rævɪdʒ] **I** *v* **1** ödelägga, hemsöka, förhärja, plundra; härja **II** *s* ödeläggelse; härjning; *the* ~ *of time* tidens härjningar (tand)
R.A.V.C. *förk. för Royal Army Veterinary Corps*
rave [reɪv] **I** *v* **1** rasa, gorma **2** (*om vind, hav*) rasa, dåna **3** *vard.*, ~ *over* tala med hänförelse om, vurma för **4** *vard.*, ~ *it up* slå runt, festa om **II** *s* **1** *vard.* fantastiska lovord, entusiastiskt beröm **2** *BE. sl.* party **3** *BE. sl.* fluga, vurm; *the latest* ~ sista skriket **III** *a* entusiastisk, berömmande
ravel ['rævl] **I** *v* **1** trassla till (ihop) **2** ~ [*out*] repa (trassla, riva) upp, *bildl.* reda ut **3** trassla till (ihop) sig **4** ~ [*out*] repas (trasslas, rivas) upp **II** *s* oreda, trassel
raven ['reɪvn] **I** *s, zool.* korp **II** *a* korpsvart
ravenous ['rævənəs] **1** rov|girig, -lysten **2** *vard.* utsvulten, hungrig som en varg; glupsk
raver ['reɪvə] *BE. vard.* person som håller i gång, festprisse **rave-up** *BE. vard.* party, hålligång
ravine [rə'viːn] ravin, klyfta, hålväg
raving ['reɪvɪŋ] **I** *a* **1** yrande; förvirrad **2** *vard.* fantastisk, strålande **II** *adv* fullständigt, komplett; ~ *mad* spritt språngande galen
ravioli [ˌrævɪ'əʊlɪ] *kokk.* ravioli
ravish ['rævɪʃ] **1** *litt.* hänföra, hänrycka; ~*ed by* (*with*) hänförd av (över) **2** *åld.* våldföra sig på, våldta; röva (föra) bort **-ing** [-ɪŋ] hänförande, förtjusande
raw [rɔː] **I** *a* **1** rå, okokt **2** rå; obearbetad; oraffinerad; ~ *data* obearbetade uppgifter; ~ *material* a) råmaterial, b) råvara; ~ *silk* råsiden **3** öm, hudlös, sårig, svidande **4** oövad, oerfaren, otränad, omogen **5** realistisk, osminkad **6** (*om väder*) rå, ruskig, gråkall **7** *i sht AE.* grov, vulgär, rå, tarvlig **8** *vard., give s.b. a* ~ *deal* behandla ngn orättvist **II** *s* **1** *BE. vard., touch s.b. on the* ~ röra vid ngns ömma punkt **2** *in the* ~ (*vard.*) näck, naken; *life in the* ~ det osminkade livet **-boned** ['rɔːbəʊnd] mager, knotig **-hide** ['rɔːhaɪd] **1** ogarvat läder **2** piska (rep) av ogarvat läder
1 ray [reɪ] stråle; *a* ~ *of hope* en strimma hopp
2 ray [reɪ] *zool.* rocka
rayon ['reɪɒn] rayon|silke, -ull]
raze [reɪz] *v*, ~ [*to the ground*] rasera, jämna med marken, utplåna
razor ['reɪzə] rak|kniv, -hyvel, -apparat; *electric* ~ elektrisk rakapparat; ~*'s edge, se razor-edge* **razorback** *zool.* fenval **razorbill** *zool.* tordmule
razorblade rakblad **razor-edge** [-redʒ] rakbladsegg; *be on a* ~ vara i ett kritiskt läge (svår situation), balansera på en knivsegg **razor-sharp** knivskarp, rakbladsvass
razzle[-dazzle] ['ræzl(ˌdæzl] *s, vard. be* (*go*) *on the* ~ vara ute och festa (rumla) [om]
R.C. *förk. för Red Cross; Reserve Corps; Roman Catholic* **r.c.** *förk. för reinforced concrete*
R.C.A. *förk. för Radio Corporation of America; Royal Canadian Academy; Royal College of Art*
R.C.A.F. *förk. för Royal Canadian Air Force*
rcd. *förk. för received* **R.C.M.** *förk. för Royal College of Music* **R.C.M.P.** *förk. för Royal Canadian Mounted Police* **R.C.N.** *förk. för Royal Canadian Navy* **Rd.** *förk. för road* **rd.** *förk. för* (*on cheque*) *refer to drawer; rendered; road; round* **R.D.** *förk. för* (*on cheque*) *refer to drawer*
1 re [riː] beträffande, rörande
2 re [reɪ] *mus.* re
're [-ə] = *are* (*we're, you're, they're*)
R.E. *förk. för Reformed Episcopal; Religious Education; Right Excellent; Royal Engineers*
reach [riːtʃ] **I** *v* **1** nå [fram till, upp till], komma åt, komma [fram] till, anlända till, hinna [fram] till; ~ *an agreement* nå (komma fram till) en överenskommelse; ~ *home* komma hem; ~ *s.b. by phone* nå (få tag i) ngn på telefon **2** ge, räcka **3** sträcka; ~ *out one's hand* *i sht.th.* sträcka ut (fram) handen efter ngt **4** nå, räcka; *as far as the eye can* ~ så långt ögat når **5** sträcka (breda) ut sig **6** ~ [*out*] *for* sträcka sig efter **II** *s* **1** räckande, sträckande; *make a* ~ *for* sträcka sig (sträcka ut handen) efter **2** räck|håll, -vidd; utsträckning; omfång; [fattnings]förmåga; *this is beyond her* ~ det går över hennes horisont; *out of* ~ utom räckhåll, oåtkomlig (*of s.b.* för ngn); *within* ~ inom räckhåll, åtkomlig (*of s.b.* för ngn); *within easy* ~ *of the woods* i omedelbar närhet av (på bekvämt avstånd från) skogen **3** sträcka
reachable ['riːtʃəbl] åtkomlig, tillgänglig; inom räckhåll **reach-me-down** [-mɪdaʊn] *se hand-me-down*
react [rɪ'ækt] **1** reagera (*to* för, på; *against* mot) **2** ~ [*up*]*on* återverka (inverka) på **3** *kem.* reagera (*with* med) **reaction** [rɪ'ækʃn] **1** reaktion (*to* på; *against* mot; *towards* inför, mot) **2** *polit., kem.* reaktion **reactionary** [rɪ'ækʃnərɪ] **I** *a* reaktionär, bakåtsträvande **II** *s* reaktionär, bakåtsträvare
reac|tivate [rɪ'æktɪveɪt] reaktivera **-tivation** [rɪˌæktɪ'veɪʃn] reaktivering **-tive** [rɪ'æktɪv] *fys., kem.* reaktiv **-tor** [rɪ'æktə] reaktor
read I [riːd] *v* (*read* [red], *read* [red]) **1** läsa, läsa upp, läsa högt (*to s.b.* för ngn); tyda, tolka; studera; ~ *law* läsa (studera) juridik; ~ *music* läsa noter; ~ *a p.'s hand* spå ngn i handen; *for 'sweet'* ~ *'sweat'* i stället för 'sweet' skall det stå (läs) 'sweat'; *take s.th. as read* förutsätta att ngt är känt, betrakta ngt som överenskommet (självklart); ~ *back* läsa om; ~ *s.th. into a text* läsa (lägga) in ngt i en text; ~ *out* läsa upp (högt); ~ *over* (*through*) läsa igenom; ~ *up* [*on*] läsa 'på, läsa sig på **2** ~ [*off*] läsa av (*mätare*) **3** visa [på], stå på; *the thermometer* ~*s 38°* termometern visar (står på) 38° **4** läsa (*of, about* om); studera; ~ [*aloud*] läsa högt; ~ *for the bar* läsa (studera) juridik (till advokat); ~ *for an examination* läsa för en tentamen; ~ *to s.b. from* läsa [högt] för ngn i (ur) **5** stå [att läsa]; kunna läsas; lyda, låta; *that's how it* ~*s to me* så fattar jag det **II** [red] *a o. perf. part., be well read* vara beläst **III** [riːd] *s* läsning, lässtund; *he enjoys a good* ~ han tycker om att läsa
read|ability [ˌriːdə'bɪlətɪ] läslighet **-able** ['riːdəbl] **1** läs|lig, -bar **2** läsvärd
reader ['riːdə] **1** läsare; *tekn. äv.* läsapparat **2** uppläsare **3** *BE.* [universitets]lektor, docent **4** [*publisher's*] ~ lektör **5** läsebok **-ship 1** läsekrets **2** *BE.* [universitets]lektorat, docentur
readi|ly ['redɪlɪ] *adv* **1** gärna, [bered]villigt **2** lätt, med lätthet **-ness** [-nɪs] **1** [bered]villighet **2**

snabbhet; lätthet **3** beredskap; *in ~ for* beredd (redo) till
Reading ['riːdɪŋ]
reading ['riːdɪŋ] **I** *a* läsande, läs[e]- **II** *s* **1** läsande, läsning; lektyr; *the book is (makes) very interesting ~* boken är mycket intressant [att läsa] **2** uppläsning, recitation **3** tolkning, interpretation, uppfattning **4** beläsenhet; *a woman of wide ~* en mycket beläst kvinna **5** avläsning; mätarställning; *barometer ~* barometerstånd; *the ~ is...* den visar (står på)...; *take a ~* läsa av mätaren (*e.d.*) **6** *parl.* läsning **reading desk** läspulpet **reading lamp** läslampa **reading room** läsesal
readjust [ˌriːəˈdʒʌst] **1** [på nytt] ställa om (ställa in, justera) **2** ~ [*o.s.*] [åter]anpassa sig (*to* till, efter) **-ment** [-mənt] **1** omställning, omjustering **2** [åter]anpassning
read-out ['riːdaʊt] *data.* avläsning
ready ['redɪ] **I** *a* **1** färdig, klar, beredd, redo, i ordning; *~, steady, go!* klara, färdiga, gå!; *he is very ~ at excuses* han har alltid en ursäkt till hands; *~ for action* strids|beredd, -klar; *~ for (to) use* färdig (klar) att använda[s]; *get* [*o.s.*] *~* göra sig klar (i ordning), förbereda sig (*for* för, på) **2** [bered]villig, benägen, snar, ivrig; *be ~ to (äv.)* vara nära (på väg, på vippen) att **3** rask, snabb; kvick[tänkt]; *~ wit* slagfärdighet **4** bekväm, lätt, snabb-; *~ reckoner* lathund, räknetabell **5** *~ money (vard.)* reda pengar, kontanter; *~ assets* likvida medel **II** *s* **1** *vard.*, *the readies* kontanter [na] **2** *mil., at the ~* skjutklar, i färdigställning
ready|**-cooked** ['redɪkʊkt] färdiglagad **--made I** *a* färdiggjord; färdigsydd, konfektions-; färdiglagad (*food* mat); *bildl.* färdig[gjord], patent-; *~ solution* patentlösning, färdig lösning **II** *s* färdigsytt (konfektionssytt) plagg
reaffirm [ˌriːəˈfəːm] på nytt bekräfta (hävda)
reafforest [ˌriːəˈfɒrɪst] nyplantera med skog
Reagan ['reɪɡən]
reagent [riːˈeɪdʒ(ə)nt] *kem.* reagens
real [rɪəl] **I** *a* verklig, riktig, reell, faktisk; äkta; *~ estate (property)* (*jur.*) fast egendom; *~ size* naturlig storlek; *the ~ thing* (*vard.*) den riktiga (genuina) grejen, äkta vara, det enda rätta; *the ~ world* verkligheten, det verkliga livet **II** *adv, AE.* verkligt, riktigt; verkligen **III** *s, vard., for ~* på riktigt
realignment [ˌriːəˈlaɪnmənt] omgruppering, omstrukturering
real|**ism** ['rɪəlɪz(ə)m] realism **-ist** [-ɪst] realist **-istic** [ˌrɪəˈlɪstɪk] realistisk
reality [rɪˈælətɪ] verklighet, realitet; *in ~ a)* i verkligheten (realiteten), *b)* i själva verket
real|**izable** (*BE. äv. -isable*) ['rɪəlaɪzəbl] möjlig att förverkliga (realisera); realiserbar **-ization** (*BE. äv. -isation*) [ˌrɪəlaɪˈzeɪʃn] **1** insikt **2** förverkligande, realiserande, genomförande, utförande **3** realiserande, avyttring **-ize** (*BE. äv. -ise*) ['rɪəlaɪz] **1** inse, fatta, förstå **2** förverkliga, realisera, genomföra, utföra; *~ o.s.* förverkliga sig själv; *my worst fears were ~d* mina värsta farhågor besannades **3** realisera, förvandla i reda pengar, avyttra **4** inbringa
really ['rɪəlɪ] *adv* **1** verkligen, faktiskt; i själva verket, egentligen; *~!* nej, vet du (ni) vad! **2** riktigt, verkligt (*bad* dålig)

realm [relm] [kunga]rike; *bildl.* värld
realtor ['rɪəltə] *AE.* fastighetsmäklare **realty** [-ɪ] *jur.* fast egendom
ream [riːm] **1** ris (*papper*) **2** *vard., ~s of poetry* massor med poesi
reap [riːp] skära, meja (*corn* säd); skörda (*äv. bildl.*) **-er** ['riːpə] **1** skörde|arbetare, -man; *the grim ~* liemannen **2** skördemaskin **-ing-hook** ['riːpɪŋhʊk] skära **-ing-machine** ['riːpɪŋməˌʃiːn] skördemaskin
reappear [ˌriːəˈpɪə] visa sig igen (på nytt), uppträda på nytt **-ance** [-r(ə)ns] återuppträdande
reappraisal [ˌriːəˈpreɪzl] omprövning
1 rear [rɪə] **I** *s* **1** bakre del; bakdel; baksida; *in (at) the ~ of* bakom, på baksidan av, i slutet av; *bring (take) up the ~* bilda eftertrupp **2** *vard.* bak, ända, rumpa **II** *a* bak-, bakre; *~ wheel* bakhjul
2 rear [rɪə] **I** *v* **1** uppfostra **2** föda upp; odla **3** resa (*a ladder* en stege; *a building* en byggnad); *the horse ~ed its legs* hästen stegrade sig; *racialism ~ed its ugly head* racismen stack upp sitt otäcka huvud **4** ~ [*up*] resa sig, stegra sig
rear admiral [ˌrɪəˈædm(ə)r(ə)l] *sjö.* konteramiral **rearguard** ['rɪəɡɑːd] eftertrupp, arriärgarde **rear light** ['rɪəlaɪt] baklykta
rearm [ˌriːˈɑːm] [åter]upprusta **rearmament** [rɪˈɑːməmənt] [åter]upprustning
rearmost ['rɪəməʊst] bakerst, längst bak; sist
rearrange [ˌriːəˈreɪn(d)ʒ] ordna (arrangera, placera) om; bestämma ny tid för; *~ the furniture* möblera om
rear view ['rɪəvjuː] *a, ~ mirror* backspegel
reason ['riːzn] **I** *s* **1** anledning, grund, orsak, skäl (*for* till, för); *by ~ of* på grund av; *the ~ why (that)* anledningen (orsaken, skälet) till att; *for some ~* av ngn anledning; *for ~s best known to herself* she has av ngn outgrundlig anledning har hon; *all the more ~ to do it* så mycket större anledning att göra det; *I have every ~ to* jag har all anledning att **2** förstånd; förnuft; reson, rimlighet, fog; *with (in all) ~* med all rätt, med rätta; *lose one's ~* förlora förståndet; *listen to ~* ta reson; *that stands to ~* det är [själv]klart; *do anything within ~* göra allt inom rimliga gränser (man kan begära) **II** *v* **1** resonera; *~ out a)* sluta sig till, tänka ut (igenom), *b)* resonera igenom **2** *~ s.b. into doing s.th.* övertala (förmå) ngn [till] att göra ngt **3** resonera (tänka, tala) logiskt (förnuftigt); dra slutsatser; resonera, diskutera; *~ with s.b. (äv.)* tala förstånd med ngn
reason|**able** ['riːznəbl] **1** förnuftig, förståndig; resonabel **2** skälig, rimlig; tämligen bra (stor *e.d.*), hygglig **-ably** [-əblɪ] *adv* **1** förnuftigt, förståndigt; resonabelt **2** skäligt, rimligt; tämligen, ganska **-ing** [-ɪŋ] resonerande, resonemang; tankegång, argument
reassemble [ˌriːəˈsembl] sätta ihop igen (på nytt) **2** åter samla[s]
reassess [ˌriːəˈses] ompröva; omvärdera
reassurance [ˌriːəˈʃʊər(ə)ns] uppmuntran, tröst; tillförsikt **reassure** [ˌriːəˈʃʊə] uppmuntra, trösta, lugna **reassuring** [ˌriːəˈʃʊərɪŋ] lugnande
rebate [ˈriːbeɪt] rabatt, avdrag; återbäring; *tax ~* skatteåterbäring
rebel I *s* ['rebl] rebell, upprors|man, -makare **II** *a*

rebellion—reckon

['rebl] rebell-, rebellisk, upprors-, upprorisk; ~ *leader* rebelledare, upprorsledare **III** *v* [rɪ'bel] göra uppror, resa sig, rebellera **rebellion** [rɪ'beljən] uppror; revolt; *rise in* ~ göra uppror **rebellious** [rɪ'beljəs] **1** upprorisk, rebellisk **2** motspänstig

rebirth [ˌriː'bɜːθ] pånyttfödelse, förnyelse; återupplivande

reborn [ˌriː'bɔːn] pånyttfödd, förnyad; återupplivad

rebound I *v* [rɪ'baʊnd] studsa tillbaka; *mil.* rikoschettera; *bildl.* slå slint; ~ *on s.b.* ha återverkningar (falla tillbaka) på ngn **I** *s* ['riːbaʊnd] återstudsning, studs; *on the* ~ som reaktion, på rekylen; *she married him on the* ~ hon gifte sig med honom innan hon hämtat sig från sitt tidigare misslyckade förhållande

rebuff [rɪ'bʌf] **I** *v* avvisa; snäsa av **II** *s* avvisande; avsnäsning, avslag; bakslag

rebuild [ˌriː'bɪld] (*rebuilt, rebuilt*) återuppbygga; bygga om

rebuke [rɪ'bjuːk] **I** *v* tillrättavisa, klandra **II** *s* tillrättavisning, klander

rebus ['riːbəs] rebus

rebut [rɪ'bʌt] motbevisa, vederlägga **rebuttal** [-l] motbevis, vederläggning

rec [rek] *vard. för recreation*

rec. förk. för receipt; recipe; record; recorder

recalci|trance [rɪ'kælsɪtr(ə)ns] motspänstighet, motsträvighet **-trant I** *a* motspänstig, motsträvig **II** *s* motspänstig (motsträvig) person

recall [rɪ'kɔːl] **I** *v* **1** återkalla; kalla hem (tillbaka); *mil.* [åter]inkalla **2** erinra sig, minnas, komma ihåg; *I* ~ *seeing her* jag kommer ihåg att jag såg (har sett) henne **II** *s* **1** återkallande; hemkallande; *beyond* ~ oåterkallelig **2** minne, hågkomst

recant [rɪ'kænt] ta tillbaka, återkalla; avsvärja sig **recantation** [ˌriːkæn'teɪʃn] åter|tagande, -kallelse; avsvärjelse

1 recap ['riːkæp] *vard. för recapitulation, recapitulate*

2 recap ['riːkæp] *AE.* **I** *v* regummera (*tires* däck) **II** *s* regummerat däck

recapitu|late [ˌriːkə'pɪtjʊleɪt] rekapitulera, i korthet återuppreda **-lation** ['riːkəˌpɪtjʊ'leɪʃn] **1** rekapitulering, återupprepande **2** *mus.* repris

recapture [ˌriː'kæptʃə] **I** *v* **1** återta, återerövra **2** åter infånga **3** dra sig till minnes, frambesvärja **II** *s* **1** återtagande, återerövring **2** infångande **3** frambesvärjande

recast [ˌriː'kɑːst] (*recast, recast*) **1** stöpa (gjuta) om; *bildl.* ombilda, omarbeta **2** *teat., film.* nybesätta (*part* roll)

recd. *förk. för received*

recede [rɪ'siːd] **1** gå (dra sig) tillbaka, vika; *receding forehead* sluttande panna; *his hair is receding* han börjar bli tunnhårig i pannan; ~ *from* undandra sig, frångå **2** minska; avlägsna sig

receipt [rɪ'siːt] **1** kvitto (*for* på) **2** ~*s* (*pl*) intäkter **3** mottagande; *on* ~ vid mottagande av; *acknowledge* ~ *of* bekräfta mottagandet av; *be in* ~ *of* ha mottagit

receive [rɪ'siːv] **1** ta emot, motta[ga], få, erhålla, uppbära; [*payment*] ~*d* [betalt] kvitteras; ~ *stolen goods* ta emot stöldgods, göra sig skyldig till häleri **2** lida, utstå **3** ta in (upp) [som medlem] (*into* i) **4** anta[ga], erkänna **5** ha mottagning, ta emot **6** *i sht BE.* göra sig skyldig till häleri **received** [-d] *a o. perf. part.* mottagen (*etc., jfr receive*); vedertagen; *R~ Pronunciation* (*språkv.*) vedertaget uttal (*av brittisk engelska*) **receiver** [-ə] **1** mottagare **2** [telefon]lur; [radio-, TV-]mottagare **3** *jur.* konkursförvaltare, god man **4** hälare

recency ['riːsnsɪ] nyhet

recension [rɪ'senʃn] reviderad utgåva

recent ['riːsnt] ny, färsk; nyligen inträffad; *in* ~ *times* under (på) senare tid **-ly** [-lɪ] *adv* nyligen, på senaste (sista) tiden; *as* ~ *as* så sent som; *it's only quite* ~ *that* det är först på allra senaste tiden som

receptacle [rɪ'septəkl] förvaringskärl, behållare

reception [rɪ'sepʃn] **1** mottagande; mottagning; (*på hotell e.d.*) mottagning; *radio.* mottagning, mottagningsförhållanden **2** upptagande **3** *BE. skol.* första förberedande **reception centre** upptagningshem **reception class** *BE. skol.* första förberedande **reception desk** (*på hotell*) reception[sdisk] **receptionist** [rɪ'sepʃənɪst] receptionist; kundmottagare; mottagningssköterska **reception room** [rɪ'sepʃnrʊm] sällskapsrum

recep|tive [rɪ'septɪv] receptiv, mottaglig (*to* för) **-tivity** [ˌresep'tɪvətɪ] receptivitet, mottaglighet

recess [rɪ'ses] **1** (*parlaments, domstols*) uppehåll, ferier; *AE.* lov, ferier **2** alkov; nisch; inskärning, fördjupning; *bildl.* vrå, skrymsle **recession** [rɪ'seʃn] **1** återgång **2** *ekon.* recession, avmattning, konjunkturnedgång **recessive** [rɪ'sesɪv] *biol.* recessiv, vikande

recharge [ˌriː'tʃɑːdʒ] *elektr.* ladda [om] **-able** [-əbl] *elektr.* uppladdningsbar

recherché [rə'ʃeəʃeɪ] sofistikerad, sökt

recidivist [rɪ'sɪdɪvɪst] återfallsförbrytare

recipe ['resɪpɪ] *kokk., bildl.* recept (*for* på)

recipient [rɪ'sɪpɪənt] mottagare

reciprocal [rɪ'sɪprəkl] **1** ömsesidig **2** *språkv.* reciprok **reciprocate** [-keɪt] **1** återgälda, besvara; revanschera sig för **2** *fack.* röra sig fram och tillbaka **3** besvara mottagning, samverka **reciprocation** [rɪˌsɪprə'keɪʃn] **1** återgäldande, besvarande **2** rörelse fram och tillbaka, växelverkan **reciprocity** [ˌresɪ'prɒsətɪ] ömsesidighet, växelverkan

recital [rɪ'saɪtl] **1** *mus.* [solist]framträdande **2** recitation, uppläsning **3** detaljerad redogörelse (*of* för) **recitation** [ˌresɪ'teɪʃn] **1** recitation, uppläsning **2** reciterat stycke **recitative** [ˌresɪtə'tiːv] *mus.* recitativ **recite** [rɪ'saɪt] **1** recitera, läsa upp, deklamera **2** ge en detaljerad redogörelse för **3** räkna upp **reciter** [rɪ'saɪtə] recitatör, uppläsare

reckless ['reklɪs] hänsynslös; vårdslös, oansvarig, lättsinnig; våghalsig

reckon ['rek(ə)n] **1** räkna; räkna ut, beräkna, uppskatta, bedöma; ~ *among* (*with*) räkna bland (till); ~ *in* räkna in (med), inkludera; ~ *up a*) räkna ihop (samman), *b*) räkna upp **2** räkna, anse; *she is* ~ *ed a beautiful girl* hon anses vara en vacker flicka **3** *vard.* tycka, anse, tro **4** räkna med, anta[ga], förmoda **5** räkna; ~ [*up*]*on a*)

räkna med, *b*) räkna på; ~ *with a*) räkna med, *b*) göra upp [räkningen] med; ~ *without* inte räkna med, göra upp räkningen utan **6** räkna, uppgå till **7** räknas (*among* bland, till) **reckoner** ['reknə] *s*, *ready* ~ lathund, räknetabell **reckoning** ['reknɪŋ] **1** räkning, räknande; uträkning, beräkning; räkenskap; *the day of* ~ räkenskapens dag; *dead* ~ (*sjö*.) död räkning; *be out in one's* ~ ha räknat fel **2** räkning, nota
reclaim [rɪ'kleɪm] **I** *v* **1** reklamera, fordra (kräva) tillbaka **2** odla upp; ~*ed land* uppodlad mark **3** återvinna (*avfall e.d.*) **4** åld. reformera, omvända **II** *s* **1** reklamering; *luggage* ~ bagageutlämning **2** *beyond* (*past*) ~ oförbätterlig **reclamation** [ˌreklə'meɪʃn] uppodling; återvinning (*av avfall e.d.*)
recline [rɪ'klaɪn] **1** luta sig bakåt (tillbaka); vila; kunna fällas bakåt; *reclining* tillbakalutad; *reclining chair* vilstol **2** fälla bakåt **3** vila, luta [tillbaka]
recliner [-ə] vilstol
recluse [rɪ'klu:s] enstöring, eremit
recog|nition [ˌrekəg'nɪʃn] **1** igenkännande; *beyond* (*out of all*) ~ till oigenkännlighet, oigenkännlig **2** erkännande; erkänsla; *in* ~ *of* som ett erkännande av **-nizable** (*BE. äv. -nisable*) ['rekəgnaɪzəbl] igenkännlig **-nizance** (*BE. äv. -nisance*) [rɪ'kɒgnɪz(ə)ns] *jur.* **1** förbindelse; ställande av säkerhet, borgen **2** garanti, borgens|summa **-nize** (*BE. äv. -nise*) ['rekəgnaɪz] **1** känna igen (*by the voice* på rösten); kännas vid **2** erkänna; inse (*the necessity of* nödvändigheten av); visa sin erkänsla för
recoil I *v* [rɪ'kɔɪl] **1** rygga [tillbaka] (*from* för) **2** rekylera; studsa tillbaka; *bildl.* återfalla, falla tillbaka (*on* på) **II** *s* ['ri:kɔɪl] **1** [tillbaka]ryggande **2** rekyl; återstuds **-less** [rɪ'kɔɪlɪs] rekylfri
recol|lect [ˌrekə'lekt] erinra sig, komma ihåg, minnas, påminna sig **-lection** [-'lekʃn] erinring, hågkomst, minne; *to the best of my* ~*s* såvitt jag kan erinra mig (minnas)
recombi|nant [ri:'kɒmbɪnənt] hybrid- **-nation** [ˌri:kɒmbɪ'neɪʃn] hybridisering
recommence [ˌri:kə'mens] börja på nytt
recom|mend [ˌrekə'mend] **1** rekommendera, förorda; ~*ed price* rekommenderat pris, cirkapris **2** tillråda, tillstyrka **3** göra attraktiv (uppskattad); *this hotel has much to* ~ *it* det är mycket som talar för det här hotellet **4** åld. anbefalla, anförtro (*to* åt) **-mendable** [-əbl] rekommendabel, värd att förorda, tillrådlig **-mendation** [ˌrekəmen'deɪʃn] rekommendation, förordande; *on the* ~ *of* på rekommendation av
recompense ['rekəmpens] **I** *v* **1** kompensera, ersätta, gottgöra **II** *s* kompensation, ersättning, gottgörelse
recon|cilable ['rekənsaɪləbl] **1** försonlig **2** förenlig **-cile** [-saɪl] **1** försona, förlika; ~ *o.s. to, be* (*become*, *grow*) ~*d to* försona (förlika) sig med, finna sig i; *I am* ~*d with him* jag har försonats med honom **2** bilägga (*tvist e.d.*), få att gå ihop **-ciliation** [ˌrekənsɪlɪ'eɪʃn] **1** försoning, förlikning **2** uppgörelse **3** sammanjämkning
recondite [rɪ'kɒndaɪt] dunkel, svårfattlig
recondition [ˌri:kən'dɪʃn] reparera, renovera, rusta upp
reconnaissance [rɪ'kɒnɪs(ə)ns] spaning, rekognoscering, sondering
reconnoitre [ˌrekə'nɔɪtə] spana, rekognoscera, sondera
reconsider [ˌri:kən'sɪdə] ompröva, överväga på nytt, ta under omprövning **-ation** ['ri:kənˌsɪdə'reɪʃn] omprövning, förnyat övervägande
recon|struct [ˌri:kən'strʌkt] rekonstruera; återuppbygga; ombilda **-struction** [-'strʌkʃn] rekonstruktion; återuppbyggande; återuppbyggnad; ombildning
record I *v* [rɪ'kɔ:d] **1** uppteckna, skriva ner, bevara (*skriftligt*); dokumentera; [in]registrera; protokollföra; föra protokoll vid; återge, förtälja; *send a letter* ~*ed delivery* (*ung.*) skicka ett brev med begäran om mottagningsbevis; *in all* ~*ed history* under historisk tid **2** spela in, banda, ta upp **3** visa, stå på, registrera **II** *s* ['rekɔ:d] **1** uppteckning; förteckning, register; dokument, urkund; protokoll; redogörelse, vittnesbörd; dokumentation; ~*s* (*pl, äv.*) arkiv; *for the* ~ för ordningens skull, för att undvika missförstånd; *off the* ~ *a*) inofficiell, konfidentiell, *b*) utanför protokollet; *on* ~ belagd, bevisad, dokumenterad, känd; *the greatest boxer on* ~ den största boxare som [någonsin] funnits; *you are* (*go*) *on* ~ *as saying that* du har offentligt deklarerat att; *there is no* ~ *of his having said it* det finns inga bevis (belägg) för (på) att han har sagt det **2** (*persons*) förflutet; meriter, prestationer; förutsättningar; meritlista; vitsord; rykte; *clean* ~ fläckfritt förflutet; *have a* ~ finnas i polisregistret, vara straffad tidigare **3** [grammofon]skiva, platta; inspelning, upptagning **4** rekord; *Olympic* ~ olympiskt rekord; *break the* ~ slå rekord [et] (*for the long jump* i längdhopp); *hold the* ~ *for* [inne]ha rekordet i **III** *a* ['rekɔ:d] rekord-; ~ *time* rekordtid
record|er [rɪ'kɔ:də] **1** registrator; inspelnings-, registrerings|apparat; bandspelare **2** blockflöjt **3** (*i England o. Wales*) domare (*i Crown Court*) **-ing** [-ɪŋ] **1** *s* registrering; inspelning **II** *a* registrerings-; inspelnings-; ~ *studio* inspelningsstudio
record-player ['rekɔ:dˌpleɪ(ɪ)ə] skivspelare
recount I *v* **1** [rɪ'kaʊnt] relatera, berätta, skildra **2** [ˌri:'kaʊnt] räkna om **II** *s* ['ri:kaʊnt] omräkning
recoup [rɪ'ku:p] **1** *jur.* hålla inne **2** ersätta, gottgöra
recourse [rɪ'kɔ:s] tillflykt; *have* ~ *to* tillgripa, ta sin tillflykt till; *without* ~ *to* utan hjälp av (tillgång till)
recover [rɪ'kʌvə] **I** *v* **1** åter|vinna, -få **2** tillfriskna; [åter]hämta sig; *she has* (*is*) *fully* ~*ed* hon är helt återställd **3** *jur.* återfå (*genom domstolsutslag*), bli tilldömd
re-cover [ˌri:'kʌvə] **1** åter täcka **2** klä om (*möbler*), sätta nytt överdrag på
recovery [rɪ'kʌvərɪ] **1** åter|vinnande, -fående **2** tillfrisknande; återhämtning; *she is beyond* (*past*) ~ hon är obotligt sjuk (står inte att rädda)
recreant ['rekrɪənt] åld. *I a* **1** feg **2** trolös **II** *s* **1** pultron **2** trolös person
re-create [ˌri:krɪ'eɪt] skapa på nytt, återskapa; återuppliva
recreation [ˌrekrɪ'eɪʃn] **1** rekreation, förströelse; aktivitet, tidsfördriv **2** *skol.* rast
re-creation [ˌri:krɪ'eɪʃn] återskapande; återupp-

recreation ground—reduction 422

livande
recreation ground [ˌrekrɪ'eɪʃngraʊnd] lek|plats, -park
recrimi|nation [rɪˌkrɪmɪ'neɪʃn] mot|anklagelse, -beskyllning **-natory** [rɪ'krɪmɪnət(ə)rɪ] motbeskyllnings-, motanklagelse-
recru|desce [ˌriːkruː'des] bryta ut igen **-descence** [-'desns] förnyat utbrott
recruit [rɪ'kruːt] **I** s ny medlem; rekryt **II** v **1** rekrytera, värva; värva som rekryter (medlemmar) **2** förnya, stärka **-ment** [-mənt] rekrytering, värvning
rect. *förk. för receipt; rector; rectory*
rectan|gle ['rekˌtæŋgl] rektangel **-gular** [rek'tæŋgjʊlə] rektangulär
rectify ['rektɪfaɪ] rätta [till]
rectiline|al, -ar [ˌrektɪ'lɪnɪ|əl, -ə] rätlin[j]ig
rectitude ['rektɪtjuːd] rättskaffenhet
rector ['rektə] **1** kyrkoherde **2** [universitets]rektor; *Sk.* studentrepresentant (*i universitetssyrelse*) **rectorship** [-ʃɪp] **1** kyrkoherdebefattning **2** rektorat **rectory** ['rekt(ə)rɪ] kyrkoherdeboställe, prästgård
rec|tum ['rektəm] (*pl -tums el. -ta* [-tə]) *anat.* rectum, ändtarm
recumbent [rɪ'kʌmbənt] *litt.* liggande, vilande; *be ~* ligga
recuper|ate [rɪ'kjuːp(ə)reɪt] **1** [åter]hämta sig **2** åter|vinna, -få **-ation** [rɪˌkjuːpə'reɪʃn] återhämtning; konvalescens **-ive** [-rətɪv] återställande, stärkande
recur [rɪ'kɜː] återkomma; upprepas; *a ~ring problem* ett återkommande problem **-rence** [rɪ'kʌr(ə)ns] åter|kommande, -komst; uppre|p|ande, -ning **-rent** [rɪ'kʌr(ə)nt] återkommande
recycle [ˌriː'saɪkl] åter|använda, -vinna; *~d paper* returpapper
red [red] **I** *a* röd (*äv. polit.*); *~ ant* rödmyra; *not have a ~ cent* (*AE. vard.*) inte ha ett rött öre; *~ clover* rödklöver; *the R~ Cross* Röda korset; *~ currants* röda vinbär; *~ deer* kronhjort; *the R~ Ensign* brittiska handelsflaggan; *~ fox* rödräv; *~ herring a)* rökt sill, *b)* villospår, avledande manöver; *R~ Indian* indian; *~ lead* [bly]mönja; *see the ~ light* (*bildl.*) märka faran; *~ pepper* röd-, cayenne|peppar, paprika[pulver]; *the R~ Sea* Röda havet; *~ tape* (*bildl.*) byråkrati **II** *adv* rött; *see ~* se rött **III** *s* **1** rött; röd färg; *be in the ~* (*vard.*) vara skuldsatt; *on ~* vid rött ljus; *get out of the ~* (*vard.*) bli skuldfri **2** *polit.* röd
red. *förk. för reduce[d]*
red|bait ['redbeɪt] *AE.* beskylla för kommunistsympatier **--blooded** [ˌred'blʌdɪd] *vard.* kraftfull, viril
red|breast ['redbrest] *zool.* rödhake **-brick** *a, ~ university* nyare universitet (*t. skillnad från Oxford o. Cambridge*) **-cap 1** *BE. vard.* militärpolis **2** *AE.* bärare, stadsbud **3** *zool.* steglits **-coat** (*förr*) brittisk soldat, rödrock **-den** ['redn] **1** färga röd **2** rodna, bli röd **-dish** [-ɪʃ] rödaktig
redecorate [ˌriː'dekəreɪt] måla om, tapetsera om, reparera
redeem [rɪ'diːm] **1** sona; gottgöra; rädda, lätta upp (*the situation* situationen); *~ing feature* försonande drag; *~ o.s.* rehabilitera sig **2** lösa ut (in); betala; friköpa **3** *relig.* återlösa, frälsa **-er**

[-ə] frälsare, befriare; *the R~* Frälsaren (*Kristus*)
redemp|tion [rɪ'dem(p)ʃn] **1** sonande; gottgörelse **2** ut-, in|lösande, inlösen; betalning; friköpande **3** *relig.* återlösning, frälsning **4** *past* (*beyond*) *~* räddningslöst förlorad, hopplös, oförbätterlig **-tive** [-tɪv] *relig.* försonings-, frälsande
redeploy [ˌriːdɪ'plɔɪ] omgruppera, omplacera
redevelop [ˌriːdɪ'veləp] sanera (*slums* slumområden) **-ment** [-mənt] sanering
red|handed [ˌred'hændɪd] *a, catch s.b. ~* ta ngn på bar gärning **-head** ['redhed] rödhårig person **-headed** [ˌred'hedɪd] rödhårig **--hot** [ˌred'hɒt] rödglödgad, glödhet; [röd]glödande (*äv. bildl.*); *bildl.* pinfärsk
redinte|grate [re'dɪntɪgreɪt] återställa; förnya **-gration** [reˌdɪntɪ'greɪʃn] återställande; förnyelse
redirect [ˌriːdɪ'rekt] **1** ställa om, ändra **2** dirigera om (*traffic* trafik); eftersända (*mail* post)
redis|tribute [ˌriːdɪ'strɪbjuːt] omfördela **-tribution** ['riːˌdɪstrɪ'bjuːʃn] omfördelning
red|letter [ˌred'letə] *a, ~ day* helgdag; bemärkelse-, högtids|dag **--light** *a, ~ district* bordellkvarter **-ness** ['rednɪs] rodnad, röd färg
redo [ˌriː'duː] göra om; *vard.* reparera, måla om, tapetsera om
redo|lence ['redə(ʊ)l(ə)ns] *litt.* vällukt, doft **-lent** *litt.* **1** välluktande, doftande **2** *~ of* påminnande (som påminner) om
redouble [ˌriː'dʌbl] **1** fördubbla, öka **2** *kortsp.* redubbla **3** fördubblas, öka[s]
redoubt [rɪ'daʊt] *mil.* redutt; *bildl.* högborg, fäste
redoubtable [rɪ'daʊtəbl] fruktad; respektingivande; fruktansvärd, skräckinjagande
redound [rɪ'daʊnd] **1** *~ to a p.'s credit* lända ngn till heder; *~ to a p.'s advantage* vara till fördel för ngn **2** återfalla (*on* på)
redpoll ['redpəʊl] *zool.* gråsiska
redress [rɪ'dres] **I** *v* **1** avhjälpa, rätta till, ställa till rätta; återställa (*the balance* balansen) **2** gottgöra **II** *s* **1** avhjälpande; återställande **2** gottgörelse
red|shank ['redʃæŋk] *zool.* rödbena **-skin** *åld.* rödskinn (*indian*) **-start** *zool.* rödstjärt
reduce [rɪ'djuːs] **1** reducera, [för]minska, inskränka, sätta ner, sänka; flytta ner; *on a ~d scale* i förminskad skala; *~ one's weight* gå ner [i vikt], banta; *~ to the ranks* degradera till menig **2** försvaga, utmatta; *~d circumstances* små (knappa) omständigheter **3** [hän]föra, föra in (*to, under*); förvandla, göra, försätta, bringa; tvinga; *~ to ashes* lägga i (förvandla till) aska; *be ~d to begging* vara tvungen att gå och tigga; *~ to despair* driva till förtvivlan, göra förtvivlad; *~ to practice* omsätta i praktiken; *~ s.b. to tears* få ngn att gråta **4** lägga under sig, kuva, besegra, erövra **5** *mat.* reducera; förkorta (*a fraction* ett bråk); förenkla (*an equation* en ekvation) **6** reducera, minskas **7** gå ner [i vikt], banta
reducible [rɪ'djuːsəbl] reducerbar
reduction [rɪ'dʌkʃn] **1** reducering, reduktion, inskränkning, minskning; sänkning; nedskärning; förenkling; nedsättning; avdrag, rabatt; *sell at a ~* sälja med rabatt (till nedsatt pris) **2** försättande (*to* i) **3** *mat.* reduktion, förkortning; förenkling

redundancy [rɪ'dʌndənsɪ] **1** överflöd; överskott **2** avskedande, friställande, entledigande; arbetslöshet **redundancy payment** avgångsvederlag **redundant** [-t] **1** överflödig; övertalig; arbetslös, friställd **2** redundant, övertydlig, ordrik (*style* stil)
redupli|cate [rɪ'dju:plɪkeɪt] fördubbla; upprepa; *språkv.* reduplicera **-cation** [rɪˌdju:plɪ'keɪʃn] fördubbling; upprepning; *språkv.* reduplicering
red|wing ['redwɪŋ] *zool.* rödvingetrast **-wood 1** rödved **2** rödvedsträd
re-echo [ri:'ekəʊ] **1** genljuda, eka, återskalla (*with* av) **2** upprepa [som ett eko] **3** återkasta
reed [ri:d] **1** *bot.* vass; vasstrå, vassrör; *litt.* rö; ~s (*pl, äv.*) takhalm; *a broken* ~ (*bildl.*) ett bräckligt rö **2** *mus.* rörblad, tunga; rörflöjt, vasspipa **3** *väv.* [väv]sked **reed mace** ['ri:dmeɪs] *bot.* [bred]kaveldun **reed pipe** *mus.* rörbladsinstrument
re-educate [ˌri:'edjʊkeɪt] omskola
reed warbler ['ri:dˌwɔ:blə] *zool.* rörsångare
reedy ['ri:dɪ] **1** vass|rik, -bevuxen **2** (*om röst*) vass, gäll, pipig
1 reef [ri:f] *sjö.* **I** *s* rev **II** *v* reva
2 reef [ri:f] rev; *coral* ~ korallrev
reefer [jacket] ['ri:fəˌdʒækɪt] (*kort*) sjömansjacka
reef knot ['ri:fnɒt] *sjö.* råbandsknop
reek [ri:k] **I** *s* **1** stank, odör, dålig lukt **2** *dial.* rök, ånga **II** *v* **1** stinka (*äv. bildl.*), lukta illa; ~ *of whisky* stinka [av] whisky **2** röka, desinficera [genom rökning] **3** *dial.* ryka, ånga (*with* av) **4** ~ *with* vimla (myllra, krylla) av
reel [ri:l] **I** *s* **1** rulle, spole; [film]scener **2** haspel; vinda **3** *Sk.* reel (*dans*) **II** *v* **1** ~ [*up*] rulla (haspla, spola, veva) upp (*på rulle*); ~ *in a fish* haspla (veva) in en fisk; ~ *off a*) rulla (spola) av, *b*) *bildl.* rabbla upp **2** ragla; vackla; snurra [runt], virvla; *my head* ~*s* det går runt i huvudet på mig
re-elect [ˌri:ɪ'lekt] välja om, återvälja **re-election** [-'lekʃn] omval, återval
reel-to-reel [ˌri:ltə'ri:l] *a*, ~ *tape recorder* rullbandspelare
re-en|ter [ˌri:'entə] återinträda; komma (resa) in igen **-try** [ri:'entrɪ] återinträde; åter|komst, -inresa
re-establish [ˌri:ɪ'stæblɪʃ] återupprätta; återinföra; återinsätta **-ment** [-mənt] återupprättande; återinförande; återinsättande
reeve [ri:v] *hist.* fogde
re-examine [ˌri:ɪg'zæmɪn] ompröva, pröva (undersöka) på nytt
ref [ref] *vard för* referee
ref. *förk. för* referee; reference; reformed **Ref. Ch.** *förk. för Reformed Church*
refectory [rɪ'fekt(ə)rɪ] (*i kloster, skola*) refektorium, matsal
refer [rɪ'fɜ:] **1** remittera; hänvisa; hänskjuta; ~ *a patient to* remittera en patient till **2** ~ *to a*) beröra, tala om, nämna, *b*) åsyfta, syfta på, avse, *c*) hänvisa (referera) till, åberopa, *d*) vända sig till, konsultera, gå [tillbaka] till, *e*) gälla, hänföra sig till; ~*ring to your letter* åberopande Ert brev; *he* ~*red his victory to God* han tillskrev Gud sin seger
referee [ˌrefə'ri:] **I** *s* **1** *sport.* domare **2** referens (*person*) **II** *v* fungera som domare [i]
reference ['refr(ə)ns] **I** *s* **1** hänvisning, hänskjutande; åberopande; avseende; *with* ~ *to* med hänsyn till, angående, beträffande, med anledning av, åberopande; *without* ~ *to* utan hänsyn till, utan avseende på; *have* ~ *to* ha avseende på, avse **2** hänvisning[stecken] **3** omnämnande, [hän]syftning, anspelning; hänvändelse; *make* ~ *to a*) omnämna, beröra, anspela på, *b*) vända sig till, rådfråga **4** referens; [tjänstgörings]betyg **II** *v* **1** förse med hänvisningar **2** hänvisa till **reference book** uppslags|bok, -verk **reference library** [-ˌlaɪbrərɪ] referensbibliotek
referendum [ˌrefə'rendəm] referendum, folkomröstning
refill I *v* [ˌri:'fɪl] åter fylla, fylla på **II** *s* ['ri:fɪl] **1** påfyllning **2** refill, påfyllningsförpackning; patron (*t. kulpenna*)
refine [rɪ'faɪn] **1** raffinera (*oil* olja), rena **2** ~ [*upon*] förfina, förbättra **refined** [-d] **1** raffinerad, renad **2** *bildl.* raffinerad, förfinad, utsökt **refinement** [-mənt] **1** raffinering, rening **2** förfining, förbättring **3** elegans, raffinemang, finess **refinery** [-ərɪ] raffinaderi
refit [ˌri:'fɪt] **I** *v* reparera[s], rusta[s] upp **II** *s* reparation, upprustning
refl. *förk. för* reflection; reflective; reflex[ive]
reflate [ˌri:'fleɪt] *ekon.* åstadkomma reflation av (i) **reflation** [ri:'fleɪʃn] *ekon.* reflation **reflationary** [ri:'fleɪʃ(ə)nrɪ] *ekon.* reflations-
reflect [rɪ'flekt] **1** reflektera, återkasta, -spegla (*äv. bildl.*); *bildl. äv.* spegla, återge; ~ *credit on s.b.* lända ngn till heder **2** reflektera, fundera ([*up*]*on* på) **3** reflekteras, återkastas, -speglas ([*up*]*on* på); ~ [*up*]*on* (*bildl. äv.*) falla tillbaka på; ~ *badly on* kasta en skugga över **reflection** [-'flekʃn] **1** reflexion; reflektering, återkastning; återspegling; [spegel]bild; återsken; reflex; *a pale* ~ *of* en svag återspegling av, en skugga av **2** reflexion, eftertanke, betraktelse, fundering; *on* ~ vid närmare eftertanke **3** kritik, anmärkning; *a* ~ *on his honour* en fläck på hans heder; *this is a* ~ *on his motives* detta kastar en skugga på (över) hans motiv **reflective** [-'flektɪv] **1** tankfull, fundersam **2** reflekterande, återspeglande; *be* ~ *of* reflektera, återspegla **reflector** [-'flektə] **1** reflektor, reflex[anordning] **2** spegelteleskop
reflex ['ri:fleks] **I** *s* reflex; reflexrörelse **II** *a* **1** reflex-; reflekterad **2** ~ *camera* spegelreflexkamera **2** *mat.* övertrubbig (*angle* vinkel) **-ion** [rɪ'flekʃn] *se reflection* **-ive** [rɪ'fleksɪv] *språkv.* **I** *a* reflexiv **II** *s* reflexivt pronomen (verb)
reforest [ˌri:'fɒrɪst] återplantera skog på **reforestation** [-fɒrɪ'steɪʃn] återplantering av skog
reform [rɪ'fɔ:m] **I** *v* **1** reformera, ombilda, förbättra; omvända, få att bättra sig **2** omvända (bättra) sig **II** *s* reform; [för]bättring
re-form [ri:'fɔ:m] omforma[s], ombilda[s]; nybilda[s]
reformation [ˌrefə'meɪʃn] reformation; reformering; [för]bättring; *the R*~ reformationen
reformatory [rɪ'fɔ:mət(ə)rɪ] **I** *s* (*förr*) ungdomsvårdsskola **II** *a* reform- **reformed** [-d] reformerad; omvänd (*sinner* syndare); *R*~ reformert (*kalvinistisk*) **reformer** [-ə] reformator, reformvän **reform school** *se reformatory I*

refract [rɪˈfrækt] *fys.* **1** bryta (*ljus*) **2** (*om ljus*) brytas **refraction** [-ˈfrækʃn] *fys.* refraktion, [ljus]brytning **refractor** [-ˈfræktə] *fys.* refraktor **refractory** [-ˈfrækt(ə)rɪ] **1** motspänstig, bångstyrig **2** *med.* okänslig, opåverkbar, refraktär **3** *tekn.* värmebeständig

1 refrain [rɪˈfreɪn] avstå, avhålla sig; ~ *from* (*from doing*) *s.th.* (*äv.*) låta bli (låta bli att göra) ngt

2 refrain [rɪˈfreɪn] refräng, omkväde

refresh [rɪˈfreʃ] **1** friska upp, vederkvicka; pigga upp; ~ *o.s.* friska upp sig, pigga upp sig, förfriska (läska) sig; ~ *one's memory* friska upp minnet **2** bättra på, snygga upp, förnya, fylla på **refresher** [-ə] **1** extra advokatarvode **2** förfriskning **refresher course** fortbildningskurs, repetitionskurs **refreshing** [-ɪŋ] uppfriskande, vederkvickande; uppiggande; läskande **refreshment** [-mənt] **1** uppfriskning, vederkvickelse **2** ~*s* (*pl*) förfriskningar

refrigerate [rɪˈfrɪdʒəreɪt] kyla [av]; svalka; frysa [in] **-eration** [-ˌfrɪdʒəˈreɪʃn] [av]kylning; [in]frysning **-erator** [-ˈfrɪdʒəreɪtə] kylskåp; kylrum

refuel [ˌriːˈfjʊəl] **1** tanka, fylla [på] bränsle **2** *bildl.* ge nytt bränsle (ny fart) åt

refuge [ˈrefjuːdʒ] **1** tillflykt; tillflyktsort; skydd; *seek ~* söka skydd (sin tillflykt); *take ~ in* ta sin tillflykt till **2** refuge

refugee [ˌrefjuˈdʒiː] flykting

refulgent [rɪˈfʌldʒ(ə)nt] *litt.* glänsande, skinande

refund I *v* [riːˈfʌnd] återbetala, betala tillbaka **II** *s* [ˈriːfʌnd] återbetalning

refurbish [ˌriːˈfɜːbɪʃ] renovera, rusta upp

refusal [rɪˈfjuːzl] vägran; avslag

refuse I *v* [rɪˈfjuːz] **1** vägra, neka; förvägra **2** avböja, avvisa, säga nej till, avslå **II** *s* [ˈrefjuːs] avfall, avskräde, sopor, skräp, bråte **III** *a* [ˈrefjuːs] avfalls-, avskrädes-, sop-, skräp-; ~ *chute* sopnedkast; ~ *collection* sophämtning; ~ *dump* sop|tipp, -hög

refutable [ˈrefjʊtəbl] som kan vederläggas **refutation** [ˌrefjuːˈteɪʃn] vederläggning; motbevis[ning] **refute** [rɪˈfjuːt] vederlägga; motbevisa

Reg [redʒ] *kortform av* Reginald

Reg. *förk. för* Regent; Regina **reg.** *förk. för* regiment; register[ed]; registrar; registry; regular[ly]; regulation; regulator

regain [rɪˈgeɪn] **1** återfå, återvinna; ~ *one's footing* återfå fotfästet, *bildl.* åter komma på benen **2** åter nå

regal [ˈriːgl] kunglig, konungslig

regale [rɪˈgeɪl] traktera, undfägna, regalera (*äv. bildl.*)

regalia [rɪˈgeɪljə] *pl* **1** regalier, [kungliga] insignier, värdighetstecken **2** full stass (ståt)

regard [rɪˈgɑːd] **I** *v* **1** anse, betrakta (*as* som); ~ *s.b. as s.th.* (*äv.*) anse ngn vara ngt; *highly ~ed* högt aktad, uppskattad **2** beträffa, angå, anbelanga, röra; *as ~s* beträffande, vad...beträffar **3** beakta, ta hänsyn till, bry sig om **4** *litt.* betrakta, iaktta[ga] **II** *s* **1** hänsyn; aktning; *without ~ to* utan hänsyn till; *have a great ~ for s.b.* hysa (ha) stor aktning för ngn; *have little ~ for a*) ta föga hänsyn till, *b*) hysa föga aktning för; *pay ~ to* ta hänsyn till **2** avseende, hänseende; *in this ~* i detta avseende (hänseende); *in* (*with*) ~ *to* beträffande, angående, med avseende på, med hänsyn till **3** ~*s* (*pl*) hälsningar; *give my ~s to your mother* hälsa din mamma från mig **4** *litt.* blick

regard|ful [rɪˈgɑːdf(ʊ)l] **1** uppmärksam (*of* på); aktsam (*of* om) **2** hänsynsfull, respektfull **-ing** [-ɪŋ] angående, beträffande, rörande, vad gäller **-less** [-lɪs] **I** *adv* trots allt **II** *prep*, ~ *of* trots, oavsett, obekymrad om

regatta [rɪˈgætə] regatta, kappsegling

regency [ˈriːdʒ(ə)nsɪ] **I** *s* regentskap; regeringstid; interimsregering, förmyndarregering; *the R~* a) regentskapstiden (*i England 1810-20*), b) La Régence (*i Frankrike 1715-23*) **II** *a*, ~ *furniture* möbler i georgiansk stil

regen|erate I *v* [rɪˈdʒenəreɪt] **1** pånyttföda[s] **2** *med.* regenerera[s], återbilda[s] **II** *a* [rɪˈdʒenərət] pånyttfödd **-eration** [rɪˌdʒenəˈreɪʃn] **1** pånyttfödelse; nydaning **2** *med.* regeneration, återbildning, nybildning

regent [ˈriːdʒ(ə)nt] **1** regent, statsöverhuvud **2** *AE.* styrelsemedlem (*vid vissa delstatsuniversitet*)

reggae [ˈregeɪ] *mus.* reggae (*västindisk musikform*)

Reggie [ˈredʒɪ] *kortform av* Reginald

regicide [ˈredʒɪsaɪd] **1** kungamördare **2** kungamord

regime, régime [reɪˈʒiːm] **1** regim, regering, förvaltning **2** system, ordning **3** *se* regimen *1*

regimen [ˈredʒ(ɪ)men] **1** *med.* regim, levnadsordning, diet; träningsprogram **2** styrelse, administration

regi|ment I *s* [ˈredʒ(ɪ)mənt] *mil., bildl.* regemente; *bildl. äv.* kompani **II** *v* [ˈredʒɪment] **1** organisera i regementen **2** reglementera; disciplinera; likrikta **3** gruppera **-mental** [ˌredʒɪˈmentl] regements- **-mentals** [ˌredʒɪˈmentlz] *pl, mil.* [regements]uniform **-mentation** [ˌredʒɪmenˈteɪʃn] **1** reglementering; disciplinering; likriktning **2** gruppering

Regina [rɪˈdʒaɪnə] drottningen, kronan

region [ˈriːdʒ(ə)n] region; område; trakt; *the ~s* (*äv.*) landsorten, provinsen; *in the ~ of five pounds* i närheten av fem pund **-al** [ˈriːdʒənl] regional, lokal-

register [ˈredʒɪstə] **I** *s* **1** register, förteckning; [namn]lista, längd, liggare; *electoral ~* röstlängd; *parish ~* kyrkobok **2** registreringsapparat; räkneverk; mätare; *cash ~* kassa|apparat, -register **3** spjäll; ventil; regulator **4** *mus.* register; omfång; tonläge **5** *boktr., språkv.* register **II** *v* **1** [in]registrera; föra (skriva) in; anteckna; anmäla; protokollföra; ~ *a protest* lägga in en protest; ~*ed childminder* (*ung.*) kommunal dagmamma **2** registrera, lägga märke till, lägga på minnet **3** (*om instrument*) registrera, visa [på] **4** uttrycka, visa **5** *post.* rekommendera; *järnv.* pollettera **6** registrera (skriva in, skriva upp, anmäla) sig; ~ *for* anmäla sig till **7** uppfatta **register ton** registerton

registrar [ˌredʒɪˈstrɑː] **1** registrator; *BE.* tjänsteman vid civilregistreringsbyrå **2** *univ.* förvaltningschef **3** *BE.* sjukhusläkare

registration [ˌredʒɪˈstreɪʃn] [in]registrering **registration number** (*bils*) registreringsnum-

registry ['redʒɪstrɪ] **1** registreringskontor **2** sjö. registrering; *port of* ~ hemmahamn; *a ship of Liberian* ~ ett fartyg under liberiaflagg **registry office** *BE.* byrå för civilregistrering och borgerlig vigsel

Regius professor [ˌriːdʒjəsprə'fesə] *BE.* [av kungen tillsatt] professor, kunglig professor (*i Oxf. o. Cambr.*)

regress I *s* ['riːgres] tillbaka-, återgång, regress II *v* [rɪ'gres] återgå, gå tillbaka, regrediera **regression** [rɪ'greʃn] tillbaka-, åter|gång; regression (*äv. psykol.*) **regressive** [rɪ'gresɪv] regressiv, vikande

regret [rɪ'gret] I *v* **1** beklaga; ångra; vara ledsen över; *I* ~ *to inform you* jag måste tyvärr meddela Er (Dig); *I* ~ *having told them* jag ångrar att jag talade om det för dem; *I* ~ *that I cannot come* jag beklagar att jag inte kan komma **2** sakna II *s* **1** beklagande; ånger (*at* över); ledsnad, sorg (*at* över); *much to my* ~ till min stora sorg (ledsnad); *I have no* ~ jag ångrar ingenting; *send one's* ~*s* hälsa att man tyvärr inte kan komma **2** saknad (*for* efter) **-ful** [-f(ʊ)l] beklagande; bedrövad; ångerfull **-table** [-əbl] beklaglig, sorglig

regroup [ˌriː'gruːp] omgruppera [sig]

Regt. *förk. för* Regent; Regiment

regular ['regjʊlə] I *a* **1** regelbunden (*äv. mat., språkv.*), regelmässig, reguljär; jämn; fast, stadig; vanlig, normal; ordentlig; ordnad, stadgad; ~ *army* reguljär (stående) armé; ~ *customer* fast kund, stamkund; ~ *soldier* stamanställd soldat; *at* ~ *intervals* med jämna mellanrum **2** regelrätt, reglements-, stadge|enlig, korrekt **3** riktig, verklig; ~ *guy* toppenkille I *s* **1** stamanställd soldat; ~*s* (*äv.*) reguljära trupper **2** *vard.* fast kund, stamkund; stamgäst; flitig besökare **regularity** [ˌregjʊ'lærətɪ] regelbundenhet *etc.*, *jfr regular I*

regular|ization (*BE. äv.* -isation) ['regjʊlərai'zeɪʃn] reglering **-ize** (*BE. äv.* -ise) ['regjʊləraɪz] reglera; göra regelbunden

regu|late ['regjʊleɪt] reglera; justera, ställa in; styra, ordna **-lation** [ˌregjʊ'leɪʃn] I *s* **1** regler|ing, -ande; justering, inställning; styrande, ordnande **2** föreskrift, regel II *a* reglementsenlig, reglementerad, föreskriven; normal, [sed]vanlig, standard- **-lator** ['regjʊleɪtə] *tekn.* regulator

regurgitate [rɪ'gɜːdʒɪteɪt] **1** (*om fåglar e.d.*) stöta (spy) upp **2** *bildl.* haspla ur sig, rabbla upp

rehabili|tate [ˌriːə'bɪlɪteɪt] **1** rehabilitera; återanpassa; ge upprättelse, återupprätta **2** restaurera **-tation** [ˈriːəˌbɪlɪ'teɪʃn] **1** rehabilitering; återanpassning; återupprätt|else, -ande **2** restaurering

rehash I *v* [ˌriː'hæʃ] göra ett uppkok på; stuva om II *s* ['riːhæʃ] uppkok; omstuvning

rehearsal [rɪ'hɜːsl] **1** repetition; *dress* ~ generalrepetition; *be in* ~ [hålla på att] repeteras **2** uppräkning, uppläsning **rehearse** [rɪ'hɜːs] **1** repetera, öva (studera) in **2** räkna (läsa) upp **3** repetera, öva

rehouse [ˌriː'haʊz] flytta till annan [nyare] bostad

reign [reɪn] I *s* regering, välde; regeringstid; ~ *of terror* skräck|regemente, -välde II *v* regera, härska, råda (*äv. bildl.*); ~*ing beauty* mest firad skönhet

reimburse [ˌriːɪm'bɜːs] återbetala, ersätta **-ment** [-mənt] återbetalning, ersättning

rein [reɪn] I *s* tygel (*äv. bildl.*), töm; ~*s* (*pl, äv.*) [barn]sele; *on a long* ~ med lösa tyglar; *give* [*a*] *free* ~ *to s.b.* ge ngn fria tyglar; *have the* ~*s of power* hålla i tyglarna, ha makten; *hold* (*keep*) *a tight* ~ *on* hålla i strama tyglar II *v* tygla; ~ *in* hålla tillbaka

reincar|nate I *v* [ˌriːˈɪnkɑːneɪt] reinkarnera II *a* [ˌriːɪn'kɑːneɪt] reinkarnerad **-nation** [ˌriːɪnkɑː'neɪʃn] reinkarnation

reindeer ['reɪnˌdɪə] (*pl lika*) *zool.* ren

reinforce [ˌriːɪn'fɔːs] förstärka; *bildl. äv.* underbygga, stärka; ~*d concrete* armerad betong **-ment** [-mənt] **1** förstärkning **2** *tekn.* armering

reinstate [ˌriːɪn'steɪt] åter insätta (*i ämbete etc.*); återställa **-ment** [-mənt] återinsättande; återställande

rein|surance [ˌriːɪn'ʃʊər(ə)ns] återförsäkring **-sure** [-'ʃʊə] återförsäkra

reissue [ˌriː'ɪʃuː] I *s* nyutgåva, nyutgivning II *v* åter ge ut, ge ut på nytt

reiter|ate [riː'ɪtəreɪt] upprepa [om och om igen] **-ation** [riːˌɪtə'reɪʃn] [åter]upprep|ande, -ning

reject I *v* [rɪ'dʒekt] avslå, förkasta, tillbakavisa; avfärda, avvisa; förskjuta, ta avstånd från; ogilla, rata; *med.* stöta bort II *s* ['riːdʒekt] kasserad (defekt) vara, utskottsvara **rejection** [rɪ'dʒekʃn] avslag, förkastande *etc.*, *jfr reject I*; *med.* bortstötning

rejoice [rɪ'dʒɔɪs] **1** glädja **2** glädja sig (*in* åt, över); ~ *to see* glädja sig över att se **rejoicing** [-ɪŋ] fröjd, gamman, glädje; festligheter

rejoin [rɪ'dʒɔɪn] replikera, genmäla; *jur.* avge svaromål **2** [ˌriː'dʒɔɪn] åter sammanfoga **3** [ˌriː'dʒɔɪn] åter sluta sig till, återförena sig med, åter gå in i **-der** [-də] replik, genmäle; *jur.* svaromål

rejuve|nate [rɪ'dʒuːvɪneɪt] **1** föryngra; vitalisera **2** föryngras **-nation** [rɪˌdʒuːvɪ'neɪʃn] föryngring; vitalisering

rekindle [ˌriː'kɪndl] åter tända, återuppväcka

rel. *förk. för* relating; relative[ly]; released; religion; religious

relapse [rɪ'læps] I *v* **1** återfalla (*into* i); åter försjunka (*into* i) **2** *med.* få återfall II *s* **1** återfall **2** *med.* återfall, recidiv

relate [rɪ'leɪt] **1** relatera, återge, skildra **2** relatera (*to* till), sätta i relation (samband) (*to* med) **3** ~ *to a*) stå i relation till, hänföra sig till, hänga ihop med, *b*) fungera tillsammans med; *relating to* om, angående **related** [-ɪd] besläktad (*to* med); *bildl. äv.* närbesläktad; *closely* ~ nära släkt, *bildl.* närbesläktad

relation [rɪ'leɪʃn] **1** relation; förbindelse; förhållande; samband; ~*s* (*pl*) *a*) relationer, [inbördes] förhållande, *b*) förbindelse[r]; *in* ~ *to a*) i relation (förhållande) till, *b*) (*äv. with* ~ *to*) angående, beträffande, med hänsyn till; *bear no* ~ *to* inte ha ngt samband med **2** släkting; *a distant* ~ *of* en avlägsen släkting till **3** berättelse **-ship** [-ʃɪp] **1** samband (*to* med); förhållande, relation[er] (*to* till) **2** släktskap

rela|tive ['relətɪv] I *a* **1** relativ (*äv. språkv.*); respektive; ~ *pronoun* relativt pronomen; *the* ~ *merits of the two applicants* de två sökandes re-

spektive meriter **2** ~ *to* jämfört med, i förhållande till **II** *s* **1** släkting **2** språkv. relativt pronomen; relativsats **-tively** [-lɪ] *adv* relativt, jämförelsevis, förhållandevis **-tivity** [ˌrelə'tɪvətɪ] relativitet; *the theory of* ~ relativitetsteorin
relax [rɪ'læks] **1** släppa efter på, lossa [på]; verka avslappnande på **2** mildra, lätta på; släppa efter på; minska **3** koppla (slappna) av **4** slappna, slappas **5** minska[s] **-ation** [ˌriːlæk'seɪʃn] **1** avkoppling **2** avslappning, avspänning **3** lindring; mildrande **-ing** [rɪ'læksɪŋ] avkopplande; avslappnande; vilsam, vederkvickande
relay I *s* **1** ['riːleɪ] skift, [arbets]lag, omgång; friska hästar (*vid skjutshåll*); stafett **2** [ˌriː'leɪ] relä; *radio.*, *TV.* återutsändning **II** *v* **1** [ˌriː'leɪ] förse med friska hästar **2** [ˌriː'leɪ] vidarebefordra **3** [riː'leɪ] *radio.*, *TV.* reläa, återutsända **relay race** ['riːleɪreɪs] *sport.* stafettlopp **relay station** [ˌriː'leɪˌsteɪʃn] *tekn.* relästation
release [rɪ'liːs] **I** *v* **1** frige, släppa [lös, fri], befria; lösa, frigöra, frikalla **2** släppa, lossa [på]; utlösa, frigöra; *release a bomb* släppa en bomb **3** släppa ut; offentliggöra, publicera **4** *jur.* avstå från; överlåta; efterskänka **II** *s* **1** frigivning, lös-, fri|släppande, befrielse; lösande, frigörelse, frikallelse **2** släppande, lossande; utlösning, frigörande; ~ *of bombs* bombfällning **3** utlösningsmekanism, utlösare **4** utsläppande; offentliggörande, publicering **5** utgåva; bok; skiva; film **6** *jur.* överlåtelse[brev]
rele|gate ['relɪgeɪt] **1** förvisa, förflytta, degradera; *be* ~*d* (*i sht BE. sport.*) bli nedflyttad **2** hänskjuta, överlämna; hänföra (*t. viss klass*) **-gation** [ˌrelɪ'geɪʃn] **1** förvisning, förflyttning, degradering; *i sht BE. sport.* nedflyttning **2** hänskjutande, överlämnande; hänförande (*t. viss klass*)
relent [rɪ'lent] mjukna, ge efter, vekna **-less** [-lɪs] obarmhärtig, obeveklig
rele|vance ['relǝvǝns], **-vancy** [-vǝnsɪ] relevans **-vant** [-vǝnt] relevant (*to* för), som hör till saken
reli|ability [rɪˌlaɪǝ'bɪlǝtɪ] pålitlighet, tillförlitlighet, vederhäftighet **-able** [rɪ'laɪǝbl] pålitlig, tillförlitlig, vederhäftig; *from a* ~ *source* från säker källa
reli|ance [rɪ'laɪǝns] **1** beroende (*on* av) **2** tillit, förtröstan **-ant** [-ǝnt] **1** beroende (*on* av) **2** tillits-, förtröstans|full
relic ['relɪk] relik; kvarleva, minne, lämning, fragment (*of* från); ~ *of the past* (*äv.*) fornminne
relict [-t] *ekol.*, *geol.* relikt
relief [rɪ'liːf] **1** lättnad; lindring; *light* (*comic*) ~ (*i pjäs e.d.*) ljuspunkt, lättare parti **2** omväxling **3** hjälp, bistånd, understöd; *AE.* socialhjälp; ~ *of the poor* fattigvård; *be on* ~ (*AE.*) få socialhjälp **4** undsättning; befrielse; avhjälpande; hjälp, avlastning; avlösning, avlösare; vaktombyte **5** relief; *stand out in bold* (*sharp*, *clear*) ~ *against a*) avteckna sig skarpt mot, *b*) stå i skarp kontrast mot **relief driver** (*vid körning*) **relief map** [-mæp] reliefkarta **relief train** [-treɪn] extratåg **relief work** [-wɜːk] beredskapsarbete
relieve [rɪ'liːv] **1** lindra, mildra, avhjälpa; lätta, lugna; ~ *one's feelings* ge utlopp åt sina känslor; *she was* ~*d to learn that* hon kände sig lättad (lug-
nad) av att få veta att **2** ge omväxling åt, variera, lätta upp **3** hjälpa, bistå, understödja **4** undsätta; befria; avlösa; avlasta; ~ *s.b. of s.th. a*) befria ngn från ngt, *b*) avbörda (avlasta) ngn ngt, *c*) entlediga (frita[ga]) ngn från ngt, *d*) frånta[ga] ngn ngt, ta ngt från ngn **5** ~ *o.s.* uträtta sina naturbehov
reli|gion [rɪ'lɪdʒ(ǝ)n] religion; *skol.* religionskunskap **-giosity** [rɪˌlɪdʒɪ'ɔsǝtɪ] religiositet **-gious** [rɪ'lɪdʒǝs] **I** *a* **1** religiös; troende, from; religions-; ~ *instruction* religionsundervisning; ~ *war* religionskrig **2** kloster- **3** samvetsgrann **II** *s* **1** medlem av [kloster]orden **2** *the* ~ de religiösa
relinquish [rɪ'lɪŋkwɪʃ] **1** ge upp, lämna [ifrån sig], avstå ifrån; avträda **2** släppa [taget om]
reliquary ['relɪkwǝrɪ] relikskrin
relish ['relɪʃ] **I** *s* **1** förtjusning, entusiasm, välbehag; *with* ~ (*äv.*) med nöje **2** *kokk.* smaktillsats; stark sås; *bildl.* pikant drag, touche **3** angenäm smak **II** *v* **1** njuta av, uppskatta; ~ *the idea of* hylla tanken på, se fram emot
reload [ˌriː'lǝʊd] **1** ladda om **2** lasta om
relocate [ˌriːlǝʊ'keɪt] [för]flytta, omlokalisera
reluc|tance [rɪ'lʌktǝns] motvillighet, motsträvighet, motvilja (*to* mot) **-tant** [-tǝnt] motvillig, motsträvig; ovillig
rely [rɪ'laɪ] *v*, ~ [*up*]*on a*) lita på, *b*) vara hänvisad till (beroende av)
REM *förk.* för *rapid eye movement*
remain [rɪ'meɪn] **1** stanna [kvar] **2** förbli, fortsätta att vara **3** finnas (bli, vara) kvar; återstå; *it* ~*s to be seen* det återstår att se **remainder** [-dǝ] **I** *s* **1** återstod, rest (*äv. mat.*) **2** restupplaga restexemplar **II** *v* slumpa [bort], realisera, sälja ut (*restupplaga*) **remains** [-z] *pl* **1** återstod, rester, lämningar; fornlämningar **2** kvarlevor, stoft
remake I *s* ['riːmeɪk] nyinspelning (*i sht av film*) **II** *v* [ˌriː'meɪk] (*remade*, *remade*) **1** göra om **2** göra en nyinspelning av (*a film* en film)
remand [rɪ'mɑːnd] **I** *v* återsända; *jur. äv.* återförvisa; ~ *in custody* hålla kvar i häkte; ~ *on bail* frige mot borgen **II** *s*, *jur.* återsändande av fånge till fängelse **remand home (centre)** *BE. ung.* ungdomshäkte
remark [rɪ'mɑːk] **I** *v* **1** anmärka, påpeka, säga **2** iakta[ga], märka, uppmärksamma, iaktta **2** ~ [*up*]*on* kommentera, yttra sig om **II** *s* anmärkning, påpekande, yttrande, kommentar; *without* ~ obemärkt; *worthy of* ~ anmärkningsvärd, märklig; *make* ~*s about* kommentera, fälla anmärkningar om, yttra sig om **-able** [-ǝbl] anmärkningsvärd, märklig, remarkabel **-ably** [-ǝblɪ] *adv* anmärkningsvärt, märkligt, remarkabelt; synnerligen, ytterst
remarry [ˌriː'mærɪ] gifta sig [med]
remediable [rɪ'miːdjǝbl] möjlig att bota; möjlig att avhjälpa **remedial** [-l] hjälp-, stöd-; botande, bote-, kurerande, läkande; ~ *education* stödundervisning; ~ *excercises* sjukgymnastik **remedy** ['remɪdɪ] **I** *s* bot[emedel], läkemedel, kur; hjälp[medel]; *beyond* (*past*) ~ ohjälplig[t], obotlig[t] **II** *v* bota; råda bot för (på), avhjälpa
remember [rɪ'membǝ] komma ihåg, minnas; påminna (erinra) sig; hedra minnet av; *be* ~*d for* bli ihågkommen för; ~ *me to your parents* hälsa dina föräldrar från mig; *not that I* ~ inte så vitt jag

kommer ihåg; *Reagan, you* ~, *was an actor* Reagan var, som du vet (kommer ihåg); skådespelare **remembrance** [-br(ə)ns] **1** minne, hågkomst; *garden of* ~ minneslund **3** minne[ssak] **Remembrance Day (Sunday)** vapenstilleståndsdagen (*ca 11 nov.*, *t. minne av de stupade i de båda världskrigen*)
remind [rɪˈmaɪnd] erinra, påminna (*of, about* om); *that* ~*s me!* det var så sant! **reminder** [-ə] påminnelse, påstötning; kravbrev
remi|nisce [ˌremɪˈnɪs] minnas; ägna sig åt (prata) gamla minnen, tala om gamla tider; ~ *about s.th.* minnas ngt **-niscence** [-ˈnɪsns] minne, hågkomst; reminiscens **-niscent** [-ˈnɪsnt] *a*, ~ *of* påminnande (erinrande) om
remiss [rɪˈmɪs] **1** försumlig, vårdslös **2** senfärdig
remission [rɪˈmɪʃn] **1** förlåtelse; *the* ~ *of sins* syndernas förlåtelse **2** straffeftergift; efterskänkning **3** minskning, lindring
remit [rɪˈmɪt] **1** remittera, översända (*money* pengar) **2** *jur.* återförvisa **3** efterskänka **4** mildra, lindra **5** uppskjuta **-tance** [-(ə)ns] **1** remissa, penningförsändelse **2** remittering, översändande
remittent [rɪˈmɪt(ə)nt] *med.* remittent, tidvis avtagande
remnant [ˈremnənt] rest, återstod, kvarleva; stuv, stuvbit
remodel [ˌriːˈmɒdl] bygga (arbeta, göra) om, omforma
remon|strance [rɪˈmɒnstr(ə)ns] invändning, protest **-strate** [ˈremənstreɪt] göra invändningar, protestera (*with* hos)
remorse [rɪˈmɔːs] ånger, samvetskval **-ful** [-f(ʊ)l] ångerfull **-less** [-lɪs] obarmhärtig, hjärtlös
remote [rɪˈməʊt] avlägsen; avsides liggande; ~ *control* fjärr|styrning, -manövrering; *I have not the* ~*st idea* (*notion*) *about* jag har inte den blekaste aning om **-controlled** [-kən͵trəʊld] fjärr|styrd, -manövrerad **-ly** [-lɪ] *adv* avlägset; *they are not even* ~ *similar* de är inte det minsta lika
remould [ˌriːˈməʊld] omforma; göra om
remount [ˌriːˈmaʊnt] **1** åter stiga upp på **2** montera om
removable [rɪˈmuːvəbl] **1** flyttbar **2** avsättbar
removal [rɪˈmuːvl] **1** flyttning **2** bortskaffande; avlägsnande; urtagning; *stain* ~ fläckurtagning **3** avsättning **removal company (firm)** flyttfirma **removal van** flyttbil
remove [rɪˈmuːv] **I** *v* **1** ta bort (av, ur), flytta [bort, undan], förflytta, föra (skaffa) bort (undan), avlägsna, röja undan (ur vägen); ~ *the cloth* duka av [bordet]; ~ *one's clothes* ta av sig kläderna; ~ *s.b. to hospital* föra ngn till sjukhus **2** avskeda, avsätta **3** [av]flytta **4** *skol.* flytta [upp] **II** *s* **1** avstånd, mellanrum; steg; grad; *it is but one* ~ *from* det är bara ett steg från **2** *skol.* [upp]flyttning; *get one's* ~ bli [upp]flyttad
removed [rɪˈmuːvd] avlägsen; *far* (*distantly*) ~ *from* (*bildl.*) vara mycket långt från; *first cousin once* ~ kusinbarn **remover** [-ə] **1** remover, bort-, ur|tagningsmedel **2** flyttkarl
remuner|ate [rɪˈmjuːnəreɪt] ersätta, betala; belöna **-ation** [rɪ͵mjuːnəˈreɪʃn] ersättning, betalning; belöning **-ative** [rɪˈmjuːn(ə)rətɪv] lönande, lönsam
renaissance [rəˈneɪs(ə)ns] renässans, pånyttfödelse; *the R*~ renässansen
renal [ˈriːnl] njur-; ~ *calculus* njursten; ~ *pelvis* njurbäcken
rename [ˌriːˈneɪm] döpa om, ge nytt namn åt
renas|cence [rɪˈnæsns] *s*, *se renaissance* **-cent** [-nt] pånyttfödd, nyvaknad, som vaknat till liv igen
rend [rend] (*rent, rent*) *litt.*, *åld.* **1** slita, [sönder], riva [sönder]; (*om ljud*) skära genom
render [ˈrendə] **1** ge, lämna; visa; erlägga; anföra; överlämna; återgälda; ~ *an account of* avlägga räkenskap för, lämna redovisning (redogörelse) för; ~ *an account* presentera en räkning; ~ *assistance* ge (lämna) hjälp; ~ *good for evil* löna ont med gott; ~ *thanks* tacka, framföra tack; *to account* ~*ed* enligt räkning; ~ [*up*] ge upp, [över]lämna, utlämna **2** göra; ~ *possible* möjliggöra **3** återge; tolka; föredra, framföra; ~ *into German* översätta till tyska **4** ~ [*down*] *a*) smälta, rena, *b*) rappa, revetera **rendering** [ˈrend(ə)rɪŋ] **1** givande etc., *jfr render* **2** återgivande; tolkning, översättning; framförande
rendezvous [ˈrɒndɪvuː] (*pl lika* [-z]) **I** *s* **1** rendezvous, avtalat möte **2** mötesplats; träffpunkt **II** *v* mötas, träffas; ~ *with* ha ett möte med, sammanträffa med
rendition [renˈdɪʃn] *s*, *se rendering 2*
renegade [ˈrenɪɡeɪd] **I** *s* renegat, avfälling, överlöpare **II** *v* avfalla
reneg[u]e [rɪˈniːɡ] **1** ~ [*on*] ta tillbaka, svika (*one's promise* sitt löfte) **2** *AE. kortsp.* inte bekänna färg
renew [rɪˈnjuː] **1** förnya (*one's efforts* sina ansträngningar); återupp|liva, -väcka, -ta **2** ersätta, sätta in ny[a] **3** förnya (*a passport* ett pass), förlänga **-al** [-(ə)l] **1** förnyelse; återupp|livande, -väckande, -tagande **2** förnyelse, förlängning
rennet [ˈrenɪt] [kalv]löpe
renounce [rɪˈnaʊns] **1** avsäga sig, avstå från **2** ta avstånd ifrån, inte kännas vid; förneka **3** *kortsp.* vara renons
reno|vate [ˈrenə(ʊ)veɪt] renovera, restaurera **-vation** [ˌrenə(ʊ)ˈveɪʃn] renovering, restaurering **-vator** [ˈrenə(ʊ)veɪtə] person som renoverar
renown [rɪˈnaʊn] ryktbarhet, rykte **renowned** [-d] ryktbar
1 rent [rent] **I** *imperf. o. perf. part. av rend* **II** *s* spricka (*äv. bildl.*); klyfta
2 rent [rent] **I** *s* **1** hyra; arrende **II** *v* **1** hyra; arrendera **2** hyra ut; arrendera ut
rent|al [ˈrentl] **I** *s* **1** hyra, hyresavgift; arrende[avgift] **2** hyresintäkter; arrendeintäkter **II** *a* hyres-, uthyrnings-; arrende- **-collector** [-kə͵lektə] hyresinkasserare **-er** [-ə] **1** hyresvärd; uthyrare **2** hyresgäst; arrendator **3** filmdistributör **-free** hyresfri
renun|ciation [rɪˌnʌnsɪˈeɪʃn] **1** avsägelse, avstående **2** avståndstagande; förnekande
reopen [ˌriːˈəʊp(ə)n] åter öppna[s], öppna[s] på nytt; börja på nytt; återuppta[s]
reorganize [ˌriːˈɔːɡənaɪz] omorganisera
1 rep [rep] rips[tyg]
2 rep [rep] **1** *förk. för* (*teat.*) *repertory* [com-

Rep.—repress

pany]; *representative;* (*AE. vard.*) *reputation* **Rep.** *förk. för* (*AE.*) *Representative;* (*AE.*) *Republican; Republic* **rep.** *förk. för report*[*ed*]; *reporter; representative; reprint*

1 repair [rɪˈpeə] **I** *v* laga, reparera, *bildl. äv.* avhjälpa, rätta till, ersätta, gottgöra **II** *s* **1** lagning, reparation; *beyond* ~ omöjlig att laga (reparera, gottgöra), fallfärdig, *bildl. äv.* irreparabel, oersättlig **2** skick, tillstånd *be in good* (*bad*) ~ vara i gott (dåligt) skick (stånd), vara bra (dåligt) underhållen **2 repair** [rɪˈpeə] **1** bege sig (*to* till) **2** vända sig (*to* till)

repairable [rɪˈpeərəbl] reparerbar, reparabel, möjlig att reparera **repairman** [-mæn] reparatör **repair shop** reparationsverkstad

repa|rable [ˈrep(ə)rəbl] reparabel; möjlig att avhjälpa; ersättlig **-ration** [ˌrepəˈreɪʃn] **1** gottgörelse, ersättning; ~*s* (*pl*) krigsskadestånd **2** reparation

repartee [ˌrepɑːˈtiː] kvick replik, rappt (kvickt) svar; skämtande, raljerande; slagfärdighet

repast [rɪˈpɑːst] *litt.* måltid

repatri|ate [riːˈpætrɪeɪt] **I** *v* repatriera, återföra till fosterlandet, sända (skicka) hem **II** *s* repatrierad [person] **-ation** [ˌriːpætrɪˈeɪʃn] repatriering, hemsändning

repay [riːˈpeɪ] (*repaid, repaid*) betala tillbaka, återbetala; återgälda, besvara; löna, ersätta **-ment** [-mənt] återbetalning; återgäldande, besvarande; lön, ersättning

repeal [rɪˈpiːl] **I** *v* upphäva, avskaffa, återkalla **II** *s* upphävande, avskaffande, återkallande

repeat [rɪˈpiːt] **I** *v* **1** upprepa, repetera; förnya, ta (göra, säga *etc.*) om; läsa upp [utantill], recitera; *radio., TV.* ge i repris; ~ *after me!* säg efter mig! **2** föra (berätta) vidare, tala om **3** *rfl* upprepa sig **4** upprepas, återkomma; förorsaka uppstötningar **II** *s* upprepning, repeterande; *radio., TV* repris; *mus.* repris[tecken]; ~ [*order*] efterbeställning, förnyad beställning **-edly** [rɪˈpiːtɪdlɪ] *adv* gång på gång, upprepade gånger **-er** [-ə] **1** repeterur **2** repetergevär **-ing** [-ɪŋ] *a,* ~ *decimal* (*mat.*) periodiskt decimalbråk; ~ *gun* repetergevär

repel [rɪˈpel] **1** verka frånstötande på **2** slå (driva) tillbaka **3** repellera, stöta bort (tillbaka) **4** tillbakavisa; avfärda **-lent** [-ənt] **I** *a* **1** frånstötande, motbjudande **2** tillbakadrivande **3** repellerande, bortstötande **4** tillbakavisande **II** *s* bortstötande ämne; *insect* ~ insektsmedel

repent [rɪˈpent] ångra [sig] **-ance** [-əns] ånger **-ant** [-ənt] ångerfull

repercussion [ˌriːpəˈkʌʃn] **1** återverkan; ~*s* (*pl*) åter-, efter|verkningar **2** återstudsning

repertoire [ˈrepətwɑː] repertoar

repertory [ˈrepət(ə)rɪ] **1** förrådsrum, skattkammare **2** register **3** repertoar; *be in* ~ stå på repertoaren **repertory company** *teat.* ensemble vid repertoarteater

repeti|tion [ˌrepɪˈtɪʃn] **1** upprepning, repetition **2** replik, kopia **-tious** [ˌrepɪˈtɪʃəs] enformig, ständigt återkommande **-tive** [rɪˈpetətɪv] **1** upprepande, repeterande **2** enformig, ständigt återkommande

rephrase [ˌriːˈfreɪz] formulera om

repine [rɪˈpaɪn] knota, klaga (*at, against* över)

replace [rɪˈpleɪs] **1** återställa; återinsätta; sätta (ställa, lägga) tillbaka **2** ersätta, byta ut; efterträda **-able** [-əbl] ersättlig **-ment** [-mənt] **1** återställande; återinsättning **2** ersättare; ersättning, utbyte

replay I *s* [ˈriːpleɪ] **1** *sport.* omspel **2** *TV.,* [*action*] ~ repris (*i slow motion av mål e.d.*) **II** *v* [ˌriːˈpleɪ] spela om

replenish [rɪˈplenɪʃ] åter fylla, fylla på **-ment** [-mənt] påfyllning

replete [rɪˈpliːt] **1** fylld (*with* med) **2** [för] mätt **repletion** [rɪˈpliːʃn] **1** överfyllnad **2** övermättnad

repli|ca [ˈreplɪkə] *konst.* replik; kopia, avbild **-cate** [-keɪt] göra en exakt kopia av

reply [rɪˈplaɪ] **I** *v* svara, replikera; ~ *to* svara på, besvara **II** *s* svar, replik; *in* ~ *to* som svar på

report [rɪˈpɔːt] **I** *s* **1** rapport, redogörelse, utlåtande (*on, about* om, för, över); meddelande; reportage, referat (*on, of* om, av); anmälan; *make a* ~ avlägga rapport **2** betyg **3** rykte; *according to* ~ efter vad ryktet säger; *of good* ~ med gott rykte; *know s.th. only by* ~ bara ha hört talas om ngt; *there is a* ~ *that* det ryktas (sägs) att **4** smäll, knall **II** *v* **1** rapportera, avge rapport om, redogöra för; meddela; berätta; göra reportage (referat) från; anmäla; ~*ed speech* indirekt tal (anföring); ~ *o.s.* anmäla (inställa) sig; ~ *s.b. sick* sjukanmäla ngn; *it is* ~*ed that* det berättas (påstås, ryktas) att **2** rapportera, avlägga rapport ([*up*]*on* om; *to* till, för), redogöra (*on s.th.* för ngt); vara reporter (referent); anmäla sig (*to* för, hos, till); ~ *sick* sjukanmäla sig; ~ *for duty* anmäla (inställa) sig till tjänst[göring]

report|age [ˌrepɔːˈtɑːʒ] **1** reportage **2** reportagestil **-er** [rɪˈpɔːtə] reporter; rapportör, referent

1 repose [rɪˈpəʊz] **I** *v* **1** vila (*äv. bildl.*); ligga **2** vila sig **II** *s* vila; lugn, ro

2 repose [rɪˈpəʊz] *v,* ~ *trust* (*confidence*) *in* sätta sin tillit till

repository [rɪˈpɒzɪt(ə)rɪ] **1** förvaringsplats; upplag[splats]; *bildl.* förråd, källa **2** museum

repr. *förk. för represented; representing; reprint*[*ed*]

repre|hend [ˌreprɪˈhend] klandra, kritisera **-hensible** [-ˈhensəbl] klandervärd, förkastlig **-hension** [-ˈhenʃn] klander, kritik

repre|sent [ˌreprɪˈzent] **1** representera, företräda; *well* (*strongly*) ~*ed* talrikt representerade **2** symbolisera; representera; stå för, utgöra; vara ett typiskt exempel på; beteckna **3** framställa, skildra, återge **4** (*om bild e.d.*) föreställa **-sentation** [-zenˈteɪʃn] representation; representantskap; *proportional* ~ proportionellt valsystem **2** framställning, skildring, återgivande; [teater]föreställning **3** ~*s* (*pl*) föreställningar, kritiska påpekanden **-sentative** [ˌreprɪˈzentətɪv] **I** *a* representativ (*äv. polit.*); ~ *of* representativ (typisk) för **II** *s* **1** representant (*of* för); ombud (*of* för); säljare, handelsresande; *the House of R*~*s* (*i USA:s Congress*) representanthuset **2** typiskt exempel

repress [rɪˈpres] **1** undertrycka, kväva; *psykol.* förtränga, borttränga; ~*ed* hämmad **2** under-

repression—reserved

kuva, trycka ner **repression** [rɪˈpreʃn] **1** undertryckande; *psykol.* repression, bortträngning, hämning **2** underkuvande, repression **repressive** [rɪˈpresɪv] **1** hämmande, repressiv **2** underkuvande, repressiv

reprieve [rɪˈpriːv] **I** v **1** benåda; bevilja uppskov (*i sht med dödsdom*) **2** ge frist (anstånd) **II** s **1** benådning; uppskov (*i sht med dödsdom*) **2** frist, anstånd

reprimand [ˈreprɪmaːnd] **I** s reprimand, [officiell] tillrättavisning **II** v ge en reprimand, [officiellt] tillrättavisa

reprint I v [ˌriːˈprɪnt] trycka om **II** s [ˈriːprɪnt] om-, ny|tryck

reprisal [rɪˈpraɪzl] vedergällning; ~s (*pl*) repressalier

reproach [rɪˈprəʊtʃ] **I** v förebrå (*for, with* för) **II** s förebråelse; *above* (*beyond*) ~ oklanderlig; *a look of* ~ en förebrående blick **-ful** [-f(ʊ)l] förebrående

reprobate [ˈreprə(ʊ)beɪt] förfallen (misslyckad) individ

reprocess [ˌriːˈprəʊses] upparbeta (*kärnavfall*)

repro|duce [ˌriːprəˈdjuːs] **1** reproducera, återge **2** upprepa, göra om **3** *biol.* fortplanta, reproducera **4** fortplanta sig **-duction** [-ˈdʌkʃn] **1** återgivande, reproducerande; återgivning; reproduktion (*av konstverk e.d.*) **2** *biol.* fortplantning, reproduktion **3** nyproduktion (*av pjäs e.d.*) **-ductive** [-ˈdʌktɪv] **1** reproducerande **2** *biol.* fortplantnings-, reproduktiv

reprography [rɪˈprɒɡrəfɪ] reprografi

reproof [rɪˈpruːf], **reproval** [rɪˈpruːvl] tillrättavisning, förebråelse **reprove** [rɪˈpruːv] tillrättavisa, förebrå **reproving** [rɪˈpruːvɪŋ] *a* förebrående

rep|tile [ˈreptaɪl] **I** s reptil **II** *a* **1** reptil-, kräl- **2** *bildl.* ormliknande; giftig **-tilian** [repˈtɪlɪən] reptil-, reptilliknande

repub|lic [rɪˈpʌblɪk] republik; *the R~ of Ireland* republiken Irland **-lican** [-ən] **I** *a* republikansk **II** s republikan

repudi|ate [rɪˈpjuːdɪeɪt] **1** förkasta, tillbakavisa **2** förneka, förskjuta **-ation** [rɪˌpjuːdɪˈeɪʃn] **1** förkastande **2** förnekande, förskjutande

repug|nance [rɪˈpʌɡnəns] **1** avsky, motvilja **2** motsägelse **-nant** [-ənt] **1** motbjudande, frånstötande; stötande **2** motstridig, motsägande

repulse [rɪˈpʌls] **1** slå (driva) tillbaka, avvärja **2** tillbakavisa, avslå **repulsion** [rɪˈpʌlʃn] **1** motvilja **2** *fys.* repulsion **repulsive** [rɪˈpʌlsɪv] frånstötande, motbjudande

repu|table [ˈrepjʊtəbl] aktad, aktningsvärd, respektabel, hederlig, ansedd **-tation** [ˌrepjʊˈteɪʃn] [gott] rykte, [gott] anseende, renommé; *have a ~ for being* ha rykte om sig (vara känd för) att vara; *earn the ~ of being* få rykte om sig att vara

repute [rɪˈpjuːt] **I** v, *he is ~d to be* han anses (lär) vara, han har rykte om sig att vara, det sägs att han är; *be well* (*ill*) *~d* ha gott (dåligt) rykte (anseende); *his ~d father* hans förmente far **II** s [gott] rykte, [gott] anseende; *be* [*held*] *in good* (*bad*) *~* ha gott (dåligt) rykte (anseende); *know s.b. by ~* känna ngn ryktesvägen **reputedly** [-ɪdlɪ] *adv* enligt allmänna meningen, förmodligen

request [rɪˈkwest] **I** v **1** anhålla (be) om; begära **2** be, uppmana **II** s **1** anhållan, begäran, önskemål; anmodan; *record ~s* skivönskningar; *at a p.'s ~* på ngns begäran; *by* (*on*) *~* på begäran; *make a ~ to s.b. for s.th.* anhålla (be) ngn om ngt **2** efterfrågan; *be in great ~* vara mycket efterfrågad **request programme** [-ˌprəʊɡræm] önskeprogram **request stop** [-stɒp] hållplats där bussen (*etc.*) stannar efter anmodan

requiem [ˈrekwɪəm] rekviem (*äv. mus.*), själamässa

require [rɪˈkwaɪə] behöva; [er]fordra; begära, kräva; *~d* (*äv.*) erforderlig, nödvändig, önskad; *~d reading* obligatorisk litteratur; *as ~d* efter behov; *if ~d* om det (så) behövs (är nödvändigt), vid behov; *you are ~d to...* du skall (måste)...; *the plant ~s frequent watering* växten behöver (måste) vattnas ofta **-ment** [-mənt] **1** behov **2** krav, fordran, anspråk

requi|site [ˈrekwɪzɪt] **I** *a* erforderlig, nödvändig **II** s behov; nödvändig sak **-sition** [ˌrekwɪˈzɪʃn] **I** s **1** rekvisition, beställning (*for* på) **2** *i sht mil.* rekvisition, utskrivning **II** v, *mil.* rekvirera, utskriva

requital [rɪˈkwaɪtl] ersättning; gengäld; vedergällning **requite** [rɪˈkwaɪt] **1** gengälda, återgälda, besvara; vedergälla; *~d love* besvarad kärlek

reread [ˌriːˈriːd] (*reread, reread*) läsa om (på nytt)

reredos [ˈrɪədɒs] altarskåp

rerun [ˌriːˈrʌn] **I** s [film]repris **II** v (*reran, rerun*) ge i repris

res. *förk. för* research; reserve; residence; resides; resigned; resolution

rescind [rɪˈsɪnd] återkalla, upphäva

rescue [ˈreskjuː] **I** v rädda, undsätta **II** s räddning, undsättning; räddningsaktion; *come* (*go*) *to the ~* komma till undsättning **rescue party** räddningspatrull

research [rɪˈsɜːtʃ] **I** s forskning, vetenskaplig undersökning; *do ~ on* (*into*) bedriva forskning i **II** v forska **-er** [-ə] forskare

reseda [ˈresɪdə] *bot.* reseda

resell [ˌriːˈsel] (*resold, resold*) återförsälja

resem|blance [rɪˈzembləns] likhet (*to* med); *bear a strong* (*faint*) *~ to* påminna starkt (svagt) om **-ble** [-bl] likna

resent [rɪˈzent] känna sig sårad av, bli förnärmad (förbittrad) över, harmas över **-ful** [-f(ʊ)l] förnärmad, förbittrad, harmsen (*at* över) **-ment** [-mənt] förbittring, harm, förtrytelse (*at* över)

reservation [ˌrezəˈveɪʃn] **1** reservation, förbehåll; *mental ~* tyst förbehåll **2** [förhands]beställning, bokning, reservering **3** [indian]reservat **4** mittremsa (*på väg*)

reserve [rɪˈzɜːv] **I** v **1** spara [på], reservera; hålla inne med; förbehålla; *a great career is ~d for her* en lysande karriär väntar henne; *~ the right to do s.th.* förbehålla sig rätten att göra ngt; *~ a seat for s.b.* hålla (reservera) en plats åt ngn; *~ one's strength* spara sina krafter **2** reservera, boka, [förhands]beställa **II** s **1** reserv; *have in ~* ha i reserv **2** förbehåll, reservation; *without ~* utan förbehåll (reservation), oförbehållsamt, reservationslöst **3** förbehållsamhet, reservation, tillbakadragenhet **4** reservat **5** *mil., sport.* reserv; *mil.* reservare; *~s* (*pl, äv.*) reservtrupper **6** (*på auktion*) lägsta pris, minimipris **reserved** [-d] **1** re-

serverad, tillbakadragen, avvaktande **2** reserverad, bokad, [förhands]beställd **reserve price** *BE.* (*vid auktion*) minimipris
reservist [ˌrɪˈzɜːvɪst] *mil.* reservare
reservoir [ˈrezəvwɑː] reservoar, behållare
reset [ˌriːˈset] (*reset, reset*) **1** ställa om (*klocka e.d.*) **2** lägga rätt (*a broken leg* ett brutet ben); nyinfatta (*a gemstone* en ädelsten)
resettle [ˌriːˈsetl] flytta [om] **-ment** [-mənt] omflyttning
reshape [ˌriːˈʃeɪp] omforma, omgestalta
reshuffle [ˌriːˈʃʌfl] **I** *s* **1** *kortsp.* omblandning **2** (*i regering e.d.*) ommöblering, omflyttning **II** *v* **1** *kortsp.* blanda om **2** möblera (flytta) om [i] (*regering e.d.*)
reside [rɪˈzaɪd] **1** bo, vistas, uppehålla sig, residera **2** *bildl.*, ~ *in* tillkomma, ligga (finnas) hos
residence [ˈrezɪd(ə)ns] **1** residens, bostad; *official* ~ tjänste-, ämbets|bostad **2** hemvist, vistelse-, uppehålls|ort **3** vistelse, uppehåll; *place of* ~ hemort; *take up* ~ bosätta sig; *the royal family is in* ~ *at the palace* kungafamiljen vistas på slottet **-dency** [-(ə)nsɪ] **1** residens **2** *AE. med.* specialistutbildning **-dent** [-d(ə)nt] **I** *a* bosatt, boende; bosatt [på platsen] **II** *s* **1** invånare [på orten], bofast [person] **2** *AE. med.* läkare som genomgår specialistutbildning **-dential** [ˌrezɪˈdenʃl] bostads-; ~ *area* bostadsområde; ~ *job* arbete där man bor på arbetsplatsen
residual [rɪˈzɪdjʊəl] **I** *a* överbliven, kvarvarande, resterande **II** *s* rest **residuary** [-rɪ] **1** återstående, resterande **2** *jur.* berättigad till behållningen i dödsbo; ~ *legatee* huvudarvinge **residue** [ˈrezɪdjuː] **1** återstod, rest **2** *jur.* behållning i dödsbo
1 resign [ˌriːˈsaɪn] underteckna igen
2 resign [rɪˈzaɪn] **1** avstå från (*a right* en rättighet), avsäga sig (*the chairmanship* ordförandeskapet); avgå från **2** ~ *o.s. to* förlika (försona) sig med, finna sig i, resignera inför **3** avgå, ta avsked **resignation** [ˌrezɪɡˈneɪʃn] **1** avsägelse; avsked, avgång; avskedsansökan; *send in* (*tender*) *one's* ~ lämna in sin avskedsansökan, begära avsked **2** resignation (*to* inför), underkastelse, undergivenhet (*to* under) **resigned** [-d] resignerad, undergiven
resilience [rɪˈzɪlɪəns] elasticitet, spänst[ighet]; återhämtning[sförmåga] **-ent** [-ənt] elastisk, spänstig; som snabbt återhämtar sig, motståndskraftig
resin [ˈrezɪn] **I** *s* kåda; harts **II** *v* hartsa; gnida med kåda **-ous** [-əs] kådig; hartsartad
resist [rɪˈzɪst] **1** motsätta sig; göra motstånd mot; motstå (*a temptation* en frestelse), stå emot; motarbeta; ~ *rust* stå emot (tåla) rost; *I cannot* (*could not*) ~ *chocolate* jag kan inte motstå choklad **2** stå emot; göra motstånd **-ance** [-(ə)ns] **1** motstånd (*to* mot); *air* ~ luftmotstånd; *take* (*follow*) *the line of least* ~ följa minsta motståndets lag **2** motståndskraft, resistens (*to* mot) **3** *elektr.* resistens **-ant** [-(ə)nt] motståndskraftig (*to* mot); *be* ~ *to* (*äv.*) vara motståndare till **-or** [-ə] *elektr. konkr.* motstånd
resit [ˌriːˈsɪt] **1** göra om (*examen*) **2** tentera 'om
resole [ˌriːˈsəʊl] halvsula
resolute [ˈrezəluːt] bestämd, beslutsam, resolut

-lution [ˌrezəˈluːʃn] **1** bestämdhet, beslutsamhet **2** resolution, mötesbeslut **3** föresats **4** lösning (*av problem etc.*) **5** sönderdelning; upplösning (*äv. fys., mus.*); *fys.* upplösningsförmåga
resolvable [rɪˈzɒlvəbl] upplöslig
resolve [rɪˈzɒlv] **I** *v* **1** skingra (*a doubt* ett tvivel) **2** lösa (*a problem* ett problem) **3** lösa upp, upplösa (*into its components* i sina beståndsdelar); sönderdela; analysera **4** besluta [sig för] **5** besluta sig ([*up*]*on* för) **6** lösas upp, upplösas (*into* i) ; sönderdelas **II** *s* **1** beslut **2** beslutsamhet **resolved** [-d] (fast) besluten (*to do s.th.* att göra ngt), bestämd **resolving** [-ɪŋ] *a*, *fys.*, ~ *power* upplösningsförmåga
resonance [ˈrezənəns] resonans, återklang; klang **-nant** [-nənt] resonansrik; genljudande, ekande; klangfull, ljudlig **-nate** [-neɪt] genljuda, eka; ge resonans
resorb [ˌriːˈsɔːb] resorbera, uppsuga
resort [rɪˈzɔːt] **I** *v* **1** ~ *to* tillgripa, ta sin tillflykt till **2** ~ *to* frekventera, ofta besöka **II** *s* **1** tillhåll; [rekreations]ort; *holiday* ~ semesterort **2** utväg; tillflykt; *as a* (*in the*) *last* ~ som en sista utväg, i sista hand
resound [rɪˈzaʊnd] genljuda, eka; skalla; *litt.* ge genljud (eko)
resource [rɪˈsɔːs] **1** resurs, tillgång; ~*s* (*pl, äv.*) penningmedel; *natural* ~*s* naturtillgångar **2** rådighet, fyndighet, initiativrikedom; *a man of* ~ en rådig (initiativrik) man **3** utväg, resurs; *as a last* ~ som en sista utväg **-ful** [-f(ʊ)l] rådig, fyndig
resp. *förk. för respective*[*ly*]; *respondent*
respect [rɪˈspekt] **I** *s* **1** respekt, aktning; ~*s* (*pl*) [vördsamma] hälsningar, vördnadsbetygelser; *hold s.b. in* ~ respektera (akta) ngn; *pay one's* ~*s to s.b.* betyga ngn sin aktning, uppvakta ngn **2** hänsyn, omtanke; *with* ~ *to* (*äv.*) hänsynsfullt, försiktigt; *without* ~ *to* utan hänsyn till; *pay* ~ *to* ta hänsyn till **3** avseende, hänseende, hänsyn; *in this* ~ i detta avseende (hänseende); *with* ~ *to*, *in* ~ *of* beträffande, med avseende på, med hänsyn till **II** *v* **1** respektera; akta; ta hänsyn till **2** angå, beträffa **-ability** [rɪˌspektəˈbɪlətɪ] respektabilitet, värdighet, aktningsvärdhet **-able** [rɪˈspektəbl] **1** respektabel, aktningsvärd; anständig; hederlig **2** *vard.* ansenlig, hygglig, skaplig, hyfsad **-er** [rɪˈspektə] *s*, *be a* ~ *of* vara en person som respekterar; *be no* ~ *of persons* inte ta hänsyn till person **-ful** [rɪˈspektf(ʊ)l] respektfull, vördsam, vördnadsfull **-fully** [rɪˈspektf(ʊ)lɪ] *adv*, *Yours* ~*ly* (*i brev*) Vördsamt **-ing** [rɪˈspektɪŋ] *prep* beträffande, angående, med hänsyn till
respective [rɪˈspektɪv] respektive; *they returned to their* ~ *homes* de återvände till sina respektive hem; *they each have their* ~ *merits* var och en har sina förtjänster **-ly** [-lɪ] *adv* respektive; *Italy and Sweden lie second and third* ~ Italien och Sverige ligger på andra respektive tredje plats
respiration [ˌrespəˈreɪʃn] andning, respiration; *artificial* ~ konstgjord andning **-ator** [ˈrespəreɪtə] respirator **-atory** [rɪˈspaɪərət(ə)rɪ] andnings-, respirations-
respire [rɪˈspaɪə] **1** andas, respirera **2** *litt.* andas ut
respite [ˈrespaɪt] **I** *s* respit, anstånd, uppskov; frist, andrum **II** *v* ge respit, bevilja anstånd (upp-

skov) med
resplend|ence [rɪ'splendəns], **-ency** [-ənsɪ] glans, prakt **-ent** [-ənt] strålande, lysande, praktfull

respond [rɪ'spɒnd] **1** svara (*to på*); ~ *to* (*äv.*) besvara **2** ~ *to* reagera [positivt], svara på (*treatment* behandling) **-ent** [-ənt] **1** *jur.* svarande (*i sht i skilsmässomål*) **2** svarande, person som svarar

response [rɪ'spɒns] **1** svar (*to på*); genmäle; *in* ~ *to* som svar på **2** respons, [gen]svar, reaktion (*to på*) **3** (*i bridge*) svarsbud

respon|sibility [rɪ,spɒnsə'bɪlətɪ] **1** ansvar, ansvarighet (*for* för; *to* inför); *accept* (*assume*) ~ *for* ta på sig ansvaret för **2** förpliktelse **-sible** [-səbl] **1** ansvarig (*for* för; *to* inför); ansvarsfull; ansvarskännande **2** vederhäftig, solid **-sive** [-sɪv] **1** svars-, som svar **2** känslig (*to* för); intresserad, deltagande

1 rest [rest] **I** *v* förbli; ~ *easy* vara lugn; *you may* ~ *assured that* du kan vara säker på att **II** *s, the* ~ resten, återstoden; *for the* ~ *a*) för (i) övrigt, *b*) vad resten (det övriga) beträffar; *and* [*all*] *the* ~ *of it* (*vard.*) och allt sånt där

2 rest [rest] **I** *v* **1** [låta] vila; ~ *o.s.* vila sig; *feel* ~*ed* känna sig utvilad; *God* ~ *his soul!* må han vila i frid! **2** vila, stödja, lägga, luta; *bildl.* stödja, grunda **3** vila [sig], ta igen sig; ta en paus, rasta; få lugn (ro); *let the matter* ~ låta saken bero; *the matter must not* ~ *there* man kan inte låta saken stanna vid detta; *he will not* ~ *until* han ger sig inte (får ingen ro) förrän **4** vila, stödja sig, ligga; *bildl.* stödja (grunda) sig; ~ *with* ligga (vila) hos, bero på **II** *s* **1** vila; paus, rast; lugn, ro, frid; *day of* ~ vilodag; *be at* ~ *a*) vara lugn (stilla, i vila, i viloläge), *b*) ha fått frid, vara död; *come to* ~ stanna; *give it a* ~*!* sluta!; *give one's eyes a* ~ vila ögonen; *have* (*take*) *a* ~ *a*) vila sig, *b*) ta en paus; *lay to* ~ föra till den sista vilan, begrava; *set at* ~ lugna; *you can set* (*put*) *your mind at* ~ du kan vara lugn **2** stöd; klyka **3** hem; viloplats **4** *mus.* paus; *versl.* cesur

restaurant ['rest(ə)rɔ̃:(ŋ)] restaurang **restaurant car** restaurangvagn

restaurateur [,restɔrə'tɜ:] restauratör, restaurangägare

rested ['restɪd] utvilad **restful** ['restf(ʊ)l] rogivande, vilsam; lugn, fridfull

rest|-home ['resthəʊm] ålderdomshem **--house** härbärge (*för vägfarande*); raststuga

resting place ['restɪŋpleɪs] rastställe; fristad; *last* ~ sista vilorum

restitution [,restɪ'tju:ʃn] **1** åter|lämnande, -ställande, -betalning, restitution

restive ['restɪv] **1** bångstyrig, motspänstig **2** otålig, rastlös

restless ['restlɪs] rastlös, orolig, otålig **-ness** [-nɪs] rastlöshet, orolighet, otålighet

restock [,ri:'stɒk] fylla på [förråden i]

restora|tion [,restə'reɪʃn] **1** återställande; återupprättande; återinförande; återupplivande; återlämnande; *the R*~ restaurationen (*återupprättandet av den eng. monarkin 1660*) **2** restaurering, restauration, renovering **-tive** [rɪ'stɒrətɪv] **I** *a* stärkande, återställande, uppiggande **II** *s* stärkande medel; [uppiggande] drink

restore [rɪ'stɔ:] **1** återlämna, ge (lämna, ställa) tillbaka; återställa; ~*d* [*to health*] återställd; ~ *a p.'s health*, ~ *s.b. to health* återge ngn hälsan; ~ *to life* återkalla till livet **2** återupprätta; återinföra; återinsätta; ~ *to power* återföra till makten; ~ *to the throne* återinsätta på tronen **3** restaurera, renovera; rekonstruera (*a text* en text)

restrain [rɪ'streɪn] **1** hindra, avhålla (*from* från) **2** hålla tillbaka, tygla, lägga band på **3** spärra in **restraint** [-t] **1** restriktion, inskränkning, hinder; tvång, band; ~ *of trade* handelshinder; *without* ~ oinskränkt, ohämmat **2** återhållande, tyglande, kontroll; återhållsamhet **3** *under* ~ under arrest

restrict [rɪ'strɪkt] begränsa, inskränka; ~*ed area* skyddsområde; ~*ed document* hemligstämplat dokument; ~*ed zone* (*BE.*) område med hastighetsbegränsning och särskilda parkeringsbestämmelser **restriction** [-kʃn] **1** restriktion, begränsning, inskränkning; *place* ~*s on* utfärda restriktioner om, göra inskränkningar i **2** förbehåll, inskränkning **restrictive** [-ktɪv] restriktiv, inskränkande

rest room ['restrʊm] *AE.* [offentlig] toalett

restructure [,ri:'strʌktʃə] omstrukturera

result [rɪ'zʌlt] **I** *v* **1** bli (vara) resultatet (följden) (*from av*), härröra (*from* från) **2** ~ *in* resultera i, bli följden av, leda till **II** *s* resultat; *as a* ~ *of* till följd av **-ant** [-(ə)nt] **I** *a* resulterande, [därav] följande **II** *s, fys.* resultant

resume [rɪ'zju:m] **1** återta[ga]; ~ *one's seat* åter inta sin plats **2** återuppta[ga], åter börja **3** återuppta[ga]s, börja igen

résumé ['rezju:meɪ] **1** resumé, samman|fattning, -drag **2** *AE.* levnadsbeskrivning, meritförteckning

resump|tion [rɪ'zʌm(p)ʃn] **1** återtagande **2** återupptagande

resurface [,ri:'sɜ:fɪs] **1** komma upp till ytan igen; *vard.* dyka upp igen **2** ge ny ytbeläggning

resur|gence [rɪ'sɜ:dʒ(ə)ns] *s* återupp|vaknande, -stående, -blomstrande **-gent** [-dʒ(ə)nt] återupp|vaknande, -stående, -blomstrande

resur|rect [,rezə'rekt] **1** återkalla till livet; *bildl.* återupp|väcka, -liva **2** återuppstå, återkallas till livet **-rection** [-'rekʃn] återuppståndelse; *bildl.* återupp|väckande, -livande; *the R*~ Kristi uppståndelse

resusci|tate [rɪ'sʌsɪteɪt] återupp|väcka, -liva (*äv. bildl.*) **-tation** [rɪ,sʌsɪ'teɪʃn] *s* återupp|väckande, -livande

ret [ret] röta (*lin e.d.*)

ret. förk. for retain; retired; return[*ed*]

retail I *s* ['ri:teɪl] försäljning i minut, detaljhandel; *sell by* ~ sälja i minut (styckevis) **II** *a* ['ri:teɪl] detalj[handels]-, minut- **III** *adv* ['ri:teɪl] *sell* ~ sälja i minut (styckevis) **IV** *v* [ri:'teɪl] **1** sälja i minut (styckevis) **2** relatera, berätta i detalj **3** säljas i minut (styckevis) **-er** [ri:'teɪlə] detaljhandlare, detaljist, återförsäljare

retain [rɪ'teɪn] **1** hålla kvar, [bi]behålla **2** hålla i minnet **3** betala förskotts|arvode (-honorar, -hyra *etc.*) för; *jur.* betala engagemangsarvode (*t. advokat*); ~*ing fee, se* retainer **3 -er** [-ə] **1** *hist.* vasall **2** trotjänare **3** förskottshyra, engagemangsarvode (*t. advokat*)

retake I *s* ['ri:teɪk] *film.* omtagen scen II *v* [ˌri:-'teɪk] (*retook, retaken*) **1** åter|ta, -erövra **2** *film.* ta om **3** gå upp igen i (*examen*)
retali|ate [rɪ'tælɪeɪt] vedergälla, hämnas, ge igen, slå tillbaka **-ation** [-ˌtælɪ'eɪʃn] vedergällning, hämnd **-ative, -atory** [rɪ'tælɪ|ətɪv, -ət(ə)rɪ] vedergällnings-
retard [rɪ'tɑ:d] för|sena, -dröja, hämma; ~*ed child* utvecklingsstört barn **-ation** [ˌri:tɑ:'deɪʃn], **-ment** [rɪ'tɑ:dmənt] för|sening, -dröjning; retardation; *biol.* retardering
retch [retʃ] I *v* vilja kräkas II *s* kräkningsreflex
retd. *förk. för* retained; retired; returned
retell [ˌri:'tel] (*retold, retold*) åter|berätta, -ge
reten|tion [rɪ'tenʃn] **1** [bi]behållande, bevarande **2** kvarhållande **3** *med., psykol.* retention **-tive** [-tɪv] mottaglig; ~ *memory* bra minne
rethink [ˌri:'θɪŋk] I *v* (*rethought, rethought*) **1** ompröva, överväga på nytt **2** tänka om II *s* omprövning, förnyat övervägande
reti|cence ['retɪs(ə)ns] förtegenhet, tystlåtenhet **-cent** [-s(ə)nt] förtegen, tystlåten
reticule ['retɪkju:l] påsväska
retina ['retɪnə] *anat.* retina, näthinna
retinue ['retɪnju:] följe, svit
retire [rɪ'taɪə] **1** dra sig tillbaka (undan); försvinna; *sport.* gå ur; ~ *into o.s.* sluta sig inom sig själv **2** gå till sängs **3** *mil.* retirera **4** gå i pension, avgå **5** [förtids]pensionera, tvinga att avgå **6** dra (lösa) in (*sedlar e.d.*) **7** *mil.* låta retirera, dra tillbaka **retired** [-d] **1** tillbakadragen; reserverad **2** pensionerad; avgången **retirement** [-mənt] **1** avskildhet; tillbakadragenhet **2** pensionering; avgång; pensionsålder **3** *mil.* rerätt, återtåg **retirement pension** ålderspension **retiring** [-rɪŋ] tillbakadragen, reserverad
retort [rɪ'tɔ:t] I *v* svara skarpt, genmäla, replikera II *s* **1** skarpt svar, replik **2** *kem.* retort
retouch [ˌri:'tʌtʃ] retuschera
retrace [rɪ'treɪs] **1** följa tillbaka; ~ *one's steps* gå samma väg tillbaka
retract [rɪ'trækt] **1** ta tillbaka, återkalla **2** dra in (tillbaka) **3** dra sig tillbaka; dras in (tillbaka) **retractable, retractile** [rɪ'træk|təbl, -taɪl] indragbar, infällbar **retraction** [rɪ'trækʃn] **1** återkallande **2** in-, tillbaka|dragande
retread I *v* [ˌri:'tred] regummera II *s* ['ri:tred] regummerat däck
retreat [rɪ'tri:t] I *v* **1** flytta tillbaka, retirera med **2** slå till reträtt. retirera; dra sig (vika, gå) tillbaka; vika II *s* **1** reträtt, återtåg; *beat a* ~ slå till reträtt, ta till reträtten; *sound the* ~ blåsa till reträtt **2** tillflykt[sort], fristad
retrench [rɪ'tren(t)ʃ] **1** skära ner, minska [på] **2** ~ *o.s.* förskansa sig **-ment** [-mənt] **1** nedskärning, minskning **2** *mil.* förskansning
retrial [ˌri:'traɪ(ə)l] *jur.* förnyad prövning
retribu|tion [ˌretrɪ'bju:ʃn] vedergällning; straff **-tive** [rɪ'trɪbjutɪv] vedergällnings-; straff-
retrieval [rɪ'tri:vl] **1** åter|vinnande, -fående **2** *beyond* ~ ohjälplig[t förlorad] **retrieve** [rɪ'tri:v] **1** hämta (få) tillbaka, åter|få, -vinna; återfinna **2** (*om hund*) apportera **3** rädda **4** komma ihåg **5** gottgöra, reparera **6** *data.* hämta, öppna (*dokument*)
retreiver [-ə] **1** (*hundras*) retriever **2** (*om hund*) apportör
retroactive [ˌretrəu'æktɪv] retroaktiv
retro|fire ['retrəuˌfaɪə] tända bromsraket **-flex** ['retrə(u)fleks] **1** tillbakaböjd **2** *fonet.* retroflex **-grade** ['retrə(u)greɪd] I *a* **1** tillbakagående, bakåtriktad; bakåtlutande; retrograd; ~ *step* steg tillbaka **2** bakåtsträvande II *v* gå bakåt (tillbaka) **retro|gress** [ˌretrə(u)'gres] gå tillbaka (bakåt) **-gression** [-'greʃn] tillbakagång; regression **-gressive** [-'gresɪv] tillbakagående; bakåtsträvande, regressiv
retro-rocket ['retrəuˌrɒkɪt] bromsraket
retro|spect ['retrə(u)spekt] tillbaka-, åter|blick; *in* ~ i efterhand, så här efteråt **-spection** [ˌretrə(u)'spekʃn] tillbakablickande, återblick **-spective** [ˌretrə(u)'spektɪv] **1** retrospektiv, tillbakablickande **2** retroaktiv
return [rɪ'tɜ:n] I *v* **1** ställa (lägga, sätta, stoppa, ge, lämna, skicka, kasta, slå) tillbaka; lämna igen, återlämna, återställa; returnera; återbetala; ~ *a blow* slå tillbaka **2** besvara, återgälda; ~ *fire* besvara elden; ~ *good for evil* löna ont med gott **3** svara, replikera **4** förklara; rapportera; avkunna; avge; lämna in; ~ *s.b. guilty* förklara ngn skyldig **5** avkasta, ge **6** välja [till parlamentsledamot] **7** komma tillbaka (hem), återkomma, återvända; återgå II *s* **1** åter-, hem|komst; återvändande; åter|resa, -väg; återgång; *med.* återfall; *by* ~ [*of post*] omgående, med vändande post; ~ *to health* tillfrisknande; *many happy* ~*s* [*of the day*]! har den äran [att gratulera]! **2** [tur- och] returbiljett **3** åter|ställande, -lämnande *etc., jfr I 1*; returförsändelse; returboll; återbetalning; ~*s* (*pl*) returer, returgods **4** besvarande; vedergällning, lön; *in* ~ i gengäld, till tack (svar), som motprestation **5** rapport, berättelse; dom[slut]; ~*s* (*pl, äv.*) statistik, [statistiska] uppgifter; [*election*] ~*s* (*pl*) valresultat; [*tax*] ~ deklaration; *population* ~*s* (*pl*) befolkningssiffror **6** avkastning, vinst; ~*s* (*pl, äv.*) intäkter, vinster **7** val (*t. parlament*) **returnable** [rɪ'tɜ:nəbl] retur- **returning officer** *parl.* valförrättare **return match** returmatch **return ticket** [tur- och] returbiljett
reunion [ˌri:'ju:njən] **1** återförening **2** sammankomst, samkväm **reunite** [ˌri:ju:'naɪt] återförena[s], åter ena[s]
re-use I *v* [ˌri:'ju:z] använda igen (på nytt) II *s* [ˌri:'ju:s] förnyad användning
rev [rev] *vard.* I *s* [motor]varv II *v* **1** ~ [*up*] *the motor* rusa (varva upp) motorn **2** ~ [*up*] (*om motor*) rusa, varva upp
Rev. *förk. för* (*bibl.*) *Revelation; Reverend* **rev.** *förk. för* revenue; reverse[d]; review; revise[d]; revision; revolution
revaluation [ˌri:væljʊ'eɪʃn] **1** omvärdering **2** *ekon.* revalvering **revaluate** [ˌri:'væljueɪt] *AE.*, **revalue** [ˌri:'vælju:] *BE.* **1** omvärdera **2** *ekon.* revalvera
revamp [ˌri:'væmp] lappa ihop, reparera, ändra (*äv. bildl.*)
Revd. *förk. för* Reverend
reveal [rɪ'vi:l] avslöja, röja, yppa; visa, uppenbara
reveille [rɪ'vælɪ, *AE.* 'revəli:] revelj
revel ['revl] I *v* **1** festa [om], svira, rumla [om]; ~ *in* (*bildl.*) frossa i, njuta av II *s* fest; ~*s* (*pl, äv.*)

festligheter
revelation [ˌrevəˈleɪʃn] **1** uppenbarande, yppande; avslöjande; *it was a ~ to me* det kom som en överraskning för mig **2** (*gudomlig*) uppenbarelse; *R~*[*s*], *the R~ of St. John the Divine* Uppenbarelseboken
revel|ler [ˈrevlə] festprisse, rumlare **-ry** [ˈrevlrɪ] festande, rumlande, svirande
revenge [rɪˈvendʒ] **I** *v* hämnas; *~ o.s. on s.b.* hämnas på ngn **II** *s* hämnd, vedergällning; revansch; *in ~ of* som hämnd för; *get one's ~* ta hämnd; *take ~ on s.b.* ta hämnd (revansch) på ngn; *~ is sweet* hämnden är ljuv **-ful** [-f(ʊ)l] hämnd|lysten, -girig
revenue [ˈrevənjuː] inkomst[er], avkastning; [*public*] *~* statsinkomster **revenue cutter** [-ˌkʌtə] tullkryssare **revenue official** [-əˌfɪʃl] tjänsteman på skatteverket
rever|berate [rɪˈvɜːb(ə)reɪt] **1** återkasta, reflektera (*ljud, ljus e.d.*) **2** (*om ljud, ljus e.d.*) återkastas, reflekteras, eka **-beration** [rɪˌvɜːbəˈreɪʃn] **1** återkastande, reflexion; eko, genljud (*äv. bildl.*); *bildl. äv.* återverkning
revere [rɪˈvɪə] vörda, se upp till
rever|ence [ˈrev(ə)r(ə)ns] **I** *s* aktning, vördnad; vördnadsbetygelse **II** *v* vörda **-end** [-(ə)nd] **I** *a* **1** åld. vördnadsvärd **2** [*the*] *R~ John Smith* kyrkoherde (pastor) John Smith; [*the*] *Most R~ John Smith* ärkebiskop John Smith; [*the*] *Right~ John Smith* biskop John Smith; [*the*] *Very R~ John Smith* domprost John Smith **II** *s, vard.* präst **-ent** [-(ə)nt] **-ential** [ˌrevəˈrenʃl] vördnadsfull
reverie [ˈrevərɪ] drömmeri; dagdröm; *lapse into a ~* försjunka i drömmerier
revers [rɪˈvɪə] (*pl revers* [-z]) uppslag (*på plagg*) slag
reversal [rɪˈvɜːsl] **1** omsvängning, omkastning, omslag (*of* i); ombyte (*of av*) **2** *jur.* upphävande (*av dom o.d.*)
reverse [rɪˈvɜːs] **I** *a* omvänd, motsatt, omkastad, bakvänd; *~ gear* back[växel]; *~ motion* rörelse (gång) bakåt (i motsatt riktning); *~ side* bak-, från-, avig|sida **II** *s* **1** motsats (*of* till, mot); *quite the ~* alldeles tvärtom; *he is the ~ of polite* han är allt annat än artig **2** bakslag, motgång, nederlag; *go into ~* röna motgång, råka ut för ett bakslag, lida nederlag **3** bak-, från-, avig|sida; *the ~ of a coin* reversen (baksidan) av ett mynt; *the ~ of the medal* (*bildl.*) medaljens baksida **4** back[växel]; *put the car into ~* lägga i backen **III** *v* **1** vända [på]; vända (flytta, kasta, slå) om; ändra [om]; *~ one's car* backa bilen; *~ the charges* (*tel.*) låta mottagaren betala samtalet; *~d charge call* (*tel.*) ba-samtal **2** *jur.* upphäva, återkalla **3** vända, slå om **4** backa **reversible** [-əbl] reversibel, omkastbar; vändbar (*skirt* kjol) **reversing light** [-ɪŋlaɪt] backlykta **reversion** [rɪˈvɜːʃn] åter-, tillbaka|gång
revert [rɪˈvɜːt] **1** återgå, gå tillbaka, återvända, återkomma **2** *jur.* hemfalla, återgå
review [rɪˈvjuː] **I** *v* **1** se tillbaka på, gå igenom, låta passera revy; överblicka **2** gå igenom (granska, betrakta) på nytt; *jur.* ompröva **3** anmäla, recensera **4** *mil.* inspektera, mönstra **II** *s* **1** återblick (*of* på); över|blick, -sikt (*of* över); *pass in ~* se tillbaka på, gå igenom, låta passera revy **2** genomgång, granskning, [förnyad] undersökning; *jur.* omprövning, revision; *come under* (*up for*) *~* granskas på nytt, tas upp till omprövning (förnyad behandling) **3** anmälan, recension (*of* av) **4** tidskrift **5** *mil.* inspektion, mönstring, revy
review copy [-ˌkɒpɪ] recensionsexemplar **reviewer** [-ə] recensent, anmälare
revile [rɪˈvaɪl] smäda, skymfa
revise [rɪˈvaɪz] **1** revidera; ändra; granska; omarbeta, bearbeta; *the R~d Version* (*BE.*) den reviderade bibelöversättningen (*1881, 1885*) **2** *skol.* repetera, plugga in
revision [rɪˈvɪʒn] **1** revidering, revision; ändring; granskning; omarbetning, bearbetning; reviderad upplaga **2** *skol.* repetition, pluggande
revision|ism [rɪˈvɪʒ(ə)nɪz(ə)m] revisionism **-ist** [-ɪst] revisionist
revisit [ˌriːˈvɪzɪt] besöka igen
revital|ize (*BE. äv. -ise*) [ˌriːˈvaɪtəlaɪz] vitalisera, liva upp; återuppliva
revival [rɪˈvaɪvl] **1** återupp|livande, -väckande (*äv. bildl.*); återupptagande; återhämtning; *economic ~* ekonomisk återhämtning; *a ~ of interest in* ett nyvaknat intresse för **2** *teat.* ny uppsättning **3** väckelse; väckelsemöte **-ism** [rɪˈvaɪvəlɪz(ə)m] väckelse[rörelse]
revive [rɪˈvaɪv] **1** återupp|liva, -väcka (*äv. bildl.*); *bildl.* blåsa nytt liv i, återinföra, återuppliva; *~ a p.'s memory* friska upp ngns minne **2** *teat.* göra en nyuppsättning av, ha nypremiär på **3** vakna till liv igen, kvickna till (*äv. bildl.*); *bildl. äv.* leva upp, få nytt liv
revocation [ˌrevəˈkeɪʃn] återkallande, upphävande, annullering
revoke [rɪˈvəʊk] **1** återkalla, upphäva, annullera **2** *kortsp.* underlåta att bekänna färg
revolt [rɪˈvəʊlt] **I** *v* **1** revoltera, göra revolt (uppror) **2** upproras, känna avsky **3** göra upprörd, fylla med avsky; *be ~ed by* bli (vara) upprörd över, känna avsky inför (över) **II** *s* revolt, uppror; *rise in ~* göra revolt (uppror) **-ing** [-ɪŋ] **1** revolterande, upprorisk **2** upprörande; motbjudande, kväljande
revolution [ˌrevəˈluːʃn] **1** revolution; *bildl. äv.* omvälvning; *the French R~* franska revolutionen; *the industrial ~* den industriella revolutionen **2** rotation; varv; *astr.* kretslopp; omlopp **-ary** [-ʃnərɪ] **I** *a* revolutionär, revolutions- **II** *s* revolutionär **-ize** (*BE. äv. -ise*) [-ʃnaɪz] revolutionera
revolve [rɪˈvɒlv] **1** rotera, snurra runt, vrida sig; *~ around* (*bildl.*) kretsa kring **2** sätta i rotation, få att rotera
revolver [rɪˈvɒlvə] revolver
rivolving [rɪˈvɒlvɪŋ] roterande; *~ door* svängdörr; *~ stage* vridscen
revue [rɪˈvjuː] *teat.* revy
revulsion [rɪˈvʌlʃn] **1** motvilja **2** omsvängning, motreaktion
reward [rɪˈwɔːd] **I** *s* belöning; hittelön; *as a ~ for* som belöning för **II** *v* belöna; *the picture ~s attention* tavlan förtjänar att uppmärksammas **-ing** [-ɪŋ] lönande, givande, värd mödan
rewind [ˌriːˈwaɪnd] **I** *v* (*rewound, rewound*) spola tillbaka (*a tape* ett band) **II** *s* återspolning
rewire [ˌriːˈwaɪə] *elektr.* dra (lägga in) nya ledningar i

rework—ridgepole

rework [ˌriːˈwɜːk] omarbeta
rewrite I v [ˌriːˈraɪt] (*rewrote, rewritten*) skriva om; omarbeta **II** s [ˈriːraɪt] omskrivning; omarbetning
Rex [reks] konung, rex
Reynard the Fox [ˌrenədðəˈfɒks] Mickel Räv
Reynold [ˈrenld]
RF *förk. för radio frequency* **R.G.S.** *förk. för Royal Geographical Society* **Rgt.** *förk. för regiment* **R.H., r.h.** *förk. för right hand* **R.H.A.** *förk. för Royal Horse Artillery*
rhap|sodic [ræpˈsɒdɪk] **1** rapsodisk **2** extatisk, entusiastisk, hänförd **-sodize** (*BE. äv. -sodise*) [ˈræpsədaɪz] v, ~ *about* yttra sig entusiastiskt om **-sody** [ˈræpsədɪ] **1** rapsodi **2** extas, entusiasm
rhea [rɪə] *zool.* nandu, amerikansk struts
Rheims [riːmz] Reims
Rhenish [ˈriːnɪʃ] **I** *a* rhensk **II** *s* rhenvin
rheostat [ˈrɪə(ʊ)stæt] *elektr.* reostat
rhet. *förk. för rhetoric*[*al*]
rhetoric [ˈretərɪk] retorik, vältalighet **rhetorical** [rɪˈtɒrɪkl] retorisk; ~ *question* retorisk fråga **rhetorician** [ˌretəˈrɪʃn] vältalare, retor
rheu|matic [ruːˈmætɪk] **I** *a* reumatisk (*fever* feber) **II** *s* **1** reumatiker **2** ~*s* (*pl, vard.*) reumatism **-maticky** [-ˈmætɪkɪ] *vard.* reumatisk **-matism** [ˈruːmətɪz(ə)m] reumatism **-matoid** [ˈruːmətɔɪd] *a*, ~ *arthritis* reumatoid artrit, kronisk ledgångsreumatism
R.H.G. *förk. för Royal Horse Guards*
Rhine [raɪn] *s, the* ~ Rhen **rhinestone** [ˈraɪnstəʊn] strass
1 rhino [ˈraɪnəʊ] *förk. för rhinoceros*
2 rhino [ˈraɪnəʊ] *BE. sl.* pengar; *ready* ~ kontanter
rhinoceros [raɪˈnɒs(ə)rəs] *zool.* noshörning
Rhode Island [ˌrəʊdˈaɪlənd]
Rhodes [rəʊdz] Rhodos
Rhodesia [rə(ʊ)ˈdiːzjə] Rhodesia
rhododendron [ˌrəʊdəˈdendr(ə)n] *bot.* r[h]ododendron
rhomb [rɒm] romb **rhombic[al]** [ˈrɒmbɪk(l)] rombisk **rhomboid** [ˈrɒmbɔɪd] **I** *s* romboid **II** *a* romboidisk **rhombus** [ˈrɒmbəs] romb
rhubarb [ˈruːbɑːb] rabarber
rhyme [raɪm] **I** *s* rim; rimord; rimmad vers; *in* ~ på rim; *without* ~ *or reason* utan rim och reson **II** *v* rimma; skriva vers; *rhyming dictionary* rimlexikon; *rhyming slang* rimmad slang (*t.ex. apples and pears för stairs*) **rhymer, rhymester** [ˈraɪmə, -stə] rim|smed, -smidare
rhythm [ˈrɪð(ə)m] rytm **rhytmic[al]** [ˈrɪðmɪk(l)] rytmisk
R.I. *förk. för Regina et Imperatrix* (*lat.*) *Queen and Empress; Rex et Imperator* (*lat.*) *King and Emperor; Rhode Island; Royal Institution*
rib [rɪb] **I** *s* **1** revben; ~*s of pork* (*kokk.*) revbensspjäll; *poke s.b. in the* ~*s* stöta till ngn i sidan **2** (*i blad, berg e.d.*) ådra **3** räffla; (*i tyg*) upphöjd rand; ribb-, resår|stickning **4** *arkit.* [valv]ribba; *sjö.* spant **5** bergutsprång **II** *v* **1** (*jfr äv. ribbed*) räffla, göra ribbor i **2** *vard.* retas med
R.I.B.A. *förk. för Royal Institute of British Architects*
ribald [ˈrɪb(ə)ld] *åld.* plump, oanständig **-ry** [-rɪ] *åld.* plumpheter, oanständigheter

ribbed [rɪbd] ribbad, räfflad; resår-, ribb|stickad; ~ *knitting* resår-, ribb|stickning **ribbing** [ˈrɪbɪŋ] resår-, ribb|stickning
ribbon [ˈrɪbən] **1** band (*äv. bildl.*); ordensband; färgband **2** strimla, remsa; *cut* (*torn, slashed*) *to* ~*s* [sliten, riven] i trasor **ribbon development** [-dɪˌveləpmənt] *BE. ung.* radhusbyggande längs en väg (*under mellankrigstiden*) **ribbon worm** [-wɜːm] *zool.* slem-, snör|mask
rib-cage [ˈrɪbkeɪdʒ] bröstkorg
riboflavin [ˌraɪbəʊˈfleɪvɪn] riboflavin
rice [raɪs] **1** ris; risgryn **II** *v, AE.* pressa (*potatis*)
rice bowl 1 risskål **2** risproducerande område
rice paper [-ˌpeɪpə] rispapper **rice pudding** [-ˌpʊdɪŋ] *ung.* risgrynsgröt
rich [rɪtʃ] **I** *a* **1** rik (*in, with* på); dyrbar **2** stor, rikhaltig **3** fet, bördig (*soil* jord) **4** (*om mat*) fet, kraftig **5** (*om färg*) fyllig, varm; (*om röst, ljud*) fyllig; (*om lukt, smak*) stark, intensiv, fyllig; (*om tyg e.d.*) praktfull **6** *åld.* dråplig **II** *s, the* ~ de rika, rika människor
rich|es [ˈrɪtʃɪz] *pl* rikedom[ar] **-ly** [-lɪ] *adv* rikt *etc.*; rikligen, rikligt **-ness** [-nɪs] rikedom, rikhet *etc., jfr rich*
Richter scale [ˈrɪktəskeɪl] Richterskala
1 rick [rɪk] [hö-, halm]stack
2 rick [rɪk] sträcka; vricka, stuka
rickets [ˈrɪkɪts] (*behandlas som sg*) *med.* rakitis, engelska sjukan **rickety** [-ɪ] **1** skranglig, rank; fallfärdig **2** *med.* rakitisk **3** svag, skröplig
rickshaw [ˈrɪkʃɔː] riksha, rickshaw
ricochet [ˈrɪkəʃeɪ] **I** *v* rikoschettera **II** *s* rikoschett
rid [rɪd] (*rid, rid, ibl.* ~*ded,* ~*ded*) befria, göra fri (*of* från); ~ *o.s. of s.th.* göra sig kvitt, bli fri från; *be* ~ *of* vara av med (fri från), ha sluppit; *get* ~ *of* bli av med, bli kvitt, göra sig av med **riddance** [ˈrɪd(ə)ns] befrielse; *good* ~ [*to bad rubbish*]! skönt att bli av med den (honom *etc.*)!
ridden [ˈrɪdn] **I** *perf. part. av ride* **II** *a* (*i sms.*) ansatt (hemsökt, härjad, plågad) av
1 riddle [ˈrɪdl] gåta (*äv. bildl.*)
2 riddle [ˈrɪdl] **I** *v* genomborra, göra fullt med hål i **2** skaka **3** sålla **II** *s* grovt såll
ride [raɪd] **I** *v* (*rode, ridden*) **1** rida [på]; ~ *down a*) rida omkull, *b*) rida ifatt; ~ [*out*] *the storm* (*äv. bildl.*) rida ut stormen **2** låta rida, bära **3** rida, åka; ~ *a bicycle* åka cykel, cykla **4** plåga; köra med, trakassera, topprida **5** (*om jockey*) väga **6** rida; sitta [grensle]; gunga; vila; ~ *at anchor* ligga för ankar; ~ *for a fall* vara på väg mot en katastrof; ~ *in a train* åka tåg; ~ *on a surge of popularity* rida på en våg av popularitet; *the bird* ~*s on the wind* fågeln bärs av vinden; ~ *on a motorcycle* åka (köra) motorcykel; ~ *out* (*äv.*) göra en ridtur; ~ *over hounds* (*jakt.*) rida in bland (förbi) hundarna; ~ *to hounds* jaga räv; *the moon is riding high* månen står högt på himlen; *let it* ~ låta det vara (bero) **7** köra, åka; gå; ~ *up* (*om plagg*) glida (åka) upp **II** *s* **1** ritt; [åk]tur, resa, färd; *give s.b. a* ~ skjutsa ngn; *go for* (*have, take*) *a* ~ rida (åka) ut, ta en [åk]tur (ridtur); *take s.b. for a* ~ (*vard.*) *a*) lura ngn, *b*) föra bort ngn [med bil] och mörda honom **2** ridväg
rider [ˈraɪdə] **1** ryttare; *bicycle* ~ cyklist **2** tillägg
ridge [rɪdʒ] ås; rygg, kam; ~ *of high pressure* högtrycksrygg **-pole** [ˈrɪdʒpəʊl] taknock

ridicule ['rɪdɪkju:l] **I** v förlöjliga, göra till ett åtlöje, håna **II** s förlöjligande, åtlöje, hån; *hold up to* ~ förlöjliga, göra till ett åtlöje **ridiculous** [rɪ-'dɪkjʊləs] löjlig, skrattretande

riding ['raɪdɪŋ] **I** s ridning **II** a ridande; *Little Red R*~ *Hood* Rödluvan **riding breeches** pl ridbyxor **riding habit** (*dams*) riddräkt **riding lamp (light)** sjö. ankarljus

rife [raɪf] utbredd, förhärskande, vanlig; *be* ~ *with* vara full (översvämmad) av

riffle ['rɪfl] bläddra (*through* igenom)

riffraff ['rɪfræf] slödder, pack

1 rifle ['raɪfl] **1** räffla **2** gevär, bössa **3** ~*s* (pl) infanterister

2 rifle ['raɪfl] **1** rota (*through* igenom) **2** plundra, råna; stjäla

rifleman ['raɪflmən] [gevärs]skytt, infanterist **rifle range** skjutbana

rift [rɪft] spricka (*äv. bildl.*), reva, rämna; bildl. äv. klyfta, splittring **rift valley** [-,vælɪ] geol. sprickdal

rig [rɪg] **I** s **1** sjö. rigg **2** [olje]rigg **3** utrustning **4** vard. rigg, stass **II** v **1** sjö. rigga, tackla **2** vard., ~ *out* klä [ut], rigga upp **3** manipulera med, fixa [till] **4** ~ [*up*] rigga upp (till), montera, sätta upp (ihop) **-ging** [-ɪŋ] sjö. rigg[ning]

right [raɪt] **I** a rätt, riktig; ~? eller hur?, inte sant?, det stämmer väl?; *the* ~ *thing* det rätta; *do the* ~ *thing by s.b.* handla rätt mot ngn; *be* ~ *a*) vara rätt (riktig), stämma, *b*) ha rätt (*about* i fråga om); ~ *you are!, ~ oh!* bra!, just det!, okej!; då säger vi så!; *that's ~!* det stämmer!, just det!; *is the clock ~?* går klockan rätt?; *be on the* ~ *side of 40* vara under 40 [år]; *come* (*get*) ~ ordna sig, bli bra; *I don't feel quite ~* jag känner mig inte riktigt bra; *put* (*set*) ~ *a*) ställa till rätta, *b*) göra (ställa) i ordning, ordna, *c*) rätta [till], *d*) laga, *e*) göra frisk, bota; *put a clock ~* ställa en klocka **2** rättmätig (*owner* ägare) **3** rät, rak; *at ~ angles* i rät vinkel (*with* mot) **4** höger, höger-; ~ *hand a*) höger hand (sida), *b*) bildl. höger hand; ~ *turn* högersväng; *the* ~ *wing* högra flygeln, polit. högern **II** adv **1** rätt, riktigt; bra; *act* ~ handla rätt; *nothing goes* ~ *with me* ingenting lyckas för mig; *turn out* ~ sluta bra **2** just, precis; med detsamma, genast, strax; ~ *away* (*AE. off*) *a*) med detsamma, genast, strax, *b*) direkt; ~ *now a*) just nu, *b*) omedelbart, genast **3** alldeles, fullständigt, helt; ända; ~ *on* (*sl.*) fint, skjutsat **4** (*i titel*) hög-, högt; *the R*~ *Honourable* **5** rätt, rakt, direkt; ~ *ahead* (*on*) rakt fram **6** till (åt) höger; ~ *and left a*) till höger och vänster, *b*) bildl. på (från, åt) alla håll **III** s **1** rätt; ~ *and wrong* rätt och orätt; *the ~s and wrongs of* de olika sidorna av; *the ~s of the case* det rätta förhållandet; *by ~s* rätteligen, egentligen; *be in the* ~ ha rätt[en på sin sida]; *do* ~ göra rätt (det rätta); *put* (*set*) *s.th. to* ~ ställa ngt till rätta **2** rättighet, rätt; ~*s and duties* rättigheter och skyldigheter; ~ *of way a*) förkörsrätt, *b*) rätt att passera över annans mark; *by ~ of* i kraft (på grund) av; *in one's own* ~ *a*) egen, i sig [själv], *b*) genom egna meriter, *c*) genom börd (arv); *have a ~ to* ha rätt att; *stand on one's ~s* hålla på sin rätt **3** höger sida (hand); *sport.* höger; *the R~* (*polit.*) högern; *on* (*to*) *the* ~ till (åt) höger; *on my* ~ till höger om

mig, på min högra sida **IV** v **1** räta upp [sig] **2** rätta [till], korrigera; gottgöra; *the problem will* ~ *itself* problemet kommer att rätta till sig

right|-about ['raɪtəbaʊt] *a*, ~ *turn* helomvändning ~ *face* (*turn*)[helt höger om! **--angled** [-,æŋgld] rätvinklig **--down** [-daʊn] äkta, riktig, ärke-

righteous ['raɪtʃəs] **1** rättrådig, rättskaffens **2** rättmätig **-ness** [-nɪs] **1** rättrådighet **2** rättmätighet

rightful ['raɪtf(ʊ)l] rättmätig

right|-hand ['raɪthænd] höger[-]; *her ~ man* (*bildl.*) hennes högra hand **--handed** [,raɪt'hændɪd] högerhänt **--hander** [,raɪt'hændə] **1** högerhänt person **2** högerhandsslag

rightho [,raɪt'əʊ] *se righto*

rightist ['raɪtɪst] *polit.* **I** s högerman **II** a högerinriktad

rightly ['raɪtlɪ] adv **1** med rätta **2** riktigt, rätt **right-minded** [,raɪt'maɪndɪd] rättänkande

righto [,raɪt'əʊ] *interj, vard.* okay!, o.k.!

right-thinking [,raɪt'θɪŋkɪŋ] rättänkande

right|ward ['raɪtwəd] **I** a höger[-] **II** adv, *se rightwards* **-wards** [-z] adv till (åt) höger

right|-wing ['raɪtwɪŋ] **I** a höger-, höger|orienterad, -vriden; på högerkanten **II** s, *polit.* högerflygel **--winger** [,raɪt'wɪŋə] **1** politiker på högerflygeln **2** *sport.* högerytter

rigid ['rɪdʒɪd] **1** stel, styv; *it shook me* ~ (*vard.*) det gjorde mig stel av fasa **2** sträng, rigorös **-ity** [rɪ'dʒɪdətɪ] **1** stel-, styv|het **2** stränghet

rigmarole ['rɪgm(ə)rəʊl] **1** vard. invecklad procedur **2** svammel, nonsens

rigor 1 ['raɪgɔ:] *med.* frossbrytning **2** ~ *mortis* [,rɪgə'mɔ:tɪs] rigor mortis, likstelhet **3** ['rɪgə] *AE., se rigour* **rigorous** ['rɪg(ə)rəs] **1** sträng, rigorös, [ytterst] noggrann **2** (*om väder*) bister, hård, sträng **rigour** ['rɪgə] hårdhet, stränghet; ~*s* (pl) strapatser, umbäranden, prövningar; *the ~s of winter* den stränga vintern

rigout ['rɪgaʊt] *vard.* stass, utstyrsel

rile [raɪl] vard. irritera, reta [upp]

rill [rɪl] bäck; rännil

rim [rɪm] **I** s **1** kant, rand, fals **2** (*på hjul*) fälg **II** v kanta, förse med kant

rime [raɪm] **I** s rimfrost **II** v [be]täcka med rimfrost

rind [raɪnd] skal; kant; svål

rinderpest ['rɪndəpest] boskapspest

1 ring [rɪŋ] **I** s **1** ring; cirkel, krets; krans; (*träds*) årsring; *run ~s around s.b.* (*vard.*) utklassa ngn, vara ngn överlägsen **2** grupp, gäng, liga **3** ring; manege, arena, bana; *the* ~ (*äv.*) *a*) boxningen, boxningsvärlden, *b*) bookmakers, bookmakers plats **II** v **1** ~ [*about, in, round*] ringa in, innesluta, omge **2** ringmärka, ringa

2 ring [rɪŋ] **I** s ringning, signal; klang, klingande; ton[fall]; ~ *of bells* klockspel; *there was a ~ at the door* (*phone*) det ringde på dörren (i telefonen); *give s.b. a* ~ ringa [upp] ngn, slå ngn en signal **II** v (*rang, rung*) **1** ringa [på, i, med]; slå; ~ [*up*] ringa upp, ringa [till]; ~ *up* (*äv.*) slå in (*i kassan*); ~ *up the curtain* (*teat.*) *a*) ringa [till att ridån skall gå upp], *b*) börja förestållningen; ~ *the bell for s.b.* ringa på ngn; *that ~s a bell* (*vard.*) det låter bekant; ~ *the hours* slå timmarna; ~ *in the New Year* ringa in det nya året; **2** ringa; låta, ljuda, klinga, skalla; genljuda; ~ *true* klinga äkta, låta

ringdove—Riviera 436

sann; ~ *at the door* ringa på dörren; ~ *for s.b.* ringa efter (på) ngn; ~ *off* lägga på [luren], ringa av; ~ *out* ringa [ut], ljuda, klinga, skalla, smälla; *my ears are* ~*ing* det ringer i öronen på mig
ringdove ['rɪŋdʌv] *zool.* ringduva **ringed** [rɪŋd] **1** ringformig, ring-; ringad **2** ringprydd **3** *zool.*, ~ *plover* större strandpipare
ringer ['rɪŋə] **1** klockare **2** *vard.*, *be a dead* ~ *for s.b.* vara en exakt kopia av, vara ngns dubbelgångare **ring finger** [-,fɪŋgə] ringfinger **ringleader** [-,li:də] [upprors]ledare, anstiftare **ringlet** [-lɪt] hårlock **ringmaster** [-,mɑːstə] cirkusdirektör **ring road** [-rəʊd] ringväg **ringside** [-saɪd] ringside (*åskådarplatserna närmast boxningsarena*) **ringworm** [-wɜːm] *med.* revorm
rink [rɪŋk] rink, ishockey-, bandy-, curling|bana
rinse [rɪns] **I** *v* skölja; spola; skölja (spola) av; ~ [*out*] skölja ren (ur) **II** *s* **1** sköljning; av|sköljning, -spolning **2** toningsvätska
riot ['raɪət] **I** *s* upplopp, upprör; bråk, tumult; ~*s* (*pl, äv.*) oroligheter, kravaller; *a* ~ *of colour* en orgie i färg; *a* ~ *of emotion* ett [våldsamt] känsloutbrott; *a* ~ *of flowers* ett hav av blommor; *he's a* ~ (*vard.*) han är jätterolig; *run* ~ *a*) härja, fara våldsamt fram, *b*) frodas, växa ohejdat; *his imagination runs* ~ hans fantasi skenar i väg med honom **II** *v* **1** delta i (ställa till med) upplopp *etc., jfr I*; göra uppror; bråka **2** leva om, föra ett utsvävande liv **3** ~ *away one's life* förspilla sitt liv genom utsvävningar **Riot Act** *s, the* ~ (*förr*) upploppslagen; *read s.b. the riot act* (*bildl.*) läsa lagen för ngn **rioter** [-ə] upprorsmakare; orosstiftare **riotous** [-əs] **1** upprorisk **2** utsvävande (*living* liv) **3** vild, våldsam; översvallande
rip [rɪp] **I** *v* **1** riva, slita, skära (*off av, loss, lös; open, up* upp; *out* ut); riva (slita) sönder; ~ *off* (*vard.*) *a*) skörta upp, lura, *b*) knycka, sno **2** klyvsåga **3** rivas (slitas) isär (sönder); rämna, spricka **4** *vard.* rusa, störta; *let it* (*her*) ~*!* full fart!, gasen i botten! **II** *s* reva; skåra
R.I.P. *förk. för requiesca*[*n*]*t in pace* (*lat.*) må han (hon, de) vila i frid
ripcord (*på fallskärm*) utlösningslina
ripe [raɪp] mogen (*äv. bildl.*); (*om lukt*) skarp, påträngande; ~ *old age* framskriden (aktningsvärd) ålder **ripen** ['raɪp(ə)n] **1** mogna **2** få att mogna
ripeness ['raɪpnɪs] mognad
rip-off ['rɪpɒf] *vard.* stöld; stöldgods; *it was a* ~ jag fick betala rena rövarpriset för den
riposte [rɪ'pɒst] **I** *s* ripost **II** *v* ripostera
ripper ['rɪpə] *vard.* uppskärare
ripple ['rɪpl] **I** *s* **1** (*på vattenyta*) krusning **2** vågskvalp; porlande (*äv. bildl.*); *bildl. äv.* våg[rörelse], ilning; *a* ~ *of laughter a*) en skrattsalva, *b*) ett porlande (pärlande) skratt **II** *v* **1** (*om vattenyta*) krusa sig **2** skvalpa; porla; klucka; *bildl.* sprida sig som vågrörelser, röra sig, spela **3** krusa
rip-roaring ['rɪp,rɔːrɪŋ] *vard.* fantastisk, enorm; uppsluppen, bullrande
ripsaw ['rɪpsɔː] klyvsåg
rise [raɪz] **I** *v* (*rose, risen; jfr äv. rising*) **1** resa sig, gå (stiga, resa sig, ställa sig) upp; dyka upp, visa sig; (*om deg*) jäsa [upp]; ~ [*to the surface*] komma upp [till ytan]; ~ *and shine!* upp och hoppa!, upp med dig (er)!; *the sun rises at 5 o'clock* solen går upp klockan 5; ~ *to the bait* nappa på kroken **2** ~

[*up*] resa sig, göra uppror (*äv. bildl.*); *my stomach* ~*s against* (*at*) *it* det kväljer (äcklar) mig **3** stiga; öka[s], tillta; höja sig, höjas; avancera; ~ [*in price*] gå upp (stiga) [i pris]; *her colour rose* hon rodnade; *spirits rose* humöret (stämningen) steg; *the wind is rising* vinden tilltar (ökar); ~ *above* höja (sätta) sig över, stå över; ~ *in the world* komma sig upp här i världen, göra karriär; ~ *to the occasion* vara situationen vuxen **4** uppkomma, uppstå (*from* av); ~ *from the dead* uppstå från de döda; *the river* ~*s in...* floden rinner upp i... **5** avsluta sammanträdet (förhandlingarna, sessionen *e.d.*); avslutas, ajournera sig **II** *s* **1** stigande, stegring, ökning, tilltagande, tillväxt, höjning; löne|förhöjning, -lyft; (*litt el. på börsen*) uppgång; *prices are on the* ~ priserna går upp (stiger); *get a* ~ få napp; *get a* ~ *out of s.b.* (*vard.*) retas med ngn, få ngn att reagera våldsamt **2** uppkomst, upphov, upprinnelse; uppståndelse (*from the dead* från de döda); *give* ~ *to s.th.* förorsaka (föranleda, ge upphov till) ngt; *the river has its* ~ *in...* floden rinner upp i... **3** upphöjning, höjd, kulle, stigning
risen ['rɪzn] *perf. part. av* rise **riser** ['raɪzə] *s, be an early* ~ vara morgonpigg; *be a late* ~ ligga länge på mornarna
ris|ibility [,rɪzɪ'bɪlətɪ] **1** skrattlust **2** skratt; munterhet **-ible** ['rɪzɪbl] **1** skrattretande, löjlig **2** skrattlysten
rising ['raɪzɪŋ] **I** *a* stigande, uppåtgående; uppväxande, kommande; ~ *ground* stigning; *she is* ~ *seventeen* hon är nästan (närmar sig) sjutton [år] **II** *s* **1** uppstig|ande, -ning **2** stigande, tilltagande, ökning, tillväxt **3** uppgång **4** uppståndelse (*från de döda*) **5** resning, uppror **6** (*sammanträdes*) avslutande **7** stigning, upphöjning, höjd, backe
risk [rɪsk] **I** *s* risk, fara; *at the* ~ *of* med risk (fara) för; *at one's own* ~ på egen risk; *be at* ~ vara i riskzonen (utsatt); *put at* ~ äventyra, utsätta för fara; *run the* ~ *of* utsätta sig för risken att **II** *v* riskera; våga, sätta på spel, äventyra **risk-taking** ['rɪsk,teɪkɪŋ] risktagande **risky** ['rɪskɪ] riskabel
risotto [rɪ'zɒtəʊ] *kokk.* risotto
risqué ['riːskeɪ] vågad, ekivok
rissole ['rɪsəʊl] *kokk.* (*slags*) hamburgare
rite [raɪt] rit, ceremoni **ritual** ['rɪtʃʊəl] **I** *a* rituell **II** *s* ritual
rival ['raɪvl] **I** *s* rival, medtävlare, konkurrent **II** *a* rivaliserande, konkurrerande **III** *v* rivalisera (konkurrera, tävla) med **-ry** [-rɪ] rivalitet, konkurrens
rive [raɪv] (~*d,* ~*d el.* ~*d, riven*) splittra, klyva; riva (slita) sönder **riven** ['rɪv(ə)n] *perf. part. av* rive
river ['rɪvə] flod; *bildl. äv.* ström; ~*s of blood* strömmar av blod; *sell s.b. down the* ~ (*vard.*) lura (bedra) ngn **riverbank** flod|strand, -bank **river basin** [-,beɪsn] flodområde **riverbed** [-bed] flodbädd **riverside** [-saɪd] flodstrand
rivet ['rɪvɪt] **I** *s* nit **II** *v* nita; nita fast; *bildl. äv.* fånga, fängsla; *be* ~*ed on the spot* stå som fastnaglad; *my eyes were* ~*ed on the gun* jag stirrade oavvänt på pistolen; *be* ~*ed to the television set* sitta som fastnitad vid TV:n
Riviera [,rɪvɪ'eərə] *s, the* ~ Rivieran

rivulet—rodomontade

rivulet ['rɪvjʊlɪt] bäck, liten å
R.L. förk. för Rugby League **rly.** förk. för railway
R.M. förk. för Royal Mail; Royal Marines **rm.** förk. för ream; room **R.M.A.** förk. för Royal Military Academy (Sandhurst) **R.M.S.** förk. för Royal Mail Service (Steamer) **r.m.s.** förk. för root mean square **R.N.** förk. för Royal Navy **R.N.R.** förk. för Royal Naval Reserve **R.N.V.R.** förk. för Royal Naval Volunteer Reserve
roach [rəʊtʃ] **1** zool. mört **2** vard. kackerlacka
road [rəʊd] **1** väg (äv. bildl.); landsväg; gata; körbana; on the ~ a) på landsvägen, på luffen, b) (om teater e.d.) på turné; on the ~ to recovery på bättringsvägen; one for the ~ (vard.) en färdknäpp; have come to the end of the ~ vara slut, ha misslyckats; take [to] (sl.: hit) the ~ ge sig i väg (ut på luffen); ~ up vägarbete pågår; any ~ (dial.) se anyhow **2** ~s (pl) redd
road agent ['rəʊd‚eɪdʒ(ə)nt] AE. stråtrövare
roadblock [-blɒk] vägspärr **road book** [-bʊk] vägatlas **road hog** [-hɒg] vard. bil|drulle, -dåre
roadholding [-‚həʊldɪŋ] väghållning[sförmåga]
roadhouse [-haʊs] landsvägskrog **road map** [-mæp] vägkarta **road metal** [-‚metl] makadam
roadroller [-‚rəʊlə] vägvält **road sense** [-sens] vägvett **roadside** [-saɪd] **I** s vägkant **II** a vid vägkanten **road sign** [-saɪn] **1** väg-, trafik|märke **2** vägskylt **roadstead** [-sted] redd **roadster** [-stə] **1** åld. roadster (öppen tvåsitsig bil) **2** cykel, stålhäst **roadway** [-weɪ] vägbana; körbana
roadwork [-wɜːk] löpträning (längs väg) **road works** [-wɜːks] pl vägarbete **roadworthy** [-‚wɜːðɪ] trafikduglig, i körklart skick
roam [rəʊm] **I** v **1** ströva omkring på (i), ströva (resa) genom **2** ströva (resa) omkring **II** s strövtåg, strövande
roan [rəʊn] **I** a (om häst) [röd]brun (svart) med vita stänk **II** s [röd]brun (svart) häst med vita stänk
roar [rɔː] **I** v **1** ryta, vråla, tjuta; brusa, dåna; ~ with laughter vråla (tjuta) av skratt, gapskratta **2** ~ o.s. hoarse skrika sig hes **II** s rytande, vrål, vrålande, tjut; brus, dån; ~ of laughter skrattsalva, gapskratt **-ing** [-ɪŋ] **I** a rytande etc., jfr roar; ~ fire sprakande (dånande) eld; ~ success stormande (hejdundrande) succé; do a ~ trade in (vard.) göra lysande affärer i (med) **II** adv, vard., ~ drunk stupfull, höggradigt berusad
roast [rəʊst] **I** v **1** [ugn]steka, rosta; I'm ~ing (bildl.) jag steks (kokar, är för varm) **2** [ugn]stekas, rosta **II** a [ugn]stekt, rostad; ~ beef rostbiff; ~ porc fläskstek **III** s stek **-ing** ['rəʊstɪŋ] vard. **I** s överhalning, utskällning **II** a stek-, kok|het
rob [rɒb] råna, plundra (s.b. of s.th. ngn på ngt); beröva (s.b. of s.th. ngn ngt) **robber** ['rɒbə] rånare; rövare **robbery** ['rɒbərɪ] rån
robe [rəʊb] **I** s **1** ämbetsdräkt; rob; fotsid dräkt; christening ~ dopklänning **2** morgon-, bad|rock **II** v klä[da]; ~ o.s. klä (skruda) sig; ~d in iklädd, skrudad i
Robert ['rɒbət] **Roberta** [rə'bɜːtə]
robin ['rɒbɪn] s, zool., ~ [redbreast] rödhakesångare
robot ['rəʊbɒt] robot **robot bomb** robotbomb, V1 **robotic** [rəʊ'bɒtɪk] robot|aktig, -liknande
robust [rə(ʊ)'bʌst] **1** robust; kraftig, stadig, stark; kraftfull **2** hård, krävande (sport sport)
R.O.C. förk. för Royal Observer Corps
Rochester ['rɒtʃɪstə]
1 rock [rɒk] **I** v **1** gunga, vagga, vyssja; ~ to sleep vagga till sömns **2** skaka (äv. bildl.); ~ the boat (bildl.) ställa till trassel, spoliera det hela **3** gunga, vagga; ~ with laughter skaka av skratt **4** rocka, spela (dansa) rock **II** s **1** gungning, vaggande **2** skakning **3** rock[musik], rock-and-roll
2 rock [rɒk] **1** [stor] sten, sten-, klipp|block; klippa (äv. bildl.); skär; berg[grund], hälleberg; bergart; the R~ [of Gibraltar] Gibraltar[klippan]; as firm as a ~ bergfast, [fast] som en klippa; on the ~s (vard.) a) pank, b) (om drink) med is[bitar], c) i kras **2** (slags) karamellstång **3** sl. diamant, ädelsten **4** sl., ~s (pl) stenar, ballar (testiklar)
rock and roll [‚rɒkn'rəʊl] mus. **I** s rock and roll, rock-'n'-roll **II** v dansa (spela) rock and roll, rocka
rock-bottom [‚rɒk'bɒtəm] bildl. **I** s absoluta botten **II** a absolut lägsta; ~ price bottenpris
rock bun (cake) ['rɒk‚bʌn, -keɪk] (slags) fruktkaka **rock climbing** [-‚klaɪmɪŋ] bergbestigning; klippklättring **rock crystal** [‚rɒk'krɪstl] bergkristall
rocker ['rɒkə] **1** med[e] (på gungstol, vagga) **2** gungstol **3** AE. gunghäst **4** rocksångare **5** skinnknutte **6** vard., off one's ~ knäpp, knasig
rocker arm vipparm **rockery** [-rɪ] stenparti
rocket ['rɒkɪt] **I** s **1** raket **2** vard. skrapa, överhalning, tillrättavisning **II** v **1** driva (skjuta i väg) med raket **2** flyga (stiga) som en raket; vard. skjuta i höjden; ~ away (off) rusa i väg med raketfart **rocketeer** [‚rɒkɪ'tɪə] raketforskare **rocket engine** ['rɒkɪt‚endʒɪn] raketmotor **rocket launcher** ['rɒkɪt‚lɔːntʃə] mil. raketgevär **rocketry** ['rɒkɪtrɪ] raketteknik
rock garden ['rɒk‚gɑːdn] [trädgård med] stenparti **rock-hard** [-hɑːd] stenhård
Rockies ['rɒkɪz] s pl, the ~ Klippiga bergen
rocking chair ['rɒkɪŋtʃeə] gungstol **rocking horse** gunghäst
rock-'n'-roll se rock-and-roll
rock oil ['rɒkɔɪl] petroleum
rock music ['rɒk‚mjuːzɪk] rock[musik]
rockrose ['rɒkrəʊz] bot. solvända **rock salt** [‚rɒk'sɔːlt] bergsalt
1 rocky ['rɒkɪ] **1** klippig; the R~ Mountains Klippiga bergen **2** stenhård; bildl. orubblig
2 rocky ['rɒkɪ] vard. vacklande; ostadig
rococo [rə(ʊ)'kəʊkəʊ] **I** s, R~ rokoko **II** a rokoko-
rod [rɒd] **1** [ämbets]stav; pinne; stång; käpp; tekn. vevstake; ~s (pl) stavar (i ögat) **2** spö; ris; make a ~ for one's own back (bildl.) binda ris åt egen rygg **3** [met]spö **4** (mått) rod (= 5,5 yards = 5,0292 m) **5** AE. sl. puffra (pistol) **6** sl. stake, kuk **7** AE. sl., hot ~ hotrod (upptrimmad bil)
rode [rəʊd] imperf. av ride
rodent ['rəʊd(ə)nt] zool. **I** s gnagare **II** a gnagar-
rodeo [rə(ʊ)'deɪəʊ, AE. 'rəʊdɪəʊ] AE. **1** insamling av boskap för märkning **2** rodeo (riduppvisning av cowboys) **3** inhägnad för hopdriven boskap
rodomontade [‚rɒdəmɒn'teɪd] **I** s skryt, skrävel

roe—room

II *a* skrytsam, skrävlande III *v* skryta, skrävla
1 roe [rəʊ] rådjur
2 roe [rəʊ] *s,* [*hard*] ~ [fisk]rom; [*soft*] ~ mjölke
roebuck [ˈrəʊbʌk] råbock **roe deer** rådjur
roentgen [ˈrɒntjən] *fys.* I *s* röntgen II *a* röntgen-; ~ *rays* (*åld.*) röntgenstrålar **-ologist** [ˌrɒntjənˈɒlədʒɪst] röntgenolog
roger [ˈrɒdʒə] *interj, radio.* uppfattat!
rogue [rəʊg] I *s* **1** skurk; skojare; lymmel, kanalje; ~*'s gallery* förbrytaralbum **2** *skämts.* rackare, lymmel **3** *åld.* landstrykare **4** vildsint djur (*som stötts ut ur flocken*) II *a,* ~ *elephant* vildsint ensam elefant **roguery** [ˈrəʊgərɪ] **1** skurkaktighet **2** skurkstreck **roguish** [ˈrəʊgɪʃ] **1** skurkaktig **2** spjuveraktig, skälmsk
roister [ˈrɔɪstə] **1** rumla, festa **2** skrävla, skryta
role, rôle [rəʊl] roll; uppgift **role-playing** [ˈrəʊlˌpleɪɪŋ] rollspel
roll [rəʊl] I *v* **1** rulla; kavla [ut], valsa [ut]; välta; ~ *back* (*äv.*) slå tillbaka; ~ *o.s. in a blanket* rulla in sig i en filt; ~ *out a*) rulla ut, *b*) kavla (valsa) ut, *c*) deklamera; ~ *up a*) rulla (kavla, vika) upp, *b*) rulla ihop; ~*ed gold* gulddubblé; ~*ed oats* havregryn; ~ *one's eyes* rulla med ögonen; ~ *one's r's* rulla på r-en; ~ *one's stockings on* dra på sig strumporna **2** *AE. sl.* råna (*berusad pers.*) **3** rulla; rulla (vältra) sig; ~ *along a*) rulla fram, *b*) *vard.* rulla på, *c*) *vard.* dyka upp; ~ *away* (*off*) *a*) rulla bort (i väg), *b*) dra bort; ~ *by* (*on, past*) rulla (dra, gå) förbi (vidare); ~ *in* rulla (strömma) in; ~ *in luxury* vältra sig i lyx; *he's* ~*ing in it* (*vard.*) han badar i pengar, han har pengar som gräs; *the audience was* ~*ing in the aisles* (*vard.*) publiken vred sig av skratt i bänkarna; ~*ed into one* på en gång; ~ *on* rulla vidare; ~ *on the holidays!* (*vard.*) om det ändå kunde bli lov snart!, vad jag längtar efter lovet!; ~ *over* (*äv.*) välta, ramla omkull; ~ *up a*) rulla ihop sig, *b*) rulla in sig, *c*) *vard.* dyka upp, *d*) växa; ~ *up!* kom (välkomna) hit! **4** vingla; *sjö.* rulla, slingra; *flyg.* rolla **5** mullra, dundra, dåna, rulla II *s* **1** rulle; *AE. vard.* sedel|rulle, -bunt; kavel; vals; vält; ~ *of film* filmrulle **2** valk **3** *kokk.* småfranska; rulad **4** rulla, lista, register, förteckning; urkund; *call the* ~ ropa upp namnen, förrätta [namn]upprop; *be struck off the* ~ strykas från listan **5** rull|ande, -ning; *gymn.* kullerbytta; *flyg.* roll; *vulg.* knull; *walk with a* ~ gå med vaggande gång **6** muller, dunder, mullrande; [trum]virvel
roll call [ˈrəʊl kɔːl] namnupprop; *mil.* appell
rolled-up [ˈrəʊldʌp] **1** hoprullad **2** upp|rullad, -kavlad
roller [ˈrəʊlə] **1** cylinder, vals; vält, roller, [målnings]rulle **2** dyning **3** [hår]spole **roller coaster** [-ˌkəʊstə] berg-och-dalbana **roller-skate** [-skeɪt] I *s* rullskridsko II *v* åka rullskridskor
rollick [ˈrɒlɪk] leka, vara lekfull (sprallig) **-ing** [-ɪŋ] uppsluppen, lekfull, sprallig
rolling [ˈrəʊlɪŋ] rullande *etc., jfr roll I*; vaggande (*walk* gång); böljande (*hills* kullar) **rolling mill** valsverk **rolling pin** [bröd]kavel **rolling stock** vagnpark; rullande materiel **rolling stone** rastlös person, orolig ande
roll|mop [ˈrəʊlmɒp] *kokk.* rollmops **-neck** I *a,* ~ *sweater* polotröja II *s* polotröja
roll-on [ˈrəʊlɒn] **1** resårgördel **2** roll-on[-förpackning] **roll-on/-roll-off** [-ˈrəʊlɒf] *a,* ~ *ship* roll-on-roll-off-(ro-ro-)fartyg
roll-top [ˌrəʊlˈtɒp] rulljalusi **roll-top desk** jalusiskrivbord
roly-poly [ˌrəʊlɪˈpəʊlɪ] I *a* knubbig, trind II *s* **1** *kokk.* (*slags*) syltrulle **2** tjockis, rulta
Roman [ˈrəʊmən] I *a* **1** romersk; romar-; *the* ~ *Empire* Romarriket; ~ *alphabet* romerskt alfabete; ~ *numerals* romerska siffror **2** ~ [*Catholic*] romersk-katolsk II *s* **1** romare; [*the Epistle to*] *the* ~*s* (*bibl.*) Romarbrevet **2** ~ [*Catholic*] romersk katolik **3** *r*~ [romersk] antikva
romance [rəˈmæns] I *s* **1** romans (*äv. mus.*), kärleksaffär **2** romantik **3** romantisk berättelse; äventyrsroman; *hist.* riddar|roman, -dikt **4** *R*~ romanska språk II *a, R*~ romansk; *R*~ *languages* romanska språk III *v* fantisera; dikta upp
Roma|nia [ruːˈmeɪnjə] Rumänien **-nian** [-njən] I *a* rumänsk II *s* **1** rumän, rumänska **2** rumänska [språket]
roman|tic [rəˈ(ʊ)mæntɪk] I *a* romantisk II *s* romantiker **-ticism** [-tɪsɪz(ə)m] romantik **-ticist** [-tɪsɪst] romantiker **-ticize** (*BE. äv. -ticise*) [-tɪˌsaɪz] **1** romantisera **2** vara romantisk
Romany [ˈrɒmənɪ] **1** zigenare **2** rom[m]ani, zigenarspråk[et]
Rom. Cath. *förk.* för Roman Catholic
Rome [rəʊm] Rom
Romeo [ˈrəʊmɪəʊ]
Romish [ˈrəʊmɪʃ] *neds.* romersk-katolsk, papistisk
romp [rɒmp] I *v* **1** (*i sht om barn*) leka, rasa, stoja **2** *vard.,* ~ *through* dra igenom, med lätthet klara av **3** (*i kapplöpning*) ~ *home* (*in*) vinna lätt II *s* **1** yrhätta, vildbasare **2** vild lek **3** (*i kapplöpning*) lätt seger **-ers** [ˈrɒmpəz] *pl* spark-, lek|byxor **-ish** [ˈrɒmpɪʃ] ostyrig, vild, sprallig
rondo [ˈrɒndəʊ] *mus.* rondo
röntgen [ˈrɒntjən] *se roentgen*
rood [ruːd] **1** krucifix (*i kyrka*); Kristi kors **2** rood (*ytmått = 1/4 acre = 10,1 ar*) **rood screen** [ˈruːdskriːn] korskrank
roof [ruːf] (*pl* ~*s* [ruːfs *el.* ruːvz]) I *s* tak (*äv. bildl.*); *the* ~ *of the mouth* hårda gommen; *under my* ~ (*äv.*) i mitt hem, hemma hos mig; *go through the* ~ (*vard., om pris e.d.*) gå igenom taket; *have a* ~ *over one's head* ha tak över huvudet; *raise* (*lift*) *the* ~ (*bildl.*) få taket att lyfta sig II *v* lägga [nytt] tak på
roof garden [ˈruːfˌgɑːdn] tak|trädgård, -terrass
roofing [-ɪŋ] **1** taktäckning[smaterial] **2** tak|läggning, -täckning **roofless** [-lɪs] **1** utan tak **2** utan tak över huvudet **roof-rack** [-ræk] (*på bil*) takräcke **rooftop** [-tɒp] hustak
1 rook [rʊk] I *s* *zool.* råka **2** *sl.* falskspelare II *v, sl.* lura, svindla, ta för mycket betalt av
2 rook [rʊk] *schack.* torn
rookie [ˈrʊkɪ] *AE. vard.* rekryt; nykomling
room [ruːm] I *s* **1** rum; ~*s* (*pl, äv.*) lägenhet, bostad, hyresrum; ~ *and board* mat och husrum, kost och logi; *men's* (*ladies'*) ~ herrtoalett (damtoalett) **2** rum, plats, utrymme; *there is plenty of* ~ det är gott om plats; *there is no* ~ *for it* den får inte plats; *there is no* ~ *for doubt* det råder inget tvivel om det; *there is* ~ *for improvement in your work* ditt arbete kunde vara mycket bättre; *make*

~ *for* lämna (bereda) plats för **II** *v*, *AE.* bo, hyra [rum], vara inneboende **-roomed** [-d] med ... rum, -rums; *four-~ flat* fyrarumsvåning **roomette** [ruːˈmet] *AE.* första klass sovkupé **roommate** [ˈruːmmeɪt] rumskamrat **roomy** [ˈruːmɪ] rymlig **rooming house** [ˈruːmɪŋhaʊs] *AE.* hyreshus med möblerade rum (lägenheter) **Roosevelt** [*AE.* ˈrəʊzəvelt; *BE.* ˈruːsvelt] **roost** [ruːst] **I** *s* sittpinne; hönspinne; hönshus; *at ~* till sängs; *rule the ~* (*vard.*) vara herre på täppan **II** *v* **1** (*om fåglar*) slå sig ner för natten; *his actions* (*chickens*) *have come home to ~* hans handlingar har slagit tillbaka på honom själv **-er** [ˈruːstə] *i sht AE.* tupp
1 root [ruːt] **I** *s* **1** rot (*äv. bildl.*); grund, orsak, upphov; *~ and branch* helt och hållet, i grunden; *the ~ of the evil* roten till det onda; *get to* (*at*) *the ~*[*s*] *of s.th.* gå till botten (grunden) med ngt; *pull up by the ~s* rycka upp med roten (rötterna); *put down ~s* (*bildl.*) slå rot, rota sig; *strike* (*take*) *~* slå rot, rota sig (*äv. bildl.*) **2** planta **3** *~s* (*pl*) rotfrukter **4** *mat., språkv.* rot; *cube ~* kubikrot; *square ~* kvadratrot **II** *v* **1** låta slå rot, rotfästa; nagla fast; *deeply ~ed* djupt rotad, fast förankrad; *stand ~ed to the spot* stå som fastvuxen (fastnaglad) **2** *~ out* utrota; *~ up* rycka upp med rötterna **3** slå rot, rota sig
2 root [ruːt] **1** rota, böka (*for* efter) **2** *~ around* (*about*) rota, leta, söka; *~ through* rota (leta) igenom
3 root [ruːt] *v, vard., ~ for* heja på, stödja
root beer [ˈruːtˌbɪə] *AE.* läskedryck av örtextrakt
rootless [-lɪs] rotlös **rootstock** [-stɒk] *bot.* rotstock
rope [rəʊp] **I** *s* **1** rep, lina, tåg; tross; *AE.* lasso; *~ of climbers* (*vid bergbestigning*) replag; *be on the ~s a*) (*om boxare*) hänga på repen, *b*) *vard.* vara i knipa (hårt trängd); *give s.b. plenty of* (*enough*) *~* ge ngn fritt spelrum (fria tyglar), låta ngn hållas; *know the ~s* (*vard.*) känna till knepen **2** fläta (*of onions* lök); [hals]band, rad; *~ of pearls* pärl[hals]band **II** *v* **1** binda [fast, ihop] med rep; *~ in a*) inhägna med rep, *b*) *vard.* dra (lura, fånga) in, förmå att vara med, ragga [upp]; *~ off* spärra av [med rep] **2** *AE.* fånga [med lasso]
rope dancer [ˈrəʊpˌdɑːnsə] lindans|are, -erska **--ladder** repstege **-walk** [-wɔːk] repslagarbana
ropey [ˈrəʊpɪ] *vard.* urusel; urdålig **ropy** [ˈrəʊpɪ] **1** *se ropey* **2** trådig, seg **3** replikande
rorqual [ˈrɔːkwəl] *zool.* sillval
rosary [ˈrəʊzərɪ] **1** rosenrabatt; rosenträdgård **2** *kat.* rosenkrans, radband
1 rose [rəʊz] *imperf. av rise*
2 rose [rəʊz] **I** *s* **1** ros; *not a bed of ~s, not all ~s* ingen dans på rosor; *under the ~* i förtroende, i hemlighet; *the Wars of the R~s* (*hist.*) Rosornas krig **2** stril **3** rosa [färg], rosenrött **4** rosett **II** *a* **1** ros-, rosen- **2** rosa
rosé [ˈrəʊzeɪ] rosévin
roseate [ˈrəʊzɪət] rosenröd, rosa
rose|bay [ˈrəʊzbeɪ] *bot.* **1** rhododendron **2** oleander **3** mjölke, mjölkört **-bud** rosenknopp **--coloured** [-ˌkʌləd] rosen|färgad, -röd; *see things through ~ spectacles* se saker och ting i rosenrött **-mary** [-m(ə)rɪ] rosmarin
rosette [rə(ʊ)ˈzet] **1** rosett **2** *arkit.* rosettfönster **rose-water** [ˈrəʊzˌwɔːtə] rosenvatten **rose window** *arkit.* rosettfönster **rosewood** [-wʊd] rosenträ
Rosicrucian [ˌrəʊzɪˈkruːʃən] rosenkreutzare
rosin [ˈrɒzɪn] **I** *s* [stråk]harts, kolofonium **II** *v* hartsa
ROSPA *förk. för Royal Society for the Prevention of Accidents*
roster [ˈrɒstə] [tjänstgörings]lista, förteckning
ros|trum [ˈrɒstrəm] (*pl -trums el. -tra* [-trə]) talarstol, kateder; podium, estrad
rosy [ˈrəʊzɪ] **1** rosa, rosen|färgad, -röd; *bildl.* ljus, rosenskimrande **2** rosig, rödblommig **3** rosenrot [rɒt] **I** *v* **1** ruttna (*äv. bildl.*), murkna; *~ away* ruttna bort **2** få att ruttna (murkna) **II** *s* **1** röta **2** strunt, smörja
rota [ˈrəʊtə] tjänstgöringslista
rotate [rə(ʊ)ˈteɪt] **1** sätta i rotation, få att rotera **2** låta växla [regelbundet]; låta cirkulera; *~ crops* bedriva växelbruk; *~ jobs* rotera mellan arbetsuppgifter **3** rotera, snurra, vrida sig **4** växla [regelbundet], turas om **rotation** [rə(ʊ)ˈteɪʃn] **1** rotation, vridning, svängning **2** [regelbunden] växling; *in ~* i tur och ordning; *~ of crops, crop ~* växtföljd, växelbruk **rota|tional** [-ʃənl], **-tive** [-tɪv], **-tory** [ˈrəʊtət(ə)rɪ] rotations-, roterande, växlings-
rote [rəʊt] **I** *a* rutinmässig, mekanisk **II** *s, by ~* mekaniskt, rutinmässigt, av gammal vana
rotgut [ˈrɒtɡʌt] *sl.* rävgift (*dålig sprit*)
Rothschild [ˈrɒθtʃaɪld]
rotisserie [rəʊˈtɪsərɪ] **1** roterande grillspett **2** rotisseri
rotogravure [ˌrəʊtəɡrə(ʊ)ˈvjʊə] *boktr.* rotogravyr (*djuptryck i rotationspress*)
rotor [ˈrəʊtə] rotor
rotten [ˈrɒtn] **1** rutten, murken, skämd; *bildl.* [moraliskt] rutten, genomrutten **2** *vard.* urusel, urdålig; eländig; hemsk, gräslig, avskyvärd; krasslig
rotter [ˈrɒtə] *vard.* knöl, kräk
rotund [rə(ʊ)ˈtʌnd] rund, trind, knubbig **rotunda** [rə(ʊ)ˈtʌndə] rotunda
rouble [ˈruːbl] rubel
roué [ˈruːeɪ] roué, vällusting
rouge [ruːʒ] **I** *s* rouge, rött smink (puder) **II** *v* lägga på (sminka sig med) rouge
rough [rʌf] **I** *a* **1** ojämn, skrovlig, grov, sträv, kärv; svår[framkomlig], svårforcerad (*country* terräng); *~ coat* huv(ig (raggig) päls; *~ path* knagglig stig **2** (*om sjö, väder*) hård, svår, stormig, gropig **3** obearbetad, obehandlad, rå; oslipad; *~ rice* råris **4** enkel, simpel, primitiv, grov **5** rå; ohyfsad, oborstad; ovänlig, barsk; omild, hård[hänt]; våldsam, häftig; *have ~ luck* (*vard.*) ha otur; *~ play* (*sport.*) ruffigt (ojust) spel, ruff; *have a ~ time* (*vard.*) ha det svårt **6** rå, grov; summariskt; ungefärlig; *~ copy* koncept, kladd; *a ~ estimate* en ungefärlig beräkning, en grov uppskattning; *a ~ guess* en grov gissning; *it's ~ justice* det är hårt men rättvist; *in ~ outlines* i grova drag; *~ translation* råöversättning **II** *adv* rått; grovt; hårt, våldsamt; kärvt; *cut up ~* (*vard.*) ilskna till, bli förbannad; *play ~* spela ruffigt (ojust), ruffa; *sleep ~* sova under bar himmel, ligga ute **III** *s* **1** oländig terräng (mark) **2** *bildl.*,

roughage—rowboat

over (through) ~ *and smooth* i vått och torrt, i med- och motgång; *take the* ~ *with the smooth* ta det onda med det goda **3** [rå]skiss, utkast; *in the* ~ i obearbetat skick (tillstånd) **4** bråkmakare, buse, ligist **5** brodd **IV** *v* **1** ~ [*out*] grovbearbeta **2** ~ *out (in)* göra ett utkast till, skissera **3** ~ *up a)* rufsa till, *b) sl.* slå [ner], misshandla **4** *vard.*, ~ *it* leva primitivt, slita ont

roughage ['rʌfɪdʒ] [kost]fibrer; kli

rough-and|-ready [,rʌf(ə)n'redɪ] ungefärlig, grov; hastigt ihopkommen **--tumble** I *s* slagsmål, råkurr **II** *a* oordnad

roughcast ['rʌfkɑːst] I *s* grov|puts, -rappning, revetering **II** *a* grov|putsad, -rappad, reveterad **III** *v (roughcast, roughcast)* **1** grov|putsa, -rappa, revetera **2** *bildl.* utarbeta i stora drag

roughen ['rʌfn] **1** göra grov **2** bli grov

rough|-hewn [,rʌf'hjuːn] grovhuggen, grovt tillyxad **-house** ['rʌfhaʊs] *vard.* I *s* slagsmål, bråk **II** *v* behandla hårdhänt

roughly ['rʌflɪ] *adv* **1** ojämnt *etc., jfr rough I 2* ungefär, på en höft, i stora drag; ~ *speaking* i stort sett, på det hela taget

rough|neck ['rʌfnek] *sl.* ligist, tuffing, hårding **-shod** [-ʃɒd] *(om häst)* broddad, skarpskodd; *ride* ~ *over (bildl.)* behandla hänsynslöst, topprida

rou|lade [ruːˈlɑːd] **1** *kokk.* r[o]ulad **2** *mus.* löpning **-lette** [-ˈlet] roulett

Roumania [ruːˈmeɪnjə] *se Romania*

round [raʊnd] I *a* **1** rund; [av]rundad; trind; ~ *arch* rundbåge; ~ *robin a)* [protest]lista (inlaga) med namnen i cirkel*(för att dölja vem som skrivit på först)*, *b) AE.* serietävling; ~ *trip a)* rund|resa, -tur, *b) AE.* tur- och returresa **2** rund, jämn, avrundad; hel; ungefärlig; *a* ~ *dozen* ett helt dussin; *in* ~ *figures a)* i runda tal (siffror), *b)* ungefär; *at a* ~ *guess* gissningsvis; *a good* ~ *sum* en rundlig (väl tilltagen) summa **3** kraftig, ordentlig, rejäl; rättfram, öppen; *at a* ~ *pace* i rask fart; *in* ~ *terms* klart och tydligt, i klartext **II** *adv* **1** runt, runt|- omkring, -om, om[kring]; ~ *about* omkring, runtom; ~ [*about*] *six o'clock* omkring klockan sex, vid sextiden; ~ *here* här i närheten (trakten); *all* ~ *a)* runtom, på alla håll, överallt, *b)* laget runt, överlag; *all* [*the*] *year* ~ hela året [runt, om], året runt (om); *5 metres* ~ 5 meter i omkrets; *a long way* ~ en lång omväg; *for the second time* ~ för andra gången [i rad] **2** här; hit; *ask s.b.* ~ bjuda hem ngn, be ngn komma hem till sig; *I'll be* ~ *at five o'clock* jag är här klockan fem **III** *prep* om[kring], runt[om], [runtom]kring; runt (omkring) i (på); ~ *the clock (world)* dygnet (jorden) runt; *if you're* ~ *this way* om du är här [i närheten, i trakterna] **IV** *s* **1** krets, ring; klot; rund; *theatre in the* ~ arenateater; *in all the* ~ *of Nature* i hela naturens rike **2** kretslopp; omgång, varv; serie, rad; runda, rond, tur; *sport.* rond, omgång, runda; ~ *of ammunition* skott, [skott]salva; *a* ~ *of applause* en applåd; *buy (pay for) a* ~ *of drinks* bjuda på en omgång drinkar (på drinkar laget runt); *a new* ~ *of negotiations* en ny förhandlingsomgång; *a long* ~ *of parties* en enda lång rad fester; *the daily* ~ det dagliga slitet, de dagliga bestyren; *he does a paper* ~ han bär ut tidningar; *do (make) the* ~*s of* gå runt på (bland, i, till); *have a*

~, *go on one's* ~*s* göra sin runda, *(om läkare)* gå ronden; *go the* ~*s* gå runt, cirkulera, sprida sig, grassera **3** skiva *(of toast* rostat bröd); *slaktar.* lårstycke **4** *mus.* kanon **5** ringdans **V** *v* **1** runda, göra rund; ~*ed* rund[ad]; ~ *down* runda av nedåt; ~ *off a)* runda [av], *b)* avrunda, avsluta; ~ *out* göra rundare (fylligare); ~ *up a)* runda av uppåt, *b)* samla (kalla, driva) ihop **2** runda, gå (fara, segla, svänga) runt **3** bli rund; ~ *out* bli rundare (fylligare) **4** svänga runt, vända sig om; ~ [*up*]*on s.b.* fara ut mot ngn

roundabout [ˈraʊndəbaʊt] *BE.* I *s* **1** karusell **2** [trafik]rondell **II** *a* indirekt, omskrivande, kringgående; *in a* ~ *way* indirekt, inte rent ut

rounders [ˈraʊndəz] *(behandlas som sg) BE.* *(slags)* brännboll

round-eyed [ˈraʊndaɪd] rund-, stor|ögd

round|ish [ˈraʊndɪʃ] ganska rund; något rundad **-ly** [-lɪ] *adv* **1** runt *etc., jfr round I 2* grundligt, ordentligt *(criticized* kritiserad), öppet, oförbehållsamt

round-shouldered [,raʊndˈʃəʊldəd] kutryggig **--table** *a,* ~ *conference* rundabordskonferens **--the-clock** *a* dygnet runt, hela dygnet; ~ *service* dygnetruntservice

round trip [ˈraʊndtrɪp] rundtur, turochreturresa

roundup 1 *radio., TV.* sammandrag **2** sammandrivning, hopsamlande *(av boskap e.d.)*; [polis]svep, -razzia **roundworm** *zool.* spolmask

rouse [raʊz] **1** väcka [upp]; ~ *o.s. (bildl.)* rycka upp sig, ta sig samman **2** *bildl.* egga upp, elda; reta [upp]; [upp]väcka; ~*d* [*to anger*] uppretad, vred **3** vakna [upp] **rousing** [ˈraʊzɪŋ] eldande *(speech* tal), väckande; kraftfull, livlig

1 rout [raʊt] I *v* **1** grundligt besegra, slå; driva på flykten **II** *s* **1** fullständigt nederlag; vild flykt **2** larmande folkmassa

2 rout [raʊt] **1** ~ *out* gräva (leta) fram, jaga upp *(of the bed* ur sängen) **2** rota, böka, gräva

route [ruːt] I *s* rutt, [res]väg, färdväg; [far]led; *bildl. o AE.* väg **II** *v* [väg]leda, dirigera **-march** [ˈruːtmɑːtʃ] [övnings]marsch

routine [ruːˈtiːn] I *s* **1** rutin; fast regel; slentrian **2** *(i show e.d.)* nummer; *vard. bildl.* scen, 'kör', [gråt]vals **II** *a* rutin-, rutinmässig; slentrianmässig; ~ *check* rutinkontroll

rove [raʊv] *litt.* **1** ~ [*around*] *a)* ströva omkring i, *b) (om blick)* svepa (vandra) över **2** ströva [omkring]; flacka, irra **rover** [ˈraʊvə] *litt.* **1** vandrare; kringströvande person **2** *R*~ [*Scout*] seniorscout **roving** [ˈraʊvɪŋ] *litt.* [kring]strövande; [kring]irrande; flackande; ~ *commission* rörligt uppdrag; *have a* ~ *eye for* spana in

1 row [raʊ] **1** rad, länga, räcka; *a* ~ *of houses* en husrad (huslänga); *in a* ~ i rad, i följd; *a hard* ~ *to hoe* en svår uppgift (nöt att knäcka) **2** *teat.* bänk[rad] **3** *BE.* [liten] gata *(m. likadana hus)* **4** *(i stickning)* varv

2 row [raʊ] I *v* **1** ro **2** tävla i rodd mot, ro mot **3** gå att ro **II** *s* rodd[tur]

3 row [raʊ] I *s* **1** bråk, oväsen, liv; *what a* ~ *they are making!* vilket liv (oväsen) de för! **2** *vard.* gräl, bråk, käbbel; *have a* ~ gräla, bråka **II** *v* **1** gräla, bråka *(with* med)

rowan [ˈraʊən] rönn **-berry** [-,berɪ] rönnbär

rowboat [ˈraʊbəʊt] *AE.* roddbåt

rowdy ['raʊdɪ] **I** *a* bråkig, stökig **II** *s* bråk|makare, -stake **-ism** [-ɪz(ə)m] bus|liv, -fasoner
rowel ['raʊəl] sporrtrissa
rower ['rəʊə] roddare
row house ['rəʊhaʊs] *AE*. radhus
rowing ['rəʊɪŋ] rodd **rowing boat** [-bəʊt] roddbåt **rowing machine** [-məˌʃiːn] roddapparat
rowlock ['rɒlək] år|tull, -klyka
royal ['rɔɪ(ə)l] **I** *a* kunglig, kunga-; ~ *blue* kungsblått; *R*~ *Commission* statlig utredning; *the* ~ *family* den kungliga familjen; *R*~ *Highness* kunglig höghet; ~ *road* (*bildl.*) kungsväg; *have a* ~ *time* roa sig kungligt **II** *s, vard., the* ~*s* (*pl*) den kungliga familjen **-ism** [-ɪz(ə)m] rojalism **-ist** [-ɪst] rojalist **-istic** [ˌrɔɪəˈlɪstɪk] rojalistisk
royal|ty ['rɔɪ(ə)ltɪ] **1** kungamakt; kunglighet; kunglig person; kungahuset, kungafamiljen; kungligheter **2** *äv.* -**ties** (*pl*) royalty
rozzer ['rɒzə] *sl.* byling
R.P. *förk. för Received Pronunciation; Reformed Presbyterian; Regius Professor* **r.p.m.** *förk. för revolutions per minute* **R.P.S.** *förk. för Royal Photographic Society* **r.p.s.** *förk. för revolutions per second* **rpt.** *förk. för report* **R.R.** *förk. för Right Reverend* **R.S.** *förk. för Royal Society* **R.S.A.** *förk. för Royal Scottish Academy; Royal Society of Arts* **R.S.L.** *förk. för Royal Society of Literature* **R.S.M.** *förk. för Regimental Sergeant Major; Royal School of Mines; Royal Society of Medicine* **RSFSR** *förk. för Russian Soviet Federated Socialist Republic* **R.S.P.C.A.** *förk. för Royal Society for the Prevention of Cruelty to Animals* **R.S.V.** *förk. för Revised Standard Version* (*of the Bible*) **R.S.V.P.** *förk. för fr. répondez, s'il vous plaît* (*please reply*) **R.T.** *förk. för radio telegraphy* (*telephony*) **rt.** *förk. för right* **R.T.C.** *förk. för Road Transport Corporation; Round Table Conference* **Rt. Hon.** *förk. för Right Honourable* **Rt. Rev.** *förk. för Right Reverend* **R.U.** *förk. för Rugby Union*
rub [rʌb] **I** *v* gnida, gnugga; skrapa, skava, nöta; polera, putsa; frottera; ~ *one's eyes* gnugga sig i ögonen; ~ *a p.'s nose in s.th.* [minsann] låta ngn få veta ngt; ~ *shoulders with* umgås med, komma i kontakt med; ~ *s.b. the wrong way* behandla ngn fel, stryka ngn mothårs, irritera ngn; ~ *against* gnida (skrapa, skava) mot; ~ *along* (*vard.*) klara sig, dra (hanka) sig fram; ~ *along together* komma [någorlunda] bra överens; ~ *down a*) gnida (gnugga) av (ren, torr), frottera, *b*) rykta, *c*) putsa (tvätta) av, *d*) slipa av; ~ *in a*) gnida in, *b*) *vard.* pränta in, tjata om; ~ *off a*) gnida (skrapa, nöta, putsa) bort (av), sudda bort (ut, ren), *b*) *bildl.* arbeta bort, sluta med, *c*) nötas bort (av), *d*) gå att gnida (skrapa, nöta, putsa) bort (av); ~ *out a*) gnida (skrapa, nöta, putsa) bort (av), sudda (stryka) bort (ut), *b*) *sl.* ta kål på (*mörda*), *c*) gå att gnida (*etc.*) bort (av); ~ *up a*) putsa [upp], polera [upp], *b*) *bildl.* friska upp; ~ *up again* umgås med, komma i kontakt med; ~ *s.b. up the wrong way* behandla ngn fel, stryka ngn mothårs, irritera ngn **II** *s* **1** gnidning *etc.*, *jfr I; give it a* ~! gnid (gnugga) den ett tag! **2** svårighet, hake; *there's the* ~! det är det som är knuten, det är där problemet ligger! **3** obehaglighet, förarglighet

1 rubber ['rʌbə] **I** *s* **1** kautschuk, gummi; *i sht BE.* radergummi, kautschuk; *sl.* gummi, kondom **2** *AE.* galosch **II** *a* gummi-; ~ *band* gummi|band, -snodd; ~ *boots* gummistövlar; ~ *cheque* check som saknar täckning
2 rubber ['rʌbə] *kortsp.* robbert
rubber|neck ['rʌbənək] *sl., i sht AE.* nyfiken typ, turist **-stamp** **I** *s* gummistämpel **II** *v* [slentrianmässigt, utan vidare] godkänna
rubbery ['rʌbərɪ] **1** gummiliknande, som gummi **2** (*om kött e.d.*) seg [som gummi]
rubbish ['rʌbɪʃ] **1** *s* skräp; avfall, avskräde **2** *bildl.* skräp, smörja; struntprat, nonsens **II** *v*, *vard.* göra ner, kritisera **rubbish-chute** sopnedkast **rubbish-heap** skräp-, sop|hög **rubbishy** [-ɪ] *vard.* skräp-, urusel; skräpig
rubble ['rʌbl] **1** stenskärv; stenflis, krossad sten **2** ruin-, grus|hög, spillror
rubdown ['rʌbdaʊn] gnidning, frottering; polering (*m. sandpapper*); *cold* ~ kall avrivning
Rubens ['ruːbɪnz]
rubicund ['ruːbɪkənd] *litt., åld.* rödbrusig
ruble ['ruːbl] rubel
rubric ['ruːbrɪk] överskrift, rubrik
ruby ['ruːbɪ] **I** *s* **1** rubin **2** rubinrött **II** *a* rubinröd
ruche [ruːʃ] rysch
1 ruck [rʌk] **I** massa, mängd, hop; *the* ~ *a*) den stora (grå) massan, *b*) *sport.* klungan
2 ruck [rʌk] **I** *s* veck, rynka **II** *v*, ~ [*up*] *a*) vecka, rynka, *b*) vecka (rynka, skrynkla) sig
rucksack ['rʌksæk] ryggsäck
ruction ['rʌkʃn] *vard.* bråk, ståhej
rudd [rʌd] *zool.* sarv (*fisk*)
rudder ['rʌdə] roder; *flyg.* sidroder
ruddy ['rʌdɪ] **1** röd[aktig] **2** rödblommig, rosig **3** *vard.* sabla, jäkla
rude [ruːd] **1** ohövlig, oförskämd, ohyfsad; okultiverad; *a* ~ *joke* ett rått (oanständigt) skämt; *be* ~ *to* vara oförskämd (ohövlig) mot **2** *litt.* häftig, våldsam; *a* ~ *awakening* ett smärtsamt (grymt) uppvaknande **3** *litt.* obearbetad; enkel, primitiv **4** grov, ungefärlig (*estimate* uppskattning) **-ness** ['ruːdnɪs] fräckhet, oförskämdhet
rudiment ['ruːdɪmənt] **1** rudiment, ansats, anlag (*of* till) **2** ~*s* (*pl*) elementa, första grunder **-ary** [ˌruːdɪˈment(ə)rɪ] **1** rudimentär, outvecklad **2** elementär
Rudyard ['rʌdjəd]
1 rue [ruː] *bot.* [vin]ruta
2 rue [ruː] *åld., litt.* ångra **-ful** ['ruːf(ʊ)l] *litt.* **1** bedrövad; ångerfull **2** bedrövlig, sorglig, ynklig
1 ruff [rʌf] **I** *s* **1** krås, pipkrage **2** *zool.* halskrage (*på fågel*) **3** *zool.* brushane **4** *zool.* [snor]gärs
2 ruff [rʌf] *kortsp.* **I** *s* trumfning **II** *v* trumfa [över]
ruffian ['rʌfjən] råskinn, buse, skurk **-ly** [-lɪ] *a* skurkaktig, rå
ruffle ['rʌfl] **I** *v* **1** rufsa till; skrynkla [till] **2** snabbt bläddra igenom **3** (*om fågel*) burra upp (*its feathers* fjädrarna) **4** *litt.* krusa (*the surface of the lake* sjöns yta) **5** förarga, irritera **II** *s* **1** krås, rysch **2** *litt.* halskrage **3** krusning **ruffled** [-d] **1** förvirrad, oroad **2** rufsig, tillrufsad; tillskrynklad, skrynklig **3** med krås (rysch)
rug [rʌg] **1** matta **2** [res]pläd, -filt **2** liten matta
rugby ['rʌgbɪ] *s,* ~ [*football*] rugby **rugby league** proffsrugby (*m. 13-mannalag*) **rugby**

union amatörrugby (*m. 15-mannalag*)
rugged ['rʌgɪd] *litt.* **1** oländig, klippig, bergig (*country* terräng) **2** skrovlig, ojämn **3** fårad; med skarpskurna (grova) drag **4** kärv, barsk **5** slitstark, tålig, robust **6** hård; svår
rugger ['rʌgə] *vard.* rugby
ruin ['ruɪn] **I** *s* **1** ruin[er] (*äv. bildl.*); *be in ~s* ligga i ruiner **2** ruin; undergång, ödeläggelse, förstörelse **II** *v* **1** lägga i ruiner **2** ödelägga, förstöra, fördärva (*one's health* sin hälsa) **3** ruinera; ödelägga; störta i fördärvet **ruination** [ruɪ'neɪʃn] **1** ruinering; ödeläggelse **2** fördärv, ruin **ruined** ['ruɪnd] **1** i ruiner **2** ödelagd, förstörd, fördärvad **3** ruinerad **ruinous** ['ruɪnəs] **1** i ruiner **2** ruinerande **3** fördärvlig, ödeläggande, ödesdiger
rule [ruːl] **I** *s* **1** regel, föreskrift, bestämmelse; *~s* (*pl, äv.*) reglemente, stadgar; *the ~s of the game* spelreglerna, spelets regler; *the ~[s] of the road* trafikreglerna; *by ~* enligt regeln (reglerna) **2** regel, vana; rättesnöre, norm; *as a* [*general*] *~* i (som) regel, vanligen, vanligtvis; *be the ~* vara [en] regel, vara det vanliga; *make it a ~ to do s.th.* göra (ha gjort) det till [en] regel (ha för vana) att göra ngt, bruka göra ngt **3** [herra]välde, styre, myndighet, makt; regering[stid] **4** (*domstols*) utslag **5** mått-, tum|stock; linjal; *by ~ of thumb* efter ögonmått, på en höft (ett ungefär) **6** tankstreck **II** *v* **1** härska över, regera [över], leda, styra; *bildl.* behärska; *~ the roost* (*vard.*) vara herre på täppan **2** avgöra, bestämma; fastställa, förordna, stadga; *~ out* utesluta **3** linjera; dra (*linje*); *~d paper* linjerat papper **4** råda (*äv. bildl.*); härska, regera **5** *hand.* notera; (*om pris*) gälla, råda **6** fälla utslag
rul|er ['ruːlə] **1** härskare, styresman (*of* över) **2** linjal **-ing** [-ɪŋ] **I** *a* **1** härskande, regerande, styrande (*etc., jfr rule II*) **2** dominerande, förhärskande (*feeling* känsla) **II** *s, jur.* [domstols]utslag
1 rum [rʌm] (*sprit*) rom
2 rum [rʌm] *vard.* underlig, konstig (*customer* prick)
Rumania [ruː'meɪnjə] *se Roumania*
rumble ['rʌmbl] **I** *v* **1** mullra; dåna, bullra; (*om fordon e.d.*) skramla; (*om mage*) kurra **2** *vard.* genomskåda, gissa, fatta **3** *~* [*on*] mala [på], prata på **II** *s* **1** mullrande, muller; dån[ande], bullrande, buller; (*mages*) kurr[ande] **2** mummel **3** *elektron.* rumble, brum[mande] (*störande ljud i högtalare*) **rumble seat** *AE.* (*på äldre bilmodell*) utfällbart säte i baklucka **rumbling** ['rʌmblɪŋ] **1** mullrande **2** *~s* (*pl*) yttringar, tecken; *~s of discontent* missnöjesyttringar
rumbustious [rʌm'bʌstɪəs] bullrande, bullersam, oregerlig, vild
rumi|nant ['ruːmɪnənt] **I** *s* idisslare **II** *a* **1** idisslande **2** grubblande **-nate** [-neɪt] **1** idissla **2** fundera, grubbla (*over,* [*up*]*on* över, på) **-nation** [ˌruːmɪ'neɪʃn] **1** idisslande **2** grubbel; *~s* (*pl, äv.*) funderingar, grubblerier **-native** ['ruːmɪnətɪv] tankfull, begrundande, kontemplativ
rummage ['rʌmɪdʒ] **I** *v, ~* [*through*] leta (söka, rota) igenom; *~ out* (*up*) leta (rota) fram **II** *s* **1** genom|letande, -sökande, rotande **2** *AE.* krafs, saker som skall lämnas till loppmarknad (*e.d*)
rummage sale *AE.* loppmarknad (*för välgörenhetsändamål*)

rummy ['rʌmɪ] (*slags kortspel*) rummy
rumour ['ruːmə] **I** *s* rykte (*of* om); *there's a ~* (*~ has it*) *that* det ryktas (sägs) att **II** *v, it is ~ed that* det ryktas (sägs) att
rump [rʌmp] **1** bakdel, rumpa, ända; (*fågels*) gump **2** slaktar. fransyska **3** *bildl.* rest, kvarleva; *the R~* [*Parliament*] (*hist.*) Rumpparlamentet
rumple ['rʌmpl] *vard.* skrynkla [till]; rufsa till
rumpled [-d] skrynklig, tillskrynklad; rufsig
rump steak ['rʌmpsteɪk] rumpsteak (*biffstek av fransyskan*)
rumpus ['rʌmpəs] *vard.* bråk, rabalder, uppståndelse; *raise a ~* ställa till bråk
run [rʌn] **I** *v* (*ran, run*) **1** springa, löpa; springa efter (i kapp med); [för]följa, jaga; driva; försätta; fly från (ur); *~ a blockade* bryta en blockad; *let things ~ their course* låta sakerna ha sin gång; *~ errands* (*messages*) springa ärenden (*for* åt); *~ s.b. into a lot of expense* förorsaka ngn stora utgifter; *be ~ off one's feet* (*vard.*) ha fullt upp att göra, springa benen av sig, vara slutkörd; *~ a risk* löpa en risk; *~ s.b. a close second* ligga hack i häl på ngn; *~ the streets* springa omkring på gatorna; *~ a temperature* (*fever*) ha feber; *~ s.b. into trouble* vålla ngn svårigheter **2** låta springa (löpa); ställa upp med; ställa upp (*a candidate* en kandidat) **3** driva på bete **4** driva; förestå, leda, styra; organisera, genomföra, sköta; *~ a course* anordna (ha, leda) en kurs; *he's the one who really ~s everything* det är han som står för ruljangsen; *~ a p.'s house* sköta huset (hushållet) åt ngn; *~ one's own life* leva sitt eget liv **5** dra, installera, lägga **6** köra [med], föra, transportera, skjutsa; sätta in (i trafik); sätta (hålla) i gång; *~ an advertisement* ta (sätta) in en annons; *I can't afford to ~ a car* jag har inte råd med bil; *this car is cheap to ~* den här bilen är billig i drift; *he ~s a Volvo* han kör (har en) Volvo; *~ a film* köra (visa) en film; *~ s.b. home* skjutsa ngn hem; *~ a tape* spela ett band **7** dra, fara med, köra, sticka, låta glida; *~ one's fingers through one's hair* köra fingrarna genom håret **8** hälla, spola, tappa, låta rinna; föra, leda, innehålla, ge, spruta fram; *~ a bath* tappa i badvatten; *~ water into* tappa i vatten i **9** smuggla **10** springa, löpa; skynda, rusa, störta sig; (*at* mot); (*om växt*) klättra, slingra (sprida) sig; *~ for it* skynda sig, springa allt man orkar; *~ for one's life* springa för livet **11** springa bort, fly, *bildl. äv. ~s; time ~s* tiden går **12** ställa upp, kandidera; *~ for President* (*the Presidency*) kandidera till presidentposten **13** köra; segla; gå; vara i gång (på); fungera, rulla; [för]löpa; glida; *the buses ~ once an hour* bussarna går en gång i timmen; *the car ~s on diesel* bilen går på diesel; *the meeting is running smoothly* mötet förlöper lugnt **14** droppa, rinna; flyta [ut, omkring, ihop]; smälta; (*om färg*) fälla; (*om sår*) vätska (vara) sig; *bildl.* sprida (breda ut) sig; *my nose is ~ning* min näsa rinner; *the river ~s into the sea* floden rinner ut i havet; *it ~s in the family* det ligger i släkten **15** gå, sträcka sig, löpa **16** gå; pågå; uppgå, gälla, löpa; *the film ran for four months* filmen gick i fyra månader; *the book has ~ into four editions* boken har gått i fyra upplagor; *the expenditure ~s into* utgifterna uppgår till; *the text ~s to 100 words* texten omfattar 100

ord **17** ha råd; räcka; *I can't ~ to a new car* jag har inte råd med en ny bil; *the funds won't ~ to it* pengarna räcker inte till det **18** låta, lyda; gå; *so the story ~s* så förtäljer historien **19** *the stocking has ~* det har gått en maska (maskor) på strumpan **20** bli; vara; *~ behind* vara försenad; *~ dry a)* torka [ut], sina [ut], *b)* ta slut; *~ high a)* gå (stiga) högt, *b)* svalla [över, högt]; *~ low a)* sjunka, sina, *b)* bli knapp, ta slut; *~ to fat* lägga på hullet; *~ to seed* vissna, bli sjaskig; *inflation is ~ning at 15%* inflationen är (ligger på) 15% **21** *~ about (around)* springa omkring; *~ across a)* gå (löpa) tvärs över, *b)* träffa (råka, stöta) på; *~ against a)* rusa emot, *b)* träffa (råka, stöta) på, *c)* springa (tävla) mot, *d)* ställa upp (kandidera) mot; *~ along* löpa, gå; *~ along! (vard.)* kila i väg!; *~ away a)* springa bort (i väg), rymma, fly, *b)* skena, *c)* rinna ut; *~ away with a)* vinna lätt, lätt ta hem, *b)* rymma med, stjäla, *c)* rusa i väg med, *d)* låta sig ryckas med av, *e)* sluka; *~ down a)* springa (köra) omkull, köra över, *b)* ramma, segla i sank, *c)* göra ner, tala illa om, skälla på, *d)* spåra upp [och fånga], fånga in, *e)* minska, reducera, skära ner, göra nedskärningar vid (i), avveckla, *g)* köra slut på, *g)* springa (löpa, rinna) ner (nedför, nedåt), *h)* [hålla på att] stanna, sluta att gå, ta slut, tömmas, *i)* gå tillbaka, minska, *j)* förfalla, försämras; *be ~ down* vara [alldeles] slut; *~ in a)* köra in *(a new car* en ny bil)*, b) vard.* haffa, *c)* kila (rusa) in, närma sig; *~ into a)* försätta i, *b)* råka [in] i, stöta på, *c)* köra (rusa) [in] i (på, emot), kollidera (krocka) med, *d)* träffa (råka, stöta) på, *e)* [upp]nå; *~ off a)* släppa (tappa, tömma) ut, *b)* kasta ner, skriva ihop, *c)* trycka, dra, köra, *d)* avverka, avgöra, *e)* springa bort (i väg), rymma, fly, skena; *~ on a)* skriva ihop, *b)* hänga (skrivas) ihop, *c)* springa (köra, löpa) vidare, gå på, fortsätta, *d)* hålla på, prata på, *e)* röra sig kring (om), *f)* drivas med, gå på; *~ out a)* lägga (sätta, föra) ut, låta löpa ut, *b)* avgöra, avsluta, fullborda, *c)* jaga (köra) bort (ut), *d)* springa (löpa, gå, rinna) ut, *e)* skjuta (löpa, sticka) ut, *f)* [hålla på att] ta slut, [börja] sina, löpa (gå) ut; *we're ~ning out of time* vi har inte mycket tid kvar; *~ out on* överge, lämna i sticket, gå ifrån; *~ over a)* köra över, *b)* gå igenom [på nytt], granska, *c)* överskrida (dra över) [tiden], *d)* kila (titta) över, *e)* rinna (flöda) över; *~ round a)* köra (kila, titta) över, titta in, *b)* löpa runt; *~ through a)* gå (spela) igenom, repetera, *b)* kasta (slösa) bort, göra slut på, *c)* genomborra, *d)* gå (löpa) igenom; *~ up a)* hissa, *b)* följa, *c)* sy (snörpa) ihop, *d)* smälla upp, *e)* addera, summera, *f)* springa (löpa) uppför, *g)* växa, rusa i höjden, gå upp, öka; *~ up a debt* skaffa sig skulder; *~ up against* stöta (råka) på; *~ up to (om pris e.d.)* uppgå till, ligga på **II** *s* **1** löpning; lopp; språng[marsch]; körning; segling; tur, färd, resa; sträcka; väg, rutt, runda; bana, spår; *at a ~* springande, i språngmarsch, *mil.* med språng; *on the ~ a)* på flykt, *b)* i gång, i farten; *give s.b. a ~* skjutsa ngn; *go for a ~ in the car* ta en biltur; *have a good ~ for one's money (vard.) a)* få valuta för pengarna (sina pengar), *b)* få en hård match; *take a ~ a)* springa [en runda], *b)* en språngmarsch, *b)* ta sats **2** tendens, trend; riktning; sträckning; gång, förlopp; *the ordinary ~ of things* tingens vanliga ordning **3** stegrad efterfrågan, rusning **4** tillgång, fritt tillträde; *have the ~ of (äv.)* fritt kunna disponera [över] **5** följd, rad, serie, period; *in the long ~* i långa loppet, i längden, på lång sikt; *have a long ~ a)* vara modern länge, *b) (om film e.d.)* gå länge, *c)* sitta länge vid makten; *have a ~ of success* ha en rad framgångar **6** sort, typ; *the common ~ of mankind* genomsnittsmänniskan, vanliga människor **7** inhägnad; hönsgård; betesmark **8** [löp]maska **9** upplaga, tryckning **10** *mus.* löpning **11** *vard., the ~s (pl)* räntan *(diarré)*

run|about ['rʌnəbaʊt] *vard.* liten bil **-around** *s, vard., give s.b. the ~* skicka ngn vidare (runt), nonchalera ngn **-away I** *a* **1** förrymd; bortsprungen **2** okontrollerbar; *~ horse* skenande häst; *~ inflation* galopperande inflation; *~ success* stormande succé **II** *s* rymmare, rymling; bortsprunget barn **--down I** *a* **1** utbränd, slutkörd; körd i botten **2** fallfärdig, förfallen **II** *s* **1** nedskärning, inskränkning **2** *vard.* kort sammanfattning (sammandrag)

rune [ruːn] runa **-stone** runsten
1 rung [rʌŋ] *perf. part. av* ring
2 rung [rʌŋ] tvärslå; stegpinne; steg; *bildl.* [trapp]steg
runic ['ruːnɪk] run-; *~ stone* runsten
run-in ['rʌnɪn] **1** gräl, kontrovers **2** *bildl.* inledning, upptakt, uppvärmning **3** inflygning **4** *boktr.* tilllägg *(i svit)*
runnel ['rʌnl] *litt.* rännil
runner ['rʌnə] **1** *sport. e.d.* löpare **2** bud[bärare]; springpojke; *(på auktion)* ombud **3** med[e]; [skridsko]skena **4** *bot.* reva, utlöpare **5** smugglare; smuggelfartyg **6** [bord]löpare; gångmatta **runner bean** *bot.* rosenböna **runner-up** [ˌrʌnər'ʌp] *(pl runners-up) (i tävling)* tvåa **running** ['rʌnɪŋ] **I** *a* **1** springande, löpande; flytande, rinnande *etc., jfr run I; take a ~ jump* hoppa med sats; *go and take a ~ jump! (vard.)* dra åt skogen!; *~ mate (AE.)* vicepresidentkandidat; *in ~ order* driftsduglig, klar för drift, körklar; *~ sore* varigt sår, sår som vätskar sig; *~ start* flygande start; *~ time* speltid, drifttid; *~ water* rinnande vatten **2** [fort]löpande; pågående; *~ account* löpande räkning; *~ commentary* fortlöpande kommentar; *~ costs* driftskostnader; *four days ~* fyra dagar i rad (sträck, följd) **II** *s* **1** springande, löpande; lopp; gång; *be in the ~* vara med i tävlingen (leken); *be out of the ~* vara borta ur leken, inte ha ngn chans att vinna; *make the ~ a)* bestämma farten, dra, leda, *b)* ha initiativet, ta hem segern; *take up the ~* ta ledningen **2** drivande, drift; skötsel; ledning **3** rinnande, flytning; svall **4** smuggling **running board** *(på äldre bil)* fotsteg **running head** *boktr.* levande kolumntitel **running-in** [ˌrʌnɪŋ'ɪn] *(av motor)* inkörning **running light** ['rʌnɪŋlaɪt] *sjö.* gångljus **running mate** ['rʌnɪŋmeɪt] **1** parhäst **2** *AE. polit.* medkandidat *(t. den lägre av två poster)*, vicepresidentkandidat
runny ['rʌnɪ] rinnande; blaskig; lös[kokt]
run-of-the-mill [ˌrʌnəvðə'mɪl] alldaglig, ordinär, medelmåttig
runt [rʌnt] **I** *s* **1** *(i djurkull)* minsting **2** *neds.* put-

tefnask, strunt
run|-through ['rʌnθru:] repetition; [kort] genomgång **-up 1** sport. [an]sats **2** bildl. inledning, upptakt **-way** flyg. start-, landnings|bana
rupee [ru:'pi:] (myntenhet) rupie
rupture ['rʌptʃə] **I** s **1** brytande; bildl. brytning, avbrytande **2** med. bristning; bråck **II** v **1** brista **2** spränga, spräcka
rural ['ruər(ə)l] lant-; lantlig; lantbruks-; the ~ areas landsbygden; ~ dean kontraktsprost; ~ district landskommun; ~ life lantliv[et], livet på landet; ~ postmaster lantbrevbärare **-ize** (BE. äv. -ise) ['ruərəlaɪz] **1** göra lantlig **2** flytta ut på landet
Ruritanian [ˌruərɪ'teɪnjən] (efter Ruritania, uppdiktat land i Fången på Zenda) full av romantik, äventyr och intriger; operett-, operettaktig
ruse [ru:z] knep, list
1 rush [rʌʃ] **I** v **1** föra snabbt (i all hast), rusa (störta) i väg med; störta; driva [på]; jäkta (skynda) på; forcera; don't ~ me! jäkta mig inte!; be ~ed for time ha ont om tid; refuse to be ~ed inte låta sig jäktas; ~ a bill through forcera behandlingen av ett lagförslag **2** kasta sig över; angripa; storma (äv. mil.); forcera **3** sl. skörta upp, skinna; what were you ~ed for it? hur mycket fick du punga ut med för det? **4** skynda [sig], rusa, storma, störta [sig]; jäkta; ~ at rusa (storma fram) mot, störta sig över; ~ to conclusions dra förhastade slutsatser **5** brusa, rusa, välla, forsa, strömma **II** s **1** rusning, rush, tillströmning, trängsel; anstormning, anfall; the Christmas ~ julrushen **2** brådska; jäkt[ande], stress; be in a ~ ha bråttom, ha det jäktigt **3** ström, flod, bildl. äv. massa; a ~ of tears en ström (flod) av tårar; there was a ~ of water det forsade fram vatten **4** film., ~es (pl) arbetskopia
2 rush [rʌʃ] bot. säv
rush hour ['rʌʃˌauə] rusningstid
rush light ['rʌʃlaɪt] [talg]dank
rusk [rʌsk] (bröd) skorpa
russet ['rʌsɪt] **I** a röd-, gul|brun **II** s röd-, gul|-brunt
Russia ['rʌʃə] Ryssland **Russia leather** [-ˌleðə] rysslader **Russian I** a rysk; ~ salad legymsallad **II** s **1** ryss, ryska **2** ryska [språket] **Russian|ize** (BE. äv. -ise) förryska
Russo|- ['rʌsəu] (i sms.) rysk-; the Russo-Japanese War rysk-japanska kriget **-phile** [faɪl] **I** s ryssvän **II** a ryssvänlig **-phobe** [-fəub] **I** s rysshatare **II** a ryssfientlig
rust [rʌst] **I** s rost **II** v **1** rosta; ~ away rosta bort; ~ed rostig **2** få att rosta, göra rostig
rustic ['rʌstɪk] **I** a **1** lantlig; bonde-; rustik; enkel **2** bondsk **II** s lantbo, enkel bonde; neds. bondtölp **rusticate** ['-eɪt] **1** förvisa till landet; BE. univ. relegera på viss tid **2** flytta till landet **3** göra (bli) lantlig (bondsk)
rustle ['rʌsl] **I** v **1** prassla (rassla) med **2** AE. stjäla (cattle boskap) **3** vard. ligga (stå) i med; ~ up svänga ihop, fixa till (a meal en måltid) **4** röra sig med ett prasslande ljud **5** vard. ligga (stå) i **II** s prassel, rassel **rustler** [-ə] AE. **1** boskapstjuv **2** energisk person
rustproof ['rʌstpru:f] rostfri
rusty ['rʌstɪ] **1** rostig (äv. bildl.); bildl. äv. stel,

ur form **2** rostbrun
1 rut [rʌt] **I** s **1** hjulspår (äv. bildl.); bildl. äv. slentrian; be in a ~ (bildl.) ha fastnat i gamla hjulspår **II** v, ~ted surface vägbana med djupa hjulspår
2 rut [rʌt] **I** s brunst[tid] **II** v vara brunstig
rutabaga [ru:tə'beɪgə] AE. kålrot
ruthless ['ru:θlɪs] hänsynslös, skoningslös, obarmhärtig (to mot) **-ness** [-nɪs] hänsynslöshet, skoningslöshet
rutted ['rʌtɪd] med [djupa] hjulspår
ruttish ['rʌtɪʃ] brunstig
R.V. förk. för Revised Version (of the Bible) **R.W.** förk. för Right Worshipful (Worthy) **r.w.d.** förk. för rear-wheel drive **R[w]y.** förk. för railway
rye [raɪ] **1** råg **2** AE. whisky (gjord på rågfl) **rye bread** ['raɪbred] rågbröd **ryegrass** ['raɪgrɑ:s] bot. rajgräs

S

S, s [es] (bokstav) S, s
S förk. för small; South **S.** förk. för sabbath; Saint; Saturday; Saxon; school; Sea; senate; September; Signor; Socialist; Society; Sunday **s.** förk. för second; section; see; shilling; sign[ed]; singular; sire; son; substantive; succeeded
's 1 = is (it's); has (she's got it); does (vard.: where's she live?); us (let's go) **2** genitivändelse: my sister's husband **3** pluraländelse för bokstäver, siffror (a's, s's, in the 1980's)
S.A. förk. för Salvation Army; South Africa; South America; South Australia **s.a.** förk. för semiannual; sex appeal; sine anno (lat.) without date
Sabbath ['sæbəθ] sabbat; witches' ~ häxsabbat; break (keep) the ~ vanhelga (helga) sabbaten **sabbatical** [sə'bætɪkl] **I** a sabbats-; ~ year (lärares) sabbatsår **II** s (lärares) sabbatsår
sable ['seɪbl] **I** s **1** zool. sobel **2** sobel|skinn, -päls **II** a **1** sobel- **2** her. svart
sabo|tage ['sæbətɑ:ʒ] **I** s sabotage **II** v sabotera **-teur** [ˌsæbə'tɜ:] sabotör
sabre ['seɪbə] sabel
sac [sæk] biol. säck
saccha|rin ['sækərɪn] sackarin **-rine** [-raɪn] sackarin-, sockerhaltig; bildl. sliskig, sirapssöt
sacerdotal [ˌsæsə'dəʊtl] präst-, prästerlig
sachet ['sæʃeɪ] liten påse, portionspåse (med socker, te e.d.); [plast]kudde (med schampo e.d.); lavender~ lavendel-, lukt|påse
1 sack [sæk] **I** s **1** säck; AE. äv. påse, kasse **2** vard., get (give s.b.) the ~ få (ge ngn) sparken (kicken) **3** vard. slaf; hit the ~ gå och kvarta

sack—sake

(slafa) **4** säckklänning **II** v, vard. ge sparken (kicken) **2 sack** [sæk] **I** s plundring **II** v plundra **sackcloth** ['sækklɒθ] säckväv; *in* ~ *and ashes* i säck och aska **sacking** [-ɪŋ] säckväv **sack race** säcklöpning

sacra|ment ['sækrəmənt] sakrament; *the S*~ nattvarden (*vard.*) **-mental** [ˌsækrə'mentl] sakraments-, sakramental-

sacred ['seɪkrɪd] **1** helig (*to s.b.* för ngn), okränkbar; ~ *cow* (*vard.*) helig ko **2** sakral, religiös, andlig, kyrko-, kyrklig **3** helgad, [in]vigd (*to* åt) **-ness** [-nɪs] helgd, helighet

sacri|fice ['sækrɪfaɪs] **I** s **1** offrande; offer **2** uppoffring; *be sold at a* ~ säljas till underpris (med förlust) **II** v **1** offra (*to* åt) **2** [upp]offra **-ficial** [ˌsækrɪ'fɪʃl] offer-

sacri|lege ['sækrɪlɪdʒ] helgerån, vanhelgande (*äv. bildl.*) **-legious** [ˌsækrɪ'lɪdʒəs] vanhelgande **sacrist[an]** ['sækrɪst, -(ə)n] *kyrkl.* sakristan **sacristy** ['sækrɪstɪ] sakristia

sacrosanct ['sækrə(ʊ)sæŋ(k)t] sakrosankt, helig, okränkbar

sa|crum ['seɪkrəm] (*pl* -*cra* [-krə]) *anat.* korsben

sad [sæd] **1** ledsen, sorgsen, bedrövad **2** sorglig; dyster, bedrövlig; *the* ~ *fact that* det dystra faktum att; *in a* ~ *state* i ett bedrövligt tillstånd **-den** [-n] **1** göra ledsen (sorgsen, bedrövad), bedröva **2** bli ledsen (sorgsen, bedrövad)

saddle ['sædl] **I** s sadel (*äv. kokk.*); ~ *of lamb* lammsadel; *swing o.s. into the* ~ svinga sig upp i sadeln **II** v **1** ~ [*up*] sadla **2** [be]lasta, betunga; *be* ~*d with s.th.* (*äv.*) få ngt på halsen **3** stiga upp i sadeln, sitta upp **saddlebag** sadel|påse, -väska; (*på cykel*) verktygsväska **saddlecloth** sadeltäcke **saddle horse** ridhäst **saddler** [-ə] sadelmakare **saddlery** [-ərɪ] **1** sadelmakeri **2** remtyg **sadism** ['seɪdɪz(ə)m] sadism **sadist** [-ɪst] sadist **sadistic** [sə'dɪstɪk] sadistisk

sad|ly ['sædlɪ] *adv* **1** sorgset, bedrövat **2** sorgligt; dystert, bedrövligt **3** sorgligt nog **-ness** [-nɪs] vemod, svårmod; sorg[senhet], bedrövelse

s.a.e. *förk. för* stamped addressed envelope

safari [sə'fɑːrɪ] safari

safe [seɪf] **I** a säker; trygg; ofarlig, riskfri; pålitlig; välbehållen, oskadd; i säkerhet, i säkert förvar, i behåll; utom fara; *as* ~ *as houses* bergsäkert, absolut säkert; *it is* ~ *to say that* man kan lugnt säga att; *is it* ~ *to leave it open?* vågar man lämna den öppen?; *to be on the* ~ *side* för säkerhets skull, för att vara på den säkra sidan **II** *adv* säkert *etc.*, *jfr I; play* ~ ta det säkra för det osäkra, inte ta några risker **III** s **1** kassaskåp **2** mat-, flug|skåp **3** *AE. sl.* kondom **--conduct** [ˌseɪf'kɒndʌkt] **1** fri lejd **2** lejdebrev **--deposit** ['seɪfdɪˌpɒzɪt] kassavalv; ~ *box* kassa-, bank|fack **-guard** ['seɪfgɑːd] **I** s garanti, skydd, säkerhet **II** v garantera, skydda, säkra **-keeping** [ˌseɪf'kiːpɪŋ] skydd; säkert förvar; *leave s.th. for* ~ lämna ngt i [säkert] förvar

safely ['seɪflɪ] *adv* säkert, tryggt, lugnt; ordentligt; lyckligt och väl

safety ['seɪftɪ] säkerhet; ~ *first* säkerheten framför allt **safety belt** säkerhetsbälte **safety catch** (*på vapen*) säkring; (*på fönster e.d.*) säkerhetsspärr **safety curtain** [-ˌkɜːtn] *teat.* järnridå **safety features** [-ˌfiːtʃəz] *pl* säkerhetsanordningar **safety lamp** [-læmp] gruv-, säkerhets|lampa **safety match** [-mætʃ] [säkerhets] tändsticka **safety net** [-net] säkerhetsnät **safety pin** [-pɪn] säkerhetsnål **safety razor** [-ˌreɪzə] rakhyvel **safety valve** [-vælv] säkerhetsventil (*äv. bildl.*)

saffron ['sæfr(ə)n] **I** s **1** saffran **2** saffransgult **3** *bot.*, [*common*] *meadow* ~ tidlösa **II** a saffransgul

S.Afr. *förk. för* South Africa[n]

sag [sæg] **I** v **1** ge efter, svikta, bågna, sätta sig, sjunka [in]; *bildl.* sjunka, minska, [av]mattas, dala **2** hänga [löst, slappt]; vara (bli) påsig; stå snett, luta; slutta **II** s **1** sjunkande; fördjupning; insjunkning; sättning **2** avmattning, nedgång, [pris]fall

saga ['sɑːgə] **1** (*nord. medeltida*) saga **2** hjältesaga; släktkrönika **3** *vard.* saga, fantastisk historia

sagacious [sə'geɪʃəs] skarpsinnig, klok **sagacity** [sə'gæsətɪ] skarp|sinne, -sinnighet, klokhet

1 sage [seɪdʒ] **I** a vis, klok **II** s **1** vis (klok) [gammal] man

2 sage [seɪdʒ] *bot.* salvia

Sagittarius [ˌsædʒɪ'teərɪəs] Skytten (*stjärnbild*)

sago ['seɪgəʊ] sago

Sahara [sə'hɑːrə] s, *the* ~ Sahara[öknen]

sahib [sɑːb] (*förr i Indien*) herre; herr

said [sed] **I** *imperf. o. perf. part. av* say **II** a, *jur.* tidigare nämnd, förutnämnd

sail [seɪl] **I** v **1** segla (*a ship* ett skepp); befara, segla på **2** segla; av|segla, -gå (*for* till); sväva, glida (*in the air* i luften); ~ *into* (*vard.*) a) attackera, göra ner, skälla ut, b) hugga in på; ~ *through s.th.* (*äv.*) klara av ngt lekande lätt **II** s **1** segel; *set* ~ sätta (hissa) segel; *set* (*make*) ~ *for* avsegla (avgå) till **2** segling, seglats, segeltur **3** (*pl lika*) [segel]fartyg, skepp; segelbåt **4** [kvarn] vinge

sail|able ['seɪləbl] segelbar **-boat** *AE.* segelbåt **-cloth** segelduk

sailer ['seɪlə] segelfartyg, seglare

sailing ['seɪlɪŋ] **I** s **1** segling; *it will be plain* ~ det blir en enkel match (kommer att gå lekande lätt) **2** segling, seglats, segeltur; avsegling **II** a segel- **sailing boat** segelbåt **sailing ship** (**vessel**) [-ˌvesl] segelfartyg

sailor ['seɪlə] sjöman; matros; *be a good* (*poor*) ~ tåla sjön bra (dåligt) **sailor hat** (*för dam*) matroshatt **sailor suit** (*för barn*) sjömanskostym

sailplane ['seɪlpleɪn] segelflygplan

sainfoin ['sænfɔɪn] *bot.* esparsett

saint [seɪnt, *obeton.* sən(t), sɪn(t), sn(t)] **I** s helgon (*äv. bildl.*) **II** a, *S*~ Sankt[a], Helige, Heliga; *S*~ (*St.*) *Bernard* sanktbernhardshund **III** v helgonförklara **sainted** ['seɪntɪd] **1** helgonförklarad **2** *åld. el. skämts.* helgonlik; helig **sainthood** ['seɪnthʊd] **1** helgonskap **2** *koll., the* ~ helgonen **saint's day** *kyrkl.* [helgons] namnsdag, helgondag

saith [seθ] *åld.* = says

saithe [seɪθ] *zool., BE.* gråsej

sake [seɪk] s, *for the* ~ *of s.b.*, *for a p.'s* ~ för ngns skull; *for Christ's* (*heaven's*, *goodness'*, *pete's*) ~ för guds skull; *for old* ~*'s*, *for old friendship's* (*times'*) ~ för gammal vänskaps skull; *for safety's* ~ för säkerhets skull

salaam [sə'lɑ:m] **I** *s* (*österländsk hälsning*) salam, frid; djup bugning (*med handflatan mot pannan*) **II** *v* hälsa med djup bugning
salability [ˌseɪlə'bɪlətɪ] *AE.*, *se saleability*
salacious [sə'leɪʃəs] oanständig, slipprig
salad ['sæləd] sallad; *chicken* ~ kycklingsallad; *fruit* ~ fruktsallad **salad days** *pl, litt. my* ~ min gröna ungdom **salad dressing** [-ˌdresɪŋ] salladsdressing
salamander ['sæləˌmændə] **1** *zool.* salamander **2** byggtork
salami [sə'lɑ:mɪ] salami[korv]
sal ammoniac [ˌsælə'məʊnɪæk] *kem.* salmiak, ammoniumklorid
salaried ['sælərɪd] [fast] avlönad **salary** [-ɪ] **I** *s* [månads]lön; *ask for an increase in* ~ begära löneförhöjning **II** *v* avlöna
sale [seɪl] **1** försäljning; marknad, avsättning; *ready* (*slow*) ~ snabb (trög) avsättning; *for* (*on*) ~ till salu; *be* [*up*] *for* ~ vara till salu; *put up for* ~ utbjuda till försäljning, saluföra; *on* ~ *or* (*and*) *return* i kommission **2** rea[lisation]; *at the* ~*s* på rea[lisation] **3** auktion; *put up for* ~ utbjuda på auktion
sale|ability [ˌseɪlə'bɪlətɪ] säljbarhet, kurans **-able** ['seɪləbl] säljbar, kurant
salesclerk ['seɪlzklɑ:k] *AE.* [affärs]biträde, expedit **sales department** [-dɪˌpɑ:tmənt] försäljningsavdelning **salesman** [-mən] **1** [affärs]biträde, expedit, försäljare **2** representant, försäljare, resande **salesmanship** [-mənʃɪp] försäljnings|teknik, -skicklighet **sales manager** [-ˌmænɪdʒə] försäljningschef **salesperson** [-ˌpɜ:sn] *se salesman* **sales promotion** [-prəˌməʊʃn] säljfrämjande åtgärder **sales resistance** [-rɪˌzɪst(ə)ns] *i sht AE.* köpmotstånd **sales tax** [-tæks] *i sht AE., ung.* omsättningsskatt **saleswoman** [-ˌwʊmən] **1** [kvinnligt] biträde, [kvinnlig] expedit (försäljerska) **2** [kvinnlig] representant (försäljare, resande)
salicylic [ˌsælɪ'sɪlɪk] *a, kem.,* ~ *acid* salicylsyra
salient ['seɪljənt] **I** *a* **1** framträdande, iögonenfallande **2** ut-, fram|skjutande **3** (*om djur*) skuttande, hoppande **II** *s, mil.* utbuktning (*i frontlinje*)
saline ['seɪlaɪn] salt-; salthaltig **salinity** [sə'lɪnətɪ] sälta, salthalt
Salisbury ['sɔ:lzb(ə)rɪ]
sali|va [sə'laɪvə] saliv, spott **-vary** ['sælɪvərɪ] saliv-, spott-; ~ *glands* spottkörtlar **-vate** ['sælɪveɪt] avsöndra saliv
1 sallow ['sæləʊ] (*i sht om hy*) gulblek
2 sallow ['sæləʊ] *bot.* gråvide
sally ['sælɪ] **I** *s* **1** *mil.* utfall **2** utbrott **3** utflykt, utfärd **4** *litt.* kvickhet **II** *v* **1** *mil.* göra utfall **2** *åld.*, ~ [*forth, out*] bege sig (fara) i väg
salmon ['sæmən] (*pl lika*) lax
salmonella [ˌsælmə'nelə] salmonella
salmon trout ['sæməntraʊt] (*pl lika*) laxöring; regnbågslax, regnbågsforell
salon ['sælɔ̃:(ŋ)] salong
saloon [sə'lu:n] **1** (*passagerarfartygs*) salong **2** sedan, täckt bil **3** *AE.* krog, bar **4** *BE.* (*på pub*) *the* ~ [*bar*] den finare avdelningen **5** salong; *dancing* ~ danssalong
Salop ['sæləp] *namn på Shropshire*

salsify ['sælsɪfaɪ] *bot.* haverrot
SALT *förk. för Strategic Arms Limitation Talks*
salt [sɔ:lt] **I** *s* **1** salt (*äv. kem. o. bildl.*); *bildl. äv.* krydda, sälta, kvickhet; *rub* ~ *into a p.'s wounds* (*bildl.*) strö salt i ngns sår; *take s.th. with a pinch* (*grain*) *of* ~ ta ngt med en nypa salt; *be worth one's* ~ göra skäl för sin lön **2** ~*s* (*pl*) salt; *bath* ~*s* badsalt; *Epsom* ~*s* epsom-, bitter|salt; *smelling* ~*s* luktsalt **3** saltkar **4** [*old*] ~ sjö|björn, -buss **II** *a* salt[-]; saltad; *bildl.* van, insatt **III** *v* salta; salta (strö salt) på (i); ~ [*down, away*] salta in (ner); *bildl.* krydda, sätta piff på
saltcellar ['sɔ:ltˌselə] saltkar
saltire ['sɔ:ltaɪə] *her.* andreaskors
salt lick ['sɔ:ltlɪk] (*vilda djur*) saltställe; (*husdjurs*) salt-, slick|sten, sleke
saltpetre ['sɔ:ltˌpi:tə] salpeter **saltwater** *a* saltvattens- **saltworks** [-wɜ:ks] (*behandlas som sg*) saltverk **salty** [-ɪ] **1** salt; salt|haltig, -aktig **2** *bildl.* skarp, kvick
salubrious [sə'lu:brɪəs] sund, hälsosam
salutary ['sæljʊt(ə)rɪ] nyttig, hälsosam (*experience* erfarenhet)
salutation [ˌsæljuː'teɪʃn] **1** hälsning **2** (*i brev*) hälsningsfras
salute [sə'lu:t] **I** *s* **1** hälsning; *mil. äv.* honnör; *take the* ~ ta emot truppens hälsning **2** *mil.* salut **II** *v* **1** hälsa; *mil. äv.* göra honnör för **2** *mil.* salutera **3** hälsa; *mil. äv.* göra honnör, salutera
salvage ['sælvɪdʒ] **I** *s* **1** (*vid skeppsbrott e.d.*) bärgning, räddning **2** bärgat gods **3** bärgarlön **II** *v* (*vid skeppsbrott e.d.*) bärga, rädda; *bildl.* rädda
salvation [sæl'veɪʃn] räddning; frälsning **Salvation Army** [-ˌɑ:mɪ] *s, the* ~ Frälsningsarmén **Salvationist** [-'veɪʃnɪst] frälsningssoldat
salve [sælv] **I** *s* salva; *bildl.* balsam (*to* för), botemedel (*for* mot) **II** *v* **1** lugna, stilla; lindra, mildra **2** smörja salva på
salver ['sælvə] [silver]bricka
salvia ['sælvɪə] *bot.* salvia
salvo ['sælvəʊ] (*pl* ~[*e*]*s*) **1** *mil.* [skott]salva **2** *bildl.* salva, skur; ~ *of laughter* skrattsalva; ~ *of questions* skur av frågor
sal volatile [ˌsælvə'lætəlɪ] luktsalt; *kem.* ammoniumkarbonat
salvor ['sælvə] bärgare, räddare
SAM *förk. för surface-to-air missile* **S.Am.** *förk. för South America*[*n*]
Samaritan [sə'mærɪt(ə)n] samarit; *the good* ~ den barmhärtige samariten
Sam Browne belt [sæm'braʊnbelt] *mil. sl.* [officers]koppel
same [seɪm] *a, adv, pron, the* ~ samma, den-, det-, de|samma, lika[dan], likadant, på samma sätt, samma sak; [*the*] ~ (*hand., jur.*) *a*) denne, densamme, *b*) dito; [*the*] ~ *as usual* det gamla vanliga, som vanligt; [*the*] ~ *here! a*) samma här!, jag (vi) med!, *b*) tack detsamma!; [*the*] ~ *to you!* tack detsamma!; *all the* ~ *a*) lika[dant], på samma sätt, *b*) ändå, i alla fall; *it's all* (*just*) *the* ~ *to me* det gör mig detsamma; *much the* ~ ungefär [den] samma (likadan); *the* ~ *old story* den gamla vanliga visan; *they are the* ~ *age* de är lika gamla
sameness ['seɪmnɪs] enformighet
Sammy ['sæmɪ] *vard. för Samuel*
Samoa [sə'məʊə]

samovar—sash window

samovar [ˌsæməʊˈvɑː] samovar
Samoyed 1 [ˌsæmɔɪˈed] samojed (*folk*) **2** [səˈmɔɪed] samojed[hund]
sampan [ˈsæmpæn] sampan (*liten kinesisk el. japansk båt*)
samphire [ˈsæmfaɪə] *bot.* glasört
sample [ˈsɑːmpl] **I** *s* prov (*of* på); provbit; varuprov; provexemplar; smakprov; urval; *stat.* sampel, stickprov; *bildl.* exempel, prov (*of* på) **II** *v* ta prov (stickprov) av; pröva; smaka av; *stat.* sampla **sampler** [-ə] **1** märkduk **2** provtagare; provsmakare **sampling** [-ɪŋ] stickprovsundersökning
Samson [ˈsæmsn] *bibl.* Simson
samurai [ˈsæmʊraɪ] (*pl lika*) samuraj
sanato|rium [ˌsænəˈtɔːrɪəm] (*pl -riums el.* -ria [-rɪə] sanatorium; kuranstalt; vilo-, konvalescent|hem; (*internatskolas*) sjukavdelning
sanctify [ˈsæŋ(k)tɪfaɪ] helga, förklara helig; *the end -fies the means* ändamålet helgar medlen
sancti|monious [ˌsæŋ(k)tɪˈməʊnjəs] skenhelig **-mony** [ˈsæŋ(k)tɪmənɪ] skenhelighet
sanction [ˈsæŋ(k)ʃn] **I** *s* **1** sanktion, godkännande, bifall (*i sht av regering*); stadfästelse, sanktion **2** sanktion, [straff]påföljd; *economic ~s* ekonomiska sanktioner **II** *v* sanktionera; godkänna, bifalla, ge tillstånd till; stadfästa
sanctity [ˈsæŋ(k)tətɪ] helighet; okränkbarhet; helgd
sanctuary [ˈsæŋ(k)tjʊərɪ] **1** helgedom; helig plats; tempel; altarrum, altare **2** fristad, asyl; tillflyktsort; [djur]reservat, -skyddsområde; tillflykt; *take ~ in* ta sin tillflykt till, söka sin tillflykt i
sanctum [ˈsæŋ(k)təm] helgedom, helig plats; heligt rum
sand [sænd] **I** *s* **1** sand; *~s* (*pl*) sandrev, sandbank, dyner, sandstrand; *the ~s are running out* tiden är snart ute **2** *AE. sl.* mod, uthållighet **II** *v* **1** sanda **2** ~ [*down*] sandpappra **3** ~ *up* sandas igen
1 sandal [ˈsændl] sandal
2 sandal [ˈsændl] sandelträ
sandalled [ˈsændld] klädd i sandaler
sandalwood [ˈsændlwʊd] sandelträ
sand|bag [ˈsæn(d)bæg] **I** *s* sandsäck; sandpåse (*vapen*) **II** *v* **1** barrikadera med sandsäckar **2** slå ner med en sandpåse **sandbank** sandbank **sandbar** sandrev **sandblast** sandblästra **sand-blind** skumögd
sand castle [ˈsænd‚kɑːsl] sandslott **sand eel** [-iːl] *zool.* tobis[kung]
sanderling [ˈsændəlɪŋ] *zool.* sandlöpare
sand|fly [ˈsæn(d)flaɪ] *zool.* fjärilsmygga **-glass** timglas
Sandhurst [ˈsændhɜːst] Sandhurst (*med krigsskola*)
sand|man [ˈsæn(d)mæn] *ung.* John Blund **-paper** [-ˌpeɪpə] **I** *s* sandpapper **II** *v* sandpappra, polera med sandpapper **-piper** [-ˌpaɪpə] *zool.* snäppa **-pit** [-pɪt] **1** sand|tag, -grop **2** (*för barn*) sandlåda **-stone** [-stəʊn] sandsten **-storm** [-stɔːm] sandstorm
sandwich [ˈsænwɪdʒ] **I** *s* dubbelsmörgås, dubbel sandwich (*med pålägg emellan*); *open ~* smörgås med pålägg **II** *v* skjuta (klämma) in, sticka emellan med; *~ s.th. together* lägga ihop ngt (*med ett lager emellan*) **sandwich board** dubbla reklamskyltar (*som bärs av sandwichman*) **sandwich course** *univ.* varvad utbildning (*med teori och praktik*) **sandwich man** sandwichman, plakatbärare
sandy [ˈsændɪ] **1** sandig, sand- **2** sandfärgad; (*om hår*) rödblond
sane [seɪn] **1** [själsligt] sund, klok **2** *bildl.* förnuftig, förståndig, klok
sang [sæŋ] *imperf. av sing*
sang-froid [ˌsɑ̃ː(ŋ)ˈfrwɑː] kallblodighet
San|graal [sæŋˈgreɪl], **-greal** [ˈsæŋgrɪəl] den heliga Graal
san|guinary [ˈsæŋgwɪnərɪ] **1** blodig **2** blodtörstig **-guine** [-gwɪn] **1** optimistisk; förtröstansfull, sangvinisk **2** (*om hy*) rödblommig **3** blodröd **-guineous** [sæŋˈgwɪnɪəs] blod-
sani|tarium [ˌsænɪˈteərɪəm] *AE.*, *se sanatorium* **-tary** [ˈsænɪt(ə)rɪ] sanitär, sundhets-, hälsovårds-; hygienisk, ren; ~ *towel* (*AE. napkin*) sanitets-, dam|binda **-tation** [ˌsænɪˈteɪʃn] **1** sanitära anläggningar, sanitär utrustning **2** sanitetsväsen **-tize** [ˈsænɪtaɪz] *i sht AE.* göra ren (hygienisk); städa upp; *bildl.* rensa, snygga till **-ty** [ˈsænətɪ] **1** mental hälsa, själslig sundhet **2** sunt förnuft, klokhet
sank [sæŋk] *imperf. av sink*
Sanskrit [ˈsænskrɪt] sanskrit
Santa Claus [ˌsæntəˈklɔːz] jultomten
1 sap [sæp] **I** *s* **1** sav, växtsaft; *bildl.* livskraft, energi **2** *sl.* dumskalle, idiot **II** *v* **1** tappa [sav ur] **2** *bildl.* tära på, försvaga
2 sap [sæp] **I** *s*, *mil.* löpgrav, tunnel **II** *v*, *mil. o. bildl.* underminera; *bildl.* äv. försvaga
saphead [ˈsæphed] *sl.* dumskalle, idiot
sapid [ˈsæpɪd] välsmakande, smaklig **-ity** [sæˈpɪdətɪ] smaklighet
sapient [ˈseɪpjənt] *iron.* klok, förnumstig
sapling [ˈsæplɪŋ] ungt träd; *litt.* ung människa
sapper [ˈsæpə] ingenjörssoldat, pionjär
sapphire [ˈsæfaɪə] **I** *s* safir **II** *a* safirblå
Sappho [ˈsæfəʊ] Sapfo
sap|py [ˈsæpɪ] **1** saftig, full av sav **2** slö, dum **-wood** splint[ved]
Saracen [ˈsærəsn] **1** *hist.* saracen **2** arab
sar|casm [ˈsɑːkæz(ə)m] sarkasm **-castic** [sɑːˈkæstɪk] sarkastisk
sarcopha|gus [sɑːˈkɒfəgəs] (*pl -gi* [-gaɪ] *el.* *-guses*) sarkofag
sardine [sɑːˈdiːn] sardin; *be packed like ~s* stå (sitta, ligga) som packade sillar
Sardinia [sɑːˈdɪnjə] Sardinien
sardonic [sɑːˈdɒnɪk] sardonisk, hånfull
sarge [sɑːdʒ] *vard.* (*i tilltal*) sergeant
sari [ˈsɑːrɪ] sari
sarong [səˈrɒŋ] sarong
sarsaparilla [ˌsɑːs(ə)pəˈrɪlə] *bot.* sarsaparill
sartorial [sɑːˈtɔːrɪəl] skräddar-, kläd-
Sarum [ˈseərəm] (*gammalt namn på*) Salisbury
SAS *förk. för Scandinavian Airlines System; Special Air Service*
1 sash [sæʃ] [parad]skärp, [ordens]band
2 sash [sæʃ] fönster|båge, -ram
sashay [ˈsæˈʃeɪ] *AE. vard.* svassa
sash cord [ˈsæʃkɔːd] fönster|lina, -snöre **sash**

window [-ˌwɪndəʊ] skjutfönster (*rörligt uppåt o. nedåt*)
Sask. *förk. för* Saskatchewan [səsˈkætʃɪwən]
sassafras [ˈsæsəfræs] *bot.*. sassafras
Sassenach [ˈsæsənæk] *Sk.* engelsman
sat [sæt] *imperf. o. perf. part. av* sit
Sat. *förk. för* Saturday; Saturn
Satan [ˈseɪt(ə)n] Satan **satanic[al]** [səˈtænɪk(l)] satanisk, djävulsk
S.A.T.B. *förk. för* soprano, alto, tenor, bass
satchel [ˈsætʃ(ə)l] skolväska (*med axelrem*)
sate [seɪt] tillfredsställa, mätta
satellite [ˈsætəlaɪt] **1** satellit; *communications* ~ kommunikationssatellit **2** uppvaktande kavaljer **3** underhuggare, lakej **4** satellitstat
sati|ate [ˈseɪʃɪeɪt] tillfredsställa, mätta; göra övermätt **-ation** [ˌseɪʃɪˈeɪʃn] *s* tillfredsställande, mättande
satiety [səˈtaɪətɪ] övermättnad
satin [ˈsætɪn] satäng, satin
satire [ˈsætaɪə] satir (*on* över) **satiric[al]** [səˈtɪrɪk(l)] satirisk **satirist** [ˈsætərɪst] satiriker **sati|rize** (*BE. äv.* -rise) [ˈsætəraɪz] satirisera [över]
satisfac|tion [ˌsætɪsˈfækʃn] **1** tillfredsställelse, belåtenhet (*at* över); *the* ~ *of doing s.th.* tillfredsställelsen över att göra ngt; *to everyone's* ~ till allas belåtenhet; *give* ~ skänka tillfredsställelse, vara till belåtenhet **2** tillfredsställande **3** gottgörelse, ersättning, vederlag; *in* ~ *of* som gottgörelse för **4** upprättelse; *give s.b.* ~ ge ngn upprättelse **-tory** [-t(ə)rɪ] tillfredsställande (*to* för)
satisfied [ˈsætɪsfaɪd] **1** tillfredsställd, belåten, nöjd (*to hear* med att få höra); mätt **2** övertygad (*about, of* om; *that* om att) **satisfy** [-faɪ] **1** tillfredsställa; gottgöra, ersätta; uppfylla (*a condition* ett villkor); skingra (*doubts* tvivel); mätta, stilla (*one's hunger* sin hunger) **2** övertyga (*about, of* om; *that* om att); ~ *o.s.* (*äv.*) förvissa sig **3** *mat.* satisfiera **4** vara tillfredsställande **satisfying** [-faɪɪŋ] tillfredsställande; mättande
satu|rate [ˈsætʃəreɪt] *v* **1** göra genomblöt, genomdränka; *bildl.* fylla, översålla, genomsyra; ~*d with* genomblöt av, *bildl.* fylld (översållad) med **2** *kem.* mätta; *a* ~*d solution* (*color*) en mättad lösning (färg) **-ration** [ˌsætʃəˈreɪʃn] mättnad, mättning
Saturday [ˈsætədɪ] (*jfr Friday*) lördag
Saturn [ˈsætən] Saturnus
saturnine [ˈsætənaɪn] tystlåten, dyster
satyr [ˈsætə] *myt. o. litt.* satyr
sauce [sɔ:s] **1** sås; *white* ~ vit sås, béchamelsås; *hunger is the best* ~ hungern är den bästa kryddan **2** *vard.* uppkäftighet, fräckhet; *have the* ~ *to* ha fräckheten att; *none of your* ~*!* var inte uppkäftig!
sauce|-boat [ˈsɔ:sbəʊt] sås|snipa, -skål **-box** *vard.* uppkäftig (fräck) typ **-pan** kastrull
saucer [ˈsɔ:sə] [te-, kaffe]fat; *flying* ~ flygande tefat
saucy [ˈsɔ:sɪ] *vard.* **1** uppkäftig, fräck, näsvis **2** piffig, käck (*hat* hatt)
Saudi Arabia [ˌsaʊdɪəˈreɪbɪə] Saudi-Arabien
sauerkraut [ˈsaʊəkraʊt] surkål
sauna [ˈsɔ:nə] sauna, [finsk] bastu
saunter [ˈsɔ:ntə] **I** *v* spankulera, spatsera, flanera **II** *s* promenad, spatsertur
sausage [ˈsɒsɪdʒ] **1** korv; *not a* ~ (*vard.*) inte ett dugg **2** *vard.* spärrballong **sausage dog** *vard.* tax **sausage meat** korvmassa **sausage roll** *ung.* korvpirog
sauté [ˈsəʊteɪ] **I** *s* sauté **II** *v* sautera **III** *a* sauterad
savage [ˈsævɪdʒ] **I** *a* vild; barbarisk, ociviliserad; vildsint, rasande, ilsken (*dog* hund); grym, våldsam, brutal; ~ *beasts* vilda djur **II** *s* vilde; barbar; vildsint (rasande, våldsam) person **III** *v* **1** (*om djur*) anfalla, bita **2** kritisera våldsamt **-ry** [-(ə)rɪ] **1** vildhet; barbari **2** omänsklighet, grymhet, råhet
savanna[h] [səˈvænə] savann, grässlätt
save [seɪv] **I** *v* **1** rädda (*äv.* bevara, skydda; bärga; *relig.* frälsa; ~ *o.s.* rädda sig [själv], rädda sitt eget skinn; *God* ~ *the Queen!* Gud bevare drottningen! **2** spara [ihop, in, på]; lägga undan; bespara [sig]; ~ *o.s.* spara [på] sina krafter, spara sig; *it will* ~ *me a lot of trouble* det kommer att bespara mig en massa besvär; ~ *up for* spara (lägga undan) till **3** ~ [*up*] spara [pengar] **II** *s, sport.* räddning **III** *konj, prep, litt.,* ~ [*for*] utom, så när som på; ~ *that* utom att **save as you earn** [ˌseɪvæsjuːˈɜːn] lönsparande
saveloy [ˈsævəlɔɪ] *kokk.* cervelatkorv
saver [ˈseɪvə] sparare
saving [ˈseɪvɪŋ] **I** *a* **1** sparsam; -besparande; *energy-*~ energibesparande **2** räddande; förlåtande; försonande (*grace* drag) **3** *jur.,* ~ *clause* undantagsklausul, förbehåll **II** *s* **1** sparande; besparing; ~*s* (*pl*) besparingar, sparmedel **2** *jur.* undantag, förbehåll **III** *prep* utom, med undantag av; ~ *your reverence* med förlov sagt **savings account** [-zəˌkaʊnt] sparkonto **savings bank** [-zbæŋk] sparbank
saviour [ˈseɪvjə] räddare; frälsare; *the S~* Frälsaren
savoir-faire [ˌsævwɑːˈfeə] savoir-faire, skicklighet, handlag
savory [ˈseɪv(ə)rɪ] *bot.* kyndel
savour [ˈseɪvə] **I** *s* smak; arom, doft; *bildl.* anstrykning, atmosfär, doft **II** *v* **1** smaka (lukta) på; njuta av, avnjuta **2** *bildl.,* ~ *of* lukta av, ha en anstrykning av, vara tecken på **savoury** [ˈseɪv(ə)rɪ] **I** *a* **1** välsmakande; väldoftande **2** kryddad, salt **3** behaglig; respektabel **II** *s, BE.* aptitretare; smårätt
Savoy [səˈvɔɪ] **1** Savojen **2** *s~* [*cabbage*] savojkål
savvy [ˈsævɪ] *sl.* **I** *s* vett; *he hasn't got much* ~ han är inte vidare smart **II** *v* haja, fatta; *no* ~*!* ingen aning! **III** *a, i sht AE.* slug, smart
1 saw [sɔ:] *imperf. av* see
2 saw [sɔ:] **I** *s* såg **II** *v* (~*ed, perf. part.* ~*ed el.* ~*n*) såga; ~ *away* fila, spela fiol; ~ *the air* vifta [med armarna], fladdra [med vingarna]
3 saw [sɔ:] *åld.* ordstäv
saw|bones [ˈsɔ:bəʊnz] *sl.* bensågare (*kirurg*), läkare **-buck** *AE.* **1** sågbock **2** *sl.* tiodollarsedel
sawder [ˈsɔ:də] *vard.* smicker; *soft* ~ komplimanger
saw|dust [ˈsɔ:dʌst] sågspån **-fly** *zool.* bladstekel **-horse** sågbock **-mill** sågverk
sawn [sɔ:n] *perf. part. av* 2 saw **II** ~*off* [ˈsɔ:nɒf] avsågad; ~ *shotgun* avsågat hagelgevär
saw|tooth [ˈsɔ:tu:θ] sågtand **-wort** *bot.* ängs-

skära
sawyer ['sɔ:jə] [ved]sågare
sax [sæks] *vard.* sax (*saxofon*)
saxifrage ['sæksıfrıdʒ] *bot.* [sten]bräcka, mandelblomma
Saxon ['sæksn] **I** *s* **1** saxare (*i England el. Tyskland*) **2** anglosaxare, engelsman **3** saxiska (*dialekt*) **II** *a* **1** saxisk **2** anglosaxisk, engelsk
Saxony ['sæksn̩ı] Sachsen
saxophone ['sæksəfəʊn] *mus.* saxofon **saxophonist** [sæk'sɒfənıst] saxofonist
say [seı] **I** *v* (*said, said; jfr äv. said, saying*) säga, yttra; tala; läsa, be (*grace* bordsbön); ~ *over* läsa upp ur minnet; *to* ~ *nothing of* för att inte tala om; *not to* ~ för att inte säga; *that is to* ~ det vill säga; ~ *it takes...* anta[g] (skall vi säga, låt oss säga) att det tar...; [*I*] ~! *a*) säg!, hör du!, *b*) vet du [vad]!, det må jag säga!; *I should* ~ *so!* det tror jag det!, det vill jag mena!; *who shall I* ~? vem får jag hälsa ifrån?, hur var namnet?; *if you don't like it,* ~ *so* om du inte tycker om det, säg det då; *just* ~ *the word!* säg bara till!; *you can* ~ *that again!* just det!, det kan du skriva upp!; *you don't* ~? det menar du inte!, säger du det!; *what do you* ~? vad säger (tycker, anser) du?; *what have you got to* ~ *for yourself?* vad har du att säga till ditt försvar?; *what have you got to* ~ *to me?* vad har du att säga mig?; *you said it!* så är det!; *well said!* bra talat!; *what would you* ~ *to a whisky?* vad sägs om en whisky?; *he is said to be* han lär (skall) vara; *it* ~*s in the paper that* det står i tidningen att; *it is said, they* ~ det sägs (påstås), man (de) säger; *they said to wait here* (*vard.*) de sa åt mig (oss) att vänta här; *and so* ~ *all of us* och det tycker vi alla; *that* ~*s a lot for him* det säger en hel del om honom; ~*s who?* (*vard.*) vem säger det?; *what does your watch* ~? hur mycket är din klocka?; *no sooner said than done* sagt och gjort; *when all is said and done* när allt kommer omkring **II** *s, let him have his* ~! låt honom tala (säga vad han har på hjärtat, säga sin mening)!; *he has no* ~ han har inget att säga till om; *have the last (final)* ~ få sista ordet, ha det slutgiltiga avgörandet
S.A.Y.E *förk. för save as you earn*
saying ['seııŋ] *s, pres. part.* **1** ord|språk, -stäv; talesätt; *as the* ~ *goes* som man säger **2** yttrande, uttalande **3** *so* ~, ~ *that* med dessa ord; *that is* ~ *too much* det är för mycket sagt; *that is not* ~ *much* det säger inte mycket; *there is no* ~ *when* man kan inte veta när, det är inte gott att säga när; *it goes without* ~ det säger sig självt, det är självklart
says [sez, *obeton.* səz] *3 pers. sg pres. av say*
say-so ['seısəʊ] *vard.* påstående; befallning; beslutanderätt
S.C. *förk. för Signal Corps; South Carolina* **sc.** *förk. för scene; science; (lat.) scilicet (that is to say); scruple (apoteksvikt)* **s.c.** *förk. för small capitals*
scab [skæb] **1** sårskorpa **2** fårskabb **3** *neds.* svartfot, strejkbrytare
scabbard ['skæbəd] (*t. svärd o. d.*) skida, slida, balja
scabby ['skæbı] **1** full med sårskorpor **2** (*om får*) skabbig **3** *vard.* nedrig, gemen
scabies ['skeıbıi:z] *med.* skabb

sawyer—scant

scabrous ['skeıbrəs] **1** skabrös, oanständig **2** skrovlig, sträv
scads [skædz] *pl. AE. vard.* massor (*of money* med pengar)
Scafell [,skɔ:'fel]
scaffold ['skæf(ə)ld] **1** byggnadsställning **2** estrad; schavott **-ing** [-ıŋ] byggnadsställning
scalawag ['skæləwæg] *se scallywag*
scald [skɔ:ld] **I** *v* **1** skålla **2** koka; hetta upp [till kokpunkten] **II** *s* brännsår (*från skållning*)
1 scale [skeıl] **I** *s* vågskål; ~*s* (*pl*) våg; *a pair of* ~*s* en våg; *the S*~*s* (*astr.*) Vågen; *tip the* ~*s* (*bildl.*) vara tungan på vågen **II** *v* väga
2 scale [skeıl] **I** *s* skala (*äv. mus.*); gradering, gradindelning; måttstock; *bildl.* grad; *on a large* ~ i stor skala; *grand in* ~ storskalig; *pay* (*wage*) ~ löneskala; *the social* ~ den sociala rangskalan; *a map on the* ~ *of 1:50,000* en karta i skala 1:50 000; *out of* ~ oproportionerlig; *drawn to* ~ ritad i skala **II** *v* **1** bestiga, klättra uppför **2** rita i skala; ~ *down* (*up*) förminska (förstora) [proportionellt]
3 scale [skeıl] **I** *s* **1** *biol.* fjäll **2** flaga, [tunn] skiva **3** beläggning; kalkavlagring; pannsten; tandsten **II** *v* **1** fjälla (*fish* fisk) **2** skala [av] **3** ta bort beläggning (pannsten, tandsten) från **4** kasta smörgås **5** fjälla, flagna **scaled** [-d] fjällig **scale leaf** ['skeıllı:f] *bot.* foderblad
scalene ['skeıli:n] *a, mat.* oliksidig (*triangle* triangel)
scaling ladder ['skeılıŋ,lædə] *mil.* stormstege
scallawag ['skæləwæg] *se scallywag*
scallion ['skæljən] schalottenlök
scallop ['skɒləp] **1** *zool.* kammussla **2** snäckskal (*i vilket skaldjur e.d. serveras*) **3** *sömn.* uddkant, uddning **II** *v* **1** förse med uddkant **2** servera i snäckskal
scallywag ['skælıwæg] *vard.* rackare, rackarunge, skojare
scalp [skælp] **I** *s* **1** huvudsvål **2** skalp **II** *v* skalpera
scalpel ['skælp(ə)l] skalpell
scaly ['skeılı] **1** fjällig **2** som fjällar
scamp [skæmp] rackare, skojare; rackarunge
scamper ['skæmpə] skutta, kila
scampi ['skæmpı] *BE. kokk.* scampi
scan [skæn] **1** skumma, [snabbt] ögna igenom **2** granska, [noga] studera; spana ut över **3** *elektron.* scanna, avsöka, avkänna, svepa över **4** [gå att] skandera
scandal ['skændl] **1** skandal **2** skvaller, elakt förtal **3** anstöt **4** skam[fläck] **-ize** (*BE. äv. -ise*) [-aız] chockera, djupt upprörd; *be* ~*d at* bli chockerad över **-monger** [-,mʌŋgə] skandalspridare, sensationsmakare, skvallerbytta **-ous** ['skændələs] **1** skandalös, chockerande, anstötlig **2** skandal-
Scandina|via [,skændı'neıvjə] Skandinavien, Norden **-vian** [-vjən] **I** *a* skandinavisk, nordisk; ~ *languages* nordiska språk **II** *s* skandinav; nordbo
scan|ner ['skænə] *elektron.* scanner, [av]sökare **-ning** [-ıŋ] *elektron.* scanning, avsökning
scansion ['skænʃn] *språkv.* skandering
scant [skænt] **I** *a* knapp; knapphändig; ringa, mycket liten; ~ *of breath* and|täppt, -fådd; *pay* ~ *attention to* ta föga notis om **II** *v* knappa in på, in-

scantily—schizoid

skränka [på]
scantily ['skæntılı] *adv* knappt *etc.*, *jfr scanty*
scantling ['skæntlıŋ] **1** mått, dimension **2** smula, aning
scanty [-ı] knapp, otillräcklig; knapphändig; begränsad, sparsam; torftig; mager; ringa, trång; ~ *hair* glest (tunt) hår
Scapa Flow [ˌskæpə'fləʊ]
scape|goat ['skeɪpgəʊt] syndabock **-grace** vildbasare; vildhjärna
scapula ['skæpjʊlə] skulderblad
scar [skɑː] **I** *s* ärr **II** *v* **1** bilda ärr; ärra sig **2** tillfoga (ge) ärr
scarab ['skærəb] skarabé
Scarborough ['skɑːbrə]
scarce [skeəs] **1** sällsynt **2** knapp, otillräcklig; *water is* ~ det är ont om vatten; *make o.s.* ~ (*vard.*) dunsta, sjappa **scarcely** ['skeəslı] *adv* knappast; knappt; ~ *anybody* knappast någon, nästan ingen; ~ *ever* knappast någonsin, nästan aldrig; ~...*when* knappt...förrän **scarcity** ['skeəsətı] **1** sällsynthet **2** brist, knapphet
scare [skeə] **I** *v* **1** skrämma; ~ *away* (*off*) skrämma i väg (bort); *be* ~*d stiff* (*vard.*) *a*) vara vettskrämd, *b*) vara livrädd (*of* för); ~ *s.b. to death* skrämma livet ur ngn; ~ *the life* (*hell*) *out of s.b.* (*vard.*) skrämma livet (vettet) ur ngn **2** ~ *easily* vara lättskrämd **II** *s* skräck; rädsla; *have* (*get*) *a* ~ bli skrämd, ha en skräckupplevelse; *give s.b. a* ~ skrämma ngn **scarecrow** ['skeəkrəʊ] fågelskrämma **scaremonger** ['skeəˌmʌŋgə] panikspridare **scare story** ['skeəstɔːrɪ] skräckhistoria
1 scarf [skɑːf] (*pl* ~*s el.* **scarves**) scarf, halsduk
2 scarf [skɑːf] **I** *s* lask, skarv **II** *v* laska, skarva ihop
scarlatina [ˌskɑːləˈtiːnə] *med.* scharlakansfeber
scarlet ['skɑːlət] **I** *a* scharlakansröd; ~ *fever* (*med.*) scharlakansfeber; ~ *hat* kardinalshatt; *the S~ Pimpernel* Röda Nejlikan; ~ *runner* (*bot.*) rosenböna **II** *s* scharlakansrött
scarp [skɑːp] brant, stup
scarper ['skɑːpə] *BE. sl.* sjappa
scarred [skɑːd] ärrig
scarves [skɑːvz] *pl av 1 scarf*
scary ['skeərɪ] *vard.* skrämmande, ruskig
scat [skæt] *interj, vard.* stick!, försvinn!
scathing ['skeɪðɪŋ] *bildl.* skarp, bitande, svidande; *be* ~ *about* vara starkt kritisk emot
scatsong ['skætsɒŋ] scatsång (*improviserad jazzsång*)
scatter ['skætə] (*se äv. scattered*) **1** sprida [ut]; strö ut (omkring) **2** skingra **3** beströ **4** sprida [sig], skingras, skingra sig **scatterbrain** virrig (tanklös) person, virrpanna **scatterbrained** [-breɪnd] virrig, tanklös **scattered** [-d] **1** [ut]spridd; skingrad; ~ *showers* spridda skurar; ~ *trees* enstaka (spridda) träd **2** beströdd **scatty** [-ɪ] *BE. vard.* virrig, tanklös
scavenge ['skævɪn(d)ʒ] **1** söka (leta, rota) fram (*bland avfall e.d.*) **2** sopa, rengöra (*streets* gator) **3** ~ *for* leta (rota) efter **scavenger** [-ə] **1** person som letar (rotar) bland sopor; *zool.* asätare **2** renhållningsarbetare, gatsopare **scavenging** [-ɪŋ] gaturenhållning, gatsopning
Sc.D. *förk. för Doctor of Science* **S.C.E.** *förk. för Scottish Certificate of Education*
scenario [sɪˈnɑːrɪəʊ] *film.*, *teat.*, *bildl.* scenario
scene [siːn] **1** scen; skådeplats; skådespel; [scen]bild; anblick, syn; uppträde; ~*s* (*pl, äv.*) kulisser; *the* ~ *of the crime* brottsplatsen; *change of* ~ *a*) scenförändring, *b*) *bildl.* miljöombyte; *behind the* ~*s* bakom kulisserna; *appear* (*come*) *on the* ~ (*bildl.*) uppenbara sig, dyka upp; *make a* ~ ställa till en scen (ett uppträde); *make a beautiful* ~ utgöra en vacker syn; *the* ~ *is set in New York* handlingen tilldrar sig (romanen *etc.* utspelar sig) i New York **2** *vard.* värld; *drug* ~ knarkarkretsar; *that's not my* ~ det intresserar mig (gillar jag) inte
scenery ['siːnərɪ] **1** landskap[sbild], sceneri, utsikt, natur **2** *teat.* sceneri, dekorationer, scenbild
scene-shifter [-ˌʃɪftə] *teat.* scenarbetare
scenic ['siːnɪk] **1** naturskön **2** scen-, scenisk, teater-; ~ *railway a*) (*på nöjesfält*) miniatyrjärnväg, *b*) berg-och-dalbana
scent [sent] **I** *v* **1** (*om hund o.d.*) vädra (*äv. bildl.*); *bildl. äv.* ana, misstänka; ~ *foul play* ana oråd **2** parfymera, fylla med väldoft **II** *s* **1** doft, välluft **2** parfym **3** spår, vittring (*äv. bildl.*); väderkorn; *false* ~ villospår; *be on the* ~ *of s.th.* (*bildl.*) vara ngt på spåren; *get* ~ *of a*) få väderkorn på, *b*) få nys om; *pick up a* ~ få upp ett spår; *put* (*throw*) *s.b. off the* ~ vilseleda ngn, leda ngn på villospår **scent bottle** ['sentˌbɒtl] luktflaska, parfymflaska **scented** ['sentɪd] doftande; parfymerad
scep|tic ['skeptɪk] **I** *s* skeptiker **II** *a* = *sceptical* **-tical** [-tɪkl] skeptisk **-ticism** [-tɪsɪz(ə)m] skepsis, skepticism
sceptre ['septə] spira (*härskarstav*)
sch. *förk. för school*
schedule ['ʃedjuːl, *AE.* 'skedʒ(ʊ)l] **I** *v* **1** planera; fastställa tidpunkten för; ~*d flights* reguljära flygturer; *this is not* ~*d for this week* det ingår inte i planerna (programmet) för den här veckan; *the train is* ~*d for one o'clock* tåget skall enligt tidtabellen komma in (avgå) klockan ett; *you are* ~ *to speak for 10 minutes* enligt programmet skall du tala i 10 minuter; *the work is* ~*d for completion in two weeks* arbetet skall [enligt planen] vara avslutat om två veckor **2** registrera, föra upp på en förteckning (lista) **II** *s* **1** plan, program; [tids]schema, tidtabell; *AE.* [skol]schema, [*according*] *to* ~ enligt planen (programmet), plan-, program|enligt; *ahead of* ~ tidigare än beräknat, före i tidsschemat; *be behind* ~ vara försenad, ligga efter; *on* ~ enligt planen, planmässigt, tidtabellsenligt, punktligt **2** register, förteckning, lista, tabell **3** tariff
sche|ma ['skiːmə] (*pl* -**mata**) diagram, schematisk framställning, översikt; *filos.* schema **-matic** [skɪˈmætɪk] schematisk
scheme [skiːm] **I** *s* **1** plan, projekt **2** system, schema; *the* ~ *of things* världsordningen, tingens ordning **3** komplott, intrig **4** diagram, översikt **II** *v* **1** planera, göra upp planer på **2** intrigera **schemer** ['skiːmə] intrigmakare **scheming** ['skiːmɪŋ] **I** *a* intrigant **II** *s* intrigspel
scherzo ['skɜːtsəʊ] *mus.* scherzo
schism ['sɪz(ə)m, 'skɪz(ə)m] schism, söndring
schist [ʃɪst] *miner.* skiffer
schizoid ['skɪtsɔɪd] *med.* **I** *a* schizoid **II** *s* schizoid

schizophrenia—score

[person]
schizo|phrenia [ˌskɪtsə(ʊ)ˈfriːnjə] *med.* schizofreni **-phrenic** [-ˈfrenɪk] *med.* **I** *a* schizofren **II** *s* schizofren [person]
schlemiel [ʃləˈmiːl] *AE. sl.* trög typ; klantskalle
schlep [ʃlep] *AE. sl.* **1** kånka på **2** släpa sig fram
schmal[t]z [ʃmɔːlts] *sl.* överdriven sentimentalitet; hypersentimental musik
schmuck [ʃmʌk] *AE. sl.* klantskalle, typ
schnap[p]s [ʃnæps] brännvin, sprit
scholar [ˈskɒlə] **1** [humanistisk] vetenskapsman, lärd man; forskare; *a Greek* ~ en expert på grekiska **2** *skol., univ.* stipendiat **3** *åld.* elev, lärjunge; *a good (poor)* ~ en duktig (dålig) elev **-ly** [-lɪ] *a* **1** lärd; vetenskaplig **2** akademisk **-ship 1** *skol., univ.* stipendium **2** [humanistisk] lärdom (vetenskap); vetenskaplig noggrannhet
scholastic [skəˈlæstɪk] **I** *a* **1** skol-; undervisnings-; elev-; vetenskaplig, akademisk **2** pedantisk, noggrann **3** *S~* skolastisk **II** *s* **1** elev **2** pedant **3** *S~* skolastiker
1 school [skuːl] **I** *s* **1** skola; skolgång; [skol]undervisning; skoltid; kurs; ~ *of dancing* dansskola; ~ *of dentistry* tandläkarhögskola; ~ *of thought* meningsriktning; *the* ~ *of hard knocks* livets hårda skola; *there is no* ~ *tomorrow* det är lov (ingen skola) i morgon; *at* ~ i skolan; *go to* ~ gå till (i) skolan; *leave* ~ sluta skolan; *put to* ~ sätta i skola **2** *univ.* fakultet; institution **II** *v* skola, träna, öva upp; dressera *(djur)*
2 school [skuːl] [fisk]stim
school board [ˈskuːlbɔːd] *AE.* skolstyrelse
school|boy [ˈskuːlbɔɪ] skolpojke **-child** skolbarn **-days** *pl* skoltid **-friend** skolkamrat **-girl** skolflicka **-house** skolbyggnad **-ing** [-ɪŋ] **1** skolutbildning, skolning **2** skolundervisning **3** dressyr *(i sht av häst)* **--leaver** [-ˌliːvə] person som just slutat skolan **-marm** [-mɑːm] *vard.* skolfröken **-master** [-ˌmɑːstə] [skol]lärare **-mate** [-meɪt] skolkamrat **-mistress** [-ˌmɪstrɪs] [skol]lärarinna, [kvinnlig] lärare **-room** [-ruːm] klassrum; skolsal
school ship [ˈskuːlʃɪp] skolfartyg **schoolteacher** [-ˌtiːtʃə] [skol]lärare, -lärarinna **schoolwork** [-wɜːk] skolarbete **school year** [-jɜː] skolår
schooner [ˈskuːnə] **1** *sjö.* skonare, skonert **2** *BE.* stort sherryglas
schuss [ʃʊs] **I** *s* störtlopp **II** *v* åka störtlopp
schwa [ʃwɑː] *fonet.* vokalmummel
sci. *förk. för science; scientific*
sciatic [saɪˈætɪk] *med.* **1** höft- **2** ischias- **sciatica** [-ə] *med.* ischias
science [ˈsaɪəns] **1** vetenskap; lära, kunskap; [*branch of*] ~ vetenskapsgren; [*natural*] ~ naturvetenskap; *Doctor of S~* filosofie doktor *(vid naturvetenskaplig fakultet)*; *man of* ~ vetenskapsman; *domestic* ~ hushållslära, *skol.* hemkunskap; *social* ~ samhällsvetenskap **2** skicklighet, teknik, kunnande; *the* ~ *of cooking* kokkonsten
science fiction [-ˌfɪkʃn] science fiction **scientific** [ˌsaɪənˈtɪfɪk] vetenskaplig **scientist** [ˈsaɪəntɪst] [natur]vetenskapsman, -vetenskapare
sci-fi [ˌsaɪˈfaɪ] *vard.* science fiction, sf
Scilly Islands (Isles) [ˈsɪlɪˌaɪləndz, -aɪlz] *s, the* ~ Scillyöarna

scimitar [ˈsɪmɪtə] kroksabel
scintil|late [ˈsɪntɪleɪt] gnistra, tindra, blixtra *(äv. bildl.)*; *bildl. äv.* sprudla **-lation** [ˌsɪntɪˈleɪʃn] *s* gnistrande, tindrande, blixtrande *(äv. bildl.)*
scion [ˈsaɪən] **1** ympkvist **2** *litt.* telning, ättling
scissor [ˈsɪzə] klippa **scissors** [-z] *pl* sax; *a pair of* ~ en sax
sclero|sis [ˌsklɪəˈrəʊsɪs] *(pl -ses* [-siːz]) *med.* skleros; *multiple* ~ multipel skleros
S.C.M. *förk. för State Certified Midwife; Student Christian Movement*
1 scoff [skɒf] hånskratta; ~ *at* hånskratta åt, förhåna, förlöjliga
2 scoff [skɒf] *BE. vard.* sluka, glufsa (sätta) i sig
scoffer [ˈskɒfə] hånare, bespottare
scold [skəʊld] **1** gräla (skälla) på, skälla ut, banna **2** gräla, skälla *(at på)* **-ing** [ˈskəʊldɪŋ] uppsträckning, utskällning, ovett
sconce [skɒns] lampett; ljushållare
scone [skɒn] *kokk.* scone
scoop [skuːp] **I** *s* **1** skopa; skovel, skyffel; mått; ~ *of ice cream* glasskula; *at one* ~ a) med ett enda tag av skopan (skoveln), *b) bildl.* i ett slag **2** *vard.* kap, fångst, vinst **3** *vard.* scoop, pangnyhet **II** *v* **1** skopa, skyffla, ösa; skrapa; gräva; *vard.* kapa åt sig; ~ *in* håva in; ~ *out (äv.)* gröpa (holka) ur, gräva; ~ *up (äv.)* skrapa ihop, håva in **2** *vard., this paper ~ed the other papers* den här tidningen hann före de andra tidningarna [med nyheten]
scoot [skuːt] *vard.* kila i väg, sticka
scooter [ˈskuːtə] **1** sparkcykel **2** skoter
scope [skəʊp] **1** omfattning, [räck]vidd, omfång; *within the* ~ *of* inom ramen (gränserna) för; *it's beyond my* ~ det översitger min förmåga **2** [fritt] spelrum, utrymme *(äv. bildl.)*; *full (free)* ~ fritt spelrum
scorch [skɔːtʃ] **I** *v* **1** sveda, bränna; *the ~ed earth policy* den brända jordens taktik **2** *vard.* hårt kritisera; *~ing criticism* svidande kritik **3** svedas, brännas; förtorkas **4** *vard., it is ~ing outside* det är stekhett (brännhett) ute **5** *BE. vard.* vrålköra, accelerera **II** *s* [ytlig] brännskada; svedd (bränd) fläck **-er** [-ə] *vard.* **1** stekhet dag **2** fartdåre **3** *BE.* toppen-, pang|grej
score [skɔː] **I** *s* **1** skåra, rispa, repa, streck, märke; spricka **2** poäng[tal]; [poäng]ställning; [poäng]räkning; protokoll; resultat; *final* ~ slutställning, [slut]resultat; *what's the ~?* a) vad (hur) är ställningen?, *b) vard.* hur är läget?; *there was no* ~ *at half-time* ställningen var 0-0 i halvlek; *keep the* ~ sköta räkningen, räkna [poängen], föra protokoll[et] **3** räkning; skuld; *pay off (settle) old* ~*s (bildl.)* ge betalt för gammal ost **4** tjog; *by* ~*s* tjog-, mass|vis; ~*s of times* femtielva (en massa) gånger; *four* ~ *and six years* 86 år **5** anledning, orsak; *on the* ~ *of* på grund av; *on that* ~ i det avseendet, på den punkten **6** noter; partitur; musik *(t. film e.d.)* **II** *v* **1** göra skåror (repor, streck, märken) i (på), repa; strecka [för], stryka för; ~ *out (äv.)* stryka över; ~ *s.b. off* sätta ngn på plats **2** få, ta, göra; vinna; ~ *a goal* göra [ett] mål **3** räkna, föra räkning över, föra upp i protokollet; ~ *s.th. up to s.b.* föra upp ngt på ngns skuldkonto **4** räknas som, ge **5** *mus.* sätta, skriva; instrumentera, orkestrera **6** få (få poäng, göra mål; vinna; *vard.* göra succé; ~ *well*

scoreboard—scratch

få många poäng, göra många mål, nå ett bra resultat **7** sköta räkningen, räkna, föra protokoll[et]
scoreboard ['skɔ:bɔ:d] *sport.* poäng-, resultat|-tavla **scorecard 1** (*i golf e.d.*) score-kort, protokoll **2** *sport.* program **scorer** [-rə] *sport.* **1** målgörare; poängplockare **2** protokollförare
scorn [skɔ:n] **I** *s* **1** förakt; hån; *heap* (*pour*) ~ *on* ösa förakt över; *laugh s.b. to* ~ hånskratta åt ngn **2** föremål för förakt (hån); *think* ~ *of* förakta **II** *v* **1** förakta; förhåna; rata, ogilla **2** ~ *to do s.th.* vägra att göra ngt **-ful** [-f(ʊ)l] föraktfull; hånfull; *be* ~ *of* vara föraktfull mot (full av förakt för)
Scorpio ['skɔ:pɪəʊ] Skorpionen (*stjärnbild*)
scorpion ['skɔ:pjən] *zool.* skorpion
Scorpius ['skɔ:pɪəs] *se* Scorpio
Scot [skɒt] skotte; *the* ~*s* skottarna
Scot. *förk. för Scotch; Scotland; Scottish*
Scotch [skɒtʃ] **I** *a* skotsk; ~ *broth* kött- och grönsakssoppa; ~ *egg* (*BE.*) friterad korv m. hårdkokt ägg inuti; ~ *mist* regndis; ~ *woodcock* äggröra och ansjovis på rostat bröd **II** *s* **1** *the* ~ skottarna **2** skotska [språket] **3** skotsk whisky
scotch [skɒtʃ] *v, bildl.* ta död på, avliva (*rumours* rykten); omintetgöra, krossa (*plans* planer)
Scotch|man ['skɒtʃmən] skotte **-woman** [-,wʊmən] skotska
scoter ['skəʊtə] *zool.* svärta
scot-free [,skɒt'fri:] oskadd; ostraffad; *get away* ~ komma undan oskadd
Scotia ['skəʊʃə]
Scotland ['skɒtlənd] Skottland; [*New*] *Scotland Yard* Scotland Yard (*Londonpolisens högkvarter*)
Scots [skɒts] **I** *a* skotsk **II** *s* **1** skotska [språket] **2** *pl av* Scot **-man** [-mən] skotte **-woman** [-,wʊmən] skotska
Scottish ['skɒtɪʃ] **I** *a* skotsk **II** *s* **1** skotska [språket] **2** *the* ~ skottarna
scoundrel ['skaʊndr(ə)l] skurk, bov **-ly** [-drəlɪ] *a* skurkaktig
1 scour ['skaʊə] **1** leta (söka) igenom, leta överallt i (på) **2** ströva genom
2 scour ['skaʊə] **I** *v* **1** skura **2** spola [ren], rensa; ~ *away* spola bort **II** *s* **1** skurning **2** skurmedel **-er** [-rə] skurboll (*av plast el. stålull*)
scourge [skɜ:dʒ] **I** *s* **1** piska **2** gissel, plågoris, hemsökelse (*äv. bildl.*) **II** *v* **1** piska **2** gissla, plåga, hemsöka (*äv. bildl.*)
scouring powder [-rɪŋ,paʊdə] skurpulver
Scouse [skaʊs] *BE. vard.* Liverpoolbo; Liverpooldialekt
scout [skaʊt] **I** *s* **1** *mil.* spanare, spejare; spanings|flygplan, -fartyg **2** scout; *boy* ~ pojkscout; *girl* ~ (*AE.*) flickscout; *talent* ~ talangscout **3** spaning **4** vägpatrullman **5** *Oxf.* studentuppassare **6** *vard.* karl, kille **II** *v* **1** spana, speja, rekognoscera **2** ~ [*out, up*] leta ut (upp) **3** ~ *around for* jaga runt efter **-master** [-,mɑ:stə] scoutledare
scow [skaʊ] pråm
scowl [skaʊl] **I** *v* se bister ut, rynka ögonbrynen **II** *s* bister uppsyn, rynkad panna
S.C.R. *förk. för* (*BE. univ.*) *Senior Common Room* **scr.** *förk. för* scruple (*apotekvikt*)
scrabble ['skræbl] **1** krafsa, skrapa; ~ *around for* rota (leta) efter **2** klottra
scrag [skræg] **I** *s* **1** tanig (skranglig, mager) person **2** bakhalsstycke (*av får, kalv*) **3** *vard.* hals **II** *v, vard.* vrida nacken av, strypa **-gly** ['skræglɪ] ovårdad; ojämn **-gy** ['skrægɪ] tanig, benig, skranglig, mager
scram [skræm] *vard.* sticka, försvinna, ge sig i väg
scramble ['skræmbl] **I** *v* **1** blanda [ihop]; *kokk.* göra äggröra på; ~*d eggsi* äggröra **2** *elektron.* förvränga (*tal, telesignal*) **3** ~ *up* (*together*) rafsa ihop **4** klättra, kravla **5** rusa (*for* till); trängas; kivas, slåss (*for* om); hafsa; ~ *into one's clothes* slänga på sig (hoppa i) kläderna; ~ *through one's exam* med nöd och näppe klara sig igenom examen; ~ *to one's feet* resa sig snabbt, fara upp **II** *s* **1** kravlande, klättrande; klättring **2** rusning (*for* efter, till); trängsel; kiv, slagsmål, slit (*for* om) **3** *BE.* motocross **scrambler** [-ə] *elektron.* scrambler, tal-, telesignal|förvrängare
1 scrap [skræp] **I** *s* **1** stycke, bit; lapp, trasa; spår; ~ *of paper* papperslapp; *not a* ~ inte ett dugg (en gnutta, ett spår); *not a* ~ *of evidence* inte minsta bevis **2** ~*s* (*pl*) [mat]rester, smulor [tidnings]urklipp **3** [metall]skrot **II** *v* **1** kassera, kasta bort; skrota [ner]
2 scrap [skræp] *vard.* **I** *s* fajt; slagsmål; gräl **II** *v* fajtas; slåss; gräla
scrapbook ['skræpbʊk] urklippsalbum, album för tidningsurklipp
scrape [skreɪp] **I** *v* **1** skrapa [av, bort, ren, i, mot, på], skava av (bort); repa; ~ *one's feet a*) skrapa med fötterna, *b*) torka av sig om fötterna; ~ *a fiddle* (*vard.*) gnida (fila) på en fiol; ~ *one's knee* skrapa (skrubba) knät; ~ *a living* hanka sig fram; ~ [*out*] skrapa upp; ~ *out* skrapa bort (ren, ur), skära bort; ~ *together* (*up*) *a*) kratta ihop, *b*) skrapa ihop **2** skrapa; raspa; trassla (krångla till) sig; ~ *against s.th.* skrapa (skava) emot ngt; ~ *along* (*by*) (*vard.*) hanka sig fram;~ *at a fiddle* (*vard.*) gnida (fila) på en fiol; ~ *through an exam* (*vard.*) trassla sig igenom en examen **3** spara, snåla, gnida **II** *s* **1** skrapande, skrapning **2** skrubb-, skrap|sår; repa, skrapa **3** knipa, klämma, kinkig situation **4** *bread and* ~ smörgås med tunt med (litet) smör på **scraper** ['skreɪpə] skrapa; fotskrapa; vägskrapa
scrap-heap ['skræphi:p] skrothög; *throw on the* ~ (*äv.*) kasta på sophögen, skrota **scrap iron** [-,aɪən] järnskrot **scrap merchant** [-,mɜ:-tʃ(ə)nt] skrothandlare **scrap metal** [-,metl] metallskrot
1 scrappy ['skræpɪ] hoprafsad; osammanhängande; planlös, fragmentarisk
2 scrappy ['skræpɪ] *AE.* stridslysten
scrapyard ['skræpjɑ:d] skrotupplag
scratch [skrætʃ] **I** *v* **1** klia [på], riva [på]; ~ *one's head* klia sig i huvudet; ~ *my back and I'll* ~ *yours* om du gör mig en tjänst så skall jag göra dig en gentjänst **2** krafsa, skrapa, göra repor i, rispa; klösa, riva; rista in; ~ *a living* hanka sig fram; *we* ~*ed our names in the wood* vi ristade våra namn i trädet; ~ *the surface of s.th.* (*bildl.*) inte gå åt djupet med ngt, snudda vid ngt; ~ [*out*] krafsa [upp]; ~ *out a*) krafsa (skrapa) bort, *b*) klösa ut; ~ *together* (*up*) skrapa ihop **3** stryka;

ställa in; ~ *one's name* stryka sig, ta tillbaka sin anmälan; ~ *out a)* stryka [över], *b)* stryka ut; ~ *through* stryka över **4** klia (riva) sig **5** krafsa, skrapa; raspa; ~ *about for* krafsa efter; ~ *along (vard.)* hanka sig fram **6** bli repig **7** klösas, rivas **8** stryka sig, inte ställa upp, lämna återbud **II** *a* **1** improviserad; tillfällig hopplockad; brokig, blandad **2** *sport. m.m.* utan handikapp **III** *s* **1** skrap[ande], rasp, raspande; *a ~ of the pen* ett penndrag **2** repa; rispa, skråma **3** *give s.b. a ~* klia (riva, klösa) ngn **4** startlinje; *be (come) up to ~* fylla kraven, hålla måttet, klara av sin sak (uppgift); *start from ~ a)* starta från scratch (ingenting), börja [om] från början, *b) sport.* starta utan handikapp (försprång)

scratch pad ['skrætʃpæd] kladdblock **scratch paper** [-ˌpeɪpə] kladdpapper

scrawl [skrɔ:l] **I** *v* **1** klottra [ner], krafsa ner **II** *s* klotter, kråkfötter

scrawny ['skrɔ:nɪ] tanig, benig, mager

scream [skri:m] **I** *v* **1** skrika; *~ing shirt* skrikig skjorta; *~ with laughter (äv.)* tjuta av skratt; *~ with pain* skrika av smärta **2** *(om vind e.d.)* tjuta, vina **3** skrika ut; *the newspaper placard ~ed the news* löpsedlarna skrek ut nyheten **II** *s* **1** skri[k], tjut; *with a ~ of tyres* med skrikande däck **2** *vard, be a ~ of tyres* vara vansinnigt rolig

scree [skri:] talus, [sluttning med] nerrasade stenar

screech [skri:tʃ] **I** *v* **1** skrika gällt, tjuta; gnissla **2** skrika ut **II** *s* gällt skrik, tjut; gnissel **screech owl** *zool.* tornuggla; hornuggla

screed [skri:d] harang, tirad; lång uppsats

screen [skri:n] **I** *s* **1** [skydds]skärm; mellan-, skilje|vägg; *kyrkl.* korskrank; *bildl.* fasad, ridå, mur, skydd **2** nät; såll, sikt; filter; *boktr.* raster; ~ *[window]* mygg-, nät|fönster **3** vindruta **4** [bild]skärm, ruta, [projektions]duk; *the ~ (äv.)* filmen; *[television] ~* [TV-]ruta; *focusing ~ (foto.)* mattskiva; *stars of the ~* filmstjärnor; *on the ~* på film (vita duken) **II** *v* **1** förse med en skärm (skärmar), skärma [av]; sätta myggfönster i; ~ *off* skärma av **2** skydda, dölja, skyla *(from* mot) **3** sikta, sålla; *bildl.* sålla, gallra, sovra **4** granska, undersöka, kontrollera **5** spela in, filma[tisera] **6** visa *(a film* en film)

screening ['skri:nɪŋ] **1** undersökning, kontroll **2** *(av film e.d.)* visning, körning **3** avskärmning **screenplay** filmmanuskript, scenario **screen process** [-ˌprəʊses] screentryck **screenstruck** [-strʌk] filmbiten **screen test** [-test] provfilmning; provfilm **screenwriter** [-ˌraɪtə] filmförfattare

screw [skru:] **I** *s* **1** skruv *(äv. sport.)*; *(gängad)* bult; *he's got a ~ loose (vard.)* han har en skruv lös; *give s.th. a ~; sport.* skruva *(the ~s on s.b.* sätta tumskruvar på (klämma åt) ngn **2** propeller **3** *vard.* pröjs, lön **4** *vard.* plit *(fångvaktare)* **5** *vard.* girigbuk **6** *vulg.* nyp, knull **II** *v* **1** skruva [fast, i, till, åt]; *sport.* skruva *(a ball* en boll); ~ *down* skruva igen (åt); ~ *off* skruva av (loss); *have one's head ~ed on [the right way] (vard.)* vara förståndig, ha huvudet på skaft; ~ *up a)* skruva igen (till, åt), *b)* skrynkla ihop, *c)* knipa ihop, *d) vard.* trassla till, sabba; ~ *up one's courage* samla mod **2** vrida [om]; förvrida; ~ *one's head round* vrida på huvudet; ~ *up one's face* förvrida ansiktet, grina **3** klämma åt; pressa; ~ *money out of s.b.* pressa ngn på pengar; ~ *o.s. up* rycka upp sig **4** *vulg.* knulla **5** skruvas **6** skruva på sig

screw|ball ['skru:bɔ:l] *AE. sl.* knasboll; galning **--clamp** skruvtving **-driver** [-ˌdraɪvə] skruvmejsel

screwed-up [skru:d'ʌp] **1** hopknycklad **2** *AE. sl.* virrig, på bristningsgränsen

screw jack ['skru:dʒæk] domkraft **screw propeller** [-prəˌpelə] skruvpropeller **screwtop** [-top] skruvkork **screwy** [-ɪ] *vard.* knasig, knäpp

scribal ['skraɪbl] skriv-; ~ *error* skrivfel

scrib|ble ['skrɪbl] **I** *v* klottra; klottra ner; klottra ihop **II** *s* klotter **-bler** [-lə] **1** medelmåttig skribent **2** klottrare

scribbling ['skrɪblɪŋ] klotter, klottrande **--block, -pad** kladd-, antecknings|block **--paper** [-ˌpeɪpə] kladdpapper

scribbly ['skrɪblɪ] *a* kladdigt skriven, klottrig

scribe [skraɪb] **1** *hist.* skrivare **2** *bibl.* skriftlärd **3** *skämts.* författare **scriber** ['skraɪbə] ritsnål

scrimmage ['skrɪmɪdʒ] **1** tumult, handgemäng **2** *se scrummage*

scrimp [skrɪmp] **I** *v* **1** snåla med (på), knussla med **2** vara snål mot **3** snåla, knussla *(on* med); spara; ~ *and scrape* gnida och spara

scrimshank ['skrɪmʃæŋk] *BE. mil. sl.* smita, hålla sig undan, maska

script [skrɪpt] **I** *s* **1** handstil, [hand]skrift; skrivtecken **2** *film., teat. e.d.* manus, manuskript **3** *jur.* originalhandling **4** skriftligt examensprov, skrivning **II** *v* skriva manus [till]; *~ed* med manus, skriven, med skrivet underlag

Script. fork. *för scriptural; Scripture[s]*

scriptgirl ['skrɪptgɜ:l] skripta, scripta

scrip|tural ['skrɪptʃ(ə)r(ə)l] bibel-, bibliska **-ture** [-tʃə] **1** helig skrift (bok) **2** *the [Holy] S~, the S~s* skriften, den heliga skrift **3** bibel|språk, -ställe **4** *skol., S~* kristendom[skunskap]

scriptwriter ['skrɪptˌraɪtə] *film., teat. e.d.* manus-, manuskript|författare

scrofu|la ['skrɒfjʊlə] *med.* skrofler **-lous** [-əs] *med.* skrofulös

scroll [skrəʊl] **1** [skrift]rulle; *the Dead Sea S~s* Dödahavsrullarna **2** slinga, snirkel; *konst.* rullverk, scrollornament, snäcklinje; *(på fiol e.d.)* snäcka

Scrooge [skru:dʒ] girigbuk

scro|tum ['skrəʊtəm] *(pl -ta* [-tə] *el. -tums) anat.* scrotum, testikelpung

scrounge [skraʊn(d)ʒ] *vard.* **1** *v* **1** tigga (snylta) till sig **2** ~ *around* sno omkring **II** *s, be on the ~* vara ute på en tiggarrunda **scrounger** ['skraʊn(d)ʒə] *vard.* snyltare, tiggare

1 scrub [skrʌb] **I** *v* **1** skrubba, skura **2** *vard.* spola, skippa **II** *s* skrubbning, skurning; *need a good ~* behöva skurbbas (skuras) ordentligt

2 scrub [skrʌb] **I** *s* **1** busk|skog, -snår **2** förkrympt buske (träd); småväxt person (djur); bastard **3** *AE. sport.* [spelare i] reservlag (andrarangslag) **II** *a* **1** förkrympt, dvärg- **2** *AE. sport.* reserv-, andrarangs-

scrubbing-brush ['skrʌbɪŋbrʌʃ] skurborste

scrubby ['skrʌbɪ] **1** buskig, snårig **2** klen, ynklig, förkrympt **3** *BE. vard.* sjaskig, sjabbig
scruff [skrʌf] *s, by the ~ of the neck* i nackskinnet, i kragen **scruffy** ['skrʌfɪ] sjabbig, sjaskig, ovårdad
scrum[mage] ['skrʌm(ɪdʒ)] (*i rugby*) **I** *s* klunga, krabba, scrimmage **II** *v* bilda klunga
scrumptious ['skrʌm(p)ʃəs] *vard.* jättegod, delikat
scrunch [skrʌn(t)ʃ] **I** *v* **1** krossa, krasa sönder **2** skrynkla (knyckla) ihop **3** knastra, krasa **4** skrynklas (knycklas) ihop **5** *AE.* kura ihop sig, kuta **II** *s* krasande, knaster
scru|ple ['skru:pl] **I** *s* **1** ~[*s*] skrupler, samvetsbetänkligheter; *have ~s about* ha samvetsbetänkligheter (skrupler) för **2** (*apoteksvikt*) skrupel (*= 20 grains = 1,296 g*) **II** *v* ha skrupler (samvetsbetänkligheter) **-pulous** [-pjʊləs] **1** skrupulös, [överdrivet] noggrann, nogräknad, samvetsgrann; *be ~ about* vara ytterst noga med
scru|tineer [ˌskru:tɪ'nɪə] **1** röstkontrollant **2** granskare **-tinize** (*BE. äv. -tinise*) ['skru:tɪnaɪz] undersöka noggrant, [fin]granska **-tiny** ['skru:tɪnɪ] **1** noggrann undersökning, [fin]granskning **2** granskande (forskande) blick
scuba ['sku:bə] (*förk. för self-contained underwater breathing apparatus*) luftapparat (*för sportdykning*) **scuba diving** [-ˌdaɪvɪŋ] sportdykning med luftapparat
scud [skʌd] **I** *v* (*i sht om moln*) ila, jaga, skynda; *sjö.* länsa [undan] **II** *s* **1** ilande, rusande **2** vindil; regnby
scuff [skʌf] **I** *v* **1** släpa (*one's feet* fötterna) **2** nöta, skava [av] **3** hasa sig fram, släpa fötterna, gå med släpande steg; *AE.* skrapa med fötterna **II** *s* **1** hasande; hasande ljud **2** nött ställe **3** *AE.* hällös toffel, slipper
scuffle ['skʌfl] **I** *v* **1** knuffas, bråka, slåss **2** hasa, släpa **3** hasa (släpa) sig fram **4** rusa (sjava) omkring **II** *s* **1** slagsmål, handgemäng **2** hasande (släpande) ljud
scull [skʌl] **I** *s* **1** mindre åra; vrickåra **2** liten roddbåt **II** *v* ro; vricka
scullery ['skʌlərɪ] diskrum **scullion** ['skʌljən] *åld.* disk-, köks|pojke
sculpt [skʌlpt] skulptera
sculp|tor ['skʌlptə] skulptör, bildhuggare **-tress** [-trɪs] skulptris **-tural** [-tʃər(ə)l] skulptural, skulptur- **-ture** [-tʃə] **I** *s* **1** skulptur, bildhuggarkonst **2** skulptur, bildhuggarverk **II** *v* skulptera
scum [skʌm] **I** *s* **1** skum; hinna, film **2** *bildl.* avskum **II** *v* skumma [av]
scupper ['skʌpə] **I** *s, sjö.* spygatt **II** *v, BE. vard.* kullkasta, torpedera; *we'll be ~ed if* det är klippt för oss om
scurf [skɜ:f] skorv (*äv. bot.*); mjäll
scurril|ity [skʌ'rɪlətɪ] plumphet, grov[kornig]het, oanständighet **-ous** ['skʌrɪləs] plump, grov[kornig], oanständig
scurry ['skʌrɪ] **I** *v* kila, rusa, skynda, jäkta **II** *s* kilande, rusande, skyndande, jäkt[ande]
scurvy ['skɜ:vɪ] **I** *a* gemen, tarvlig, nedrig **II** *s, med.* skörbjugg
scut [skʌt] kort svans
1 scuttle ['skʌtl] **I** *v* kila, rusa, skynda **II** *v* kilande, rusande, skyndande

2 scuttle ['skʌtl] kol|box, -hink
3 scuttle ['skʌtl] **I** *v* **1** *sjö.* borra i sank **2** ge upp (*plans* planer) **II** *s, sjö.* lucka, ventil
Scylla ['sɪlə] Skylla
scythe [saɪð] **I** *s* lie **II** *v* meja, slå med lie
S.D. *förk. för South Dakota;* (*stat.*) *standard deviation* **S.Dak.** *förk. för South Dakota* **SDRs** *förk. för special drawing rights* **SE** *förk. för southeast[ern]*
sea [si:] **1** hav, sjö; *bildl.* hav, ström; *the North S~* Nordsjön; *the high ~s* öppna havet (*utanför territorialgränserna*); *a ~ of flame* ett eldhav; *at ~* på havet (sjön), till havs (sjöss); *be all at ~* (*vard.*) inte ha ngn aning, inte fatta ett dugg; *by ~* sjö|vägen, -ledes; *by ~ and land* till lands och till sjöss; *on the ~ a*) på havet, *b*) vid kusten (havet); *put to ~ a*) sticka till sjöss, löpa ut, *b*) sjösätta **2** sjö[gång]; våg; *a heavy ~ a*) hög sjö, *b*) en störtsjö
sea anchor ['si:ˌæŋkə] *sjö.* drivankare **sea anemone** *zool.* havsanemon **sea bag** [-bæg] sjösäck **sea bed** [-bed] havsbotten **sea bird** [-bɜ:d] sjöfågel **sea biscuit** [-ˌbɪskɪt] skeppsskorpa **seaboard** [-bɔ:d] *AE.* kust; strandlinje **seaborne** [-bɔ:n] sjöburen **sea breeze** [-bri:z] sjöbris **sea captain** [-ˌkæptɪn] sjökapten **sea chest** [-tʃest] sjömanskista **seacoast** [ˌsi:'kəʊst] kust **sea cow** [-kaʊ] *zool.* sirendjur, sjöko **sea dog** [-dɒɡ] sjö|buss, -björn **sea eagle** [-ˌi:ɡl] *zool.* havsörn **seafarer** [-ˌfeərə] sjöfarare **seafaring** [-ˌfeərɪŋ] **I** *a* sjöfarande, sjöfarts-; *~ nation* sjöfartsnation **II** *s* **1** sjömansyrket **2** sjöfärd[er], seglats[er] **seafood** [-fu:d] skaldjur **seafront** [-frʌnt] sjösida (*av ort*); strand **seagoing** [-ˌɡəʊɪŋ] *a* sjögående **sea gull** [-ɡʌl] *zool.* fiskmås **sea holly** [-ˌhɒlɪ] *bot.* martorn **sea horse** [-hɔ:s] *zool.* sjöhäst **sea kale** [-keɪl] *bot.* strandkål **sea king** [-kɪŋ] vikingahövding
1 seal [si:l] **I** *s* **1** *zool.* säl **2** sälskinn **II** *v* jaga säl
2 seal [si:l] **I** *s* **1** sigill; insegel, bekräftelse; försegling, plomb[ering]; lack[sigill]; sigill|stamp, -ring, stämpel, prägel; *the ~ of the confessional* biktshemligheten, biktfaderns tystnadsplikt; *under the ~ of secrecy* under tysthetslöfte; *set one's ~ to s.th. a*) sätta sitt sigill på (under) ngt, *b*) ge sitt samtycke till (godkänna) ngt, *c*) sätta sin prägel (stämpel) på ngt **2** [fri]märke **3** packning, tätning; förslutning; vattenlås **II** *v* **1** sätta sigill på (under); försluta, [hermetiskt] tillsluta; täta, täppa igen (till); innesluta; *~ed* (*äv.*) lufttät, sluten; *~* [*down*] försegla, lacka (klistra) igen; *~ off* spärra av; *~ up a*) försegla, lacka (klistra) igen, *b*) täta; *my lips are ~ed* mina läppar är förseglade **2** besegla, bekräfta; avgöra **3** prägla, sätta sin stämpel på
sea-lane ['si:leɪn] farled; sjöväg
sealed-beam ['si:ldbi:m] *a, ~ headlights* sealed beam-strålkastare
sea legs ['si:leɡz] *pl, vard. bildl.* sjöben; *get* (*find*) *one's ~* bli van vid sjön, få sjövana
sealer ['si:lə] säljägare; sälfångstfartyg
sea level ['si:ˌlevl] *s* vattenstånd (*i havet*); *above* (*below*) *~* över (under) havet[s yta]
sealing ['si:lɪŋ] säljakt
sealing wax ['si:lɪŋwæks] sigillack, lack

sea lion ['siːˌlaɪən] *zool.* sjölejon **Sea Lord** [-lɔːd] *BE.* sjölord
sealskin ['siːlskɪn] sälskinn
seam [siːm] **I** *s* **1** söm; *med.* sutur; *burst (split) at the* ~ gå upp (spricka) i sömmen; *be bursting (bulging) at the* ~*s* (*bildl.*) vara överfull (sprängfärdig); *come (fall) apart at the* ~*s* (*bildl.*) brista, gå sönder **2** skarv, fog; *sjö.* nåt **3** *miner.* flöts; lager, skikt **II** *v* **1** sy ihop **2** skarva (foga) ihop **3** fåras; *a* ~*ed face* ett fårat ansikte
seaman ['siːmən] sjöman **-like** [-laɪk], **-ly** [-lɪ] *a* sjömansmässig; sjömans- **-ship** sjömanskap
seamark ['siːmɑːk] sjömärke **sea mew** ['siːmjuː] *zool.* fiskmås
seamstress ['semstrɪs] sömmerska
seamy ['siːmɪ] tarvlig, eländig; *the* ~ *side of life* livets skuggsida
Sean [ʃɔːn]
seance, séance ['seɪɑː(n)s] seans
sea pen ['siːpen] *zool.* sjöpenna **seaplane** sjöflygplan, hydroplan **seaport** hamn-, sjö|stad **sea power** [-ˌpaʊə] sjömakt
sear [sɪə] **1** bränna; sveda **2** bryna
search [sɜːtʃ] **I** *v* **1** söka (leta) i (igenom), undersöka, rannsaka, visitera; ~ *me!* (*vard.*) vad vet jag?, inte vet jag!; ~ *out a*) leta fram, *b*) leta (spåra, söka) upp, ta reda på **2** söka, leta, spana (*for* efter); ~ *for s.b.* (*äv.*) efterspana ngn; ~ *through* leta (gå) igenom **II** *s* sökande, letande, [efter]spaning, efterforskning[ar]; undersökning; genomsökning; husrannsakan; visitation; *in* ~ *of (for)* på jakt efter; *make a* ~ *for* söka (leta, spana) efter
searching ['sɜːtʃɪŋ] **I** *a* **1** grundlig, ingående, inträngande **2** forskande **II** *s* sökande, letande *etc.,* jfr *search I*
searchlight ['sɜːtʃlaɪt] **1** strålkastare **2** sökar-, strålkastar|ljus **search party** [-ˌpɑːtɪ] skallgångskedja, spaningspatrull **search warrant** [-ˌwɒr(ə)nt] husrannsakningsorder
searing ['sɪərɪŋ] *a* brännande (*pain* smärta)
seascape ['siːskeɪp] marin-, havs|målning **seashell** snäck-, mussel|skal **seashore** [havs]strand **seasick** sjösjuk **seasickness** [-ˌsɪknɪs] sjösjuka **seaside I** *s* [havs]kust; *go to the* ~ fara till kusten (en badort) **II** *a* kust-; strand-; ~ *hotel* badhotell; ~ *resort* badort; ~ *town* kuststad
season ['siːzn] **I** *s* **1** årstid; *the rainy* ~ regntiden **2** tid; säsong; helg; *Christmas* ~ jul|tiden, -helgen; *holiday* ~ semester[tid]; ~*'s greetings* jul- och nyårshälsningar; *the close (open)* ~ olaga (lovlig) tid (*för jakt e.d.*); *in* ~ *a*) i rätt[an] tid, *b*) jakt. lovlig, *c*) brunstig, löpsk; *cherries are in* (*out of*) ~ *now* det är (är inte) säsong för körsbär nu; *in and out of* ~ hela tiden, jämt och ständigt, i tid och otid **II** *v* **1** krydda (*äv. bildl.*); smaksätta **2** vänja, acklimatisera; ~*ed* van, garvad, härdad **3** [låta] mogna; lagra (*cheese* ost); torka
season|able ['siːznəbl] **1** typisk (vanlig) för årstiden **2** lämplig, läglig **-al** ['siːzənl] säsong-, säsongbetonad
seasoning ['siːznɪŋ] **1** krydda, kryddor **2** kryddning
season ticket ['siːznˌtɪkɪt] säsongbiljett; [period]kort, abonnemangsbiljett
sea swallow ['siːˌswɒləʊ] *zool.* tärna

seat [siːt] **I** *s* **1** [sitt]plats; säte; stol, bänk; (*på möbel el. ridk.*) sits; *driver's (driving)* ~ förarplats; *book a* ~ *for Aida* beställa en biljett till Aida; *have a good* ~ *a*) ha en bra plats, sitta bra, *b*) *ridk.* ha bra sits; *take a* ~ sätta sig, sitta ner, ta plats; *take one's* ~ inta sin plats **2** plats; mandat; *have a* ~ *on the board* sitta med i styrelsen; *resign one's* ~ lägga ner sitt mandat **3** bak[del], stuss, säte; *the* ~ *of the pants* byxbaken; *do s.th. by the* ~ *of one's pants* göra ngt på intuition (av erfarenhet) **4** säte, centrum (*of* för); härd; orsak (*of* till); *the* ~ *of the disease* sjukdomshärden; ~ *of learning* läro-, lärdoms|säte; ~ *of war* krigsskådeplats **5** herresäte, lantgods **II** *v* **1** sätta, låta sätta sig (sitta), placera; ~ *o.s.* sätta sig, ta plats; *be* ~*ed a*) sitta, *b*) ligga, ha sitt säte; *please be* ~*ed!* var så god och sitt (tag plats)! **2** ha [sitt]plats för, rymma; skaffa sittplats åt **3** sätta in; installera; få in **4** (*om plagg*) få ända, bli säckig i baken
sea tangle ['siːˌtæŋgl] *bot.* [havs]tång
seat belt ['siːtbelt] bil-, säkerhets|bälte **seated** [-ɪd] **1** sittande **2** belägen **3** *two*-~ tvåsitsig **seater** [-ə] *s, two-*~ tvåsitsig bil (soffa *e.d.*)
seating [-ɪŋ] **I** *s* **1** sättande, placerande *etc.,* jfr *seat II*; [bords]placering **2** sittplatser; säte **II** *a,* ~ *accommodation* sittplatser
S.E.A.T.O. *förk. för Southeast Asian Treaty Organization*
Seattle [sɪ'ætl]
sea urchin ['siːˌɜːtʃɪn] *zool.* sjöborre **seaward** [-wəd] **I** *a* mot havet (sjösidan); (*om vind*) från havet **II** *adv* mot havet **seawards** [-wədz] *adv* mot havet **seaweed** *bot.* alg[er], tång, sjögräs; havsväxt[er] **seaworthy** [-ˌwɜːðɪ] sjö|duglig, -värdig
sebor|rhea *AE.,* **-rhoea** *BE.* [ˌsebə'riːə] *med.* seborré
sec [sek] (*kortform av second*) *vard.* sekund, ögonblick
sec. *förk. för second; secondary; secretary; section; sector*
secant ['sekənt] *mat.* sekant
secateurs [ˌsekə'tɜːz] *pl, i sht BE.* sekatör; *a pair of* ~ en sekatör
secede [sɪ'siːd] utträda (*from ur*) **secession** [sɪ'seʃn] utträde (*from* ur), secession, utbrytning
seclude [sɪ'kluːd] avstänga, isolera **secluded** [-ɪd] **1** isolerad, avstängd **2** avskild, avsides belägen **seclusion** [sɪ'kluːʒn] **1** avstängning, uteslutning; avskildhet, isolering; tillbakadragenhet **2** avskildhet, avskild (enslig) plats
1 second ['sek(ə)nd] **I** *räkn, a, adv* andre, andra, andra-; näst; som tvåa; *hand.* sekunda; *bildl.* sekundär, underordnad, underlägsen; *Elizabeth the S*~ Elisabet den andra; *every* ~ varannan; ~ *best* näst bäst; ~ *cousin* syssling; *a* ~ *cup* en kopp till, ytterligare en kopp, en andra kopp; *the* ~ *floor* två trappor upp, *AE.* en trappa upp; ~ *name* (*AE.*) efternamn; *in the* ~ *place* i andra hand, för det andra; *have* ~ *sight* vara klärvoyant (synsk); *a* ~ *Stalin* en ny Stalin; *on* ~ *thought*[*s*] vid närmare eftertanke; *a* ~ *time* en gång till, ännu en gång, en andra gång; *get a* ~ *wind* komma in i andra andningen; *be* ~ *in command a*) ha näst högsta befälet, *b*) vara andre man; *be* ~ *to none* inte stå ngn efter, vara oöverträffad;

second—seditious

come ~ bli (komma) tvåa, komma på andra plats; *travel* ~ resa [i] andra klass **II** *s* **1** tvåa, andra man **2** tvåan[s växel]; *change into the* ~ lägga i tvåan **3** [närmaste] medhjälpare **4** sekundant; (*i boxning*) sekond **5** *univ.*, *get a* ~ få näst högsta betyget (*i honours*) **6** *mus.* sekund **7** *hand.*, ~*s* (*pl*) andrasortering, utskottsvaror, sekunda varor **8** *vard.*, ~*s* (*pl*) påfyllning, påbackning; *can I have* ~*s?* (*äv.*) kan jag få lite till (mera)? **III** *v* **1** [under]stödja, ansluta sig till, instämma i (med), tillstyrka **2** sekundera, vara sekundant (sekond) åt **2 second** ['sek(ə)nd] sekund; ögonblick; *just a* ~*!* ett ögonblick!

3 second [sɪ'kɒnd] låna ut, tillfälligt omplacera (*arbetskraft*)

secondary ['sek(ə)nd(ə)rɪ] **I** *a* **1** sekundär[-], underordnad, andrahands-, bi-; ~ *accent* (*stress*) biaccent; ~ *colours* sekundärfärger; *of* ~ *importance* av underordnad (mindre) betydelse; *be* ~ *to s.th.* [få] komma i andra hand efter ngt, vara mindre viktig än ngt **2** ~ *education* (*ung.*) påbyggnadsundervisning, högre undervisning (*för åldrarna 11-18 år*); ~ *school, se secondary II 3;* ~ *modern* sekundärskola med praktisk inriktning (*för åldrarna 11-18 år*) **II** *s* **1** underordnad, ställföreträdare, vikarie **2** drabant **3** sekundärskola (*för åldrarna 11-18 år*)

second|-best [,sek(ə)n(d)'best] *a, adv* näst bäst; *come off* ~ (*vard.*) dra det kortaste strået, bli besegrad **--class I** *a* andraklass-; andra klassens; ~ *mail a*) (*i England ung.*) ekonomibrev (*befordras långsammare*), *b*) (*i USA o. Canada*) trycksaker (*tidskrifter etc.*) **--guess** ['sek(ə)n(d)'ges] *vard.*, *i sht AE.* vara efterklok

second hand ['sek(ə)ndhænd] sekundvisare

second-hand [,sek(ə)nd'hænd] **I** *a* begagnad, andrahands-; (*om bok*) antikvarisk; ~ *bookshop* antikvariat; ~ *information* andrahandsupplysningar **II** *adv* i andra hand **III** *s, at* ~ i andra hand

secondly ['sek(ə)ndlɪ] *adv* för det andra

second|-rate [,sek(ə)nd'reɪt] medelmåttig, medioker, andra klassens **--rater** [-ə] medelmåtta **--sighted** [-'saɪtɪd] synsk, klärvoajant

secrecy ['si:krəsɪ] **1** hemlighetsfullhet; *in* ~ i hemlighet, i tysthet **2** sekretess; hemlighållande; tystlåtenhet **secret** ['si:krɪt] **I** *a* **1** hemlig; dold; ~ *agent* hemlig agent; ~ *service* hemligt underrättelseväsen, underrättelsetjänst; *keep s.th.* ~ *from s.b.* hemlighålla ngt för ngn **2** tystlåten, förtegen **II** *s* hemlighet; *in* ~ i hemlighet; *keep a* ~ bevara en hemlighet; *keep s.th. a* ~ *from s.b.* hemlighålla ngt för ngn

secre|tarial [,sekrə"teərɪəl] sekreterar- **-tariat[e]** [-,teərɪət] sekretariat

secretary ['sekrətrɪ] **1** sekreterare; ambassadsekreterare **2** *polit.* minister; *S*~ *of State a*) (*i England*) minister, departementschef, *b*) (*i USA*) utrikesminister; *S*~ *of Defence* (*i USA*) försvarsminister; *Foreign S*~ (*i England*) utrikesminister; *Social Services S*~ (*i England*) socialminister **3** sekretär **--general** [,sekrətrɪ'dʒen(ə)r(ə)l] (*pl secretaries-general*) generalsekreterare **-ship** ['sekrətrɪʃɪp] sekreterarbefattning; tid som sekreterare

1 secrete [sɪ'kri:t] *fysiol.* av-, ut|söndra

2 secrete [sɪ'kri:t] gömma

secretion [sɪ'kri:ʃn] *fysiol.* **1** av-, ut|söndring, sekretion **2** sekret

secretive ['si:krətɪv] hemlighetsfull **-ly** [-lɪ] *adv* hemlighetsfullt; i hemlighet

secretly ['si:krɪtlɪ] *adv* hemlig, i hemlighet; innerst inne

secretory [sɪ'kri:t(ə)rɪ] *fysiol.* sekretorisk, avsöndrings-, utsöndrings-; sekret-

sect [sekt] *relig., polit.* sekt

sect. *förk. för section*

sectarian [sek'teərɪən] **I** *a* sekteristisk, sekterisk **II** *s* sekterist **-ism** [-ɪz(ə)m] sekterism

section ['sekʃn] **I** *s* **1** avdelning, del; avsnitt; sektion; paragraf; bit; (*av citrusfrukt*) klyfta; [järnvägs]sträcka, vägsträcka; *the sports* ~ sport|sidorna, -delen **2** genomskärning, [tvär]snitt; *med.* snitt (*för mikroskopering*); *geom.* snitt; (*the golden* ~ gyllene snittet **3** grupp; *mil. äv.* tropp **4** område; sektor **5** *mus.* sektion; *the string* ~ stråkinstrumenten **II** *v* indela i avdelningar *etc., jfr section I*, dela upp **sectional** [-ʃənl] avdelnings*etc., jfr section I;* ~ *interests* gruppintressen **section mark** [mɑ:k] paragraftecken

sector ['sektə] sektor

secular ['sekjʊlə] **1** världslig, profan; icke-kyrklig **2** varaktig **-ism** [-rɪz(ə)m] världslighet, sekularism **-ity** [,sekjʊ'lærətɪ] världslighet **-ize** (*BE. äv. -ise*) ['sekjʊləraɪz] sekularisera

secure [sɪ'kjʊə] **I** *a* säker (*against, from* mot, för); skyddad, trygg; säkrad, tryggad; stabil, stadig; i säkerhet, i säkert förvar; *feel* ~ *about one's future* känna sig lugn inför framtiden; *make s.th.* ~ (*äv.*) säkra (sätta fast) ngt **II** *v* **1** säkra, göra (sätta, haka) fast, fästa, binda [fast], låsa; sätta i säkert förvar, spärra in **2** befästa (*äv. bildl.*) **3** säkra, trygga, skydda (*against, from* mot, för) **4** försäkra sig om, [lyckas] skaffa (få), [upp]nå, vinna; sätta sig i besittning av; köpa; ~ *s.b. s.th.* skaffa (ordna) ngt åt ngn **5** *hand.* ställa säkerhet för

security [sɪ'kjʊərətɪ] **1** säkerhet; trygghet; ~ *of employment* anställningstrygghet **2** *ekon.* säkerhet, garanti, borgen; borgensman; *stand* ~ *for s.b.* gå i borgen för ngn **3** värdepapper; *government* ~ statsobligation **security risk** säkerhetsrisk

secy. *förk. för secretary*

sedan [sɪ'dæn] **1** *hist.* bärstol **2** *AE.* sedan **sedan chair** *hist.* bärstol

sedate [sɪ'deɪt] **I** *a* lugn, stillsam; stadgad; maklig **II** *v* ge lugnande medel **sedation** [sɪ'deɪʃn] *s, be under* ~ ha fått lugnande medel **sedative** ['sedətɪv] **I** *a* lugnande **II** *s, med.* lugnande medel, sedativ[um]

sedentary ['sednt(ə)rɪ] **I** *a* stillasittande **II** *s* stillasittande person

Seder ['seɪdə] seder (*jud. påskceremoniel*)

sedge [sedʒ] *bot.* starr[gräs] **sedge warbler** ['sedʒ,wɔ:blə] *zool.* sävsångare

sediment ['sedɪmənt] sediment, avlagring, fällning, bottensats **sedimen|tal, -tary** [,sedɪ'ment|l, -t(ə)rɪ] sedimentär **sedimentation** [,sedɪmen'teɪʃn] sedimentation, avlagring, fällning **sedimentation rate** *med.* sänkningsreaktion

sedi|tion [sɪ'dɪʃn] upproriskhet **-tious** [-ʃəs] upprorisk, uppviglande

seduce [sɪ'dju:s] förleda; förföra **seducer** [-ə] förförare **seduction** [sɪ'dʌkʃn] förledande; förförande, förförelse **seductive** [sɪ'dʌktɪv] förförisk **seductress** [sɪ'dʌktrɪs] förförerska **sedulous** ['sedjʊləs] ihärdig, oförtruten, trägen **1 see** [si:] (*saw, seen*) **1** se; se (titta) på; se (titta) i; se (titta) efter, kolla; märka, upptäcka; se till, ordna; *as I ~ it* som jag ser det, enligt min mening; *we'll ~* vi får se, kanske; *~ you don't...!* akta dig så (se till) att du inte...!; *I'll ~ it done* jag skall se till att det blir gjort; *I'll ~ you damned (in hell) first!* (*vard.*) aldrig i livet!; *I've never ~n her swim[ming]* jag har aldrig sett henne simma; *I've never ~n this done before* jag har aldrig sett detta göras förut; *nobody was to be ~n* ingen syntes till; *he was ~ to swim* (*~n swimming*) han sågs simma; *~ about a)* titta på, ta hand om, sköta om, ordna [med], sörja för, se till, *b)* fundera (tänka) på; *we'll ~ about that!* det får vi allt se!; *I can ~ by your looks that...* jag ser på dig att...; *~ from* se av (i, på); *~ the New Year in* vaka in det nya året; *~ into a)* titta in i, *b)* undersöka, kolla, titta närmare på; *~ out a)* titta ut, *b)* se till slut, *c)* slutföra, *d)* överleva, klara sig igenom; *~ over* titta på; *~ through a)* genomskåda, *b)* få igenom, gå i land med, klara av (sig igenom), slutföra, *c)* hjälpa igenom; *I hope £20 will ~ you through* jag hoppas att du klarar dig på £20; *~ to* ta reda på, ta hand om, se till (efter), sköta [om], ordna; *I'll ~ to it that...* jag skall se till (ordna så) att...; *it must be ~n to that...* man måste se till att... **2** föreställa (tänka) sig; se, inse, fatta, förstå, begripa; *I ~!* ja!, jaha!, jaså!, jag förstår!; *~?* förstår du?; *as far as I can ~* såvitt jag kan se (förstår); *I can't ~ him winning* jag kan inte tänka mig att han vinner **3** se, uppleva, vara med om; *I've never ~n anything like it!* jag har aldrig varit med om (sett) ngt liknande **4** gå (vända sig) till, [be]söka, hälsa på, träffa, tala med; ta emot; *be ~ing you!, ~ you later!* vi ses!, hej så länge!; *can I ~...?* kan jag få tala med...?, träffas...?; *come to ~ s.b.* komma och hälsa på ngn, besöka ngn; *he refused to ~ us* han ville inte ta emot (träffa, se) oss; *~ a doctor* söka läkare (*about* för); *there's a gentleman to ~ you* det är en herre som söker er **5** följa; *~ s.b. off* vinka av ngn; *~ s.b. out (home)* följa ngn ut (hem); *~ s.b. to the door* följa ngn till dörren

2 see [si:] [biskops]stift, biskopssäte; *the Holy S~* påvestolen

seed [si:d] **I** *s* **1** frö (*äv. bildl.*); (*i druva, melon e.d.*) kärna; *~[s]* (*pl, koll.*) frö, utsäde; *a packet of ~* en fröpåse; *go* (*run*) *to ~* sätta (gå i) frö; *go to ~* (*vard. om pers.*) förfalla, tappa stinget **2** *bibl.* avkomma, säd **3** *sport.* seedad spelare; *he is the number two ~* han är seedad som tvåa **II** *v* **1** [be]så **2** kärna ur **3** *sport.* seeda **4** gå i (sätta) frö **seedbed** ['si:dbed] drivbänk **seedcake** kumminkaka **seed capsule** [-ˌkæpsju:l] frökapsel **seedcase** [-keɪs] fröhus **seedless** [-lɪs] kärnfri **seedling** [-lɪŋ] (*frö-, grodd*)planta **seed potatoes** [-pə'teɪtəʊz] *pl* sättpotatis **seedsman** [-mən] fröhandlare

seedy ['si:dɪ] **1** sjabbig, sjaskig **2** *vard.* krasslig **3** *bot.* i frö; kärnig

seeing ['si:ɪŋ] **I** *a* seende; *worth ~* sevärd, värd att se[s] **II** *s* syn[förmåga]; seende **III** *konj*, *~* [*that*] eftersom, med tanke på att

seek [si:k] (*sought, sought*) **1** söka; sträva efter, eftersträva; söka (bege) sig till, uppsöka; *~ a p.'s advice* be ngn om råd, söka råd hos ngn; *~ a p.'s life* trakta efter ngns liv; *the reason is not far to ~* orsaken ligger nära till hands; *~ to do s.th.* försöka göra ngt; *~ out* ta (leta) reda på, söka efter (upp); *~ through* söka (leta) igenom **2** söka; *~ for* söka [efter], sträva efter

seem [si:m] verka, tyckas, se ut, förefalla; verka (tyckas) vara, se ut (förefalla) att vara; *~ to* verka, tyckas, se ut att, förefalla; *I ~ to remember that* jag vill minnas att; *I ~ to have heard that before* jag tycker mig ha hört det förut; *he ~s to me to be* han förefaller mig [att] vara; *he ~s not to be, he doesn't ~ to be* han verkar inte vara; *it ~s that he is coming* det verkar som om han skulle komma; *he has left, it ~s* han har tydligen gett sig i väg; *it would ~ that* det kunde tyckas att; *so it ~s* det ser så ut, det verkar så; *it ~ed to me that* det tycktes (föreföll) mig som om

seeming ['si:mɪŋ] skenbar, låtsad **-ly** [-lɪ] **1** skenbart, till synes **2** uppenbarligen, tydligen

seemly ['si:mlɪ] passande, lämplig

seen [si:n] *perf. part. av I see*

seep [si:p] sippra [in, ut], läcka (*äv. bildl.*)

seer [sɪə] profet, siare

seersucker ['sɪəˌsʌkə] (*slags kräppat bomullstyg*) seersucker

seesaw ['si:sɔ:] **I** *s* **1** gung|bräde, -bräda **2** gungande på gungbräde **II** *a* upp- och nedåtgående **III** *v* **1** gunga på gungbräde; gunga upp och ner (fram och tillbaka), svänga [fram och tillbaka]

seethe [si:ð] sjuda, koka (*äv. bildl.*); *~ with people* myllra (vimla) av folk

seethrough ['si:θru:] *a* genomskinlig

segment [s 'segmənt] segment (*äv. geom.*); del; (*i citrusfrukt*) klyfta **II** *v* [seg'ment] dela upp i segment *etc.* **segmental** [seg'mentl] segmentell **segmentary** ['segmənt(ə)rɪ] segmentär **segmentation** [ˌsegmən'teɪʃn] segmentering, uppdelning i segment

segre|gate ['segrɪgeɪt] hålla i sär, åtskilja, avskilja; segregera; *~ the sexes* hålla könen åtskilda **-gation** [ˌsegrɪ'geɪʃn] avskiljande; segregation; *racial ~* rasåtskillnad **-gationist** [ˌsegrɪ'geɪʃnɪst] segregationist, anhängare av [ras]segregation

seigneur [se'njɜ:] *hist.* länsherre

seine [seɪn] **I** *s, sjö.* not, vad; *purse ~* snörpvad **II** *v* fiska med not (vad)

seis|mic ['saɪzmɪk] seismisk, jordskalvs-, jordbävnings- **-mograph** [-məgrɑ:f] seismograf **-mological** [ˌsaɪzmə'lɒdʒɪkl] seismologisk **-mology** [saɪz'mɒlədʒɪ] seismologi

seize [si:z] **1** gripa, fatta, ta tag i; fånga, ta fast; *~ the opportunity* ta tillfället i akt, gripa tillfället; *~ power* gripa makten; *~ s.b. by the arm* gripa ngn i armen; *be ~d with a desire to* gripas av en önskan att **2** inta[ga], erövra; bemäktiga sig (*the throne* tronen) **3** beslagta[ga], ta i beslag uppbringa, **4** begripa, fatta (*an idea* en idé) **5** *sjö.* surra [fast], sejsa **6** *~* [*up*]*on* gripa tag i, kasta sig över **7** *~ up a*) (*om kroppsdel*) sluta fungera, ge upp, *b*) (*om motor*) skära, *c*) (*om trafik*) stocka sig **seizure** ['si:ʒə] **1** gripande *etc.*, *jfr seize*; *~*

seldom—seller's market

of power maktövertagande **2** anfall, attack; *epileptic* ~ epileptiskt anfall **3** besittningstagande **4** beslagtagande
seldom ['seldəm] sällan
select [sɪ'lekt] **I** *a* [ut]vald; exklusiv; ~ *pieces* valda stycken **II** *v* **1** välja [ut] **2** välja, utse *(as* till) **-ed** [-ɪd] *se select I*
selec|tion [sɪ'lekʃn] **1** [ut]väljande, val; *sport.* uttagning **2** urval; *natural* ~ naturligt urval; *a* ~ *of tunes (äv.)* melodier i urval **-tive** [-tɪv] **1** selektiv *(äv. elektron.)*, utväljande; ~ *service (A.E.)* värnplikt **2** kräsen, noggrann **-tivity** [ˌsɪlek-'tɪvətɪ] selektivitet **-tor** [sɪ'lektə] **1** *BE.* medlem av uttagningskommitté **2** *tel.* selektor, linjeväljare
selenium [sɪ'liːnjəm] selen
self [self] **I** *s o. pron (pl selves* [selvz]) **1** jag; *my better* ~ mitt bättre jag; *be one's normal* ~ *again* vara sitt normala jag igen; *he only thinks of* ~ han tänker bara på sig själv **2** *hand. el. skämts.* jag (mig) själv; *pay* ~ betala till mig själv; *cheque drawn to* ~ check ställd till egen order; *it's only* ~ *and wife* det är bara jag själv och min fru **II** *a, dress with a* ~ *belt* klänning med skärp i samma tyg
self|-abnegation [ˌselfæbnɪˈgeɪʃn] självförnekelse **-absorbed** självupptagen **-abuse** onani **-acting** automatisk, självverkande **-addressed 1** ~ *envelope* adresserat svarskuvert **2** adresserad till en själv **-adhesive** självhäftande **-adjusting** självreglerande **-appointed** självutnämnd **-assertion** självhävdelse **-assertive** *a, be* ~ vilja hävda sig **-assurance** självsäkerhet **-assured** självsäker
self|-catering [ˌself'keɪt(ə)rɪŋ] *a,* ~ *flat* våning för självhushåll **-centred** självupptagen, egocentrisk **-confessed** *a, he is a* ~ *liar* han är enligt egen utsago en lögnare **-confidence** självförtroende **-confident** själv|säker, -medveten **-congratulation** självbelåtenhet **-conscious 1** generad, förlägen, besvärad **2** självmedveten **-contained 1** reserverad, avvaktande **2** måttfull, behärskad **3** självständig; komplett; självförsörjande; ~ *flat* våning med egen ingång **-contradictory** mot|sägande, -stridande **-control** själv|behärskning, -kontroll **-controlled** behärskad, lugn
self|-defeating [ˌselfdɪˈfiːtɪŋ] självförgörande **-defence** självförsvar; *the noble art of* ~ självförsvarets ädla konst *(boxningen); say s.th. in* ~ säga ngt till sitt försvar **-denial** själv|försakelse, -uppoffring **-determination** ['selfdɪˌtɜːmɪ-'neɪʃn] självbestämmanderätt; självbestämmande **-discipline** [ˌself'dɪsɪplɪn] självdisciplin **-drive** [ˌself'draɪv] *a,* ~ *car* hyrbil *(som man kör själv)*
self|-educated [ˌself'edjukeɪtɪd] själv|lärd, -bildad **-effacing** självutplånande **-employed** *a, be* ~ vara egen företagare **-esteem** självaktning **-evident** självklar **-examination** ['selfɪgˌzæ-mɪ'neɪʃn] själv|prövning, -rannsakan **-explanatory** [ˌselfɪk'splænət(ə)rɪ] självförklarande, självklar
self-fertilization ['selfˌfɜːtɪlaɪ'zeɪʃn] *biol.* självbefruktning **-forgetful** [ˌselffə'getf(ʊ)l] osjälvisk

self|-governing [ˌself'gʌvənɪŋ] självstyrande **-government** självstyre[lse]
self|-important [ˌselfɪm'pɔːt(ə)nt] dryg, viktig **-imposed** självpåtagen **-indulgent** självisk, eftergiven mot sig själv; *be* ~ *(äv.)* inte neka sig någonting **-inflicted** självförvållad **-interest** egennytta
selfish ['selfɪʃ] självisk, egoistisk **-ness** [-nɪs] självisk het, egoism
selfless ['selflɪs] osjälvisk
self|-made [ˌself'meɪd] *a* selfmade, som själv har arbetat sig upp
self|-opinionated [ˌselfə'pɪnjəneɪtɪd], **-opinioned** självgod, inbilsk; självsäker
self|-pity [ˌself'pɪtɪ] självömkan **-pollination** *bot.* självpollinering **-possessed** [ˌselfpə'zest] lugn, behärskad **-preservation** ['selfˌprezə-'veɪʃn] *s, instinct for* ~ självbevarelsedrift **-raising** [ˌself'reɪzɪŋ] *a,* ~ *flour* mjöl med tillsats av torrjäst **-realization** ['selfˌrɪəlaɪ'zeɪʃn] självförverkligande **-reliance** [ˌselfrɪ'laɪəns] själv|-förtroende, -tillit; oberoende **-reliant** [ˌselfrɪ'laɪənt] full av självförtroende (självtillit); oberoende **-reproach** [ˌselfrɪ'prəʊtʃ] självförebråelse **-respect** [ˌselfrɪ'spekt] självaktning **-respecting** [ˌselfrɪ'spektɪŋ] med självaktning **-restraint** [ˌselfrɪ'streɪnt] själv|kontroll, -behärskning **-righteous** [ˌself'raɪtʃəs] egenrättfärdig, självgod
self|-sacrifice [ˌself'sækrɪfaɪs] självuppoffring **-same** ['selfseɪm] *a, the* ~ precis (just) samma **-satisfaction** [ˌself,sætɪs'fækʃn] självbelåtenhet **-satisfied** [ˌself'sætɪsfaɪd] självbelåten **-seeking** [ˌself'siːkɪŋ] **I** *a* självisk, egoistisk **II** *s* självisk het, egoism **-service** [ˌself'sɜːvɪs] självbetjäning; ~ *[restaurant]* [restaurang med] självservering **-starter** [ˌself'stɑːtə] självstart **-styled** [ˌself'staɪld] föregiven, så kallad **-sufficient** [ˌselfsə'fɪʃnt], **-sufficing** [ˌselfsə-'faɪsɪŋ] **1** oberoende **2** självförsörjande **-supporting** [ˌselfsə'pɔːtɪŋ] självförsörjande
self-taught [ˌself'tɔːt] självlärd
self|-willed [ˌself'wɪld] egensinnig, halsstarrig **-winding** *(om armbandsur)* självuppdragande
sell [sel] **I** *v (sold, sold)* **1** sälja *(äv. bildl.)*, avyttra; föra, ha; *to be sold (äv.)* till salu; ~ *one's life dearly* sälja sitt liv dyrt; *the book sold 2,000 copies* boken såldes i 2 000 exemplar; ~ *off* sälja [av, ut], realisera; ~ *out* sälja ut *(slut på); be sold out* vara slutsåld (utsåld); *we are (have) sold out of that size* vi har [sålt] slut på den storleken; ~ *up* sälja [på exekutiv auktion] **2** *vard.* sälja, göra tilltalande, skapa intresse för; pracka på; ~ *an idea to s.b.,* ~ *s.b. on an idea* sälja en idé till ngn, få ngn tänd på en idé; *be sold on s.th.* vara tänd (såld) på ngt; ~ *o.s. short* inte göra reklam för sig **3** *bildl.* sälja, förråda; *vard.* lura, bedra; ~ *s.b. down the river* förråda ngn; ~ *out (vard.)* förråda **4** sälja[s], gå *(for, at* för, till); ~ *well* sälja[s] (gå) bra; ~ *out a)* sälja ut, *b)* sälja [alltsammans]; ~ *out to (vard.)* låta sig köpas (mutas) av; ~ *up* sälja [alltsammans] **II** *s* **1** försäljning[smetod, -steknik] ; *hard* ~ hårdförsäljning **2** *vard.* knep, bedrägeri
seller ['selə] **1** [för]säljare **2** *be a good (poor)* ~ sälja bra (dåligt) **seller's market** säljarens

marknad **selling** ['selɪŋ] I *a* säljande II *s* försäljning **selling point** försäljningsargument; tillgång **selling price** försäljningspris **sell-out** ['selaʊt] **1** succé; *the play was a ~* det var utsålt till pjäsen **2** *vard.* förräderi, svek (*to* mot)
sel|vage, -vedge ['selvɪdʒ] (*på tyg*) stad[kant]
selves [selvz] *pl av self*
Sem. *förk. för Seminary; Semitic* **sem.** *förk. för semester; semicolon*
seman|tic [sɪ'mæntɪk] semantisk **-tics** [-tɪks] (*behandlas som sg*) språkv. semantik
semaphore ['seməfɔ:] I *s* **1** semafor **2** semaforering II *v* semaforera
semblance ['sembləns] skepnad; sken; *without a ~ of* utan tillstymmelse till
semen ['si:men] sädesvätska, säd
semester [sɪ'mestə] *AE. skol., univ.* termin
semi ['semɪ] halv-, semi **-breve** [-bri:v] *mus.* helnot **-circle** [-ˌsɜ:kl] halvcirkel **-circular** [ˌsemɪ'sɜ:kjʊlə] halvcirkelformig **-colon** [ˌsemɪ'kəʊlən] semikolon **-conductor** [ˌsemɪkən'dʌktə] *fys.* halvledare **-detached** [ˌsemɪdɪ'tætʃt] *a*, *~ house* par|hus, -villa **-final** [ˌsemɪ'faɪnl] *sport.* semifinal **-finalist** [ˌsemɪ'faɪnəlɪst] *sport.* semifinalist **-literate** [ˌsemɪ'lɪtərət] knappt läskunnig, funktionell analfabet **-manufactures** ['semɪˌmænjʊ'fæktʃəz] *pl* halvfabrikat
seminal ['semɪnl] **1** *biol.* frö-; *~ fluid* sädesvätska **2** inflytelserik, nyskapande; avgörande
semi|nar ['semɪnɑ:] seminarium, seminarieövning[ar] **-nary** [-nərɪ] **1** *kat.* [präst]seminarium **2** *bildl.* plantskola **3** *AE.* privat flickskola
semiotics [ˌsemɪ'ɒtɪks] (*behandlas som sg*) semiotik
semi|precious ['semɪˌpreʃəs] *a*, *~ stone* halvädelsten **-quaver** [-ˌkweɪvə] *mus., i sht BE.* sextondelsnot
Semite ['si:maɪt] I *a* semitisk II *s* semit **Semitic** [sɪ'mɪtɪk] semitisk
semi|tone ['semɪtəʊn] *mus.* halvton **-tropical** [ˌsemɪ'trɒpɪkl] subtropisk **-vowel** ['semɪˌvaʊ(ə)l] halvvokal
semolina [ˌsemə'li:nə] semolinagryn, (*slags*) mannagryn
sempstress ['sem(p)strɪs] *se seamstress*
SEN *förk. för State Enrolled Nurse* **Sen., sen.** *förk. för senate; senator; senior*
senate ['senɪt] senat; *the S~* (*t.ex. i USA, Canada*) senaten, första kammaren; [*the*] *S~* (*univ. ung.*) konsistoriet **senator** ['senətə] senator **-orial** [ˌsenə'tɔ:rɪəl] senats-
send [send] (*sent, sent*) **1** sända, skicka [i väg]; kasta, slänga, skjuta; *~ s.b. one's love* hälsa till ngn; *God ~ that it may not be so!* Gud give att det inte är sant!; *~ to prison* sätta i fängelse; *~ him victorious!* giv honom segern!; *~ word* skicka bud, lämna besked, låta meddela, [låta] höra av sig; *he ~s word that* han låter hälsa (meddela) att; *~ away* skicka i väg (bort), driva (köra) bort; *~ down* **a**) pressa ner, sänka, **b**) *univ.* relegera, **c**) döma; *~ in* sända (skicka, lämna, sätta) in; *~ off a*) *se ~ away, b*) avsända, **c**) ta farväl av, **d**) *sport.* utvisa; *~ on a*) eftersända, vidarebefordra, sända vidare, **b**) skicka i förväg; *~ out* sända (skicka, släppa) ut, sprida; *~ round to s.b.* skicka över till ngn; *~ up a*) sända (skicka) upp (ut), *b*) driva upp (i höjden), **c**) härma, karikera, förlöjliga, *d*) sätta i fängelse **2** göra; få; *~ s.b. crazy* (*mad*) göra ngn tokig; *the fire sent them running out* elden fick (tvingade) dem att springa ut; *~ s.b. sprawling* vräka omkull ngn **3** *sl.*, *it ~s me* det tänder jag på (gillar jag verkligen) **4** skicka bud; *~ for* skicka efter, [låta] hämta; *he sent to say that* han lät hälsa att
sender ['sendə] avsändare **send-off** [-ˌɒf] **1** *vard.* avskedsfest **2** [bra] start **send-up** [-ˌʌp] *vard.* parodi; travesti
Senegal [ˌsenɪ'gɔ:l]
senescent [sɪ'nesnt] *a* åldrande
senile ['si:naɪl] senil, ålderdomssvag **senility** [sɪ'nɪlətɪ] senilitet, ålderdomssvaghet
senior ['si:njə] I *a* äldre (*to* än); senior-; *Tom Brown S~* (*i sht AE.*) Tom Brown senior (den äldre); *~ citizen* [ålders]pensionär; *~ common room* (*BE. univ.*) lärarrum; *~ high school* (*AE. ung.*) gymnasieskola; *~ officer* hög officer; *~ team* seniorlag; *she is ~ to me a*) hon är överordnad mig (har högre rang än jag), *b*) hon är äldre i tjänsten än jag; *he is two years ~ to me* han är två år äldre än jag II *s* [person som är] äldre; äldre student, *AE.* sistaårsstudent; *my ~s* de som är äldre [i tjänsten] än jag; *he is ten years my ~* han är tio år äldre än jag **-ity** [ˌsi:nɪ'ɒrətɪ] [tjänste]ålder, anciennitet
senna ['senə] *farm.* senna
sensation [sen'seɪʃn] **1** förnimmelse, känsla **2** sensation; *make* (*cause*) *a ~* göra (väcka) sensation, väcka uppseende **sensational** [-'seɪʃənl] **1** sinnes- **2** sensationell, uppseendeväckande **sensationalism** [-'seɪʃnəlɪz(ə)m] **1** sensationsmakeri **2** *filos.* sensualism
sense [sens] I *s* **1** sinne; *~s* (*pl, äv.*) besinning, sans, vett, förnuft; *the five ~s* de fem sinnena; *the ~ of hearing* hörselsinnet, hörseln; *no man in his ~s* ingen vettig människa; *be out of one's ~s* vara från vettet (sina sinnen, galen); *bring s.b. to his ~s* bringa ngn till besinning, få ngn att ta reson; *come to one's ~s* återfå sansen, sansa sig **2** vett, förnuft, förstånd; [*common*] *~* sunt förnuft; *there is a lot of ~ in that* det är vettigt (inte alls så dumt); *there is no ~ in doing that* det är ingen mening [med] att göra det; *he had the* [*good*] *~ to* han var klok nog (hade vett) att; *make s.b. see ~* få ngn att ta sitt förnuft till fånga **3** känsla, sinne (*of* för, av); *~ of colour* färgsinne; *~ of duty* pliktkänsla; *~ of humour* [sinne för] humor **4** betydelse, mening; *in a* [*certain*] *~* i viss mening, på ett sätt, på sätt och vis; *in every ~* i alla avseenden; *make ~* vara förnuftig (meningsfull, begriplig), låta vettigt; *it does not make ~ a*) det är obegripligt (meningslöst, dumt, oförnuftigt), *b*) jag blir inte klok på det, jag fattar det inte, *c*) det stämmer inte; *make ~ of s.th.* bli klok på (fatta) ngt **5** stämning, opinion; *take the ~ of* pejla (kolla) stämningen bland II *v* känna [på sig], märka; [upp]fatta
senseless ['senslɪs] **1** meningslös, orimlig, oförnuftig **2** medvetslös, sanslös **sense organ** [-ˌɔ:gən] sinnesorgan
sensi|bility [ˌsensɪ'bɪlətɪ] känslighet, mottaglighet (*to* för), sensibilitet; ömtålighet; *-bilities* (*pl*) känslor **-ble** ['sensəbl] **1** förnuftig, förståndig,

klok; vettig, praktisk **2** förnimbar; märkbar, kännbar **3** medveten (*of* om; *that* om att)
sensitive ['sensɪtɪv] känslig (*to* för); sensibel, överkänslig, ömtålig; sensitiv; ~ *paper* (*foto.*) ljuskänsligt papper; ~ *plant* (*bot.*) sensitiva; ~ *skin* ömtålig hy; *she is* ~ *about her big feet* hon är känslig för [anspelningar på] sina stora fötter
sensitivity [,sensɪ'tɪvətɪ] känslighet (*to* för); sensibilitet; sensitivitet **sensitivity training** sensi[tivitets]träning **sensi|tize** (*BE. äv. -tise*) ['sensɪtaɪz] **1** göra medveten (*to* om), varna (*to* för) **2** sensibilisera, göra [över]känslig (*to* för) **3** bli [över]känslig (*to* för)
sensor ['sensə] sensor **sensory** [-rɪ] sensorisk, sinnes-; ~ *nerve* sensorisk nerv
sensual ['sensjʊəl] sensuell, sinnlig **-ism** [-ɪz(ə)m] sensualism **-ist** [-ɪst] sensualist **-ity** [,sensjʊ'ælətɪ] sensualitet
sensuous ['sensjʊəs] **1** sensuell, sinnlig **2** sinnes-
sent [sent] *imperf. o. perf. part. av send*
sentence ['sentəns] **I** *s* **1** *jur.* dom (*on* över), utslag; *be under* ~ *of death* vara dödsdömd; *pass* ~ *on* avkunna dom över; *serve a life* ~ *for murder* avtjäna livstidsstraff för mord **2** *språkv.* mening; sats **II** *v* döma, avkunna dom över
sententious [sen'tenʃəs] **1** moraliserande; docerande **2** sententiös; kärnfull, koncis; aforistisk
sentient ['senʃnt] förnimmande, kännande; känslo-, sinnes-
sentiment ['sentɪmənt] **1** känsla, känslor **2** ~s (*pl*) uppfattning, åsikt[er], stämning **3** känslosamhet, sentimentalitet
sentimental [,sentɪ'mentl] sentimental, känslosam; ~ *value* affektionsvärde **-ist** [-'mentəlɪst] känslomänniska **-ity** [-men'tælətɪ] sentimentalitet, känslosamhet **-ize** (*BE. äv. -ise*) [-'mentl̩aɪz] **1** sentimentalisera, göra sentimental, romantisera **2** bli (vara) sentimental
sentinel ['sentɪnl] vakt[post]
sentry ['sentrɪ] *mil.* vakt, [vakt]post, skiltvakt; *be on* ~ [*duty*] stå på (hålla) vakt; *keep* ~ hålla vakt **sentry box** vaktkur
Sep. *förk. för September; Septuagint* **sep.** *förk. för separate*
separable ['sep(ə)rəbl] skiljbar; isärtagbar; avtagbar
separate I *a* ['seprət] skild, av-, sär-, åt|skild, separat, enskild; ~ *peace* separatfred; *on two* ~ *occasions* vid två olika (skilda) tillfällen; *under* ~ *cover* (*hand.*) separat; *that is a* ~ *question* det är en annan fråga (en fråga för sig); *everybody has a* ~ *cup* alla har en egen (var sin) kopp; *keep* ~ hålla åtskild (i sär), inte blanda ihop **II** *s* ['seprət] ~*s* (*pl*) udda (separata) plagg (*i motsats t. klänning, kostym*) **III** *v* ['sepəreɪt] **1** skilja [åt], av-, från-, sär|skilja, sära på, separera **2** ~ [*out*] dela [upp] (*into* i) **3** skiljas [åt], skiljas från varandra; separera **4** dela [upp] sig (*into* i)
separately ['seprətlɪ] *adv* separat, särskild, var för sig
separation [,sepə'reɪʃn] **1** separation, separering; [av]skiljande, från-, sär|skiljande **2** separation, skilsmässa; *judicial* ~ (*jur.*) hemskillnad **3** mellanrum, avstånd
separa|tism ['sep(ə)rətɪz(ə)m] separatism **-tist** [-tɪst] separatist

separator ['sepəreɪtə] separator
Sephardi [se'fɑːdɪ] sefardim, sefardisk jude
sepia ['siːpjə] sepia[brunt]
sepsis ['sepsɪs] *med.* blodförgiftning, sepsis
Sept. *förk. för September; Septuagint*
September [sep'tembə] september
septet[te] [sep'tet] *mus.* septett
septic ['septɪk] *med.* septisk; infekterad; ~ *tank* septiktank **-[a]emia** [,septɪ'siːmɪə] *med.* blodförgiftning, septikemi, sepsis
septuagenarian [,septjʊədʒɪ'neərɪən] **I** *s* sjuttioåring (*mellan 70 o. 79*) **II** *a* sjuttioårig (*mellan 70 o. 79*) **Septuagesima** [-'dʒesɪmə] septuagesima (*nionde söndagen före påsk*)
sepul|chral [sɪ'pʌlkr(ə)l] grav-; begravnings-; *bildl.* gravlik, dyster **-chre** ['sep(ə)lkə] *litt.* **I** *s* grift, grav; *the Holy S*~ den Heliga Graven **II** *v* begrava
seq. *förk. lat. för sequel; sequens* **seqq.** *förk. för sequentia*
sequel ['siːkw(ə)l] **1** följd, efterspel, fortsättning **2** fortsättning (*to a book* på en bok)
sequence ['siːkwəns] serie, rad, [ordnings]följd, ordning; *film., mus. e.d.* sekvens; *kortsp.* svit; *chronological* ~ kronologisk ordning; ~ *of events* händelseförlopp **sequent** [-t] [efter]följande; därav följande; ~ *to* som följer på (av) **sequential** [sɪ'kwenʃl] följdriktig; därav följande
seques|ter [sɪ'kwestə] **1** avskilja, isolera; ~*ed* (*litt.*) lugn, ostörd, avsides belägen **2** *jur.* beslagta[ga], belägga med kvarstad, sekvestrera **-trate** [-treɪt] *se sequester 2* **-tration** [,siːkwe'streɪʃn] *jur.* [beläggande med] kvarstad, beslagtagande, sekvester
sequin [siːkwɪn] paljett
sequoia [sɪ'kwɔɪə] *bot.* rödvedsträd; mammutträd
ser. *förk. för serial; series; sermon*
sera ['sɪərə] *pl av serum*
seraglio [se'rɑːlɪəʊ], **serail** [sə'raɪ] seralj
seraph ['serəf] (*pl* ~*s el.* ~*im* [-ɪm]) seraf **-ic[al]** [se'ræfɪk(l)] serafisk
Serb [sɜːb] **I** *s* **1** serb[ier] **2** serbiska [språket] **II** *a* serbisk **Serbia** ['sɜːbjə] Serbien **Serbian** ['sɜːbjən] *se Serb I o. II* **Serbo|-Croat** [,sɜːbəʊ'krəʊæt], **--Croatian** [,sɜːbəʊkrəʊ'eɪʃn] **I** *s* serbokroatiska [språket] **II** *a* serbokroatisk
sere|nade [,serə'neɪd] **I** *s* serenad **II** *v* ge serenad [för] **-nader** [-'neɪdə] serenadsångare
serendipity [,serən'dɪpətɪ] förmåga att av en lycklig slump göra en upptäckt
serene [sɪ'riːn] **1** lugn, fridfull, rofylld, seren **2** *His* (*Her*) *S*~ *Highness* Hans (Hennes) Höghet **serenity** [sɪ'renətɪ] lugn, frid, stillhet, serenhet
serf [sɜːf] livegen, träl **-dom** ['sɜːfdəm], **-hood** ['sɜːfhʊd] livegenskap, träldom
sergeant ['sɑːdʒ(ə)nt] **1** (*BE., i armén o. flyget*) överfurir; (*AE., i armén*) furir, (*i flyget*) korpral; ~ *first class* (*AE., i armén*) sergeant; *flight* ~ (*BE., i flyget*) sergeant; *master* ~ (*AE., i armén*) fanjunkare, (*i flyget*) sergeant; *senior master* ~ (*AE., i flyget*) fanjunkare; *staff* ~ (*BE., i armén*) sergeant, (*AE., i flyget*) furir; *technical* ~ (*AE., i flyget*) överfurir **2** *BE.* överkonstapel; *AE.* polisassistent **sergeant major** [,sɑːdʒ(ə)nt'meɪdʒə] (*pl sergeant majors*) *ung.* fanjunkare

serial ['sɪərɪəl] **I** *a* **1** serie-, i serie; ~ *number* serienummer **2** som följetong, i följetongsform; ~ *rights* följetongsrättigheter **II** *s* följetong; serie **-ize** (*BE. äv. -ise*) [-aɪz] publicera som följetong; ge som serie
series ['sɪəriːz] (*pl lika*) serie (*äv. mat., elektr.*); följd, räcka; *connect in* ~ seriekoppla
serigraphy [sə'rɪgrəfɪ] serigrafi, silkscreen
serious ['sɪərɪəs] allvarlig; seriös; ~ *illness* allvarlig sjukdom; *to be* ~ allvarligt talat; *are you* ~? menar du (är det ditt) allvar? **-ly** [-lɪ] *adv* allvarligt; seriöst; ~? menar du (är det ditt) allvar?; *quite* ~ på fullt allvar; *take s.th.* ~ ta ngt på allvar **-ness** [-nɪs] allvar; allvarlighet
sermon ['sɜːmən] **1** predikan (*on* om, över); *the S~ on the Mount* Bergspredikan **2** straff-, moral|predikan **-ize** (*BE. äv. -ise*) [-aɪz] hålla straffpredikan (predika) [för]
serpent ['sɜːp(ə)nt] **1** *åld., litt., bildl.* orm **2** *mus.* serpent **serpentine** [-aɪn] *litt.* ormliknande; slingrande
serrated [se'reɪtɪd] sågtandad
serried ['serɪd] *a, in* ~ *ranks* slutna led
se|rum ['sɪərəm] (*pl -rums el. -ra* [-rə]) serum
serv. *förk. för servant; service*
servant ['sɜːv(ə)nt] tjänare; tjänarinna; *domestic* ~ hembiträde, tjänsteflicka; *civil* ~ stats|tjänsteman, -tjänare, tjänsteman inom civilförvaltningen; *public* ~ [stats]tjänsteman, ämbetsman **servant girl** hembiträde
serve [sɜːv] **I** *v* **1** tjäna, arbeta för, arbeta (vara tjänare) hos; hjälpa, stå till tjänst **2** servera, sätta fram; expediera; förse, försörja; *dinner is ~d* middagen är serverad; *are you being ~d? a*) (*i affär*) är det tillsagt?, *b*) (*på restaurang*) har ni beställt?; ~ *one's guests with drinks* servera sina gäster (förse sina gäster med) drinkar; ~ *out* portionera (dela) ut; ~ *up* sätta (duka) fram, servera, lägga upp, *bildl.* servera, komma med, duka upp **3** sköta, betjäna (*äv. mil.*); ~ *Mass* vara officiant vid (förrätta) mässan **4** behandla; [*it*] ~*s you right!* (*vard.*) [det var] rätt åt dig! **5** [full]göra; ~ *one's sentence* avtjäna sitt straff; ~ *time* (*vard.*) sitta inne (i fängelse); ~ *out a*) [full]göra, *b*) avtjäna, sitta av, *c*) avsluta **6** passa [för], duga för (till, åt); hjälpa, vara full nytta; *if my memory ~s me right* om jag minns rätt; *that will* ~ *my needs* det är precis vad jag behöver; ~ *a p.'s purpose* tjäna (passa) ngns syfte, täcka ngns behov **7** *jur.*, ~ *a summons on s.b.*, ~ *s.b. with a summons* delge ngn en stämning **8** *sport.* serva **9** (*om djur*) betäcka **10** tjänstgöra, arbeta, tjäna, verka; ~ *as chairman* vara ordförande; ~ [*at Mass*] vara officiant vid (förrätta) mässan; ~ *in an office* bekläda ett ämbete; ~ *on* vara medlem av (i); ~ *on a jury* sitta i en jury **11** passa, duga, fungera, tjäna; vara ägnad; *as occasion* ~*s* vid lämpligt tillfälle **12** servera; expediera; ~ *at table* servera **13** *sport.* serva **II** *s, sport.* serve
server ['sɜːvə] **1** uppläggnings-, serverings|bestick; uppläggningsfat; serveringsbricka **2** *sport.* servare
service ['sɜːvɪs] **I** *s* **1** tjänst; hjälp; nytta; ~*s* (*pl, äv.*) förtjänster; *be of* ~ *to s.b.* vara ngn till hjälp (nytta), hjälpa ngn; *can I be of* ~ *to you?* kan jag hjälpa dig med ngt?; *do s.b. a* ~ göra ngn en tjänst **2** tjänst[göring] (*äv. mil.*); *military* ~ militärtjänst[göring]; *on active* ~ i aktiv tjänst; *be in a p.'s* ~ vara i (ha) tjänst hos ngn; *when I was in the ~s* när jag var i det militära; *do* (*render*) ~ tjänstgöra, göra tjänst; *take* ~ *with* ta tjänst hos; *take into one's* ~ anställa, ta i sin tjänst **3** gudstjänst, mässa **4** ~[*s*] *a*) tjänst, service, vård, *b*) distributionsnät; *health* ~ hälsovård; *medical* ~ sjukvård; *the postal* ~ postväsendet; *social* ~*s* socialvård[en]; *all the* ~*s have been cut off* el. vatten och gas har stängts av **5** service, översyn; *my car has had a* ~ jag har haft bilen på service **6** service; betjäning; servering[savgift] **7** servis; *dinner* ~ matservis **8** bruk; drift; trafik; förbindelse, linje, turer; *postal* ~ postgång; *the number 48* ~ linje 48, 48:an; *put into* ~ ta i bruk (drift), sätta i trafik; *out of* ~ ur drift (funktion, trafik); *there's no* ~ *to Drageryd on Sundays* det går ingen buss (*e.d.*) till Drageryd på söndagar **9** *jur.* delgivning **10** *sport.* serve **II** *v* **1** serva, ha på service; *send a car to be ~d* lämna in en bil på service **2** (*om djur*) betäcka
service|ability [ˌsɜːvɪsə'bɪlətɪ] **1** användbarhet, brukbarhet **2** hållbarhet, slitstyrka **-able** ['sɜːvɪsəbl] **1** användbar, brukbar **2** hållbar, slitstark
service area ['sɜːvɪsˌeərɪə] täckningsområde
service charge [-tʃɑːdʒ] serverings-, betjänings|avgift **service dress** [-dres] *mil.* daglig dräkt **service flat** servicelägenhet, lägenhet i servicehus **service line** *sport.* servelinje **serviceman** [-mən] militär **service revolver** [-rɪ'vɒlvə] tjänsterevolver **service station** [-ˌsteɪʃn] bensinstation; servicestation
serviette [ˌsɜːvɪ'et] servett
ser|vile [sɜː'vaɪl] **1** servil, krypande, fjäskande **2** slavisk (*obedience* lydnad) **-vility** [sɜː'vɪlətɪ] **1** servilitet, kryperi, fjäsk **2** slaviskhet
servitude ['sɜːvɪtjuːd] **1** träldom, slaveri **2** [*penal*] ~ straffarbete
servo ['sɜːvəʊ] **I** *a* servo- **II** *s, vard.* servomekanism **-assisted** [-əˌsɪstɪd] *a,* ~ *brakes* servobromsar **-mechanism** [-ˌmekənɪz(ə)m] servomekanism **-motor** [-ˌməʊtə] servomotor
sesame ['sesəmɪ] **1** *bot.* sesam **2** *open* ~ sesam, öppna dig **sesame seeds** *pl* sesamfrön
session ['seʃn] **1** session, sammanträde, sittning; *petty* ~*s, se magistrates' court*; *quarter* ~*s* (*förr*) domstol för smärre förseelser (*hölls varje kvartal*); *be in* ~ sammanträda, vara samlad **2** sessionstid **3** sammankomst; *drinking* ~ dryckeslag; *recording* ~ inspelning[stillfälle] **4** *AE., Sk. univ.* läsår; termin **-al** [-ʃnl] sessions-
sestet [ses'tet] **1** *versl.* sexradig strof **2** *mus.* sextett
set [set] **I** *s* **1** sats, uppsättning, omgång, set, sätt; servis; garnityr; saker; spel; *chess* ~ schackspel; *painting* ~ målarskrin, färglåda **2** serie, rad; [fullständig] utgåva (*av skrifter*), verk; *a* ~ *of questions* en rad frågor **3** [umgänges]krets; grupp; kotteri, klick; liga, band; *the literary* ~ de litterära kretsarna, den litterära världen; *a nice* ~ *of people* trevliga människor **4** hållning; placering, läge; riktning; *bildl.* inriktning, tendens **5** [pass] form, fall **6** läggning (*av håret*), ondulering **7** apparat; ~ *of headphones* hörlurar; *TV* ~ TV-appa-

setback—settlement

rat **8** *jakt.* stånd; *bildl.* anfall; *make a dead ~ at (for) s.b. (bildl.) a)* störta sig över ngn, *b)* lägga an på ngn **9** *film., teat.* scen[bild], dekor[ation] **10** *mat.* mängd **11** *sport.* set **II** *a o. perf. part.* **1** stel, orörlig; stirrande **2** klar, färdig; beredd; fast besluten, mycket angelägen; egensinnig; *all ~ allt klart; are we all ~?* är vi färdiga?; *be [dead] ~ on doing s.th.* till varje pris vilja (vara fast besluten att) göra ngt; *get ~! (sport.)* färdiga! **3** bestämd; fast[ställd]; *~ books* obligatorisk [kurs]litteratur, obligatoriska [kurs]böcker; *~ lunch* dagens rätt; *~ phrase* stående fras (uttryck), talesätt; *in ~ terms* i klara ord (termer); *at a ~ time* vid en fastställd tidpunkt; *be ~ in one's habits* ha mycket bestämda vanor, ha fastnat i sina vanor **4** belägen **III** *v (set, set)* **1** sätta, ställa, lägga, placera; få; *~ fire to* sätta (tända) eld på; *~ the glass to one's lips* föra glaset till läpparna; *~ guards* ställa (sätta) ut vakter; *have one's hair ~* lägga håret; *~ in motion* sätta i rörelse; *~ potatoes* sätta potatis; *~ seeds* så frön; *~ the table* duka [bordet] ; *~ a watch* ställa en klocka; *be ~ fair a)* (om barometer) stå på vackert, *b)* (om vädret) vara vackert; *~ free (at large)* frige; *~ at* anfalla; *~ at work* sätta i gång (i arbete); *~ s.b. laughing* få ngn att skratta; *~ one's mind on doing s.th.* sätta sig i sinnet att göra ngt; *~ s.b. to do s.th.* sätta ngn att göra ngt; *~ o.s. to do s.th.* ta itu med (besluta sig för) att göra ngt **2** besätta *(with diamonds* med diamanter), infatta *(in gold* i guld) **3** *~ the scene in* förlägga scenen till; *the book is ~ in Vienna* handlingen i boken tilldrar sig i Wien; *the stage is ~ a)* allt är klart på scenen, *b)* spelet kan börja (*äv. bildl.*) **4** fastställa, bestämma *(a time for* tid för); sammanställa **5** ge, förelägga, ålägga, föreskriva; *~ an exam* ställa samman examensuppgifter **6** *~ s.th. to music* tonsätta (sätta musik till) ngt **7** *boktr.* sätta [upp] **8** *med.* vrida i led; återföra i läge **9** få att stelna (hårdna) **10** stelna [till], hårdna; stadga sig **11** (om himlakropp o. bildl.) gå ner; *his star is ~ting* hans stjärna dalar (är i sjunkande) **12** *jakt.* göra stånd **13** *~ about a)* börja [på], ta itu med, sätta i gång med, *b)* störta sig över, gå lös på; *~ against a)* sätta upp mot, *b)* ställa (väga) mot; *~ o.s. against* sätta sig emot; *~ against tax the cost of (vid deklaration)* yrka avdrag för kostnader för; *~ apart a)* skilja, *b)* lägga undan, sätta av; *~ aside a)* lägga undan, sätta av, *b)* bortse från, glömma, *c)* avvisa, förkasta, *d) jur.* upphäva, ogiltigförklara; *~ back a)* fördröja, stoppa, *b)* ställa (vrida) tillbaka, *c) vard.* kosta; *~ down a)* sätta ner, släppa av, *b)* skriva (sätta, föra, ställa) upp, skriva ner, *c)* skylla på, tillskriva, *d)* betrakta *(as* som); *~ forth a)* lägga fram, *b)* ge sig i väg; *~ in* sätta in, inträda, falla på, bryta ut, börja; *~ off a)* avfyra, *b)* starta, sätta i gång, utlösa, framkalla, *c)* balansera, uppväga, *d)* framhäva, *e)* ge sig (sätta) i väg, [av] resa, starta; *~ s.b. off doing s.th.* få ngn att göra ngt; *~ on a)* driva, egga, *b)* an-, över|falla; *~ out a)* ställa upp, *b)* lägga (ställa) fram, framställa, skildra, visa fram, ställa ut, *c)* börja, *d)* ge sig i väg, [av]resa, starta; *~ to a)* sätta i gång, hugga i, *b)* kasta sig över (hugga in på) maten; *~ to work* sätta i gång; *~ up a)* sätta (ställa, resa, bygga, rigga, slå) upp, resa, uppföra, *b)* upp-, in|rätta,

grunda, anlägga, *c)* anordna, *d)* tillsätta, *e)* införa, *f)* förbereda, planera, arrangera, avtala, *g)* framkalla, vålla, *h)* utstöta, *i)* göra frisk igen, få på benen, *j) vard.* fixa, göra upp på förhand, *k) boktr.* sätta [upp], *l)* etablera sig; *~ up for o.s., ~ up shop* öppna (starta) eget; *~ up home (house)* skaffa sig egen bostad, flytta hemifrån; *~ o.s. up as s.th.* låtsas vara (utge sig för) ngt; *~ up a record* sätta rekord; *~ up a protest* protestera högljutt; *~ upon* an-, över|falla

set|back ['setbæk] motgång, bakslag **--in** [ˌset'ɪn] *a* isatt *(sleeve* ärm) **--off** ['setɒf] **1** motvikt **2** kontrast **3** mot|anspråk, -fordran

set piece [ˌset'piːs] **1** *teat.* sättstycke **2** standardverk **3** fyrverkeri **set square** ['setskweə] vinkelhake

settee [se'tiː] soffa

setter ['setə] *(hundras)* setter

set theory ['setˌθɪərɪ] *mat.* mängdlära

setting ['setɪŋ] **1** sättande, sättning *etc., jfr set III* **2** infattning *(för ädelstenar e.d.)* **2** omgivning; miljö **3** *mus.* tonsättning **4** *teat.* iscensättning, uppsättning; *bildl.* inramning; miljö, omgivning **5** *(maskins e.d.)* läge **6** [bords]kuvert **7** *(himlakropps)* nedgång; *the ~ of the sun* solens nedgång **setting lotion** [-ˌləʊʃn] läggningsvätska

1 settle ['setl] **1** sätta (till rätta), lägga (till rätta) ; *~ o.s. a)* slå sig ner (till ro), *b)* bestämma sig *(to* [för] att), sätta i gång *(to* [med] att) **2** hjälpa till rätta (att etablera sig); *~ s.b. into a house* hjälpa ngn att komma i ordning i ett hus; *~ s.b. into a job* hjälpa ngn att komma in i ett arbete **3** slå sig ner i; kolonisera; placera, låta bosätta sig; *~ o.s.* bosätta sig **4** komma överens om, avtala, bestämma, fastställa **5** göra (klara) upp, ordna, lösa, klara [av]; avgöra; göra slut på; *that ~s it! a)* därmed är saken klar!, det avgör saken!, *b)* nu räcker det!, och därmed jämnt!; *that's ~d then!* då säger vi så!, så får det bli! **6** göra upp, betala; utjämna *(an account* ett konto) **7** låta sätta sig (sjunka), få att lägga sig; lugna; *~ down* lugna; *~ o.s.* lugna sig **8** *~ [down] a)* sätta sig [till rätta], slå sig ner, *b)* bosätta sig, slå sig ner, *c)* etablera (inrätta) sig, *d)* lägga (lugna, stabilisera, stadga) sig; *~ down in a job* komma in i ett arbete; *~ down to work* börja arbeta; *marry and ~ down* gifta sig och slå sig till ro; *~ in* komma i ordning, komma in, acklimatisera sig **9** (*om byggnad e.d.*) sätta sig **10** lägga (lägra, utbreda) sig (on på, över) **11** ställa sig, klarna; sjunka [till botten] **12** besluta (bestämma) sig *(on* för) **13** *~ [up]* göra upp, betala **14** *~ for* vara nöjd (nöja sig) med

2 settle ['setl] högryggad träsoffa *(med låda under)*

settled ['setld] **1** bestämd, avgjord **2** stadig, fast, oföränderlig; *~ weather* lugnt och vackert väder **3** [fast] bofast; bebyggd, bebodd; *not feel entirely ~* inte riktigt ha acklimatiserat sig (funnit sig till rätta) **settlement** [-mənt] **1** uppgörelse; förlikning; lösning *(av konflikt)*; biläggande *(av tvist)*; *reach a ~* komma till en uppgörelse, träffa förlikning **2** betalning, likvid; *in ~ of* som betalning (likvid) för **3** bosättning, bebyggelse; koloni; kolonisering, fastställelse **4** *(i byggnad e.d.)* sättning **5** settlement *(social institution)*, hemgård

settler [-ə] kolonist, nybyggare **settlings** [-ɪŋz] *pl* bottensats, fällning
set|-to [ˌsetˈtuː] *vard.* slagsmål; gräl **-up** [ˈsetʌp] *s* **1** *vard.* system; organisation; struktur, [upp]byggnad **2** uppsättning, anordningar, utrustning **3** *AE. sl.* uppgjord match **--up** [setˈʌp] *a* väll-växt, -byggd
seven [ˈsevn] (*jfr eight o. sms.*) **I** *räkn* sju; *the ~ seas* de sju [världs]haven **II** *s* sjua **-fold I** *a* sju|faldig, -dubbel **II** *adv* sju|faldigt, -dubbelt **--league** *a, ~ boots* sjumilastövlar
seventeen [ˌsevnˈtiːn] (*jfr eighteen o. sms.*) **I** *räkn* sjutton **II** *s* sjutton; sjuttontal **seventeenth** [-θ] *räkn o. s* sjuttonde; sjutton[de]del
seventh [ˈsevnθ] (*jfr eighth*) **I** *räkn* sjunde **II** *s* sjunde; sjundedel **seventieth** [ˈsevntɪɪθ] *räkn o. s* sjuttionde; sjuttion[de]del **seventy** [ˈsevntɪ] (*jfr eighty o. sms.*) **I** *räkn* sjutti[o] **II** *s* sjutti[o]; sjutti[o]tal **seven-year itch** [ˌsevnjəːˈɪtʃ] *s, vard.*, **1** skabb **2** *the ~* otrohet (*efter sju års äktenskap*)
sever [ˈsevə] **1** [av]skilja; hugga (skära, klippa, slita) av, kapa; [av]bryta (*one's connections with* sina förbindelser med) **2** skiljas [åt]; delas, gå isär
several [ˈsevr(ə)l] **1** åtskilliga, flera **2** olika; enskild, särskild; respektive; *the members with their ~ interests* medlemmarna med sina olika intressen; *five ~ times* fem olika gånger; *each went his ~ way* var och en gick sin väg; *joint and ~* (*jur.*) solidarisk **-ly** [-rəlɪ] *adv, åld. el. litt.* särskilt, var för sig
severance [ˈsevər(ə)ns] [av]skiljande, avhuggande *etc., jfr sever* **severance pay** avgångsvederlag
severe [sɪˈvɪə] **1** svår, allvarlig (*damage* skada), hård; *a ~ cold* en svår förkylning; *be under ~ pressure* ha ett hårt tryck på sig **2** sträng, hård, svår, skarp; bister; (*om stil e.d.*) strikt, stram, sträng; *a ~ reprimand* en skarp tillrättavisning **severely** [-lɪ] *adv* svårt, allvarligt *etc., jfr severe; ~ punished* hårt straffad; *~ wounded* svårt sårad **severity** [sɪˈverətɪ] stränghet, hårdhet, skärpa *etc., jfr severe*
Seville [səˈvɪl] Sevilla **Seville orange** [-ˌɒrɪn(d)ʒ] pomerans
sew [səʊ] (*imperf sewed, perf. part. sewn el. sewed*) sy; sy i (fast) (*a button onto the coat* en knapp i kappan); *~ on* sy i (fast); *~ up* sy ihop (till); *~ up a deal* (*vard.*) sy ihop ett avtal, föra en affär i hamn; *~ together* sy ihop
sewage [ˈsjuːɪdʒ] avlopps-, kloak|vatten **sewage farm** rötslamanläggning
1 sewer [ˈsjʊə] avlopps-, kloak|ledning, avlopp, kloak
2 sewer [ˈsəʊə] skräddare, sömmerska
sewerage [ˈsjʊərɪdʒ] avloppsnät, kloaksystem
sewing [ˈsəʊɪŋ] sömnad[sarbete] **sewing machine** [-məˌʃiːn] symaskin
sewn [səʊn] *perf. part. av sew*
sex [seks] **1** kön; *the fair ~* det täcka könet; *the opposite ~* det motsatta könet **2** sex; *vard.* samlag; *have ~* ha samlag (sex), ligga med varandra
sexagenarian [ˌseksədʒɪˈneərɪən] **I** *s* sextioåring (*mellan 60 o. 70*) **II** *a* sextioårig (*mellan 60 o. 70*)
sex appeal [ˌseksəˈpiːl] sex appeal, erotisk dragningskraft **sex education** [ˈseksedjʊˌkeɪʃn] sexualundervisning
sex|ism [ˈseksɪz(ə)m] sexism, könsdiskriminering **-ist** [-ɪst] **I** *a* sexistisk, könsdiskriminerande **II** *s* sexist; manschauvinist
sexless [ˈsekslɪs] könlös
sex object [ˈseksˌɒbdʒɪkt] sexobjekt
sexploitation [ˌseksplɔɪˈteɪʃn] kommersiell könsexploatering **sexpot** [ˈsekspɒt] *sl.* sexig tjej
sex roles [ˈseksrəʊlz] *pl* könsroller
sextant [ˈsekst(ə)nt] sextant
sextet[te] [seksˈtet] sextett
sexton [ˈsekst(ə)n] kyrkvaktmästare **--beetle** [-ˌbiːtl] *zool.* dödgrävare, dödgrävarbagge
sexual [ˈseksjʊəl] sexuell, köns-; *~ attraction* erotisk dragningskraft; *~ behaviour* sexuellt beteende; *~ intercourse* samlag, sexuellt umgänge; *~ organs* könsorgan, könsdelar; *~ reproduction* könlig fortplantning **sexuality** [ˌseksjʊˈælətɪ] sexualitet **sexy** [ˈseksɪ] *vard.* sexig
Seymour [ˈsiːmɔː]
sez [sez] *vard.* = *says; ~ you!* säger du ja!
SF *förk. för Science Fiction* **SG** *förk. för singular*
S.G. *förk. för solicitor general* **s.g.** *förk. för specific gravity* **sgd.** *förk. för signed* **Sgt.** *förk. för Sergeant* **Sgt. Maj.** *förk. för Sergeant Major*
sh [ʃ] *interj* sch!, hysch!
sh. *förk. för share* (aktie); *sheep;* (*boktr.*) *sheet*
shabby [ˈʃæbɪ] **1** sjabbig, sjaskig; luggsliten **2** tarvlig, lumpen
shack [ʃæk] **I** *s* timmerkoja, hydda **II** *v, vard.* **1** *~ up with s.b.* slå sina påsar ihop med ngn **2** *~ up* slå sina påsar ihop
shackle [ˈʃækl] **I** *s* **1** boja; *~s* (*pl, äv.*) fjättrar **2** sjö. schackel **II** *v* belägga med bojor, fjättra, binda
shaddock [ˈʃædək] *bot.* pompelmus
shade [ʃeɪd] **I** *s* **1** skugga; *light and ~* (*konst.*) skuggor och dagrar; *it's cool in the ~* det är svalt i skuggan; *put* (*cast*) *in the ~* (*bildl.*) ställa i skuggan **2** [lamp]skärm; *AE.* rullgardin, jalusi; *~s* (*pl, vard.*) solglasögon **3** nyans, schattering, skiftning (*äv. bildl.*); *~s of blue* blå nyanser (färgtoner); *a phrase with many ~s of meaning* en mening med många betydelseskiftningar (nyanser) **4** aning, smula; *a ~ large* en aning [för] stor **5** *litt.* skugga, [avlidens] ande; *in the realm of ~* is skuggornas rike **II** *v* **1** skugga (*äv. konst.*); *~ one's eyes with one's hand* skugga ögonen med handen **2** skärma av **3** övergå (*into* i, till); *red that ~s into pink* rött som övergår i skärt
shading [ˈʃeɪdɪŋ] **1** skuggning **2** nyans
shadow [ˈʃædəʊ] **I** *s* **1** skugga; *in the ~ of a tree* i skuggan av ett träd **2** skugga, [ständig] följeslagare; *put a ~ on s.b.* låta skugga ngn **3** skymt, aning; *without a ~ of doubt* utan skuggan av ett tvivel; *I never had a ~ of a doubt that* jag har aldrig hyst minsta tvivel om att; *a ~ of hope* en strimma hopp **4** skuggbild, skugga; *he is a ~ of his former self* han är en skugga av sitt forna jag **II** *v* **1** skugga **2** skugga, följa efter
shadowy [ˈʃædəʊɪ] **1** skuggig **2** skugglik; mystisk
shady [ˈʃeɪdɪ] **1** skuggig; skuggande **2** *vard.* tvivelaktig, skum
SHAEF [ʃeɪf] *förk. för Supreme Headquarters Allied Expeditionary Forces*

shaft—share 464

shaft [ʃɑ:ft] **1** skaft (*på pil, verktyg, golfklubba m.m.*) **2** *tekn.* axel; *propeller* ~ propelleraxel **3** (*t. gruva, hiss e.d.*) schakt; trumma **4** skakel, skalm **5** [ljus]stråle, -strimma **6** *bildl.* pil
shag [ʃæg] **1** ragg, lurvig päls **2** shag[tobak] **-gy** [ˈʃægɪ] lurvig, raggig; tovig; ~ *dog story* lång skämthistoria med fånigt slut
shagreen [ʃæˈgri:n] chagräng
shah [ʃɑ:] s[c]hah
shake [ʃeɪk] **I** *v* (*shook, shaken*) **1** skaka, ruska; komma att skaka (darra, skälva); skaka ner (ur, på); *bildl.* [upp]skaka, uppröra; *bildl.* försvaga, rubba; ~ *o.s.* skaka på sig; ~ *one's fist at s.b.* hytta [med näven] åt ngn; ~ *hands* skaka hand, ta varandra i hand (*on* på); ~ *one's head* skaka på huvudet; ~ *a leg* (*vard.*) skynda sig [på], sno sig; ~ *pepper on* strö peppar på (över) **2** skaka, darra, skälva, bäva (*with* av); *vard.* skaka hand **3** ~ *down a*) skaka (ruska) ner, *b*) *AE. sl.* muddra, [kropps]visitera, *c*) *AE. sl.* pressa pengar av, *d*) komma in, finna sig till rätta, *e*) ordna sig, *f*) *vard.* sova över, kinesa; ~ *off* skaka av [sig], göra sig (bli) av med; ~ *out a*) skaka ur, *b*) skaka upp, *c*) *mil.* sprida sig; ~ *up a*) skaka upp (om), *b*) rycka (ruska) upp **II** *s* **1** skakning, ruskning; darrning, skälvning; *with a* ~ *in his voice* med darrande röst; *he's got the* ~*s* (*vard.*) händerna darrar på honom, han är darrig, han har frossan **2** (*dans*) shake **3** *vard.* ögonblick; *in two (a couple of)* ~*s* på nolltid, i rödaste rappet, på ett kick **4** *vard., be no great* ~*s as* inte vara mycket till (att skryta med som) **5** *mus.* drill **6** *se milkshake*
shakedown [ˈʃeɪkdaʊn] **1** provisorisk bädd **2** *AE. sl.* utpressning; mutning; kroppsvisitation; genomsökning **3** *vard., i sht AE.* provtur **shaken** [-n] *perf. part. av* **shake shaker** [-ə] shaker, drinkblandare
Shake|speare [ˈʃeɪkˌspɪə] Shakespeare **-spearian** [ʃeɪkˈspɪərɪən] Shakespeare-
shake-up [ˈʃeɪkʌp] *vard.* omorganisation, ommöblering; uppryckning
shaking [ˈʃeɪkɪŋ] **I** *s* skakning, ruskning; *give s.th. a good* ~ skaka (ruska) om ngt ordentligt **II** *a* skakande; ~ *palsy* Parkinsons sjukdom
shako [ˈʃækəʊ] schakå
shaky [ˈʃeɪkɪ] **1** skakande, skakig, skälvande, darrande; ostadig, rank **2** osäker; vacklande; svag, gammal, skranglig
shale [ʃeɪl] [ler]skiffer **shale oil** skifferolja
shall [ʃæl, *obeton.* ʃəl, ʃl] (*imperf should*) hjälpv, *pres.* skall, kommer att; *we* ~ *do it tomorrow* vi skall göra (vi gör) det i morgon; *you* ~ *pay for this!* du kommer att få sota för det här!
shallot [ʃəˈlɒt] schalottenlök
shallow [ˈʃæləʊ] **I** *a* **1** grund; flat (*plate* tallrik); *bildl.* ytlig, ihålig **2** lätt, svag (*breathing* andning) **II** *s, vanl.* ~*s* (*pl*) grunt ställe, grund
shalt [ʃælt] *åld., 2 pers. sg pres. av* **shall;** *thou* ~ *not steal* du skall icke stjäla
sham [ʃæm] **I** *v* **1** simulera, hyckla; ~ *headache* låtsas ha huvudvärk; ~ *illness* spela (låtsas vara) sjuk, simulera **2** simulera, låtsas [vara], spela; ~ *ill* spela (låtsas vara) sjuk **II** *s* **1** hyckleri, förställning, skoj, bluff, humbug **2** hycklare, skojare, bluffmakare **3** imitation **III** *a* hycklad, fingerad, låtsad, låtsas-, sken-; imiterad, oäkta, falsk

shamble [ˈʃæmbl] **I** *v* lufsa, hasa, släpa benen efter sig **II** *s* lufsande, släpande gång
shambles [ˈʃæmblz] (*behandlas som sg el. pl*) **1** röra, oreda, kaos; förödelse **2** slakthus
shame [ʃeɪm] **I** *s* skam; blygsel, skamsenhet; vanära; ~ *on you!* fy skäms (skam) [på dig]!; *what a* ~*!* så synd (tråkigt)!; *be without* ~ inte ha ngn skam i kroppen; *it's a* ~ *you couldn't come* det var synd (tråkigt) att du inte kunde komma; *bring* ~ *upon s.b.* dra skam (vanära) över ngn; *feel* ~ *at (for) s.th.* skämmas över (för) ngt; *put s.b. to* ~ *a*) skämma ut (dra skam över) ngn, *b*) ställa ngn i skuggan **II** *v* skämma ut, dra skam (vanära) över; göra skamsen, få att skämmas
shame|faced [ˌʃeɪmˈfeɪst] **1** skamsen **2** försagd, blyg **-ful** [ˈʃeɪmf(ʊ)l] skamlig, neslig **-less** [ˈʃeɪmlɪs] skamlös
shammy [ˈʃæmɪ] *s,* ~ [*leather*] sämskskinn
shampoo [ʃæmˈpu:] **I** *s* **1** schamponering **2** schampo[neringsmedel] **II** *v* schamponera
shamrock [ˈʃæmrɒk] [tre]klöver (*Irlands nationalemblem*)
shamus [ˈʃeɪməs] *AE. sl.* snut; deckare
shandy [ˈʃændɪ] *BE.,* **-gaff** [-gæf] *AE.* shandy (*blandning av öl o. lemonad*)
shanghai [ˌʃæŋˈhaɪ] shanghaja
shank [ʃæŋk] **1** skenben, skank; skänkel; *kokk.* lägg; ~*s's pony* (*AE. mare*) apostlahästarna **2** (*på verktyg, sked e.d.*) skaft
shan't [ʃɑ:nt] = *shall not*
shantung [ˌʃænˈtʌŋ] shantung[siden]
1 shanty [ˈʃæntɪ] **1** skjul, kåk, hydda
2 shanty [ˈʃæntɪ] shanty (*arbetssång bland sjömän*)
shantytown [ˈʃæntɪtaʊn] kåkstad, slum
SHAPE [ʃeɪp] *förk. för Supreme Headquarters Allied Powers Europe*
shape [ʃeɪp] **I** *s* **1** form, gestalt, utformning; fason; hyfs, ordning; *in the* ~ *of* i form av; *in rectangular* ~ rektangulär [till formen]; *in any* ~ *or form* i ngn form, av ngt slag; *get (put) s.th. into* ~ få fason (ordning) på ngt; *get out of (lose it's)* ~ förlora formen (fasonen); *we do not know the* ~ *of things to come* vi vet inte hur framtiden kommer att gestalta sig; *take* ~ ta form (gestalt) **2** figur, gestalt, skepnad; *in human* ~ i människogestalt **3** skick, tillstånd; *in good* ~ i god form, i bra kondition, i gott skick, bra; *out of* ~ i dåligt skick, i dålig kondition, dålig **4** [hatt]form; stock: provdocka, modell **II** *v* **1** forma; utforma, gestalta, skapa; lämpa, avpassa **2** forma (gestalta, utveckla) sig; formas, bildas; ~ *up* skärpa sig; ~ *up well* utveckla (arta) sig bra, se lovande ut
shape|less [ˈʃeɪplɪs] formlös, oformlig **-liness** [-lɪnɪs] vackert utseende, vacker form **-ly** [-lɪ] *a* välskapad, välformad
shard [ʃɑ:d] **1** skärva **2** *zool.* täckvinge
1 share [ʃeə] **I** *s* **1** [an]del (*of av, i*); lott; *do one's* ~ göra sitt, dra sitt strå till stacken; *go* ~*s* dela kostnaderna (lika); *have a* ~ *in a*) få del av, *b*) vara delaktig i; *I had no* ~ *in that* jag har inte haft ngt att göra med (ingen del i) det; *he's had his* ~ *of disasters* han har drabbats av många olyckor **2** aktie; andel **II** *v* **1** dela; vara delaktig i, ha del i; ~ [*out*] fördela, dela ut; *we* ~ *the same name* vi har samma namn; *we* ~ *a room* vi delar rum [med

share—sheet music

varandra]; *I do not ~ that view* jag delar inte den uppfattningen **2** dela; *~ and ~ alike* dela lika; *~ in a)* dela, *b)* vara delaktig i, delta i, ha del i **2 share** [ʃeə] plogbill
share certificate [ˈʃeəsəˌtɪfɪkət] aktiebrev
sharecropper *AE.* arrendator *(som betalar en del av skörden i arrende)* **shareholder** aktieägare **share index** aktieindex **share-out** [-aut] fördelning, utdelning
1 shark [ʃɑːk] *zool.* haj
2 shark [ʃɑːk] lurendrejare, skojare, bondfångare
sharp [ʃɑːp] **I** *a* **1** skarp; vass; spetsig; tvär; brant, stark **2** skarp[skuren], klar, tydlig, markant **3** känslig; lyhörd; skarp[sinnig]; vaken, pigg, intelligent; slug, smart, slipad, listig; *~ ears* skarpa öron; *~ practice[s]* (*vard.*) skumma affärer, fula tricks **4** skarp, bitande *(äv. bildl.)*; genomträngande; stickande; våldsam, häftig, svår; *a ~ tongue* en skarp (vass) tunga; *have a ~ temper* ha ett häftigt humör **5** stark, syrlig, sur **6** *vard.* skarp, stilig **7** *mus.* höjd ett halvt tonsteg; med korsförtecken; *(om ton)* för hög, falsk **8** *be ~ [about it]!* (*vard.*) skynda (raska) på! **II** *adv* **1** skarpt; tvärt; fort; *look ~!* skynda (raska) på! **2** prick, på slaget **3** *mus.* för högt, falskt **III** *s, mus.* kors[förtecken]; *play G natural instead of a ~* spela G i stället för Giss **IV** *v, AE. mus.* höja en halvton
sharpen [ˈʃɑːp(ə)n] **1** vässa, göra skarp[are] (vass[are]); skärpa *(äv. bildl.)*; bryna, slipa **2** *mus.* höja en halvton **3** bli skarp[are] (vass[are]); skärpas *(äv. bildl.)*; brynas, slipas **sharpener** [ˈʃɑːpnə] [penn]vässare **sharper** [ˈʃɑːpə] falskspelare, bedragare, svindlare **sharp-eyed** [ˈʃɑːpaɪd] skarpögd **sharpish** [ˈʃɑːpɪʃ] *vard.* genast, på stört **sharpness** [ˈʃɑːpnɪs] skärpa **sharp-set** [ˌʃɑːpˈset] **1** hungrig **2** *(om såg)* skarptandad **sharpshooter** [ˈʃɑːpˌʃuːtə] skarp-, prick|skytt **sharp-sighted** [ˌʃɑːpˈsaɪtɪd] skarpsynt **sharp-witted** [ˌʃɑːpˈwɪtɪd] skarpsinnig
shatter [ˈʃætə] splittra, bryta (slå) sönder, krossa; *bildl. äv.* omintetgöra, förstöra, rubba **2** splittras, brytas (slås, gå) sönder, krossas; *bildl. äv.* gå om intet (i kras), förstöras, rubbas **shattering** [-rɪŋ] **1** skakande; omtumlande; svårt tröttande **shatterproof** okrossbar, splitterfri
shave [ʃeɪv] **I** *v (imperf. ~d, perf. part. ~d el. ~n)* **1** raka; *be (get) ~d* bli rakad, [låta] raka sig **2** skrapa, skava, hyvla; *his profit was ~d by 5%* hans vinst naggades i kanten med 5% **3** nudda (snudda) vid **4** raka sig **II** *s* **1** rakning; *have a ~* [låta] raka sig; *have a close (narrow) ~* (*bildl.*) klara sig (hinna undan) nätt och jämnt; *that was a close (narrow) ~* (*bildl.*) det var nära [ögat]
shaven [ˈʃeɪvn] **I** *perf. part. av shave* **II** *a* rakad
shaver [-ə] **1** rakapparat **2** *vard.* pojkvasker, ung grabb
shaving [ˈʃeɪvɪŋ] **I** *a* rak-; *~ brush* rakborste; *~ cream* rakkräm; *~ stick* raktvål **II** *s, ~s (pl)* [hyvel]spån
Shaw [ʃɔː]
shawl [ʃɔːl] sjal, schal
shawm [ʃɔːm] *mus.* skalmeja
she [ʃiː] **I** *pron* hon; *(om fartyg, bilar, länder äv.)* den, det **II** *s* kvinna, flicka; hona **III** *a* hon-, av honkön, -hona
sheaf [ʃiːf] **I** *s (pl sheaves* [ʃiːvz]) **1** bunt *(of papers* papper) **2** [sädes]kärve **3** [pil]knippe **II** *v* **1** bunta **2** binda i kärvar
shear [ʃɪə] **I** *v (imperf. ~ed, perf. part. shorn el. ~ed)* **1** klippa *(sheep* får); klippa av **2** *~ s.b. of his power* beröva ngn hans makt **3** *tekn.*, *~ off* brista *(på grund av skjuvning)* **shears** [-z] *pl* stor sax *(häck-, tyg-, ull|sax e.d.)*; *a pair of ~* en stor sax
sheatfish [ˈʃiːtfɪʃ] *zool.* mal *(fisk)*
sheath [ʃiːθ, *pl* ~s [ʃiːðz]) **1** slida, skida, balja; fodral *(äv. om snäv klänning)*; *wing ~* *(zool.)* täckvinge **2** kondom **sheathe** [ʃiːð] **1** sticka i slidan *etc.*, *jfr sheath* **2** [be]klä, täcka; *~ed in ice* täckt av is **sheath knife** [ˈʃiːθnaɪf] slidkniv
sheaves [ʃiːvz] *pl av sheaf I*
Sheba [ˈʃiːbə] Saba
shebang [ʃɪˈbæŋ] *s, AE. sl., the whole ~* rubbet, hela rasket
she|-bear [ˈʃiːbeə] björnhona **--cat** honkatt, katta
1 shed [ʃed] skjul; bod; *bicycle ~* cykelstall
2 shed [ʃed] *(shed, shed)* **1** utgjuta *(blood* blod), gjuta; *~ tears* fälla (gjuta) tårar **2** fälla, tappa *(leaves* blad); *the lorry has ~ its load* lastbilen har tappat lasten; *~ water* vara vattenavvisande **3** ta av sig *(one's clothes* sina kläder) **4** sprida *(light on* ljus över)
she'd [ʃiːd] = *she had (would)*
sheen [ʃiːn] lyster, glans
sheeny [ˈʃiːnɪ] *sl., neds.* jude
sheep [ʃiːp] *(pl lika)* får; *make ~'s eyes at* kasta förälskade blickar på; *separate the ~ from the goats* *(bildl.)* skilja fåren från getterna
sheep|-dip [ˈʃiːpdɪp] **1** desinfektionsvätska för får **2** tråg för fårtvättning **-dog** fårhund **--farmer** [-ˌfɑːmə] fårfarmare, -uppfödare **-fold** [-fəʊld] fårfålla **-ish** [-ɪʃ] förlägen; fåraktig
sheeprun [ˈʃiːprʌn] *Austr.* fårfarm **sheepshank** *sjö.* trumpetsteek **sheepskin** fårskinn
sheep station [-ˌsteɪʃn] *Austr.* fårfarm **sheepwalk** [-wɔːk] *BE.* fårbete[smark]
1 sheer [ʃɪə] **I** *a* **1** ren, idel; *~ folly* rena [rama] galenskapen; *by ~ coincidence* av en ren tillfällighet **2** skir, genomskinlig, tunn **3** tvärbrant, brant stupande, lodrät *(cliff* klippa); *a ~ fall* ett lodrätt fall **II** *adv* **1** tvärbrant, lodrätt **2** fullständigt, totalt
2 sheer [ʃɪə] gira; *~ off* gira, svänga (vika) av (undan); *~ off (away) from* undvika
1 sheet [ʃiːt] **I** *s* **1** lakan; *between the ~s* *(vard.)* mellan lakan, i sängen, till sängs **2** blad; ark; tidning; *a blank ~* ett oskrivet blad; *a clean ~* ett fläckfritt förflutet **3** skiva, platta; plåt; *~ of glass* glasskiva **4** lager, täcke; stor yta; sjok; *~ of flame* eldhav; *~ of mist* sjok av dimma; *~ of water* stor vattenyta; *the rain is coming down in ~s* det störtregnar **II** *v* **1** svepa in [i lakan] **2** *the rain was ~ing down* det stört öse regnade
2 sheet [ʃiːt] *sjö.* **I** *s* skot **II** *v* skota *(home* hem)
sheet anchor [ˈʃiːtˌæŋkə] *sjö.* pliktankare; *bildl.* räddningsplanka, sista utväg **sheeting** [-ɪŋ] lakansväv **sheet lightning** [-ˌlaɪtnɪŋ] ytblixt **sheet metal** plåt **sheet music** notblad, noter

sheik[h] [ʃeɪk] s[c]hejk **-dom** ['ʃeɪkdəm] s[c]hejkdöme
Sheila ['ʃiːlə]
shekel ['ʃekl] *bibl.* sikel; *~s (pl, vard.)* stålar
Shelagh ['ʃiːlə]
shell|drake ['ʃeldreɪk] *zool.* gravand **-duck** [-dʌk] *zool.* gravand; gravandshona
shelf [ʃelf] *(pl shelves* [ʃelvz]) **1** hylla; *be left on the ~ (bildl.)* a) vara lagd på hyllan, b) ha hamnat på glasberget **2** [klipp]avsats; *the continental ~* shelfen, kontinentalsockeln
shell [ʃel] **I** s **1** (*hårt*) skal; snäcka, snäckskal; (*tom*) [ärt]skida, -balja; *come (crawl) out of one's ~ (bildl.)* krypa ur sitt skal; *retire (crawl) into one's ~ (bildl.)* dra (sluta) sig inom sitt skal **2** kaross[eri] **3** *mil.* granat; patron; patronhylsa **4** lätt kapproddbåt **II** *v* **1** skala, rensa; sprita (*peas* ärter) **2** *mil.* beskjuta [med granater], bombardera **3** *vard.*, *~ out* punga ut med, betala
she'll [ʃiːl] = *she will (shall)*
shellac [ʃəˈlæk] **I** s schellack **II** *v* **1** behandla med schellack **2** *AE. sl.* spöa
shellback ['ʃelbæk] *vard.* sjöman som korsat ekvatorn
Shelley ['ʃelɪ]
shellfish ['ʃelfɪʃ] skaldjur **shell shock** granatchock
shelter ['ʃeltə] **I** s **1** skydd (*from* för, mot); tillflykt[sort]; [regn-, vind]skydd, väntkur; skyddsrum; tak över huvudet, husrum, logi **II** *v* **1** skydda, ge skydd (*from* för, mot); inkvartera, ge logi; gömma **2** söka (finna, ta) skydd (*from* för, mot) **sheltered** [-d] skyddad, lugn; *~ work (för handikappad)* skyddat arbete
shelve [ʃelv] **1** förse med hyllor **2** lägga på hyllan, bord-, skrin|lägga **3** luta, slutta **shelves** [-z] *pl av shelf*
shepherd ['ʃepəd] **I** s herde (*äv. bildl.*), fåraherde; *~'s pie* köttfärs täckt med potatismos **II** *v* **1** valla, vakta **2** ledsaga, följa **shepherd dog** vall-, får|hund **shepherdess** [-ɪs] herdinna **shepherd's-purse** *bot.* lomme
sherbet ['ʃɜːbət] **1** tomtebrus **2** *AE.* sorbet
sheriff ['ʃerɪf] sheriff (*i USA polischef inom ett område; i England ämbetsman i grevskap; i Skottland äldste domare i grevskap el. distrikt*)
Sherlock ['ʃɜːlɒk]
sherry ['ʃerɪ] sherry
she's [ʃiːz] = *she is (has)*
Shetland ['ʃetlənd] *s, ~, the ~ Islands* Shetlandsöarna **Shetland pony** [-ˌpəʊnɪ] shetlandsponny **Shetland wool** [-wʊl] shetlandsull
shew [ʃəʊ] (*shewed, shewn*) *åld.* = show **shewbread** ['ʃəʊbred] *bibl.* skådebröd **shewn** [ʃəʊn] *perf. part. av shew*
she-wolf [ˌʃiːˈwʊlf] varginna, varghona
shibboleth ['ʃɪbəleθ] **1** schibbolet; språkdrag, särdrag **2** förlegad idé, förlegat bruk
shield [ʃiːld] **I** s **1** sköld; skydd, värn (*äv. bildl.*); skyddsplåt, skärm **2** *herald.* [vapen]sköld **3** *AE.* polisbricka **II** *v* skydda (*from* för, mot), värna (*from* mot)
shift [ʃɪft] **I** *v* **1** flytta [på, om, över]; byta [om], skifta; *~ gears* växla; *~ one's ground* ändra ståndpunkt; *~ the blame* [on]*to s.b. else* skjuta över skulden på ngn annan; *~ s.b. from an opinion* få ngn att ändra uppfattning; *~ stains* ta ur (bort) fläckar **2** flytta [på] sig; förskjuta sig; ändra ställning; skifta, växla, ändra sig; *~ing sand* flygsand; *~ into third gear* lägga in trean[s växel]; *if the stain doesn't ~* om fläcken inte går ur (bort); *the wind ~ed to the west* vinden gick över på väst **3** klara sig; *~ for o.s.* klara sig själv (på egen hand) **4** ta till (använda) knep **5** *sl.* snabba på **II** s **1** [för]ändring, skifte, [om]-byte, växling, [om]-svängning; *red ~ (astr.)* rödförskjutning; *~ of scene* scen|förändring, -växling; *by ~s* skiftes-, växel|vis **2** skift; *work in ~s* arbeta i skift **3** knep, list, tricks; utväg; *make ~ with s.th.* [försöka] klara sig med ngt [så gott det går] **4** rak [under]-klänning
shifting ['ʃɪftɪŋ] *a* skiftande, varierande **shift key** (*på skrivmaskin*) omskiftare **shiftless** [-lɪs] håglös, initiativlös **shifty** [-ɪ] listig, förslagen, slug, lömsk
shill [ʃɪl] *AE. sl.* bondfångares medhjälpare; lockfågel
shilling ['ʃɪlɪŋ] shilling (*före 1971 eng. mynt = 1/20 pund = 5 p.*)
shilly-shally ['ʃɪlɪˌʃælɪ] *vard.* **I** *v* vela, vackla, tveka **II** *a* velig, vacklande, tvekande **III** s velande, vacklan[de], tvekan
shimmer ['ʃɪmə] **I** *v* skimra, glimma **II** s skimmer, glimmande
shimmy ['ʃɪmɪ] **I** s **1** *AE. (dans)* shimmy **2** *vard.* skjorta **II** *v* dansa shimmy
shin [ʃɪn] **I** s skenben; *~ of beef* oxlägg **II** *v* **1** *~ up* klättra uppför **2** sparka på skenbenet **-bone** ['ʃɪnbəʊn] skenben
shindig ['ʃɪndɪg], **shindy** [-ɪ] *vard.* **1** brakfest **2** bråk, oväsen
shine [ʃaɪn] **I** *v* (*shone, shone, i bet. 1 ~d, ~d*) **1** *~ [up]* putsa, polera **2** lysa med **3** blänka; skina, stråla, lysa, glänsa (*äv. bildl.*); vara lysande; *a shining example* ett lysande exempel; *he doesn't ~ at his work* han är inte speciellt duktig (lysande) i sitt arbete **II** s sken; glans; blankhet; *come rain or ~* i ur och skur; *give one's shoes a ~* putsa sina skor; *take a ~ to s.b. (vard.)* fatta tycke för ngn
shiner ['ʃaɪnə] *vard.* blåtira
1 shingle ['ʃɪŋgl] **I** s **1** takspån; takplatta **2** (*frisyr*) shingel **3** *AE. (läkares)* skylt **II** *v* **1** täcka med takspån (takplattor) **2** shingla (*hår*)
2 shingle ['ʃɪŋgl] klappersten
shingles ['ʃɪŋglz] (*behandlas som sg el. pl*) *med.* bältros
shin|guard ['ʃɪngɑːd], **-pad** [-pæd] *sport.* benskydd
shiny ['ʃaɪnɪ] **1** glänsande, skinande [blank]; blank; *be ~ with* glänsa (blänka) av **2** blanksliten
ship [ʃɪp] **I** s skepp, fartyg; *~'s biscuit* skeppsskorpa; *~'s boy* skeppspojke; *~ of the line (hist.)* linjeskepp; *when my ~ comes home (in)* när jag blir rik (berömd) **II** *v* **1** ta (föra) ombord, skeppa in; *~ a sea (water)* ta in vatten; *~ the oars* ta in årorna; **2** skeppa, sända med fartyg; transportera, sända; *~ off (vard.)* skicka i väg (*vanl. för att bli av med*); *~ out* skeppa i väg **3** arbeta (*aboard in a liner* ombord på ett linjefartyg) **4** *~ out* avsegla
shipboard ['ʃɪpbɔːd] s, *on ~* ombord

shipbuilder ['ʃɪpˌbɪldə] skeppsbyggare **shipbuilding** skeppsbyggeri **shipbuilding industry** varvsindustri **shipbuilding yard** varv **ship chandler** ['ʃɪpˌtʃɑːndlə] skeppshandlare **shipload** [-ləʊd] skepps-, fartygs|last **ship|man** [-mən], **-master** [-ˌmɑːstə] sjö-, fartygs|-kapten **shipmate** [-meɪt] skeppskamrat **shipment** [-mənt] **1** skeppning; transport, sändning **2** [skepps]last, [skeppat] parti **shipowner** [-ˌəʊnə] [skepps]redare **shipper** [-ə] befraktare; speditör
shipping ['ʃɪpɪŋ] **1** shipping, rederiverksamhet; sjöfart **2** skeppning; transport **3** koll. fartyg **4** tonnage **shipping agent** [-ˌeɪdʒ(ə)nt] skeppsklarerare **shipping company** [-ˌkʌmp(ə)nɪ] rederi **shipping office** [-ˌɒfɪs] **1** skeppsklarerarkontor **2** sjömanshus **shipping route** [-ruːt] trad, trade, handelsled
shipshape ['ʃɪpʃeɪp] a o. adv snygg[t] och prydlig[t], tipptopp, i mönstergill ordning
ship|wreck ['ʃɪprek] **I** s **1** skeppsbrott, förlisning, haveri **2** skeppsvrak **-wrecked** [-rekt] skeppsbruten, förlist; be ~ lida skeppsbrott, förlisa **-wright** skeppsbyggare **-yard** skeppsvarv
shire ['ʃaɪə] **1** åld. grevskap; the S~s, the ~ counties grevskapen i mellersta England **2** ~ [horse] kraftig arbetshäst
shirk [ʃɜːk] smita [från] [försöka] dra sig undan [från], **-er** ['ʃɜːkə] skolkare
shirt [ʃɜːt] skjorta; keep your ~ on! (vard.) ta det lugnt!; put one's ~ on (vard.) satsa sitt sista öre på
shirt|front ['ʃɜːtfrʌnt] skjortbröst **-ing** [-ɪŋ] skjorttyg **-sleeve** skjortärm; in [one's] ~s i skjortärmarna **-waist** skjortblus; skjortklänning
shirty ['ʃɜːtɪ] vard. sur, ilsken, förargad, upprettad
shit [ʃɪt] vulg. **I** s **1** skit; the ~s (pl) diarré; I don't give a ~ about it! det skiter jag fullständigt i!; when the ~ hits the fan när det blir kris **2** skitprat **3** kitt (hasch) **II** v (~ted, ~ted el. shit, shit el. shat, shat) skita **III** interj skit!, jävlar!, fan [också]!
1 shiver ['ʃɪvə] **I** v **1** darra, skälva, huttra, rysa (with cold av köld) **II** s darrning, skälvning, rysning; cold ~s kalla kårar; it gives me the ~s (vard.) det får mig att rysa (ger mig stora skälvan)
2 shiver ['ʃɪvə] **I** v **1** splittra **2** splittras, gå i flisor (bitar) **II** s flisa, skärva, splitter
shivery ['ʃɪvərɪ] darrig, huttrande
1 shoal [ʃəʊl] **1** [fisk]stim **2** massa, mängd; in ~s i massor, i mängder
2 shoal [ʃəʊl] grund, [sand]rev
1 shock [ʃɒk] **I** s **1** stöt, slag **2** chock; the ~ of his death chocken över hans död; it was a ~ to me det kom som en chock för mig **3** vard. [elektrisk] stöt **II** v uppröra, chockera; chocka
2 shock [ʃɒk] s, a ~ of hair en stor kalufs, ett tjockt hår
shock absorber ['ʃɒkəbˌsɔːbə] stötdämpare **shocker** [-ə] vard. rysare, sensationsroman, otäck film (pjäs), sensationell nyhet
shockheaded ['ʃɒkˌhedɪd] med stor kalufs, rufsig
shocking ['ʃɒkɪŋ] vard. upprörande, chockerande; förskräcklig, förfärlig, skandalös; ~ pink

chockrosa **shockproof** stötsäker **shock therapy (treatment)** [-ˌθerəpɪ, -ˌtriːtmənt] med. chockbehandling **shock troops** [-truːps] pl stöttrupper **shock wave** [-weɪv] tryck-, stöt|våg
shod [ʃɒd] imperf. o. perf. part. av shoe
shoddy ['ʃɒdɪ] **I** s **1** lumpull, s[c]hoddy **2** smörja, skräp **II** a **1** lumpulls-, s[c]hoddy- **2** oäkta, imiterad **3** usel, skräp-; slarvig
shoe [ʃuː] **I** s **1** sko; hästsko; be in a p.'s ~s (bildl.) vara i ngns skor (kläder); put yourself in my ~s! tänk dig in i min situation!; fill (step into) a p.'s ~s ersätta ngn, träda i ngns ställe **2** skoning, beslag **II** v (shod, shod) sko (a horse en häst)
shoe|black ['ʃuːblæk] skoputsare **-horn** sko-horn **-lace** sko|snöre, -rem **-maker** [-ˌmeɪkə] skomakare **-shine** [-ʃaɪn] skoputsning **-string** [-strɪŋ] **I** s **1** AE. sko|snöre, -rem **2** vard. struntsumma; on a ~ med små medel **II** a, make a film on a ~ budget göra en lågbudgetfilm
shone [ʃɒn, AE. ʃəʊn] imperf. o. perf. part. av shine I
shoo [ʃuː] **I** interj schas! **II** v, ~ [away] schasa bort (i väg)
shook [ʃʊk] imperf. av shake I
shoot [ʃuːt] **I** v (shot, shot) **1** skjuta (av, ihjäl), fyra av; arkebusera; jaga; ~ a gun at s.b. skjuta (fyra) av ett gevär mot ngn; ~ down skjuta ner, bildl. vard. göra ner, krossa; ~ it out göra upp med skjutvapen; ~ up skjuta på (omkring i), beskjuta; ~ a line (vard.) skryta, göra sig viktig; you'll get shot for it (bildl.) du kommer att råka illa ut om **2** kasta; ~ a glance at s.b. kasta en blick på ngn **3** ~ a bolt skjuta för (dra ifrån) en regel; ~ out skjuta ut; ~ out buds skjuta knopp[ar] **4** stjälpa av **5** fotografera, ta, filma, spela in, skjuta **6** ~ the lights köra mot rött ljus; ~ one's mouth off (vard.) pladdra, skvallra; ~ the rapids fara utför forsarna **7** sport. skjuta; AE. spela; AE. få (ta) poäng **8** sl., ~ [up] injicera, sila, skjuta (i sht heroin) **9** skjuta (äv. sport.) jaga; ~ at skjuta på (efter, mot); be out ~ing vara ute på jakt **10** rusa, störta, susa, vina, flyga; ~ ahead rusa (kasta sig) fram; ~ up a) skjuta upp, b) skjuta (ränna) i höjden **11** skjuta skott; ~ out skjuta ut (fram) **12** fotografera, filma **13** vard., ~! sätt i gång!, ut med språket! **II** s **1** bot. skott **2** jakt; jakt|sällskap, -mark, -tur **3** [flottnings]ränna, rutschbana **4** fors **5** vard., the whole ~ rubbet, hela klabbet
shooter ['ʃuːtə] skjutvapen
shooting ['ʃuːtɪŋ] **1** skjutande, skjutning **2** BE. jakt **3** (av film) inspelning, skjutning **shooting box** jaktstuga **shooting brake** BE. stationsvagn **shooting gallery** [-ˌgælərɪ] (täckt) skjutbana **shooting iron** [-ˌaɪən] AE. sl. skjutjärn, revolver **shooting star** [-stɑː] vard. stjärn|-skott, -fall **shooting season** [-ˌsiːzn] jakt|tid, -säsong **shooting stick** [-stɪk] sittkäpp
shoot-out ['ʃuːtaʊt] [avgörande] eldstrid
shop [ʃɒp] **I** s **1** affär, butik, shop; all over the ~ (vard.) a) överallt, åt alla håll, b) huller om buller; come to the wrong ~ (bildl.) vända sig (komma) till fel person (ställe); set up ~ öppna eget (affär); shut up ~ slå igen (stänga) butiken; talk ~ prata jobb (fack) **2** verkstad **II** v **1** handla, shoppa; ~ around titta runt, se sig omkring (in-

shop assistant—should

nan man handlar); ~ *for s.th.* [gå och] handla ngt; *go ~ping* gå ut och handla (shoppa) **2** *sl.i sht BE.*, ~ *on s.b.* tjalla på ngn
shop assistant [ˈʃɒpəˌsɪstənt] expedit, affärsbiträde **shop-breaking** butiksinbrott **shop floor** [-flɔː] verkstadsgolv; *the* ~ (*äv.*) verkstadsarbetarna **shop front** [-frʌnt] butiksfasad; skyltfönster **shopkeeper** [-ˌkiːpə] butiks-, affärs|innehavare, handlande **shoplifter** [-ˌlɪftə] snattare, butiksråtta **shoplifting** [-ˌlɪftɪŋ] [butiks]snatteri **shopper** [-ə] shoppande människa, kund
shopping [ˈʃɒpɪŋ] inköp (*äv. konkr.*), shoppande, shopping; *do a bit of* ~ göra några inköp, handla (shoppa) litet; *do the* ~ göra inköpen, handla; *go* ~ gå [ut] och handla (shoppa) **shopping bag** shopping|bag, -väska **shopping centre** shopping|center, -centrum, affärs-, butiks-, köp|centrum **shopping list** [-lɪst] inköpslista
shopsoiled [ˌʃɒpˈsɔɪld] *BE.* butiksskadad **shop steward** fackföreningsombud **shopwalker** *BE. ung.* varuhusvärd[inna], personalchef **shop-window** skylt-, butiks|fönster **shopworn** *AE.* butiksskadad
1 shore [ʃɔː] strand; kust; *be on* ~ vara (ha gått) i land
2 shore [ʃɔː] **I** *s* stötta **II** *v*, ~ [*up*] stötta (*äv. bildl.*), stötta upp
shore leave [ˈʃɔːliːv] *sjö.* landpermission **shoreline** strand-, kust|linje
short [ʃɔːt] **I** *a* **1** kort; kort|varig, -fattad; kort-; liten; för kort (liten); knapp, bristande, otillräcklig; ~ *circuit* kortslutning; ~ *cut* genväg; *only one* ~ *hour* bara en knapp timme; *a* ~ *memory* dåligt minne; *in* ~ *order* (*AE. vard.*) genast; *at* ~ *range* på nära håll; ~ *sight a*) närsynthet, *b*) *bildl.* kortsynthet; ~ *story* novell; ~ *of a*) knappt försedd med, *b*) med undantag av, utom, så när som på; ~ *of breath* andfådd, *little* ~ *of* inte långt ifrån, nästan, närapå; *little* (*nothing*) ~ *of marvellous* helt enkelt (i det närmaste) underbar; *not far* (*much*) ~ *of £2,000* nästan (inte långt ifrån) £2 000; *nothing* ~ *of* ingenting mindre än, bara; *we are £4* ~, *we are* ~ *of £4* vi har £4 för litet, det fattas £4 för oss; *...is* ~ *for* ...är en förkortning för; *give s.b.* ~ *change* ge ngn för lite växel tillbaka; *oil is in* ~ *supply* det är brist (dålig tillgång) på olja; *be on* (*work*) ~ *time* ha korttidsarbete; *be* ~ *in the leg a*) ha korta ben, *b*) (*om byxor*) vara för korta; *be* ~ *of* ha ont om, sakna, lida brist på; *I'm a bit* ~ [*of cash*] jag har lite ont om pengar; *be* ~ *of experience* ha liten (sakna) erfarenhet; ~ *of lying I'll see what I can do for you* utan att gå så långt som att ljuga skall jag se vad jag kan göra för dig **2** kort, tvär, brysk, barsk (*with* mot); ~ *temper* häftigt humör **3** lös; mör; skör; ~ *pastry* mördeg **4** *språkv.* kort; obetonad **5** *vard.* (*om sprit*) outspädd, stark **II** *adv* tvärt, plötsligt; otillräckligt; *be caught* ~ (*vard.*) *a*) överraskas, *b*) plötsligt bli nödig; *come* (*fall*) ~ *of a*) inte nå upp till, understiga, *b*) inte gå upp mot; *go* ~ *a*) ha för litet, *b*) komma till korta, *c*) bli utan (*of s.th.* ngt); *pull up* ~ hejda sig tvärt, tvärstanna; *run* ~ [börja] lida brist (*of* på), [börja] ta slut; *stop* ~ tvärstanna; *stop* ~ *of a*) rygga tillbaka för, hejda

sig inför, *b*) inte riktigt nå upp till **III** *s* **1** *vard.* kortslutning **2** *vard.* kortfilm **3** *vard.* short drink **4** *språkv.* kort vokal (stavelse) **5** *for* ~ för korthetens skull, kort och gott; *in* ~ kort sagt, kort och gott **6** ~*s* (*pl*) shorts, kortbyxor
short|**age** [ˈʃɔːtɪdʒ] brist, knapphet (*of* på); *there is* ~ *of oil* det är brist på olja **-bread, -cake** mördegskaka **--change** [ˌʃɔːtˈtʃeɪn(d)ʒ] **1** ge för lite [växelpengar] tillbaka **2** *vard.* lura **--circuit** [ˌʃɔːtˈsɜːkɪt] **I** *s* kortslutning **II** *v* **1** kortsluta, orsaka kortslutning i **2** förenkla, förkorta **3** hindra, sätta stopp för **-coming** [ˌʃɔːtˈkʌmɪŋ] brist, fel
shorten [ˈʃɔːtn] **1** förkorta, göra kortare, korta av; *sömn.* lägga upp, göra kortare, ta av **2** förkortas, bli kortare **-ing** [-ɪŋ] **1** förkortning; *sömn.* uppläggning **2** (*t. baking*) matfett
short|**fall** [ˈʃɔːtfɔːl] underskott, brist (*of* på) **-hand** stenografi; *take notes in* ~ stenografera **--handed** [ˌʃɔːtˈhændɪd] underbemannad, med brist på arbetskraft **-hand typist** [ˈʃɔːthændˌtaɪpɪst] *BE.* stenograf och maskinskriverska **shortie** [ˈʃɔːtɪ] *vard.* kortis; puttefnask **shortish** [-ɪʃ] ganska kort **short list** [-lɪst] [urvals]lista **short-lived** [ˌʃɔːtˈlɪvd] kort|livad, -varig **shortly** [ˈʃɔːtlɪ] *adv* **1** inom kort; kort, strax (*after* efter) **2** tvärt, kort, bryskt
short|**-range** [ˌʃɔːtˈreɪndʒ] kortdistans-; kortsiktig **--sighted 1** närsynt **2** kortsynt **--staffed** underbemannad **--tempered** irriterad, lättretad, obehärskad **--term** [ˈʃɔːttɜːm] *a* **1** korttids-; kortfristig; *in* ~ *future* inom den närmaste framtiden **2** kortsiktig
short wave [ˈʃɔːtweɪv] *s, radio.* kortvåg **shortwave** [ˈʃɔːtweɪv] *a* kortvågs-; ~ *sender* kortvågssändare **short-weight** [ˈʃɔːtweɪt] väga för knappt åt (*the customers* kunderna) **shortwinded** [ˌʃɔːtˈwɪndɪd] andfådd **shorty** [ˈʃɔːtɪ] *se shortie*
1 shot [ʃɒt] **I** *imperf. o. perf. part. av shoot* **II** *a* **1** (*om tyg e.d.*) vattrad; strimmig; övergjuten; ~ *through with* (*bildl.*) genomsyrad av **2** *vard.*, *get* ~ *of* bli kvitt
2 shot [ʃɒt] **1** skott; *bildl.* försök, gissning; *bildl.* pik; *like a* ~ *a*) som ett skott (en pil), *b*) på fläcken; *a* ~ *in the dark* en vild gissning; *it's a long* ~ det är en vild gissning (ett skott i det blå); *not by a long* ~ inte på långa vägar; *at the first* ~ (*bildl.*) vid första försöket, med detsamma; *in* (*out of*) ~ inom (utom) skotthåll; *fire* (*have, take*) *a* ~ *at* skjuta [ett skott] på (efter, mot); *have* (*take, make*) *a* ~ [*at it*]! (*bildl.*) *a*) försök!, *b*) gissa! **2** (*pl lika*) kula **3** skytt; *big* ~ (*sl.*) bas, stor pamp **4** kort, foto; tagning **5** *vard.* dos; spruta; sup, styrketår; *sl.* sil; *a* ~ *of rum* en skvätt (ett glas) rom; *give s.th. a* ~ *in the arm* sätta fart på (stimulera) ngt, ge ngt en vitamininjektion **6** *sport.* skott, boll; stöt, slag; kula; *put the* ~ stöta kula; *putting the* ~ kulstötning
shotgun [ˈʃɒtɡʌn] hagel|gevär, -bössa **shot put** [-pʊt] kulstötning **shot-putter** [-ˌpʊtə] kulstötare
should [ʃʊd] skulle, skall, borde, bör, torde, skulle kunna; *I* ~ *like to know* jag skulle gärna vilja veta; ~ *I open the door?* skall jag öppna dörren?; *how* ~ *I know?* hur skulle (skall) jag kunna

shoulder—shrill

veta det?; *he ~ be there by now* han borde (bör, torde) vara där nu, han är nog där nu; *you ~ have told me earlier* du borde (skulle) ha talat om det för mig tidigare; *it's odd that she ~ be so angry* det är konstigt att hon är (skall vara) så arg; *who ~ I see but Joe!* och vem får jag se om inte Joe!; *thanks, I ~ like to!* tack, gärna!; *was it a good film? - I ~ think it was!* var filmen bra? - om!

shoulder ['ʃəʊldə] **I** *s* **1** skuldra, axel; *~ to ~* (*äv. bildl.*) skuldra vid skuldra, sida vid sida; *[straight] from the ~* rent ut, öppet, utan omsvep; *give s.b. the cold ~* behandla ngn ovänligt (kyligt), inte ta notis om ngn; *have broad ~s* vara bredaxlad, ha breda skuldror, *bildl.* [kunna] stå pall för mycket; *put one's ~ to the wheel* (*bildl.*) lägga manken till; *shrug one's ~s* rycka på axlarna **2** bog[stycke, -parti]; *~ of mutton* fårbog **3** utsprång; utbuktning **4** väg|kant, -ren, bankett **II** *v* **1** lägga på (över) axeln, ta på sina skuldror, axla; *bildl.* ta på sig; *~ arms!* (*mil.*) på axel gevär! **2** knuffa, tränga; *~ one's way* knuffa sig fram

shoulder-bag ['ʃʊldəbæg] axel[rems]väska
shoulder-belt axelgehäng **shoulder blade** skulderblad **shoulder pad** axelvadd **shoulder strap** axelband; axelrem

shouldn't ['ʃʊdnt] = *should not* **shouldst** [ʃʊdst] *åld.*, *2 pers. sg av* should; *thou ~* du skulle

shout [ʃaʊt] **I** *v* skrika, ropa (*at* åt); *~ an order* skrika en order; *~ s.b. down* överrösta ngn; *~ out a)* skrika (ropa) till, *b)* skrika (ropa) ut **II** *s* **1** skrik, rop **2** *BE. o. Austr. vard.*, *it's my ~* det är min tur att bjuda på en omgång **-ing** ['ʃaʊtɪŋ] *s* skrika[ande]; *it's all over bar the ~* saken är så gott som klar

shove [ʃʌv] **I** *v* **1** knuffa, skjuta; stoppa (*clothes into a bag* kläder i en väska) **2** knuffas **3** *~ off* stöta (skjuta) ut [från land]; *~ off!* (*vard.*) stick!, försvinn! **II** *s* knuff, puff, stöt **-halfpenny** [ˌʃʌv'heɪpnɪ] (*slags spel*) "knuffa mynt"

shovel ['ʃʌvl] **I** *s* skyffel, skovel **II** *v* skyffla, skotta, skovla **-er** [-ə] *zool.* skedand **-ful** *s*, *a ~ of snow* en skovel snö

show [ʃəʊ] **I** *v* (*~ed*, *~n*, *ibl. ~ed*) **1** visa [fram, upp]; förete; lägga i dagen; ställa ut; *~ one's face* visa sig; *~ o.s. a)* visa sig, *b)* visa sig vara; *~ off* visa [upp], [vilja] skryta med; *the dress ~s her off to advantage* klänningen gör sig mycket bra på henne; *~ up a)* visa upp, *b)* göra synlig, bringa i dagen, avslöja, *c)* skämma ut, göra förlägen; *I'll ~ him!* jag skall nog visa honom!; *that ~ed him!* honom satte jag minsann på plats!, där fick han!; *what time does your watch ~?* hur mycket är din klocka?; *the film is ~n at the Ritz* filmen visas (går) på Ritz; *he had nothing to ~ for his efforts* hans ansträngningar lönade sig inte (ledde inte till ngt resultat) **2** visa [vägen], följa; *~ s.b. in* visa (föra) ngn in, be ngn att komma in; *~ s.b. to a room* visa ngn till ett rum; *~ s.b. the door* visa ngn på dörren **3** bevisa, påvisa; *that ~s him to be a thief* det [be]visar att han är en tjuv; *it just ~s (goes to ~) det* [be]visar bara **4** låta synas; *that blouse ~s your bra* din behå syns under den där blusen **5** visa sig, framträda, synas, vara (bli) synlig; visas; *~ off* [vilja] glänsa, göra sig till, skryta; *~ up a)* synas, *b)* *vard.* visa sig, dyka upp; *~ up well* ta sig bra ut; *it doesn't ~* det syns (märks)

inte; *your slip is ~ing* din underkjol syns; *the film is ~ing at the Ritz* filmen visas (går) på Ritz **II** *s* **1** föreställning, show; [före]visning; uppvisning; utställning; *vard.* tillställning, historia, affär; *~ of force* styrkedemonstration; *~ of hands* handuppräckning; *good ~!* fint!, bra gjort!, bravo!; *be on ~* vara utställd, finnas att se; *give the* [*whole*] *~ away* (*vard.*) avslöja allt; *put up a good (poor) ~* göra bra (dåligt) ifrån sig; *run the ~* (*vard.*) sköta ruljangsen, leda det hela **2** anblick, syn; prakt, ståt; sken; skymt; *for ~* för att briljera (imponera), för syns skull; *no ~ of* inget tecken på; *with some ~ of reason* med viss rätt; *make a ~ of a)* [vilja] briljera (skryta) med, *b)* ge sig sken av; *make a ~ of rage* låtsas vara rasande; *make a fine ~* erbjuda en vacker anblick, ta sig bra ut, göra sig utmärkt; *make a poor ~* göra en slät figur

show bill ['ʃəʊbɪl] teater-, revy|affisch **showbiz** [-bɪz] *vard.* = *show business* **showboat** teaterbåt **show business** [-ˌbɪznɪs] showbusiness, nöjes|branschen, -industrin **showcase** [-keɪs] utställnings|monter **showdown** [-daʊn] uppgörelse; kraftmätning

shower [ʃaʊə] **I** *s* **1** skur; *bildl. äv.* regn; *a ~ of sparks* ett gnistregn **2** dusch; *have a ~* duscha, ta en dusch **3** *AE.* uppvaktning (*med presenter*); lysningsmottagning **II** *v* **1** strömma ner, falla i skurar; *bildl. äv.* hagla (*upon* över) **2** överhopa, överösa (*s.b. with s.th.*, *s.th. on s.b.* ngn med ngt)

shower bath dusch **shower curtain** [-ˌkɜːtn] duschdraperi **showerproof** [-pruːf] regn-, vatten|tät **showery** [-rɪ] regn-, regnig

show|**girl** ['ʃəʊɡɜːl] balettflicka **-ing** [-ɪŋ] *s* **1** [före]visning **2** framträdande **-jumping** [-ˌdʒʌmpɪŋ] *ridk.* hoppning **-man** [-mən] teater-, revy|direktör, showman **-manship** underhållningstalang; effektsökeri

shown [ʃəʊn] *perf. part. av* show
show|**-off** ['ʃəʊɒf] *vard.* skrytmåns, skrävlare **-piece** **1** utställningsföremål **2** paradnummer; praktexempel **-place** sevärdhet, [turist]attraktion **-room** utställningslokal

showy ['ʃəʊɪ] grann, prålig

shpt. *fork. för* shipment **shr.** *fork. för* share (aktie)

shrank [ʃræŋk] *imperf. av* shrink

shrapnel ['ʃræpnl] *mil.* **1** granatsplitter **2** granatkartesch

shred [ʃred] **I** *s* remsa, strimla; lapp, trasa; *in ~s* i trasor; *without a ~ of clothing* utan en tråd på kroppen; *not a ~ of evidence* inte tillstymmelse till bevis **II** *v* klippa (riva, skära) i remsor (i strimlor, sönder), strimla **-der** ['ʃredə] dokumentförstörare

shrew [ʃruː] **1** argbigga, ragata **2** *zool.* näbbmus

shrewd [ʃruːd] klipsk, skarpsinnig, klok; smart, slug; *I have a ~ suspicion* jag har en bestämd misstanke; *that was a ~ guess* det var en bra gissning

shrewish ['ʃruːɪʃ] argsint, grälsjuk

Shrewsbury ['ʃrəʊzb(ə)rɪ]

shriek [ʃriːk] **I** *v* [gall]skrika; tjuta (*with laughter* av skratt) **II** *s* [gällt] skrik

shrift [ʃrɪft] *s*, *give short ~ to*, *make short ~ of* göra processen kort med

shrill [ʃrɪl] **I** *a* gäll, genomträngande **II** *v* **1** skrälla

shrimp—sickle

2 skrika [gällt]
shrimp [ʃrɪmp] **1** [liten] räka **2** liten mager stackare **-ing** [ˈʃrɪmpɪŋ] räkfiske
shrine [ʃraɪn] **1** reliksrin; helig plats; helgongrav **2** helgedom
shrink [ʃrɪŋk] **I** *v* (*shrank, shrunk*) **1** krympa, dra ihop sig; minska, bli mindre **2** ~ *from* dra sig för (*s.th.* ngt; *doing s.th.* att göra ngt); ~ [*away, back*] *from* rygga tillbaka för; ~*ing violet* (*vard. om pers.*) blyg viol **3** få att krympa **II** *s* **1** krympning **2** *vard.* hjärnskrynklare (*psykiater*) **-age** [ˈʃrɪŋkɪdʒ] krympning, minskning; *allow 4 % for* ~ beräkna 4 % krympmån **-wrap** [ˈʃrɪŋkræp] förpacka i krympplast
shrivel [ˈʃrɪvl] **1** ~ [*up*] skrumpna, skrynkla ihop sig **2** ~ [*up*] komma att skrumpna (skrynkla ihop sig) **shrivelled** [-d] skrumpen, skrynklig
shroud [ʃraʊd] **I** *s* **1** [lik]svepning **2** *bildl.* slöja, hölje **3** *sjö.* vant **II** *v* **1** svepa (*lik*) **2** dölja, hölja
Shrovetide [ˈʃrəʊvtaɪd] fastlag[en] **Shrove Tuesday** [-ˌtjuːzdɪ] fettisdag[en]
shrub [ʃrʌb] buske **-bery** [ˈʃrʌbərɪ] buskage, busksnår **-by** [ˈʃrʌbɪ] buskig
shrug [ʃrʌɡ] **I** *v*, ~ [*one's shoulders*] rycka på axlarna (*at* åt); ~ *off* skaka av sig, avfärda med en axelryckning **II** *s*, ~ [*of the shoulders*] axelryckning
shrunk [ʃrʌŋk] *perf. part. av* shrink **-en** [ˈʃrʌŋk-(ə)n] skrumpen, insjunken, hopfallen
shtick [ʃtɪk] *AE. sl.* **1** trick **2** finess **3** [banalt] underhållningsnummer
shuck [ʃʌk] **I** *s* **1** (*hårt*) skal **2** *AE. sl.* bluff **II** *v* **1** skala **2** *AE.* ta (slita) av sig (*one's clothes* kläderna) **shucks** [-s] *interj, AE.* äsch!
shudder [ˈʃʌdə] **I** *v* rysa; skälva, huttra; skaka [till]; ~ *to think of* rysa vid tanken på **II** *s* rysning; skälvning; *it gives me the* ~*s* (*vard.*) det får mig att rysa
shuffle [ˈʃʌfl] **I** *v* **1** hasa med, släpa [med]; ~ *one's feet* släpa [med] fötterna **2** blanda (*cards* kort) **3** *bildl.* ombilda, möblera om bland (i), flytta om **4** skyffla, skjuta; ~ *off a*) kränga (kasta) av sig, *b*) göra sig kvitt, *c*) skjuta ifrån sig; ~ *on* kasta på sig **5** hasa, sjava, lunka, gå (dansa) släpigt **6** blanda [korten] **7** ~ *out of* krångla sig ur (ifrån), skjuta ifrån sig **II** *s* **1** hasande; *walk with a* ~ hasa **2** *give the cards a* ~ blanda korten **3** *billd.* ombildning, ommöblering, omflyttning **-board** [-bɔːd] shuffleboard (*slags däcksspel*)
shun [ʃʌn] undvika, hålla sig undan för
shunt [ʃʌnt] **I** *v* **1** [för]flytta; *järnv.* växla, rangera **2** lägga åt sidan, skjuta undan **3** *elektr.* shunta **II** *s* **1** växling, rangering **2** *elektr.* shunt **-er** [ˈʃʌntə] växellok
shush [ʃʌʃ] tysta [ner], hyssja [åt]
shut [ʃʌt] **I** *v* (*shut, shut*) **1** stänga [av]; slå (fälla) ihop (igen); fälla ner; ~ *away* stänga in, isolera; ~ *down* stänga, slå igen, *bildl. äv.* lägga ner; ~ *in a*) stänga in[ne], *b*) omge, innesluta; ~ *off a*) stänga av, *b*) *bildl.* skärma av, isolera, stänga ute (*from* från), utesluta (*from* ur); ~ *out a*) stänga ute, *b*) utesluta (*from* ur); ~ *to* stänga till; ~ *up a*) stänga [till, igen], slå igen, fälla ihop (igen), *b*) sluta med, *c*) spärra (låsa) in, *d*) tysta ner; ~ *your mouth* (*face*)! (*sl.*) håll käften!; ~ *one's ears to s.th.* (*bildl.*) sluta till sina öron för

ngt; ~ *one's eyes* blunda; ~ *one's eyes to* (*bildl.*) blunda för **2** få i kläm, klämma **3** stänga[s], gå igen, slutas till; ~ *down* stänga[s], slå igen, sluta; ~ *off* stängas av; ~ *up a*) stänga[s], stängas igen (till), *b*) *vard.* tystna, tiga, hålla klaffen; *it* ~*s easily* den går lätt att stänga **II** *a o. perf. part.* stängd; sluten; instängd, inspärrad, isolerad; *we're* ~ vi har stängt; *keep one's eyes* ~ blunda; *the door swung* ~ dörren slog igen
shutdown [ˈʃʌtdaʊn] stängning; nedläggning (*av företag*) **shuteye** *s, vard.*, *get some* ~ ta sig en tupplur **shutter** [-ə] **I** *s* **1** [fönster]lucka; *rolling* ~ rulljalusi; *put up the* ~*s* stänga fönsterluckorna, stänga för dagen **2** *foto.* slutare **3** [dörr]stängare **II** *v* **1** stänga med fönsterluckor **2** förse med fönsterluckor
shuttle [ˈʃʌtl] **I** *s* **1** skyttel, skottspole **2** pendeltåg, -flyg, -buss] **3** badmintonboll **II** *v* **1** skyttla; skicka fram och tillbaka **2** gå i skyttletrafik; åka fram och tillbaka **shuttlecock** badmintonboll; fjäderboll; *bildl.* lekboll **shuttle service** [-ˌsɜːvɪs] skytteltrafik
1 shy [ʃaɪ] **I** *a* blyg (*of* för); skygg; *fight* ~ *of* hålla sig undan från, försöka undvika, dra sig för **II** *v* skygga (*at* för); ~ *away from* dra sig undan
2 shy [ʃaɪ] **I** *v* kasta, slänga (*s.th. at s.b.* ngt på ngn) **II** *s* **1** kast **2** *vard.* gliring, pik **3** *vard.* försök; *have a* ~ *at doing s.th.* försöka göra ngt
shy|ly [ˈʃaɪlɪ] *adv* blygt; skyggt **-ness** [-nɪs] blyghet; skygghet
shyster [ˈʃaɪstə] *AE. sl.* brännvinsadvokat
si [siː] *mus.* si
Siamese [ˌsaɪəˈmiːz] **I** *a* siamesisk; ~ *cat* siameskatt; ~ *twins* siamesiska tvillingar **II** *s* siameskatt
sib[b] [sɪb] **I** *s* **1** blodsfrände **2** *koll.* släktingar **II** *a* befryndad
Sibe|ria [saɪˈbɪərɪə] Sibirien **-rian** [-rɪən] **I** *a* sibirisk **II** *s* sibirier
sibilant [ˈsɪbɪlənt] *fonet.* **I** *a* väsande **II** *s* väsljud
sibling [ˈsɪblɪŋ] syskon
sic [sɪk] *adv* sic (*så står det, rätt återgivet*)
Sicilian [sɪˈsɪljən] **I** *a* siciliansk; *the* ~ *Vespers* (*hist.*) sicilianska aftonsången **II** *s* sicilianare
Sicily [ˈsɪsɪlɪ] Sicilien
sick [sɪk] **I** *a* **1** sjuk; ~ *with envy* sjuk av avund; *be* ~ *at heart* vara bedrövad (betryckt); *fall* (*take, be taken*) ~ bli sjuk; *go* ~ (*mil.*) sjukanmäla sig; *be worried* ~ (*vard.*) vara sjuk av oro **2** illamående; *be* ~ *a*) må illa, vara (bli) illamående, *b*) kräkas, spy; *be* ~ *at s.th. a*) vara äcklad av ngt, *b*) vara upprörd (förargad, misbelåten) över ngt; *be* ~ *of doing s.th.* vara trött (led) på att göra ngt; *be* ~ *and tired of* vara utled på; *feel* ~ må illa, känna sig illamående; *feel* ~ *about* (*bildl.*) må illa av; *that food makes me* ~ den maten äcklar mig, jag mår illa av den maten **3** sjuk[lig], makaber, pervers; ~ *humour* sjuk humor **II** *s, the* ~ de sjuka **III** *v, vard.* spy

sickbay [ˈsɪkbeɪ] *sjö.* sjuk|hytt, -avdelning **sickbed** sjukbädd **sicken** [-(ə)n] **1** göra illamående, kvälja **2** [in]sjukna (*for* i) **3** äcklas, känna äckel (*at* vid) **sickening** [ˈsɪknɪŋ] **1** kväljande, äcklig, vämjelig **2** *vard.* [fruktansvärt] irriterande **sick headache** [-ˌhedeɪk] huvudvärk med kväljningar, migrän

sickle [ˈsɪkl] *s* skära

sick leave ['sɪkliːv] sjukledighet; sjukpermission; *be on ~* ha sjukledigt (sjukpermission), vara sjukledig **sickly** [-lɪ] **I** *a* **1** sjuklig; blek **2** äcklig, kväljande **II** *adv* **1** sjukligt **2** äckligt, kväljande **sickness** [-nɪs] **1** sjukdom **2** kräkningar; illamående, kväljningar **sickness benefit** ['ʃɪknɪsˌbenɪfɪt] sjukpenning **sick-out** [-aʊt] strejk genom sjukanmälan **sick pay** [-peɪ] sjuklön **sickroom** [-rʊm] sjukrum
side [saɪd] **I** *s* **1** sida, *bildl. äv.* part, aspekt; håll, kant; *sport.* sida, lag; *the ~s of the mountain* (*river*) bergets sluttningar (flodens stränder); *this ~ up!* denna sida upp!; *the north ~ of* (*äv.*) norra delen av; *the right* (*wrong*) *~ a*) rätt (fel) sida, *b*) rätsidan (avigsidan); *on the right* (*wrong*) *~ of 50* (*äv.*) under (över) 50 år; *change ~s a*) byta sida (parti), *b*) ändra uppfattning; *let's hear your ~ of the story!* låt oss höra din version av saken!; *shake one's ~s with laughter* skaka av skratt; *take ~s a*) ta parti, ta ställning (*with s.b.* för ngn), *b*) vara partisk; *at* (*by*) *the ~ of* vid sidan av (om), bredvid; *at a p.'s ~* (*äv. bildl.*) vid ngns sida; *~ by ~* (*äv. bildl.*) sida vid sida; *from all ~s* från alla sidor (håll [och kanter]); *on one's father's ~* på fädernet (faderns sida); *on all ~s* på (från) alla sidor (håll [och kanter]), överallt; *on one ~ a*) på en sida (ena sidan), *b*) åt sidan, avsides, *c*) på sned, snett; *with one's head on one ~* med huvudet på sned; *be on a p.'s ~* vara (stå) på ngns sida; *there's no ~ about* (*to*) *him* (*vard.*) han är inte alls mallig; *be on the small ~* vara ganska liten (i minsta laget); *make a bit on the ~* (*vard.*) tjäna litet vid sidan om; *put on ~* (*vard.*) brösta (malla) sig; *put on one ~ a*) lägga åt sidan (undan), *b*) lämna därhän, skjuta upp; *to one ~* åt sidan; *to one ~ of* bredvid; *leaving to one ~* bortsett från **2** *skol.* linje **II** *v*, *~ with* (*against*) ta parti (ställning) för (mot)
sideboard ['saɪdbɔːd] **1** sideboard, serveringsbord, byffé, skänk **2** *BE.*, *~s* (*pl*) polisonger **sideburns** [-bɜːnz] *pl*, *AE.* polisonger **sidecar** sidvagn (*t. motorcykel*) **side dish** mellanrätt **side door** sidodörr **side effect** [-ɪˌfekt] biverkan; sidoeffekt **side issue** [-ˌɪʃuː] bisak **sidekick** [-kɪk] *vard.* kompis; assistent **sidelight** [-laɪt] **1** (*på bil*) sidoljus; *sjö.* sidolanterna **2** ny belysning (*av ett ämne*) **sideline** [-laɪn] **1** *sport.* sidlinje; *stand on the ~s* (*bildl.*) vara åskådare, hålla sig i utkanterna; *wait on the ~s* vänta på reservbänken (i kulisserna) **2** bisyssla **sidelong** [-lɒŋ] **I** *a* sido-; från sidan, sned **II** *adv* från (på) sidan, snett
sidereal [saɪˈdɪərɪəl] stjärn-, siderisk
side|-saddle ['saɪdˌsædl] **I** *s* damsadel **II** *adv* i damsadel **-show** [-ʃəʊ] **1** (*på nöjesfält e.d.*) stånd, bod **2** biattraktion **-splitting** [-ˌsplɪtɪŋ] *vard.* hejdlöst rolig; hejdlös **-step** [-step] **I** *v* undvika genom att gå på sidan om; (*i boxning*) sidsteppa för; *bildl.* undvika, väja för, kringgå **II** *s* steg åt sidan **-swipe** [-swaɪp] *s*, *take a ~ at a*) tuscha, *b*) *bildl.* ge en gliring **-track** [-træk] **I** *s* **1** *AE. järnv.* växel-, sido|spår **2** *bildl.* sidospår, avvikelse **II** *v* **1** *AE. järnv.* växla in på ett sidospår **2** *bildl.* leda[s] in på ett sidospår (stickspår) **-walk** [-wɔːk] *AE.* trottoar, gångbana **-ward** [-wəd] *a* åt sidan **-wards** [-wədz] *adv* åt sidan **-ways**

[-weɪz] **I** *a* sido-, åt sidan **II** *adv* åt (från) [ena] sidan, i sidled; på snedden (tvären); på sidan; *the news knocked me ~* (*vard.*) nyheten gjorde mig alldeles omtumlad **-whiskers** [-ˌwɪskəz] *pl* polisonger
siding ['saɪdɪŋ] **1** *järnv.* växel-, sido|spår; stickspår **2** *AE.* ytter|panel, -beklädnad
sidle ['saɪdl] **1** smyga sig; *~ up to s.b.* smyga sig fram till ngn **2** röra sig (gå) sidledes (i sidled)
Sidney ['sɪdnɪ]
siege [siːdʒ] **1** belägring; *lay ~ to* belägra **2** lång besvärlig period
siemens ['siːmənz] *elektr.* siemens
siesta [sɪˈestə] siesta; *take a ~* ta siesta
sieve [sɪv] **I** *s* **1** såll; *have a memory like a ~* ha ett hönsminne **2** *vard.* lösmynt person **II** *v* sålla, sikta
sift [sɪft] **1** sålla, sikta; strö **2** *~* [*through*] noga undersöka (gå igenom), finggranska **3** (*om ljus e.d.*) sila **-er** ['sɪftə] sikt, såll; ströare
Sig., sig. *förk. för signature*; *signor*; *signore*
sigh [saɪ] **I** *v* **1** sucka; susa **2** *~ for* längta (tråna, sukta) efter **II** *s* suck
sight [saɪt] **I** *s* **1** syn[förmåga]; *have long* (*short*) *~* vara långsynt (närsynt); *lose one's ~* (*äv.*) bli blind **2** anblick, [å]syn; skådespel; *at* (*on*) *~* omedelbart, med detsamma; *at the ~ of* vid åsynen av; *at first ~* vid första påseendet (anblicken), från (i) början, med detsamma; *love at first ~* kärlek vid första ögonkastet; *payable at* (*on*) *~* (*hand.*) betalbar vid sikt (a vista); *play at* (*by*) *~* spela a vista (från bladet); *at the ~ of the bull she ran away* hon fick syn på tjuren sprang hon i väg; *know s.b. by ~* känna ngn till utseendet; *in my ~* (*bildl.*) i mina ögon; *be* (*look*) *a ~* (*vard.*) se hemsk ut; *what a ~ you are!* (*vard.*) så du ser ut!; *be a ~ to see* vara en härlig syn; *it was a ~ for sore eyes* det var en fröjd för ögat; *I can't bear the ~ of her* jag tål inte se henne; *buy s.th. ~ unseen* köpa ngt obesett; *catch* (*get*) *~ of* få syn på, få se; *lose ~ of s.th.* förlora ngt ur sikte; *don't lose ~ of the fact that* glöm inte bort att **3** sevärdhet **4** sikte; synhåll; *land in ~!* land i sikte!; *be* [*with*]*in ~* vara i sikte (inom synhåll, inom räckhåll), kunna ses (skönjas); *be* [*with*]*in ~ of s.th.* ha ngt i sikte (inom synhåll, inom räckhåll), kunna se ngt; *come in*[*to*] *~ of s.th.* få ngt i sikte (inom synhåll); *keep in ~* behålla i sikte, hålla ögonen på; *out of ~*, *out of mind* ur syn, ur sinn; *be out of ~* vara ur sikte (utom synhåll) (*of s.b.* för ngn), inte [längre] kunna ses (*of s.b.* av ngn); *keep out of ~* hålla sig gömd, inte visa sig; *keep out of my ~!* jag vill inte se dig mer!; *don't let the child out of your ~* släpp inte barnet ur sikte **5** sikte; siktning; observation; *raise one's ~s* (*bildl.*) sikta högre; *set one's ~ on s.th.* (*bildl.*) sikta in sig på ngt; *set one's ~s too high* (*bildl.*) sikta för högt; *take ~ at* sikta (ta sikte på **6** *vard.* massa; *a ~ cheaper* mycket billigare; *out of ~* toppen; *not by a long ~* inte på långa vägar (långt när), långtifrån **II** *v* **1** sikta, få i sikte, få syn på **2** förse med sikte **3** rikta in; *~ing shot* riktskott
sight|ed ['saɪtɪd] **1** seende **2** -synt; *short-~* närsynt **-ings** [-ɪŋz] *pl* observationer, iakttagelser **-less** [-lɪs] utan syn, blind **-ly** [-lɪ] *a* behaglig att se på, vacker **--read** spela (sjunga) från [not]bla-

sightseeing—simple

det (a vista) **-seeing** [-,si:ɪŋ] **I** s sightseeing, rundtur **II** v, go ~ sightseea, gå (åka) på sightseeing **-seer** [-,si:ə] person som går (åker) på sightseeing, turist

sign [saɪn] **I** s **1** tecken (*of* för, på); symbol; märke, spår; *the* ~ *of the cross* korstecknet; ~ *of life* livstecken, spår av liv; *that is a* ~ *of the times* det är ett tidens tecken; *all the* ~*s are that* allt tyder på att; *make no* ~ inte ge ngt tecken ifrån sig, inte röra sig; *make a* ~ *to s.b.* göra [ett] tecken till ngn; *he shows no* ~ *of doing it* ingenting tyder på att han skall göra det **2** skylt; märke; *at the* ~ *of the Eagle* på värdshuset Örnen **II** v **1** skriva under (på), underteckna, skriva, signera [med]; skriva in sig i; värva, engagera, anställa; ~*ed, sealed and delivered* (*bildl.*) fix och färdig, klappad och klar **2** ge tecken åt; visa med ett tecken **3** ge tecken, vinka **4** skriva under (sitt namn); ~ *for* kvittera ut **5** ~ *away* [skriftligen] avstå från; ~ *off a*) *radio., TV.* sluta sändningen, *b*) *vard.* [av]sluta; ~ *on a*) värva, anställa, engagera, *b*) ta värvning (anställning, engagemang), *c*) *sjö.* mönstra på, *d*) skriva in [sig], anmäla [sig], *e*) [gå och] stämpla; ~ *out* låta skriva ut sig, checka ut; ~ *over* [skriftligen] överlåta, skriva över; ~ *one's name to s.th.* skriva [sitt namn] under ngt; ~ *up* skriva in sig, anmäla sig

signal ['sɪgnḷ] **I** s signal (*for s.th.* till ngt; *of* om); tecken (*of* på); *warning* ~ varningssignal; ~ *of distress* nödsignal **II** a betydande, framstående; påtaglig **III** v signalera; ~ *to s.b.* signalera till (ge tecken åt) ngn **signal box** *järnv.* ställverk **signallize** (*BE. äv. -ise*) ['sɪgnəlaɪz] utmärka, göra känd, framhäva; ~ *o.s.* utmärka sig **signaller** ['sɪgnələ] signalist **signalman** [-mən] **1** signalist **2** *järnv.* ställverksskötare **signatory** ['sɪgnət(ə)rɪ] **I** s undertecknare **II** a, ~ *power* signatärmakt

signature ['sɪgnətʃə] **1** signatur; namnteckning; underskrift; *put one's* ~ *to* sätta sin signatur på (under) **2** *mus.* förtecken **signature tune** signaturmelodi

signboard ['saɪnbɔ:d] skylt; anslagstavla

signet ['sɪgnɪt] signet, sigill **signet ring** signetring

signifi|cance [sɪg'nɪfɪkəns] **1** betydelse, mening, innebörd **2** vikt, betydelse **3** uttrycksfullhet **-cant** [-kənt] **1** menande (*look* blick); betecknande, signifikant (*of* för) **2** viktig, betydelsefull, betydande

signifi|cation [,sɪgnɪfɪ'keɪʃn] betydelse, innebörd, mening **-cative** [sɪg'nɪfɪkətɪv] betecknande, signifikativ (*of* för), betydelsefull

signify ['sɪgnɪfaɪ] **1** betyda **2** uttrycka, tillkännage, visa **3** beteckna, antyda **4** *vard.* vara av vikt (betydelse)

signing ['saɪnɪŋ] s undertecknande *etc.*, jfr *sign II*

sign language ['saɪn,læŋgwɪdʒ] teckenspråk

signpost ['saɪnpəʊst] **I** s vägvisare (*äv. bildl.*), vägskylt **II** v skylta, utmärka; ~ *a way into* (*bildl.*) visa vägen till; *it is well* ~*ed* det är väl skyltat

Sikh [si:k] **I** s sikh **II** a sikhisk

silage ['saɪlɪdʒ] *lantbr.* pressfoder, ensilage

silence ['saɪləns] **I** s tystnad, tysthet; ~*!* tyst!, tystnad!; ~ *gives consent* den som tiger samtycker; *reduce to* ~ tysta [ner] **II** v tysta [ner], få (komma) att tystna **silencer** [-ə] ljuddämpare **silent** [-t] **I** s tyst; stilla; tystlåten; stillatigande; stum (*consonant* konsonant); ~ *assent* tyst medgivande; ~ *film* stumfilm; ~ *partner* (*i sht AE.*) passiv delägare; *be* ~ (*äv.*) tiga; *become* ~ (*äv.*) tystna; *fall* ~ tystna; *keep* ~ *about* hålla tyst om (med), tiga med **II** s stumfilm **silently** [-tlɪ] *adv* tyst; stilla; i tysthet; under tystnad

Silesia [saɪ'li:zjə] Schlesien

silhouette [,sɪlu:'et] **I** s sil[h]uett, skugg-, kontur|bild **II** v **1** avbilda i silhuett **2** *be* ~*ed against* avteckna sig [i silhuett] mot

sili|ca ['sɪlɪkə] *kem.* kiselsyra **-cate** [-kɪt] *kem.* silikat **-con** [-kən] kisel **-cone** [-kəʊn] *kem.* silikon **-cosis** [,sɪlɪ'kəʊsɪs] *med.* silikos

silk [sɪlk] **I** s **1** silke, siden[tyg]; ~*s* (*pl*) siden|kläder, -plagg; *artificial* ~ konstsiden; *pure* ~ helsiden **II** a siden-, silkes-; ~ *hat* hög hatt, cylinder; ~ *scarf* sidenhalsduk **silken** ['sɪlk(ə)n] siden-, silkes-; silkes|len, -mjuk; ~ *ribbon* sidenband **silkscreen printing** ['sɪlkskri:n,prɪntɪŋ] silkscreen[tryck] **silkworm** ['sɪlkwɜ:m] silkesmask **silky** ['sɪlkɪ] **1** silkig, silkes|len, -mjuk; *bildl.* [silkes]len **2** siden-, silkes-

sill [sɪl] **1** fönsterbräde **2** tröskel (*i bil*)

silly ['sɪlɪ] **I** a dum, enfaldig; *laugh o.s.* ~ (*vard.*) skratta sig fördärvad **II** s, *vard.* dumbom

silo ['saɪləʊ] *lantbr.* silo

silt [sɪlt] **I** s [botten]slam **II** v, ~ [*up*] slamma igen

silver ['sɪlvə] **I** s silver **II** a silver-; ~ *birch* vårtbjörk; ~ *fir* silvergran; ~ *fox* silverräv; ~ *jubilee* 25-årsjubileum; ~ *paper* stanniolpapper; ~ *plate a*) bordssilver, *b*) [silver]pläter; ~ *the screen* (*vard.*) vita duken, filmindustrin; ~ *wedding* silverbröllop **III** v försilvra **--plated** [-,pleɪtɪd] försilvrad, pläterad **-smith** [-smɪθ] silversmed **-ware** [-,weə] silverkärl; bordssilver **-weed** [-wi:d] *bot.* gåsört

silvery ['sɪlv(ə)rɪ] silver-, silver|liknande, -glänsande; *bildl.* silver|ren, -klar

silviculture ['sɪlvɪ,kʌltʃə] skogsbruk

simian ['sɪmɪən] **I** a apliknande, ap- **II** s apa

similar ['sɪmɪlə] **I** a liknande, likartad, lika (*to s.b.* ngn, *to s.th.* ngt); *geom.* likformig **II** s ngt likadant **-ity** [,sɪmɪ'lærətɪ] likhet (*between* mellan; *to, with* med); *points of* ~ likheter **-ly** ['sɪmɪləlɪ] *adv* på liknande sätt; likaledes

simile ['sɪmɪlɪ] liknelse

similitude [sɪ'mɪlɪtju:d] likhet

simmer ['sɪmə] **I** v **1** [låta] sjuda (småkoka) **2** småkoka; sjuda (*äv. bildl.*); ~ *down a*) koka ihop, *b*) *vard.* lugna ner sig **II** s sjudande, småkokande

Simon ['saɪmən]

simp [sɪmp] *AE. sl.*, *se simpleton*

simper ['sɪmpə] **I** v le tillgjort (fånigt) **II** s tillgjort (fånigt) leende

simple ['sɪmpl] **1** enkel, lätt; tydlig, lätt att förstå; [själv]klar; *it's as* ~ *as ABC* det är hur lätt som helst **2** enkel, okonstlad, anspråkslös, simpel; ärlig, rättfram **3** enkel, osammansatt; ~ *equation* förstagradsekvation; ~ *fraction* allmänt bråk; ~ *interest* enkel ränta; ~ *tense* (*språkv.*) enkelt tempus **4** godtrogen, enfaldig, naiv; *S*~ *Simon* dummerjöns, dumbom **5** ren; *it's* ~ *madness*

det är rena vansinnet
simple-minded [ˌsɪmplˈmaɪndɪd] godtrogen, enfaldig
simpleton [ˈsɪmplt(ə)n] åld. dummerjöns, dumbom
simplicity [sɪmˈplɪsətɪ] **1** enkelhet; enkel beskaffenhet; enkel byggnad **2** enkelhet, konstlöshet, anspråkslöshet
simpli|fication [ˌsɪmplɪfɪˈkeɪʃn] förenkling **-fy** [ˈsɪmplɪfaɪ] förenkla
simply [ˈsɪmplɪ] adv **1** enkelt etc., jfr simple **2** helt enkelt; bara; quite ~ helt enkelt
simulacrum [ˌsɪmjʊˈleɪkrəm] **1** avbild **2** skenbild
simul|ate [ˈsɪmjʊleɪt] **1** simulera, låtsa; ~ illness låtsas vara sjuk **2** efterlikna, imitera; simulera **-ation** [ˌsɪmjʊˈleɪʃn] simulation; simulering **-ator** [-eɪtə] **1** simulant **2** simulator
simulcast [ˈsɪm(ə)lkɑːst] **I** v samsända (i radio o. TV) **II** s samsändning (mellan radio o. TV)
simul|taneity [ˌsɪm(ə)ltəˈnɪətɪ] samtidighet **-taneous** [-ˈteɪnjəs] samtidig; simultan; ~ broadcast samsändning (mellan radio o. TV)
sin [sɪn] **I** s synd; försyndelse; live in ~ (åld. el. skämts.) leva i synd; ~ of omission underlåtenhetssynd; ~ of origin, original ~ arvsynd; the seven deadly ~s de sju dödssynderna; ugly as ~ ful som stryk; it's a ~ to (vard.) det är synd att **II** v synda; försynda sig
since [sɪns] **I** adv sedan [dess]; för...sedan; ever ~ [allt]sedan dess; long ~ [för] länge sedan, sedan länge; a short time ~ för en kort tid sedan, nyligen **II** prep [allt]sedan, ända från, [allt]ifrån **III** konj **1** sedan; ever ~ alltsedan, ända sedan **2** eftersom, då [ju]
sincere [sɪnˈsɪə] ärlig, uppriktig **-ly** [-lɪ] adv ärligt, uppriktigt; Yours ~ly (i brev) Er (Din) tillgivne
sincerity [sɪnˈserətɪ] ärlighet, uppriktighet
sine [saɪn] mat. sinus
sinecure [ˈsaɪnɪˌkjʊə] sinekur
sine qua non [ˌsaɪnɪkweɪˈnɒn] lat. ofrånkomligt villkor
sinew [ˈsɪnjuː] sena; bildl. styrka, kraft; litt. muskel **sinewy** [-ɪ] **1** senig **2** bildl. kraftig, stark
sinful [ˈsɪnf(ʊ)l] syndfull, syndig
sing [sɪŋ] (sang, sung) **1** sjunga (a song en sång); ~ s.b. a song sjunga en sång för ngn; a p.'s praises sjunga ngns lov **2** sjunga; ~ of (åld. el. litt.) sjunga (dikta) om, besjunga; ~ up sjunga ut (högre) **3** (om vind e.d.) susa, vina; (om kaffepanna e.d.) vissla; my ears are ~ing det ringer (susar) i öronen på mig **4** AE. sl. tjalla, "sjunga"
sing. förk. för singular
Singapore [ˌsɪŋəˈpɔː]
singe [sɪn(d)ʒ] **I** v **1** sveda, bränna [på ytan] **2** svedas, brännas **II** s [ytlig] brännskada
singer [ˈsɪŋə] sångare, sångerska
Singhalese [ˌsɪŋhəˈliːz] se Sinhalese
singing [ˈsɪŋɪŋ] **I** s sjungande, sång **II** a sjungande; sång-; ~ lessons sånglektioner; ~ voice sångröst
single [ˈsɪŋgl] **I** a **1** enda, enstaka; every ~ varenda; not a ~ thing inte en enda sak **2** enkel; odelad; ~ bed enkel-, enmans|säng; ~ cream tunn grädde; in ~ file i gåsmarsch, en och en efter var-

andra; ~ room enkelrum; ~ ticket enkel biljett **3** ensam[stående]; ogift **II** s **1** enkel [biljett] **2** singel[skiva] **3** enkelrum **4** enpunds-, endollar|-sedel **5** ogift [person], singel **6** sport., ~s (behandlas som sg) singel[match]; men's ~s herrsingel **III** v, ~ out välja (ta, skilja) ut
single|-breasted [ˌsɪŋglˈbrestɪd] enkelknäppt (coat rock) **--decker** [-ˌdekə] **I** s endäckare, envåningsbuss **II** a, ~ bus endäckare, envåningsbuss **--handed** [-ˈhændɪd] ensam, på egen hand **--minded** [-ˈmaɪndɪd] målmedveten; hängiven **--seater** [-ˈsiːtə] ensitsig sportbil, ensitsigt flygplan
singlet [ˈsɪŋglɪt] BE. (ärmlös) sporttröja; undertröja
single-topic [ˌsɪŋglˈtɒpɪk] a, ~ issue temanummer
singly [ˈsɪŋglɪ] adv **1** en åt gången, en och en, var för sig **2** ensam, på egen hand
singsong [ˈsɪŋsɒŋ] **I** s **1** allsång **2** enformigt stigande och sjunkande tonfall **II** a enformigt stigande och fallande (voice röst)
singular [ˈsɪŋgjʊlə] **I** a **1** enastående, sällsynt, märklig; unik **2** egendomlig, besynnerlig **3** språkv. singular, i ental[sform]; ~ form singularform **II** s, språkv. singular[is], singularform; in the ~ i singularis **-ity** [ˌsɪŋgjʊˈlærətɪ] **1** sällsynthet, egendomlighet, säregenhet; the ~ of her taste hennes mycket speciella smak **2** egenhet
Sinhalese [ˌsɪŋhəˈliːz] **I** a singalesisk **II** s **1** (pl lika) singales **2** singalesiska [språket]
sinister [ˈsɪnɪstə] **1** ondskefull, illvillig, lömsk **2** olycksbådande; dyster **3** her. vänster
sink [sɪŋk] **I** v (sank, sunk) **1** sjunka; få (åt att (låta) sjunka; bildl. omintetgöra, förstöra; be sunk in a book sitta (vara) försjunken i en bok; be sunk in depression vara djupt deprimerad; ~ one's worries in drink dränka sina sorger; now we're sunk! (vard.) nu är det ute med oss! **2** gräva [ner], lägga ner; borra; bildl. bilägga, glömma; ~ money into s.th. lägga (plöja) ner pengar i ngt; ~ one's teeth into s.th. sätta tänderna i ngt **3** sänka, minska; amortera [på] **4** sjunka; gå ner, sänka (sätta) sig; ~ or swim det må bära eller brista; leave s.b. to ~ or swim lämna ngn vind för våg; with ~ing heart modlöst, nedslaget; my heart (spirits) sank mitt mod sjönk; he is ~ing fast han blir hastigt sämre, det är snart slut med honom; can't you get this to ~ in? (vard.) kan du inte få in det i ditt huvud?; ~ into a chair sjunka ner i en stol; ~ into decay förfalla; ~ into a deep sleep falla i djup sömn **5** sjunka, falla, minska[s], avta **6** slutta **II** s **1** diskbänk **2** avlopps|brunn, -rör
sinking [ˈsɪŋkɪŋ] **I** s sugande känsla i magen **II** a sänkande, sjunkande etc., jfr sink I; that ~ feeling den där sugande obehagskänslan i maggropen
sinking fund amorteringsfond
sinner [ˈsɪnə] syndare
Sino- [ˈsaɪnəʊ] kinesisk, sino- **Sinology** [sɪˈnɒlədʒɪ] sinologi
sinuous [ˈsɪnjʊəs] slingrande; buktig, kurvig
sinus [ˈsaɪnəs] anat. kroppshåla, hålighet **sinusitis** [ˌsaɪnəˈsaɪtɪs] med. sinuit
Sioux [suː] **I** s (pl lika [suː]) sioux[indian] **II** a sioux-; a ~ Indian en sioux[indian]
sip [sɪp] **I** v **1** smutta (läppja) på **2** smutta, läppja

siphon—size

(*at* på) **II** *s* smutt, liten klunk
siphon ['saɪfn] **I** *s* **1** hävert **2** *vard.*, [*soda*] ~ sifon **II** *v*, ~ *off* suga upp [med hävert]
sir [sɜ:, *obeton.* sə] **I** *s* **1** (*tilltalsord, ofta oöversatt*) ~, *S*~ *a*) sir, herrn, min herre, *b*) skol. magistern, *c*) mil. ja, kapten (överste *etc. t.* överordnad), *d*) iron. min bäste herre; [*Dear*] *S*~[*s*] (*tilltal i brev, oöversatt i svenskan*); *yes,* ~! ja [visst]!, jodå!, jajamen!; *down* ~! (*t.* hund) plats! **2** (*titel före dopnamnet för baronet el. knight*) *S*~ Sir, sir **II** *v* tilltala med 'sir'
sire ['saɪə] **I** *s* **1** *S*~ Ers Majestät **2** *åld.* fader **3** (*om husdjur o. rashästar*) far **II** *v*, *åld.* avla, vara far till
siren ['saɪərən] **1** (*signalapparat*) siren **2** *myt. o. bildl.* siren
sirloin ['sɜ:lɔɪn] *kokk.* ländstycke; ~ *of beef* dubbelbiff
sirocco [sɪ'rɒkəʊ] *s*[c]irocko (*het sydvind i Italien bl.a.*)
sirrah ['sɪrə] *åld.* min gode man
sirree [sə'ri:] *AE. vard., yes* ~! javisst!; *no* ~! nej minsann!
sis [sɪs] *vard.* syrra[n]
sisal ['saɪsl] *bot.* sisal[hampa]
siskin ['sɪskɪn] *zool.* grönsiska
sissified ['sɪsɪfied] omanlig, förveklig **sissy** ['sɪsɪ] *vard.* **1** omanlig (feminin) man (pojke); vekling; fegis, mes, mähä; blyg (försagd) typ **2** *AE.* syrra[n]
sister ['sɪstə] **1** syster; *big* ~ storasyster; *little* ~ lillasyster; *my brother*[*s*] *and* ~[*s*] (*äv.*) mina syskon; *the three* ~*s* de tre nornorna; *the Seven S*~*s* de stora oljebolagen **2** syster (*sjuksköterska; nunna*); avdelningssköterska **-hood 1** systerskap **2** systerförbund **-in-law** ['sɪst(ə)rɪnlɔ:] (*pl sisters-in-law* ['sɪstəzɪnlɔ:]) svägerska **-ly** ['sɪstəlɪ] *a* systerlig
Sistine ['sɪsti:n] *a, the* ~ *Chapel* Sixtinska kapellet
sit [sɪt] **I** *v* (*sat, sat*) **1** sitta; sätta sig; *bildl.* ligga; *be* ~*ting pretty* (*vard.*) *a*) ha stora chanser, *b*) ha det bra; ~ *tight* (*vard.*) avvakta, ha tålamod; ~ *at table* sitta till bords; ~ *back a*) luta sig tillbaka [i stolen], *b*) vila sig, *c*) inte göra någonting, ta det lugnt; ~ *by* (*with*) *me!* sätt dig hos (bredvid) mig!; ~ *down* sätta sig, sätta (slå) sig ner; *take s.th.* ~*ting down* finna sig i (svälja) ngt; ~ *for an examination* gå upp i en examen; ~ *for a painter* sitta för en målare; *he* ~*s for* han representerar, han är parlamentsledamot för; ~ *in a*) sitta inne (hemma), *b*) vara (sitta) med, deltaga (*on* vid, i), *c*) sittstrejka; *the car sat in the garage* bilen blev stående i garaget; ~ *on s.b.* (*vard.*) *a*) trycka ner (sätta sig på) ngn, *b*) snäsa av ngn; ~ [*heavy*] *on s.b.* vila tungt på ngn; ~ *on s.th.* (*vard.*) *a*) ligga på (fördröja) ngt, *b*) undertrycka (tysta ner) ngt; ~ *on the bench* sitta som domare; ~ *on a committee* sitta i (tillhöra) en kommitté; ~ *on eggs* ruva, ligga på ägg; *the food sat heavily on his stomach* han kände sig tung i magen av maten; ~ *through* sitta (vara) kvar [till slutet]; ~ *up a*) sitta rak (upprätt), *b*) (*om hund*) sitta vackert, *c*) sitta (vara) uppe, vaka, *d*) sätta sig upp; *make s.b.* ~ *up* [*and take notice*] (*vard.*) få ngn att vakna (reagera, spärra upp ögonen) **2** sammanträda, ha sammanträde **3** (*om plagg*) sitta, passa **4** *vard.*, ~ [*in*] sitta barnvakt **5** placera; ~ *s.b. down* sätta ner ngn, få ngn att sätta sig ner; ~ *s.b. up* resa upp ngn, hjälpa ngn att sätta sig upp **6** ~ *a horse* sitta på en häst **7** *BE.*, ~ *an examination* gå upp i en examen **8** ~ *out a*) hoppa (sitta) över, *b*) sitta (vara) kvar till slutet av, *c*) vänta ut; *we'd better* ~ *it out* det är nog bäst att vi stannar kvar till slutet **II** *s*, *have a* ~ sitta
sitcom ['sɪtkɒm] komediserie (*i TV*)
sit-down ['sɪtdaʊn] **I** *s* **1** *vard., have a* ~ sitta ner och vila ett tag **2** sittstrejk **II** *a* **1** sittande (*dinner* middag) **2** ~ *strike* sittstrejk
site [saɪt] **I** *s* **1** tomt **2** plats; *caravan* ~ campingplats för husvagnar; *the* ~ *of the murder* mordplatsen **2** läge, belägenhet **II** *v* placera, stationera
sit-in ['sɪtɪn] sittstrejk
sitter ['sɪtə] **1** modell (*för porträtt*) **2** barnvakt **3** ruvande fågel
sitting ['sɪtɪŋ] **I** *s* **1** sittning; sittande; *the first* ~ *for dinner is at 7* första middagen serveras klockan 7 **2** session, sittning, sammanträde **3** *at one* (*a single*) ~ i ett sträck (svep), på en gång **4** ligg-, ruvnings|tid **II** *a* **1** sittande; *in a* ~ *position* i sittande ställning; ~ *duck* (*bildl.*) lätt byte (offer) **2** ruvande **sitting room** vardagsrum
situate ['sɪtjʊeɪt] placera, anbringa, sätta, ställa, lägga; ~*d* (*äv.*) belägen
situation [ˌsɪtjʊ'eɪʃn] **1** belägenhet, läge **2** situation, tillstånd, förhållande, läge; *cope with the* ~ klara av situationen; *the economic* ~ det ekonomiska läget **3** *åld.* anställning, plats; *S*~*s Vacant* (*som tidningsrubrik*) Lediga platser **situation comedy** komediserie (*i TV*)
sitz bath ['sɪtsbɑ:θ] sittbad
six [sɪks] (*jfr eight o. sms.*) **I** *räkn* sex; ~ *months* (*äv.*) ett halvår; *it's* ~ *of one and half a dozen of the other* det är hugget som stucket **II** *s* **1** sexa; *at* ~*es and sevens* (*vard.*) *a*) uppochner[vänd], i en enda röra, huller om buller, *b*) villrådig, förvirrad **2** (*i kricket*) sexa (*sex 'run' på ett slag*); *knock s.b. for* ~ (*vard.*) göra ngn paff, ta knäcken på ngn
six|-eight [time] [ˌsɪks'eɪttaɪm] *mus.* sexåttondelstakt **-fold** ['sɪksfəʊld] **I** *a* sex|faldig, -dubbel **II** *adv* sex|faldigt, -dubbelt **-footer** [ˌsɪks'fʊtə] sex fot lång person **-pence** ['sɪkspəns] (*före 1971*) sexpence[mynt] **-penny** ['sɪkspənɪ] **1** (*förr*) värd sex pence; ~ *bit* (*piece*) sexpencemynt **2** ~ *nail* tvåtumsspik **-shooter** [ˌsɪks'ʃu:tə] *AE. vard.* sexskjutare, sexpipig revolver
six|teen [ˌsɪks'ti:n] (*jfr eighteen o. sms.*) **I** *räkn* sexton **II** *s* sexton; sextontal **-teenth** [-θ] *räkn o. s* sextonde; sexton[de]del; ~ *note* (*AE. mus.*) sextondelsnot
sixth [sɪksθ] (*jfr eighth*) **I** *räkn* sjätte; *a* ~ *sense* ett sjätte sinne **II** *s* **1** sjättedel **2** *mus.* sext **-ly** ['sɪksθlɪ] *adv* för det sjätte
sixtieth ['sɪkstɪɪθ] *räkn o. s* sextionde; sextion[de]del
sixty ['sɪkstɪ] (*jfr eighty o. sms.*) **I** *räkn* sexti[o] **II** *s* sexti[o]; sexti[o]tal
sizable se *sizeable*
1 size [saɪz] **I** *s* storlek; nummer; mått, format; *all of a* ~ lika stora; *it's the* ~ *of an apple* den är [lika] stor som ett äpple; *that's about the* ~ *of it* (*vard.*)

[ungefär] så är det (ligger det till); *what* ~ *is it?* hur stor är den?, vilken storlek (vilket nummer) är det?; *cut s.b. down to* ~ sätta ngn på plats **II** *v* **1** ordna efter storlek **2** *vard.*, ~ *up* värdera, bedöma **2 size** [saɪz] **I** *s* (*för grundering*) lim[lösning] **II** *v* limma; grundera
sizeable ['saɪzəbl] ganska stor **sized** [-d] *a* -stor, av (i)…-format (storlek); *medium-*~ mellanstor
siz|zle ['sɪzl] **I** *v* **1** (*om mat i stekpanna*) fräsa **2** *vard.* vara kokhet; vara ilsken **II** *s* fräsande **-zling** [-lɪŋ] *a* **1** fräsande **2** ~ [*hot*] stek-, kok|het
S.J. *förk. för Society of Jesus* **S.J.C.** *förk. för* (*i USA*) *Supreme Judicial Court* **S.J.D.** *förk. för Doctor of Juridical Science*
1 skate [skeɪt] **I** *s* skridsko; rullskridsko **II** *v* åka skridsko[r]; åka rullskridsko[r]; *get one's* ~*s on* (*vard.*) skynda (sno) på; ~ [*a*]*round* (*over*) (*bildl.*) undvika, kringgå (*a problem* ett problem)
2 skate [skeɪt] *zool.* rocka
skateboard ['skeɪtbɔːd] rullbräda, skateboard **skater** [-ə] skridskoåkare; rullskridskoåkare **skating** [-ɪŋ] skridskoåkning; rullskridskoåkning **skating-rink** [-ɪŋrɪŋk] skridskobana; rullskridskobana
Skaw [skɔː] *s, the* ~ Skagen
skedaddle [skɪ'dædl] *vard.* **I** *v* kuta (springa) i väg **II** *s* snabb reträtt
skeet [skiːt] (*slags lerduveskytte*) skeetskytte
skein [skeɪn] **1** härva, docka (*of yarn* garn) **2** ~ *of geese* vildgässträck
skeletal ['skelɪtl] **1** skelett- **2** mager som ett skelett (benrangel) **3** bas-, grund; ~ *structure* stomme
skeleton ['skelɪtn] **1** skelett; benstomme; benrangel; ~ *at the feast* glädjedödare; ~ *in the cupboard* (*AE. closet*) hemlig familjeskandal, obehaglig hemlighet **2** *bildl.* skelett, stomme; utkast, plan **skeleton key** huvudnyckel, dyrk **skeleton staff** minimi|styrka, -besättning
skep [skep] [halm]bikupa
skeptic ['skeptɪk] *AE., se sceptic*
skerry ['skerɪ] *i sht Sk.* skär
sketch [sketʃ] **I** *s* **1** skiss (*of* över); utkast (*of* till) **2** [revy]sketch **II** *v* **1** skiss[er]a, göra [ett] utkast till; ~ [*out*] (*bildl.*) skissera [upp], ange huvuddragen i, kort beskriva; ~ *in* (*bildl.*) lägga in, kort beskriva **2** göra en skiss (skisser) **sketchbook** ['sketʃbʊk] skissbok **sketchmap** ['sketʃmæp] kartskiss **sketchpad** ['sketʃpæd] skissblock **sketchy** ['sketʃɪ] skissartad; ofullständig; oklar
skew [skjuː] **I** *a* skev, sned **II** *s, on the* ~ på sneden **III** *v* **1** gira, svänga **2** förvränga; ~*ed conception* förutfattad mening
skewbald ['skjuːbɔːld] (*om häst*) ljusfläckig, skäckig
skewer [skjʊə] **I** *s* steknål, stek-, grill|spett **II** *v* sticka en steknål igenom, trä upp på spett, genomborra
skewwhiff [skjuː'wɪf] *BE. vard.* på sned
ski [skiː] **I** *s* skida **II** *v* åka skidor **ski boot** ['skiːbuːt] [skid]pjäxa
skid [skɪd] **I** *s* **1** slirning; sladd[ning]; *the car went into a* ~ bilen fick sladd; *on the* ~*s* (*AE. sl.*) på glid (fallrepet) **2** broms|kloss, -back, -sko **II** *v* slira, sladda

skiddoo [skɪ'duː] *interj, AE. sl.* stick!, försvinn!
skier ['skiːə] skid|åkare, -löpare
skiff [skɪf] jolle
skiffle ['skɪfl] *mus.* skiffle
skiing ['skiːɪŋ] skid|åkning, -sport **ski jump 1** hoppbacke **2** backhoppning **ski jumper** [-,dʒʌmpə] backhoppare
skilful ['skɪlf(ʊ)l] skicklig (*at, in* i)
ski lift ['skiːlɪft] skidlift
skill [skɪl] skicklighet (*at, in* i), duglighet; färdighet **skilled** [-d] **1** skicklig (*at, in* i) **2** yrkesskicklig; ~ *labour* yrkesskicklig (utbildad) arbetskraft; ~ *work* arbete som kräver yrkesutbildning
skillet ['skɪlɪt] **1** *i sht BE.* kastrull **2** *i sht AE.* stekpanna
skillful ['skɪlf(ʊ)l] *AE., se skilful*
skim [skɪm] **I** *v* **1** skumma; ~ [*off*] skumma av; ~*med milk* skummjölk **2** skumma, ögna (titta) igenom **3** singla, kasta; ~ *stones out into the water* kasta smörgås **4** glida (stryka, fara) fram över **5** glida (stryka, fara) fram **6** ~ *through* skumma, ögna (titta) igenom **II** *a* skum-; skummjölks-; ~ *milk* skummjölk
skimmer ['skɪmə] hålslev
skimp [skɪmp] **1** snåla (*on* med) **2** snåla, vara mycket snål **skimpy** ['skɪmpɪ] **1** knapp[t tilltagen], torftig; [för] trång **2** snål, knusslig
skin [skɪn] **I** *s* **1** hud; skinn; hinna; skal; *banana* ~ bananskal; *sausage* ~ korvskinn; *be nothing but* ~ *and bone[s]* vara bara skinn och ben; *it's no* ~ *off my nose* (*vard.*) det rör mig inte i ryggen; *change one's* ~ ömsa skinn; *get off with* (*keep*) *a whole* ~ komma helskinnad undan; *by the* ~ *of one's teeth* (*vard.*) med nöd och näppe, med knapp nöd; *save one's* (*protect one's own*) ~ rädda sitt eget skinn; *soaked to the* ~ våt inpå bara skinnet; *under the* ~ (*bildl.*) i grund och botten; *get under a p.'s* ~ (*vard.*) gå ngn på nerverna, irritera ngn **2** skinnlägel **II** *v* **1** dra av skinnet (huden) på; flå; skala; skrapa (*one's knee* knät); ~ *alive* flå levande (*äv. bildl.*) **2** *vard.* skinna, skörta upp, klå **3** ~ *over* täckas av hud (skinn), läkas
skin-deep [,skɪn'diːp] ytlig (*äv. bildl.*)
skin disease ['skɪndɪ,ziːz] hudsjukdom **skin-diver** sportdykare **skin-diving** [-,daɪvɪŋ] sportdykning (*med snorkel, cyklop och simfötter*)
skin flick [-flɪk] porrfilm **skinflint** [-flɪnt] snåljåp **skin food** [-fuːd] närande hudkräm **skinful** [-f(ʊ)l] *s, sl., have a* ~ dricka sig full **skin graft** [-grɑːft] hudtransplantat **skinhead** [-hed] *BE.* skinhead **skinned** [-d] **1** *keep one's eyes* ~ hålla ögonen öppna **2** *fair-*~ ljushyad
skinny ['skɪnɪ] mager, benig, tanig **--dip** bada naken
skint [skɪnt] *vard.* pank
skintight ['skɪntaɪt] [tätt] åtsittande
skip [skɪp] **I** *v* **1** skutta; hoppa (*äv. bildl.*); ~ *thrugh a book* (*vard.*) ögna igenom (skumma) en bok **2** hoppa [hopp]rep **3** *bildl.* hoppa över, strunta i; ~ *it!* (*vard.*) strunt i det!, det gör inget! **4** ~ *stones over the surface of the water* kasta smörgås **5** *vard.*, ~ *school* skolka [från skolan] **6** *vard., i sht AE.* hastigt lämna, sticka från **II** *s* skutt; hopp
skipper ['skɪpə] *vard.* **1** skeppare, kapten **2**

skipping-rope—slate 476

sport. [lag]kapten, lagledare
skipping-rope ['skɪpɪŋrəʊp] *BE.* hopprep
skirl [skɜːl] **I** *s* säckpip[s]ljud **II** *v* spela [på] säckpipa
skirmish ['skɜːmɪʃ] **I** *v* drabba samman, slåss; gräla **II** *s* skärmytsling *(äv. bildl.)*
skirt [skɜːt] **I** *s* **1** kjol; *sl.* brud, tjej; *divided ~* byxkjol **2** skydds|kåpa, -skärm **3** *vanl.* ~s *(pl)* utkant[er]; [skogs]bryn **II** *v* **1** gå (sträcka sig) längs utefter, kanta **2** ~ *[round] a)* gå runt, *b) bildl.* kringgå **skirting [board]** ['skɜːtɪŋ(bɔːd)] *BE.* golvlist
ski run ['skiːrʌn] skidbacke; skidspår **ski stick** skidstav
skit [skɪt] parodi, satir; sketch
skit|ter ['skɪtə] ila fram, rusa omkring **-tish** [-ɪʃ] **1** yster, lekfull; livlig; nyckfull **2** lättskrämd, skygg
skittle ['skɪtl] **1** kägla **2** ~s *(behandlas som sg)* kägelspel; *it isn't all beer and* ~s det är inte bara en dans på rosor **--alley** [-ˌælɪ] kägelbana
skivvy ['skɪvɪ] *neds.* piga
ski wax ['skiːwæks] [skid]valla
skua ['skjuːə] *zool.* labb
skulduggery [skʌl'dʌgərɪ] *åld.* skurkstreck
skulk [skʌlk] **1** hålla sig undan, gömma sig **2** smyga
skull [skʌl] skalle, kranium, huvudskål; ~ *and crossbones* dödskalle med två korslagda benknotor; *have a dense (thick)* ~ vara tjockskallig **-cap** ['skʌlkæp] **1** kalott **2** *bot.* frossört **-duggery** [skʌl'dʌgərɪ] *AE.*, *se skulduggery*
skunk [skʌŋk] **1** *zool.* skunk **2** *vard.* kräk
sky [skaɪ] **1** ~ *el. skies (pl)* himmel; *poet.* sky; *the moon is high in the* ~ månen står högt på himlen; *the ~'s the limit (vard.)* det finns ingen gräns; *praise s.b. to the skies* höja ngn till skyarna **2** *skies (pl)* klimat, lufttreck
sky blue ['skaɪbluː] himmelsblå **sky-cap** *AE.* bärare *(på flygplats)* **skydiving** [-ˌdaɪvɪŋ] fallskärmshoppning med fritt fall **sky-high** [ˌskaɪ-'haɪ] *a o. adv* skyhög[t] **skyjack** ['skaɪdʒæk] kapa flygplan **skyjacker** ['skaɪˌdʒækə] flygplanskapare **skylark** ['skaɪlɑːk] **I** *s, zool.* sånglärka **II** *v, vard.* rasa, stoja **skylight** ['skaɪlaɪt] takfönster **skyline** ['skaɪlaɪn] **1** horisont **2** silhuett, kontur **skyrocket** ['skaɪˌrɒkɪt] **I** *s* [fyrverkeri]raket **II** *v, vard.* skjuta i höjden **skyscape** ['skaɪskeɪp] *(tavla, foto e.d.)* molnstudie **skyscraper** ['skaɪˌskreɪpə] skyskrapa **skywards** ['skaɪwədz] *adv* mot himlen **skywriting** ['skaɪˌraɪtɪŋ] rökskrift *(från flygplan)*
S.L. *förk.* för Solicitor at Law
slab [slæb] platta; häll; tjock skiva
1 slack [slæk] **I** *a* **1** slak; slapp; *sjö.* slack **2** slö, loj **3** stilla; trög; ~ *season* låg-, dödˌsäsong **4** ~ *lime* släckt kalk **II** *s* **1** löst hängande (slak) del; slakhet; *sjö.* slack; *take up the* ~ *in a)* spänna, *sjö.* hämta in slacken på, *b) bildl.* strama åt **2** ~s *(pl)* slacks, långbyxor *(för fritidsbruk)* **III** *v* slöa, maska *(at your work i* arbetet); ~ *[off]* lossa (släppa) på
2 slack [slæk] kolstybb
slacken ['slækən] **1** ~ *[off]* minska, avta, sakta av **2** ~ *[off]* slappna, slöa till **3** slakna, bli slak (slakare) **4** minska, sakta *(the speed* farten) **5** släppa (lossa) på; spänna (slappna) av *(a muscle* en muskel)
slacker ['slækə] *vard.* slöfock, latmask
slag [slæg] **I** *s* **1** slagg **2** *neds.* slampa **II** *v* **1** bilda slagg **2** *vard.*, ~ *off* prata skit om **slag heap** slagghög
slain [sleɪn] *perf. part. av slay*
slake [sleɪk] släcka *(one's thirst* törsten); ~*d lime* släckt kalk
slalom ['slɑːləm] *sport.* slalom; *giant* ~ storslalom
slam [slæm] **I** *v* **1** slå, slänga, smälla; ~ *[to, down]* slå (slänga, smälla) igen; ~ *s.th. [down] on the table* slänga ngt på (smälla ngt i) bordet; ~ *the door shut* smälla igen dörren; ~ *the door on s.th.* förkasta ngt; ~ *on the brakes* tvärbromsa **2** *vard.* göra ner; köra över **3** ~ *[to] slå[s] (smälla[s])* igen **II** *s* **1** smäll **2** *kortsp.* slam
slammer ['slæmə] *vard., the* ~ kåken *(fängelset)*
slander ['slɑːndə] **I** *s* förtal, skvaller **II** *v* förtala, baktala **-er** [-rə] bak|talare, -dantare **-ous** ['slɑːnd(ə)rəs] [äre]kränkande, ärerörig; baktalande
slang [slæŋ] **I** *s* slang[språk] **II** *v* skälla ut, skälla på **slanging match** ['slæŋɪŋmætʃ] *BE.* [prakt]gräl **slang word** ['slæŋwɜːd] slangord **slangy** ['slæŋɪ] slang[språks]artad, full av slang
slant [slɑːnt] **I** *v* **1** slutta, luta **2** göra lutande (sned) **3** vinkla *(news* nyheter) **II** *s* **1** sluttning, lutning; *at a* ~ med lutning; *on a* ~ på sned (sneden) **2** vinkling; syn på saken **-eyed** ['slɑːntaɪd] snedögd **-ing** ['slɑːntɪŋ] lutande, sluttande **-ways** ['slɑːntweɪz], **-wise** ['slɑːntwaɪz] på sned, på snedden
slap [slæp] **I** *v* **1** daska [till], smälla [till], slå [till] ; ~ *down (vard.)* sätta på plats, tillrättavisa; ~ *s.b. on the back* dunka ngn i ryggen; ~ *a p.'s face,* ~ *s.b. on the face* örfila ngn, slå ngn i ansiktet **2** *vard.* slänga (smeta, kleta) på **II** *adv, vard.* bums; rakt, direkt, tvärt **III** *s* dask, smäll, slag; *a* ~ *in the face* ett slag i ansiktet *(äv. bildl.)*, en örfil; ~ *and tickle* handgriplig kurtis; *a* ~ *on the back* en dunk i ryggen; *a* ~ *on the wrist* en näsknäpp
slap|-bang [ˌslæp'bæŋ] *adv i sht BE.* pang, rakt, pladask, handlöst; just, exakt **-dash** ['slæpdæʃ] **I** *a* hafsig, slarvig **II** *adv* hafsigt, slarvigt **-happy** ['slæpˌhæpɪ] *vard.* **1** sprallig, uppåt **2** groggy **-jack** ['slæpdʒæk] *AE. (slags)* pannkaka **-stick** ['slæpstɪk] slapstick, fars **-up** ['slæpʌp] *vard.* flott, extravagant *(dinner* middag)
slash [slæʃ] **I** *v* **1** skära sönder, rispa upp; göra skåror i **2** drastiskt skära ner (minska) *(taxes* skatter) **3** piska, slå **4** ~ *at* rikta ett hugg (slag) mot, drämma till, gå lös på **II** *s* **1** skåra, jack, rispa **2** hugg, slag **3** strimma, fläck; *a* ~ *of soot* en sotfläck **4** *vard.* snedstreck *(/)* **5** *vard., go for a* ~ gå och slå en drill **-ing** ['slæʃɪŋ] **1** skarp, våldsam, svidande *(criticism* kritik) **2** drastisk *(tax reduction* skattesänkning)
slat [slæt] spjäla, lamell *(i persienn e.d.)*; lätt
slate [sleɪt] **1** *s* **1** *geol.* skiffer **2** skifferplatta; griffeltavla; *put it on the ~! (BE.)* skriv upp det på mitt konto!, jag tar det på krita!; *start with a clean* ~ starta på nytt, låta det förflutna vara glömt; *wipe the* ~ *clean* dra ett sträck över det förflutna *AE.* kandidatlista; **II** *v* **1** täcka med

slating—slim

skiffer[plattor] **2** *AE.* sätta upp på kandidatlista **3** *AE.* ämna, destinera **4** *vard., i sht BE.* göra (sabla) ner **slating** ['sleɪtɪŋ] **1** skiffertak **2** *vard., i sht BE.* nedsabling, nedgörande kritik **slattern** ['slætən] *åld.* slarva; slampa

slaughter ['slɔ:tə] **I** *s* slakt[ande]; massaker **II** *v* slakta; döda hänsynslöst; massakrera **-er** [-rə] slaktare; [mass]mördare **-house** slakthus, slakteri

Slav [slɑ:v] **I** *s* slav *(folkslag)* **II** *a* slavisk

slave [sleɪv] **I** *s* slav, träl, slavinna **II** *v* slava, träla

slave-driver ['sleɪvˌdraɪvə] slavdrivare **slave labour** ['sleɪvˌleɪbə] slavarbete **1 slaver** ['sleɪvə] **1** slavhandlare **2** slavskepp **2 slaver** ['slævə] **I** *s* dregel, drägel **II** *v* dregla, drägla

slavery ['sleɪvərɪ] slaveri, träldom *(äv. bildl.)* **slave ship** slavskepp **Slave State** *amer. hist.* sydstat **slave trade** slavhandel

Slavic ['slɑ:vɪk] *se Slavonic*

slavish ['sleɪvɪʃ] slavisk *(äv. bildl.)*

Slavo|nia [slə'vəʊnɪə] Slovenien **-nian** [-n] **I** *a* slovensk **II** *s* sloven

Slavonic [slə'vɒnɪk] **I** *a* slavisk **II** *s* slaviska språk

slay [sleɪ] *(slew, slain)* åld. el. litt. **1** dräpa, slå ihjäl **2** *vard.* roa enormt

S.L.B.M. *förk. för submarine-launched ballistic missile* **sld.** *förk. för sailed; sealed*

sleazy ['sli:zɪ] **1** tunn, sladdrig **2** sjaskig, sjabbig **sled** [sled] *AE., se sledge*

sledge [sledʒ] **I** *s* släde; kälke **II** *v* **1** åka släde (kälke) **2** dra i släde (på kälke)

sledgehammer ['sledʒˌhæmə] slägga

sleek [sli:k] **I** *a* (*om hår e.d.*) slät, blank; slätkammad; *bildl.* inställsam, sliskig **2** välmående **3** elegant *(limousine* limousin) **II** *v* göra slät *etc.*, glätta

sleep [sli:p] **I** *v* (*slept, slept*) **1** sova; ~ *away (off) bort;* ~ *the sleep of the just* sova den rättfärdiges sömn **2** ge nattlogi åt, logera; *the house ~s 20* huset har 20 sängplatser, 20 personer kan sova i huset **3** sova; ligga över; ~ *around (vard.)* ligga med vem som helst; ~ *in a) BE.* sova länge, *b)* bo i huset (i familjen, på arbetsplatsen *etc.);* ~ *on it (on the problem)* sova på saken; ~ *out a)* sova ute, *b)* inte bo i huset (familjen *etc.),* ha egen bostad; ~ *through the alarm* sova över väckarklockan; ~ *with (vard.)* ligga med **II** *s* sömn; *the last* ~ *(bildl.)* den sista vilan; *go (get) to* ~ somna; *my arm has gone to* ~ min arm har somnat (domnat); *have a good night's* ~ sova gott, sova ut ordentligt; *have a short* ~ sova en liten stund; *don't lose* ~ *over it* ligg inte sömnlös för det; *put to* ~ *a)* att somna, *b)* söva; *walk (talk) in one's* ~ gå (tala) i sömnen

sleeper ['sli:pə] **1** sovande människa; *be a light (good, sound, heavy)* ~ sova lätt (gott, tungt) **2** sovvagn **3** *järnv.* sliper, syll

sleeping ['sli:pɪŋ] **I** *a* sovande, sov-, sömn-; *the S~ Beauty* Törnrosa; ~ *policeman* betonglimpa, farthinder *(i gata);* *let* ~ *dogs lie* väck inte den björn som sover **II** *s* sömn **sleeping accommodation** [-əkɒmə'deɪʃn] nattlogi, sov-, säng|plats[er] **sleeping bag** [-bæg] sovsäck **sleeping car** [-kɑ:] sovvagn **sleeping draught** sömndryck, sömnmedel **sleeping partner** [-ˌpɑ:tnə] *hand.* passiv delägare **sleeping pill** [-pɪl] sömntablett **sleeping sickness** [-ˌsɪknɪs] sömnsjuka

sleep|less ['sli:plɪs] sömnlös **-walk** gå i sömnen **-walker** [-ˌwɔ:kə] sömngångare

sleepy ['sli:pɪ] sömnig; sövande **-head** sömntuta

sleet [sli:t] **I** *s* snöblandat regn, blötsnö; *AE.* isbark **II** *v, it is ~ing* det snöslaskar (faller snöblandat regn)

sleeve [sli:v] **1** ärm; *have s.th. up one's* ~ ha ngt i bakfickan; *laugh up one's* ~ skratta i mjugg; *wear one's heart on one's* ~ öppet visa sina känslor **2** *tekn.* muff **3** skiv|omslag, -fodral

sleeve board ['sli:vbɔ:d] ärm|bräda, -stock **sleeved** [-d] med ärmar; *long-~* långärmad **-less** [-lɪs] ärmlös

sleigh [sleɪ] *se sledge*

sleight of hand [ˌslaɪtəv'hænd] fingerfärdighet; trolleri[konst], trick

slender ['slendə] **1** smärt, slank, smal, smäcker **2** *bildl.* klen, skral; knapp, mager **-ize** [-raɪz] *i sht AE.* **1** bli smärt (smal) **2** göra smärt (smal)

slept [slept] *imperf. o. perf. part. av sleep*

sleuth ['slu:θ] *vard.* deckare **-hound** ['slu:θhaʊnd] **1** spårhund **2** *vard.* deckare

1 slew [slu:] *imperf. av slay*

2 slew [slu:] v svänga, vrida [om]; slira

slice [slaɪs] **I** *s* **1** skiva *(of bread* bröd); bit *(of pie* paj); ~ *of bread and butter* smörgås **2** [an]del **3** stek-, pannkaks|spade **4** *(i tennis, golf)* slice **II** *v* **1** ~ *[up]* skiva, skära *[i skivor];* *the best thing since ~d bread (vard.)* det bästa som finns **2** *(i tennis, golf)* slajsa, skruva, skära *(a ball* en boll)

slicer ['slaɪsə] skärmaskin

slick [slɪk] **I** *a* **1** smidig; talför, smart *(salesman* försäljare) **2** flott, skickligt gjord; glättad, driven **3** *AE. vard.* slipad, smart **4** *i sht AE.* slät, blank, glansig, hal **II** *v* **1** ~ *[up]* polera, blanka, släta till **2** göra glatt (hal) **3** ~ *down* vattenkamma *(one's hair* håret) **III** *s* blank (slät, hal) yta; *[oil]* ~ oljefläck **-er** ['slɪkə] *AE.* **1** smart individ **2** blank regnrock

slid [slɪd] *imperf. o. perf. part. av slide*

slide [slaɪd] **I** *v (slid, slid)* **1** låta glida, skjuta; sticka, stoppa **2** glida, rutscha, kana; åka kana; halka; slinka; ~ *into (bildl.)* glida in i, hemfalla åt, förfalla till; ~ *into the room* slinka in i rummet; *let things* ~ låta det gå, inte längre bry sig om hur det går **II** *s* **1** glidande, glidning; *bildl.* fall **2** [glid]bana; rutsch|bana, -kana; [is]kana **3** *BE.* hårspänne **4** *(trombons)* drag **5** objektglas **6** dia, dia|positiv, -bild **7** [jord-, snö]skred, ras **8** *tekn.* släde; slid; löpare

slide rule ['slaɪdru:l] räknesticka **sliding** ['slaɪdɪŋ] *a* glidande, skjutbar, skjut-; ~ *door* skjutdörr; ~ *scale* rörlig (glidande) skala

slight [slaɪt] **I** *a* **1** lätt; lindrig; ringa, obetydlig; *not in the ~est* inte de minsta vis, inte ett dugg; *I haven't the ~est idea* jag har inte ringaste aning **2** klen, smärt, spenslig, späd **II** *v* ringakta, ignorera, nonchalera; förringa **III** *s* **1** ringaktning *(on* av), likgiltighet *(on* för) **-ing** ['slaɪtɪŋ] *a* ringaktande, nedlåtande **-ly** ['slaɪtlɪ] *adv* lätt, lindrigt, obetydligt, något

slim [slɪm] **I** *a* **1** smal, smärt, slank, spenslig **2** tunn, smal *(book* bok); liten, minimal *(chance* chans) **II** *v* **1** banta, gå ner i vikt **2** göra smal

slime—slough 478

slime [slaɪm] **1** slam, dy, gyttja **2** slem; slemmig massa
slim|mer ['slɪmə] bantare **-ming** [-ɪŋ] bantning
slimy ['slaɪmɪ] **1** slammig, dyig, gyttjig **2** slemmig; *bildl. äv.* motbjudande **3** inställsam
sling [slɪŋ] **I** *s* **1** [rep]slinga; gevärsrem; *sjö.* sling **2** *med.* bindel; *have one's arm in a* ~ ha armen i band **3** *(för baby)* bärsele **4** slunga; ~*s and arrows (litt.)* hemsökelser, prövningar **5** slung|ning, -ande **II** *v (slung, slung)* **1** slunga, slänga, kasta **2** hänga *(s.th. over the shoulder* ngt över axeln); hänga upp *(rep e.d.)* **-back** ['slɪŋbæk] sko med hälrem **-shot** ['slɪŋʃɒt] *AE.* slangbåge
slink [slɪŋk] *(slunk, slunk)* smyga [sig], slinka *(away* i väg)
slinky ['slɪŋkɪ] *vard.* åtsmitande, åtsittande
slip [slɪp] **I** *v* **1** låta glida, sätta, sticka [till, åt], stoppa; smyga; ~ *the clutch* [*in*] slira på kopplingen; ~ *a stitch* lyfta en maska; ~ *one's clothes off (on)* dra av (på) sig kläderna; ~ *one over on s.b. (vard.)* lura ngn **2** glida ur, slita sig lös från; undkomma; undgå; *it has ~ped my memory (mind)* det har fallit mig ur minnet; *it has ~ped my notice* det har undgått mig **3** släppa [lös, i väg] ; ~ *anchor* låta ankaret gå **4** *med.*, ~ *a disc* få diskbråck; ~*ped disc* diskbråck **5** glida; slinta; halka [omkull]; *(om koppling)* slira; slinka, smyga [sig]; *bildl.* halka efter, försämras; *let* ~ *a)* låta undslippa sig, fälla, *b)* släppa, *c)* missa; ~ *along (round, over) to (vard.)* sticka i väg (över) till; ~ *away a)* smyga [sig] bort (i väg), slinka i väg, *b)* [för]gå, försvinna; ~ *down a)* halka [omkull], *b)* halka ner; *it ~ped from his hand* den gled (slant) ur handen på honom; *it has ~ped from my memory (mind)* det har fallit mig ur minnet; *an error has ~ped in* ett fel har smugit sig in; ~ *into a coma* försjunka i koma; ~ *into a dress* dra på sig en klänning; ~ *off a)* smyga [sig] bort (i väg), slinka ut, *b)* glida av; *the secret ~ped out* hemligheten läckte ut; ~ *up* halka **6** göra ett misstag (fel); ~ *up (vard.)* göra en tabbe **II** *s* **1** glidning; slintning; halkning; *give s.b. the* ~ [lyckas] smita från ngn **2** tabbe, miss[tag], fel[steg]; *Freudian* ~ freudiansk felsägning; ~ *of the pen* skrivfel; ~ *of the tongue* felsägning **3** stycke, bit, remsa; ~ *of paper* pappers|lapp, -remsa **4** underklänning **5** örngott, kuddvar **6** *bot.* stickling, ymp[kvist]; *a* ~ *of a girl* en flicksnärta, en liten stumpa **7** *(slags)* hundkoppel **8** *sjö.* slip, stapelbädd
slip|cover ['slɪp‚kʌvə] *AE.* [möbel]skynke, -överdrag **-knot** [-nɒt] löpknut **-on** [-ɒn] *(om plagg utan knappar el. skor utan snören)* som bara är att dra (ta) på sig **-over** [-‚əʊvə] slipover
slipper ['slɪpə] **I** *s* **1** toffel; slipper **2** aftonsandalett **slippered** [-d] klädd i tofflor
slippery ['slɪpərɪ] hal, glatt; halkig; *bildl.* hal, opålitlig; *be on the* ~ *slope (bildl.)* befinna sig på det sluttande planet
slippy ['slɪpɪ] *vard.* **1** *se slippery* **2** *BE.* rask, kvick
slip road ['slɪprəʊd] *BE. (vid motorväg)* påfart, avfart
slip|shod ['slɪpʃɒd] vårdslös, hafsig, slarvig **-stream** luftström *(efter flygplan, bil)* **-up** *vard.* litet misstag (fel) **-way** [fartygs]slip
slit [slɪt] **I** *v (slit, slit)* **1** skära (sprätta) upp (av,

isär, sönder); göra en reva i **2** ~ *one's eyes* titta med ögon smala som springor *(at* på) **II** *s* **1** reva, skåra **2** springa, sprund
slither ['slɪðə] hasa, glida, halka **slithery** [-ð(ə)rɪ] hal; slipprig
sliver ['slɪvə] **I** *s* flisa, sticka; skärva; strimla **II** *v* **1** spjälka; skära i strimlor; klyva **2** spjälkas, flisa sig, klyvas
slob [slɒb] *sl.* klåpare, klantskalle
slobber ['slɒbə] **I** *v* **1** dregla, drägla; ~ *over s.b.* svärma omkring ngn **2** dregla ner **II** *s* **1** dregel, drägel **2** sentimentalt larv **slobbery** [-rɪ] **1** dreglande **2** larvig
sloe [sləʊ] *bot.* slånbär; slån[buske] **sloe-eyed** ['sləʊaɪd] **1** mörkögd **2** sned-, mandel|ögd
slog [slɒg] *vard.* **I** *v* **1** mödosamt vandra (traska) **2** ~ *away at* knoga [på] med; ~ *through* kämpa sig igenom **3** puckla (damma) på; *they ~ged it out* de pucklade (dammade) på varandra **II** *s* **1** hårt slag **2** mödosam vandring **3** slit, knog
slogan ['sləʊɡən] slogan, slagord, paroll
sloop [sluːp] *sjö.* [segel]slup
1 slop [slɒp] **I** *v* **1** spilla [ut], skvimpa ut; spilla (slaska) ner **2** spillas ut, skvimpa (skvalpa) över; ~ *over a)* skvimpa (skvalpa) över, *b) vard., i sht AE.* utgjuta sig **3** plaska; ~ *about a)* plaska omkring, *b)* slafsa omkring **II** *s* **1** pöl; ~*s (pl) a)* disk-, slask-, smuts|vatten, *b)* bottensats, *c)* [halv]flytande föda, välling, soppa, *d) (vard., om dryck e.d.)* blask, diskvatten, *e)* svinmat **2** *vard.* sentimentalt snack, sentimental smörja
2 slop [slɒp] **1** arbetsrock; overall **2** ~*s (pl)* sjömanskläder **3** ~*s (pl)* billiga konfektionskläder **3** ~*s (pl, hist.)* pluderhosor
slope [sləʊp] **I** *s* **1** sluttning, backe; lutning **2** *mil., with the rifle at the* ~ med geväret på axeln **II** *v* **1** slutta, luta **2** *vard.*, ~ *off* droppa av, smita i väg **3** *mil.*, ~ *arms!* på axel gevär! **sloping** ['sləʊpɪŋ] sluttande, lutande
sloppy ['slɒpɪ] **1** slaskig; *(om mat)* vattnig, blaskig **2** *vard.* slarvig, hafsig **3** *vard.* sentimental, sliskig **4** *(om plagg)* säckig; ~ *joe (vard.)* lång säckig tröja
slosh [slɒʃ] **I** *s* **1** *se slush 1* **2** *BE. sl.* snyting **3** skvalp, plask **II** *v* **1** *vard.* skvätta, stänka, skvalpa **2** plaska, klafsa *(around, about* omkring, runt) **3** *BE. sl.* klippa till **sloshed** [-t] *vard.* på örat, berusad
slot [slɒt] **I** *s* **1** springa, öppning **2** spår, ränna **3** *(på schema, i program e.d.)* lucka **II** *v* göra en springa (ett spår) i
sloth [sləʊθ] **1** lättja, slöhet **2** *zool.* sengångare **-ful** [sləʊθf(ʊ)l] lättjefull, slö, trög
slot machine ['slɒtmə‚ʃiːn] varuautomat; spelautomat
slouch [slaʊtʃ] **I** *s* **1** hopsjunken (dålig) hållning, hopsjunken gång **2** slöfock; *be no* ~ *at s.th. (vard.)* inte vara så tokig på ngt **II** *v* gå (sitta, stå) hopsjunken; ~ *about* stå och hänga, slafsa omkring **sloch hat** [‚slaʊtʃ'hæt] slokhatt
1 slough [slaʊ] kärr, träsk[mark]; *bildl. åld.* träsk
2 slough [slʌf] **I** *s* [urkrupet] ormskinn; [ömsat] skal **2** sårskorpa **II** *v* ömsa skinn **2** ~ *off its skin* ömsa skinn **3** *bildl.*, ~ *off* lägga bort (av), överge, avbryta

Slovak ['sləʊvæk] I *a* slovakisk II *s* 1 slovak 2 slovakiska [språket] **Slovakia** [sləʊ'vækɪə] Slovakien
sloven ['slʌvn] 1 ovårdad person, smutsgris 2 slarver
Slovene ['sləʊviːn] sloven **Slovenia** [sləʊ'viːnjə] Slovenien
slovenly ['slʌvnlɪ] *a* 1 ovårdad, sjabbig, sjaskig 2 slarvig, hafsig
slow [sləʊ] I *a* 1 långsam, sakta; trög; *be ~ off the mark* (*on the uptake*) fatta långsamt; *~ and sure* sakta men säker; *~ poison* långsamt verkande gift; *business is ~* affärerna går trögt 2 (*om klocka*) som går för sakta; *the clock is three minutes ~* klockan går tre minuter efter (för sakta) II *adv* långsamt, sakta; *go ~ a*) gå (köra) sakta (långsamt), *b*) ta det lugnt, *c*) (*vid arbetskonflikt*) maska, *d*) (*om klocka*) gå efter (för sakta) III *v* 1 sakta (*one's speed* farten) 2 *~ down* (*up*) sakta in (*the car* bilen); fördröja, försena 3 *~ down* (*up*) sakta farten (ner); *~ down* (*äv.*) ta det lugnare
slow|coach ['sləʊkəʊtʃ] *BE. vard.* slöfock; trög typ **-down 1** *AE.* (*vid arbetskonflikt*) maskning 2 nedgång[speriod] **-ly** [-lɪ] *adv* långsamt, sakta **--motion** [ˌsləʊ'məʊʃn] I *s, film., TV.* slow motion II *a, ~ film* film i slow motion **-poke** ['sləʊpəʊk] *AE.* slöfock; trög typ **--witted** [ˌsləʊ'wɪtɪd] trög[tänkt], obegåvad **-worm** *zool.* kopparödla, ormslå
SLR *förk. för single lens reflex*
sludge [slʌdʒ] 1 dy, gyttja 2 slam; bottensats; rötslam 3 snö|modd, -sörja
1 slug [slʌg] *zool.* (*skallös*) snigel
2 slug [slʌg] 1 metallklump 2 *AE. vard.* [gevärs]kula 3 *i sht AE.* [spel]pollett 4 *vard.* stor klunk, slurk 5 *boktr.* reglett
3 slug [slʌg] I *v* 1 slå till [med knytnäven] 2 *~ it out* puckla på varandra 3 pulsa (*i snö*) II *s* hårt slag; knytnävsslag
slugabed ['slʌgəbed] sjusovare
sluggard ['slʌgəd] latmask, slöfock
slugger ['slʌgə] (*i boxning*) slugger
sluggish ['slʌgɪʃ] 1 trög, slö, långsam 2 trögflytande
sluice [sluːs] I *s* 1 sluss; sluss|port, -lucka; slussvatten 2 [flottnings]ränna 3 slussvatten; dammlucka 4 *vard.* avtvättning (*i rinnande vatten*) II *v* 1 avleda [genom en sluss] 2 spola [vatten över], skölja; *~ down* skölja ner (*the food with wine* maten med vin) 3 flotta (*i flottningsränna*) 4 förse med sluss[ar] 5 (*om vatten*) *~ out* (*away*) rinna (strömma) ut [genom sluss] **-gate** ['sluːsgeɪt] sluss|port, -lucka
slum [slʌm] I *s* slum[kvarter] II *v* 1 *vard., be ~ming* [*it*] besöka (ta en titt på) slumkvarteren
slumber ['slʌmbə] *litt.* I *v* slumra II *s, ~*[*s*] slummer (*äv. bildl.*) **-ous** [-b(ə)rəs] *litt.* 1 sömnig 2 sövande
slummy ['slʌmɪ] slum-, förslummad
slump [slʌmp] I *s* plötslig nedgång; tillbakagång; plötsligt prisfall; lågkonjunktur, depression II *v* 1 *bildl.* plötsligt falla (sjunka, rasa) 2 sjunka ihop (ner)
slung [slʌŋ] *imperf. o. perf. part. av* sling
slunk [slʌŋk] *imperf. o. perf. part. av* slink
slur [slɜː] I *v* 1 skriva (uttala, artikulera) suddigt (otydligt), dra ihop 2 *~ over* beröra flyktigt (som hastigast), halka över 3 *mus.* spela (sjunga) legato 4 svärta ner, förtala 5 skriva (tala) suddigt (otydligt) II *s* 1 suddigt (otydligt) uttal; luddig stil 2 *mus.* legato[båge] 3 [skam]fläck; förolämpning; *cast a ~ on s.b.* kasta en skugga på (svärta ner, förtala) ngn
slurp [slɜːp] *vard.* I *v* 1 sörpla i sig 2 sörpla; smacka II *s* sörpling; smackande
slush [slʌʃ] 1 snö|modd, -sörja 2 *vard.* sentimental smörja, sentimentalt dravel **slushy** ['slʌʃɪ] 1 moddig, sörjig, slaskig 2 *vard.* sentimental
slut [slʌt] slarva; slampa **-tish** ['slʌtɪʃ] slarvig; slampig
sly [slaɪ] I *a* (*~er, ~est el. slier, sliest*) 1 slug, listig; *~ dog* lurifax 2 menande; förstulen 3 skälmsk, spjuveraktig II *s, on the ~* i smyg
S.M. *förk. för Sergeant Major*
1 smack [smæk] I *v* 1 daska (smälla, slå) [till]; klatscha med; *~ one's thighs* slå sig på låren 2 *~ one's lips a*) smacka med läpparna, *b*) slicka sig om munnen, gotta sig II *adv* bums; rakt, direkt, tvärt III *s* 1 dask, smäll, slag; klatsch; *a ~ in the eye* (*bildl.*) ett slag i ansiktet; *have a ~ at s.th.* (*vard.*) försöka sig på ngt 2 smackning 3 smällkyss
2 smack [smæk] fiske|smack, -båt
3 smack [smæk] I *s* 1 anstrykning (*äv. bildl.*), bismak 2 smakbit, munsbit; aning 3 *BE. vard.* heroin II *v* 1 *~ of* lukta, smaka, ha en anstrykning av
smacker ['smækə] *sl.* 1 smällkyss 2 dollarsedel; pundsedel
smacking ['smækɪŋ] 1 frisk (*breeze* bris) 2 *vard., at a ~ speed* i rasande fart
small [smɔːl] I *a* 1 liten; *pl* små, ringa; *~ ads* småannonser; *~ arms* handelvapen; *~ beer* (*vard., i sht BE.*) *a*) obetydliga människor, *b*) obetydliga saker; *~ change* småpengar, växel[pengar]; *~ comfort* klen tröst; *~ farmer* småbrukare; *~ fry a*) obetydligt folk, *b*) småbarn, *c*) småfisk; *~ goods* (*Austr.*) delikatesser; *the ~ hours* småtimmarna; *~ matter* småsak, bagatell; *the ~est possible number of cars* (*äv.*) så få bilar som möjligt; *~ potatoes* (*AE. vard. bildl.*) småpotatis; *the ~ screen* TV[-rutan]; *~ talk* småprat; [*it is*] *~ wonder* det är inte så underligt (att undra på); *~ in number*[*s*] ringa (få) till antalet; *in a ~ way a*) i smått, i liten skala, *b*) anspråkslöst, enkelt; *be a ~ eater* vara liten i maten; *feel ~* känna sig liten 2 svag, tunn; *~ beer a*) åld. svagt öl, svagdricka, *b*) *vard.* små-, strunt|prat, strunt[saker]; *he's very ~ beer* (*vard.*) han är en riktig nolla; *~ voice* svag röst 3 småaktig, -sint II *adv* smått, i små bitar III *s* 1 *the ~* den smala delen; *the ~ of the back* korsryggen; *the ~ of the leg* smalbenet 2 *~s* (*pl*) underkläder 3 *in ~* i liten skala
smallhold|er ['smɔːlˌhəʊldə] småbrukare **-ing** [-ɪŋ] småbruk
smallish ['smɔːlɪʃ] ganska liten
small-minded [ˌsmɔːl'maɪndɪd] små|sint, -aktig
small|ness ['smɔːlnɪs] litenhet **-pox** [smɪt]koppor **--scale** *a* i liten skala, småskalig **-sword** värja **--time** *vard.* obetydlig, små-, andra klassens
smarmy ['smɑːmɪ] *vard.* sliskig, inställsam

smart [smɑːt] I *a* **1** flott, stilig, snygg, elegant; prydlig, vårdad; välklädd; fin; modern; *the ~ set* den fina världen, fint folk **2** snabb, rask; *look ~ [about it]!* skynda (raska) på! **3** pigg, vaken; kvick, fyndig, påhittig, slagfärdig; skärpt, duktig; skicklig; smart; durkdriven, slipad; *~ aleck* (*vard.*) viktigpetter **4** skarp, bitande, svidande, stickande; häftig; hård II *s* [stickande] smärta, sveda III *v* svida, göra ont; ha ont; *~ for s.th.* [få] sota (plikta) för ngt; *~ under s.th.* lida (plågas) av ngt

smarten [ˈsmɑːtn] **1** *~ [up]* snygga upp **2** öka (*the pace* farten) **3** pigga upp

smarty-pants [ˈsmɑːtɪpænts] *AE. vard.* viktigpetter

smash [smæʃ] I *v* **1** slå (ha) sönder, krossa; krascha; spränga; *bildl.* a) krossa, slå ner, b) ruinera; *~ a p.'s face in* (*vard.*) slå ngn sönder och samman; *~ up a*) slå sönder, krossa, b) kvadda (*bil*) **2** slå [till]; drämma [till med] **3** *sport.* smasha **4** gå sönder (i bitar); krascha; *~ [up]* (*bildl.*) krascha, göra konkurs **5** smälla; *~ into* smälla ihop (krocka) med II *adv* med en smäll; rakt, rätt III *s* **1** smäll, slag; *sport.* smash **2** brak, skräll **3** krock, kollision, krasch **4** konkurs, krasch; sammanbrott; katastrof **5** *vard.* jättesuccé

smash-and-grab [ˌsmæʃnˈgræb] *a, vard., ~ robbery* stöld genom krossat skyltfönster

smashed [smæʃt] *vard.* stupfull; knarkad

smasher [-ə] *vard., i sht BE.* toppen|kille, -tjej; toppen-, pang|grej **smashing** [-ɪŋ] *vard.* fantastisk, toppen-, pang- **smash-up** [-ʌp] *vard.* bil|- krock, -krasch

smattering [ˈsmæt(ə)rɪŋ] ytlig kännedom, hum, aning (*of* om), ytliga kunskaper (*of* i)

smear [smɪə] I *v* smeta [ner], smutsa [ner], fläcka [ner] **2** smörja (*a baking tin* en kakform), smörja in; smeta (kladda) ner (omkring); breda (*bread with butter* smör på en smörgås) **3** *bildl.* smutskasta, svärta ner II *s* **1** [smuts]fläck **2** smutskastning, förtal **3** *med., se smear test* **smear campaign** [-kæmˌpeɪn] förtalskampanj **smear test** [-test] *med.* cellprov, utstryk[sprov]

smell [smel] I *v* (*smelt, smelt el. ~ed*) **1** lukta på; känna lukten av; vädra, *bildl. äv.* misstänka, ana; *~ a rat* (*vard.*) ana oråd; *~ out a*) vädra (spåra) upp, *b*) nosa (snoka) reda på, upptäcka, avslöja **2** lukta (*at* på); *~ about* (*round*) (*bildl.*) snoka omkring **3** lukta; dofta; stinka; *~ of a*) lukta, *b*) *bildl.* tyda på; *his breath ~s* han har dålig andedräkt; *it ~s to high heaven* det stinker lång väg II *s* **1** lukt; doft; stank; *there is a ~ of tobacco* det luktar tobak; *have (take) a ~ at s.th.* lukta på ngt; *have a good (bad) ~* lukta gott (illa) **2** luktsinne

smelling salts [ˈsmelɪŋsɔːlts] *pl* luktsalt **smelly** [-ɪ] illaluktande; stinkande

1 smelt [smelt] *imperf. o. perf. part. av smell*
2 smelt [smelt] smälta (*malm*)
3 smelt [smelt] *zool.* nors

smel|ter [ˈsmeltə] smältugn **-tery** [-tərɪ] smältverk

smile [smaɪl] I *v* **1** le, småle (*at* åt; *[up]on* mot) **2** uttrycka med ett leende; *~ one's approval* (*äv.*) le gillande II *s* leende; *be all ~s* vara idel leende; *give s.b. a ~* ge ngn ett leende **smiling** [ˈsmaɪlɪŋ] *a* leende (*äv. bildl.*); *come up ~* (*bildl.*) ta det med ett leende; *keep ~!* upp med humöret!

smirch [smɜːtʃ] I *v* smutsa [ner]; fläcka [ner]; *bildl.* fläcka II *s* **1** [smuts]fläck; *bildl.* fläck **2** nedsmutsning

smirk [smɜːk] I *v* flina, hånle (*at* åt) II *s* flin, hånleende

smite [smaɪt] *åld.* (*smote, smitten; se äv. smitten*) **1** slå; träffa **2** drabba, hemsöka **3** *~ on* träffa, slå

smithereens [ˌsmɪðəˈriːnz] *pl* småbitar; *smash to ~* slå i kras (bitar)

smithy [ˈsmɪðɪ] smedja

smitten [ˈsmɪtn] *perf. part. av smite o. a* slagen; träffad; drabbad (*with* av); *~ with (by)* (*äv.*) betagen i, bedårad av, fängslad (tjusad) av

smock [smɒk] I *s* **1** lång vid blus **2** arbets-, skydds-, artist|rock II *v* sy smock på **-ing** [ˈsmɒkɪŋ] *sömn.* smock

smog [smɒg] smog (*dimma med luftföroreningar*)

smoke [sməʊk] I *v* **1** röka; *~d fish* rökt fisk; *~d glass* rökfärgat glas; *~ out a*) röka ut, *b*) tvinga fram, snoka reda på **2** röka; ryka, osa; ånga II *s* **1** rök; *the S~* (*BE. sl.*) London; *there's no ~ without fire* ingen rök utan eld; *go up (end) in ~* gå upp i rök (*äv. bildl.*) **2** *vard.* bloss; *have (take) a ~* ta sig ett bloss

smoke bomb [ˈsməʊkbɒm] rökbomb **smoke-dried** (*om fisk o.d.*) rökt **smokeless** [-lɪs] rökfri **smoker** [-ə] **1** rökare; *pipe ~* piprökare; *be a heavy ~* vara storrökare **2** rökkupé **smoke room smoke screen** rökridå (*äv. bildl.*); *bildl. äv.* täckmantel **smokestack** fabriksskorsten; fartygsskorsten

Smokey [ˈsməʊkɪ] *AE. sl.* motorvägspolis

smoking [ˈsməʊkɪŋ] I *a* rökande; rykande II *s* rökning, rökande; rykande; *no ~* rökning förbjuden; *give up ~* sluta röka **smoking compartment** [-kəmˌpɑːtmənt] rökkupé **smoking jacket** [-ˌdʒækɪt] rökrock **smoking room** [-rʊm] rökrum **smoking section** [-ˌsekʃn] avdelning för rökare **smoko** [-əʊ] *Austr. vard.* rökpaus

smoky [-ɪ] **1** rökig; rökfylld **2** rykande (*chimney* skorsten) **3** rök-; rökfärgad; *~ taste* rökt smak, röksmak **4** nerrökt, svart av rök

smolder [ˈsməʊldə] *AE., se smoulder*

smooch [smuːtʃ] *vard.* I *v* kramas och pussas, småhångla; dansa omslingrade om varandra II *s* **1** pussande, småhångel **2** tryckarlåt

smooth [smuːð] I *a* **1** jämn, slät; *~ muscles* glatt muskulatur; *make things ~ for s.b.* (*bildl.*) jämna vägen för ngn **2** slät, len, mjuk, fin; (*om röst, smak e.d.*) mild, mjuk; *as ~ as silk* silkeslen **3** jämn, lugn, stilla; smidig, friktionsfri; flytande, ledig **4** lugn, vänlig, artig; smidig; hal, inställsam, lismande, insmickrande; silkeslen **5** släthårig; hår-, skägg|lös **6** blank; blanksliten II *adv* jämnt; smidigt III *s* **1** jämn yta (del, bit) **2** tillstånd, strykning; *give s.th. a ~* släta till ngt IV *v* jämna, göra jämn (slät); släta till; jämna ut; *~ the way for s.b.* (*bildl.*) jämna vägen för ngn; *~ down a*) släta till, *b*) jämna ut; *~ out a*) jämna (släta) ut, *b*) släta över; *~ over* släta över; *~ things over* (*vard.*) ordna upp det hela

smoothie [ˈsmuːðɪ] *vard. neds.* charmör, pigtju-

sare **smoothing iron** [-ɪŋaɪən] strykjärn
smooth-talking [-ˌtɔːkɪŋ] len i mun, inställsam
smorgasbord ['smɔːgəsbɔːd] smörgåsbord
smote [sməʊt] *imperf. av smite*
smother ['smʌðə] **1** kväva (*äv. bildl.*); *bildl. äv.* undertrycka, dämpa; ~ *the fire* kväva elden; ~ *a yawn* kväva en gäspning; ~*ed mate* (*i schack*) kvävmatt **2** [över]hölja; dränka; överösa; ~*ed in smoke* höljd i rök **3** hålla på att kvävas
smoulder ['sməʊldə] pyra (*äv. bildl.*), ligga och ryka
smudge [smʌdʒ] **I** *v* kladda [ner, till], kleta [ner]; *bildl.* fläcka **II** *s* [smuts]fläck, kladdigt märke; suddig fläck **smudgy** ['smʌdʒɪ] kladdig, kletig; suddig
smug [smʌg] **1** *åld.* prudentlig **2** självbelåten
smug|gle ['smʌgl] smuggla -**gler** [-lə] smugglare -**gling** [-lɪŋ] smuggling
smut [smʌt] **1** sotflaga; sotfläck **2** *bot.* [svart]rost **3** snusk, oanständighet[er] -**ty** ['smʌtɪ] **1** sotig, ned|sotad, -smutsad **2** snuskig, oanständig
snack [snæk] matbit; lätt måltid, mellanmål; ~*s* (*pl*) snacks, tilltugg (*t. drink*) **snack bar** ['snækbɑː] snackbar, bar[servering]
snaffle ['snæfl] **I** *s* träns[betsel] **II** *v*, *BE. vard.* knycka, sno
snafu [snæˈfuː] *AE. mil. sl.* (*förk. för situation normal: all fucked* (*fouled*) *up*) **I** *s* kaos (förvirring) [som vanligt] **II** *a* kaotisk (förvirrad) [som vanligt]
snag [snæg] **I** *s* **1** grenstump; [träd]stubbe; *AE.* uppstickande trädstam (*i flod e.d.*) **2** ögla, litet hål (*i tyg*) **3** hake, krux, stötesten **II** *v* **1** hindra **2** riva hål i (på); riva upp en tråd (*i tyg*)
snail [sneɪl] snigel (*med skal*); (*om pers.*) snigel, sölkorv; *at a ~'s pace* med snigelfart
snake [sneɪk] **I** *s* orm (*äv. bildl.*); ~ *in the grass* opålitlig person, orm **II** *v* **1** slingra sig **2** *AE.* släpa, dra (*med rep*)
snakebite ['sneɪkbaɪt] ormbett **snake charmer** [-ˌtʃɑːmə] ormtjusare **snakes and ladders** [ˌsneɪksənˈlædəz] (*slags tärningsspel*) ormar och stegar **snake's head** ['sneɪkshed] *bot.* kungsängslilja **snaky** ['sneɪkɪ] **1** ormliknande; slingrande; *bildl.* [bak]slug, listig **2** full av ormar
snap [snæp] **I** *v* **1** knäppa (smälla) med; fyra av; ~ *one's fingers at* (*vard.*) strunta i **2** knäppa (smälla, slå) igen; ~ *shut* (*down*) smälla (slå) igen **3** bryta (slita) av (itu) **4** knäppa, plåta, fotografera **5** ~ *up a*) gripa, snappa (nafsa, rycka) åt sig, *b*) avbryta tvärt **6** knäppa [till]; ~ *shut* (*down, to*) smälla (slå) igen **7** gå (brytas) av (itu), knäckas, brista; *my patience ~ped* mitt tålamod brast **8** kollapsa, klappa ihop **9** fara ut, fräsa (*at* mot, åt) **10** snappa, nafsa, hugga (*at* efter); ~ *at the opportunity* ta tillfället i akt **11** *vard.,* ~ *out of it* hämta sig, komma över det, rycka upp sig **II** *adv* med en knäpp (smäll); tvärt **III** *a* plötslig, spontan, snabb[-]; förhastad **IV** *s* **1** knäpp[ande]; smäll **2** nafsande; *make a ~ at s.th.* nafsa efter ngt **3** tryckknapp; [tryck]knäppe, lås **4** kort period; *cold* ~ köldknäpp **5** (*slags*) småkaka **6** *vard.* fart, kläm, energi **7** *se snapshot* **8** *vard.* lätt sak, baggis
snapdragon ['snæpˌdrægən] *bot.* lejongap **snap fastener** [-ˌfɑːsnə] tryckknapp **snappish** [-ɪʃ]

bitsk; *bildl.* snäsig, retlig **snappy** [-ɪ] **1** bitsk; *bildl.* snäsig, retlig **2** knastrande, sprakande (*fire* brasa); knäppande **3** piffig, fashionabel, elegant **4** livlig, energisk; kvick; *make it ~!* (*vard.*) lägg på en rem!, raska på! **5** frisk, kylig **snapshot** [-ʃɒt] snapshot, [ögonblicks]bild, kort
snare [sneə] **I** *s* snara; *bildl. äv.* försåt **II** *v* [fånga i] snara, snärja (*äv. bildl.*) **snare drum** ['sneədrʌm] liten trumma, militärtrumma
1 snarl [snɑːl] **I** *v* morra (*at* åt) **II** *s* morrande
2 snarl [snɑːl] **I** *s* trassel; tova; härva; tilltrasslad situation, problem; *in a ~* tilltrasslad, i en enda härva **II** *v*, **1** ~ *up* trassla till (ihop), blockera **2** trassla till (ihop) sig, blockeras --**up** ['snɑːlʌp] trassel, kaos
snatch [snætʃ] **I** *v* **1** nafsa (rafsa) åt sig, rycka till sig; ~ *one's hand away* dra till sig (rycka undan) handen; ~ *up* rycka åt sig, hugga tag i **2** stjäla [sig till] (*one hour's sleep* en timmes sömn); sno åt sig (*the victory* segern) **3** ~ *at* gripa efter **II** *s* **1** hugg, grepp **2** kort stund; [brott]stycke; ~*es of conversation* brottstycken av ett samtal; *a ~ of sleep* en tupplur; *a ~ of a song* en visstump; *by* (*in*) ~*es* ryckvis **4** *AE. sl.* kidnapp[n]ing **5** *BE. sl.* rån, stöld **snatchy** ['snætʃɪ] oregelbunden, ryckig
snazzy ['snæzɪ] *vard.* tjusig, flott, snofsig
sneak [sniːk] **I** *v* **1** smyga [sig] (*away* i väg); *BE. vard.* smita **2** skvallra (*on s.b.* på ngn; *to s.b.* för ngn) **3** *vard.* knycka, sno **4** smyga, smussla (*s.b. s.th.* åt ngn ngt); smuggla; ~ *a look at* kasta en förstulen blick på **II** *s* **1** lurifax **2** orm, skvallerbytta **III** *a* smyg-, i smyg; ~ *attack* smyganfall; ~ *preview* (*av film*) förhandsvisning
sneakers ['sniːkəz] *pl* gymnastik-, tennis|skor
sneaking [-ɪŋ] **1** hemlig, dold **2** smygande; undertryckt, tjuv- **sneaky** [-kɪ] **1** smyg-, i smyg; ~ *glimpse* smygtitt **2** lömsk
sneer [snɪə] **I** *v* **1** hånle (*at* åt) **2** ~ *at* pika, [för] håna **II** *s* **1** hånleende **2** pik, gliring
sneeze [sniːz] **I** *v* nysa; *not to be ~d at* (*vard.*) inte att förakta **II** *s* nysning -**wort** ['sniːzwɜːt] *bot.* nysört
snell [snel] *AE.* (*på metrev*) tafs
snick [snɪk] **I** *s* liten skåra, litet jack **II** *v* göra en liten skåra (litet jack) i
snicker ['snɪkə] **I** *v* **1** gnägga **2** *AE.* fnittra, fnissa (*at* åt) **II** *s, AE.* fnitter, fniss
snide [snaɪd] spydig, hånfull
sniff [snɪf] **I** *v* **1** andas in; sniffa [på]; lukta (nosa) på; sniffa (*glue* lim); ~ *out* (*vard.*) nosa reda på **2** vädra, lukta, nosa, sniffa (*at* på) **3** snörvla **4** fnysa, rynka på näsan (*at* åt); *not to be ~ed at* (*BE. vard.*) inte att förakta **II** *s* **1** inandning, vädring **2** snörvling **3** fnysning **4** svag doft; sniff; *not get a ~ of* (*vard.*) aldrig lyckas komma i närheten av
sniffer dog ['snɪfədɒg] narkotikahund; spårhund **sniffle** ['snɪfl] **I** *v* snörvla **II** *s* snörvlande, snörvling; *the ~s* (*vard.*) snuva
sniffy ['snɪfɪ] *vard.* nedlåtande, föraktfull
snifter ['snɪftə] **1** *vard.* hutt, liten drink **2** *AE.* aromglas
snigger ['snɪgə] **I** *v* fnittra, fnissa (*at* åt) **II** *s* fnitter, fniss
snip [snɪp] **I** *v* **1** klippa [av], knipsa [av]; snoppa

(*a cigar* en cigarr); ~ *off* knipsa av **2** klippa (*at på*) **II** *s* **1** klipp; klippande **2** avklippt bit **3** *BE. vard.* fynd, kap, klipp
snipe [snaɪp] **I** *s* (*pl lika*) *zool.* snäppa; beckasin; *common* ~ enkelbeckasin, horsgök; *great* ~ dubbelbeckasin **II** *v* idka prickskytte (krypskytte) (*at på, mot*); skjuta ur bakhåll (*at på*) **sniper** ['snaɪpə] prickskytt; krypskytt
snippet ['snɪpɪt] fragment, liten bit, stump
snitch [snɪtʃ] *vard.* **1** sno, knycka **2** ~ [*on*] skvallra (tjalla) på **-er** ['snɪtʃə] *vard.* skvallerbytta, tjallare
snivel ['snɪvl] **I** *v* **1** snörvla **2** lipa, snyfta, gnälla **II** *s* **1** snörvlande, snörvling **2** lipande, snyftande, gnäll **-ler** [-ə] lipsill, grinolle **-ling** ['snɪvlɪŋ] **I** *a* **1** snörvlande; snorig **2** lipande, snyftande, gnällig **II** *s* **1** snörvlande, snorande **2** lipande, snyftande, gnäll
snob [snɒb] snobb **-bery** ['snɒbərɪ] snobberi **-bish** ['snɒbɪʃ] snobbig **-bism** ['snɒbɪz(ə)m] snobbism **-by** ['snɒbɪ] snobbig
snog [snɒg] hångla
snood [snu:d] hårnät, chinjong
snook [snu:k] *s, cock a* ~ *at* räcka lång näsa åt
snooker ['snu:kə] **I** *s* (*slags biljard*) snooker **II** *v, vard.* göra det svårt för
snoop [snu:p] *vard.,* ~ [*around*] [gå och] snoka **-er** ['snu:pə] *vard.* snokande person, snokare
snoot [snu:t] *sl.* kran, snyte (*näsa*) **snooty** ['snu:tɪ] *vard.* snorkig, mallig; snobbig
snooze [snu:z] **I** *v* ta sig en [tupp]lur **II** *s* [tupp]lur
snore [snɔ:] **I** *v* snarka **II** *s* snarkning
snorkel ['snɔ:kl] snorkel
snort [snɔ:t] **I** *v* frusta; fnysa **II** *s* **1** frustande; fnysning **2** *vard.* liten hutt **-er** ['snɔ:tə] *BE. sl.* **1** toppengrej **2** urlöjlig grej (typ)
snot [snɒt] *sl.* snor **-ty** ['snɒtɪ] **1** *sl.* snorig **2** *vard.* snorkig **3** *vard.* otrevlig, förbaskad
snout [snaʊt] **1** nos, tryne (*vard. äv. om människas näsa*) **2** pip, munstycke; [gevärs]mynning **3** *BE. sl.* cigg; tobak
snow [snəʊ] **I** *s* **1** snö; ~*s* (*pl*) [ihållande] snöfall **2** *sl.* kokain **II** *v* **1** snöa (*äv. bildl.*): *be* ~*ed in* (*up*) bli (vara) insnöad; *be* ~*ed under by* (*bildl.*) överhopas av, hålla på att drunkna i **2** *AE.* smickra
snow|ball ['snəʊbɔ:l] **I** *s* snöboll **II** *v* kasta snöboll [på] **-balling** *a,* ~ *effect* snöbollseffekt **-blind** snöblind **-bound** insnöad **-capped** snö|klädd, -täckt **-drift** snödriva **-drop** *bot.* snödroppe **-fall** **1** snöfall **2** nederbörd i form av snö, snömängd **-field** område med evig snö **-flake 1** snöflinga **2** *bot.* snöklocka
snow line ['snəʊlaɪn] snögräns **snowman** [-mæn] snögubbe **snowmobile** [-ˌməʊbaɪl] snöskoter **snowplough** [-plaʊ] snöplog **snowshoe** [-ʃu:] snösko **snowstorm** [-stɔ:m] snöstorm **snow tyre** [-ˌtaɪə] vinterdäck **snow-white** [-waɪt] snövit
snowy ['snəʊɪ] snöig; snö-; snövit
Snr., snr. *förk. för senior*
snub [snʌb] **I** *v* **1** nonchalera; förolämpa; snäsa av, sätta på plats **2** *sjö.* ta törn **II** *s* förolämpning; [av]snäsning **III** *a,* ~ *nose* trubbnäsa **--nosed** ['snʌbnəʊzd] **1** trubbnäst **2** (*om pistol e.d.*) kortpipig
1 snuff [snʌf] **I** *v* **1** snusa, vädra **2** snusa **II** *s* snus;

up to ~ (*vard.*) *a*) pigg och kry, *b*) inte född i går; *take* ~ använda snus, snusa
2 snuff [snʌf] snoppa (*a candle* ett ljus); ~ *out* släcka (*med ljussläckare e.d.*), *bildl.* kväva, göra slut på; ~ *it* (*BE. vard.*) kola [vippen]
snuffbox ['snʌfbɒks] snusdosa
snuffer ['snʌfə] ljussläckare; ~*s* (*pl*) ljussax
snuffle ['snʌfl] **I** *v* snörvla; tala i näsan **II** *s* snörvling; nasal ton, näston; *have the* ~*s* vara täppt i näsan
snuffy ['snʌfɪ] **1** retlig **2** överlägsen **3** snusbrun, snus- **4** snusig
snug [snʌg] **1** ombonad, varm och skön; [hem]trevlig, trivsam; lugn, trygg; *be as* ~ *as a bug in a rug* ha det riktigt mysigt **2** åtsittande; tät **II** *s, BE.* (*på pub e.d.*) östört bås
snuggle ['snʌgl] krypa ihop, smyga (trycka) sig (*close to* tätt intill); ~ *down* krypa ner
1 so [səʊ] **I** *konj* **1** så, så (och) därför, varför; så [att]; ~ *that a*) så att, *b*) för att; ~ *as to a*) så att, *b*) för att **2** (*i frågor o. utrop*) så, jaså, alltså; ~ *there!* så var det med det!, så det så!; ~ *what?* än sen [då]? **II** *adv* **1** så[lunda], på så (detta) sätt; så till den grad, mycket; ~ ~ (*vard.*) så där, si och så; [*is that*] ~? jaså?, verkligen?, säger du det?; *that's* ~ ! just precis!, det stämmer!; ~ *high a price* ett så[dant] högt pris; ~ *to say* (*speak*) så att säga; *and* ~ *on* (*forth*) och så vidare; *if* ~ om så är, i så fall; *not* ~...*as* inte så (lika)...som; *a week or* ~ en vecka eller så, ungefär en vecka; *I love her* [*much*] jag älskar henne så [mycket]; *I* ~ *wanted to do it* jag ville så gärna göra det; *that's* ~ *kind of you!* det var verkligen snällt av dig!; *would you be* ~ *kind as to open the window?* vill du vara [så] snäll och öppna fönstret?; *he is ill, and* ~ *cannot come* han är sjuk och därför kan han inte komma; *he was* ~ *stupid as to do it* han var dum nog att göra det **2** det; ~ *am* (*did*) *I* det är (gjorde) jag också (med); ~ *I am* (*did*) det är ('gjorde) jag också; *I'm afraid* ~ jag är rädd för det; *it was nice!* - ~ *it was!* det var trevligt! - ja, det var det!; *I believe* (*hope, expect, think*) ~ jag antar (hoppas, förmodar, tror, tycker) det; *I told you* ~! det var ju det jag sa [till dig]!
2 so [səʊ] *mus.* so[l]
So. *förk. för south[ern]* **S.O.** *förk. för Stationery Office* **s.o.** *förk. för seller's option; shipping order*
soak [səʊk] **I** *v* **1** lägga (låta ligga) i blöt, blötlägga; ~ *o.s. in s.th.* (*bildl.*) fördjupa sig i ngt; ~ *off* blöta loss; ~ *out* blöta ur **2** göra genomvåt, genomdränka; *be* ~*ed to the skin* (*through*) vara blöt inpå bara kroppen (genomvåt) **3** ~ *in* suga i (åt) sig; ~ *up* suga upp (åt sig); ~ *up sunshine* lapa sol, ligga och sola sig **4** *vard.* supa [full]; ~*ed* full **5** *vard.* köra (skörta) upp **6** ligga i blöt, blötas **7** ~ [*in*] sugas (tränga) in; ~ *into* sugas (tränga) in i; *rain has* ~*ed through the ceiling* regnet har trängt igenom taket **8** *vard.* supa **II** *s* **1** blötläggning; [genom]blötning; blötläggningsvatten; *be in* ~ ligga i blöt; *give s.th. a* ~ lägga ngt i blöt **2** *BE. vard.* ösregn **3** *sl.* suput **4** *Austr.* vattenhål
soaking ['səʊkɪŋ] **I** *s* uppblötning; indränkning; blötläggning **II** *a,* ~ [*wet*] genom|våt, -blöt
so-and-so ['səʊənsəʊ] **1** så och så, den och den **2** *neds.* [jäkla] typ (människa)

soap [səʊp] **I** s **1** tvål; såpa; vard. tvålopera; *soft ~ a)* AE. såpa, *b)* vard. smicker **2** AE. sl. [mut] pengar **II** v tvåla [in]; såpa [in]
soapbox ['səʊpbɒks] **1** tvålask **2** tvållåda; provisorisk talarstol **3** (*barns*) lådbil **soap bubble** [-ˌbʌbl] såpbubbla **soapdish** [-dɪʃ] tvål|fat, -kopp **soapflakes** [-fleɪks] *pl* tvålflingor **soap opera** [-ˌɒp(ə)rə] tvål-, såp|opera **soapstone** [-stəʊn] täljsten **soapsuds** [-sʌdz] *pl* tvål-, såp|- lödder; tvål-, såp|vatten **soapwort** [-wɜːt] *bot.* såpnejlika **soapy** [-ɪ] tvål-, tvålig, såpig; tvålliknande **2** inställsam, sliskig
soar [sɔː] **1** stiga, skjuta i höjden (*äv. bildl.*); *flames were ~ing into the sky* flammor slog upp **2** sväva, glidflyga **-ing** ['sɔːrɪŋ] stigande; skyhög; *bildl.* högtflygande
sob [sɒb] **I** v **1** snyfta **2** snyfta fram **II** s snyft|ning, -ande
s.o.b. AE. sl. förk. *för son of a bitch*
sober ['səʊbə] **I** a **1** sober, diskret, dämpad **2** nykter, saklig; allvarsam; sansad, måttfull; måttlig **3** nykter; *as ~ as a judge* (*vard.*) spik nykter **II** v **1** ~ [*up*] *a*) göra (få) nykter, *b*) *bildl.* få att nyktra till **2** ~ [*up*] nyktra till (*äv. bildl.*), bli nykter **--minded** [ˌsəʊbəˈmaɪndɪd] [lugn och] sansad, nykter
sobriety [sə(ʊ)ˈbraɪətɪ] **1** nykterhet **2** måttfullhet; lugn; allvar
sobriquet ['səʊbrɪkeɪ] öknamn, smeknamn; antaget namn
sob sister ['sɒbˌsɪstə] [kvinnlig] snyftjournalist; redaktör för hjärtespalt **sob story** snyfthistoria
Soc., soc. förk. *för socialist; society*
so-called [ˌsəʊˈkɔːld] så kallad
soccer ['sɒkə] vard. (förk. *för Association Football*) fotboll
socia|bility [ˌsəʊʃəˈbɪlətɪ] sällskaplighet **-ble** ['səʊʃəbl] **I** a sällskaplig; trevlig **II** s, AE. sammankomst, samkväm
social ['səʊʃl] **I** a **1** samhällelig, samhälls-; social[-]; (*om djur*) som lever tillsammans (i samhällen); ~ *class* samhällsklass; ~ *climber* strebare, uppkomling; ~ *democrat* socialdemokrat; ~ *disease a)* folksjukdom, *b)* könssjukdom; ~ *science* samhällsvetenskap; ~ *security* social|försäkring, -hjälp, -bidrag; *be on ~ security* få socialbidrag; ~ *services* social|tjänst, -vård; ~ *services secretary* socialsekreterare; ~ *work* socialt arbete; ~ *worker* socialarbetare **2** sällskaplig; sällskaps-, umgänges- **II** s tillställning, bjudning, samkväm
social|ism ['səʊʃlɪz(ə)m] socialism **-ist** [-ɪst] **I** s (*äv. S~*) socialist; socialdemokrat **II** a (*äv. S~*) socialistisk, socialist-; socialdemokratisk **-istic** [ˌsəʊʃəˈlɪstɪk] socialistisk **-ite** [-aɪt] societetsjon, kändis **-ity** [ˌsəʊʃɪˈælətɪ] **1** gemenskapskänsla **2** sällskaplighet
social|ization (*BE. äv. -isation*) [ˌsəʊʃəlaɪˈzeɪʃn] socialisering, förstatligande **-ize** (*BE. äv. -ise*) ['səʊʃəlaɪz] socialisera, förstatliga
society [səˈsaɪətɪ] **1** samhälle[t] **2** sällskap; *avoid a p.'s ~* undvika ngns sällskap; *I enjoy his ~* (*äv.*) jag tycker om att vara tillsammans (umgås) med honom **3** vän-, umgänges|krets; krets[ar]; [*high*] ~ societet[en], sällskapslivet; *in polite ~* i bildade kretsar; *go into ~* delta[ga] i sällskapslivet **4** förening, sällskap, samfund; *charitable ~* välgörenhetsförening; *the S~ of Friends* Vännernas samfund (*kväkarna*); *the S~ of Jesus* jesuitorden; *the Royal S~* [brittiska] vetenskapsakademin
sociolinguistics [ˌsəʊʃəʊlɪŋˈɡwɪstɪks] (*behandlas som sg*) sociolingvistik
sociological [ˌsəʊsjəˈlɒdʒɪkl] sociologisk **sociologist** [ˌsəʊsɪˈɒlədʒɪst] sociolog **sociology** [ˌsəʊsɪˈɒlədʒɪ] sociologi, samhällsvetenskap
1 sock [sɒk] **1** socka, [kort]strumpa; *pull one's ~s up* (*BE. vard.*) skärpa sig; *put a ~ in it!* (*BE. sl.*) håll käften! **2** inläggssula
2 sock [sɒk] sl. **I** s smäll, slag; *a ~ on the jaw* ett slag på käften, en snyting **II** v slå (klippa, dänga) till; ~ *it to s.b.* ge ngn på käften (nöten)
sockdolager [sɒkˈdɒlədʒə] AE. sl. **1** avgörande slag, nådastöt **2** toppengrej
socket ['sɒkɪt] **1** [elektriskt] uttag, hållare, sockel; hylsa, kapsel **2** anat. hålighet, håla; *eye ~* ögonhåla; *hip ~* höftledsskål **socket wrench** hylsnyckel
socle [sɒkl] *arkit.* sockel
Socrates ['sɒkrətiːz] Sokrates
1 sod [sɒd] *litt.* grästorva; gräsmark
2 sod [sɒd] *sl., i sht BE.* **I** s (förk. *för sodomite*) jävel, jäkel, sate; knöl, äckel; *poor ~!* stackars jävel! **II** v **1** ~ *it!* jävlar!, det skiter jag i! **2** ~ *off!* dra åt helvete!
soda ['səʊdə] **1** soda; *caustic ~* kaustik soda, teknisk natriumhydroxid **2** soda[vatten] **3** AE. ice-cream soda **soda fountain** [-ˌfaʊntɪn] AE. **1** sifon **2** [glass]bar **soda jerk** [-dʒɜːk] AE. biträde i glassbar, barbiträde **soda siphon (syphon)** [-ˌsaɪfn] sifon **soda water** [-ˌwɔːtə] sodavatten
sodden ['sɒdn] **1** genomblöt **2** berusad **3** (*om bröd*) degig, kladdig
sodding ['sɒdɪŋ] *a, sl.* jävla, jäkla
sodium ['səʊdjəm] natrium **sodium bicarbonate** [-baɪˈkɑːbənɪt] [natrium]bikarbonat **sodium carbonate** [-ˈkɑːbənɪt] natriumkarbonat, soda **sodium chloride** [-ˈklɔːraɪd] natriumklorid, koksalt
sodo|mite ['sɒdəmaɪt] sodomit **-my** [-mɪ] sodomi
sofa ['səʊfə] soffa **sofa bed** bäddsoffa
soft [sɒft] **1** mjuk; ~ *cheese* mjukost; ~ *drink* alkoholfri dryck, läskedryck; ~ *drugs* lätt narkotika (*t.ex. hasch*); ~ *furnishings* hemtextilier; ~ *landing* mjuklandning; *the ~ palate* mjuka gommen; ~ *porn* mjukporr; ~ *sell* (*i sht AE.*) mjukförsäljning; ~ *soap* såpa, *bildl.* smicker; *as ~ as silk* silkes|len, -mjuk; *have a ~ spot for* vara svag för **2** svag, tyst, lätt, dämpad, mjuk; ~ *footsteps* tysta (lätta) steg; ~ *music* dämpad musik; ~ *pedal* (*mus.*) vänster-, dämmar|pedal, *bildl.* sordin; ~ *rain* lätt regn **3** mild, blid; god, godmodig, överseende; pjoskig; svag, slapp; vek; ~ *breeze* mild (svag) bris; ~ *weather* mild-, blid|väder; *be ~ on* (*about*) *s.b.* behandla ngn milt, vara eftergiven (släpphänt) mot ngn; *make s.b. ~* förveckliga ngn **4** lätt, lindrig, bekväm; ~ *touch* (*vard.*) lättlurad person; *choose a ~ option* (*vard.*) välja den enklaste vägen; *he has a ~ time* har har det bra (skönt) **5** *vard.* tokig; *be ~ in the head* (*vard.*) vara knäpp (blöt i skallen); *be ~ on* (*about*) *s.b.* vara svag (svärma) för ngn; *you must be ~!* är du inte riktigt klok?

softball—solstice

soft|ball ['sɒftbɔ:l] (*slags baseball med mjukare boll*) softball **-boiled** [-bɔɪld] löskokt (*egg* ägg) **soften** ['sɒfn] **1** mjuka upp, göra mjuk; göra len; ~ *s.b. up* (*bildl.*) få ngn att mjukna (vekna), göra ngn mör **2** mildra, dämpa **3** mjukna; vekna **4** mildras **-er** [-ə] mjuk-, skölj|medel **-ing** [-ɪŋ] uppmjukning; ~ *of the brain* (*med.*) hjärnuppmjukning

soft|-headed ['sɒft,hedɪd] *vard.* enfaldig, fånig **-hearted** [,sɒft'hɑ:tɪd] ömsint, godhjärtad **--pedal** [,sɒft'pedl] **1** *mus.* spela...med vänsterpedal (dämmarpedal) **2** *bildl.*, ~ *on* tona ner, dämpa **--soap** ['sɒftsəup] *vard.* smickra **--spoken** ['sɒft,spəuk(ə)n] *a* med mild röst; vänlig; *be* ~ tala med mild röst **-ware** ['sɒftweə] *data.* mjukvara **-wood** ['sɒftwʊd] mjukt träslag

softy ['sɒftɪ] **1** mes, ynkrygg **2** lättrörd (sentimental) person

soggy ['sɒgɪ] **1** [genom]blöt **2** (*om bröd*) degig, kladdig **3** *vard.* trög, slö

soh [səʊ] *mus.* sol

Soho ['səʊhəʊ]

1 soil [sɔɪl] **1** mark; *native* ~ fosterjord **2** jord, jordmån, mylla, mull; *bildl.* jordmån, grogrund **2 soil** [sɔɪl] **1** smutsa [ner], solka, fläcka (*äv. bildl.*) **2** bli smutsig; smutsas [ner], solkas (*äv. bildl.*) **soiled** [-d] smutsig, solkig; ~ *linen* smutskläder

soil pipe ['sɔɪlpaɪp] avloppsrör

sojourn ['sɒdʒɜ:n] *litt.* **I** *s* sejour, vistelse, uppehåll **II** *v* vistas, uppehålla sig **-er** [-ə] *litt.* besökare

sol [sɒl] *mus.* sol

sol. *förk. för soluble; solution*

solace ['sɒləs] **I** *s* tröst, lindring **II** *v* trösta, lindra

solar ['səʊlə] sol-; solar-; ~ *cell* solcell; *the* ~ *constant* solarkonstanten; ~ *flare* soleruption; ~ *system* solsystem

solar|ium [sə(ʊ)'leərɪəm] (*pl -ia* [-ɪə] *el. -iums*) solarium

solar plexus [,səʊlə'pleksəs] solarplexus

sold [səʊld] *imperf. o. perf. part. av* sell

solder ['sɒldə, *AE.* 'sɒdə] **I** *s* lödmetall **II** *v* löda **soldering** [-(ə)rɪŋ] lödning **soldering iron** [-(ə)rɪŋ,aɪən] lödkolv

soldier ['səʊldʒə] **I** *s* soldat; militär, krigare; *bildl.* stridsman, kämpe; *common* ~ menig; ~ *of fortune* legosoldat, lycksökare, äventyrare **II** *v* vara (tjäna som) soldat; ~ *on* kämpa vidare (på) **--ant** stridsmyra **-like, -ly** [-laɪk, -lɪ] krigar-; militärisk, soldatmässig **-ship 1** soldatskap **2** soldatyrket

soldiery ['səʊldʒərɪ] **1** soldaterna **2** soldathop **3** soldatyrket

1 sole [səʊl] **I** *s* **1** fotsula; [sko]sula **2** (*pl lika*) *zool.* sjötunga **II** *v* [halv]sula

2 sole [səʊl] enda; ensam[-]; ~ *heir* universalarvinge; ~ *rights on* ensamrätten till; *with the* ~ *purpose of making* uteslutande för att göra

solecism ['sɒlɪsɪz(ə)m] språkfel, grammatiskt fel

solely ['səʊllɪ] *adv* **1** endast, uteslutande; *simply and* ~ blott och bart **2** ensam

solemn ['sɒləm] högtidlig **solemnity** [sə'lemnətɪ] högtidlighet **solem|nization** (*BE. äv. -nisation*) [,sɒləmnaɪ'zeɪʃn] högtidlighållande, firande; ~ *of marriage* vigselakt **solem|-nize** (*BE. äv. -nise*) ['sɒləmnaɪz] **1** högtidlighålla, fira; ~ *a marriage* förrätta en vigsel **2** ge en högtidlig prägel åt

sol-fa [,sɒl'fɑ:] *mus.* **1** solmisation **2** [*tonic*] ~ tonika-do[metod]

solicit [sə'lɪsɪt] **1** [enträget] be [om]; hemställa hos (om); anropa, bönfalla; utbe sig, kräva; ~ *attention* påkalla uppmärksamhet **2** värva; (*om prostituerad*) bjuda ut sig åt; ~ *a p.'s custom* [försöka] värva ngn som kund; ~ *votes* [försöka] värva röster **3** [enträget] be **4** (*om prostituerad*) bjuda ut sig **solicitation** [sə,lɪsə'teɪʃn] **1** enträgen bön (anhållan, begäran) **2** värvning

solicitor [sə'lɪsɪtə] **1** (*i England*) advokat, juridiskt ombud (*med rätt att uppträda endast i lägre instans*); (*i USA*) stadsjurist; *S~ General* (*i England*) kronjurist (*ung. motsv. vice justitiekansler*), (*i USA ung.*) biträdande justitieminister, (*i vissa amer. delstater*) statsåklagare **2** *AE.* ackvisitör; värvare

solici|tous [sə'lɪsɪtəs] **1** ivrig, angelägen **2** orolig, ängslig, bekymrad **-tude** [-tju:d] **1** omsorg **2** oro, ängslan

solid ['sɒlɪd] **I** *a* **1** fast; kompakt, tät; kraftig, stark; (*om mat*) stadig, mäktig; *a man of* ~ *build* en kraftigt byggd man; ~ *food* fast föda; ~ *fuel* fast bränsle; ~ *ground* stadig (fast) grund; *be frozen* ~ vara hårdfrusen; *be stuck* ~ sitta fast **2** massiv, gedigen, ren, solid **3** hel[dragen]; sammanhängande, obruten; *for three* ~ *days* (*days* ~) tre dagar i sträck; *a* ~ *week's work* en hel veckas arbete **4** solid, säker, stabil; rejäl, tillförlitlig, pålitlig; fullgod, som håller; grundlig **5** enhällig, enig; ~ *majority* kompakt majoritet; *be* ~ *on s.th.* enhälligt anta[ga] (förkasta) ngt; *be* ~ *for* vara enhällig[t] för, enhälligt stödja **6** rymd-; kubik-; ~ *content*[*s*] kubikinnehåll; ~ *geometry* rymdgeometri; ~ *measure* rymdmått **II** *s* **1** *fys.* fast kropp; *geom.* tredimensionell figur **2** ~*s* (*pl*) *a*) fasta ämnen, *b*) fast föda

solidarity [,sɒlɪ'dærətɪ] solidaritet, samhörighetskänsla

solid|ify [sə'lɪdɪfaɪ] **1** överföra till fast form (tillstånd); göra fast (solid) **2** övergå till fast form (tillstånd); stelna, bli fast (solid) **-ity** [-ətɪ] fasthet; soliditet *etc., jfr solid I* **-state** ['sɒlɪdsteɪt] *a, fys.* **1** halvledar- **2** ~ *physics* fasta tillståndets fysik

solilo|quize (*BE. äv. -quise*) [sə'lɪləkwaɪz] hålla en monolog; tala för sig själv **-quy** [-kwɪ] monolog

soli|taire [,sɒlɪ'teə] **1** (*spel*) solitär; *AE.* patiens **2** (*diamant e.d.*) solitär **-tary** ['sɒlɪt(ə)rɪ] **I** *a* **1** ensam; enslig; ~ *confinement* [placering i] isoleringscell (ensamcell) **2** enda **II** *s* **1** ensling; eremit **2** *vard.* [placering i] isoleringscell (ensamcell) **-tude** ['sɒlɪtju:d] **1** ensamhet, avskildhet **2** enslighet; ödemark

solo ['səʊləʊ] **I** *s* **1** (*pl* ~*s el. soli* [-li:]) *mus.* solo **2** *kortsp.* solo **3** soloflygning **4** solo|nummer, -uppträdande **II** *a* solo-, ensam- **III** *adv* solo, ensam **-ist** [-ɪst] solist

Solomon ['sɒləmən] Salomo **Solomonic** [,sɒlə'mɒnɪk] salomonisk **Solomon Islands** ['sɒləmən,aɪləndz] *s, the* ~ Salomonöarna

solstice ['sɒlstɪs] solstånd; *the summer* ~ sommarsolståndet

solubility—sophisticated

solu|bility [ˌsɒljʊˈbɪlətɪ] upplösbarhet, upplöslighet **-ble** [ˈsɒljʊbl] **1** upplösbar, löslig; ~ *glass* (*kem.*) vattenglas **2** lösbar
solution [səˈluːʃn] **1** lösande (*of* av), lösning (*to* på) **2** *kem.* lösning **3** upplösning (*äv.bildl.*)
solvable [ˈsɒlvəbl] lösbar; *be* ~ (*äv.*) kunna lösas
solve [sɒlv] lösa (*a problem* ett problem; *an equation* en ekvation)
sol|vency [ˈsɒlv(ə)nsɪ] *hand.* solvens, betalningsförmåga **-vent** [-(ə)nt] **I** *a* **1** *kem.* lösnings-, [upp]lösande **2** *hand.* solvent **II** *s, kem.* lösningsmedel
Som. *förk. för Somerset* [ˈsɒməset]
Somali [sə(ʊ)ˈmɑːlɪ] **I** *s* (*pl* ~[-s]) somalier **II** *a* somalisk **Somalia** [-ə]
somatic [sə(ʊ)ˈmætɪk] somatisk, kroppslig
sombre [ˈsɒmbə] mörk, dyster (*äv. bildl.*)
sombrero [sɒmˈbreərəʊ] sombrero
some [sʌm, *obeton.* səm, sm] **I** *pron* **1** någon, något, några; somlig, en del; [en] viss; litet; ~ [*people*] en del, somliga; ~ *day* en [vacker] dag, någon gång; ~ *other day* en (någon) annan dag; ~ *chap or other* en eller annan kille; *for* ~ *reason or other* av en eller annan (någon) orsak; *would you like* ~ *more?* vill du ha litet till? **2** en hel del, åtskillig; ~ *hours ago* för åtskilliga timmar sedan; *for* ~ *time yet* ännu på ett tag; *you'll need* ~ *courage* du kommer att behöva en hel del mod; *and then* ~ (*A E. sl.*) och en jävla massa till **3** *vard.,* ~ *people!* vilka [hopplösa] människor!; *that was* ~ *meal!* (*AE. vard.*) vilken härlig måltid!
II *adv* **1** ungefär, omkring, cirka (*thirty miles* trettio miles); ~ *dozen people* ett dussintal personer **2** *vard.* ganska, rätt [så]; *it amused me* ~ jag var ganska road
some|body [ˈsʌmbədɪ] **I** *pron* någon **II** *s* någon [att räkna med], betydande (framstående) person **-how** *adv,* ~ [*or other*] på något (ett eller annat) sätt; av någon (en eller annan) anledning **-one** *pron, se somebody* **-place** *AE. vard.* någonstans
somersault [ˈsʌməsɔːlt] **I** *s* kullerbytta, saltomortal, volt (*äv. bildl.*); *bildl. äv.* helomvändning; *turn a* ~*, se II* **II** *v* slå en kullerbytta (saltomortal, volt)
something [ˈsʌmθɪŋ] **I** *pron, s* något, någonting; *a certain* ~ något visst; *a little* ~ en liten present (sak); *that's really* ~*!* (*vard.*) det är (var) grejer det!, toppen!; *there were forty* ~ där fanns drygt fyrtio; *you've got* ~ *there!* där sa du något!; *tell me* ~ *a*) berätta något för mig, *b*) säg mig en sak; *there's* ~ *about this place* det är något visst med den här platsen; *there's* ~ *in what you say* det ligger något i det du säger; ~ *of the kind* (*sort*) något sådant (liknande), någonting åt det hållet; *it's* ~ *of a problem* det är ett problem; *let's see* ~ *of you soon!* kom snart igen!; ~ *or other* någonting, ett eller annat; *or* ~ (*vard.*) eller något sådant (liknande, i den stilen) **II** *adv* lite[t], något; *vard.* något, rent; ~ *over sixty* litet över (drygt) sextio; *he swore* ~ *awful* han svor något alldeles förskräckligt; *the weather was* ~ *shocking* vädret var helt enkelt (rent [av]) förfärligt
some|time [ˈsʌmtaɪm] **I** *adv* **1** någon gång; ~ *or other* någon gång [i framtiden] **II** *a* tidigare, förre **-times** [-taɪmz] *adv* ibland, då och då **-what** *adv* något, en smula, ganska, tämligen **-where** *adv* någonstans; ~ *else* någon annanstans; ~ *around 1200* någon gång omkring år 1200; ~ *around midsummer* vid midsommartiden; ~ *between 150 and 200 people* ungefär mellan 150 och 200 personer; *get* ~ (*bildl.*) komma någonvart, göra framsteg
somnambu|lism [sɒmˈnæmbjʊlɪz(ə)m] somnambulism, sömngång **-list** [-lɪst] somnambul, sömngångare
somno|lence [ˈsɒmnələns] sömnighet, dåsighet **-lent** [-lənt] sömnig, dåsig
son [sʌn] son; ~*!* unge man (vän)!; ~ *of a bitch* (*AE. sl.*) jävel, jävla knöl; ~ *of God a*) ängel, *b*) kristen; ~ *of a gun* (*sl., i sht AE.*) skojare, skämtare; *the S*~ *of Man* Människosonen
sonar [ˈsəʊnɑː] (*förk. för sound navigation and ranging*) sonar, asdic, ekolod
sona|ta [səˈnɑːtə] *mus.* sonat **-tina** [ˌsɒnəˈtiːnə] *mus.* sonatin
sonde [sɒnd] [rymd]sond
song [sɒŋ] sång; visa; *the S*~ *of S*~*s* (*Solomon*) Höga visan; *burst into* ~ [plötsligt] börja sjunga, brista ut i sång; *buy s.th. for a* ~ (*vard.*) köpa ngt för [nästan] ingenting (en spottstyver); *make a* ~ *and dance about a*) BE. *vard.* ställa till rabalder om, göra stort väsen av, *b*) AE. *sl.* komma med långa undanflykter om
songbird [ˈsɒŋbɜːd] sångfågel **songful** [-f(ʊ)l] **1** melodiös **2** sjungande **songster** [-stə] **1** sångare **2** sångfågel **song thrush** *zool.* tal-, sång|trast
sonic [ˈsɒnɪk] *a* sonisk, ljud-; ~ *barrier* ljudvall; ~ *boom* [ljud]bang
son-in-law [ˈsʌnɪnlɔː] (*pl sons-in-law* [ˈsʌnzɪnlɔː]) svärson, måg
sonnet [ˈsɒnɪt] sonett **-eer** [ˌsɒnɪˈtɪə] sonettdiktare
sonny [ˈsʌnɪ] *vard.* (*i tilltal*) min lille gosse
sonority [səˈnɒrətɪ] sonoritet, klangfullhet **sonorous** [səˈnɔːrəs] **1** ljudande **2** sonor, klangfull, välljudande
soon [suːn] **1** snart, strax; tidigt; ~ *after a*) strax efter, *b*) kort därefter, *c*) kort efter att; *as (so)* ~ *as* så fort (snart) [som]; *how* ~ (*äv.*) när; *too* ~ för tidigt; *none too* ~ inte en minut (alls) för tidigt, på tiden **2** [*just*] *as* ~ lika gärna; *I would as* ~ *not go* jag skulle helst inte vilja (vilja slippa) gå
sooner [ˈsuːnə] **1** förr, tidigare; ~ *or later* förr eller senare; *the* ~ *the better* ju förr desto (dess) bättre; *no* ~...*than* knappt...förrän; *no* ~ *said than done* sagt och gjort **2** snarare, hellre
soot [sʊt] **I** *s* sot **II** *v* sota [ner]
sooth [suːθ] *s, åld. el. poet., in* ~ i sanning, sannerligen
soothe [suːð] **1** lugna **2** lindra, mildra **soothing** [ˈsuːðɪŋ] **1** lugnande **2** lindrande
soothsayer [ˈsuːθˌse(ɪ)ə] siare, sierska
sooty [ˈsʊtɪ] sotig; sot-
sop [sɒp] **I** *s* **1** doppad brödbit **2** tröst, muta (*för att lugna ngn*) **3** *vard.* mes, mähä **II** *v* **1** doppa, blöta upp **2** ~ *up* suga (torka) upp
sophism [ˈsɒfɪz(ə)m] sofism, spetsfundighet
sophist [-ɪst] sofist **sophistic[al]** [səˈfɪstɪk(l)] sofistisk, spetsfundig
sophisti|cate [səˈfɪstɪkeɪt] **1** förvränga genom spetsfundigheter **2** göra sofistiserad (förfinad) **-cated** [-keɪtɪd] **1** sofistikerad, förfinad, raffine-

sophistication—sound 486

rad; [över]kultiverad; medveten; avancerad, sinnrik (*machine* maskin) **2** spetsfundig **-cation** [sə‚fɪstɪˈkeɪʃn] **1** raffinemang, förfining; finesser; sinnrikhet **2** sofistik, spetsfundigheter
sophistry [ˈsɒfɪstrɪ] sofisteri[er]; spetsfundighet[er]
Sophocles [ˈsɒfəkliːz] Sofokles
sophomore [ˈsɒfəmɔː] *i sht AE.* andraårsstuderande
soporific [‚sɒpəˈrɪfɪk] **I** *a* sömngivande, sövande **II** *s* sömnmedel
sopping [ˈsɒpɪŋ] *vard.,* ~ [*wet*] genomblöt
soppy [-ɪ] **1** blöt, sur **2** *BE. vard.* hjärtnupen, sentimental
sopra|no [səˈprɑːnəʊ] *mus.* **I** *s* (*pl* -*nos el.* -*ni* [-niː]) sopran **II** *a* sopran-
sorbet [ˈsɔːbət] sorbet
sor|cerer [ˈsɔːs(ə)rə] trollkarl, häxmästare **-ceress** [-s(ə)rɪs] trollkvinna, häxa **-cery** [-s(ə)rɪ] trolldom, svartkonst
sordid [ˈsɔːdɪd] **1** simpel, tarvlig, låg, lumpen **2** smutsig, eländig **3** själviskt, girig
sordi|no [sɔːˈdiːnəʊ] (*pl* -*ni* [-niː]) *mus.* sordin; dämmare
sore [sɔː] **I** *a* **1** öm, ond; sårig, inflammerad; *bildl.* öm[tålig], känslig; *a* ~ *spot a*) ett ömt (ont) ställe, *b) bildl.* en öm (känslig) punkt; *where are you* ~? var har du ont någonstans?; *have a* ~ *throat* ha ont i halsen; *be* ~ *at heart* (*litt.*) vara djupt bedrövad **2** *i sht AE.* irriterad, förargad, sur (*about* på) **3** *litt.* svår; *be in* ~ *need of s.th.* vara i trängande behov av ngt **II** *s* ömt (ont) ställe; sår, varböld (*äv. bildl.*); *old* ~*s* (*bildl.*) *a*) gamla sår, *b*) gammalt groll
sore|head [ˈsɔːhed] *AE. sl.* ilsken typ; surpuppa **-ly** [-lɪ] *adv* **1** svårt, allvarligt **2** högt, högeligen
sorghum [ˈsɔːɡəm] *bot.* durra
sorority [səˈrɒrətɪ] *i sht AE.* (*vid college, univ.*) kvinnoförening
1 sorrel [ˈsɒr(ə)l] *bot.* [ängs]syra
2 sorrel [ˈsɒr(ə)l] **I** *s* rödbrunt **II** *a* rödbrun
sorrow [ˈsɒrəʊ] **I** *s* sorg (*at, about, for, over* över), bedrövelse; ledsnad, beklagande **II** *v* sörja (*at, about, for, over* över) **-ful** [ˈsɒrə(ʊ)f(ʊ)l] **1** sorgsen, bedrövad **2** sorglig, bedrövlig
sorry [ˈsɒrɪ] **1** ledsen; ~? förlåt?, hur sa?; *I'm* [*so*] ~!, [*so*] ~! förlåt!, ursäkta [mig!; *can you lend me £10? - * ~! kan du låna mig 10 pund? - [nej,] tyvärr!; ~, *but I can't do it* jag är ledsen (beklagar) men jag kan inte göra det, tyvärr kan jag inte göra det; *be (feel)* ~ *for s.b.* tycka synd om ngn; *you'll be* ~ *for this!* det här kommer du att få ångra!; *I'm* ~ *to hear it* det var tråkigt att höra; *I'm* ~ *to say* jag beklagar, jag är rädd, tyvärr; *say* ~ *to s.b. for s.th.* be ngn om ursäkt för ngt **2** sorglig; dålig, eländig, bedrövlig, ynklig (*sight* syn)
sort [sɔːt] **I** *s* sort, slag, typ; ~ *of* (*vard.*) på sätt och vis, på något vis; *a* ~ *of* någon sorts, något slags; *a good* ~ (*vard.*) en hygglig (snäll) människa; *an odd* ~ *of person* en underlig [sorts] människa; *after a* ~ på sätt och vis; *all* ~*s of things* allt möjligt, alla möjliga saker; *it takes all* ~*s* folk är olika [funtade]; *of a* ~, *of* ~*s* någon sorts, ett slags, eller något i den stilen; *nothing of the* ~ *a*) ingenting sådant, inte alls så, *b*) inte alls, visst inte; *something of the* ~ något sådant (i den sti-

len); *out of* ~*s* inte riktigt i form, krasslig, nere; *he is not the* ~ *to do that* han är inte den som gör (skulle göra) det; *he's not my* ~ han är inte min typ; *this* (*these*) ~ *of* den sortens, detta slags, sådana; *what* ~ *of* vad för slags (sorts), hurdan; *your* ~ sådana (en sådan) som du **II** *v* **1** sortera, ordna; ~ *out a*) sortera [upp], ordna [upp], *b*) sortera (gallra) bort (ut), *c*) ordna (reda, klara) upp, *d*) *vard.* läxa (klå) upp **2** *åld. el. dial.,* ~ *well* (*ill*) *with* passa bra (dåligt) till, stämma väl (dåligt) överens med
sorter [ˈsɔːtə] sorterare
sortie [ˈsɔːtiː] **1** *mil.* utfall **2** *flyg.* [anfalls]uppdrag **3** kort utflykt
sorting office [ˈsɔːtɪŋ‚ɒfɪs] *post.* sortering[avdelning] **sort-out** [-aʊt] *vard.,* *have a* ~ städa [upp], plocka i ordning
SOS [ˈesəʊes] SOS[-signal]
so-so [ˈsəʊsəʊ] *vard.* si och så, inget vidare, skaplig[t]
sot [sɒt] *åld.* fyllbult
Sotheby [ˈsʌðəbɪ]
sotto voce [‚sɒtəʊˈvəʊtʃɪ] *adv, litt.* knappt hörbart, med dämpad röst, sotto voce
soubrette [suːˈbret] *teat.* subrett
souffle, soufflé [ˈsuːfleɪ] *kokk.* sufflé
sough [saʊ] **I** *v* susa **II** *s* sus
sought [sɔːt] *imperf. o. perf. part. av seek*
soul [səʊl] **I** *s* **1** själ; *poor* ~ stackare, stackars människa; *upon my* ~! min själ!, minsann!; *not a* ~ inte en själ (människa, levande varelse); *she is the* ~ *of honour* hon är hederligheten själv (personifierad); *he was the life and* ~ *of* han var själen (medelpunkten) i; *bare one's* ~ blotta sin själ (sitt innersta) **2** soul[musik] **II** *a* **1** *AE. sl.* svart, neger-; *S*~ *City* Harlem; ~ *sister* svart syster **2** ~ *kiss* djup kyss; ~ *mate* själsfrände, tvillingsjäl **3** ~ *music* [soul]musik
soul-destroying [ˈsəʊldɪ‚strɔɪɪŋ] själsdödande (*job* arbete) **-ful** [-fʊl] själfull **-less** [-lɪs] andefattig, själlös **--searching** [-‚sɜːtʃɪŋ] självrannsakan
1 sound [saʊnd] **I** *a* **1** sund, frisk; oskadad, felfri; *of* ~ *mind* vid sina sinnen[s fulla bruk]; *as* ~ *as a bell* frisk som en nötkärna, kärnfrisk **2** sund, riktig, förnuftig, klok; duktig, pålitlig, säker; *be* ~ *on s.th.* ha goda kunskaper i (om) ngt **3** säker, solid; stabil; sund **4** grundlig, ordentlig, rejäl; *I'm a* ~ *sleeper* jag har god sömn **5** *jur.* laglig, giltig **II** *adv* sunt; *sleep* ~ sova gott (djupt)
2 sound [saʊnd] **I** *s* ljud; klang, ton; *the speed of* ~ ljudets hastighet; *within* (*out of*) ~ inom (utom) hörhåll (*of* för); *I don't like the* ~ *of it* det låter inte alls bra; *from the* ~ *of it she had a good time* det låter som om hon har haft det bra **II** *v* **1** slå an, spela (*a note* en ton); blåsa [i] (*a trumpet* trumpet); ringa på (med, i) (*a bell* en klocka); [låta] ljuda; uttala (*one's aitches* h); ~ *the alarm* slå larm, utlösa larmet; ~ *a note of warning* höja en varnande röst; ~ *a p.'s praises* (*bildl.*) lovorda ngn; ~ *the retreat* (*mil.*) blåsa till reträtt **2** undersöka (*genom knackning*); *med.* auskultera, lyssna på **3** ljuda, klinga, tona; höras; låta; uttalas; *he* ~*s German* han låter [som en] tysk; *that* ~*s very odd* det låter mycket underligt; *how does it* ~ *to you?* vad tycker du om det? **4** ~ *off* (*vard.*) ge

breda ut sig, b) säga ifrån, c) skryta **3 sound** [saʊnd] **I** v **1** sjö. loda, pejla; med., bildl. sondera; ~ [out] (bildl.) a) fråga ut, känna på pulsen, sondera, b) [försöka] ta reda på (utröna) **2** sjö. loda; bildl. göra sonderingar **II** s, med. sond
4 sound [saʊnd] s sund
sound barrier [ˈsaʊn(d)dˌbærɪə] ljudvall; break the ~ gå igenom (spränga) ljudvallen **soundbox** [-bɒks] (på stränginstrument) resonanslåda
sound effect [ˈsaʊndɪˌfekt] ljudeffekt **soundfilm** [-fɪlm] ljudfilm
1 sounding [ˈsaʊndɪŋ] a **1** ljudande, klingande **2** högtravande, svulstig
2 sounding [ˈsaʊndɪŋ] lodning, pejling; sondering (äv. bildl.)
sounding board [ˈsaʊndɪŋbɔːd] **1** resonansbotten **2** bildl. testˈgrupp, -person
soundless [ˈsaʊndlɪs] ljudlös **soundproof I** a ljudisolerad **II** v ljudisolera **sound ranging** [ˈsaʊn(d)ˌreɪn(d)ʒɪŋ] ljudpejling **sound shift** [-ʃɪft] språkv. ljudskridning **soundtrack** [-træk] ljudspår (t. film) **sound wave** [-weɪv] ljudvåg
soup [suːp] **I** s **1** soppa; be in the ~ (vard.) sitta i klistret **2** vard. framkallningsvätska **3** vard. tät dimma **4** sl. nitroglycerin **II** v, vard., ~ up trimma (motor) **soup-and-fish** [ˌsuːpənˈfɪʃ] AE. sl. frack, smoking, festkläder **souped-up** [ˈsuːptˌʌp] vard. trimmad (mini minibil) **soup kitchen** [ˈsuːpˌkɪtʃɪn] soppkök **soup plate** djup tallrik, sopptallrik
sour [ˈsaʊə] **I** a sur; bildl. sur, vresig; ~ cream gräddfil; ~ grapes (ung.) surt, sa räven [om rönnbären]; go (turn) ~ a) bli sur, surna, b) bildl. gå snett **II** s, AE. drink med citron **III** v **1** komma att surna, göra sur **2** bildl. göra kylig (frostig), förbittra **3** bli sur, surna (äv. bildl.) **4** bildl. bli kylig (frostig)
source [sɔːs] källa; bildl. äv. upprinnelse, ursprung, upphov; ~ of information [informations]källa; at ~ (bildl.) vid källan; from a reliable ~ från säker källa **source material** [ˈsɔːsməˌtɪərɪəl] källmaterial
sour|dough [ˈsaʊədəʊ] AE. **I** a, ~ bread surdegsbröd **II** s **1** surdeg **2** (i Alaska o. Canada) gammal guldgrävare, pionjär **-ish** [-rɪʃ] syrlig **-puss** [-pʊs] vard. surpuppa
souse [saʊs] **I** s **1** ättikslag, saltlake; marinad **2** inläggning **3** blötning, doppning **4** sl. fyllo **II** v **1** lägga i ättikslag (saltlake), marinera **2** blöta, doppa **3** sl. bli full (packad) **soused** [-t] sl. full, packad
soutane [suːˈtɑːn] sutan, (fotsid) prästrock
south [saʊθ] **I** a sydlig, syd-, södra, söder-; S~ Africa Sydafrika; S~ America Sydamerika; the S~ Pole sydpolen; the S~ Seas Söderhavet; ~ wind sydlig vind **II** adv mot (åt) söder, söderut; ~ of söder om; ~ by east syd till öst **III** s söder, syd; the ~ (S~) a) södra delen, b) sydliga länder (områden), södern, c) the S~ (i USA) sydstaterna, Södern; the Deep S~ den djupa Södern (sydstaterna längs Mexikanska golfen); from the ~ från söder, söderifrån; the wind is in the ~ vinden är sydlig; in the ~ of i södra [delen av]; to[wards] the ~ mot (åt) söder, söderut; to the ~ of söder om
Southampton [saʊθˈæm(p)tən]

southbound [ˈsaʊθbaʊnd] sydgående
southeast [ˌsaʊθˈiːst, sjö. saʊˈiːst] **I** a syd|östlig, -ostlig, -östra **II** adv i (mot) sydöst (sydost); ~ of sydöst (sydost) om **III** s syd|öst, -ost **-er** [-ə] sydost[lig vind] **-erly** [-əlɪ], **-ern** [-ən] se southeast I
southerly [ˈsʌðəlɪ] **I** a o. adv sydlig; från (i, mot) söder **II** s sydlig vind
southern [ˈsʌðən] **1** sydlig, syd-, södra **2** sydländsk **Southerner** [-ə] äv. s~ sydlänning; person från de södra delarna av landet **-most** sydligast
southpaw [ˈsaʊθpɔː] vard. vänsterhandsboxare; vänsterhänt person
south|ward [ˈsaʊθwəd] **I** a sydlig, södra **II** adv mot (åt) söder, söderut; sjö. sydvart **-wards** [-wədz] adv, se southward II
southwest [ˌsaʊθˈwest, sjö. saʊˈwest] **I** a syd|västlig, -västra **II** adv i (mot) sydväst; ~ of sydväst om **III** s sydväst **-er** [-ə] sydväst[lig vind] **-erly** [-əlɪ], **-ern** [-ən] se southwest I
souvenir [ˌsuːv(ə)ˈnɪə] souvenir, minne[ssak]
sou'wester [saʊˈwestə] sydväst (regnhatt)
sovereign [ˈsɒvrɪn] **I** a **1** högst, högsta **2** suverän, enväldig, oberoende **3** enastående, oöverträffad, effektiv **II** s **1** monark, regent, suverän, härskare **2** sovereign (äldre eng. guldmynt = 20 shilling) **-ty** [ˈsɒvr(ə)ntɪ] suveränitet, självständighet; högsta makt; överhöghet
Soviet [ˈsəʊvɪət] **I** s **1** sovjetmedborgare **2** s~ sovjet (rådsförsamling); the Supreme ~ högsta sovjet **II** a sovjetisk, sovjet-, Sovjet; the ~ Union, the Union of ~ Socialist Republics Sovjet[unionen]
1 sow [səʊ] (imperf. sowed, perf. part. sown el. sowed) **1** så (wheat vete); bildl. utså; ~ doubts utså tvivel; ~ the seeds of (bildl.) utså ett frö till; ~ the wind and reap the whirlwind så vind och skörda storm; ~ one's wild oats, se oats **2** beså; ~ a field with wheat (äv.) så vete på ett fält
2 sow [saʊ] so, sugga
sower [ˈsəʊə] såningsman **sowing** [-ɪŋ] sådd **sowing-machine** [-ɪŋməˌʃiːn] såningsmaskin **sown** [-n] perf. part. av 1 sow
soya bean [ˈsɔɪəbiːn] sojaböna **soya sauce** soja[sås] **soy bean** [ˈsɔɪbiːn] AE. sojaböna **soy sauce** soja[sås]
sozzled [ˈsɒzld] vard. asberusad, stupfull
sp. förk. för special; species; specific; specimen; spelling
spa [spɑː] **1** hälsobrunn **2** kur-, brunns|ort
space [speɪs] **I** s **1** rymd[en]; time and ~ tid och rum; outer ~ yttre rymden; look (stare) into ~ stirra ut i tomma luften **2** tid[rymd], period; for a ~ [under] en tid; for (in) the ~ of a week [under] en vecka[s tid] **3** plats, utrymme; utdr.; avstånd, mellanrum; boktr. mellanslag, spatie; [blank] ~ tomrum, lucka; rising ~ (boktr.) spis; the wide open ~s de fria (stora) vidderna; make ~ for göra plats för; take up a lot of ~ ta mycket (stor) plats **II** v, ~ [out] a) placera (sätta, ställa) med avstånd emellan, fördela, sprida (placera) ut, b) göra mellanrum mellan, c) boktr. göra mellanslag mellan, spärra; ~d payments betalning i poster
space age [ˈspeɪseɪdʒ] s, the ~ rymdåldern **space-bar** (på skrivmaskin) mellanslagstangent

space capsule [-,kæpsju:l] rymdkapsel
spacecraft [-krɑ:ft] rymd|farkost, -skepp
spaceman [-mən] rymdfarare **space opera** [-,ɒp-(ə)rə] science fiction-film **space probe** [-prəub] rymdsond **spacer** [-ə] *se space-bar*
spaceship [-ʃɪp] rymdskepp **space shuttle** [-,ʃʌtl] rymdfärja **space station** [-,steɪʃn] rymdstation **spacesuit** [-su:t] rymddräkt
spacewalk [-wɔ:k] rymdpromenad **spacing** [-ɪŋ] **1** mellanrum; spridning **2** *boktr.* radavstånd; mellanslag; spärrning **spacious** ['speɪʃəs] rymlig; spatiös
1 spade [speɪd] **I** *s* **1** spade; *call a ~ a ~* nämna saker och ting vid deras rätta namn **II** *v* gräva [upp]
2 spade [speɪd] **1** *kortsp.* spader[kort]; *~s* (*pl*) spader; *ace of ~s* spaderäss **2** *neds.* nigger **3** *AE. vard., in ~s* i högsta grad
spadework ['speɪdwɜ:k] förberedelsearbete, förarbete
spaghetti [spə'getɪ] spagetti
spae [speɪ] *Sk.* spå
Spain [speɪn] Spanien
spake [speɪk] *åld. el. skämts. imperf. av speak*
spall [spɔ:l] stenflisa
1 span [spæn] **I** *s* **1** spann (*9 tum = 23 cm*); utspänd hand **2** [bro]spann, valv **3** spänn-, räck|vidd; vingbredd; omfång **4** tid[rymd], period; levnadslopp; *for a brief ~* [under] en kort tid; *within his ~* under hans livstid (levnad) **II** *v* **1** mäta med utspänd hand; nå (räcka) om (över) **2** slå (bygga) en bro över; ta sig över **3** spänna (leda) över; *bildl.* sträcka sig (spänna) över, omfatta, omspänna
2 span [spæn] spann, par (*av hästar e.d.*)
spangle ['spæŋgl] **I** *s* paljett **II** *v* **1** *be ~d with* vara beströdd med **2** glittra **3** pryda med paljetter
Spaniard ['spænjəd] spanjor, spanjorska
spaniel ['spænjəl] (*hundras*) spaniel
Spanish ['spænɪʃ] **I** *a* spansk; *the ~ Armada* den [stora] spanska armadan; *~ chestnut* äkta (ätlig) kastanj **II** *s* **1** spanska [språket] **2** *the ~* spanjorerna
spank [spæŋk] **I** *v* smälla (daska) till; ge smäll (smisk) **II** *s* smäll, smisk, dask
spanker ['spæŋkə] *sjö.* mesan; mesanmast
1 spanking ['spæŋkɪŋ] smäll, smisk, dask
2 spanking ['spæŋkɪŋ] *vard.* **1** flott, tjusig; prima **2** snabb, hastig, rask **3** (*om vind*) kraftig, frisk
spanner ['spænə] skruvnyckel; *adjustable ~* skiftnyckel; *throw a ~ in the works* (*BE. bildl.*) sätta en käpp i hjulet
span roof ['spænru:f] sadeltak
1 spar [spɑ:] mast; bom; gaffel; spira
2 spar [spɑ:] *miner.* spat
3 spar [spɑ:] **I** *v* **1** (*i boxning*) [tränings]boxas; sparra **2** munhuggas, käbbla **II** *s* **1** [tränings]boxning; sparring **2** munhuggning, käbbel
spare ['speə] **I** *a* **1** extra[-], reserv-, till övers; ledig; *~ bed* extrasäng; *~ part* reservdel; *~ room* gästrum; *~ time* fritid; *~ tyre* reservdäck, *skämts.* bilring (*kring midjan*); *~ wheel* reservhjul; *it's all the ~ cash I have* det är alla kontanter jag har kvar (i reserv); *are there any ~ seats?* finns det några lediga platser?; *when you have a few ~ minutes* (*a few minutes ~*) när du har några minuter över **2** mager (*man* man); knapp, torftig; klen **3** *vard., drive s.b. ~* göra ngn galen (tokig) **II** *s* reservdel; *I've got some ~s* (*äv.*) jag har några extra (i reserv) **III** *v* **1** hushålla med, spara på; bespara; [för]skona; *~ o.s.* spara sina krafter (sig); *~ o.s. the trouble* bespara sig besväret; *~ s.b. s.th.* förskona ngn från ngt; *~ me the details* låt mig få slippa detaljerna; *~ no effort* inte sky någon möda; *~ a p.'s life* skona ngns liv; *if we're ~d* om vi fortfarande lever då **2** av-, und|vara; *I can't ~ it* (*äv.*) jag klarar mig inte utan den; *can you ~ me a few minutes?* har du några minuter över?; *I can't ~ the time for that* jag får ingen tid över till det; *I got to the station with five minutes to ~* jag kom till stationen med fem minuters marginal; *there's enough and to ~* det finns så att det räcker och blir över
sparerib ['speərɪb] revbensspjäll
sparing ['speərɪŋ] sparsam, måttlig
1 spark [spɑ:k] **I** *s* **1** gnista (*äv. bildl.*); *~s fly* det slår gnistor; *they strike ~s off each other* de stimulerar varandra **2** *vard., ~s* (*behandlas som sg*) *a*) sjö. gnist (*radiotelegrafist*), *b*) elektriker **II** *v* **1** gnistra; slå gnistor **2** (*om tändstift e.d.*) ge gnista **3** *~ [off]* vara den tändande gnistan till, utlösa, sätta i gång
2 spark [spɑ:k] *s, iron., bright ~* ljushuvud
spark gap ['spɑ:kgæp] (*på tändstift*) gnistgap
sparking plug [-ɪŋplʌg] tändstift
sparkle ['spɑ:kl] **I** *v* **1** gnistra, tindra, spraka, glittra; *bildl.* sprudla, spritta **2** (*om vin*) moussera, pärla; *sparkling wine* mousserande (pärlande) vin **II** *s* gnistrande, tindrande, sprakande, glittrande; *bildl.* dans **2** mousserande, pärlande
sparkler [-ə] **1** tomtebloss **2** *vard.* glitter (*juveler*)
spark plug ['spɑ:kplʌg] tändstift
sparling ['spɑ:lɪŋ] *zool.* nors
sparring match ['spɑ:rɪŋmætʃ] **1** sparringmatch **2** munhuggning, käbbel **sparring partner** [-,pɑ:tnə] sparringpartner; (*bildl. äv.*) trätobroder
sparrow ['spærəu] *zool.* sparv; *tree ~* pilfink
sparrowgrass *dial., vard.* sparris **sparrow hawk** *zool.* sparvhök
sparse [spɑ:s] gles; tunnsådd, [ut]spridd; knapp
sparsely ['spɑ:slɪ] *adv* glest; sparsamt (*furnished* möblerad) **sparseness** ['spɑ:snɪs], **sparsity** ['spɑ:sətɪ] gleshet; tunnsåddhet; knapphet
Spartan ['spɑ:t(ə)n] **I** *a* spartansk; *s~* (*bildl.*) spartansk **II** *s* spartan
spasm ['spæz(ə)m] **1** spasm, kramp[ryckning], ryckning **2** anfall, plötsligt utbrott (*of anger* av vrede) **spasmodic** [spæz'mɒdɪk] **1** spasmodisk, krampaktig **2** ryckvis, oregelbunden **spasmodically** [spæz'mɒdɪk(ə)lɪ] *adv* **1** spasmodiskt, krampaktigt **2** ryckvis, oregelbundet
spastic ['spæstɪk] **I** *a* spastisk **II** *s* spastiker
1 spat [spæt] *imperf. o. perf. part. av spit*
2 spat [spæt] damask
spate [speɪt] **1** *bildl.* ström, flöde; *a ~ of protest* en proteststorm **2** *i sht BE.* högt vatten[stånd], högvatten; *the river is in ~* det är högt vatten i floden

spatial ['speɪʃl] rumslig, rums-; rymd-
spatted ['spætɪd] iförd damasker
spatter ['spætə] **I** v **1** stänka; stänka ner; *bildl.* smutskasta **2** *bildl.* regna **II** s **1** stänkande; stänk **2** *bildl.* skur
spatula ['spætjʊlə] spatel; stek-, pannkaks|spade
spav|in ['spævɪn] *veter.* spatt **-ined** [-ɪnd] *veter.* spattig
spawn [spɔ:n] **I** v **1** leka, lägga rom **2** *litt.* ge upphov till, frambringa **II** s **1** *zool.* rom **2** *bot.* svamptrådar, mycelium **3** *neds.* avkomma, yngel
spay [speɪ] sterilisera (*djurhona*)
S.P.C.A. *förk. för* Society for the Prevention of Cruelty to Animals **S.P.C.C.** *förk. för* Society for the Prevention of Cruelty to Children **S.P.C.K.** *förk. för* Society for Promoting Christian Knowledge
speak [spi:k] (*spoke, spoken; åld. el. dial. imperf. spake*) **1** tala (*English* engelska) **2** säga, yttra, uttrycka, uttala; ~ *one's mind* säga sin [uppriktiga] mening **3** tala (*to, with* med; *about, of* om); yttra (uttala) sig; hålla tal (*on* om, över); (*om instrument e.d.*) ljuda; *did you ~?* sa du något?; *so to ~* så att säga; ~ *for* tala för, föra (*ngns*) talan, tala å (*ngns*) vägnar; *be spoken for* vara upptagen (reserverad); *that ~s well for him* det talar till hans fördel; ~ *of a*) tala om, *b*) vittna om; ~*ing of* på tal om, apropå; *not to ~ of* för att inte tala om; *nothing to ~ of* ingenting att tala om, nästan ingenting; ~ *out* (*up*) *a*) tala ut (högre, tydligare), *b*) tala ut, säga sin [uppriktiga] mening; ~ *to a*) tala med (till), tilltala, *b*) säga till (åt), tala till rätta; ~ *to the subject* hålla sig till ämnet; ~ *up for* försvara, gå i bräschen för; ~*ing!* (*i telefon*) [ja] det är jag!; *Greg ~ing!* (*i telefon*) det här är Greg!; *generally ~ing* i allmänhet; *personally ~ing, ~ing for myself* vad mig beträffar, för min egen del, personligen; *relatively ~ing* relativt sett; *roughly ~ing* på ett ungefär, i stora drag, i stort sett; *strictly ~ing* strängt taget, noga räknat
speak-easy ['spi:kˌi:zɪ] *AE.* lönnkrog
speaker ['spi:kə] **1** talare; *the* ~ (*äv.*) den talande; *English ~s of German* engelsmän som kan tala tyska **2** *parl., S~* talman **3** högtalare
speaking ['spi:kɪŋ] *I a* talande; tal-; ~ *as a mother* i min egenskap av mor skulle jag vilja säga; *we are not on ~ terms* vi talar inte med varandra, vi är osams; *have a ~ knowledge of English* kunna tala engelska **II** s tal[ande] **speaking clock** Fröken Ur **speaking trumpet** [-ˌtrʌmpɪt] hörlur; *sjö.* ropare **speaking tube** [-tju:b] talrör
spear [spɪə] **I** s **1** spjut; pik; ljuster **2** pikenerare **II** v genomborra [med spjut *etc.*]; spetsa; ljustra
spearhead ['spɪəhed] **I** s **1** spjutspets (*äv. mil.*) **2** förtrupp, ledare **II** v gå i spetsen för, leda
spearmint ['spɪəmɪnt] *bot.* grönmynta **spear side** ['spɪəsaɪd] (*familjs*) svärdssida **spearwort** ['spɪəwɜ:t] *bot.* ranunkel
spec [spek] s, *vard., on* ~ på spekulation, på vinst och förlust; *I went there on* ~ (*äv.*) jag chansade och gick dit; *they just turned up on* ~ de dök upp precis som väntat
spec. *förk. för special; specification; speculation*
special ['speʃl] **I** a speciell, särskild; bestämd; special-, extra[-]; ~ *constable, se II 1; ~ correspondent* specialkorrespondent, utsänd medarbetare; ~ *delivery* express[befordran]; ~ *licence* (*BE.*) särskild äktenskapslicens (*med dispens från lysning m.m.*); ~ *offer* specialerbjudande; ~ *pleading a*) framläggande av nytt (extra) bevismaterial, *b*) *bildl.* spetsfundig argumentering, advokatyr; ~ *school* sär-, special|skola; *what's so* ~ *about that?* vad är det [för speciellt] med det? **II** s **1** extrapolis (*inkallad vid särskilda tillfällen*) **2** extratåg **3** *radio., TV.* extrasändning **4** extra|nummer, -upplaga **5** extraerbjudande; *today's* ~ dagens rätt
special|ism ['speʃəlɪz(ə)m] specialisering; specialitet **-ist** [-ɪst] specialist **-ity** [ˌspeʃɪˈælətɪ] **1** specialitet **2** utmärkande egenskap **-ization** (*BE. äv. -isation*) [ˌspeʃəlaɪˈzeɪʃn] specialisering **-ize** (*BE. äv. -ise*) ['speʃəlaɪz] **1** specialisera sig (*in* på) **2** specialisera; anpassa **-ly** ['speʃəlɪ] *adv* speciellt; särskilt **-ty** ['speʃltɪ] **1** *AE., se speciality* **2** *jur.* förseglat kontrakt
species ['spi:ʃi:z] (*pl lika*) **1** *biol.* art; *the origin of* ~ arternas uppkomst **2** slag, sort
specific [spɪˈsɪfɪk] *I a* **1** speciell, specifik **2** bestämd, uttrycklig, noggrann, precis, specificerad **3** *fys.* specifik; ~ *gravity* densitet **II** *s, ~s* (*pl*) närmare detaljer (omständigheter); *get down to ~s* komma in på de närmare detaljerna **-ally** [-(ə)lɪ] *adv* **1** speciellt, särskilt; i synnerhet **2** bestämt, uttryckligen **speci|fication** [ˌspesɪfɪˈkeɪʃn] **1** specifikation; detaljerad beskrivning; konstruktionsplan **2** specificering **3** specificerad post **-fy** ['spesɪfaɪ] specificera; närmare (detaljerat, klart) ange
specimen ['spesɪmən] **1** prov, provbit (*of* på, av); exemplar; *urine* ~ urinprov; *~s of a rare flower* exemplar av en sällsynt blomma **2** *vard.* exemplar, typ; *an odd* ~ en konstig typ **specimen copy** [-ˈkɒpɪ] provnummer; (*av bok*) provexemplar **specimen page** [-peɪdʒ] provsida
specious ['spi:ʃəs] **1** skenbar, vilseledande; bestickande **2** skenfager
speck [spek] **I** s **1** [liten] fläck, prick, stänk; *~s of blood* blodstänk; ~ *of dust* dammkorn **2** *bildl.* stänk, korn, gnutta, uns **II** v fläcka [ner] **-le** ['spekl] fläcka [ner] **-led** ['spekld] fläckig, spräcklig, prickig
specs [speks] *pl, vard.* **1** *förk. för spectacles* brillor **2** *förk. för specifications*
spectacle ['spektəkl] **1** *bildl.* skådespel **2** syn, anblick; *he is a sad* ~ han företer en sorglig anblick **3** spektakel, åtlöje; *make a* ~ *of o.s.* göra sig till ett åtlöje (spektakel) **4** ~*s* (*pl*) glasögon; *a pair of* ~ ett par glasögon **spectacle case** glasögonfodral **spectacled** [-d] glasögonprydd
spectacular [spekˈtækjʊlə] *I a* imponerande, effektfull, sensationell; spektakulär **II** s utstyrsel|-show, -pjäs; fantastisk föreställning
spectator [spekˈteɪtə] åskådare
spectra ['spektrə] *pl av spectrum*
spectral ['spektr(ə)l] **1** *fys.* spektral- **2** *litt.* spöklik, spök-
spectre ['spektə] *litt., bildl.* spöke
spectroscope ['spektrəskə(ʊ)p] spektroskop
spec|trum ['spektrəm] (*pl -tra* [-trə] *el. -trums*) *fys., bildl.* spektrum
specu|late ['spekjʊleɪt] **1** spekulera (*about, on*

över) 2 *hand.* spekulera **-lation** [ˌspekjʊ'leɪʃn] spekulation (*äv. hand.*); begrundan **-lative** ['spekjʊlətɪv] **1** spekulativ; begrundande **2** *hand.* spekulations-, på spekulation **-lator** ['spekjʊleɪtə] spekulant

sped [sped] *imperf. o. perf. part. av speed*

speech [spi:tʃ] **1** tal; anförande; yttrande; *teat.* replik; *the ~ from the throne, the Queen's (King's) ~* trontalet; *make (deliver, give) a ~* hålla [ett] tal, hålla ett anförande (*on, about* om, över) **2** tal; talförmåga; sätt att tala; språk, mål; *freedom of ~* yttrandefrihet; *the right of free ~* yttranderätt; *~ is silver, silence is golden* tala är silver, tiga är guld; *lose one's powers of ~* mista talförmågan; *be slow of ~* tala sakta **3** *språkv.*, *direct (indirect, reported) ~* direkt (indirekt) tal (anföring)

speech day ['spi:tʃdeɪ] *BE. skol.* avslutning, avslutningsdag (*m. tal o. premieutdelning*) **speechify** [-ɪfaɪ] **1** hålla tal **2** orera **speechless** [-lɪs] stum, mållös **speech therapy** talterapi

speed [spi:d] **I** *s* **1** fart, hastighet, tempo, takt; snabbhet; *at ~* i hög fart; *at full (top) ~* i full fart, med högsta hastighet; *full ~ ahead!* (*sjö.*) full fart framåt!; *gather ~* få upp farten **2** *tekn.* växel; utväxling **3** *foto.* (*films*) känslighet; *shutter ~* slutartid **4** *sl.* uppåttjack, speed (*amfetamin e.d.*) **II** *v* **1** (*~ed, ~ed*) *~ [up] a)* accelerera, öka hastigheten på, *b)* driva (skynda, sätta fart) på **2** *åld.* (*sped, sped*) *God ~ you!* Gud vare med dig!; *~ the parting guest* önska den avresande gästen lycka till (lycklig resa) **3** (*sped, sped*) rusa [i väg], jaga, skynda, fara snabbt **4** (*~ed, ~ed*) köra för fort; *~ up* öka farten (takten), accelerera

speedball ['spi:dbɔ:l] *sl.* blandning av kokain och morfin **speedboat** snabb motorbåt, racerbåt **speeding** [-ɪŋ] fortkörning **speed limit** [-ˌlɪmɪt] fartgräns, maximihastighet; hastighetsbegränsning **speedometer** [spɪ'dɒmɪtə] hastighetsmätare **speed trap** ['spi:dtræp] fartkontroll **speedway** ['spi:dweɪ] **1** speedway **2** *AE.* motorcykelbana **3** *AE.* expressväg **speedwell** ['spi:dwel] *bot.* ärenpris; teveronika **speedy** ['spi:dɪ] skyndsam, snabb

speleology [ˌspeli'ɒlədʒɪ] speleologi, grottforskning

1 spell [spel] (*spelt, spelt el. ~ed, ~ed*) **1** stava [till]; bokstavera; *o-n-e ~s one* o-n-e blir (säger) one; *~ out a)* stava sig igenom, stava till, *b)* [i detalj] förklara **2** betyda, innebära; *the drought ~s disaster* torkan innebär (betyder) katastrof **3** stava [rätt]

2 spell [spel] **1** trollformel **2** förtrollning; *under a ~* förtrollad; *under a p.'s ~* förtrollad av ngn; *cast a ~ on* förtrolla, -häxa

3 spell [spel] **1** [kort] period; *cold ~* köldperiod **2** skift, omgång, tur

spellbind ['spelbaɪnd] förtrolla, -häxa, trollbinda **spellbinder** [-ˌbaɪndə] fängslande talare; fängslande bok (film *e.d.*) **spellbound** [-baʊnd] förtrollad, - häxad; trollbunden

speller ['spelə] **1** *be a good (bad) ~* stava bra (dåligt) **2** rättstavningslära **spelling** [-ɪŋ] **1** stavning; bokstavering **2** rättstavning, -skrivning **spelling bee** rättstavningstävlan

spelt [spelt] *imperf. o. perf. part. av spell*

spend [spend] (*spent, spent*) **1** ge (lägga) ut, spendera, göra av med, lägga ner (*money on* pengar på); slösa bort, göra slut på **2** använda, lägga ner (*all one's energy on* all sin energi på); förbruka; *~ o.s. a)* ta ut sig, *b)* (*om oväder*) lägga sig, rasa ut **3** tillbringa (*a week in Bath* en vecka i Bath), fördriva (*one's time in reading* tiden med att läsa) **4** ge ut (göra av med) pengar

spender ['spendə] slösare **spending** [-ɪŋ] [stora] utgifter **spending money** [-ɪŋˌmʌnɪ] fickpengar **spendthrift** ['spen(d)θrɪft] **I** *s* slösare **II** *a* slösaktig

spent [spent] **I** *imperf. o. perf. part. av spend* **II** *a* **1** använd, förbrukad, slut; tom; *~ matches* avbrända (använda) tändstickor **2** *litt.* utmattad

sperm [spɜ:m] **1** spermie, sädescell **2** sperma, sädesvätska **spermaceti** [ˌspɜ:mə'setɪ] valrav **spermatic** [spɜ:'mætɪk] sperma-; *~ cord* sädesledare; *~ fluid* sädesvätska **spermato|zoon** [ˌspɜ:mətə(ʊ)'zəʊɒn] (*pl -zoa [-zəʊə]*) spermatozo, spermie **sperm whale** ['spɜ:mweɪl] *zool.* spermacetival, kaskelot

spew [spju:] **1** *~ [out]* spy ut **2** *~ [up]* spy, kräkas

sp.gr. *förk. för specific gravity*

sphere [sfɪə] **1** sfär, klot; glob; himlakropp **2** *bildl.* sfär, område, fält; *~ of interest* intressefär **3** [umgänges]krets, klass **spheric[al]** ['sferɪk(l)] sfärisk, klotformig

sphinx [sfɪŋks] sfinx (*äv. bildl.*)

spice [spaɪs] **I** *s* krydda (*äv. bildl.*); *koll.* kryddor; *variety is the ~ of life* omväxling förnöjer (ger krydda åt livet) **II** *v* krydda; *~ [up]* (*bildl.*) ge krydda åt, sätta piff på **spicery** ['spaɪsərɪ] kryddor

spick-and-span ['spɪkənˌspæn] *vard.* **1** prydlig, välstädad **2** splitter ny

spicy ['spaɪsɪ] **1** kryddad, aromatisk **2** *vard.* pikant

spider ['spaɪdə] *zool.* spindel **spidery** [-rɪ] spindelliknande; (*om handstil*) spretig

spiel [spi:l] *vard.* svada, [försäljar]snack

spif[f]licate ['spɪflɪkeɪt] *BE. skolsl.* ta kål på, göra mos av

spigot ['spɪɡət] **1** propp; tapp **2** lufthål **3** *AE.* [vatten]kran

spike [spaɪk] **I** *s* **1** [metall]spets, pigg; (*på sko*) spik; *~s* (*äv.*) spikskor **2** lång spik; rälsspik **3** *bot.* ax **4** stilettklack **II** *v* **1** förse med spets[ar] (pigg, piggar *etc.*); *~d helmet* pickelhuva; *~d shoes* spikskor **2** spika [fast]; spetsa, genomborra **3** *~ a p.'s guns* omintetgöra (korsa) ngns planer **spike heel** ['spaɪkhi:l] stilettklack **spiky** ['spaɪkɪ] **1** spetsig, taggig **2** *BE. vard.* snarstucken

1 spill [spɪl] **I** *v* (*~ed, ~ed el. spilt, spilt*) **1** spilla [ut], välta [ut], stjälpa [ut]; *~ the beans* prata bredvid mun[nen], skvallra; *~ a p.'s blood* spilla (utgjuta) ngns blod; *no use crying over spilt milk* gjort är gjort, man skall inte gråta över spilld mjölk **2** spillas [ut]; rinna över **3** *~ out* avslöja[s], yppas **4** *~ out of* strömma ut från (ur) **II** *s* **1** spill; spillande **2** fall (*från häst, cykel e.d.*)

2 spill [spɪl] sticka, hoprullat papper (*att tända eld med*)

spillage ['spɪlɪdʒ] oljeutsläpp (*från fartyg*)

spillikins ['spɪlɪkɪnz] (*behandlas som sg*) *BE.*

skrapnos, plockepinn
spilt [spɪlt] *imperf. o. perf. part. av spill*
spin [spɪn] **I** *v* (*spun, spun; åld. imperf.* span) **1** spinna; ~ *a yarn* (*story*) dra (berätta) en historia; ~ *out a*) dryga ut, få att räcka [längre], *b*) dra ut [på] **2** snurra [runt]; sätta snurr (rotation) på; skruva (*boll*); centrifugera (*tvätt e.d.*); ~ *a coin* singla slant **3** fiska med drag **4** spinna **5** snurra [runt]; råka i spinn; *my head is ~ning* allting snurrar runt för mig; *send s.b. ~ning* få ngn att snurra runt (falla) **6** ~ [*along*] glida (rusa, susa) [fram] **II** *s* **1** snurrande; centrifugering; skruv (*på boll*); *flyg.* spinn; *get* (*go*) *into a* ~ (*flyg.*) råka i spinn; *get into a flat* ~ (*vard.*) bli alldeles ifrån sig (konfys), få fnatt (snurren); *give a* ~ *a*) snurra [runt], *b*) centrifugera, *c*) skruva (*boll*) **2** *vard.* liten tur (utflykt), sväng; *go for a* ~ ta en liten tur, göra en sväng
spinach [ˈspɪnɪdʒ] spenat
spinal [ˈspaɪnl] ryggrads-; ~ *column* ryggrad; ~ *cord* ryggmärg
spindle [ˈspɪndl] **1** *textil.* slända; spole; (*i spinnmaskin*) spindel; *the* ~ *side* spinnsidan **2** *tekn.* axel; spindel **spindle-legged** [-legd] med långa skrangliga ben **spindle tree** *bot.* benved
spindly [-ɪ] skranglig
spin-drier [ˌspɪnˈdraɪə] centrifug (*för tvätt*)
spindrift [ˈspɪndrɪft] yrande vågskum
spin|-dry [ˌspɪnˈdraɪ] centrifugera (*tvätt*) **--dryer** [-ə] *se* spin-drier
spine [spaɪn] **1** ryggrad **2** tagg; pigg; törne **3** [bok]rygg **-less** [ˈspaɪnlɪs] ryggradslös; *bildl. äv.* utan ryggrad
spinet [spɪˈnet] *mus.* spinett
spinnaker [ˈspɪnəkə] *sjö.* spinnaker
spinner [ˈspɪnə] **1** spinnare, spinnerska **2** (*fiskedrag*) spinnare
spinney [ˈspɪnɪ] *i sht BE.* skogs|dunge, -snår
spinning [ˈspɪnɪŋ] spinning **spinning wheel** spinnrock
spin-off [ˈspɪnɒf] **1** biprodukt **2** spin-off-effekt, bi-, sido|effekt
spinster [ˈspɪnstə] ungmö, fröken; *jur.* ogift kvinna
spiny [ˈspaɪnɪ] **1** taggig **2** kinkig
spiral [ˈspaɪər(ə)l] **I** *a* spiral-, spiralformig; ~ *staircase* spiral-, vindel|trappa **II** *s* spiral **III** *v* löpa (gå) i spiral; gå upp [i en spiral]; ~ *downwards* röra sig nedåt [i en spiral]
spirant [ˈspaɪər(ə)nt] *språkv.* spirant, frikativa
spire [ˈspaɪə] [torn]spira
spirit [ˈspɪrɪt] **I** *s* **1** ande; själ; personlighet; *the Holy S~* den Helige Ande; *in* ~ *a*) i anden, i andanom, *b*) i sitt inre; *the* ~ *is willing but the flesh is weak* anden är villig, men köttet är svagt **2** ande|väsen, spöke **3** anda, andemening; *the* ~ *of the law* lagens anda; *enter into the* ~ *of* leva sig in i; *take s.th. in the wrong* ~ uppfatta ngt på fel sätt **4** anda, stämning; *fighting* ~ kamp-, strids|anda, -lust; *pioneering* ~ pionjäranda; *the* ~ *of the age* (*times*) tidsandan; *that's the* ~*!* så där ja!, så ska det låta!; *when the* ~ *moves him* när andan faller på [honom] **5** ~ [*-s*] *a*) [sinnes]stämning, humör, *b*) mod, *c*) liv, kraft, energi; *a man of* ~ en modig man (människa); *good ~s* gott humör; *high ~s* gott humör, hög stämning; *in* [*high*] ~*s* på gott

humör; *in low ~s, out of ~s* på dåligt (ur) humör, nedslagen, nere; *keep up one's* ~*s* hålla humöret (modet) uppe; *recover one's* ~[*s*] känna sig bättre till mods, repa mod **6** *kem.* alkohol; ~[*s*] sprit; ~[*s*] *of salt* saltsyra; ~[*s*] *of turpentine* terpentinolja **6** ~*s* (*pl*) sprit[drycker] **II** *v* **1** ~ *away* (*off*) trolla bort, smussla undan **2** ~ [*up*] uppmuntra
spirited [ˈspɪrɪtɪd] livlig, livfull; kraftfull
spiritism [ˈspɪrɪtɪz(ə)m] spiritism
spirit level [ˈspɪrɪtˌlevl] vattenpass **spirit-rapping** [ˈspɪrɪtˌræpɪŋ] andeknackning **spirit--stove** [-stəʊv] spritkök
spiritual [ˈspɪrɪtjʊəl] **I** *a* **1** andlig; själslig, själs-; *Lords S~* andliga lorder (*ärkebiskopar o. biskopar i överhuset*) **II** *s*, [*negro*] ~ [negro] spiritual (*andlig negersång*) **-ism** [-ɪz(ə)m] **1** spiritism **2** spiritualism **-ist** [-ɪst] **1** spiritist **2** spiritualist
spirituous [ˈspɪrɪtjʊəs] spirituös, sprithaltig
spirt [spɜːt] *se* spurt
1 spit [spɪt] **I** *v* (*spat, spat*) **1** ~ [*out*] spotta ut, *bildl. äv.* vräka ur sig; ~ *it out!* (*vard.*) ut med språket!, kläm fram med det! **2** sprätta; spruta (*fire* eld); *the engine was ~ting* motorn spottade och fräste **3** *be the ~ting image of one's father* (*vard.*) vara sin pappa upp i dagen **4** spotta; ~ *at* ([*up*]*on*) spotta på (åt); *within ~ting distance* (*vard.*) [på] mycket nära [håll] **5** fräsa; ~ *with rage* skumma av vrede **6** sprätta **7** *vard.* småregna **II** *s* **1** spottning; spott; *have a* ~ spotta [ut]; *give s.th. a bit of* ~ *and polish* [blank]polera (putsa) ngt **2** [regn]stänk **3** *vard., she is the* ~ *and image* (*the dead* ~) *of her mother* hon är sin mamma upp i dagen
2 spit [spɪt] **I** *s* [stek]spett **II** *v* sätta (trä upp) på spett
spite [spaɪt] **I** *s* **1** elakhet, illvilja, ondska **2** *in* ~ *of* trots; *in* ~ *of o.s.* mot sin [egen] vilja; *from* (*out of*) ~ av elakhet (illvilja) **II** *v* komma åt, trakassera, ställa till förtret för, reta; *cut off one's nose to* ~ *one's face* (*ung.*) falla i den grop man grävt åt andra **-ful** [ˈspaɪtf(ʊ)l] elak, illvillig, ondskefull
spitfire [ˈspɪtˌfaɪə] hetlevrad (ilsken) kvinna (flicka), argbigga
spittle [ˈspɪtl] spott, saliv
spittoon [spɪˈtuːn] spottkopp
spitz [spɪts] spets[hund]
spiv [spɪv] *BE. sl.* fifflare, småbedragare
splash [splæʃ] **I** *v* **1** stänka [ner], slaska [ner], skvätta [ut]; plaska med; ~ *one's money about* (*vard.*) strö pengar omkring sig; ~ *one's way through* plaska genom **2** *vard.* slå upp (*a story* en historia) **3** stänka, skvätta; droppa; spruta; plaska, plumsa; skvalpa; ~ *out* (*vard.*) inte knussla, slå på stort **II** *s* **1** stänk; skvätt; fläck; ~ [*of soda*] en skvätt sodavatten **2** plask[ande], skvalp[ande] **3** *make a* ~ (*vard.*) väcka uppseende, göra sensation **III** *adv, interj* plask!; pladask
splash|back [ˈsplæʃbæk] stänkskydd (*ovanför diskbänk e.d.*), vattentålig väggbeklädnad **-board** stänkskydd (*på fordon*) **-down** (*rymdfarkosts*) landning i havet
splatter [ˈsplætə] stänka [ner]; ~*ed with mud* nerstänkt av lera
splay [spleɪ] **I** *v*, ~ [*out*] *a*) breda ut, *b*) spreta med

splayfooted—spoonerism

II *s* avsneddning, avfasning **III** *a* **1** utbredd; bred och platt **2** utåtvänd **-footed** [-,fʊtɪd] plattfotad; *be* ~ gå utåt med fötterna

spleen [spliːn] **1** *anat.* mjälte **2** vrede, ilska; *vent one's* ~ *on* låta sin dåliga humör gå ut över **3** *åld.* spleen, svårmod

splendid ['splendɪd] **1** praktfull, storartad, lysande, imponerande **2** fantastisk, utmärkt; ~*!* utmärkt!, fantastiskt!, mycket bra! **3** *in* ~ *isolation* i förnäm avskildhet (tillbakadragenhet) **splendiferous** [splen'dɪfərəs] *skämts.* sjangdobel

splendour ['splendə] glans, prakt, ståt; ~[*s*] storslagenhet

splenetic [splɪ'netɪk] *högt.* irritabel, lynnig

splice [splaɪs] **I** *v* **1** splitsa (*rep*); foga ihop; skarva [ihop] (*film e.d.*); ~ *the mainbrace* (*sjö.*) *a*) dela ut spritranson, *b*) ta sig en styrketår **2** *skämts. get* ~*d* gänga (gifta) sig **II** *s* splits; skarv

splint [splɪnt] **I** *s* (*för bruten arm e.d.*) spjäla, skena; *put a* ~ *on* spjäla **II** *v* spjäla

splinter ['splɪntə] **I** *s* flisa, sticka; skärva; splitter; ~ *party* fraktionsgrupp **II** *v* splittra[s] **splinter group** utbrytar-, fraktions|grupp **splinterproof** splitterfri **splintery** [-rɪ] (*om virke*) ohyvlad

split [splɪt] **I** *v* (*split, split*) **1** [sönder]dela, klyva, spräcka, spränga [sönder]; splittra (*äv. bildl.*); dela [på], dela upp; ~ *the difference a*) dela på resten, *b*) gå halva vägen var; ~ *hairs* klyva ord, hänge sig åt hårklyverier; ~ *one's sides* [*laughing*] (*vard.*) skratta sig fördärvad; ~ *one's vote* (*the ticket*) *AE.* [samtidigt] rösta på olika partiers kandidater; ~ *open* bryta (slå) upp, spräcka; ~ *up a*) sönderdela, klyva, *b*) dela [på, upp], *c*) skilja på, skingra, *d*) splittra **2** klyvas, rämna, brista, spricka [upp], gå (springa) sönder, sprängas, splittras; *bildl. äv.* dela [upp] sig; dela (*equal lika*); *my head is* ~*ting* mitt huvud sprängvärker; ~ *off* avskiljas, *bildl.* bryta sig loss; ~ *open* gå upp, brista, spricka [upp]; ~ *up a*) dela [upp] sig, klyva sig, *b*) separera, skiljas **3** *vard.,* ~ *on s.b.* tjalla på ngn **4** *vard.* sticka, dra **II** *a, perf. part.* delad, kluven, splittrad *etc., jfr split I;* ~ *infinitive* (*språkv.*) infinitiv skild från infinitivmärket (*genom inskjutet ord*); ~ *peas* [delade] torkade ärter; ~ *personality* kluven personlighet, personlighetsklyvning; *a* ~ *second* en halv (mindre än en) sekund **III** *s* **1** klyvning, splittring *etc., jfr split I; bildl.* spricka, splittring, brytning **2** rämna, reva, spricka **3** *do the* ~*s* gå ner i spagat **4** *vard.* liten flaska, halvflaska; halvt glas **5** split (*kluven frukt med glass o. vispgrädde*)

split-level ['splɪt,levl] *a* i två plan; ~ *house* sluttnings-, souterräng|hus **splitting** [-ɪŋ] *a,* ~ *headache* blixtrande (brinnande) huvudvärk

splodge [splɒdʒ] fläck, stänk

splotch [splɒtʃ] *AE.* fläck, stänk

splurge [splɜːdʒ] **I** *s* pomp och ståt; *have a* ~ (*vard.*) slå på stort **II** *v* slå på stort, ge ut mycket pengar

splutter ['splʌtə] **I** *v* **1** spotta och fräsa; spotta (*när man talar*); sprätta, stänka **2** sluddra **II** *s* **1** spottande och fräsande; sprättande, stänkande **2** sluddrande, sludder

spoil [spɔɪl] **I** *s* **1** ~[*s* (*pl*)] rov, byte (*äv. bildl.*); ~*s of war* krigsbyte **2** schaktmassor **3** *i sht AE.,*

~*s* (*pl*) partibelöning **II** *v* (*spoilt, spoilt el.* ~*ed,* ~*ed*) **1** för|störa, -därva **2** skämma bort **3** bli förstörd (dålig, skämd) **4** *be* ~*ing for a fight* söka strid (*about* om)

spoiler ['spɔɪlə] (*på bil el. flygplan*) spoiler

spoilsport [-spɔːt] glädjedödare **spoils system** [-,sɪstəm] *AE.* spoilssystem (*system enligt vilket ämbeten fördelas mellan anhängare t. det i ett val segrande partiet*) **spoilt** [spɔɪlt] *imperf. o. perf. part. av spoil*

1 spoke [spəʊk] *imperf. av speak*

2 spoke [spəʊk] **I** *s* **1** [hjul]eker **2** stegpinne **3** *bildl., put a* ~ *in a p.'s wheel* sätta en käpp i hjulet för ngn **II** *v* **1** förse med ekrar

spoken ['spəʊk(ə)n] **I** *v, perf. part. av speak* **II** *a* talad, tal-; muntlig (*command* order); ~ *English* engelskt talspråk

spokes|man ['spəʊksmən], **-person** [-,pɜːsn], **-woman** [-,wʊmən] talesman; förespråkare

spondee ['spɒndiː] *versl.* spondé

spondu|licks, -lix ['spɒndjʊlɪks] *pl, sl.* stålar, kosing

sponge [spʌn(d)ʒ] **I** *s* **1** [tvätt]svamp; *give s.th. a* ~ torka [av, upp] (tvätta) ngt [med en svamp]; *throw in* (*up*) *the* ~ (*vard.*) kasta yxan i sjön (in handduken) **2** *kokk.* jäst deg; lätt sockerkaka **3** *vard.* snyltare, parasit **4** *vard.* svamp, fyllgubbe **II** *v* **1** ~ [*down*] torka [av, upp] (tvätta) [med en svamp]; ~ *off* (*out*) torka (tvätta) bort [med en svamp]; ~ *up* torka (suga) upp [med en svamp] **2** *vard.* snylta sig till **3** *vard.* snylta, parasitera (*on, off på*)

sponge bag ['spʌn(d)ʒbæg] *BE.* necessär, toalettväska **sponge cake** lätt sockerkaka **sponge-down** avtorkning, avtvättning (*med svamp*) **sponger** [-ə] *vard.* snyltare, snyltgäst, parasit **spongy** [-ɪ] svampig; svampaktig

sponsor ['spɒnsə] **I** *s* **1** sponsor, finansiär (*äv. av radio- el. TV-program i syfte att få reklam*) **2** fadder **3** *parl. e.d.* förslagsställare; upphovsman **II** *v* **1** sponsra, vara sponsor för, finansiera **2** stå för; ivra för **3** stå fadder åt **-ship 1** sponsorskap **2** fadderskap

sponta|neity [,spɒntə'neɪətɪ] spontan[e]itet **-neous** [spɒn'teɪnjəs] **1** spontan, av egen drift, frivillig; ~ *combustion* självantändning; ~ *generation* spontan uppkomst av liv **2** *biol.* spontan, inhemsk

spoof [spuːf] *vard.* **I** *s* **1** spratt; humbug **2** parodi (*on på*), drift (*on* med) **II** *v* skoja [med], skämta [med]

spook [spuːk] *vard.* **I** *s* **1** spöke **2** underlig kurre, kuf **3** *AE.* spion, hemlig agent **II** *v, AE.* **1** skrämma **2** spöka i (på, hos) **spooky** ['spuːkɪ] *vard.* **1** spöklik, kuslig **2** hemsökt av spöken

spool [spuːl] **I** *s* spole; [film]rulle; ~ *of thread* (*AE.*) trådrulle **II** *v,* ~ [*up*] spola [upp]

spoon [spuːn] **I** *s* **1** sked; *wooden* ~ (*bildl.*) jumbopris; *be born with a silver* ~ *in one's mouth* vara född med silversked i munnen (*av rika föräldrar*) **2** *golf.* spoon (*träklubba nr 3*) **3** (*för fiske*) skeddrag **II** *v* ösa [med sked], skeda **2** *vard.* svärma **-bill** ['spuːnbɪl] *zool.* skedstork

spoonerism ['spuːnərɪz(ə)m] omkastning av bokstäver (*t.ex. 'queer dean' i stället för 'dear queen'*)

spoon|-feed ['spu:nfi:d] (*spoon-fed, spoon-fed*) mata med sked; *bildl.* servera på fat, göra det enkelt för **-ful** [-f(ʊ)l] (*pl ~s el. spoonsful*) sked (*som mått*); *a ~ of milk* en sked mjölk
spoor [spʊə] **I** *s* spår (*av villebråd*) **II** *v* spåra (*villebråd*)
sporadic [spəˈrædɪk] sporadisk, enstaka, spridd **-ally** [-(ə)lɪ] *adv* sporadiskt
spore [spɔ:] *bot.* spor
sporran [ˈspɒr(ə)n] *Sk.* skinnpung (*buren t. kilt*)
sport [spɔ:t] **I** *s* **1** sport; idrott; idrottsgren; *~s* (*pl, äv.*) *a*) *koll.* sport, idrott, *b*) idrotts|evenemang, -tävlingar **2** lek; tidsfördriv; nöje; skämt, skoj; åtlöje; *for* (*in*) *~* på lek (skämt, skoj), för nöjes (skojs, ro) skull; *it is a ~ to* (*bildl.*) det är en lek för; *make ~ of* skämta (skoja) med **3** *bildl.* lek|boll, - sak **4** *vard.* bra karl (kille); god förlorare; *be a* [*good*] *~* vara en bra kille (käck flicka, trevlig kamrat); *old ~!* gamle gosse! **II** *v* **1** *vard.* ståta (skylta, briljera) med **2** leka, roa sig **3** *~ away* slösa bort
sporting [ˈspɔ:tɪŋ] **1** sportig; sport-, idrotts-; sportslig; jakt- **2** *bildl.* sportslig, renhårig, hygglig; *a ~ chance* en sportslig (ärlig) chans **sportive** [-ɪv] lekfull; uppsluppen
sports car [ˈspɔ:tska:] sportbil **sportscast** *AE. radio., TV.* sport[nytt, - nyheter] **sports day** idrottsdag **sports jacket** [-ˌdʒækɪt] [tweed]kavaj, blazer **sportsman** [-mən] sportsman (*äv. bildl.*), idrottsman **sportsmanlike** [-mənlaɪk] sportsmannamässig, sportslig **sportsmanship** [-mənʃɪp] sportsmannaanda, sportslighet **sportswoman** [-ˌwʊmən] idrotts-, sport|kvinna **sporty** [-ɪ] **1** sportig **2** prålig **3** (*om kvinna*) lättsinnig
spot [spɒt] **I** *s* **1** fläck (*äv. bildl.*); prick, punkt **2** punkt; plats, ställe; *bright ~* (*bildl.*) ljuspunkt; *high ~* (*bildl.*) höjdpunkt; *tender ~* öm punkt; *have a soft ~ for* vara svag för; *weak ~* svag sida (punkt), svaghet; *in ~s* här och där, punktvis, då och då; *on the ~ a*) på platsen, *b*) på fläcken, genast; *knock ~s off s.b.* (*vard.*) ställa ngn i skuggan, vara ngn överlägsen **3** *vard., be in a* (*on the*) *~* vara i klämma (knipa), ligga illa till **4** stänk, droppe; *vard.* skvätt; *a ~ of* (*äv.*) litet, en aning (smula); *a ~ of whisky* (*rye*) en whiskypinne; *we had a ~ of rain* det kom några droppar regn hos oss **5** finne, kvissla, blemma; *come out in ~s* få finnar **6** nummer, programpunkt; *radio., TV.* reklam|snutt, - inslag **7** *se spotlight* **II** *v* **1** fläcka [ner]; sätta prick på; *bildl.* fläcka **2** känna igen; upptäcka, få syn på, se, hitta, komma på; *~ the winner* tippa vem som vinner, tippa rätt **3** småregna **4** bli fläckig
spot cash [ˈspɒtkæʃ] [omedelbar] kontant betalning vid leveransen **spot-check I** *s* stickprov, stickprovskontroll **II** *v* göra stickprovskontroll av, ta stickprov på **spotless** [-lɪs] fläckfri; ren **spotlight I** *s* spotlight; strålkastare; strålkastarljus (*äv. bildl.*); (*på bil*) sökarljus; *be in the ~* (*bildl.*) stå i rampljuset **II** *v* belysa med spotlight (strålkastare); *bildl.* rikta uppmärksamheten på, ställa i strålkastarljuset (rampljuset) **spot market** [-ˌmɑ:kɪt] *hand.* spotmarknad **spot-on** [spɒtˈɒn] *BE. vard.* på pricken, exakt, precis
spotted [ˈspɒtɪd] **1** prickig **2** fläckig, fläckad (*with* av); *~ fever* fläck|tyfus, -feber **spotter** [-ə] **1** observatör, iakttagare, spanare **2** *mil.* eldobservatör; luftbevakare **spotty** [-ɪ] **1** fläckig, prickig; finnig **2** ojämn [till kvaliteten]
spot-weld [ˈspɒtweld] punktsvetsa
spouse [spaʊz] make, maka
spout [spaʊt] **I** *s* **1** pip; [vatten]utkastare **2** [häftig] stråle **3** *vard., be up the ~ a*) vara åt pipan (helt fel), *b*) vara i knipa (ruinerad); *it has gone up the ~* det har gått åt pipan (upp i rök) **II** *v* **1** spruta [ut], spy ut **2** *~* [*out*] haspla ur sig, spotta fram
sprain [spreɪn] **I** *v* stuka, vricka **II** *s* stukning, vrickning
sprang [spræŋ] *imperf. av spring*
sprat [spræt] *zool.* skarpsill, vassbuk
sprawl [sprɔ:l] **I** *v* **1** *~* [*out*] ligga (sitta) och vräka sig, sträcka (breda) ut sig **2** sprida (breda) ut sig; (*om handstil e.d.*) spreta åt alla håll **II** *s* **1** vildvuxen utbredning (*av stad e.d.*) **2** vräkig ställning; spretande **sprawled** [-d] utsträckt; *be ~ on* sitta (ligga) och vräka sig i (på)
1 spray [spreɪ] **I** *s* **1** stänk, [yrande] skum; *bildl.* skur (*of bullets av kulor*) **2** sprej, spray; *hair ~* hårsprej **3** sprej-, spray|flaska; spruta, spridare; *garden ~* vattenspridare (*för trädgården*) **II** *v* **1** spruta, spreja, spraya, stänka (*s.b. with s.th.* ngt på ngn); bespruta, spruta ner, stänka på **2** *~* [*out*] spruta [ut]
2 spray [spreɪ] kvist; liten bukett
spray can [ˈspreɪkæn] sprej-, spray|burk **sprayer** [-ə] **1** spruta **2** sprutare **spray gun** sprutpistol
spread [spred] **I** *v* (*spread, spread*) **1** *~* [*out*] breda [ut], sprida [ut], lägga (veckla, spänna, sträcka) ut; *~ o.s.* breda ut sig (*äv. bildl.*); *~ out one's fingers* spreta med fingrarna; *~ the table* duka [bordet]; *~ a cloth on the table, ~ the table with a cloth* lägga en duk på bordet **2** breda, stryka; *~ butter on bread, ~ bread with butter* breda smör på bröd **3** fördela; sprida [ut]; föra vidare **4** breda ut sig; sträcka sig; sprida sig; *~ out a*) breda ut sig, *b*) dela upp (sprida) sig **5** kunna bredas (strykas) **II** *s* **1** utbredning; spridning; fördelning **2** utsträckning; spännvidd; omfång, bredd, vidd; *flyg. vard.* vingbredd **3** [bredbart] pålägg, bredbar pastej; *cheese ~* mjukost **4** överkast; duk **5** (*i bok, i tidning*) [*double*] *~* uppslag **6** *vard.* kalas, skrovmål **7** *vard., get a middle-age ~* mellan till åren och] lägga på hullet
spreadeagle[d] [ˌspredˈi:gl(d)] *a* med utsträckta armar och ben
spree [spri:] **I** *s, shopping ~* inköpsrunda, köprond; *go on a drinking ~* ta en krogrond, gå ut och festa **II** *v* festa om
sprig [sprɪg] **1** [liten] kvist; skott **2** blad-, blomster|ornament
sprightly [ˈspraɪtlɪ] *a* pigg, livlig
spring [sprɪŋ] **I** *v* (*sprang el. ibl. sprung, sprung*) **1** utlösa, spränga (*a mine* en mina); få att [plötsligt] öppna sig (slå igen); språcka; *~ a leak* (*sjö.*) springa läck **2** [plötsligt] komma med (kasta fram); *~ s.th. on s.b.* överraska ([plötsligt] konfrontera) ngn med ngt **3** hoppa över **4** *vard.* befria, få ut (*from prison* ur fängelse) **5** utlösas, explodera; smälla (slå) igen; *~ open* flyga upp,

spring balance—square

[plötsligt] öppna sig **6** hoppa, flyga, rusa, kasta (störta) sig; ~ *at s.b.* flyga på ngn; ~ *into fame* plötsligt bli berömd; ~ *into life* få (vakna till) liv, uppstå; ~ *up (to one's feet)* rusa (fara, flyga) upp **7** rinna, spruta; upp|komma, -stå; ~ *from (äv.)* komma (härröra, härstamma) från; ~ [*up*] *a*) rinna fram (upp), *b*) komma (skjuta) fram (upp), spira, *c*) växa (dyka) upp; *tears sprang* [*in*]*to her eyes* hon fick plötsligt tårar i ögonen **II** *s* **1** hopp, språng **2** källa *(äv. bildl.)*; ursprung **3** [stål]fjäder; resår; ~*s (pl, äv.)* fjädring **4** *bildl.* drivfjäder **5** fjädring, elasticitet, svikt, spänst; *with a ~ in one's step* med fjädrande gång **6** *(för exempel jfr autumn)* vår *(äv. bildl.)*
spring balance [ˌsprɪŋ'bæləns] fjädervåg
springboard ['sprɪŋbɔːd] **1** trampolin, svikt **2** språngbräda *(äv. bildl.)* **spring|bok, -buck** ['sprɪŋbɒk] *zool.* springbock **spring chicken** ['sprɪŋˌtʃɪkɪn] **1** *i sht AE.* gödkyckling **2** *vard.*, *he's no ~* han är ingen gröngöling; *she's no ~* hon är ingen duvunge **spring-clean** ['sprɪŋkliːn] vår-, stor|städa **spring-cleaning** ['sprɪŋˌkliːnɪŋ] vår-, stor|städning
springe [sprɪn(d)ʒ] *s o. v* snara
spring fever [ˌsprɪŋ'fiːvə] **1** vårkänslor **2** vårtrötthet **spring tide** ['sprɪŋtaɪd] springflod **springtime** ['sprɪŋtaɪm] vår; *in* ~ på våren **springy** ['sprɪŋɪ] fjädrande, elastisk; spänstig
sprin|kle ['sprɪŋkl] **I** *v* **1** strö [ut], stänka, strila; bestänka, beströ, bespruta; ~ *clothes* stänka kläder; *be ~d over (bildl.)* vara utspridd (utströdd) över **2** dugga, duggregna, stänka **II** *s* **1** stänk **2** *a* ~ en smula, [ngt] lite[t]; ~ *of snow* lätt snöfall **-kler** [-klə] **1** sprinkler; vattenspridare; stril **-kling** [-klɪŋ] **1** bestänkande, utströende, besprutande **2** *bildl.* stänk, gnutta; inslag, fåtal
sprint [sprɪnt] **I** *v* sprinta, spurta; rusa **II** *s* **1** sprinterlopp **2** [slut]spurt **3** rusning **-er** ['sprɪntə] sprinter[löpare], kortdistanslöpare **--race** ['sprɪntreɪs] sprinter-, kortdistans|lopp
sprit [sprɪt] *sjö.* spri[stång]
sprite [spraɪt] fe; älva; tomte
spritsail ['sprɪtsl] *sjö.* sprisegel
sprocket ['sprɒkɪt] **1** *(på kedjekrans)* tand, kugge **2** kedjekrans, tandat hjul **--wheel** *se sprocket 2*
sprout [spraʊt] **I** *v* **1** gro, spira [fram, upp], skjuta upp, skjuta skott, börja växa **2** *bildl.*, ~ [*up*] växa upp (fram) **3** få, lägga sig till med **II** *s* skott, grodd; [*Brussels*] ~*s* brysselkål
1 spruce [spruːs] *(pl lika) bot.* gran
2 spruce [spruːs] **I** *a* prydlig, nätt **II** *v*, ~ *up* fiffa upp
sprung [sprʌŋ] **I** *v*, *perf.part. o. ibl. imperf. av spring* **II** *a* fjäder-, resår-; ~ *mattress* resårmadrass
spry [spraɪ] rask, pigg
spt. *förk. för seaport*
spud [spʌd] *vard.*, plugg *(potatis)*
spume [spjuːm] [våg]skum
spun [spʌn] **I** *v. imperf. o. perf. part. av spin* **II** *a* spunnen; ~ *glass* glas|fiber, -ull; ~ *sugar (AE.)* spunnet socker, sockervadd
spunk [spʌŋk] **1** *vard.* energi, fart; mod **2** *vulg.* sädesvätska **3** fnöske **spunky** ['spʌŋkɪ] *vard.* klämmig; modig

spur [spɜː] **I** *s* **1** sporre; *bildl. äv.* drivfjäder, eggelse; *on the* ~ *of the moment* av en ingivelse, utan närmare eftertanke; *win one's ~s (bildl.)* vinna sina sporrar **2** [klipp]utsprång **II** *v* **1** ~ [*on*] sporra, *bildl. äv.* egga, driva på
spurge [spɜːdʒ] *bot.* törel
spurious ['spjʊərɪəs] falsk; förfalskad, oäkta
spurn [spɜːn] [föraktfullt] avvisa, försmå
spurt [spɜːt] **I** *v* **1** spurta; rusa **2** ~ [*out*] spruta [fram, ut] **II** *s* **1** [slut]spurt; kraftansträngning **2** [ut-, fram|sprutande] stråle
sputter ['spʌtə] **I** *v* **1** spotta [och fräsa]; spraka; sprätta **2** sluddra **II** *s* **1** spottande [och fräsande] ; sprakande; sprättande **2** sludder
spy [spaɪ] **I** *s* spion; spejare **II** *v* **1** spionera *(on på)*; ~ *into* snoka i **2** få syn på, upptäcka **3** ~ *out* utspionera; ~ *out the land* ta reda på hur landet ligger **-glass** ['spaɪglɑːs] liten kikare, litet teleskop **--hole** ['spaɪhəʊl] titt-, kik|hål
Sq. *förk. för Squadron; Square* **sq.** *förk. för sequence; square; sequens (lat.) the following one* **sq. ft.** *förk. för square foot (feet)* **sq. in.** *förk. för square inch[es]* **Sq. Ldr.** *förk. för Squadron Leader* **sq. m.** *förk. för square metre[s]; square mile[s]*
squab [skwɒb] **I** *a* kort och tjock **II** *s* **1** rulta, liten tjockis **2** fågelunge, duvunge **3** *(mjuk, tjock)* dyna, kudde
squabble ['skwɒbl] **I** *v* käbbla, kivas **II** *s* käbbel, kiv
squad [skwɒd] **1** grupp *(äv. mil.);* trupp *(äv. fotbollstrupp),* skara; [polis]patrull; *flying* ~ rörlig spaningsavdelning **squad car** ['skwɒdkɑː] polisbil
squadron, ['skwɒdr(ə)n] **1** *mil. (i flyget)* division; *(i kavalleriet)* skvadron; *(i flottan)* eskader **2** grupp, skara **squadron leader** *BE. (i flyget)* major
squalid ['skwɒlɪd] smutsig, snuskig, eländig **-ity** [skwɒ'lɪdətɪ], **-ness** ['skwɒlɪdnɪs] snusk[ighet], elände
squall [skwɔːl] **I** *v* skrika, gapa, gasta **II** *s* **1** skrik, skrän, vrål **2** kast-, storm|by
squalor ['skwɒlə] elände; snusk[ighet]
squander ['skwɒndə] slösa [bort], förslösa
square [skweə] **I** *s* **1** fyrkant; ruta; *geom.* kvadrat; *be back to* ~ *one* vara tillbaka där man *(etc.)* började *(vid utgångspunkten); start* [*again*] *from* ~ *one* börja om från början igen **2** kvarter; [öppen] plats, torg **3** vinkel[hake,-mått, - linjal]; *on the* ~ *a)* vinkelrät[t], *b)* ärlig[t], öppen, öppet, just **4** *vard.* gammalmodig (insnöad, mossig) person **5** *mat.* kvadrat[tal]; *the* ~ *of 2 is 4* 2 i kvadrat (upphöjt till 2) är fyra **II** *a* **1** fyrkantig; kvadratisk; kvadrat-; ~ *bracket* rak parentes, hakparentes; ~ *dance* kontradans *(med fyra par);* ~ *measure* ytmått; ~ *number* kvadrat[tal]; ~ *root* kvadratrot; ~ *sail (sjö.)* råsegel; *three metres* ~ tre meter i kvadrat; *a* ~ *peg in a round hole (vard.)* en som har kommit på fel plats, en som inte alls passar in **2** vinkelrät, rätvinklig *(to, with mot)* **3** fyrkantig, undersätsig, satt; kraftig[t byggd] **4** ordentlig, rejäl, kraftig, stadig; *a* ~ *meal* rejält mål mat **5** klar, otvetydig, ärlig, öppen, renhårig; rättvis, just; ~ *refusal* tvärt avslag; *be* ~ *with s.b.* vara öppen (ärlig) mot ngn;

squarely—stab

give s.b. a ~ deal behandla ngn rättvist (just) **6** reglerad, uppgjord, i ordning; kvitt, jämn; *we are [all] ~ a)* nu ligger vi lika (har vi samma poäng), *b)* nu är vi kvitt; *get ~ with s.b.* göra upp med ngn (äv. *bildl.*); *get things ~* ordna upp saken **7** *vard.* gammalmodig, insnöad, mossig **III** *adv* **1** vinkelrätt, i rät vinkel (*to* mot) **2** direkt, rakt, rätt **3** *vard.* ärligt, renhårigt, just **IV** *v* **1** göra fyrkantig (kvadratisk, rätvinklig); dela upp i fyrkanter (kvadrater), ruta; *~d paper* rutpapper; *~ a block of stone* fyrhugga ett stenblock; *~ one's shoulders* sträcka på axlarna; *he ~d the papers on his desk* han rättade till papperen på sitt skrivbord **2** reglera, göra upp [med], betala; utjämna **3** få att stämma överens, avpassa, rätta (*with, to* med, efter) **4** *mat.* kvadrera, upphöja i kvadrat; *2 ~d is 4* 2 i kvadrat (upphöjt till 2) är 4 **5** *vard.* mygla med, fixa **6** bilda [en] rät vinkel **7** stämma [överens], passa ihop **8** *~ up a*) göra sig redo att slåss (*to* med), höja garden (*to* mot), *b*) *vard.* göra upp **9** *~ away a*) *sjö.* länsa, *b*) *AE.* städa (snygga) upp
squarely ['skweəlı] *adv* **1** rakt, rätt **2** rättframt, rakt på sak; renhårigt, ärligt **3** vinkelrätt, i rät vinkel
1 squash [skwɒʃ] **I** *v* **1** klämma [in], pressa [in]; klämma (krama, mosa, pressa) sönder; platta till, *bildl. äv.* snäsa av; *bildl.* krossa, slå ner **2** klämmas (kramas, pressas) sönder, mosas, mosa sig **3** trängas; *~ into* tränga (pressa) sig in **II** *s* **1** (*dryck av pressad fruktsaft*) squash **2** mos; mosande **3** [folk]trängsel **4** *sport.* squash
2 squash [skwɒʃ] *i sht AE., bot.* squash
squash rackets [,skwɒʃ'rækıts] (*behandlas som sg*) *sport.* squash
squashy ['skwɒʃı] mjuk, kladdig, mosig
squat [skwɒt] **I** *v* **1** *~ [down]* sitta på huk **2** huka sig [ner] **3** [olagligt] ockupera, slå sig ner i **II** *a* kort och tjock; satt, undersätsig **-ter** ['skwɒtə] **1** *BE.* husockupant **2** nybyggare (*som utan laglig rätt tar mark i besittning*) **3** *Austr.* arrendator (*på statens mark*); stor boskapsägare (fårägare)
squaw [skwɔ:] squaw (*nordamerikansk indiankvinna*)
squawk [skwɔ:k] **I** *v* **1** (*om fågel*) skria, skrika [gällt] **2** *vard.* klaga (protestera) högljutt **II** *s* **1** (*fågels*) skri[ande], [gällt] skrik **2** *vard.* högljudd klagan (protest)
squeak [skwi:k] **I** *v* **1** pipa; skrika; gnissla, gnälla; knarra **2** *vard.* tjalla **3** *AE.* med nöd och näppe klara sig **II** *s* **1** pip; skrik; gnisslande, gnissel, gnäll; knarr[ande] **2** *vard., it was a narrow (near) ~* det var på håret (nära ögat) **skweaker** ['skwi:kə] *vard.* tjallare **skweaky** ['skwi:kı] pipig, gäll; gnisslande, gnällig; knarrande
squeal [skwi:l] **I** *v* **1** skrika (*utdraget o. gällt*); skria **2** *sl.* tjalla (*on s.b. to s.b.* på ngn för ngn) **3** *vard., i sht BE.* klaga, protestera **II** *s* skri[k] **squealer** ['skwi:lə] *sl.* tjallare
squeamish ['skwi:mıʃ] **1** överkänslig (*about* för); lättskrämd; som lätt blir illamående; pryd **2** kinkig, kräsen
squeegee [,skwi:'dʒi:] **1** [gummi]skrapa, -raka **2** *foto.* gummivals
squeeze [skwi:z] **I** *v* **1** trycka, klämma, krama, pressa; klämma (pressa) in (ner); omfamna, krama; *bildl.* pressa, ansätta; *~ one's finger*

klämma sig i fingret; *~ the trigger* trycka av; *~ [out] a)* krama (pressa) ur (ut), *b)* klämma (pressa) fram; *~ s.th. from (out of) s.b.* pressa av (ur) ngn ngt, pressa ngn på ngt; *~ o.s. into* tränga (pressa) sig in i; *~ to death* klämma ihjäl **2** tränga (pressa) sig (*into* in i; *through* igenom) **II** *s* **1** tryck[ning], hopklämning, [ur]kramning; press; omfamning, kram; *bildl.* påtryckning, utpressning, press; *in a tight ~* (*vard.*) i klämma, i knipa; *give s.th. a ~* (äv.) trycka (krama [ur]) ngt; *it was a narrow* (*tight*) *~* (*vard.*) det var nära ögat; *put the ~ on s.b. a*) ansätta (sätta press på) ngn, *b*) bedriva utpressning mot ngn **2** trängsel; *it was a tight* (*terrible*) *~* det var förfärligt trångt **3** skvätt, droppe; *a ~ of* (äv.) litet **4** *ekon.* åtstramning
squeezer ['skwi:zə] [frukt]press
squelch [skwel(t)ʃ] **I** *v* **1** klafsa, plaska (*i vatten e.d.*) **2** kväsa, krossa **3** *vard.* tysta ner, ge ett dräpande svar **II** *s* **1** klafs[ande], plask[ande] **2** *vard.* dräpande svar
squib [skwıb] **1** (*fyrverkeripjäs*) svärmare **2** gliring; smädesskrift; *damp ~* platt fall, fiasko
squid [skwıd] *zool.* tioarmad bläckfisk
squiffy ['skwıfı] *BE. vard.* lätt berusad, påstruken
squiggle ['skwıgl] **I** *v* **1** slingra (snirkla) sig **2** rita krumelurer (snirklar); klottra **II** *s* krumelur, snirkel; klotter
squilgee [,skwıl'dʒi:] *se squeegee*
squill [skwıl] *bot.* scilla
squint [skwınt] **I** *v* **1** skela, vinda; kisa (*at* mot) **2** snegla (*at* på) **II** *s* **1** skelning, vindögdhet; *have a ~* vara vindögd (skelögd) **2** *vard., have (take) a ~ at* ta en titt på **III** *a* vindögd, skelande **-er** ['skwıntə] vindögd person **--eyed** ['skwıntaıd], **-ing** ['skwıntıŋ] vindögd, skelögd
squire ['skwaıə] **1** godsägare **2** *hist.* väpnare **3** *BE. (i tilltal)* min [bäste] herre
squirm [skwɜ:m] **I** *v* skruva (bli) sig, vrida sig; *bildl.* våndas **II** *s* skruvande; *bildl.* vånda
squirrel ['skwır(ə)l] ekorre
squirt [skwɜ:t] **I** *v* **1** spruta [på] **2** spruta ut **II** *s* **1** stråle **2** sprutande; spruta **3** *vard.* nolla, klåpare; puttefnask
squish [skwıʃ] klafs[ande], smask[ande]
squit [skwıt] **1** nolla, klåpare **2** strunt[prat]
sq. yd. *fork. for square yard* **SR[.]** *fork. for senior; Sir; Sister* (nunna) **S.R.N.** *fork. for State Registered Nurse* **S.R.O.** *fork. for standing room only;* (*BE.*) *Statutory Rules and Orders* **SS** *fork. for Saints* **ss.** *fork. for sections* **S.S.** *fork. for Steamship; Sunday School* **SSE** *fork. for south-southeast* **SSM** *fork. for surface-to-surface missile* **SSN** *fork. for severely subnormal* **SSR** *fork. for Soviet Socialist Republic* **SSW** *fork. for south-southwest* **St[.]** *fork. for Saint; statute; Strait; Street* **s.t.** *fork. for short ton* **sta.** *fork. for station; stationary*
stab [stæb] **I** *v* **1** sticka [ner], genomborra, sticka, stöta, köra; *~ a knife into s.b.* (*s.s. with a knife*) sticka kniven i ngn; *~ s.b in the back* (*bildl.*) falla ngn i ryggen, lömskt attackera ngn **2** *~ [at]* (*med fingrarna e.d.*) trumma på; *~ the air with* hugga i luften med **II** *s* **1** stick, stöt, sting; *a ~ in the back* (*bildl.*) en dolkstöt i ryggen **2** *bildl.* hugg, sting, stick; *a ~ of alarm* en plötslig oro; *a*

stabbing—stalk 496

~ *of pain* ett sting av smärta **3** *vard.*, försök (*at* till); *have a* ~ *at* försöka sig på; *a* ~ *in the dark* ett skott i det blå **-bing** ['stæbɪŋ] **I** *s* knivskärning **II** *a* stickande (*pain* smärta)
stability [stə'bɪlətɪ] stabilitet, stadga
stabil|ization (*BE. äv. -isation*) [,steɪbəlaɪ'zeɪʃn] stabilisering **-ize** (*BE. äv. -ise*) ['steɪbəlaɪz] stabilisera **-izer** (*BE. äv. -iser*) ['steɪbəlaɪzə] stabilisator
1 stable ['steɪbl] stabil, stadig, säker
2 stable ['steɪbl] **I** *s*, ~[*s*] stall (*äv. bildl.*), stallbyggnad **II** *v* stalla, ställa in i stall[et] **stableboy** stall|dräng, -pojke **stable companion** [-kəm,pænjən] stallbroder **stable door** [-dɔ:] stalldörr **stableman** [-mən] *se* stableboy
stableness ['steɪblnɪs] stabilitet, stadga
staccato [stə'kɑ:təʊ] *mus.* staccato
stack [stæk] **I** *s* **1** stapel, trave, hög; *vard.* massa, hel hög **2** [hö]stack **3** skorsten[sgrupp] **II** *v*, ~ [*up*] stapla [upp], trava [upp]; *be* ~*ed with* vara fullproppad med; *the odds* (*cards*) *are* ~*ed against* oddsen är emot **2** stacka
stadi|um ['steɪdjəm] (*pl -ums el. -a* [-ə]) **1** stadion **2** [sjukdoms]stadium
staff [stɑ:f] **I** *s* **1** personal; stab (*äv. mil.*); *editorial* ~ redaktion[spersonal]; *General S*~ (*mil.*) generalstab; [*teaching*] ~ lärarkår; *be on the* ~ höra till personalen (staben, kollegiet), vara medarbetare ([fast] anställd); *are you* ~? (*vard.*) är du anställd (arbetar du) här?; *he has left our* ~ han har slutat hår **2** stav; [flagg]stång; skaft; *bildl.* stöd; *the* ~ *of life* det viktigaste födoämnet, brödet **3** (*pl staves*) *mus.* not|linjer, -plan, -system **II** *v* hitta (skaffa, anställa) personal till; bemanna; *be well* ~*ed* ha tillräckligt med personal
staff college ['stɑ:f,kɒlɪdʒ] krigshögskola **staff nurse** [-nɜ:s] biträdande sjuksköterska **staff officer** [-,ɒfɪsə] [general]stabsofficer
Staffs. [stæfs] *förk.* för Staffordshire ['stæfədʃə]
stag [stæg] **1** *zool.* [kron]hjorthanne **2** ensam man [utan damsällskap] **stag beetle** [-,bi:tl] *zool.* ekoxe
stage [steɪdʒ] **I** *s* **1** scen (*äv. bildl.*); teater; estrad; podium; *on* [*the*] ~ på scenen; *go on* ~ *a*) träda in på scenen, *b*) börja [spela]; *go on the* ~ gå in vid teatern, bli skådespelare; *hold the* ~ dominera scenen (*äv. bildl.*); *put on the* ~ sätta upp, uppföra; *the* ~ *is set a*) allt är klart på scenen, *b*) *bildl.* allt är klart **2** plattform, podium **3** (*på mikroskop*) objektglas **4** fas, stadium, skede; *the child has reached the talking* ~ barnet har börjat tala **5** avsnitt, etapp; zon[gräns]; *in* (*by*) [*easy*] ~*s a*) etappvis, i etapper, *b*) *bildl.* steg för steg, litet i taget **6** skjuts|station, -håll; hållplats **7** [raket]steg **II** *v* sätta upp, iscensätta; uppföra; *bildl.* iscensätta, arrangera, organisera; ~ *a recovery* hämta sig, tillfriskna; *the play is* ~*d in the 18th century* pjäsen utspelas på 1700-talet
stagecoach ['steɪdʒkəʊtʃ] [post]diligens **stage direction** [-dɪ,rekʃn] scenanvisning **stage door** [-dɔ:] sceningång **stage fright** [-fraɪt] rampfeber **stagehand** [-hænd] scenarbetare **stage-manage** [-,mænɪdʒ] iscensätta, arrangera **stage manager** [-,mænɪdʒə] inspicient, regiassistent **stager** [-ə] *s, old* ~ [gammal] veteran **stage-struck** [-strʌk] teaterbiten **stage** **whisper** [-,wɪspə] teaterviskning
stagflation [stæg'fleɪʃn] *ekon.* stagflation
stagger ['stægə] **I** *v* **1** vackla, ragla, stappla **2** få att vackla; *bildl. äv.* slå med häpnad, chocka, skaka **2** sprida (*holidays* semestrar[na]) **II** *s* **1** vacklande, raglande, stapplande **-ing** [-rɪŋ] **1** vacklande, raglande, stapplande, ostadig **2** häpnadsväckande, chockerande; ~ *blow* dråpslag (*äv. bildl.*)
staging ['steɪdʒɪŋ] **1** iscensättning, uppsättning **2** (*på byggnadsställning*) plattform
stag|nant ['stægnənt] stillastående; *bildl. äv.* stagnerande **-nate** [stæg'neɪt] stå stilla; stagnera (*äv. bildl.*) **-nation** [stæg'neɪʃn] stagnation; stillastående; stockning
stag party ['stæg,pɑ:tɪ] svensexa
stagy ['steɪdʒɪ] teatralisk
staid [steɪd] stadgad; sober
stain [steɪn] **I** *v* **1** fläcka [ner]; missfärga; *litt.* fläcka, vanhedra **2** färga; måla; betsa; ~*ed glass* målat glas **3** få fläckar; missfärgas **4** färga av sig **II** *s* **1** fläck (*äv. bildl.*) **2** färgämne; bets **stained-glass** ['steɪndglɑ:s] *a*, ~ *window* fönster med glasmålning **stainless** ['steɪnlɪs] **1** fläckfri, obefläckad **2** rostfri; ~ *steel* rostfritt stål
stair [steə] **1** trappsteg; *åld. el. litt.* trappa **2** våningsplan **3** ~*s* (*pl*) trappa (*inomhus*), trappuppgång; *a flight of* ~*s* en trappa; *below* ~*s* (*BE.*) bland tjänstefolket; *on the* ~ i trappan
stair|case ['steəkeɪs] trappa; trappuppgång **-head** översta trappavsats **-way** trappa **-well** trapphus
stake [steɪk] **I** *s* **1** stake, stör, påle, stolpe; pinne, käpp; *be burnt at the* ~ brännas på bål; *pull up* ~*s* bryta upp, flytta sina bopålar **2** [an]del; intresse; ~[*s*] insats; *be at* ~ stå på spel; *that's precisely the issue at* ~ det är precis det det handlar om; *have a* ~ *in s.th.* ha [an]del i ngt; *place one's* ~ *on* satsa på; *play for high* ~*s* spela högt; *put at* ~ sätta på spel **3** ~*s* (*pl*) *a*) (*vid hästkapplöpning*) pris, prispengar, [pris]lopp, *b*) kapplöpning (*äv. bildl.*) **II** *v* **1** fästa vid en stake (*e.d., jfr I*); stödja med en stake (*e.d.*), stötta, staga; stödja, binda upp (*växt*); inhägna med pålar (*e.d.*); ~ [*off, out*] *a*) staka ut, *b*) definiera, specificera; ~ *out* (*AE.*) polisbevaka; ~ *out a claim* resa anspråk **2** satsa, riskera, sätta på spel **3** stödja (backa upp) [ekonomiskt]
stakeout ['steɪkaʊt] *AE.* [polis]övervakning
stal|actite ['stæləktaɪt] stalaktit, (*hängande*) droppsten **-agmite** [-əgmaɪt] stalagmit, (*stående*) droppsten
1 stale [steɪl] **I** *a* **1** gammal; unken, instängd; avslagen; ~ *bread* gammalt bröd **2** tröttkörd, slut, [ut]sliten; gammal, förlegad; ~ *clichés* slitna (nötta) klichéer **II** *v* göra (bli) gammal (unken *etc., se I*)
2 stale [steɪl] (*hästars el. boskaps*) urin
stalemate ['steɪlmeɪt] **I** *s* **1** *schack.* patt[ställning] **2** dödläge **II** *v* **1** *schack.* göra patt **2** få att stanna (gå i baklås, köra fast)
1 stalk [stɔ:k] **1** stjälk, skaft, stängel **2** skaft; (*på glas*) fot; stöd
2 stalk [stɔ:k] **1** smyga [sig] efter, smyga sig på (*game* villebråd) **2** [hotfullt] sprida sig genom **3** skrida [fram], gå med stolta steg (högburet

huvud) **4** gå på jakt
stalker ['stɔːkə] smygande jägare **stalking-horse** [-ɪŋhɔːs] **1** åld. skjuthäst, hästattrapp **2** täckmantel, förevändning
1 stall [stɔːl] **I** s **1** [salu]stånd, disk, bord; kiosk **2** spilta; bås; avbalkning **3** teat. parkettplats; in the ~s på parkett **4** kyrkl. korstol **5** fingertuta **6** motor-, tjuv|stopp **7** AE. parkeringsruta **II** v **1** ställa (hålla) i (spilta); stalla **2** orsaka tjuvstopp i **3** få motorstopp; tjuvstanna
2 stall [stɔːl] **I** v **1** uppehålla, försinka; avleda (ngns uppmärksamhet) **2** komma med undanflykter **II** s avledande manöver, uppehållande taktik, undanflykt, svepskäl
stallion ['stæljən] hingst
stalwart ['stɔːlwət] **I** a **1** stor och stark, robust **2** trofast, trogen; ståndaktig; gedigen **II** s, i sht polit. trogen (ståndaktig) anhängare
stamen ['steɪmən] bot. ståndare
stamina ['stæmɪnə] uthållighet; styrka
stammer ['stæmə] **I** v stamma; ~ out stamma fram **II** s stamning, stammande
stamp [stæmp] **I** v **1** stampa med (på, i); trampa på; ~ [down] trampa ner; ~ out a) trampa ut, b) göra slut på, c) utrota, d) slå ner, krossa **2** frankera, sätta frimärke på **3** stämpla (äv. bildl.); stämpla på; trycka; prägla, bildl. äv. inprägla; ~ [out] stansa (stampa) ut; ~ed paper stämpelpapper; ~ one's personality on s.th. sätta sin personliga prägel på ngt **4** stampa; trampa, klampa **II** s **1** stamp, stamp|ande, -ning **2** frimärke; märke **3** stämpling; stämpel[järn]; stans, stamp; stämpel, prägel (äv. bildl.), bildl. äv. kännemärke; bear the ~ of präglas av; bear the ~ of expert ha en expertstämpel på sig **4** slag, sort
stampalbum ['stæmp,ælbəm] frimärksalbum
stampcollector frimärkssamlare **stamp duty** stämpelavgift
stampede [stæm'piːd] **I** s **1** vild (panikartad) flykt (av boskapshjord e.d.) **2** rusning, rush; gold ~ guldrush **II** v **1** (om boskap) råka i vild (panikartad) flykt, fly i panik **2** rusa, störta **3** driva på flykten, försätta i panik **4** hetsa, driva (s.b. into doing s.th. ngn att göra ngt)
stamping ground ['stæmpɪŋgraʊnd] favorit|tillhåll, -ställe
stamp machine ['stæmpmə,ʃiːn] frimärksautomat **stamp mill** [-mɪl] [sten]kross **stamp pad** [-pæd] stämpeldyna
stance [stæns] **1** ställning; bildl. hållning, inställning, attityd (on till) **2** sport. slagställning
stanch [stɑːn(t)ʃ] hämma, stilla, stoppa, hejda (the bleeding blodflödet)
stanchion ['stɑːnʃn] stötta; stolpe
stand [stænd] **I** v (stood, stood) **1** ställa [upp], resa [upp]; ~ s.b. up (vard.) låta ngn vänta [förgäves] **2** stå ut med, tåla, uthärda, stå emot, hålla stånd mot; bestå, klara [av]; he can ~ a good deal han tål en [hel] del **3** bjuda på **4** ~ trial for stå åtalad för **5** ~ off a) hålla på avstånd, b) permittera, fristäla **6** stå; stå kvar (fast); hålla stånd; stå sig, hålla; [fortfarande] gälla; ~ fast stå fast; ~ good stå fast, vara giltig, [fortfarande] gälla; ~ in need of help vara i behov av hjälp; ~ in the way of stå i vägen för; ~ ready stå (vara) redo; ~ talking stå och prata; ~ to lose kunna (riskera att)
förlora; ~ to win kunna (ha chans att) vinna; the barometer ~s at... barometern står på (visar)... **7** stå, ligga till, förhålla sig; ~ well with ligga bra till hos, stå på god fot med; as it now ~s som det nu är (ligger till); where (how) do you ~ on this question? var står du i den här frågan? **8** stå (stiga) upp, resa sig [upp], ställa sig [upp] **9** ligga, vara belägen **10** mäta, vara[...lång e.d.] **11** stanna, stå stilla; ~ at ease! (mil.) manöver!; ~ easy! (mil.) lediga! **12** ~ about stå och hänga; ~ apart a) stå en bit bort, b) hålla sig på avstånd, hålla sig (stå) utanför; ~ aside a) stiga åt sidan, b) stå bredvid, förhålla sig passiv, c) dra sig (träda) tillbaka; ~ at uppgå till, vara; ~ back a) stiga (dra sig) bakåt (tillbaka), b) stå bredvid, förhålla sig passiv, c) ta avstånd, d) stå (ligga) en bit [in]; ~ by a) stå bredvid, förhålla sig passiv, b) hålla sig i närheten, hålla sig (stå, vara) redo (beredd), c) hjälpa, stödja, d) hålla fast vid, stå [fast] vid; ~ by for further news avvakta vidare nyheter; ~ down a) dra sig (träda) tillbaka, b) lämna (träda ner från) vittnesbåset; ~ for a) stå för, betyda, b) finna sig i, acceptera, c) stödja, hålla på, kämpa för, d) vara sökande till, ställa upp som kandidat till, kandidera till; ~ in hoppa (rycka) in, vikariera; ~ on a) sjö. hålla kursen, b) hålla på (ceremony etiketten); ~ out a) stiga fram, b) stå ut, skjuta (sticka) fram (ut), c) sticka av, framträda, d) framstå, e) utmärka sig (from framför), vara framstående; ~ out against motsätta sig, stå emot; ~ out for a) stå fast vid, hålla på, b) insistera (yrka) på, kräva; ~ over a) kontrollera, stå över, b) uppskjuta[s]; ~ to hålla [på, fast vid], stå [fast] vid; it ~s to reason det är självklart (naturligt); ~ up a) stå (stiga, ställa sig, resa sig) upp, b) stå [rak, upprätt], stå på benen, c) stå sig, hålla; ~ up against sätta sig emot; ~ up for hålla på, ta parti för, försvara; ~ up for o.s. stå på sig; ~ up to a) hålla stånd (stå pall) för, stå emot, tåla, klara [av], b) sätta sig upp mot, trotsa; ~ well with ligga bra till hos **II** s **1** [stilla]stående; halt, stopp; bring to a ~ stanna, stoppa; come to a ~ stanna **2** plats (där man står), position, ställning, bildl. äv. ståndpunkt, inställning; take a ~ ta ställning, inta en ståndpunkt (on a question i en fråga); take one's ~ a) ställa sig, b) ta ställning **3** ställ[ning]; fot; stativ; hängare **4** [salu]stånd, kiosk; disk **5** station, hållplats **6** läktare, tribun, estrad, podium; AE. vittnesbås; take the ~ (AE.) avlägga vittnesmål **7** motstånd; försvar; make a ~ hålla stånd, sätta sig emot (till motvärn), göra motstånd, kämpa **8** uppehåll (under turné) för gästspel (konsert e.d.)
standard ['stændəd] **I** a **1** standard-, norm-, normal[-], vanlig, bruklig; fullvärdig; allmänt erkänd; S~ English engelskt riksspråk; ~ gauge (järnv.) normal spårvidd; ~ money myntfot; ~ pitch (mus.) normalton; ~ time normaltid; ~ work standardverk **2** ~ lamp golvlampa; ~ rose stamros **II** s **1** standard, nivå, kvalitet, norm, mått[stock], måttenhet; ~ of culture kulturell nivå; ~ of hygiene hygienisk standard; ~ of living levnadsstandard; above (below) [the] ~ över (under) det normala; be up to ~ hålla måttet, uppfylla kraven; set o.s. high ~s ha stora krav på sig själv **2** standard; standardmått, likare **3** lödighet, halt

standard-bearer—start 498

4 myntfot; *gold* ~ guldmyntfot; *monetary* ~, ~ *of currency* myntfot **5** standar, fana **6** stolpe; [hög] fot

standard-bearer ['stændəd‚beərə] fanbärare; banerförare *(äv. bildl.)*

standard|ization *(BE. äv. -isation)* [‚stændədaɪ-'zeɪʃn] standardisering, likriktning; normering **-ize** *(BE. äv. -ise)* ['stændədaɪz] standardisera, likrikta; normera

stand-by ['stæn(d)baɪ] I *s* **1** stöd, tröst, hjälp i nöden; favorit **2** reserv; beredskap; *be on* ~ stå i beredskap (beredd) II *a* reserv-; ~ *ticket (flyg.)* standbybiljett *(som man får i mån av ledig plats)* **standee** [stæn'diː] stående [person] **stand-in** ['stændɪn] stand-in, ersättare, reserv

standing ['stændɪŋ] I *a* stående *(äv. bildl.)*; upprättstående; stillastående; *bildl.* ständig[t återkommande], permanent, fast; ~ *army* stående armé; ~ *jump* hopp utan ansats, stående hopp; ~ *order* löpande order; ~ *orders a)* reglemente, *b) parl* ordningsstadga; ~ *room* ståplats[er] II *s* **1** ställning, position, rang, status; anseende, rykte **2** varaktighet; *of long* ~ gammal, långvarig, som varat länge

standoffish [‚stænd'ɒfɪʃ] *vard.* högdragen, reserverad

stand|pipe ['stæn(d)paɪp] vattentorn; vattenpost **-point** ståndpunkt; synpunkt **-still** stillastående, stopp; *be at a* ~ stå stilla; *bring to a* ~ [få att] stanna; *come to a* ~ [av]stanna **-up** ['stændʌp] **1** [upp]stående; ~ *collar* ståkrage **2** på stående fot; ~ *comedian* stand-up-, monolog|artist; ~ *meal* måltid som intas stående **3** regelrätt *(fight* slagsmål), rejäl, ordentlig

stank [stæŋk] *imperf. av* stink

stan|nary ['stænərɪ] tenngruva; tenngruvedistrikt **-nic** [-ɪk] tenn-

stanza ['stænzə] *versl.* strof

staphylococ|cus [‚stæfɪlə(ʊ)'kɒkəs] *(pl -ci* [-k[s]aɪ]*) med.* stafylokock

1 staple ['steɪpl] I *s* **1** häftklammer **2** krampa, märla II *v* **1** häfta ihop **2** fästa med krampa (märla)

2 staple ['steɪpl] I *s* **1** stapelvara; basvara **2** råvara, stapelvara; huvudprodukt **3** huvudbeståndsdel, stomme II *a* **1** stapel-, huvud-, bas- **2** huvudsaklig

staple gun ['steɪplgʌn] häftpistol **stapler** [-ə] häftapparat

star [stɑː] I *s* **1** stjärna *(äv. bildl.)*; *the S~s and Stripes* stjärnbaneret *(USA:s flagga)*; *see* ~*s (bildl.)* se [solar och] stjärnor; *you can thank your lucky* ~*s that* du kan tacka din lyckliga stjärna *att* **2** stjärna, asterisk **3** [ordens]stjärna, stjärnorden II *v* **1** presentera i huvudrollen; *a film* ~*ring Marilyn Monroe* en film med Marilyn Monroe i huvudrollen **2** förse (märka, pryda) med stjärna (stjärnor, asterisk[er]) **3** spela (ha) huvudrollen, uppträda som stjärna (gästartist)

starboard ['stɑːbəd] *sjö.* styrbord; *on the* ~ *bow (quarter)* på styrbords bog (låring)

starch [stɑːtʃ] I *s* **1** stärkelse **2** *bildl.* stelhet, stelt sätt II *v* stärka *(med stärkelse)* **starched** [-t] stärkt *(med stärkelse)* **starchy** ['stɑːtʃɪ] **1** stärkelsehaltig **2** stärkt *(med stärkelse)* **3** *bildl.* stel, formell

star|dom ['stɑːdəm] **1** berömmelse; *his rise to* ~ hans upphöjelse till stjärna **2** stjärnvärlden **-dust 1** stjärnstoff, kosmiskt stoft **2** romantiskt skimmer

stare [steə] I *v* **1** stirra, glo *(at* på*)*; *that will make him* ~ det kommer att göra honom häpen **2** stirra (glo) på; ~ *s.b. in the face* stirra ngn rätt i ansiktet; *it* ~*s you in the face (vard.)* det är solklart; ~ *s.b. out* stirra ngn rakt in i ögonen *(tills han vänder bort blicken)* II *s* blick; stirrande [blick]

star|fish ['stɑːfɪʃ] *zool.* sjöstjärna **-gazer** [-‚geɪzə] **1** stjärnskådare **2** [dag]drömmare

stark [stɑːk] I *a* **1** kal, naken, bar **2** naken, ohöljd, rak, ren; ~ *facts* nakna fakta **3** total, fullkomlig; bjärt *(contrast* kontrast*)* II *adv* fullständigt; ~ *staring (raving) mad* spritt språngande galen; ~ *naked* spritt naken **starkers** ['stɑːkəz] *vard.* [spritt] naken

star|let ['stɑːlɪt] **1** liten stjärna **2** ung [film]-stjärna **-light** stjärnljus

starling ['stɑːlɪŋ] *zool.* stare

starlit ['stɑːlɪt] stjärn|belyst, -ljus, -klar **star reporter** [-rɪ‚pɔːtə] stjärnreporter

starry ['stɑːrɪ] **1** stjärnbeströdd, -prydd, -klar; ~ *sky* stjärnhimmel **2** stjärnlik, tindrande **-eyed** [‚stɑːrɪ'aɪd] blåögd, naiv

star shell ['stɑːʃel] lysgranat **star sign** stjärntecken **star-spangled** [-‚spæŋgld] stjärnbeströdd; *the Star-Spangled Banner* stjärnbaneret *(USA:s nationalsång o. flagga)* **star-studded** [-‚stʌdɪd] stjärnspäckad

start [stɑːt] I *v* **1** [på]börja; starta; sätta i gång [med]; komma [fram] med; låta börja (starta); hjälpa [att komma] i gång, hjälpa [på traven]; ~ *a business* starta en affär; ~ *a fire* tända en eld; ~ *another hare* ta upp ett nytt ämne; ~ *s.b. doing s.th.* få ngn att [börja] göra ngt; ~ *work[ing]* börja arbeta; *I don't want to* ~ *anything* jag vill inte [börja] bråka; *get* ~*ed a)* börja, sätta (komma) i gång, *b)* bryta upp; ~ *s.b. on a career* hjälpa ngn att göra karriär; ~ *up* starta, sätta i gång [med] **2** börja; starta; sätta i gång; bryta upp, ge sig i väg, [av]gå, [av]resa *(for* till*)*; ~*ing March 1* med början den 1 mars; ~ *to work* börja arbeta; ~ *back* bege sig tillbaka; ~ *for home* bege sig hem; ~ *in (vard.)* börja [med], sätta i gång [med]; ~ *off (out) a)* börja (starta, sätta i gång [med]), *b)* bryta upp, ge sig i väg; *he* ~*ed [off] by saying* han började med att säga; ~ *on s.th.* börja (sätta i gång) med ngt; ~ *on a journey* ge sig ut på en resa; ~ *over (AE.)* börja om från början; ~ *up a)* börja, starta, sätta i gång, *b)* plötsligt dyka upp (uppstå); ~ [*up*] *in business* börja som affärsman; *to* ~ *with* för det första, först, till att börja med **3** ~ [*up*] *a)* rycka (spritta) till *(at* vid*)*, *b)* fara (flyga, rusa) upp *(at* vid*)*; ~ *back* rygga tillbaka *(at* för, vid*)* **4** tränga, välla; *water* ~*ed from a hole* vatten vällde ut (fram) ur ett hål II *s* **1** början; start; startplats; avfärd, avresa; *at the* ~ i början; *for a* ~ för det första, först; *from* ~ *to finish a)* från början till slut, *b)* från start till mål; *make an early* ~ ge sig av (starta) tidigt; *make a fresh (new)* ~ börja om från början; *make a* ~ *for home* bege sig hem; *make a* ~ *on s.th.* börja (sätta i gång) med ngt **2** försprång; *get (have) the* ~ *of a)* komma i väg före, *b)* få ett försprång framför **3**

ryck[ning], sprittning; *by fits and* ~*s* ryck-, stöt|-vis, oregelbundet; *give a* ~ rycka (spritta) till
starter ['stɑ:tə] **1** *sport.* starter; startande; tävlingsdeltagare **2** start[anordning], självstart **3** *i sht BE.* förrätt, entrérätt; *as a* ~ som förrätt (entrérätt); *for* ~*s* (*vard.*) till att börja med
starting ['stɑ:tɪŋ] **I** *s* start[ande] **II** *a* startande; begynnelse-, start- **starting gate** (*vid hästkapplöpning*) startmaskin **starting handle** [-ˌhændl] startvev **starting point** [-pɔɪnt] utgångspunkt **starting price** [-praɪs] (*vid hästkapplöpning*) odds strax före starten
startle ['stɑ:tl] **1** skrämma, komma att rycka (haja) till; få att häpna, överraska; *be* ~*d* bli förskräckt (överraskad, häpen) (*by* över) **2** skrämma upp (*birds* fåglar) **3** fara upp, haja (rycka) till **startling** [-ɪŋ] uppseendeväckande, sensationell; förfärande, alarmerande
star turn ['stɑ:tɜ:n] huvud|nummer, -attraktion
starvation [stɑ:'veɪʃn] svält; utsvultet tillstånd
starve [stɑ:v] **1** svälta, hungra; ~*d* utsvulten; *I'm starving* (*vard.*) jag är jättehungrig (håller på att svälta ihjäl); ~ *for* (*bildl.*) hungra efter (*love* kärlek); *be* ~*d of* (*bildl.*) vara svältfödd på, ha fått för litet av **2** låta svälta; ~ *out* svälta ut; ~ *a p. into submission* tvinga ngn till underkastelse genom att svälta ut honom **starveling** ['stɑ:vlɪŋ] åld. **I** *s* utsvulten stackare; utsvultet djur **II** *a* uthungrad, undernärd **starving** ['stɑ:vɪŋ] svältande, hungrande, utsvulten
stash [stæʃ] *vard.* **I** *s, i sht AE.* gömma, gömställe **II** *v,* ~ (*away*) gömma (stoppa) undan
stat. *förk. för stationary; statue; statutary; statute*
state [steɪt] **I** *s* **1** tillstånd, skick; situation, läge; nivå, stadium; *the* ~ *of affairs* (*things*) förhållandena, läget, sakernas tillstånd; *the present* ~ *of the economy* det nuvarande ekonomiska läget; *general* ~ *of health* allmänt hälsotillstånd; ~ *of mind* sinnes|tillstånd, -stämning; *in the present* ~ *of things* under nuvarande förhållanden; ~ *of war* krigstillstånd; *be in a fit* ~ *to do s.th.* vara kapabel (i stånd) att göra ngt; *be in* (*get into*) *a* ~ vara (bli) upprörd (alldeles ifrån sig) **2** ställning, stånd, rang; *married* (*single*) ~ gift (ogift) stånd **3** prakt, ståt, stass, gala; *in* [*great*] ~ *a*) med pomp och ståt, *b*) i full gala, i all sin glans; *lie in* ~ ligga på lit de parade; *live in great* ~ leva furstligt **4** stat; delstat; *the S*~*s* Staterna (*USA*); *federal* ~ förbundsstat **II** *a* statlig; [del]stats-; statsägd; ~ *coach* galavagn; *the S*~ *Department* (*i USA*) utrikesdepartementet; ~ *visit* statsbesök **III** *v* fram|-föra, -lägga, -ställa; redogöra för; upplysa om; ange; uppge; förklara, berätta; påstå; konstatera **state-aided** ['steɪteɪdɪd] statsunderstödd **state attorney** [-əˌtɜ:nɪ] *AE.* statsåklagare **statecraft** [-krɑ:ft] statskonst; statsmannaskap **stated** ['steɪtɪd] **1** fastställd, bestämd **2** uppgiven, uttalad, påstådd **3** konstaterad
State House ['steɪthaʊs] *AE.* delstatsparlament
stateless ['steɪtləs] statslös
stately ['steɪtlɪ] *a* ståtlig, imponerande; ~ *home* (*BE.*) residens, herresäte (*som är öppet för allmänheten*)
statement ['steɪtmənt] **1** påstående, uppgift; framställning; [officiellt] uttalande, deklaration, förklaring; *make a* ~ göra ett uttalande **2** redogö-

relse; redovisning, rapport; kontoutdrag; ~ *of affairs* redovisning av räkenskaper **3** uttryck, yttring
stateroom ['steɪtrʊm] **1** privat hytt; ensam kupé **2** *i sht BE.* praktgemak
statesman ['steɪtsmən] statsman **-like** [-laɪk], **-ly** [-lɪ] *a* statsmanna- **-ship** [-ʃɪp] statsmanna|-skap, -egenskaper; statskonst
static ['stætɪk] **I** *a* statisk (*äv. fys.*); stillastående; oförändrad; ~ *electricity* statisk elektricitet **II** *s* **1** *fys.*, ~*s* (*behandlas som sg*) statik **2** statisk elektricitet **3** *radio., TV.* [atmosfäriska] störningar
station ['steɪʃn] **I** *s* **1** station; *mil.* bas; [*naval*] ~ flottbas, örlogsstation; *railway* ~ järnvägsstation; ~*s of the Cross* (*relig.*) korsvägsstationer **2** [bestämd] plats, post; *take up one's* ~ inta sin plats, fatta posto **3** åld. rang, ställning; klass, stånd **4** *Austr.* [får]farm **II** *v* placera ut, postera; *mil.* förlägga, stationera; ~ *o.s.* placera (ställa) sig
stationary ['steɪʃnərɪ] stationär; stillastående, orörlig; fast
stationer ['steɪʃnə] pappershandlare; *the* ~['s] pappershandeln **stationery** ['steɪʃnərɪ] kontors-, skriv|materiel; brevpapper; pappersvaror
station house ['steɪʃnhaʊs] *i sht AE.* polisstation; brandstation **stationmaster** [-ˌmɑ:stə] stations|föreståndare, -inspektor, stins **station wagon** [-ˌwægən] *AE.* herrgårds-, stations|vagn
statis|tic[al] [stə'tɪstɪk(l)] statistisk **-tician** [ˌstætɪ'stɪʃn] statistiker **-tics** [stə'tɪstɪks] **1** (*behandlas som pl*) statistik (*siffermässig sammanställning*) **2** (*behandlas som sg*) statistik[en] (*vetenskap*)
statuary ['stætjʊərɪ] **1** *koll.* statyer, skulpturer **2** bildhuggarkonst, skulptur
statue ['stætʃu:] staty **statuesque** [ˌstætjʊ'esk] statylik, ståtlig **statuette** [ˌstætjʊ'et] statyett
stature ['stætʃə] **1** kroppsstorlek, växt, längd; *small in* ~ liten till växten **2** *bildl.* format, betydelse; *a man of* ~ en man av format
status ['steɪtəs] ställning; status; tillstånd, läge **status quo** [ˌsteɪtəs'kwəʊ] status quo **status symbol** ['steɪtəsˌsɪmbl] statussymbol
statute ['stætju:t] **1** skriven lag **2** statut, stadga, reglemente **statute book** lagbok; författningssamling **statute law** skriven lag
statutory ['stætjʊt(ə)rɪ] **1** lagstadgad; författningsenlig; ~ *rape* (*AE.*) otukt med minderårig **2** stadgeenlig, reglementerad
1 staunch [stɔ:n(t)ʃ] **1** pålitlig, trofast, [tro]fast **2** stabil, solid
2 staunch [stɔ:n(t)ʃ] *v, se stanch*
stave [steɪv] **I** *s* **1** (*i laggkärl*) stav; (*i båt*) bord; stegpinne **2** *mus.* not|system, -linjer **3** *versl.* strof **II** *v* **1** ~ *in* slå hål på **2** ~ *off* avvärja, förhala
1 stay [steɪ] **I** *v* **1** hindra, hejda, stoppa; *jur.* uppskjuta, inställa; ~ *one's appetite* stilla sin hunger; ~ *one's hand* hejda sig, vänta **2** ~ *the course a*) orka genomföra loppet, *b*) *bildl.* hålla ut, inte ge upp **3** stanna kvar (*the night* natten) **4** stanna [kvar]; [stanna och] vänta; (*tillfälligt*) bo, vistas; övernatta; *where are you* ~*ing?* var bor du?; *have come to* ~ ha kommit för att stanna; ~ *put* stanna [kvar]; ~ *at a hotel* bo på [ett] hotell; ~ *away* stanna borta, hålla sig borta (undan), utebli (*from* från); ~ *for* (*to*) *dinner* stanna [kvar] till

middagen; ~ *in a*) stanna hemma (inne), *b*) *skol.* sitta kvar; ~ *on* stanna (bli) kvar; ~ *out a*) stanna ute, *b*) hålla sig borta (undan), utebli (*of* från), *c*) fortsätta att strejka; ~ *up* stanna (vara, sitta) uppe; ~ *with a friend* bo hos en vän; ~ *with me a moment* (*äv.*) lyssna på mig ett ögonblick **5** fortsätta att vara, hålla sig, förbli; ~ *awake* hålla sig vaken **6** hålla ut; ~ *with it!* ge inte upp!, håll ut! **II** *s* **1** vistelse; uppehåll **2** *jur.* uppskjutande, uppskov, inställande; ~ *of execution* (*jur.*) uppskov med verkställigheten

2 stay [steɪ] **1** stöd (*äv. bildl.*), stötta **2** ~*s* (*pl*) korsett, snörliv

3 stay [steɪ] *sjö.* **I** *s* stag **II** *v* staga **2** gå över stag (stagvända) med

stay|-at-home ['ste(ɪ)əthəʊm] stugsittare **--in** *a, AE.,* ~ *strike* sittstrejk

staying power ['steɪɪŋˌpaʊə] uthållighet

stay-sail ['steɪseɪl, *sjö.* 'steɪsl] *sjö.* stagsegel

S.T.C. *förk. för State Trading Corporation* **STD** *förk. för subscriber trunk dialling* **S.T.D.** *förk. för Sacrae Theologiae Doctor* (*lat.*) *Doctor of Sacred Theology*

stead [sted] **1** ställe; *in my* ~ i mitt ställe **2** *stand s.b. in good* ~ komma [ngn] väl till pass **-fast** ['stedfəst] stadig; orubblig, fast; ihärdig, ståndaktig

steady ['stedɪ] **I** *a* **1** stadig, fast, stabil; säker; tillförlitlig; lugn, stadgad; *have a* ~ *hand* vara stadig (säker) på handen **2** stadig, jämn; oavbruten, ihållande, ständig; ~ *work* fast arbete; *a* ~ *boyfriend* (*girl-friend*) stadigt sällskap **II** *adv, interj* stadigt; ~ [*on*]! ta det lugnt!; *go* ~ *with s.b.* ha stadigt sällskap med ngn; *ready,* ~, *go!* klara, färdiga, gå! **III** *v* **1** göra stadig; ge stadga åt; *bildl.* stabilisera, lugna **2** bli stadig (stadgad); *bildl.* stabiliseras, lugna sig **IV** *s, vard.* pojk-, flick|vän, stadigt sällskap

steak [steɪk] biff[stek]; (*stekt*) köttskiva (fiskskiva) **-house** ['steɪkhaʊs] stekhus (*restaurang*)

steal [stiːl] **I** *v* (*stole, stolen*) **1** stjäla; *bildl. äv.* lura till sig; ~ *a glance at* kasta en förstulen blick på; ~ *a march on* (*bildl.*) skaffa sig ett försprång framför (ett övertag över); ~ *the show* stjäla föreställningen **2** smussla, smuggla **3** stjäla **4** smyga [sig]; ~ *upon s.b.* smyga sig på ngn **II** *s* **1** *vard.* stöld **2** *AE. vard.* fynd; *it's a* ~! (*äv.*) det är ju nästan gratis! **-er** ['stiːlə] tjuv **-ing** ['stiːlɪŋ] stöld; tjuvnad

stealth [stelθ] *s* smygande; *by* ~ i smyg **stealthy** ['stelθɪ] förstulen, oförmärkt, [som sker] i smyg, smyg-; smygande

steam [stiːm] **I** *s* ånga; imma; *full* ~ *ahead!* full fart framåt!; *under one's own* ~ (*vard.*) för egen maskin, utan hjälp, ensam; *get* (*pick*) *up* ~ få upp ångan; *let* (*blow*) *off* ~ *a*) släppa ut ånga, *b*) *vard.* avreagera sig, vädra sina känslor; *he ran out of* ~ han blev andfådd (tappade orken), luften gick ur honom; *the windows are covered with* ~ fönstren är täckta av imma (immiga) **II** *v* **1** ånga; ångkoka; ~ *open an envelope* ånga opp ett kuvert; *be ~ed up* (*vard.*) vara upphetsad (uppretad), hetsa upp sig (*about* över); ~ *up the window* göra fönster immigt **2** ånga; ~*ing hot* rykande het; ~ *ahead* ånga i väg; ~ *up* bli immig, imma igen

steam|boat ['stiːmbəʊt] ång|båt, -fartyg **--boil-er** [-ˌbɔɪlə] ångpanna **--engine** [-ˌen(d)ʒɪn] **1** ångmaskin **2** ånglok

steamer ['stiːmə] **1** ångare, ångfartyg **2** ångkokare

steam iron ['stiːmˌaɪən] ångstrykjärn **steamroller I** *s* ångvält (*äv. bildl.*) **II** *v, bildl.* krossa, gå fram som en ångvält över **steamship** [-ʃɪp] ångfartyg **steam turbine** [-ˌtɜːbaɪn] ångturbin **steam whistle** [-ˌwɪsl] ångvissla **steamy** [-ɪ] **1** ångande; immig **2** *vard.* erotisk

stearic [stɪˈærɪk] stearin- **stearin** ['stɪərɪn] stearin

steed [stiːd] *litt.* springare, fåle

steel [stiːl] **I** *s* **1** stål (*äv. bildl.*); *cold* ~ kallt stål, blanka vapen **2** brynstål **3** ~*s* (*pl*) stålaktier **II** *a* av stål, stål- **III** *v* stålsätta, härda

steel-plated ['stiːlˌpleɪtɪd] bepansrad **steel wool** [-wʊl] stålull **steelworks** [-wɜːks] (*behandlas som sg*) stålverk **steely** [-ɪ] stål-, av stål; *bildl.* [järn]hård, hård som flinta **steelyard** [-jɑːd] besman

1 steep [stiːp] **1** brant; *bildl. äv.* våldsam, kraftig (*increase* ökning) **2** *vard.* (*om pris e.d.*) onormal[t hög], orimlig; *that's a bit* ~ det var litet väl häftigt

2 steep [stiːp] **1** doppa, blöta, lägga i blöt, genomdränka; *kokk.* lägga in, marinera **2** *bildl.* genomsyra, dränka; ~*ed in debts* skuldsatt upp över öronen; ~*ed in thought* försjunken i tankar

steepen ['stiːp(ə)n] göra (bli) brant[are] *etc., jfr 1 steep*

steeple ['stiːpl] spetsigt [kyrk]torn; tornspira **steeple|chase** ['stiːplˌtʃeɪs] **1** steeplechase **2** hinderlöpning **-chaser** [-ˌtʃeɪsə] **1** deltagare i steeplechase **2** hinderlöpare **-jack** [-dʒæk] person som reparerar kyrktorn (höga skorstenar)

1 steer [stɪə] **1** styra, manövrera; *bildl. äv.* lotsa; ~ *a course* följa en kurs **2** styra (*for* mot, på); gå att styra; *the ship ~s well* fartyget är lättmanövrerat; ~ *clear of* (*bildl.*) hålla undan för, undvika

2 steer [stɪə] ungtjur, stut

steerage ['stɪərɪdʒ] *sjö.* **1** styrning **2** tredje klass, turistklass **-way** [-weɪ] *sjö.* styrfart

steering [gear] ['stɪərɪŋ(ˌgɪə)] styrning, styrinrättning **steering wheel** [-wiːl] ratt **steersman** ['stɪəzmən] *sjö.* rorsman

stein [staɪn] ölkrus

Steinbeck ['staɪnbek]

steinbock ['staɪnbɒk] *zool.* stenbock

stellar ['stelə] stellar-, stjärn-

1 stem [stem] **I** *s* **1** stam (*äv. språkv.*); stjälk, stängel **2** (*på pipa*) skaft; (*på glas, vas*) fot **3** *sjö.* [för]stäv, för; *from* ~ *to stern* från för till akter **II** *v* **1** ~ *from* stamma (härröra) från **2** ta bort stjälken (*etc.*) på

2 stem [stem] stämma, hejda, stoppa; dämma upp

stench [sten(t)ʃ] stank **stench trap** ['sten(t)ʃtræp] (*i avloppsrör*) vattenlås

stencil ['stensl] **I** *s* **1** stencil **2** schablon **II** *v* **1** stencilera **2** schablonera

Sten gun ['stenɡʌn] (*slags*) automatgevär

stenograph ['stenəɡrɑːf] **I** *s* **1** stenografitecken **2** stenograf[erings]maskin **II** *v* stenografera [ner] **stenographer** [stəˈnɒɡrəfə] *AE.* stenograf och maskinskriverska **stenographic[al]**

stenography—stick

[ˌstenə(ʊ)ˈgræfɪk(l)] stenografisk **stenography** [stəˈnɒgrəfɪ] stenografi; stenografering
stentorian [stenˈtɔːrɪən] *a*, ~ *voice* stentorsstämma
step [step] **I** *s* **1** steg *(äv. bildl.)*; fot-, dans|steg; fotspår; gång; *bildl.* åtgärd, mått och steg; *false* ~ felsteg, *bildl. äv.* missgrepp; *a* ~ *forward* ett steg framåt *(äv. bildl.)*; ~ *by* ~ steg för steg; *in (out of)* ~ i takt (otakt); *it's only a* ~ det är bara en liten bit; *it's a good* ~ det är en bra bit; *break* ~ komma i otakt; *fall into* ~ falla in i takten; *follow in a p.'s* ~s *(bildl.)* gå (följa) i ngns fotspår; *keep* ~ gå i takt, hålla takten; *keep* [*in*] ~ *with* gå i takt (hålla jämna steg) med; *recognize s.b. from his* ~ känna igen ngn på gången; *take* ~s vidtaga åtgärder; *watch one's* ~ se sig [noga] för, gå försiktigt, vara försiktig **2** trappa; trappsteg; fotsteg; stegpinne; ~s (*pl*) *a)* [ytter]trappa, *b)* trappstege; *a flight of* ~s en [ytter]trappa; *a pair of* ~s en trappstege **3** steg, grad **4** *mus.* [ton]steg **II** *v* **1** ~ *off (out)* stega upp **2** ~ *down* minska, sänka; ~ *up* öka, höja, förstärka, intensifiera **3** gå, ta *(five paces* fem steg); dansa *(the samba* samba) **4** gå, träda, stiga, kliva; trampa; ~ *this way, please!* var så god, den här vägen!; ~ *aside* gå (stiga, träda) åt sidan *(äv. bildl.)*, gå ur vägen, lämna plats; ~ *back a)* stiga tillbaka, *b)* träda tillbaka *(äv. bildl.)*; ~ *down a).* stiga ner, *b) bildl.* dra sig (träda) tillbaka; ~ *forward* gå (stiga, träda) fram; ~ *in a)* gå (stiga, träda) in, *b)* gripa in; ~ *inside* gå (stiga, träda) in; ~ *into a car* stiga (kliva) in i en bil; ~ *into a situation* med lätthet anpassa sig till en situation; ~ *off* stiga (kliva) ur (av, ner från); ~ *on* trampa på *(äv. bildl.)*; ~ *on it! (vard.) a)* skynda (snabba) på!, *b)* gasa på!, gasen i botten!; ~ *out a)* gå (träda, stiga) ut, *b)* ta ut stegen, gå fort[are], *c) AE.* dra sig ur, *d) AE. vard.* gå ut och roa sig; ~ *up a)* gå (träda, stiga) fram, *b)* öka[s]
step|brother [ˈstepˌbrʌðə] styvbror **-child** [-tʃaɪld] styvbarn **-daughter** [-ˌdɔːtə] styvdotter
step-down [ˈstepdaʊn] *vard.* minskning
stepfather [ˈstepˌfɑːðə] styvfar
Stephen [ˈstiːvn] Stephen; Stefan
stepladder [ˈstepˌlædə] trappstege
step|mother [ˈstepˌmʌðə] styvmor **-parent** styv|förälder, -far, -mor
steppe [step] stäpp
stepped-up [ˈsteptʌp] intensifierad, ökad, hetsigare
stepping stone [ˈstepɪŋstəʊn] **1** *(i bäck e.d.)* sten att kliva på **2** *bildl.* språngbräda; första steg
step|sister [ˈstepˌsɪstə] styvsyster **-son** [-sʌn] styvson
step-up [ˈstepʌp] *vard.* ökning
ster. *förk. för* sterling
stereo [ˈsterɪəʊ] **I** *s* stereo; *vard.* stereoanläggning **II** *a* stereo-; stereofonisk; ~ *equipment* stereoanläggning **-phonic** [ˌsterɪə(ʊ)ˈfɒnɪk] stereofonisk, stereo- **-scope** [ˈsterɪəʊskəʊp] stereoskop **-scopic** [ˌsterɪəˈskɒpɪk] stereoskopisk **-type** [ˈstɪərɪətaɪp] **I** *s* **1** *boktr.* stereotyp[platta] **2** *bildl.* stereotyp **II** *v* stereotypera; ~*d (bildl.)* stereotyp
sterile [ˈsteraɪl, *AE.* ˈster(ə)l] steril; ofruktsam, ofruktbar **sterility** [steˈrɪlətɪ] sterilitet; ofruktsamhet, ofruktbarhet
steri|lization *(BE. äv. -lisation)* [ˌsterəlaɪˈzeɪʃn] sterilisering **-lize** *(BE. äv. -lise)* [ˈsterəlaɪz] sterilisera
sterling [ˈstɜːlɪŋ] **I** *s* **1** *(eng. myntenhet o. myntvärde)* sterling; *pound* ~ pund sterling, engelska pund; *in* ~ i pund sterling, i engelska pund **2** sterlingsilver **II** *a* **1** sterling-; *the* ~ *area* sterlingområdet; ~ *silver* sterlingsilver **2** *bildl.* förstklassig, prima, äkta, gedigen
1 stern [stɜːn] sträng; barsk, bister; hård; *he is made of* ~*er stuff* han är gjord av hårdare virke
2 stern [stɜːn] **1** *sjö.* akter; akterskepp; akterspegel **2** bakre del, bakdel
sternmost [ˈstɜːnməʊst] *sjö.* akterst, längst akterut
steroid [ˈstɪərɔɪd] *fysiol.* steroid
stertorous [ˈstɜːtərəs] *a*, *AE.* snörvlande
stethoscope [ˈsteθəskəʊp] *med.* stetoskop
Stetson [ˈstetsn] Stetson[hatt], cowboyhatt
stevedore [ˈstiːvədɔː] *sjö.* stuvare, stuveriarbetare
stew [stjuː] **I** *s* **1** [kött-, fisk-, grönsaks]gryta; ragu, stuvning; *Irish* ~ irländsk fårgryta (fårstuvning) **2** *vard., be in a* ~ vara utom sig **II** *v* **1** låta småkoka (sjuda); ~*ed fruit* fruktkompott **2** småkoka, sjuda **3** *vard.* vara utom sig **4** *vard.* försmäkta; våndas; *let them* ~ *in their own juice (bildl.)* låt dem svettas ett tag
steward [stjʊəd] **1** *sjö., flyg. etc.* steward; uppassare **2** [gods]förvaltare **3** förtroendeman **4** hovmästare; klubbmästare **5** funktionär **-ess** [ˈstjʊədɪs] [kvinnlig] steward *(etc.)*; stewardess; flyg-, buss-, tåg|värdinna
stewed [stjuːd] **1** *(om te som dragit för länge)* besk **2** *sl.* packad, asberusad
stewing steak [ˈstjuːɪŋsteɪk] *kokk.* grytbitar
St.Ex. *förk. för* Stock Exchange **stg.** *förk. för* sterling **stge.** *förk. för* storage **Sth.** *förk. för* South
1 stick [stɪk] **I** *s* **1** pinne, kvist, sticka; stör; käpp, stav; skaft; klubba; *mus.* takt-, trum|pinne; *hockey* ~ hockeyklubba; *walking* ~ promenadkäpp; *a few* ~s *of furniture* några [enkla] möbler; *in a cleft* ~ i knipa, i ett dilemma, i valet och kvalet; *get* [*hold of*] *the wrong end of the* ~ *(vard.)* få det hela om bakfoten; *get (take)* ~ *(vard.)* få kritik, bli tråkad; *give s.b.* ~ *(vard.)* göra ner (tråka) ngn **2** bit, stycke; stång; stift; *a* ~ *of chalk* en krita; ~ *of rhubarb* rabarberstjälk; ~ *of sealing-wax* lackstång **3** *vard., dry old* ~ riktig torrboll (tråkmåns); *he's not a bad old* ~ han är inte så tokig **4** *vard., in the* ~s i en avkrok, på [bond]vischan **5** *vard.* [växel]spak **6** *mil.* bombsalva **7** *sl.* joint *(marijuanacigarrett)* **II** *v* stötta, störa *(växt)*
2 stick [stɪk] *(stuck, stuck)* **1** fästa; klistra (limma) fast, klistra (limma) **2** klistra (limma) upp; ~ *down (up)* klistra igen (till); ~ *on* klistra på; ~ *together* klistra (limma) ihop **2** *vard.* göra ställd; ~ *s.b. with s.th.* *(sl.)* lura (pracka, tvinga) på ngn ngt; *be stuck by ch.* inte klara av ngt; *be stuck for s.th.* vara utan (sakna) ngt; *be stuck for an answer* vara svarslös; *be stuck on s.b.* vara tänd på ngn; *get stuck* köra fast, fastna, bli ställd **3** sticka, stöta, köra; spetsa; ~ *a pig* sticka (slakta) en gris **4** *vard.* sticka, stoppa, ställa, lägga, sätta; skriva

sticker—stint

[upp], sätta [upp]; *you can ~ it! (sl.)* [du kan] dra åt helvete med det!; *~ down a)* ställa (lägga, sätta, stoppa) ner, *b) vard.* skriva [ner]; *~ in* sätta (stoppa, skjuta) in; *~ one's hat on* sätta på sig hatten; *~ out* sticka (räcka) ut, skjuta (sticka) ut (fram); *~ up a)* sätta upp, *b)* räcka upp, *c) sl., i sht AE.* råna; *~ 'em up!* upp med händerna! **5** *vard.* stå ut med, tåla; *~ it out* hålla ut, stå ut [med det] **6** fastna; sitta (hänga, klibba) fast; häfta [fast]; kärva; bli sittande; *vard.* komma av sig; *vard.* stanna [kvar]; *the nickname stuck* han fick behålla öknamnet; *~ around (vard.)* hålla sig i närheten, stanna [kvar]; *~ at a)* fastna på, fästa sig vid, *b)* hålla fast vid, hålla på med; *~ at home (vard.)* hålla sig (stanna) hemma; *~ at nothing* inte dra sig för någonting; *~ by* hålla sig till, förbli trogen, vara lojal mot, hålla fast vid; *~ in a p.'s mind* fastna (stanna) i ngns minne; *~ to* hålla sig till, hålla fast vid, vara (förbli) trogen, fortsätta med; *~ to one's guns* inte ändra sig; *~ to one's promise* hålla sitt löfte; *~ together a)* klibba (sitta) ihop, *b) vard.* hålla ihop; *~ with* hålla fast vid, hålla ihop med **7** vara instucken **8** *~ out a)* sticka (skjuta, stå) ut (fram), *b)* falla i ögonen, vara tydlig, *c)* hålla (härda) ut; *~ out for* yrka på, lägga sig ut (kämpa) för; *~ out like a sore thumb (vard.)* synas på långt håll, vara omöjlig att dölja; *~ up* sticka (skjuta) upp, stå [rakt] ut; *~ up for* gå i bräschen för, försvara, stödja

sticker ['stɪkə] **1** (*självhäftande, som klistras på*) märke, lapp, etikett, dekal **2** ihärdig (flitig, uthållig) person

sticking plaster ['stɪkɪŋˌplɑːstə] [häft]plåster

stick insect ['stɪkˌɪnsekt] *zool.* vandrande pinne

stick-in-the-mud ['stɪkɪnðəmʌd] *vard.* **I** *a* trög, fantasilös **II** *s* trögmåns, stofil **stickleback** ['stɪklbæk] *zool.* spigg

stickler ['stɪklə] **1** pedant; *be a ~ for a)* hålla benhårt på, *b)* vara kinkig med **2** problem

stick-on ['stɪkɒn] självhäftande, klister-, gummerad **stick pin** *AE.* kravattnål **stick-up** *vard.* rån, rån|kupp, -överfall

sticky ['stɪkɪ] **1** klibbig; kladdig; fuktig; (*om väder*) varm och fuktig, kvav, tryckande; *~ tape* tejp; *I'm all hot and ~* jag är genomsvettig; *be on a ~ wicket* vara i knipa (illa ute); *he's got ~ fingers* (*bildl. vard.*) han är långfingrad **2** orörlig, trög, kärv, stel **3** *vard.* kinkig; knepig, besvärlig; nogräknad; omedgörlig **4** *vard.* obehaglig, motbjudande, pinsam; *come to a ~ end* sluta illa

stiff [stɪf] **I** *a* **1** styv, stel; fast, hård; oböjlig; stram; trög; *bildl.* stel, formell, kylig; *~ brush* hård borste; *have a ~ neck* vara stel i nacken; *keep a ~ upper lip* vara fullständigt oberörd, inte röra en min **2** kraftig; styv; hård; stark; skarp; *vard.* styv, dryg, jobbig, svår; *~ breeze* styv bris; *~ denial* blankt avslag (förnekande); *~ price* högt (saftigt) pris; *a ~ whisky* en stor (rejäl) whisky **3** *sl.* full (berusad) **II** *adv, vard., be bored ~* vara livrädd (vettskrämd) **III** *s, sl.* **1** lik **2** (*i kapplöpning*) chanslös häst

stiff|en ['stɪfn] **1** stelna [till], styvna; *bildl. äv.* hårdna, skärpas **2** göra stel (styv) **3** skärpa; stärka **-ener** [-nə] styvnad **--necked** [ˌstɪfˈnekt] hårdnackad; styvsint

stifle ['staɪfl] **I** *v* **1** kväva; *bildl. äv.* undertrycka **2** kvävas **stifling** [-ɪŋ] kvävande

stigma ['stɪgmə] (*pl ~s el. ~ta* [-tə]) **1** stigma; *bildl. äv.* brännmärke, skamfläck **2** *bot.* märke (*på pistill*) **-tize** (*BE. äv. -ise*) [-taɪz] stigmatisera; *bildl. äv.* brännmärka

stile [staɪl] **1** [kliv]stätta **2** vändkors

stiletto [stɪˈletəʊ] **1** stilett **2** syl, pryl **3** sko med stilettklack **stiletto heel** stilettklack **stiletto shoe** sko med stilettklack

1 still [stɪl] **I** *a* **1** stilla; tyst; orörlig; sakta; *keep ~* hålla sig stilla; *~ waters run deep* i de lugnaste vattnen går de största fiskarna **2** inte kolsyrad (mousserande) **II** *adv* **1** [tyst och] stilla **2** fortfarande, ännu; *~ another* ännu en; *~ better, better ~* ännu bättre **III** *konj* ändå, trots allt, dock, likväl **IV** *v* stilla; tysta, lugna **V** *s* **1** stillhet **2** stillbild; reklambild (*ur film*)

2 still [stɪl] **1** destillationsapparat **2** bränneri

still|birth ['stɪlbɜːθ] **1** dödfödsel **2** dödfött barn **-born** dödfödd (*äv. bildl.*)

still life ['stɪllaɪf] (*pl still lifes*) *konst.* stilleben

stilt [stɪlt] stylta **-ed** ['stɪltɪd] *bildl.* uppstyltad, högtravande, svulstig

Stilton ['stɪlt(ə)n] stilton[ost]

stimu|lant ['stɪmjʊlənt] stimulerande (uppiggande) medel; stimulans **-late** [-leɪt] stimulera; pigga upp; egga, sporra **-lation** [ˌstɪmjʊˈleɪʃn] stimulering, stimulation **-lus** ['stɪmjʊləs] (*pl -li* [-laɪ]) **1** stimulans, drivfjäder, eggelse **2** stimulus **3** *med.* stimulans

sting [stɪŋ] **I** *s* **1** gadd; (*nässlas*) brännhår **2** stick, sting, styng, [insekts]bett; stickande, svidande smärta, sveda; *bildl.* sting, skärpa; *~s of remorse* samvetskval; *take the ~ out of s.th.* (*bildl.*) bryta udden av ngt **II** *v* (*stung, stung*) **1** sticka, stinga; (*om nässla*) bränna; *bildl.* såra, plåga, reta; *bildl.* driva, sporra; *~ into action* driva till handling; *be stung by the nettles* bränna sig på nässlorna; *be stung by remorse* få (ha) samvetskval **2** *vard.* klå, skinna (*for 10 pounds* på 10 pund) **3** stickas; brännas; svida, göra ont; *my eyes are ~ing* det svider i ögonen på mig

stinging nettle ['stɪŋɪŋˌnetl] brännässla **stingray** [-reɪ] *zool.* stingrocka

stingy ['stɪn(d)ʒɪ] snål, knusslig

stink [stɪŋk] **I** *v* (*imperf. stank el. stunk, perf. part. stunk*) **1** *~ out (up) (vard.)* stinka ner, förpesta; *~ out (äv.)* röka ut **2** stinka, lukta illa; *~ of* lukta, stinka av (*äv. bildl.*); *~ to high heaven* stinka lång väg **3** *vard.* ha urdåligt rykte, vara ökänd; vara urdålig (botten) **4** *sl., ~ of (with) money* bada i (vara nedlusad med) pengar **II** *s* **1** stank, dålig lukt **2** *vard.* uppståndelse, ramaskri, rabalder, bråk; *make (create, raise) a ~ about* ställa till rabalder (uppståndelse) kring

stink bomb ['stɪŋkbɒm] stinkbomb **stinker** [-ə] *sl.* **1** äckel, as, skitstövel **2** skitdålig (skitsvår) grej **stinking** [-ɪŋ] **I** *a* **1** stinkande; *cry ~ fish* nedvärdera sig själv (sitt eget) **2** *vard.* avskyvärd; förbaskad; rutten, nedrig **3** *sl.* asfull **II** *adv, vard.* förbaskat, väldigt; *~ rich* nerlusad med pengar **-pot** *se stinker* **stink trap** (*i avlopp*) vattenlås

stint [stɪnt] **I** *v* **1** snåla (knussla) med **2** vara snål (knusslig) mot **II** *s* **1** inskränkning, begränsning **2** förelagd uppgift, arbetsuppgift, pensum

stipe [staɪp] stjälk, skaft; (hos svamp) fot
stipend ['staɪpend] fast lön (arvode) (i sht t. präst) **stipendiary** [staɪ'pendjərɪ] **I** a [fast] avlönad; ~ magistrate polisdomare (i större stad) **II** s [fast] avlönad tjänsteman (i sht präst el. polisdomare)
stipple ['stɪpl] **I** v punktera, pricka, fläcka; stöppla **II** s punktering; stöppling
stipu|late ['stɪpjʊleɪt] **1** stipulera, bestämma, fastställa, föreskriva **2** ~ for yrka på, kräva, förbehålla sig **-lation** [ˌstɪpjʊ'leɪʃn] stipulering, stipulation, bestämmelse, villkor
1 stir [stɜː] **I** v **1** röra [i, ner, om i], vispa; ~ in röra ner (flour into mjöl i) **2** röra [på], sätta i rörelse; bildl. äv. väcka, egga; krusa (vatten); ~ the blood sätta blodet i svallning; not ~ a finger inte röra ett finger (to för att); ~ the imagination sätta fantasin i rörelse; ~ o.s. röra på sig, skynda sig, sätta i gång, rycka upp sig; ~ one's stumps (vard., ngt åld.) röra på påkarna; ~ s.b. into s.th. driva (egga) ngn till ngt; ~ s.b. to pity väcka ngns medlidande; ~ up a) röra (virvla) upp, b) väcka, sätta i rörelse, tända, egga (hetsa) upp, uppvigla, c) framkalla, sätta i gång, ställa till, anstifta, d) ruska om (upp) **3** röra sig; röra på sig; vakna; bildl. äv. spira, växa fram; be ~ring a) vara på benen (uppe), b) vara i rörelse (farten), c) vard. vilja ställa till bråk (mucka gräl) **II** s **1** omrör[n]ing; give s.th. a ~ röra om i ngt **2** rörelse; [life and] ~ liv och rörelse **3** uppseende, uppståndelse, väsen; create a ~ väcka uppståndelse (uppseende)
2 stir [stɜː] sl. kåk (fängelse); in ~ på kåken
stirrer ['stɜːrə] orosmakare **stirring** [-ɪŋ] **I** a **1** medryckande, eldande, upphetsande; rörande, gripande **2** livlig; energisk, aktiv **II** s ansats, framväxt
stirrup ['stɪrəp] stigbygel **stirrup bone** anat. stigbygel **stirrup iron** [-ˌaɪən] stigbygel **stirrup pump** [-pʌmp] (handdriven) brandspruta
stitch [stɪtʃ] **I** v sy (äv. med.); brodera; bokb. [tråd]häfta, klamra; ~ [together] sy ihop; ~ on sy på (fast); ~ up sy [ihop], laga **II** s **1** stygn (äv. med.); söm; chain ~ kedjesöm; a ~ in time saves nine (ung.) det är bättre att stämma i bäcken än i ån **2** maska; drop a ~ tappa en maska; moss ~ mosstickning **3** vard., not have a ~ to wear inte ha någonting att sätta på sig; not have a ~ on inte ha en tråd på kroppen **4** håll [i sidan]; have a (the) ~ ha håll; be in ~es (vard.) skratta hejdlöst (sig fördärvad); she had us all in ~es hon fick oss alla att vrida oss av skratt **-ing** ['stɪtʃɪŋ] sömn. [stick]söm, stickning
stiver ['staɪvə] [spott]styver
stoat [stəʊt] zool. vessla, lekatt; hermelin
stock [stɒk] **I** s **1** stock, stubbe; ~s (pl, hist.) stock; ~s and stones livlösa ting **2** block, kloss, stock; gevärsstock; handtag, skaft **3** härstamning, härkomst, familj, släkt; ras; avel; språkv. språk|grupp, -familj **4** bot. stam; grundstam, underlag (för ympning), moder|planta, -växt; lövkoja **5** kokk. spad, buljong **6** förråd, lager (äv. bildl.); be out of ~ vara slut[såld]; have (keep) in ~ ha på (i) lager, ha inne; take ~ a) inventera [lagret], göra en inventering, b) bildl. granska läget; take ~ of bedöma, skaffa sig en uppfattning om, tänka över, värdera **7** boskap, [kreaturs- ladugårds]besättning; bestånd; inventarier; materiel; dead ~ döda inventarier; fat ~ gödboskap, slaktdjur; live ~ kreatursbesättning, boskap, levande inventarier; rolling ~ rullande materiel **8** ekon. aktiekapital; grund|kapital, -fond; aktier, värdepapper; statsobligation[er]; statslån; bildl. aktier, ställning; ~s [and shares] (äv.) börs-, fond|papper; put (take) ~ in s.th. (bildl.) tillmäta ngt betydelse, intressera sig för ngt, uppskatta ngt **9** skeppsb., on the ~s a) på stapelbädden, under byggnad, b) bildl. under utarbetande **10** teat. repertoar; play in summer ~ uppträda i sommarens föreställningar **11** kortsp. talong **II** a **1** lager-; som [alltid] lagerförs; standard-, serie-; bildl. standard-, stående, standard återkommande, stereotyp; ~ example standard-, typ|exempel; ~ phrase stående uttryck; ~ room lager [lokal]; ~ size standardstorlek **2** boskaps-; avels-; ~ farmer kreaturs-, avelsdjurs|uppfödare **3** ekon. aktie-, fond-; ~ certificate (AE.) aktiebrev; ~ company (AE.) aktiebolag; ~ prices börskurser **4** AE. teat., ~ company fast ensemble; ~ play repertoarstycke **5** ~ cube buljongtärning **III** v **1** fylla, förse; utrusta; ~ a farm skaffa kreatursbesättning till en gård; ~ a river plantera in fisk i en flod **2** ha på lager, [lager]föra; lagra; ~ up fylla på [lagret av] **3** ~ up a) lägga upp ett förråd (lager) (with, on av), b) fylla på lagret
stockade [stɒ'keɪd] **I** s palissad, pålverk **II** v omge med palissad (pålverk)
stock|breeder ['stɒkˌbriːdə] kreaturs-, avelsdjurs|uppfödare **-breeding** kreaturs|uppfödning, -avel **-broker** börs-, fond|mäklare **-broking** börs-, fond|mäkleri
stock car ['stɒkkɑː] **1** stock-car (modifierad standardbil använd i skrotbilstävling) **2** AE. boskapsvagn **stock dove** zool. skogsduva **stock exchange** [-ɪksˌtʃeɪndʒ] **1** [fond-, aktie]börs **2** aktiemarknad **stock farm** [-fɑːm] boskapsfarm, avelsgård **stockfish** [-fɪʃ] stockfisk **stockholder** [-ˌhəʊldə] i sht AE. aktieägare **Stockholm** ['stɒkhəʊm] **Stockinet** [ˌstɒkɪ'net] trikå
stocking ['stɒkɪŋ] [lång] strumpa; in [one's] ~ feet i strumplästen **stockinged** [-d] strumpklädd; in one's ~ feet i strumplästen **stocking stitch** slätstickning
stock in trade [ˌstɒkɪn'treɪd] **1** [varu]lager **2** vanligt beteende; vanlig [arbets]rutin
stockist ['stɒkɪst] återförsäljare, leverantör
stock|jobber ['stɒkˌdʒɒbə] börsspekulant **-jobbery, -jobbing** börsspekulationer
stock market ['stɒkˌmɑːkɪt] AE. **1** aktiemarknad **2** [fond-, aktie]börs **3** börskurser
stock|pile ['stɒkpaɪl] **I** s förråd, lager, upplag; lagerhållning **II** v lagra, lägga upp förråd av **-pot** i sht BE. buljongkittel **-room** förrådsrum, lager **--still** [ˌstɒk'stɪl] adv absolut stilla, blickstilla **-taking** [ˌstɒkˌteɪkɪŋ] **1** [lager]inventering **2** bildl. granskning, översyn
stock whip ['stɒkwɪp] boskapspiska
stocky ['stɒkɪ] satt, undersätsig
stockyard ['stɒkjɑːd] kreatursinhägnad
stodge [stɒdʒ] **I** s **1** tung (mäktig, kraftig) mat **2** tråkig emellanåt; trögmåns **II** v vräka (proppa) i sig

mat **stodgy** ['stɒdʒɪ] **1** (*om mat*) tung, mäktig, kraftig **2** [lång]tråkig, trist
sto|gie, -gy ['stəʊgɪ] *AE.* billig långsmal cigarr
stoic ['stəʊɪk] **I** *s* stoiker **II** *a* stoisk **stoical** [-l] stoisk **stoicism** [-sɪz(ə)m] stoicism
stoke [stəʊk] **1** elda i, sköta elden i; ~ *up* fylla på bränsle i (på); ~ [*up*] (*bildl.*) hålla liv i, underblåsa; ~ *the fire* sköta elden, röra om i brasan **2** ~ *up* proppa i sig mat **stoke|hold, -hole** ['stəʊk|həʊld, -həʊl] pannrum **stoker** ['stəʊkə] eldare
STOL [stəʊl] *förk. för Short Take-Off and Landing* (*flyg.*) STOL-plan
1 stole [stəʊl] stola
2 stole [stəʊl] *imperf. av steal* **stolen** [-ən] *perf. part. av steal*
stolid ['stɒlɪd] sävlig, flegmatisk **-ity** [stɒ'lɪdətɪ] sävlighet, flegma
stomach ['stʌmək] **I** *s* **1** magsäck; mage, buk; *on an empty* ~ på fastande mage; *it turns my* ~ (*makes my* ~ *turn*) det kväljer mig, det får det att vända sig i magen på mig **2** matlust; *bildl.* håg, lust; *have no* ~ *for* inte ha lust med (för) **II** *v* tåla, [kunna] smälta (*äv. bildl.*) **stomachache** magvärk, ont i magen; *have a* ~ ha ont i magen
stomachic [stə(ʊ)'mækɪk] **I** *a* hörande till magen, mag-; magstärkande **II** *s* magmedicin **stomach pump** ['stʌməkpʌmp] magpump
stomp [stɒmp] **I** *v* **1** *vard.* stampa; trampa **2** *AE.*, ~ *one's foot* stampa med foten **3** dansa stomp **II** *s* stomp (*jazzmusik med kraftigt markerad rytm*)
stone [stəʊn] **I** *s* **1** sten (*äv. med.*); [*precious*] ~ ädelsten; *the S~ Age* stenåldern; *operation for* ~ gall-, njur|stensoperation; *a* ~'*s throw from*, *within a* ~'*s throw of* ett stenkast från; *leave no* ~ *unturned* inte lämna ngt ogjort (ngn möda ospard), pröva alla möjligheter **2** (*i stenfrukt*) kärna **3** (*pl vanl. lika*) stone (*viktenhet = 14 pounds = 6,35 kg*) **II** *v* **1** kasta sten på; stena; ~ *the crows!* (*BE. vard.*) det var som bara tusan! **2** kärna ur (*stenfrukt*) **3** klä med sten[ar]
stone|breaker ['stəʊn,breɪkə] stenkross **-cold** [-kəʊld] **I** *a* iskall **II** *adv*, ~ *sober* spik nykter **-crop** [-krɒp] *bot.* fetknopp **-cutter** [-,kʌtə] stenhuggare
stoned [stəʊnd] **1** urkärnad, kärnfri **2** *sl.* packad (*berusad*); påtänd, hög
stone-dead [,stəʊn'ded] stendöd **stone-deaf** stendöv **stone fruit** ['stəʊnfru:t] stenfrukt
stoneground ['stəʊngraʊnd] stenmalen
Stonehenge [,stəʊn'hen(d)ʒ]
stone|mason ['stəʊn,meɪsn] stenhuggare **-wall** [,stəʊn'wɔ:l] **1** (*i kricket*) spela defensivt **2** *parl.* obstruera **-walling** [,stəʊn'wɔ:lɪŋ] **1** (*i kricket*) defensivt spel **2** *parl.* obstruktions-, förhalnings|politik **-ware** ['stəʊnweə] stengods **-work** ['stəʊnwɜ:k] sten[huggeri]arbete
stony ['stəʊnɪ] **1** stenig **2** sten-; *bildl.* [sten]hård, känslolös, kall, isande **--broke** *BE. vard.* utfattig, luspank **-hearted** [-,hɑ:tɪd] hårdhjärtad
stood [stʊd] *imperf. o. perf. part. av stand*
stooge [stu:dʒ] **I** *s* **1** *vard.* underhuggare, hejduk, marionett **2** (*komikers*) skottavla, medhjälpare **II** *v* **1** *vard.* vara underhuggare *etc.*, *jfr I 2* vara (*komikers*) skottavla (medhjälpare) **3** *AE. sl.*, ~ *around* låtsas arbeta

stook [stʊk] [sädes]skyl
stool [stu:l] **1** stol (*utan ryggstöd*), pall, taburett; *fall between two* ~*s* (*bildl.*) sätta sig mellan två stolar **2** avföring **3** toalettstol **stool pigeon 1** lockfågel **2** [polis]tjallare **3** *AE. sl. bildl.* lock|fågel, -bete
1 stoop [stu:p] **I** *v* **1** ~ [*down*] böja sig [ner] **2** gå (stå, sitta) framåtlutad **3** *bildl.* sänka (nedläda) sig (*to doing s.th.* att göra ngt; *to s.th.* till ngt) **4** (*om rovfågel e.d.*) slå ner **5** luta, böja, sänka (*one's head* huvudet) **II** *s* **1** [framåt]lutning, -böjning; kutryggighet **2** (*rovfågels e.d.*) nedslag
2 stoop [stu:p] *AE.* liten yttertrappa; förstukvist
stop [stɒp] **I** *v* **1** stoppa, stanna; hejda; hindra; uppehålla; avbryta; stänga av; ~ *a blow* parera ett slag; ~ *a bullet* (*sl.*) träffas av en kula; ~ *thief!* ta fast tjuven!; ~ *s.b.* [*from*] *doing s.th.* hindra ngn från att göra ngt **2** sluta [med]; inställa; dra in; hålla inne; ~ *a cheque* spärra en check; ~ *it!* låt bli [det där]!, sluta!; ~ *a newspaper* avbeställa en tidning; ~ *a p.'s salary* hålla inne ngns lön; ~ *smoking* sluta röka **3** ~ [*up*] stoppa (fylla, täppa, proppa) igen, täppa till; ~ *one's ears a*) hålla för öronen, *b*) *bildl.* slå dövörat till; ~ *a gap* fylla en lucka; ~ *a p.'s mouth* täppa till munnen på ngn, tysta ngn; *his nose is ~ped up* han är täppt i näsan; ~ *a tooth* fylla (plombera) en tand; *~ped trumpet* sordinerad trumpet; ~ *the way* spärra vägen, stå i vägen (*äv. bildl.*) **4** *BE.* interpunktera **5** *mus.* stänga (*lufthål*); trycka ner (*sträng*) **6** stoppa, stanna; vard. stanna **7** *BE.* bo; ~!
stopp!, halt!; ~ *dead* (*short, in one's tracks*) tvärstanna; ~ *at nothing* inte sky några medel; ~ *by* at *a p.'s house* titta in hos ngn; ~ *for dinner* (*vard.*) stanna [kvar] till middagen; ~ *off* stanna [till]; ~ *out* (*BE. vard.*) stanna borta (ute); ~ *over* stanna [till, över]; ~ *up* (*vard.*) stanna uppe **7** sluta, upphöra, avstanna **8** ~ *up* täppas igen, bli igentäppt **9** *foto.*, ~ *down* blända ner **II** *s* **1** stopp, halt; paus; avbrott; uppehåll; *without a* ~ utan avbrott (uppehåll); *be at a* ~ stå stilla, ha [av]stannat; *bring to a* ~ stoppa, hejda; *come to a* ~ [av]stanna, upphöra; *we had* (*made*) *four* ~*s* vi stannade fyra gånger; *put a* ~ *to* sätta stopp för, göra slut på **2** hållplats **3** stopp[klack], spärr **4** skiljetecken; *full* ~ punkt **5** *mus.* grepp; tvärband; [luft]hål, klaff; ventil; register (*äv. bildl.*); register|andrag, -tangent; *with all the* ~*s out a*) *mus.* för fullt verk, *b*) *vard.* för fulla muggar; *pull all the* ~*s out* (*vard.*) sätta till alla klutar, göra allt, spela ut hela sitt register **6** *foto.* bländare, bländarsteg **7** *fonet.* klusil
stop|cock ['stɒpkɒk] [avstängnings]kran **-gap I** *s* tillfällig ersättning (ersättare, utfyllnad), surrogat; mellanspel **II** *a* tillfällig, övergångs-, ersättnings- **-light 1** stoppljus, rött ljus **2** bromsljus **-over** [-,əʊvə] reseuppehåll
stoppage ['stɒpɪdʒ] **1** tilltäpp|ande, -ning; avbrytande, stoppande, blockering; stopp, avbrott, stockning; ~ [*of game*] (*sport.*) avblåsning **2** arbetsnedläggelse, driftstörning **3** avdrag (*på lön för skatt e.d.*) **stopper** [-ə] **I** *s* propp; plugg **II** *v* sätta propp i **stopping** [-ɪŋ] **I** *s*, *BE. vard.* fyllning, plomb **II** *a*, ~ *train* persontåg **stopple** [-l] *se stopper* **stop press** *BE.* presstopp-nyheter, pressläggningsnytt **stopwatch** stopp-, tid-

storage ['stɔ:rɪdʒ] **1** lagring, magasinering **2** lager-, magasins|utrymme **3** lagringskostnader **4** data. minne **storage battery** [-ˌbætərɪ] i sht AE. ackumulator **storage capacity** [-kəˌpæsətɪ] data. minneskapacitet, lagringsutrymme **storage space** [-speɪs] lagerutrymme
store [stɔ:] **I** s **1** lager, förråd (äv. bildl.); lager, lagerbyggnad, förrådshus, magasin; data. minne; ~s (pl) förråd, förnödenheter, proviant; a ~ of (bildl.) en [stor] mängd, ett stort förråd av; ~ of knowledge fond av vetande; cold ~ kyl-, frys|hus; be in ~ for s.b. förestå (vänta) ngn; have (keep) in ~ ha ett förråd av, lagra, ha på lager (i reserv, i beredskap); have a surprise in ~ ha en överraskning i bakfickan (på lager); set great ~ by (on) sätta stort värde på, lägga stor vikt vid **2** i sht AE. butik, affär **3** ~s (pl), department ~[s] varuhus **II** v **1** lagra (äv. data.), lägga upp lager av; samla [på lager]; förvara, magasinera; elektr. ackumulera; ~ away a) lagra, lägga upp lager av, b) förvara; ~ up spara, lägga på lager **2** ha utrymme för, [kunna] rymma **3** utrusta [med förnödenheter, med proviant], förse
store|front ['stɔ:frʌnt] AE. skyltfönster **-house 1** magasin, lager[byggnad] **2** bildl. förråd, källa, guldgruva **-keeper** [-ˌki:pə] i sht AE. affärs-, butiks|innehavare **-room** [-rʊm] **1** förrådsrum **2** förrådsutrymme
storey ['stɔ:rɪ] våning[splan], etage; a single ~ building ett envåningshus; on the second ~ (BE.) två trappor upp **storeyed** [-d] a -vånings, med...våningar; three-~ house trevåningshus
1 storied ['stɔ:rɪd] se storeyed
2 storied ['stɔ:rɪd] **1** sägenomspunnen, omtalad i historien **2** prydd med bilder ur historien
stork [stɔ:k] zool. stork
storm [stɔ:m] **I** s **1** oväder, storm (äv. bildl.); [stört]skur (äv. bildl.); a ~ in a teacup (BE.) en storm i ett vattenglas; a ~ of applause stormande applåder; a ~ of protest en proteststorm; ~ and stress Sturm und Drang **2** mil. stormning; take by ~ ta med storm (äv. bildl.) **II** v **1** storma (a fort en fästning); gå till storms mot, ta med storm (äv. bildl.) **2** storma (into in i); rusa, störta (into in i; out of ut ur); bildl. rasa, vara ursinnig, skälla **3** opers., it ~ed det stormade och regnade (åskade, haglade, snöade), det var oväder
stormbound ['stɔ:mbaʊnd] hindrad av oväder (storm) **storm centre** [-ˌsentə] stormcentrum; bildl. äv. oroshärd **storm cloud** [-klaʊd] ovädersmoln (äv. bildl.) **storm-cock** [-kɒk] zool. dubbeltrast **storm petrel** [-ˌpetr(ə)l] zool. stormsvala **stormproof** [-pru:f] stormsäker **storm sail** [-seɪl] stormsegel **storm-trooper** [-ˌtru:pə] **1** medlem av stormtrupp **2** (under nazisttiden) SA-man **stormy** [-ɪ] stormig (äv. bildl.), ovädershetsstoff, artikel[material), story **4** [short] ~ novell
2 story ['stɔ:rɪ] AE., se storey; on the second ~ en trappa upp
story|book ['stɔ:rɪbʊk] **I** s sagobok **II** a sago-, som i sagorna **-teller** [-ˌtelə] **1** sagoberättare; historieberättare **2** vard. lögnhals
stoup [stu:p] **1** stop, dryckeskärl **2** vigvatten[s]-skål
stout [staʊt] **I** a **1** (om pers.) korpulent, tjock **2** kraftig, bastant, stadig, stark **3** tapper; hårdnackad; beslutsam; a ~ heart mod, beslutsamhet **II** s (starkt) mörkt öl, porter **-hearted** [ˌstaʊt'hɑ:tɪd] litt. tapper; ståndaktig; beslutsam
stove [stəʊv] spis; kamin; [bak]ugn **-pipe** ['stəʊvpaɪp] **1** kaminrör **2** AE. hög hatt
stow [stəʊ] **1** stuva [in]; packa [ner]; ~ away stuva (lägga) undan **2** sjö. lasta, stuva **3** BE. sl., ~ it! håll käften!, lägg av! **4** rymma, ha plats för **5** ~ away resa som fripassagerare, gömma sig ombord **-age** ['stəʊɪdʒ] **1** stuvning **2** stuvningsutrymme **3** lastningsavgift **-away** ['stəʊəweɪ] fripassagerare
str. förk. för steamer; straight; (mus.) string[ed]; strait; street; stroke oar
straddle ['strædl] **1** sitta (sätta sig) grensle över; stå (ställa sig) grensle (bredbent) över (på), grensla **2** skreva med, spärra ut (one's legs benen) **3** [sträcka sig över och] förbinda **4** AE. vara för båda sidor i (an issue en fråga) **5** sitta (gå, stå) bredbent; skreva [med benen], sitta grensle
strafe [strɑ:f] **1** bomba, beskjuta [från luften] **2** sl. klå upp
straggle ['strægl] gå i oordning; sacka [efter]; falla ur ledet **2** breda ut (sprida) sig oregelbundet, ligga utspridd; grena ut sig; spreta **straggler** [-ə] eftersläntrare **straggling** [-ɪŋ] **1** [ut]-spridd; oregelbundet byggd **2** stripig; spretig; ~ hair stripigt hår **straggly** [-ɪ] se straggling 2
1 straight [streɪt] **I** a **1** rak, rät; ~ hair rakt hår; a ~ left (right) (i boxning) en rak vänster (höger); ~ thinking logiskt tänkande; as ~ as die a) rak som en pinne, spikrak, b) bildl. genomhederlig; the picture isn't ~ tavlan hänger snett; keep one's face ~ inte röra en min, hålla masken; put ~ rätta till, lägga (hänga) rakt **2** öppen[hjärtig], rättfram, uppriktig, ärlig, hederlig, rättskaffens; vard. pålitlig; ~ answer ärligt (uppriktigt) svar; ~ fight tvekamp, ärlig strid; ~ man (komikers) medhjälpare, måltavla; ~ tip stalltips; keep ~ sköta sig, föra ett hederligt liv; keep s.b. ~ se till att ngn sköter sig (inte kommer på sned) **3** i ordning; get (put) ~ få ordning på, ordna (reda, klara) upp, ordna, ställa i ordning; and get this ~! och det ska du ha klart för dig!; get the record ~ reda ut begreppen; put ~ s.b. ~ about s.th. göra ngt klart för ngn **4** rak, i följd; five ~ wins fem raka segrar **5** ren, oblandad (whisky whisky); AE. genomgående; ~ choice enkelt val, val mellan två; ~ ticket (AE.) röstsedel med kandidater för endast ett parti **6** vanlig, konventionell; teat. äv. realistisk; ~ play talpjäs; ~ razor (AE.) rakkniv **7** sl. brackig; hetero[sexuell]; nykter, drogfri **II** adv **1** rakt, rätt, mitt; rak[t], upprätt; raka vägen, direkt; genast; ~ across mitt (tvärs) över; ~ ahead (on) rakt (rätt) fram; ~

straightaway—strawberry mark 506

away genast, med detsamma, direkt; ~ *off* genast, direkt, på rak arm, utan vidare; *come* ~ *to the point* gå rakt på sak; *the bus came* ~ *at me* bussen kom rakt emot mig; *work for five days* ~ arbeta fem dagar i rad **2** ~ [*out*] direkt, rent ut, rakt på sak **3** rätt, riktigt; *bildl.* hederligt; *go* ~ sköta sig, föra ett hederligt liv; *shoot* ~ träffa rätt; *think* ~ tänka logiskt **III** *s* **1** rak (rät) linje; raksträcka; *BE.* [*final*] ~ upplopp[ssida]; *out of the* ~ krokig[t] **2** *the* ~ *and narrow* den smala (dygdens) väg; *be on the* ~ [*and narrow*] sköta sig, föra ett hederligt liv **3** *kortsp., sport.* [rak] serie; svit
straightaway [ˌstreɪtə'weɪ] *adv* genast
straighten ['streɪtn] **1** räta [ut]; räta på; släta ut; rätta till; städa; *tekn.* rikta; ~ *out a)* räta [ut, upp] , *b)* ordna (reda, klara) upp; ~ *o.s. out* sträcka ut sig; *the problem will* ~ *itself out* problemet kommer att lösa sig självt; ~ *up a)* räta [ut], *b)* rätta till, få ordning på, *c)* städa [upp]; ~ *o.s. up* räta på (upp) sig **2** räta ut (upp) sig, bli rak, rakna; släta ut sig; ~ *out* ordna upp sig; ~ *up* räta upp sig
straight|faced ['streɪtfeɪst] *a* med orörligt ansikte, utan att röra en min **-forward** [ˌstreɪt'fɔːwəd] **1** rättfram, uppriktig, ärlig **2** enkel, okomplicerad **-out** [streɪt'aʊt] *AE.* **1** rättfram, uppriktig, ärlig **2** renodlad **-way** ['streɪtweɪ] *åld.* genast
1 strain [streɪn] **I** *v* (*jfr äv.* strained) **1** spänna, sträcka; tänja [ut]; *bildl.* hårdraga, pressa (*yttrande e.d.*), överskrida (*befogenhet e.d.*); ~ *the law* vränga (tänja på) lagen; ~ *a point* göra ett undantag (en eftergift) **2** fresta (slita) på, [över]-anstränga, [över]belasta; *bildl.* fresta, pröva; ~ *o.s.* [över]anstränga sig; ~ *one's ears* lyssna spänt, spetsa öronen; ~ *every nerve* spänna sig (spänna sina krafter, anstränga sig) till det yttersta; *it* ~*s my nerves* det sliter på mina nerver **3** *med.* sträcka (*a muscle* en muskel) **4** sila, filtrera, passera; ~ [*off*] sila av (bort); ~ *off water* hälla bort vatten; ~ *the potatoes* hälla av vattnet från potatisen **5** hålla hårt, trycka **6** anstränga (spänna) sig; (*vid avföring*) krysta; sträva; slita, streta, dra; ~ *after* eftersträva, vara ute efter; ~ *at a*) slita (streta) med, *b*) slita (dra) i **7** filtreras; sila[s]; sippra; ~ *at a gnat and swallow a camel* sila mygg och svälja kameler; ~ *through* sippra igenom **II** *s* **1** spänning, töjning; tryck; påfrestning, belastning, *bildl. äv.* [över]ansträngning, press, stress; *mental* ~ psykisk påfrestning; *nervous* ~ nervpress, stress; *be a* ~ *on* vara ansträngande för, anstränga, fresta (slita, ta) på; *put a great* ~ *on* hårt anstränga, ta hårt på; *suffer from nervous* ~ vara [psykiskt] överansträngd, vara stressad **2** *med.* sträckning **3** ton; stil **4** ~*s* (*pl*) toner, musik
2 strain [streɪn] **1** ätt, släkt **2** *biol.* sort; stam, ras **3** [släkt]drag, inslag
strained [streɪnd] *bildl.* spänd; ansträngd, onaturlig; ~ *relations* spänt förhållande
strainer ['streɪnə] sil, durkslag; filter
strait [streɪt] **1** ~[*s* (*behandlas som sg*)] sund; *the S~s of Dover* Pas de Calais; *the S~s of Gibraltar* Gibraltarsund **2** ~[*s* (*pl*)] trångmål, knipa; *be in a* ~ (*in great* ~*s*) vara i [svårt] trångmål (i verklig knipa) **-en** [-n] försätta i trångmål; *in* ~*ed circumstances* i (under) knappa omständigheter

-jacket ['streɪtˌdʒækɪt] tvångströja (*äv. bildl.*)
-laced [ˌstreɪt'leɪst] puritansk, sträng, pryd
1 strand [strænd] **1** [rep]sträng, kardel; tråd; fiber **2** rep, tåg; pärl[hals]band **3** [hår]slinga, -test **4** *bildl.* inslag, element
2 strand [strænd] **I** *s* **1** *litt.* strand **II** *v* **1** stranda (*äv. bildl.*) **2** driva upp på stranden, [få att] stranda; *be* ~*ed* stranda; *be* [*left*] ~*ed* (*bildl.*) vara strandsatt, sitta fast, vara övergiven
strange [streɪn(d)ʒ] **1** egendomlig, konstig, underlig, sällsam; ~ *to say* egendomligt nog; *feel a bit* ~ känna sig litet konstig; *truth is* ~*r than fiction* verkligheten överträffar dikten **2** främmande, okänd (*to* för); *be* ~ *to* vara främmande för, inte känna till **stranger** ['streɪn(d)ʒə] främling; ~*s* (*pl, äv.*) främmande människor; *they are* ~*s* (*äv.*) de känner inte varandra; *be a* ~ *to s.th.* vara främmande för ngt, inte veta vad ngt vill säga, inte känna till ngt; *I spy* ~*s* (*i underhuset*) jag yrkar att åhörarläktarna utryms
strangle ['stræŋgl] **1** strypa **2** *bildl.* kväva, undertrycka; strypa **-hold** strup|grepp, -tag; *bildl. äv.* järngrepp
strangu|late ['stræŋgjʊleɪt] **1** *med.* snöra av (åt); ~*d hernia* inklämt bråck **2** strypa **-lation** [ˌstræŋgjʊ'leɪʃn] **1** *med.* av-, åt|snörning **2** strypning
strap [stræp] **I** *s* **1** rem; band; tamp; (*i buss, tåg e.d.*) stropp; (*på sko*) slejf; (*på byxben*) hälla; ~*s* (*pl*) remtyg; *get the* ~ få stryk, få prygel (*med rem*) **2** strigel **3** axelband; axelrem **II** *v* **1** fästa (spänna fast) med rem[mar]; ~ *on* spänna (sätta) på sig **2** prygla (*med rem*) **3** strigla
straphanger ['stræpˌhæŋə] *vard.* stående passagerare (*som håller fast i stropp*) **strapless** [-lɪs] axelbandslös, utan axelband **strapping** [-ɪŋ] kraftig[t byggd], stor och kraftig
strata ['strɑːtə] *pl av* stratum
stratagem ['strætədʒəm] knep, list
strategic[al] [strə'tiːdʒɪk(l)] strategisk **strategics** [-s] (*behandlas som sg*) *i sht mil.* strategi
strategist ['strætɪdʒɪst] strateg **strategy** ['strætɪdʒɪ] strategi; taktik
strati|fication [ˌstrætɪfɪ'keɪʃn] stratifi|kation, -ering, skiktning **-fy** ['strætɪfaɪ] stratifiera; skikta; indela i skikt
strato|sphere ['strætə(ʊ)sfɪə] stratosfär **-spheric[al]** [ˌstrætə(ʊ)'sferɪk(l)] stratosfärisk
stra|tum ['strɑːtəm] (*pl* -ta [-tə]) *geol., sociol.* stratum, skikt, lager
straw [strɔː] **I** *s* **1** strå; halmstrå; halm; ~ *in the wind* (*bildl.*) indikation, antydan; *man of* ~ *a*) galjonsfigur, marionett, bulvan, *b*) skenmotståndare, skenargument; *not a* ~ (*two* ~*s*) (*vard.*) inte ett dugg; *that was the last* ~ [*that broke the camel's back*] det var droppen som kom bägaren att rinna över; *clutch* (*grasp*) *at* ~*s* (*bildl.*) gripa efter ett halmstrå; *draw* (*get*) *the short* ~ dra det kortaste strået **2** sugrör **II** *a* **1** halm-; ~ *hat* halmhatt **2** halm|färgad, -gul **3** *i sht AE.* betydelselös; värdelös; ~ *man a*) halmdocka, *b*) *se* straw I 1 (*man of* ~) **4** *i sht AE.*, ~ *poll* (*vote*) *a*) provomröstning, *b*) opinionsmätning
strawberry ['strɔːb(ə)rɪ] jordgubbe; *wild* ~ smultron **strawberry blonde** *a* (*om hår*) rödlätt **strawberry mark** rött födelsemärke

straw-coloured ['strɔːˌkʌləd] (*i sht om hår*) halmgul

stray [streɪ] **I** *v* ströva (irra) [omkring, hit och dit] ; gå vilse, förirra sig; avlägsna sig, komma bort; *bildl. äv.* begå ett felsteg **II** *a* **1** kringdrivande, bortsprungen, vilsekommen, herrelös **2** enstaka, sporadisk, spridd, tillfällig, strö-; *a ~ bullet* en förlupen kula; *a ~ car or two* en och annan bil **III** *s* kringdrivande (vilsekommet, herrelöst) djur; hemlöst (övergivet) barn, hemlös individ

streak [striːk] **I** *s* **1** strimma, rand; streck; ådring; *~ of light* ljusstrimma; *~ of lightning* blixt; *like a ~ [of lightning]* (*bildl.*) som en oljad blixt **2** inslag, drag; anstrykning; *he has a ~ of humour* han har [ett visst] sinne för humor **3** rad, period; *a lucky ~* en tids (period av) tur; *a winning ~* en segerrik period, period av segrar **II** *v* **1** göra strimmig, randa; ådra; *hair ~ed with grey* gråsprängt hår; *~ed with red* rödstrimmig, med röda strimmor **2** bli strimmig (randig) **3** rusa, susa, svepa; *vard.* 'strika' (*springa naken för att provocera e.d.*) **streaky** ['striːkɪ] **1** strimmig, randig **2** ojämn (*i kvalitet*)

stream [striːm] **I** *s* **1** bäck, å, vattendrag; ström, strömning, *bildl. äv.* riktning, förlopp; flöde; stråle; *~ of consciousness* medvetandeström; *~ of tears* flod av tårar, tåreflod; *~ of words* ordflöde, ström av ord; *down [the] ~* nedströms; *up [the] ~* uppströms; *arrive in a steady ~* anlända i en jämn ström; *go with (against) the ~* (*bildl.*) följa med (gå emot) strömmen **2** *skol.* [parallell]klass; [nivå]grupp **II** *v* **1** spruta; *his eyes ~ed tears* tårarna strömmade ur ögonen på honom; *his face ~ed blood* blodet sprutade ner över ansiktet på honom **2** *skol.* dela in i [parallell]klasser ([nivå]grupper) **3** strömma (*äv. bildl.*); flöda, rinna; *~ with* rinna (drypa) av; *his eyes ~ed with tears* tårarna strömmade ur ögonen på honom; *the rain is ~ing down* det störtregnar **4** vaja, fladdra (*in the wind* i (för) vinden)

stream|er ['striːmə] **1** vimpel **2** serpentin **3** tidningsrubrik över hel sida **-line I** *s* strömlinje; strömlinjeform **II** *v* **1** strömlinjeforma, göra strömlinjeformad **2** effektivisera, rationalisera; reducera

street [striːt] gata; *in* (*AE.: on*) *the ~* på gatan; *the man in the ~* mannen på gatan, gemene man; *be (go) on the ~s* (*vard.*) gå på gatan (sporten); *be ~s ahead of s.b.* (*vard.*) ligga långt före ngn, vara ngn skyhögt överlägsen; *they are ~s apart* (*vard.*) de är himmelsvitt skilda; *not in the same ~ as* (*vard.*) inte alls jämförbar med; *that's [right] up my ~* (*vard.*) det är verkligen någonting för mig (som jag är bra på); *walk the ~s* vara husvill, gå brandvakt; *walk down the ~* gå (promenera) gatan fram

street Arab ['striːtˌærəb] hemlöst barn; gatunge **streetcar** ['striːtkɑː] *AE.* spårvagn **street cries** *pl* gatuförsäljares rop **street door** port, ytterdörr (*åt gatan*) **street|lamp, -light** gatlykta **streetwalker** [-ˌwɔːkə] gatflicka

strength [streŋθ] **1** styrka (*äv. bildl.*); kraft[er]; *~ of character* karaktärsstyrka; *~ of mind* andlig styrka; *position of ~* styrkeposition; *on the ~ of* på grund av, i kraft av; *his chief ~* hans starkaste sida är; *be beyond a p.'s ~* överstiga ngns krafter (förmåga); *gain (recover) ~* hämta sig, få nya (samla) krafter; *go from ~ to ~* gå från klarhet till klarhet **2** styrka, hållbarhet, [håll]fasthet, stabilitet **3** styrka, styrkegrad; koncentration; intensitet **4** styrka, antal, numerär; *in [great] ~* i stort antal; *be at (up to) full ~* vara fulltalig; *be below (under) ~* inte vara fulltalig, vara underbemannad

strengthen ['streŋθn] **1** stärka, styrka; förstärka; *~ a p.'s hands* styrka ngn, inge ngn mod **2** bli starkare; stärkas, styrkas; förstärkas; öka i styrka

strenuous ['strenjʊəs] **1** ansträngande, påfrestande **2** ivrig, ihärdig, energisk

strepto|coccus [ˌstreptə(ʊ)ˈkɒkəs] (*pl -cocci* [-ˈkɒk[s]aɪ]) *med.* streptokock **-mycin** [-ˈmaɪsɪn] *med.* streptomycin

stress [stres] **I** *s* **1** spänning; påfrestning, belastning, tryck; *bildl. äv.* stress; *the ~es and strains of modern life* det moderna livets påfrestningar (jäkt och stress); *be under ~* vara utsatt för stora påfrestningar, vara hårt belastad, vara stressad; *put s.b. under ~* stressa ngn **2** *bildl.* vikt; *lay (put) ~ on a)* betona, poängtera, framhålla, *b)* sätta värde på, lägga vikt vid **3** *språkv.* betoning, ton,tonvikt, accent, tryck; betonad stavelse; *primary ~* huvud|accent, - ton; *secondary ~* bi|accent, -ton **II** *v* **1** belasta, utsätta för tryck (påfrestning) **2** stressa **3** betona, poängtera, framhålla **4** *språkv.* betona **stressful** ['stresfʊl] stressig

stretch [stretʃ] **I** *v* **1** spänna, sträcka ut; tänja (töja) ut; *med.* sträcka (*a tendon* en sena); *~ o.s.* sträcka på sig; *~ one's legs* sträcka (röra) på benen; *~ one's neck* sträcka på halsen; *~ forth* sträcka fram; *~ s.b. on the ground* slå ngn till marken; *~ out* sträcka ut, räcka fram; *~ o.s. out* sträcka ut sig **2** dryga ut, få att räcka [länge] **3** kräva mycket av; anstränga; utnyttja till fullo; *~ o.s.* anstränga sig **4** utvidga, pressa (*yttrande e.d.*); tänja (tumma) på (*princip e.d.*); överskrida; missbruka; *~ a point a)* göra ett undantag, frångå reglerna, *b)* överdriva; *that's ~ing it too far* det är att gå för långt **5** kunna sträckas (spännas, töjas [ut]); tänja (töja [ut]) sig **6** sträcka [på] sig; sträcka på benen; *~ for s.th.* sträcka sig efter ngt; *~ out* sträcka ut sig **7** *~ [out]* sträcka (breda ut) sig **8** räcka till **II** *s* **1** spänning, sträckning; tänjning, töjning; töjbarhet, elasticitet; *bildl.* ansträngning; *bildl.* överskridande, missbruk; *at a ~* (*i sht BE.*) *a)* med viss ansträngning, *b)* i nödfall; *by a ~ of language* med en lätt överdrift; *by no ~ of the imagination* inte ens i sin vildaste fantasi (med bästa vilja i världen); *be at full ~* (*bildl.*) arbeta (gå) för fullt (för högtryck); *give [o.s.] a ~* sträcka [på] sig **2** avsnitt, stycke; del; [sträckt]sträcka; område, trakt; tid[rymd], period; *a ~ of years* en rad av år; *at a ~* i [ett] sträck; *for a long ~ of time* [under] lång tid; *do a ~* (*vard.*) sitta inne (på kåken) **III** *a* stretch-, elastisk **-able** ['stretʃəbl] tänj-, töj|bar

stretcher ['stretʃə] **1** bår **2** *konst.* spännram **--bearer** [-ˌbeərə] bårbärare

stretchy ['stretʃɪ] elastisk, töj-, tänj|bar

strew [struː] (*imperf. ~ed, perf. part. ~ed el. ~n*) **1** strö [ut] **2** beströ; översålla **strewn** [-n] *perf.*

strewth—string

part. av strew
strewth [stru:θ] *interj. vard.* (= *God's truth*) *vard.* jösses!, kors!
stricken ['strɪk(ə)n] *a* slagen, drabbad; *by fear* skräckslagen; ~ *in years* ålderssvag, ålderstigen; ~ *with illness* drabbad av sjukdom
strict [strɪkt] sträng, rigorös (*with* mot); strikt, noggrann; exakt; *in the* ~ *sense of the word* i ordets egentliga bemärkelse (mening) **-ly** ['strɪktlɪ] *adv* strängt, rigoröst; strikt, noggrant; i egentlig mening; ~ *speaking* strängt taget, i själva verket
stricture ['strɪktʃə] **1** ~[s] kritik, ogillande; *pass* ~s *on* rikta kritik mot **2** *med.* förträngning
stridden ['strɪdn] *perf. part. av* stride
stride [straɪd] **I** *s* [lång] steg, kliv; gång; *bildl.* framsteg; *get into one's* ~ komma i gång (farten, tagen); *make great* ~s (*bildl.*) göra stora framsteg; *put s.b. off his* ~ få ngn att tappa koncepterna, bringa ngn ur fattningen; *take s.th. in one's* ~ [lätt] klara av ngt **II** *v* (*strode, stridden*) **1** stega upp **2** gå med långa steg, stega, skrida, kliva; ~ *over* (*across*) kliva (ta ett kliv) över
stri|dence ['straɪdns], **-dency** [-dnsɪ] gällhet, skrikighet **-dent** [-dnt] gäll, skrikig
strife [straɪf] strid[ighet], konflikt, missämja
strike [straɪk] **I** *v* (*struck, struck*); *se äv.* struck **1** slå [till]; slå mot (på); ~ *dead* slå ihjäl; ~ *me dead* (*handsome, ugly e.d.*) *if...* (*vard.*) [nej] så ta mig tusan om...; ~ *a blow for* (*bildl.*) slå ett slag för **2** stöta, sticka; (*om orm*) hugga **3** slå (stöta, köra) emot; krocka med; *sjö.* gå (ränna, stöta) på; ~ *one's head against s.th.* slå huvudet i ngt **4** träffa; *bildl.* drabba; ~ *blind* slå med blindhet, göra blind; ~ *home* träffa rätt (prick); *be struck by lightning* träffas av blixten; *be struck with polio* drabbas av polio **5** slå, fylla, inge, injaga; ~ *fear into s.b.* injaga fruktan hos ngn **6** stöta (träffa) på; komma fram till, nå; finna, hitta, upptäcka; ~ *obstacles* stöta på hinder; ~ *oil a*) hitta olja, *b*) *vard.* ha tur (framgång), göra ett fynd; ~ *it lucky* ha tur; ~ *it rich* [plötsligt, oväntat] få mycket pengar **7** falla på, nå; slå; falla in, komma för; frappera; förefalla, tyckas; göra intryck på; fånga, tilltala; ~ *s.b. as unlikely* förefalla ngn osannolikt; ~ *the imagination* tilltala fantasin; *it* ~s *me that* det slår mig (jag kommer att tänka på) att; *that* ~s *me as a good idea* det tycks mig (verkar) vara en bra idé; *has it ever struck you that* har du någonsin tänkt på (det någonsin fallit dig in) att; *it* ~s *the eye* det faller en i ögonen; *a terrible sight struck my eyes* plötsligt fick jag se någonting förskräckligt; *how does it* ~ *you?* hur tycker du att det verkar?; *how did the film* ~ *you?* vad tyckte du om filmen? **8** *mus.* slå an; ~ *a chord* (*bildl.*) slå an en sträng; ~ *a false note* (*bildl.*) klinga falskt; ~ *a familiar note* förefalla bekant **9** avlägsna, ta bort (ner); ~ *camp* (*tents*) bryta lägret, bryta upp; ~ *one's flag* (*sjö., bildl.*) stryka flagg; ~ *sail* stryka segel (*äv. bildl.*); ~ *through* stryka [över] **10** ~ *an attitude* inta en pose **11** komma fram till (överens om), göra upp, träffa, [av]sluta; ~ *a balance a*) göra upp balansen, *b*) *bildl.* gå en medelväg; ~ *a bargain* göra upp en affär, träffa avtal **12** slå, prägla (*mynt e.d.*) **13** ~ *a light* (*match*) stryka eld på (tända) en tändsticka **14** ~ *cuttings* sätta sticklingar; ~ *root* slå rot **15** ~ *work* lägga ner arbetet, strejka **16** slå; stöta (*om orm*) hugga; (*om fisk*) nappa, hugga; *mil.* anfalla, gå till anfall (angrepp); ~ *against s.th.* slå emot ngt; ~ *at a*) slå efter, *b*) hugga efter, *c*) *bildl.* hota, angripa; ~ *at the root*[*s*] *of a*) angripa roten till, *b*) hota att undergräva; ~ *at a p.'s weakest point* träffa ngn på hans svagaste punkt; ~ *for s.th.* (*bildl.*) slå ett slag för ngt; *when the clock* ~s när klockan slår; *the killer has struck again* mördaren har slagit till igen; *his hour has struck* hans timme har slagit, hans sista stund är kommen; *the lightning struck* blixten slog ner **17** strejka **18** bryta ut, sätta in, slå till **19** gå, bege sig, ta vägen; ge sig i väg; svänga av; ~ *into* (*bildl. äv.*) komma in på **20** tränga [in]; *bildl.* göra intryck, frappera; ~ *up*[*on*] *a*) falla på, *b*) nå, *c*) komma på; ~ *on a new idea* ha (få) en ny idé; *the chill struck through to his very bones* kylan trängde genom märg och ben på honom; *the sun struck through the mist* solen bröt fram genom dimman **21** ~ *lucky* ha tur **22** tända, ta eld **23** slå rot **24** *sjö.* gå på, gå på grund **25** ~ *back* slå tillbaka (igen); ~ *down a*) slå ner (till marken), fälla, *b*) *bildl.* knäcka; *be struck down by illness* drabbas av sjukdom; *he was struck down in his prime* döden ryckte bort honom i hans bästa ålder; ~ *off a*) slå (hugga) av, *b*) stryka [ut], *c*) *boktr.* trycka; ~ *out a*) slå [fram], *b*) stryka [ut, över], *c*) bryta (*new paths* nya vägar), *d*) ge sig (sätta, simma) i väg, e) slå omkring sig; ~ *out at s.b.* angripa (attackera) ngn; ~ *out in new directions* slå in på nya vägar; ~ *out on one's own* gå sin egen väg; ~ *up a*) slå upp, *b*) inleda, c) stämma (spela) upp; ~ *up the band!* musik!, spela upp!; ~ *up a conversation with* börja prata (inleda samtal) med; ~ *up a friendship* knyta vänskapsband **II** *s* **1** slag; hugg; (*vid mete*) napp; *mil.* [flyg]anfall, räd **2** strejk; *unofficial* ~ vild strejk; *be* [*out*] *on* ~ vara i strejk, strejka; *call a* ~ utlysa strejk; *come out on* ~, *go* [*out*] *on* ~ gå i strejk, [börja] strejka **3** [olje-, malm]fynd **4** (*klockas*) slagverk **5** (*i bowling*) strike (*alla käglor slås ner i första slaget*)
strikebound ['straɪkbaʊnd] lamslagen av strejk, strejkdrabbad **strikebreaker** [-ˌbreɪkə] strejkbrytare **strike fund** [-fʌnd] strejkkassa
strike pay [-peɪ] strejkunderstöd, ersättning från strejkkassa
striker ['straɪkə] **1** strejkande [person] **2** *fotb.* anfallsspelare
striking ['straɪkɪŋ] **1** slående, påfallande, frapperande, markant; imponerande, uppseendeväckande **2** *within* ~ *distance* inom skotthåll, *bildl.* inom räckhåll (*of* för), i närheten (*of* av); ~ *power* (*mil.*) slagkraft **3** strejkande **-ly** [-lɪ] *adv* slående, påfallande *etc.*
Strine [straɪn] australiensisk engelska
string [strɪŋ] **I** *s* **1** snöre; snodd, band; tråd; *a piece of* ~ ett snöre; ~ *of onions* lökfläta; ~ *of pearls* pärl[hals]band; *with no* (*without*) ~s *attached* utan några förbehåll (krav, villkor); *have got s.b. on a* ~ (*bildl.*) hålla ngn i ledband; *pull* ~s (*bildl.*) utnyttja sina förbindelser, använda sitt inflytande; *pull the* ~s (*bildl.*) hålla i trådarna **2** kedja, [lång] rad, följd, serie **3** sträng; sena (*of a racket* i en racket); ~s (*pl*) stråkar, stråkinstrument; *second* ~ annan möjlighet (alternativ) att

string band—structure

ta till (falla tillbaka på); *harp on the same* ~ (*vard.*) tjata om samma sak; *have two* ~*s* (*more than one* ~) *to one's bow* (*bildl.*) ha två (flera) möjligheter (alternativ) att ta till **4** fiber, tråd, tåga **II** *v* (*strung, strung*) **1** hänga (trä) upp [på snöre *etc.*]; spänna [upp]; snöra [ihop]; ~ *up a*) hänga upp [på snöre *etc.*], *b*) vard. hänga (*avliva*), *c*) slå ett snöre om, *d*) bildl. göra nervös (spänd) **2** behänga (*with festoons* med girlander) **3** rada upp, placera i en [lång] rad; ~ *out* sprida ut **4** ~ *together* knyta samman, sätta (lägga, länka) ihop, rada upp **5** sätta sträng[ar] på, stränga **6** spänna (*a bow* en båge); stämma (*an instrument* ett instrument) **7** ta bort trådar ur, rensa, snoppa (*beans* bönor) **8** tråda sig, bli trådig (seg) **9** ~ *out* sprida ut sig [i en lång rad] **10** *vard.*, ~ *along with* hänga med, hålla ihop med, ansluta sig till, hålla med

string band ['strɪŋbænd] strängmusikkår; stråkorkester **string bass** *mus.* kontrabas **string bean** *AE.* böna

stringed [strɪŋd] strängad, sträng-, stråk-; ~ *instrument* sträng-, stråk|instrument

strin|gency ['strɪn(d)ʒ(ə)nsɪ] **1** stränghet, skärpa, stringens **2** [penning]knapphet **-gent** [-(d)ʒ(ə)nt] **1** sträng, stringent, strikt **2** [ekonomiskt] stram

string orchestra ['strɪŋˌɔːkɪstrə] stråkorkester **stringy** ['strɪŋɪ] trådig, seníg

1 strip [strɪp] **1** remsa, [smalt] stycke; band; list; *a* ~ *of a boy* en pojkvasker; *tear a* ~ *off s.b.*, *tear s.b. off a* ~ skälla ut ngn, ge ngn en avhyvling **2** *flyg.* start- och landningsbana **3** serie; ~ [*cartoon*] tecknad serie; *comic* ~ skämtserie, tecknad serie; **4** *sport.* [lag-, fotbolls]dräkt

2 strip [strɪp] **I** *s* striptease; *do a* ~ strippa **II** *v* **1** dra (riva, skrapa, skala) av (bort); plocka (skrapa) ren; ta bort (ner); tömma; klä av; *sjö.* rigga av; ~ *away* ta bort, skala av, avlägsna; ~ *of a*) klä av, *b*) skrapa ren från (på), *c*) tömma på, *d*) beröva, frånta[ga]; ~ *a tree of its bark, ~ the bark from a tree* barka ett träd; ~ *o.s. of old habits* lägga av gamla vanor; ~ *off a*) dra (ta) av [sig], *b*) ta bort, avlägsna; ~ *s.b. naked* (*to the skin*) klä av ngn inpå bara kroppen; ~ *a bed* ta bort sängkläderna från en säng; ~ *a screw* förstöra (slita ner) gängorna på en skruv **2** ~ [*down*] plocka isär **3** klä av sig; strippa

stripe [straɪp] **I** *s* **1** rand **2** randigt tyg **3** *mil.* streck (*i gradbeteckning*); galon **4** *AE.* sort, slag **II** *v* randa, göra randig **striped** [-t] randig **strip lighting** ['strɪpˌlaɪtɪŋ] lysrörsbelysning **stripling** ['strɪplɪŋ] ung spoling

strip mining ['strɪpˌmaɪnɪŋ] *gruv.* brytning i dagbrott

stripper ['strɪpə] stripteaseartist, strippa **strip poker** ['strɪpˌpəʊkə] klädpoker

striptease ['strɪptiːz] **I** *s* striptease **II** *v* strippa, dansa striptease

stripy ['straɪpɪ] randig

strive [straɪv] (*strove, striven*) sträva (*for, after* efter; *to do* efter att göra); kämpa; bemöda sig (*for, after* om; *to do* om att göra) **striven** ['strɪvn] *perf. part. av strive*

strobe [strəʊb] **1** (*på diskotek e.d.*) elektronblixt **2** stroboskop **strobe lighting** ['strəʊbˌlaɪtɪŋ] *se* strobe *1* **stroboscope** ['strəʊbəskəʊp] stroboskop

strode [strəʊd] *imperf. av stride*

1 stroke [strəʊk] **I** *s* **1** slag; stöt; hugg; ~ *of lightning* blixt[nedslag] **2** *med.* stroke, hjärnblödning, slag[anfall] **3** [klock]slag; *on the* ~ *of three* på slaget tre **4** [sim-, år]tag; sim-, rodd|sätt; *mus.* stråk[drag]; *do the butterfly* ~ simma fjärilsim; *put s.b. off his* ~ få ngn att tappa koncepterna, distrahera ngn; *set the* ~ bestämma takten **5** *sport.* akterroddare, stroke **6** [sned]streck; drag; (*på skrivmaskin*) nedslag; *at a single* (*in one*) ~ i ett enda drag; *with one* ~ *of the pen* med ett penndrag **7** *bildl.* [schack]drag, steg, infall, åtgärd; *a good* ~ *of business* en bra affär; ~ *of genius* genial idé, snilledrag; ~ *of luck* lyckträff, tur; *he doesn't do a* ~ [*of work*] han gör inte ett handtag (ett enda dugg) **8** *tekn.* [kolv]slag; slaglängd; takt **II** *v* **1** slå [an, till] **2** vara akterroddare i **2 stroke** [strəʊk] **I** *v* stryka [med handen över]; smeka; släta [till, ut] **II** *s* strykning; smekning

stroll [strəʊl] **I** *v* strosa, ströva, flanera, spatsera, promenera; strosa (*etc.*) omkring **II** *s* [stilla] promenad; kringströvande; *take a* ~ ta en promenad **-er** ['strəʊlə] *i sht AE.* sittvagn

strong [strɒŋ] **I** *a* **1** stark (*äv. språkv.*); stor; mäktig, kraftig; kraftfull, energisk; bestämd; orubblig, fast; stadig; stabil, solid; ~ *chance* stor chans; ~ *gale* halv storm; *German is not my* ~ *point* tyska är inte min starka sida; *be* ~ *in s.th.* vara stark (duktig) i ngt; *be* ~ [*up*]*on s.th.* (*vard.*) hålla styvt på ngt; *come on* ~ (*vard.*) gå för långt, vara för sträng (dominerande) **2** stark, skarp, fräsn (*taste* smak); ~ *breath* dålig andedräkt; *be* ~ *meat* (*bildl.*) vara [mag]stark **3** [frisk och] stark, frisk; ~ *eyes* starka (bra) ögon; *when you're* ~ *again* när du är frisk igen (återställd) **4** ivrig, övertygad, inbiten **5** [numerärt] stark; *an 8-*~ *band* en åttamannaorkester; *a group 30* ~ en 30 man stark grupp **II** *adv* starkt, kraftigt; *come* (*go*) *it* ~ (*vard.*) överdriva, gå för långt; *be still going* ~ (*vard.*) fortfarande vara pigg och kry (i sin fulla kraft), vara i full gång

strong|**-arm** ['strɒŋˌɑːm] **I** *a* våld-, brutal **II** *v* bruka våld mot, vara brutal mot **-box** kassa|-skåp, -skrin **-hold** åld. fäste, fort; bålverk **2** bildl. fäste, högborg **-ly** [-lɪ] *adv* **1** starkt *etc.*, *jfr strong* **2** på det bestämdaste **--minded** [ˌstrɒŋˈmaɪndɪd] bestämd, beslutsam; självständig **-room** ['strɒŋrʊm] kassavalv **--willed** [ˌstrɒŋˈwɪld] viljestark

strontium ['strɒntɪəm] *kem.* strontium **strop** [strɒp] **I** *s* strigel **II** *v* strigla **strophe** ['strəʊfɪ] strof

strove [strəʊv] *imperf. av strive*

struck [strʌk] *imperf. o. perf. part. av strike* **II** *a* **1** imponerad (*with* av), förtjust (*with* i); ~ *on s.b.* förtjust (nere, tokig) i ngn **2** *AE.* strejkdrabbad, stängd på grund av strejk

structural ['strʌktʃ(ə)r(ə)l] strukturell; struktur-; byggnads-, konstruktions-, byggnadstekniskt; morfologisk; ~ *linguistics* strukturalism, strukturell lingvistik **-ism** [-ɪz(ə)m] strukturalism (*äv. språkv.*)

structure ['strʌktʃə] **I** *s* **1** struktur, [upp]byggnad; konstruktion **2** byggnad[sverk] **II** *v* struktu-

struggle ['strʌgl] **I** s kamp, strid, *bildl. äv.* ansträngning, besvär; *the ~ for existence* kampen för tillvaron; *power ~* maktkamp; *I had a ~ to persuade her* jag fick kämpa (anstränga mig) för att övertyga henne; *put up a ~* göra motstånd, försvara sig **II** v **1** kämpa, strida, brottas, *bildl. äv.* anstränga sig **2** arbeta (kämpa) sig; streta; knoga; vrida sig; *~ along* hanka (dra) sig fram; *~ into one's coat* kränga på sig rocken; *~ on* kämpa på (vidare); *~ to one's feet* resa sig mödosamt, kravla sig upp
strum [strʌm] slå (knäppa) på (*the guitar* gitarren)
strumpet ['strʌmpɪt] *åld.* hora, sköka
strung [strʌŋ] *imperf. o. perf. part. av string*
strut [strʌt] **I** v **1** [gå och] stoltsera, svassa **2** stötta, staga **II** s **1** stoltserande gång, svassande **2** stötta, stag; balk, bjälke; sträva
strychnine ['strɪknɪːn] stryknin
stub [stʌb] **I** s **1** stump; fimp **2** (*på biljett*) kontramärke; (*på checkhäfte e.d.*) talong, stam **3** stubbe **II** v **1** *~ one's toe* stöta tån **2** *~ out* fimpa, släcka (*a cigarette* en cigarett) **3** röja från stubbar
stub|ble ['stʌbl] **1** stubb **2** skäggstubb **-bly** [-lɪ] *a* stubbig; (*om hår*) borstig, sträv
stubborn ['stʌbən] envis (*äv. bildl.*), halsstarrig, hårdnackad
stubby ['stʌbɪ] **1** stubbig; *~ field* stubbåker **2** kort och tjock; knubbig
stucco ['stʌkəʊ] **I** s **1** stuck, putsbruk av gips **2** stuckarbete, stuckatur **II** v klä med stuck, stuckatera
stuck [stʌk] *imperf. o. perf. part. av 2 stick*
stuck-up [,stʌk'ʌp] inbilsk, mallig, viktig
1 stud [stʌd] **I** s **1** (*lös*) krag-, skjort|knapp **2** prydnadsknapp, dekorstift **3** (*på fotbollssko, e.d.*) dubb **II** v **1** sätta prydnadsknappar (dekorstift) på (i) **2** översålla (*with flowers* med blommor); besätta (*with jewels* med juveler); späcka
2 stud [stʌd] **1** stuteri; stall (*av avelshingstar*); *put to ~* använda som avelshingst **2** avelshingst **3** *vard.* (*om sexig man*) hingst, tjur
student ['stjuːdnt] **1** (*vid univ. e.d.*) studerande, student; *AE. äv.* [skol]elev; *medical ~* medicine studerande; *be a ~ of a subject* vara studerande i (studera) ett ämne; *students' union* studentkår **student nurse** sjuksköterskeelev **studentship 1** student|tillvaro, -tid **2** [universitets]stipendium
stud farm ['stʌdfɑːm] stuteri **studhorse** avelshingst
studied ['stʌdɪd] [ut]studerad, medveten, avsiktlig, överlagd
studio ['stjuːdɪəʊ] **1** ateljé; studio; *recording ~* inspelningsstudio **2** *~* [*flat, apartment*] liten enrumslägenhet **studio couch** bäddsoffa
studious ['stjuːdjəs] **1** studieinriktad; flitigt studerande; bokälskande **2** noggrann, omsorgsfull
study ['stʌdɪ] **I** s **1** läsande, studerande, studier; studium, undersökning, utforskning, granskning; *teat.* memorering; *in a brown ~* försjunken i dagdrömmar (drömmerier); *be a quick ~* (*teat.*) ha lätt för att läsa in roller; *make a ~ of s.th. a*) studera (undersöka) ngt, *b*) bemöda sig om ngt **2** ämne; studieobjekt **3** *mus.* etyd **4** studie; *a ~ in blue* en studie i blått **5** arbets-, läs|rum; studerkammare **II** v **1** läsa, studera, lära sig; lära (studera) in; studera, granska, undersöka, utforska, [försöka] sätta sig in i; *~ biology* läsa (studera) biologi **2** tänka igenom; tänka på, vara mån om; ta hänsyn till **3** läsa, studera; *~ for the medical profession* läsa medicin, studera till läkare; *~ to be a teacher* utbilda sig till lärare **stuff** [stʌf] **I** s **1** material; ämne; stoff, *bildl. äv.* virke; *bildl.* innehåll; gods; produkt[er]; *vard.* sak[er], grej[er]; *vard.* sätt; *vard.* skräp, strunt, smörja; *green ~* grönsaker; *rough ~* hårda tag; *~ and nonsense* struntprat; *the same old ~* det gamla vanliga; *...and* [*all that*] *~, ...and ~ like that* (*vard.*) *...och sånt*; *it's poor ~* det är dåligt (ingenting att ha); *that's the ~!* så ska det vara (låta, gå till)!; *that's the ~ to give them!* det är rätt åt dem!; *do your ~!* visa vad du kan!, gör din grej!; *show her what kind of ~ you're made of* visa henne vad du går för; *know one's ~* kunna sin[a] sak[er], veta vad man (*etc.*) talar om; *take some of this ~* ta litet av det här **2** [ylle]tyg **3** *vulg.*, *she's a bit of ~* hon är ett bra ligg **4** *sl.* stålar **5** *sl.* knark **II** v **1** stoppa; packa; proppa (pressa) in; stoppa (packa, proppa) full; fylla, *kokk. äv.* färsera; stoppa upp (*animals* djur); *~ s.th. away* stoppa undan ngt; *~ s.b. in a game* (*vard.*) klå ngn i ett spel; *~* [*up*] stoppa (täppa) till; *~ s.b.* [*up*] (*vard.*) inbilla (slå i) ngn ngt; *be ~ed up* [*with a cold*] vara täppt i näsan (snuvig); *my nose is ~ed up* jag är täppt i näsan; *~ o.s. with food* proppa i sig mat **2** *sl.*, *~ him!* han kan dra åt helvete!; *you can ~ that!* du kan dra åt helvete med det!; *get ~ed!* dra åt helvete! **3** *vulg.* knulla **4** proppa i sig mat
stuffed [stʌft] **1** *kokk.* fylld, färserad **2** uppstoppad (*bird* fågel) **3** *vard., ~ shirt* gammal stofil, förstockad typ **4** *vulg., get ~!* dra åt helvete!
stuffed-up [,stʌft'ʌp] täppt i näsan
stuffing ['stʌfɪŋ] **1** *kokk.* fyllning, inkråm **2** stoppning **3** uppstoppning **4** *vard., knock the ~ out of* ta knäcken på, suga musten ur **stuffy** [-ɪ] **1** kvav, instängd, kvalmig **2** [till]täppt **3** stel och tråkig, konventionell
stultify ['stʌltɪfaɪ] **1** förslöa; ta död på **2** *jur.* förklara otillräknelig
stumble ['stʌmbl] **I** v **1** snava, snubbla; stappla; *~ across* ([*up*]*on*) stöta (råka) på **2** staka sig, stamma, tveka **II** s **1** snavande, snubblande **2** felsteg, blunder **stumbling block** [-ɪŋblɒk] stötesten, hinder (*to* för)
stump [stʌmp] **I** s **1** stump; stubbe; rot; [kal] stam (stjälk) **2** *vard., ~s* (*pl*) påkar (*ben*); *stir one's ~s* röra på påkarna, skynda på **3** (*i kricket*) grindpinne **4** talarstol **5** *AE.* valagitation; *go on* (*take*) *the ~* tala vid (hålla) valmöten, fara på valturné **6** klampande, stampande **II** v **1** *vard.* förbrylla, göra svarslös, sätta på det hala; *be ~ed for an answer* inte veta vad man (*etc.*) ska svara, vara (bli) svarslös **2** *AE.* hålla valtal (agitera) i, göra valturné genom **3** *BE. vard., ~ up* punga ut med, hosta upp (*the money* pengarna) **4** (*i kricket*) *~* [*out*] slå ut (*slagman*) **5** klampa, stampa
stumpy ['stʌmpɪ] kort och tjock, knubbig
stun [stʌn] **1** bedöva (*with a blow* med ett slag), göra omtöcknad **2** överväldiga, slå med häpnad, förbluffa

stung [stʌŋ] *imperf. o. perf. part. av* sting
stunk [stʌŋk] *imperf. o. perf. part. av* stink
stun|ner ['stʌnə] *vard.* panggrej; toppentjusig tjej, snygging **-ning** [-ɪŋ] **1** *vard.* fantastisk, överväldigande, jättetjusig, toppen- **1 stunt** [stʌnt] konststycke, trick; jippo; *pull a* ~ göra ngt dumt (riskabelt) **2 stunt** [stʌnt] hämma [i växten]
stunted ['stʌntɪd] förkrympt, hämmad i växten, dvärglik
stunt man ['stʌntmən] *film.* stuntman *(skådespelares ersättare i farliga scener)*
stupe|faction [ˌstju:pɪˈfækʃn] **1** omtöcknat tillstånd, bedövning **2** häpnad, bestörtning **-fy** ['stju:pɪfaɪ] **1** göra omtöcknad, bedöva **2** göra häpen (bestört), förbluffa
stupendous [stju:ˈpendəs] förbluffande, häpnadsväckande; enorm, kolossal
stupid ['stju:pɪd] **I** *a* **1** dum; enfaldig, obegåvad; avskyvärd **2** omtöcknad *(with tiredness av trötthet)* **II** *s, vard.* dumbom **-ity** [stju:ˈpɪdətɪ] dumhet, enfald
stupor ['stju:pə] dvala; omtöcknat tillstånd; *in a drunken* ~ redlöst berusad
sturdy ['stɜ:dɪ] **1** kraftig[t byggd], robust, stadig, stabil, bastant **2** fast, orubblig, ståndaktig; pålitlig *(friend* vän)
sturgeon ['stɜ:dʒ(ə)n] *zool.* stör
stutter ['stʌtə] **I** *v* **1** stamma **2** stamma fram **II** *s* stamning **-er** [-rə] stammare
St. Vitus's dance [sn(t)ˌvaɪtəsɪzˈdɑ:ns] *med.* danssjuka
sty [staɪ] [svin]stia *(äv. bildl.)*
sty[e] [staɪ] *med.* vagel
style [staɪl] **I** *s* **1** stil; uttrycksätt, stilart, maner, teknik; sätt; mode; sort, typ, modell, utförande; *in* ~ elegant, modernt, i stor stil; *in the latest* ~ efter senaste modet; *something in that* ~ någonting i den stilen (åt det hållet); *do things in* ~ slå på stort; *live in* [*great*] ~ leva flott (på stor fot); *cramp a p.'s* ~ hämma ngn; *he has* ~ *(äv.)* det är stil på honom **2** stil, tideräkning; *the Old (New) S~* gamla (nya) stilen **3** *i sht BE.* titel; *hand.* firma[namn] **4** *bot.* stift **5** *(solurs)* visare **II** *v* **1** beteckna som, kalla; titulera **2** [ut]forma, formge, rita, kreera, designa; ~ *a p.'s hair* lägga frisyr på ngn; *you've had your hair* ~*d* du har [fått] ny frisyr
stylish ['staɪlɪʃ] elegant, stilig, moderiktig; modern
stylist ['staɪlɪst] **1** stilist **2** modeskapare; formgivare **3** [hår]frisör **stylistic** [staɪˈlɪstɪk] stilistisk
stylistics [staɪˈlɪstɪks] *(behandlas som sg)* stilistik
styl|ize *(BE. äv. -ise)* ['staɪlaɪz] stilisera
sty|lus ['staɪləs] *(pl -luses el. -li* [-laɪ]*)* **1** *(i pickup)* nål, stift **2** [rit]stift; gravyrnål **3** *hist.* stylus, griffel
stymie ['staɪmɪ] **I** *a* **1** *vard.* hindra, lamslå **2** *golf.* hindra, försätta i trängt läge **II** *s* **1** *vard.* hinder, trängt läge **2** *golf.* stymie, trängt läge
styptic ['stɪptɪk] *med.* **I** *a* adstringerande; blodstillande **II** *s* adstringerande (blodstillande) medel
suave [swɑ:v] förbindlig, älskvärd, behaglig; belevad **suavity** ['swɑ:vətɪ] förbindlighet, älskvärdhet; belevenhet
sub [sʌb] *vard.* **I** *s* **1** ersättare, vikarie; *sport.* avbytare **2** ubåt **3** medlemsavgift **4** *BE.* förskott [på lön] **II** *v* **1** vara ersättare, vikariera; *sport.* vara avbytare **2** *BE.* bevilja (ta ut) förskott [på lön]
sub. *förk. för* subeditor; subscription; substitute; suburb[an]; subway
sub- [sʌb] under-, sub-; underordnad; i underkant, otillräcklig
subacid [ˌsʌbˈæsɪd] syrlig
subaltern ['sʌblt(ə)n; *AE.* sʌbˈɔ:ltərn] **I** *s* underordnad [tjänsteman]; subaltern[officer] **II** *a* underordnad
subcommittee ['sʌbkəˌmɪtɪ] underutskott; sub-, under|kommitté
subconscious [sʌbˈkɒnʃəs] **I** *a* undermedveten; *my* ~ *mind* mitt undermedvetna **II** *s* undermedvetande; *the* ~ *(äv.)* det undermedvetna
subcontinent [sʌbˈkɒntɪnənt] subkontinent
subcon|tract I *s* [ˌsʌbˈkɒntrækt] underleverantörskontrakt **II** *v* [ˌsʌbkənˈtrækt] **1** lägga ut [på underleverantör] **2** ingå ett underleverantörsavtal med **-tractor** [ˌsʌbkənˈtræktə] underleverantör
subculture ['sʌbˌkʌltʃə] subkultur
subcutaneous [ˌsʌbkju:ˈteɪnjəs] *med.* subkutan; underhuds-
sub|divide [ˌsʌbdɪˈvaɪd] **1** dela in i underavdelningar (i mindre delar) **2** *AE.* stycka upp till tomter **-division** [ˌsʌbdɪˌvɪʒn] **1** indelning i underavdelningar; underavdelning **2** *AE.* tomtområde
subdominant [ˌsʌbˈdɒmɪnənt] *mus.* subdominant
sub|due [səbˈdju:] **1** undertrycka, [under]kuva, betvinga **2** dämpa, mildra **-dued** [-ˈdju:d] **1** undertryckt, [under]kuvad **2** dämpad, lågmäld; nedslagen; behärskad, återhållsam
sub|edit [ˌsʌbˈedɪt] redigera; granska manus **-editor** [-ə] *BE.* [tidnings]redaktör, textredigerare
subfusc ['sʌbfʌsk] murrig, dyster, mörk
subheading ['sʌbˌhedɪŋ] underrubrik
subhuman [sʌbˈhju:mən] **1** lägre stående [än människan] **2** omänsklig, djurisk
subj. *förk. för* subject; subjective[ly]; subjunctive
subject I *s* ['sʌbdʒɪkt] **1** medborgare; undersåte **2** *filos., språkv.* subjekt **3** försöks|djur, -person, -objekt; *med.* patient; lik *(för dissektion)* **4** ~ *of (for)* föremål för; *be the* ~ *of* vara föremål för **5** ämne *(äv. skol.); on the* ~ i ämnet, i saken; *on the* ~ *of* angående, om; *while we're on the* ~ *of* på tal om; *change the* ~ byta [samtals]ämne **6** *konst., litt., mus.* ämne, motiv, tema *(of* i, till) **II** *a* ['sʌbdʒɪkt] **1** under|kuvad, -lydande, lyd- **2** ~ *to a)* som lyder (lydande) under, *b)* underkastad, utsatt för, *c)* beroende (avhängig) av, *d)* med anlag för; *be* ~ *to (äv.) a)* lyda under, *b)* råka ut för, drabbas av, *c)* bero på (av), *d)* lida av; *be* ~ *to tax* vara skattepliktig **3** ämnes-; ~ *index* sak-, ämnes|register **III** *adv* ['sʌbdʒɪkt] ~ *to a)* under förutsättning av, *b)* med reservation (förbehåll) för; ~ *to the consent of s.b.* under förutsättning av ngns samtycke; ~ *to correction* med reservation för ändringar (eventuella felaktigheter) **IV** *v* [səbˈdʒekt] underkuva, lägga under sig, be-

tvinga, tvinga till underkastelse; ~ *o.s.* underkasta sig (*to s.th.* ngt) **2** utsätta; ~ *to* utsätta för, göra till föremål för, låta undergå, underkasta; *be* ~*ed to* (*äv.*) drabbas av, vara föremål för; ~ *s.b. to criticism* (*äv.*) kritisera ngn

subjec|tion [səb'dʒekʃn] **1** underkuvande, betvingande **2** underkastelse (*to* under); beroende (*to* av) **-tive** [-tɪv] subjektiv **-tivity** [ˌsʌbdʒek-'tɪvətɪ] subjektivitet

subject matter [ˈsʌbdʒɪktˌmætə] ämne; innehåll

sub judice [ˌsʌb'dʒuːdɪsɪ] *jur.*, *be* ~ vara uppe till behandling i rätten

sub|jugate [ˈsʌbdʒʊgeɪt] **1** [under]kuva, lägga under sig **2** underordna **-jugation** [ˌsʌbdʒu'geɪʃn] **1** [under]kuvande, betvingande **2** underordnande

subjunctive [səb'dʒʌŋ(k)tɪv] *språkv*. **I** *s* **1** *the* ~ konjunktiv[en] **2** konjunktivform **II** *a* konjunktivisk; *the ~ mood* konjunktiv[en]

sub|lease [ˌsʌb'liːs] **I** *s* uthyrning (utarrendering) i andra hand **II** *v* hyra (arrendera) ut i andra hand **-let** [-'let] hyra (arrendera) ut i andra hand

sublieutenant [ˌsʌblef'tenənt] (*i flottan*) löjtnant

subli|mate [ˈsʌblɪmeɪt] *psykol*. sublimera[s], förädla[s] **-mation** [ˌsʌblɪ'meɪʃn] *kem., psykol*. sublimering, förädling

sublime [sə'blaɪm] **I** *a* sublim, upphöjd, storslagen, högstämd **II** *s* sublimitet, upphöjdhet, storslagenhet, högstämdhet **III** *v, kem*. sublimera[s], rena[s], förädla[s]

subliminal [ˌsʌb'lɪmɪnl] *psykol*. subliminal, undermedveten

sub-machine-gun [ˌsʌbmə'ʃiːngʌn] kulsprutepistol

submarine [ˌsʌbmə'riːn] **I** *s* ubåt, undervattensbåt **II** *a* undervattens-, submarin-

sub|merge [səb'mɜːdʒ] **1** sätta under vatten, översvämma; dränka **2** sänka (doppa) ner [i vatten] **3** *bildl*., ~ *o.s. in* fördjupa sig i **4** dyka [ner] ; (*om ubåt äv.*) inta undervattensläge **-merged** [-mɜːdʒd] undervattens-; ~*d rock* undervattensklippa; *remain* ~ (*om ubåt e.d.*) stanna i undervattensläge **-mergence** [-'mɜːdʒ(ə)ns], **-mersion** [-'mɜːʃn] nedsänkning [i vatten]; översvämning

submis|sion [səb'mɪʃn] **1** underkastelse (*to* under); undergivenhet **2** föreläggande; framläggande (*to* för) **3** framlagt förslag, presentation **4** *jur*. hänskjutande [till skiljedom] **-sive** [-'mɪsɪv] undergiven; eftergiven

submit [səb'mɪt] **1** lämna in, inkomma med, avge, förelägga, föredra, framlägga, presentera; framställa, väcka **2** överlämna, hän|visa, -skjuta **3** göra gällande, påstå, hävda **4** ~ *to* utsätta för, låta undergå, underkasta; ~ *o.s. to s.th.* underkasta sig ngt **5** ge efter (vika); kapitulera; ~ *to* (*äv.*) underkasta sig, finna sig i

subnormal [ˌsʌb'nɔːml] subnormal, under det normala

subordi|nate **I** *a* [sə'bɔːdnət] underordnad (*äv. språkv.*); underlydande, lägre; ~ *clause* underordnad sats, bisats; *be* ~ *to s.b.* vara underordnad ngn, stå (lyda) under ngn; *be* ~ *to s.th.* vara underordnad [under] ngt; *be* ~ [*in importance*] *to* vara mindre viktig än **II** *s* [sə'bɔːdnət] under|ordnad, -lydande **III** *v* [sə'bɔːdɪneɪt] underordna (*s.th. to s.th.* ngt [under] ngt); låta stå tillbaka, sätta i andra hand; *-nating conjunction* (*språkv.*) underordnande konjunktion **-nation** [səˌbɔːdɪ-'neɪʃn] underordnande (*to* under)

suborn [sʌ'bɔːn] **1** tubba, egga (*t. kriminell handling*) **2** *jur*. tubba till mened

subplot [ˈsʌbplɒt] (*i roman e.d.*) sido|intrig, -handling

subpoena [səb'piːnə] *jur*. **I** *s* stämning; *serve a* ~ *on s.b.* delge ngn en stämning **II** *v* kalla inför rätta, instämma

subscribe [səb'skraɪb] **1** teckna [sig för]; skänka, bidra[ga] med (*money to* pengar till); betala [i avgift]; ~ *shares* teckna aktier **2** skriva på (under), underteckna; ~ *one's name to s.th.* skriva [sitt namn] under ngt **3** ge bidrag; ~ *for* teckna sig för **4** ~ *to a*) skriva på (under), *b*) skriva under på, ansluta sig till, dela, instämma i, godta[ga] **5** prenumerera, abonnera (*to* på) **subscriber** [səb'skraɪbə] **1** prenumerant (*to* på); abonnent **2** bidragsgivare; [aktie]tecknare **subscriber trunk dialling** *tel*. automatkoppling

subscript [ˈsʌbskrɪpt] *boktr*. index

subscription [səb'skrɪpʃn] **1** insamling; bidrag, gåva; insamlat belopp **2** teckning (*for shares* av aktier) **3** undertecknande; underskrift; *bildl*. godkännande **4** prenumeration, abonnemang (*to* på); subskription (*for* på); *take out a ~ to s.th. for a year* ta en prenumeration (ett abonnemang) på ngt för ett år **5** prenumerations-, abonnemangs|-avgift; [medlems]avgift **subscription dinner** subskriberad middag

subsection [səb'sekʃn] underavdelning, moment, stycke

subsequent [ˈsʌbsɪkwənt] [efter]följande, senare; ~ *to* [följande] efter **-ly** [-lɪ] *adv* efteråt, sedan, senare, därefter

subser|vience [səb'sɜːvjəns] underkastelse (*to* under); undergivenhet, servilitet **-vient** [-vjənt] **1** underordnad (*to s.b.* ngn) **2** undergiven, servil, underdånig

subside [səb'saɪd] **1** sjunka [undan] **2** (*om mark*) sätta sig, sjunka **3** sjunka till botten **4** *bildl*. sjunka [undan]; minska, avta

subsidiary [səb'sɪdjərɪ] **I** *a* **1** hjälp-, understöds-, biträdande, stöd-; bi-, sido-; ~ *company* dotter|-företag, -bolag; ~ *road* biväg; ~ *subject* (*skol.*) fyllnadsämne **2** underordnad (*to s.th.* ngt) **II** *s* **1** dotter|företag, -bolag **2** hjälpmedel; medhjälpare

sub|sidize (*BE. äv.* -*sidise*) [ˈsʌbsɪdaɪz] subventionera; understödja **-sidy** [-sɪdɪ] subvention, understöd, bidrag; subsidier

subsist [səb'sɪst] **1** livnära sig, uppehålla livet; existera **2** leva vidare (kvar) **subsistence** [-(ə)ns] försörjning; uppehälle; existens **subsistence allowance** *i sht BE*. **1** förskott [på lön] **2** traktamente **subsistence level** *s, at* ~ *level* på existensminimum

subsoil [ˈsʌbsɔɪl] alv

subsonic [səb'sɒnɪk] subsonisk, med lägre hastighet än ljudets

subst. *förk. för substantive; substitute*

substance [ˈsʌbst(ə)ns] **1** ämne; materia, stoff;

substandard—such

substans 2 substans; [verkligt] innehåll; huvudinnehåll, kärnpunkt; innebörd; vikt, betydelse; verklighetsunderlag; *in* ~ i huvudsak, i själva verket; *there is some* ~ *in her argument* det ligger ngt [väsentligt] i hennes resonemang **3** substans, stadga **4** förmögenhet; *a woman of* ~ en förmögen (välsituerad) kvinna

substandard [səb'stændəd] **1** undermålig **2** språkv. ovårdad, ej riksspråklig

substantial [səb'stænʃl] **1** verklig, konkret, reell, påtaglig **2** stark, kraftig, fast, stadig, bastant, rejäl, gedigen, stabil, solid **3** solid; förmögen **4** ansenlig, avsevärd, betydande, väsentlig, omfattande, stor **5** saklig, vederhäftig, fullgod, som håller, vägande, grundad **6** *be in* ~ *agreement* vara överens i huvudsak (stort sett) **-ly** [-I] *adv* väsentligt, avsevärt; i huvudsak, i stort sett; huvudsakligen

substanti|ate [səb'stænʃɪeɪt] **1** bevisa, [be]styrka; bekräfta **2** förkroppsliga **-ation** [səb‚stænʃɪ'eɪʃn] **1** bevis, [be]styrkande; bekräftelse **2** förkroppsligande

substan|tival [‚sʌbst(ə)n'taɪvl] substantivisk **-tive** ['sʌbst(ə)ntɪv] **I** *s* substantiv **II** *a* **1** verklig, faktisk **2** självständig

substitute ['sʌbstɪtjuːt] **I** *s* **1** ersättning[smedel], surrogat, substitut **2** ersättare, ställföreträdare, vikarie; suppleant; *sport.* reserv, avbytare **II** *v* **1** sätta i stället; ersätta; ~ *A for B* ersätta B med A, byta ut B mot A **2** vara ersättare (*etc.*, jfr I 2), vikariera, hoppa in

substitution [‚sʌbstɪ'tjuːʃn] utbyte, ersättande; ersättning

substrate ['sʌbstreɪt] substrat **substra|tum** [‚sʌb'strɑːtəm] (*pl* -*ta* [-tə]) **1** underliggande (undre) skikt (lager) **2** underlag, substrat

substructure ['sʌb‚strʌkt[ʃə] underbyggnad; grund[val] (*äv. bildl.*)

subsume [səb'sjuːm] inordna, innefatta

subtenant [‚sʌb'tenənt] hyresgäst (arrendator) i andra hand; inneboende

subterfuge ['sʌbtəfjuːdʒ] undanflykt[er], förevändning[ar]

subterranean [‚sʌbtə'reɪnjən] underjordisk (*äv. bildl.*)

subtitle ['sʌb‚taɪtl] **I** *s* **1** undertitel **2** *film.*, ~*s* (*pl*) text; *an Italian film with Swedish* ~*s* en italiensk film med svensk text **II** *v* **1** förse med undertitel **2** *film.* texta

subtle ['sʌtl] **1** subtil, [hår]fin; obestämbar; obetydlig, ringa; ~ *difference* hårfin skillnad **2** raffinerad, utstuderad; skarp[sinnig]; förslagen, listig **3** svag, diskret (*perfume* doft) **subtlety** [-tɪ] **1** subtilitet *etc.*, jfr *subtle* **2** raffinemang; skärpa, skarpsinne; spetsfundighet, hårklyveri **3** hårfin skillnad; finess **subtly** [-ɪ] *adv* subtilt, [hår]fint *etc.*, jfr *subtle*

subtopia [sʌb'təʊpɪə] *i sht BE.* trist förort

subtract [səb'trækt] subtrahera, dra ifrån (av)

subtraction [-kʃn] subtraktion; frådragning

subtrahend ['sʌbtrəhend] *mat.* subtrahend

subtropical [‚sʌb'trɒpɪkl] subtropisk

sub|urb ['sʌbɜːb] förort, -stad **-urban** [sə'bɜːb(ə)n] **I** *a* **1** för|orts-, -stads- **2** trist, tråkig, alldaglig **II** *s* förorts-, förstads|bo **-urbanite** [sə'bɜːbənaɪt] förorts-, förstads|bo **-urbia** [sə'bɜːbɪə] **1** förorterna **2** förorts|miljö, -liv

subvention [səb'venʃn] subvention, statsbidrag

sub|version [səb'vɜːʃn] omstörtning **-versive** [-'vɜːsɪv] omstörtande (*activity* verksamhet) **-vert** [sʌb'vɜːt] [om]störta; kullkasta; bryta ner

subway ['sʌbweɪ] **1** [gång]tunnel, undergång; underjordisk ledning **2** *AE.* tunnelbana

subzero [‚sʌb'zɪərəʊ] *a* under noll[punkten]

succeed [sək'siːd] **1** efterträda, komma efter; följa på **2** följa; ~ *to a*) följa på (efter), *b*) överta[ga], ärva **3** lyckas, ha framgång; *I* ~*ed in doing it* jag lyckades göra det; *nothing* ~*s like success* framgång föder framgång

success [sək'ses] framgång; lycka; succé; *be a* ~ vara en framgång, göra succé, vara lyckad; *make a* ~ *of* lyckas med **-ful** [-f(ʊ)l] framgångsrik, lyckosam; lyckad; succé-; *be* ~ (*äv.*) ha framgång, lyckas (*in doing s.th.* med att göra ngt), gå bra

succession [sək'seʃn] **1** följd, serie, rad; *in* ~ i följd, efter (på) varandra **2** succession; tron-, arv|följd; rätt att efterträda; *in* ~ *to* som efterträdare till, efter

successive [sək'sesɪv] på varandra följande; successiv **-ly** [-lɪ] *adv* **1** efter varandra, i följd **2** successivt, efter hand, så småningom

successor [sək'sesə] efter|trädare, -följare

succinct [sək'sɪŋkt] kortfattad, koncis

succory ['sʌkərɪ] *bot.* cikoria

succour ['sʌkə] **I** *v* bistå, undsätta, bispringa **II** *s* bistånd, undsättning

succu|lence ['sʌkjʊləns] saftighet **-lent** [-lənt] saftig

succumb [sə'kʌm] duka under (*to* för); ge efter, falla (*to the temptation* för frestelsen); dö (*to* av)

such [sʌtʃ; *obeton.* sətʃ] **1** sådan, dylik; den sortens, av det slaget; liknande; så; så stor; ~ *another* en sådan till; ~ *a night!* vilken kväll!; ~ *a high price* ett så[dant] högt pris; ~ *a thing* en sådan sak, något sådant (liknande); *no* ~ *thing* enenting (inget, inte något) sådant (åt det hållet); *no* ~ *thing!* visst inte!; *some* ~ *thing* något sådant (liknande); *or some* ~ *place* eller någon liknande plats; *at* ~ *and* ~ *a place* på det och det stället; *at* ~ *and* ~ *a time* vid den och den tiden; *and* ~ och sådant (sådana, liknande); *as* ~ *a*) i sig, som sådan, *b*) i den egenskapen; *if* ~ *is the case* om så är fallet; ~ *was not my intention* det var inte min avsikt; *he is* ~ *a liar* (*äv.*) han ljuger så förfärligt; *the surprise was* ~ *that* överraskningen var så stor att; *I had* ~ *fun* jag hade jättetrevligt (verkligen trevligt) **2** ~ *as a*) sådan som, de som, såsom, som [t.ex.], *b*) [allt] vad; ~ *as?* som (vad då) till exempel?; *flowers,* ~ *as roses and carnations* blommor, såsom (t.ex.) rosor och nejlikor; ~ *men as these, men* ~ *as these* sådana [här] män, män som de är för (av det här slaget); ~ *as it is* sådan den nu är; ~ *people as attended de* [som var] närvarande; ~ *people as are...* sådana (de som är…; *he is not* ~ *a fool as you think* han är inte så dum som du tror; *I'm not* ~ *a fool as to believe that* så dum är jag inte att jag tror på det; *there's no* ~ *thing as a unicorn* det finns inga enhörningar; *his music was* ~ *as to send the audience into raptures* hans musik var sådan att den försatte publiken i extas; *I'll give you* ~ *as I have* jag ger dig vad (allt, det lilla) jag har

suchlike ['sʌtʃlaɪk] dylik, sådan, liknande, av det slaget; *and* ~ och dylikt, o.d.

suck [sʌk] **I** *v* **1** suga [i sig], suga upp; suga ur; suga på; dia; suga in; insupa (*knowledge* kunskaper); *be ~ed into a situation* dras in i en situation; ~ *down* suga (dra) ner; ~ *dry* suga ur [till sista droppen] (*äv. bildl.*); ~ *in a*) suga (dra) in, *b*) *sl.* blåsa (*lura*) **2** suga (*at, on* på) **3** *vard.*, ~ *up to s.b.* fjäska (krypa) för ngn **4** ~ *in* dra efter andan **II** *s* **1** sugning, sug; slurk, klunk; *take a* ~ *at* suga på, ta en klunk av **2** *give* ~ *to* amma, ge di åt

sucker ['sʌkə] **1** sug, sug|anordning, -fot; *biol.* sug|fot, -organ, -skål **2** *vard.* lättlurad (enfaldig) person, gröngöling; *be a* ~ *for* vara svag för **3** sugfisk **4** *AE.* slickepinne **suck[er]fish** *zool.* sugfisk **sucking** [-ɪŋ] **1** sugande; diande; ~ *pig* spädgris **2** grön, oerfaren

suck|le ['sʌkl] amma, ge di [åt] **-ling** [-lɪŋ] dibarn; diande unge

suction ['sʌkʃn] [in]sugning; sug **suction pump** sugpump

Sudan [suːˈdɑːn] *s, the* ~ Sudan **Sudanese** [ˌsuːdəˈniːz] **I** *a* sudan[esi]sk **II** *s* sudanes

sudden ['sʌdn] **I** *a* plötslig, oväntad; häftig; ~ *death* (*sport.*) sudden death (*vid oavgjord ställning avgör första målet i förlängningen*) **II** *s, all of a* ~ [helt] plötsligt **-ly** [-lɪ] *adv* plötsligt, med ens **sudorific** [ˌsjuːdəˈrɪfɪk] svettdrivande

suds [sʌdz] *pl* **1** [tvål-, såp]lödder **2** tvål-, såp|-vatten **sudsy** ['sʌdsɪ] löddrig

Sue [suː] *kortform av Susan*

sue [sjuː] **1** *jur.* stämma, åtala, lagsöka **2** bönfalla, enträget bedja (*for* om) **3** väcka åtal

suede [sweɪd] mocka[skinn]

suet ['sjʊɪt] [njur]talg

suf. *förk. för* suffix

suffer ['sʌfə] **1** [genom]lida, [få] utstå, få tåla; drabbas av; genomgå, undergå; ~ *damage* lida (ta) skada; ~ *death* lida döden **2** tåla; finna sig i; tillåta, låta; *he doesn't* ~ *fools gladly* han avskyr (kan inte med) dumma människor; ~ *the little children to come unto me* (*bibl.*) låten barnen komma till mig **3** lida, ha ont, plågas (*from* av); bli lidande (*by* på), fara illa, ta skada (*from* av); ~ *badly* (*äv.*) skadas svårt, lida svåra förluster; ~ *for a*) lida för, *b*) få plikta (sota) för, få umgälla; *you'll* ~ *for this!* det [här] ska du få sota för!

suffer|ance ['sʌf(ə)r(ə)ns] tyst medgivande (samtycke); *on* ~ på nåder **-er** [-ə] lidande [person]; *slipped disk ~s* personer (de) som lider av diskbråck **-ing** [-ɪŋ] **I** *s* ~[*s*, *pl*] lidande, kval, elände **II** *a* lidande

suf|fice [səˈfaɪs] **1** räcka [till], vara tillräcklig (nog) **2** räcka till för, vara tillräcklig (nog) för; tillfredsställa; ~ *it to say* det torde räcka [med] att säga **-ficiency** [-ˈfɪʃnsɪ] tillräcklig mängd; *a* ~ *of* (*äv.*) tillräckligt med **-ficient** [-ˈfɪʃnt] tillräcklig

suffix ['sʌfɪks] språkv. **I** *s* suffix, [böjnings]ändelse **II** *v* tillfoga [suffix]

suffo|cate ['sʌfəkeɪt] kväva[s]; *I'm -cating* jag håller på att kvävas **-cating** [-keɪtɪŋ] kvävande, kvav **-cation** [ˌsʌfəˈkeɪʃn] kvävning

Suffolk ['sʌfək]

suffragan ['sʌfrəgən] **I** *a* biträdande **II** *s* biträdande biskop

suffrage ['sʌfrɪdʒ] **1** rösträtt; *universal* ~ allmän rösträtt **2** röstning; *by* ~ genom omröstning, i val **suffragette** [ˌsʌfrəˈdʒet] *hist.* suffragett, kvinnlig rösträttskämpe

suffuse [səˈfjuːz] övergjuta, fylla; *the room was ~d with light* rummet var helt upplyst; *eyes ~d with tears* tårfyllda ögon; *the sky was ~d with red* himlen var alldeles röd

sugar ['ʃʊgə] **I** *s* **1** socker; *brown* ~ farin[socker] **2** älskling, sötnos **3** *vard.*, *oh, ~!* jäklar (förbaskat) också! **II** *v* **1** sockra [på, i], ha socker på (i); ~ *the pill* (*bildl.*) sockra anrättningen (det beska pillret) **sugar basin** [-ˌbeɪsn] sockerskål **sugar beet** [-biːt] sockerbeta **sugar candy** [-ˌkændɪ] kandisocker **sugar cane** [-keɪn] sockerrör **sugar-coated** [-ˌkəʊtɪd] dragerad; *bildl.* insmickrande, bedräglig; ~ *pill* dragé **sugar daddy** [-ˌdædɪ] *vard.* rik äldre beundrare (*t. ung flicka*) **sugar loaf** [-ləʊf] sockertopp **sugar lump** [-lʌmp] sockerbit **sugar maple** [-ˌmeɪpl] *bot.* sockerlönn **sugar tongs** [-tɒŋz] *pl* sockertång **sugary** [-rɪ] sockrad, söt; sockrig; sockerhaltig; *bildl.* sockersöt

suggest [səˈdʒest; *AE.* səgˈdʒest] **1** föreslå; *I* ~ *going* jag föreslår att vi (*e.d.*) går; ~ *s.b. for s.th.* föreslå ngn till ngt; ~ *s.th. to s.b.* föreslå ngn ngt, framkasta ngt för ngn **2** antyda; insinuera; påstå; *what are you trying to* ~? vad är det du vill antyda?, vad vill du ha sagt med det?, vart vill du komma?; *are you ~ing I should tell a lie?* vill du påstå att jag ljuger? **3** antyda; tyda på, vittna om; påminna om, föra tanken till; väcka [tanken på]; inspirera; *does the name* ~ *anything to you?* säger dig namnet ngt? ~ *itself* dyka upp, tränga sig på; *a plan ~ed itself to me* jag kom på en plan **4** suggerera

suggestible [səˈdʒestəbl; *AE.* səgˈdʒestəbl] **1** lättpåverkad **2** tänkbar, möjlig

suggestion [səˈdʒestʃ(ə)n; *AE.* səgˈdʒestʃn] **1** förslag (*about* om; *for* till); *at* (*on*) *the* ~ *of* på förslag av **2** antydan, tillstymmelse (*of* till); spår, anstrykning; *a* ~ *of* en antydan till, ett spår av **3** impuls; tanke, idé **4** suggestion

suggestive [səˈdʒestɪv; *AE.* səgˈdʒestɪv] **1** tankeväckande; suggestiv; *be* ~ *of a*) väcka tanken på, påminna om, *b*) vittna om, tyda på **2** tvetydig, ekivåk

suicidal [sjʊˈsaɪdl] självmords-; *bildl.* vansinnes-, vansinnig; ~ *people* självmordskandidater **suicide** ['sjʊɪsaɪd] **1** självmord; *commit* ~ begå självmord **2** självmördare

suit [suːt] **I** *s* **1** kostym; dräkt; [*man's*] ~ [herr]kostym; [*woman's*] ~ [dam]dräkt; *bathing* ~ baddräkt; ~ *of armour* rustning **2** uppsättning, omgång **3** *jur.* rättegång, process, mål; *file* (*bring*) *a* ~ *against* börja rättegång (öppna process) mot **4** *högt.* begäran, anhållan, bön (*for* om); *åld.* frieri **5** *kortsp.* färg; *follow* ~ *a*) bekänna (följa) färg, *b*) *bildl.* göra samma sak (likadant), följa exemplet; *his long* (*strong*[*est*]) ~ (*bildl.*) hans starka sida **II** *v* (*se äv. suited*) **1** passa; klä; passa (lämpa sig, vara lämplig, vara passande) för; passa ihop med (in i); tillfredsställa; ~ *yourself!* gör som du vill!; *black ~s her* hon klär i svart, svart klär henne; *you* ~ *a beard* du passar bra i skägg; *that would* ~ *me nicely* det skulle passa mig utmärkt; *would Saturday* ~ *you?*

skulle det passa dig på lördag?; *you can't ~ everybody* man kan inte vara alla till lags (tillfredsställa alla) **2** an-, av|passa *(to* efter); *~ the action to the word* omsätta ord i handling **3** passa, stämma överens

suit|ability [ˌsuːtəˈbɪlətɪ] lämplighet **-able** [-əbl] lämplig, passande; *be ~ (äv.)* passa **-ably** [-əblɪ] *adv* lämpligt, passande

suitcase [ˈsuːtkeɪs] [res]väska

suite [swiːt] **1** svit, följe, uppvaktning **2** *(på hotell)* svit **3** uppsättning; serie, rad; [soff]grupp; *(av kort)* svit; *a ~ [of furniture]* ett möblemang, en möbel **4** *mus.* svit

suited [ˈsuːtɪd] **1** passande, lämplig, lämpad *(for, to* för); an-, av|passad *(to* efter); *be ~ to (for) (äv.)* passa (lämpa sig) för; *he is not ~ to be (for) a doctor* han passar inte till läkare; *they are well ~ [to each other]* de passar bra ihop **2** *(i sms.)* -klädd

suiting [ˈsjuːtɪŋ] dräkt-, kostym|tyg

suitor [ˈsuːtə] **1** *jur.* kärande, målsägare **2** *åld.* friare

sulfa [ˈsʌlfə] *AE., se sulpha* **sulfur** [ˈsʌlfə] *AE., se sulphur*

sulk [sʌlk] **I** *v* tjura, vara sur **II** *s, be in (have) the ~s* tjura, vara sur **sulky** [ˈsʌlkɪ] **I** *a* sur, tjurig, trumpen **II** *s, sport.* sulky

sullen [ˈsʌlən] trumpen, dyster, sur[mulen]

sully [ˈsʌlɪ] smutsa; *bildl.* fläcka

sulpha drug [ˈsʌlfədrʌg] *med.* sulfa[preparat] **sul|phate** [ˈsʌlfeɪt] *kem.* sulfat **-phide** [-faɪd] *kem.* sulfid **-phite** [-faɪt] *kem.* sulfit

sulphonamide [sʌlˈfɒnəmaɪd] sulfonamid, sulfapreparat

sul|phur [ˈsʌlfə] *kem.* svavel **-phureous** [sʌlˈfjʊərɪəs] *kem.* svavelaktig; svavelhaltig **-phuretted** [ˈsʌlfjʊretɪd] *a, kem., ~ hydrogen* svavelväte **-phuric** [sʌlˈfjʊərɪk] *kem.* svavel-; *~ acid* svavelsyra **-phurous** [ˈsʌlfərəs] **1** *kem.* svavel-; svavelhaltig **2** *bildl.* svavelosande; djävulsk; häftig

sultan [ˈsʌlt(ə)n] sultan **sultana 1** [s(ə)lˈtɑːnə] sultanrussin **2** [sʌlˈtɑːnə] sultaninna **3** [sʌlˈtɑːnə] mätress; konkubin **sultanat** [ˈsʌltənət] sultanat

sultry [ˈsʌltrɪ] **1** kvav, kvalmig, tryckande **2** *bildl.* het, sensuell

sum [sʌm] **I** *s* **1** summa *(äv. bildl.);* belopp; *the ~ [and substance] of* kärnan (det väsentliga) i; *total ~* total-, slut|summa; *in ~* med ett ord, kort sagt **2** räkneexempel, [matematik]uppgift; *~s (pl, förr)* räkning; *do ~s* räkna [ut tal], lösa räkneuppgifter; *be good at ~s* vara bra (duktig) i räkning (matematik) **II** *v* **1** summera, addera; *~ up a)* summera (addera) ihop, *b)* göra en sammanfattning av, sammanfatta, *c)* bilda sig ett omdöme (en uppfattning) om, bedöma **2** *~ up* göra en sammanfattning; *to ~ up* sammanfattningsvis

sumac *AE.,* **sumach** *BE.* [ˈʃuːmæk] *bot.* sumak

summarily [ˈsʌmərəlɪ] *adv* **1** i korthet, i sammandrag **2** summariskt, utan vidare

summa|rize *(BE. äv. -rise)* [ˈsʌməraɪz] **1** sammanfatta, gör en sammanfattning av **2** vara en sammanfattning av

summary [ˈsʌmərɪ] **I** *s* samman|fattning, -drag, [kortfattad] översikt, resumé, referat; *in ~* sammanfattningsvis **II** *a* summarisk; snabb[t verkställd]; enkel; sammanfattande, kort[fattad]; *jur.* summarisk, utan dom och rannsakan; *~ dismissal* avsked med omedelbar verkan; *~ trial* summarisk rättegång

summation [sʌˈmeɪʃn] summering *(äv. bildl.)*

summer [ˈsʌmə] **I** *s* sommar; *a ~'s day* en sommardag; *last ~* förra sommaren, i somras; *this ~* den här sommaren, [nu] i sommar; *in [the] ~* (om) sommaren (somrarna); *in [the] late ~* på sensommaren, sent på sommaren; *in the ~ of 1988* sommaren 1988; *a girl of sixteen ~s (poet.)* en flicka på sexton vårar **II** *v* tillbringa sommaren **summerhouse** [-haʊs] lusthus **summer lightning** [-ˌlaɪtnɪŋ] kornblixt[ar] **summer school** [-skuːl] sommarkurs[er], ferieskola **summertime** [-taɪm] sommar; sommartid **summery** [-rɪ] sommarlik

summing-up [ˌsʌmɪŋˈʌp] *(pl summings-up* [ˌsʌmɪŋzˈʌp]) sammanfattning, *jur. äv.* rekapitulation

summit [ˈsʌmɪt] **I** *s* **1** topp, spets; *bildl.* höjd, höjdpunkt **2** topp|konferens, -möte **II** *a* topp-; *~ meeting* toppmöte; *~ talks* samtal på högsta nivå

summon [ˈsʌmən] **1** kalla [på, hit], tillkalla; kalla in (samman), sammankalla; *jur.* kalla [in], [in]stämma [inför rätta]; *~ a meeting* sammankalla (kalla till) ett möte **2** upp|mana, -fordra **3** *~ [up] a)* samla, uppbjuda, uppbåda, *b)* fram|-kalla, -mana, väcka

summons [ˈsʌmənz] **I** *s* kallelse; [upp]maning; *jur.* stämning **II** *v, jur.* [in]stämma

sump [sʌmp] **1** *(i motor)* oljetråg **2** avloppsbrunn, kloak

sumptuous [ˈsʌm(p)tjʊəs] praktfull, överdådig, storslagen, lyx-, luxuös

sum total [ˌsʌmˈtəʊtl] total-, slut|summa; *the ~ of (äv.)* det samlade, hela

Sun. *förk. för Sunday*

sun [sʌn] **I** *s* sol; solsken; *a touch of the ~* ett lätt solsting; *everything under the ~* allt mellan himmel och jord; *nothing under the ~* ingenting i hela världen; *catch the ~ a)* bli solbränd, *b) (om plats)* vara solig **II** *v* **1** sola *(o.s. sig)* **2** sola sig

sunbaked [ˈsʌnbeɪkt] soltorkad, sprucken; förbränd, förtorkad **sun bath** solbad **sunbathe** solbada **sunbeam** solstråle **sun blind** *i sht BE.* markis, jalusi **sunbonnet** [-ˌbɒnɪt] solhatt **sunburn** [-bɜːn] solbränna **sun|burned, -burnt** [-bɜːnd, -bɜːnt] solbränd

sundae [ˈsʌnd[eɪ]ɪ] *AE.* glasscoupe *(med frukt etc.)*

Sunday [ˈsʌndɪ] *(jfr Friday)* **I** *s* söndag **II** *a* söndags-; *~ best* finkläder; *~ painter* hobbymålare; *~ school* söndagsskola

sun deck [ˈsʌndek] **1** soldäck **2** solaltan, soltak **sunder** [ˈsʌndə] *bildl. el. litt.* [upp]dela; avskilja **sundew** [ˈsʌndjuː] *bot.* sileshår **sundial** sol|ur, -visare **sun disc** solskiva **sundown** solnedgång; *at ~* i (vid) solnedgången **sun-drenched** soldränkt **sun-dried** soltorkad

sundries [ˈsʌndrɪz] *pl* diverse [saker, utgifter *etc.*], varje-, alle|handa **sundry** [-ɪ] åtskilliga, flera; diverse, olika, varjehanda; *all and ~* alla och envar

sunfish [ˈsʌnfɪʃ] *zool.* klumpfisk **sunflower** [-ˌflaʊə] *bot.* solros **sunflower seed oil** solros-

olja
sung [sʌŋ] *perf. part. av sing*
sun|glass [ˈsʌŋglɑːs] brännglas **-glasses** *pl* solglasögon **-hat** solhatt
sunk [sʌŋk] **I** *perf. part. av sink* **II** *a, vard.*, *we're* ~, *if* det är ute med oss (vi är sålda) om **sunken** [ˈsʌŋkən] **1** sjunken **2** nedsänkt **3** in|fallen, -sjunken; djupt liggande (*eyes* ögon)
sun lamp [ˈsʌnlæmp] sol|[ljus]lampa **sunless** utan sol, solfattig; dyster, mörk **sunlight** solljus **sunlit** solbelyst; solig **sun lounge** rum med glasväggar; glasveranda **sunny** [-ɪ] solig (*äv. bildl.*), sol-; solbelyst; *look on the* ~ *side* [*of things*] se saker och ting från den ljusa sidan; *be on the* ~ *side of forty* (*vard.*) inte ha fyllt fyrtio ännu **sunny-side** *s*, ~ *up* (*om ägg*) stekt bara på ena sidan **sun parlor** [-ˌpɑːlə] *AE.*, *se sun lounge* **sunray** [-reɪ] solstråle **sunrise** [-raɪz] soluppgång; *at* ~ i (vid) soluppgången **sunroof** [-ruːf] (*på bil*) soltak **sunset** [-set] solnedgång; *at* ~ i (vid) solnedgången **sunshade** [-ʃeɪd] **1** parasoll **2** markis **sunshine** [-ʃaɪn] solsken **sunshine roof** *se sunroof* **sunshiny** [-ˌʃaɪnɪ] solig, solskens- **sunspot** [-spɒt] *astr.* solfläck **sunstroke** [-strəʊk] solsting **suntan** [-tæn] solbränna **sun-tanned** [-tænd] solbränd, brun **suntrap** [-træp] solig, skyddad plats **sun-up** [-ʌp] *i sht AE.* soluppgång
1 sup [sʌp] **I** *v* smutta på **II** *s* [liten] klunk, smutt
2 sup [sʌp] *åld.* äta kvällsmat
sup. *förk. för supra* (*lat.*) *above; superior; superlative; supine; supplement*[*ary*]*; supply*
super [ˈsuːpə] *vard.* fantastisk, jättebra, toppen, super
super. *förk. för superintendent; superfine; superior; supernumerary; supervisor*
super- [ˈsuːpə] super-, över-; extra-; av högre kvalitet
superable [ˈsuːp(ə)rəbl] över|vinnelig, -komlig
super|abundance [ˌsuːp(ə)rəˈbʌndəns] överflöd (*of* av, på) **-abundant** [-əˈbʌndənt] överflödande, ymnig, riklig
superadd [ˌsuːpərˈæd] ytterligare tillägga (öka)
superannu|ated [suːpəˈrænjʊeɪtɪd] **1** pensionerad **2** utrangerad **-ation** [ˈsuːpəˌrænjʊˈeɪʃn] **1** pensionsavgift **2** pension **3** pensionering
superb [sjuːˈpɜːb] fantastisk, enastående, förträfflig, utmärkt, storartad, strålande, superb
super|charge [ˈsuːpətʃɑːdʒ] **1** *tekn.* förkomprimera; överladda **2** *bildl.* göra laddad, ladda **-charger** [-ˌtʃɑːdʒə] *tekn.* [laddnings]kompressor
supercilious [ˌsuːpəˈsɪlɪəs] högdragen, överlägsen, dryg
superconductor [ˌsuːpəkənˈdʌktə] supraledare
supercool [ˌsuːpəˈkuːl] underkyla
super-duper [ˈsuːpəˈduːpə] *AE. sl.* super, toppen, enorm
superego [ˌsuːpəˈiːgəʊ] (*pl* ~s) *psykol.* överjag, superego
supererogation [ˈsuːpərˌerəˈgeɪʃn] *s*, [*work of*] ~ överloppsgärning
superficial [ˌsuːpəˈfɪʃl] ytlig (*äv. bildl.*); yt- **-ity** [ˈsuːpəˌfɪʃɪˈælətɪ] ytlighet (*äv. bildl.*)
super|fluity [ˌsuːpəˈfluːətɪ] över|flöd, -måtta **-fluous** [suːˈpɜːfluəs] överflödig; onödig

superhighway [ˌsuːpəˈhaɪweɪ] *AE.* motorväg
superhuman [ˌsuːpəˈhjuːmən] övermänsklig
superimpose [ˌsuːpərɪmˈpəʊz] lägga ovanpå (över)
super|intend [ˌsuːp(ə)rɪnˈtend] **1** övervaka, ha uppsikt (kontroll) över, kontrollera **2** hålla uppsikt **-intendence** [-ɪnˈtendəns] överinseende, tillsyn, uppsikt, kontroll **-intendent** [-ɪnˈtendənt] **1** inspektör; uppsyningsman; [över]intendent; direktör **2** poliskommissarie; polis|mästare, -intendent
superior [suːˈpɪərɪə] **I** *a* **1** (*i rang e.d.*) högre (*to* än); övre; överlägsen (*to s.th.* ngt); bättre, större (*to* än); utmärkt, utomordentlig, förstklassig, förträfflig; *be* ~ *to* (*äv.*) *a*) överträffa, *b*) stå (vara höjd) över, vara oemottaglig för; ~ *court* högre domstol, överdomstol; ~ *force* övermakt; *Lake S*~ Övre sjön; *have* ~ *numbers to s.b.* vara ngn numerärt överlägsen; ~ *persons* bättre folk; ~ *planet* huvudplanet **2** överlägsen, arrogant, högdragen **II** *s* **3** överordnad; *bildl.* överman; *be a p.'s* ~ (*äv.*) *a*) stå över ngn, *b*) vara ngn överlägsen **2** *abbot; father* ~ abbot; *mother* ~ abbedissa **-ity** [suːˌpɪərɪˈɒrətɪ] överlägsenhet; förträfflighet
superl. *förk. för superlative*
superlative [suːˈpɜːlətɪv] **I** *a* **1** ypperlig, förträfflig; strålande; enastående **2** *språkv.* superlativ; *the* ~ *degree* superlativ[en] **II** *s*, *språkv.* superlativ
superman [ˈsuːpəmæn] **1** övermänniska **2** *S*~ (*seriefigur*) Stålmannen
supermarket [ˈsuːpəˌmɑːkɪt] stormarknad; stort snabbköp
supernatural [ˌsuːpəˈnætʃr(ə)l] **I** *a* övernaturlig **II** *s, the* ~ det övernaturliga, övernaturliga makter (krafter)
supernumerary [ˌsuːpəˈnjuːm(ə)rərɪ] **I** *a* övertalig, extra; reserv- **II** *s* **1** övertalig (extra) person (sak); extra[ordinarie]; reserv **2** *teat.* statist
superpower [ˈsuːpəˌpaʊə] supermakt
super|script [ˈsuːpəskrɪpt] *boktr.* exponent, upphöjd siffra (bokstav) **-scription** [ˌsuːpəˈskrɪpʃn] överskrift; påskrift, utanskrift
supersede [ˌsuːpəˈsiːd] **1** ersätta, komma i stället för, tränga undan **2** efterträda
supersensitive [ˌsuːpəˈsensɪtɪv] överkänslig
supersonic [ˌsuːpəˈsɒnɪk] överljuds-, supersonisk
superstar [ˈsuːpəstɑː] (*om artist*) superstar, världsstjärna
supersti|tion [ˌsuːpəˈstɪʃn] vidskep|else, -lighet, skrock **-tious** [-ʃəs] vidskeplig, skrockfull
superstructure [ˈsuːpəˌstrʌktʃə] överbyggnad
supertanker [ˈsuːpəˌtæŋkə] supertanker
super|vene [ˌsuːpəˈviːn] upp|stå, -komma; till|stöta, -komma **-vention** [-ˈvenʃn] uppkomst; tillstötande
super|vise [ˈsuːpəvaɪz] övervaka, ha uppsikt (tillsyn) över **-vision** [ˌsuːpəˈvɪʒn] övervakning, uppsikt, tillsyn; bevakning **-visor** [ˈsuːpəvaɪzə] övervakare; tillsyningsman; uppsyningsman; kontrollör, kontrollant, inspektör; arbetsledare; föreståndare **2** *skol.* handledare; studievägledare **-visory** [ˈsuːpəvaɪzərɪ] övervaknings-, övervakande, tillsyns-; kontroll-
supine I *a* [sjuːˈpaɪn] **1** *litt.* liggande (utsträckt) på rygg **2** slö, slapp **II** *s* [ˈsjuːpaɪn] *språkv.* supi-

supp.—surcharge

num
supp. *förk. för supplement[ary]*
supper ['sʌpə] kvälls|mat, -måltid, supé; *the Last S~* Jesu sista måltid med lärjungarna; *the Lord's S~* Herrens nattvard, nattvarden; *have ~* äta kvällsmat, supera
suppl. *förk. för supplement[ary]*
supplant [sə'plɑ:nt] ersätta, komma i stället för; tränga undan, utmanövrera
supple ['sʌpl] smidig, mjuk, böjlig, vig; *bildl.* flexibel, medgörlig, foglig
supple|ment I *s* ['sʌplɪmənt] tillägg; supplement; (*t. tidning e.d.*) bilaga **II** *v* ['sʌplɪment] öka [ut], fylla ut, supplera; fylla på (*one's stock* sitt lager) **-mentary** [ˌsʌplɪ'ment(ə)rɪ] tillagd; supplement-; supplementar, tilläggs-, fyllnads-; *~ angle* supplementvinkel; *~ benefit* (*i England*) statligt understöd (*t. låginkomsttagare*) **-mentation** [ˌsʌplɪmen'teɪʃn] utökning, utfyllnad, supplering
suppliant ['sʌplɪənt] *se supplicant*
suppli|cant ['sʌplɪk(ə)nt] **I** *a* [ödmjukt] bedjande, bönfallande **II** *s* supplikant **-cate** [-keɪt] [ödmjukt] be, bönfalla (*for* om) **-cation** [ˌsʌplɪ-'keɪʃn] [ödmjuk] bön (*for* om) **-catory** ['sʌplɪkət(ə)rɪ] böne-, bönfallande
supplier [sə'plaɪə] leverantör
1 supply ['sʌplɪ] *adv* smidigt, mjukt *etc., jfr supple*
2 supply [sə'plaɪ] **I** *s* **1** anskaffning, tillförsel, försörjning, leverans; fyllande (*av behov*); förråd, lager; tillgång (*of* på); *supplies* (*pl, mil. äv.*) proviant, underhåll; *~ and demand* tillgång och efterfrågan; *electricity ~* elförsörjning; *office supplies* (*pl*) kontors|materiel, -varor; *oil is in short ~* det är dålig tillgång (brist) på olja **2** *parl., supplies* (*pl*) anslag **3** vikarie (*i sht för präst*) **II** *v* **1** [an]skaffa; leverera; tillhandahålla; lämna, ge, erbjuda; *~ s.b. with s.th., ~ s.th. to s.b.* skaffa ngn ngt, leverera ngt till ngn, förse (utrusta, hålla) ngn med ngt; *this supplied me with the chance* det gav mig chansen **2** fylla [ut, i]; täcka, avhjälpa, ersätta; *~ the demand* fylla (tillgodose, tillfredsställa) behovet; *~ a want* täcka en brist **3** vikariera för **supply teacher** [-ˌti:tʃə] [lärar]vikarie
support [sə'pɔ:t] **I** *s* **1** stöd, stötta, underlag; *arch ~* hålfotsinlägg; *point of ~* stödjepunkt **2** [under]stöd, hjälp, medverkan; *~* (*pl, mil.*) stödtrupp[er]; *financial ~* ekonomiskt stöd; *in ~ of* som (till) stöd för, till förmån för; *speak in ~ of a candidate* tala för (stödja) en kandidat **3** underhåll, försörjning, utkomst, uppehälle **II** *v* **1** stödja, stötta, bära; *~ o.s.* stödja sig **2** [under]-stödja, hjälpa; assistera; gynna, hålla på, backa upp; understödja; *which team do you ~?* vilket lag håller (hejar) du på? **3** underhålla, försörja; uppehålla; bestrida, bekosta; *~ o.s.* försörja sig **4** stå ut med, tåla **5** *film, teat.* bära upp (*roll*), spela; *Taylor and Burton, ~ed by X and Y* Taylor och Burton med X och Y i birollerna
supporter [sə'pɔ:tə] **1** supporter, understödjare, gynnare, anhängare **2** försörjare **3** stöd; stödförband
suppose [sə'pəʊz] anta[ga], ponera; tro, förmoda, föreställa (tänka, inbilla) sig; förutsätta; *~ he knew* tänk om han visste; *~ we go (went) for a walk?* ska vi inte (tänk om vi skulle) ta en promenad?, hur skulle det vara om vi tog en promenad?; *~ you meet me at nine o'clock* jag föreslår att du möter mig klockan nio; *I ~ so* jag antar (förmodar) det, antagligen; *I don't ~ so, I ~ not* jag tror inte det, antagligen inte; *I ~ I'd better do that* det är nog bäst att jag gör det; *I don't ~ you could lend me a pound?* du kan händelsevis (väl) inte låna mig ett pund?; *I ~ he'll come* jag antar (förmodar) att han kommer, han kommer nog (antagligen); *you don't ~ he is ill?* du tror väl inte att han är sjuk?; *I was ~d to go last year* det var meningen att jag skulle ha åkt förra året; *he is ~d to be stingy* han anses (lär, skall) vara snål; *and he's ~d to be an expert!* och han ska vara expert!; *isn't he ~d to be at home?* skulle han inte vara hemma egentligen?; *you're ~d to be in bed* du borde ligga i sängen; *you are ~ to do that* [det är meningen att] du skall göra det; *you're not ~d to do that* du får inte göra det
supposed [sə'pəʊzd] förment, förmodad, påstådd; inbillad; tvivelaktig **-ly** [sə'pəʊzɪdlɪ] *adv* förment; antagligen, förmodligen
supposing [sə'pəʊzɪŋ] antag att, om [nu]; *~ that we miss the train* antag att vi (om vi [nu]) missar tåget
supposition [ˌsʌpə'zɪʃn] antagande, förmodan; förutsättning **suppositious** [ˌsʌpə'zɪʃəs], **suppositious** [sə,pɒzɪ'tɪʃəs] **1** tänkt, antagen, hypotetisk **2** falsk, oäkta **suppository** [sə'pɒzɪt(ə)rɪ] *med.* stolpiller
suppress [sə'pres] **1** undertrycka, kväva, kuva, hålla tillbaka; dämpa (*one's anger* sin vrede); tysta [ner] (*criticism* kritiken) **2** förbjuda; dra in (*a book* en bok) **3** förtiga; *psykol.* förtränga, tränga bort **suppression** [sə'preʃn] **1** undertryckande *etc.* jfr *suppress* **2** förbjudande; indragning (*av bok e.d.*) **3** förtigande; *psykol.* förträngning, borttr ängning **suppressor** [sə'presə] undertryckare; förtryckare
suppu|rate ['sʌpjʊ(ə)reɪt] *med.* vara [sig] **-ration** [ˌsʌpjʊ(ə)'reɪʃn] *med.* varbildning
supra|national [ˌsu:prə'næʃənl] över|nationell, -statlig **-renal** *a, ~ gland* binjure
supremacy [sʊ'preməsɪ] **1** överhöghet, supremati **2** överlägsenhet
supreme [sʊ'pri:m] **1** högst; ytterst, störst, avgörande; suverän; *the S~ Being* det högsta väsendet (*Gud*); *~ commander* överbefälhavare; *the S~ Court a*) högsta domstolen, *b*) (*i USA*) högsta domstolen (*på federal nivå*); *the S~ Court of Judicature* (*i England*) högsta domstolen; *the S~ Soviet* högsta sovjet; *be* (*reign, rule*) *~* vara suverän (allenarådande); *make the ~ sacrifice* offra livet **2** enorm, oerhörd (*skill* skicklighet); ypperlig, ojämförlig, enastående (*artist* artist) **-ly** [-lɪ] *adv* i högsta grad, ytterst
supremo [sʊ'pri:məʊ] (*pl ~s*) *BE. vard.* högste chef, överkucku
Supt. *förk. för Superintendent*
surcharge I *s* ['sɜ:tʃɑ:dʒ] **1** tilläggs-, extra|avgift; *post.* lösen **2** extra börda; överbelastning **3** *post.* överstämpling **II** *v* [sɜ:'tʃɑ:dʒ] **1** kräva tilläggsavgift av, debitera extra **2** överbelasta **3**

surd—surroundings

post. överstämplga
surd [sɜ:d] **I** a **1** mat. irrationell **2** språkv. tonlös **II** s **1** mat. irrationellt tal **2** språkv. tonlöst ljud
sure [ʃʊə] **I** a **1** attr. säker, pålitlig, tillförlitlig; ~ thing! (AE. vard.) [ja] visst!, så klart!, naturligtvis! **2** pred. säker (of, about på, om); övertygad, förvissad (of, about om); for ~ säkert, bestämt, med säkerhet; to be ~ a) naturligtvis, mycket riktigt, b) visserligen, nog, utan tvivel; well, to be ~!, well, I'm ~! kors!, det var som sjutton!; be ~ of o.s. vara säker på sin sak, vara självsäker; be ~ to, be ~ you se till att du, tänk på att; be ~ to turn the gas off (äv.) glöm inte att stänga av gasen; he is ~ of winning han är säker på att vinna; he is ~ to win han kommer säkert att vinna; I'm ~ I don't know, I don't ~, I'm ~ jag har ingen aning, det vet jag faktiskt inte; I'm ~ I didn't mean to det var verkligen inte min mening (avsikt) [att]; make ~ förvissa (försäkra, övertyga) sig, kontrollera, tänka på, inte glömma, se till; to make ~ för säkerhets skull **II** adv **1** säkert; ~ enough a) mycket riktigt, b) alldeles (absolut) säkert, bergsäkert; ~ as ~ så säkert som aldrig det; as ~ as så säkert som; as ~ as I am standing here (vard.) så sant som jag står här, absolut säkert, bergis **2** AE. vard. verkligen, minsann; ~! [ja] visst!, så klart!, naturligtvis!, säkert!
sure|-fire [ʃʊəˈfaɪə] vard. berg-, bomb|säker **--footed 1** säker på foten, stadig **2** bildl. säker, pålitlig
surely [ˈʃʊəlɪ] adv **1** [helt] säkert, säkerligen; slowly but ~ sakta men säkert **2** minsann, verkligen **3** väl, nog **4** AE. vard., ~! ja (jo) visst!
surety [ˈʃʊərətɪ] **1** säkerhet, borgen; stand ~ gå i borgen, ställa säkerhet **2** borgensman
surf [sɜ:f] **I** s **1** bränning **2** vågskum (på strand) **II** v surfa
surface [ˈsɜ:fɪs] **I** s yta (äv. geom., bildl.); utsida, [ytter]sida; ytskikt, ytbeläggning; control ~ (flyg.) roder[yta]; road ~ vägbeläggning; striking ~ [tändsticks]plån; ~ of water vattenyta; on the ~ a) på ytan, bildl. äv. ytligt sett, b) gruv. i dagen; below (beneath) the ~ (bildl.) under ytan; come (rise) to the ~ (bildl.) komma i dagen (fram i ljuset) **II** a yttre; ytlig; yt-; gruv. dag-; ~ mail ytpost; ~ noise (grammofonskivas) [nål]rasp, skrap; ~ structure (språkv.) ytstruktur; ~ tension (fys.) ytspänning; ~ treatment ytbehandling; ~ vessel övervattensfartyg (i motsats t. ubåt) **III** v **1** ytbehandla; [yt]polera **2** belägga, täcka, bekläda **3** (om ubåt) låta gå upp i övervattensläge **4** gå (dyka, stiga) upp [till ytan]; bildl. dyka upp, komma fram; vard. gå (stiga) upp (ur sängen) **--active** [-ˌæktɪv] ytaktiv **--to-air missile** [ˌsɜ:fɪstəˈeəˌmɪsaɪl] luftvärnsrobot
surfboard [ˈsɜ:fbɔ:d] surfingbräda
surfeit [ˈsɜ:fɪt] **I** s övermått (of av); omåttlighet **II** v överlasta, övermätta
surf|er [ˈsɜ:fə] surfare **-ing** [-ɪŋ] surfing, surfning **--rider** [-ˌraɪdə] surfare
surg. fork. för surgeon; surgery; surgical
surge [sɜ:dʒ] **I** s **1** svallvåg, [brott]sjö; [våg]svall, bränningar; bildl. svall, våg; bildl. tillströmning; a ~ of people en böljande människomassa; he felt a ~ of rage han kände hur vreden vällde upp inom honom **2** elektr. [plötslig] spänningsökning,

strömrusning **II** v **1** svalla [högt], rulla, bölja; tränga [fram], välla [fram], strömma, forsa; ~ [up] välla fram (upp), stiga; blood ~d into her face blodet steg upp i ansiktet på henne; hope ~d in her hoppet steg hos henne; rage ~d within him vreden svallade inom honom **2** elektr. plötsligt öka
surgeon [ˈsɜ:dʒ(ə)n] **1** kirurg **2** marinläkare
surgeon general [-ˌdʒen(ə)r(ə)l] (pl surgeons general) **1** arméöverläkare; marinöverläkare **2** AE. chef för hälsovården **surgery** [-(ə)rɪ] **1** kirurgi **2** BE. [läkar-, tandläkar]mottagning; mottagningsrum **3** operation **4** AE. operationssal
surgical [-ɪkl] kirurgisk; ~ boots (shoes) ortopediska skor; ~ spirit desinfektionsvätska
surly [ˈsɜ:lɪ] a butter, vresig
surmise I v [sɜ:ˈmaɪz] förmoda, anta, gissa **II** s [ˈsɜ:maɪz] förmodan, antagande, gissning
surmount [sɜ:ˈmaʊnt] **1** övervinna (difficulties svårigheter) **2** ta sig över å kröna, ligga på toppen av (ovanpå); ~ed by krönt av, med...på toppen (ovanpå) **-able** [-əbl] över|stiglig, -komlig, -vinn[e]lig
surname [ˈsɜ:neɪm] efternamn
surpass [səˈpɑ:s] över|träffa, -stiga; ~ all description trotsa all beskrivning; ~ all expectations överträffa alla förväntningar **-ing** [-ɪŋ] makalös, enastående
surplice [ˈsɜ:plɪs] vid mässkjorta
surplus [ˈsɜ:pləs] **I** s överskott; överskotts|varor, -kläder **II** a överskotts-; ~ population befolkningsöverskott; ~ stock rest-, överskotts|lager; ~ value mervärde; be ~ to requirements inte behövas längre, vara överflödig
surprise [səˈpraɪz] **I** s förvåning (at över); över|raskning, -rumpling; in ~ förvåna|d, -t; much to my ~, to my great ~ till min stora förvåning; take by ~ över|raska, -rumpla **II** a över|raskande, -rasknings-; ~ visit (äv.) oväntat besök **III** v **1** förvåna; över|raska, -rumpla; ertappa; be ~d at vara (bli) förvånad över, förvåna sig över; I wouldn't be ~d if det skulle inte förvåna mig om **2** genom överrumpling förmå (sb. into doing s.th. ngn att göra ngt)
surprising [səˈpraɪzɪŋ] förvånansvärd, överraskande **-ly** [-lɪ] adv förvånansvärt, överraskande
surreal [səˈrɪəl] surrealistisk, egendomlig **-ism** [-ɪz(ə)m] surrealism **-ist** [-ɪst] surrealist **-istic** [səˌrɪəˈlɪstɪk] surrealistisk
surrender [səˈrendə] **I** v **1** överlämna, ge upp, avträda, avstå [från], utlämna, lämna ifrån sig; ~ o.s. överlämna (ge) sig, kapitulera, bildl. äv. hänge sig **2** överlämna (ge) sig (to åt), kapitulera (to [in]för), bildl. äv. hänge sig **II** s överlämnande (etc., jfr I), kapitulation **surrender value** [-ˌvælju:] försäkr. återköpsvärde
surreptitious [ˌsʌrəpˈtɪʃəs] hemlig, förstulen, i smyg **-ly** [-lɪ] adv i hemlighet, i smyg, förstulet
Surrey [ˈsʌrɪ]
surrogate [ˈsʌrəgɪt] **I** s surrogat, ersättning **II** a surrogat-, ersättnings-; ~ mother surrogatmamma
surround [səˈraʊnd] **I** v omge, innesluta; omgärda; omringa **II** s golvkant, golvlist **-ing** [-ɪŋ] omgivande, kringliggande **-ings** [-ɪŋz] s pl omgivning[ar]; miljö

surtax ['sɜ:tæks] **I** s extra-, tilläggs|skatt **II** v belägga med extraskatt (tilläggsskatt)
surv. *förk.* för surveying; surveyor
surveillance [sɜ:'veɪləns] övervakning, bevakning, uppsikt
survey I v [sə'veɪ] **1** överblicka; titta på, besiktiga, inspektera, syna, granska; undersöka **2** ge en översikt över **3** kartlägga, mäta [upp, ut] **II** s ['sɜ:veɪ] **1** över|blick, -sikt (*of* över, av) **2** besiktning, inspektion, avsyning, granskning; undersökning; enkät **3** besiktningsprotokoll; utlåtande **4** kartläggning, [lant]mätning **surveyor** [sə'veɪ(ɪ)ə] **1** besiktningsman, inspektör; *quantity* ~ byggnadsingenjör (*med uppgift att beräkna kostnader o. arbetsåtgång*) **2** lantmätare
survival [sə'vaɪvl] **1** överlevnad, överlevande; fortlevande; ~ *of the fittest* de starkastes överlevnad, naturligt urval **2** kvarleva **survival kit** överlevnads-, nöd|utrustning **survive** [sə'vaɪv] **1** överleva (*s.b.* ngn) **2** överleva, leva vidare, fortleva; leva (finnas) kvar **surviving** [-ɪŋ] **1** överlevande; efterlevande **2** kvarlevande; kvarvarande **survivor** [-ə] **1** överlevande [person] **2** efterlevande
suscep|tibility [sə,septə'bɪlətɪ] **1** mottaglighet, känslighet, ömtålighet (*to* för) **2** -*tibilities* (*pl*) känslor, känsliga punkter **-tible** [sə'septəbl] mottaglig, känslig, ömtålig (*to* för); lättpåverkad; ~ *to control* möjlig (lätt) att kontrollera; *be* ~ *to* vara mottaglig (disponerad) för, vara känslig för, vara påverkbar av
suspect I v [sə'spekt] **1** misstänka (*of* för); misstro; ana; *a ~ed case of measles* ett misstänkt fall av mässling; *I ~ed as much* jag misstänkte (anade) det **2** hysa misstankar **II** s ['sʌspekt] misstänkt [person], suspekt [individ] **III** *a* ['sʌspekt] misstänkt, suspekt
suspend [sə'spend] (*se äv.* suspended) **1** hänga [upp] (*by* i, på; *from* från, i); *be ~ed* vara upphängd, hänga, sväva; ~ *a rope between two trees* hänga (spänna) upp ett rep mellan två träd **2** suspendera, avstänga (utesluta, avskaffa, upphäva, ställa in, dra in) [temporärt, tills vidare]; skjuta upp, vänta med; ~ *payment* inställa betalningarna **suspended** [-ɪd] **1** upphängd, hängande, svävande **2** suspenderad (*etc., jfr suspend 2*); ~ *animation* temporär livlöshet, skendöd; ~ *sentence* villkorlig dom
suspender [sə'spendə] **1** strumpeband **2** *AE., ~s* (*pl*) hängslen **suspender belt** strumpebandshållare
suspense [sə'spens] spänning, ovisshet; *keep s.b. in* ~ hålla ngn i spänning (ovisshet) **suspense account** [-ə,kaʊnt] *hand.* interimskonto
suspension [sə'spenʃn] **1** [hjul]upphängning; fjädring **2** suspension, suspendering, [temporär, tillfällig] avstängning (uteslutning, indragning); [temporärt, tillfälligt] avskaffande (upphävande, inställande); uppskov; ~ *of hostilities* inställande av fientligheterna; ~ *of payment* betalningsinställelse **3** *kem.* suspension **4** *mus.* förhållning **suspension bridge** hängbro
suspensory [sə'spens(ə)rɪ] *med.* suspensoar
suspicion [sə'spɪʃn] **1** misstanke (*of, about* om, mot); misstänksamhet, misstro (*of* mot); aning (*of, about* om); *arouse* ~ väcka misstankar; *I have a* ~ *that* (*äv.*) jag misstänker att; *be above* (*beyond*) ~ vara höjd över alla misstankar; *arrest s.b. on* ~ arrestera ngn som misstänkt (*of murder* för mord); *be under* ~ vara misstänkt (*of* för); *view s.b. with* ~ titta misstänksamt på ngn **2** aning, antydan, tillstymmelse; *a* ~ *of cinnamon* en aning (gnutta) kanel; *without the slightest* ~ *of nervousness* utan minsta tillstymmelse till nervositet **suspicious** [-ʃəs] **1** misstänksam, misstrogen (*of* mot) **2** misstänkt, tvivelaktig, suspekt
Sussex ['sʌsɪks]
sustain [sə'steɪn] **1** klara av (tåla) [belastningen av]; *bildl.* tåla, stå ut med, uthärda **2** bära [upp], hålla upp; *bildl.* [under]stödja, stötta; *bildl.* bestyrka; *jur.* god|känna, -ta[ga] **3** upprätthålla; uppehålla; hålla uppe (vid gott mod); hålla i gång (vid liv); försörja, underhålla **4** lida, utstå, drabbas av, ådra[ga] sig **5** *mus.* hålla ut **sustained** [-d] *a* oavbruten, ihållande
sustenance ['sʌstɪnəns] **1** föda, näring **2** uppehälle, levebröd
sutler ['sʌtlə] (*förr*) marketentare
suture ['su:tʃə] *anat., med.* sutur
suzerain ['su:zəreɪn] *hist.* länsherre **-ty** [-tɪ] *hist.* länshöghet
s.v. *förk.* för *sailing vessel; side valve; sub voce* (*lat.*) *under the word*
svelte [svelt] slank, smärt
SW *förk.* för *short wave; southwest*[*ern*] **S.W.** *förk.* för *short wave*
swab [swɒb] **I** s **1** *med.* bomullssudd, tampong; [sekret]prov (*som tas med tampong*) **2** svabb, golvmopp **3** *sl.* drummel **II** v svabba; ~ *up* svabba (torka) upp
swaddle ['swɒdl] **1** linda in (om) **2** *åld.* linda (*a baby* ett spädbarn) **swaddling clothes** [-ɪŋkləʊðz] *åld., pl* (*spädbarns*) linda, lindor
swag [swæg] **1** *sl.* stöldgods **2** *Austr. vard.* bylte, knyte
swagger ['swægə] **I** v **1** [gå omkring och] stoltsera **2** ~ *about* skrävla, skryta **II** s **1** stoltserande [gång] **2** skryt, skrävel **swagger cane** officerskäpp **swaggering** [-rɪŋ] **1** stoltserande **2** skrytsam, skrävlande **swagger stick** officerskäpp
swagman ['swægmæn] *Austr. vard.* luffare
swain [sweɪn] *åld. el. poet.* **1** bondpojke **2** beundrare, tillbedjare
swallow ['swɒləʊ] *zool.* svala; ladusvala
2 swallow ['swɒləʊ] **I** v **1** svälja, sluka (*äv. bildl.*); *bildl.* tro på, godta[ga]; *bildl.* hålla tillbaka; ~ [*up*] *a*) svälja, sluka, äta upp, *bildl. äv.* ta upp, *b*) uppsluka; ~ *the bait* nappa [på kroken] (*äv. bildl.*); ~ *a book* sluka en bok; ~ *an insult* svälja en förolämpning; ~ *one's words* ta tillbaka [vad man (*etc.*) har sagt] **2** svälja; *she ~ed and closed her eyes* hon svalde och blundade **II** s sväljning; klunk
swallow dive ['swɒləʊdaɪv] *sport.* svanhopp
swallowtail [-teɪl] **1** svalstjärt **2** makaonfjäril **3** frack
swallow-tailed [-teɪld] **1** med kluven stjärt **2** ~ *coat* frack
swam [swæm] *imperf. av* swim
swamp [swɒmp] **I** s kärr, myr, träsk, sumpmark **II** v **1** översvämma, dränka, sätta under vatten; fylla med vatten, sänka **2** *bildl.* översvämma, dränka, överhopa **swampy** ['swɒmpɪ] sank,

swan—sweep

träskartad, sumpig
swan [swɒn] **I** *s* svan; *the S~ of Avon* Shakespeare **II** *v, vard.*, ~ *[about, around]* vandra (segla) omkring **swan dive** *AE. sport.* svanhopp
swank [swæŋk] *vard.* **I** *v* göra sig viktig, vara överlägsen (mallig) **II** *s* **1** *BE.* snobb, viktigpetter **2** skryt, skrävel **3** *i sht AE.* snobberi **swankpot** ['swæŋkpɒt] snobb, viktigpetter **swanky** ['swæŋkɪ] **1** mallig **2** flott, snobbig, vräkig
swan neck ['swɒnnek] svanhals **swannery** [-ərɪ] svandamm **swan's-down** [-zdaʊn] svandun **swan song** svanesång
swap [swɒp] *vard.* **I** *v* byta [ut] *(s.th. for* ngt mot); utbyta *(opinions* åsikter); ~ *two things over (round)* byta plats på två saker; ~ *places* byta plats; ~ *amusing stories* berätta roliga historier för varandra **II** *s* [ut]byte *(for* mot); bytesaffär
1 swarm [swɔ:m] **I** *s* svärm; *bildl. äv.* hop, myller, vimmel; ~ *of bees* bisvärm **II** *v* svärma; *bildl. äv.* strömma, välla; ~ *with people* myllra (vimla) av folk
2 swarm [swɔ:m] *v,* ~ *[up]* klättra uppför (upp i)
swarthy ['swɔ:ðɪ] mörk[hyad]; svartmuskig
swashbuck|ler ['swɒʃˌbʌklə] skrävlare, skrodör; bråkmakare **-ling** [-lɪŋ] **1** skrävlande, skroderande **2** *(om sjörövare e.d. på film)* våghalsig, äventyrlig
swastika ['swɒstɪkə] svastika, hakkors
swat [swɒt] **I** *v* smälla [till] *(a fly* en fluga) **II** *s* **1** smäll, slag **2** flugsmälla
swath [swɔ:θ] **1** lie|tag, -slag **2** slåttersträng; slagen (mejad) rad **3** sträng, stråk; ~ *of land* landremsa **4** remsa, band
1 swathe [sweɪð] *se swath*
2 swathe [sweɪð] **1** linda (binda) om **2** linda [in], svepa [in]
sway [sweɪ] **I** *v* **1** [få att] svänga (gunga), komma att svaja (vaja); *bildl.* få att svänga (vackla), påverka, influera **2** bestämma; behärska, styra, ha makt över; *be ~ed by* låta sig behärskas (ledas) av **3** svänga, gunga, vagga, vackla, svaja, vaja; ragla; *bildl.* svänga, vackla **4** härska, styra, ha makten **II** *s* **1** svängning, gungning **2** inflytande; [herra]välde, makt; *hold* ~ ha makten, vara förhärskande
swear [sweə] **I** *v* (swore, sworn; *se äv. sworn II*) **1** avlägga *(the oath* ed[en]); svära [på] *(to do s.th.* att göra ngt); gå ed på; bedyra **2** ~ *[in]* låta avlägga ed; ~ *in the president* låta presidenten avlägga ämbetseden; ~ *s.b. to secrecy* låta ngn avlägga tysthetslöfte **3** svära, avlägga ed; ~ *by a)* svära vid, *b)* sätta sin tillit till, hålla på; ~ *to a)* svära på, *b)* bedyra **4** svära *(at* åt, över), använda svordomar **II** *s* svärande; svordomar **-word** ['sweəwɜ:d] svärord, svordom
sweat [swet] **I** *s* **1** svett; svettning, svettbad, svettningskur; *bildl.* [svett och] möda, slit[göra]; *a cold* ~ kallsvett[en]; *be in a [cold]* ~ kallsvettas; *no ~!* *(vard.)* inga problem!, det är en enkel sak!; *all of (in) a ~ a)* badande i svett, *b) bildl.* [mycket] ängslig (nervös), kallsvettig; *by the ~ of ones brow* i sitt anletes svett **2** *tekn.* fukt, kondens, svettning **II** *v* **1** svettas [ut]; utsöndra; ~ *out a)* svettas ut, *b)* utsöndra; ~ *it out* (*vard.*) kämpa sig

igenom [det], härda ut; ~ *blood a)* svettas av ängslan (nervositet), *b)* slita [hårt] **2** få att (låta) svettas; *bildl.* suga ut, exploatera; *sl.* ta i strängt förhör; *~ed goods* varor tillverkade av arbetare med svältlöner; ~ *information out of s.b.* pressa fram upplysningar ur ngn **3** svettas *(äv. bildl.)*; *bildl.* slita (arbeta) [hårt]; *bildl.* oroa sig, vara ängslig (nervös) **4** *tekn.* fukta, anlöpa, svetsa
sweatband ['swetbænd] **1** *(i hatt)* svettrem **2** *(för sport)* pann-, svett|band **sweated** [-ɪd] **1** *(om arbetare)* utsugen; underbetald **2** *(om produkt)* gjord av underbetalda arbetare **sweater** [-ə] **1** sweater, tjockare [sport]tröja **2** utsugare, slavdrivare **sweat gland** svettkörtel **sweat shirt** sweatshirt *(träningströja av bomull)* **sweatshop** dålig arbetsplats *(med dålig miljö o. låga löner)* **sweat suit** *AE.* träningsoverall **sweaty** [-ɪ] svettig
Swede [swi:d] svensk **swede** kålrot **Sweden** [-n] Sverige **Swedish** ['swi:dɪʃ] **I** *a* svensk; *~ turnip* kålrot **II** *s* svenska [språket]
sweep [swi:p] **I** *v* (swept, swept) **1** sopa; feja; sota; *bildl.* sopa ren, rensa; ~ *away the glass* sopa bort glaset; ~ *down* sopa [ner]; ~ *out* sopa [ut, rent i]; ~ *up a)* sopa [upp], *b)* rafsa (skrapa) ihop; ~ *s.th. under the rug (carpet)* sopa ngt under mattan *(äv. bildl.)* **2** sopa [med sig, undan]; dra, rycka, fösa; ~ *along* rycka med sig; ~ *away (off) a)* sopa (rycka, slita, spola) bort (undan), dra bort, rycka (ta) med sig, driva [bort, undan], *b)* röja undan, göra sig kvitt, avskaffa; *be swept off one's feet a)* kastas omkull, *b) bildl.* hänföras, tas med storm *(by* av), falla pladask *(by* för) **3** svepa (glida) [fram] över, dra (stryka, gå) fram över (genom); *(om sjukdom e.d.)* sprida sig i, härja [i] ; *bildl.* finkamma; *sjö.* dragga [upp], svepa; *her eyes swept the horizon* hennes blickar svepte över horisonten; ~ *s.th. with one's eyes* låta sina blickar svepa över ngt; ~ *one's hand over s.th.* stryka [med] handen över ngt; ~ *the keys (strings)* fara över (smeka) tangenterna (strängarna); ~ *an area for mines* minsvepa ett område **4** ha stora framgångar i; vinna, ta hem; ~ *the board* ta hem hela potten (vinsten); ~ *the country* vinna en förkrossande [val]seger i hela landet **5** *mil.* bestryka **6** sopa; feja; *a new broom ~s clean* nya kvastar sopar bäst **7** svepa, dra, glida, flyga, fara, jaga, susa, rusa; komma farande *etc.*; skrida (komma) [fram]; ~ *along* svepa *(etc.)* fram [över]; ~ *by (past)* svepa *(etc.)* förbi; ~ *down on s.th.* störta sig över (slå ner på) ngt; *she came ~ing in* hon kom insvepande; ~ *out of the room a)* rusa ut ur rummet, *b)* skrida [värdigt] ut ur rummet; ~ *over* svepa *(etc.)* [fram] över; ~ *through* svepa *(etc.)* fram igenom **8** *(om väg. kust e.d.)* sträcka sig; svänga (böja) av **9** *sjö.* dragga *(for* efter); ~ *for mines* svepa minor **II** *s* **1** sopning; bortsopande; sotning; *clean* ~ stor framgång, förkrossande seger; *make a clean* ~ *of (bildl.)* göra rent hus med; *give the floor a* ~ sopa [av] golvet **2** sotare **3** [fram]svepande; [svepande] rörelse; sväng[ning] ; svep, tag, drag; hugg, snitt; *at (in) one* ~ i ett svep (drag) **4** sväng, båge, krök, kurva **5** [lång] sträcka; [vidsträckt] område; vidd; omfång; räck|håll, -vidd; spännvidd; *mil.* skottvidd **6** svep, finkamning; *sjö.* draggning; *make a* ~ *for*

mines svepa minor **7** *se sweepstake*
sweepback ['swi:pbæk] *(flygplansvinges)* pilform **sweeper** [-ə] **1** [gat]sopare **2** mattsopare **sweep hand** *(på ur)* sekund-, centrum|visare **sweeping** [-ɪŋ] **I** *a* **1** svepande, vid, bred *(curve* kurva*)* **2** *bildl.* svepande, allmänt hållen; kolossal, enorm *(effect* inverkan*)*; överväldigande, förkrossande *(victory* seger*)*; [vitt]omfattande, vittgående *(reforms* reformer*)*; ~ *statements* svepande formuleringar, generaliseringar **2** [fram]svepande *(attack* attack*)* **3** svepande *(glance* blick; *lines* linjer*)* **II** *s* **1** sop|ning, -ande; sotning **2** ~*s* *(pl)* sopor, skräp **sweepstake[s]** *(vid hästkapplöpning)* sweepstake *(lotteri med tippning)*
sweet [swi:t] **I** *a* **1** söt; *bildl. äv.* rar, älskvärd; *bildl.* älskad, kär, ljuv; ~ *almond* sötmandel; ~ *corn* sockermajs; ~ *oil* olivolja; ~ *pea* luktärt; ~ *potato* sötpotatis; ~ *talk* *(AE. vard.)* honungslena ord; ~ *william* *(bot.)* borstnejlika; *my* ~ *one* min älskling; *have a* ~ *tooth* tycka om snask, vara en gottgris; *go one's own* ~ *way* göra som man själv vill (behagar); *that's very* ~ *of you!* det var väldigt snällt av dig!; *be* ~ *on s.b.* *(vard.)* vara förtjust (kär) i ngn; *keep s.b.* ~ hålla ngn på gott humör **2** söt; färsk; frisk; ren; fräsch, fin, snygg; ~ *water* söt-, färsk|vatten; ~ *and clean* ren och snygg; *keep* ~ hålla sig färsk **3** väl|doftande, -ljudande; behaglig, vacker, härlig, ljuv[lig]; *be* ~ *with* dofta [av] **II** *s* **1** *BE.* söt-, god|sak, karamell; ~*s* *(pl, äv.)* godis, snask **2** *BE.* [söt] efterrätt, dessert **3** älskling **4** ~*s* *(pl)* behag, nöjen, sötma
sweet-and-sour [,swi:tən'sauə] *kokk.* sötsur **sweetbread** ['swi:tbred] [kalv-, lamm]bräss **sweetbrier** *bot.* äppelros **sweeten** [-n] **1** söta, sockra; *do you like it* ~*ed?* vill du ha socker i (på)? **2** göra attraktivare (mera tilltalande), försköna **3** ~ [*up*] blidka, göra vänligt stämd **sweetener** [-nə] **1** sötningsmedel **2** *vard. bildl.* morot, belöning **sweetening** [-nɪŋ] **1** sötningsmedel **2** söt|ande, -ning **sweetheart 1** älskling, raring, sötnos **2** flickvän; pojkvän **sweetie** [-ɪ] **1** *vard.* raring, sötnos **2** ~*s* *(pl)* godis, snask **sweetish** [-ɪʃ] sötaktig **sweetly** [-lɪ] *adv* **1** sött *etc, jfr sweet* **2** behagligt; vänligt, rart, milt **3** *the engine is running* ~ motorn går jämnt och fint **4** *hit the ball* ~ träffa bollen mitt på **sweetmeat** åld. sötsak **sweetness** [-nɪs] **1** sötma; älsklighet, älskvärdhet; behag; charm **2** mildhet, ljuvlighet **sweetshop** *i sht BE.* gottaffär **sweettalk** *AE. vard.* tala rart med; smickra
swell [swel] **I** *v* (~*ed, perf. part. swollen el.* ~*ed; se äv. swollen*) **1** få (komma) att svälla (svullna, pösa) [upp]; blåsa upp; fylla; utvidga; *bildl.* få att svälla, göra uppblåst; *bildl.* öka, stegra; *mus.* låta svälla; *it will* ~ *his head* det kommer att stiga honom åt huvudet **2** svälla [upp]; svullna [upp]; fyllas; pösa fram (upp), puta ut; stiga; *bildl.* svälla, öka, växa, stiga, stegras; ~ *up* svälla [upp], svullna [upp]; ~ *with pride* svälla (pösa) av stolthet; ~ *with rage* koka av vrede; *the tide* ~*ed in over the shore* tidvattnet rullade in över stranden **II** *s* **1** svällande; an-, upp|svällning; uppsvälldhet; *bildl.* ökning, stegring **2** utbuktning **3** dyning, svallvåg, [våg]svall **4** *mus.* crescendo [och därpå följande diminuendo] **5** *mus.* svällare **6** *vard.*

snobb **7** *vard.* pamp, höjdare **III** *a, vard.* fin, flott, stilig; *AE. vard.* jättebra, toppen
swelling ['swelɪŋ] **I** *s* **1** svällande; svullnande **2** svullnad; bula **II** *a* svällande
swelter ['sweltə] **I** *v* förgås (försmäkta) [av värme] **II** *s* tryckande (olidlig) hetta **-ing** ['swelt(ə)rɪŋ] tryckande, kvävande; stekhet, olidligt het
swept [swept] *imperf. o. perf. part. av sweep*
swerve [swɜːv] **I** *v* **1** vika (böja) av, svänga [åt sidan]; avvika **2** komma att vika (böja) av, svänga åt sidan **II** *s* avvikelse, sväng [åt sidan]
swift [swɪft] **I** *a* snabb, hastig; rask; strid, strömmande *(river* flod*)*; ~ *to anger* snar till vrede; ~ *to take offence* snarstucken **II** *s, zool.* torn|seglare, -svala
swig [swɪg] *vard.* **I** *v* halsa, stjälpa i sig, svepa **II** *s* rejäl klunk (slurk)
swill [swɪl] **I** *s* **1** *i sht BE.,* ~ [*out*] spola (skölja) av (ur) **2** *vard.* svepa, stjälpa i sig **II** *s* **1** spolning, sköljning **2** svinmat, skulor
swim [swɪm] **I** *v* *(swam, swum)* **1** simma [över]; låta simma; ~ *200 metres* simma två hundra meter **2** simma *(ashore* i land*)*; ~ *against* *(with)* *the tide* *(bildl.)* gå mot (följa med) strömmen; *go* ~*ming* ta [sig] en simtur (ett bad, ett dopp), gå och bada **3** flyta; driva; glida, sväva **4** översvämmas, svämma över, fyllas; ~ *in* *(bildl.)* bada i; *his eyes were* ~*ming with tears* hans ögon var fyllda av tårar **5** gå runt, snurra; *my head is* ~*ming* det går runt i huvudet på mig; *everything swam before my eyes* allt blev suddigt (gick runt) för mig **II** *s* **1** simning; simtur, bad **2** *bildl., be in the* ~ hänga med [i svängarna], vara med [i svängen]
swim bladder ['swɪm,blædə] simblåsa **swimmer** [-ə] **1** simmare, simmerska **2** simfågel **swimming** ['swɪmɪŋ] simning **swimming bath** *BE.,* ~[*s, pl*] sim|bassäng-, -hall **swimming costume** [-,kɒstju:m] bad-, sim|dräkt **swimmingly** [-lɪ] *adv* lekande lätt, som smort; *everything goes* ~ allt går lekande lätt (som smort) **swimming pool** [-pu:l] simbassäng, swimmingpool
swimsuit [-su:t] [hel] baddräkt
swindle ['swɪndl] **I** *s* svindel, bedrägeri **II** *v* **1** bedra[ga], svindla; ~ *s.b. out of his money* lura ngn på pengar **2** lura [till sig]; ~ *money out of s.b.* lura till sig pengar av ngn **3** svindla **swindler** [-ə] svindlare, bedragare **swindle sheet** *sl.* representationskonto
swine [swaɪn] **1** *(pl lika)* svin **2** *(pl* ~*s) bildl.* svin **swineherd** svinaherde **swinepox** svinkoppor **swing** [swɪŋ] **I** *v* *(swung, swung)* **1** svänga [med], svänga om (runt); sätta i svängning, få att svänga; svinga; gunga; *vard.* påverka, styra; *mus.* spela med swing; ~ *o.s.* svinga (kasta) sig; ~ *s.b.* round *to s.th.* *(bildl.)* få ngn att svänga [om] till ngt; ~ *a blow at* rikta ett slag mot, slå efter; ~ *a door shut* smälla igen en dörr; ~ *one's hips* vagga med höfterna; ~ *the lead* *(vard.)* maska, mörka [undan], simulera; *sit* ~*ing one's legs* sitta och dingla med benen; ~ *a tune* få det att svänga om en låt; ~ *it so that* *(vard.)* greja det så att **2** svänga; vagga, vippa; gunga; pendla; vaja, svaja; svinga (kasta) sig, hoppa; ~ [*at anchor*] *(sjö.)* ligga på svaj; ~ *at* rikta ett slag mot, slå efter; *the door swung open* *(shut, to)* dörren slog[s] (gick) upp (igen); ~

round svänga om (runt); *the music ~s* det svänger om musiken; *the party is beginning to ~* (*vard.*) det börjar bli fart på festen **4** hänga; dingla (*from* i); *vard.* bli hängd **5** *mus.* spela (dansa) swing **II** *s* **1** sväng[ande, -ning]; gungning; svängande (vaggande) gång; *bildl.* omsvängning, övergång; (*i boxning*) sving; *the ~ of the pendulum* (*bildl.*) opinionens svängningar; *take a ~ at s.b.* slå efter ngn **2** fart, schvung; rytm; *be in full ~* vara i full fart (gång); *get into the ~ of s.th.* (*vard.*) komma [riktigt] i gång med ngt; *get into the ~ of things* (*vard.*) komma in i det hela; *it's going with a ~ a*) det går med full fart, *b*) det går som smort (en dans) **3** gunga; *it is a ~s and roundabouts situation* (*vard.*) det är hugget som stucket, vad man än gör så...; *what you lose on the ~s you gain on the roundabouts* (*bildl.*) man tar igen på gungorna vad man förlorar på karusellen **4** *AE. vard.* fritt lopp, svängrum, [rörelse]frihet; *be given full ~* få (ha) fria händer **5** *mus.* swing

swing bridge ['swɪŋbrɪdʒ] svängbro **swing door** svängdörr

swingeing ['swɪn(d)ʒɪŋ] *i sht BE.* våldsam, väldig

swinger ['swɪŋə] *vard.* hålligångare

swinging ['swɪŋɪŋ] **1** svängande *etc.*, *jfr swing I* **2** *vard.* fashionabel; som det svänger om; trendig; dynamisk

swingle ['swɪŋgl] **I** *s* (*för linberedning*) skäkta **II** *v* skäkta (*lin*)

swinish ['swaɪnɪʃ] svinaktig

swipe [swaɪp] **I** *v* **1** ~ *at* slå efter (*a fly* en fluga) **2** *vard.* sno, knycka **II** *s*, *vard.* hårt slag **swipes** [-s] *pl, BE. sl.* dåligt öl, ölblask

swirl [swɜːl] **I** *v* virvla runt (omkring) **II** *s* virvlande; virvel

swish [swɪʃ] **I** *v* **1** susa, vina, svischa; (*om tyg*) frasa, prassla **2** vifta (piska) med; *the horses ~ed their tails* hästarna viftade med svansarna **3** ~ *off* hugga av **II** *s* sus, vinande, svischande; (*tygs*) frasande **III** *a*, *vard.*, *i sht BE.* snofsig, asflott

Swiss [swɪs] **I** *a* schweizisk, schweizer-; ~ *cheese* schweizerost; ~ *guard a*) schweizergarde, *b*) medlem av schweizergardet; ~ *roll* rulltårta **II** *s* schweizare, schweiziska

switch [swɪtʃ] **I** *s* **1** ändring; omsvängning; omställning; övergång; [om]byte **2** strömbrytare, kontakt; omkopplare **3** *AE. järnv.* växelspår **4** (*för bestraffning*) spö, käpp, ris; [käpp]rapp **5** lösfläta **II** *v* **1** ändra; föra (leda) över; ställa [om], flytta [om]; byta; ~ *over* ställa om; ~ *round* flytta om[kring]; ~ *schools* byta skola **2** koppla; ~ *off a*) koppla av (ifrån, ur), bryta, släcka, stänga (slå, knäppa) av, slå ifrån, *b*) *vard.* göra sömnning, tråka ut; ~ *on a*) koppla på (in), släppa på, tända, sätta (slå, knäppa) på, *b*) *vard.* göra modern; ~ed *on* (*sl.*) påtänd, hög (*narkotikapåverkad*); ~ *the radio to another programme* sätta på ett annat [radio]program **3** *i sht AE. järnv.* växla, rangera **4** slå (vifta, svänga) med; slå till, piska [till, upp] **5** rycka, vrida; ~ *s.th. out of a p.'s hand* rycka ngt ur handen på ngn **6** ~ [*over*] gå över, byta, kasta om; ~ *from one language to another* gå över från ett språk till ett annat **7** ~ *off a*) stänga (koppla) av [strömmen *e.d.*], släcka [ljuset], *b*) stängas av; ~ *on a*) slå (sätta) på [strömmen *e.d.*], tända [ljuset], *b*) sättas på, *c*) *sl.* tända på, bli hög (*av narkotika*)

switchback ['swɪtʃbæk] **1** serpentinväg; *järnv.* sicksackbana **2** berg-o. dalbana **switchblade [knife]** [-bleɪd,naɪf] stilett[kniv] **switchboard** [-bɔːd] **1** *tele.* växel[bord]; *elektr.* kopplings-, instrument|bord **switch yard** *AE.* rangerbangård

Switzerland ['swɪts(ə)lənd] Schweiz

swivel ['swɪvl] **I** *s, tekn., sjö.* svivel; [sväng]tapp **II** *v*, ~ [*round*] svänga (runt), snurra [på] (*som på en tapp*) **swivel chair** snurrstol; svängbar [kontors]stol

swizz [swɪz] *BE. vard.* bluff, båg, humbug

swizzle ['swɪzl] **1** *AE.* [rom]drink **2** *se swizz* **swizzle stick** cocktailvisp

swollen ['swəʊlən] **I** *perf. part. av swell* **II** *a* **1** svullen, uppsvälld **2** svulstig, bombastisk **--headed** [-,hedɪd] inbilsk, uppblåst

swoon [swuːn] **I** *v* **1** *litt.* svimma **2** *bildl.* nästan svimma (*av lycka e.d.*) **II** *s* svimning[sanfall]

swoop [swuːp] **I** *v*, ~ [*down*] (*om fågel e.d.*) slå (singla) ner (*on på*); ~ *down* [*up*]*on* (*äv.*) anfalla, gå till attack mot; ~ *up* (*away*) rycka till sig **II** *s* **1** anfall, attack; (*fågels*) nedslag; *in one* [*fell*] ~ i ett svep, på en gång

swoosh [swuːʃ] **I** *v* susa, svischa; brusa **II** *s* sus, svischande; brus

swop [swɒp] *se swap*

sword [sɔːd] svärd; värja; *the ~ a*) den militära makten, *b*) döden; *cross ~s with a*) slåss (kämpa) med, *b*) växla skarpa ord med; *put to the ~* hugga (sticka) ner

sword bayonet ['sɔːd,beɪənət] sabelbajonett **sword belt** [-belt] [värj]gehäng, [sabel]koppel **swordfish** [-fɪʃ] svärdfisk **sword lily** [-,lɪlɪ] *bot.* sabellilja, gladiolus **swordplay** [-pleɪ] svärdslek; fäktning; *bildl.* skarp ordväxling **swordsmanship** [-zmənʃɪp] fäkt|konst, -skicklighet **swordstick** [-stɪk] värjkäpp **sword-swallower** [-,swɒləʊə] svärdslukare

swore [swɔː] *imperf. av swear* **sworn** [-n] **I** *perf. part. av swear* **II** *a* svuren (*enemy* fiende); edsvuren; beedigad, edlig

swot [swɒt] *vard.* **I** *v* plugga; ~ *up* [*on*] *a subject* plugga in ett ämne **II** *s* **1** plugghäst **2** plugg

swum [swʌm] *perf. part. av swim*

swung [swʌŋ] *imperf. o. perf. part. av swing*

sybarite ['sɪbəraɪt] **I** *s* sybarit **II** *a* sybaritisk

sycamore ['sɪkəmɔː] *bot.* **1** tysk lönn **2** *AE.* platan **3** mullbärsfikonträd, sykomor

syco|phant ['sɪkəfənt] smickrare, lismare **-phantic** [,sɪkə(ʊ)'fæntɪk] smickrande, lismande

syllabic [sɪ'læbɪk] stavelsebildande (*sound* ljud); stavelse-; syllabisk **syllabi|cate** [-keɪt], **-fy** [-faɪ] uppdela i stavelser, avstava **syllable** [-bl] stavelse; *not a ~* (*äv.*) inte ett knyst!; *in words of one ~* i klarspråk, rent ut **sylla|bus** [-əs] (*pl -buses el. -bi* [-baɪ]) kursplan; studieplan; ämnesförteckning; ämnen (*i viss kurs*)

syllogism ['sɪlədʒɪz(ə)m] syllogism, slutledning **sylph** [sɪlf] sylf; sylfid **-like** ['sɪlflaɪk] sylfidisk **sylvan** ['sɪlvən] skog|ig, -klädd; skogs-

symbio|sis [,sɪmbɪ'əʊsɪs] (*pl -ses* [-siːz]) *biol.* symbios **symbiotic** [-'ɒtɪk] symbiotisk

symbol ['sɪmbl] symbol (*of* för), tecken (*of* för

på) **-ic[al]** [sɪm'bɒlɪk(l)] symbolisk; *be ~ of* vara en symbol för **-ism** ['sɪmbəlɪz(ə)m] **1** symbolisk framställning, symbolik **2** symbolism **-ize** (*BE. äv. -ise*) ['sɪmbəlaɪz] symbolisera
sym|metric[al] [sɪ'metrɪk(l)] symmetrisk **-metry** ['sɪmɪtrɪ] symmetri
sympathetic [ˌsɪmpə'θetɪk] **1** full av medkänsla (förståelse) (*to* med, för); förstående, medkännande, deltagande; *~ strike* sympatistrejk; *be ~ to* vara välvilligt (sympatiskt) inställd till **2** sympatisk, tilltalande (*to* för) **3** *~ ink* sympatetiskt (osynligt) bläck **4** *anat.*, *the ~ nervous system* sympatiska nervsystemet
sympa|thize (*BE. äv. -thise*) ['sɪmpəθaɪz] sympatisera, ha (hysa) medkänsla (förståelse) (*with* med, för); vara välvilligt (sympatiskt) inställd (*with* till) **-thizer** (*BE. äv. -thiser*) [-θaɪzə] sympatisör; anhängare
sympathy ['sɪmpəθɪ] **1** sympati, medkänsla; förståelse; *feel* (*show*) *~ for* ha (visa) medkänsla med; *have* (*be in*) *~ with* sympatisera med, vara välvilligt (sympatiskt) inställd till **2** harmoni; samhörighet, gemenskap **sympathy strike** sympatistrejk
symphonic [sɪm'fɒnɪk] symfonisk **symphony** ['sɪmfənɪ] **1** symfoni **2** symfoniorkester **symphony orchestra** [-ˌɔːkɪstrə] symfoniorkester
sympo|sium [sɪm'pəʊzjəm] (*pl -sia* [-sjə] *el. -siums*) **1** symposium; vetenskaplig konferens **2** symposium, samling uppsatser (*i visst ämne*)
symp|tom ['sɪm(p)təm] sym[p]tom, tecken (*of* på) **-tomatic[al]** [ˌsɪm(p)tə'mætɪk(l)] sym[p]tomatisk, kännetecknande (*of* för)
syn. *förk. för synonym*[*ous*]
synagogue ['sɪnəgɒg] synagoga
sync [sɪŋk] *s, vard.*, *be out of ~* inte vara synkroniserade
synchro|flash ['sɪŋkrə(ʊ)flæʃ] *foto.* synkronblixt **-mesh** [-meʃ] synkroniserad växellåda
synchro|nization (*BE. äv. -nisation*) [ˌsɪŋkrənaɪ'zeɪʃn] synkronisering **-nize** (*BE. äv. -nise*) ['sɪŋkrənaɪz] **1** synkronisera, samordna **2** inträffa samtidigt (*with* som), sammanfalla (*with* med) **-nous** ['sɪŋkrənəs] synkron, samtidig
synco|pate ['sɪŋkəpeɪt] *mus.* synkopera **-pation** [ˌsɪŋkə'peɪʃn] *mus.* synkopering
syncope ['sɪŋkəpɪ] **1** *med.* svimning **2** *språkv.* synkope **3** *mus.* synkop
syndical|ism ['sɪndɪkəlɪz(ə)m] syndikalism **-ist** [-ɪst] syndikalist
syndicate I *s* ['sɪndɪkət] **1** syndikat; konsortium; *the S~* (*AE.*) syndikatet, maffian **2** *ung.* presstjänst (*som säljer pressmaterial t. olika tidningar*) **II** *v* ['sɪndɪkeɪt] **1** distribuera (*nyhetsmaterial etc.*) för samtidig publicering i olika tidningar **2** bilda ett syndikat av
syndrome ['sɪndrəʊm] syndrom
syne [saɪn] *Sk.* = *since*
syner|gism ['sɪnədʒɪz(ə)m] *med. o. bildl.* synergi, samverkan **-gistic** [ˌsɪnə'dʒɪstɪk] synergi-, samverkande
synod ['sɪnəd] synod, kyrkomöte
synonym ['sɪnənɪm] *s* synonym **-ous** [sɪ'nɒnɪməs] *a* synonym, liktydig
synop|sis [sɪ'nɒpsɪs] (*pl -ses* [-siːz]) synops[is], översikt, sammanfattning

syntactic[al] [sɪn'tæktɪk(l)] *språkv.* syntaktisk **syntax** ['sɪntæks] *språkv.* syntax, satslära
synthe|sis ['sɪnθəsɪs] (*pl -ses* [-siːz]) syntes (*äv. kem.*), sammanställning **-size** [-saɪz] (*BE. äv. -sise*) syntetisera; framställa på syntetisk väg **-sizer** ['sɪnθɪsaɪzə] synthesizer **-tize** (*BE. äv. -tise*) *se synthesize*
synthetic [sɪn'θetɪk] **I** *a* syntetisk; *~ fibre* syntet-, konst|fiber
syphi|lis ['sɪfɪlɪs] *med.* syfilis **-litic** [ˌsɪfɪ'lɪtɪk] *med.* **I** *a* syfilitisk **II** *s* syfilitiker
syphon ['saɪfn] *se siphon*
syren ['saɪərən] *se siren*
Syria ['sɪrɪə] Syrien **Syrian** [-n] **I** *a* syrisk **II** *s* syrier
syringa [sɪ'rɪŋgə] *bot.* **1** syren **2** [doft]schersmin
syringe ['sɪrɪn(d)ʒ] **I** *s* injektionsspruta; spruta **II** *v* spruta in; spruta ren
syrup ['sɪrəp] **1** sockerlag; saft (*kokad med socker*) **2** sirap (*äv. medicin*)
syst. *förk. för system*
system ['sɪstəm] **1** system; *the ~* (*äv.*) *a*) [samhälls]systemet, *b*) organismen, kroppen; *the binary ~* det binära systemet; *the digestive ~* matsmältningsapparaten; *the nervous ~* nervsystemet; *a stereo ~* en stereoanläggning; *get s.th. out ouf one's ~* (*vard.*) få ur sig ngt, komma över ngt **2** metod, system; ordning **systematic** [ˌsɪstɪ'mætɪk] systematisk, planmässig, metodisk **systema|tization** (*BE. äv. -tisation*) [ˌsɪstɪmətaɪ'zeɪʃn] systematisering **systema|tize** (*BE. äv. -tise*) ['sɪstɪmətaɪz] systematisera

T

T, t [tiː] (*bokstav*) T, t; *to a T* (*vard.*) utmärkt, på pricken
T. *förk. för tablespoon*[*ful*]; *territory*; *time*; *Tuesday* **t.** *förk. för teaspoon*[*ful*]; *temperature*; (*mus.*) *tempo*; *tempore* (*lat.*) *in the time of*; *tenor*; (*språkv.*) *tense*; *transitive*
ta [taː] *interj*, *BE. vard.* tack!
tab [tæb] **1** lapp, flik; etikett **2** *mil.* gradbeteckning (*på krage*) **3** *keep ~s on* hålla koll på **4** *pick up the ~* (*vard.*) betala notan (kalaset)
tabby ['tæbɪ] **I** *s* **1** spräcklig (randig) katt **2** moaré **II** *a* **1** spräcklig, randig **2** vattrad
tabernacle [ˈtæbənækl] tabernakel
table ['teɪbl] **I** *s* **1** bord; taffel; *at ~* vid bordet, till bords; *clear the ~* duka av [bordet]; *lay the ~* duka [bordet]; *put on the ~ a*) framlägga [för diskussion], *b*) *AE.* bordlägga; *turn the ~s a*) vända på steken (situationen), *b*) få övertaget igen (*on s.b.* över ngn); *the ~s are turned* bladet har vänt

sig, rollerna är ombytta; *sit down to (at)* ~ sätta sig till bords; *be under the* ~ *(vard.)* vara packad (berusad); *drink s.b. under the* ~ *(vard.)* dricka ngn under bordet **2** bordssällskap, bord **3** [sten-, trä-, minnes]tavla; skiva, platta **4** [hög]platå **5** tabell; förteckning, register; ~ *of contents* innehållsförteckning; *learn one's* ~*s* lära sig multiplikationstabellen **6** översida; *(på ädelsten e.d.)* plan yta **II** *v* **1** framlägga [för diskussion]; *AE.* bordlägga **2** sammanställa (ställa upp) i tabellform, tabellera

tableau ['tæbləʊ] *(pl* ~*x* [-z] *el.* ~*s)* tablå

tablecloth ['teɪblklɒθ] bordduk

table d'hôte [,tɑːbl'dəʊt] table d'hôte, dagens meny

table lamp ['teɪblˌlæmp] bordslampa **tableland** [hög]platå **table licence** [-,laɪs(ə)ns] tillstånd att servera alkohol till mat **table manners** [-,mænəz] *pl* bordsskick **Table Mountains** [-,maʊntɪnz] *pl, the* ~ Taffelberget **table mat** [-mæt] [bords]tablett **tablespoon** [-spuːn] **1** uppläggningssked **2** matsked *(äv. mått)* **tablespoonful** [-spuːnˈfʊl] *(pl* ~*s el. tablespoonsful) (mått)* matsked

tablet ['tæblɪt] **1** tablett; kaka, bit; *a* ~ *of chocolate* en chokladkaka; *a* ~ *of soap* en tvål **2** [skriv]tavla; [minnes]tavla **3** [anteknings-, skriv]block

table tennis ['teɪblˌtenɪs] bordtennis **tabletop** [-tɒp] bordsskiva **tableware** [-weə] mat-, bords|servis **table wine** [-waɪn] bordsvin

tabloid ['tæblɔɪd] tabloid, tidning i litet format (kvällstidningsformat)

taboo [təˈbuː] **I** *a* tabu, tabubelagd **II** *s* tabu; *be under a* ~ vara tabu[belagd] **III** *v* tabubelägga

tabor ['teɪbə] *mus. (slags trumma)* tabor

tabu *se taboo*

tabular ['tæbjʊlə] tabellarisk; *in* ~ *form* i tabellform

tabu|late ['tæbjʊleɪt] tabulera, ställa upp i tabellform **-lation** [,tæbjʊˈleɪʃn] tabulering, uppställning i tabellform **-lator** ['tæbjʊleɪtə] tabulator

tacho|graph ['tækə(ʊ)grɑːf] färdskrivare **-meter** [tæˈkɒmɪtə] varvräknare

tacit ['tæsɪt] tyst *(agreement* överenskommelse), underförstådd, stillatigande **taciturn** ['tæsɪtɜːn] tystlåten, fåordig

1 tack [tæk] **I** *s* **1** nubb, [liten] spik, [häft]stift **2** *BE.* tråckelstygn; tråckling **3** *sjö.* hals; *(under kryss)* slag; *bildl.* riktning, kurs, tillvägagångssätt; *be on the port (starboard)* ~ ligga för babords (styrbords) halsar; *be on the right (wrong)* ~ *(bildl.)* vara inne på rätt (fel) spår; *try another* ~ *(bildl.)* pröva ett annat [tillvägagångs]sätt **II** *v* **1** nubba [fast], spika [fast], fästa [med stift]; sätta fast; *BE.* tråckla [fast], nästa [fast]; ~ *on (bildl.)* till-, bi|foga, tillägga **2** *sjö.* stagvända, gå över stag, slå; kryssa

2 tack [tæk] *vard.* [dåligt] käk

tackle ['tækl] **I** *s* **1** *sjö.* talja, tackel; tackling **2** redskap, don, grejor; *fishing* ~ fiskeredskap **3** *sport.* tackling **II** *v* **1** gripa sig an med, ta itu med, tackla, ge sig i kast med; angripa **2** *sport.* tackla

tacky ['tækɪ] **1** klibbig **2** *vard.* usel, dåligt gjord, ful

tact [tækt] takt[fullhet], finkänslighet **-ful** ['tæktf(ʊ)l] taktfull, finkänslig

tactic ['tæktɪk] taktiskt grepp, knep **tactical** [-l] taktisk **tactician** [tækˈtɪʃn] taktiker **tactics** ['tæktɪks] **1** *(behandlas som sg) mil.* taktik *(konsten att i strid leda de enskilda förbanden)* **2** *(behandlas som pl)* taktik *(förfaringssätt)*

tactile ['tæktaɪl] taktil, känsel-, berörings-; *the* ~ *sense* känseln, känselsinnet

tactless ['tæktlɪs] taktlös

tadpole ['tædpəʊl] grodyngel

taffeta ['tæfɪtə] taft

Taffy ['tæfɪ] *sl.* walesare

1 tag [tæg] **I** *s* **1** etikett, märke, [adress-, pris]lapp, [liten] skylt; *(på bokstav)* släng; *AE. sl.* nummerplåt **2** flik, remsa, stump, tamp; stropp **3** *(på skosnöre)* spets, pigg **4** svanstipp **5** tillägg; bihang; epitet; refräng; *språkv.* påhängsfråga **6** citat; *AE.* klyscha, kliché **II** *v* **1** etikettera, märka, förse med etikett *(etc., jfr I)*, sätta lapp *(etc.) på; AE.* sätta parkeringslapp (böteslapp) på; *AE.* anklaga *(for murder* för mord) **2** ~ *s.th.* [*on*] *to s.th. a)* fästa ngt i (vid) ngt, *b)* lägga till ngt till ngt; ~ *together* fästa (sätta, slå) ihop **3** beteckna som; benämna **4** *vard.* följa efter **5** *vard.* följa med; ~ *after (behind) s.b.* följa efter ngn, följa ngn i hälarna; *why don't you* ~ *along?* varför hänger (följer) du inte med?

2 tag [tæg] *(lek)* tafatt, kull

1 tail [teɪl] **I** *s* **1** svans; stjärt; ända, bakre del; sista del, slut, kö; följe; *vard.* bak[del]; *the* ~ *of the class* de sämsta i klassen; *the* ~ *of the eye* yttre ögonvrån; *with one's* ~ *between one's legs* med svansen mellan benen; *be on a p.'s* ~ vara i hälarna på ngn; *keep your* ~ *up!* upp med huvudet!, gaska upp dig!; *turn* ~ *a)* smita [i väg], ta till flykten, *b)* vända sig bort **2** [frack]skört; ~*s (pl, vard.)* frack **3** [hår]fläta **4** *(mynts)* baksida; *heads or* ~*s?* krona eller klave? **5** *vard.* skugga, spårhund, deckare; *put a* ~ *on s.b.* låta skugga ngn **II** *v* **1** förse med svans *(etc., jfr I)*; kupera, stubba svans på **2** ta bort stjälken (nederdelen, roten) på; snoppa *(bär)* **3** följa efter, hänga i hälarna på; skugga **4** fästa [baktill] **5** komma sist i, avsluta **6** följa efter; ~ *after s.b.* följa efter ngn, följa ngn i hälarna **7** ~ *away (off)* bli svagare, avta, minska, dö bort, försämras

2 tail [teɪl] *jur., heir in* ~ fideikommissarie

tailback ['teɪlbæk] bilkö **tailboard** *(på lastflak)* bakbräda **tail coat** frack; jackett **tail covert** *(fågels)* täckfjäder

-tailed [teɪld] -svansad; *white-*~ vitsvansad

tail end ['teɪlend] slut[tamp] **tail gate 1** nedre slussport **2** baklucka (femte dörr) på kombibil **tail|lamp, -light** *AE.* bak|lykta, -ljus **tail-off** minskning, nedgång

tailor ['teɪlə] **I** *s* skräddare **II** *v* **1** [skräddar]sy; *bildl.* skräddarsy, anpassa *(to* efter) **2** vara skräddare **-ing** [-rɪŋ] skrädderi[verksamhet]; skräddaryrket **--made** skräddarsydd

tail|piece 1 *mus.* stränghållare **-plane** *flyg.* stabilisator **-spin 1** *flyg.* spinn **2** *vard.* panik **-wind** medvind

taint [teɪnt] **I** *s* **1** [skam]fläck; spår; *hereditary* ~ ärftlig belastning; *without a* ~ *of* utan spår av **2** smitta; fördärv, besmittelse **II** *v* **1** fläcka; för-

take—take

orena; förpesta; göra skämd, skämma **2** *bildl.* fläcka; besmitta; vanära; skämma
take [teɪk] **I** v (*took, taken*) **1** ta[ga]; ta tag i; fatta, gripa; ta emot; anta[ga]; acceptera; tåla; ta med sig; bära, forsla, flytta; lägga beslag på; stjäla; ~ *a p.'s arm* ta'ngn under armen; ~ *a bet* anta ett vad; ~ *a p.'s hand* ta ngn i handen; ~ *members* ta in medlemmar; ~ *one's place* inta sin (ta) plats; ~ *private pupils* ge privatlektioner, ha privatelever; ~ *it ill* ta illa upp; ~ *it or leave it!* ta det eller strunta i det!, vill du inte ha så får det vara!; *I can* ~ *it* (*bildl.*) jag kan klara av (tål) det; *I can't* ~ *it any more* jag står inte ut med det längre; *I won't* ~ *it* jag finner mig inte i det; *she can't* ~ *a joke* hon tål inte skämt; ~ *four from eight* ta (dra) fyra från åtta; *know how to* ~ *people* veta hur man skall ta folk; *this seat is* ~*n* den här platsen är upptagen **2** ta; komma på, ertappa; gripa, fånga, fängsla (*äv. bildl.*); inta[ga], erövra; *be* ~*n by* (*with*) bli fängslad av (förtjust i); *he was* ~*n prisoner* han togs till fånga (blev tillfångatagen); *the actor* ~*s his audience with him* skådespelaren får med sig publiken; *how does that* ~ *you?* (*vard.*) vad tycker du om det? **3** ta [i anspråk]; dra[ga]; kräva[s]; behövas, fordras; *it* ~*s a woman to see this* det krävs en (man måste vara) kvinna för att förstå detta; *it* ~*s two to make a quarrel* det är inte ens fel att två träter; *that* ~*s little doing* det är en enkel sak [att göra]; *she has* [*got*] *what it* ~*s* (*vard.*) hon har förutsättningarna, hon kan klara av det **4** ta; söka, inta[ga], ta [sin tillflykt] till; vidta[ga]; göra; genomföra; hålla; ~ *cover* ta betäckning (skydd); ~ *a flight* ta till flykten; ~ *the measures* vidta åtgärder; ~ *the oath* avlägga eden; ~ *a vote* anordna omröstning **5** ta på sig, åta[ga] sig, överta[ga]; ~ *the honour* ta åt sig äran; ~ *it upon o.s. to a*) åtaga sig att, *b*) tillåta sig att **6** ta [sig]; göra sig; ~ *a bath* ta [sig] ett bad; ~ *a cup of tea* (ta göra sig) en kopp te; ~ *a holiday* ta semester (ledigt); ~ *a shower* ta en dusch, duscha; ~ *the sun* sola [sig]; ~ *the trouble to* göra sig besvär (mödan) att **7** ta [in], rymma, ha plats för **8** [in]ta[ga]; äta, dricka; använda; ha; *not to be* ~*n!* [endast] för utvärtes bruk!, får ej förtäras!; ~ *two onions* (*i matrecept*) man tar två lökar; *do you* ~ *sugar?* använder du socker?: *will you* ~ *wine or beer?* vill du ha vin eller öl? **9** ta; åka med; slå in på; gå, fara, åka, resa, köra; ~ *the plane* ta flyget, flyga; ~ *a taxi* ta en taxi; ~ *the road to the left* svänga (ta av) åt vänster **10** ta med sig; följa; köra, skjutsa; leda; föra; visa; ~ *s.b. to the cinema* (*äv.*) bjuda ngn på bio; ~ *s.b. to the door* följa ngn till dörren; *this bus will* ~ *you to* med den här bussen kommer man till, den här bussen går till; *if it won't* ~ *you out of your way* om det inte är omväg för dig **11** ta, [in]hämta; skaffa [sig]; beställa; hyra; köpa; prenumerera på **12** samla in, ta upp; ta in, tjäna; ta [hem]; vinna; få **13** få; ådra[ga] sig; anta[ga] (*betydelse*); ta åt sig (*lukt e.d.*); ~ *cold* bli förkyld; *be* ~*n sick* (*ill*) bli sjuk; *be* ~*n with* då, drabbas av **14** fatta, finna, känna, hysa, ha, få **15** [upp]fatta, förstå; *do you* ~ *my meaning?* fattar du vad jag menar? **16** ta, lyda, följa **17** anse; tro; ta; *I* ~ *it that* jag antar (utgår från) att; ~ *it from me!* lita på (tro) mig!, det kan du vara säker på!; *how old do you* ~ *her to be?* hur gammal tror du att hon är?; *we* ~ *you at your word* vi tar dig på orden; ~ *for* ta (hålla) för; *who* (*what*) *do you* ~ *me for?* vem tar du mig för? **18** skriva upp, anteckna; spela in; ta [upp]; fotografera; ~ *notes* föra (göra) anteckningar, anteckna **19** ta, mäta [upp]; ~ *a p.'s temperature* ta temperaturen på ngn **20** undervisa [i] **21** läsa, lära sig; gå igenom (*kurs e.d.*); gå upp i, avlägga, ta (*examen*) **22** ta, spela, sjunga, dansa *etc.* **23** *språkv.* styra, stå (konstrueras, skrivas) med; få, ha **24** fastna **25** slå rot, växa [fast], ta sig **26** ta till sig **27** (*om fisk*) nappa **28** slå [an], ha framgång **29** ta, göra verkan **30** ge sig i väg; gå, köra; fly; ~ *to the left* ta [av] till vänster **31** ~ *aback* förbluffa, göra häpen; ~ *about* föra (visa) omkring; ~ *after* bräs på, likna; ~ *along* ta med [sig]; ~ *apart a*) ta (plocka) isär, *b*) skälla ut, göra ner; ~ *around* ta med sig, föra (visa) omkring; ~ *away a*) dra ifrån, *b*) ta bort (undan), avlägsna, *c*) *vard.* föra bort (*t. fängelse el. mentalsjukhus*); ~ *s.th. away* [*with one*] ta ngt med sig; *pizza to* ~ *away* pizza för avhämtning; ~ [*away*] *from* sätta ner, minska, förringa; ~ *back a*) ta tillbaka, *b*) föra tillbaka; ~ *down a*) ta ner, *b*) ta isär, demontera, riva [ner], *c*) skriva ner (upp), an-, upp|-teckna, *d*) kväsa, platta till, ta ner på jorden; ~ *from, se* ~ *away from;* ~ *in a*) ta in, *b*) ta emot, *c*) ta (skaffa) hem (in), *d*) prenumerera på, *e*) få in, tjäna, *f*) föra in, *g*) lämna in, *h*) lasta, tanka, *i*) inkludera, omfatta, *j*) fatta, förstå, *k*) sy (ta) in, *l*) lura, *m*) vard. gå på, besöka, *n*) vard. få, tro på; ~ *in lodgers* hyra ut rum; ~ *in sail* reva (stryka) segel; ~ *in sewing* åtaga sig sömnadsarbeten; *be* ~ *in* låta lura sig; ~ *off a*) ta bort (loss), avlägsna, ta av [sig], *b*) lägga ner, dra in, *c*) stryka (avföra) från, *d*) avskaffa, *e*) ta med sig, köra i väg med, föra [bort], *f*) hämta (ta) [upp, ner] från, rädda från, *g*) dra av [på], pruta [på], *h*) kopiera, imitera, härma, parodiera, *i*) ge sig i väg, *j*) *flyg.* starta, lyfta, lätta, *k*) bli populär, komma i ropet; ~ *o.s. off* ge sig i väg; ~ *a day off* ta ledigt en dag; ~ *the receiver off* lyfta på luren; ~ *on a*) ta på sig, åtaga sig, *b*) ta in (upp, ombord), *c*) fylla på, tanka, lasta, *d*) ta in, anställa, *e*) antaga, få, *f*) ställa upp mot, utmana, *g*) bli populär, slå igenom, *h*) *vard.* bli upprörd; *I took it* [*up*]*on myself to* jag tog mig friheten (tillät mig) att; ~ *out a*) ta ut (fram, upp) (*of, from* ur), *b*) ta bort (ur), dra ut, *c*) föra ut, ta [med] ut, gå ut med, bjuda ut, *d*) ta [ut], skaffa sig, teckna, *e*) ta kål på; ~ *s.b. out of himself* få ngn på andra tankar; ~ *s.th. out on s.b.* låta ngt gå ut över ngn, avreagera ngt på ngn; ~ *it out of s.b.* (*vard.*) ta knäcken på (suga musten ur) ngn; ~ *over a*) ta över, överta[ga], ta makten (ledningen) över, *b*) tillträda, *c*) föra (köra) över, *d*) ta över, [över]ta makten (ledningen); *can you* ~ *over?* kan du ta över (hoppa in, avlösa mig)?; ~ *round* föra (visa) omkring; *I'll* ~ *it round* [*to you*] jag kommer över med den [till dig]; ~ *to a*) [börja] gilla (tycka om, fatta tycke för, ty sig till), *b*) [börja] ägna sig åt, sätta sig in i, börja [använda], lägga sig till med [vanan att], hemfalla åt, *c*) ta [vägen] till, bege sig (fly) till; ~ *to one's bed* gå och lägga sig; ~ *to drink* (*drinking*) börja dricka; ~ *to one's heels* ta till benen, lägga benen på ryggen; ~ *to doing s.th.*

takeaway—tangerine

lägga sig till med att (börja) göra ngt; ~ *up a*) ta upp (fram), lyfta [på, upp], *b*) föra (bära) upp, *c*) sömn. lägga upp, *d*) riva upp (*gata u.d.*), *e*) ta med (*passagerare*), *f*) suga upp (åt sig), ta åt sig, *g*) ta [upp], fylla [upp], uppta[ga], ta [i anspråk], *h*) ta upp, föra på tal, anknyta till, fortsätta, instämma i, *i*) ta sig an, hjälpa fram, kämpa för, *j*) gå med på, anta[ga], *k*) inta[ga] (*plats, hållning e.d.*), *l*) [börja] ägna sig åt, börja lära sig (läsa), *m*) överta[ga], tillträda, *n*) avbryta, tillrättavisa, *o*) [slut]betala, *p*) ta [upp] (*lån*), *r*) ta vid, fortsätta; ~ *up one's residence* bosätta sig; ~ *s.b. up on s.th.* be ngn närmare förklara ngt; ~ *s.b. up on his offer* antaga ngns erbjudande; ~ *up with* börja umgås med, ge sig i lag med; *be* ~*n up with* vara helt upptagen (sysselsatt) med **II** *s* **1** tagande **2** fångst, byte **3** *film.* tagning; inspelning **4** *vard.*, *i sht AE.* intäkter

take|away ['teɪkəweɪ] **I** *s* **1** restaurang (butik) som säljer mat till avhämtning; gatukök **2** mat för avhämtning **II** *a* för avhämtning; ~ *pizza* pizza för avhämtning **-home** *a*, ~ *pay* nettolön, lön efter skatt **-in** *vard.* bluff, bedrägeri

taken ['teɪk(ə)n] *perf. part. av* take

take|off ['teɪkɒf] **1** *flyg.* start **2** *bildl.* [ekonomiskt] lyft, skjuts **3** imitation, parodi **-over** [-ˌəʊvə] **1** övertagande [av makt]; [student]ockupation **2** [företags]köp

taker ['teɪkə] **1** tagare *etc.*, *jfr* take *I* **2** (*vid hästkapplöpning*) vadhållare

taking ['teɪkɪŋ] **I** *s* **1** ~*s* (*pl*) intäkt[er], inkomst, inkomster, förtjänst **2** tagande *etc.*, *jfr* take *I* **II** *a* intagande, tilldragande

talc [tælk] **I** *s, miner.* talk; *vard.* talk[puder] **II** *v, miner.* talka **talcum powder** ['tælkəmˌpaʊdə] talk[puder]

tale [teɪl] **1** berättelse, historia; saga; *that tells a* ~ det säger en hel del (är ganska avslöjande); *tell its own* ~ vara självklart (uppenbar), tala för sig själv; *live to tell the* ~ överleva **2** [påhittad] historia, lögn; *tell* ~*s a*) berätta lögnaktiga historier, ljuga, *b*) skvallra, springa med skvaller **-bearer** ['teɪlˌbeərə] skvallerbytta

talent ['tælənt] **1** talang, begåvning (*äv. pers.*); *have a* ~ *for music* vara musikbegåvad **2** *vard.* tjejer, brudar **talented** [-ɪd] talangfull, begåvad **talent scout** talangscout

talisman ['tælɪzmən] talisman, amulett, maskot

talk [tɔːk] **I** *v* **1** tala, prata; diskutera; *vard.* snacka; ~ *business* tala affärer; ~ *French* tala (prata) franska; ~ *nonsens* prata strunt; ~ *politics* tala (prata) politik; ~ *shop* prata jobb (fack); ~ *o.s. hoarse* tala sig hes **2** tala, prata; samtala; hålla föredrag; skvallra; *vard.* snacka; *it's easy for you to* ~ det är lätt för dig att säga; *you can* ~! det ska du säga!; *now you're* ~*ing!* det låter bättre (vettigt)!, så ska det låta!; ~ *big* (*vard.*) vara stor i mun, skryta, skrävla; *make s.b.* ~ få ngn att tala **3** ~ *about* tala (prata) om; ~ *away a*) prata bort, *b*) prata på; ~ *back to s.b.* säga emot ngn, svara ngn fräckt; ~ *down* prata omkull; ~ *down to s.b.* tala nedlåtande till ngn; ~ *s.b. into doing s.th.* övertala ngn att göra ngt; ~ *of* tala (prata) om; ~*ing of* tala på det om, apropå; ~ *on a*) tala (hålla föredrag) om (över), *b*) prata på; ~ *out* diskutera igenom; ~ *s.b. out of doing s.th.* över-

tala ngn att inte göra ngt; ~ *over a*) tala om (över), behandla, tala (prata) igenom, diskutera, *b*) övertala, få att ändra sig; ~ *round a*) övertala, få att ändra sig, *b*) prata runt (omkring), inte komma till saken; ~ *to a*) tala (prata) med, tala till, *b*) tala [allvar] med, tillrättavisa **II** *s* **1** pratstund; samtal; ~*s* (*pl, äv.*) överläggningar, förhandlingar; *have a* ~ ha ett samtal, [sam]tala, prata **2** prat; tal; rykten; *vard.* snack; *the* ~ *of the town* det allmänna samtalsämnet; *he's all* ~ han bara pratar, det är bara tomt prat (snack) från hans sida; *there is* [*some*] ~ *of* det pratas om; *there can be no* ~ *of* det kan inte bli tal om **3** föredrag (*on* över) **4** språk

talkative ['tɔːkətɪv] pratsam, talför **talker** [-ə] talare; pratmakare **talkie** [-ɪ] *åld.* talfilm **talking** ['tɔːkɪŋ] **I** *s* prat; *do the* ~ föra ordet, prata, hålla låda **II** *a* talande **talking book** talbok **talking point** diskussionsämne **talking-to** *vard.* åthutning, utskällning **talk show** *radio.*, *TV., ung.* kändisintervju, intervjuprogram

tall [tɔːl] **1** lång, reslig; hög (*mast* mast); *walk* ~ gå med högburet huvud **2** *vard., it's a* ~ *order* det blir kämpigt, det är mycket begärt **3** *vard.* otrolig, fantastisk (*story* historia)

tallboy ['tɔːlbɔɪ] hög byrå (*i två sektioner*) **tallish** [-ɪʃ] *vard.* ganska lång

tallow ['tæləʊ] talg

tally ['tælɪ] **I** *s* **1** [kontroll]räkning; poängräkning; *sjö.* lasträkning **2** etikett, [kontroll]märke **II** *v* **1** stämma överens **2** förteckna, registrera **3** [kontroll]räkna; räkna poäng

tally-ho [ˌtælɪ'həʊ] *interj* (*t. jakthund*) buss på!

tallyman ['tælɪmən] kontrollräknare; poängräknare; *sjö.* lasträknare

Talmud ['tælməd] *s, the* ~ Talmud (*judiskt verk med levnadsregler m.m.*)

talon ['tælən] [rovfågels]klo

talus ['teɪləs] *anat.* språngben

tamable ['teɪməbl] tämjbar

tama|rind ['tæmərɪnd] *bot.* tamarind **-risk** [-rɪsk] *bot.* tamarisk

tambourine [ˌtæmbə'riːn] *mus.* tamburin

tame [teɪm] **I** *a* tam; *bildl. äv.* färglös, lam **II** *v* tämja **tamer** ['teɪmə] [djur]tämjare **taming** ['teɪmɪŋ] tämjande; *the T~ of the Shrew* Så tuktas en argbigga (*Shakespeare*)

tammy ['tæmɪ], **tam-o'-shanter** [ˌtæməˈʃæntə] skotsk basker med tofs

tamp [tæmp] *v*, ~ [*down*] trycka (packa) till

tamper ['tæmpə] *v*, ~ *with a*) mixtra (fiffla) med, fingra på, manipulera, *b*) tubba, försöka påverka

tampon ['tæmpən] tampong

tan [tæn] **I** *s* **1** solbränna **2** gulbrunt **3** garvarbark **II** *v* **1** bli solbränd (brun) **2** garva; ~ *a p.'s hide* (*åld.*) ge ngn på huden **3** göra solbränd (brun)

tandem ['tændəm] **I** *s* tandem[cykel, -spann]; *in* ~ *a*) samtidigt, *b*) tillsammans **II** *adv* i tandem, i rad, efter varandra

tang [tæŋ] **1** stark (skarp) lukt (doft, smak) **2** anstrykning; aning

tangent ['tæn(d)ʒ(ə)nt] *geom.* tangent; *go off at a* ~ (*bildl.*) plötsligt avvika från ämnet **tangential** [tæn'dʒenʃl] **1** *geom.* tangentiell **2** *bildl.* ovidkommande, perifer

tangerine [ˌtæn(d)ʒə'riːn] *bot.* tangerin

tangibility—Tartar

tangi|bility [ˌtæn(d)ʒəˈbɪləti] påtaglighet *etc.*, *jfr* **tangible -ble** [ˈtæn(d)ʒəbl] **1** påtaglig; gripbar, verklig, reell; konkret **2** *jur.*, ~ *property* fast (materiell) egendom

tangle [ˈtæŋgl] **I** *v* **1** ~ [*up*] trassla till (ihop) **2** trassla [till] sig; trassla (snärja) in sig; *be* ~*d* [*up*] *in* vara intrasslad (insnärjd) i **3** ~ *with s.b.* tampas (kämpa) med ngn **II** *s* **1** trassel, oreda, röra; tilltrasslad situation **2** gräl, skärmytsling **tangled** [-d] tilltrasslad, trasslig (*äv. bildl.*); tovig

tango [ˈtæŋgəʊ] **I** *s* tango **II** *v* dansa tango

tangy [ˈtæŋɪ] (*om smak, lukt*) skarp, syrlig; *a* ~ *sea breeze* en frisk (salt) havsvind

tank [tæŋk] **I** *s* **1** tank, behållare, cistern; reservoar **2** *mil.* tank, stridsvagn **3** *AE. sl.* kåk; cell **II** *v*, ~ *up* (*i sht BE.*) *a*) tanka fullt, *b*) *sl.* supa [sig] full

tankard [ˈtæŋkəd] sejdel, krus, kanna

tanker [ˈtæŋkə] tanker, tankfartyg

tank top [ˈtæŋktɒp] ärmlös tröja

tannage [ˈtænɪdʒ] garvning

1 tanner [ˈtænə] garvare

2 tanner [ˈtænə] *BE. vard.* (*förr*) sixpenceslant

tannery [ˈtænərɪ] garveri **tannic** [-ɪk] *a*, garv-; ~ *acid* garvsyra

tannin [ˈtænɪn] *kem.* tannin, garvsyra

tanning [ˈtænɪŋ] garvning

Tannoy [ˈtænɔɪ] (*varumärke*) högtalaranläggning; *over the* ~ i högtalaren

tansy [ˈtænsɪ] *bot.* renfana

tanta|lize (*BE. äv. -lise*) reta, gäcka, fresta, locka **-lizing** (*BE. äv. -lising*) retsam, gäckande, frestande, lockande

tantamount [ˈtæntəmaʊnt] *a*, ~ *to* likvärdig (liktydig) med, densamma som

tantrum [ˈtæntrəm] [raseri]utbrott, raserianfall

Tanzania [ˌtænzəˈnɪə]

1 tap [tæp] **I** *s* **1** [avstängnings]kran; tapp, plugg; *on* ~ (*om öl e.d.*) på fat, klar för tappning, *bildl.* redo, [ständigt] till hands, tillgänglig **2** tappning **3** *tekn.* gängtapp **4** *BE., se* **taproom II** *v* **1** tappa [av, ur]; slå upp (hål på), öppna **2** öppna, göra tillgänglig; hämta; leda [ström från, vatten från]; exploatera; ~ *telephone wires* avlyssna telefoner; ~ *s.b.* *for information* pumpa ngn på upplysningar; ~ *s.b.* *for money* (*vard.*) tigga (vigga) pengar av ngn **3** förse med kran (tapp) **4** *tekn.* gänga upp

2 tap [tæp] **I** *s* **1** knackning; [lätt] slag, klapp **2** stepp; steppjärn **3** *mil.*, ~*s* (*behandlas som sg el. pl*) (*slags*) signal, tapto **II** *v* **1** knacka (slå) med; knacka på (i); slå (klappa) lätt; ~ *out a*) knacka (*meddelande*), *b*) knacka ner [på maskin], *c*) knacka ur (*pipa*) **2** knacka; slå lätt; ~ *at* (*on*) *the door* knacka på dörren **3** klappra

tap dance [ˈtæpdɑːns] stepp[dans] **tap-dance** steppa **tap-dancing** [-ɪŋ] stepp[dans], steppning

tape [teɪp] **I** *s* **1** [ljud-, isolerings-, mått]band, [klister-, hål-, telegraf]remsa; [*sticky*] ~ tejp; *magnetic* ~ magnet-, inspelnings|band; *name* ~ namnetikett; *punched* ~ hålremsa; *record on* ~ spela in [på band], banda **2** *vard.*, *red* ~ byråkrati **3** *sport.* målsnöre; *break* (*breast*) *the* ~ spränga målsnöret **II** *v* **1** förse (linda) med band (tejp *e.d.*), binda (knyta) om med band, binda (knyta) fast (ihop); ~ [*up*] tejpa ihop; ~ *down* tejpa (sätta) fast **2** spela in [på band], banda **3** mäta [med måttband]; *I've got him* ~*d* (*vard.*) jag vet hur han ska tas (vad han går för)

tape deck [ˈteɪpdek] bandspelardäck **tape measure** [-ˌmeʒə] måttband

taper [ˈteɪpə] **I** *s* **1** smalt ljus; ljuständare; svag ljuskälla **2** avsmalning **II** *v* **1** smalna [av] **2** ~ *off* avta, gradvis minska, förklinga **3** göra avsmalnande (smalare)

tape|-record [ˈteɪprɪˌkɔːd] banda, spela in (ta upp) på band **--recorder** [-ə] bandspelare **--recording** [-ɪŋ] band|inspelning, -upptagning

tapered [ˈteɪpəd], **tapering** [-rɪŋ] avsmalnande

tapestry [ˈtæpɪstrɪ] **1** gobeläng[er]; [vävd] tapet, bildvävnad **2** tapisseri

tapeworm [ˈteɪpwɜːm] *zool.* binnike-, band|mask

tapioca [ˌtæpɪˈəʊkə] tapioka

tapir [ˈteɪpə] *zool.* tapir

tappet [ˈtæpɪt] *tekn.* lyftarm, lyftare

taproom [ˈtæprʊm] (*på pub, hotell e.d.*) bar **taproot** *bot.* pålrot **tap water** [-ˈwɔːtə] vattenledningsvatten

1 tar [tɑː] **I** *s* tjära **II** *v* tjära; asfaltera; ~ *and feather* (*som bestraffning*) tjära och fjädra; *they are* ~*red with the same brush* de är av samma skrot och korn

2 tar [tɑː] *vard.* sjöman

tarantella [ˌtær(ə)nˈtelə] (*dans*) tarantella

tarantula [təˈræntjʊlə] *zool.* tarantel

tarboosh [tɑːˈbuːʃ] fez

tar|diness [ˈtɑːdɪnɪs] senfärdighet, långsamhet, tröghet; dröjsmål **-dy** [-dɪ] *a* **1** försenad **2** sen, senfärdig, långsam, trög

1 tare [teə] *hand.* **I** *s* tara **II** *v* tarera

2 tare [teə] *bot.* vicker; *hairy* ~ duvvicker

target [ˈtɑːgɪt] **I** *s* **1** mål; måltavla; *bildl. äv.* skottavla, föremål (*for, of* för) **2** målsättning; [produktions]mål **II** *v* sikta (*on* på) **target area** [-ˌeərɪə] *mil.* målområde **target language** [-ˌlæŋgwɪdʒ] målspråk **target practice** [-ˌpræktɪs] *mil.* målskjutning; skjutövning

tariff [ˈtærɪf] **I** *s* **1** tull[tariff, -taxa, -sats] **2** tariff, taxa; prislista; [hotell]pris **II** *v* **1** belägga med tull **2** prissätta

tarmac [ˈtɑːmæk] makadam, asfalt[beläggning]; asfalterad väg, asfalterat område; *flyg.* platta

tarn [tɑːn] tjärn; fjällsjö

tarnish [ˈtɑːnɪʃ] **I** *v* **1** göra matt (glanslös); missfärga **2** *bildl.* fläcka, skamfila **3** bli matt (glanslös); missfärgas **II** *s* matthet, glanslöshet; missfärgning

tarpaulin [tɑːˈpɔːlɪn] presenning

tarradiddle [ˈtærədɪdl] **1** smålögn **2** nonsens

tarragon [ˈtærəgən] *bot.* dragon

1 tarry [ˈtærɪ] *åld.* **1** dröja [kvar], stanna [kvar] **2** vänta (*for* på)

2 tarry [ˈtɑːrɪ] tjärig, nedtjärad; tjärliknande

1 tart [tɑːt] **I** *s* **1** *i sht BE.* mördegs|tårta, -paj (jfr *kakelse*; *i sht AE.* [frukt]paj **2** *vard.* fnask (*prostituerad*) **II** *v*, *BE. vard.*, ~ *up* snofsa (piffa, fiffa) upp

2 tart [tɑːt] syrlig, besk (*äv. bildl.*)

tartan [ˈtɑːtən] tartan, skotskrutigt tyg (mönster)

Tartar [ˈtɑːtə] **I** *s* **1** tatar *t*~ ragata, tyrann **II** *a*,

t~ tatar-, tatarisk; *~ sauce* tatarsås
tartar ['tɑːtə] **1** *kem.* vinsten **2** tandsten
Tarzan ['tɑːzæn]
task [tɑːsk] **I** *s* [arbets]uppgift; svår (obehaglig) uppgift; *take s.b. to ~* läxa upp ngn, ta ngn i upptuktelse **II** *v* **1** ge i uppgift **2** pressa, sätta på hårt prov
task force ['tɑːskfɔːs] **1** *mil.* specialstyrka **2** arbetsgrupp **taskmaster** [-ˌmɑːstə] [krävande] uppdragsgivare; *bildl.* tuktomästare **taskwork** [-wɜːk] hårt (krävande) arbete
Tasmania [tæzˈmeɪnjə] Tasmanien
tassel ['tæsl] tofs **tasselled** [-d] tofsprydd
taste [teɪst] **I** *s* **1** smak[sinne]; bismak; *sense of ~* smaksinne; *have a bad ~ in the mouth* lämna en dålig eftersmak *(äv. bildl.)*; *be sweet to the ~* vara söt i smaken, smaka sött **2** försmak; smak|bit, -prov; klunk; *give s.b. a ~ of the whip* låta ngn få smaka piskan; *have a ~ of s.th.* smaka på ngt **3** *bildl.* smak; smakriktning; *~s (pl, äv.)* [tycke och] smak, intressen; *in bad ~ a)* smaklös[t], *b)* omdömes-, takt|lös[t]; *in good ~ a)* smakfull[t], *b)* taktfull[t]; *~s differ* smaken är olika; *add salt to ~* tillsätt salt efter smak; *it is a matter of ~* det är en smaksak; *be to a p.'s ~* vara i ngns smak; *have expensive ~s* ha dyr smak (dyra intressen); *have a ~ for* ha smak för, hysa förkärlek för, tycka om; *have a ~ of [få] smaka på* **II** *v* **1** känna smaken av; smaka [av]; [få] smaka (pröva) [på]; erfara, uppleva; få smak på; *he had not ~d food for days* han hade inte ätit ngt på flera dagar **2** smaka; *~ good (nice)* smaka bra; *~ of garlic* smaka vitlök
taste bud ['teɪstbʌd] *anat.* smaklök **tasteful** [-f(ʊ)l] smakfull **tasteless** [-lɪs] smaklös **taster** [-ə] av-, prov|smakare, provare, bedömare
tasty [-ɪ] **1** smaklig, välsmakande **2** smakfull, tilltalande
tat [tæt] *vard.* skräp, krimskrams
ta-ta [tæˈtɑː] *BE. vard.* hej då (så länge)!
tattered ['tætəd] trasig, [sönder]sliten; skrynklig; sjaskig *(äv. bildl.)* **tatters** [-z] *pl* trasor, paltor; *in ~* i trasor, *bildl.* i spillror, krossad
tattle ['tætl] **I** *v* **1** skvallra, sladdra **2** skvallra om, avslöja **II** *s* skvaller, sladder **tattler** [-ə] skvallerbytta **tattletale** *i sht AE.* skvallerbytta
1 tattoo [təˈtuː] **I** *s* **1** *mil.* tapto; *beat (sound) the ~* blåsa tapto **2** trummande, hamrande; *beat a ~* trumma **3** [militär]parad, -uppvisning
2 tattoo [təˈtuː] **I** *s* tatuering **II** *v* tatuera **-ist** [-ɪst] tatuerare
tatty ['tætɪ] sjabbig, ovårdad
taught [tɔːt] *imperf. o. perf. part. av* teach
taunt [tɔːnt] **I** *v* håna, pika, reta (*with* för) **II** *s* pik, gliring, glåpord
Taurus ['tɔːrəs] *(stjärnbild)* Oxen
taut [tɔːt] **1** spänd, stram *(äv. bildl.)* **2** *i sht sjö.* välvårdad **tauten** ['tɔːtn] spänna[s], sträcka[s]
tautologic[al] [ˌtɔːtəˈlɒdʒɪk(l)] tauto-, tavto|logisk **tautology** [tɔːˈtɒlədʒɪ] tauto-, tavto|logi, [onödig] upprepning
tavern ['tævən] *åld.* **1** pub **2** *AE.* krog, värdshus
tawdriness ['tɔːdrɪnɪs] grannlåt, prål; smaklöshet **tawdry** [-ɪ] **I** *a* grann, prålig; smaklös
tawny ['tɔːnɪ] gul-, ljus|brun
tax [tæks] **I** *s* **1** skatt; pålaga **2** *bildl.* belastning, påfrestning, börda **II** *v* **1** beskatta; taxera *(at* till); uppskatta *(kostnader)*; betala skatt för *(a car* en bil) **2** fresta på, anstränga, betunga, sätta på hårt prov **3** anklaga, beskylla *(s.b. with* ngn för)
taxable ['tæksəbl] beskattningsbar **tax arrears** [-əˌrɪəz] *pl* kvarskatt **taxation** [tækˈseɪʃn] **1** beskattning; taxering **2** skatter; skattesats; skatteinkomster **tax avoidance** ['tæksəˌvɔɪd(ə)ns] skatteplanering **tax collector** ['tækskəˌlektə] uppbördsman, skattmas **tax-deductible** ['tæksdɪˌdʌktəbl] avdragsgill **tax disc** ['tæksdɪsk] [bil]skattemärke **tax evasion** ['tæksɪˌveɪʒn] skatte|fusk, -flykt **tax-free** [ˌtæksˈfriː] skattefri **tax haven** ['tæksˌheɪvn] skatteparadis **taxi** ['tæksɪ] **I** *s* taxi[bil] **II** *v* **1** åka (ta en) taxi **2** *flyg.* taxa, köra på marken *(före start e.d.)* **-cab** taxi[bil]
taxider|mist ['tæksɪdəːmɪst] [djur]konservator, uppstoppare **-my** [-mɪ] taxidermi, preparering och uppstoppning av djur
taxi|-driver ['tæksɪˌdraɪvə] taxichaufför **-meter** taxameter
taxing ['tæksɪŋ] krävande, svår
taxi-plane ['tæksɪpleɪn] taxi|flyg, -plan **taxi rank** *BE.*, **taxi stand** *AE.* taxistation
taxpayer ['tæksˌpeɪə] skattebetalare **tax rate** skattesats **tax refund** skatteåterbäring **tax relief** skatte|lättnad, -sänkning **tax return** deklaration
T.B. *fork. för torpedo-boat; tuberculosis* **tbs[p].** *förk. för tablespoon[ful]* **TC** *förk. för twin carburettors* **TD, td** *förk. för touch down*
tea [tiː] **1** te; te|blad, -buske; tebjudning; *[afternoon] ~ (i sht BE.)* eftermiddagste; *early morning ~* morgonte; *high ~ (BE., Austr.)* kvällsmåltid med te; *have ~* dricka te, äta kvällsmåltid; *make ~* göra (koka, brygga) te; *we'll have two ~s please* kan vi få två te?; *it is not my cup of ~* det är ingenting för mig (inte min likör); *he is not my cup of ~* han är inte min typ; *not for all the ~ in China (ung.)* inte för allt smör i Småland **2** *AE. sl.* gräs *(marijuana)*
tea bag ['tiːbæg] tepåse **tea ball** *i sht AE.* tekula
tea caddy [-ˌkædɪ] teburk **teacart** [-kɑːt] *AE.* tevagn
teach [tiːtʃ] *(taught, taught)* **1** lära, undervisa [i], ge undervisning (lektioner) i; *~ s.b. a lesson (bildl.)* ge ngn en läxa; *~ school (AE.)* vara lärare, undervisa; *~ s.b. [how] to whistle* lära ngn [att] vissla; *I'll ~ you to steal!* jag ska minsann lära dig att stjäla!; *that'll ~ you* låt det bli en läxa för dig **2** vara lärare, undervisa
teachable [ˈtiːtʃəbl] **1** läraktig **2** möjlig (lätt) att lära ut **teacher** [-ə] lärare, lärarinna
tea chest ['tiːtʃest] telåda *(av trä)*
teach-in ['tiːtʃɪn] teach-in *(informell debatt med expertanföranden o. frågemöjligheter, oftast vid univ.)*
teaching ['tiːtʃɪŋ] **I** *s* **1** undervisning **2** ~[s] lära, läror; *the ~s of the Catholic Church* den katolska kyrkans lära **II** *a* undervisnings-; lärar-; ~ *aid* hjälpmedel i undervisningen; ~ *hospital* undervisningssjukhus; ~ *practice* lärarpraktik, provår; *the ~ profession* läraryrket
tea cloth ['tiːklɒθ] disk-, tork|handduk **tea cosy** [-ˌkəʊzɪ] tehuv, tevärmare **teacup** [-kʌp]

tekopp; *a storm in a* ~ en storm i ett vattenglas
teak [ti:k] teak[trä]
tea-kettle ['ti:ˌketl] tekittel
teal [ti:l] *zool.* kricka
tea leaf ['ti:li:f] teblad
team [ti:m] **I** *s* **1** [tävlings-, arbets]lag, team; trupp **2** par, spann (*av dragdjur*) **II** *v* **1** ~ *up* slå sig ihop, samarbeta, bilda ett team (lag) **2** spänna ihop (*dragdjur*) **3** *AE.* köra långtradare
team-mate ['ti:mmeɪt] lagkamrat **team spirit** [-ˌspɪrɪt] laganda **teamster** [-stə] **1** kusk **2** *AE.* lastbils-, långtradar|chaufför **teamwork** [-wɜ:k] teamwork, lag-, grupp|arbete
tea-party ['ti:ˌpɑ:tɪ] tebjudning **tea-plant** [-plɑ:nt] tebuske **teapot** [-pɒt] tekanna
1 tear [tɪə] tår; *all in* ~*s* upplöst i tårar; *bored to* ~*s* (*vard.*) uttråkad; *burst into* ~*s* brista i gråt; *shed* ~*s* fälla tårar
2 tear [teə] **I** *v* (*tore, torn*) **1** slita (riva, rycka) [sönder]; riva upp; *bildl.* plåga, splittra, slita sönder; ~ *one's hair* (*vard.*) slita sitt hår; ~ *one's hand on s.th.* riva sig i handen på ngt; *that's* ~ *it!* (*vard.*) nu är det klippt (kört)!; ~ *a muscle* sträcka en muskel; ~ *open* slita (riva) upp; ~ *to pieces a*) slita (riva) i bitar (sönder), *b*) *bildl.* göra ner; ~ *apart a*) slita sönder (*äv. bildl.*), *b*) skilja åt; ~ *away* slita (riva, rycka) bort; ~ *o.s. away* slita sig [lös]; ~ *down* riva [ner]; ~ *off a*) slita (riva, rycka) bort, riva av (loss), *b*) *vard.* kasta ner; ~ *s.b. off a strip* (*vard.*) skälla ut ngn ordentligt (efter noter); ~ *out* slita (riva, rycka) ut; ~ *up a*) slita (riva) sönder, *b*) rycka upp, *c*) riva upp (*äv. bildl.*) **2** slita, riva (rycka) [och slita] (*at* i); ~ *at* (*äv.*) kasta sig över; ~ *into a*) kasta sig över, *b*) skälla ut ngn, kritisera **3** slitas (rivas, gå) sönder **4** rusa, rasa; ~ *about* rusa omkring; ~ *along* rusa fram [längs]; ~ *away* rusa i väg; ~ *down* rusa nedför; ~ *into* rusa in i; ~ *off* rusa i väg (bort); ~ *out* rusa ut; ~ *up* rusa uppför **II** *s* **1** reva, hål **2** fläng, fart, rush
tearaway ['teərəweɪ] *BE.* bråkstake, vild sälle
teardrop ['tɪədrɒp] [stor] tår **tear duct** tårkanal
tearful [-f(ʊ)l] **1** tårfylld **2** gråtmild **tear gas** tårgas
tearing ['teərɪŋ] våldsam, rasande, fruktansvärd; *be in a* ~ *hurry* (*rush*) ha fruktansvärt bråttom
tear-jerker ['tɪəˌdʒɜ:kə] *vard.* tårdrypande historia (film *e.d.*)
tearoom ['ti:rʊm] *BE.* teservering, konditori
tear-stained ['tɪəˌsteɪnd] tårdränkt (*pillow* kudde); ~ *face* förgråtet ansikte
tease [ti:z] **I** *v* **1** reta, retas med **2** kamma; karda; ~ *out* kamma (reda) ut **3** rugga [upp] (*tyg*) **4** tupera (*hår*) **5** retas **II** *s* retsticka
teasel ['ti:zl] **1** *bot.* kardvädd **2** karda
teaser ['ti:zə] **1** retsticka **2** *vard.* svår fråga, hård nöt [att knäcka]
tea service (set) ['ti:ˌsɜ:vɪs (set)] teservis **teashop** [-ʃɒp] *se* tearoom **teaspoon** [-spu:n] tesked (*äv. mått*) **teaspoonful** [-spu:nˌfʊl] (*pl* ~*s el. teaspoonsful*) (*mått*) tesked **tea strainer** [-ˌstreɪnə] tesil
teat [ti:t] **1** spene **2** napp (*på flaska*)
teatime ['ti:taɪm] tedags **tea towel** [-ˌtaʊ(ə)l] disk-, tork|handduk **tea tray** [-treɪ] tebricka **tea trolley** [-ˌtrɒlɪ] *BE.* **tea wagon** [-ˌwægən]

AE. tevagn, rullbord
teazel, teazle *se* teasel
tech [tek] *vard. för technical college* **tech.** *förk. för technical; technology*
techni|cal ['teknɪk(ə)l] **I** *a* **1** teknisk; fack-; yrkes-; ~ *college* (*ung.*) teknisk fackskola, tekniskt institut; ~ *jargon* fackspråk; ~ *knockout* (*i boxning*) teknisk knockout; ~ *term* fackuttryck **2** regelrätt; formell, saklig **-cality** [ˌteknɪˈkælətɪ] **1** teknik, teknisk sida, tekniska detaljer **2** formalitet, teknisk detalj; *a legal* ~ en juridisk formalitet **3** teknisk term, fackuttryck
technician [tekˈnɪʃn] tekniker; teknisk expert
Technicolor ['teknɪˌkʌlə] (*varumärke*) **I** *s* technicolor **II** *a*, *verb.* färg|grann, - sprakande
technics ['teknɪks] (*behandlas som sg el. pl*) teknik, teknologi **technique** [tekˈni:k] teknik; teknisk metod; teknisk skicklighet
tech|nocracy [tekˈnɒkrəsɪ] teknokrati, teknikervälde **-nocrat** ['teknə(ʊ)kræt] teknokrat
tech|nological [ˌteknəˈlɒdʒɪkl] teknologisk **-nologist** [tekˈnɒlədʒɪst] teknolog **-nology** [tekˈnɒlədʒɪ] teknologi, teknik
Ted [ted], **Teddy** ['tedɪ] *kortform av Edward, Theodore*
teddy bear ['tedɪbeə] teddybjörn, nalle **Teddy (teddy) boy** teddy boy (*50- talsyngling som klädde sig i sekelskiftesstil*); ung ligist
tedious ['ti:djəs] [lång]tråkig, ledsam **tedium** [-əm] [lång]tråkighet, leda
tee [ti:] *golf.* **I** *s* **1** tee, utslagsplats **2** peg (*pinne för att hålla bollen upplyft vid utslag*) **II** *v*, ~ *off* spela ut [från tee]; ~ *up the ball* lägga bollen på utslagsplatsen
1 teem [ti:m] vimla, myllra, krylla (*with* av)
2 teem [ti:m] *v*, ~ [*down, with rain*] ösa [ner], ösregna; ~*ing rain* ösregn
teen|age ['ti:neɪdʒ] *a* tonårs- **-ager** [-eɪdʒə] tonåring
teens [ti:nz] *pl* tonår; *be in one's* ~ vara i tonåren
teeny ['ti:nɪ] *vard.* mycket liten, pytteliten **-bopper** [-ˌbɒpə] *vard.* mode- och popintresserad tonårstjej
teeter ['ti:tə] **I** *v* vackla (*äv. bildl.*), vingla **II** *s* gungbräda
teeth [ti:θ] *pl av* tooth
teethe [ti:ð] få tänder
teething ['ti:ðɪŋ] tandsprickning **teething ring** bitring **teething troubles** [-ˌtrʌblz]] *pl* **1** tandsprickningsbesvär **2** *bildl.* barnsjukdomar, begynnelsesvårigheter
teetotal [ti:ˈtəʊtl] **1** helnykter; nykterhets- **2** *vard.* absolut, fullständig **-ler** [-ə] [hel]nykterist, absolutist
TEFL ['tefl] (*förk. för teaching English as a foreign language*) *ung.* engelskundervisning för invandrare
te-hee [ti:ˈhi:] *interj* haha!, hihi!
tel. *förk. för telegram; telegraphic[al]; telephone*
tele|cast ['telɪkɑ:st] **I** *s* TV-[ut]sändning **II** *v* (*-cast, -cast el. -casted, -casted*) sända i TV, televisera **-communications** [-kəˌmju:nɪˈkeɪʃnz] (*behandlas som sg*) teleteknik; telekommunikation
telegram ['telɪgræm] telegram
telegraph ['telɪgrɑ:f] **I** *s* **1** telegraf **2** telegram **II**

telegraphese—temple

v telegrafera [till] (*for* efter) **telegraphese** [ˌtelɪgrɑːˈfiːz] telegram|språk, -stil **telegraphic** [ˌtelɪˈgræfɪk] telegrafisk, telegraf-; ~ *address* telegramadress **telegraphist** [tɪˈlegrəfɪst] telegrafist **telegraph pole** [ˈtelɪgrɑːfpəʊl] telegrafstolpe **telegraph wire** [ˈtelɪgrɑːfˌwaɪə] telefon|kabel, -tråd **telegraphy** [tɪˈlegrəfɪ] **1** telegrafi **2** telegrafering
telepathic [ˌtelɪˈpæθɪk] telepatisk **telepathy** [tɪˈlepəθɪ] telepati
telephone [ˈtelɪfəʊn] **I** *s* telefon; *by* (*over*) *the* ~ per telefon, telefonledes; *be on the* ~ *a*) tala (sitta) i telefon, *b*) ha telefon; *speak to s.b. on the* ~ tala i telefon med ngn; *you're wanted on the* ~ det är telefon till dig **II** *v* telefonera (ringa) till, ringa upp **telephone book** telefonkatalog **telephone booth (box)** telefon|hytt, -kiosk **telephone directory** [-dɪˌrekt(ə)rɪ] telefonkatalog; *classified* ~ yrkesregister, 'gula sidor' **telephone exchange** [-ɪksˌtʃeɪn(d)ʒ] telefonväxel; telefonstation
telephonic [ˌtelɪˈfɒnɪk]] telefon- **telephonist** [tɪˈlefənɪst] telefonist **telephony** [tɪˈlefənɪ] *BE.* telefoni
tele|photo [ˌtelɪˈfəʊtəʊ] telefoto-; ~ *lens* teleobjektiv -**photography** [-fəˈtɒgrəfɪ] fotografering med teleobjektiv
teleplay [ˈtelɪpleɪ] TV-pjäs
teleprinter [ˈtelɪˌprɪntə] teleprinter
tele|scope [ˈtelɪskəʊp] **I** *s* teleskop **II** *v* **1** skjuta ihop (in), skjuta in i varandra; fälla (dra) ut **2** *bildl.* förkorta; pressa samman **3** skjutas ihop; fällas (dra) ut -**scopic** [ˌtelɪˈskɒpɪk] **1** teleskopisk; teleskop-; ~ *lens* teleobjektiv; ~ *sight* kikarsikte **2** teleskopisk, hopskjutbar, utdragbar; ~ *aerial* teleskopantenn; ~ *umbrella* hopfällbart paraply
tele|viewer [ˈtelɪvjuːə] TV-tittare -**vise** [ut]sända (visa) i TV, televisera
television [ˈtelɪˌvɪʒn] television, TV; *cable* ~ kabel|-teve, --TV; *closed circuit* ~ intern|-teve, --TV ; *on* ~ i (på) TV **television camera** [-ˌkæm(ə)rə] TV- kamera **television screen** [-skriːn] TV-ruta, bildskärm **television set** [-set] TV- apparat **television viewers** [-ˌvjuːəz] *pl* TV-tittare
telex [ˈteleks] telex
tell [tel] (*told, told*) **1** tala om, berätta, säga, säga till (åt); uppmana, be; ~ *s.b. s.th.*, ~ *s.th. to s.b.* tala om (berätta) ngn för ngn, säga ngn ngt, säga ngt till (åt) ngn; ~ *s.b. about s.th.* berätta om ngt för ngn; ~ *s.b. off* (*vard.*) skälla ut ngn, läxa upp ngn; ~ *s.b. his fortune* spå ngn; ~ *lies* (*a lie*) ljuga; ~ *me another!* (*vard.*) det kan du inbilla andra!, hitta på ngt bättre!; *I* [*can*] ~ *you* (*vard.*) förstår (ser) du, minnsann, verkligen; [*I'll*] ~ *you what* (*vard.*) vet du vad, hördu; *can you* ~ *me the time?* kan du tala om för mig vad klockan är?; *you're* ~*ing me!* (*vard.*) det vet jag väl!, det kan du skriva upp!; *I told you so!* vad var det jag sa?; *who told you* [*that*]? vem har sagt (berättat) det [för dig]?; *I am* (*have been*) *told* jag har hört sägas, det har sagts mig; *he told us to wait* han sa åt oss att [vi skulle] vänta; *do as you are told* gör som du blir tillsagd (jag *etc.* säger) **2** känna igen (*by* på); skilja (*from* från); urskilja; veta, vara säker; avgöra; ~ *the difference between* se (känna) skillnad på, märka skillnaden (skilja) mellan (på); *who can* ~? vem vet?; *you can* ~ *that he's a foreigner* det märks (syns *etc.*) att han är utlänning; *can you* ~ *them apart?* kan du skilja dem åt [till utseendet]?; *it is difficult to* ~ *if* det är svårt att säga (avgöra) om; *you never can* ~ man kan aldrig [så noga] veta; *he cannot* ~ *the time yet* han kan inte klockan än; *time will* ~ tiden får utvisa **3** räkna [ihop] (*votes* röster); ~ *off* avdela, ta (välja) ut; ~ *one's beads* läsa sina böner (*efter radband*); *all told* inalles, allt som allt, sammanlagt, tillsammans **4** tala, berätta, vittna (*of* om); skvallra (*on* på); *that* ~*s against you* det talar emot dig **5** göra verkan, ta; *every blow* ~*s* varje slag tar (träffar); ~ *on* ta (slita) på; *it did not* ~ *in the least with him* det gjorde inte det minsta intryck på honom
teller [ˈtelə] **1** berättare **2** rösträknare **3** (*i bank*) kassör **telling** [-ɪŋ] **I** *s* berättande *etc.*, jfr *tell*; *there's no* ~ (*vard.*) det är omöjligt att säga, man vet aldrig **II** *a* **1** talande, avslöjande **2** kraftfull; dräpande **telling-off** [ˌtelɪŋˈɒf] utskällning **telltale** [ˈtelteɪl] **I** *s* skvallerbytta **II** *a* **1** avslöjande, skvallrande **2** varnings-
telly [ˈtelɪ] *vard.* TV[-apparat]
telpher [ˈtelfə] telfer (*elektrisk lyftanordning i hängbana*)
temerity [tɪˈmerətɪ] dumdristighet; *have the* ~ *to do s.th.* vara dumdristig (oklok) nog att
temp [temp] *vard.* **I** *s* [kontors]vikarie **II** *v* arbeta som [kontors]vikarie
temp. *förk. för* temperate; temperature; temporary; tempore
temper [ˈtempə] **I** *s* **1** humör, lynne; läggning, kynne, temperament; stämning; dåligt humör (lynne); *be in a* ~ vara på dåligt humör, vara arg (ond); *be in a good* (*bad*) ~ vara på gott (dåligt) humör; *fly* (*get*) *into* ~ fatta humör, bli arg (ond); *have a* ~ ha humör (temperament) **2** fattning; *out of* ~ på dåligt humör; *keep one's* ~ behålla fattningen, bibehålla sitt lugn; *lose one's* ~ tappa behärskningen (besinningen, humöret) **3** hårdhetsgrad, härdning[sgrad] **II** *v* **1** dämpa, mildra; temperera (*äv. mus.*) **2** blanda [till]; bereda; arbeta **3** härda; aducera
tempera|ment [ˈtemp(ə)rəmənt] **1** temperament, läggning **2** *mus.* temperering -**mental** [ˌtemp(ə)rəˈmentl] temperamentsfull; *vard.* nyckfull -**mentally** [ˌtemp(ə)rəˈmentəlɪ] *adv* till temperamentet, av naturen
temperance [ˈtemp(ə)r(ə)ns] **1** måttlighet, måtta **2** helnykterhet **temperate** [-rət] **1** (*om klimat*) tempererad **2** mått|lig, -full **3** helnykter
temperature [ˈtemprətʃə] **1** temperatur **2** feber; *run* (*have got*) *a* ~ ha feber; *take a p.'s* ~ ta febern på ngn
tempest [ˈtempɪst] *litt.* storm (*äv. bildl.*), oväder
tempestuous [temˈpestjʊəs] stormig
tempi [ˈtempiː] *pl av* tempo
Templar [ˈtemplə] tempel|herre, -riddare
template [ˈtemplɪt] *tekn.* schablon, mall, mönster
1 temple [ˈtempl] tempel; helgedom; *AE. vard.* synagoga
2 temple [ˈtempl] tinning

3 temple ['templ] *väv.* vävspännare
tem|po ['tempəʊ] (*pl -pos el. -pi* [-pi:]) tempo (*äv. mus.*), hastighet, fart
1 temporal ['temp(ə)r(ə)l] **1** världslig; *lords* ~ överhusets världsliga ledamöter **2** tidsbestämd, tids- **3** *språkv.* temporal, tids-
2 temporal ['temp(ə)r(ə)l] *a* tinning-
temporary ['temp(ə)rərɪ] **I** *a* **1** temporär, tillfällig, övergående **2** tillförordnad, extra[ordinarie] **II** *s* [kontors]vikarie, extraanställd
tempo|rize (*BE. äv. -rise*) ['tempəraɪz] **1** söka vinna tid **2** vända kappan efter vinden
tempt [tem(p)t] fresta, locka, förleda; ~ *fate* (*providence*) utmana ödet **temptation** [tem(p)-'teɪʃn] frestelse, lockelse; *lead us not into* ~ inled oss icke i frestelse; *yield* (*give way*) *to* ~ falla för frestelsen **tempter** ['tem(p)tə] frestare **tempting** ['tem(p)tɪŋ] frestande, lockande **temptress** ['tem(p)trɪs] fresterska
ten [ten] (*jfr eight o. sms.*) **I** *räkn* tio; *the upper* ~ [*thousand*] överklassen **II** *s* tia; tiotal
ten|ability [ˌtenə'bɪlətɪ] **1** hållbarhet, försvarbarhet **2** period (*som tjänst e.d. kan innehas*) **-able** ['tenəbl] **1** hållbar, försvarbar **2** (*om tjänst e.d.*) som kan innehas
tenacious [tɪ'neɪʃəs] **1** envis, orubblig, hårdnackad; ihärdig; djupt rotad **2** fast (*grip* grepp); hård; ~ *memory* gott minne **tenacity** [tɪ'næsətɪ] **1** envishet, orubblighet; ihärdighet **2** fasthet; hårdhet
tenancy ['tenənsɪ] **1** arrende; hyrande **2** arrendetid; hyrestid **3** innehavande **4** arrendegård; hyrd fastighet **tenant** [-t] **I** *s* **1** hyresgäst; arrendator **2** innehavare **II** *v* hyra; arrendera **tenant farmer** arrendator
tench [ten(t)ʃ] (*pl lika*) *zool.* sutare
1 tend [tend] **1** sköta [om], vårda; passa, se till **2** ~ *to* (*on*) se till, ta hand om, passa upp på
2 tend [tend] tendera; ~ *to*[*wards*] tendera till (mot), luta åt, peka mot; *I* ~ *to know* jag råkar veta
tenden|cy ['tendənsɪ] tendens; benägenhet **-tious** [ten'denʃəs] tendentiös
1 tender ['tendə] **1** öm (*äv. bildl.*); mjuk; mör; *bildl.* ömsint **2** späd, spröd; ~ *age* späd ålder
2 tender ['tendə] **I** *s* **1** anbud, offert; *invite* ~*s for* infordra anbud på; *make a* ~ *for* lämna in ett anbud på; *the work will be put up for* ~ arbetet kommer att utlämnas på entreprenad **2** *legal* ~ lagligt betalningsmedel **II** *v* **1** lämna in (*one's resignation* sin avskedsansökan); lägga fram (*a suggestion* ett förslag); framföra (*an apology* en ursäkt); erbjuda **2** lämna anbud på, offerera **3** ~ *for* lämna anbud (offert) på
3 tender ['tendə] **1** skötare **2** *järnv.* tender **3** *sjö.* tender, följebåt, jolle
tender|foot ['tendəfʊt] (*pl -foots el. -feet*) nykomling, gröngöling **-hearted** [ˌtendə'hɑːtɪd] ömhjärtad, ömsint **-ize** (*BE. äv. -ise*) ['tendəraɪz] möra (*meat* kött) **-izer** (*BE. äv. -iser*) ['tendəraɪzə] mörningsmedel **-loin** ['tendələʊn] *kokk.*, *BE.* fläskkarré; *AE.* filé **-ness** ['tendənɪs] ömhet *etc.*, *jfr 1 tender*
tendon ['tendən] *anat.* sena
tendril ['tendrɪl] **1** *bot.* klänge **2** hårslinga, lock
tenement ['tenɪmənt] **1** hyreskasern (*i sht i slumområde*) **2** *i sht BE.* lägenhet **tenement building** [-'bɪldɪŋ] *se tenement 1*
tenet ['tiːnet] grundsats; dogm
tenfold ['tenfəʊld] **I** *a* tio|dubbel, -faldig **II** *adv* tio|dubbelt, -faldigt, -falt
ten-gallon hat [ˌten͵gælən'hæt] stor cowboyhatt
Tenn. *fork. för* Tennessee
tenner ['tenə] *vard.* tiopunds-, tiodollars|sedel; *a* ~ (*äv.*) tio pund (dollar)
Tennessee [ˌtenə'siː]
tennis ['tenɪs] tennis **tennis court** tennisbana **tennis elbow** [-ˌelbəʊ] tennisarm
tenon ['tenən] *snick.* tapp
tenor ['tenə] **1** *mus.* tenor; tenorstämma **2** [ande]mening, innebörd, innehåll
tenpin ['tenpɪn] kägla **tenpin bowling** [-ˌbəʊlɪŋ] *BE.* kägelspel (*med tio käglor*) **tenpins** [-z] (*behandlas som sg*) *AE.* kägelspel (*med tio käglor*)
1 tense [tens] *språkv.* tempus
2 tense [tens] **I** *a* spänd, stram, sträckt; *bildl.* spänd, nervös **II** *v*, ~ [*up*] spänna[s], strama[s] till; ~*d up* spänd, nervös
tensile ['tensaɪl, *AE. äv.* 'tensl] **1** spänn-, sträck- **2** sträck-, tänj|bar; ~ *strength* draghållfasthet
tension ['tenʃn] *fys.*, *bildl.* spänning; spändhet; sträckning; anspänning
tent [tent] **I** *s* tält; *pitch one's* ~ slå upp sitt tält **II** *v* tälta
tentacle ['tentəkl] *zool.*, *bildl.* tentakel, känselspröt; fångstarm
tentative ['tentətɪv] **1** försöks-; preliminär, provisorisk **2** trevande, försiktig
tenterhook ['tentəhʊk] spännhake; *be on* ~*s* sitta som på nålar
tenth [tenθ] (*jfr eighth*) **I** *räkn* tionde **II** *s* tionde; tion[de]del
tent peg ['tentpeg] tältpinne
tenu|ity [te'njuːətɪ] tunnhet, finhet **-ous** ['tenjʊəs] tunn, fin; smal; *bildl.* svag, obetydlig, [hår]fin
tenure ['teˌnjuːə] **1** besittningsrätt; innehav **2** ämbete, tjänst; ämbetstid **3** arrende; arrendetid **4** *AE.* anställningstrygghet
tepee ['tiːpiː] indiantält
tepid ['tepɪd] ljum[men] **-ity** [te'pɪdətɪ] ljumhet
tequila [tɪ'kiːlə] tequila (*mexikansk spritdryck av agavesaft*)
ter. *fork. för* terrace; territory
tercentenary [ˌtɜːsen'tiːnərɪ] trehundraårsdag
Terence ['ter(ə)ns] (*rom. förf.*) Terentius
term [tɜːm] **I** *s* **1** tid[rymd], period; termin, fastställd dag; frist; betalnings|termin, -tid, förfallodag; löptid; (*domstols*) session[stid]; *skol.* termin; ~ *of office* ämbets-, mandat|tid; *for a* ~ *of years* under ett antal år; *in the long* (*short*) ~ på lång (kort) sikt **2** ~*s* (*pl*) villkor; bestämmelse[r]; överenskommelse; betalningsvillkor, pris[er]; ~*s of delivery* leveransvillkor; ~*s of reference* direktiv, givna ramar; *on easy* ~*s* på förmånliga villkor, på avbetalning; *on equal* (*the same*) ~*s* på lika villkor; *not on any* ~*s* på inga (inte på några) villkor; *come to* ~*s* träffa [en] uppgörelse, komma överens; *come to* ~*s with s.th.* finna sig i ngt **3** ~*s* (*pl*) förhållande, relation[er]; *be on good* ~*s with s.b.* stå på god fot med ngn; *they are*

term.—tetrasyllabic

not on speaking ~s de talar inte med varandra **4** uttryck; term, *mat. äv.* led; *~s (pl, äv.)* ord[alag], vändningar; *technical ~* fackuttryck; *in economic ~s* i ekonomiska termer; *in no uncertain ~s, in plain ~s* klart och tydligt, rent ut; *in ~s of a) * i termer av, *b)* i form av, *c)* vad beträffar, beträffande, *d)* med utgångspunkt från; *he only thinks in ~s of money* han tänker bara på pengar **II** *v* kalla, benämna

term. *förk. för terminal; termination*

terminal ['tɜːmɪnl] **I** *a* **1** avslutande, sist, terminal, slut-, änd-; gräns-; *~ station* änd-, slut|station; *~ voltage (elektr.)* polspänning; *~ patient* obotligt sjuk (döende) patient; *~ ward* terminalvårdsavdelning **2** termins- **3** *med.* dödlig, med dödlig utgång; *~ cancer* obotlig cancer **II** *s* **1** änd-, slut|station; terminal; änd-, slut|punkt **2** *data.* terminal **3** *elektr.* pol

termi|nate ['tɜːmɪneɪt] **1** avsluta; göra slut på; säga upp *(an agreement* ett kontrakt); *med.* avbryta *(a pregnancy* en graviditet) **2** sluta; *(om tåg e.d.)* ha slutstation **-nation** [ˌtɜːmɪˈneɪʃn] slut; avslutning; upphörande; uppsägning; *med.* avbrytande *(of a pregnancy* av en graviditet)

termini ['tɜːmɪnaɪ] *pl av terminus*

terminology [ˌtɜːmɪˈnɒlədʒɪ] terminologi

termi|nus ['tɜːmɪnəs] *(pl -ni* [-naɪ] *el. -nuses)* änd-, slut|station, terminal

termite ['tɜːmaɪt] termit

tern [tɜːn] *zool.* tärna

terr. *förk. för terrace; territory*

terrace ['terəs] **I** *s* **1** terrass **2** *(sammanbyggd)* husrad **3** *(på fotbollsstadion)* ståplatsläktare **II** *v* terrassera **terraced** [-t] **1** terrasserad, i terrasser **2** *BE.*, *~ house* radhus

terracotta [ˌterəˈkɒtə] terrakotta

terra firma [ˌterəˈfɜːmə] terra firma, fast mark

terrain [teˈreɪn] terräng

terrapin ['terəpɪn] *zool.* sumpsköldpadda

terrari|um [teˈreərɪəm] *(pl -ums el. -a* [-ə]) terrarium

terrestrial [tɪˈrestrɪəl] **I** *a* **1** jord-, jordisk **2** *zool.* land-, som lever på land **3** *bildl.* världslig, jordisk **II** *s* jordinvånare

terrible ['terəbl] förskräcklig, förfärlig

terrier ['terɪə] terrier

terrific [təˈrɪfɪk] **1** fruktansvärd, hemsk, förskräcklig; enorm, oerhörd **2** *vard.* fantastisk

terrify ['terɪfaɪ] skrämma, göra skräckslagen; förskräcka, förfära; *terrified* skräckslagen, livrädd *(of* över, för) **-ing** [-ɪŋ] fasaväckande, fasansfull *(of* över, för)

terrine [teˈriːn] **1** lergryta *(för paté e.d.)* **2** terrin

territorial [ˌterɪˈtɔːrɪəl] territorial-, territoriell; mark-, land-; lokal, regional; *~ waters* territorialvatten

territory ['terɪt(ə)rɪ] **1** territorium, område *(äv. bildl.);* mark, land **2** *zool.* revir **3** besittning **4** *(försäljares)* distrikt **5** *sport.* planhalva

terror ['terə] **1** skräck, fasa; *live (go) in ~ of* leva i skräck för; *go (be) in ~ of one's life* frukta för sitt liv; *that holds no ~s for me* jag är inte alls rädd för det; *strike ~ into a p.'s heart* sätta skräck i ngn **2** terror, skräck|välde; *reign of ~* skräck-, terror|välde **3** *vard. (om barn)* odåga, satunge, plåga **-ism** [-rɪz(ə)m] terrorism; skräckvälde **-ist** [-rɪst] terrorist **-ize** *(BE. äv. -ise)* [-raɪz] terrorisera, injaga skräck hos **--stricken** [-ˌstrɪk(ə)n], **--struck** [-strʌk] skräckslagen

terry ['terɪ] frotté **terry towel** [ˌtaʊəl] frottéhandduk

terse [tɜːs] [kort och] koncis, kärnfull; brysk

tertiary ['tɜːʃərɪ] **I** *a* **1** tertiär, som kommer i tredje hand **2** *geol., T~* tertiär **II** *s, geol., the T~* tertiärtiden

terylene ['terəliːn] *(varumärke)* terylen[e]

terza rima [ˌteətsəˈriːmə] *versl.* terzin

terzetto [tɜːtˈsetəʊ] *mus.* terzett, [sång]trio

TESL *(förk. för Teaching English as a Second Language) ung.* engelskundervisning för invandrare

tessellated ['tesɪleɪtɪd] mosaik-; *~ paving* mosaikgolv

test [test] **I** *s* **1** test; kontroll, undersökning; försök; förhör; prov[ning], prövning; *bildl.* kriterium, probersten; *driving ~* körkortsprov; *means ~* behovsprövning; *nuclear ~* kärnvapenprov; *written ~* skriftligt prov, [prov]skrivning; *put to the ~* sätta på prov, prova; *stand the ~* bestå provet; *stand the ~ of time* stå sig genom tiderna, stå emot tidens tand **2** *kem.* reagens **3** *BE., se test match* **II** *v* testa; kontrollera, undersöka; förhöra; prova, pröva; sätta på prov; *~ [out]* prova ut, utprova

testament ['testəmənt] **1** *jur. [last will and] ~* testamente **2** *bibl., the Old (New) T~* Gamla (Nya) testamentet **3** *litt.* vittnesbörd *(to* om) **testamentary** [ˌtestəˈment(ə)rɪ] **1** testamentarisk; testaments- **2** testamenterad

testa|tor [teˈsteɪtə], **-trix** [-trɪks] *fem.* testator

test ban [testbæn] provstopp **test ban treaty** provstoppsavtal **test card** *TV.* testbild **test case** *jur.* prejudikat[sfall]

tester ['testə] testare, provare

testicle ['testɪkl] *anat.* testikel

testify ['testɪfaɪ] **1** vittna, bära vittnesbörd *(to* om; *against* mot); avlägga vittnesmål **2** vittna om; intyga, betyga

testimonial [ˌtestɪˈməʊnjəl] **1** [tjänstgörings]betyg; rekommendationsbrev **2** intyg, bevis **3** heders|bevisning, -gåva

testimony ['testɪmənɪ] **1** vittnes|mål, -börd *(to, of* om); bevis *(to, of* på); *bear ~ to* vittna (bära vittnesbörd) om, intyga, betyga **2** *bibl., the tables of ~* lagens tavlor

testing ['testɪŋ] kinkig, knepig, svår, påfrestande *(situation* situation)

tes|tis ['testɪs] *(pl -tes* [-tiːz]) *anat.* testikel

test match ['testmætʃ] landskamp, [kricket-, rugby]landskamp **test paper** [-ˌpeɪpə] **1** *BE.* [prov]skrivning **2** *kem.* reagenspapper **test pattern** [-ˌpætən] *TV.* testbild **test pilot** [-ˌpaɪlət] provflygare, testpilot **test tube** [-tjuːb] provrör **test-tube baby** provrörsbarn

testy ['testɪ] [lätt]retlig, snarstucken; vresig

tetanus ['tetənəs] *med.* stelkramp, tetanus

tetchy ['tetʃɪ] [lätt]retlig, snarstucken

tête-à-tête [ˌteɪtɑːˈteɪt] **I** *a o. adv* på tu man hand, mellan fyra ögon **II** *s* tête-à-tête, möte (samtal) på tu man hand

tether ['teðə] **I** *s* tjuder; *be at the end of one's ~ (bildl.)* inte orka längre (mer) **II** *v* tjudra *(to* vid)

tetra|hedron [ˌtetrəˈhedr(ə)n] tetraeder **-sylla-**

bic [-sɪˈlæbɪk] fyrstavig
Teutonic [tjuːˈtɒnɪk] **1** germansk; tysk **2** *hist.* teutonsk
Tex. *förk. för Texan; Texas*
Texan [ˈteks(ə)n] **I** *a* Texas-, från (i) Texas **II** *s* Texasbo **Texas** [ˈteksəs]
text [tekst] text; ordalydelse; *(av tal e.d.)* utskrift, skriftlig version **-book** [ˈteks(t)bʊk] **I** *s* läro-, skol|bok; handbok **II** *a* mönstergill, exemplarisk, enligt reglerna; ~ *example* skolexempel
textile [ˈtekstaɪl] **I** *s* vävnad, tyg, textil; ~*s (pl, äv.) a)* textilier, textilvaror, *b)* textilfabriker **II** *a* textil[-], vävnads-; vävd
textual [ˈtekstjʊəl] text-; texttrogen; ~ *criticism* textkritik
texture [ˈtekstʃə] **1** textur, struktur; vävnad; konsistens **2** *bildl.* struktur, [upp]byggnad, [speciell] karaktär
TG *förk. för transformational grammar*
T.G.W.U. *förk. för Transport and General Workers' Union*
Thackeray [ˈθækərɪ]
Thai [taɪ] **I** *a* thailändsk **II** *s* **1** thailändare **2** thailändska [språket]
Thalidomide [θəˈlɪdəmaɪd] *(varumärke)* neurosedyn
Thames [temz] *s, the* ~ Themsen; *he will never set the* ~ *on fire* han var inte med när krutet fanns upp
than [ðæn, *obeton.* ðən, ðn] **1** än; än [vad] som; *more* ~ *was necessary* mera än vad som behövdes; *and more* ~ *that* och inte bara det, och vad mera är; *easier said* ~ *done* lättare sagt än gjort; *he is older* ~ *me (I, I am)* han är äldre än jag; *she plays better* ~ *him (he, he does)* hon spelar bättre än han; *it was no other* ~ det var ingen annan (mindre) än **2** förrän; *no sooner...*~ knappt ...förrän
thank [θæŋk] **I** *v* tacka *(s.b. for s.th.* ngn för ngt); ~ *you!* tack!, ja (jo) tack!; ~ *'you!* tack själv!; ~ *you very much!* tack så mycket!; *no,* ~ *you!* nej tack!; ~ *you for nothing!* *(iron.)* tack så mycket!, jag betackar mig!; ~ *goodness (God)!* gudskelov!; ~ *heavens!* tack och lov!; *I'll* ~ *you to mind your own business* jag vore tacksam om du skötte ditt (inte lade dig i det här) **II** *s* **1** ~*s (pl)* tack; *[many]* ~*s!* tack [så mycket]!; ~*s a lot! (vard.)* tack så hemskt mycket!; *no,* ~*s!* nej tack!; *with* ~*s* tacksamt, med tack; *give* ~*s* tacka Gud **2** ~*s to* tack vare
thank|ful [ˈθæŋkfʊl] tacksam *(for* för, över; *to* mot) **-fully** [-ɪ] *adv* **1** tacksamt **2** lyckligtvis, tack och lov **-less** [-lɪs] otacksam
thanksgiving [ˈθæŋks͵gɪvɪŋ] tacksägelse
Thanksgiving [Day] *(i USA o. Canada)* Tacksägelsedagen *(helgdag, 4:e torsdagen i november i USA, 2:a måndagen i oktober i Canada)*
thankyou [ˈθæŋkju] *s* tack
that [ðæt, *obeton.* ðət, ðt] **I** *demonstr. pron (pl those)* den (det, de) där, denne, denna, detta; den, det; så; *those a)* de [där], dessa, *b)* det [där], detta; *and* ~*'s* ~*!* och därmed basta!, så var det med den saken!, så det så!; *as for* ~ vad det beträffar; *at* ~ *a)* dessutom, till på köpet, *b) vard.* just, precis; *at* ~ *time* på den tiden, då för tiden; *this* ~ *one* den här...den där; *what of* ~? än

sen då?; *with luck like* ~ med en sådan tur; ~ *is [to say]* det vill säga, alltså; ~*'s it!* ja!, just det!, det var det!; det är (var) rätt!; *if he's as unhappy as [all]* ~ om han är så olycklig; *hurry up,* ~*'s a good boy (girl) (vard.)* skynda på, är du snäll; ~ *are my friends* det (de) [där] är mina vänner; *have things come to* ~? har det kommit därhän?; *they all say* ~ det (så) säger alla **II** *determ. pron (pl those)* **1** den, det; *those* de, dem; *those who* den (var och en, de, alla) som; *her greatest merit is* ~ *of being kind* hennes största förtjänst är [den] att hon är vänlig; *there was* ~ *in her manner* det var ngt speciellt (visst) i hennes sätt; *my house and* ~ *of my sister['s]* mitt hus och min systers; *this beer is stronger than* ~ *[which] I got yesterday* det här ölet är starkare än det jag fick i går; *the sound of the trumpet is clearer than* ~ *of the cornet* trumpetens ljud är klarare än kornettens **2** så stor, så mycket; *he has* ~ *trust in you* han litar så på dig **III** *rel. pron (pl that)* **1** som, vilken, vilket, vilka; då; *vard.* som...med *(el. annan prep); all [*~*]* allt [som, vad, det]; *the house [that] I'm talking about* huset jag talar om; *Mrs. White, Miss Black* ~ *was* fru White, född Black (som hette Black som ogift) **2** då; såvitt; *not* ~ *I know of* inte vad (såvitt) jag vet **IV** *adv, vard.* så [pass]; *it isn't* ~ *good* så bra är den [då] inte **V** *konj* **1** att; så att; för att; eftersom; *(i utrop)* att, om; *in order* ~, *so* ~ för (så) att; *not* ~ *I fear him* inte för att jag är rädd för honom; ~ *things should come to this!* att det skulle gå så långt!; *oh* ~ *I could only see you again!* ack, om jag bara fick se dig igen!; *come nearer* ~ *I may see you* kom närmare så att jag kan se dig **2** om; *make sure* ~ förvissa sig om att **3** som; då, när; *it was in London [that] I...*det var i London som jag...; *[now] that I think of it, I believe...* när (då) jag tänker på det, tror jag...
thatch [θætʃ] **I** *s* **1** *(t. taktäckning)* halm, vass **2** halm-, vass|tak **3** [tjock] kalufs **II** *v* halmtäcka, täcka med halm (vass); ~*ed cottage* stuga med halmtak **-er** [ˈθætʃə] taktäckare
thaw [θɔː] **I** *s* tö, töväder; upptinande; *bildl.* töväder **II** *v* **1** töa; tina [upp] *(äv. bildl.)* **2** ~ *[out]* tina [upp] *(frozen food* djupfryst mat), frosta av, *bildl.* få att tina [upp]
the [ði; *obeton.* framför vokal ðɪ, *obeton.* framför konsonant ðə, ð] **I** *best. art.* **1** *(motsv. best. slutartikel el. fristående best. art. i svenskan)* ~ *apple (apples)* äpplet (äpplena); ~ *car (cars)* bilen (bilarna); *the house (houses)* huset (husen); *the new car (cars)* den nya bilen (de nya bilarna); ~ *new house (houses)* det nya huset (de nya husen); *the deceased* den avlidn|e, -a; ~ *Good* det goda; ~ *poor* de fattiga; *Henry* ~ *Eighth* Henrik den åttonde **3** *(utan motsvarighet i svenskan);* ~ *Antarctic* Antarktis; ~ *Balkans* Balkan; ~ *Browns* Browns, familjen Brown; ~ *Caucasus* Kaukasus; ~ *Daily Mirror (tidningen)* Daily Mirror; *[*~*] Emperor X* kejsare X; *T*~ *Hague* Haag; ~ *Kremlin* Kreml; ~ *Mayflower (fartyget)* Mayflower; ~ *Odeon (biografen)* Odeon; ~ *Rhine* Rhen; *[*~*] Sudan* Sudan; ~ *UN* FN; ~ *Paris of today* dagens Paris; ~ *following three examples* följande tre exempel; ~ *same book* samma bok; *in* ~ *opposite direction* i motsatt riktning; *on* ~ *right hand* på höger sida; *to* ~ *right* åt (till) höger; *be*

theater—thermoplastic

of ~ *best quality* vara av bästa kvalitet; *the verb is in* ~ *past tense* verbet står i imperfekt; *he was* ~ *son of a lawyer* han var son till en advokat; *how's* ~ *wife?* hur mår din fru?; *go to* ~ *cinema* gå på bio; *listen to* ~ *radio* lyssna på radio; *play* ~ *guitar* spela gitarr; *the sun rises in* ~ *east* solen går upp i öster; *tell* ~ *truth* tala sanning **4** en, ett; *at* ~ *price of* till ett pris av **5** per; ~ *piece* per styck; *wine at 20 shillings* ~ *bottle* vin för 20 shilling flaskan **6** *beton.*, *he is* ~ *painter of the century* han är seklets ledande målare; *is she* ~ *Greta Eriksson?* är hon den kända (berömda) Greta Eriksson?; *he is* ~ *man for it* han är rätte mannen för det **II** *pron* **1** *demonstr.* den, det, de; ~ *scoundrel!* den skurken!; ~ *stupidity!* vilken idioti! **2** *determ.* den, det, de; ~ *boy* (*boys*) *who* den pojke (de pojkar) som **III** *adv*, ~...~ ju...desto (dess); ~ *sooner* ~ *better* ju förr desto bättre; *all* ~ *better* så mycket (desto) bättre; ~ *more so as* (*because*) så mycket (desto) mera som
theater ['θɪətə] *AE.*, *se* theatre
theatre ['θɪətə] **1** teater; teater-, scen|konst; *the* ~ (*äv.*) scenen; *go to the* ~ gå på teatern **2** [föreläsnings-, hör]sal; *operating* ~ operationssal **3** *bildl.* skådeplats, scen (*of* för) **-goer** [-ˌgəʊə] teaterbesökare **--in-the-round** [ˌθɪətərɪnðə-'raʊnd] (*pl* theatres-in-the-round) arenateater
theatrical [θɪ'ætrɪkl] **I** *a* **1** teater- **2** teatralisk **II** *s*, ~*s* (*pl*) *amateur* ~*s* amatörteater[föreställningar]
Thebes [θiːbz] Tebe
thee [ðiː] *pron*, *åld.*, *bibl.*, *poet.* (*objektsform av thou*) dig
theft [θeft] stöld
their [ðeə] *poss. pron*, *fören.* deras; sin, sitt, sina
theirs [-z] *poss. pron*, *självst.* deras; sin, sitt, sina; *a friend of* ~ en vän till dem; ~ *is not to judge* det är inte deras sak att [be]döma
the|ism ['θiːɪz(ə)m] teism **-ist** [-ɪst] teist
them [ðem, *obeton.* ðəm, ðm] **I** *pers. pron* (*objektsform av* they) **1** dem **2** de; *it was* ~ det var de **3** sig; *they took it with* ~ de tog den med sig **II** *demonstr. pron*, *fören.*, *vard.* de där; *five of* ~ *apples* fem av de där äpplena
thematic [θɪ'mætɪk] tematisk **theme** [θiːm] **1** tema, ämne; motiv **2** *mus.* tema, ledmotiv; signaturmelodi **3** [skol]uppsats **4** *språkv.* stam, rot
theme song (**tune**) signaturmelodi; [musikaliskt] ledmotiv
themselves [ð(ə)m'selvz] *pers. o. rfl. pron* sig själva, själva; sig
then [ðen] **I** *adv* **1** då; den gången, på den tiden; sedan, därpå, så; ~ *and there, there and* ~ genast, på fläcken; *before* ~ dessförinnan, innan dess, förut; *by* ~ då, vid det laget, till (innan) dess; *from* ~ *on*[*wards*] från och med då; *since* ~ sedan dess; *until* ~ till dess **2** då, i så fall, alltså; *now* ~, *what's the matter?* nå, vad är det?; *so it's true* ~ då är det alltså sant **3** dessutom, sedan, så; *but* ~ men å andra sidan, men [så]...också (ju) **II** *a* dåvarande
thence [ðens] *åld.* **1** därifrån **2** därefter; från den tiden **3** därför, följaktligen **-forth** ['ðensfɔːθ] *litt.*, **-forward** ['ðensfɔːwəd] *litt.*, *se* thence 2
theocracy [θɪ'ɒkrəsɪ] teokrati
theodolite [θɪ'ɒdəlaɪt] teodolit
Theodore ['θɪədɔː]

theol. *förk. för* theologian; theological; theology
theologian [θɪə'ləʊdʒən] teolog **theological** [ˌθɪə'lɒdʒɪkl] teologisk **theology** [θɪ'ɒlədʒɪ] teologi
theorem [''θɪərəm] teorem; sats
theo|retic[al] [ˌθɪə'retɪk(l)] teoretisk **-retician** [ˌθɪərə'tɪʃn], **-rist** ['θɪərɪst] teoretiker **-rize** (*BE. äv.* **-rise**) ['θɪəraɪz] teoretisera
theory ['θɪərɪ] teori
theosophy [θɪ'ɒsəfɪ] teosofi
therapeutic [ˌθerə'pjuːtɪk] terapeutisk **therapeutics** [-s] (*behandlas som sg*) läran om sjukdomsbehandling **therapist** ['θerəpɪst] terapeut **therapy** ['θerəpɪ] terapi (*behandling*)
there [ðeə, *obeton.* ðə, obeton. *framför vokal äv.* ðr] **1** där; dit; fram[me]; ~ *and back* fram (dit) och tillbaka (åter); ~ *and then* genast, på fläcken; *here and* ~ här och där, hit och dit; *hello* (*hi*) ~ *!* hej!; *from* ~ därifrån; *in* (*out etc.*) ~ *a*) där|inne (-ute *etc.*), *b*) in (ut *etc.*) dit, dit in (ut *etc.*); *you* ~ *!* hallå där!, du där!; ~ *you are! a*) där är du [ju, äntligen]!, *b*) varsågod!, *c*) där ser du!, vad var det jag sa!, *d*) så är det i alla fall!; *and* ~ *you are* och sedan är det färdigt; ~ *it is a*) där är den, *b*) [men] så ligger det till; *he is not all* (*quite*) ~ (*vard.*) han är inte riktigt klok; ~ *you go again! samma gamla visa igen!; *but* ~ *again* men å andra sidan; *bring me that book*, ~*'s a dear* (*vard.*) ge mig den där boken ar du så snäll **2** där [i], på den punkten; ~ *you are wrong* där har du fel (misstar du dig); *you've got me* ~ nu blev jag svarslös (ställd) **3** (*formellt subjekt*) det; ~ *is* (*are*) det är (blir, finns, ligger, står, råder, pågår, äger rum *etc.*); ~ *is no need for you to do it* du behöver inte göra det; ~ *is no trusting them* man kan inte lita på dem **II** *interj* så där [ja]!; ~, ~*!* så ja!, seså!; ~ *now! a*) så där ja!, *b*) där ser du!, vad var det jag sa?
there|about[s] ['ðeərəbaʊt(s)] däromkring, [där] i närheten **-after** [ˌðeər'ɑːftə] högt. därefter **-by** [ˌðeə'baɪ] *högt.* där|vid, -igenom **-fore** ['ðeəfɔː] därför, följaktligen **-in** [ˌðeər'ɪn] *åld.*, *litt.* däri; i det avseendet **-inafter** [ˌðeərɪn'ɑːftə] *högt.*, *jur.* i det följande, därefter **-of** [ˌðeər'ɒv] *högt.* därom *etc.*, *jfr of* **-on** [ˌðeər'ɒn] *åld.*, *litt.* därpå; *se* thereupon
there's [ðeəz, *obeton.* ðəz] = there is, there has
there|to [ˌðeə'tuː] *högt.*, *jur.* till detta (denna, dessa), därtill **-under** *högt.*, *jur.* i det följande, därefter; därunder **-upon 1** *högt.* där|på, -efter **2** *högt.*, *jur.* därom **-with** *högt.*, *jur.* där|till, -jämte
therm [θɜːm] *BE.* therm (*värmeenhet* = *100 000 British thermal units*, *se under thermal*) **thermal** ['θɜːml] **I** *a* värme-, termisk; *British* ~ *unit* engelsk värmeenhet (= *1 055,06 joule*); ~ *efficiency* termisk verkningsgrad; ~ *springs* varma källor; ~ *underwear* värmeunderkläder **II** *s* termisk uppvind
thermistor [θɜː'mɪstə] *elektr.* termistor
thermodynamics [ˌθɜːməʊ(ʊ)daɪ'næmɪks] (*behandlas som sg*) termodynamik **thermometer** [θə'mɒmɪtə] termometer **thermonuclear** [ˌθɜːmə(ʊ)'njuːklɪə] termonukleär; ~ *bomb* vätebomb **thermoplastic** [ˌθɜːmə(ʊ)'plæstɪk] termoplast

Thermos ['θɜ:mɒs] (*varumärke*) ~ *flask* (*AE. bottle*) termos[flaska]
thermostat ['θɜ:mə(ʊ)stæt] termostat
thesau|rus [θɪ'sɔ:rəs] (*pl -ruses el. -ri* [-raɪ]) synonymordbok; ordbok, uppslagsbok; tesaurus
these [ði:z] *pl av this*
the|sis ['θi:sɪs] (*pl -ses* [-si:z]) **1** tes, [läro]sats; teori **2** [doktors]avhandling
thespian ['θespɪən] **I** *a* teater-; dramatisk **II** *s, åld. el. skämts.* skådespelare
thews [θju:z] *pl* muskler, senor **thewy** ['θju:ɪ] muskulös; senig
they [ðeɪ] *pron* de; den, det; man; ~ *say that* man säger (det sägs) att; *I called a friend, but* ~ *were not at home* jag ringde till en vän men han (hon) var inte hemma **they'd** [-d] = *they had* (*would*) **they'll** [-l] = *they will* (*shall*) **they're** [ðeə, ðeɪə] = *they are* **they've** [ðeɪv] = *they have*
thick [θɪk] **I** *a* **1** tjock; grov; yvig; tät; (*om vätska*) tjock[flytande], grumlig; (*om röst*) tjock, grötig, sluddrig; *vard.* korkad, dum; ~ *fog* tät (tjock) dimma; ~ *with bushes* full med (av) buskar; *the shelves are* ~ *with dust* det ligger ett tjockt lager damm på hyllorna; *that's* (*it's*) *a bit* ~*!* (*vard.*) det var lite väl mycket (väl magstarkt); *he's a bit* ~ (*vard.*) han är ganska korkad; *they are as* ~ *as two short planks* (*vard.*) de är helt blåsta (begriper ingenting); *they are* ~ *on the ground* (*vard.*) det myllrar av dem; *give s.b. a* ~ *ear* (*vard.*) klappa till ngn; *have a* ~ *head a*) inte kunna tänka klart, *b*) vara tung i huvudet, ha huvudvärk **2** *vard.*, *they are* [*as*] ~ *as thieves, they are very* ~ de hänger ihop som ler och långhalm, de är såta vänner **II** *adv* tjockt; tätt; ymnigt; ~ [*and fast*] tätt [efter varandra], slag i slag; *lay it on* ~ (*vard.*) lägga på [för tjockt], överdriva **III** *s* **1** *the* ~ *of s.th.* den tjocka[ste] delen av ngt; *in the* ~ *of the crowd* mitt i människomassan (trängseln); *in the* ~ *of the fight* mitt i striden **2** *stick to s.b. through* ~ *and thin* hålla ihop med ngn i vått och torrt, följa ngn i alla väder
thicken ['θɪk(ə)n] **1** tätna, bli tätare (tjockare), tjockna; grumlas; *the plot* ~*s* situationen blir alltmer invecklad, mystiken tätnar **2** göra tät[are] (tjock[are]), grumla; *kokk.* reda [av] (*a sauce* en sås) **thickener** [-ə] förtjockningsmedel; *kokk.* redning **thickening** ['θɪknɪŋ] **1** förtjockning **2** *kokk.* redning **thicket** ['θɪkɪt] buskage, busksnår **thickhead** tjock-, dum|skalle **thickness** [-nɪs] *a* tjocklek, grovlek *etc., jfr thick I* **2** lager **thickset 1** satt, undersätsig; kraftig[t byggd] **2** tät; tätt bevuxen **thick-skinned** tjockhuddad (*äv. bildl.*)
thief [θi:f] (*pl thieves* [θi:vz]) tjuv **thieve** [θi:v] stjäla **thievery** ['θi:vərɪ] stöld **thieves** [θi:vz] *pl av thief* **thieving** ['θi:vɪŋ] **I** *s, åld.* tjuvnad **II** *a* tjuvaktig, stjälande **thievish** ['θi:vɪʃ] tjuvaktig
thigh [θaɪ] *anat.* lår **-bone** ['θaɪbəʊn] lårben
thimble ['θɪmbl] **1** fingerborg **2** *sjö.* kaus, kås **-ful** [-fʊl] (*mått*) fingerborg
thin [θɪn] **I** *a* tunn; mager; smal; tunn[sådd], gles; spröd, svag; *bildl. äv.* dålig, klen [*bildl.* genomskinlig; ~ *excuse* klen ursäkt; ~ *fog* lätt dimma; ~ *house* glest besatt salong (sal), liten (fåtalig) publik; ~ *smile* svagt leende; *vanish into* ~ *air* (*bildl.*) gå upp i rök; *they are* ~ *on the ground* (*vard.*) det är glest mellan (tunnsått med) dem; *be as* ~ *as a rake* vara smal som en sticka; *he had a* ~ *time* [*of it*] han hade det svårt (eländigt) **II** *adv* tunt; *be wearing* ~ börja bli utnött (*äv. bildl.*) **III** *v* **1** ~ [*down*] förtunna, göra tunn[are], tunna [ut], späda [ut]; ~ [*out*] glesa [ut], gallra, decimera **2** ~ [*out*] förtunnas, bli tunn[are], bli smal[are] (gles[are]), tunna[s] ut, glesna; *the fog* ~*s* dimman lättar **IV** *s, se thick III 2*
thine [ðaɪn] *pron, åld., poet., relig.* din, ditt, dina
thing [θɪŋ] **1** sak; ting; föremål; *vard.* grej, pryl; ~*s* (*pl, äv.*) *a*) saker och ting, *b*) saker, grejor, kläder, tillhörigheter, bagage, redskap, *c*) saken, läget, förhållandena, det; ~*s English* allt som rör England, engelska förhållanden (realia); *sweet* ~*s* sötsaker; *swimming* ~*s* bad|saker, -grejor; *tea* ~*s* teservis; [*the*] *first* ~ allra först, genast, med detsamma; *the good* ~*s of life* livets goda; [*the*] *last* ~ allra sist; *the last* (*latest*) ~ *in shoes* det senaste i skovåg; *little* ~*s* småsaker; [*quite*] *the* ~ *a*) det rätta (passande), *b*) på modet, inne; *neither one* ~ *nor the other* varken det ena eller det andra; *too much of a good* ~ för mycket av det goda; *for one* ~ för det första; *in all* ~*s* i alla lägen, alltid; *in many* ~*s* i många avseenden; *with one* ~ *and another* och det ena med det andra; *as* ~*s are* som det nu är (ligger till); *the* ~ *is* saken är den; *the* ~ *is to find a substitute* det gäller (problemet är) att hitta en ersättare; *the* ~ *is to know when* man måste (det gäller att) veta när; *the great* ~ *is to* det viktigaste är att; *that is how* ~*s are* så ligger det till; *that's just the* ~ (*the very* ~) det är precis det rätta (vad som behövs); *that's not the* ~ *to do* så gör man inte; *be all* ~*s to all men* vara alla till lags; *it's a good* ~ *that* det är bra (en bra sak) att; *it was a near* ~ det var nära ögat; *it's just one of those* ~*s, these* ~*s happen* sådant händer; *it was quite the done* ~ det var helt korrekt (accepterat, comme-il-faut); *there is another* ~ *I want to ask you* det är en sak till jag skulle vilja fråga dig; *the best* (*strange*) ~ *about it is* det bästa (egendomliga) med det är; *it is the usual* ~ *to apologize* man brukar be om ursäkt; *how are* ~*s at home?* hur står det till (är läget) hemma?; ~*s aren't what they used to be* ingenting är (det är inte) som förr i tiden; *do one's own* ~ (*vard.*) *a*) göra det man [själv] vill (gillar), *b*) göra sin grej, köra sitt; *the first* ~ *we did* det första vi gjorde; *the only* ~ *we can do* det enda vi kan göra; *what a silly* ~ *to do!* [hur kan man göra ngt] så dumt!; *I'm not feeling quite the* ~ jag känner mig inte riktigt i form; *he's got this* ~ *about her* (*vard.*) *a*) är galen i henne, *b*) han kan inte med (står inte ut med) henne; *I have other* ~*s to do* jag har annat att göra; *I don't have a* ~ *to wear* jag har ingenting att sätta på mig; *he knows a* ~ *or two* han är minsann inte bakom, han kan (vet) en hel del; *make a* ~ *of* göra affär av; *all the* ~*s I meant to say* allt jag ville säga; *he is seeing* ~*s* han inbillar sig saker [och ting], han har syner; *taking one* ~ *with another* allt som allt, när allt kommer omkring; *not understand a* ~ inte förstå ett dugg **2** *vard.* varelse; *poor* ~*!* stackars krake!; *poor little* ~*!* stackars liten!; *you poor* ~*!* din stackare!, stackars dig!; *hello, old* ~*!* hej gamle gosse (vän)!; *that* ~ *John* den där [typen] John

thingamabob—thorn apple

thinga|mabob, -majig, thingu|mabob, -majig ['θɪŋ(ə)|mɪbɒb, -mɪdʒɪɡ], **thingummy** ['θɪŋəmɪ] *vard.* grej, manick, grunka; den där vad den (han, hon) nu heter

think [θɪŋk] **I** *v* (thought, thought) **1** tänka; tänka (fundera) på; betänka; tänka efter, tänka sig för; ~ *again!* tänk efter en gång till!; *I wasn't ~ing* jag tänkte mig inte för; *it makes you* ~ det får en att tänka efter (ger en ngt att tänka på) **2** tänka (föreställa) sig; ana; förstå, fatta; tro; anse, tycka; ~ *it advisable* anse det vara tillrådligt; *to* ~ *that he is nine!* tänk (om man tänker på) att han är nio år!; *just* ~ *if* tänk dig bara om; *you can't* ~ *how pleased I am* du kan inte föreställa dig (ana) vad glad jag är; *I don't* (*shouldn't*) ~ *so, I* ~ *not* jag tror (tycker) inte det, det tror (tycker) jag inte (inte 'jag); *it's a good idea, don't you* ~? det är en bra idé, eller hur (tycker du inte)?; *who do you* ~ *you are?* vem tror du att du är egentligen?; *I should* ~ *so!* ja, jag menar det!, jo, det vill jag lova!; *one* (*you*) *would* ~ *that* man skulle [kunna] tro att; *he* ~*s he is* (*he* ~*s himself*) *clever* han tror sig vara (att han är) smart; *he was thought to be rich* han troddes (ansågs) vara rik; *it was thought that* man trodde (det antogs) att **3** ~ *about* fundera (tänka) på, ha i tankarna; *what are you* ~*ing about?* vad tänker du (är det du tänker) på?; *what do you* ~ *about...?* vad tycker (anser) du om...?; ~ *ahead* tänka framåt; ~ *of a*) tänka (fundera) på, *b*) komma (hitta) på, komma ihåg, *c*) tänka (föreställa) sig; *what do you* ~ *of...?* vad tycker (anser) du om...?; *I couldn't* ~ *of doing such a thing* jag skulle inte drömma om att göra en sådan sak; *I can't* ~ *of his name* jag kan inte komma på (kommer inte ihåg) hans namn; *who thought of that idea?* vem har kommit (kom) på den idén?; [*just*] ~ *of her in a bikini* tänk (kan du tänka) dig henne i bikini?; *he* ~*s of nobody but himself* han tänker bara på sig själv; ~ *better of it* komma på bättre (andra) tankar; ~ *highly* (*well*) *of* ha höga tankar om; *I don't* ~ *much of it* jag har inga högre tankar om det, jag tycker inte det är ngt vidare (inte om det); ~ *little* (*nothing*) *of a*) ha låga tankar om, sätta föga värde på, *b*) anse det vara en småsak (*doing s.th.* att göra ngt); ~ *nothing of it!* det var väl ingenting!, tänk inte på det!; ~ *out* tänka igenom (ut), fundera ut; ~ *over* tänka över (igenom); ~ *to a*) tänka [på att], *b*) vänta [sig] att; ~ *to o.s.* tänka för sig själv; ~ *up* komma (hitta) på, tänka ut **II** *s* funderare, tanke; *vard., have a* ~ *about it* ta sig en funderare på det, [ta och] fundera på saken; *you've got another* ~ *coming* där (då) misstar du dig grundligt, där (nu) får du tänka om

thinkable ['θɪŋkəbl] tänkbar **thinker** [-ə] tänkare

thinking ['θɪŋkɪŋ] **I** *a* tänkande **II** *s* tänkande; tänkesätt; tankegång; tankearbete; *way of* ~ sätt att tänka, tankegång; *to my* [*way of*] ~ enligt min uppfattning (åsikt); *do some hard* ~ tänka skarpt, tänka efter ordentligt **thinking cap** *s, put on one's* ~ ta sig en funderare

think-tank ['θɪŋktæŋk] *vard.* hjärntrust, expertgrupp

thinner ['θɪnə] *kem.* thinner, förtunning

thin-skinned [ˌθɪn'skɪnd] *bildl.* tunnhudad, [över]känslig

third [θɜːd] (*jfr eighth*) **I** *räkn* tredje; *the* ~ *century* 200-talet; *the* ~ *degree* tredje graden (*förhörsmetod*); *the* ~ *floor* tre (*AE.* två) trappor upp; ~ *part* tredjedel; ~ *party* tredje man; ~ *rail* (*järnv.*) strömskena; ~ *time lucky!* tredje gången gillt!; *the T*~ *World* tredje världen **II** *adv* **1** tredje; *the* ~ *largest country* det tredje landet i storlek; ~ *best* näst näst bäst **2** som trea; *come* ~ komma trea (på tredje plats) **3** *travel* ~ åka [i] tredje klass **4** för det tredje **III** *s* **1** tredjedel **2** trean[s växel] **3** *sport.* trea; tredjeplacering **4** *mus.* ters **5** *univ. get a* ~ få lägsta betyget (*i honours*)

third|ly ['θɜːdlɪ] *adv* för det tredje **--party** [-ˌpɑːtɪ] *a* tredje mans-; ~ *insurance* ansvarighetsförsäkring **--rate** [-reɪt] tredje klassens, undermålig

thirst [θɜːst] **I** *s* törst; *bildl. äv.* längtan (*for* efter); *quench one's* ~ släcka törsten **II** *v* törsta (*for* efter) **thirsty** ['θɜːstɪ] **1** törstig; *be* ~ *for* längta (törsta) efter **2** som man blir törstig av, som ger törst

thir|teen [ˌθɜːˈtiːn] (*jfr eighteen o. sms.*) **I** *räkn* tretton **II** *s* tretton; trettontal **-teenth** [-ˈtiːnθ] *räkn o. s* trettonde; tretton[de]del

thirtieth ['θɜːtɪɪθ] trettionde; trettion[de]del

thirty ['θɜːtɪ] (*jfr eighty o. sms.*) **I** *räkn* tretti[o] **II** *s* tretti[o]; tretti[o]tal **thirty-second note** [ˌθɜːtɪˈsek(ə)ndnəʊt] *AE. mus.* trettiotvåondelsnot

this [ðɪs] **I** *pron* (*pl these*) **1** den (det) här, denn|e, -a, det; *these* (*pl*) de här, dessa, det här, detta; ~ *afternoon* i eftermiddag[s], i dag på eftermiddagen; ~ *day week* i dag om en vecka; ~ *day last year* i dag för ett år sedan; *these days* nuförtiden; *one of these days* endera dagen, en vacker dag; *on a day like* ~ en sådan [här] dag; ~ [*coming*] *March* nu i mars; ~ *way and that* hit och dit, åt alla håll; ~ *one...that one* den här...den där; *before* ~ [redan] förut; *by* ~ vid det här laget; *what's all* ~? vad är meningen med det här?, vad ska det här betyda?; *who is* ~? vem är det?; ~ *is the first of May* i dag är det första maj; ~ *is it a*) just precis, *b*) så får det bli, så förhåller det sig; ~ *is where I live* det är här jag bor, här bor jag; ~ *is to certify that* härmed intygas att; *these are my friends* det här är mina vänner; *it was like* ~ det var så [här]; *we were talking about* ~ *and that* (*this, that, and the other*) vi talade om ditt och datt **2** (*i vard. framställning*) en; *after an hour* ~ *pretty girl came along* efter en timme kom en vacker flicka **II** *adv, vard.* så [här]; ~ *high* så [här] hög[t]; ~ *much* så [pass] mycket

thistle ['θɪsl] *bot.* tistel **-down** tistelfjun

thither ['ðɪðə] *åld.* dit **-to** [ˌðɪðəˈtuː] dit[in]tills

tho['] [ðəʊ] *se though*

Thomas ['tɒməs]

thong [θɒŋ] läderrem; pisksnärt

Thor [θɔː] Tor

thorax ['θɔːræks] (*pl* ~*es el.* thoraces ['θɔːrəsiːz]) **1** *med.* thorax, bröstkorg **2** (*hos insekter*) mellankropp

thorn [θɔːn] **1** tagg, törne, torn; *be a* ~ *in a p.'s flesh* (*side*) vara en nagel i ögat på ngn, vara ett ständigt problem för ngn **2** hagtorn; törnbuske

thorn apple ['θɔːnˌæpl] *bot.* spikklubba

thorny ['θɔ:nɪ] **1** full av törnen, taggig **2** *bildl.* kinkig, kvistig, ömtålig

thorough ['θʌrə] ingående, grundlig, omfattande, noggrann; riktig, fullständig; fulländad; fullfjädrad; ~ *bass* (*mus.*) generalbas, basso continuo **-bred I** *a* fullblods-; rasren **II** *s* fullblod; fullblods-, ras|häst **-fare 1** genomfart; *no* ~ genomfart förbjuden **2** genomfartsled, huvud|gata, -väg **-going** [-,gəʊɪŋ] **1** grundlig, genomgripande **2** äkta, fulländad **-ly** [-lɪ] *adv* ingående *etc.*, *jfr thorough*; helt, alldeles, väldigt

Thos. *förk. för Thomas*

those [ðəʊz] *pl av that I o. II*

thou [ðaʊ] *pers. pron, åld., poet., relig.* du

though [ðəʊ] **I** *konj* **1** fast[än], trots att; [*even*] ~ även om, om också (än); *important* ~ *it may be* hur viktigt det än må vara; ~ *rich he i stingy* fastän han är rik är han snål; ~ *I say it* (*so*) *myself* om jag får säga det själv **2** *as* ~ som [om] **II** *adv* i alla fall, ändå; verkligen, faktiskt; *cold, isn't it?* - *isn't it* ~! (*vard.*) kallt, eller hur? - ja visst!, verkligen!

thought [θɔ:t] **I** *s* **1** tanke (*of* på); idé, ingivelse, infall; åsikt, uppfattning (*on, about* om); *deep* (*lost*) *in* ~ försjunken i tankar; *the mere* (*very*) ~ *of* blotta tanken på; *at the* ~ *that* vid tanken på att; *with no* ~ *of reward* utan tanke på belöning; *it's the* ~ *that counts* det är avsikten som räknas; *I can't bear the* ~ *of leaving him* jag står inte ut med tanken på att lämna honom; *not give it another* ~ inte tänka mer på det; *I never gave it a* ~ jag tänkte aldrig på det **2** tänkande; tankar; tankegång, tänkesätt; *logical* ~ logiskt tänkande; *modern* ~ moderna tankegångar, modernt tänkande **3** eftertanke; övervägande; *after much* ~ efter moget övervägande; *on second* ~*s* vid närmare eftertanke **4** omtanke (*for* om); hänsyn (*for* till) **5** aning; *a* ~ *more interested* en aning (aningen) mera intresserad **II** *imperf. o. perf. part. av think*

thought|ful ['θɔ:tf(ʊ)l] **1** tankfull, eftertänksam **2** omtänksam **-less** [-lɪs] **1** tanklös, obetänksam, oöverlagd **2** utan tankar **--out** uttänkt, genomtänkt **--provoking** [-prə,vəʊkɪŋ] tankeväckande **--reader** [-,ri:də] tankeläsare

thousand ['θaʊznd] *räkn o. s* tusental, tusende; *a* ~ *and one a*) ett tusen ett, *b*) *vard.* tusentals (*times* gånger); *a* ~ *to one* tusen mot ett; *one in a* ~ en på tusen; ~*s of times* tusentals gånger; *in* ~*s* i tusental, i tusenden; *people arrived in their* ~*s* (*by the* ~) människor kom i tusental; *the T*~ *and One Nights* Tusen och en natt **thousandfold** ['θaʊzn(d)fəʊld] *a o. adv* tusen|faldig[t], -falt **thousandth** ['θaʊzn(t)θ] **I** *räkn* tusende **II** *s* tusen[de]del

thraldom ['θrɔ:ldəm] träldom, slaveri

thrall [θrɔ:l] **1** *eg. o. bildl.* träl, slav (*of, to* under) **2** träldom, slaveri (*äv. bildl.*); *be in* ~ *to s.b.* (*åld. bildl.*) vara ngns slav (i ngns våld)

thrash [θræʃ] **1** prygla, ge stryk, slå **2** (*i tävling e.d.*) slå, utklassa, besegra **3** ~ *out* diskutera igenom (*a problem* ett problem) **4** ~ [*around*] [häftigt] kasta sig av och an, slå vilt omkring sig **-ing** ['θræʃɪŋ] [kok] stryk, smörj

thread [θred] **I** *s* **1** tråd (*äv. bildl.*); garn; *the main* ~ den röda tråden; *hang by a* ~ (*bildl.*) hänga på en [skör] tråd; *she had not a dry* ~ *on her* hon hade inte en torr tråd på kroppen; *lose the* ~ (*bildl.*) tappa tråden; *pick up the* ~[*s*] (*bildl.*) ta upp tråden igen; *worn to a* ~ helt utsliten **2** strimma **3** [skruv]gänga, gängning **II** *v* **1** trä[da]; trä på (upp); ~ *a needle* trä på en nål; ~ *beads onto a string* trä [upp] pärlor på ett snöre **2** ~ [*one's way*] *through* slingra sig fram (bana sig väg) genom **3** gänga

threadbare ['θredbeə] **1** [lugg]sliten **2** *bildl.* uttjatad, [ut]sliten; torftig

threat [θret] hot, hotelse (*to* mot); överhängande fara (*to* för); *be under* ~ *of* hotas av **threaten** ['θretn] hota; hota med; ~ *s.b. with a weapon* hota ngn med ett vapen; ~ *to resign* hota [med] att avgå; *the rain* ~*ed to spoil the harvest* regnet hotade att förstöra skörden

three [θri:] (*jfr eight o. sms.*) **I** *räkn* tre **II** *s* trea **three|cornered** [,θri:'kɔ:nəd] trekantig, triangelformad **--D, --dimensional** tredimensionell **-fold** ['θri:fəʊld] **I** *a* tre|dubbel, -faldig **II** *adv* tre|-dubbelt, -faldigt, -falt **--four** [,θri:'fɔ:] *a*, *mus.*, ~ *time* trefjärdedels takt **-pence** ['θrep(ə)ns] (*förr*) tre pence; trepenceslant **-penny bit** ['θrepənɪbɪt] (*förr*) trepenceslant **--piece** ['θri:pi:s] tredelad, i tre delar; ~ *suit* dräkt (kostym) som består av tre delar (*kjol el. byxor, väst, kavaj*) **-ply** ['θri:plaɪ] tretrådig; tredubbel, i tre lager **--quarter** [,θri:'kwɔ:tə] trefjärdedels-, trekvarts- **-some** ['θri:səm] **1** grupp av tre personer **2** spel för tre personer **3** *golf.* threesome, tremansgolf **--wheeler** [,θri:'wi:lə] trehjuling

thresh [θreʃ] **I** *v* tröska **II** *s* tröskning **thresher** ['θreʃə] **1** tröskare **2** tröskverk **threshing-machine** ['θreʃɪŋmə,ʃi:n] tröskverk

threshold ['θreʃ(h)əʊld] tröskel (*äv. bildl.*)

threw [θru:] *imperf. av throw*

thrice [θraɪs] *litt.* tre gånger

thrift [θrɪft] **1** sparsamhet **2** *bot.* trift **thriftiness** ['θrɪftɪnɪs] sparsamhet **thrifty** ['θrɪftɪ] sparsam, ekonomisk

thrill [θrɪl] **I** *v* **1** komma att rysa (darra) av spänning; ~ *to s.b.* hänföra ngn, göra ngn förtjust **2** hänföra, göra förtjust; *they are* ~*ed to bits* de är överförtjusta **3** rysa **II** *s* **1** rysning, ilning, skälvning **2** spänning, tjusning **thriller** ['θrɪlə] thriller, rysare **thrilling** ['θrɪlɪŋ] spännande, rafflande

thrive [θraɪv] (~*d*, ~*d*, mera sällan throve, thriven) **1** trivas; [växa och] frodas **2** lyckas, ha framgång **thriven** ['θrɪvn] *perf. part. av thrive* **thriving** ['θraɪvɪŋ] **1** frodig, som frodas **2** framgångsrik, blomstrande

throat [θrəʊt] hals, strupe, svalg; *clear one's* ~ harkla sig, klara strupen; *cut a p.'s* ~ skära halsen av ngn; *cut one's own* ~ (*bildl.*) förstöra för (skada) sig själv; *grab s.b. by the* ~ ta struptag på ngn; *have s.th.* (*s.b.*) *by the* ~ ha fullständig kontroll över ngt (ngn); *have a sore* ~ ha ont i halsen; *jump down a p.'s* ~ (*vard.*) fara ut mot ngn; *ram* (*force*) *s.th. down a p.'s* ~ tvinga (pracka) på ngn ngt; *it stuck in my* ~ det fastnade i halsen på mig **2** [smal] öppning (passage) **throaty** ['θrəʊtɪ] guttural, strup-; hes, skrovlig

throb [θrɒb] **I** *v* dunka, bulta, banka, slå; pulsera, vibrera; ~*bing streets* gator som sjuder av liv **II** *s*

dunk[ande], bultande, bankande
throes [θrəʊz] **1** häftiga smärtor, plågor; vånda; *death* ~ dödskamp **2** *in the* ~*s of* mitt uppe i
thrombo|sis [θrɒmˈbəʊsɪz] (*pl* -*ses* [-siːz]) *med.* trombos, blodproppsbildning; *coronary* ~ koronartrombos
throne [θrəʊn] tron; *be on the* ~ sitta på tronen; *come to the* ~ komma på tronen
throng [θrɒŋ] *högt.*, *litt.* **I** *s* massa, mängd; ~*s of people* folk|trängsel, -massor **II** *v* **1** strömma [till]; trängas, skockas **2** trängas på (i, kring)
thronged [-d] myllrande, fullpackad, vimlande (*with* av)
throstle [ˈθrɒsl] **1** *poet.* taltrast **2** spinnmaskin
throttle [ˈθrɒtl] **I** *s* gaspedal; spjäll; strypventil **II** *v* **1** strypa, kväva **2** strypa, reglera (*tillförsel av ngt*); ~ *back* (*down*) minska (släppa) på gasen
through [θruː] **I** *prep* **1** [i]genom; in (ut) genom; *drive* ~ *the red lights* köra mot rött [ljus]; *shot* ~ *the head* skjuten genom (i) huvudet; *talk* ~ *one's nose* tala i näsan; *it can turn its head* ~ *a complete circle* den kan vrida huvudet hela varvet runt **2** *all* ~ *his life* [under] hela sitt liv; [*all*] ~ *the night* hela natten [igenom]; *he won't live* ~ *the night* han kommer inte att överleva natten; *Monday* ~ *Friday* (*AE.*) måndag till och med fredag **3** genom, [på grund] av, tack vare; ~ *fear* av rädsla; *it's all* ~ *them* det är helt och hållet deras förtjänst (fel) **4** ~ *the post* med posten, per post **II** *adv* **1** igenom; till slut[et]; *all* ~ hela tiden; *wet* ~ genomvåt; *he is a gentleman* ~ *and* ~ han är gentleman alltigenom; *the train goes* ~ *to London* tåget går direkt till London; *the apple was rotten right* ~ äpplet var ruttet helt igenom (genomruttet); *did you stay right* ~*?* stannade du ända till slutet? **2** *vard.*, *be* ~*a*) vara färdig (klar), *b*) vara slut, *c*) ha fått nog; *we are* ~ *a*) vi är färdiga, *b*) det är slut mellan oss; *I'm* ~ *with you* jag har fått nog av (är färdig med) dig **3** *tel.*, *be* ~ ha kommit fram; *get* ~ komma fram; *put* ~ koppla **III** *a* genomgående, direkt; ~ *coach* direktvagn; ~ *traffic* genomfartstrafik
through|out [θruːˈaʊt] **I** *prep* **1** överallt i, genom (över) hela **2** ~ *the day* [under] hela dagen **II** *adv* alltigenom, genom-; överallt **-put** [ˈθruːpʊt] produktion; kapacitet
throve [θrəʊv] *imperf. av* thrive
throw [θrəʊ] **I** *v* (*threw*, *thrown*) **1** kasta, slänga, slunga; kasta [av, in, omkull, till, upp, ut]; slänga (slunga, skjuta, spruta) ut; sätta, ställa, lägga; slå; ~ *the dice* kasta tärning; ~ *a six* slå en sexa; ~ *a somersault* slå en kullerbytta; ~ *suspicion on* kasta misstankar på; ~ *open* kasta (slå) upp, öppna; ~ *a bridge across a river* slå (bygga) en bro över en flod; ~ *an angry look at* kasta en ilsken blick på; ~ *o.s. at s.b. a*) kasta sig i armarna på ngn, *b*) kasta (störta) sig över ngn; ~ *into prison* kasta i fängelse; ~ *into the shade* (*bildl.*) ställa i skuggan; ~ *a ball in the air* kasta upp en boll i luften; ~ *o.s. into s.th.* störta (kasta) sig in i ngt; ~ *the s.b. off the scent* leda ngn på villospår; ~ *the blame on s.b.* kasta (lägga) skulden på ngn; ~ *o.s. o.s. on s.b.* kasta sig över ngn; ~ *s.th. to the floor* kasta [ner] ngt på golvet **2** försätta, försänka (*into* i); *vard.* bringa ur fattningen, göra paff; ~ *s.b. into a rage* göra ngn rasande **3** ömsa (*skinn*);

fälla (*hår e.d.*) **4** (*om djur*) föda, få **5** förlora med flit; ge upp; skänka bort **6** koppla in, koppla (slå) till; ~ *the switch of* vrida på knappen till **7** *vard.* ha, ställa till [med]; ~ *a fit of hysterics* få ett hysteriskt anfall; ~ *a party for s.b.* ha (ställa till med) fest för ngn **8** svarva; dreja; tvinna **9** kasta; kasta tärning **10** ~ *about* kasta (slänga) omkring; ~ *one's arms about* kasta med armarna; ~ *one's money about* strö pengar omkring sig; ~ *away* kasta bort (*äv. bildl.*); ~ *o.s. away on s.b.* kasta bort sitt liv på ngn; ~ *back* kasta tillbaka, återkasta; ~ *back to* gå tillbaka till, uppvisa drag från; *be* ~*n back on one's own powers* vara hänvisad till sina egna krafter; ~ *down* kasta ner (omkull); ~ *in a*) kasta in, *b*) skjuta in, inflika; *lunch with beer* ~*n in* lunch där öl ingår i priset; ~ *off a*) kasta av [sig], kasta bort, *b*) göra sig (bli) av med, bli kvitt, skaka av sig, *c*) kasta fram, slänga ur sig, skaka fram, *d*) bringa ur fattningen; ~ *on* kasta på sig; ~ *out a*) kasta (slänga) ut (bort), köra ut (bort), *b*) avge, ge ifrån sig, utstråla, sända ut, *c*) kasta fram, komma med, *d*) förkasta, *e*) bringa ur fattningen, distrahera; ~ *one's chest out* skjuta fram bröstet; ~ *over a*) överge, ge upp, avvisa, *b*) överge, göra slut med; ~ *together a*) rafsa ihop, *b*) smälla (sätta) ihop, *c*) föra tillsammans; ~ *up a*) kasta (slänga) upp, *b*) kasta (kräkas) upp, *c*) smälla upp (*a building* en byggnad), *d*) producera, få fram, *e*) ge upp, sluta (*one's job* sitt jobb), *f*) kräkas; ~ *up dust* röra upp damm; ~ *up one's eyes* (*head*) höja blicken (huvudet) **II** *s* kast; *vard.* försök, chans; ~ [*of the dice*] tärningskast; *a stone's* ~ *from* ett stenkast från
throwaway [ˈθrəʊəweɪ] **I** *a* **1** engångs-; slit-och-släng-**2** som man slänger ur sig; retorisk; tillfällig **II** *s* engångsartikel **throwback** *biol.* atavism; *bildl.* återgång **throw-in** (*i fotboll*) inkast
thrown [-n] *perf. part. av* throw
thru [θruː] *AE. vard., se* through
thrum [θrʌm] **I** *v* **1** trumma [på, mot] **2** (*om motor e.d.*) brumma **II** *s* **1** trummande **2** brummande
1 thrush [θrʌʃ] *zool.* trast
2 thrush [θrʌʃ] *med.* torsk
thrust [θrʌst] **I** *v* (*thrust*, *thrust*) **1** stoppa, sticka, köra, stöta; skjuta, knuffa; ~ *aside a*) skjuta (knuffa) åt sidan (undan), *b*) åsidosätta, tillbakavisa; ~ *one's hands into one's pockets* stoppa händerna i fickorna; ~ *one's nose into other people's business* lägga sig i andras angelägenheter; ~ *out* (*up*) sticka ut (upp, fram); ~ *through* genomborra **2** tränga; tvinga; ~ *one's way through* tränga sig fram genom; ~ *o.s. upon s.b.* tränga (tvinga, kasta) sig på ngn; ~ *s.th. upon s.b.* tvinga (pracka) på ngn ngt **3** stöta, sticka, köra ett utfall, gå till anfall (*at* mot) **4** tränga (tvinga) sig **II** *s* **1** stöt; knuff; stick, hugg **2** framstöt; utfall, anfall **3** huvuddel, viktigaste del; drivkraft **4** *tekn.* tryck[kraft]; drivkraft; stöt
Thu. *förk. för* Thursday
thud [θʌd] **I** *s* duns **II** *v* **1** dunsa **2** bulta, dunka
thug [θʌɡ] våldsman, bandit, gangster **-gery** [ˈθʌɡərɪ] gangsterfasoner
thumb [θʌm] **I** *s* tumme; *be all* ~*s* vara fumlig (tafatt); ~*s up* (*down*) tummen upp (ner); *turn* ~*s down on* visa tummen ner för, förkasta; *be under*

a p.'s ~ vara strängt hållen av ngn; *have s.b. under one's* ~ ha tummen på ögat på ngn, hålla ngn i ledband **II** *v* **1** tumma [på], använda ofta; ~ [*through*] bläddra igenom **2** ~ *one's nose at a*) räcka lång näsa åt, *b*) strunta i **3** *vard.*, ~ *a ride* (*lift*) [försöka] få lift (lifta)
thumb index ['θʌmˌɪndeks] tumindex **thumbnail** [-neɪl] **I** *s* tumnagel **II** *a*, ~ *account* kort (koncentrerad) redogörelse; ~ *sketch* snabbskiss
thumbnut [-nʌt] vingmutter **thumbprint** [-prɪnt] tumavtryck **thumbscrew** [-skruː] tumskruv **thumbs-down** [-zdaʊn] *s, vard., receive a* ~ få tummen ner **thumbs-up** [-zʌp] *s, vard., receive a* ~ få tummen upp **thumbtack** [-tæk] *AE.* häftstift
thump [θʌmp] **I** *v* **1** dunka (banka, bulta, slå) [på]; slänga, smälla (*s.th. onto* ngt på); ~ *out a tune on the piano* hamra fram en melodi på pianot **2** dunsa (*into the ground* i marken); dunka, bulta, slå (*at, on* på) **II** *s* duns, smäll, dunk, [tungt] slag **-ing** ['θʌmpɪŋ] *vard.* enorm, väldig, kolossal, hejdundrande
thunder ['θʌndə] **I** *s* åska, dunder; *clap* (*peal*) *of* ~ åsk|knall, -skräll; ~*s of applause* applådåskor; *his face was like* (*as black as*) ~ han såg ut som ett åskmoln; *steal a p.'s* ~ (*bildl.*) stjäla föreställningen för ngn, förekomma ngn **II** *v* **1** åska; dåna **2** *bildl.* dundra [fram]; dåna **-bolt** blixt, åsknedslag **-clap** åsk|knall, -skräll **-cloud** åskmoln **-ing** [-rɪŋ] **I** *a* **1** dundrande; dånande **2** *vard.* väldig, fantastisk, kolossal **II** *adv, vard.* väldigt, fantastiskt, kolossalt **-ous** [-rəs] **1** åsklikande; dånande **2** *bildl.* dånande, rungande (*applause* applåd[er]) **-shower** [-ʃaʊə] åskregn **-storm** [-stɔːm] åskväder, åska **-stricken** [-ˌstrɪk(ə)n], **-struck** [-strʌk] [som] träffad av blixten, förstenad, förstummad
thundery ['θʌndərɪ] åsk-, åskig; *the weather is* ~ det är åska i luften
Thuringia [θjʊ(ə)ˈrɪndʒɪə] Thüringen
Thurs. *förk. för Thursday*
Thursday ['θɜːzdɪ] (*jfr Friday*) torsdag
thus [ðʌs] **1** alltså, således **2** sålunda, så här **3** ~ *far* så långt, hittills
thwack [θwæk] **I** *v* slå (till), smälla (till) **II** *s* slag, smäll, rapp
thwart [θwɔːt] **I** *v* korsa, omintetgöra, gäcka (*a p.'s plans* ngns planer); hindra, motarbeta (*s.b.* ngn) **II** *s*, *sjö.* toft, sittbräda
thy [ðaɪ] *poss. pron, åld., poet., relig.* din
thyme [taɪm] *bot.* timjan
thy|mus ['θaɪməs] (*pl -muses el. -mi* [-maɪ]) *anat.* thymus, bräss
thyroid ['θaɪrɔɪd] *anat.* **I** *a*, ~ *gland* sköldkörtel **II** *s* sköldkörtel
thyself [ðaɪˈself] *rfl o. pers. pron, åld., poet., relig.* dig [själv]; [du] själv
ti [tiː] *mus.* si
tiara [tɪˈɑːrə] tiara; diadem
Tiber ['taɪbə] *s, the* ~ Tibern
Tibet [tɪˈbet] Tibet **-an** [-(ə)n] **I** *a* tibetansk **II** *s* **1** tibetan **2** tibetanska [språket]
tibia ['tɪbɪə] *anat.* skenben
tic [tɪk] *med.* tick, [ofrivillig] ryckning
1 tick [tɪk] **I** *s* **1** tickande; *BE. vard.* ögonblick **2** bock, kråka (*vid avprickning*) **II** *v* **1** ticka; *what makes him* (*how does he*) ~? (*vard.*) hur är han funtad?, vad är det som driver honom? **2** *BE.*, ~ *over* gå på tomgång (*äv. bildl.*); *I'm just* ~*ing over* det knallar och går **3** *litt.*, ~ *by* (*away*) ticka fram **4** ~ *off* pricka (bocka) av **5** *vard.*, ~ *s.b. off* skälla ut, huta åt, läxa upp
2 tick [tɪk] *zool.* fästing
3 tick [tɪk] *BE. vard.* krita, kredit; *on* ~ på krita (kredit)
4 tick [tɪk] **1** madrass-, kudd|var **2** *se* **ticking**
ticker ['tɪkə] **1** [börs]telegraf **2** *vard.* klocka **3** *vard.* pump (hjärta) **ticker tape** *AE.* telegraf-, teleprinter|remsa (*med börskurser*) **ticker tape reception** *s, get a* ~ få ett kungligt (storslaget) mottagande
ticket ['tɪkɪt] **I** *s* **1** biljett **2** sedel; [medlems]kort; etikett, märke; kupong; [parkerings]kvitto; [felparkerings]lapp; *vard.* [flyg]certifikat, skeppar-brev; *library* ~ låne-, biblioteks|kort; *lottery* ~ lott, lottsedel **3** *vard.* frisedel **4** *vard.*, *that's* [*just*] *the* ~! det är det [enda] rätta (riktiga)!, det är toppen (som det skall vara)! **5** *AE.* kandidatlista; [parti]program **II** *v* etikettera; öronmärka **ticket collector** [-kəˌlektə] [tåg]konduktör; spärrvakt **ticket office** [-ˌɒfɪs] biljett|kontor, -lucka
ticket of leave [ˌtɪkɪtəvˈliːv] *jur.* frisedel **ticket-of-leave** *a, a* ~ *man* en försöksutskriven (villkorligt frigiven) fånge
ticking ['tɪkɪŋ] tyg till madrassvar (kuddvar)
ticking off [ˌtɪkɪŋˈɒf] utskällning, åthutning, skrapa, uppsträckning
tickle ['tɪkl] **I** *v* kittla; *bildl. äv.* smickra; *bildl.* glädja, roa; *be* ~*d pink* (*to death*) *vard.* vara (bli) väldigt förtjust (glad) (*at, by* över); ~ *a p.'s vanity* kittla ngns fåfänga **2** kittla[s]; klia; *my ear is tickling* det kittlar (kliar) i örat [på mig] **II** *s* kittling; *give s.b. a* ~ kittla ngn
ticklish ['tɪklɪʃ] **1** kittlig **2** kinkig, knepig (*question* fråga) **3** irriterad (*about* över)
tick|-over ['tɪkəʊvə] *BE.* tomgång **--tack-toe** [ˌtɪktækˈtəʊ] *AE.* luffarschack **-tock** ['tɪkˌtɒk] ticktack, tickande
tidal ['taɪdl] tidvattens-; med tidvatten; ~ *wave a*) tidvattensvåg, *b*) *bildl.* våg
tidbit ['tɪdbɪt] *AE., se* **titbit**
tiddler ['tɪdlə] *BE. vard.* liten fisk
tiddly ['tɪdlɪ] *BE. vard.* **1** pytteliten **2** packad (*berusad*) **-winks** [-wɪŋks] (*behandlas som sg*) loppspel
tide [taɪd] **I** *s* **1** tidvatten, ebb och flod; *high* (*full*) ~ högvatten, flod; *low* ~ lågvatten, ebb; *the* ~ *is in* (*high, full*) det är högvatten (flod); *the* ~ *is out* (*low*) det är lågvatten (ebb); *the* ~ *is coming in* floden sätter in (kommer, stiger); *the* ~ *is going out* floden avtar (faller) **2** *bildl.* strömning, tendens, trend; ström, flod; *the* ~ *of events* händelsernas gång; *the* ~ *of public opinion* den allmänna opinionens svängningar; *go* (*swim*) *with* (*against*) *the* ~ följa med (gå emot) strömmen; *the* ~ *has turned* bladet har vänt sig, det har skett en omsvängning **3** *högt.* tid **II** *v*, ~ *s.b. over* hjälpa ngn [att komma] över (igenom); *that will* ~ *me over until Sunday* med det kommer jag att klara mig till på söndag
tide|land ['taɪdlænd] *AE.* land som täcks och

tideline—time

torrläggs av tidvatten **-line** tidvattenlinje **-mark 1** tidvattenlinje; vattenståndsmärke **2** (*i badkar e.d.*) [tvål]rand **--rip** tidvattensvåg, brottsjö **-water** [-ˌwɔːtə] **1** tidvatten[sflod] **2** *AE.* tidvattensområde; kust[område]
tidings [ˈtaɪdɪŋz] *pl, åld.* nyheter, tidender
tidy [ˈtaɪdɪ] I *a* **1** snygg, prydlig, välvårdad, städad, ordentlig **2** *vard.* ansenlig, nätt (*amount of money* summa pengar) II *s* **1** [förvarings]ask, -korg; *sink* ~ avfallslåda (*för vask*) **2** *i sht AE.* [stols]överdrag, -skydd III *v* städa; ~ *away* städa bort; ~ *out* städa ur; ~ *up* städa [upp], snygga upp
tie [taɪ] I *s* **1** band, snöre; knut **2** slips; kravatt, rosett, fluga **3** *bildl.* band, relation, förbindelse; hämsko, black om foten; *business* ~s affärsförbindelser; ~*s of blood* blodsband; ~*s of friendship* vänskapsband; *I don't want any* ~*s* jag vill inte känna mig (vara) bunden **4** *polit.* lika röstetal **5** *sport.* lika poängtal; oavgjord match, oavgjort resultat, dött lopp; *BE.* cupmatch; *the match ended in a* ~ matchen slutade oavgjort **6** *mus.* [binde]båge **7** *AE. järnv.* sliper II *v* **1** binda [fast], knyta [fast]; fästa; *bildl.* binda (*to* vid), hålla bunden; *mus.* binda ihop [med båge]; *med.* underbinda; ~ *s.th.* [*on*]*to* binda (knyta) fast ngt vid; ~ *s.th.* [*in*]*to* sammankoppla (hoplänka) ngt med (*äv. bildl.*); ~ *a knot* knyta (göra, slå) en knut; *my hands are* ~*d* (*bildl.*) mina händer är bundna; ~ *down* binda (*äv. bildl.*), binda fast (*to* vid); *be* ~*d down by* vara bunden av; ~ *o.s. down to doing s.th.* förbinda sig att göra ngt; ~ *in* (*bildl.*) förbinda, samordna (*with* med); ~ *on* binda på (fast), knyta fast; ~ *up a*) binda [fast, ihop, om, upp], knyta [igen, ihop, till], förtöja, *b*) *med.* underbinda, *c*) *bildl.* binda, låsa, sammanlänka, förbinda, *d*) *bildl.* utreda, avhandla, *e*) stoppa; ~*d up* upptagen **2** knytas [fast, ihop, till]; fästas **3** ~ *in* (*up*) *with* passa till, stämma (hänga ihop, ha samband) med **4** *sport.* ha (komma på) samma poäng, ligga lika, ha (få) samma placering (*with* som); spela oavgjort; *they* ~*d for first place* de kom på delad förstaplats
tie|break [ˈtaɪbreɪk] (*i tennis*) tiebreak **-breaker** [-ˌbreɪkə] **1** (*i tennis*) tiebreak **2** utslagsfråga
tie clasp (clip) [ˈtaɪklɑːsp, -klɪp] slipshållare
tie-dyeing [-ˌdaɪɪŋ] knytbatik **tie-in** [-ɪn] samband **tiepin** [-paɪn] kravatt-, krås|nål
tier [tɪə] **1** rad **2** varv, lager, skikt **3** (*i organisation e.d.*) nivå
Tierra del Fuego [tɪˈerədelˈfweɪɡəʊ] Eldslandet
tie-up [ˈtaɪʌp] **1** samband, förbindelse, länk **2** *i sht AE.* stopp; stagnation; [trafik]stockning
tiff [tɪf] I *s* **1** gnabb, dispyt **2** anfall av misshumör II *v* **1** gnabbas, smågräla **2** vara på dåligt humör
tiger [ˈtaɪɡə] tiger; *paper* ~ papperstiger **tiger-eye** [ˈtaɪɡəraɪ] *miner.* tigeröga **tigerish** [ˈtaɪɡərɪʃ] tiger|aktig, -liknande **tiger lily** [ˈtaɪɡəˌlɪlɪ] *bot.* tigerlilja **tiger's-eye** [ˈtaɪɡəzaɪ] *miner.* tigeröga
tight [taɪt] I *a* **1** tät **2** fast, hård; ~ *discipline* sträng disciplin; *a* ~ *hold* ett fast (hårt) grepp; *a* ~ *match* en hård (jämn) match; *the drawer is a bit* ~ lådan kärvar; *the screw is* ~ skruven sitter hårt; ~ *turn* snäv kurva **3** trång, snäv, [tätt] åtsittande, tajt; spänd, stram; *be a* ~ *fit* sitta (smita) åt, vara [för] trång; *keep a* ~ *rein on s.b.* hålla ngn i strama tyglar (kort); *my stomach feels* ~ min mage känns spänd **4** knapp, knappt tilltagen, pressad; besvärlig, kritisk; ~ *budget* knapp (snäv) budget; *in a* ~ *corner* (*spot*) i knipa **5** knapp; stram; koncis; *money is* ~ (*vard.*) det är knappt med pengar **6** *vard.* packad (berusad) **7** *vard.* snål (*with* på, med) II *adv* tätt, fast, hårt; *hold s.th.* ~ hålla ngt hårt; *sleep* ~! sov gott!
tighten [ˈtaɪtn] **1** spänna; ~ [*up*] dra åt, *bildl.* skärpa, strama åt; ~ *one's belt* (*bildl.*) dra åt svångremmen **2** spännas; ~ [*up*] dras åt, *bildl.* skärpas, stramas åt
tight|fisted [ˌtaɪtˈfɪstɪd] snål **--lipped 1** med hopknipna läppar **2** tystlåten, förtegen, fåordig
tightrope [ˈtaɪtrəʊp] [spänd] lina; *walk on the* ~ gå på lina; *be on* (*walk*) *a* ~ (*bildl.*) gå balansgång **tightrope walker** [-ˌwɔːkə] lindansare
tights [taɪts] *pl* strumpbyxor; (*dansares*) trikåer
tightwad [ˈtaɪtwɒd] *AE. sl.* snåljåp
tigress [ˈtaɪɡrɪs] tigerhona, tigrinna **tigrish** [-ɪʃ] tiger|aktig, -liknande
tike [taɪk] *se tyke*
tilde [tɪld] tilde, muljeringstecken (~)
tile [taɪl] I *s* **1** tegelpanna; kakelplatta; platta; tegel; kakel; *ceiling* ~ takplatta **2** (*för dikning e.d.*) rör **3** *vard., be on the* ~*s* vara ute och svira II *v* lägga tegel på; sätta kakel på (i); lägga plattor på (i)

1 till [tɪl] *konj, prep* [ända] till[s]; till dess att; ~ *now* [ända] tills nu, hit[in]tills; ~ *then* till dess, dittills; *goodbye* ~ *Thursday!* vi ses på torsdag!; *not* ~ inte förrän, först [när]
2 till [tɪl] kassa|låda, -skrin; kassaapparat
3 till [tɪl] **1** odla, bruka (*the soil* jorden) **2** plöja **tillage** [ˈtɪlɪdʒ] **1** odling **2** plöjning **3** odlad jord (mark)
1 tiller [ˈtɪlə] ror|kult, -pinne
2 tiller [ˈtɪlə] *bot.* rotskott
1 tilt [tɪlt] I *v* **1** luta [på], vippa på; välta; vrida på (*one's head* huvudet); ~ *one's nose in the air* sätta näsan i vädret **2** *bildl.* vända, påverka (*the opinion* opinionen) **3** luta, vippa; välta **4** ~ *at* gå till angrepp mot II *s* **1** lutning; lutande, vippande **2** *bildl.* dust, dispyt **3** [*at*] *full* ~ i full fart
2 tilt [tɪlt] tältduk; presenning
tilt hammer [ˈtɪltˌhæmə] stångjärnshammare
TIM [tɪm] (*i England*) Fröken Ur
timber [ˈtɪmbə] **1** timmer, trä, virke **2** timmerstock; bjälke; *sjö.* spant **3** *AE.* timmerskog **timbered** [-d] **1** av timmer, timmer-; timrad **2** skogbevuxen **timberland** *AE.* timmerskog **timber line** trädgräns **timberwork** trä|konstruktion, -stomme **timberyard** brädgård
timbre [ˈtæ(m)br(ə)] timbre, klangfärg
Timbuktu [ˌtɪmbʌkˈtuː] Timbuktu; *bildl.* Otaheiti, världens ände
time [taɪm] I *s* **1** tid[en]; tidpunkt; ~*s* (*pl*) tid[er]; tidpunkter; ~! tiden är ute!, slut!, stängningsdags!; *it is a long* ~ *since* det är (var) längesedan; *it's* ~ *for tea* det är tedags; *it is* ~ *we went* ([*for us*] *to go*) det är dags [för oss] att gå; *it's your* ~ *now* nu har du chansen (tillfälle); *there is a* ~ [*and place*] *for everything* allt[ing] har sin tid; *there is no* ~ *to lose* (*to be lost*) det är ingen tid att förlora; *there are* ~*s when* det finns ögonblick (stunder, tillfällen) då, ibland; *what* ~ *is it?, what's the* ~?

hur mycket (vad) är klockan?; *what a long ~ you've been!* så länge du har dröjt (varit borta)!, vilken tid det tog!; *what ~ did you get back?* när kom du tillbaka?; *when my ~ is drawing near (is approaching, is up)* när min tid är ute (jag skall dö); *my ~ is my own* jag disponerar min tid själv; *Sunday is double ~* söndagar får man dubbelt så mycket betalt; *the ~ has come to* det är dags (hög tid) att; *when your ~ comes to* när det är din tur att; *do ~ (vard.)* sitta inne (*i fängelse*); *find (get) ~ to* få tid (hinna med) att; *have [the] ~* ha tid, hinna; *have a hard ~* ha det svårt; *have a nice ~!* ha det så trevligt!; *have ~ on one's hands* ha gott om tid; *have no ~ for (bildl. äv.)* inte ha ngt till övers för; *keep ~ a)* hålla tiden (tider[na]), vara punktlig, *b)* ta tid; *my watch keeps [good] (bad) ~* min klocka går rätt (fel); *he knows the ~ of day (bildl.)* han vet vad klockan är slagen; *make ~ to do s.th.* ta sig tid [med] att göra ngt; *pass the ~ of day with s.b.* byta några ord med ngn; *take ~* ta tid; *take one's ~ about (over) s.th.* ta [god] tid på sig för (med, till) ngt; *tell the ~ a)* kunna klockan, *b)* visa tiden; *can you tell me the ~?* kan du säga mig vad klockan är? **2** (*med adv, prep, pron*) *about ~* på tiden, dags; *about ~ too* det (är) var [verkligen] på tiden; *against ~* mot tiden, [i kapp] med tiden; *a long ~ ago* för länge sedan; *ahead of ~* i god tid, för tidig[t]; *ahead of one's ~* före sin tid; *all [of] the ~* hela tiden; *any ~ a)* när som helst, *b)* vard. utan tvekan, gärna; *at all ~s* alltid; *at any ~* när som helst; *at any one ~* på en gång, samtidigt; *at the best of ~s* under alla förhållanden, i alla lägen, i den bästa av världar; *at no ~* inte någon gång, aldrig; *at one ~ a)* en gång [i tiden], förr, *b)* på en gång, samtidigt; *at the (that) ~* på den tiden, vid det tillfället, just då; *at the same ~ a)* samtidigt, vid samma tid, *b)* samtidigt, å andra sidan; *at ~s* emellanåt, då och då, ibland; *at my ~ of life* vid min ålder; *at this ~ of day a)* vid den här tiden på dagen, så här dags [på dagen], så här sent, *b)* nuförtiden; *before [one's] ~* för tidigt, i förtid; *not before ~* det är (var) [verkligen] på tiden; *behind ~* försenad, för sent; *behind the ~s* efter sin tid; *between ~* dessemellan, emellanåt, då och då; *by the ~* vid den tid[en] då, då, när; *by that ~* vid det laget, då, till dess; *by this ~* vid det här laget, nu; *by this ~ next year* vid den här tiden nästa år; *every ~! (vard.)* så klart!, absolut!, alla gånger!; *for all ~* för alltid (evigt); *for the ~ being* för tillfället (närvarande), tills vidare; *for a long ~* på länge, [sedan] länge; *for a long ~ past* sedan länge; *for some ~* någon (för en) tid; *for some ~ yet* ännu på ett [bra] tag; *from ~ to ~* då och då, emellanåt; *in ~ a)* i [rätt] tid, *b)* med tiden, i sinom tid; *in advance of one's ~* före sin tid; *all in good ~* i lugn och ro; *in a month's ~* om (på) en månad; *in [next to] no ~* på ingen tid, på nolltid, utan dröjsmål; *in our ~s* i vår tid; *in the company's ~* på arbetstid; *in one's own ~* på fritiden; *in recent ~s* på senare tid; *~ off* fritid; *on ~* i [rätt] tid, punktlig[t]; *out of ~* för sent, *b)* olägligt; *once upon a ~ there was* det var en gång **3** gång; *~ and [~] again, ~ after ~* gång på gång, om och om igen; *one at a ~* en åt gången (i sänder, i taget); *many a ~, many ~s* många gånger, ofta; *[the] next ~* nästa gång; *two or three ~s* ett par [tre] gånger; *ten ~s as big as (the size of)* tio gånger så stor som; *two ~s three is six* två gånger tre är sex **4** takt[art]; tempo; *in ~* i takt; *out of ~* i otakt, ur takt; *keep (beat) ~* hålla (slå) takt[en] **II** *v* **1** välja [rätt] tidpunkt för, bestämma (beräkna) tiden (tidpunkten) för, avpassa, tajma **2** ta tid på (vid), klocka **3** ställa, justera

time and motion study [,taɪmən'məʊʃn,stʌdɪ] tidsstudie

time bomb ['taɪmbɒm] tidsinställd bomb, tidsbomb **time clock** stämpelur **time-consuming** [-kən,sju:mɪŋ] tids|ödande, -krävande **time deposit** [-dɪ,pɒzɪt] *bank.* konto med uppsägningstid **time-honoured** [-,ɒnəd] [gammal och] ärevördig; hävdvunnen **timekeeper** [-,ki:pə] tidskontrollant; tidtagare; tidtagarur, tidmätare; *be a good ~* vara bra på att hålla tiden **timekeeping** [-,ki:pɪŋ] tidtagning; tidkontroll **time-lag** [-læg] fördröjning; tid (*mellan två händelser*), intervall **timeless** [-lɪs] tidlös **time limit** [-,lɪmɪt] tidsgräns **timely** [-lɪ] *a* läglig, lämplig; [gjord] i rätt[an] tid **time machine** [-mə,ʃi:n] tidsmaskin **time-out** [-aʊt] *i sht AE.* **1** sport. spelavbrott **2** paus, avbrott; *take ~* ta en paus, göra ett avbrott **timepiece** [-pi:s] åld. tidmätare, ur **timer** [-ə] **1** timer, tidur **2** tidtagare **timesaving** [-,seɪvɪŋ] tidsbesparande **timeserver** [-,sɜ:və] **1** opportunist **2** person som inte överanstränger sig i sitt arbete (*utan bara väntar på pensionen*) **timeserving** [-,sɜ:vɪŋ] opportunistisk **time sharing** [-,ʃeərɪŋ] **1** (*för fritidslägenheter e.d.*) andelssystem **2** *data.* time-sharing, tiddelning **time sheet** [-ʃi:t] tidkort **time signal** [-,sɪgnl] tidssignal **time switch** [-swɪtʃ] tidströmbrytare **timetable** [-teɪbl] tidtabell; tidsschema; schema, timplan **timeworn** [-wɔ:n] [ut]nött, sliten, märkt av tidens tand

timid ['tɪmɪd] blyg[sam], försynt, timid; skygg **-ity** [tɪ'mɪdətɪ] blygsamhet, försynthet, blyghet, timiditet; skygghet

timing ['taɪmɪŋ] timing, [tids]anpassning, samordning

timorous ['tɪmərəs] räddhågad, ängslig, försagd, lättskrämd

Timothy ['tɪməθɪ] *bibl.* Timoteus

timothy [grass] ['tɪməθɪ(grɑ:s)] *bot.* timotej

timpa|ni ['tɪmpəni] *mus.* pukor **-nist** [-nɪst] *mus.* pukslagare

tin [tɪn] **I** *s* **1** tenn **2** plåt; bleck **3** *i sht BE.* [konserv]burk; plåtburk; bleckdosa **4** bak-, kak|form **5** *sl.* stålar, kosing **II** *v* **1** förtenna **2** konservera

tin can ['tɪnkæn] (*i sht tom*) plåtburk, konservburk

tincture ['tɪŋ(k)tʃə] åld. *med.* tinktur; *~ of iodine* jodsprit

tinder ['tɪndə] fnöske **-box** elddon

tine [taɪn] (*på gaffel, horn e.d.*) tand, spets, udd, tagg

tinfoil ['tɪnfɔɪl] stanniol[papper]; tennfolie

ting [tɪŋ] **I** *s* pinglande **II** *v* pingla [i] **ting-a-ling** ['tɪŋəlɪŋ] plingeling

tinge [tɪn(d)ʒ] **I** *v* färga [lätt]; *bildl. äv.* ge en lätt anstrykning; *the sun ~d the clouds pink* solen färgade molnen skära; *be ~d with green* skifta i grönt, *bildl.* ha en ton (anstrykning) av **II** *s* skiftning, nyans, ton; *bildl. äv.* anstrykning

tingle ['tɪŋgl] **I** *v* **1** sticka, svida; pirra, krypa; darra, skälva (*with excitement* av upphetsning); *his eyes ~d* det stack (sved) i ögonen på honom **2** ringa, susa; *her ears ~d* det susade i öronen på henne **II** *s* **1** stickande, svidande känsla, stickning, sveda **2** ringning, susning (*i öronen*)

tin god ['tɪngɒd] översittare, viktigpetter **tin hat** *vard.* hjälm **tinhorn** *AE. sl.* nolla, skit

tinker ['tɪŋkə] **I** *s* **1** kittelflickare; *not give a ~'s damn* (*cuss*) (*vard.*) strunta fullständigt i **2** *vard.* rackarunge **3** klåpare **4** knåp[ande]; *have a ~ with* knåpa (pyssla) med **II** *v* knåpa, pyssla (*with* med); fingra (*with* på), mixtra (*with* med)

tinkle ['tɪŋkl] **I** *v* **1** klinga, plinga, pingla; klirra **2** *BE. vard.* kissa **3** klinga (plinga, pingla) med; klirra med **II** *s* klingande, pling[ande], pinglande; klirr[ande]; *I'll give you a ~* (*BE. vard.*) jag ringer dig

tin lizzie ['tɪn‚lɪzɪ] *vard.* fordloppa, gammal skraltig bil **tin loaf** [-ləʊf] formbröd

tinned [tɪnd] **1** för|tennad, -tent **2** konserverad, burk-, på burk; *~ food* burkmat; *~ peas* konserverade ärter **tinny** ['tɪnɪ] **1** tenn-, av tenn; tennhaltig; plåt-, bleck- **2** plåtig, skramlig, skraltig (*car* bil) **3** (*om ljud*) metallisk, skrällig

tin-opener ['tɪn‚əʊpnə] konserv-, burk|öppnare **Tin Pan Alley** [‚tɪnpæn'ælɪ] *vard.* **1** (*i stad*) centrum för populärmusik **2** populärmusikbranschen **tin plate** ['tɪnpleɪt] tennplåt; bleck, [bleck]plåt **tin-plate** ['tɪnpleɪt] förtenna **tinpot** ['tɪnpɒt] *BE. vard.* ynklig, pytteliten, lilleputt-, värdelös **tinsel** ['tɪnsl] **1** glitter; *bildl. äv.* grannlåt **2** glittertråd

tint [tɪnt] **I** *s* **1** [färg]ton, nyans; *bildl. äv.* anstrykning **2** toningsvätska **3** *boktr.* rasterton **II** *v* färga (*äv. bildl.*); tona **tinter** ['tɪntə] **1** färgare **2** färgämne

tintinnabulation [‚tɪntɪ‚næbjʊ'leɪʃn] klockringning

tiny ['taɪnɪ] [mycket] liten; *~ little* pytteliten; *a ~ bit frightened* en liten smula rädd

1 tip [tɪp] **I** *s* **1** spets, topp, tipp; snibb; ända; *~ of the ear* örsnibb; *~ of the nose* nästipp; *~ of the tongue* tungspets; *the ~ of the iceberg* toppen på isberget; *from ~ to toe* från topp till tå; *it is on the ~ of my tongue* (*bildl.*) jag har det på tungan; *have s.th. at the ~ of one's fingers* ha (kunna) ngt på sina fem fingrar; *walk on the ~s of one's toes* gå på tå **2** spets; skoning; [cigarrett]munstycke; *filter-~* filter[munstycke]; *the metal ~ of a cane* metallspetsen på en käpp **II** *v* förse med spets (*etc., jfr I*), sätta en spets (*etc.*) på; *~ped cigarette* cigarrett med munstycke, filtercigarrett

2 tip [tɪp] **I** *s* **1** dricks[pengar] **2** vink; tips **II** *v* **1** ge dricks[pengar] till; *~ s.b. s.th.* ge ngn ngt i dricks **2** tippa **3** *~* [*off*] tipsa, ge en vink **4** ge dricks[pengar]

3 tip [tɪp] **I** *s* **1** *BE.* [sop]tipp, avstjälpningsplats; *vard. bildl.* soptipp, svinstia **2** lutning, tippning **II** *v* **1** tippa [på], luta [på]; *~* [*out*] tippa [ut], hälla [ut], lasta (stjälpa) av (ur); *~* [*over, up*] tippa (stjälpa, välta) [omkull]; *~ up* (*äv.*) fälla upp; *~ the scales* (*the balance*) förändra ställningen, vara tungan på vågen; *he ~s the scales at 60 kg* (*vard.*) han väger 60 kg; *~ one's hat to* lyfta på hatten för **2** *~* [*over*] vippa [över], vicka omkull, tippa (stjälpa, välta) [omkull]; *~ out* falla (ramla, glida) av, rinna ur; *~ up* vara uppfällbar

tip-and-run [‚tɪpən(d)'rʌn] *a*, *~ raid* blixtattack, plötsligt anfall

tip-off ['tɪpɒf] tips, förvarning

tipped [tɪpt] **1** med spets (*with* av) **2** filter-; *~ cigarette* filtercigarrett

tippet ['tɪpɪt] pälskrage

tipple ['tɪpl] *vard.* **I** *v* småsupa **II** *s* [favorit]drink **tippler** [-ə] småsupare

tipster ['tɪpstə] [professionell] tipsare

tipsy ['tɪpsɪ] lätt berusad, småfull; *~ cake* (*slags*) vinsavarin

tip|toe ['tɪptəʊ] **I** *v* gå på tå; smyga, tassa **II** *s, on ~ a*) på tå[spetsarna], *b*) i spänning, i spänd förväntan, *c*) tyst, i smyg **III** *adv* på tå[spetsarna] **-top** [‚tɪp'tɒp] tiptop, finfin, perfekt

tip-up ['tɪpʌp] uppfällbar (*seat* stol)

tirade [taɪ'reɪd] tirad, (lång) harang

1 tire ['taɪə] **1** trötta; *~ out* trötta ut, göra utmattad **2** bli trött; tröttna; *~ of* bli trött (ledsna) på

2 tire ['taɪə] *AE., se tyre*

tired ['taɪəd] **1** trött (*of* på; *with* av); *~ out* utmattad, utpumpad **2** trist; uttjatad

tire|less ['taɪəlɪs] outtröttlig **-some** [-səm] tröttsam; irriterande

tiring ['taɪərɪŋ] tröttande, tröttsam

tiro ['taɪərəʊ] nybörjare, gröngöling, novis

'tis [tɪz] *poet., dial., it is*

tissue ['tɪʃu:] **1** vävnad (*äv. anat., biol.*); väv; flor **2** *se tissue paper* **3** *bildl.* väv, nät, härva (*of lies* av lögner) **tissue paper** [-‚peɪpə] silkespapper, mjukt papper; ansiktsservett

1 tit [tɪt] *zool.* mes; *blue ~* blåmes; *coal ~* svartmes; *crested ~* tofsmes; *great ~* talgoxe; *marsh ~* entita; *willow ~* talltita

2 tit [tɪt] **1** bröstvårta **2** *sl., ~s* (*pl*) pattar (*bröst*)

3 tit [tɪt] *s*, *~ for tat* lika mot lika, tand för tand; *be repaid ~ for tat* få betalt för gammal ost

titan ['taɪt(ə)n] titan, jätte **-ic** [taɪ'tænɪk] titanisk, jättelik

titbit ['tɪtbɪt] godbit, läckerbit

titchy ['tɪtʃɪ] *vard.* pytteliten

tithe [taɪð] **1** tionde, [kyrko]skatt **2** tion[de]del; liten del, bråkdel

titil|late ['tɪtɪleɪt] kittla, reta **-lation** [‚tɪtɪ'leɪʃn] kittling, retning

titivate ['tɪtɪveɪt] **1** piffa upp, snygga till **2** snofsa upp sig

titlark ['tɪtlɑ:k] *zool.* piplärka

title ['taɪtl] **I** *s* **1** titel **2** *jur.* (*i sht t. fast egendom*) äganderätt; rätt; äganderättshandling **II** *v* betitla; förläna titel **titled** [-d] betitlad, med [hög] titel **title deed** åtkomst-, äganderätts|handling **titleholder** [-‚həʊldə] *sport.* titel|innehavare, -försvarare **title page** [-peɪdʒ] *boktr.* titelsida **title role** [-rəʊl] titelroll

tit|mouse ['tɪtmaʊs] (*pl -mice* [-maɪs]) *zool.* mes **titrate** ['taɪtreɪt] titrera **titration** [taɪ'treɪʃn] titrering

titter ['tɪtə] **I** *v* fnissa, fnittra **II** *s* fniss, fnitter

tittle ['tɪtl] *s, not one jot or ~* inte ett dugg **--tattle** [-‚tætl] **I** *s* tissel och tassel, skvaller **II** *v* tissla och tassla, skvallra

titular ['tɪtjʊlə] titulär-, till namnet; titel-

tizzy ['tɪzɪ] *s, vard., get in*[*to*] *a ~* bli nervös, hetsa

upp sig
T-junction ['tiː‚dʒʌŋ(k)ʃn] T-, trevägs|korsning
T.K.O. *förk. för technical knockout* **TLC** *vard.
förk. för tender loving care* **TN** *förk. för Tennessee* **T.N.T.** *förk. för trinitrotoluene*
to [*beton.* tuː:, *framför vokal* tʊ; *obeton.* tʊ, *framför konsonant* tə, t] **I** *prep* **1** för; till; åt; *a danger ~ en fara för; it was new ~ me* det var nytt för mig; *drink ~ s.b.* dricka ngn till, skåla för ngn; *give s.th. ~ s.b.* ge ngt till (åt) ngn; *they had the room ~ themselves* de hade rummet för sig själva **2** till; åt; [e]mot; på; i; vid; hos; med; för; *a year ~ the day* på dagen ett år; *~ this day* till den dag som i dag är; *~ the minute* på minuten; *~ the right* till (åt) höger; *ambassador ~ Sweden* ambassadör i Sverige; *a quarter ~ four* [en] kvart i fyra; *secretary ~* sekreterare till (hos, vid); *shoulder ~ shouler* skuldra vid skuldra; *2 ~ the 4th* 2 upphöjt till 4; *much ~ my surprise* till min stora förvåning; *accustomed ~* van vid; *attached ~* fäst vid; *I have never been ~ Paris* jag har aldrig varit i Paris; *x is ~ y as A is ~ B* x förhåller sig till y som A till B; *the house faces ~ the north* huset vetter åt (mot) norr; *go ~ the cinema* gå på bio; *go ~ pieces* gå i [tusen] bitar; *go ~ school a*) gå till skolan, *b*) gå i skola[n]; *hold it ~ the light!* håll upp den mot ljuset!; *killed ~ a man* dödade till sista man; *kind ~* vänlig mot; *pay a visit ~* göra ett besök hos; *pay a visit ~ a town* göra ett besök i en stad; *put ~ flight* slå på flykten; *run parallel ~* gå parallellt med; *talk ~* tala med (till); *talk ~ o.s.* tala för sig själv **3** med; *married ~* gift med **4** mot, jämfört (i jämförelse) med; *it's nothing ~* det är ingenting mot **5** pro, per; i; mot; *thirteen ~ a dozen* tretton på dussinet; *~ the minute* i minuten, per minut; *one person ~ a room* en person per rum; *the score was five ~ three* ställningen var 5 mot 3, det stod 5-3 **6** efter; enligt; i; *~ all appearance* efter allt att döma; *drawn ~ scale* ritad efter skala; *it is not ~ my taste* det är inte i min smak **7** om; *what do you say ~ that idea?* vad säger du om den idén? **8** (*annan prep el. annan konstruktion i svenskan*) *superior ~* högre än, överlägsen; *here's ~ you!* skål!; *there were 30 ~ 50 people* det var mellan 30 och 50 personer där; *be of help ~ s.b.* vara ngn till hjälp; *what is that ~ you?* vad angår det dig?; *he is equal ~ the occasion* han är situationen vuxen; *it was hot ~ suffocation* det var kvävande hett (så hett att man kunde kvävas); *it belongs ~ him* den tillhör honom; *freeze ~ death* frysa ihjäl; *I prefer wine ~ beer* jag föredrar vin framför öl, jag tycker bättre om vin än öl; *welcome ~ you all!* välkomna allihopa!; *would ~ God that* Gud give att **II** *adv* **1** till, igen; *the door is ~* dörren är stängd **2** *~ and fro* fram och tillbaka, av och an **III** (*infinitivmärke*) **1** att; *om* (*m. fl.*) att; *anxious ~* angelägen om att; *in order ~* för att; *not ~ speak of* för att inte tala om; *~ get to the point* för att komma till saken; *begin ~ do s.th.* börja [att] göra ngt; *I did it ~ help you* jag gjorde det för att hjälpa dig; *I want ~ do it* jag vill göra det **2** (*med utelämnad infinitivsats*) *buy it, it would be silly not ~* köp den, det vore dumt att inte [göra det]; *are you coming tomorrow? - yes, I'd like ~!* kommer du i morgon? - ja, det vill jag gärna!; *I didn't want to work, but I had ~* jag ville inte arbeta

men jag måste (var [så illa] tvungen) **3** (*satsförkortning el. annan översättning*) *in days ~ come* under kommande dagar; *~ look at him* one would never imagine that när man ser på honom skulle man aldrig kunna föreställa sig att; *I arrived ~ find he had gone* jag kom fram för att finna att han hade gett sig i väg; *what am I ~ tell her?* vad skall jag säga till henne?; *he was the first ~ arrive* han var den förste som kom; *he is not the sort ~ complain* han är inte den som klagar; *it disappeared, never ~ be found again* den försvann och kunde (skulle) aldrig återfinnas; *the company grew ~ be the biggest in* företaget blev så småningom det största i; *I don't know what ~ do* jag vet inte vad jag skall göra; *he lived ~ be hundred* han blev hundra år [gammal]; *I took it ~ be a lie* jag tog det för en lögn; *I waited for him ~ begin* jag väntade på att han skulle börja; *he wants me ~ do it* han vill att jag gör (skall göra) det; *he doesn't want you ~ know he has* han vill inte att du skall veta att han har; *I weep ~ think of it* jag gråter när jag tänker på det
toad [təʊd] padda
toadflax ['təʊdflæks] *bot.* gulsporre **toad-in-the-hole** [‚təʊdɪnðə'həʊl] *BE.* (*slags*) ugnspannkaka med korv **toadstool** ['təʊdstuːl] giftig svamp **toady** ['təʊdɪ] **I** *s* inställsam person, smilfink, smickrare **II** *v* **1** smickra; krypa för
toast [təʊst] **I** *s* **1** [skiva] rostat bröd; *as warm as ~* varm och skön **2** skål; *drink a ~ to s.b.* skåla för ngn; *propose a ~ to s.b.* föreslå (utbringa) en skål för ngn **3** person som firas (det skålas för), festföremål; *she's the ~ of the town* hon är stadens mest firade (uppburna) person **II** *v* **1** rosta (*bread* bröd); värma (*o.s. by the fire* sig vid brasan) **2** utbringa (dricka) en skål för; skåla med
toaster ['təʊstə] brödrost **toasting-fork** [-‚ɪŋfɔːk] grillgaffel **toastmaster** [-‚mɑːstə] toastmaster, ceremonimästare
tobacco [tə'bækəʊ] (*pl ~[e]s*) tobak; tobakssort **tobacconist** [-nɪst] *i sht BE.* tobakshandlare, tobakist; *~'s* tobaksaffär **tobacco pouch** tobakspung
Tobago [tə(ʊ)'beɪgəʊ]
Tobias [tə'baɪəs]
-to-be [tə'biː] *a* blivande; framtida; *mothers~* blivande mödrar
toboggan [tə'bɒg(ə)n] **I** *s* kälke; toboggan **II** *v* åka kälke (toboggan)
toby jug ['təʊbɪdʒʌg] ölkrus (*i form av gubbe med trekantig hatt*)
toccata [tə'kɑːtə] *mus.* toccata
tocsin ['tɒksɪn] **1** alarm, varningssignal **2** larmklocka
tod [tɒd] *s, BE. vard., on one's ~* på egen hand, alldeles ensam
today [tə'deɪ] **I** *adv* **1** i dag; *~ month, a month ~* i dag om en månad **2** i dag, nu för tiden **II** *s, children of ~* dagens barn; *~'s paper* dagens tidning
toddle ['tɒdl] **1** tulta [omkring] **2** *skämts.,* ~ *off* pallra sig (knalla) i väg; *~ round* (*over*) knalla över (*to see a friend* och hälsa en vän) **toddler** [-ə] [liten] parvel (tulta)
toddy ['tɒdɪ] **1** toddy **2** palmvin
to-do [tə'duː] ståhej, väsen, uppståndelse (*about* om, kring)

toe [təʊ] **I** s tå; *keep s.b. on his ~s* hålla ngn på alerten, få ngn att vara på sin vakt; *tread on a p.'s ~s* trampa ngn på tårna (*äv. bildl.*) **II** v **1** sparka (peta) [till] med tån **2** ~ *inwards* gå inåt med tårna; ~ *the line* (*mark*) *a*) stå med tårna på startlinjen, *b*) *bildl.* hålla sig på mattan, följa reglerna
toecap ['təʊkæp] tåhätta **toed** [-d] med tår; *three-~* tre|tåad, -tåig **toehold** fotfäste (*äv. bildl.*); *gain a ~ in* (*bildl.*) få en fot i **toe-in** toe-in, inåtriktning (*av bilhjul*) **toenail** tånagel **toe-out** toe-out, utåtriktning (*av bilhjul*)
toff [tɒf] *BE. vard.* snobb, spratt
toffee ['tɒfɪ] kola; knäck; *she can't sing for ~* (*vard.*) hon kan inte sjunga för fem öre **--apple** [-,æpl] äppelklubba med knäcköverdrag **--nosed** [-,nəʊzd] *BE. vard.* snorkig; inbilsk
tog [tɒg] **I** v, ~ [*up, out*] klä upp sig; *~ged up* (*out*) klädd, utrustad **II** s, *vard.,* ~s (*pl*) kläder
toga ['təʊgə] (*fornromersk*) toga
together [tə'geðə] **I** adv **1** tillsammans; ihop; gemensamt; intill varandra; ~ *with* tillsammans med, jämte **2** samtidigt **3** i sträck, i rad, efter varandra; *for days* ~ flera dagar i sträck; *for hours* ~ timmar i sträck, i timtal **II** a, *vard.* balanserad, samlad **-ness** [nɪs] samhörighet[skänsla]
toggle ['tɒgl] pinne (*att knäppa duffel e.d. med*) **toggle switch** vippströmbrytare
1 toil [tɔɪl] **I** v **1** slita, arbeta [hårt]; ~ *away* slita ont; ~ *and moil* slita och släpa **2** släpa sig (*up a slope* uppför en backe) **II** s **1** slit, hårt arbete
2 toil [tɔɪl] *bildl.,* ~s (*pl*) nät, garn
toilet ['tɔɪlɪt] toalett; toalettrum; *go to the ~* gå på toaletten **2** (*påklädning, klädsel*) toalett **toilet bag** necessär, toalettväska **toilet paper** [-,peɪpə] toalettpapper **toiletries** [-rɪz] *pl* toalettsaker **toilet roll** [-rəʊl] toalettpappersrulle **toilet soap** [-səʊp] toalettvål **toilet-training** [-,treɪnɪŋ] potträning **toilet water** [-,wɔːtə] eau de toilette
token ['təʊk(ə)n] **I** s **1** tecken, bevis (*of* på); symbol (*of* för); kännetecken (*of* på); *in ~ of* som bevis på **2** pollett; jetong **3** minne, minnesgåva **4** presentkort **5** *by the same ~ a*) av samma anledning, *b*) på liknande sätt **II** a symboliskt; nominell; ~ *money* nödmynt
Tokyo ['təʊkjəʊ]
tolbooth ['tɒlbuːθ] *i sht Sk.* rådhus
told [təʊld] *imperf. o. perf. part. av* tell
toler|able ['tɒlərəbl] **1** uthärdlig, dräglig, tolerabel **2** skaplig, ganska bra, tolerabel **-ably** [-əblɪ] *adv* tämligen, ganska, någorlunda **-ance** [-(ə)ns] tolerans (*äv. med., tekn.*), fördragsamhet **-ant** [-(ə)nt] tolerant (*of, towards, with* mot), fördragsam **-ate** [-eɪt] tolerera, uthärda, finna sig i, stå ut med, tåla, tillåta **-ation** [,tɒlə'reɪʃn]] tolerans, fördragsamhet
1 toll [təʊl] **1** [väg]avgift; vägtull (*äv. konkr.*) **2** andel; tribut; *the death~* antalet dödsfall; *the ~ of the roads* vägtrafikens offer; *take a* (*its*) ~ (*bildl.*) utkräva sin tribut; *take a heavy ~* kräva många offer (*of* bland)
2 toll [təʊl] **I** s klockringning, klämtning **II** v **1** klämta, ringa **2** klämta (ringa) i
toll call ['təʊlkɔːl] *AE.* rikssamtal
Tom [tɒm] Tom; ~, *Dick, and* (*or*) *Harry* kreti o. pleti; ~ *Thumb a*) Tummeliten, *b*) dvärg

tom [tɒm] hankatt; hane
tomahawk ['tɒməhɔːk] tomahåk, indiansk stridsyxa
tomato [tə'mɑːtəʊ; *AE.* tə'meɪtəʊ] (*pl ~es*) tomat
tomb [tuːm] grav; gravvård; gravvalv
tombola [tɒm'bəʊlə] *BE.* tombola
tomboy ['tɒmbɔɪ] pojkflicka, yrhätta
tombstone ['tuːmstəʊn] grav|sten, -vård
tomcat ['tɒmkæt] hankatt
tome [təʊm] högt. volym, stor bok, lunta
tomfool [,tɒm'fuːl] galning, tok **tomfoolery** [,tɒm'fuːlərɪ] tokigheter, tokerier, skoj
Tommy ['tɒmɪ] **1** *kortform av* Thomas **2** *BE. vard.,* ~ [*Atkins*] Tommy (*menig soldat i brittiska armén*) **tommy** ['tɒmɪ] *BE. vard., se Tommy* **2 Tommy gun** kulsprutepistol, kpist **tommyrot** [,tɒmɪ'rɒt] *åld.* vansinnigheter, stolligheter
tomorrow [tə'mɒrəʊ] **I** *adv* i morgon; ~ *morning* i morgon bitti[da]; ~ *week* i morgon om en vecka, en vecka i morgon **II** s morgondag[en]; *~'s paper* morgondagens tidning; *the day after ~* i övermorgon; ~ *is another day* i morgon är också en dag
tomtit ['tɒmtɪt] *BE. zool.* [blå]mes
tom-tom ['tɒmtɒm] tamtam[trumma]
ton [tʌn] **1** [*long*] ~ (*BE.*) ton (= *2 240 pounds = 1 016 kg*); [*short*] ~ (*AE.*) ton (= *2 000 pounds = 907,2 kg*); *metric* ~ (= *1 000 kg*); *~s of* (*BE. vard.*) tonvis (massvis) med; *come down on s.b. like a ~ of bricks* ösa ovett över ngn **2** *sjö.,* [*register~*] registerton (= *100 cubic feet = 2,83 m3*) **3** *vard., do a ~* köra i 160 knutar
tone [təʊn] **I** s **1** ton; klang; tonfall, röst; [färg]ton, nyans; *bildl. äv.* anda, stämning, karaktär, stil, prägel; *mus. äv.* helton; *lower one's* (*set the*) ~ (*bildl.*) stämma ner (ange) tonen **2** *fonet.* ton, tonfall; intonation **3** [god] kondition (form), spänst **II** v **1** tona; ge rätt ton åt; stämma; ~ *down* tona (stämma) ner, dämpa, moderera; ~ [*up*] *one's muscles* stärka sina muskler; ~ *up* tona (stämma) upp **2** ~ *in* harmoniera, gå ton i ton
tonal ['təʊnl] tonal; ton- **-ity** [tə(ʊ)'nælətɪ] **1** tonalitet **2** *konst.* färgskala; färgton
tone arm ['təʊnɑːm] tonarm, pickup **tone-deaf** tondöv **tone language** [-,læŋgwɪdʒ] tonspråk **toneless** [-lɪs] **1** tonlös **2** färglös
tongs [tɒŋz] *pl* tång; *a pair of ~* en tång
tongue [tʌŋ] **I** s **1** tunga (*äv. på våg, i orgel e.d.*); mål[före]; ~ *of flames* eldtunga; ~ *of land* landtunga; *find one's ~* få mål i mun; *I can't get my ~ round that word* jag vrickar tungan på det ordet; *give ~ a*) ge hals, ge skall, *b*) tala ut; *have a ready* (*sharp*) ~ ha en rapp (skarp) tunga; *have a ~ in one's cheek* vara ironisk, skämta; [*with*] ~ *in cheek* ironiskt, på skämt; *hold* (*keep*) *one's ~* hålla mun; *has the cat got your ~?* har du tappat talförmågan (målföret)?; *have lost one's ~* ha tappat talförmågan (målföret); *put* (*stick*) *one's ~ out at s.b.* räcka ut tungan åt ngn **2** tungomål; språk; sätt att tala **3** [land]tunga **4** [klock]kläpp **5** (*på sko*) plös **6** (*på bräda*) spont **7** (*på vagn*) tistelstång **II** v, *mus.* stöta med tungan, spela tungstöt
tongue-in-cheek [,tʌŋɪn'tʃiːk] lättvindig **tongue-tied** ['tʌŋtaɪd] *a, be ~* vara mållös (stum), ha tunghäfta **tongue twister** ['tʌŋ-

,twistə] tungvrickare
tonic ['tɒnɪk] **I** *a* **1** stärkande; ~ *water* tonic **2** *mus.* ton-, klang-; ~ *sol-fa* tonika-do[-metod] **3** *med.* tonisk, ihållande **II** *s* **1** *med.* tonikum, stärkande medel; *it was a* ~ *to listen to her* det var uppfriskande att lyssna på henne **2** *mus.* tonika, grundton **3** tonic; *hair* ~ hårvatten; *skin* ~ ansiktsvatten
tonight [tə'naɪt] **I** *adv* i kväll; i natt **II** *s* denna kväll (natt), natten, kvällen; ~*'s programme* kvällens (nattens) program
tonnage ['tʌnɪdʒ] **1** tonnage **2** antal ton, tontal **3** tonnageavgift **tonne** [tʌn] ton (*1 000 kg*)
tonsil ['tɒnsl] *anat.* tonsill, [hals]mandel **-litis** [,tɒnsɪ'laɪtɪs] *med.* tonsillit, halsfluss, inflammation i halsmandlarna
tonsure ['tɒnʃə] tonsur **tonsured** [-d] med tonsur
ton-up ['tʌnʌp] *a, BE. vard.* som gör 160 knutar
tony ['təʊnɪ] *AE.* exklusiv, flott
too [tu:] **1** [allt]för (*much* mycket); [*that's*] ~ *bad!* så synd (tråkigt)!; *not* ~ *bad* inte så illa; *all* ~*soon* alltför snart; *you're* ~ *kind!* det var verkligen snällt!; *she was not* ~ *pleased* hon var inte särskilt förtjust; *I can remember only* ~ *well* jag kommer bara alltför (mycket) väl ihåg **2** också, även, med; dessutom; *me* ~ jag med (också); *you must come, and quickly* ~*!* du måste komma, och det genast! **3** *AE. vard.*, *you will* ~ *do it!* det ska du visst göra!
took [tʊk] *imperf. av* take
tool [tu:l] **I** *s* **1** verktyg, [arbets]redskap; *bildl.* instrument, [hjälp]medel; *down* ~*s* lägga ner arbetet **2** *vulg.* kuk, apparat **II** *v* bearbeta, [ut]forma
tool box ['tu:lbɒks] verktygslåda **tool kit** uppsättning verktyg **tool shed** redskaps|skjul, -bod
toot [tu:t] **I** *v* tuta [i, med] **II** *s* **1** tutning
tooth [tu:θ] **I** *s* (*pl teeth* [ti:θ]) **1** tand; *false* (*artificial*) *teeth* löständer; *in the teeth of s.th.* trots (mot) ngt; *armed to the teeth* beväpnad till tänderna; *fed up to the* [*back*] *teeth with* (*vard.*) utrött på, mycket missnöjd med; *fight for s.th.* ~ *and nail* kämpa med näbbar och klor för ngt; *get one's teeth into* (*vard. bildl.*) sätta tänderna (bita) i; *have a* ~ *out* [låta] dra ut en tand; *have a sweet* ~ vara svag för sötsaker; *lie through* (*in*) *one's teeth* (*vard.*) ljuga som en borstbindare; *be long in the* ~ (*vard.*) vara till åren, börja bli gammal **2** kugge, udd, pigg, tand **3** *bildl.* udd, tagg; makt, auktoritet **II** *v* tanda, förse med tänder
toothache ['tu:θeɪk] tandvärk **toothbrush** tandborste **toothcomb** fintandad kam **toothed** [-t] tandad; ~ *whale* tandval **toothless** [-lɪs] tandlös **toothpaste** tandkräm **toothpick** tandpetare **toothpowder** [-,paʊdə] tandpulver **toothsome** [-səm] aptitlig, läcker **toothwort** [-wɜ:t] *bot.* vätteros **toothy** ['tu:ðɪ] *a*, ~ *smile* ett brett leende med en massa tänder
tootle ['tu:tl] **I** *v* **1** drilla, tuta (*on an instrument* eller *with an instrument*) **2** *vard.*, ~ *somewhere* gå någonstans i sakta mak **II** *s* drillande, tutande
toot|sie, -sy ['tu:tsɪ], **tootsy-wootsy** [-'wu:tsɪ] *barnspr.* tåsebisse (*tå*); fossing (*fot*)
1 top [tɒp] **I** *s* **1** topp; spets; krön; övre del, överdel; (*plagg*) top, överdel; *bildl. äv.* höjd[punkt]; *be* [*the*] ~*s* (*vard.*) vara toppen; *blow one's* ~

(*vard.*) flyga i luften [av ilska]; *at the* ~ ovanpå, högst (längst) upp, överst; *at the* ~ *of the table* vid övre ändan av bordet; *at the* ~ *of one's voice* så högt man kan, för full hals; *be* [*at the*] ~ *of the class* vara bäst i klassen; *from* ~ *to bottom a*) uppifrån och ner, *b*) *bildl.* helt och hållet, fullständigt; *from* ~ *to toe* från topp till tå; *on* ~ ovanpå, på toppen; *on* ~ *of a*) ovanpå, på toppen av, *b*) förutom, utöver, *c*) omedelbart efter (på), ovanpå; *on* ~ *of that* (*this*) dessutom, ovanpå det, till råga på allt; *on* [*the*] ~ *of the bus* högst upp (i trappa) upp i bussen; *the* ~ *of the morning* [*to you!*] (*Irl.*) god morgon!; *be on* ~ *of a*) vara på toppen av, *b*) klara av, ha kontroll över, *c*) vara alltför nära; ~ *be on the* ~ *of one's form* vara i toppform; *come out on* ~ hävda sig, vara bäst, bli etta; *get on* ~ *of* ta överhanden över, bli för mycket för; *over the* ~ *of* ovanpå, på toppen av; *be over the* ~ *with happiness* vara utom sig av lycka; *go over the* ~ (*vard.*) gå för långt, överdriva; *he doesn't have much up* ~ (*vard.*) han är inte särskilt klyftig (smart) **2** (*på bord e.d.*) yta, skiva **3** lock; kapsyl **4** [vagns]tak, (*på bil*) top **5** (*i bil*) högsta växel; *in* ~ på högsta växeln; *change into* ~ lägga i högsta växeln **6** *sjö.* märs **7** *bot.*, ~[*s*] blast **II** *attr.* a översta, högsta; över-; topp-; bästa, främsta; ledande; ~ *copy* original; *the* ~ *right-hand corner* övre högra hörnet; *be* ~ *dog* (*vard.*) vara ledaren (basen, högsta hönset); *he's out of the* ~ *drawer* han tillhör överklassen; ~ *gear* högsta växel; ~ *hat* hög hatt, cylinder[hatt]; *the* ~ *people* (*vard.*) topparna, höjdarna; ~ *speed* topphastighet **III** *v* **1** täcka; sätta överdel (topp *e.d.*, *jfr I*) på; ~*ped by a dome* krönt av en kupol; *ice* ~*ped with cream* glass med grädde på toppen **2** nå toppen av (på) **3** ligga på toppen av, ligga (stå, vara) överst på, toppa; ~ *the bill* vara huvudattraktion (stjärna) **4** vara högre än, höja sig över; överträffa, vara bättre än, slå; överskrida; *to* ~ *it all* till råga på allt **5** skära av (hugga av, kapa) [toppen på], toppa, beskära; ~ *and tail gooseberries* snoppa krusbär **6** *sport.* toppa (*a ball* en boll) **7** ~ *off* avrunda, avsluta, sätta punkt för **8** ~ *out* ha taklagsfest (invigningsfest) [för] **9** *BE.*, ~ *up* fylla på (till brädden)
2 top [tɒp] (*leksak*) snurra; *sleep like a* ~ sova som en stock
topaz ['təʊpæz] topas
top boot [,tɒp'bu:t] kragstövel **topcoat** ['tɒpkəʊt] överrock **top dog** ['tɒpdɒg] *vard.* ledare, bas, boss **top-drawer** ['tɒp,drɔ:ə] *a*, *åld.* överklass- **top-dress** ['tɒpdres] top-dressa, gödsla ovanpå
tope [təʊp] supa, pimpla
topee ['təʊpɪ] tropik-, sol|hjälm
top-flight ['tɒpflaɪt] förstklassig, enastående
topgallant [,tɒp'gælənt] *sjö.* **I** *a*, ~ *mast* bramstång **II** *s* **1** bramsegel **2** bramstång **top hat** [,tɒp'hæt] hög hatt **top-heavy** [,tɒp'hevɪ] **1** [för] tung upptill, övertung **2** (*om företag*) chefstung, med för många chefer **top-hole** ['tɒphəʊl] *BE. vard.* prima, jättebra
topi ['təʊpɪ] *se* topee
topic ['tɒpɪk] [samtals]ämne **topical** [-l] **1** aktuell; *discuss* ~ *issues* diskutera aktuella frågor **2** lokal **topicality** [,tɒpɪ'kælətɪ] aktualitet

topknot ['tɒpnɒt] hårknut *(på hjässan)* **topless** [-lɪs] topless, utan överdel **top-level** [ˌtɒp'levl] *a* på högsta nivå, topp- **topmast** ['tɒpmɑːst] *sjö.* märsstång **topmost** ['tɒpməʊst] överst, högst **topnotch** [ˌtɒp'nɒtʃ] *vard.* fantastisk, toppen- **topographic[al]** [ˌtɒpə'græfɪk(l)] topografisk **topography** [tə'pɒgrəfɪ] topografi **toponymy** [tɒ'pɒnɪmɪ] ortnamnsforskning **topper** ['tɒpə] **1** *vard.* **1** hög hatt **2** prima grabb **topping** [-ɪŋ] **I** *s,* kokk. lager ovanpå, garnering; *with a ~ of whipped cream* med vispgrädde på toppen **II** *a, BE. åld.* prima, strålande **topple** ['tɒpl] **1** *~ [over]* ramla [omkull], falla [omkull] **2** stjälpa [omkull]; störta *(a government* en regering) **topsail** ['tɒpsl] *sjö.* topp-, märs|segel **top-secret** [-ˌsiːkrɪt] topphemlig; hemligstämplad **topsoil** [-sɔɪl] matjord **topspin** [-spɪn] *(i tennis)* överskruv **topsyturvy** [ˌtɒpsɪ'tɜːvɪ] *vard.* **I** *a* uppochnedvänd; rörig **II** *adv* upp och ner; huller om buller **top-up** ['tɒpʌp] påfyllning *(av drink e.d.)* **toque** [təʊk] toque *(liten damhatt utan brätte)* **Torah** ['tɔːrə] *jud.* **1** Torah, de fem Moseböckerna **2** torahrulle **torch** [tɔːtʃ] **1** fackla, bloss; *carry a ~ for s.b.* vara hemligt förälskad i, beundra i hemlighet **2** *[electric] ~* ficklampa **3** *AE.* blåslampa **torchlight** ['tɔːtʃlaɪt] fackelsken **torchlight procession** [-prəˌseʃn] fackeltåg **tore** [tɔː] *imperf. av* tear **toreador** ['tɒrɪədɔː] toreador **torment I** *s* ['tɔːment] plåga, kval, pina, tortyr **II** *v* [tɔː'ment] plåga, pina, tortera **tormentil** ['tɔːmentɪl] *bot.* blodrot **tormentor** [tɔː'mentə] plågoande **torn** [tɔːn] *perf. part. av* tear **tornado** [tɔː'neɪdəʊ] tornado, virvelstorm **torpe|do** [tɔː'piːdəʊ] **I** *s (pl -does)* **1** torped **2** *zool.* darrocka **II** *v* torpedera; *bildl. vard. äv.* stjälpa, omintetgöra **torpedo boat** torpedbåt **torpid** ['tɔːpɪd] **1** domnad, [försänkt] i dvala **2** slö, overksam, loj **torpid|ity** [tɔː'pɪdətɪ], **-ness** ['tɔːpɪdnɪs] **1** dvala **2** slöhet, overksamhet, lojhet **torpor** [-ə] slöhetstillstånd, letargi **torque** [tɔːk] *tekn.* vridmoment **torrent** ['tɒr(ə)nt] [strid] ström, störtflod *(äv. bildl.);* fors; störtregn **torrential** [tə'renʃl] strömmande, strid; forsande; ymnig; *~ rain* störtregn **torrid** ['tɒrɪd] **1** för|bränd, -torkad, [bränn]het, stekande **2** passionerad, het *(love* kärlek) **-ity** [tɒ'rɪdətɪ] **-ness** ['tɒrɪdnɪs] brännande hetta; torka **torsion** ['tɔːʃn] vridning; *med., tekn.* torsion **torso** ['tɔːsəʊ] bål; torso **tort** [tɔːt] *jur.* förseelse **tortoise** ['tɔːtəs] **1** [land]sköldpadda **2** långsam person **-shell** ['tɔːtəʃel] **1** sköldpaddsskal; sköldpadd **2** nässelfjäril **3** gul-brun-svart-spräcklig katt **tortuous** ['tɔːtjʊəs] **1** slingrande, krokig **2** krånglig, invecklad, tillkrånglad **torture** ['tɔːtʃə] **I** *s* tortyr; pina, kval; *instruments of ~* tortyrredskap **II** *v* **1** tortera; pina, plåga **2** förvrida **torturer** [-rə] torterare; plågoande **tor-**

tur|ing, -ous [-rɪŋ, -rəs] plågsam, kvalfull **Tory** ['tɔːrɪ] **I** *s* tory, konservativ **II** *a* tory-, konservativ **tosh** [tɒʃ] *vard., i sht BE.* nonsens, struntprat, smörja **toss** [tɒs] **I** *v* **1** kasta, slänga; kasta [av, upp, hit och dit]; singla; vända, blanda, skaka; *~ [up] a coin* singla slant; *~ s.b. for s.th.* singla slant med ngn om ngt; *I ~ed him a pound* jag slängde åt honom ett pund; *~ one's head* kasta huvudet bakåt, knycka på nacken; *~ the pancake* vända pannkakan i luften; *~ the salad* blanda salladen [med dressing]; *~ed salad* sallad med dressing; *~ beans in butter* skaka (vända) bönor i smör; *he was ~ed by the bull* tjuren kastade upp honom i luften; *~ about a)* kasta (slunga) hit och dit, skaka [om], *b)* dryfta; *~ back a)* kasta bakåt, *b)* kasta (stjälpa) i sig; *~ down* kasta (stjälpa) i sig; *~ off a)* kasta av sig, *b)* kasta ner, tota (svänga) ihop, *c)* kasta (stjälpa) i sig; *~ up a)* kasta (slänga) upp, *b)* svänga ihop *(food* mat) **2** *(om fartyg e.d.)* kastas (slungas) [hit och dit], kränga, gunga, rulla; *~ [about]* kasta sig av och an; *~ and turn* vända och vrida sig, kasta sig av och an; *~ off (vulg.)* runka; *~ out of the room* [ilsket] svänga i väg ut ur rummet **3** *~ [up]* singla slant *(for* om) **II** *s* **1** kast, kastande; *take a ~* bli avkastad *(av* hästen) **2** slantsingling; lottning; *argue the ~ (bildl.)* diskutera i det oändliga, käbbla; *I don't give a ~ (vard.)* det struntar jag fullständigt i **toss-up** ['tɒsʌp] [slant]singling; *it's a ~* det är rena slumpen (lotteriet) **1 tot** [tɒt] *s, vard.* **1** [liten] parvel (pys, tös) **2** litet glas *(of brandy* konjak) **3** *i sht BE.* aning, smula **2 tot** [tɒt] *v, i sht BE. vard., ~ [up]* lägga (räkna) ihop, addera, summera **total** ['təʊtl] **I** *a* total, fullständig, hel; slut-; fullkomlig; *~ amount* slut-, total|summa; *~ eclipse of the sun* total solförmörkelse **II** *s* slut-, total|-summa; *a ~ of (äv.)* sammanlagt, inalles; *in ~* totalt, sammanlagt **III** *v* **1** lägga ihop, addera, räkna samman **2** [sammanlagt] uppgå till **totalitarian** [ˌtəʊtælɪ'teərɪən] *a* totalitär, diktatorisk, diktatur- **-ism** [-ɪz(ə)m] totalitarism; diktatur **totality** [tə(ʊ)'tælətɪ] **1** totalitet; helhet; fullständighet **2** totalsumma **3** *astr.* totalförmörkelse **totali|zator** *(BE. äv. -sator)* ['təʊt(ə)laɪzeɪtə], **-izer** *(BE. äv. -iser)* [-aɪzə] totalisator **1 tote** [təʊt] *vard. (kortform av totalizator), the ~* toto **2 tote** [təʊt] *åld.* bära; *~ a gun* bära vapen, vara beväpnad **totem** ['təʊtəm] totem, skydds|ande, -gud, symbol **totem pole** totempåle **totter** ['tɒtə] vackla *(äv. bildl.);* stappla **totter|ing** [-rɪŋ], **tottery** [-rɪ] vacklande *(äv. bildl.);* stapplande; osäker, ostadig **toucan** ['tuːkən] *zool.* tukan **touch** [tʌtʃ] **I** *v (se äv. touched)* **1** röra [vid], vidröra, beröra, snudda vid, nudda, toucha, komma åt; ta i (på); trycka [lätt] på; *bildl. äv.* ha att göra med; *bildl.* [djupt] röra, gripa, träffa, såra; *~ off a)* avfyra, avlossa, *b)* bildl. utlösa; *~ [up]on (bildl.)* [flyktigt] beröra, komma in på; *~ up (BE. vulg.)* smeka, kåta upp; *~ glasses* klinga med gla-

touch-and-go—towered

sen, skåla; ~ *one's hat* ta åt hatten (*som hälsning*), hälsa; *he never ~es liquor* han smakar aldrig sprit; ~ *wood!* ta i trä!; *the police can't ~ me* polisen kan inte göra mig något; *I wouldn't ~ those affairs* jag skulle aldrig befatta mig med de där affärerna; *this detergent won't ~ ink-blots* det här tvättmedlet tar (biter) inte på bläckfläckar **2** nå [fram till]; tangera (*äv. mat.*); mäta sig med; stöta intill, gränsa till; *once I ~ed 100 k.p.h.* en gång kom jag upp till (i) 100 kilometer i timmen; *the temperature ~ed 40°* temperaturen steg (sjönk) till 40°; *it (she) can't be ~ed* den (hon) är ouppnåelig (oförliknelig); *there's nothing to ~ coffee* ingenting går upp mot kaffe **3** skada [lätt], angripa [lätt] **4** färga lätt, tona; blanda, lätta upp; ~ *up a*) bättra på, fräscha (snygga) upp, *b*) retuschera, *c*) tona, *d*) fin|slipa, -putsa **5** *sjö.* angöra, anlöpa **6** *sl.,* ~ *s.b. for s.th.* [försöka få] låna ngt av ngn **7** röra; röra (snudda) vid varandra; beröra (tangera, gränsa till) varandra; stöta ihop; *don't ~!* får ej vidröras!; ~ *at (sjö.)* angöra, anlöpa; ~ *down (flyg.)* ta mark, landa, gå ner **II** *s* **1** känsel[sinne]; *be cold to the (have a cold)* ~ kännas kall **2** beröring, vidröring, snudd[ande]; lätt rörelse (tryckning, stöt); *mus. m.m.* anslag, touche, grepp; *I felt a ~ on my arm* jag kände ett någon (något) rörde vid min arm; *that was a near* ~ det var nära ögat; *it was ~ and go whether* det var mycket osäkert om; *it collapses at the* ~ den faller ihop vid beröring **3** antydan, aning, spår, glimt; *a ~ of flu (fever)* en släng av influensa (feber); *a ~ of melancholy* ett stänk av vemod; *a ~ of pepper* en aning (gnutta) peppar **4** anstrykning, [karakteristiskt] drag, prägel; stil; *it was a nice ~ inviting her* det var en trevlig gest (idé) att bjuda henne; *it has the ~ of genius* det är något genialt över det **5** [penn-, pensel]drag; detalj; touche **6** grepp; hand; handlag; känsla; *the ~ of a master* en mästares hand; *have the right ~ with s.th.* kunna handskas med ngt [på rätt sätt]; *have a sure* ~ ha ett säkert handlag; *the house lacks a woman's* ~ det saknas en kvinna i huset **7** kontakt; *mil.* känning; [*with*]*in* ~ *of* inom räckhåll för; *be (keep) in* ~ *with* vara i (hålla, stå i) kontakt med; *I will be in* ~ jag kommer att [låta] höra av mig; *get in*[*to*] ~ *with* komma i (få) kontakt med, kontakta, sätta sig i förbindelse med; *you can get in* ~ *with me at this number (äv.)* du kan nå mig på det här numret; *keep in* ~*!* hör av dig (er)!; *keep (lose)* ~ *with* hålla (tappa) kontakten med **8** *sport.* område utanför sidlinjen; *be in* ~ vara utanför sidlinjen, vara ute (död) **9** *sl., he is an easy (a soft)* ~ det är lätt att låna pengar av honom; *make a* ~ försöka låna (tigga) pengar
touch|-and-go [‚tʌtʃən'gəʊ] riskabel, osäker; kritisk **-down** ['tʌtʃdaʊn] **1** *flyg.* landning **2** *sport.* marksättning; poäng för marksättning
touché ['tu:ʃeɪ] *interj* **1** *fäktn.* touché! **2** *bildl.* där fick du in en poäng!
touched [tʌtʃt] **1** rörd, gripen **2** *vard.* knasig, tokig **touching** ['tʌtʃɪŋ] **I** *a* rörande, gripande **II** *prep* rörande, angående **touch-line** ['tʌtʃlaɪn] *sport.* sidlinje **touchmark** ['tʌtʃmɑ:k] (*på tenn*) hallmärke **touch-me-not** [‚tʌtʃmɪ'nɒt] *bot.* vildbalsamin, springkorn **touchstone** ['tʌtʃ-stəʊn] probersten; *bildl. äv.* prövosten, kriterium

touch-type ['tʌtʃtaɪp] skriva maskin enligt touchmetoden **touch-up** ['tʌtʃʌp] retusch, retuschering **touchwood** ['tʌtʃwʊd] fnöske **touchy** ['tʌtʃɪ] **1** lätt|stött, -retlig, snarstucken **2** känslig
tough [tʌf] **I** *a* **1** seg **2** seg[sliten]; besvärlig, jobbig, kämpig, hård, svår; ~ [*luck*]! (*vard.*) otur! **3** ööm, motståndskraftig, härdig, härdad, stark **4** hård, envis, seg **5** hård[hudad], benhård, tuff, rå, kallhamrad; ~ *guy (vard.)* tuffing, hårding; *he's as ~ as old boots* han är urtuff; *get ~ with* ta i med hårdhandskarna med (mot) **II** *s* tuffing, hårding, råskinn, buse, slagskämpe
toughen ['tʌfn] **1** bli segare (starkare, hårdare) **2** göra segare (starkare, hårdare); stärka, styrka
toupee ['tu:peɪ] tupé
tour [tʊə] **I** *s* **1** [rund]tur, [rund]resa, färd, rundvandring; runda; *teat. e.d.* turné; ~ [*of inspection*] inspektions|runda, -resa; *conducted (guided)* ~ guidad [rund]tur ([rund]resa), sällskapsresa, visning; *make a* ~ *of Austria* resa runt i Österrike **2** *mil.* tjänstgöring[speriod] **II** *v* **1** göra en [rund]tur (*etc., jfr I 1*) genom (i), resa [runt] i; gå runt i; besöka, titta på; *teat.* turnera i **2** göra en [rund]tur (*etc., jfr I 1*), resa [runt]; *teat.* turnera
tour de force [‚tʊədə'fɔ:s] (*pl tours de force*) lysande prestation, konststycke
tourism ['tʊərɪz(ə)m] turism, turistväsen **tourist** [-ɪst] turist **tourist class** turistklass **touristy** [-ɪstɪ] *vard.* turistaktig, turist-, full av turister
tourmaline ['tʊəməli:n] *miner.* turmalin
tournament ['tʊənəmənt] **1** *sport.* turnering **2** *hist.* tornering, tornerspel **tourney** [-nɪ] *se tournament 2*
tourniquet ['tʊənɪkeɪ] *med.* tryckförband
tousle [taʊzl] rufsa till; tufsa till **tousled** [-d] rufsig; tilltufsad
tout [taʊt] **I** *v* *vard.* försöka pracka på folk; försöka prångla ut; göra reklam för; tipsa om; sälja stalltips om; spionera på (*kapplöpningshäst*); ~ *tickets* sälja biljetter på svarta börsen **2** skaffa stalltips, sälja stalltips **3** försöka pracka på folk sina tjänster; ~ *for business (custom)* försöka värva kunder **II** *s* **1** person som spionerar på kapplöpningshästar; person som säljer stalltips **2** [kund]värvare **3** person som säljer biljetter svart
1 tow [təʊ] **I** *v* bogsera; släpa; bärga (*bil*) **II** *s* bogsering; bärgning; *in* ~ (*vard.*) i släptåg; *on* ~ på släp; *give s.b. a* ~ bogsera ngn
2 tow [taʊ] blånor, drev
towards [tə'wɔ:dz] **1** mot i riktning mot; till **2** gentemot, mot; för; till; *her feelings* ~ *him* hennes känslor för (gentemot) honom; *work* ~ *a solution* arbeta för en lösning **3** (*om tid*) fram-, in|-emot, mot (*the night* natten)
towboat ['təʊbəʊt] bogserbåt
Towcester ['taʊstə]
towel ['taʊəl] **I** *s* handduk; *throw (chuck) in the* ~ (*vard.*) kasta yxan i sjön, ge upp **II** *v,* ~ [*down*] torka [sig] med en handduk **towelling** [-ɪŋ] handduksväv; frotté **towel rail** handduksstång
tower [taʊə] **I** *s* **1** torn; ~ *of strength (bildl.)* stöttepelare **2** fästning[storn] **II** *v* resa (höja) sig, torna upp sig, sticka upp (*over, above* över)
tower block höghus **towered** [-d] tornprydd,

towering—trade[s] union 548

med torn **towering** [-rɪŋ] **1** jättehög, gigantisk; reslig; *bildl.* imponerande, enastående **2** mäktig, våldsam; ~ *rage* våldsamt raseri
towing ['təʊɪŋ] bogsering; bärgning **towline** bogserlina
town [taʊn] stad; staden, stan; *AE.* kommun; *the* ~ *of Brighton* [staden] Brighton; ~ *and gown* borgare och akademiker; *the talk of the* ~ det allmänna samtalsämnet; *it's all over* ~ det är ute (känt) i hela stan; *go down* ~ (*AE.*) åka (köra) [in] till stan; *go into* ~ gå ut på stan; *go* [*out*] *on the* ~ slå runt på stan; *go* [*up*] *to* ~ åka (köra) [in] till stan; *go to* ~ ta i, slå på stort (*on* med); *travel up to* ~ (*i England*) åka till London
town centre ['taʊn‚sentə] *s, the* ~ [stadens] centrum, innerstaden, city **town council** stads-, kommun|fullmäktige **town crier** (*förr*) offentlig utropare **town gas** [-gæs] stadsgas **town hall** [-hɔ:l] stads-, råd|hus **town house** [fashionabelt] hus i staden; *AE. äv.* radhus **townie** [-ɪ] *vard.* stadsbo, asfaltblomma **town planning** [-‚plænɪŋ] stadsplanering **townscape** [-skeɪp] stadsbild **township** [-ʃɪp] **1** *Sydafr.* negerstadsdel, lokation **2** (*i USA o. Canada*) kommun **townspeople** [-‚pi:pl] stadsbor
tow|path ['təʊpɑ:θ] (*vid kanal e.d.*) pråmdragarväg, dragväg **-rope** bogserlina
toxaemia, *BE.*, **toxemia** *AE.* [tɒkˈsi:mɪə] *med.* toxemi, toxikemi, blodförgiftning
toxic ['tɒksɪk] *med.* toxisk, giftig; förgiftnings- **toxicology** [‚tɒksɪˈkɒlədʒɪ] toxikologi, läran om gifterna **toxin** ['tɒksɪn] toxin
toy [tɔɪ] **I** *s* leksak (*äv. bildl.*) **II** *v* leka (*äv. bildl.*)
toy car ['tɔɪkɑ:] leksaksbil **toyshop** ['tɔɪʃɒp] leksaksaffär
Tpr. *förk. för Trooper* **tr.** *förk. för transitive; translated; translator; treasurer;* (*mus.*) *trill; trustee*
1 trace [treɪs] **I** *s* **1** spår; tecken; aning, gnutta; *vanish without* ~ försvinna spårlöst; *without the slightest* ~ *of fear* utan minsta spår av fruktan **2** linje, kurva (*som ritas av skrivare e.d.*) **II** *v* **1** spåra [upp]; följa [spåren av]; finna, hitta, upptäcka; ~ [*back*] *to a*) spåra (följa, leda, föra) tillbaka till, *b*) hänföra till **2** rita [upp], teckna; kalkera; markera; skissera, göra ett utkast till; ~ *out a*) rita [upp], teckna, *b*) skissera, göra ett utkast till **3** ~ [*back*] *to a*) gå tillbaka till, kunna spåras (följas, ledas, föras) tillbaka till, *b*) kunna hänföras till
2 trace [treɪs] **1** (*på vagn*) draglina; *kick over the* ~*s* (*bildl.*) hoppa över skaklarna
trace element ['treɪs‚elɪmənt] spårelement
tracer bullet ['treɪsə‚bʊlɪt] spårljusprojektil
trache|a [trəˈki:ə] (*pl -ae* [-ɪ] *el. -as*) *anat.* trakea, luftstrupe
tracing ['treɪsɪŋ] **1** kalkering; kalkerad kopia
tracing paper [-‚peɪpə] kalkerpapper
track [træk] **I** *s* **1** spår (*äv. bildl.*); stig, väg, kurs (*äv. bildl.*); (*satellits e.d.*) bana; *in one's* ~*s* (*vard.*) på fläcken, genast; *off the beaten* ~ bortom allfarvägen (all ära och redlighet); *on one's* ~ efter sig, i hälarna [på sig]; *be* (*get*) *on a p.'s* ~, *be* (*get*) *on the* ~ *of s.b.* vara (komma) ngn på spåren; *be on the right* ~ vara [inne] på rätt spår (väg); *cover* (*hide*) *one's* ~*s* sopa igen spåren

efter sig; *keep* ~ *of* (*bildl.*) följa (hänga) med, hålla reda på, hålla kontakten med; *lose* ~ *of* (*bildl.*) inte följa (hänga) med, tappa bort, tappa räkningen på, tappa kontakten med; *make* ~*s* (*vard.*) ge sig i väg, sticka (*for* till); *stop dead in one's* ~*s* tvärstanna, hejda sig tvärt **2** [järnvägs]spår, bana; [*width of*] ~ spårvidd; *double* ~ *line* dubbelspårig bansträcka; *get off* (*leave*) *the* ~[*s*] spåra ur **3** [racer-, tävlings-, löpar]bana; ~ *and field* (*AE.*) friidrott **4** [driv]band, krypkedja **5** (*på band*) spår; (*på bandspelare*) kanal; (*på skiva*) låt, stycke, spår **II** *v* **1** följa [spåren av]; spåra (*äv. bildl.*); ~ *down* [försöka] spåra [upp], hitta, få tag i **2** hålla (följa) spåret, spåra **3** (*om kamera*) åka
tracker ['trækə] förföljare; spårhund, målföljare **track events** [-ɪ‚vents] *pl* tävlingar i löpning på bana **tracking station** [-ɪŋ‚steɪʃn] spårstation **tracklaying** [-‚leɪɪŋ] [försedd] med traktorband **track record** [-‚rekəd] *vard.* meritförteckning **track shoe** [-ʃu:] spiksko **tracksuit** [-su:t] träningsoverall
1 tract [trækt] **1** [land-, skogs]område **2** *anat.* organ, system; *the digestive* ~ matsmältningsapparaten
2 tract [trækt] pamflett, broschyr, skrift
tracta|bility [‚træktəˈbɪlətɪ] medgörlighet, foglighet **-ble** ['træktəbl] medgörlig, foglig
traction ['trækʃn] **1** dragning; dragkraft **2** *med.* sträck; *be in* ~ ligga i sträck **traction engine** [-‚endʒɪn] lokomobil, hjulburen ångmaskin
tractor ['træktə] **1** traktor **2** flygplan med dragande propeller
trad [træd] *vard.* tradjazz, traditionell jazz
trade [treɪd] **I** *s* **1** handel; [handels]utbyte; affärer; kommers; bransch, affärsgren; fack; yrke, hantverk; hantering; *the* ~ (*äv.*) *a*) branschfolket, [folk i] branschen, facket, skrået, *b*) återförsäljarna; *as we call it in the* ~ som vi i branschen kallar det; *domestic* ~ inrikeshandel[n]; *foreign* ~ utrikeshandel[n]; ~ *in s.th.* handel (*etc.*) med ngt; *how's* ~? hur går affärerna?; *what's your* ~? vilket yrke har du?; *what* ~ *are you in?* vilken bransch är du i?; *he is in* ~ han är affärsman; *he's a shoemaker by* ~ han är skomakare till yrket; *do* (*carry on*) ~ *with* driva (idka) handel med **2** ~*s* (*pl*) passadvindar **II** *v* **1** handla med (*s.th.* ngt); ~ [*off*] byta [ut] (*for* mot); ~ *in s.th. for s.th.* ta (lämna) ngt i inbyte mot ngt **2** handla, driva (idka) handel (*in s.th.* med ngt; *with s.b.* med ngn); ~ *at* (*AE.*) handla hos **3** schackra (*in s.th.* med ngt); spekulera (*in s.th.* i ngt); ~ *on* utnyttja, dra fördel av
trade cycle ['treɪd‚saɪkl] konjunktur[cykel] **trade discount** handels-, varu|rabatt **trade fair** [-feə] varumässa **trade-in** [-ɪn] **I** *s* inbyte **II** *a* inbytes-; ~ *car* inbytesbil; ~ *value* inbytesvärde **trademark** [-mɑ:k] varu-, fabriks-, firma|märke; *bildl.* kännemärke **trade name** [-neɪm] handelsnamn **trader** [-ə] **1** handels-, köp|man **2** handelsfartyg **trade route** [-ru:t] handelsväg **trade secret** [-‚si:krɪt] yrkes-, affärs-, fabrikations|hemlighet **tradesman** [-zmən] handlare, handelsman; *tradesmen's entrance* köksingång **tradespeople** [-‚pi:pl] handels-, köp|män
trade[s] union [‚treɪd(z)ˈju:njən] **I** *s* fackföre-

ning; *the Trades Union Congress* (*T.U.C.*) Brittiska landsorganisationen **II** *a* fackförenings-, facklig; *the trade union movement* fackföreningsrörelsen **trade unionism** [-ɪz(ə)m] fackföreningsrörelsen **trade unionist** [-ɪst] fackföreningsmedlem; fackföreningsman
trade wind ['treɪdwɪnd] passadvind
trading ['treɪdɪŋ] handel; byteshandel **trading estate** [-ɪˌsteɪt] industriområde **trading stamp** [-stæmp] rabatt|kupong, -märke
tradition [trə'dɪʃn] tradition
traditional [trə'dɪʃənl] traditionell, traditionsenlig **-ism** [-'dɪʃnəlɪz(ə)m] traditionalism **-ist** [-'dɪʃnəlɪst] **I** *s* traditionalist **II** *a* traditionalistisk
traduce [trə'djuːs] förtala, baktala, tala illa om **traducer** [-ə] baktalare
Trafalgar [trə'fælgə]
traffic ['træfɪk] **I** *s* **1** trafik **2** handel; *neds.* trafik; *illegal ~ in* illegal handel med **II** *v* **1** handla, bedriva handel (*in s.th.* med ngt; *with s.b.* med ngn) **2** bedriva olaglig handel (*in* med) **trafficator** [-eɪtə] *BE.* körriktningsvisare, pil **traffic circle** [-ˌsɜːkl] *AE.* rondell **traffic island** [-ˌaɪlənd] refuge; trafikdelare **traffic jam** [-dʒæm] trafikstockning **trafficker** [-ə] handlande; *drug ~* narkotikalangare **traffic light (signal)** [-laɪt, -ˌsɪgnl] trafik|ljus, -signal **traffic warden** [-ˌwɔːdn] trafikvakt
tragedian [trə'dʒiːdjən] **1** tragediförfattare **2** skådespelare i tragiska roller **tragedienne** [trəˌdʒiːdɪ'en] tragedienn, skådespelerska i tragiska roller **tragedy** ['trædʒədɪ] tragedi
tragic[al] ['trædʒɪk(l)] tragisk **tragicomic[al]** [ˌtrædʒɪ'kɒmɪk(l)] tragikomisk
trail [treɪl] **I** *s* **1** spår (*äv. bildl.*); slinga, strimma; (*på komet e.d.*) svans; *~ of blood* blodspår; *~ of dust* dammoln; *~ of smoke* rök|slinga, -moln; *hot on the ~ of* tätt i hälarna på; *get on* (*off*) *the ~* få upp (tappa) spåret; *leave in one's ~* föra med sig, ha släptåg **2** stig, väg **II** *v* **1** följa [efter], skugga; spåra [upp] **2** släpa [efter sig, på marken], dra [efter sig]; *~ o.s.* släpa sig [fram] **3** släpa [i marken]; utbreda sig (driva) [långsamt]; *~* [*along*] släpa sig [fram], dra benen efter sig; *~* [*behind*] (*vard.*) komma (släpa) efter, komma på efterkälken; *~ away* (*off*) *a*) förlora sig, *b*) försvinna, dö bort; *~ by 20 points* (*sport.*) ligga under med 20 poäng **4** slingra sig, klänga, klättra, krypa
trailer ['treɪlə] **1** släp[vagn], trailer; *AE.* husvagn **2** *film.* trailer
train [treɪn] **I** *v* **1** utbilda, skola; [upp]fostra; dressera; öva [in, upp]; träna [upp]; exercera [med] **2** rikta [in] (*kikare, vapen e.d.*) **3** (*i trädgårdsskötsel*) dra upp, låta växa (*i viss riktning*), tukta **4** utbilda sig; träna, exercera; *he ~ed as a teacher* han utbildade sig till lärare, han är utbildad lärare **II** *s* **1** tåg (*for, to* till); *fast ~* snälltåg; *local* (*suburban*) *~* lokaltåg; *special ~* extratåg; *on the ~* på tåget; *catch a ~ to Coventry* ta ett tåg till Coventry; *change ~s* byta tåg; *go by ~* åka tåg, ta tåget **2** tåg, procession, karavan; följe; svans; följd, rad, serie; *~ of events* rad (serie) [av] händelser; *~ of thought* tankegång; *bring in one's ~* ha i sitt följe (i släptåg), föra med sig **3** *be* (*put*) *in ~* vara (sätta) i gång **4** [klännings]släp; *the peacock's ~* påfågelns [långa släpande] stjärt **5** *tekn.*

trade unionism—transcendent

hjulverk
trained [treɪnd] tränad; skolad, utbildad; [ut]examinerad (*nurse* sjuksköterska); dresserad
trainee [treɪ'niː] praktikant, aspirant, elev, lärling; trainee **trainer** ['treɪnə] **1** dressör **2** tränare; instruktör
training ['treɪnɪŋ] utbildning; träning, övning; dressyr; *be in ~ a*) ligga i träning, *b*) ha god kondition, vara vältränad; *be out of ~* ha dålig kondition **training camp** tränings-, utbildnings|läger **training school** yrkes-, fack|skola **training shoe** träningssko
train spotter ['treɪnˌspɒtə] lokomotiventusiast (*som samlar loknummer*)
traipse [treɪps] *vard.* traska ([*a*]*round* runt i)
trait [treɪ] [karakteristiskt] drag, karaktärsdrag, egenskap
traitor ['treɪtə] förrädare (*to* mot) **traitorous** ['treɪt(ə)rəs] förrädisk; trolös **traitress** [-rɪs] förräderska
Trajan ['treɪdʒən] Trajanus
trajectory ['trædʒɪkt(ə)rɪ] (*projektils, bolls*) bana, kurs; [levnads]bana
tram [træm] **1** spårvagn **2** gruvvagn **-car** ['træmkɑː] spårvagn **-line** ['træmlaɪn] **1** spårvägsskena; spårvägslinje **2** (*i tennis, badminton*) korridor
trammel ['træml] **I** *v* hindra, hämma **II** *s* hinder, band, inskränkning, begränsning
tramp [træmp] **I** *v* **1** trampa; klampa **2** traska, lunka; luffa runt; stryka omkring **3** vandra (ströva) runt (omkring) i **II** *s* **1** tramp[ande] **2** [fot]vandring, strövtåg; *go for a ~* göra en vandring **3** luffare, landstrykare **4** *vard.*, *i sht AE.* slampa, fnask **5** tramp[fartyg]
trample ['træmpl] **1** trampa [ner], trampa på **2** trampa (*on* på); *~ on* (*bildl.*) förtrampa, trampa under fötterna
trampoline ['træmpəlɪn] trampolin
tramp steamer ['træmpˌstiːmə] tramp[fartyg]
tramway ['træmweɪ] **1** spårvägsspår **2** spårväg
trance [trɑːns] trans, trance; *go into a ~* falla i trans
trannie ['trænɪ] *BE. vard.* transistor[radio]
tranquil ['træŋkwɪl] lugn, stilla, fridfull **-lity** [træŋ'kwɪlətɪ] lugn, ro, stillhet, fridfullhet **-lize** (*BE. äv. -lise*) ['træŋkwɪlaɪz] lugna, stilla; *have a tranquillizing effect on* ha en lugnande inverkan på **-lizer** (*BE. äv. -liser*) ['træŋkwɪlaɪzə] lugnande medel
trans. *förk. för* transaction; transferred; transitive; translated; translator; transport[ation]; transparent; transpose; transverse
trans|act [træn'zækt] genomföra, göra, slutföra, avsluta (*business* affärer); föra, bedriva **-action** [træn'zækʃn] **1** transaktion, uppgörelse, avtal, affär **2** genomförande *etc.*, *jfr transact* **3** *~s* (*pl*) förhandlingsprotokoll, handlingar, skrifter (*utgivna av förening, samfund e.d.*)
trans|alpine [trænz'ælpaɪn] transalpin, norr om Alperna **-atlantic** [-æt'læntɪk] transatlantisk
transceiver [træn'siːvə] transceiver (*kombinerad radiomottagare o. -sändare*)
transcend [træn'send] **1** över|stiga, -skrida, gå utöver **2** över|träffa, -glänsa **-ence** [-əns], **-ency** [-ənsɪ] **1** överskridande **2** överlägsenhet **-ent**

transcendental—transport

[-ənt] **1** transcendent **2** överlägsen, enastående **-ental** [ˌtrænsenˈdentl] **1** *filos.* transcendental; transcendent; översinnlig **2** abstrakt; dunkel **transcontinental** [ˈtrænzˌkɒntɪˈnentl] transkontinental
tran|scribe [trænˈskraɪb] **1** skriva ut **2** transkribera *(äv. mus.)* **-script** [ˈtrænskrɪpt] **1** utskrift **2** avskrift, kopia **-scription** [trænˈskrɪpʃn] **1** utskrivning **2** avskrivning; avskrift, kopia **3** transkription *(äv. mus.)*
transept [ˈtrænsept] *(i kyrka)* tvärskepp, transept
transf. *förk. för transferred*
transfer I *v* [trænsˈfɜː] **1** över|föra, -flytta, föra (flytta) över, [för]flytta *(to* på, till); kalkera; placera om; transportera; överlåta; girera; *ekon. äv.* transferera *(into an account* till ett konto); *sport.* sälja, transferera; *in a ~red sense* i överförd betydelse (bemärkelse) **2** flytta; [för]flyttas **3** byta; gå över **II** *s* [ˈtrænsfɜː] **1** över|föring, -flyttning; [för]flyttning; omplacering; transfer *(äv. sport. o. ekon.)*; transport; överlåtelse[handling]; girering; *ekon. äv.* transferering **2** överförings-, gnugg|bild, dekal, dekalkomani; kopia; [av]tryck **3** byte; övergång; övergångsbiljett
transferable [trænsˈfɜːrəbl] möjlig att överföra; överförbar, överflyttbar; överlåtbar; transferabel; *not ~* får ej överlåtas **transference** [ˈtrænsf(ə)r(ə)ns] överflyttning, förflyttning, överföring, överlåtelse *(to* på) **transfer fee** [ˈtrænsfɜːˌfiː] *sport.* transfer-, övergångs|summa
trans|figuration [ˌtrænsfɪɡjʊˈreɪʃn] omgestaltning; *the T~* Kristi förklaring **-figure** [trænsˈfɪɡə] *litt.* förvandla, omgestalta; förhärliga
transfix [trænsˈfɪks] **1** *stand ~* stå som förhäxad (förstenad, fastnaglad) **2** genomborra
trans|form [trænsˈfɔːm] förvandla, förändra, omskapa, omforma, ombilda, omvandla; transformera *(äv. språkv. o. mat.)* **-formation** [ˌtrænsfəˈmeɪʃn] **1** förvandling, förändring, ombildning, omvandling; transformation *(äv. språkv. o. mat.)* **-formational** [ˌtrænsfəˈmeɪʃənl] *a, ~ grammar* transformationsgrammatik **-former** [trænsˈfɔːmə] **1** omskapare **2** *elektr.* transformator
trans|fuse [trænsˈfjuːz] **1** överföra *(blood* blod) **2** sprida sig över **-fusion** [-ˈfjuːʒn] **1** [blod]transfusion, blodöverföring **2** *bildl.* överföring
trans|gress [trænsˈɡres] **1** bryta mot, överträda *(a rule* en regel) **2** överträda en förordning; fela, synda **-gression** [-ˈɡreʃn] överträdelse; synd **-gressor** [-ˈɡresə] [lag]överträdare, lagbrytare
tran|sience [ˈtrænzɪəns], **-siency** [-zɪəns] kortvarighet, förgänglighet; flyktighet **-sient** [-zɪənt] **I** *a* flyktig, övergående, förgänglig; tillfällig **II** *s* tillfällig besökare (gäst)
transilluminate [ˌtrænzɪˈluːmɪneɪt] *med.* genomlysa
transistor [trænˈsɪstə] **1** transistor **2** transistorradio **transistor|ize** *(BE. äv. -ise)* [-raɪz] transistorisera **transistor radio** [-ˌreɪdɪəʊ] transistorradio
transit [ˈtrænsɪt] **I** *s* **1** genom-, över|resa; transit; *in ~* på genomresa **2** transport; transitering; *in ~* under transporten **II** *v* **1** resa genom (över) **2** transitera **transit camp** genomgångsläger

transition [trænˈsɪʒn] övergång; övergångs|period, -tid **-al** [-ˈsɪʒənl] *a* övergångs-
transitive [ˈtrænsɪtɪv] *språkv.* transitiv
transitory [ˈtrænsɪt(ə)rɪ] övergående, kortvarig, tillfällig; förgänglig
transl. *förk. för translated; translator*
trans|late [trænsˈleɪt] **1** översätta *(into* till; *from the English* från engelska); tolka; överföra **2** omvandla, förvandla *(into* till); *~ into action* omsätta i handling **3** vara översättare, översätta **4** kunna översättas **-lation** [-ˈleɪʃn] **1** översättning *(into* till); tolkning; överföring **2** omvandling, förvandling; omsättande *(into action* i handling) **-lator** [-ˈleɪtə] **1** översättare, translator
trans|literate [trænzˈlɪtəreɪt] translitterera, transkribera **-literation** [ˌtrænzlɪtəˈreɪʃn] translitterering, transkription
trans|lucence [trænzˈluːsns], **-lucency** [-ˈluːsnsɪ] [halv]genomskinlighet **-lucent** [-ˈluːsnt] [halv]genomskinlig
transmigration [ˌtrænzmaɪˈɡreɪʃn] **1** [över]flyttning, utvandring **2** *teol., ~ of souls* själavandring
transmission [trænzˈmɪʃn] **1** över|ring, -ande; översändande; överlåtelse; vidarebefordran; fortplantning **2** *radio., TV.* sändning **3** *tekn.* transmission; [kraft]överföring
transmit [trænzˈmɪt] **1** överföra; översända; överlåta; vidarebefordra; fortplanta **2** lämna i arv, fortplanta **3** *radio., TV.* [ut]sända **4** *tekn.* överföra, transmittera **-ter** [-ə] **1** översändare *etc., jfr transmit* **2** transmitter *(automatisk sändare för telegrafi)*
transmogrify [trænzˈmɒɡrɪfaɪ] *skämts.* totalt förändra, förvandla
trans|mutation [ˌtrænzmjuːˈteɪʃn] *biol., kem.* transmutation; omvandling; förvandling, överflyttning **-mute** [trænzˈmjuːt] *biol., kem.* transmutera; omvandla; förvandla, överflytta
transoceanic [ˈtrænzˌəʊʃɪˈænɪk] transocean[sk]
trans|parency [trænsˈpær(ə)nsɪ] **1** genomskinlighet *(äv. bildl.)*, genomsynlighet **2** transparang; dia|positiv, -bild **-parent** [-ˈpær(ə)nt] **1** genomskinlig *(äv. bildl.)*, genomsynlig, transparent **2** uppenbar *(lie* lögn), tydlig, klar
tran|spiration [ˌtrænspɪˈreɪʃn] transpiration, utdunstning **-spire** [trænˈspaɪə] **1** *bildl.* komma fram, sippra (läcka) ut, utdunsta; avsöndra[s]; transpirera **2** *vard.* hända, inträffa **3** av-, ut|dunsta, transpirera; avsöndras, avgå **4** avsöndra, avge
trans|plant I *s, kir.* [ˈtrænsplɑːnt] **1** transplantation **2** transplantat **II** *v* [trænsˈplɑːnt] **1** plantera om; *bildl. äv.* förflytta, flytta över **2** *kir.* transplantera **3** gå att plantera om; *bildl. äv.* gå att förflytta (flytta över) **-plantation** [ˌtrænsplɑːnˈteɪʃn] **1** omplantering; *bildl. äv.* förflyttning, överflyttning **2** *kir.* transplantation
transport I *v* [trænsˈpɔːt] **1** transportera, forsla, förflytta, befordra **2** *hist.* deportera *(straffånge)* **3** *be ~ed* hänföras, bli (vara) hänförd (hänryckt); *~ed with joy* utom sig (vild) av glädje **II** *s* [ˈtrænspɔːt] **1** transport, forsling, förflyttning, befordran **2** transportmedel; transport|fordon, -[flyg]plan, -fartyg; transportväsen[det]; *[means of] ~* transportmedel; *public ~* allmänna kommunikationer, kollektivtrafik **3** hänförelse; [häf-

tigt] utbrott; *in ~s of joy* utom sig (vild) av glädje
transportation [ˌtrænspɔːˈteɪʃn] **1** transport, transportering **2** transportmedel **3** transportväsen, kommunikationer **4** *AE.* transportkostnader **transport café** [ˈtrænspɔːtˌkæfeɪ] *BE.* långtradarkafé **transporter** [trænˈspɔːtə] stor långtradare, transportfordon
trans|pose [trænsˈpəʊz] **1** omplacera, förflytta **2** omvandla, förvandla (*into* till) **3** *mus.* transponera (*into* till) **-position** [ˌtrænspəˈzɪʃn] **1** omplacering, förflyttning **2** omvandling, förvandling **3** *mus.* transponering
transship [trænsˈʃɪp] **1** lasta om **2** byta (*båt e.d.*)
transubstantiation [ˈtrænsəbˌstænʃɪˈeɪʃn] **1** *rom.-kat.* transsubstantiation **2** omvandling, genomgripande förändring
transude [trænˈsjuːd] *med.* sippra igenom
trans|versal [trænzˈvɜːsl] *geom.* transversal **-verse** [ˈtrænzvɜːs] tvärgående, tvärställd, transversell **-versely** [ˌtrænzˈvɜːslɪ] *adv* på tvären, tvärs över
trans|vestism [trænzˈvestɪz(ə)m] transves[ti]tism **-vestite** [-ˈvestaɪt] transvestit
trap [træp] **I** *s* **1** fälla, snara (*äv. bildl.*); *fall (walk) into the ~* gå i fällan; *lay (set) a ~ for* gillra (lägga ut, sätta ut) en fälla för **2** fallucka, lucka **3** vattenlås **4** (*tvåhjulig*) kärra, vagn **5** *sl.* käft; *shut your ~!, keep your ~ shut!* håll käften! **II** *v* **1** sätta ut fällor på (i) **2** locka [i fällan], fånga [i en fälla], snara, snärja; sätta fast; *~ s.b. into doing s.th.* få (lura) ngn att göra ngt; *be ~ped* vara instängd (inklämd), sitta fast, ha fastnat; *~ one's finger in the door* klämma fingret i dörren **3** *sport.* dämpa (*boll*) **4** sätta ut fällor
trap door [ˌtræpˈdɔː] fallucka; lucka; taklucka
tra|peze [trəˈpiːz] trapets **-pezium** [-ˈpiːzjəm] (*pl -peziums el. -pezia* [-ˈpiːzjə]) *geom.* **1** *BE.* parallelltrapets **2** *AE.* trapetsoid **-pezoid** [ˈtræpɪzɔɪd] *geom.* **1** *BE.* trapetsoid **2** *AE.* parallelltrapets
trapper [ˈtræpə] pälsjägare, trapper
trappings [ˈtræpɪŋz] *pl* **1** grannlåt, utstyrsel; [status]symboler **2** [häst]mundering
traps [træps] *pl, vard.* grejor, pinaler
trapshooting [ˈtræpˌʃuːtɪŋ] lerduveskytte
trash [træʃ] **I** *s* **1** skräp, smörja **2** *AE.* avfall, sopor, skräp **3** *vard.* slödder, pack; *poor White ~* den vita underklassen, de fattiga vita (*i Sydstaterna i USA*) **II** *v, AE.* **1** kasta bort, slänga **2** *sl.* vandalisera; krossa **trashcan** [ˈtræʃkæn] *AE.* soptunna **trashy** [ˈtræʃɪ] *vard.* [ur]usel, skräp-
trauma [ˈtrɔːmə] (*pl ~s el. ~ta* [-tə]) *med., psykol.* trauma; [nerv]chock **traumatic** [trɔːˈmætɪk] *med., psykol.* traumatisk; chockartad
travel [ˈtrævl] **I** *v* **1** resa [omkring] i, resa igenom (över) **2** tillryggalägga **3** resa, åka, fara, färdas; *~ light* resa utan mycket bagage; *he ~s to work by car (äv.)* han tar bilen till jobbet; *this wine doesn't ~ well* det här vinet tål inte transport [så bra] **4** röra sig, fortplanta sig, gå; löpa; glida; fara; *his eye ~led over* hans blick vandrade över; *light ~s at* ljuset går (rör sig) med en hastighet av **5** *vard.* köra (*etc.*) fort (i full fart), susa fram; *that car really ~s* den bilen går verkligen fort **6** resa, vara handelsresande **II** *s* **1** resande, resor; *~s (pl)* resor; *be fond of ~* tycka om att resa **2** rörelse, gång, bana; slag[längd]
travel agency (bureau) [ˈtrævlˌeɪdʒ(ə)nsɪ] rese-, turist|byrå **travelled** [-d] berest **traveller** [-ə] **1** resande, resenär; passagerare; *~'s cheque* resecheck **2** [*commercial*] ~ handelsresande **3** zigenare **travelling** [-ɪŋ] **I** *a* resande, kringresande; *~ companion* res|kamrat, -sällskap; *~ expenses* (*BE.*) resekostnader, resekostnadsersättning; *~ salesman* handelsresande **II** *s* resande; resor **travelogue** [ˈtrævəlɒɡ] rese|berättelse, -skildring
traverse [ˈtrævəs] **I** *v* **1** fara (färdas) genom (över); genomkorsa; korsa, skära **2** *bildl.* gå emot, hindra; korsa **3** *jur.* bestrida **II** *s* **1** travers, tvär|stycke, -balk, -slå **2** *mil.* travers **3** *geom.* transversal **4** *jur.* bestridande **III** *a* tvärgående, tvär-
travesty [ˈtrævɪstɪ] **I** *s* travesti, parodi, karikatyr **II** *v* travestera, parodiera, karikera
trawl [trɔːl] **I** *v* **1** tråla, fiska med trål **2** *~ s.th. for* noga söka igenom ngt efter **II** *s* **1** trål **2** långrev **3** trålning **4** sökande **trawler** [ˈtrɔːlə] trålare **trawl line** [ˈtrɔːllaɪn] långrev
tray [treɪ] bricka; fat; låda; brevkorg
treacherous [ˈtretʃ(ə)rəs] förrädisk, trolös, svekfull; opålitlig **treachery** [-ɪ] förräderi, trolöshet, svek
treacle [ˈtriːkl] sirap; melass **treacly** [-ɪ] *a* **1** sirapsliknande; klibbig **2** *bildl.* sirap|len, -söt; sliskig
tread [tred] **I** *s* **1** tramp[ande]; steg; gång; *walk with a heavy ~* gå tungt (med tunga steg), ha en tung gång **2** trapp-, fot|steg; [steg]pinne **3** trampyta; slit|yta, -bana; [däck]mönster **II** *v* (*trod, trodden*) **1** trampa, trampa [på, till, upp, sönder]; gå, vandra på (genom, i); *bildl. äv.* beträda; *~ the same path as* slå in på (gå) samma väg som; *~ water* trampa vatten; *~ down a)* trampa ner (till), *b)* trampa på, förtrampa; *~ under foot* (*bildl.*) trampa under fötterna, förtrampa **2** trampa; gå; träda, stiga; *~ lightly (carefully) a)* gå med lätta steg (försiktigt), *b)* gå försiktigt fram (tillväga); *~ in a p.'s footsteps* (*bildl.*) gå i ngns fotspår; *~ on air* vara i sjunde himlen; *~ on the brake* trampa på bromsen; *~ on a p.'s toes* trampa ngn på tårna (*äv. bildl.*)
treadle [ˈtredl] **I** *s* (*på symaskin, spinnrock*) trampa **II** *v* trampa [på]
treadmill [ˈtredmɪl] trampkvarn
treas. *fork. för treasurer; treasury*
treason [ˈtriːzn] lands-, hög|förräderi; förräderi; *an act of ~* ett förräderi **-able** [-əbl], **-ous** [-əs] lands-, hög|förrädisk; förrädisk
treasure [ˈtreʒə] **I** *s* skatt[er], klenod[er] (*äv. bildl.*); *she's a real ~* hon är en riktig pärla **II** *v* **1** skatta högt, uppskatta, värdera, värdesätta **2** bevara [som en skatt]; samla [på] **treasure house** skattkammare (*äv. bildl.*) **treasure hunt** skatt|jakt, -sökning **treasurer** [-rə] skattmästare; kommunalkamrer (*i förening e.d.*) kassör **treasure-trove** *jur.* skatt|gömma, -fynd
treasury [-rɪ] **1** *the T~* finansdepartementet; *the T~ Bench* regeringsbänken (*i underhuset*); *T~ bill* (*AE.*) skattkammarväxel **2** skattkammare (*äv. bildl.*) **3** kassa
treat [triːt] **I** *v* **1** behandla (*a patient for an illness*

treatise—trick

en patient för en sjukdom) **2** betrakta, anse, ta (*s.th. as a joke* ngt som ett skämt) **3** bjuda (*to* på); traktera (*to* med); ~ *o.s. to s.th.* kosta på (unna) sig ngt **4** ~ *of* behandla, avhandla, handla om **5** för-, under|handla (*with s.b. for s.th.* med ngn om ngt) **II** *s* **1** [sann] njutning, nöje, upplevelse; överraskning; *look a* ~ (*vard.*) se jättebra ut; *work a* ~ (*vard.*) gå som smort **2** traktering; bjudning, kalas, fest; utflykt; *this is my* ~ det är jag som bjuder; *stand* ~ bjuda på (betala) kalaset, bjuda

treatise ['tri:tɪz] avhandling (*on* om)
treatment ['tri:tmənt] behandling (*äv. med.*)
treaty ['tri:tɪ] fördrag, traktat; pakt
treble ['trebl] **I** *a* tre|dubbel, -faldig; ~ *chance* poängtips; *it is* ~ *the size of* den är tre gånger så stor som **2** *mus.* sopran-, diskant-; ~ *clef* diskantklav **II** *s* sopran; diskant **III** *v* tredubbla[s] **trebly** [-ɪ] *adv* tre|dubbelt, -faldigt
tree [tri:] träd; *Christmas* ~ julgran; *the* ~ *of knowledge of good and evil* kunskapens träd på gott och ont; *be at the top of the* ~ (*bildl.*) ha nått toppen; *be up a* ~ (*AE. vard.*) sitta i klistret, vara i knipa
tree creeper ['tri:‚kri:pə] *zool.* trädkrypare **tree frog** [-frɒg] *zool.* lövgroda **tree line** [-laɪn] trädgräns **tree sparrow** [-‚spærəʊ] *zool.* pilfink
treetop [-tɒp] trädtopp
trefoil ['tri:fɔɪl] **1** *bot.* klöver **2** *arkit.* klöverblad
trek [trek] **I** *v* [fot]vandra **II** *s* lång och mödosam [fot]vandring
trellis ['trelɪs] **I** *s* spaljé; galler[verk] **II** *v* **1** spaljera **-work** spaljé; galler[verk]
tremble ['trembl] **I** *v* **1** darra, skaka, skälva; *trembling poplar* (*bot.*) asp **2** *bildl.* darra, bäva, ängslas (*about, for* för) **II** *s* darrning, skakning, skälvning; *be all of a* ~ (*vard.*) darra (skaka) i hela kroppen
tremendous [trɪ'mendəs] **1** enorm, kolossal, väldig; *vard.* fantastisk, jättelik **2** *åld.* fruktansvärd
tremolo ['tremələʊ] *mus.* tremolo
tremor ['tremə] **1** darrning, skälvning, skakning; rysning **2** [*earth*] ~ jordskalv
tremulous ['tremjʊləs] *litt.* **1** darrande, skälvande **2** ängslig
trench [tren(t)ʃ] **I** *s* **1** dike; fåra; ränna **2** *mil.* skyttegrav **II** *v* **1** dika; gräva diken *etc., jfr I* **2** inkräkta ([*up*]*on* på)
trenchant ['tren(t)ʃ(ə)nt] skarp, bitande (*criticism* kritik); kraftfull
trench coat ['tren(t)ʃkəʊt] trenchcoat
trencher ['tren(t)ʃə] (*förr*) trätallrik; skärbräde **-man** [-mən] matglad person
trend [trend] **I** *s* trend, tendens, [in]riktning; *set the* ~ vara trendskapande, skapa en trend **II** *v* tendera, gå, röra sig (*i viss riktning*) **trend-setter** ['trend‚setə] modeskapare, trend|skapare, -makare **trendy** ['trendɪ] **I** *a* trendig, toppmodern, inne-, moderiktig **II** *s, vard.* trendnisse
trepan [trɪ'pæn], **trephine** [trɪ'fi:n] *med.* **I** *s* trepan **II** *v* trepanera **trephination** [trefɪ'neɪʃn] *med.* trepan|ering, -ation
trepidation [‚trepɪ'deɪʃn] oro, bävan; bestörtning
trespass ['trespəs] **I** *v* **1** göra intrång, inkräkta;

no ~*ing!* tillträde förbjudet!; *you're* ~*ing!* du får inte gå (vara) här!; ~ [*up*]*on a*) [dagligen] beträda, göra intrång på, inkräkta på, *b*) *bildl.* göra intrång i, inkräkta på, kräva (ta) för mycket av, ta alltför mycket i anspråk av; *you* ~ [*up*]*on his hospitality* du missbrukar hans gästfrihet **2** *bibl.* synda; *them that* ~ *against us* dem oss skyldiga äro **II** *s* **1** intrång; [lag]överträdelse **2** *bibl.* synd; skuld
trespasser [-ə] inkräktare; ~*s will be prosecuted* tillträde vid vite förbjudet, överträdelse beivras
tress [tres] *åld., litt.* hårlock; fläta
trestle ['tresl] (*stöd*) [trä]bock **trestle table** bord som står på bockar
T.R.H. *förk. för Their Royal Highnesses*
triable ['traɪəbl] som kan prövas rättsligt; underkastad rättslig prövning
triad ['traɪəd] tretal, grupp av tre; *mus.* treklang
trial ['traɪ(ə)l] **1** *jur.* rannsakning; rättslig prövning; rättegång, process; mål; *be on* ~ vara åtalad, stå inför rätta; *bring s.b. to* (*put s.b. on*) ~ ställa (dra) ngn inför rätta; *stand* ~ stå inför rätta **2** prövning; påfrestning; vedermöda; *be a* ~ *to s.b.* vara en påfrestning (prövning) för ngn, vålla ngn mycket bekymmer (problem) **3** prov[ning], försök, test, experiment; *sport.* försök, trial; ~ *of strength* kraftprov; *on* ~ *a*) på prov, *b*) efter en prövotid; *the new secretary is on* ~ den nya sekreteraren är anställd på prov; *do s.th. by* ~ *and error* göra ngt med hjälp av trial-and-error-metoden (genom att pröva sig fram); *give s.b. a* ~ *a*) sätta ngn på prov, låta ngn [få] försöka, *b*) anställa ngn på prov; *give s.th. a* ~ pröva ngt; *put to the* ~ sätta på prov, testa **trial balloon** [-bə‚lu:n] *AE. bildl.* försöksballong **trial flight** prov-, test|flygning **trial heat** [-hi:t] *sport.* försöksheat **trial run** [-rʌn] prov-, test|körning, provtur
tri|angle ['traɪæŋgl] triangel **-angular** [traɪ-'æŋgjʊlə] triangulär, triangelformig, triangellik
tribal ['traɪbl] stam-, släkt- **-ism** [-ɪz(ə)m] **1** stamsystem **2** stamlojalitet
tribe [traɪb] **1** stam; släkt; **2** *biol.* underfamilj, grupp **3** *vard.* klunga, skara, samling, grupp **4** *skämts.* släkt, familj **tribesman** ['traɪbzmən] medlem av stam; stamfrände
tribulation [‚trɪbjʊ'leɪʃn] vedermöda, prövning
tribunal [traɪ'bju:nl] domstol, tribunal
1 tribune ['trɪbju:n] *rom. hist.* tribun
2 tribune ['trɪbju:n] (*i basilika*) [biskops]tron
tributary ['trɪbjʊt(ə)rɪ] **I** *s* **1** biflod, tillflöde **2** tributskyldig stat (person); lydstat **II** *a* **1** bi-, sido- **2** tributskyldig; underlydande
tribute ['trɪbju:t] **1** tribut, skatt **2** tribut, hyllning, gärd; *floral* ~ blomster|hyllning, -gärd; *a* ~ *to* (*äv.*) ett bevis på; *pay* ~ *to s.b.* bringa ngn sin hyllning
trice [traɪs] *s, in a* ~ i en handvändning
trecentenary [‚traɪsen'ti:nərɪ] trehundraårsdag
triceps ['traɪseps] *anat.* triceps
trichina [trɪ'kaɪnə] (*pl -nae* [-ni:]) *zool.* trikin
trichloroethylene [traɪ‚klɔ:rəʊ'eθɪli:n] *kem.* trikloretylen
trick [trɪk] **I** *s* **1** trick[s]; konst[grepp]; knep; påhitt; list, fälla; streck, spratt; ~*s of the trade* yrkes|knep, -hemligheter, specialknep; *it's only a* ~

of the light det är bara ett ljusfenomen; *a dirty* ~ ett fult spratt; *how's* ~*s?* (*vard.*) hur är läget?; *he's up to his* ~*s as soon as my back is turned* han gör rackartyg så fort jag vänder ryggen till; *that will do the* ~ (*vard.*) det kommer att göra susen (bli jättebra); *he knows a* ~ *or two* (*vard.*) han kan (vet) en hel del, han är minsann inte bakom; *I know a* ~ *worth two of that* (*vard.*) jag känner till (vet) ett ännu bättre knep (sätt); *he never seems to miss a* ~ (*vard.*) ingenting tycks undgå honom; *play a* ~ (*play* ~*s*) *on s.b.* spela ngn ett spratt **2** egenhet, [o]vana **3** *kortsp.* trick, stick, spel **II** *v* **1** lura; ~ *s.b. into doing s.th.* lura ngn att göra ngt; ~ *s.b. into marriage* lura ngn till giftermål; ~ *s.b. out of s.th.* lura av ngn ngt **2** ~ [*out, up*] styra ut, snygga upp

trickery ['trɪkərɪ] knep, skoj, bedrägeri **trickiness** [-ɪnɪs] **1** knepighet, krånglighet, kinkighet

trickle ['trɪkl] **I** *v* sippra, droppa, rinna sakta; drypa; *the tears* ~*d down her cheeks* tårarna trillade nerför hennes kinder; *people began to* ~ *back to the bus* folk började sakta dra sig tillbaka till bussen; *the news* ~*d out* nyheten sipprade ut **II** *s* sipprande, droppande; droppe

trickster ['trɪkstə] skojare, bluffmakare **tricky** [-ɪ] **1** knepig, krånglig, kinkig **2** opålitlig, listig

tricolour ['trɪkələ] trikolor

tricot ['triːkəʊ] trikå

tricycle ['traɪsɪkl] trehjuling

trident ['traɪdnt] treudd

tried [traɪd] [be]prövad

triennial [traɪˈenjəl] **1** treårig, treårs- **2** återkommande (inträffande) vart tredje år

trier ['traɪə] person som försöker (gör sitt bästa)

trifle ['traɪfl] **I** *s* **1** småsak, bagatell, petitess; strunt[sak]; struntsumma **2** *a* ~ en aning, litet [grand] **3** (*slags*) frukttårta **II** *v* **1** ~ *away* slösa (plottra) bort, förslösa, [för]spilla **2** leka (*äv. bildl.*); peta; ~ *with a*) leka med, *b*) peta i; *he is not* [*a person*] *to be* ~*d with* han är inte att leka med

trifler ['traɪflə] slarver, lätting **trifling** [-ɪŋ] **1** obetydlig, bagatellartad, strunt- **2** lättsinnig; lättjefull

trig. *förk. för* trigonometrical; trigonometry

trigger ['trɪɡə] (*på skjutvapen*) avtryckare; *pull* (*squeeze*) *the* ~ trycka av; *be quick on the* ~ skjuta snabbt **-happy** [-ˌhæpɪ] *vard.* skjutglad

trigonometry [ˌtrɪɡəˈnɒmɪtrɪ] trigonometri

trike [traɪk] *vard.* **1** trehjuling **2** tri[kloretylen]

trilateral [ˌtraɪˈlæt(ə)r(ə)l] tresidig, trilateral

trilby [**hat**] ['trɪlbɪ(hæt)] trilbyhatt (*mjuk filthatt*)

trill [trɪl] **I** *v* drilla (*äv. mus.*); ~ *laughter* pärlande skratt **II** *s* drill (*äv. mus.*)

trillion ['trɪljən] **1** triljon **2** *AE.* biljon

trim [trɪm] **I** *a* snygg; proper, nätt, prydlig, vårdad; väl|skött, -ordnad **II** *s* **1** skick, tillstånd, ordning, form, trim; *be in* [*good*] ~ *a*) vara i ordning, *b*) vara i form (trim) **2** trimning, putsning, klippning; *give s.th. a* ~ klippa (putsa, trimma, tukta, beskära) ngt **3** utsmyckning, dekoration, kantband; lister; utstyrsel, dräkt, stass; (*bils*) inredning; *AE.* skyltmaterial **4** *sjö., flyg.* trim; *sjö. äv.* trimning **5** bortskuret ([bort]klippt) material **III** *v* **1** trimma, putsa, klippa; tukta, beskära; jämna [av, till]; *bildl.* skära ner, banta; ~ *off* (*away*) skära (putsa) bort **2** smycka [ut], pynta, dekorera, garnera, klä, kanta **3** *vard.* klå [upp]; slå; besegra **4** *sjö., flyg.* trimma; *bildl.* anpassa (*to* efter); ~ *one's sails to every wind* (*bildl.*) vända kappan efter vinden **5** vända kappan efter vinden, kompromissa

trimaran ['traɪməræn] trimaran

trimester [traɪˈmestə] kvartal

trim|mer ['trɪmə] **1** trimnings-, klippnings|verktyg, -maskin, trimsax **2** opportunist **-ming** [-ɪŋ] **1** trimning, putsning, avklippning **2** dekoration, garnering, utsmyckning, pynt **3** ~*s* (*pl*) [extra] tillbehör **4** ~*s* (*pl*) bortskurna bitar **5** *vard.* stryk; bannor **6** *sjö.* trimning

trinitrotoluene [traɪˌnaɪtrə(ʊ)ˈtɒljuːiːn] *kem.* trinitrotoluen, trotyl

trinity ['trɪnɪtɪ] trefald; treenighet; *the* [*Holy*] *T*~ (*teol.*) treenigheten **Trinity Sunday** Heliga Trefaldighets dag, trefaldighetssöndagen

trinket ['trɪŋkɪt] liten prydnadssak; billigt smycke; ~*s* (*pl, äv.*) nipper, grannlåt

trio ['triːəʊ] trio

trip [trɪp] **I** *s* **1** tur, resa, tripp, utflykt **2** trippande [gång] **3** snavande, snubblande **4** krokben **5** fel, felsteg, blunder, tabbe **6** *tekn.* utlösning; utlösare **7** *vard.* tripp (*LSD-rus*); spännande upplevelse **II** *v* **1** *tekn.* utlösa **2** ~ [*up*] få att snava (snubbla), fälla, sätta krokben för, *bildl. äv.* sätta på det hala, göra förvirrad, avslöja, ertappa **3** ~ [*up*] *a*) snava, snubbla (*äv. bildl.*), *b*) begå ett fel [steg], göra en tabbe; ~ [*up*] *over* snava (snubbla) på **4** trippa

tripartite [ˌtraɪˈpɑːtaɪt] **1** tredelad **2** treparts-, tresidig

tripe [traɪp] **1** *kokk.* ox-, ko-, svin|mage **2** *vard.* strunt, smörja

trip-hammer ['trɪpˌhæmə] stångjärnshammare

triple ['trɪpl] **I** *a* tre|faldig, -dubbel, -delad; trippel-; tre-; *the T*~ *Alliance* trippelalliansen; ~ *jump* (*sport.*) tresteg[shopp]; ~ *time* (*mus.*) tretakt **II** *v* tredubbla[s]

triplet ['trɪplɪt] **1** trilling **2** *mus.* triol

triplicate I *a* ['trɪplɪkət] tre|dubbel, -faldig **II** *s* ['trɪplɪkət] triplett, tredje exemplar (kopia); *in* ~ i tre exemplar **II** *v* ['trɪplɪkeɪt] tre|dubbla, -faldiga

tripod ['traɪpɒd] **1** trefot, tripod **2** stativ [med tre ben]

tripos ['traɪpɒs] *Cambr.* tripos (*slutexamen med honours degree i alla ämnen*)

tripper ['trɪpə] **1** *åld.* person (på deltagare i) utflykt; turist **2** *tekn.* utlösare

tripping ['trɪpɪŋ] (*i ishockey*) tripping (*fällning av motspelare*)

triptych ['trɪptɪk] triptyk (*tredelad* [*altar*]*tavla*)

tripwire ['trɪpˌwaɪə] *mil.* snubbeltråd

trireme ['traɪriːm] *hist.* trirem (*galär med tre rader roddarbänkar*)

trisect [traɪˈsekt] tredela (*i sht i lika delar*)

tri|syllabic [ˌtraɪsɪˈlæbɪk] trestavig **-syllable** [-ˈsɪləbl] trestavigt ord

trite [traɪt] sliten, nött, banal

triumph ['traɪəmf] **I** *s* triumf; seger **II** *v* triumfera; segra **triumphal** [traɪˈʌmfl] triumfartad, triumf-; ~ *arch* triumfbåge; ~ *procession* triumftåg

triumphant [traɪˈʌmfənt] triumferande; triumfartad

triumvirate [traɪˈʌmvɪrət] triumvirat
trivet [ˈtrɪvɪt] **1** trefot (*i sht för kokkärl*); karottunderlägg; *as right as a ~* i fin form
trivia [ˈtrɪvɪə] *pl* trivialiteter, oväsentligheter
trivial [ˈtrɪvɪəl] **1** obetydlig, oviktig **2** trivial, banal, alldaglig **-ity** [ˌtrɪvɪˈælətɪ] **1** obetydlighet, bagatell **2** trivialitet, banalitet **-ize** (*BE. äv. -ise*) [ˈtrɪvɪəlaɪz] bagatellisera
trochaic [trəʊˈkeɪɪk] *versl.* **I** *a* trokeisk, trokaisk (*verse* vers) **II** *s* **1** trokeisk vers **2** troké **trochee** [ˈtrəʊkiː] troké
trod [trɒd] *imperf. av* tread **-den** [-n] *perf. part. av* tread
troglodyte [ˈtrɒglədaɪt] grottmänniska, troglodyt; *vard.* enstöring
troika [ˈtrɔɪkə] trojka (*trespann o. grupp av tre pers.*)
Trojan [ˈtrəʊdʒ(ə)n] **I** *a* trojansk; *the ~ Horse* den trojanska hästen; *the ~ War* trojanska kriget **II** *s* **1** trojan **2** *work like a ~* arbeta som en slav (häst)
troll [trəʊl] troll
trolley [ˈtrɒlɪ] **1** [drag]kärra **2** tralla; dressin **3** tevagn, rullbord; serveringsvagn **4** *tekn.* kontakttrissa, löpkontakt **5** *BE.* trådbuss **6** *AE.* spårvagn **trolley bus** trådbuss **trolley car** *AE.* spårvagn
trollop [ˈtrɒləp] *åld.* slampa, [gat]slinka
trom|bone [trɒmˈbəʊn] *mus.* trombon, [drag]basun **-bonist** [-ɪst] trombonist
troop [truːp] **I** *s* **1** skara, skock, grupp **2** *mil.* trupp; tropp; [kavalleri]förband (*av kompanis storlek*); [scout]avdelning **II** *v* **1** gå (komma, samlas) i skaror; tåga; *vard.* troppa (*off* av) **2** *~ the colour* göra parad för (troppa) fanan **troop carrier** [ˈtruːpˌkærɪə] *mil.* trupptransport|fordon, -fartyg, -plan **trooper** [ˈtruːpə] **1** kavallerist; *swear like a ~* svära som en borstbindare **2** kavalleriehäst **3** *vard., i sht BE.* trupptransportfartyg **4** *AE.* [ridande] polis **troopship** [ˈtruːpʃɪp] trupptransportfartyg
trope [trəʊp] trop, bildligt uttryck, poetisk bild
trophy [ˈtrəʊfɪ] trofé, segertecken
tropic [ˈtrɒpɪk] **I** *s* **1** vändkrets, tropik; *the T~ of Cancer* (*Capricorn*) Kräftans (Stenbockens) vändkrets **2** *the ~s* (*pl*) tropikerna **II** *a* tropisk
tropical [-l] tropisk
troposphere [ˈtrɒpəsfɪə] *meteor.* troposfär
trot [trɒt] **I** *v* **1** trava, gå i trav; rida i trav **2** kila, trava, traska; *~ along* kila (traska) på (i väg) **3** låta trava **4** *vard.* komma dragandes med (*the same ideas* samma gamla idéer), dra fram, briljera med **II** *s* **1** trav **2** travande; rask gång; *the ~s* (*vard.*) diarré; *on the ~* (*vard.*) *a*) i farten, *b*) på raken, i rad **3** [litet] pyre **4** *AE. vard.* moja
troth [trəʊθ] *litt.* tro [och loven]; *they plighted their ~* de lovade varandra evig trohet
trotter [ˈtrɒtə] **1** travhäst, travare **2** *kokk.* grisfot
trotting [-ɪŋ] trav[sport]
trotyl [ˈtrəʊtɪl] *kem.* trotyl
troubadour [ˈtruːbəˌdʊə] trubadur
trouble [ˈtrʌbl] **I** *s* **1** svårighet[er]; möda, besvär; besvärlighet[er], obehag[ligheter], tråkighet[er]; problem; krångel, trassel; bråk; knipa; bekymmer, oro; sorg; *no ~* [*at all*]! ingen orsak!; *ask for ~ a*) ställa till trassel för sig, *b*) ställa till bråk, tigga stryk; *that's the ~* det är det som är problemet; *what's the ~?* vad står på?, vad är det?, hur är det [fatt]?; *the ~ is that* svårigheten (problemet, felet) är att; *it's no ~* det är (var) inget besvär; *the boy is a great ~ to his parents* pojken är ett stort bekymmer för sina föräldrar; *it is more ~ than it is worth* det är inte värt besväret (mödan värt); *be in ~* vara i knipa, ha problem (svårigheter); *get into ~* få svårigheter (problem, tråkigheter), råka i knipa (illa ut); *get s.b. into ~ a*) vålla ngn svårigheter, sätta ngn i knipa, *b*) *vard.* göra ngn med barn; *go to the ~ of doing* (*take the ~ to do*) *s.th.* göra sig besväret (mödan) att göra ngt; *have ~ doing s.th.* ha svårigheter (problem) med att göra ngt; *make ~* göra svårigheter, ställa till besvär (bråk); *take the ~ to* göra sig besvär[et] att; *take ~ over* göra sig besvär med **2** besvär, åkomma, ont, sjukdom; *heart ~* hjärtbesvär **3** krångel, störning, fel, skada; *engine ~* motorkrångel **4** oro; *~s* (*pl*) oroligheter, konflikter **II** *v* **1** bekymra, oroa; plåga; besvära; störa; *~ o.s. a*) bekymra (oroa) sig, *b*) besvära sig, göra sig besvär; *I'll ~ you to remember that!* var snäll och kom ihåg det!; *sorry to ~ you!* förlåt att jag besvärar (stör) [dig]!; *may I ~ you for...?* får jag be (besvära) [dig] om...?, kan du ge mig...?; *will it ~ you if I smoke?* besvärar det dig om jag röker?; *be ~d with* plågas (besväras, lida) av, ha bekymmer (problem) med **2** besvära (anstränga) sig (*about s.th.* med ngt; *to do s.th.* med att göra ngt); *don't ~ to...!* (*äv.*) du behöver inte...!, försök inte att...! **3** bekymra (oroa) sig (*about, over* för, över)
troubled [ˈtrʌbld] **1** orolig; *pour oil on ~ waters* (*bildl.*) gjuta olja på vågorna **2** orolig, oroad, bekymrad (*about, over*) **trouble-free** oproblematisk, bekymmersfri **troublemaker** [-ˈmeɪkə] orosstiftare, uppviglare, bråkmakare **troubleshooter** [-ˌʃuːtə] **1** *AE.* felsökare **2** medlare, medlingsexpert **troublesome** [-səm] besvärlig, besvärande; svår, påfrestande **trouble spot** [-spɒt] oroscentrum; oroligt hörn
trough [trɒf] **1** ho, tråg, kar **2** ränna, dike **3** vågdal (*äv. bildl.*); dalsänka **4** *meteor.* lågtrycks|område, -bälte
trounce [traʊns] ge stryk, klå [upp], slå **trouncing** [ˈtraʊnsɪŋ] smörj, [kok] stryk
troupe [truːp] [teater]trupp, sällskap, grupp
trouper [ˈtruːpə] **1** medlem av [teater]trupp *etc. jfr troupe* **2** pålitlig medarbetare; arbetskamrat
trouser clip [ˈtraʊzəklɪp] cykelklämma
trousers [ˈtraʊzəz] *pl* [lång]byxor; *a pair of ~* ett par byxor; *wear the ~* (*BE. vard.*) vara den som bestämmer i familjen **trouser suit** byxdress
trousseau [ˈtruːsəʊ] (*pl ~s el. ~x* [-z]) [brud]utstyrsel
trout [traʊt] **1** (*pl lika*) forell **2** *BE. vard., old ~* gammal kärring
trove [trəʊv] *se treasure-trove*
trowel [ˈtraʊ(ə)l] **1** murslev **2** planterings-, trädgårds|spade
Troy [trɔɪ] Troja
troy [weight] [ˈtrɔɪ(weɪt)] troy[vikt] (*viktsystem för ädelmetaller o. ädelstenar; 1 ~ pound = 12 ounces = 373,48 g*)
tru|ancy [ˈtruːənsɪ] skolk **-ant** [-ənt] skolkare, elev som skolkar; *play ~* skolka

truce [tru:s] vapenvila, [vapen]stillestånd; andrum; *flag of* ~ parlamentärflagg
1 truck [trʌk] **I** *s* **1** *BE.* öppen godsvagn; boggi **2** *AE.* lastbil; långtradare **3** truck; flak-, transport|vagn; [last]kärra; bagagekärra **4** *sjö.* masttopp **II** *v, i sht AE.* **1** transportera med lastbil **2** köra lastbil
2 truck [trʌk] **I** *v* **1** handelsvaror **2** affärer; byteshandel; *they will have no* ~ *with him* de vill inte ha med honom att göra **3** *vard.* skräp, strunt **4** *AE.* grönsaker **II** *v* **1** driva byteshandel **2** schackra
truck driver ['trʌk‚draɪvə] truckförare **trucker** [-ə] *AE.* lastbils|chaufför, -förare **trucking** [-ɪŋ] *AE.* körande av lastbil (långtradare); långtradartillvaro **truckle** ['trʌkl] falla undan, ge vika, krypa (*to* för) **truckle bed** undersäng (*på hjul*), utdragssäng
trucu|lence ['trʌkjʊləns], **-lency** [-lənsɪ] stridslystnad, aggressivitet **-lent** [-lənt] stridslysten, aggressiv
trudge [trʌdʒ] **I** *v* släpa sig fram, gå med tunga steg **II** *s* mödosam (tung) vandring
true [tru:] **I** *a* **1** sann; sanningsenlig, sannfärdig; exakt; rätt; riktig; verklig; äkta; trogen; lojal; ~ *owner* rättmätig ägare; ~ *to facts* i överensstämmelse med fakta; ~ *to form* (*type*) *a*) normal (karakteristisk, typisk), *b*) som väntat; ~ *to life* verklighetstrogen; ~ *to nature* naturtrogen; *in* ~ *life* i verkliga livet; *be* (*hold*) ~ gälla, äga giltighet, vara giltig; *be* ~ *to s.b.* vara ngn trogen; *be* ~ *to one's word* stå vid sitt ord; *come* (*prove*) ~ slå in, bli verklighet, gå i uppfyllelse, besannas; [*it's*] ~, *but* visserligen (det är sant, det stämmer) men; *that's* ~! det är sant!, [det] stämmer!, precis! **2** *mus.* ren, rätt[stämd] **3** *tekn.* rät; rätt avpassad (inpassad, inställd) **4** (*om kompass*) rättvisande (*north* nord) **II** *adv* sant; exakt; rätt; rent; *ring* ~ klinga äkta, låta sant; *speak* ~ tala sant (sanning) **III** *s, out of* ~ ur läge, sned, skev, vind **IV** *v* räta, rikta, av-, in|passa, ställa in, justera
true-blue [‚tru:'blu:] **I** *a* trogen, lojal; äkta; mörkblå (*conservative* konservativ) **II** *s, i sht BE.* trogen rojalist; mörkblå konservativ **true-born** [tvätt]äkta, verklig **truelove** ['tru:lʌv] **1** älskling, älskad[e] **2** *bot.* ormbär
truffle ['trʌfl] tryffel
trug [trʌg] låg, oval trädgårdskorg
truism ['tru:ɪz(ə)m] truism, självklart påstående
truly ['tru:lɪ] *adv* **1** sant; uppriktigt; verkligt; verkligen; i själva verket; uppriktigt sagt **2** riktigt, fullständigt, helt och fullt; med rätta **3** troget, lojalt **4** *Yours* ~ (*i brev*) högaktningsfullt; *yours* ~ (*skämts.*) undertecknad, jag, mig
1 trump [trʌmp] **I** *s* **1** *kortsp., bildl.* trumf, trumfkort; *no* ~*s* sang; *hearts are* ~*s* hjärter är trumf; *turn* (*come*) *up* ~*s* (*vard.*) *a*) ställa upp, *b*) slå väl ut **2** *vard.* bra karl (grabb) **II** *v* **1** *kortsp.* trumfa, ta med trumf; *bildl.* övertrumfa **2** *bildl.*, ~ *up* duka upp, koka ihop
2 trump [trʌmp] *åld., litt.* trumpet; trumpetstöt; *the last* ~ domsbasunen
trump card [‚trʌmp'kɑ:d] trumfkort
trumped-up [‚trʌmpt'ʌp] falsk (*charge* anklagelse), uppdiktad
trumpery ['trʌmpərɪ] **I** *s* **1** grannlåt, krimskrams,

krafs **2** strunt[prat] **II** *a* värdelös
trumpet ['trʌmpɪt] **I** *s* **1** trumpet; *blow one's own* ~ skryta med sig själv **2** trumpetare **3** trumpet|stöt, -signal **4** (*elefants e.d.*) trumpetande **II** *v* trumpeta [ut]; *bildl.* basunera ut **trumpeter** [-ə] trumpetare
truncate [trʌŋ'keɪt] stympa; skära av (bort)
truncheon ['trʌn(t)ʃ(ə)n] **1** *i sht BE.* batong **2** (*marskalks*) stav
trundle ['trʌndl] **I** *v* **1** rulla; köra sakta **2** knalla i väg (*somewhere* någonstans) **II** *s* **1** litet hjul, trissa **2** liten vagn (kärra)
trunk [trʌŋk] **1** [träd]stam **2** bål, torso **3** snabel **4** koffert, trunk; *AE. äv.* bagage|lucka, -utrymme (*i bil*) **5** huvud|linje, -gren; stam **6** ~*s* (*pl*) sim-, bad|byxor; gymnastik-, idrotts|byxor; *BE.* kalsonger (*med ben t. halva låret*) **trunk call** ['trʌŋkkɔ:l] *tel.* rikssamtal **trunk line** ['trʌŋklaɪn] **1** *tel.* huvudledning **2** *järnv.* stambana **trunk road** ['trʌŋkrəʊd] *BE.* riks-, huvud|väg
truss [trʌs] **I** *v* **1** ~ [*up*] *a*) binda [ihop], *b*) kokk. binda upp **2** *byggn.* stötta, staga, förstärka **II** *s* **1** *byggn.* stötta, förstärkning; takstol; fackverk **2** bunt, packe; *i sht BE.* knippa (*of hay* hö) **3** *med.* bråckband
trust [trʌst] **I** *s* **1** förtroende (*in* för), tillit, tilltro (*in* till); förtröstan (*in* på); [gott] hopp; [fast] förhoppning; *hand.* kredit; *commission of* ~ förtroendeuppdrag; *position of* ~ ansvarsfull ställning; *on* ~ *a*) i god tro, *b*) *hand.* på kredit; *take s.th. on* ~ helt enkelt (utan vidare) godta[ga] ngt, lita på att ngt är riktigt; *place* (*put*) *one's* ~ *in* sätta sin tillit till, lita på **2** förtroendeuppdrag, tjänst **3** plikt **4** ansvar; vård, omvårdnad; *hand., jur. a*) förvaltning, förvaltarskap, *b*) deposition, anförtrott gods, *c*) fideikommiss; *breach of* ~ trolöshet mot huvudman; *commit s.th. to a p.'s* ~ anförtro ngt i ngns vård, deponera ngt hos ngn; *hold s.th. in* ~ *for s.b.* förvalta ngt åt ngn; *in my* ~ i min vård **5** trust; organisation, sammanslutning; stiftelse; *the National T*~ (*ung.*) riksantikvarieämbetet **II** *v* **1** ha förtroende för, lita på; tro på, sätta tro till; hysa en fast förhoppning [om], (*verkligen*) hoppas; vara säker på, tro; *hand.* ge (lämna) kredit; ~ *s.b. to do s.th.* lita på att ngn gör ngt; ~ *s.b. for s.th.* (*hand.*) ge (lämna) ngn kredit på ngt; ~ *me to do that!* du kan vara säker (lita) på att jag gör det!; ~ *him to break it!* (*iron.*) typiskt för honom att ha sönder den!; *can she be* ~*ed not to lose it?* kan man lita på att hon inte tappar bort den? **2** ~ *s.b. to do s.th.* anförtro (överlämna) åt ngn att göra ngt; ~ *s.b. with s.th.*, ~ *s.th. to s.b.* anförtro (överlämna) ngt åt ngn (i ngns vård), anförtro ngn ngt; *can we* ~ *her to go out alone?* vågar vi låta henne gå ut ensam? **3** sätta sin tillit (*in*, *to* till), lita, tro (*in*, *to* på), hoppas (*to* på); ~ *in God* förtrösta på (sätta sin tillit till) Gud; ~ *to luck* lita på turen
trustee [‚trʌs'ti:] *jur.* förtroendeman; förvaltare; förmyndare **-ship** [-ʃɪp] **1** förvaltarskap; förmynderskap; förtroendemannaskap **2** förvaltarskapsområde
trustful ['trʌstf(ʊ)l] tillitsfull **trust fund** bundet kapital, bundna tillgångar **trusting** [-ɪŋ] tillitsfull **trust territory** [-‚terɪt(ə)rɪ] förvaltarskapsområde **trustworthy** [-‚wɜ:ðɪ] pålitlig, tillförlit-

trusty—tumour

lig **trusty** [-ɪ] trofast, trogen, pålitlig
truth [truːθ] **I 1** sanning; sannings|enlighet, -halt, sannfärdighet; verklighet, faktum; *home ~s* obehagliga (beska, bittra) sanningar; *the ~ of the matter is that* sanningen är [den] att; *tell (speak) the ~* tala sanning, säga sanningen; *to tell [you] the ~, ~ to tell, in [all] ~* sanningen att säga, ärligt talat, uppriktigt sagt; *~ will out* sanningen kommer alltid fram **2** [verklighets]trohet, realism **3** precision, exakthet *(of an instrument* hos ett instrument) **-ful** [ˈtruːθf(ʊ)l] sann; sannfärdig; sanningsenlig; verklighetstrogen
try [traɪ] **I** *v* **1** försöka *(to do s.th.* att göra ngt); försöka med *(doing s.th.* att göra ngt); pröva [på]; prova; testa; smaka [på]; anstränga, ta på, fresta [på]; sätta på prov; *~ one's best (hardest)* göra sitt bästa (yttersta); *~ the door* känna på (försöka öppna) dörren; *~ one's hand at s.th.* försöka sig på ngt; *~ one's luck (fortunes)* pröva lyckan; *~ me!* (*vard.*) ska vi slå vad?; *it tries my patience* det sätter mitt tålamod på prov, det frestar (prövar) mitt tålamod; *~ one's strength at* pröva sina krafter på; *it's ~ing to rain* (*vard.*) det ser ut att bli regn; *~ on* prova *(a dress* en klänning); *don't ~ it on with me!* (*vard.*) försök inte med mig!; *~ out* [grundligt] pröva (prova [ut]), testa **2** *jur.* behandla, handlägga; rannsaka; döma i; ställa inför rätta, anklaga, åtala **3** försöka *(at* med), försöka sig *(at* på); *~ and do s.th.* (*vard.*) försöka och göra ngt; *~ for* eftersträva, försöka nå (få), söka, ansöka om; *~ as he might* hur mycket han än försökte **II** *s* försök; *(i rugby äv.)* try *(3 el. 4 poäng)*; *have a ~* göra ett försök, försöka *(at s.th.* med ngt), pröva *(at s.th.* ngt)
trying [ˈtraɪɪŋ] ansträngande, påfrestande, besvärlig *(to* för)
try-on [ˈtraɪɒn] **1** *BE. vard.* fräckt försök, bluff **2** provning *(av kläder)* **try-out 1** test, prov, utprovning; försök **2** *i sth AE. sport.* försök
tryst [trɪst] *litt.* [hemligt] möte; mötesplats
tsar [zaː] tsar **tsarevitch** [ˈzaːrəvɪtʃ] tsarevitj
tsarina [zaːˈriːnə] tsarinna
tsetse [fly] [ˈtsetsɪ(flaɪ)] *zool.* tsetsefluga
T-shirt [ˈtiːʃɜːt] T-shirt, T-tröja
tsp. *förk. för teaspoon*
T-square [ˈtiːskweə] vinkellinjal
TT, T.T. *förk. för teetotal[ler]; Tourist Trophy; tuberculin tested* **TTL** *förk. för through-the-lens*
TU, T.U. *förk. för trade union* **Tu.** *förk. för Tuesday*
tub [tʌb] **I** *s* **1** balja; bytta; fat, tunna; kar, tråg **2** *vard.* skorv *(gammal båt)* **3** *AE.* badkar **II** *v*, *BE. vard.* bada
tuba [ˈtjuːbə] *mus.* tuba
tubby [ˈtʌbɪ] rund[lagd], knubbig
tube [tjuːb] **1** rör *(äv. anat.)*; slang; *elektron.* [katodstråle]rör; *inner ~* innerslang **2** tub *(of toothpaste* tandkräm) **3** *(i sht Londons)* tunnelbana **4** *AE. sl.* dumburk, TV **-less** [ˈtjuːblɪs] slanglös; *~ tyres* slanglösa däck
tuber [ˈtjuːbə] *bot.* tuber, [rot]knöl
tuber|cle [ˈtjuːbəkl] liten knöl, utväxt; *med.* tuberkel **-cular** [tjuːˈbɜːkjʊlə] *med.* tuberkulös **-culin** [tjuːˈbɜːkjʊlɪn] *med.* tuberkulin; *~ tested* tuberkulinundersökt **-culosis** [tjuːˌbɜːkjʊˈləʊsɪs] *med.* tuberkulos **-culous** [tjuːˈbɜːkjʊləs]

med. tuberkulös
tubing [ˈtjuːbɪŋ] rör[ledning]; slang
tub-thumper [ˈtʌbˌθʌmpə] högljudd (skränig) talare
tubular [ˈtjuːbjʊlə] rör-, tub|formig, cylindrisk; *~ steel furniture* stålrörsmöbler
T.U.C. *förk. för Trades Union Congress; the ~* Brittiska LO
tuck [tʌk] **I** *s* **1** sömn. veck; insyning **2** *BE. skolsl.* käk; godis, snask **II** *v* **1** *sömn.* vecka; sy in; *~ up* lägga upp **2** *~ [up]* dra (fästa, vika, kavla) upp **3** stoppa [ner, in], sticka; *~ away a)* stoppa (gömma) undan, *b) vard.* stoppa (sätta) i sig; *~ in a)* stoppa in (ner), vika in, *b) vard., se ~ away c)*; *~ s.b. in (up)* stoppa om ngn **4** *vard.*, *~ in ta* (hugga) för sig; *~ into* hugga in på
tucker [ˈtʌkə] *Austr. vard.* käk **tuck-in** [ˈtʌkɪn] *BE. vard.* skrovmål, kalas **tuck shop** *i sht BE.* gottaffär, kiosk, kondis *(i el. nära skola)*
Tucson [tuːˈsɒn]
Tudor [ˈtjuːdə]
Tues. *förk. för Tuesday*
Tuesday [ˈtjuːzdɪ] *(jfr Friday)* tisdag
tufa [ˈtjuːfə], **tuff** [tʌf] *geol.* tuff
tuft [tʌft] **I** *s* **1** tuva; *~ of grass* grästuva **2** tofs, tott, test; *~ of hair* hår|tofs, -test; *~ of wool* ulltott **II** *v* förse (pryda) med tofs[ar] **tufted** [ˈtʌftɪd] tofsprydd
tug [tʌg] **I** *v* **1** rycka i, slita i **2** släpa [på], dra; bogsera **3** rycka, slita *(at i)* **4** slita [o. släpa], knoga **II** *s* **1** ryck[ning], dragning, tag **2** bogserbåt, bogserare **tugboat** [ˈtʌgbəʊt] bogserbåt **tug-of--war** [ˌtʌgə(v)ˈwɔː] dragkamp *(äv. bildl.)*
tuition [tjuːˈɪʃn] **1** undervisning; *private ~* privatundervisning **2** [skol]avgift
tulip [ˈtjuːlɪp] tulpan
tulle [tjuːl] tyll
tumble [ˈtʌmbl] **I** *v* **1** kasta [omkull], vräka [omkull] **2** slänga [huller om buller]; stöka till i, vända upp och ner på; knyckla (skrynkla, rufsa) till **3** tumla; falla *(äv. bildl.)*, ramla, trilla; störta; kasta sig; rasa *(äv. bildl.)*; virvla; *~ about a)* tumla omkring, *b)* trilla huller om buller, *c)* snurra (virvla) runt; *~ down a)* ramla [ner, nerför], störta [ner, nerför], *b)* rasa, störta samman; *~ into bed* stupa i säng; *I ~d on him* jag stötte händelsevis ihop med honom; *~ over s.th.* snubbla på (över) ngt; *~ to s.th.* (*vard.*) fatta (komma underfund med) ngt **4** slå kullerbyttor, göra volter **II** *s* **1** fall *(äv. bildl.)*, stört|ande, -ning; ras *(äv. bildl.)*; *take a ~ a)* ramla [omkull] , *b) bildl.* falla **2** villervalla, röra **3** kullerbytta, volt
tumbled [ˈtʌmbld] stökig, rörig **tumble-down** fallfärdig, förfallen **tumble drier (dryer)** [-ˌdraɪə] torktumlare **tumbler** [-ə] **1** tumlare, bägare **2** akrobat **3** [tork]tumlare **4** *(i lås)* tillhållare **5** stådocka *(m. blyklump i botten)* **tumbler drier (dryer)** [-əˌdraɪə] torktumlare
tum|brel [ˈtʌmbr(ə)l], **-bril** [-brɪl] **1** [tipp]kärra **2** *hist.* bödelskärra
tumes|cence [tjuːˈmesns] svullnande; svullnad **-cent** [-snt] svullen; svullnande
tumid [ˈtjuːmɪd] **1** svullen, uppsvälld **2** svulstig
tummy [ˈtʌmɪ] *vard.*, *barnspr.* mage
tumour [ˈtjuːmə] tumör, svulst

tumult ['tju:mʌlt] tumult; bråk, upplopp; förvirring **tumultuous** [tju:'mʌltjʊəs] tumultartad; larmande, bullrande, stormig

tumu|lus ['tju:mjʊləs] (*pl* -*li* [-laɪ]) grav|hög, -kummel, -kulle

tun [tʌn] **1** tunna, fat **2** fat (*rymdmått för vin* = 252 *gallons* = *1 146 l*)

tuna [fish] ['tu:nə(fɪʃ)] *zool.* tonfisk, tuna

tundra ['tʌndrə] tundra

tune [tju:n] **I** *s* **1** melodi; låt; *call the* ~ (*bildl.*) ange tonen; *change one's* (*sing a different*) ~ (*bildl.*) ändra ton (uppfattning), lägga om stil; *dance to someone else's* ~ (*bildl.*) dansa efter ngn annans pipa **2** [riktig] stämning; *bildl.* samklang, harmoni; *be in* ~ *a*) vara stämd, stämma, *b*) *bildl.* stå i samklang, harmoniera, passa ihop (*with* med), vara på samma våglängd (*with* som); *the trumpet and the strings are not in* ~ trumpeten och stråkarna är inte samstämda; *be out of* ~ *a*) vara ostämd, vara för hög (låg), *b*) *bildl.* inte stå i samklang (harmoniera, passa ihop, vara på samma våglängd); *sing in* (*out of*) ~ sjunga rent (falskt) **3** *to the* ~ *of* till ett belopp av **II** *v* **1** stämma (*instrument*); *radio., TV.* ställa in (*the radio to another station* radion på en annan station); *bildl.* anpassa (*to* efter), få att överensstämma (*to* med); ~ *o.s. to* ställa om sig till **2** ~ *in to a station* (*radio., TV.*) ställa (ta) in en station; *you are* ~*d in to Radio Sweden* du (ni) lyssnar på Sveriges Radio, detta är Sveriges Radio; *be* ~*d in to* (*bildl.*) vara medveten om (inställd på) **3** *tekn.*, ~ [*up*] trimma, justera **4** ~ *up* stämma [instrument|et, -en] **5** *bildl.* vara (stå) i samklang, harmoniera

tuneful ['tju:nf(ʊ)l] melodiös, melodisk **tuneless** [-lɪs] omelodisk; disharmonisk **tuner** [-ə] **1** stämmare; *piano* ~ pianostämmare **2** *radio., TV.* tuner, kanalväljare; avstämningsenhet

tungsten ['tʌŋstən] *kem.* volfram

tunic ['tju:nɪk] **1** tunika, tunik **2** uniforms|kavaj, -jacka, -rock **2** *anat., biol.* hinna, membran; hölje

tuning ['tju:nɪŋ] **1** *mus.* stämmande, stämning; intonation **2** *radio., TV.* inställning; avstämning **tuning fork** *mus.* stämgaffel **tuning key** *mus.* stämnyckel **tuning knob** *radio., TV.* inställningsknapp

Tunis ['tju:nɪs] Tunis **Tunisia** [tju:'nɪzɪə] Tunisien **Tunisian** [tju:'nɪzɪən] **I** *a* tunisisk **II** *s* tunisier

tunnel ['tʌnl] **I** *s* tunnel, underjordisk gång **II** *v* gräva en tunnel

tunny ['tʌnɪ] *zool.* tonfisk

tuppence ['tʌpəns] *vard.* = *twopence; not care* ~ [*about*] inte bry sig ett dugg om **tuppenny** [-pṇɪ] *vard.* = *twopenny*

turban ['tɜ:bən] turban

turbid ['tɜ:bɪd] *litt.* grumlig, oklar

turbine ['tɜ:baɪn] turbin

turbo ['tɜ:bəʊ] turbo **-charged** [-ˌtʃɑ:dʒd] turboladdad **--electric** [ˌtɜ:bəʊ'lektrɪk] turboelektrisk **-jet** [ˌtɜ:bəʊ'dʒet] **I** *s* **1** turbomotor **2** turbojetplan **II** *a* turbojet-; ~ *engine* turbojetmotor **-prop** [ˌtɜ:bəʊ'prɒp] **1** turbopropmotor **2** turbopropplan

turbot ['tɜ:bət] *zool.* piggvar

turbu|lence ['tɜbjʊləns] turbulens; *bildl. äv.* oro, förvirring, upprördhet **-lent** [-lənt] turbulent; *bildl. äv.* orolig, våldsam, stormig

turd [tɜ:d] *vulg.* skit[hög] (*äv. om pers.*)

tureen [tə'ri:n] [sopp]terrin, soppskål

turf [tɜ:f] **I** *s* (*pl* ~*s el. turves*) **1** tät gräsmatta, gräs, grästorv; grästorva **2** *the* ~ *a*) kapplöpningsbanan, *b*) hästsporten **3** *Irl.* torv **II** *v* **1** grästäcka **2** *BE. vard.,* ~ *s.b. out* sparka (slänga) ut ngn **turf accountant** ['tɜ:fəˌkaʊntənt] bookmaker

turgid ['tɜ:dʒɪd] **1** svullen, uppsvälld **2** svulstig, bombastisk **-idity** [tɜ:'dʒɪdətɪ] **1** svullnad, uppsvälldhet **2** svulstighet, bombasm

Turk [tɜ:k] turk **Turkey** ['tɜ:kɪ] Turkiet

turkey ['tɜ:kɪ] **1** kalkon **2** *AE. vard.* dumskalle, idiot **3** *i sht AE. vard., talk* ~ tala allvar, tala öppet (klarspråk) **4** *AE. vard., cold* ~ snabb avvänjning **turkey cock 1** kalkontupp **2** viktigpetter

Turkish ['tɜ:kɪʃ] **I** *a* turkisk; ~ *bath* turkiskt bad, turk-; ~ *delight* marmeladkonfekt med pudersocker (choklad); ~ *towel* frottéhandduk **II** *s* turkiska [språket]

turmeric ['tɜ:mərɪk] gurkmeja

turmoil ['tɜ:mɔɪl] kaos, tumult, oordning, förvirring

turn [tɜ:n] **I** *v* **1** vända; vrida; vända (vrida) på (om); svänga [runt, om], svänga på; vika om; snurra [på], skruva [på]; veva, sno; [in]rikta; ~ *one's ankle* vricka foten; ~ *one's attention to* rikta sin uppmärksamhet mot; ~ *one's back* [*up*]*on s.b.* (*bildl.*) vända ngn ryggen; *as soon as his back is* ~*ed* så snart han vänder ryggen till; ~ *the cape* segla runt (runda) udden; ~ *the corner* vika om (svänga runt) hörnet; ~ *a film* spela in en film; ~ *a gun on s.b.* rikta ett gevär mot ngn; *without* ~*ing a hair* utan att ändra en min (blinka); ~ *one's hand to s.th.* försöka sig på (ägna sig åt) ngt; ~ *a p.'s head* (*bildl.*) stiga ngn åt huvudet, förvrida huvudet på ngn; ~ *a somersault* slå en kullerbytta; *it* ~*ed his stomach* det fick det att vända sig i magen på honom; *what* ~*s the wheel?* hur drivs hjulet?, vad får hjulet att snurra?; ~ *low* skruva ner **2** svarva [till]; dreja; *bildl.* formulera, turnera (*a compliment* en komplimang) **3** *he is* (*has*) ~*ed forty* han har fyllt fyrtio; *it is* (*has*) ~*ed four* [*o'clock*] klockan är över fyra **4** göra; ~ *colour* skifta färg; ~ *into a*) göra [om] till, förvandla till, *b*) överflytta (översätta) till; *the play was* ~*ed into a film* pjäsen har filmatiserats; *the hot weather has* ~*ed the milk* [*sour*] hettan har fått mjölken att surna **5** köra bort; skicka [bort]; ~ *loose* släppa [lös, ut]; ~ *a dog on s.b. adrift* lämna ngn vind för våg; ~ *the dog on s.b.* bussa hunden på ngn **6** avvärja; avleda; ~ *s.b. from* (*äv.*) få ngn att avstå från **7** vända [om]; vända sig [om]; vrida [sig]; svänga (snurra, gå) [runt]; rotera; vika (böja, ta) av; *left* (*right*) ~! vänster (höger) om!; ~ [*to the*] *left* (*right*) vika (ta) av till (svänga åt) vänster (höger); ~ *to the left* (*right*) göra vänster (höger) om; ~ *to s.b. for help* vända sig till ngn för att få hjälp; *my head is* ~*ing* det går (snurrar) runt i huvudet på mig; *I don't know which way* (*where*) *to* ~ jag vet inte vart (hur) jag skall vända mig; *my stomach* ~*ed at this sight* det vände sig i magen på mig vid åsynen av detta; *the tap won't* ~ det går inte

turnabout—turpitude

att vrida på kranen **8** svarva; dreja **9** bli; *(om mjölk)* bli sur, surna; *(om löv)* skifta färg; *(om väder)* slå om; ~ *red a)* bli röd, rodna, *b) (om trafikljus)* slå om till rött; ~ *[in]to* bli (förvandlas, utvecklas) till, övergå till (i); ~ *from one thing to another* övergå från en sak till en annan **10** ~ *about a)* vända [med], *b)* vända på, *c)* vända sig om; ~ *against* vända sig mot; ~ *around, se* ~ *round;* ~ *away a)* vända (vrida) bort, *b)* skicka (köra) bort, *c)* avvisa, *d)* vända sig bort, *e)* gå sin väg; ~ *back a)* vika tillbaka (undan), *b)* skicka tillbaka, *c)* driva (slå) tillbaka, *d)* avvisa, *e)* ställa (vrida) tillbaka, *f)* vända [om, tillbaka], återvända; *there is no ~ing back* det finns ingen återvändo; ~ *down a)* vika (fälla, slå) ner, *b)* skruva (sätta) ner, minska, *c)* avvisa, avslå, förkasta, *d)* vika (svänga) in på; ~ *in a)* lämna (skicka) in (tillbaka), *b)* byta in, *c)* åstadkomma, *d)* vard. tjalla på, ange, anmäla, *e)* vända (vika, böja) [sig] in [åt], *f)* vara vänd (böjd) inåt, vara invikt, *g)* bege sig (gå, köra) in, *h) vard.* gå och lägga sig, *i) vard.* sluta [med], lägga av; ~ *it in! (vard.)* sluta [någon gång]!, lägg av!; ~ *in on o.s.* sluta sig inom sig själv; ~ *into a) se turn I 4 o. 9, b)* vika (svänga, ta, slå) in på; ~ *off a)* skruva (vrida) av, stänga [av, till], *b) vard.* [få att] tappa lusten, vara motbjudande för, beröra illa, *c)* vika (svänga, ta) av; ~ *on a)* skruva (vrida, sätta, slå) på, *b)* handla (röra sig) om, *c)* hänga (bero) på, *d)* vända [sig] mot, ge sig på, gå lös på, gå till angrepp mot, *e) vard.* tända på; ~ *on the charm (vard.)* koppla på sin charm; *it doesn't* ~ *me on (vard.)* jag tänder inte på det; ~ *out a)* stänga [av], släcka, *b)* släppa ut, *c)* få fram, producera, tillverka, *d)* framställa, producera, *e)* köra bort (ut), kasta ut, *f)* tömma, röja ur, *g)* ekipera, klä, styra ut, *h) kokk.* stjälpa upp, *i)* vända (vika, böja) [sig] ut[åt], *j)* vara vänd *(etc.)* utåt, *k)* bege sig (gå, köra, rycka) ut, *l)* dyka upp, komma, samlas, *m)* ställa upp, *n)* visa sig [vara], *o)* arta sig till, bli, *p)* avlöpa, utfalla, sluta; *well ~ed out* välklädd; *he ~s his toes out, his toes ~ out* han går utåt med tårna; *he ~ed out to be the thief himself* det visade sig att han själv var tjuven; ~ *over a)* vända [på], vända [på] sig, vända upp och ner på, *b)* kasta omkull, stjälpa (välta) [omkull], kantra, *c)* över|lämna, -låta, *d) hand.* omsätta[s], *e)* låta gå över, *f)* starta, veva i gång *(motor), (om motor)* starta, vara i gång; ~ *s.th. over [in one's mind]* tänka över (fundera på, vrida och vända på) ngt; *please ~ over!* [var god] vänd!; ~ *over the page* vända på bladet; *he ~ed the car over* han slog runt med bilen; ~ *round a)* vända [med, på], vända på sig (sig om), vrida på, *b)* vrida [sig] runt, svänga (snurra) runt, *c)* ändra sig (uppfattning); ~ *round the corner* svänga runt hörnet; ~ *to a) se I 7 o. 9, b)* vända sig till (mot), anlita, gå till, rådfråga, *c)* komma in på, övergå till, *d)* ägna sig åt, *e)* sätta i gång [med]; ~ *to page 9* slå upp sidan 9; ~ *up a)* tända, skruva upp, *b)* slå upp, *c)* vika (fälla, slå, kavla) upp, fålla upp, *d)* vända (vika, böja) [sig] upp[åt], *e)* vara vänd *(etc.)* uppåt, *f)* dyka upp, komma [fram, till rätta], visa (yppa) sig, uppstå; ~ *up one's nose at s.th.* rynka på näsan åt ngt; *her nose ~s up* hon har uppnäsa **II** *s* **1** vändning, vridning, sväng, svängning; krök[ning]; kurva; omgång, varv,

slag; *bildl. äv.* förändring, omsvängning, vändning; *bildl.* [sjukdoms]attack, anfall; *the ~ of the century* sekelskiftet; ~ *of the tide a)* tidvattensväxling, *b)* [allmän] förändring, omsvängning; *at every* ~ vart man vänder sig, överallt, vid varje steg (tillfälle), ständigt; *be on the ~ a)* [hålla på att] vända, vara vid en vändpunkt, *b)* börja (hålla på att) bli dålig (surna); *to a ~* precis, perfekt; *the meat was done to a ~* köttet var precis lagom [stekt, kokt]; *make a ~ to the left* vika (ta) av till (svänga åt) vänster; *take a tragic ~* ta en tragisk vändning; *take a ~ at* hjälpa till (ge ett handtag) med (vid); *take a ~ for the worse* ta en vändning till det sämre, försämras **2** [artist]nummer **3** tjänst; *a good ~* en stor tjänst; *do s.b. a bad ~* göra ngn en otjänst (björntjänst) **4** ändamål, syfte; *serve a p.'s ~* tjäna (passa) ngns syfte **5** *åld.* [liten] tur, promenad **6** tur; ~ *and ~ about* omväxlande, växelvis; *by ~s* i tur och ordning, tur-, växel|vis, omväxlande, i omgångar, om varandra; turvis; *in ~ a)* i tur och ordning, tur-, växel|vis, *b)* i sin tur, åter; *out of ~ a)* när det inte är ens tur, på fel ställe, *b)* taktlöst; *speak out of ~* yttra sig taktlöst (opassande); *it's your ~* det är din tur; *take ~s in doing (to do) s.th.*, *take it in ~s to do s.th.* turas om att göra ngt; *wait (take) your ~!* vänta tills det är din tur! **7** ~ *of speed* snabbhet; *the boat has a good ~ of speed* båten kan gå mycket fort **8** läggning, fallenhet; ~ *of mind* sinnelag, läggning, tänkesätt **9** *vard.* chock; *give s.b. a ~* skrämma (chocka) ngn **10** form, välvning; *the ~ of her ankle* formen på hennes vrist **11** formulering, [ord]vändning; ~ *of expression* uttryckssätt

turn|about ['tɜ:nəbaʊt] helomvändning *(äv. bildl.)* **-around 1** [tid för] lossning och lastning **2** *bildl.* helomvändning, svängning; vändpunkt **-coat** avhoppare, överlöpare; person som vänder kappan efter vinden **-down** nedvikbar, dubbelvikt *(collar* krage)

turner ['tɜ:nə] **1** svarvare **2** *AE.* medlem i gymnastikförening, gymnast

turning ['tɜ:nɪŋ] **1** vändning *etc.*, jfr *turn II* **2** avtagsväg, tvärgata; vägkorsning, gathörn; krök, kurva **3** svarvat föremål **turning circle** [-,sɜ:kl] vändradie **turning lathe** [-leɪð] svarv[stol] **turning point** [-pɔɪnt] vändpunkt

turnip ['tɜ:nɪp] rova; kålrot

turnkey ['tɜ:nki:] fångvaktare

turn|-off ['tɜ:nɒf] **1** avtagsväg; avfart **2** *vard.*, *be a ~* vara motbjudande **-out 1** anslutning, deltagande; uppbåd **2** produktion[smängd], utfall **3** klädsel, utstyrsel; utrustning **4** ekipage **5** röjning, utrensning, tömning **6** *AE. (på väg)* mötesplats **-over** [-,əʊvə] **I** *s* **1** omsättning; *hand. äv.* omsättningshastighet **2** omkastning, omsvängning **3** *(slags bakverk)* [sylt]snibb **II** *a* nedvikbar **-pike** [-paɪk] **1** *(förr)* väg-, tull|bom **2** *AE.* [avgiftsbelagd] motorväg **-round** [-raʊnd] *se turnaround* **2 -spit** [-spɪt] **1** stekvändare **2** stekspett **-stile** [-staɪl] vändkors **-table** [-,teɪbl] **1** *järnv.* vändskiva **2** *(på skivspelare)* skivtallrik **-up** [-ʌp] **1** *BE. (på byxor)* [upp]slag **2** *vard.*, ~ *[for the book (books)]* överraskning

turpentine ['tɜ:p(ə)ntaɪn] terpentin

turpitude ['tɜ:pɪtju:d] nedrighet, skändlighet; moraliskt förfall

turps [tɜːps] *BE. vard.* terpentin
turquoise ['tɜːkwɔɪz] *a o. s* turkos
turret ['tʌrɪt] **1** [litet] torn **2** *mil.* kanontorn; manövertorn **-ed** [-ɪd] **1** försedd med [små] torn, tornprydd **2** tornliknande
1 turtle ['tɜːtl] [havs]sköldpadda; *AE. äv.* landsköldpadda; *turn* ~ kapsejsa
2 turtle ['tɜːtl] *åld.* turturduva
turtledove ['tɜːtldʌv] turturduva
turtleneck ['tɜːtlnek] turtleneck, halvpolo, halvpolokrage; *AE.* polo[krage]
turtle soup ['tɜːtlsuːp] sköldpaddssoppa
turves [tɜːvz] *pl av* turf
Tuscany ['tʌskənɪ] Toscana
tusk [tʌsk] bete; huggtand; (*på redskap e.d.*) tand
Tussaud's [təˈsɔːdz]
tussle ['tʌsl] **I** *s* strid, kamp **II** *v* strida, kämpa
tussock ['tʌsək] [gräs]tuva
tut [tʌt] *interj* äsch!, asch!, fy!, usch!
tutelage ['tjuːtɪlɪdʒ] **1** förmyndarskap; *be under the* ~ *of* stå under ngns förmyndarskap (överhöghet) **2** undervisning, [hand]ledning
tutor ['tjuːtə] **I** *s* **1** [*private*] ~ privatlärare, informator (*to* åt, för) **2** *univ.* [studie]handledare; *AE.* biträdande lärare **3** *AE. jur.* förmyndare **II** *v* ge privatlektioner; handleda **tutorial** [tjuːˈtɔːrɪəl] **I** *a* privatlärar-, informators-; [studie]handledar- **II** *s* [studie]handledning
tutti-frutti [ˌtutɪˈfrutɪ] tuttifrutti, blandad frukt; tuttifruttiglass
tut-tut [tʌtˈtʌt] **I** *interj, se tut* **II** *v* beskärma sig (*about* över)
tutu ['tuːtuː] (*dansös*) tyllkjol
tu-whit [tuˈwɪt], **tu-whoo** [tuˈwuː] *interj* (*ugglans läte*) uhu!, klävitt!
tuxedo [tʌkˈsiːdəʊ] *i sht AE.* smoking
TV [ˌtiːˈviː] TV, tv, teve
twaddle ['twɒdl] *vard.* **I** *v* prata strunt, snacka, svamla **II** *s* struntprat, snack, svammel
twain [tweɪn] *åld.* två; *and never the* ~ *shall meet* och aldrig mötas de två
twang [twæŋ] **I** *s* **1** [dallrande] ton, klang **2** [*nasal*] ~ nasal ton, näston; *have a nasal* ~ tala i näsan **II** *v* **1** knäppa på (*a guitar* en gitarr) **2** knäppa (*on a guitar* på en gitarr) **3** (*om sträng*) dallra, vibrera **4** tala i näsan
'twas [twɒz, *obeton.* twəz] *poet., dial.* = *it was*
twat [twɒt] *vulg.* fitta
tweak [twiːk] **I** *v* vrida [om]; nypa [i]; rycka i; ~ *a p.'s ear* nypa ngn i örat **II** *s* [om]vridning; nyp; ryck
twee [twiː] *BE. vard.* drypande sentimental, sliskig; pimpinett
tweed [twiːd] tweed; *~s* (*pl, äv.*) tweedkläder
Tweedledum and Tweedledee [ˌtwiːdlˈdʌmənˌtwiːdlˈdiː] två likadana; *be as like as* ~ vara lika som två bär
tweedy ['twiːdɪ] **1** tweedklädd **2** sportig[t klädd]
'tween [twiːn] *poet., dial.* = *between*
tweet [twiːt] **I** *s* kvitter, pip **II** *v* kvittra, pipa
tweeter ['twiːtə] diskanthögtalare
tweezers ['twiːzəz] *pl* pincett; *a pair of ~s* en pincett
twelfth [twelfθ] (*jfr eighth*) **I** *räkn* tolfte; *T~ Night* trettondagsafton **II** *s* tolftedel
twelve [twelv] (*jfr eight o. sms.*) **I** *räkn* tolv **II** *s* tolva, tolv **-month** ['twelvmʌnθ] *BE. åld., dial.* år
twentieth ['twentɪɪθ] (*jfr eighth*) **I** *räkn* tjugonde **II** *s* tjugon[de]del **twenty** ['twentɪ] (*jfr eight o. sms.*) **I** *räkn* tjugo **II** *s* tjugo; tjugotal
'twere [twɜː, *obeton.* twə] *poet., dial.* = *it were*
twerp [twɜːp] *vard.* dumskalle, idiot
twice [twaɪs] två gånger; ~ *a year* två gånger om året; ~ *as much* dubbelt så mycket; *think* ~ *before* tänka sig noga för innan; *she is* ~ *the woman she was* hon är avsevärt mycket bättre nu; *he is* ~ *the man you are* han är dubbelt så bra som du **--told** ['twaɪstəʊld] *a*, ~ *tale* gammal [välkänd] historia
twiddle ['twɪdl] **I** *v* **1** fingra (pilla) på, snurra [på], leka med **2** ~ *one's thumbs* rulla tummarna **3** fingra, pilla (*with* på, med) **4** ~ *round* snurra runt **II** *s* **1** fingrande, pillande, snurrande **2** (*i skrift e.d.*) släng, krumelur, snirkel
1 twig [twɪg] kvist, liten gren
2 twig [twɪg] *BE. vard.* fatta [galoppen], begripa
twilight ['twaɪlaɪt] **1** *s* skymning; gryning; halv|dager, -mörker; *litt. a*) slut[fas], *b*) gränsområde; *the T~ of the Gods* ragnarök **II** *a* skymnings-; dunkel; ~ *zone a*) slumområde, *b*) ingenmansland, *bildl.* gränsland **twilit** ['twaɪlɪt] skymnings-; skugg-
twill [twɪl] **1** kypert **2** twills
'twill [twɪl] *poet., dial.* = *it will*
twin [twɪn] **I** *s* **1** tvilling **2** pendang, make, motstycke (*of* till) **II** *a* **1** tvilling-; ~ *brother* tvillingbror **2** dubbel[-]; exakt likadan; ~ *town* vänort **III** *v, Manchester is ~ned with Leningrad* Manchester och Leningrad är vänorter
twin bed ['twɪnbed] enkelsäng (*en av två likadana*)
twine [twaɪn] **I** *v* **1** tvinna [ihop], fläta [samman] **2** vira, sno, linda **3** sno (linda) sig (*around* runt) **II** *s* **1** segelgarn, snöre; [tvinnad] tråd **2** slinga, vindling **3** härva, trassel
twin-engined ['twɪnˌen(d)ʒɪnd] tvåmotorig
twinflower ['twɪnˌflaʊə] *bot.* linnea
twinge [twɪn(d)ʒ] **I** *s* [stingande] smärta, hugg, sting, stick; ~ *of conscience* samvetsagg **II** *v* göra ont, sticka
twin|kle ['twɪŋkl] **I** *v* tindra, blinka; gnistra; (*om ögon*) glittra (*av odygd e.d.*); ~ ~ *little star* blinka lilla stjärna där; *he ~d at her* han blinkade åt henne **II** *s* **1** tindrande, blink[ande]; glimt [i ögat] **2** ögonblick; *in a* ~ på ett ögonblick **-kling** [-klɪŋ] ögonblick; *in the* ~ *of an eye* på ett ögonblick (litet kick)
twin|-screw ['twɪnskruː] med två propellrar **--set** *BE.* jumperset
twirl [twɜːl] **I** *v* **1** snurra [på], snurra runt, tvinna **2** snurra, rotera; virvla runt **II** *s* **1** snurr[ande], sväng; virvlande **2** (*på bokstav*) släng, snirkel
twist [twɪst] **I** *s* **1** vrida; vrida till (ur); vrida ur led, vricka; förvrida; böja [till]; sno (tvinna, fläta) [ihop]; linda, vira; ~ *off* vrida (skruva) av; ~ *and turn* vrida och vända på; ~ *one's ankle* vricka foten; ~ *a p.'s arm a*) vrida om armen på ngn, *b*) *bildl. vard.* pressa (övertala) ngn; ~ *s.b. round one's little finger* kunna linda ngn kring sitt lillfinger; ~*ed with pain* förvriden av smärta **2**

twist drill—tyre 560

sport. skruva (*boll*) **3** [för]vränga, förvanska, vantolka **4** vrida (sno, slingra, ringla) sig **5** twista, dansa twist **II** *s* **1** vridning; vrickning; tvinning, flätning; *give s.th. a ~* vrida (*etc.*, *jfr I*) ngt; *give one's ankle a ~* vricka foten; *give a p.'s arm a ~* vrida om armen på ngn **2** krök, sväng; *bildl.* vändning, svängning, (*på historia e.d.*) oväntad upplösning, knorr; *~s and turns* krökar och svängar; *round the ~* (*BE. vard.*) knäpp, knasig **3** [tvinnad] tråd, snöre, snodd; knut, trassel; [bröd]fläta, kringla; tobaksfläta; rulltobak; strut **4** *sport.* skruv; *give a ~ to the ball* skruva bollen **5** förvrängning, förvanskning **6** twist; *do the ~* dansa twist
twist drill ['twɪstdrɪl] spiralborr **twisted** [-ɪd] **1** snodd, tvinnad, vriden **2** *bildl.* snedvriden
twister [-ə] **1** *BE.* fifflare, bedragare, skojare **2** *AE. vard.* tornado, cyklon **3** skruvad boll **4** *AE. vard.* svårt problem, hård nöt att knäcka
1 twit [twɪt] reta[s med], pika
2 twit [twɪt] *i sht BE. vard.* dumskalle, idiot
twitch [twɪtʃ] **I** *v* **1** rycka [i], dra [i] **2** ha ryckningar i; piska med (*one's tail* svansen); klippa med (*one's ears* öronen) **3** rycka till; *my eyelids ~* det rycker i ögonlocken på mig **II** *s* **1** [muskel]ryckning; *give a ~* rycka till **2** ryck[ning]
twitchy ['twɪtʃɪ] *vard.* nervös, skakis
twitter ['twɪtə] **I** *v* **1** kvittra **2** snattra, pladdra **3** fnittra **II** *s* **1** kvitter **2** snatter, pladder **3** *be in a ~* vara pirrig (darrig, nervös)
'**twixt** [twɪkst] *poet., dial.* = betwixt
two [tu:] (*jfr eight o. sms.*) **I** räkn två; båda, bägge; *the ~ boys* de två (båda) pojkarna; *the first ~ days* de två (båda) första dagarna; *~ or three days* ett par tre dagar; *a day or ~* ett par dagar; *a thing or ~* en hel del; *~ by* (*and*) *~* två och två, två i taget; *break in ~* bryta [mitt] itu (av, i två delar, sönder); *that makes ~ of us* det gäller mig också, jag med, det är samma sak med mig; *put ~ and ~ together* (*bildl.*) lägga ihop två och två **II** *s* tvåa; *the ~ of us* vi två (båda); *by* (*in*) *~s* två och två, två i taget
two|-**bit** ['tu:bɪt] *AE. sl.* **1** tjugofemcents- **2** billig, värdelös **--by-four** [tu:baɪ'fɔ:] **1** som är två gånger fyra tum **2** *AE. vard.* kyffig; snålt tilltagen **--cycle** ['tu:saɪkl] *AE.* tvåtakts-; *~ engine* tvåtaktsmotor **--dimensional** [ˌtu:dɪ'menʃənl] tvådimensionell; *bildl.* ytlig, enkel **--edged** [ˌtu:-'edʒd] tveeggad; *bildl.* äv. dubbelbottnad **--faced** [ˌtu:'feɪst] **1** med två ansikten **2** *bildl.* hycklande, falsk **-fer** ['tu:fə] *AE. vard.* **1** två (*biljetter e.d.*) till priset av en **2** rabatterbjudande **-fold** ['tu:fəʊld] **I** *a* tvåfaldig; dubbel **II** *adv* tvåfaldigt; dubbelt **--handed** [ˌtu:'hændɪd] **1** tvåhands- **2** lika skicklig med båda händerna **3** tvåmans- **--legged** [ˌtu:'leg(ɪ)d] tvåbent **-pence** ['tʌp(ə)ns] **1** två pence; *~ halfpenny* (*förr*) två och en halv pence; *not care ~* inte bry sig ett dugg om **-penny** ['tʌpnɪ] *a* **1** tvåpence- **2** *bildl.* värdelös, billig, strunt-; *not care a ~ damn* if inte bry sig ett jäkla dugg om ifall **-penny-halfpenny** [ˌtʌpnɪ'heɪpnɪ] *a* **1** (*förr*) två och en halvpennys- **2** *se, twopenny 2* **--phase** [ˌtu:'feɪz] tvåfas- **-piece** ['tu:pi:s] **I** *a* tvådelad (*bathing-suit* baddräkt); *~ suit a*) [dam]dräkt, *b*) kostym (*kavaj o. byxor*) **II** *s* tvådelad baddräkt; [dam]dräkt; kos-

tym (*kavaj o. byxor*) **--ply** ['tu:plaɪ] dubbel; tvåtrådig; med två lager **--seater** [ˌtu:'si:tə] tvåsitsig bil; tvåsitsigt flygplan **--sided** [ˌtu:'saɪdɪd] tvåsidig; *bildl.* som har två sidor **-some** ['tu:səm] **I** *a* tvåmans-, för två; par- **II** *s* **1** två personer, par; två saker **2** spel för två; *golf.* twosome, singel **--spot** ['tu:spɒt] **1** *kortsp.* tvåa **2** *AE. sl.* tvådollarsedel **-step** ['tu:step] (*dans i 2/4-takt*) twostep **--stroke** ['tu:strəʊk] tvåtakts-; *~ engine* tvåtaktsmotor **--time** ['tu:taɪm] *vard.* **1** bedra, vara otrogen mot **2** vara otrogen, vänsterprassla
'**twould** [twʊd] *poet., dial.* = it would
two-way ['tu:weɪ] **1** dubbelriktad (*traffic* trafik); *bildl.* ömsesidig **2** tvåvägs-; *~ cock* tvåvägskran; *~ radio* kombinerad sändare och mottagare
tycoon [taɪ'ku:n] *AE.* pamp, magnat
tyke [taɪk] **1** *vard.* rackarunge **2** *dial.* byracka, bondhund; knöl, tölp
tympani ['tɪmpənɪ] *mus.* pukor
tympanic [tɪm'pænɪk] *a, anat., ~ membrane* trumhinna
tympanist ['tɪmpənɪst] *mus.* pukslagare
tympa|**num** ['tɪmpənəm] (*pl -nums el. -na*) **1** *anat.* trumhinna; mellanöra **2** *arkit.* tympanon
type [taɪp] **I** *s* **1** typ; sort, slag, art; modell; [typiskt] exempel, [ur]typ, [typisk] representant; symbol (*of* för); *vard.* typ, individ **2** *boktr.* typ, typer; stil[sort]; sats; tryck; *bold ~* halvfet stil; *in ~ a*) [upp]satt, *b*) maskinskriven; *set* [up] *~* sätta; *set* [up] *in ~* sätta [upp] **II** *v* **1** typ-, art|bestämma **2** symbolisera; vara ett [typiskt] exempel på **3** skriva [på maskin, på ordbehandlare]; *~ away* skriva (knattra) på; *~ up* skriva ner); *~ a letter into a word processor* skriva (knappa) in ett brev på en ordbehandlare **4** skriva maskin (på ordbehandlare)
type|**cast** ['taɪpkɑ:st] *v, teat.* fastna i sitt rollfack **-face** *boktr.* typsnitt, stilsort **-script** maskinskrivet manuskript **-setter** [-ˌsetə] *boktr.* **1** sättare **2** sättmaskin **-setting** [-ˌsetɪŋ] *boktr.* **I** *s* sättning **II** *a, ~ company* sätteri; *~ machine* sättmaskin **-write** [-raɪt] skriva [på] maskin **-writer** [-ˌraɪtə] skrivmaskin **-written** [-ˌrɪtn] maskinskriven
typhoid ['taɪfɔɪd] *med.* **I** *s* tyfus, tyfoidfeber **II** *a* tyfus-, tyfoid-
typhoon [taɪ'fu:n] tyfon
typhus [fever] ['taɪfəs(ˌfi:və)] *med.* fläckfeber
typical ['tɪpɪkl] typisk, karakteristisk (*of* för) **-ly** [-lɪ] *adv* **1** typiskt **2** typiskt nog **3** normalt, i normala fall
typify ['tɪpɪfaɪ] vara ett typiskt exempel på, exemplifiera
typing ['taɪpɪŋ] maskinskrivning **typist** [-ɪst] maskin|skriverska, -skrivare
typo ['taɪpəʊ] *AE. vard.* skrivfel
typographer [taɪ'pɒgrəfə] typograf **typographic[al]** [ˌtaɪpə'græfɪk(l)] typografisk; tryck- **typography** [taɪ'pɒgrəfɪ] typografi
tyran|**nic[al]** [tɪ'rænɪk(l)] tyrannisk **-nicide** [-ɪsaɪd] **1** mord på tyrann **2** tyrannmördare **-nize** (*BE. äv. -nise*) ['tɪrənaɪz] **1** tyrannisera **2** *~ over* tyrannisera **-nous** ['tɪrənəs] tyrannisk
tyranny ['tɪrənɪ] tyranni
tyrant ['taɪər(ə)nt] tyrann
tyre ['taɪə] **I** *s* (*t. bil e.d.*) däck, ring **II** *v* förse med

däck
tyro ['taɪərəʊ] *se* tiro
Tyrol ['tɪr(ə)l] Tyrolen **Tyro|lean** [tɪ'rəʊlɪən], **-lese** [ˌtɪrə'liːz] **I** *s* tyrolare **II** *a* tyrolsk, tyrolertzar [zɑː] *se* tsar
Tzigane [tsɪ'ɡɑːn] **I** *s* [ungersk] zigenare **II** *a* zigenar-

U

U, u [juː] (*bokstav*) U, u
U 1 *BE. vard. för upper class* utmärkande för [den engelska] överklassens språkbruk (seder) **2** *förk. för universal* (*om film*) barntillåten
U. *förk. för* (*mat.*) *union; unit; united; university; upper*
ubiqui|tous [juː'bɪkwɪtəs] allestädes närvarande, överallt förekommande **-ty** [juː'bɪkwətɪ] allestädesnärvaro
U-boat ['juːbəʊt] tysk ubåt
U.C. *förk. för University College* **u.c.** *förk. för upper case* (*boktr.*) gemena [bokstäver]
U.C.L.A. *förk. för University of California at Los Angeles* **U.D.C.** *förk. för Urban District Council*
udder ['ʌdə] juver
UDI *förk. för Unilateral Declaration of Independence*
UFO, ufo ['juːfəʊ] *förk. för unidentified flying object* oidentifierat flygande föremål, 'flygande tefat'
Uganda [juː'ɡændə]
ugh [ʌx, ʊh, ɜːh] *interj* usch!, hu!, fy!
ugliness ['ʌɡlɪnɪs] fulhet, gräslighet *etc., jfr* ugly
ugly [-ɪ] **1** ful, gräslig, otäck **2** *bildl.* ful; otäck, motbjudande, otrevlig **3** ilsken, elak; *in an ~ mood* på ilsket humör
UHF *förk. för ultrahigh frequency*
uh-huh [ə'hə] *vard.* (*i stället för* 'yes') mm!, jaha!
U.K. *förk. för United Kingdom*
ukelele [ˌjuːkə'leɪlɪ] ukulele
Ukraine [juː'kreɪn] *s, the ~* Ukraina **Ukrainian** [-jən] **I** *s* ukrainare **II** *a* ukrainsk
ukulele [ˌjuːkə'leɪlɪ] ukulele
ulcer ['ʌlsə] **1** *med.* [varigt] sår, ulcus; *stomach ~* magsår **2** *bildl.* varhärd, kräftsvulst **ulcerate** [-reɪt] bli sårig, få sår **ulceration** [ˌʌlsə'reɪʃn] sårbildning **ulcerous** ['ʌls(ə)rəs] ulcerös, sårig, full av sår, sår-; varig, var
ul|na ['ʌlnə] (*pl* -nae [-niː] *el.* -nas) *anat.* armbågsben
Ulster ['ʌlstə] **1** Ulster **2** *vard.* Nordirland
ulster ['ʌlstə] ulster
ult. *förk. för ultimate*[*ly*]; *ultimo*

tyro—unacquainted

ulterior [ʌl'tɪərɪə] **1** [för]dold, underliggande (*motives* motiv) **2** senare, framtida **3** bortre, avlägsnare
ultimate ['ʌltɪmət] **I** *a* **1** slutlig, slut-, sista; yttersta **2** grundläggande, grund-; yttersta **3** slutgiltig, definitiv **II** *s, the ~ in* höjden av (*luxury* lyx), det allra yppersta inom **-ly** [-lɪ] till sist (slut), slutligen, i sista hand, ytterst
ultima|tum [ˌʌltɪ'meɪtəm] (*pl -tums el. -ta* [-tə])
ultimatum
ultimo ['ʌltɪməʊ] sistlidna [månad], i förra månaden
ultra ['ʌltrə] **I** *a* ytterligt gående **II** *s* ytterlighetsman
ultra- ['ʌltrə] ultra-, ytterlighets-, stock-; hyper-, topp-; över-
ultra|marine [ˌʌltrəmə'riːn] **I** *a* **1** ultramarin, ultramarinblå **2** transmarin **II** *s* ultramarin **-sonic** ultraljud[s]- **-sound** ultraljud **-violet** ultraviolett (*radiation* strålning)
ulu|late ['juːljʊleɪt] tjuta, yla **-lation** [ˌjuːljʊ'leɪʃn] tjut, ylande
Ulysses [juː'lɪsiːz] Odysseus
um [əm] *interj* hum!
umber ['ʌmbə] **I** *s* umbra **II** *a* umbrafärgad
umbili|cal [ʌm'bɪlɪkl] *a, med.* navel-; *~ cord* navelsträng (*äv. mellan rymdfarare o. rymdskepp*) **-cus** [-kəs] (*pl -ci* [-saɪ]) *med.* navel
um|bra ['ʌmbrə] (*pl -brae* [-briː] *el. -bras*) *astr.* umbra; kärnskugga; mörkare del av solfläck
umbrage ['ʌmbrɪdʒ] **1** anstöt; *give ~* väcka anstöt; *take ~ at* ta anstöt av **2** skuggande lövverk
umbrella [ʌm'brelə] paraply **umbrella organisation** paraplyorganisation **umbrella stand** paraplyställ
umlaut ['ʊmlaʊt] omljud
umpire ['ʌmpaɪə] **I** *s* **1** *sport.* domare **2** [skilje]domare **II** *v* **1** döma, vara domare (*in* i) **2** döma, vara domare i (*a match* en match)
ump|teen ['ʌm(p)tiːn] *vard.* en massa, femtielva **-teenth** [-tɪnθ] *vard.* femtielfte
UN, U.N. *förk. för United Nations*
'un [ən] *vard. = one*
unabashed [ˌʌnə'bæʃt] oförskräckt; ogenerad; oblyg
unabated [ˌʌnə'beɪtɪd] **I** *adv* med oförminskad styrka **II** *a* oförminskad
unable [ˌʌn'eɪbl] oförmögen, ur stånd; *be ~ to do s.th.* (*äv.*) inte kunna göra ngt
unabridged [ˌʌnə'brɪdʒd] oavkortad, oförkortad
unacceptable [ˌʌnək'septəbl] oacceptabel, oantaglig
unaccommodating [ˌʌnə'kɒmədeɪtɪŋ] omedgörlig
unaccompanied [ˌʌnə'kʌmp(ə)nɪd] **1** utan sällskap (följeslagare) **2** *mus.* oackompanjerad, utan ackompanjemang
unaccountable [ˌʌnə'kaʊntəbl] **1** oförklarlig, gåtfull; egendomlig **2** oansvarig **unaccounted-for** [-ɪdfɔː] icke redovisad; oförklarad
unaccustomed [ˌʌnə'kʌstəmd] **1** ovan (*to* vid) **2** obekant, främmande
unacknowledged [ˌʌnək'nɒlɪdʒd] inte erkänd
unacquainted [ˌʌnə'kweɪntɪd] obekant; *be ~ with* (*äv.*) inte känna till, inte vara insatt i, vara

okunnig om
unadaptable [ˌʌnəˈdæptəbl] oanpassbar
unadopted [ˌʌnəˈdɒptɪd] *a, BE.*, ~ *road* enskild väg
unadorned [ˌʌnəˈdɔːnd] enkel, osmyckad
unadulterated [ˌʌnəˈdʌltəreɪtɪd] **1** ren, oförfalskad **2** idel
unadvised [ˌʌnədˈvaɪzd] **1** obetänksam; oklok; förhastad **2** inte underrättad (*of* om)
unaesthetic [ˌʌniːsˈθetɪk] oestetisk
1 unaffected [ˌʌnəˈfektɪd] opåverkad, oberörd
2 unaffected [ˌʌnəˈfektɪd] okonstlad, naturlig
unafraid [ˌʌnəˈfreɪd] inte rädd (*of* för); orädd
unaided [ˌʌnˈeɪdɪd] utan hjälp; *the* ~ *eye* blotta ögat
unalloyed [ˌʌnəˈlɔɪd] oblandad, ren (*äv. bildl.*)
unaltered [ˌʌnˈɔːltəd] oförändrad
unambiguous [ˌʌnæmˈbɪgjuəs] entydig, otvetydig
unambitious [ˌʌnæmˈbɪʃəs] utan äregirighet; anspråkslös
un-American [ˌʌnəˈmerɪkən] oamerikansk (*activity* verksamhet)
unanimity [ˌjuːnəˈnɪmətɪ] enhällighet, enstämmighet, enighet **unanimous** [juːˈnænɪməs] enhällig, enstämmig, enig
unannounced [ˌʌnəˈnaʊnst] oanmäld
unanswerable [ˌʌnˈɑːns(ə)rəbl] **1** omöjlig att besvara **2** ovedersäglig; obestridlig **3** oansvarig
unanswered [-d] obesvarad
unappealing [ˌʌnəˈpiːlɪŋ] motbjudande, föga tilltalande
unappe|tizing (*BE. äv. -tising*) [ˌʌnˈæpɪtaɪzɪŋ] oaptitlig
unapproachable [ˌʌnəˈprəʊtʃəbl] **1** otillgänglig, oåtkomlig **2** ouppnåelig
unappropriated [ˌʌnəˈprəʊprɪeɪtɪd] inte tagen i anspråk; odisponerad
unapt [ˌʌnˈæpt] **1** olämplig **2** trög, slö **3** obenägen
unarguable [ˌʌnˈɑːgjʊəbl] obestridlig
unarmed [ˌʌnˈɑːmd] obeväpnad; ~ *combat* handgemäng
unashamed [ˌʌnəˈʃeɪmd] oblyg, utan skamkänsla; ogenerad
unasked [ˌʌnˈɑːskt] **1** outtalad (*question* fråga) **2** oombedd **3** objuden
unassailable [ˌʌnəˈseɪləbl] oangripbar; *bildl. äv.* oantastlig, ovedersäglig, obestridlig
unassisted [ˌʌnəˈsɪstɪd] utan hjälp
unassuming [ˌʌnəˈsjuːmɪŋ] försynt, anspråkslös, blygsam
unattached [ˌʌnəˈtætʃt] **1** *be* ~ *to* inte vara förenad med **2** fri, obunden, oberoende
unattainable [ˌʌnəˈteɪnəbl] ouppnåelig
unattended [ˌʌnəˈtendɪd] **1** utan uppvaktning (sällskap), ensam **2** utan tillsyn (uppsikt), obevakad; ~ [*to*] försummad **3** obeaktad **4** obesökt
unattractive [ˌʌnəˈtræktɪv] föga tilldragande (tilltalande), oattraktiv
unauthorized [ˌʌnˈɔːθəraɪzd] inte auktoriserad; obehörig
unavail|able [ˌʌnəˈveɪləbl] **1** inte tillgänglig; *be* ~ (*äv.*) inte finnas att få **2** oanträffbar, inte anträffbar **-ing** [-ɪŋ] fåfäng, gagnlös, fruktlös, utan resultat
unavoidable [ˌʌnəˈvɔɪdəbl] oundviklig
unaware [ˌʌnəˈweə] omedveten, ovetande, okunnig (*of* om; *that* om att) **unawares** [-z] *adv* **1** oför|modat, -happandes, överraskande; *catch* (*take*) *s.b.* ~ överrumpla (överraska) ngn **2** utan att märka något; obemärkt
unbalance [ˌʌnˈbæləns] bringa ur balans (jämvikt), rubba **unbalanced** [-t] **1** *bildl.* obalanserad, ur balans, överspänd; sinnesförvirrad **2** *bildl.* obalanserad, ensidig (*report* rapport) **3** *bokför.* inte balanserad
unbearable [ˌʌnˈbeərəbl] outhärdlig
unbeatable [ˌʌnˈbiːtəbl] oöverträffbar, oslagbar, enastående **unbeaten** [-ˈbiːtn] **1** obesegrad, oslagen; oöverträffad **2** obanad (*path* stig) **3** ovispad
unbecoming [ˌʌnbɪˈkʌmɪŋ] missklädsam
unbeknown[st] [ˌʌnbɪˈnəʊn(st)] *åld.*, ~ *to s.b.* ngn ovetande, utan ngns vetskap
unbelief [ˌʌnbɪˈliːf] misstro; otro **unbelievable** [-ˈliːvəbl] otrolig **unbelieving** [-ˈliːvɪŋ] klentrogen, tvivlande
unbend [ˌʌnˈbend] (*unbent, unbent*) **1** lätta upp, göra mindre rigorös **2** räta (böja) ut **3** lättas upp, bli mindre rigorös **4** *vard.* slappna av; tina upp **5** rätas (böjas) upp **-ing** [-ɪŋ] oböjlig; *bildl. äv.* obeveklig, sträng, omedgörlig
unbias[s]ed [ˌʌnˈbaɪəst] opartisk, neutral; fördomsfri; förutsättningslös
unbidden [ˌʌnˈbɪdn] **1** obedd, objuden **2** oombedd
unbind [ˌʌnˈbaɪnd] (*unbound, unbound*) lösa [upp], lossa, befria
unbleached [ˌʌnˈbliːtʃt] oblekt
unblemished [ˌʌnˈblemɪʃt] fläckfri (*äv. bildl.*)
unblinking [ˌʌnˈblɪŋkɪŋ] utan att blinka; orubblig, fast
unbolt [ˌʌnˈbəʊlt] regla upp (*a door* en dörr)
unborn [ˌʌnˈbɔːn] ofödd; framtida, kommande
unbosom [ˌʌnˈbʊzəm] *v,* ~ [*o.s.*] *to* anförtro sig åt, lätta sitt hjärta för
unbound [ˌʌnˈbaʊnd] **1** (*om bok*) oinbunden, häftad **2** obunden, fri; ~ *hair* utslaget hår
unbounded [ˌʌnˈbaʊndɪd] gränslös, utan gränser
unbowed [ˌʌnˈbaʊd] oböjd; *bildl.* okuvad, obesegrad
unbreakable [ˌʌnˈbreɪkəbl] obrytbar; okrossbar, oförstörbar
unbridled [ˌʌnˈbraɪdld] *bildl.* otyglad, ohämmad
unbroken [ˌʌnˈbrəʊk(ə)n] **1** obruten (*äv. bildl.*); hel **2** oavbruten, utan avbrott **3** (*om häst*) otämjd, oinriden **4** (*om rekord*) oöverträffad, inte slagen
unbuckle [ˌʌnˈbʌkl] spänna (knäppa) upp; spänna av sig
unburden [ˌʌnˈbɜːdn] **1** avbörda, avlasta; lätta (*one's conscience* sitt samvete); ~ *o.s.* (*one's mind*) lätta sitt hjärta **2** avbörda sig, lasta av sig
unbutton [ˌʌnˈbʌtn] knäppa upp; *vard.* släppa loss
uncalled-for [ˌʌnˈkɔːldfɔː] opåkallad, onödig, omotiverad, obefogad
uncanny [ˌʌnˈkænɪ] **1** kuslig, spöklik, hemsk **2** häpnadsväckande, otrolig
uncap [ˌʌnˈkæp] korka upp, öppna
uncared-for [ˌʌnˈkeədfɔː] försummad, utan

[om]vård[nad] **uncaring** [-rɪŋ] hjärtlös, känslolös
unceasing [ˌʌnˈsiːsɪŋ] oupphörlig, oavbruten
unceremonious [ˈʌnˌserɪˈməʊnjəs] **1** informell, otvungen, utan ceremonier **2** brysk, abrupt
uncertain [ˌʌnˈsɜːtn] **1** osäker, oviss (*about, of om, på*) **2** ostadig, obeständig, nyckfull **3** obestämd **4** *in no* ~ *terms* med all önskvärd tydlighet **-ty** [-tɪ] **1** osäkerhet, ovisshet **2** ostadighet, obeständighet, nyckfullhet **3** obestämdhet
unchain [ˌʌnˈtʃeɪn] lösa [från kedjor]; släppa lös
unchallenged [ˌʌnˈtʃælən(d)ʒd] oomtvistlig, obestridd; obehindrad
unchangeable [ˌʌnˈtʃeɪn(d)ʒəbl] oföränderlig **unchanged** [-d] oförändrad **unchanging** [-ɪŋ] oföränderlig, konstant
uncharitable [ˌʌnˈtʃærɪtəbl] obarmhärtig, kärlekslös (*to* mot)
uncharted [ˌʌnˈtʃɑːtɪd] inte kartlagd; *bildl.* outforskad
unchecked [ˌʌnˈtʃekt] **I** *a* okontrollerad, ohämmad **II** *adv* okontrollerat, ohämmat
uncivil [ˌʌnˈsɪvl] ohövlig, ohyfsad **uncivi|lized** (*BE. äv. -lised*) [ˌʌnˈsɪvɪlaɪzd] **1** ociviliserad, barbarisk, primitiv **2** okultiverad
unclasp [ˌʌnˈklɑːsp] **1** spänna upp, lossa; knäppa upp (*one's hands* händerna); fälla upp (*a knife* en kniv) **2** släppa greppet (taget) om
unclassified [ˌʌnˈklæsɪfaɪd] **1** oklassificerad **2** inte [längre] hemligstämplad
uncle [ˈʌŋkl] **1** farbror; morbror; onkel; *U~ Sam* Onkel Sam (*personifikation av USA*); *U~ Tom* (*AE. neds.*) onkeltommare (*neger som är inställsam mot vita*) **2** *sl.* farbror (*pantlånare*)
unclean [ˌʌnˈkliːn] oren, smutsig (*äv. bildl.*) **-ly I** *a* [ˌʌnˈklenlɪ] osnygg, orenlig [av sig]; smutsig (*äv. bildl.*) **II** *adv* [ˌʌnˈkliːnlɪ] orent (*äv. bildl.*)
unclear [ˌʌnˈklɪə] oklar; *be* ~ *about* vara oklar över
unclose [ˌʌnˈkləʊz] **1** öppna[s] **2** avslöja[s], yppa[s]
unclothed [ˌʌnˈkləʊðd] oklädd, naken
unclouded [ˌʌnˈklaʊdɪd] **1** molnfri **2** ogrumlad (*happiness* lycka)
uncoil [ˌʌnˈkɔɪl] **1** rulla av; rulla upp (ut) **2** rulla upp (ut) sig
uncoloured [ˌʌnˈkʌləd] ofärgad; osminkad (*äv. bildl.*)
uncombed [ˌʌnˈkəʊmd] okammad
uncomfortable [ʌnˈkʌmf(ə)təbl] **1** obekväm; otrivsam **2** illa till mods; obehaglig; olustig
uncommitted [ˌʌnkəˈmɪtɪd] neutral; oengagerad; opartisk
uncommon [ˌʌnˈkɒmən] ovanlig
uncommunicative [ˌʌnkəˈmjuːnɪkətɪv] föga meddelsam, tillknäppt, reserverad
uncomplaining [ˌʌnkəmˈpleɪnɪŋ] som inte klagar, tålig
uncomplicated [ˌʌnˈkɒmplɪkeɪtɪd] okomplicerad, enkel
uncomprehending [ˌʌnkɒmprɪˈhendɪŋ] oförstående
uncompromising [ˌʌnˈkɒmprəmaɪzɪŋ] kompromisslös; principfast, orubblig, obeveklig
unconcealed [ˌʌnkənˈsiːld] öppen, ohöljd
unconcern [ˌʌnkənˈsɜːn] likgiltighet, ointresse;

oberördhet **-ed** [-d] **1** ointresserad (*with* av), likgiltig (*with* för); obekymrad (*about* om), oberörd (*about* av) **2** inte inblandad (*in* i)
uncondi|tional [ˌʌnkənˈdɪʃənl] ovillkorlig, villkorslös; total; förbehållslös **-tioned** [-ʃnd] *psykol.* obetingad
unconfirmed [ˌʌnkənˈfɜːmd] obekräftad
uncongenial [ˌʌnkənˈdʒiːnjəl] ogästvänlig; osympatisk, otrevlig
unconnected [ˌʌnkəˈnektɪd] utan samband (förbindelse)
unconquerable [ˌʌnˈkɒŋk(ə)rəbl] oövervinn[e]lig, obetvinglig
unconscionable [ˌʌnˈkɒnʃnəbl] *litt.* **1** orimlig, omåttlig; orimligt lång **2** samvetslös, skrupelfri
unconscious [ˌʌnˈkɒnʃəs] **I** *a* **1** omedveten (*of* om) **2** medvetslös **3** *psykol.* undermedveten **II** *s, the* ~ det undermedvetna
unconsidered [ˌʌnkənˈsɪdəd] oöverlagd, ogenomtänkt
unconstitutional [ˈʌnˌkɒnstɪˈtjuːʃənl] grundlags-, författnings|stridig
unconstrained [ˌʌnkənˈstreɪnd] **1** otvungen **2** oinskränkt
uncontested [ˌʌnkənˈtestɪd] obestridd
uncon|trollable [ˌʌnkənˈtrəʊləbl] **1** okontrollerbar; omöjlig att kontrollera (styra, behärska); obetvinglig **2** oregerlig **-trolled** [-ˈtrəʊld] ohämmad; oinskränkt; okontrollerad; otyglad
unconventional [ˌʌnkənˈvenʃənl] okonventionell; originell
uncon|vinced [ˌʌnkənˈvɪnst] inte övertygad, tvivlande **-vincing** [-ˈvɪnsɪŋ] föga övertygande
uncooked [ˌʌnˈkʊkt] okokt, rå, inte tillagad
uncooperative [ˌʌnkəʊˈɒp(ə)rətɪv] samarbetsovillig, ohjälpsam
uncork [ˌʌnˈkɔːk] korka upp (*a bottle* en flaska)
uncount [ˌʌnˈkaʊnt] *a, språkv.* inte pluralbildande (*noun* substantiv)
uncountable [ˌʌnˈkaʊntəbl], **uncounted** [ˌʌnˈkaʊntɪd] **1** oräknelig, otalig **2** oräknad
uncouple [ˌʌnˈkʌpl] koppla ifrån (loss)
uncouth [ˌʌnˈkuːθ] ohyfsad, obildad, okultiverad, ofin
uncover [ˌʌnˈkʌvə] **1** blotta (*one's head* sitt huvud); avtäcka; blottlägga; ta av locket (höljet *e.d.*) på (*from*) **2** *bildl.* avslöja **uncovered** [-d] **1** inte övertäckt, utan tak (skydd) **2** *hand.* inte täckt (*by insurance* av försäkring)
uncritical [ˌʌnˈkrɪtɪkl] okritisk
uncrowned [ˌʌnˈkraʊnd] okrönt (*äv. bildl.*)
UNCTAD [ˈʌŋktæd] *förk. för United Nations Commission for Trade and Development*
unction [ˈʌŋ(k)ʃn] **1** *relig.* smörjelse; *the extreme* ~ sista smörjelsen **2** salvelse[fullhet] **3** salva **unctuous** [ˈʌŋ(k)tjʊəs] **1** flottig, oljig, smetig **2** salvelsefull; inställsam
uncul|tivated [ˌʌnˈkʌltɪveɪtɪd] **1** ouppodlad **2** okultiverad, obildad **-tured** [-tʃəd] okultiverad, obildad
uncut [ˌʌnˈkʌt] oklippt; o[be]skuren; (*om bok*) ouppskuren; (*om ädelsten*) oslipad; (*om text e.d.*) oavkortad
undamaged [ˌʌnˈdæmɪdʒd] oskadad, oskadd
undated [ˌʌnˈdeɪtɪd] odaterad
undaunted [ˌʌnˈdɔːntɪd] oförskräckt, oförfärad,

undeceive—undersell

djärv
undeceive [ˌʌndɪˈsiːv] *v*, ~ *s.b.* ta ngn ur en villfarelse, öppna ögonen på ngn
undecided [ˌʌndɪˈsaɪdɪd] **1** obeslutsam, tveksam **2** oavgjord, obestämd
undefiled [ˌʌndɪˈfaɪld] obefläckad, fläckfri
undemanding [ˌʌndɪˈmɑːndɪŋ] föga krävande, lättsam
undemocratic [ˈʌnˌdeməˈkrætɪk] odemokratisk
undemonstrative [ˌʌndɪˈmɒnstrətɪv] reserverad, behärskad, återhållsam
undeni|able [ˌʌndɪˈnaɪəbl] **1** obestridlig, utan tvivel, oneklig **2** oklanderlig **-ably** [-əblɪ] *adv* onekligen, obestridligen
undenominational [ˈʌndɪˌnɒmɪˈneɪʃənl] konfessionslös
under [ˈʌndə] **I** *prep* **1** under (*äv. bildl.*); nedanför (*the hill* backen); ~ *the circumstances* under dessa (sådana) omständigheter; ~ *Charles II* under Karl II; ~ *surveillance* under övervakning; *he has 40 men* ~ *him* han har 40 män under sig **2** mindre än, under; *it took* ~ *an hour* (*äv.*) det tog knappt (inte ens) en timme **3** i enlighet med, enligt; ~ *English law* enligt engelsk lag **4** (*annan prep el. övers.*) ~ *barley* [besådd] med korn; ~ *a p.'s nose* mitt [fram]för näsan på ngn; ~ *sentence of death* dödsdömd; *which doctor are you* ~? vilken läkare går du hos (har du)?; *the matter* ~ *discussion was* frågan som diskuterades var; *be* ~ *the impression that* ha ett intryck av att; *be* ~ *a misapprehension* missta[ga] sig; *be* ~ [*the*] *threat of* hotas av; *be born* ~ *Virgo* vara född i Jungfruns tecken; *study* ~ *s.b.* studera för ngn **II** *a* **1** under-; lägre; underordnad **2** för liten **III** *adv* **1** nere; [in] under; nedanför; nedan; därunder **2** *vard.* ner|-drogad, -sövd
under|act [ˌʌndərˈækt] *teat.* inte spela ut, spela återhållsamt **-age** omyndig, minderårig; underårig **-arm** [ˈʌndərɑːm] **I** *a* **1** armslång **2** *sport.* underhands- **3** armhåls- **II** *adv, sport.* underifrån
under|belly [ˈʌndəˌbelɪ] **1** (*djurs*) buksida **2** *bildl.* sårbar del, öm punkt **-bid** [ˌʌndəˈbɪd] (*underbid, underbid*) **1** bjuda under; lägga ett extremt lågt bud på **2** *kortsp.* bjuda för lågt **-brush** [ˈʌndəbrʌʃ] *AE.* undervegetation; småskog
under|carriage [ˈʌndəˌkærɪdʒ] **1** *flyg.* landningsställ **2** (*fordons*) underrede **-charge** [ˌʌndəˈtʃɑːdʒ] ta för litet betalt av (för) **-clothes** [ˈʌndəklə(ʊ)ðz] *pl*, **-clothing** [ˈʌndəˌkləʊðɪŋ] underkläder **-coat** [ˈʌndəkəʊt] undre lager **-cover** [ˌʌndəˈkʌvə] hemlig (*agent* agent) **-current** [ˈʌndəˌkʌr(ə)nt] underström (*äv. bildl.*) **-cut** **I** *v* [ˌʌndəˈkʌt] **1** underbjuda, sälja (utbjuda) till lägre pris än, gå under **2** *bildl.* under|gräva, -minera **3** *sport.* skära (*a ball* en boll) **II** *s* [ˈʌndəkʌt] **1** [ox]filé **2** *sport.* underskruv
under|developed [ˌʌndədɪˈveləpt] underutvecklad **-dog** [ˈʌndədɒg] människa i underläge, svagare part, förlorare **-done** [ˌʌndəˈdʌn] för litet kokt (stekt); lättstekt **-dressed** [ˌʌndəˈdrest] för enkelt klädd (*för visst tillfälle*)
under|employed [ˌʌndərɪmˈplɔɪd] undersysselsatt **-estimate I** *s* [ˌʌndərˈestɪmət] underskattning, -värdering **II** *v* [ˌʌndərˈestɪmeɪt] under|skatta, -värdera **-exposed** [ˌʌnd(ə)rɪksˈpəʊzd]

foto. underexponerad **-exposure** [ˌʌnd(ə)rɪksˈpəʊʒə] *foto.* underexponering
under|fed [ˌʌndəˈfed] undernärd **-feed** (*underfed, underfed*) ge för litet mat **-financed** underfinansierad **-flow** [ˈʌndəfləʊ] underström **-foot** [ˌʌndəˈfʊt] under fötterna; på marken
under|garment [ˈʌndəˌgɑːmənt] underplagg **-go** [ˌʌndəˈgəʊ] (*underwent, undergone*) undergå, genomgå **-grad[uate]** [ˌʌndəˈgrædjʊət] *univ.* student, studerande
underground **I** *a* [ˈʌndəgraʊnd] **1** underjordisk, underjords-; tunnelbane-; *bildl.* hemlig, underground-; ~ *cable* (*äv.*) jordkabel; ~ *railway* (*railroad*) tunnelbana **II** *adv* [ˌʌndəˈgraʊnd] under jorden (*äv. bildl.*) **III** *s* [ˈʌndəgraʊnd] **1** underjordisk grupp (rörelse) **2** underground[kultur, -musik *e.d.*] **3** tunnelbana
undergrowth [ˈʌndəgrəʊθ] undervegetation; småskog
underhand [ˌʌndəˈhænd] **I** *a* **1** hemlig, smyg-; lömsk, dolsk; bedräglig **2** *sport.* [kastad, slagen] underifrån, underhands- **II** *adv* **1** i hemlighet, i smyg; lömskt dolskt; bedrägligt **2** *sport.* underifrån **underhanded** [-ɪd] *se underhand I*
1 underlay I *v* [ˌʌndəˈleɪ] (*underlaid, underlaid*) lägga under; stötta [underifrån] **II** *s* [ˈʌndəleɪ] underlag; underlägg
2 underlay [ˌʌndəˈleɪ] *imperf. av underlie*
under|lie [ˌʌndəˈlaɪ] (*underlay, underlain*) **1** ligga under **2** *bildl.* ligga bakom (under), ligga i botten på, ligga till grund för **-line 1** stryka under **2** *bildl.* understryka, betona **-ling** [ˈʌndəlɪŋ] under|lydande, -huggare; hantlangare, lakej **-lip** [ˈʌndəlɪp] underläpp **-lying** [ˌʌndəˈlaɪɪŋ] **1** *bildl.* bakomliggande, som ligger bakom; grundläggande **2** underliggande
under|manned [ˌʌndəˈmænd] underbemannad, med för liten personal **-mentioned** nedan nämnd **-mine** under|minera; *bildl. äv.* undergräva, försvaga **-most** [ˈʌndəməʊst] underst, nederst
under|neath [ˌʌndəˈniːθ] **I** *prep* [in]under; nedanför **II** *adv* [in]under; under-, ned|till; på undersidan; *bildl.* under ytan **III** *a* undre, under-, nedre, neder- **IV** *s* undersida; underdel; underrede **-nourished** undernärd **-nourishment** undernäring
under|paid [ˌʌndəˈpeɪd] underbetald **-pants** [ˈʌndəpænts] *pl* [lång]kalsonger **-pass** [ˈʌndəpɑːs] undertfart; [gång, underjordisk passage **-pay** [ˌʌndəˈpeɪ] (*underpaid, underpaid*) underbetala **-pin** [ˌʌndəˈpɪn] stötta (*äv. bildl.*) **-play** [ˌʌndəˈpleɪ] underbetona, bagatellisera **-populated** [ˌʌndəˈpɒpjʊleɪtɪd] underbefolkad **-privileged** [ˌʌndəˈprɪvɪlɪdʒd] underprivilegierad, tillbakasatt, missgynnad, sämst ställd (lottad)
underrate [ˌʌndəˈreɪt] under|skatta, -värdera
under|score [ˌʌndəˈskɔː] *se underline* **-sea** [ˈʌndəsiː] **I** *a* undervattens- **II** *adv* under vattnet **-seal** [ˈʌndəsiːl] **I** *s* underreds|massa, -behandling **II** *v* underredsbehandla **-secretary** [ˌʌndəˈsekrət(ə)rɪ] andre sekreterare; *U~* [*of State*] statssekreterare; *Assistant U~* departementsråd **-sell** [ˌʌndəˈsel] (*undersold, undersold*) **1** sälja till lägre pris än **2** sälja till underpris

-shirt [ˈʌndəʃɜːt] *AE*. undertröja **-side** [ˈʌndəsaɪd] undersida **-signed** [ˌʌndəˈsaɪnd] **I** *a* undertecknad **II** *s*, *the* ~ undertecknad **-size[d]** [ˌʌndəˈsaɪz(d)] under medellängd, småväxt; mindre än normalt **-skirt** [ˈʌndəskɜːt] underkjol **-staffed** [ˌʌndəˈstɑːft] underbemannad, med för liten personal

understand [ˌʌndəˈstænd] (*understood, understood; jfr äv. understood II*) **1** förstå, begripa, fatta, inse; uppfatta; förstå (begripa) sig på, kunna, känna till, veta; ~ *by* förstå (mena) med; ~ *from* förstå (fatta) av (på); *I understood that* (*äv.*) jag utgick från (fick för mig, trodde) att; *am I to ~ that?* skall det betyda (skall jag fatta det så) att?; *he is, I ~, not here* såvitt jag har förstått (hört) är han inte här; *from what you say I ~ that* av vad du säger drar jag den slutsatsen att; *give s.b. to ~ that* låta ngn förstå att **2** underförstå **3** förstå, begripa, fatta; *I quite ~* jag förstår så (mycket) väl **-able** [-əbl] förståelig, begriplig **-ing** [-ɪŋ] **I** *a* **1** förstående **2** förståndig **II** *s* **1** fattningsförmåga; uppfattning (*of* av); kännedom, kunskap (*of* om), insikt (*of* i), förståelse (*of* av); [gott] förstånd, [gott] omdöme, klokhet; *it was my ~ that* (*äv.*) jag utgick från (antog, trodde) att **2** förståelse **3** samförstånd; uppgörelse, överenskommelse, avtal **4** *on the ~ that* under förutsättning att, på det villkoret att

understate [ˌʌndəˈsteɪt] uppge för lågt, uppta till för lågt värde; säga för litet om **-ment** [-mənt] **1** understatement, underdrift **2** underskattning **understood** [ˌʌndəˈstʊd] **I** *imperf. av* understand **II** *a o. perf. part. av* understand **1** förstådd; ~? förstått?, uppfattat?; *make o.s.* ~ göra sig förstådd **2** överenskommen; självklar; *it is ~ that a*) det är överenskommet att, *b*) man räknar med (antar) att, det påstås att; *that is* ~ det säger sig självt; *he let it be ~ that* han lät förstå att; *it must be ~ that* det måste stå klart att **3** underförstådd **understudy** [ˈʌndəˌstʌdɪ] **I** *s* **1** *teat.* ersättare, inhoppare (*i roll*) **2** vikarie, ställföreträdare **II** *v* **1** *teat.* vara ersättare (inhoppare) för **2** studera in en roll för att kunna vara ersättare (inhoppare) för

under|take [ˌʌndəˈteɪk] (*undertook, undertaken*) **1** åtaga sig; ta på sig (*responsibility* ansvar) **2** företa; sätta i gång med, påbörja **3** lova, garantera **-taker** [ˈʌndəˌteɪkə] begravningsentreprenör **-taking 1** [ˌʌndəˈteɪkɪŋ] företag, uppgift, arbete **2** [ˌʌndəˈteɪkɪŋ] åtagande, förbindelse; löfte, garanti **3** [ˈʌndəˌteɪkɪŋ] begravningsentreprenörsbranschen

under-the|-counter, --table [ˌʌndəðəˈkaʊntə, -ˈteɪbl] *a*, *bildl.* under bordet, svart **under|things** [ˈʌndəθɪŋz] *pl*, *vard.* underkläder **-tone 1** *speak in an* ~ tala dämpat (med låg röst) **2** *bildl.* underton **3** svag (dämpad) färgton **-tow** understrom

under|value [ˌʌndəˈvæljuː] undervärdera, *bildl. äv.* underskatta **-vest** [ˈʌndəvest] undertröja **underwater** [ˌʌndəˈwɔːtə] **I** *a* undervattens- **II** *adv* under vattnet

under way [ˌʌndəˈweɪ] i gång, på väg **underwear** [ˈʌndəweə] underkläder **-weight** [ˌʌndəˈweɪt] underviktig, under normalvikt **-world** [ˈʌndəwɜːld] **1** *the* ~ underjorden, dödsriket **2** *the* ~ undre världen **-write** [ˈʌndəraɪt] (*underwrote, underwritten*) **1** *hand.* garantera; svara för kostnaderna för, åtaga sig att betala **2** *försäkr.* försäkra; teckna [sjö]försäkring för; teckna **3** skriva under; *bildl.* skriva under på **-writer** [ˈʌndəˌraɪtə] *försäkr.* assuradör, [sjö]försäkringsgivare

unde|served [ˌʌndɪˈzɜːvd] oförtjänt **-serving** [-ˈzɜːvɪŋ] ovärdig, oförtjänt; *be* ~ *of s.th.* inte vara värd (förtjäna) ngt

unde|sirable [ˌʌndɪˈzaɪərəbl] icke önskvärd, ovälkommen, oönskad **-sired** [-ˈzaɪəd] icke önskad, oönskad

undetected [ˌʌndɪˈtektɪd] oupptäckt
undetermined [ˌʌndɪˈtɜːmɪnd] inte beslutad (bestämd, fastställd), obestämd
undeveloped [ˌʌndɪˈveləpt] outvecklad
undies [ˈʌndɪz] *pl, vard.* [dam]underkläder
undignified [ʌnˈdɪɡnɪfaɪd] ovärdig, inte värdig
undiluted [ˌʌndaɪˈljuːtɪd] **1** outspädd **2** *bildl.* oförfalskad, ren, oblandad
undiminished [ˌʌndɪˈmɪnɪʃt] oförminskad
undiscern|ible [ˌʌndɪˈsɜːnəbl] omärklig **-ing** [-ɪŋ] omdömeslös
undisciplined [ʌnˈdɪsɪplɪnd] odisciplinerad
undiscovered [ˌʌndɪˈskʌvəd] oupptäckt; utan att bli upptäckt
undisguised [ˌʌndɪsˈɡaɪzd] ohöljd, öppen
undismayed [ˌʌndɪsˈmeɪd] opåverkad, orubbligt lugn
undisputed [ˌʌndɪˈspjuːtɪd] obestridd, obestridlig; omtvistad
undistinguished [ˌʌndɪˈstɪŋwɪʃt] slätstruken, medelmåttig
undisturbed [ˌʌndɪˈstɜːbd] **1** ostörd, lugn **2** orörd
undivided [ˌʌndɪˈvaɪdɪd] odelad, hel, full
undo [ʌnˈduː] (*undid, undone; jfr äv. undone*) **1** öppna, lossa, lösa, öra (få, knyta, knäppa, lösa, packa, sprätta, ta *etc.*) upp, ta av; *come undone* gå upp, lossna **2** göra ogjord; upphäva; omintetgöra, ruinera, förstöra; fördärva; störta i olycka
undoing [ʌnˈduːɪŋ] undergång, fall, fördärv
undone [ʌnˈdʌn] **1** ogjord **2** upplöst; uppknuten, oknuten; uppknäppt, oknäppt **3** *litt., be* ~ vara förlorad

undoubted [ʌnˈdaʊtɪd] obestridlig, otvivelaktig; klar, avgjord **-ly** [-lɪ] *adv* otvivelaktigt, utan tvivel
undraw [ʌnˈdrɔː] (*undrew, undrawn*) dra undan (isär, åt sidan)
undreamed, -dreamt [ʌnˈdremt] *a*, ~ [*of*] som man inte kunnat (kan) drömma om, oanad
undress I *v* [ˌʌnˈdres] klä av [sig] **II** *s* [ˌʌnˈdres] **1** vardagsklädsel; vardagsuniform **2** *in a state of* ~ oklädd **III** *a* [ˈʌndres] vardags-, informell **undressed** [ˌʌnˈdrest] **1** oklädd; avklädd; lätt klädd; *get* ~ klä av sig **2** (*om djurhud*) obehandlad **3** (*om sallad*) utan dressing
undue [ʌnˈdjuː] **1** otillbörlig; orättmätig **2** överdriven, obefogad, onödig **3** *hand.* ej förfallen [till betalning]
undu|late [ˈʌndjʊleɪt] bölja, gå i vågor; undulera **-lation** [ˌʌndjʊˈleɪʃn] **1** vågrörelse, böljande **2** vågformighet, våghet
unduly [ʌnˈdjuːlɪ] *adv* **1** överdrivet, obefogat,

undying—ungratified

onödigt 2 otillbörligt; orättmätigt
undying [ʌnˈdaɪɪŋ] *litt.* odödlig; evig, oändlig
unearned [ˌʌnˈɜːnd] 1 ~ *income* inkomst av kapital 2 oförtjänt
unearth [ˌʌnˈɜːθ] gräva upp (fram); *bildl. äv.* bringa i dagen, avslöja **-ly** [-lɪ] *a* 1 över|jordisk, -naturlig; kuslig; otäck 2 *vard.*, *at an* ~ *hour* okristligt tidigt
unease [ʌnˈiːz] 1 oro, ängslan 2 spänning; *state of* ~ spänt läge **uneasiness** [-ɪnɪs] 1 oro, ängslan 2 obehagskänsla **uneasy** [-ɪ] 1 orolig, ängslig (*about* för, över) 2 obehaglig [till mods], olustig
uneatable [ˌʌnˈiːtəbl] oätlig, oätbar
uneconomic [ˈʌnˌiːkəˈnɒmɪk] olönsam,oekonomisk **-al** [-l] oekonomisk; slösaktig
uneducated [ˌʌnˈedjʊkeɪtɪd] obildad; okultiverad
unemotional [ˌʌnɪˈməʊʃənl] känslo|lös, -kall; oberörd
unemployable [ˌʌnɪmˈplɔɪəbl] omöjlig att anställa, oanvändbar **unemployed** [-d] 1 arbetslös 2 obegagnad, outnyttjad **unemployment** [-plɔɪmənt] arbetslöshet **unemployment benefit** *BE.*, **unemployment compensation** *AE.* arbetslöshetsunderstöd
unencumbered [ˌʌnɪnˈkʌmbəd] 1 obesvärad; inte belastad 2 *jur.* utan inteckning, ograverad
unending [ˌʌnˈendɪŋ] ändlös, oändlig, evig
unendurable [ˌʌnɪnˈdjʊərəbl] outhärdlig
un-English [ˌʌnˈɪŋglɪʃ] oengelsk
unenviable [ˌʌnˈenvɪəbl] föga avundsvärd
unequal [ˌʌnˈiːkw(ə)l] 1 olika, olika stor (lång, stark *etc.*) 2 ojämlik, inte likvärdig (jämställd) 3 otillräcklig, bristfällig; *be* ~ *to the task* inte vara vuxen uppgiften; *feel* ~ *to doing s.th.* inte känna sig kapabel (i stånd) att göra ngt 4 ojämn (*äv bildl.*) 5 udda; oregelbunden **unequalled** [-d] makalös, enastående, oövertrffad
unequivocal [ˌʌnɪˈkwɪvəkl] otvetydig
unerring [ˌʌnˈɜːrɪŋ] ofelbar, osviklig, säker
UNESCO [juːˈneskəʊ] *fork.* för *United Nations Educational, Scientific, and Cultural Organization*
unescorted [ˌʌnesˈkɔːtɪd] utan eskort (sällskap)
unessential [ˌʌnɪˈsenʃl] oväsentlighet
unethical [ˌʌnˈeθɪkl] oetisk, omoralisk
uneven [ˌʌnˈiːvn] 1 ojämn (*äv. bildl.*) 2 udda (*number* tal) 3 olika [lång]
uneventful [ˌʌnɪˈventfʊl] händelse|fattig, -lös
unexampled [ˌʌnɪgˈzɑːmpld] exempellös, makalös, enastående
unexception|able [ˌʌnɪkˈsepʃnəbl] oklanderlig; oantastlig; förträfflig **-al** [-ʃənl] 1 vanlig, normal 2 undantagslös
unexpected [ˌʌnɪkˈspektɪd] oväntad **-ly** [-lɪ] *adv* oväntat
unexperienced [ˌʌnɪkˈspɪərɪənst] 1 oprövad 2 oerfaren
unexplained [ˌʌnɪkˈspleɪnd] oförklarad; oförklarlig
unexpressed [ˌʌnɪkˈsprest] outtalad; som inte kommer till uttryck
unfailing [ˌʌnˈfeɪlɪŋ] 1 osviklig; trofast 2 outtröttlig; outsinlig
unfair [ˌʌnˈfeə] orättvis, ojust (*to* mot); oheder-

lig; *on* ~ *terms* på olika villkor
unfaithful [ˌʌnˈfeɪθf(ʊ)l] 1 trolös, otrogen (*to* mot) 2 otillförlitlig, inte korrekt, inte trogen (*translation* översättning)
unfaltering [ˌʌnˈfɔːlt(ə)rɪŋ] orubblig, fast, stadig
unfamiliar [ˌʌnfəˈmɪljə] 1 okänd, obekant, främmande (*to* för) 2 obekant, inte förtrogen (*with* med) **unfamiliarity** [ˈʌnfəˌmɪlɪˈærətɪ] obekantskap, bristande förtrogenhet (*with* med), bristande kännedom (*with* om)
unfashionable [ˌʌnˈfæʃnəbl] omodern
unfasten [ˌʌnˈfɑːsn] lossa[s], lösgöra[s]
unfathered [ˌʌnˈfɑːðəd] 1 med okänd far 2 obekräftad, obestyrkt
unfathomable [ˌʌnˈfæð(ə)məbl] ofattbar, outgrundlig
unfavourable [ˌʌnˈfeɪv(ə)rəbl] ogynnsam, ofördelaktig
unfeeling [ˌʌnˈfiːlɪŋ] okänslig (*to* för); känslolös; hjärtlös
unfettered [ˌʌnˈfetəd] fri [från bojor]; obunden, ohämmad
unfinished [ˌʌnˈfɪnɪʃt] oavslutad, ofullbordad
unfit [ˌʌnˈfɪt] **I** *a* 1 olämplig, oduglig, oförmögen (*for* till; *to* [till] att) 2 i dålig kondition, ur form **II** *v* göra oduglig *etc.*, *jfr* **I -ted** [-ɪd] olämplig, oduglig **-ting** [-tɪŋ] olämplig, opassande
unflagging [ˌʌnˈflægɪŋ] aldrig sviktande, outtröttlig
unflappable [ˌʌnˈflæpəbl] *vard.* orubbligt lugn
unflattering [ˌʌnˈflæt(ə)rɪŋ] föga smickrande
unflinching [ˌʌnˈflɪn(t)ʃɪŋ] orubblig, ståndaktig
unfold [ˌʌnˈfəʊld] 1 veckla (vika) ut (upp), breda ut; slå (fälla) upp; öppna; ~ *itself* veckla (*etc.*) ut sig 2 utveckla, lägga fram, uppenbara, avslöja 3 veckla (breda) ut sig; öppna sig 4 utveckla sig, utvecklas, uppenbaras, avslöjas
unforeseen [ˌʌnfɔːˈsiːn] oförutsedd
unforgettable [ˌʌnfəˈgetəbl] oförglömlig
unforgiv|able [ˌʌnfəˈgɪvəbl] oförlåtlig **-ing** [-ɪŋ] oförsonlig
unformed [ˌʌnˈfɔːmd] ännu inte utformad
unfortunate [ˌʌnˈfɔːtʃnət] 1 olycklig; olycksdrabbad, otursförföljd 2 olycklig, olycksalig **-ly** [-lɪ] *adv* 1 olyckligtvis, tyvärr 2 olyckligt
unfounded [ˌʌnˈfaʊndɪd] ogrundad, grundlös
unfrequented [ˌʌnfrɪˈkwentɪd] litet (sällan) besökt
unfriendly [ˌʌnˈfrendlɪ] *a* ovänlig (*to* mot)
unfrock [ˌʌnˈfrɒk] avsätta (*a priest* en präst)
unfruitful [ˌʌnˈfruːtf(ʊ)l] ofruktbar, fruktlös
unfulfilled [ˌʌnfʊlˈfɪld] ouppfylld
unfurl [ˌʌnˈfɜːl] veckla (breda, rulla, spänna) ut [sig]
unfurnished [ˌʌnˈfɜːnɪʃt] omöblerad
ungainly [ˌʌnˈgeɪnlɪ] *a* klumpig, otymplig
ungenerous [ˌʌnˈdʒen(ə)rəs] snål, knusslig, ogenerös
ungodly [ˌʌnˈgɒdlɪ] *a* ogudaktig, gudlös; *at an* ~ *hour* (*vard.*) okristligt tidigt
ungovernable [ˌʌnˈgʌv(ə)nəbl] omöjlig att styra; oregerlig, obändig
ungracious [ˌʌnˈgreɪʃəs] ovänlig, ohövlig
ungrateful [ˌʌnˈgreɪtf(ʊ)l] otacksam (*to* mot)
ungratified [ˌʌnˈgrætɪfaɪd] ouppfylld, otill-

fredsställd
ungrudging [ˌʌnˈgrʌdʒɪŋ] helhjärtad; generös; oförbehållsam, oreserverad
unguarded [ˌʌnˈgɑːdɪd] **1** obevakad; oskyddad **2** oreserverad, helhjärtad **3** tanklös, oförsiktig
unhallowed [ˌʌnˈhæləʊd] **1** ohelgad, ovigd **2** gudlös, profan
unhampered [ˌʌnˈhæmpəd] obunden, obehindrad
unhappily [ˌʌnˈhæpɪlɪ] *adv* **1** olyckligt **2** olyckligtvis **unhappiness** [-nɪs] olycka, bedrövelse, sorgsenhet **unhappy** [-ɪ] **1** olycklig; olycksalig; *be ~ about* vara olycklig över, inte vara nöjd med **2** olycklig, mindre lyckad, olämplig (*remark* anmärkning)
unharmed [ˌʌnˈhɑːmd] oskadd, oskadad
unhealthy [ˌʌnˈhelθɪ] **1** ohälsosam, osund **2** sjuklig
unheard [ˌʌnˈhɜːd] **1** ohörd; *go ~* (*bildl.*) förklinga ohörd **2** *~ of* förut okänd **--of** [-ɒv] **1** förut okänd **2** oerhörd, utan motstycke, exempellös
unheeded [ˌʌnˈhiːdɪd] obeaktad, obemärkt
unhelpful [ˌʌnˈhelpf(ʊ)l] **1** ohjälpsam **2** *~ information* onyttig (onödig) upplysning
unhesitating [ˌʌnˈhesɪteɪtɪŋ] tveklös, oförbehållsam; beslutsam
unhinge [ˌʌnˈhɪn(d)ʒ] **1** lyfta (haka) av (*från gångjärn*) **2** *bildl.* bringa ur gängorna (fattningen); göra sinnesrubbad; *~d* sinnesrubbad
unholy [ˌʌnˈhəʊlɪ] **1** ohelig **2** ondskefull, syndig **3** *vard.* okristlig; förskräcklig; *at an ~ hour* okristligt tidigt; *an ~ alliance* en ohelig allians
unhook [ˌʌnˈhʊk] **1** haka (lyfta) av **2** knäppa upp
unhorse [ˌʌnˈhɔːs] kasta ur sadeln (av)
unhurried [ˌʌnˈhʌrɪd] maklig, lugn
unhurt [ˌʌnˈhɜːt] oskadd, oskadad
unhygenic [ˌʌnhaɪˈdʒiːnɪk] ohygienisk
uni- [ˈjuːnɪ] en-
UNICEF [ˈjuːnɪsef] *förk.* för *United Nations Children's Fund* (förr *United Nations International Children's Emergency Fund*)
unicellular [ˌjuːnɪˈseljʊlə] encellig
unicorn [ˈjuːnɪkɔːn] enhörning
unidentifiable [ˈʌnaɪˌdentɪˈfaɪəbl] oidentifierbar **-fied** [ˌʌnaɪˈdentɪfaɪd] oidentifierad, inte identifierad; *~ flying object* flygande tefat
unification [ˌjuːnɪfɪˈkeɪʃn] enande; förening; sammanslagning
uniform [ˈjuːnɪfɔːm] **I** *a* **1** likformig, enhetlig; identisk **2** konstant, jämn (*speed* hastighet) **II** *s* uniform **-formed** [-d] uniformerad **-formity** [ˌjuːnɪˈfɔːmətɪ] **1** likformighet, enhetlighet, uniformitet **2** enformighet
unify [ˈjuːnɪfaɪ] **1** ena; förena; slå samman **2** göra enhetlig
unilateral [ˌjuːnɪˈlæt(ə)rəl] ensidig, unilateral
unimaginable [ˌʌnɪˈmædʒ(ɪ)nəbl] otänkbar; ofattbar **-native** [-nətɪv] fantasilös
unimpaired [ˌʌnɪmˈpeəd] oförminskad, obruten
unimpeachable [ˌʌnɪmˈpiːtʃəbl] oförvitlig, hederlig; vederhäftig; obestridlig
unimpeded [ˌʌnɪmˈpiːdɪd] obehindrad; oavbruten; oantastad
unimportant [ˌʌnɪmˈpɔːt(ə)nt] obetydlig, betydelselös, oviktig, oväsentlig
unimpressed [ˌʌnɪmˈprest] oberörd, opåver-

ungrudging—universally

kad; föga imponerad **-pressive** [-ˈpresɪv] föga imponerande, oansenlig
uninformed [ˌʌnɪnˈfɔːmd] inte informerad, oinformerad, oupplyst, okunnig
uninhabitable [ˌʌnɪnˈhæbɪtəbl] obeboelig **-ed** [-ɪd] obebodd; obebyggd
uninhibited [ˌʌnɪnˈhɪbɪtɪd] ohämmad, hämningslös, utan hämningar
uninitiated [ˌʌnɪˈnɪʃɪeɪtɪd] oinvigd, oinitierad
uninspired [ˌʌnɪnˈspaɪəd] oinspirerad
unintelligent [ˌʌnɪnˈtelɪdʒ(ə)nt] ointelligent
unintelligible [ˌʌnɪnˈtelɪdʒəbl] obegriplig, oförståelig
unintended [ˌʌnɪnˈtendɪd], **-tentional** [-ˈtenʃənl] oavsiktlig, ofrivillig
uninteresting [ˌʌnˈɪntrɪstɪŋ] ointressant
uninterrupted [ˈʌnˌɪntəˈrʌptɪd] oavbruten; ostörd
uninviting [ˌʌnɪnˈvaɪtɪŋ] föga inbjudande
union [ˈjuːnjən] **1** sammanförande, [för]enande; förening; förbund; union; *the U~ a)* Förenta staterna, *hist.* nordstaterna, *b) hist.* unionen (*mellan England o. Skottland; mellan Storbritannien o. Irland; mellan Storbritannien o. Nordirland); the Soviet U~* Sovjetunionen; *students' ~* studentkår **2** [*trade*] *~* fackförening **3** enighet, endräkt, harmoni **4** förening, äktenskap **5** *tekn.* koppling[sanordning], anslutning **union dues** *pl* fackföreningsavgifter **Union Jack** *s, the ~* Union Jack (*Storbritanniens flagga*) **union suit** *AE.* combination (*undertröja och kalsonger i ett*)
unionism [ˈjuːnjənɪz(ə)m] **1** fackföreningsrörelsen **2** unionspolitik **-ist** [-ɪst] **1** fackföreningsmedlem **2** unionsvän **-ize** (*BE. äv. -ise*) bilda fackförening; gå med i fackförening
unique [juːˈniːk] unik; enastående
unisex [ˈjuːnɪseks] passande (gemensam för) båda könen, unisex-
unison [ˈjuːnɪzn] *mus., bildl.* samklang, harmoni; *in ~ a)* unisont, *b) bildl.* i samklang, i enighet, i samförstånd
unit [ˈjuːnɪt] **1** enhet **2** avdelning, enhet; *mil. äv.* förband **3** enhet; aggregat, apparat; *cooling ~* kylaggregat **4** enhet; *~ of currency* valutaenhet; *~ of measurement* måttsenhet **5** *mat.* ental, entalssiffra; enhet
unite [juːˈnaɪt] **1** förena; föra samman; ena **2** förenas; förena sig, gå samman, samverka **united** [juːˈnaɪtɪd] samlad, gemensam; [för]enad; enig; *the U~ Kingdom* Förenade Kungariket (*Storbritannien o. Nordirland); the U~ Nations* Förenta nationerna; *the U~ States* [*of America*] Förenta staterna, Amerikas förenta stater ; *~ we stand, divided we fall* enade vi stå, söndrade vi falla
unit trust [ˈjuːnɪttrʌst] investeringsbolag
unity [ˈjuːnətɪ] **1** enhet, endräkt, sammanhållning **2** enhet **3** *mat.* [talet] ett
Univ. *förk.* för *University* **univ.** *förk.* för *universal[ly]; university*
universal [ˌjuːnɪˈvɜːsl] **I** *a* **1** allmän; universell; allomfattande; världs-; *~ joint* (*coupling*) (*tekn.*) universallänk, kardanknut; *~ language* världsspråk; *~ motor* (*tekn.*) allströmsmotor; *~ truth* absolut sanning **2** mångsidig, universell; *~ genius* universalgeni **3** *film.* barntillåten **II** *s* allmänt begrepp **-ly** [-ɪ] *adv* allmänt, universellt

universe—unprecedented

universe ['juːnɪvɜːs] universum; *the* ~ universum, världsalltet
university [ˌjuːnɪ'vɜːsətɪ] universitet, högskola; *go to* ~ studera vid universitet
unjust [ˌʌn'dʒʌst] orättvis, orättfärdig; ojust
unjusti|fiable [ˌʌn'dʒʌstɪfaɪəbl] oförsvarlig, oursäktlig, oacceptabel **-ified** [-faɪd] oberättigad, obefogad; oförsvarlig
unjustly [ˌʌn'dʒʌstlɪ] *adv* orättvist, orättfärdigt, med orätt, orättmätigt; ojust
unkempt [ˌʌn'kem(p)t] **1** okammad **2** ovårdad
unkind [ˌʌn'kaɪnd] ovänlig, elak; hård, omild **-ly** [-lɪ] *adv* ovänligt *etc.*, *jfr unkind; don't take it ~ if* ta inte illa upp om
unknowing [ˌʌn'nəʊɪŋ] ovetande, okunnig (*of* om) **unknown** [-n] **I** *a* okänd, obekant (*to* för, bland); ~ *quantity* (*bildl.*) oskrivet blad **II** *adv,* ~ *to me* mig ovetandes, utan min vetskap **III** *s* **1** *the* ~ det okända, den okände **2** *mat.* obekant
unlace [ˌʌn'leɪs] snöra upp
unlawful [ˌʌn'lɔːf(ʊ)l] olaglig, illegal; olovlig, orättmätig
unlearn [ˌʌn'lɜːn] försöka glömma bort (*ngt man lärt sig*)
unleash [ˌʌn'liːʃ] koppla (släppa) lös (loss)
unleavened [ˌʌn'levnd] (*om bröd*) osyrad
unless [ən'les] om (såvida) inte; med mindre än att
unlike [ˌʌn'laɪk] **I** *a* olik **II** *prep* i motsats till, till skillnad från, olikt **-ly** [-lɪ] *a* osannolik, otrolig; *they are* ~ *to come* de kommer troligen inte
unlimited [ˌʌn'lɪmɪtɪd] **1** obegränsad, oinskränkt **2** gränslös
unlisted [ˌʌn'lɪstɪd] inte uppförd på listan (i förteckningen); ~ *number* hemligt telefonnummer; ~ *securities* värdepapper (aktier) på fria listan
unload [ˌʌn'ləʊd] **1** lasta av (ur), lossa **2** *bildl.* lasta över (*s.th. onto s.b.* ngt på ngn), ge utlopp åt **3** ta ut patronen ur **4** lastas av (ur), lossas
unlock [ˌʌn'lɒk] **1** låsa upp **2** låsas upp **unlocked** [-t] upplåst; olåst
unlooked-for [ˌʌn'lʊktfɔː] oväntad
unloose [ˌʌn'luːs], **unloosen** [-n] **1** släppa lös (fri) **2** lossa; knyta upp
unloved [ˌʌn'lʌvd] oälskad
unlovely [ˌʌn'lʌvlɪ] *a* oskön, ful
unluckily [ˌʌn'lʌkɪlɪ] *adv* **1** olyckligtvis **2** olyckligt **unlucky** [-ɪ] olycklig; olycksalig; olycks-; med otur; *be* ~ (*äv.*) ha otur (*at* i)
unmade [ˌʌn'meɪd] obäddad
unman [ˌʌn'mæn] *litt.* överväldiga
unmanageable [ˌʌn'mænɪdʒəbl] svårhanterlig, ohanterlig; oregerlig, ostyrig
unmanly [ˌʌn'mænlɪ] *a* omanlig
unmanned [ˌʌn'mænd] obemannad (*spacecraft* rymdfarkost)
unmannerly [ˌʌn'mænəlɪ] ohyfsad, obelevad, oartig
unmarked [ˌʌn'mɑːkt] **1** omärkt **2** utan märken
unmarried [ˌʌn'mærɪd] ogift
unmask [ˌʌn'mɑːsk] **1** demaskera; avslöja **2** demaskera sig; avslöja sig
unmatched [ˌʌn'mætʃt] makalös, ojämförlig, oöverträffad
unmentionable [ʌn'menʃnəbl] **I** *a* onämnbar, som inte går att tala om, opassande **II** *s, skämts.,* ~*s* (*pl*) onämnbara (*underbyxor*)
unmerciful [ʌn'mɜːsɪf(ʊ)l] obarmhärtig
unmindful [ʌn'maɪn(d)f(ʊ)l] glömsk; obekymrad (*of* om); ~ *of* (*äv.*) utan att tänka på
unmistak[e]able [ˌʌnmɪ'steɪkəbl] omisskännlig, otvetydig
unmitigated [ʌn'mɪtɪgeɪtɪd] **1** total, fullständig, renodlad **2** oförminskad
unmolested [ˌʌnmə(ʊ)'lestɪd] obehindrad, ostörd
unmoved [ˌʌn'muːvd] **1** oberörd **2** orörd
unmusical [ˌʌn'mjuːzɪkl] omusikalisk
unnamed [ˌʌn'neɪmd] **1** inte namngiven **2** namnlös
unnatural [ʌn'nætʃr(ə)l] onaturlig **-ly** [-lɪ] *adv* **1** *not* ~ helt naturligt **2** onaturligt
unneces|sarily [ʌn'nesəs(ə)rəlɪ] *adv* **1** onödigt **2** onödigtvis, i onödan **-sary** [-(ə)rɪ] onödig
unnerve [ˌʌn'nɜːv] enervera, göra nervös
unnoticeable [ˌʌn'nəʊtɪsəbl] omärklig **unnoticed** [-t] obemärkt, osedd
unnumbered [ˌʌn'nʌmbəd] **1** oräknelig, otalig **2** onumrerad
U.N.O. *förk. för* United Nations Organization
unobserved [ˌʌnəb'zɜːvd] obemärkt, osedd, oupptäckt
unobtainable [ˌʌnəb'teɪnəbl] oöverkomlig; *be* ~ inte gå att få [tag i]
unobtrusive [ˌʌnəb'truːsɪv] inte påträngande, diskret, försynt, tillbakadragen
unoccupied [ˌʌn'ɒkjʊpaɪd] **1** obebodd **2** ledig, inte upptagen **3** sysslolös **4** inte upptagen, ledig
unofficial [ˌʌnə'fɪʃl] inofficiell, inte officiell
unopened [ˌʌn'əʊp(ə)nd] oöppnad
unorthodox [ˌʌn'ɔːθədɒks] oortodox, inte renlärig; okonventionell
unpack [ˌʌn'pæk] packa upp (ur)
unpaid [ˌʌn'peɪd] obetald; oavlönad; med utestående lön
unpalatable [ʌn'pælətəbl] oaptitlig; *bildl.* motbjudande, obehaglig
unparalleled [ʌn'pærəleld] makalös, utan motstycke, enastående
unpardonable [ʌn'pɑːdṇəbl] oförlåtlig
unperson [ˈʌnˌpɜːsn] person som behandlas som obefintlig
unpick [ˌʌn'pɪk] sprätta [upp] (*a seam* en söm); repa upp
unplayable [ˌʌn'pleɪəbl] **1** (*om boll*) otagbar, omöjlig **2** ospelbar
unpleasant [ʌn'pleznt] otrevlig, obehaglig, oangenäm **-ness** [-nɪs] obehag; otrevlighet[er]; bråk
unplug [ˌʌn'plʌg] **1** dra ur [sladden till] **2** dra ur proppen ur
unplumbed [ˌʌn'plʌmd] inte lodad (pejlad); *bildl.* outgrundlig
unpolished [ˌʌn'pɒlɪʃt] opolerad; oborstad; *bildl. äv.* ohyfsad
unpolluted [ˌʌnpə'luːtɪd] ren, inte förorenad (nedsmutsad)
unpopular [ˌʌn'pɒpjʊlə] impopulär, illa omtyckt **-ity** [ˈʌnˌpɒpjʊ'lærətɪ] impopularitet
unprac|ticed *AE.*, **-tised** *BE.* [ʌn'præktɪst] **1** oerfaren, orutinerad **2** oprövad
unprecedented [ʌn'presɪd(ə)ntɪd] enastående,

utan motstycke, som aldrig tidigare förekommit
unpredictable [ˌʌnprɪˈdɪktəbl] **1** oförutsägbar **2** oberäknelig, nyckfull
unprejudiced [ˌʌnˈpredʒʊdɪst] opartisk, utan förutfattad mening, opartisk
unprepared [ˌʌnprɪˈpeəd] oförberedd, inte förberedd (*for* på)
unprepossessing [ˈʌnˌpriːpəˈzesɪŋ] inattraktiv, föga tilltalande
unpretentious [ˌʌnprɪˈtenʃəs] blygsam, anspråkslös, opretentiös
unprincipled [ʌnˈprɪnsəpld] principlös; skrupelfri, samvetslös
unprintable [ˌʌnˈprɪntəbl] otryckbar
unproductive [ˌʌnprəˈdʌktɪv] improduktiv, ofruktbar
unprofessional [ˌʌnprəˈfeʃənl] **1** inte yrkesmässig (professionell) **2** inte fackmannamässig, oprofessionell
unprofitable [ˌʌnˈprɒfɪtəbl] **1** olönsam, inte vinstgivande **2** ofruktbar, föga givande
unpromising [ˌʌnˈprɒmɪsɪŋ] föga lovande
unpronounceable [ˌʌnprəˈnaʊnsəbl] omöjlig att uttala
unprotected [ˌʌnprəˈtektɪd] oskyddad
unprovided [ˌʌnprəˈvaɪdɪd] **1** inte försedd (utrustad); *be* ~ *with* inte vara försedd (utrustad) med, sakna **2** oförberedd (*for* på) **3** ~ *for* oförsörjd
unprovoked [ˌʌnprəˈvəʊkt] oprovocerad; opåkallad
unpublished [ˌʌnˈpʌblɪʃt] opublicerad
unpunished [ˌʌnˈpʌnɪʃt] ostraffad
unqualified 1 [ˌʌnˈkwɒlɪfaɪd] okvalificerad, inkompetent, oduglig (*for*, till); utan kompetens, obehörig **2** [ʌnˈkwɒlɪfaɪd] obetingad, absolut; oreserverad; fullständig, total, absolut
unques|tionable [ʌnˈkwestʃənəbl] obestridlig, odiskutabel **-tioned** [-tʃənd] **1** inte ifrågasatt, obestridd **2** obestridlig, odiskutabel **-tioning** [-tʃənɪŋ] obetingad, absolut, blind (*obedience* lydnad)
unquote [ˌʌnˈkwəʊt] *v, quote...~* citat...slut på citat
unravel [ʌnˈrævl] **1** reda (trassla) ut; repa upp; *bildl.* reda upp (ut), klara upp **2** reda (trassla) ut sig; repas upp; *bildl.* redas upp (ut), klaras upp
unread [ʌnˈred] **1** oläst **2** föga beläst, olärd **-able** [ʌnˈriːdəbl] **1** oläslig, oläsbar (*label* etikett) **2** oläsbar (*book* bok)
unreal [ʌnˈrɪəl] **1** overklig **2** konstgjord
unrealistic [ˌʌnrɪəˈlɪstɪk] orealistisk
unreason|able [ʌnˈriːznəbl] **1** oförnuftig, omdömeslös **2** oresonlig **3** oskälig, orimlig **-ing** [-ɪŋ] oförnuftig, irrationell
unrecog|nizable (*BE. äv. -nisable*) [ˌʌnˈrekəgnaɪzəbl] oigenkännlig **-nized** (*BE. äv. -nised*) **1** utan att vara igenkänd **2** inte erkänd **3** okänd
unrehearsed [ˌʌnrɪˈhɜːst] **1** orepeterad **2** oplanerad, oförberedd
unrelated [ˌʌnrɪˈleɪtɪd] obesläktad (*to* med); *bildl. äv.* orelaterad (*to* till), utan samband (*to* med)
unrelenting [ˌʌnrɪˈlentɪŋ] **1** obeveklig, hänsynslös **2** oförminskad; envis
unreliable [ˌʌnrɪˈlaɪəbl] opålitlig, otillförlitlig

unrelieved [ˌʌnrɪˈliːvd] oavbruten; utan lindring
unremarked [ˌʌnrɪˈmɑːkt] obemärkt
unremitting [ˌʌnrɪˈmɪtɪŋ] outtröttlig, oförtruten; oavlåtlig
unremunerative [ˌʌnrɪˈmjuːn(ə)rətɪv] föga lönande (givande)
unrepentant [ˌʌnrɪˈpentənt] obotfärdig
unrequited [ˌʌnrɪˈkwaɪtɪd] *litt.* obesvarad
unreserved [ˌʌnrɪˈzɜːvd] oreserverad, helhjärtad
unresolved [ˌʌnrɪˈzɒlvd] olöst (*problem* problem)
unresponsive [ˌʌnrɪˈspɒnsɪv] okänslig, oemottaglig (*to* för)
unrest [ˌʌnˈrest] oro[ligheter], jäsning
unrestrained [ˌʌnrɪˈstreɪnd] **1** ohämmad, otyglad, okontrollerad **2** otvungen, fri
unrestricted [ˌʌnrɪˈstrɪktɪd] obegränsad, oinskränkt
unrewarding [ˌʌnrɪˈwɔːdɪŋ] otacksam (*task* uppgift); föga givande
unrighteous [ʌnˈraɪtʃəs] orättfärdig; syndig
unripe [ˌʌnˈraɪp] omogen
unrivalled [ʌnˈraɪvld] makalös, ojämförlig, utan like
unroll [ʌnˈrəʊl] **1** rulla (veckla) upp (ut) **2** rulla (veckla) upp (ut) sig
unruffled [ˌʌnˈrʌfld] **1** oberörd, lugn **2** utan en krusning, stilla; jämn, slät
unruly [ʌnˈruːlɪ] **1** oregerlig, bångstyrig, besvärlig **2** ostyrig
UNRWA *förk. för United Nations Relief and Works Agency*
unsaddle [ˌʌnˈsædl] **1** sadla av **2** kasta ur sadeln
unsafe [ˌʌnˈseɪf] osäker
unsaid [ˌʌnˈsed] osagd; outtalad
unsaleable [ˌʌnˈseɪləbl] osäljbar
unsanitary [ˌʌnˈsænɪt(ə)rɪ] ohälsosam; ohygienisk
unsatis|factory [ˈʌnˌsætɪsˈfækt(ə)rɪ] otillfredsställande; otillräcklig **-fied** [ˌʌnˈsætɪsfaɪd] otillfredsställd **-fying** [ˌʌnˈsætɪsfaɪɪŋ] otillfredsställande
unsavoury [ʌnˈseɪv(ə)rɪ] **1** motbjudande, avskyvärd; vämjelig, osmaklig
unscathed [ˌʌnˈskeɪðd] oskadd, oskadad; helskinnad
unscrew [ˌʌnˈskruː] **1** skruva av (bort, loss, upp) **2** skruvas av (bort, loss, upp), lossna
unscrupulous [ʌnˈskruːpjʊləs] skrupelfri, samvetslös, hänsynslös
unseal [ˌʌnˈsiːl] bryta sigillet (förseglingen) på
unseasonable [ʌnˈsiːznəbl] **1** ovanlig för årstiden **2** olämplig, oläglig
unseat [ˌʌnˈsiːt] **1** kasta av (ur sadeln) **2** avsätta
unseeded [ˌʌnˈsiːdɪd] *sport.* oseedad
unseemly [ʌnˈsiːmlɪ] **1** opassande, otillbörlig **2** *åld.* anskrämlig
unseen [ˌʌnˈsiːn] **I** *v* **1** osedd; osynlig **2** inte tidigare läst, okänd **II** *s, i sht BE.* okänd text
unselfish [ˌʌnˈselfɪʃ] osjälvisk
unsettle [ˌʌnˈsetl] **1** bringa ur balans **2** oroa, förvirra, få ur balans **unsettled** [-d] **1** inte avgjord, oavgjord, ouppklarad, olöst; inte uppordnad; ouppgjord; obetald **2** vacklande, tveksam; osäker, obeständig, ostadig, instabil, orolig; ur ba-

unshaded—untutored

lans **4** kringflackande; inte bofast, hemlös **5** obebyggd, öde
unshaded [ʌnˈʃeɪdɪd] oskuggad; ~ *bulb* naken glödlampa
unshak|[e]able [ʌnˈʃeɪkəbl] orubblig **-en** [-n] orubblig, fast; orubbad
unshaven [ˌʌnˈʃeɪvn] orakad
unsheathe [ˌʌnˈʃiːð] dra ur skidan; ~ *one's sword* dra sitt svärd [ur skidan]
unship [ʌnˈʃɪp] **1** lossa, lasta av; sätta i land (*passengers* passagerare) **2** ta in (ner) (*åror, mast e.d.*)
unshrinkable [ˌʌnˈʃrɪŋkəbl] krympfri
unsight|ed [ˌʌnˈsaɪtɪd] **1** osynlig; skymd **2** (*om vapen*) utan sikte **-ly** [ʌnˈsaɪtlɪ] *a* anskrämlig, ful, gräslig
unsigned [ʌnˈsaɪnd] utan underskrift, inte undertecknad; osignerad
unskilled [ˌʌnˈskɪld] oerfaren, okunnig (*at, in* i); outbildad, inte yrkesutbildad; ~ *labour* grovarbete; ~ *work* (*job*) arbete som inte kräver yrkesutbildning; ~ *worker* outbildad arbetskraft
unsociable [ʌnˈsəʊʃəbl] osällskaplig
unsold [ˌʌnˈsəʊld] osåld
unsolicited [ˌʌnsəˈlɪsɪtɪd] oombedd
unsolved [ˌʌnˈsɒlvd] olöst, ouppklarad
unsophisticated [ˌʌnsəˈfɪstɪkeɪtɪd] okonstlad, ofördärvad, naturlig, naiv
unsound [ˌʌnˈsaʊnd] **1** sjuk[lig]; dålig; [*of*] ~ [*mind*] sinnesförvirrad **2** svag, ohållbar, bräcklig (*äv. bildl.*); *bildl. äv.* osund, falsk **3** murken, skämd
unsparing [ʌnˈspeərɪŋ] **1** skoningslös **2** frikostig, generös, slösande
unspeakable [ʌnˈspiːkəbl] **1** outsäglig; obeskrivlig **2** avskyvärd
unspecified [ˌʌnˈspesɪfaɪd] ospecificerad, inte närmare specificerad
unspoiled, unspoilt [ˌʌnˈspɔɪlt] **1** ofördärvad, oförstörd **2** inte bortskämd
unspoken [ˌʌnˈspəʊk(ə)n] outtalad; osagd; ~ *agreement* tyst överenskommelse
unsporting [ˌʌnˈspɔːtɪŋ], **unsportsmanlike** [-smənlaɪk] osportslig, inte sportsmannamässig
unstable [ˌʌnˈsteɪbl] instabil, ostadig, vacklande; obalanserad, labil
unsteady [ˌʌnˈstedɪ] **I** *a* **1** ostadig, vacklande, osäker; *bildl.* oberäknelig, vankelmodig **2** oregelbunden, ojämn **II** *v* göra ostadig *etc.*, *jfr I*
unstick [ʌnˈstɪk] (*unstuck, unstuck*; *jfr äv. unstuck*) **1** lossa [på], komma att lossna **2** lossna
unstint|ed, -ing [ʌnˈstɪnt|ɪd, -ɪŋ] generös, frikostig; oförbehållsam
unstoppable [ˌʌnˈstɒpəbl] omöjlig (som inte går) att stoppa (hejda)
unstrap [ˌʌnˈstræp] spänna av [sig], lossa på [remmen, bältet *etc.*]
unstressed [ˌʌnˈstrest] obetonad; svagtonig
unstructured [ˌʌnˈstrʌktʃəd] ostrukturerad
unstrung [ˌʌnˈstrʌŋ] **1** *bildl.* nervös, uppriven, ur balans **2** *mus.* med lossade strängar
unstuck [ʌnˈstʌk] loss; *come* ~ *a*) lossna, *b*) *vard.* slå fel, gå i stöpet, *c*) *vard.* misslyckas, råka illa ut
unsubstantiated [ˌʌnsəbˈstænʃɪeɪtɪd] obekräftad

unsuccessful [ˌʌnsəkˈsesf(ʊ)l] misslyckad, fruktlös; *be* ~ (*äv.*) misslyckas
unsuit|able [ˌʌnˈsuːtəbl] olämplig **-ed** [-ɪd] olämplig, inte passande (lämpad) (*to* för); *they are* ~ *to each other* de passar inte för varandra
unsullied [ˌʌnˈsʌlɪd] obefläckad, fläckfri, ren
unsung [ʌnˈsʌŋ] obesjungen
unsupported [ˌʌnsəˈpɔːtɪd] **1** utan stöd, inte understödd; ensamstående (*mother* mor) **2** ogrundad
unsure [ˌʌnˈʃɔː] osäker (*about, of* på, om)
unsurmountable [ˌʌnsəˈmaʊntəbl] oöverstiglig, oövervinnlig, oöverkomlig
unsurpassed [ˌʌnsəˈpɑːst] oöverträffad
unsuspect|ed [ˌʌnsəˈspektɪd] **1** oväntad, oförutsedd, oanad **2** inte misstänkt **-ing** [-ɪŋ] omisstänksam, intet ont anande
unsweetened [ˌʌnˈswiːtnd] osötad
unswerving [ʌnˈswɜːvɪŋ] orubblig; rätlinjig, utan avvikelser
unsympathetic [ˈʌnˌsɪmpəˈθetɪk] **1** oförstående, föga medlidsam, likgiltig **2** osympatisk **3** ~ *to* negativt inställd (avvisande) mot
untamed [ˌʌnˈteɪmd] otämd; vild; okuvad
untangle [ˌʌnˈtæŋgl] reda ut (upp) (*äv. bildl.*), lösa [upp]
untapped [ˌʌnˈtæpt] outnyttjad
untenable [ˌʌnˈtenəbl] *bildl.* ohållbar
untested [ˌʌnˈtestɪd] oprövad
unthink|able [ʌnˈθɪŋkəbl] otänkbar, osannolik **-ing** [-ɪŋ] tanklös, obetänksam; *in an* ~ *moment* i ett ögonblick av obetänksamhet
unthought-of [ʌnˈθɔːtɒv] oanad; otänkbar, ofattbar
untidy [ʌnˈtaɪdɪ] ostädad; ovårdad
untie [ʌnˈtaɪ] knyta (få) upp (loss); lossa, släppa loss (lös) **untied** [-d] uppknuten; oknuten
until [ʌnˈtɪl, ˈʌnt(ɪ)l] **I** *prep,* [*up*] ~ till[s], ända till[s]; *not* ~ inte förrän **II** *konj* till[s], ända till[s]; *not* ~ inte förrän
untimely [ʌnˈtaɪmlɪ] *a* **1** förtidig[t inträffande) **2** olämplig, oläglig
untiring [ʌnˈtaɪərɪŋ] outtröttlig; oförtruten
unto [ˈʌntʊ] *litt.* = *to* **I**
untold [ˌʌnˈtəʊld] **1** otalig, oändlig, oräknelig **2** oberättad; osagd
untouchable [ʌnˈtʌtʃəbl] **I** *a* **1** kastlös, oberörbar **2** oåtkomlig **II** *s* kastlös (oberörbar) [person]
untouched [-t] *n* orörd; *bildl.* oberörd **2** oskadad, oskadd
untoward [ˌʌntəˈwɔːd] motig, olycklig, ogynnsam
untrained [ˌʌnˈtreɪnd] outbildad, okvalificerad; otränad; odresserad
untrammelled [ʌnˈtræm(ə)ld] *litt.* obehindrad, ohämmad
untried [ˌʌnˈtraɪd] **1** oprövad **2** [ännu] inte rannsakad
untroubled [ˌʌnˈtrʌbld] ostörd; lugn
untrue [ˌʌnˈtruː] **1** osann, falsk **2** trolös, falsk (*to* mot)
untrustworthy [ˌʌnˈtrʌstˌwɜːðɪ] opålitlig, ovederhäftig
untruth [ˌʌnˈtruːθ] osanning, lögn **-ful** [-f(ʊ)l] lögnaktig, inte sanningsenlig; osann
untutored [ˌʌnˈtjuːtəd] **1** okunnig, olärd; outbil-

dad; otränad; *to the ~ eye* för ett otränat öga
unusable [ˌʌnˈjuːzəbl] oanvändbar, obrukbar
unused 1 [ˌʌnˈjuːzd] obegagnad, oanvänd **2** [ˌʌnˈjuːst] ovan (*to* vid)
unusual [ʌnˈjuːʒʊəl] ovanlig; sällsynt **-ly** [-lɪ] *adv* ovanligt; ovanligt nog
unutterable [ʌnˈʌt(ə)rəbl] *litt.* outsäglig, obeskrivlig
unvarnished 1 [ˌʌnˈvɑːnɪʃt] ofernissad **2** [ʌnˈvɑːnɪʃt] *bildl.* osminkad, enkel
unveil [ˌʌnˈveɪl] **1** avtäcka (*a statue* en staty); låta täckelset falla från **2** ta bort slöjan från **3** *bildl.* avslöja
unversed [ˌʌnˈvɜːst] obevandrad, oerfaren
unvoiced [ˌʌnˈvɔɪst] **1** *fonet.* tonlös **2** outtalad
unwaged [ˌʌnˈweɪdʒd] oavlönad
unwanted [ˌʌnˈwɒntɪd] oönskad, inte önskad, ovälkommen
unwarranted [ʌnˈwɒr(ə)ntɪd] oberättigad, obefogad; otillbörlig
unwary [ʌnˈweərɪ] oförsiktig, ovarsam; ouppmärksam, inte vaksam
unwavering [ʌnˈweɪv(ə)rɪŋ] orubblig, ståndaktig, fast
unwelcome [ʌnˈwelkʌm] ovälkommen
unwell [ˌʌnˈwel] dålig, krasslig, opasslig
unwholesome [ˌʌnˈhəʊlsəm] ohälsosam, osund, skadlig
unwieldy [ʌnˈwiːldɪ] ohanterlig, otymplig, klumpig (*äv. bildl.*)
unwilling [ˌʌnˈwɪlɪŋ] ovillig, motvillig **-ly** [-lɪ] *adv* ovilligt, motvilligt, ogärna, mot sin vilja
unwind [ˌʌnˈwaɪnd] (*unwound, unwound*) **1** nysta (linda, rulla, veckla) av (upp) **2** nystas (lindas, rullas, vecklas) upp **3** koppla av
unwise [ˌʌnˈwaɪz] oklok, oförståndig
unwitting [ʌnˈwɪtɪŋ] **1** ovetande, omedveten **2** oavsiktlig **-ly** [-lɪ] *adv* **1** ovetande[s], omedvetet **2** oavsiktligt
unwonted [ʌnˈwəʊntɪd] *högt.* sällsynt, ovanlig
unworkable [ˌʌnˈwɜːkəbl] outförbar, ogenomförbar
unworldly [ˌʌnˈwɜːldlɪ] *a* världs|främmande, -frånvänd
unworthy [ʌnˈwɜːðɪ] ovärdig; *it is ~ of you* det är under din (er) värdighet
unwrap [ˌʌnˈræp] veckla upp; öppna, packa upp (*a parcel* ett paket)
unwritten [ˌʌnˈrɪtn] oskriven; *an ~ law* en oskriven lag
unyielding [ʌnˈjiːldɪŋ] oböjlig; *bildl.* obeveklig, orubblig
unzip [ˌʌnˈzɪp] **1** öppna [blixtlåset på]; *can you ~ me?* kan du hjälpa mig att öppna blixtlåset? **2** öppnas med blixtlås
up [ʌp] **I** *pred. a, adv* **1** upp, uppåt; fram; uppe; *~ and down a)* fram och tillbaka, av och an, *b)* upp[ifrån] och ner, *c)* överallt; *~ north* uppe i (uppåt) norr, norr|ut, -över; *~ there a)* där uppe, *b)* dit upp; *~ the Tottenham!* heja Tottenham!; *~ in town* [uppe, nere, inne] i stan; *~ to* [ända] upp till (fram till, tills); *~ to now* [ända] tills nu, hit[in]tills; *~ to town* [upp, ner, in] till stan; *did he act ~ to his principles?* handlade han i enlighet med sina principer?; *it does not come ~ to what I expected* det motsvarar inte mina förväntningar; *I don't feel ~ to it a)* jag känner mig inte i form [för det], *b)* jag känner inte för det; *~ with the anarchists!* leve anarkisterna!; *from the age of 12 ~* från 12 år och uppåt; *from my birth ~* alltsedan (ända från) födelsen **2** *be ~ a)* vara uppe, ha gått upp, *b)* vara över (slut, ute, förbi), *c)* (*om väg e.d.*) vara uppgrävd, *d)* vara uppfälld (uppdragen), *e)* vara [upp]rest (uppförd), stå, *f)* hänga, *g)* ha stigit (gått) upp, *h)* vara glad (uppåt), *i)* vara tänd (på[slagen]); *what's ~?* (*vard.*) vad står på (vad har hänt)?; *be ~ and about (around)* vara uppe (på benen); *they are ~ and doing* de är i farten (i full gång); *his blood is ~* han är ursinnig; *be 4 goals ~* leda med 4 mål; *the hunt is ~* jakten har börjat; *the score was 4 ~* (*AE.*) det stod 4 lika; *there is something ~* det är ngt på gång (som inte stämmer); *the tide is ~* det är flod; *time's ~!* tiden är ute!; *the wind is ~* vinden är hård; *be ~ against a)* stå (luta) mot, *b)* stå inför, ha att göra med, råka ut för, kämpa med (mot); *he was ~ at Oxford in 1980* han läste (låg) i Oxford 1980; *be ~ before a)* vara uppe [till behandling], *b)* vara inkallad till; *he is ~ before the Court* han står inför rätta; *be ~ for a)* vara uppe till, *b)* ställa upp (kandidera) till, *c)* vara åtalad för; *be ~ for sale* vara till salu; *be ~ for trial* stå inför rätta; *I was ~ for X* jag skulle (var på väg) till X; *be well ~ in (on)* vara insatt (duktig) i; *be ~ to a)* kunna jämföras (vara i klass) med, *b)* vara insatt i, vara kapabel (duga) till, kunna, klara av, *c)* ha för sig, *d)* ankomma på; *be ~ to s.th.* ha ngt [fuffens] för sig, hålla på med ngt; *what is he ~ to?* vad har han för sig?, vad gör han?, vad hittar han på?; *be ~ to s.b.* ankomma på ngn, vara ngns sak; *it's ~ to you* (*äv.*) det är upp till dig, du får avgöra själv; *it isn't ~ to much* det är inte mycket bevänt med det; *it's all ~ with us* det är ute med oss, vi är förlorade **II** *prep* uppe på (i); uppför; uppåt; [upp] längs [med]; *~ and down a)* fram och tillbaka på, *b)* runt[om] i, *c)* överallt i; *~ the street a)* uppför (uppåt) gatan, *b)* längre upp på gatan, *c)* gatan fram; *be ~ the pub* (*vard.*) vara på puben; *~ yours!* (*vulg.*) dra åt helvete! **III** *a* **1** upp[åt]gående **2** *~ train* tåg till stan (*London el. annan storstad*) **IV** *s, ~s and downs a)* höjningar och sänkningar, *b)* svängningar, växlingar, *c)* goda och dåliga tider, med- och motgång[ar]; *be on the ~ and ~* (*vard.*) *a)* gå framåt, *b)* vara just (ärlig)
V *v* **1** *vard.* sätta upp; höja **2** *vard.* hoppa (flyga) upp; rusa i väg
up-and-coming [ˌʌpənˈkʌmɪŋ] lovande, uppåtgående **up-and-down 1** upp-och- nedåtgående **2** *i sht AE.* lodrät, vertikal
upbeat [ˈʌpbiːt] **I** *s, mus.* upptakt **II** *a, vard.* optimistisk, uppåt
upbraid [ʌpˈbreɪd] förebrå; klandra
upbringing [ˈʌpˌbrɪŋɪŋ] uppfostran
upcountry I *a* [ˌʌpˈkʌntrɪ] inne i landet, inlands-, i norra delarna av landet, norröver **II** *adv* [ʌpˈkʌntrɪ] in åt (uppåt) landet
update I *v* [ʌpˈdeɪt] uppdatera; modernisera **II** *s* [ˈʌpdeɪt] uppdatering; modernisering
upend [ʌpˈend] **1** vända upp och ner på (*äv. bildl.*) **2** vräka upp (upp och ner)
up-front [ʌpˈfrʌnt] *vard.* öppen, uppriktig
upgrade I *v* [ʌpˈɡreɪd] **1** uppvärdera **2** befordra

upheaval—Uranus

II *s* ['ʌpgreɪd] **1** *AE.* stigning, uppförsbacke **2** *bildl., on the ~* på uppåtgående

upheaval [ʌp'hi:vl] **1** omvälvning; omstörtning **2** *geol.* höjdförskjutning

uphill [‚ʌp'hɪl] **I** *adv* uppför [backen], uppåt **II** *a* **1** stigande, brant; uppförs- **2** besvärlig, mödosam; *~ work* styvt arbete **III** *s* stigning, uppförsbacke

uphold [ʌp'həʊld] (*upheld, upheld*) **1** upprätthålla, vidmakthålla; stödja **2** *jur.* fastställa (*a verdict* ett utslag) **3** lyfta upp **-er** [-ə] upprätthållare

uphol|ster [ʌp'həʊlstə] stoppa, klä (*möbler*) **-sterer** [-st(ə)rə] tapetserare **-stery** [-st(ə)rɪ] **1** (*möbels*) stoppning, klädsel **2** tapetserararbete; tapetseraryrke

U.P.I. *förk. för United Press International*

upkeep ['ʌpki:p] **1** underhåll **2** underhållskostnader

upland ['ʌplənd] **I** *a* höglands-; höglänt **II** *s* högland, höglänt område

uplift I *v* [ʌp'lɪft] lyfta [upp], höja; *bildl. äv.* förbättra villkoren för, verka upplyftande på, upplyfta **II** *s* ['ʌplɪft] **1** lyftande, höjande; *bildl. äv.* förbättring, uppbyggelse, uppmuntran **3** *geol.* höjdförskjutning

upon [ə'pɒn] *prep* på *etc., se on I; once ~ a time there was* det var en gång; *hundreds ~ hundreds* hundratals och åter hundratals; *Christmas is ~ us again* julen är här (över oss) igen

upper ['ʌpə] **I** *a* övre, överst, högre; över-; *the ~ class[es]* överklassen; *the ~ crust* (*vard.*) överklassen; *have the ~ hand* ha övertaget; *the U~ House* (*BE.*) överhuset; *~ lip* överläpp; *her front ~ teeth* framtänderna i hennes överkäke **II** *s* **1** ovanläder **2** *on one's ~s* utblottad, barskrapad **3** *vard.* tand i överkäken **4** *sl.* stimulantia, uppåttjack **--case** *a, boktr., ~ letter* versal, stor bokstav **--class** överklass- **--cut** (*i boxning*) uppercut, krokslag uppåt **-most I** *a* överst; högst; främst; mest framträdande; *this is ~ in my mind* det är vad jag närmast tänker på **II** *adv* överst; högst; främst

uppish ['ʌpɪʃ] *BE. vard.,* **uppity** [-tɪ] *AE. vard.* snorkig, mallig

upraised [ʌp'reɪzd] [upp]lyft

upright ['ʌpraɪt] **I** *a* **1** upprätt, upprättstående, stående, lodrät, rak; *sit bolt ~* sitta rak som en pinne; *stand ~* stå rak (upprätt); *~ chair* stol (*utan armstöd*); *~ freezer* frysskåp; *~ piano* piano **2** hederlig, rättskaffens, ärlig **II** *s* **1** stolpe, påle, stötta, pelare **2** piano **III** *adv* upprätt, rätt (rakt) upp, lodrätt

uprising ['ʌp‚raɪzɪŋ] resning, uppror

uproar ['ʌprɔ:] tumult, bråk, oväsen; rabalder **uproarious** [ʌp'rɔ:rɪəs] **1** tumultartad, bråkig, larmande, bullrande **2** festlig, jätterolig, dråplig

uproot [ʌp'ru:t] rycka (dra) upp med rötterna, *bildl. äv.* gora rotlös

upsadaisy ['ʌpsə‚deɪzɪ] *interj* hoppsan!, hoppla!

upset [ʌp'set] **I** *v* (*upset, upset*) **1** stjälpa [ut, omkull], välta [ut, omkull], kasta (slå) omkull; få att kantra **2** bringa oordning i, röra till **3** rubba, kullkasta, omintetgöra **4** bringa i olag; bringa ur fattningen, förvirra, skaka, göra bestört (upprörd, uppbragt), uppröra, reta, såra; *the food ~ his stomach* han tålde inte (mådde illa av) maten; *onions ~ me* min mage (jag) tål inte lök **5** stjälpa [omkull], välta [omkull], kantra **II** *perf. part., a* **1** [kull]stjälpt (*etc., jfr I*) **2** i oordning; i olag **3** kullkastad **4** förvirrad, bestört, skakad, uppbragt, upprörd, sårad, ledsen (*about* över; *by* av); *my stomach is ~* min mage krånglar **III** *s* **1** [ut-, kull]stjälpning; kullkastande; kantring **2** oordning **3** rubbning, störning; *have a stomach ~* ha krångel med magen **4** bestörtning, chock; *sport.* skräll, sensation **5** bråk

upsetting [ʌp'setɪŋ] upprörande, oroande; ledsam, förarglig

upshot ['ʌpʃɒt] resultat, följd, utgång; slut

upside down [‚ʌpsaɪ(d)'daʊn] **I** *a* uppochnedvänd; *bildl. äv.* bakvänd **II** *adv* upp och ner; huller om buller; *turn a room ~* vända upp och ner på ett rum

upstage [‚ʌp'steɪdʒ] **I** *adv* **1** längst bort på scenen, i (mot) fonden, i bakgrunden **II** *a* **1** fond-, bakgrunds- **2** *vard.* mallig, överlägsen **III** *v* **1** *vard.* stjäla föreställningen från, dra uppmärksamheten från **2** *vard.* vara överlägsen mot

upstairs [‚ʌp'steəz] **I** *adv* **1** en trappa upp; där uppe; uppför trappan; *kick s.b. ~* (*vard.*) sparka ngn snett uppåt **2** *vard.* i skallen, där uppe; *weak ~* knasig **II** *s* **1** övervåning **2** herrskap **III** *a* belägen en trappa upp

upstanding [ʌp'stændɪŋ] **1** oförvitlig **2** välväxt

upstart ['ʌpstɑ:t] **I** *s* uppkomling **II** *a* uppkomlings-

upstate ['ʌpsteɪt] *AE.* **I** *a* mot (i, från) inre (norra) delen av staten **II** *s* inre (norra) delen av staten

upstream [‚ʌp'stri:m] *a o. adv* uppströms; uppåt floden

upsurge ['ʌpsɜ:dʒ] våg, ansvällning; uppgång, uppsving

upswing ['ʌpswɪŋ] uppgång, uppsving

upsydaisy ['ʌpsə‚deɪzɪ] *se upsadaisy*

uptake ['ʌpteɪk] **1** *be quick (slow) on the ~* ha lätt (svårt) för att fatta **2** upptagningsförmåga; *oxygen ~* syreupptagningsförmåga

uptight ['ʌptaɪt] *vard.* spänd, nervös, skärrad (*about* för, över)

up-to|-date [‚ʌptə'deɪt] [topp]modern, tidsenlig; *keep ~* hålla sig à jour (informerad) **--the-minute** [-ðə'mɪnɪt] allra senaste (färskaste, nyaste)

uptown [‚ʌp'taʊn] *a o. adv, AE.* i (mot, från) stadens utkanter

upturn I *s* ['ʌptɜ:n] upp|gång, -sving, ökning **II** *v* [ʌp'tɜ:n] vända [på]; vända upp och ner på (*jfr. bildl.*); vända upp[åt] **upturned** [‚ʌp'tɜ:nd] **1** uppåtvänd; *~ nose* uppnäsa **2** uppochnedvänd

U.P.U. *förk. för Universal Postal Union*

upward ['ʌpwəd] **I** *a* uppåt|riktad, -vänd; uppåtgående, stigande **II** *adv, se upwards* **upwards** [-z] *adv* upp[åt]; uppför; *~ of 100 persons* mer än 100 personer

upwind ['ʌpwɪnd] **I** *s* motvind; uppvind **II** *adv* mot vinden[s riktning]

uraemia [jʊə'ri:mjə] *med.* uremi, urinförgiftning

Ural ['jʊər(ə)l] **I** *s, the ~* Ural[floden]; *the ~s* Uralbergen **II** *a, the ~ Mountains* Uralbergen

uranium [jʊ'reɪnjəm] uran

Uranus ['jʊərənəs] **1** *grek. myt.* Uranos **2** *astr.* Uranus

urban—usurp

urban ['ɜ:bən] stads-, storstadsmässig, urban; ~ *district (förr, ung.)* stadskommun; ~ *guerilla* stadsgerilla **urbane** [ɜ:'beɪn] belevad, världsvan, urban **urbanity** [ɜ:'bænətɪ] belevenhet, världsvana, urbanitet **urban|ization** *(BE. äv. -isation)* [ˌɜ:bənaɪ'zeɪʃn] urbanisering **urban|ize** *(BE. äv. -ise)* ['ɜ:bənaɪz] urbanisera, ge stadskaraktär åt, göra stadslik
urchin ['ɜ:tʃɪn] gat|pojke, -unge; rackarunge
ureter [ˌjʊə'ri:tə] *anat.* urinledare **urethra** [-θrə] *anat.* urinrör
urge [ɜ:dʒ] **I** *v* **1** enträget uppmana (be, anmoda) **2** yrka [på], kräva, ivra för **3** fram|häva, -hålla, betona **4** ~ [*on*] driva (skynda, mana) på, påskynda **II** *s* stark längtan (*for* efter), drift
urgency ['ɜ:dʒ(ə)nsɪ] **1** brådskande karaktär, vikt, angelägenhet[sgrad]; *as a matter of* ~ mycket brådskande **2** enträgenhet, iver, ihärdighet
urgent [-t] **1** brådskande, viktig, angelägen, trängande; *the matter is* ~ saken är brådskande (brådskar); *be in* ~ *need of* vara i trängande (starkt) behov av **2** enträgen, ivrig **urgently** [-tlɪ] *adv* **1** *they are* ~ *needed* det är ett trängande (starkt) behov av dem **2** enträget, ivrigt
uric ['jʊərɪk] *a* urin-; ~ *acid* urinsyra
urinal ['jʊərɪnl] **1** urinoar; nattkärl, potta **2** pissoar **urinary** [-nərɪ] *a* urin- ; ~ *bladder* urinblåsa **II** *s, se urinal* **urinate** [-neɪt] urinera, kissa
urine [-ɪn] urin
urn [ɜ:n] **1** gravurna; urna **2** tekök; kaffeapparat
urology [jʊ'rɒlədʒɪ] urologi **urologic[al]** [ˌjʊərə'lɒdʒɪk(l)] urologisk
Ursa ['ɜ:sə] *s, astr.*, ~ *Major (Minor)* Stora (Lilla) Björn[en]
Uruguay ['jʊərʊgwaɪ]
US, U.S. *förk. för United States*
us [ʌs, *obeton.* əs, s] *pers. pron* **1** oss **2** *vard.* mig; *give* ~ *a kiss!* ge mig (får jag) en puss!
USA, U.S.A. *förk. för United States of America; United States Army*
usable ['ju:zəbl] användbar
U.S.A.F. *förk. för United States Air Force*
usage ['ju:zɪdʒ] **1** [språk]bruk; sed[vänja] **2** användning; hantering
U.S.C.G. *förk. för United States Coast Guard*
use I *v* [ju:z] **1** använda, begagna, bruka, nyttja (*as* som; *for* till, [i stället] för, som); ~ *discretion* visa diskretion; ~ *force* bruka våld; ~ *a lot of time on* lägga ner mycket tid på; *you can* ~ *it to make...* du kan använda den till (för) att göra...; *I could* ~ *a drink* det skulle vara (smaka) gott med en drink **2** utnyttja **3** ~ [*up*] förbruka, dra, göra slut på **4** behandla (*s.b. well* ngn väl) **5** [ju:st] (*endast i imperf.*) ~*d to* brukade; *he* ~*d to play the piano* han brukade spela (förr spelade han) piano; *as he* ~*d to* som han brukade; *things aren't what they* ~*d to be* ingenting är längre som förr [i världen]; ~*d he to?, did he* ~[*d*] *to?* brukade han?; *he didn't* ~[*d*] *to?, he* ~*d not* (~[*d*]*n't*) *to* han brukade inte **II** *s* [ju:s] **1** användning; begagnande, bruk; funktion; nytta; fördel, gagn; *directions for* ~ bruksanvisning; *for external* ~ för utvärtes bruk; *ready for* ~ färdig (klar) för användning (att använda[s]); *this car park is for the* ~ *of customers only* parkering [avsedd] endast för kunder; *be in* ~ vara i bruk (användning), användas; *be of* ~ vara (komma) till nytta (användning), kunna användas; *be* [*of*] *no* ~ vara till ingen nytta, inte kunna användas; *he is no* ~ han är oduglig (duger ingenting till); *can I be of any* ~? kan jag vara till ngn nytta (hjälpa till med ngt)?; *it's (there's) no* ~ *asking* det är ingen idé (meningslöst) att fråga; *what's the* ~ *of* (*what* ~ *is there in*) *going there?* vad tjänar det (skall det tjäna) till att gå dit?; *be out of* ~ vara ur bruk, inte användas; *it has many* ~*s* den kan användas till mycket; *parents have their* ~*s* föräldrar kan vara användbara ibland; *have no* ~ *for* inte ha ngn användning för (nytta av); *make* ~ *of a*) använda, begagna sig (göra bruk) av, utnyttja, *b*) ta vara på; *lose the* ~ *of one's arm* inte längre kunna använda (röra) sin arm; *lose the* ~ *of one's left eye* bli blind på vänster öga **2** nyttjanderätt; *room with* ~ *of bathroom* rum med tillgång till (del i) badrum; *I've got the* ~ *of the car tonight* jag får ha bilen (har tillgång till bil) i kväll; *give s.b. the* ~ *of s.th.* låta ngn använda (disponera) ngt, ge ngn tillgång till ngt **3** bruk, sed[vänja], praxis
used 1 [ju:st] ~ *to* van vid (*s.th.* ngt; *doing s.th.* att göra ngt); *get* ~ *to* bli van (vänja sig) vid **2** [ju:zd] använd, begagnad; *hardly* ~ (*äv.*) nästan ny **3** *imperf av use, se use I 5*
useful ['ju:sf(ʊ)l] **1** nyttig, till nytta (*to s.b.* för ngn; *for s.th.* till ngt); användbar, praktisk, lämplig, bra (*to s.b.* för ngn; *for s.th.* till ngt); *the* ~ *life of an engine* en motors livslängd; ~ *load* nyttolast; *that's a* ~ *thing to know* det är bra att veta det; *come in* ~ komma till nytta (användning), komma väl till pass; *make o.s.* ~ hjälpa till, göra [någon] nytta **2** *vard.* skaplig, [ganska] duktig **-ness** [-nɪs] nytta, gagn; användbarhet, lämplighet
useless ['ju:slɪs] **1** oduglig; onyttig; oanvändbar; värdelös **2** lönlös, fruktlös, fåfäng **3** *vard.* värdelös, urdålig (*at maths* i matte)
usen't ['ju:sn(t)] *used not, se use I 5*
user ['ju:zə] **1** användare; förbrukare; *right of* ~ (*jur.*) nyttjanderätt; *road* ~ vägtrafikant **2** *vard.* knarkare
usher ['ʌʃə] **I** *s* (*på teater e.d.*) platsanvisare, [dörr]vaktmästare;(*i rättssal*) rättstjänare; ceremonimästare **II** *v* **1** föra, visa, ledsaga **2** ~ *in* inleda, förebåda, utgöra inledningen till **-ette** [ˌʌʃə'ret] (*på bio, teater e.d.*) platsanviserska, [dörr]vaktmästare
USIA *förk. för United States Information Agency*
U.S.M. *förk. för United States Mail; United States Marines* **USMC, U.S.M.C.** *förk. för United States Marine Corps* **USN, U.S.N.** *förk. för United States Navy* **USNA, U.S.N.A.** *förk. för United States Naval Academy* **U.S.S.** *förk. för United States Senate; United States Ship* **U.S.S.R.** *förk. för Union of Soviet Socialist Republics; the* ~ Sovjetunionen **usu.** *förk. för usually*
usual ['ju:ʒʊəl] **I** *a* vanlig, bruklig; *as* ~ som vanligt; *as is* ~ som vanligt (brukligt) är **II** *s* **1** *out of the* ~ utöver det vanliga **2** *vard., the* ~ den vanliga [drinken] **-ly** [-ɪ] *adv* vanligen, vanligtvis; *more than* ~ *slow* långsammare än vanligt
usurer ['ju:ʒ(ə)rə] ockrare
usurp [ju:'zɜ:p] tillskansa (tillvälla, bemäktiga)

sig, usurpera **-er** [-ə] usurpator, [tron]inkräktare
usury ['ju:ʒʊrɪ] ocker
UT, Ut. *förk. för Utah* ['ju:tɑ:, *AE. äv.* 'ju:tɔ:]
utensil [ju:'tensl] redskap, verktyg; ~s (*pl, äv.*) utensilier; *cooking* ~s kokkärl; *household* ~s husgeråd, köksredskap
uterine ['ju:təraɪn] *anat.* livmoder-, uterin **uter|us** [-əs] (*pl -i* [-aɪ] *el. -uses*) *anat.* livmoder, uterus
utilitarian [ˌju:tɪlɪ'teərɪən] **I** *a* **1** nytto-; funktionell, ändamålsenlig, praktisk **2** utilitaristisk **II** *s* utili[tari]st **-ism** [-ɪz(ə)m] **1** util[itar]ism[en] **2** nyttomoral; nyttoprincip[er]
utility [ju:'tɪlətɪ] **I** *s* **1** användbarhet, [praktisk] nytta; nyttighet **2** [*public*] ~ samhällsservice; *public* ~ *company* allmännyttigt företag **II** *a* nytto-, bruks-; funktionell, ändamålsenlig, praktisk **utility man** *i sht AE.* **1** birollsskådespelare **2** allt i allo; diversearbetare **utility room** (*i enfamiljshus e.d.*) förråd, ekonomiutrymme
uti|lization (*BE. äv. -lisation*) [ˌju:tɪlaɪ'zeɪʃn] användande, tillvaratagande, utnyttjande **-lize** (*BE. äv. -lise*) ['ju:tɪlaɪz] använda, ta tillvara, utnyttja
utmost ['ʌtməʊst] **I** *a* yttersta, största **II** *s, the* ~ det yttersta (mesta); det allra bästa; *do one's* ~ göra sitt yttersta
Utopia [ju:'təʊpjə] Utopia, idealstat **utopia** [ju:'təʊpjə] utopi, önskedröm **Utopian, utopian** [-n] utopisk, verklighetsfrämmande
Utrecht ['ju:trekt]
1 utter ['ʌtə] ytterlig, yttersta; fullständig, fullkomlig, total, absolut; *an* ~ *fool* en komplett (fullständig) idiot
2 utter ['ʌtə] **1** yttra, säga, uttala; uttrycka **2** utstöta, ge ifrån sig, ge till **3** yttra sig **4** prångla ut (*forged banknotes* falska sedlar) **-ance** ['ʌt-(ə)rəns] yttrande, uttalande; uttryck[ande]; *give* ~ *to* ge uttryck åt
utterly ['ʌtəlɪ] *adv* ytterst, ytterligt; fullständigt, fullkomligt, totalt, absolut **uttermost** *se utmost*
U-turn ['ju:tɜ:n] **1** U-sväng **2** helomvändning
uvu|la ['ju:vjʊlə] (*pl -las el. -lae* [-li:]) *anat.* gom-, tung|spene, uvula **-lar** [-lə] *fonet.* tungrots-
uxorious [ʌk'sɔ:rɪəs] ytterligt svag för (beroende av) sin hustru

V

V, v [vi:] (*bokstav*) V, v
V *förk. för volt* **V.** *förk. för Venerable; Vice; Viscount* **v.** *förk. för ventral; verb; verse; version; verso; versus; very; vide* (*lat.*) *see; violin; voice; volume; von* **V.A.** *förk. för Veterans' Adminis-tration; Vicar Apostolic; Vice Admiral;* [*Order of*] *Victoria and Albert* **VA, Va.** *förk. för Virginia*
va *förk. för volt-ampere*
vac [væk] *BE. vard., kortform för vacation; vacuum cleaner*
vacancy ['veɪk(ə)nsɪ] **1** vakans; ledig tjänst **2** (*på hotell e.d.*) ledigt rum **3** tomrum **vacant** [-t] **1** ledig, tom; vakant; ~ *chair* ledig stol; ~ *job* ledig plats; ~ *time* ledig tid **2** tom; uttryckslös; andefattig, innehållslös
vacate [və'keɪt, *AE. äv.* 'veɪkeɪt] **1** lämna, utrymma, tömma; flytta från **2** frånträda, lämna (*a position* en tjänst)
vacation [və'keɪʃn] **I** *s* **1** ferier, lov; *i sht AE.* semester; *be on* ~ *a*) ha ferier (lov), *b*) *i sht AE.* ha semester **2** utrymning, tömning, utflyttning **II** *v, AE.* ha (ta) semester, semestra **-land** *AE.* semesterparadis
vacci|nate ['væksɪneɪt] vaccinera, skyddsympa **-nation** [ˌvæksɪ'neɪʃn] vaccin|ering, -ation, skyddsympning
vaccine ['væksi:n] vaccin
vacil|late ['væsɪleɪt] vackla; tveka; svänga, kastas **-lation** [ˌvæsɪ'leɪʃn] vacklan[de]; tvekan; svängning, kast
vacu|ity [væ'kju:ətɪ] **1** tomhet; tomrum; vakuum **2** tomhet; uttryckslöshet; andefattighet, innehållslöshet **-ous** ['vækjʊəs] tom; uttryckslös; andefattig, innehållslös
vacu|um ['vækjʊəm] **I** *s* (*pl -ums el. -a* [-ə]) **I** *s* **1** vakuum, lufttomt rum; tomrum **2** dammsugare **II** *v* dammsuga **vacuum cleaner** [-ˌkli:nə] dammsugare **vacuum flask** [-flɑ:sk] termosflaska **vacuum-packed** [-pækt] vakuumförpackad
V.A.D. *förk. för Voluntary Aid Detachment*
vagabond ['vægəbɒnd] **I** *a* vagabond-, kringflackande, vagabonderande **II** *s* vagabond, luffare, lösdrivare
vagary ['veɪgərɪ] nyck, infall
vagi|na [və'dʒaɪnə] (*pl -nas el. -nae* [-ni:]) **1** *anat.* slida, vagina **2** *biol.* [blad]slida **-nal** [-l] vaginal
vagrancy ['veɪgr(ə)nsɪ] kringflackande liv; lösdriveri **vagrant** [-t] **I** *a* kring|flackande, -strövande, -vandrande **II** *s* landstrykare, luffare, lösdrivare
vague [veɪg] vag, obestämd, svävande, oklar; osäker; *a* ~ *rumour* ett löst rykte **-ly** [-lɪ] *adv* vagt *etc., jfr vague;* ~ *amused* måttligt road
vain [veɪn] **I** *a* **1** fåfäng, gagnlös **2** fåfäng; inbilsk **II** *s* **1** *in* ~ förgäves **2** *take a p.'s name in* ~ *a*) missbruka ngns namn, *b*) tala nedsättande om ngn **-glorious** [ˌveɪn'glɔ:rɪəs] *litt.* inbilsk, högfärdig, skrytsam **-glory** [ˌveɪn'glɔ:rɪ] inbilskhet, högfärd, skrytsamhet **-ness** ['veɪnnɪs] **1** fåfänglighet, gagnlöshet, fruktlöshet; *the* ~ *of* det fruktlösa i **2** fåfänga; inbilskhet
valance ['væləns] [gardin]kappa
vale [veɪl] *litt.* dal
valedic|tion [ˌvælɪ'dɪkʃn] avsked; avskeds|tal, -ord **-tory** [-tərɪ] **I** *a* avskeds- **II** *s* avskedstal
valence ['veɪləns] *kem.* **1** valens **2** *AE.* atomvärde **valency** [-ɪ] *i sht BE., kem.* atomvärde
valentine ['vælən taɪn] **1** valentin, älskling (*som man ger present på Valentindagen, 14 febr.*) **2** valentin|kort, -present
valerian [və'lɪərɪən] *bot.* vänderot

valet ['vælɪt] kammartjänare, betjänt
valetudi|narian [,vælɪtju:dɪ'neərɪən], **-nary** [-'tju:dɪnərɪ] **I** *a* **1** sjuklig, klen **2** hypokondrisk, klemig **II** *s* **1** sjukling, klen person **2** hypokonder, klemig person
valiant ['væljənt] tapper, modig
valid ['vælɪd] **1** giltig; [tungt] vägande, [väl]grundad; meningsfull **2** [rättsligt] giltig, gällande, lagenlig **validate** [-eɪt] **1** förklara giltig; lagstadga **2** bekräfta, [be]styrka **validity** [və'lɪdətɪ] **1** giltighet; vikt, betydenhet; meningsfullhet **2** validitet, rättsgiltighet
valise [və'li:z] åld.
Valium ['vælɪəm] (*varumärke*) valium
Valkyrie [væl'kɪərɪ] valkyria
valley ['vælɪ] dal[gång]
valor ['vælə] *AE.*, *se valour* **valorous** [-rəs] *litt.* tapper, modig **valour** ['vælə] *litt.* tapperhet, mod, dristighet; *discretion is the better part of* ~ (*ung.*) bättre fly än illa fäkta
valuable ['væljuəbl] **I** *a* värdefull, dyrbar; värde-; [högt] värderad (uppskattad) **II** *s*, *vanl. pl* ~*s* värde|saker, -föremål, dyrbarheter
valua|tion [,vælju'eɪʃn] **1** värdering, uppskattning **2** värderingsbelopp, värde **-tor** ['væljʊeɪtə] värderingsman
value ['vælju:] **I** *s* **1** värde; valör; valuta; *be of great* ~ vara av stort värde (mycket värdefull); *of no* ~ värdelös, utan värde, till ingen nytta; *of* (*to*) *the* ~ *of* till ett värde (belopp) av; *increase in* ~ värdeökning; *loss of* ~ värdeminskning; *be good* ~, *be* ~ *for money* vara förmånlig (prisvärd, ett bra köp); *get* ~ *for money* få valuta för pengarna; *take s.th. at its face* ~ (*bildl.*) ta ngt för vad det är **2** ~*s* (*pl*) värderingar, normer **3** (*färgs, ords*) valör; *mat.* värde; *mus.* [not-, tids]värde **II** *v* värdera, taxera, [upp]skatta (*at* till); *bildl. äv.* sätta värde på, värdesätta; ~ *highly* sätta stort värde på, skatta högt; *if you* ~ *your life* om livet är dig kärt **value-added** ['vælju‚ædɪd] *a*, ~ *tax* mervärdesskatt, moms **value judgement** värdeomdöme **valueless** [-lɪs] värdelös **valuer** [-ə] värderingsman
valve [vælv] **1** ventil, klaff; hjärtklaff **2** [radio]rör; elektronrör **3** *zool.* halva av musselskal
vamoose [və'mu:s] *AE. sl.* sticka [iväg], smita
1 vamp [væmp] **I** *s* vamp **II** *v* vampa
2 vamp [væmp] **I** *s* **1** lappverk **2** *vard.* uppsnyggning **3** *mus.* improvisation, improviserat ackompanjemang **4** ovanläder **II** *v* **1** *vard.*, *a*) snygga upp, *b*) lappa ihop **2** *mus.* improvisera (*an accompaniment* ett ackompanjemang)
vampire ['væmpaɪə] vampyr, blodsugare (*äv. bildl.*) **vampire bat** *zool.* stor blodsugare
1 van [væn] skåp|bil, -vagn, transportbil; *BE. järnv.* gods-, resgods-, post|vagn
2 van [væn] (*i tennis*) fördel; ~ *in* fördel (servaren); ~ *out* fördel ut (mottagaren)
3 van [væn] *se vanguard*
Vandal ['vændl] **I** *s* **1** *hist.* vandal **2** *bildl.*, *v*~ vandal **II** *a* **1** *hist.* vandalisk **2** *bildl.*, *v*~ vandalisk **vandalism** ['vændəlɪz(ə)m] vandalism **vandal|ize** (*BE. äv. -ise*) ['vændəlaɪz] vandalisera
vane [veɪn] vindflöjel; [kvarn]vinge; [propeller]blad; [turbin]skovel; (*på projektil*) styrvinge
vanguard ['vænga:d] *mil.*, *bildl.* förtrupp, tät, avantgarde; *be in the* ~ *of* gå i spetsen (täten) för
vanilla [və'nɪlə] vanilj
vanish ['vænɪʃ] försvinna; ~ *from sight* försvinna utom synhåll; ~ *into smoke* gå upp i rök **-ing** [-ɪŋ] *a* försvinnande; ~ *cream* dagkräm, puderunderlag; ~ *point* (*i perspektiv*) gräns[punkt]
vanity ['vænətɪ] **1** fåfänga **2** fåfängligt, tomhet, meningslöshet **vanity box** (**case**) sminkväska; aftonväska **Vanity Fair** *litt.* Fåfängans Marknad
vanquish ['væŋkwɪʃ] *litt.* övervinna, besegra, betvinga
vantage ['va:ntɪdʒ] (*i tennis*) fördel **vantage ground** överläge, fördelaktig position **vantage point** fördelaktig ställning; utkiksplats
vapid ['væpɪd] smaklös, fadd; avslagen; *bildl.* andefattig, intetsägande, innehållslös, tråkig **-ity** [væ'pɪdətɪ] smaklöshet, faddhet; *bildl.* innehållslöshet
vapor ['veɪpə] *AE.*, *se vapour* **-ization** (*BE. äv.* *-isation*) [‚veɪpəraɪ'zeɪʃn] förångning, vaporisation, ångbildning, avdunstning **-ize** (*BE. äv. -ise*) ['veɪpəraɪz] **1** förånga, vaporisera **2** förångas, avdunsta **-izer** (*BE. äv. -iser*) ['veɪpəraɪzə] avdunstningsapparat, evaporator; spridare **-ous** ['veɪpərəs] *litt.* vaporös, töcknig, disig; ångliknande **vapour** ['veɪpə] **1** ånga; imma; dimma; utdunstning **2** *åld.*, *the* ~*s* mjältsjuka, melankoli **vapour trail** kondensstråk (*efter flygplan*)
var. *förk.* för *variable*; *variant*; *variation*; *variety*; *various*
varec ['værek] *bot.* tång, brunalg
vari|ability [‚veərɪə'bɪlətɪ] föränderlighet, ombytlighet, ostadighet, variabilitet **-able** ['veərɪəbl] **I** *a* föränderlig, ombytlig, växlande, variabel, varierande, skiftande, ostadig **II** *s* **1** variabel **2** ~*s* (*pl*) växlande vindar
vari|ance ['veərɪəns] *s* **1** variation, växling **2** motsättning; *be at* ~ *a*) vara oense, *b*) (*om fakta*) gå isär, inte stämma överens; *at* ~ *with* (*äv.*) i strid med **-ant** [-ənt] **I** *a* avvikande; olika, variant- **2** varierande, växlande **II** *s* variant **-ation** [‚veərɪ'eɪʃn] **1** variation (*äv. mus.*), [om]växling, förändring; ~*s on a theme* variationer på ett tema **2** variant, annan art (form)
varicella [‚værɪ'selə] *med.* vattkoppor
varicose ['værɪkəʊs] *a*, ~ *veins* åderbråck
varied ['veərɪd] varierande, [om]växlande, skiftande
varie|gate ['veərɪgeɪt] göra [färg]skiftande (brokig), variera; nyansera **-gated** [-geɪtɪd] brokig; [färg]skiftande; omväxlande **-gation** [‚veərɪ'geɪʃn] brokighet; [färg]skiftning; omväxling
variety [və'raɪətɪ] **1** varietet; sort, slag; art, typ **2** variation, omväxling, ombyte; ~ *is the spice of life* ombyte förnöjer **3** mångfald, mängd, rikedom; *for a* ~ *of reasons* av en mängd olika skäl **4** varieté; revy **variety show** varieté
variola [və'raɪələ] *med.* smittkoppor
various ['veərɪəs] **1** olika, av olika (varierande) slag; omväxlande, skiftande **2** flera, olika, diverse **-ly** [-lɪ] *adv* omväxlande; på olika sätt
var|ix ['veərɪks] (*pl -ices* [-ɪsi:z]) *med.* åderbråck
varmint ['va:mɪnt] *vard.* odåga, rackare
varnish ['va:nɪʃ] **I** *s* fernissa; lack; *nail* ~ nagellack; *bildl.* polityr **II** *v* fernissa; lackera, lacka
varsity ['va:sətɪ] *BE. vard.* för *university*

vary—venomous

vary ['veərɪ] **1** variera, vara olika, ändras, [om]växla, skifta **2** variera, göra olika, ge omväxling åt, ändra, skifta
vascu|lar ['væskjʊlə] *a, biol., anat.* kärl-, åder--**lum** [-ləm] portör
vase [vɑːz, *AE.* veɪs] vas
vasectomy [væ'sektəmɪ] *med.* vasektomi *(sterilisering genom avskärning av sädesledarna)*
Vaseline ['væsɪliːn] *(varumärke)* vaselin
vaso|constrictor [ˌveɪzəʊkən'strɪktə] *med.* kärlsammandragande medel **-dilator** [-daɪ'leɪtə] *med.* kärlvidgande medel
vassal ['væsl] *hist.* **I** *s* vasall **II** *a* vasall-
vast [vɑːst] omfattande, enorm, väldig, vidsträckt, oerhörd; *the ~ majority of people* det stora flertalet människor **-ly** ['vɑːstlɪ] *adv* enormt, väldigt, oerhört **-ness** ['vɑːstnɪs] väldighet, vidsträckthet, vidd, [stort] omfång, [stor] omfattning
VAT [ˌviːeɪ'tiː, væt] *förk. för value-added tax*
vat [væt] **I** *s* fat, kar **II** *v* hälla på fat
Vatican ['vætɪkən] *s, the ~* Vatikanen
vatman ['vætmən] *BE. vard. (statens)* momsenhet
vaudeville ['vəʊdəvɪl] *BE.* vådevill, sångspel; *AE.* varieté
Vaughan [vɔːn]
1 vault [vɔːlt] **I** *s* **1** valv; kassavalv; källarvalv, källare; grav[valv] **2** *anat.* hålighet **II** *v* **1** bygga ett valv över; *~ed* välvd **2** välva sig
2 vault [vɔːlt] **I** *s* hopp, språng; *pole ~* stavhopp **II** *v, ~* [*over*] hoppa över *(med stöd av hand el. stav)*; *~ onto* hoppa upp på **vaulting** ['vɔːltɪŋ] **1** högtflygande; överdriven **2** hopp-; *~ horse (gymn.)* [bygel]häst; *~ pole* stav *(för stavhopp)*
vaunt [vɔːnt] **I** *v* skryta [med], berömma sig [över] **II** *s* skryt
vb. *förk. för verb* **V.C.** *förk. för Vice-Chairman; Vice Chancellor; Vice Consul; Victoria Cross; Vietcong* **VCR** *förk. för video cassette recorder* **VD** *förk. för venereal disease* **V-Day** *förk. för Victory Day* V-dagen **V.D.C.** *förk. för Volunteer Defence Corps* **VDU** *förk. för visual display unit* bildskärmsterminal
've [-v] = *have (I've, you've* etc.) jag har, du har *etc.*)
veal [viːl] kalv[kött] **veal calf** ['viːlkɑːf] gödkalv
vector ['vektə] **1** *mat., flyg.* vektor **2** bacillbärare
V-E Day *förk. för Victory in Europe Day (8.5.1945)*
veep [viːp] *AE. sl.* vicepresident
veer [vɪə] **I** *v* **1** svänga, vända, ändra riktning; *sjö.* gira, ändra kurs; *bildl.* ändra åsikt, svänga, ändra sig; *(om vind)* vända, ändra riktning *(medurs på norra halvklotet, moturs på södra)* **2** *sjö., ~* [*round*] gira med, vända *(fartyg)* **II** *s* sväng, vändning, riktningsändring; gir, kursändring
veg [vedʒ] *vard. för vegetable*
vegetable ['vedʒtəbl] **I** *s* **1** grönsak; köksväxt; växt; *~s (pl, äv.)* vegetabilier **2** *vard.* hjärnskadad person, kolli, paket **3** slöfock **II** *a* vegetabilisk, växt-; grönsaks-; *~ fat* vegetabiliskt fett; *~ fibres* växtfibrer; *~ garden* köksträdgård; *~ kingdom* växtrike; *~ marrow* pumpa, kurbits
vegetal ['vedʒɪtl] **1** vegetativ **2** växt-
vegetarian [ˌvedʒɪ'teərɪən] **I** *s* vegetarian **II** *a* vegetarisk **-ism** [-ɪz(ə)m] vegetarianism
vegetate ['vedʒɪteɪt] **1** *(om växt)* växa; *~d (äv.)* beväxt **2** vegetera, slöa, vara overksam **vegetation** [ˌvedʒɪ'teɪʃn] **1** växtlighet, växtliv, vegetation **2** *med.* vegetation, utväxt **3** *bildl.* vegeterande tillvaro **vegetative** ['vedʒɪtətɪv] **1** vegetativ; växt- **2** vegeterande, overksam
vehe|mence ['viːɪməns] häftighet, våldsamhet **-ment** [-mənt] häftig, våldsam
vehicle ['viːɪkl] **1** fordon; farkost; åkdon **2** *bildl.* [uttrycks]medel, språkrör **2** bindemedel, lösningsvätska **vehicular** [vɪ'hɪkjʊlə] fordons-; trafik-
veil [veɪl] **I** *s* **1** slöja *(äv. bildl.)*; flor; [nunne]dok; *take the ~* bli nunna; *draw a ~ over (bildl.)* dra en slöja över **2** *bildl.* täckmantel **II** *v* beslöja; skyla [över], dölja
vein [veɪn] **1** *anat.* ven, [blod]åder **2** nerv *(på blad, insektsvinge)* **3** *(i sten, trä e.d.)* åder, ådra, strimma; [vatten]åder **4** *bildl.* humör, stämning, anda; drag, inslag; stil, genre **veined** [-d] ådrad, ådrig, strimmig **veining** ['veɪnɪŋ] ådring
veld[t] [velt] *Sydafr.* veldt, grässlätt
vellum ['veləm] veläng *(slags pergament; slags skrivpapper)*
velocity [vɪ'lɒsətɪ] hastighet
velour[s] [və'lʊə] *(slags sammet)* velours
ve|lum ['viːləm] *(pl -la* [-lə]*) anat.* gomsegel; *anat., biol.* hinna
velvet ['velvɪt] **I** *s* sammet; *be on ~ (AE. sl.)* ha sitt på det torra, vara på grön kvist **II** *a* sammets-; *an iron hand in a ~ glove* en järnhand under silkesvanten **velveteen** [ˌvelvɪ'tiːn] velvetin, bomullssammet **velvety** ['velvɪtɪ] sammetslen
Ven. *förk. för Venerable*
venal ['viːnl] korrumperad, mutbar, besticklig **-ity** [viː'nælətɪ] korruption, mutbarhet, besticklighet
venation [viː'neɪʃn] ådring
vend [vend] *jur.* [för]sälja; saluföra, utbjuda till försäljning **-er** ['vendə] *se vendor*
vendetta [ven'detə] vendetta, blodshämnd
vending machine ['vendɪŋməˌʃiːn] [varu]automat **vendor** [-ə] **1** [gatu]försäljare **2** *jur.* säljare **3** [varu]automat
veneer [və'nɪə] **I** *s* faner; *bildl.* fasad, yta, mask, sken **II** *v* fanera **-ing** [-ɪŋ] fanering
venerable ['ven(ə)rəbl] vördnads|värd, -bjudande, ärevördig; *V~ (om ärkediakon)* Högvördig **venerate** ['venəreɪt] vörda, högakta, ära **veneration** [ˌvenə'reɪʃn] vördnad, veneration *(of* för); vördande
venereal [və'nɪərɪəl] venerisk; *~ disease* venerisk sjukdom, könssjukdom
Venetian [və'niːʃn] **I** *a* venetiansk; *~ blind* persienn; *~ glass* venetianskt glas **II** *s* **1** venetianare **2** persienn
Venezuela [ˌvene'zweɪlə]
vengeance ['ven(d)ʒ(ə)ns] **1** hämnd; *take ~ on* ta hämnd på **2** *with a ~* i överkant, våldsamt, så det förslår (förslog) **vengeful** [-f(ʊ)l] hämnd|lysten, -girig
venial ['viːnjəl] *relig., högt.* förlåtlig, ursäktlig
Venice ['venɪs] Venedig
venison ['venzn] hjort-, rådjurs|kött
venom ['venəm] gift; *bildl.* hat, giftighet **-ous**

venous—vertical

[-əs] giftig (*äv. bildl.*)
venous ['vi:nəs] venös; ven-, åder-
vent [vent] **I** *s* **1** [luft]hål, [ventilations]springa, öppning; [rök]gång **2** (*på plagg*) slits **3** *bildl.* utlopp, fritt lopp; *give ~ to a*) ge utlopp åt, *b*) utstöta, låta höra (*a sound* ett ljud) **II** *v* **1** förse med lufthål (ventilation), ventilera **2** *bildl.* ge luft (utlopp) åt, ventilera; utstöta; *~ one's anger on* ösa sin vrede över **-age** ['ventɪdʒ] lufthål; (*på flöjt*) tonhål
venti|late ['ventɪleɪt] ventilera, vädra, lufta (*äv. bildl.*) **-lating** [-leɪtɪŋ] ventilations- **-lation** [ˌventɪ'leɪʃn] ventilation, ventilering, luftväxling; *bildl.* ventilering **-lator** ['ventɪleɪtə] [rums]ventil; fläkt, ventilator, ventilationsanordning
ventricle ['ventrɪkl] *anat.* ventrikel; magsäck; vätskefyllt rum i hjärnan
ventrilo|quism [ven'trɪləkwɪz(ə)m] buktaleri **-quist** [-kwɪst] buktalare **-quy** [-kwɪ] buktaleri
venture ['ventʃə] **I** *s* **1** våg|stycke, -spel, [riskabelt] företag, risk, äventyr; försök (*at* till); satsning, projekt **2** *hand.* spekulation; insats; *joint ~* joint venture, kompanjonskap (*mellan företag*) **II** *v* **1** våga, sätta på spel, riskera, satsa, offra **2** våga [sig på], försöka [sig på], våga sig **3** *~ to* våga, drista (tillåta) sig att **4** våga sig; våga, försöka; *~ at* försöka [sig på], försöka med; *~ into* våga sig in i, våga sig på; *~ on a*) våga [sig på], *b*) våga sig in i (ut på); *~ out* våga sig ut **venturesome** [-səm], **venturous** [-rəs] **1** våghalsig **2** riskabel, äventyrlig
venue ['venju:] **1** mötesplats, träffpunkt **2** *sport.* spel-, tävlings|plats **3** *jur.* jurisdiktionsort
Venus ['vi:nəs] Venus
ver. *förk. för verse; version*
veracious [və'reɪʃəs] **1** sanningsenlig, sann, sannfärdig **2** exakt, precis **veracity** [və'ræsətɪ] **1** sanningsenlighet, sannfärdighet; sanning **2** exakthet, precision
veranda[h] [və'rændə] veranda
verb [vɜ:b] verb
verbal ['vɜ:bl] **1** verbal, ord-; språklig; *~ criticism* textkritik **2** muntlig, verbal **3** ordagrann, verbal **4** verb-, verbal; *~ noun* verbalsubstantiv **-ly** [-lɪ] *adv* **1** muntligt, verbalt **2** ordagrant, verbalt **-ize** (*BE. äv. -ise*) [-aɪz] **1** verbalisera, uttrycka i ord **2** vara mångordig
verbatim [vɜ:'beɪtɪm] **I** *adv* ordagrant, ord för ord **II** *a* ordagrann
verbena [vɜ:'bi:nə] *bot.* järnört; verbena
verbiage ['vɜ:bɪɪdʒ] svada, ord|flöde, -svall
verbose [vɜ:'bəʊs] mångordig, ordrik, pratig **verbosity** [vɜ:'bɒsətɪ] mångordighet, ordrikedom, pratighet
verdant ['vɜ:d(ə)nt] **1** grön, grönskande **2** grön, omogen
verdict ['vɜ:dɪkt] **1** [domstols]utslag; *~ of guilty (not guilty)* fällande (friande) dom; *bring in (return) a ~* fälla utslag (dom) **2** *bildl.* dom, omdöme, utlåtande; *give one's ~ about (on)* ge sitt omdöme (säga sin mening) om
verdigris ['vɜ:dɪgrɪs] ärg
verdure ['vɜ:dʒə] *litt.* grönska; *bildl.* friskhet
1 verge [vɜ:dʒ] **I** *s* **1** kant, rand; gräns; [skogs]bryn; väg|kant, -ren **2** *bildl.* gräns, rand, brant; *on the ~ of ruin* på ruinens brant; *be on the ~ of*

doing s.th. vara på gränsen (vippen) att göra ngt, vara nära att göra ngt **II** *v* **1** *bildl.*, *~ [up]on* gränsa (stå på gränsen) till, luta åt **2** avgränsa
2 verge [vɜ:dʒ] luta, slutta
verger ['vɜ:dʒə] kyrkvaktmästare
Vergil ['vɜ:dʒɪl] Vergilius
veri|fiable ['verɪfaɪəbl] möjlig att verifiera; kontrollerbar; bevislig **-fication** [ˌverɪfɪ'keɪʃn] **1** verifikation, bestyrkande, intygande, bekräftelse **2** kontroll[erande] **-fy** ['verɪfaɪ] **1** verifiera, bestyrka, intyga, bekräfta **2** kontrollera
verily ['verɪlɪ] *adv*, *åld.* i sanning, sannerligen
verisimilitude [ˌverɪsɪ'mɪlɪtju:d] sannolikhet; autenticitet, äkthet
veritable ['verɪtəbl] veritabel, sannskyldig, äkta, verklig
verity ['verətɪ] sanning
vermicelli [ˌvɜ:mɪ'selɪ] (*smala spaghetti*) vermiceller
vermiform ['vɜ:mɪfɔ:m] maskformig; *~ appendix* (*process*) maskformigt bihang
vermilion [və'mɪljən] **I** *s* cinnober[färg], vermillon **II** *a* cinnoberröd, högröd
vermin ['vɜ:mɪn] (*behandlas som pl*) skadedjur; skadeinsekter, ohyra; *bildl.* pack, avskum **verminous** [-əs] full av ohyra, nedlusad
Vermont [vɜ:'mɒnt]
vermouth ['vɜ:məθ] vermut, vermouth
vernacular [və'nækjʊlə] **I** *s* **1** modersmål; lokalt språk, dialekt; lokalt (dialektalt) ord (uttryck) **2** fackspråk, [yrkes]jargong **II** *a* inhemsk, lokal[-]; dialektal; folklig, vardaglig
vernal ['vɜ:nl] **1** vårlig, vår-; *~ equinox* vårdagjämning **2** *poet.* ungdomlig, fräsch
vernier ['vɜ:njə] nonie[skala]
verru|ca [və'ru:kə] (*pl -cas el. -cae* [-si:]) [fot]vårta
versa|tile ['vɜ:sətaɪl, *AE.* -tl] **1** mång-, all|sidig; (*om intellekt*) rörlig **2** [allsidigt] användbar **-tility** [ˌvɜ:sə'tɪlətɪ] **1** mång-, all|sidighet; (*intellekts*) rörlighet **2** [allsidig] användbarhet
verse [vɜ:s] **1** vers, poesi **2** strof, vers; versrad
versed [vɜ:st] *a*, *~ in* bevandrad i
versicolour ['vɜ:sɪˌkʌləd] mångfärgad, brokig
versi|fication [ˌvɜ:sɪfɪ'keɪʃn] **1** versifikation, versbyggnad **2** versmått **3** versifiering **-fier** ['vɜ:sɪfaɪə] poet; versmakare **-fy** ['vɜ:sɪfaɪ] versifiera, avfatta på vers
version ['vɜ:ʃn] **1** version, framställning, avfattning; *the tolkning* **2** version, variant **3** bibelöversättning; *the Authorized V~* den auktoriserade bibelöversättningen (*1611*)
verso ['vɜ:səʊ] **1** *boktr.* vänstersida, verso **2** (*mynts*) frånsida, revers
versus ['vɜ:səs] **1** *jur.* versus, kontra, mot **2** mot, kontra
verte|bra ['vɜ:tɪbrə] (*pl -brae* [-bri:] *el. -bras*) ryggkota **-bral** [-brəl] vertebral, ryggkots-, ryggrads-; *~ column* ryggrad **-brate** [-brət] **I** *a* ryggrads- **II** *s* vertebrat, ryggradsdjur
ver|tex ['vɜ:teks] (*pl -tices* [-tɪsi:z] *el. -texes*) **1** topp, spets, högsta punkt **2** *mat.*, *anat.*, *astr.* vertex
vertical ['vɜ:tɪkl] **I** *a* vertikal (*äv. ekon.*), lodrät; *~ angles* (*mat.*) motstående vinklar **II** *s* **1** lodlinje, vertikal, lodrät linje **2** vertikalplan

vertices ['vɜ:tɪsi:z] *pl av* vertex
vertiginous [vɜ:'tɪdʒɪnəs] **1** yr [i huvudet] **2** svindlande **3** ombytlig; oberäknelig **vertigo** ['vɜ:tɪgəʊ] *med.* svindel, yrsel, vertigo
vervain ['vɜ:veɪn] *bot.* järnört; verbena
verve [vɜ:v] livfullhet, fart, schvung, verv
very ['verɪ] **I** *adv* **1** mycket; *not* ~ inte särskilt (speciellt, vidare, så); ~ [*much*] *afraid* mycket rädd; ~ *disappointed* (*tired*) mycket besviken (trött); *V*~ *Important Person* VIP, betydande (inflytelserik) person **2** *the* ~ *same day a*) redan samma dag, *b*) precis (exakt) samma dag; *for my* ~ *own* för mig själv; *it is my* ~ *own* den är helt min egen **3** (*framför superl.*) allra; absolut; *tomorrow at the* ~ *latest* allra senast i morgon; *at the* ~ *least* allra minst **II** *attr. a* själv; precis, exakt; ren; ytterst; allra; *catch s.b. in the* ~ *act* ta ngn på bar gärning; *from the* ~ *beginning* från allra första (ända från) början; *in the* ~ *centre* precis i mitten, i själva centrum; *this* ~ *day* redan i dag (samma dag), redan (just) denna dag; *in* ~ *deed* i själva verket; *before our* ~ *eyes* mitt för ögonen på oss; *the* ~ *idea of it* blotta tanken på det; *the* ~ *man I need* precis den [man] jag behöver; *it's the* ~ *minimum you can do* det är det allra minsta du kan göra; *this* ~ *minute* på minuten; *at that* ~ *moment* just i det ögonblicket; *the* ~ *opposite* raka motsatsen; *he is a* ~ *rascal* han är en riktig skurk; *in this* ~ *room* just i det här rummet; *the* ~ *thing* [precis] det rätta; *the* ~ *truth* rena rama sanningen
Very light ['vɪərɪlaɪt] *mil.* signalljus **Very pistol** [-,pɪstl] *mil.* signal-, lys|pistol
vesicle ['vesɪkl] *anat., med.* [liten] blåsa, vesikel, vesicula
Vespasian [ve'speɪʒjən] Vespasianus
Vesper ['vespə] aftonstjärnan (*planeten Venus*)
vespers ['vespəz] *pl, i sht rom.-kat.* vesper, afton|sång, -gudstjänst
vespiary ['vespɪərɪ] getingbo
vessel ['vesl] **1** fartyg, skepp **2** kärl (*äv. anat., bot.*)
vest [vest] **I** *s* **1** *BE.* undertröja **2** *AE.* väst **II** *v* (*se äv. ~ed*) **1** förse, bekläda (*with* med); ~ *with* (*äv.*) förläna **2** överlåta (*s.th. in s.b.* ngt på ngn); *be ~ed in* (*om makt*) ligga hos, tillkomma, utövas av
vestal ['vestl] vestalisk; jungfrulig; ~ *virgin* (*i antikens Rom*) vestal
vested ['vestɪd] **1** *jur.* lagstadgad; hävdvunnen; oförgriplig **2** ~ *interest* starkt personligt intresse
vestibule ['vestɪbju:l] **1** vestibul, [för]hall **2** *AE.* (*på tåg*) plattform
vestige ['vestɪdʒ] **1** spår (*of* av, efter) **2** *biol.* rudiment **vestigial** [ve'stɪdʒɪəl] *biol.* rudimentär
vestment ['vest(ə)mənt] [ämbets]skrud; mässhake
vest-pocket ['vest,pɒkɪt] *a, i sht AE.* i västficksformat, i fickformat, fick-
vestry ['vestrɪ] **1** sakristia **2** kyrk-, församlings|sal **3** kyrko-, socken|stämma
vesture ['vestʃə] *åld.* dräkt, skrud **2** *jur.* växtlighet (*utom träd*)
1 vet [vet] *BE.* **I** *s, vard.* veterinär **II** *v* **1** undersöka, granska **2** undersöka, behandla (*an animal* ett djur)

2 vet [vet] *AE.* veteran
vet. *förk. för* veteran; veterinarian; veterinary
vetch [vetʃ] *bot.* vicker
veteran ['vet(ə)r(ə)n] **I** *s, mil., bildl.* veteran; *V~s Day* (*AE.*) Vapenstilleståndsdagen (*11 nov.*) **II** *a* [gammal och] erfaren; veteran-; ~ *car* veteranbil
veteri|narian [,vet(ə)rɪ'neərɪən] *AE.* veterinär **-nary** ['vet(ə)rɪn(ə)rɪ] **I** *a* veterinär-; ~ *surgeon* veterinär **II** *s* veterinär
veto ['vi:təʊ] **I** *s* (*pl ~es*) veto, förbud; *power of* ~ vetorätt; *put* (*place*) *a* (*one's*) ~ *on* inlägga [sitt] veto mot **II** *v* inlägga [sitt] veto mot
vex [veks] reta, förarga, irritera, plåga **vexation** [vek'seɪʃn] förargelse, irritation, förtret; förtretlighet **vexatious** [vek'seɪʃəs] retsam, förarglig, irriterande, plågsam **vexed** [vekst] **1** förargad, irriterad (*at* på, över; *with* på) **2** omtvistad, omstridd **vexedly** ['veksɪdlɪ] *adv* förargat *etc.*, *jfr vexed* **vexing** ['veksɪŋ] *se vexatious*
v.g. *förk. för very good* **VHF** *förk. för very high frequency* **V.I.** *förk. för* Vancouver Island; Virgin Islands
via ['vaɪə] via, över, genom
viability [,vaɪə'bɪlətɪ] **1** livs|kraft, -duglighet **2** genomförbarhet, användbarhet **viable** ['vaɪəbl] **1** livs|kraftig, -duglig, viabel **2** [praktiskt] genomförbar
viaduct ['vaɪədʌkt] viadukt
vial ['vaɪəl] liten flaska (*för medicin, parfym e.d.*)
viands ['vaɪəndz] *pl, åld.* livsmedel, matvaror
1 vibes [vaɪbz] *pl, vard.* vibrationer; anda, stämning
2 vibes [vaɪbz] (*behandlas som sg; kortform för vibraphone*) vibrafon
vibrant ['vaɪbr(ə)nt] **1** vibrerande, dallrande, pulserande, skälvande (*with* av) **2** livfull; lysande **3** klangfull, resonansrik
vibraphone ['vaɪbrəfəʊn] vibrafon
vibrate [vaɪ'breɪt] **1** vibrera, dallra, pulsera, skälva, skaka **2** *fys.* pendla, svänga, oscillera **3** försätta i vibration (svängning) **vibration** [-'breɪʃn] **1** vibration, vibrering, dallring, pulsering, skälvning, skakning **2** *fys.* pendling, svängning, oscillering **vibrato** [vɪ'brɑ:təʊ] *mus.* vibrato **vibrator** [vaɪ'breɪtə] **1** *tekn.* vibrator **2** massageapparat, vibrator
Vic [vɪk] *kortform av* Victor, Victoria
vicar ['vɪkə] **1** kyrkoherde **2** ställföreträdare; *the V~ of Christ* Kristi ställföreträdare, påven **-age** [-rɪdʒ] **1** prästgård **2** pastorat
vicarious [vɪ'keərɪəs] **1** ställföreträdande **2** delegerad
1 vice [vaɪs] synd; last; lastbarhet; olat; fel, brist
2 vice [vaɪs] skruvstäd
vice[-] [,vaɪs] vice[-]
vice admiral [,vaɪs'ædm(ə)r(ə)l] viceamiral **vice-chairman** vice ordförande **vice chancellor** *BE. univ.* rektor **vice-consul** vicekonsul **vice president** vicepresident **viceroy** ['vaɪsrɔɪ] vicekung
vice squad ['vaɪsskwɒd] sedlighetspolis
vice versa [,vaɪsɪ'vɜ:sə] vice versa, omvänt
vicinity [vɪ'sɪnətɪ] grannskap, omgivning[ar], trakt; *in the* ~ *of* i närheten (trakten) av
vicious ['vɪʃəs] **1** grym, brutal; ilsken, argsint;

vicissitude—violate

bångstyrig **2** våldsam, häftig **3** elak, illasinnad, illvillig **4** vard. otäck, hård **5** lastbar, moraliskt fördärvad **6** ~ *circle a*) ond cirkel, *b*) cirkelbevis **7** felaktig, ohållbar (*inference* slutsats)
vicissitude [vɪˈsɪsɪtjuːd] växling; ~*s* (*pl, äv.*) skiftande öden; *the* ~*s of life* livets skiften
victim [ˈvɪktɪm] **1** offer; *be a* (*the*) ~ *of* vara (falla) offer för, utsättas för; *fall* ~ *to* falla offer för **2** offerdjur, slaktoffer **-ization** (*BE. äv. -isation*) [ˌvɪktɪmaɪˈzeɪʃn] **1** diskriminering, trakassering, mobbning, förföljning **2** offrande **-ize** (*BE. äv. -ise*) [ˈvɪktɪmaɪz] **1** diskriminera, trakassera, mobba, förfölja **2** göra till ett offer; offra
victor [ˈvɪktə] segrare, segerherre **victoria** [vɪkˈtɔːrɪə] **1** (*slags fyrhjulig vagn*) viktoria **2** viktoriaplommon **Victorian** [vɪkˈtɔːrɪən] **I** *a* (*utmärkande för drottning Viktorias tid*) viktoriansk **II** *s* viktorian **victorious** [vɪkˈtɔːrɪəs] segrande, segerrik; seger-; *be* ~ segra; *be* ~ *over* besegra, segra över **victory** [ˈvɪkt(ə)rɪ] seger; *win a* ~ *over* (*äv.*) besegra, segra över
victualler [ˈvɪtlə] **1** livsmedels|leverantör, -handlare **2** [*licensed*] ~ krog-, värdshus|värd **3** proviantfartyg **victuals** [ˈvɪtlz] *pl, åld.* livsmedel, viktualier; proviant
vide [ˈvaɪdiː] *lat.* se **videlicet** [vɪˈdiːlɪset] *lat.* nämligen, det vill säga
video [ˈvɪdɪəʊ] **I** *s* video **II** *a* video- **III** *v* spela in på video, göra en videoinspelning av **video cassette** [ˌvɪdɪəʊkəˈset] videokassett **videophone** [ˈvɪdɪəʊfəʊn] bildtelefon **video recorder** [ˈvɪdɪəʊrɪˌkɔːdə] video[bandspelare] **video tape** [ˈvɪdɪəʊteɪp] **I** *s* videoband **II** *v* spela in på video, göra en videoinspelning av
vie [vaɪ] tävla, kämpa (*for* om)
Vienna [vɪˈenə] **I** *s* Wien **II** *a* wien[er]- **Viennese** [ˌvɪəˈniːz] **I** *a* wiensk, wien[er]-; ~ *waltz* wienervals **II** *s* (*pl lika*) wienare
Vietnam [ˌvjetˈnæm] Vietnam **-ese** [-nəˈmiːz] **I** *a* vietnamesisk **II** *s* **1** (*pl lika*) vietnames **2** vietnamesiska [språket]
view [vjuː] **I** *s* **1** syn, anblick, åsyn; sikt; sikte; synhåll; *bildl.* [syn]punkt (*on, of* på), uppfattning, åsikt (*on, of* om); *point of* ~ syn|punkt, -vinkel, ståndpunkt; *at first* ~ vid första anblicken (ögonkastet); *in* ~ i sikte, inom synhåll; *in my* ~ *a*) i min åsyn, *b*) enligt min uppfattning (åsikt); *in* ~ *of a*) inom synhåll för, *b*) i betraktande av, med hänsyn till, på grund av; *in full* ~ *of* fullt synlig för, mitt framför [ögonen på]; *have s.th. in* ~ ha ngt i sikte (kikaren, tankarna), avse ngt; *come into* ~ komma i sikte (inom synhåll), synas; *on a long* ~ på lång (längre) sikt; *on a* (*the*) *short* ~ på kort[are] sikt; *be on* ~ kunna [be]ses, visas, vara utställd; *out of* ~ ur sikte, utom synhåll; *with a* ~ *to s.th.* med sikte (tanke) på ngt, med ngt för ögonen (i sikte); *with a* ~ *to doing s.th.* i avsikt (för) att göra ngt; *what are his* ~*s on this problem?* vad anser han om det här problemet?; *take the* ~ *that* vara av den åsikten att; *take a* ~ *of s.th.* betrakta (granska) ngt [noga]; *take a dim* (*poor*) ~ *of* ogilla; *take the long* ~ planera långsiktigt, vara förutseende **2** utsikt (*äv. bildl.*), vy (*of* över); överblick, översikt (*of* över, av); *a room with a* ~ ett rum med [fin] utsikt; *it has little* ~ *of success* den har små utsikter att lyckas **3** kort, foto, bild; *take a* ~ *of* ta ett kort av **4** *jur.* syn **II** *v* **1** betrakta, se (titta) på, [be]se; *bildl. äv.* anse, uppfatta; ~ *TV* titta på TV **2** besiktiga, syna, granska
viewer [ˈvjuːə] [TV-]tittare; åskådare, betraktare **viewfinder** [-ˌfaɪndə] *foto.* sökare **viewing** [-ɪŋ] **1** TV-tittande; betraktande **2** *koll.* TV-program **viewpoint** [-pɔɪnt] **1** synpunkt; ståndpunkt **2** utsiktspunkt
vigil [ˈvɪdʒɪl] vaka; *keep a* ~ vaka (*over a sick person* hos en sjuk människa) **vigilance** [-əns] vaksamhet **vigilance committee** *i sht AE.* medborgargarde **vigilant** [-ənt] vaksam **vigilante** [ˌvɪdʒɪˈlæntɪ] *i sht AE.* medlem av medborgargarde
vignette [vɪˈnjet] **1** vinjett **2** [kort] karaktärs|teckning, -skildring **3** *foto.* vinjetteringsbild
vigor [ˈvɪɡə] *AE., se* **vigour vigorous** [ˈvɪɡ(ə)rəs] kraftig, kraftfull; energisk, häftig **vigour** [ˈvɪɡə] kraft, kraftfullhet, styrka; vigör; energi
Viking [ˈvaɪkɪŋ] **I** *s* viking **II** *a* vikinga-
vile [vaɪl] usel, eländig, gräslig, avskyvärd, vidrig **vili|fication** [ˌvɪlɪfɪˈkeɪʃn] [elakt] förtal, bakdanteri, nedsvärtning **-fy** [ˈvɪlɪfaɪ] förtala, baktala, svärta ner
villa [ˈvɪlə] villa; sommarvilla
village [ˈvɪlɪdʒ] by **villager** [-ə] by|bo, -invånare
villain [ˈvɪlən] bov, skurk; *skämts.* rackare, lymmel; *the* ~ *of the piece* (*åld. el. skämts.*) boven i dramat **villanous** [-əs] **1** bov-, skurk|aktig **2** urusel, avskyvärd **villany** [-ɪ] **1** skurkaktighet, ondska **2** skurkstreck, illdåd
villein [ˈvɪlɪn] livegen, träl
vim [vɪm] *vard.* schvung, fart, kläm
vinaigrette [ˌvɪneɪˈɡret] **1** luktflaska **2** ~ [*sauce*] vinägrett[sås]
vindi|cate [ˈvɪndɪkeɪt] **1** rättfärdiga; försvara; rehabilitera, ge upprättelse **2** förfäkta, hävda **3** fria, fritaga (*of, from* från) **-cation** [ˌvɪndɪˈkeɪʃn] **1** rättfärdigande; försvar; rehabilitering **2** förfäktande, hävdande **3** friande, fritagande **-catory** [ˈvɪndɪkeɪt(ə)rɪ] **1** rättfärdigande; försvars- **2** hämnande
vindictive [vɪnˈdɪktɪv] hämndlysten **-ness** [-nɪs] hämndlystnad
vine [vaɪn] **1** vin[ranka, -stock] **2** ranka; slinger-, kläng-, klätter|växt **-dresser** [ˈvaɪnˌdresə] vinodlare; vingårdsarbetare
vinegar [ˈvɪnɪɡə] ättika; *wine* ~ vinäger, vinättika **vinegary** [-rɪ] ättiks-; *bildl.* sur [som ättika], vresig
vineyard [ˈvɪnjəd] vingård
viniculture [ˈvɪnɪkʌltʃə] vinodling
vinosity [vɪˈnɒsətɪ] (*vins*) karaktär, egenskaper **vinous** [ˈvaɪnəs] **1** vin- **2** vinälskande
vintage [ˈvɪntɪdʒ] **I** *s* **1** vin-, druv|skörd **2** (*av vin o. bildl.*) årgång; *bildl. äv.* ursprung **3** årgångsvin **II** *a* **1** årgångs-, av gammal fin årgång; ~ *car* veteranbil (*1919-30*) **2** klassisk, ärevördig; typisk
vintner [ˈvɪntnə] vinhandlare
vinyl [ˈvaɪnɪl] vinyl
1 viola [vɪˈəʊlə] *mus.* altfiol
2 viola [ˈvaɪələ] *bot.* [trädgårds]viol
viola da gamba [vɪˌəʊlədəˈɡæmbə] *mus.* viola da gamba
vio|late [ˈvaɪəleɪt] **1** kränka, överträda, bryta

[mot] **2** inkräkta på (*a p's privacy* ngns privatliv) **3** våldtaga, skända; vanhelga, skymfa **-lation** [ˌvaɪəˈleɪʃn] **1** kränkning; överträdelse **2** inkräktande, intrång (*of a p.'s privacy* på (i) ngns privatliv) **3** våldtäkt, skändande; vanhelgande, skymf
vio|lence [ˈvaɪələns] **1** våld; våldsamheter; *acts of* ~ våldshandlingar; *robbery with* ~ rånöverfall; *do* ~ *to a*) bruka våld mot, våldföra sig på, *b*) för|vrida, -vränga; *use* ~ använda våld **2** våldsamhet, häftighet, våldsam kraft (styrka) **-lent** [-lənt] våldsam, häftig, stark, kraftig
violet [ˈvaɪələt] **I** *s* **1** viol; *sweet (garden)* ~ luktviol; *she's no shrinking* ~ (*vard.*) hon är ingen liten blyg viol **2** violett, violblått **II** *a* violett, violblå
violin [ˌvaɪəˈlɪn] fiol, violin **-ist** [ˈvaɪəlɪnɪst] violinist
violist [vɪˈəʊlɪst] altviolinist
violon|cellist [ˌvaɪələnˈtʃelɪst] [violon]cellist **-cello** [-ˈtʃeləʊ] violoncell
V.I.P. [ˌviːaɪˈpiː] *förk. för very important person* VIP, mycket betydelsefull person
viper [ˈvaɪpə] huggorm; *bildl.* orm, skurk **-ous** [-rəs] huggormsliknande, ormlik; *bildl.* giftig
virago [vɪˈrɑːgəʊ] *åld.* ragata
Virg. *förk. för Virginia*
Virgil [ˈvɜːdʒɪl] Vergilius
virgin [ˈvɜːdʒɪn] **I** *s* oskuld, jungfru; *the V~* [*Mary*], *the Blessed V~* Jungfru Maria; *the V~* Jungfrun (*stjärnbild*) **II** *a* jungfrulig; obefläckad, ren; jungfru-; orörd; outforskad; ~ *birth* jungfrufödsel; ~ *forest* urskog; *the V~ Islands* Jungfruöarna; *the V~ Mother* jungfrumodern; *the V~ Queen* jungfrudrottningen (*Elisabet I*); ~ *wool* ny ull **-al** [-l] **I** *a* jungfrulig; jungfru- **II** *s, mus.* virginal (*mindre cembalo*)
Virginia [vəˈdʒɪnjə] Virginia **Virginia creeper** [-ˌkriːpə] *bot.* vildvin
virginity [vəˈdʒɪnətɪ] jungfrulighet; oskuld; renhet; orördhet
Virgo [ˈvɜːgəʊ] Jungfrun (*stjärnbild*)
virgule [ˈvɜːgjuːl] *boktr.* snedstreck
virile [ˈvɪraɪl, *AE.* ˈvɪrəl] manlig, viril; kraftfull
virility [vɪˈrɪlətɪ] manlighet, virilitet; kraftfullhet
virtu [vɜːˈtuː] *s, articles* (*objects*) *of* ~ konstföremål
virtual [ˈvɜːtʃʊəl] **1** faktisk, verklig, egentlig, reell **2** *fys.* virtuell **-ly** [-ɪ] *adv* så gott som; i realiteten
virtue [ˈvɜːtjuː] **1** dygd; *a woman of easy* ~ en lättfärdig kvinna; *make a* ~ *of necessity* göra en dygd av nödvändigheten **2** fördel, förtjänst **3** *by* (*in*) ~ *of* i kraft av, på grund av, genom; *by* ~ *of being* genom att vara
virtuosity [ˌvɜːtjʊˈɒsətɪ] virtuositet **virtuo|so** [-ˈəʊzəʊ] (*pl -sos el. -si* [-siː]) *s* virtuos
virtuous [ˈvɜːtʃʊəs] dygdig
viru|lence [ˈvɪrʊləns] **1** virulens, verkningsgrad; giftighet **2** häftighet, styrka, kraft (*äv. bildl.*) **-lent** [-lənt] **1** virulent, sjukdomsalstrande; giftig; (*om sjukdom*) elakartad **2** häftig, stark, kraftig
virus [ˈvaɪərəs] *med.* virus; *bildl.* smitta, gift
Vis. *förk. för Viscount[ess]*
visa [ˈviːzə] **I** *s* visum **II** *v* visera
visage [ˈvɪzɪdʒ] *åld.* ansikte

vis-à-vis [ˈviːzɑːviː] **I** *prep* **1** visavi, gentemot **2** i förhållande till **3** visavi, mitt emot **II** *adv* visavi, mitt emot [varandra]
Visc. *förk. för Viscount[ess]*
viscera [ˈvɪsərə] *pl, anat.* inre organ, inälvor **visceral** [-r(ə)l] **1** *anat.* invärtes, inälvs- **2** *litt.* intuitiv, instinktiv, känslomässig
viscosity [vɪˈskɒsətɪ] viskositet
viscount [ˈvaɪkaʊnt] (*brittisk adelstitel i rang mellan baron o. earl*) viscount **-ess** [-ɪs] viscountess
viscous [ˈvɪskəs] viskös, trögflytande
vise [vaɪs] *AE.* skruvstäd
vis|ibility [ˌvɪzɪˈbɪlətɪ] **1** sikt; *poor* (*good*) ~ dålig (god) sikt; ~ *is only 10 metres* sikten är bara 10 meter **2** synlighet **-ible** [ˈvɪzəbl] **1** synlig, synbar, märkbar (*to s.b.* för ngn) **2** tydlig
Visigoth [ˈvɪzɪgɒθ] *hist.* västgot **-ic** [ˌvɪzɪˈgɒθɪk] *hist.* västgotisk
vision [ˈvɪʒn] **1** syn; synförmåga; synhåll; *within the range of* ~ inom synhåll **2** vision, [dröm]syn; uppenbarelse (*äv. om pers.*) **3** klarsyn, klarsynthet **4** *TV.,* *temporary loss of* ~ tillfälligt avbrott [i sändningen] **-ary** [ˈvɪʒnərɪ] **I** *a* **1** visionär; klarsynt; drömlik **2** orealistisk, ogenomförbar; fantastisk **II** *s* visionär; drömmare
visit [ˈvɪzɪt] **I** *s* **1** besök, visit (*to* hos, i); (*läkares*) [hem]besök; vistelse; *be on a* ~ *to* vara på besök hos (i); *pay s.b. a* ~ (*a* ~ *to s.b.*) göra (avlägga) [ett] besök hos ngn, besöka ngn **2** inspektion, undersökning, kontroll, visitation **3** *AE. vard.* pratstund **II** *v* **1** göra (avlägga) besök (visit) hos; besöka, hälsa på; (*om läkare*) göra [hem]besök hos; gå på (*krog e.d.*); vara på besök hos (i, på); komma (resa) till **2** *bildl.* hemsöka; ~ *s.th.* [*up*] *on s.b.* låta ngt gå ut över ngn **3** inspektera, undersöka, kontrollera, visitera **4** vara på besök **5** *AE. vard.,* ~ *with* [sitta och] prata med
visitation [ˌvɪzɪˈteɪʃn] **1** visitation, besök [för granskning]; undersökning **2** hemsökelse, straff **3** [gudomligt] budskap
visiting [ˈvɪzɪtɪŋ] besökande, gästande, gäst-; visit-, besöks-; ~ *card* (*BE.*) visitkort; ~ *hours* (*pl*) besökstid; ~ *nurse* distriktssköterska; ~ *professor* gästande professor, gästprofessor
visitor [ˈvɪzɪtə] besök, besökande (*to* hos, i, på, till); gäst
visor [ˈvaɪzə] **1** mösskärm **2** [hjälm]visir **3** (*i bil*) solskydd
vista [ˈvɪstə] **1** *litt.* utsikt, vy, panorama, perspektiv **2** *bildl.* [framtids]perspektiv
Vistula [ˈvɪstjʊlə] Wisla, Weichsel
visual [ˈvɪzjʊəl] **1** syn-; visuell; ~ *aids* visuella hjälpmedel; ~ *arts* bildkonsten; ~ *impression* synintryck; ~ *power* synförmåga **2** synlig **-ization** (*BE. äv. -isation*) [ˌvɪzjʊəlaɪˈzeɪʃn] åskådliggörande, visualisering **-ize** (*BE. äv. -ise*) [ˈvɪzjʊəlaɪz] åskådliggöra, visualisera; [tydligt] föreställa sig, se framför sig
vital [ˈvaɪtl] **I** *a* **1** vital; livs-; livs|viktig, -nödvändig; livskraftig; livlig; (*om stil e.d.*) levande; ~ *force* livskraft; ~ *statistics a*) befolkningsstatistik, *b*) *skämts.* (*kvinnas*) mått (*byst, midja, höfter*), former **2** vital, [absolut] nödvändig, väsentlig, [mycket] viktig, trängande, tvingande **3** avgörande, kritisk; ödesdiger; livsfarlig, dödlig **II** *s,* ~*s* (*pl*) livsviktiga organ, vitala delar; *skämts.* äd-

lare (vitala) delar (*mannens könsorgan*) **vitality** [vaɪˈtælətɪ] vitalitet, livskraft, livlighet, spänst **vitalize** (*BE. äv. -ise*) [ˈvaɪtəlaɪz] vitalisera, göra livlig[are], ge liv åt
vitamin [ˈvɪtəmɪn, *AE.* ˈvaɪtəmɪn] vitamin; ~ C C-vitamin **vitamin deficiency** [-dɪˌfɪʃnsɪ] vitaminbrist
vitiate [ˈvɪʃɪeɪt] fördärva; förvanska; förvränga; göra ogiltig
viticulture [ˈvɪtɪkʌltʃə] vinodling
vitreous [ˈvɪtrɪəs] glas|aktig, -artad, vitrös
vitriol [ˈvɪtrɪəl] **1** *kem.* vitriol **2** *bildl.* bitterhet, hat, galla, giftighet **-ic** [ˌvɪtrɪˈɒlɪk] **1** *kem.* vitriol- **2** *bildl.* bitter, giftig, skarp
vitu|perate [vɪˈtju:pəreɪt] smäda, skymfa; vara ovettig (rasa) mot **-peration** [vɪˌtju:pəˈreɪʃn] smädande, skymfande, smädelse; ovett **-perative** [vɪˈtju:p(ə)rətɪv] smädande, skymfande
1 viva [ˈvi:və] *interj* viva!, leve!
2 viva [ˈvaɪvə] *BE. univ.* muntlig tentamen, munta
vivacious [vɪˈveɪʃəs] livlig, livfull, pigg **vivacity** [vɪˈvæsətɪ] livlighet, livfullhet
vivid [ˈvɪvɪd] livlig, levande; (*om färg, ljus*) livlig, skarp, bländande, intensiv
viviparous [vɪˈvɪpərəs] *zool.* som föder levande ungar, vivipar
vivi|sect [ˌvɪvɪˈsekt] företa vivisektion på **-section** [-ˈsekʃn] vivisektion
vixen [ˈvɪksn] **1** rävhona **2** ragata
viz. [vɪˈdi:lɪset] (*förk. för videlicet*) nämligen, det vill säga, dvs
vizier [vɪˈzɪə] (*österländsk ämbetsman*) visir, vesir
V.M.D. *förk. för Doctor of Veterinary Medicine*
V-neck [ˈvi:nek] V-ringning **V-necked** [-t] V-ringad
V.O. *förk. för very old* (*om vin e.d.*)
vocable [ˈvəʊkəbl] ord, glosa, vokabel **vocabulary** [v(ə)ʊˈkæbjʊlərɪ] **1** ord|lista, -förteckning, vokabulär, vokabelsamling **2** vokabulär, ordförråd
vocal [ˈvəʊkl] **1** stäm-, röst-; *mus.* vokal[-], sång-; ~ c[*h*]*ords* (*folds*) stämband; ~ *music* vokalmusik; ~ *organ* tal-, röst|organ **2** muntlig, uttalad; vältalig, meningsfull **3** högröstad, högljudd **4** *fonet.* tonande (*vowel* vokal) **-ist** [ˈvəʊkəlɪst] vokalist, refräng|sångare, -erska **-ize** (*BE. äv. -ise*) [ˈvəʊkəlaɪz] **1** uttala, artikulera; sjunga; skräna **2** *fonet.* vokalisera, göra tonande
vocation [və(ʊ)ˈkeɪʃn] **1** kallelse; fallenhet **2** kall; yrke **-al** [-ˈkeɪʃənl] yrkes-, yrkesmässig; ~ *guidance* yrkesvägledning
vocative [ˈvɒkətɪv] *s o. a, språkv., the* ~ [*case*] vokativ
vocifer|ate [və(ʊ)ˈsɪfəreɪt] skrika, ropa [högljutt] **-ous** [-əs] skrikande, högljudd
vodka [ˈvɒdkə] vodka
vogue [vəʊg] mod[e]; modevåg, trend; *be in* ~, *be the* ~, *have a* ~ vara på modet; *become the* ~ komma på modet
voice [vɔɪs] **I** *s* **1** röst, stämma; sångröst; ljud; *a piece for* ~ *and piano* ett stycke för sång och piano; *with one* ~ enstämmigt, enhälligt; *be out of* ~ vara indisponerad (*för sång*); *his* ~ *is beginning to break* han håller på att komma i målbrottet; *find one's* ~ återfå rösten (talförmågan); *give* ~ *to* ge uttryck åt; *keep your* ~ *down!* sänk rösten lite!, tala lite tystare!; *raise one's* ~ höja rösten **2** talan, [med]bestämmanderätt; *have a* ~ *in* ha ngt att säga till om i (när det gäller); *have a* ~ *in the matter* ha (få) ett ord med i laget; **3** *språkv., in the active* (*passive*) ~ i aktiv (passiv) form **4** *fonet.* tonalitet **II** *v* **1** uttrycka, ge uttryck åt; uttala **2** *fonet.* uttala tonande **3** *mus.* stämma (*blåsinstrument*)
voiced [vɔɪst] **1** *fonet.* tonande **2** *loud*-~ högröstad **voiceless** [ˈvɔɪslɪs] **1** stum; outtalad; tyst **2** *fonet.* tonlös **voice part** [ˈvɔɪspɑ:t] *mus.* sångstämma
void [vɔɪd] **I** *a* **1** *litt.* tom; ~ *of* tom på, blottad på, utan **2** *i sht jur.* [*null and*] ~ ogiltig, av noll och intet värde **3** ledig, vakant **4** gagnlös **II** *s* **1** tomhet; tomrum; *disappear into the* ~ försvinna i tomma intet **2** *kortsp.*, *have a* ~ *in hearts* vara renons i hjärter
voile [vɔɪl] voall, voile
vol. *förk. för volcano; volume; volunteer*
vola|tile [ˈvɒlətaɪl, *AE.* ˈvɒlətl] **1** *kem.* flyktig **2** *bildl.* flyktig, instabil, labil; ombytlig; livlig **-tility** [ˌvɒləˈtɪlətɪ] **1** *kem.* flyktighet **2** *bildl.* flyktighet, instabilitet, labilitet; ombytlighet; livlighet
volcanic [vɒlˈkænɪk] vulkanisk; *bildl.* häftig, plötslig, våldsam **volcano** [-ˈkeɪnəʊ] (*pl* ~[*e*]*s*) vulkan
vole [vəʊl] *zool.* [åker]sork
volition [və(ʊ)ˈlɪʃn] vilja; viljekraft; *of one's own* ~ av egen fri vilja
volley [ˈvɒlɪ] **I** *s* **1** *mil., bildl.* salva, skur **2** *sport.* volley **II** *v* **1** *mil., bildl.* avfyra en salva (skur) [av]; utslunga **2** *sport.* ta (returnera) på volley **3** *mil., bildl.* avfyras i en salva (skur) **4** *sport.* spela volley **-ball** *sport.* volleyboll
volplane [ˈvɒlpleɪn] **I** *s* glidflykt **II** *v* gå i glidflykt
1 volt [vəʊlt] *elektr.* volt
2 volt [vɒlt] **1** *ridk.* volt **2** (*i fäktning*) sidosprång
voltage [ˈvəʊltɪdʒ] *elektr.* spänning **voltaic** [vɒlˈteɪɪk] *elektr.* galvanisk; volta-; *the* ~ *pile* Voltas stapel
volte-face [ˌvɒltˈfɑ:s] helomvändning (*äv. bildl.*)
voltmeter [ˈvəʊltˌmi:tə] *elektr.* voltmeter
vol|ubility [ˌvɒljʊˈbɪlətɪ] svada, talförhet, mångordighet **-uble** [ˈvɒljʊbl] talför, mångordig
volume [ˈvɒlju:m] **1** volym, band, del; *that speaks* ~*s* det säger en hel del (mer än ord); *it speaks* ~*s for him* det talar starkt till hans förmån **2** volym; [kubik]innehåll; omfång; mängd; *a large* ~ *of business* en stor omsättning; ~ *of traffic* trafik[volym]; ~*s of* massor av, kolossalt mycket **3** volym, ljudstyrka; *turn the* ~ *down* skruva ner (sänka) volymen **volume control** [-kənˌtrəʊl] *radio.* volymkontroll
voluminous [vəˈlju:mɪnəs] voluminös, omfångsrik; omfattande, diger; (*om plagg e.d.*) alltför stor, vid
voluntary [ˈvɒlənt(ə)rɪ] **I** *a* **1** frivillig; spontan **2** viljekontrollerad **3** som drivs med frivilliga medel, inte statsunderstödd, privat[finansierad] **II** *s* **1** *mus.* [orgel]fantasi, -improvisation (*som spelas i början el. slutet av gudstjänst*) **2** frivilligt arbete
volunteer [ˌvɒlənˈtɪə] **I** *s* frivillig; volontär **II** *a* frivillig; volontär- **III** *v* **1** anmäla sig frivilligt (*for*

voluptuary—wadding

till); frivilligt erbjuda sig (*to do s.th.* att göra ngt); ~ *information* (*explanation*) frivilligt lämna upplysningar (förklaring)
voluptu|ary [vəˈlʌptjʊərɪ] **I** *a* vällustig **II** *s* vällusting **-ous** [vəˈlʌptʃʊəs] **1** sinnlig, sensuell; vällustig; skön, behaglig **2** yppig (*woman* kvinna); fyllig
vomit [ˈvɒmɪt] **I** *v* **1** kräkas, spy **2** kräkas upp; spy ut (*smoke* rök) **II** *s* **1** uppkastning, spya **2** kräkning **3** kräkmedel
voodoo [ˈvuːduː], **-ism** [-iz(ə)m] voodoo
voracious [vəˈreɪʃəs] glupsk; glupande (*appetite* aptit); omåttlig, omåttlig **voracity** [vɒˈræsətɪ] glupskhet; omåttlighet, omåttlighet
vor|tex [ˈvɔːteks] (*pl -texes el. -tices* [-tɪsiːz]) *litt.* [ström]virvel, virvelström
Vosges [vəʊʒ] *pl, the* ~ Vogeserna
votary [ˈvəʊtərɪ] **1** *relig.* trogen tjänare, Guds tjänare **2** *bildl.* trogen anhängare; entusiastisk utövare
vote [vəʊt] **I** *s* **1** röst (*vid omröstning e.d.*); *cast* (*give*) *one's* ~ avge sin röst, rösta; *give one's* ~ *to* ge sin röst åt, rösta på; *win by 10* ~*s* vinna med 10 rösters marginal (övervikt) **2** *koll.* röster; väljare **3** [om]röstning, votering; votum; ~ *of confidence* förtroendevotum; ~ *of no confidence* misstroendevotum (*on* mot); *put s.th. to the* ~ rösta (votera) om ngt, låta ngt gå till votering; *take a* ~ *on s.th.* göra en omröstning (rösta) om ngt **4** röstetal, röstsiffra **5** rösträtt; *have the* ~ ha rösträtt **6** ~ *of thanks* [officiellt] tacktal **7** röstsedel **II** *v* **1** rösta på; välja [till]; rösta (votera) för; besluta; bevilja, anslå; *vard.* föreslå, rösta för (*we go home* att vi går hem); *vard.* anse som; ~ *Labour* rösta på Labour; ~ *down* rösta ner; *he was* ~*d chairman* han valdes till ordförande; *the party was* ~*d a failure* (*vard.*) alla tyckte att festen hade varit misslyckad **2** rösta, votera; ~ *for* rösta för (på); ~ *on* rösta (votera) om; ~ *with* rösta med (på)
voter [ˈvəʊtə] röstande; röstberättigad; väljare
voting [ˈvəʊtɪŋ] [om]röstning, votering, val **--paper** [-ˌpeɪpə] röst-, val|sedel **--station** [-ˌsteɪʃn] vallokal
votive [ˈvəʊtɪv] votiv-, löftes-; ~ *offering* votiv-, offer|gåva
vouch [vaʊtʃ] *v*, ~ *for* ansvara för, gå i god för, garantera **voucher** [ˈvaʊtʃə] **1** *BE.* voucher, [kontroll]kupong [på erlagd betalning]; rabattkupong; *gift* ~ presentkort; *luncheon* ~ lunchkupong **2** kvitto, verifikation **vouchsafe** [vaʊtʃˈseɪf] **1** bevärdiga med; värdigas (*to do s.th.* göra ngt); förunna **2** garantera, säkerställa
vow [vaʊ] **I** *s* [högtidligt] löfte; *marriage* ~*s* äktenskapslöfte; *make a* ~ avlägga ett löfte; *take* ~*s* avlägga klosterlöfte[t] **II** *v* [högtidligt] lova, svära [på]
vowel [ˈvaʊ(ə)l] *s* vokal **vowel gradation** [-grəˌdeɪʃn] *språkv.* avljud **vowel mutation** [-mjuːˌteɪʃn] *språkv.* omljud
voyage [ˈvɔɪɪdʒ] **I** *s* [sjö]resa; [rymd]färd **II** *v* resa (*t. sjöss*); färdas (*i rymden*) **voyager** [-ə] sjöfarare; resande (*t. sjöss*)
voyeur [vwɑːˈjɜː] voyeur, 'tittare'
V.P. *förk. för Vice President* **V.R.** *förk. för Victo-*

ria Regina (*lat.*) *Queen Victoria* **V. Rev.** *förk. för Very Reverend* **vs.** *förk. för versus* **V.S.** *förk. för Veterinary Surgeon* **v.s.** *förk. för vide supra* (*lat.*) *see above*
V-sign [ˈviːsaɪn] (*förk. för victory-sign*) V-tecken
V.S.O. *förk. för Voluntary Service Overseas* (*brittisk biståndsorganisation*) **V.S.O.P.** *förk. för very superior old pale* (*om konjak e.d.*) **VT, Vt.** *förk. för Vermont* **VTOL** *förk. för vertical take-off and landing* VTOL, vertikal start och landning
Vulcan [ˈvʌlkən] Vulcanus
vulcan|ite [ˈvʌlkənaɪt] ebonit **-ization** (*BE. äv. -isation*) [ˌvʌlkənaɪˈzeɪʃn] vulkanisering **-ize** (*BE. äv. -ise*) [ˈvʌlkənaɪz] vulka[nisera]
Vulg. *förk. för Vulgate* **vulg.** *förk. för vulgar*[*ly*]
vulgar [ˈvʌlgə] **1** vulgär; simpel, grov, ohyfsad, tarvlig; oanständig **2** *V*~ *Latin* vulgärlatin **3** *mat.*, ~ *fraction* allmänt bråk **-ian** [vʌlˈgeərɪən] vulgär typ **-ity** [vʌlˈgærətɪ] vulgaritet **-ize** (*BE. äv. -ise*) [ˈvʌlgəraɪz] **1** popularisera **2** vulgarisera
Vulgate [ˈvʌlgeɪt] *s, the* ~ Versio Vulgata (*latinsk bibelöversättning*)
vulner|ability [ˌvʌln(ə)rəˈbɪlətɪ] sårbarhet **-able** [ˈvʌln(ə)rəbl] **1** sårbar, ömtålig, känslig; ~ *position* utsatt läge (position) **2** (*i bridge*) i riskzonen
vulpine [ˈvʌlpaɪn] räv-, rävliknande; *bildl.* rävaktig, listig
vulture [ˈvʌltʃə] *zool.* gam
vulva [ˈvʌlvə] *anat.* vulva, (*kvinnas*) yttre könsorgan
v.v. *förk. för vice versa*
vying [ˈvaɪɪŋ] *pres. part. av* vie

W,w [ˈdʌbljuː] (*bokstav*) W, w
W *förk. för watt*; *West* **W.** *förk. för Wales*; *Warden*; *Welsh* **w.** *förk. för week*; *weight*; *width*; *wife*; *with* **WA** *förk. för Washington* **W.A.** *förk. för Western Australia*
WAAC [wæk] **1** *förk. för Women's Army Auxiliary Corps* **2** *äv.* Waac armélotta **WAAF** [wæf] **1** *förk. för Women's Auxiliary Air Force* **2** *äv. Waaf* flyglotta
wabble [ˈwɒbl] *se wobble*
wacky [ˈwækɪ] *sl.* knäpp, knasig
wad [wɒd] **I** *s* **1** tuss, sudd; ~ *of tobacco* tobaksbuss **2** bunt, packe **3** *AE. vard.* massa, mängd; tjock sedelrulle; mycket pengar **4** *mil.* förladdning **II** *v* **1** stoppa, vaddera; göra en tuss av **2** *mil.* stoppa en förladdning i
wadding [ˈwɒdɪŋ] **1** stoppning, vaddering **2**

vadd
waddle ['wɒdl] **I** *v* [gå och] vagga, stulta **II** *s* vaggande [gång]
wade [weɪd] **I** *v* vada (*across* över; *through* genom); ~ *in*[*to*] (*bildl.*) ta itu med, hugga i med, ge sig i kast med; ~ *through* (*bildl.*) plöja igenom **II** *s* vadning **wader** ['weɪdə] **1** *zool.* vadare, vadarfågel **2** ~*s* (*pl*) långskaftade sjöstövlar **wading bird** ['weɪdɪŋbɜːd] *zool.* vadare, vadarfågel
wafer ['weɪfə] **1** rån; wafer **2** oblat **3** papperssigill **--thin** lövtunn
1 waffle ['wɒfl] våffla
2 waffle ['wɒfl] *i sht BE. vard.* babbla, dilla
waft [wɑːft] **I** *v* **1** (*om doft, ljud*) föras, bäras, driva **2** föra, bära; *delicious odours were* ~*ed towards us* ljuvliga dofter kom emot oss **II** *s* **1** [vind]pust, fläkt **2** doft
wag [wæg] **I** *v* **1** vifta (vicka, vippa) på (med), vagga med, ruska (skaka) på; ~ *one's finger at* höta med fingret åt **2** vifta, vicka, vippa, vagga; *set tongues* ~*ging* sätta fart på pratet (skvallret); *her tongue never stops* ~*ging* (*vard.*) hon pladdrar i ett **II** *s* **1** viftning, vickning, vippande, vaggande, ruskning, skakning (*of* på) **2** *åld.* skämtare, lustigkurre
wage [weɪdʒ] **I** *s* lön, avlöning; ~*s* (*pl, vanl.*) veckolön (*för arbetare*) **II** *v* utkämpa, inlåta sig i; ~ *war* föra krig
wage drift ['weɪdʒdrɪft] löneglidning **wage earner** [-ˌɜːnə] **1** löntagare **2** familjeförsörjare **wage freeze** [-friːz] lönestopp **wage packet** [-ˌpækɪt] lönekuvert
wager ['weɪdʒə] **I** *s* vad; *lay* (*make*) *a* ~ slå (hålla) vad (*on* om; *that* om att) **II** *v* slå (hålla) vad om; satsa, sätta
wage scale ['weɪdʒskeɪl] löneskala **wage talks** *pl* löneförhandlingar **wage worker** [-ˌwɜːkə] *AE., se wage earner*
waggish ['wægɪʃ] *åld.* skälmsk, skälmaktig
waggle ['wægl] **I** *v* röra upp och ner; vifta med (på), vicka med (på) **2** röra sig upp och ner; vifta, vicka **II** *s* viftning, vickande
waggon ['wægən] *se wagon*
Wagner [*ty. kompositör* 'vɑːgnə; *eng. namn* 'wægnə] **Wagnerian** [vɑːgˈnɪərɪən] **I** *a* wagnersk, Wagner- **II** *s* Wagnerbeundrare
wagon ['wægən] [last]vagn; skrinda; *BE.* järnv. [öppen] godsvagn; *AE.* polispiket; *the W*~ Karlavagnen; *covered* ~ *a*) täckt godsvagn, *b*) prärievagn; *be on the* ~ (*vard.*) hålla sig nykter; *go on the* ~ (*vard.*) vara nykterist **-er** [-ə] kusk; åkare **-ette** [ˌwægəˈnet] charabang
wagon-lit [ˌvægɔ̃ː(n)ˈliː] (*pl wagons-lits* [ˌvægɔ̃ː(n)ˈliː]) wagon-lit, sovvagn; sovkupé
wagon-load ['wægənləʊd] vagnslast
wagtail ['wægteɪl] *zool.* [sädes]ärla, vippstjärt
waif [weɪf] **1** hemlöst (föräldralöst) barn **2** hittegods
wail [weɪl] **I** *v* jämra sig, kvida, klaga [högljutt]; (*om vind*) tjuta, vina **II** *s* jämmer, [högljudd] klagan **-ing** ['weɪlɪŋ] **I** *a* kvidande, klagande; tjutande, vinande; *the W*~ *Wall* (*i Jerusalem*) klagomuren **II** *s* kvidande, [högljudd] klagan
wainscot ['weɪnskət] **I** *s* [trä]panel **II** *v* panela **-[t]ing** [-ɪŋ] [trä]panel
wainwright ['weɪnraɪt] vagnmakare

waist [weɪst] **1** midja **2** (*på plagg*) midja, [kjol]linning **3** *AE.* klänningsliv; blus; (*barns*) livstycke
waistband ['weɪs(t)bænd] [kjol-, byx]linning; midjeband **waist-coat** ['weɪskəʊt] väst **waist--deep** [ˌweɪstˈdiːp] ända (upp) till midjan; *he stood* ~ *in water* han stod i vatten upp till midjan **waisted** ['weɪstɪd] *a* med midja; (*om plagg*) insydd i midjan **waist-high** [ˌweɪstˈhaɪ] *a, se waist--deep* **waistline** ['weɪs(t)laɪn] midja; midjelinje; midjesöm
wait [weɪt] **I** *v* **1** vänta på; invänta; ~ *one's opportunity* vänta på (avvakta) ett lämpligt tillfälle; ~ *your turn!* vänta tills det blir din tur! **2** vänta med; ~ *dinner for s.b.* vänta på ngn med middagen **3** *AE.,* ~ *table* passa upp vid bordet, servera **4** vänta; stanna; ~ *and see* vänta och se, avvakta; [*just*] *you* ~*!* vänta [du] bara!; *that can* ~ (*äv.*) det brådskar inte; *keep s.b.* ~*ing* låta ngn vänta; ~ *behind* stanna kvar; ~ *for* vänta på, avvakta; ~ *in* stanna (vara) hemma (inne) [och vänta]; ~ *on* avvakta; ~ *to a*) vänta på att, *b*) vänta för att; ~ *up for s.b.* stanna (sitta) uppe och vänta på ngn **5** passa upp, servera; ~ *at* (*AE.: on*) *table* passa upp vid bordet, servera; ~ *on a*) passa upp [på], servera, betjäna, *b*) uppvakta **II** *s* **1** väntan (*for* på); väntetid; paus; *did you have a long* ~*?* fick du vänta länge? **2** *lie in* ~ *for* lura på, ligga i bakhåll för
waiter ['weɪtə] **1** kypare, uppassare, servitör; ~*!* vaktmästarn! **2** bricka **3** väntande [person]
waiting ['weɪtɪŋ] *s* **1** väntan[de] **2** *those in* ~ *at the court* de som tjänstgör vid hovet **waiting game** *s* förhalningstaktik; *play a* ~ använda sig av förhalningstaktik, inta en avvaktande hållning **waiting list** väntelista **waiting room** vänt|rum, -sal
waitress ['weɪtrɪs] servitris, uppasserska; ~*!* fröken!
waive [weɪv] **1** avstå från (*one's right* sin rätt), ge upp; inte kräva; inte driva igenom **2** avfärda
1 wake [weɪk] **I** *v* (*imperf. woke el. waked; perf. part. woken el. waked*) **1** ~ [*up*] väcka [upp] (*äv. bildl.*) **2** ~ [*up*] vakna [upp] (*äv. bildl.*); ~ *up to s.th.* komma till insikt (medvetande) om **II** *s, i sht Irl.* [lik]vaka
2 wake [weɪk] kölvatten (*äv. bildl.*); *follow in the* ~ *of s.b.* (*in a p.'s* ~) följa i ngns kölvatten
wakeful ['weɪkf(ʊ)l] **1** sömnlös, vaken **2** vaksam, vaken **waken** [-n] *litt.* **1** vakna **2** väcka **waking** [-ɪŋ] *a, my* ~ *hours* all min vakna tid
Wales [weɪlz] Wales; *the Prince of* ~ prinsen av Wales (*titel för eng. kronprinsen*); *New South* ~ Nya Syd-Wales
walk [wɔːk] **I** *v* **1** gå (promenera, flanera, vandra) på (i), gå (*etc.*) fram och tillbaka (av och an) på (i), gå (*etc.*) igenom (över); gå; beträda; ~ *three steps forward* gå tre steg framåt; ~ *it* gå till fots, promenera, ~ *the streets a*) gå (*etc.*) på gatorna, *b*) (*om prostituerad*) gå på gatan **2** gå med, följa (*s.b. home* ngn hem) **3** gå ut och gå med, motionera (*the dog* hunden), leda, föra; ~ *s.b. off his feet* gå så fort att ngn inte orkar (hinner) med **4** gå, promenera, flanera, vandra; ~ *on* (*äv.*) beträda; ~ *on air* sväva som på små moln **5** gå igen, spöka **6** ~ *about* gå (*etc.*) omkring [på, i];

walkabout—want

~ *away* gå [sin väg]; ~ *away from* lämna i sticket, överge; ~ *away with a)* med lätthet ta hem (vinna), *b)* gå i väg med; ~ *in* gå (stiga, träda, kliva) in; ~ *in!* (*äv.*) kom in!, stig på!; ~ *in o.s.b.* gå in oanmäld till ngn, rusa in och överraska ngn; ~ *into a)* gå (*etc.*) [in] i, *b)* komma (råka) i; ~ *into a job* med lätthet lyckas få ett arbete; ~ *off a)* gå [sin väg], *b)* gå av sig (*one's headache* sin huvudvärk); ~ *off with a)* vard. sno, knycka, *b)* med lätthet ta hem, vinna; ~ *on a)* gå på (vidare), fortsätta, *b) teat.* statera, uppträda som (vara) statist; ~ *out a)* gå [sin väg], *b)* gå i strejk, *c)* gå ut [och gå]; ~ *out on* gå ifrån, lämna [i sticket], överge; ~ *over a) sport.* vinna på walk-over [över], vinna en promenadseger [över], *b) vard.* utnyttja, dra fördel av; ~ [*all*] *over s.b.* (*vard.*) sätta sig på (topprida, hunsa) ngn; ~ *up a)* gå upp (uppför), *b)* gå (stiga) fram (*to* till) **II** *s* **1** promenad, vandring; *go* [*out*] *for* (*take*) *a* ~ gå ut och gå, ta [sig] en promenad; *take* [*out*] *the dog for a* ~ gå ut med hunden; *it's only five minutes'* ~ det tar bara fem minuter att gå **2** gång, sätt att gå; *recognise s.b. by his* ~ känna igen ngn på gången **3** *sport.* gång, gångtävling **4** promenadtakt; skritt; *at a* ~ *a)* gående, *b)* i skritt; *he went at a quick* ~ han gick fort; *he slowed to a* ~ han saktade in och började gå **5** [promenad]väg, gångväg; allé **6** (*brevbärares e.d.*) runda, tur **7** *bildl.* område; ~ [*of life*] yrke, samhälls|ställning, -klass

walkabout ['wɔ:kəbaʊt] **1** *go* ~ göra en fotvandring **2** (*offentlig persons*) promenad (*bland allmänheten*) **walker** [-ə] **1** [fot]vandrare **2** gåstol
walkie-talkie [,wɔ:kɪ'tɔ:kɪ] walkie-talkie, bärbar radiostation
walking ['wɔ:kɪŋ] **I** *a* vandrande; gående, gång-; *a* ~ *encyclopedia* en levande uppslagsbok; *within* ~ *distance* på gångavstånd **II** *s* **1** gående; [fot]vandring[ar] **2** *sport.* gång **walking delegate** [-,delɪgət] *AE.* [facklig] ombudsman **walking papers** [-,peɪpəz] *pl, i sht AE. vard.* uppsägning, avsked på grått papper **walking shoe** [-ʃu:] vandrarsko; promenadsko **walking stick** [-stɪk] promenadkäpp
walk-on ['wɔ:kɒn] **I** *s* statistroll **II** *a* statist-
walkout [-aʊt] **1** strejk **2** uttåg (*i protest*)
walkover [-,əʊvə] *sport.* walk-over, promenadseger; *bildl.* enkel (lätt) match **walk-up** [-ʌp] *AE.* hus utan hiss; våning i hus utan hiss **walkway** *AE.* gång; gångväg
wall [wɔ:l] **I** *s* vägg; mur (*äv. bildl.*); [fästnings-, skydds]vall; *the Great W~ of China* kinesiska muren; *bang one's head against a brick* ~ (*bildl.*) köra huvudet i väggen, inte komma ngn vart; *come up against a brick* ~ (*bildl.*) köra fast, stöta på motstånd; *come up against a* ~ *of silence* möta en mur av tystnad; *drive* (*push*) *s.b. to the* ~ (*bildl.*) ansätta ngn hårt; *drive* (*send*) *s.b. up the* ~ (*vard.*) gå ngn på nerverna, driva ngn till vansinne; *go to the* ~ duka under, göra konkurs; *go up the* ~ (*vard.*) vara [alldeles] ifrån sig, klättra på väggarna; *have one's back to the* ~ (*vard. bildl.*) vara ställd mot väggen; *put* (*stand*) *s.b. up against a* ~ (*bildl.*) ställa ngn mot väggen **II** *v* **1** ~ [*about, in, round*] förse (omge) med en mur (murar *etc.*), *jfr I*), kringmura **2** ~ [*up*] *a)* mura igen, *b)* mura (stänga) in

wallaby ['wɒləbɪ] **1** *zool.* (*känguruart*) vallaby **2** *Austr. sl., on the* ~ [*track*] på luffen
walla[h] ['wɒlə] *vard.* kille
wall bars ['wɔ:lbɑ:z] *pl, gymn.* ribbstol
wallet ['wɒlɪt] plånbok
walleyed ['wɔ:laɪd] skelögd; *be* ~ (*äv.*) skela
wallflower ['wɔ:l,flaʊə] **1** *bot.* lackviol **2** *vard.* panelhöna
Walloon [wɒ'lu:n] **I** *s* vallon **II** *a* vallonsk
wallop ['wɒləp] **I** *v, vard.* **1** slå (klippa) till **2** klå [upp], ge stryk, spöa **II** *s* **1** *vard.* hårt slag, hård smäll, smocka **2** *vard., pack a* ~ imponera, vara en panggrej **3** *BE. sl.* öl **-ing** [-ɪŋ] *vard.* **I** *s* stryk, smörj; *get a* ~ få stryk (smörj) **II** *a* väldig, enorm
wallow ['wɒləʊ] **1** vältra (rulla) sig; ~ *in* (*bildl.*) vältra sig (bada) i (*money* pengar), frossa i **2** (*om fartyg*) rulla kraftigt
wall-painting ['wɔ:l,peɪntɪŋ] väggmålning
wallpaper **I** *s* tapet **II** *v* tapetsera **wall pepper** *bot.* gul fetknopp **wall rocket** *bot.* mursenap
wall-to-wall [,wɔ:ltʊ'wɔ:l] *a,* ~ *carpet* heltäckningsmatta
wally ['wɒlɪ] *BE. vard.* dumskalle
walnut ['wɔ:lnʌt] **I** *s* valnöt; valnötsträd; valnötsträ **II** *a* valnöts-
Walpurgis Night [væl'pʊəgɪsnaɪt] valborgsmässoafton
walrus ['wɔ:lrʌs] *zool.* valross
waltz [wɔ:ls, *AE.* wɔ:lts] **I** *s* vals **II** *v* **1** dansa vals, valsa **2** *vard.,* ~ *into a room* komma in[svepande] i ett rum
wan [wɒn] *litt.* blek, glåmig; sjuklig
wand [wɒnd] troll|spö, -stav; *vard.* taktpinne
wander ['wɒndə] **I** *v* **1** vandra (ströva, gå, irra) genom (omkring i, omkring på) **2** vandra (ströva, gå, irra) [omkring]; slingra sig [fram]; (*om blick e.d.*) fara, glida, gå; *bildl.* tala osammanhängande, fantisera; ~ *about* vandra (*etc.*) omkring [i, på]; ~ [*away, off*] avlägsna sig, avvika, gå vilse; ~ *from* (*off*) *the subject* (*point*) komma bort (avvika) från ämnet; *let one's mind* (*thoughts*) ~ låta tankarna gå, fantisera **II** *s* vandring, promenad
wander|er ['wɒndərə] vandrare, vandringsman **-ing** [-ɪŋ] **I** *a* [kring]vandrande, [kring]irrande, [kring]resande; kringflackande; *the W~ Jew* den vandrande juden **II** *s* [kring]vandrande, [kring]irrande, [kring]resande; vandring; ~*s* (*pl, äv.*) kringflackande liv **-lust** [-lʌst] vandrings-, res|lust
wane [weɪn] **I** *v* avta, minska, försvagas; (*om månen*) avta, vara i avtagande **II** *s* avtagande, minskning; *be on the* ~ *a)* avta, minska, vara i avtagande, vara på tillbakagång, *b)* (*om månen*) vara i nedan (avtagande)
wangle ['wæŋgl] *vard.* **I** *v* **1** mygla [till sig] **2** fiffla med **II** *s* mygel, fiffel
want [wɒnt] **I** *v* **1** vilja; önska [sig], vilja ha, begära; söka; vilja tala med (träffa, få tag i); *I* ~ *it done at once* jag vill få det gjort (uträttat) genast; *I* ~ *you to come here* jag vill att du kommer hit; *how much do you* ~ *for it?* vad skall du ha [betalt] för den?; *what do you* ~ *of* (*from*) *me?* vad vill du ha av mig?, vad vill du mig?; *what did he* ~ *with you?* vad ville han dig?; *I don't* ~ *dogs coming in* jag vill inte att hundar skall komma in [hit]; *I don't* ~ *it said that* jag vill inte att man kommer

och säger att; ~*ed* a) (*i annons*) sökes, önskas hyra (köpa), köpes, b) efterlyst; *much ~ed* mycket efterfrågad (eftersökt); *feel ~ed* känna att man behövs; *you're ~ed on the phone* det är telefon till dig; *you're ~ed in the kitchen* de vill att du kommer ut i köket **2** behöva; *vard.* böra; *if ~ed* om så behövs; *you ~ to be more careful* du bör nog vara försiktigare; *it ~s doing (to be done)* det behöver (måste, bör) göras **3** sakna; *he ~s talent* (*äv.*) han har ingen talang **4** *it ~s little* det fattas litet; *it ~s five minutes to three* klockan fattas fem minuter i tre **5** vilja; *do as you ~!* gör som du vill!; *I don't ~ to!* jag vill inte!; *you can borrow it if you ~* [*to*] du kan låna den om du vill; *~ in (out)* (*vard.*) vilja [komma] in (ut); *~ out* (*äv.*) vilja dra sig ur (*a project*) ett projekt) **6** lida nöd; *he doesn't ~ for friends* han har gott om vänner; *they ~ for nothing* (*litt.*) de saknar ingenting, de har allt de behöver **7** saknas, fattas **II** *s* **1** brist, avsaknad; *~ of judgement* brist på (bristande) omdöme, omdömeslöshet; *for ~ of* i brist på; *be in ~ of* lida brist på, sakna **2** behov, önskan; *~s* (*pl*) behov, önskningar; *be in ~ of* vara i behov av, behöva **3** nöd; *be in ~* lida nöd

want ad ['wɒntæd] *vard.* rubricerad annons

wanting [-ɪŋ] **I** *a* **1** *be ~* saknas, fattas **2** bristfällig, otillräcklig; *find s.th. ~* finna att ngt är bristfälligt (otillräckligt); *prove (be found) ~* visa sig vara bristfällig (otillräcklig) **II** *prep* utan

wanton ['wɒntən] **I** *a* **1** hänsynslös, illvillig, ondskefull; meningslös **2** *litt.* lekfull, yster **3** åld. omoralisk; liderlig; lätt|sinnig, -färdig (*woman* kvinna) **II** *s* lättfärdig kvinna **III** *v* leka, tumla om

war [wɔ:] **I** *s* krig; *bildl. äv.* strid, kamp; *~ of nerves* nervkrig; *~ of words* ordstrid; *the cold ~* det kalla kriget; *nuclear ~* kärnvapenkrig; *outbreak of ~* krigsutbrott; *trade ~* handelskrig; *~ to the knife* strid på kniven; *be at ~* vara i krig (*with* med); *he looks as though he has been in the ~s* (*vard.*) han ser verkligen illa tilltygad ut; *declare ~* förklara krig (*against, on* mot); *go to ~* börja krig (*against, with* mot, med); *make (wage) ~* föra krig (*against, on* mot) **II** *v* kriga, föra krig (*äv. bildl.*)

War. *förk.* för Warwickshire

warble ['wɔ:bl] **I** *v* sjunga, drilla, kvittra **II** *s* sång, drill, kvitter **warbler** ['wɔ:blə] *zool.* sångfågel

war correspondent ['wɔ:kɒrɪˌspɒndənt] krigskorrespondent **war crime** [-kraɪm] krigsförbrytelse **war criminal** [-ˌkrɪmɪnl] krigsförbrytare **war cry** [-kraɪ] **1** stridsrop **2** *bildl.* paroll, slagord

ward [wɔ:d] **I** *s* **1** (*på sjukhus*) avdelning, sal, rum; *maternity ~* BB-avdelning; *private ~* enskilt rum **2** *BE.* [stads]distrikt; administrativt område; valdistrikt **3** *jur.* förmynderskap; *~* [*of court*] myndling, omyndig [person] **II** *v*, *~ off a*) avvärja, parera, b) skydda sig mot, hålla på avstånd

war dance ['wɔ:dɑ:ns] krigsdans

warden ['wɔ:dn] **1** vaktare; vakt; uppsyningsman; *game ~* jakt-, vilt|vårdare; *traffic ~* trafikvakt **2** föreståndare; *BE.* rektor (*vid vissa colleges*); *i sht AE.* fängelsedirektör

warder ['wɔ:də] **1** *i sht BE.* fångvaktare **2** vakt **wardress** [-rɪs] *i sht BE.* [kvinnlig] fångvaktare

ward|robe ['wɔ:drəʊb] **1** garderob **2** teat. kostymateljé **-room** *sjö.* officersmäss, gunrum

ware [weə] *s*, *~*[*s, pl*] varor, artiklar, gods, saker; *glass ~* glasvaror; *kitchen ~* husgeråd, hushållsartiklar **-house I** *s* ['weəhaʊs] magasin, upplag, upplagsplats, lager[lokal], nederlag; packhus **II** *v* ['weəhaʊz] magasinera, lagra

warfare ['wɔ:feə] **1** krig, krigföring; *nuclear ~* kärnvapenkrig **2** krig, krigstillstånd; strid **warhead** stridsspets; stridsladdning **warhorse 1** stridshäst **2** *vard.* veteran, kämpe

wari|ly ['weərəlɪ] *adv* varsamt, försiktigt **-ness** ['weərɪnɪs] varsamhet, försiktighet

warlike ['wɔ:laɪk] **1** krigs-; *~ preparations* krigsförberedelser **2** krigisk, stridslysten

warlock ['wɔ:lɒk] trollkarl

warlord ['wɔ:lɔ:d] fältherre

warm [wɔ:m] **I** *a* varm, värmande; *bildl. a*) varm, varmhjärtad, hjärtlig, b) ivrig, entusiastisk, c) häftig, het, hetsig, d) besvärlig, obehaglig, otrevlig; *~ corner* (*bildl.*) ställe där det går hett till; *a ~ reception* ett hjärtligt (varmt, hett) mottagande; *it's ~ work* (*vard.*) det är jobbigt (ett svettigt jobb); *come to the fire and get ~!* kom fram till brasan och värm dig!; *you're getting ~!* (*i lek*) det bränns!; *make things ~ for s.b.* göra det hett om öronen för ngn **II** *s* värme; uppvärmning; *get (have) a ~* värma sig; *give s.th. a ~* värma ngt **III** *v* **1** värma (*äv. bildl.*); värma upp; *~ up a*) värma upp (*äv. sport.*), b) varmköra (*motor*), c) sätta fart på, tända **2** värmas [upp]; bli varm[are]; värma sig; *~ to* komma in i, börja tycka om, tycka bättre och bättre om, gå upp i; *~ up a*) värmas upp, bli varm (uppvärmd), b) komma i gång (i tagen), bli varm i kläderna, komma loss, c) *sport.* värma upp [sig]

warm-blooded [ˌwɔ:m'blʌdɪd] varmblodig (*äv. bildl.*) **warm front** ['wɔ:mfrʌnt] *meteor.* varmfront **warm-hearted** [ˌwɔ:m'hɑ:tɪd] varmhjärtad **warming pan** ['wɔ:mɪŋpæn] sängvärmare

warmonger ['wɔ:ˌmʌŋgə] krigshetsare

warmth [wɔ:mθ] **1** värme **2** *bildl.* värme, hjärtlighet; hetta, ilska

warm-up ['wɔ:mʌp] *sport., bildl.* uppvärmning

warn [wɔ:n] **1** varna (*s.b. about, against* ngn för); *~ s.b. not to do s.th.*, *~ s.b. against doing s.th.* varna ngn för (avråda ngn från) att göra ngt; *be ~ed by* låta varna sig av, ta (få en) varning av **2** göra uppmärksam på, påminna om (*of s.th.* ngt; *that* att); *his expression ~ed me that* jag märkte på hans ansiktsuttryck att **3** uppmana (*to* att) **4** [i förväg] underrätta, förvarna, varsko (*of* om; *that* [om] att); *I forgot to ~ them that* (*äv.*) jag glömde att tala om för dem att **5** *~ s.b. off (away from) s.th.* avvisa (köra bort) ngn från ngt, uppmana ngn att hålla sig borta från **6** *~ of (about, against)* varna för

warning ['wɔ:nɪŋ] **I** *s* **1** varning; varnande exempel (*to* för) **2** varsel; förvarning (*of* om); *advance ~* förvarning **II** *a* varnande; varnings-

warp [wɔ:p] **I** *v* **1** bli skev (vind), slå sig **2** göra skev (vind), komma att slå sig **3** *bildl.* förvrida, snedvrida, förvanska **II** *s* **1** skevhet; defekt, skavank, brist **2** *väv.* varp

war|paint ['wɔ:peɪnt] krigsmålning (*äv. skämts. om make-up*) **-path** *s*, *be on the ~* vara på krigs-

stigen (stridshumör) **-plane** krigsflygplan
warrant ['wɒr(ə)nt] **I** *s* **1** bemyndigande, befogenhet, fullmakt; order; ~ *[of arrest]* häktningsorder; *a* ~ *is issued for his arrest* han är efterlyst [av polisen]; ~ *of attorney* fullmakt *(dokument)* **2** berättigande; rätt, grund **3** garanti, säkerhet *(of* för); bevis *(of* på) **II** *v* **1** befullmäktiga, bemyndiga **2** berättiga, rättfärdiga, försvara **3** garantera; ansvara (stå) för; försäkra; *I'll* ~! *(åld.)* det försäkrar jag! **warrant officer** [-ˌɒfɪsə] *mil.* fanjunkare **warranty** [-ɪ] garanti *(för vara)*
warren ['wɒr(ə)n] **1** kaningård; kaninkoloni **2** tätbebyggt bostadsområde
warrior ['wɒrɪə] **I** *s* krigare, krigsman **II** *a* krigar-, krigisk
Warsaw ['wɔ:sɔ:] Warszawa
warship ['wɔ:ʃɪp] krigs-, örlogsǀfartyg
wart [wɔ:t] vårta; *describe s.b.* ~*s and all* beskriva ngn utan försköning **wart hog** ['wɔ:thɒg] *zool.* vårtsvin
wartime ['wɔ:taɪm] krigstid
Warwickshire ['wɒrɪkʃə]
war widow ['wɔ:ˌwɪdəʊ] krigsänka
wary ['weərɪ] varsam, försiktig; vaksam; på sin vakt *(of* mot); *be* ~ *of (äv.)* akta sig för
was [wɒz, *obeton.* wəz, wz] *imperf.* (*1 o. 3 pers.*) av *be*
wash [wɒʃ] **I** *v* **1** tvätta; skölja, spola; diska; ~ *o.s.* tvätta sig; ~ *one's face* tvätta [sig i] ansiktet; ~ *one's hands a*) tvätta [sig om] händerna, *b*) *(omskrivning för)* gå på toaletten; ~ *one's hands of (bildl.)* ta sin hand ifrån, inte [längre] vilja ha ngt att göra med; *I* ~ *my hands of it (bildl.)* jag tvår mina händer; ~ *one's dirty linen in public (bildl.)* tvätta sin smutsiga byk (sitt smutsiga linne) offentligt **2** *(om vågor e.d.)* *a*) spola, skölja, *b*) plaska mot, slå upp (spola) över; *(om flod e.d.)* gräva [ur], urholka **3** bestryka; lägga på ett tunt lager färg (metall *etc.*) på **4** vaska *(guld)* **5** tvätta sig **6** tvätta; skölja, spola; kunna tvättas, tåla tvätt; *it won't* ~ *(vard.)* det håller inte, det går ingen på **7** *(om vatten e.d.)* skölja, strömma **8** ~ *ashore* spola[s] i land; ~ *away a*) tvätta (skölja, spola) bort, *b*) urholka, *c*) utplåna *(guilt* skuld); ~ *down a*) tvätta [av], spola [av], *b*) skölja ner *(the food with water* maten med vatten); ~ *off a*) tvätta bort (av), *b*) gå bort i tvätten, *c*) sköljs bort; ~ *out a*) tvätta (skölja) ur (upp), *b*) spola bort, *c*) inställa [på grund av regn], *d*) *vard.* bortse från, stryka [ett streck över], avstå från, ge upp, spola, *e*) gå bort i tvätten; ~*ed out a*) urtvättad, urblekt, *b*) *vard.* urlakad; ~ *over* skölja (spola) över; *all that criticism seems to* ~ *over him* all kritik tycks rinna av honom; ~ *up a*) diska [av, upp], *b*) *(om vågor)* skölja (spola, kasta) upp, *c*) *AE.* tvätta sig; ~*ed up (vard.)* slut, färdig **II** *s* **1** tvättning; *give s.th. a [good]* ~ tvätta (spola) [av] ngt [ordentligt]; *have a* ~ tvätta [av] sig **2** tvätt, tvättning, byk[ning]; tvättkläder; tvättinrättning; *weekly* ~ veckotvätt; *it will come out in the* ~ *a*) det går bort (ur) i tvätten, *b*) *vard.* det kommer nog fram till slut **3** plaskande, skvalp; svall[våg]; kölvatten **4** lotion; *(i sms.)* -vatten **5** skulor, svinmat **6** tunt lager *(av färg e.d.)*; lavering
Wash. *förk. för* Washington
washǀ**able** ['wɒʃəbl] tvättǀbar, -äkta **--and-**
-wear [ˌwɒʃən(d)'weə] som bara är att tvätta och ta på **-basin** ['wɒʃˌbeɪsn] tvätt-, handǀfat, tvättställ **-board** ['wɒʃbɔ:d] tvättbräde **-bowl** ['wɒʃbəʊl] *i sht AE.*, *se washbasin* **-cloth** ['wɒʃklɒθ] *AE.* tvättlapp
washedǀ**-out** ['wɒʃtaʊt] **1** blek, färglös **2** utsliten, utmattad **--up** *i sht AE. vard. bildl.* slut, utbränd
washer ['wɒʃə] **1** [kran]packning; [tätnings]bricka **2** *vard.* tvättmaskin **-man** [-mən] tvättare **-woman** [-ˌwʊmən] tvätterska, tvättgumma
washing ['wɒʃɪŋ] **1** tvättning **2** tvätt[kläder]
washing machine [-məˌʃi:n] tvättmaskin
washing powder [-ˌpaʊdə] tvättmedel **washing soda** [-ˌsəʊdə] tvättsoda
Washington ['wɒʃɪŋtən]
washing-up [ˌwɒʃɪŋ'ʌp] disk; diskning; *do the* ~ diska **washing-up liquid** [-ˌlɪkwɪd] diskmedel
washout ['wɒʃaʊt] **1** bortspolning; erosion *(genom regn)* **2** *vard.* fiasko, misslyckande, flop; misslyckad individ
washǀ**proof** ['wɒʃpru:f] tvättäkta **-room** *AE.* tvätt-, toalettǀrum **-stand** tvättställ; kommod **-tub** tvättbalja
washy ['wɒʃɪ] vattnig, blaskig; *bildl. äv.* urvattnad
wasn't ['wɒznt] = *was not*
wasp [wɒsp] geting **waspish** ['wɒspɪʃ] **1** getinglik **2** stingslig, retlig, argsint; giftig **wasp waist** ['wɒspweɪst] getingmidja
wast [wɒst, *obeton.* wəst] *åld. imperf.* (*2 pers. sg*) av *be*; *thou* ~ du var
wastage ['weɪstɪdʒ] **1** slöseri *(of* med) **2** minskning, svinn, förlust
waste [weɪst] **I** *v* **1** slösa; slösa med; slösa bort, förslösa, [för]spilla, ödsla (kasta) bort; *be* ~*d (äv.) a*) vara förgäves (till ingen nytta, bortkastad), *b*) gå till spillo; ~ *a p.'s time* uppta ngns tid; ~ *one's breath (vard.)* tala för döva öron, spilla ord **2** försitta, förspilla; ~ *no time in doing s.th.* in första ngn tid på att göra ngt **3** försvaga, utmatta, tära [på]; *look* ~*ed* se slut (utmattad, utmärglad) ut **4** ödelägga, föröda, [för]härja, skövla; vanvårda **5** slösa; ~ *not, want not (ung.)* den som spar han har **6** förslösas, gå till spillo; förfaras, förstöras; krympa, minska, avta; försvagas; ~ *away* tyna av, magra **II** *a* **1** outnyttjad; ouppodlad; öde[lagd]; ödslig; *lay* ~ [*to*] *(litt.)* ödelägga; *lie* ~ ligga öde **2** förlorad, förspilld, spill-, avfalls-; ~ *heat* spillvärme; ~ *material* spill, avfall; ~ *product* avfallsprodukt **III** *s* **1** slösande, slöseri *(of* med); *a* ~ *of time* slöseri med tid, tid[s]spillan, bortkastad tid; *go (run) to* ~ förslösas, gå till spillo; förfaras, förstöras **2** avfall; skräp, sopor; spill, svinn; [*cotton*] ~ trassel; *radioactive* ~ radioaktivt avfall **3** öde-, vildǀmark, [öde] vidd
wastebasket ['weɪstˌbæskɪt] *AE.* papperskorg
wasted ['weɪstɪd] **1** bortkastad, onödig **2** utmärglad, slut **waste-disposal** ['weɪs(t)dɪsˌpəʊzl] avfallshantering **wasteful** ['weɪstf(ʊ)l] slösaktig **wasteland** ['weɪstlænd] ödemark; öken *(äv. bildl.)* **wastepaper** ['weɪstˌpeɪpə] pappersavfall **wastepaper basket (bin)** papperskorg **waste pipe** ['weɪs(t)paɪp] avloppsrör **waster** ['weɪstə] **1** slösare **2** *vard.*

odåga, latmask **wasting** ['weɪstɪŋ] I *s* **1** slöseri (*of* med) **2** avtynande II *a* tärande (*disease* sjukdom) **wastrel** ['weɪstr(ə)l] **1** slösare **2** odåga, latmask **watch** [wɒtʃ] I *s* **1** klocka, [armbands-, fick]ur; *set one's ~ by* ställa sin klocka efter; *what time is it by your ~?* hur mycket är din klocka? **2** vakt, utkik (*äv. pers.*); vakthållning; bevakning, uppsikt; *be on (keep) ~* hålla vakt; *be on the ~ a)* se upp, vara på sin vakt, *b)* hålla utkik; *be under ~* stå under bevakning; *keep* [*a*] *~ for* hålla utkik efter; *keep* [*a*] *~ on (over)* hålla vakt (uppsikt) över, vakta, hålla ett öga på **3** *sjö.* vakt[hållning, -manskap], törn **4** vaka, vakande II *v* **1** se (titta) på, betrakta, iaktta, hålla ögonen på, ge akt på; se upp (vara noga) med; *~ it* se upp, vara försiktig, akta sig; *~ your manners!* uppför dig ordentligt!; *~ one's opportunity* avvakta ett lägligt tillfälle, passa på tillfället; *~ your step!* se upp! (*äv. bildl.*); *~ television* titta (se) på TV **2** bevaka; hålla ett öga på, vaka över, passa, se till, vakta, valla **3** titta, se (titta) 'på; se upp; *..., you ~!* ..., vänta [du] bara!, *..., ska du få se*!; *~ for a)* titta (hålla utkik) efter, *b)* vänta på, *c)* avvakta, passa [på]; *~ out* se upp; *~ out for a)* hålla utkik efter, *b)* ge akt på, *c)* se upp för; *~ over* vaka [över], ha uppsikt över, bevaka, vaka över **4** vakta, gå på (hålla, stå på) vakt **5** vaka; *~ by (with) s.b.* vaka hos ngn
watchband ['wɒtʃbænd] *AE.* klockarmband
watchcase boett **watch chain** klockkedja **Watch Committee** [-kəˌmɪtɪ] *BE. hist.* övervakningsnämnd (*för polis m.m.*) **watchdog** [-dɒg] **1** vakthund **2** väktare, övervakare **watcher** [-ə] iakttagare; bevakare, observatör **watchful** [-f(ʊ)l] vaksam, på sin vakt (*against, of* mot), uppmärksam (*for* på); *under the ~ eye of s.b.* under ngns vakande öga **watchmaker** [-ˌmeɪkə] urmakare **watchman** [-mən] väktare; nattvakt **watch night** [-naɪt] *kyrkl.* nyårs|bön, -vaka **watchspring** [-sprɪŋ] urfjäder **watchstrap** [-stræp] klockarmband **watchtower** [-ˌtaʊə] vakttorn **watchword** [-wɜːd] **1** paroll, valspråk **2** lösen[ord]
water ['wɔːtə] I *s* **1** vatten; *~s* (*pl*) *a)* vatten[massor], *b)* [far]vatten; *by ~* sjö|vägen, -ledes; *in deep ~[s] (bildl.)* ute på djupt vatten, i svårigheter; *of the first ~* av renaste vatten (högsta kvalitet), första klassens; *on this side [of] the ~* på den här sidan sjön (havet); *~ on the brain (med.)* vattenskalle; *~ on the knee (med.)* vatten i knät; *that event is ~ under the bridge* den saken är utagerad (är ett faktum och kan inte ändras); *drink (take) the ~s* dricka brunn; *get into hot ~ (bildl.)* få det hett om öronen, få problem; *hold ~ a)* vara [vatten]tät, *b) (bildl.) keep one's head above ~ (bildl.)* hålla sig flytande (huvudet över vattnet); *make ~ a)* läcka, ta in vatten, *b)* kasta vatten, kissa; *pass ~* kasta vatten, kissa; *pour cold ~ on (bildl.) a)* vara kallsinnig till, *b)* dämpa, grusa; *pour oil on troubled ~ (bildl.)* gjuta olja på vågorna; *spend money like ~* strö pengar omkring sig; *take [in] ~* ta in vatten, läcka; *test the ~[s] (bildl.)* sondera terrängen, kolla in läget II *v* **1** vattna (*äv. djur*); bevattna **2** *~ [down]* späd[a], späd[a] ut [med vatten]; *~ down (bildl.)* urvattna **3** fylla på med vatten **4** vattnas, vattna sig; *make a p.'s mouth ~* få det att vattnas i munnen på ngn; *my mouth ~ed; the smoke made my eyes ~* röken fick mina ögon att tåras (börja rinna)
waterage ['wɔːtərɪdʒ] sjötransport
water-bath ['wɔːtəbɑːθ] vattenbad **water bed** vattensäng **water bird** vatten-, sjö|fågel **water biscuit** [-ˌbɪskɪt] osötat smörgåskex (*bakat på vatten o. mjöl*) **water blister** [-ˌblɪstə] vattenblåsa **waterborne** [-bɔːn] **1** vattenburen, som transporteras sjövägen **2** (*om smitta*) som överförs med vatten **water bottle** [-ˌbɒtl] **1** vatten-, fält|flaska **2** varmvattenflaska, sängvärmare **water brash** [-bræʃ] *med.* halsbränna **water buffalo** [-ˌbʌfələʊ] *zool.* vattenbuffel **water butt** [-bʌt] regnvattenstunna
water cannon ['wɔːtəˌkænən] vattenkanon **Water Carrier** *s, astr., the ~* Vattumannen **water closet** vattenklosett, wc **watercolour 1** vatten-, akvarell|färg **2** akvarell[målning] **water-cooled** [-kuːld] vattenkyld **water cooler** [-ˌkuːlə] dricksvattenfontän med kylning **watercourse** [-kɔːs] **1** vattendrag **2** flodbädd, strömfåra **watercress** [-kres] *bot.* källfräne, vattenkrasse
water diviner ['wɔːtədɪˌvaɪnə] slagruteman
waterfall ['wɔːtəfɔːl] vattenfall, fors **waterfowl** (*pl lika*) vatten-, sim|fågel **waterfront** strand; (*i stad*) sjösida, strandparti
water gate ['wɔːtəgeɪt] dammlucka; slussport **water gauge** vattenmätare **water glass** *kem.* vattenglas
water heater ['wɔːtəˌhiːtə] varmvattenberedare
water hole [-həʊl] vattenhål
water ice ['wɔːtəraɪs] is-, vatten|glass; sorbet **watering** ['wɔːt(ə)rɪŋ] [be]vattning **watering can** vattenkanna **watering hole** *bildl. skämts.* vattenhål **watering place 1** vattningsställe **2** brunns-, kur|ort **watering pot** *AE.* vattenkanna
water jump *sport.* vattengrav
water level ['wɔːtəˌlevl] **1** vatten|nivå, -stånd **2** (*fartygs*) vattenlinje **water lily** *bot.* näckros **water line** [-laɪn] vattenlinje **waterlogged** [-lɒgd] **1** vattensjuk; vattendränkt **2** vattenfylld
Waterloo [ˌwɔːtəˈluː]
water main ['wɔːtəmeɪn] huvud[vatten]ledning **watermark** I *s* **1** vattenstämpel **2** vattenlinje; vattenståndsmärke II *v* vattenstämpla **water meadow** [-ˌmedəʊ] våtäng **watermelon** [-ˌmelən] vattenmelon **water mill** [-mɪl] vattenkvarn
water pipe ['wɔːtəpaɪp] **1** vattenledningsrör **2** vattenpipa **water pistol** [-ˌpɪstl] vattenpistol **water polo** [-ˌpəʊləʊ] vattenpolo **water power** [-ˌpaʊə] vattenkraft **waterproof** [-pruːf] I *a* vattentät; impregnerad II *s, i sht BE.* regn|rock, -kappa, -jacka III *v* göra vattentät; impregnera
water rat ['wɔːtəræt] *zool.* vatten|sork, -råtta **water rate** vatten|avgift, -taxa **water-resistant** [-rɪˌzɪst(ə)nt] vattenbeständig; vattenskyddad
watershed ['wɔːtəʃed] **1** vattendelare (*äv. bildl.*) **2** flod-, avrinnings|område **waterside** I *s* strand[kant] II *a* strand-, vid stranden **water ski**

water snake—way 588

water snake I *s* vattenskida II *v* åka vattenskidor **water snake** vattenorm **water softener** [-ˌsɒfnə] vattenavhärdare **water-soluble** [-ˌsɒljʊbl] vattenlöslig **waterspout** [-spaʊt] **1** *meteor.* skydrag, tromb **2** stuprör **water strider** [-ˌstraɪdə] *zool.* vattenlöpare, skräddare **water supply** [-səˌplaɪ] **1** vattenförsörjning **2** vattenförråd **water table** [ˈwɔːtəˌteɪbl] grundvattennivå **watertight** [-taɪt] vattentät; *bildl. äv.* hållbar **water tower** [-ˌtaʊə] vattentorn **water vole** [ˈwɔːtəvəʊl] *se water rat* **waterway** [ˈwɔːtəweɪ] vatten|väg, -led **water wheel** vatten-, skovel|hjul **water wings** *pl* (*slags*) simdyna (*kring armarna*) **waterworks 1** (*sg, pl lika*) vatten[lednings]verk **2** (*behandlas som pl*) vattenkonst; *vard., turn on the* ~ ta till lipen, börja tjuta (lipa) **3** *BE. vard.* (*behandlas som pl*) kisseri

watery [ˈwɔːtərɪ] **1** vatten-; vattnig, blöt; vatten|haltig, -aktig **2** vätskande (*wound* sår) **3** *bildl.* blek, urblekt, urvattnad

watt [wɒt] *elektr.* watt **-age** [ˈwɒtɪdʒ] *elektr.* **1** wattal **2** wattförbrukning

wattle [ˈwɒtl] I *s* **1** flätverk; ~ *and daub* (*slags byggnadsmaterial*) flätverk och lera **2** (*på kalkon e.d.*) slör, halsflik

waul [wɔːl] jama

wave [weɪv] I *s* **1** våg (*äv. fys., bildl.*); bölja; *the* ~*s* (*poet. äv.*) havet, haven; *crime* ~ våg av brottslighet; *heat* ~ värmebölja; *long* ~ (*fys.*) långvåg; ~ *of strikes* strejkvåg **2** våg; ondulering; permanent[ning] **3** vågformighet; våglinje **4** vinkning; vink; viftning; ~ *of the hand* (*äv.*) handrörelse, gest med handen; *give s.b. a* ~ vinka åt ngn II *v* **1** vinka (vifta, svänga) [med]; ~ *aside a*) vinka bort (åt sidan, avsides), *b*) *bildl.* vifta (slå) bort, avvisa, tillbakavisa, avfärda; ~ *away* vifta bort; ~ *down* stoppa (*genom vinkning e.d.*); ~ *s.b. off* vinka av ngn **2** göra vågig; våga, ondulera **3** vinka (*at, to* åt, till) **4** våga sig, falla i vågor **5** vaja, vagga; gå i vågor, bölja; fladdra

wave|band [ˈweɪvbænd] *radio.* våglängdsområde **-length** *fys.* våglängd; *on the same* ~ (*bildl.*) på samma våglängd

waver [ˈweɪvə] **1** *bildl.* vackla; svikta, ge vika; tveka, vara obeslutsam **2** fladdra, flämta; skälva, darra; vackla; växla; svänga av och an **-ing** [-rɪŋ] I *s* **1** vacklan, vankelmod, tvekan **2** fladdrande *etc.*, *jfr waver 2* II *a* **1** vacklande, vankelmodig, tveksam **2** fladdrande *etc.*, *jfr waver 2*

WAVES, Waves [weɪvz] *förk. för Women Accepted for Volunteer Emergency Service* (*U.S. Naval Reserve*)

wavy [ˈweɪvɪ] vågig; vågformig

1 wax [wæks] I *s* **1** vax (*äv. bildl.*); bivax; öronvax; *be* ~ *in the hands of s.b. (bildl.)* vara som vax i ngns händer **2** skomakarbeck II *a* vax- III *v* **1** vaxa; bona, polera

2 wax [wæks] **1** *litt.* (*om månen*) växa, tillta **2** *bildl.*, ~ *and wane* tillta och avta **3** bli (*romantisk romantisk*)

wax bean [ˈwæksbiːn] *bot.* vaxböna **waxen** [-(ə)n] **1** vax-, av vax **2** vax|liknande, -artad; vax-, lik|blek **waxpaper** [-ˌpeɪpə] vaxat papper **waxplant** [-plɑːnt] *bot.* porslins-, vax|blomma **waxwork** [-wɜːk] vaxfigur; vaxarbete **waxworks** [-wɜːks] (*sg, pl lika*) vaxkabinett **waxy** [-ɪ] vax|artad, -liknande

way [weɪ] I *s* **1** väg; stig; gång; [väg]sträcka, bit; håll, riktning; *bildl. a*) väg, utväg, möjlighet, *b*) sätt, vis (*to do s.th., of doing s.th.* att göra ngt), *c*) avseende, *d*) egenhet, vana; ~*s* (*pl, äv.*) seder [och bruk]; ~*s and means a*) medel, resurser, *b*) medel och metoder, möjligheter, utvägar, *c*) anskaffning av [stats]inkomster; ~ *about* omväg; ~ *back* tillbaka-, åter-, hem|väg; *a long* ~ *back* [för] länge sedan; ~ *in* väg in, ingång, infart, invägg; *a long* ~ *off a*) långt bort[a] (härifrån, därifrån), *b*) långt ifrån; ~ *out a*) väg ut, utgång, utfart, *b*) utväg (*äv. bildl.*); ~ *round* omväg; ~ *of life* livs|stil, -föring; *across the* ~ på andra sidan [vägen, gatan], mitt emot; *all the* ~ *from* (*to*) hela vägen från (till), ända från (till); *any* ~ *a*) vilken väg (åt vilket håll) som helst, *b*) på ngt sätt, på vilket sätt (hur) som helst, *c*) i alla fall, ändå; *any* ~ *you please* precis som du vill; *by* ~ *of a*) över, via, *b*) som, till, *c*) genom, *d*) för att; *by* ~ *of clothes* i klädväg; *by* ~ *of example* exempelvis; *better by a long* ~ (mycket) bättre; *not by a long* ~ inte på långa vägar (långt när); *by the* ~ *a*) vid (intill, nära) vägen, *b*) i förbi|gående, -farten, för övrigt, förresten; *down our* ~ (*vard.*) nere (hemma) hos oss; *each* ~ *a*) varje väg, i vardera riktningen, *b*) på varje led; *either* ~ hur man (*etc.*) än gör (gjorde), i alla fall; *in a* ~ på ett sätt, på sätt och vis; *in a friendly* ~ vänligt; *in a general* ~ i största allmänhet; *in a small* ~ *a*) i smått, i liten skala, *b*) enkelt; *in the* ~ *of a*) i vägen för, *b*) vad beträffar (anbelangar), i fråga om, *c*) i form av; *in the* ~ *of clothes* i klädväg; *in the* ~ *of that* i den vägen (stilen); *in any* ~ på ngt sätt, på vilket sätt (hur) som helst; *in its* ~ på sitt sätt, så att säga; *in no* ~ på intet sätt (vis), inte alls; *in the ordinary* ~ (*äv.*) *a*) som vanligt, *b*) vanligtvis; *no* ~! aldrig i livet!; *on the* (*one's*) ~ *to* på väg[en] till; *out of the* ~ *a*) ur vägen, borta, undan, *b*) avlägsen, *c*) ovidkommande, *d*) ovanlig, originell; *out* (*somewhere*) *London* ~ någonstans i närheten av London (i Londontrakten); *over the* ~, *se across the way; to my* ~ *of thinking* enligt min uppfattning, enligt mitt sätt att tänka; *up our* ~ (*vard.*) uppe (hemma) hos oss; *the Jones* ~ som Jones gör (brukar göra) [det]; *the* ~ *he does it* så som han gör det; *the* ~ *he dresses!* så han klär sig!; *the other* ~ *round* [precis] tvärtom; *one* ~ *or another* (*the other*) på ett eller annat sätt; *this* ~ *a*) den här vägen, åt det här hållet, hit[åt], *b*) på det här sättet, så [här]; *this* ~ *and that* hit och dit, åt alla håll; *which* ~? vilken väg?, åt (från) vilket håll?; *ask the* (*one's*) ~ fråga efter vägen; *it is not his* ~ *to* det är inte likt honom att, han brukar inte; *that's the* ~ skall det vara (gå till); *that is always the* ~ så är det alltid; *there are no two* ~*s about it* det råder inget tvivel om det, den saken är klar; *that is our* ~ *with* så gör vi med; *which is the* ~ *to?* (*äv.*) hur kommer man till?; *all this is by the* ~ allt det här är oväsentligt; *be by* ~ *of being* anses vara; *he's by* ~ *of being a painter* han är ngn sorts (en sån där) målare; *he's by* ~ *of being engaged* han är visst förlovad; *he is in a bad* (*poor*) ~ det står illa till med honom; *things are in a bad* ~ det är illa ställt [med saker och ting]; *it is not in my* ~

det är ingenting för mig; *he is in a* ~ *about it* han är alldeles ifrån sig för det; *be in the* ~ *of* vara i vägen för; *be in the* ~ *of doing s.th.* vara på väg att göra ngt; *he is in a fair* ~ *to succeed* han är på god väg att lyckas; *be on the* ~ vara på väg; *be well on one's* ~ *a)* ha kommit en god bit på väg, *b)* vara på god väg; *prices are on the* ~ *up (äv.)* priserna stiger; *be under* ~ *a)* sjö. ha [god] fart, *b)* vara (ha kommit) i gång, gå framåt; *clear the* ~ *a)* gå ur vägen, *b)* bana väg; *she has come a long* ~ hon har kommit långt; *do it your own* ~*!* gör som du [själv] vill!; *feel one's* ~ känna sig fram, *bildl.* känna sig för; *find a* ~ *(bildl.)* hitta en utväg; *can you find your* ~ *out?* hittar du ut?; *gather* ~ *(sjö.)* få upp farten; *get one's own* ~*, se have one's own way*; *get s.th. the right* ~ uppfatta ngt riktigt, fatta ngt rätt; *get into the* ~ *of* vänja sig vid; *get out of a p.'s* ~ gå ur vägen för ngn; *get s.b. out of the* ~ göra sig (bli) av med ngn, röja ngn ur vägen; *get under* ~ *a)* sjö. avgå, lätta, *b)* komma i gång; *give* ~ *a)* ge plats, lämna plats (företräde), vika [undan], dra sig tillbaka, *b)* ge efter, ge vika *(äv. bildl.), c)* hänge sig; *go all the* ~ *a)* gå hela vägen *(äv. bildl.),* ta steget fullt ut, löpa linan ut, *b)* vara (gå) med helt och hållet; *go a long* ~ *a)* gå långt *(äv. bildl.), b)* räcka långt, *c)* hjälpa [mycket]; *go one's* ~ gå sin väg, ge sig i väg; *go one's own* ~ *(bildl.)* gå sin egen väg; *are you going my* ~*?* ska du åt mitt håll?; *go out of one's* ~ *a)* ta (göra) en omväg, *b)* göra sig extra besvär, anstränga sig mycket; *have one's own* ~ få sin vilja fram, [få] göra som man [själv] vill; *if I had my* ~ om jag fick bestämma; *they had it all their own* ~ allt gick vägen (lyckades) för dem; *you can't have it both* ~*s* man kan inte få (göra) båda sakerna samtidigt; *he has his little* ~*s* han har sina små egenheter; *have a* ~ *with s.b.* veta hur ngn skall behandlas (tas), ha god hand med ngn; *he has a* ~ *with him* han har sitt eget (ett vinnande) sätt; *to judge by the* ~ *he behaves* att döma av hans uppträdande; *know the (one's)* ~ känna [till] vägen, hitta; *know one's* ~ *about a)* vara hemmastadd, *b)* känna till saker och ting; *lead the* ~ *a)* gå före [och visa vägen], *b) bildl.* visa vägen; *look the other* ~ titta åt andra hållet (bort); *lose* ~ *(sjö.)* tappa fart, sakta farten; *lose the (one's)* ~ gå (köra *etc.)* vilse; *make* ~ *a)* lämna (ge) plats *(for* åt, för), lämna vägen öppen, gå ur vägen (undan), flytta [på] sig *(for* för), *b)* röra sig framåt, *sjö.* få upp farten; *make one's* ~ *a)* ta (gå) fram, bege sig, bana sig väg, *b)* slå sig fram, arbeta sig upp; *I cannot make any* ~ jag kommer ingenvart; *pay one's [own]* ~ *a)* betala för sig [själv], *b)* bära sig, vara lönande (självbärande), *c)* klara sig själv; *put s.b. into the* ~ *of s.th.* hjälpa ngn till ngt, skaffa ngn ngt; *put s.b. out of the* ~ röja ngn ur vägen; *put o.s. out of the* ~ göra sig extra besvär; *do you remember the* ~ *it was?* kommer du ihåg hur det var?; *see one's* ~ *a)* se vägen (var man går), *b)* se en möjlighet (lösning); *could you see your* ~ *to lending me a dollar?* har du möjlighet att låna mig en dollar?; *stand in a p.'s* ~ stå i vägen för ngn *(äv. bildl.);* *take the (one's)* ~ ta vägen, bege sig **2** ~*s (pl)* stapelbädd **3** bransch **II** *adv, vard.* långt, mycket; ~ *back when* för länge sedan när; ~ *back in the twenties* redan på 20-talet; *you are* ~ *out if you think* du misstar dig kolossalt om du tror; ~ *up* långt (högt) upp[e]

way|bill ['weɪbɪl] fraktsedel **-farer** [-ˌfeərə] *s* vägfarande **-faring** [-ˌfeərɪŋ] *a* vägfarande **-lay** [ˌweɪˈleɪ] *(waylaid, waylaid)* **1** lurpassa på, lägga sig i försåt för **2** hejda, stoppa **-out** [ˌweɪˈaʊt] *vard.* okonventionell; extrem; excentrisk **-side** ['weɪsaɪd] **I** *s* vägkant; *fall by the* ~ bli utslagen, slås ut, falla ifrån; *go by the* ~ bli lagd (läggas) åt sidan **II** *a* [belägen] vid vägen **-ward** ['weɪwəd] **1** egensinnig, trilsk **2** nyckfull, oberäknelig

W.C., WC *förk. för water closet; (i postadress i London) West Central* **w.c.** *förk. för water closet; without charge* **W.C.C.** *förk. för World Council of Churches* **W.D.** *förk. för War Department; Works Department* **wd** *förk. för ward; wood; word*

we [wi:, *obeton.* wɪ] *pers. pron* vi

W.E.A. *förk. för Workers' Educational Association*

weak [wi:k] svag; klen, vek; matt; dålig, ineffektiv; ömtålig, bräcklig; *the* ~*er sex* det svaga könet **weaken** ['wi:k(ə)n] försvaga[s], göra (bli) svagare; matta[s] **weak-kneed** [ˌwi:k'ni:d] *vard.* eftergiven, svag, vek **weakling** ['wi:klɪŋ] vekling, [klen] stackare **weakly** ['wi:klɪ] **I** *a* svag, klen; klent byggd, spenslig **II** *adv* svagt *etc., jfr weak* **weakness** ['wi:knɪs] svaghet *(of, in* i) *etc., jfr weak; in a moment of* ~ i ett svagt ögonblick; *have a* ~ *for* vara svag för, ha en svaghet för **weak-willed** [ˌwi:k'wɪld] vilje|svag, -lös

1 weal [wi:l] *åld.* väl, välfärd; *the public (common)* ~ det allmänna bästa, samhällets väl

2 weal [wi:l] märke, strimma *(på huden efter slag)*

wealth [welθ] **1** rikedom[ar], förmögenhet, tillgångar; välstånd **2** *a* ~ *of* en stor mängd [av], en rikedom på; ~ *of colour* färgrikedom **wealthiness** ['welθɪnɪs] rikedom; välstånd **wealthy** ['welθɪ] rik, förmögen; ~ *in* rik på

wean [wi:n] **I** *v* **1** avvänja *(a baby* on baby*)* **2** ~ *a p. from* vänja ngn av med, avvänja ngn från **-ling** ['wi:nlɪŋ] avvant barn; avvand kalv; avvant lamm

weapon ['wepən] vapen **-ry** [-rɪ] *koll.* vapen

wear [weə] **I** *v (wore, worn; jfr äv. worn)* **1** ha [på sig], klä sig (vara klädd, gå) i, ha på, använda, bära; *what whall I* ~*?* vad ska jag sätta (ha) på mig?; ~ *a beard* ha skägg; ~ *one's hair long* ha långt hår; ~ *spectacles* ha (använda) glasögon; ~ *a troubled look* se bekymrad ut, uppvisa en bekymrad min; *he always* ~*s a smile* han ler alltid; *she wore a big smile* hon strålade över hela ansiktet **2** nöta [på], slita [på], *bildl. äv.* trötta [ut], tära på; nöta (trampa, köra) upp; *(om vatten e.d.)* gräva [sig]; ~ *holes (a hole) in* nöta (slita) hål på (i) **3** *vard.* stå på, gå med på, finna sig i **4** nötas, slitas, bli nött (sliten); ~ *thin* bli tunnsliten; *that excuse is* ~*ing* den där ursäkten börjar bli ganska genomkinlig; *my patience is* ~*ing thin* mitt tålamod börjar ta slut **5** hålla [att slita på]; stå sig; ~ *well a)* hålla bra, vara slitstark, *b)* vara väl bibehållen; *it will* ~ *for ever* den håller i evighet; *the theory won't* ~ teorin håller inte **6** ~ *away a)* nöta[s] bort (ut), *b)* tära på, *c)* försvinna; ~ *down a)* nöta[s] ner (ut), slita[s] ner (ut), *b)* trötta ut, bryta ner, göra mör, *c)* bli ut-

wearable—week

tröttad, brytas ner, bli mör; ~ *off* a) nöta[s] av (bort), b) gå över, släppa, avta, minska; ~ *on* (*om tid*) släpa sig fram, framskrida, lida; ~ *out* a) nöta[s] (slita[s]) ut, urholka[s], göra slut på, ta slut, ha (gå) sönder, b) matta (trötta) ut; *be worn out* (*äv.*) vara [alldeles] slut (utarbetad) **II** *s* **1** användning, bruk; *I haven't had much ~ out of this shirt* jag har inte använt den här skjortan många gånger; *there is still a lot of ~ left in this carpet* den här mattan håller (kan användas) ett bra tag till **2** nötning, [för]slitning, slitage; ~ [*and tear*] a) förslitning, slitage, b) *bildl.* påfrestning[ar]; *fair ~ and tear* normalt slitage; *be the worse for ~* vara [ner]sliten (illa medfaren, medtagen); *show signs of ~* [börja] se sliten (gammal, medfaren) ut **3** kläder; (*i sms.*) -beklädnad; *men's ~* herr|kläder, -konfektion

wearable ['weərəbl] (*om plagg e. d.*) användbar

weariless ['wɪərɪlɪs] outtröttlig **weariness** [-nɪs] trötthet; *bildl. äv.* leda (*of* vid)

wearing ['weərɪŋ] **1** påfrestande, tröttsam **2** nötande, slitande **3** utsatt för nötning (förslitning)

wearisome ['wɪərɪs(ə)m] [lång]tråkig, tröttsam, påfrestande

weary ['wɪərɪ] **I** *a* **1** uttröttad, trött (*with* av); led, trött (*of* på, vid) **2** tröttsam, påfrestande **II** *v* **1** trötta [ut], göra utmattad; besvära **2** tröttna (*of* på); ~ *of* (*äv.*) bli trött på

weasel ['wi:zl] **1** *zool.* vessla **2** *i sht AE.* [snö]-vessla (*motorfordon*)

weather ['weðə] **I** *s* **1** väder[lek]; *wet ~* fuktigt väder, regnväder; *lovely ~ for ducks!* (*ung.*) härligt väder om man tycker om regn!; *in all ~s* i alla väder, i ur och skur; *under the ~* (*vard.*) a) krasslig, vissen, b) *AE.* [bak]full; *make heavy ~ of* (*bildl.*) göra mycket väsen (för mycket) av **2** *sjö.* lovart **II** *v* **1** utsätta för väder och vind; få att vittra [sönder]; ~*ed* nött (skadad, förstörd) av väder och vind, [sönder-, ner]vittrad, förvittrad **2** [luft]torka (*trä*) **3** *sjö., bildl.* rida ut; *bildl. äv.* klara [sig igenom], överleva; ~ [*out*] *the storm* rida ut stormen **4** nötas (skadas, förstöras) av väder och vind; förvittra[s], vittra [sönder] **5** tåla väder och vind; stå sig

weather-beaten ['weðəˌbi:tn] väderbiten; medfaren av väder och vind

weather|board ['weðəbɔ:d] **1** *sjö.* (*fartygs*) lovartssida **2** fjällpanelbräda **-boarding** [-ˌbɔ:dɪŋ] fjällpanel, liggande panel

weatherbound ['weðəbaʊnd] hindrad av vädret **weather bureau** [-ˌbjʊərəʊ] väderlekstjänst **weathercock** [-kɒk] vindflöjel (*i form av en tupp*); *bildl.* vindböjtel **weather eye** [-raɪ] *s, keep one's ~ open* hålla ögonen öppna, ha ögonen med sig **weather forecast** [-ˌfɔ:kɑ:st] väder[leks]|prognos, -rapport, -utsikter **weather glass** [-glɑ:s] barometer **weatherman** [-mən] *vard.* väderspåman (*meteorolog*) **weather map** [-mæp] väder[leks]karta **weatherproof** [-pru:f] **I** *a* väderbeständig; impregnerad, vind-, vatten|tät **II** *v* göra väderbeständig; impregnera, göra vindtät (vattentät) **weather station** [-ˌsteɪʃn] väderleksstation, meteorologisk station **weather strip** [-strɪp] tätningslist **weather vane** [-veɪn] vindflöjel

weave [wi:v] **I** *v* (*wove, woven; jfr äv. woven*) **1** väva (*a shawl* en sjal); fläta (*a basket* en korg); binda (*a garland of flowers* en blomsterkrans); fläta samman (*into* till); väva in (*into* i) **2** *bildl.* fläta in (*into* i) **3** (*äv. ~d, ~d*) *bildl.* väva (fläta) ihop (*a story* en historia) **4** slingra sig, gå i sicksack, kryssa **5** *vard., get weaving* sätta fart, sno på **II** väv[mönster], vävning; bindning, vävnadssätt **weaver** ['wi:və] **1** vävare, väverska **2** *zool.* vävarfågel **weaverbird** ['wi:vəbɜ:d] *zool.* vävarfågel **weaving** ['wi:vɪŋ] vävning

web [web] **I** *s* **1** väv (*äv. bildl.*); [*spider's*] ~ spindel|väv, -nät **2** *zool.* simhud **webbed** [-d] *zool.* [försedd] med simhud; ~ *feet* simfötter **webbing** ['webɪŋ] **1** sadelgjord **2** *zool.* simhud **web-footed** ['webˌfʊtɪd], **web-toed** ['webtəʊd] [försedd] med simfötter, [försedd] med simhud mellan tårna

Wed. *förk. för Wednesday*

wed [wed] (*wedded, wedded el. wed, wed*) åld. **1** äkta, gifta sig med **2** gifta bort **3** gifta sig

we'd [wi:d] = *we had* (*would*)

wedded ['wedɪd] **1** gift (*to* med), vigd (*to* vid); *~ded couple* äkta par; *his lawful ~ wife* hans äkta maka **2** äktenskaplig **3** *bildl.* intimt förknippad (förenad) (*to* med)

wedding ['wedɪŋ] vigsel[akt]; bröllop; *silver ~* silverbröllop **wedding cake** bröllopstårta **wedding day** bröllopsdag **wedding ring** vigselring

wedge [wedʒ] **I** *s* **1** kil (*äv. bildl.*); *the thin end of the ~* (*bildl.*) bara en [första, blygsam] början, första steget [till ngt värre]; *drive a ~ between* (*bildl.*) driva in en kil mellan **2** trekant; [trekantig] bit (*of a cake* av en kaka) **II** *v* **1** kila; ~ [*in*] kila (klämma) in; ~ [*up*] kila fast; ~ *together* klämma (tränga) ihop; ~ *o. s.* kila (tränga) sig [fram]; *be ~d* [*in*] vara (sitta) inkilad (inklämd) **2** klyva [med kil] **wedge heel** ['wedʒhi:l] kilklack **wedge-shaped** ['wedʒʃeɪpt] kilformig

wedlock ['wedlɒk] åld. äktenskap; äkta stånd; *born in* (*out of*) ~ född inom (utom) äktenskapet **Wednesday** ['wenzdɪ] (*jfr Friday*) onsdag

Weds. *förk. för Wednesday*

1 wee [wi:] *i sht Sk.* mycket liten; *a ~ bit* lite grand, en liten aning, en smula

2 wee [wi:] *vard., i sht BE.* **I** *s* **1** kissning **2** kiss **II** *v* kissa

weed [wi:d] **I** *s* **1** ogräs[planta]; sjögräs **2** *vard.* tobak; marijuana[cigarett] **2** *vard.* stackare, krake **II** *v* **1** rensa ogräs **2** rensa [i]; ~ *the garden* rensa i trädgården; ~ *the carrots* rensa morötterna **3** ~ *out* rensa bort, rensa ogräs i, *bildl.* rensa ut, gallra bort (ut) **-killer** ['wi:dˌkɪlə] o-gräsmedel

weeds [wi:dz] *pl,* [*widow's*] ~ änkedräkt, [änkas] sorgdräkt

weedy ['wi:dɪ] **1** full av ogräs **2** *vard.* spinkig, eländig

week [wi:k] vecka; *this ~* [i] den här veckan, [nu] i veckan; *last ~* [i] förra veckan; *next ~* [i] nästa vecka; *by the ~* per vecka, veckovis; *for ~s* i [flera] veckor; *twice a ~* två gånger i veckan; *a ~ today, today* (*this day*) [*next*] ~ i dag om en vecka ([om] åtta dagar); *a ~ ago today, this day last ~* i dag för en vecka sedan; *yesterday ~* i går för en vecka sedan; *tomorrow ~, a ~ tomorrow* i mor-

weekday—welfare work

gon om en vecka; [*this*] Tuesday ~, *a* ~ *on Tuesday* på tisdag om en vecka; *last Tuesday* ~ i tisdags för en vecka sedan; *knock s.b. into the middle of next* ~ (*vard.*) slå ngn gul och blå (förtärvad)
week|day ['wi:kdeɪ] vardag, veckodag; *ordinary working* ~ vanlig arbetsdag **-end** [ˌwi:k'end] **I** *s* veckoslut, [vecko]helg, weekend **II** *v*, *vard.* tillbringa veckoslutet (helgen, weekenden) **-ender** [ˌwi:k'endə] **1** helg-, veckosluts-, weekend|firare **2** *Austr.* weekendställe, fritidshus
weekly ['wi:klɪ] **I** *a* vecko-; [som sker] varje vecka; ~ *magazine* veckotidning; *what are her* ~ *earnings?* vad tjänar hon i veckan? **II** *adv* varje vecka; en gång i veckan; per vecka, i veckan **III** *s* veckotidning
weeknight ['wi:knaɪt] vardagskväll; natt till vardag
weeny ['wi:nɪ] *vard.* mycket liten, pytteliten **-bopper** [-ˌbɒpə] *vard.* poppig liten tjej (*ca 8-12 år*)
weep [wi:p] **I** *v* (*wept, wept*) **1** gråta; ~ *for s.b. a*) gråta (sörja) över ngn, *b*) gråta av medlidande med ngn; ~ *out* gråta ut; ~ *with joy* gråta av glädje **2** droppa, drypa; avsöndra vätska; (*om sår*) vätska sig **3** gråta, fälla (*tears* tårar); ~ *o.s. to sleep* gråta sig till sömns
weeper ['wi:pə] gråterska, gråtare **weeping** [-ɪŋ] **I** *s* **1** gråt[ande] **2** droppande, drypande; vätskeavsöndring **II** *a* **1** gråtande **2** droppande, drypande; vätskande **3** *bot.* häng-; ~ *birch* hängbjörk; ~ *willow* tårpil **weepy** [-ɪ] *vard.* **I** *a* som lätt tar till lipen, gråtmild **II** *s* snyftfilm, tårdrypande pjäs (film *e.d.*)
weevil ['wi:vɪl] *zool.* vivel
wee-wee ['wi:wi:] *se* wee
weft [weft] *väv.* inslag, väft
weigh [weɪ] **1** väga (*äv. bildl.*), *bildl. äv.* av-, över|väga; ~ *against* (*with*) (*äv.*) jämföra med; ~ *down* tynga (trycka) ner (*äv. bildl.*), böja ner, få att digna; ~*ed down with* [ned]tyngd av; ~ *in* [låta] väga, väga in; ~ *out* väga [upp]; ~ *up* avväga, beräkna, bedöma, skaffa sig (få) en uppfattning om; ~ *one's words* väga sina ord **2** *sjö.* dra (lyfta) upp; ~ *anchor* lätta ankar **3** väga; tynga; vara av vikt (viktig), väga tungt, spela en roll (*with* för); ~ *heavy* väga mycket, väga tung, tynga; ~ *heavily on* (*bildl.*) trycka, tynga, vila tungt på; ~ *against a*) mot-, upp|väga, *b*) vara till nackdel för, tala mot; ~ *in a*) *sport.* väga[s] in, *b*) *vard.* lägga sig i, ingripa, hoppa in, ställa upp; ~ *on* (*bildl.*) trycka, tynga, plåga; *he* ~*ed in at 80 kilos* han vägde 80 kilo **4** *sjö.* lägga ankar
weighbridge ['weɪbrɪdʒ] fordonsvåg **weigh-in** ['weɪɪn] *sport.* invägning **weighing machine** [-ɪŋməˌʃi:n] större våg; myntvåg
weight [weɪt] **1** vikt; tyngd, börda (*äv. bildl.*); tryck; belastning; ~*s and measures* mått och vikt; *the* ~ *of the evidence* tyngden i bevisföringen; *loss of* ~ viktförlust; *unit of* ~ viktenhet; *numerical* ~ numerär överlägsenhet; *a pike 4 kilos in* ~ en gädda på 4 kilo; *50 g of sugar and the same* ~ *of butter* 50 g socker och lika mycket smör; *it is 4 kilos in* ~ den har en vikt på 4 kilo; *that was a* ~ *off my mind* en sten föll från mitt bröst, det var en lättnad för mig; *it is a* ~ *on* (*bildl.*) det vilar tungt

(tynger) på; *give short* (*good*) ~ väga knappt (väl); *lift heavy* ~*s* lyfta tungt; *lose* ~ gå ner [i vikt]; *pull one's* ~ (*vard.*) ta sin del av ansvaret, dra sitt strå till stacken; *put on* (*gain*) ~ gå upp [i vikt]; *take the* ~ *off one's feet* (*vard.*) sitta ner, sätta sig ner **2** vikt, betydelse; inflytande; *of* [*great*] ~ (*äv.*) [tungt] vägande; *men of* ~ betydande (inflytelserika) män; *carry* (*have*) *great* ~ ha stor vikt (betydelse), väga tungt, ha stor inverkan, betyda mycket; *carry* (*have*) *great* ~ *with* ha stort inflytande (stor inverkan) på; *carry* (*have*) *no* ~ inte ha ngn inverkan, vara utan betydelse; *give* ~ *to, lay* (*put*) ~ *on a*) fästa (lägga) vikt vid, *b*) ge eftertryck (tyngd) åt; *throw one's* ~ *about* (*vard.*) spela översittare, trakassera folk; *throw one's* ~ *behind s.b.* (*vard.*) stötta (backa upp) ngn **3** brevpress **4** *sport.* vikt[klass] **5** *sport.* kula; *put the* ~ stöta kula; *putting the* ~ kulstötning **II** *v* **1** förse med tyngd[er], göra tyngre; tynga [ner] (*äv. bildl.*); [be]lasta; ~ *down a*) överlasta, *b*) tynga [ner] **2** inverka på, påverka, styra, vinkla, tillrättalägga
weighted ['weɪtɪd] *a, be* ~ *in favour of s.b.* väga över till ngns fördel, gynna ngn **weighting** [-ɪŋ] *ung.* lönepåslag för ökade levnadskostnader
weightless ['weɪtlɪs] viktlös **weightlifter** [-ˌlɪftə] *sport.* tyngdlyftare **weightlifting** [-ˌlɪftɪŋ] *sport.* tyngdlyftning **weight watcher** [-ˌwɒtʃə] viktväktare **weighty** [-ɪ] **1** [för] tung **2** *bildl.* tungt vägande, viktig, betydelsefull; allvarlig
weir [wɪə] **1** damm, fördämning **2** (*slags mjärde*) katse, sprötgård
weird [wɪəd] **1** kuslig, hemsk; övernaturlig; ~ *sisters* ödesgudinnor **2** *vard.* konstig, egendomlig, underlig **weirdo** ['wɪədəʊ] *vard.* konstig typ
welcome ['welkəm] **I** *s* välkomnande, mottagande; *give s.b. a hearty* (*warm*) ~ önska ngn hjärtligt (varmt) välkommen, ge ngn ett hjärtligt (varmt) mottagande; *wear out one's* ~ tära på gästfriheten **II** *a* **1** välkommen; uppskattad; gläjande; *it is very* ~ *just now* (*äv.*) det kommer mycket lägligt just nu; *you're* ~! (*i sht AE.*) ingenting att tacka för!, ingen orsak!, för all del!; *you're* ~ [*to it*]! (*äv. iron.*) håll till godo!, var så god!, gärna för mig!; *you're* ~ *to use my room* du får gärna använda mitt rum; *bid s.b.* ~ hälsa ngn välkommen; *make s.b.* ~ få ngn att känna sig välkommen **2** välkomst-; ~ *party* välkomstfest **III** *interj* välkommen! **IV** *v* (~*d,* ~*d*) välkomna, hälsa välkommen; hälsa [med glädje], [gärna] ta emot **welcoming** [-ɪŋ] välkomnande; välkomst-
weld [weld] **I** *v* svetsa; svetsa ihop, svetsa samman (*äv. bildl.*); svetsa fast **II** *s* svets[ning]; svets|fog, -ställe **welder** ['weldə] **1** svetsare **2** svetsmaskin **welding** ['weldɪŋ] svetsning; *bildl.* sammansvetsning **welding torch** svetsbrännare **welding unit** svetsaggregat
welfare ['welfeə] **1** välfärd, väl[gång]; *the public* ~ den allmänna välfärden **2** omsorg, vård, omvårdnad; [*social*] ~ social|vård, -hjälp; *the* ~ (*i sht BE. vard.*) det sociala, socialen; *industrial* ~ arbetarskydd; *live off* (*on*) ~ (*AE.*) leva på socialhjälp (understöd) **welfare state** välfärdsstat **welfare work** socialt arbete, social verksam-

het, socialvård

1 well [wel] **I** *s* **1** brunn; källa (*äv. bildl.*) **2** (*för vätska*) fördjupning, hål, behållare **3** trapphus; hisstrumma, hisschakt **II** *v, litt.*, ~ [*up*] välla (strömma) fram (*from* ur, från); *tears ~ed up in his eyes* hans ögon fylldes med tårar

2 well [wel] **I** *adv* (*better, best*) **1** bra, gott, väl; noga, noggrant, ordentligt; med rätta, mycket väl; *~ and truly* ordentligt, verkligen; *~ and good* så mycket bättre, då är allt gott och väl; *not very ~* inte så bra; *be ~ off a*) vara välförsedd (*for med*), *b*) ha det bra [ställt]; *I can't very ~ refuse* jag kan inte gärna vägra; *~ done!* bra [gjort]!, bravo!; *the patient is doing ~* patienten mår bra (är på bättringsvägen); *the shop is doing ~* affären går bra; *he's doing ~ at school* det går bra för honom i skolan; *she did ~ in the exam* hon klarade sig bra i examen; *do o.s. ~* (*vard.*) ha det skönt (bra), leva gott; *things are going ~* allt går bra; *~ known* [väl] känd, välkänd; *know s.b. ~ enough* känna ngn ganska väl; *marry ~* göra ett bra (gott) parti; *it may ~ be that* det kan mycket väl hända att; *speak ~ of* tala väl om; *think ~ of* ha höga tankar om, tänka väl om **2** betydligt, långt, en bra bit, ett gott stycke; *he is ~ away* (*vard.*) han är i gasen; *~ on in life* (*years*) till åren [kommen]; *he's ~ over fifty* han är en bra bit över femtio; *~ past midnight* långt efter midnatt **3** *as ~ a*) också, dessutom, likaså, *b*) [lika] gärna, lika väl; *as ~ as a*) såväl...som, både...och, *b*) lika (så) bra som; *as ~ as I can* så bra jag kan; *I may* (*might*) *as ~ tell you* jag kan likaväl (lika gärna) tala om det för dig; *as ~ it might* (*may*) och det med rätta **II** *interj* nå[ja]!, nåväl!; [se]så!; så där [ja]!; ja [visst]!, jo[då]!; nja!; hm!; alltså!; ~, *~! a*) nå[väl]!, *b*) ja ja!, jo jo!, *c*) vad nu då!, *d*) nej verkligen!, ser man på!; *~ I never!* har man hört (sett) på maken!, det var som sjutton!; *~ really!* jag säger då det!, det må jag säga!; *~ then!* nå!, alltså!; *~* [*then*]? nå?, än sen då?, och vad är det med det då?; *very ~ then!* nåväl!, kör till då!, som du vill!; ~, *it was like this* alltså, så här var det **III** *a* (*better, best*) **1** bra, frisk, kry; *he's not a ~ man* han är inte [alls] frisk; *I don't feel at all ~* jag känner mig (mår) inte alls bra **2** bra, väl; klokt, lämpligt; *all's ~ that ends ~* slutet gott, allting gott; *all is not ~ with* allt (det) står inte bra till med; *it's all very ~ for you* [*to say*] det är lätt för dig att säga; *that's all very ~ for all del*; *that's all very ~, but* det är gott och väl (kan så vara), men; *perhaps it's just as ~* det kanske är lika så gott (bra); *it was ~ for him that nobody listened* det var tur för honom att ingen lyssnade; *it would be* [*as*] *~ to* det vore [nog] bättre (klokast) att; *be ~ in with* ligga bra till hos; *be ~ out of s.th.* [lyckligt och väl] ha kommit igenom (över) ngt **IV** *s* **1** väl; *leave* (*let*) *~ alone!* det är bra (låt det vara) som det är!; *wish s.b. ~ a*) vilja ngn väl, *b*) lyckönska ngn, önska ngn lycka till **2** *the sick and the ~* de sjuka och de friska

we'll [wi:l] = *we will* (*shall*)

well|**-advised** [ˌweləd'vaɪzd] klok, välbetänkt; *she would be ~ to* hon skulle göra klokt i att **-appointed** väl|utrustad, -försedd, -inredd

well|**-balanced** [ˌwel'bælənst] välbalanserad; väl avvägd **-behaved** väl|uppfostrad, -artad **-being** välbefinnande; väl[färd] **-born** av god familj, av hög börd **-bred 1** väluppfostrad **2** *se well-born* **-brought-up** väluppfostrad **-built** välbyggd

well|**-chosen** [ˌwel'tʃəʊzn] väl vald **-connected** med inflytelserika släktingar (vänner) **-cooked** väl|lagad, -stekt, -kokt

well|**-defined** [ˌweldɪ'faɪnd] väldefinierad; markant; markerad **-deserved** välförtjänt **-disposed** välvilligt inställd (*to* mot, till) **-done 1** genom|stekt, -kokt **2** välgjord **-dressed** välklädd

well|**-earned** [ˌwel'ɜ:nd] välförtjänt **-established** väletablerad, väl inarbetad; gammal (*tradition* tradition)

well|**-favoured** [ˌwel'feɪvəd] med fördelaktigt utseende **-fed** välgödd **-founded** välgrundad, berättigad

well|**-groomed** [ˌwel'gru:md] välvårdad, prydlig, välskött **-grounded 1** med goda kunskaper (grunder) **2** välgrundad, berättigad

well|**-heeled** [ˌwel'hi:ld] *vard.* tät, rik **-hung** (*om kött*) välhängd

well-informed [ˌwelɪn'fɔ:md] **1** [allmän]bildad **2** väl|informerad, -underrättad

wellington [**boot**] ['welɪŋtən(bu:t)] [gummi]stövel; kragstövel

well|**-intentioned** [ˌwelɪn'tenʃnd] **1** välmenande **2** välment

well|**-kept** [ˌwel'kept] väl|hållen, -skött **-knit** kraftig[t byggd], robust, välbyggd **-known** väl|-känd, -bekant

well|**-made** [ˌwel'meɪd] **1** välgjord **2** välskapad **-mannered** väluppfostrad, belevad **-meaning 1** välmenande **2** välment **-meant** välment

well|**-nigh** ['welnaɪ] nära nog

well|**-off** [ˌwel'ɒf] **1** väl|bärgad, -situerad, -beställd **2** *be ~ for* vara välförsedd med **-oiled 1** väloljad **2** *sl.* påstruken, på örat

well|**-paid** [ˌwel'peɪd] väl|avlönad, -betald **-preserved** väl bevarad; väl bibehållen

well|**-read** [ˌwel'red] beläst; lärd, bildad **-rounded 1** välformad (*figure* figur); fyllig **2** tillfredsställande (*life* liv) **3** väl avvägd (sammansatt)

well|**-spoken** [ˌwel'spəʊk(ə)n] vältalig; med vårdat uttal **-stacked** BE. *sl.* (*om kvinna*) välpumpad

well-thought|**-of** [ˌwel'θɔ:tɒv] väl ansedd, välrenommerad **-out** [-θɔ:t'aʊt] väl genomtänkt

well|**-thumbed** [ˌwel'θʌmd] tummad, väl läst (*book* bok) **-timed** läglig, lämplig, [gjord] i rätta ögonblicket, väl vald **-to-do** [-tə'du:] välbärgad, förmögen **-tried** väl beprövad **-turned 1** välformulerad **2** väl|formad, -svarvad

well-upholstered [ˌwelʌp'həʊlstəd] *vard.* mullig

well-versed [ˌwel'vɜ:st] väl bevandrad

well|**-wisher** [ˌwel'wɪʃə] vän, gynnare; välgångsönskande [person] **-worn** [ut]nött, [ut]sliten (*äv. bildl.*)

welly ['welɪ] *vard.* [gummi]stövel

Welsh [welʃ] **I** *a* walesisk; *~ rarebit* (*rabbit*) varm ostsmörgås **II** *s* **1** *the ~* walesarna **2** walesiska [språket]

welsh [welʃ] *sl.* **1** smita (*on* från); (*om bookmaker*) sticka [med pengarna] **2** (*om bookmaker*) snuva [på pengar]
Welsh|man ['welʃmən] walesare **-woman** [-ˌwumən] walesiska
welt [welt] **I** *s* **1** rand[läder] **2** bård, kantband **3** strimma, märke (*efter slag*) **II** *v* prygla, klå upp
welter ['weltə] **I** *v* **1** vältra sig; rulla [sig]; ~ *in blood* bada i blod **2** (*om vågor*) rulla **II** *s* **1** (*vågornas*) rullande, svall **2** kaos, förvirring, röra **3** *a ~ of* en mängd **-weight** *sport.* weltervikt; welterviktare
Wembley ['wemblɪ]
wen [wen] *med.* fettsvulst, utväxt
wench [wen(t)ʃ] **1** *åld.* piga; hora **2** *neds.* jänta
wend [wend] *v, litt.,* ~ *one's way* styra sina steg (kosan)
wendy house ['wendɪhaʊs] lekstuga
went [went] *imperf. av* go
wept [wept] *imperf. o. perf. part. av* weep
were [wɜː, *obeton.* wə] **1** *imperf. indikativ* (*2 pers. sg o. hela pl*) *o. imperf. konjunktiv av* be; ~ *you there?* var du (ni) där?; *if I ~ you I should do it* om jag vore du skulle jag göra det
we're [wɪə] = *we are*
weren't [wɜːnt] = *were not*
werewolf ['wɪəwʊlf] varulv
wert [wɜːt] *åld., imperf. indikativ* (*2 pers. sg*) *o. imperf. konjunktiv av* be; *thou ~* du var
west [west] **I** *a* **1** västlig, väst-, västra; *the ~ side* västra sidan, västsidan; ~ *wind* västlig vind, västan[vind]; *W~ Berlin* Västberlin; *the W~ Country* sydvästra England; *W~ Germany* Västtyskland; *W~ Indian a*) västindisk, *b*) västindier; *the W~ Indies* (*pl*) Västindien **II** *adv* mot (åt, från) väster, västerut; ~ *of* väster om; ~ *by south* väst till syd; *go ~* (*vard.*) *a*) gå åt helvete, *b*) kola av **III** *s* **1** väst[er]; *East and W~* öst och väst; *the W~ a*) väst[världen], *b* (*i USA*) Västern, västsaterna, *c*) västra delen, västliga länder (områden), *d*) Västerlandet; *the Middle W~* (*i USA*) Mellanvästern; *from the ~* från väster, västerifrån; *from the ~ of Sweden* från västra [delen av] Sverige; *to* (*towards*) *the ~* mot (åt) väster, västerut; *to the ~ of* väster om; *the wind is in the ~* vinden är västlig
westbound ['westbaʊnd] *västgående* **westerly** [-əlɪ] **I** *a o. adv* västlig, från (i, mot) väster **II** *s* västlig vind **western** [-ən] *äv.* W~ **I** *a* **1** västlig, västra, väst-; *the W~* [*Roman*] *Empire* Västromerska riket **2** västerländsk **II** *s* western, vildavästern|film, -bok **westerner** [-ənə] **1** västerlänning **2** person från de västra delarna av landet **western|ize** (*BE. äv.* -ise) [-ənaɪz] göra mer västerländsk **westernmost** [-ənməʊst] västligast
Westminster [wes(t)mɪnstə] **1** [*City of*] ~ Westminster (*stadsdel i London*) **2** [brittiska] parlamentsbyggnaden
Westmorland ['wes(t)mələnd]
west|ward ['westwəd] **I** *a* västlig, västra **II** *adv* mot (åt) väster; västerut; *sjö.* västvart **-wards** [-wədz] *adv, se* westward II
Westm. *fork. för* Westminster
wet [wet] **I** *a* **1** våt, blöt, fuktig, sur (*with* av); regnig; ~ *blanket, se* blanket *I*; ~ *dock* våtdocka; ~ *dream* erotisk dröm med pollution; ~ *paint!* ny-

målat!; *the ~ season* regntiden; ~ *suit* våtdräkt; ~ *summer* regnig sommar; *be ~ through* vara genomvåt (dyblöt); *be ~ behind the ears* (*vard.*) inte vara torr bakom öronen; *his eyes were ~ with tears* han hade tårar i ögonen **2** (*om fisk*) färsk **3** *i sht AE. vard.* med (för) fri alkoholförsäljning, utan (mot) alkoholförbud, icke torrlagd **4** *vard.* slapp; mesig, larvig; knasig, tokig **II** *s* **1** väta; blöta; fukt[ighet]; regn[väder], nederbörd; *the ~* (*Austr.*) regntiden **2** *i sht AE.* förbudsmotståndare **3** *vard.* mes; knasboll, idiot **III** *v* (*wet, wet el.* ~*ted,* ~*ted*) **1** väta, blöta [ner], fukta; ~ *one's whistle* (*vard.*) fukta strupen, ta sig ett glas **2** kissa i (på); ~ *o.s.* kissa på sig
wetback ['wetbæk] *AE. vard.* illegalt invandrad mexikanare
wether ['weðə] [kastrerad] bagge
wet-nurse ['wetnɜːs] **I** *s* amma **II** *v* **1** amma **2** *vard.* dalta med
we've [wiːv] = *we have*
W.F.T.U. *fork. för* World Federation of Trade Unions **W.G., w.g.** *fork. för* water gauge; wire gauge **wh[.]** *fork. för* white
whack [wæk] **I** *s* **1** smäll, slag **2** *vard.* [an]del, portion; *have* (*get*) *one's ~* få sin [an]del **3** *vard.* försök; *have a ~ at* försöka sig på, ge sig i kast med **II** *v* smälla (slå) till **whacked** [-t] *vard.* utpumpad, slut[körd] **whacking** ['wækɪŋ] **I** *s, åld.* stryk, smörj **II** *a* kolossal, väldig **III** *adv* kolossalt, väldigt, jätte- **whacky** ['wækɪ] *se* wacky
whale [weɪl] **I** *s* **1** *zool.* val, valfisk; *killer ~* späckhuggare; *toothed ~* tandval **2** *have ~ of a time* ha jätteroligt **II** *v* fånga val, bedriva valfångst
whalebone ['weɪlbəʊn] **1** [val]bard, valfiskben **2** planschett [av valben] **whale catcher** [-ˌkætʃə] *se* whaler **2 whaler** [-ə] **1** valfångare **2** valfångstfartyg, valfångare **whaling** ['weɪlɪŋ] **I** *s* valfångst, -jakt **II** *adv, vard.* kolossalt, väldigt, jättevälgidt
wham [wæm] **I** *s* slag; smäll **II** *interj* smack!, pang!
whang [wæŋ] **I** *v* slå, drämma [till] **II** *s* slag; smäll, duns
wharf [wɔːf] (*pl* wharves [wɔːvz] *el.* wharfs) last|kaj, -brygga; kaj-, hamn|plats! **wharves** [wɔːvz] *pl av* wharf
what [wɒt] **I** *interr. pron* vad; vilken, vilket, vilka; vilken (vilket, vilka, vad) som; vad för [en, någon, något, några, slags]; hur [mycket, många, stor]; ~ *about? a*) vad sägs om?, hur skulle det vara med?, *b*) hur är (blir) det med?; ~ *for? a*) varför, *b*) vad då till?; ~ *if?* vad händer om?, tänk om?, [ja] men om?; *so* ~?, ~ *of it?* än sen då?; ~ *age is he?* hur gammal är han?; ~ *a day!* en sådan (vilken) dag!; ~ *day is it today?* vad är det för dag i dag?; ~ *pretty girls!* vilka (sådana) vackra flickor!; ~ *name shall I say, please!* vem får jag hälsa ifrån?; *where's ~'s her name?* var är hon vad hon nu heter?; ~*'s the news?* [har det hänt] något nytt?, vad nytt?; ~ *a pity!* så (vad) synd!; *do you remember John Mill? - what of (about) him?* kommer du ihåg John Mill? - ja, vad är det med honom?; ~ *time is it?* hur mycket är klockan?; ~*'s the weather like?* hur är vädret?; ~*'s yours?* vad vill (ska) du ha (ta)?; ~*'s it all about?* vad är det frågan om?; ~*'s that to you?* vad angår (rör) det dig?; *cars, elephants, trumpets and ~ have you (and ~ not)* bilar, elefanter, trumpeter

what-d'you-call-it—wherry

och gud vet allt (och allt möjligt); ~ *to do?* vad ska vi (*etc.*) göra?; ~ *do 6 and 9 make?* hur mycket blir 6 plus 9?; ~ *did you do that for?* vad gjorde du det för?, varför gjorde du det?; *you need* [*a*] ~? du behöver [en] vadå för något? **II** *rel. pron* vad (den, det, de, allt, alla) [som]; något som, vilket; som; ~ *with* till följd av, på grund av; ~ *with...,* ~ *with...* dels på grund av och dels på grund av...; ~ *with one thing and another* av en eller annan orsak, och hur det nu blir (blev); *and* ~ *is more* och vad mer är, och dessutom; *tell them* ~*'s* ~ (*vard.*) tala om för dem hur det förhåller sig; *I tell you* (*know*) ~, *let's go to London* vet du vad, vi åker till London; *buy* ~ *food you like* köp vilken mat du vill; *come* ~ *may* hända vad som hända vill; *give me* ~ *tools you have* ge mig alla verktyg du har; ~ *little he knew* det lilla han visste; *not a day but* ~ *it rains* det går inte en dag utan att det regnar; *this is the man* ~ *I saw* (*ovårdat*) detta är mannen jag såg **III** *adv* vad, i vad mån; ~ *do I care?* vad bryr jag mig om det?

what-d'you-call-it ['wɒtdjuˌkɔ:lɪt] *se whatnot 1*

whatever [wɒt'evə] **1** vad [som]...än; allt [som, vad]; vilken (vilka, hurdan)...än; ~ *you like* (*say*) som du vill; *for* ~ *reasons* av vilka skäl [det vara månde]; *no doubt* ~ inget som helst tvivel, inget tvivel alls; *nothing* ~ ingenting alls; *or* ~ (*vard.*) eller något i den stilen, eller vad som helst **2** vad [i all världen]; ~ *gave you that impression?* vad i all världen har du fått det ifrån?

whatnot ['wɒtnɒt] *s, vard.* **1** vad han (den *etc.*) nu heter **2** *vard.* allt möjligt

what's [wɒts] = *what is* (*has*) **-hername** ['wɒtsəneɪm], **-hisname** ['wɒtsɪzneɪm], **-itsname** ['wɒtsɪtsneɪm] *vard.* vad hon (han, den, det) nu heter

whatso|e'er, -ever [ˌwɒtsəʊ'e(v)ə] alls; *none* ~ ingen alls

wheat [wi:t] vete **-ear** ['wi:tˌɪə] *zool.* stenskvätta **-en** [wi:tn] vete-, av vete

wheedle ['wi:dl] locka (*money out of s.b.* pengar av ngn); lirka med; ~ *s.b. into doing s.th.* lirka med ngn för att förmå honom (med lock och pock förmå ngn) att göra ngt **wheedling** [-ɪŋ] inställsam

wheel [wi:l] **I** *s* **1** hjul (*äv. bildl.*); ~*s* (*pl*) *a*) maskineri, apparat (*äv. bildl.*), *b*) *vard.* bil; *the* ~ *has come full circle* (*bildl.*) cirkeln är sluten; *there are* ~*s within* ~*s* det är en komplicerad situation; *oil the* ~*s* smörja maskineriet (*äv. bildl.*) **2** ratt; *at the* ~ *a*) vid ratten, *b*) *bildl.* vid rodret; *take* (*grab*) *the* ~ ta över ratten **3** [drej]skiva, trissa **4** sväng[ning], rotation; *mil.* riktningsändring **5** *AE. sl.* betydelsefull (inflytelserik) person, pamp **II** *v* **1** rulla, köra, leda, dra, skjuta **2** svänga [runt], vrida [runt], snurra [på], få ett (låta) rotera **3** *mil.,* ~ [*round*] [låta] göra en riktningsändring **4** ~ [*round*] *a*) svänga [runt], snurra [runt], rotera, *b*) [hastigt] vända sig om, *c*) kretsa; ~ [*about*] ändra uppfattning (åsikt) **5** rulla, köra; *vard.* cykla **6** *vard., i sht AE.* ~ *and deal* agera smart [och hänsynslöst], mygla

wheel and axle [ˌwi:lənd'æksl] vinsch **wheelbarrow** ['wi:lˌbærəʊ] skottkärra **wheelbase** ['wi:lbeɪs] hjulbas, axelavstånd **wheelchair** ['wi:ltʃeə] rullstol **wheeled** [wi:ld] hjulförsedd, på hjul; hjul-; *two-*~ tvåhjulig **wheeler** ['wi:lə] *s, two-*~ tvåhjuling **wheeler-dealer** [ˌwi:lə'di:lə] myglare **wheelhouse** ['wi:lhaʊs] *sjö.* styrhytt **weeling and dealing** [ˌwi:lɪŋənˈdi:lɪŋ] **I** *s* mygel **II** *v, be* ~ mygla **wheelwright** ['wi:lraɪt] hjulmakare

wheeze [wi:z] **I** *v* väsa, pipa, rossla **II** *s* **1** väsande, pipande, rosslande **2** *BE. vard.* trick, knep; skämt **wheezy** ['wi:zɪ] väsande, pipande, rosslig; flåsig

whelk [welk] *zool.* valthornssnäcka

whelp [welp] **I** *s* **1** [hund]valp; [varg]unge **2** valp, spoling **II** *v* valpa; få ungar

when [wen] **I** *adv* **1** när, hur dags; *since* ~ *have you been here?* hur länge har du varit här?; *he came last week, since* ~ *he has been here* han kom förra veckan, och sedan dess har han varit här; ~ *did you arrive?* när kom du?; ~ *ever,se whenever; say* ~*!* (*vid påfyllning*) säg stopp! **2** då, när; som; *on the day* ~ den dag då; *during the time* ~ under den tid som (då); *in 1980, up till* ~ *she...* 1980, fram till vilken tidpunkt hon...; *be careful* ~ *crossing the road* var försiktig när du går över gatan; *that's* ~ det är (var) då [som]; *scarcely* (*hardly*) ~ knappt förrän; *it was only* ~*...* det var först sedan... **II** *konj* när, då; *I can't remember* ~ *I last saw him* jag kommer inte ihåg när jag såg honom sist; *I did it* ~ *young* jag gjorde det när jag var ung **III** *s* tid[punkt]; *the* ~ *and the where* tid och plats

whence [wens] *åld.* varifrån; varav; varför

when|e'er [wen'eə] *poet.,* **-ever** [-'evə] **I** *konj* när...än, när[helst], så ofta [som], varje gång [som]; ~ *you like* när du vill **II** *adv, vard.* när det nu var som; *or* ~ eller när det nu var (blir); ~ *did he arrive?* när i all världen kom han?

where [weə] **1** var; på vilket sätt, i vilken mån, hur; vart; ~ *ever?* (*vard.*) var (vart) i all världen?; ~ *from?* varifrån?, var...ifrån?; ~*...to?* vart?; ~ *to go?* vart ska vi (man *etc.*) gå?; ~ *would we be, if?* hur skulle det gå med oss (var skulle vi stå) om? **2** där; dit; var; vart; då; *that's* ~ *we differ* det är här (på den punkten) våra uppfattningar går isär; *that's* (*this is*) ~ *he lives* det är där (här) han bor

whereabouts I *s* ['weərəbaʊts] (*behandlas som sg*) tillhåll, vistelse-, uppehålls|ort; [ungefärligt] läge; *her present* ~ *is unknown* det är inte känt var hon håller till för närvarande **II** *adv* [ˌweərəˈbaʊts] var någonstans (ungefär)

where|as [weərˈæz] **1** medan, under det att, då däremot **2** *jur.* enär, alldenstund **-at** *åld.* **1** där **2** var|på, -efter **-by** var|igenom, -med

where'er [weərˈeə] *åld., se wherever*

where|fore ['weəfɔ:] **I** *s, vanl.* ~*s* (*pl*) skäl, orsak; *the whys and* ~*s* alla orsaker **II** *adv, åld.* varför **-from** [weəˈfrɒm] *åld.* varifrån **-in** [weərˈɪn] *åld.* vari **-of** [weərˈɒv] *åld.* varav **-on** [weərˈɒn] *åld.* varpå **-to** [weəˈtu:] *åld.* vart; vartill **-upon** [ˌweərəˈpɒn] varpå

wherever [weərˈevə] **1** varhelst, var ... än; varthelst, vart ... än; överallt där (dit) **2** *vard., se under where 1*

where|with [weəˈwɪð] *åld.* varmed **-withal** ['weəwɪðɔ:l] *s, the* ~ medel, resurser, möjligheter

wherry ['werɪ] **1** pråm **2** liten roddbåt, jolle

whet [wet] slipa, bryna, vässa; *bildl.* skärpa, stimulera; ~ *one's appetite* reta aptiten
whether ['weðə] **1** om, huruvida **2** ~...*or* antingen (vare sig)...eller; ~...*or no a*) om, huruvida, *b*) under alla omständigheter
whetstone ['wetstəʊn] bryne, brynsten
whew [hju:] *interj* puh!; oj!; usch!
whey [weɪ] vassla
whf. *förk. för wharf*
which [wɪtʃ] *pron* **1** *interr.* vilken, vilket, vilka, vem; vilken (vilket, vilka, vem) som; vilkendera; ~ *one?* vilken[dera]?, vem?; ~ *ever?* (*vard.*) vem (vilken) i all världen?; ~ *is* ~? vilken är vilken?, vem är vem? **2** *rel.* (*gen. whose, se whose II*) som; vilken, vilka; vilket, något som; *about* ~ om vilken (*etc.*), varom, som....om; *among* ~ bland vilka, varibland; *on* ~ på vilken (*etc.*), varpå, som...på; *the car, the doors of* ~ bilen, vars dörrar; *the cat* ~ *I saw* katten [som] jag såg; *on the day before* ~ *he met her* dagen innan han mötte henne **-ever** [-'evə] **1** vilken[dera]...än; vilken...som än; den [som]; *take* ~ *you like most* ta den du tycker bäst om **2** *vard., se under which 1*
whiff [wɪf] **I** *s* **1** fläkt, pust; puff; *a* ~ *of fresh air* en nypa frisk luft; *a* ~ *of smoke* en rökpuff, ett rökmoln; *a* ~ *of wind* en vindpust **2** inandning; bloss **3** lukt; doft **4** *bildl.* spår, aning **II** *v* **1** andas in; bolma (blossa) på **2** lukta på; känna [lukten av] **3** pusta, fläkta **4** bolma, blossa (*at* på) **5** *BE. vard.* lukta [illa] **whiffy** ['wɪfɪ] illaluktande; unken, instängd
Whig [wɪg] *hist.* whig, liberal
while [waɪl] **I** *s* **1** stund; tid; *a long* ~ *ago* för länge sedan; *it will be a long* ~ *before* det kommer att dröja länge innan; *for a* ~ [för, på] en stund (tid), ett slag (tag); *in a little* ~ om en liten stund, snart, inom kort; *once in a* ~ någon [enstaka] gång, då och då; *quite a* ~ ett bra tag, en god stund, ganska länge; *the* ~ under tiden, så länge; *all the* ~, *the whole* ~ [under] hela tiden **2** *be worth* [*one's*] ~ vara mödan värt, vara värt besväret, löna sig **II** *konj* **1** medan, under det att, så länge [som] **2** medan [däremot], då däremot **3** samtidigt som; även om; trots att **III** *v*, ~ *away the time* fördriva tiden
whilst [waɪlst] *konj, i sht BE., se while II*
whim [wɪm] nyck, infall
whimper ['wɪmpə] **I** *v* gnälla, gny, pipa **II** *s* gnäll, gnällande, gny[ende], pip[ande]
whimsey ['wɪmzɪ] *se whimsy*
whimsi|cal ['wɪmzɪkl] **1** nyckfull **2** egendomlig, originell; fantastisk **-cality** [,wɪmzɪ'kælətɪ] **1** nyckfullhet **2** egendomlighet, originalitet **3** nyck, infall
whimsy ['wɪmzɪ] **1** stollighet[er], konstiga idéer, bisarreri[er] **2** nyck, konstigt infall
whin [wɪn] *bot.* ärttörne **-chat** ['wɪntʃæt] *zool.* buskskvätta
whine [waɪn] **I** *v* kvida, gnälla, yla; vina; ~ *about* gnälla (jämra sig) över **II** *s* kvidande, gnäll[ande], ylande; vinande **whining** ['waɪnɪŋ] *a* kvidande, gnällande, ylande; vinande
whinny ['wɪnɪ] **I** *v* gnägga **II** *s* gnägg|ning, -ande
whip [wɪp] **I** *s* **1** piska; spö; *get a fair crack of the* ~ (*vard.*) få en chans **2** [pisk]rapp **3** *kokk. ung.* mousse **4** *parl.* inpiskare; kallelse (upprop) [till votering, debatt] **II** *v* **1** piska [på], prygla, ge stryk, spöa [upp]; piska (slå) mot; *vard.* slå [ut], utklassa, göra ner; *bildl.* piska upp, egga, sporra; ~ [*up*] *enthusiasm* väcka entusiasm **2** vispa; ~*ped cream* vispgrädde **3** linda [om], vira om; *sömn.* kasta **4** *vard.* sno, knycka **5** piska, slå; *the flag was* ~*ping in the wind* flaggan slog i vinden **6** ~ *back* rusa (störta, flänga, susa) tillbaka; ~ *in* (*parl.*) vara inpiskare; ~ *into a*) stoppa (köra, slänga, kasta) in i, *b*) rusa (störta, flänga, susa) in i, *c*) hoppa i, kasta på sig; ~ *into line* (*shape*) få hyfs (fason) på; ~ *off a*) dra i väg med, föra (köra) bort, *b*) rycka bort (av, undan), slita av [sig], *c*) rusa (sticka) i väg (bort); ~ *on a*) piska (driva) på, *b*) kasta (slänga) på [sig]; ~ *out a*) [snabbt] dra (rycka, slita, ta) fram (upp), *b*) rusa (störta) ut (fram); ~ *round a*) rusa (sticka) runt, *b*) kila över (*to a p.'s place* till ngn), *c*) [snabbt] vända sig om, *d*) göra en insamling; ~ *up a*) piska upp (*äv. bildl.*), *b*) vispa upp, *c*) vara färdig, fixa till, *d*) [snabbt] dra (rycka, slita, ta) upp (fram), *e*) rafsa åt sig, *f*) [snabbt] samla [ihop], *g*) rusa (flänga, störta) upp[för]
whipcord ['wɪpkɔ:d] **1** *konkr.* pisksnärt **2** *textil.* whipcord **whip hand** *s, have the* ~ *over s.b.* ha övertaget över ngn **whiplash** pisksnärt, snärtande med piskan **whippersnapper** [-,snæpə] [pojk]spoling, snorvalp; flicksnärta
whippet ['wɪpɪt] (*hundras*) whippet
whipping ['wɪpɪŋ] **1** pisk|ande, -ning; *get a* ~ få stryk **2** visp|ande, -ning **whipping boy** syndabock, strykpojke **whipping cream** vispgrädde
whippoorwill ['wɪp,pʊə,wɪl] *zool.* skrännattskärra
whippy ['wɪpɪ] böjlig, smidig
whip-round [,wɪp'raʊnd] *i sht BE. vard.* insamling **-ster** ['wɪpstə] *se whippersnapper* **-stitch** ['wɪpstɪtʃ] *sömn.* kaststygn
whir [wɜ:] **I** *v* surra; (*om motor*) spinna **II** *s* **1** surr; (*motors*) spinnande **2** jäkt[ande]
whirl [wɜ:l] **I** *v* **1** virvla upp; svänga; ~ *round* svänga runt med **2** [snabbt] föra i väg (bort); *the train* ~*ed us off* tåget susade i väg med oss **3** virvla; svänga runt; snurra; *my head is* ~*ing* det går (snurrar) runt i huvudet på mig **4** rusa, susa, virvla (*into a room* in i ett rum) **II** *s* **1** virvlande; snurrande; rotation; virvel (*äv. bildl.*); *bildl. äv.* förvirring; *a* ~ *of dust* ett [virvlande] dammoln; *give s.th. a* ~ *a*) svänga runt med ngt, *b*) *vard.* prova (testa) ngt; *I am* (*my mind is*) *in a* ~ det går (snurrar) runt i huvudet på mig
whirligig ['wɜ:lɪgɪg] **1** snurra **2** karusell; *bildl. äv.* virvel
whirl|pool ['wɜ:lpu:l] [ström]virvel (*äv. bildl.*) **-wind I** *s* virvelvind; *bildl.* virvel **II** *a* blixtsnabb, hastig
whirlybird ['wɜ:lɪbɜ:d] *vard.* helikopter
whirr [wɜ:] *se whir*
whisk [wɪsk] **I** *s* **1** dammvippa; borste, kvast, viska; [*fly*] ~ flugsmälla **2** visp; vispning; *give the eggs a good* ~ vispa äggen ordentligt **3** svep[ande rörelse], viftning, snabb rörelse **II** *v* **1** vifta; borsta (sopa, vispa, ta) [bort] **2** vispa (*eggs* ägg) **3** vifta (svänga) med **4** [snabbt] föra (köra) **5** rusa, sticka, flänga, susa (*away* i väg)
whisker ['wɪskə] **1** ~*s* (*pl*) polisonger **2** morrhår

3 *vard.*, *by a* ~ mycket knappt, på håret **whiskered** [-d] **1** polisongprydd, med polisonger **2** med morrhår
whiskey ['wɪskɪ] amerikansk (irländsk) whisky **whisky** ['wɪskɪ] whisky
whisper ['wɪspə] **I** *v* viska **II** *s* viskning; *vard.* viskningar, rykte; *in a* ~ viskande; *speak in a* ~ viska **whispering** [-rɪŋ] **I** *s* viskande **II** *a* viskande; ~ *campaign* viskningskampanj; ~ *gallery* viskgalleri, ekovalv
whist [wɪst] *kortsp.* whist, vist **whist drive** ['wɪstdraɪv] whist-, vist|turnering
whistle ['wɪsl] **I** *v* **1** vissla [på] (*a tune* en melodi) **2** vissla (*for* på, efter; *to* på); vina, pipa, susa; blåsa; drilla; *the referee* ~*d for play to stop* domaren blåste av matchen; *he can* ~ *for it* (*vard.*) det kan han titta i månen efter **II** *s* **1** vissling; vinande, pip[ande], sus[ande], susning; drill, drillande; vissel[signal]; *give a* ~ vissla [till] **2** vissla; [vissel]pipa; *blow the* ~ *on* (*vard.*) ange, tjalla på; *wet one's* ~ (*vard.*) fukta strupen, ta sig ett glas (en drink)
whistler ['wɪslə] **1** visslare **2** *radio.* brus
whistle stop ['wɪslstɒp] **1** *AE.* liten järnvägsstation (*där tågen stannar på anmodan*); liten håla **2** kort uppehåll (*av politiker under valturné*) **whistle-stop** [-] **I** *v* vara ute på valturné **II** *a*, ~ *tour* valturné med många korta uppehåll
whistling ['wɪslɪŋ] **I** *s* visslande **II** *a* visslande; ~ *swan* sångsvan
Whit [wɪt] *vard. för Whitsun*[*tide*]
whit [wɪt] *s, no* (*not a*) ~ inte ett dugg (dyft, uns)
white [waɪt] **I** *a* vit; [vit]blek; *bildl. äv.* ren, obefläckad; ~ *ant* termit; ~ *bear* isbjörn; ~ *book* (*polit.*) vitbok; ~ *coffee* kaffe med mjölk (grädde); ~ *elephant* dyrbar men fullständigt onödig sak; ~ *flag* vit flagg[a], parlamentärflagg[a]; ~ *gold* vitt guld, vitguld; ~ *goods* vita varor, hushållsmaskiner; *at a* ~ *heat* vitglödgad; *his anger was at a* ~ *heat* han var vit (kokade) av vrede; *work at a* ~ *heat* arbeta febrilt (för högtryck); ~ *hope* (*vard., om pers.*) stort (enda) hopp; ~ *horses* (*på sjön*) vita gäss; *the W*~ *House* (*i Washington*) Vita huset; ~ *lead* blyvitt; ~ *lie* vit lögn, nödlögn; ~ *man* vit [man]; ~ *meat* ljust kött; ~ *paper* (*polit.*) vitbok; *W*~ *Russia* Vitryssland; ~ *sale* rea[lisation] på vitvaror; ~ *slavery* (*slave trade*) vit slavhandel; ~ *tie a*) vit fluga (rosett), *b*) frack; ~ *wine* vitt vin, vitvin; *as* ~ *as a sheet* vit som ett lakan; *go* (*turn*) ~ bli vit (blek), vitna, blekna, bli vithårig **II** *s* **1** vit färg, vitt; vithet **2** vita; ~ *of egg* äggvita; *the* ~ *of the eye* ögonvitan, vitögat **3** ~*s* (*pl*) *a*) vittvätt, *b*) (*for sport*) vit dräkt, vita byxor (kläder) **4** vit; *the* ~*s* (*pl*) de vita
white|bait ['waɪtbeɪt] små-, skarp|sill **-beam** *bot.* vitoxel **-caps** *pl* (*på vågor*) vita gäss **-collar** [-ˌkɒlə] *a*, ~ *worker* manschettarbetare **-fish** [-fɪʃ] (*pl* ~[*es*]) *zool.* sik; fisk med vitt kött (*t.ex. kolja, torsk, vitling*) **-haired** [-ˌheəd] vithårig
Whitehall [ˌwaɪtˈhɔːl] **1** Whitehall (*Londongata*) **2** brittiska regeringen
white|-hot [ˌwaɪtˈhɒt] **1** vitglödgad **2** *vard.* glödande, upptänd **-livered** ['waɪtˌlɪvəd] **1** feg **2** sjukligt blek
whiten ['waɪtn] **1** göra vit; bleka **2** vitna; blekna; blekas **whitener** [-ə] blekmedel
whiteness ['waɪtnɪs] vithet; blekhet
whitening ['waɪtnɪŋ] **1** vitfärgning; blekning **2** vit färg; kritpulver
white|out ['waɪtaʊt] *s, there is a* ~ det är alldeles vitt ute (*av snö*) **-smith** [-smɪθ] bleckslagare **-thorn** [-θɔːn] *bot.* hagtorn **-throat** [-θrəʊt] *zool.* törnsångare **-tie** [-taɪ] *a* frack-, gala-; ~ *occasion* fracktillställning
whitewash ['waɪtwɒʃ] **1** kalk-, lim|färg, kalkslam **2** *vard.* skönmålning, förskönande; bortförklaring **II** *v* **1** vit|kalka, -limma, -mena **2** *vard.* skönmåla, försköna; bortförklara
whitey ['waɪtɪ] *i sht AE. neds.* viting, vit man
whither ['wɪðə] *åld., poet.* dit; vart[hän]; vart än
whit|ing ['waɪtɪŋ] **1** *se whitening* **2** (*pl lika*) *zool.* vitling **-ish** [-ɪʃ] vitaktig
Whit Monday [ˌwɪtˈmʌndɪ] annandag pingst **Whitsun** ['wɪtsn] **I** *s* pingst[en], pingsthelg[en] **II** *a* pingst- **Whit Sunday** [ˌwɪtˈsʌndɪ] pingstdag[en] **Whitsuntide** ['wɪtsntaɪd] pingst[en], pingsthelg[en]
whittle ['wɪtl] tälja [till]; tälja på; vässa; ~ *away* [*at*] (*bildl.*) inskränka på, gradvis minska; ~ *down* skära ner, reducera
whity ['waɪtɪ] *se whitey*
whiz [wɪz] **I** *v* surra, brumma; *vard.* svischa, vissla, susa, vina (*past förbi*) **II** *s* **1** surr[ande], brummande; *vard.* svischande, visslande, sus, susande, vinande **2** *vard.* expert, baddare; *be a* ~ *at* (*äv.*) vara jättebra på **whizkid** ['wɪzkɪd] *vard.* underbarn, fenomen **whizz** *se whiz*
who [huː] *obeton.* hʊ] *pron* (*gen. whose, se detta ord*; *objektsform who, formellt whom*) **1** *interr.* vem, vilka; vem (vilka) som; ~ *ever?* (*vard.*) vem i all världen?; ~ *but he* vem om inte han; *know* ~*'s* ~ veta vem som är vem; *W*~*'s W*~? Vem är det?; *he can't remember* ~ *did it* han kan inte komma ihåg vem det var som gjorde det; ~ *did you stay with?* vem bodde du hos?; ~[*m*] *did you give the information to?, to* ~*m did you give the information?* vem gav du upplysningen till? **2** *rel.* som; vilken, vilka; den [som [än]; *he* ~ *wishes to go* den som vill gå; *deny it* ~ *may* förneka det den som vill; *bring* ~[*m*] *you want* ta med dig vem du vill
W.H.O. *förk. för World Health Organization*
whoa [wəʊ] *interj* ptro!; *vard.* stopp [ett tag]!
who'd [huːd] = *who would* (*had*)
whodun[n]it [ˌhuːˈdʌnɪt] *vard.* deckare (*detektivhistoria*)
whoever [huːˈevə] *pron* **1** *interr.* vem i all världen **2** *rel.* vem som än, vem (vilka)...än; vem (vilka) som helst som, var och en (den, de, alla) som; vem; *give it to* ~ *you like* ge den till vem du vill; *give it to Joe, or John, or* ~ (*vard.*) ge den till Joe, eller Bill eller vem som helst
whole [həʊl] **I** *a* **1** hel[-]; *with one's* ~ *heart* av hela sitt hjärta; ~ *milk* helmjölk, oskummad mjölk; ~ *note* (*AE. mus.*) helnot; ~ *number* heltal; ~ *sister* helsyster; *the* ~ *thing* hela saken, det hela, alltihop; ~ *tone* (*mus.*) helton; *a pig roasted* ~ en helstekt gris; *a* ~ *lot older* (*vard.*) bra mycket äldre **2** välbehållen, oskad[a]d; frisk **II** *s* helhet; *a* ~ en hel, ett helt, en helhet, det hela; *as a* ~ som helhet [betraktad], i sin helhet; *the* ~ det

wholefood—Wiener schnitzel

hela, alltihop; *the ~ of* hela, alla; *on the ~* på det hela taget, allt som allt
whole|food ['həʊlfʊd] naturlig mat **-hearted** [ˌhəʊl'hɑːtɪd] helhjärtad; total **-meal** ['həʊlmiːl] *a, BE.* fullkorns-; grahams-; sammalen **-ness** ['həʊlnɪs] *litt.* helhet, fullständighet
whole|sale ['həʊlseɪl] **I** *s* partihandel; *by (AE.: at)* ~ i parti, en gros **II** *a* **1** grossist-, parti[handels]-, grosshandels- **2** *bildl.* mass-, i stor skala; utan urskillning; *~ dealer* grossist, grosshandlare **III** *adv* **1** i parti, en gros **2** *bildl.* i stor skala; i massor, en masse **-saler** [-seɪlə] grossist, grosshandlare
whole|some ['həʊlsəm] hälsosam; sund; nyttig **-wheat** *a, AE.*, *se wholemeal*
who'll [huːl] = *who will (shall)*
wholly ['həʊllɪ] *adv* helt [och hållet], fullständigt
whom [huːm] *pron, objektsform av who*
whoop [huːp] **I** *v* **1** skrika, tjuta *(with delight* av förtjusning) **2** *med.* kikna **3** *vard.*, *~ it up a)* festa om, slå runt, *b)* väcka entusiasm **II** *s* **1** skrik, tjut **2** *vard.*, *not worth a ~* inte värd ett skvatt **whoopee** ['wʊpiː] *vard.* **I** *interj* hurra! **I** *s, make ~ a)* festa om, slå runt, *b)* älska, ligga med varandra **whooper [swan]** ['huːpə(swɒn)] *zool.* sångsvan **whooping-cough** ['huːpɪŋkɒf] kikhosta **whoops** [huːps] *interj* hoppsan!
whoosh [wʊʃ] *vard.* **I** *interj* svisch! **II** *v* svischa **III** *s* svischande
whop [wɒp] *vard.* klå [upp], ge stryk *(äv. besegra)* **-per** ['wɒpə] *vard.* **1** jättelögn **2** bjässe, baddare **-ping** ['wɒpɪŋ] *vard.* **I** *a* jätte|stor, -lik **II** *adv* jätte-
whore [hɔː] **I** *s* hora **II** *v* hora; bedriva hor (otukt) **-house** ['hɔːhaʊs] bordell, horhus **-monger** ['hɔːˌmʌŋgə] hor|karl, -bock
whorl [wɜːl] **1** virvel *(äv. i fingeravtryck)*; vindling; spiral **2** *bot.* [blad]krans
whortleberry ['wɜːtlˌberɪ] blåbär; *bog ~* odon
who's [huːz] = *who is (has)*
whose [huːz] *pron (gen. av who o. which)* **1** *interr.* vems; vilkens, vilkas; *~ fault is it?* vems är felet? **2** *rel.* vars, vilkens, vilkas; *my friend, ~ name is Robert* min vän, vars namn är Robert
whosoever [ˌhuːsəʊ'evə] *åld. för whoever*
why [waɪ] **I** *adv* **1** *interr.* varför; *~ ever?* varför i all världen?; *~ not ask her?* varför frågar du (vi *etc.*) henne inte?; *~ is that?* hur kommer det sig?) **2** *rel.* varför; därför [som]; *the reason ~* skälet (orsaken) till att; *that's ~* [det är] därför **II** *interj* **1** ja[a]; jo; ja då; *~, no!* nej då!, visst inte!, o nej!; *~, yes!* ja (jo) visst!, o ja!; *~, yes, I think so* ja[a], jag tror det; *if she works so hard, ~ it's no wonder she* om hon arbetar så hårt, ja då är det inte konstigt om hon **2** [ja, nej] men, men...ju; nå; *~ that's easy* [men] det är ju enkelt; *~, there he is!* ja (nej) men där är han ju **II** *s (vanl. pl)* skäl, orsak; *know the ~s and the wherefores* känna till alla orsaker (allt som ligger bakom)
W.I. *förk. för West Indian; West Indies; Women's Institute*
wick [wɪk] **1** veke **2** *vard.*, *it gets on my ~* det går mig på nerverna
wicked ['wɪkɪd] **1** ond, syndig; elak, stygg, gemen; *that was a ~ thing to do* det var elakt gjort **2** otäck, elak; *a ~ wound* ett otäckt sår **3** retsam, skälmsk, fräck; *a ~ grin* ett retsamt (skälmskt) leende **4** *vard.* hemsk, förskräcklig; *it's a ~ shame* det är hemskt synd **-ness** [-nɪs] **1** ondska, synd, syndfullhet; elakhet, stygghet, gemenhet **2** otäck (elakartad) beskaffenhet **3** retsamhet, skälmskhet, fräckhet
wicker ['wɪkə] **I** *s* **1** vidja **2** *se wickerwork* **II** *a* korg-; vide-; flätad; *~ chair* korgstol **-work** **I** *s* korgarbete, flätverk **II** *a* korg-
wicket ['wɪkɪt] **1** liten dörr, halvdörr; [biljett]-lucka; grind **2** *(i kricket)* grind; plan [mellan grindarna]; *keep ~* vara grindvakt; *take a ~* slå ut en slagman **3** [kroket]båge **4** *vard.*, *on a good (sticky) ~* i bra (dåligt) läge **-keeper** [-ˌkiːpə] *(i kricket)* grindvakt
wide [waɪd] **I** *a* **1** vid; bred; rymlig; stor; vidsträckt, [vitt]omfattande; rik; *~ eyes* vidöppna (uppspärrade) ögon; *two metres ~* två meter bred; *a man of ~ reading* en mycket beläst man; *a ~ selection* ett brett (stort) urval; *the big ~ world* [den] stora vida världen **2** felriktad; långt från [målet]; *~ shot* felriktat skott, miss, bom; *~ of the mark (bildl.)* orimlig, alldeles fel (uppåt väggarna); *~ of the truth* långt från sanningen **II** *adv* vida, vitt; vida omkring; långt *(of* från); långt från (bredvid) målet, långt bredvid; *~ apart* långt ifrån varandra, vitt skilda; *with arms ~ apart* med utbredda armar; *~ awake* klarvaken, *jfr äv. wide-awake; ~ open a)* vidöppen, på vid gavel, *b)* uppspärrad; *he left himself ~ open to attack* han garderade sig inte alls mot attacker; *the law is ~ open to abuse* det finns många möjligheter att missbruka lagen; *go ~ [of the mark] a)* gå fel (långt bredvid [målet]), missa [grovt], *b)* vara ett slag i luften; *travel far and ~* resa vida omkring; *yawn ~* gäspa stort **II** *s (i kricket)* sned boll *(som slagmannen inte når)*
wide|-angle [ˌwaɪdˌæŋgl] *a*, *~ lens* vidvinkelobjektiv **--awake** [ˌwaɪdə'weɪk] klarvaken; observant, på alerten **--eyed** ['waɪdaɪd] storögd, troskyldig
widely ['waɪdlɪ] *adv* vitt, vida; vitt och brett; vida omkring; allmänt *(known* känd); *~ read a)* mycket beläst, *b)* mycket läst; *~ travelled* vittberest, mycket berest
widen ['waɪdn] **1** [ut]vidga, bredda *(äv. bildl.)* **2** [ut]vidgas, breddas; *bildl. äv.* öka[s], bli större; bli bredare, utvidga sig
wide|-open [ˌwaɪd'əʊp(ə)n] *se under wide* **II** **--screen** ['waɪdskriːn] *a*, *~ film* vidfilm **-spread** ['waɪdspred] [vitt] utbredd, allmänt spridd, allmän; omfattande; vidsträckt
widgeon ['wɪdʒən] *se wigeon*
widow ['wɪdəʊ] **1** änka *(of* efter); *~'s benefit (ung.)* änkepension; *the ~'s mite (bibl.)* änkans skärv; *~'s peak* V-format hårfäste; *golf ~* golfänka; *be left a ~* bli änka **2** *boktr.* horunge **widowed** [-d] *a* som blivit änka, änke-; *be ~* vara änka **widower** [-ə] änkling, änkeman **widowhood** [-hʊd] änkestånd
width [wɪdθ] **1** bredd; vidd **2** *~ of cloth* tygvåd
wield [wiːld] **1** hantera, sköta, använda; svinga *(a weapon* ett vapen) **2** utöva *(power* makt)
wieldy ['wiːldɪ] lätt|hanterlig, -skött, händig
wiener ['wiːnər] *AE.* wienerkorv **Wiener schnitzel** ['viːnərˌʃnɪtsəl] wienerschnitzel

wienerwurst—wimple

wienerwurst ['wi:nərwɜ:st] *AE.* wienerkorv
wife [waɪf] (*pl* **wives** [waɪvz]) hustru, fru, maka; *old wives' tale* käringprat; *take s.b. to ~* ta ngn till hustru **wifely** ['waɪflɪ] *a* hustrulig, som anstår en hustru; hustru- **wife swapping** ['waɪf‚swɒpɪŋ] hustrubyte
wig [wɪg] peruk
wigeon ['wɪdʒən] *zool.* bläsand
wigged [wɪgd] perukförsedd
wigging ['wɪgɪŋ] *BE. vard.* avbasning, utskällning
wiggle ['wɪgl] **I** *v* **1** vicka med (på); vifta på (*one's ears* öronen) **2** vrida (slingra) sig **II** *s* vickning; viftning; vridning, slingring
wigwag ['wɪgwæg] **I** *v* **1** vifta med **2** signalera (*med flagga e.d.*) **II** *s* signalering (*med flagga*)
wigwam ['wɪgwæm] (*indianhydda*) wigwam
wild [waɪld] **I** *a* **1** vild; förvildad; öde (*stretch of land* trakt); *~ flowers* vilda blommor; *~ tribes* vilda stammar **2** vild, oordnad; *~ disorder* vild oordning; *~ hair* ostyrigt hår **3** vild; uppsluppen; hejdlös; oregerlig; utsvävande **4** vild; vettlös, vanvettig; *vard. a)* tokig, galen (*about* i), *b*) vild, utom sig (*with* av), *c*) fantastisk, underbar; *in my ~est dreams* i mina vildaste drömmar; *I'm not ~ about* (*vard.*) jag är inte överdrivet förtjust i **5** rasande, ursinnig (*at, with* på), vild; (*om väder, hav*) stormig, häftig; *drive (make) s.b. ~* göra ngn rasande (ursinnig) **6** vild, olaglig (*strike* strejk) **II** *adv* vilt; ohejdat; planlöst; på måfå; *run ~ a)* växa (leva) vilt, leva i vilt tillstånd, förvildas, *b*) springa omkring fritt (vind för våg), *c*) bli utom sig, tappa besinningen, *d*) löpa amok; *let one's imagination run ~* låta fantasin få fritt spelrum **III** *s* **1** *animals in the ~* djur i vilt tillstånd **2** *~s* (*pl*) vild-, öde|mark[er], obygd[er]
wild boar ['waɪldbɔ:] *zool.* vildsvin **wildcat I** *s* **1** vildkatt; lodjur; *bildl.* vildkatt[a] **II** *a* vild; vanvettig; svindel-; *~ schemes* vilda (vanvettiga) planer; *~ strike* vild strejk
wildebeest ['wɪldɪbi:st] (*pl lika*) Sydafr. gnu
wilderness ['wɪldənɪs] **1** vild-, öde|mark; *a voice* [*crying*] *in the ~* (*bildl.*) en röst [ropar] i öknen **2** röra; virrvarr, gytter
wild|-eyed ['waɪldaɪd] **1** vilt stirrande **2** omöjlig, fantastisk **-fire** [-‚faɪə] *s, spread like ~* sprida sig som en löpeld **-fowl** [-faʊl] *koll.* vildfågel (*i sht vildgäss, änder, fasaner*) **--goose** [-gu:s] *a, ~ chase* hopplöst företag; *be on a ~ chase* vara på villospår **-life** [-laɪf] djur- och växtliv, vilda djur och växter **-ly** [-lɪ] *adv, vard.* enormt, fantastiskt **-ness** [-nɪs] vildhet; häftighet, ursinne; *jfr wild*
wiles [waɪlz] *pl* lister, knep
wilful ['wɪlf(ʊ)l] **1** egensinnig, envis **2** avsiktlig, uppsåtlig, överlagd; *~ murder* överlagt mord
will I hjälpv [wɪl, obeton. l, wəl, əl] (*imperf. would, se detta ord; i pres. ofta 'll, nekande ofta won't*) **1** vill; *~ you be quiet?* vill du vara tyst!, var tyst!; *~ you pass the salt, please?* vill du vara snäll och skicka saltet?; *~ you help me? - ~ I!* vill du hjälpa mig? - ja visst!, mycket gärna!; *the door won't open* dörren går inte att öppna; *shut the window, ~ you?* stäng fönstret, är du snäll!; *won't you sit down?* var så god och sitt!; *the car won't start* bilen vill inte starta (startar inte) **2** skall; kommer att; ämnar, tänker; *I'll be right there!* [jag] kommer strax!; *that ~ be the best for all of us* det blir det bästa för oss alla; *you ~ come to see us, won't you?* du kommer väl och hälsar på oss?; *what ~ I do?* vad skall jag göra?; *I wonder what he ~ do next* jag undrar vad han skall (kommer att, ämnar, tänker) göra härnäst; *I ~ have my way* jag skall ha min vilja fram; *you ~ not talk to me like that!* tala inte till mig på det sättet! **3** torde; *that ~ do* det räcker (duger, är bra); *that'll be the postman* det är nog brevbäraren; *ask him - he'll know* fråga honom - han vet säkert **4** *boys ~ be boys* pojkar är [nu en gång] pojkar; *accidents ~ happen* en olycka händer så lätt; *these things ~ happen* sådant händer **5** brukar, kan; *he ~ sit like that for hours* han brukar (kan) sitta så där i timmar **6** kan; *the cinema ~ seat 500 people* biografen rymmer 500 personer (har 500 sittplatser) **II** *v* [wɪl] (*~ed, ~ed*) **1** vilja; *God ~ing om* Gud vill **2** påverka, förmå, få; *he ~ed himself to stay awake* han tvingade sig att hålla sig vaken **3** testamentera **III** *s* [wɪl] **1** vilja; *good ~* god vilja, välvilja; *ill ~* illvilja; *an effort of ~* en viljeansträngning; *~ to live* livsvilja, vilja att leva; *at ~* efter behag (eget gottfinnande), som du (han *etc.*) vill, fritt; *of one's own free ~* av [egen] fri vilja; *with a ~* med liv och lust, ivrigt; *thy ~ be done* (*bibl.*) ske din vilja; *where there is a ~ there is a way* man kan vad (bara) man vill; *have one's ~* få sin vilja fram **2** testamente; *my last ~ and testament* min sista (yttersta) vilja, mitt testamente
willed [wɪld] med...vilja
willful ['wɪlf(ʊ)l] *AE., se wilful*
William ['wɪljəm] (*som kunganamn*) Vilhelm
willies ['wɪlɪz] *pl, se willy*
willing ['wɪlɪŋ] **1** villig; tjänst-, bered|villig; ivrig; *be ~ to do s.th.* (*äv.*) gärna göra ngt **2** frivillig **-ly** [-lɪ] *adv* **1** villigt, gärna, tjänst-, bered|villigt **2** frivilligt **-ness** [-nɪs] villighet; tjänst-, bered|villighet; iver
will-o'-the wisp [‚wɪləðə'wɪsp] **1** irrbloss; *bildl.* bländverk **2** spelevink
willow ['wɪləʊ] *bot.* pil[träd]; vide, sälg; *weeping ~* tårpil **willow pattern** [-‚pætən] (*på porslin*) pilträdsmönster **willow tit** [-tɪt] *zool.* talltita **willow warbler** [-‚wɔ:blə] *zool.* lövsångare
willowy [-ɪ] slank, smärt
will-power ['wɪl‚paʊə] vilje|styrka, -kraft
willy ['wɪlɪ] *vard.* **1** *i sht barnspr.* snopp (*penis*) **2** *it gives me the willies* det ger mig stora skälvan
willy-nilly [‚wɪlɪ'nɪlɪ] antingen man vill eller inte, med eller mot sin vilja
1 wilt [wɪlt] **1** sloka; vissna; mjukna **2** tappa modet; svikta; tröttna **3** komma att sloka (vissna, mjukna) **4** komma att tappa modet (svikta, tröttna)
2 wilt [wɪlt] *åld. el. dial.*, 2 *pers. pres. sg av will; thou ~* du vill
Wilton ['wɪlt(ə)n] wilton[matta]
Wilts. *fork. för Wiltshire* **Wiltshire** ['wɪltʃə]
wily ['waɪlɪ] listig, slug, förslagen
Wimbledon ['wɪmbld(ə)n]
wimp [wɪmp] *vard.* försagd typ, ynkedom **-ish** ['wɪmpɪʃ] *vard.* försagd, menlös
wimple ['wɪmpl] **I** *s* **1** [nunne]dok; slöja **2** *Sk.* flodkrök

win [wɪn] **I** v (won, won) **1** vinna, vinna i (vid); tillkämpa sig, erövra, ta [hem]; skaffa sig, förvärva; få; [upp]nå; ~ s.b. to do s.th. få ([lyckas] övertala) ngn att göra ngt; ~ s.b. over (round) vinna ngn för sin sak, få över ngn på sin sida, få ngn med sig, [lyckas] övertala ngn; ~ s.b. over to an idea vinna ngn för en idé; it won her the first price det gjorde att hon vann (gav henne) första pris[et]; you can't ~ (vard.) du har inte en chans **2** utvinna (from ur) **3** vinna, segra (by 5-1 med 5-1); [lyckas] komma; ~ free [lyckas] göra sig fri (kämpa sig loss); ~ hands down vinna med händerna på ryggen (lätt); ~ out a) [lyckas] komma ut, b) lyckas [hävda sig, klara sig], vinna (segra) [till slut]; ~ through [lyckas] komma (kämpa sig) igenom, bildl. äv. lyckas, klara sig **II** s **1** vard. seger, framgång; sport. seger **2** vinst, förtjänst

wince [wɪns] **I** v rycka till (at a sound vid ett ljud); förvrida ansiktet (with pain av smärta); rygga [tillbaka] (at inför) **II** s ryckning

winch [wɪn(t)ʃ] **I** s vinsch; vev **II** v vinscha; veva; ~ up vinscha (veva) upp

1 wind [wɪnd; poet. ibl. waɪnd] **I** s **1** vind (äv. bildl.); blåst, fläkt, luft[drag]; the ~ of change förändringens vind[ar]; change of ~ vindkantring; gust of ~ vindstöt; from the four ~s från alla fyra väderstrecken, från alla håll; in the teeth (eye) of the ~ (sjö.) i vindöget; into the ~ (sjö.) upp i vind, mot vinden; like the ~ (bildl.) snabbt som vinden, med vindens hastighet; be in the ~ (bildl.) ligga i luften, vara under uppsegling; find out which way the ~ is blowing (bildl.) ta reda på varifrån (vart) vinden blåser; raise the ~ (BE. vard.) skaffa pengar; sail close to the ~ a) (sjö.) gå högt upp i vind, b) bildl. gå så långt man vågar, tangera gränsen för det tillåtna; take the ~ out of a p.'s sails (bildl.) ta loven av ngn; throw caution to the ~ kasta all försiktighet överbord **2** väderkorn; get ~ of få väderkorn (vittring) på, vädra, bildl. äv. få nys om; get ~ that få nys om (reda på) att; have in the ~ ha fått vittring (väderkorn) på **3** andning; anda; be short of ~ vara andfådd; get one's second ~ (sport., bildl.) komma in i andra andningen; lose one's ~ tappa andan; regain one's ~ hämta andan; sound in ~ and limb kärnfrisk, i utmärkt kondition **4** gaser [i magen], väderspänning[ar]; break ~ släppa sig (väder); bring up ~ rapa; get (have) the ~ up (vard.) bli (vara) skraj; put the ~ up s.b. (vard.) göra ngn skraj **5** [tomt] prat, munväder; he's full of ~ (bildl.) han är en riktig pratmakare; **6** mus., the ~ blåsarna, blåsinstrumenten **II** v **1** göra andfådd (utmattad) **2** vädra, få väderkorn (vittring) på **3** lufta, lufttorka

2 wind [waɪnd] (~ed, ~ed el. wound, wound) poet. blåsa (a signal en signal); blåsa [i] (a horn ett horn)

3 wind [waɪnd] **I** v (wound, wound) **1** linda, vira, veckla, sno, slå; ~ one's arm around slå armarna om; ~ a shawl around svepa en sjal om **2** nysta; spola; veva [på], vrida [på]; vinda (veva, dra, vrida) upp; ~ back spola (veva) tillbaka; ~ down a) veva ner, b) bildl. dra (trappa) ner, minska; ~ on spola (veva) fram; ~ up a) nysta upp, b) vinda (veva) upp, c) dra (vrida) upp, d) bildl. driva (skruva) upp, e) [av]sluta, f) upplösa, avveckla, g) vard. reta upp, h) vard. lura, skoja med; to ~ up the party som avslutning på festen; wound up spänd, nervös **3** ~ one's way slingra sig [fram] **4** slingra [sig]; ringla sig **5** linda (sno) sig **6** dras (vridas) upp **7** ~ down (bildl.) varva ner; ~ up a) [till slut] hamna, b) sluta; to ~ up avslutningsvis; we wound up at a nightclub efteråt (som avslutning) gick vi på en nattklubb; he will ~ up as director han kommer att sluta som direktör **II** s **1** vridning; varv; give the clock a ~ dra (vrida) upp klockan; give the clock one more ~ vrida upp klockan ett varv till **2** slingring, krök[ning], bukt

wind|bag ['wɪndbæg] **1** vard. prat|makare, -kvarn **2** (säckpipas) vindsäck **-break** vindskydd **-breaker** [-ˌbreɪkə] AE., **-cheater** [-ˌtʃiːtə] BE. vindtygsjacka

winded ['wɪndɪd] andfådd; som har tappat luften

winder ['waɪndə] **1** [ur]nyckel **2** haspel; spole **3** slinger-, kläng|växt

windfall 1 fallfrukt **2** skänk från ovan, glad överraskning **windflower** [-ˌflaʊə] sippa; vitsippa **wind gauge** [-geɪdʒ] vindmätare

winding ['waɪndɪŋ] **I** a slingrande, krokig **II** s **1** slingring; krök[ning]; vindling **2** uppdragning (of a watch av en klocka) **3** tekn. lindning **4** bildl., ~s (pl) krokvägar, omsvep **winding sheet** [lik]svepning **winding staircase** [-ˌsteəkeɪs] vindel-, spiral|trappa

wind instrument ['wɪndˌɪnstrʊmənt] blåsinstrument **windjammer 1** sjö. windjammer (segelfartyg) **2** vindtygsjacka **windlass** [-ləs] vinsch, vindspel **windmill** [-mɪl] **1** väderkvarn; tilt at (fight) ~s (bildl.) slåss mot väderkvarnar **2** [leksaks]snurra **3** vard. helikopter; propeller

window ['wɪndəʊ] **1** fönster; skyltfönster **2** lucka; ticket ~ biljettlucka **window box** blom[ster]låda (utanför fönster) **window cleaner** [-ˌkliːnə] fönsterputsare **window-dressing** [-ˌdresɪŋ] **1** fönsterskyltning **2** bildl. [tom] fasad; bländverk; propaganda **window envelope** [-ˌenvələʊp] fönsterkuvert **window frame** [-freɪm] fönster|karm, -ram **windowpane** [-peɪn] fönsterruta **window sash** [-sæʃ] fönsterbåge **window seat 1** fönsterbänk **2** (i buss e.d.) fönsterplats **window-shop** [-ʃɒp] fönstershoppa, titta i skyltfönster **windowsill** [-sɪl] fönsterbräde; fönsterbleck

windpipe ['wɪn(d)paɪp] luftstrupe **wind rose** vind-, kompass|ros

windscreen ['wɪn(d)skriːn] BE. (på bil) vindruta **windscreen washer** [-ˌwɒʃə] BE. vindrutespolare **windscreen wiper** [-ˌwaɪpə] BE. vindrutetorkare

windshield ['wɪn(d)ʃiːld] **1** AE., se windscreen **2** vindskydd

Windsor ['wɪnzə]

wind|surfer ['wɪn(d)ˌsɜːfə] **1** surfingbräda **2** vindsurfare **-surfing** [-ˌsɜːfɪŋ] vindsurfning; go ~ vindsurfa **-swept** [-swept] vindpinad

wind tunnel ['wɪn(d)ˌtʌnl] vindtunnel

wind-up ['waɪndʌp] **I** s, i sht AE. avslutande; avslutning, slut **II** a uppdragbar; vev-

windward ['wɪndwəd] sjö. **I** a lovarts-, vind-; W~ Islands Öarna över vinden **II** adv i lovart, på vindsidan **III** s lovart[s]sida; get to ~ of komma i lovart

windy—wise

om
windy ['wındı] **1** blåsig **2** *vard.* svulstig, mångordig, svamlig **3** *vard.* uppblåst, bubblig i magen **4** *sl.* skraj, byxis
wine [waın] **I** *s* **1** vin; *new ~ in old bottles* nytt vin i gamla läglar **2** vinrött **II** *v* **1** dricka vin; *go out wining and dining* gå ut och äta och dricka gott **2** bjuda på vin; *~ and dine s.b.* bjuda ut ngn på [en flott] restaurang
winebibber ['waın,bıbə] vindrinkare **wine cellar** vinkällare **wine cooler** vinkylare **wineglass** [-glɑ:s] vinglas **wine-grower** [-,grəʊə] vinodlare **wine-merchant** [-mɜ:tʃ(ə)nt] vinhandlare **winepress** [-pres] vinpress **winery** [-ərı] *i sht AE.* vintillverkare
wing [wıŋ] **I** *s* **1** vinge; *on the ~ a)* flygande, i flykten, *b)* i farten, på resande fot, i luften, *c)* resklar; *clip a p.'s ~s* (*bildl.*) vingklippa ngn; *spread* (*stretch*) *one's ~s* (*bildl.*) pröva sina vingar; *take ~ a)* litt. lyfta, flyga upp, *b) bildl.* ge sig av i hast, flyga sin kos; *take s.b. under one's ~* (*bildl.*) ta ngn under sina vingars skugga **2** *byggn., mil., polit.* flygel; *byggn. äv.* flygel-, sido|byggnad **3** *BE.* (*på bil*) flygel, stänkskärm **4** *sport.* ytter; ytterkant **5** *teat.,* *~s* (*pl*) kulisser; *in* (*on*) *the ~s* i kulisserna **6** *flyg.* [flyg]flottilj; *AE.* [flyg]eskader **II** *v* **1** förse med vingar; ge vingar [åt] **2** vingskjuta
wing chair ['wıŋtʃeə] öronlappsfåtölj **wing commander** [-kə,mɑ:ndə] (*i flygvapnet*) överstelöjtnant **winged** [-d] **1** bevingad (*äv. bildl.*), vingförsedd **2** vingskjuten **winger** [-ə] *sport.* ytter **wing nut** [-nʌt] vingmutter **wing sheath** [-ʃi:θ] *zool.* täckvinge **wing|span** [-spæn], **-spread** [spred] *zool., flyg.* vingbredd **wing tip** [-tıp] vingspets
wink [wıŋk] **I** *v* **1** blinka med; *bildl.* blunda för **2** blinka; *~ at a)* blinka åt, *b)* blunda för; *as easy as ~[ing]* lekande lätt **II** *s* **1** blink[ning]; *bildl.* vink; *in a ~* i ett huj; *give s.b. a ~* blinka åt ngn; *tip s.b. the ~* (*vard.*) ge ngn en vink, tipsa ngn; *a nod is as good as a ~* du (man) behöver inte säga mer **2** blund; *have forty ~s* ta sig en [liten] [tupp]lur; *I didn't sleep a ~* (*get a ~ of sleep*) jag fick inte en blund i ögonen
winkle [wıŋkl] **I** *s* (*ätlig*) strandsnäcka **II** *v, i sht BE. vard., ~ out* pilla fram (ut) (*of* ut), locka fram (*of* ur); *~ s.th. out of s.b.* locka ur ngn ngt
winner ['wınə] **1** vinnare, segrare **2** *vard.* succé, framgång, fullträff
Winnie the Pooh [,wınıðə'pu:] Nalle Puh
winning ['wınıŋ] **I** *a* vinnande, segrande; vinnar-; vinst-; *bildl.* vinnande (*smile* leende), intagande, förtjusande **II** *s, ~s* (*pl*) vinst[er] **winning post** mål|stolpe, -linje
winnow ['wınəʊ] **1** *lantbr.* vanna, rensa (*grain* säd) **2** sålla [fram] **-er** [-ə] [sädes]vanna
wino ['waınəʊ] *AE. sl.* vin|alkis, -fyllo
winsome ['wınsəm] *litt.* charmerande, vinnande, älskvärd
winter ['wıntə] **I** *s* (*jfr autumn*) vinter **II** *v* övervintra, tillbringa vintern **III** *a* vinter-; *W~ Olympic Games* (*Olympics*) olympiska vinterspel **winter cherry** [-,tʃerı] *bot.* judekörs **wintergreen** [-gri:n] *bot.* vintergröna **winterize** [-raız] anpassa för vinterförhållanden; vinterbona **winterly** [-lı] *se* **wintry winter solstice**
[-,splstıs] vintersolstånd **wintry** ['wıntrı] vintrig, vinterlik, vinter-; *bildl.* kylig, frostig
wipe [waıp] **I** *v* **1** torka; torka av (bort); sudda (stryka) ut; gnida; torka med (*a cloth over s.th.* med en trasa på ngt); *~ one's eyes* torka tårarna; *~ one's face* torka sig i ansiktet; *~ one's nose* snyta sig, torka sig om näsan; *~ one's feet* torka [sig om] fötterna; *~ the floor with s.b.* (*vard.*) sopa golvet med ngn, slå ut ngn fullständigt; *~ away* torka bort; *~ down* torka av (ren); *~ off a)* torka av (bort), sudda (stryka) ut, *b) se wipe out b)*; *~ the smile off a p.'s face* (*vard.*) få ngn att sluta flina; *~ s.th. off the map* (*face of the earth*) radera ut (utplåna) ngt; *~ out a)* torka (gnida) ur (bort), sudda (stryka) ut, *b)* göra sig kvitt, rentvå sig från, utplåna, *c)* utradera, utplåna, förinta, tillintetgöra; *~ up* torka [upp] **2** torka; gnida; *~ at one's face* torka sig i ansiktet; *~ off* kunna torkas bort (av) **II** *s* [av]torkning; *give s.th. a ~* torka [av] ngt
wiper ['waıpə] **1** [tork]trasa **2** [vindrute]torkare
wire [waıə] **I** *s* **1** [metall-, stål]tråd; vajer, wire; ledning[stråd], kabel; lina; *i sht AE.* telegram, telegraf; *on the ~* (*vard.*) i på tråden, i telefon; *under the ~* (*AE. vard.*) i sista sekund, nätt och jämnt, med nöd och näppe; *pull ~s* (*vard.*) använda sitt inflytande, utnyttja sina kontakter (förbindelser); *pull the ~s* (*bildl.*) hålla (dra) i trådarna **2** *mus.* [metall]sträng **II** *v* **1** dra in ledningar i, förse med ledningar; ansluta (till elnätet); *~ [up] a house* [*for electricity*] dra in elektricitet i ett hus, ansluta ett hus till elnätet **2** fästa (linda om) med [stål]tråd **3** trä upp på [metall]tråd **4** *vard.* telegrafera [till], skicka [ett] telegram [till] **5** *vard.* telegrafera (*for* efter), skicka [ett] telegram
wire brush ['waıəbrʌʃ] stålborste **wired** [-d] **1** larmad (*med tjuvlarm*) **2** avlyssnad (*med dolda mikrofoner*) **wire entanglement** [-ın,tæŋglmənt] *mil.* taggtrådshinder **wire gauze** [-gɔ:z] metallträds|duk, -väv **wire-haired** [-heəd] (*om djur*) strävhårig
wireless ['waıəlıs] *åld.* **I** *a* **1** trådlös (*telegraphy* telegrafi) **2** radio-; *~ operator* [radio]telegrafist; *~ set* radioapparat **II** *s* radio[apparat]
wire netting ['waıə,netıŋ] metall-, stål|trådsnät **wire-puller** person som håller i trådarna, intrigmakare **wire-pulling** intrigspel, spelet bakom kulisserna **wire-tap** [-tæp] *i sht AE.* avlyssna (*telefon*) **wire-tapping** [-,tæpıŋ] telefonavlyssning **wire wool** [-wu:l] stålull **wireworm** [-wɜ:m] *zool.* knäpparlarv
wiring ['waıərıŋ] **1** elektriska ledningar, ledningsnät **2** ledningsdragning **wiry** [-ı] **1** senig; **2** stål|trådsliknande; stripig
Wis. *förk. för* Wisconsin
Wisconsin [wıs'kɒnsın]
wisdom ['wızdəm] visdom, vishet, klokhet; *the ~ of s.th.* (*äv.*) det kloka i ngt; *have the ~ to* ha förstånd att **wisdom tooth** visdomstand; *cut one's wisdom teeth* nå mogen ålder
1 wise [waız] **I** *a* **1** vis, klok, förståndig; förnuftig, välbetänkt; förutseende; *you'd be ~ to* det vore klokt av dig att; *be ~ after the event* vara efterklok; *be none the ~r* [*for it*] inte bli ett dugg klokare [för det]; *nobody will be* [*any*] *the ~r* ingen kommer att märka (fatta) ngt; *be ~ in the*

ways of the world ha livserfarenhet; *get ~ to s.th. (AE. vard.)* komma underfund (bli på det klara) med ngt, få nys om ngt; *put s.b. ~ to s.th. (vard.)* upplysa ngn om ngt, göra ngt klart för ngn **2** förnumstig; *~ guy (AE. vard.)* förståsigpåare, viktigpetter **II** *v, vard.* **1** *~ s.b. up to s.th.* [försöka] få ngn att fatta (inse) ngt, informera ngn om ngt **2** *AE. vard.*, *~ up to s.th.* fatta (inse) ngt; *~ up!* försök att fatta!
2 wise [waɪz] *åld.*, *any ~* på något vis; *in no ~* på intet vis
wise|acre ['waɪzˌeɪkə] besserwisser; snusförnuftig (mästrande) person **-crack** [-kræk] **I** *s* kvickhet; spydighet **II** *v* säga kvickheter, vara kvick; vara spydig **-cracker** [-ˌkrækə] lustigkurre
wisely ['waɪzlɪ] *adv* **1** vist, klokt *etc.*, *se wise* **2** klokt nog
wish [wɪʃ] **I** *v* **1** önska; [skulle] vilja; vilja ha; *what do you ~ me to do?* vad vill du att jag ska göra?, *vad ska jag göra?*; *I ~ I could (äv.)* om jag bara kunde; *I ~ him to come* jag önskar (vill) att han ska komma; *I ~ to say* jag skulle vilja säga; *I ~ he were here* jag önskar [att] han (om han ändå) vore här; *I would not ~ it on my worst enemy* det skulle jag inte vilja önska min värsta ovän **2** [till]önska; *~ s.b. joy* lyckönska ngn; *I ~ you well!* lycka till!; *he ~es her well* han vill henne väl **3** önska [sig ngt]; *as you ~* som du vill (önskar); *~ for* önska [sig], längta efter; *~ upon a star* önska sig ngt när en stjärna faller **II** *s* önskan, önskemål (*for* om); vilja, lust (*for* till), längtan (*for* efter, till); *~es (pl, äv.)* a) [lyck]önskningar, b) hälsningar; *your ~ is my command* din önskan är min lag; *I have no ~ to* jag har ingen önskan (lust) att, jag önskar (vill) inte; *get one's ~* få sin önskan uppfylld, få som man vill; *make a ~* önska [sig ngt]
wishbone ['wɪʃbəʊn] *(på fågel)* gaffelben; önskeben **wishful** [-f(ʊ)l] längtansfull, längtande; *~ thinking* önsketänkande
wish-wash ['wɪʃwɒʃ] *vard.* **1** blask, lank **2** svammel; pladder **wishy-washy** [-ˌwɒʃɪ] *vard.* **1** blaskig, lankig, vattnig, tunn **2** halvhjärtad, matt, färglös
wisp [wɪsp] **1** [hö]tapp, bunt, knippa; tofs, tott; *~ of grass* grästuva; *~ of hair* hår|test, -tofs, tott; *~ of smoke* rök|slinga, -strimma **2** liten bit, litet stycke; *~ of a girl* liten flickunge **3** antydan
wispy ['wɪspɪ] **1** tovig **2** tunn, spenslig, spinkig
wisteria [wɪ'stɪərɪə] *bot.* blåregn
wistful ['wɪstf(ʊ)l] längtansfull, trånande, trängtande, trånsjuk
wit [wɪt] **I** *s* **1** kvickhet; espri[t], spiritualitet; *~[s]* förstånd, vett, klokhet, intellekt; *I was at my ~s' end* jag visste varken ut eller in; *be out of one's ~s* vara ifrån sig (från vettet); *collect (gather) one's ~s* ta sig samman, samla sig; *have a ready ~* vara kvicktänkt (slagfärdig); *have the ~ to* ha vett (förstånd) att; *have (keep) one's ~s about one* vara på alerten (uppmärksam), ha tankarna med sig; *live by one's ~s* mygla sig fram; *scare (terrify) s.b. out of his ~s*, *frighten the ~s out of s.b.* skrämma livet ur ngn (ngn från vettet); *sharpen one's ~s* skärpa uppmärksamheten **2** kvickhuvud, kvick (spirituell) människa **II** *adv, åld, to ~* nämligen, det vill säga

witch [wɪtʃ] **1** häxa, troll|kvinna, -packa **2** förtrollande kvinna, förtrollerska
witchcraft ['wɪtʃkrɑːft] häxeri, trolldom, [svart] magi; trollkonster **witch doctor** [-ˌdɒktə] medicinman, trollkarl **witchery** [-ərɪ] *se witchcraft*
witch hazel [-ˌheɪzl] *bot.* trollhassel **witch hunt** [-hʌnt] häxjakt; *bildl. äv.* klappjakt
witching [-ɪŋ] **I** *a* häx-, troll-, förhäxande; *the ~ hour* spöktimmen **II** *s, se witchcraft*
with [wɪð, *framför tonlöst konsonant äv.* wɪθ] **1** med; med hjälp av; tillsammans med; hos; bland; till; i; för; i proportion till, i takt med; *~ no hat on* utan hatt [på sig]; *how are things ~ you?* hur står det till [med dig]?; *I'll be ~ you in a moment* jag kommer [till dig] alldeles strax; *the problem is still ~ us* vi har fortfarande samma problem; *are you ~ me? (vard.) a)* hänger (är) du med?, fattar du?, *b)* håller du med?, går du med på det?; *I'm quite ~ you* jag håller fullständigt med dig; *is she ~ us or against us?* är hon med (för) oss eller emot oss?; *bring a book ~ you!* ta med dig en bok!; *blue does not go ~ green* blått passar inte till grönt; *have a job with* ha arbete hos (på, vid); *I haven't got the money ~ me* jag har inte pengarna på mig; *wine improves ~ age* vin blir bara bättre med åren; *put it ~ the rest* lägg den till (bland) de andra; *stay ~ a friend* bo hos en vän; *walk ~ a stick* gå med käpp **2** med; mot; på; *angry ~ s.b.* arg på ngn; *friendly ~ s.b.* vänlig mot ngn; *fight ~* kämpa med (mot) **3** [i och] med; i betraktande av, med hänsyn till; när det gäller, hos, med, för; *it's OK ~ me! (vard.)* gärna för mig!; *the trouble ~ him is that* problemet med honom är att; *you can't leave ~ your father so ill* du kan inte ge dig i väg när din far är så sjuk **4** trots, med; *~ all his faults* trots alla sina fel; *~ the best will in the world* med bästa vilja i världen **5** av; i; *be down ~ the flu* ligga [sjuk] i influensa; *die ~ cancer* dö i cancer; *shiver ~ cold* darra av köld **6** *vard.*, *be ~ it* vara modern (fashionabel); *get ~ it* hänga med
withal [wɪ'ðɔːl] *litt.* **1** därtill, tillika **2** icke desto mindre
withdraw [wɪð'drɔː] *(withdrew, withdrawn)* **1** dra tillbaka (bort, undan); ta bort (ut), avlägsna; dra in; ta tillbaka, återkalla, upphäva; *~ money from the bank* ta ut pengar från banken; *the workers withdrew their labour* arbetarna lade ner arbetet **2** dra sig tillbaka (undan, ur); gå avsides (ut), avlägsna sig; träda tillbaka; utträda **withdrawal** [-(ə)l] **1** tillbakadragande, borttagande, avlägsnande *etc.*, *jfr withdraw 1* **2** utträde, utträdande (*from* ur); tillbakaträdande; *mil.* reträtt, återtåg **3** uttag *(från bank)* **withdrawal symptoms** [-ˌsɪmptəmz] abstinensbesvär **withdrawn** [-n] **I** *perf. part av withdraw* **II** *a, bildl.* tillbakadragen, reserverad; inåtvänd
withe [wɪθ] vidja; vidjeband
wither ['wɪðə] **1** *~ [away]* vissna, förtorka, förtvina, *bildl.* tyna bort, försvinna **2** komma att vissna, göra vissen **3** förinta, tillintetgöra; *~ s.b. with a look* ge ngn en förintande blick **-ing** [-rɪŋ] *a* **1** vissnande *etc.*, *jfr wither 1* **2** *bildl.* förintande, tillintetgörande
withers ['wɪðəz] *pl (hästs)* manke
withershins ['wɪðəʃɪnz] *i sht Sk.* moturs

withhold—women's suffrage

withhold [wɪð'həʊld] (*withheld, withheld*) **1** hålla inne; vägra att ge; ~ *s.th. from s.b.* undanhålla ngn ngt **2** ~ *from* avstå från, avhålla sig från
within [wɪ'ðɪn] **I** *prep* inom; [inne] i, inuti; innanför; inom loppet av; ~ *o.s. a*) utan att ta ut (överanstränga) sig, *b*) i sitt inre, inom sig; ~ *an ace of* en hårsmån från, ytterst nära; *from* ~ *the church* inifrån kyrkan; *be* ~ *doors* vara inne (inomhus); *live* ~ *one's income* inte leva över sina tillgångar; ~ *a kilometre* på mindre än en kilometers avstånd; ~ *the law* inom lagen[s råmärken]; ~ *a month of her arrival* en månad före (efter) hennes ankomst; ~ *sight* inom synhåll, i sikte; *well* ~ *a year* på (inom) avsevärt mindre än ett år **II** *adv* [där]inne; inuti, innanför, på insidan, invändigt; inomhus; *bildl.* i sitt inre, inom sig; *from* ~ inifrån
without [wɪ'ðaʊt] **I** *prep* **1** utan; ~ *my noticing it* utan att jag märker (märkte) det; *times* ~ *number* otaliga gånger **2** *åld. el. högt.* utanför; *be* ~ *doors* vara ute (utomhus); *from* ~ *the room* [från någonstans] utanför rummet; *from* ~ *the street* utifrån gatan **II** *adv* **1** *åld. el. högt.* [där]ute; utanpå, utanför, på utsidan, utvändigt; utomhus; *bildl.* på ytan, till det yttre; *from* ~ utifrån **2** *do* ~ klara sig utan; *go* ~ bli utan, [få] vara utan **III** *konj, vard.* om inte; utan att
withstand [wɪð'stænd] (*withstood, withstood*) motstå, [kunna] stå emot, uthärda, tåla
witless ['wɪtlɪs] vettlös, enfaldig; *it scares me* ~ det skrämmer mig från vettet
witness ['wɪtnɪs] **I** *s* **1** vittne; ~ *of a signature* person som bevittnar en namnteckning; *before* ~*es* inför vittnen, i vittnens närvaro; *be* [*a*] ~ *of* (*to*) vara vittne till, bevittna **2** vittnes|börd, -mål; bevis, tecken; *in* ~ *whereof* till bestyrkande varav; *bear* ~ *to a*) bära vittnesbörd (vittna) om, [be]visa, *b*) intyga, styrka; *give* ~ vittna **II** *v* **1** vara vittne till, bevittna, se, vara med om [att uppleva], uppleva; närvara vid [som vittne] **2** bära vittnesbörd om, [be]visa; intyga, vittna; bevittna (*namnteckning e.d.*) **3** [*as*] ~ om det (härom, därom) vittnar; ~ *the case of G.* ta bara fallet G. som exempel, tänk (se) bara på fallet G. **4** vara vittne, vittna; ~ *to* bevittna, vittna om, intyga
witness box ['wɪtnɪsbɒks] *BE.,* **witness stand** *AE.* vittnesbås
witter ['wɪtə] *vard.* pladdra, mala (*about* om)
witticism ['wɪtɪsɪz(ə)m] kvickhet, lustighet, vits
wittingly ['wɪtɪŋlɪ] *adv* avsiktligt, med avsikt (vett och vilja)
witty ['wɪtɪ] kvick, spirituell, vitsig
wives [waɪvz] *pl av* wife
wizard ['wɪzəd] **I** *s* **1** trollkarl **2** mästare, expert, geni, [riktig] trollkarl **II** *a, i sht BE. vard.* fantastisk, enastående **-ry** [-rɪ] trolleri
wizened ['wɪznd] förtorkad, skrumpen, rynkig
wk. *förk. för* week; *weak; work* **wkly.** *förk. för* weekly **WLM** *förk. för* Women's Liberation Movement **WNW** *förk. för* west-northwest **W.O.** *förk. för* War Office; Warrant Officer; wireless operator **w/o** *förk. för* without; written off
woad [wəʊd] *bot.* vejde
wobble ['wɒbl] **I** *v* **1** vackla, vingla [till]; vagga, gunga, vicka; *bildl.* vackla, vara osäker **2** darra,

skaka **3** få att vackla (vingla *etc.*, *jfr 1*); vagga (gunga, vicka) på **II** *s* vacklande, vinglande; vaggning, gungning; *bildl.* vacklan **wobbly** [-ɪ] vacklande, vinglig, osäker, ostadig
woe [wəʊ] *litt.* **I** *s* olycka, ve, sorg, bedrövelse; ~*s* olyckor, sorger, lidanden; *tale of* ~ sorglig (lidandes) historia; ~ *betide* (*to*) *you* ve dig, akta dig **II** *interj, åld.,* ~ [*is me*]! ve [mig]! **-begone** ['wəʊbɪˌgɒn] högt. el. skämts. [djupt] olycklig, bedrövad, förtvivlad **-ful** ['wəʊf(ʊ)l] högt. **1** bedrövad, olycklig **2** sorglig, eländig; bedrövlig
wog [wɒg] *BE. sl. neds.* svartskalle
woke [wəʊk] *imperf. av 1* wake **woken** ['wəʊk(ə)n] *perf. part. av 1* wake
wolf [wʊlf] **I** *s* (*pl* wolves) **1** varg, ulv **2** *bildl.*, *a lone* ~ en ensamvarg; *a* ~ *in sheep's clothing* en ulv i fårakläder; *cry* ~ ropa vargen kommer, ge falskt alarm; *have a* ~ *in one's stomach* vara hungrig som en varg; *keep the* ~ *from the door* hålla nöden (svälten) från dörren; *throw to the wolves* kasta för vargarna; *who is afraid of the big bad* ~? ingen rädder för vargen här! **3** *vard.* Don Juan, kvinnojägare, förförare **II** *v,* ~ [*down*] glufsa i sig, sluka
wolf|bane ['wʊlfbeɪn] *bot.* stormhatt **-hound** ['wʊlfhaʊnd] varghund
wolfram ['wʊlfrəm] *kem.* volfram
wolfsbane ['wʊlfsbeɪn] *se* wolfbane
wolf whistle ['wʊlfˌwɪsl] **I** *s* uppskattande vissling **II** *v* vissla uppskattande (*at* efter)
Wolverhampton ['wʊlvəˌhæm(p)tən]
wolverine ['wʊlvəriːn] *zool.* järv
wolves [wʊlvz] *pl av* wolf
woman ['wʊmən] (*pl* women ['wɪmɪn]) kvinna; kvinnan, kvinnor; dam; fruntimmer; käring; *vard.* tjej, brud, fru, älskarinna; *cleaning* ~ städerska; *the little* ~ (*vard.*) frugan; *my* (*the*) *old* ~ (*vard.*) min gamma, gumman; ~ *of the streets* gatflicka, prostituerad; *how like a* ~! typiskt kvinnor (fruntimmer)!; *be one's own* ~ vara oberoende; *the believe to a* ~ (*om kvinnor*) de tror alla
woman|hood ['wʊmənhʊd] **1** kvinnosläktet, kvinnor[na] **2** kvinnlighet; *you should be proud of your* ~ du skall vara stolt över att vara kvinna **3** (*om kvinna*) vuxen ålder **-ish** [-ɪʃ] *neds.* (*om man*) fruntimmersaktig **-izer** (*BE. äv.* -iser) [-aɪzə] donjuan, kvinnojägare **-kind** [ˌwʊmənˈkaɪnd] kvinnosläktet, kvinnfolk, kvinnor[na] **-like** ['wʊmənlaɪk] kvinnlig; fruntimmersaktig **-ly** ['wʊmənlɪ] *a* kvinnlig
woman teacher ['wʊmənˌtiːtʃə] kvinnlig lärare, lärarinna
womb [wuːm] *anat.* livmoder; moderliv, sköte
wombat ['wɒmbət] *zool.* (*slags pungdjur*) vombat
women ['wɪmɪn] *pl av* woman **women drivers** [-ˌdraɪvəz] *pl* kvinnliga bilförare **womenfolk** [-fəʊk] (*behandlas som pl*) kvinnfolk, kvinnor **Women's Lib** [ˌwɪmɪnzˈlɪb] *vard.* kvinnosaken **Women's Libber** [-ˈlɪbə] *vard.* kvinnosaks|kvinna, -anhängare, feminist **Women's Liberation** [-lɪbəˈreɪʃn] kvinnans frigörelse **women's rights** [-ˈraɪts] *pl* kvinnans rättigheter (likaberättigande) **women's suffrage** [-ˈsʌfrɪdʒ] kvinnlig rösträtt

won [wʌn] *imperf. o. perf part av* win
wonder ['wʌndə] **I** *s* **1** under[verk]; *the seven ~s of the world* världens sju underverk; *~s will never cease* (*vard.*) undrens tid är inte förbi; *a nine days' ~* (*bildl.*) en dagslända, en modefluga; *for a ~* märkvärdigt nog, för en gångs skull; *do* (*work*) *~s* göra under[verk]; *the ~ is that* det märkliga (konstiga) är att; *is it any ~ that?* är det underligt (konstigt, att undra på) att?; [*it is*] *no* (*little, small*) *~* det är inte underligt (konstigt, att undra på) **2** [för]undran (*at* över; *that* över att) **II** *v* **1** undra, fråga sig, skulle [gärna] vilja veta; *I ~!* det undrar jag!; *I ~ if I could...?* jag skulle vilja...!, skulle jag kunna få...?; *I was ~ing if you'd like to...?* skulle du [inte] vilja...?, vill du [inte]...? **2** förundra (förvåna) sig, förvånas (*at* över); *I ~* [*that*] *she didn't tell me* det förvånar mig att hon inte sa något till mig; *it is not to be ~ed at* det är inte att undra på; *he'll be drunk, I shouldn't ~* det skulle inte förvåna mig om han var full
wonder drug ['wʌndədrʌg] undergörande medel, undermedicin **wonderful** [-f(ʊ)l] underbar, fantastisk; märklig **wonderland** sagoland[et] **wonderment** [-mənt] förundran
wondrous ['wʌndrəs] *litt.* förunderlig, underbar
wonky ['wɒŋkɪ] *BE. vard.* ostadig, vinglig, ranglig, rank
wont [wəʊnt] *åld.* **I** *a* van; *he was ~ to say* han brukade säga **II** *s* vana; *as is my ~* som jag har för vana
won't [wəʊnt] = will not
wonted ['wəʊntɪd] *åld.* **1** sedvanlig, bruklig **2** van
woo [wu:] **1** *åld.* uppvakta; fria till **2** söka vinna, eftersträva **3** locka, värva
wood [wʊd] **1** trä; ved; träslag; virke **2** *~*[*s*] skog; *they can't see the ~ for the trees* de ser inte skogen för bara träd; *he is not out of the ~s yet* (*vard.*) han har inte klarat krisen (är inte ur knipan) ännu; *touch ~* ta i trä **3** (*i golf*) träklubba **4** *mus.* träblåsare **5** [vin-, öl]fat; *wine in ~* vin på fat; *beer from the ~* fatöl
wood alcohol ['wʊd,ælkəhɒl] träsprit **wood anemone** *bot.* [vit]sippa
woodbine ['wʊdbaɪn] *bot.* **1** vildkaprifol[ium] **2** *AE.* vildvin
wood|carver ['wʊd,kɑ:və] träsnidare **-carving** [-,kɑ:vɪŋ] **1** träsnideri **2** träskulptur, träsnideriarbete **-chuck** [-tʃʌk] *zool.* murmeldjur **-cock** [-kɒk] *zool.* morkulla **-craft** [-krɑ:ft] *i sht AE.* **1** skogsvana; skogskännedom **2** träsnideri **-cut** [-kʌt] träsnitt **-cutter** [-,kʌtə] **1** skogs-, timmer|huggare; vedhuggare **2** träsnidare
wooded ['wʊdɪd] skogig, skogrik **wooden** [-n] **1** trä-, av trä; *~ spoon a*) träsked, *b*) jumbopris (*i form av träsked*) **2** *bildl.* träaktig, trăig, stel, torr; klumpig; andefattig **wood engraver** [-ɪn,greɪvə] träsnidare **wood engraving** [-ɪn,greɪvɪŋ] **1** träsnideri **2** träsnitt **woodenhead** [-nhed] *vard.* träskalle
woodgrouse ['wʊdgraʊs] *zool.* tjäder
wood|land ['wʊdlənd] **I** *s* skogs|mark, -område, -bygd **II** *a* skogs- **-lark** *zool.* trädlärka **-louse** *zool.* gråsugga
woodman ['wʊdmən] **1** skogvaktare **2** skogsarbetare, -huggare, timmerhuggare
wood nymph ['wʊdnɪmf] *myt.* skogsnymf
woodpecker ['wʊd,pekə] *zool.* hackspett
wood pigeon *zool.* ringduva **woodpile** [-paɪl] vedtrave **wood pulp** [-pʌlp] trä-, pappers|massa **woodruff** [-rʌf] *zool.* myskmadra **woodscrew** ['wʊdskru:] träskruv **woodshed** ved|skjul, -bod
woodsman ['wʊdzmən] **1** skogsbo **2** *se* woodman *2*
wood spirit ['wʊd,spɪrɪt] *kem.* träsprit
wood tar ['wʊdtɑ:] trätjära
wood warbler ['wʊd,wɔ:blə] *zool.* grönsångare
woodwind [-wɪnd] *mus.* **I** *s* träblåsinstrument; *the ~* (*behandlas som pl*) träblåsarna **II** *a*, *~ instrument* träblåsinstrument **woodwork** [-wɜ:k] **1** snickerier (*trälister, dörrar etc.*); *crawl out of the ~* (*bildl.*) sticka upp huvudet igen **2** snickeri; träsnideri; *skol.* träslöjd **woodworm** [-wɜ:m] **1** *zool.* trämask **2** trämaskskada
woody ['wʊdɪ] **1** skogig, skogrik **2** skogs- **3** vedartad (*plant* växt) **4** träaktig, trăig
1 woof [wu:f] *väv.* inslag, väft; väv[nad]
2 woof [wʊf] *vard.* **I** *s* (*hunds*) vov, skall **II** *v* vovva, skälla
woofer ['wu:fə] bashögtalare
wool [wʊl] **I** *s* **1** ull; ullgarn; *ball of ~* ullgarnsnystan; *dyed in the ~* (*bildl.*) tvättäkta, helgjuten, fulljädrad; *lose one's ~* (*BE. vard.*) tappa humöret; *pull the ~ over a p.'s eyes* slå blå dunster i ögonen på ngn **2** ylle[tyg, -kläder]; *all ~* helylle **II** *a* **1** ull- **2** ylle-
woolen ['wʊlən] *AE.*, *se* woollen
wool fat ['wʊlfæt] ullfett, lanolin **woolgathering** [-,gæð(ə)rɪŋ] dagdrömmerier, självsfrånvaro **woolgrower** [-,grəʊə] ullproducent
woollen ['wʊlən] **I** *a* **1** ull-, av ull **2** ylle-, av ylle **II** *s*, *~s* (*pl*) ylleplagg; ylle|tyger, -varor
woolly ['wʊlɪ] **I** *a* **1** ullig; ull- **2** ylle- **3** *bildl.* luddig, oklar, vag **II** *s*, *vard.* ylletröja; **woollies** ylleplagg **woolly bear** *zool.* björnspinnarlarv **woolly minded** [-,maɪndɪd] förvirrad, virrig **wool|pack** ['wʊlpæk] ullbal **-sack** **1** ullsäck **2** *the ~* 'ullsäcken' (*lordkanslerns sittplats i överhuset*)
Woolworth ['wʊlwəθ]
woozy ['wu:zɪ] *vard.* **1** förvirrad, virrig **2** yr i huvudet, på snusen
wop [wɒp] *sl. neds.* (*i sht om italienare*) dago, spaghettigubbe
Worcester ['wʊstə] Worcester **Worcester sauce** worcestersauce **Worcestershire** ['wʊstəʃə]
Worcs. *förk. för* Worcestershire
word [wɜ:d] **I** *s* **1** ord; *bildl. äv.* hedersord, löfte; *mil.* befallning, order, kommando (*for* om); *~s* (*pl, äv.*) orda|lag, -lydelse, formulering, uttalande, yttrande; *a ~ of advice* ett råd; *~ of command* kommando[ord]; *~ of honour* hedersord; *at a* (*one*) *~* genast; *take s.b. at his ~ a*) ta ngn på orden, *b*) lita på kat ngn (ngns ord); *beyond ~s* obeskrivligt; *by* (*through*) *~ of mouth* muntligen; *~ for ~* ord för ord, orda|grann, -grant; *too funny for ~s* vansinnigt (otroligt) rolig; *in a* (*one*) *~* med ett ord, kort sagt; *in one's own ~s* med egna ord; *in other ~s* med andra ord; *in so many ~s*

uttryckligen, klart och tydligt, rent ut; *put into* ~*s* uttrycka [i ord]; *a man of few* ~*s* en fåordig (tystlåten) man; *a man of his* ~ en man som står vid sitt ord; *on the* ~ genast, strax [därpå]; *go back on one's* ~ ta tillbaka vad man sagt, inte hålla sitt ord, bryta sitt löfte; [*up*]*on one's* ~ på sitt ord, på [sitt] hedersord; [*upon*] *my* ~*!* (*åld.*) på min ära!, sannerligen!; *without a* ~ *of thanks* utan ett ord till tack; *be the last* ~ *in* vara det allra senaste [modet] i fråga om; *be as good as one's* ~ stå vid sitt ord; *exchange* (*have*) *a few* ~*s with* växla (byta) några ord med; ~*s fail me!* jag saknar ord!; *I give you my* ~ *I won't tell her* jag ger dig mitt ord på att jag inte ska säga det till henne; *give the* ~ *to do s.th.* ge order om att göra ngt; *have a* ~ *with s.b. a)* växla ett par ord (tala [lite]) med ngn, *b)* tala allvar med ngn; *have* ~*s* gräla (*with* med, på); *he hasn't a good* ~ *to say for* han har inget gott att säga om; *have the last* ~ ha (få) sista ordet; *keep one's* ~ hålla sitt löfte; *honesty? she doesn't know the meaning of the* ~*!* hederlighet? det vet inte hon vad det är!; *mark my* ~*s!* sanna mina ord!; *put in a* ~ få ett ord med i laget; *put in* (*say*) *a* [*good*] ~ *for* lägga ett gott ord för; *just say the* ~*!* säg bara till!; *take the* ~*s out of a p.'s mouth* ta ordet ur munnen på ngn; *take my* ~ *for it!* det kan du lita på!, tro mig! **2** lösen[ord]; motto, paroll; *mum's the* ~*!* säg inte ett ord om det!, håll [bara] tyst!; *sharp's the* ~*!* raska (sno) på!; *give the* ~ uppge lösen[ordet] **3** ~*s* (*pl*) ord, [sång]text **4** bud, meddelande, underrättelse, besked; *is there any* ~ *from G.?* (*äv.*) har du hört någonting från G.?; ~ *came that* det kom bud [om] att; *the* ~ *went round* (*was*) *that* det ryktades att; *get* ~ *få meddelande* (*that* [om] att), få veta (*that* att); *send* ~ låta meddela (hälsa) **II** *v* uttrycka [i ord], formulera, avfatta; ~*ed as follows* med följande ordalydelse
word-blind ['wɜːdblaɪnd] ordblind **word--blindness** [-ˌblaɪndnɪs] ordblindhet **word-book** [-bʊk] **1** ordbok **2** libretto **word class** [-klɑːs] *språkv.* ordklass **wording** [-ɪŋ] [orda]lydelse; formulering **wordless** [-lɪs] tyst, mållös **word order** [-ˌɔːdə] *språkv.* ordföljd **word-perfect** [ˌwɜːd'pɜːfɪkt] *a, be* ~ *in s.th.* kunna ngt ordagrant (utantill, perfekt), vara absolut säker på ngt **wordplay** ['wɜːdpleɪ] ordlek **word processing** ['wɜːdˌprəʊsesɪŋ] *data.* ordbehandling **word processor** ['wɜːdˌprəʊsesə] *data.* ordbehandlare **wordy** ['wɜːdɪ] mångordig, ordrik; långrandig
wore [wɔː] *imperf av* wear
work [wɜːk] **I** *v* **1** arbeta, vara verksam, verka; *vard.* jobba **2** göra verkan, verka; fungera, lyckas; *vard.* klaffa, funka; *it won't* ~ det fungerar (går) inte **3** fungera, arbeta, gå; vara i funktion (gång, drift); drivas; ~ *by electricity* vara eldriven, drivas elektriskt **4** (*om vätskor*) jäsa **5** röra sig [häftigt, nervöst]; rycka till; förvridas; arbeta, mala; *his face* ~*ed* det ryckte i ansiktet på honom **6** arbeta (*in wood* i trä; *with steel* med stål) **7** ~ *free* slita sig loss, lossna; ~ *loose* lossna, släppa, gå upp **8** låta arbeta, sätta i arbete, driva [på], köra med; ~ *o.s. to death* arbeta (slita) ihjäl sig; ~ *o.s. too hard* överanstränga sig **9** manövrera, hantera, sköta; använda; driva; *be* ~*ed by electri-*

city vara eldriven, drivas elektriskt **10** åstadkomma, vålla, orsaka; göra; *vard.* greja, ordna, fixa; ~ *one's way* arbeta sig [fram, upp]; ~ *one's will* driva sin vilja igenom; ~ *o.s. warm* arbeta sig varm; ~ *loose* lösgöra, lossa [på], få loss (lös); ~ *great mischief* göra mycken skada, ställa till mycken förtret **11** skjuta, flytta [på]; *he* ~*ed the stone into place* han lade mödosamt stenen på plats **12** böja [på], leda, röra [på] (*the arm* armen) **13** arbeta av; ~ *one's passage* betala [över]resan med sitt arbete, arbeta sig över **14** bearbeta (*äv. bildl.*); behandla, bereda; förädla; arbeta, knåda (*deg*); [ut]forma; driva (*gård e.d.*), bruka (*jord*); bryta (*kol*); exploatera; ~ *a sum* (*AE.*) räkna ut (lösa) ett tal; ~ *s.b. to do s.th.* [försöka] få ngn att göra ngt **15** vara verksam i, arbeta i, bearbeta **16** sy, brodera; sticka **17** ~ *against* arbeta emot, motarbeta, motsätta sig; ~ *at a*) arbeta på (med), *b*) bearbeta, gå lös på, *c*) läsa, plugga; ~ *away* arbeta vidare (på, undan); ~ *down a*) arbeta sig (tränga) ner, *b*) (*om strumpa e.d.*) glida (hasa) ner; ~ *for* arbeta för (åt); ~ *in a*) arbeta (föra, stoppa, foga, passa, skjuta) in, *b*) gnida in, *c*) arbeta sig (tränga) in, *d*) passa; ~ *in with* passa in i (ihop med), stämma med; ~ *into a*) arbeta (föra, stoppa, foga, skjuta) in i, *b*) arbeta sig (tränga) in i; ~ *o.s. into a rage* hetsa upp sig till ursinne; ~ *off a*) arbeta av (bort, undan), göra sig (bli) av med, göra (få) undan, *b*) lossna, glida av; ~ *on a*) arbeta på (med), *b*) sätta (kränga) på [sig], *c*) utgå från, *d*) spela på, bearbeta, *e*) [försöka] påverka, *f*) *se* work *away*; ~ *out a*) utarbeta, arbeta fram, utveckla, tänka ut, *b*) lista ut, bli klok på, förstå, *c*) lösa, tyda, knäcka, *d*) räkna ut (fram), beräkna, *e*) arbeta av, *f*) avtjäna, sitta av (*straff*), *g*) genomföra, uppnå, *h*) bryta, exploatera, [ut]tömma, *i*) ta bort (ur), avlägsna, *j*) utfalla, utveckla sig, utvecklas, gå, avlöpa, fungera, lyckas, *k*) kunna lösas, *l*) *sport.* träna, *m*) tränga (glida) ut; *I had it all* ~*ed out* jag hade allt klart för mig; *that is* ~*ing itself out* det ordnar (löser) sig självt; ~ *out at* (*to*) uppgå till, gå på, bli; ~ *over a*) gå igenom, bearbeta, överarbeta, *b*) *vard.* bearbeta, ge en omgång; ~ *through a*) föra (gräva) igenom, *b*) tränga igenom, *c*) arbeta sig igenom; ~ *to* arbeta efter (enligt), följa, hålla sig till; ~ *towards* arbeta för; ~ *up a*) utarbeta, *b*) arbeta (göra) om, förvandla, *c*) bearbeta, förädla, *d*) arbeta (bygga, driva) upp, *bildl. äv.* uppbringa, skaffa sig, utveckla, skapa, väcka, *e*) höja, stegra, *f*) driva, sporra, egga [upp], hetsa [upp], *g*) arbeta sig upp (*äv. bildl.*), tränga fram (upp), *h*) tillta, stegras; ~ *o.s. up* hetsa upp sig; ~*ed up* upphetsad, upprörd; *I know what you're* ~*ing up to* jag vet vart du vill komma **II** *s* **1** arbete, sysselsättning, verksamhet, gärning; *vard.* insats[er], verk; uppgift; *vard.* jobb; *road* ~*s* vägarbete[n]; *good* (*nice*) ~*!* bra [gjort]!, fint!; *quick* ~*!* det var snabbt gjort!; *a piece of* ~ *a*) ett arbete, en prestation, *b*) *vard.* en riktig typ; *at* ~ *a*) på arbetet (jobbet), *b*) i verksamhet, i arbete, i drift, i gång; *be at* ~ *at* (*on*) arbeta på, arbeta (hålla på) med; *there are forces at* ~ *which* det är krafter i rörelse som; *be in* ~ ha arbete; *get back into* ~ gå tillbaka till arbetet; *be out of* ~ vara utan arbete (arbetslös); *go* (*set, get*) *to* ~ *at* (*on*) ta itu med [arbetet med], sätta i gång med, gå till verket med, börja arbeta med; *put* (*be thrown*) *out of* ~ göra (bli) arbetslös; *set s.b. to* ~ sätta ngn i arbete; *what is your* ~? vad arbetar du med?, vad gör du för något?; *it was hard* ~ *for* (*äv.*) det var jobbigt för; *do one's* ~ *a*) göra sitt arbete, arbeta, *b*) göra verkan (nytta); *the* ~ *done* det utförda arbetet; *gum* (*bung*) *up the* ~s (*vard.*) sabba alltihop; *have one's* ~ *cut out* [*for one*] ha fullt sjå (*to* med att); *make* ~ *for s.b.* ställa till arbete (besvär) för ngn; *make short* (*light*) ~ *of* snabbt göra undan (klara av) **2** arbete, verk, alster; handarbete; *a* ~ *of art* ett konstverk **3** ~*s* (*pl*) anläggningar, installationer; *defensive* ~*s* befästningsverk, försvarsanläggningar; *public* ~*s* offentliga arbeten **4** ~*s* (*pl*) mekanism, [ur]verk **5** ~*s* (*behandlas vanl. som sg*) fabrik[er], verk, bruk; *printing* ~*s* tryckeri; ~*s outing* firmautflykt **6** *vard., the* ~*s* hela rasket, alltihop, rubbet; *give s.b. the* ~*s* ge ngn en rejäl omgång, misshandla ngn

workable ['wɜːkəbl] **1** genomförbar, användbar **2** formbar; brukbar **workaday** [-ədeɪ] **1** alldaglig **2** vardags-, arbets- **workaholic** [ˌwɜːkə'hɒlɪk] *vard.* arbetsnarkoman **work basket** ['wɜːkˌbɑːskɪt] sykorg **workbench** ['wɜːkbentʃ] arbetsbänk **workbox** ['wɜːkbɒks] syskrin **workday** ['wɜːkdeɪ] *i sht AE.* arbetsdag; vardag

worker ['wɜːkə] **I** *s* **1** arbetare; arbetstagare; *be a hard* ~ arbeta hårt **2** *zool.* arbetare, arbets|bi, -myra **II** *a* arbets-; ~ *be* (*ant*) arbetsbi (arbetsmyra)

work force ['wɜːkfɔːs] arbetsstyrka **workhorse** arbetshäst **workhouse 1** (*förr*) fattighus **2** *AE.* rehabiliteringsanstalt (*för småförbrytare*) **work-in** ockupation av arbetsplats (*där arbetarna driver verksamheten i protest mot nedläggning*)

working ['wɜːkɪŋ] **I** *a* **1** arbetande; arbetar-; arbets-; drifts-; ~ *capital* drifts-, rörelse|kapital; ~ *class*[*es*] arbetarklass; ~ *day a*) arbetsdag, *b*) vardag; ~ *drawing* arbetsritning; ~ *group, se* ~ *party*; ~ *hours* arbetstid; ~ *lunch* arbetslunch; ~ *man* [kropps]arbetare; ~ *party* arbets|grupp, -utskott; ~ *week* arbetsvecka; ~ *wives* yrkesarbetande gifta kvinnor **2** arbets-, funktions|duglig, fungerande, användbar; praktisk; preliminär; *a* ~ *knowledge* elementära kunskaper, baskunskaper; *a* ~ *majority* en arbetsduglig (regeringsduglig) majoritet; *in* ~ *order* funktionsduglig, i användbart skick **II** *s* **1** arbete; verksamhet; arbetssätt, funktion[ssätt]; gång; ~*s* (*pl*) verk; ~*s of the mind* tanke|gångar, -verksamhet; *understand the* ~[*s*] *of this system* förstå hur det här systemet fungerar **2** manövrering, skötsel **3** bearbetning; exploatering; drift; skötsel **4** gruvgång, schakt; brott **5** lösning (*of a mathematical problem* av ett matematiskt problem) **6** ryckning[ar]

working class, working capital *etc., se under working I*

workload ['wɜːkləʊd] arbets|mängd, -pensum **workman** ['wɜːkmən] **1** arbetare **2** fackman; yrkesman **-like** [-laɪk], **-ly** [-lɪ] *a* fackmannamässig, yrkes|skicklig, -kunnig **-ship** [-ʃɪp] **1** yrkes|-skicklighet, -kunskap **2** utförande; *of good* ~

skickligt gjord
workmate ['wɜːkmeɪt] *vard.* arbetskamrat **work-out** work-out, träningspass; genomkörare **workroom** arbetsrum
works [wɜːks] *se work II 5*
work sheet ['wɜːkʃiːt] **1** arbetssedel **2** arbets|-skiss, -utkast **workshop** verkstad **workshy** arbets|ovillig, -skygg **worktable** [-ˌteɪbl] arbetsbord **work-to-rule** [ˌwɜːktə'ruːl] maskningsaktion enligt alla regler **workweek** ['wɜːkwiːk] *i sht AE.* arbetsvecka
world [wɜːld] värld; jord; *the* ~ (*äv.*) folk; *the New* (*Old, Third*) ~ Nya (Gamla, tredje) världen; *a* ~ *of* en [hel] mängd (massa); *a* ~ *of difference, all the difference in the* ~ en himmelsvid skillnad; *the* ~ *of letters, the literary* ~ den litterära världen; ~ *without end* i evigheters evighet; *the adult* ~ vuxenvärlden; *the animal* ~ djur|riket, -världen, djurens värld; *the outside* ~ ytter-världen; *citizen of the* ~ världsmedborgare; *woman of the* ~ dam av värld, världsdam; *the Adams of this* ~ *would always win* sådana som Adam vinner alltid; *all over the* ~ i (över) hela världen, världen över (runt); *all the time in the* ~ all världens tid (tid i världen); *not for* [*all*] *the* ~ inte för allt (något) i världen; *for all the* ~ *as if* precis som om; *what* (*who*) *in the* ~? vad (vem) i all världen?; *out of this* ~ (*vard.*) inte av denna världen, fantastisk; *she is* (*means*) *all the* ~ *to him* hon betyder allt för honom; *it's not the end of the* ~ det är inte hela världen, världen går inte under för det; *that's the way of the* ~ så går det till här i världen; *he is not long for this* ~ han kommer inte att leva länge till; *it's a small* ~! vad världen är liten!; *they're* ~*s apart* det är en enorm skillnad mellan dem, de är totalt olika; *be dead to the* ~ (*bildl.*) vara död för omvärlden; *bring a child into the* ~ (*litt.*) sätta ett barn till världen; *the* ~ *to come, the next* ~ livet efter detta; *it has done her a* ~ *of good* det har gjort henne fantastiskt gott; *feel on top of the* ~ (*vard.*) känna sig i toppform; *how goes the* ~ [*with you*]? hur står det till (lever världen) med dig?; *he has gone* (*come*) *down in the* ~ det har gått utför med honom; *go* (*come*) *up in the* ~ komma sig upp [här i världen]; *all the* ~ *knows* (*äv.*) varenda människa vet; *live in a* ~ *of one's own* leva i sin egen lilla värld; *sail round the* ~ segla jorden runt; *set the* ~ *on fire* (*vard.*) vara framgångsrik, lyckas; *think the* ~ *of* vara mycket förtjust i; *tired to the* ~ (*vard.*) dödstrött; *want the best of two* ~*s* vilja förena det bästa av två olika livsstilar (filosofier)
World Bank ['wɜːldbæŋk] *s, the* ~ Världsbanken **world-beater** [-ˌbiːtə] *s, be a* ~ vara i världsklass **world-class** [-klɑːs] *a* i världsklass **World Cup** [-kʌp] *s, the* ~ Världscupen **world-famous** [ˌwɜːld'feɪməs] världsberömd **World Health Organization** ['wɜːldhelθˌɔːɡənaɪ-'zeɪʃn] *s, the* ~ Världshälsoorganisationen **world language** ['wɜːldˌlæŋɡwɪdʒ] **1** världsspråk **2** konstgjort världsspråk (*t.ex. esperanto*) **worldliness** ['wɜːldlɪnɪs] världslighet
worldly ['wɜːldlɪ] *a* världslig (*thing* sak), jordisk; världsligt sinnad; ~ *goods* (*litt.*) världsliga ägodelar **-minded** [ˌwɜːldlɪ'maɪndɪd] världsligt sinnad **-wise** [ˌwɜːldlɪ'waɪz] världsklok

world war ['wɜːldwɔː] världskrig; *World War I, the First World War* första världskriget; *World War II, the Second World War* andra världskriget

world|-weary ['wɜːld͵wɪərɪ] levnadstrött, trött på livet; trött på världsliga ting **-wide** [-waɪd] **I** *a* världsom|fattande, -spännande **II** *adv* över hela världen

worm [wɜːm] **I** *s* **1** mask; kryp; *bildl.* stackare, kryp; *~ of conscience* (*litt.*) samvetskval; *have ~s* (*med.*) ha mask; *the ~ will turn* (*ung.*) ingen kan tåla vad som helst **2** *tekn.* gänga; snäcka; spiralrör, rörslinga **II** *v* **1** *~ o.s.* (*one's way*) *into* (*through*) orma (slingra, smyga) sig in i (genom); *~ one's way into a p.'s confidence* nästla sig in hos ngn **2** *~ s.th. out of s.b.* locka (lirka) ur ngn ngt **3** *med.* avmaska

wormcast ['wɜːmkɑːst] maskhög (*av jord*) **worm-eaten** [-͵iːtn] mask|äten, -stungen **worm gear** [-gɪə] *tekn.* snäckväxel **wormwood** [-wʊd] *bot., bildl.* malört **wormy** [-ɪ] **1** mask|äten, -stungen; full av mask **2** maskliknande

worn [wɔːn] *perf part av wear o. a* sliten, nött; *bildl.* sliten, tärd, medtagen **--out** ['wɔːnaʊt] utsliten, utnött; uttröttad, utmattad, utarbetad, slut[körd]

worried ['wʌrɪd] orolig, oroad, ängslig, bekymrad (*about* för, över); *I'm not ~* (*vard.*) det gör mig detsamma; *you had me ~* (*vard.*) du gjorde mig riktigt orolig **worrier** [-ə] *s*, *she is a ~* hon oroar sig alltid **worriment** [-mənt] *i sht AE.* oro, bekymmer **worrisome** [-səm] oroande, irriterande, besvärlig

worry [ˈwʌrɪ] **I** *v* **1** oroa, bekymra, göra orolig (bekymra, nervös, ängslig); plåga; tjata på, ansätta, ofreda, trakassera; störa; *~ o.s.* oroa (bekymra) sig, vara orolig (bekymrad, nervös, ängslig) (*about* för, över); *~ the life out of s.b.* plåga livet ur ngn **2** (*om djur*) jaga, förfölja, sätta tänderna i [och bolla med], leka med (*byte*), bita i strupen **3** oroa (bekymra) sig, vara orolig (bekymrad, nervös, ängslig), ängslas (*about* för, över); grubbla (*about* över, på); *~ about* (*äv.*) bry sig om; *don't ~!* oroa dig inte!, bry dig inte om det!; *not to ~!* var inte orolig!, det är inget att bry sig om! **4** *~ at a*) (*om djur*) riva och slita i, bita i, leka med, *b*) (*om pers.*) försöka lösa, grubbla på (*a problem* ett problem) **II** *s* oro, bekymmer, ängslan; plåga; besvär; *that's his ~* det är hans problem (ansvar)

worry beads ['wʌrɪbiːdz] *pl* stresskulor **worrying** [-ɪŋ] oroande, irriterande, besvärlig

worse [wɜːs] **I** *a o. adv* (*komp. av bad, badly, ill*) värre, sämre; *so much the ~ for him* desto värre för honom; *be ~ off* vara sämre [däran], ha det sämre [ställt]; *be the ~ for drink* vara berusad; *he is none the ~ for it* det gjorde honom inte så mycket (ingen större skada), han har inte farit illa av det; *you'll be none the ~ for some work* lite arbete kommer inte att skada dig; *you might do ~ than* det skulle inte skada om du; *get* (*become, grow*) *~* bli värre (sämre), förvärras, försämras; *~ things happen* värre saker kan hända; *it hurts ~* det gör mera ont; *I like him none the ~ for it* jag tycker inte sämre om honom för det; *make ~* göra värre (sämre), förvärra, försämra; *to make matters ~* till råga på eländet (olyckan) **II** *s* något [ännu] värre (sämre), värre saker; *for the ~* till det sämre; *from bad to ~* ur askan i elden

worsen ['wɜːsn] förvärra[s]; försämra[s]

worship ['wɜːʃɪp] **I** *s* **1** dyrkan, tillbedjan; *freedom of ~* fri religionsutövning; *place of ~* gudstjänstlokal **2** *BE.* (*i tilltal*) *Your W~* Ers nåd, Herr domare, Herr borgmästare **II** *v* dyrka, tillbedja; *bildl. äv.* avguda **-er** [-ə] *AE., se worshipper* **-ful** [-f(ʊ)l] **1** vördnadsfull, andäktig, respektfull **2** *i sht BE.* vördig; *Right W~* Högvördig **-per** [-ə] **1** dyrkare, tillbedjare **2** gudstjänstdeltagare, kyrkobesökare

worst [wɜːst] **I** *a o. adv* (*superl. av bad, badly, ill*) värst, sämst; svårast; *be ~ off* vara sämst [däran], ha det sämst [ställt] **II** *s, the ~* den (det, de) värsta (sämsta); *the ~* [*of it*] *is* det värsta (sämsta) [av allt, med det] är; *the ~ of him* det värsta med honom; *at* [*the*] *~* i värsta (sämsta) fall; *when the storm was at its ~* när stormen var som värst; *you've never seen him at his ~* du har aldrig sett honom från hans sämsta sida; *if the ~ comes to the ~* i [allra] värsta (sämsta) fall, om det värsta skulle inträffa; *do one's ~* göra det värsta man kan; *get* (*have*) *the ~ of it a*) dra det kortaste strået, *b*) råka värst (mest illa) ut; *make the ~ of one's troubles* förstora upp sina bekymmer **III** *v*, *åld.* besegra, övervinna

worsted ['wʊstɪd] **I** *s* kamgarn; kamgarnstyg **II** *a* kamgarns-; *~ suit* kamgarnskostym

wort [wɜːt] **1** vört **2** ört

worth [wɜːθ] **I** *a* värd (*two pounds* två pund); *~ reading* (*seeing*) värd att läsa[s] (ses), läsvärd (sevärd); *be ~ the trouble* (*it*) vara värd besväret (mödan), löna sig; *he is ~ a million* han är god för (äger, tjänar) en miljon; *it is ~ mentioning* det förtjänar att nämnas; *for all one is ~* allt (så mycket) man kan (orkar), av alla krafter, för allt vad man är värd; *for all* (*what*) *it is ~* vad det nu kan vara värt; *that's my opinion for all* (*what*) *it's ~* det är min ringa mening; *take it for what it is ~* ta det för vad det [verkligen] är; *show what one is ~* visa vad man går för (duger till); *it is as much as his life is ~* det kan kosta honom livet; *it was as much as his place was ~* [*not*] *to* han skulle mista sin plats om han [inte] **II** *s* värde; *a week's ~ of work* en veckas arbete; *2 pounds' ~ of stamps* frimärken för 2 pund; *get* (*have*) *one's money's ~* få valuta för pengarna

worthily ['wɜːðɪlɪ] *adv* värdigt **worthiness** [-nɪs] värdighet; [inre] värde, förträfflighet

worth|less ['wɜːθlɪs] värdelös **-while** värd besväret, värd att göra (kosta på); lönande, givande; värdefull

worthy ['wɜːðɪ] **I** *a* **1** värdig (*opponent* motståndare); aktnings-, heder|värd; [högt] ärad, förträfflig **2** värd (*to get the prize* att få priset); *~ of* värd, förtjänt av; *~ of praise* lov-, beröm|värd; *~ of respect* aktningsvärd; *be ~ of* vara värd (förtjänt av), förtjäna; *he is not ~ of her* han är henne inte värdig **II** *s, ofta skämts.* pamp, storhet

wot [wɒt] *vard.* = *what*

would [wʊd, *obeton.* wəd, əd, d] **1** skulle; *that ~ be* det skulle vara, det vore; *that ~ have been* det skulle ha varit, det hade varit; *I ~ be grateful if* jag skulle vara tacksam om; *he is angry - he ~ be!*

han är arg - det är klart att han är!; *you ~ be the one to forget* typiskt dig att glömma det; *~ you believe it!* kan man tänka sig!; *we decided we ~ buy a car* vi beslöt att köpa en bil; *he ~ have to come right now!* och just nu måste han komma!, att han skulle komma just nu!; *how ~ I know?* hur skulle jag kunna veta det?; *I ~n't know* jag har ingen aning, inte vet jag; *one ~ think that* man skulle [kunna] tro att **2** skulle vilja; ville; *~n't I just!* [mycket] gärna!, om!; *he ~n't do it* han ville inte (vägrade att) göra det; *I warned him, but he ~ do it* jag varnade honom men han ville absolut (envisades med att) göra det; *I ~ he were gone* jag önskar (skulle önska) att han vore borta; *what ~ you have me do?* vad ska jag göra?; *~ you help me?* skulle du vilja (vill du) hjälpa mig?; *shut the door, ~ you?* stäng dörren är du snäll!; *the car ~ not start* bilen ville inte starta; *I ~ sooner stay* jag stannar hellre; *if only he ~ tell the truth!* om han bara ville tala sanning!; *try as he ~* hur mycket han än försökte; *turn where he ~* vart han än vände sig **3** torde; *it ~ be about six o'clock* klockan var väl ungefär sex; *~ this be your hat?* är det här [kanske] din hatt?; *he ~ be (have been) at least a hundred when he died* han var säkert (nog) minst hundra år när han dog; *you ~n't have a cigarette, ~ you?* du har möjligtvis inte en cigarett?; *it ~ seem that* det kan (kunde) tyckas att **4** brukade, kunde; *he ~ sit by the fire* han brukade (kunde) sitta framför brasan

would-be ['wʊdbi:] **1** förment, föregiven, så kallad, påstådd **2** blivande, tilltänkt, framtida
wouldn't [wʊdnt] = *would not* **wouldst** [wʊdst] *åld., dial. imperf.* (2 *pers. sg*) *av would; thou ~* du skulle (ville) **would've** ['wʊdəv] = *would have*

1 wound [waʊnd] *imperf. o. perf. part. av 2 wind o. 3 wind I*
2 wound [wu:nd] **I** *s* sår (*äv. bildl.*); *lick one's ~s* (*äv. bildl.*) slicka sina sår; *that opens old ~s* (*bildl.*) det river upp gamla sår **II** *v* såra (*äv. bildl.*)
wove [wəʊv] *imperf. o. perf. part. av weave* **woven** ['wəʊv(ə)n] *perf. part. av weave; ~ fabric* vävt tyg, väv[nad]
1 wow [waʊ] *vard.* **I** *interj* oj, oj!, oj då!, nej men! **II** *s, isht AE.* braksuccé
2 wow [waʊ] (*vid ljudåtergivning*) svaj
W.P. *förk. för weather permitting* **W.P.B., w.p.b.** *förk. för waste paper basket* **W.P.C.** *förk. för woman police constable* **w.p.m.** *förk. för words per minute* **W.R.A.C.** *förk. för Women's Royal Army Corps*
1 wrack [ræk] sjögräs, tång (*som spolats upp på stranden*)
2 wrack [ræk] *se 2 rack*
W.R.A.F. *förk. för Women's Royal Air Force*
wraith [reɪθ] *litt.* vålnad, andeväsen
wrangle ['ræŋgl] **I** *v* käbbla, kivas, käfta, gräla, tvista **II** *s* käbbel, kiv, käftande, gräl, tvist
wrangler [-ə] **1** grälmakare **2** *BE.* Cambridgestudent som fått högsta betyget i matematik (*i honours degree*) **3** *AE. vard.* cowboy, boskapsskötare
wrap [ræp] **I** *v* **1** *~ [up]* a) svepa (linda, hölja) [in], svepa (stoppa) om, veckla (slå, packa) in, *b)*

bildl. svepa (linda) in, hölja, kamouflera, dölja; *~ped* [*up*] *in mystery* höljd i dunkel; *~ up* (*vard.*) göra slut på, *b*) avsluta, föra i hamn, fixa; *~ o.s. up* [*well*] klä på sig ordentligt, klä sig varmt; *~ped up in* (*bildl.*) *a*) helt upptagen (uppslukad) av, fördjupad (djupt engagerad, försjunken) i, *b*) inblandad i; *~ s.th.* [*a*]*round* (*about*) svepa (linda, slå) ngt runt (kring, om); *~ one's arms round s.b.* sluta ngn i sina armar, slå armarna om ngn **2** *~ up* [*well*] klä på sig ordentligt, klä sig varmt **3** *vard., ~ up* hålla käften **II** *s* **1** [res]filt; sjal, scarf, cape **2** [bad]kappa, rock **3** *bildl., keep s.th. under ~s* hålla ngt hemligt; *take the ~s off s.th.* avslöja ngt, ta bort hemligstämpeln från ngt
wrap-around ['ræpəraʊnd] *a, ~ skirt* omlottkjol
wrapper ['ræpə] **1** omslag[spapper]; (*på cigarr*) täckblad **2** negligé, morgonrock **wrapping** [-ɪŋ] *s, ~*[*s*] omslag, emballage, förpackning **wrapping paper** [-ɪŋ,peɪpə] omslagspapper
wrath [rɒθ, *AE.* ræθ, rɑ:θ] högt. *el. åld.* vrede -**ful** ['rɒθ(ʊ)l] högt. *el. åld.* vred, vredgad
wreak [ri:k] **1** förorsaka, anställa, tillfoga (*damage* skada); *~ havoc* anställa förödelse **2** utkräva, ta (*revenge, vengeance on* hämnd på) **3** utgjuta (*one's rage upon* sin vrede över)
wreath [ri:θ, *pl ~s* [ri:ðz] **1** [blomster]krans, -girland **2** ring, snirkel, spiral; [rök]slinga
wreathe [ri:ð] *litt.* **1** bekransa; omge; omslingra, innesluta; *~d in* bekransad (omgiven, omslingrad) av, innesluten i; *he was ~d in smiles* han var ett enda stort leende **2** fläta (vira) samman, binda ihop (*into* till) **3** ringla, slingra sig
wreck [rek] **I** *s* **1** förlisning, skeppsbrott, strandning; haveri **2** förstöring, ödeläggelse; kullkastande, omintetgörande; undergrävande, fördärvande; fördärv, undergång, fall **3** vrak (*äv. bildl.*), ruin (*äv. bildl.*); *bildl. äv.* spill|ra, - ror, rest[er]; *~s* (*pl*) vrakspillror; *a nervous ~* (*vard.*) ett nervvrak **II** *v* **1** orsaka skeppsbrott för, komma att stranda (förlisa, haverera); [total]kvadda, -förstöra; *be ~ed* lida skeppsbrott, stranda, haverera (*äv. bildl.*), förlisa, bli [total]kvaddad ([total]förstörd) **2** förstöra, ödelägga; kullkasta, omintetgöra, grusa; undergräva, fördärva, ruinera **3** *AE.* montera ner, riva
wreckage ['rekɪdʒ] **1** vrak|gods, -spillror; *bildl.* spillror, återstod **2** haveri; förlisning, skeppsbrott; *bildl.* ödeläggelse, undergång **wrecked** [rekt] havererad; förlist, skeppsbruten **wrecker** ['rekə] **1** förstörare, skadegörare **2** vrakplundrare **3** *AE.* bärgningsbil **4** *i sht AE.* rivningsarbetare **wrecking** ['rekɪŋ] *AE.* bärgnings-; *~ car* bärgningsbil
Wren [ren] *BE. vard.* (*förk. för Women's Royal Naval Service*) marinlotta
wren [ren] *zool.* gärdsmyg
wrench [ren(t)ʃ] **I** *v* **1** vrida, bända; rycka [loss], slita [loss]; *~ s.th. from s.b.* vrida (rycka, slita) ngt ur handen på ngn; *~ o.s. from* vrida (slita) sig ur; *if you could ~ yourself away from the TV* om du kan slita dig från TV:n; *~ a p.'s arm out of its socket* vrida armen ur led på ngn **2** vricka, stuka, sträcka **3** för|vränga, -vanska **II** *s* **1** vridning, ryck, bändning **2** vrickning, stukning, sträckning **3** *bildl.* svår påfrestning, hårt slag; smärta; *the ~ of parting* avskedets smärta; *be a ~* (*äv.*) göra ont

4 skiftnyckel; skruvnyckel
wrest [rest] rycka, slita (*s.th. from s.b.* ngt från ngn); tillskansa (tillvälla) sig; ~ *s.th. from s.b.* (*äv.*) avtvinga ngn ngt, pressa fram ngt ur ngn
wrestle ['resl] **I** *v* **1** brottas, kämpa (*äv. bildl.*) **2** brottas (kämpa) med (*äv. bildl.*); ~ *s.b. to the ground* fälla ngn till marken **II** *s* brottning; brottningsmatch; *bildl.* kamp **wrestler** [-ə] brottare **wrestling** [-ɪŋ] brottning **wrestling match** brottningsmatch
wretch [retʃ] **1** stackare; *poor* ~ stackars krake **2** usling **wretched** ['retʃɪd] **1** stackars, eländig; [djupt] olycklig, förtvivlad **2** usel, undermålig **3** usel, avskyvärd **4** *vard.* förbaskad **wretchedness** ['retʃɪdnɪs] **1** elände, misär; olycka, förtvivlan **2** uselhet, undermålighet
wriggle ['rɪgl] **I** *v* **1** vrida (slingra, åla) sig, skruva på sig; ~ *out of* (*bildl.*) slingra sig ifrån (ur) **2** vrida på, vicka på (*one's toes* tårna) **3** ~ [*one's way*] *somewhere* slingra sig i väg någonstans; ~ *one's way* (*along*) slingra sig fram **II** *s* **1** vridning, slingring, slingrande rörelse **2** vickning
wright [raɪt] *i sms.* -tillverkare, -makare, -byggare
wring [rɪŋ] **I** *v* (*wrung, wrung*) **1** vrida; krama, trycka; pressa; ~ [*out*] vrida (krama) ur; ~ *s.th. from* (*out of*) *s.b.* pressa av (ur) ngn ngt, tvinga av ngn ngt; ~ *one's hands* (*äv. bildl.*) vrida sina händer; ~ *a p.'s hand* trycka ngns hand; ~ *a p.'s neck* (*bildl.*) vrida halsen (nacken) av ngn **2** plåga; *it* ~*s my heart* det gör mig ont ända in i själen, det är hjärtskärande **3** för|vrida, - vränga, -vanska **II** *s* [ur]vridning, [ur]kramning; tryckning; *give the clothes a* ~ vrida (krama) ur kläderna; *give a p.'s hand a* ~ trycka ngns hand
wringer ['rɪŋə] **1** vridmaskin, mangel; *he is put through the* ~ (*vard.*) han sätts på hårda prov **wringing** [-ɪŋ] *a,* ~ *wet* genom-, dy|blöt, så blöt att man kan vrida ur den (det *etc.*)
1 wrinkle ['rɪŋkl] **I** *s* rynka; veck, skrynkla **II** *v* **1** skrynkla [till, ner], vecka; rynka [på] (*one's nose* näsan) **2** rynka (vecka) sig, bli rynkig (skrynklig)
2 wrinkle ['rɪŋkl] *vard.* tips, vink; knep
wrinkled ['rɪŋkld, **wrinkly** ['rɪŋklɪ] *a* rynkig, skrynklig, veckig
wrist [rɪst] handled; handlov[e] **-band** ['rɪstbænd] **1** [klock]armband **2** [ärm]linning, manschett **-let** ['rɪstlɪt] **1** armband **2** mudd **-watch** ['rɪstwɒtʃ] armbands|ur, -klocka
1 writ [rɪt] (*officiell*) skrivelse, handling; förordning; kallelse; stämning; *Holy W*~ den heliga skrift; ~ *of execution* utmätningsorder; *serve a* ~ *on s.b.* delge ngn stämning
2 writ [rɪt] *v, åld., perf. part. av write;* ~ *large a*) tydligt, *b*) i stor skala
write [raɪt] (*wrote, written; se äv. written*) **1** skriva; författa; skriva ner (ut); skriva full, fylla [i]; ~ *a cheque for £10* skriva ut en check på 10 pund; *he wrote me a letter* han skrev ett brev till mig; *I wrote her yesterday* (*AE.*) jag skrev till henne i går; *it is written on* (*all over*) *his face* det kan [tydligt] utläsas av hans ansiktsuttryck; *he has "lord" written all over him* det syns på långt håll att han är lord **2** skriva; författa; ~ *to s.b.* skriva till ngn; *he always wanted to* ~ han har alltid velat bli författare; *this pen won't* ~ det går inte att skriva med den här pennan **3** ~ *away to s.b.* skriva till ngn [och be om upplysningar *e.d.*]; ~ *back* skriva tillbaka, svara [per brev]; ~ *down a*) skriva ner (upp), ned-, an|teckna, *b*) *ekon.* skriva ner, *c*) skriva nedsättande om, göra ner; ~ *down to s.b.* sänka sig till ngns nivå; ~ *for a*) skriva för (i, åt), *b*) skriva efter, [skriva och] beställa, rekvirera; ~ *in a*) skriva in (till), tilllägga, *b*) skriva [in] (*to a firm* till en firma); ~ *in for, se write for b*); ~ *off a*) avskriva (*äv. bildl.*), avfärda, *b*) [total]förstöra, kvadda; ~ *off to, se write away to;* ~ *on a*) skriva om (över), *b*) skriva på; ~ *out* skriva ut [fullständigt]; ~ *out* [*fair*] skriva rent; ~ *up a*) *hand.* skriva upp, *b*) skriva ihop (ner) (uterbeta, redigera, föra (hålla) à jour, *c*) skriva [berömmande] om, lovorda, ge en fin recension, *d*) slå upp stort
write|-down ['raɪtdaʊn] *ekon.* nedskrivning **-in** *AE.* röstsedel med tillagt namn **-off 1** *ekon.* avskrivning [som förlust] **2** *vard., the car was a* ~ *after the accident* bilen var bara en skrothög efter olyckan
writer ['raɪtə] **1** författare; skribent, skriftställare; skrivare; kompositör; ~*'s cramp* skrivkramp **2** skrivbiträde, kontorist **3** *Sk.* advokat
write-up ['raɪtʌp] **1** fin recension, beröm[mande omnämnande] **2** *AE. ekon.* uppskrivning
writhe [raɪð] vrida sig (*with pain* av smärta; *in agony* i plågor); förvrida sig; *bildl.* våndas, plågas
writing ['raɪtɪŋ] **I** *s* **1** skrivande, skrivning; skrivkonst; skrift; författarverksamhet; skriveri; *at the time of* ~ när detta skrivs (skrevs); *she earns a bit from her* ~ hon tjänar litet på sitt skrivande; *in* ~ i skrift, skriftlig[en], skriftligt; *permission in* ~ skriftligt tillstånd; *put in* ~ avfatta skriftligt, skriva ner; *commit to* ~ uppteckna, skriva ner **2** skrift, verk, arbete; *her collected* ~*s* hennes samlade verk **3** [in]skrift, inskription; *the* ~ *on the wall* (*bildl.*) skriften på väggen, ett varningstecken, ett dåligt tecken **4** [hand]stil **5** stil; språk **II** *a* skriv-; ~ *desk* (*table*) skrivbord; ~ *materials* skrivmateriel; ~ *pad a*) skrivunderlägg, *b*) anteckningsblock; ~ *paper* skriv-, brev|papper
written ['rɪtn] *perf. part. av write o. a* skriven; skriftlig; ~ *language* skriftspråk; *the* ~ *word* det skrivna ordet; *joy was* ~ *on* (*all over*) *his face* hela hans ansikte strålade av glädje
W.R.N.S. *förk. för Women's Royal Naval Service*
wrnt. *förk. för warrant*
wrong [rɒŋ] **I** *a* fel, felaktig, oriktig, falsk, orätt; orätt[färdig], orättvis; *the* ~ *key* fel nyckel; *the* ~ *side a*) fel sida, *b*) avigsidan; *the* ~ *way round a*) bakvänd, *b*) bak|vänt, -fram; *be* ~ *a*) vara fel, inte stämma, *b*) (*om klocka*) gå fel, *c*) (*om pers.*) ha (ta) fel, missta sig, ta miste; *nothing is* ~, *there is nothing* ~ det är inget fel, allt (det) är bra (som det ska); *something is* ~, *there is something* ~ det är ngt fel (på tok), det står inte rätt till; *what's* ~? vad är det för (som är) fel?; *it is* ~ *to lie* det är orätt att ljuga; *be* ~ *in the head* (*vard.*) inte vara riktigt klok; *he was* ~ *in asking her* det var fel (orätt) av honom att fråga henne; *he is on the* ~ *side of forty* han är över fyrtio; *have* (*get*) *the* ~ *number* ha ringt fel, ha fått fel nummer; *make the* ~ *decision* fatta ett felaktigt beslut; *say the* ~ *thing* säga ngt dumt (tokigt) **II** *adv* fel; oriktigt;

orätt; *do* ~ göra (handla) fel (orätt); *get it* ~ ta (ha, fatta) fel; *get one's sums* ~ räkna fel; *don't get me* ~*!* missförstå mig inte!; *you've got him* ~ du har missuppfattat honom; *go* ~ *a)* gå (köra, komma) fel (vilse), *b)* komma på villovägar, *c)* göra (ta) fel, *d)* gå på tok (snett, galet), misslyckas, *e)* gå sönder **III** *s* orätt; orätt|färdighet, -visa; oförrätt; missförhållande; *be in the* ~ *a)* ha orätt (fel), *b)* vara skyldig; *do* ~ göra (begå en) orätt; *he can do no* ~ han gör [förstås] aldrig fel, han är ofelbar; *put s.b. in the* ~ ge ngn skulden, framställa ngn i orätt dager **IV** *v* **1** göra orätt, vara orättvis mot **2** förfördela, förorätta, kränka
wrong|doer [,rɒŋ'duə] **1** syndare **2** ogärningsman, lagbrytare, missdådare, brottsling **-doing** miss-, o|gärning; förseelse; synd
wrong|-foot ['rɒŋfʊt] *sport.* finta bort; *bildl.* få ur balans **-ful** [-f(ʊ)l] **1** orätt|vis, -färdig **2** olaglig **-headed** [,rɒŋ'hedɪd] **1** omdömeslös **2** envis, tjurskallig
wrongly ['rɒŋlɪ] *adv* **1** orättvist, med orätt **2** fel, felaktigt, fel-; ~ *spelt* felstavad
wrote [rəʊt] *imperf. av* write
wrought [rɔ:t] **I** *v, åld. imperf. o. perf. part. av* work *I* **II** *a* **1** [be]arbetad; formad; ~ *iron* smidesjärn; ~ *silver* arbetat (hamrat) silver **2** dekorerad, utsirad **--up** [,rɔ:t'ʌp] upp|hetsad, -jagad, -rörd
wrung [rʌŋ] *imperf. o. perf. part. av* wring
wry [raɪ] sned, skev, förvriden (*äv. bildl.*); *make a* ~ *face* göra en ful grimas; ~ *humour* torr humor; ~ *smile* snett (sardoniskt) leende **wryly** ['raɪlɪ] *adv* snett *etc.*, *se* wry **wryneck** ['raɪnek] *zool.* göktyta
WSW *förk. för* west-southwest **wt.** *förk. för* weight
wuthering ['wʌðərɪŋ] stormig
WY, Wyo. *förk. för* Wyoming [waɪ'əʊmɪŋ]
wyvern ['waɪvən] *her.* bevingad drake

X, x [eks] **1** (*bokstav*) X, x **2** (*beteckning för okänt mat. storhet, okänt namn e.d.*) X, x **3** kryss; (*i brev*) kyss
X [eks] **I** *s* barnförbjuden film **II** *a* barnförbjuden (*film* film)
X-chromosome ['eks,krəʊməsəʊm] X-kromosom
xenon ['zenɒn] *kem.* xenon
xeno|phobe ['zenəfəʊb] främlingshatare, xenofob **-phobia** [,zenə'fəʊbjə] främlingshat, xenofobi
xerography [,zɪə'rɒgrəfɪ] xerografi

Xerox ['zɪərɒks] (*varumärke*) **I** *s* **1** Xeroxapparat, kopiator **2** Xerox-, foto|kopia **II** *v* Xerox-, foto|-kopiera
XL *förk. för extra large*
Xmas ['krɪsməs] *kortform av* Christmas
Xn. *kortform av* Christian **Xnty.** *kortform av* Christianity
X-ray, x-ray ['eksreɪ] **I** *s* **1** röntgenstråle **2** röntgen|bild, -fotografi **3** röntgen[undersökning] **II** *a* röntgen- **III** *v* **1** röntga; röntgenfotografera **2** röntgenbehandla
Xt. *kortform av* Christ **Xtian.** *kortform av* Christian **Xty.** *kortform av* Christianity
xylograph ['zaɪləgrɑ:f] träsnitt **xylographer** [zaɪ'lɒgrəfə] träsnidare, xylograf
xylophone ['zaɪləfəʊn] xylofon

Y, y [waɪ] **1** (*bokstav*) Y, y **2** (*beteckning för okänd mat. faktor*) Y, y
y. *förk. för yard; year; yen*
yacht [jɒt] **I** *s* [lust]jakt, yacht, segelbåt; motorbåt **II** *v* segla **yacht-club** ['jɒtklʌb] yachtklubb, segelsällskap **yachting** ['jɒtɪŋ] **I** *s* segling; segel-, båt|sport **II** *a* segel-, båt-, seglar- **yachtsman** ['jɒtsmən] seglare; båtägare
yah [jɑ:] **1** *vard.* ja; jo **2** usch; äsch; fy
Yahveh, Yahweh ['jɑ:veɪ] Jahve, Jehova
yak [jæk] *zool.* jak, grymtoxe
Yale lock ['jeɪllɒk] (*varumärke*) yale-, patent|lås
yam [jæm] *bot.* **1** jams[rot] **2** *AE. dial.* sötpotatis **3** *Sk.* potatis
yammer ['jæmə] *vard.* **I** *v* gnälla [över], jämra sig [över] **I** *s* gnäll, jämmer
Yank [jæŋk] *vard. för Yankee*
yank [jæŋk] **I** *v* rycka [i], slita [i], dra [i]; hugga tag [i] **II** *s* ryck, knyck
Yankee ['jæŋkɪ] *I s* **1** yankee, amerikan **2** nordstatsbo; (*i amer. inbördeskriget*) nordstatssoldat **II** *a* **1** yankee-, amerikansk **2** nordstats-
yap [jæp] **I** *v* **1** gläfsa **2** *vard.* bjäbba, tjafsa, snacka **II** *s* **1** gläfs[ande] **2** *sl.* bjäbbande, tjafs, snack **3** *AE. sl.* käft
Yard [jɑ:d] *s, BE. vard., the* ~ Scotland Yard
1 yard [jɑ:d] **1** yard (= *3 feet = 0,9144 m*) **2** *sjö.* rå
2 yard [jɑ:d] **1** [stensatt, asfalterad] gård, gårdsplan; inhägnad [plats] **2** område; upplagsplats; gård; *railway* ~ bangård; *ship*~ [skepps]varv; *timber*~ brädgård
yard|arm ['jɑ:dɑ:m] *sjö.* rånock **-stick** yardmåttstock, tumstock; *bildl.* måttstock

yarmulke—yield

yarmulke ['jɑ:məlkə] *jud.* kalott
yarn [jɑ:n] **1** garn; tråd **2** *vard.* [skeppar]historia; *spin a ~* dra en [skeppar]historia
yarrow ['jærəʊ] *bot.* rölleka
yashmak ['jæʃmæk] (*muslimsk kvinnas*) ansiktsslöja
yaw [jɔ:] **I** *v* gira **II** *s* gir
yawl [jɔ:l] *sjö.* **1** yawl **2** jolle, julle, liten skeppsbåt
yawn [jɔ:n] **I** *v* **1** gäspa **2** gapa, öppna sig **II** *s* **1** gäspning; *the film was a ~* (*vard.*) filmen var urtråkig **2** gap, svalg, avgrund **yawning** ['jɔ:nɪŋ] **I** *a* **1** gäspande **2** gapande **II** *s* jäspning
yawp [jɔ:p] **I** *v* **1** *BE. dial. o. AE.* skrika, tjuta **2** *AE. sl.* gorma, gapa **II** *s* **1** *BE. dial. o. AE.* skrik, tjut **2** *AE. sl.* gormande, gapande
yaws [jɔ:z] *pl, med.* framboesi, frambösi
y-axis ['waɪˌæksɪs] *mat.* y-axel
Y-chromosome ['waɪˌkrəʊməsəʊm] Y-kromosom
yclept [ɪ'klept] *åld.* kallad, vid namn
yd[.] *förk. för yard*
1 ye [ji:, obeton. jɪ] *pron* **1** *åld., poet.* I; Eder **2** *dial.* du; dig
2 ye [ji:] *åld.* = *the*
yea [jeɪ] *åld., dial.* **I** *adv* ja, jo **II** *s* ja; jaröst; *you can answer ~ or no* du kan svara ja eller nej
yeah [jeə] *vard.* ja; *oh ~?* jaså [minsann]?, säger du det?, verkligen?
year [jɜ:] år; årtal; årgång; *~ of birth* födelseår; *last ~* förra året, i fjol; *a ~ last March* i mars för ett år sedan; *this ~* i år; *this day ~* i dag om ett år; *four times a ~* fyra gånger om året; *it costs £100 a ~* det kostar 100 pund om året (per år); *~ after (by) ~* år efter (för) år; *~s [and ~s] ago* för många [herrans] år sedan; *by the ~* per år; *for (in) ~s* i (på) åratal (många år); *for ~s to come* i (under) kommande år, i åratal framöver; *he looks old for his ~s* han ser gammal ut för sin ålder (äldre ut än han är); *in the ~ 1980* [år] 1980; *in the ~ of grace* i nådens år; *in the ~ one* (*skämts.*) för evigheter sedan, i tidernas begynnelse; *in three ~s* om (på) tre år; *difference in ~s* åldersskillnad; *well on (advanced) in ~s* till åren [kommen]; *he is bottom in his ~* han är sämst i sin årskull; *over the ~s* med (genom) åren, under årens lopp; *it has put ~s on me* det har gjort mig många år äldre; *take ~s of s.b.* göra ngn flera år yngre
year|book ['jɜ:bʊk] årsbok; kalender **-ling** [-lɪŋ] **I** *s* årsgammal unge; ettåring **II** *a* ettårig, årsgammal **-long** årslång **-ly** [-lɪ] **I** *a* årlig, års- **II** *adv* årligen, en gång om året
yearn [jɜ:n] längta, trängta, tråna (*for, after* efter; *to do* efter att göra) **-ing** ['jɜ:nɪŋ] **I** *a* längtande, längtansfull, trängtande, trånande **II** *s* längtan, trängtan; åtrå
year-round ['jɜ:raʊnd] *a* åretrunt-, som pågår året runt
yeast [ji:st] **1** jäst; *brewer's ~* bryggerijäst **2** (*på öl*) skum **yeasty** ['ji:stɪ] **1** jäst-; jäst|doftande, -smakande **2** jäsande; skummande **3** ytlig; luftig **4** orolig
Yeats [jeɪts]
yell [jel] **I** *v, ~ [out]* skrika, vråla, tjuta (*with* av); *~ out* (*äv.*) skrika ut, vråla fram **II** *s* skrik, vrål, tjut

yellow ['jeləʊ] **I** *a* **1** gul; *~ fever* gula febern; *~ jack a*) gula febern, *b*) karantänsflagga; *~ journalism* sensationsjournalistik; *~ metal a*) gulmetall (*60 % koppar, 40 % zink*); *~ pages* (*i telefonkatalog*) yrkesregister, gula sidorna; *the ~ press* gula pressen, sensationspressen; *the Y~ River* Gula floden; *the ~ spot* (*anat.*) gula fläcken **2** *vard.* feg, skraj **II** *s* **1** gult; gul färg **2** äggula **III** *v* **1** gulfärga **2** gulna **-belly** [-ˌbelɪ] *sl.* fegis **-dog** [-dɒg] *a, AE., ~ contract* anställningskontrakt där den anställde förbinder sig att inte gå in i fackförening **-hammer** [-ˌhæmə] *zool.* gulsparv **-ish** [-ɪʃ] gulaktig
Yellowstone ['jeləʊstəʊn]
yellowy ['jeləʊɪ] gulaktig
yelp [jelp] **I** *v* gnälla, yla, tjuta; skrika till **II** *s* gnäll, ylande, tjut; skrik
Yemen ['jemən] Yemen **Yemeni** [-ɪ] **I** *a* yemenitisk **II** *s* yemenit
1 yen [jen] (*pl lika*) (*japanskt mynt*) yen
2 yen [jen] *vard.* **I** *v* längta intensivt **II** *s* intensiv längtan; begär; lust
yeoman ['jəʊmən] **1** *hist.* odalman, självägande bonde, hemmansägare **2** *hist.* betjänt, kammartjänare **3** *BE.* (*i sht i Towern*) *~ [of the guard]* livgardist, kunglig livvakt **-ry** [-rɪ] *hist.* odalmän, självägande bönder, hemmansägare
yep [jep] *vard.* = *yes*
yes [jes] **I** *adv* ja; jo; *~ please!* ja tack!; *oh ~!* javisst!, jovisst!, o ja!, jadå!, jodå!; *~ and no* (*som svar på fråga*) både ja och nej **II** *s* ja **yes man** ['jesmæn] jasägare
yester|day ['jestədɪ] **I** *adv* i går; *~ morning* i går morse; *the day before ~* i förrgår **II** *s* gårdagen; *~s (pl)* förr i tiden; *the fashion of ~* gårdagens mode **-year** *s, litt.* förra året; forna dagar
yet [jet] *adv, konj* **1** än[nu]; [redan] nu; [*as*] *~* hittills, än[nu] så länge, ännu; *this is his best record ~* det här är hans bästa skiva hittills; *they will find him ~* de kommer att hitta honom förr eller senare (till slut, till sist); *do you have to go just ~?* måste du gå redan nu?; *I've ~ to learn how* det återstår för mig att (jag måste först) lära mig hur; *they haven't returned ~* (*~ returned*) de har inte kommit tillbaka än[nu], de har ännu inte kommit tillbaka **2** ännu, ytterligare; *~ again* ännu en gång, återigen; *~ another* ännu (ytterligare) en; *this is ~ more difficult* det här är [t.o.m.] ännu svårare **3** *nor ~* [och] inte heller **4** men, [men] ändå (likväl, dock)
yew [ju:] **1** *bot.* idegran **2** idegransträ
Y.H.A. *förk. för* Youth Hostels Association
yid [jɪd] *sl. neds.* jude **Yiddish** ['jɪdɪʃ] jiddisch
yield [ji:ld] **I** *v* **1** avkasta, ge (lämna) [i avkastning, i vinst]; frambringa, producera **2** lämna ifrån sig, överlämna; överge, ge upp, avstå [från]; ge, skänka, bevilja; *~ up* uppenbara, avslöja, lämna ifrån sig (*a secret* en hemlighet); *~ o.s. up to* ägna (hänge) sig åt; *he ~ed himself up to his fate* han fogade (fann) sig i sitt öde; *~ ground to* ge vika (falla undan) för; *~ justice to s.b.* låta ngn vederfaras rättvisa; *~ the palm to s.b.* erkänna sig besegrad av ngn; *~ right of way to s.b.* (*i trafiken*) lämna företräde åt ngn **3** ge avkastning, ge vinst **4** ge (böja, töja) sig, svikta, ge efter, ge vika (*to* för); *bildl. äv.* falla undan (till

föga), ge med sig, ge upp, kapitulera (*to* för); *I'll have to ~ to you on that point* jag måste ge dig rätt på den punkten; *~ to nobody* (*äv.*) inte stå ngn efter, inte vara underlägsen ngn (*in* i, i fråga om); *~ to temptation* falla för frestelsen; *she ~ed to his charm* hon föll för hans charm; *the disease ~ed to treatment* behandlingen hade en gynnsam effekt på sjukdomen **5** (*i trafiken*) lämna företräde (*to* åt) **II** *s* avkastning; vinst; skörd; produktion; utbyte, behållning

yielding ['ji:ldɪŋ] **1** eftergiven, foglig, undfallande **2** mjuk, elastisk; lättarbetad

yippee [jɪ'pi:] *interj* hurra!, jättebra!, heja!

Y.M.C.A. *förk. för Young Men's Christian Association* K.F.U.M. **Y.M.H.A.** *förk. för Young Men's Hebrew Association*

yob [jɒb] *BE. vard.* stökig (bråkig) kille (snubbe)

yodel ['jəʊdl] **I** *v* joddla **II** *s* joddling, joddlande **-ler** [-ə] joddlare

Yoga, yoga ['jəʊgə] yoga

yoghurt ['jɒgət, *AE.* 'jəʊgət] yoghurt

yogi ['jəʊgɪ] (*pl ~s el. ~n*) yogi; yogalärare; yogautövare

yogurt ['jɒgət, *AE.* 'jəʊgət] yoghurt

yo-heave-ho [,jəʊhi:v'həʊ], **yoho** [jə(ʊ)'həʊ] *sjö.* åhej, åhå!, åhi, åhej!

yoicks [jɔɪks] *interj* (*t. hund*) buss på!

yoke [jəʊk] **I** *s* **1** ok (*äv. bildl.*) **2** [ox]spann, par **3** *sömn.* ok, besparing **II** *v* lägga ok[et] på; spänna för (*a wagon*); sammankoppla; *~ oxen to the plough* spänna oxar för plogen

yokel ['jəʊkl] bondlurk, tölp

yolk [jəʊk] **1** gula, äggula **2** ullfett

Yom Kippur [,jɒm'kɪpə] Jom kippur (*jud. försoningsfest*)

yon [jɒn] *åld., dial.* den (det, de) där **yonder** ['jɒndə] *åld., dial.* **I** *adv* där borta **II** *pron* den (det, de) där

yore [jɔ:] *åld., litt.* **I** *s, of ~* fordom, förr [i världen]; *in days of ~* i forna dagar **II** *adv* fordom, förr [i världen]

York [jɔ:k] York; *the House of ~* huset York (*kungaätt*)

Yorks. *förk. för Yorkshire*

Yorkshire ['jɔ:kʃə] Yorkshire **Yorkshire pudding** [-,pʊdɪŋ] yorkshirepudding (*slags pannkaka som äts t. rostbiff*) **Yorkshireman** [-mən] Yorkshirebo

you [ju:] *pers. pron* **1** du, ni; dig, er; *~ fool!, fool that ~ are!* din dumbom!; *fools that ~ are!* era dumbommar!; *~ Swedes* ni svenskar; *poor ~!* stackars dig!, din stackare!; *don't ~ do that!* gör inte det, du!, gör [absolut] inte det!; *I'm telling ~!* (*vard.*) och hör sen!; *that's a wine for ~!* vilket [gott] vin!, det var (är) verkligen ett gott vin! **2** man; en; sig; *~ never can tell* man kan aldrig så noga veta

you-all [,ju:'ɔ:l] *AE. dial.* (*t. fler än en pers.*) ni

you'd [ju:d] = *you had* (*would*) **you'll** [ju:l] = *you will* (*shall*)

young [jʌŋ] **I** *a* ung; liten; späd; färsk, oerfaren; ungdomlig; *the ~ ones a*) ungdomen, *b*) ungarna; *~ G.* den unge G., G. junior; *Y~ America* amerikansk ungdom, ungdomen i Amerika; *my ~ brother* min lillebror; *~ lady!* min fröken!, min unga dam!; *his ~ lady* (*woman*) hans flickvän; *her ~ man* hennes pojkvän; *~ moon* nymåne; *the night is ~* det är inte sent, kvällen har bara börjat; *~ people* unga människor, ungdom[ar]; *~ people's magazine* ungdomstidskrift; *you ~ rascal!* din lilla rackare!; *Y~ Turk* (*polit.*) ung radikal **II** *s* **1** *the ~* de unga, ungdom[en]; *books for the ~* ungdomsböcker; *~ and old* unga och gamla **2** *pl* ungar; *with ~* dräktig **-er** ['jʌŋgə] (*komp. av young*) yngre *etc.*, *jfr young I; Dumas the ~, the ~ Dumas* Dumas den yngre **-est** ['jʌŋgɪst] (*superl. av young*) yngst *etc.*, *jfr young I* **-ish** ['jʌŋɪʃ] ganska ung, yngre **-ling** ['jʌŋlɪŋ] *litt.* yngling; ung människa (varelse, planta) **-ster** ['jʌŋstə] **1** barn[unge]; ungdom **2** unghäst; ungdjur

your [jɔ:, *obeton.* jə] *fören. poss. pron* **1** din, er; *Y~ Majesty* Ers Majestät **2** ens; sin; *you should always do ~ best* man skall alltid göra sitt bästa; *the climate here is good for ~ health* klimatet här är hälsosamt; *~ feet ache when you climb that ladder* fötterna (ens fötter) värker när man klättrar upp för den där stegen **3** den [där, här], en sådan där; *~ artist* den där s.k. konstnären [som du talar om]; *~ typical American* den typiske amerikanen

you're [jʊə] = *you are*

yours [jɔ:z] *självst. poss. pron* **1** din, er; *a friend of ~* en vän till dig (er); *you and ~* du och din familj (de dina), ni och er familj; *this is my hat and that is ~* det här är min hatt och det där är din (er); *the idea was ~* det var din (er) idé; *what's ~?* (*skämts.*) vad vill (skall) du (ni) ha [att dricka]?; *it was ~ to do this* det var din (er) sak att göra detta; *Y~* [*faithfully, truly*] (*i brevslut*) Högaktningsfullt; *~ truly a*) undertecknad, jag, mig; *up ~!* (*vulg.*) kyss mig!, dra åt helvete! **2** hand. Ert brev, Er skrivelse; *~ is to hand* vi har mottagit Ert brev

your|self [jɔ:'self] (*pl -selves* [-'selvz]) *rfl o. pers. pron* din, er, sig, dig (er, sig) själv; en själv; [du, ni, man] själv; *don't strain ~* överansträng dig inte; *help yourselves to a cup of tea* var så goda och ta en kopp te; *did you make them ~?* har du gjort dem själv?; *you're not ~* du är inte dig själv; *how's ~?* (*vard.*) hur är det med dig [själv]?, hur har du det?, hur mås det [själv]?

youth [ju:θ] (*pl ~s* [ju:ðz]) **1** ungdom[en], ungdomstid[en]; *bildl.* begynnelse[stadium], barndom, start; *a friend of one's ~* en ungdomsvän; *in my ~* i min ungdom, när jag var ung **2** ungdom, yngling, ung man; *when he was a ~* (*äv.*) när han var ung **3** ungdomlighet; *she has kept her ~* (*äv.*) hon har hållit sig ung **4** ungdom, ungdomen; *the ~ of today is (are) fantastic* dagens ungdom är fantastisk

youth club ['ju:θklʌb] *ung.* ungdomsgård **youthful** [-f(ʊ)l] **1** ung[domlig] **2** ungdoms- **youth hostel** [-,hɒstl] vandrarhem

you've [ju:v, *obeton.* jʊv, jəv] = *you have*

yowl [jaʊl] **I** *v* tjuta, yla **II** *s* tjut, ylande

yo-yo ['jəʊjəʊ] **1** jojo **2** *AE. sl.* dumskalle; lättlurad typ

yr. *förk. för year; younger; your* **yrs.** *förk. för years; yours* **Y.T.** *förk. för Yukon Territory*

ytterbium [ɪ'tɜ:bjəm] *kem.* ytterbium

yucca ['jʌkə] *bot.* palmlilja

Yugo|slav [,ju:gə(ʊ)'slɑ:v] **I** *s* jugoslav **II** *a* jugo-

slavisk **-slavia** [-'slɑ:vjə] Jugoslavien
yuk [jək] *interj, vard.* usch!, fy!, blää!
Yukon ['ju:kɒn]
Yule[tide] ['ju:l(taɪd)] *åld.* jul[en], juletid
yummy ['jʌmɪ] *vard.* smaskens, mumsig **yum-yum** [ˌjʌm'jʌm] *interj, vard.* namnam!, mums!, härligt!
yup [jʌp] *vard.* = yes
yuppie ['jʌpɪ] (*förk. för young urban person*) *s, vard.* ung storstadsintellektuell
Y.W.C.A. *förk. för Young Women's Christian Association* K.F.U.K. **Y.W.H.A.** *förk. för Young Women's Hebrew Association*

Z

Z, z [zed, *AE.* zi:] (*bokstav*) Z, z
z. *förk. för zero; zone*
Zacha|riah [ˌzækə'raɪə], **-rias** [-'raɪəs], **-ry** ['zækərɪ] Sakarias
zaftig ['zɑ:ftɪk] *AE. sl.* mullig
Zaïre [zɑ:'ɪə]
zany ['zeɪnɪ] **I** *a, vard.* komisk; stollig, tokig **II** *s* **1** pajas, gycklare **2** dumbom
zap [zæp] *sl.* **I** *v* **1** knäppa, skjuta; döda **2** svischa, susa, rusa **II** *s* rulle, fart, kläm **III** *interj* svisch!, pang!
zeal [zi:l] iver, nit; entusiasm
Zealand ['zi:lənd] Själland
zealot ['zelət] nitisk person, ivrare, fanatiker; selot, trosivrare **-ry** [-rɪ] [överdrivet] nit, fanatism
zealous ['zeləs] ivrig, nitisk; hänförd, full av iver
zebra ['zi:brə] **I** *s, zool.* (*pl* ~[*s*]) sebra **II** *a* [sebra]-randig; ~ *crossing* övergångsställe, fotgängarövergång (*med vita ränder*)
zebu ['zi:bu:] *zool.* sebu, puckeloxe
zed [zed] (*bokstav*) z
zee [zi:] *AE.* (*bokstav*) z
zenith ['zenɪθ] zenit; *bildl. äv.* höjdpunkt, topp
zephyr ['zefə] *litt.* sefyr, västanfläkt, bris
zero ['zɪərəʊ] **I** *s* (*pl* ~[*e*]*s*) **1** noll; nolla; noll|-punkt, -läge; fryspunkt; *absolute* ~ absoluta nollpunkten; *20 degress below* ~ (*äv.*) 20 minusgrader; *the needle is at* (*on*) ~ visaren står på noll; *her chances were put at* ~ hennes chanser bedömdes vara lika med noll **II** *a* noll-; ~ *gravity* tyngdlöshet; ~ *hour a*) *mil.* klockan K (*exakt tidpunkt för operations igångsättande*), *b*) kritiskt ögonblick (*i början av ngt*), ödestimme; *he showed* ~ *interest in* (*i sht AE. vard.*) han visade absolut noll intresse för; ~ *plural* (*språkv.*) plural utan ändelse (*med nollmorfem*); *she's getting absolutely* ~ *satisfaction from it* (*vard.*) hon får inte ut ett dugg av det **III** *v* **1** nollställa **2** ~ *in on* ta sikte på, skjuta in sig på, *bildl. äv.* inrikta (koncentrera) sig på
zest [zest] **I** *s* **1** iver, entusiasm; aptit (*for* på), smak (*for* för); ~ *for life* aptit på livet, livs|glädje, -lust **2** [extra] krydda, piff, pikant smak; *his presence gave* ~ *to the party* hans närvaro gav en extra krydda åt festen **3** (*t. drink e.d.*) citron-, apelsin|skal **II** *v* krydda, sätta piff på, förhöja smaken på **-ful** ['zestf(ʊ)l] kryddad, pikant, med piff
Zetland ['zetlənd] (*t. 1974*) Shetland
Zeus [zju:s]
zibet ['zɪbɪt] *zool.* civett, sibetkatt
zigzag ['zɪgzæg] **I** *s* sicksack; sicksacklinje; *move in a* ~ gå (löpa) i sicksack **II** *a* sicksack-, sicksackformig **III** *v* gå (löpa) i sicksack, sicksacka sig
zilch [zɪltʃ] *AE. sl.* **1** noll, ingenting **2** nolla, obetydlig person
zillion ['zɪljən] *vard.* enorm mängd, miljoner och åter miljoner
Zimbabwe [zɪm'bɑ:bwɪ]
zinc [zɪŋk] zink **zinciferous** [zɪŋ'kɪfərəs] zinkhaltig **zinc ointment** ['zɪŋkˌɔɪntmənt] zinksalva **zinc oxide** ['zɪŋkˌɒksaɪd] zinkoxid **zinc white** ['zɪŋkwaɪt] zinkvitt
zing [zɪŋ] **I** *s* **1** *vard.* sting, piff **2** vinande [ljud], vissling; sjungande [ljud] **II** *v* vina, vissla
zinnia ['zɪnjə] *bot.* zinnia
Zion ['zaɪən] Sion **-ism** [-ɪz(ə)m] sionism **-ist** [-ɪst] sionist
zip [zɪp] **I** *s* **1** blixtlås **2** vinande, visslande, tjutande **3** *vard.* fart, kläm, schvung, energi **II** *v* **1** ~ [*on, up, shut*] dra igen (stänga) blixtlåset på; ~ [*open*] öppna blixtlåset på; *will you* ~ *me up?* vill du dra upp blixtlåset åt mig? **2** stänga (öppna) blixtlåset **3** ha blixtlås, stängas (öppnas) med blixtlås; *the hood* ~*s onto the jacket* huvan sätts fast på jackan med blixtlås **4** vina, susa, tjuta; *vard.* skynda [på], rusa, susa
zip code ['zɪpkəʊd] *AE.* postnummer **zip-fastener** [-ˌfɑ:snə] *BE.,* **zipper** [-ə] *AE.* blixtlås
zippy [-ɪ] *vard.* klämmig
zither ['zɪðə] *mus.* cittra **-ist** [-rɪst] *mus.* cittraspelare
zodiac ['zəʊdɪæk] *astr., the* ~ zodiaken, djurkretsen
zombi[e] ['zɒmbɪ] zombi; *bildl.* sömngångare, levande död; *like a* ~ som en zombi, som i trans
zonal ['zəʊnl], **zonary** [-ərɪ] zon-; zonal
zone [zəʊn] **I** *s* zon; område; bälte; *AE. äv.* [post]distrikt; *AE. äv.* taxezon; ~ *of occupation* ockupationszon; *no-parking* ~ [område *e.d.* med] parkeringsförbud; *nuclear-free* ~ kärnvapenfri zon; *the English-speaking* ~ det engelska språkområdet; *the torrid* ~ den tropiska (heta) zonen, det heta bältet; *the temperate* ~*s* de tempererade zonerna; *the frigid* ~*s* de kalla zonerna (bältena); *time* ~ tidszon **II** *v* indela [i zoner], zon-, områdes|indela; utse som zon (område) (*for* för) **zone time** ['zəʊntaɪm] zon-, normal|tid
zoning ['zəʊnɪŋ] zon-, områdes|indelning, zonplanering
zonked [zɒŋkt] *vard.* asberusad, utslagen
Zoo [zu:] *zool.* [zoo[logisk trädgård], djurpark
zoolatry [zəʊ'ɒlətrɪ] djurdyrkan, zoolatri
zoological [ˌzəʊə'lɒdʒɪkl] zoologisk, djur-; ~

garden [zuˌlɒdʒıklˈgɑːdn] zoologisk trädgård, djurpark **zoologist** [zəʊˈɒlədʒıst] zoolog **zoology** [zəʊˈɒlədʒı] zoologi
zoom [zuːm] **I** *v* **1** *flyg.* snabbt stiga med (*plan*), låta stiga brant **2** låta gå för fullt, rusa (*motor*) **3** *flyg.* stiga snabbt (brant); *bildl. äv.* rusa i höjden **4** brumma, surra; *vard.* rusa, susa, köra [med hög fart]; *he ~ed through his work* (*vard.*) han gjorde jobbet på nolltid **5** *foto., film.* zooma (*in* in; *out* ut); *~ in on s.th.* (*vard.*) direkt komma in på ngt **II** *s* **1** *flyg.* snabb (brant) stigning; *bildl.* snabb (markant) uppgång **2** brummande, surrande **3** *foto.* zoom|lins, -objektiv **zoom lens** [ˈzuːmlens] *se zoom II 3*
zootomy [zəʊˈɒtəmı] zootomi, djuranatomi
zounds [zaʊndz] (= *God's wounds*) *interj, åld.* Guds död!, för tusan!
ZPG *förk. för Zero Population Growth*
zucchetto [tsuːˈketəʊ] (*kat. prästs*) kalott
zucchini [tsuːˈkiːnı] (*pl lika*) *bot.* zucchini, squash
Zulu [ˈzuːluː] **I** *s* **1** zulu **2** zuluspråket **II** *a* zulu-
Zürich [ˈzjʊərık] Zürich
zwieback [ˈzwiːbæk] skorpa (*av torkad vetelängd*)
zygote [ˈzaıgəʊt] *biol.* zygot